Betriebsverfassungsgesetz
Basiskommentar

Thomas Klebe, Jürgen Ratayczak,
Micha Heilmann, Sibylle Spoo

Betriebsverfassungsgesetz

Basiskommentar mit Wahlordnung

23., überarbeitete und aktualisierte Auflage

BUND
VERLAG

Bibliografische Information der Deutschen Bibliothek
Die Deutsche Nationalbibliothek verzeichnet diese Publikation in der Deutschen Nationalbibliografie; detaillierte bibliografische Daten sind im Internet über *http://dnb.d-nb.de* abrufbar.

23., überarbeitete und aktualisierte Auflage 2024

Umschlag: Ute Weber, Geretsried
Satz: Dörlemann Satz, Lemförde
Druck: Druckerei C.H. Beck, Bergerstraße 3–5, 86720 Nördlingen

ISBN 978-3-7663-7379-3

www.bund-verlag.de

Vorwort

Mit der 23. Auflage des Basiskommentars erfolgt zeitnah die Kommentierung des Zweiten Gesetzes zur Änderung des BetrVG, das der Bundestag Ende Juni 2024 beschlossen hat. Mit den Erweiterungen in § 37 Abs. 4 und § 78 will der Gesetzgeber negative Folgen für die betriebliche Mitbestimmung bei der Betriebsratsvergütung ausschließen, wobei er allerdings nach der Begründung nur Klarstellungen der aktuellen Rechtslage vornimmt, um mehr Rechtssicherheit zu schaffen. Auf die sich hieraus ergebenden Anforderungen brauchen Betriebsräte Antworten. Wir hoffen, mit der Neuauflage eine erste umfassende und zielorientierte Hilfestellung zu geben. Weiterhin wurden das Hinweisgeberschutzgesetz sowie das Lieferkettensorgfaltspflichtengesetz mit ihren Auswirkungen auf die Rechte der Betriebsräte in die Kommentierung aufgenommen und auch Hinweise zur Mitbestimmung bei ChatGPT und Metaverse.
Ein weiterer Schwerpunkt der Neuauflage sind die Erfahrungen und die Rechtsprechung zum Betriebsrätemodernisierungsgesetz von 2021 sowie zur neuen Wahlordnung und den Betriebsratswahlen 2022.
Die letzte substanzielle Modernisierung insbesondere der Mitbestimmungsrechte im BetrVG ist 1972 erfolgt. Das Betriebsrätemodernisierungsgesetz von 2021 war zwar ein Schritt in die richtige Richtung, aber im Hinblick auf die betrieblichen Herausforderungen bei weitem nicht angemessen und ausreichend. Deswegen hat der DGB im Jahr 2022 einen Entwurf für ein modernes Betriebsverfassungsgesetz vorgelegt, der Antworten auf die aktuellen und zukünftigen betrieblichen Herausforderungen gibt. Wir stellen in der Kommentierung der einzelnen Paragrafen die Forderungen des DGB-Entwurfs jeweils kurz vor, soweit sich hieraus relevante Änderungsvorschläge ergeben.
Berücksichtigt ist weiterhin die in den letzten Jahren ergangene und sehr umfangreiche Rechtsprechung, insbesondere des Bundesarbeitsgerichts, bis Ende März 2024. Sie betrifft z. B. aktuelle Entwicklungen im Hinblick auf das Initiativrecht des Betriebsrats bei der Arbeitszeiterfassung, Fragen des Datenschutzes und der Mitbestimmung bei neueren technischen Entwicklungen, die Rechnungstellung an den Betriebsrat und den Freistellungsanspruch nach § 40 Abs. 1 sowie die Anwendung der Grundsätze einer An-

scheinsvollmacht auf Erklärungen von Betriebsratsvorsitzenden. Dabei wird gerade die neuere Rechtsprechung überwiegend nur mit Gericht, Datum und Aktenzeichen zitiert, da sie entweder in Betriebsratswissen online oder juris zu finden ist.
Wie schon in den Vorauflagen wird auf die Kommentierung der Vorschriften zur Seeschifffahrt und zur Luftfahrt (§§ 114 bis 117) verzichtet. Die §§ 122 bis 124, 125 Abs. 3 bis 4, 127 bis 129, 131 bis 132, die praktisch bedeutungslos geworden sind, wurden nicht abgedruckt.
Die Autorin und die Autoren freuen sich – wie schon in der Vergangenheit – auf Anmerkungen und Hinweise aus der Praxis.

Juli 2024
Die Verfasserin und die Verfasser

Inhaltsverzeichnis

Abkürzungsverzeichnis

Zur Erleichterung der Arbeit mit dem Basiskommentar soll kurz erläutert werden, wie die Zitatstellen in dem Basiskommentar »zu lesen« sind:
Wenn bei Gerichtsentscheidungen nur Datum und Aktenzeichen angegeben sind ohne Angabe einer Fundstelle, ist die Entscheidung in juris, dem juristischen Informationssystem, zu finden.
Aus Platzgründen werden dort in der Regel nur Abkürzungen gebraucht.
So bedeutet z. B. BAG a. a. O., dass diese BAG-Entscheidung an der in der zuletzt genannten BAG-Entscheidung angegebenen Stelle zu finden ist.
Das Zitat: a. A. BVerwG, PersR 93, 393, besagt, dass zu der zuvor genannten Meinung das Bundesverwaltungsgericht eine andere Auffassung vertritt. Die Entscheidung des Bundesverwaltungsgerichts ist dabei in der Fachzeitschrift »Der Personalrat« des Jahrgangs 1993 auf der Seite 393 zu finden. Die Zahl hinter der Fachzeitschrift bedeutet jeweils das Jahr, die danach folgende Zahl die Seitenzahl. Dabei wird immer die erste Seite der Entscheidung genannt.
In der Regel sind die Fachzeitschriften eines Jahrgangs durchgehend mit einer Seitenzahl versehen. Bei Einzelnen, z. B. bei der AiB, ist dies nicht der Fall. Dann wird Bezug genommen auf das jeweilige Einzelheft des Jahrgangs, z. B. AiB 3/2017, S. 34.

a. A.	anderer Auffassung
a. a. O.	am angeführten Ort
ABM	Arbeitsbeschaffungsmaßnahme
Abs.	Absatz
AEntG	Gesetz über zwingende Arbeitsbedingungen für grenzüberschreitend entsandte und für regelmäßig im Inland beschäftigte Arbeitnehmerinnen und Arbeitnehmer – Arbeitsnehmer-Entsendegesetz
a. F.	alte Fassung
AFG	Arbeitsförderungsgesetz
AfP	»Archiv für Presserecht« (Fachzeitschrift)
AG	Arbeitgeber; Amtsgericht
AGB	Allgemeine Geschäftsbedingungen

AGB-DDR	Arbeitsgesetzbuch der (ehemaligen) DDR
AGG	Allgemeines Gleichbehandlungsgesetz
AiB	»Arbeitsrecht im Betrieb« (Fachzeitschrift)
AiB-Newsletter	Beilage zu AiB
AiR	»Arbeitsrecht in der Rechtsprechung« (Fachzeitschrift)
AktG	Aktiengesetz
AMBV	Arbeitsmittelbenutzungsverordnung
AmtsBlEG	Amtsblatt der Europäischen Gemeinschaften
AmtsBlEU	Amtsblatt der Europäischen Union
AN	Arbeitnehmer:innen
ÄndG	Änderungsgesetz
Ang.	Angestellter, Angestellte
Anm.	Anmerkung
AP	»Arbeitsrechtliche Praxis« (Nachschlagewerk des BAG)
AR	Aufsichtsrat
Arb.	Arbeiter:innen
ArbBeschFG	Arbeitsrechtliches Beschäftigungsförderungsgesetz
ArbG	Arbeitsgericht
ArbGG	Arbeitsgerichtsgesetz
ArbMedVV	Verordnung zur Rechtsvereinfachung und Stärkung der arbeitsmedizinischen Vorsorge
ArbNErfG	Gesetz über Arbeitnehmererfindungen
ArbPlSchG	Arbeitsplatzschutzgesetz
ArbRB	»Arbeitsrechtsberater« (Fachzeitschrift)
ArbSchG	Arbeitsschutzgesetz
ArbStättV	Arbeitsstättenverordnung
ArbZG	Arbeitszeitgesetz
Art.	Artikel
ASiG	Gesetz über Betriebsärzte, Sicherheitsingenieure und andere Fachkräfte für Arbeitssicherheit
AT-Ang.	außertarifliche/r Angestellte/r
ATG	Altersteilzeitgesetz
AuA	»Arbeit und Arbeitsrecht« (Fachzeitschrift)
Aufl.	Auflage
AÜG	Arbeitnehmerüberlassungsgesetz
AuR	»Arbeit und Recht« (Fachzeitschrift des Bund-Verlags)
AVG	Angestelltenversicherungsgesetz
AWbG	Arbeitnehmerweiterbildungsgesetz
Az.	Aktenzeichen
AZO	Arbeitszeitordnung

BA	Betriebsausschuss/Bundesagentur für Arbeit
BAG	Bundesarbeitsgericht
BAG GS	Bundesarbeitsgericht – Großer Senat
BAT	Bundes-Angestelltentarifvertrag
BaustellV	Baustellenverordnung
BaWü	Baden-Württemberg
BayrObLG	Bayerisches Oberstes Landesgericht
BayVGH	Bayerischer Verwaltungsgerichtshof
BB	»Betriebs-Berater« (Fachzeitschrift); Berlin-Brandenburg
BBiG	Berufsbildungsgesetz
BDSG	Bundesdatenschutzgesetz
Bea.	Beamte
BEEG	Bundeselterngeld- und Elternzeitgesetz
Benner	Benner (Hrsg.), Crowdwork – zurück in die Zukunft?, 2014
Berg/Kocher/ Schumann	Berg/Kocher/Schumann (Hrsg.), Kommentar zum TVG und Arbeitskampfrecht, 7. Aufl. 2021
BeschFG	Beschäftigungsförderungsgesetz
BeschSchG	Beschäftigtenschutzgesetz[1]
BetrAVG	Gesetz zur Verbesserung der betrieblichen Altersversorgung
Betriebsversamml.	Betriebsversammlung
BetrR	Der Betriebsrat, Schriftenreihe für die Betriebsräte der IG Chemie-Papier-Keramik (jetzt: IG Bergbau, Chemie und Energie)
BetrSichV	Betriebssicherheitsverordnung
BetrVerf-ReformG	Gesetz zur Reform des Betriebsverfassungsgesetzes
BetrVG	Betriebsverfassungsgesetz
BFDG	Bundesfreiwilligendienstgesetz
BGB	Bürgerliches Gesetzbuch
BGG	Gesetz zur Gleichstellung behinderter Menschen (Behindertengleichstellungsgesetz)
BGV	Berufsgenossenschaftliche Vorschriften für Sicherheit und Gesundheit bei der Arbeit
BioStoffV	Biostoffverordnung
BMA/BMAS	Bundesministerium für Arbeit und Soziales
BMI	Bundesministerium des Innern
BMPT	Bundesministerium für Post und Telekommunikation
BPersVG	Bundespersonalvertretungsgesetz

1 Aufgehoben durch Gesetz vom 14.8.06 – AGG (BGBl. I 2006, S. 1897).

BPersVG-PK	Altvater/Baden/Baunack/Berg/Dierßen/Herget/Kröll/Lenders/Noll, BPersVG, 11. Aufl. 2023
BR	Betriebsrat
BRAGO	Bundesrechtsanwaltsgebührenordnung – jetzt RVG
BRAO	Bundesrechtsanwaltsordnung
BR-Drucks.	Drucksache des Deutschen Bundesrates
BremLGG	Bremisches Landesgleichstellungsgesetz
BR-Info	Informationsdienst für Betriebsräte (Zeitschrift)
BR-Mitgl.	Betriebsratsmitglied
BRMoG	Betriebsrätemodernisierungsgesetz 2021, in Kraft getreten am 18. Juni 2021
brwo	Betriebsratswissen online (Portal des Bund-Verlags für Betriebsräte)
BSG	Bundessozialgericht
BSHG	Bundessozialhilfegesetz
BT-Drucks.	Drucksache des Deutschen Bundestages
BUrlG	Bundesurlaubsgesetz
BV	Betriebsvereinbarung
BVerfG	Bundesverfassungsgericht
BVerwG	Bundesverwaltungsgericht
BVerwGE	Entscheidungen des Bundesverwaltungsgerichts
BYOD	Bring your own device
bzw.	beziehungsweise
CAD	Computer Aided Design (computergestützte Konstruktion)
CAM	Computer Aided Manufacturing (computergestützte Fertigung)
CF	»Computer Fachwissen«, bis 1998 »ComputerInformation« (Fachzeitschrift)
CNC	Computer Numerical Control (Numerische Steuerung durch Computer)
CR	»Computer und Recht« (Fachzeitschrift)
CuA	Computer und Arbeit (Fachzeitschrift des Bund-Verlags)
Däubler	Gläserne Belegschaften, 9. Aufl. 2021
DB	»Der Betrieb« (Fachzeitschrift)
DB AG	Deutsche Bahn Aktiengesellschaft
DBGrG	Gesetz über die Gründung einer Deutschen Bahn Aktiengesellschaft
DBP	Deutsche Bundespost
dbr	»der betriebsrat« (Fachzeitschrift)

DDR	Deutsche Demokratische Republik
ders.	derselbe
DGB	Deutscher Gewerkschaftsbund
dgl.	dergleichen
DGUV	Deutsche Gesetzliche Unfallversicherung
d. h.	das heißt
dies.	dieselbe(n)
DIN	Deutsche Industrie-Norm(en)
DKW	Däubler/Klebe/Wedde (Hrsg.), BetrVG, 19. Aufl. 2024
DKW-F	Däubler/Klebe/Wedde (Hrsg.), BetrVG Arbeitshilfen für den Betriebsrat, Formularbuch, 5. Aufl. 2021
DLP	Data Loss Prevention
DM	Deutsche Mark
DrittelbG	Drittelbeteiligungsgesetz
DRK	Deutsches Rotes Kreuz
DSGVO	EU-Datenschutz-Grundverordnung
DT AG	Deutsche Telekom Aktiengesellschaft
Düwell/Schubert	Düwell/Schubert, Kommentar zum Mindestlohngesetz, 2. Aufl. 2016, zit: Düwell-Schubert-Bearbeiter
DV	Datenverarbeitung
DVB	Dienstvereinbarung
DWWS	Däubler/Wedde/Weichert/Sommer, EU-DSGVO und BDSG, Kompaktkommentar, 3. Aufl. 2024; zit.: DWWS-Bearbeiter/in
EBR	Europäischer Betriebsrat
EBRG	Gesetz über Europäische Betriebsräte
ECM	Enterprise-Content-Management
EDV	Elektronische Datenverarbeitung
EFZG	Entgeltfortzahlungsgesetz
EG	Europäische Gemeinschaft
EGMR	Europäischer Gerichtshof für Menschenrechte
EGV	Vertrag zur Gründung der Europäischen Gemeinschaft
EigÜbG	Eignungsübungsgesetz
Einl.	Einleitung
einschl.	Einschließlich
EMFV	Verordnung zum Schutz der Beschäftigten vor Gefährdungen durch elektromagnetische Felder
ENeuOG	Gesetz zur Neuordnung des Eisenbahnwesens
EntgTranspG	Entgelttransparenzgesetz
ErfK	Müller-Glöge/Preis/Gallner/Schmidt (Hrsg.), Erfurter Kommentar zum Arbeitsrecht, 24. Aufl. 2024

Erl.	Erläuterung(en)
ESt.	Einigungsstelle
EU	Europäische Union
EuGH	Europäischer Gerichtshof
EuroAS	»Europäisches Arbeits- und Sozialrecht« (Fachzeitschrift)
EUGrdRCh	Charta der Grundrechte der Europäischen Union (2000/C364/01) v. 18. Dezember 2000
e. V.	einstweilige Verfügung
EVG	Eisenbahn- und Verkehrsgewerkschaft
evtl.	eventuell(er)
EWG	Europäische Wirtschaftsgemeinschaft
EWG-V	Vertrag zur Gründung der Europäischen Wirtschaftsgemeinschaft
EzA	Entscheidungssammlung zum Arbeitsrecht
EzAÜG	Entscheidungssammlung zum AÜG und zum sonstigen drittbezogenen Personaleinsatz
EzA-SD	Entscheidungssammlung zum Arbeitsrecht – Schnelldienst
f./ff.	folgende Seite/folgender Paragraf
FA	»Fachanwalt Arbeitsrecht« (Fachzeitschrift)
FFG-NRW	Frauenförderungsgesetz Nordrhein-Westfalen
FG	Finanzgericht
Fitting	Fitting/Schmidt/Trebinger/Linsenmaier/Schelz, Kommentar zum BetrVG, 31. Aufl. 2022
FMS	Finanzmarktstabilisierungsfonds (Gesetz)
FMStFG	Finanzmarktstabilisierungsfondsgesetz
Fn.	Fußnote
FPfZG	Familienpflegezeitgesetz
FS	Festschrift
GA	Gute Arbeit – Zeitschrift für Arbeitsschutz und Arbeitsgestaltung
GBA	Gesamtbetriebsausschuss
GBR	Gesamtbetriebsrat
GBV	Gesamtbetriebsvereinbarung
GDL	Gewerkschaft Deutscher Lokomotivführer
GefStoffV	Verordnung über gefährliche Stoffe
GenDG	Gesetz über genetische Untersuchungen bei Menschen (Gendiagnostikgesetz)
gerichtl.	gerichtlich

GeschGehG	Gesetz zum Schutz von Geschäftsgeheimnissen v. 18. April 2019
gesetzl.	gesetzlich
GesO	Gesamtvollstreckungsordnung
Gew.	Gewerkschaft
GewO	Gewerbeordnung
GG	Grundgesetz
ggf.	gegebenenfalls
GJAV	Gesamt-Jugend- und Auszubildendenvertretung/-vertreter
GJV	Gesamtjugendvertretung
GleiBG	Gesetz zur Durchsetzung der Gleichberechtigung von Frauen und Männern
GmbH	Gesellschaft mit beschränkter Haftung
GPS	Global-Positioning-System (globales Positionsbestimmungssystem)
GSA-Fleisch	Gesetz zur Sicherung von Arbeitnehmerrechten in der Fleischwirtschaft
HAG	Heimarbeitsgesetz
HandwO	Gesetz zur Ordnung des Handwerks (Handwerksordnung)
HansOLG	Hanseatisches Oberlandesgericht
HessGVBl.	Gesetz- und Verordnungsblatt für das Land Hessen
HessLAG	Hessisches Landesarbeitsgericht
HessLV	Hessische Landesverfassung
HessPersVG	Hessisches Personalvertretungsgesetz
HessStGH	Hessischer Staatsgerichtshof
HessVGH	Hessischer Verwaltungsgerichtshof
HGB	Handelsgesetzbuch
HGlG	Hessisches Gleichberechtigungsgesetz
HinSchG	Hinweisgeberschutzgesetz vom 31. Mai 2023
h. M.	herrschende Meinung
HPersR	Hauptpersonalrat
Hrsg.	Herausgeber
i. d. F.	in der Fassung
IGZ	Interessenverband Deutscher Zeitarbeitsunternehmen
InsO	Insolvenzordnung
InsV	Insolvenzverwalter
i. S.	im Sinne
i. S. d.	im Sinne des/der
i. V. m.	in Verbindung mit

JArbSchG	Gesetz zum Schutz der arbeitenden Jugend (Jugendarbeitsschutzgesetz)
JAV	Jugend- und Auszubildendenvertretung/-vertreter
JAVG	Gesetz zur Bildung von Jugend- und Auszubildendenvertretungen in den Betrieben
JV	Jugendvertretung
KBR	Konzernbetriebsrat
KBV	Konzernbetriebsvereinbarung
KI	Künstliche Intelligenz
KJ	Kritische Justiz (Zeitschrift)
KJAV	Konzern-Jugend- und Auszubildendenvertretung
Köstler/Müller/Sick	Köstler/Müller/Sick, Aufsichtsratspraxis, 10. Aufl. 2013
KSchG	Kündigungsschutzgesetz
KSchKlage	Kündigungsschutzklage
KO	Konkursordnung
KV	Konkursverwalter
KVP	Kontinuierlicher Verbesserungsprozess
LärmVibrationsArbSchV	Verordnung zum Schutz der Beschäftigten vor Gefährdungen durch Lärm und Vibrationen
LAG	Landesarbeitsgericht
LAGE	Entscheidungen der Landesarbeitsgerichte
Lakies	Lakies, Kommentar zum Mindestlohngesetz – MiLoG, 5. Aufl. 2021
LasthandhabV	Lastenhandhabungsverordnung
leit. Ang.	leitende Angestellte
LG	Landgericht
LkSG	Lieferkettensorgfaltspflichtengesetz
LPVG	Landespersonalvertretungsgesetz
LPVG NW	Landespersonalvertretungsgesetz Nordrhein-Westfalen
Ls.	Leitsatz, Leitsätze
LSG	Landessozialgericht
m	Meter
MAV	Mitarbeitervertretung
MB	Mitbestimmung
MBR	Mitbestimmungsrechte
MDR	Monatsschrift für Deutsches Recht
m. E.	meines Erachtens
MfS	Ministerium für Staatssicherheit der ehemaligen DDR

MiLoG	Gesetz zur Regelung eines allgemeinen Mindestlohns – Mindestlohngesetz
Mitb-Gespr./Mitb.	»Das Mitbestimmungsgespräch«, ab 1982 »Die Mitbestimmung« (Fachzeitschrift)
MitbestG	Gesetz über die Mitbestimmung der Arbeitnehmer
Mitgl.	Mitglied(er)
MontanMitbG	Montanmitbestimmungsgesetz
MTV	Manteltarifvertrag
MuSchG	Mutterschutzgesetz
MuSchV	Verordnung zum Schutze der Mütter am Arbeitsplatz
MV	Mecklenburg-Vorpommern
m. w. N.	mit weiteren Nachweisen
NachwG	Nachweisgesetz
NC	Numerical Control (Numerische Maschinensteuerung)
Nds.	Niedersachsen
NDW-AGG	Dickerhof-Borello/Nollert-Borasio/Wenckebach, Allgemeines Gleichbehandlungsgesetz, Basiskommentar zum AGG, 5. Aufl. 2019
n. F.	neue Fassung
NJW	»Neue Juristische Wochenschrift« (Fachzeitschrift)
n. rk.	nicht rechtskräftig
Nr./Nrn.	Nummer(n)
NRW	Nordrhein-Westfalen
n. v.	nicht veröffentlicht
NV Bühne	Normalvertrag Bühne
NVwZ	Neue Zeitschrift für Verwaltungsrecht
NVwZ-RR	NVwZ Rechtsprechungsreport Verwaltungsrecht
NW	Nordrhein-Westfalen
NZA	»Neue Zeitschrift für Arbeitsrecht« (Fachzeitschrift)
NZA-RR	»NZA-Rechtsprechungs-Report Arbeitsrecht« (Fachzeitschrift)
NZB	Nichtzulassungsbeschwerde
OGH	Oberster Gerichtshof (Österreich)
OHG	Offene Handelsgesellschaft
OLG	Oberlandesgericht
ÖPNV	Öffentlicher Personennahverkehr
OVG	Oberverwaltungsgericht
OWiG	Ordnungswidrigkeitengesetz

PersR	»Der Personalrat« (Fachzeitschrift des Bund-Verlags)
PersV	Personalvertretung
PersVG	Personalvertretungsgesetz
PflegeZG	Pflegezeitgesetz
PNU	Postnachfolgeunternehmen (= Deutsche Post AG, Deutsche Postbank AG, Deutsche Telekom AG)
PostPersRG	Postpersonalrechtsgesetz
PR	Personalrat
PSA	Personal-Service-Agentur
PSA-BV	Verordnung über Sicherheit und Gesundheitsschutz bei der Benutzung persönlicher Schutzausrüstungen bei der Arbeit
PsychPV	Verordnung über Maßstäbe und Grundsätze für den Personalbedarf in der stationären Psychiatrie – Psychiatrie-Personal-Verordnung
PTNeuOG	Postneuordnungsgesetz
RA	Rechtsanwalt
RdA	»Recht der Arbeit« (Fachzeitschrift)
RDG	Rechtsdienstleistungsgesetz (Gesetz über außergerichtliche Rechtsdienstleistungen)
RDV	»Recht der Datenverarbeitung« (Fachzeitschrift)
RP	Rheinland-Pfalz
Rspr.	Rechtsprechung
RegE	Regierungsentwurf
RFID	Radio Frequency Identification
rk.	rechtskräftig
Rn.	Randnummer(n)
RPA	Robotic Process Automation
RRG	Rentenreformgesetz
RVG	Rechtsanwaltsvergütungsgesetz
RVO	Reichsversicherungsordnung
S.	Seite(n)
s.	siehe
SachBezVO	Sachbezugsverordnung 1995
SBV	Schwerbehindertenvertretung
Schaub	Schaub, Arbeitsrechts-Handbuch, 20. Aufl. 2023, zit.: Schaub-Bearbeiter
Schoof	Betriebsratspraxis von A bis Z, 16. Aufl. 2024
SchwbG	Schwerbehindertengesetz
SE	Europäische Gesellschaft (Societas Europaea)
SeemannsG	Seemannsgesetz

SGB	Sozialgesetzbuch
SH	Schleswig-Holstein
s. o.	siehe oben
sog.	sogenannte
SpA	Sprecherausschuss
SprAuG	Sprecherausschussgesetz
SpTrUG	Gesetz über die Spaltung der von der Treuhandanstalt verwalteten Unternehmen
SR	Soziales Recht – Wissenschaftliche Zeitschrift für Arbeits- und Sozialrecht
Stellvertr.	Stellvertreter/Stellvertretung
StGB	Strafgesetzbuch
StPO	Strafprozessordnung
str.	Strittig
StralSchVO	Verordnung über den Schutz vor Schäden durch Strahlen radioaktiver Stoffe (Strahlenschutzverordnung)
TQM	Total Quality Management
TTDSG	Telekommunikation-Telemedien-Datenschutz-Gesetz
TV	Tarifvertrag
TVG	Tarifvertragsgesetz
TVöD	Tarifvertrag für den öffentlichen Dienst
TzBfG	Teilzeit- und Befristungsgesetz
u. a.	unter anderem
u. Ä.	und Ähnliches
UmwBerG	Gesetz zur Bereinigung des Umwandlungsrechts
UmwG	Umwandlungsgesetz
UN	Unternehmen/Unternehmer
Urt.	Urteil
UVV	Unfallverhütungsvorschrift
v.	von/vom
VBG	Unfallverhütungsvorschriften »Allgemeine Vorschriften«
VDI	Verein Deutscher Ingenieure
ver.di	Vereinte Dienstleistungsgewerkschaft
VerglO	Vergleichsordnung
VermG	Gesetz zur Regelung offener Vermögensfragen
Versamml.	Versammlung
Vertr.	Vertreter, Vertretung
VG	Verwaltungsgericht

VGH	Verwaltungsgerichtshof
vgl.	vergleiche
v. H.	vom Hundert
VL	Vertrauensleute
VO	Verordnung
VoIP	Voice over Internet Protocol (telefonieren über das Internet)
Vors.	Vorsitzender
WA	Wirtschaftsausschuss
Waas	Betriebsrat und Arbeitszeit, HSI-Schriftenreihe Bd. 4, 2012
Waas	Mitbestimmung des Betriebsrats in Fragen der Ordnung des Betriebs und des Verhaltens der Arbeitnehmer im Betrieb, HSI-Schriftenreihe Bd. 33, 2020 (zit. MB)
WO	Wahlordnung
WOP	Verordnung zur Durchführung der Betriebsratswahlen bei den Postunternehmen
WPO	Gesetz über eine Berufsordnung der Wirtschaftsprüfer – Wirtschaftsprüferordnung
WpÜG	Wertpapiererwerbs- und Übernahmegesetz
WSI-Mitt.	WSI-Mitteilungen (Zeitschrift des Wirtschafts- und Sozialwissenschaftlichen Instituts des DGB in der Hans-Böckler-Stiftung)
WV	Wahlvorstand
z. B.	zum Beispiel
ZBVR	Zeitschrift für Betriebsverfassungsrecht
ZDVG	Zivildienstvertrauensmann-Gesetz
ZIP	»Zeitschrift für Wirtschaftsrecht« (Fachzeitschrift)
zit.	zitiert
ZPO	Zivilprozessordnung
ZTR	»Zeitschrift für Tarifrecht« (Fachzeitschrift)

Kommentierung zum Betriebsverfassungsgesetz (BetrVG)

vom 15. Januar 1972 (BGBl. I S. 13), in der Fassung der Bekanntmachung vom 25. September 2001 (BGBl. S. 2518), zuletzt geändert durch Art. 1 des Zweiten Gesetzes zur Änderung des Betriebsverfassungsgesetzes

Erster Teil Allgemeine Vorschriften

§ 1 Errichtung von Betriebsräten

(1) In Betrieben mit in der Regel mindestens fünf ständigen wahlberechtigten Arbeitnehmern, von denen drei wählbar sind, werden Betriebsräte gewählt. Dies gilt auch für gemeinsame Betriebe mehrerer Unternehmen.
(2) Ein gemeinsamer Betrieb mehrerer Unternehmen wird vermutet, wenn
1. **zur Verfolgung arbeitstechnischer Zwecke die Betriebsmittel sowie die Arbeitnehmer von den Unternehmen gemeinsam eingesetzt werden oder**
2. **die Spaltung eines Unternehmens zur Folge hat, dass von einem Betrieb ein oder mehrere Betriebsteile einem an der Spaltung beteiligten anderen Unternehmen zugeordnet werden, ohne dass sich dabei die Organisation des betroffenen Betriebs wesentlich ändert.**

Inhaltsübersicht Rn.

1. Der Betriebsbegriff

Die Frage, was ein Betrieb ist und wann ein Betrieb besteht, ist von zentraler Bedeutung für das BetrVG, wie für andere Gesetze, z. B. das KSchG. Die Definition des Betriebes ist aber nicht für alle Bereiche des Arbeitsrechts diesel- 1 be. Im Bereich des BetrVG wird unter Betrieb die organisatorische Einheit verstanden, innerhalb derer der UN allein oder mit seinen **AN** mithilfe von technischen und immateriellen Mitteln bestimmte **arbeitstechnische Zwecke** fortgesetzt verfolgt.[1] Ein **Betrieb i. S. des Abs. 1** liegt daher vor, wenn die in der Betriebsstätte vorhandenen materiellen und immateriellen Betriebsmittel für den oder die verfolgten arbeitstechnischen Zwecke zusammengefasst, geordnet und gezielt eingesetzt werden und der Einsatz der menschlichen Arbeitskraft von einem einheitlichen Leitungsapparat gesteuert wird.[2] Der Betrieb ist daher funktional und nicht rein räumlich zu verstehen. Im Gegensatz zum Betrieb handelt es sich beim UN (z. B. GmbH, AG, KG usw.) um den Rechtsträger des Betriebes. Im Rahmen von sog. Matrix-Strukturen fällt die Feststellung, wo bzw. wer der einheitliche Leitungsapparat ist, schwer.[3] Die fachlichen und disziplinarischen Leitungsbefugnisse fallen auseinander. Allein die Tatsache, dass nur fachliche Leitungsfunktionen auf Personen – Matrixmanager – außerhalb des Betriebes übertragen werden, spricht nicht gegen die Annahme einer einheitlichen Leitungsmacht und damit eines Betriebs.[4] Der DGB-Reformentwurf[5] zum BetrVG sieht in § 1 Abs. 3 eine gesetzliche Definition des Betriebsbegriffs vor. Zudem sollen Änderungen in der betrieblichen Organisation, die die Zusammensetzung des BR beeinflussen können, mindestens sechs Monate vorher dem BR und den im Betrieb vertretenen Gewerkschaften mitgeteilt werden. Zum Begriff der »regelmäßig« beschäftigten AN vgl. § 9 Rn. 2f. Zur Wahlberechtigung und Wählbarkeit der AN vgl. §§ 7, 8.

2. Gemeinschaftsbetrieb mehrerer Unternehmen

a) Allgemeines

2 In einem **gemeinsamen Betrieb mehrerer Unternehmen (Gemeinschaftsbetrieb)** ist ein BR zu wählen, wenn die Voraussetzungen des Satzes 1 vorliegen. Mehrere Unternehmen betreiben einen gemeinsamen Betrieb, wenn »die in einer Betriebsstätte vorhandenen materiellen und immateriellen Mittel für einen einheitlichen arbeitstechnischen Zweck zusammengefasst, geordnet und gezielt eingesetzt werden und der Einsatz der menschlichen Arbeitskraft von einem einheitlichen Leitungsapparat gesteuert wird«.[6]

---

1 Vgl. BAG 24.10.19 – 2 AZR 85/19; 22.6.07 – 7 ABR 57/04.
2 BAG 23.11.16 – 7 ABR 3/15.
3 Vgl. ausführlich zum Problem: DKW-Trümner Rn. 78ff.; Schubert, Betriebliche Mitbestimmung in Unternehmen und Konzernen mit Matrixorganisation, Ffm. 2017 m.w.N.
4 DKW-Trümner Rn. 81a; Bachner, NZA 19, 134.
5 *https://aur-blog.eu/reformvorschlag/*.
6 BAG 11.2.04 – 7 ABR 27/03.

Diese einheitliche Leitung muss die wesentlichen Befugnisse eines AG in personellen und sozialen Angelegenheiten umfassen. Sie muss auf einer zumindest stillschweigend geschlossenen Führungsvereinbarung beruhen.[7] Kernfrage ist dabei, ob ein arbeitgeberübergreifender Personaleinsatz im normalen Betriebsablauf praktiziert wird.[8] Haben die UN eine gemeinsame, personenidentische Personalabteilung, die die wesentlichen Entscheidungen in personellen und sozialen Angelegenheiten trifft, spricht dies für eine einheitliche Leitung.[9] Hat eine für alle Konzernunternehmen zuständige Personalabteilung nur Servicefunktionen für die einzelnen UN und Betriebe, spricht dies gegen die einheitliche Leitung.[10] Auch wenn zwei oder mehr Betriebe auf eine sog. Personalservicegesellschaft zurückgreifen, die die Betriebsleitungen in Personalsachen berät und z. B. die Entgeltabrechnungen durchführt, aber keine Entscheidungen in mitbestimmungsrechtlich relevanten Bereichen trifft, soll aus der gemeinsamen Inanspruchnahme der Personalservicegesellschaft nicht auf eine gemeinsame Leitung geschlossen werden können.[11] Erfolgt die Steuerung des Personaleinsatzes und die Nutzung der Betriebsmittel nur durch ein Unternehmen, liegt eine einheitliche Leitung nicht vor.[12] Auch bei Restaurants derselben Franchisekette liegt ein gemeinsamer Betrieb nicht vor, wenn kein betriebsübergreifender Personaleinsatz stattfindet, der von der übergeordneten Leitungsebene gesteuert wird. Eine allein unternehmerische Zusammenarbeit reicht für die Annahme eines gemeinsamen Betriebes von zwei oder mehr UN nicht aus.[13] Allein die Tatsache, dass ein Unternehmen im Rahmen eines Konzernverhältnisses von einem anderen beherrscht wird, rechtfertigt nicht die Annahme eines gemeinsamen Betriebes bzw. einer Führungsvereinbarung.[14] Da eine solche meist nicht schriftlich vorliegt, wird aus der praktischen Durchführung der einheitlichen Leitung geschlossen, dass dieser eine **Führungsvereinbarung** zugrunde liegt. Wenn z. B. Unternehmen, die an einer ambulanten Dialyseeinrichtung beteiligt sind, wechselseitig dafür Personal (incl. Leitungspersonal) stellen und wechselseitig an der Personalleitung beteiligt sind, spricht dies für eine Führungsvereinbarung.[15] Nur der formale Abschluss einer Führungsvereinbarung, ohne dass diese in der Praxis auch umgesetzt wird, reicht nicht aus, um von einem gemeinsamen Betrieb zweier oder mehrerer

7 BAG a. a. O.
8 BAG 20. 2. 18 – 7 ABR 53/16; 18. 1. 12 – 7 ABR 72/10.
9 BAG 13. 8. 08 – 7 ABR 21/07.
10 LAG BB 18. 10. 18 – 5 TaBV 364/18.
11 BAG 13. 8. 08 – 7 ABR 21/07.
12 BAG, NZA 05, 1248 f.
13 BAG 23. 11. 16 – 7 ABR 3/15, NZA 17, 1003; vgl. zur Zusammenarbeit in einer Mediengruppe (gem. Betrieb vereint) LAG BB 27. 1. 2015 – 11 Sa 868/14.
14 BAG 11. 12. 07, NZA-RR 2008, 298.
15 LAG MV 13. 6. 17 – 5 Sa 209/16.

UN auszugehen.[16] Liegen die – widerlegbaren – Voraussetzungen eines der beiden Vermutungstatbestände nach Abs. 2 vor, wird der gemeinsame Betrieb und damit auch die gemeinsame Leitung samt Führungsvereinbarung vermutet.[17] Die Vermutungsregeln des Abs. 2 sollen es der Praxis erleichtern festzustellen, wann ein gemeinsamer Betrieb gegeben ist. Ein gemeinsamer Betrieb zweier UN liegt aber nicht nur in den beiden Fällen der Vermutungen des Abs. 2 vor. Liegen die Voraussetzungen der Vermutungstatbestände nicht vor, ist nach o. g. Grundsätzen zu prüfen, ob mehrere UN einen Gemeinschaftsbetrieb betreiben.[18] Folgende tatsächliche Umstände werden u. a. von der Rspr. bei der Beantwortung der Frage, ob ein gemeinsamer Betrieb vorliegt, herangezogen:[19]

- gemeinsame Nutzung von Räumen;
- gemeinsame Einrichtungen für die Arbeitnehmer der Unternehmen, wie z. B. Betriebsrestaurant, Kindergarten, Personalabteilung, Lohnbuchhaltung, Druckerei;
- gemeinsame Durchführung von Ausbildung;
- Personenidentität der Geschäftsführung; gem. Nutzung von Betriebsmitteln; Arbeitnehmertausch; einheitliche Dienst- bzw. Urlaubspläne.

Eine steuerliche Organschaft zweier Unternehmen (§ 2 Abs. 2 Nr. 2 UStG) kann ein Indiz für einen gemeinsamen Betrieb sein. Sie allein begründet ihn aber nicht.[20]

Auch dann, wenn die Vermutungstatbestände nicht gegeben sind, kann ein gemeinsamer Betrieb vorliegen.[21] Dies kann der Fall sein, wenn betriebsangehörige AN durch Leih-AN einer unternehmenseigenen Personalservicegesellschaft ersetzt werden, ohne dass die betriebliche Organisation sonst verändert wird.[22]

Wird für ein UN, das mit einem anderen UN einen Gemeinschaftsbetrieb unterhält, das Insolvenzverfahren eröffnet, löst sich der Gemeinschaftsbetrieb auf. Etwas anderes gilt nur dann, wenn der Insolvenzverwalter aktiv den Gemeinschaftsbetrieb fortführt.[23]

Steht fest, dass die organisatorischen Voraussetzungen für einen Gemeinschaftsbetrieb nicht vorliegen, kommt es auf die Vermutung eines einheit-

---

16 BAG 8.3.22 – 1 ABR 19/21; 20.2.18 – 1 ABR 53/16.

17 Muster einer Führungsvereinbarung brwo-Trittin, § 1 Führungsvereinbarung zum gemeinsamen Betrieb.

18 BAG 11.2.04 – 7 ABR 27/03; vgl. DKW-Trümner, Rn. 92 ff.; vgl. Fitting, Rn. 84 ff.

19 DKW-Trümner, Rn. 96.

20 BAG, DB 05, 1914.

21 BAG 23.11.16 – 7 ABR 3/15.

22 LAG Nds. 20.1.09 – 13 TaBV 3/08; a. A. LAG Düsseldorf 15.1.09 – 15 TaBV 379/08.

23 LAG Köln 26.6.18 – 7 Sa 794/17.

lichen Leitungsapparates (Abs. 2) nicht an.[24] Ein gemeinsamer Betrieb liegt dann nicht vor. Sofern mehrere UN mehrere gemeinsame Betriebe führen, hat dies nicht zur Folge, dass diese zu einem einzigen gemeinsamen Betrieb werden. Eine Zusammenfassung mehrerer gemeinsamer Betriebe kann nicht über § 1 Abs. 1 Satz 2, Abs. 2 erfolgen.[25]

Liegt ein gemeinsamer Betrieb mehrerer Unternehmen vor, ist dessen AN-Zahl – und nicht die der einzelnen am gemeinsamen Betrieb beteiligten Unternehmen – für die Schwellenwerte des BetrVG maßgebend; dies gilt auch für die Schwellenwerte beim Interessenausgleich und Sozialplan (§ 111 ff.).[26]

Wird der gemeinsame Betrieb mehrerer UN aufgelöst und werden die einzelnen Betriebsteile fortgeführt, hat dies nicht automatisch zur Folge, dass der ursprüngliche Betrieb untergeht. Dies hängt vielmehr davon ab, ob die Identität des Betriebs erhalten bleibt.[27]

b) Gemeinsame arbeitstechnische Zwecke

Nach **Abs. 2 Nr. 1** wird ein **Gemeinschaftsbetrieb** widerlegbar vermutet, 3
wenn von den UN die in einer Betriebsstätte vorhandenen materiellen und immateriellen Betriebsmittel für den oder die arbeitstechnischen Zwecke genutzt und die AN von einer einheitlichen Leitung gemeinsam eingesetzt werden.[28] Dabei ist nicht entscheidend, zu welchem der UN (AG) die AN in einem Arbeitsverhältnis stehen. Ein typisches Beispiel für einen solchen Gemeinschaftsbetrieb ist ein von mehreren UN betriebenes **Rechenzentrum**. Liegen die Voraussetzungen der gemeinsamen Nutzung der Betriebsmittel bzw. des gemeinsamen Einsatzes der AN vor, was nicht nur in der gemeinsamen räumlichen Unterbringung, sondern auch in der personellen, technischen und organisatorischen Verknüpfung der Arbeitsabläufe sichtbar werden kann, wird gesetzlich eine **einheitliche Leitung vermutet**.[29] Dabei ist nicht erforderlich, dass die Leitungsfunktion auch wirtschaftliche Angelegenheiten umfasst. Es genügt, wenn sie sich auf **soziale und personelle Angelegenheiten** erstreckt.[30] Die vom Gesetz vermutete Leitungsfunktion kann von den beteiligten UN, wenn es darüber zu einem Rechtsstreit kommt, in dem dann zu führenden Beschlussverfahren **widerlegt** werden.

---

24 BAG 13.2.13 – 7 ABR 36/11.
25 BAG 18.1.12 – 7 ABR 72/10.
26 LAG Düsseldorf 19.8.14 – 17 Sa 67/14; DKW-Trümner § 1 Rn. 195; DKW-Däubler § 111 Rn. 33.
27 BAG 8.3.22 – 1 ABR 19/21.
28 BAG 13.8.08 – 7 ABR 21/07.
29 Vgl. BAG 22.6.05 – 7 ABR 57/04.
30 Vgl. BAG 18.1.90 – 2 AZR 355/89.

c) Folgen der Unternehmensspaltung

4 Die zweite Vermutungsregelung (**Abs. 2 Nr. 2**) betrifft den Fall, dass im Zuge der **Spaltung** eines UN von einem Betrieb dieses UN ein oder mehrere Betriebsteile einem anderen UN, das an der Spaltung beteiligt ist, zugeordnet werden. Der Begriff der Spaltung umfasst die Fälle der **Aufspaltung**, der **Abspaltung** und der **Ausgliederung**. Voraussetzung für die Anwendung der Vermutungsregelung des Abs. 2 Nr. 2 ist, dass sich die Organisation des gespaltenen Betriebs nicht wesentlich ändert. Die an der Spaltung beteiligten UN wollen den Betrieb als gemeinsamen Betrieb weiterführen, um auch zukünftig die Vorteile eines eingespielten Betriebs und seiner Organisation nutzen zu können. Ein wesentliches Indiz dafür, dass sich die Organisation des betroffenen Betriebs nicht wesentlich ändert, besteht in der **gemeinsamen Benutzung** wesentlicher materieller und immaterieller Betriebsmittel; darüber hinaus auch darin, dass die personelle, technische und organisatorische Verknüpfung der Arbeitsabläufe im Wesentlichen gleich bleibt. Die gesetzliche Vermutung eines gemeinsamen Betriebs ist auch bei dieser Vermutungsregelung widerlegbar. Im Streitfall haben die ArbG im Wege des **Beschlussverfahrens** zu entscheiden.

§ 2 Stellung der Gewerkschaften und Vereinigungen der Arbeitgeber

(1) Arbeitgeber und Betriebsrat arbeiten unter Beachtung der geltenden Tarifverträge vertrauensvoll und im Zusammenwirken mit den im Betrieb vertretenen Gewerkschaften und Arbeitgebervereinigungen zum Wohl der Arbeitnehmer und des Betriebs zusammen.

(2) Zur Wahrnehmung der in diesem Gesetz genannten Aufgaben und Befugnisse der im Betrieb vertretenen Gewerkschaften ist deren Beauftragten nach Unterrichtung des Arbeitgebers oder seines Vertreters Zugang zum Betrieb zu gewähren, soweit dem nicht unumgängliche Notwendigkeiten des Betriebsablaufs, zwingende Sicherheitsvorschriften oder der Schutz von Betriebsgeheimnissen entgegenstehen.

(3) Die Aufgaben der Gewerkschaften und der Vereinigungen der Arbeitgeber, insbesondere die Wahrnehmung der Interessen ihrer Mitglieder, werden durch dieses Gesetz nicht berührt.

Inhaltsübersicht Rn.

1. Grundsätze der Zusammenarbeit

Das Gebot der »vertrauensvollen Zusammenarbeit« in Verbindung mit dem Verbot von Arbeitskämpfen zwischen BR und AG (§ 74 Abs. 2; s. § 74 Rn. 2) liegt dem BetrVG als Grundkonzeption zugrunde. BR und AG haben sich am (nicht definierten) Wohl des Betriebes und dem Wohl der Arbeitnehmer zu orientieren. Der BR ist aber Interessenvertreter der AN.[1] Mit dem Gebot der vertrauensvollen Zusammenarbeit wird eine gesetzliche Forderung aufgestellt, keineswegs aber die betriebliche Wirklichkeit beschrieben. 1

Aus dem Gebot der vertrauensvollen Zusammenarbeit folgen für BR und AG wechselseitige Rücksichtnahmepflichten. Diese gebieten u.a. alles zu unterlassen, was der Wahrnehmung eines konkreten Mitbestimmungsrechts des BR entgegensteht.[2] Aus dem Gebot der vertrauensvollen Zusammenarbeit können aber keine weiteren, über die im BetrVG genannten Rechte und Pflichten hinausgehenden Ansprüche hergeleitet werden.[3]

Der Grundsatz der vertrauensvollen Zusammenarbeit **wird verletzt**, wenn der AG Urlaubsgrundsätze vor der kurz bevorstehenden Konstituierung des neu gewählten BR einführt.[4] Gleiches gilt, wenn einzelne BR-Mitgl. Werkszeitungen, die Betriebsinterna enthalten, auf ihrer Homepage im Internet veröffentlichen (vgl. § 74 Rn. 3).[5] Es widerspricht auch der vertrauensvollen Zusammenarbeit, wenn der AG bei von ihm gemachten Regelungsvorschlägen dem BR für den Fall der Ablehnung das rechtsmissbräuchliche Ausweichen auf mitbestimmungsfreie Regelungsspielräume androht.[6] Eine Verletzung des Grundsatzes liegt auch vor, wenn der AG seine Informationspflichten bei Eingruppierungen verletzt, indem er dem BR standardisierte Eingruppierungsunterlagen die er benutzt, vorenthält.[7] Auch dürfen die Betriebsparteien keine Personen zu Einigungsstellenbeisitzern benennen, die offensichtlich ungeeignet sind, um über die von Est. zu entscheidenden Fragen zu befinden.[8] Zur Frage, ob ein grober Verstoß gegen das Gebot der vertrauensvollen Zusammenarbeit seitens des BR (unzulässige Rechtsausübung) Unterlassungsansprüchen ggü. dem AG entgegenstehen kann,[9] s. § 23 Rn. 2.

Der Grundsatz der vertrauensvollen Zusammenarbeit **wird nicht verletzt**, wenn der BR in einem innerbetrieblichen Aushang sachlich mit-

1 BAG 2.11.55 – 1 ABR 30/54.
2 BAG 28.5.14 – 7 ABR 36/12; 18.5.10 – 1 ABR 6/09.
3 BAG 28.5.14 – 7 ABR 36/12.
4 LAG RP 19.2.09 – 11 TaBV 29/08.
5 HessLAG 15.7.04 – 9 TaBV 190/03.
6 BAG 26.5.98 – 1 AZR 704/97.
7 LAG Köln 16.4.15 – 7 TaBV 17/14.
8 BAG 28.5.14 – 7 ABR 36/12, NZA 14, 1213, im konkreten Fall verneint (Beleidigung von leit. Ang.).
9 So, für einen Ausnahmefall BAG 12.3.19 – 1 ABR 42/17, NZA 19 843.

bestimmungswidriges Verhalten des Arbeitgebers darstellt und den Namen der Personalleiterin nennt.[10] Der BR darf das Logo des Unternehmens auf seinem Briefpapier verwenden. Dies gilt auch, wenn das Logo als Marke geschützt ist. Aus dem Grundsatz der vertrauensvollen Zusammenarbeit folgt, dass er grundsätzlich das gleiche Briefpapier verwenden darf wie der AG; es darf nicht durch Verwendung eines anderen Briefpapiers der Eindruck entstehen, der BR sei nicht Teil des Betriebes und außenstehend.[11] Aus den Schreiben des BR muss nur klar hervorgehen, dass der BR Absender ist und nicht der AG. Der BR ist berechtigt, im Rahmen seiner Aufgaben eigenständig Mitarbeiter mittels Fragebögen zu befragen. Aus dem Gebot der vertrauensvollen Zusammenarbeit folgt nicht, dass der BR vorher den Arbeitgeber um Erlaubnis fragen muss.[12] Es liegt ein Verstoß vor, wenn der alte BR und der AG kurz vor einer Neuwahl allein die Kündigungsmöglichkeit von BVen so verändern, dass der neu gewählte BR während seiner Amtszeit praktisch keine Möglichkeit hat, diese neu zu verhandeln.[13]

Der Grundsatz der vertrauensvollen Zusammenarbeit gebietet daher auch, dass der AG gegenüber dem BR keine vollendeten Tatsachen schafft. Der BR kann andernfalls die Unterlassung mitbestimmungswidriger Maßnahmen verlangen.[14] Im Übrigen erstreckt sich die geforderte Zusammenarbeit nicht nur auf das Verhältnis zwischen AG und BR. Der BR ist darüber hinaus verpflichtet, in allen Fragen mit der im Betrieb vertretenen Gew. zusammenzuarbeiten.

AG und BR haben die im Betrieb geltenden Tarifverträge, seien es Haus- oder Flächentarifverträge, zu beachten. Sie dürfen also durch ihre Zusammenarbeit die geltenden Tarifverträge nicht verletzen (zu den Einzelheiten des Verhältnisses zwischen TV und BV s. § 87 Rn. 6).[15]

Der Grundsatz der vertrauensvollen Zusammenarbeit gilt nicht für das Verhältnis zwischen Gew. und AG.[16]

2. Die Gewerkschaftseigenschaft

2 Die Gew.-Eigenschaft kommt nicht jeder AN-Vereinigung zu. Der Gew.-Begriff deckt sich nicht mit dem Koalitionsbegriff des Art. 9 Abs. 3 GG, sondern ist enger zu verstehen. Die Gew.-Eigenschaft kommt bei Anwendung des § 2 und bei den gewerkschaftlichen Unterstützungs- und Bera-

10 LAG SH 1.4.09 – 3 TaBVGa 2/09.
11 ArbG Oberhausen 15.12.10 – 1 BV 58/10.
12 Sächsisches LAG 15.7.22 – 4 TaBVGa 1/22, NZA-RR 23, 250.
13 HessLAG 3.3.11 – 9 TaBV 168/10.
14 BAG 3.5.94 – 1 ABR 24/93.
15 Vgl. DKW-Berg, Rn. 71 f.
16 Sächsisches LAG 27.3.06 – 3 TaBV 6/06; DKW-Berg Rn. 4 m.w.N.; a.A. BAG 14.2.67 – 1 ABR 7/66 für Arbeit von Gew. im Rahmen des BetrVG.

tungsfunktionen im Rahmen dieses Gesetzes nur den AN-Vereinigungen (Koalitionen) zu, die auch tariffähig sind (h. M.).[17] Nach der Rspr. des BAG müssen Gew. folgende Voraussetzungen erfüllen: freiwilliger Zusammenschluss; demokratische Binnenstruktur; unabhängig in ihrem Bestand vom Wechsel der Mitgl.; Gegnerfreiheit (in der Willensbildung von den AG unabhängig; Arbeitgeber können nicht Mitglied sein); Unabhängigkeit von Staat, Kirchen und Parteien; Eintreten für eine Verbesserung der Arbeits- und Wirtschaftsbedingungen der Mitgl. auf kollektivvertraglicher Basis; überbetriebliche Organisation; Bereitschaft zum Arbeitskampf und dabei soziale Mächtigkeit, damit auf die AG-Seite wirkungsvoller Druck ausgeübt werden kann.[18] Die Tariffähigkeit ist unteilbar, d. h. die Gewerkschaft. muss als Ganzes tariffähig sein.[19]

Die Gew. muss sozial mächtig und von ihrem organisatorischen Aufbau her in der Lage sein, die ihr gestellten Aufgaben zu erfüllen.[20] Die Christliche Gewerkschaft Bergbau, Chemie und Energie (CGBCE),[21] die Christliche Gewerkschaft Holz und Bau (CGHB),[22] die Christliche Gewerkschaft Deutschlands (CGD),[23] der Interessenverband »Bedienstete der Technischen Überwachung« (BTÜ),[24] die »Gewerkschaft der Neuen Brief- und Zustelldienste« (GNBZ),[25] die »Gewerkschaft Kunststoffgewerbe und Holzverarbeitung im Christlichen Gewerkschaftsbund« (GKH),[26] »Arbeitnehmerverband land- und ernährungswirtschaftlicher Berufe (ALEB) im CGB«,[27] »medsonet – Die Gesundheitsgewerkschaft e. V.«[28], die NAG Neue Assekuranz Gewerkschaft e. V.[29] sind **keine tariffähigen Gew**. Auch die »Freie Arbeiter Union«

---

17 Vgl. etwa DKW-Berg, Rn. 11 ff., Fitting, Rn. 33; zu den Auswirkungen fehlender Gewerkschaftseigenschaft auf Aufsichtsratswahlen BAG 15. 5. 19 – 7 ABR 35/17, NZA 19, 1595.

18 Vgl. etwa BAG 28. 3. 06 – 1 ABR 58/04, NZA 06, 1112; BAG 6. 6. 00, NZA 01, 160; vgl. aber auch BVerfG, DB 82, 231 zum Sonderfall eines Hausgehilfinnenverbandes. Vgl. BVerfG 11. 7. 17 – 1 BvR 1571/15 – Tarifeinheitsgesetz – NZA 17, 915 in dem das BVerfG ausdrücklich diese Rspr. billigt.

19 BAG 13. 9. 22 – 1 ABR 24/21.

20 BAG 5. 10. 10 – 1 ABR 88/09; 15. 3. 77.

21 BAG 16. 1. 90 – 1 ABR 10/89.

22 BAG 16. 1. 90 – 1 ABR 93/88.

23 ArbG Gera 17. 10. 02 – 2 BV 3/00.

24 BAG 6. 6. 00 – 1 ABR 10/99.

25 LAG Köln 20. 5. 09 – 9 TaBV 105/08, AuR 09, 316.

26 BAG 5. 10. 10 – 1 ABR 88/09.

27 ArbG Bonn 31. 10. 12 – 4 BV 90/12.

28 BAG 11. 6. 13 – 1 ABR 33/12.

29 HessLAG 9. 4. 2015 – 9 TaBV 225/14, NZA-RR 15, 482; die dagegen gerichtete Verfassungsbeschwerde wurde nicht zur Entscheidung angenommen; BVerfG 13. 9. 19 – 1 BvR 1/16, NZA 19, 1649.

(FAU)[30] ist keine tariffähige Gew. Die »Tarifgemeinschaft Christlicher Gewerkschaften für Zeitarbeit und Personalserviceagenturen« (CGZP), die Tarifverträge im Bereich der Leiharbeit geschlossen hat, ist nicht tariffähig.[31] »medsonet – Die Gesundheitsgewerkschaft« ist ebenfalls keine tariffähige Gew.[32] Der »DHV – die Berufsgewerkschaft e. V.« ist keine tariffähige Gewerkschaft.[33] Zu weiteren Entscheidungen, in denen die Rspr. die Gew.-Eigenschaft verneint hat, vgl. DKW-Berg, Rn. 64.
Die Christliche Gewerkschaft Metall besitzt die Eigenschaften einer Gew. im Rechtssinn.[34] Auch die unabhängige Flugbegleiterorganisation e. V. (UFO) ist als **Gewerkschaft anerkannt**.[35] Ebenso ver.di.[36]

3. Zugangsrecht des Gewerkschaftsvertreters

3 Der Zugang zum Betrieb durch Gew.-Vertr. erstreckt sich auf alle Betriebsbereiche, die im Zusammenhang mit der Wahrnehmung der betriebsverfassungsrechtlichen Unterstützungsfunktion aufgesucht werden müssen.[37] Das Zugangsrecht zur Wahrnehmung von Aufgaben nach dem BetrVG ist unabhängig von den Rechten der Gewerkschaft als Koalition (zum Zugangsrecht zur Mitgliederwerbung s. Rn. 7). § 2 Abs. 2 umfasst auch das Recht, Zugang zum Betrieb zum Zwecke der Gewinnung von Wahlbewerbern sowie Kandidaten für den Wahlvorstand zu erhalten. Dies kann auch im Wege der e. V. durchgesetzt werden.[38] Dabei sind die im Gesetz aufgeführten Aufgaben der Gew. nicht erschöpfend. Ein Zugangsrecht besteht auch dann, wenn die Gew. Aufgaben wahrzunehmen hat, die in einem inneren Zusammenhang zum BetrVG stehen und an deren Lösung sie ein berechtigtes Interesse hat.[39] Die Gew. ist im Betrieb vertreten, wenn sie in ihm mindestens ein Mitgl. hat.[40] Die Gew. entscheidet allein über die Auswahl des Gew.-Beauftragten, durch

30 LAG BB 16. 2. 10 – 19 SaGa 2480/09, juris.
31 BAG 14. 12. 10 – 1 ABR 19/10, brwo.
32 BAG 11. 6. 13 – 1 ABR 33/12.
33 BAG 22. 6. 21 – 1 ABR 28/20; die gegen die Entscheidung erhobene Verfassungsbeschwerde hat das BVerfG nicht zur Entscheidung angenommen, BVerfG 31. 5. 22 – 1 BvR 2387/21.
34 BAG 28. 3. 06 – 1 ABR 58/04, zur Kritik an dieser Entscheidung s. DKW-Berg Rn. 53.
35 BAG 14. 12. 04 – 1 ABR 51/03.
36 BAG 13. 9. 22 – 1 ABR 24/21.
37 Zum Zutrittsrecht zu ausgelagerten Arbeitsplätzen vgl. BAG, DB 89, 2439; zum Zugangsrecht bei Sitzungen des Wahlvorstandes vgl. Sächs. LAG 27. 3. 06 – 3 TaBV 6/06.
38 ArbG Verden 7. 10. 13 – 1 BVGa 1/13; LAG Köln 8. 1. 13 – 11 TaBVGa 9/12.
39 BAG 26. 6. 73 – 1 ABR 24/72; vgl. auch BAG, AuR 89, 259.
40 BAG 10. 11. 06 – 7 ABR 19/04; HessLAG 9. 7. 15 – 9 TaBV 37/15.

den sie ihr Zugangsrecht wahrnimmt.[41] Nur ausnahmsweise kann der Arbeitgeber einem bestimmten Beauftragten den Zugang verwehren, wenn z. B. der Gew.-Vertr. den AG grob beleidigt hat und eine Wiederholung zu befürchten ist oder der Gew.-Vertr. wiederholt und eindeutig seine gesetzlichen Aufgabenbefugnisse überschritten hat. Sachliche Auseinandersetzungen, wenn auch in scharfer Form, berechtigen den AG nicht zur Verweigerung des Zugangs.[42] Auch eine »Prangeraktion«, bei der der AG scharf kritisiert wird, rechtfertigt kein Zugangsverbot für einen Gew.-Beauftragten. Sachliche, aber in scharfer Form ausgetragene Meinungsverschiedenheiten sind im Rahmen der Ausübung des Grundrechts der Koalitionsfreiheit gedeckt.[43] Die Gew. kann auch mehrere Gew.-Beauftragte in den Betrieb entsenden, wenn dies sachgerecht ist.[44] Der DGB-Reformentwurf zum BetrVG sieht in § 2 ausdrücklich ein Zugangsrecht zu den betrieblichen elektronischen Kommunikationsmitteln vor. Ebenso ein ausdrückliches Zugangsrecht zur Mitgliedergewinnung.[45]

Es bedarf nur der Unterrichtung des AG über den Zugang, nicht seines Einver- **4**
ständnisses.[46] Die Unterrichtung ist an keine besondere Form gebunden. Sie kann mündlich – d. h. auch telefonisch – oder schriftlich erfolgen. Die Gew. kann auch ein BR-Mitgl. bitten, in ihrem Auftrag die Unterrichtung vorzunehmen. Die Gew. hat selbst darüber zu befinden, wen sie als Beauftragten entsenden will. Das können somit auch AN eines anderen Betriebs als ehrenamtliche Funktionäre oder hauptberufliche Angestellte der Gew. sein.[47]

Die Gew. braucht nicht im Einzelnen den Besuchszweck anzugeben. Sie **5**
muss aber deutlich machen, dass sie ihre Aufgaben nach dem BetrVG bzw. ihre Rechte als Koalition wahrnehmen will. Vielfach wird eine Unterrichtung unmittelbar vor Beginn des Zugangs ausreichen. Die ArbG verlangen in der Praxis allerdings z. T. längere Ankündigungsfristen.[48] Nimmt die Gew. ihr Zugangsrecht zur Wahrnehmung ihrer Aufgaben nach dem BetrVG wahr, kann es keine längeren Ankündigungsfristen geben, z. B. wenn die Einladung zu einer BR Sitzung kurzfristig erfolgt ist. Die Rspr. sieht für das Zugangsrecht als Koalition (Werbung von Mitgliedern) eine Regelfrist von einer Woche vor.[49] Die formelle Unterrichtung des AG ist dann nicht erforderlich, wenn dieser ausdrücklich oder stillschweigend darauf verzichtet hat. Das kann sich auch aus einer entsprechenden Übung ergeben. Den im

41 BAG 14.2.78 – 1 AZR 280/77; LAG Hamm 25.1.08 – 10 TaBV 75/07; LAG Hamm 12.9.08 – 10 TABV 25/08.
42 LAG Hamm a.a.O.
43 HessLAG 3.2.11 – 9 TABV 137/10.
44 ArbG Gießen 5.10.18 – 7 BV 15/17.
45 *https://aur-blog.eu/reformvorschlag/*.
46 Muster s. DKW-F-Berg, Rn. 2.
47 BAG 14.2.78 – 1 AZR 280/77.
48 36 Stunden ArbG Verden a.a.O.; zwei Tage LAG Köln a.a.O.
49 BAG 22.6.10 – 1 AZR 179/09; LAG Köln 16.9.16 – 10 Sa 328/16.

letzten Halbsatz genannten Einschränkungen des Zugangsrechts kommt keine wesentliche praktische Bedeutung zu. Auch vor einem Arbeitskampf bestehen keine Beschränkungen für das Zugangsrecht der Gew. zur Wahrnehmung der betriebsverfassungsrechtlichen Aufgaben.

6 Kommt es zum gerichtlichen Streitverfahren, kann der Nachweis, dass die Gew. im Betrieb vertreten ist, auf jede dem Gericht geeignet erscheinende Weise erfolgen, wie etwa durch die Vernehmung eines Gew.-Sekretärs als Zeugen, wobei die Namensnennung der Gew.-Mitgl., die dem Betrieb angehören, nicht erforderlich ist,[50] oder durch notarielle Erklärung.[51] Dabei reicht der Nachweis, dass ein AN Mitglied der Gewerkschaft ist, aus (zur Frage Vertretensein und Tarifzuständigkeit s. § 16 Rn. 6).[52] Die außergerichtlichen Kosten für ein arbeitsgerichtliches Beschlussverfahren zur Durchsetzung des Zugangsrechts nach § 2 Abs. 2 sind einer Gew. vom AG nicht zu erstatten.[53] Für Zugangsrechte im Zusammenhang mit Betriebsratswahlen allerdings gibt es einen Kostenerstattungsanspruch (s. § 20 Rn. 3).

4. Koalitionsaufgaben der Gewerkschaften und Arbeitgeberverbände

7 Rechte von Gewerkschaften, die sich aus Art. 9 Abs. 3 GG ergeben, werden vom BetrVG nicht berührt. Sie dürfen unabhängig von ihren Aufgaben nach dem BetrVG ihre Aufgaben als Koalition gem. Art. 9 Abs. 3 GG wahrnehmen. Hierzu zählt insbesondere die Werbung für ihre Ziele und die von Mitgliedern.[54] Auch die bei BR-Wahlen übliche Wahlwerbung der Gew. gehört zu ihren koalitionsrechtlichen Befugnissen.[55] Die im Betrieb vertretene Gew. darf als Koalition im betrieblichen Bereich durch betriebsfremde Gew.-Beauftragte beratend tätig werden; z. B. durch Anbringen von Informationen am »Schwarzen Brett«.[56] Gew. haben grundsätzlich ein Zutrittsrecht zu Betrieben, um dort auch durch betriebsfremde Beauftragte Mitgliederwerbung zu betreiben.[57] Erforderlich ist, so das BAG,[58] im Einzelfall eine Interessenabwägung. Dabei hat die Gew. das Vorrecht einzuschätzen, welche Räumlichkeiten des AG am besten für die Mitgliederwerbung geeignet sind (z. B. Pausen- oder Seminarraum).[59] Dem Zugangsrecht können

50 BAG 25. 3. 92 – 7 ABR 65/90.
51 BAG a. a. O.; BVerfG 21. 3. 94 – 1 BvR 1485/93.
52 BAG 10. 11. 04 – 7 ABR 19/04.
53 BAG 2. 10. 07 – 1 ABR 59/06.
54 Vgl. DKW-Berg Rn. 105, 120 m. w. N.
55 Vgl. BVerfG 24. 2. 99 – 1 BvR 123/99.
56 Zu der teilweise einschränkenden Rspr. des BAG vgl. DKW-Berg, Rn. 120 f.
57 BAG 28. 2. 06 – 1 AZR 460/06.
58 A. a. O.
59 LAG Bremen 26. 11. 13 – 1 Sa 74/13.

Belange des Arbeitgebers, wie das Interesse am störungsfreien Betriebsablauf, die Wahrung des Betriebsfriedens, Geheimhaltungs- oder Sicherheitsinteressen entgegenstehen.[60] Will eine Gewerkschaft aber z. B. während der Kantinenöffnungszeiten vor der Kantine Mitgliederwerbung durch betriebsfremde Beauftragte betreiben, sind in der betrieblichen Praxis kaum Interessen des Arbeitgebers denkbar, die diesem Anspruch entgegenstehen. Das BAG geht davon aus, dass im Regelfall einmal pro Kalenderhalbjahr der Zugang zum Betrieb zum Zwecke der Mitgliederwerbung von der Gew. verlangt werden kann.[61] Diese Rspr. verkennt die Erfordernisse von Werbung. Eine Beschränkung auf zweimal im Jahr als Regelfall ist mit dem Zweck der Werbung – Erhalt, Bildung, Förderung, der Koalition nicht im Einklang. Eine Beschränkung ist im Übrigen nicht erforderlich. Entgegenstehende Rechte des AG könne im Einzelfall berücksichtigt werden. Verlangt die Gew. häufiger Zugang, muss sie die Notwendigkeit weiterer betrieblicher Werbemaßnahmen im Einzelnen darlegen.[62] Denkbar sind z. B. Einzelfall bezogene Werbemaßnahmen im Rahmen einer Tarifrunde, im Zusammenhang von Auseinandersetzungen über einen Tarifsozialplan. Die Gew. hat den Arbeitgeber vorher über den Zeitpunkt und die Anzahl der Beauftragten zu informieren.[63] Ihren Anspruch kann die Gewerkschaft auch im Wege einer einstweiligen Verfügung durchsetzen.

AG und BR können die sich aus dem Gesetz und Art. 9 GG ergebenden Gewerkschaftsrechte nicht regeln.[64] Gewerkschaftsmitglieder dürfen, sofern keine nachhaltige Störung von Arbeitsprozessen oder des Betriebsfriedens entsteht, auch während ihrer Arbeitszeit für ihre Gewerkschaft werben.[65] Der Versand von E-Mails durch Gewerkschaftsmitglieder außerhalb ihrer Arbeitszeit von ihrem privaten E-Mail-Anschluss an andere Arbeitnehmer an deren betriebliche E-Mail-Adresse stellt keine Verletzung von arbeitsvertraglichen Pflichten dar.[66] Der BR ist berechtigt, Tarifinformationen einer Gew. ins Intranet, zu dem er Zugang hat, zu stellen (vgl. § 74 Rn. 3).[67]

---

60 Vgl. LAG Niedersachsen 4. 11. 19 – 8 Sa 460/19, Zutritt verneint bei sehr kleinen Filialen eines Blumenhändlers.

61 BAG 22. 6. 10 – 1 AZR 179/09; ihm folgend LAG Berlin-Brandenburg 3. 8. 11 – 4 Sa 839/11; ausführlich zur Kritik der abzulehnenden Entscheidung DKW-Berg Rn. 109 ff.

62 BAG a. a. O.; Ratayczak, Anm. zu BAG a. a. O., AiB 2011, 137.

63 BAG a. a. O.; geht von einer Regelfrist von einer Woche aus; ebenso LAG Köln 16. 9. 16 – 10 Sa 328/16.

64 BAG 28. 7. 20 – 1 ABR 41/18; vgl. DKW-Berg § 2 Rn. 47a.

65 Vgl. BVerfG 14. 11. 95 – 1 BvR 601/92, vgl. BAG 28. 2. 06 – 1 AZR 460/04 DKW-Berg, Rn. 122.

66 LAG SH, AiB 01, 305 m. Anm. Klebe/Wedde.

67 LAG Hamm 12. 3. 04 – 10 TaBV 161/03; vgl. zum Zugang einer Gewerkschaft zum Intranet ArbG Bonn 1. 5. 22 – 2 Ca 93/22.

Auch darf eine tarifzuständige Gew. E-Mails an die betrieblichen E-Mail-Adressen von AN senden. Dies gilt auch, wenn der AG die Privatnutzung von E-Mails untersagt hat. Es bedarf auch keiner gesonderten Aufforderung durch die AN zum Zusenden von Gewerkschaftswerbung per E-Mail. Das Recht einer Gew., AN auch per E-Mail mit Informationen und Werbung für die Gew. anzusprechen, folgt aus Art. 9 Abs. 3 GG. Grundrechte des AG haben zurückzustehen, solange der Versand der E-Mails nicht zu nennenswerten Störungen des Betriebsablaufs oder wirtschaftlichen Belastungen des AG führt.[68] Die zunehmend weite Verbreitung von Arbeit im Homeoffice und mobiler Arbeit macht deutlich, dass Teile der AN im klassischen Betr. nicht mehr zu erreichen sind. Darum bedarf es eines Zugangs zu den digitalen Kommunikationskanälen (Intranet, Social Media usw.) in den Betrieben für die Gew. Diesen hat der AG zu gewähren und einzurichten (s. § 74 Rn. 6). Zur Nutzung von dienstlichen E-Mail-Accounts ohne Privatnutzung im Zusammenhang mit einem Arbeitskampf s. § 74 Rn. 2.

§ 3 Abweichende Regelungen

(1) Durch Tarifvertrag können bestimmt werden:

1. für Unternehmen mit mehreren Betrieben
   a) die Bildung eines unternehmenseinheitlichen Betriebsrats oder
   b) die Zusammenfassung von Betrieben,

   wenn dies die Bildung von Betriebsräten erleichtert oder einer sachgerechten Wahrnehmung der Interessen der Arbeitnehmer dient;

2. für Unternehmen und Konzerne, soweit sie nach produkt- oder projektbezogenen Geschäftsbereichen (Sparten) organisiert sind und die Leitung der Sparte auch Entscheidungen in beteiligungspflichtigen Angelegenheiten trifft, die Bildung von Betriebsräten in den Sparten (Spartenbetriebsräte), wenn dies der sachgerechten Wahrnehmung der Aufgaben des Betriebsrats dient;

3. andere Arbeitnehmervertretungsstrukturen, soweit dies insbesondere aufgrund der Betriebs-, Unternehmens- oder Konzernorganisation oder aufgrund anderer Formen der Zusammenarbeit von Unternehmen einer wirksamen und zweckmäßigen Interessenvertretung der Arbeitnehmer dient;

4. zusätzliche betriebsverfassungsrechtliche Gremien (Arbeitsgemeinschaften), die der unternehmensübergreifenden Zusammenarbeit von Arbeitnehmervertretungen dienen;

5. zusätzliche betriebsverfassungsrechtliche Vertretungen der Arbeitnehmer, die die Zusammenarbeit zwischen Betriebsrat und Arbeitnehmern erleichtern.

---

68 BAG 20.1.09 – 1 AZR 515/08.

(2) Besteht in den Fällen des Absatzes 1 Nr. 1, 2, 4 oder 5 keine tarifliche Regelung und gilt auch kein anderer Tarifvertrag, kann die Regelung durch Betriebsvereinbarung getroffen werden.

(3) Besteht im Fall des Absatzes 1 Nr. 1 Buchstabe a keine tarifliche Regelung und besteht in dem Unternehmen kein Betriebsrat, können die Arbeitnehmer mit Stimmenmehrheit die Wahl eines unternehmenseinheitlichen Betriebsrats beschließen. Die Abstimmung kann von mindestens drei wahlberechtigten Arbeitnehmern des Unternehmens oder einer im Unternehmen vertretenen Gewerkschaft veranlasst werden.

(4) Sofern der Tarifvertrag oder die Betriebsvereinbarung nichts anderes bestimmt, sind Regelungen nach Absatz 1 Nr. 1 bis 3 erstmals bei der nächsten regelmäßigen Betriebsratswahl anzuwenden, es sei denn, es besteht kein Betriebsrat oder es ist aus anderen Gründen eine Neuwahl des Betriebsrats erforderlich. Sieht der Tarifvertrag oder die Betriebsvereinbarung einen anderen Wahlzeitpunkt vor, endet die Amtszeit bestehender Betriebsräte, die durch die Regelungen nach Absatz 1 Nr. 1 bis 3 entfallen, mit Bekanntgabe des Wahlergebnisses.

(5) Die aufgrund eines Tarifvertrages oder einer Betriebsvereinbarung nach Absatz 1 Nr. 1 bis 3 gebildeten betriebsverfassungsrechtlichen Organisationseinheiten gelten als Betriebe im Sinne dieses Gesetzes. Auf die in ihnen gebildeten Arbeitnehmervertretungen finden die Vorschriften über die Rechte und Pflichten des Betriebsrats und die Rechtsstellung seiner Mitglieder Anwendung.

Inhaltsübersicht Rn.

1. Vorbemerkung

1 Die organisatorischen Bestimmungen über die Funktion der BRe sind grundsätzlich für AG und BR zwingend. Nur in den vom Gesetz vorgesehenen Fällen sind Abweichungen von den gesetzlichen Vorschriften über die Repräsentations- bzw. Organisationsvorschriften der Arbeitnehmer:innen zulässig.[1] Mit den in § 3 eröffneten **Gestaltungsmöglichkeiten** durch TV (in Ausnahmefällen auch durch BV) sollen die Tarifparteien auf den nachhaltigen **Strukturwandel** reagieren können, dem die UN seit Jahren unterworfen sind. Aufspaltung, Outsourcing und Verschmelzung sind dafür charakterisierende Stichworte.

2 Die umfassenden Gestaltungsmöglichkeiten dürfen jedoch nicht den Blick dafür versperren, dass der **Betrieb die Basisstruktur** und der **zentrale Ansatzpunkt** für die betriebliche MB ist. Der Betrieb, auch wenn sich seine Formen teilweise erheblich gewandelt haben, ist und bleibt aus der Sicht des Betriebsverfassungsrechts und der mit diesem Recht verbundenen Schutzfunktion der zentrale Bereich für die betriebliche MB. Das Gesetz selbst trägt diesem Grundsatz Rechnung: Nach wie vor geht § 1 BetrVG von dem »Betrieb« als der **Grundeinheit** aus, in der bei Vorliegen bestimmter Voraussetzungen ein BR als betriebliche AN-Vertr. gewählt wird. § 3 hat lediglich das Ziel, die betriebliche AN-Vertr. bei sich wandelnden Betriebs- und UN-Strukturen diesen Strukturen anzupassen. Hier setzt zugleich die Verantwortung der Tarifparteien ein. Es geht um **sachgerechte Vertretungsstrukturen**, nicht aber um ein unfruchtbares Nebeneinander rivalisierender Betriebsvertretungen mit der Gefahr von Spaltungstendenzen.

§ 3 in seiner jetzigen Form ist durch die Reform des BetrVG 2001 in das Gesetz eingefügt worden. Tarifverträge, die nach der alten Fassung des BetrVG Betriebsteile bzw. Nebenbetriebe eines Unternehmens zu einem Betrieb zusammengefasst haben, sind auch nach der Neufassung des BetrVG wirksam.[2] Dies gilt auch, soweit sie Regelungen enthalten, nach denen bei späterer Eingliederung von Betrieben mit BR in den auf Basis des Tarifvertrages gebildeten Betrieb das Amt des eingegliederten Betriebsrats erlischt.[3] TVen nach § 3 können unwirksam sein, wenn der sachliche Geltungsbereich (z. B. für welche Konzern-UN er gelten soll) nicht hinreichend bestimmt ist.[4] TV-Parteien können AN-Vertretungsstrukturen nur im Rahmen des § 3 Abs. 1 abweichend vom BetrVG gestalten.[5] Durch TVen oder BVen

1 BAG 25.2.20 – 1 ABR 40/18, NZA 20, 881; 29.4.15 – 7 ABR 102/12, NZA 15, 1397.

2 LAG MV 8.10.08 – 2 TaBV 6/08; LAG SH 9.7.08, DB 09, 71; a. A. DKW-Trümner, § 3 Rn. 241: Überprüfung der Wirksamkeit nach altem und neuen Recht.

3 LAG MV a. a. O.

4 HessLAG 7.10.10 – 9 TaBV 86/10, juris.

5 BAG 13.3.13 – 7 ABR 70/11, NZA 13, 738.

nach § 3 Abs. 1 kann keine vom BetrVG abweichende Zuständigkeit für die Wahrnehmung der Beteiligungsrechte vereinbart werden (z. B. Übertragung von MBR vom örtlichen BR auf eine örtliche Betriebsrätegemeinschaft aller Standort-BRe eines Konzerns am Ort).[6] Der DGB-Reformentwurf sieht für die Gestaltung der BR-Struktur durch Tarifvertrag umfassende Änderungen und Erweiterungen der Handlungsmöglichkeiten, auch grenzüberschreitend (§ 3a), vor.[7]

2. Unternehmenseinheitlicher Betriebsrat (Abs. 1 Nr. 1 a)

Die Regelung der Nr. 1 a) ermöglicht die Bildung eines einheitlichen BR 3
für das gesamte UN. Voraussetzung ist, dass das UN mehrere Betriebe hat.[8] Ausreichend ist, wenn neben einem Betrieb i. S. d. § 1 »nur« noch weitere selbstständige Betriebsteile gem. § 4 Abs. 1 im UN vorhanden sind. Eine tarifliche Regelung über die Bildung eines **unternehmenseinheitlichen BR** hat Vorrang vor dem Beschluss einer Belegschaft nach § 4 Abs. 1 Satz 2, an der BR-Wahl des Hauptbetriebes teilzunehmen.[9] Ist das UN in einen Konzern eingebunden, werden die Vertreter im KBR vom UN-einheitlichen BR entsandt. Ein GBR wird nicht gebildet.
Eine GBV, die die Bildung eines UN-einheitlichen BR mit einer von § 9 abweichenden Anzahl der BR-Mitgl. festlegt, soll unwirksam sein.[10]

3. Zusammenfassung von Betrieben (Abs. 1 Nr. 1 b)

Nach Nr. 1 b) können mehrere Betriebe bzw. selbstständige Betriebsteile eines UN, z. B. zu Regional- oder Filialbetriebsräten, zusammengefasst werden.[11] Die Aufspaltung eines Betriebes, um einen Teil mit einem anderen zusammenzufassen, ist nach Abs. 1 Nr. 1 b) zulässig.[12] Die Zusammenfassung von Betrieben nach Nr. 1 b) führt allerdings nicht dazu, dass die zusammengefassten Einheiten ihre »betriebsverfassungsrechtliche Identität« verlieren. BVen, die in einem zusammengefassten Betrieb vor der Zusam-

---

6 BAG 18. 11. 14 – 1 ABR 21/13, NZA 15, 694.

7 *https://aur-blog.eu/reformvorschlag/*.

8 MusterTV s. brwo-Bachner, Tarifvertrag über die Betriebsratsstruktur § 3 Abs. 1 Nr. 1a.

9 DKW-Trümner, § 4 Rn. 111; Fitting, Rn. 26.

10 LAG Nürnberg 2. 9. 22 – 8 TaBV 15/22, das BAG 25. 10. 23 – 7 ABR 25/22 hat den Beschluss wegen unzulässiger Antragsänderung in der Beschwerdeinstanz aufgehoben.

11 MusterTV s. brwo-Heilmann, Tarifvertrag über die Betriebsratsstruktur § 3 Abs. 1 Nr. 1b BetrVG.

12 DKW-Trümner, § 3 Rn. 60 ff.; a. A. Fitting, § 3 Rn. 36.

menfassung galten, werden durch die Zusammenfassung nicht unwirksam. Sie gelten weiter.[13]

4. Gemeinsame Grundsätze für die Bildung bzw. Zusammenfassung/Dienlichkeit

Voraussetzung für die Bildung eines UN-einheitlichen BR bzw. die Zusammenfassung von Betrieben ist, dass dies die Bildung von Betriebsräten erleichtert (z. B. durch Einbeziehung bisher betriebsratsloser Betriebe oder Betriebsteile) oder der sachgerechten Wahrnehmung der Interessen der AN dient.[14] Letzteres ist z. B. der Fall, wenn durch die Zusammenfassung bzw. den UN-einheitlichen BR die BR-Gremien dort gebildet werden, wo die MB-relevanten Entscheidungen fallen.[15] Daneben gehört zur sachgerechten Wahrnehmung der AN-Interessen aber auch der Gesichtspunkt der Ortsnähe des BR zu den ihn wählenden AN. Kann die Erleichterung der Bildung von BRen durch die Zusammenfassung von Betrieben erreicht werden, hat dies Vorrang vor der Bildung eines unternehmenseinheitlichen BR.[16] Nur die Gesichtspunkte »Erleichterung der Bildung von BR« oder »sachgerechte Interessenwahrnehmung« sind Voraussetzung für den Abschluss eines TV nach § 3 Abs. 1 Nr. 1a, b. Kostenaspekte der BR-Organisation (z. B. weniger Schulungskosten durch weniger BR-Mitgl. usw.) dürfen keine Rolle spielen; ein darauf gestützter TV wäre unwirksam.[17] Den TV-Parteien steht hierbei ein Beurteilungsspielraum zu, der auch bei der Rechtskontrolle durch die Gerichte zu beachten ist. Die Zusammenfassung von Betrieben verschiedener UN und die Bildung eines **unternehmensübergreifenden GBR** ist nach Nr. 1 a) oder b) nicht möglich; dies ist aber im Rahmen anderer AN-Vertretungsstrukturen gem. Nr. 3 möglich (zur gesetzlichen Vermutung eines gemeinsamen Betriebes s. § 1 Rn. 2).[18] Zuständig für den Abschluss einer GBV nach § 3 Abs. 1 Nr. 1 a) oder 1 b) ist der GBR.[19]

---

13 BAG 7.6.11 – 1 ABR 110/09; 18.3.08 – 1 ABR 3/07, NZA 08, 1259.
14 Zu Einzelheiten s. Trümner/Sparchholz, AiB 09, 98.
15 Vgl. DKW-Trümner, Rn. 55 m. w. N.
16 BAG 24.4.13 – 7 ABR 71/11, DB 13, 1913.
17 BAG 29.7.09 – 7 ABR 27/08; DKW-Trümner, § 3 Rn. 56.
18 BAG 25.2.20 – 1 ABR 40/18; 13.3.13 – 7 ABR 70/11; Fitting, Rn. 27, 33; a. A. unter Hinweis darauf, dass der Wortlaut nicht die Möglichkeit ausschließt, Betriebe zusammenzufassen, von denen einer oder mehrere gem. B. mehrerer UN sind, DKW-Trümner, Rn. 47.
19 BAG 24.4.13 – 7 ABR 71/11, DB 13, 1913.

5. Spartenbetriebsräte (Abs. 1 Nr. 2)

Spartenbetriebsräte können nach Nr. 2 in Konzernen und UN gebildet werden.[20] Voraussetzung ist die Organisation des UN bzw. Konzerns nach produkt- oder projektbezogenen Sparten.[21] Weiterhin muss die Leitung der Sparte Entscheidungen in MB-pflichtigen, zumindest aber beteiligungspflichtigen Angelegenheiten treffen. Nicht erforderlich ist, dass sie dies in allen MB-pflichtigen bzw. beteiligungspflichtigen Bereichen tut; ebenso wenig setzt die Bildung von Sparten-BR die Alleinentscheidung einer Spartenleitung in einem Konzern voraus. Die Struktur der Sparten-BR hängt von der Ausgestaltung der Spartenorganisation ab. Denkbar sind z. B. mehrere BR pro Sparte, betriebsübergreifende Sparten-BR oder UN-übergreifende Sparten-BR. Die Bildung von **Sparten-GBR** ist nach Nr. 2 nicht möglich.[22] Das Gesetz regelt nur die Bildung von (auch UN-übergreifenden) Sparten-BR, nicht jedoch Sparten-GBR. Nach Ansicht des LAG Hessen ist die Bildung von Sparten-GBR auch im Rahmen von § 3 Abs. 1 Nr. 2 möglich. Voraussetzung sei aber, dass auch Sparten-BR für Betriebe i. S. d. § 3 Abs. 5 gebildet worden seien.[23] Das ArbG Frankfurt[24] hält die Bildung von Sparten-GBR auf Konzernebene für zulässig. Ob nach Nr. 3 im Rahmen anderer AN-Vertretungsstrukturen auch Gremien möglich sind, die die Funktion von Sparten-GBR haben, ist umstritten.[25] Werden andere AN-Vertretungsstrukturen nach Nr. 3 gebildet, muss die Frage geklärt werden, ob es innerhalb eines UN noch einen gesetzlichen GBR nach § 47 gibt. Dies dürfte zu einem unfruchtbaren Nebeneinander und zu Schwierigkeiten bei der Klärung der Zuständigkeiten führen. Daher wäre bei einem solchen Nebeneinander die vom Gesetz geforderte Voraussetzung der wirksamen und zweckmäßigen Interessenvertretung der AN nicht gegeben und eine Bildung von Sparten-GBR nicht zulässig. 4

Werden BRe nach Sparten gewählt, hat dies zur Folge, dass auch die JAV nach Sparten und den Abgrenzungen im jeweiligen TV gewählt werden müssen[26] (vgl. § 63 Rn. 1). JAVen sind keine eigenständigen, vom BR unabhängigen Vertretungen. Der für den BR maßgebliche Betriebsbegriff (§§ 1, 3, und 4) gilt auch für die JAV.[27]

---

20 MusterTV s. brwo-Bachner, Tarifvertrag über die Struktur der Betriebe und der Betriebsräte, § 3 Abs. 1 Nr. 2 BetrVG.

21 Vgl. zu Einzelheiten DKW-Trümner, Rn. 63 ff.

22 DKW-Trümner, Rn. 80; Fitting, Rn. 45.

23 HessLAG 21.4.05 – 9/5 TaBV 115/04.

24 ArbG Frankfurt 24.5.06 – 14 BV 518/04, NZA-RR 07, 25.

25 Bejaht von DKW-Trümner, Rn. 80; Fitting, Rn. 45; verneint von LAG Hessen a. a. O.

26 A. A. ArbG Köln 27.4.15 – 15 BV 315/14.

27 DKW-Trittin § 60 Rn. 14; Fitting § 60 Rn. 11.

6. Andere Arbeitnehmervertretungsstrukturen (Abs. 1 Nr. 3)

5 Die Vorschrift der **Nr. 3** ermöglicht es, auf **neue Entwicklungen von UN-Strukturen**[28] mit der Bildung entsprechender AN-Vertretungssysteme zu reagieren.[29] So sollen entlang von Produktionsketten (**just in time**) oder für andere moderne Erscheinungsformen von Produktion, Dienstleistung und Zusammenarbeit von UN entsprechende AN-Vertretungsstrukturen geschaffen werden können. Es ist nach Nr. 3 aber auch zulässig, etwa für einen mittelständischen Konzern mit wenigen kleinen Konzern-UN, statt der an sich vorzusehenden dreistufigen Interessenvertretung (BR, GBR und KBR) eine **zweistufige** oder gar nur eine **einstufige AN-Vertr.** zu errichten. Von praktischer Bedeutung ist ferner, dass in einem **Gleichordnungskonzern** ein Konzern-BR errichtet werden kann.[30] Auch ermöglicht Nr. 3 die Bildung von UN-übergreifenden anderen Arbeitnehmervertretungsstrukturen, bei denen die BR der Betriebe der einzelnen UN Vertreter in ein gem. Gremium (gemeinsamer GBR, unternehmensübergreifender GBR) entsenden.[31] Diesem Gremium können im Hinblick auf Bildung und Rechte und Pflichten die Befugnisse eines GBR im TV zugewiesen werden. Voraussetzung ist immer, dass die Bildung der anderen AN-Vertretungsstrukturen »einer wirksamen und zweckmäßigen Interessenvertretung« der AN dient. Diese Ziele müssen sich mit den anderen AN-Vertretungsstrukturen besser erreichen lassen, als mit der gesetzlichen Vertretungsstruktur, so das HessLAG.[32] Dies muss im Einzelnen dargelegt werden können. Andere AN-Vertretungsstrukturen können auf allen Ebenen (Betrieb, Unternehmen, Konzern) geschaffen werden.[33] Den Tarifvertragsparteien steht dabei im Hinblick, ob eine Regelung der wirksamen und zweckmäßigen Interessenvertretung dient, ein Beurteilungsspielraum zu. Tarifverträge zur Bildung von unternehmensübergreifenden Betriebsratsstrukturen müssen von allen Unternehmen, für die der TV gelten soll, abgeschlossen werden. D. h. sie müssen entweder selbst den TV unterzeichnen oder aber einen Stellvertreter (z. B. die Konzernmutter) ausdrücklich zum Abschluss des TV bevollmächtigen. Dies gilt insbesondere in Konzernen. Diese sind selbst nicht tarifvertragsfähig.[34] Ein

28 Zur Frage von Matrix-Strukturen in UN und Konzernen sowie daraus folgenden rechtspolitischen Vorschlägen siehe C. Schubert, Betriebliche Mitbestimmung in Unternehmen und Konzern mit Matrixorganisationen, Ffm. 2017, S. 158 ff.

29 MusterTV s. brwo-Bachner, Tarifvertrag im Rahmen der Fortentwicklung der Organisationsstruktur des Unternehmensbereiches »Dienstleistungen«, § 3 Abs. 1 Nr. 3 BetrVG und Tarifvertrag über die Struktur der Betriebsräte und des Gesamtbetriebsrates, § 3 Abs. 1 Nr. 3 BetrVG.

30 DKW-Trümner, Rn. 104.

31 BAG 13. 3. 13 – 7 ABR 70/11, NZA 13, 738; vgl. DKW-Trümner Rn. 103a m. w. N.

32 HessLAG 4. 9. 23 – 16 TaBV 45/23.

33 DKW-Trümner, Rn. 103 f.; Fitting Rn. 50.

34 BAG 13. 12. 16 – 1 ABR 148/15.

TV, der allein von der Konzernmutter unterzeichnet wurde, bindet Konzerntöchter nicht.

7. Zusätzliche betriebsverfassungsrechtliche Gremien (Abs. 1 Nr. 4)

Anders als die in den Nr. 1 bis 3 enthaltenen Vertretungsorgane sind die in **Nr. 4** angesprochenen zusätzlichen betriebsverfassungsrechtlichen Gremien (Arbeitsgemeinschaften) **keine MB-Organe**, sondern dienen der effektiveren Tätigkeit vorhandener AN-Vertr. mehrerer UN.[35] Das kann beispielsweise die Bildung von **Arbeitsgruppen** zwischen den BR verschiedener UN bedeuten, auch innerhalb eines Konzerns oder innerhalb von Regionen sowie bestimmter Produktions- oder Dienstleistungsbereiche, damit ein Erfahrungsaustausch der AN-Vertr. über gleich gelagerte oder ähnliche Probleme geführt und gemeinsame Lösungen beschlossen werden können. Die zusätzlichen Gremien kommen aber auch alternativ zu Regelungen nach Nr. 3 in Betracht, die der unternehmensübergreifenden Zusammenarbeit von AN-Vertr. dienen sollen. 6

8. Zusätzliche betriebsverfassungsrechtliche Vertretungen (Abs. 1 Nr. 5)

Die nach der Regelung der **Nr. 5** zulässigen **zusätzlichen betriebsverfassungsrechtlichen AN-Vertr.** kommen dort in Betracht, wo sie den erforderlichen Kontakt zwischen dem BR und den von ihm vertretenen AN herstellen bzw. intensivieren können.[36] Solche Vertretungen sind beispielsweise sinnvoll, wenn ein UN-einheitlicher BR eines bundesweit tätigen UN gebildet worden ist oder Regional-BR bestehen, in denen nicht alle Betriebe oder Betriebsteile durch ein BR-Mitgl. vertreten sind. Die zusätzlichen betriebsverfassungsrechtlichen Vertretungen müssen eine Organisationsstruktur haben. Sie müssen gewählt werden und können nicht vom BR ernannt werden.[37] Mitwirkungs- bzw. Vertretungsrechte ggü. dem AG haben sie nicht. Werden auf Grund einer BV »Kommunikationsbeauftragte« vom BR bestellt, die die Funktion haben, den Informations- und Meinungsaustausch zwischen BR und AN herzustellen und zu erleichtern, ist dies kein Verstoß gegen § 3 Abs. 1 Nr. 5. Solche Kommunikationsbeauftragten sind vielmehr Hilfspersonen des BR nach § 40 Abs. 2, die den BR bei seiner Arbeit unterstützen. Die Bestellung solcher Hilfspersonen des BR ist zulässig. Die Be- 7

35 Muster s. brwo-Bachner, Tarifvertrag über den Aufbau der Betriebsräte, § 3 Abs. 1 Nr. 4 BetrVG.

36 Muster s. brwo-Bachner, Tarifvertrag zur Betriebsratsstruktur und zur Einrichtung von Zweigniederlassungssprechern, § 3 Abs. 1 Nr. 5 BetrVG.

37 BAG 29.4.15 – 7 ABR 102/12; NZA 15, 1397; vgl. DKW-Trümner § 3 Rn. 138.

stellung durch den BR erfolgt durch Mehrheits- und nicht durch Verhältniswahl im BR.[38]

9. Regelungen durch Betriebsvereinbarung (Abs. 2)

8 Eine Regelung von AN-Vertretungsstrukturen durch BV ist nur möglich, wenn kein entsprechender TV besteht. Sie ist auch ausgeschlossen, wenn im Betrieb ein anderer TV (z. B.: Lohn- und GehaltsTV, TV über vermögenswirksame Leistungen, TV über betriebliche Altersvorsorge) gilt. Die Regelungssperre für BV wird auch durch allgemeinverbindliche TVen[39] ausgelöst. Gleiches gilt für TVen, die nachwirken (§ 4 Abs. 5 TVG), oder nach § 77 Abs. 3 üblich sind.[40] Der Gesetzgeber hat bei der Schaffung von AN-Vertretungsstrukturen dem **TV den Vorrang** vor Lösungen, die durch die BV geschaffen werden, eingeräumt. Dies gilt auch für eine GBV. Andere AN-Vertretungsstrukturen nach Abs. 1 Nr. 3 können nur durch TV geschaffen werden. Für den Abschluss einer Vereinbarung über die Bildung eines UN-einheitlichen BR ist der GBR zuständig.[41] Einzelnen BRen steht kein Veto-Recht ggü. dem Abschluss einer GBV über die Bildung eines UN-einheitlichen BR zu.[42] Die Sperrwirkung wird nur durch normativ im UN geltende TVe ausgelöst und nicht, wenn im UN TVe nur im Wege der einzelvertraglichen Bezugnahme Anwendung finden.[43]

10. Unternehmenseinheitlicher Betriebsrat durch Beschluss der Arbeitnehmer (Abs. 3)

9 Besteht in einem UN mit mehreren Betrieben kein BR, kann ein **UN-einheitlicher BR** gebildet werden kann. In einem Unternehmen mit einem Hauptbetrieb und einem oder mehreren Kleinstbetrieben kann kein unternehmenseinheitlicher Betriebsrat gewählt werden, da die Kleinstbetriebe nach § 4 Abs. 2 automatisch dem Hauptbetrieb zugeordnet werden. Gibt es im Unternehmen mehrere Betriebsteile, die nach § 4 als selbstständige Betriebe gelten, steht dies einer Wahl eines unternehmenseinheitlichen BR nicht entgegen.[44] Ein UN-übergreifender BR kann nach § 3 Abs. 3 nicht gebildet werden.[45] Voraussetzung ist, dass kein TV nach § 3 Abs. 1 Nr. 1 a)

38 BAG 29.4.15 – 7 ABR 102/12; NZA 15, 1397.
39 Fitting, Rn. 68.
40 DKW-Trümner, Rn. 164, a. A. Fitting, Rn. 68.
41 BAG 24.4.13 – 7 ABR 71/11, DB 13, 1913.
42 BAG 24.4.13 – 7 ABR 71/11, DB 13, 1913.
43 BAG 24.4.13 – 7 ABR 71/11, DB 13, 1913; Fitting, § 3 Rn. 68; a. A. DKW-Trümner, § 3 Rn. 165.
44 BAG 24.3.21 – 7 ABR 16/20.
45 ArbG Hamburg 13.6.06, NZA-RR 06, 645.

vorhanden ist. Auch darf in keinem Betrieb des UN ein BR bestehen. Ein BR besteht i. S. v. § 3 Abs. 3 bereits dann, wenn ein Wahlvorstand für die Wahl auch nur eines Betriebes im Unternehmen bestellt worden ist.[46] Ist in einem Betrieb des UN bereits ein WV eingesetzt, hindert dies an einer Abstimmung über einen UN-einheitlichen BR.[47] Eine entsprechende Initiative kann durch mindestens drei **wahlberechtigte AN** (zur Wahlberechtigung vgl. § 7) oder durch eine im **UN vertretene Gew.** ergriffen werden. Die Gew. muss nicht in allen Betrieben vertreten sein. Es reicht aus, dass ihr in einem der Betriebe des UN **ein einziges Mitgl.** angehört (vgl. § 2 Rn. 3, 6). Der Arbeitgeber ist verpflichtet, den Initiatoren der Abstimmung alle notwendigen Auskünfte (z. B. Anzahl der Arbeitnehmer und Betriebe) zu geben. Die Mehrheit der im UN beschäftigten AN muss der Errichtung eines unternehmenseinheitlichen BR zustimmen (absolute Mehrheit).[48] An der Abstimmung nehmen auch dem Unternehmen überlassene Leih-AN teil (§ 14 Abs. 2 Satz 4 AÜG). Das Gesetz sieht **keine besonderen Formvorschriften** vor.[49] Die Abstimmung muss nicht geheim sein. Das Ergebnis der Abstimmung muss allerdings dokumentiert werden (Zahl der Abstimmungsberechtigten, Wahlbeteiligung, Ergebnis). Die Abstimmung kann getrennt in den einzelnen Betrieben durchgeführt werden, aber auch in einer Versammlung aller AN des UN. Der **AG hat kein Teilnahmerecht** an der Versammlung. Umstritten ist, welche Anforderungen an den Mehrheitsbeschluss zu stellen sind. Maßgebend ist die Mehrheit der Arbeitnehmer des Unternehmens (absolute Mehrheit).[50] Die AN können nicht nur die Bildung eines UN-einheitlichen BR beschließen, sondern zugleich in entsprechender Anwendung des § 17 Abs. 2 einen **WV bestellen**. Haben die AN die Bildung eines UN-einheitlichen BR beschlossen, ist diese Entscheidung bindend, bis die Belegschaft einen gegenteiligen Beschluss fasst.[51]

11. Erstmalige Anwendung abweichender Regelungen (Abs. 4)

TV oder BV nach Abs. 1 Nr. 1 bis 3 können den Zeitpunkt festlegen, ab 10
dem die in diesen Bestimmungen enthaltenen Regelungen gelten sollen. Liegt dieser Zeitpunkt **vor der nächsten regelmäßigen BR-Wahl**, endet die

46 LAG Hamm 31. 8. 16 – 7 TaBVGa 3/16; DKW-Trümner, Rn. 181; a. A. LAG München 31. 8. 07 – 3 TaBV 84/07.

47 LAG Hamm 31. 8. 16 – 7 TaBVGa 3/16; DKW-Trümner, Rn. 181; a. A. LAG München 31. 8. 07 – 3 TaBV 84/07.

48 Vgl. Heilmann, FS Klebe 18, 143 f.

49 Vgl. BAG 24. 3. 21 – 7 ABR 16/20, NZA 21, 1337.

50 ArbG Darmstadt 6. 8. 08 – 1 BV 5/08, juris; DKW-Trümner, § 3 Rn. 183, Fitting § 3 Rn. 95; a. A. für einfache Mehrheit: LAG Düsseldorf 16. 10. 08 – 11 TaBV 105/08; ArbG Dresden 19. 6. 08 – 5 BV 25/08.

51 BAG 24. 3. 21 – 7 ABR 16/20, NZA 21, 1337.

Amtszeit des BR, die infolge der Regelungen nach Abs. 1 Nr. 1 bis 3 entfallen, mit der Bekanntgabe des Wahlergebnisses der in diesen Vorschriften vorgesehenen betriebsverfassungsrechtlichen Organisationseinheiten. Legt der TV bzw. die BV den Zeitpunkt der Geltung der Regelungen nach Abs. 1 Nr. 1 bis 3 nicht fest, endet die Amtszeit der BR, die nach diesen Vorschriften entfallen, erst mit **Ablauf der regelmäßigen Amtszeit**. Besteht im Betrieb **kein BR** oder ist die Neuwahl eines BR aus den anderen, in § 13 Abs. 2 genannten Gründen (§ 13 Abs. 2 Nr. 1 bis 5) vor Ablauf der regelmäßigen Amtszeit erforderlich, findet Satz 1 Anwendung. Die Amtszeit der in den betriebsverfassungsrechtlichen Organisationseinheiten durch TV bzw. BV gebildete Vertr. beginnt mit der **Bekanntgabe des Wahlergebnisses**. Die Wahlvorstände für die aufgrund eines TV nach § 3 Abs. 1 bis 3 zu wählenden BRe sind gem. § 21a zu bilden.

12. Rechtliche Wirkungen von Vereinbarungen nach Abs. 1 Nr. 1 bis 3 (Abs. 5)

11 Die betriebsverfassungsrechtlichen Organisationseinheiten, die nach Abs. 1 Nrn. 1 bis 3 gebildet worden sind, gelten als Betriebe i. S. d. Gesetzes. Der Betrieb wird fingiert.[52] Diese Fiktion gilt aber ausschließlich für den Bereich des BetrVG. Sie gilt nicht für andere Gesetze, in denen es auf den Betrieb ankommt, wie z. B. das KSchG (vgl. § 108 Rn. 8). Die AN-Zahl der nach § 3 Abs. 1 Nr. 1–3 zusammengefassten Einheiten ist maßgeblich, z. B. für die Anzahl der BR-Mitglieder, die Größe der Ausschüsse und die Zahl der Freistellungen. Die AN-Zahl der durch TV zusammengefassten und gebildeten Betriebe ist auch maßgebend für die Frage, welcher TV Mehrheits- bzw. Minderheits-TV ist im Falle einer Tarifkollision nach § 4a Abs. 2 TVG.[53] Die Frage kann nur einheitlich für alle per TV zusammengefassten Betriebe, Betriebsteile usw. geklärt werden. Eine Verdrängung eines Minderheits-TV über eine abweichende Regelung der Bildung von AN-Vertretungen nach § 3 Abs. 1 ist nach § 4a Abs. 3 TVG nur dann zulässig, wenn »diese betriebsverfassungsrechtliche Frage« bereits durch den Tarifvertrag einer anderen Gew. geregelt ist. Anders als bei der Regelung einer »normalen« Tarifkollision reicht hier allein eine Überschneidung der Geltungsbereiche der TVen (§ 4a Abs. 2 Satz 1 TVG) nicht aus.[54]

12 Fraglich ist, ob durch Tarifverträge über »andere AN-Vertretungsstrukturen« nach § 3 Abs. 1 Nr. 3 von den Bestimmungen des Gesetzes über die

52 BAG 24.10.19 – 2 AZR 85/19; 26.6.19 – 2 AZR 38/19; DKW-Trümner § 3 Rn. 196.

53 Berg, in: Berg/Kocher/Schumann § 4a TVG Rn. 32.

54 S. DKW-Trümner Rn. 221bff. m. w. N.

Größe,[55] die Zusammensetzung und die Wahl abgewichen werden kann. Z. T. wird es für zulässig gehalten, bei »anderen AN-Vertretungsstrukturen« die Größe des Gremiums abweichend von § 9 festzulegen.[56] Voraussetzung für Regelungen nach § 3 Abs. 1 Nr. 3 ist, dass sie einer wirksamen und zweckmäßigen Interessenvertretung dienen. Das Gesetz setzt in § 9 allerdings eine bestimmte Mindestanzahl von BR-Mitgliedern voraus, die erforderlich ist, um diese Ziele zu erreichen. Daher kann von der gesetzlichen Mitgliederzahl eines BR nur nach oben abgewichen werden.

Strittig ist auch, ob von Wahlvorschriften abgewichen werden kann, in dem **13**
z. B. für bestimmte Betriebsabteilungen oder bei einem UN-übergreifenden einheitlichen BR oder GBR den Abteilungen oder UN bestimmte Mindestsitze zugewiesen werden können. Das LAG Hamm hat dies als Wahlkreisbildung bezeichnet und im Rahmen von § 3 Abs. 1 Nr. 3 für zulässig gehalten.[57] Z. T. werden Wahlkreise in der Literatur aber auch als Abgrenzungseinheiten verstanden, für die dann ein BR zu wählen ist. Wahlkreise in diesem Sinne wären zulässig, da im Rahmen von § 3 Abs. 1 Nr. 3 andere Vertretungsstrukturen gebildet werden können.

Die Wahlkreisbildung, d. h. die Reservierung von BR-Sitzen für bestimmte **14, 15**
Abteilungen, ist im Rahmen der Betriebsverfassung nicht zulässig. Dies gilt auch für TVe im Rahmen von § 3 Abs. 1 Nr. 3. Die Bildung von Wahlkreisen wäre ein Verstoß gegen den Grundsatz der allgemeinen Wahl. Darüber hinaus könnte z. B. durch entsprechende Wahlkreisgestaltung die Minderheitengeschlechtsquote leerlaufen, indem jeweils Wahlkreise gebildet werden, in denen ein BR-Mitgl. zu wählen ist.

Die Mitbestimmungsrechte der nach § 3 Abs. 1 Nrn. 1 bis 3 gebildeten BR **16**
bzw. anderen AN-Vertretungsstrukturen bestimmen sich nach dem Gesetz und können, sofern nicht an anderen Stellen des Gesetzes vorgesehen, durch einen TV nach § 3 nicht eingeschränkt werden. Dies ergibt sich aus § 3 Abs. 5 Satz 2, nach dem auf die »betriebsverfassungsrechtlichen Organisationseinheiten« die Vorschriften über die Rechte und Pflichten des Gesetzes Anwendung finden. Die betriebsverfassungsrechtlichen Organisationseinheiten haben dieselben Rechte und Pflichten wie Betriebsräte; ihre Mitgl. haben die Rechtsstellung eines BR-Mitgl. Für die nach Abs. 1 Nrn. 4 oder 5 gebildeten zusätzlichen Gremien und Vertretungen gilt dies nicht.[58] Deren Mitgl. haben z. B. nicht den Kündigungsschutz eines BR-Mitgl. nach § 15

55 BAG 7.5.08 – 7 ABR 17/07, NZA 08, 1142: keine Abweichung im Hinblick auf die BR-Größe nach § 9.

56 Dafür: LAG Hamm 27.6.03 – 10 TaBV 22/03; DKW-Trümner, Rn. 113: nur nach oben; zweifelnd Fitting, Rn. 51.

57 LAG Hamm 27.6.03 – 10 TaBV 22/03.

58 BAG 13.8.08 – 7 AZR 450/07.

KSchG. Dessen Anwendung kann allerdings im TV oder in der BV für die Mitgl. der zusätzlichen Gremien vereinbart werden.

17 Tarifverträge nach § 3 Abs. 1 Nr. 1 bis 3 haben betriebsverfassungsrechtliche Fragen (§ 3 Abs. 2 TVG) zum Gegenstand. Bei derartigen Regeln kann nur jeweils eine Norm gelten, d. h. es können nicht mehrere TVe von verschiedenen Gewerkschaften zur Anwendung kommen. Der TV muss – nach Auffassung des BAG – von einer nach ihrer Satzung zuständigen und im Betrieb vertretenen Gew. geschlossen werden.[59] Ob die Gew. in allen Betrieben bzw. Einheiten vertreten sein muss, hat das BAG offengelassen.[60] Die Gew. müssen für alle AN und Bereiche tarifzuständig sein, da TVe über betriebsverfassungsrechtliche Fragen nur einheitlich im Betrieb gelten können.[61] Beschränkt eine Gew. ihren Organisationsbereich in der Satzung z. B. nur auf Ang., können keine TVe nach § 3 Abs. 1 Nr. 1 bis 3 wirksam abgeschlossen werden.[62] Sind zwei oder mehr Gew. tarifzuständig, ist fraglich, wie eine derartige Situation rechtlich zu lösen ist. Die im Betrieb vertretenen Gew. können nicht gezwungen werden, eine »Zwangstarifgemeinschaft« zu bilden.[63] Dies würde in ihre Koalitionsfreiheit nach Art. 9 Abs. 3 GG eingreifen, wenn sie zwangsweise Vertragspartner akzeptieren müssten. Daraus folgt, dass jede im Betrieb vertretene Gew. selbst TVe nach § 3 Abs. 1 Nr. 1 bis 3 abschließen kann. Kommt es zum Abschluss mehrerer TVe, muss ermittelt werden, welcher von ihnen zur Anwendung kommt. Die Normen eines solchen TV finden auf alle AN eines Betriebes, unabhängig von ihrer Mitgliedschaft in einer Gew. Anwendung; denn in einem Betrieb kann es nur einen Betriebsrat geben. Der Gesetzgeber hat durch das **Tarifeinheitsgesetz**[64], das am 10. 7. 2015 in Kraft getreten ist, die bisherigen von der Rechtsprechung festgelegten Regeln durch gesetzliche Regelungen zur Auflösung von Tarifkonkurrenzen ersetzt. Dabei ist zu beachten, dass § 4a TVG nicht für TVe Anwendung findet, die am 10. 7. 2015 schon galten (§ 13 Abs. 3 TVG neu). Der neu in das TVG aufgenommene § 4a Abs. 2 TVG sieht vor, dass bei Vorliegen einer Tarifkonkurrenz (zwei oder mehr Gew. haben nicht inhaltsgleiche TVen mit sich überschneidenden Geltungsbereichen abgeschlossen) nur der TV der Gewerkschaft zur Anwendung kommt, die zum Zeitpunkt

---

59 BAG 29. 7. 09 – 7 ABR 27/08, NZA 09, 1424; a. A. DKW-Trümner Rn. 15.

60 BAG a. a. O.; Fitting Rn. 15 m. w. N.

61 BAG 29. 7. 09 – 7 ABR 27/08, brwo.

62 Zur früheren Beschränkung der Tarifzuständigkeit des DHV e. V. auf Angestellte vgl. BAG 10. 2. 09 – 1 ABR 36/08.

63 BAG 29. 7. 09 – 7 ABR 27/08; LAG Hessen 9. 8. 07 – 9 TaBV 23/07; DKW-Trümner, Rn. 220 m. w. N.; a. A. Fitting, Rn. 16 f. m. w. N.

64 Zur teilweisen Verfassungswidrigkeit und den vom BVerfG angeordneten Übergangsmaßnahmen: BVerfG 11. 7. 17 – 1 BvR 1571/15, NZA 17, 915.

des Abschlusses des letzten Tarifvertrages, der die Konkurrenz auslöst, die **meisten Mitglieder** im Betrieb hatte.[65]

Für mögliche Tarifkonkurrenzen von Tarifverträgen, die betriebsverfassungsrechtliche Fragen (§ 3 Abs. 1 und § 117 Abs. 2 BetrVG) zum Gegenstand haben, gilt dies nach § 4a Abs. 3 TVG nur eingeschränkt (s. §§ 77 Rn. 13 u. 87 Rn. 7). Das Mehrheitsprinzip nach § 4a Abs. 2 Satz 2 TVG gilt für Tarifverträge über betriebsverfassungsrechtliche Fragen nur, wenn diese bereits durch einen Tarifvertrag einer anderen Gew. geregelt sind. Eine reine Überschneidung der Geltungsbereiche reicht nicht aus. Gibt es keinen TV zu § 3 Abs. 1, dann kann auch eine Minderheitsgewerkschaft einen entsprechenden TV abschließen.[66]

Das BVerfG hat das Tarifeinheitsgesetz teilweise für verfassungswidrig erklärt. Zum 1.1.2019 hat der Gesetzgeber darauf reagiert und § 4 Abs. 2 TVG an die Rspr. des BVerfG angepasst.[67] Für Tarifverträge nach § 3, die am 10.7.2015 galten, findet § 4a TV neu keine Anwendung. Die Frage, welcher von zwei Tarifverträgen, die die Organisationstruktur des BR regeln, gilt, ist für diese Tarifverträge daher nach den bisherigen Grundsätzen über die Auflösung der Tarifkonkurrenz zu beantworten.

Das BAG hatte Tarifkonkurrenzen – bis zur Entscheidung vom 7.7.2010[68] – durch den Grundsatz der Spezialität aufgelöst. Es soll derjenige Tarifvertrag zu Anwendung kommen, der dem Betrieb räumlich, betrieblich, fachlich und persönlich am nächsten steht. So würde den Erfordernissen und Eigenarten des jeweiligen Betriebes am besten Rechnung getragen.[69] Das BAG hat vor dem Tarifeinheitsgesetz offengelassen, ob dies auch weiterhin für TVen über Betriebsnormen oder betriebsverfassungsrechtliche Fragen gilt.[70] Richtiger Ansicht nach kommt derjenige TV zur Anwendung, der von derjenigen Gew. geschlossen wurde, die die meisten Mitgl. in den betroffenen Betrieben bzw. UN hat. Dieser TV hat die größte mitgliedschaftliche Legitimation.[71]

TVe nach § 3 sind arbeitskampffähig.[72]

Die gesetzlichen Regelungen zur BR-Bildung (§§ 1, 4) sind zwingend. Abweichungen sind nur im Rahmen von § 3 zulässig.[73]

---

65 Zu den Einzelheiten s. Berg in Berg/Kocher/Schumann TVG § 4a Rn. 23 f.

66 Berg, in: Berg/Kocher/Schumann TVG § 4a Rn. 31; DKW-Trümner § 3 Rn. 221b.

67 S. hierzu ausführlich DKW-Trümner Rn. 211a ff.

68 BAG 7.7.10 – 4 AZR 549/08, NZA 10, 1068, mit der das BAG den Grundsatz der Tarifeinheit aufgegeben hat, allerdings nicht für TVen über betriebsverfassungsrechtliche Fragen.

69 BAG 9.12.09 – 4 AZR 190/08, NZA 10, 712.

70 BAG 9.12.09 – 4 AZR 190/08, NZA 10, 712; BAG 29.7.09 – 7 ABR 27/08, brwo.

71 DKW-Trümner, Rn. 219; Wendeling-Schröder, NZA 15, 525; offengelassen BAG 29.7.09 – 7 ABR 27/08, brwo; dagegen HessLAG 9.8.07 – 9 TaBV 23/07.

72 BAG 29.7.09 – 7 ABR 27/08; DKW-Trümner, Rn. 215; Däubler, AuR 01, 288; Plander, NZA 02, 488; a. A. Fitting, Rn. 20 jew. m. w. N.

73 BAG 10.11.04, AiB 05, 619 f.

Die nach Abs. 1 Nr. 1 bis 3 gebildeten betriebsverfassungsrechtlichen Organisationseinheiten sind auch für die Bildung von JAV, SBV maßgebend. Dies gilt auch für GJAV und GSBV, wenn nach Abs. 1 Nr. 3 abweichende AN-Vertretungsstrukturen gebildet worden sind.[74]
Allerdings können für Bereiche, in denen das BetrVG keine Anwendung findet (z. B. reine Ausbildungsbetriebe), Interessenvertretungsgremien durch TV geschaffen werden und diesen Rechte wie einem BR, GBR oder auch einer JAV oder GJAV gegeben werden.[75]
Während der Laufzeit eines TV oder einer BV gelten gem. § 3 Abs. 5 die gebildeten betriebsverfassungsrechtlichen Organisationseinheiten als Betriebe. Nach der Rspr. des BAG ist der Arbeitgeber, sofern nicht ein Umstrukturierungsverbot ausdrücklich und klar im TV geregelt ist, nicht gehindert, die Unternehmes- bzw. Betriebsstruktur zu ändern. Folge hiervon kann sein, dass die tarifliche Regelung, die den nach § 3 Abs. 1–3 gebildeten BR-Strukturen zugrunde liegt, wirkungslos wird.[76] Ein Umstrukturierungsverbot sollte in den entsprechenden TVen bzw. BVen ausdrücklich vereinbart werden.[77] Der DGB-Reformentwurf sieht in § 3 ausdrücklich vor, dass die nach § 3 gebildeten Vertretungsstrukturen unabhängig von Umstrukturierungen erhalten bleiben.[78] TVe nach § 3 Abs. 1 Nr. 1 bis 3 entfalten keine Nachwirkung gem. § 4 Abs. 5 TVG.[79] Wenn die TVe enden, gilt wieder das BetrVG.[80] BVen über betriebsfassungsrechtliche Fragen nach Abs. 1 sind freiwillige BVen i. S. v. § 88. Sie sind weder über die Einigungsstelle erzwingbar noch wirken sie nach.[81]

§ 4 Betriebsteile, Kleinstbetriebe

(1) Betriebsteile gelten als selbständige Betriebe, wenn sie die Voraussetzungen des § 1 Abs. 1 Satz 1 erfüllen und
1. räumlich weit vom Hauptbetrieb entfernt oder
2. durch Aufgabenbereich und Organisation eigenständig sind.
Die Arbeitnehmer eines Betriebsteils, in dem kein eigener Betriebsrat besteht, können mit Stimmenmehrheit formlos beschließen, an der

---

74 DKW-Trümner Rn. 103c; vgl. für JAV und SBV Fitting Rn. 79.
75 BAG 24. 8. 04, NZA 05, 371.
76 BAG 21. 6. 23 – 7 ABR 19/22.
77 S. Schubert, Betriebliche Mitbestimmung in Unternehmen und Konzern mit Matrixorganisation, 2017, S. 78 mit Musterformulierungen für TV über Matrix-Organisation.
78 DGB-Reformentwurf a. a. O.
79 LAG Düsseldorf 20. 12. 22 – 3 TaBV 31/22; a. A. Berg in Berg/Kocher/Schumann § 4 Rn. 303.
80 DKW-Trümner, Rn. 233; Fitting, Rn. 84.
81 Fitting Rn. 71; DKW-Trümner Rn. 20a.

Wahl des Betriebsrats im Hauptbetrieb teilzunehmen; § 3 Abs. 3 Satz 2 gilt entsprechend. Die Abstimmung kann auch vom Betriebsrat des Hauptbetriebs veranlasst werden. Der Beschluss ist dem Betriebsrat des Hauptbetriebs spätestens zehn Wochen vor Ablauf seiner Amtszeit mitzuteilen. Für den Widerruf des Beschlusses gelten die Sätze 2 bis 4 entsprechend.

(2) Betriebe, die die Voraussetzungen des § 1 Abs. 1 Satz 1 nicht erfüllen, sind dem Hauptbetrieb zuzuordnen.

Inhaltsübersicht Rn.

1. Vorbemerkung

Betriebsteile sind auf den Zweck des Hauptbetriebs ausgerichtet und in dessen Organisation eingegliedert, ihm gegenüber aber organisatorisch abgrenzbar und relativ verselbständigt.[1] Maßgebend für die Abgrenzung zwischen Betrieb und Betriebsteil ist die Verselbständigung, die in der Leitungsmacht zum Ausdruck kommt. Für die Annahme eines Betriebsteils reicht es aus, wenn überhaupt eine Leitung vorhanden ist, die die Weisungsrechte des AG wahrnimmt.[2] Betriebsteile gelten als selbstständige Betriebe, wenn sie neben einer Mindestzahl wahlberechtigter und wählbarer AN (vgl. §§ 7 u. 8) entweder räumlich weit vom Hauptbetrieb entfernt oder durch Aufgabenbereich und Organisation eigenständig sind.[3] 1

2. Räumlich weite Entfernung von Hauptbetrieb

Die Vorschrift stellt die wirksame Interessenvertretung der AN durch einen eigenen BR sicher, wenn durch die räumliche Entfernung von Hauptbetrieb und Betriebsteil diese nicht möglich ist. Dabei kommt es entscheidend auf die Möglichkeit der leichten **persönlichen Kontaktaufnahme** zwischen BR und AN und umgekehrt an. Für die Beurteilung der Erreichbarkeit des BR

1 BAG 7.5.08 – 7 ABR 15/07, NZA 09, 328.

2 BAG 21.6.23 – 7 ABR 19/22, NZA 23, 1414; 17.5.17 – 7 ABR 21/15, NZA 17, 1282.

3 Zum Begriff des Betriebsteils vgl. etwa BAG 19.2.02 – 1 ABR 26/01, NZA 02, 1300; vgl. umfassend DKW-Trümner, Rn. 42 ff.

kommt es nicht auf die Kommunikationsmöglichkeiten per Post, E-Mail oder Telefon an.[4] Ebenso wenig kommt es für die Frage der Erreichbarkeit auf die Möglichkeit der Kommunikation des BR und der AN auf Teilbetriebsversammlungen an.[5] Auch muss es für BR-Mitgl. aus dem Betriebsteil möglich sein, kurzfristig an BR-Sitzungen teilzunehmen.[6] Für die räumlich weite Entfernung sind die tatsächlichen Lebensverhältnisse entscheidend, insbesondere Verkehrsmöglichkeiten mit öffentlichen oder privaten Verkehrsmitteln. Maßgebend ist dabei die normale, regelmäßige Verkehrssituation, nicht eine besonders günstige oder ungünstige.[7] Allein auf PKW-Fahrzeiten darf nicht abgestellt werden.[8] Feste Kilometer- oder Zeitgrenzen gibt es dabei nicht. Es kommt auf die Verkehrsverhältnisse vor Ort an.

Als **räumlich weit entfernt** hat die Rspr. u.a. folgende Entfernungen bzw. Fahrzeiten angesehen:

28 km, Fahrzeit PKW 30 Min. ÖPNV Hin- und Rückfahrt 143 Min.,[9]

- Fahrzeit Hin- und Rückweg mehr als zwei Stunden,[10]
- Entfernung von 450 km.[11]
- Bei Fahrzeiten von 50 Min. mit öffentlichen Verkehrsmitteln ein 11 km entfernter Hauptbetrieb.[12]

Als **nicht räumlich weit entfernt** wurden u.a. folgende Bedingungen angesehen:

- Fahrzeit mit PKW 15 bis 20 Min. bei 23,2 km, Fahrzeit mit ÖPNV zwischen 71 und 84 Min.;[13]
- 22 km.[14]

Ist das Büro des BR nicht im Hauptbetrieb eingerichtet, ist für die Zuordnung allein die Entfernung zum Hauptbetrieb maßgebend, nicht die zum Büro des BR.[15]

Zwar ist der Geltungsbereich des BetrVG auf Deutschland beschränkt, aber der Hauptbetrieb i.S. des BetrVG muss nicht im Inland liegen. Auch wenn der Hauptbetrieb – z.B. bei einer Fluggesellschaft – im Ausland liegt, ist es nicht ausgeschlossen, dass ein Betriebsteil im Inland liegt und § 4 Abs. 1

4 BAG 17.5.17 – 7 ABR 21/15, NZA 17, 1282.
5 BAG a.a.O.
6 BAG a.a.O.
7 BAG 17.5.2017 – 7 ABR 21/15, NZA 17, 1282.
8 LAG SH 20.1.10 – 6 TaBV 39/09.
9 LAG SH 20.1.10 – 6 TaBV 39/09.
10 BAG 7.5.08 – 7 ABR 15/07.
11 LAG SH 19.10.00 – 5 TaBV 31/00.
12 BAG 17.5.17 – 7 ABR 21/15, NZA 17, 1282.
13 BAG 14.1.04 – 7 ABR 26/03, juris.
14 BAG 17.2.83 – 6 ABR 64/81, juris.
15 BAG 7.5.08 – 7 ABR 15/07, juris.

analog anzuwenden ist. Der Betriebsteil ist damit betriebsratsfähig.[16] (Zum Auslandsbezug s. MBR § 87 Rn. 5; personelle Einzelmaßnahmen § 99 Rn. 5).

3. Eigenständigkeit durch Aufgabenbereich und Organisation

Ein eigener Aufgabenbereich ist gegeben, wenn ein besonders ausgeprägter arbeitstechnischer Zweck vorliegt. Die **eigenständige Organisation** setzt regelmäßig eine eigene Leitung voraus, wobei jedoch eine relative Eigenständigkeit genügt, sofern der Leitung noch ein erheblicher eigener Entscheidungsspielraum in mitbestimmungspflichtigen Angelegenheiten verbleibt.[17] Es muss mindestens eine Person im selbstständigen Betriebsteil vorhanden sein, die die Leitungsmacht, d.h. die Weisungsrechte des AG ausübt.[18]

4. Sonderfälle

Vom Hauptbetrieb weit entfernte, voneinander abgegrenzte Betriebsteile, die jeweils die Voraussetzungen des § 1 BetrVG erfüllen, gelten nach § 4 BetrVG auch dann je für sich als selbstständige Betriebe und nicht als einheitlicher Betrieb, wenn sie – die Betriebsteile – nahe beieinander liegen.[19] Andererseits bilden organisatorisch abgegrenzte, vom Hauptbetrieb weit entfernte Betriebsteile bei räumlicher Nähe zueinander einen **einheitlichen Betriebsteil**, wenn der eine Betriebsteil dem anderen, räumlich nahe gelegenen Betriebsteil organisatorisch untergeordnet ist und von dessen Leitung gleichermaßen mitgeleitet wird.[20]

5. Zuordnung eines betriebsratslosen Betriebs an der Wahl im Hauptbetrieb durch Beschluss der Arbeitnehmer

Betriebsteile, die als **selbstständige Betriebe gelten**, weil sie eine der in Abs. 1 Satz 1 angeführten Voraussetzungen erfüllen, in denen aber noch kein BR besteht, können einen **eigenen BR** wählen und damit eine betriebliche Interessenvertretung »vor Ort« errichten. Den AN in solchen Betriebsteilen wird es jedoch freigestellt, ob sie einen eigenen BR wählen oder an der 2

16 LAG Berlin-Brandenburg 22.2.23 – 4 TaBVGa 1301/22, juris; vgl. zum räumlichen Geltungsbereich des BetrVG DKW-Trümner, § 1 Rn. 23.

17 LAG RP 11.2.09 – 8 TaBV 27/08; vgl. BAG 21.7.04 – 7 ABR 57/03, NZA-RR 05, 671.

18 LAG RP 15.4.19 – TaBV 16/18; LAG BB 23.9.10 – 7 TaBV 2276/09, juris.

19 BAG 29.5.91 – 7 ABR 54/90, AiB 92, 230 m. Anm. Grimberg.

20 BAG a.a.O.

Wahl des BR im Hauptbetrieb teilnehmen wollen. Für die Teilnahme an der BR-Wahl des Hauptbetriebs bedarf es eines Beschlusses der **Mehrheit** der AN des Betriebsteils (= absolute Mehrheit).[21] An der Abstimmung können auch die nicht wahlberechtigten Beschäftigten teilnehmen, sofern es sich um AN i. S. des § 5 Abs. 1 handelt.[22] Auch Leih-AN, die dem UN zur Arbeit überlassen worden sind und im Betriebsteil arbeiten, nehmen an der Abstimmung teil (§ 14 Abs. 2 Satz 4 AÜG). Die Abstimmung kann, muss aber nicht, auf einer Betriebsversammlung erfolgen. Formvorschriften legt das Gesetz nicht fest. Die Abstimmung kann durch z. B. durch Briefwahl oder Abstimmung aller AN während einer Frühstückspause erfolgen.[23] Alle AN, die an der Abstimmung teilnehmen können, müssen rechtzeitig vor der Abstimmung über diese und das Abstimmungsverfahren informiert werden.[24] Das Ergebnis muss dokumentiert werden. Dabei muss allerdings die Abstimmung in einem festgelegten Zeitraum stattfinden. Eine Abstimmung über mehrere Monate ohne festgelegten Endtermin ist unzulässig und unwirksam.[25] Die Initiative zur Abstimmung kann von **drei wahlberechtigten AN** (zur Wahlberechtigung vgl. § 7), von der im Betrieb vertretenen **Gew.** oder vom BR des Hauptbetriebs ergriffen werden. Die im Betrieb vertretene Gew. muss nicht zugleich in dem Betriebsteil, über den abgestimmt werden soll, vertreten sein. Der AG hat nicht das Recht, die Initiative zur Abstimmung zu ergreifen.

3 Ist ein Zuordnungsbeschluss nach Abs. 1 Satz 2 gefasst worden, ist der Beschluss dem BR des Hauptbetriebs **spätestens 10 Wochen** vor Ablauf von dessen Amtszeit (§ 21) mitzuteilen. Das ist erforderlich, da dieser spätestens zu diesem Zeitpunkt den WV zur Einleitung der BR-Wahl im Hauptbetrieb zu bestellen hat (vgl. § 16). Auch wenn ein WV im Hauptbetrieb schon bestellt ist, kann ein Zuordnungsbeschluss noch erfolgen, solange das Ergebnis spätestens 10 Wochen vor Ablauf der Amtszeit dem BR mitgeteilt wird.[26] Der WV ist an den Zuordnungsbeschluss gebunden und hat die dadurch getroffene Zuordnung des Betriebsteils bei der Einleitung und Durchführung der Wahl des Hauptbetriebs zu berücksichtigen. Die Zuordnung zum Hauptbetrieb gilt so lange, bis sie durch eine **erneute Abstimmung** der AN des Betriebsteils mit Mehrheit widerrufen wird. Der **Widerruf** erlangt Bedeutung erst für die **nächste BR-Wahl**. Nach dem Beschluss bilden Hauptbetrieb und Betriebsteil einen Betrieb i. S. d. § 1 BetrVG. Daraus folgt, dass die AN-

21 ArbG Nürnberg 29. 11. 01 – 6 BVGa 8/01, AiB 02, 187 m. Anm. Manske; DKW-Trümner, § 4 Rn. 119.

22 DKW-Trümner, Rn. 118; Fitting, Rn. 30.

23 LAG Düsseldorf 13. 1. 16 – 12 TaBV 67/14, AiB 16, Nr. 9, 60 m. Anm. Heinlein; ArbG Nürnberg 29. 11. 01 – 6 BVGa 8/01, AiB 02, 187 m. Anm. Manske.

24 Vgl. LAG Düsseldorf 13. 1. 16 – 12 TaBV 67/14, AiB 1660 m. Anm. Heinlein.

25 LAG SH 17. 12. 13 – 1 TaBV 35/12, NZA-RR 14, 242.

26 ArbG Nürnberg, a. a. O.

Zahlen von Hauptbetrieb und Betriebsteil zusammen maßgebend sind für alle Schwellenwerte im BetrVG (z. B. Größe des BR § 9, Freistellungen § 38, Interessenausgleich/Sozialplan §§ 111, 112, 112a).[27]

Für den Fall, dass durch einen TV oder eine BV nach § 3 Abs. 1 oder 2 eine **andere Zuordnung** des Betriebsteils festgelegt worden ist, geht die Regelung des TV bzw. der BV vor. 4

6. Zuordnung von Kleinstbetrieben zum Hauptbetrieb

Betriebe, in denen weniger als fünf AN beschäftigt sind, werden – unabhängig von der räumlichen Entfernung – dem Hauptbetrieb zugeordnet. Das gilt auch, wenn zwar mehr als fünf AN beschäftigt sind, aber von diesen nicht mindestens drei die Wählbarkeit (vgl. § 8) besitzen. Durch die Zuordnungsregelung wird sichergestellt, dass auch die in Kleinstbetrieben tätigen AN von der Anwendung des Betriebsverfassungsrechts nicht ausgeschlossen sind, sondern von dem **BR des Hauptbetriebs** mit vertreten werden. Hauptbetrieb i. S. v. Abs. 2 ist ein Betrieb, der für den zuzuordnenden Betrieb eine hervorgehobene Bedeutung hat. Diese ergibt sich aus der besonderen Funktion des Hauptbetriebes für das UN oder den zuzuordnenden Betrieb. Im Hauptbetrieb werden – wenn auch nur beratend – Arbeitgeberaufgaben auch für den zuzuordnenden Betrieb wahrgenommen.[28] Dies kann jeder betriebsratsfähige Betrieb oder selbständige Betriebsteil sein, der in der Nähe liegt.[29] Unterhält das UN neben dem Kleinstbetrieb mehrere Betriebe und wird die Leitung des Kleinstbetriebes von der Leitung eines anderen Betriebes in personellen und sozialen Dingen unterstützt, so ist der Kleinstbetrieb diesem Betrieb zuzuordnen.[30] Für den Fall, dass die Zuordnung nicht zweckmäßig erscheint, etwa wegen der großen Entfernung zwischen dem Hauptbetrieb und dem Kleinstbetrieb, kann eine **anderweitige Zuordnung** durch TV (vgl. § 3 Abs. 1 Nr. 1b) oder durch BV (vgl. § 3 Abs. 2 i. V. m. § 3 Abs. 1 Nr. 1b) erfolgen. 5

§ 5 Arbeitnehmer

(1) Arbeitnehmer (Arbeitnehmerinnen und Arbeitnehmer) im Sinne dieses Gesetzes sind Arbeiter und Angestellte einschließlich der zu ihrer Berufsausbildung Beschäftigten, unabhängig davon, ob sie im Betrieb, im Außendienst oder mit Telearbeit beschäftigt werden. Als Arbeitneh-

---

27 BAG 17. 9. 13 – 1 ABR 21/12.

28 BAG 9. 12. 09 – 7 ABR 38/08, brwo; 17. 1. 07 – 7 ABR 63/05 NZA 2007, 703; zur Kritik an dieser Rspr. s. DKW-Trümner, § 4 Rn. 41.

29 DKW-Trümmer, Rn. 27 m. w. N.

30 BAG 17. 1. 07 – 7 ABR 63/05, NZA 07, 703.

mer gelten auch die in Heimarbeit Beschäftigten, die in der Hauptsache für den Betrieb arbeiten. Als Arbeitnehmer gelten ferner Beamte (Beamtinnen und Beamte), Soldaten (Soldatinnen und Soldaten) sowie Arbeitnehmer des öffentlichen Dienstes einschließlich der zu ihrer Berufsausbildung Beschäftigten, die in Betrieben privatrechtlich organisierter Unternehmen tätig sind.

(2) Als Arbeitnehmer im Sinne dieses Gesetzes gelten nicht

1. in Betrieben einer juristischen Person die Mitglieder des Organs, das zur gesetzlichen Vertretung der juristischen Person berufen ist;
2. die Gesellschafter einer offenen Handelsgesellschaft oder die Mitglieder einer anderen Personengesamtheit, soweit sie durch Gesetz, Satzung oder Gesellschaftsvertrag zur Vertretung der Personengesamtheit oder zur Geschäftsführung berufen sind, in deren Betrieben;
3. Personen, deren Beschäftigung nicht in erster Linie ihrem Erwerb dient, sondern vorwiegend durch Beweggründe karitativer oder religiöser Art bestimmt ist;
4. Personen, deren Beschäftigung nicht in erster Linie ihrem Erwerb dient und die vorwiegend zu ihrer Heilung, Wiedereingewöhnung, sittlichen Besserung oder Erziehung beschäftigt werden;
5. der Ehegatte, der Lebenspartner, Verwandte und Verschwägerte ersten Grades, die in häuslicher Gemeinschaft mit dem Arbeitgeber leben.

(3) Dieses Gesetz findet, soweit in ihm nicht ausdrücklich etwas anderes bestimmt ist, keine Anwendung auf leitende Angestellte. Leitender Angestellter ist, wer nach Arbeitsvertrag und Stellung im Unternehmen oder im Betrieb

1. zur selbständigen Einstellung und Entlassung von im Betrieb oder in der Betriebsabteilung beschäftigten Arbeitnehmern berechtigt ist oder
2. Generalvollmacht oder Prokura hat und die Prokura auch im Verhältnis zum Arbeitgeber nicht unbedeutend ist oder
3. regelmäßig sonstige Aufgaben wahrnimmt, die für den Bestand und die Entwicklung des Unternehmens oder eines Betriebs von Bedeutung sind und deren Erfüllung besondere Erfahrungen und Kenntnisse voraussetzt, wenn er dabei entweder die Entscheidungen im Wesentlichen frei von Weisungen trifft oder sie maßgeblich beeinflusst; dies kann auch bei Vorgaben insbesondere aufgrund von Rechtsvorschriften, Plänen oder Richtlinien sowie bei Zusammenarbeit mit anderen leitenden Angestellten gegeben sein.

Für die in Absatz 1 Satz 3 genannten Beamten und Soldaten gelten die Sätze 1 und 2 entsprechend.

(4) Leitender Angestellter nach Absatz 3 Nr. 3 ist im Zweifel, wer

1. aus Anlass der letzten Wahl des Betriebsrats, des Sprecherausschusses oder von Aufsichtsratsmitgliedern der Arbeitnehmer oder durch rechtskräftige gerichtliche Entscheidung den leitenden Angestellten zugeordnet worden ist oder
2. einer Leitungsebene angehört, auf der in dem Unternehmen überwiegend leitende Angestellte vertreten sind, oder
3. ein regelmäßiges Jahresarbeitsentgelt erhält, das für leitende Angestellte in dem Unternehmen üblich ist, oder,
4. falls auch bei der Anwendung der Nummer 3 noch Zweifel bleiben, ein regelmäßiges Jahresarbeitsentgelt erhält, das das Dreifache der Bezugsgröße nach § 18 des Vierten Buches Sozialgesetzbuch überschreitet.

Inhaltsübersicht Rn.

1. Grundsätze des Arbeitnehmerbegriffs

1 AN i. S. des BetrVG sind nach **ständiger Rspr. des BAG**[1] solche AN, die in einem **Arbeitsverhältnis zum Inhaber des Betriebs** stehen und innerhalb der Betriebsorganisation des AG **abhängige Arbeit** leisten. Erforderlich ist hierfür ein Arbeitsverhältnis, das durch **Arbeitsvertrag** oder **Gesetz** (z. B.

1 BAG 20.4.05, NZA 05, 1006 m. w. N.

§ 10 Abs. 1 AÜG) zustande gekommen ist, und die tatsächliche **Eingliederung des AN in die Betriebsorganisation** des AG.[2] § 611a BGB bestimmt, was unter einem Arbeitsvertrag zu verstehen ist: »Durch den Arbeitsvertrag wird der AN im Dienste eines anderen zur Leistung weisungsgebundener, fremdbestimmter Arbeit in persönlicher Abhängigkeit verpflichtet (§ 611a Satz 1 BGB).« Die dortige Definition ist die Übernahme der bisherigen Rspr. des BAG zur Frage, wer AN ist bzw. was einen Arbeitsvertrag kennzeichnet. Die Definition ist auch für das BetrVG maßgebend. Seine ursprüngliche Definition hat das BAG im Hinblick auf den drittbezogenen Personaleinsatz (z. B. Leih-AN und Bea., die privatrechtlichen UN zugewiesen worden sind) aufgegeben.[3] Das BAG will in diesen Fällen nunmehr je nach spezialgesetzlicher Regelung und Funktion des AN-Begriffs im betriebsverfassungsrechtlichen Zusammenhang ermitteln, ob Leih-AN mitzählen. Diese Änderung der Rspr. hat u. a. dazu geführt, dass Leih-AN nunmehr bei der Bestimmung der Größe des BR grundsätzlich berücksichtigt werden.[4] Dem ist der Gesetzgeber im Grundsatz gefolgt. § 14 Abs. 2 Satz 4 AÜG bestimmt, dass Leih-AN im BetrVG, dem EBRG und den entsprechenden Wahlordnungen als Arbeitnehmer des Betr. oder UN zählen. Ausgenommen ist § 112a – Erzwingbarer Sozialplan bei Neugründungen. Allerdings sieht das Gesetz nicht vor, jeweils anhand des Zweckes zu ermitteln, ob Leih-AN zu den AN des Betr. oder UN gezählt werden. Leih-AN sind daher in allen Fällen, in denen es auf die AN-Anzahl ankommt, mitzuzählen. Spezielle Voraussetzungen (wie z. B. Wahlberechtigung in § 9) gelten weiterhin. Die teilweise Aufgabe der »Zwei-Komponenten-Theorie« des BAG ist zu begrüßen. Nach richtiger Auffassung begründet daher allein die **Eingliederung in den Betrieb** sowie die Leistung **weisungsgebundener** Arbeit in persönlicher Abhängigkeit die AN-Eigenschaft i. S. § 5 Abs. 1.[5]

2. Unterschiedliche Beschäftigungsformen

2 Es gibt in der betrieblichen Praxis sehr **unterschiedliche Beschäftigungsformen**. Sie reichen von der Arbeitnehmerüberlassung über arbeitnehmerähnliche Personen (etwa bestimmte Beschäftigte in schriftstellerischen und journalistischen Berufen) und Beschäftigte in Arbeitsbeschaffungs- und Strukturmaßnahmen nach dem SGB III (förderungsbedürftige Arbeitslose), bis hin zu Formen der Scheinselbstständigkeit (z. B. Franchise-Nehmer, Pharmaberater oder Kosmetikberaterinnen), wobei die Abgrenzung

---

2 BAG a. a. O., »Kumulationstheorie«.
3 BAG 5. 12. 12 – 7 ABR 48/11, NZA 2013, 793.
4 BAG 13. 3. 13 – 7 ABR 69/11, NZA 13, 789.
5 Ausführlich zur Kritik an der alten Rspr. des BAG s. DKW-Trümner, § 5 Rn. 13 ff. m. w. N.

zwischen der AN-Eigenschaft und anderen Rechtsverhältnissen im Einzelfall schwierig sein kann.[6] In Zweifelsfällen wird der BR sein **Prüfungsrecht** in Anspruch nehmen.[7] Nach § 80 Abs. 2 Satz 1 hat er Anspruch auf Unterrichtung auch hinsichtlich der Beschäftigung solcher Personen, die nicht in einem Arbeitsverhältnis zum AG stehen (vgl. im Einzelnen § 80 Rn. 14).

a) Tatsächliche Durchführung des Beschäftigungsverhältnisses

Der BR hat in eigener Verantwortung zu prüfen, ob sich für ihn Aufgaben i. S. des BetrVG ergeben.[8] So kann es sein, dass MBR nach § 99 unter dem Gesichtspunkt der Einstellung eingegliederter »freier Mitarbeiter« bestehen.[9] Sog. freie Mitarbeiter sind AN i. S. des § 5 Abs. 1, wenn sie in einem sozialen und wirtschaftlichen Abhängigkeitsverhältnis zum Betrieb stehen. Das gilt unabhängig davon, dass die Vertragsparteien von einer **Selbstständigkeit ausgehen** oder eine nicht einem Arbeitsvertrag entsprechende Geschäftsbezeichnung wählen.[10] § 611a Satz 6 BGB legt fest, dass es für die Frage, ob ein Arbeitsvertrag vorliegt oder nicht, entscheidend auf die Vertragsdurchführung, folglich nicht auf die Bezeichnung des Vertrags ankommt. Deshalb können – je nach Vertragsgestaltung – **Franchise-Verträge** (Vertragsverhältnis über den Vertrieb von Waren und/oder Dienstleistungen, wobei der Franchise-Nehmer im eigenen Namen und für eigene Rechnung sein Geschäft betreibt) zur AN-Eigenschaft führen, wenn die Gesamtbetrachtung aller Umstände des Einzelfalls ergibt, dass der Franchise-Nehmer im Wesentlichen seine Tätigkeit nicht frei gestalten und die Arbeitszeit bestimmen kann.[11] Aber selbst eine weitgehende Selbstbestimmung über die eigene Arbeitszeit hebt nicht für sich allein den AN-Status auf.[12] **Keine selbstständige Tätigkeit** liegt z. B. bei **Medienmitarbeitern** (Journalisten, Fotoreportern, Korrespondenten, Rundfunksprechern), **Dozenten** oder sonstigen AN vor, wenn sie in Dienst- oder Schichtplänen eingeteilt sind oder ständig in Dienstbereitschaft stehen müssen (vgl. auch Rn. 4 f.).[13]

---

6 Vgl. dazu umfassend DKW-Trümner, § 5 Rn. 63 ff.

7 Musterschreiben s. brwo-Homburg, § 5 Arbeitnehmereigenschaft freier Mitarbeiter.

8 BAG, NZA 99, 722.

9 BAG a. a. O.

10 Zu dem für die Unterscheidung zwischen freier Mitarbeit und AN-Eigenschaft wesentlichen Grad der persönlichen Abhängigkeit vgl. BAG, NZA 96, 1145.

11 LAG Düsseldorf, DB 88, 293; vgl. auch BAG, BB 90, 1064; NZA 97, 1126; zu den vertraglichen Gestaltungsformen beim Franchising vgl. Buschmann, AiB 88, 51 ff.

12 Vgl. BAG, BB 97, 262.

13 BAG, NZA 98, 705; 98, 597; LAG Düsseldorf, BB 97, 2592; vgl. umfassend DKW-Trümner, Rn. 63 ff.

b) Leiharbeitnehmer

Leih-AN i.S. des AÜG sind vertragsrechtlich Angehörige des Betriebs des Verleihers und haben dort das **aktive und passive Wahlrecht**. Eine AN-Überlassung ist wirksam nur möglich, wenn Verleiher und Entleiher die Überlassung in ihren Verträgen ausdrücklich als AN-Überlassung bezeichnet und vor der konkreten Überlassung die Person des Leih-AN mit Namen bezeichnet haben (§ 1 Abs. 1 Satz 5 und 6 AÜG). Ist dies nicht der Fall, ist der Arbeitsvertrag zwischen Leih-AN und Verleiher unwirksam. Gem. § 10 AÜG kommt dann ein Arbeitsvertrag unmittelbar mit dem Entleiher zustande. Der BR kann und sollte die Verträge zwischen Verleiher und Betr. prüfen (siehe § 80 Rn. 14). § 14 AÜG legt Einzelheiten der Berücksichtigung von LeihAN im Betrieb des Verleihers im Hinblick auf das BetrVG fest. LeihAN unterliegen im Hinblick auf den Einsatz im Entleiherbetrieb in vielfacher Hinsicht den **Beteiligungsrechten des BR im Entleiherbetrieb**, und zwar auch bei beteiligungspflichtigen Maßnahmen, die nicht ausdrücklich in § 14 AÜG angeführt sind (s. § 87 Rn. 1).[14] Ob der BR des Verleiher- oder der des Entleiherbetriebs mitzubestimmen hat, richtet sich danach, ob der Verleiher oder der Entleiher die mitbestimmungspflichtige Entscheidung trifft.[15] Dies ist etwa bei den MBR in sozialen Angelegenheiten der Fall.[16] Auch in anderer Hinsicht werden nunmehr die Leih-AN den AN nach § 5 Abs. 1 **gleichgestellt**. Das BetrVG gibt ihnen unter bestimmten Voraussetzungen das **aktive Wahlrecht** zum BR des Beschäftigungsbetriebs (vgl. § 7 Rn. 5 f.). Leih-AN, gleich ob sie »im Rahmen der wirtschaftlichen Tätigkeit« (§ 1 AÜG) des Verleihers oder im Wege der **Konzernleihe** (§ 1 Abs. 3 Nr. 3 AÜG) ausgeliehen werden, sind keine AN des Entleiherbetriebs. Sie haben gem. § 14 Abs. 2 AÜG nicht das passive Wahlrecht im Entleiherbetrieb. Sie sind nach § 14 Abs. 2 Satz 4 AÜG bei der Größe des BR nach § 9 zu berücksichtigen.

Der DGB-Reformentwurf zum BetrVG sieht in § 5 Abs. 1 vor, dass Leih-AN und arbeitnehmerähnliche Personen AN im Sinne des BetrVG sind und somit der BR auch für sie alle seine Rechte wahrnehmen kann.[17]

c) Außendienst- und Telearbeitnehmer; Auslandseinsatz

3 Ebenso sind Beschäftigte, die **außerhalb** des räumlichen Bereichs der Betriebsstätte arbeiten, AN nach § 5 Abs. 1. Unbeschadet ihrer Außentätig-

---

14 Vgl. BAG 18.3.15 – 7 ABR 42/15, NZA 15, 1144; 19.6.01 – 1 ABR 43/00, NZA 01, 1263.

15 BAG 18.3.15 – 7 ABR 42/15, NZA 15, 1144; 19.6.01 – 1 ABR 43/00, NZA 01, 1263.

16 Fitting, Rn. 240; BAG 19.6.01, AP Nr. 1 zu § 87 BetrVG 1972 Leiharbeitnehmer.

17 *https://aur-blog.eu/reformvorschlag/*.

keit sind sie weisungsgebunden und mit der Einbindung in die betriebliche Arbeitsorganisation für den Betriebszweck tätig. Das Gesetz führt als Beispiele Beschäftigte an, die im **Außendienst** tätig sind oder mit **Telearbeit** beschäftigt werden. Damit trägt das Gesetz auch bei der AN-Eigenschaft i.S. des BetrVG dem funktional zu verstehenden Betriebsbegriff Rechnung: Die Einordnung in die betriebliche Organisation ist, unabhängig von der räumlichen Zusammenfassung, ein **entscheidendes Merkmal** für die betriebsverfassungsrechtliche AN-Eigenschaft. Dementsprechend gehört der **ausgelagerte Telearbeitsplatz** zum Betrieb, und die **Tele-AN**, die eine Tätigkeit unter Verwendung der Informations- und Kommunikationstechnik am häuslichen Bildschirm ausüben, sind betriebsverfassungsrechtlich AN.[18] Bei der Zuordnung der Tele-AN werden im Einzelnen erfasst: Die **alternierende Telearbeit**, die teils im Betrieb, teils an einem anderen Ort geleistet wird; die mobile Telearbeit, die an verschiedenen Orten oder in Betrieben von Kunden oder Lieferanten erbracht wird und eine moderne Variante des herkömmlichen Außendienstes ist; die **häusliche Telearbeit**, die entweder zu Hause oder an einem anderen selbst gewählten Ort verrichtet wird. Ein weiteres Beispiel für die außerhalb des Betriebs erfolgende Tätigkeit, die gleichwohl zur AN-Eigenschaft i.S. des § 5 Abs. 1 führt, sind **Zeitungszusteller** jedenfalls dann, wenn sie ihre Tätigkeit weisungsgebunden wahrzunehmen haben und in einem festen zeitlichen Rahmen ihre Zustelltätigkeit verrichten.[19] Außendienstmitarbeiter gehören zu dem Betrieb, von dem die Entscheidungen über ihren Einsatz ausgehen und die Leitungsmacht des AG ausgeübt wird.[20] Auch AN, die vorübergehend im **Ausland** tätig sind, gehören zu den AN des Betriebs.[21] Dies ist dann der Fall, wenn es sich bei der Tätigkeit des AN um eine »Ausstrahlung« des inländischen Betriebs ins Ausland handelt.[22] Kriterien zur Beantwortung der Frage, ob ein ins Ausland entsandter AN zum Betrieb zählt, sind z.B. die Dauer der Auslandstätigkeit und die Ausübung des Direktionsrechts durch den deutschen Betrieb. Die dauerhafte Entsendung spricht i.d.R. gegen eine Eingliederung in den inländischen Betrieb und damit gegen die Zugehörigkeit zum Betrieb.[23]

18 Wedde, Telearbeit [1994]; DKW-Trümner, Rn. 41 ff.
19 Vgl. BAG, BB 92, 1486.
20 BAG 10.3.04, AiB 05, 761.
21 Vgl. etwa BAG, DB 86, 331.
22 BAG 20.2.01 – 1 ABR 30/00, AiB 02 375.
23 BAG a.a.O.

d) Ruhendes Arbeitsverhältnis

Ein ruhendes Arbeitsverhältnis (z. B. Elternzeit, Wehr- bzw. Zivildienst) berührt die AN-Eigenschaft nach dem BetrVG nicht.[24] Auch langfristig erkrankte AN, denen eine befristete Erwerbsminderungsrente bewilligt wurde, sind AN des Betriebes.[25]

e) Beamte, Soldaten und AN des öffentlichen Dienstes als Arbeitnehmer

4 **Beamte**, die im Betrieb eines privatrechtlichen UN aufgrund eines Arbeitsvertrages tätig werden, sind AN i. S. des § 5 Abs. 1. Im Betrieb tätige Beamte, Soldaten und AN des öffentlichen Dienstes einschließlich der zu ihrer Berufsausbildung beschäftigten gelten als AN i. S. d. BetrVG, sofern sie aufgrund einer entsprechenden Zuweisung bzw. Gestellung oder Überlassung in Betrieben der Privatwirtschaft tätig sind. Diese AN i. S. d. BetrVG sind aktiv und passiv wahlberechtigt.[26] Sie sind auch bei der Berechnung der Betriebsratsgröße nach § 9 BetrVG zu berücksichtigen.[27] Gleiches gilt für die Berechnung nach § 38.[28] Anders als bei Leih-AN (§ 7 Satz 2), ist für das aktive Wahlrecht keine Mindesteinsatzdauer erforderlich. AN des öffentlichen Dienstes sind solche AN, deren AG eine juristische Person des öffentlichen Rechts ist.[29] Damit zählen AN, die in privatrechtlich organisierten UN, die im Eigentum der öffentlichen Hand stehen, beschäftigt sind, nicht zu den AN des öffentlichen Dienstes i. S. der Neuregelung, denn sie sind bereits AN i. S. des Gesetzes. Bedeutung hat die Ausweitung des AN-Begriffes vor allem in den privatisierten Betrieben der öffentl. Hand. Die spezialgesetzlichen Regelungen, die im Zuge der Privatisierungen der **Deutschen Bundesbahn** und der **Deutschen Bundespost** geschaffen worden sind, bleiben von der Neuregelung unberührt. Der Gesetzgeber hat die AN-Eigenschaft im betriebsverfassungsrechtlichen Sinne hinsichtlich der in den privatisierten UN (DB AG, Deutsche Post AG, Deutsche Postbank AG, Deutsche Telekom AG) tätigen Beamten klargestellt (§ 19 Abs. 1 DBGrG, § 24 Abs. 2 PostPersRG). Zur Frage, in welchem Betrieb die zugewiesenen Beamten das aktive und passive Wahlrecht ausüben, s. § 7 Rn. 7.

---

24 Vgl. LAG München, AuR 05, 118.
25 ArbG Göttingen 7. 3. 07 – 3 BV 14/06.
26 Vgl. LAG BaWü 23. 9. 15 – 21 TaBV 8/14.
27 BAG 5. 12. 12 – 7 ABR 17/11, juris; 15. 12. 11 – 7 ABR 65/10; NZA 12, 519.
28 BAG a. a. O.
29 DKW-Trümner, Rn. 108.

f) Werkverträge, Dienstverträge und Scheinwerkverträge

AN, die im Rahmen eines **Werk- oder Dienstvertrags** (§§ 631; 611 BGB) von anderen AG im Betrieb eingesetzt werden, sind nicht AN i. S. v. § 5 im jeweiligen Einsatzbetrieb. Sie sind AN ihres »Stammbetriebes«, z. B. wenn sie Montage- oder Reparaturarbeiten im Einsatzbetrieb ausführen. Zu prüfen ist jedoch, ob es sich bei den dem Einsatz im Betrieb zugrunde liegenden Werk- oder Dienstverträgen um Scheinverträge handelt. Ist dies der Fall, kann ein Arbeitsverhältnis zum Einsatz-UN zustande gekommen sein. Die Praxis, AN im Rahmen von Scheinwerk- oder Dienstverträgen einzusetzen und sich im Streitfall auf AN-Überlassungserlaubnis zu berufen, ist durch das zum 1.4.17 geänderte AÜG nicht mehr möglich (§ 1, 9 und 10 AÜG). Bei einem **Dienstvertrag** (§ 611 BGB) verpflichtet sich die Fremdfirma (= der Dienstnehmer) zur Leistung von im Vertrag festgesetzten Diensten. Ein Erfolg wird nicht geschuldet. Bei einem Werkvertrag (§ 631 BGB) verpflichtet sich der Werkvertragsunternehmen zum Herstellen eines Werkes. Er schuldet den Erfolg. Für einen **echten Werkvertrag** spricht u. a., dass sich der Werkvertragsunternehmer zur Herstellung eines konkreten Werkes verpflichtet hat und die Haftung bzw. Gewährleistung für das zu erstellende Werk trägt. Weiterhin muss der Werkvertragsunternehmer die Arbeitsabläufe, die zur Erstellung des Werkes notwendig sind organisieren und gegenüber seinen AN das Weisungsrecht ausüben.[30] Allerdings kann auch der Besteller des Werks dem Werkvertragsunternehmer oder seinen AN Anweisungen erteilen (atypischer Werkvertrag; § 645 Abs. 1 BGB).[31] Zu prüfen ist jeweils der Vertrag zwischen Besteller und Werk-UN und dessen tatsächliche Durchführung. Weicht diese vom Vertrag ab, ist die Durchführung maßgebend für die Beurteilung, ob ein Scheinwerk – (oder Dienst-) vertrag vorliegt oder nicht. Der BR hat das Recht, Einsicht in die vom AG mit dem Werkvertragsunternehmer geschlossene Verträge zu nehmen. Er kann (§ 80 Abs. 2 BetrVG) verlangen, dass ihm Unterlagen, aus denen sich die Einsatztage und -zeiten und die Arbeitsaufgaben der einzelnen AN der im Betrieb beschäftigten Fremdfirmen-AN ergeben, überlassen werden. Bedient sich der Werkvertragsunternehmer Subunternehmern bezieht die Pflicht Einsatztage, -zeiten und Arbeitsaufgaben nachzuweisen auch auf die AN, die bei Subunternehmern beschäftigt sind.
Für den überwiegenden Teil der Fleischwirtschaft hat der Gesetzgeber praktisch jede Form des Einsatzes von Fremdpersonal ab 1. 1. 2021 ausgeschlossen (§ 6a GSA-Fleisch) und festgelegt, dass die Inhaber bestimmte Tätigkeiten in der Fleischwirtschaft nur mit bei ihnen angestellten AN durchführen dürfen. Leiharbeit ist nur noch für einen Übergangszeitraum zulässig.

---

30 BAG 19. 3. 03 – 7 AZR 267/02 juris; vgl. DKW-Trümner, § 5 Rn. 104 m. w. N.
31 Vgl. BAG 10. 10. 07 – 7 AZR 487/06.

g) Heimarbeiter und Hausgewerbetreibende

Heimarbeiter und **Hausgewerbetreibende** (s. § 2 Abs. 1 u. 2 HAG) gelten als AN i. S. des § 5 Abs. 1. Sie gelten betriebsverfassungsrechtlich aber nur als AN, wenn sie »in der Hauptsache« für den Betrieb arbeiten. Die Beschäftigung für den Betrieb muss gegenüber der Leistung von Heimarbeit für andere Auftraggeber überwiegen.[32] Der AG hat dann den Heimarbeitern gegenüber wirtschaftlich die gleiche Stellung wie den betrieblichen AN gegenüber. Die Heimarbeiter dürfen nicht mehr als zwei fremde Hilfskräfte haben.[33]

h) Teilzeit- und Mehrfachbeschäftigte, Befristete, Praktikanten

5 Für die AN-Eigenschaft kommt es grundsätzlich **nicht** auf die Länge der Arbeitszeit oder die entsprechende Verdiensthöhe an. Auch **Auszubildende, Anlernlinge, Praktikanten** und **Volontäre** sind ebenso wie **Teilzeitbeschäftigte,**[34] **Mehrfachbeschäftigte**[35] AN i. S. des Gesetzes, und zwar unabhängig von der Höhe des Einkommens und davon, ob wegen des geringen Entgelts Sozialversicherungspflicht besteht (z. B. AN mit sog. 520-Euro-Jobs). Gleiches gilt für befristet beschäftigte AN während der Befristung.

i) Auszubildende, überbetriebliche Ausbildungsstätten

Der Begriff »Berufsausbildung« i. S. des § 5 BetrVG deckt sich nicht mit dem BBiG, sondern ist **erheblich weiter gefasst**.[36] Erfasst werden alle Ausbildungsverhältnisse, die berufliche Kenntnisse, Fertigkeiten und Erfahrungen vermitteln sollen. Es kommt daher weder darauf an, ob auf das Ausbildungsverhältnis das BBiG anwendbar ist, noch auf die Dauer der Betriebszugehörigkeit.[37] Voraussetzung ist allerdings, dass die Ausbildung in einem Betrieb erfolgt,[38] weil dann der kollektivrechtliche Schutz des BetrVG gelten muss, um die mit der Ausbildung einhergehenden sozialen und personellen Abhängigkeiten vom AG durch die Rechte des BR zu sichern.[39] Zu ihrer Berufsausbildung Beschäftigte sind – so das BAG – nur dann AN i. S. d. § 5 Abs. 1, wenn sich die Berufsausbildung im Rahmen des **arbeitstechnischen Zwecks** eines Produktions- oder Dienstleistungsbetriebes vollzieht und sie deshalb in vergleichbarer Weise wie die sonstigen AN in den Betrieb

32 Fitting, Rn. 304.
33 Vgl. DKW-Trümner, § 5 Rn. 127.
34 BAG, NZA 92, 894.
35 Vgl. BAG 11. 4. 58, AP Nr. 1 zu § 6 BetrVG.
36 Vgl. etwa BAG 15. 3. 06 – 7 ABR 39/05.
37 Vgl. BAG, DB 81, 1935.
38 BAG, DB 82, 606.
39 BAG 3. 10. 89, AP Nr. 73 zu § 99 BetrVG 1972.

eingegliedert sind.[40] Der Berufsausbildung muss ein privatrechtlicher Vertrag mit dem AG des Betriebes zugrunde liegen, der die Berufsausbildung zum Inhalt hat.[41] Die Ausbildung muss auf den Erwerb solcher beruflichen Kenntnisse und Fähigkeiten gerichtet sein, die ihrerseits den arbeitstechnischen Zweck des Betriebes fördern. Dies ist bei reinen Ausbildungsbetrieben (außerbetriebliche Berufsbildung i. S. v. § 2 Abs. 1 Nr. 3 BBiG), z. B. Berufsförderungswerken, Rehabilitationszentren, nicht der Fall.[42] Gleiches gilt, wenn in einem Konzern die Auszubildenden in einem reinen Ausbildungsunternehmen angestellt werden und die praktische Ausbildung in den einzelnen Konzernunternehmen stattfindet. Die Auszubildenden sind nur AN i. S. v. § 5 beim Ausbildungsunternehmen.[43] Betreibt ein Träger sowohl ein Krankenhaus, als auch eine med. Schule, sind die Auszubildenden AN i. S. v. § 5, wenn sie einen Ausbildungsvertrag mit dem Träger des Krankenhauses geschlossen haben und in der med. Schule sowie im Krankenhaus ausgebildet werden.[44] Der Gesetzgeber hat durch Änderung des BBiG die Möglichkeit geschaffen, dass Auszubildende, deren praktische Berufsausbildung in einer sonstigen Berufsbildungseinrichtung (§ 2 Abs. 1 Nr. 3 BBiG) stattfindet und die nicht wahlberechtigt zum BR oder zur JAV sind, eine **besondere Interessenvertretung** wählen können (§ 51 BBiG, vgl. § 60 Rn. 3). **Überbetriebliche Ausbildungsstätten** (z. B. eine Lehrwerkstatt oder ein Ausbildungszentrum) sind keine sonstigen Berufsausbildungseinrichtungen i. S. v. § 2 Abs. 1 Nr. 3 BBiG. Die dort zu ihrer Berufsausbildung Beschäftigten sind AN des Betriebes nach § 5 Abs. 1.[45] Auch ABM-Kräfte sind AN des Trägers der ABM.[46] Erwerbsfähige Leistungsberechtigte, die in Arbeitsgelegenheiten (§ 16 SGB II) tätig sind, sind keine AN (§ 16d Abs. 7 SGB II).

3. Ausnahmen von der Arbeitnehmereigenschaft

Unter Abs. 2 Nrn. 1 und 2 fallen die nach Gesetz, Satzung oder Gesellschafts- 6
vertrag zur Vertretung berufenen Personen, z. B. **Vorstandsmitgl.** einer AG und **Geschäftsführer** einer GmbH. Die Nr. 3 bezieht sich auf **Mönche, Diakonissen und Ordensschwestern**. Dagegen sind **Krankenschwestern**,

---

40 BAG, 6. 11. 13 – 7 ABR 76/11, NZA 14, 678; 16. 11. 11 – 7 ABR 48/10; NZA 97, 273, vgl. § 60 Rn. 4.

41 BAG 15. 3. 06 – 7 ABR 39/05, a. a. O.

42 BAG 13. 6. 07 – 7 ABR 44/06, NZA-RR 08, 19.

43 BAG 24. 8. 11 – 7 ABR 8/10; sie dürfen an Betriebsversammlungen im Einsatzbetrieb teilnehmen.

44 LAG BB 16. 8. 11 – 3 TaBV 326/11 juris; ebenso für den Fall einer angegliederten Schule für Physiotherapie: LAG SH 29. 11. 16 – 1 TaBV 30/16, AiB 17 Nr. 5, S. 65 mit Anm. Köhler.

45 BAG, NZA 95, 120; DKW-Trümner, Rn. 134; Fitting, Rn. 290.

46 BAG 13. 10. 04, NZA 05, 480.

wie sie beim Caritas-Verband, der Inneren Mission oder beim Deutschen Roten Kreuz (DRK) tätig sind, grundsätzlich betriebsverfassungsrechtlich AN.[47] Für die Frage, ob bei Gestellungsverträgen dem Krankenhausträger AG-Positionen übertragen worden sind, kommt es wesentlich auf den Inhalt des Gestellungsvertrages und dessen tatsächliche Durchführung im Krankenhausbetrieb an.[48] Das BAG[49] hat bei Aufnahme eines Mitgliedes in die DRK-Schwesternschaft, das im Wege des Gestellungsvertrages in einem Krankenhaus beschäftigt wird, hat eine Einstellung nach § 99 bei der DRK-Schwesternschaft bejaht, die neben Mitgliedern auch AN beschäftigt. Auf die Gestellung von Rot-Kreuz-Schwestern ist das AÜG anzuwenden[50]. Daher ist der BR in einem Krankenhaus, dem Rot-Kreuz-Schwestern gestellt werden, entsprechend § 99 (s. § 99 Rn. 7) zu beteiligen. Nur § 1b AÜG – Höchstüberlassungsdauer – ist nach einer am 25.7.17 in Kraft getretenen Änderung der DRK-Gesetzes (§ 2 Abs. 4) nicht mehr auf Rot-Kreuz-Schwestern anwendbar.

Die Nr. 4 bezieht sich beispielsweise auf **Geisteskranke** und **Suchtkranke**, soweit sie in Anstalten oder aus sonstigen arbeitstherapeutischen Gründen beschäftigt werden vgl. § 74 SGB V). Schwerbehinderte Menschen in einer **Behindertenwerkstatt** nach § 136 SGB IX sind dann keine AN i.S. des BetrVG, wenn die therapeutischen Gesichtspunkte bei der Beschäftigung im Vordergrund stehen und die Arbeit nur Mittel zum Zweck der Rehabilitation ist.[51] Eine die AN-Eigenschaft ausschließende Beschäftigung zur **Wiedereingewöhnung** liegt nur vor, wenn die Beschäftigung vorwiegend als Mittel zur Behebung eines gestörten Verhältnisses der beschäftigten Person zu einer geregelten Erwerbsarbeit eingesetzt wird, nicht aber, wenn die Beschäftigung vorwiegend der Vermittlung beruflicher Kenntnisse und Fertigkeiten dient.[52] Erwerbsfähige Hilfsbedürftige (§ 16d SGB II), denen ein sog. Ein-Euro-Job zugewiesen wurde, sind keine AN.[53] Demgegenüber sind Menschen, die im Rahmen der Eingliederung von Langzeitarbeitslosen (§ 16e SGB II) oder zur Teilhabe am Arbeitsmarkt (§ 16i SGB II) beschäftigt werden, immer AN.[54]

---

47 DKW-Trümner, Rn. 180ff.; Fitting § 5 Rn. 334; a.A. BAG 21.12.17 – 1 ABR 62/12; NZA 17, 662.

48 So auch BAG 22.4.97, EzA § 99 BetrVG Einstellung Nr. 3: DKW-Trümner, Rn. 183.

49 BAG 23.6.10 – 7 ABR 1/09, NZA 2010, 1302.

50 BAG 21.2.17 – 1 ABR 62/12, NZA 17, 662, zur Anwendung der EU-Leiharbeits-RL auf Rot-Kreuz-Schwestern s. EuGH 17.11.16 – C-216/15.

51 Vgl. DKW-Trümner, Rn. 189 m.w.N.

52 BAG, AiB 90, 254.

53 BAG 20.2.08 – 5 AZR 290/07, NZA-RR 08, 401; Fitting Rn. 155.

54 LAG Hamm 3.12.19 – 7 TaBV 57/19, juris: zur Berücksichtigung dieser AN-Gruppen bei Freistellungen nach § 38.

Voraussetzung für die Anwendung der Nr. 5 ist, dass die dort genannten Personen mit dem AG in **häuslicher Gemeinschaft** (Wohnen, Schlafen, Kochen) leben. Zu den Lebenspartnern zählen nur die eingetragenen Lebenspartnerschaften gem. § 1 LPartG. Fraglich ist, ob die Vorschrift auch für die genannten Personen gilt, wenn der AG eine juristische Person ist, da das Gesetz offensichtlich auf eine natürliche Person abstellt.[55] Das Gesetz will verhindern, dass enge persönliche Beziehungen zum AG, die einer Interessenvertretung gegenüber dem AG entgegenstehen, Einfluss auf die AN-Vertretung nach dem BetrVG haben. Daher ist auch der Ehegatte eines Geschäftsführers einer GmbH, der bei der GmbH angestellt ist, kein AN i. S. des BetrVG.

4. Leitende Angestellte im Sinne des Gesetzes

a) Grundsätze

7 Das BetrVG gilt für leit. Ang. grundsätzlich nicht bzw. nur dann, wenn dies als Ausnahme ausdrücklich im Gesetz festgelegt ist (§§ 105, 107, 108). Das historisch überlieferte Prinzip der betriebsverfassungsrechtlichen Begriffsabgrenzung des leit. Ang. geht davon aus, grundsätzlich solche Personen aus dem Geltungsbereich des Betriebsverfassungsrechts herauszunehmen, die als **Mitträger der unternehmerischen Funktion** zur UN-Leitung gehören und damit in einem nicht zu übersehenden funktionalen Gegensatz zu den übrigen AN stehen (vgl. etwa § 2 Betriebsrätegesetz 1920).[56] Die Definition des leit. Ang. gilt nicht nur für das BetrVG, sondern auch für das EBRG (§ 23 Abs. 6), das MitbestG (§ 3 Abs. 1 Nr. 2), das DrittelbG (§ 3 Abs. 1), das SprAuG (§ 1 Abs. 1) und das ArbZG (§ 18 Abs. 1 Nr. 1). Nach § 45 Satz 2 WPO gelten angestellte Wirtschaftsprüfer als leit. Ang. Dies jedoch nur, wenn ihnen auch Prokura erteilt worden ist.[57]

8 An diesem funktionalen Begriff des leit. Ang. hält Abs. 3 Nr. 3 fest. Die in ihm enthaltenen unbestimmten Rechtsbegriffe ermöglichen den **notwendigen Entscheidungsspielraum** für den Rechtsanwender. Damit ist zugleich eine auf das konkrete UN abzustellende differenzierte und sachgerechte Entscheidung mit einer **Einzelfallgerechtigkeit** gegeben. Darüber hinaus ist festzustellen, dass sich nur mit funktionalen Kriterien die unterschiedlichen Strukturen verschiedener Wirtschaftszweige und Wandlungen der UN-Struktur angemessen bewältigen lassen. Die Regelungen des **Abs. 4** sind demgegenüber grundsätzlich **nicht geeignet**, festzustellen, ob und inwieweit ein Ang. unter Berücksichtigung der jeweiligen UN-Organisation eine un-

55 Dagegen LAG Nds. 5.3.09 – 5 TaBVGa 19/09; DKW-Trümner, § 5 Rn. 202; für analoge Anwendung auf juristische Person Fitting, § 5 Rn. 337.

56 Zum Betriebsverfassungsrecht vgl. etwa BAG 28.4.64, AP Nr. 4 zu § 4 BetrVG.

57 BAG 29.6.11 – 7 ABR 15/10.

ternehmerische Funktion innehat, die ihn dem Personenkreis der leit. Ang. zuordnet. Dem Abs. 4 (zu den Einzelheiten vgl. Rn. 18 ff.) liegen **formale Abgrenzungskriterien** zugrunde, die eine differenzierte und sachgerechte Entscheidung darüber, ob jemand zum Personenkreis der leit. Ang. gehört, zumindest erschweren, wenn nicht gar unmöglich machen.

9 Die Auslegung des **Abs. 3** sollte daher so gehandhabt werden, dass prinzipiell **keine Zweifel** mehr verbleiben. Eine Heranziehung der Hilfskriterien des Abs. 4 bedarf es dann nicht mehr. Sie bringt überdies die Gefahr einer **Ausweitung** des Personenkreises der leit. Ang. mit sich. Wird aber der Kreis der leit. Ang. weiter gezogen, als nach Anwendung der funktionalen Kriterien des Abs. 3 notwendig, können sich **erhebliche negative Konsequenzen** für die Bildung des BR und seine Tätigkeit ergeben, etwa im Hinblick auf die Größe des BR (§ 9), die Freistellungsmöglichkeiten von BR-Mitgl. (§ 38), das Initiativrecht bei Auswahlrichtlinien (§ 95 Abs. 2), das Mitwirkungsrecht bei personellen Einzelmaßnahmen (§ 99 Abs. 1), die Bildung des WA (§ 106 Abs. 1), die Beteiligungsrechte bei Betriebsänderungen (§ 111 Abs. 1) und die Erzwingbarkeit von Sozialplänen bei Massenentlassungen (§ 112a). **Bea.** und **Soldaten**, die im Betrieb tätig sind (vgl. Rn. 4) und die die Voraussetzungen von § 5 Abs. 3 Satz 1 und 2 erfüllen, gelten als leit. Ang.[58]

b) Selbstständige Einstellungs- und Entlassungsbefugnis (Abs. 3 Nr. 1)

10 Unter die **Nr. 1** fallen nur solche leit. Ang., die **selbstständig** die **Auswahl der Einzustellenden** und der zu **Entlassenden** treffen können. Eine solche umfassende Einstellungs- **und** Entlassungsbefugnis kann sich zwar auf einen Betrieb oder eine Betriebsabteilung beschränken. Sie muss jedoch einen erheblichen Teil der Arbeitnehmerschaft umfassen.[59] Die selbstständige Einstellungs- und Entlassungsbefugnis gegenüber nur einem Prozent der Gesamtbelegschaft (in konkreten Fall 4 von 600 AN) begründet nicht die Eigenschaft als leit. Ang.[60] Die Befugnis muss sowohl im Innenverhältnis ggü. dem AG als auch im Außenverhältnis ggü. den AN bestehen.[61] Sind Einstellung und Entlassung von der Zustimmung anderer abhängig, liegt keine selbstständige Entscheidung vor.[62] Eine bloß delegierte Entscheidungsbefugnis für einen eng begrenzten Personenkreis, z. B. Poliere auf Baustellen, genügt daher nicht. Hat ein AN die Befugnis zu Einstellungen und Entlas-

58 Vgl. DKW-Trümner, Rn. 221.
59 BAG 4. 5. 22 – 7 ABR 14/21.
60 BAG 10. 10. 07 – 1 ABR 61/06, juris.
61 BAG 4. 5. 22 – 7 ABR 14/21; LAG Hamm 14. 2. 18 – 2 Sa 1499/16.
62 BAG 25. 3. 09 – 7 ABR 2/08, brwo; BAG 16. 4. 02 – 1 ABR 23/01, AiB 03, 483 m. Anm. Schneider; LAG Hamm 12. 6. 15 – 13 TaBV 78/14, juris.

sungen nur vertretungsweise bei Abwesenheit des Vorgesetzen, begründet dies nicht die Eigenschaft als leit. Ang.[63]
Die selbstständige Einstellungs- und Entlassungsbefugnis muss sich auf den Betr. oder das UN beziehen. Sind durch einen TV nach § 3 Abs. 1 Nr. 3 betriebsverfassungsrechtliche Organisationseinheiten gebildet worden, weil z. B. Kleinbetriebe zu Betriebsratsregionen zusammengefasst worden sind, dann muss sich die Einstellungs- und Entlassungsbefugnis auf diese Einheiten beziehen.[64] Sie gelten gem. § 3 Abs. 5 Satz 1 als Betriebe im Sinne des BetrVG und sind damit auch für § 5 Abs. 3 maßgebend.

c) Generalvollmacht oder Prokura (Abs. 3 Nr. 2)

Die **Nr. 2** erstreckt sich auf leit. Ang., die **Generalvollmacht** oder **Prokura** 11
(§ 49 HGB) haben. Generalvollmacht ist die Vollmacht zum gesamten Geschäftsbetrieb oder zumindest eine solche, die die Besorgung eines wesentlichen Teils der Geschäfte des Vollmachtgebers umfasst. Die Prokura ist eine gesetzlich festgelegte Vollmacht zur Vornahme aller Rechtsgeschäfte. Die **Prokura** reicht für sich **allein nicht aus**, um im betriebsverfassungsrechtlichen Sinne die Eigenschaft als leit. Ang. zu begründen. Ein Prokurist muss, um leit. Ang. zu sein, unternehmerische Führungsaufgaben wahrnehmen.[65] So darf die Prokura auch im Verhältnis zum AG **nicht unbedeutend sein**, wobei nicht die Prokura selbst gemeint ist, sondern die Aufgaben, die der AG einem Prokuristen überträgt.[66] Die sog. Titelprokura reicht daher ebensowenig aus[67] wie ein unbedeutender Aufgabenbereich. Somit muss – damit jemand zum Personenkreis der leit. Ang. im betriebsverfassungsrechtlichen Sinne gehört – die Prokura sowohl im **Außenverhältnis** als auch **nach innen umfassend** sein.[68] Allein aufgrund der Prokura sind Ang. in Stabsstellen (z. B. Leiter einer Revisionsabteilung) keine leit. Ang. gem. § 5 Abs. 3 Satz 2 Nr. 2.[69] Wirtschaftsprüfer, denen Prokura erteilt worden ist, sind gem. § 41

63 LAG RP 8. 5. 12 – 3 TaBV 43/11.
64 ArbG Neumünster 27. 6. 18 – 3 BV 3a/18; ArbG Bremen-Bremerhaven 14. 11. 18 – 10 BV 1003/18, n. v.; ArbG Dortmund 13. 8. 18 – 8 BV 16/18, n. v.
65 BAG 29. 6. 11 – 7 ABR 5/10; LAG RP 20. 2. 17 – 3 Sa 476/16.
66 BAG 25. 3. 09 – 7 ABR 2/08.
67 BAG 11. 1. 95, EzA § 5 BetrVG 1972 Nr. 58.
68 I. S. einer solchen Abgrenzung BAG 27. 4. 88, AP Nr. 37 zu § 5 BetrVG 1972, wonach gesetzlich zulässige Beschränkungen der Prokura – z. B. in Form einer Gesamt- oder Niederlassungsprokura – nur dann die Voraussetzungen für die Zugehörigkeit zum Personenkreis nach Abs. 3 Nr. 3 erfüllen, wenn der betreffende Ang. dazu befugt ist, die mit einer Gesamt- und/oder Niederlassungsprokura verbundene Vertretungsmacht im Innenverhältnis uneingeschränkt wahrzunehmen; vgl. auch BAG, NZA 95, 747.
69 BAG 29. 6. 11 – 7 ABR 5/10; 25. 3. 09 – 7 ABR 2/08.

Abs. 2 WPO leit. Ang., unabhängig davon, ob sie die Voraussetzungen des Abs. 3 Nr. 2 erfüllen.[70]

d) Aufgaben für Bestand und Entwicklung des Unternehmens oder eines Betriebs (Abs. 3 Nr. 3)

12 Voraussetzung für die Anwendung des **Abs. 3 Nr. 3** ist, dass es sich bei einer **Gesamtbetrachtung** um einen leit. Ang. handelt, der **unternehmerische Entscheidungen** im Wesentlichen frei von Weisungen trifft oder sie maßgeblich beeinflusst, auch wenn er bei seiner Tätigkeit Rechtsvorschriften, Pläne oder Richtlinien beachten muss. Dem leit. Ang. muss rechtlich und tatsächlich ein eigener, erheblicher Entscheidungsspielraum zur Verfügung stehen.[71] Daher handelt es sich **nicht** um einen leit. Ang., wenn sich seine Tätigkeit **schwergewichtig** nur aufgrund von Rechtsvorschriften, Plänen oder Richtlinien vollzieht, sodass davon auszugehen ist, dass kein eigener erheblicher Entscheidungsspielraum besteht. Es ist somit auch auf den **Grad der Verbindlichkeit** von Plänen oder Richtlinien zu achten, in deren Rahmen der betreffende Ang. tätig wird. Besteht eine erhebliche Bindungskraft von Plänen oder Richtlinien, beginnt der Bereich, in dem von »wesentlich freier Entscheidung« und damit von einem leit. Ang. nicht mehr gesprochen werden kann.[72] Ergibt die Gesamtbetrachtung, dass es sich um einen leit. Ang. handelt, ist es unschädlich, wenn sich seine Tätigkeit in Zusammenarbeit mit anderen leit. Ang. vollzieht.

13 Ein leit. Ang. gehört erst dann zum Personenkreis des Abs. 3, wenn er – zumindest in Teilbereichen – **wesentlichen Anteil** an der UN-Führung hat, diese unternehmerischen Aufgaben ihn in einen Interessengegensatz zu den AN und damit zum BR bringen und diese Aufgaben seiner Gesamttätigkeit das Gepräge geben.[73] Solche unternehmerischen (Teil-)Aufgaben beziehen sich auf die wirtschaftliche, technische, kaufmännische, organisatorische, personelle oder wissenschaftliche UN-Führung. Es kommt somit auf die Funktion im UN an; denn der Betrieb verfolgt nur einen arbeitstechnischen Zweck zur Unterstützung und Ausfüllung der UN-Ziele. Auch eine besonders qualifizierte Arbeitsleistung reicht **nicht** aus, um jemanden in den Personenkreis des § 5 Abs. 3 einzubeziehen. Es genügt auch **nicht** eine akademische Vorbildung. Eine Stellung, die lediglich auf **einem besonderen persönlichen Vertrauen** des AG beruht, reicht ebenfalls nicht aus.[74] Die unternehmerischen (Teil-)Aufgaben müssen **regelmäßig** wahr-

---

70 S. BAG 26.6.11 – 7 ABR 15/10, juris.
71 BAG 4.5.22 – 7 ABR 14/21.
72 DKW-Trümner, Rn. 278.
73 BAG 5.6.14 – 2 AZR 615/13, NZA 15, 40.
74 BAG 9.12.75, AP Nr. 11 zu § 5 BetrVG 1972.

genommen werden; die Wahrnehmung der unternehmerischen Aufgaben muss die Tätigkeit prägen.[75] Je mehr Hierarchiestufen es oberhalb eines Ang. im Unternehmen gibt, je mehr spricht dafür, dass er keine Aufgaben wahrnimmt, die für Bestand und Entwicklung des Unternehmens oder Betriebes von Bedeutung sind.[76] Ob ein AN, der mehreren Betrieben desselben UN angehört, leit. Ang. i.S. des § 5 Abs. 3 ist, kann für alle Betriebe des UN nur einheitlich beantwortet werden.[77] Völlig unbeachtlich ist, ob sich ein Ang. im Wege der Selbsteinschätzung zu den leit. Ang. rechnet. Die Definition des § 5 Abs. 3 Satz 2 ist **zwingendes Recht**.[78] Dies gilt auch dann, wenn die Selbsteinschätzung des Ang. im Rahmen einer Zuordnung aufgrund von AR-Wahlen vorgenommen wurde.[79]

Aufgrund der bisherigen Rspr. des BAG lassen sich folgende Kriterien herausstellen, die erfüllt sein müssen, bevor von einem leit. Ang. gesprochen werden kann:[80]

- Der Ang. muss **spezifische unternehmerische Aufgaben** wahrnehmen, die im Hinblick auf die Gesamttätigkeit des Ang. und die Gesamtheit der UN-Aufgaben erheblich sind.
- Dem Ang. muss zur Bewältigung dieser unternehmerischen Aufgaben ein **eigener erheblicher Entscheidungsspielraum** zur Verfügung stehen, sodass er die **unternehmerischen Entscheidungen** im Wesentlichen frei von Weisungen trifft oder sie doch zumindest maßgeblich beeinflusst. Auch bei einer Zusammenarbeit in einem Team gleichberechtigter Mitarbeiter muss ein eigener, erheblicher Entscheidungsspielraum verbleiben.
- Die Aufgaben müssen dem Ang. aufgrund **besonderer Erfahrungen und Kenntnisse** übertragen worden sein. Ein akademisches Studium oder eine gleichwertige Ausbildung ist allein weder erforderlich noch genügend.
- Aus der Aufgabenstellung des Ang. wird sich ein **Interessengegensatz** zwischen ihm und der Arbeitnehmerschaft ergeben, der allerdings nur ein Indiz für den Status des leit. Ang. ist.
- Die unternehmerischen Aufgaben des Ang. müssen von ihm nach **Arbeitsvertrag** und **Stellung** im UN oder Betrieb wahrgenommen werden.

Das Zurücktreten einzelner dieser Abgrenzungskriterien im Rahmen einer 14 Gesamtwürdigung der Tätigkeit des Ang. kann nach Meinung des BAG dadurch ausgeglichen werden, dass andere Kriterien besonders ausgeprägt

---

75 BAG 29.6.11 – 7 ABR 5/10; vgl. DKW-Trümner, Rn. 225f. m.w.N.

76 BAG a.a.O.

77 BAG 25.10.89, AP Nr. 42 zu § 5 BetrVG 1972.

78 BAG 29.1.80, AP Nr. 22 zu § 5 BetrVG 1972.

79 DKW-Trümner, Rn. 279.

80 Vgl. umfassend DKW-Trümner, Rn. 262ff.

sind. In bestimmten Fällen lässt das BAG eine »Schlüsselposition« genügen.[81] Dabei handelt es sich um Ang., die zwar nicht selbst UN-Entscheidungen treffen, aber durch eine über die gesamte Breite des UN-Führungsbereichs wirkende Tätigkeit die Grundlagen für solche Entscheidungen **eigenverantwortlich** erarbeiten. Somit muss auch bei einer derartigen »Schlüsselposition« festgestellt werden, ob sie tatsächlich zu einem maßgeblichen Einfluss auf die UN-Leitung führt. Der Einfluss kann auch darin liegen, das der Ang. kraft seiner Schlüsselposition Voraussetzungen schaffen kann, an denen eine UN-Leitung nicht vorbeigehen kann.[82]

e) Beispiele für leitende Angestellte aus der Rechtsprechung des BAG

15 Das BAG hat die Eigenschaft als leit. Ang. nach § 5 Abs. 3 bei einem **Leiter der Abteilung »Unternehmensplanung« bejaht**. Dabei wurde darauf abgehoben, dass dieser Ang. durch seine Tätigkeit entscheidende unternehmerische Daten setzt, die einen maßgeblichen und direkten Einfluss auf die UN-Leitung ausüben.[83] Bejaht hat es sie auch bei einem **Leiter der Abteilungen Absatzplanung, Vertrieb, Organisation und Personal**, der Gesamtprokura hatte, wegen des umfangreichen und wichtigen Tätigkeitsbereiches;[84] sowie bei einem **Verkaufsleiter**, der nach Kundenwünschen Industrieanlagen entwirft und Kosten ermittelt.[85] Die Zuordnung zum Personenkreis der leit. Ang. nach § 5 Abs. 3 hat das BAG auch bei dem **Chefpiloten** einer US-amerikanischen Fluggesellschaft vorgenommen und darauf abgestellt, dass die Fluggesellschaft weltweit fünf derartige Funktionen unterhält, wobei die Aufgabe in der Wahrung der Flugsicherheit besteht und zu diesem Zweck weitreichende Befugnisse – auch disziplinarischer Art – gegenüber den zugeordneten 255 Piloten, Kopiloten und Bordingenieuren gegeben sind.[86]

16 Die Rspr. hat die Eigenschaft als leit. Ang. nach § 5 Abs. 3 **verneint** bei: **Hauptabteilungsleitern**, die ihrerseits noch dem kaufmännischen Direktor des Hauptbüros unterstehen;[87] **Abteilungsleitern eines Maschinenbau-UN**, weil die unternehmerischen Teilaufgaben, die sie zu erfüllen haben, nur einen kleinen Ausschnitt in Bezug auf das Gesamt-UN ausmachen;[88] **Leiter der Abteilung »Mechanische Fertigung«**, weil die bloße Vorgesetzten-

---

81 Vgl. etwa BAG 25.3.09 – 7 ABR 2/08.

82 BAG a.a.O.

83 BAG 17.12.74, AP Nr. 7 zu § 5 BetrVG 1972.

84 BAG 23.3.76, AP Nr. 14 zu § 5 BetrVG 1972.

85 BAG 1.6.76, AP Nr. 15 zu § 5 Abs. 3 BetrVG 1972.

86 BAG 25.10.89, AP Nr. 42 zu § 5 BetrVG 1972; zu weiteren Beispielen vgl. DKW-Trümner, Rn. 248 ff.

87 BAG 19.11.74, AP Nr. 2 zu § 5 BetrVG 1972.

88 BAG 17.12.74, AP Nr. 6 zu § 5 BetrVG 1972.

stellung, die im Rahmen eines zugewiesenen Aufgaben- und Funktionsbereiches Weisungen ermöglicht, nicht für den notwendigen Gegnerbezug ausreicht;[89] **Leiter des Zentraleinkaufs** eines UN mit 475 AN ohne eigene erhebliche Entscheidungsbefugnis;[90] Betriebsleiter eines Verbrauchermarktes mit 45 AN ohne nennenswerten Entscheidungsspielraum in personellen und kaufmännischen Angelegenheiten;[91] **Zentraleinkäufer** eines Warenhauses für ein beschränktes Sortiment;[92] **Redakteure**;[93] **Fahrsteiger** in Bergwerksbetrieben;[94] **Restaurantleitern** in Fast-Food-Restaurants mit Team-Bonus und Kompetenz zur Einstellung und Entlassung von gewerblichen Mitarbeitern, die »arbeitgeberseitig« begleitet wird;[95] **Chefärztin** einer Fachklinik innerhalb eines Krankenhauses mit 11 Mitarbeitern ohne Aufgaben auf der Führungsebene des Krankenhauses;[96] **Oberarzt** mit Vertretungsfunktion für Chefarzt;[97] **Angestellter RA und/oder Steuerberater** mit nur eigenverantwortlicher Mandats- und Prüfungstätigkeit ohne Ansiedlung auf der Führungs- und Leitungsebene der Gesellschaft;[98] Leiterin einer Filiale mit fünf AN eines Einzelhandelsunternehmens mit insgesamt 58 Filialen mit Einstellungs- und Entlassungsbefugnis nur für diese Filiale.[99]

Der in Frage kommende Personenkreis ist somit im Verhältnis zur Gesamt- **17**
belegschaft sehr klein. Es ist auf das jeweilige UN und die Stellung bzw. Funktion des betreffenden Ang. in diesem UN abzustellen. Wichtige Erkenntnishilfen sind dabei das Organisationsschema bzw. der Organisationsplan des betreffenden UN.

5. Die Hilfskriterien des Abs. 4

Der **Abs. 4** ist gegenüber Abs. 3 Nr. 3 nur nachrangig anzuwenden. Er ent- **18**
hält keine eigenen Tatbestandsmerkmale, nach denen ein Ang. den leit. Ang. zugeordnet werden könnte.[100] Der Abs. 4 soll mit seinen Hilfskriterien die Auslegung des Abs. 3 Nr. 3 ausschließlich in Zweifelsfällen erleichtern. Die

89 BAG 13.10.81, a.a.O.
90 BAG 9.12.75, AP Nr. 11 zu § 5 BetrVG 1972.
91 BAG 19.8.75, AP Nr. 5 zu § 102 BetrVG 1972.
92 BAG 25.10.01, NZA 02, 746.
93 BAG 7.11.75, AP Nr. 4 zu § 118 BetrVG 1972.
94 BAG 23.1.86, AP Nr. 30 zu § 5 BetrVG 1972; zu weiteren Beispielen vgl. DKW-Trümner, Rn. 249ff.
95 HessLAG – 12 TaBV 64/98, NZA-RR 01, 426.
96 HessLAG 31.7.08 – 9 TaBV 267/07.
97 LAG Hamm 9.7.10 – 13 TaBV 4/10.
98 BAG 29.6.11 – 7 ABR 5/10, NZA-RR 2011, 647.
99 BAG 4.5.22 – 7 ABR 14/21.
100 BAG 22.2.94 – 7 ABR 32/93.

Regelungen des Abs. 4 sind dafür jedoch **ungeeignet.**[101] Die Zweifelsregelung bezieht sich nur auf Abs. 3 Nr. 3 und nicht auf die anderen Tatbestände des Abs. 3.

19 Die nicht funktionsbezogenen, sondern formalen Kriterien sind **nicht systemgerecht** (vgl. Rn. 7). Bereits das **erste Hilfskriterium** mit seinem Abstellen auf die bisherige Einordnung ist problematisch. Der bei der letzten Wahl des BR, des SpA oder der bei einer gerichtlichen Entscheidung getroffenen Zuordnung kommt keine wirklich konstitutive Bedeutung zu. Abgesehen davon, dass sich die tatsächlichen Verhältnisse **zwischenzeitlich geändert** haben können, ist es denkbar, dass im Rahmen des neuen innerbetrieblichen Zuordnungsverfahrens nach § 18a eine andere Zuordnung erfolgt oder aber auch außerhalb dieses Verfahrens (vgl. § 18a Rn. 5) aufgrund eines entsprechenden Gerichtsverfahrens eine möglicherweise auch nur vorläufige (einstweilige Verfügung) **anders lautende Gerichtsentscheidung** ergeht. Sofern überhaupt auf dieses Auslegungskriterium zurückgegriffen werden kann, gilt es **auch umgekehrt**. Das bedeutet, dass Ang., die schon nach dem bisherigen Recht nicht zum Personenkreis der leit. Ang. gehört haben, **auch künftig nicht** dazu rechnen.

20 Das **zweite Hilfskriterium** ist noch systemwidriger, wenn durch die Betrachtung der Leitungsebene, auf der der Ang. tätig ist, also durch ein formales Kriterium, Zweifel beseitigt werden sollen, die bei einem nach ausschließlich funktionalen Kriterien zu beurteilenden Stabsstellen-Leitenden i. S. des Abs. 3 Nr. 3 geblieben sind. Es ist nicht ersichtlich, wie eine zweifelhaft gebliebene Abgrenzung von leit. Ang. in **Stabsstellenfunktionen** durch hierarchische Merkmale für leit. Ang. in **Linienfunktionen präzisiert** werden könnte.[102] Soweit eine »überwiegende« Vertretung leit. Ang. auf der betreffenden Leitungsebene verlangt wird, müssen es mehr als 50 v. H. sein.[103]

21 Mit dem **dritten Hilfskriterium** wird auf das regelmäßige Jahresarbeitsentgelt abgestellt. Gemeint ist damit das Entgelt, das der Ang. regelmäßig erhält und auf das ein Rechtsanspruch besteht. **Freiwillige Zulagen**, insbesondere wenn sie in einem **zeitlichen Zusammenhang** mit der Wahl des SpA gewährt werden, zählen nicht dazu. Das Abstellen auf die Gehaltshöhe als einem formalen Kriterium führt lediglich zu einer **Scheinobjektivität** und bringt den **deutlichsten Bruch** mit den **funktionalen Merkmalen des Abs. 3 Nr. 3**. Von den Möglichkeiten der Manipulation durch den AG einmal abgesehen, ist keine vernünftige Begründung dafür erkennbar, warum jemand schon deswegen zum Personenkreis nach Abs. 3 gehören soll, weil er ein Gehalt bekommt, das in seiner Höhe dem eines leit. Ang. entspricht. So kann beispielsweise ein **hochbezahlter Spezialist** ein Gehalt wie auch

101 Vgl. DKW-Trümner, Rn. 280 ff. m. w. N.
102 Clausen/Löhr/Schneider/Trümner, AuR 88, 293 ff.
103 Vgl. DKW-Trümner, Rn. 292.

leit. Ang. erhalten, ohne deswegen zum Personenkreis nach Abs. 3 zu gehören.

Im Übrigen ergibt sich aus Nr. 3 die Verpflichtung für den AG, die für den Gehaltsvergleich erforderlichen Daten dem WV zur Verfügung zu stellen. Der AG darf sich dabei nicht auf Betriebs- oder Geschäftsgeheimnisse berufen.[104] 22

Wie sehr der Gesetzgeber selbst dem Hilfskriterium der Gehaltshöhe misstraut, zeigt sich am besten durch die Verweisung auf das **Hilfs-Hilfs-Kriterium der Nr. 4**. Mit dieser »Zweifel-im-Zweifel-Regelung«, die auf das Dreifache der Bezugsgröße nach § 18 SGB IV abstellt (2024 beträgt das Dreifache dieser Bezugsgröße in den alten Bundesländern einschließlich Berlin-West 127 260 Euro, in den neuen Bundesländern einschließlich Berlin-Ost 124 740 Euro), wird sogar der Bezug zum konkreten UN verlassen. 23

Zu **Abs. 4** ist insgesamt festzustellen, dass die Hilfskriterien zur Auslegung des Abs. 3 Nr. 3 offenkundig **nicht nur ungeeignet, sondern geradezu systemwidrig** sind. Sie ermöglichen es, einen Ang. als leit. Ang. zu charakterisieren, ohne dass dieser **überhaupt unternehmerähnliche Funktionen** im UN wahrnehmen muss. Damit aber wäre die Gefahr einer Ausweitung des Personenkreises nach Abs. 3 gegeben, mit allen damit verbundenen Problemen (vgl. Rn. 8). 24

Der DGB-Reformentwurf sieht eine Streichung von § 5 Abs. 4 vor.[105]

§ 6 Arbeiter und Angestellte

(weggefallen)

---

104 Vgl. Engels/Natter, BB-Beilage 8/89, S. 12; Fitting, Rn. 431.

105 *https://aur-blog.eu/reformvorschlag/*.

Zweiter Teil
Betriebsrat, Betriebsversammlung, Gesamt- und Konzernbetriebsrat

Erster Abschnitt
Zusammensetzung und Wahl des Betriebsrats

§ 7 Wahlberechtigung

Wahlberechtigt sind alle Arbeitnehmer des Betriebs, die das 16. Lebensjahr vollendet haben. Werden Arbeitnehmer eines anderen Arbeitgebers zur Arbeitsleistung überlassen, so sind diese wahlberechtigt, wenn sie länger als drei Monate im Betrieb eingesetzt werden.

Inhaltsübersicht Rn.

1. Grundsätze

1 Wahlberechtigt sind alle AN des Betriebs, die am (letzten) Wahltag das 16. Lebensjahr vollendet haben.[1] Das Wahlalter für das aktive Wahlrecht ist mit dem Betriebsrätemodernisierungsgesetz vom 18. auf das 16. Lebensjahr herabgesetzt worden. Zur Ausübung des Wahlrechts ist es notwendig, dass der AN in die Wählerliste eingetragen ist. Zu den Wahlberechtigten gehören auch die zu ihrer Berufsausbildung Beschäftigten sowie **Anlernlinge, Umschüler, Volontäre, Praktikanten, Tele-AN** (vgl. § 5 Rn. 5) und **Werkstudenten**. Auszubildende, die ein AG mangels entsprechender Einrichtungen für die Ausbildungszeit in einem **anderen Betrieb** ausbilden lässt, sind dort wahlberechtigte AN.[2] Erfolgt die Ausbildung in einem reinen Ausbildungsbetrieb (außerbetriebliche Berufsbildung i. S. des § 2 Abs. 1 Nr. 3 BBiG), sind diese Auszubildenden nicht wahlberechtigt (§ 51 BBiG).

---

1 Wahlalter geändert durch BRMoG, in Kraft getreten am 18. 6. 21.

2 LAG Hamm 16. 3. 88 – 3 TaBV 76/87.

Teilnehmer an ABM sind im Betrieb des Trägers der ABM wahlberechtigt.[3] **Teilzeitbeschäftigte**[4] sind ebenso wahlberechtigt wie AN, die in Arbeitsverhältnissen zu **mehreren AG** stehen. Auch in Betrieben von privatrechtlich organisierten UN tätige Beamte sind betriebsverfassungsrechtlich AN und daher wahlberechtigt.

Der DGB-Reformentwurf zum BetrVG sieht vor, dass auch Leih-AN, unabhängig von der Dauer ihrer Überlassung, wahlberechtigt sind.[5]

Eine nur **kurzfristige Tätigkeit** spricht nicht gegen die AN-Eigenschaft von 2
Aushilfskräften, wobei es für die Wahlberechtigung dieses Personenkreises darauf ankommt, ob sie am Tag der Stimmabgabe in einem Arbeitsverhältnis zum Betriebsinhaber stehen.[6] **Zeitungszusteller** sind in der Regel wahlberechtigt.[7] Dass die Botentätigkeit nur eine Nebentätigkeit darstellt, steht der Wahlberechtigung nicht entgegen. Bei **Menschen mit Behinderungen**, die in einer **Behindertenwerkstatt** tätig sind, ist zu prüfen, ob der Schwerpunkt ihrer Beschäftigung in der Rehabilitation liegt. Dabei ist nach den verschiedenen Arten der Leistungen der Eingliederung nach § 16ff. SGB II zu unterscheiden. Werden AN im Rahmen der Eingliederung von Langzeitarbeitslosen oder der Teilhabe am Arbeitsmarkt (§§ 16e und i SGB II) beschäftigt, sind sie AN des Betriebs und damit wahlberechtigt.[8] Liegt der Schwerpunkt auf der Rehabilitation und ist die Tätigkeit also nur Mittel zum Zweck derselben, liegt eine die Wahlberechtigung voraussetzende AN-Eigenschaft nicht vor (vgl. § 5 Rn. 5). Erwerbsfähige Leistungsberechtigte, die in Arbeitsgelegenheiten (§ 16 SGB II) tätig sind, sind nicht wahlberechtigt.[9] Im Rahmen der Arbeitsgelegenheit kommt kein Arbeitsverhältnis zustande (§ 16d Abs. 7 Satz SGB II).

Der Wahlberechtigung steht nicht entgegen, dass die Beschäftigung außer- 3
halb des Betriebs erfolgt, wie das etwa bei **Montage-AN, Vertretern, Kraftfahrern** und **Kundendienstberatern** der Fall ist (vgl. § 5 Rn. 3). AN, die **vorübergehend in das Ausland** entsandt werden, verlieren auch dann nicht das aktive Wahlrecht im entsendenden Betrieb, wenn sie in eine im Ausland bestehende betriebliche Organisation eingegliedert werden.[10]

---

3 BAG 13.10.04, NZA 05, 480.
4 BAG 29.1.92 – 7 ABR 27/91.
5 *https://aur-blog.eu/reformvorschlag/*.
6 LAG Düsseldorf, DB 90, 238.
7 BAG, BB 92, 1486; LAG Düsseldorf, BB 96, 2692.
8 Fitting, Rn. 7; vgl. LAG Hamm 3.12.19 – 7 TaBV 57/19, juris: zur Berücksichtigung dieser AN-Gruppen bei Freistellungen nach § 38.
9 HessLAG 25.5.06 – 9 TaBVGa 81/06.
10 Vgl. BAG, AuR 81, 252; BAG, DB 90, 992.

2. Wahlberechtigung ohne Arbeitsvertrag

4 Nach der Rspr. des BAG setzt die Wahlberechtigung – mit der Ausnahme der LeihAN – generell voraus, dass die AN in einem Arbeitsverhältnis zum Inhaber des Betriebs stehen und in diesen eingegliedert sind.[11] AN, die aufgrund eines Werk- oder Dienstvertrages in einem Drittbetrieb tätig werden, sind nicht wahlberechtigt. Sie bleiben während ihres Einsatzes AN des Stammbetriebs. Etwas anderes kann gelten, wenn Scheindienst- bzw. Werkverträge vorliegen.

3. Besondere Beschäftigungsverhältnisse und Wahlberechtigung

a) Leiharbeitnehmer

5 Das aktive Wahlrecht haben auch **AN eines anderen AG**, die zur Arbeitsleistung überlassen worden sind. Die überlassenen AN haben das Wahlrecht, wenn ihre Beschäftigung für einen Zeitraum von mehr als drei Monaten **vorgesehen** ist. Es ist nicht erforderlich, dass dieser Zeitraum am Wahltag bereits verstrichen ist.[12] Daher hat z. B. auch ein **Leih-AN**, der am Wahltag erst eine Woche im Betrieb ist, dessen Einsatz aber für vier Monate vorgesehen ist, das aktive Wahlrecht.[13] Das Wahlrecht ist an den konkreten Leih-AN gebunden. Wird bei einem für vier Monate vorgesehenen Einsatz der Leih-AN nach zwei Monaten ausgetauscht und findet die BR-Wahl im dritten Monat statt, haben weder der ursprüngliche noch der ausgetauschte Leih-AN das Wahlrecht. Der neue Leih-AN hat nur eine vorgesehene Überlassungsdauer von zwei Monaten, der ausgetauschte Leih-AN eine reale von zwei Monaten. Eine Unterbrechung der Überlassung schließt das Wahlrecht nicht in jedem Fall aus. Sofern zwischen den unterbrochenen Einsätzen des Leih-AN ein enger Sachzusammenhang besteht, sind die Einsätze zusammenzurechnen. Ein solcher Zusammenhang ist anzunehmen, wenn die Unterbrechung nicht langfristig war, die Unterbrechung nicht vom Leih-AN zu vertreten war und die Einsätze und die Tätigkeit des Leih-AN bei der erneuten Überlassung im selben Betrieb erfolgt.[14] Dem Wahlrecht von Leih-AN steht nicht entgegen, dass sie als Streikbrecher im Entleiherbetrieb eingesetzt sind.[15]
Der AG ist verpflichtet, dem WV die notwendigen Unterlagen, die der WV zur Beurteilung des Wahlrechts der Leih-AN braucht (geplante Überlassungsdauer, reale und geplante Leih-AN im Betrieb usw.), zur Verfügung zu stellen.

---

11 BAG 17.2.10 – 7 ABR 51/08; 20.4.05, NZA 05, 1006 m. w. N.
12 LAG Hamm 18.9.15 – 13 TaBV 20/15, juris; Fitting, Rn. 60.
13 ArbG Düsseldorf 2.6.06 – 13 BV 55/06.
14 Fitting, Rn. 65.
15 ArbG Düsseldorf 2.6.06 – 13 BV 55/06.

Die Regelung betrifft insbesondere die **Leih-AN** nach dem AÜG, ist aber nicht darauf beschränkt.[16] Auch für die Konzernleihe (§ 1 Abs. 3 Nr. 2 AÜG) gilt die Vorschrift; wenn die Beschäftigung nicht im Betrieb des Vertrags-AG, sondern im Betrieb eines anderen AG erfolgt, beispielsweise bei der sog. **Konzern-Leihe**, wenn also AN innerhalb eines Konzern von einem UN an ein anderes Konzern-UN ausgeliehen werden.[17] Dies gilt auch für sog. **Personalführungsgesellschaften**, deren alleinige Aufgabe es ist, Personal an Unternehmen im Konzern zu verleihen, ohne dabei selbst Gewinn zu erzielen. In diesem Fall sind sie AN der Personalführungsgesellschaft, auch wenn sie nie bei dieser real tätig waren, – entsprechend § 14 Abs. 1 AÜG – AN der Personalführungsgesellschaft.[18] Sie sind damit bei der Personalführungsgesellschaft sowohl wahlberechtigt als auch wählbar (§ 8). AN, die in einem Konzern bei einer Personalführungsgesellschaft beschäftigt sind, bleiben entsprechend § 14 Abs. 1 AÜG auch bei dieser wahlberechtigt und wählbar, auch wenn sie in verschiedenen Konzerngesellschaften eingesetzt werden.[19] Im Entleiher- bzw. Einsatzbetrieb haben sie das aktive Wahlrecht, wenn sie länger als drei Monate eingesetzt werden. Die Regelung lässt das Recht des WV unberührt, in anderen Fällen zu prüfen, ob die Wahlberechtigung aufgrund AN-Eigenschaft i. S. d. § 5 Abs. 1 besteht (vgl. § 80 Rn. 14). 6

b) Ruhendes Arbeitsverhältnis; Urlaub

Es ist für das Wahlrecht unschädlich, wenn das Arbeitsverhältnis – wie während der **Elternzeit** – längere Zeit ruht.[20] Entscheidend ist, dass das Wiederaufleben des Arbeitsverhältnisses nicht bei Beginn des Ruhens ausgeschlossen ist.[21] 7

Langfristig erkrankte Arbeitnehmer, denen eine befristete Erwerbunfähigkeitsrente bewilligt wurde, haben das aktive und passive Wahlrecht, solange nicht endgültig feststeht, dass sie nicht in den Betrieb zurückkehren.[22]

Eine Arbeitsbefreiung aufgrund der Mutterschutzfristen, der Elternzeit oder des Erholungsurlaubs steht der Ausübung des aktiven Wahlrechts nicht entgegen.

---

16 Fitting, Rn. 41 f.
17 Fitting, Rn. 43.
18 BAG 20.4.05 – 7 ABR 20/0, NZA 05, 1006 m. w. N.
19 BAG 20.4.05 – 7 ABR 20/04, NZA 05, 1006.
20 Vgl. LAG München 28.4.04 – 5 Sa 1375/03.
21 HessLAG 11.9.23 – 16 TaBV 56/23.
22 ArbG Göttingen 7.3.07 – 3 BV 14/06.

c) Altersteilzeit

8 AN, die Altersteilzeit im **Blockmodell** in Anspruch nehmen, sind während der **Arbeitsphase** wahlberechtigt. In der Freistellungphase sind sie, wenn sie unwiderruflich freigestellt sind, nicht wahlberechtigt, da feststeht, dass sie nicht in den Betrieb zurückkehren (s. § 8 Rn. 2).[23]

d) Gekündigte Arbeitnehmer

9 AN, deren Arbeitsverhältnis gekündigt wurde, haben bis zum Ablauf der Kündigungsfrist das aktive Wahlrecht; auch dann, wenn sie von der Arbeit freigestellt worden sind. (vgl. § 8 Rn. 2).[24]

e) Beamte, Soldaten und AN des öffentlichen Dienstes

10 **Beamte, Soldaten und AN des öffentlichen Dienstes** sind nach der Neuregelung des § 5 Abs. 1 Satz 3 wahlberechtigt, wenn sie im Betrieb tätig sind.[25] Eine Mindestdauer ist nicht erforderlich (vgl. § 5 Rn. 4). Die spezialgesetzlichen Regelungen zum Wahlrecht von Beamten (z. B. § 26 PostPersG) finden weiterhin Anwendung. Sie sind in dem Betrieb wahlberechtigt, in dem sie zugewiesene Tätigkeiten tatsächlich ausüben; nicht in dem, dem sie lediglich dienstrechtlich zugewiesen sind.[26]

§ 8 Wählbarkeit

(1) Wählbar sind alle Wahlberechtigten, die das 18. Lebensjahr vollendet haben und sechs Monate dem Betrieb angehören oder als in Heimarbeit Beschäftigte in der Hauptsache für den Betrieb gearbeitet haben. Auf diese sechsmonatige Betriebszugehörigkeit werden Zeiten angerechnet, in denen der Arbeitnehmer unmittelbar vorher einem anderen Betrieb desselben Unternehmens oder Konzerns (§ 18 Abs. 1 des Aktiengesetzes) angehört hat. Nicht wählbar ist, wer infolge strafgerichtlicher Verurteilung die Fähigkeit, Rechte aus öffentlichen Wahlen zu erlangen, nicht besitzt.

---

23 BAG 16.11.05 – 7 ABR 9/05; BAG; NZA 03, 1345 ff.; Fitting, Rn. 32; DKW-Homburg Rn. 12; vgl. BAG, NZA 01, 461: Wählbarkeit und Mitgliedschaft im Aufsichtsrat nach dem BetrVG 1952 endet bei Beginn der Freistellungsphase; BVerwG, PersR 02, 438: kein Wahlrecht und keine Wählbarkeit für Arbeiter im öffentlichen Dienst in der Freistellungsphase beim Personalrat.

24 BAG 10.11.04 – 7 ABR 12/04, NZA 05, 707, LAG Düsseldorf 12.10.18 – 6 TaBVGa 7/18.

25 BAG 15.8.12 – 7 ABR 24/11.

26 BAG 16.1.08 – 7 ABR 66/06.

(2) Besteht der Betrieb weniger als sechs Monate, so sind abweichend von der Vorschrift in Absatz 1 über die sechsmonatige Betriebszugehörigkeit diejenigen Arbeitnehmer wählbar, die bei der Einleitung der Betriebsratswahl im Betrieb beschäftigt sind und die übrigen Voraussetzungen für die Wählbarkeit erfüllen.

Inhaltsübersicht Rn.

1. Grundsätze

Wählbar sind alle Wahlberechtigten, die das **18. Lebensjahr** (mindestens am letzten Wahltag) vollendet haben und dem Betrieb sechs Monate angehören. Der Gesetzgeber hat trotz Absenkung des aktiven Wahlalters auf 16 Jahre durch das Betriebsrätemodernisierungsgesetz das passive Wahlrecht bei 18 Lebensjahren belassen.[1] Zeiten der Betriebszugehörigkeit in einem anderen Betrieb des UN oder einem Konzern gem. § 18 AktG werden auf die sechsmonatige Wartezeit angerechnet. Für die erforderliche Dauer der Betriebszugehörigkeit sind Unterbrechungen in der Tätigkeit (Krankheit, Urlaub) unerheblich. Etwas anderes gilt nur dann, wenn der betreffende AN zu **keinem Zeitpunkt** innerhalb der geforderten sechs Monate im Betrieb bzw. UN oder Konzern tätig war. Auf die Wartezeit ist die vorherige Tätigkeit als **Leih-AN** anzurechnen, wenn sich das Arbeitsverhältnis zum Entleiher unmittelbar daran anschließt.[2] Zeiten, die der AN im Betrieb bzw. im UN oder Konzern **vor Vollendung seines 18. Lebensjahres** verbracht hat, sind voll zu berücksichtigen, und zwar auch dann, wenn es sich um Zeiten der Ausbildung handelt. Wählbar sind auch Mitgl. des WV. Eine Unvereinbarkeit zwischen dem Amt als WV-Mitgl. und dem Amt als zukünftigem BR-Mitgl. besteht nicht.[3] **Ausländische AN** sind unter denselben Voraussetzungen wie deutsche AN wählbar. 1

1 Zur Frage, ob das passive Wahlrecht von 18 einen Verstoß gegen Art. 6 Abs. 1 RL 2000/78/EG darstellt s. Ulber/Klocke, Diskriminierung Minderjähriger bei der Wahl zum BR, HSI-Schriftenreihe, Ffm. 2021 (bejaht).

2 BAG 10.10.12 – 7 ABR 53/11, NZA 13, 596.

3 BAG 12.10.76 – 1 ABR 1/76; vgl. für Wahlen nach dem DrittelbG HessLAG 5.8.10 – 9 TaBV 26/10.

2. Mehrfach- und Teilzeitbeschäftigte, Altersteilzeit

2 AN, die in einem **Arbeitsverhältnis zu zwei AG** stehen, können in beiden Betrieben in den BR gewählt werden.[4] **Teilzeitbeschäftigte** sind wählbar, selbst wenn sie nur eine geringfügige Arbeitszeit oder einen geringfügigen Verdienst (z. B. 520 Euro) haben. AN in **Altersteilzeit** sind wählbar. Ausgenommen sind AN in der **Freistellungsphase** des **Blockmodells**;[5] ebenso für Wahlen nach dem MitbestG.[6] Praktische Voraussetzung für die Ausübung des BR-Mandates ist die Kenntnis der Vorgänge im Betrieb. Diese geht in der Freistellungsphase verloren. Zudem ist – anderes als bei Wehrpflichtigen und Zivildienstleistenden – die fehlende Eingliederung in den Betrieb nicht nur vorübergehend. Bei freien Mitarbeitern ist der Grad der persönlichen Abhängigkeit sowie die tatsächliche Ausgestaltung und Durchführung des Vertragsverhältnisses entscheidend (vgl. § 7 Rn. 4).

3. Nichtwählbarkeit bei Mitgliedschaft in JAV

3 **Auszubildende** sind, sofern sie das 18. Lebensjahr vollendet haben und die sonstigen Voraussetzungen des § 8 erfüllen (zur AN-Eigenschaft von Auszubildenden vgl. § 5 Rn. 5), wählbar. Die gleichzeitige Mitgliedschaft im BR und der JAV ist allerdings nicht zulässig (§ 61 Abs. 2 Satz 2).

4. Gekündigte Arbeitnehmer

4 Gekündigte AN sind wählbar, wenn sie Kündigungsschutzklage erhoben haben. Das gilt auch, wenn die BR-Wahl nach Ablauf der Kündigungsfrist stattfindet und der gekündigte AN nicht weiterbeschäftigt wird.[7]

5. Ruhendes Arbeitsverhältnis

5 AN verlieren ihr Wahlrecht nicht, wenn das Arbeitsverhältnis ruht, sofern nicht bei Beginn des Ruhens bereits feststeht, dass das Arbeitsverhältnis nicht wiederauflebt.[8] Dies gilt auch, wenn das Arbeitsverhältnis längere

---

4 BAG 11. 4. 58, AP Nr. 1 zu § 6 BetrVG.

5 BAG 16. 11. 05 – 7 ABR 9/05; vgl. BAG, NZA 03, 1345 ff.; DKW-Homburg, § 7 Rn. 12, § 8 Rn. 22; Fitting, § 7 Rn. 32, vgl. BAG, NZA 01, 461: Wählbarkeit und Mitgliedschaft im Aufsichtsrat nach dem BetrVG 1952 endet bei Beginn der Freistellungsphase.

6 LAG Nürnberg 16. 2. 06 – 2 TaBV 9/06, NZA-RR 06, 358; BVerwG, PersR 02, 438: kein Wahlrecht und keine Wählbarkeit für Arbeiter im öffentlichen Dienst in der Freistellungsphase beim Personalrat.

7 BAG 10. 11. 04 – 7 ABR 12/04.

8 HessLAG 11. 9. 23 – 16 TaBV 56/23.

Zeit ruht. Eine feste Zeitgrenze gibt es nicht. Auch ein zum Wehrdienst oder zum **Zivildienst** einberufener AN verliert nicht während der Zeit seines Wehr- oder Zivildienstes die Wählbarkeit. Entsprechendes gilt für AN, die sich in **Elternzeit** befinden.[9] Langfristig erkrankte Arbeitnehmer, denen eine befristete Erwerbunfähigkeitsrente bewilligt wurde, haben das passive Wahlrecht, solange nicht endgültig feststeht, dass sie nicht in den Betrieb zurückkehren.[10]

6. Beamte, Soldaten und Arbeitnehmer des öffentlichen Dienstes

Nach § 5 Abs. 1 Satz 3 sind auch Beamte, Soldaten und AN des öffentlichen Dienstes – einschließlich der zur ihrer Berufsausbildung Beschäftigten – wählbar, sofern sie im Betrieb tätig sind.[11] Voraussetzung ist eine entsprechende Zuweisung bzw. Gestellung oder Überlassung (s. § 5 Rn. 4). Voraussetzung für die Wählbarkeit ist wie bei allen anderen AN eine sechsmonatige Betriebszugehörigkeit bzw. ein Tätigsein im Betrieb.). Sie sind in dem Betrieb wählbar, in dem sie zugewiesene Tätigkeiten tatsächlich ausüben; nicht in dem, dem sie lediglich dienstrechtlich zugewiesen sind.[12] 6

7. Leiharbeitnehmer

LeihAN sind nicht wählbar (§ 14 Abs. 2 AÜG). Dies gilt für alle Formen der Arbeitnehmerüberlassung, unabhängig davon, ob sie einer Erlaubnis nach § 1 AÜG bedürfen oder nicht.[13] 7
Der DGB-Reformentwurf zum BetrVG sieht vor, das alle Wahlberechtigten, also auch Leih-AN (unabhängig von der Überlassungsdauer) wählbar sind.[14]

---

9 BAG 25.5.05 – 7 ABR 45/04, brwo; AiB 06, 322 m. Anm. Rudolph.
10 ArbG Göttingen 7.3.07 – 3 BV 14/06 – juris.
11 BAG 12.9.12 – 7 ABR 37/11, NZA-RR 13, 197; BAG 15.8.12 – 7 ABR 34/11, juris; vgl. BAG 25.10.17 – 7 ABR 2/16, juris.
12 BAG 16.1.08 – 7 ABR 66/06.
13 BAG 17.2.10 – 7 ABR 51/08; a. A. DKW-Trümner § 5 Rn. 91, der den Ausschluss vom passiven Wahlrecht selbst für langjährige LeihAN für einen Verstoß gegen Art. 3 GG hält.
14 *https://aur-blog.eu/reformvorschlag/.*

§ 9 Zahl der Betriebsratsmitglieder

Der Betriebsrat besteht in Betrieben mit in der Regel
5 bis 20 wahlberechtigten Arbeitnehmern aus einer Person,
21 bis 50 wahlberechtigten Arbeitnehmern aus 3 Mitgliedern,
51 wahlberechtigten Arbeitnehmern bis 100 Arbeitnehmern aus 5 Mitgliedern,
101 bis 200 Arbeitnehmern aus 7 Mitgliedern,
201 bis 400 Arbeitnehmern aus 9 Mitgliedern,
401 bis 700 Arbeitnehmern aus 11 Mitgliedern,
701 bis 1000 Arbeitnehmern aus 13 Mitgliedern,
1001 bis 1500 Arbeitnehmern aus 15 Mitgliedern,
1501 bis 2000 Arbeitnehmern aus 17 Mitgliedern,
2001 bis 2500 Arbeitnehmern aus 19 Mitgliedern,
2501 bis 3000 Arbeitnehmern aus 21 Mitgliedern,
3001 bis 3500 Arbeitnehmern aus 23 Mitgliedern,
3501 bis 4000 Arbeitnehmern aus 25 Mitgliedern,
4001 bis 4500 Arbeitnehmern aus 27 Mitgliedern,
4501 bis 5000 Arbeitnehmern aus 29 Mitgliedern,
5001 bis 6000 Arbeitnehmern aus 31 Mitgliedern,
6001 bis 7000 Arbeitnehmern aus 33 Mitgliedern,
7001 bis 9000 Arbeitnehmern aus 35 Mitgliedern.
In Betrieben mit mehr als 9000 Arbeitnehmern erhöht sich die Zahl der Mitglieder des Betriebsrats für je angefangene weitere 3000 Arbeitnehmer um 2 Mitglieder.

Inhaltsübersicht Rn.

1. Grundsätze

1 Für die BR-Größe ist prinzipiell die Zahl der AN bei Erlass des **Wahlausschreibens**[1] maßgebend. Teilzeitbeschäftigte werden (anders als nach § 23 Abs. 1 KSchG) nicht nur anteilig, sondern voll mitgerechnet. Ein weiteres Ansteigen oder Sinken der Beschäftigtenzahl während der Amtszeit des BR ist grundsätzlich ohne Bedeutung (vgl. aber § 13 Abs. 2 Nr. 1). Die Vorschrift stellt in den ersten beiden Stufen auf die Zahl der regelmäßig beschäftigten **wahlberechtigten** AN ab. Ist (in der dritten Stufe) ein fünfköpfiger BR zu

1 Muster s. DKW-F-Berg/Heilmann, § 20 Wahlausschreiben für die Wahl des Betriebsrats.

wählen, müssen wenigstens 51 wahlberechtigte AN im Betrieb beschäftigt werden. (Beispiel: Sind im Betrieb 100 AN tätig, werden fünf BR-Mitgl. gewählt, wenn von den 100 AN wenigstens 51 wahlberechtigt sind). Ab der vierten Stufe (ab 101 AN) kommt es auf die Wahlberechtigung nicht mehr an. Leitende Angestellte nach § 5 Abs. 3 werden bei der Bestimmung der Zahl der BR-Mitglieder **nicht** mitgezählt. Die Vorschrift des § 9 ist zwingend. Von ihr kann weder durch TV noch BV abgewichen werden.[2] Ausnahmen sind höchstens im Rahmen von TVen oder BVen nach § 3 zulässig.[3] Der Reformentwurf des DGB zum BetrVG sieht vor, dass auch in den ersten beiden Stufen nur noch auf die Anzahl der AN, nicht mehr auf deren Wahlberechtigung abgestellt wird.[4]

2. Zeitpunkt der Feststellung der zahlenmäßigen Größe

Zur Ermittlung der Zahl der »regelmäßig« beschäftigten AN ist nicht auf 2
einen bestimmten Stichtag abzustellen.[5] Maßgebend sind die Verhältnisse zum Zeitpunkt des Erlasses des Wahlausschreibens.[6] Das ist allerdings keine absolute Größe. Entscheidend ist die Zahl der AN, die **üblicherweise** im Betrieb beschäftigt werden. Zur Feststellung der Zahl der regelmäßig beschäftigten AN bedarf es eines **Rückblicks und der Einschätzung der zukünftigen Entwicklung**. Für den Rückblick hält das BAG einen Zeitraum von sechs Monaten bis zu zwei Jahren für angemessen; für die zukünftige Entwicklung hat das BAG keinen Zeitraum vorgegeben.[7] Für die Prognose sind vom WV feststehende, konkrete UN Entscheidungen zu berücksichtigen.[8] Entscheidend ist nicht die durchschnittliche Beschäftigtenanzahl innerhalb eines bestimmten Zeitraums, sondern die normale Personalstärke, die für den Betrieb typisch ist.[9] Dabei hat der WV in Grenzfällen einen Beurteilungsspielraum im Hinblick auf die künftige Entwicklung der Personalstärke.[10] Ist der BR gewählt, ändert sich seine Größe während der Amtszeit nicht. Dies gilt auch, wenn die Zahl der wahlberechtigen AN während der Amtszeit unter 21 fällt.[11]

---

2 BAG 7.5.08 – 7 ABR 17/07, brwo; NZA-RR 08, 1142; vgl. LAG Nürnberg 29.11.22 – 1 TaBV 22/22, n. rk., anhängig beim BAG unter 7 ABR 2/23.

3 A. A. LAG Nürnberg 29.11.2022 – 1 TaBV 22/22, n.rk, anhängig beim BAG unter 7 ABR 2/23.

4 *https://aur-blog.eu/reformvorschlag/*.

5 BAG 12.9.12 – 7 ABR 37/11, NZA-RR 2013, 197.

6 BAG 7.5.08 – 7 ABR 17/07, NZA 08, 1142; BAG 15.3.06 – 7 ABR 39/05.

7 BAG 2.8.17 – 7 ABR 51/15, NZA 17, 1343.

8 BAG 2.8.17 – 7 ABR 51/15, NZA 17, 1343.

9 BAG 7.5.08 – 7 ABR 17/07, brwo; NZA-RR 08, 1142.

10 HessLAG 24.2.20 – 16 TaBV 20/19; LAG BB 13.8.15 – 5 TaBV 218/15.

11 ArbG Kaiserslautern 18.2.08 – 2 BV 2/08.

3. Mitzuzählende Beschäftigte

Heimarbeiter sowie im gekündigten Arbeitsverhältnis stehende AN sind mitzuzählen, wenn sie Arbeitsplätze innehaben, die »in der Regel« betrieblich besetzt sind. Aushilfs-AN sind mitzuzählen, sofern sie regelmäßig für einen Zeitraum von mindestens sechs Monaten im Jahr beschäftigt werden und auch in Zukunft mit einer derartigen Beschäftigung gerechnet werden kann.[12] Es ist gleichgültig, ob es sich um dieselben oder um andere Personen handelt.[13] In Grenzfällen hat der WV bei der Feststellung der Zahl der AN einen gewissen Beurteilungsspielraum.[14]

Aushilfen, mit denen innerhalb eines Rahmenvertrags jeweils befristete Arbeitsverhältnisse für einen Tag abgeschlossen werden, können nicht per Vereinbarung zwischen Wahlvorstand und Arbeitgeber mit einer Durchschnittzahl berücksichtigt werden.[15] Hat z. B. ein AG mit 36 Aushilfen Rahmenverträge abgeschlossen, von denen aber jeweils nur durchschnittlich 12 im Betrieb eingesetzt werden, sind bei der Bestimmung der BR-Größe nur 12 dieser Aushilfen zu berücksichtigen.[16]

3 Hinsichtlich der Anzahl der BR-Mitgl. sind alle Beschäftigten zu berücksichtigen, die zu den **AN im betriebsverfassungsrechtlichen Sinne** zählen. Es werden somit alle Beschäftigten mitgezählt, die in den Betrieb eingegliedert sind, um zusammen mit den im Betrieb schon beschäftigten AN den **arbeitstechnischen Zweck des Betriebs durch weisungsgebundene Tätigkeit** zu verwirklichen.[17] Es ist somit sachlich richtig, diese Beschäftigten bei der Anzahl der Sitze, die dem BR zustehen, mitzuzählen.[18] Daher sind AN, die im Wege der Konzernleihe dem Betrieb überlassen sind, zuzurechnen und bei der Ermittlung der BR-Größe zu berücksichtigen, wenn sie regelmäßig im Betrieb beschäftigt sind.[19] Dies gilt auch für Fremdfirmenbeschäftigte, wenn sie in den Betriebsablauf integriert sind und dem Weisungsrecht des Betriebes, in dem sie arbeiten, unterliegen.[20]

AN in der Freistellungphase der Altersteilzeit sind nicht mitzuzählen.[21]

Leih-AN sind nach 14 Abs. 2 Satz 4 AÜG bei der Bestimmung der Größe des BR vom Wahlvorstand zu berücksichtigen.[22] Die bei den jeweiligen Grö-

---

12 BAG, a. a. O.

13 LAG Düsseldorf, DB 90, 238.

14 BAG 25. 11. 92 – 7 ABR 7/92, NZA 93, 955; LAG RP 28. 8. 19 – 7 TaBV 25/18, n. rk., anhängig beim BAG unter 7 ABN 90/19.

15 BAG 7. 5. 08 – 7 ABR 17/07.

16 BAG 12. 11. 08 – 7 ABR 73/08.

17 So zutreffend BAG, NZA 86, 688; BAG, NZA 90, 229.

18 DKW-Homburg, Rn. 13; Däubler, AuR 04, 81; Fitting Rn. 26.

19 DKW-Homburg, Rn. 17.

20 DKW-Homburg, Rn. 17; a. A. Fitting Rn. 35.

21 BAG 16. 4. 03 – 7 ABR 53/02; LAG RP 25. 6. 19 – 6 TABV 4/19.

22 Vgl. BAG 13. 3. 13 – 7 ABR 69/11, NZA 13, 789.

ßenklassen des BetrVG im Gesetz genannten zusätzlichen Kriterien müssen jeweils erfüllt sein. D. h. bei der Berücksichtigung von Leih-AN müssen auch diese zu den »in der Regel« beschäftigten AN zählen, also auf Dauerarbeitsplätzen tätig sein.[23] Bei Betrieben mit bis zu einschließlich 51 AN kommt es zusätzlich auch auf die Wahlberechtigung der Leih-AN (s. § 7 Rn. 5) an, d. h. die Leih-AN müssen länger als drei Monate im Betrieb eingesetzt werden.[24] In Betrieben mit in der Regel mehr als 51 AN (s. Rn. 1) kommt es für die Berücksichtigung der Leih-AN auf deren Wahlberechtigung nicht mehr an.[25] AN in ATZ in der Freistellungsphase sind nicht zu berücksichtigen.[26] Auch im Betrieb regelmäßig beschäftigte selbstständige Frachtführer/Fahrer sind bei der Berechnung der BR-Größe nicht mitzuzählen.[27] Bei der befristeten Einstellung von Vertretungspersonal werden entweder nur die ausfallenden Stamm-AN oder die Vertreter berücksichtigt.[28] Nach § 21 Abs. 7 BEEG zählt jedoch das Stammpersonal nicht mit, solange ein Vertreter befristet eingestellt worden ist und dieser mitzählt. Werden allerdings für einen ausfallenden Stamm-AN nach § 21 Abs. 7 BEEG zwei Vertretungskräfte befristet eingestellt, so ist nur die ausfallende Stammkraft zu berücksichtigen.[29] Umstritten ist, ob das Verbot der Doppelzählung – richtigerweise – nur dann gilt, wenn der Vertreter befristet eingestellt worden ist[30] oder generell, also auch wenn die Vertretung unbefristet eingestellt worden ist.[31]

Beamte, Soldaten und AN des öffentlichen Dienstes einschließlich der zu ihrer Berufsausbildung Beschäftigten, die in Betrieben privatrechtlich organisierter UN tätig sind, zählen nach § 5 Abs. 1 Satz 3 BetrVG bei der Berechnung der Größe des BR mit (vgl. § 5 Rn. 4 m. w. N.).[32] Durch die Änderung des § 5 Abs. 1 Satz 3 (vgl. § 5 Rn. 4) ist dies ausdrücklich klargestellt worden. Das gilt auch, wenn sie ohne das Bestehen eines Arbeitsverhältnisses faktisch in den Betrieb eingegliedert sind.[33] Für die in den privatisierten UN der Post

23 BAG 2.8.17 – 7 ABR 51/15, NZA 17, 1343; LAG RP 25.6.19 – 6 TaBV 4/19, vgl. Gesetzesbegründung zu § 14 AÜG neu: BT-Drucks. 18/9232, S. 29.

24 Weitergehend DKW-Homburg, Rn. 19, der nicht auf die individuelle Wahlberechtigung von Leih-AN abstellt, sondern nur auf die Frage, ob ein Dauerarbeitsplatz vorhanden ist.

25 BAG a. a. O.

26 BAG a. a. O.

27 BAG 21.7.04, NZA 05, 240.

28 BAG 15.3.06 – 7 ABR 39/05, juris; LAG Rheinland-Pfalz 25.6.19 – 6 TaBV 4/19.

29 BAG a. a. O.

30 LAG RP 5.2.04 – 6 Sa 1226/03, für den Fall der unwirksamen Befristung der Vertretung, juris; Fitting, § 9 Rn. 18; ErfK-Müller-Glöge, § 21 BEEG Rn. 11.

31 LAG Hamm 21.4.16 – 17 Sa 106/16, juris; Sächsisches LAG 21.9.16 – 8 Sa 291/16, juris; LAG Düsseldorf 26.7.00, NZA-RR 01, 308.

32 BAG 12.9.12 – 7 ABR 37/11, NZA-RR 13, 197; 15.12.11 – 7 ABR 65/10, NZA 12, 519.

33 Fitting, Rn. 28.

tätigen Beamten gilt dies unabhängig davon, ob die Beamten bei der BR-Wahl eine eigene Gruppe bilden oder darauf verzichten.[33]

4. Abweichung von der Staffel

4 Es kann eine **Abweichung** von der Staffel des § 9 in Betracht kommen. Sind im Betrieb nicht genügend wählbare AN vorhanden oder stellen sich trotz des Vorhandenseins genügend wählbarer AN Wahlbewerber diese nicht in einem ausreichenden Maße zur Verfügung, kann auf die Regelung des § 11 zurückgegriffen werden[34] (vgl. die Erl. dort). Dabei ist diejenige Stufe für die Anzahl der BR-Mitgl. maßgebend, die noch mit wählbaren AN besetzt werden kann. Soweit die **zwingende Minderheitengeschlechtsquote** bei der Vergabe der nach § 9 zu ermittelnden BR-Mandate zu berücksichtigen ist (vgl. § 15 Abs. 2), sich aber nicht genügend Angehörige des Minderheitengeschlechts für eine Kandidatur zur Verfügung stellen, findet § 11 **keine Anwendung**. Die von diesem Geschlecht mangels ausreichender Kandidaturen nicht einzunehmenden Sitze gehen auf das andere Geschlecht über (vgl. § 11).

§ 10 Vertretung der Minderheitsgruppen

(weggefallen)

§ 11 Ermäßigte Zahl der Betriebsratsmitglieder

Hat ein Betrieb nicht die ausreichende Zahl von wählbaren Arbeitnehmern, so ist die Zahl der Betriebsratsmitglieder der nächstniedrigeren Betriebsgröße zugrunde zu legen.

1 Von der nach § 9 vorgeschriebenen Zahl von BR-Mitgl. kann abgewichen werden, wenn **nicht genügend wählbare** AN für die Besetzung der BR-Sitze vorhanden sind. Es ist auch ein **mehrmaliges** Zurückgehen auf die jeweils nächstniedrigere BR-Größe so lange möglich, bis die geringere Zahl von BR-Sitzen voll besetzt werden kann.[1] Es muss sich jedoch **immer** um eine entsprechende Zahl der Staffelung des § 9 handeln. Müsste z. B. ein BR aus sieben Mitgl. bestehen, sind aber nur sechs AN wählbar, so besteht der BR aus fünf Mitgl. Es müssen aber mindestens drei wählbare AN im Be-

---

33 Fitting, Rn. 28.

34 LAG Hamburg 14.6.23 – 7 TaBV 1/23, n. rk., anhängig beim BAG unter 7 ABR 27/23.

1 LAG Sachsen 17.3.17 – 2 TaBV 33/16, juris.

trieb sein. Dies ist Voraussetzung, damit überhaupt ein BR gewählt werden kann (§ 1). Im Übrigen ist § 11 entsprechend anzuwenden, wenn im Betrieb genügend wählbare AN vorhanden sind, sich aber nicht eine ausreichende Zahl als Wahlbewerber zur Verfügung stellt.[2] Soweit sich für das in der Minderheit befindliche Geschlecht nach § 15 Abs. 2 eine Mindestanzahl von BR-Sitzen ergibt, sich aber nicht genügend Angehörige dieses Geschlechts für eine Kandidatur zur Verfügung stellen, findet § 11 **keine Anwendung**. Die BR-Sitze, die von dem Minderheitengeschlecht aus diesem Grunde nicht besetzt werden können, gehen auf das andere Geschlecht über.

Die sich nach § 11 ergebende geringere Anzahl von BR-Mitgl. ist verbindlich 2
für die gesamte Wahlperiode. Eine Nachwahl von BR-Mitgl. zur Ergänzung der BR findet nicht statt.[3] Die Vorschrift ist bei einem Absinken der Anzahl der BR-Mitl. nach der BR-Wahl nicht entsprechend anzuwenden. In diesem Fall ist allein § 13 Abs. 2 Nr. 2 maßgebend.

Der DGB-Reformentwurf zum BetrVG sieht vor, dass im Gesetz ausdrücklich festgehalten wird, dass die Regelung auch im Falle nicht ausreichender Wahlbewerber gilt.[4]

§ 12 Abweichende Verteilung der Betriebsratssitze

(weggefallen)

§ 13 Zeitpunkt der Betriebsratswahlen

(1) Die regelmäßigen Betriebsratswahlen finden alle vier Jahre in der Zeit vom 1. März bis 31. Mai statt. Sie sind zeitgleich mit den regelmäßigen Wahlen nach § 5 Abs. 1 des Sprecherausschussgesetzes einzuleiten.

(2) Außerhalb dieser Zeit ist der Betriebsrat zu wählen, wenn

1. mit Ablauf von 24 Monaten, vom Tage der Wahl an gerechnet, die Zahl der regelmäßig beschäftigten Arbeitnehmer um die Hälfte, mindestens aber um fünfzig, gestiegen oder gesunken ist,

2. die Gesamtzahl der Betriebsratsmitglieder nach Eintreten sämtlicher Ersatzmitglieder unter die vorgeschriebene Zahl der Betriebsratsmitglieder gesunken ist,

---

2 BAG 7.5.08 – 7 ABR 17/07; 11.4.58, AP Nr. 1 zu § 6 WO; LAG Hamburg 14.6.23 – 7 TaBV 1/23, n.rk., anhängig beim BAG unter 7 ABR 27/23; LAG Hamburg 1.2.23 – 5 TaBV 7/22, n.rk., anhängig beim BAG unter 7 ABR 26/23; LAG Düsseldorf 4.7.14 – 6 TaBV 24/14, NZA-RR 14, 476; LAG Sachsen 17.3.17 – 2 TaBV 33/16.

3 Fitting, Rn. 7.

4 *https://aur-blog.eu/reformvorschlag/*.

3. der Betriebsrat mit der Mehrheit seiner Mitglieder seinen Rücktritt beschlossen hat,
4. die Betriebsratswahl mit Erfolg angefochten worden ist,
5. der Betriebsrat durch eine gerichtliche Entscheidung aufgelöst ist oder
6. im Betrieb ein Betriebsrat nicht besteht.

(3) Hat außerhalb des für die regelmäßigen Betriebsratswahlen festgelegten Zeitraums eine Betriebsratswahl stattgefunden, so ist der Betriebsrat in dem auf die Wahl folgenden nächsten Zeitraum der regelmäßigen Betriebsratswahlen neu zu wählen. Hat die Amtszeit des Betriebsrats zu Beginn des für die regelmäßigen Betriebsratswahlen festgelegten Zeitraums noch nicht ein Jahr betragen, so ist der Betriebsrat in dem übernächsten Zeitraum der regelmäßigen Betriebsratswahlen neu zu wählen.

Inhaltsübersicht Rn.

1. Der regelmäßige Wahlzeitraum

1 Die Amtszeit eines BR beträgt regelmäßig vier Jahre. Die Neuwahl muss grundsätzlich im Wahljahr in dem Zeitraum vom 1. März bis 31. Mai erfolgen. Die Einleitung der Wahl kann bereits vor dem 1. März liegen. Das wird mitunter sogar erforderlich sein, damit sich die Amtszeit des neugewählten BR an die des bisherigen anschließt und keine betriebsratslose Zeit entsteht. Die Wahl selbst muss allerdings in den Wahlzeitraum fallen, es sei denn, dass einer der in Abs. 2 genannten **Sonderfälle** vorliegt. Maßgebend ist dabei der Wahltag. Wird an mehreren Tagen gewählt, ist der letzte Tag der Stimmabgabe entscheidend. Eine Wahl außerhalb des regelmäßigen Wahlzeitraums ist, sofern nicht die Ausnahmen des Abs. 2 vorliegen, nichtig.[1]
Die Vorschrift ist zwingend und kann nicht durch TV oder BV geändert werden.[2] Werden nach § 3 Abs. 1 Nr. 1 bis 3 Betriebe zusammengefasst, unternehmenseinheitliche oder Spartenbetriebsräte gebildet bzw. andere Arbeitnehmervertretungsstrukturen geschaffen, kann der Wahlzeitpunkt nach § 3 Abs. 4 im TV abweichend festgelegt werden.
Die zeitgleiche Einleitung der Wahlen zum Sprecherausschuss der leit. Ang. soll sicherstellen, dass die Zuordnung der AN gem. § 18a erfolgen kann.

1 Fitting, Rn. 20; DKW-Homburg, Rn. 6.
2 Fitting, Rn. 3.

2. Wahlen außerhalb des regelmäßigen Wahlzeitraumes

In den in Abs. Nr. 1 bis 6 festgelegten Fällen, die abschließend aufgezählt sind, kann die Wahl des BR auch außerhalb des gesetzlichen Wahlzeitraums stattfinden. Auch bei diesen Wahlen gelten die allgemeinen Wahlvorschriften. 2

Bei der Veränderung der Zahl der regelmäßig beschäftigten Arbeitnehmer ist maßgeblicher Stichtag der Ablauf von 24 Monaten seit der Wahl, d. h. dem Wahltag.[3] Exakt 24 Monate nach der Wahl muss also die Zahl der regelmäßig beschäftigten Arbeitnehmer um die Hälfte, mindestens aber um 50 gesunken oder gestiegen sein. Veränderungen vor oder nach dem Stichtag sind unerheblich. Es müssen beide Voraussetzungen vorliegen. Beispiel: Ein Betrieb hatte 86 regelmäßig Beschäftigte. Die Zahl ist zum Stichtag auf 43 gesunken. Damit ist sie zwar um die Hälfte, nicht aber um 50 regelmäßig Beschäftigte gesunken. Die Voraussetzungen für eine Neuwahl sind nicht erfüllt.

Eine Neuwahl wegen des Absinkens der Anzahl der Betriebsratsmitglieder unter die nach § 9 erforderliche Anzahl ist erst dann notwendig, wenn alle Vorschlagslisten erschöpft sind. Ist die Neuwahl erforderlich, weil BR-Mitgl. aus dem Betrieb ausscheiden und dadurch der BR nicht mehr die notwendige Mitgliederzahl aufweist, darf der WV den Wahltag erst auf einen Zeitpunkt nach Ausscheiden der BR-Mitgl. festlegen, sofern der BR nicht zurückgetreten ist.[4]

Eine Neuwahl findet nicht statt, wenn auf Grund des Nachrückens von Ersatzmitgliedern die Minderheitengeschlechtsquote nach § 15 Abs. 2 nicht mehr erfüllt ist. Die Sitze des Minderheitengeschlechts werden in diesem Fall von Angehörigen des Mehrheitsgeschlechts eingenommen.[5] Wenn alle BR-Mitgl. sowie alle Ersatzmitgl. das Arbeitsverhältnis kündigen, endet das Amt des BR zu dem Zeitpunkt, an dem das letzte BR-Mitgl. ausgeschieden ist. Dies gilt jedoch nicht, wenn ein BR-Mitgl. vor Ablauf der Kündigungsfrist die Fortsetzung des Arbeitsverhältnisses vereinbart.[6] In diesem Fall bleibt der BR im Amt, auch wenn er nur noch aus einer Person besteht.[7]

Bei einer erfolgreichen **Anfechtung** der BR-Wahl bzw. einer Auflösung des BR durch gerichtl. Entscheidung (Nrn. 4 und 5) ist nach Rechtskraft der Entscheidung eine Bestellung des WV durch den BR nicht möglich. Der BR besteht nicht mehr. Im Fall der Nr. 4 (Anfechtung) hat die Bestellung des WV nach § 17 (betriebsratsloser Betrieb) zu erfolgen, im Fall der Nr. 5 (Auflösung) durch das ArbG (§ 23 Abs. 2). Tritt der BR zurück (Nr. 3), hat

---

3 DKW-Homburg § 13 Rn. 8 m. w. N.
4 LAG BB – 25. 7. 17 – 11 TaBV 826/17.
5 Fitting, § 13 Rn. 37; DKW-Homburg, § 13 Rn. 16.
6 LAG Düsseldorf 15. 4. 11 – 6 Sa 857/10.
7 LAG Düsseldorf a. a. O.

der geschäftsführende BR (§ 22) den Wahlvorstand zu bestellen (§ 22). Die Regelungen gelten grundsätzlich auch für BR, die nach § 14a gebildet sind; mit Ausnahme der Nr. 1, es sei denn, die Bildung des BR erfolgte nach § 14a Abs. 5.
Will ein BR, dessen Wahl angefochten ist – bei drohender erfolgreicher Anfechtung der Wahl – eine betriebsratslose Zeit verhindern, muss er zurücktreten und gem. Nr. 3 einen WV bestellen.[8] Beschließt der BR mit Mehrheit seiner Mitglieder den Rücktritt, wirkt dies auch für die überstimmten Mitglieder des Betriebsrats.

3. Wiederanschluss an den regelmäßigen Wahlzeitraum

3 Die Bestimmung stellt sicher, dass in den Fällen des Abs. 2 die nächste, spätestens aber die übernächste Wahl wieder in den gesetzlich vorgeschriebenen Wahlzeitraum fällt. Dadurch können sich **Abweichungen** von der regelmäßigen vierjährigen Amtszeit ergeben. Ihre Dauer kann dann zwischen einem Jahr und fünf Jahren betragen.

§ 14 Wahlvorschriften

(1) Der Betriebsrat wird in geheimer und unmittelbarer Wahl gewählt.
(2) Die Wahl erfolgt nach den Grundsätzen der Verhältniswahl. Sie erfolgt nach den Grundsätzen der Mehrheitswahl, wenn nur ein Wahlvorschlag eingereicht wird oder wenn der Betriebsrat im vereinfachten Wahlverfahren nach § 14a zu wählen ist.
(3) Zur Wahl des Betriebsrats können die wahlberechtigten Arbeitnehmer und die im Betrieb vertretenen Gewerkschaften Wahlvorschläge machen.
(4) In Betrieben mit in der Regel bis zu 20 wahlberechtigten Arbeitnehmern bedarf es keiner Unterzeichnung von Wahlvorschlägen. Wahlvorschläge sind in Betrieben mit in der Regel 21 bis 100 wahlberechtigten Arbeitnehmern von mindestens zwei wahlberechtigten Arbeitnehmern und in Betrieben mit in der Regel mehr als 100 wahlberechtigten Arbeitnehmern von mindestens einem Zwanzigstel der wahlberechtigten Arbeitnehmer zu unterzeichnen. In jedem Fall genügt die Unterzeichnung durch 50 wahlberechtigte Arbeitnehmer.
(5) Jeder Wahlvorschlag einer Gewerkschaft muss von zwei Beauftragten unterzeichnet sein.

---

8 Vgl. ArbG Wuppertal 19. 11. 03, AiB 04, 308 m. Anm. Malottke.

Inhaltsübersicht Rn.

1. Grundsätze der geheimen und unmittelbaren Wahl

Unmittelbarkeit der Wahl bedeutet, dass die Wähler selbst die Entscheidung treffen und der BR nicht durch Wahlmänner- bzw. -frauen gewählt wird. Die Wahl muss ferner geheim sein. Es müssen alle Vorkehrungen getroffen werden, damit der Wähler seine Stimme **unbeobachtet** abgeben kann. Dies erfordert die Aufstellung von Wahlkabinen, Trennwänden o. Ä.[1] Die Wahl kann auch in einem separaten, überwachten Nebenraum erfolgen, wenn dort einzeln die Stimme abgegeben werden kann.[2] Dies gilt in allen Wahlverfahren. Auch muss die Wahlurne bei Stimmabgabe an mehreren Tagen nach Abschluss eines Wahltages versiegelt werden.[3] Eine Wahl durch öffentliche Abstimmung, etwa in einer Betriebsversammlung, ist daher **unzulässig**.[4] Der Wähler muss seine Stimme persönlich abgeben. In bestimmten Fällen ist die schriftliche Stimmabgabe zulässig (vgl. § 24 WO). Die generelle Anordnung der Briefwahl für alle AN – unabhängig davon, ob die Voraussetzungen des § 24 WO vorliegen oder nicht – ist nicht zulässig.[5] Im Falle der schriftlichen Stimmabgabe hat der Wähler eine Erklärung abzugeben, dass er den Stimmzettel persönlich gekennzeichnet hat (vgl. § 24 Abs. 1 Nr. 4 WO). Bei der Stimmabgabe – gleich ob persönlich oder per Briefwahl – sind zwingend Wahlumschläge (§ 11 Abs. 1 WO) zu benutzen.[6] 1

1 LAG Nürnberg 10.1.19 – 4 TaBV 63/18, juris; LAG Düsseldorf 13.12.16 – 9 TaBV 85/16; 3.8.07 – 9 TaBV 41/07.

2 LAG Düsseldorf 13.12.16 – 9 TaBV 85/16.

3 LAG BaWü 1.8.07 – 12 TaBV 7/07.

4 BAG 12.10.61 – 5 AZR 423/60, NJW 1962, 268; DKW-Homburg, Rn. 7; a.A. LAG Hessen 27.9.12 – 16 Sa 1741/11, das eine offene Abstimmung bei nur einem Wahlvorschlag in völliger Verkennung des Grundsatzes der geheimen Wahl für zulässig hält.

5 BAG 16.3.22 – 7 ABR 29/20.

6 LAG BB 25.8.11 – 25 TaBV 529/11; LAG Nds. 1.3.04 – 16 TaBV 60/03.

2. Das Verhältniswahlprinzip

2 Die BR-Wahl wird nach dem **Verhältniswahlprinzip** (Listenwahl) durchgeführt, wenn zwei oder mehr gültige Wahlvorschläge (Vorschlagslisten) eingereicht werden. Der Wähler kann sich nur für eine der eingereichten Vorschlagslisten entscheiden. Der Wähler hat somit nur **eine Stimme**. Je mehr Stimmen auf eine Vorschlagsliste entfallen, desto mehr Wahlbewerber rücken von dieser Liste in den BR ein, und zwar grundsätzlich in der Reihenfolge, in der sie aufgeführt sind. Die Ermittlung erfolgt nach dem **d'Hondtschen (Höchstzahlen-)System**. Die den einzelnen Listen zugefallenen Stimmenzahlen werden in einer Reihe nebeneinander gestellt und durch die Zahlen 1, 2, 3, 4 usw. geteilt.

3 **Beispiel:**
In einem Betrieb mit 600 AN ist ein BR mit 11 Mitgl. zu wählen. Um die 11 BR-Mandate bewerben sich drei Listen. Sie erhalten folgende Stimmenzahlen: Liste 1 = 350 Stimmen, Liste 2 = 160 Stimmen, Liste 3 = 90 Stimmen. Die Ermittlung der auf die Listen (L) entfallenden BR-Sitze geschieht wie folgt:

L 1 = 350 St.	L 2 = 160 St.	L 3 = 90 St.
: 1 = 350 (1)	160 (3)	90 (5)
: 2 = 175 (2)	80 (7)	45
: 3 = 116,7 (4)	53,3 (10)	
: 4 = 87,5 (6)	40	
: 5 = 70 (8)		
: 6 = 58,3 (9)		
: 7 = 50 (11)		

Es entfallen auf die Liste 1 = 7 Sitze, die Liste 2 = 3 Sitze und die Liste 3 = 1 Sitz.

Die Reihenfolge, in der die einzelnen Wahlbewerber aus der jeweiligen Liste in den BR kommen, kann sich ändern, wenn nach dem Wahlergebnis die **Mindestanzahl von BR-Sitzen**, die das **Minderheitengeschlecht** nach § 15 Abs. 2 zu erhalten hat, nicht erreicht wird. Es ist dann erforderlich, festzustellen, in welchem Umfang das Mehrheitsgeschlecht BR-Sitze an das Minderheitengeschlecht abzugeben hat (vgl. dazu § 15 Rn. 7 ff.).

3. Das Mehrheitswahlprinzip

4 Nach den Grundsätzen der **Mehrheitswahl** wird gewählt, wenn nur ein Wahlvorschlag (Vorschlagsliste) eingereicht wird; ebenso, wenn das Wahlverfahren nach § 14a Anwendung findet. Bei der Mehrheitswahl hat jeder

Wähler **so viele Stimmen**, wie BR-Mitgl. zu wählen sind. Wesentlich ist ferner, dass es **keine Rangfolge** der Kandidaten durch die Platzierung auf dem Wahlvorschlag gibt. Die Reihenfolge, in der die Wahlbewerber in den BR einrücken, wird vielmehr durch den Wähler unmittelbar bestimmt. Gewählt sind diejenigen Bewerber, die die **meisten Stimmen** erhalten haben. Die nicht gewählten Kandidaten sind Ersatzmitgl. Auch bei der Mehrheitswahl ist sicherzustellen, dass die dem Minderheitengeschlecht zustehende Mindestanzahl von BR-Sitzen (§ 15 Abs. 2) durch das Wahlergebnis erreicht wird (vgl. § 15 Rn. 9).

4. Wahlvorschläge der Arbeitnehmer

Die Wahlvorschläge (Vorschlagslisten) sind von den wahlberechtigten AN 5
vor Ablauf von **zwei Wochen** seit Erlass des Wahlausschreibens beim WV einzureichen. Die einzelnen Bewerber sind in **erkennbarer Reihenfolge** unter fortlaufender Nummer und unter Angabe von Familienname, Vorname, Geburtsdatum und Art der Beschäftigung im Betrieb aufzuführen. Die schriftliche Zustimmung des Bewerbers (Textform nach § 126b BGB, z.B. per E-Mail, ist nicht ausreichend)[7] zur Aufnahme in die Vorschlagsliste ist beizufügen. Ein Bewerber kann nur auf einer Vorschlagsliste vorgeschlagen werden. Ebenso zählt die Unterschrift eines Wahlberechtigten zur Unterstützung des Vorschlags nur auf einer Vorschlagsliste. Ein Wahlvorschlag soll **mindestens doppelt so viele** Bewerber:innen aufweisen, wie in dem Wahlgang BR-Mitgl. zu wählen sind (§ 6 Abs. 2 WO). Dies ist jedoch **nicht zwingend**. Ein Wahlvorschlag ist auch dann gültig, wenn weniger Kandidaten auf ihm benannt sind als BR-Mitgl. gewählt werden müssen.[8] Eine Vorschlagsliste ist auch dann gültig, wenn sie nur eine Kandidatin aufweist.[9] Auch **Wahlbewerber** können den Wahlvorschlag unterzeichnen, auf dem sie selbst als Kandidaten benannt sind.[10] Ebenso **kann** ein **WV-Mitgl.** einen Wahlvorschlag **unterzeichnen**.[11] Ein WV-Mitgl. kann auch zugleich **Wahlbewerber** sein.[12]

In Kleinbetrieben bis 20 wahlberechtigen AN bedarf es keiner Stützunterschriften. Bei 21 bis 100 Wahlberechtigten sind nur noch zwei Stützunterschriften notwendig. In allen anderen Betrieben sind jeweils Stützunterschriften von einem Zwanzigstel der Wahlberechtigten erforderlich. In je-

7 BAG 20.10.21 – 7 ABR 36/20.
8 LAG Düsseldorf 4.7.2014 – 6 TaBV 24724, NZA-RR 14, 476; BAG 29.6.65 – 1 ABR 2/65 zu § 13 Abs. 4 BetrVG 1952.
9 LAG Düsseldorf 4.7.2014 – 6 TaBV 24/14.
10 BAG 6.11.13 – 7 ABR 65/11; BAG 12.2.60.
11 BAG 12.10.76 – 1 ABR 1/76.
12 BAG 4.10.77 – 1 ABR 37/77.

dem Fall reichen 50 Stützunterschriften.[13] Ein wirksamer Wahlvorschlag setzt voraus, dass sich die **erforderlichen Stützunterschriften** auf der Vorschlagsliste befinden. Deshalb müssen Vorschlags- und Unterschriftenteil gegen Trennung gesichert und zu einer **einheitlichen zusammenhängenden Urkunde** verbunden sein. Nach Ansicht des BAG[14] muss der Wahlvorschlag nicht zwingend geheftet werden; die einheitliche Urkunde kann sich auch aus sonstigen Merkmalen ergeben, z. B. der Wiedergabe eines Kennwortes auf jedem Blatt (z. B. Gewerkschaft X). Wird die für einen Wahlvorschlag maßgebende Unterschriftenliste in **mehreren Exemplaren** in Umlauf gebracht – etwa in einem großen Betrieb –, muss jeder dieser Unterschriftenlisten eine Vervielfältigung der Vorschlagsliste, also des **Bewerber:innenteils**, vorgeheftet werden. Die Unterzeichner:innen müssen wissen, für welche Kandidaten sie ihre Stützunterschrift abgeben. Das Erfordernis der genauen Übereinstimmung bezieht sich dabei nicht nur auf die Person(en), sondern auch auf die Reihenfolge der Bewerber, die ebenfalls gleich sein muss.[15] Die Verbindung **unterschiedlicher** Wahlvorschläge, um eine einheitliche Wahlvorschlagsliste zu erreichen, ist unzulässig (vgl. § 6 Abs. 6 WO). Wahlvorschläge können nicht elektronisch eingereicht werden. Die Zustimmung zur Kandidatur und die Stützunterschriften müssen in Schriftform vorliegen.[16] Im Gegensatz zu Wahlbewerber:innen, die einen eingeschränkten Kündigungsschutz bis zur Bekanntgabe des Wahlergebnisses haben (§ 15 Abs. 3 KSchG), genießen AN, die nur den Wahlvorschlag unterzeichnen, keinen Kündigungsschutz. Daher schützt die Einreichung eines Wahlvorschlags durch eine im Betrieb vertretene Gewerkschaft AN, die Stützunterschriften leisten, vor möglichen Repressionen des AG. Für Vorbereitungshandlungen in betriebsratslosen Betrieben bis zur Einladung zur Betriebs- oder Wahlversammlung, auf der ein WV gewählt werden soll, ist mit dem BRMoG der Kündigungsschutz für Wahlinitiator:innen ausgeweitet worden (siehe den neuen § 15 Abs. 3a KSchG).

5. Unverzügliche Prüfung der Wahlvorschläge

Der WV hat die eingereichten Wahlvorschläge unverzüglich zu prüfen, so dass es bei Ungültigkeit einer Vorschlagsliste dem Einreicher noch möglich ist, vor Ablauf der Einreichungsfrist einen neuen gültigen Wahlvorschlag

13 Der DGB-Reformentwurf zum BetrVG sieht vor, das in Betrieben mit bis zu 100 Wahlberechtigten keine Stützunterschriften mehr erforderlich sein sollen, *https://aur-blog.eu/reformvorschlag/*.

14 BAG 25. 5. 05 – 7 ABR 39/04.

15 LAG BaWü 8. 11. 76 – 1 a TaBV 6/76.

16 Vgl. LAG Düsseldorf 18. 10. 07, 11 – TaBV 68/07, brwo – für Aufsichtsratswahl nach dem DrittelbG.

einzureichen.[17] Verletzt er diese Pflicht, kann die laufende Wahl mit einer einstweiligen Verfügung angriffen werden.[18] Wahlvorschläge, die am letzten Tag der Frist eingereicht werden, müssen sofort geprüft werden.[19] Hat der WV keine Uhrzeit für das Ende der Einreichungsfrist im Wahlausschreiben angegeben, können Wahlvorschläge bis 24.00 Uhr am Tag des Fristablaufs eingereicht werden. Der WV muss dann entsprechend arbeiten.[20] Der WV ist verpflichtet, bei Zweifeln an der Gültigkeit des Wahlvorschlags, diese durch Rückfrage beim Listenvertreter aufzuklären und auf eine mögliche Unwirksamkeit der Liste – auch vor endgültiger Prüfung durch den WV – hinzuweisen.[21] So z. B., wenn Auffälligkeiten im Schriftbild Zweifel daran begründen, ob nach Leistung der ersten Stützunterschriften Kandidaten auf dem Wahlvorschlag eingetragen worden sind. Trägt ein Wahlvorschlag zu Unrecht ein Kennwort (z. B. das einer Gew. ohne deren Zustimmung), darf der WV den Wahlvorschlag nicht zurückweisen. Er darf nur das Kennwort streichen und durch Namen und Vornamen der beiden ersten Kandidaten auf dem Wahlvorschlag ersetzen.[22]

6. Wahlvorschläge im vereinfachten Wahlverfahren

Für **Kleinbetriebe**, in denen nach dem vereinfachten **Wahlverfahren** (§ 14a) 6
gewählt wird, gelten besondere Regelungen. Soweit das **zweistufige Wahlverfahren** Anwendung findet, ist für Wahlvorschläge nicht die Schriftform erforderlich (§ 14a Abs. 2), wenn die Wahlvorschläge in der ersten Wahlversammlung erfolgen. In Betrieben mit in der Regel bis zu zwanzig wahlberechtigten AN genügt außerdem die Unterstützung eines Wahlvorschlags durch zwei Wahlberechtigte (beim zweistufigen Wahlverfahren formlos; beim einstufigen Wahlverfahren ist die Schriftform erforderlich). Zu den sonstigen Einzelheiten des vereinfachten Wahlverfahrens vgl. die Erl. zu § 14a.

7. Wahlvorschläge der im Betrieb vertretenen Gewerkschaften

Wahlvorschlage von Gew. müssen von zwei Beauftragten unterzeichnet 7
sein.[23] Nur wenn dies der Fall ist, darf der Wahlvorschlag auch im Kennwort (s. § 7 Abs. 2 WO) den Namen oder das Namenskürzel der Gewerkschaft

---

17 BAG 21. 1. 09 – 7 ABR 65/07; LAG Nürnberg 3. 6. 19 – 1 TaBV 3/19.
18 LAG Berlin 7. 2. 06 – 4 TaBV 214/06, NZA 06, 509.
19 BAG 25. 5. 05 – 7 ABR 39/04.
20 BAG 28. 4. 21 – 7 ABR 10/20.
21 BAG 21. 1. 09 – 7 ABR 65/07; NZA-RR 2009, 481.
22 BAG 15. 5. 13 – 7 ABR 40/11.
23 Muster s. brwo-Berg/Heilmann, §§ 7–20.

(z.B. IGM, IGBCE, ver.di, NGG usw.) verwenden.[24] Eine Gew. kann – nach unzutreffender Ansicht – des BAG einem Wahlvorschlag von AN nicht die Erlaubnis erteilen, ihren Namen zu benutzen.[25] Soll ein Wahlvorschlag im Kennwort den Namen einer Gew. oder deren Kürzel aufweisen, empfiehlt es sich, den Wahlvorschlag zunächst von zwei Gew.-Beauftragten unterzeichnen zu lassen und dann auf demselben Wahlvorschlag die notwendigen Stützunterschriften zu sammeln.[26] Die Sammlung von Stützunterschriften dokumentiert dann die pol. Unterstützung für den Vorschlag und sorgt zugleich für die notwendigen Stützunterschriften.

8 Der WV hat zu prüfen, ob es sich um eine Gewerkschaft i. S. des § 2 handelt[27] (vgl. § 2 Rn. 2) und ob diese im **Betrieb vertreten** ist, also mindestens ein Mitglied im Betrieb hat. Handelt es sich nicht um eine Gewerkschaft i. S. v. § 2 darf der WV den Wahlvorschlag nicht zulassen. Die Beauftragten der Gewerkschaft müssen **kraft Satzung** dazu befugt oder durch die satzungsmäßigen Organe entsprechend **bevollmächtigt** worden sein. Dies können bei den Gewerkschaften – je nach Satzung – unterschiedliche Organisationsebenen sein. Reichen zwei Gew. einen gemeinsamen Wahlvorschlag ein, reicht die Unterzeichnung durch je einen Bevollmächtigten.[28] Wenn die nach Satzung zuständige Stelle der Gew. zwei Gew.-Beauftragten bevollmächtigt, müssen diese gemeinsam handeln. Sie können sich nicht wechselseitig bevollmächtigen und allein Änderungen am Wahlvorschlag vor Einreichung vornehmen.[29] Auch AN des Betriebs (»Ehrenamtliche«) können – von den nach der jeweiligen Satzung zuständigen Stellen – mit der Vertretung der Gew. beauftragt werden und dann den Wahlvorschlages nach Abs. 3 als Gew.-Beauftragte unterzeichnen. Auch in einem solchen Fall muss die Bevollmächtigung durch die satzungsmäßigen Organe der Gew. vorliegen. Allerdings genießen die AN, die im Auftrag der Gew. den Wahlvorschlag unterzeichnen, keinen Kündigungsschutz nach § 15 KSchG.

8. Wahlvorschläge in den privatisierten Postunternehmen

9 Besonderheiten bestehen in den Betrieben der **privatisierten Post-UN**. Mit der Aufgabe des Gruppenprinzips im BetrVG ist die **Zuordnung der Beamten** entsprechend ihrer jeweiligen Beschäftigung zu den Gruppen der Angestellten und Arbeiter **gegenstandslos** geworden. Wegen der Be-

---

24 BAG 26.10.16 – 7 ABR 4/15, NZA-RR 17, 194; 15.5.13 – 7 ABR 40/11, a.a.O.

25 BAG 26.10.16 – 7 ABR 4/15, NZA-RR 17, 194.

26 Muster s. brwo-Berg/Heilmann, §§ 7–20; vgl. zur Zulässigkeit von Stützunterschriften auf einem Wahlvorschlag von Gew.: BAG 26.10.16 – 7 ABR 4/15.

27 LAG Berlin-Brandenburg 7.5.21 – 5 TaBV 1160/19.

28 LAG MV 3.5.10 – 2 TaBVGa 2/10.

29 LAG RP 14.1.16 – 5 TaBV 19/15.

sonderheiten im PostPersRG, das den Beamten in beamtenspezifischen Angelegenheiten grundsätzlich ein eigenes Beschlussfassungsrecht einräumt, bleiben die Beamten aber eine **eigenständige Gruppe**, was wiederum besondere Regelungen über die Wahl und die Zusammensetzung des BR sowie das Nachrücken von Ersatzmitgl. erforderlich macht. Dementsprechend legt § 26 PostPersRG im Wesentlichen fest:

- Die Beamten bilden bei der Wahl zum BR eine eigene Gruppe, es sei denn, sie verzichten mit Mehrheit vor der Wahl in geheimer Abstimmung auf die Bildung einer eigenen Gruppe.
- AN und Beamte müssen entsprechend ihrem zahlenmäßigen Verhältnis im BR vertreten sein, wenn dieser aus mindestens drei Mitgl. besteht.
- AN und Beamte wählen ihre Vertr. in den BR in getrennten Wahlgängen, es sei denn, dass die wahlberechtigten Angehörigen beider Gruppen vor der Wahl in getrennten und geheimen Abstimmungen die gemeinsame Wahl beschließen. Findet das vereinfachte Wahlverfahren nach § 14a Anwendung, wird immer in gemeinsamer Wahl gewählt. Entsprechendes gilt, wenn einer Gruppe nur ein Vertr. im BR zusteht.
- Jede Gruppe kann auch Angehörige der anderen Gruppen wählen; sie gelten dann als Angehörige der Gruppe, die sie gewählt hat.
- Bei getrennten Wahlgängen (Gruppenwahl) sind zur Unterzeichnung von Wahlvorschlägen der Gruppen nur die wahlberechtigten Angehörigen der jeweiligen Gruppe berechtigt.
- In Betrieben mit Beamten muss dem WV ein Beamter angehören.
- Ist der BR in gemeinsamer Wahl gewählt, bestimmt sich das Nachrücken von Ersatzmitgl. unter Berücksichtigung des Grundsatzes, dass beide Gruppen entsprechend ihrem zahlenmäßigen Verhältnis im BR vertreten sein müssen.

Die näheren Einzelheiten zum Einbringen von Wahlvorschlägen[30] und zur **10**
Durchführung der Wahl sowie der Feststellung des Wahlergebnisses legt die VO zur Durchführung der BR-Wahlen bei den Post-UN (**WOP**) fest. Auch auf die BR-Wahlen in den Betrieben der Post-UN findet § 15 Abs. 2 Anwendung. Es ist jedoch, sofern die Beamten eine eigene Gruppe bilden, nicht auf den zahlenmäßigen Anteil des Minderheitengeschlechts an der Belegschaft abzustellen; vielmehr ist der zahlenmäßige Anteil des Minderheitengeschlechts innerhalb der jeweiligen **Gruppe** (AN und Beamte) maßgebend (§ 4 Abs. 1 WO-Post). Haben die Beamten entschieden keine Gruppe zu bilden (§ 26 Nr. 1 Post PersRG), werden Beamte und AN zur Ermittlung des Minderheitengeschlechts zusammengezählt (§ 4 Abs. 2 WO-Post).

30 Muster s. brwo-Berg/Heilmann, §§ 7–20.

§ 14a Vereinfachtes Wahlverfahren für Kleinbetriebe

(1) In Betrieben mit in der Regel fünf bis 100 wahlberechtigten Arbeitnehmern wird der Betriebsrat in einem zweistufigen Verfahren gewählt. Auf einer ersten Wahlversammlung wird der Wahlvorstand nach § 17a Nr. 3 gewählt. Auf einer zweiten Wahlversammlung wird der Betriebsrat in geheimer und unmittelbarer Wahl gewählt. Diese Wahlversammlung findet eine Woche nach der Wahlversammlung zur Wahl des Wahlvorstands statt.

(2) Wahlvorschläge können bis zum Ende der Wahlversammlung zur Wahl des Wahlvorstands nach § 17a Nr. 3 gemacht werden; für Wahlvorschläge der Arbeitnehmer gilt § 14 Abs. 4 mit der Maßgabe, dass für Wahlvorschläge, die erst auf dieser Wahlversammlung gemacht werden, keine Schriftform erforderlich ist.

(3) Ist der Wahlvorstand in Betrieben mit in der Regel fünf bis 100 wahlberechtigten Arbeitnehmern nach § 17a Nr. 1 in Verbindung mit § 16 vom Betriebsrat, Gesamtbetriebsrat oder Konzernbetriebsrat oder nach § 17a Nr. 4 vom Arbeitsgericht bestellt, wird der Betriebsrat abweichend von Absatz 1 Satz 1 und 2 auf nur einer Wahlversammlung in geheimer und unmittelbarer Wahl gewählt. Wahlvorschläge können bis eine Woche vor der Wahlversammlung zur Wahl des Betriebsrats gemacht werden; § 14 Abs. 4 gilt unverändert.

(4) Wahlberechtigten Arbeitnehmern, die an der Wahlversammlung zur Wahl des Betriebsrats nicht teilnehmen können, ist Gelegenheit zur schriftlichen Stimmabgabe zu geben.

(5) In Betrieben mit in der Regel 101 bis 200 wahlberechtigten Arbeitnehmern können der Wahlvorstand und der Arbeitgeber die Anwendung des vereinfachten Wahlverfahrens vereinbaren.

Inhaltsübersicht Rn.

1. Grundsätze

Das vereinfachte Wahlverfahren ist in Betrieben anzuwenden, in denen regelmäßig fünf bis 100 wahlberechtigte AN tätig sind (zur Wahlberechtigung s. § 7). Das vereinfachte Wahlverfahren erfolgt entweder in einem **zweistufigen Verfahren** oder in einem **einstufigen Verfahren**. Das zweistufige Verfahren findet Anwendung, wenn ein betriebsratsloser Betrieb besteht und in einer ersten Wahlversammlung vor der eigentlichen Wahl (zweite Wahlversammlung) zunächst ein WV zu wählen ist. Diesem Verfahren liegen die Regelungen der Abs. 1 und 2 zugrunde (vgl. Rn. 2 ff.). Ist dagegen in einem betriebsratslosen Betrieb ein WV vom GBR, KBR oder ArbG bestellt worden, greift das in Abs. 3 geregelte einstufige Wahlverfahren Platz. Auf einer Wahlversamml. ist der BR zu wählen (vgl. Rn. 10 ff.). Das einstufige Verfahren ist ferner in den Betrieben anzuwenden, in denen bereits ein BR besteht und dessen Neuwahl erforderlich wird. Dann bestellt dieser BR den WV. 1
Stellt der Wahlvorstand im zweistufigen vereinfachten Wahlverfahren fest, dass mehr als 100 wahlberechtigte AN im Betrieb beschäftigt sind, hat er den Übergang ins normale Wahlverfahren zu beschließen und dies per Aushang bekannt zu machen. Sofern zwischen 101 und 200 wahlberechtigte AN im Betrieb beschäftigt sind, kann er mit dem AG die Anwendung des vereinfachten WV vereinbaren (s. Rn. 14).

2. Das zweistufige Wahlverfahren

a) Einladung zur ersten Wahlversammlung

In dem **zweistufigen Wahlverfahren** kann von drei wahlberechtigten AN oder der im Betrieb vertretenen Gew. (vgl. dazu § 2 Rn. 3, 6) zur **ersten Wahlversamml.** zur Wahl eines WV eingeladen werden. Zwischen der Bekanntgabe der Einladung und der ersten Wahlversamml. muss mindestens eine **Frist von sieben Tagen** liegen. Wird die Einladung beispielsweise an einem Donnerstag im Betrieb bekannt gemacht, darf die Versamml. zur Wahl des WV frühestens am Donnerstag der darauffolgenden Woche durchgeführt werden. Die Einladung hat **schriftlich** zu erfolgen. Sie sollte zweckmäßigerweise an den betrieblichen Stellen zum Aushang kommen, bei denen sichergestellt ist, dass die AN von dem Aushang Kenntnis erhalten. Der AG hat den Aushang zu dulden; andernfalls liegt eine **Wahlbehinderung** nach § 119 vor. Die Einladenden können die Einladung aber auch unmittelbar an die AN des Betriebs verteilen. Es muss dann aber sichergestellt werden, dass **alle AN** des Betriebs Kenntnis von der Einladung erhalten oder den Umständen nach davon Kenntnis nehmen können. Der Arbeitgeber ist verpflichtet, 2 regelmäßig auswärts beschäftigten AN, z. B. Monteuren, LeihAN, die Einladung zur Wahlversammlung unverzüglich zukommen zu lassen.[1]

b) Einladung mittels der IuK-Technik

Es besteht außerdem die Möglichkeit, die Einladung mittels der im Betrieb vorhandenen Informations- und Kommunikationstechnik, wie etwa Intranet, bekanntzumachen (§ 28 Abs. 1 Satz 4 WO). Die elektronische Form der Bekanntmachung darf aber nur erfolgen, wenn sichergestellt ist, dass ausnahmslos alle AN auf diesem Wege Kenntnis erlangen (§ 28 Abs. 1 Satz 5 i. V. m. § 2 Abs. 4 WO).[2] Zudem muss der WV sicherstellen, dass niemand ohne seine Mitwirkung (auch keine Systemadministratoren) die in elektronischer Form bekanntgemachten Wahlunterlagen, z. B. Wahlausschreiben, verändern kann.[3] Die Einladung hat **zwingend** neben der Angabe des Ortes, des Tages und der Zeit der Wahlversamml. den Hinweis zu enthalten, dass ab der Bestellung des WV bis zum Ende der Wahlversamml. **Wahlvorschläge** zur Wahl des BR gemacht werden können.

c) Eröffnung und Durchführung der ersten Wahlversammlung

3 Die Wahlversamml. zur Wahl des WV wird durch die Einladenden, also entweder durch die drei wahlberechtigten AN oder die im Betrieb vertretene Gew., eröffnet. Der AG hat **kein Teilnahmerecht**, ebenso wenig leit. Ang. nach § 5 Abs. 3. Die Einladenden werden zunächst die Wahl eines **Versammlungsleiters** veranlassen. Es kann sich dabei um einen AN des Betriebs handeln. Allerdings sieht das Gesetz nicht die Bestellung eines Versammlungsleiters zwingend vor. Die Einladenden selbst können daher die Versamml. bis zur Wahl eines WV leiten. Wahlvorschläge zur Wahl des WV können sowohl aus der **Mitte der Versamml.** als auch von den **Einladenden** kommen. Als WV-Mitgl. können nur wahlberechtigte AN des Betriebs vorgeschlagen werden. Es kann durch Handaufheben abgestimmt werden. Für die Wirksamkeit des Abstimmungsergebnisses genügt die **Mehrheit der anwesenden AN**. Über die Vorgeschlagenen kann **insgesamt** darüber abgestimmt werden, ob sie den WV bilden sollen, wobei wiederum die relative Mehrheit der Abstimmenden ausreicht. Eine Einzelabstimmung über die vorgeschlagenen WV-Mitgl. ist nur erforderlich, wenn dies aus der Mitte der Versamml. verlangt wird, oder mehr als drei Wahlberechtigte kandidieren. Auch zur Entscheidung über diese Frage genügt die relative Mehrheit. Insgesamt können nur **drei Mitgl.** für den WV gewählt werden. Die Wahl von

---

1 LAG RP 7. 1. 08 – 5 TaBV 56/07.

2 Vgl. BAG 19. 11. 03, NZA 04, 395.

3 BAG 21. 1. 09 – 7 ABR 65/07.

Ersatzmitgl. ist zulässig. Ist der WV gebildet, bestimmt die Versamml., wer den Vorsitz übernimmt. Wird der WV-Vors. in der Versamml. nicht bestellt, wird er aus der Mitte des WV gewählt.

d) Aufgaben des Wahlvorstands

Der WV hat als erstes die **Wählerliste** zu erstellen, und zwar noch in der Versamml. Die Wahlberechtigten sollen in dieser Liste mit Familienname, Vorname und Geburtsdatum aufgeführt werden. Der AG hat den WV zu **unterstützen** und ihm insbesondere die für die Aufstellung der Liste erforderlichen Auskünfte zu erteilen und die erforderlichen Unterlagen zur Verfügung zu stellen. Die Wählerliste ist zusammen mit dem Wahlausschreiben, das ebenfalls in der Versamml. zu erlassen ist, an geeigneter Stelle im Betrieb **auszulegen**. In der Ausfertigung, die im Betrieb ausgelegt wird, sollen die Geburtsdaten der Wahlberechtigten nicht enthalten sein (§ 2 Abs. 4 WO). 4

e) Inhalt des Wahlausschreibens

Das **Wahlausschreiben**[4] ist ebenfalls auf der Wahlversamml. zu erlassen, sobald der WV gewählt worden ist. Es kann ergänzend auch auf elektronischem Wege, z. B. durch Intranet, bekannt gemacht werden (§ 31 Abs. 2 Satz 2 WO). Es muss dabei sichergestellt sein, dass alle AN Kenntnis erlangen und Änderungen nur durch den WV erfolgen können (§ 31 Abs. 2 Satz 3 i. V. m. § 2 Abs. 4 Satz 4 WO). Das Wahlausschreiben hat bestimmte **Mindestangaben** zu enthalten: 5

- das Datum des Erlasses;
- die Bestimmung des Ortes, an dem die Wählerliste und die WO ausliegen;
- den Hinweis, dass nur AN wählen können oder gewählt werden können, die in die Wählerliste eingetragen sind und dass Einsprüche gegen die Wählerliste nur vor Ablauf von drei Tagen seit Erlass des Wahlausschreibens schriftlich beim WV eingelegt werden können; der letzte Tag der Frist ist anzugeben;
- den Anteil der Geschlechter und den Hinweis, dass das Geschlecht in der Minderheit im BR mindestens entsprechend seinem zahlenmäßigen Verhältnis vertreten sein muss, wenn der BR aus mindestens drei Mitgl. besteht (§ 31 Abs. 1 Nr. 4 WO);
- die Zahl der zu wählenden BR-Mitgl. und die Angabe, wie viele BR-Sitze mindestens dem Minderheitengeschlecht aufgrund seines Anteils in der Belegschaft zustehen (§ 31 Abs. 1 Nr. 5 WO);

4 Muster brwo-Berg/Heilmann, §§ 7–20.

- die Mindestzahl von AN, von denen ein Wahlvorschlag unterstützt sein muss und den Hinweis, dass Wahlvorschläge, die erst auf der Wahlversamml. zur Wahl des WV gemacht werden, nicht der Schriftform bedürfen (§ 31 Abs. 1 Nr. 6 WO);
- dass der Wahlvorschlag einer im Betrieb vertretenen Gewerkschaft von zwei Beauftragten unterzeichnet sein muss;
- dass Wahlvorschläge bis zum Abschluss der Wahlversamml. zur Wahl des WV bei diesem eingereicht sein müssen;
- den Hinweis, dass die Stimmabgabe an die Wahlvorschläge gebunden ist und nur solche Wahlvorschläge berücksichtigt werden, die fristgerecht eingereicht worden sind;
- die Bestimmung des Orts, an dem die Wahlvorschläge bis zum Abschluss der Stimmabgabe aushängen;
- Ort, Tag und Zeit der Stimmabgabe (zweite Wahlversamml.);
- den Hinweis, dass wahlberechtigte AN, die an der Wahlversamml. zur Wahl des BR nicht teilnehmen können, Gelegenheit zur nachträglichen schriftlichen Stimmabgabe gegeben wird und dass das Verlangen auf nachträgliche schriftliche Stimmabgabe spätestens drei Tage vor dem Tag der Wahlversamml. zur Wahl des BR dem WV mitgeteilt sein muss (§ 31 Abs. 1 Nr. 12 WO);
- Ort, Tag und Zeit der nachträglichen schriftlichen Stimmabgabe sowie Betriebsteile und Kleinstbetriebe, für die nachträgliche schriftliche Stimmabgabe beschlossen worden ist (§ 31 Abs. 1 Nr. 13 WO);
- den Ort, an dem Einsprüche, Wahlvorschläge und sonstige Erklärungen gegenüber dem WV abgegeben werden können (Betriebsadresse des WV);
- Ort, Tag und Zeit der öffentlichen Stimmauszählung (§ 31 Abs. 1 Nr. 15 WO).

Zur Berücksichtigung des dritten Geschlechts divers in den Wahlverfahren siehe §§ 15 Rn. 3; 19 Rn. 5.

f) Einreichung und Gestaltung der Wahlvorschläge

6 Die Wahlvorschläge sind bei dem WV in der Wahlversamml. bis zum **Schluss der Versamml.** einzureichen. Die Wahlvorschläge bedürfen, abweichend von § 14 Abs. 4, nicht der Schriftform. Die nach § 14 Abs. 4 erforderliche Unterstützung durch **mindestens drei Wahlberechtigte** bzw. in Betrieben mit bis zu zwanzig wahlberechtigten AN durch **mindestens zwei Wahlberechtigte** kann vielmehr durch **Handaufheben** erfolgen. Wenn verschiedene Wahlvorschläge erfolgen, ist jeweils die Unterstützung durch die entsprechende Anzahl von Wahlberechtigten erforderlich. Das bedeutet aber keineswegs, dass in jedem Fall jeder der Vorgeschlagenen dieser Anzahl von unterstützenden Wahlberechtigten bedarf. Wenn ein Wahlvorschlag er-

kennbar aus **mehreren Wahlbewerbern** besteht, ist die Unterstützung auch nur durch drei bzw. zwei Wahlberechtigte für diesen Vorschlag erforderlich. Andererseits hat der WV darauf zu achten, dass **verschiedene Wahlvorschläge** nicht von denselben AN unterstützt werden. Das Ergebnis dieser Vorgänge ist zu Protokoll zu nehmen. Im Übrigen ist darauf hinzuweisen, dass auch mehrere Wahlvorschläge nicht zur Listenwahl führen. Die Wahl in dem vereinfachten Wahlverfahren erfolgt immer als **Mehrheitswahl**. Werden keine Wahlvorschläge eingereicht, ist die Wahl abzubrechen. Eine Nachfristsetzung zur Einreichung von Wahlvorschlägen – wie beim normalen Wahlverfahren – findet im vereinfachten Wahlverfahren nicht statt.[5]

g) Weitere Besonderheiten des vereinfachten Wahlverfahrens

Auf folgende **Besonderheiten** des vereinfachten Wahlverfahrens ist noch hinzuweisen: 7

- Die **Einspruchsfrist** gegen die Wählerliste (vgl. § 4 WO) verkürzt sich auf drei Tage nach Erlass des Wahlausschreibens. Da dieses in der Wahlversamml. zur Wahl des WV zu erlassen ist und dieser Tag nicht mitzählt (§ 187 Abs. 1 BGB), endet die Einspruchsfrist am Donnerstag, wenn am Montag derselben Woche die Wahlversamml. erfolgte.
- Auf den Stimmzetteln, die der WV in der Zeit zwischen der Wahlversamml. und dem eigentlichen Wahlgang, der eine Woche später stattfindet, anzufertigen hat, sind die Bewerber in **alphabetischer Reihenfolge** unter Angabe von Familienname, Vorname und Art der Beschäftigung im Betrieb aufzuführen (vgl. § 34 Abs. 1 WO).
- Die Wahl erfolgt stets nach den Grundsätzen der **Mehrheitswahl** (§ 14 Abs. 2 Satz 2).

h) Zweite Wahlversammlung, Wahl des Betriebsrats

In einer **zweiten Wahlversamml.**, die eine Woche nach der Wahlversamml. 8
zur Wahl des WV stattfindet, wird der BR in **geheimer und unmittelbarer Wahl** gewählt (§ 14a Satz 3 und 4). Im Versammlungsraum muss für die Wähler Gelegenheit sein, die Stimme **unbeobachtet** abzugeben; etwa durch das Vorhandensein von Trennwänden. Ebenso muss eine **verschließbare Wahlurne** vorhanden sein. Der Wähler bekommt im Versammlungsraum einen **Stimmzettel** und einen **Wahlumschlag** ausgehändigt, in den der Stimmzettel nach erfolgter Wahl eingelegt wird (vgl. § 12 Abs. 3 WO). Vor dem Einwurf in die Wahlurne wird die Stimmabgabe in der **Wählerliste vermerkt** (vgl. § 12 Abs. 3 WO). Sollte die Frist zur nachträglichen Stimm-

5 HessLAG 22.8.13 – 9 TaBV 19/13, NZA-RR 14, 72; DKW-Homburg, § 33 WO Rn. 8.

abgabe (§ 35 WO) mit Beendigung der Wahlversamml. abgelaufen bzw. die schriftlich Abstimmenden die Briefwahl bereits vollzogen haben, öffnet der WV die bis dahin vorliegenden Briefumschläge mit den **schriftlichen Stimmen** (zur schriftlichen Stimmabgabe vgl. die Erl. zu Abs. 4). Nach Feststellung der Gültigkeit und dem Vermerk der Stimmabgabe werden die schriftlich abgegebenen Stimmen (Wahlumschlag mit dem darin befindlichen Stimmzettel) in die Wahlurne geworfen und somit mit den im Versammlungsraum abgegebenen Stimmen **vermischt**. Dieses Verfahren darf **nicht angewandt werden**, wenn die Frist zur nachträglichen Stimmabgabe noch nicht abgelaufen ist (vgl. Rn. 9). In einem solchen Fall hat der WV die Wahlurne verschlossen bis zum Zeitpunkt der im Wahlausschreiben angegebenen öffentlichen Stimmauszählung aufzubewahren.

i) Feststellung des Wahlergebnisses

9 Nach **Beendigung** der Stimmabgabe öffnet der WV in **öffentlicher Sitzung** (Betriebsöffentlichkeit) die Wahlurne (vgl. aber Rn. 8) und stellt das **Wahlergebnis** fest (vgl. § 14 WO). Gewählt sind die Wahlbewerberinnen und Wahlbewerber mit den **höchsten Stimmenzahlen** unter Berücksichtigung der zu vergebenden BR-Mandate. Die nicht gewählten Wahlbewerberinnen und Wahlbewerber sind in der Reihenfolge der auf sie entfallenden Stimmenzahlen **Ersatzmitgl.** Bei der Feststellung des Wahlergebnisses ist § 15 Abs. 2 zu beachten. Das in der Minderheit befindliche Geschlecht hat entsprechend seinem zahlenmäßigen Anteil in der Belegschaft eine **Mindestanzahl** von BR-Sitzen zu erhalten (zu der Frage der Verteilung der Sitze unter Einbeziehung des § 15 Abs. 2 vgl. § 15 Rn. 8 ff.). Eine Auszählung der Stimmen und die Bekanntgabe des Wahlergebnisses kann jedoch noch **nicht erfolgen**, wenn die Frist zur nachträglichen Stimmabgabe durch die schriftlich Abstimmenden noch nicht abgelaufen ist (§ 34 Abs. 3 WO). Erst nach Ablauf dieser Frist kann die Feststellung des Wahlergebnisses vorgenommen werden. Die Gewählten sind unmittelbar nach Feststellung des Wahlergebnisses zu **benachrichtigen**. Wird die Übernahme des Amtes nicht ausdrücklich abgelehnt, gilt die Wahl als **angenommen** (vgl. § 17 Abs. 1 WO). Sobald die Zusammensetzung des gewählten BR feststeht, hat der WV das **endgültige Wahlergebnis** durch Aushang **bekannt zu machen** (vgl. § 18 WO).

3. Das einstufige Wahlverfahren

a) Voraussetzungen für die Anwendung

10 Nicht das zweistufige, sondern das **einstufige Verfahren** kommt zur Anwendung, wenn die Wahlversamml. zur Bildung eines WV nicht erforderlich ist. Das ist in folgenden Fällen gegeben:

- In einem Betrieb nach § 14a besteht bereits **ein BR**; dieser bestellt den WV, und zwar vier Wochen vor Ablauf der Amtszeit (§ 17a i.V.m. § 16 Abs. 1 Satz 1).
- Es besteht ein BR, dieser bleibt aber **untätig**. Die Bestellung des WV erfolgt durch das ArbG auf Antrag von mindestens drei Wahlberechtigten oder einer im Betrieb vertretenen Gew. (§ 17a i.V.m. § 16 Abs. 2).
- Es besteht kein BR, der WV wird jedoch vom **GBR**, besteht ein solcher nicht, vom **KBR** bestellt (§ 17a i.V.m. § 16 Abs. 3).
- Ein BR besteht nicht, die einberufene Wahlversamml. zur Wahl eines WV kommt **nicht zustande** oder sie kommt zwar zustande, **wählt** aber keinen WV. Die Bestellung des WV erfolgt durch das ArbG auf Antrag von mindestens drei Wahlberechtigten oder einer im Betrieb vertretenen Gew. (§ 17a Nr. 4 i.V.m. § 17 Abs. 4).

b) Abweichungen zum zweistufigen Wahlverfahren

Ist ein WV auf einem dieser Wege zustande gekommen, schreibt Abs. 3 das 11
einstufige Wahlverfahren vor: Der BR wird in einer Wahlversamml., zu der der WV eingeladen hat, gewählt. Bei dem einstufigen Wahlverfahren gibt es folgende **Abweichungen** zu dem zweistufigen Wahlverfahren:

- Der bestellte WV erlässt unverzüglich das **Wahlausschreiben**[6] mit den Angaben, wie sie grundsätzlich auch bei dem zweistufigen Wahlverfahren zu machen sind (vgl. Rn. 5), allerdings mit Besonderheiten hinsichtlich der Form und Einreichung der Wahlvorschläge (vgl. 4. Aufzählungspunkt). Zur Möglichkeit, das Wahlausschreiben auf elektronischem Wege, z.B. durch Intranet, bekannt zu machen, vgl. § 36 Abs. 3 Nr. 2 WO; vgl. auch Rn. 5.
- Der WV erstellt unverzüglich die **Wählerliste** (Rn. 4) und weist im Wahlausschreiben darauf hin, an welcher Stelle sie im Betrieb zur Einsicht ausliegt.
- Die **Wahlvorschläge** müssen bis spätestens eine Woche vor der Durchführung der Wahlversamml. zur Wahl des BR (Abs. 3 Satz 2) beim WV eingereicht werden (§ 36 Abs. 5 WO). Angegeben werden muss der konkrete Tag, an dem die Frist abläuft.[7]
- Die Wahlvorschläge müssen **schriftlich** beim WV eingereicht werden. Sie sind von der in § 14 Abs. 4 vorgesehenen Anzahl von AN zu **unterschreiben** (§ 36 Abs. 3 Nr. 1 WO). Auf die Schriftform und Notwendigkeit des Beibringens von Stützunterschriften ist im Wahlausschreiben hinzuweisen.

6 Muster s. brwo-Berg/Heilmann, §§ 7–20.
7 LAG RP 2.4.19 – 6 TaBV 18/18.

Die Wahlversamml. läuft im Übrigen grundsätzlich in der Weise ab, wie auch bei dem zweistufigen Wahlverfahren. Für die technischen Vorbereitungen zur Durchführung der Wahl hat der WV allerdings etwas mehr Zeit, da er nicht erst in einer Wahlversamml. gewählt werden muss und die Wahl selbst bereits eine Woche später stattfindet.

4. Schriftliche Stimmabgabe beim vereinfachten Wahlverfahren

12 Wahlberechtigten, die an der Wahlversamml. zur Wahl des BR nicht teilnehmen können, weil sie aus persönlichen oder dienstlichen Gründen verhindert sind, ist Gelegenheit zur **schriftlichen Stimmabgabe** (Briefwahl) zu geben. Die Regelung gilt sowohl für das einstufige als auch für das zweistufige Wahlverfahren. Diese Wahlberechtigten müssen das Verlangen auf schriftliche Stimmabgabe **spätestens drei Tage** vor dem Tag der Wahlversammlung zur Wahl des BR dem WV mitgeteilt haben. Findet beispielsweise die Wahlversamml. zur Wahl des BR an einem Freitag statt, so ist das Verlangen zur Übersendung der Unterlagen zur schriftlichen Stimmabgabe bis zum Ablauf des Montags dieser Woche (Arbeitsschluss) beim WV zu stellen; bei Stattfinden der Wahlversamml. am Montag bis Ablauf des Donnerstags (Arbeitsschluss) der Vorwoche.

13 Der WV hat den Wahlberechtigten, die **schriftlich** abstimmen, die erforderlichen **Unterlagen auf Verlangen** zu übersenden (vgl. § 35 Abs. 1 WO). Den AN, die in **Betriebsteilen** beschäftigt sind, für die der WV die schriftliche Stimmabgabe beschlossen hat, sind die Unterlagen zur schriftlichen Stimmabgabe unaufgefordert zuzuleiten. Schriftliche Stimmabgaben sind nur zu berücksichtigen, wenn sie **fristgemäß** beim WV eingegangen sind. Fristgemäß bedeutet, dass sie innerhalb der Frist zur nachträglichen Stimmabgabe für die schriftlich Abstimmenden (§ 125 Abs. 4 Nr. 2) eingegangen sein müssen.

5. Vereinbartes vereinfachtes Wahlverfahren

14 In Betrieben mit in der Regel (zum Begriff »in der Regel« vgl. § 9 Rn. 2f.) 101 bis 200 wahlberechtigten AN kann das vereinfachte Wahlverfahren angewandt werden, wenn ein WV bereits vorhanden ist und dieser mit dem AG die Anwendung dieses Wahlverfahrens vereinbart. Auch im zweistufigen vereinfachten Wahlverfahren kann der Wahlvorstand, wenn er feststellt, dass 101 bis 200 Wahlberechtigte beschäftigt sind, die Anwendung vereinbaren. Die Vereinbarung muss ausdrücklich oder konkludent erfolgen; das Schweigen des Arbeitgebers auf einen Vorschlag hin reicht nicht.[8]

---

8 BAG 19.11.03, AiB 04, 432 m. Anm. Schneider.

§ 15 Zusammensetzung nach Beschäftigungsarten und Geschlechtern

(1) Der Betriebsrat soll sich möglichst aus Arbeitnehmern der einzelnen Organisationsbereiche und der verschiedenen Beschäftigungsarten der im Betrieb tätigen Arbeitnehmer zusammensetzen.
(2) Das Geschlecht, das in der Belegschaft in der Minderheit ist, muss mindestens entsprechend seinem zahlenmäßigen Verhältnis im Betriebsrat vertreten sein, wenn dieser aus mindestens drei Mitgliedern besteht.

Inhaltsübersicht Rn.

1. Grundsätze

Der BR ist die auf gesetzlicher Grundlage bestehende betriebliche Interessenvertretung aller AN des Betriebs. Der BR soll dementsprechend ein Spiegelbild der Belegschaftsstruktur sein. Diesem Grundsatz will Abs. 1 Rechnung tragen. Der BR soll sich möglichst aus AN der einzelnen Organisationsbereiche und der verschiedenen Beschäftigungsarten der im Betrieb tätigen AN zusammensetzen. 1

2. Organisationsbereiche und Beschäftigungsarten

Organisationsbereiche sind die organisatorischen Untergliederungen innerhalb eines Betriebs oder einer anderen in § 3 vorgesehenen betriebsverfassungsrechtlichen Organisationseinheit. Eine solche kann beispielsweise eine Betriebsabteilung sein. Mit **Beschäftigungsarten** sind die im Betrieb vorhandenen verschiedenen Berufsgruppen und Arbeitstätigkeiten gemeint. Die Regelung ist **nicht zwingend**. Sie soll in erster Linie bei der Aufstellung von Wahlvorschlägen beachtet werden, aber auch dem Wähler deutlich machen, dass sich der BR möglichst entsprechend der Organisation des Betriebs und der Struktur der AN-schaft zusammensetzen soll. 2

3. Vertretung des Geschlechts in der Minderheit, drei Geschlechter

3 Das Gesetz schreibt vor, dass das Geschlecht, das im Betrieb in der Minderheit ist, eine bestimmte Anzahl von Sitzen im BR erhält (Minderheitengeschlechterquote). Das Gesetz schließt eine »Überrepräsentanz« des Minderheitengeschlechts, also mehr Sitze als ihm nach der Quote zustehen, nicht aus.[1] Die Quote ist verfassungsgemäß.[2] Das LAG Köln[3] hielt diese Vorschrift für verfassungswidrig und hat einen Vorlagebeschluss beim BVerfG eingereicht.[4] Dieser ist vom BVerfG mit Beschluss vom 11. 10. 2006 als unzulässig zurückgewiesen worden.[5] Ziel des Gesetzgebers bei Einführung der Minderheitengeschlechtsquote 2001 war es, die Vertretung von Frauen im Betriebsrat »auch tatsächlich durchzusetzen«,[6] da diese dort nicht repräsentiert seien.

Das BVerfG[7] hat entschieden, dass das allg. Persönlichkeitsrecht (Art. 2 Abs. 1 i. V. m. Art. 1 GG) auch die geschlechtliche Identität von Menschen schützt, die sich dauerhaft weder dem weiblichen noch dem männlichen Geschlecht zuordnen lassen. Sie dürfen nicht wegen ihres Geschlechts diskriminiert werden. Dem folgend hat der Gesetzgeber das Geschlecht »divers« nun auch rechtlich anerkannt. Wenn es Menschen im Betrieb gibt, die dem Geschlecht **divers** angehören und dies ggü. dem Arbeitgeber angegeben haben, müssen sie auch mit diesem Geschlecht bei der BR-Wahl berücksichtigt werden. Sie dürfen weder dem männlichen noch dem weiblichen Geschlecht (z. B. bei der Berechnung der Minderheitsgeschlechtsquote) zugerechnet werden. Daraus folgt aber nicht, dass sich Menschen, die dem Geschlecht divers angehören, dies auch z. B. ggü. ihren Arbeitgebern offenbaren müssen.[8] Wie im Fall des Vorhandenseins aller drei Geschlechter im Betrieb die Wahl zu geschehen hat, ist offen und umstritten. Das BetrVG und die WO gehen in all ihren Regelungen nur von der Existenz zweier Geschlechter aus. Daher sind viele praktische Fragen, die ein WV zu beantworten hat, nicht geklärt. Bis zu einer gesetzlichen Regelung oder einer Klärung der Fragen durch die Rspr. ist daher von folgendem auszugehen:

Sofern nur das männliche und das weibliche Geschlecht im Betrieb bekannt sind, kann die BR-Wahl ohne Probleme nach den jetzigen gesetzlichen Regelungen durchgeführt werden.

---

1 BAG 13. 3. 13 – 7 ABR 67/11, NZA-RR 13, 575.
2 BAG 16. 3. 05, NZA 05, 1252.
3 LAG Köln 13. 10. 03 – 2 TaBV 1/03, AuR 04, 111 f.; a. A. Brors, NZA 04, 472.
4 BVerfG, 1 BvL 9/03.
5 Nach Auskunft des BVerfG an die Verfasser.
6 Begründung des Gesetzentwurfes, BT-Drucks. 14/5741, S. 37.
7 BVerfG 10. 10. 17 – 1 BvR 2019/16.
8 Vgl. § 22 Abs. 3 Personenstandsgesetz.

Wenn eine BR-Wahl mit drei Geschlechtern im Betrieb durchgeführt wird, rechtfertigen Fehler, die auf die Frage, wie das Geschlecht divers zu berücksichtigen ist, zurückzuführen sind, nur zur **Anfechtbarkeit**, nicht zur Nichtigkeit der Wahl. Derart komplizierte Rechtsfragen sind nicht vom Wahlvorstand zu beantworten. Wenn es hierzu weder gesetzliche Regelungen noch Rechtsprechung gibt, kann nicht »gegen allgemeine Grundsätze jeder ordnungsmäßen Wahl in so hohem Maße verstoßen werden, dass auch der Anschein einer dem Gesetz entsprechenden Wahl nicht mehr besteht.«[9]

a) Anwendung bei Betriebsräten mit mindestens drei Mitgliedern

Nach der Bestimmung des Abs. 2 muss das Geschlecht, das in der Belegschaft in der Minderheit ist, dann mindestens entsprechend seinem zahlenmäßigen Verhältnis im BR vertreten sein, wenn dieser aus wenigstens drei Mitgl. besteht. Die Vorschrift gilt somit auch beim **vereinfachten Wahlverfahren** mit Ausnahme der Betriebe, in denen fünf bis zwanzig wahlberechtigte AN vorhanden sind und somit ein aus einer Person bestehender BR zu wählen ist. 4

b) Der Belegschaftsbegriff

Soweit das Gesetz von der **Belegschaft** spricht, ist grundsätzlich die Zahl der AN i. S. des § 5 Abs. 1 gemeint. Während § 9 nur auf (wahlberechtigte) AN abstellt, ist der Belegschaftsbegriff des § 15 umfassender. Daher kann die Anzahl der (wahlberechtigten) AN nach § 9 von der Zahl für die Belegschaft nach § 15, die für die Minderheitengeschlechtsquote maßgebend ist, abweichen. Mitzuzählen sind auch die AN, die in den Betrieb **eingegliedert** sind und damit dem Betriebszweck dienen, zum Betriebsinhaber (Beschäftigungs-AG) aber in keinen vertragsrechtlichen Beziehungen stehen, sondern diesem von einem anderen AG zur Arbeitsleistung überlassen worden sind (vgl. dazu § 7 Rn. 13; zu der Problematik des AN-Begriffs vgl. im Übrigen § 5 Rn. 1 f.).[10] Damit ist insbesondere die Gruppe der **Leih-AN** nach dem AÜG gemeint. Aber auch andere Beschäftigte kommen in Betracht, wie z. B. AN im Rahmen der Konzernleihe (vgl. § 7 Rn. 6). Der Gesetzgeber gibt diesen Beschäftigten, sofern sie **länger als drei Monate** im Betrieb eingesetzt werden, das aktive Wahlrecht zum BR (§ 7 Satz 2) und stellt sie damit auch insoweit den anderen AN gleich. 5

9 So die Definition der Nichtigkeit von BR-Wahlen des BAG 27.7.11 – 7 ABR 61/10, juris; siehe auch DKW-Homburg Rn. 11.

10 Fitting, Rn. 16; DKW-Homburg, Rn. 11.

c) Vorgehen des Wahlvorstands bei der Ermittlung des Mindestanteils

6 Bei der Feststellung, wie viele BR-Sitze das Minderheitengeschlecht zwingend zu erhalten hat, ist § 9 im Hinblick auf die BR-Größe zu beachten. Bei einem einköpfigen BR kann es keinen Sitz für das Minderheitengeschlecht geben. Bei der **zweiten Stufe** des § 9 ist auf die Zahl der wahlberechtigten AN abzustellen. Bei Anwendung der **dritten Stufe** müssen mindestens 51 wahlberechtigte AN im Betrieb beschäftigt werden, damit der BR aus fünf Mitgl. besteht (vgl. das Beispiel bei § 9 Rn. 1) und bei der Zuweisung nach § 15 Abs. 2 somit auf fünf Mandate abzustellen ist. Bei der Anwendung der weiteren Stufen des § 9 kommt es für die dem Minderheitengeschlecht zuzuweisenden BR-Mandate nur noch auf die Zahl der AN an, ohne Rücksicht auf deren Wahlberechtigung.

Bei der Feststellung des zahlenmäßigen Anteils des Minderheitengeschlechts in der Belegschaft ist **nicht** – somit anders als bei § 9 – auf die Zahl der »**regelmäßig**« **beschäftigten AN** abzustellen. Für die Größe der Belegschaft und damit für die Feststellung der Anzahl der Mindestsitze für das Minderheitengeschlecht sind daher die entsprechenden AN-Zahlen bei der **Einleitung der Wahl** (Tag des Aushangs des Wahlausschreibens) maßgebend.[11]

7 Der WV hat, nachdem die zahlenmäßige Größe der Belegschaft feststeht, die Anzahl der Frauen und der Männer im Betrieb zu ermitteln. Das d'Hondtsche Höchstzahlverfahren ist verfassungsgemäß. Es verstößt weder gegen den Grundsatz der Gleichheit der Wahl (Art. 3 Abs. 1 GG) noch gegen die Koalitionsfreiheit (Art. 9 Abs. 3 GG).[12] Das zahlenmäßige Verhältnis ist nach dem d'Hondtschen Höchstzahlsystem zu ermitteln und nicht nach Prozent.[13] Auch das zahlenmäßige Verhältnis der Arbeiter und Angestellten nach dem BetrVG 1972 (§ 10) ist nur nach dem d'Hondtschen Höchstzahlsystem ermittelt worden. Weder der Wortlaut des Gesetzes noch seine Entstehungsgeschichte ergeben Anhaltspunkte dafür, dass bei der Ermittlung des zahlenmäßigen Verhältnisses der Geschlechter in Prozent gerechnet werden darf. Diese Zahlen sind nebeneinander zu stellen und durch 1, 2, 3, 4 usw. zu teilen (Höchstteilzahlensystem). Nach diesem System wird ermittelt, wie viele BR-Sitze mindestens auf das Minderheitengeschlecht entfallen.

---

11 DKW-Homburg, Rn. 13.

12 BAG 22.11.17 – 7 ABR 35/16, NZA 18, 604.

13 DKW-Homburg, Rn. 14; Fitting, Rn. 17 f.; Ratayczak, AiB 02, 10 f.; LAG Mainz, NZA-RR 03, 591 f.; a. A. Etzel, AuR 02, 62.

Beispiel:
In einem Betrieb sind 120 AN tätig, davon 85 Männer und 35 Frauen. Es sind insgesamt sieben BR-Mandate zu vergeben (vgl. § 9). Eine Auszählung nach dem Höchstzahlensystem ergibt folgendes Ergebnis:

: 1 = 85	35
: 2 = 42,5	17,5
: 3 = 28,3	11,7
: 4 = 21,3	
: 5 = 17	
: 6 = 14,2	

Die Frauen erhalten in diesem Beispiel nach § 15 Abs. 2 eine Mindestzahl von zwei BR-Sitzen.

Die dem Minderheitengeschlecht zustehende Mindestanzahl von Sitzen ist im **Wahlausschreiben** bekannt zu geben.[14] Es hängt nunmehr vom Wahlergebnis ab, ob die Mindestanzahl erfüllt wird. Ist das der Fall oder hat das Minderheitengeschlecht (in dem Beispiel die Frauen) eine über die Mindestanzahl hinausgehende Zahl von Sitzen erhalten, bleibt das eigentliche Wahlergebnis **unverändert**. Lediglich in den Fällen, in denen das Minderheitengeschlecht nicht die Mindestanzahl erreicht, erfolgt eine **Korrektur des eigentlichen Wahlergebnisses**. 8

d) Vergabe der Mindestsitze bei der Mehrheitswahl

Bei der Korrektur des Wahlergebnisses ist in wahltechnischer Hinsicht zwischen der **Mehrheitswahl** (Personenwahl) und der **Verhältniswahl** (Listenwahl) zu unterscheiden. Das soll anhand von Beispielen unter Zugrundelegung der obigen Beschäftigtenzahlen (Betrieb mit 120 AN, davon 85 Männer und 35 Frauen) näher erläutert werden.

Auszählungsbeispiel 1 (Mehrheitswahl):
In dem folgenden Beispiel ergeben sich höhere Stimmenzahlen, als AN (120) im Betrieb sind. Das ist darauf zurückzuführen, dass bei der Personenwahl (nur ein gültiger Wahlvorschlag steht zur Abstimmung) jeder Wähler mehrere Stimmen hat, höchstens allerdings nur so viele, wie BR-Mitgl. zu wählen sind, im Beispiel also maximal sieben Stimmen. Außerdem ist darauf hinzuweisen, dass in dem Beispiel nicht fiktive Namen angeführt werden, sondern im Interesse einer vereinfachten Darstellung das jeweilige Geschlecht mit F (Frau) bzw. M (Mann)

14 Vgl. LAG RP 22.7.15 – 7 TaBV 7/15.

bezeichnet wird. Es wird davon ausgegangen, dass sich sechs Männer und vier Frauen zur Wahl stellen. Die Stimmauszählung ergibt folgendes Ergebnis:

F1	85 Stimmen	(4. Mandat)
F2	63 Stimmen	
M1	103 Stimmen	(1. Mandat)
M2	72 Stimmen	(5. Mandat)
M3	62 Stimmen	
F3	101 Stimmen	(2. Mandat)
M4	64 Stimmen	(7. Mandat)
M5	67 Stimmen	(6. Mandat)
F4	55 Stimmen	
M6	88 Stimmen	(3. Mandat)

Das Wahlergebnis zeigt, dass folgende Wahlbewerber in folgender Reihenfolge BR-Sitze einnehmen M1, F3, M6, F1, M2, M5, M4. Darunter befinden sich zwei Frauen (F3, F1). Die von § 15 Abs. 2 verlangte Mindestanzahl von Sitzen für das Minderheitengeschlecht ist erfüllt.

9 Eine Korrektur des eigentlichen Wahlergebnisses wäre nicht erforderlich, wenn die Frauen mehr als zwei Sitze erhalten hätten. Hätte beispielsweise F2 anstelle von M4 64 Stimmen erhalten und dieser eine Stimme weniger, so würden der BR aus drei Frauen und vier Männern bestehen.

10 Die WO (§ 22) schreibt für die Ermittlung der gewählten BRM vor, dass zunächst die Mindestsitze für das Geschlecht in der Minderheit ermittelt werden. Erst danach werden die übrigen Gewählten ermittelt. Im Auszählungsbeispiel 1 ergibt sich folgendes Verfahren:
1. Schritt (Vergabe der Mindestsitze)
F3 (103 Stimmen), F1 (85 Stimmen)
2. Schritt (Vergabe der weiteren Sitze)
M1 (103 Stimmen), M6 (88 Stimmen), M2 (72 Stimmen), M5 (67 Stimmen), M4 (64 Stimmen)
Würde sich beim zweiten Schritt unter den gewählten Bewerbern eine (weitere) Frau befinden, bekäme das Minderheitengeschlecht über § 15 Abs. 2 hinaus einen weiteren Sitz.
Die Wirkung der Minderheitengeschlechtsquote lässt sich an folgendem Auszählungsbeispiel 1a erkennen. Unterstellt, die Stimmenauszählung hätte folgendes Ergebnis gebracht:

F1	35 Stimmen	
F2	48 Stimmen	2. Mandat
M1	103 Stimmen	3. Mandat
M2	72 Stimmen	5. Mandat
M3	62 Stimmen	
F3	54 Stimmen	1. Mandat
M4	64 Stimmen	7. Mandat
M5	67 Stimmen	6. Mandat
F4	39 Stimmen	
M6	88 Stimmen	4. Mandat

Da zunächst die Sitze für das Minderheitengeschlecht ermittelt werden, erhalten F3 und F2 die ersten beiden Mandate, da sie die höchsten Stimmenzahlen aller Kandidatinnen des Minderheitengeschlechts erzielten. M3 erhält a.G. der Geschlechterquote kein Mandat.

e) Vergabe der Mindestsitze bei der Verhältniswahl

Auch bei der Verhältniswahl wird von der Belegschaftsgröße und der Zusammensetzung der Belegschaft nach Geschlechtern wie in dem Auszählungsbeispiel 1 ausgegangen. Das nachfolgende Beispiel geht von dieser Wahlart aus, weil am Wahlgang zwei Listen teilgenommen haben. 11

Auszählungsbeispiel 2 (Verhältniswahl):
Die eine Liste hat 96 Stimmen, die andere 24 Stimmen erhalten.
Die wesentlich geringere Stimmenzahl gegenüber der Mehrheitswahl ergibt sich daraus, dass jeder Wähler nur eine Stimme hat, die er für eine der beiden Listen abgeben konnte. Auch dieses Beispiel wird vereinfacht dargestellt. In der Praxis wird zwar zunächst ermittelt, wie viele Sitze jeder Liste aufgrund des Stimmergebnisses zugefallen sind (s. § 15 Abs. 1 WO). Sodann ist festzustellen, welche Wahlbewerber in der Reihenfolge, in der sie auf der Liste angeführt sind, die der Liste zustehenden Sitze einnehmen. In dem Beispiel wird jedoch aus Gründen der Vereinfachung zugleich aufgezeigt, in welcher Reihenfolge Angehörige des jeweiligen Geschlechts auf der Liste 1 bzw. der Liste 2 stehen. Dadurch wird ohne weiteres sofort erkennbar, wie viele Frauen und Männer nach dem Wahlergebnis in den BR kommen und ob eine Korrektur des Wahlergebnisses erforderlich ist.

Liste 1 = 96 Stimmen	Liste 2 = 24 Stimmen
: 1 = 96 (1) – M	= 24 (5) – F
: 2 = 48 (2) – M	= 12 – F
: 3 = 32 (3) – F	= 8 – M
: 4 = 24 (4) – M	
: 5 = 19,2 (6) – M	
: 6 = 16 (7) – M	
: 7 = 13,7 – F	

Die Liste 1 erhält durch die Höchstteilzahlen 96, 48, 32, 24, 19,2 und 16 sechs Sitze, die Liste 2 durch die Höchstteilzahl 24 einen Sitz. Von den sieben Sitzen nehmen listenübergreifend zwei Frauen einen BR-Sitz ein (von der Liste 1 mit der Höchstteilzahl 32, von der Liste 2 mit der Höchstteilzahl 24). Eine Korrektur des Wahlergebnisses erfolgt nicht, da die Mindestanzahl von Sitzen, die das Minderheitengeschlecht zu bekommen hat, erreicht ist. Der BR besteht aus fünf Männern und zwei Frauen. Das Ergebnis wäre dasselbe, wenn die Liste 1 aufgrund einer anderen Reihenfolge unter den Gewählten zwei Frauen hätte, bei der Liste 2 dagegen den ersten Platz ein Mann einnehmen würde. Die Mindestanzahl wäre dann allein von der Liste 1 erfüllt worden.

12 Eine Korrektur des Wahlergebnisses (s. § 15 Abs. 5 WO) wäre dagegen notwendig, wenn an der ersten Stelle der Liste 2 ein Mann stehen würde und sich unter den Gewählten der Liste 1 nur eine Frau befunden hätte. Die Mindestanzahl wäre nicht erfüllt.

Das Mehrheitsgeschlecht gibt den Sitz zugunsten des Minderheitengeschlechts ab, den es nach der zuletzt vergebenden Höchstteilzahl (letzter BR-Sitz) bekommen hat (§ 15 Abs. 5 WO). Auf das abgewandelte Beispiel bezogen, würde die Liste 1 ohne eine getrennte Auszählung nach den Geschlechtern die ersten sechs Sitze durch die Teilzahlen 96 bis 16 belegen. Die Höchstteilzahl 16 ist zugleich der letzte Sitz, der zu vergeben ist. Dieser Sitz, der von einem Mann eingenommen wird, muss zugunsten der Frau abgegeben werden, die in derselben Vorschlagsliste (in dem Beispiel also in der Liste 1) in der Reihenfolge nach ihm benannt worden ist. Das ist die an siebter Stelle der Liste 1 stehende Frau. Die Liste 1 hat somit nach wie vor sechs Sitze. Ein anderes Ergebnis würde sich zeigen, wenn auf der Liste 1 an siebter Stelle ein Mann wäre, die Liste 1 also insgesamt nur eine Frau als Wahlbewerber hätte. Der zweite Frauensitz würde dann auf die Liste mit der folgenden, noch nicht berücksichtigten Höchstzahl entfallen. Der noch fehlende Sitz für das Minderheitengeschlecht würde an die Liste 2 übergehen, und zwar an die an zweiter Stelle stehende Frau (vgl. dazu § 15 Abs. 5 Nr. 2 WO). Die Liste 2 würde somit statt des einen Sitzes zwei Sitze erhalten.

Zu den Einzelheiten dieses Vorgehens für den Fall, dass sich unter den auf die Vorschlagslisten entfallenden Höchstzahlen nicht die erforderliche Mindestanzahl von Angehörigen des Geschlechts in der Minderheit befindet, vgl. § 15 Abs. 5 WO. Der dabei zustande kommende Listensprung, d.h. die vom Wahlergebnis abweichende Verteilung der Sitze auf die einzelnen Listen ist verfassungsgemäß.[15] Jedoch ist der Listensprung rückgängig zu machen, wenn sich durch die Nichtannahme der Wahl durch einen Bewerber herausstellt, dass es des Listensprungs nicht bedurft hätte.[16] Dies kann jedoch nur bis zum Abschluss der Wahl gelten und nicht für spätere Veränderungen der Zusammensetzung des Betriebsrats während der Amtszeit. 13

f) Mindestsitze und Nachrücken von Ersatzmitgliedern

Die Verteilung der BR-Sitze nach § 15 Abs. 2 anlässlich der BR-Wahl gilt für die **gesamte Amtszeit**, soweit es die dem Minderheitengeschlecht zustehende **Mindestanzahl** von Sitzen betrifft. Das ist auch bei dem Nachrücken von **Ersatzmitgl.** zu beachten (vgl. § 25 Rn. 8). Das gilt selbst dann, wenn sich im Laufe der Amtszeit das zahlenmäßige Verhältnis der Geschlechter zueinander **ändert**. Etwas anderes gilt jedoch hinsichtlich der Sitze, die das Minderheitengeschlecht über die zwingend zustehenden BR-Sitze hinaus erhalten hat (Rn. 8). Insoweit besteht **kein Anspruch** auf Beibehaltung der Anzahl dieser Sitze. Das bedeutet, dass hinsichtlich dieser Sitze bei einem Ausscheiden eines dem Minderheitengeschlecht angehörenden BR-Mitgl. das Nachrücken sich allein nach den Grundsätzen des § 25 bestimmt, also ggf. ein Ersatzmitgl., das dem **Mehrheitsgeschlecht** angehört, nachrückt (vgl. § 25 Rn. 8f.). 14

§ 16 Bestellung des Wahlvorstands

(1) Spätestens zehn Wochen vor Ablauf seiner Amtszeit bestellt der Betriebsrat einen aus drei Wahlberechtigten bestehenden Wahlvorstand und einen von ihnen als Vorsitzenden. Der Betriebsrat kann die Zahl der Wahlvorstandsmitglieder erhöhen, wenn dies zur ordnungsgemäßen Durchführung der Wahl erforderlich ist. Der Wahlvorstand muss in jedem Fall aus einer ungeraden Zahl von Mitgliedern bestehen. Für jedes Mitglied des Wahlvorstands kann für den Fall seiner Verhinderung ein Ersatzmitglied bestellt werden. In Betrieben mit weiblichen und männlichen Arbeitnehmern sollen dem Wahlvorstand Frauen und Männer angehören. Jede im Betrieb vertretene Gewerkschaft kann zusätzlich einen dem Betrieb angehörenden Beauftragten als nicht stimmberechtigtes

15 BAG 16.3.05, NZA 05, 1252.

16 LAG Nds. 10.3.11 – 5 TaBV 96/10, AiB 11, 547ff.; Fitting, § 15 Rn. 29.

Mitglied in den Wahlvorstand entsenden, sofern ihr nicht ein stimmberechtigtes Wahlvorstandsmitglied angehört.

(2) Besteht acht Wochen vor Ablauf der Amtszeit des Betriebsrats kein Wahlvorstand, so bestellt ihn das Arbeitsgericht auf Antrag von mindestens drei Wahlberechtigten oder einer im Betrieb vertretenen Gewerkschaft; Absatz 1 gilt entsprechend. In dem Antrag können Vorschläge für die Zusammensetzung des Wahlvorstands gemacht werden. Das Arbeitsgericht kann für Betriebe mit in der Regel mehr als zwanzig wahlberechtigten Arbeitnehmern auch Mitglieder einer im Betrieb vertretenen Gewerkschaft, die nicht Arbeitnehmer des Betriebs sind, zu Mitgliedern des Wahlvorstands bestellen, wenn dies zur ordnungsgemäßen Durchführung der Wahl erforderlich ist.

(3) Besteht acht Wochen vor Ablauf der Amtszeit des Betriebsrats kein Wahlvorstand, kann auch der Gesamtbetriebsrat oder, falls ein solcher nicht besteht, der Konzernbetriebsrat den Wahlvorstand bestellen. Absatz 1 gilt entsprechend.

Inhaltsübersicht Rn.

1. Bestellung des Wahlvorstands durch amtierenden Betriebsrat

1 Die Bestellung hat grundsätzlich durch den **BR** zu erfolgen. Auch ein BR, der nur noch geschäftsführend im Amt ist (§ 22 i. V. m. § 13 Abs. 2 Nr. 1 bis 3), hat die Pflicht unverzüglich einen WV zu bestellen.[1] Die Bestellung bedarf eines ordnungsgemäßen Beschlusses des BR (s. § 33 zu den Voraussetzungen). Selbst wenn der BR der Pflicht zur Bestellung eines WV nicht nachkommt, kann der WV nicht auf einer Betriebsversamml. gewählt werden.[2] In diesem Fall ist er über das ArbG zu bestellen. Das Bestellungsverfahren gilt ebenfalls für die BR-Wahl in Kleinbetrieben, wenn auch mit abgekürzten Fristen (vgl. § 17a Nr. 1). Bleibt der BR untätig, kann auf Antrag das ArbG den WV bestellen (vgl. Rn. 6; zur alternativen Bestellung des WV bei einem Untätigbleiben des BR durch den GBR bzw. KBR vgl. Rn. 7 f.).

1 BAG 16.11.17 – 2 AZR 14/17, NZA 18, 240; LAG SH 7.4.11 – 4 TaBVGa 1/11, DKW-Buschmann, § 22 Rn. 10.

2 LAG Köln 2.8.11 – 12 TaBV 12/11, brwo.

Die Bestellung des WV durch den BR kann auch auf der Grundlage eines **Übergangsmandats** im Zusammenhang mit betrieblichen Organisationsveränderungen erfolgen (vgl. § 21a Rn. 3).

Der noch amtierende BR hat den WV **spätestens zehn Wochen** vor Ablauf 2 der Amtszeit zu bestellen. Dieser Zeitraum ist erforderlich, weil der WV nicht nur sechs Wochen vor der Wahl das Wahlausschreiben erlassen muss, sondern darüber hinaus bei zeitgleicher Durchführung der Wahl eines SpA nach dem SprAuG das **Zuordnungsverfahren** für leit. Ang. nach § 18a (vgl. die Erl. dort) zu betreiben hat. Der Beschluss des BR zur Bestellung des WV hat in einer Sitzung nach § 33 Abs. 1 mit der Mehrheit der Stimmen der anwesenden Mitgl. zu erfolgen. Als WV-Mitgl. kann jeder wahlberechtigte AN bestellt werden.[3] Leit. Ang. können nicht Mitglied des WV sein.[4] Vom **Zeitpunkt der Bestellung** an besitzen die Mitgl. des WV Kündigungsschutz nach § 103 dieses Gesetzes und nach § 15 Abs. 3 Satz 2 KSchG (vgl. § 103 Rn. 9). Hat der BR den WV bestellt, kann er ihn **nicht mehr abberufen**. Eine Ersetzung ist nur durch das ArbG nach § 18 Abs. 1 Satz 2 möglich.[5] Der WV kann nicht als Gremium aufgrund eines Mehrheitsbeschlusses **zurücktreten**.[6] Davon unberücksichtigt bleibt das Recht des einzelnen WV-Mitgl., sein Amt niederzulegen. Es rückt dann ein Ersatzmitgl. nach. Hat der WV nicht mehr mindestens drei Mitglieder, muss der BR unverzüglich eine Nachbestellung vornehmen. Tut er dies nicht, kann das ArbG auf Antrag entsprechend Abs. 2 die Bestellung vornehmen.[7]

2. Berücksichtigung der Geschlechter im Wahlvorstand

Sind in dem Betrieb weibliche und männliche AN beschäftigt, sollen dem 3 WV Frauen und Männer angehören. Damit soll auch insoweit der **Gleichstellung** Rechnung getragen werden. Die Regelung ist allerdings als **Soll-Vorschrift** gestaltet. Die Berücksichtigung von Frauen und Männern im WV muss daher nicht zwingend dem zahlenmäßigen Anteil weiblicher und männlicher AN innerhalb der Belegschaft entsprechen. Werden in Betrieben der **privatisierten Post-UN** Beamte beschäftigt, so hat dem WV ein Beamter anzugehören. Das gilt auch dann, wenn die Gruppe der Beamten auf die Bildung einer eigenen Wählergruppe verzichtet hat (vgl. § 26 Nr. 3 PostPersRG).

---

3 BAG 16.11.17 – 2 AZR 14/17, NZA 18, 240.
4 BAG 4.5.22 – 7 ABR 14/21.
5 LAG BB 7.12.16 – 15 TaBV 1683/16.
6 LAG RP 18.1.19 – 1 TaBV 11/18.
7 Vgl. LAG Hamm 2.10.09 – 10 TaBV 27/09 zur Ersatzbestellung durch das ArbG bei einem vom ArbG eingesetzten Wahlvorstand.

3. Erhöhung der Zahl der Wahlvorstandsmitglieder

4 Die mögliche Erhöhung der Zahl der WV-Mitgl. wird vor allem in größeren Betrieben in Betracht kommen, in denen die Wahl in mehreren Wahlräumen durchgeführt werden muss.[8] Nicht erforderlich ist ein neunköpfiger Wahlvorstand in einem Betrieb mit 250 AN ohne Außenstellen.[9] Das LAG Berlin-Brandenburg[10] hat die Einsetzung eines WV siebzehnköpfigen WV in einem Betrieb mit drei größeren Betriebsteilen und 55 Filialen für zulässig gehalten. Ziel war es, den Wählern die Wahl mit drei festen Wahllokalen und 11 mobilen Wahllokalen für die Filialen zu ermöglichen. Wird der WV vom BR bestellt, muss dieser auch einen Beschluss über die Erhöhung der Anzahl der Mitgl. fassen; wird der WV auf einer Betriebsversamml. gewählt, muss diese über die Erhöhung der Anzahl der WV-Mitglieder vor der Wahl abstimmen.[11] Eine Erhöhung der Zahl der WV-Mitgl. kann, wenn dies zweckmäßig ist, auch noch später vorgenommen werden, solange der BR im Amt ist. Der WV muss jedoch immer aus einer **ungeraden Zahl** von Mitgl. bestehen. Die Bestellung von Ersatzmitgl. ist zweckmäßig. Mängel bei der Bestellung des WV[12] können ebenso wie seine fehlerhafte Zusammensetzung während der Durchführung des Wahlverfahrens[13] die Anfechtung begründen. Die fehlerhafte Besetzung des WV kann auch während des BR-Wahlverfahrens durch eine e. V. angegriffen werden. Der Abbruch der Wahl ist dann möglich, wenn rechtzeitig vor Ablauf der Amtszeit des BR ein neuer WV bestellt und die Wahl durchgeführt werden kann, ohne dass eine betriebsratslose Zeit entsteht.[14]

4. Vertreter bestimmter Beschäftigtengruppen, Gewerkschaftsvertreter

5 Auch Leih-AN nach § 7 Satz 2 können Mitglied im WV sein, sofern sie wahlberechtigt sind. **Mitgl. des noch amtierenden BR** dürfen dem WV angehören. Auch Wahlbewerber können Mitgl. des WV sein.[15] Die Bestimmung, dass jede im Betrieb vertretene Gew. einen Beauftragten in den WV entsenden kann, findet nur Anwendung, wenn die Gew. nicht bereits durch ein Mitgl. im WV vertreten ist. Der WV ist **berechtigt und verpflichtet** zu prüfen, ob der Beauftragte, der entsandt werden soll, einer Gew. i. S. des § 2

8 LAG Nürnberg 30. 3. 06 – 6 TaBV 19/06.
9 LAG Nürnberg 30. 3. 06 – 6 TaBV 19/06.
10 LAG Berlin-Brandenburg 17. 3. 10 – 15 TaBVGa 34/10.
11 LAG Nürnberg 17. 5. 13 – 5 TaBVGa 2/13.
12 Vgl. LAG Nürnberg 17. 5. 13 – 5 TaBVGa 2/13.
13 BAG 27. 7. 11 – 7 ABR 61/10.
14 LAG Nürnberg 17. 5. 13 – 5 TaBVGa 2/13.
15 BAG 4. 10. 77, AP Nr. 2 zu § 18 BetrVG 1972.

(vgl. § 2 Rn. 2) angehört und diese Gew. im Betrieb vertreten ist. Darüber hinaus muss der Beauftragte wahlberechtigter AN des Betriebs sein. Das ist erforderlich, da nur wahlberechtigte AN Mitgl. des WV sein können (vgl. Abs. 1 Satz 1). Die Aufgaben des entsandten Beauftragten erschöpfen sich in einer **kontrollierenden Beobachtung**; Stimmrecht im WV besteht für den Beauftragten nicht.
Der WV kann aus eigenem Recht Berater der im Betrieb vertretenen Gew. zur Unterstützung und Begleitung der BR-Wahl hinzuziehen.[16]

5. Bestellung des Wahlvorstands bei Untätigbleiben des Betriebsrats

Bleibt der BR untätig und besteht acht Wochen vor Ablauf der Amtszeit 6
kein WV, kann die Bestellung des WV durch das ArbG erfolgen. Antragsberechtigt sind drei wahlberechtigte AN oder eine im Betrieb vertretene Gewerkschaft. Diese ist dann im Betrieb vertreten, wenn ihr mindestens ein AN des Betriebs als Mitglied angehört. Ferner darf das Mitglied nicht unter offensichtlichem Verstoß gegen die Satzung der Gew. (z. B.: im Hinblick auf den Organisationsbereich) aufgenommen worden sein. Die Tarifzuständigkeit der Gewerkschaft ist dazu nicht erforderlich.[17] Alternativ dazu kann die Bestellung des WV durch den GBR, falls ein solcher nicht besteht oder untätig bleibt, durch den KBR vorgenommen werden. Das wird sich wegen der größeren Sachnähe des GBR bzw. des KBR zum Betrieb sogar empfehlen, so dass die Anrufung des ArbG wesentlich auf die Fälle beschränkt sein wird, in denen ein GBR und KBR nicht vorhanden sind (zur Bestellung des WV durch den GBR bzw. KBR vgl. Rn. 7 f.).

6. Bestellung des Wahlvorstands durch das Arbeitsgericht

Das ArbG wird nur auf Antrag tätig. Der Antrag kann von dem Tag an gestellt werden, der – um acht Wochen zurückgerechnet – dem Tag des Ablaufs der Amtszeit des BR entspricht. Das ArbG und nicht die Betriebsversammlung nach § 17 Abs. 4 – ist für die Bestellung des WV zuständig, auch wenn nach Eingang des Antrags die Amtszeit des BR abläuft.[18] Wird der Antrag von drei AN gestellt, müssen diese am Tag der Antragstellung wahlberechtigt sein. Diese Antragsvoraussetzung muss nicht für alle drei AN während des ganzen Verfahrens bestehen. Die Wahlberechtigung der Antragsteller muss nur bei Antragstellung gegeben sein. Ein späterer Wegfall macht den Antrag nicht unzulässig, solange noch ein Wahlberechtigter unter den Antrag-

16 LAG MV 11.11.13 – 5 TaBVGa 2/13, NZA-RR 14, 130.
17 BAG 10.1.04 – 7 ABR 19/04.
18 BAG 23.11.16 – 7 ABR 13/15, NZA 17, 589.

stellern ist.[19] Erst wenn alle Antragsteller nicht mehr wahlberechtigt sind, wird der Antrag unzulässig, vgl. § 19 Rn. 3). Dies entspricht der Rspr. des BAG zu den Antragsvoraussetzungen für die Anfechtung der BR-Wahl.[20] In dem Antrag können Vorschläge für die Zusammensetzung des WV gemacht werden. Die Gerichte sind aber an die Vorschläge nicht gebunden.[21] Auch das ArbG kann, wenn dies zur ordnungsgemäßen Durchführung der Wahl erforderlich ist, **mehr** als drei Mitgl. in den WV berufen und Ersatzmitgl. bestellen. Solange die Entscheidung im arbeitsgerichtlichen Bestellungsverfahren nicht rechtskräftig ist, kann der WV durch den BR (oder in betriebsratslosen Betrieben durch die Betriebsversammlung) bestellt werden, es sei denn, dass seine Amtszeit abgelaufen ist.[22] In Betrieben mit mehr als 20 wahlberechtigten AN kann das ArbG auch **Nichtbetriebsangehörige** in den WV entsenden, sofern sie Mitgl. einer im Betrieb vertretenen Gew. sind. Dabei kann es sich sowohl um hauptamtliche Gew.-Vertr. handeln, als auch um Gew.-Mitgl., die als AN in einem anderen Betrieb tätig sind. Erforderlich ist die Bestellung nichtbetriebsangehöriger Gew.-Mitgl. ist bereits, wenn nicht genügend AN des Betriebs zur Übernahme des Amtes als WV-Mitgl. bereit sind[23] oder die AN nicht in der Lage sind, das förmlich ausgestaltete und schwierige Wahlverfahren ordnungsgemäß durchzuführen.[24] Die Bestellung betriebsfremder Personen ist nicht erst dann erforderlich, wenn die Durchführung der Wahl ansonsten unmöglich würde, sondern bereits dann, wenn die Bestellung betriebsfremder Personen zur Erreichung des Ziels, die BR-Wahl schnell und ordnungsgemäß durchzuführen.[25] Dies ist insbesondere der Fall, wenn es zwischen AG und Initiatoren der BR-Wahl zu Spannungen gekommen ist.[26] Versuchen auf Betreiben des AG vom ArbG nach § 16 Abs. 2 Satz 3 bestellte betriebsangehörige WV-Mitglieder die BR-

19 LAG Hamm 2.10.09 – 10 TaBV 27/09.

20 BAG 15.2.89 – 7 ABR 9/88, NZA 1990, 115.

21 BAG 23.11.16 – 7 ABR 13/15, NZA 17, 589.

22 Vgl. BAG 19.3.74 – 1 ABR 87/73, AiB 01, 721; LAG Köln 29.5.13 – 3 TaBVGa 3/13.

23 Vgl. LAG Düsseldorf, DB 75, 260.

24 DKW-Homburg, Rn. 29; ArbG Hamburg, AiB 00, 282, wenn sich AN möglicherweise im Hinblick auf ihre kurzfristigen Arbeitsverträge nicht bereit finden, das Amt eines WV-Mitgl. zu übernehmen; vgl. auch ArbG Mönchengladbach, BetrR 90, 16, das selbst bei der Bereitschaft von betriebsangehörigen AN zur Übernahme des Amtes als WV-Mitgl. im Falle der erstmaligen BR-Wahl die Notwendigkeit zur Bestellung nichtbetriebsangehöriger Gew.-Mitgl. bejaht, wenn die AN des Betriebs das förmliche Wahlverfahren nicht ordnungsgemäß durchführen können.

25 Der DGB-Reformentwurf zum BetrVG sieht vor, dass das ArbG den WV auch vollständig mit Externen besetzen kann, *https://aur-blog.eu/reformvorschlag/*.

26 ArbG Berlin, AiB 02, 106 m. Anm. Büscher; ArbG Eisenach 3.6.03 – 2 BV 9/03, n. v.

Wahl zu hintertreiben, kann das ArbG sie auf Antrag durch Betriebsfremde ersetzen (vgl. § 18 Rn. 2).[27] Hat das ArbG einen WV bestellt und kommt es zum Ausscheiden eines WV-Mitgl., ist die notwendige Ergänzung des WV durch gerichtl. Beschluss nach Abs. 2 möglich. Es bedarf keiner gerichtl. Neubestellung des gesamten WV.[28]

7. Bestellung des Wahlvorstands durch den GBR oder KBR

Die Regelung des Abs. 3 ermöglicht eine Bestellung des WV durch den **GBR**, 7
sofern ein solcher nicht besteht, durch den **KBR**, wenn der BR seiner Verpflichtung zur Bestellung des WV nicht nachkommt. Dies gilt auch, wenn nach Absinken der Zahl der BR-Mitglieder unter die Gesamtzahl gem. § 13 Abs. 2 Nr. 2 kein WV bestellt worden ist.[29] Dazu bedarf es, anders als nach Abs. 2 bei der Einleitung eines Bestellungsverfahrens beim ArbG, **keines förmlichen Antrags**. So können sich etwa AN des Betriebs, in dem die BR-Wahl erfolgen soll, der BR aber bis acht Wochen vor der Wahl den WV nicht bestellt hat, an den GBR bzw. an den KBR wenden, um die Bestellung des WV zu erreichen; entsprechendes gilt für die im Betrieb vertretene Gew. GBR bzw. KBR können aber auch **von sich aus tätig werden**, wenn sie auf andere Weise von dem Untätigbleiben des BR erfahren haben. GBR bzw. KBR haben bei der Bestellung die in Abs. 1 enthaltenen Grundsätze zu beachten.

Die Bestellung des WV durch den GBR bzw. KBR soll sicherstellen, dass 8
auch bei einem Untätigbleiben des BR keine betriebsratslose Zeit eintritt. Dieses Bestellungsverfahren soll aber nicht die arbeitsgerichtliche Bestellung nach Abs. 2 ersetzen, sondern ist lediglich eine **weitere Alternative**. Ist daher beim ArbG bereits ein Bestellungsverfahren nach Abs. 2 eingeleitet worden, können der GBR bzw. der KBR nicht mehr tätig werden. Umgekehrt kann beim ArbG kein Antrag nach Abs. 2 gestellt werden, wenn der GBR bzw. der KBR bereits beschlossen hat, den WV zu bestellen.

8. Folgen der fehlerhaften Bestellung des Wahlvorstandes

Ein Wahlvorstand, dessen Bestellung nichtig ist, kann weder Rechte geltend machen (z. B. auf Vorlage der Wählerliste) noch die Betriebsratswahl durchführen. Allerdings ist die Nichtigkeit der Bestellung eines Wahlvorstandes nur bei besonders schweren Errichtungsfehlern anzunehmen. Es muss sich um einen groben und offensichtlichen Verstoß gegen die Vorschriften zur Bestellung eines Wahlvorstandes handeln. Erforderlich ist, dass gegen all-

---

27 LAG Thüringen 20. 1. 05 – 1 TaBV 1/04.
28 ArbG Iserlohn 12. 4. 88 – 2 BV 4/88.
29 HessLAG 8. 12. 05, AuR 06, 253.

gemeine Grundsätze jeder ordnungsgemäßen Errichtung in so hohem Maße verstoßen wurde, dass auch der Anschein einer dem Gesetz entsprechenden Bestellung des Wahlvorstands nicht mehr besteht.[30] Ist das der Fall, kann der AG Auskünfte ggü. dem »Wahlvorstand« verweigern.[31] Bei Fehlern im Bestellungsverfahren des WV, die keine Nichtigkeit begründen, ist die Bestellung des Wahlvorstandes wirksam.[32] Allein die Tatsache, dass Einladungen zur Betriebversamml. zur Wahl eines WV mutwillig entfernt wurden, um die Teilnahme von AN an dieser zu erschweren, reicht nicht aus, wenn auch auf anderen Wegen zur Betriebsversamml. eingeladen wurde.[33]

§ 17 Bestellung des Wahlvorstands in Betrieben ohne Betriebsrat

(1) Besteht in einem Betrieb, der die Voraussetzungen des § 1 Abs. 1 Satz 1 erfüllt, kein Betriebsrat, so bestellt der Gesamtbetriebsrat oder, falls ein solcher nicht besteht, der Konzernbetriebsrat einen Wahlvorstand. § 16 Abs. 1 gilt entsprechend.

(2) Besteht weder ein Gesamtbetriebsrat noch ein Konzernbetriebsrat, so wird in einer Betriebsversammlung von der Mehrheit der anwesenden Arbeitnehmer ein Wahlvorstand gewählt; § 16 Abs. 1 gilt entsprechend. Gleiches gilt, wenn der Gesamtbetriebsrat oder Konzernbetriebsrat die Bestellung des Wahlvorstands nach Absatz 1 unterlässt.

(3) Zu dieser Betriebsversammlung können drei wahlberechtigte Arbeitnehmer des Betriebs oder eine im Betrieb vertretene Gewerkschaft einladen und Vorschläge für die Zusammensetzung des Wahlvorstands machen.

(4) Findet trotz Einladung keine Betriebsversammlung statt oder wählt die Betriebsversammlung keinen Wahlvorstand, so bestellt ihn das Arbeitsgericht auf Antrag von mindestens drei wahlberechtigten Arbeitnehmern oder einer im Betrieb vertretenen Gewerkschaft. § 16 Abs. 2 gilt entsprechend.

Inhaltsübersicht Rn.

30 BAG 15.10.14 – 7 ABR 53/12, NZA 15, 1014; LAG SH 2.4.14 – 3 TaBVGa 2/14.
31 LAG SH a.a.O.
32 BAG 15.10.14 – 7 ABR 53/12, NZA 15, 1014; LAG Düsseldorf 12.10.18 – 6 TaBVGa 7/18.
33 LAG Düsseldorf 12.10.18 – 6 TaBVGa 7/18.

1. Bestellung des Wahlvorstands durch GBR oder KBR

Zu den Aufgaben des GBR oder, wenn ein solcher nicht vorhanden ist, des KBR gehört es, einen Wahlvorstand in betriebsratslosen Betrieben zu bestellen. Der AG ist ggü. dem GBR (bzw. KBR) verpflichtet, Auskunft über die betriebsratslosen Betriebe im Unternehmen (bzw. Konzern) zu geben.[1] Ein GBR hat Anspruch auf Freischaltung aller Telefone in seinem Büro und in betriebsratslosen Filialbetrieben, um seine Aufgaben (Bestellung Wahlvorstand; Überwachung der Einhaltung von GBVen, Wahrnehmung seiner originären Rechte nach § 50 Abs. 1) erfüllen zu können.[2] Der GBR bzw. der KBR haben ein Zutrittsrecht zu den betriebsratslosen Betrieben.[3] Andernfalls könnte er nicht feststellen, ob AN des Betriebes bereit sind, das Amt des Wahlvorstands zu übernehmen. Der GBR oder KBR hat nicht das Recht die AN in betriebsratslosen Betrieben auf **Informationsveranstaltungen** über die BR-Wahl informieren und so versuchen, geeignete AN zu finden, die er in den WV bestellen kann.[4] Eine Versammlung zur Wahl des Wahlvorstandes kann der GBR oder KBR nicht einberufen.[5] Das BAG verweist den GBR auf nicht näher definierte »andere Wege der Informationsbeschaffung« und die im Unternehmen vorhandene Kommunikationstechnik. Dies ist weder praxisgerecht noch vom Gesetz gefordert. Der GBR muss die AN, die er in den Wahlvorstand berufen will persönlich kennen; er muss überzeugt sein, dass diese zuverlässig sind und der Aufgabe gerecht werden können. Im Zweifel muss der GBR die AN an ihren Arbeitsplätzen aufsuchen. GBR bzw. KBR haben ggü. dem AG Anspruch auf Auskunft über alle betriebsratslosen, aber betriebsratsfähigen Betriebe (vgl. § 80 Rn. 19).[6] Der GBR bzw. der KBR kann die Initiative **jederzeit** ergreifen, wenn festgestellt wird, dass der betreffende Betrieb zwar nach § 1 betriebsratsfähig ist, aber noch keinen BR hat. Die Anregung zur Bestellung des WV kann aber auch von der im Betrieb vertretenen **Gew.** oder von **AN** des betroffenen Betriebs kommen. Eines förmlichen Antrags bedarf es nicht. 1

Der DGB-Reformentwurf zum BetrVG sieht u. a. vor, dass der GBR/KBR in betriebsratslosen Betrieben Betriebsversammlungen abhalten kann, um die AN über die Aufgaben eines BR zu informieren. Zudem ist vorgesehen, dass GBR/KBR ein ausdrückliches Zutrittsrecht zu betriebsratslosen Betrieben erhalten. Gibt es keinen GBR/KBR, hat der Arbeitgeber hierzu einzuladen.[7]

---

1 LAG Nürnberg 25. 1. 07 – 1 TaBV 14/06.
2 BAG 9. 12. 09 – 7 ABR 46/08, NZA 2010, 662.
3 Fitting, Rn. 8.
4 BAG 16. 11. 11 – 7 ABR 28/10.
5 BAG a. a. O.
6 Vgl. Fitting, Rn. 9.
7 *https://aur-blog.eu/reformvorschlag/*.

2 Haben der GBR bzw. der KBR festgestellt, dass ein betriebsratsfähiger, aber betriebsratsloser Betrieb im UN bzw. Konzern vorhanden ist, oder haben sie entsprechende Hinweise erhalten, sollen sie die Bestellung des WV unverzüglich vornehmen. Bei der Bestellung des WV sind die Grundsätze des § 16 Abs. 1 zu beachten. Das Bestellungsverfahren durch den GBR bzw. durch den KBR findet auch auf die Bestellung des WV im vereinfachten Wahlverfahren nach **§ 17a Anwendung** (vgl. § 17a Rn. 2).

2. Bestellung des Wahlvorstands durch die Betriebsversammlung

Besteht im UN kein GBR und auch im Konzern kein KBR oder bestehen diese Betriebsverfassungsorgane zwar, bleiben aber untätig, so kann der WV für den betriebsratsfähigen, aber betriebsratslosen Betrieb durch eine **Betriebsversammlung** bestellt werden. Einladen können drei (oder mehr) AN des Betriebes oder eine im Betr. vertretene Gew. Der **Arbeitgeber** ist nicht einladungsberechtigt. Er ist in § 17 nicht genannt.[8] In der Praxis sollte die Einladung durch AN nur in Ausnahmefällen erfolgen, da die einladenden AN nur einen eingeschränkten Kündigungsschutz haben. Dies ist auch nach der Erweiterung des Kündigungsschutzes für Wahlinitiator:innen durch das BRMoG so. Nach § 15 Abs. 3a KSchG ist eine ordentliche Kündigung für die ersten sechs zur Betriebsversamml. einladenden AN oder beim ArbG antragstellenden AN nur vom Zeitpunkt der Einladung bzw. Antragstellung auf gerichtliche Bestellung bis zur Bekanntgabe des Wahlergebnisses ausgeschlossen. Zusätzlich ist nach dem neuen § 15 Abs. 3b KSchG eine ordentliche Kündigung unzulässig, wenn sie personen- oder verhaltensbedingt erfolgt; dies jedoch nur bis zum Zeitpunkt der Veröffentlichung der Einladung zur Betriebsversamml. In jedem Fall längstens für drei Monate seit Beginn der Vorbereitungshandlungen (s. zum erweiterten Kündigungsschutz auch § 103 Rn. 6). Die Einladung durch die Gew. schützt die Initiatoren einer BR-Wahl. Das Einladungsrecht der Gew. entfällt nicht schon dann, wenn drei AN des Betriebs zu einer Betriebsversamml. zur Wahl eines WV eingeladen haben.[9] Wird von verschiedenen Initiatoren zur Wahl eines Wahlvorstandes an verschiedenen Tagen eingeladen, gilt das Prioritätsprinzip. Das Wahlverfahren zur Wahl des Wahlvorstandes ist mit der zeitlich ersten Einladung eingeleitet. Wird dort ein Wahlvorstand gewählt, sind die von einem »Wahlvorstand«, der auf Basis der zeitlich späteren Einladung gewählt wurde, vorgenommenen Handlungen unwirksam, weil die Wahl dieses Wahlvorstandes nichtig ist.[10]

---

8 Fitting, § 17 Rn. 22, DKW-Homburg § 17 Rn. 4; a. A. BAG 19. 3. 74 – 1 ABR 87/73.

9 LAG Köln 6. 10. 89 – 9 TaBV 49/89.

10 LAG Hamm 16. 3. 15 – 13 TaBVGa 3/15.

Vorschriften über die Form der Einladung bestehen nicht. Sie muss aber mindestens Ort, Zeit, Thema und die Einladenden enthalten.[11] Auch in Pandemiezeiten können, sofern Infektionsschutz-VOen dies nicht untersagen, Betriebsversamml. zur Wahl eines Wahlvorstandes durchgeführt werden. Ist eine Versamml. nicht in geschlossenen Räumen möglich, auch unter freiem Himmel.[12] Für das normale WV ist keine Einladungsfrist vorgeschrieben; sie ist nach den betrieblichen Verhältnissen zu bestimmen. Eine Frist von einem Tag ist in jedem Fall zu kurz.[13] Die Einladung muss allerdings in einer Weise bekannt gemacht werden, dass alle AN des Betriebs davon **Kenntnis** nehmen können, etwa durch Aushang am »Schwarzen Brett« oder durch ein Rundschreiben oder per Mail an alle AN. Die Einladung muss nicht in andere Sprachen **übersetzt** werden. Entsprechende Pflichten hat nur der WV nach § 2 Abs. 5 WO, nicht aber die Einladenden zur Betriebsversamml. zur Wahl eines WV.[14] Die Wahlinitiatoren bzw. die Gew. können vom AG verlangen, dass er die Einladung zur Betriebsversamml. auf den im Betr. üblichen Kommunikationswegen bekanntmacht;[15] er ist verpflichtet, allen regelmäßig **auswärts beschäftigten AN** die Einladung zu einer Betriebsversamml. zum Zwecke der Wahl eines WV für die erstmalige Wahl eines BR zukommen zu lassen.[16] Diese Verpflichtung besteht auch, wenn der AG durch die Gew. aufgefordert wurde, die Einladung zur Betriebsversamml. vorzunehmen.[17] Sind die AN von der einladenden Stelle bzw. vom AG nicht unterrichtet worden und haben sie auch nicht auf andere Weise von der beabsichtigten Durchführung der Versamml. erfahren, so kann die Nichtigkeit der Wahl des WV gegeben sein.[18] Die Nichtigkeit tritt **nicht** ein, wenn durch das Fernbleiben der nicht unterrichteten AN das Wahlergebnis ohnehin nicht beeinflusst werden konnte. Die Wahlinitiatoren haben im Regelfall keinen Anspruch ggü. dem AG auf die Informationen nach § 2 WO (Namen, Anschrift der AN, usw.). Dies hat nur der WV.[19]

---

11 LAG Bremen 22.11.16 – 1 TaBV 13/16; ArbG Essen, NZA-RR 05, 258 f.

12 ArbG Weiden 18.1.20 – 3 BVGa 2/20.

13 ArbG Essen, a.a.O.; LAG BaWü 20.2.09 – 5 TaBVGa 1/09, hält drei Tage für angemessen.

14 LAG Düsseldorf 12.10.2018 – 6 TaBVGa 7/18.

15 LAG Nds. 11.8.22 – 6 Ta BVGa 41/22.

16 BAG 7.5.86 – 2 AZR 349/85.

17 LAG Hamburg, AiB 93, 566; vgl. auch ArbG Stuttgart 22.12.92 – 1 BV 191/92, das die Verpflichtung des AG in einem Zeitungsvertrieb festgestellt hat, die von den Einberufern übergebene Einladung an die als Zeitungszusteller beschäftigten AN zu versenden.

18 BAG, NZA 86, 753.

19 ArbG Berlin 26.8.22 – 41 BVga 7430/22.

Der AG ist zur Teilnahme nicht berechtigt (str.),[20] ebenso wenig leit. Ang. oder die in § 5 Abs. 2 genannten Personen.[21] Gew.-Beauftragte haben auch dann ein Teilnahmerecht, wenn die Gew. nicht selbst zur Versamml. eingeladen hat, sondern AN des Betriebs. Das ergibt sich nicht nur aus ihrer betriebsverfassungsrechtlichen Unterstützungsfunktion, sondern auch aus § 46 Abs. 1. An der Betriebsversamml. kann auch ein fristlos gekündigter AN teilnehmen, der Kündigungsschutzklage erhoben hat.[22]

Die Betriebsversamml. zur **Wahl des WV hat im Betr.** stattzufinden, sofern dafür geeignete Räume im Betr. vorhanden sind. Weigert sich der AG, Räume zur Verfügung zu stellen oder gibt es im Betr. keine entsprechenden Räume, können die Einladenden oder die Gew. auch zu einem Raum außerhalb des Betr. einladen.[23] Nach der abzulehnenden Ansicht des LAG Hamm sollen die Einladenden oder die Gew. verpflichtet sein, vor einer Versamml. außerhalb des Betriebs den Anspruch auf Versamml. im Betrieb mit einer einstweiligen Verfügung durchzusetzen. Tun sie dies nicht und führen sie die Betriebsversammlung außerhalb des Betr. durch, soll dies die Wahl des BR nach der Auffassung des LAG Hamm anfechtbar machen.[24] Kann eine Betriebsversamml. in Pandemiezeiten nicht wie vorgesehen im Betrieb stattfinden, kann diese auch kurzfristig auf einen Parkplatz vor dem Betriebsgelände verlegt werden, wenn sichergestellt ist, dass die AN von der Verlegung des Ortes Kenntnis haben können.[25]

3 Die Wahlversammlung findet i. d. R. während der Arbeitszeit statt. In Schichtbetrieben muss die Arbeit entweder während eines Teiles der Schicht ruhen oder evtl. außerhalb der Schichtzeiten stattfinden. Eine zweigeteilte Wahlversammlung mit unterschiedlichen Teilnehmern ist nicht zulässig. Die Wahl des WV ist ein einheitlicher Vorgang, der nicht geteilt werden kann.[26]

Die Zeit der Teilnahme an der Versamml. zur Bestellung des WV ist wie Arbeitszeit zu vergüten (§ 44 Rn. 3 ff.). Das gilt einschließlich zusätzlicher Wegezeiten. Auch sonstige Kosten, wie z. B. besondere Fahrkosten, sind vom AG nach § 44 Abs. 1 zu erstatten.

---

20 ArbG Bielefeld 23. 6. 82 – 5 BVGa 12/82; DKW-Homburg § 17 Rn. 8; a. A. LAG Berlin – 9 TaBV 5/85, LAGE § 19 BetrVG 1972; LAG BaWü 30. 10. 92 – 1 TaBV 2/92, juris; Fitting, § 17 Rn. 26.

21 Fitting, § 17 Rn. 24.

22 LAG MV 30. 1. 17 – 3 TaBVGa 1/17.

23 DKW-Berg § 42 Rn. 20 m. w. N.; a. A. LAG Hamm 12. 4. 13 – 13 TaBV 64/12.

24 LAG Hamm 12. 4. 13 – 13 TaBV 64/12.

25 ArbG Weiden 18. 12. 20 – 3 BVGa 2/20.

26 A. A. LAG Sachsen-Anhalt 29. 6. 11 – 5 TaBVGa 1/11, AiB 11, 694 mit abl. Anmerk. Eder, das LAG hält es für möglich und auch notwendig, dass alle AN auch in einer evtl. zweigeteilten Betriebsversammlung den Wahlvorstand wählen können.

Zum **Leiter der Versamml.** kann auch ein Beauftragter (Sekretär) der einladenden Gew. gewählt werden, ohne dass es dazu einer förmlichen Abstimmung bedarf.[27] Der Vors. des WV wird ebenfalls durch die Versamml. gewählt. Ist dies nicht geschehen, kann ihn der WV selbst wählen.[28] Die Betriebsversamml. beschließt auch über die Frage, ob die Zahl der Wahlvorstandmitglieder erhöht werden soll (s. § 16 Rn. 4).[29] Der WV muss **nicht in geheimer Abstimmung** gewählt zu werden. Es genügt, wenn aus dem Verlauf der Versamml. hervorgeht, dass die Anwesenden in ihrer Mehrheit mit der Wahl der vorgeschlagenen Kandidaten einverstanden sind und keine berechtigten Zweifel darüber bestehen, wer gewählt ist.[30] Gewählt ist nur, wer die **Mehrheit der Stimmen** der auf der Betriebsversamml. **anwesenden Arbeitnehmer** erhält; die Mehrheit der abgegebenen Stimmen genügt nicht.[31] Daraus folgt, dass die Zahl der anwesenden AN genau protokolliert werden muss (z. B. durch eine Anwesenheitsliste), da sich anders in einem evtl. Wahlanfechtungsverfahren nicht nachweisen lässt, dass der Wahlvorstand ordnungsgemäß gewählt wurde. Die Versamml. kann aus Gründen der Vereinfachung über einen **kompletten Vorschlag**, der z. B. drei bestimmte WV-Mitgl. und drei Ersatzmitgl. enthält, beschließen. Werden allerdings mehr Kandidaten vorgeschlagen, als WV-Mitgl. erforderlich sind, muss eine Abstimmung über die einzelnen Kandidaten erfolgen, die formlos sein kann.[32] In diesem Fall ist vor jedem Wahlgang die Zahl der anwesenden AN festzustellen. Auch Ersatz-Mitgl. müssen mit der erforderlichen Mehrheit der anwesenden AN gewählt werden. Entsprechend dem Teilnahmerecht sind alle AN **stimmberechtigt**, somit nicht nur die Wahlberechtigten AN.[33] Auch **Leih-AN** sind, da sie das Teilnahmerecht an der Betriebsversammlung haben (§ 14 Abs. 2 AÜG), berechtigt an der Betriebsversammlung und der Wahl des Wahlvorstandes teilzunehmen.[34] Da der AG die Dauer der Überlassung von Leih-AN in den Betrieb kontrolliert, empfiehlt es sich nicht, Leih-AN in den Wahlvorstand des Entleiherbetriebes zu wählen. Zur Beschlussfähigkeit ist eine Mindestanzahl von Teilnehmern nicht erforderlich.[35] 4

27 LAG Berlin 10. 2. 86 – 9 TaBV 5/85, AuR 87, 35; Fitting, § 17 Rn. 23.
28 BAG 14. 12. 65, AP Nr. 5 zu § 16 BetrVG.
29 LAG Nürnberg 17. 5. 13 – 5 TaBV 2/13, juris.
30 LAG RP 30. 1. 86 – 5 TaBV 77/85, AuR 87, 35.
31 BAG 31. 7. 14 – 2 AZR 505/13, NZA 15, 245; LAG München 16. 6. 08 – 11 TaBV 50/08 juris; a. A. ArbG Hamburg 7. 1. 15 – 27 BVGa 5/14, NZA-RR 15, 137 »Mehrheit der abgegebenen Stimmen« unter fehlerhafter Berufung auf LAG München a. a. O.; DKW-Homburg § 17 Rn. 10.
32 LAG Nürnberg 17. 5. 13 – 5 TaBVGa 2/13.
33 LAG MV 30. 1. 17 – 3 TaBVGa 1/17; Fitting, Rn. 24.
34 A. A. Richardi-Thüsing, § 17 Rn. 22.
35 LAG BaWü 20. 2. 09 – 5 TaBVGa 1/09 juris; DKW-Homburg, Rn. 10.

5 Zur Wahlversammlung zur Bestellung eines WV in Kleinbetrieben, auf die das besondere Wahlverfahren nach § 14a Anwendung findet, vgl. § 17a Nr. 3.
Der DGB-Reformentwurf zum BetrVG sieht ein schnelleres Verfahren vor, um in betriebsratslosen Betr. zu klären, was zum Betr. zählt und was nicht. Die in diesem vereinbarten Regelungen haben, so der Entwurf, für die gesamte Wahlperiode Gültigkeit.[36]

3. Bestellung des Wahlvorstands durch das Arbeitsgericht

6 Die Anrufung des ArbG ist nach Auffassung des BAG nur zulässig, wenn es nicht gelungen ist, auf einer ordnungsgemäß einberufenen Betriebsversamml. einen WV zu wählen oder die Betriebsversamml., auf der gewählt werden sollte, nicht stattgefunden hat.[37] Unerheblich ist, warum die Wahl nicht zustande gekommen ist. Nicht erforderlich ist es, beispielsweise weitere Wahlgänge für die Kandidaten durchzuführen, wenn der Kandidat im ersten Wahlgang keine Mehrheit erhalten hat. Die Wahl des WV durch die AN des Betr. hat grundsätzlich Vorrang vor der Bestellung des WV durch das ArbG.[38]
Jedenfalls in Pandemiezeiten ist kein vorheriger Versuch einer Wahl auf einer Betriebsversamml. notwendig, wenn diese z. B. aufgrund von Infektionsschutz-VOen nicht zulässig sind oder die Durchführung unzumutbar ist.[39]
Eine Bestellung durch das ArbG ist aber auch dann zulässig, wenn eine Mehrheit der AN des Betr. die Bildung eines BR ablehnt.[40] Das BetrVG sieht nicht vor, dass vor der Bestellung eines WV oder der Wahl eines BR eine gesonderte Abstimmung über die Frage, ob die Belegschaft einen BR will, stattfindet.[41] Dies wäre auch in vielen Betrieben, in denen AG mit allen Mitteln die Wahl eines BR zu verhindern suchen, keine freie Abstimmung. Sie widerspräche auch § 1 Abs. 1, der festlegt, dass in allen Betr. ein BR zu wählen ist. Die Regelung, dass drei AN des Betr. oder eine im Betrieb vertretene Gew. nach erfolgsloser Betriebsversammlung zur Wahl eines WV diesen durch das Arbeitsgericht bestellen lassen können, ist verfassungsgemäß.[42] Bis zur **rechtskräftigen** Entscheidung im arbeitsgerichtlichen Be-

36 *https://aur-blog.eu/reformvorschlag/*.
37 BAG 20.2.19 – 7 ABR 40/17.
38 BAG 20.2.19 – 7 ABR 40/17.
39 ArbG Krefeld 3.9.21 – 2 BV 17/21; ArbG Lingen 13.3.21 – 1 BV 1/21.
40 BAG 20.2.19 – 7 ABR 40/17, NZA 19, 1147.
41 Vgl. zu dieser Grundentscheidung des Gesetzgebers: LAG Düsseldorf 12.10.18 – 6 TaBV 7/18.
42 BAG 20.2.19 – 7 ABR 40/17, NZA 19, 1147.

stellungsverfahren kann die Betriebsversamml. oder der GBR bzw. KBR die Wahl des WV noch vornehmen.[43]
Wenn alle gewählten Mitgl. und Ersatzmitgl. eines WV ihr **Amt niederlegen**, darf der WV zunächst nicht durch das ArbG bestellt werden. Es muss wiederum zunächst zu einer Betriebsversamml. zur Wahl eingeladen werden.[44] Hat das ArbG bei der Bestellung des WV **kein Ersatzmitgl.** benannt und scheidet ein WV-Mitgl. aus, kann der nicht mehr vollständige WV durch gerichtl. Beschluss ergänzt werden (vgl. auch § 16 Rn. 5).[45] Durch den Verweis auf § 16 Abs. 2 in Abs. 4 Satz 2 wird das ArbG in die Lage versetzt, in Betrieben mit in der Regel mehr als 20 wahlberechtigten AN auch WV-Mitgl. zu bestellen, die einer im Betrieb vertretenen Gew. angehören, aber **nicht AN des Betriebs** sind (vgl. auch § 16 Rn. 6). Zum Vertretersein der Gew. s. § 16 Rn. 6.

§ 17a Bestellung des Wahlvorstands im vereinfachten Wahlverfahren

Im Fall des § 14a finden die §§ 16 und 17 mit folgender Maßgabe Anwendung:

1. **Die Frist des § 16 Abs. 1 Satz 1 wird auf vier Wochen und die des § 16 Abs. 2 Satz 1, Abs. 3 Satz 1 auf drei Wochen verkürzt.**
2. **§ 16 Abs. 1 Satz 2 und 3 findet keine Anwendung.**
3. **In den Fällen des § 17 Abs. 2 wird der Wahlvorstand in einer Wahlversammlung von der Mehrheit der anwesenden Arbeitnehmer gewählt. Für die Einladung zu der Wahlversammlung gilt § 17 Abs. 3 entsprechend.**
4. **§ 17 Abs. 4 gilt entsprechend, wenn trotz Einladung keine Wahlversammlung stattfindet oder auf der Wahlversammlung kein Wahlvorstand gewählt wird.**

Inhaltsübersicht Rn.

43 BAG 23.11.06 – 7 ABR 13/15, NZA 17, 589; 19.3.74 – 1 ABR 87/73, AiB 01, 721.
44 LAG RP 18.1.19 – 1 TaBV 11/18.
45 LAG RP 18.1.19 – 1 TaBV 11/18.

1. Besonderheiten der Bestellung des Wahlvorstands im vereinfachten Wahlverfahren

1 Die Vorschrift passt die Regelungen zur Bestellung des WV an das **vereinfachte Wahlverfahren** nach § 14a an. Das betrifft zunächst die **Verkürzung der Fristen** (Nr. 1): Die Frist zur Bestellung des WV in einem Betrieb, in dem bereits ein BR besteht, und die normalerweise mindestens zehn Wochen vor Ablauf der Amtszeit beträgt (§ 16 Abs. 1 Satz 1), wird auf **vier Wochen** verkürzt; die Fristen für die arbeitsgerichtliche Bestellung des WV (§ 16 Abs. 2 Satz 1) und durch den GBR bzw., wenn ein solcher nicht besteht, durch den KBR (§ 16 Abs. 3 Satz 1), werden jeweils von acht auf **drei Wochen** verkürzt. Eine weitere Besonderheit ist, dass der WV immer aus **drei Personen** besteht (Nr. 2). Eine Erhöhung der Zahl der WV-Mitgl. ist nicht zulässig (Ausschluss des § 16 Abs. 1 Satz 2 und 3). Dagegen können **Ersatzmitgl.** bestellt werden (§ 16 Abs. 1 Satz 4). Die Regelung, dass dem WV **Frauen und Männer** angehören sollen, wenn beide Geschlechter im Betrieb vertreten sind (§ 16 Abs. 1 Satz 5), findet ebenso Anwendung, wie die Möglichkeit der Entsendung eines **nicht stimmberechtigten Mitgl.** in den WV durch die im Betrieb vertretene Gew. (§ 16 Abs. 1 Satz 6).

2. Bestellung des Wahlvorstands in besonderen Fällen

2 Die Bestellung des WV soll auch in den Kleinbetrieben, in denen das vereinfachte Wahlverfahren nach § 14a anzuwenden ist, durch den **GBR** bzw. **KBR** erfolgen. Aber gerade in diesen Bereichen wird in vielen Fällen ein GBR bzw. KBR nicht vorhanden sein. Deshalb kommt der Regelung der Nr. 3 besondere Bedeutung zu. Der WV kann daher, wenn ein GBR bzw. KBR nicht besteht, in einer **Wahlversammlung** von der Mehrheit der anwesenden AN gewählt werden. Zu dieser Versamml. können drei wahlberechtigte AN oder die im Betrieb vertretene Gew. einladen.[1] Kommt trotz Einladung eine Wahlversammlung nicht zustande oder wird auf ihr ein WV nicht gewählt, kommt die Bestellung durch das **ArbG** nach § 17 Abs. 4 in Betracht (Nr. 4).

§ 18 Vorbereitung und Durchführung der Wahl

(1) Der Wahlvorstand hat die Wahl unverzüglich einzuleiten, sie durchzuführen und das Wahlergebnis festzustellen. Kommt der Wahlvorstand dieser Verpflichtung nicht nach, so ersetzt ihn das Arbeitsgericht auf Antrag des Betriebsrats, von mindestens drei wahlberechtigten Arbeit-

1 BAG 20.2.19 – 7 ABR 40/17, NZA 40/17.

nehmern oder einer im Betrieb vertretenen Gewerkschaft. § 16 Abs. 2 gilt entsprechend.

(2) Ist zweifelhaft, ob eine betriebsratsfähige Organisationseinheit vorliegt, so können der Arbeitgeber, jeder beteiligte Betriebsrat, jeder beteiligte Wahlvorstand oder eine im Betrieb vertretene Gewerkschaft eine Entscheidung des Arbeitsgerichts beantragen.

(3) Unverzüglich nach Abschluss der Wahl nimmt der Wahlvorstand öffentlich die Auszählung der Stimmen vor, stellt deren Ergebnis in einer Niederschrift fest und gibt es den Arbeitnehmern des Betriebs bekannt. Dem Arbeitgeber und den im Betrieb vertretenen Gewerkschaften ist eine Abschrift der Wahlniederschrift zu übersenden.

Inhaltsübersicht Rn.

1. Einleitung und Durchführung der Wahl

Der WV hat die BR-Wahl **einzuleiten, durchzuführen** und das Wahlergebnis **festzustellen**.[1] Daneben hat er allgemein darauf zu achten, dass die Wahl **rechtmäßig** und **ordnungsgemäß** abgewickelt wird. Die entsprechenden Einzelheiten regelt die WO. Die Wahl ist so zügig durchzuführen, dass der neu gewählte BR sein Amt **mit Ablauf der Amtszeit des bestehenden BR** antreten kann. Kommt es zur zeitgleichen Wahl eines SpA nach dem SprAuG, ist ggf. das Zuordnungsverfahren nach § 18a zu beachten, dass der WV für die Wahl des BR und der WV für die Wahl des SpA gemeinsam durchzuführen haben (vgl. § 18a). Etwaige Infektionsschutzvorschriften, wie beispielsweise Abstandsregelungen, hat der Wahlvorstand bei der Planung der BR-Wahl – insbesondere für die Stimmabgabe und die öffentliche Auszählung der Stimmen – zu beachten.[2] Die Regelungen für digitale Beschlussfassungen und Sitzungen für BRe finden auf WVe keine Anwendung. Für WVe gelten die Regelungen über digitale Sitzungen gem. § 30 BetrVG nicht. Sie sind nicht analog anwendbar. 1

1 Muster für alle Wahlarten in brwo Berg/Heilmann, §§ 7–20.

2 Einzelheiten s. Berg/Heilmann, AiB 10/21, 29.

a) Wählerliste

Der WV hat die Wahlvorbereitungen mit der Aufstellung der Wählerliste zu beginnen (zur Ermittlung des zahlenmäßigen Anteils des Minderheitengeschlechts vgl. § 15 Rn. 4 ff.; zu den ansonsten erforderlichen Angaben in der Wählerliste vgl. § 2 Abs. 1 WO). Der WV benötigt in jedem Fall die Privatadressen der wahlberechtigten AN (insbesondere im Zusammenhang mit der schriftlichen Stimmabgabe). Der AG hat sämtliche Adressen zu Beginn der Wahlvorbereitungen ohne Verzögerung dem WV zu übermitteln.[3] Datenschutzrechtliche Bedenken bestehen nicht.[4] Den Anspruch kann der Wahlvorstand im Wege einer e. V. durchsetzen.[5] Der Wahlvorstand kann die Herausgabe einer Mitarbeiter-Liste (§ 2 Abs. 2 WO) auch verlangen, wenn der Arbeitgeber bestreitet, dass eine Einrichtung des Arbeitgebers einen betriebsratsfähigen Betrieb darstellt.[6] Gleiches gilt bei Streit zwischen AG und WV über die Frage, ob ein gemeinsamer Betrieb vorliegt, da die Verkennung des Betriebsbegriffs zur Anfechtbarkeit, aber nicht zur Nichtigkeit der Wahl führt.[7] Die Wählerliste ist bis zum Abschluss der Wahl an geeigneter Stelle im Betrieb zur Einsichtnahme auszulegen (§ 2 Abs. 4 WO). Wird die Wählerliste auch über die im Betrieb vorhandenen elektronischen Informations- und Kommunikationsmittel bekanntgemacht, müssen auch elektronische Wählerlisten (z. B. im Intranet) unverzüglich aktualisiert werden, wenn der WV die Wählerliste ergänzt oder korrigiert.[8]

b) Wahlausschreiben

Des Weiteren hat der WV **spätestens** sechs Wochen vor dem ersten Tag der Stimmabgabe ein Wahlausschreiben zu erlassen, das vom Vors. und von **mindestens** einem weiteren Mitgl. des WV unterzeichnet sein muss. Das Wahlausschreiben kann ebenso wie die Wählerliste und der Text der WO durch die mittels der im Betrieb vorhandenen Informations- und Kommunikationstechnik, wie etwa Intranet oder E-Mail, bekannt gemacht werden (§ 2 Abs. 4 Satz 3 u. 4, § 3 Abs. 4 Satz 2 u. 3 WO).[9] Die elektronische Form der Bekanntmachung kann aber nur erfolgen, wenn sichergestellt ist, dass alle AN auf diesem Wege Kenntnis erlangen. Außerdem müssen Vorkehrungen

---

3 Hess LAG 10.8.20 – 16 TaBVGa 75/20; ArbG Leipzig 24.2.06 – 3 BVGa 5/06; LAG BaWü 30.10.92 – 1 TaBV 2/92.

4 LAG BaWü 30.10.92 – 1 TaBV 2/92.

5 HessLAG 10.8.20 – 16 TaBVGa 75/20 ArbG Leipzig 24.2.06 – 3 BVGa 5/06.

6 LAG Hamm, NZA-RR 05, 373.

7 LAG Hamm 29.3.06 – 13 TaBV 26/06.

8 BAG 2.8.17 – 7 ABR 42/15.

9 Vgl. ausführlich zum Einsatz der Informations- und Kommunikationstechnik bei BR-Wahlen Schneider/Wedde, AuR 07, 26 f.

(Password nur für Wahlvorstand) dahingehend getroffen werden, dass nur der WV Änderungen am Wahlausschreiben bzw. an der Wählerliste vornehmen kann. Andere Mitarbeiter, wie beispielsweise Systemadministratoren, dürfen ohne Mitwirkung des WV keine Möglichkeit zur Veränderung der in elektronischer Form bekanntgemachten Wahlunterlagen haben.[10] Mit dem Erlass des Wahlausschreibens ist die BR-Wahl **eingeleitet**. Alle Änderungen im Wahlablauf, z. B. Verschiebung des Wahltags, Änderung des Ortes der öffentlichen Stimmauszählung, sind in derselben Form wie das Wahlausschreiben bekanntzumachen.

c) Wahlvorschläge

Der WV hat eingereichte Wahlvorschläge unverzüglich zu prüfen.[11] Er muss z. B. sicherstellen, dass am letzten Tag der Einreichungsfrist eingehende Wahlvorschläge sofort geprüft werden.[12] S. im Übrigen § 14 Rn. 5 ff.

d) Stimmabgabe und Stimmauszählung

Die Öffnung der Wahlurnen und die Stimmauszählung haben betriebsöffentlich zu erfolgen.[13] Der Ort, an dem ausgezählt wird, muss für alle AN zugänglich sein. Die Öffentlichkeit ist nicht gewahrt, wenn AN erst durch z. B. Klingeln Zugang erhalten.[14] Vertreter der im Betrieb vertretenen Gew. können an der Stimmauszählung teilnehmen.[15] Auch die Beratungen des WV über die Gültigkeit von Stimmen müssen öffentlich sein.[16] Die Durchführung einer reinen Online-Wahl mit elektronischer Stimmauszählung ist nach der WO nicht zulässig.[17] Das schließt jedoch nicht aus, Stimmzettel mit Hilfe von Scannern auszuzählen.[18]

e) Feststellung des Wahlergebnisses

Mit der Bekanntgabe des endgültigen Wahlergebnisses (§ 18 WO) ist die BR-Wahl beendet. Der WV hat noch die Mitglieder des gewählten BR zur **konstituierenden Sitzung** einzuberufen (§ 29 Abs. 1 BetrVG) und die

10 BAG 21. 1. 09 – 7 ABR 65/07.
11 BAG 21. 1. 09 – 7 ABR 65/07.
12 BAG 25. 5. 05 – 7 ABR 39/04.
13 Vgl. 15. 11. 00 – 7 ABR 53/99.
14 LAG Berlin, DB 88, 504.
15 BAG 16. 4. 03 – 7 ABR 29/02.
16 LAG Nürnberg 20. 9. 11 – 6 TaBv 9/11.
17 LAG Hamburg 15. 2. 18 – 8 TaBV 5/17; vgl. DKW-Homburg § 2 WO Rn. 15 ff.
18 HessLAG 25. 4. 18 – 16 TaBVGa 77/18.

Wahlakten an den BR zu übergeben, damit dieser sie aufbewahren kann (§ 19 WO).

2. Ersetzung des Wahlvorstands bei dessen Untätigbleiben

2 Die **Ersetzung des WV** durch das ArbG kommt in Betracht, wenn er seine Pflichten so grob verletzt, dass die Wahl eines neuen BR nicht erfolgen kann bzw. wesentlich gefährdet ist. Der WV muss die Wahl unverzüglich einleiten und durchführen. Der (untätige) WV kann nicht vom BR abberufen werden.[19] Ist bei der erstmaligen Wahl des BR die Wahl des Wahlvorstands nichtig (s. § 17 Rn. 2), kann dieser nicht ersetzt werden. Vielmehr muss eine neue Wahlversammlung gem. § 17 Abs. 3, 4 einberufen werden.[20] Der Antrag beim ArbG kann nicht darauf gerichtet sein, die Verpflichtung des WV, die Wahl durchzuführen, zu erzwingen.[21] Das schließt nicht aus, dass einzelne Maßnahmen und Entscheidungen des WV **vor Abschluss des Wahlverfahrens** gesondert vor dem ArbG angegriffen werden können (vgl. Rn. 3). Nur die in Satz 2 genannten Antragsteller können einen Antrag auf Ersetzung des WV beim ArbG stellen. Dazu gehört auch der BR, der den untätig gebliebenen WV bestellt hat. Der AG kann den Antrag nicht stellen. Die Abberufung des WV hat keine rückwirkende Kraft; bereits eingeleitete Maßnahmen bleiben **grundsätzlich rechtswirksam**. Der neue WV ist jedoch berechtigt, **rechtsfehlerhafte Maßnahmen** des alten zu berichtigen. Bei der Bestellung eines neuen WV kann das ArbG, wenn dies im Interesse einer ordnungsgemäßen Durchführung der Wahl notwendig ist, **Nichtbetriebsangehörige** in den neuen WV berufen, sofern sie Mitgl. einer im Betrieb vertretenen Gew. sind (vgl. auch § 16 Rn. 5).[22]

3. Rechtsfehlerhafte Maßnahmen des Wahlvorstands, einstweilige Verfügungen

3 **Rechtsfehlerhafte Maßnahmen** des WV können schon im Laufe des Wahlverfahrens zum Gegenstand eines arbeitsgerichtl. Verfahrens gemacht werden.[23] Der **Abbruch** einer Betriebsratswahl kommt nur dann in Frage, wenn sie **voraussichtlich nichtig** wäre.[24] Das BAG hat damit die in der Instanzrechtsprechung umstrittene Frage, ob eine BR-Wahl schon dann abge-

19 LAG BB 7.12.16 – 15 TaBV 1683; Fitting, § 18 Rn. 47.
20 ArbG Essen 22.6.04 – 2 BV 17/04.
21 ArbG Iserlohn 7.6.88 – 2 BVGa 4/88.
22 Vgl. LAG Thüringen 20.1.05 – 1 TaBV 1/04; zur Bestellung von WV-Mitgl., die nicht dem Betrieb angehören.
23 BAG, AuR 75, 216; LAG Hamm 3.3.06 – 13 TaBV 18/06.
24 BAG 27.7.11 – 7 ABR 61/10.

brochen werden darf, wenn sie voraussichtlich **anfechtbar** ist oder erst dann, wenn sie voraussichtlich **nichtig ist**, entschieden.[25] Durch eine einstweilige Verfügung kann die Betriebsratswahl i. d. R. nicht bis zur endgültigen Klärung der Rechtsfrage ausgesetzt werden.[26] Andernfalls entstünde eine betriebsratslose Zeit. Durch sog. »Leistungsverfügung« sind nur korrigierende Eingriffe in das Wahlverfahren zulässig.[27] So kann dem Wahlvorstand aufgegeben wird, z. B. bestimmte AN in die Wählerliste aufzunehmen oder einen Wahlvorschlag zur Wahl zuzulassen.[28]

4. Klärung bei Zweifeln über betriebsratsfähige Organisationseinheit

Die Frage, ob eine betriebsratsfähige Organisationseinheit vorliegt, kann **4**
von den Antragstellern **jederzeit**, also auch unabhängig von einer konkreten BR-Wahl, vor das ArbG getragen werden.[29] Das Verfahren dient dazu, die Voraussetzungen für eine ordnungsgemäße BR-Wahl herzustellen. Zur Einleitung eines Verfahrens nach § 18 Abs. 2 berechtigte Antragsteller sind der **AG**, die **beteiligten BR**, der GBR[30] oder eine im Betrieb vertretene **Gew.**; vor der BR-Wahl auch die **beteiligten WV**. Die Schwerbehindertenvertretung oder einzelne AN sind nicht antragsberechtigt. Die Aufzählung in Abs. 2 ist abschließend.[31] Soweit das Gesetz von betriebsratsfähigen Organisationseinheiten spricht, sind im Wesentlichen folgende Streitfragen gemeint: das Vorliegen eines **gemeinsamen Betriebs** mehrerer UN (§ 1 Abs. 2);[32] ob ein Betriebsteil als **selbstständiger Betrieb** gilt (§ 4 Abs. 1 Satz 1);[33] die Bildung eines **unternehmenseinheitlichen BR** durch TV (§ 3 Abs. 1 Nr. 1 erste Alternative); die **Zusammenfassung von Betrieben** (§ 3 Abs. 1 Nr. 1 zweite Alternative); die Bildung von **Sparten-BR** (§ 1 Abs. 1 Nr. 2); die Bildung anderer **AN-Vertretungsstrukturen** (§ 1 Abs. 1 Nr. 3). Der Begriff »Nebenbetrieb«, wie er im früheren Recht (vgl. § 18 Abs. 2 BetrVG 1972) verwendet

---

25 Abbruch nur, wenn zuverlässig feststellbar ist, dass die Wahl nichtig sein wird: LAG Düsseldorf 13. 3. 13 – 9 TaBVGa 5/13; HessLAG 7. 8. 08 – 9 TaBVGa 188/08; LAG Nürnberg 30. 3. 06 – 6 TaBV 19/06; LAG Köln, NZA-RR 99, 247 und AiB 01, 602; LAG Nürnberg, AuR 02, 238; LAG BaWü, AiB 98, 401; vgl. DKW-Homburg, § 19 Rn. 16 m. w. N.; Abbruch auch, wenn die Wahl mit Sicherheit anfechtbar ist: LAG SH 7. 4. 11 – 4 TaBVGa1/11; LAG Hamburg 26. 4. 06 – 6 TaBV 6/06, NZA-RR 06, 413.

26 DKW-Homburg, § 19 Rn. 20; Fitting, § 18 Rn. 37; LAG Hamm, DB 75, 1176; LAG München, BB 89, 147.

27 Fitting, § 18 Rn. 40; DKW-Homburg, § 19 Rn. 22 m. w. N.

28 LAG Hamm 3. 3. 06 – 13 TaBV 18/06; Fitting, Rn. 40; DKW-Homburg, § 19 Rn. 22.

29 BAG 23. 11. 16 – 7 ABR3/15, NZA 17, 1003.

30 BAG 22. 6. 05 – 7 ABR 57/04.

31 BAG 18. 1. 12 – 7 ABR 72/10.

32 BAG 17. 8. 05 – 7 ABR 62/04; LAG BB 11. 6. 15 – 26 Ta BV 1459/14.

33 BAG 17. 5. 17 – 7 ABR 21/15; vgl. BAG 9. 12. 09 – 7 ABR 38/08, NZA 10, 906.

wurde, ist im geltenden Gesetz nicht mehr enthalten. Er ist in den umfassenderen Begriff »betriebliche Organisationseinheit« aufgegangen.

5 Das Vorliegen einer betriebsratsfähigen Organisationseinheit kann auch als Vorfrage in einem anderen streitigen Verfahren (z.B. in einem Verfahren nach § 99 oder § 102) entschieden werden, solange noch keine bindende Entscheidung über die Betriebsabgrenzung ergangen ist.[34] Ergeht zwischen zwei BR-Wahlen eine rechtskräftige Entscheidung nach § 18 Abs. 2 dahingehend, dass die letzte Wahl auf der Grundlage einer rechtlich unzutreffenden Organisationseinheit erfolgte, ist das Ergebnis der gerichtl. Feststellung grundsätzlich erst für die **nächste BR-Wahl** maßgebend.[35] Ergeht während einer laufenden BR-Wahl eine rechtskräftige Entscheidung, z.B. über die Frage, ob eine betriebsratsfähige Organisationseinheit vorliegt, hat der WV diese zu berücksichtigen und gegebenenfalls die Wahl abzubrechen und neu einzuleiten.[36] Eine rechtskräftige gerichtl. Entscheidung, nach der zwei UN keinen gemeinsamen Betrieb bilden (§ 1 Abs. 2), wirkt auch im Verhältnis zwischen den UN und ihren AN.[37]

§ 18a Zuordnung der leitenden Angestellten bei Wahlen

(1) Sind die Wahlen nach § 13 Abs. 1 und nach § 5 Abs. 1 des Sprecherausschussgesetzes zeitgleich einzuleiten, so haben sich die Wahlvorstände unverzüglich nach Aufstellung der Wählerlisten, spätestens jedoch zwei Wochen vor Einleitung der Wahlen, gegenseitig darüber zu unterrichten, welche Angestellten sie den leitenden Angestellten zugeordnet haben; dies gilt auch, wenn die Wahlen ohne Bestehen einer gesetzlichen Verpflichtung zeitgleich eingeleitet werden. Soweit zwischen den Wahlvorständen kein Einvernehmen über die Zuordnung besteht, haben sie in gemeinsamer Sitzung eine Einigung zu versuchen. Soweit eine Einigung zustande kommt, sind die Angestellten entsprechend ihrer Zuordnung in die jeweilige Wählerliste einzutragen.

(2) Soweit eine Einigung nicht zustande kommt, hat ein Vermittler spätestens eine Woche vor Einleitung der Wahlen erneut eine Verständigung der Wahlvorstände über die Zuordnung zu versuchen. Der Arbeitgeber hat den Vermittler auf dessen Verlangen zu unterstützen, insbesondere die erforderlichen Auskünfte zu erteilen und die erforderlichen Unterlagen zur Verfügung zu stellen. Bleibt der Verständigungsversuch erfolglos, so entscheidet der Vermittler nach Beratung mit dem Arbeitgeber. Absatz 1 Satz 3 gilt entsprechend.

34 BAG, NZA 86, 334.
35 DKW-Homburg, § 18 Rn. 25 m.w.N.
36 BAG 1.12.04, NZA 05, 1319.
37 BAG 9.4.91 – 1 AZR 488/90; vgl. LAG Hamm 29.4.11 – 10 TaBVGa 3/11.

(3) Auf die Person des Vermittlers müssen sich die Wahlvorstände einigen. Zum Vermittler kann nur ein Beschäftigter des Betriebs oder eines anderen Betriebs des Unternehmens oder Konzerns oder der Arbeitgeber bestellt werden. Kommt eine Einigung nicht zustande, so schlagen die Wahlvorstände je eine Person als Vermittler vor; durch Los wird entschieden, wer als Vermittler tätig wird.
(4) Wird mit der Wahl nach § 13 Abs. 1 oder 2 nicht zeitgleich eine Wahl nach dem Sprecherausschussgesetz eingeleitet, so hat der Wahlvorstand den Sprecherausschuss entsprechend Absatz 1 Satz 1 erster Halbsatz zu unterrichten. Soweit kein Einvernehmen über die Zuordnung besteht, hat der Sprecherausschuss Mitglieder zu benennen, die anstelle des Wahlvorstands an dem Zuordnungsverfahren teilnehmen. Wird mit der Wahl nach § 5 Abs. 1 oder 2 des Sprecherausschussgesetzes nicht zeitgleich eine Wahl nach diesem Gesetz eingeleitet, so gelten die Sätze 1 und 2 für den Betriebsrat entsprechend.
(5) Durch die Zuordnung wird der Rechtsweg nicht ausgeschlossen. Die Anfechtung der Betriebsratswahl oder der Wahl nach dem Sprecherausschussgesetz ist ausgeschlossen, soweit sie darauf gestützt wird, die Zuordnung sei fehlerhaft erfolgt. Satz 2 gilt nicht, soweit die Zuordnung offensichtlich fehlerhaft ist.

Inhaltsübersicht Rn.

1. Grundsätze

Das Verfahren soll sicherstellen, dass die **Doppelvertretung** eines Angestellten durch den BR und den SpA möglichst ausgeschlossen wird. Es soll auch gewährleistet werden, dass nicht derselbe Angestellte an den Wahlen zu beiden Vertretungsorganen teilnimmt. Das Zuordnungsverfahren lässt die Möglichkeit unberührt, unabhängig von der Einleitung der Wahl eines BR bzw. der Wahl eines SpA betriebsverfassungsrechtlich zu klären, ob ein bestimmter AN leit. Ang. ist oder nicht. Die Regelungen des § 18a BetrVG stehen dem nicht entgegen.[1] 1

1 LAG Berlin, AuR 91, 61, das sogar darauf hinweist, auch ohne das Vorliegen eines konkreten, aktuellen Anlasses bestehe für die betriebsverfassungsrechtliche Klärung, ob ein AN leit. Ang. ist, in der Regel ein Feststellungsinteresse.

Im vereinfachten Wahlverfahren ist die Vorschrift nicht anwendbar, da der Zeitablauf des Zuordnungsverfahrens sich nicht mit den kurzen Fristen des vereinfachten Wahlverfahrens in Übereinstimmung bringen lässt.

2. Getrennte Prüfung, gemeinsame Sitzung beider Wahlvorstände

2 Dem Zuordnungsverfahren geht eine **getrennte Festlegung** der beiden WV voraus, wer den leit. Ang. zuzuordnen ist. Somit hat der WV für die BR-Wahl wie bisher eigenständig zu prüfen, ob ein Beschäftigter zum Personenkreis der leit. Ang. gehört (zur Begriffsabgrenzung vgl. die Erl. zu § 5 Abs. 3 und 4). Spätestens zwei Wochen vor Einleitung der Wahlen haben sich die beiden WV gegenseitig darüber zu unterrichten, welche Ang. sie den leit. Ang. zugeordnet haben.[2] Wird die BR-Wahl vor der Wahl des Sprecherausschusses eingeleitet, hat der WV für die BR-Wahl den WV für die Sprecherausschusswahl über seine Zuordnung zum Kreis der leit. Ang. zu unterrichten und umgekehrt. Hat der zuerst bestellte WV die jeweilige Wahl aber schon eingeleitet (also das Wahlausschreiben erlassen) kann der erstbestellte WV das Zuordnungsverfahren jedoch nicht mit dem später bestellten WV fortsetzen.[3]

3 Erst wenn nach der gegenseitigen Unterrichtung feststeht, dass eine unterschiedliche Zuordnung des WV für die BR-Wahl und des WV für die Wahl des SpA vorliegt, kommt es zu einer **gemeinsamen Sitzung**. In dieser Sitzung soll eine Einigung versucht werden. Der AG hat **kein Teilnahmerecht**. Für den WV der BR-Wahl nehmen nicht nur dessen **stimmberechtigte Mitgl.** teil, sondern auch die nach § 16 Abs. 1 Satz 6 zusätzlich entsandten Beauftragten von Gew.[4] Eine gemeinsame Abstimmung der beiden WV darüber, ob jemand zum Personenkreis der leit. Ang. gehört, erfolgt **nicht**. Verbleiben Streitfälle, ob bestimmte Ang. zu den leit. Ang. gehören, muss darüber durch jeweils getrennte Beschlussfassung in den beiden WV entschieden werden (zum Zuordnungsverfahren mit Einschaltung des Vermittlers vgl. Rn. 4).[5] Erfolgt zwar eine Einigung, haben jedoch an der Sitzung nicht alle stimmberechtigten Mitgl. eines WV, wie beispielsweise die Mitgl. des WV für die BR-Wahl, teilgenommen, entscheidet der WV insgesamt. Die Beschlussfassung erfolgt mit der Mehrheit der anwesenden stimmberechtigten Mitgl. in der WV-Sitzung.

---

2 Muster s. brwo-Berg/Heilmann, §§ 7–20 Information an Sprecherausschuss über Zuordnung leit. Ang.

3 LAG Berlin-Brandenburg 7.5.21 – 5 TaBV 1160/19.

4 Fitting, Rn. 19; a. A. DKW-Trümner, Rn. 18, der aber ein Teilnahmerecht nach § 31 analog durch gesonderte Entscheidung des WV für möglich hält.

5 DKW-Trümner, Rn. 19 m. w. N.

3. Einschaltung eines Vermittlers

Kommt eine Einigung zwischen den WV über die Zuordnung zum Personenkreis der leit. Ang. nicht zustande, haben sie sich bis spätestens zum Beginn der letzten Woche vor der Wahleinleitung auf einen **Vermittler zu einigen**, der dem Betrieb, in dem die Wahlen durchgeführt werden, angehört.[6] Er kann auch einem anderen Betrieb des UN oder Konzerns angehören. Findet sich **kein Vermittler**, ist das **Zuordnungsverfahren nicht durchzuführen**; eine Ersatzbestellung des Vermittlers durch das ArbG kommt nicht in Betracht. Die Regelung lässt es zu, dass der AG als Vermittler bestellt wird. Der AG ist dafür jedoch **grundsätzlich ungeeignet**, da er in seiner AG-Stellung selbst ein betriebsverfassungsrechtliches Organ ist. Diese betriebsverfassungsrechtliche Stellung führt zur **Befangenheit des AG** mit der Gefahr, dass willkürliche Entscheidungen bei der Zuordnung nicht auszuschließen sind.[7] Von der Bestellung des AG als Vermittler sollte daher grundsätzlich Abstand genommen werden.[8] Kommt eine Einigung über die Person des Vermittlers nicht zustande, entscheidet das **Los** darüber, welcher von den beiden WV Vorgeschlagenen die Vermittlerposition einnehmen soll. Ein bestimmtes Verfahren bei der Losentscheidung ist **nicht vorgesehen**. Es ist daher jede Methode zulässig, die zu einem **Zufallsergebnis** führt und eine Beeinflussung des Ergebnisses ausschließt. Der Losentscheid kann z. B. durch das Ziehen von Losen oder das Werfen einer Münze durchgeführt werden. Der so festgestellte Vermittler ist nicht verpflichtet, das Amt anzunehmen. Wird der Vermittler tätig, hat er sich bei der Frage der Zuordnung an die **gesetzlich vorgegebene Begriffsabgrenzung** des leit. Ang. zu halten (vgl. die Erl. zu § 5 Abs. 3 und 4). Seine Entscheidung hat der Vermittler nach Beratung mit dem AG zu treffen. 4

4. Wegfall des Zuordnungsverfahrens; Zuordnung mit UN-SpA

Das **Zuordnungsverfahren entfällt ganz**, wenn bei zeitgleicher Durchführung der Wahlen (Abs. 1) zum Zeitpunkt der Wahleinleitung durch den WV für die Wahl des BR (Aushang des Wahlausschreibens) noch **kein WV für den SpA** besteht.[9] Es kann allerdings sein, dass ein **UN-SpA** (vgl. § 20 SprAuG) gewählt werden soll und hierfür ein WV vorhanden ist. Dann nimmt der WV für die Wahl des UN-SpA im Rahmen des Zuordnungsverfahrens die Funktionen des SpA-WV gegenüber **sämtlichen BR-WV** der zum UN gehörenden Betriebe wahr. Entstehen wegen der Vielzahl von 5

---

6 Muster zur Einsetzung des Vermittlers s. brwo-Berg/Heilmann, §§ 7–20.
7 So grundsätzlich auch Martens, RdA 88, 202 ff. Fn. 41.
8 Vgl. auch DKW-Trümner, Rn. 61 f.
9 Vgl. ArbG Frankfurt, BetrR 89, 189.

Einzelfällen faktische Probleme, dürfen sie nicht dazu führen, die BR-Wahl zeitlich so zu verschieben, dass betriebsratslose Zeiten eintreten. Entsprechendes gilt für die Wahl betrieblicher SpA, wenn das Zuordnungsverfahren entfällt oder zwar bereits eingeleitet worden ist, aber abgebrochen werden muss.[10]

5. Besonderheiten bei Auseinanderfallen beider Wahlen

6 Diese Regelung berücksichtigt, dass es zu einem **zeitlichen Auseinanderfallen** der Wahlen des BR und des SpA kommen kann, etwa deswegen, weil der BR außerhalb der regelmäßigen BR-Wahlen aus einem der in § 13 Abs. 2 genannten Gründe neu zu wählen ist. In einem solchen Fall hat der WV für die Wahl des BR den SpA darüber zu unterrichten, welche Beschäftigten er dem Personenkreis der leit. Ang. zuordnen will. Kommt es zu keinem Einvernehmen, benennt der SpA aus seiner Mitte Mitgl., die das in den Abs. 1 bis 3 festgelegte Zuordnungsverfahren anstelle des WV wahrnehmen. Die Regelung gilt auch umgekehrt, also dann, wenn der SpA außerhalb seiner regelmäßigen Amtszeit gewählt wird und dieser Zeitpunkt somit nicht mit der Wahl des BR zusammenfällt.

6. Rechtswirkungen des Zuordnungsverfahrens

7 Das Zuordnungsverfahren bringt **keine endgültige Festlegung** darüber, ob jemand zum Personenkreis der leit. Ang. gehört oder nicht. Dem Betreffenden ist es ohne weiteres möglich, jederzeit – somit auch nach den Wahlen des BR und des SpA – das ArbG zur Feststellung anzurufen, ob er zum Personenkreis der leit. Ang. gehört. Das ergibt sich schon daraus, dass eine fehlerhafte Zuordnung zum Personenkreis der leit. Ang. dazu führt, dass für den Betreffenden die **Schutzfunktion** des Betriebsverfassungsrechts **keine Anwendung** findet und er somit in seiner Rechtsposition entscheidend geschmälert wird. Ein solches Feststellungsverfahren kann auch durch andere Beteiligte betrieben werden, soweit ein **Rechtsschutzinteresse** besteht. Das ist beispielsweise beim BR der Fall, wenn es um personelle Einzelmaßnahmen gegenüber einem Beschäftigten geht, von dem der BR meint, dass die Zuordnung fehlerhaft erfolgt ist. Aber auch andere BR-Rechte können durch eine fehlerhafte Zuordnung beeinträchtigt werden, so etwa der Umfang der Freistellungen von BR-Mitgl. nach § 38 Abs. 1 oder die MB nach

10 Vgl. DKW-Trümner, Rn. 7 f., 78; vgl. ferner ArbG Lingen, BetrR 87, 128; vgl. auch LAG Hamm, BB 90, 1628, wonach der BR allerdings nicht berechtigt sein soll, bei einem nicht gemäß § 18a durchgeführten Zuordnungsverfahren im Wege der einstweiligen Verfügung die Veränderung der Wählerliste für den zu wählenden SpA bzw. den Wahlabbruch zur Wahl des SpA zu verlangen.

§ 95 Abs. 2 bei Auswahlrichtlinien (vgl. dazu § 5 Rn. 8). Die Regelung des Abs. 5 legt allerdings fest, dass eine Anfechtung der BR-Wahl oder der Wahl des SpA insoweit ausgeschlossen ist, als sie auf eine fehlerhafte Zuordnung gestützt wird. Ist jedoch die Zuordnung nach diesem Verfahren »offensichtlich« fehlerhaft, können die genannten Wahlen **auch aus diesem Grund** angefochten werden. Eine **offensichtlich fehlerhafte Zuordnung** liegt etwa dann vor, wenn die betrieblichen Rechtsanwender (WV, Vermittler) bei der Abgrenzung vorschnell die Hilfskriterien nach Abs. 4 Nrn. 1 bis 4 anwenden, ohne eine sachgerechte Aufklärung auf der Grundlage des Abs. 3 Nr. 3 vorzunehmen.[11] Ebenso, wenn eine – mittlere – Führungsebene zu leit. Ang. erklärt wird, ohne das Vorliegen der gesetzlichen Kriterien zur Bestimmung von leit. Ang. zu prüfen.[12]

§ 19 Wahlanfechtung

(1) Die Wahl kann beim Arbeitsgericht angefochten werden, wenn gegen wesentliche Vorschriften über das Wahlrecht, die Wählbarkeit oder das Wahlverfahren verstoßen worden ist und eine Berichtigung nicht erfolgt ist, es sei denn, dass durch den Verstoß das Wahlergebnis nicht geändert oder beeinflusst werden konnte.
(2) Zur Anfechtung berechtigt sind mindestens drei Wahlberechtigte, eine im Betrieb vertretene Gewerkschaft oder der Arbeitgeber. Die Wahlanfechtung ist nur binnen einer Frist von zwei Wochen, vom Tage der Bekanntgabe des Wahlergebnisses an gerechnet, zulässig.
(3) Die Anfechtung durch die Wahlberechtigten ist ausgeschlossen, soweit sie darauf gestützt wird, dass die Wählerliste unrichtig ist, wenn nicht zuvor aus demselben Grund ordnungsgemäß Einspruch gegen die Richtigkeit der Wählerliste eingelegt wurde. Dies gilt nicht, wenn die anfechtenden Wahlberechtigten an der Einlegung eines Einspruchs gehindert waren. Die Anfechtung durch den Arbeitgeber ist ausgeschlossen, soweit sie darauf gestützt wird, dass die Wählerliste unrichtig ist und wenn diese Unrichtigkeit auf seinen Angaben beruht.

Inhaltsübersicht Rn.

11 DKW-Trümner, Rn. 71.
12 LAG BaWü 29.4.11 – 7 TaBV 7/10.

1. Die Anfechtung

1 Die Anfechtung ist ein Rechtsbehelf, mit dem die Unwirksamkeit der Betriebsratswahl bei Gericht geltend gemacht werden kann. Die Vorschrift gilt auch für JAV-Wahlen (§ 63 Abs. 2). Sie ist entsprechend anwendbar für die internen Wahlen im Betriebsrat, wie die Wahl des Vorsitzenden und Stellvertreters, die Wahl der Mitgl. des BA sowie weiterer Ausschüsse des BR.[1] In diesen Fällen ist auch ein einzelnes BR-Mitgl. anfechtungsberechtigt, das geltend macht, in seinen Rechten verletzt zu sein.[2]

a) Voraussetzungen

2 Es müssen Verstöße gegen **wesentliche** Vorschriften über das **Wahlrecht**, die **Wählbarkeit** oder das **Wahlverfahren** vorliegen, damit eine Anfechtung erfolgen kann.
Wesentlich ist ein Verstoß dann, wenn gegen grundlegende Prinzipien der BR-Wahl verstoßen wurde. Hierzu gehören in jedem Fall die zwingenden Vorschriften[3] und i.d.R. nicht die Soll-Vorschriften. Allerdings zählen Soll-Vorschriften, wenn sie grundlegend für eine demokratische Wahl sind, ebenfalls zu den wesentlichen Wahlvorschriften. So hat das BAG die Soll-Vorschrift über die Information ausl. Mitarbeiter in § 2 Abs. 5 WO – zu Recht – zu den wesentlichen Vorschriften gezählt.[4]
Eine Wahlanfechtung kommt nicht in Betracht, wenn zwar gegen wesentliche Wahlvorschriften verstoßen wurde, der Mangel jedoch **rechtzeitig korrigiert** worden ist oder der Verstoß das Wahlergebnis **nicht ändern** oder **beeinflussen** konnte.[5] Ein Wahlverstoß, der sich lediglich auf die Reihenfolge der Ersatzmitgl. auswirkt, beeinflusst das Wahlergebnis i.S.d. § 19 Abs. 1 nicht und berechtigt daher **nicht** zur Wahlanfechtung.[6] Die Aus-

---

1 Vgl. BAG 20.4.05 – 7 ABR 44/04, NZA 05, 1426; 21.7.04 – 7 ABR 58/03, NZA 05, 170.

2 Siehe brwo: Musterschreiben zur Anfechtung einer BR-Wahl.

3 BAG 13.10.04 – 7 ABR 5/04.

4 BAG 13.10.04 – 7 ABR 5/04.

5 Vgl. etwa BAG, NZA 93, 949, nach dem eine Berichtigung der Wählerliste nach Ablauf der Einspruchsfrist ohne das Vorliegen der in § 4 Abs. 3 WO genannten Voraussetzungen zwar die Anfechtbarkeit begründet, aber nur, wenn dadurch das Wahlergebnis beeinflusst werden konnte.

6 BAG 21.2.01 – 7 ABR 41/99.

zählung der Stimmen einer BR-Wahl mittels EDV ist grundsätzlich zulässig, sofern die Verantwortlichkeit des WV für den Auszählungsvorgang gewahrt ist. Das bedeutet insbesondere, dass sich während der im Rechenzentrum stattfindenden Datenerfassung der Stimmzettel dort ständig WV-Mitgl. aufhalten und den Verbleib der Stimmzettel beobachten müssen.[7] Auch ist sicherzustellen, dass der Grundsatz der Öffentlichkeit der Stimmauszählung auch bei der Erfassung gewahrt bleibt.[8]

Die Anfechtung wird sich i. d. R. gegen die BR-Wahl insgesamt richten. Möglich ist eine **Teilanfechtung**, mit der nur Teile des Wahlergebnisses korrigiert werden sollen. Dies kann z. B. bei einer falschen Verteilung der Sitze auf die einzelnen Vorschlagslisten oder einer fehlerhaften Verteilung der Sitze im Hinblick auf das Minderheitengeschlecht der Fall sein.[9]

Werden in einem **Gemeinschaftsbetrieb** mehrerer UN nicht ein, sondern, unter Verkennung des Betriebsbegriffs, mehrere BR zeitlich nacheinander gewählt, müssen nicht alle BR-Wahlen angefochten werden. Es reicht die Anfechtung einer (auch der zeitlich letzten) BR-Wahl. Seine gegenteilige Rspr. hat das BAG aufgegeben.[10] In diesem Fall hat die Anfechtung Auswirkungen auf alle gewählten BRe des Gemeinschaftsbetriebs, auch für die, bei denen die Anfechtungsfrist abgelaufen ist. Ist die Anfechtung erfolgreich, hat der nach der Zahl der Wahlberechtigten größte bestandskräftig gewählte BR ein Übergangsmandat nach § 21a (s. § 21 Rn. 5).

Soll die Anfechtung darauf gestützt werden, dass die Wählerliste unrichtig ist, ist dies für AN nach Abs. 3 nur zulässig, wenn sie zuvor während des Wahlverfahrens Einspruch gegen die Wählerliste eingelegt haben. Waren die anfechtenden AN, z. B. wegen Krankheit daran gehindert, dann gilt dies nicht. Ein Arbeitgeber kann die Anfechtung nicht auf eine fehlerhafte Wählerliste stützen, wenn die Fehler auf seinen Auskünften beruhen. Die Anfechtung wegen Verkennung des Betriebsbegriffs ist durch die Regelung in Abs. 3 nicht ausgeschlossen.[11] Im Übrigen kann in einem Wahlanfechtungsverfahren das **Rechtsschutzinteresse** für einen Antrag, die Wahl für unwirksam zu erklären, entfallen, wenn während des Wahlanfechtungsverfahrens die Amtszeit des BR, dessen Wahl angefochten wurde, endet.[12] Dies gilt jedoch nur, wenn kein neuer BR gewählt wurde. Wird ein neuer BR gewählt,

---

7 LAG Berlin 16.11.87 – 12 TaBV 6/87; HessLAG 25.4.18 – 16 TABVGa 77/18: mindestens ein Mitgl. des WV muss anwesend sein, wenn Stimmzettel mit Scannern erfasst werden.

8 HessLAG 25.4.18 – 16 TABVGa 77/18.

9 BAG 16.3.05 – 7 ABR 40/04, NZA 05, 1252; vgl. DKW-Homburg, § 19 Rn. 30 m. w. N.

10 BAG 22.11.17 – 7 ABR 40/16.

11 ArbG Stuttgart 6.4.23 – 21 BV 54/22, n.rk., Beschwerde anhängig beim LAG BW unter 15 TaBV 2/23.

12 BAG 9.9.15 – 7 ABR 47/13; BAG 16.4.08 – 7 ABR 4/07; NZA-RR 08, 583.

tritt dieser die Funktionsnachfolge des bisherigen BR an und tritt damit auch in die Beteiligtenstellung im laufenden Beschlussverfahren ein.[13]
Der DGB-Reformentwurf zum BetrVG sieht vor, dass nur bei schwerwiegenden Verstößen gegen wesentliche Vorschriften des Wahlrechts eine Anfechtung möglich ist. BR-Wahlen aufgrund unwirksamer TVen nach § 3 sollen nicht nichtig sein.[14]

b) Anfechtungsberechtigte

3 Anfechtungsberechtigt sind ausschließlich drei wahlberechtigte AN, eine im Betrieb vertretene Gewerkschaft oder der Arbeitgeber. Auch wahlberechtigte Leih-AN können die Wahl anfechten.[15] Die Anfechtung durch eine Gew. muss dabei von der nach der Satzung zuständigen Stelle erfolgen. Die Anfechtung durch eine nicht nach der Satzung zuständige Stelle (z.B. Verwaltungsstelle oder Region) führt dazu, dass die Anfechtung unzulässig ist. Eine solche Anfechtung wird auch nicht dadurch zulässig, dass sie – nach Ablauf der Anfechtungsfrist – von der zuständigen Stelle (z.B. Hauptvorstand) genehmigt wird.[16] Soll die Wahl in einem Gemeinschaftsbetrieb mehrerer UN angefochten werden, reicht die Anfechtung durch einen der beteiligten AG. Es müssen nicht alle AG des Gemeinschaftsbetriebs die Wahl gemeinsam anfechten.[17] **Nicht anfechtungsberechtigt** ist der **gewählte BR**, was andererseits nicht ausschließt, dass sich einzelne BR-Mitgl. oder WV-Mitgl.[18] in ihrer Eigenschaft als AN an dem Anfechtungsverfahren beteiligen. Auch der **WV** als solcher ist nicht anfechtungsberechtigt.[19] Der **einzelne AN** hat selbst dann kein Anfechtungsrecht, wenn er bei ordnungsgemäßer Durchführung der Wahl gewählt worden wäre.[20]
Die Anfechtungsfrist beginnt mit Ablauf des Tages, an dem das Wahlergebnis durch Aushang bekannt gemacht worden ist. Es handelt sich dabei um den Aushang nach § 18 WO, mit dem die Namen der BR-Mitgl. bekannt gemacht werden, wenn nach Ablauf der in § 17 Abs. 1 WO genannten Frist feststeht, wie sich der neu gewählte BR zusammensetzt. Binnen der Zwei-Wochen-Frist ist nicht die Anfechtung zu erklären, sondern auch zu begründen.[21] Nach Ablauf der zweiwöchigen Anfechtungsfrist kann nur noch

---

13 BAG 19.12.18 – 7 ABR 79/16; NZA 19, 940.
14 *https://aur-blog.eu/reformvorschlag/.*
15 Fitting, § 19 Rn. 29.
16 LAG Düsseldorf 12.12.06 – 12 TaBV 95/06.
17 BAG 16.1.18 – 7 ABR 21/16, NZA 18, 675.
18 BAG 21.3.17 – 7 ABR 18/15, NZA 17, 1075; LAG BB 18.10.18 – 5 TaBV 364/18.
19 Vgl. BAG 14.11.75, AP Nr. 1 zu § 18 BetrVG 1972.
20 BAG 20.4.56, AP Nr. 3 zu § 27 BetrVG.
21 BAG 21.3.17 – 7 ABR 19/15, NZA 17, 1075.

eine evtl. vorliegende Nichtigkeit der BR-Wahl gerichtlich geltend gemacht werden.

Voraussetzung für eine Wahlanfechtung durch mind. drei AN ist, dass diese am Tag der Wahl wahlberechtigt waren. Verlieren während des Verfahrens Anfechtende ihre Wahlberechtigung – beispielsweise wegen Ausscheidens aus dem Betrieb oder Eintritts in die Freistellungsphase der Altersteilzeit –, wird das Anfechtungsverfahren nicht unzulässig, solange noch ein Wahlberechtigter zu den Anfechtenden gehört. Nur wenn alle Anfechtenden ihre Wahlberechtigung verloren haben, entfällt ihr Rechtsschutzinteresse am Verfahren und es wird unzulässig.[22] Tritt eine **Gew.** als Antragsteller auf, muss die Verfahrensvoraussetzung, dass sie im Betrieb vertreten ist, während des ganzen Anfechtungsverfahrens gegeben sein.[23]

c) Rechtsfolgen der Anfechtung

Eine Entscheidung des ArbG, die der Anfechtung stattgibt, wirkt nur für die **Zukunft**. Dem BR ist zwar die Rechtsgrundlage für sein weiteres Bestehen entzogen. Der BR bleibt aber mit allen betriebsverfassungs- und auch verfahrensrechtlichen Rechten im Amt.[24] Die von ihm bis dahin vorgenommenen Handlungen bleiben **rechtswirksam**, z. B. die von ihm abgeschlossenen BVen. Der BR, dessen Wahl erfolgreich (und rechtskräftig) angefochten worden ist, darf keinen WV zur Neuwahl bestellen. Vielmehr ist auf die Grundsätze zurückzugreifen, die für einen betriebsratslosen Betrieb gelten (vgl. § 17). 4

d) Beispiele

- Verkennung des Betriebsbegriffs 5
  Die Verkennung des Betriebsbegriffs führt nicht zur Nichtigkeit einer BR-Wahl. Sie kann nur die Anfechtung begründen.[25] Die Verkennung des Betriebsbegriffs kann nicht nur dazu führen, dass ein einheitlicher BR für mehrere Betriebsteile gebildet worden ist, die als selbstständige Betriebe nach § 4 Satz 1 gelten. Denkbar ist auch, dass in einem an sich einheitlichen Betrieb, für den nur ein BR zu wählen gewesen wäre, mehrere BR für die einzelnen Betriebsteile gewählt worden sind.[26] Auch die Verkennung der Rechtsgrundlage für die Bestimmung des Betriebsbegriffes rechtfertigt nur die Anfechtung der BR-Wahl, führt aber nicht

22 BAG 16.11.05 – 7 ABR 9/05; BAG 15.2.89 – 7 ABR 9/88, NZA 90, 115.
23 BAG 21.11.75, AP Nr. 6 zu § 118 BetrVG 1972.
24 BAG 13.2.13 – 7 ABR 36/11, NZA-RR 13, 521.
25 BAG 19.11.03 – 7 ABR 25/03, AiB 04, 193.
26 Vgl. LAG Köln 8.5.06 – 2 TaBV 22/06.

zu deren Nichtigkeit. Dies ist z. B. der Fall, wenn der WV von der Gültigkeit eines TV zur Betriebsratsbildung ausgeht, und nicht von §§ 1 und 4 für die Bestimmung des Betriebs (bzw. der Betriebsteile), in dem zu wählen ist.[27] Das gilt nur für die Wahl eines BR auf Grundlage eines unwirksamen TVes; nicht für die Errichtung eines unternehmensübergreifenden GBRes nach § 3 Abs. 1 Nr. 3.[28]
Ist unter Verkennung des Betriebsbegriffs für zwei Betriebe ein gemeinsamer BR gewählt und diese Wahl nicht angefochten worden, kann während der Amtszeit dieses BR für einen dieser Betriebe solange kein eigener BR gewählt werden, wie sich die tatsächlichen Verhältnisse nicht wesentlich geändert haben.[29] Die vorstehenden Grundsätze sind auch anzuwenden, wenn es um die Anforderung von BR-Wahlen in einem Gemeinschaftsbetrieb nach § 1 Abs. 2 oder in einer durch TV nach § 3 Abs. 1 Nr. 1–3 gebildeten Organisationseinheit geht (vgl. auch § 18 Abs. 2, der eine gerichtliche Überprüfung solcher Organisationseinheiten ohne einen Zusammenhang mit einer BR-Wahl vorsieht).[30]

- Anfechtung der Wahl eines einzelnen Betriebsratsmitglieds
  Die Anfechtung kann sich nicht nur gegen den neu gewählten BR insgesamt richten, sondern auch gegen ein **einzelnes BR-Mitgl.**, wenn lediglich dessen Wahl fehlerhaft gewesen ist.[31]
- Drittes Geschlecht
  Die falsche Berücksichtigung des dritten Geschlechts **divers** bei der Berechnung der BR-Sitze oder der Auszählung führt nur zur Anfechtbarkeit der BR-Wahl, nicht zu ihrer Nichtigkeit. Die sich aus der Anerkennung des dritten Geschlechts ergebenden Probleme bei der BR-Wahl sind so vielschichtig, dass von einem WV nicht erwartet werden kann, diese eindeutig rechtssicher zu lösen, zumal es bisher weder Rechtsprechung gibt, noch der Gesetzgeber aus der Anerkennung des Geschlechts divers Konsequenzen gezogen und die Wahlvorschriften angepasst hat.[32] Nur wenn der WV das dritte Geschlecht gar nicht berücksichtigt, kann die Wahl nichtig sein.

Weitere Beispiele für Anfechtungsgründe:

- Nichteinhaltung der 6-Wochen-Frist (§ 3 Abs. 1 WO) zwischen Aushang Wahlausschreiben und Wahltag;[33]

---

27 BAG 25.2.20 – 1 ABR 40/18; NZA 20, 881; 13.3.13 – 7 ABR 70/11, NZA 13, 738.
28 BAG 25.2.20 – 1 ABR 40/18.
29 LAG Hamm 18.9.96, AP Nr. 40 zu § 19 BetrVG 1972.
30 BAG 25.10.23 – 7 ABR 25/22.
31 BAG 7.7.54, AP Nr. 1 zu § 24 BetrVG.
32 Ebenso: DKW-Homburg § 15 Rn. 11.
33 HessLAG 14.4.11 – 9 TaBV 198/10.

- falsche Angabe des letzten Tags für die Einreichung von Wahlvorschlägen im Wahlausschreiben;[34]
- Nichtbekanntgabe von Ort und Zeit der Stimmenauszählung;[35]
- Abweichen von im Wahlausschreiben angegebenen Ort und Zeit der Stimmauszählung, ohne dies rechtzeitig vorher im Betrieb bekannt gemacht zu haben;[36]
- Anwesenheit nur eines Wahlvorstandsmitglieds während fast des gesamten Wahlvorganges und Eintragung der Stimmabgabe aus dem Gedächtnis mehrere Stunden nach der Stimmabgabe;[37]
- Aushang des Wahlausschreibens (§ 3 Abs. 4 Satz 1 WO) in nur zwei von 84 bundesweiten Filialen;[38]
- nicht ausreichende Unterrichtung ausländischer, der deutschen Sprache nicht mächtiger Mitarbeiter in ihrer Sprache durch den Wahlvorstand über die wesentlichen Grundsätze und Abläufe der BR-Wahl;[39]
- Durchführung der BR-Wahl im vereinfachten Wahlverfahren in Betrieben mit i. d. R. 51 bis 100 AN ohne ausdrückliche oder konkludente Vereinbarung mit dem AG;[40]
- Zulassung nicht wählbarer Wahlbewerber;
- Einreichung von Wahlvorschlägen per Fax oder eingescannt per E-Mail;[41]
- Nichtaufnahme von Wahlberechtigen AN in die Wählerliste;[42]
- Korrektur der Wählerliste entgegen § 4 Abs. 3 WO am Tag der Wahl;[43]
- Nichtberücksichtigung der Minderheitengeschlechterquote; falsche Angaben im Wahlausschreiben über die Anzahl der Sitze für das Minderheitengeschlecht;[44]
- falsche Berechnung der BR-Größe (§ 9);[45]
- die unterlassene Verwendung von Wahlumschlägen ist grundsätzlich ein Grund für die Anfechtung einer BR-Wahl;[46]

---

34 LAG RP 2.4.19 – 6 TaBV 18/18.
35 BAG 15.11.00 – 7 ABR 53/99.
36 LAG München 10.3.08 – 6 TaBV 87/07, brwo.
37 LAG München 16.5.17 – 6 TaBV 108/16.
38 BAG 5.5.04 – 7 ABR 44/03.
39 BAG 13.10.04, AiB 05, 245; LAG München 10.1.19 – 4 TaBV 63/18; LAG RP 17.6.15 – 4 TaBV 14/14.
40 BAG 19.11.03 – 7 ABR 24/03.
41 BAG 20.10.21 – 7 ABR 36/20; ebenso für Wahl der SBV BAG 20.1.20 – 7 ABR 39/08, juris.
42 LAG RP 17.6.15 – 4 TaBV 14/14, LAG RP 11.2.09 – 8 TaBV 27/08, brwo.
43 BAG 21.3.17 – 7 ABR 19/15, NZA 17, 1075.
44 BAG 13.3.13 – 7 ABR 67/11, NZA-RR 13, 575; LAG RP 22.7.15 – 7 TaBV 7/15, juris; LAG Hamm 17.12.08 – 1 TaBV 137/07.
45 LAG RP 8.10.15 – 5 TaBV 13/15; LAG BB 13.8.15 – 5 TaBV 218/15.
46 BAG 20.1.20 – 7 ABR 3/20.

- Verwendung von getrennten Stimmzetteln (je Liste einer) bei Verhältniswahl;[47]
- Verzögerte Prüfung von Wahlvorschlägen durch den WV, die verhindert, dass heilbare Mängel korrigiert werden können;[48]
- Ausschluss einer Vorschlagsliste wg. Verwendung des Namens einer Gew. ohne deren Zustimmung;[49]
- Falsche Zuordnung von Außendienstmitarbeitern zum Betrieb. Die Außendienstmitarbeiter gehören zum Betrieb, von dem die Entscheidungen über ihren Einsatz ausgehen und in dem somit Leitungsmacht des AG ausgeübt wird. Hierbei kommt es insbesondere darauf an, von welchem Betrieb das Direktionsrecht ausgeübt wird und die auf das Arbeitsverhältnis bezogenen Anweisungen erteilt werden. Demgegenüber ist die Ausübung der Fachaufsicht nur von untergeordneter Bedeutung;[50]
- Aus dem allgemeinen Grundsatz der Freiheit der Wahl folgt die Verpflichtung des Wahlvorstands, während der laufenden BR-Wahl Dritten keine Einsichtnahme in die mit den Stimmabgabevermerken versehene Wählerliste zu gestatten. Gewährt der Wahlvorstand einzelnen Wahlbewerbern diese Einsichtnahme, verletzt er neben diesem Grundsatz außerdem den ungeschriebenen Grundsatz der Chancengleichheit der Wahlbewerber;[51]
- Die Kumulierung von Stimmen auf einzelne Bewerber bei einer Persönlichkeitswahl;[52]
- Verstoß des WV gegen die Pflicht, Doppelkandidaten aufzufordern (§ 6 Abs. 7 Satz 2 WO), zu erklären, auf welcher Liste sie kandidieren wollen, auch wenn eine Liste ungültig ist;[53]
- Anbringen eines Gew.-Logos auf dem Wahlausschreiben, das zudem dem einer Wählerliste entspricht. Damit verletzt der WV seine Neutralitätspflicht bei der Wahl. Er darf nicht den Anschein erwecken, eine Liste zu bevorzugen;[54]
- Wahl eines BR während der Amtszeit des alten BR;[55]

---

47 LAG SH 15.9.11 – 5 TaBV 19/11.

48 BAG 16.1.18 – 7 ABR 11/16, NZA 18, 797; 25.5.05, AuR 05, 425;

49 BAG 15.5.13 – 7 ABR 40/11, NZA 13, 1095, das Kennwort hätte gestrichen werden müssen und durch die Namen der ersten beiden Kandidaten ersetzt werden müssen; BAG, 7 ABR 4/15, Gew.-liste nur, wenn der Wahlvorschlag direkt von den Gew.-vertretern unterzeichnet worden ist.

50 BAG 10.3.04 – 7 ABR 36/03.

51 BAG 15.11.00 – 7 ABR 53/99.

52 ArbG Lörrach 14.7.06 – 3 BV/06, n.v.

53 LAG München 25.1.07 – 2 TaBV 102/06, brwo.

54 ArbG Frankfurt (Oder) 26.6.14 – 6 BV 11/14; LAG BB 24 TaBV 1747/14.

55 LAG BB 25.7.17 – 11 TaBV 826/17.

- Durchführung der BR-Wahl mit Online-Stimmabgabe, da diese in der WO nicht vorgesehen ist;[56]
- Versand von Wahlwerbung einer Kandidat:innenliste zusammen mit den Briefwahlunterlagen durch des Wahlvorstand;[57]
- Verletzung des Grundsatzes der Chancengleichheit durch Vorsitzenden des WV, der zugleich BR-Vors. und Dienstplangestalter war, durch Nutzung der ihm dienstlich bekannten privaten Mobiltelefonnummern der AN zum Zwecke der Wahlwerbung.[58]

2. Die Nichtigkeit

a) Voraussetzungen

Von der Anfechtung ist die Nichtigkeit zu unterscheiden (zu den Auswirkungen s. Rn. 7). Sie ist gesetzlich nicht geregelt. Im Interesse der Rechtssicherheit kommt sie nur ausnahmsweise in Betracht, »wenn bei der Wahl des Betriebsrats so grob und offensichtlich gegen Wahlvorschriften verstoßen wurde, dass nicht einmal vom Anschein einer dem Gesetz entsprechenden Wahl gesprochen werden kann und dies jedem mit den betrieblichen Verhältnissen vertrauten Dritten sofort ohne weiteres erkennbar ist«.[59] Das BAG[60] geht davon aus, dass sich die Nichtigkeit einer BR-Wahl nicht aus der Summe einzelner Verstöße gegen Wahlvorschriften oder einer Gesamtwürdigung ergeben kann. Da die Nichtigkeit jederzeit geltend gemacht werden kann, ist dieser Änderung der Rspr. im Interesse der Rechtssicherheit zuzustimmen.[61] 6

Die Möglichkeiten, die Nichtigkeit einer BR-Wahl geltend zu machen, sind damit in der Praxis sehr beschränkt. Die Nichtigkeit kann jederzeit geltend gemacht werden. Eine bestimmte Form ist nicht vorgeschrieben. Fristen sind nicht einzuhalten. Jeder, der ein rechtliches Interesse an der Feststellung der Nichtigkeit hat, kann diese geltend machen; auch ein einzelner Arbeitnehmer.[62] Ausgenommen hiervon ist der AG, der in Kenntnis der Nichtigkeit der BR-Wahl den BR als rechtmäßige AN-Vertretung behandelt hat, z. B. indem er mit diesem ohne Vorbehalte Betriebsvereinbarungen abgeschlossen

---

56 LAG Hamburg 15.2.18 – 8 TaBV 5/17.

57 LAG Nürnberg 27.11.19 – 4 TaBV 2/19; AiB 20 7/8, 64–65 mit Anm. Zemlyankina.

58 LAG Köln 6.10.23 – 9 TaBV 14/23, juris, n.rk., anhängig beim BAG unter 7 ABN 55/23.

59 BAG 19.11.03 – 7 ABR 24/03.

60 BAG 19.11.03 – 7 ABR 24/03.

61 Vgl. zustimmend auch Fitting, Rn. 4.

62 LAG Berlin 8.4.03 – 5 TaBv 1990/02, NZA-RR 03, 587.

hat.[63] Der AG würde sich mit der Berufung auf die Nichtigkeit der BR-Wahl zu seinem eigenen Verhalten in Widerspruch setzen.

b) Rechtsfolgen

7 Im Gegensatz zur erfolgreichen Anfechtung hat die Feststellung der **Nichtigkeit rückwirkende Kraft**. Ein BR, dessen Wahl für nichtig erklärt wurde, hat von Anfang an nicht bestanden. Die vom BR, dessen Wahl gerichtl. für nichtig erklärt wurde, vorgenommenen Handlungen sind rechtsunwirksam. Die zwischen dem AG und dem rechtlich nicht existenten BR in der Vergangenheit abgeschlossenen BV können jedoch auf der individualrechtlichen Ebene weiterhin Wirkung entfalten.[64] Soll nach der Feststellung der Nichtigkeit ein neuer BR gewählt werden, hat dies wie in einem betriebsratslosen Betrieb zu geschehen (§ 17).

c) Beispiele

8
- Nichtig wäre z. B. die Wahl eines BR in einem nicht betriebsratsfähigen Betrieb, die Wahl in offener Abstimmung, die Wahl eines Wahlbewerbers, der kein AN des Betriebes ist.
- Nichtig ist auch die Wahl eines unternehmenseinheitlichen BR gem. § 3 Abs. 3 für zwei Unternehmen, auch wenn die AN entsprechend abgestimmt haben.[65]
- Nichtig ist die Wahl für einen eindeutig nicht betriebsratsfähigen Betrieb, wenn feststeht, dass unmittelbar nach der Wahl weniger als fünf wahlberechtigte AN im Betrieb beschäftigt sind.[66]
- Eine Betriebsratswahl, die auf Grundlage eines Zuordnungstarifvertrages nach § 3 durchgeführt wurde ist nur anfechtbar, aber nicht nichtig, auch wenn die Tarifparteien beim Abschluss des TV ihrer Befugnisse überschritten haben.[67]
- Durchführung einer BR-Wahl ohne WV, weil WV-Bestellung nichtig war. Dies ist nicht schon bei einer fehlerhaften Bestellung des WV der Fall. Es muss vielmehr in so hohem Maße gegen die Grundsätze der ordnungsgemäßen Bestellung des WV verstoßen worden sein, dass »auch

---

63 Fitting, Rn. 8; DKW-Homburg, Rn. 48 m. w. N.; a. A. BAG 27. 4. 76, AP Nr. 4 zu § 19 BetrVG 1972.

64 Vgl. DKW-Homburg, Rn. 48.

65 ArbG Hamburg 13. 6. 06 – 19 BV 16/06.

66 HessLAG 22. 11. 05 – 4 TaBV 165/05, AuR 06, 172.

67 LAG Nds. 22. 8. 08 – 12 TaBV 14/08.

der Anschein einer dem Gesetz entsprechenden Bestellung nicht mehr besteht.«[68]

3. Gerichtliche Überprüfung der Bestellung und von Entscheidungen des WV vor der Wahl

Entscheidungen und Maßnahmen des WV können bereits vor **Abschluss der Wahl des BR** gerichtlich angegriffen werden (vgl. § 18 Rn. 3). Einstweilige Verfügungen gegen Entscheidungen und Maßnahmen des WV sind zwar nicht grundsätzlich ausgeschlossen. Ein **Abbruch der Wahl** des BR kommt aber wegen der Gefahr, dass für einen erheblichen Zeitraum das Betriebsverfassungsrecht für den betroffenen Betrieb quasi suspendiert würde, **regelmäßig nicht in Betracht.**[69] Lediglich bei so schwerwiegenden Mängeln, die nicht nur zur Anfechtbarkeit, sondern zur **Nichtigkeit** der Wahl führen würden, kann der Abbruch oder die Untersagung der weiteren Durchführung einer laufenden BR-Wahl durch einstweilige Verfügung in Betracht kommen.[70] Auch Fehler bei der Bestellung bzw. Wahl des WV rechtfertigen regelmäßig nicht den Abbruch einer BR-Wahl. Nur wenn nicht einmal der Anschein einer dem Gesetz entsprechenden Wahl bzw. einer Bestellung des WV die Rede sein kann, kommt der Abbruch der Wahl in Betracht.[71] Fehler bei der Bestellung bzw. der Wahl des WV haben nicht das gleiche Gewicht wie Fehler bei der eigentlichen BR-Wahl.[72] 9

4. Einsichtsrecht in die Wahlakten

Jeder, der die BR-Wahl anfechten oder ihre Nichtigkeit geltend machen kann, hat ein Recht auf Einsicht in die beim BR (§ 19 WO) aufzubewahrenden **Wahlakten**. Das **Einsichtsrecht** ist nicht von einem Anfechtungs- oder Nichtigkeitsverfahren abhängig. Es dient der Prüfung, ob ein solches geführt werden kann und soll. Dies gilt nicht für Bestandteile der Wahlakten, aus denen evtl. Rückschlüsse auf das Wahlverhalten oder die Teilnahme bzw. Nichtteilnahme an der Wahl gezogen werden können. Hierzu zählen z. B. die mit Stimmabgabe-Vermerken versehenen Wählerlisten oder Briefe von Wahlberechtigten an den Wahlvorstand, die Rückschlüsse auf das Wahlverhalten zulassen können. In solchen Fällen ist die Einsichtnahme in die 10

---

68 BAG 15.10.14 – 7 ABR 53/12: NZA 15, 1014.

69 So grundsätzlich auch LAG Hamm, DB 75, 1176; LAG München, BB 89, 147; LAG BaWü, DB 94, 1091.

70 BAG 27.7.11 – 7 ABR 61/10; LAG RP 23.4.15 – 2 TaBVGa 1/15, juris; LAG Köln 8.4.14 – 7 Ta 101/14; LAG Thüringen 6.2.12 – 1 TaBVGa 1/12, AiB 13, 718; LAG SH 5.4.12 – 4 TaBVGa 1/12, AiB 13, 718.

71 LAG BB 11.2.21 – 21 TaBVGA 1271/20; HessLAG 14.9.20 – 16 TaBVGa 127/20.

72 LAG BB 11.2.21 – 21 TaBVGA 1271/20.

Wahlakten, insbesondere des Arbeitgebers, nur zulässig, wenn gerade diese Bestandteile der Akten für die Überprüfung der Ordnungsmäßigkeit der Wahl erforderlich sind. Dieses Interesse ist im Einzelnen darzulegen und zu begründen.[73]

§ 20 Wahlschutz und Wahlkosten

(1) Niemand darf die Wahl des Betriebsrats behindern. Insbesondere darf kein Arbeitnehmer in der Ausübung des aktiven und passiven Wahlrechts beschränkt werden.
(2) Niemand darf die Wahl des Betriebsrats durch Zufügung oder Androhung von Nachteilen oder durch Gewährung oder Versprechen von Vorteilen beeinflussen.
(3) Die Kosten der Wahl trägt der Arbeitgeber. Versäumnis von Arbeitszeit, die zur Ausübung des Wahlrechts, zur Betätigung im Wahlvorstand oder zur Tätigkeit als Vermittler (§ 18a) erforderlich ist, berechtigt den Arbeitgeber nicht zur Minderung des Arbeitsentgelts.

Inhaltsübersicht Rn.

1. Verbot der Wahlbehinderung und der unzulässigen Wahlbeeinflussung

1 Der Begriff »Wahl« ist im weitesten Sinne zu verstehen. Er umfasst alle mit der Wahl zusammenhängenden oder ihr dienenden Handlungen, Betätigungen und Geschäfte.

Eine **Behinderung** der Wahl liegt vor, wenn der AG ihm obliegende bestimmte Handlungen nicht vornimmt, wie Nichtzurverfügungstellung von Wahlräumen, oder durch aktive Maßnahmen die Wahl behindert, z. B. durch Unterbindung notwendiger Gespräche zwischen WV-Mitgl. und AN. Eine Behinderung der Wahl kann auch in der Mitteilung des AG an wahlberechtigte AN liegen, dass sie leit. Ang. und deshalb nicht wahlberechtigt seien, sofern derartige Schreiben geeignet sind, die betroffenen AN von der Wahl abzuhalten.[1] Unter das Verbot der Behinderung fällt auch eine **Kündigung**, die anlässlich der Betätigung für die Wahl oder im Zusammenhang mit ihr ausgesprochen wird, um die Entsendung des betreffenden AN

73 BAG, NZA 06, 59.

1 DKW-Homburg, Rn. 11 m. w. N.

in den BR zu verhindern oder ihn wegen seines Einsatzes bei der BR-Wahl zu maßregeln, sofern keine sonstige Verletzung arbeitsvertraglicher Pflichten, die wegen ihrer Schwere eine Kündigung rechtfertigt, vorliegt. Auch die **tatsächliche und finanzielle Unterstützung** einer Gruppe von Wahlbewerbern bei der Herstellung einer Wahlzeitung durch den AG ist ein Verstoß, der zur Unwirksamkeit der Wahl führt.[2] Werden Briefwahlunterlagen vom Arbeitgeber und Wahlbewerbern bei einem Teil der Wahlberechtigten eingesammelt, ist dies eine unzulässige Beeinträchtigung der freien Wahlentscheidung der Wähler.[3] Die Kosten der Wahlwerbung für Kandidaten und einzelnen Vorschlagslisten gehören nicht zu den Kosten der Wahl und sind nicht vom Arbeitgeber zu tragen.[4]

Bei der Wahl der betrieblichen AN-Repräsentanten hat der **AG strikte Enthaltung und Neutralität** zu üben.[5] Das BAG sieht demgegenüber keine Verpflichtung zur Neutralität: Es hält es für zulässig, dass der AG die AN zur Aufstellung ihm genehmer Kandidaten auffordert, nachdem er die Arbeit des BR deutlich kritisiert hat.[6] Das Sammeln von Stützunterschriften durch AG-Repräsentanten ist eine unzulässige Vorteilsgewährung.[7] Auch eine vom AG einberufene Mitarbeiterversammlung, die allein dem Zweck dient, die BR-Wahl zu beeinflussen, ist eine unzulässige Wahlbeeinflussung. Der WV kann diese im Wege der einstweiligen Verfügung untersagen lassen.[8] Der Arbeitgeber verletzt seine Neutralitätspflicht, wenn er auf einer Mitarbeitervers. den BR scharf kritisiert und versucht, AN zur Aufstellung von ihm genehmen Listen anzustoßen.[9] Eine Behinderung kann auch dadurch vorliegen, dass der AG ihm obliegende bestimmte Handlungen nicht vornimmt, wie beispielsweise die Nichtzurverfügungstellung der für die BR-Wahl notwendigen Unterlagen.[10] Ein gekündigter Wahlbewerber, über dessen Kündigungsschutzklage das ArbG noch nicht abschließend entschieden hat, ist berechtigt, zum Zwecke der Wahlwerbung den Betrieb zumindest zeitweise zu betreten und kann diesen Anspruch durch einstweilige Verfügung durchsetzen.[11] Der AG behindert die BR-Wahl, wenn er für die Zeit

2 BAG 4.12.86 – 6 ABR 48/85, AuR 87, 82; LAG Hamm 30.6.15 – 7 TaBV 71/14.
3 LAG München 27.1.10 – 11 TaBV 22/09.
4 LAG BaWü 1.8.07 – 12 TaBV 7/07.
5 DKW-Homburg § 20 Rn. 15ff.; Fitting § 20 Rn. 7ff.; Vgl. auch ArbG Berlin 8.8.84 – 18 BV 5/84.
6 BAG 25.10.17 – 7 ABR 10/16 AuR 19, 184 mit abl. Anm. Dohna-Jaeger.
7 LAG Frankfurt 23.8.01 – 12 TaBV 31/01.
8 ArbG Regensburg, AiB 03, 554 m. Anm. Müller.
9 A.A. BAG 25.10.17 – 7 ABR 10/16 AuR 19,184 mit abl. Anm. Dohna-Jaeger.
10 Vgl. AG Detmold, BB 79, 783.
11 ArbG München, AiB 98, 161.

der geplanten Wahlversammlung zur Wahl des BR im vereinfachten Wahlverfahren eine Erste-Hilfe-Schulung ansetzt.[12]

Der DGB-Reformentwurf zum BetrVG sieht vor, das der Arbeitgeber ausdrücklich zur Neutralität verpflichtet ist; er enthält Regelungen zum Umfang der Kosten, die der Arbeitgeber im Zusammenhang mit der Wahl zu tragen hat.[13]

Auch der WV ist zur Neutralität im Wahlverfahren verpflichtet. So darf er nicht den Briefwahlunterlagen eine Wahlwerbung für eine (oder alle) Vorschlagslisten beifügen.[14]

2 Für die im **Betrieb vertretenen Gew.** ergibt sich bereits aus ihrer **umfassenden Unterstützungs- und Beratungsfunktion** im Rahmen der Betriebsverfassung, aber auch aus ihren koalitionsrechtlichen Befugnissen, die Berechtigung einer Werbetätigkeit anlässlich einer BR-Wahl für bestimmte Wahlvorschläge oder Kandidaten. Eine solche Werbetätigkeit der Gew. stellt keine unzulässige Wahlbeeinflussung dar (h. M.). Es gehört auch zum Wesen des Wahlkampfes, dass **Kritik an konkurrierenden Gew.** geübt wird. Der Gew. ist es auch erlaubt, auf ihre Mitgl. dahingehend einzuwirken, dass sie **keine Wahlvorschläge unterschreiben, die von konkurrierenden Gew. oder Gruppierungen unterstützt werden**. Das gilt schon deshalb, weil die Glaubwürdigkeit der Wahlaussagen der Gewerkschaft und das Vertrauen in ihre Durchsetzungsfähigkeit wesentlich von dem Eindruck ihrer Geschlossenheit abhängen. Konkurrierende Listen eigener Mitgl. zur gewerkschaftlich unterstützten Liste sind einem solchen Gesamtbild der Gewerkschaft abträglich.[15] Ein WV verletzt seine Neutralitätspflicht bei der Durchführung der Wahl, wenn er den Briefwahlunterlagen eine Wahlwerbung einer Kandidat:innenliste beifügt.[16]

2. Kostentragung durch den Arbeitgeber

3 Der AG hat alle Kosten zu tragen, die »mit der Einleitung und der Durchführung der Wahl sowie der gerichtlichen Überprüfung des Wahlergebnisses verbunden sind«.[17] Dazu zählen z. B. die Kosten für Stimmzettel, Wahlurnen, Wahlkabinen, Telefon, E-Mail-Anschluss und Zugang zum IT-System, insb. bei ausschließlich elektronischer Veröffentlichung der Bekanntmachungen des WV. Auch die Kosten für die an die **Briefwähler zu versendenden Un-**

---

12 ArbG Berlin 29. 5. 09 – 16 BVGa 9922/09.
13 *https://aur-blog.eu/reformvorschlag/*.
14 LAG BW 27. 11. 19 – 4 TaBV 2/19.
15 BVerfG, NZA 99, 713; vgl. auch DKW-Homburg, Rn. 26.
16 LAG Nürnberg 27. 11. 19 – 4 TaBV 2/19; AiB 20 7/8, 64–65 mit Anm. Zemlyankina.
17 BAG 11. 11. 09 – 7 ABR 26/08.

terlagen (vgl. § 24 Abs. 1 WO) gehören dazu.[18] Die Kostentragungspflicht des AG ist auf die erforderlichen Kosten begrenzt. Die zu § 40 Abs. 1 entwickelten Grundsätze wendet die Rspr. analog an (vgl. § 40 Rn. 1 m. w. N.).[19] Ein WV kann einen RA als Sachverständigen analog § 80 Abs. 3 hinzuziehen. Die Kosten hat der AG in diesem Fall nur zu tragen, wenn eine entsprechende Kostenvereinbarung vor Aufnahme der Tätigkeit des RA abgeschlossen worden ist.[20] Auch die Kosten für einen vom **WV zu führenden Rechtsstreit** zur Klärung seiner Befugnisse, z. B. über die Frage, ob ein gem. Betrieb mehrerer UN vorliegt, hat der AG zu übernehmen.[21] Auch die Kosten einer erfolgreich angefochtenen oder nichtigen Wahl sind zu tragen.[22] Die Kosten einer Wahlanfechtung, einschließlich der Beauftragung eines RA, hat der AG ebenfalls zu übernehmen.[23] Auch **Kosten**, die einer im Betrieb vertretenen **Gew.** durch die Beauftragung eines RA im Verfahren zur Bestellung eines Wahlvorstands,[24] die Durchsetzung des Teilnahmerechts an der Stimmauszählung für einen Gew.-Sekretär[25] oder durch die Anfechtung einer Wahl[26] entstehen, sind vom AG zu tragen.

Eine Gew. kann vom AG einen Vorschuss für die Kosten der Anmietung eines Raums für die Betriebsversammlung verlangen, wenn im Betrieb kein Raum zur Verfügung steht.[27]

Dem WV sind kommentierte einschlägige Gesetzestexte, zu denen mindestens das BetrVG, die dazu erlassene WO und das SprAuG einschließlich der WO zu diesem Gesetz gehören sowie Formularsammlungen, zur Verfügung zu stellen. Versäumnis von Arbeitszeit, wie sie insbesondere durch die Ausübung des Wahlrechts oder der Betätigung im WV entsteht, berechtigt den AG nicht zur Minderung des Arbeitsentgelts. Der WV kann seine Aufgaben somit während der Arbeitszeit durchführen.

Die **WV-Mitgl.** bedürfen zur Wahrnehmung von Aufgaben des WV **keiner Genehmigung zum Verlassen ihres Arbeitsplatzes**. Sie haben sich jedoch **ab- und zurückzumelden**, sofern sie nicht ohnehin schon freigestellt sind. Muss die Tätigkeit des WV-Mitgl. aus betriebsbedingten Gründen **außerhalb der Arbeitszeit** durchgeführt werden, haben sie **Anspruch auf entsprechende Arbeitsbefreiung** unter Fortzahlung des Arbeitsentgelts nach 4

18 Vgl. BAG 3.12.87, AP Nr. 13 zu § 20 BetrVG 1972.
19 BAG 11.11.09 – 7 ABR 26/08.
20 BAG 11.11.09 – 7 ABR 26/08.
21 BAG 8.4.92 – 7 ABR 56/91; NZA 1993, 415.
22 Vgl. BAG 29.4.98 – 7 ABR 43/97, NZA 98, 1133.
23 LAG Nds. 14.9.06 – 4 Ta BV 7/06.
24 BAG 31.5.00 – 7 ABR 8/99, AiB 01, 604 m. Anm. Grimberg.
25 BAG 16.4.03 – 7 ABR 29/02, NZA 03, 1359.
26 Vgl. BAG 16.4.03 – 7 ABR 29/02, NZA 03, 1359.
27 A. A. LAG Nds. 11.8.22 – 6 TaBVGa 41/22.

§ 37 Abs. 3.[28] Der Arbeitgeber ist nicht berechtigt, dem Wahlvorstand ein Stundenkontingent für seine Arbeit vorzugeben.[29] Überstunden, die ein Mitgl. des WV ohne seine Tätigkeit im WV geleistet hätte, sind ihm zu vergüten. Das gilt auch dann, wenn es sich dabei nicht um regelmäßig anfallende **Überstunden** handelt.[30] Mitglieder des Wahlvorstands haben den Kündigungsschutz gem. § 15 Abs. 3 KSchG. Kandidaten für den Wahlvorstand, die aber auf der Betriebsversammlung zur Wahl des Wahlvorstandes nicht gewählt werden, genießen keinen besonderen Kündigungsschutz.[31]

5 Der WV hat bei der Festlegung der notwendigen Maßnahmen zur Durchführung der Wahl und den damit verbundenen Kosten einen **Beurteilungsspielraum**, den er nach den für den BR im Rahmen des § 40, § 37 Abs. 2 und 6 geltenden Grundsätzen zu beachten hat.[32] Außerhalb von notwendigen Beschlussverfahren, hat der AG die Kosten eines Rechtsanwalts für die Beratung des WV nur nach vorheriger Vereinbarung zwischen WV und ArbG über die Kosten analog § 80 Abs. 3 BetrVG (Hinzuziehung von Sachverständigen; vgl. § 80 Rn. 28 f.) zu tragen.[33] Auch Rechtsanwaltskosten, die ein Wahlbewerber für ein einstweiliges Verfügungsverfahren aufwenden muss, um die Genehmigung zum Betreten des Betriebs zum Sammeln von Stützunterschriften für seinen Wahlvorschlag, zur Durchführung von Wahlwerbung u. Ä. zu erlangen, gehören zu den zu erstattenden Kosten.[34] Weigert sich der AG, für die BR-Wahl erforderliche Gegenstände und Unterlagen zur Verfügung zu stellen, kann sie der WV auf **Rechnung des AG** beschaffen[35] oder ihre Herausgabe bzw. Zurverfügungstellung ggf. gerichtlich durchsetzen. Der WV ist von dadurch entstehenden **Ansprüchen Dritter** durch den AG **freizustellen.**[36]

6 Auch **persönliche Kosten**, die den WV-Mitgl. im Rahmen ihrer Aufgabenwahrnehmung entstehen, hat der AG ggf. zu ersetzen. Dazu zählen auch Reisekosten. Benutzt das WV-Mitgl. seinen eigenen Pkw, sind ihm die Kosten mit der betriebsüblichen Kilometerpauschale zu erstatten.[37] Auch der **Ersatz von Unfallschäden**, die ein WV-Mitgl. bei der Benutzung des eigenen Pkw erleidet, kommt in Betracht, wenn der AG die Benutzung ausdrücklich

---

28 BAG 26.4.95 – 7 AZR 874/94.
29 LAG 15.1.04 – 3 Sa 269/04.
30 BAG 29.6.88 – 7 AZR 651/87.
31 BAG 31.7.14 – 2 AZR 505/13, NZA 15, 245.
32 BAG 3.12.87, AP Nr. 13 zu § 20 BetrVG 1972.
33 BAG 11.11.09 – 7 ABR 26/08.
34 Vgl. LAG Hamm, DB 80, 1223; LAG Berlin, AuR 89, 28.
35 Vgl. ArbG Limburg, AuR 88, 122.
36 So grundsätzlich BAG 3.12.87, AP Nr. 13 zu § 20 BetrVG 1972.
37 Vgl. BAG, DB 83, 1366, das darauf abstellt, ob das WV-Mitgl. die Kosten bei vernünftiger Betrachtung als erforderlich ansehen konnte.

gewünscht hat oder die Benutzung erforderlich war, damit das WV-Mitgl. seine gesetzlichen Aufgaben wahrnehmen konnte.[38]

7 Die Kosten einer **notwendigen und angemessenen Schulung** der Mitgl. des WV über die ordnungsgemäße Vorbereitung und Durchführung der Wahl hat der AG ebenfalls zu tragen.[39] Diesen Anspruch können die WV-Mitgl. auch mit Hilfe einer e. V. durchsetzen.[40] Der WV hat in eigener Kompetenz und Verantwortung zu entscheiden, bei welchem Anbieter er auswählt. Er ist nicht gezwungen, nur eine vom AG angebotene Schulung zu besuchen.[41]

8 Sammeln Wahlbewerber während der Arbeitszeit Stützunterschriften für ihren Wahlvorschlag, darf die hierfür notwendige Zeit nicht vom Gleitzeitkonto bzw. vom Entgelt abgezogen werden. Auch die Ausübung des passiven Wahlrechts ist durch § 20 geschützt. Wahlbewerber zur Sammlung von Stützunterschriften auf die Zeiten außerhalb der Arbeitszeit zu verweisen, würde in der Praxis zu erheblichen Erschwerungen beim Sammeln von Stützunterschriften führen, da die anderen Arbeitnehmer so oft nicht zu erreichen sind.[42]

Die **Wahl selbst** findet während der **Arbeitszeit** statt. Das gilt auch für die Wahlversamml. nach § 14a. Die dadurch bedingte notwendige Versäumnis von Arbeitszeit berechtigt den AG nicht zur Minderung des Entgelts oder zum Zeitabzug von Arbeitszeitkonten.

38 Vgl. BAG a. a. O., das die Fahrt mit dem eigenen Pkw als erforderlich ansieht, wenn das Mitgl. des WV seine Tätigkeit wegen der Unzumutbarkeit mit anderen Verkehrsmitteln nicht erfüllen kann.

39 LAG Hamburg 14. 3. 12 – H 6 Sa 116/11; zu eng BAG, BB 85, 397, das zwar eine kurzzeitige Teilnahme eines erstmals bestellten WV-Mitgl. für erforderlich hält, bei anderen WV-Mitgl. jedoch auf den konkreten Wissensstand abstellt.

40 HessLAG 20. 8. 18 – 16 TaBVGa 159/18.

41 HessLAG 20. 8. 18 – 16 TaBVGa 159/18.

42 DKW-Homburg, Rn. 36; ArbG Berlin 17. 3. 78 – 10 BVGa 4/78; a. A. LAG Hamburg 31. 5. 07 – 7 Sa 1/07; Fitting, Rn. 43 m. w. N.

Zweiter Abschnitt
Amtszeit des Betriebsrats

§ 21 Amtszeit

Die regelmäßige Amtszeit des Betriebsrats beträgt vier Jahre. Die Amtszeit beginnt mit der Bekanntgabe des Wahlergebnisses oder, wenn zu diesem Zeitpunkt noch ein Betriebsrat besteht, mit Ablauf von dessen Amtszeit. Die Amtszeit endet spätestens am 31. Mai des Jahres, in dem nach § 13 Abs. 1 die regelmäßigen Betriebsratswahlen stattfinden. In dem Fall des § 13 Abs. 3 Satz 2 endet die Amtszeit spätestens am 31. Mai des Jahres, in dem der Betriebsrat neu zu wählen ist. In den Fällen des § 13 Abs. 2 Nr. 1 und 2 endet die Amtszeit mit der Bekanntgabe des Wahlergebnisses des neu gewählten Betriebsrats.

Inhaltsübersicht Rn.

1. Regelmäßige Amtszeit

1 Die Vorschrift findet nur Anwendung auf den BR, GBR, GJAV, KBR und KJAV sind Dauergremien ohne eine feste Amtszeit. Die regelmäßige Amtszeit für den BR beträgt vier Jahre. Sie kann sich jedoch für BR, die zwischen den regelmäßigen Wahlzeiträumen (§ 13 Abs. 1) erneut oder erstmals gewählt werden, verkürzen oder verlängern. Die **Amtszeit des** BR ist **kürzer**, wenn der BR, der im Zeitraum zwischen den regelmäßig stattfindenden Wahlen gewählt ist, am 1. März des nächstfolgenden regelmäßigen Wahljahres ein Jahr oder länger im Amt war und deshalb nach § 13 Abs. 3 Satz 1 bereits bei der nächstfolgenden regelmäßigen BR-Wahl neu zu wählen ist. Die **Amtszeit** ist **länger**, wenn der zwischenzeitlich gewählte BR am 1. März des Jahres mit regelmäßigen BR-Wahlen weniger als ein Jahr im Amt gewesen ist. Die gesetzlichen Vorschriften zur Amtszeit sind zwingend. Durch BV, sonstige Absprache mit dem Arbeitgeber oder TV kann nicht von ihnen abgewichen werden.[1] Ausnahme ist ein Tarifvertrag bzw. eine BV nach § 3. Bestimmt der Tarifvertrag bzw. die BV einen anderen Wahlzeitpunkt, endet gem. § 3 Abs. 4 die Amtszeit eines BR mit Bekanntgabe des Wahlergebnisses des neugewählten BR gem. § 3 Abs. 1 Nr. 1 bis 3. Zur Verlängerung des Übergangsmandates des BR nach § 21a s. dort.

1 LAG Hamm 24. 3. 10 – 10 TaBVGa 7/10, AiB 13, 717; Fitting, § 21 Rn. 3; a. A.: LAG Düsseldorf 17. 5. 02 – 18 TaBV 26/02, LAGE § 14 n. F. BetrVG 2011 Nr. 2.

Besteht im Betrieb ein BR, beginnt die Amtszeit des neugewählten BR mit Ablauf der Amtszeit des vorherigen BR. Sein Amt endet vier Jahre später mit Ablauf desjenigen Kalendertages, der dem Tag vorausgeht, der dem ersten Tag seiner Amtszeit durch seine kalendermäßige Bezeichnung entspricht (§ 188 BGB). 2

Beispiel:
Endet die Amtszeit des amtierenden BR am 15. April, beginnt die Amtszeit des neuen BR am 16. April. Sie endet vier Jahre später, mit Ablauf des 15. April.

Besteht im Betrieb kein BR, beginnt die Amtszeit des BR mit der Bekanntgabe des Wahlergebnisses. Sie endet sie vier Jahre später an dem Tag, der seiner Bezeichnung nach dem Tage der Bekanntgabe des Wahlergebnisses entspricht (§§ 188, 187 BGB). 3

Die Amtszeit eines außerhalb des regelmäßigen Wahlzeitraums gewählten BR endet mit der Bekanntgabe des Wahlergebnisses des neu gewählten BR,[2] spätestens jedoch am 31. 5. des nächsten Wahlzeitraums gemäß § 13 Abs. 3. 4

Nach **Beendigung der Amtszeit des BR** tritt der neugewählte BR die Funktionsnachfolge an; er wird auch Beteiligter in anhängigen Beschlussverfahren.[3] Dies gilt nur, wenn ein neuer BR gewählt wird. Geschieht dies nicht, dann ist der BR, dessen Amtszeit beendet ist, nicht mehr beteiligtenfähig.[4] Damit werden die BR eingeleiteten Verfahren bzw. Rechtsmittel unzulässig. Endet die Amtszeit eines Betriebsrats während eines Wahlanfechtungsverfahrens, entfällt das Rechtsschutzinteresse, da eine Entscheidung keinerlei Auswirkungen mehr haben kann.[5] 5

Besteht am Tage der Bekanntgabe des endgültigen Wahlergebnisses kein BR, beginnt die Amtszeit des neuen BR mit der **Bekanntgabe des Wahlergebnisses**, d. h. mit dem Aushang im Betrieb.[6] Dies gilt auch dann, wenn der noch amtierende BR nach § 13 Abs. 2 außerhalb des regelmäßigen Wahlzeitraums gewählt wurde (vgl. auch § 22). 6

Ist zum Zeitpunkt der Bekanntgabe des Wahlergebnisses die Amtszeit des bisherigen BR noch nicht abgelaufen, beginnt die Amtszeit erst mit dem **Ablauf der Amtszeit** des bisherigen BR (zu den Sonderfällen, wenn durch TV oder BV betriebsverfassungsrechtliche Organisationseinheiten nach § 3 gebildet werden und den damit verbundenen Auswirkungen auf die Beendigung der Amtszeit des bisherigen BR vgl. § 3 Rn. 10). Für das Zwischenstadium hat der neu gewählte BR noch nicht die Rechte aus dem BetrVG;

2 BAG 28. 9. 83, AP Nr. 1 zu § 21 BetrVG 1972.
3 BAG 27. 5. 15 – 7 ABR 24/13.
4 BAG 19. 12. 18 – 7 ABR 79/16.
5 BAG 16. 4. 08, NZA-RR 2008, 583.
6 DKW-Buschmann, Rn. 5.

diese stehen weiterhin dem bisherigen BR zu. Der neu gewählte BR sollte sich aber vor Beginn seiner Amtszeit konstituieren (vgl. § 29 Rn. 1), damit ein nahtloser Übergang gewährleistet ist. Gegen Kündigungen sind die Mitgl. des neuen BR nach § 103 BetrVG bereits geschützt;[7] Entsprechendes gilt für Versetzungen (vgl. § 103 Rn. 31).
Der DGB-Reformentwurf zum BetrVG sieht u.a. vor, dass die jeweilige Amtszeit mit der Konstituierung des BR beginnt.[8]

2. Persönliche Amtszeit

7 Das **Ende der Amtszeit** des BR ist von der Beendigung der Mitgliedschaft im BR des einzelnen BR-Mitgl. zu unterscheiden. Die Beendigung der Mitgliedschaft des einzelnen BR-Mitgl. berührt die Amtszeit des BR als solche nicht. Sprechen allerdings alle BR-Mitglieder fristlose Eigenkündigungen aus, endet die Amtszeit des BR sofort. Der Betrieb wird betriebsratslos. Auch eine Weiterführung der Geschäfte durch die ausgeschiedenen BR-Mitglieder kommt nicht in Betracht.[9] Dies gilt auch, wenn die Eigenkündigung im Rahmen von Sanierungsbemühungen erfolgte und die Arbeitsverhältnisse anschließend neu begründet werden.[10]

3. Absinken der Zahl der Arbeitnehmer bzw. Betriebsratsmitglieder

8 Auf die Amtszeit des BR hat das **Absinken** der **Zahl der regelmäßig beschäftigten AN** keine Auswirkungen, sondern verpflichtet allenfalls zur Einleitung der Neuwahl (vgl. § 13 Abs. 2 Nr. 1). Verändert sich die Zahl der AN in der Weise, dass andere Stufen des § 9 **erreicht bzw. unterschritten** werden (wenn sich beispielsweise die AN-Zahl in einem Betrieb durch Einstellungen von 190 auf 200 AN erhöht oder durch Personalabbau eine Verringerung der AN-Zahl von 420 auf 380 AN eintritt), wird die Zahl der BR-Mitgl. nicht an die veränderten Stufen angepasst. Es erfolgt somit keine Neuwahl, es sei denn, die Anzahl der AN verändert sich in einem Umfang, dass die Voraussetzungen des § 13 Abs. 2 Nr. 1 (Absinken oder Steigen der regelmäßig beschäftigten AN um mehr als die Hälfte, mindestens um 50 exakt 24 Monate nach dem Tag der Wahl, vgl. § 13 Rn. 2) vorliegen. Ist die Zahl der BR-Mitgl. nach Eintritt aller Ersatzmitglieder in den BR unter die gesetzlich vorgeschriebene Größe (§ 13 Abs. 2 Nr. 2) gesunken, endet die Amtszeit nicht automatisch. In diesen Fällen endet die Amtszeit mit der Bekanntgabe des Wahlergebnisses des neugewählten BR.

---

7 Fitting, § 103 Rn. 55.
8 *https://aur-blog.eu/reformvorschlag/*.
9 LAG Hamm 14.10.04 – 4 Sa 1102/04.
10 LAG Hamm 14.10.04 – 4 Sa 1102/04.

Beschließt der BR seinen Rücktritt (§ 13 Abs. 3 Nr. 3, vgl. § 13 Rn. 2), endet seine Amtszeit ebenfalls mit der Bekanntgabe des Wahlergebnisses des neugewählten BR, da er nach § 22 bis dahin im Amt bleibt.[11] Sinkt die AN-Zahl auf Dauer unter die für die Bildung eines BR notwendige Mindestzahl von fünf ständigen wahlberechtigten AN (§ 1 Abs. 1), endet die Amtszeit des BR ebenfalls.

4. Übergangs- und Restmandat bei Umstrukturierungen

Bei betrieblichen Umstrukturierungen und damit verbundenen Verände- 9
rungen der Betriebsstrukturen (wie Spaltung von bzw. Zusammenschluss mit anderen Betrieben) entsteht unter bestimmten Voraussetzungen ein **Übergangsmandat** des BR (vgl. § 21a); bei Betriebsstilllegungen oder anderen Formen der Auflösung des Betriebs ein **Restmandat** (vgl. § 21b). Wird allerdings bei einer Spaltung des UN der Betrieb als **gemeinsamer Betrieb** fortgeführt, endet die Amtszeit des BR nicht (zum Gemeinschaftsbetrieb vgl. § 1 Rn. 3f.).

§ 21a Übergangsmandat

(1) Wird ein Betrieb gespalten, so bleibt dessen Betriebsrat im Amt und führt die Geschäfte für die ihm bislang zugeordneten Betriebsteile weiter, soweit sie die Voraussetzungen des § 1 Abs. 1 Satz 1 erfüllen und nicht in einen Betrieb eingegliedert werden, in dem ein Betriebsrat besteht (Übergangsmandat). Der Betriebsrat hat insbesondere unverzüglich Wahlvorstände zu bestellen. Das Übergangsmandat endet, sobald in den Betriebsteilen ein neuer Betriebsrat gewählt und das Wahlergebnis bekannt gegeben ist, spätestens jedoch sechs Monate nach Wirksamwerden der Spaltung. Durch Tarifvertrag oder Betriebsvereinbarung kann das Übergangsmandat um weitere sechs Monate verlängert werden.

(2) Werden Betriebe oder Betriebsteile zu einem Betrieb zusammengefasst, so nimmt der Betriebsrat des nach der Zahl der wahlberechtigten Arbeitnehmer größten Betriebs oder Betriebsteils das Übergangsmandat wahr. Absatz 1 gilt entsprechend.

(3) Die Absätze 1 und 2 gelten auch, wenn die Spaltung oder Zusammenlegung von Betrieben und Betriebsteilen im Zusammenhang mit einer Betriebsveräußerung oder einer Umwandlung nach dem Umwandlungsgesetz erfolgt.

---

11 Fitting, § 21 Rn. 27.

Inhaltsübersicht Rn.

1. Grundsätze

1 Das Übergangsmandat soll sicherstellen, dass bei betrieblichen Organisationsveränderungen in der dadurch ausgelösten Übergangsphase **keine betriebsratslosen Zeiten** vorkommen. Es entsteht nicht bei reinen Veränderungen in der UN-Struktur. Das Übergangsmandat entsteht bei jeder Form einer **Betriebsspaltung**, wenn die Organisationsänderung des Betriebs zum Wegfall des bestehenden Betriebs führt oder durch eine Betriebsspaltung ein Teil der AN aus dem Zuständigkeitsbereich des BR herausfällt und sie dadurch ihren Schutz nach dem BetrVG verlieren würden. Dies gilt auch, wenn ein oder mehrere kleinere Betriebsteile vom Ursprungsbetrieb abgespalten werden, unabhängig davon, ob sie nach der Abspaltung selbständig fortbestehen oder mit anderen Einheiten zu einem Betrieb zusammengefasst werden.[1] Bleibt aber bei einer Abspaltung eines Betriebsteils der bisherige Betrieb in seiner Identität (räumlicher und funktionaler Zusammenhang) erhalten, bleibt der BR für diesen Betrieb im Amt. Das Übergangsmandat entsteht nur für den abgespaltenen Betriebsteil, sofern dieser die Voraussetzungen von § 1 Abs. 1 erfüllt.[2]
Der DGB-Reformentwurf zum BetrVG sieht u. a. vor, dass der BR im Falle von Strukturveränderungen, die den Betrieb betreffen, sein (Voll-)Mandat drei Monate nach Feststellung u. a. durch das Arbeitsgericht, dass der Betrieb nicht mehr besteht, behält.[3]

2. Voraussetzung: betriebsratsfähiger Betriebsteil

2 Das Übergangsmandat für die abgespaltenen Betriebe besteht nur, wenn diese Betriebsteile **betriebsratsfähig** i. S. des § 1 Abs. 1 sind, also mindestens fünf ständig beschäftigte wahlberechtigte AN haben, von denen drei wählbar sind.[4] Es besteht nicht für einen abgespaltenen Betriebsteil, der in einen Betrieb eingegliedert wird, in dem bereits ein BR besteht.

---

1 LAG Hamm 22. 10. 10 – 10 TaBVGa 19/10.
2 BAG 24. 5. 12 – 2 AZR 62/11; LAG Düsseldorf 18. 10. 17 – 12 TaBVGa 4/17.
3 *https://aur-blog.eu/reformvorschlag/*.
4 Fitting, Rn. 13; a. A. DKW-Buschmann, Rn. 21 nimmt aufgrund der Betriebsübergangs-RL 2001/23/EG an, dass dieses Erfordernis nicht richtlinienkonform sei.

Wenn das Übergangsmandat entsteht, bleibt der BR in seiner **bisherigen Zusammensetzung** erhalten. Für den Fall, dass der Betrieb in seiner Identität erhalten bleibt und der BR ein Übergangsmandat für einen abgespaltenen Betriebsteil wahrnimmt, ist die personelle Zusammensetzung des BR umstritten. Streitpunkt ist dabei, ob ihm auch die BR-Mitgl. angehören, die in den abgespaltenen Betriebsteil übergewechselt sind.[5] Wechseln die BR-Mitgl. in den abgespaltenen Teil des Betriebs, sollen sie nicht mehr dem BR des Ursprungsbetriebes angehören können, der das Restmandat wahrnimmt.[6] Vertreten wird auch, dass der BR in unterschiedlicher personeller Zusammensetzung sein Amt als BR für den Ursprungsbetrieb und als BR mit Übergangsmandat für den abgespalteten Betriebsteil wahrnimmt. Nur bei letzterem sollen BR-Mitgl., die in den abgespaltenen Betriebsteil übergegangen sind, teilnehmen dürfen.[7] § 21a geht als Spezialnorm den Regelungen in § 24 Nr. 3 u. 4 vor. Daher bleibt der BR mit allen Mitgliedern unverändert im Amt.[8] Der BR, der das Übergangsmandat wahrnimmt, hat die **vollen Rechte und Pflichten** nach dem Gesetz nicht nur im Restbetrieb, sondern auch für die abgespaltenen Betriebsteile. Er hat darüber hinaus die Aufgabe, für die abgespaltenen Betriebsteile **unverzüglich WV** zu bestellen, damit es zur Einleitung von BR-Wahlen in diesem Bereich kommt. Dabei müssen die WV-Mitgl. aus dem abgespaltenen Betriebsteil kommen, für den der WV eingesetzt wird, denn nur solche (und ggf. Leih-AN) sind dort wahlberechtigt. 3

3. Zeitliche Begrenzung

Das Übergangsmandat ist grundsätzlich auf **sechs Monate** beschränkt. Es kann durch TV oder BV um weitere sechs Monate verlängert werden. Die **Höchstdauer** beträgt somit **ein Jahr**. Das Übergangsmandat endet vor Ablauf der sechs Monate bzw. bei Verlängerung vor Ablauf des Jahres, wenn in den abgespaltenen Betriebsteilen **neue BR** gewählt und die Wahlergebnisse bekannt gegeben worden sind. 4

5 Dafür DKW-Buschmann, Rn. 35; Fitting, Rn. 16; a. A. LAG Düsseldorf 18.10.17 – 12 TaBVGa 4/17; ErfK-Koch § 21a Rn. 7.

6 LAG Düsseldorf 18.10.17 – 12 TaBVGa 4/17; HAKO-Düwell, § 21a Rn. 77.

7 ErfK-Koch, § 21a Rn. 7, 78.

8 DKW-Buschmann, § 21a Rn. 35; im Grundsatz auch Fitting, § 21a Rn. 17, aber nicht für den Fall, dass das BR-Mitgl. im Rahmen der Umstrukturierung einen neuen Arbeitgeber erhält, der nicht an der betrieblichen Umstrukturierung beteiligt war.

4. Zusammenfassung von Betrieben

5 Das Übergangsmandat entsteht auch, wenn Betriebe oder Betriebsteile zu einem neuen Betrieb **zusammengefasst** werden. Es findet bei allen Formen der Zusammenfassung von Betrieben oder Betriebsteilen Anwendung, unabhängig von der Form gesellschaftsrechtlicher Veränderungen (vgl. aber auch Rn. 6). Die bloße Eingliederung eines Betriebsteils, der weniger als 50 % der Arbeitnehmer des aufnehmenden Betriebes hat, während gleichzeitig ein Betriebsteil von diesem Betrieb abgespalten wird, führt allein nicht dazu, eine neue Identität des Betriebs anzunehmen. Der Betriebsrat bleibt mit Vollmandat, nicht Übergangsmandat im Amt.[9] Werden zwei bisher selbständige Betriebsteile einer gemeinsamen Leitung unterstellt, ohne dass sich die sonstige Betriebsorganisation ändert, liegt keine Eingliederung, sondern eine Zusammenfassung von Betriebsteilen vor mit der Folge, dass ein Übergangsmandat entsteht.[10] Wird ein Betrieb in einen anderen Betrieb, der ebenfalls über einen BR verfügt, unter Verlust seiner Identität eingegliedert, entsteht kein Übergangsmandat für den BR des eingegliederten Betriebes (vgl. § 1 Rn. 1 f.).[11] Der BR des aufnehmenden Betriebes bleibt im Amt und ist zuständig für die aufgenommenen Arbeitnehmer. Verlieren beide Betriebe ihre Identität, entsteht das Übergangsmandat.[12]
Werden in einem Gemeinschaftsbetrieb unter Verkennung des Betriebsbegriffs mehrere BR gewählt und wird die Wahl eines dieser BR erfolgreich angefochten, entsteht ein Übergangsmandat analog § 21 Abs. 2 und zwar für den nach Wahlberechtigten größten BR des Gemeinschaftstriebs, dessen Wahl nicht angefochten wurde.[13]
Das Übergangsmandat nimmt der BR wahr, der in dem nach der Zahl der wahlberechtigten AN größten **Betrieb bzw. größten Betriebsteil** vor der Zusammenfassung bestanden hat. Abzustellen ist auf die Zahl der wahlberechtigten AN, die zum Zeitpunkt der Einleitung der BR-Wahl dem Betrieb bzw. Betriebsteil angehörten. Die Regelungen nach Abs. 1 zur Dauer und zum Umfang des Übergangsmandats gelten im Übrigen entsprechend.

5. Auftreten betrieblicher Organisationsänderungen

6 Das Übergangsmandat nach den Abs. 1 und 2 gilt unabhängig davon, ob die Spaltung des Betriebs oder die Zusammenlegung von Betrieben bzw. Betriebsteilen ausschließlich aufgrund von **Änderungen der Betriebsorganisation** innerhalb eines UN erfolgt oder betriebliche Umstrukturierungen

9 LAG Nürnberg 4. 9. 07 – 6 TaBV 31/07.
10 HessLAG 23. 10. 08 – 9 TaBV 155/08.
11 HessLAG 6. 5. 04 – 9 TaBVGa 61/04; Fitting, Rn. 12.
12 HessLAG 6. 5. 04 – 9 TaBVGa 61/04.
13 BAG 22. 11. 17 – 7 ABR 40/16, NZA 18, 724.

im Zusammenhang mit einem **Betriebsübergang** im Wege der Einzel- oder Gesamtrechtsnachfolge entstehen. Erforderlich ist aber immer das Auftreten betrieblicher Organisationsänderungen. Erfolgt somit ein Vorgang auf UN-Ebene, der den Betrieb in seiner Organisationsform **unberührt** lässt, wie etwa eine Fusion oder ein bloßer Formwechsel, bei dem der Rechtsträger erhalten bleibt und lediglich eine neue Rechtsform erhält, findet das Übergangsmandat keine Anwendung. Entsprechendes gilt, wenn der Betrieb auf einen **anderen Inhaber** nach § 613a BGB übertragen wird, ohne dass der neue Inhaber betriebliche Organisationsveränderungen vornimmt.

§ 21b Restmandat

Geht ein Betrieb durch Stilllegung, Spaltung oder Zusammenlegung unter, so bleibt dessen Betriebsrat so lange im Amt, wie dies zur Wahrnehmung der damit im Zusammenhang stehenden Mitwirkungs- und Mitbestimmungsrechte erforderlich ist.

Inhaltsübersicht Rn.

1. Grundsätze

1 Zweck der Vorschrift ist die Erhaltung von BR-Rechten bei Stilllegung, Spaltung oder Zusammenlegung von Betrieben. Dabei tritt der Fall der Stilllegung nicht erst mit Auslaufen aller Kündigungsfristen der Arbeitsverhältnisse der AN ein, sondern dann, wenn der Geschäftsbetrieb dauerhaft und vollständig eingestellt und die betriebliche Organisation aufgelöst werden.[1] Diese Organisationsänderungen betreffen sämtlich Betriebsänderungen i. S. v. § 111. Erforderlich für das Restmandat ist nicht, dass die übrigen Voraussetzungen des § 111, wie z. B. mehr als 20 wahlberechtigte Beschäftigte im UN, vorliegen.[2] Das Restmandat **verlängert** die Amtszeit des BR, die sonst durch den Wegfall der Organisationseinheit enden würde. Diese Funktion des Restmandats führt dazu, dass es – anders als das Übergangsmandat – **nicht zeitlich befristet** ist.[3] Das Restmandat endet erst, wenn im Zusammenhang mit den genannten Maßnahmen **keine Verhandlungsgegenstände mehr offen** sind.[4] Das Restmandat ist **kein Vollman-**

---

1 LAG Düsseldorf 15. 11. 22 – 3 TaBV 47/21.
2 DKW-Buschmann, Rn. 3.
3 Der DGB-Reformentwurf zum BetrVG sieht eine Klarstellung vor, nach der der BR mit Restmandat bis zur Erledigung aller offenen Arbeiten im Amt bleibt, *https://aur-blog.eu/reformvorschlag/*.
4 BAG 5. 10. 00 – 1 AZR 48/00.

dat, sondern ein nachwirkendes Teilmandat.[5] Das Restmandat bezieht sich nicht nur auf die Abwicklung eines Interessenausgleichs und Sozialplans. Alle Rechte und Befugnisse des BR können im Rahmen des Restmandats wahrgenommen werden, sofern sie mit der Stilllegung, Spaltung oder dem Zusammenschluss des Betriebs funktional im Zusammenhang stehen.[6] Voraussetzung ist, dass ein über die tatsächliche Stilllegung, die Spaltung oder den Zusammenschluss überdauernder Regelungsbedarf gegeben ist.[7] Dies ist aber z. B. nicht der Fall, wenn im Rahmen eines Restmandats der BR Auskunft über Prämienzahlungen an AN im Jahr vor der Betriebsstillegung verlangt.[8] Auch kann der BR nicht die Einsetzung einer Einigungsstelle zur Regelung von Halteprämien verlangen, wenn der Betrieb stillgelegt ist und die Prämien ausbezahlt worden sind.[9]

Während sich das befristete Übergangsmandat (§ 21a) auch auf neue Aufgaben bezieht, die dem BR nach der Spaltung oder der Zusammenlegung von Betrieben oder Betriebsteilen erwachsen, dient das Restmandat der **Abwicklung der Aufgaben** des BR, wie sie über die Stilllegung des Betriebs oder eine andere Form der Auflösung der betrieblichen Einheit hinaus noch gegeben sein können. Allerdings existiert auch ein bestehender Wirtschaftsausschuss während des Restmandates weiter. Der BR kann auch während des Restmandats Auskunftsansprüche nach § 109 durchsetzen.[10] Es kann daher sogar über das Ende der eigentlichen Amtszeit hinaus fortbestehen. Ein Restmandat aber entsteht nicht, wenn z. B. der AG nur eine Teilstilllegung des Betriebes durchführt, sofern der verbleibende Betrieb mehr als fünf AN beschäftigt und noch BR-Mitgl. im Betrieb beschäftigt sind. Sind keine BR-Mitgl. mehr beschäftigt, sind Neuwahlen durchzuführen. Werden z. B. die Produktionsanlagen durch Feuer zerstört und soll der Betrieb aber nach dem Wiederaufbau weitergeführt werden, hat der BR kein Restmandat, sondern ein Vollmandat, da der Betrieb nicht endgültig stillgelegt wird.[11] Ein Restmandat entsteht ebenfalls nicht, wenn ein Betrieb unter Wahrung seiner Identität vollständig auf einen Betriebserwerber im Wege des Betriebsübergangs (§ 613a BGB) übergeht.[12]

Das Restmandat wird von dem BR ausgeübt, **der bei dem Untergehen** des Betriebs **im Amt** war. Diesem BR gehören auch die Mitgl. an, die bereits aus

---

5 BAG 24. 9. 15 – 2 AZR 562/14, NZA 16, 366; 24. 5. 12 – 2 AZR 62/11, NZA 13, 277; LAG BB 23. 7. 15 – 26 TaBV 857/15.

6 BAG 11. 10. 16 – 1 ABR 51/14, NZA 17, 68; 8. 12. 09 – 1 ABR 41/09, NZA 10, 665; DKW-Buschmann, Rn. 5.

7 BAG 14. 8. 01 – 1 ABR 52/00.

8 BAG 11. 10. 16 – 1 ABR 51/14, NZA 17, 68.

9 LAG Nürnberg 12. 12. 18 – 4 TaBV 19/18.

10 LAG BB 23. 7. 15 – 26 TaBV 857/15.

11 BAG 16. 6. 87 – 1 AZR 528/85, NZA 87, 2231.

12 BAG 8. 5. 14 – 2 AZR 1005/12, NZA 15, 889.

dem Betrieb **ausgeschieden** sind.[13] § 24 Nr. 3 BetrVG findet keine Anwendung. Ihm gehören auch die BR-Mitgl. an, deren Arbeitsverhältnis durch Betriebsübergang (§ 613a BGB) auf einen anderen Arbeitgeber übergegangen sind.[14] Wenn einzelne BR-Mitgl. nicht mehr bereit sind, ihr Amt auszuüben bzw. das Amt niederlegen, übt der restliche BR in **entsprechender Anwendung des § 11** die noch wahrzunehmenden Rechte aus. Das gilt selbst dann, wenn (nur) noch ein aus einer Person bestehender BR zur Wahrnehmung der abzuwickelnden Aufgaben bereit ist.[15]

Die **Kosten** für das **Restmandat** sind vom Arbeitgeber zu tragen. Dies umfasst auch Kosten, die durch Freistellungen entstehen, weil ein BR-Mitgl. des Restbetriebsrates schon bei einem anderen Arbeitgeber arbeitet.[16] Ein BR-Mitgl. des Rest-BRs kann keine Vergütung für die BR-Tätigkeit verlangen.[17] Ist das Arbeitsverhältnis eines BR-Mitgl. beendet, wird es durch die weitere Ausübung des Restmandates weder verlängert noch neu begründet.[18]

2. Mitwirkungs- und Mitbestimmungsrechte

Der BR ist gem. § 102 vor Ausspruch von Kündigungen von AN zu hören, 2
die mit Abwicklungsarbeiten beschäftigt sind.[19] Auch bei Kündigungen, die gleich aus welchem Grund, nach der tatsächlichen Betriebsstillegung erfolgen, ist der BR nach § 102 anzuhören.[20] Im Rahmen des Restmandates ist der BR des abgebenden Betriebes nicht nach § 99 zu beteiligen, wenn der Arbeitgeber nach vollständiger Stilllegung des Betriebes einem AN eine Tätigkeit in einem anderen Betrieb zuweist.[21] Wenn bei einem Betriebsübergang nach § 613a BGB der Betrieb seine Identität behält, bleibt der BR im Amt, es gibt kein Restmandat. Dieser BR im übergegangenen Betrieb ist nicht zuständig für AN, die dem Betriebsübergang widersprochen haben und nun gekündigt werden.[22] Weiterhin ist beispielsweise denkbar, dass bei dem Untergang des Betriebs durch eine der in der Vorschrift genannten Maßnahmen noch Kostenerstattungsansprüche des BR nach § 40 bestehen.[23] Während des Rest-

13 BAG 5.5.10 – 7 AZR 728/08, brwo.
14 DKW-Buschmann, Rn. 4; vgl. LAG Sachsen-Anhalt 25.11.10 – 3 TaBV 16/10.
15 BAG 5.10.00 – 1 AZR 48/00.
16 Fitting, Rn. 20.
17 BAG 5.5.10 – 7 AZR 728/08, NZA 10, 1025.
18 DKW-Buschmann, § 21b Rn. 26.
19 LAG Nds. 6.3.06 – 17 Sa 85/06; Fitting, Rn. 17.
20 BAG 25.10.07, NZA-RR 2008, 367.
21 BAG 8.12.09 – 1 ABR 41/09, NZA 2010, 665.
22 BAG 24.5.12 – 2 AZR 62/11, NZA 13, 277, BAG 8.5.14 – 2 AZR 1005/12, NZA 15, 889; LAG Nürnberg 9.8.11 – 6 Sa 230/10; a.A. LAG RP 18.4.05 – 2 TaBV 15/02, NZA 05, 529.
23 Vgl. DKW-Buschmann, Rn. 25 m.w.N.

mandats hat der BR Anspruch auf alle erforderlichen Sachmittel und Räume, die er hierfür benötigt. Dies umfasst auch einen PC, Literatur, Telefon usw.[24] Unterrichtungsansprüche gem. § 80 bestehen nur im Rahmen der Aufgaben des Restmandates. Der BR mit Restmandat kann keine Auskunftsansprüche für ein Jahr vor einer Betriebsschließung gezahlte Boni geltend machen.[25]

3 Ein Verhandlungsgegenstand, für den der das Restmandat ausübende BR zuständig ist, liegt auch vor, wenn es um die **Abänderung** eines bereits abgeschlossenen Sozialplans an veränderte Umstände geht. Das folgt aus dem Zweck des Restmandats, das gewährleisten soll, dass die zur Abwicklung einer Betriebsstillegung erforderlichen betrieblichen Regelungen tatsächlich noch getroffen werden können.[26]

§ 22 Weiterführung der Geschäfte des Betriebsrats

In den Fällen des § 13 Abs. 2 Nr. 1 bis 3 führt der Betriebsrat die Geschäfte weiter, bis der neue Betriebsrat gewählt und das Wahlergebnis bekannt gegeben ist.

Inhaltsübersicht Rn.

1. Grundsätze

1 § 22 stellt sicher, dass grundsätzlich keine betriebsratslose Zeit eintritt und ein BR seine Aufgaben nach dem BetrVG wahrnimmt, sofern erst einmal ein BR gewählt ist. Dies ist insbesondere von Bedeutung für die Geschäftsführungsbefugnis eines zurückgetretenen BR, da für diesen die Regelung des § 21 Satz 5 nicht unmittelbar gilt. Die Geschäftsführungsbefugnis nach § 22 besteht in den in § 13 Abs. 2 Nrn. 1 bis 3 aufgeführten Fällen. Sie ist **umfassend** und erstreckt sich auf alle Aufgaben und Rechte des BR.[1] Im Rahmen des Mandats ist der BR immer dann beschlussfähig, wenn wenigstens die Hälfte der noch vorhandenen BR-Mitglieder an der Beschlussfassung teilnimmt. Damit wird verhindert, dass der Rest-BR im Fall des § 13 Abs. 2 Nr. 2 – Absinken der Mitgliederzahl unter die gesetzliche Größe – hand-

---

24 LAG Bremen 9.12.04 – 3 TaBV 15/04, vgl. DKW-Buschmann § 21b Rn. 25 m.w.N.

25 BAG 11.10.16 – 1 ABR 51/14.

26 BAG 11.10.16 – 1 ABR 51/14.

1 Vgl. BAG 16.11.17 – 2 AZR 14/17, NZA 18, 240; Fitting, § 22 Rn. 8.

lungsunfähig wird.[2] Bei einer Wahlanfechtung führt der zurückgetretene BR so lange die Amtsgeschäfte weiter, bis die Gerichtsentscheidung **rechtskräftig** ist, ggf. erst nach der Entscheidung über eine Nichtzulassungsbeschwerde beim BAG, oder er durch einen neu gewählten BR abgelöst wird oder die normale Amtszeit abgelaufen ist.[3] Das Rechtsschutzinteresse für die Wahlanfechtung entfällt nicht bereits dadurch, dass der BR seinen Rücktritt beschließt.[4]
Wird in den Fällen des § 13 Abs. 2 Nrn. 1 bis 3 auch nach erfolgter Einleitung der Wahl kein neuer BR gewählt, weil z. B. trotz gesetzter Nachfrist keine Vorschlagsliste eingereicht wird, bleibt der bisherige BR, ggf. der Rumpf-BR, bis zum Ablauf seiner Amtszeit im Amt. Dies gilt auch, wenn der BR nur noch aus einer Person besteht.[5] Der »geschäftsführende« BR kann jedoch jederzeit erneut die Wahl eines BR einleiten. Ggf. finden auch § 16 Abs. 2, 3, § 17 und § 17a Nr. 3, 4 Anwendung.

2. Besonderheit tariflicher Regelungen

Die Weiterführung der Geschäfte kommt nicht in Betracht, wenn durch TV 2
nach § 3 Abs. 1 Nr. 1–3 **abweichende BR- bzw. AN-Vertretungsstrukturen** gebildet werden. Die Amtszeit des bisherigen BR endet erst mit der Neuwahl dieser anderen BR- bzw. AN-Vertretungsstrukturen (Bekanntgabe des Wahlergebnisses; vgl. § 3 Abs. 4). Eine analoge Anwendung des § 22 kann aber in Betracht kommen, wenn ein nach § 3 Abs. 1 Nr. 4 gebildetes **zusätzliches Gremium** bzw. eine nach § 3 Abs. 1 Nr. 5 gebildete **zusätzliche Vertretung** zurücktritt. Zur Weiterführung der Geschäfte auf der Grundlage eines **Übergangsmandats** vgl. § 21a; auf der Grundlage eines **Restmandats** vgl. § 21b.

§ 23 Verletzung gesetzlicher Pflichten

(1) Mindestens ein Viertel der wahlberechtigten Arbeitnehmer, der Arbeitgeber oder eine im Betrieb vertretene Gewerkschaft können beim Arbeitsgericht den Ausschluss eines Mitglieds aus dem Betriebsrat oder die Auflösung des Betriebsrats wegen grober Verletzung seiner gesetzlichen Pflichten beantragen. Der Ausschluss eines Mitglieds kann auch vom Betriebsrat beantragt werden.

---

2 BAG 18.8.82 – 7 AZR 437/80, DB 83, 288; BAG 23.11.16 – 7 ABR 13/15, NZA 17 589.
3 BAG 15.2.12 – 7 ABN 59/11, NZA-RR 12, 602.
4 BAG 30.6.21 – 7 ABR 24/20.
5 Vgl. LAG Düsseldorf 15.4.11 – 6 Sa 857/10.

(2) Wird der Betriebsrat aufgelöst, so setzt das Arbeitsgericht unverzüglich einen Wahlvorstand für die Neuwahl ein. § 16 Abs. 2 gilt entsprechend.
(3) Der Betriebsrat oder eine im Betrieb vertretene Gewerkschaft können bei groben Verstößen des Arbeitgebers gegen seine Verpflichtungen aus diesem Gesetz beim Arbeitsgericht beantragen, dem Arbeitgeber aufzugeben, eine Handlung zu unterlassen, die Vornahme einer Handlung zu dulden oder eine Handlung vorzunehmen. Handelt der Arbeitgeber der ihm durch rechtskräftige gerichtliche Entscheidung auferlegten Verpflichtung zuwider, eine Handlung zu unterlassen oder die Vornahme einer Handlung zu dulden, so ist er auf Antrag vom Arbeitsgericht wegen einer jeden Zuwiderhandlung nach vorheriger Androhung zu einem Ordnungsgeld zu verurteilen. Führt der Arbeitgeber die ihm durch eine rechtskräftige gerichtliche Entscheidung auferlegte Handlung nicht durch, so ist auf Antrag vom Arbeitsgericht zu erkennen, dass er zur Vornahme der Handlung durch Zwangsgeld anzuhalten sei. Antragsberechtigt sind der Betriebsrat oder eine im Betrieb vertretene Gewerkschaft. Das Höchstmaß des Ordnungsgeldes und Zwangsgeldes beträgt 10 000 Euro.

Inhaltsübersicht Rn.

1. Auflösung BR bzw. Ausschluss BR-Mitglied

1 Nach dem DGB-Entwurf für ein modernes BetrVG soll das ArbG zugleich mit der Auflösung des BR verpflichtet werden, einen Wahlvorstand für die Neuwahl einzusetzen; zudem soll das Höchstmaß des Ordnungs- und Zwangsgeldes auf 50 000 Euro erhöht werden.[1]
In Abs. 1 sind das Verfahren und die Voraussetzungen für eine **Auflösung des BR** als Kollektivorgan und für einen **Ausschluss eines BR-Mitgl.** aus dem BR **abschließend geregelt**. Damit wird die Sicherstellung eines Mindestmaßes an gesetzmäßigem Verhalten des BR im Rahmen der betriebsverfassungsmäßigen Ordnung für die Zukunft bezweckt.[2] Eine Abwahl des

1 *https://aur-blog.eu/reformvorschlag/.*
2 BAG 24.5.23 – 7 ABR 21/21.

BR oder eine Absetzung einzelner BR-Mitgl. durch die AN des Betriebes ist nicht zulässig, ebenso wenig wie ein Beschluss des BR über den Ausschluss eines seiner Mitgl.[3] Beide Maßnahmen werden durch das ArbG im Beschlussverfahren entschieden. Der Antrag muss beim ArbG ausdrücklich gestellt und entsprechend begründet werden.[4] Ein **Misstrauensvotum** auf einer Betriebsversamml. ist kein Antrag, sondern kann höchstens den BR zum Rücktritt bewegen. **Antragsberechtigt** sind ein Viertel der wahlberechtigten AN, die im Betrieb vertretene Gew. oder der AG, aber nicht einzelne BR-Mitgl.[5] Ein AG kann die Auflösung des BR aber nur wegen solcher Pflichtverletzungen beantragen, die Rechte und Pflichten des BR ihm gegenüber betreffen. Pflichtverletzungen im Verhältnis der BR-Mitgl. untereinander oder im Verhältnis zur Belegschaft kann der AG hingegen nicht geltend machen, da er weder Anwalt der Belegschaft noch des BR ist.[6] Ein Antrag auf Auflösung des BR ist auf den nach § 21b restmandatierten BR nicht anwendbar; maßgeblich ist die Mandatsverfassung – Voll- oder Restmandat – im Zeitpunkt der gerichtlichen Entscheidung über den Auflösungsantrag.[7]

Den **Ausschluss eines BR-Mitgl.** – auch von der Wahrnehmung eines Restmandates nach § 21b[8] – kann auch der BR beantragen. Wann eine grobe Verletzung der gesetzl. Pflichten vorliegt, kann nur im Einzelfall beurteilt werden.[9] Die sofortige Untersagung der Amtsausübung im Wege einer e. V. setzt über den groben Verstoß i. S. d. § 23 Abs. 1 Satz 1 hinaus einen Sachverhalt voraus, der dem AG, dem BR und/oder der Belegschaft die weitere Amtsausübung des BR-Mitgl. bis zur rechtskräftigen Entscheidung im Amtsenthebungsverfahren unzumutbar und untragbar macht.[10] Die Hürden für eine e. V. – die absolute Ausnahme – müssen sehr hoch sein, da im Gesetz ein Eilverfahren nicht vorgesehen ist. Zudem könnte die Gefahr bestehen, das AG »unbequeme« BR-Mitgl. mittels Eilverfahren unter Druck setzen und auf diese Weise eine betriebliche Interessenvertretung unmöglich machen.

Auch hat der **AG** gegen den BR **keinen gerichtlich durchsetzbaren Anspruch** auf **Unterlassung** betriebsverfassungswidrigen Verhaltens. Der AG muss vielmehr das Amtsenthebungsverfahren nach § 23 Abs. 1 betreiben

---

3 LAG Hamm 14. 8. 09 – 10 TaBV 175/08, brwo.
4 Zu einem Musterantrag vgl. DKW-F-Trittin/Buschmann, § 23 Rn. 2 ff.
5 LAG München 5. 2. 09 – 3 TaBV 107/08, brwo.
6 LAG Köln 14. 1. 22 – 9 TaBV 34/21; DKW-Dornberger Rn. 17; Fitting Rn. 10.
7 BAG 24. 5. 23 – 7 ABR 21/21.
8 BAG 24. 5. 23 – 7 ABR 21/21.
9 BAG, AuR 78, 120; vgl. DKW-F-Trittin/Buschmann, § 23 Rn. 2.
10 HessLAG 6. 10. 16 – 9 TaBVGa 201/16, juris, hat deswegen auch die Anträge der AG zurückgewiesen.

(s. Rn. 5).[11] Bei Streitigkeiten über die Rechtmäßigkeit einer bestimmten Betätigung des BR oder eines BR-Mitgl. hat der AG darüber hinaus unter den Voraussetzungen des § 256 Abs. 1 ZPO die Möglichkeit, deren Zulässigkeit im Wege eines Feststellungsantrags klären zu lassen. Bei einer Beeinträchtigung des Eigentumsrechts kann der AG auch gegen das BR-Mitgl. unter den Voraussetzungen des § 1004 Abs. 1 Satz 2 BGB einen Unterlassungsanspruch geltend machen.[12]

2. Begriff der groben Amtspflichtverletzung

2 Die **grobe Amtspflichtverletzung** muss objektiv erheblich und offensichtlich schwerwiegend sein.[13] Danach kann eine grobe Verletzung der gesetzl. Pflichten nur angenommen werden, wenn unter Berücksichtigung aller Umstände des Einzelfalles die weitere Amtsausübung des BR untragbar erscheint.[14]

Die grobe Verletzung von gesetzlichen Pflichten seitens des **BR setzt kein Verschulden** voraus. Entscheidend ist hier, ob der **BR als Gesamtorgan** seine gesetzlichen Pflichten in grober Weise **objektiv** verletzt hat.[15] Eine grobe **Pflichtverletzung des BR als Organ** kann gegeben sein, wenn der BR gesetzwidriges Verhalten einzelner Mitgl. oder seiner Ausschüsse billigt oder unterstützt. Dagegen stellt das konsequente Ausschöpfen der betriebsverfassungsrechtlichen Möglichkeiten und Befugnisse keine Pflichtverletzung dar.[16] Die Nichtwahrnehmung von im Gesetz enthaltenen Rechten und Pflichten kann – jedenfalls im Wiederholungsfall – einen Antrag auf Auflösung des BR, ggf. auch den Ausschluss eines BR-Mitgl., rechtfertigen.[17] Dabei kann neben dem Hauptantrag auf Auflösung des BR auch hilfsweise der Antrag auf Ausschluss eines einzelnen BR-Mitgl. aus dem BR gestellt werden. Nach abzulehnender Auffassung soll eine betriebsverfassungsrechtliche **Abmahnung gegenüber dem BR** als Gesamtorgan zulässig sein, da ansonsten der AG angeblich bei einem (weiteren) Pflichtverstoß unmittelbar

---

11 BAG 28.5.14 – 7 ABR 36/12, AiB 3/15, 57.
12 BAG 27.7.16 – 7 ABR 14/15, AiB 5/17, 57; 15.10.13 – 1 ABR 31/12, DB 14, 606.
13 BAG 23.6.92 – 1 ABR 11/92; LAG München 24.2.11 – 3 TaBV 23/10, brwo; LAG Hamm 20.1.09 – 10 TaBV 149/08, brwo; vgl. aber auch ArbG Marburg, DB 96, 1925.
14 BAG 27.7.16 – 7 ABR 14/15, AiB 5/17, 57; LAG Nds., NZA-RR 05, 530.
15 BAG 23.6.92 – 1 ABR 11/92, HessLAG 23.8.21 – 16 TaBV 3/21.
16 HessLAG 23.8.21 – 16 TaBV 3/21; LAG SH 3.12.13 – 1 TaBV 11/33, juris.
17 Vgl. auch die Beispiele bei DKW-Dornberger, Rn. 13, 89 ff.

zum letzten Mittel, nämlich dem Antrag nach § 23 Abs. 1, greifen müsste.[18] Das trifft aber nicht zu (vgl. Rn. 1).[19]

Beispiele für eine **grobe Pflichtverletzung des BR**:

- Nichteinberufung und Durchführung einer Betriebsversammlung,[20]
- die Verhinderung der Teilnahme einer im Betrieb vertretenen Gewerkschaft an einer Betriebsversammlung durch absichtliche Irreführung,[21]
- wenn der BR gesetzwidriges Verhalten einzelner Mitgl. oder seiner Ausschüsse billigt oder unterstützt,[22]
- Nichtwahrnehmung eines MBR,
- Eingriff in die Betriebsleitung durch nachhaltige Weigerung des BR, mit dem Personalleiter zusammenzuarbeiten,[23]
- eine grundsätzliche Missachtung/Ablehnung des Gebots zur vertrauensvollen Zusammenarbeit gemäß § 2 Abs. 1 BetrVG,[24]
- Verstöße gegen seine Pflichten zur parteipolitischen Neutralität (vgl. § 74 Rn. 4).[25]

Beispiel für **keine grobe Pflichtverletzung**:

- Begehen einzelne oder alle BR-Mitgl. parallel Pflichtverletzungen, die nicht auf einem gemeinsamen Beschluss des BR als solchem beruhen, kommt nur ein Ausschlussverfahren, nicht die Auflösung des BR in Betracht.[26]

Die **Amtspflichtverletzung durch ein BR-Mitgl.** muss in der Regel **schuldhaft** sein, und zwar vorsätzlich oder mindestens grob fahrlässig.[27] Diese Voraussetzungen liegen keinesfalls vor, wenn ein BR-Mitgl. die Ursache, z. B. eine Störung des Betriebsfriedens, nicht gesetzt hat.[28] Soweit es sich um Ehrverletzungen auch gegenüber einem anderen BR-Mitgl. handelt, müssen sie jedoch, um den notwendigen Schweregrad einer Diffamierung zu erreichen, ein objektiv erhebliches Gewicht erreichen und zu offensichtlich schwerwiegenden Störungen der Zusammenarbeit führen. In der Regel ist das bei groben und böswilligen Beleidigungen oder Beschimpfungen der Fall, wobei bei der notwendigen Bewertung die jeweiligen Gesamtumstände

---

18 LAG BaWü 3.7.20 – 8 TaBV 3/19; ArbG Solingen 18.2.16 – 3 BV 15/15; ArbG Berlin 10.1.07 – 76 BV 16593/06.
19 Ablehnend auch HessLAG 29.11.21 – 16 TaBV 52/21; Fitting Rn. 17a.
20 LAG BaWü 13.3.14 – 6 TaBV 5/13; ArbG Hamburg 27.6.12 – 27 BV 8/12.
21 LAG BaWü 13.3.14 – 6 TaBV 5/13.
22 LAG BB 8.9.16 – 5 TaBV 780/15.
23 LAG Düsseldorf 23.6.20 – 14 TaBV 75/19, AiB 10/20, 46.
24 LAG MV 11.7.17 – 5 TaBV 13/16; DKW-Dornberger Rn. 53.
25 BAG 17.3.10 – 7 ABR 95/08.
26 LAG BB 8.9.16 – 5 TaBV 780/15.
27 BAG 4.5.55, AP Nr. 1 zu § 44 BetrVG.
28 LAG Berlin, BB 88, 1045.

des Geschehens einzubeziehen sind.[29] Nicht hinnehmbar sind u. a. historische Vergleiche mit Massenmördern bzw. Diktatoren.[30]

Eine **grobe Amtspflichtverletzung** eines BR-Mitgl. liegt vor,

- wenn es an fast jeder BR-Sitzung unentschuldigt fernbleibt und damit an den Abstimmungen im BR nicht teilnimmt;[31]
- wenn ein BR-Mitgl. einem Dritten Einsicht in Bewerbungsunterlagen gibt, die ihm im Rahmen des Unterrichtungsverfahrens nach § 99 Abs. 1 übermittelt worden sind, und er damit gegen die Geheimhaltungspflicht verstoßen hat (vgl. § 79 Rn. 3);[32]
- wenn ein BR-Vors. auf einer Betriebsversamml. aus den ihm mit einem Zustimmungsantrag des AG zur Einstellung nach § 99 übermittelten Bewerbungsschreiben eines Mitarbeiters ohne dessen Einwilligung wörtlich zitiert und dadurch den eingestellten Mitarbeiter herabwürdigt;[33]
- wenn ein BR-Vors. handelt, ohne dass ein entsprechender Beschluss gefasst wurde, oder er in einer Angelegenheit eine dem Beschluss des BR widersprechende Erklärung abgibt;[34]
- wenn ein BR-Vors. androht, seine anstehenden BR-Aufgaben (Verhandlung einer BV zur Schichtarbeit am Wochenende) erst erledigen zu können oder zu wollen, wenn seine privaten Angelegenheiten (Forderung nach einer Zulage) geregelt seien;[35]
- wenn der BR-Vors. die Verfahrensbevollmächtigten in einem Beschlussverfahren entweder anweist, falsch vorzutragen oder er zumindest positive Kenntnis davon hat, dass der Sachvortrag im Verfahren falsch war und er diesen Sachvortrag bewusst nicht korrigiert hat, um das Verfahren zum Vorteil des BR zu beeinflussen;[36]
- wenn ein BR-Mitgl. in einer Vielzahl von Fällen fortgesetzt unberechtigt Einblick in elektronisch geführte Personalakten nimmt;[37]
- wenn ein BR-Mitgl. den BR-Vors. zweimal mit der Person Adolf Hitler und seinen Methoden im Wochenabstand vergleicht;[38]

---

29 LAG Düsseldorf 19. 8. 21 – 5 TaBV 33/20; LAG Köln 14. 8. 20 – 9 TaBV 4/20; HessLAG 23. 5. 13 – 9 TaBV 17/13; LAG RP 17. 12. 09 – 5 TaBV 16/09.

30 LAG Düsseldorf 19. 8. 21 – 5 TaBV 33/20; HessLAG 23. 5. 13 – 9 TaBV 17/13.

31 LAG München 14. 12. 17, 2 TaBV 109/17, n. v.

32 ArbG Wesel, NZA-RR 09, 21.

33 LAG Düsseldorf 9. 1. 13 – 12 TaBV 93/12, brwo.

34 HessLAG 23. 2. 17 – 9 TaBV 140/16.

35 LAG München 17. 1. 17 – 6 TaBV 97/16, vor dem BAG – 7 ABR 20/17 – wurde das Verfahren eingestellt.

36 ArbG Kempten 21. 8. 12 – 2 BV 16/12.

37 LAG BB 12. 11. 12 – 17 TaBV 1318/12, RDV 13, 204.

38 HessLAG 23. 5. 13 – 9 TaBV 17/13, brwo.

- wenn sich ein BR-Mitgl. nachhaltig und grundlos weigert, eine ihm durch Beschluss des BR zugeteilte Aufgabe zu übernehmen;[39]
- wenn ein BR-Mitgl. bewusst falsche oder aus dem Zusammenhang gerissene Tatsachen verbreitet, um den anderen Betriebspartner in Misskredit zu bringen und verächtlich zu machen; gleiches gilt für Äußerungen, bei denen nicht mehr die Auseinandersetzung in der Sache, sondern allein die Diffamierung von Personen und die persönliche Kränkung im Vordergrund steht z. B. durch grobe Beschimpfungen, Verunglimpfungen oder Beleidigungen (»Arschloch«) des AG;[40]
- wenn ein BR-Mitgl. leichtfertig Strafanzeige oder Strafantrag gegen den AG oder seine Repräsentanten erstattet, wenn dabei ein Bezug zum Handeln als BR besteht;[41]
- wenn ein BR-Mitgl. gegenüber Mitarbeiterinnen nicht hinnehmbare sexuell belästigende Äußerungen vorgenommen hat und durch die Berufung auf seine BR-Eigenschaft auch hinsichtlich der sexuellen Belästigungen einen bestehenden Schutz (»Unangreifbarkeit«) vermittelt hat.[42]

Beispiele für **keine grobe Pflichtverletzung**:

- die Kritik an der Geschäftsführung durch BR-Vors. ist zulässig, auch wenn sie in zugespitzter, polemischer und provozierender Weise erfolgt;[43]
- ein Vors. einer Mitarbeitervertretung, der in einer Sitzung den seiner Auffassung nach »menschenverachtenden Umgang« kritisiert, der »von einzelnen Verantwortlichen« gepflegt werde, wird von der Meinungsfreiheit geschützt;[44]
- eine Amtsenthebung eines BR-Mitgl. wegen gehässiger und ungerechtfertigter Diffamierungen gegenüber dem AG ist zu verneinen, wenn der AG sich seit Jahren hartnäckig bemüht, den BR durch Missachtung und Rechtsverstöße zu provozieren;[45]
- ein BR-Mitgl. mit Billigung des BR die Aufsichtsbehörde über einen tatsächlichen oder vermeintlichen Arbeitszeitverstoß des AG (in diesem Fall: unzulässige Sonntagsarbeit) informiert, nachdem der AG zuvor in

---

39 ArbG Halle 25. 1. 13 – 9 BV 50/12.

40 LAG MV 11. 7. 17 – 5 TaBV 13/16 –, AuR 17, 445 mit Anm. Schindele.

41 LAG BB 31. 5. 17 – 15 TaBV 1979/16 das aber die Voraussetzungen im zu entscheidenden Fall verneint.

42 ArbG Potsdam 2. 10. 19 – 3 BV 15/19, n. rk., anhängig beim LAG BB unter 13 TaBV 1794/19.

43 LAG BB 5. 6. 14 – 10 TaBVGa 146/14; LAG Hamm 20. 3. 09 – 10 TaBV 149/08, brwo; vgl. auch BVerfG 12. 5. 09 – 1 BvR 2272/04.

44 ArbG Würzburg 24. 6. 10 – 10 Ca 592/10.

45 ArbG Marburg, DB 01, 156.

rechtswidriger Weise ohne Zustimmung des BR den Schichtbeginn am Sonntag vorverlegt hat;[46]

- die Information der Gewerkschaft durch ein BR-Mitgl. über ein dem BR mitgeteilten geplanten interessenausgleichspflichtigen Personalabbau, da dieser für sich kein Betriebs- oder Geschäftsgeheimnis i. S. d. § 79 BetrVG darstellt;[47]
- der AG den BR unmittelbar zuvor über den Rückgang der Produktionszahlen und einen hieraus folgenden möglichen Personalabbau informierte und das BR-Mitgl. die Information aus der BR-Sitzung zum Gegenstand eines Redebeitrags auf der Betriebsversamml. macht;[48]
- die Information eines AN über § 15 Abs. 5 TzBfG durch den BR-Vors.[49]

3 Ein **einmaliger, besonders schwerwiegender** grober Pflichtverstoß kann genügen, um den Ausschlussantrag zu rechtfertigen. Eine Fortsetzung oder mehrmalige **Wiederholung** leichter Pflichtverletzungen kann unter gewissen Voraussetzungen zu einer groben Pflichtverletzung werden.[50]

4 Eine auf **Rechtsunkenntnis** beruhende Amtspflichtverletzung eines BR-Mitgl. stellt jedoch grundsätzlich keine – einen Ausschluss aus dem BR rechtfertigende – grobe Pflichtverletzung dar, sondern allenfalls die bewusste und nachhaltige Verletzung der mit der Annahme der Wahl übernommenen Verpflichtungen, sich um den Erwerb der für eine eigenverantwortliche Wahrnehmung des Amtes erforderlichen Kenntnisse zu bemühen.[51] Es gehört zu den Grundsätzen eines fairen Verfahrens, dass der BR dem BR-Mitgl. die Möglichkeit einräumt, sich vor der Beschlussfassung vor dem BR zur Sache und zu den Ausschließungsgründen zu äußern, ansonsten liegt ein Verfahrensmangel vor, der zur Unwirksamkeit des BR-Beschlusses führt.[52] Ist ein BR-Mitgl. der objektiv fehlerhaften Ansicht, eine BR-Aufgabe wahrzunehmen, kommt eine arbeitsrechtliche **Abmahnung** wegen einer dadurch bedingten Versäumnis der Arbeitszeit nicht in Betracht, wenn es sich um die Verkennung schwieriger oder ungeklärter Rechtsfragen handelt.[53]

3. Verletzung der Amtspflichten und des Arbeitsvertrags

5 Zur **Amtsenthebung** können nur **grobe Amtspflichtverletzungen**, nicht jedoch **Verstöße gegen die Arbeitspflichten** führen.[54] Werden dem BR-

46 ArbG Marburg 12. 11. 10 – 2 BV 4/10.
47 HessLAG 20. 3. 17 – 16 TaBV 12/17, AuR 17, 413.
48 HessLAG 19. 3. 18 – 16 TaBV 185/17, AiB 4/19, 44.
49 ArbG Wuppertal 5. 7. 06 – 6 BV 9/06.
50 LAG Nds., NZA-RR 05, 530.
51 LAG BaWü 10. 5. 91 – 5 TaBV 4/91.
52 ArbG Halle 25. 1. 13 – 9 BV 50/12.
53 BAG, NZA 95, 225.
54 LAG Hamm, AuR 07, 316.

Mitgl. lediglich grobe Amtspflichtverletzungen vorgeworfen, ist sowohl eine außerordentliche Kündigung als auch eine Abmahnung unzulässig und nur ein Amtsenthebungsverfahren möglich (vgl. § 37 Rn. 7).[55] Eine Dokumentation dieses Vorgangs hat in der Personalakte nichts zu suchen.[56] Ebenso wenig kann wegen unzulässiger BR-Tätigkeit eine individualrechtliche **Abmahnung** ausgesprochen werden. Macht das BR-Mitgl. einen Anspruch auf Unterlassung des Ausspruchs einer Abmahnung bzw. die Entfernung der Abmahnung aus der Personalakte geltend, kommt grundsätzlich sowohl das Urteils- als auch das Beschlussverfahren in Betracht.[57] Geht es um das Verhalten eines BR-Mitgl. in Zusammenhang mit der Verletzung von betriebsverfassungsrechtlichen Pflichten, hat der AG nicht das Recht, das BR-Mitgl. zu einem Personalgespräch vorzuladen.[58] Eine unzulässige Werbetätigkeit für eine Gewerkschaft (vgl. § 74 Rn. 6) kann nur im Rahmen des Amtsenthebungsverfahrens, nicht jedoch mit einer Abmahnung durch den AG geahndet werden.[59] Verstöße des BR gegen seine betriebsverfassungsrechtlichen Verpflichtungen – wie z. B. das Verbot parteipolitischer Betätigung[60] oder bei Maßnahmen des Arbeitskampfes zwischen Arbeitgeber und BR[61] – begründen keinen Unterlassungsanspruch des AG gegenüber dem BR. Der AG kann nur bei einer groben Pflichtverletzung gemäß § 23 Abs. 1 BetrVG die Auflösung des BR beantragen bzw. im Beschlussverfahren die Zulässigkeit einer Maßnahme des BR im Wege eines Feststellungsantrages klären lassen (vgl. Rn. 1).[62]

Eine grobe Amtspflichtverletzung kann aber zugleich eine **Verletzung der** 6
Pflichten aus dem Arbeitsvertrag darstellen. In diesem Fall hat der AG grundsätzlich das Wahlrecht. Zu beachten ist aber, dass nach dem Grundsatz der Verhältnismäßigkeit ein Ausschlussverfahren nach § 23 gegenüber der außerordentlichen Kündigung nach § 626 BGB vorrangig ist. Das ergibt sich daraus, dass BR-Mitgl. gerade aufgrund ihrer BR-Tätigkeit leichter in Gefahr geraten können, ihre arbeitsvertraglichen Pflichten zu verletzen, z. B. durch beleidigende Äußerungen gegenüber dem AG.[63] Will er die grobe Verletzung der Arbeitsvertragspflichten ahnden, bedarf es bei einer außerordentlichen Kündigung gemäß § 103 der vorherigen Zustimmung des BR (vgl. Erl. zu

55 BAG 9.9.15 – 7 ABR 69/13; 4.12.13 – 7 ABR 7/12, AiB 10/14, 68; HessLAG 29.11.21 – 16 TaBV 52/21; LAG Hamm 20.3.09 – 10 TaBV 149/08, brwo.
56 LAG BaWü 3.7.20 – 8 TaBV 3/19.
57 BAG 9.9.15 – 7 ABR 69/13; HessLAG 4.5.17 – 9 Ta 45/17.
58 LAG Hamm 16.4.10 – 13 Sa 1480/09, brwo.
59 LAG SH, AiB 01, 305.
60 BAG 17.3.10 – 7 ABR 95/08, AiB 11, 540 unter Aufgabe seiner bisherigen Rspr.
61 BAG 15.10.13 – 1 ABR 31/12.
62 BAG 28.5.14 – 7 ABR 36/12, AiB 3/15, 57.
63 BAG 25.5.82 – 7 AZR 155/80; LAG MV 11.7.17 – 5 TaBV 13/16 –, AuR 17, 445 mit Anm. Schindele.

§ 103). An die **außerordentliche Kündigung** eines BR-Mitgl. ist jedenfalls dann, wenn die Vertragsverletzung in Ausübung des BR-Amtes erfolgt ist, ein besonders strenger Maßstab anzulegen.[64]

4. Entfallen des Rechtsschutzinteresses

7 Ist zum Zeitpunkt der Neuwahl des BR über den Ausschluss eines BR-Mitgl. noch nicht rechtskräftig entschieden, entfällt das **Rechtsschutzinteresse** für das Ausschlussverfahren selbst dann, wenn das betreffende BR-Mitgl. erneut in den BR gewählt wurde.[65] Eine Pflichtverletzung, die während einer vorangegangenen Amtszeit des BR begangen wurde, kann den Ausschluss des BR-Mitgl. aus dem neu gewählten BR nicht rechtfertigen, unabhängig davon, ob die Pflichtverletzung aus einer vorangegangen Amtszeit Auswirkungen auf die neue Amtszeit haben kann.[66] Das BAG lässt aber zu, dass Pflichtverletzungen aus vergangenen Amtsperioden bei Wiederholungsverhalten in die Beurteilung einbezogen werden können, ob die weitere Amtsausübung des BR-Mitgl. unter Berücksichtigung aller Umstände untragbar erscheint.[67] Auch für das Auflösungsverfahren des BR entfällt das Rechtsschutzinteresse, sobald der BR neu gewählt ist[68] bzw. sich die Besetzung des BR aus anderen Gründen komplett ändert, denn der neue BR ist auch bei Personenidentität mit dem alten BR nicht identisch.[69]

5. Rechtsfolgen der Amtspflichtverletzung

8 Der **rechtskräftige Beschluss** des ArbG bewirkt den **sofortigen Ausschluss des BR-Mitgl.** aus dem BR, für das ein Ersatzmitgl. (§ 25) nachrückt, bzw. die **sofortige Auflösung und Beendigung der Amtszeit des BR**, sodass bis zur Neuwahl eine BR-lose Zeit eintritt. Im Falle der Auflösung des BR erfolgt die Bestellung des WV durch das ArbG von Amts wegen (vgl. Abs. 2). Der BR kann sich jedoch nicht wie die einzelnen BR-Mitgl. dem Auflösungsantrag dadurch entziehen, dass er seinen **Rücktritt** beschließt, weil sein Amt durch den Beschluss nicht sofort endet, sondern durch die Weiterführung

---

64 BAG, BB 87, 1952; vgl. auch DKW-Dornberger, Rn. 85. m. w. N.

65 BAG 18.5.16 – 7 ABR 81/13; LAG München 28.4.14 – 2 TaBV 44/13, AiB 9/15, 60; HessLAG 3.9.09 – 9 TaBVGa 159/09.

66 BAG 27.7.16 – 7 ABR 14/15, AiB 5/17, 57; 18.5.16 – 7 ABR 81/13; Thüringer LAG 14.4.22 – 2 TaBV 8/21; LAG Köln 14.8.20 – 9 TaBV 4/20; ArbG Oldenburg 1.3.23 – 2 BV 2/22 n. v.

67 BAG 27.7.16 – 7 ABR 14/15, AiB 5/17, 57.

68 Vgl. auch BAG, AuR 91, 348.

69 BAG 27.7.16 – 7 ABR 14/15, AiB 5/17, 57; LAG Köln, AuR 91, 382; vgl. auch DKW-Dornberger, Rn. 21.

der Geschäfte nach § 22 (zunächst) fortbesteht.[70] Der BR kann aber einen WV einsetzen; sein Amt endet dann, wenn der BR neu gewählt worden ist (Bekanntgabe des Wahlergebnisses).

6. Grobe Pflichtverstöße des Arbeitgebers

Bei groben Pflichtverstößen des AG können der BR oder eine im Betrieb 9
vertretene Gew., aber nicht die SBV[71] vom AG die **Duldung, Vornahme oder Unterlassung einer Handlung** durch das ArbG erzwingen (vgl. ergänzend Rn. 16). Ein Unterlassungsanspruch soll aber nicht darauf abzielen können, vom AG die Unterlassung der Unterlassung von Handlungen zu begehren.[72] Es soll ein Mindestmaß gesetzmäßigen Verhaltens des AG im Rahmen der betriebsverfassungsrechtlichen Ordnung sichergestellt werden, indem der AG zur Erfüllung seiner betriebsverfassungsrechtlichen Pflichten angehalten wird.[73] Dabei kann der GBR[74] oder KBR[75] auch »BR« im Sinne des § 23 Abs. 3 sein, wenn er entweder für die Behandlung der Angelegenheit originär zuständig ist oder nach § 50 Abs. 2 bzw. § 58 Abs. 2 beauftragt worden ist. Das ArbG entscheidet im Beschlussverfahren. Die Verfahren setzen jeweils einen Antrag,[76] jedoch **kein schuldhaftes Verhalten** des AG voraus.[77] Der Anspruch ist bereits bei objektiver Pflichtwidrigkeit gegeben,[78] z. B. auch dann, wenn diese von einzelnen Vorgesetzten ohne Wissen des AG begangen wird.

Ein **grober Pflichtverstoß** nach § 23 Abs. 3 liegt vor, wenn es sich um eine objektiv erhebliche und offensichtlich schwerwiegende Pflichtverletzung handelt.[79] Diese Anforderungen sind regelmäßig erfüllt, wenn der AG mehrfach und erkennbar gegen seine Pflichten aus dem BetrVG verstoßen hat.[80] Der Pflichtverstoß setzt aber nicht immer eine mehrmalige Außerachtlassung der betriebsverfassungsrechtlichen Pflichten oder eine Serie von

70 Vgl. DKW-Dornberger, Rn. 22.
71 LAG RP 19.7.12 – 10 TaBV 13/12, brwo; Fitting, Rn. 70.
72 LAG Köln 20.1.23 – 9 TaBV 33/22, n. rk., anhängig beim BAG unter 7 ABR 11/23, zur Zahlung von Arbeitsentgelt an BR-Mitgl. wegen Teilnahme an BR-Sitzung im Homeoffice.
73 BAG 25.1.23 – 4 ABR 4/22; 8.3.22 – 1 ABR 19/21.
74 HessLAG 17.8.20 – 16 TaBV 24/20 wobei es in dem Fall um Angelegenheiten des Wirtschaftsausschusses ging.
75 BAG 29.7.20 – 7 ABR 27/19.
76 Zu einem Musterantrag, vgl. DKW-F-Trittin/Buschmann, § 23 Rn. 5 ff.
77 BAG 19.1.10 – 1 ABR 55/08.
78 Ständige Rspr. des BAG; vgl. etwa BAG, NZA 04, 670; vgl. auch DKW-Dornberger, Rn. 114 ff.
79 BAG 19.1.10 – 1 ABR 55/08, NZA; ArbG Gießen 21.8.12 – 5 BV 12/12, AuR 13, 142 Ls.
80 BAG 14.2.23 – 1 ABR 9/22; 7.2.12 – 1 ABR 77/10, AiB 13, 128.

Verstößen gegen das BetrVG voraus (vgl. auch Rn. 5).[81] In gravierenden Fällen kann auch ein **einmaliger schwerwiegender Verstoß** ausreichen,[82] so z. B. auch eine einmalige bewusste Auflehnung gegen die Pflicht zur vertrauensvollen Zusammenarbeit mit dem BR nach §§ 2, 74,[83] die Freistellung eines AN für eine Bildungsmaßnahme, obwohl der BR nach § 98 Abs. 3 eigene personelle Vorschläge für die Teilnahme an dieser Maßnahme gemacht hat,[84] bzw. ein Verstoß gegen das Verbot der Behinderung des BR nach § 78.[85] Eine **Wiederholungsgefahr** des gerügten Verhaltens des AG ist keine Voraussetzung des Anspruchs.[86] Zumindest liegt sie bei bereits erfolgten zahlreichen Verstößen zwangsläufig vor.[87]
Eine **grobe Pflichtverletzung** ist jedenfalls immer anzunehmen bei **wiederholter Missachtung** der MBR des BR durch den AG bzw. dessen Erfüllungsgehilfen.[88] Sie liegt grundsätzlich auch vor, wenn Zweifel oder ein Rechtsirrtum am Umfang der MBR des BR seitens des AG bestehen. Zweifel an der Rechtslage können nämlich nicht dazu führen, MBR des BR außer Acht zu lassen. Für diesen Fall ist vielmehr das gesetzl. vorgesehene Verfahren vom AG einzuhalten.[89] Nach Auffassung des BAG soll eine Ausnahme dann gelten, wenn der AG seine Rechtsposition in einer schwierigen und ungeklärten Rechtsfrage verteidigt.[90] Bei einem Betriebsübergang muss sich der Betriebserwerber als Rechtsnachfolger des Betriebsveräußerers dessen betriebsverfassungsrechtliche Pflichtverletzungen bei der Gewichtung der Pflichtverletzung als grobe Pflichtverletzung zurechnen lassen.[91] Die Wiederholungsgefahr entfällt nicht, wenn der AG zusichert, zukünftig betriebsvereinbarungswidriges Verhalten zu unterlassen.[92]
In besonders schwerwiegenden und eng begrenzten Ausnahmefällen kann der Einwand der unzulässigen Rechtsausübung nach § 2 Abs. 1 dem Unterlassungsanspruch des BR entgegenstehen (s. auch § 87 Rn. 81). Nach Auf-

81 Sächsisches LAG 17. 9. 10 – 3 TaBV 2/10 zu § 17 Abs. 2 Satz 1 AGG; LAG BaWü, AiB 88, 281; LAG Hamburg 10. 7. 90 – 6 TaBV 3/90; ArbG Kaiserslautern, AuR 06, 334 bei Beschäftigung von Leih-AN ohne Beteiligung des BR.
82 LAG SH, NZA-RR 07, 639.
83 LAG BaWü a. a. O.; LAG Hamburg a. a. O.
84 BAG 18. 3. 14 – 1 ABR 77/12, AiB 6/15, 56 mit Anm. Grimberg.
85 ArbG Stralsund, AiB 05, 498.
86 BAG, DB 85, 2511; ArbG Stralsund a. a. O.; offen gelassen BAG 18. 3. 14 – 1 ABR 77/12; Wiederholungsgefahr fordert: LAG BaWü 20. 7. 16 – 21 TaBV 4/16.
87 BAG, DB 04, 2220.
88 Vgl. BAG 23. 6. 09 – 1 ABR 23/08; HessLAG 6. 3. 23 – 16 TaBV 85/22 n. rk.
89 BAG, DB 85, 2511.
90 BAG 25. 1. 23 – 4 ABR 4/22; 18. 3. 14 – 1 ABR 77/12.
91 HessLAG 3. 2. 11 – TaBV 27/10, brwo.
92 BAG 18. 3. 14 – 1 ABR 77/12; HessLAG 6. 3. 23 – 16 TaBV 85/22 n. rk.

fassung des BAG[93] war das ganz ausnahmsweise in einer Klinik der Fall, in der sich der BR in regelmäßigen Abständen der Aufstellung von Dienstplänen verweigert hat, um dadurch den Einsatz des vorhandenen Personals zu koordinieren. Den BR traf hierbei eine Mitwirkungspflicht nach § 74 Abs. 1 Satz 2 i. V. m. § 2 Abs. 1 BetrVG, gegen die er erheblich verstoßen habe.

Nach dieser Vorschrift können nur Verpflichtungen des AG aus dem BetrVG **10** (Verletzung der betriebsverfassungsrechtlichen Ordnung) geahndet werden, nicht jedoch z. B. Verletzungen von arbeitsvertraglichen Verpflichtungen, die sich etwa aus tarifvertraglichen Bestimmungen ergeben können.[94] Zu den zu beachtenden gesetzl. Verpflichtungen zählen aber auch solche betriebsverfassungsrechtlichen Pflichten, die sich aus **anderen Gesetzen** wie z. B. § 9 Abs. 3 ASiG, § 22 Abs. 1 SGB VII, § 17 Abs. 2 KSchG, §§ 164, 166, 167, 176–182 SGB IX oder aus **TV**[95] ergeben. Die konsequente Nichtanwendung von abgeschlossenen **BV**, die Nichteinhaltung von BV[96] sowie die beharrliche Missachtung der Informations-, Mitwirkungs- und MBR des BR führen insbesondere zu groben Verstößen gegen die Vorschrift des Abs. 3.[97] Auch sonstige betriebsverfassungswidrige Verhaltensweisen wie beispielsweise die Einstellung eines geplanten Demografieprojekts wegen BR-Kosten aus mehreren Beschlussverfahren und Einigungsstellen,[98] eine vom AG rechtsmissbräuchlich anberaumte Mitarbeiterbesprechung[99] oder die Gefährdung der Durchführung einer Betriebsversamml. seitens des AG[100] können grobe Verstöße sein. In einem Gemeinschaftsbetrieb muss der BR die Ansprüche gegenüber allen an der gemeinsamen Führung beteiligten Unternehmen geltend machen, wenn es sich um die Unterlassung oder Vornahme einer Maßnahme der gemeinsamen betrieblichen Leitung handelt.[101] Der BR ist befugt, die vom AG bestrittene Berechtigung der Hinzuziehung eines BR-Mitgl. zu einem Personalgespräch (§ 82 Abs. 2 Satz 2) im Rahmen einer sich aus § 23 Abs. 3 Satz 1 ergebenden gesetzlichen Prozessstandschaft feststellen zu lassen.[102]

---

93 BAG 12.3.19 – 1 ABR 42/17, AiB 9/19, 47; zur Kritik DKW-Dornberger, Rn. 159 ff.

94 BAG 18.5.10 – 1 ABR 6/09, DB 10, 2175; LAG Düsseldorf 26.6.14 – 5 TaBV 35/14, juris.

95 BAG 14.2.23 – 1 ABR 9/22, wonach der tarifgebundene AG betriebsverfassungsrechtlich verpflichtet ist, die tarifliche Vergütungsordnung im Betrieb ungeachtet einer Tarifgeltung i. S. v. § 3 Abs. 1, § 4 Abs. 1 Satz 1 TVG anzuwenden.

96 BAG, NZA 04, 670.

97 Zu Einzelfällen vgl. DKW-Dornberger, Rn. 121 ff.

98 HessLAG 13.9.12 – 9 TaBV 79/12.

99 Vgl. ArbG Osnabrück, AuR 98, 82.

100 ArbG Darmstadt, AiB 04, 754.

101 BAG, AuR 07, 366.

102 BAG, DB 05, 504.

11 Die Vorschrift berechtigt die im Betrieb vertretene **Gew.**, Anträge gegen den AG zu stellen, wenn sie geltend macht, dass eine von den Betriebsparteien abgeschlossene BV gegen die betriebsverfassungsrechtliche Ordnung verstößt, weil sie den in § 77 Abs. 3 **normierten Vorrang des TV** nicht beachtet (vgl. ergänzend § 77 Rn. 14a).[103] Das gilt auch für eine Regelungsabrede,[104] während das BAG bei einer Regelungsabrede nur den Unterlassungs- und Beseitigungsanspruch der Gewerkschaft nach § 1004 Abs. 1, § 823 Abs. 1 BGB i. V. m. Art. 9 Abs. 3 GG zulässt.[105] Das Verfahren nach § 23 Abs. 3 zielt dabei auf ein zukünftiges Verhalten des AG, so dass zurückliegende Verstöße gegen den TV aus § 77 Abs. 3 nicht im Verfahren nach § 23 Abs. 3 geltend gemacht werden können. Ein gew. Anspruch auf Beseitigung und Unterlassung weiterer Beeinträchtigungen gegen den AG ergibt sich aus § 1004 Abs. 1, § 823 Abs. 1 BGB i. V. m. Art. 9 Abs. 3 GG bei tarifwidrigen betrieblichen Regelungen (vgl. § 77 Rn. 14a).[106] Nach der abzulehnenden Rspr. soll die Gew. dann aber keinen Anspruch gegen den AG haben, die Anwendung einer BV im Regelungsbereich des § 87 Abs. 1 – im entschiedenen Fall: Lage und Verteilung der Arbeitszeit in einem Schichtbetrieb – deswegen zu unterlassen, weil diese BV gegen zwingende tarifwidrige Vorgaben verstößt, wenn der TV den Betriebsparteien ausdrücklich eine gewisse Gestaltungsfreiheit einräumt (§ 77 Rn. 85).[107] Der Unterlassungsantrag der Gew. ist im Beschlussverfahren geltend zu machen.[108]

12 Nach § 17 Abs. 2 **AGG** kann der BR oder eine im Betrieb vertretene Gew. gemäß § 23 Abs. 3 den AG gerichtlich in Anspruch nehmen. Dieses gilt sowohl im Falle von Benachteiligungen durch den AG als auch bei Verstößen des AG gegen seine Verpflichtung nach § 12 AGG, präventive und weitere Schutzmaßnahmen zu ergreifen.[109] Dabei reicht die Benachteiligung nur eines AN aus. Im Rahmen des § 17 Abs. 2 AGG gelten die Grundsätze für das Merkmal des »groben« Verstoßes i. S. des § 23 Abs. 3 ebenso.[110]

---

103 BAG 29.4.04 – 1 ABR 30/02; 20.8.91 – 1 ABR 85/90; offengelassen von BAG 25.1.23 – 4 ABR 4/22; 7.6.17 – 1 ABR 32/15.

104 LAG Hamm 29.7.11 – 10 TaBV 91/10, brwo.

105 BAG 7.6.17 – 1 ABR 32/15.

106 BAG 17.5.11 – 1 AZR 473/09, AuR 11, 498.

107 BAG, DB 92, 275; problematisiert durch BVerfG, NZA 94, 34; a. A. LAG SH, AiB 00, 105 ff.; jetzt auch BAG, AuR 99, 408 zu tarifwidrigen Regelungsabreden und betrieblichen Einheitsregelungen; zur Kritik vgl. DKW-Berg, § 2 Rn. 143.

108 BAG, NZA 01, 1037; zu einem Musterantrag, vgl. DKW-F-Trittin/Buschmann, § 23 Rn. 9.

109 Vgl. NP-AGG, § 17 Rn. 8 ff.; Hayen, AuR 07, 6.

110 BAG, DB 10, 284.

7. Allgemeiner Unterlassungsanspruch des BR

13 Ein von § 23 Abs. 3 unabhängiger, **allgemeiner Unterlassungsanspruch** steht **neben anderen Ansprüchen** im BetrVG (Ausnahme nach Auffassung des BAG: § 101) und verdrängt diese nicht (vgl. zu den einzelnen Ansprüchen: § 87 Rn. 81; § 90 Rn. 11; § 94 Rn. 16; § 95 Rn. 13; § 101 Rn. 5 und 6; § 111 Rn. 21).[111] Aus dem Gesetzeswortlaut des § 23 Abs. 3 ergibt sich nämlich nicht, dass die Regelung abschließend gemeint ist. Es fehlt das Wort »nur«. Auch die Begründung des RegE[112] weist darauf hin, dass mit dieser Regelung eine zusätzliche Sanktionsnorm geschaffen werden sollte.

Nach Auffassung des BAG[113] steht dem BR **bei personellen Maßnahmen** aber kein allgemeiner Unterlassungsanspruch neben **§ 101** zu.[114] Die Sicherung des Aufhebungsanspruchs im Sinne der Herstellung eines dem Beteiligungsrecht des BR entsprechenden Zustands erfolge abschließend durch § 101 Satz 1 und könne in diesem Rahmen notfalls durch eine e. V. (Leistungsverfügung) durchgesetzt werden. § 101 stützt aber kein Leistungsbegehren, mit dem dem AG die Vornahme einer Ein- oder Umgruppierung sowie die Durchführung des in § 99 Abs. 1 und 4 vorgesehenen Verfahrens erst bei künftig erfolgenden Einstellungen oder Versetzungen aufgegeben werden soll.[115] Neben § 101 komme nach Auffassung des BAG[116] aber weiterhin – auch was das zukünftige Verhalten des AG anbelangt – ein Unterlassungsanspruch aus § 23 Abs. 3 in Frage, der auch im Wege einer e. V. durchgesetzt werden kann (vgl. Rn. 15), wenn z. B. LeihAN ohne Beteiligung des BR eingestellt bzw. das in § 100 vorgesehene Verfahren nicht vom AG eingehalten wird.[117] Beschäftigt der AG befristete AN vorläufig i. S. von § 100 Abs. 2, hat er den BR im Anschluss an die Einstellung auch bei der Zuordnung der befristet Beschäftigten zu einem (Rahmen-)Dienstplan zu beteiligen. Verletzt der AG das MBR aus § 87 Abs. 1 Nr. 2, kann der BR die Unterlassung des nicht mitbestimmten Einsatzes der befristeten AN verlangen und so ein faktisches Beschäftigungsverbot erzwingen (s. u. sowie § 99 Rn. 31, § 101 Rn. 6).[118] Das gilt entsprechend für Leiharbeitnehmer.[119]

---

111 BAG, DB 05, 2530; DKW-Dornberger, Rn. 194 ff.

112 BT-Drucks. VI/1786, S. 39.

113 BAG 9. 3. 11 – 7 ABR 137/09 – brwo; a. A. ArbG Berlin, AuR 11, 129 Ls.

114 Dem BAG folgend: LAG BB 30. 8. 13 – 6 TaBV 953/13; LAG Hamburg 3. 7. 13 – 6 TaBV Ga 3/13.

115 BAG 14. 2. 23 – 1 ABR 9/22 unter Aufgabe der bisherigen Rspr. 18. 10. 11 – 1 ABR 25/10.

116 BAG 14. 2. 23 – 1 ABR 9/22.

117 HessLAG 8. 8. 22 – 16 TaBV 191/21; LAG RP 24. 1. 19 – 2 TaBVGa 6/18.

118 BAG 22. 8. 17 – 1 ABR 3/16, 4/16, 5/16; s. auch § 99 Rn. 31.

119 LAG RP 24. 1. 19 – 2 TaBVGa 6/18.

Unabhängig davon steht dem BR ein Anspruch auf Aufhebung der **Versetzung eines BR-Mitgl.** im einstweiligen Verfügungsverfahren zu, wenn die nach § 103 Abs. 3 erforderliche Zustimmung vom BR nicht erteilt oder durch das ArbG ersetzt worden ist, da in diesem Fall § 101 in keiner Weise anwendbar ist.[120]

Für den **BR** ergibt sich unmittelbar ein **allgemeiner Unterlassungsanspruch** bei einer **Verletzung seiner MBR** z. B. nach § 87 Abs. 1, auch wenn dies in der Vorschrift nicht ausdrücklich geregelt ist.[121] Aber auch der allgemeine Unterlassungsanspruch setzt bei der Verletzung der MBR aus § 87 eine Wiederholungsgefahr voraus. Eine solche folgt regelmäßig aus einem mitbestimmungswidrigen Verhalten des AG. An dieser tatsächlichen Vermutung fehlt es nur dann, wenn aufgrund besonderer Umstände des Einzelfalles eine erneute Beeinträchtigung des MBR unwahrscheinlich ist.[122]

Der dem BR bei der Verletzung eines Mitbestimmungsrechts nach § 87 Abs. 1 gegen den AG zustehende Beseitigungsanspruch erfasst dabei nur die Beendigung des betriebsverfassungswidrigen Zustands, nicht aber die Rückgängigmachung der sich aus der Verletzung des Mitbestimmungsrechts ergebenden Folgen.[123]

Beispiele für die Verletzung seiner MBR:

- bei Auswahlrichtlinien ohne Beteiligung des BR nach § 95 Abs. 1;[124]
- bei der einseitigen Änderung von Entlohnungsgrundsätzen durch AG;[125]
- bei Kündigungen ohne Interessenausgleich;[126]
- bei einer Betriebsänderung, solange das Unterrichtungs- und Beteiligungsverfahren gemäß §§ 111, 112 nicht vollständig abgeschlossen ist;[127]
- bei einer Betriebsänderung ohne Interessenausgleich unter Hinweis auf Art. 4 sowie 8 der Richtlinie 2002/14/EG v. 11.3.2003 zur Festlegung eines allgemeinen Rahmens für die Unterrichtung und Anhörung der AN in der EU;[128]

---

120 LAG Nürnberg 11.10.10 – 7 TaBV Ga 7/10.

121 Ständige Rspr. des BAG vgl. ferner Klein, dbr 08, Heft 6, 16.

122 BAG 28.7.20 – 1 ABR 18/19; 20.3.18 – 1 ABR 70/16.

123 BAG 23.3.21 – 1 ABR 31/19 der BR kann nicht vom AG die Löschung personenbezogener Daten bei Dritten verlangen, die mit der Überwachungseinrichtung erhoben wurden.

124 BAG, DB 05, 2530.

125 BAG, BB 06, 2419.

126 LAG Berlin, NZA 96, 1284.

127 Offen gelassen: BAG 8.3.22 – 1 ABR 19/21; bejahend: HessLAG, AuR 10, 528 (Ls.); LAG Nds., AiB 08, 348; LAG SH, NZA-RR 08, 244; einschränkend: LAG Hamm 17.2.15 – 7 TaBVGa 1/15, NZA-RR 15, 247, wobei die e.V. den Informations- und Beratungsanspruch nach § 111 sichern soll; verneinend: LAG RP 22.3.18 – 4 TaBV 20/17, das BAG hat das Verfahren durch Beschluss v. 17.12.19 – 1 ABR 23/18 – eingestellt.

128 LAG SH 15.12.10 – 3 TaBV Ga 12/10, DB 11, 714; LAG München, AuR 09, 142.

- bei Verstößen gegen zulässige Schwankungsbreite einer BV zu Arbeitszeitkonten;[129]
- bei einseitiger Festlegung der Arbeitszeiten von LeihAN i.S. des § 87 Abs. 1 Nr. 2 und 3;[130]
- bei Einführung eines allgemeinen Rauchverbotes durch AG;[131]
- bei Mehrarbeit;[132]
- bei einseitigem Einsatz von Leih-AN durch AG bei Betriebsversamml.;[133]
- Unterlassung von Kündigungen bis zur abschließenden Entscheidung über den Antrag des BR auf Verlängerung der Kurzarbeit;[134]
- Unterlassung der Veröffentlichung von Fehlzeitenlisten;[135]
- bei Pilot- und Testanwendungen unter Nutzung von Echtdaten bei IT-Anwendungen.[136]
- die wiederholte Verletzung der Mitteilungspflicht nach § 105, wonach eine beabsichtigte Einstellung oder personelle Veränderung eines leitenden Angestellten dem BR rechtzeitig mitzuteilen ist;[137]
- die verspätete, unvollständige oder vollständig unterlassene Information des Wirtschaftsausschusses.[138]

Ein Unterlassungsanspruch steht dem BR weiterhin bei der Behinderung seiner Amtstätigkeit nach § 78 Satz 1 zu (vgl. § 78, Rn. 4). Die Behinderung umfasst jede unzulässige Erschwerung, Störung oder gar Verhinderung der BR-Arbeit,[139] so z.B. bei der Androhung der Betriebsschließung und Produktionsverlagerung ins Ausland wegen der durch den BR verursachten Kostentragungspflicht[140] oder bei der rechtswidrigen Offenlegung der BR-Kosten durch den AG.[141]

Einer **groben** Pflichtverletzung bedarf es dabei nicht, ein Unterlassungsanspruch ist unabhängig von der Intensität des Verstoßes gegeben.[142] Der Unterlassungsanspruch zur Sicherung der Mitbestimmungsrechte aus § 87 Abs. 1 steht allein dem BR zu, der Träger des konkreten MBR ist.[143]

---

129 LAG Köln 7.5.08 – 3 TaBV 85/07, brwo.
130 LAG BaWü, AiB 06, 381.
131 LAG Hamm, AuA 05, 47.
132 LAG Hamm 7.12.05 – 13 TaBV 107/05, brwo.
133 LAG Hamm, EZAÜG § 14 AÜG Betriebsverfassung Nr. 63.
134 ArbG Bremen-Bremerhaven 25.11.09 – 12 BVGa 1204/09.
135 ArbG Würzburg, AiB 96, 560.
136 ArbG Frankfurt am Main, AiB 06, 113.
137 HessLAG 23.5.13 – 9 TaBV 288/12.
138 LAG BB 30.3.12 – 10 TaBV 2362/11, brwo.
139 BAG, NZA 1996, 332.
140 ArbG Leipzig, NZA-RR 03, 142.
141 BAG, BB 98, 1006.
142 BAG 24.4.07 – 1 ABR 47/06; NZA 02, 111.
143 BAG 17.5.11 – 1 ABR 121/09 bei Ethikrichtlinie dem KBR.

14 Im **einstweiligen Verfügungsverfahren** kann der allgemeine Unterlassungsanspruch zur Sicherung der Rechte des BR geltend gemacht werden, ebenso wie dem AG die Verpflichtungen des § 23 Abs. 3 auferlegt werden können (s. auch § 101, Rn. 6).[144] Dem AG kann durch das ArbG aufgegeben werden, den gerichtlichen Beschluss durch Aushang am Schwarzen Brett oder Rundschreiben allen betroffenen AN bekanntzugeben, um die Rechtswidrigkeit der vom AG bei Teilnahme an einer Betriebsversamml. in Aussicht gestellten Nachteile bekannt zu machen.[145] Zur Durchsetzung einer Unterlassungsverfügung gegen den AG kann wegen der nach § 23 Abs. 3 geltenden Beschränkung nicht Ordnungshaft für den Fall angedroht und verhängt werden, dass ein festgesetztes Ordnungsgeld nicht beigetrieben werden kann.[146]

8. Das arbeitsgerichtliche Verfahren

15 Im ersten Schritt hat der BR das Bestehen seines MBR gem. § 256 Abs. 1 ZPO feststellen zu lassen. Bei weiteren Verstößen bzw. wenn diese drohen, kann er das Verfahren nach § 23 Abs. 3 betreiben. Dabei kommt auch eine e. V. in Betracht.[147] Ein auf § 23 Abs. 3 gestützter Antrag des BR, dem AG aufzugeben, künftig seine sich aus §§ 99, 100 ergebenden MBR bei personellen Einzelmaßnahmen zu beachten, wird durch das in § 101 vorgesehene Zwangsgeldverfahren nicht ausgeschlossen (s. auch § 101 Rn. 5).[148]

16 Das ArbG-Verfahren nach § 23 Abs. 3, das keine die allgemeine Zwangsvollstreckung nach § 85 ArbGG ausschließende Sonderregelung darstellt,[149] gliedert sich in **zwei Stufen**:

1. in ein **Erkenntnisverfahren**, in dem der AG verurteilt wird oder durch Prozessvergleich übernimmt,[150] eine Handlung zu unterlassen oder eine Handlung vorzunehmen oder zu dulden, und
2. sofern der AG seiner Verpflichtung aus der Entscheidung des ArbG oder dem Vergleich nicht nachkommt, in ein **Vollstreckungsverfahren** zur Durchsetzung der ArbG-Entscheidung mit gerichtl. Zwangsmaßnahmen nach den Sätzen 2 und 3 dieser Vorschrift.

---

144 BAG 9.3.11 – 7 ABR 137/09; DKW-Dornberger, Rn. 186 m.w.N., auch zur gegenteiligen Auffassung.

145 ArbG Darmstadt, AiB 04, 754.

146 BAG 5.10.10 – 1 ABR 71/09.

147 BAG 23.6.09 – 1 ABR 23/08.

148 BAG, NZA 09, 1430, NZA 87, 786; zu den einzelnen Anwendungstatbeständen vgl. DKW-Dornberger, Rn. 193 ff.

149 BAG, DB 83, 1986.

150 BAG, NZA 04, 1240; LAG RP 1.12.14 – 3 Ta 126/14, juris, zu den Vollstreckungsvoraussetzungen aus einer Unterlassungsverpflichtung eines gerichtlichen Vergleiches.

Für das Vollstreckungsverfahren gelten gemäß § 85 Abs. 1 ArbGG die Vorschriften der §§ 704–915h ZPO entsprechend. Eine Zwangsvollstreckung kann bereits dann beginnen, wenn der gerichtliche Unterlassungstitel nebst Vollstreckungsklausel dem Schuldner noch nicht zugestellt worden ist, da die Vollstreckungsklausel gemäß § 750 Abs. 1 ZPO regelmäßig nicht zugestellt werden muss (Ausnahme: § 750 Abs. 2 bzw. Abs. 3 ZPO).[151] Als **Zwangsmittel** kommen für die Unterlassung einer Handlung oder die Duldung der Vornahme einer Handlung die Festsetzung eines **Ordnungsgeldes** (Abs. 3 Satz 2) in Betracht, für die Nichtdurchführung einer auferlegten Handlung gibt es die Festsetzung eines **Zwangsgeldes** (Abs. 3 Satz 3). Die Verhängung eines Ordnungsgeldes setzt keinen weiteren groben Pflichtverstoß i. S. d. § 23 Abs. 3 Satz 1 BetrVG voraus,[152] ein schuldhafter Verstoß des AG nach Rechtskraft des arbeitsgerichtlichen Beschlusses ist aber erforderlich. Im Zwangsvollstreckungsverfahren kann die Schuld des AG auch in einem Organisationsverschulden (z. B. ein Auswahl- oder Überwachungsfehler) liegen.[153] Die Höhe des Ordnungsgeldes muss geeignet sein, den AG zu einem betriebsverfassungsgemäßen Verhalten anzuhalten.[154] Für jede Zuwiderhandlung gegen eine durch rechtskräftige gerichtliche Entscheidung auferlegte Unterlassungsverpflichtung ist grundsätzlich das Höchstmaß eines Ordnungsgeldes von 10 000 Euro pro Verstoß anzudrohen.[155]

Die **Androhung eines Ordnungsgeldes oder Zwangsgeldes** kann auf Antrag bereits in dem das Erkenntnisverfahren abschließenden Beschluss erfolgen,[156] wobei lediglich Art und Höchstmaß des angedrohten hoheitlichen Zwangs bestimmt angegeben werden muss.[157] Eine Identität der Antragsteller im Erkenntnis- und Vollstreckungsverfahren ist nicht erforderlich. Dies gilt zumindest im Fall der Gesamtrechtsnachfolge,[158] darüber hinaus aber auch im Falle der Einzelrechtsnachfolge.[159] Ein Vertragsstrafenversprechen in einer Vereinbarung zwischen AG und BR zugunsten des BR oder an einen Dritten im Falle einer MBR-Verletzung ist unwirksam. Eine solche Möglich-

---

151 LAG BB 5. 4. 17 – 15 Ta 1522/16, AiB 7–8/17, 56.

152 LAG SH 25. 7. 14 – 5 Ta 172/13, juris, die NZB ist durch das BAG – 1 AZB 94/14 – verworfen worden; LAG BB 14. 5. 09 – 15 Ta 499/09, juris.

153 LAG BB 5. 4. 17 – 15 Ta 1522/16, AiB 7–8/17, 56.

154 LAG SH 3. 1. 12 – 6 Ta 187/11, brwo.

155 HessLAG 8. 8. 22 – 16 TaBV 191/21; LAG BB 5. 4. 17 – 15 Ta 1522/16, AiB 7–8/17, 56 sehr interessant zur Berechnung und Höhe; LAG BB 10. 11. 11 – 6 Ta 2034/11, brwo.

156 BAG, NZA 04, 670; vgl. im Übrigen DKW-Dornberger, Rn. 153, 176, 183.

157 LAG Hamm 6. 2. 12 – 10 Ta 637/11, juris.

158 BAG 18. 3. 08 – 1 ABR 3/07.

159 BAG 18. 3. 08 – 1 ABR 3/07 hat diese Frage offengelassen; s. aber LAG BaWü 26. 4. 93 – 15 TaBV 1/93.

keit kennt das BetrVG nicht.[160] Eine Vertragsstrafenregelung zugunsten der betroffenen AN ist demgegenüber aber wirksam.[161]
Die **Androhung einer Ordnungshaft** scheidet nach der in § 85 Abs. 1 Satz 3 ArbGG enthaltenen Maßgabe als Sanktion gegenüber einem grob betriebsverfassungswidrigen Verhalten eines AG von Gesetzes wegen aus.[162] Nach Auffassung des BAG[163] gilt die spezialgesetzliche Beschränkung von Zwangsmaßnahmen auch bei der Durchsetzung des allgemeinen Unterlassungsanspruchs des BR sowie für den aus dem Durchführungsanspruch nach § 77 Abs. 1 folgenden Unterlassungsanspruch. Eine Ordnungshaft scheidet in den Fällen ebenfalls aus.

§ 24 Erlöschen der Mitgliedschaft

Die Mitgliedschaft im Betriebsrat erlischt durch

1. **Ablauf der Amtszeit,**
2. **Niederlegung des Betriebsratsamtes,**
3. **Beendigung des Arbeitsverhältnisses,**
4. **Verlust der Wählbarkeit,**
5. **Ausschluss aus dem Betriebsrat oder Auflösung des Betriebsrats aufgrund einer gerichtlichen Entscheidung,**
6. **gerichtliche Entscheidung über die Feststellung der Nichtwählbarkeit nach Ablauf der in § 19 Abs. 2 bezeichneten Frist, es sei denn, der Mangel liegt nicht mehr vor.**

Inhaltsübersicht Rn.

1. Grundsätze

1 Die Vorschrift regelt das Erlöschen der Mitgliedschaft im BR für das einzelne Mitglied. Das Ende der Amtszeit des gesamten BR als Organ ist in §§ 21, 22 geregelt.

2. Die einzelnen Gründe

2 Die Mitgliedschaft der einzelnen BR-Mitgl. erlischt mit **Ablauf der Amtszeit des BR** (§ 21); dies gilt auch bei vorzeitiger Beendigung der Amtszeit bei-

160 BAG 19.1.10 – 1 ABR 62/08, brwo; DB 04, 2220.
161 LAG SH 7.5.08 – 6 TaBV 7/08, brwo.
162 BAG 3.5.94 – 1 ABR 24/93, brwo.
163 BAG 5.10.10 – 1 ABR 71/09, brwo.

spielsweise durch eine erfolgreiche Anfechtung der Wahl (§ 19) oder durch Auflösen des BR aufgrund einer gerichtl. Entscheidung (§ 23 Abs. 1).
Die **Amtsniederlegung** kann jederzeit gegenüber dem BR oder seinem Vors. erfolgen, i.d.R. nicht jedoch gegenüber dem AG.[1] Sie kann formlos erfolgen[2] und wird wirksam, wenn sie dem Vorsitzenden (im Falle der Verhinderung dem Stellvertreter) zugegangen ist oder in einer BR-Sitzung ausgesprochen wurde.[3] Auch die ein Restmandat (§ 21b) ausübenden BR-Mitgl. können ihr Amt niederlegen. Besteht der BR nur noch aus einem Mitgl. und ist eine Belegschaft nicht mehr vorhanden, so kann die Amtsniederlegung gegenüber dem AG erklärt werden.[4] Ob in einer Äußerung eine Amtsniederlegung zu sehen ist, muss durch Auslegung der Erklärung ermittelt werden.[5] Von der Amtsniederlegung ist die bloße Absichtserklärung, das Amt niederlegen zu wollen, zu unterscheiden. Sie ist rechtlich ohne Bedeutung. Der Niederlegende kann einen Zeitpunkt für die Niederlegung des Amtes bestimmen. Die Erklärung kann nicht zurückgenommen oder widerrufen werden. Sie kann auch nicht an Bedingungen, wie z.B. eine bestimmte inhaltliche Haltung des BR, geknüpft werden. Mangelnde Ernsthaftigkeit (§ 118 BGB) kann jedoch eingewandt werden.
Das BR-Amt endet außerdem mit der **Beendigung des Arbeitsverhältnisses** (Kündigung, Auslaufen der Befristung; Aufhebungsvertrag) oder durch einvernehmliche Versetzung in einen anderen Betrieb des UN oder Konzerns, es sei denn, das BR-Mitgl. übt noch ein Rest- oder Übergangsmandat aus[6] (vgl. §§ 21a und 21b; zum Schutz gegen einseitige Versetzungen durch den AG vgl. § 103 Abs. 3). Eine Freistellung von der Arbeitspflicht während der Kündigungsfrist hat keinen Einfluss auf das BR-Mandat.[7] Vereinbart allerdings das BR-Mitgl. vor Ablauf der Kündigungsfrist die Fortsetzung des Arbeitsverhältnisses, dann erlischt das BR-Amt nicht.[8] Das BR-Amt endet nicht, wenn in einem unbefristeten Arbeitsverhältnis aufgrund einer individualrechtlichen Vereinbarung nur während eines Teils des Jahres tatsächlich gearbeitet wird.[9] So z.B. wenn jährlich eine Saisonpause für den Sommer vereinbart worden ist oder aufgrund einer arbeitsvertraglichen Regelung (Jahresteilzeit) das vereinbarte Stundenkontingent schon im Juni erschöpft ist und der AN während des restlichen Jahres tatsächlich nicht mehr arbeitet. **Befristete Arbeitsverhältnisse** enden auch bei BR-Mitgl. durch Zeitablauf.

1 LAG BaWü 11.10.12 – 11 TaBV 2/12; LAG Nds. 23.4.07 – 9 Sa 815/06.
2 LAG BW 30.5.94 – 16 Sa 22/94; ArbG Celle 25.10.79 – 1 BV 19/9.
3 BAG 12.1.00 – 7 ABR 61/98; DKW-Buschmann, Rn. 7.
4 BAG 12.1.00 – 7 ABR 61/98.
5 HessLAG 25.2.19 – 16 TaBVGa 26/19.
6 BAG 5.5.10 – 7 AZR 728/08, NZA 10, 1025.
7 HessLAG 21.12.20 – 16 TABVGa 189/20.
8 LAG Düsseldorf 15.4.11 – 6 Sa 857/10.
9 ArbG Potsdam 27.3.09 – 3 BV 2/09.

Die Erreichung des **Rentenalters** ist kein selbstständiger Grund für die Beendigung des Arbeitsverhältnisses und hat für BR-Mitgl. keine anderen Folgen als für andere AN.
Eine ordentliche Kündigung ist ggü. einem BR-Mitgl. nur im Falle der Stilllegung bzw. Teilstilllegung des Betriebs zulässig (§§ 15 Abs. 4, 5 KSchG). Die außerordentliche Kündigung ist nur möglich mit Zustimmung des BR oder die Zustimmung des BR ersetzender Entscheidung eines Arbeitsgerichtes. Daher endet das Amt nicht automatisch bei einer seitens des AG erklärten außerordentlichen **Kündigung**, solange nicht die rechtskräftige Zustimmungsersetzung zu der erklärten Kündigung nach § 103 vorliegt.[10] Solange über die Rechtswirksamkeit der außerordentlichen Kündigung bzw. des Zustimmungsersetzungsverlangens nicht rechtskräftig entschieden ist, ist das BR-Mitgl. i. d. R. zeitweilig an der Wahrnehmung seiner BR-Tätigkeit gehindert (§ 25 Abs. 1).[11] Zum Schutz der BR-Tätigkeit kann unter bestimmten Umständen – so wenn die Kündigung offensichtlich unwirksam ist oder der Arbeitnehmer seinen Weiterbeschäftigungsanspruch durchgesetzt ha –, während des Kündigungsrechtsstreits eine einstweilige Verfügung auf Zutritt zum Betrieb bzw. Weiterbeschäftigung erlassen werden.[12] Kündigt der Arbeitgeber außerordentlich mit Zustimmung des BR, so ist bis zur rechtskräftigen arbeitsgerichtlichen Entscheidung über die Kündigung das BRM zeitweilig an der Ausübung des Amtes gehindert und wird durch ein Ersatzmitglied vertreten.[13] Ist die außerordentliche Kündigung rechtmäßig, erlischt das BR-Amt; ist sie unrechtmäßig, kann das BR-Mitgl. sein Amt wieder ausüben.
Die Mitgliedschaft im BR endet nicht, wenn das Arbeitsverhältnis ruht, z. B. bei Inanspruchnahme der **Elternzeit** nach dem BEEG,[14] bei einem längeren **Sonderurlaub** oder bei einer vorübergehenden Abordnung in einen anderen Betrieb. Bei **Altersteilzeit** im Blockmodell allerdings erlischt das Amt mit Beginn der Freistellungsphase.[15] Auch bei einer bloßen Veräußerung des Betriebs bleibt das BR-Amt bestehen, da der neue Betriebsinhaber gemäß § 613a BGB in die Rechte und Pflichten aus den im Zeitpunkt des Übergangs bestehenden Arbeitsverhältnissen eintritt. Die Teilnahme an einem

10 LAG Düsseldorf 22. 2. 77 – 11 TaBV 7/77.

11 LAG Hamm 23. 6. 14 – 13 TaBVGa 20/14; LAG München 27. 1. 11 – 3 TaBV 20/10; LAG Hamburg 6. 10. 05 – 7 TaBV 7/05; vgl. DKW-Buschmann § 24 Rn. 15.

12 LAG Hamm 23. 6. 14 – 13 TaBVGa 20/14; LAG München 27. 1. 11 – 3 TaBV 20/10; LAG Hamburg 6. 10. 05 – 7 TaBV 7/05; vgl. DKW-Buschmann § 24 Rn. 15; LAG Köln 24. 4. 15 – 4 TaBVGa 3/15; Fitting, § 24 Rn. 17.

13 LAG Köln 27. 7. 11 – 9 TaBVGa 2/11; LAG München 27. 1. 11 – 3 TaBVGa 20/10; vgl. DKW-Buschmann Rn. 14 m. w. N.

14 BAG 25. 5. 05 – 7 ABR 45/04.

15 BAG 16. 4. 03 – 7 ABR 53/02.

Streik beendet nicht die Mitgliedschaft im BR, da durch die Teilnahme an einem Streik das Arbeitsverhältnis nicht beendet wird.
Es endet ferner bei **Ausschluss aus dem BR** durch Gerichtsbeschluss nach § 23 Abs. 1 und bei **gerichtl. Feststellung der Nichtwählbarkeit**, z. B. bei Nichtvorliegen der sechsmonatigen Betriebszugehörigkeit bei der Wahl, sofern der Mangel nicht zwischenzeitlich behoben ist; allerdings erst, wenn die Gerichtsentscheidung rechtskräftig ist.[16]
Das Amt erlischt bei **Verlust der Wählbarkeit**, z. B. durch Übernahme der Tätigkeit eines leit. Ang.[17]

§ 25 Ersatzmitglieder

(1) Scheidet ein Mitglied des Betriebsrats aus, so rückt ein Ersatzmitglied nach. Dies gilt entsprechend für die Stellvertretung eines zeitweilig verhinderten Mitglieds des Betriebsrats.
(2) Die Ersatzmitglieder werden unter Berücksichtigung des § 15 Abs. 2 der Reihe nach aus den nichtgewählten Arbeitnehmern derjenigen Vorschlagslisten entnommen, denen die zu ersetzenden Mitglieder angehören. Ist eine Vorschlagsliste erschöpft, so ist das Ersatzmitglied derjenigen Vorschlagsliste zu entnehmen, auf die nach den Grundsätzen der Verhältniswahl der nächste Sitz entfallen würde. Ist das ausgeschiedene oder verhinderte Mitglied nach den Grundsätzen der Mehrheitswahl gewählt, so bestimmt sich die Reihenfolge der Ersatzmitglieder unter Berücksichtigung des § 15 Abs. 2 nach der Höhe der erreichten Stimmenzahlen.

Inhaltsübersicht Rn.

1. Grundsätze

Das Ersatzmitglied tritt als Mitglied in den BR ein, übernimmt aber nicht kraft Gesetzes zugleich die Funktionen (z. B. in Ausschüssen) innerhalb des BR (GBR, KBR) des ausgeschiedenen oder zeitweilig verhinderten Mitglieds. Während der Zeit der Stellvertretung nimmt das Ersatzmitgl. **nicht nur** an **BR-Sitzungen** teil; es nimmt auch **alle** anderen dem BR obliegenden **Tätigkeiten** wahr. Ein Ersatzmitgl. rückt auch dann nach, wenn die zeitwei- 1

16 BAG 29. 9. 83 – 2 AZR 212/82.
17 Vgl. zu Wirtschaftsprüfern als leit. Ang. nach § 45 Satz 2 WPO LAG Düsseldorf – 3. 4. 09 – 10 TaBV 302/08.

lige Verhinderung sehr kurz ist und z. B. keine oder nur eine BR-Sitzung stattfindet.[1] Eine Verhinderung liegt immer dann vor, wenn dem BR-Mitgl. die Amtsausübung tatsächlich oder rechtlich nicht möglich ist. Ist das **zuständige Ersatzmitgl.** ebenfalls **verhindert**, wird es von dem nächst zuständigen Ersatzmitgl. für die Dauer seiner Verhinderung vertreten.[2] Das BR-Mitgl. ist verpflichtet, dem BR-Vors. die Verhinderung mitzuteilen.[3] Im Hinblick auf die nach § 30 Abs. 2 (s. zu Einzelheiten und Voraussetzungen § 30 Rn. 3) mögliche Teilnahme per Telefon- und/oder Videokonferenz an BR-Sitzungen, werden BR-Mitgl. z. B. auf Dienstreisen – anders als bisher – nicht automatisch zeitweilig verhindert sein. Dies nur dann, wenn in der GO des BR eine digitale Sitzung vorgesehen und die Sitzung als solche anberaumt worden ist. Lehnt es ein Ersatzmitgl. bei endgültigem Ausscheiden eines BR-Mitgl. ab, nachzurücken, hat dies das Ausscheiden aus dem BR auch als Ersatzmitgl. zur Folge (vgl. auch Rn. 7).[4]

2 Unterbleibt die notwendige Ladung eines Ersatzmitgl., ist der BR-Beschluss i. d. R. **nichtig** (s. § 33 Rn. 1 und 4).[5] Die Ladung durch den Vors. des BR ist jedoch nicht Voraussetzung für die Teilnahme des Ersatzmitgl. an einer BR-Sitzung.[6]

Ein Ersatzmitgl., das **arbeitsunfähig erkrankt** ist, rückt gleichwohl automatisch unter den Voraussetzungen des Abs. 1 Satz 1 i. V. m. Abs. 2 in den BR nach.[7] Für die Dauer seiner Verhinderung rückt wiederum ein Ersatzmitgl. nach. Erklärt ein Ersatzmitgl. sich nicht bereit, bei Ausscheiden eines BR-Mitgl. nachzurücken, geht die Stellung als Ersatzmitgl. verloren. Es kann folglich später beim Ausscheiden eines anderen BR-Mitgl. nicht erklären, nachrücken zu wollen.[8]

Der DGB-Reformentwurf sieht eine Verstärkung des Kündigungsschutzes – auch für nur zeitweilig nachgerückte – Ersatzmitglieder vor.[9]

2. Zeitweilige Verhinderung

3 Zeitweilig verhindert kann ein BR-Mitgl. u. a. aus folgenden Gründen sein: Urlaub, Wehr- oder Zivildienst; Mutterschutz, Dienstreise, vorübergehende Abordnung in einen anderen Betrieb, Schulungen bzw. Qualifizierungsmaßnahmen. Das BR-Mitgl. ist ansonsten grundsätzlich verpflichtet, an der

1 Vgl. auch BAG 17. 1. 79, AP Nr. 5 zu § 15 KSchG 1969.
2 Vgl. BAG 17. 1. 79 – 5 AZR 891/77.
3 HessLAG 25. 7. 14 – 14 Sa 167/13.
4 ArbG Kassel 20. 2. 96 – 2 BV 1/96.
5 BAG 3. 8. 99 – 1 ABR 30/98.
6 Vgl. DKW-Buschmann, Rn. 7.
7 LAG Hamm, DB 95, 2432 = AiB 95, 66.
8 So ArbG Kassel, AiB 96, 6.
9 *https://aur-blog.eu/reformvorschlag/*.

BR-Sitzung teilzunehmen. Das Mitglied kann nicht willkürlich einer BR-Sitzung fernbleiben. Das BR-Mitgl. ist verpflichtet, den BR-Vorsitzenden über die zeitweilige Verhinderung sowie deren voraussichtliche Dauer und den Grund zu informieren.[10] Während des Urlaubs sind die Amtspflichten eines BR-Mitgl. grundsätzlich suspendiert. Nur dann, wenn das BR-Mitgl. ausdrücklich und eindeutig seine Bereitschaft erklärt, während des Urlaubs an BR-Sitzungen teilzunehmen, ist dies anders.[11] Ist ein freigestelltes BR-Mitgl. – mit ärztlicher Bescheinigung – arbeitsunfähig erkrankt, ist es für diesen Zeitraum an der Wahrnehmung seines BR-Amtes gehindert. Dies gilt unabhängig davon, ob sich das freigestellte BRM persönlich zur Teilnahme an einer BR-Sitzung in der Lage sieht. Bei nicht freigestellten BRM kann dies – je nach Grund der Arbeitsunfähigkeit – anders zu beurteilen sein. (s. Rn 4).[12] Eine Verhinderung liegt nicht vor, wenn das BR-Mitgl. »dringende« Arbeiten auf seinem Arbeitsplatz verrichten muss. Die Aufgaben des BR haben Vorrang vor den Pflichten aus dem Arbeitsvertrag.[13] Liegt ein Notfall vor, entscheidet das BR-Mitgl. in eigener Verantwortung, welche seiner Pflichten es erfüllen will.[14] Zeitweilig verhindert ist ein BR-Mitgl. auch, wenn es von der Beschlussfassung **persönlich unmittelbar betroffen** ist, so z. B. bei der Beratung und Abstimmung über die Zustimmung einer es selbst betreffenden außerordentlichen Kündigung,[15] einer ihn betreffenden Versetzung oder Ein- bzw. Umgruppierung.[16] (Zur Frage der Verhinderung während des Kündigungsrechtsstreits bzw. des Zustimmungsersetzungsverfahrens im Rahmen der Kündigung eines BR-Mitgl. siehe ausführlich § 24 Rn. 2). Ein BR-Mitgl. ist allerdings nicht zeitweilig verhindert, wenn es um die Beschlussfassung des BR bei einer Versetzung um eine Stelle geht, auf die sich auch das BR-Mitgl. beworben hatte, der AG aber die Versetzung eines anderen AN beantragt.[17] Keine unmittelbare persönliche Betroffenheit, bei der ein Interessenkonflikt angenommen wird, liegt vor, wenn das BR-Mitgl. nur als Teil der Belegschaft (z. B. von einer Betriebsänderung) betroffen ist.[18] Eine zur zeitweiligen Verhinderung führende **Interessenkollision** liegt vor, wenn ein BR-Mitgl. eine Beschwerde nach § 85 unterzeichnet hat und die

---

10 HessLAG 25.7.14 – 14 Sa 167/13, juris.
11 BAG 8.9.11 – 2 AZR 388/10, NZA 12, 400; HessLAG 20.6.18 – 6 Sa 1551/17 juris.
12 BAG 28.7.20 – 1 ABR 5/19, juris.
13 LAG Schleswig-Holstein 1.11.12 – 5 TABV 13/12, juris.
14 BAG 23.6.10 – 7 ABR 103/08, NZA 10, 1298; LAG Hamm 8.12.17 – 13 TaBV 72/12, juris; Fitting Rn. 21.
15 BAG 10.11.09 – 1 ABR 64/08, NZA-RR 2010, 416, LAG Hamm 23.06.14 – 13 TaBVGa20/14, juris.
16 ArbG Köln – 24.1.23 – 4 TaBV 246/21, juris.
17 BAG 24.4.13 – 7 ABR 82/11, NZA 2013, 523.
18 BAG 24.4.13 – 7 ABR 82/11, NZA 2013, 523.

Frage der Berechtigung der Beschwerde bzw. die Anrufung der Einigungsstelle im BR zur Beschlussfassung ansteht.[19] Ist ein BR-Mitgl. gleichzeitig Vertrauensperson der Schwerbehinderten, übt also ein Doppelmandat aus, liegt regelmäßig keine Interessenkollision vor, die zu einer zeitweiligen Verhinderung führen würde.[20] Das BR-Mitgl. kann also als BR-Mitglied und als Vertrauensperson der Schwerbehinderten an der BR-Sitzung teilnehmen. Nur in Ausnahmefällen liegt eine Interessenkollision vor. Diese ist dem BR-Vorsitzenden anzuzeigen, außerdem ist zu erklären, in welcher Funktion (BR oder Vertrauensperson) an der BR-Sitzung teilgenommen werden soll (s. § 32 Rn. 1). Die zeitweilige Verhinderung gilt jedoch nur für den Beratungsgegenstand, der die Interessenkollision auslöst. Lediglich hierzu ist ein Ersatzmitgl. zur Sitzung einzuladen. Soll mehreren BR-Mitgl. gekündigt werden, ist jeweils das BR-Mitgl. nur in der es selbst betreffenden Sache verhindert.[21] Ein BR-Mitgl. ist jedoch nicht verhindert bei der **Beschlussfassung über organisatorische Angelegenheiten** des BR, z. B. Wahl oder Abwahl des Vors. bei eigener Kandidatur. Die persönliche Betroffenheit des BR-Vorsitzenden schließt diesen nur von der Beratung und Beschlussfassung in dem betreffenden Punkt aus. Dies schließt aber nicht aus, dass der BR-Vorsitzende zur Sitzung einlädt und den AG über das Ergebnis informiert.[22]

4 Eine krankheitsbedingte **Arbeitsunfähigkeit** eines BR-Mitgl. führt zwar in der Regel, jedoch nicht zwangsläufig, auch zu einer **Amtsunfähigkeit** und somit zu seiner Verhinderung.[23] Während des **Urlaubs** ist ein BR-Mitgl. zeitweilig verhindert; ihm ist die Teilnahme an einer BR-Sitzung zwar nicht objektiv unmöglich, aber grundsätzlich unzumutbar. Nur wenn es ausdrücklich erklärt, während des Urlaubs als BR-Mitgl. tätig sein zu wollen und zur Verfügung zu stehen, ist es nicht verhindert.[24] Dies muss ggü. dem BR-Vorsitzenden ausdrücklich erklärt werden. Gleiches gilt für BR-Mitgl. in **Elternzeit.**[25] Ein BR-Mitgl. kann auch für die Teilnahme an einer BR-Sitzung z. B. seinen Urlaub unterbrechen[26] oder während **Kurzarbeit** an einer BR-Sitzung teilnehmen.[27] Auch durch die Teilnahme an einem **Arbeitskampf** ist ein BR-Mitgl. nicht zeitweilig an der Wahrnehmung seines Amtes ge-

---

19 LAG Nürnberg 16. 10. 12 – 7 TaBV28/12, NZA-RR 13, 23.
20 HessLAG 1. 11. 12 – 9 TaBV 156/12, juris.
21 BAG 25. 3. 76 a. a. O.
22 ArbG Berlin 5. 4. 13 – 28 BV 1565/13, juris.
23 BAG, NZA 85, 367.
24 BAG 27. 9. 12 – 2 AZR 955/112, NZA 13, 425; BAG 8. 9. 11 – 2 AZR 388/10, NZA 12, 400.
25 BAG 8. 9. 11 – 2 AZR 388/10 juris; BAG 25. 5. 05 – 7 ABR 45/04, NZA 05, 1002.
26 So BAG 5. 5. 87, AP Nr. 5 zu § 44 BetrVG 1972 für die Teilnahme an einer Betriebsversamml.; LAG Hamm 21. 1. 87 – 3 Sa 1520/86.
27 So BAG, NZA 87, 712 für die Teilnahme an einer Betriebsversamml.

hindert.[28] Sind Betriebsratsaufgaben außerhalb der persönlichen Arbeitszeit des jeweiligen BR-Mitgl. zu erledigen, liegt keine zeitweilige Verhinderung vor, da die Wahrnehmung von BR-Aufgaben außerhalb der persönlichen Arbeitszeit nicht unzumutbar ist.[29]

3. Reihenfolge des Nachrückens

Erfolgte die Wahl als **Listenwahl** (Verhältniswahl), werden die Ersatz- 5
mitgl. in der **Reihenfolge** berücksichtigt, in der sie auf der Liste, der das ausgeschiedene oder verhinderte Mitgl. angehörte, aufgeführt sind. Maßgebend sind dabei die Listen zum Zeitpunkt der BR-Wahl. Wenn BR-Mitgl. sich nach der Wahl politisch mit einer Liste verbünden, auf der sie bei der BR-Wahl nicht kandidiert haben, ändert dies nichts daran, dass sie für die Frage, wer in den BR als Ersatz-Mitgl. nachrückt, als Mitgl. der alten Liste geführt werden. Die **Mindestanzahl** von Sitzen, die dem **Minderheitengeschlecht nach § 15 Abs. 2** zustehen, darf nicht unterschritten werden. Wäre das durch das Ausscheiden bzw. die zeitweilige Verhinderung eines BR-Mitgl. der Fall, rückt von der Liste, der das ausgeschiedene bzw. verhinderte BR-Mitgl. angehört, das nächstplatzierte Ersatzmitgl., das dem des Minderheitengeschlecht angehört, in den BR nach.[30] Dies auch dann, wenn ein Ersatzmitgl. des Mehrheitsgeschlechts günstiger platziert ist. Hat die Liste kein Ersatzmitglied des in der Minderheit befindlichen Geschlechts mehr, rückt das Ersatzmitglied des Minderheitengeschlechts nach, das auf der Liste mit der nächsthöheren Teilzahl entsprechend platziert ist. Scheiden gleichzeitig mehrere BRM von verschiedenen Listen, darunter mehrere Angehörige des Minderheitengeschlechts aus dem BR aus, legt das Gesetz nicht direkt fest, wie die Minderheitengeschlechtsquote bei den Nachrückern zu wahren ist. Die Nachrücker werden nach § 15 Abs. 5 WO ermittelt. § 17 Abs. 2 WO ist nicht maßgebend.[31]

Sofern aufgrund der Minderheitengeschlechtsquote alle Bewerber des Minderheitengeschlechts einen Sitz erhalten haben, kann bei Ausscheiden oder Verhinderung eines BR-Mitglieds des Minderheitengeschlechts die Quote nicht mehr gewahrt werden. In diesem Fall rückt ein Bewerber derjenigen Liste nach, auf die nach den Grundsätzen der Verhältniswahl der nächste Sitz entfallen wäre.[32] Diese Folgen treten aber nur ein, wenn es um die dem

---

28 DKW-Buschmann, Rn. 20 m. w. N.

29 BAG 27.9.12 – 2 AZR 955/112, NZA 13, 425.

30 ArbG Köln 12.11.14 – 17 BV 296/14, juris.

31 LAG Berlin-Brandenburg 25.7.17 – 7 TaBV 358/17, n. rk., anhängig beim BAG unter 7 ABR 47/17; DKW-Buschmann § 25 Rn. 31.

32 DKW-Buschmann, Rn. 28a; a. A. LAG Nürnberg 13.5.04, AuR 04, 317, das den letzten Bewerbertausch a. G. der Minderheitengeschlechtsquote rückgängig machen will.

Minderheitengeschlecht zwingend zustehenden Sitze geht. Etwas anderes gilt hinsichtlich der Sitze, die das Minderheitengeschlecht über die Mindestanzahl nach § 15 Abs. 2 hinaus erhalten hat. Das Nachrücken auf einen solchen Sitz bestimmt sich allein nach den Grundsätzen von § 25.[33]
Dabei ist zu beachten, dass hierbei auch Listen zu berücksichtigen sind, die bei der BR-Wahl keinen Sitz erhalten haben,[34] solange sie wenigstens eine Stimme bei der Wahl erhalten haben.[35]

6 Erfolgte die Wahl als **Mehrheitswahl**, kommt das Ersatzmitgl. mit der nächsthöchsten Stimmenzahl in den BR, um das ausgeschiedene bzw. verhinderte BR-Mitgl. zu ersetzen. Auch bei der Mehrheitswahl darf die Mindestanzahl der dem Minderheitengeschlecht nach § 15 Abs. 2 zustehenden Sitze nicht unterschritten werden; ggf. rückt ein Ersatzmitgl. des Minderheitengeschlechts nach, auch wenn es weniger Stimmen als das an sich in Betracht kommende Ersatzmitgl. des Mehrheitsgeschlechts hat. Voraussetzung für das Nachrücken ist, dass das Ersatzmitglied bei der Mehrheitswahl wenigstens eine Stimme erhalten hat.[36]
Für die Berücksichtigung der Minderheitengeschlechtsquote beim Nachrücken in den BR sind die Zahlverhältnisse bzw. Angaben im Wahlausschreiben maßgebend, nicht die zum Zeitpunkt der Vertretung.[37]

4. Kündigungsschutz der Ersatzmitglieder

7 Das Ersatzmitgl. genießt bis zu seinem Eintritt in den BR keinen **Kündigungsschutz** nach § 103 BetrVG, jedoch in den ersten sechs Monaten nach Bekanntgabe des Wahlergebnisses den nachwirkenden Kündigungsschutz von Wahlbewerbern nach § 15 Abs. 3 Satz 2 KSchG. Ferner kann sich die Unwirksamkeit der Kündigung auch aus § 78 sowie aus § 134 BGB ergeben. Soweit und solange ein Ersatzmitgl. ein BR-Mitgl. vertritt, hat es während der Dauer der Vertretung alle Schutzrechte (§ 15 Abs. 1 Satz 1 KSchG i. V. m. § 103 Abs. 1 BetrVG) eines BR-Mitgl. Den nachwirkenden Kündigungsschutz von einem Jahr (§ 15 Abs. 1 Satz 2 KSchG) genießt das Ersatzmitgl. jedenfalls dann, wenn es konkrete BR-Aufgaben wahrgenommen hat.[38] Während der Dauer der Verhinderung eines BR-Mitgl. sind Ersatzmitgl.

33 ArbG Köln 12.11.14 – 17 BV 296/14, juris.
34 Vgl. DKW-Buschmann Rn. 27; Fitting § 25 Rn. 28.
35 Vgl. für Mehrheitswahl LAG Düsseldorf 15.4.11 – 6 Sa 857/10, juris, Schaub-Koch § 219 Rn. 30; Fitting § 22 WO Rn. 8.
36 LAG Düsseldorf 15.4.11 – 6 Sa 857/10, brwo; vgl. Fitting, § 22 WO 2001 Rn. 5.
37 ArbG Köln 12.11.14 – 17 BV 296/14, juris; DKW-Buschmann § 25 Rn. 30; Fitting, § 25 Rn. 24.
38 BAG 27.9.12 – 2 AZR 955/11, NZA 13, 1323; BAG 19.4.12 – 2 AZR 233/11, NZA 12, 1449.

vollwertige BR-Mitgl. mit allen sich aus dieser Stellung ergebenden Rechten und Pflichten.[39]

Der Kündigungsschutz greift zugunsten eines Ersatzmitgl. **vor Eintritt in den BR** dann ein, wenn der Verhinderungsfall noch nicht vorliegt, das Ersatzmitgl. sich jedoch auf eine BR-Sitzung, an der es wegen eines Verhinderungsfalles teilnehmen muss, vorbereitet. In diesem Fall tritt der Kündigungsschutz vom Tag der Ladung zur Sitzung, im Allgemeinen höchstens drei Tage vor der Sitzung, ein.[40] Meldet sich ein BR-Mitgl. krank und bleibt es der Arbeit fern, tritt der Kündigungsschutz des Ersatzmitgl. selbst dann unmittelbar ein, wenn sich später herausstellen sollte, dass das BR-Mitgl. nicht arbeitsunfähig krank war und unberechtigt der Arbeit fernblieb.[41] Maßgebend sind die Verhältnisse zum Zeitpunkt des Zugangs der Kündigung.[42] Der Schutz, wie er bei Kündigungen besteht, findet auch bei **Versetzungen Anwendung** (§ 103 Abs. 3). 8

5. Besonderheiten in den privatisierten Postunternehmen

Die Bestimmung von Ersatzmitgliedern in den **privatisierten Post-UN** wird dadurch kompliziert, dass neben den Wahlarten (Verhältnis- oder Mehrheitswahl), die Gruppen (Arbeitnehmer und Beamte) und die Minderheitengeschlechtsquote zu beachten sind (§ 26 Nr. 7 PostPersRG). Es ist wie folgt zu unterscheiden: 9

- Bei Gruppenwahl und Verhältniswahl rückt das Ersatzmitglied aus der Gruppe und Vorschlagsliste, der das ausgeschiedene oder verhinderte BR-Mitglied angehörte, nach.
- Sofern bei Gruppenwahl eine oder beide Gruppen in Mehrheitswahl gewählt haben, rückt zunächst das Gruppenmitglied mit der nächsthöheren Stimmzahl nach (§ 25 Abs. 2 Satz 3).
- Bei gemeinsamer Wahl der Gruppen (§ 26 Nr. 3 Post PersRG) und Verhältniswahl rückt zunächst ein Mitglied der Vorschlagsliste nach, der das ausgeschiedene oder verhinderte BR-Mitglied entstammt. Führt dieses Nachrücken dazu, dass das Verhältnis von AN und Beamten nicht mehr ihrem zahlenmäßigen Verhältnis entspricht, rückt der nächste gruppenangehörige Bewerber der Vorschlagsliste nach. Sind auf dieser Vorschlagsliste keine Gruppenvertreter mehr, springt der Sitz auf die nächste Vorschlagsliste über, auf der sich Gruppenvertreter befinden.

39 Vgl. BAG, BB 79, 888; 80, 317.
40 BAG 17.1.79 – 5 AZR 891/77, BB 79, 888.
41 BAG, BB 87, 1319.
42 BAG 27.9.12 – 2 AZR 955/11, NZA 13, 425.

- Bei Gemeinschaftswahl und Mehrheitswahl rückt der nächste Bewerber der Gruppe nach, sofern dies zur Wahrung des Gruppenproporzes notwendig ist, sonst der nächste Bewerber.

Die so gefundenen Ergebnisse sind jedoch im Hinblick auf die Minderheitengeschlechtsquote zu korrigieren, wenn die durch das Nachrücken nicht mehr gewahrt wäre (s. Erl. zu § 15 Rn. 6 f.).

Dritter Abschnitt
Geschäftsführung des Betriebsrats

§ 26 Vorsitzender

(1) Der Betriebsrat wählt aus seiner Mitte den Vorsitzenden und dessen Stellvertreter.

(2) Der Vorsitzende des Betriebsrats oder im Fall seiner Verhinderung sein Stellvertreter vertritt den Betriebsrat im Rahmen der von ihm gefassten Beschlüsse. Zur Entgegennahme von Erklärungen, die dem Betriebsrat gegenüber abzugeben sind, ist der Vorsitzende des Betriebsrats oder im Fall seiner Verhinderung sein Stellvertreter berechtigt.

Inhaltsübersicht Rn.

1. Wahl des Vorsitzenden und seines Stellvertreters

1 Die **Wahl des Vors.** und **seines Stellvertr.** ist eine **gesetzl. Pflichtaufgabe** des BR. Sie erfolgt in der konstituierenden Sitzung, die als Präsenzsitzung durchzuführen ist (vgl. § 29 Rn. 1). Nach der in Literatur und Rspr. vorwiegend vertretenen Auffassung soll der AG Verhandlungen mit dem BR so lange ablehnen können, bis dieser einen Vors. gewählt hat.[1] Die Auffassung

---

1 BAG 23.8.84 – 6 AZR 520/82; LAG Düsseldorf 24.6.09 – 12 Sa 336/09; a. A. BAG 28.9.83 – 7 AZR 266/82 sowie LAG RP 19.2.09 – 11 TaBV 29/08, brwo, wonach der AG bei einer unmittelbar bevorstehenden Konstituierung des BR nach dem Gebot der vertrauensvollen Zusammenarbeit gemäß § 2 Abs. 1 BetrVG verpflichtet ist, von einer einseitigen Einführung von Urlaubsgrundsätzen abzusehen, wenn deren Einführung nicht unaufschiebbar ist.

des BAG ist abzulehnen,[2] da das Gesetz nicht zwischen **Amtsbeginn und »Amtsausübungsbefugnis«** unterscheidet. Um nicht Gefahr zu laufen, Rechtsnachteile in Kauf nehmen zu müssen, wird jedoch für die betriebliche Praxis empfohlen, die Wahlen rechtzeitig vor Ablauf der Amtszeit des vorherigen BR bzw. unmittelbar nach Bekanntgabe des Wahlergebnisses (z. B. bei erstmaliger Wahl eines BR) durchzuführen.

2. Wahlgrundsätze

Für die Wahl, an der sich mindestens die Hälfte der BR-Mitgl. gemäß § 33 Abs. 2 beteiligen müssen, bestehen **keine besonderen Wahlvorschriften**. Durch den Wahlleiter muss nur zweifelsfrei festgestellt werden können, wer gewählt worden ist. Möglich ist somit eine offene oder geheime Wahl, eine Wahl durch Stimmzettel, Handaufheben oder sogar Zuruf.[3] Eine geheime Wahl ist durchzuführen, sofern ein BR-Mitgl. dies verlangt (zu den Anforderungen s. § 27 Rn. 1).[4] Zu beachten ist, dass die Sitzung als reine **Präsenzsitzung** stattzufinden hat. Wahlen können nicht im Rahmen einer Video- bzw. Telefonkonferenz durchgeführt werden (s. § 33 Rn. 3).[5] 2
In entsprechender Anwendung des § 19 können Gesetzesverstöße bei der Wahl des BR-Vors. und seines Stellvertr. in einem **Wahlanfechtungsverfahren** binnen einer Frist von zwei Wochen seit Bekanntgabe der Wahl gerichtl. geltend gemacht werden.[6]

3. Amtsniederlegung, Abwahl

Der Vors. oder stellv. Vors. kann jederzeit das **Amt niederlegen** oder ggf. auch ohne Angabe von Gründen **abgewählt** werden. Die **Abwahl** ist ohne Angabe von Gründen möglich. Sie bedarf unter den Voraussetzungen des § 33 Abs. 2 (Beschlussfähigkeit) der Zustimmung der Mehrheit der anwesenden BR-Mitgl. In diesen Fällen, aber auch bei Nichtannahme des Amtes bzw. Ausscheiden aus dem Betrieb, hat unverzüglich eine **Neuwahl** zu erfolgen, für die die gleichen Grundsätze wie bei der Konstituierung des BR gelten. 3

2 So auch DKW-F-Wedde, Rn. 5 f.; Matusche, AiB 11, 251.
3 ArbG Duisburg 26. 6. 19 – 4 BV 4/19, n. v., zur geheimen Wahl; ArbG Bielefeld 12. 8. 98 – 3 BV 23/98.
4 A. A. ArbG Bielefeld 12. 8. 98 – 3 BV 23/98, wenn der Antrag durch Mehrheitsbeschluss abgelehnt worden ist.
5 LAG BB 24. 8. 20 – 12 TaBVGa 1015/20, zur Vorgängerregelung des § 129 a. F.
6 BAG 16. 11. 05 – 7 ABR 11/05.

4. Sonderregelungen bei Post und Bahn

4 Die Sonderstellung der Beamten-Vertr. ist in den **privatisierten Post-UN**[7] auf die Wahrnehmung der Beteiligungsrechte in Personalangelegenheiten beschränkt, s. im Einzelnen: BPersVG-PK, Anhang IV B § 28 PostPersRG Rn. 1 ff. Zu den Besonderheiten der betrieblichen Interessenvertretung der Beamten des Bundeseisenbahnvermögens, die der **Deutschen Bahn AG**[8] zugewiesen sind, s. im Einzelnen: BPersVG-PK, Anhang III C § 17 DBGrG Rn. 1 ff. Die zugewiesenen Beamten und AN gelten in Folge ihrer Eingliederung als AN des Betriebes und gehören diesem an (vgl. § 5 Abs. 1 Satz 3).

5. Befugnisse des Betriebsratsvorsitzenden

5 Nach der Konzeption des BetrVG handelt der **BR als Kollegialorgan** und bildet seinen gemeinsamen Willen durch Beschluss (s. § 33). Der **Vors.** handelt bei den für den BR abzugebenden Erklärungen als dessen **Erklärungsvertreter**, er ist kein rechtsgeschäftlicher bzw. gesetzlicher Stellvertreter des BR.[9] Im Rahmen der vom BR gefassten Beschlüsse, die sich innerhalb des dem BR vom BetrVG zugewiesenen Wirkungskreises bewegen, besteht eine Befugnis des Vors. zur Vertretung des BR. Nur in diesem Rahmen kann der Vors. rechtsgeschäftliche Erklärungen mit verbindlicher Wirkung für den BR abgeben (vgl. § 40 Rn. 1).[10] An dessen Erklärungen ist der BR grundsätzlich gebunden. Etwas anderes gilt nur, wenn es sich ersichtlich nicht um Äußerungen für den Betriebsrat, sondern um persönliche Äußerungen des Vors. handelt.[11] Zum Nachweis einer wirksamen Beschlussfassung vgl. § 29 Rn. 6. Zu seinen Aufgaben gehört dabei auch die eigenständige Formulierung, Abfassung und Unterzeichnung von Schriftstücken, mit denen dem AG z. B. die Verweigerung der Zustimmung des BR zu personellen Einzelmaßnahmen i. S. v. § 99 Abs. 1[12] bzw. der Widerspruch nach § 102 Abs. 2 und 3 mitgeteilt wird.[13] Eine nicht von einem BR-Beschluss umfasste Erklärung seines Vors. ist unwirksam und entfaltet keine Rechtswirkungen.[14] Zum Schriftformerfordernis vgl. § 95 Rn. 4, § 99 Rn. 35 und § 112 Rn. 3 sowie zur elektronischen Form § 77 Rn. 6. Eine E-Mail ist auch ohne qualifizierte elek-

---

7 Fitting, § 99 Rn. 316 ff.
8 Fitting, § 99 Rn. 303 ff.
9 BAG 8. 2. 22 – 1 AZR 233/21.
10 BGH, AiB 13, 385 mit Anm. Ratayczak; 19. 1. 10 – 1 ABR 62/08; LAG BB 09, 1413, Ls.; LAG SH 12. 4. 05 – 2 TaBV 8/05.
11 BAG 26. 2. 15 – 2 AZR 955/13.
12 BAG 30. 9. 14 – 1 ABR 32/13 AiB 7–8/15, 59, mit Anm. Klimaschewski.
13 BAG 25. 5. 16 – 2 AZR 345/15.
14 BAG 9. 12. 14 – 1 ABR 19/13, AiB 6/15, 61 mit Anm. Kröll.

tronische Signatur i. S. des § 126a BGB wirksam.[15] Erforderlich ist aber, dass die Mitteilung die Voraussetzungen der Textform des § 126b BGB erfüllt. Dies ist bei einer maschinellen Erklärung der Fall, wenn der Aussteller zu erkennen ist und das Textende sich aus der Grußformel mit Namensangabe ergibt.[16] Demgegenüber wird alleine durch eine De-Mail-Nutzung kein Schriftformerfordernis erfüllt, dies ist nur mit einer qualifizierten elektronischen Signatur zu erreichen.[17] Der Zugang einer E-Mail ist vom Versender darzulegen und zu beweisen. Allein mit der Absendung der E-Mail lässt sich kein Anscheinsbeweis für den Zugang beim Empfänger begründen. Der Versender hat aber über die Optionsverwaltung seines E-Mail-Programms die Möglichkeit, eine Lesebestätigung anzufordern.[18] Zum in Zweifelziehen eines BR-Beschlusses durch den AG siehe §§ 29 Rn. 6, 34 Rn. 1.

Daneben ergeben sich **Rechte des Vors.** aus §§ 27 Abs. 1 und 3, 29 Abs. 2 und 3, 34 Abs. 1 Satz 2, 42 Abs. 1 Satz 1, 65 Abs. 2, 69 Satz 4. Nur in diesen Fällen hat der Vors. eine Eigenzuständigkeit bzw. Entscheidungsbefugnis aus eigenem Recht, sofern die Geschäftsordnung des BR keine anderen Regelungen vorsieht. Darüber hinaus können im BR mit weniger als neun Mitgl. dem Vors. **die laufenden Geschäfte** übertragen werden (§ 27 Abs. 3).

Überschreitet der Vors. seine **Vertretungsbefugnis**, indem er z. B. ohne Be- 6
schlussfassung durch den BR eine BV oder Regelungsabrede unterzeichnet oder ohne Beschluss des BR eine Erklärung abgibt, entfaltet die Erklärung des Vors. keine Rechtswirkungen und ist für den BR nicht bindend. Gesetzlich geschützt ist nicht der gute Glaube des AG an das Vorliegen eines BR-Beschlusses.[19] Auch das BAG lehnt jetzt die Auffassung ab, dass unter bestimmten Voraussetzungen eine widerlegbare Vermutung bestehen würde, wonach die vom Vors. abgegebene Erklärung auf einem entsprechenden Beschluss des Gremiums beruhe (Grundsätze einer Anscheinsvollmacht).[20] Das ist mit den Grundsätzen eines Erklärungsvertreters nicht vereinbar. Ohne einen wirksamen BR-Beschluss abgeschlossene Vereinbarungen können vom BR durch eine spätere ordnungsgemäße Beschlussfassung nach § 177 Abs. 1 BGB genehmigt werden.[21] Genehmigt der BR nachträglich, wirkt die **nachträgliche Zustimmung** (Genehmigung) nach § 184 Abs. 1 BGB auf

15 BAG 10. 3. 09 – 1 ABR 93/07.

16 BAG 9. 12. 08 – 1 ABR 79/07, AiB 09, 593.

17 Zu den Einzelheiten vgl. Haverkamp, CA 10/11, 36.

18 LAG Köln 11. 1. 22 – 4 Sa 315/21; LAG BB 27. 12. 12 – 15 Ta 2066/12, AuR 13, 270 mit Anm. Walter.

19 LAG Hamm 12. 2. 14 – 3 Sa 724/13.

20 BAG 8. 2. 22 – 1 AZR 233/21, AuR 5/23, 209 mit Anm. Wedde; noch offengelassen 9. 12. 14 – 1 ABR 19/13, AiB 6/15, 61 mit Anm. Kröll.

21 BAG 9. 12. 14 – 1 ABR 19/13, AiB 6/15, 61 mit Anm. Kröll; 17. 11. 10 – 7 ABR 120/09, zu einer als Regelungsabrede mündlich abgesprochenen Auswahlrichtlinie; 10. 10. 07 – 7 ABR 51/06, AiB 08, 418; DB 05, 168 zu einer Zustimmung

den Zeitpunkt der Unterzeichnung oder Erklärung durch den Vors. zurück, soweit nichts anderes bestimmt ist. Die Vereinbarung oder Erklärung wird aufgrund des BR-Beschlusses so behandelt, als sei sie bei ihrer Vornahme zugleich wirksam geworden (vgl. im Einzelnen § 33 Rn. 4).[22] Die nachträgliche Beschlussfassung muss aber rechtzeitig vor dem Ereignis erfolgen: z. B. vor der Durchführung einer Schulung nach § 37 Abs. 6,[23] vor der Auslösung von Kosten nach § 40 Abs. 2[24] oder bei einer einstweiligen Verfügung vor Abschluss der ersten Instanz.[25] Etwas anders soll nach der nicht überzeugenden Rspr. des BAG zu § 102 gelten. Danach sollen mögliche Mängel bei der Beschlussfassung des BR keine Auswirkungen auf die Ordnungsgemäßheit des Anhörungsverfahrens nach § 102 haben, selbst wenn der AG diese weiß oder vermuten kann.[26] Ebenfalls soll eine nach Ablauf der Wochenfrist des § 99 Abs. 3 Satz 1 erfolgende Genehmigung nicht geeignet sein, nachträglich einen Zustimmungsverweigerungsgrund nach § 99 zu begründen, der bei Ablauf der Wochenfrist noch nicht vorlag.[27] Wegen der Theorie der Wirksamkeitsvoraussetzung ist die Rspr. des BAG[28] abzulehnen, die eine rückwirkende Genehmigung einer Erklärung des BR-Vors. bei der **Ausübung von MBR**, wie z. B. bei der Unterzeichnung einer BV ohne BR-Beschluss, auf den Zeitpunkt der Unterzeichnung zulässt. Richtigerweise kann die Genehmigung durch einen Beschluss nur für die Zukunft wirken (s. § 87 Rn. 1). Der Vors. kann seine **Vertretungsbefugnis** aber auch in der Weise **überschreiten**, dass er einen Vertrag mit einem Dritten abschließt, der über die Erforderlichkeit hinausgeht. Ein solcher **»überschießender« Vertrag** liegt z. B. dann vor, wenn der Beratungs- und Zeitaufwand des Sachverständigen das erforderliche Maß oder die im Vertrag vereinbarte Vergütungshöhe für den Berater den marktüblichen Tarif überschreitet; der Vertrag ist insoweit teilunwirksam. Der BR wird hinsichtlich des »überschießenden« Teils nicht verpflichtet (vgl. § 40 Rn. 1). In diesem Fall ergibt sich möglicherweise eine **Haftung** des Vors. aus einer entsprechenden Anwendung des § 179 BGB für den Teil des Vertrages, der die sich aus § 40 Abs. 1 BetrVG ergebende »Erforderlichkeitsgrenze« überschreitet.[29] Dabei sind allerdings die Haftungs-

---

nach § 87 Abs. 1 Nr. 10; 21.2.02 – 2 AZR 581/00 zur Wirksamkeit eines Interessenausgleiches.

22 BAG 10.10.07 – 7 ABR 51/06, brwo, AiB 08, 418.

23 BAG 8.3.00 – 7 ABR 11/98.

24 BAG 10.10.07 – 7 ABR 51/06.

25 BAG 18.2.03 – 1 ABR 17/02.

26 BAG 24.6.04 – 2 AZR 461/03.

27 BAG 17.10.10 – 7 ABR 120/09, brwo, zu einer als Regelungsabrede mündlich abgesprochenen Auswahlrichtlinie.

28 BAG 8.2.22 – 1 AZR 233/21, AuR 23, 209 mit Anm. Wedde.

29 BGH, AiB 13, 385 mit Anm. Ratayczak.

beschränkungen nach § 179 Abs. 2 und 3 BGB relevant, die eine Basis bieten, um die Haftung für BR-Mitgl. zu beschränken, ja ganz auszuschließen.[30]

6. Befugnisse des stellvertretenden Betriebsratsvorsitzenden

Der **stellvertr. Vors.** nimmt die Aufgaben und Befugnisse des Vors. nur 7
dann wahr, **wenn und solange der Vors. selbst verhindert ist**. Nur im Vertretungszeitraum kann er grundsätzlich Erklärungen mit verbindlicher Wirkung für den BR abgeben; ein Mangel der fehlenden Befugnis kann bei fristgebundenen Erklärungen nach Ablauf der Frist nicht durch eine genehmigende Erklärung mit Rückwirkung geheilt werden.[31] Eine erneute Verlautbarung durch den Vors. bzw. im Verhinderungsfall durch den stellvertr. Vors. schafft erst in die Zukunft gerichtet eine Rechtsgrundlage für Handlungen und Erklärungen des BR zu dem betreffenden Beschlussgegenstand. Deswegen kann z. B. eine schwebend unwirksame Auswahlrichtlinie durch einen rückwirkenden Genehmigungsbeschluss geheilt werden.[32] Eine **Verhinderung** liegt dann vor, wenn der Vors. aus rechtlichen oder tatsächlichen Gründen nicht in der Lage ist, sein Amt auszuüben. Insoweit gilt dasselbe wie für die in § 25 Abs. 1 Satz 2 geregelte Verhinderung.[33] Ein Vors. ist als **freigestelltes BR-Mitgl.** dann verhindert, wenn er **arbeitsunfähig erkrankt** ist. Eine vom Arzt attestierte Arbeitsunfähigkeit hat zur Folge, dass das freigestellte BR-Mitgl. stets verhindert ist, da es ihm krankheitsbedingt unmöglich ist, seine Amtspflichten auszuüben. Ob und in welchem Umfang er sich (subjektiv) zur Wahrnehmung derselben in der Lage sieht, ist unerheblich (s. § 38 Rn. 2).[34] Für die Dauer seiner Vertr. hat der stellvertr. Vors. kraft Gesetzes jedoch die gleichen Befugnisse und Zuständigkeiten wie der Vors.[35] Der Vors. ist von seiner Organtätigkeit ausgeschlossen und damit **rechtlich verhindert**, wenn es um Entscheidungen im BR geht, die ihn individuell und unmittelbar betreffen. Dies ist z. B. bei einer Eingruppierung »in eigener Sache« der Fall.[36] Die Verhinderung bezieht sich dagegen nicht auf die schriftliche Mitteilung von der verweigerten Zustimmung des BR nach § 99 Abs. 3 Satz 1, da der Vors. den AG nur über die vom BR getroffene Entscheidung informiert. Er handelt lediglich als Vertreter des BR in der Er-

---

30 Zu den Einzelheiten s. Ratayczak, Anm. zu BGH, AiB 13, 385.

31 BAG 1.6.11 – 7 ABR 138/09, brwo, im Falle der Verweigerung der Zustimmung nach § 99 Abs. 1.

32 BAG 17.10.10 – 7 ABR 120/09, brwo.

33 BAG 28.7.20 – 1 ABR 5/19, AiB 1/21, 44 mit Anm. Bretzler; 7.7.11 – 6 AZR 248/10, brwo.

34 BAG 28.7.20 – 1 ABR 5/19, AiB 1/21, 44 mit Anm. Bretzler.

35 Vgl. DKW-F-Wedde, Rn. 31 ff.; BAG 7.7.11 – 6 AZR 248/10, brwo, zu einer Erklärung durch den AG außerhalb des Betriebes.

36 BAG 3.8.99 – 1 ABR 30/98.

klärung, nicht im Willen.[37] Sind sowohl der **Vors. als auch der stellv. Vors. verhindert** (z. B. weil der AG gegenüber beiden Personen ein Hausverbot ausgesprochen hat), kann die Vertretung durch einen vorhergehenden Beschluss oder die Geschäftsordnung bestimmt werden. Ist das nicht der Fall, müssen die BR-Mitgl. von sich aus zusammentreten, um eine anderweitige Vertretung durch Beschluss zu bestimmen. Eine Ladung nach § 29 Abs. 2 Satz 2 ist in diesem Fall nicht möglich.[38] Ein **Recht zum Selbstzusammentritt** ohne Einberufung einer Sitzung und Ladung ist nach Auffassung des BAG in dem Fall dann zulässig, wenn alle (ggf. durch Ersatz-Mitgl. vertretenen) BR-Mitgl. zur Sitzung erscheinen und einen einstimmigen Beschluss zur Ladung und Tagesordnung fassen (s. auch § 29 Rn. 5).[39] Hier zeigt sich, dass BR für Verhinderungsfälle rechtzeitig Vorkehrungen in der Geschäftsordnung treffen sollten, die die Reihenfolge in der Verhinderungsvertretung des Vors./stellv. Vors. regeln.

7. Erklärungen des Arbeitgebers gegenüber Betriebsratsmitgliedern

8 Aus § 26 Abs. 3 Satz 2 ergibt sich, dass der BR-Vors. – im Falle seiner Verhinderung der BR-Stellvertr. – befugt ist, Erklärungen entgegenzunehmen, die dem BR gegenüber abzugeben sind. Damit sind sie dem BR zugegangen und evtl. gesetzlich festgelegte Fristen fangen an zu laufen. Werden Erklärungen nicht dem Vors., sondern einem anderen – nicht empfangsberechtigten – BR-Mitgl. gegenüber abgegeben, wird dieses lediglich als Bote tätig; dem BR ist die Erklärung in diesem Fall erst zugegangen, wenn sie dem Vors. oder dem BR zur Kenntnis gelangt.[40] Der BR kann aber in bestimmten Angelegenheiten oder generell durch die GO BR-Mitgl. als zuständig für die Entgegennahme von Erklärungen bestimmen. Sind sowohl der Vors. als auch sein Stellv. verhindert, kann der AG grundsätzlich jedem BR-Mitgl. gegenüber Erklärungen abgeben, sofern der BR für diesen Fall keine Vorkehrungen getroffen hat (s. auch Rn. 7).[41] Der Vors. ist **nicht verpflichtet**, Erklärungen **außerhalb der Arbeitszeit** und außerhalb der Betriebsräume entgegenzunehmen;[42] tut er es doch, gilt die Erklärung als zugegangen.[43] Ist ein Ausschuss gebildet worden, dem der BR bestimmte Aufgaben zur selbst-

37 BAG 19. 3. 03 – 7 ABR 15/02.

38 HessLAG 29. 3. 07 – 9 TaBVGa 68/07.

39 BAG 28. 7. 20 – 1 ABR 5/19, AiB 1/21, 44 mit Anm. Bretzler; s. auch Fitting § 29 Rn. 24; DKW-Wedde § 29 Rn. 15.

40 BAG 28. 7. 20 – ABR 5/19; zu einem Musterschreiben an AG vgl. DKW-F-Wedde, § 26 Rn. 16.

41 BAG 28. 7. 20 – ABR 5/19; LAG Nds. 23. 10. 14 – 5 Sa 423/14.

42 LAG SH 24. 10. 13 – 4 TaBV 8/13, brwo.

43 BAG 27. 8. 82 – 7 AZR 30/80.

ständigen Erledigung übertragen hat, kann auch der Ausschuss-Vors. zur Entgegennahme der Erklärungen des AG berechtigt sein.[44]
Wie und wann der Zugang der Erklärung des AG bewirkt bzw. als bewirkt anzusehen ist, regelt nicht § 26 Abs. 2 Satz 2, sondern § 130 BGB.[45] Danach wird eine unter Abwesenden abgegebene Willenserklärung in dem Zeitpunkt wirksam, in welchem sie dem Empfänger zugeht. Eine schriftliche Willenserklärung ist nach § 130 Abs. 1 BGB zugegangen, wenn sie in verkehrsüblicher Weise in die tatsächliche Verfügungsgewalt des Empfängers gelangt ist und für den Empfänger unter gewöhnlichen Verhältnissen die Möglichkeit besteht, von dem Inhalt des Schreibens Kenntnis zu nehmen. Den Zugang einer E-Mail hat derjenige zu beweisen, der sich auf den Zugang beruft, also der Absender. Allein die Absendung einer E-Mail reicht nicht aus; eine Eingangs- oder Lesebestätigung kann den Nachweis aber bringen.[46] Zu beachten ist jedoch, dass der Empfänger zur Abgabe einer Eingangs- oder Lesebestätigung nicht verpflichtet ist.

Der BR muss sich auch im Rahmen des **Anhörungsverfahrens** bei einer 9
beabsichtigten **Kündigung** grundsätzlich nur das Wissen eines nach dieser Vorschrift berechtigten[47] oder hierzu ausdrücklich ermächtigten BR-Mitgl. zurechnen lassen.[48] Abzulehnen ist die Bevollmächtigung im Rahmen einer Duldungsvollmacht.[49] Hiergegen sprechen die gleichen Gründe wie bei einer Anscheinsvollmacht eines BR-Vors. (im Einzelnen Rn. 6).[50]

§ 27 Betriebsausschuss

(1) Hat ein Betriebsrat neun oder mehr Mitglieder, so bildet er einen Betriebsausschuss. Der Betriebsausschuss besteht aus dem Vorsitzenden des Betriebsrats, dessen Stellvertreter und bei Betriebsräten mit
9 bis 15 Mitgliedern aus 3 weiteren Ausschussmitgliedern,
17 bis 23 Mitgliedern aus 5 weiteren Ausschussmitgliedern,
25 bis 35 Mitgliedern aus 7 weiteren Ausschussmitgliedern,
37 oder mehr Mitgliedern aus 9 weiteren Ausschussmitgliedern.
Die weiteren Ausschussmitglieder werden vom Betriebsrat aus seiner Mitte in geheimer Wahl und nach den Grundsätzen der Verhältniswahl

44 LAG München 29.7.20 – 11 Sa 332/20 zum Personalausschuss; ArbG Köln 13.1.23 – 23 BV 67/22; Fitting Rn. 43; DKW-Wedde Rn. 28.
45 LAG SH 24.10.13 – 4 TaBV 8/13, brwo; LAG Nds 26.11.07 – 6 TaBV 34/07.
46 LAG Köln 11.1.22 – 4 Sa 315/21; LAG BB 27.12.12 – 15 Ta 2066/12, AuR 13, 270 mit Anm. Walter.
47 LAG Köln 11.1.06 – 3 Sa 19/05.
48 BAG 27.6.85 – 2 AZR 412/84.
49 So aber LAG MV 20.5.03 – 5 Sa 452/02, im Revisionsverfahren durch BAG, NZA 04, 1330 offengelassen.
50 So auch DKW-Wedde Rn. 27.

gewählt. Wird nur ein Wahlvorschlag gemacht, so erfolgt die Wahl nach den Grundsätzen der Mehrheitswahl. Sind die weiteren Ausschussmitglieder nach den Grundsätzen der Verhältniswahl gewählt, so erfolgt die Abberufung durch Beschluss des Betriebsrats, der in geheimer Abstimmung gefasst wird und einer Mehrheit von drei Vierteln der Stimmen der Mitglieder des Betriebsrats bedarf.

(2) Der Betriebsausschuss führt die laufenden Geschäfte des Betriebsrats. Der Betriebsrat kann dem Betriebsausschuss mit der Mehrheit der Stimmen seiner Mitglieder Aufgaben zur selbständigen Erledigung übertragen; dies gilt nicht für den Abschluss von Betriebsvereinbarungen. Die Übertragung bedarf der Schriftform. Die Sätze 2 und 3 gelten entsprechend für den Widerruf der Übertragung von Aufgaben.

(3) Betriebsräte mit weniger als neun Mitgliedern können die laufenden Geschäfte auf den Vorsitzenden des Betriebsrats oder andere Betriebsratsmitglieder übertragen.

Inhaltsübersicht Rn.

1. Grundsätze

1 Die Bildung eines BA ist **zwingend** vorgeschrieben, wenn der BR aus neun oder mehr Mitgl. besteht (in Betrieben ab 201 AN; vgl. § 9). Bildet der BR keinen BA, handelt er pflichtwidrig, was ggf. zur Auflösung des BR führen kann.[1] Obwohl das BetrVG darüber schweigt, sollte die Bildung möglichst während der **konstituierenden Sitzung** des BR (§ 29) oder kurzfristig danach erfolgen. Zu beachten ist, dass die Sitzung als reine **Präsenzsitzung** stattzufinden hat; Wahlen können nicht im Rahmen einer Video- bzw. Telefonkonferenz durchgeführt werden (s. § 33 Rn. 3).[2] Die Mitgl. des BA müssen dem BR angehören und werden von diesem nach den Grundsätzen der Verhältniswahl gewählt, sofern mindestens zwei Wahlvorschläge gemacht werden. Bei der Wahl der BA-Mitgl. sind die Wahlvorschläge nicht auf die Listen beschränkt, die bei der BR-Wahl eingereicht wurden und auf die BR-Mandate entfallen sind. Für die Wahl der BA-Mitgl. können sich **andere Koalitionen und »Listenverbindungen«** bilden.[3] Ergibt sich bei Abstimmungen Stimmengleichheit, ist diese Pattsituation durch Losentscheid

1 Vgl. Lenz, AiB 98, 71.

2 LAG BB 24.8.20 – 12 TaBVGa 1015/20 zu § 129 a.F.

3 Vgl. DKW-Wedde, Rn. 21.

aufzulösen.[4] Außerdem schreibt das Gesetz zwingend eine **geheime Wahl** vor (vgl. § 14 Rn. 1). Für die Wahl gelten die allgemeinen Grundsätze einer geheimen Abstimmung.[5] Erforderlich ist stets die Verwendung von Stimmzetteln, die so gestaltet sein müssen, dass sie eine Identifizierung des Wählers nicht zulassen. Zudem hat der BR-Vors. geeignete Vorkehrungen für ein unbeobachtetes Ausfüllen der Stimmzettel mittels Wahlkabine zu treffen (vgl. § 12 Abs. 1 Satz 1 WO 2001).[6] Der Vors. des BR und sein Stellvertr. gehören dem Ausschuss kraft Amtes an. Der Vors. des BR ist automatisch Vors. des BA, gleiches gilt für den Stellvertr. Ein anderes Mitgl. des BA kann nicht als Vors. gewählt werden.[7] An der Wahl müssen sich mindestens die Hälfte der BR-Mitgl. beteiligen (§ 33 Abs. 2).[8] Eine **Wahlanfechtung** hat in entsprechender Anwendung von § 19 Abs. 2 Satz 2 innerhalb einer Frist von zwei Wochen zu erfolgen (vgl. Rn. 5).[9] Zur Anfechtung BR-interner Wahlen ist jedes BR-Mitgl. befugt, das geltend macht, in seiner Rechtsstellung als BR-Mitgl. oder einer Schutz genießenden Minderheit verletzt zu sein.[10]

Maßgebend für die Größe des BR und damit für die **Zahl der Mitgl. des BA** ist nicht die gesetzl. vorgeschriebene Mitgl.-Zahl, sondern die Zahl der tatsächlich gewählten BR-Mitgl. Sinkt dagegen die Zahl der BR-Mitgl. im Laufe der Amtszeit, hat dies auf die Größe des BA keine Auswirkungen, solange der BR im Amt ist.[11] 2

Der DGB-Entwurf für ein modernes BetrVG fordert die Ergänzung eines neuen Satz 2 in Abs. 1 mit Verweis auf die entsprechende Anwendbarkeit von § 15 Abs. 2, durch den die Berücksichtigung des im Betrieb in der Minderheit befindlichen Geschlechts sichergestellt werden soll.[12]

2. Wahl von Ersatzmitgliedern, Teilnahmerechte

Die **Wahl von Ersatzmitgl.** – für die das Gesetz keine ausdrückliche Regelung vorsieht – ist zulässig und zweckmäßig. So bietet es sich z. B. an, auf dem Wahlvorschlag mehr Bewerber als zu besetzende Ausschusssitze aufzuführen. Die Bewerber müssen dem BR angehören. Bei der zeitweiligen Verhinderung eines Mitgl. des BA rückt nicht das nach § 25 in Betracht kommende BR-Ersatzmitgl. auch in den BA nach. Auf die Mitgliedschaft 3

4 BAG, AiB 93, 234; BAG, DB 87, 1995.
5 ArbG Hamburg 30.4.15 – 17 BV 12/14 n. v.; Fitting, Rn. 15.
6 LAG Nds. 24.4.09 – 10 TaBV 55/08; ArbG Hamburg 30.4.15 – 17 BV 12/14 n. v.; ArbG Kassel 7.6.90 – 4 BV 6/90, n. v.
7 HessLAG 24.9.09 – 9 TaBV 69/09, brwo.
8 Zur Durchführung von BR-internen Wahlen vgl. Ratayczak, AiB 06, 270.
9 BAG 16.11.05 – 7 ABR 11/05; LAG Köln 3.2.11 – 13 TaBV 73/10.
10 BAG 21.7.04 – 7 ABR 58/03, AiB 04, 182.
11 So für den WA HessLAG, DB 94, 1248.
12 *https://aur-blog.eu/reformvorschlag/*.

in BR-internen Ausschüssen ist § 25 Abs. 2 Satz 2 (sog. Listensprung) nach Auffassung des BAG nicht entsprechend anwendbar (s. Rn. 4).[13] Für die Teilnahme von **Gew.-Vertr.** an Sitzungen des BA gilt § 31 entsprechend.[14] Die **SBV** hat gemäß § 178 Abs. 4 SGB IX ein Teilnahmerecht. Auch die **JAV** hat ein Teilnahmerecht an allen Sitzungen des BA in entsprechender Anwendung des § 67 Abs. 1; sie kann immer einen Vertr. entsenden.

3. Abwahl der weiteren Mitglieder des Betriebsausschusses

4 Die **Abwahl der weiteren Mitgl. des BA** in einer Präsenzsitzung ist ohne Angabe von Gründen möglich; es handelt sich um eine »politische« Entscheidung, bei der die BR-Mitgl. in ihrem Abstimmungsverhalten frei sind, ohne an sachliche Gründe gebunden zu sein.[15] Sie bedarf unter den Voraussetzungen des § 33 Abs. 2 (Beschlussfähigkeit) der Zustimmung der Mehrheit der anwesenden BR-Mitgl. Ist die Wahl der weiteren Mitgl. des BA nach den Grundsätzen der **Verhältniswahl** erfolgt, ist eine geheime Abstimmung (s. Rn. 1) gesetzlich vorgeschrieben, und die Abwahl bedarf einer Mehrheit von drei Vierteln der Stimmen der BR-Mitgl. Das ersatzweise **nachrückende** Mitgl. ist in entsprechender Anwendung des § 25 Abs. 2 Satz 1 derjenigen Vorschlagsliste zu entnehmen, der das zu ersetzende Mitgl. angehörte.[16] Nach erfolgter Abwahl bzw. Ausscheiden eines Mitgl. des BA besteht kein Zwang, eine Neuwahl aller BA-Mitgl. vorzunehmen.[17] Das Nachrücken bzw. die Nachwahl (s. u.) eines Mitgl. des BA ist – nicht nur im Falle der Nachwahl, sondern z. B. auch bei einem Rücktritt eines BA-Mitgl. – zulässig und ausreichend. Eine **Nachwahl** nach den Grundsätzen der Mehrheitswahl hat zu erfolgen, wenn die Liste, der das bisherige Mitgl. des BA angehörte, erschöpft ist. Dieses gilt erst recht, wenn die Erstwahl nach den Grundsätzen der Mehrheitswahl durchgeführt worden ist. Denn ein sog. Listensprung, wie er bei dem BR nach § 25 möglich ist (s. § 25 Rn. 5), scheidet nach Auffassung des BAG beim BA aus (Rn. 3).[18] Wird eine **Erhöhung der Zahl der Mitgl. des BA** im Laufe der BR-Amtszeit notwendig, sind die weiteren Mitgl. des BA alle **neu zu wählen**, wenn die bisherigen Mitgl. nach den Grundsätzen der Verhältniswahl gewählt worden sind. Ansonsten würde der mit

---

13 BAG 16.3.05 – 7 ABR 43/04, die dagegen eingelegte Verfassungsbeschwerde wurde durch Beschluss v. 24. 10. 06 – 1 BvR 1687/05 – nicht zur Entscheidung angenommen; a. A. DKW-Wedde Rn. 24; Fitting Rn. 35.

14 Vgl. auch BAG 28.2.90 – 7 ABR 22/89.

15 Vgl. hierzu auch BAG 13.11.91 – 7 ABR 18/91, AiB 92, 737; HessLAG 23.11.20 – 16 TaBV 79/20; LAG Hamburg 7.8.12 – 2 TaBV 2/12.

16 BAG 16.3.05 – 7 ABR 43/04.

17 BAG 16.3.05 – 7 ABR 43/04; 28.10.92 – 7 ABR 2/92, AiB 93, 655.

18 BAG 16.3.05 – 7 ABR 43/04; a. A. DKW-Wedde Rn. 24; Fitting Rn. 35.

§ 27 Abs. 1 Satz 3 bezweckte Minderheitenschutz beeinträchtigt.[19] Eine **isolierte Neuwahl** nach den Grundsätzen der Mehrheitswahl kommt bei einer Erweiterung des BA nur dann in Frage, wenn die bisherigen weiteren Mitgl. des BA nach den Grundsätzen der Mehrheitswahl gewählt worden sind. Diese Grundsätze gelten entsprechend für die BR-Ausschüsse nach § 28 (§ 28 Rn. 2), die Freistellung von BR nach § 38 (§ 38 Rn. 8), den GBA (§ 51 Rn. 3) sowie den Konzernbetriebsausschuss (§ 59). Mangels Verweisung in §§ 51 Abs. 1 Satz 1, 59 Abs. 1 auf § 28 Abs. 1 Satz 2 gilt für die **anderen Ausschüsse des GBR und KBR** die Mehrheitswahl, nicht die Verhältniswahl.[20] Der Minderheitenschutz reicht nicht weiter als die gesetzliche Regelung.[21]

Gesetzesverstöße bei der Wahl der weiteren Mitglieder des BA müssen 5
grundsätzlich in einem **Wahlanfechtungsverfahren** in entsprechender Anwendung des § 19 binnen einer Frist von zwei Wochen seit Bekanntgabe der Wahl gerichtlich geltend gemacht werden (vgl. § 26 Rn. 2).[22] **Antragsbefugt** ist an Stelle von drei Wahlberechtigten ein einzelnes BR-Mitgl.

4. Geschäftsführung, laufende Geschäfte, Übertragung von Aufgaben

Für die **Geschäftsführung des BA** gelten entsprechend die §§ 29 ff. über 6
die Geschäftsführung des BR. Der BA, der die laufenden Geschäfte des BR kraft Gesetzes führt, hat in diesem Rahmen einen eigenen originären Zuständigkeitsbereich (vgl. § 28 Rn. 1). Der BR ist aber nicht gehindert, jederzeit Einzelmaßnahmen der laufenden Geschäftsführung an sich ziehen und in die Geschäftsführung des BA einzugreifen.[23] Er kann Beschlüsse des BA aufheben, sofern sie nicht bereits nach außen wirksam geworden sind.[24]

Zu den **laufenden Geschäften** des BR, die Aufgabe des BA sind, gehören alle Angelegenheiten, die keines besonderen Beschlusses des BR bedürfen. Dazu zählen insbesondere regelmäßig interne, verwaltungsmäßige, organisatorische und ggf. wiederkehrende Aufgaben, die Vorbereitung von Sitzungen sowie von Betriebs-, Teil- und Abteilungsversammlungen, die Erledigung des Schriftverkehrs, Einholung und Erteilung von Auskünften, Entgegennahme von Anträgen von AN, Besprechungen mit dem AG oder Gew.[25] sowie Öffentlichkeitsarbeit.[26] Nicht dazu zählen die Einleitung eines ar-

19 BAG 16.3.05 – 7 ABR 43/04.
20 BAG 16.3.05 – 7 ABR 37/04.
21 Vgl. auch BAG 25.5.05 – 7 ABR 10/04.
22 BAG, NZA 06, 445; BAG 17.3.05 – 2 AZR 275/04.
23 BAG 15.8.12 – 7 ABR 16/11, brwo.
24 DKW-Wedde, Rn. 32; Fitting Rn. 66.
25 BAG 15.8.12 – 7 ABR 16/11, brwo; vgl. DKW-Wedde, Rn. 35 ff.
26 LAG BB 15.2.18 – 14 TaBV 675/17.

beitsgerichtlichen Beschlussverfahrens, die Bestellung von Beisitzern einer Einigungsstelle.[27] sowie die Beauftragung eines Rechtsanwalts.[28]

7 Zu den **Aufgaben zur selbstständigen Erledigung**[29] gehören regelmäßig Angelegenheiten aus dem Rechte- und Pflichtenkreis des BR im Verhältnis zur Belegschaft, insbesondere aber im Verhältnis zum AG, also die materiellen Mitwirkungs- und MBR im weitesten Sinne.[30] Soweit es sich um **privatisierte Postunternehmen** handelt, können bestimmte Personalangelegenheiten nicht auf den BA übertragen werden, dieses bleibt der Beamtenvertretung im BR vorbehalten (§ 28 PostPersRG).[31] Die Ausübung der materiellen Mitwirkungs- und MBR des BR, z. B. nach §§ 87, 90, 98, 99 und 102, ist jedoch nur dann und insoweit Aufgabe des BA, wie sie diesem ausdrücklich durch den BR **mit der qualifizierten Mehrheit** der Stimmen seiner Mitgl. und gem. § 27 Abs. 2 Satz 3 durch **schriftlichen Übertragungsbeschluss** übertragen wurde (beachte § 33 Rn. 6).[32] So kann der BR seine Aufgaben bei personellen Einzelmaßnahmen[33] bzw. die Teilnahme an den Monatsgesprächen zwischen ihm und dem AG nach § 74 Abs. 1 dem BA übertragen.[34] Die Übertragung von Aufgaben zur selbstständigen Erledigung hat dort ihre **Grenze**, wo der BR nicht einmal mehr einen Kernbereich der gesetzlichen Befugnisse hat und durch eine umfassende Aufgabenübertragung zur Bedeutungslosigkeit verkümmert.[35] Nach der Rspr. des BAG[36] ist bei der Beurteilung dieser Frage aber nicht auf einen einzelnen MB-Tatbestand, sondern auf den gesamten Aufgabenbereich des BR abzustellen. Eine BV kann der BR schon vom Gesetz her (§ 27 Abs. 2 Satz 2) nur als Gesamtorgan abschließen (vgl. aber § 28a Rn. 10) ebenso wie nur der BR die Einigungsstelle anrufen kann.[37] In einer Geschäftsordnung des BR kann dem BA nicht die Bildung von Arbeitsgruppen nach § 28a und die Erledigungsbefugnis hinsichtlich der Angelegenheiten anderer Ausschüsse übertragen werden.[38] Zum Kernbereich zählt die Entscheidung nach § 37 Abs. 6, welches BR-Mitgl. an welcher Schulung teilnimmt.[39] Nach abzulehnender

---

27 HessLAG 23.9.19 – 1 TaBV 62/19.
28 LAG Düsseldorf 5.8.15 – 4 TaBVGa 6/15, AuR 15, 460 Ls.
29 Büchele/Stoffregen, AiB 9/20, 37.
30 BAG 15.8.12 – 7 ABR 16/11, brwo.
31 Vgl. im Einzelnen Fitting, Rn. 75 sowie § 99 Rn. 316ff.
32 ArbG Köln 13.1.23 – 23 BV 67/22.
33 LAG BB 21.8.14 – 10 TaBV 671/14.
34 BAG 15.8.12 – 7 ABR 16/11, AiB 1/14, 64 mit Anm. Rudolph.
35 BAG, NZA 05, 1064; AiB 94, 421; HessLAG 23.9.19 – 1 TaBV 62/19; vgl. DKW-Wedde, Rn. 37.
36 BAG 15.8.12 – 7 ABR 16/11, AiB 1/14, 64 mit Anm. Rudolph.
37 LAG München 29.10.09 – 4 TaBV 62/09, brwo.
38 HessLAG 24.9.09 – 9 TaBV 69/09, brwo.
39 HessLAG 16.11.20 – 16 TaBV 107/20 zu einem Beschluss durch den Personalausschuss; a. A. ArbG Essen, EzA-Schnelldienst 9/2004, 13.

Auffassung des BAG[40] ist die Übertragung des Zustimmungsrechts des BR zur außerordentlichen Kündigung eines Wahlbewerbers nach § 103 auf den BA oder einen Ausschuss nach § 28 grundsätzlich zulässig. Im **schriftlichen Übertragungsbeschluss** sind die übertragenen Befugnisse so genau zu umschreiben, dass der Zuständigkeitsbereich des Ausschusses eindeutig feststeht.[41] Dabei reicht es aus, wenn im Übertragungsbeschluss die betreffende Norm durch Mitteilung des Paragrafen zur Benennung des übertragenen Rechts angegeben ist (z. B.: »personelle Einzelmaßnahmen nach §§ 99–105 BetrVG«). Die Übertragung bedarf der **Schriftform** und kann jederzeit eingeschränkt oder widerrufen werden.[42]

5. Betriebsrat mit weniger als neun Mitgliedern

Bei weniger als neun Mitgl. können die laufenden Geschäfte auf den Vors. 8
oder andere BR-Mitgl. übertragen werden. Dazu bedarf es eines mit einfacher Stimmenmehrheit zu fassenden Beschlusses. Demgegenüber ist die Bildung eines geschäftsführenden Ausschusses in Betrieben mit weniger als neun BR-Mitgl. gesetzeswidrig, da dieser nicht im Einklang mit § 27 Abs. 3 steht (s. § 28 Rn. 1).[43] Zu den laufenden Geschäften in kleineren Betrieben gehört auch das **Einblicksrecht in die Bruttolohn- und Gehaltslisten.**[44] Über die laufende Geschäftsführung hinaus kann der BR jedoch nicht weitere Aufgaben zur selbstständigen Erledigung auf den Vors. oder andere BR-Mitgl. übertragen. So ist eine Übertragung der Teilnahme an den Monatsgesprächen nach § 74 Abs. 1 nicht zulässig.[45]

---

40 BAG 17.3.05 – 2 AZR 275/04; ebenso HessLAG 17.5.18 – 9 Sa 294/17; LAG Nds., NZA-RR 09, 532 bejaht die rechtmäßige Errichtung eines Personalausschusses für BR-Mitgl.

41 BAG 17.3.05 – 2 AZR 275/04; LAG RP 17.6.15 – 4 Sa 216/14; zu einem Musterbeschluss vgl. DKW-F-Wedde, § 27 Rn. 24.

42 ArbG Köln 13.1.23 – 23 BV 67/22; vgl. im Übrigen DKW-Wedde, Rn. 40 ff.

43 BAG 14.8.13 – 7 ABR 66/11, brwo; DKW-Wedde, § 28 Rn. 11.

44 BAG 23.2.73, 18.9.73, AP Nrn. 2, 3 zu § 80 BetrVG 1972.

45 ArbG Bielefeld 11.6.08 – 6 BV 37/08.

§ 28 Übertragung von Aufgaben auf Ausschüsse

(1) Der Betriebsrat kann in Betrieben mit mehr als 100 Arbeitnehmern Ausschüsse bilden und ihnen bestimmte Aufgaben übertragen. Für die Wahl und Abberufung der Ausschussmitglieder gilt § 27 Abs. 1 Satz 3 bis 5 entsprechend. Ist ein Betriebsausschuss gebildet, kann der Betriebsrat den Ausschüssen Aufgaben zur selbständigen Erledigung übertragen; § 27 Abs. 2 Satz 2 bis 4 gilt entsprechend.

(2) Absatz 1 gilt entsprechend für die Übertragung von Aufgaben zur selbständigen Entscheidung auf Mitglieder des Betriebsrats in Ausschüssen, deren Mitglieder vom Betriebsrat und vom Arbeitgeber benannt werden.

Inhaltsübersicht Rn.

1. Grundsätze

1 Der DGB-Entwurf für ein modernes BetrVG fordert einen neuen Abs. 3, wonach in Betrieben, in denen nach Abs. 1 Ausschüsse gebildet werden können, insbesondere ein paritätisch besetzter Gleichstellungsausschuss und ein Umweltausschuss gegründet werden sollen.[1]

Unabhängig vom Bestehen eines BA nach § 27 kann der BR in Betrieben mit **mehr als 100 AN** (vgl. § 5 Rn. 1 ff.; § 7 Rn. 4 ff.) Ausschüsse bilden und ihnen Aufgaben übertragen.[2] Dabei sind **Leih-AN** gem. § 14 Abs. 2 Satz 4 AÜG zu berücksichtigen (im Einzelnen § 38 Rn. 1). Nach Auffassung des Gesetzgebers sollen dadurch die BR die Möglichkeit erhalten, »die BR-Arbeit besser und effektiver zu strukturieren und zu erledigen, indem sie für bestimmte Angelegenheiten Fachausschüsse bilden können, die für fachspezifische Themen zuständig sind und diese für eine sachgerechte Beschlussfassung im BR vorbereiten.«[3] Es steht dem BR grundsätzlich frei zu entscheiden, ob und inwieweit er Aufgaben auf Ausschüsse überträgt (zu den Einzelheiten s. § 27 Rn. 7). Nach Auffassung des BAG[4] ist nach § 28 Abs. 1 Satz 1 nur die Bildung von Fachausschüssen möglich, denen fachspezifische Aufgaben übertragen werden können. Das ermöglicht aber nicht die Bildung eines Ausschusses für Öffentlichkeitsarbeit, da diese zu den laufenden Geschäften gehört wie beispielsweise die Vorbereitung von

1 *https://aur-blog.eu/reformvorschlag/.*
2 Zu Musterbeschlüssen vgl. DKW-F-Wedde, § 28 Rn. 6 ff.
3 BT-Drucks. 14/5741, S. 39/40.
4 BAG 14.8.13 – 7 ABR 66/11, brwo.

Betriebsversammlungen.[5] Die Öffentlichkeitsarbeit gehört in die Hand des BR bzw. BA. Die Bildung eines geschäftsführenden Ausschusses, der im Sinn von § 27 Abs. 2 Satz 1 BetrVG die laufenden Geschäfte des BR führt oder auch nur die Sitzungsvorbereitungen wahrnimmt, ist nach § 28 nicht möglich (vgl. auch § 27 Rn. 8).[6] Das steht kraft Gesetzes dem BA zu. Nur wenn der BR aus wenigstens 9 Mitgl. besteht, ist die Bildung von Ausschüssen möglich, denen bestimmte Aufgaben zur **selbstständigen Erledigung** übertragen werden können, z. B. ein Personal- oder Sozialausschuss.[7] Der Umfang der Aufgabenübertragung muss so hinreichend bestimmt sein, dass der Zuständigkeitsbereich des Ausschusses eindeutig feststeht. Zweifelsfrei muss feststellbar sein, in welchen Angelegenheiten der Ausschuss anstelle des BR rechtsverbindliche Beschlüsse fassen kann.[8] Dabei können Grundlagenentscheidungen nicht übertragen werden (vgl. § 27 Rn. 7).

Neben den gesetzlich vorgesehenen Ausschüssen des BR nach §§ 27 sowie 28 können durch BV auch andere, nicht im BetrVG vorgesehene Ausschüsse errichtet werden.[9] Aber auch ohne BV können z. B. **Koordinationsausschüsse**, die nur für bestimmte räumlich abgegrenzte Teile des Betriebes eine Zuständigkeit besitzen, auf Grund einer Geschäftsordnung des BR gebildet werden.[10] Ebenso kann der BR Hilfspersonen als sog. **Kommunikationsbeauftragte** hinzuziehen, die ihn bei der Kommunikation mit der Belegschaft unterstützen sollen, wenn der Einsatz dieser Hilfspersonen auf die Hilfstätigkeit der Informationsvermittlung zwischen BR und Belegschaft beschränkt ist, und eine direkte Kommunikation zwischen BR und Belegschaft dadurch nicht verhindert wird.[11] Nach § 11 ASiG ist der AG zur Bildung eines Arbeitsschutzausschusses verpflichtet. Nach abzulehnender Auffassung des BAG[12] wird dadurch jedoch kein Anspruch des BR gegen den AG auf Bildung eines solchen Ausschusses begründet. Vielmehr habe der BR nach § 89 Abs. 1 Satz 2 die zuständige Arbeitsschutzbehörde zu ersuchen, gegenüber dem AG die Verpflichtungen aus § 11 ASiG im Wege einer Anordnung nach § 12 Abs. 1 ASiG durchzusetzen.

Für die **Wahl, Abberufung** und **Anfechtung der Wahl** von Ausschussmitgl. **2**
sowie zur **Übertragung von Aufgaben** zur selbstständigen Erledigung an einen Ausschuss gelten die gleichen Grundsätze wie für den BA (vgl. § 27 Rn. 1 ff., 7). Entsprechendes gilt auch für das Teilnahmerecht der **JAV** und

5 LAG BB 15. 2. 18 – 14 TaBV 675/17, juris.
6 BAG 14. 8. 13 – 7 ABR 66/11, brwo; DKW-Wedde Rn. 11; Fitting Rn. 7.
7 Vgl. auch BAG, NZA 85, 96.
8 BAG, NZA 05, 1064.
9 BAG 15. 1. 92 – 7 ABR 24/91, AiB 93, 234; Fitting, Rn. 12.
10 LAG BaWü 10. 4. 13 – 2 TaBV 6/12, brwo, die Rechtsbeschwerde hat das BAG 27. 5. 15 – 7 ABR 24/13 mangels Feststellungsinteresse zurückgewiesen.
11 BAG 29. 4. 15 – 7 ABR 102/12, AiB 1/16, 60.
12 BAG, 15. 4. 14 – 1 ABR 82/12, DB 14, 1747.

der **SBV** (vgl. § 32 Rn. 1) sowie für die Hinzuziehung des Gew.-Beauftragten zu den Sitzungen der Ausschüsse, einschließlich der gemeinsamen Ausschüsse.[13] Für die Ausschüsse ist **keine bestimmte Größe** vorgeschrieben.[14] Alle Mitgl. eines Ausschusses, die Mitgl. des BR sein müssen, sind zu wählen. Die Geschäftsordnung eines BR kann nicht bestimmen, dass der BR-Vors. und sein Stellvertr. geborene Mitgl. eines Ausschusses sind.[15]

2. Gemeinsamer Ausschuss mit dem Arbeitgeber

3 Die Bildung von gemeinsamen Ausschüssen nach Abs. 2 ist nicht davon abhängig, ob weitere Ausschüsse i.S. dieser Vorschrift bestehen.[16] Wenn einem solchen Ausschuss Aufgaben zur selbständigen Entscheidung übertragen werden sollen, bedarf die Übertragung einer freiwilligen Übereinkunft zwischen BR und AG, d.h. der Mehrheit der Stimmen der BR-Mitgl. und der Schriftform, wobei der Umfang der übertragenen Aufgaben hinreichend bestimmt sein muss.[17] Die Bildung eines gemeinsamen Ausschusses mit Entscheidungsbefugnis kann nicht durch Spruch einer Einigungsstelle erfolgen.[18] Wird ein Ausschuss gemeinsam aus Mitgl. des BR und Vertr. des AG gebildet, z.B. ein Wohnungs- oder Akkordausschuss bzw. Ausschuss für Arbeitssicherheit oder Umweltschutz[19] oder zur Frauenförderung, ist anzuraten, dass der gemeinsame Ausschuss nur vorbereitende Tätigkeiten wahrnimmt und der BR sich die abschließende Entscheidung vorbehält. Bei einer Übertragung von Aufgaben zur selbstständigen Erledigung auf die Mitglieder des BR im Ausschuss muss eine **paritätische Besetzung** des Ausschusses sichergestellt werden.[20] Nur so können Beteiligungs- und MBR des BR gesichert werden. Der BR sollte durch Beschluss die Modalitäten der Beratung und Beschlussfassung in gemeinsamen Ausschüssen festlegen. Voraussetzung für einen Beschluss im Ausschuss ist auf jeden Fall, dass die Mehrheit der vom BR entsandten Mitgl. im Ausschuss zugestimmt hat. Dem gemeinsamen Ausschuss müssen mindestens zwei BR-Mitgl. angehören.[21] Sind den BR-Mitgl. in einem paritätischen Ausschuss die Mitwirkungsrechte bei Kündigungen nach § 102 zur selbstständigen Entscheidung übertragen worden, soll nach Ansicht des BAG eine ordnungsgemäße Beschlussfassung

---

13 BAG, AiB 94, 48.
14 Vgl. ergänzend DKW-Wedde, Rn. 12.
15 BAG, DB 06, 731.
16 BAG, NZA 94, 567; DKW-Wedde, Rn. 20.
17 LAG RP 27.11.12 – 3 Sa 294/12, juris, zu einer paritätisch besetzten Kommission »Personalstandssteuerung«.
18 BAG 22.3.16 – 1 ABR 14/14, AiB 11/16, 60.
19 Teichert, AiB 94, 229.
20 Zu einem Musterbeschluss vgl. DKW-F-Wedde, § 28 Rn. 13.
21 BAG, NZA 94, 567.

unter der Voraussetzung zulässig sein, dass der BR selbstständig und ausschließlich alle seine Mitgl. entsandt hat und sämtliche Mitgl. des BR im paritätischen Ausschuss zugestimmt haben.[22] Insbesondere bei gemischten Ausschüssen ist zu empfehlen, die Aufgabenbefugnisse dieser gemischten Ausschüsse in einer BV näher festzulegen.

§ 28a Übertragung von Aufgaben auf Arbeitsgruppen

(1) In Betrieben mit mehr als 100 Arbeitnehmern kann der Betriebsrat mit der Mehrheit der Stimmen seiner Mitglieder bestimmte Aufgaben auf Arbeitsgruppen übertragen; dies erfolgt nach Maßgabe einer mit dem Arbeitgeber abzuschließenden Rahmenvereinbarung. Die Aufgaben müssen im Zusammenhang mit den von der Arbeitsgruppe zu erledigenden Tätigkeiten stehen. Die Übertragung bedarf der Schriftform. Für den Widerruf der Übertragung gelten Satz 1 erster Halbsatz und Satz 3 entsprechend.

(2) Die Arbeitsgruppe kann im Rahmen der ihr übertragenen Aufgaben mit dem Arbeitgeber Vereinbarungen schließen; eine Vereinbarung bedarf der Mehrheit der Stimmen der Gruppenmitglieder. § 77 gilt entsprechend. Können sich Arbeitgeber und Arbeitsgruppe in einer Angelegenheit nicht einigen, nimmt der Betriebsrat das Beteiligungsrecht wahr.

Inhaltsübersicht Rn.

1. Grundsätze

Der BR kann Aufgaben auf Arbeitsgruppen übertragen,[1] nicht dagegen der BA.[2] Dadurch soll eine unmittelbare Beteiligung der AN im Rahmen der Arbeitsorganisation ermöglicht werden. Dieses Delegationsrecht kann der 1

22 BAG, NZA 85, 96; vgl. aber auch ArbG Wuppertal, AiB 93, 456.

1 Vgl. dazu »Übertragung von Aufgaben auf Arbeitsgruppen – § 28a BetrVG«, Handlungshilfe für BR und Vertrauensleute, Hrsg. IGM-Vorstand [2002]; Zumbeck, Arbeitsgruppenvereinbarungen nach dem neuen § 28a BetrVG, Hrsg. HBS, Die novellierte Betriebsverfassung, Bd. 8, 2004; Becker, Brinkmann, Engel, WSI-Mitteilungen 08, 305 zum Verbreitungsgrad und zur praktischen Anwendung; Richter/Schneider, AiB 04, 154 zur praktischen Relevanz.

2 HessLAG 24. 9. 09 – 9 TaBV 69/09, brwo.

BR nur in **Betrieben mit mehr als 100 AN** (vgl. dazu § 7 Rn. 1 ff.)[3] ausüben.[4] Dabei sind **Leih-AN** gem. § 14 Abs. 2 Satz 4 AÜG zu berücksichtigen (im Einzelnen § 38 Rn. 1). Eine mögliche Zuständigkeit des GBR oder KBR scheidet aus, da Aufgaben des örtlichen BR delegiert werden sollen und ein Verweis in §§ 51 Abs. 1 und 59 Abs. 1 fehlt. Vgl. auch § 80 Rn. 20 ff., wonach der AG, soweit es zur ordnungsgemäßen Erfüllung der Aufgaben des BR erforderlich ist, ihm sachkundige AN als Auskunftspersonen zur Verfügung zu stellen hat.

2 Voraussetzung ist als erstes eine mit dem AG abzuschließende Rahmenvereinbarung,[5] die auch Teil einer BV z. B. zur Einführung von Gruppenarbeit sein kann (siehe § 87 Rn. 77).[6] Bei dieser **Rahmenvereinbarung** handelt es sich um eine **freiwillige BV** i. S. von § 88. Für sie gilt die allgemeine Vorschrift des § 77 zu Abschluss, Wirkung und Kündigung. Sie bedarf zwingend der Schriftform (vgl. § 77 Rn. 6). Für die Beschlussfassung des BR sind § 29 Abs. 2 sowie § 33 Abs. 1 und 2 zu beachten (vgl. hierzu § 29 Rn. 4 f.; § 33 Rn. 3, 5). Eine Nachwirkung besteht nur, wenn sie vereinbart wird (vgl. § 77 Rn. 17).

2. Inhalt der Rahmenvereinbarung

3 In der Rahmenvereinbarung ist detailliert festzulegen, welchen Arbeitsgruppen in welchem Umfang Aufgaben des BR übertragen werden sollen. Die **Aufgaben** müssen in einem inneren Zusammenhang mit den zu erledigenden Tätigkeiten stehen und dürfen nur die Mitgl. der Arbeitsgruppe betreffen. Sie dürfen keine Auswirkungen auf andere AN oder die Belegschaft des Betriebs haben. Gegenstand der Rahmenvereinbarung können nur **tätigkeits- und aufgabenbezogene Sachverhalte** sein.[7] Die Übertragung von Aufgaben können sich **insbesondere** auf Rechte des BR nach § 80 Abs. 1, Entscheidungsvorbereitungen für den BR, die Arbeitsgestaltung, den Arbeitswechsel in der Gruppe, die Reihenfolge der Arbeitsabwicklung, die Zusammenarbeit in der Gruppe und mit anderen Gruppen wie auch auf Arbeitszeitfragen, die Pausen, die Gestaltung der internen und externen Kommunikation (z. B. die Lage und Durchführung von Gruppengesprächen, Konfliktlösungsmechanismen), Berücksichtigung von leistungsschwächeren AN, die Festlegung des Qualifizierungsbedarfs und seine Planung (z. B. wer geht wann bei Kontingentierung?) sowie die Urlaubsplanung beziehen. Unzulässig sind Aufgabenübertragungen z. B. im Zusammenhang mit Fragen

---

3 DKW-Wedde, Rn. 12.
4 Bei bis 100 AN siehe DKW-Klebe, § 87 Rn. 50.
5 Zu Muster-BV vgl. DKW-F-Wedde, § 28a Rn. 3.
6 Zu Muster-BV vgl. DKW-F-Wedde, § 28a Rn. 4.
7 BT-Drucks. 14/5741, S. 40.

der betrieblichen Lohngestaltung (§ 87 Abs. 1 Nr. 10), Festsetzung leistungsbezogener Entgelte (§ 87 Abs. 1 Nr. 11), bei personellen Maßnahmen (§ 99) oder einer Betriebsänderung (§ 111).[8] Hier liegt ein Drittbezug vor, da nicht nur Mitgl. der Arbeitsgruppe, sondern auch andere AN betroffen sind. Deshalb sind auch Aufgabenübertragungen im Zusammenhang mit der Einführung von Überstunden oder Kurzarbeit (§ 87 Abs. 1 Nr. 3) grundsätzlich unzulässig. In der Rahmenvereinbarung nicht enthaltene Aufgaben können nicht wirksam auf die Arbeitsgruppe übertragen werden. Empfehlenswert ist eine **Überprüfungs- und Anpassungsklausel mit Verhandlungsoption** insbesondere bei Veränderungen des Arbeitsprozesses und/oder der personellen Zusammensetzung der Arbeitsgruppe.

3. Umfang der Rechte der Arbeitsgruppe

4 Da die Gruppenvereinbarung gemäß § 28a Abs. 2 kollektivrechtlichen Charakter haben kann – **§ 77 gilt entsprechend** –, sind in der Rahmenvereinbarung weiterhin die **Regelungsbefugnisse der Arbeitsgruppe** im Einzelnen zu bestimmen, d. h. wie die Arbeitsgruppe die übertragenen Aufgaben umsetzen kann. Dazu zählt insbesondere die Frage ob und wenn ja, wie die Geltungsdauer, Kündigungsfrist und Nachwirkung bzw. Nichtnachwirkung (vgl. § 77 Rn. 17) dieser Gruppenvereinbarung zu regeln ist (vgl. Rn. 10). Ebenso ist festzulegen, wer Empfangsberechtigter in der Arbeitsgruppe für eine Widerrufserklärung des BR ist.

5 Wenn Arbeitsgruppen Aufgaben und Rechte des BR wahrnehmen können, können sie auch als ihre Vertretung, insbesondere gegenüber dem AG, einen **Gruppensprecher** wählen. Dessen Wahlverfahren, Aufgaben und Rechte (Vertretungsbefugnis, Freistellung, Schulung, Kostenregelung, Kündigungsschutz u. a.) sind in der Rahmenvereinbarung zu regeln.

6 Die Übertragung kann nur auf **Arbeitsgruppen im arbeitsorganisatorischen Sinne** erfolgen, d. h. auf Arbeitsgruppen, in denen AN im Rahmen einer gemeinsamen Arbeitsaufgabe zusammenwirken.[9] Dieses trifft zunächst für die Gruppenarbeit zu (siehe Definition der teilautonomen Gruppe in § 87 Abs. 1 Nr. 13 sowie § 87 Rn. 77). Dazu gehören auch Arbeitsgruppen, denen ein Projekt zur eigenständigen Erledigung übertragen wird (Projektgruppe). Aber auch Problemlösungsgruppen sowie sonstige Teamarbeiten werden erfasst. Diese Vorschrift bezieht sich **nicht auf Arbeitsgruppen des BR**. Diese können durch die Einbeziehung von sachkundigen AN als Auskunftspersonen gemäß § 80 Abs. 2 durch den BR gebildet werden (vgl. § 80 Rn. 20 ff.).

---

8 Vgl. DKW-Wedde, Rn. 68.

9 Geffken, AiB 02, 258.

4. Übertragung durch Beschluss

7 Neben der bestehenden Rahmenvereinbarung ist für die Übertragung, aber auch für die wirksame Einsetzung eines Gruppensprechers ein **Beschluss des BR** notwendig. Für die Beschlussfassung des BR sind § 29 Abs. 2 sowie § 33 Abs. 1 und 2 zu beachten (vgl. hierzu § 29 Rn. 4 f.; § 33 Rn. 3, 5). Der Beschluss muss mit der Mehrheit der Stimmen seiner Mitgl. (absolute Mehrheit) gefasst werden (vgl. § 33 Rn. 3) und kann nicht durch die Rahmenvereinbarung vorweggenommen werden. Stimmenthaltungen gelten als Ablehnung. Trotz bestehender Rahmenvereinbarung kann somit eine Aufgabenübertragung mangels Mehrheitsbeschlusses unterbleiben oder sich nur auf bestimmte Arbeitsgruppen beziehen. Ebenso kann der BR mittels Beschlusses nur bestimmte Aufgaben aus der Rahmenvereinbarung übertragen oder Aufgaben genau definieren (vgl. zu den Aufgaben Rn. 3). Er ist grundsätzlich nicht verpflichtet, die Rahmenvereinbarung in allen Punkten umzusetzen. Der BR kann die Regelungsbefugnis der Arbeitsgruppe im Einzelnen bestimmen, indem er z. B. der Arbeitsgruppe die Möglichkeit einräumt, Gruppenvereinbarungen nur mit bestimmten Kündigungsfristen und ohne Nachwirkung abzuschließen oder deren Abschluss entsprechend einer BV sogar ausschließen (vgl. Rn. 4), soweit dieses nicht schon Gegenstand der Rahmenvereinbarung ist.

5. Widerruf der Übertragung

8 Die **Übertragung** bedarf nach der Beschlussfassung des BR der **Schriftform**. Im Einzelnen müssen die übertragenen Aufgaben benannt und hinsichtlich der Regelungsbefugnisse abschließend aufgelistet werden. Nur die schriftlich fixierten Aufgaben und Regelungsbefugnisse können von der Arbeitsgruppe wahrgenommen und umgesetzt werden.

9 Die Übertragung kann durch den BR jederzeit widerrufen werden.[10] Ein Teilwiderruf ist nicht möglich. Da für den **Widerruf** Satz 1 erster Halbsatz und Satz 3 entsprechend gilt, ist ein Beschluss des BR notwendig, der mit der Mehrheit der Stimmen seiner Mitgl. (absolute Mehrheit) gefasst wird (vgl. § 33 Rn. 3). Für die Beschlussfassung des BR sind § 29 Abs. 2 sowie § 33 Abs. 1 und 2 zu beachten (vgl. hierzu § 29 Rn. 4 f.; § 33 Rn. 3, 5). Eine Begründung sieht das Gesetz nicht vor. Der Widerruf muss **schriftlich** gegenüber der Arbeitsgruppe erklärt werden. Bei fehlender Regelung in der Rahmenvereinbarung bzw. im BR-Beschluss ist er wirksam mit **Zugang** bei der **Arbeitsgruppe**, wenn die Arbeitsgruppe einen Sprecher hat, mit Zugang bei ihm. Zweckmäßig ist die zeitgleiche Information des AG über den Widerruf; er ist unverzüglich zu informieren. Mit dem Zugang des Widerrufs fallen die Aufgaben und Regelungsbefugnisse mit sofortiger Wirkung an den BR zurück. Er ist auto-

10 Zum Musterwiderruf vgl. DKW-F-Wedde, § 28a Rn. 8 ff.

matisch **Vertragspartei der Gruppenvereinbarung**. Dem BR stehen dann das Kündigungsrecht, aber auch alle anderen Rechte aus dieser Vereinbarung zu. Dieselben Wirkungen wie bei einem Widerruf treten im Falle der **Kündigung der Rahmenvereinbarung** mit Ablauf der Kündigungsfrist ein, sofern eine Nachwirkung nicht vereinbart worden ist (siehe Rn. 4).

6. Abschluss von Gruppenvereinbarungen mit dem Arbeitgeber

10 Im Rahmen der wirksam übertragenen Aufgaben kann die Arbeitsgruppe **Gruppenvereinbarungen** mit dem AG abschließen. Dabei kann es sich z. B. um Fragen der Durchführung der Qualifizierung, der Pausenregelung, aber auch der Urlaubsplanung handeln (vgl. Rn. 3). Eine Vereinbarung mit dem AG ist **wirksam**, wenn die Mehrheit aller Gruppenmitgl. (absolute Mehrheit) zugestimmt hat. Die Regelungen zur Einberufung einer BR-Sitzung (§§ 29, 30) sowie zur Beschlussfassung (§§ 33, 34) finden entsprechende Anwendung.[11] Eine Sitzung kann auch per **Video**- und/oder **Telefonkonferenz** unter den Voraussetzungen des § 30 Abs. 2 erfolgen (s. § 30 Rn. 3). Ein Beschluss im Umlaufverfahren scheidet aus. Eine solche Vereinbarung kann die Wirkung einer BV haben, da § 77 entsprechend gilt (vgl. im Einzelnen dazu § 77 Rn. 6 ff.).[12] Sie hat dann unmittelbare und zwingende Wirkung und begründet unmittelbare Rechtsansprüche des einzelnen AN. Voraussetzung ist aber immer ein wirksamer Delegationsbeschluss des BR (siehe Rn. 7). Bei **Nichtdurchführung** oder **Verstößen** gegen die Gruppenvereinbarung durch den AG ist der BR gemäß § 80 zuständig. Dieses Recht kann nicht delegiert werden.

11 Wenn in einer Angelegenheit **keine Einigung** über die Vereinbarung zwischen AG und Arbeitsgruppe erfolgt, z. B. weil nicht die Mehrheit der Gruppenmitgl. der Vereinbarung zustimmt (vgl. Rn. 10), fällt das Beteiligungs- bzw. MBR automatisch an den BR zurück (§ 28a Abs. 2 Satz 3). In Streitfällen soll der BR die Verhandlungen mit dem AG führen und ggf. die Einigungsstelle anrufen.[13]

12 Falls über den BR-Beschluss hinausgehende Themen in eine **Gruppenvereinbarung** mit dem AG eingeflossen sind, ist die Vereinbarung **insoweit nichtig**, wobei dieses auch die Unwirksamkeit der gesamten Vereinbarungen nach sich ziehen kann.[14] Außerhalb des Beschlussrahmens stehen die Beteiligungs- und MBR nur dem BR zu. Vom BR abgeschlossene BV gehen den Gruppenvereinbarungen vor,[15] sofern sie keine Öffnungsklauseln haben.

---

11 Zu einer Mustereinladung vgl. DKW-F-Wedde, § 28a Rn. 13.
12 Zur Rechtsnatur s. DKW-Wedde, Rn. 57 ff.
13 Fitting, Rn. 37.
14 Vgl. im Einzelnen DKW-Wedde, Rn. 67.
15 Däubler, AuR 01, 1.

§ 29 Einberufung der Sitzungen

(1) Vor Ablauf einer Woche nach dem Wahltag hat der Wahlvorstand die Mitglieder des Betriebsrats zu der nach § 26 Abs. 1 vorgeschriebenen Wahl einzuberufen. Der Vorsitzende des Wahlvorstands leitet die Sitzung, bis der Betriebsrat aus seiner Mitte einen Wahlleiter bestellt hat.

(2) Die weiteren Sitzungen beruft der Vorsitzende des Betriebsrats ein. Er setzt die Tagesordnung fest und leitet die Verhandlung. Der Vorsitzende hat die Mitglieder des Betriebsrats zu den Sitzungen rechtzeitig unter Mitteilung der Tagesordnung zu laden. Dies gilt auch für die Schwerbehindertenvertretung sowie für die Jugend- und Auszubildendenvertreter, soweit sie ein Recht auf Teilnahme an der Betriebsratssitzung haben. Kann ein Mitglied des Betriebsrats oder der Jugend- und Auszubildendenvertretung an der Sitzung nicht teilnehmen, so soll es dies unter Angabe der Gründe unverzüglich dem Vorsitzenden mitteilen. Der Vorsitzende hat für ein verhindertes Betriebsratsmitglied oder für einen verhinderten Jugend- und Auszubildendenvertreter das Ersatzmitglied zu laden.

(3) Der Vorsitzende hat eine Sitzung einzuberufen und den Gegenstand, dessen Beratung beantragt ist, auf die Tagesordnung zu setzen, wenn dies ein Viertel der Mitglieder des Betriebsrats oder der Arbeitgeber beantragt.

(4) Der Arbeitgeber nimmt an den Sitzungen, die auf sein Verlangen anberaumt sind, und an den Sitzungen, zu denen er ausdrücklich eingeladen ist, teil. Er kann einen Vertreter der Vereinigung der Arbeitgeber, der er angehört, hinzuziehen.

Inhaltsübersicht Rn.

1. Konstituierende Sitzung

1 Der WV hat innerhalb einer Woche nach dem Wahltag bzw. nach Ablauf der Frist zur nachträglichen Stimmabgabe (§ 14a Abs. 4) den BR zur sog. **konstituierenden Sitzung** einzuberufen.[1] Die Sitzung hat als Präsenzsitzung stattzufinden, da sie mit Wahlen verbunden ist. Dafür kommt eine Video- bzw. Telefonkonferenz nicht in Frage. Die Sitzung selbst muss allerdings nicht in diesem Zeitraum stattfinden. Sie kann jedoch bereits stattfinden, wenn die

1 Zur Mustereinladung vgl. DKW-F-Wedde, § 29 Rn. 19.

Amtszeit des vorherigen BR noch nicht beendet ist. Sie sollte jedenfalls so rechtzeitig stattfinden, dass keine BR-lose Zeit eintritt bzw. diese verkürzt wird, da nach Auffassung des BAG vor der Konstituierung des BR z. B. keine Anhörungspflicht des AG bei beabsichtigten Kündigungen bestehen soll (vgl. im Einzelnen § 26 Rn. 1).[2] Für den Fall, dass der WV die Einberufung der ersten BR-Sitzung pflichtwidrig nicht vornimmt, sind die neu gewählten Betriebsratsmitglieder, sofern sie die Wahl angenommen haben, berechtigt, ihr Mandat im Betrieb wahrzunehmen und eigeninitiativ die erforderlichen Schritte zur Konstituierung des Betriebsrats einzuleiten.[3] Einladen kann in dem Fall auch ein einzelnes BR-Mitgl.[4]

An der konstituierenden Sitzung nimmt nur der **Vors. des WV** teil. Die Funktion des WV erlischt in dem Moment, in dem der **Wahlleiter** gewählt ist. Dessen Funktion ist wiederum erfüllt, wenn der BR-Vors. und sein Stellvertr. gewählt sind. Ein Teilnahmerecht eines **Beauftragten der im BR vertretenen Gew.** an der konstituierenden Sitzung ist unter den Voraussetzungen des § 31 gegeben. 2

Die konstituierende Sitzung des BR dient insbesondere der **Wahl des Vors. und stellvertr. Vors.** des BR. Zweckmäßigerweise werden in der konstituierenden Sitzung auch gewählt: die weiteren **Mitgl. des BA** (bei BR mit neun und mehr Mitgl.), die **freizustellenden BR-Mitgl.** und der **Schriftführer** (vgl. § 34) sowie ggf. die **Vertr. für den GBR bzw. KBR**, die **Mitgl. des WA** und für **Ausschüsse** oder Kommissionen.[5] 3

2. Ordnungsgemäße Ladung und Tagesordnung

Die Vorschriften in § 29 Abs. 2 Satz 1 und Satz 3 dienen mittelbar der Willensbildung des BR. Durch die Beschränkung des Einberufungs- und des Ladungsrechts auf die Person des Vors. soll eine ordnungsgemäße Arbeit des BR gewährleistet werden. Der Vors. legt im Rahmen seines pflichtgemäßen Ermessens sowohl **Zeitpunkt** als auch **Ort** (Präsenz, Video- und/oder Telefon) der Sitzung fest (s. § 30 Rn. 3). Er hat durch die Ladung der BR-Mitgl. sicherzustellen, dass diese die Möglichkeit haben, an der Sitzung teilzunehmen. Dadurch lenkt er die inhaltliche Arbeit des BR.[6] Die rechtzeitige Ladung unter Übermittlung der Tagesordnung soll den BR-Mitgliedern Gelegenheit geben, sich ein Bild über die zu treffenden Entscheidungen zu 4

2 BAG, DB 85, 1085; LAG Düsseldorf 24.6.09 – 12 Sa 336/09.
3 LAG Hamm 23.6.14 – 13 TaBVGa 21/14.
4 ArbG Frankfurt am Main 22.6.18 – 8 BVGa 386/18, n.v.
5 Vgl. DKW-Wedde, Rn. 2ff.; a.A. LAG Hamburg 23.7.07 – 3 TaBV 13/06 wonach diese Wahlen unzulässig sind, wenn sie vor Beginn der Amtszeit des neu gewählten BR stattfinden.
6 BAG 28.7.20 – 1 ABR 5/19.

machen und ihnen die Möglichkeit eröffnen, sich sachgerecht und ordnungsgemäß auf die BR-Sitzung vorbereiten zu können.[7] Die Sitzungsleitung ist dem Vors. oder seinem Stellvertr. zugewiesen. Für ein BR-Mitgl., das der deutschen Sprache nicht mächtig ist, muss für die Sitzung ggf. ein Dolmetscher hinzugezogen werden.[8]

Der BR-Vors. hat die **Ladung** und die **Tagesordnung** allen Sitzungsteilnehmern so **rechtzeitig** zu übermitteln, dass sie sich auf die Teilnahme einstellen, Vorbereitungen treffen, dem Vors. eine etwaige Verhinderung mitteilen und u. U. auf eine Verlegung der Sitzung hinwirken können.[9] Die Ladung zur Sitzung des BR hat durch dessen Vors. zu geschehen, er kann sich dazu auch einer dritten Person bedienen (z. B. die Assistentin des BR lädt im Auftrag des BR-Vors. ein). Voraussetzung ist aber, dass für die eingeladenen BR-Mitgl. erkennbar ist, dass Veranlassender der Einladung der dafür zuständige Vors. und nicht ein Dritter ist.[10] Wenn die Voraussetzungen dafür vorher in der Geschäftsordnung des BR festgelegt worden sind, kann der BR-Vors. nach § 30 Abs. 2 Satz 1 Nr. 2 mit der Einladung darauf hinweisen, dass und in welcher Weise die Nutzung einer **Video- und/oder Telefonkonferenz** beabsichtigt ist. Damit verbunden hat er eine angemessene Frist zum Widerspruch gegen diese Nutzung zu setzen (s. im Einzelnen § 30 Rn. 3). Der Widerspruch hat gegenüber dem BR-Vors. – auch formlos – zu erfolgen. Erfolgt eine solche Einladung ohne Regelung in der Geschäftsordnung, kann die Einladung unzulässig und etwaige Beschlüsse können unwirksam sein. Gleiches gilt für den Fall, dass der BR-Vors. die Bedingungen für eine Video- und/oder Telefonkonferenz in der Geschäftsordnung nicht einhält bzw. missachtet. In **Eilfällen** ist – entgegen dem BAG[11] – eine kurzfristige Einladung möglich, da z. B. bei fristlosen Kündigungen eine Stellungnahme innerhalb der Dreitagesfrist des § 102 Abs. 2 BetrVG sonst nicht möglich ist. Demgegenüber fordert in diesen Eilfällen das BAG unter Verkennung der Realität eine ausreichende Frist für eine sachgemäße Vorbereitung für die BR-Mitgl.[12] In welcher **Form** und mit welchen **Fristen Ladungen** durch den Vors. zu BR-Sitzungen zu erfolgen haben, schreibt das BetrVG nicht vor. Aber schon wegen der Tagesordnung ist die Schriftform dringend angezeigt. Die Form sowie die Frist der Ladungen und Tagesordnung sind deshalb zweckmäßigerweise in der Geschäftsordnung (z. B. per E-Mail) festzulegen (vgl. § 36).[13] Ansonsten ist auf die übliche Praxis bei der Fristberechnung

7 BAG 15. 4. 14 – 1 ABR 2/13 (B).
8 ArbG Frankfurt 5. 3. 97 – 14 BV 170/96, AiB 98, 524; DKW-Wedde § 40 Rn. 16; Herbert/Oberrath, NZA 12, 1260.
9 LAG Köln 3. 3. 08 – 14 TaBV 83/07; ArbG Weiden 1. 6. 10 – 6 BVGa 8/10.
10 LAG München 11. 7. 22 – 4 TaBV 9/22.
11 BAG 24. 5. 06 – 7 AZR 201/05.
12 BAG 24. 5. 06 – 7 AZR 201/05.
13 Fitting, Rn. 44.

abzustellen, sofern keine Eilbedürftigkeit vorliegt.[14] Den Zeitpunkt und die Häufigkeit der BR-Sitzungen bestimmt der Vors. nach pflichtgemäßem Ermessen, sofern der BR keine bestimmten Regeln beschlossen oder in der Geschäftsordnung festgelegt hat.

Die **ordnungsgemäße Ladung** aller BR-Mitgl. durch den Vors. unter **Mitteilung der Tagesordnung** ist Voraussetzung für eine rechtswirksame Beschlussfassung.[15] Bei zusätzlichen **Tagesordnungspunkten**, die **nicht mitgeteilt** wurden oder die **geändert** werden sollen, hat das BAG die Rspr. im positiven Sinne geändert.[16] Solche Tagesordnungspunkte können in der BR-Sitzung behandelt, und ein Beschluss kann dazu gefasst werden, wenn alle BR-Mitgl. einschließlich erforderlicher Ersatz-Mitgl. rechtzeitig zur Sitzung geladen worden sind und die beschlussfähig (§ 33 Abs. 2) Erschienenen auf dieser Sitzung eine Ergänzung oder Änderung der Tagesordnung einstimmig beschließen. Das gilt auch für den Fall, dass eine Ladung **ohne Mitteilung der Tagesordnung** erfolgt ist.[17] So wird eine verfahrensfehlerhafte Ladung zu einer BR-Sitzung geheilt (s. § 33 Rn. 1). Zwar sollten grundsätzlich zwei Beschlüsse gefasst werden (ein einstimmiger Beschluss zur Erweiterung der Tagesordnung sowie der eigentliche Beschluss in der Angelegenheit). Wenn sich allerdings alle anwesenden BR-Mitgl. in der zu beschließenden Angelegenheit einig sind und einen einstimmigen Beschluss in der Angelegenheit fassen, ist darin auch ein zustimmender Beschluss zur Erweiterung der Tagesordnung zu sehen.[18] 5

Grundsätzlich sind alle ordentlichen BR-Mitgl. zu laden, da ein BR-Mitgl. von dem Vors. oder durch Beschluss des BR von einer Sitzung nicht ausgeschlossen werden kann.[19] Im Fall der **Verhinderung** hat der BR-Vors. nicht irgendein, sondern »das« entsprechende Ersatzmitglied zu laden. Er hat kein Wahlrecht, welches Ersatzmitglied er zur Sitzung einlädt. Die Reihenfolge ergibt sich zwingend aus § 25 Abs. 2 (vgl. im Einzelnen § 25 Rn. 1 ff.).[20] Zur Verhinderung in eigenen, persönlichen Angelegenheiten vgl. § 33 Rn. 3. Ein Ersatzmitglied darf jedoch nicht geladen werden, wenn das ordentliche BR-Mitglied nicht erscheint, obwohl es nicht verhindert ist, weil eine gewillkürte

14 LAG Düsseldorf 26.10.07 – 9 TaBV 54/07, brwo.
15 BAG, 24.5.06 – 7 AZR 201/05; vgl. ferner Wulff, AiB 08, 528; zur Mustereinladung vgl. DKW-F-Wedde, § 29 Rn. 24.
16 BAG 15.4.14 – 1 ABR 2/13 (B); bestätigt durch BAG 22.11.17 – 7 ABR 46/16; 15.10.14 – 7 ABR 53/12.
17 BAG 22.11.17 – 7 ABR 46/16; a.A. DKW-Wedde Rn. 28b.
18 BAG 15.4.14 – 1 ABR 2/13 (B), Rn. 37; Thüringer LAG 24.10.23 – 1 TaBV 25/21; LAG Nürnberg 21.6.21 – 1 TaBV 11/21.
19 BAG 22.7.11 – 7 ABR 61/10, AiB 12, 681; LAG Hamm 14.8.09 – 10 TaBV 175/08, brwo; DKW-Wedde, Rn. 29.
20 LAG SH 1.11.12 – 5 TaBV 13/12, brwo.

Stellvertretung nicht zulässig ist.[21] Die fehlerhafte Heranziehung eines Ersatzmitglieds verhindert eine wirksame Beschlussfassung des BR.[22] Die Ladung eines Ersatz-Mitgl. setzt jedoch voraus, dass das ordentliche BR-Mitgl. seine Verhinderung unter Angabe von Gründen dem Vors. unverzüglich mitteilt und ein Verhinderungsgrund i. S. v. § 25 Abs. 1 Satz 2 vorliegt (s. § 25 Rn. 3); empfehlenswert ist, eine entsprechende Verpflichtung in der Geschäftsordnung festzulegen.[23] Denn der BR-Vors. muss letztlich feststellen, ob ein Verhinderungsgrund vorliegt oder nicht. Wenn die Absage bzw. Verhinderung des BR-Mitgl. – z. B. wegen einer Erkrankung – so kurzfristig erfolgt, dass ein Ersatz-Mitgl. nicht mehr ordnungsgemäß zur Sitzung geladen werden kann, ist der BR trotz des Fehlens dieses BR-Mitgl. vollständig erschienen, wenn alle anderen BR-Mitgl. anwesend sind.[24] Da es sich um eine wesentliche Verfahrensvorschrift in § 29 Abs. 2 Satz 3 handelt, kann keine abweichende Regelung in einer Geschäftsordnung des BR getroffen werden. Unwirksam sind die Beschlüsse des BR auch, wenn für das verhinderte BR-Mitgl. nicht das zuständige **Ersatz-Mitgl.** oder ein falsches Ersatz-Mitgl. geladen wurde,[25] es sei denn – s. o. –, die Verhinderung ist so plötzlich eingetreten, dass eine Benachrichtigung nicht mehr möglich war (vgl. ergänzend § 33 Rn. 3).[26] Wenn Ersatz-Mitgl. nicht vorhanden sind, kommt es alleine auf diejenigen BR-Mitgl. an, die zur Verfügung stehen.[27] Die **Heilung des Ladungsmangels** kann grundsätzlich in einer späteren Sitzung, zu der ordnungsgemäß **geladen wurde**, erfolgen (im Einzelnen auch zu den Einschränkungen s. § 33 Rn. 4).[28] Ist der BR-Vors. selbst verhindert, erfolgt die Einberufung der weiteren BR-Sitzungen durch seinen Stellvertr. Ist auch der Stellvertr. verhindert und eine Regelung für diesen Fall in der Geschäftsordnung nicht vorhanden, kann nach Auffassung des BAG dieser wesentliche Mangel nur geheilt werden, wenn alle (ggf. durch Ersatz-Mitgl. vertretenen) BR-Mitgl. zur Sitzung erscheinen und einen einstimmigen Beschluss zur Ladung und Tagesordnung fassen[29] (s. auch § 26 Rn. 7).

---

21 LAG BaWü 8. 12. 22 – 4 TaBV 7/22; LAG SH 10. 6. 20 – 6 Sa 179/19; HessLAG 25. 7. 14 – 14 Sa 167/13; Fitting, § 29 Rn. 39.

22 Offengelassen von BAG 6. 11. 13 – 7 ABR 84/11 da kein rechtlicher Verhinderungsgrund vorlag.

23 Schneider, AiB 06, 491.

24 BAG 4. 11. 15 – 7 ABR 61/13, AiB 6/16, 59; LAG SH 10. 6. 20 – 6 Sa 179/19; LAG BB 5. 7. 18 – 10 TaBV 1537/17; LAG Hamm 22. 1. 10 – 13 TaBV 60/09.

25 Vgl. BAG 18. 1. 06 – 7 ABR 25/05; 19. 8. 92 – 7 ABR 58/91.

26 BAG 18. 1. 06 – 7 ABR 25/05.

27 LAG Nürnberg 10. 10. 06 – 6 TaBV 16/06.

28 BAG 18. 2. 03 – 1 ABR 17/02.

29 BAG 28. 7. 20 – 1 ABR 5/19, AiB 1/21, 44 mit Anm. Bretzler; s. auch Fitting Rn. 24; DKW-Wedde Rn. 15.

3. Erklärung des Betriebsratsvorsitzenden

Grundsätzlich ist bei einer Erklärung des BR-Vors. davon auszugehen, dass der BR einen der Erklärung zugrunde liegenden Beschluss auch so gefasst hat (im Einzelnen § 26 Rn. 5);[30] zur Überschreitung der Vertretungsbefugnis durch den BR-Vors. s. § 26 Rn. 6. Der **Nachweis einer wirksamen Beschlussfassung** des BR ist nur dann erforderlich, wenn ein Anlass für ernsthafte Zweifel besteht, ob tatsächlich ein Beschluss des BR vorliegt oder dieser ordnungsgemäß zustande gekommen ist.[31] Denn der AG muss die Vermutung durch einen Gegenbeweis entkräften.[32] Die Darlegungs- und Beweispflicht liegt bei demjenigen, der ein unbefugtes Handeln des BR-Vors. geltend macht. Ein pauschales Bestreiten mit Nichtwissen durch den AG im Beschlussverfahren reicht nicht aus und ist unbeachtlich, wenn der BR die Einhaltung der Voraussetzungen für einen wirksamen Beschluss des Gremiums – insbesondere mittels der Sitzungsniederschrift – darlegt (s. § 34 Rn. 1).[33] Gleiches gilt auch für die Ladung und ihren Zugang, wenn der BR die Ladung mit Tagesordnung und Sitzungsniederschrift der BR-Sitzung vorlegt.[34] In dem Fall obliegt es dann dem AG, den Beweiswert der Sitzungsniederschrift zu erschüttern oder unter Beweisantritt einen für die Führung des Gegenbeweises über das (Nicht-)Vorliegen eines wirksamen BR-Beschlusses geeigneten Vortrag zu halten.[35] Wegen der in vielen Fällen unnötigen Ausweitung der Verfahren verlangt das HessLAG zu Recht, dass der AG das Bestreiten mit Nichtwissen bezüglich der einzelnen Schritte aufschlüsseln muss und nicht einen ordnungsgemäßen BR-Beschluss ohne irgendwelche konkreten Anhaltspunkte ins Blaue hinein bestreiten kann.[36] 6

4. Betriebsratssitzung auf Antrag

Der BR-Vors. muss eine BR-Sitzung einberufen, wenn mindestens ein **Viertel der BR-Mitgl.** oder der **AG** dies **beantragen**.[37] Dabei kann sich der AG darauf beschränken, lediglich die Ergänzung der Tagesordnung einer bereits anberaumten Sitzung zu beantragen.[38] Der BR-Vors. ist verpflichtet, den Gegenstand, dessen Beratung beantragt wird, auf die Tagesordnung zu 7

30 ArbG Offenbach, AuR 02, 272.
31 Vgl. HessLAG 17.8.93 – 4 TaBV 91/93.
32 BAG 17.2.81 – 1 AZR 290/78.
33 BAG 30.9.14 – 1 ABR 32/13, AiB 7–8/15, 59 mit Anm. Klimaschewski; 29.7.09 – 7 ABR 95/07.
34 HessLAG 8.2.21 – 16 TaBV 185/20; LAG Nürnberg 10.10.06 – 6 TaBV 16/06.
35 BAG 30.9.14 – 1 ABR 32/13, AiB 7–8/15, 59 mit Anm. Klimaschewski.
36 HessLAG 14.7.11 – 9 TaBV 192/10, brwo.
37 Vgl. im Einzelnen DKW-Wedde Rn. 31 ff.
38 BAG 8.2.22 – 1 AZR 233/21.

setzen. Der Antrag, bei dem eine besondere Form nicht vorgeschrieben ist, ist an den BR-Vors. zu richten und muss angeben, über welche Fragen verhandelt werden soll. Der Beratungsgegenstand muss zum Aufgabenbereich des BR gehören. Beruft der BR-Vors. trotz eines Antrags[39] eine Sitzung nicht ein oder setzt er den beantragten Gegenstand nicht auf die Tagesordnung, handelt er pflichtwidrig (§ 23 Abs. 1). Ein einzelnes BR-Mitgl. kann in dem Fall das ArbG aber nicht anrufen. Bei Streitigkeiten über den Sitzungsverlauf kann nur dann das ArbG angerufen werden, wenn das einzelne BR-Mitgl. eine Verletzung eigener betriebsverfassungsrechtlicher Rechtspositionen rügt (Teilnahme-, Rede- und Abstimmungsrecht).[40] Ob in dem Fall einem Viertel der BR-Mitgl. eine solche Kontrollbefugnis eingeräumt werden kann, ist umstritten.[41] Zum Antragsrecht der JAV vgl. § 67. Das Antragsrecht der SBV ergibt sich aus § 178 Abs. 4 SGB IX.

5. Teilnahmerecht des Arbeitgebers

8 Der **AG** kann an **BR-Sitzungen** nur teilnehmen, wenn die Sitzungen auf seinen Antrag einberufen oder er ausdrücklich zur Sitzung eingeladen worden ist. Die Einladung kann sich auch auf einzelne Punkte der Tagesordnung beschränken.[42] Der AG ist verpflichtet, entweder selbst oder durch einen Vertr. an der BR-Sitzung teilzunehmen. Bei dem Vertr. muss es sich um eine für die Leitung des Betriebs verantwortliche Person handeln, nicht jedoch um einen Betriebsfremden. Ein grundsätzliches und hartnäckiges Fernbleiben kann eine Störung der Tätigkeit des BR bedeuten und nach § 119 Abs. 1 Nr. 2 als Straftat geahndet werden. Ein **Vertr. des AG-Verbandes** kann nur dann an einer BR-Sitzung teilnehmen, wenn er ausdrücklich vom AG dazu aufgefordert wurde. Der AG hat **kein Stimmrecht**. Er ist nicht berechtigt, eine Protokollführung hinzuzuziehen.[43] Er kann auch nicht die Sitzung leiten und hat kein Teilnahmerecht während der Beschlussfassung.[44]

---

39 Zu Musteranträgen vgl. DKW-F-Wedde, § 29 Rn. 29 ff.

40 BAG 7.6.16 – 1 ABR 30/14.

41 Dafür HessLAG 31.7.17 – 16 TaBV 221/16.

42 LAG Hamm, AiB 99, 488; zur Mustereinladung vgl. DKW-F-Wedde, § 29 Rn. 34.

43 So auch ArbG Bad Hersfeld 8.1.87 – 1 BV 11/86 zu den Besprechungen nach § 74 Abs. 1.

44 BAG 8.2.22 – 1 AZR 233/21.

§ 30 Betriebsratssitzungen

(1) Die Sitzungen des Betriebsrats finden in der Regel während der Arbeitszeit statt. Der Betriebsrat hat bei der Ansetzung von Betriebsratssitzungen auf die betrieblichen Notwendigkeiten Rücksicht zu nehmen. Der Arbeitgeber ist vom Zeitpunkt der Sitzung vorher zu verständigen. Die Sitzungen des Betriebsrats sind nicht öffentlich. Sie finden als Präsenzsitzung statt.
(2) Abweichend von Absatz 1 Satz 5 kann die Teilnahme an einer Betriebsratssitzung mittels Video- und Telefonkonferenz erfolgen, wenn
1. die Voraussetzungen für eine solche Teilnahme in der Geschäftsordnung unter Sicherung des Vorrangs der Präsenzsitzung festgelegt sind,
2. nicht mindestens ein Viertel der Mitglieder des Betriebsrats binnen einer von dem Vorsitzenden zu bestimmenden Frist diesem gegenüber widerspricht und
3. sichergestellt ist, dass Dritte vom Inhalt der Sitzung keine Kenntnis nehmen können.

Eine Aufzeichnung der Sitzung ist unzulässig.
(3) Erfolgt die Betriebsratssitzung mit der zusätzlichen Möglichkeit der Teilnahme mittels Video- und Telefonkonferenz, gilt auch eine Teilnahme vor Ort als erforderlich.

Inhaltsübersicht

1. Zeit und Ort von Betriebsratssitzungen

1 Betriebliche Notwendigkeiten können nur in Ausnahmefällen dazu führen, dass eine BR-Sitzung außerhalb der Arbeitszeit stattfindet. Es kann sich dabei nur um solche Gründe handeln, die zwingend Vorrang vor dem Interesse des BR auf Abhaltung der BR-Sitzung zu dem von ihm vorgesehenen Zeitpunkt haben,[1] und der BR die Sitzung unter inhaltlichen Gesichtspunkten verschieben kann.[2] Müssen einzelne BR-Mitgl. außerhalb ihrer persönlichen Arbeitszeit an BR-Sitzungen teilnehmen, z. B. in Schichtbetrieben oder Teilzeitbeschäftigte, haben sie Anspruch auf **Freizeitausgleich** nach § 37 Abs. 3 (vgl. § 37 Rn. 18). Der AG darf in keinem Fall die BR-Arbeit durch vorherige Androhung von Abmahnungen oder Verdienstkürzungen mit dem Ziel behindern, die BR-Mitgl. von der Teilnahme der angezeigten BR-Sitzung

1 LAG BB 18.3.10 – 2 TaBV 2694/09, brwo.
2 Vgl. DKW-Wedde Rn. 6.

abzuhalten. Das trifft selbst dann zu, wenn seiner Auffassung nach auf **betriebliche Notwendigkeiten** nicht genügend Rücksicht genommen wurde. Der BR bestimmt alleine, wann und wie oft er tagt. Auch wenn im Einzelfall die Erforderlichkeit für eine Betriebsratssitzung nicht gegeben ist, oder aber ein Verstoß gegen Satz 2 vorliegt, ändert das nichts an der Teilnahmeverpflichtung für das einzelne BR-Mitgl. – den BR-Vors. und dessen Stellvertr. eingeschlossen.[3] Auch hat dies keinen Einfluss auf die Wirksamkeit der vom BR gefassten Beschlüsse. Ein Einfluss des AG auf die laufende BR-Tätigkeit soll ausgeschlossen werden.[4] Der AG ist vielmehr auf den Rechtsweg z. B. in Form eines Feststellungsantrags angewiesen, der dann seinerseits Grundlage einer späteren Feststellung eines »groben Verstoßes« des BR im Sinne von § 23 Abs. 3 sein könnte (s. im Einzelnen § 23 Rn. 1).

2 Der AG kann vom BR nicht verlangen, seine Sitzungen an **bestimmten Wochentagen** oder zu einem **bestimmten Zeitpunkt** oder für eine bestimmte zeitliche **Dauer** abzuhalten.[5] Der BR ist auch nicht verpflichtet, dem AG nachträglich Auskunft über Beginn und Ende seiner Sitzungen zu erteilen.[6] Gegen den Willen des BR kann der AG die Absetzung der Sitzung auch nicht durch eine **einstweilige Verfügung** des ArbG erwirken.[7] Um den beiderseitigen Interessen gerecht zu werden, empfiehlt es sich für den BR, einen **festen Sitzungsrhythmus** – etwa wöchentlich – festzulegen und dies dem AG mitzuteilen.[8]

3 BR-Sitzungen finden **grundsätzlich als Präsenzsitzung** im Betrieb statt.[9] Müssen die Sitzungen jedoch, z. B. weil kein angemessener Sitzungsraum zur Verfügung steht, **außerhalb des Betriebsgeländes** stattfinden, ist der AG nicht berechtigt, eine **Abmahnung auszusprechen oder Lohnabzüge für den Sitzungszeitraum vorzunehmen.**[10]
In der Vergangenheit konnten BR-Sitzungen einschl. der Beschlüsse nur als Präsenzsitzungen durchgeführt werden. Dieser Umstand führte unter den Bedingungen von Covid-19 zu erheblichen Problemen bis hin zu einer Beschlussunfähigkeit des BR. Der Gesetzgeber hatte deswegen für die Zeit vom 1. 3. 2020 bis zum 30. 6. 2021 dem BR die Möglichkeit eingeräumt, Sitzungen einschl. der Beschlussfassung auch als **Video- und/oder Telefonkonferenz** durchzuführen (§ 129 a. F.).

---

3 LAG Düsseldorf 30. 8. 23 – 12 TaBV 18/23.
4 BAG 15. 3. 95 – 7 AZR 643/94.
5 ArbG Wesel, AuR 89, 60.
6 ArbG Hamburg, AiB 00, 102.
7 LAG Berlin-Brandenburg 18. 3. 10 – TaBV 2694/09, brwo, verneint einen Unterlassungsanspruch des AG und verweist auf § 23 Abs. 1.
8 Vgl. ergänzend DKW-Wedde, Rn. 4 ff.
9 HessLAG 29. 3. 07 – 9 TaBVGa 68/07, juris.
10 LAG Berlin, AiB 88, 110.

Durch das **BRMoG**[11] wurde eine dauerhafte Regelung geschaffen, die zugleich einen wesentlichen Beitrag zur Digitalisierung der BR-Arbeit leisten soll. Damit existiert auch im BetrVG eine ähnliche Vorschrift wie in § 108 Abs. 4 AktG, die dem Aufsichtsrat auch andere Beschlussformen ermöglicht, bzw. wie in § 41a EBRG, wonach ein EBR, bei dem Mitgl. auf Seeschiffen arbeiten, seine Sitzung einschl. der Beschlussfassung auch per Videokonferenz abhalten kann. Spätestens in diesem Zusammenhang hat der AG dem BR für die Sitzungen die erforderlichen Informations- und Kommunikationstechniken zur Verfügung zu stellen wie Internet und E-Mail-Konten mit bestimmten Konfigurationen, um eine über das unternehmensbezogene eingerichtete Intranet hinausgehende »externe« Kommunikation zu ermöglichen (s. § 34 Rn. 4 sowie § 40 Rn. 22).[12]

Eine BR-Sitzung per **Video-** und/oder **Telefonkonferenz** einschließlich weiterer online gestützter Anwendungen ist nur unter den **Voraussetzungen** des neuen Abs. 2 zulässig:

1. die Voraussetzungen dafür müssen vorher in der Geschäftsordnung des BR unter Sicherung des Vorrangs der Präsenzsitzung festgelegt werden,
2. einer solchen Sitzung dürfen nicht mindestens ein Viertel der BR-Mitgl. binnen einer vom BR-Vors. bestimmten Frist diesem gegenüber widersprochen haben und
3. es muss sichergestellt sein, dass Dritte vom Inhalt der Sitzung keine Kenntnis nehmen können.

Nach Abs. 2 Satz 1 Nr. 1 hat der BR **im Vorfeld** die Voraussetzungen für die Teilnahme mittels Video- und Telefonkonferenz in seiner **Geschäftsordnung zu regeln**[13] und nicht erst in der virtuellen Sitzung selbst. Die Festlegung der dazu notwendigen Rahmenbedingungen obliegt allein dem BR. Wenn er keine Regelung in seiner Geschäftsordnung aufnimmt, verbleibt es allein bei der Präsenzsitzung. In der Geschäftsordnung muss der Vorrang der Präsenzsitzung durch entsprechende Festlegungen gesichert sein. Das könnte z. B. wie folgt erfolgen:

- durch eine Begrenzung der Anzahl von Sitzungen, die ganz oder teilweise als Video- und Telefonkonferenz durchgeführt werden können,
- durch eine Beschränkung auf bestimmte Themen bzw. Sachverhalte, bei denen eine möglichst schnelle Befassung erforderlich ist, oder

---

11 BGBl. 21 Teil 1, Nr. 32, S. 1762, in Kraft getreten am 18. 6. 21.

12 BAG 14. 7. 10 – 7 ABR 80/08; LAG MV 19. 1. 22 – 3 TaBV 10/21.

13 Zu den Anforderungen an eine Geschäftsordnung s. HessLAG 14. 3. 22 – 16 TaBV 143/21; Schoof, Betriebsratswissen online/Arbeitshilfen für die Betriebsratspraxis/Musterschreiben: Geschäftsordnung des Betriebsrats II; Wedde, Tipps für die Geschäftsordnung, CuA, 12/22, 11.

- durch eine Begrenzung auf Fälle, in denen sie dem Gesundheitsschutz und/oder der Arbeitsplatzsituation (Homeoffice, Montage, Außendienst u. a.) der BR-Mitgl. dient.

Die **Präsenzsitzung** wird im neuen Abs. 1 Satz 5 ausdrücklich durch den Gesetzgeber als **vorrangig** gegenüber einer Nutzung von Video- und/oder Telefonkonferenz bestimmt, da die Präsenzsitzung u. a. mit Blick auf die Besonderheiten der kommunikativen Grundlagen eines Meinungsbildungsprozesses (z. B. Körpersprache, Mimik oder Gestik) durch eine digitale Sitzung in der Regel nicht gleichwertig ersetzt werden kann.[14] Die versehentliche Missachtung des zahlenmäßigen Vorrangs der Präsenzsitzungen ist kein grober Verstoß im Sinne von § 23 Abs. 1. Voraussetzung ist aber, dass die gesetzlichen Vorgaben im Übrigen eingehalten werden.[15] Der Vorrang der Präsenzsitzung wird zudem durch die **Regelung im neuen Abs. 3** untermauert, indem die Erforderlichkeit einer Präsenzteilnahme auch für den Fall unterstellt wird, dass eine Teilnahme per Video oder Telefon für die BR-Sitzung auch möglich wäre. Hier entscheidet das BR-Mitgl. autonom, von welcher Möglichkeit es Gebrauch macht. Durch die Klarstellung wird verhindert, dass der AG – z. B. aus finanziellen Gründen – Druck auf BR-Mitgl. ausübt, an der Sitzung digital teilzunehmen.[16] Gleiches gilt auch für den BR, wobei die Rücksichtnahme auf betriebliche Notwendigkeiten bei der Ansetzung von BR-Sitzungen nach Abs. 1 Satz 2 den BR-Vors. nicht dazu zwingt, von einer Präsenzsitzung abzusehen.[17]

3a Ist eine reine Präsenzsitzung nicht oder nur mit Teilen des Gremiums möglich, weil z. B. BR-Mitgl. sich im Homeoffice oder auf Montage befinden und/oder die Zahl der Ersatzmitglieder für die Beschlussfähigkeit nicht mehr ausreicht, kann auf die Möglichkeit einer Video- oder Telefonkonferenz zurückgegriffen werden. Dabei sollte zunächst geprüft werden, ob nicht die betroffenen BR-Mitgl. über Video oder Telefon zu einer Präsenzsitzung hinzugeschaltet werden können (sog. Hybrid-Sitzung). In jedem Fall ist **Videokonferenzen** gegenüber Telefonkonferenzen **der Vorzug zu geben**.[18] Denn die wechselseitige Sichtbarkeit der BR-Mitgl. ist Mindestvoraussetzung, um einen angemessenen Rahmen für den vertraulichen Meinungsaustausch in der nicht-öffentlichen BR-Sitzung zu schaffen.

Der Grundsatz,[19] das BR-Mitgl. während ihrer arbeitsvertraglichen Arbeitszeit im Betrieb am Sitz des Betriebsrats anwesend sein müssen, findet für die Dauer der Teilnahme an einer Videokonferenz nach Abs. 2 keine An-

14 Klebe, NZA 20, 996; Hayen, AuR 20, 249.
15 DKW-Wedde Rn. 22.
16 LAG BB 24. 8. 20 – 12 TaBVGa 1015/20, juris zu § 129 a. F.
17 LAG BB 13. 10. 20 – 26 TaBVGa 1281/20, juris zu § 129 a. F.
18 Zu den technischen Möglichkeiten Schuler, CuA 7–8/20, 26.
19 BAG 10. 7. 13 – 7 ABR 22/12.

wendung.[20] Denn die Durchführung von Videokonferenzen macht keinen Sinn, wenn sämtliche BR Mitgl. sich im BR Büro aufhalten müssen. Zum Thema Mobile Arbeit und BR-Tätigkeit s. § 37 Rn. 8.
Der DGB-Entwurf für ein modernes BetrVG[21] fordert in einem neuen Abs. 4 den Hinweis darauf, dass in den Fällen des Abs. 2 Videokonferenzen Vorrang vor Telefonkonferenzen haben.
Nach Abs. 2 Satz 1 Nr. 2 ist eine Video- oder Telefonkonferenz nur dann zulässig, wenn nicht zuvor **ein Viertel der BR-Mitgl. diesem Verfahren widerspricht**. Der BR-Vors. hat mit der Einladung zum einen darauf hinzuweisen, dass und in welcher Weise die Nutzung einer Video- und/oder Telefonkonferenz beabsichtigt ist, zum anderen hat er eine angemessene Frist zum Widerspruch zu setzen. Der Widerspruch hat gegenüber dem BR-Vors. zu erfolgen und ist an keine Form gebunden (s. § 29 Rn. 4).
Nach Abs. 2 Satz 1 Nr. 3 ist der **Grundsatz der Nichtöffentlichkeit** zu gewährleisten (s. Rn. 5).[22] Es ist sicherzustellen, dass vom Inhalt der virtuellen BR-Sitzung ein Dritter und damit auch der AG keine Kenntnis erlangen kann, und damit die Sitzung vertraulich bleibt.[23] Die technischen Möglichkeiten, wie zum Beispiel eine Verschlüsselung der Verbindung, und organisatorischen Maßnahmen, wie die Nutzung eines nicht öffentlichen Raumes, müssen durch den AG vorgehalten werden und während der gesamten Dauer der Sitzung gegeben sein (s. § 40 Rn. 28). Von zugeschalteten BR-Mitgl. ist zu verlangen, dass sie zu Protokoll versichern, dass nur teilnahmeberechtigte Personen in dem von ihnen genutzten Raum anwesend sind. Bei einer Verletzung dieser gesetzlichen Pflicht kann eine grobe Amtspflichtverletzung des BR-Mitgl. vorliegen, die zu einem Amtsenthebungsverfahren nach § 23 Abs. 1 führen kann (s. § 23 Rn. 2).
Zur Erstellung der Anwesenheitsliste s. § 34 Rn. 1.

Zu beachten ist, dass bei einer Video- und/oder Telefonkonferenz die **Teilnahmerechte** der SBV beziehungsweise der JAV bestehen bleiben. Sie sind entsprechend bei der virtuellen Sitzung einzubeziehen. Gleiches gilt auch für Beauftragte der im Betrieb vertretenen Gew., für sachverständige AN als Auskunftspersonen, Sachverständige nach § 80 Abs. 3 bzw. Berater, Rechtsanwälte und Moderatoren, die der BR zur Sitzung hinzuzieht (s. Rn. 5.). Wenn elektronische Kommunikationsmöglichkeiten genutzt werden, sind diese für Beschäftigte mit Behinderungen barrierefrei zugänglich und nutzbar zu gestalten. **3b**

---

20 LAG Köln 24.6.22 – 9 TaBV 52/21; HessLAG 14.3.22 – 16 TaBV 143/21.
21 *https://aur-blog.eu/reformvorschlag/*.
22 Zu virtuellen BR-Sitzungen s. Sendelbeck, CA 6/2014, 31.
23 Ruppert/Stroheker/Grasy, Tipps für die digitale Kommunikation im Gremium, CuA 7–8/22, 15.

Die **technischen Mittel** sind vom AG für die BR-Mitgl.[24] und die an der Sitzung Teilnahmeberechtigten (z. B. Gewerkschaftsvertreter) zur Verfügung zu stellen und zu installieren. Eine Ausstattung aller BR-Mitgl. mit technisch sicheren Geräten ist dabei unabdingbar und erforderlich. Der AG hat die Kosten gemäß § 40 Abs. 2 zu tragen (s. § 40 Rn. 28). Die Kostentragungspflicht des AG tritt auch ein, wenn einem BR-Mitglied im Homeoffice durch seine Teilnahme Kosten entstehen.
Aus Gründen des Persönlichkeitsschutzes und zur Wahrung der Nichtöffentlichkeit ist die Aufzeichnung der BR-Sitzung ausdrücklich verboten. Bei einer Verletzung dieser gesetzlichen Pflicht kann eine grobe Amtspflichtverletzung des BR-Mitgl. vorliegen, die zu einem Amtsenthebungsverfahren nach § 23 Abs. 1 führen kann (s. § 23 Rn. 2). Zudem stellt sich die Frage, ob die unzulässige Aufnahme nicht einen Straftatbestand erfüllt wie z. B. den der Verletzung der Vertraulichkeit des nichtöffentlich gesprochenen Wortes gem. § 201 Abs. 1 StGB.
Wird eine BR-Sitzung unter den beschriebenen Bedingungen ordnungsgemäß durch- geführt, können auch Beschlüsse unter Beachtung des § 33 im Rahmen der Video- oder Telefonkonferenz gefasst werden (s. § 33 Rn. 3). Das betrifft aber nicht Wahlen!
Ist in der Geschäftsordnung des BR (§ 36) vorgesehen, dass Abstimmungen in bestimmten Fällen geheim stattfinden müssen, kann diese Regelung erst dann angewandt werden, wenn die technischen Voraussetzungen sicherstellen, dass die Abstimmung geheim durchgeführt werden kann. Im Zweifelsfall wäre ein Sachverständiger hinzuzuziehen, um zu klären, ob die Voraussetzungen für eine geheime Abstimmung erfüllt sind.

2. Mitteilung des Zeitpunktes an den Arbeitgeber

4 Die Verpflichtung, den AG vorher vom **Zeitpunkt der BR-Sitzung** zu verständigen, hat lediglich den Sinn, dass sich der AG wegen des Arbeits- und Produktionsablaufs darauf einstellen kann. Die Tagesordnung ist nicht mitzuteilen. Es bedarf zur Durchführung der Sitzung keiner Zustimmung des AG, noch viel weniger benötigt das BR-Mitgl. eine Freistellungserklärung durch den AG zur Teilnahme an der BR-Sitzung.[25]

---

24 LAG München 7.12.23 – 2 TaBV 31/23; LAG Köln 24.6.22 – 9 TaBV 52/21; HessLAG 14.3.22 – 16 TaBV 143/21; LAG BB 14.4.21 – 15 TaBVGa 401/21 zu § 129 a.F.

25 LAG RP 19.8.08 – 3 TaBVGa 1/09, juris.

3. Grundsatz der Nicht-Öffentlichkeit

Durch den Grundsatz der **Nichtöffentlichkeit**, der sowohl für die Präsenzsitzung als auch für die Video- und/oder Telefonkonferenz gilt, soll Vertrauen, Offenheit und Transparenz mit Blick auf das BR-Gremium geschützt und die sachgemäße Behandlung der Tagesordnungspunkte in einer BR-Sitzung sichergestellt werden. Neben den BR-Mitgl. haben ein Teilnahmerecht nur die SBV, die JAV, der Vertr. der Gew. (vgl. im Übrigen Erl. zu § 31), der AG (nur im Rahmen des § 29 Abs. 4), Schreibkräfte zur Anfertigung der Sitzungsniederschriften (vgl. § 34 Rn. 2), Mitarbeiter des BR, die die Arbeit des BR unterstützen,[26] oder andere vom BR zur Beratung einzelner Tagesordnungspunkte hinzugezogene Personen (Auskunftspersonen, Sachverständige; vgl. § 80 Rn. 20 f., 28 f.). Die Funktionsfähigkeit des BR, aber auch die Amtsführung der einzelnen BR-Mitgl. darf nicht durch unangebrachte Indiskretionen beeinträchtigt werden. § 30 BetrVG soll eine freie Diskussion des BR erleichtern.[27] Für Sitzungen und Besprechungen ist deswegen vom AG ein von außen nicht-einsehbarer Raum zur Verfügung zu stellen (vgl. § 40 Rn. 26).[28] Die Beachtung des Gebots der Nichtöffentlichkeit von BR-Sitzungen ist grundsätzlich als wesentlich für die Wirksamkeit eines in der Sitzung gefassten BR-Beschlusses anzusehen. Ein schwerwiegender, zur Unwirksamkeit des gefassten Beschlusses führender Verstoß gegen das Gebot der Nichtöffentlichkeit tritt nur dann ein, wenn durch die Mitwirkung des Nicht-Teilnahmeberechtigten das Ergebnis beeinflusst werden konnte.[29] Das liegt dann vor, wenn zumindest ein BR-Mitgl. vor der Behandlung eines Tagesordnungspunkts die Anwesenheit einer nicht teilnahmeberechtigten Person ausdrücklich beanstandet hat und diese anwesend bleibt (im Einzelnen § 33 Rn. 4).[30] 5

Aus dem Grundsatz der Nichtöffentlichkeit ergibt sich **keine** über den Rahmen des § 79 hinausgehende **Verschwiegenheitspflicht**. Der BR ist kein geheimer Zirkel.[31] So hat das BAG bereits 1967 entschieden,[32] dass im Allgemeinen keine Pflicht der BR-Mitgl. besteht, über den Verlauf von BR- bzw. Ausschusssitzungen Stillschweigen zu bewahren. Eine Schweigepflicht ist nur dann zu bejahen, wenn die **Verschwiegenheitspflicht** des § 79 greift oder besondere Umstände vorliegen (im Einzelnen § 79 Rn. 1 ff.). Dem BR

26 DKW-Wedde, Rn. 13.

27 BAG 5.9.67 – 1 ABR 1/67, AP § 23 BetrVG Nr. 8; HessLAG 16.12.10 – 9 TaBV 55/10, brwo.

28 ArbG Frankfurt/Main 3.12.02 – 18 BV 360/02, juris.

29 BAG 6.12.06 – 7 ABR 62/05, juris; LAG BB 26.11.19 – 11 TaBV 837/19, NZA-RR 20, 280.

30 BAG 30.9.14 – 1 ABR 32/13, AiB 7–8/15, 59 mit Anm. Klimaschewski.

31 HessLAG 16.12.10 – 9 TaBV 55/10, brwo.

32 BAG 5.9.67 – 1 ABR 1/67, AP § 23 BetrVG Nr. 8.

steht es nicht zu, den BR-Mitgl. eine über § 79 hinausgehende Verschwiegenheitspflicht über vertrauliche Angelegenheiten aufzuerlegen.[33] Etwas anderes gilt für Sachverhalte, die ihrer Natur nach geheim zu halten sind oder die den Persönlichkeitsschutz von AN gefährden. Dazu gehören vertrauliche Mitteilungen von AN gegenüber BR-Mitgl., die bei Bekanntwerden das in den Mitarbeiter gesetzte und für seine Arbeit unerlässliche Vertrauen beeinträchtigen können; ferner kann eine Schweigepflicht auferlegt werden im Falle eines noch im Stadium des Entstehens befindlichen BR-Beschlusses, dessen Zustandekommen durch ein zu frühzeitiges Bekanntwerden gefährdet würde.[34]

6 § 30 gilt entsprechend für den GBR und KBR sowie für die JAV, die GJAV und die KJAV sowie für die Sitzungen des BA, WA und anderer vom BR gebildeter Ausschüsse sowie für Arbeitsgruppen nach § 28a. § 30 gilt aber nicht für den Wahlvorstand (s. § 1 Abs. 3 WO BetrVG).

§ 31 Teilnahme der Gewerkschaften

Auf Antrag von einem Viertel der Mitglieder des Betriebsrats kann ein Beauftragter einer im Betriebsrat vertretenen Gewerkschaft an den Sitzungen beratend teilnehmen; in diesem Fall sind der Zeitpunkt der Sitzung und die Tagesordnung der Gewerkschaft rechtzeitig mitzuteilen.

Inhaltsübersicht Rn.

1. Voraussetzungen zur Teilnahme

1 Durch diese Vorschrift wird der Grundsatz der Zusammenarbeit zwischen BR und Gew. in § 2 konkretisiert (vgl. auch § 46 Rn. 1). Sie hat keinen abschließenden Charakter in dem Sinne, dass hier umfassend die Teilnahmerechte der Gew. an BR-Sitzungen geregelt werden.[1] Die Teilnahme von **Gew.-Beauftragten** kann bereits dann erfolgen, wenn dies lediglich von einem Viertel der BR-Mitgl. beantragt wird.[2] Eines Beschlusses des BR bedarf es nicht; ein entsprechender Antrag kann auch nicht durch **Mehrheits-**

33 DKW-Wedde, § 30 Rn. 14.
34 BAG 5.9.67 – 1 ABR 1/67, AP § 23 BetrVG Nr. 8.

1 BAG 28.2.90 – 7 ABR 22/89; ArbG Weiden 23.2.22 – 4 BVGa 3/22, n. rk., anhängig beim LAG Nürnberg unter 7 TaBVGa 1/22.
2 Zum Musterantrag vgl. DKW-F-Wedde, § 31 Rn. 3.

beschluss des BR abgelehnt werden.[3] Voraussetzung für die **Antragstellung** ist, dass ein BR-Mitgl., dass nicht auch Antragsteller sein muss, dieser Gew. angehört. Der Gew. sind der **Zeitpunkt** und die **Tagesordnung rechtzeitig** mitzuteilen.[4] Dabei hat der AG dem Beauftragten – ergänzend zum regulären Zugangsrecht gem. § 2 – einen digitalen Zugang zum BR und zu den Beschäftigten zu gewährleisten, damit eine Teilnahme an einer als Video- und/oder Telefonkonferenz durchgeführten BR-Sitzung möglich ist. Der Gew.-Beauftragte entscheidet autonom, in welcher Form er an der Sitzung teilnimmt, wenn diese auch teilweise als Präsenzsitzung durchgeführt wird. Des Weiteren ist ein BR-Mitgl. berechtigt, sich auf eine bevorstehende BR-Sitzung angemessen vorzubereiten, wozu auch die Einholung von Rechtsrat der Gew. gehört. Umfang und Art der Vorbereitung des BR-Mitgl. auf eine Sitzung sind eine Frage des Einzelfalles und liegen im pflichtgemäßen Ermessen des jeweiligen BR-Mitgl.[5]

Welchen Vertr. die eingeladene Gew. entsendet, bestimmt diese allein. Der 2
Gew.-Vertr. muss nicht Ang. der Gew. sein; er kann auch AN des Betriebs sein.[6] Die Entsendung **mehrerer Vertr.** ist möglich und jedenfalls dann zweckmäßig, wenn dies im Hinblick auf die Tagesordnung im Interesse einer sachgerechten Beratung des Betriebsrats liegt.[7] Auch Gew.-Vertr., die als AN-Vertr. dem AR eines Konkurrenz-UN angehören, kann der AG die Teilnahme an BR-Sitzungen (Ausschüsse, Betriebsversamml.) nicht verwehren, da es keine Unvereinbarkeit zwischen diesen beiden Tätigkeiten gibt.[8]

2. Regelung der Teilnahme

Die Hinzuziehung von Beauftragten einer im Betrieb vertretenen Gew. kann 3
auch der **BR** sowohl im Einzelfall als auch generell **beschließen** bzw. in seiner **Geschäftsordnung** regeln.[9]

3. Befugnisse des Gewerkschaftsbeauftragten

Ein Beauftragter einer im Betrieb vertretenen Gew. kann an der BR-Sitzung 4
teilnehmen. Das gilt auch für die konstituierende Sitzung eines GBR.[10] Im Gegensatz zum Vertr. der AG-Vereinigung (§ 29 Abs. 4 Satz 2) hat der Beauf-

3 OVG NRW, PersR 96, 202.
4 Zur Mustereinladung vgl. DKW-F-Wedde, § 31 Rn. 6.
5 HessLAG 20. 3. 17 – 16 TaBV 12/17, AuR 17, 413.
6 Vgl. ArbG Aachen 25. 10. 95 – 5 BV 45/94.
7 ArbG Gießen 5. 10. 18 – 7 BV 15/17.
8 LAG Hamburg, Mitb. 87, 782.
9 BAG 28. 2. 90 – 7 ABR 22/89; vgl. auch BAG, DB 81, 1240 zur Teilnahme an WA-Sitzungen.
10 BAG 15. 10. 14 – 7 ABR 53/12, NZA 15, 1014.

tragte der Gew. eine **beratende Stimme**, d. h. er darf auf die Willensbildung des BR Einfluss nehmen. Er hat kein Stimmrecht, kann jedoch bei der Beschlussfassung anwesend sein.[10] Der AG kann dem Gew.-Beauftragten den **Zutritt zum Betrieb** nicht verwehren (vgl. § 2 Rn. 3 ff.).[11] Ausnahmsweise soll nach Auffassung des LAG Hamm der AG einem bestimmten Gew.-Beauftragten den Zutritt zum Betrieb verweigern dürfen, wenn dieser in der Vergangenheit den Betriebsfrieden nachhaltig gestört oder den Arbeitgeber grob beleidigt hat und eine Wiederholung des Verhaltens zu befürchten steht.[12] Dabei ist zu berücksichtigen, dass sachliche, auch in scharfer Form ausgetragene Differenzen keinen Grund zur Verweigerung des Zutritts darstellen.[13] Die Entfernung eines Gew.-Beauftragten einer im Betrieb vertretenen Gew. durch einen Polizeibeamten von einer BR-Sitzung ist rechtswidrig.[14] Zur **Verschwiegenheitspflicht** siehe § 79 Abs. 2.

4. Teilnahmerecht auch bei anderen Betriebsverfassungsorganen

5 § 31 ist entsprechend anzuwenden auf Ausschüsse des BR einschl. BA und WA sowie GBR[15], KBR, JAV, GJAV und KJAV.[16]

§ 32 Teilnahme der Schwerbehindertenvertretung

Die Schwerbehindertenvertretung (§ 177 des Neunten Buches Sozialgesetzbuch) kann an allen Sitzungen des Betriebsrats beratend teilnehmen.

1 § 32 gilt nicht nur für alle BR-Sitzungen,[1] sondern auch für Ausschusssitzungen des BR einschl. BA und WA[2] und den Arbeitsschutzausschuss (§ 178 Abs. 4 SGB IX). Weiterhin gilt die Vorschrift für die beratende Teilnahme an Sitzungen gemeinsamer Ausschüsse des BR und AG i. S. des § 28 Abs. 2[3] und für Besprechungen mit dem AG nach § 74 Abs. 1 (§ 178 Abs. 5

10 BAG 15. 10. 14 – 7 ABR 53/12, NZA 15, 1014.
11 OLG Hamm 26. 6. 87 – 1 Ss 164/87; ArbG Elmshorn, AiB 04, 40.
12 LAG Hamm 3. 6. 05 – 13 TaBV 58/05, AuR 05, 465 Ls; ArbG Gießen 5. 10. 18 – 7 BV 15/17, juris.
13 HessLAG 3. 2. 11 – 9 TaBV 137/10, juris.
14 Widerspruchsbescheid der Polizeidirektion SH West v. 12. 3. 91, Az. – 11 – 12.45.
15 BAG 15. 10. 14 – 7 ABR 53/12, NZA 15, 1014.
16 BAG, DB 81, 1240; vgl. ergänzend DKW-Wedde, Rn. 2, 19.

1 HessLAG 4. 12. 01 – 15 Sa 384/01 unabhängig davon, ob Fragen schwerbehinderter AN anstehen und welche Themen auf der Tagesordnung stehen.
2 BAG 4. 6. 87 – 6 ABR 70/85.
3 BAG 21. 4. 93 – 7 ABR 44/92, AiB 94, 48.

SGB IX). Die SBV ist zu jeder Sitzung mit Tagesordnung einzuladen.[4] Auch eine Teilnahme mittels Video und/oder Telefonkonferenz (s. § 30 Rn. 3) ist sicherzustellen. Für die Teilnahme von Menschen mit Behinderungen ist die Nutzung von Video- und/oder Telefonkonferenzen barrierefrei, zum Beispiel im Sinne von § 4 BGG in Verbindung mit der Barrierefreien Informationstechnik Verordnung (BITV 2.0), durch den AG zugänglich und nutzbar zu gestalten. Eine **Verpflichtung** zur Teilnahme besteht jedoch nicht. Unterlässt der BR-Vors. die rechtzeitige Ladung,[5] handelt er **pflichtwidrig**. Ein Anspruch ergibt sich aber weder aus dieser Vorschrift noch aus dem SGB IX an **allen** Gesprächen beratend teilzunehmen, die zwischen BR, BR-Mitgl. und AG geführt werden.[6]

Ist die SBV auch gleichzeitig BR-Mitgl., kann eine zeitweilige Verhinderung nach § 25 eintreten, wenn sie sich in einer Interessenkollision befindet. Solche können jedoch schon nach der gesetzlichen Ausgangslage kaum entstehen. Falls sich ein Interessenkonflikt ausnahmsweise doch ergeben sollte, muss die SBV diesen gegenüber dem BR-Vors. anzeigen. Dies kann so geschehen, dass die Geheimhaltungspflicht gegenüber dem schwerbehinderten Menschen über persönliche Verhältnisse, die der vertraulichen Behandlung bedürfen, nicht verletzt wird. Für den Fall der Verhinderung ist durch den BR-Vors. ein Ersatzmitgl. für den Tagesordnungspunkt zu laden[7] oder für die SBV nimmt der Vertreter den Tagesordnungspunkt wahr.

Die SBV hat nicht das Recht, die **Einberufung einer BR-Sitzung** zu beantragen. Sie kann aber verlangen, Angelegenheiten, die einzelne schwerbehinderte Beschäftigte oder die schwerbehinderten Beschäftigten als Gruppe besonders betreffen, auf die **Tagesordnung** der nächsten BR-Sitzung zu setzen (§ 178 Abs. 4 SGB IX). 2

§ 33 Beschlüsse des Betriebsrats

(1) Die Beschlüsse des Betriebsrats werden, soweit in diesem Gesetz nichts anderes bestimmt ist, mit der Mehrheit der Stimmen der anwesenden Mitglieder gefasst. Betriebsratsmitglieder, die mittels Video- und Telefonkonferenz an der Beschlussfassung teilnehmen, gelten als anwesend. Bei Stimmengleichheit ist ein Antrag abgelehnt.

(2) Der Betriebsrat ist nur beschlussfähig, wenn mindestens die Hälfte der Betriebsratsmitglieder an der Beschlussfassung teilnimmt; Stellvertretung durch Ersatzmitglieder ist zulässig.

---

4 HessLAG 1.11.12 – 9 TaBV 156/12, brwo.

5 Zur Mustereinladung vgl. DKW-F-Wedde, § 32 Rn. 5ff.

6 LAG SH 10.9.08 – 3 TaBV 26/08, AuR 09, 61 zu sog. zweiwöchigen Standardgesprächen.

7 HessLAG 1.11.12 – 9 TaBV 156/12, brwo.

(3) Nimmt die Jugend- und Auszubildendenvertretung an der Beschlussfassung teil, so werden die Stimmen der Jugend- und Auszubildendenvertreter bei der Feststellung der Stimmenmehrheit mitgezählt.

Inhaltsübersicht Rn.

1. Ladung und Beschlussfassung

1 Nach der Konzeption des BetrVG handelt der BR als Kollegialorgan; er bildet seinen gemeinsamen Willen durch Beschluss. Voraussetzung für die Beschlussfassung ist die **ordnungsgemäße Ladung aller BR-Mitgl.** und aller **Mitgl. der JAV**, sofern diese im BR Stimmrecht hat (vgl. § 67), und die **rechtzeitige Mitteilung der Tagesordnung** (s. im Einzelnen § 29 Rn. 4 und 5).[1] Unter einem Tagesordnungspunkt »Verschiedenes« kann kein Beschluss gefasst werden.[2] Für verhinderte BR-Mitgl. (z. B. bei einer Interessenkollision) sind **Ersatzmitgl.** zu laden (vgl. im Einzelnen § 25 Rn. 3 ff.; § 29 Rn. 5). Erfolgt die Ladung nicht, ist der BR an einer wirksamen Beschlussfassung gehindert.[3] Der Mangel der nicht rechtzeitigen Mitteilung oder die Notwendigkeit der Ergänzung der Tagesordnung kann nach **neuester Auffassung des BAG** dadurch behoben werden, dass alle BR-Mitgl. einschließlich erforderlicher Ersatz-Mitgl. rechtzeitig zur Sitzung geladen worden sind und die beschlussfähig (§ 33 Abs. 2 BetrVG) Erschienenen auf dieser Sitzung eine Ergänzung oder Erstellung der Tagesordnung einstimmig beschließen.[4] Zu den Einzelheiten s. § 29 Rn. 5. Die Vorschrift gilt ebenso für die Ausschüsse des BR, des GBR und KBR sowie für die JAV. Für den GBR und KBR gilt dagegen § 51 Abs. 3 bzw. § 59 Abs. 1 wegen der Stimmengewichtung im GBR bzw. KBR. Selbiges gilt gemäß § 73 Abs. 2 für die GJAV bzw. gemäß § 73b Abs. 2 für die KJAV.

2 Eine **ordnungsgemäße Beschlussfassung** setzt weiterhin die Beschlussfähigkeit des BR voraus (vgl. Rn. 5).[5] Diese muss bei jeder Abstimmung des BR bestehen und durch den Vors. jeweils erneut festgestellt werden. Sie sollte mit dem Abstimmungsergebnis für jede Abstimmung in der Sitzungsnieder-

1 BAG, DB 04, 2220, vgl. Übersicht bei Wulff, AiB 08, 528.
2 DKW-Wedde, § 29 Rn. 22.
3 BAG, BB 93, 1433, LAG Hamm 11.10.07 – 13 TaBV 36/07, brwo; jetzt offengelassen von BAG 6.11.13 – 7 ABR 84/11 bei der Ladung von BR-Mitgl., da kein rechtlicher Verhinderungsgrund vorlag.
4 BAG 15.4.14 – 1 ABR 2/13 (B).
5 Zu den Zahlen zur Beschlussfähigkeit vgl. DKW-F-Wedde, § 33 Rn. 10.

schrift vermerkt werden, sofern Veränderungen eingetreten sind.[6] Zu beachten ist aber, dass der Beschluss nicht durch die Protokollierung, sondern durch die Beschlussfassung wirksam wird. Das Protokoll dient lediglich Dokumentationszwecken.[7]
Das BetrVG schreibt kein bestimmtes Abstimmungsprozedere vor. So reicht es aus, wenn der BR z. B. auf einen Beschluss der JAV Bezug nimmt und diesen »bestätigt« und der BR ersichtlich damit eine eigene Entscheidung (Beschluss) treffen will.[8] Die Leitung der Sitzung erfolgt durch den Vors., der auch das Verfahren über die Beschlussfassung leitet und dessen Ergebnis festhält. Die Modalitäten des Verfahrens zur Durchführung von Beschlussfassungen können durch den Vors. als Sitzungsleiter oder durch den Betriebsrat als Organ (z. B. in der Geschäftsordnung) festgelegt werden. Deswegen steht einem einzelnen BR-Mitgl. auch nicht das Recht zu, vom BR ein konkret beschriebenes Verfahren zur Feststellung einer Mehrheit i. S. d. § 33 Abs. 1 Satz 1 zu verlangen.[9]
Zum in Zweifelziehen eines BR-Beschlusses durch den AG siehe §§ 26 Rn. 6; 29 Rn. 6.

2. Unzulässigkeit von Umlaufverfahren, erforderliche Mehrheiten

Ein Beschluss ist nach dem Gesetzeswortlaut nur bei **Stimmenmehrheit** 3
der **anwesenden Mitgl.** wirksam getroffen worden, wenn also die BR-Mitgl. körperlich anwesend sind. In einigen Fällen bedarf jedoch ein Beschluss der Mehrheit der Stimmen der Mitgl. des BR (**absolute Mehrheit**), so nach §§ 13 Abs. 2 Nr. 3, 27 Abs. 1 und 2, 28 Abs. 1, 28a Abs. 1, 36, 50 Abs. 2, 107 Abs. 3.
Eine BR-Sitzung einschl. einer Beschlussfassung per **Video- und/oder Telefonkonferenz** ist nunmehr nach dem **BRMoG**[10] unter den Voraussetzungen des neuen § 30 Abs. 2 zulässig (vgl. im Einzelnen § 30 Rn. 3). Nach Abs. 1 Satz 2 gelten BR-Mitgl., die mittels Video- und/oder Telefonkonferenz an der Beschlussfassung teilnehmen, als anwesend. Da auch weiterhin die Sitzungsniederschrift nach § 34 erstellt werden muss, empfiehlt es sich für den BR-Vors. vor einer Abstimmung den Beschlusswortlaut genau kund zu tun. Die Regelung bezieht sich nur auf Beschlüsse, deswegen können im Rahmen einer Video- und/oder Telefonkonferenz **keine Wahlen** (z. B. die Wahl des BR-Vors. bzw. seines Stellvertr., s. § 26 Rn. 1, 2) durchgeführt wer-

6 Vgl. DKW-Wedde, Rn. 7 f.
7 BAG 30.9.14 – 1 ABR 32/13, AiB 7–8/15, 59 mit Anm. Klimaschewski; LAG BB 7.9.12 – 10 TaBV 1297/12, brwo.
8 LAG Nds. 31.1.19 – 10 TaBVGa 6/19.
9 BAG 7.6.16 – 1 ABR 30/14.
10 BGBl. 21 Teil 1, Nr. 32, S. 1762, in Kraft getreten am 18.6.21.

den. Solche Entscheidungen des BR folgen eigenen Grundsätzen (s. §§ 26 Abs. 1, 27 Abs. 1 Satz 3 bis 5) und können nach wie vor nur im Rahmen einer Präsenzsitzung erfolgen.[11] Solange die technischen Voraussetzungen für eine **geheime Abstimmung über Beschlüsse** nicht im BR gegeben sind, sind Beschlüsse ausschließlich in Präsenzsitzungen zu fassen.
Eine Beschlussfassung im **Umlaufverfahren**[12] sowie außerhalb von Sitzungen ist weiterhin unzulässig.[13] Entsprechendes gilt für eine **schriftliche, telegrafische, fernmündliche oder stillschweigende** Beschlussfassung[14] sowie für eine Beschlussfassung per **E-Mail. Stimmenthaltungen** gelten als Ablehnung. Zur Beschlussfassung, dabei auch zu den Besonderheiten in Betrieben der Postunternehmen und der Deutschen Bahn AG.[15] In **eigenen, persönlichen** Angelegenheiten (z. B. Umgruppierung, Kündigung oder Ausschlussantrag) ist das unmittelbar betroffene BR-Mitgl. »rechtlich« gehindert, an der Beratung und Beschlussfassung des BR teilzunehmen (vgl. § 25, Rn. 3).[16] Für das verhinderte BR-Mitgl. ist ein Ersatzmitgl. zu laden. Die Nichtbeachtung dieser Pflicht führt zur Unwirksamkeit des Beschlusses (vgl. § 29 Rn. 5).[17] Das betroffene BR-Mitgl. hat jedoch Anspruch auf **rechtliches Gehör**.

3a Der Inhalt eines Beschlusses muss **hinreichend genau formuliert** werden. Die Zustimmung des BR nach § 77 Abs. 4 Satz 2 muss sich auf den konkreten Einzelfall beziehen.[18] Ein Beschluss nach § 99 Abs. 3 Satz 1 muss nicht die dem AG mitzuteilenden Zustimmungsverweigerungsgründe umfassen. Die Abfassung des Schreibens mit der Mitteilung der Zustimmungsverweigerungsgründe obliegt allein dem BR-Vors., der diese auf der Grundlage der vorangegangenen Willensbildung des BR eigenständig formuliert (s. im Einzelnen § 26 Rn. 5).[19] Die Bestellung sogenannter »**Kommunikationsbeauftragter des BR**«, die bestimmte Aufgaben für den BR wahrnehmen, ohne in einer Organstruktur zusammengefasst zu sein, kann durch Mehrheitsbeschluss des BR erfolgen. Ein Minderheitenschutz muss bei diesem Mehrheitsbeschluss nicht gewährleistet werden (s. im Einzelnen § 40 Rn. 27).[20] Das Mehrheitsprinzip gilt auch für die Verteilung der dem BR vom AG zur

---

11 Wahlen sind in der Gesetzesbegründung nicht angesprochen; zu § 129 a. F. s. LAG BB 24. 8. 20 – 12 TaBVGa 1015/20; Däubler/Klebe, NZA 20, 545.
12 BAG 16. 1. 03 – 2 AZR 707/01.
13 LAG Köln 25. 11. 98 – 2 TaBV 38/98, AiB 99, 583; DKW-Wedde Rn. 10.
14 BAG 19. 1. 05 – 7 ABR 24/04; HessLAG 21. 2. 91 – 12 Sa 598/90 zum PersVG Hessen; Rudolph, CF 7–8/06, 58.
15 Vgl. DKW-Wedde, Rn. 19 ff. mit Beispielen aus der Praxis.
16 BAG 6. 11. 13 – 7 ABR 84/11; LAG Hamm 26. 1. 07 – 10 Sa 775/06.
17 Offengelassen von BAG 6. 11. 13 – 7 ABR 84/11.
18 BAG 27. 1. 04 – 1 AZR 148/03.
19 BAG 30. 9. 14 – 1 ABR 32/13, AiB 7–8/15, 59 mit Anm. Klimaschewski.
20 BAG 29. 4. 15 – 7 ABR 102/12; LAG BaWü 26. 7. 10 – 20 TaBV 3/09, brwo.

Verfügung gestellten Räume (s. § 40 Rn. 26).[21] Ein ordnungsgemäßer BR-Beschluss über die **Teilnahme nach § 37 Abs. 6** liegt auch dann vor, wenn über die Entsendung mehrerer BR-Mitgl. im Block und mit deren Beteiligung abgestimmt wird.[22]

Um ein **Beschlussverfahren einleiten** zu können, muss der Beschluss dem zur Entscheidung gestellten Verfahrensgegenstand inhaltlich entsprechen, ohne aber mit der (beabsichtigten) Antragstellung völlig übereinstimmen oder gar mit dieser wortlautidentisch sein zu müssen.[23] Der BR muss grundsätzlich für **jede Gerichtsinstanz** einen Beschluss (§ 33) darüber herbeiführen, ob auch in der nächsthöheren Instanz ein Rechtsanwalt für ihn tätig sein soll und Rechtsmittel eingelegt werden soll; nur so kann eine Kostentragungspflicht des AG entstehen (im Einzelnen § 40 Rn. 5, zur Heilung § 33 Rn. 4). Unabhängig davon ermächtigt eine erteilte **Prozessvollmacht** im Außenverhältnis nach § 81 ZPO i. V. m. § 46 Abs. 2 ArbGG den Rechtsanwalt zu allen den Rechtsstreit betreffenden Prozesshandlungen einschl. der Einlegung von Rechtsmitteln.[24] Beschlüsse des BR sind grundsätzlich nach den für Willenserklärungen geltenden allgemeinen Auslegungsgrundsätzen des § 133 BGB auszulegen, wonach der wirkliche Wille zu erforschen und nicht am buchstäblichen Sinn des Ausdrucks zu haften ist. Dabei kommt es für die Auslegung weder auf den individuellen Willen der einzelnen BR-Mitglieder noch auf solche Umstände an, die nur den an der Beschlussfassung teilnehmenden BR-Mitgliedern bekannt sind. Entscheidend ist der nach außen erkennbar dokumentierte Wille des BR als Gesamtgremium.[25]

3. Unwirksame Beschlüsse und Heilung

Nichtig sind Beschlüsse des BR nur, wenn sie entweder einen **gesetzwidrigen Inhalt** haben, nicht der Zuständigkeit des BR unterliegen oder nicht **ordnungsgemäß** zustande gekommen sind (zur Überschreitung der Vertretungsbefugnis durch den Vors. und der nachträglichen Genehmigung durch den BR vgl. § 26 Rn. 6).[26] Bei Verstößen gegen **Verfahrensvorschriften** führen nur solche zu dessen Unwirksamkeit, die für das ordnungsgemäße Zustandekommen eines BR-Beschlusses als wesentlich anzusehen sind (zur Frage einer fehlenden Tagesordnung bzw. Ergänzung s. § 29 Rn. 5). **Nicht** 4

---

21 HessLAG 2.12.19 – 16 TaBV 14/19; 4.2.19 – 16 TaBVGa 172/18; LAG BB 19.7.11 – 7 TaBV 764/11, brwo.

22 LAG BB 9.10.09 – 22 TaBV 1795/09.

23 BAG 29.9.20 – 1 ABR 23/19; 29.4.04 – 1 ABR 30/02.

24 BAG 19.12.17 – 1 ABR 33/16; 26.5.09 – 1 ABR 12/08. Zu Musterbeschlüssen vgl. DKW-F-Wedde, § 33 Rn. 12 ff.

25 BAG 13.11.91 – 7 ABR 18/91, AiB 92, 737; LAG BB 9.10.14 – 21 TaBV 769/14.

26 BAG 23.8.84 – 2 AZR 391/83, AuR 86, 92 m. Anm. v. Heilmann; AiB 88, 346 m. Anm. v. Grimberg.

jeder Verstoß gegen die formellen Anforderungen einer ordnungsgemäßen BR-Sitzung bewirkt die Unwirksamkeit eines darin gefassten Beschlusses, sondern nur ein solcher, der so schwerwiegend ist, dass der Fortbestand des Beschlusses von der Rechtsordnung nicht hingenommen werden kann. Ob die Verletzung der durch die Verfahrensvorschrift geschützten Interessen stärker zu gewichten ist als das Interesse an der Aufrechterhaltung des Beschlusses, ist anhand des Regelungszwecks der Norm zu bestimmen.[27] Zur zeitweisen Anwesenheit von nicht teilnahmeberechtigten Ersatz-Mitgl. s. § 30 Rn. 5. Ein derartiger Fehler ist dann unbeachtlich, wenn er offensichtlich keinen Einfluss auf das Abstimmungsergebnis hatte.[28] So z. B. wenn für ein verhindertes BR-Mitgl. ein nicht vertretungsberechtigtes Ersatzmitglied an der Sitzung teilgenommen hat und der Beschluss einstimmig gefasst wurde.[29] Es gehört zu den Grundsätzen eines fairen Verfahrens, dass der BR dem BR-Mitgl. die Möglichkeit einräumt, sich vor der Beschlussfassung vor dem BR zur Sache und zu den Ausschließungsgründen zu äußern, ansonsten liegt ein Verfahrensmangel vor, der zur Unwirksamkeit des BR-Beschlusses führt.[30] BR-Beschlüsse sind hinsichtlich ihrer **Zweckmäßigkeit** nicht überprüfbar.[31] Solange ein Beschluss des BR noch keine **Außenwirkung**, z. B. durch Mitteilung an den AG, erlangt hat, kann der BR jederzeit einen gefassten Beschluss durch einen neuen ordnungsgemäßen Beschluss aufheben oder ändern.[32] Unzulässig sind sog. Vorratsbeschlüsse, mit denen im Vorhinein die Einleitung aller möglichen Beschlussverfahren beschlossen und eine Generalvollmacht an einen Verfahrensbevollmächtigten erteilt wird.[33]

Beschlüsse des BR können, z. B. durch ein BR-Mitgl., nicht selbstständig angefochten werden. § 19 ist mangels gesetzlicher Grundlage auf sie nicht anwendbar.[34] Ebenso wenig steht einem einzelnen BR-Mitgl. ein abstraktes inhaltliches Normenkontrollrecht für eine vom BR geschlossene BV zu. Popularklagen sind nach Auffassung des BAG auch im Beschlussverfahren auszuschließen. Nur wenn das BR-Mitgl. durch die BV in seiner kollektivrechtlichen Rechtsposition betroffen sein kann, kann er klagen. Das ist regelmäßig nur dann der Fall, wenn er eigene Rechte geltend macht und dies nicht von vornherein als aussichtslos erscheint.[35] Die Feststellung der

27 BAG 15.4.14 – 1 ABR 2/13 (B); offengelassen noch von BAG 6.11.13 – 7 ABR 84/11 da kein Verhinderungsgrund vorlag.
28 LAG BB 26.11.19 – 11 TaBV 837/19.
29 HessLAG 21.8.17 – 16 TaBV 302/16.
30 ArbG Halle 25.1.13 – 9 BV 50/12.
31 BAG 3.4.79 – 6 ABR 64/76; LAG Nürnberg, AiB 86, 93.
32 LAG Hamm 22.10.91 – 13 TaBV 36/91.
33 LAG Hamm 16.5.07 – 10 TaBV 101/06, brwo.
34 BAG 21.7.04 – 7 ABR 58/03, AiB 04, 513; DKW-Wedde, Rn. 30.
35 BAG 7.6.16 – 1 ABR 30/14; 29.4.15 – 7 ABR 102/12, AiB 1/16, 60.

Rechtsunwirksamkeit eines Beschlusses ist nicht an ein besonderes gerichtliches Verfahren gebunden, so kann sie z. B. als Vorentscheidung im Rahmen eines anderen gerichtlichen Verfahrens getroffen werden. Zu beachten ist aber, dass ein Beschluss über die Entsendung in den GBR nach § 47 Abs. 2 als BR-interne Wahl in entsprechender Anwendung von § 19 gerichtlich überprüft werden kann.[36]

Die **Heilung** eines unwirksamen Beschlusses kann durch einen späteren wirksamen Beschluss herbeigeführt werden – sog. nachträgliche Genehmigung (vgl. § 26 Rn. 6).[37] Die Genehmigung wirkt auf den Zeitpunkt des Rechtsgeschäftes zurück (§ 184 Abs. 1 BGB). So kann die zunächst unwirksame Bestellung einer Gew.-Sekretärin als Einigungsstellen-Beisitzerin durch einen späteren Beschluss genehmigt werden.[38] Diese Beschlussfassung ist nicht fristgebunden.

Davon gibt es aber **Ausnahmen**, die sich aus der Natur des Rechtsgeschäftes ergeben; so z. B. wenn die erneute Beschlussfassung des BR erst nach dem für die Beurteilung eines Sachverhaltes maßgeblichen Zeitpunktes erfolgt. Dieses ist der Fall bei einer vorzunehmenden Erforderlichkeitsprüfung, sodass eine nachträgliche Genehmigung über die Teilnahme an einer **Schulung** nicht möglich ist (vgl. § 37 Rn. 36).[39] Einschränkungen ergeben sich wegen der gebotenen Erforderlichkeitsprüfung bei § 40. Eine **Ausnahme** von der Möglichkeit einer rückwirkenden Genehmigung ist auch bei der **Ausübung von MBR** gegeben (s. im Einzelnen § 26 Rn. 6 und § 87 Rn. 1).[40]

Die **Beauftragung eines Rechtsanwaltes** für die Durchführung eines **Beschlussverfahrens** erfordert im Allgemeinen einen ordnungsgemäßen Beschluss des BR, und zwar für jede Instanz (vgl. im Einzelnen § 40 Rn. 5 und § 33 Rn. 3a). Das gilt insbesondere dann, wenn der BR erstinstanzlich unterlegen ist. Eine Ausnahme von diesem Grundsatz kann nur dann gemacht werden, wenn zum Beispiel wegen der besonderen Bedeutung des Rechtsstreits die **Prozessvertretung** von vornherein für mehrere Instanzen ausgesprochen wird oder wenn gegen eine zugunsten des BR ergangene Entscheidung vom Prozessgegner Rechtsmittel eingelegt wird.[41] Unabhängig davon ermächtigt eine erteilte **Prozessvollmacht** im Außenverhältnis nach § 81 ZPO i. V. m. § 46 Abs. 2 ArbGG den Rechtsanwalt zu allen den Rechtsstreit betreffenden Prozesshandlungen einschl. der Einlegung von Rechts-

36 BAG 15.8.01 – 7 ABR 2/99.

37 BAG 9.12.14 – 1 ABR 19/13, AiB 6/15, 61 mit Anm. Kröll; 10.10.07 – 7 ABR 51/06, AiB 08, 418 mit Anm. Klimaschewski.

38 BAG 10.10.07 – 7 ABR 51/06.

39 BAG 8.3.00 – 7 ABR 11/98.

40 A. A. BAG 8.2.22 – 1 AZR 233/21, AuR 23, 209 mit Anm. Wedde.

41 BAG 18.3.15 – 7 ABR 4/13.

mitteln.[42] Bei der nachträglichen Genehmigung eines Beschlussverfahrens und der Beauftragung eines Verfahrensbevollmächtigten kann eine Heilung nur durch einen späteren ordnungsgemäßen Beschluss erfolgen, wenn er noch vor Abschluss der ersten Instanz – bis zum Ergehen einer Prozessentscheidung – gefasst wird.[43] Ein Rückwirkungsverbot für eine Beschlussfassung während des Beschwerdeverfahrens ist aber nur dann gerechtfertigt, wenn die Ordnungsmäßigkeit des BR-Beschlusses bereits in der ersten Instanz von der Arbeitgeberseite gerügt wurde.[44] Aufgrund des im Beschlussverfahren geltenden Untersuchungsgrundsatzes hat das Gericht dem BR gleichzeitig Gelegenheit zu geben, die fehlende oder fehlerhafte Beschlussfassung nachzuholen.[45] Das gilt aber nicht für den Fall, dass der Verfahrensmangel in der ersten Instanz unentdeckt bleibt. In diesem Fall ist auch in der Rechtsmittelinstanz eine Genehmigung noch möglich; sie kann in diesem Fall sogar noch nach Eintritt der Rechtskraft erklärt werden.[46] Eine weitere Ausnahme gilt für die Fälle, in denen der BR einen **Beschluss innerhalb einer bestimmten Frist** abgeben muss (§§ 99, 102). Wenn der BR den Spruch einer Einigungsstelle wegen Ermessensüberschreitung gem. § 76 Abs. 5 Satz 4 gerichtlich überprüfen lassen will, hat er den Beschluss dazu innerhalb der Ausschlussfrist von zwei Wochen zu fassen.[47] Zur Mitteilung von Beschlüssen an Dritte, insbesondere an den AG vgl. § 26 Rn. 5 f.

4. Erforderliche Beschlussfähigkeit

5 Die **Beschlussfähigkeit** des BR ist eine unverzichtbare Voraussetzung für das Zustandekommen wirksamer Beschlüsse. Sie setzt nach § 33 die Teilnahme von mindestens der Hälfte der BR-Mitgl. an **jeder Beschlussfassung** voraus, soweit im BetrVG nichts anderes bestimmt ist.[48] Sind jedoch während der Dauer einer Äußerungsfrist (z. B. § 102 Abs. 2) mehr als die Hälfte der BR-Mitgl. verhindert und können diese nicht durch Ersatzmitgl. vertreten werden, nimmt der Rest-BR in entsprechender Anwendung des § 22 die Beteiligungsrechte wahr.[49]

---

42 BAG 19.12.17 – 1 ABR 33/16; 26.5.09 – 1 ABR 12/08. Zu Musterbeschlüssen vgl. DKW-F-Wedde, § 33 Rn. 12 ff.

43 BAG 16.11.05 – 7 ABR 12/05.

44 HessLAG 1.9.11 – 5 TaBV 44/11, brwo, AiB 12, 540 mit Anm. Klimaschewski; LAG Düsseldorf 29.2.08 – 2 TaBV 7/08.

45 BAG, NZA 06, 553; LAG Nürnberg 13.6.17 – 7 TaBV 80/16.

46 BAG 6.11.13 – 7 ABR 84/11; LAG MV 24.8.22 – 3 TaBV 1/22.

47 LAG Nürnberg 6.5.15 – 4 TaBV 8/13 offen gelassen in der Rechtsbeschwerde BAG 25.4.17 – 1 ABR 46/15.

48 BAG 29.4.15 – 7 ABR 102/12; 29.4.04 – 1 ABR 30/02.

49 BAG 18.8.82 – 7 AZR 437/80.

Die Stimmen der JAV zählen in den Fällen des § 67 Abs. 2 bei der Feststellung der Stimmenmehrheit, nicht jedoch bei der Feststellung der Beschlussfähigkeit mit. 6
Zum **in Zweifelziehen** eines BR-Beschlusses **durch den AG** siehe § 29 Rn. 6.

§ 34 Sitzungsniederschrift

(1) Über jede Verhandlung des Betriebsrats ist eine Niederschrift aufzunehmen, die mindestens den Wortlaut der Beschlüsse und die Stimmenmehrheit, mit der sie gefasst sind, enthält. Die Niederschrift ist von dem Vorsitzenden und einem weiteren Mitglied zu unterzeichnen. Der Niederschrift ist eine Anwesenheitsliste beizufügen, in die sich jeder Teilnehmer eigenhändig einzutragen hat. Nimmt ein Betriebsratsmitglied mittels Video- und Telefonkonferenz an der Sitzung teil, so hat es seine Teilnahme gegenüber dem Vorsitzenden in Textform zu bestätigen. Die Bestätigung ist der Niederschrift beizufügen.
(2) Hat der Arbeitgeber oder ein Beauftragter einer Gewerkschaft an der Sitzung teilgenommen, so ist ihm der entsprechende Teil der Niederschrift abschriftlich auszuhändigen. Einwendungen gegen die Niederschrift sind unverzüglich schriftlich zu erheben; sie sind der Niederschrift beizufügen.
(3) Die Mitglieder des Betriebsrats haben das Recht, die Unterlagen des Betriebsrats und seiner Ausschüsse jederzeit einzusehen.

Inhaltsübersicht Rn.

1. Zwingender Inhalt

Die Niederschrift muss **zwingend** enthalten: 1

- die Wiedergabe des **Wortlauts der Beschlüsse**,
- die Angabe des **Stimmenverhältnisses,**
- des **Datums**, aber nicht die genaue Angabe von Beginn und Ende der Sitzung,[1] und
- die Beifügung der eigenhändig unterschriebenen **Anwesenheitsliste** aller Teilnehmer nebst ev. Teilnahmebestätigungen.

1 ArbG Hamburg 8.9.99 – 13 BV 4/99, AiB 00, 102.

Bei einer Video- und/oder Telefonkonferenz haben nach dem neuen Abs. 1 Satz 4 die einzelnen zugeschalteten BR-Mitgl. ihre Anwesenheit zum Beispiel durch eine E-Mail zu bestätigen, notwendig ist immer eine Textform im Sinne des § 126b BGB. Vorzeitiges oder zwischenzeitliches Verlassen der Sitzung ist ebenfalls in Textform mitzuteilen. Die Bestätigung ist der Niederschrift beizufügen.

Es muss sich aus der Niederschrift ergeben, welche Fragen in der Sitzung behandelt worden sind.[2] Die Niederschrift ist vom BR-Vors. sowie einem weiteren BR-Mitgl. zu unterzeichnen. Ist ein Schriftführer bestellt, so hat dieser neben dem BR-Vors. zu unterzeichnen. Mit den Unterschriften wird die Verantwortung für die Richtigkeit und Vollständigkeit der Niederschrift übernommen.[3] Die unterschriebene Sitzungsniederschrift begründet als Privaturkunde vollen Beweis dafür (§ 416 ZPO), dass die in ihr enthaltenen Erklärungen vom Aussteller herrühren. Damit kommt der Sitzungsniederschrift nur ein formeller Beweiswert in Bezug auf die von ihren Unterzeichnern abgegebenen Erklärungen über eine am Sitzungstag erfolgte Beschlussfassung des BR mit dem in der Niederschrift wiedergegebenen Wortlaut zu. Sie begründet aber keinen Beweis über den Verlauf der BR-Sitzung und den Inhalt der dort gefassten Beschlüsse. Gleichwohl kommt einer Sitzungsniederschrift eine besondere Dokumentationsfunktion zu, in dem sie einen für BR und Dritte gleichermaßen bedeutsamen Nachweis über den gefassten BR-Beschluss bewirkt.[4] Der gebotene Schutz gegen mögliche Unrichtigkeiten und Irrtümer bei der Protokollierung ist dadurch gewahrt, dass die Sitzungsniederschrift nicht nur von dem Vors., sondern zusätzlich von einem weiteren BR-Mitgl. unterzeichnet werden muss, sie von sämtlichen Mitgl. eingesehen werden kann und Einwendungen gegen ihren Inhalt erhoben werden können, die der Niederschrift beizufügen und damit schriftlich zu dokumentieren sind. In einem Gerichtsverfahren ist eine Aufklärung über den Verlauf der BR-Sitzung und die Beschlussfassung daher regelmäßig entbehrlich, wenn der BR ein den Anforderungen des § 34 genügendes Protokoll der BR-Sitzung vorlegt, aus dem die vom AG bestrittene Beschlussfassung ersichtlich ist.[5] Die Anfertigung einer Niederschrift ist für die Wirksamkeit eines in der BR-Sitzung gefassten Beschlusses grundsätzlich nicht erforderlich, außer der Beschluss bedarf aufgrund gesetzlicher Vorgaben (z. B. § 27 Abs. 2 Satz 3, §§ 36, 50 Abs. 2 Satz 3) der Schriftform.[6] BR-Mitgl. haben vom Gesetz her keinen Anspruch auf Aushändigung einer Abschrift

2 Zu Musterprotokollen vgl. DKW-F-Wedde, § 34 Rn. 12 ff.
3 LAG Düsseldorf 6. 2. 09 – 9 TaBV 329/08.
4 BAG 30. 9. 14 – 1 ABR 32/13, AiB 7–8/15, 59 mit Anm. Klimaschewski.
5 BAG 22. 11. 17 – 7 ABR 46/16; HessLAG 8. 2. 21 – 16 TaBV 185/20.
6 BAG 30. 9. 14 – 1 ABR 32/13, AiB 7–8/15, 59 mit Anm. Klimaschewski; vgl. im Übrigen DKW-Wedde, Rn. 2 ff.

der Niederschrift. Es besteht nur ein Recht auf Einsichtnahme nach Abs. 4. Etwas anderes kann sich aber aus einer Geschäftsordnung ergeben.[7]
Zum in Zweifelziehen eines BR-Beschlusses durch den AG siehe §§ 26 Rn. 6, 29 Rn. 6.
Die **Hinzuziehung einer Schreibkraft** ist zulässig.[8] Bedenken wegen der **Nichtöffentlichkeit** der BR-Sitzungen bestehen nicht, da dem BR nach § 40 Abs. 2 vom AG u.a. auch für Sitzungen Büropersonal zur Verfügung zu stellen ist.[9] Entsprechendes gilt für die **Verschwiegenheitspflicht**, da die Schreibkraft bereits aufgrund ihres Arbeitsvertragsverhältnisses zur Verschwiegenheit verpflichtet ist.[10] 2

2. Teilweise Aushändigung der Sitzungsniederschrift an Arbeitgeber

Der AG hat nur dann und für den Teil der Sitzung Anspruch auf eine schrift- 3
liche Aushändigung der Niederschrift, soweit er selbst an der Sitzung teilgenommen hat.[11] Gleiches gilt für Beauftragte einer Gew. Der AG ist jedoch nicht berechtigt, seinerseits eine Protokollführung hinzuzuziehen.[12]
Der dem AG abschriftlich auszuhändigende Teil der Sitzungsniederschrift umfasst wegen einer auf § 29 Abs. 3 zurückzuführenden Teilnahme an der BR-Sitzung auch eine dort erfolgte Beschlussfassung. Entsprechendes gilt, wenn der Arbeitgeber lediglich die Ergänzung der Tagesordnung einer bereits anberaumten BR-Sitzung beantragt hat. In diesem Fall beschränkt sich die ihm auszuhändigende Abschrift der Sitzungsniederschrift nur auf den von ihm beantragten Tagesordnungs-Punkt und eine darauf bezogene Beschlussfassung. Aus der auszuhändigenden Abschrift müssen sich sowohl der Inhalt des Beschlusses als auch das Stimmenverhältnis, aber keine weiteren Einzelheiten ergeben. Weiterhin ist abschriftlich der Teil der Sitzungsniederschrift auszuhändigen, aus dem sich ergibt, dass sie von dem Vors. und einem weiteren BR-Mitgl. bzw. dem Protokollführer unterschrieben wurde. Gleiches gilt für die Anwesenheitsliste. Aus der Abschrift müssen sich weiterhin etwaige für die Beschlussfassung erhebliche Einwendungen ergeben, die gegen die Niederschrift oder ihre Anwesenheitsliste erhoben und dieser beigefügt wurden. Die Abschrift ist vom BR-Vors. zu unterzeich-

---

7 LAG Nds. 24.4.09 – 10 TaBV 55/08.
8 Vgl. BAG 17.10.90 – 7 ABR 69/89 wonach jedoch kein Anspruch des BR bestehen soll, eine ihm nicht angehörende Person zur Protokollführung hinzuzuziehen.
9 BAG 17.10.90 – 7 ABR 69/89.
10 BAG 17.10.90 – 7 ABR 69/89; vgl. auch DKW-Wedde, Rn. 9f.
11 Zur Musterübersendung vgl. DKW-F-Wedde, § 34 Rn. 16.
12 So auch ArbG Bad Hersfeld 8.1.87 – 1 BV 11/86 zu Besprechungen gemäß § 74 Abs. 1.

nen.[13] **Einwendungen** gegen die Richtigkeit der Niederschrift können nicht nur der AG und der **Gew.-Vertr.**, sondern alle übrigen Sitzungsteilnehmer erheben.[14]
Unabhängig davon ist gem. § 77 Abs. 1 i. V. m. § 2 Abs. 1 der BR für den Fall des Abschlusses einer BV verpflichtet, dem AG auf dessen zeitnah geltend zu machendes Verlangen eine den Maßgaben des Abs. 2 Satz 1 entsprechende Abschrift des Teils der Sitzungsniederschrift auszuhändigen, aus dem sich die Beschlussfassung des BR ergibt, die für die Wirksamkeit der vom BR-Vors. abgegebenen Erklärung erforderlich ist.[15]

3. Recht auf Einsichtnahme in Betriebsratsunterlagen durch Betriebsratsmitglieder

4 Zu den **Unterlagen** des BR gehören nicht nur die Sitzungsniederschriften, sondern sämtliche Aufzeichnungen und Materialien einschl. Dateien, die der BR oder ein Ausschuss angefertigt hat und die ständig zur Verfügung stehen, etwa auch BV, TV, Gesetzestexte sowie Erläuterungsbücher. In welcher Form die Unterlagen vorliegen – schriftlich in Papierform bzw. in Dateiform elektronisch auf Datenträger oder im E-Mail-Konto des BR – ist unerheblich. Die Unterlagen müssen dabei im Zusammenhang mit der Wahrnehmung betriebsverfassungsrechtlicher Aufgaben stehen. Demgegenüber steht einzelnen BR-Mitgliedern kein Anspruch auf Einsichtnahme in Unterlagen zu, soweit der BR an Verhandlungen zum Abschluss eines Sozial-TV mit der IG Metall teilgenommen hat.[16] Das **Recht auf Einsichtnahme** in die Unterlagen des BR und seiner Ausschüsse steht allen BR-Mitgl. – im Verhinderungsfall auch einem Ersatzmitgl.[17] – jederzeit zu und kann inhaltlich nicht beschränkt werden.[18] Damit soll sichergestellt werden, dass sich jedes BR-Mitgl. ohne zeitliche Verzögerung über die Vorgänge im BR informieren kann (**Grundsatz der gleichen Informationsmöglichkeiten**). Durch den damit zum Ausdruck gebrachten Grundsatz der gleichen Informationsmöglichkeiten will das Gesetz ausschließen, dass BR-Mitgl. aufgrund ihres Status oder aufgrund übertragener Sonderaufgaben (z. B. als Vorsitzender oder dessen Stellvertreter, als Ausschussmitgl. etc.) gegenüber BR-Mitgl. ohne besondere Funktionen über einen Informationsvorsprung verfügen. Jedes BR-Mitgl. soll jederzeit die Aufgabenwahrnehmung der anderen BR-Mitgl.

---

13 BAG 8. 2. 22 – 1 AZR 233/21, AuR 23, 209 mit Anm. Wedde.
14 Zu Mustereinwendungen vgl. DKW-F-Wedde, § 34 Rn. 18 ff.
15 BAG 8. 2. 22 – 1 AZR 233/21, AuR 23, 209 mit Anm. Wedde.
16 HessLAG 14. 1. 19 – 16 TaBVGa 164/18; LAG Hamm 21. 3. 14 – 13 TaBVGa 2/14.
17 Offen gelassen BAG 27. 7. 16 – 7 ABR 16/14.
18 BAG 12. 8. 08 – 7 ABR 15/08; Mittländer, CuA 1/21, 34.

kontrollieren können.[19] Das Einsichtsrecht ist dabei so auszuüben, dass eine Behinderung der Arbeit des BR und seiner Ausschüsse nicht erfolgt (»im Rahmen des praktisch Möglichen«).[20] Aus diesem Recht ergibt sich jedoch keine Verpflichtung des BR, dem einzelnen BR-Mitgl. die Herstellung von Fotokopien zu gestatten.[21] Das einzelne BR-Mitgl. ist jedoch berechtigt, sich Notizen zu machen. Der BR kann aber beschließen, dass Unterlagen, Niederschriften u. Ä. für alle Mitgl. z. B. als Sitzungsunterlagen fotokopiert werden. Dies dürfte sich grundsätzlich auch empfehlen, da nur so jedes BR-Mitgl. in der Lage ist, sich auf eine Sitzung vorzubereiten. Auch elektronisch gespeicherte Daten des BR einschl. der Ausschüsse fallen darunter, zumal die DSGVO und das BDSG keine Rechtsgrundlage für eine Beschränkung darstellen.[22] Zum **Datenschutz** im Einzelnen s. § 75 Rn. 9, § 79a, § 87 Rn. 42 sowie § 94 Rn. 9 und 10. Eine jederzeitige, uneingeschränkte Einsichtnahme durch BR-Mitgl. in sämtliche Datenbestände des BR sowie in die Nachrichten nebst Anlagen, die der BR mittels E-Mail empfängt und versendet, ist grundsätzlich auf elektronischem Wege zu ermöglichen.[23] In Frage kommt dabei u. a. die Nutzung eines sogenannten »gehärteten PC«,[24] zu dem sämtliche BR-Mitgl. jederzeit Zugang haben. Von diesem Gerät aus könnten sämtliche Dateien jederzeit eingesehen werden. Der AG hat die Einrichtung einer technischen Möglichkeit für den Abruf der insgesamt vorhandenen BR-E-Mail-Konten auch von außerhalb des Betriebs (externe Kommunikation) zu gewährleisten. Die Umsetzung der Durchführung einer BR-Sitzung mittels einer Video- und/oder Telefonkonferenz z. B. erfordert den betriebsexternen Zugang zu den vorhandenen E-Mail-Konten.[25]

In dem Zusammenhang kann sich ergeben, dass einem BR-Mitgl. ein Anspruch auf Überlassung eines **Schlüssels für das BR-Büro** zusteht, wenn zum einen das jederzeitige Einsichtnahmerecht sonst nicht sichergestellt bzw. gewährleistet werden kann, und zum anderen es dem BR auch tatsächlich möglich und zumutbar ist.[26] Zu beachten ist aber, dass sich nicht all-

---

19 HessLAG 31.7.23 – 16 TaBV 91/22.

20 LAG Nds. 16.2.01 – 16 TaBV 46/00.

21 BAG 27.5.82 – 6 ABR 66/79; a. A. LAG Hamm 14.8.09 – 10 TaBV 175/08, brwo, wenn hierfür ein sachliches Bedürfnis besteht; vgl. DKW-Wedde Rn. 27.

22 BAG 12.8.09 – 7 ABR 15/08, zum alten BDSG; HessLAG 31.7.23 – 16 TaBV 91/22.

23 Thüringer LAG 29.6.21 – 1 TaBVGa 1/21; LAG München 24.2.14 – 3 TaBV 92/13, in der Rechtsbeschwerde hat das BAG 27.7.16 – 7 ABR 16/14 aus Zulässigkeitsgründen die Sache an das LAG zurückverwiesen.

24 Siehe BAG 27.7.16 – 7 ABR 16/14; HessLAG 31.7.23 – 16 TaBV 91/22.

25 BAG 14.7.10 – 7 ABR 80/08; LAG MV 19.1.22 – 3 TaBV 10/21.

26 Thüringer LAG 29.6.21 – 1 TaBVGa 1/21; HessLAG 9.9.19 – 16 TaBV 67/19 sowie 14.1.19 – 16 TaBVGa 164/18 zur Überlassung eines Schlüsseltransponders; LAG BaWü 20.2.13 – 13 TaBV 11/12, brwo.

gemein aus dem BetrVG ein grundsätzlicher Anspruch eines BR-Mitgl. auf die Überlassung eines Schlüssels für das BR-Büro ableiten lässt.[27] Das Einsichtsrecht eines BR-Mitgl. kann nicht durch einen entsprechenden BR-Beschluss untersagt werden. **Ausgeschiedenen BR-Mitgl.** steht kein Einsichtsrecht in die Unterlagen des BR mehr zu, da mit Beendigung des BR-Amtes das Einblicksrecht endet.[28]

Zur **Durchsetzung des Einsichtsrecht** steht einem BR-Mitgl. der Rechtsweg offen. Dabei kommt auch der Erlass einer e. V. in Frage, wobei die Androhung von Zwangsmitteln auf Vornahme einer unvertretbaren Handlung wegen fehlender Vermögensfähigkeit gegenüber dem BR nicht möglich ist.[29]

Die **JAV** kann nach § 70 Abs. 2 verlangen, dass der BR ihr die zur Durchführung ihrer Aufgaben erforderlichen Unterlagen zur Verfügung stellt.[30]

Völlig unbestritten ist, dass dem AG kein Einsichtsrecht in die Akten des BR, wozu auch Dateien gehören, zusteht. Tut er es doch, ist es ihm untersagt, diese zu verwerten (vgl. § 78 Rn. 2).[31]

§ 35 Aussetzung von Beschlüssen

(1) Erachtet die Mehrheit der Jugend- und Auszubildendenvertretung oder die Schwerbehindertenvertretung einen Beschluss des Betriebsrats als eine erhebliche Beeinträchtigung wichtiger Interessen der durch sie vertretenen Arbeitnehmer, so ist auf ihren Antrag der Beschluss auf die Dauer von einer Woche vom Zeitpunkt der Beschlussfassung an auszusetzen, damit in dieser Frist eine Verständigung, gegebenenfalls mit Hilfe der im Betrieb vertretenen Gewerkschaften, versucht werden kann.

(2) Nach Ablauf der Frist ist über die Angelegenheit neu zu beschließen. Wird der erste Beschluss bestätigt, so kann der Antrag auf Aussetzung nicht wiederholt werden; dies gilt auch, wenn der erste Beschluss nur unerheblich geändert wird.

Inhaltsübersicht Rn.

---

27 LAG BaWü 20.2.13 – 13 TaBV 11/12, brwo.

28 HessLAG 25.10.12 – 9 TaBV 129/12, AiB 2013, 326 mit Anm. Hayen.

29 BAG 23.10.19 – 7 ABR 7/18; 28.5.14 – 7 ABR 36/12, AiB 3/15, 57.

30 Vgl. auch DKW-Wedde, Rn. 19 ff.

31 LAG Düsseldorf 7.3.12 – 4 TaBV 87/11.

1. Grundsätze

Der Antrag auf Aussetzung kann **nur gegen einen Beschluss** des BR und nicht etwa gegen eine Wahlentscheidung gestellt werden. Eine Frist für die Stellung des **Aussetzungsantrags** ist nicht vorgeschrieben. Sie ergibt sich jedoch unmittelbar daraus, dass der Beschluss nur für die Dauer von einer Woche von der Beschlussfassung – nicht vom Antrag – an gerechnet, ausgesetzt werden kann. **Antragsberechtigt** ist die Mehrheit der JAV oder die SBV (§ 178 Abs. 4 SGB IX).[1] 1

Der Grundsatz, dass der BR im Falle eines Aussetzungsantrags den Beschluss vor Ablauf der einwöchigen Aussetzungsfrist nicht vollziehen darf, **gilt nicht uneingeschränkt**, wenn die Gefahr besteht, dass das Schweigen des BR als Zustimmung zu einer beabsichtigten Maßnahme des AG angesehen wird (§ 99 Abs. 3, § 102 Abs. 2). In diesem Fall hat der BR dem AG vor Ablauf der Äußerungsfrist die von ihm getroffene Entscheidung mitzuteilen und gleichzeitig auf den gestellten Aussetzungsantrag hinzuweisen, sofern eine Verständigung vorher nicht möglich ist.[2] 2

2. Beendigung der Aussetzung

Der AG verstößt gegen den **Grundsatz der vertrauensvollen Zusammenarbeit**, wenn er nach Ablauf der Äußerungsfrist die personelle Maßnahme durchführt, ohne die endgültige Entscheidung des BR abzuwarten. Die Vorschrift gilt entsprechend auch für **Ausschüsse** (§§ 27, 28), denen Aufgaben zur selbstständigen Erledigung übertragen wurden. Die im Betrieb vertretene Gew. kann zur Hilfestellung bei den Verständigungsverhandlungen herangezogen werden. Bei einer erneuten Beschlussfassung ist das Aussetzungsverfahren endgültig beendet, wenn der BR den früheren Beschluss inhaltlich bestätigt. Ein erneuter Aussetzungsantrag ist nur dann möglich, wenn ein neuer oder inhaltlich anderer Beschluss gefasst worden ist.[3] 3

3. Rechte der Schwerbehindertenvertretung

Die **SBV** kann einen Aussetzungsantrag auch dann stellen, wenn sie entgegen § 178 Abs. 2 SGB IX bei Maßnahmen gegenüber Schwerbehinderten nicht rechtzeitig und umfassend vorher vom AG unterrichtet bzw. angehört wurde (§ 178 Abs. 4 SGB IX). 4

1 Zu Musteranträgen vgl. DKW-F-Wedde, § 35 Rn. 3 f.
2 So auch DKW-Wedde, Rn. 11.
3 Vgl. DKW-Wedde, Rn. 18.

§ 36 Geschäftsordnung

Sonstige Bestimmungen über die Geschäftsführung sollen in einer schriftlichen Geschäftsordnung getroffen werden, die der Betriebsrat mit der Mehrheit der Stimmen seiner Mitglieder beschließt.

Inhaltsübersicht Rn.

1. Grundsätze

1 Die Geschäftsordnung darf nicht von zwingenden gesetzl. Bestimmungen für die Geschäftsführung (z. B. §§ 26, 27, 29 und 41) abweichen. Mit »sonstigen Bestimmungen« sind allein formale Verfahrensregelungen zur Ordnung der internen BR-Arbeit sowie der technischen Festlegung von Verfahrensabläufen gemeint, wobei der Rahmen durch die zwingenden gesetzlichen Bestimmungen der §§ 26 f. gezogen ist. Diese gesetzlichen Regelungen können durch die Geschäftsordnung des BR nicht geändert, sondern nur näher ausgestaltet und ergänzt werden.[1] Auch können in einer Geschäftsordnung nicht zusätzliche Pflichten/Aufgaben begründet werden (z. B. dass Stimmenthaltungen nicht zulässig sind, oder die Verpflichtung eines BR-Mitgl. zur Dokumentation durchgeführter BR-Arbeit in einem Tätigkeitsbuch).[2] So kann z. B. in der Geschäftsordnung geregelt werden, dass die im Betrieb vertretene Gew. ein generelles Teilnahmerecht an den BR-Sitzungen hat.[3] Empfehlenswert ist es, dass der BR für Verhinderungsfälle des Vors. und des stellv. Vors. Regelungen zur Reihenfolge in der Verhinderungsvertretung treffen (s. § 26 Rn. 7 sowie § 29 Rn. 5). Nach § 30 Abs. 2 Satz 1 Nr. 1 hat der BR **im Vorfeld** die Voraussetzungen für die Sitzungsteilnahme mittels **Video- und/oder Telefonkonferenz** in seiner **Geschäftsordnung zu regeln** (s. im Einzelnen § 30 Rn. 3).[4] Die Festlegung der dazu notwendigen Rahmenbedingungen obliegt allein dem BR. Wenn er keine Regelung in seine Geschäftsordnung aufnimmt, verbleibt es allein bei der Präsenzsitzung.

---

1 BAG 16. 11. 05 – 7 ABR 11/05; zum Musterentwurf vgl. DKW-F-Wedde, § 36 Rn. 8 ff. mit Kommentierung.

2 LAG München 28. 5. 15 – 4 TaBV 4/15; ArbG München 25. 5. 20 – 6 BV 41/19, n. rk., anhängig beim LAG München unter 7 TaBV 41/20.

3 BAG 28. 2. 90 – 7 ABR 22/89.

4 Zu den Anforderungen an eine Geschäftsordnung s. HessLAG 14. 3. 22 – 16 TaBV 143/21; Schoof, Betriebsratswissen online/Arbeitshilfen für die Betriebsratspraxis/Musterschreiben: Geschäftsordnung des Betriebsrats II; Wedde, Tipps für die Geschäftsordnung, CuA, 12/22, 11.

In der Geschäftsordnung können auch Regelungen aufgenommen werden, die mit dem AG vereinbart oder in einer BV getroffen wurden.[5] Neben den gesetzlich vorgesehen Ausschüssen (§§ 27, 28 BetrVG) kann der BR in seiner Geschäftsordnung auch die Errichtung anderer Ausschüsse, wie z. B. Koordinationsausschüsse, die nur für bestimmte räumlich abgegrenzte Teile des Betriebs eine Zuständigkeit besitzen, sowie sogenannte Fachbeauftragte für bestimmte Themen regeln (vgl. § 28 Rn. 1).[6] In einer Geschäftsordnung kann dem BA nicht die Bildung von Arbeitsgruppen nach § 28a und die Erledigungsbefugnis hinsichtlich der Angelegenheiten anderer Ausschüsse übertragen werden (vgl. § 27 Rn. 7).[7]

2. Geltungsdauer, absolute Mehrheit

Die Geschäftsordnung gilt grundsätzlich nur für die **Dauer der Amtszeit** 2
des BR.[8] Anderes gilt für die Geschäftsordnung des **GBR/KBR**, da diese Organe keine von vorn herein begrenzte Amtszeit haben. Nach den regelmäßigen BR-Wahlen empfiehlt sich aber auch hier eine erneute Beratung und Beschlussfassung. Eine Geschäftsordnung kann durch den BR nur mit der Mehrheit der Stimmen seiner Mitgl. (**absolute Mehrheit) beschlossen** werden. Dies gilt auch für Änderungen, als auch einmalige Abweichungen von einer einmal beschlossenen Geschäftsordnung. Eine Geschäftsordnung ist in einer Urkunde schriftlich zusammenzufassen und vom BR-Vors. zu unterzeichnen (§ 126 BGB).[9] Ausreichend ist die Aufnahme des Geschäftsordnungstextes in die Sitzungsniederschrift, wenn sie ordnungsgemäß nach § 34 unterzeichnet ist. Ein unter Verstoß gegen die Geschäftsordnung des BR zustande gekommener Beschluss oder eine stattgefundene BR-interne Wahl ist unwirksam, wenn gegen wesentliche Verfahrensvorschriften verstoßen wurde.[10]

Eine Bekanntmachung oder Mitteilung an den AG ist nicht erforderlich. 3
Die Aushändigung von Auszügen an den AG kann jedoch zweckmäßig sein, soweit es für die Zusammenarbeit notwendig ist. Den einzelnen BR-Mitgl. ist jedoch eine Kopie der Geschäftsordnung auszuhändigen, jedenfalls auf Anforderung.[11]

---

5 Vgl. Kraushaar, AiB 95, 161.

6 LAG BaWü 10.4.13 – 2 TaBV 6/12, die Rechtsbeschwerde hat das BAG 27.5.15 – 7 ABR 24/13-mangels Feststellungsinteresse zurückgewiesen.

7 HessLAG 24.9.09 – 9 TaBV 69/09.

8 Offengelassen BAG 27.5.15 – 7 ABR 24/13.

9 LAG Hamm 14.8.09 – 10 TaBV 175/08, brwo; DKW-Wedde Rn. 8; Fitting Rn. 10.

10 HessLAG 25.3.04 – 9 TaBV 117/03 bei Verstoß gegen die Regelung der Ladungsfrist.

11 ArbG München, AiB 89, 315.

§ 37 Ehrenamtliche Tätigkeit, Arbeitsversäumnis

(1) Die Mitglieder des Betriebsrats führen ihr Amt unentgeltlich als Ehrenamt.

(2) Mitglieder des Betriebsrats sind von ihrer beruflichen Tätigkeit ohne Minderung des Arbeitsentgelts zu befreien, wenn und soweit es nach Umfang und Art des Betriebs zur ordnungsgemäßen Durchführung ihrer Aufgaben erforderlich ist.

(3) Zum Ausgleich für Betriebsratstätigkeit, die aus betriebsbedingten Gründen außerhalb der Arbeitszeit durchzuführen ist, hat das Betriebsratsmitglied Anspruch auf entsprechende Arbeitsbefreiung unter Fortzahlung des Arbeitsentgelts. Betriebsbedingte Gründe liegen auch vor, wenn die Betriebsratstätigkeit wegen der unterschiedlichen Arbeitszeiten der Betriebsratsmitglieder nicht innerhalb der persönlichen Arbeitszeit erfolgen kann. Die Arbeitsbefreiung ist vor Ablauf eines Monats zu gewähren; ist dies aus betriebsbedingten Gründen nicht möglich, so ist die aufgewendete Zeit wie Mehrarbeit zu vergüten.

(4) Das Arbeitsentgelt von Mitgliedern des Betriebsrats darf einschließlich eines Zeitraums von einem Jahr nach Beendigung der Amtszeit nicht geringer bemessen werden als das Arbeitsentgelt vergleichbarer Arbeitnehmer mit betriebsüblicher beruflicher Entwicklung. Dies gilt auch für allgemeine Zuwendungen des Arbeitgebers. Zur Bestimmung der vergleichbaren Arbeitnehmer nach Satz 1 ist auf den Zeitpunkt der Übernahme des Betriebsratsamts abzustellen, soweit nicht ein sachlicher Grund für eine spätere Neubestimmung vorliegt. Arbeitgeber und Betriebsrat können in einer Betriebsvereinbarung ein Verfahren zur Festlegung vergleichbarer Arbeitnehmer regeln. Die Konkretisierung der Vergleichbarkeit in einer solchen Betriebsvereinbarung kann nur auf grobe Fehlerhaftigkeit überprüft werden; Gleiches gilt für die Festlegung der Vergleichspersonen, soweit sie einvernehmlich zwischen Arbeitgeber und Betriebsrat erfolgt und in Textform dokumentiert ist.*

(5) Soweit nicht zwingende betriebliche Notwendigkeiten entgegenstehen, dürfen Mitglieder des Betriebsrats einschließlich eines Zeitraums von einem Jahr nach Beendigung der Amtszeit nur mit Tätigkeiten beschäftigt werden, die den Tätigkeiten der in Absatz 4 genannten Arbeitnehmer gleichwertig sind.

(6) Die Absätze 2 und 3 gelten entsprechend für die Teilnahme an Schulungs- und Bildungsveranstaltungen, soweit diese Kenntnisse vermitteln, die für die Arbeit des Betriebsrats erforderlich sind. Betriebsbedingte Gründe im Sinne des Absatzes 3 liegen auch vor, wenn wegen

* Einfügung auf Basis der 2. und 3. Lesung im Bundestag (28.6.24) zum Entwurf eines Zweiten Gesetzes zur Änderung der Betriebsverfassung vom 1.11.23.

Besonderheiten der betrieblichen Arbeitszeitgestaltung die Schulung des Betriebsratsmitglieds außerhalb seiner Arbeitszeit erfolgt; in diesem Fall ist der Umfang des Ausgleichsanspruchs unter Einbeziehung der Arbeitsbefreiung nach Absatz 2 pro Schulungstag begrenzt auf die Arbeitszeit eines vollzeitbeschäftigten Arbeitnehmers. Der Betriebsrat hat bei der Festlegung der zeitlichen Lage der Teilnahme an Schulungs- und Bildungsveranstaltungen die betrieblichen Notwendigkeiten zu berücksichtigen. Er hat dem Arbeitgeber die Teilnahme und die zeitliche Lage der Schulungs- und Bildungsveranstaltungen rechtzeitig bekannt zu geben. Hält der Arbeitgeber die betrieblichen Notwendigkeiten für nicht ausreichend berücksichtigt, so kann er die Einigungsstelle anrufen. Der Spruch der Einigungsstelle ersetzt die Einigung zwischen Arbeitgeber und Betriebsrat.

(7) Unbeschadet der Vorschrift des Absatzes 6 hat jedes Mitglied des Betriebsrats während seiner regelmäßigen Amtszeit Anspruch auf bezahlte Freistellung für insgesamt drei Wochen zur Teilnahme an Schulungs- und Bildungsveranstaltungen, die von der zuständigen obersten Arbeitsbehörde des Landes nach Beratung mit den Spitzenorganisationen der Gewerkschaften und der Arbeitgeberverbände als geeignet anerkannt sind. Der Anspruch nach Satz 1 erhöht sich für Arbeitnehmer, die erstmals das Amt eines Betriebsratsmitglieds übernehmen und auch nicht zuvor Jugend- und Auszubildendenvertreter waren, auf vier Wochen. Absatz 6 Satz 2 bis 6 findet Anwendung.

Inhaltsübersicht Rn.

1. Ehrenamt

1 Nach dem DGB-Entwurf für ein modernes BetrVG sollen Änderungen in Abs. 3 und eine Ergänzung zu Abs. 4 vorgenommen werden. In Abs. 3 Satz 1 soll auf die persönliche Arbeitszeit von BR-Mitgl. abgestellt werden. Hinsichtlich der Arbeitsbefreiung soll in Abs. 3 Satz 3 die Berücksichtigung betriebsbedingter Gründe gestrichen und festgelegt werden, dass nicht innerhalb eines Monats gewährte Arbeitsbefreiungen wie Mehrarbeit zu vergüten sind. Ein neuer Abs. 4 Satz 2 soll festlegen, dass bei der Bemessung des Arbeitsentgeltes und der allgemeinen Zuwendungen auch die bei Wahrnehmung der BR-Tätigkeit erworbenen Qualifikationen und Erfahrungen sowie die auf Dauer wahrgenommenen Aufgaben zu berücksichtigen sind.[1]
Nach § 78 Satz 2 dürfen BR-Mitgl. wegen ihrer BR-Tätigkeit nicht begünstigt und nicht benachteiligt werden. Die unentgeltliche Ausübung des BR-Amtes als Ehrenamt wahrt die innere Unabhängigkeit des BR und stellt sicher, dass besondere Leistungen des AG auf seine Entscheidungen keinen Einfluss genommen haben können. Das Ehrenamtsprinzip sichert aber auch die äußere Unabhängigkeit des BR und trägt entscheidend dazu bei, dass die vom BR vertretenen AN davon ausgehen können, dass die Vereinbarungen zwischen BR und AG nicht durch die Gewährung oder den Entzug materieller Vorteile für die BR-Mitgl. beeinflussbar sind. Das begründet oder stärkt die Akzeptanz der vom BR mit zu tragenden Entscheidungen, die zwangsläufig auch mit Nachteilen für die Belegschaft oder für einzelne AN verbunden sein können.[2] Vor allem darf für die Ausübung des BR-Amtes keine besondere Vergütung zusätzlich zum arbeitsvertraglich geschuldeten Arbeitsentgelt gewährt werden (s. im Einzelnen Rn. 24).[3] Zum **pauschalen Ersatz** regelmäßig entstehender Auslagen und Aufwendungen s. Rn. 14 sowie § 38 Rn. 9. In der Weiterzahlung des bisherigen Lohns liegt keine Gewährung eines unberechtigten Vorteils, wenn das BR-Mitgl. wegen seines Amtes an einen schlechter bezahlten Arbeitsplatz versetzt wird. Wird einem BR-Mitgl. Erholungsurlaub bewilligt, führt dies nicht nur zum Ruhen seiner Verpflichtung zur Arbeitsleistung, sondern zeitgleich zur Suspendierung seiner Amtspflichten.[4]

2 Die Tätigkeit als BR-Mitgl. steht in sozialversicherungsrechtlicher Hinsicht der Arbeitsleistung gleich;[5] es handelt sich um eine **versicherte Beschäfti-**

1 *https://aur-blog.eu/reformvorschlag/*.
2 BAG 28.9.16 – 7 AZR 248/14; 5.3.97 – 7 AZR 581/92; zur aktuellen Diskussion um das Ehrenamt s. Däubler, SR 3/17, 85 sowie Fischer, NZA 14, 71.
3 BAG 5.3.97 – 7 AZR 581/92, brwo, AiB 98, 105; ArbG Bielefeld 11.5.11 – 3 Ca 2633/10, juris.
4 BAG 8.9.11 – 2 AZR 388/10, AiB 12, 409 mit Anm. Grimberg.
5 BSG, BB 76, 980.

gung i. S. des § 2 Abs. 1 Nr. 1 SGB VII.[6] Unfälle einschl. Wegeunfälle im Rahmen der BR-Tätigkeit sind Arbeitsunfälle.[7] Das gilt auch bei der Teilnahme an einer BR-Versammlung, wenn das BR-Mitglied auf einer Treppe im Tagungshotel stürzt und der Sturz in der abendlichen Freizeit und unter Alkoholeinfluss passiert.[8] Eine Feier des BR, an der nur BR-Mitgl. und Ersatzmitgl. teilnehmen, steht nicht unter **Versicherungsschutz**, wenn der AG in keiner Weise am Zustandekommen, am Ablauf bzw. an der Finanzierung dieser Feier beteiligt war.[9] Ein BR-Mitgl. ist bei der Teilnahme an einem **Schulungsseminar** gesetzlich unfallversichert, wenn er bei der konkreten Verrichtung zur Zeit des Unfalls ein unternehmensbezogenes Recht wahrnimmt. Danach besteht ein Schutz nach der gesetzlichen Unfallversicherung während der Seminarzeiten, nicht aber in der seminarfreien Zeit während der Aktivitäten im Rahmen eines eventuellen Begleitprogrammes.[10] Die BR-Tätigkeit darf gegen den Willen des BR-Mitgl. grundsätzlich weder in einem **Zeugnis** noch in einer dienstlichen **Regelbeurteilung** erwähnt werden;[11] auch mittelbare Aussagen haben zu unterbleiben.[12]

2. Arbeitsbefreiung

Das Verbot der Entgeltminderung soll die Bereitschaft eines AN zur Über- 3
nahme eines BR-Amtes fördern, in dem es ihm die Befürchtung nimmt, Einkommenseinbußen durch die Wahrnehmung eines Ehrenamts zu erleiden. Diese Vorschrift, die für alle Betriebsratsmitglieder unabhängig von einer etwaigen Freistellung nach § 38 BetrVG gilt, konkretisiert hinsichtlich der Vergütung das allgemeine Benachteiligungsverbot des § 78 Satz 2.[13] Das Ehrenamtsprinzip wahrt die innere und äußere Unabhängigkeit der BR-Mitgl.[14] Durch diese Vorschrift wird sichergestellt, dass die Erfüllung der **BR-Aufgaben Vorrang** vor der **arbeitsvertraglichen Verpflichtung** des AN hat, soweit diese nach Umfang und Art des Betriebs zur ordnungsgemäßen Durchführung der BR-Aufgaben erforderlich sind (zur Ab- und Rückmel-

6 BSG 15.5.12 – B 2 U 8/11 R; 20.2.01 – B 2 U 7/00 R.
7 DKW-Wedde, Rn. 8.
8 SG Heilbronn 28.5.14 – S 6 U 1404/13.
9 BSG, NJW 02, 1446.
10 LSG BaWü 12.5.16 – L 6 U 836/16, juris.
11 LAG Frankfurt, DB 78, 167; LAG Hamm, DB 76, 1112; BAG, NZA 93, 222 bei entsprechender Tätigkeit nach dem BPersVG.
12 LAG Nürnberg 11.10.18 – 5 Sa 100/18, NZA-RR 19, 304; ArbG Ludwigshafen, BB 87, 1464.
13 BAG 29.4.15 – 7 AZR 123/13, NZA 15, 1328; 18.2.14 – 3 AZR 568/12, juris.
14 BAG 14.10.20 – 7 AZR 286/18, juris.

dung vgl. Rn. 11 ff.).[15] Das Recht auf Arbeitsbefreiung erstreckt sich auf jegliche BR-Tätigkeit, gleichgültig, ob innerhalb oder außerhalb des Betriebs. Gemäß §§ 51 Abs. 1, 59 Abs. 1 gilt die Vorschrift entsprechend auch für die Mitgl. des **GBR**[16] bzw. **KBR**,[17] wobei von ihm bei seiner Entscheidung verlangt wird, dass er auch die Interessen der Vertrags-AG und ggf. auch die Interessen des entsendenden BR berücksichtigt. Sie findet ferner Anwendung für Mitgl. des **WA**, die nicht BR-Mitgl. sind.[18] Abs. 2 regelt nicht nur die **Arbeitsbefreiung** aus konkretem Anlass, sondern eröffnet auch die Möglichkeit, einzelne BR-Mitgl. generell für einen bestimmten Teil ihrer Arbeitszeit (stundenweise, tageweise, ganz) freizustellen,[19] auch in Betrieben mit nach § 38 völlig freigestellten BR-Mitgl.[20] sowie als Ersatzfreistellungen für verhinderte freigestellte BR-Mitgl.[21] Daneben regelt § 38 die völlige Freistellung von der Verpflichtung zur Arbeitsleistung, aber auch die Aufteilung einer Freistellung (Teilfreistellung nach § 38 Abs. 1 Satz 3). Ein BR-Mitgl. in Teilfreistellung nach § 38 hat daneben einen Freistellungsanspruch nach § 37 Abs. 2, wenn es in der Zeit seiner anderweitigen Tätigkeit im Einzelfall erforderliche BR-Arbeit wahrzunehmen hat.[22] Der AG hat auch bei der Zuteilung des **Arbeitspensums** auf die Inanspruchnahme des BR-Mitgl. durch BR-Tätigkeit während der Arbeitszeit angemessen Rücksicht zu nehmen.[23]

4 Ein BR-Mitgl., das im **Schichtbetrieb** arbeitet, ist von vor oder nach einer BR-Sitzung liegenden Schichtzeiten zu befreien, wenn dies zur aktiven Teilnahme an der BR-Sitzung erforderlich ist,[24] oder seine Tätigkeit früher beenden, um einigermaßen ausgeschlafen an der Sitzung teilnehmen zu können.[25] Das **ArbZG** (§ 5 Abs. 1 bzw. § 2 Abs. 1 Satz 1 ArbZG) findet Anwendung bei der BR-Tätigkeit, wobei es letztlich egal ist, ob die Vorschriften des ArbZG unmittelbar oder mittelbar Anwendung finden.[26] Insbesondere die

15 BAG, ZTR 97, 524; NZA 95, 961; vgl. auch DKW-Wedde, Rn. 10 ff.; ferner Esser/Wolmerath, AiB 98, 181.

16 BAG 26.9.18 – 7 ABR 77/16, NZA 19, 117.

17 BAG 23.5.18 – 7 ABR 14/17, AiB 1/19, 45.

18 ArbG Berlin, AiB 80, 11.

19 BAG 12.2.97 – 7 ABR 40/96, NZA 97, 782; BB 92, 360; DB 74, 1439; BAG 23.5.18 – 7 ABR 14/17, AiB 1/19, 45; LAG RP 16.7.15 – 5 TaBV 5/15, juris.

20 BAG, NZA 97, 782; zu Musterschreiben an AG vgl. DKW-F-Wedde, § 37 Rn. 32 ff.

21 BAG, AiB 98, 100.

22 HessLAG 28.11.06 – 15 Sa 1343/06.

23 BAG, BB 91, 759; vgl. auch Schneider, PersR 92, 41.

24 LAG Hamm 23.10.91 – 3 TaBV 97/91.

25 BAG, 18.1.17 – 7 AZR 224/15, AuR 17, 90; ArbG Koblenz, AiB 89, 79.

26 BAG, 18.1.17 – 7 AZR 224/15, AuR 17, 90, sowie LAG SH 30.8.05 – 5 Sa 161/05 wenden § 5 Abs. 1 ArbZG mittelbar an; LAG Nds. 20.4.15 – 12 TaBV 76/14 (in der Rechtsbeschwerde hat das BAG 21.3.17 – 7 ABR 17/15, die Anträge des

Teilnahme an Gremiensitzungen oder Verhandlungen steht bezüglich der Anforderungen an Aufmerksamkeit und geistiger Leistungsfähigkeit der arbeitsvertraglich geschuldeten Tätigkeit in Nichts nach.[27] Ggf. kommt auch die Zahlung einer vollen Schicht in Betracht, wenn z. B. für im **Fahrdienst beschäftigte** BR-Mitgl. notwendigerweise eine ganze Schicht ausfällt.[28] Das Arbeitsentgelt darf deswegen nicht gemindert werden.[29] Dieser Anspruch auf bezahlte Freistellung steht dem BR-Mitgl. in seiner Eigenschaft als Arbeitnehmer zu. Notfalls muss das BR-Mitgl. klagen, nicht der BR.[30] Nimmt ein in **Nachtschicht** arbeitendes BR-Mitgl. an einer ganztägigen BR-Sitzung teil, ist es jedenfalls dann von der Arbeitsleistung unter Fortzahlung des Arbeitsentgelts in der vorausgehenden und nachfolgenden Nachtschicht befreit, wenn es ihm unmöglich oder unzumutbar ist, seine vor oder nach der BR-Sitzung liegende Arbeitszeit einzuhalten (vgl. auch Rn. 19 ff.).[31] Für die außerhalb seiner Arbeitszeit aufgewandte BR-Zeit hat das BR-Mitgl. nach Abs. 3 einen Anspruch auf Freizeitausgleich. Eine Anrechnung des Ausgleichsanspruches nach Abs. 3 auf die Freistellung nach Abs. 2 findet dann nicht statt, wenn der Freistellungsanspruch nach § 37 Abs. 3 erst nach der Nachtschicht entstanden ist und somit die Freistellung rückwirkend durch Arbeitsbefreiung in der Nachtschicht gewährt würde.[32]

Darüber hinaus gewährt die Vorschrift unter Umständen auch einen An- **5**
spruch auf generelle **Befreiung von einer bestimmten Art der Arbeit**,[33] z. B. Versetzung aus der Wechselschicht in die Normalschicht[34] oder aus dem Außendienst in den Innendienst[35] oder von der Akkordarbeit in die Zeitarbeit unter Fortzahlung der bisherigen Vergütung einschl. einer bisher bezahlten Arbeitspause,[36] sofern diese für eine sachgerechte Erfüllung der Aufgaben des BR erforderlich ist. Der **Umfang der Arbeitsbefreiung** hängt auch davon ab, welche Funktionen das Mitgl. im BR ausübt und welche Aufgaben ihm übertragen wurden. Bei der Frage, ob eine Arbeitsbefreiung erforderlich ist, steht dem BR-Mitgl. ein Beurteilungsspielraum

---

BR als unzulässig abgewiesen, da das BR-Mitgl. hätte klagen müssen) sowie LAG SH, AiB 02, 632 wenden § 2 Abs. 1 Satz 1 ArbZG mittelbar an; vgl. auch OVG NRW 10. 5. 11 – 4 A 1403/08 wonach die Zeit der Teilnahme an einer Betriebsversamml. für die AN als Arbeitszeit i. S. v. § 2 Abs. 1 ArbZG zu bewerten ist; Ratayczak, GA 9/17, 30 zu den beiden BAG-Entscheidungen; Steiner, AiB 4/17, 31.

27 BAG 18. 1. 17 – 7 AZR 224/15, AuR 17, 90.

28 LAG Düsseldorf 23. 8. 77 – 8 Sa 201/77.

29 BAG 18. 1. 17 – 7 AZR 224/15, AuR 17, 90.

30 BAG 21. 3. 17 – 7 ABR 17/15, BB 17, 1460.

31 BAG 18. 1. 17 – 7 AZR 224/15, AuR 17, 90; ArbG Lübeck, DB 00, 2074.

32 BAG 18. 1. 17 – 7 AZR 224/15, AuR 17, 90; ArbG Koblenz, AiB 89, 79.

33 BAG 23. 11. 22 – 7 AZR 122/22.

34 BAG, BB 91, 759; zu Musterschreiben an AG vgl. DKW-F-Wedde, § 37 Rn. 36.

35 LAG SH 30. 8. 05 – 5 Sa 161/05; LAG Düsseldorf 19. 7. 88 – 8/2 TaBV 57/88.

36 LAG Hamburg, BetrR 95, 35.

zu.[37] Hinsichtlich des **zeitlichen Aufwands** für BR-Tätigkeit gilt, dass diese nicht mit der Stoppuhr gemessen werden kann. Auch der BR-Vors. hat es nicht allein in der Hand, die **Dauer einer Sitzung** zu bestimmen. Die festgelegte Tagesordnung ist zu erledigen. Er kann nicht einzelnen Mitgl. das Wort entziehen bzw. die Diskussionen abbrechen, sondern muss die Meinungsbildung des BR zu den einzelnen Punkten herbeiführen, beraten und abstimmen lassen.[38]

a) Erforderlichkeit

6 Eine Arbeitsbefreiung ist immer dann erforderlich, wenn das BR-Mitgl. dies bei gewissenhafter Überlegung und bei ruhiger, vernünftiger Würdigung aller Umstände für notwendig halten durfte.[39] Unabhängig vom Willen des AG verfügt das BR-Mitgl. über einen Beurteilungsspielraum.[40] Ob die Arbeitsbefreiung überhaupt der Durchführung von BR-Aufgaben dient, ist nach Auffassung des BAG eine Rechtsfrage, die sich allein nach objektiven Maßstäben beurteilt. Die **Erforderlichkeit** muss sich aus den konkreten Umständen ergeben.[41] Da der BR und das BR-Mitgl. aber eigenverantwortlich über die Ausübung der BR-Tätigkeit entscheidet, kann nicht jede Verkennung der objektiven Rechtslage nachteilige Auswirkung z. B. für den Vergütungsanspruch nach § 37 Abs. 2 haben. Dieses ist nur dann der Fall, wenn bei verständiger Würdigung erkennbar ist, dass es sich bei der Tätigkeit nicht mehr um die Wahrnehmung gesetzlicher Aufgaben des BR handelt.[42] Bei einer erforderlichen Abwägung der Dringlichkeit der beruflichen Tätigkeit einerseits und der BR-Tätigkeit – etwa einer BR-Sitzung – andererseits haben die BR-Aufgaben im Zweifel Vorrang (vgl. aber auch Rn. 12).[43] Allerdings genügt ein **Beschluss** des BR allein nicht, um die Erforderlichkeit einer Arbeitsbefreiung zu begründen.[44] Dieser ist andererseits aber nicht Voraussetzung, wenn das BR-Mitgl die BR-Tätigkeit für er-

37 BAG 27.6.06 – 1 ABR 35/05.

38 LAG Hamm 8.6.78, EzA § 37 BetrVG 1972 Nr. 58; ArbG Berlin, DB 88, 863 sowie AuR 81, 61; vgl. auch DKW-Wedde, Rn. 34, 38.

39 BAG 6.8.81, EzA § 37 BetrVG 1972 Nr. 73; Fitting, Rn. 38.

40 BAG 21.6.06 – 7 AZR 418/05, brwo; DB 96, 2185; HessLAG, AuR 08, 77.

41 Vgl. DKW-Wedde, Rn. 26 ff.

42 BAG, AuR 06, 454 Ls.; HessLAG 4.2.13 – 16 TaBV 261/12, brwo, das allerdings zu weit geht, wenn es vom BR-Mitgl. eine Abwägung verlangt, ob seine Teilnahme an der BR-Sitzung so wichtig ist, dass sie auch die Nichtleistung der dringenden beruflichen Tätigkeit i. S. des § 37 Abs. 2 erforderlich macht.

43 Vgl. BAG, ZTR 97, 524; ArbG Hamburg, AiB Newsletter 08, Heft 10, 5 wonach eine Teilnahme an einer BR-Sitzung immer erforderlich ist, selbst wenn die BR-Sitzung selbst nicht erforderlich war oder unter Verstoß gegen § 30 anberaumt worden ist.

44 BAG 21.6.06 – 7 AZR 418/05, brwo; 6.8.81, EzA § 37 BetrVG 1972 Nr. 73.

forderlich halten durfte.[45] Denn jedes BR-Mitgl. führt unabhängig von der Geschäftsverteilung innerhalb des BR sein **Amt in eigener Verantwortung** und in Kenntnis seiner Kompetenzen.[46] Ein BR, der den weit gesteckten Rahmen seiner gesetzl. Mitwirkungs- und MB-Rechte auszuschöpfen versucht, überschreitet keineswegs die Grenzen der Erforderlichkeit.[47]

Nimmt ein nicht freigestelltes BR-Mitgl. jedoch BR-Tätigkeiten wahr, die es für erforderlich halten konnte, kommt eine **Abmahnung** durch den AG wegen der damit verbundenen Versäumung von Arbeitszeit nicht in Betracht (§ 23 Rn. 5).[48] Dies gilt auch bei der Teilnahme an einer Schulungsmaßnahme nach Abs. 6 gegen den Widerspruch des AG.[49] Entsprechendes gilt, wenn ein BR-Mitgl. der **objektiv fehlerhaften Ansicht** ist, eine BR-Aufgabe wahrzunehmen, sofern es sich um die Verkennung **schwieriger oder ungeklärter Rechtsfragen** handelt.[50] Bei Verstößen eines BR-Mitgl. gegen betriebsverfassungsrechtliche Pflichten, die nicht zugleich eine **Verletzung der Arbeitspflichten** darstellen, kommt weder eine Kündigung noch eine Abmahnung in Betracht (vgl. § 23 Rn. 5).[51] Wird gleichwohl eine Abmahnung ausgesprochen, ist sie auf Antrag des AN aus der Personalakte zu entfernen. Zum Schutz durch Art. 9 Abs. 3 GG bei der Mitgliederwerbung für die Gewerkschaft und ihre Mitgl., auch soweit es sich um BR-Mitgl. handelt vgl. § 74 Rn. 6.[52] 7

b) Aufgaben

Neben der Teilnahme an **Sitzungen des BR** (ggf. GBR, KBR, EBR, SE-BR), auch wenn diese außerhalb des Betriebsgeländes stattfinden,[53] seiner Ausschüsse und Arbeitsgruppen sowie an Betriebs- und Arbeitsversamml. gehören auch die Vor- und Nachbereitung von Sitzungen, die Erledigung des Schriftverkehrs, die Erstellung von Sitzungsunterlagen, Gesprächsnotizen, Niederschriften, die Einordnung von Unterlagen, Entgegennahme und Bearbeitung von Beschwerden, Betriebsbegehungen, die Ausübung erforderlicher Tätigkeit für den GBR, KBR, WA, EBR, SE-BR[54] die Abhaltung von 8

45 BAG, DB 82, 758.
46 BAG, DB 79, 2091.
47 Fitting, Rn. 38.
48 BAG, DB 82, 758; vgl. auch BAG, NZA 94, 500, vgl. ferner DKW-Wedde, Rn. 32.
49 LAG Berlin 2.3.88 – 10 Sa 106/87; LAG BaWü, AuR 88, 258; a.A. BAG 10.11.93 – 7 AZR 682/92, wenn bei sorgfältiger objektiver Prüfung ohne Weiteres erkennbar war, dass die Teilnahme nicht erforderlich war.
50 BAG, NZA 95, 225.
51 BAG, DB 93, 438; HessLAG, RDV 05, 172.
52 LAG SH, AiB 02, 305; BVerfG, DB 96, 1627.
53 LAG Berlin, DB 88, 863; ArbG Stuttgart 27.1.06 – 24 Ca 3/06 n.v.
54 Vgl. auch LAG München, NZA 91, 905.

Sprechstunden im jeweils erforderlichen Umfang[55] u. Ä. zu den erforderlichen Aufgaben von BR-Mitgl.[56] Die **BR-Tätigkeit** hat **grundsätzlich im Betrieb** stattzufinden; das BR-Mitgl. hat während der vertraglichen Arbeitszeit im Betrieb **anwesend** zu sein und sich für dort anfallende BR-Tätigkeit bereitzuhalten.[57] So ist gewährleistet, dass BR-Mitgl. sowohl für die im Betrieb Beschäftigten als auch für den AG unkompliziert und jederzeit ansprechbar sind. Im Rahmen eines **mobilen Arbeitens** des BR-Mitgl. kann es aber auch Fallgestaltungen geben, in denen die BR-Tätigkeit ohne Beeinträchtigung der jederzeitigen Ansprechbarkeit (z. B. per Telefonat oder Videokonferenz) außerhalb des Betriebes möglich ist (z. B. in Unternehmen, in denen digitales Zusammenarbeiten »normal« ist oder im Rahmen einer Pandemie).[58] Am deutlichsten wird das für die Dauer der Teilnahme an einer Videokonferenz nach § 30 Abs. 2 (s. § 30 Rn. 3a).[59] Erforderliche BR-Tätigkeit kann sich auch in anderen Fällen **außerhalb des Betriebs** vollziehen.[60] Das ist immer dann der Fall, wenn es erforderlich ist, u. a. bei Besprechungen mit Behörden,[61] Rechtsberatung bei der Gew., Besprechungen mit BR fremder Betriebe – jedenfalls wenn es um aktuelle betriebliche Fragen geht.[62]

9 Zu den **erforderlichen Aufgaben** eines BR-Mitgl. kann auch die Teilnahme als Zuhörer an einer **ArbG-Verhandlung** jedenfalls dann gehören, wenn der BR Beteiligter im Verfahren ist[63] oder wenn es sich um einen Rechtsstreit von grundsätzlicher Bedeutung über eine für die Arbeit des betreffenden BR wesentliche Frage – z. B. neue Tarifregelung – handelt.[64]

---

55 BAG, BB 92, 360.

56 LAG Berlin 17.12.80 – 5 Sa 75/80 und 11.12.80 – 7 Sa 67/80; vgl. ergänzend DKW-Wedde, Rn. 16 ff.

57 BAG 31.5.89 – 7 AZR 277/88, AiB 90, 257; 28.7.20 – 1 ABR 5/19 in stetiger Rspr.

58 ArbG Köln 24.3.21 – 18 BVGa 11/21 im Rahmen der »SARS-CoV-2-Pandemie«; ArbG Frankfurt 3.8.16 – 6 BV 846/15; Schoof, Homeoffice / Mobile Arbeit / Telearbeit, Rn. 20a.

59 LAG Köln 24.6.22 – 9 TaBV 52/21; HessLAG 14.3.22 – 16 TaBV 143/21.

60 BAG 21.6.06 – 7 AZR 418/05, brwo; 31.5.89 – 7 AZR 277/88, AiB 90, 257.

61 Zum Arbeitsschutz s. BAG, DB 03, 2496.

62 BAG, AuR 06, 454 Ls. bei Betrieben desselben Unternehmens; LAG RP, NZA-RR 2/10; 78; LAG Düsseldorf 30.6.87 – 16 TaBV 41/87; ArbG München, BB 91, 2375; vgl. auch Fitting, Rn. 30; Plander, AiB 97, 195; zu Musterschreiben an AG vgl. DKW-F-Wedde, § 37, Rn. 39.

63 ArbG Hamburg, AiB 92, 90.

64 LAG Bremen, DB 90, 742; LAG München, BB 87, 685; LAG Hamburg, DB 81, 2236; vgl. auch BAG, BB 90, 491, wenn es z. B. um die Zustimmung der Hauptfürsorgestelle zu einer erst beabsichtigten Änderungskündigung geht; einschränkend BAG, NZA 95, 225.

Auch im **Ausland** können ggf. Veranstaltungen, Sitzungen und Besprechungen des EBR bzw. SE-BR sowie mit betrieblichen Interessenvertretungen ausländischer Betriebe, mit UN- bzw. Konzernleitungen oder Behörden (z. B. der EU) in Betracht kommen,[65] z. B. wenn der AG grenzüberschreitend ein mitbestimmungspflichtiges EDV-System einführen will[66] oder sonstige wirtschaftliche oder organisatorische grenzüberschreitende Maßnahme mit Auswirkungen auf den Betrieb anstehen, wie Fusionen, Investitionen, Produktionsverlagerungen, Standortfragen u. Ä.[67] Die **Erforderlichkeit** einer Auslandsreise ist nicht rückblickend nach rein objektivem Maßstab, sondern danach zu beurteilen, ob der BR die Reise subjektiv im Zeitpunkt der Entscheidung für erforderlich halten durfte.[68] Bei erforderlicher BR-Tätigkeit (aus betriebsbedingten Gründen, vgl. Rn. 19 ff.) außerhalb des Betriebs zählt auch die aufgewendete **Fahrt-, Wege- und Reisezeit** als Arbeitszeit (vgl. auch Rn. 20).[69] Dieses gilt auch, wenn sich das BR-Mitgl. während der Teilnahme an den BR-Sitzungen in Elternzeit befindet.[70] Wegen § 78 Satz 2 gelten für die Bewertung von Reisezeiten von BR-Mitgl. die gleichen Maßstäbe wie für die Reisezeiten eines AN. Es kommen somit die maßgeblichen tarifvertraglichen oder betrieblichen Regelungen über die Durchführung von Dienstreisen im Betrieb des AG zur Anwendung (vgl. Rn. 21).[71] Im Streitfall muss ein BR-Mitgl. genau die Fahrt-, Wege- und Sitzungszeiten bzgl. Routen, Beginn und Ende nachweisen, und warum sie erforderlich waren.[72] Die Erforderlichkeit kann auch gegeben sein für eine Einladung eines BR-Mitgl. bzw. betrieblichen AN-Vertreters aus einem ausländischen Schwester-UN, um vor einer Betriebsversamml. über gemeinsame Probleme zu referieren. Erforderliche Kosten (Fahr- und Dolmetscherkosten) des Referenten sind vom AG zu tragen.[73] 10

c) Verfahrensweise

Das BR-Mitgl. darf seinen Arbeitsplatz **ohne Zustimmung des AG** verlassen, da der AG der Arbeitsbefreiung nicht zustimmen muss.[74] Nach der 11

65 Vgl. DKW-Wedde, Rn. 20 f.; DKW-Däubler, Einl. Rn. 231 ff.
66 Vgl. ArbG München, AiB 91, 429.
67 Vgl. LAG Nds., BB 93, 291, wenn der BR bei der EU-Behörde seine Besorgnis hinsichtlich der geplanten Gründung eines Gemeinschafts-UN artikuliert.
68 LAG Nds. a. a. O.
69 BAG, DB 06, 2412.
70 BAG, NZA 05, 1002.
71 BAG, DB 06, 2412.
72 ArbG Hildesheim 15. 9. 21 – 2 Ca 265/20 n. v.; Fitting Rn. 94.
73 LAG BaWü, BB 98, 954.
74 BAG 29. 6. 11 – 7 ABR 135/09, brwo; BAG 15. 3. 95 – 7 AZR 643/94, AiB 95, 735 m. Anm. Nielebock.

ständigen Rspr. des BAG[75] hat sich das BR-Mitgl. aufgrund arbeitsvertraglicher Nebenpflicht beim AG **abzumelden**[76] und sich **zurückzumelden**, sobald es nach Beendigung der BR-Arbeit seine Arbeit wieder aufnimmt. Eine solche Pflicht zur Ab- und Rückmeldung betrifft alle AN im Betrieb als arbeitsvertragliche Nebenpflicht gleichermaßen. Zusätzlich folgt nach Auffassung des BAG[77] eine kollektivrechtliche Obliegenheit zur Ab- und Rückmeldung aus dem Gebot der vertrauensvollen Zusammenarbeit nach § 2 Abs. 1.

12 Die Ab- und Rückmeldepflicht ergeben sich aus dem Organisationsinteresse des AG und dienen dem Zweck, dem AG die Arbeitseinteilung zu erleichtern und vor allem den Arbeitsausfall des BR-Mitgl. zu überbrücken, um Störungen im Betriebsablauf zu vermeiden. Deshalb reichen als Mindestangaben auch völlig aus, wenn das BR-Mitgl. bei der **Abmeldung** den **Ort** und die **voraussichtliche Dauer** der BR-Tätigkeit angibt,[78] was auch den Zeitpunkt der Rückkehr umfasst, wenn das BR-Mitgl. diesen schon vorhersehen kann. Wie das BR-Mitgl. die Meldungen bewirkt, ist seine Sache;[79] deshalb ist ein AG nicht berechtigt, die Art und Weise der Meldepflichten durch eine entsprechende Anweisung oder Vereinbarung im Einzelnen zu regeln.[80] Eine nähere Darlegung der Art und des Inhalts der BR-Arbeit kann nicht vom AG gefordert werden, da ihm dadurch eine Kontrolle der BR-Tätigkeit ermöglicht würde.[81] BR-Mitgl. sind nicht verpflichtet, die Namen von AN anzugeben, die sie im Betrieb aufsuchen wollen, oder die AN generell auf die Sprechstunde des BR zu verweisen.[82] Im Rahmen seines Zugangsrechtes ist der BR berechtigt, zur Überprüfung der Arbeitssicherheit unangekündigte, stichprobenartige Arbeitsplatzbegehungen vorzunehmen.[83] Die Ab- und Rückmeldepflicht besteht grundsätzlich auch immer dann, wenn das BR-Mitgl. die Arbeit unterbricht, um an seinem **Arbeitsplatz BR-Aufgaben wahrzunehmen**. Diese Pflichten können aber aufgrund der Umstände des Einzelfalles entfallen, wenn eine **vorübergehende Umorganisation** der Arbeitseinteilung **nicht** ernsthaft in Betracht kommt, weil z. B. ein ausschließlich mit einem langfristig angelegten Projekt befasster Entwicklungsingenieur seine Tätigkeit **kurzfristig unterbricht**, um an seinem Arbeitsplatz BR-Aufgaben wahrzunehmen.[84] Denn dann muss der AG keine organi-

75 BAG 29.6.11 – 7 ABR 135/09 m.w.N., brwo.
76 Zu Musterschreiben vgl. DKW-F-Wedde, § 37 Rn. 38.
77 BAG 29.6.11 – 7 ABR 135/09, brwo.
78 BAG 29.6.11 – 7 ABR 135/09, brwo.
79 BAG 29.6.11 – 7 ABR 135/09, brwo; 13.5.97 – 1 ABR 2/97, AuR 97, 1156.
80 LAG Hamm 26.11.13 – 7 TaBV 74/13, juris, zu einem Zeiterfassungssystem.
81 BAG 15.3.95 – 7 AZR 643/94, AiB 95, 735 m. Anm. Nielebock.
82 BAG, DB 83, 2419.
83 ArbG Stuttgart, NZA-RR 02, 365.
84 BAG 29.6.11 – 7 ABR 135/09, brwo.

satorischen Maßnahmen ergreifen, um den Arbeitsausfall des BR-Mitgl. zu überbrücken, da es zu keinen Störungen im Betriebsablauf kommt. Der AG kann aber für die Ermittlung der Zeit, für die er Entgelt für die BR-Tätigkeit zu zahlen hat, vom BR-Mitgl. verlangen, nachträglich die Gesamtdauer der BR-Tätigkeiten zu dokumentieren

Angaben zur **Art der BR-Tätigkeit** sind nicht erforderlich, weil diese das BR-Mitgl. bereits im Vorfeld **Rechtfertigungszwängen** aussetzt, die die **Handlungsfreiheit** beeinträchtigen und sich damit auf die **unabhängige Amtsführung** auswirken können.[85] Orts- und zeitbezogene Angaben sind allenfalls dann unzureichend, wenn der AG bei der Abmeldung eine **Organisationsproblematik** beschreibt, nach der das BR-Mitgl. für die Zeit der beabsichtigten BR-Tätigkeit unabkömmlich ist und **betriebsbedingte Gründe** eine zeitliche Verlegung der BR-Arbeit verlangen. In diesem Fall muss das BR-Mitglied prüfen, ob und inwieweit die BR-Aufgabe aufgeschoben werden kann. Ist diese dringlich, hat dies das BR-Mitgl. darzulegen (vgl. hierzu Rn. 11). Der AG hat bezüglich des **Abmeldeverfahrens** kein Weisungsrecht; folglich besteht auch kein MBR nach § 87 Abs. 1 Nr. 1.[86] Wie die Abmeldung im Einzelnen erfolgt, steht dem BR-Mitgl. frei. Sie kann mündlich erfolgen und muss nicht persönlich durchgeführt werden.[87] An feste Fristen ist die Abmeldung nicht gebunden.[88] Da es sich bei der Abmeldepflicht sowohl um eine betriebsverfassungsrechtliche Verpflichtung als auch um eine arbeitsvertragliche Nebenverpflichtung handelt, kann ein beharrlicher Verstoß eines BR-Mitgl. gegen die Abmeldepflicht grundsätzlich eine Kündigung des Arbeitsverhältnisses rechtfertigen.[89]

Für die Beurteilung der **Erforderlichkeit** ist vom Standpunkt eines **vernünftigen Dritten** auszugehen.[90] Für die gerichtliche Durchsetzung der **Entgeltfortzahlung** soll eine **abgestufte Darlegungslast** für den Fall gelten, dass der AG mit sog. **erheblichen Zweifeln** an der Erforderlichkeit der BR-Tätigkeit die Entgeltfortzahlung verweigert. Danach hat das BR-Mitgl. die Art und Dauer der BR-Tätigkeit stichwortartig darzulegen (vgl. Rn. 11), damit dem AG eine **Plausibilitätskontrolle** ermöglicht wird. Bleiben die Zweifel, muss der AG die Gründe dafür angeben. Nunmehr hat das BR-Mitgl. substantiiert darzulegen, aufgrund welcher Umstände es die BR-Tätigkeit für erforderlich halten durfte.[91]

---

85 BAG, NZA 95, 961.
86 BAG, DB 83, 2419; vgl. auch BAG, BB 90, 1625.
87 BAG 13.5.97 – 1 ABR 2/97, AiB 97, 661 m. Anm. Schuster.
88 LAG Hamm, AuR 07, 405, wonach eine vom AG verlangte Viertagesfrist unzulässig ist.
89 LAG Hamm 8.6.07 – 10 TaBV 31/07, brwo.
90 BAG, NZA 94, 127.
91 Auch zur Kritik vgl. DKW-Wedde, Rn. 43 ff.

13 Will ein BR-Mitgl. in Ausübung seiner Amtstätigkeit einen **AN am Arbeitsplatz aufsuchen**, besteht (zusätzlich) **keine besondere Anmeldepflicht** bei der Personalleitung oder dem zuständigen Abteilungsleiter.[92] Eine **Rückmeldung** ist nach Beendigung der BR-Tätigkeit im Allgemeinen erforderlich;[93] allenfalls dann nicht, wenn der voraussichtliche Zeitpunkt der Rückkehr schon bei der Abmeldung genannt wurde. Wenn sich BR-Mitgl. ab- und zurückmelden, sind sie nicht verpflichtet, zusätzlich die von ihnen jeweils aufgewendete Zeit für BR-Tätigkeit schriftlich aufzuzeichnen (vgl. aber Rn. 12).[94]

d) Entgeltfortzahlung

14 BR-Mitgl. erhalten weder eine Amtsvergütung noch ist die BR-Tätigkeit eine zu vergütende Arbeitsleistung. Es gilt vielmehr das Entgeltausfallprinzip (s. im Einzelnen Rn. 1).[95] Die Berechnung der geschuldeten Vergütung nach dem Entgeltausfallprinzip erfordert eine hypothetische Betrachtung, welches Arbeitsentgelt das BR-Mitgl. ohne die Arbeitsbefreiung verdient hätte. Das Arbeitsentgelt – einschl. sämtlicher **Zulagen**, die nicht reinen Aufwendungscharakter (wie z. B. Wegegelder) haben, Prämien- und Akkordlöhne, Nachtzuschläge, allgemeine oder einmalige Zuwendungen, Rufbereitschaftspauschalen,[96] die Beteiligung eines Oberarztes an den Liquidationseinnahmen des Krankenhauses[97] u. Ä. – muss so weitergezahlt werden, als wenn das BR-Mitgl. an seinem Arbeitsplatz verblieben wäre (vgl. § 38 Rn. 8b).[98] Eine Zahlung von (Nachtarbeits-)Zuschlägen entfällt aber bei einem teil- oder ganz freigestellten BR-Mitgl., wenn der Verlust nicht auf der Freistellung, sondern auf der im Einvernehmen mit dem BR-Mitgl. und dem AG vorgenommenen Verschiebung von dessen Arbeitszeit beruht,[99] oder dauerhaft eine andere geringwertige Tätigkeit mit niedrigerer Vergütung vereinbart wird.[100] Eine formbedürftige arbeitsvertragliche Änderung ist dann notwendig, wenn der Arbeitsvertrag bestimmte

---

92 ArbG Berlin 16. 6. 80 – 37 BV 1/80; ArbG Stuttgart 29. 10. 80 – 2 BV 2/80; a. A. LAG BaWü, BB 78, 1413; LAG Berlin, BB 81, 1416; LAG Nürnberg, BB 94, 65, wenn es der AG verlangt.

93 BAG 29. 6. 11 – 7 ABR 135/09, brwo; DB 97, 2131.

94 Vgl. BAG, BB 90, 1625.

95 BAG 14. 10. 20 – 7 AZR 286/18; 12. 8. 09 – 7 AZR 218/08; LAG Hamburg 15. 7. 15 – 6 Sa 15/15.

96 LAG RP 28. 3. 23 – 6 Sa 227/22.

97 LAG Köln 26. 6. 17 – 2 Sa 13/17, n. rk., anhängig beim BAG unter 7 AZR 403/17.

98 BAG 18. 5. 16 – 7 AZR 401/14, LAG RP 28. 3. 23 – 6 Sa 227/22; zur Entgeltsicherung eines Außendienstmitarbeiters als BR-Mitgl. s. Mayer, AiB 11, 668.

99 BAG 18. 5. 16 – 7 AZR 401/14.

100 BAG 23. 11. 22 – 7 AZR 122/22.

Arbeitszeiten festgeschrieben hat.[101] Nach abzulehnender Rechtsprechung des HessLAG soll das bei einem freigestellten BR-Mitgl. auch dann gelten, wenn es die BR-Tätigkeiten ausschließlich zu den üblichen Bürozeiten von Montag bis Freitag von sich aus eigenverantwortlich gewählt habe. Es sei für die geänderte Arbeitszeitlage selbst verantwortlich. Anspruch auf Zuschläge wegen Nacht-, Sonntags- oder Feiertagsarbeit sowie auf eine Rufbereitschaftspauschale habe das BR-Mitgl. nur dann, wenn es die BR-Arbeit auch unter den erschwerten Bedingungen erbringe (s. zur Kritik § 38 Rn. 8b).[102] Betroffen wären davon eine Vielzahl von freigestellten BR-Mitgl. Das Lohnausfallprinzip und das Benachteiligungsverbot des § 78 wird auf den Kopf gestellt. So wird die Bereitschaft eines AN zur Übernahme eines BR-Amts nicht gefördert, sondern verhindert.

Für die Teilnahme an einer zur Nachtzeit abgehaltenen BR-Sitzung sind die Nachtarbeitszuschläge steuerfrei zu zahlen.[103] Muss ein AN allein wegen seiner BR-Arbeit seine Tätigkeit als stellv. Schichtführer aufgeben, hat der AG eine etwaige Lohndifferenz auszugleichen.[104] Im Rahmen der Entgeltsicherung ist auch ein umsatzabhängiger Bonus (Jahresprämie) zu berücksichtigen.[105] Dies gilt auch für **Prämien im Bergbau** für zulässigerweise versäumte Untertageschichten[106] sowie für den steuerpflichtigen Teil z. B. der **Nahauslösung** nach dem Bundesmontage-TV in der Eisen-, Metall- und Elektroindustrie,[107] der sich in der Nachwirkung befindet, sowie für **Anwesenheitsprämien**, die auch bei Fehlzeiten, die durch den Besuch von Schulungsmaßnahmen i. S. der Abs. 6, 7 entstehen, nicht gekürzt werden dürfen,[108] und für **Antrittsgebühren in der Druckindustrie** für regelmäßige, bestimmte Sonntagsarbeit.[109] Zu zahlen ist ebenfalls eine **Mehrarbeitsvergütung**, wenn das BR-Mitgl. ohne seine Freistellung zu Überstunden herangezogen worden wäre.[110] AG und BR können sich über eine aus ihrer Sicht in gewissem Umfang erforderliche Mehrarbeit von BR-Mitgl. verständigen, wobei ein freigestelltes BR-Mitgl. grundsätzlich nicht auf einen

101 Thüringer LAG 9. 2. 22 – 4 Sa 265/20.

102 HessLAG 13. 6. 23 – 12 Sa 1293/22, n. rk., anhängig beim BAG unter 10 AZR 197/23.

103 HessLAG 10. 3. 14 – 16 TaBV 197/13, im Rechtsbeschwerdeverfahren hat das BAG 24. 2. 16 – 7 ABR 23/14 den Antrag als unzulässig zurückgewiesen, da es nicht seine Aufgabe sei, ein Gutachten zu erstellen.

104 LAG Köln, DB 85, 394.

105 BAG 29. 4. 15 – 7 AZR 123/13 mit Beispielen zur Ermittlung; LAG Berlin, AiB 97, 228 m. Anm. v. Roos; vgl. auch Gaul, BB 98, 101.

106 Vgl. DKW-Wedde, Rn. 52; Fitting, Rn. 69.

107 BAG, DB 88, 2206.

108 LAG Hamm, DB 88, 2058, das allerdings den Anspruch bei Teilnahme an nicht erforderlichen Schulungen i. S. des Abs. 6 verneint.

109 BAG, NZA 95, 588.

110 BAG, DB 01, 875.

(vorrangigen) Freizeitausgleich verwiesen werden kann. Vereinbarungen der Betriebsparteien über die **pauschale Abgeltung von Mehrarbeit**,[111] die von Betriebsräten geleistet wird, sind zulässig, wenn die zugrunde liegenden Annahmen nicht »realitätsfremd« sind und die Pauschalierung lediglich der praktischen Unmöglichkeit von Einzelnachweisen und/oder der wirtschaftlichen Unzumutbarkeit entsprechender Kontrollen durch den AG Rechnung tragen soll. Ebenso kann die Festlegung der Mehrarbeitspauschale oder einer pauschalierten, variablen Zulage in einer Ergänzung zum Arbeitsvertrag des BR-Mitgl.[112] oder auch in einem TV erfolgen (s. auch § 38 Rn. 9).[113] **Vollständig freigestellte BR-Mitgl.** haben im selben Umfang Anspruch auf einen Dienstwagen und seine private Nutzung wie vor der Freistellung.[114] Eine Nutzung des Firmenfahrzeuges scheidet aber dann aus, wenn das Fahrzeug ausschließlich nur zur dienstlichen Nutzung, nicht jedoch zur privaten Nutzung zur Verfügung stand.[115] Nach abzulehnender Rspr. des LAG Nürnberg[116] sind bei einer pauschalen Freistellung nach Abs. 2 die höheren Fahrtkosten zwischen dem Sitz des BR, der weiter entfernt ist als der Arbeitsort, und dem Wohnort eines freigestellten BR-Mitgl. vom AG nicht nach § 40 Abs. 1 zu erstatten; diese Erstattung würde gegen das Begünstigungsverbot des § 78 verstoßen (vgl. zur Kritik im Einzelnen § 38 Rn. 8b).[117] **Trinkgelder**, die z. B. in Gaststätten dem Bedienungspersonal im Allgemeinen von den Gästen freiwillig gezahlt werden, sollen dagegen **nicht zum fortzuzahlenden Arbeitsentgelt gehören**.[118] (Zu Aufwandspauschalen s. Däubler SR 3/17, 85, 106 ff.). Bei der Berechnung des **Urlaubsentgelts** sind erfolgte Ausgleichszahlungen nach Abs. 3 zu berücksichtigen.[119] Im Anwendungsbereich eines TV können die Entgeltansprüche eines BR-Mitgl. als tarifliche Ansprüche den geltenden tarifvertraglichen Ausschlussfristen unterfallen.[120]

Die Entgeltfortzahlung ist selbst dann vorzunehmen, wenn ein BR-Mitgl. Arbeitsbefreiung aus Gründen in Anspruch genommen hat, die nicht zu den BR-Aufgaben gehören, das BR-Mitgl. in einem entschuldbaren Irrtum aber

---

111 Im Einzelnen Däubler, SR 3/17, 85, 96 ff.
112 BAG 29.8.18 – 7 AZR 206/17, NZA 19, 253.
113 Fitting, Rn. 4.
114 BAG, BB 05, 111.
115 BAG 25.2.09 – 7 AZR 954/07, brwo, im Falle der ausschließlichen Nutzung als Kundendienstfahrzeug.
116 LAG Nürnberg, NZA-RR 09, 590.
117 Im Anschluss an die abzulehnende Rspr. des BAG, AiB 08, 53 mit kritischer Anm. Schneider, bei nach § 38 freigestellten BR-Mitgl.
118 So aber BAG, AiB 96, 319.
119 BAG, NZA 96, 105.
120 BAG 8.9.10 – 7 AZR 513/09, NZA 11, 159.

davon ausgegangen ist, BR-Tätigkeit auszuüben (vgl. Rn. 6).[121] Der AG ist grundsätzlich nicht berechtigt, das Entgelt einzubehalten, wenn er der Auffassung ist, es hätte keine erforderliche BR-Tätigkeit vorgelegen, es sei denn, es liegt ein Missbrauch des Freistellungsanspruchs vor.[122]

Führt ein BR-Mitgl. aus betriebsbedingten Gründen während einer **Kurzarbeitsperiode** BR-Tätigkeit aus, während die anderen AN in dieser Zeit nicht arbeiten, hat es Anspruch auf seine übliche Vergütung.[123] In der Insolvenz hat das BR-Mitgl. ebenfalls einen Vergütungsanspruch, da eine erforderliche BR-Tätigkeit einer Entgegennahme der Arbeitsleistung gleichkommt. Eine Freistellung von der BR-Tätigkeit ist gesetzlich in der **Insolvenz** nicht möglich.[124] Nach Auffassung des BAG soll allerdings ein Vergütungsanspruch bei BR-Tätigkeit während der Zeit des Arbeitsausfalls wegen **Schlechtwetters** nicht gegeben sein.[125] Ein **Arbeitskampf** schließt nicht aus, dass während der Zeiten einer Arbeitsniederlegung erforderliche BR-Arbeit zu leisten ist (s. § 74 Rn. 2). Das BetrVG ist während eines Arbeitskampfs prinzipiell anzuwenden; seine Einschränkungen bedürfen einer arbeitskampfrechtlichen Rechtfertigung. Verrichtet dementsprechend ein BR-Mitgl. erforderliche BR-Arbeit, ist es grundsätzlich unerheblich, ob es sich am Streik beteiligt hätte, wäre es für diese Zeit nicht von seiner Arbeitspflicht befreit gewesen. Das gilt jedenfalls solange, wie es nicht seine Teilnahme am Streik trotz der Arbeitsbefreiung erklärt oder sich tatsächlich am Streikgeschehen beteiligt.[126] Etwas anderes soll nach der abzulehnenden Rspr. des BAG gelten, wenn BR-Mitgl. während einer **Aussperrung** BR-Tätigkeit ausüben.[127] Nach dieser Entscheidung können auch BR-Mitgl. suspendierend ausgesperrt werden. Diese Rspr. verkennt, dass mit der Aussperrung nur das Arbeitsverhältnis, nicht das BR-Amt suspendiert wird.[128] 15

Die fortzuzahlenden Bezüge unterliegen der **Steuer- und Sozialversicherungspflicht**. Dies gilt auch für **Sonntags-, Feiertags- und Nachtarbeitszuschläge**, wenn sie nur zur Vermeidung eines Einkommensverlustes gezahlt werden, ohne dass diese Tätigkeiten ausgeführt worden sind. Nach Auffassung des BAG ist der AG in diesen Fällen nicht verpflichtet, eine entsprechende Ausgleichssumme zu zahlen (vgl. § 78 Rn. 5).[129] 16

---

121 Vgl. BAG, NZA 95, 225.
122 DKW-Wedde, Rn. 53; vgl. auch BAG, NZA 95, 961.
123 DKW-Wedde, Rn. 52; Fitting, Rn. 69; Seebacher/Towara, AiB 9/20, 28.
124 LAG Nürnberg, NZA-RR 06, 151.
125 BAG, DB 87, 1845.
126 BAG 14.8.18 – 1 AZR 287/17, DB 19, 432, das allerdings die Zahlung einer Streikbruchprämie an das BR-Mitgl. verneint.
127 BAG, DB 89, 682.
128 Vgl. DKW-Wedde, Rn. 40, 61.
129 BAG, BB 81, 429; DB 86, 599; LAG BB 12.3.09 – 20 Sa 34/09, juris, wonach die freiwillige Zahlung einer Ausgleichssumme rechtmäßig ist und keine Be-

Wenn ein BR-Mitgl., das sich im Ruhestand befindet und ungeschmälerte Versorgungsbezüge erhält, sein BR-Mandat als **Restmandat nach § 21b** nach der Stilllegung des Betriebs und Beendigung des Arbeitsverhältnisses wahrnimmt, kommt nach Auffassung des BAG[130] eine Befreiung von der dem AG geschuldeten Arbeitsleistung bei Fortzahlung des Entgelts oder ein Freizeitausgleich nach § 37 Abs. 2, 3 nicht mehr in Betracht. Ebenso scheidet in diesem Fall eine Vergütung für das mit der BR-tätigkeit verbundene Freizeitopfer aus. Das BAG hat ausdrücklich offengelassen, ob ein BR-Mitgl. im Restmandat einen Ausgleich für Vermögensopfer verlangen kann, die dadurch entstehen, dass es von einem neuen AG unbezahlt für Tätigkeiten im restmandatierten BR des alten Betriebs freigestellt wird.

Verfahren, die den Anspruch eines BR-Mitgl. auf Zahlung von Arbeitsentgelt[131] für die durch Wahrnehmung von BR-Aufgaben ausgefallene berufliche Tätigkeit (§ 37 Abs. 2) bzw. einen Vergütungsanspruch eines gemäß § 38 freigestellten BR-Mitgl. zum Gegenstand haben, sind in stetiger Rspr. des BAG nach § 2 Abs. 1 Nr. 3 Buchst. a ArbGG auch dann im arbeitsgerichtlichen Urteilsverfahren zu entscheiden, wenn dabei betriebsverfassungsrechtliche Vorfragen zu klären sind.[132] Bei einem **Streit um die Entgeltfortzahlung** ist von einer abgestuften Darlegungs- und Beweislast auszugehen.[133] Es kann keine detaillierte Darlegung des **BR-Mitgl.** verlangt werden, welche BR-Arbeit er für welchen Zeitraum ausgeführt und welche Überlegungen hierfür im Einzelnen ausschlaggebend gewesen sind. Ausreichend sind stichwortartige Angaben zu Art und Umfang der BR-Tätigkeit, die es dem AG an sich erlauben, eine zuverlässige Prüfung des Lohnfortzahlungsanspruchs durchzuführen.[134] Individualrechtliche Ansprüche eines BR-Mitgl. (z. B. wegen der Fortzahlung des Arbeitsentgeltes bei BR-Tätigkeit) hat dieses selbst gerichtlich klären zu lassen, dem BR steht dieses Recht nicht zu (vgl. § 40 Rn. 10).[135]

---

günstigung eines BR-Mitgl. darstellt; zur sogenannten 46-Tage-Regelung eines Außendienstmitarbeiters bei einem BR-Mitgl. s. Mayer, AiB 11, 668; Schölzel/Grüneberg, AiB 11, 79.

130 BAG 5.5.10 – 7 AZR 728/08, brwo, unter Aufgabe von BAG, NJW 84, 381.

131 HessLAG 17.1.20 – 16 Ta 431/19, juris, zur Überlassung eines Dienstwagens auch zur privaten Nutzung.

132 BAG 12.6.18 – 9 AZB 9/18, NZA 18, 1423.

133 LAG RP 21.7.20 – 8 Sa 308/19, juris.

134 BAG 15.3.95 – 7 AZR 643/94, DB 95, 1514; LAG Hamm 10.2.12 – 13 Sa 1412/11, NZA-RR 12, 305; ArbG Hamburg 4.10.12 – 17 Ca 40/12, juris.

135 BAG 21.3.17 – 7 ABR 17/15, BB 17, 1460; DB 83, 665.

3. Ausgleich für Betriebsratstätigkeit außerhalb der Arbeitszeit

Die BR-Mitgl. sollen die ihnen übertragenen Aufgaben grundsätzlich **während der Arbeitszeit** erledigen.[136] Da dies jedoch aus betriebsbedingten Gründen in vielen Fällen nicht möglich ist, z. B. in **Schichtbetrieben**, bei **Job-sharing-Arbeitsverhältnissen** oder bei **Teilzeitbeschäftigung**, gewährt Abs. 3 den betroffenen BR-Mitgl. einen **Ausgleichsanspruch** (Anspruch auf entsprechende Arbeitsbefreiung unter Fortzahlung des Arbeitsentgelts), um Vermögensnachteile zu verhindern,[137] und das BR-Mitgl. nicht durch einen Verlust persönlicher Freizeit zu benachteiligen.[138] Der Ausgleichsanspruch hat dabei der **tatsächlich** für die BR-Tätigkeit **aufgewandten Zeit** zu entsprechen (zur Abwicklung im Einzelnen Rn. 23), denn er besteht der Höhe nach unabhängig von der Dauer der üblichen Arbeitszeit und deren vergütungsmäßiger Betrachtung. So sieht Abs. 3 keine zeitliche Begrenzung des Freizeitausgleichsanspruchs auf den Umfang der für einen Arbeitstag geschuldeten persönlichen Arbeitszeit vor. Auch kann aus dem Umstand, dass bei Unmöglichkeit einer Arbeitsbefreiung nach Abs. 3 Satz 3 die aufgewendete Zeit ausnahmsweise wie Mehrarbeit zu vergüten ist, nicht geschlossen werden, dass sich die Arbeitsbefreiung um einen dem Mehrarbeitszuschlag entsprechenden Freizeitzuschlag erhöht.[139] Bezüglich der BR-Tätigkeit gelten die zu Abs. 2 entwickelten Grundsätze (vgl. Rn. 3 ff.) mit der Maßgabe, dass auch deren Durchführung außerhalb der Arbeitszeit erforderlich sein muss. Abs. 3 gilt entsprechend für **Mitgl. des WV.**[140] Hinsichtlich der Teilnahme an Schulungs- und Bildungsveranstaltungen vgl. Rn. 22. **17**

Ein Ausgleichsanspruch auf Freizeit ist nicht nur dann gegeben, wenn eine BR-Tätigkeit aus betriebsbedingten Gründen zusätzlich zu der durch Arbeitsleistung oder erforderliche BR-Arbeit bereits ausgefüllten vertraglichen Arbeitszeit des BR-Mitgl. geleistet wird, z. B. in **Schichtbetrieben oder bei Teilzeitbeschäftigung** (so jetzt ausdrücklich in Abs. 3 Satz 2; Rn. 19 f.).[141] Vielmehr kommt es für den **Freizeitausgleichsanspruch ausschließlich darauf an**, ob die BR-Arbeit aus betriebsbedingten Gründen zu einer Zeit **18**

---

136 Fitting, Rn. 73.

137 Vgl. DKW-Wedde, Rn. 50 ff., 71 f., 78 f.; zu Musterschreiben vgl. DKW-F-Wedde, § 37 Rn. 41.

138 BAG 15. 5. 19 – 7 AZR 396/17.

139 BAG 26. 9. 18 – 7 AZR 829/16, AiB 5/19, 48 verneint deshalb einen Anspruch auf Gutschrift von vier weiteren Stunden, die der AG den BR-Mitgl. gewährt, die er in der verbleibenden persönlichen Arbeitszeit nicht sinnvoll beschäftigen kann und aus diesem Grund dessen Arbeitsleistung nicht in Anspruch nimmt.

140 BAG, DB 96, 283.

141 BAG, 18. 1. 17 – 7 AZR 224/15, AuR 17, 90.

zu leisten ist, zu der das BR-Mitgl keine Arbeitsleistungen zu erbringen hätte.[142]

19 **Betriebsbedingte Gründe** liegen vor, wenn betriebliche Gegebenheiten und Sachzwänge innerhalb der Betriebssphäre dazu geführt haben, dass die BR-Tätigkeit nicht während der Arbeitszeit durchgeführt werden konnte. Das BR-Mitgl. muss dadurch zur BR-Tätigkeit außerhalb seiner Arbeitszeit gezwungen sein.[143] Dazu zählen insbesondere solche, die sich aus der Eigenart des Betriebs, der betrieblichen Organisation (z. B. Arbeitszeitgestaltung und -modelle), der Gestaltung des Arbeitsablaufs oder Beschäftigungslage ergeben[144] und vom BR nicht beeinflussbar sind. Dies ist regelmäßig in **Betrieben mit Schichtarbeit**, ggf. auch für Reise- und Wegezeiten, der Fall, sofern auch BR-Mitgl. in Wechselschicht arbeiten.[145] Wird ein angestellter Lehrer als BR-Mitgl. außerhalb der Unterrichtszeit und außerhalb der Zeit tätig, in der er zu Konferenzen, Verwaltungstätigkeiten u. ä. in der Schule herangezogen wird, so erbringt er diese Tätigkeit regelmäßig außerhalb der Arbeitszeit.[146] Ein Ausgleichsanspruch besteht auch, wenn das BR-Mitgl. die beabsichtigte BR-Tätigkeit anzeigt, der AG aber keine Möglichkeit zur Ausübung der BR-Tätigkeit während der Arbeitszeit gegeben hat (Rn. 3)[147] oder wenn die BR-Tätigkeit, z. B. eine BR-Sitzung, auf Wunsch des AG außerhalb der Arbeitszeit stattfindet. Ohne vorherige Anzeige können betriebsbedingte Gründe auch dann angenommen werden, wenn sich der AG eindeutig und endgültig auch für zukünftige Fälle geweigert hat, die BR-Tätigkeit während der Arbeitszeit zu ermöglichen.[148] Nach Auffassung des BAG kann ein betriebsbedingter Grund regelmäßig nicht angenommen werden, wenn sich ein BR-Mitglied entschließt, **während seines Urlaubs** BR-Aufgaben wahrzunehmen.[149] Im Falle einer Erforderlichkeit i. S. von § 37 Abs. 2 muss aber die Möglichkeit der Unterbrechung des Urlaubs und dessen spätere Verlängerung oder Gutschrift eines Urlaubstages gegeben sein.[150] Für BR-Mitgl. gilt ggf. Abs. 3 auch bei **Betriebs-, Teil- oder Abteilungsversamml.**, da sie in ihrer Amtseigenschaft an diesen Veranstaltungen teilnehmen.[151]

20 Die erforderliche BR-Tätigkeit über die persönliche tägliche Arbeitszeit von **Schichtarbeitern** und **Teilzeitbeschäftigten** hinaus ist nunmehr gemäß

---

142 BAG 15. 5. 19 – 7 AZR 396/17 unter Aufgabe der früheren Rspr.
143 BAG 19. 3. 14 – 7 AZR 480/12, AiB 2/15, 60 mit Anm. Kröll zum Fall eines Zeitungszustellers.
144 BAG 28. 5. 14 – 7 AZR 404/12; Fitting, Rn. 79.
145 BAG 18. 1. 17 – 7 AZR 224/15, AuR 17, 90.
146 LAG BB 12. 12. 19 – 10 Sa 1149/19.
147 BAG, NZA 88, 437; vgl. auch DKW-Wedde, Rn. 65 f., 71 ff.
148 BAG, NZA 88, 437; vgl. auch BAG, DB 94, 1244.
149 BAG 28. 5. 14 – 7 AZR 404/12.
150 DKW-Wedde § 37 Rn. 39, 77.
151 Fitting, Rn. 82.

Abs. 3 Satz 2 ausdrücklich betriebsbedingt, sodass Anspruch auf Freizeitausgleich besteht (vgl. im Einzelnen Rn. 40). Dies gilt auch für **Reise-, Fahrt- und Wegezeiten**, z. B. zu BR- (GBR-, KBR-) bzw. Ausschusssitzungen sowie Schulungs- und Bildungsveranstaltungen (vgl. hierzu Rn. 40) unter den gleichen Voraussetzungen wie ein vollzeitbeschäftigter AN (so jetzt ausdrücklich Abs. 6 Satz 1 und 2).[152] Die Gewährung von Freizeitausgleich geht auch dann einem Vergütungsanspruch zunächst einmal vor, wenn die vom teilzeitbeschäftigten BR-Mitgl. laufend geleistete BR-Tätigkeit seine wöchentliche Arbeitszeit regelmäßig übersteigt und bei der gemeinsamen Dienstplangestaltung die Arbeitstage des BR-Mitgl. auf die Sitzungstage von BR und BA gelegt werden.[153] BR-Tätigkeit, die außerhalb der persönlichen Arbeitszeit des teilzeitbeschäftigten BR-Mitgl. stattfindet, ist nicht als Arbeitszeit i. S. des MTV Einzelhandel NRW i. d. F. vom 25. 7. 2003 anzusehen und kann somit nicht einen tariflichen Anspruch auf Verlängerung der Arbeitszeit begründen.[154]

Für den Freizeitausgleichsanspruch nach Abs. 3 Satz 1 kommt es ausschließlich darauf an, ob die BR-Tätigkeit aus betriebsbedingten Gründen zu einer Zeit zu leisten ist, zu der das BR-Mitgl. keine Arbeitsleistungen zu erbringen hätte.[155] Es ist deswegen unerheblich, ob das BR-Mitgl. in der vor der BR-Tätigkeit liegenden Nachtschicht wegen Unmöglichkeit oder Unzumutbarkeit nach Abs. 2 nicht zur Arbeit herangezogen, sondern von der Verpflichtung zur Arbeitsleistung freigestellt wurde (s. Rn. 4). Der Freizeitausgleichsanspruch ist erst nach der BR-Tätigkeit außerhalb der persönlichen Arbeitszeit entstanden, damit scheidet auch eine rückwirkende Freistellung durch Arbeitsbefreiung in der vorangegangenen Nachtschicht aus.

Wenn im Betrieb eine tarifvertragliche oder betriebliche Regelung über die Durchführung von Dienstreisen (z. B. eine internen Reisekostenordnung) Anwendung findet, hat das BR-Mitgl. auf dieser Grundlage einen Ausgleichsanspruch für die erforderlichen **Reise-, Wege- und Fahrzeiten**, die er zur Erfüllung notwendiger BR-Aufgaben, z. B. wegen Teilnahme an einer auswärtigen BR-Versamml., außerhalb der Arbeitszeit aufwendet.[156] Dieser Anspruch ergibt sich aus § 40 Abs. 1 (vgl. § 40 Rn. 4)[157] und kann sich z. B.

---

152 LAG Bremen 3. 7. 18 – 1 Sa 147/17, AiB 11/18, 45; ArbG Hamburg 6. 5. 14 – 11 BV 17/13.

153 BAG 19. 3. 14 – 7 AZR 480/12, AiB 2/15, 60 mit Anm. Kröll zum Fall eines Zeitungszustellers; LAG BB 11. 6. 10 – 6 Sa 675/10, brwo.

154 BAG, DB 07, 1820.

155 BAG 15. 5. 19 – 7 AZR 396/17, juris unter Aufgabe der bisherigen Rspr.

156 BAG, NZA 09, 1284; DB 06, 24/2; AiB 05, 183 m. Anm. Peter; LAG Bremen 3. 7. 18 – 1 Sa 147/17, AiB 11/18, 45 zu einer Unternehmensrichtlinie, die gegen § 4 Abs. 1 TzBfG verstößt.

157 BAG, DB 08, 938.

auf Fahrtkosten, Tagegeld sowie Zeitzuschläge[158] erstrecken. Dabei ist das Begünstigungs- und Benachteiligungsverbot des § 78 zu berücksichtigen. Für die Bewertung von Reise-, Wege- und Fahrzeiten, die ein BR-Mitgl. zur Wahrnehmung von BR-Aufgaben benötigt, können danach keine anderen Maßstäbe gelten als für Fahrtzeiten, die ein AN im Zusammenhang mit der Erfüllung seiner Arbeitspflicht aufwendet. Zur Wahrnehmung von BR-Aufgaben erforderliche Fahrtzeiten können demnach dann, wenn entsprechende Fahrtzeiten von AN im Zusammenhang mit der Erfüllung der Arbeitspflicht nicht vergütungspflichtig sind, keinen Anspruch auf Freizeitausgleich gemäß § 37 Abs. 3 BetrVG auslösen.[159] Es besteht auch dann ein Anspruch auf Freizeitausgleich, wenn die An- oder Rückreise außerhalb der Arbeitszeit auf Wunsch des AG erfolgt oder das BR-Mitgl. in der Arbeitszeit unabkömmlich ist.[160] Lehnt der AG den Ausgleichsanspruch des BR-Mitgl. in diesen Fällen ab, kann das BR-Mitgl. die Reise am Vortag und/oder am Tag nach der Sitzung während der Arbeitszeit antreten.[161]

21 Dagegen soll nach Auffassung des BAG kein Ausgleichsanspruch bestehen, wenn die BR-Tätigkeit aus Gründen, die in der Sphäre des BR oder in der Person bzw. dem Verhalten des BR-Mitgl. liegen – sog. **BR-bedingten Gründen** –, außerhalb der Arbeitszeit ausgeübt wird,[162] so z. B., wenn der BR eine Sitzung außerhalb der Arbeitszeit durchführt, weil ansonsten die Teilnahme eines Sachverständigen oder eines Gew.-Vertr. nicht möglich ist oder er eine Sitzung über die Beendigung der Arbeitszeit hinaus fortsetzt. Auch bei der Festsetzung von **Zeit und Ort**, z. B. von Sitzungen des BR, GBR, KBR oder der BR-Versamml. (nach § 53), soll es sich im Allgemeinen nicht um betriebsbedingte Gründe handeln.[163]

22 **Bildungsveranstaltungen** nach § 37 Abs. 6 und 7, einschl. An- und Rückreise, rechnet das BAG[164] ebenfalls zur BR-Tätigkeit aus **BR-bedingten Gründen**, soweit diese außerhalb der Arbeitszeit des betreffenden BR-Mitgl. stattfinden (s. Rn. 21).

23 Der **Freizeitausgleich** ist grundsätzlich vor Ablauf eines Monats zu gewähren, gerechnet ab dem Zeitpunkt der außerhalb der Arbeitszeit durchgeführten BR-Tätigkeit.[165] Der Anspruch unterliegt dabei möglichen Ausschlussfristen, da es sich bei dem Anspruch auf Freizeitausgleich um einen Anspruch aus dem Arbeitsverhältnis handelt.[166] Für Tage, an denen das

158 BAG, NZA 09, 1284.
159 BAG 27.7.16 – 7 AZR 255/14, BB 16, 2938.
160 BAG, DB 06, 2412.
161 BAG a. a. O.; vgl. DKW-Wedde, Rn. 68 ff.; Wulff, AiB 07, 402.
162 BAG, DB 74, 561; PersR 87, 86.
163 BAG, DB 78, 2177; 22. 5. 86 a. a. O.; vgl. auch BAG, NZA 94, 765.
164 BAG, DB 91, 49.
165 BAG 16. 4. 03 – 7 AZR 423/01, NZA 04,171.
166 BAG, NZA 04, 171; LAG Hamm 7. 12. 07 – 10 Sa 1055/07, brwo.

BR-Mitgl. aufgrund vorangegangener BR-Tätigkeit Freizeitausgleich nimmt und gleichwohl erforderliche BR-Tätigkeit leistet, hat er Anspruch auf entsprechende Arbeitsbefreiung.[167] Bei der Geltendmachung ist zu beachten, dass der Abbau von Mehrarbeitsstunden auf einem Arbeitszeitkonto nach tarifvertraglichen Regeln hinsichtlich der Voraussetzungen und Folgen ein ganz anderer Vorgang ist als die Arbeitsbefreiung zum Ausgleich von BR-Tätigkeit nach Abs. 3 Satz 1.[168] Arbeitszeitgutschriften sollten deswegen auch getrennt erfasst und beantragt werden. Nach der abzulehnenden Auffassung des BAG[169] sollen hinsichtlich der zeitlichen Lage der Arbeitsbefreiung die Grundsätze für die Urlaubsgewährung nicht entsprechend gelten, d.h. die zeitliche Lage der Arbeitsbefreiung richtet sich **nicht** nach den Wünschen des BR-Mitgl., sofern keine betriebsbedingten Gründe entgegenstehen.[170] Da der Arbeitsbefreiungsanspruch zu seiner zeitlichen Festlegung keine den Grundsätzen der Urlaubsgewährung nach § 7 Abs. 1 Satz 1 BUrlG entsprechende Vorgaben enthält und eher dem Ausgleich von Mehrarbeit durch Freistellung gleichsteht und nicht dem Urlaubsanspruch, hat der AG allerdings nach Auffassung des BAG die Freistellung nach billigem Ermessen i. S. von § 106 Satz 1 GewO und § 315 Abs. 1 BGB vorzunehmen.[171] Dabei hat der AG auf berechtigte Interessen des BR-Mitgl. an der Planbarkeit seiner Freizeit Rücksicht zu nehmen[172] und dem BR-Mitgl. rechtzeitig mitzuteilen, wann er Freizeitausgleich erhält. Ihm soll ermöglicht werden, sich darauf einzustellen, um die Freizeit sinnvoll nutzen zu können. So könnte der AG grundsätzlich den zu gewährenden Freizeitausgleich nach Abs. 3 in eine der Schichten legen, die vor einer außerhalb der Arbeitszeit zu erbringenden späteren BR-Tätigkeit liegen.[173] Folgerichtig kommt das BAG auch zu dem Schluss, dass, wenn das BR-Mitgl. während des Freizeitausgleiches arbeitsunfähig wird, der Freizeitausgleich verfällt.[174] Der Freistellungsanspruch kann nicht rückwirkend durch Arbeitsbefreiung vor Entstehung des Freistellungsanspruches gewährt werden.[175] Das BR-Mitgl. hat grundsätzlich **kein Wahlrecht** zwischen Freizeitausgleich und Abgeltungsanspruch. Ein **Abgeltungsanspruchs** kommt nur in Betracht, wenn die Arbeitsbefreiung aus betriebsbedingten Gründen nicht innerhalb eines Monats möglich ist.

---

167 BAG 19.3.14 – 7 AZR 480/12, AiB 2/15, 60 mit Anm. Kröll zum Fall eines Zeitungszustellers.

168 BAG 19.9.18 – 10 AZR 496/17, NZA 18, 1555.

169 BAG 15.2.12 – 7 AZR 774/10, brwo.

170 Vgl. DKW-Wedde Rn. 66.

171 BAG 19.3.14 – 7 AZR 480/12, AiB 2/15, 60 mit Anm. Kröll zum Fall eines Zeitungszustellers; 15.2.12 – 7 AZR 774/10, brwo.

172 BAG 19.5.09 – 9 AZR 433/08, brwo.

173 So BAG 15.5.19 – 7 AZR 396/17, juris.

174 BAG 15.2.12 – 7 AZR 774/10, brwo.

175 BAG 18.1.17 – 7 AZR 224/15, AuR 17, 90.

Der Anspruch auf Freizeitausgleich wandelt sich weder durch Ablauf der Monatsfrist nach Satz 2 Halbsatz 1 »automatisch« noch dadurch in einen Vergütungsanspruch nach Satz 2 Halbsatz 2 um, dass der AG den Freizeitausgleich nicht von sich aus gewährt.[176] Wegen des Vorrangs des Freizeitausgleichs ist eine Mehrarbeitspauschale, die gänzlich unabhängig von der betrieblichen Notwendigkeit der Erbringung von BR-Arbeit außerhalb der Arbeitszeit und zudem unabhängig von betriebsbedingten bzw. BR-bedingten Gründen Vergütungs- statt Freizeitausgleichsansprüche festlegt, unzulässig (s. Rn. 14).[177] Dem AG obliegt die Entscheidung, ob er Arbeitsbefreiung gewähren kann oder die Arbeitskraft des BR-Mitglieds benötigt.[178] Der **Vergütungsanspruch entsteht**, wenn der AG sich auf die Unmöglichkeit des Freizeitausgleiches beruft und deshalb Freizeitausgleich verweigert.[179] Bei einem **nach § 38 freigestellten BR-Mitgl.** entsteht der Vergütungsanspruch dann, wenn das freigestellte BR-Mitgl. darlegt, dass dem AG aus betriebsbedingten Gründen ein Freizeitausgleich unmöglich ist, wofür das BR-Mitgl. substantiierte Tatsachen vortragen muss.[180] Denn es obliegt seiner Einschätzung, ob und wann seine Amtstätigkeit die Inanspruchnahme des Freizeitausgleichs gestattet, wenn aus betriebsbedingten Gründen notwendige BR-Arbeit außerhalb der Arbeitszeit erledigt worden ist.[181]

Unter Beachtung des Benachteiligungsverbotes sind die in einer BV oder in einem TV geregelten Vergütungsmodalitäten, beispielsweise eine Auszahlung oder ein Ausgleichsanspruch, anzuwenden. Damit wird vom BAG ein Vergütungsanspruch für die außerhalb der Arbeitszeit aufgewendete Zeit wie Mehrarbeit anerkannt.[182] Denn die Höhe des Mehrarbeitszuschlags richtet sich grundsätzlich nach den bestehenden Vereinbarungen wie TV, BV, Einzelarbeitsvertrag bzw. Betriebsüblichkeit.[183] Voraussetzung ist aber immer, dass BR-Tätigkeit aus betriebsbedingten Gründen außerhalb der Arbeitszeit erbracht wurde, und die Arbeitsbefreiung aus betriebsbedingten Gründen nicht möglich war. Dafür ist das BR-Mitgl. darlegungs- und beweispflichtig. Der AG hat nicht das Recht auf Verrechnung/Anrechnung des Anspruchs aus Abs. 3 Satz 1 mit der von ihm gewährten bezahlten Freistellung in den Schichten, die zur Gewährung der entsprechend § 5 Abs. 1 ArbZG gebotenen Ruhezeit verpflichtend waren.[184]

176 BAG, BB 00, 774; LAG Rheinland-Pfalz 8.3.07 – 2 Sa 10/07 – brwo.
177 ArbG Stuttgart 13.12.12 – 24 Ca 5430/12, juris.
178 BAG 28.5.14 – 7 AZR 404/12.
179 BAG 28.5.14 – 7 AZR 404/12.
180 BAG, DB 01, 875.
181 BAG 28.9.16 – 7 AZR 248/14, AiB 5/17, 45 mit Anm. Schulze/Pfeffer.
182 BAG 28.9.16 – 7 AZR 248/14, AiB 5/17, 45 mit Anm. Schulze/Pfeffer.
183 BAG 26.9.18 – 7 AZR 829/16, AiB 5/19, 48; BAG, 12.8.09 – 7 AZR 218/08.
184 BAG 15.5.19 – 7 AZR 396/17; LAG Hamm 5.12.17 – 7 Sa 999/16.

Bei der Berechnung der **Entgeltfortzahlung im Krankheitsfalle** kann das BR-Mitgl. gem. § 4 Abs. 1a EFZG für diese Zeit im Krankheitsfall vom Arbeitgeber grundsätzlich keine Entgeltfortzahlung verlangen. Etwas anderes gilt nur dann, wenn das BR-Mitgl. ständig zusätzlich zu seiner individuellen Arbeitszeit BR-Arbeit leistet und regelmäßig eine bezahlte Arbeitsbefreiung nach näherer Maßgabe von Abs. 3 nicht gewährt werden kann. Die **urlaubsbedingt** ausfallende Zeit der BR-Arbeit außerhalb der individuellen Arbeitszeit des BR-Mitgl., für die nach Abs. 3 Satz 3 Halbs. 2 eine Abgeltung vom AG zu leisten wäre, ist bei der Bemessung des Urlaubsentgelts i. S. v. § 11 Abs. 1 BUrlG einzubeziehen.[185]
Zu sonstigen Aufwendungen und Auslagen des BR-Mitgl. s. § 40 Rn. 8 ff.

4. Wirtschaftliche Absicherung

Das Benachteiligungsverbot des § 78 Satz 2 wird durch Abs. 4 konkretisiert, 24
er enthält aber keine abschließende Regelung über die Höhe des Arbeitsentgelts eines BR-Mitgl. Abs. 4 soll nur die Durchsetzung des Benachteiligungsverbots durch »einfach nachzuweisende« Anspruchsvoraussetzungen erleichtern in Form eines gesetzlichen Anspruchs des BR-Mitgl. auf ein Mindestentgelt, das sich am Arbeitsentgelt »vergleichbarer AN« (Satz 1) und allgemeiner Zuwendungen an solche (Satz 2) orientiert.[186] Daneben kann sich ein unmittelbarer und einklagbarer Anspruch des BR-Mitgl. auf eine bestimmte Vergütung aus § 611a Abs. 2 BGB i. V. m. § 78 Satz 2 und 3 ergeben, wenn sich die Zahlung einer geringeren Vergütung als Benachteiligung des BR-Mitgl. wegen seiner BR-Arbeit darstellt (»**hypothetische Karriere**«/»**fiktiver Beförderungsanspruch**«) (s. im Einzelnen § 78 Rn. 6).[187] Das Verbot der Entgeltminderung soll die Bereitschaft eines AN zur Übernahme eines BR-Amtes fördern, indem es ihm die Befürchtung nimmt, Einkommenseinbußen durch die Wahrnehmung eines Ehrenamts zu erleiden.[188]
Durch das **Zweite Gesetz zur Änderung des BetrVG** – beschlossen durch den Bundestag im Juni 2024 – sind in § 37 Abs. 4 die Sätze 3 bis 5 eingefügt worden.[189] Die Entscheidung des BGH[190] zur Frage der Untreue bei Verstößen gegen das betriebsverfassungsrechtliche Begünstigungsverbot in Entgeltfragen hat zu erheblichen Rechtsunsicherheiten bei der Anwendung der vorgenannten Grundsätze geführt. Zur Kritik an der bisherigen gesetz-

185 BAG 8. 11. 17 – 5 AZR 11/17, AuR 18, 526–527.
186 BAG 22. 1. 20 – 7 AZR 222/19.
187 BAG 20. 1. 21 – 7 AZR 52/20; 22. 1. 20 – 7 AZR 222/19; 4. 11. 15 – 7 AZR 972/13; 17. 8. 05 – 7 AZR 528/04.
188 BAG 29. 4. 15 – 7 AZR 123/13.
189 BT-Drucks. 20/9469 v. 27. 11. 23.
190 BGH 10. 1. 23 – 6 StR 133/22.

lichen Regelung und Rspr. – insbesondere des BGH[191] – vgl. Rn. 27. Mit der Einfügung der Sätze 3 bis 5 will der Gesetzgeber negative Folgen für die betriebliche Mitbestimmung insgesamt ausschließen. Wobei er allerdings nur klarstellende gesetzliche Maßnahmen der aktuellen Rechtslage vornimmt, um mehr Rechtssicherheit zu schaffen. Die Möglichkeit der Aufklärung und Ahndung von Verstößen gegen das Begünstigungsverbot sollen damit aber nicht eingeschränkt werden. Aus gewerkschaftlicher Sicht sind für die bessere und leichtere Anerkennung der verantwortungsvollen Aufgabe der BR-Mitgl. weitere Verbesserungen notwendig, wie sie im DGB-Entwurf für ein modernes BetrVG formuliert sind (s. am Anfang).

Abs. 4 gilt für nichtfreigestellte wie auch für freigestellte BR-Mitgl. (vgl. § 38 Rn. 9), das Benachteiligungsverbot für freigestellte BR-Mitgl. gilt ebenso für Beamte des Bundeseisenbahnvermögens, die der DB AG zugewiesen sind.[192]

Durch Abs. 4 wird die Angleichung des Arbeitsentgelts von BR-Mitgl. an das **vergleichbarer** AN des Betriebs mit **betriebsüblicher Entwicklung** sowohl während als auch innerhalb eines Jahres (zwei Jahre im Falle des § 38 Abs. 3) nach Beendigung der Amtszeit sichergestellt. Dadurch soll sichergestellt werden, dass BR-Mitgl. weder in wirtschaftlicher noch in beruflicher Hinsicht gegenüber vergleichbaren AN mit betriebsüblicher beruflicher Entwicklung Nachteile erleiden. So gewährt Abs. 4 dem BR-Mitgl. einen Anspruch auf Erhöhung seines Arbeitsentgelts während seiner Amtszeit in dem Umfang, in dem das Entgelt vergleichbarer AN mit betriebsüblicher beruflicher Entwicklung steigt.[193] Die Beurteilung der betriebsüblichen Entwicklung ist betriebsbezogen. Auf den Werdegang von AN anderer Betriebe desselben Unternehmens oder gar anderer Unternehmen desselben Konzerns kann nicht abgestellt werden.[194] Unter **»betriebsüblich«** ist dabei die Entwicklung zu verstehen, die bei objektiv vergleichbarer Tätigkeit AN mit vergleichbarer fachlicher und persönlicher Qualifikation bei Berücksichtigung der normalen betrieblichen und personellen Entwicklung in beruflicher Hinsicht genommen haben. Dabei entsteht die Betriebsüblichkeit aufgrund eines gleichförmigen Verhaltens des AG sowie einer von ihm aufgestellten Regel.[195] Es geht dabei um die Entwicklung, die **vergleichbare AN** unter Berücksichtigung der betrieblichen Gegebenheiten genommen haben, wobei Persönlichkeit, Qualifikation und Leistungen dieser vergleich-

191 BGH 10.1.23 – 6 StR 133/22; s. ausführliche Kritik bei DKW-Buschmann § 78 Rn. 13eff.; Gräfl/Rennpferdt, RdA 23, 245; Otto/Homburg, AiB 4/23, 22.

192 OVG BB 13.1.12 – OVG 6 N 55.09, juris.

193 BAG 29.4.15 – 7 AZR 123/13.

194 LAG Düsseldorf 27.4.18 – 10 Sa 717/17.

195 BAG 23.11.22 – 7 AZR 122/22.

baren AN zum Vergleich heranzuziehen sind (vgl. auch § 38 Rn. 8b).[196] Vergleichbar sind die AN, die im Zeitpunkt der Übernahme des BR-Amts eine im Wesentlichen gleich qualifizierte Tätigkeit wie das BR-Mitgl. ausgeübt haben und dafür in ähnlicher Art und Weise wie das BR-Mitgl. fachlich und persönlich qualifiziert waren.[197] Betriebsüblich ist eine Entwicklung dann, wenn beispielsweise eine Beförderung des BR-Mitgl. angestanden oder die Mehrheit der vergleichbaren AN des Betriebs einen entsprechenden Aufstieg erreicht hätte (für freigestellte BR-Mitgl. vgl. im Übrigen § 38 Rn. 9).[198] Hat der Betrieb nur einen vergleichbaren AN, ist der Vergleich mit diesem maßgebend, die Feststellung der betriebsüblichen beruflichen Entwicklung ist aber ebenso notwendig.[199] Fehlt auch ein vergleichbarer AN, ist die Entwicklung der am ehesten vergleichbaren AN zugrunde zu legen; ansonsten die allgemeine Entwicklung im Betrieb.[200] Gibt es **keine vergleichbaren AN** im Betrieb, können AN **aus anderen Betrieben** als Vergleichsmaßstab herangezogen werden, sofern deren Einkommens-, Entwicklungs- und Qualifikationsdaten für einen Vergleich zugänglich sind.[201] Gibt es auch in anderen Betrieben keine vergleichbaren AN, kann die betriebsübliche Entwicklung der nächstvergleichbaren AN-Gruppe für einen Vergleich herangezogen werden und eine Schätzung des dort gezahlten Mindestentgelts unter entsprechender Anwendung von § 287 ZPO erfolgen.[202] Eine **Neubestimmung der Vergleichsgruppe** ist aber z. B. dann erforderlich, wenn ein BR-Mitgl. beruflich aufsteigt und damit die Anforderungen einer höherdotierten Stelle erfüllt. Darüber hat er zudem mit dem AG einen entsprechenden Änderungsvertrag abgeschlossen. Gleiches gilt für den Fall der Vereinbarung über eine geringer dotierte Stelle.[203]

Das BR-Mitgl. soll **grundsätzlich** dasselbe Arbeitsentgelt erhalten, das es **25**
verdient hätte, wenn es das BR-Amt nicht übernommen und deshalb eine andere berufliche Entwicklung genommen hätte. Vergütungserhöhungen, auf die das BR-Mitgl. vor seiner Amtsübernahme keinen Anspruch hatte oder, wenn er arbeitet, nicht hätte, haben bei der Bemessung seines Arbeitsentgelts nach der Wahl zum BR-Mitgl. außer Betracht zu bleiben.[204] Während seiner Amtszeit ist das **Arbeitsentgelt** der BR-Mitgl. laufend dem ver-

196 BAG 22. 1. 20 – 7 AZR 222/19; OVG NRW, PersR 04, 38 zu einem verbeamteten BR-Mitgl. in einem privatisierten Postunternehmen; Cox, AiB 10, 452.
197 BAG 23. 11. 22 – 7 AZR 122/22.
198 BAG 18. 1. 17 – 7 AZR 205/15; 4. 11. 15 – 7 AZR 972/13.
199 BAG, NZA 06, 448.
200 DKW-Wedde, Rn. 88.
201 Vgl. BT-Drucks. 20/9469 v. 27. 11. 23.
202 Vgl. BT-Drucks. 20/9469 v. 27. 11. 23.
203 BAG 23. 11. 22 – 7 AZR 122/22.
204 BAG 27. 7. 17 – 6 AZR 438/16; 18. 1. 17 – 7 AZR 205/15; Thannheiser, AiB 07, 529.

gleichbarer AN **anzupassen**. Das BR-Mitgl. hat während der Dauer seiner Amtszeit Anspruch auf Gehaltserhöhungen in dem Umfang, in dem die Gehälter vergleichbarer AN mit betriebsüblicher beruflicher Entwicklung erhöht werden. Wenn tarifgehaltsunabhängig gewährte Gehaltserhöhungen bei den Vergleichspersonen im Betrachtungszeitraum unregelmäßig und nicht nach einem bestimmten System erfolgen und die Vergleichsgruppe nur aus drei Personen besteht, muss das Gehalt des BR-Mitgl. in dem durchschnittlichen prozentualen Umfang (Durchschnittsberechnung) der bei den Vergleichspersonen in der Zeit seit seiner Amtsübernahme vorgenommenen individuellen Erhöhungen angepasst werden.[205] Lässt sich nicht feststellen, dass die Gehälter der Mehrzahl der vergleichbaren AN in gleichem Umfang erhöht wurden, kann für den Gehaltsanpassungsanspruch des BR-Mitgl. der Durchschnitt der den Angehörigen der Vergleichsgruppe gewährten Gehaltserhöhungen maßgebend sein.[206] Dies gilt auch für freiwillige Verdiensterhöhungen.[207]

Das Verbot der geringeren **Bemessung des Arbeitsentgelts** findet auch Anwendung, wenn die **Bewerbung** von BR-Mitgl. um einen höher dotierten Arbeitsplatz zu Unrecht erfolglos bleibt.[208] Bewerben sich neben dem BR-Mitgl. andere AN des Betriebs um einen höher dotierten Arbeitsplatz, ist der Anspruch des nicht berücksichtigten BR-Mitgl. auf das höhere Arbeitsentgelt gerechtfertigt, wenn eine personelle Auswahl im Rahmen der betriebsüblichen beruflichen Entwicklung zu seiner Beförderung geführt hätte,[209] und zwar unabhängig davon, ob es sich um ein freigestelltes oder nicht freigestelltes BR-Mitgl. handelt.[210] Dies gilt auch dann, wenn der höher dotierte Arbeitsplatz im Wege der Neueinstellung besetzt wird.[211] Zu berücksichtigen sind auch Maßnahmen der betrieblichen **Fort- und Weiterbildung,** an denen zwar vergleichbare AN teilgenommen haben, das BR-Mitgl. wegen der BR-Tätigkeit jedoch nicht teilnehmen konnte.[212]

Zu dem Arbeitsentgelt zählen des Weiteren **allgemeine Zuwendungen**, die vergleichbare AN erhalten,[213] widerrufliche Zulagen[214] und Nahauslösungen jedenfalls dann, wenn das BR-Mitgl. wegen seiner BR-Tätigkeit keine

---

205 BAG 21.2.18 – 7 AZR 587/16.

206 BAG 19.1.05 – 7 AZR 208/04.

207 Vgl. BAG, AiB 95, 360.

208 So auch BAG 13.11.87 – 7 AZR 550/86 zu nicht freigestellten BR-Mitgl.; vgl. auch BAG 11.12.91 – 7 AZR 75/91; 26.9.90 – 7 AZR 208/89.

209 BAG 13.11.87 – 7 AZR 550/86.

210 BAG, DB 93, 1379.

211 BAG 13.11.87 – 7 AZR 550/86.

212 Vgl. BAG 21.4.83 – 6 AZR 407/80; DKW-Wedde, Rn. 92; Rudolph, AiB 10, 734; Cox/Kölbach, AiB 10, 731.

213 BAG 21.4.83 – 6 AZR 407/80; 13.11.87 – 7 AZR 550/86.

214 BAG 21.4.83 – 6 AZR 407/80.

Montagearbeiten mehr ausführen kann.[215] Hinsichtlich der Leistungen zur betrieblichen Altersversorgung dürfen BR-Mitgl. nicht schlechter gestellt werden als vergleichbare AN des Betriebs mit einer betriebsüblichen Entwicklung, da sie Teil des Entgelts für erbrachte Arbeitsleistungen sind.[216] Leistungen eines Dritten können auch zum Arbeitsentgelt zählen, wenn der AG diese Leistungen versprochen hat. So gehören z. B. Aktienoptionen durch ein anderes Konzernunternehmen zum Arbeitsentgelt, wenn diese nach dem Arbeitsvertrag anstelle oder neben den Leistungen des AG zu erbringen sind.[217]

In der Praxis erfolgt der Ausgleich nicht selten in der Form einer **Pauschale**, nicht zuletzt, um dem AG Verwaltungsaufwand zu ersparen. Das ist zulässig, sofern sie sich im Rahmen der gesetzlichen Vorgaben in § 37 Abs. 4 und § 78 Satz 2 bewegen (vgl. Rn. 14 und 26); im Übrigen lässt Abs. 4 einen gewissen Beurteilungsspielraum zu.[218] Zu einer **Regelungsabrede** zum Vergütungsverfahren vgl. § 38 Rn. 9.

Nach dem neuen Abs. 4 Satz 3 ist zur Bestimmung der vergleichbaren AN **26**
nach Satz 1 auf den **Zeitpunkt der Übernahme des BR-Amtes** abzustellen, soweit nicht ein sachlicher Grund für eine spätere Neubestimmung vorliegt. Das gilt gleichermaßen für nicht freigestellte wie auch für freigestellte BR-Mitgl. Wie bisher knüpfen die Voraussetzungen der Entgeltgarantie bei der bei Amtsantritt im Betrieb ausgeübten konkreten beruflichen Tätigkeit des BR-Mitgl. an.[219] Bei dem Vergleich ist der **Zeitpunkt der Übernahme des BR-Amtes** maßgebend und nicht der Zeitpunkt einer evtl. späteren Freistellung nach § 38.[220] Die Vergleichsgruppenbildung kann während der Amtszeit eines BR-Mitgl. tatsächlichen Änderungen unterliegen – z. B. bei einem beruflichen Aufstieg eines BR-Mitgl., das die Anforderungen einer höherdotierten Stelle erfüllt und mit dem AG einen entsprechenden Änderungsvertrag abschließt.[221] Dann ist wegen dieses sachlichen Grundes eine Neubestimmung der Vergleichsgruppenbildung vorzunehmen.[222]

Bei einem **Ersatz-Mitgl.** ist grundsätzlich der Zeitraum ab dem erstmaligen Nachrücken in den Betriebsrat maßgeblich, soweit es für ein dauerhaft verhindertes BR-Mitgl. nachrückt. Vertritt das Ersatz-Mitgl. zeitweise verhinderte BR-Mitgl., ist auf die durchgehende Gehaltsentwicklung der Ver-

215 BAG, DB 88, 2206, 2367; LAG Hamburg 30. 6. 86 – 2 Sa 27/86.

216 BAG 10. 11. 15 – 3 AZR 574/14, AiB 6/16, 64.

217 BAG 16. 1. 08 – 7 AZR 887/06; LAG Hamburg 26. 4. 23 – 3 Sa 29/22, n. rk., anhängig beim BAG unter 7 AZR 141/23; LAG München 20. 4. 21 – 7 Sa 820/20.

218 DKW-Wedde, Rn. 80.

219 BAG 23. 11. 22 – 7 AZR 122/22.

220 BAG 22. 1. 20 – 7 AZR 222/19; 18. 1. 17 – 7 AZR 205/15.

221 So auch BAG 23. 11. 22 – 7 AZR 122/22 im Fall der Vereinbarung einer geringer dotierten Stelle.

222 Siehe im Einzelnen DKW-Wedde, Rn. 88cf.

gleichspersonen im gesamten Zeitraum ab dem erstmaligen Nachrücken des Ersatz-Mitgl. abzustellen, wenn nach Beendigung des jeweiligen Verhinderungsfalls unter Einbeziehung des nachwirkenden einjährigen Schutzes ein durchgehender Schutzzeitraum bestand.[223] Das BR-Mitgl. ist zu diesem Zeitpunkt mit anderen AN zu vergleichen (Vergleichsgruppe), die ähnliche, im Wesentlichen gleich qualifizierte Tätigkeiten wie das BR-Mitgl. ausgeübt haben und dafür in ähnlicher Art und Weise wie das BR-Mitgl. fachlich und persönlich qualifiziert sind.[224]

Mit dem neuen Satz 4 wird klargestellt, dass in einer **freiwilligen BV ein Verfahren zur Festlegung vergleichbarer AN geregelt** werden kann. Konkretisierende betriebliche Vereinbarungen zu § 37 Abs. 4 konnten bisher schon nach der Rspr. getroffen werden, sie mussten und müssen sich aber immer im Rahmen der gesetzlichen Vorgaben des § 37 Abs. 4 und § 78 Satz 2 und 3 bewegen, die durch die Rspr. konkretisiert worden sind (s. Rn. 24).[225]

Die Regelungskompetenz von AG und BR bei der Ausgestaltung einer BV bezieht sich auf die **Festlegung von Verfahrensvorgaben** für die Festlegung von Vergleichsgruppen, d. h. auf die Konkretisierung der Vergleichbarkeit. Die Betriebsparteien haben dabei im Rahmen der einschlägigen gesetzlichen Vorgaben einen **weiten Gestaltungsspielraum.**[226]

Wird das Verfahren zur Festlegung von Vergleichsgruppen in einer BV geregelt, ist die darin getroffene Konkretisierung der Vergleichbarkeit nach Satz 5 **nur noch auf grobe Fehlerhaftigkeit überprüfbar**. Das ist nach der Gesetzesbegründung dann gegeben,

- wenn die Regelungen in der BV sich nicht an den gesetzlichen Vorgaben, konkretisiert durch die Rspr., orientieren,
- wenn sachwidrige weitere Kriterien benannt werden,
- wesentliche Kriterien unberücksichtigt bleiben, oder
- diese Kriterien im Verhältnis zueinander eindeutig unzureichend oder
- mit eindeutig verfehlter Gewichtung berücksichtigt werden.

Auf der Grundlage der in der BV rechtskonform festgelegten Vergleichbarkeitsmerkmale können der AG und der BR **konkret benannte Vergleichspersonen** festlegen. Voraussetzung ist dabei, dass das einvernehmlich und in Textform (s. § 26 Rn. 5) dokumentiert erfolgt; dann kann auch diese Vereinbarung gem. Satz 5 nur auf grobe Fehlerhaftigkeit überprüft werden. Eine grobe Fehlerhaftigkeit liegt dann vor, wenn die in der BV aufgestellten

223 BAG 21. 2. 18 – 7 AZR 496/16, AiB 11/18, 47.

224 BAG 18. 1. 17 – 7 AZR 205/15; HessLAG 27. 1. 17 – 14 Sa 95/16; vgl. DKW-Wedde, Rn. 73 ff.

225 BAG 23. 11. 22 – 7 AZR 122/22; 18. 1. 17 – 7 AZR 205/15; zur Einführung von Referenzgruppen vgl. DKW-F-Wedde, § 37 Rn. 43.

226 Siehe im Einzelnen DKW-Wedde, Rn. 88k.

Vergleichsgruppenkriterien missachtet werden und damit die Bildung der Vergleichsgruppe evident unzulänglich ist.

Der Vorteil bei einer BV ist, dass das betroffene BR-Mitgl. direkt Ansprüche aus der BV herleiten kann. Weiterhin ist die jeweilige Vergleichsgruppenbildung auch für das betroffene BR-Mitgl. verbindlich. Solche schriftlichen Vereinbarungen für BR-Mitgl. sollten den Beschäftigten bekannt gegeben werden und für sie nachvollziehbar sein, denn eine solche Transparenz wirkt vertrauensbildend. Gleichzeitig ist es auch für Beschäftigte wichtig, die eine Kandidatur zum BR in Betracht ziehen, diese Informationen über ihre zukünftige berufliche Entwicklung sowie ihre Entgeltentwicklung zu erhalten.

Ansprüche eines BR-Mitgl. aus Abs. 4 sind individualrechtlicher Natur und 27
im Urteilsverfahren zu verfolgen.[227] Das BR-Mitgl. hat die Darlegungs- und Beweislast für die Vergütungsansprüche. Bei Fehlen der schriftlichen Vereinbarungen (BV und schriftlich fixierte Vergleichspersonen gem. Satz 4 und 5) hat das BR-Mitgl. wegen der nicht unerheblichen Schwierigkeiten, die Anspruchsvoraussetzungen schlüssig darzulegen und gegenüber dem AG einen **Auskunftsanspruch**, die mit ihm vergleichbaren AN zu benennen.[228] Zu beachten ist, dass im Anwendungsbereich eines TV die Entgeltansprüche eines BR-Mitgl. als tarifliche Ansprüche den geltenden tarifvertraglichen **Ausschlussfristen** unterfallen können.[229] Ansprüche auf Entgeltanpassung beruhen auf § 611a Abs. 2 BGB und dem Arbeitsvertrag und sind damit Vergütungsansprüche aus dem Arbeitsverhältnis. Sie unterliegen der regelmäßigen **Verjährungsfrist** von drei Jahren nach § 195 BGB.[230]

In entsprechender Anwendung des § 37 Abs. 4 hat ein nach Abschluss der Ausbildung vom AG übernommenes JAV-Mitgl. Anspruch auf das Arbeitsentgelt vergleichbarer AN.[231]

Die von dem AG vorgenommene Bestimmung des Vergleichsentgelts gemäß Abs. 4 für ein freigestelltes BR-Mitgl. stellt keine Ein- bzw. Umgruppierung dar und löst deshalb kein Beteiligungsrecht gemäß § 99 Abs. 1 Satz 1 aus.[232] Wird aber ein höher dotierter Arbeitsplatz im Wege einer Neueinstellung besetzt, auf den sich ein BR-Mitgl. beworben hat, können Ansprüche des BR-Mitgl. im Rahmen der §§ 99 ff. zu berücksichtigen sein.[233]

Nach der problematischen Rspr. des BGH kann der objektive Tatbestand der Untreue nach § 266 Abs. 1 StGB erfüllt sein, wenn ein Vorstand oder

227 LAG Nds. 6. 11. 23 – 2 Ta 218/23 und 4 Ta 140/23.

228 BAG 4. 11. 15 – 7 AZR 972/13; 19. 1. 05 – 7 AZR 208/04; ArbG Mainz 23. 9. 20 – 4 Ca 1943/19, n. v.

229 BAG 8. 9. 10 – 7 AZR 513/09, brwo.

230 BAG 21. 2. 18 – 7 AZR 496/16, AiB 11/18, 47.

231 LAG Hamm, AuR 06, 214.

232 LAG Ba-Wü 26. 5. 23 – 12 TaBV 1/23; LAG Düsseldorf 19. 3. 19 – 8 TaBV 70/18.

233 BAG 13. 11. 87 – 7 AZR 550/86.

Prokurist einer AG unter Verstoß gegen das betriebsverfassungsrechtliche Begünstigungsverbot in § 78 Satz 2 sowie § 37 Abs. 4 einem BR-Mitgl. ein überhöhtes Arbeitsentgelt gewährt.[234] Diese BGH-Rspr. ist spätestens durch die Novellierung des Satzes 3 des § 78 und der Sätze 3–5 des § 37 Abs. 4 überholt.[235]

5. Berufliche Sicherung

28 Neben der **wirtschaftlichen Absicherung** gewährleistet Abs. 5 den Schutz des BR-Mitgl. gegen die Zuweisung von unterwertigen beruflichen Tätigkeiten.[236] Die Regelung bezieht sich in erster Linie auf nicht freigestellte BR-Mitgl. Für freigestellte BR-Mitgl. erhält sie Bedeutung, wenn sie nach Beendigung der Freistellung wieder eine berufliche Tätigkeit ausüben. Weil das BR-Mitgl. wegen der Übernahme des Amts nicht oder nicht in gleichem Umfang in den Arbeitsprozess eingegliedert ist, soll seine Tätigkeit grundsätzlich derjenigen entsprechen, der er nachgehen würde, wenn es das BR-Amt nicht übernommen und deshalb eine bessere berufliche Entwicklung genommen hätte. Deshalb ist keine Annahme über die individuelle berufliche Entwicklung des BR-Mitgl. anzustellen, sondern bei der Zuweisung einer beruflichen Tätigkeit die Tätigkeit vergleichbarer AN mit betriebsüblicher beruflicher Entwicklung heranzuziehen. Maßgeblich ist also die betriebliche Weiterentwicklung, die ein vergleichbarer AN nach den betriebsüblichen Umständen durchläuft.[237] Ob eine Tätigkeit gleichwertig ist, muss unter Berücksichtigung insbesondere der Auffassung der in dem betreffenden Beruf Tätigen beurteilt werden (zur Vergleichbarkeit s. Rn. 26). Die Ausnahmeregelung, dass dem zwingende betriebliche Notwendigkeiten entgegenstehen können, ist eng auszulegen.

6. Schulungs- und Bildungsveranstaltungen nach Abs. 6

a) Erforderlichkeit

29 Nach Auffassung des BAG[238] ist die Vermittlung von Kenntnissen dann **erforderlich**, wenn diese unter **Berücksichtigung der konkreten Verhältnisse im Betrieb** und **im BR** notwendig sind, damit der BR seine gegenwärtigen

---

234 BGH 10.1.23 – 6 StR 133/22; s. ausführliche Kritik bei Gräfl/Rennpferdt, RdA 23, 245, Otto/Homburg AiB 4/23, 22.

235 Zu den sich daraus ergebenden Konsequenzen für die Strafverfahren s. DKW-Buschmann, § 78 Rn. 13e.

236 BAG 23.11.22 – 7 AZR 122/22; zu Musterschreiben an AG vgl. DKW-F-Wedde, § 37 Rn. 44.

237 BAG 23.11.22 – 7 AZR 122/22.

238 BAG, BB 08, 2457; vgl. auch Schneider, AiB 03, 344.

oder in naher Zukunft anstehenden **Aufgaben** sach- und fachgerecht erfüllen kann.[239] Die **Durchführungsform der Veranstaltung** kann sehr unterschiedlich angelegt sein (vgl. § 40 Rn. 14). Sie kann von einer individuellen Beziehung zwischen Lehrpersonen und BR-Mitgl. geprägt oder durch einen Erfahrungsaustausch der BR-Mitgl. gekennzeichnet sein, z. B. durch eine Konferenz für Betriebsräte. Denn auch bei einer reinen Konferenz auf der Basis eines Erfahrungsaustausches kann – im Gegensatz zur Auffassung des LAG Hamburg[240] – erforderliches Wissen für die BR-Arbeit vermittelt werden. Für die Teilnahme gibt es dabei keine zeitliche Obergrenze, solange die vermittelten Kenntnisse erforderlich sind.[241] Deshalb hat ein BR einen gewissen Spielraum in der Frage, zu welchen Schulungen er die BR-Mitgl. entsendet. Das betrifft grundsätzlich auch die Frage des Schulungsformates. So kann sich der BR für ein Präsenzseminar entscheiden, selbst dann, wenn derselbe Schulungsträger ein zeit- und inhaltsgleiches Webinar anbietet.[242] Eine Schulung in der Muttersprache eines ausländischen BR-Mitgl. kommt in Betracht, wenn dieses die deutsche Sprache nicht hinreichend beherrscht und die Teilnahme an der Schulung für die ordnungsgemäße Durchführung der BR-Tätigkeit erforderlich ist.[243]

Wenn ein BR-Mitgl., das im Rahmen eines Seminars »Aktuelle Rechtsprechung zum Arbeits- und Betriebsverfassungsrecht« an einem halbtägigen Besuch von Verhandlungen vor dem Arbeitsgericht teilnimmt, während einer Verhandlungspause in dieser Kammer ein Café gegenüber dem Gerichtsgebäude aufsucht oder eine Güteverhandlung im Kündigungsschutzprozess eines anderen Mitarbeiters seines Arbeitgebers besucht, sind diese Unterbrechungszeiten erforderliche Schulungszeiten im Sinne von Abs. 6 und damit auch Zeiten erforderlicher BR-Tätigkeit im Sinne von Abs. 2.[244]

Die Erforderlichkeit kann sich auch dadurch ergeben, dass der BR beabsichtigt, in naher Zukunft von seinem Initiativrecht etwa im Bereich des § 80 Abs. 1, § 92a sowie des § 87 Abs. 1 Gebrauch zu machen und zu der entsprechenden Regelungsmaterie das notwendige Wissen benötigt.[245] In ständiger Rspr. hat das BAG bestätigt, dass sowohl die Vermittlung von **Grundkenntnissen** als auch von **Spezialwissen** erforderlich sein kann.[246]

239 Vgl. Däubler, AiB 04, 525 zur Erforderlichkeit.
240 LAG Hamburg 4. 12. 12 – 4 TaBV 14/11, brwo.
241 ArbG Kaiserslautern, AiB-Newsletter 6/06, 5 Ls.
242 BAG 7. 2. 24 – 7 ABR 8/23.
243 ArbG Berlin 3. 3. 11 – 24 BV 15046/10, zu der Durchführung eines Seminars in englischer Sprache.
244 LAG München 24. 2. 11 – 3 TaBV 23/10, brwo.
245 DKW-Wedde, Rn. 120 m. w. N.
246 BAG, BB 08, 2457.

Die Abgrenzung zwischen Grundkenntnissen und Spezialwissen ist im Einzelfall schwierig.[247] Zum **Beurteilungsspielraum** vgl. Rn. 33.

b) Grundkenntnisse

30 Für die Vermittlung allgemeiner **Grundkenntnisse des BetrVG** ist ein konkreter betriebsbezogener Anlass nicht Voraussetzung und durch den BR auch nicht darzulegen.[248] Dies gilt für alle erstmals gewählten BR-Mitgl.,[249] ansonsten bedarf es der Prüfung, ob das betreffende BR-Mitgl. schon über diese Grundkenntnisse verfügt – sei es durch Schulungen oder langjährige Tätigkeit im BR.[250] Weiterhin hat der BR zu prüfen, ob die zu erwartenden Schulungskosten mit der Größe und Leistungsfähigkeit des Betriebes zu vereinbaren sind. So ist die Teilnahme an einer Schulungsveranstaltung nicht erforderlich, wenn sich der BR vergleichbare Kenntnisse zumutbar und kostengünstiger auf andere Weise verschaffen kann.[251] Dabei sind aber die Kosten nicht der alleinige Maßstab (s. Rn. 41), denn der BR ist grundsätzlich frei in der Wahl des Trägers der Schulungsveranstaltung.[252] Die Auswahlentscheidung kann bei vergleichbaren Inhalten auch vom Veranstalter und seinem Konzept selbst abhängig gemacht werden, da es grundsätzlich Sinn und Inhalt von Schulungsveranstaltungen für Betriebsräte ist, regelmäßig juristisch nicht vorgebildeten BR-Mitgl. Zusammenhänge von Gesetzen und Rechtsprechung aufzuzeigen und die Teilnehmer dazu anzuleiten, Gesetze und Rechtsprechung in der betrieblichen Praxis zu berücksichtigen.[253] Hinsichtlich der Dauer gibt es keine generelle Begrenzung, da deren Erforderlichkeit einer Würdigung der Umstände des Einzelfalles bedarf (vgl. Rn. 41).[254] Wegen der Schwierigkeit der gesetzl. Materie kann ein BR-Mitgl. nicht darauf verwiesen werden, sich über den Inhalt des Gesetzes im **Selbststudium** zu unterrichten oder auf die **Unterrichtung durch erfahrene BR-Kollegen** zurückzugreifen.[255] Für eine ordnungsgemäße BR-Arbeit ist es unerlässlich, dass **jedes BR-Mitgl.** Grundkenntnisse über das BetrVG als Basis jeder BR-Arbeit haben muss, um seine Aufgaben eigenverantwort-

---

247 Vgl. DKW-Wedde, Rn. 93 ff.
248 BAG 17.11.10 – 7 ABR 113/09, brwo, NZA 11, 816; DB 02, 51; Schneider, AiB 03, 344.
249 BAG 12.1.11 – 7 ABR 94/09, brwo, NZA 11, 813.
250 BAG 17.11.10 – 7 ABR 113/09, brwo; BAG 19.3.08 – 7 ABR 2/07, brwo.
251 BAG 18.1.12 – 7 ABR 73/10, brwo; BAG 19.3.08 – 7 ABR 2/07, brwo.
252 BAG 19.3.08 – 7 ABR 2/07, brwo; LAG BB 7.9.12 – 10 TaBV 1297/12, juris.
253 BAG 18.1.12 – 7 ABR 73/10, NZA 12, 813; LAG BB 3.5.13 – 10 TaBV 88/13, juris.
254 HessLAG 15.9.05 – 9 TaBV 189/04, brwo.
255 BAG, AuR 08, 362; AiB 97, 170 m. Anm. Peter, DB 02, 51; ArbG Bremen-Bremerhaven, dbr 08, 38.

lich erfüllen und wahrnehmen zu können.[256] Ebenso sind Grundkenntnisse über die Wirkung der im Betrieb anwendbaren TV für jedes BR-Mitgl. zwingend notwendig.[257] Beherrscht ein BR-Mitgl. die deutsche Sprache nicht hinreichend genug, um das BR-Amt verantwortungsvoll ausüben zu können, ist seine Teilnahme an Grundlagenschulungen zum Arbeits- und Betriebsverfassungsrecht, die in seiner Muttersprache erfolgen, als erforderlich anzusehen.[258] Auch ein **langjähriges BR-Mitgl.** hat Anspruch auf eine Grundschulung, wenn die dort vermittelten Kenntnisse bei ihm nicht vorliegen.[259] Die Vermittlung von Grundkenntnissen beschränkt sich jedoch nicht nur auf Einführungslehrgänge in das BetrVG, sondern auch auf **spezielle, abgeschlossene Teilgebiete** des Gesetzes, ohne dass es in der Regel der Darlegung einer besonderen betrieblichen Situation, die solche Kenntnisse erforderlich macht, bedarf.[260] Die Teilnahme eines **BR-Vors.** an einem Seminar »Der BR-Vors. und die Geschäftsführung des BR« ist erforderlich, wenn das Ziel die Vermittlung von Grundkenntnissen über die Arbeit von BR-Vors. ist.[261] Ebenso ist für ein zum **Schriftführer** ernanntes BR-Mitgl. die Teilnahme an einer Schulung mit dem Thema »Protokoll- und Schriftführung im BR« erforderlich;[262] wobei die Erforderlichkeit auch dann gegeben sein kann, wenn die Tätigkeit als Schriftführer schon über einen längeren Zeitraum beanstandungsfrei ausgeübt worden ist.[263] Nichts anderes gilt für den Vertreter des Schriftführers, wobei es für die Erforderlichkeit nicht entscheidend ist, ob und in welchem Umfang ein Verhinderungsfall vorliegt. Denn dabei würde außer Acht gelassen, dass der Stellvertr. gerade auch in unvorhersehbaren Fällen tätig werden muss.[264] **Ersatzmitgl.** des BR, die häufig und in einer gewissen Regelmäßigkeit BR-Mitgl. vertreten, haben grundsätzlich Anspruch auf Schulungsmaßnahmen nach Abs. 6. Dies muss im Einzelfall zur Gewährleistung der Arbeitsfähigkeit des BR erforderlich

---

256 Vgl. auch BAG, DB 87, 891; ArbG Frankfurt, AiB 04, 309 m. Anm. Saum zu ver.di BR-Seminar »BR III – soziale Angelegenheiten«.

257 LAG Hamm 21.8.09 – 10 TaBV 157/08, brwo.

258 ArbG Berlin 3.3.11 – 24 BV 15046/10.

259 BAG, AuR 08, 362, wonach es aber einer konkreten Darlegung der die Erforderlichkeit begründenden Umstände bedarf; LAG Hamburg, AiB 09, 303, wonach eine Grundlagenschulung grundsätzlich nicht durch Erfahrungswissen zu ersetzen und nicht auf die erste Wahlperiode beschränkt ist; LAG SH, MDR 07, 1143; LAG SH, AiB 00, 287; ArbG Bremen, FA 05, 11 zu personellen Einzelmaßnahmen und Kündigungen; ArbG Düsseldorf, AiB 04, 757 m. Anm. Malottke.

260 LAG Nürnberg, AuR 02, 438.

261 LAG BB 3.5.13 – 10 TaBV 88/13.

262 LAG Hamm 22.6.07 – 10 TaBV 25/07, brwo.

263 ArbG Weiden, dbr 07, 38, bestätigt durch LAG Nürnberg 9.4.08 – 4 TaBV 71/07, n.v.

264 LAG Düsseldorf, NZA-RR 09, 306.

sein.[265] Gleiches gilt für das **Ersatzmitgl.** eines **einköpfigen BR**, wobei hier noch eher von einer Gefährdung der Arbeitsfähigkeit des BR auszugehen ist.[266]

31 Die Vermittlung von Grundkenntnissen des **allgemeinen Arbeitsrechts**, insbesondere des Arbeitsschutzrechts, Schulungsveranstaltungen über Arbeits- und Gesundheitsschutz[267] und Unfallverhütung (**Arbeitssicherheit**) sowie zu den Strafvorschriften der §§ 119, 120[268] sind grundsätzlich als eine erforderliche Kenntnisvermittlung anzusehen.[269] Hat der BR Ausschüsse gebildet, ist für die ordnungsgemäße Amtsführung erforderlich, dass sämtliche Mitgl. des jeweiligen **Ausschusses** wenigstens über Mindestkenntnisse für die mit ihrem Amt verbundenen Aufgaben verfügen.[270] Als erforderliche Kenntnisvermittlung sind auch Schulungsmaßnahmen über **sozialpolitische Gesetzesvorhaben** mit Auswirkungen für die BR-Tätigkeit anzusehen,[271] jedenfalls dann, wenn damit zu rechnen ist, dass der Gesetzentwurf ohne wesentliche Änderungen verabschiedet wird.[272] Als Grundlagenseminar gilt die Vermittlung von Kenntnissen zu neuen gesetzlichen Regelungen wie z. B. zu den Auswirkungen der Änderungen des KSchG und der Agenda 2010 auf die Arbeit als BR,[273] zur Novellierung des BetrVG im Jahre 2001,[274] zum Altersvermögensgesetz 2002[275] oder zum AGG.[276] Der Anspruch besteht unabhängig von der Schulungsverpflichtung des AG nach § 12 AGG. Hierbei geht es um die Hebung des Kenntnisstandes auf das **aktuelle, gesetzliche Niveau**. Eine sachgerechte BR-Arbeit erfordert außerdem von jedem BR-Mitgl. ausreichende Kenntnisse über die für den Betrieb geltenden **TV**[277] sowie einen gewissen Stand an **allgemeinen rechtlichen, wirtschaftlichen und technischen Kenntnissen**.[278]

---

265 BAG 19.9.01 – 7 ABR 32/00, DB 02, 51; HessLAG 17.1.22 – 16 TaBV 99/21; LAG SH 26.4.16 – 1 TaBV 63/15; LAG Nds. 3.1.12 – 11 TaBV 105/10 n.v.; vgl. DKW-Wedde, Rn. 144.

266 ArbG Bremen, AiB 07, 250.

267 ArbG Bamberg 5.11.12 – 2 BVGa 3/12, AuR 13, 59.

268 LAG Köln, AuR 08, 277.

269 BAG 20.8.14 – 7 ABR 64/12, NZA 14, 1349; LAG Hamm 16.1.15 – 13 Sa 1046/14, juris; vgl. auch ArbG Dortmund 28.9.93 – 2 BV 54/92, zum Arbeitsrecht; HessLAG, dbr 4/05, 35 zum Arbeitsschutz/Arbeitssicherheit.

270 BAG, DB 96, 1139; LAG Hamm 8.7.05 – 10 Sa 2053/04, juris; LAG Hamm, AuR 07, 105, Ls.; vgl. auch DKW-Wedde, Rn. 139; Schneider, AiB 98, 369.

271 Zu eng BAG, DB 88, 1453.

272 Vgl. BAG, DB 88, 1453.

273 ArbG Dresden 17.6.04 – 2 BV 236/03, n.v.

274 LAG Hamm, AuR 05, 37; ArbG Berlin, AiB 02, 566.

275 ArbG Darmstadt, AiB 02, 307.

276 HessLAG, AuA 08, 442.

277 LAG Hamm, DB 81, 1678.

278 Vgl. BAG, DB 74, 830.

Die Vermittlung von Grundkenntnissen des BetrVG wird nicht deshalb überflüssig, weil der BR im Zeitpunkt der Durchführung der Veranstaltung zurückgetreten war, da der **zurückgetretene BR** gemäß § 22 die Amtsgeschäfte in vollem Umfang bis zur Neuwahl des BR weiterführt.[279] Dies gilt insbesondere dann, wenn das betroffene BR-Mitgl. für den neuen BR wieder kandidiert.[280] Das BAG[281] geht zu Recht davon aus, dass kurz vor **Ablauf der Amtszeit** des BR keine anderen Anforderungen gelten können. Erst wenn für den BR absehbar ist, dass das zu schulende BR-Mitgl. in seiner verbleibenden Amtszeit das vermittelte Wissen nicht mehr benötigt, ist die Erforderlichkeit zu verneinen. Nichts anderes gilt für den Fall, dass der Betrieb demnächst in einen größeren Betrieb eingegliedert werden soll, womit der BR-Vors. und sein Stellv. eventuell perspektivisch ihre Ämter verlieren könnten.[282] Diese Grundsätze gelten auch bei einem befristet eingestellten BR-Mitgl., das kurz vor Ende des befristeten Arbeitsverhältnisses an einer Schulungsveranstaltung teilnimmt.[283] Zur Frage des befristeten Arbeitsvertrags eines BR-Mitgl. und einer Benachteiligung vgl. § 78 Rn. 4. 32

Bei der **Vertiefung von Kenntnissen** oder bei **Wiederholungsschulungen** 33 zur Auffrischung und Erweiterung der bisherigen Kenntnisse oder bei der Vermittlung von **Spezialwissen** ist bei der Prüfung der Erforderlichkeit auf die **konkrete Aufgabenstellung** des BR abzustellen.[284] Wenn der BR eine Aufgabenverteilung vorgenommen und/oder Aufgaben zur selbstständigen Erledigung auf einen Ausschuss oder eine Arbeitsgruppe übertragen hat, ist es erforderlich, aber auch ausreichend, wenn diejenigen BR-Mitgl. geschult werden, denen die Wahrnehmung dieser Aufgaben obliegt.[285] Bei der Frage, ob die Probleme anstehen oder in naher Zukunft anstehen werden, sind die **Initiativrechte des BR**, z. B. nach §§ 80, 87, 92a, 97, zu berücksichtigen.[286] Bei der Beurteilung der Frage, ob die Entsendung eines BR-Mitgl. zu einer Schulungsmaßnahme erforderlich ist, steht dem BR wie den Gerichten ein gewisser **Beurteilungsspielraum** zu.[287] Dieser betrifft den Inhalt und die Dauer der Maßnahme sowie die Teilnehmerzahl.[288] Dem BR steht im Rahmen dieses Beurteilungsspielraums die Befugnis zu, die Teilnahme an einer

279 ArbG Berlin 19. 1. 88 – 36 BV 11/87.
280 ArbG Berlin, AiB 02, 566.
281 BAG 17. 11. 10 – 7 ABR 113/09, brwo; BB 08, 2457.
282 HessLAG 6. 11. 23 – 16 TaBVGa 179/23.
283 BAG 17. 11. 10 – 7 ABR 113/09, brwo.
284 Vgl. BAG, AuR 92, 60; vgl. ergänzend DKW-Wedde, Rn. 105 ff.
285 LAG BB 28. 2. 17 – 11 TaBV 1626/16, juris.
286 Vgl. DKW-Wedde, Rn. 101.
287 BAG 14. 1. 15 – 7 ABR 95/12, AiB 9/15, 61 mit Anm. Staack.
288 LAG Hamm 21. 10. 05 – 10 TaBV 82/05, brwo; ArbG Berlin, AiB Newsletter 07, Nr. 10, 6; vgl. DKW-Wedde, Rn. 154.

qualitativ höherwertigen, wenn auch **teureren Schulung** zu beschließen.[289] Der BR muss nicht anhand einer umfassenden Marktanalyse den günstigsten Anbieter ermitteln und ohne Rücksicht auf andere Erwägungen auswählen. Nur wenn mehrere gleichzeitig angebotene Schulungen auch nach Ansicht des BR im Rahmen des ihm zustehenden Beurteilungsspielraums als qualitativ gleichwertig anzusehen sind, kann eine Beschränkung der Kostentragungspflicht des AG auf die Kosten der preiswerteren in Betracht kommen.[290] Der BR hat seine Mitgl. nicht auf Schulungen nach Abs. 6 zunächst zu entsenden, bevor er bei der Durchführung seiner Aufgaben die Zuziehung eines Sachverständigen nach § 80 Abs. 3 verlangen kann.[291] War während der Beschlussfassung die Erforderlichkeit zunächst nicht gegeben, treten dann aber vor Beginn der Schulungsveranstaltung Umstände ein, die die Erforderlichkeit begründen, so ist die Schulungsveranstaltung als erforderlich anzusehen.[292]

c) Spezialwissen

34 Unter Berücksichtigung der konkreten Verhältnisse im Betrieb und des BR kommen neben den Lehrgängen, die Grundkenntnisse vermitteln (vgl. Rn. 30), auch Schulungsmaßnahmen für den zuständigen BR, GBR oder KBR[293] als Spezialwissen in Frage zu Themen wie:

- Aids im Betrieb,[294]
- aktuelle Entscheidungen des Bundesarbeitsgerichts,[295] aktuelle Rspr. des BAG und deren Umsetzung in die betriebliche Praxis sowie zum Problem des vorläufigen Rechtsschutzes im Verhältnis zum Unterlassungsanspruch nach § 23 Abs. 3,[296]
- aktuelle Kenntnisse über den [geänderten] Inhalt von Tarifverträgen, sofern diese im Betrieb zur Anwendung gelangen,[297]
- arbeitsrechtliches Beschäftigungsförderungsgesetz (mittlerweile hat das TzBfG das BeschFG abgelöst),[298] Schulungen zu den Hartz-Gesetzen und den Auswirkungen auf die BR-Arbeit,[299]

---

289 BAG, DB 86, 2496; HessLAG, dbv 05, Nr. 4, 35.
290 BAG 14.1.15 – 7 ABR 95/12, AiB 9/15, 61 mit Anm. Staack; 19.3.08 – 7 ABR 2/07, AuR 08, 362 Ls.
291 BAG 25.6.14 – 7 ABR 70/12, AiB 9/15, 61 mit Anm. Staack.
292 LAG Düsseldorf, NZA-RR 09, 306.
293 LAG RP 17.11.16 – 7 TaBV 24/16, juris.
294 LAG Frankfurt, AiB 92, 93.
295 BAG 18.1.12 – 7 ABR 73/10, brwo, AuR 12, 550.
296 BAG, AiB 97, 170 m. Anm. v. Peter; AuR 92, 60.
297 LAG RP 29.1.20 – 7 TaBV 14/19, juris; Fitting Rn. 165.
298 ArbG Detmold, AiB 98, 42 m. Anm. v. Ludwig.
299 ArbG Dresden 17.6.04 – 2 BV 236/03 n.v. zur Agenda 2010.

- betriebliche Öffentlichkeitsarbeit,[300]
- betriebliche Standortsicherung (vgl. jetzt § 92a),[301] Beschäftigungssicherung und Innovation i. S. von § 92a,[302] der BR erstellt einen Sozialplan,[303]
- Betriebsökologie (vgl. jetzt §§ 80 Abs. 1 Nr. 9, 89),[304]
- Bilanzanalyse,[305]
- BR-Vors. und Stellvertr. Teil 1–3,[306]
- burn out im Unternehmen,[307]
- EG-Rechtsgrundlagen, soweit sich durch die Umsetzung in nationales Recht Mitwirkungs- und Handlungsmöglichkeiten der betrieblichen Interessenvertretungen ergeben,[308]
- Einführung und nähere Ausgestaltung eines Workforce Management Systems,[309]
- Entlohnung, Qualifizierung und Gruppenarbeit,[310]
- flexible Arbeitszeiten und die Mitbestimmung des BR,[311]
- Förderung der Eingliederung Schwerbehinderter und sonstiger besonders schutzbedürftiger Personen (vgl. § 80 Abs. 1 Nr. 4),
- Frauenförderung (vgl. jetzt § 92 Abs. 3),
- Gefährdungsbeurteilung,[312] Gefahren-/Überlastungsanzeige,[313]
- Gestaltung von Arbeitsplatz, Arbeitsablauf und Arbeitsumgebung nach § 90 Abs. 1 BetrVG,[314]
- Handlungsfelder und Beteiligungsrechte für die betriebliche Interessenvertretung angesichts von Digitalisierung und Entwicklung des stationären Einzelhandels,[315]

---

300 VG Köln, PersR 97, 541 zu Personalvertretungsrecht.

301 ArbG Weiden, BetrR 92, 142; LAG BaWü, AiB 98, 102 m. Anm. v. Hess-Grünewald.

302 LAG Hamm, AuR 07, 105 Ls., zumindest dann, wenn Änderungen und Planungen im Betrieb konkret anstehen.

303 LAG Nds., AuR 05, 37.

304 ArbG Wiesbaden, AiB 91, 540; vgl. auch Trümner, AiB 91, 522; a. A. ArbG Köln 20.9.91 – 5 BVGa 25/91.

305 A. A. LAG Köln, AuR 02, 357.

306 HessLAG 6.11.23 – 16 TaBVGa 179/23; 30.10.23 – 16 TaBVGa 173/23.

307 ArbG Essen 30.6.11 – 3 BV 29/11, juris, wenn der BR darauf verweisen kann, dass ihn Beschäftigte mehrfach auf eine bestehende Überforderungssituation angesprochen haben.

308 DKW-Wedde, Rn. 128.

309 LAG RP 17.11.16 – 7 TaBV 24/16, juris.

310 LAG Hamm 8.7.05 – 10 Sa 2053/04, juris.

311 HessLAG 16.6.11 – 9 TaBV 126/10, juris, wenn BVen zur Regelung der Arbeitszeit gekündigt wurden und eine neue BV abgeschlossen werden soll.

312 ArbG Saarlouis 7.8.12 – 1 BV 17/11, AuR 13, 143 Ls.

313 HessLAG 8.6.20 – 16 TaBV 184/19, juris.

314 LAG Hamm 9.3.07 – 10 TaBV 34/06, brwo.

315 HessLAG 30.10.23 – 16 TaBVGa 173/23; 14.2.19 – 16 TaBVGa 24/19.

- Konflikte mit dem Arbeitgeber lösen,[316]
- Integration ausländischer AN im Betrieb, Maßnahmen zur Bekämpfung von Rassismus und Fremdenfeindlichkeit im Betrieb (vgl. jetzt § 80 Abs. 1 Nr. 7),
- ISO 9000, Rationalisierung durch EDV, Probleme und Handlungsmöglichkeiten im Bereich Telekommunikation,[317]
- Mobbing,[318] sexuelle Belästigung am Arbeitsplatz,[319]
- Moderationstechniken,[320]
- PC-Schulung zur Erledigung von BR-Aufgaben (siehe § 40 Rn. 28);[321] »Internetnutzung auf dem BR-PC«,[322]
- professionelles Betriebliches Eingliederungsmanagement,[323]
- Rechte und Pflichten des BR im Arbeitskampf,[324]
- Recht der Allgemeinen Geschäftsbedingungen,[325]
- Rechtsstellung von BR-Mitgl., die nach § 38 Abs. 1 freigestellt sind,[326]
- Resilienzschulung zur Stärkung der psychischen Widerstandskraft vor dem Hintergrund eines stark konfliktbeladenen Verhältnisses zwischen BR und AG,[327]
- Rhetorik für Betriebsräte,[328]
- Rhetorik und Verhandlungsführung für Frauen,[329]
- Sanktionsmöglichkeiten des BR,[330]

---

316 LAG München 25.6.20 – 3 TaBV 118/19, juris; LAG BB 17.3.16 – 26 TaBV 2215/15, juris.

317 ArbG Wetzlar, AiB 96, 3 m. Anm. v. Zubel; ArbG Gießen 30.5.96 – 2 BV 8/95; HessLAG 21.2.95 – Sa 1072/94.

318 BAG 14.1.15 – 7 ABR 95/12, AiB 9/15, 61 mit Anm. Staack, wenn im Betrieb Konfliktlagen bestehen, aus denen sich Mobbing entwickeln kann; LAG Hamm 15.11.12 – 13 TaBV 56/12, juris; ArbG Bremen, NZA-RR 04, 538.

319 ArbG Wesel, AiB 93, 570.

320 LAG SH, BB 09, 2309 Ls.; LAG Hamm, NZA-RR 06, 249 bei BR-Mitgl. mit herausgehobener Stellung im BR wie z. B. BR-Vors. bzw. Stellv.

321 BAG, DB 95, 2378; ArbG Hamburg AuR 08, 407; ArbG Wetzlar 16.12.08 – 3 Ca 182/08, n.v.

322 BAG 17.2.10 – 7 ABR 81/09, brwo, NZA-RR 10, 413.

323 BAG 28.9.16 – 7 AZR 699/14, BB 16, 3001; LAG BB 16.1.20 – 26 TaBV 865/19, juris.

324 LAG Hamm, NZA-RR 04, 82, wenn konkreter, aktueller und betriebsbezogener Anlass besteht.

325 Reineke, AuR 12, 245.

326 LAG Köln, NZA-RR 09, 423.

327 ArbG Hamburg 1.9.21 – 16 BV 17/20, AiB 2/2, 16 mit Anm. Pape/Schrader.

328 BAG 12.1.11 – 7 ABR 94/09; ArbG Berlin 8.10.10 – 28 BV 8298/10, dbr 11, Nr. 5, 36 mit Anm. Cornelius; ablehnend ArbG Frankfurt 29.6.22 – 9 BV 284/21 bei JAV-Mitgl. wegen angeblich fehlender Erforderlichkeit.

329 LAG Sachsen, NZA-RR 03, 420.

330 LAG Hamm 15.10.10 – 10 TaBV 37/10, brwo.

- schriftliche Kommunikation im Betrieb,[331]
- Suchtkrankheit am Arbeitsplatz,[332]
- Überstunden-Mitbestimmung des BR,[333]
- Umweltschutz im Betrieb,[334] Gefahrstoffe am Arbeitsplatz,[335]
- Vorbereitung der EBR-Gründung,[336]
- was BR und PR vom Sozialrecht wissen sollten,[337]
- Wirtschaftsausschuss,[338] wobei ein Schulungsanspruch nach Abs. 6 möglich ist, wenn das WA-Mitgl. zugleich BR-Mitglied ist,[339]
- Zusammenarbeit zwischen BR-Vors. und Stellvertreter – Verbesserung und Professionalisierung,[340]
- Zeitmanagement.[341]

Nach Ansicht des BAG kommen als Spezialwissen aber nicht in Betracht:

- allgemeine Grundkenntnisse des Sozial- und Sozialversicherungsrechts,[342]
- Tätigkeit in der Einigungsstelle als Beisitzer; die Erforderlichkeit kann aber dann gegeben sein, wenn der BR die Verhandlungen in der Einigungsstelle begleitet und sich mit Vorschlägen der Einigungsstelle kritisch auseinandersetzt. Diese Aufgabe muss der BR aus eigener Kompetenz wahrnehmen. Als Referent kommt aber ein externer Beisitzer dieser Einigungsstelle nicht in Frage,[343]
- Sprechwirksamkeit.[344]

---

331 ArbG Hamburg, AiB 94, 116.
332 LAG Düsseldorf 9.8.95 – 4 TaBV/39.
333 LAG Hamm 16.5.12 – 10 TaBV 11/12.
334 BAG, FA 07, 317.
335 LAG Nds. 6.7.95 – 9 TaBV 106/94.
336 ArbG Hamburg, dbr 10/09, 36 m. Anm. Büggel.
337 ArbG Essen, AiB 98, 581 m. Anm. v. Noll; vgl. im Übrigen die umfassende Zusammenstellung bei DKW-Wedde, Rn. 131.
338 HessLAG 17.1.22 – 16 TaBV 121/21; HessLAG 22.5.17 – 16 TaBVGa 116/17; LAG BB 9.10.09 – 22 TaBV 1795/09, wenn BR-Mitgl. als WA-Mitgl. nach § 108 Abs. 4, 5 dem BR zu berichten haben; LAG Hamm, 22.6.07 – 10 TaBV 25/07, brwo; AiB 06, 175, Ls., wenn BR-Mitgl. Kenntnisse nicht besitzt.
339 BAG 11.11.98 – 7 AZR 491/07; LAG Hamm 22.6.07 – 10 TaBV 25/07.
340 LAG Hamm 26.4.13 – 13 TaBV 15/13, juris, bei einer ausufernden Auseinandersetzung.
341 ArbG Fulda 11.9.96 – 1 BV 4/96 n.v.; ArbG Augsburg 17.6.96 – 8 BV 13/95 n.v.; vgl. jedoch BAG, AuR 95, 65.
342 BAG, DB 03, 2344.
343 BAG 20.8.14 – 7 ABR 64/12, NZA 14, 1349.
344 BAG NZA 94, 190.

Es ist nicht notwendig, dass die Teilnahme an der Schulungsmaßnahme rückblickend gesehen objektiv wirklich erforderlich war.[345]

35 Soweit mit einer Schulungsmaßnahme für die BR-Arbeit **teils erforderliche, teils nicht erforderliche Kenntnisse** vermittelt werden, gilt nach der Rspr. des BAG[346] grundsätzlich Folgendes: Werden im Rahmen der Schulungszeit überwiegend (mehr als 50 v. H.) erforderliche Themen behandelt, ist die gesamte Veranstaltung als erforderlich anzusehen, es sei denn, dass die Themen klar voneinander abgrenzbar sind und ein zeitweiser Besuch der Veranstaltung möglich ist. Der zeitweilige Besuch entsprechender Veranstaltungen ist jedoch nur selten möglich, da diese grundsätzlich nur als einheitliches Ganzes angeboten werden. In dem Fall ist die Schulungsteilnahme nur einheitlich für die gesamte Schulung als erforderlich zu beurteilen.[347] Die **Teilnahme an nach Abs. 7 anerkannten Schulungsmaßnahmen** ist auch nach Abs. 6 zulässig, sofern die Teilnahme für die BR-Arbeit des betreffenden Betriebs erforderlich ist.[348]

d) Beschluss des Betriebsrats

36 Bei dem Anspruch auf Teilnahme an einer Schulungsveranstaltung nach Abs. 6 handelt es sich um einen **Anspruch des BR**, nicht des einzelnen BR-Mitgl.[349] Der Beschluss des BR über die Entsendung eines seiner Mitgl. zu einer Schulungsveranstaltung ist vom BR als Gremium zu fassen (s. § 27 Rn. 7). Der BR entscheidet durch Mehrheitsbeschluss. Ein Minderheitenschutz besteht insoweit nicht.[350] Der für die Schulungsteilnahme erforderliche Beschluss muss auf ein konkretes BR-Mitgl. und auf eine konkrete, nach Zeitpunkt und Ort bestimmte Schulung bezogen sein. Der Beschluss braucht keinen Hinweis zu enthalten, mit welchem Verkehrsmittel das BR-Mitgl. zum Schulungsort gelangt und ob es dort übernachtet oder nicht. Erfolgt dennoch eine Beschlussfassung zu diesen Punkten, ist das BR-Mitgl. dann nicht daran gebunden, wenn sich zwischen dem Beschluss und dem Beginn der Schulungsveranstaltung die für die Beurteilung der Erforderlichkeit maßgebenden Umstände gravierend geändert haben (z. B. bei einer erforderlichen Übernachtung bei winterlichen Verhältnissen).[351] Zum Zeitpunkt der Beschlussfassung müssen dem BR zur Beurteilung der Er-

345 BAG 24. 7. 91 – 7 ABR 12/90, juris; LAG RP 29. 1. 20 – 7 TaBV 14/19, juris.
346 BAG 28. 9. 16 – 7 AZR 699/14, BB 16, 3001; LAG 29. 1. 20 – 7 TaBV 14/19, juris.
347 BAG 28. 9. 16 – 7 AZR 699/14, BB 16, 3001.
348 BAG, DB 84, 1785.
349 Vgl. DKW-Wedde, Rn. 150 ff.; zu Musterbeschlüssen vgl. DKW-F-Wedde, § 37 Rn. 45 ff.
350 HessLAG 16. 11. 20 – 16 TaBV 107/20, juris, zu einem Beschluss durch den Personalausschuss.
351 BAG 27. 5. 15 – 7 ABR 26/13, NZA 15, 1141.

forderlichkeit hinreichende Informationen über den genauen Gegenstand einer bevorstehenden Schulungsveranstaltung vorliegen, da ansonsten der Beschluss unwirksam ist.[352] Dabei steht ihm ein Beurteilungsspielraum zu (Rn. 34). Ohne einen **BR-Beschluss** ist die Teilnahme von BR-Mitgl. an einer Schulungsmaßnahme nicht möglich. Ein vorangegangener Beschluss über die Teilnahme an einem anderen Seminar genügt nicht.[353] Auch ein Beschluss des BR nach dem Besuch der Schulung, in dem die Teilnahme der BR-Mitgl. gebilligt wird, begründet keinen Anspruch auf Kostentragung des AG (vgl. § 33 Rn. 4).[354] Wenn der BR einen »Seminarplan« beschließt, führt die mangelnde Erforderlichkeit bei einzelnen BR-Mitgl. nicht zur automatischen Unwirksamkeit der Entsendung der anderen BR-Mitgl.[355] Bei der **Festlegung der zeitlichen Lage** hat der BR die betrieblichen Notwendigkeiten zu berücksichtigen (aber nicht bei freigestellten BR-Mitgl.) und dem AG die Teilnahme und die zeitliche Lage der Maßnahme rechtzeitig bekannt zu geben.[356] **Rechtzeitig** ist eine Unterrichtung, die dem AG die Prüfung ermöglicht, ob die Voraussetzungen für die Gewährung einer bezahlten Freistellung vorliegen und die es ihm, falls er die betrieblichen Belange nicht für ausreichend berücksichtigt hält, ferner gestattet, die **Einigungsstelle** anzurufen.[357] Die Einigungsstelle ist ggf. unverzüglich, spätestens jedoch innerhalb von **zwei Wochen** vom AG anzurufen. Sie darf nur über die Frage der Berücksichtigung der **betrieblichen Notwendigkeiten** entscheiden, nicht aber über die Erforderlichkeit.[358] Umstritten ist, ob das BR-Mitgl. die Teilnahme bis zum Spruch der Einigungsstelle zurückstellen muss, wenn der AG die Einigungsstelle angerufen hat.[359]

e) Entscheidung über Erforderlichkeit

Bei der Entscheidung über die Erforderlichkeit der Schulungsteilnahme steht 37
dem BR ein Beurteilungsspielraum zu (s. im Einzelnen § 40 Rn. 14 f.).[360] Die Entscheidung, **ob erforderliche** Kenntnisse vermittelt werden, obliegt

352 BAG 18.1.12 – 7 ABR 73/10, NZA 12, 813; LAG Hamm 18.1.13 – 13 TaBV 60/12, brwo.

353 BAG 8.3.00 – 7 ABR 11/98, AiB 01, 356 m. Anm. v. Wedde.

354 BAG a.a.O. unter Aufgabe von BAG, AiB 93, 286.

355 LAG Nürnberg, AuR 02, 438.

356 Zur Teilnahme v. JAV-Mitgl. vgl. Rudolph/Dannenberg, AiB 97, 213.

357 BAG, DB 77, 1148; ArbG Berlin ArbG Berlin 3.5.07 – 49 Ca 1110/07, AiB Newsletter 07, Nr. 10, 6, geht aus von in der Regel zwei bis drei Wochen vor der Veranstaltung.

358 HessLAG 1.3.06 – 8 Sa 788/05, brwo.

359 So jedoch BAG, DB 77, 1148; zur Durchsetzung v. BR-Seminaren vgl. Peter, AiB 97, 527.

360 BAG 17.11.21 – 7 ABR 27/20.

letztlich dem **ArbG**, nicht der Einigungsstelle. Grundsätzlich bedarf das BR-Mitgl. keiner Erlaubnis oder **Zustimmung des AG** zur Teilnahme an einer Schulungsveranstaltung.[361] Das BR-Mitgl. ist grundsätzlich befugt, der Arbeit fernzubleiben. Es müssen lediglich die objektiven Tatbestandsvoraussetzungen der Erforderlichkeit der Teilnahme an der Schulungsveranstaltung vorliegen, und der BR muss dem Arbeitgeber die Teilnahme sowie die zeitliche und örtliche Lage der Veranstaltung rechtzeitig bekannt gegeben haben.[362] Soweit der AG im Nachhinein die fachliche Qualifikation des Referenten bestreitet (z. B. im Prozess) ist das unerheblich. Maßgeblich für die Wirksamkeit des Entsendungsbeschlusses zu der betreffenden Schulungsveranstaltung ist die Situation, wie sie sich zum Zeitpunkt der Beschlussfassung des BR darstellt. Der BR muss sich darauf verlassen, dass der ihm als zuverlässig bekannte Seminarveranstalter eine entsprechend qualifizierte Person auswählt. Eigene Nachforschungen über die Qualifikation des Referenten braucht der BR im Zusammenhang mit seiner Entsendung von Mitgl. zu Schulungsveranstaltungen daher nicht anzustellen.[363] BR-Mitgl. können an Schulungsmaßnahmen auch dann teilnehmen, wenn der AG das ArbG angerufen hat und noch keine rechtskräftige Entscheidung vorliegt (vgl. aber Rn. 36 bei Berücksichtigung betrieblicher Belange). Es ist str., ob auch der Erlass einer **einstweiligen Verfügung** auf Freistellung durch das ArbG in Betracht kommt.[364] Nach richtiger Auffassung soll vor dem Besuch der betreffenden Schulung geklärt werden, ob die Voraussetzungen des Abs. 6 vorliegen, um sowohl dem BR als auch den an der Veranstaltung teilnehmenden BR-Mitgl. sowie dem AG Rechtssicherheit hierüber zu verschaffen.[365] Ist die Teilnahme an der Schulung erforderlich, kann nicht nur die Teilnahme hieran im Wege einstweiliger Verfügung durchgesetzt werden, sondern auch die Freistellung von den hierfür anfallenden Seminar-, Unterkunfts- und Reisekosten.[366] Der BR und seine Mitgl. sind nicht verpflichtet, die Teil-

361 BAG, AuR 96, 16; HessLAG 1.3.06 – 8 Sa 788/05, brwo, wonach eine Abmeldung genügt; vgl. Gorsboth, AiB 10, 381.

362 BAG 12.1.11 – 7 ABR 94/09, brwo, NZA 11, 813; LAG Hamm 30.5.08 – 10 TaBVGa 129/07, brwo.

363 HessLAG 17.1.22 – 16 TaBV 121/21.

364 Bejahen: HessLAG 22.5.17 – 16 TaBVGa 116/17; 4.11.13 – 16 TaBVGa 179/13; ArbG Bamberg 5.11.12 – 2 BVGa 3/12, AuR 13, 59; ArbG Darmstadt, AiB 02, 306; ArbG Heilbronn, AiB 02, 108; vgl. auch ArbG Bremen, AiB 00, 288, wenn der AG auf die Mitteilung des BR, dass BR-Mitgl. an einer Schulung teilnehmen sollen, unangemessen lange schweigt; ArbG Dortmund, AiB 01, 727; verneinend: LAG Hamm 17.9.10 – 10 TaBV 26/10, brwo, in der Rechtsbeschwerde durch BAG 18.1.12 – 7 ABR 73/10, brwo offengelassen; 21.5.08 – 10 TaBVGa 7/08, brwo; LAG Köln, DB 04, 551; ArbG Lörrach 23.3.16 – 5 BVGa 1/16.

365 HessLAG 14.2.19 – 16 TaBVGa 24/19; 22.5.17 – 16 TaBVGa 116/17.

366 HessLAG 6.11.23 – 16 TaBVGa 179/23; HessLAG 30.10.23 – 16 TaBVGa 173/23.

nahme an einer Schulung durch eigene Aufwendungen vorzufinanzieren. Zudem ist der BR auch nicht vermögensfähig und deshalb gar nicht in der Lage, Schulungskosten selbst zu tragen. Der BR und das BR-Mitgl. können ihre Rechte gem. § 37 Abs. 6 wahrnehmen, und das BR-Mitgl. darf, wenn der BR die Teilnahme beschlossen hat, nach erfolgter Abmeldung seinen Arbeitsplatz verlassen und an der Schulungsmaßnahme teilnehmen, auch wenn der AG widersprochen hat.[367] Der AG ist nach der Rspr. nicht bereits deshalb verpflichtet, Schulungskosten zu tragen, weil er auf eine Mitteilung des BR, ein bestimmtes BR-Mitgl. zu dieser Schulungsveranstaltung entsenden zu wollen, geschwiegen hat.[368] Notfalls kann im Wege einer **einstweiligen Verfügung** der BR auch die Freistellung von den hierfür anfallenden Seminar-, Unterkunfts- und Reisekosten verlangen.[369]

f) Entgeltfortzahlung

Der **Anspruch** auf entsprechende **Fortzahlung des Arbeitsentgelts** und der Kostenübernahme entfällt nicht bei unterlassener oder nicht rechtzeitiger Unterrichtung des AG durch den BR, bei Nichtvorlage des Lehrplans oder bei nicht korrekter Bezeichnung des Lehrgangs, sofern das BR-Mitgl. dennoch an der Schulungsveranstaltung teilnimmt und die übrigen Voraussetzungen vorliegen. Die ordnungsgemäße Unterrichtung des AG ist keine zusätzliche Anspruchsvoraussetzung.[370] **38**

Für die Fortzahlung des Arbeitsentgelts gilt das **Lohnausfallprinzip**. Das bedeutet: Das BR-Mitgl. hat Anspruch auf das Arbeitsentgelt einschl. aller Nebenbezüge, wie z. B. Erschwernis- und Schichtzulagen, Prämien,[371] für regelmäßige Mehrarbeit,[372] Zuschläge für Mehr-, Nacht- oder Sonntagsarbeit[373] einschl. sog. Antrittsgebühren,[374] so als wenn das BR-Mitgl. im Betrieb weitergearbeitet hätte. Nach abzulehnender Auffassung des Sächsisches LAG[375] soll die Begrenzung in Abs. 6 Satz 2 Halbs. 2 nicht nur auf teilzeitbeschäftigte, sondern auch auf vollzeitbeschäftigte BR-Mitgl. Anwendung **39**

---

367 BAG 12. 1. 11 – 7 ABR 94/09; BAG, AiB 94, 502, nur dann nicht, wenn bei sorgfältiger objektiver Prüfung ohne Weiteres erkennbar war, dass die Teilnahme nicht erforderlich war; LAG BaWü, AiB 88, 282.

368 BAG, DB 96, 145.

369 HessLAG 14. 2. 19 – 16 TaBVGa 24/19; LAG Hamburg 27. 9. 18 – 8 TaBVGa 1/18; LAG Düsseldorf 5. 12. 17 – 4 TaBVGa 7/17; offengelassen vom BAG 12. 1. 11 – 7 ABR 94/09, brwo.

370 LAG BaWü, AiB 88, 282.

371 Vgl. LAG Hamm, DB 88, 2058.

372 BAG 3. 12. 97 – 7 AZR 490/93, AuR 98, 173 m. Anm. Dieball.

373 BAG, DB 81, 427.

374 BAG, NZA 95, 588; vgl. ergänzend DKW-Wedde, Rn. 135, 48 ff.

375 Sächsisches LAG 21. 3. 22 – 2 Sa 77/21.

finden. Die fortzuzahlenden Bezüge unterliegen der **Steuer- und Sozialversicherungspflicht** (vgl. im Einzelnen Rn. 14 ff.).[376]
Eine durch generelle **Betriebsferienregelung** erfolgte zeitliche Festlegung des Urlaubs eines BR-Mitgl. wird gegenstandslos, wenn der BR das betreffende BR-Mitgl. zu einer in den Zeitraum der Betriebsferien fallende Schulung entsendet.[377] Gleiches gilt für ein BR-Mitgl., das während eines Streiks erforderliche Betriebsratstätigkeit (hier Teilnahme an einem Seminar) verrichtet.[378]

40 **Teilzeitbeschäftigten** BR-Mitgl. steht grundsätzlich der gleiche Schulungsanspruch zu wie den vollzeitbeschäftigten BR-Mitgl. Dies gilt auch für die **Entgeltfortzahlung**. Soweit wie BR-Mitgl. wegen ihrer persönlichen Arbeitszeit, die sich sowohl hinsichtlich der Lage als auch hinsichtlich des Umfangs der Arbeitszeit ergeben kann (z. B. Teilzeitbeschäftigte, **Schichtarbeiter** in einem rollierenden System), die Schulung außerhalb ihrer Arbeitszeit durchführen müssen, ist gemäß Abs. 6 Satz 2 von einem betriebsbedingten Grund auszugehen. Diese BR-Mitgl. haben neben dem Anspruch auf Entgelt des Weiteren einen Freizeitausgleichsanspruch gemäß Abs. 3 für die Zeiten außerhalb ihrer persönlichen Arbeitszeit (vgl. im Einzelnen Rn. 17 ff.). Dabei sind die Zeiten eines Ausgleichsanspruchs, der auf Abs. 3 beruht, in die Berechnung der Zeiten nach Abs. 6 einzubeziehen.[379] Dem steht nicht entgegen, wenn der AG in weit überwiegendem Maß nur Teilzeit-AN beschäftigt.[380] Dieser Ausgleichsanspruch ist pro Schulungstag begrenzt auf die Arbeitszeit eines vollzeitbeschäftigten AN, wobei nicht die durchschnittliche tägliche Arbeitszeit eines vollzeitbeschäftigten AN maßgeblich ist, sondern dessen konkrete Arbeitszeit an dem betreffenden Schulungstag.[381] Vollzeitbeschäftigt ist der AN, der einen Arbeitsvertrag über die einen Arbeitstag üblicherweise entsprechende Zeit hat. Tarifvertragliche Festlegungen können dabei als Orientierung dienen, bei Fehlen einer solchen ist sie nach der Branchenüblichkeit zu bestimmen.[382] Bei fehlenden Anhaltspunkten ist die Arbeitszeit eines vollzeitbeschäftigten AN entsprechend § 2 Abs. 1 Satz 4 TzBfG zu bestimmen. Dabei muss die betriebsübliche Arbeitszeit nicht für den ganzen Betrieb einheitlich sein. Falls dieses nicht der Fall ist, ist auf die betriebsübliche Arbeitszeit des Arbeitsbereiches oder der AN-Gruppe abzustellen, dem oder der das BR-Mitgl. angehört.[383] In

376 Vgl. DKW-Wedde, Rn. 58.
377 LAG Nds., AiB 88, 284.
378 BAG 14. 8. 18 – 1 AZR 287/17, NZA 19, 100, verneint allerdings im konkreten Fall die Zahlung einer Streikbruchprämie.
379 Sächsisches LAG 21. 3. 22 – 2 Sa 77/21.
380 LAG Nds. 12. 9. 08 – 12 Sa 903/08, brwo.
381 BAG, DB 05, 1175.
382 BAG, NZA 05, 936; LAG Köln 18. 1. 13 – 10 Sa 723/12, juris.
383 BAG, NZA 05, 936.

diesen Rahmen gehören zu der ausgleichspflichtigen Schulungszeit auch während eines Schulungstags anfallende Pausen sowie Wege-, Fahrt- und Ruhezeiten.[384] Der Anspruch auf Entgeltfortzahlung besteht auch, wenn das BR-Mitgl. während eines **Streiks**[385] oder einer **Kurzarbeitsperiode bzw. – im Baugewerbe – an Schlechtwettertagen** an einer Schulungsmaßnahme teilnimmt (vgl. Rn. 15).[386]

g) Träger der Schulungsveranstaltung, Teilnehmer

Unerheblich ist, wer **Träger der Schulungsveranstaltung** ist[387] und ob außer BR-Mitgl. auch **andere Personen** teilnehmen.[388] Der BR ist bei vergleichbaren Seminarinhalten nicht gehalten, anhand einer umfassenden Marktanalyse den günstigsten Anbieter zu ermitteln und ohne Rücksicht auf andere Erwägungen auszuwählen.[389] Er muss nicht die kostengünstigste Veranstaltung auswählen, wenn er eine andere Schulung für qualitativ besser hält.[390] Zudem ist das Kostenargument – wenn überhaupt – nur bei gleichzeitig angebotenen Schulungen zu berücksichtigen.[391] Der Wunsch eines BR, neue BR-Mitgl. von der Gewerkschaft schulen zu lassen, hält sich innerhalb seines Beurteilungsspielraums und ist nicht zu beanstanden.[392] Schulungsmaßnahmen können auch speziell für einen Betrieb,[393] ein UN, einen Konzern, eine Konzerngruppe oder eine Branche, ggf. unter Beteiligung ausländischer betrieblicher Interessenvertr. im In- oder Ausland, durchgeführt werden (§ 40 Rn. 18 f.).[394] 41

h) Dauer

Die **Dauer** der Schulungen ergibt sich aus der sachlichen Notwendigkeit. Eine Schulungsdauer von bis zu zwei Wochen hat das BAG[395] als erforder-

384 BAG, NZA 05, 936; umfassend dazu DKW-Wedde, Rn. 137 m. w. N.

385 BAG, DB 91, 1465, selbst für den Fall, dass sich das BR-Mitgl. ohne die Schulung am Streik beteiligt hätte.

386 Görg, AiB 81, 124; vgl. auch DKW-Wedde, Rn. 52, 165; a. A. BAG, DB 74, 1725; DB 87, 1845.

387 ArbG Berlin, AiB Newsletter 07, Nr. 10, 6.

388 Vgl. LAG Nürnberg, AiB 94, 118, wonach auch eine Funktionärsvers. eine erforderliche Schulungsmaßnahme i. S. dieser Vorschrift sein kann.

389 BAG 17. 11. 10 – 7 ABR 113/09, NZA 11, 816; LAG RP 20. 5. 20 – 7 TaBV 11/19, juris; HessLAG 14. 5. 12 – 16 TaBV 226/11, brwo.

390 ArbG Hamburg 1. 9. 21 – 16 BV 17/20, AiB 2/2, 16 mit Anm. Pape/Schrader.

391 BAG 14. 1. 15 – 7 ABR 95/12, AiB 9/15, 61 mit Anm. Staack; Fitting § 40 Rn. 74.

392 HessLAG 14. 5. 12 – 16 TaBV 226/11, brwo.

393 LAG Berlin, BB 93, 291.

394 Vgl. ergänzend DKW-Wedde, Rn. 127, 174, 20 f.

395 BAG, DB 87, 891; DB 77, 1323.

lich angesehen, wobei aber auch länger dauernde Schulungsveranstaltungen im Rahmen der Erforderlichkeit liegen können.[396] Entsprechendes gilt auch für mehrere einwöchige Seminare zur Vermittlung von Grundkenntnissen, verteilt auf die Amtsperiode.[397] Einer Schulungsmaßnahme an **Sonn- und Feiertagen** steht § 9 ArbZG nicht entgegen, da nach dieser Vorschrift nur berufliche Aus- und Fortbildungsveranstaltungen an Sonn- und Feiertagen grundsätzlich nicht durchgeführt werden dürfen. Dazu zählt aber gerade nicht die Fortbildung für ein Ehrenamt wie die eines BR-Mitgl. Während der Zeit der Teilnahme an einer Schulungsmaßnahme unterliegen BR-Mitgl., einschließlich der An- und Abreise, dem **gesetzlichen Unfallversicherungsschutz** nach § 2 Abs. 1 Nr. 1 SGB VII (s. Rn. 2).
Die immer noch bestehende Rechtsunsicherheit in der Anwendung der Vorschrift hat einige BR dazu gebracht, mit dem AG ein **Gesamtzeitvolumen** für Abs. 6 auszuhandeln. Es bleibt dann dem BR überlassen, wie dieser die Verteilung unter den BR-Mitgl. vornimmt.

i) Kosten

42 Hinsichtlich der **Kostentragungspflicht** wird auf § 40 Rn. 14 ff. verwiesen.[398]

7. Schulungs- und Bildungsmaßnahmen nach Abs. 7

43 Im Gegensatz zu Abs. 6 handelt es sich um einen **Individualanspruch** des einzelnen BR-Mitgl., ohne Rücksicht auf seinen konkreten Wissensstand.[399] Für die Teilnahme reicht es aus, dass die betreffende Veranstaltung von der zuständigen obersten Arbeitsbehörde des Landes als **geeignet anerkannt** ist bzw. nach Veranstaltungsbeginn anerkannt wird, sofern der Antrag rechtzeitig gestellt wurde.[400] Die Anerkennung des Veranstalters als solchem reicht hierfür nicht aus.[401] Zuständig ist die oberste Arbeitsbehörde des Landes, in dem der Veranstalter seinen Sitz hat. Es gilt somit das **Trägerprinzip**.[402] Die Schulungsmaßnahme kann auch im Ausland, ggf. nach Abs. 6, durchgeführt werden, sofern geeignete Kenntnisse i. S. dieser Vorschrift vermittelt

---

396 HessLAG 14.5.12 – 16 TaBV 226/11, brwo, zu drei Wochen; HessLAG 15.9.05 – 9 TaBV 189/04, brwo; ArbG Kaiserslautern, AiB Newsletter 6/06, 5; DKW-Wedde, Rn. 140 m. w. N.

397 LAG München 25.2.93 – 7 TaBV 89/92; ArbG Bochum 14.12.93 – 2 BV 16/83; LAG Nürnberg, AuR 02, 438 zu einem Jahresseminarplan.

398 Vgl. auch Peter, AiB 04, 279.

399 BAG, NZA 97, 169.

400 BAG, DB 1997, 283; NZA 96, 934; vgl. auch Peter, AiB 97, 223.

401 LAG Bremen 1.6.10 – 1 Sa 145/09.

402 BAG, DB 75, 699; vgl. DKW-Wedde, Rn. 179 ff.

werden, z. B. Themen zum EU-Recht, Interessenvertretung und Arbeitsrecht in den EU-Mitgliedsländern, EU-Richtlinien zum Gesundheits- und Arbeitsschutz.[403]

Die zu vermittelnden Kenntnisse müssen für die BR-Arbeit im weiten Sinne dienlich und förderlich[404] sein. Der sachliche Zusammenhang mit der BR-Tätigkeit darf dabei nicht zu eng gesehen werden. Nach der abzulehnenden Rspr. des BAG[405] muss, sofern sich eine Schulungsveranstaltung teilweise mit Themen befasst, die nicht i. S. dieser Vorschrift geeignet sind, entweder die Anerkennung verweigert oder durch entsprechende Nebenbestimmungen sichergestellt werden, dass die Veranstaltung in vollem Umfang geeignet ist. Nach zutreffender Auffassung reicht es aus, wenn in der Schulungsveranstaltung überwiegend geeignete Themen behandelt werden.[406] Der gesetzl. Anspruch von drei Wochen (bzw. vier Wochen für BR-Mitgl., die erstmals gewählt wurden und vorher auch nicht Mitgl. einer JAV waren) kann **zusammenhängend** oder auch in **Teilabschnitten** erfüllt werden. Auch der Anspruch nach Abs. 7 muss vom BR dem AG gegenüber geltend gemacht werden. **44**

Der BR beschließt über die **zeitliche Lage**.[407] Die Einigungsstelle kann der AG auch in diesem Fall nur anrufen, wenn er die betrieblichen Notwendigkeiten für nicht ausreichend berücksichtigt hält (vgl. im Übrigen Rn. 20). Nimmt ein BR-Mitgl. unmittelbar vor dem Ende seiner Amtszeit an einer als geeignet anerkannten Schulungsmaßnahme teil, muss es nach einer überholten Auffassung des BAG darlegen, aufgrund welcher besonderen Umstände des Einzelfalles eine solche Festlegung des Zeitpunkts durch den BR noch pflichtgemäßem Ermessen entspricht,[408] bzw. prüfen, ob die vermittelten Kenntnisse noch während der Amtszeit in die BR-Arbeit eingebracht werden können.[409] Hier ist aber zu beachten, dass das BAG[410] unter Aufgabe seiner bisherigen Rspr. zu der Frage der Erforderlichkeit i. S. des § 37 Abs. 6 (vgl. Rn. 32) nunmehr auch davon ausgeht, dass kurz vor **Ablauf der Amtszeit** des BR keine anderen Anforderungen als während der laufenden Amtszeit gelten können. Erst wenn für den BR absehbar ist, dass das zu schulende BR-Mitgl. in seiner verbleibenden Amtszeit das vermittelte **45**

403 Vgl. ArbG Lüneburg 12. 11. 93 – 1 Ca 777/93, das die Maßnahme zutreffend als erforderlich angesehen hat; vgl. auch ArbG Stuttgart 4. 4. 95 – 16 BV 258/94; zu Beispielen für das Vorliegen der Geeignetheit vgl. auch DKW-Wedde, Rn. 175.

404 Vgl. BAG, DB 94, 535.

405 BAG, NZA 94, 517.

406 So noch BAG 28. 5. 76, AP Nr. 24 zu § 37 BetrVG 1972; DKW-Wedde, Rn. 176.

407 Zu Musterschreiben an AG vgl. DKW-F-Wedde, § 37 Rn. 52.

408 BAG, AiB 93, 430.

409 BAG, BB 96, 2569.

410 BAG 17. 11. 10 – 7 ABR 113/09, brwo; BB 08, 2457.

Wissen nicht mehr benötigt, ist die Erforderlichkeit zu verneinen. Für einen Anspruch nach § 37 Abs. 7 kann nichts anderes gelten.

46 Die Dauer des Anspruchs ändert sich nicht dadurch, dass die Amtszeit z. B. wegen einer außerhalb des einheitlichen Wahlzeitraumes (§ 13) durchgeführten Wahl ausnahmsweise mehr oder weniger als vier Jahre beträgt (str.).[411] Wird der »Bildungsurlaub« ganz oder teilweise nicht in Anspruch genommen, verfällt er grundsätzlich mit Ablauf der Amtszeit, es sei denn, er konnte aus dringenden persönlichen oder betrieblichen Gründen nicht genommen werden. Einem nachrückenden **Ersatzmitgl.** steht der Anspruch nach Abs. 7 anteilig für die verbleibende Amtszeit mit der Maßgabe zu, dass die zusätzliche Woche für erstmals gewählte BR-Mitgl. voll zu gewähren ist. Ist die Realisierung durch das Ersatzmitgl. in der laufenden Amtsperiode nicht mehr möglich, behält es den zusätzlichen Anspruch für erstmals gewählte BR-Mitgl.[412] Solange das **Ersatzmitgl.** nicht gemäß § 25 Abs. 1 Satz 1 für ein ausgeschiedenes BR-Mitgl. in den BR nachgerückt ist, hat es keinen Anspruch auf bezahlte Freistellung für Schulungsveranstaltungen nach Abs. 7. Wegen der Entgeltfortzahlung bzw. einem Anspruch auf Freizeitausgleich, z. B. bei teilzeitbeschäftigten BR-Mitgl. gemäß Abs. 7 Satz 3, siehe Rn. 39, 40.

§ 38 Freistellungen

(1) Von ihrer beruflichen Tätigkeit sind mindestens freizustellen in Betrieben mit in der Regel
200 bis 500 Arbeitnehmern ein Betriebsratsmitglied,
501 bis 900 Arbeitnehmern 2 Betriebsratsmitglieder,
901 bis 1500 Arbeitnehmern 3 Betriebsratsmitglieder,
1501 bis 2000 Arbeitnehmern 4 Betriebsratsmitglieder,
2001 bis 3000 Arbeitnehmern 5 Betriebsratsmitglieder,
3001 bis 4000 Arbeitnehmern 6 Betriebsratsmitglieder,
4001 bis 5000 Arbeitnehmern 7 Betriebsratsmitglieder,
5001 bis 6000 Arbeitnehmern 8 Betriebsratsmitglieder,
6001 bis 7000 Arbeitnehmern 9 Betriebsratsmitglieder,
7001 bis 8000 Arbeitnehmern 10 Betriebsratsmitglieder,
8001 bis 9000 Arbeitnehmern 11 Betriebsratsmitglieder,
9001 bis 10 000 Arbeitnehmern 12 Betriebsratsmitglieder.
In Betrieben mit über 10 000 Arbeitnehmern ist für je angefangene weitere 2000 Arbeitnehmer ein weiteres Betriebsratsmitglied freizustellen. Freistellungen können auch in Form von Teilfreistellungen erfolgen. Diese dürfen zusammengenommen nicht den Umfang der Freistellun-

---

411 Vgl. DKW-Wedde, Rn. 185 m. w. N.
412 Vgl. DKW-Wedde, Rn. 189.

gen nach den Sätzen 1 und 2 überschreiten. Durch Tarifvertrag oder Betriebsvereinbarung können anderweitige Regelungen über die Freistellung vereinbart werden.

(2) Die freizustellenden Betriebsratsmitglieder werden nach Beratung mit dem Arbeitgeber vom Betriebsrat aus seiner Mitte in geheimer Wahl und nach den Grundsätzen der Verhältniswahl gewählt. Wird nur ein Wahlvorschlag gemacht, so erfolgt die Wahl nach den Grundsätzen der Mehrheitswahl; ist nur ein Betriebsratsmitglied freizustellen, so wird dieses mit einfacher Stimmenmehrheit gewählt. Der Betriebsrat hat die Namen der Freizustellenden dem Arbeitgeber bekannt zu geben. Hält der Arbeitgeber eine Freistellung für sachlich nicht vertretbar, so kann er innerhalb einer Frist von zwei Wochen nach der Bekanntgabe die Einigungsstelle anrufen. Der Spruch der Einigungsstelle ersetzt die Einigung zwischen Arbeitgeber und Betriebsrat. Bestätigt die Einigungsstelle die Bedenken des Arbeitgebers, so hat sie bei der Bestimmung eines anderen freizustellenden Betriebsratsmitglieds auch den Minderheitenschutz im Sinne des Satzes 1 zu beachten. Ruft der Arbeitgeber die Einigungsstelle nicht an, so gilt sein Einverständnis mit den Freistellungen nach Ablauf der zweiwöchigen Frist als erteilt. Für die Abberufung gilt § 27 Abs. 1 Satz 5 entsprechend.

(3) Der Zeitraum für die Weiterzahlung des nach § 37 Abs. 4 zu bemessenden Arbeitsentgelts und für die Beschäftigung nach § 37 Abs. 5 erhöht sich für Mitglieder des Betriebsrats, die drei volle aufeinanderfolgende Amtszeiten freigestellt waren, auf zwei Jahre nach Ablauf der Amtszeit.

(4) Freigestellte Betriebsratsmitglieder dürfen von inner- und außerbetrieblichen Maßnahmen der Berufsbildung nicht ausgeschlossen werden. Innerhalb eines Jahres nach Beendigung der Freistellung eines Betriebsratsmitglieds ist diesem im Rahmen der Möglichkeiten des Betriebs Gelegenheit zu geben, eine wegen der Freistellung unterbliebene betriebsübliche berufliche Entwicklung nachzuholen. Für Mitglieder des Betriebsrats, die drei volle aufeinander folgende Amtszeiten freigestellt waren, erhöht sich der Zeitraum nach Satz 2 auf zwei Jahre.

Inhaltsübersicht Rn.

1. Entscheidung über Freistellung

1 Nach dem DGB-Entwurf für ein modernes BetrVG soll in Abs. 1 Satz 1 eine Absenkung der Schwelle für eine erstmalige Freistellung von 200 auf 100 BR-Mitgl. vorgenommen werden. Durch den neuen Abs. 1 Satz 2 sollen die Regelungen in § 15 Abs. 2 zur zahlenmäßigen Berücksichtigung des sich im Betrieb in der Minderheit befindlichen Geschlechts auch auf Freistellungen anwendbar sein. In Abs. 1a soll für Betriebe mit in der Regel weniger als 100 AN ein Anspruch auf Teilfreistellung im erforderlichen Umfang festgeschrieben werden.[1]

Bei der Berechnung der Schwellenzahl sind Teilzeit-AN nach Köpfen zu berücksichtigen und nicht nach Quoten.[2] Der bisherige Streit, ob Leiharbeitnehmer – wenn sie zu dem regelmäßigen Personalbestand des Betriebs gehören – bei den Schwellenzahlen zu berücksichtigen sind, ist durch das »Gesetz zur Änderung des Arbeitnehmerüberlassungsgesetzes und anderer Gesetze« vom 21.2.2017 im positiven Sinne entschieden worden.[3] Nach § 14 Abs. 2 Satz 4 AÜG sind grundsätzlich Leiharbeitnehmer auch im Entleiherbetrieb zu berücksichtigen. Mit der Regelung in § 5 Abs. 1 Satz 3 sind durch unwiderlegliche Fiktion die in privaten Betrieben beschäftigten Beamten, Soldaten und Arbeitnehmer des öffentlichen Dienstes, die in Betrieben privatrechtlich organisierter Unternehmen (z. B. auf Grund eines Dienstleistungsüberlassungsvertrages) tätig sind, als AN auch für die Schwellenwerte gemäß § 38 Abs. 1 zu berücksichtigen. Dabei ist weder auf eine Begrenzung noch auf einen dauerhaften Einsatz abzustellen.[4] Des Weiteren kommt es auf die Zahl der »**in der Regel**« beschäftigten AN an.[5] Zur Ermittlung der regelmäßig beschäftigten AN vgl. im Einzelnen § 9 Rn. 2 ff. Bei den angegebenen Zahlen handelt es sich um **Mindestfreistellungen**, über die durch TV, BV oder Regelungsabrede hinausgegangen werden kann.[6] So können nach Auffassung des BAG Aufgaben von BR-Mitgl. für den GBR oder den KBR über die Mindeststaffel gem. § 38 Abs. 1 BetrVG hinausgehende Freistellungen von BR- (und GBR- bzw. KBR-)Mitgl. begründen (vgl. im Einzelnen Rn. 3).[7] Der **GBR** bzw. **KBR** hat kein originäres Recht zur Freistellung, da die Verweisungsvorschriften in den §§ 51, 59 nicht auf § 38 Bezug nehmen. Die generelle (Teil-)Freistellung eines oder mehrerer Mitgl. des GBR bzw.

1 *https://aur-blog.eu/reformvorschlag/.*
2 LAG Saarland, AiB 02, 129; ArbG Aachen 5.11.09 – 8 BV 27/09d.
3 BGBl. I Nr. 8, S. 258; Ulber, AiB 1/17, 27.
4 BAG 5.12.12 – 7 ABR 17/11, brwo; 15.12.11 – 7 ABR 65/10, brwo.
5 BAG 18.10.11 – 1 AZR 335/10, brwo; 22.10.03 – 7 ABR 3/03, brwo; HessLAG 12.8.13 – 16 TaBV 25/13, juris.
6 LAG Köln 7.10.11 – 4 TaBV 52/11, brwo; LAG Hamm 19.8.09 – 10 Sa 295/09, brwo, ArbG Köln, BB 08, 945.
7 BAG 12.2.97 – 7 ABR 40/96, NZA 97, 782.

KBR richtet sich nicht nach § 38, sondern nach § 37 Abs. 2 (s. § 37 Rn. 3).[8] Bei einer **freiwilligen ständigen Freistellung** im Einvernehmen zwischen AG und GBR/KBR erfolgt die Entscheidung über die freizustellenden Mitgl. des GBR/KBR durch Mehrheitsbeschluss, nicht nach § 38 Abs. 2 durch Wahlen.[9] Der BR wählt die freizustellenden Mitglieder in der Regel zu Beginn der Amtszeit. Die Mindestzahl von freizustellenden BR-Mitgl. gilt nicht nur für die erstmalige Freistellungswahl, sondern ist für die gesamte Amtszeit des BR maßgeblich. Die durch Ausscheiden eines BR-Mitgl. aus der Freistellung eintretende Unterschreitung der Mindestzahl von freizustellenden BR-Mitgl. bedarf daher eines Ausgleichs.[10] Nach abzulehnender Auffassung des BAG[11] soll eine **Verringerung** der Zahl der freizustellenden BR-Mitgl. durch BV zulässig sein, wobei die Grenze der Absenkung der Anzahl der Freistellungen dort liegt, wo Rechtsmissbrauch vorliegt.[12] Ein solcher Fall liegt vor, wenn die Absenkung dazu dienen soll, die Vertreter der Minderheitenliste bewusst auszuschalten.[13]

Auch der BR kann statt der völligen Freistellung eines Mitgl. mehrere BR-Mitgl. teilweise von der Arbeit freistellen, so ausdrücklich in Abs. 1 Satz 3.[14] Die **Teilfreistellungen** dürfen im Falle der gesetzlichen Mindestfreistellung zusammengenommen den Umfang der Mindestfreistellungen nicht überschreiten. In Fällen **divergierender Arbeitszeitmodelle** oder der Geltung mehrerer Tarifverträge mit unterschiedlichen Arbeitszeitregelungen in ein und demselben Betrieb ist grundsätzlich auf das höchste Zeitvolumen abzustellen.[15] Zur Entscheidung über Voll- und Teilfreistellungen s. Rn. 4. Die Mindestfreistellungen werden aber nicht von allen BR in Anspruch genommen. So nutzen 23,4 % der BR weniger, 67,5 % der BR genau die Mindestquote und nur 9,1 % mehr als die ihnen gesetzlich zustehenden Freistellungen.[16] In Betrieben **unter 200 AN** kann dem BR ebenfalls ein Anspruch auf völlige oder teilweise Freistellung von BR-Mitgl. zustehen, wenn dies zur ordnungsgemäßen Durchführung der BR-Arbeit erforderlich ist (vgl.

---

8 BAG 26.9.18 – 7 ABR 77/16, NZA 19, 117 hinsichtlich GBR; 23.5.18 – 7 ABR 14/17, AiB 1/19, 45 hinsichtlich KBR.

9 BAG 26.9.18 – 7 ABR 77/16, NZA 19, 117.

10 BAG 25.4.01 – 7 ABR 26/00, AiB 03, 183.

11 BAG 11.6.97 – 7 ABR 5/96, NZA 97, 1301; a.A. DKW-Wedde Rn. 28.

12 LAG BaWü 26.10.07 – 5 TaBV 1/07, brwo sowie ArbG Wuppertal 23.7.07 – 8 BV 4/07, juris, verlangen sachliche Gründe, um eine BV nicht als rechtsmissbräuchlich anzusehen.

13 LAG BaWü 14.12.16 – 4 TaBV 10/16, AiB 4/17, 46 mit Anm. Brackelmann.

14 Vgl. Peter, AiB 02, 282.

15 DKW-Wedde Rn. 19; a.A. ArbG Aachen 5.11.09 – 8 BV 27/09d, juris, wonach maßgeblich ist, welche Arbeitszeit oder welches Arbeitszeitmodell im Betrieb überwiegt.

16 Baumann/Brehmer, WSI-Betriebsrätebefragung des Jahres 2015, *http://www.boeckler.de/wsi-61971.htm.*

im Übrigen § 37 Rn. 3).[17] Arbeitsbefreiungen nach § 37 Abs. 2 können selbst bei sehr umfangreicher Inanspruchnahme nicht auf Freistellungen nach Abs. 1 angerechnet werden.[18]

Will der BR **über** die in Abs. 1 festgelegten **Mindestzahlen** hinausgehen, weil für die Durchführung der BR-Tätigkeit weitere Freistellungen erforderlich sind, und erreicht er keine Übereinkunft mit dem AG, muss er nach Ansicht des BAG[19] eine Klärung **durch das ArbG** herbeiführen. Dabei sollen die Grundsätze für die Arbeitsbefreiung nach § 37 Abs. 2 gelten. Richtigerweise ist dagegen dem BR die primäre Zuständigkeit über die Erforderlichkeit weitergehender Freistellungen zuzuerkennen, wobei der AG die Möglichkeit hat, gegen diese Entscheidung die Einigungsstelle anzurufen.[20] Die anderweitige Regelungsbefugnis für die aufgrund von **TV, BV** oder (formloser) **Regelungsabrede**[21] über die gesetzliche Mindeststaffel hinausgehenden Freistellungen bezieht sich **auf die Zahl** der ganz oder teilweise freizustellenden BR-Mitgl. und nicht auf eine abweichende Regelung des Freistellungsverfahrens.[22] Für Betriebe unter zweihundert AN ist damit die Möglichkeit gegeben, eine pauschalierte völlige oder teilweise Freistellung von BR-Mitgl. zwischen BR und AG zu vereinbaren.[23] Für die Auswahl des zusätzlich freizustellenden BR-Mitgl. gelten die Regelungen des § 38 Abs. 2, wonach sie grds. zusammen mit den Mindestfreistellungen vorzunehmen sind.[24]

2. Ersatzfreistellung

2 Für zeitweilig **verhinderte freigestellte BR-Mitgl.** kann der BR, wenn dies für die ordnungsgemäße Durchführung seiner Aufgaben erforderlich ist, die **Ersatzfreistellung** eines anderen BR-Mitgl. beschließen,[25] die ggf. auch im einstweiligen Verfügungsverfahren durchsetzbar ist.[26] Zu beachten ist, dass eine vom Arzt attestierte **Arbeitsunfähigkeit** zur Folge hat, dass das freigestellte BR-Mitgl. stets verhindert ist, da es ihm krankheitsbedingt un-

---

17 BAG 2.4.74, AP Nr. 10 zu § 37 BetrVG 1972.

18 ArbG Berlin 1.10.85 – 30 BV 12/85.

19 BAG, NZA 98, 164.

20 ArbG Darmstadt 5.10.78 – 2 BV 11/78; DKW-Wedde Rn. 12.

21 LAG Köln 7.10.11 – 4 TaBV 52/11, brwo, sowie LAG Hamm 10.8.09 – 10 Sa 295/09, brwo, lassen als anderweitige Regelung ausdrücklich auch eine Regelungsabrede zu.

22 LAG Brandenburg 4.3.03 – 2 TaBV 22/02, juris; LAG Nürnberg, DB 91, 1178; LAG Frankfurt, DB 91, 2494; Fitting, Rn. 29.

23 LAG Hamm 10.8.09 – 10 Sa 295/09, brwo.

24 BAG 26.9.18 – 7 ABR 77/16, NZA 19, 117; 20.4.05 – 7 ABR 47/04, NZA 05, 1013; Fitting Rn. 24.

25 BAG, NZA 97, 782; AiB 98, 100; vgl. auch DKW-Wedde, Rn. 23f.

26 ArbG Frankfurt, AiB 91, 25.

möglich ist, seine Amtspflichten auszuüben. Ob und in welchem Umfang er sich (subjektiv) zur Wahrnehmung derselben in der Lage sieht, ist unerheblich (s. § 26 Rn. 7).[27]
Die Notwendigkeit von Ersatzfreistellungen hat der BR im Streitfalle nach Auffassung des BAG durch Angabe konkreter Gründe näher darzulegen.[28] Auf den **GBR/KBR** findet die Vorschrift nicht entsprechend Anwendung (vgl. Rn. 1 sowie § 37 Rn. 3).[29]

3. Beratung mit Arbeitgeber

3 Über die Freistellungen der BR-Mitgl. entscheidet nach vorheriger **Beratung** mit dem AG allein der BR. Diese Beratung muss mit dem gesamten BR erfolgen.[30] Der BR entscheidet ebenfalls alleine, ob, wie viele und in welchem Umfang Teil- statt Vollfreistellungen erfolgen sollen.[31] Es ist allein Sache des BR, wie er sein Freistellungskontingent ausnutzt und welche BR-Mitgl. er für geeignet erachtet.[32] Falls es der BR unterlässt, die vorgeschriebene vorherige Beratung mit dem Arbeitgeber durchzuführen, führt das weder zur Nichtigkeit noch zur Anfechtbarkeit der Freistellungswahl.[33] Denn die Beratungspflicht ist keine wesentliche Vorschrift über das Wahlverfahren. Durch die Beratung soll dem AG vor der Wahl Gelegenheit geben werden, etwaige Bedenken gegen die Freistellung bestimmter BR-Mitgl. äußern zu können. Von einer Beratung ist auszugehen, wenn der AG von vornherein wegen seiner Rechtsauffassung zur Berücksichtigung einer AN-Gruppe kein Interesse an einer Beratung hat.[34] Die Beratung hat keine zwingenden Auswirkungen auf die Durchführung der Wahl und die Wahlentscheidung des BR, selbst wenn die Bedenken des AG sogar berechtigt sind. Den Interessen des AG wird durch das in Abs. 2 vorgesehene Einigungsstellenverfahren abschließend und hinreichend Rechnung getragen.

4. Wahl der Freizustellenden

4 Vor Durchführung der Wahl hat der BR zunächst darüber zu entscheiden, ob und in welchem Umfang Vollfreistellungen durch Teilfreistellungen ersetzt werden sollen, also ob, wie viele und in welchem zeitlichen Umfang Teilfrei-

27 BAG 28.7.20 – 1 ABR 5/19, AiB 1/21, 44 mit Anm. Bretzler.
28 BAG, NZA 97, 782; vgl. DKW-Wedde, Rn. 23; kritisch auch Schneider, AiB 99, 308 ff.
29 LAG München, NZA 91, 905.
30 BAG, NZA 93, 329.
31 Zu Musterbeschlüssen vgl. DKW-F-Wedde, § 38 Rn. 11.
32 ArbG Saarlouis 11.12.06 – 3 BV 9/06, juris.
33 BAG 22.11.17 – 7 ABR 26/16, AiB 10/18, 55.
34 LAG Hamm 3.12.19 – 7 TaBV 57/19.

stellungen vorgesehen werden sollen.[35] Abzulehnen ist die Auffassung des BAG[36], wonach ein solcher Beschluss nicht erforderlich ist, und sich sogar die Frage stellt, ob der BR berechtigt ist, einen solchen Beschluss zu fassen (letztlich durch das BAG offen gelassen).
Bei der Freistellungswahl in einem Betrieb des AG als Postnachfolgeunternehmen ist es nicht zulässig, in getrennten Wahlgängen nach Arbeitnehmern und Beamten zu wählen.[37] Eine solche Differenzierung kann nicht auf § 26 PostPersRG gestützt werden. Diese Vorschrift enthält keine Regelung über das Verfahren der Wahl der freizustellenden BR-Mitgl. in Betrieben von Postnachfolgeunternehmen. Bei einer in getrennten Wahlgängen nach Arbeitnehmern und Beamten durchgeführten Freistellungwahl würden zudem die Stimmen der Minderheit an Gewicht verlieren. Das wäre mit dem durch Abs. 2 bezweckten Minderheitenschutz nicht vereinbar.
Die Wahl ist in einem einheitlichen Wahlgang durchzuführen. Sinn und Zweck der Anordnung der Verhältniswahl in Abs. 2 erfordern es.[38] Weder ein TV noch die Geschäftsordnung des BR noch ein einstimmiger Beschluss berechtigen den BR, vom Grundsatz der einheitlichen Wahl abzuweichen.[39] Die anschließende **Wahl** der Freizustellenden erfolgt **geheim** aufgrund von Wahlvorschlägen (vgl. § 14 Rn. 1). Der Wahlvorschlag muss eine Auflistung der einzelnen vorgeschlagenen Kandidaten enthalten und sie einzeln untereinander auflisten. Bei Teilfreistellungen ist es unzulässig und führt zu einem Verstoß gegen das Wahlverfahren, wenn der Wahlvorschlag Kandidatenpaare enthält, deren kombiniertes Freistellungsvolumen einer Vollfreistellung entspricht.[40] Für die Wahl gelten die allgemeinen Grundsätze einer geheimen Abstimmung.[41] Erforderlich ist stets die Verwendung von Stimmzetteln, die so gestaltet sein müssen, dass sie eine Identifizierung des Wählers nicht zulassen. Zudem hat der BR-Vors. geeignete Vorkehrungen für ein unbeobachtetes Ausfüllen der Stimmzettel mittels Wahlkabine zu treffen (vgl. § 12 Abs. 1 Satz 1 WO 2001).[42] Nach den Grundsätzen der **Verhältniswahl** erfolgt die Wahl, sofern mindestens zwei Wahlvorschläge gemacht werden (vgl. auch § 27 Rn. 1). Wird nur ein Wahlvorschlag (Vorschlagsliste) eingereicht oder ist nur ein BR-Mitgl. freizustellen, wird die

35 LAG BaWü 18.1.12 – 20 TaBV 1/11, brwo; LAG Brandenburg 4.3.03 – 2 TaBV 22/02; DKW-Wedde, Rn. 21; Fitting Rn. 13.
36 BAG 24.3.21 – 7 ABR 6/20; Bartl, AiB 9/21, 48.
37 BAG 20.6.18 – 7 ABR 48/16.
38 LAG Köln 13.5.20 – 11 TaBV 28/19, zur Aufsplittung in 23 getrennte Wahlvorgänge.
39 LAG Düsseldorf 27.11.19 – 4 TaBV 19/19.
40 BAG 24.3.21 – 7 ABR 6/20.
41 BAG 24.3.21 – 7 ABR 6/20; ArbG Hamburg 30.4.15 – 17 BV 12/14 n.v.; Fitting, Rn. 39.
42 LAG Nds. 24.4.09 – 10 TaBV 55/08; ArbG Hamburg 30.4.15 – 17 BV 12/14 n.v.

Wahl als Mehrheitswahl durchgeführt. Jedenfalls bei Verhältniswahl erfolgt die Wahl der freizustellenden BR-Mitgl. – auch bei Voll- und Teilfreistellungen – **in einem Wahlgang.**[43] Bei **Teilfreistellungen** ist im Zusammenhang mit einer **Verhältniswahl** zu berücksichtigen, dass die aus einer Vollfreistellung aufgeteilten Teilfreistellungen der Liste zufallen, welcher die Vollfreistellung zufallen würde.[44] Ergeben sich bei der Wahl **Pattsituationen**, sind diese nach Auffassung des BAG durch Losentscheid aufzulösen.[45]

Die Wahl der freizustellenden BR-Mitgl. kann analog § 19 Abs. 2 nur innerhalb von zwei Wochen **angefochten** werden.[46] Die Anfechtungsfrist beginnt grundsätzlich mit dem Abschluss der Wahl, d. h. mit der Feststellung des Wahlergebnisses durch den BR.[47] Dies gilt auch, wenn die nach Abs. 2 erforderliche Beratung mit dem AG unterblieb.[48] Eine Anfechtung in Folge einer unterlassenen Beratung mit dem AG ist ausgeschlossen.[49] Eine Anfechtung wegen Verstoß gegen wesentliche Wahlvorschriften soll möglich sein, wenn die Freistellungswahlen vor Beginn der Amtszeit des neu gewählten BR erfolgt sind, z. B. auf der konstituierende Sitzung nach § 29 Abs. 1.[50] Einzelne oder mehrere BR-Mitglieder können die Wahl binnen einer Frist von zwei Wochen nach Bekanntgabe des Wahlergebnisses **anfechten**. Bekanntgabe ist bei der Freistellungswahl die Feststellung des Wahlergebnisses durch den BR. Wenn ein anfechtungsberechtigtes BR-Mitgl. verhindert war, beginnt **nur** für dieses Mitgl. die Anfechtungsfrist mit der Kenntniserlangung von der Wahl und dem Wahlergebnis.[51] Mit dem Ende der Freistellung entfällt das Rechtsschutzbedürfnis, dass diese Freistellung unwirksam war; der Wahlanfechtungsantrag wird unzulässig.[52] Zur Nichtigkeit vgl. § 19 Rn. 2.[53] 5

Der BR hat dem AG die Namen der **Freizustellenden** mitzuteilen. Hält der AG den Beschluss des BR für sachlich nicht vertretbar, kann er innerhalb von zwei Wochen die **Einigungsstelle** anrufen. Der AG soll etwaige sachliche Bedenken gegen die Freistellung eines gewählten BR-Mitgl. **nur** im Einigungsstellenverfahren klären können. Seine Bedenken sollen end- 6

43 LAG BaWü 18.1.12 – 20 TaBV 1/11, brwo; LAG Nürnberg, DB 91, 1178; LAG Frankfurt, DB 91, 2494; vgl. ergänzend DKW-Wedde, Rn. 34 ff., 41 ff.

44 BAG 24.3.21 – 7 ABR 6/20; LAG BaWü 25.4.13 – 21 TaBV 7/12; LAG BaWü 18.1.12 – 20 TaBV 1/11, brwo; LAG Brandenburg 4.3.03 – 2 TaBV 22/02; DKW-Wedde, Rn. 21; Ratayczak, AiB 10, 296; a. A. Fitting, Rn. 43.

45 BAG, DB 93, 334.

46 BAG 20.4.05 – 7 ABR 47/04, brwo; AiB 93, 234 m. Anm. v. Grimberg.

47 BAG 21.2.18 – 7 ABR 54/16.

48 Vgl. LAG Berlin, AuR 95, 469.

49 BAG 22.11.17 – 7 ABR 26/16, AiB 10/18, 55.

50 LAG Hamburg 23.7.07 – 3 TaBV 13/06.

51 BAG, DB 05, 2416.

52 BAG 20.6.18 – 7 ABR 48/16.

53 S. auch LAG Köln 13.5.20 – 11 TaBV 28/19, zur Aufsplittung in 23 getrennte Wahlvorgänge.

gültig zurückstehen, wenn er die Einigungsstelle nicht fristgerecht anruft oder die Einigungsstelle die Bedenken für unbegründet erachtet hat.[54] Betriebliche Notwendigkeiten sind nur dann anzuerkennen, wenn dringende betriebliche Gründe bestehen, die den zwingenden Vorrang vor dem Interesse des BR an der Freistellung gerade dieses BR-Mitgl. haben.[55] Durch den **Spruch der Einigungsstelle** (bzw. Einigung in der Einigungsstelle) wird die Einigung zwischen BR und AG ersetzt. Bestätigt die Einigungsstelle jedoch nicht den Beschluss des BR, muss sie andere freizustellende BR-Mitgl. bei Abwägung zwischen einer ordnungsgemäßen BR-Arbeit und der betrieblichen Notwendigkeiten sowie unter Beachtung der Minderheitenregelung bestimmen.[56]

7 Ist der Beschluss des BR wirksam geworden, sind die freigestellten BR-Mitgl. nicht mehr zur Erbringung ihrer Arbeitsleistung verpflichtet. Damit entfällt auch das **Direktionsrecht** des AG. Deshalb können einem freigestellten BR-Mitgl. bestimmte Anwesenheitszeiten im Betrieb durch den AG nicht vorgeschrieben werden, sofern die BR-Tätigkeit in den betriebsüblichen Arbeitszeiten verrichtet wird.[57] Die Dauer der Freistellung erfolgt in der Regel für die gesamte Amtszeit des BR.[58]

5. Beendigung, Abberufung, Rücktritt

8 Die Freistellung endet grundsätzlich mit dem Ende der Amtszeit des BR (§ 21) bzw. dem Erlöschen der Mitgliedschaft im BR (§ 24).[59] Weiterhin im Fall der Auflösung des BR (§ 23 Abs. 1), einer erfolgreichen Wahlanfechtung (§ 19) oder eines erfolgreichen Amtsenthebungsverfahrens (§ 23 Abs. 1). Die **Abberufung** von der Freistellung (Abs. 2 Satz 8 i. V. m. § 27 Abs. 1 Satz 5) ist jederzeit ohne Angabe von Gründen möglich (s. im Einzelnen § 27 Rn. 4).[60] Gleiches gilt auch für den **Rücktritt,** der gegenüber dem BR zu erklären ist. Eine geheime Abstimmung ist gesetzlich nur vorgeschrieben, wenn die Wahl der freigestellten BR-Mitgl. nach den Grundsätzen der **Verhältniswahl** erfolgt ist (s. § 27 Rn. 4). In diesem Fall bedarf die Abwahl auch einer Mehrheit von drei Vierteln der Stimmen der BR-Mitgl.[61] Für den Beschluss

---

54 BAG 22.11.17 – 7 ABR 26/16, AiB 10/18, 55.
55 LAG BaWü 26.10.07 – 5 TaBV 1/07, brwo.
56 BAG 22.11.17 – 7 ABR 26/16, AiB 10/18, 55; DKW-Wedde, Rn. 51 ff.
57 ArbG Nienburg, AiB 00, 289.
58 BAG 20.4.05 – 7 ABR 47/04; LAG RP 14.5.13 – 6 SaGa 2/13, brwo.
59 HessLAG 21.12.20 – 16 TaBVGa 189/20, wonach die unwiderrufliche Freistellung eines AN während der Kündigungsfrist nicht zum Erlöschen der Mitgliedschaft im BR führt.
60 LAG Hamburg 7.8.12 – 2 TaBV 2/12, brwo.
61 BAG, DB 05, 2416; NZA 93, 329.

gelten die allgemeinen Grundsätze einer geheimen Abstimmung (s. Rn. 4). Grundsätzlich ist bei einer solchen Abberufung das ersatzweise freizustellende BR-Mitgl. in entsprechender Anwendung des § 25 Abs. 2 Satz 1 der Vorschlagsliste zu entnehmen, der das zu ersetzende Mitglied angehört.[62] Bei Erschöpfung der Liste ist das ersatzweise freizustellende BR-Mitgl. im Wege der Mehrheitswahl neu zu wählen, eine analoge Anwendung von § 25 Abs. 2 Satz 2 kommt nicht in Betracht.[63] Im Fall der **Mehrheitswahl** reicht für die Abberufung die einfache Stimmenmehrheit des BR. Dem BR bleibt es unbenommen, mehrere oder alle freigestellten BR-Mitgl. abzuberufen und eine Nach- bzw. Neuwahl durchzuführen.

Generell gilt: Ist die Liste, der der bisher Freigestellte angehört hat, noch nicht erschöpft, ist das ersatzweise freigestellte BR-Mitgl. als **Nachrücker** von der Vorschlagsliste zu entnehmen, der das zu ersetzende BR-Mitgl. angehörte.[64] Erforderlich werdende **Nachwahlen** finden unabhängig davon, ob die Freizustellenden in Verhältnis- oder Mehrheitswahl gewählt wurden, durch **Mehrheitswahl** statt, wenn die Liste erschöpft ist, der der bisher Freigestellte angehört hat.[65] Ein Minderheitenschutz reicht nicht weiter als der Wahlvorschlag.[66] Eine Neuwahl sämtlicher freizustellender BR-Mitgl. ist nicht erforderlich.[67] Zur Anfechtung des Beschlusses s. Rn. 5.

Ein abberufenes BR-Mitgl. kann sich gegen seine Abwahl mit einer einstweiligen Verfügung wehren und eine vorläufige Duldung seines weiteren Tätigwerdens verlangen, wenn die Abwahl unter einem schwerwiegenden Mangel leidet, z. B. wegen einer nicht ordnungsgemäßen Beschlussfassung.[68]

Wird im Laufe der BR-Amtszeit eine **Erhöhung der Zahl der Freistellungen** notwendig, so findet eine isolierte Neuwahl nach den Grundsätzen der Mehrheitswahl nur dann statt, wenn auch die bisherigen freigestellten BR-Mitgl. nach den Grundsätzen der Mehrheitswahl gewählt worden sind. Ist die Erstwahl nach den Grundsätzen der Verhältniswahl erfolgt, müssen alle freigestellten BR-Mitgl. neu gewählt werden, um eine Wahl nach den Grundsätzen der Verhältniswahl zu ermöglichen.[69] Es bedarf dazu nicht einer vorherigen Abberufung der bisherigen freigestellten BR-Mitgl. **Sinkt die Belegschaftsstärke auf Dauer** ab – also nicht nur vorübergehend –, ist deshalb die Zahl der freigestellten BR-Mitgl. zu reduzieren, es sei denn, die Aufgaben 8a

62 BAG 20.4.05 – 7 ABR 44/04, brwo.
63 BAG 21.2.18 – 7 ABR 54/16; HessLAG 23.11.20 – 16 TaBV 79/20.
64 BAG, DB 05, 2416; DB 02, 1165.
65 BAG, NZA 05, 1013, BB 02, 1318; a. A. DKW-Wedde, Rn. 61.
66 BAG 21.2.18 – 7 ABR 54/16, NZA 18, 951.
67 BAG, BB 02, 1318.
68 ArbG Weiden 1.6.10 – 6 BVGa 8/10.
69 BAG, NZA 05, 1013; HessLAG 28.5.09 – 9 TaBV 20/09.

des BR haben sich nicht entsprechend reduziert.[70] Alle Freizustellenden sind neu zu wählen, es bedarf dazu keiner Beschlussfassung etwa mit einer dreiviertel Mehrheit.[71]

6. Umfang der Arbeitspflicht

8b Die freigestellten BR-Mitgl. sind grundsätzlich von ihrer gesamten **Arbeitspflicht freigestellt**, Teilfreigestellte anteilsmäßig. Sie unterliegen nicht dem Direktionsrecht des AG hinsichtlich der Arbeitsleistung. Das freigestellte BR-Mitgl. ist nach nicht überzeugender Auffassung des BAG[72] verpflichtet, sich vor der Wahrnehmung von BR-Tätigkeit außerhalb des Betriebes bei dem AG abzumelden und sich nach Rückkehr wieder zurückzumelden. Demgegenüber ist das freigestellte BR-Mitgl. nicht verpflichtet, den Ort der beabsichtigten BR-Tätigkeit vor dem Verlassen des Betriebes bekanntzugeben.[73] Anstelle der Arbeitspflicht tritt die Verpflichtung des BR-Mitgl. **während seiner arbeitsvertraglichen Arbeitszeit** im Betrieb am Sitz des BR anwesend zu sein und sich dort für anfallende BR-Arbeit bereitzuhalten.[74] Insbesondere kann der AG Anwesenheitszeiten nicht vorgeben, wenn BR-Tätigkeit zu den betriebsüblichen Arbeitszeiten erfolgt.[75] Das freigestellte BR-Mitgl. muss während der betriebsüblichen Arbeitszeiten im Betrieb erreichbar sein und die BR-Tätigkeit im Rahmen der allg. Vorgaben grundsätzlich so einteilen, wie es seiner Ansicht nach für die ordnungsgemäße Durchführung seiner Aufgaben erforderlich ist.[76] Betriebsübliche Zeiten sind solche Zeiten, in denen im Betrieb oder in einzelnen Abteilungen gearbeitet wird.[77] Wenn in einem Betrieb eine BV die Anwendung eines Zeiterfassungssystems regelt, gilt diese auch grundsätzlich für das freigestellte BR-Mitgl. und ihm ist die Teilnahme am Arbeitszeiterfassungssystem nach dieser BV zu ermöglichen.[78] Mit der Freistellung kann sich auch der **Arbeitsort (Leistungsort)** ändern, wenn der bisherige Arbeitsort nicht identisch mit dem Sitz des BR ist; der **Leistungsort** wird infolge der Freistellung

70 LAG Köln, AiB 89, 165 mit Anm. Grimberg; Fitting, Rn. 17, 19; DKW-Wedde, Rn. 10.
71 BAG, DB 93, 1527.
72 BAG 24.2.16 – 7 ABR 20/14, AiB 9/16, 57; a.A. noch die Vorinstanz LAG BB 30.1.14 – 18 TaBV 1052/13.
73 BAG 24.2.16 – 7 ABR 20/14, AiB 9/16, 57.
74 BAG 25.10.17 – 7 AZR 731/15; 10.7.13 – 7 ABR 22/12.
75 LAG Hamm 20.3.09 – Sa 1407/08.
76 LAG Hamm 20.3.09 – Sa 1407/08, juris.
77 LAG Rheinland-Pfalz 8.11.07 – 9 TaBV 37/07, brwo; ArbG Nienburg, AiB 00, 289.
78 BAG 28.9.16 – 7 AZR 248/14, NZA 17, 335; 10.7.13 – 7 ABR 2212, DB 13, 2571.

verändert (zu den Folgen bei einvernehmlicher Verlagerung der Arbeitszeiten s. Rn. 14).[79] Zu mobiler Arbeit und BR-Tätigkeit s. § 37 Rn. 8.[80] Nach abzulehnender Rspr. des BAG[81] sind die höheren Fahrtkosten zwischen dem Sitz des BR, der weiter entfernt ist als der Arbeitsort, und dem Wohnort eines freigestellten BR-Mitgl. vom AG nicht nach § 40 Abs. 1 zu erstatten; diese Erstattung würde gegen das Begünstigungsverbot des § 78 verstoßen (vgl. § 37 Rn. 14 bei einer pauschalen Freistellung nach § 37 Abs. 2). Diese Rspr. ist noch weniger verständlich, wenn das BVerwG[82] zum PersVG genau zu der entgegengesetzten Auffassung gelangt. Im Fall eines hessischen PR-Mitgl., das freigestellt ist, ist Trennungsgeld für den gleichen Fall in Form der Fahrkostenerstattung, Wegstrecken- oder Mitnahmeentschädigung anerkannt worden, und zwar genau mit der Begründung, dass ansonsten gegen das Benachteiligungsverbot verstoßen würde.
Hinsichtlich des **Urlaubs** gelten für ein freigestelltes BR-Mitgl. die Regelungen, die anzuwenden wären, wenn keine Freistellung vorliegen würde.[83] Das BR-Mitgl. hat Anspruch auf Überlassung eines **Firmenfahrzeuges** zur privaten Nutzung, wenn der AG ihm vor der Freistellung ein Firmenfahrzeug – auch zur privaten Nutzung – zur Verfügung gestellt hat.[84] Eine Nutzung des Firmenfahrzeuges scheidet aber dann aus, wenn das Fahrzeug ausschließlich zur dienstlichen Nutzung, nicht jedoch zur privaten Nutzung zur Verfügung stand.[85] Einem freigestellten BR-Mitgl., dessen Freistellung durch den AG nicht infrage gestellt wird, fehlt bei einer Klage, mit der das freigestellte BR-Mitgl. die Verurteilung des AG verlangt, ihn mit bestimmten Tätigkeiten zu beschäftigen bzw. nicht zu beschäftigen, grundsätzlich das berechtigte Interesse.[86]

7. Verdienst- und Tätigkeitsschutz

Das freigestellte BR-Mitglied hat gem. Abs. 3 Anspruch auf das **Arbeitsentgelt nach § 37,** das es bei Ausübung seiner beruflichen Tätigkeit erhalten würde; insoweit gilt das Gleiche wie für vorübergehend von der Arbeit be- 9

79 BAG, DB 91, 2594.
80 Zur Situation bei einem freigestellten BR-Mitgl. s. ArbG Frankfurt 3.8.16 – 6 BV 846/15.
81 BAG, AiB 08, 53. mit kritischer Anm. Schneider; LAG Sachsen 15.5.12 – 7 TaBV 22/11, juris.
82 BVerwG, PersR 07, 387.
83 BAG, DB 03, 1963.
84 BAG, DB 04, 2702.
85 BAG 25.2.09 – 7 AZR 954/07, brwo, im Falle der ausschließlichen Nutzung als Kundendienstfahrzeug.
86 BAG 23.9.14 – 9 AZR 1100/12, NZA 15, 179 im Falle einer behindertengerechten Beschäftigung,

freite BR-Mitglieder (s. im Einzelnen § 37 Rn. 14 und 24 ff.). Die durch das Zweite Gesetz zur Änderung des BetrVG – beschlossen durch den Bundestag im Juni 2024 – eingefügten Sätze 3 bis 5 in § 37 Abs. 4,[87] gelten ebenso für freigestellte BR-Mitgl. Deswegen wird auf die Kommentierung zu § 37 Rn. 24 ff. verwiesen.

AG und BR können sich über eine aus ihrer Sicht in gewissem Umfang **erforderliche Mehrarbeit** von BR-Mitgl. verständigen, wobei ein freigestelltes BR-Mitgl. grundsätzlich nicht auf einen vorrangigen Freizeitausgleich verwiesen werden kann. Die Zusage eines **pauschalierten Monatsbetrags** für die Fortzahlung von **Zeit- oder Erschwerniszuschlägen** an ein freigestelltes BR-Mitgl. ist zulässig. Da die Zuschläge in diesem Fall hypothetisch zu berechnen sind und bei einem vollständig freigestellten BR-Mitgl. zur Ermittlung der hypothetischen Zuschlagshöhe ggf. eine Schätzung nach den Grundsätzen des § 287 Abs. 2 ZPO anhand der von vergleichbaren AN geleisteten Tätigkeiten zu zuschlagsrelevanten Zeiten vorzunehmen ist, kann auch die Festlegung eines pauschalen Monatsbetrags im Einklang mit § 37 Abs. 2 und § 78 Satz 2 stehen. Voraussetzung ist dabei, dass die Pauschale im Wesentlichen dem Durchschnitt der tatsächlichen hypothetischen Zuschlagsansprüche entspricht und sich folglich in der pauschalen Zahlung keine versteckte zusätzliche Vergütung verbirgt.[88] Der **pauschale Ersatz** regelmäßig entstehender **Auslagen und Aufwendungen** ist ebenfalls dann zulässig, wenn es sich dabei nicht um eine versteckte Vergütung handelt,[89] und aufgrund der praktischen Unmöglichkeit von Einzelabrechnungen oder ihrer wirtschaftlichen Unzumutbarkeit die Festlegung einer Pauschale erforderlich ist (s. § 37 Rn. 14 sowie § 78 Rn. 5).[90]

Der in § 37 Abs. 4, 5 geregelte **Verdienst- und Tätigkeitsschutz** (vgl. § 37 Rn. 24 ff.) wird auf zwei Jahre verlängert, wenn ein BR-Mitgl. über drei volle aufeinander folgende Amtszeiten von der Arbeit freigestellt war. Für den Anspruch auf den erhöhten nachwirkenden Schutz kommt es nicht auf die Beendigung der Amtszeit an, sondern auf den Ablauf der Amtszeit des BR, mit der das Mitgl. aus dem BR ausscheidet.[91]

---

87 BT-Drucks. 20/9469 v. 27.11.23.

88 BAG 29.8.18 – 7 AZR 206/17; Tietel/Hocke, Nach der Freistellung, 2015; Waas, S. 40.

89 BAG 9.11.55 – 1 AZR 329/54, AP Nr. 1 zu Art. IX KRG Nr. 22 Betriebsrätegesetz; LAG Köln, DB 85, 394; offengelassen von BAG 16.2.05 – 7 AZR 95/04, AuR 05, 386.

90 BAG 29.8.18 – 7 AZR 206/17; ArbG Stuttgart 13.12.12 – 24 Ca 5430/12, AuR 13, 136 mit Anm. Mittag; Waas, S. 40; Däubler SR 3/17, 85, 106 ff.

91 Vgl. dazu DKW-Wedde, Rn. 83.

8. Teilnahme an Maßnahmen der Berufsbildung

Damit freigestellte BR-Mitgl. den Anschluss an ihre **berufliche Entwicklung** nicht verlieren, muss der AG ihnen die Teilnahme an inner- und außerbetrieblichen Maßnahmen der Berufsbildung auch während der Amtszeit ermöglichen.[92] Darüber hinaus ist freigestellten BR-Mitgl. nach Beendigung ihrer Freistellung innerhalb eines Jahres bzw. zwei Jahren Gelegenheit zu geben, eine wegen der Freistellung unterbliebene betriebsübliche berufliche Entwicklung nachzuholen.[93] Dies gilt auch, wenn nur die Freistellung und nicht die Tätigkeit im BR endet. Es kommen auch außerbetriebliche Maßnahmen in Betracht, deren Kosten der AG zu tragen hat. 10

§ 39 Sprechstunden

(1) Der Betriebsrat kann während der Arbeitszeit Sprechstunden einrichten. Zeit und Ort sind mit dem Arbeitgeber zu vereinbaren. Kommt eine Einigung nicht zustande, so entscheidet die Einigungsstelle. Der Spruch der Einigungsstelle ersetzt die Einigung zwischen Arbeitgeber und Betriebsrat.

(2) Führt die Jugend- und Auszubildendenvertretung keine eigenen Sprechstunden durch, so kann an den Sprechstunden des Betriebsrats ein Mitglied der Jugend- und Auszubildendenvertretung zur Beratung der in § 60 Abs. 1 genannten Arbeitnehmer teilnehmen.

(3) Versäumnis von Arbeitszeit, die zum Besuch der Sprechstunden oder durch sonstige Inanspruchnahme des Betriebsrats erforderlich ist, berechtigt den Arbeitgeber nicht zur Minderung des Arbeitsentgelts des Arbeitnehmers.

Inhaltsübersicht Rn.

1. Einrichtung von Sprechstunden

Über die Notwendigkeit von Sprechstunden, in welcher Form die Sprechstunden durchgeführt werden, und wer vom BR die Sprechstunden durchführt, entscheidet allein der BR durch Beschluss (§ 33).[1] Die Sprechstunden 1

---

92 BAG 27.7.17 – 6 AZR 438/16; Rudolph, AiB 10, 734; Cox/Kölbach, AiB 10, 731 zu Teilnahmeschreiben vgl. DKW-F-Wedde, § 38 Rn. 15.

93 Zu Musterschreiben vgl. DKW-F-Wedde, § 38 Rn. 15.

1 Übersicht bei Rudolph, AiB 23, 3/26.

können auch mittels Video-/Telefonkonferenz durchgeführt werden, wobei sichergestellt werden muss, dass Dritte keine Kenntnisse vom Inhalt erlangen können.[2] Besteht ein BA, so hat dieser über die Modalitäten der Durchführung zu bestimmen. Denn die Durchführung der Sprechstunden gehört zur laufenden Geschäftsführung des BR.

Eine Vereinbarung zwischen BR und AG muss hinsichtlich des **Ortes**, der zeitlichen **Lage** und der **Häufigkeit** der Sprechstunden während der Arbeitszeiten **herbeigeführt** werden.[3] Bei keiner Einigung entscheidet die Einigungsstelle. Dagegen entscheidet über die Dauer der Sprechstunden allein der BR, wobei er die Erforderlichkeit und Verhältnismäßigkeit zu berücksichtigen hat.[4] Wenn aber die Sprechstunden **außerhalb der Arbeitszeit**, aber innerhalb des Betriebes in den Räumen des BR stattfinden, ist eine Vereinbarung mit dem AG nicht notwendig.[5] Da der einzelne AN grundsätzlich die Möglichkeit haben muss, immer dann, wenn er es für nötig hält, zeitnah an die einzelnen Mitgl. des BR heranzutreten, ist es nicht zulässig, die AN in Filialbetrieben praktisch nur auf die Sprechstunden oder auf bestimmte ortsansässige BR-Mitgl. zu verweisen. Jedes einzelne BR-Mitgl. genießt das in ihn gesetzte Vertrauen der Belegschaft. Jeder AN muss daher auch die Möglichkeit haben, das BR-Mitgl. seines Vertrauens aufzusuchen, ohne hieran allein wegen der räumlichen Entfernung gehindert zu sein.[6]

Den BR-Mitgl., denen die Durchführung der Sprechstunden obliegt, ist **Arbeitsbefreiung** nach § 37 Abs. 2 zu gewähren, soweit sie nicht nach § 38 freigestellt sind.[7] Werden die Sprechstunden aus betriebsbedingten Gründen außerhalb der Arbeitszeit durchgeführt, findet § 37 Abs. 3 Anwendung.[8] Lediglich die Einrichtung und Abhaltung von Sprechstunden rechtfertigt jedoch nicht die **pauschale Freistellung** eines BR-Mitgl.[9]

2 In den Sprechstunden können **alle Angelegenheiten** behandelt werden, die in den Aufgabenbereich des BR fallen und in unmittelbarem Zusammenhang mit dem Arbeitsverhältnis stehen. Hierzu gehört auch die Behandlung von **Beschwerden** (§ 85) und die Entgegennahme von **Anregungen** (§ 80 Abs. 1 Nr. 3). Eine **Erörterung von Rechtsfragen** im Rahmen der Aufgaben des BR ist nach dem seit dem 1.7.2008 geltenden RDG zulässig.[10] Dieses be-

---

2 Fitting, Rn. 8.

3 Zur Muster-BV vgl. DKW-F-Wedde, § 39 Rn. 11.

4 DKW-Wedde, Rn. 11; a. A. Fitting, Rn. 12.

5 DKW-Wedde, Rn. 11; Fitting, Rn. 11 wenn sie außerhalb des Betriebes durchgeführt wird.

6 BAG 30.6.93 – 7 ABR 64/92; LAG München 1.7.22 – 7 TaBV 70/21.

7 Fitting, Rn. 8.

8 Fitting, Rn. 16; DKW-Wedde, Rn. 14.

9 BAG, AiB 92, 456.

10 Vgl. im Einzelnen Düwell, dbr 08, Heft 7, 16.

trifft aber nicht jede Art von Beratung. Vielmehr wird durch § 2 Abs. 3 Nr. 3 RDG nur die Erörterung der die Beschäftigten berührenden Rechtsfragen erlaubt, soweit ein Zusammenhang zu den Aufgaben des BR besteht. Danach ist nur eine Erstberatung zulässig, die auch wegen der Haftungsfragen für den BR nicht ausgedehnt werden sollte.[11] Die ausführliche Rechtsberatung sollte durch den gewerkschaftlichen Rechtsschutz bzw. durch Rechtsanwälte erfolgen.

Der BR kann Sachverständige zu Sprechstunden hinzuziehen, sofern dies für eine ordnungsgemäße Beratung der AN erforderlich ist. Dazu ist aber eine Vereinbarung gem. § 80 Abs. 3 mit dem AG notwendig. Das soll auch dann gelten, wenn ein Gewerkschaftsvertreter als Sachverständiger tätig wird. Das gilt aber dann nicht, wenn der BR eine im Betrieb vertretene Gew. bittet, im Rahmen der allgemeinen Unterstützungsfunktion gem. § 2 Abs. 1 an der Sprechstunde teilzunehmen. In dem Fall ist der AG nur gem. § 2 Abs. 2 zu unterrichten.[12]

2. Sprechstunden der JAV

In Betrieben, die in der Regel mehr als 50 jugendliche AN und Auszubil- 3
dende beschäftigen, kann die **JAV** Sprechstunden während der Arbeitszeit einrichten. Zeit und Ort sind zwischen BR und AG zu vereinbaren.[13]

3. Sonstige Inanspruchnahme des Betriebsrats

Der AN ist berechtigt, Sprechstunden des BR aufzusuchen oder auch den BR 4
außerhalb der Sprechstunden in Anspruch zu nehmen, wenn dies erforderlich ist.[14] Er braucht dem AG den Anlass seines Besuches nicht mitzuteilen. Ein Verlust an Arbeitsentgelt entsteht nicht. Der AN hat sich lediglich ordnungsgemäß **abzumelden** sowie nach Rückkehr wieder anzumelden. Verweigert der AG ohne triftigen Grund den Besuch der Sprechstunden, kann der AN bei vorliegender Erforderlichkeit auch gegen den Widerspruch des AG die Sprechstunden aufsuchen.

Die **kollektive Inanspruchnahme** des BR – mehrere AN zur gleichen Zeit – ist 5
z. B. zur Information über den Stand wichtiger betrieblicher Fragen zulässig.[15] Im Rahmen ihrer Unterstützungsfunktion nach § 2 Abs. 1 können die im

11 Zur Haftung s. Schwab, AiB 08, 571.
12 DKW-Wedde Rn. 8 f.; Fitting Rn. 9.
13 Vgl. im Übrigen § 69; DKW-Wedde, Rn. 20 ff.
14 BAG 30.6.93 – 7 ABR 64/92; LAG München 1.7.22 – 7 TaBV 70/21.
15 LAG Hamburg 28.7.82 – 5 Sa 23/82; ArbG Darmstadt 2.10.86 – 2 Ca 191/86; a. A. LAG Frankfurt 11.11.87 – 8 Sa 203/87; LAG Nds., NZA 87, 33, wenn sich die AN über den Stand von tariflichen Schlichtungsverhandlungen informieren wollen; ArbG Osnabrück, NZA 95, 1013.

Betrieb vertretenen Gew. in die Sprechstunden einbezogen werden, z.B., um durch Beauftragte bei der Auslegung von TV behilflich zu sein (s. Rn. 2).[15]

6 Der AG ist verpflichtet, das **Entgelt**, ggf. einschl. aller Zulagen und Zuschläge, fortzuzahlen, wenn der AN die Sprechstunde des BR aufsucht oder den BR sonst wie in Anspruch nimmt. Dabei muss die Inanspruchnahme des BR erforderlich sein.[16]

§ 40 Kosten und Sachaufwand des Betriebsrats

(1) Die durch die Tätigkeit des Betriebsrats entstehenden Kosten trägt der Arbeitgeber.

(2) Für die Sitzungen, die Sprechstunden und die laufende Geschäftsführung hat der Arbeitgeber in erforderlichem Umfang Räume, sachliche Mittel, Informations- und Kommunikationstechnik sowie Büropersonal zur Verfügung zu stellen.

Inhaltsübersicht Rn.

1. Erforderlichkeit der Kosten

1 Der DGB-Entwurf für ein modernes BetrVG fordert die Ergänzung der bisherigen Vorschrift durch einen neuen Abs. 1 Satz 2, wonach sich die in Satz 1 enthaltene Kostentragungspflicht ausdrücklich auf erforderliche transnationale Kontakte sowie auf die Einschaltung von Sachverständigen und juristischen Beratern erstrecken soll, ohne dabei auf die in § 80 Abs. 3 enthaltene Erforderlichkeit abzustellen.[1]

15 LAG BaWü, BB 74, 1206; DKW-Wedde, Rn. 9.

16 DKW-Wedde, Rn. 23; zu Musterschreiben vgl. DKW-F-Wedde, § 39 Rn. 10.

Der BR besitzt zwar als Organ der Betriebsverfassung keine generelle Rechts- und Vermögensfähigkeit, er ist jedoch insoweit partiell vermögensfähig, als das BetrVG vermögensrechtliche Ansprüche für ihn vorsieht.[2] Eine darüberhinausgehende generelle Vermögensfähigkeit kann auch durch Vereinbarung zwischen AG und BR oder auf andere Art und Weise nicht geschaffen werden. Nach Auffassung des BAG sind nur solche Kosten erstattungsfähig, deren Aufwendung der BR unter Anlegung eines verständigen Maßstabs für erforderlich halten konnte.[3] Der BR hat wie jeder, der auf Kosten eines anderen handeln kann, die Maßstäbe einzuhalten, die er gegebenenfalls bei eigener Kostentragung anwenden würde, wenn er selbst bzw. seine beschließenden BR-Mitgl. die Kosten tragen müssten.[4] In Höhe dieser Kosten hat der BR einen Freistellungsanspruch gegenüber der AG. Dazu gehören[5] z. B.: **Kosten für die laufende Geschäftsführung**, einschließlich **Post-, Fernsprech- und Telefaxgebühren** (vgl. Rn. 10 ff.).[6] Erstattungsfähig sind auch solche Kosten, die im Zusammenhang mit dem Abschluss eines Vertrages zwischen dem BR und einem Dritten (z. B. einem Rechtsanwalt, einem Sachverständigen bzw. Berater, vgl. § 40 Rn. 5 und 6) auf der Grundlage eines BR-Beschlusses entstehen und erforderlich sind. Einen wirksamen Beratungsvertrag kann der BR mit einer Beratungsgesellschaft im eigenen Namen abschließen, denn er ist teilrechtsfähig und teilvermögensfähig, soweit er innerhalb des ihm vom BetrVG zugewiesenen Wirkungskreises tätig wird.[7] Innerhalb dieses Wirkungsbereiches kann der BR berechtigt und verpflichtet werden. Der BR kann deshalb im eigenen Namen keine Job-Ticket-Verträge mit einem Verkehrsverbund abschließen.[8] Ein »überschießender« Vertrag (z. B. überschreitet der Beratungs- und Zeitaufwand des Sachverständigen das erforderliche Maß, oder die im Vertrag vereinbarte Vergütungshöhe für den Berater den marktüblichen Tarif) ist teilunwirksam, und der BR wird hinsichtlich des »überschießenden« Teils nicht verpflichtet. Eine **Haftung des BR** scheidet aus.[9] Hinsichtlich des »überschießenden« Vertragsteils **haften die BR-Mitgl. nicht** unmittelbar und zusätzlich für Verpflichtungen des BR, da diese Risiken und finanziellen Belastungen der BR-Mitgl. im völligen Widerspruch zur Ausgestaltung des BR-Amtes als un-

---

1 *https://aur-blog.eu/reformvorschlag/.*

2 BAG 29. 9. 04 – 1 ABR 30/03, NZA 05, 123; LAG Köln 20. 7. 18 – 9 TaBV 74/17, juris.

3 BAG, NZA 08, 546.

4 BAG 27. 5. 15 – 7 ABR 26/13, NZA 15, 1141; 18. 3. 15 – 7 ABR 4/13, NZA 15, 954.

5 Vgl. DKW-Wedde, Rn. 15 ff., 44 ff.; Roos, AiB 98, 188.

6 Zu Musterschreiben vgl. DKW-F-Wedde, § 40 Rn. 11 ff.

7 BGH, AiB 13, 385 mit Anm. Ratayczak; BAG 19. 1. 10, NZA 2010, 592; DKW-Wedde, Einleitung Rn. 141, 142.

8 AG Dortmund 10. 4. 18 – 425 C 7881/17, NZA-RR 18, 474.

9 BAG, NZA 1987, 100; DKW-Wedde, Einleitung Rn. 141, 142.

entgeltliches Ehrenamt stehen.[10] Zur Haftung von BR-Mitgl., die nach außen für den BR handeln s. § 26 Rn. 6.

Die Kostentragungspflicht des AG besteht auch für die Tätigkeit eines BR, dessen Wahl angefochten worden ist, und zwar auch im Falle der Nichtigkeit, wenn die Nichtigkeit auf einer nicht offenkundigen Verkennung des Geltungsbereiches des BetrVG (§ 118 Abs. 2) beruht.[11] Diese Grundsätze gelten auch bei einem zu Unrecht errichteten KBR.[12] Die bei Ablauf der Amtszeit des BR vom AG noch nicht erfüllten Kostenfreistellungsansprüche gehen mangels neuem BR nicht unter. Der BR bleibt auch **nach Amtszeitende** befugt (analog § 22), noch nicht erfüllte Kostenerstattungs- und Freistellungsansprüche gegen den AG weiter zu verfolgen und an den Gläubiger abzutreten.[13] Ansonsten wird der neue BR Funktionsnachfolger des alten BR. Im Rahmen des **Restmandats** (§ 21b) sind dem BR die erforderlichen Sachmittel und Räume zur Verfügung zu stellen wie bei einem Vollmandat.[14] Bei einem **Übergangsmandat** (§ 21a) haben sowohl der AG des Ursprungsbetriebes als auch der AG des übernehmenden Betriebes die Kosten des BR gesamtschuldnerisch zu tragen.[15] Bei einem gemeinsamen Betrieb (§ 1 Abs. 2) haben die an dem Betrieb beteiligten AG die Kosten des BR ebenfalls gesamtschuldnerisch zu tragen.[16] Bei einem Betriebsübergang tritt der neue Inhaber des Betriebs materiellrechtlich in die betriebsverfassungsrechtliche Stellung des bisherigen Betriebsinhabers ein. Der neue Betriebsinhaber haftet daher grundsätzlich für noch nicht erfüllte Freistellungsansprüche des BR, während der bisherige Betriebsinhaber nicht mit dem neuen Betriebsinhaber gesamtschuldnerisch haftet.[17]

2 Die Kosten für **Dolmetscher** hat der AG zu tragen, wenn diese zur Verständigung mit ausländischen AN, z. B. in den Sprechstunden, Sitzungen oder Betriebsversamml., benötigt werden.[18] Gleiches gilt für die **Übersetzung**

---

10 BGH, AiB 13, 385 mit Anm. Ratayczak; a. A. BAG, NZA 1987, 100.

11 BAG, NZA 98, 1133; LAG Köln 10. 11. 05 – 5 TaBV 42/05, brwo, zur Kostenerstattung für nicht wirksam bestellten GBR, wenn die Bildung des GBR nicht offenkundig unzulässig war; LAG München, AuA 07, 441 sowie LAG Hamburg 5. 4. 07 – 2 TaBV 12/06, juris, bejahen Kostenerstattung eines in den KBR entsandten BR-Mitgl., wenn noch nicht abschließend die wirksame Errichtung des KBR geklärt ist.

12 BAG 23. 8. 06 – 7 ABR 51/05, juris; LAG RP 26. 2. 15 – 5 TaBV 19/14, juris.

13 BAG, BB 02, 2282; HessLAG 11. 3. 19 – 16 TaBV 201/18, juris.

14 HessLAG 13. 7. 15 – 16 TaBVGa 165/14, juris zum Intranetzugang und Einräumung eines E-Mail-Postfachs; LAG Bremen, AuR 05, 421 m. Anm. Buschmann.

15 ArbG Leipzig, NZA-RR 07, 25.

16 BAG, NZA 90, 230.

17 BAG 20. 8. 14 – 7 ABR 60/12, juris.

18 LAG Düsseldorf 30. 1. 81, EzA § 40 BetrVG 1972 Nr. 49; ArbG Stuttgart, AiB 86, 168; a. A. ArbG Leipzig 19. 1. 23 – 8 BV 56/22 zu Betriebsversamml.; zu Musterschreiben vgl. DKW-F-Wedde, § 40 Rn. 12.

von Schriftstücken für ausländische AN oder ggf. des Tätigkeitsberichts des BR nach § 43, insbesondere in Betrieben mit zahlreichen ausländischen AN,[19] bzw. von Unterlagen für die GBR-Mitgl. ins Deutsche in einem Konzern, in dem Englisch Konzernsprache ist (vgl. auch Rn. 7).[20]

Die Kosten eines **schriftlichen Tätigkeitsberichts** hat der AG zu übernehmen, wenn z. B. ein nicht unerheblicher Teil der Belegschaft verhindert ist, an der Betriebsversamml. teilzunehmen.[21] Entsprechendes kann für eine **Fragebogenaktion**[22] bzw. Kosten für ein betriebliches **Informationsblatt** des BR gelten (vgl. § 45 Rn. 5).[23] 3

Nach der neuen Rspr. des BAG **entsteht** der **Kostenfreistellungsanspruch** von erforderlichen Kosten eines BR gegen den AG nach Abs. 1 grundsätzlich **mit Eingehen der Verbindlichkeit**, von der freizustellen ist.[24] Der Kostenfreistellungsanspruch sei nämlich als Befreiungsanspruch i. S. v. § 257 Satz 1 BGB zu verstehen. Er ist demnach regelmäßig nicht daran gebunden, dass der BR im Wege einer an ihn adressierten Rechnung in Anspruch genommen wird; eine an den BR gerichtete Kostennote ist kein eigenständiges anspruchsbegründendes Tatbestandsmerkmal des Befreiungsanspruchs.

2. Reisekosten

Zu den vom AG zu tragenden Aufwendungen zählen auch **Reisekosten**,[25] einschl. der notwendigen Kosten für angemessene **Unterkunft und Verpflegung**,[26] die das BR-Mitgl. zur Durchführung konkreter BR-Tätigkeit aufgewendet hat.[27] Die einem BR-Mitgl. durch die Nutzung seines privaten PKW im Rahmen der BR-Tätigkeit entstandenen Kosten sind nicht erstattungsfähig, wenn der Arbeitgeber ein kostengünstigeres, zumutbares Verkehrsmittel in Form eines Dienstwagens angeboten hat.[28] Für Fahrten zwischen der Wohnung des BR-Mitgl. und dem Betrieb gilt dies nur für den Fall, dass das BR-Mitgl. ohne die konkret zu erledigende BR-Tätigkeit den 4

19 ArbG München, BB 74, 118; Fitting, Rn. 19.
20 ArbG Frankfurt, AiB 97, 678.
21 LAG BaWü, AuR 84, 54.
22 BAG, AuR 77, 121.
23 BAG, DB 79, 751; vgl. auch OVG Nordrhein-Westfalen, PersR 94, 429; vgl. ferner LAG Düsseldorf 1. 3. 91 – 10 TaBV 124/90, das jedoch eine regelmäßige Erscheinungsweise ablehnt.
24 BAG 8. 3. 23 – 7 ABR 10/22 unter Aufgabe der bisherigen Rspr. v. 4. 6. 03 – 7 ABR 42/02, AiB 05, 248.
25 Zu Musterschreiben vgl. DKW-F-Wedde, § 40 Rn. 14 f.
26 HessLAG 11. 4. 16 – 16 TaBV 162/15, NZA-RR16, 533; ArbG Darmstadt, AiB 88, 285.
27 BAG, AiB 08, 423 m. Anm. Rudolph.
28 LAG SH 22. 1. 14 – 6 TaBV 4/13, juris.

Betrieb nicht hätte aufsuchen müssen.[29] Befinden sich BR-Büro und Arbeitsplatz des BR-Mitgl. nicht am selben Ort, so sind auch die notwendigen Fahrtkosten zwischen Arbeitsplatz und BR-Büro gemäß § 40 Abs. 1 BetrVG zu erstatten und die Reisezeit als Arbeitszeit zu werten.[30] Dieses gilt entsprechend für den **GBR, KBR und WA**. Die Regelung gilt auch während der ohne Erwerbstätigkeit in Anspruch genommenen Elternzeit des BR-Mitgl.[31] Besteht im Betrieb eine für die AN verbindliche **Reisekostenregelung**, gilt diese grundsätzlich auch für Reisen von BR-Mitgl. (s. § 37 Rn. 20).[32] Werden die Aufwendungen im Betrieb üblicherweise nach Maßgabe der steuerrechtlichen Vorschriften pauschaliert erstattet, gilt das grundsätzlich auch für die Reisen von BR-Mitgl. Falls die geltend gemachten Aufwendungen darüber hinausgehen, sind sie im Einzelnen geltend zu machen; ihre Erforderlichkeit ist nachzuweisen.[33] Zur Fahrtkostenerstattung eines freigestellten BR-Mitgl., dessen ursprünglicher Arbeitsort näher am Wohnort ist als der Sitz des BR, s. § 38 Rn. 8. Nach abzulehnender Auffassung des BAG ist es bei der Nutzung eines privaten PKW für den Fahrer und die anderen BR-Mitgl. grundsätzlich zumutbar, eine Fahrgemeinschaft (Seminarbesuch) zu bilden. Das soll nur dann nicht gelten, wenn die Bildung einer Fahrgemeinschaft aufgrund besonderer, vom BR-Mitgl. darzulegender Umstände im Einzelfall als nicht zumutbar erscheint, z. B. wenn die begründete Besorgnis besteht, dass der Mitfahrende sich dadurch in eine besondere Gefahr begibt.[34] Erstattungsfähig sind Fahrtkosten eines BR-Mitgl., das die Filialen über die Möglichkeit einer Abstimmung über die Teilnahme an der BR-Wahl informiert. Wenn BR-Mitgl. anlässlich einer erforderlichen Dienstreise eine Fahrgemeinschaft bilden, muss hinsichtlich der entstehenden Kosten ein Gesamtvergleich durchgeführt werden. Nur so kann berücksichtigt werden, dass möglicherweise höhere Kosten anfallen (z. B. durch Anmietung eines Mietwagens oder erforderliche Umwege, um die anderen BR-Mitgl. abzuholen und wieder abzusetzen), während für andere BR-Mitgl. keinerlei Kosten anfallen.[35]

---

29 BAG, AiB 08, 423 m. Anm. Rudolph.

30 LAG SH 16. 2. 12 – 4 TaBV 28/11, juris.

31 BAG, NZA 05, 1002 zu Fahrtkosten.

32 BAG, AuR 74, 346; DB 75, 1707; LAG Köln 28. 7. 22 – 6 TaBVGa 4/22 zur Bahncard100; vgl. zum Ausgleichsanspruch nach § 37 Abs. 2 bei Reisezeiten BAG, NZA 04, 171.

33 LAG Köln 18. 3. 15 – 11 TaBV 44/14, NZA-RR 15,581; DKW-Wedde Rn. 69.

34 BAG 24. 10. 18 – 7 ABR 23/17, NZA 19, 407; a. A. ArbG Marburg, AuR 93, 62; DKW-Wedde Rn. 68; vgl. auch ArbG Nürnberg, AiB 96, 248, wonach BR-Mitgl. nicht verpflichtet sind, den eigenen oder einen Firmen-Pkw als Selbstfahrer zu benutzen.

35 LAG Hamm 23. 11. 12 – 10 TaBV 63/12, brwo.

3. Kosten der Rechtsverfolgung

Die Kosten für die Hinzuziehung eines **Rechtsanwalts**, wenn es um die Vertretung des BR bei der Durchsetzung oder Ausübung seiner MBR in **arbeitsgerichtlichen Beschlussverfahren**[36] bzw. als Verfahrensbevollmächtigter vor einer **Einigungsstelle** (vgl. § 76 Rn. 4)[37] geht, sind vom AG zu tragen, wenn der BR bei pflichtgemäßer und verständiger Abwägung aller Umstände die Hinzuziehung für notwendig halten konnte und dazu einen ordnungsgemäßen Beschluss gefasst hat (vgl. im Einzelnen § 33 Rn. 4).[38] Dazu zählen weiterhin die Kosten für einen Rechtsanwalt, dessen Heranziehung in einer **außergerichtlichen Angelegenheit des BetrVG** der BR in Wahrnehmung seiner betriebsverfassungsrechtlichen Rechte für erforderlich halten durfte.[39] Das gilt z. B. dann, wenn in einem bereits bestehenden konkreten Konflikt zwischen BR und AG die Aufgabe des Rechtsanwaltes darin besteht, das Bestehen und den Umfang von MBR zu prüfen, bzw. ein Rechtsanwalt vom BR reklamierte MBR gegenüber dem AR außergerichtlich geltend macht, oder die anwaltliche Tätigkeit darauf gerichtet ist, die beschlossene Durchführung eines arbeitsgerichtlichen Beschlussverfahrens entbehrlich zu machen.[40] Die Kosten der außergerichtlichen Geltendmachung eines nicht bestehenden Kostenerstattungsanspruchs sind ebenfalls keine erforderlichen Kosten der BR-Tätigkeit.[41] Die Zuziehung eines Rechtsanwalts als Sachverständiger nach § 80 Abs. 3 durch den BR kommt in diesen Fällen nicht in Betracht, zumal dafür die Zustimmung des AG erforderlich wäre.[42] Zur **Abgrenzung** einer Beauftragung eines **Rechtsanwalts** nach § 40 Abs. 1 sowie als **Sachverständiger** nach § 80 Abs. 3 siehe Rn. 6. Die **Kostentragungspflicht entfällt** bei einer offensichtlich aussichtslosen, mutwilligen oder rechtsmissbräuchlichen Rechtsverfolgung durch den BR.[43] Er hat wie jeder, der auf Kosten eines anderen handeln kann, die Maßstäbe einzuhalten, die er gegebenenfalls bei eigener Kostentragung anwenden würde, wenn er selbst bzw. seine beschließenden Mitgl. 5

36 BAG 18.7.12 – 7 ABR 23/11, brwo; BAG, NZA 06, 109, wenn Beschlussverfahren ungeklärte Rechtsfragen zum Gegenstand hat und die Rechtsauffassung des BR vertretbar erscheint; LAG SH, NZA-RR 01, 592 sowie ArbG Gießen, AiB 10, 120 zu Kosten für Anzeige einer Ordnungswidrigkeit nach § 121.

37 BAG, NZA 96, 892, wonach der BR bei der Überprüfung der Erforderlichkeit einer anwaltlichen Vertretung vor der ESt. ein gesondertes Gebühreninteresse des Rechtsanwalts nicht berücksichtigen darf, wenn dieser den BR vor dem ESt.-Verfahren beraten hat.

38 BAG 14.12.16 – 7 ABR 8/15, NZA 17, 514; 18.3.15 – 7 ABR 4/13, juris.

39 BAG 18.7.12 – 7 ABR 23/11, brwo.

40 BAG 25.6.14 – 7 ABR 70/12, juris.

41 BAG 22.11.17 – 7 ABR 34/16, AiB 11/18, 46.

42 BAG 14.12.16 – 7 ABR 8/15, NZA 17, 514; 25.6.14 – 7 ABR 70/12, juris.

43 BAG 7.8.05 – 7 ABR 56/04, brwo; HessLAG 27.6.11 – 16 TaBV 65/11, brwo.

die Kosten tragen müssten.[44] Von einer offensichtlichen Aussichtslosigkeit ist ebenfalls auszugehen, wenn die Rechtslage unzweifelhaft ist und das Beschlussverfahren zu einem Unterliegen des BR führen muss,[45] oder wenn ein einstweiliges Verfügungsverfahren eingeleitet wird, obwohl unzweifelhaft der erforderliche Verfügungsgrund im Sinne von §§ 935, 940 ZPO nicht gegeben ist.[46] Mutwilligkeit kann dann vorliegen, wenn das Interesse des AG an der **Begrenzung seiner Kostentragungspflicht** missachtet wird.[47] Unter mehreren gleich geeigneten Möglichkeiten darf der BR bei der Wahl der Rechtsdurchsetzung nur die für den AG kostengünstigere Lösung für erforderlich halten.[48] Die Bestellung eines Verfahrensbevollmächtigten vor der Rechtshängigkeit eines Zustimmungsersetzungsverfahrens nach § 99 darf ein BR nicht für erforderlich halten.[49] Der Grundsatz der vertrauensvollen Zusammenarbeit verpflichtet den BR aber nur insoweit zur Rücksicht auf den AG, als es seine eigene Position nicht schwächt. Das gilt z. B. bei dem Verweis auf sogenannte Muster-, Gruppen- oder Parallelverfahren, wenn bei einer Auseinandersetzung die betrieblichen Verhältnisse und die sich im Betrieb konkret und aktuell stellenden Aufgaben sowohl für die rechtliche Bearbeitung als auch für eine potentielle Lösung des Konflikts eine Rolle spielen.[50] Eine spätere Antragsrücknahme führt nicht zu einem Wegfall des Honoraranspruches, wenn die Rechtsverfolgung von vornherein nicht offensichtlich aussichtslos erscheint.[51] Nicht zu den erstattungsfähigen Kosten gehören allerdings nach Auffassung des BAG die **Reisekosten** eines nicht am Gerichtsort der 1. Instanz ansässigen Rechtsanwalts, wenn der BR die Zuziehung eines auswärtigen Rechtsanwalts bei pflichtgemäßer Abwägung aller Umstände nicht für erforderlich halten durfte.[52] Die Beauftragung eines auswärtigen Rechtsanwalts kann der BR jedoch beschließen, wenn er einen ebenso qualifizierten ortsansässigen Anwalt nicht finden konnte, der auch zur Vertretung bereit war, oder wenn dem BR eine solche Sache aufgrund der konkreten Umstände nicht möglich oder zumutbar ist.[53] Eine

44 BAG 18. 1. 12 – 7 ABR 83/10, brwo.
45 HessLAG 29. 7. 13 – 16 TaBV 312/12, juris.
46 HessLAG 10. 11. 14 – 16 TaBV 130,14, juris.
47 BAG, NZA 09, 1223 geht von einer Mutwilligkeit dann aus, wenn der BR bei der Einleitung eines Beschlussverfahren an Stelle von mehreren Einzelverfahren die Durchführung eines Gruppenverfahren in Betracht ziehen muss.
48 BAG 18. 1. 12 – 7 ABR 83/10, brwo.
49 BAG 29. 7. 09 – 7 ABR 95/07, juris.
50 LAG Köln 28. 4. 17 – 9 TaBV 1/17, juris; LAG Hamburg 26. 4. 17 – 6 TaBV 13/16, juris.
51 HessLAG 27. 6. 11 – 16 TaBV 65/11, brwo.
52 BAG, NZA 87, 753; FA 01, 119; vgl. auch ArbG Wetzlar, BB 93, 583.
53 BAG, EzA § 40 BetrVG 1972 Nr. 92.

Erforderlichkeit ist alleine deswegen nicht gegeben, weil der AG sich seinerseits durch einen auswärtigen Rechtsanwalt vertreten lässt.[54]

Die Kostentragungspflicht besteht auch dann, wenn die förmliche Beschlussfassung nachträglich erfolgt (vgl. im Einzelnen § 33 Rn. 4 sowie § 40 Rn. 11)[55] oder wenn der Rechtsanwalt vom BR zu seiner **außergerichtlichen Vertretung** gegenüber dem AG mit dem Ziel beauftragt worden ist, eine gerichtliche Auseinandersetzung zu vermeiden und eine einvernehmliche Regelung herbeizuführen.[56] Die Hinzuziehung eines Rechtsanwalts erfordert einen **ordnungsgemäßen Beschluss** des BR (vgl. § 33).[57] Der Beschluss des BR muss dabei sowohl zur Verfahrenseinleitung als auch zur Beauftragung eines Rechtsanwalts erfolgen.

Dies gilt auch für die Durchführung eines **Beschlussverfahrens nach § 78a Abs. 4**; der Beschluss nur durch die **JAV** löst keine Kostenerstattung und keine Freistellungsansprüche gegen den AG aus.[58] Das folgt vor allem aus der betriebsverfassungsrechtlichen Stellung der JAV, die kein selbstständiges Mitwirkungsorgan ist. In einem Verfahren nach § 78a Abs. 4 Satz 1 darf der BR neben der Mandatierung eines ihn vertretenden Rechtsanwalts regelmäßig nicht die weitere Beauftragung eines Rechtsanwalts zur gesonderten Vertretung der JAV für erforderlich halten.[59] Aufgrund der weitergehenden und ggf. konträren Interessenwahrnehmung im Verfahren nach § 78a kann es der BR in ganz besonderen Situationen jedoch für erforderlich halten, auch für die JAV Rechtsanwälte mit der Wahrnehmung ihrer Eigeninteressen zu betrauen.[60]

Der BR muss für **jede Gerichtsinstanz** einen Beschluss (§ 33) darüber herbeiführen, ob ein Rechtsanwalt für ihn tätig sein soll und Rechtsmittel eingelegt werden soll; nur so kann eine Kostentragungspflicht des AG entstehen (s. im Einzelnen § 33 Rn. 4).[61] Dies kann jedoch dann nicht gelten, wenn es lediglich um die Abwehr eines Rechtsmittels gegen eine Entscheidung geht, die der vom BR beauftragte Rechtsanwalt zu dessen Gunsten erwirkt hat,[62] oder wegen der besonderen Bedeutung des Rechtsstreits die Prozess-

---

54 So jetzt BAG, FA 01, 119; a. A. BAG 2.4.87, AP Nr. 3 zu § 87 BetrVG 1972.

55 BAG, NZA 04, 336 bei Prozessvertretung vor Erlass des Prozessurteils der ersten Instanz; BAG, DB 08, 478, die Bestellung eines Einigungsstellenbeisitzers ist nicht fristgebunden.

56 LAG SH, AiB 00, 162.

57 BAG, DB 04, 2055; LAG Hamm 24.10.14 – 13 TaBV 94/13.

58 BAG 18.1.12 – 7 ABR 83/10, brwo; LAG Hamm 16.1.09 – 10 TaBV 37/08, brwo.

59 BAG 18.1.12 – 7 ABR 83/10, brwo.

60 BAG 18.1.12 – 7 ABR 83/10, brwo.

61 BAG 18.3.15 – 7 ABR 4/13, BB 15, 1918; LAG Berlin 26.1.87, AP Nr. 25 zu § 40 BetrVG 1972; vgl. auch LAG Hamburg, AiB 93, 653.

62 Vgl. auch BAG, AiB 92, 732.

vertretung von vornherein für mehrere Instanzen ausgesprochen wird.[63] Eine erteilte **Prozessvollmacht** ermächtigt im **Außenverhältnis** nach § 81 ZPO i. V. m. § 46 Abs. 2 ArbGG den Rechtsanwalt zu allen den Rechtsstreit betreffenden Prozesshandlungen einschl. der Einlegung von Rechtsmitteln, ohne dass es dazu eines erneuten Beschlusses des BR bedarf.[64] Eine Pflicht zur Tragung der Anwaltskosten für ein Rechtsmittel durch den AG nach § 40 Abs. 1 wird ohne entsprechenden Beschluss des BR jedoch nicht ausgelöst.[65] Im Übrigen ist eine Heilung oder Nachholung des Beschlusses bzw. die Genehmigung einer einseitigen Handlung des BR-Vors.[66] vor Erlass des Prozessurteils der ersten Instanz möglich (s. im Einzelnen § 33 Rn. 4).[67] Dabei hat das Gericht dem BR gleichzeitig Gelegenheit zu geben, die fehlende oder fehlerhafte Beschlussfassung nachzuholen.[68]

Auf Verlangen des Anwalts hat der AG **Vorschüsse** auf das Honorar zu zahlen (§ 9 RVG). Zu den **Kosten der Einigungsstelle** vgl. § 76a.

Der mit dem Rechtsanwalt abgeschlossene Vertrag ist dabei in der Regel kein Vertrag mit Schutzwirkung zugunsten der AN.[69] Notwendig ist nicht die namentliche Festlegung des Rechtsanwalts. Die Wahl kann z. B. an den BR-Vorsitzenden delegiert werden.[70] Der BR kann mit der Folge der Erstattungspflicht ohne Zustimmung des AG keine höhere als die **gesetzliche Vergütung** vereinbaren.[71] Eine Honorarzusage, die zu einer höheren Vergütung des RA führt, insbesondere auch die Vereinbarung eines **Zeithonorars**, darf der BR regelmäßig nicht für erforderlich halten, außer der AG hat einer solchen Vergütung zugestimmt.[72] Die Erteilung einer Honorarzusage kommt auch in Zukunft nur in Ausnahmefällen in Betracht.[73] Das kann der Fall sein, wenn der AG mit der Honorarvereinbarung einverstanden ist

---

63 BAG 18. 3. 15 – 7 ABR 4/13.

64 BAG 19. 12. 17 – 1 ABR 33/16.

65 BAG 18. 3. 15 – 7 ABR 4/13.

66 Vgl. hierzu BAG 19. 1. 05 – 7 ABR 24/04.

67 BAG 16. 11. 05 – 7 ABR 12/05; weitergehend LAG Düsseldorf 29. 2. 08 – 2 TaBV 7/08, wonach eine Heilung durch BR-Beschluss noch in der Rechtsmittelinstanz erfolgen kann, wenn der Mangel in der unteren Instanz unentdeckt geblieben ist.

68 BAG 16. 11. 05 – 7 ABR 12/05, DB 06, 1437.

69 BAG, DB 06, 2745 hat Schadensersatzansprüche eines AN in Zusammenhang mit Sozialplanverhandlungen eines beauftragten Rechtsanwaltes verneint.

70 LAG SH, AiB 02, 632.

71 HessLAG 7. 11. 11 – 16 TaBVGa 177/11, juris, auch nicht aus dem Gesichtspunkt einer »Waffengleichheit« heraus; LAG SH, AiB 98, 470; vgl. Hinrichs/Plitt, NZA 11, 1006.

72 LAG BB 14. 3. 14 – 6 TaBV 52/14, juris; HessLAG 7. 11. 11 – 16 TaBVGa 177/11, juris; 18. 11. 09 – 9 TaBV 39/09, brwo.

73 BAG 14. 12. 16 – 7 ABR 8/15, NZA 17, 514 mit Nennung von Ausnahmefällen; dagegen hatte BAG 25. 6. 14 – 7 ABR 70/12, NZA 15, 629 die bisherige Rspr. in Zusammenhang mit § 34 Abs. 1 RVG in Frage gestellt.

oder in der Vergangenheit in vergleichbaren Fällen die Erteilung einer solchen Zusage stets akzeptiert hat. Weiterhin kann ein solcher Fall vorliegen, wenn der Verhandlungsgegenstand eine spezielle Rechtsmaterie betrifft, der vom BR ausgewählte, über die entsprechenden Spezialkenntnisse verfügende Rechtsanwalt zur Übernahme des Mandats nur bei Vereinbarung eines Zeithonorars bereit ist und der BR keinen vergleichbar qualifizierten Rechtsanwalt zu günstigeren Konditionen findet. Die **Entstehung der Rechnungsforderung** des Rechtsanwaltes setzt aber nicht voraus, dass dem BR als Auftraggeber eine gemäß § 10 RVG unterzeichnete Vergütungsberechnung zugeht und er vom Rechtsanwalt in Anspruch genommen wird.[74] Eine solche Rechnungstellung ist nicht Tatbestandsvoraussetzung für den Freistellungsanspruch. Vielmehr entsteht der Anspruch des BR auf Freistellung von den durch die Beauftragung eines Verfahrensbevollmächtigten verursachten erforderlichen Kosten prinzipiell mit der Beauftragung durch den BR (s. Rn. 3).[75] Eine Rechnungstellung an den BR bietet sich aber schon aus Praktikabilitätsgründen an, da das Fehlen einer an den BR gerichteten Rechnung zu einem Leistungsverweigerungsrecht des AG führen kann. Der Rechtsanwalt hat auf der Grundlage des Gesetzes über die Vergütung der Rechtsanwältinnen und Rechtsanwälte – RVG – für die in Rechnung gestellten Beratungskosten eine schlüssige Darlegung der Beratungsleistungen vorzunehmen, die über pauschale Angaben hinaus alle während des abgerechneten Zeitraums konkret getroffenen Maßnahmen in einer auch im Nachhinein nachprüfbaren Weise zu enthalten haben.[76]

Wenn der AG der Meinung ist, dass die ihm gegenüber geltend gemachten Rechtsanwaltskosten nicht nach Abs. 1 erforderlich sind, kann er deren Übernahme schlicht verweigern. Der BR hätte dann im Beschlussverfahren eine Klärung herbeizuführen, da für die Klärung derartiger Freistellungs- und Kostenerstattungsansprüche die Gerichte für Arbeitssachen nach § 2a Abs. 1 Nr. 1 ArbGG ausschließlich im Beschlussverfahren zuständig sind. Demgegenüber kann der AG keinen Regress bei dem bzw. den BR-Mitgl. mittels der Regelungsinstrumente einer Geschäftsführung ohne Auftrag oder des Bereicherungsrechts mit dem Argument nehmen, es habe sich nicht um erforderliche Kosten nach Abs. 1 gehandelt.[77] Der AG kann gegenüber einem Freistellungsanspruch des BR auch nicht mit behaupteten Schadensersatzansprüchen aufrechnen;[78] zudem findet gemäß § 394 Satz 1 BGB eine Auf-

74 LAG Hamm 7.8.15 – 13 TaBV 18/15, juris; vgl. auch BAG 4.6.03 – 7 ABR 42/02, AiB 05, 248 zu Schulungskosten.

75 BAG 8.3.23 – 7 ABR 10/22 unter Aufgabe der bisherigen Rspr. v. 4.6.03 – 7 ABR 42/02.

76 BGH 2.3.10 – II ZR 62/06, NJW 10, 1373.

77 BAG 25.10.23 – 7 AZR 338/22 in einem Fall, wo der AG die RA-Kosten zunächst beglichen hat, den Betrag aber dann vom Entgelt einbehalten hat.

78 LAG Hamm, AuR 06, 74 Ls.

rechnung gegen einen Kostenfreistellungsanspruch des BR nicht statt, da ein solcher Anspruch nach § 850a Nr. 3 ZPO grundsätzlich unpfändbar ist.[79] Kommt es zu einem Rechtsstreit wegen der entstandenen Anwaltsgebühren, ist der Freistellungsanspruch im Beschlussverfahren geltend zu machen.[80] Ein Kostenerstattungsanspruch kann auch durch den beauftragten Rechtsanwalt unmittelbar gegenüber dem Arbeitgeber geltend gemacht werden, wobei es dazu einer **Abtretung des Freistellungsanspruches durch den BR** mittels ordnungsgemäßen Beschlusses bedarf.[81] Durch die Abtretung wandelt sich der Freistellungsanspruch in einen Zahlungsanspruch um. Ohne einen solchen Beschluss erwirkt die vom BR beauftragte Person keinen gegen den AG durchsetzbaren Anspruch.[82] Nach Auffassung des BGH[83] gilt die Unpfändbarkeit des Anspruchs aus Abs. 1 aufgrund von § 851 Abs. 1 ZPO, § 399 1. Fall BGB in der Fallgruppe der Befreiungsansprüche aber nicht absolut. So ist die Abtretung eines Befreiungsanspruchs (hier: Freistellungsanspruchs) zugunsten des Gläubigers der eingegangenen Verbindlichkeit möglich, weil damit keine Inhaltsänderung des Anspruchs verbunden ist. Dementsprechend kann ein Gläubiger der eingegangenen Verbindlichkeit den Befreiungsanspruch (hier: Freistellungsanspruches) auch mittels eines Pfändungs- und Überweisungsbeschlusses pfänden.[84]
Die **in einem Beschlussverfahren zu stellenden Anträge** brauchen nicht exakt formuliert zu sein; für den BR-Beschluss reicht es aus, zum einen den Gegenstand, der geklärt werden soll, und zum anderen das angestrebte Ergebnis zu benennen.[85]

4. Kosten für Sachverständige, Moderator und Berater

6 Die Kostenübernahme des AG soll für die Hinzuziehung eines **Sachverständigen** gemäß § 80 Abs. 3[86] nach der abzulehnenden Rspr. des BAG nur in Betracht kommen, wenn sich der BR die fehlende Fachkunde nicht kostengünstiger verschaffen kann, z. B. in dem er sich zunächst die innerbetrieb-

---

79 BGH 8.11.17 – VII ZB 9/15, NZA 2018, 126 das folgt aus § 851 Abs. 1 ZPO in Verbindung mit § 399 1. Fall BGB; nach BAG 15.1.92 – 7 ABR 23/90, NZA 93, 189 folgt das aus § 850a Nr. 3 ZPO.
80 BAG, Beschluss 24.10.01 – 7 ABR 20/00, brwo, AiB 02, 569.
81 BAG, Beschluss 24.10.01 – 7 ABR 20/00, brwo, AiB 02, 569; LAG Köln 8.9.10 – 3 Ta 234/10, brwo.
82 BAG 9.12.09 – 7 ABR 90/07, AiB 11, 58 mit Anm. Wroblewski; LAG BB 9.10.14 – 21 TaBV 769/14, NZA-RR 15, 80.
83 BGH 8.11.17 – VII ZB 9/15, NZA 2018, 126.
84 BAG 18.11.20 – 7 ABR 37/19, juris.
85 BAG, DB 04, 2220.
86 Fitting, Rn. 13.

lichen Erkenntnisquelle erschließt (vgl. auch Rn. 5).[87] Voraussetzung ist außerdem, dass zuvor mit dem AG über die Hinzuziehung des Sachverständigen eine Vereinbarung getroffen wurde.[88] Verweigert der Arbeitgeber eine solche Vereinbarung trotz der Erforderlichkeit der Hinzuziehung des Sachverständigen, kann der BR die fehlende Zustimmung durch eine arbeitsgerichtliche Entscheidung ersetzen lassen. Bei einer Betriebsänderung nach § 111 Satz 2 (mehr als dreihundert AN im Unternehmen) bedarf die Hinzuziehung eines Beraters (auch eines Rechtsanwalts) keiner Vereinbarung mit dem AG, da die Erforderlichkeit vom Gesetz unterstellt wird;[89] abweichend von § 80 Abs. 3 BetrVG kann der BR nach pflichtgemäßem Ermessen allein über die Hinzuziehung eines Beraters entscheiden.[90] Dabei ist der BR aber in der Kostenfrage nicht frei; auch bei § 111 Satz 2 gilt § 40 Abs. 1, wonach der BR nur die Kosten verursachen darf, die er nach pflichtgemäßem Ermessen für erforderlich halten darf (vgl. Rn. 5).[91] Als Sachverständiger kommt eine Person in Betracht, die dem BR fehlende Fachkenntnisse zur Beantwortung konkreter, aktueller Fragen vermittelt, damit er die ihm obliegende betriebsverfassungsrechtliche Aufgabe im Einzelfall sachgerecht erfüllen, bzw. die Verhandlungen mit dem AG sachkundig führen kann. Das kann auch ein **Rechtsanwalt** sein,[92] z. B. zur Ausarbeitung eines BV-Entwurfes.[93] Wird der Rechtsanwalt hingegen vom BR zur Vorbereitung eines Rechtsstreits oder zur Vertretung in einem Einigungsstellenverfahren beauftragt, findet § 80 Abs. 3 keine Anwendung, sondern die Kostentragungspflicht richtet sich ausschließlich nach § 40 Abs. 1 (s. Rn. 5).[94] Gleiches gilt,

---

87 BAG 25.6.14 – 7 ABR 70/12, juris; NZA 06, 553; vgl. DKW-Buschmann, § 80 Rn. 132 ff.; § 80 Rn. 28.

88 BAG, DB 78, 1747; vgl. auch für die Hinzuziehung eines fachkundigen Beraters in schwierigen EDV-Fragen LAG Frankfurt, AuR 91, 93; hinsichtlich der Hinzuziehung eines fachkundigen Referenten auf einer Betriebsversamml. vgl. LAG BaWü, AuR 98, 286.

89 BGH, AiB 13, 385 mit Anm. Ratayczak; BAG 11.11.09 – 7 ABR 26/08, brwo; LAG BB 14.3.14 – 6 TaBV 52/14, juris; HessLAG, FA 10, 50; LAG Hamm, ZIP 05, 2269 lässt die Frage offen; a. A. ArbG Hannover, NZA-RR 09, 309 wonach die Kosten der Hinzuziehung im Rahmen des § 40 Abs. 1 erforderlich und verhältnismäßig sein müssen.

90 BAG 11.11.09 – 7 ABR 26/08, brwo; LAG RP 7.11.11 – 7 TaBV 29/11, juris; HessLAG, AuR 04, 397.

91 LAG BB 14.3.14 – 6 TaBV 52/14, juris.

92 BAG 16.11.05 – 7 ABR 12/05; 15.11.00 – 7 ABR 24/00; 13.5.98 – 7 ABR 65/96 Kostenerstattung auf der Grundlage des § 80 Abs. 3, wenn ein Rechtsanwalt zur gutachterlichen Beratung z. B. über eine abzuschließende BV hinzugezogen wird; HessLAG 25.1.16 – 16 TaBV 139/15, juris; LAG RP 7.11.11 – 7 TaBV 23/11 zur erforderlichen Hinzuziehung eines Rechtsanwaltes nach § 111 BetrVG.

93 LAG RP 14.9.21 – 8 TaBV 1/21.

94 BAG 25.6.14 – 7 ABR 70/12, juris; LAG SH, AiB 00, 162.

wenn zwischen den Betriebsparteien ein konkreter Streit über das Bestehen und den Umfang von MBR hinsichtlich eines bestimmten Regelungsgegenstands besteht,[95] oder es um die außergerichtliche Geltendmachung eines konkreten Mitbestimmungsrechts gegenüber dem AG mit dem Ziel geht, die bereits beschlossene Durchführung eines arbeitsgerichtlichen Beschlussverfahrens entbehrlich zu machen.[96] Die Hinzuziehung einer externen **Moderation** kann erforderlich sein, etwa wenn die Situation im BR z. B. wegen schwerwiegender Kommunikationsstörungen und Beeinträchtigungen der Zusammenarbeit im Gremium festgefahren ist.[97] Die Hinzuziehung unterliegt einer Einschätzungsprärogative des BR-Vors.

5. Auslandskontakte

7 Der AG hat auch die Kosten zu tragen, die durch ein erforderliches, auswärtiges Treffen von BR eines UN[98] oder die erforderliche Zusammenarbeit mit **ausländischen betrieblichen Interessenvertretungen**, z. B. zur Bildung eines EBR[99] bzw. im Zusammenhang mit der Errichtung oder der Tätigkeit eines EBR anfallen (siehe Anhang 1, § 30 i. V. m. § 16 EBRG)[100] oder durch sonstige erforderliche **Auslandskontakte** (z. B. EU-Behörde) entstehen.[101] Hierzu können neben Telefonkosten u. Ä. auch solche Kosten gehören, die durch **Besprechungen und Sitzungen** im **Ausland** entstehen. Neben den **Reise- und Übernachtungskosten**[102] für die teilnehmenden BR-Mitgl. hat der AG bzw. UN auch die erforderlichen Veranstaltungskosten, z. B. für Dolmetscher, für Simultan-Anlagen und die Übersetzung von Schriftstücken, zu tragen (§ 37 Rn. 5; § 42 Rn. 2, § 44 Rn. 4, vgl. ferner Rn. 2).[103] Referiert auf Einladung des BR ein betrieblicher AN-Vertreter aus einem ausländischen Schwester-UN in einer Betriebsversammlung über gemeinsame Probleme, hat der AG die erforderlichen Fahr- und Dolmetscherkosten zu tragen.[104]

95 BAG 14. 12. 16 – 7 ABR 8/15, NZA 17, 514; 25. 6. 14 – 7 ABR 70/12, juris.
96 BAG 15. 11. 00 – 7 ABR 24/00, juris.
97 HessLAG 11. 6. 12 – 16 TaBV 237/11, brwo.
98 BAG, BB 95, 1034.
99 ArbG Hamburg, AiB 98, 164 m. Anm. v. Kunz.
100 Vgl. hierzu DKW-Wedde, § 37 Rn. 20 ff.; Fitting, Rn. 50.
101 Vgl. Klebe, FS für Gnade, S. 661, 670.
102 Vgl. LAG Nds., BB 93, 291; ArbG München, AiB 91, 429 m. Anm. v. Däubler = BetrR 93, 47 m. Anm. v. Meißner.
103 Vgl. ergänzend DKW-Wedde, Rn. 24 f.
104 LAG BaWü, BB 98, 954.

6. Kosten eines Betriebsratsmitglieds

Die Kosten, die einzelnen BR-Mitgl. im Rahmen und in Ausübung ihrer BR-Tätigkeit entstehen, hat der AG zu tragen. Es gelten dieselben Grundsätze wie bei den Kosten des BR (vgl. Rn. 1). Entstehen dem BR bzw. einem BR-Mitgl. Aufwendungen oder Auslagen, z. B. Reise- oder Schulungskosten, kann vom AG die Zahlung eines angemessenen **Vorschusses** verlangt werden.[105] Voraussetzung ist dabei, dass das BR-Mitgl. nicht über die erforderlichen finanziellen Mittel verfügt, um die durch seine Teilnahme an der Schulungsveranstaltung entstehenden Kosten vorzustrecken.[106] Der AG ist zum Ersatz von **Aufwendungen** des einzelnen BR-Mitgl. und zum Ersatz bei der **Aufopferung von Vermögenswerten**, z. B. durch Beschädigung der Kleidung eines BR-Mitgl. bei Ausübung seines Amtes verpflichtet.[107] Zu erstatten hat der AG auch die Kosten für **Kinderbetreuung**, die einem alleinerziehenden (Gesamt-)BR-Mitgl. infolge der Teilnahme an über die individuell vereinbarte Arbeitszeit hinausgehenden Sitzungen des (Gesamt-) BR bzw. während einer mehrtägigen auswärtigen BR-Tätigkeit für die Betreuung minderjähriger Kinder entstehen.[108] Der Aufwand eines freigestellten BR-Mitgl. für seine **regelmäßigen Fahrten von seiner Wohnung in den Betrieb** ist vom AG grundsätzlich nicht als Kosten aus der Tätigkeit des BR nach dieser Vorschrift zu tragen.[109] Gleiches soll gelten, wenn sich der Sitz des BR weiter vom Wohnort des freigestellten BR-Mitgl. befindet als der bisherige Arbeitsort. Das freigestellte BR-Mitgl. soll nach abzulehnender Auffassung des BAG (vgl. im Einzelnen § 38 Rn. 8b)[110] keinen Anspruch auf Erstattung der höheren Fahrtkosten haben. Der Erstattungsanspruch der einzelnen BR-Mitgl. nach § 40 unterliegt weder der **tarifvertraglichen Ausschlussfrist**[111] noch der **kurzen Verjährung** nach § 196 BGB, sondern der regelmäßigen Verjährungsfrist von drei Jahren nach § 195 BGB.[112] 8

---

105 BAG 18. 1. 12 – 7 ABR 73/10, brwo, hat die Frage bei Seminarbesuchen offengelassen, ob der BR oder das zu schulende Mitglied jedenfalls für die unmittelbar zu leistenden, ihm finanziell nicht möglichen oder zumutbaren Aufwendungen einen Vorschuss des AG im Wege einer e. V. verlangen kann; HessLAG 4. 11. 13 – 16 TaBVGa 179/13, juris, kommt nur in Betracht, wenn im Betrieb des AG eine Reisekostenordnung angewendet wird, aus der sich ein derartiger Anspruch ergibt.

106 LAG Hamm 8. 7. 05 – 13 TaBV 119/05, juris; ArbG Lörrach 23. 3. 16 – 5 BVGa 1/16, juris.

107 Vgl. DKW-Wedde, Rn. 57 ff. m. w. N.

108 BAG 23. 6. 10 – 7 ABR 103/08, brwo, NZA 10, 1298; HessLAG, AiB 98, 221 m. Anm. Sossna.

109 BAG, BB 91, 2228.

110 BAG, AiB 08, 53 mit kritischer Anm. Schneider.

111 BAG, BB 73, 474.

112 BAG 18. 11. 20 – 7 ABR 37/19.

9 Ist die gesetzl. Rechtsstellung **eines einzelnen BR-Mitgl., Ersatzmitgl.** oder **Wahlbewerbers** Streitgegenstand oder durch den Rechtsstreit berührt, hat der AG auch die dem einzelnen BR-Mitgl., Ersatzmitgl. oder Wahlbewerber entstehenden **Rechtsanwaltskosten zu tragen**, soweit die Rechtsverfolgung oder -verteidigung nicht von vornherein aussichtslos oder mutwillig ist.[113] Das ist z. B. der Fall:

- bei einem **Ausschlussverfahren** (§ 23 Abs. 1) aus dem BR,[114]
- bei einer **Anfechtung der Wahl** eines BR-Mitgl. nach § 19,[115]
- bei einem Streit über das **Einblicksrecht eines BR-Mitgl. in die BR-Unterlagen**,[116]
- bei Erstattung von Reisekosten zur Teilnahme an einer EBR-Sitzung und BR-Versamml. bei **nichtiger BR-Wahl**,[117]
- bei **Überprüfung von BR-Beschlüssen**,[118]
- bei einem Streit eines Wahlbewerbers hinsichtlich des **Zugangsrechts** zum Betrieb, z. B. zum Sammeln von Stützunterschriften,[119]
- bei Streitigkeiten über die Frage des **aktuellen Nachrückens** in den BR bzw. über die Frage der zeitweiligen **Ersatzmitgliedschaft** im BR,[120]
- bei einem Streit zwischen AG und WV über das **Bestehen eines gemeinsamen Betriebs mehrerer UN** und die sich daraus ergebenden Konsequenzen für die Wahl eines BR. Diese Kosten gehören zu den nach § 20 Abs. 3 vom AG zu tragenden Kosten der BR-Wahl,[121]
- bei der Erstattung einer Ordnungswidrigkeitenanzeige nach § 121 BetrVG wegen unvollständiger Information des WA.[122]
- bei einer Klage gegen den BR-Vors. als Vorgesetzten einer BR-Sekretärin[123] oder bei einer Unterlassungsklage des BR-Vors. gegen einen Betriebsinspektor.[124]

Wenn der AG der Meinung ist, dass die ihm gegenüber geltend gemachten Rechtsanwaltskosten nicht nach Abs. 1 erforderlich sind, kann er deren Übernahme schlicht verweigern. Das BR-Mitgl. hätte dann im Beschlussverfahren eine Klärung herbeizuführen, da für die Klärung derartiger Freistellungs- und Kostenerstattungsansprüche die Gerichte für Arbeitssachen

113 LAG RP 14. 9. 21 – 8 TaBV 1/21; HessLAG 26. 3. 18 – 16 TaBV 215/17.
114 BAG, DB 90, 740; AuR 82, 258; HessLAG 23. 5. 13 – 9 TaBV 17/13, brwo.
115 Vgl. LAG Düsseldorf, NZA 95, 444.
116 BAG, DB 82, 2578.
117 BAG, NZA 98, 1133.
118 BAG, DB 79, 2091.
119 LAG Berlin, DB 88, 1172.
120 BAG 11. 12. 87 – 7 ABR 76/86, juris.
121 BAG, NZA 93, 415.
122 LAG SH, BB 01, 1048.
123 LAG Düsseldorf, AiB 97, 535 m. Anm. Grimberg.
124 LAG Köln, AiB 98, 163 m. Anm. Dornieden.

nach § 2a Abs. 1 Nr. 1 ArbGG ausschließlich im Beschlussverfahren zuständig sind. Demgegenüber kann der AG keinen Regress bei dem bzw. den BR-Mitgl. mittels der Regelungsinstrumente einer Geschäftsführung ohne Auftrag oder des Bereicherungsrechts mit dem Argument nehmen, es habe sich nicht um erforderliche Kosten nach Abs. 1 gehandelt.[125]

Nach der abzulehnenden Auffassung des BAG[126] sollen Anwaltskosten, die **10**
einem **BR-Mitgl.** bei der Geltendmachung seiner **individual-rechtlichen Interessen** gegenüber dem AG entstehen, wegen § 12a Abs. 1 ArbGG selbst dann nicht erstattungsfähig sein, wenn sie ihren Ursprung im BetrVG haben, so z. B. in einem **Verfahren nach § 103 Abs. 2**. Das BAG hat in seinem Beschluss vom 20. 1. 2010[127] offengelassen, ob und ggf. unter welchen Voraussetzungen ein BR-Mitgl., das in einem Urteilsverfahren individualrechtliche im Zusammenhang mit der Wahrnehmung seines BR-Amts entstandene Ansprüche gegenüber dem AG geltend macht, nach § 40 Abs. 1 oder nach § 823 Abs. 2 BGB i. V. m. § 78 Satz 2 vom AG die Erstattung der durch die Hinzuziehung eines Prozessbevollmächtigten verursachten Kosten verlangen kann. Es ist zu hoffen, dass sich damit eine Rechtssprechungsänderung ankündigt. Einen weiteren Schritt in diese Richtung hat das BAG[128] dadurch gemacht, dass eine Prüfung eines individualrechtlichen Anspruchs (hier: Entfernung einer Abmahnung aus der Personalakte eines BR-Vors.) auch in einem Beschlussverfahren erfolgen kann. Legt das beteiligte und betroffene BR-Mitgl. Beschwerde ein, hat der AG jedoch im Falle des Obsiegens im Beschwerdeverfahren die Kosten zu tragen.[129] Ein Erstattungsanspruch besteht, wenn der Anwalt in einem Verfahren nach § 103 den BR und das BR-Mitgl. gleichzeitig vertritt, jedenfalls solange, wie der BR genauso wie das betroffene BR-Mitgl. die gerichtliche Zustimmung zu der Kündigung unterbinden will.[130] Die Kosten für eine **Lohnklage** (Urteilsverfahren) zur Durchsetzung des Anspruchs auf Entgeltfortzahlung wegen BR-Tätigkeit hat der AG ebenfalls zu tragen, es sei denn, die umstrittene Rechtsfrage hätte ggf. als Vorfrage in dem kostenmäßig günstigeren Beschlussverfahren verbindlich geklärt werden können[131] oder die Rechtsverfolgung ist von vornherein aussichtslos und mutwillig.[132] Eine zwischen einem BR-Mitgl. und dem AG vereinbarte **Regelung zur Kostentragungspflicht** in einem arbeitsgerichtlichen Urteilsverfahren über individualrechtliche, im Zusammenhang mit der BR-Tätig-

---

125 BAG 25. 10. 23 – 7 AZR 338/22 in einem Fall, wo der AG die RA-Kosten zunächst beglichen hat, den Betrag aber dann vom Entgelt einbehalten hat.

126 BAG, NZA 00, 2280.

127 BAG 20. 1. 10 – 7 ABR 68/08, brwo, NZA 10, 777.

128 BAG 4. 12. 13 – 7 ABR 7/12, AiB 14, Nr. 10, 68 mit Anm. Klenter.

129 BAG, BB 91, 205.

130 BAG, NJW 05, 921; a. A. LAG Köln, NZA-RR 01, 253.

131 Fitting, Rn. 64.

132 BAG, DB 92, 1833.

keit stehende Ansprüche ist zulässig und stellt keine unzulässige Benachteiligung oder Bevorzugung des BR-Mitgl. dar.[133] Ebenfalls hat der AG nach der abzulehnenden Auffassung des BAG[134] die Anwaltskosten eines **JAV-Mitgl.** in einem Verfahren nach § 78a Abs. 4 nicht zu tragen.
Die Rn. 11 bis 13 entfallen.

7. Kosten für Schulungen nach § 37 Abs. 6

14 Zu den nach dieser Vorschrift zu erstattenden Kosten gehören auch die **Kosten für Schulungen** nach § 37 Abs. 6.[135] Das setzt einen **Beschluss des BR** zur Teilnahme an der vom BR-Mitgl. besuchten Veranstaltung voraus (vgl. im Einzelnen § 37 Rn. 36). Der AG ist jedoch nicht bereits deshalb zur Übernahme der Schulungskosten verpflichtet, weil er auf die Mitteilung des Entsendungsbeschlusses durch den BR geschwiegen hat.[136] Zu den Kosten des BR gehören auch die Zahlungsverpflichtungen einzelner BR-Mitgl., die sie für den Besuch von Schulungsveranstaltungen eingegangen sind.[137] Der BR ist nach Auffassung des BAG gemäß dem **Grundsatz der Verhältnismäßigkeit** verpflichtet, hinsichtlich des Umfangs und der Höhe der Aufwendungen auf die Größe und Leistungsfähigkeit des Betriebs Rücksicht zu nehmen.[138] Diese Rspr. des BAG ist zu Recht kritisiert worden, da § 37 Abs. 6 auf § 37 Abs. 2 verweist und dort die Dauer der Arbeitsbefreiung nur durch das Merkmal der Erforderlichkeit bestimmt wird.[139] Allerdings ist der BR keineswegs gehalten, stets die billigste Maßnahme auszuwählen (vgl. § 37 Rn. 29).[140] Einer qualitativ höherwertigen Schulung ist Vorrang zu geben, z. B. einer Maßnahme an einer zentralen Bildungsstätte, da hier regelmäßig eine effektivere Ausbildung möglich ist.[141] Auch kann im Einzelfall der AG verpflichtet sein, die Hotel- und Fahrtkosten für eine dreitägige Klausurtagung mit einer Trainerin/Moderatorin zu erstatten.[142] Der BR hat auch einen gewissen Spielraum in der Frage des Schulungsformates. So kann sich der BR für ein Präsenzse-

133 BAG 20.1.10 – 7 ABR 68/08, brwo, NZA 10, 777.
134 BAG, BB 01, 1357.
135 BAG 14.1.15 – 7 ABR 95/12, juris; DKW-Wedde, Rn. 56 ff.; vgl. Peter, AiB 04, 279.
136 BAG, DB 96, 145.
137 BAG 27.5.15 – 7 ABR 26/13, juris.
138 BAG, DB 95, 2118.
139 Vgl. ArbG Bremen-Bremerhaven, dbr 08, Nr. 4, 38; DKW-Wedde, § 37 Rn. 141.
140 BAG 14.1.15 – 7 ABR 95/12, AiB 9/15, 61; LAG RP 20.5.20 – 7 TaBV 11/19, juris.
141 BAG, BB 75, 1111.
142 HessLAG 11.6.12 – 16 TaBV 237/11, brwo, sowie HessLAG 19.5.11 – 9 TaBV 196/10, brwo, im Falle eines neu gewählten BR, der sich zu dem Zeitpunkt noch im Selbstfindungsprozess befand und die personelle Besetzung des Amtes des BR-Vors. ungeklärt war.

minar entscheiden, selbst dann, wenn derselbe Schulungsträger ein zeit- und inhaltsgleiches Webinar anbietet.[143] Der AG hat in dem Fall auch die Übernachtungs- und Verpflegungskosten zu tragen (s. § 37 Rn. 36). Der BR kann seine Auswahlentscheidung bei vergleichbaren Seminarinhalten auch von dem Veranstalter selbst abhängig machen und in diesem Zusammenhang berücksichtigen, dass **gewerkschaftliche oder gewerkschaftsnahe Anbieter** eine an den praktischen Bedürfnissen der BR-Arbeit ausgerichteten Wissensvermittlung erwarten lassen und eine **gemeinsame Gew.-Zugehörigkeit** ein Klima gegenseitigen Vertrauens schafft, das den Schulungserfolg fördert. Der BR muss sich aus Kostengründen nicht auf Bildungsangebote **konkurrierender Gewerkschaften** oder einer vom AG getragenen Bildungseinrichtung verweisen lassen.[144] Die Überlassung **hochwertiger Seminarbeigaben** (z. B. ein Tablet) soll nach abzulehnender Auffassung des BAG[145] nicht zu beanstanden sein. Danach seien solche Seminarbeigaben für den AG nicht mit unverhältnismäßigen Kosten verbunden, solange der Preis für die Teilnahme an der Veranstaltung im Rahmen des Marktüblichen liege und dasselbe Seminar nicht – unter Verzicht auf die Seminarbeigaben – zu einem günstigeren Preis buchbar sei. Eine Überschreitung des Beurteilungsspielraums des BR käme allenfalls dann in Betracht, wenn es im Zeitpunkt seiner Beschlussfassung über die Schulungsteilnahme Anzeichen dafür gegeben hätte, die Seminarbeigaben beeinflussten maßgeblich die Höhe des Seminarpreises, und die Wahl gerade dieser Schulung bewirkte hohe Kosten.[146] Compliance-Gesichtspunkte werden dabei aber nach hier vertretener Auffassung völlig außer Acht gelassen.

Zu den zu erstattenden Kosten gehören insbesondere die **Fahrkosten (s. im Einzelnen Rn. 4)**, die Kosten für **Verpflegung** und **Übernachtung**,[147] eine etwaige **Teilnehmergebühr** bzw. Kurs- oder Lehrgangsgebühr sowie die Stornokosten eines Seminars, das erforderlich und vom Umfang verhält- 15

143 BAG 7.2.24 – 7 ABR 8/23.

144 BAG, AuR 95, 419.

145 BAG 17.11.21 – 7 ABR 27/20; a. A. ArbG Lüneburg 2.10.19 – 1 BV 5/19, AiB 5/20, 47 (Kurzwiedergabe).

146 BAG 17.11.21 – 7 ABR 27/20.

147 BAG 27.5.15 – 7 ABR 26/13, juris, hält bei normalen Straßenverhältnissen (anders bei winterlichen Verkehrsbedingungen) die tägliche An- und Abreise bei einer Entfernung von 44 km für zumutbar; nach ArbG Düsseldorf, AiB 04, 757 spricht gegen ein tägliches Pendeln zum Schulungsort eine Anreisezeit von mindestens einer Stunde (74 km) sowie das daraus resultierende Fehlen eines abendlichen Austausches der Seminarteilnehmer; ArbG Bremen-Bremerhaven, dbr 08, Nr. 4, 38 hält eine tägliche An- und Abreise zu einem 40 km entferntem Seminarort um Übernachtungskosten zu sparen für unzumutbar; vgl. auch LAG SH, BB 96, 1062 zu anreisebedingten Übernachtungskosten sowie ArbG Ulm, dbr 07, Nr. 6, 38 zu abreisebedingter Übernachtung.

nismäßig gewesen wäre.[148] Wenn im Betrieb eine zumutbare allgemeine Reisekostenregelung gilt, gilt diese nach Auffassung des BAG[149] auch für eine Schulung nach § 37 Abs. 6, soweit die Übernachtungs- und Verpflegungskosten vom BR-Mitgl. beeinflusst werden können. In dem vom BAG entschiedenen Fall hätte das BR-Mitgl. wegen der Kostenbegrenzung in der Reisekostenregelung an einem anderen, entweder fußläufig oder mit öffentlichen Verkehrsmitteln erreichbaren Hotel am Tagungsort übernachten müssen. Aufwendungen für Getränke und Tabakwaren sind nicht erstattungsfähig.[150] Die Notwendigkeit der Übernachtung im Tagungshotel ist nach der abzulehnenden Auffassung des BAG[151] ohne Darlegung besonderer Umstände als nicht erforderlich anzusehen. Ohne nähere Begründung bezeichnet das BAG den nach Beendigung des eigentlichen Seminarprogramms beabsichtigten Gedanken- und Erfahrungsaustausch über die BR-Arbeit im Tagungshotel als nicht erforderlich. Vielmehr sei das BR-Mitgl. nicht daran gehindert, an den Begegnungen im Tagungshotel teilzunehmen, wenn es in einem anderen, entweder zu Fuß oder mit öffentlichen Verkehrsmitteln erreichbaren Hotel am Tagungsort übernachtet.[152] Eine Übernachtung kann kurzfristig wegen extrem winterlicher Verhältnisse erforderlich werden, unabhängig davon, wann die Hotelbuchung vorgenommen wurde.[153] Eine Schulung in der Muttersprache des ausländischen BR-Mitgl. kann erforderlich sein, wenn das BR-Mitgl. die deutsche Sprache nicht hinreichend beherrscht.[154] Bei einer **Schulungsmaßnahme**, an der das BR-Mitgl. **nach § 37 Abs. 7** teilnimmt, besteht lediglich Anspruch auf Fortzahlung des Arbeitsentgelts.

16 Aus den **Rechnungen bzw. Belegen des Schulungsveranstalters** muss sich ergeben, welche Leistungen er erbracht hat, und welche Preise für diese Leistungen angefallen sind, die unter die Kostentragungspflicht des AG fallen. Werden die Seminargebühren als Pauschalpreis in Rechnung gestellt, genügt grundsätzlich die Angabe des vereinbarten Betrages und der Hinweis auf die

148 ArbG Frankfurt/Main, AiB 04, 377, m. Anm. Burgner; LAG Köln 31.1.18 – 11 TaBV 50/17, juris, verneint in einem Einzelfall die Übernahme von Stornokosten, wenn der BR die rechtzeitige kostenfreie Stornierung einer Seminarteilnahme versäumt hat; LAG Hamm 18.9.09 – 13 TaBV 174/08, brwo, ebenso, wenn der AG das Seminar mit Hinweis auf einen günstig gelegeneren Seminarort abgelehnt hat und der BR versäumt, rechtzeitig eine kostenfreie Stornierung auf den Weg zu bringen.

149 BAG 28.3.07 – 7 ABR 33/06, brwo.

150 BAG 15.6.76, AP Nr. 12 zu § 40 BetrVG 1972.

151 BAG 17.11.10 – 7 ABR 113/09, brwo, NZA 11, 816.

152 Vgl. BAG 28.3.07 – 7 ABR 33/06, brwo.

153 BAG 27.5.15 – 7 ABR 26/13, juris.

154 ArbG Berlin 3.3.11 – 24 BV 15046/10, juris zu einem englischsprachigen Grundlagenseminar.

Pauschalierung. Eine erweiterte Pflicht besteht beim Nachweis einer pauschalen Seminargebühr eines **kommerziellen Anbieters** nicht. Soweit aber nach den getroffenen Vereinbarungen die Seminargebühren nicht pauschal, sondern nach Einzelleistungen des Schulungsträgers abgerechnet werden sollen, ist die Rechnung allerdings dementsprechend aufzuschlüsseln.[155]
Nach der Rspr. des BAG ist das BR-Mitgl. zur **Aufschlüsselung** und zum **Nachweis der erstattungsfähigen Kosten** verpflichtet, wenn die Schulungsmaßnahme durch eine **Gewerkschaft** oder einen freien, aber **gewerkschaftsnahen Schulungsträger** durchgeführt wurde. Nach dieser sog. koalitionsrechtlichen Beschränkung der betriebsverfassungsrechtlichen Kostenerstattungspflicht des AG darf aus der Kostentragungspflicht des AG eine Gew. keinen Gewinn erzielen. Gew. können demnach nur die Erstattung der ihnen in diesem Zusammenhang tatsächlich entstandenen Kosten verlangen. Das schließt in der Regel eine Abrechnung nach Pauschalgebühren aus.[156] So müssen in der Rechnung **Unterkunft und Verpflegung** getrennt ausgewiesen und angegeben werden, welche **gastronomischen Leistungen** in Rechnung gestellt wurden, damit der AG den Umfang seiner Kostentragungspflicht überprüfen kann. Bis 2006 war der AG berechtigt, als **Haushaltsersparnis** die Sachbezugsverordnung in der jeweils gültigen Fassung als Grundlage anzuwenden, wenn die betriebliche Reisekostenordnung bzw. -praxis eine andere Regelung nicht vorsieht. Ab dem 1.1.2007 ist die Sachbezugsverordnung durch § 2 Abs. 1 Sozialversicherungsentgeltverordnung ersetzt worden, sodass eine weitergehende Anrechnung ersparter Aufwendungen nicht zu erfolgen hat.[157]

Die **Gew. als Schulungsträger** kann sämtliche Kosten einschl. Aufwendun- **17**
gen für **Referentenhonorare**, Kosten für **Schulungsmaterialien**, die durch die konkrete Schulungsmaßnahme entstanden sind, auf die Schulungsteilnehmer umlegen.[158] Hierzu zählen auch **Honoraraufwendungen** für **eigene** oder DGB-Referenten, sofern eine entsprechende Referententätigkeit nicht zu deren Haupt- oder Nebenpflichten aus dem Arbeitsverhältnis gehört.[159]

Die bisherige Rspr. des BAG ist davon ausgegangen, dass dem AG keine **18**
Vorhaltekosten (Generalkosten) gewerkschaftseigener Schulungseinrichtungen, wie Strom, Heizung, Reinigung und Wasser, auferlegt werden können.[160] Hiervon ist das BAG abgerückt und hat anerkannt, dass zusätzli-

155 BAG 17.11.21 – 7 ABR 27/20.
156 BAG 17.11.21 – 7 ABR 27/20; 17.6.98 – 7 ABR 20/97; 28.6.95 – 7 ABR 55/94; vgl. DKW-Wedde, Rn. 97 ff.
157 LAG Köln, dbr 11/09, 36; LAG Hamm 15.10.10 – 10 TaBV 37/10, brwo.
158 BAG, AuR 95, 419.
159 BAG, DB 79, 1799.
160 BAG, DB 92, 2054.

che **schulungsbedingte Kosten** in gewerkschaftlichen Einrichtungen, wie Strom, Wasser, Reinigung sowie **zusätzliche personelle Aufwendungen** (sog. Grenzkosten) von den Vorhaltekosten abzugrenzen und erstattungsfähig sind.[161] Der Träger kann die erstattungsfähigen Kosten durch Einzelkostennachweis ermitteln oder nach betriebswirtschaftlichen Kriterien in einer Weise pauschalieren, die einen Gewinn (Gegnerfinanzierung) von vornherein ausschließt. Sofern zum Nachweis der Forderung zur Vorlage der Unterlagen Geschäftsgeheimnisse berührt werden können, besteht ein berechtigtes Interesse an deren Geheimhaltung.[162]

19 Die für **Gew.** geltenden Beschränkungen sollen nach der Rspr. des BAG weitestgehend auch Anwendung finden auf **gewerkschaftsnahe Bildungseinrichtungen**, bei denen es sich zumeist um gemeinnützige Vereine oder GmbHs handelt, sofern die Gew. kraft satzungsmäßiger Rechte und personeller Verflechtungen maßgebenden Einfluss auf den Inhalt, die Organisation und die Finanzierung der Bildungsarbeit nehmen kann. Auch entsprechende **gewerkschaftsnahe** Bildungsträger können über die **schulungsbedingten Kosten** (vgl. Rn. 18) die ihnen für Schulungsmaßnahmen nach Abs. 6 **konkret entstehenden Aufwendungen**, ggf. durch eine nach anerkannten betriebswirtschaftlichen Kriterien erstellte Jahresrechnung, in Rechnung stellen.[163] Dies gilt auch für **Personal- und Personalnebenkosten**, die gezielt und ausschließlich für die Organisation und Durchführung von Schulungsmaßnahmen i. S. des Abs. 6 anfallen. Bei strikter Trennung dieses Bereichs von den sonstigen Tätigkeiten wird auch eine Mischkalkulation als zulässig angesehen, nach der die Kosten für die Maßnahme nach Abs. 6 gemeinsam ermittelt und anteilig den einzelnen Schulungsveranstaltungen zugeordnet werden.[164] Die Aufschlüsselungspflicht der berechneten Pauschalgebühren setzt voraus, dass im Einzelnen hinreichend gesicherte satzungsrechtliche oder personelle Möglichkeiten der gewerkschaftlichen Einflussnahme bei der Verwendung der eingenommenen Beträge gegeben sind. Den Charakter einer gewerkschaftsnahen Bildungseinrichtung hat das BAG[165] trotz ihrer gewerkschaftlichen Mitgliederstruktur verneint für den Verein Arbeit und Leben – DGB/Volkshochschule – Arbeitsgemeinschaft für politische und soziale Bildung im Lande Nordrhein-Westfalen e. V. und den Verein zur Förderung von Arbeitnehmerinteressen – Bildungskooperation Alb-Donau-Bodensee e. V. Die Möglichkeiten der satzungsrechtlichen oder personellen gewerkschaftlichen Einflussnahme wurde auch beim

161 BAG, DB 95, 2118; zur Problematik der sog. Vorhaltekosten bzw. Generalunkosten und zur Kritik an der Rspr. des BAG vgl. umfassend DKW-Wedde, Rn. 95 ff.
162 BAG, DB 95, 2118.
163 BAG, DB 98, 1339.
164 BAG, DB 95, 2118; vgl. DKW-Wedde, Rn. 104 ff.
165 BAG, DB 98, 1339.

Bildungswerk Springen e. V. verneint.[166] Dagegen sah das BAG[167] die Voraussetzung der Aufklärungspflicht als gegeben an bei von der gewerkschaftseigenen hbv-KBV GmbH durchgeführten BR-Schulungsmaßnahmen. Im Übrigen darf die aus der Koalitionseigenschaft abgeleitete besondere Aufschlüsselungspflicht kein zusätzliches Korrektiv zur Verringerung der betriebsverfassungsrechtlichen Kostentragungspflicht des AG sein.[168] Die bloße Behauptung des Vorliegens der »Gewerkschaftsnähe« löst keine besonderen Aufschlüsselungspflichten pauschaler Schulungsgebühren aus, vielmehr müssen konkrete Anhaltspunkte für eine Gegenfinanzierung vorliegen bzw. vom AG vorgetragen werden.[169]
Der BR kann eine Freistellung von Verbindlichkeiten für Seminarkosten vom AG verlangen, ohne dass er als BR vom Veranstalter des Seminars mittels einer an ihn adressierten Rechnung in Anspruch genommen worden ist. Eine an den BR gerichtete Kostennote ist kein eigenständiges anspruchsbegründendes Tatbestandsmerkmal des Befreiungsanspruchs nach Abs. 1 (s. Rn. 3).[170] Eine Rechnungstellung an den BR bietet sich aber schon aus Praktikabilitätsgründen an, da das Fehlen einer an den BR gerichteten Rechnung zu einem Leistungsverweigerungsrecht des AG führen kann (s. im Einzelnen Rn. 16).[171] Das setzt dann eine Rechnungstellung an den BR voraus, während eine Übersendung an den AG dafür nicht ausreicht. Auch reicht es nicht aus, dass der Veranstalter die Originalrechnung mit der Bitte an den BR sendet, die offenstehende Forderung mit den nötigen rechtlichen Mitteln durchzusetzen, da diese Bitte noch keine Verbindlichkeit gegenüber dem BR begründet.[172]

8. Information des Arbeitgebers über Kosten, Verjährung

Der Anspruch auf Kostenerstattung hängt nicht davon ab, ob der BR den AG 20
vorher überhaupt oder **rechtzeitig informiert**;[173] es sei denn, es werden außergewöhnlich **hohe oder atypische Kostenerstattungsansprüche** geltend gemacht, wie z. B. Erteilung einer atypischen Honorarzusage an einen beauftragten Rechtsanwalt.[174] Der BR (oder der einzelne Schulungsteilnehmer) ist

166 LAG Hamm 8.4.98 – 3 Ta BV 144/97.
167 BAG, DB 98, 1339.
168 BAG, AuR 99, 202; DKW-Wedde, Rn. 102.
169 BAG, AuR 99, 202; LAG Düsseldorf, NZA-RR 09, 306.
170 BAG 8.3.23 – 7 ABR 10/22 unter Aufgabe der bisherigen Rspr. v. 4.6.03 – 7 ABR 42/02, AiB 05, 248.
171 BAG 17.11.21 – 7 ABR 27/20.
172 LAG Hamm 15.7.11 – 13 TaBV 24/11.
173 LAG BaWü, AuR 88, 258; ArbG Frankfurt/Main, AiB 04, 377, m. Anm. Burgner bei einer Schulung nach § 37 Abs. 6.
174 LAG Frankfurt, NZA 88, 441; LAG SH, BB 98, 1314.

dann aber – im Rahmen des Möglichen und Zumutbaren – verpflichtet, die tatsächlich entstandenen Schulungskosten gegenüber dem AG nachzuweisen und abzurechnen. Das umfasst auch die Verpflichtung, ein vom AG vorgegebenes Abrechnungssystem zu verwenden.[175]
Der Kostenfreistellungsanspruch des BR unterliegt der regelmäßigen Verjährungsfrist von drei Jahren nach § 195 BGB.[176] Nach § 204 Abs. 1 Nr. 1 BGB wird die Verjährung eines Anspruchs durch die Erhebung einer Leistungsklage oder Klage auf Feststellung des Anspruchs gehemmt. Erhoben ist eine Klage mit Zustellung (§ 253 Abs. 1 ZPO). Nach § 167 ZPO treten die Wirkung der Zustellung und damit die Hemmung der Verjährung bereits mit Eingang des Klageantrages ein, wenn die Zustellung demnächst erfolgt. Dabei ist zu beachten, dass nur der BR nach Eintritt der Verjährung berechtigt ist, die Leistung mit der Erhebung der Einrede der Verjährung zu verweigern (§ 214 Abs. 1 BGB). Es steht in seinem Ermessen, ob er von dieser Möglichkeit Gebrauch macht; er ist aus betriebsverfassungsrechtlichen Gründen hierzu grundsätzlich nicht verpflichtet.[177]

9. Kostenerstattungsanspruch im Insolvenzverfahren

21 **Vor der Insolvenzeröffnung** begründete Kostenerstattungsansprüche sind keine Masse-, sondern Insolvenzforderungen nach § 38 InsO.[178] Ein AG haftet für diese Verbindlichkeiten nicht, wenn er den Betrieb nach Insolvenzeröffnung gemäß § 613a BGB übernommen hat.[179] Der Aufwendungsersatz für BR-Tätigkeit **nach Insolvenzeröffnung** zählt jedoch zu den Masseverbindlichkeiten i. S. des § 55 Abs. 1 InsO und ist somit vorab aus der Insolvenzmasse zu befriedigen.[180] Gleiches gilt gemäß § 55 Abs. 2 InsO für Verbindlichkeiten eines **vorläufigen Insolvenzverwalters**, die mit alleiniger Verfügungsbefugnis über das Vermögen des AG von ihm begründet worden sind. Im Insolvenzverfahren kommt eine Gewährung von Prozesskostenhilfe mit Anwaltsbeiordnung für den BR in Frage, wenn der Anspruch nach § 40 Abs. 1 angesichts der Eröffnung des Insolvenzverfahrens gegen den AG nicht realisiert werden kann.[181]

---

175 LAG RP 23.10.18 – 8 TaBV 2/18.
176 BAG 8.3.23 – 7 ABR 10/22; 18.11.20 – 7 ABR 37/19.
177 BAG 8.3.23 – 7 ABR 10/22.
178 BAG 9.12.09 – 7 ABR 90/07, brwo, AiB 11, 58.
179 So BAG a. a. O.
180 BAG 9.12.09 – 7 ABR 90/07, brwo, AiB 11, 58; NZA 06, 109 zu Rechtsanwaltsgebühren.
181 Sächsisches LAG, EzA-SD 2/09, 16.

10. Sachaufwand und Beurteilungsspielraum des Betriebsrats

Nach **Abs. 2** ist der AG verpflichtet, dem BR für Sitzungen, Versammlungen, Sprechstunden und die laufende Geschäftsführung die erforderlichen **Sachmittel, Räume, Informations- und Kommunikationstechniken**[182] und das notwendige **Büropersonal** zur Verfügung zu stellen und die hierfür notwendigen Kosten zu tragen. Eine **Grundausstattung** des BR ist grundsätzlich als erforderlich anzusehen.[183] Nach der abzulehnenden Auffassung des BAG[184] hat der BR trotz der neuen Gesetzeslage bei der Informations- und Kommunikationstechnik weiterhin die Erforderlichkeit detailliert und betriebsbezogen zu begründen.[185] Spätestens seit BR-Sitzungen einschl. der Beschlussfassung auch als **Video- und/oder Telefonkonferenz** durchgeführt werden können, relativiert sich die Frage nach der Erforderlichkeit (s. § 30 Rn. 3 sowie § 34 Rn. 4). Bei einem über die Grundausstattung hinausgehenden Bedarf entscheidet der BR im Rahmen seines pflichtgemäßen Ermessens allein über deren **Erforderlichkeit**, wobei er die berechtigten Belange der Belegschaft und des AG zu berücksichtigen hat. Dabei hat er nach Auffassung des BAG[186] die Interessen der Belegschaft an einer sachgerechten Ausübung des BR-Amtes einerseits und berechtigte Interessen des AG andererseits, auch soweit sie auf eine Begrenzung seiner Kostentragungspflicht gerichtet sind, gegeneinander abzuwägen. Dem BR steht dabei ein **Beurteilungsspielraum** zu, den die Gerichte zu beachten haben.[187] Denn der BR führt seine Geschäfte eigenständig und eigenverantwortlich.[188] Der **Verpflichtungsumfang** des AG richtet sich nach den Aufgaben und der Größe des BR, nach der Art und Beschaffenheit des Betriebs sowie nach den besonderen Erfordernissen des Einzelfalles.[189] Der Überlassungsanspruch steht dem BR als Gremium zu, nicht hingegen einzelnen BR-Mitgl.[190] Der AG hat ein Auswahlrecht bei der Beschaffung von Sachmitteln; der BR kann bei der Zurverfügungstellung von Sachmitteln daher nicht einen bestimmten Gerätetyp, sondern nur eine Ausstattung im Rahmen des Erforderlichen verlangen. Es ist dann Sache des AG, darüber zu entscheiden, welches Gerät er dem BR zur Verfügung stellt.[191] Der BR ist deshalb auch grundsätzlich 22

182 DKW-Wedde, Rn. 158; Fitting, Rn. 127; Engels/Trebinger/Löhr-Steinhaus, DB 01, 532.
183 Klebe/Wedde, DB 99, 1945.
184 NZA 07, 1117; BB 04, 557 und 668.
185 Zur Kritik vgl. Wedde, CT 5/2004, 28.
186 BAG, NZA 05, 1010.
187 BAG, BB 04, 557 und 668.
188 BAG, BB 95, 1087.
189 Im Einzelnen siehe DKW-Wedde, Rn. 88.
190 LAG Köln 24.6.22 – 9 TaBV 52/21.
191 BAG 9.6.99 – 7 ABR 66/97; LAG Köln 24.6.22 – 9 TaBV 52/21; HessLAG 14.3.22 – 16 TaBV 143/21.

nicht berechtigt, sich die Sachmittel, Techniken oder das Büropersonal selbst zu beschaffen.[192] Dies gilt jedoch nicht, wenn der AG in angemessener Frist seiner Verpflichtung, die erforderlichen Sachmittel, Techniken selbst zu beschaffen, nicht nachgekommen ist. Der BR kann dann vom AG Ersatz der Aufwendungen verlangen.

23 Zu den erforderlichen **Sachmitteln** gehören u. a. alle für eine büromäßige Erledigung der Aufgaben erforderlichen Utensilien, Schreibmaschinen, Diktiergerät, Briefumschläge, Porto, Aktenordner, Mobiliar sowie Fachliteratur.[193] Zu den sachlichen Mitteln gehören Stühle in ausreichender Anzahl für die vom BR genutzten Räume, wobei sie dem betriebsüblichen Standard und Ausstattungsniveau entsprechen müssen.[194] Der BR ist berechtigt, für seinen Schriftverkehr Briefpapier mit dem das Logo des Unternehmens und dem Zusatz »Der Betriebsrat« zu verwenden.[195]

11. Fachliteratur

24 Die dem BR zur Verfügung zustellende **Fachliteratur**[196] ist ihm grundsätzlich auch zur **ausschließlichen Benutzung** zu überlassen. Dies gilt, auch in kleineren Betrieben, zumindest für die Literatur, die der BR häufig benötigt. Eine Mitbenutzung kann daher allenfalls für die Literatur in Betracht kommen, die der BR selten benötigt (str.).[197] Bei der ihm zur alleinigen Benutzung zu überlassenden Literatur hat der BR ein **Auswahlrecht** und braucht sich nicht ausschließlich vom Interesse des AG an einer möglichst kostengünstigen Ausgabe leiten zu lassen.[198] Das Wahlrecht schließt auch das Recht ein, zu entscheiden, ob er bei Neuauflagen an dem bisherigen **Kommentar** bzw. **Gesetzessammlung** festhält oder eine andere Ausgabe wählt.[199] Aufgrund seiner gesetzlichen Aufgabenstellung kann der BR verlangen, dass ihm der AG Kommentare, Gesetzessammlungen u. Ä. jeweils auf dem **neuesten Stand** (Neuauflage) beschafft.[200]

---

192 BAG, BB 04, 668.

193 Zu Musterschreiben vgl. DKW-F-Wedde, § 40 Rn. 16 ff.

194 LAG RP 13. 8. 20 – 5 TaBV 25/19, juris; Fitting Rn. 114.

195 LAG Frankfurt, BB 73, 2451; ArbG Oberhausen 15. 12. 10 – 1 BV 58/10, LAGE § 2 BetrVG 2001 Nr. 1.

196 BAG, AiB 84, 15; Überblick bei Wedde, AiB 6/23, 32.

197 Vgl. DKW-Wedde, Rn. 183.

198 BAG, DB 96, 2034.

199 BAG, NZA 95, 386.

200 BAG, NZA 95, 386; ArbG Halberstadt, AuR 98, 330 hält als erforderlich zwei Kommentare zum BetrVG [DKW, Fitting] sowie ein Handbuch zur Tarifarbeit im Betrieb.

Allen BR-Mitgl. ist nicht nur der Text des BetrVG, sondern jeweils auch für jeden ein Exemplar des aktuellen **Basiskommentars** zum BetrVG[201] zur Verfügung zu stellen. Gleiches gilt für die wichtigsten arbeits- und sozialrechtlichen **Gesetzestexte**, z. B. die **Textsammlung** von Kittner »Arbeits- und Sozialordnung«.[202] Auf die Nutzung des Internets zu verweisen, ist praxisfern und daher abwegig. Jedem BR-Mitgl. muss die Möglichkeit verbleiben, im Falle der Erforderlichkeit eine rechtliche Recherche unter Benutzung des »Kittner« zu jeder Zeit und an jedem Ort vornehmen zu können. Gerade bei spontanen Recherchen, beispielweise am Arbeitsplatz eines Kollegen, der eine Frage an das BR-Mitgl. hat, ist die Benutzung eines Buches der Internet-Recherche deutlich überlegen.[203] Neben Kommentaren, z. B. Däubler/Klebe/Wedde, Kommentar zum BetrVG, sind dem BR auch **Fachbücher**, z. B. »Kittner/Zwanziger, Arbeitsrecht, Handbuch für die Praxis« oder »Schaub, Arbeitsrechts-Handbuch«,[204] Handwörterbuch »Schoof, Betriebsratspraxis von A–Z«[205] sowie Entscheidungssammlung »Schoof, Rechtsprechung zum Arbeitsrecht von A–Z«, Formularbuch »Däubler/Klebe/Wedde, Arbeitshilfen für den BR mit Wahlunterlagen und EBR-Gesetz (Formularbuch)«;[206] ggf. **Spezialliteratur**, wie »Ordnungswidrigkeitenverfahren nach dem BetrVG«,[207] **Entscheidungssammlungen**[208] und **Fachzeitschriften** (z. B. Arbeitsrecht im Betrieb,[209] Arbeit und Recht, Der Personalrat, Computer und Arbeit oder Gute Arbeit) bereitzustellen.[210] Steht dem BR bereits eine arbeitsrechtliche Fachzeitschrift zur Verfügung, die sich z. B. regelmäßig auch mit arbeits- und gesundheitswissenschaftlichen Themenstellungen befasst, hat der BR darzulegen, welche betrieblichen oder BR-bezogenen Gründe die **Anschaffung einer weiteren Fachzeitschrift** erfordern.[211] Im Internet 25

201 ArbG Elmshorn 19. 2. 91 – 1 d BV 10/91; ArbG Nürnberg 1. 10. 10 – 6 BV 205/10, AiB 11, 402, wenn die Mitglieder des Betriebsrats nicht in einer gemeinsamen räumlichen Einheit untergebracht sind; einschränkend ArbG Düsseldorf, NZA-RR 04, 311.

202 BAG 24. 1. 96 – 7 ABR 22/95; LAG Düsseldorf, BB 88, 1072; LAG Bremen, BB 96, 2303; ArbG Darmstadt 27. 5. 20 – 1 BV 2/20, AuR 21, 86 mit Anm. Thon; ArbG Nürnberg 1. 10. 10 – 6 BV 205/10, AiB 11, 402.

203 So ausdrücklich ArbG Darmstadt 27. 5. 20 – 1 BV 2/20, AuR 21, 86 mit Anm. Thon.

204 LAG Bremen, BB 96, 2303; Fitting, Rn. 119 ff.

205 ArbG Frankfurt 14. 11. 00 – 18 BV 479/00.

206 ArbG Nürnberg 1. 10. 10 – 6 BV 205/10, AiB 11, 402.

207 ArbG Darmstadt, AiB 96, 482 m. Anm. v. J. Schmidt.

208 Besgen, AiB 87, 150; Rn. 96; a. A. LAG Düsseldorf, BB 78, 1413.

209 BAG 19. 3. 14 – 7 ABN 91/13.

210 BAG, BB 95, 1087; LAG Frankfurt, AiB 91, 335; LAG Düsseldorf, BB 98, 2002; ArbG Halberstadt, AiB 98, 585 m. Anm. v. Wedde; ArbG Köln 8. 10. 98 – 1 BV 163/98; vgl. ergänzend DKW-Wedde, Rn. 184 ff.

211 BAG, BB 95, 1087; vgl. ferner LAG Berlin, BB 93, 725; AuR 98, 330; BB 98, 2002.

sind zwar umfassende Informationen zugänglich, aber in unstrukturierter Form. Deshalb ist für den BR zusätzlich zum Internet eine Fachzeitschrift wie die »AiB« erforderlich, die dem BR in geordneter Fassung den Zugang zu arbeitsrechtlichen Problemen ermöglicht.[212]
In Frage kommt auch das zur Verfügung stellen digitaler Versionen von Gesetzessammlungen und Kommentaren als CD- oder DVD-ROM und/oder eines Online-Zugangs zu Datenbanken mit entsprechenden Entscheidungs- und Literatursammlungen (z. B. »Betriebsratswissen online«).[213]

12. Büroräume

26 Der AG hat dem BR einen oder mehrere Räume als **BR-Büros** für die büromäßige Abwicklung seiner Tätigkeit sowie für Sitzungen und Besprechungen mit erforderlichem Mobiliar, wie verschließbare Schränke, Schreibtische, Tische und Stühle, zur Verfügung zu stellen.[214] Die Verpflichtung besteht gegenüber dem BR als Gremium, nicht einzelnen BR-Mitgl. oder einer Fraktion.[215] Der Raum muss funktionsgerecht und benutzbar sein (heizbar und beleuchtet) und den Anforderungen an die ArbStättV entsprechen.[216] Die Räume müssen so beschaffen sein, dass der BR in ihnen seine Aufgaben ordnungsgemäß wahrnehmen kann. Es muss möglich sein, BR-Sitzungen und Besprechungen durchzuführen, Sprechstunden abzuhalten, Schreibarbeiten auszuführen sowie sich dorthin zur Lektüre zurückzuziehen. Dazu bedürfen die Räume einer ausreichenden Größe, funktionsgerechten Ausstattung und Lage. Es ist notfalls gem. Ziffer 5 Abs. 4 ASR A 1.2 durch eine Gefährdungsbeurteilung zu klären, ob der zur Verfügung gestellte Raum den Anforderungen an die Arbeitssicherheit genügt. Dabei ist insbesondere zu beachten, dass ausreichend Bewegungsmöglichkeit verbleiben muss und auch die Fluchtwege ausreichend bemessen sein müssen.[217] Wenn die Büro-

212 BAG 19.3.14 – 7 ABN 91/13, juris.
213 DKW-Wedde, Rn. 192; Fitting, Rn. 134 wenn der AG über einen Zugang verfügt und die Kosten nicht unverhältnismäßig sind.
214 LAG Köln 23.1.13 – 5 TaBV 7/12, brwo, bejaht Anspruch bei siebenköpfigen BR; LAG SH, AiB 08, 666, fordert für einen fünfköpfigen BR einen Raum von mindestens 20 qm; LAG München, BB 08, 441; LAG München 8.7.05 – 3 TaBV 79/03, juris, wonach ein dreiköpfiger BR einen Anspruch auf Büroraum mit mindestens 9 qm nebst eigenem Telefonanschluss hat; ArbG Köln 13.12.18 – 10 BV 476/16, in der Rechtsbeschwerde hat das BAG – 7 ABR 15/20 – das Verfahren eingestellt; vgl. ArbG Frankfurt, NZA-RR 99, 420 – bejahend bei fünfköpfigen BR; ArbG Halberstadt, AiB 98, 585 m. Anm. Wedde; zu Musterschreiben vgl. DKW-F-Wedde, § 40 Rn. 16.
215 HessLAG 2.12.19 – 16 TaBV 14/19, juris.
216 LAG SH 31.5.17 – 1 TaBV 48/16, AiB 2/19, 58, 596; LAG Köln, AuR 02, 150.
217 ArbG Köln 13.12.18 – 10 BV 476/16, in der Rechtsbeschwerde hat das BAG – 7 ABR 15/20 – das Verfahren eingestellt.

räume zur Abhaltung von Betriebsratssitzungen nicht geeignet sind, ist zusätzlich ein Sitzungszimmer zur Verfügung zu stellen. Zudem dürfen sich die Wegezeiten zu den Räumen nicht als umständlich und als ein tatsächliches Hindernis bzw. eine Erschwerung für das Aufsuchen des BR darstellen.[218] Der BR-Raum und insbesondere auch Besprechungsräume müssen optisch und akustisch soweit abgeschirmt sein, dass sie von Zufallszeugen von außen nicht eingesehen oder abgehört werden können.[219] Die Vertraulichkeit der Besprechungen im BR-Büro ist notfalls durch die Errichtung einer schalldichten Wand zum Nachbarbüro zu gewährleisten.[220] Mit der Zuordnung bestimmter Räume an den BR erwirbt dieser die tatsächliche Sachherrschaft hieran und wird damit Besitzer im Sinne von § 854 Abs. 1 BGB. Der BR hat Anspruch auf ein Sicherheitsschloss für das BR-Büro außerhalb der allgemeinen Schließanlage.[221] In diesen Räumen übt der BR das Hausrecht aus. Der AG darf deshalb nicht gegen den Willen des BR BR-Büros öffnen und betreten.[222] Mit Rücksicht auf dieses **Hausrecht** ist der AG grundsätzlich verpflichtet, den Zugang Dritter zum BR-Büro zu dulden, soweit dies für die Erfüllung der gesetzlichen Aufgaben des BR erforderlich ist.[223] Nach Auffassung des BAG ist der AG auch nur in diesem Rahmen verpflichtet, den Zugang von Medienvertretern gegen Vorlage des Presseausweises bzw. eines Rechtsanwalts zum BR-Büro zu dulden.[224] Der AG kann dem BR die Nutzung einmal zugesagter Räumlichkeiten nicht untersagen, selbst wenn die Räume nicht sachgerecht genutzt werden,[225] es sei denn, der AG stellt andere, gleichwertige Büroräume zur Verfügung.[226] Trotzdem darf der AG die bisherigen Räume des BR nicht eigenmächtig räumen, er benötigt dafür einen gerichtlichen Herausgabetitel.[227] Der AG begeht verbotene Eigenmacht, wenn er den

---

218 LAG SH 31.5.17 – 1 TaBV 48/16, NZA-RR 17, 596.

219 HessLAG 31.7.23 – 16 TaBV 151/22; LAG SH, NZA-RR 08, 187; LAG Köln 19.1.01 – 11 TaBV 75/00, AiB 01, 605 mit Anm. Große-Kock.

220 HessLAG 3.3.14 – 16 TaBVGa 214/13, NZA-RR 14, 424; ArbG Köln 13.12.18 – 10 BV 476/16, in der Rechtsbeschwerde hat das BAG – 7 ABR 15/20 – hat das Verfahren eingestellt.

221 ArbG Mannheim, AiB 01, 48.

222 LAG Nürnberg, NZA 00, 335; ArbG Mannheim, AiB 01, 48.

223 BAG, BB 92, 144; einschränkend jetzt BAG 20.10.99 – 7 ABR 37/98, brwo, wonach der BR die Interessen der Belegschaft an einer sachgerechten Ausübung des BR-Amtes und die berechtigten Interessen des AG gegeneinander abzuwägen hat.

224 BAG a.a.O.

225 ArbG Göttingen, AiB 88, 284, sowie ArbG Berlin, AiB 93, 184, die auch die Voraussetzungen für eine einstweilige Verfügung anerkennen, weil sonst die BR-Arbeit erheblich gefährdet würde.

226 HessLAG 31.7.23 – 16 TaBV 151/22; ArbG Villingen-Schwenningen, AiB 97, 413 m. Anm. Kunz; Fitting Rn. 111.

227 HessLAG 14.1.19 – 16 TaBVGa 6/19, juris.

BR aus dem von ihm bislang benutzten Zimmer hinauswirft[228] oder das BR-Büro eigenmächtig ausräumt und mit einer neuen Schließanlage versieht.[229] Dagegen kann der BR im Wege einer e. V. vorgehen, damit ihm der Besitz wieder zur Verfügung gestellt wird.[230]

Der BR kann vom AG verlangen, dass dieser nicht ohne vorherige Genehmigung das BR-Büro betritt bzw. dort befindliche Unterlagen, Möbel u. Ä. aus dem BR-Büro entfernt.[231] Der BR hat aber auch keinen Ewigkeitsanspruch, einmal zugewiesene Räume zu behalten oder bestimmte Räumlichkeiten zu erhalten, wenn der Mietvertrag gekündigt ist und die Räume zurückgegeben werden müssen.[232] Der AG ist grundsätzlich zu Umbaumaßnahmen an den Betriebsräumen, wozu auch das BR-Büro zählt, berechtigt. Allerdings kann der AG die Maßnahmen nur in Abstimmung mit dem BR vornehmen; ansonsten würde es eine Behinderung der BR-Tätigkeit bedeuten. Dem BR steht bei nicht hinnehmbaren Beeinträchtigungen ein Anspruch auf Zuteilung neuer Räume zu.[233]

Hinsichtlich der überlassenen Räume entscheidet über dessen Zuteilung und Zutritt der BR als Gremium in eigener Verantwortung. In dem Zusammenhang kann für ein BR-Mitgl. ein Anspruch auf Überlassung eines Schlüsseltransponders für das BR-Büro gegeben sein, wenn dem BR eine solche Überlassung tatsächlich möglich und zumutbar ist und anderenfalls ein jederzeitiges Einsichtnahmerecht des BR-Mitgl. nach § 34 Abs. 3 nicht gewährleistet werden kann.[234] Die Mitglieder einer Minderheitsliste haben gegenüber dem BR keinen Anspruch auf Bereitstellung eines Raums sowie entsprechender Büromittel wie Computer, Schreibtisch etc. zur alleinigen Verfügung. Das BR entscheidet in eigener Autonomie durch Mehrheitsbeschluss darüber, wie er seine personellen und sachlichen Ressourcen für seine BR-Arbeit am besten nutzt (s. § 33 Rn. 3a).[235]

228 ArbG Berlin, AiB 93, 184.
229 ArbG Villingen-Schwenningen AiB 97, 413 m. Anm. Kunz.
230 HessLAG 14.1.19 – 16 TaBVGa 6/19, juris.
231 ArbG Villingen-Schwenningen AiB 97, 413 m. Anm. Kunz; vgl. auch ArbG Freiburg, AiB 97, 413 zu einem entsprechenden Herausgabeanspruch des BR.
232 LAG Hamm 28.5.10 – 13 TaBV 102/09, brwo.
233 HessLAG 3.3.14 – 16 TaBVGa 214/13, NZA-RR 14, 424.
234 HessLAG 14.1.19 – 16 TaBVGa 164/18, juris.
235 HessLAG 2.12.19 – 16 TaBV 14/19, juris; 4.2.19 – 16 TaBVGa 172/18, juris; LAG BB 19.7.11 – 7 TaBV 764/11, brwo, BB 11,1908.

13. Büropersonal

Dem BR ist auch Büropersonal im erforderlichen Umfang zur Verfügung zu stellen.[236] Das Vorhandensein von PCs steht der Überlassung nicht entgegen.[237] Den Arbeitsvertrag mit der Bürokraft schließt der AG auch dann ab, wenn diese ausschließlich mit Büroarbeiten des BR beschäftigt werden soll. Die Interessen des BR sind jedoch bei der Auswahl zu berücksichtigen. Der BR ist nicht verpflichtet, eine zur Verfügung gestellte Bürokraft in jedem Fall auch zu beschäftigen. Er kann ggf. eine Schreibkraft ablehnen, zu der er kein Vertrauen hat.[238] Bei einer begründeten Weigerung hat der AG dem BR eine andere Bürokraft zur Verfügung zu stellen.[239] Allerdings kann der BR nicht verlangen, einen bestimmten AN als Bürokraft zu beschäftigen.[240] Während der Tätigkeit für den BR sind die Bürokräfte dem Weisungsrecht des AG entzogen. 27

Zum Büropersonal gehören aber nicht nur Schreibkräfte, sondern auch andere Personen, die den BR durch Hilfstätigkeiten bei der Wahrnehmung seiner Amtstätigkeit unterstützen, so z. B. Personen, die für den BR Vervielfältigungsaufgaben oder Botendienste erledigen. Darüber hinaus werden von dem Anspruch auch solche Hilfspersonen (z. B. **wissenschaftliche Mitarbeiter**) erfasst, die der BR für die Vorbereitung und Abwicklung von Entscheidungen über die Wahrnehmung seiner Beteiligungsrechte benötigt.[241] Der BR kann auch grundsätzlich **Kommunikationsbeauftragte** als Hilfspersonen durch Beschluss benennen, die den BR in der Kommunikation mit der Belegschaft unterstützen sollen, ohne dass ihnen betriebsverfassungsrechtliche Aufgaben zur eigenständigen Wahrnehmung übertragen werden, wenn der BR ungeachtet ihrer Existenz seine Mitwirkungsrechte sowohl autonom als auch effektiv nutzen kann und nutzt.[242] Voraussetzung ist dabei, dass der Einsatz dieser Hilfspersonen auf die Hilfstätigkeit der Informationsvermittlung zwischen BR und Belegschaft beschränkt ist, und eine direkte Kommunikation zwischen BR und Belegschaft nicht verhindern wird (s. auch § 33 Rn. 3a).

---

236 BAG 19.6.12 – 1 ABR 19/11, NZA 12, 1237 zur Überlassung von Hilfspersonal an den GBR; BAG 20.4.05 – 7 ABR 14/04 NZA 05, 1010; LAG MV 3.5.05 – 5 TaBV 20/04, juris, zur Ausweitung des Bürodienstes einer Hilfskraft; vgl. auch BAG 17.10.90, AP Nr. 8 zu § 108 BetrVG 1972 zur Bereitstellung von Büropersonal für den WA; zu Musterschreiben vgl. DKW-F-Wedde, § 40 Rn. 22.

237 BAG 20.4.05 – 7 ABR 14/04, NZA 05, 1010.

238 BAG, NZA 97, 844.

239 Vgl. auch LAG Berlin, AiB 96, 318.

240 BAG, NZA 97, 844.

241 BAG 19.6.12 – 1 ABR 19/11, NZA 12, 1237.

242 BAG 29.4.15 – 7 ABR 102/12, juris; LAG BaWü 26.7.10 – 20 TaBV 3/09, AuR 10, 665.

14. Informations- und Kommunikationstechnik

28 Der AG ist verpflichtet, dem BR im erforderlichen Umfang **Informations- und Kommunikationstechnik** zur Verfügung zu stellen. Durch die Regelung in § 40 Abs. 2 wird festgeschrieben, dass diese Technik zur notwendigen Sachausstattung des BR gehört.[243] Soweit der BR von der Möglichkeit der Nutzung von Video- und/oder Telefonkonferenzen Gebrauch macht (s. § 30 Rn. 3, § 34 Rn. 4), sind die technischen Voraussetzungen vom AG für die BR-Mitgl.[244] und die an der Sitzung Teilnahmeberechtigten (z. B. Gewerkschaftsvertreter) zur Verfügung zu stellen und zu installieren. Dazu gehört u. a. das Internet sowie E-Mail-Konten mit bestimmten Konfigurationen zur über das unternehmensbezogen eingerichtete Intranet hinausgehenden »externen« Kommunikation.[245]
Eine Ausstattung aller BR-Mitgl. mit technisch sicheren Geräten ist dabei unabdingbar und erforderlich. Um den Grundsatz der Nichtöffentlichkeit einer BR-Sitzung zu gewährleisten, hat der AG auch die technischen Möglichkeiten dazu zur Verfügung zu stellen, wie z. B. eine Verschlüsselung der Verbindung. Die Kostentragungspflicht des Arbeitgebers tritt auch ein, wenn einem BR-Mitglied im Homeoffice durch seine Teilnahme Kosten entstehen. Dem BR steht auch der betriebsübliche Standard zu.[246] Geht die Anforderung des BR darüber hinaus, muss durch ihn im Zweifelsfall die Erforderlichkeit dargelegt werden. In beiden Fällen steht dem BR ein Auswahlermessen bei der Bewertung der Erforderlichkeit zu.[247] Demgegenüber verlangt das BAG grundsätzlich auch weiterhin, dass der BR eine Einzelfallprüfung hinsichtlich der Erforderlichkeit vorzunehmen hat.[248] Modifikationen durch das BAG werden im Folgenden dargestellt. Zur Informations- und Kommunikationstechnik gehören insbesondere Personalcomputer

243 Engels/Trebinger/Löhr-Steinhaus, DB 01, 532; Lück, AiB 11, 298; vgl. Fitting, Rn. 127 f.

244 LAG München 7.12.23 – 2 TaBV 31/23; LAG Köln 24.6.22 – 9 TaBV 52/21; HessLAG 14.3.22 – 16 TaBV 143/21; LAG BB 14.4.21 – 15 TaBVGa 401/21 zu § 129 a. F., wobei auch eine e. V. zulässig ist, wenn der BR auf die begehrte Erfüllung dringend angewiesen ist; ArbG Wiesbaden 8.12.21 – 6 BVGa 5/21, n. rk., anhängig beim HessLAG unter 16 TaBVGa 190/21, bejaht im Einzelfall e. V., wenn BR in der Geschäftsordnung Video- und Telefonkonferenz geregelt hat.

245 BAG 14.7.10 – 7 ABR 80/08; LAG MV 19.1.22 – 3 TaBV 10/21.

246 DKW-Wedde, Rn. 158 ff.; Fitting, Rn. 127; LAG Nds., NZA-RR 03, 250 spricht vom »Prinzip der Äquivalenz der Mittel«; LAG München, AiB 08, 545 geht vom Prinzip der Waffengleichheit aus; ArbG Berlin, CF 2/06, 29; Wedde, CT 5/2004, 28; Grimberg, CF 2/06, 26.

247 BAG 16.5.07 – 7 ABR 45/06, NZA 07, 1117.

248 BAG 16.5.07 – 7 ABR 45/06, NZA 07, 1117; BB 04, 668; vgl. Rn. 22; zur Kritik vgl. Wedde, CT 5/2004, 28; Grimberg, CF 2/06, 26.

(PC) einschl. Drucker und Software, Telefon, Mobiltelefon, Telefaxgeräte, Fotokopiergeräte, E-Mail, Intranet und Internet nebst Zugang[249] sowie die Einrichtung einer elektronischen Signatur (vgl. § 26 Rn. 5).[250] Die Neuregelung erfasst somit die grundsätzliche Nutzung der im Betrieb[251] bzw. im UN vorhandenen Techniken durch den BR.[252] Dieses schließt einen Anspruch des BR auf Übernahme der **Kosten** durch den AG nach Abs. 1 auf eine entsprechend erforderliche **Schulung** mit ein (siehe § 37 Rn. 34).[253] Der AG hat dem BR einen, in größeren Betrieben mehrere, **Personal Computer (PC)** zur Verfügung zu stellen,[254] und zwar einschließlich des entsprechenden Zubehörs wie **Software** und **Farbdrucker**.[255] Die Konfiguration des BR-PC einschließlich der Anmeldeprozedur bestimmt der BR grundsätzlich allein, wobei der BR bei der Verarbeitung personenbezogener Daten unter Beachtung des Persönlichkeitsrechts der betroffenen AN selbst die datenschutzrechtlichen Details bestimmt.[256] Dazu gehört nicht ein Zugang zum im Betrieb des AG gebräuchlichen SAP-Entgeltabrechnungssystems.[257] Da der BR seine Daten und Dateien genauso wie seine sonstigen schriftlichen Unterlagen eigenverantwortlich verwaltet, hat der AG kein Recht, in die Dateien des BR Einsicht zu nehmen.[258] Bei der vom BR vorzunehmenden Prüfung der Erforderlichkeit ist von den betrieblichen Verhältnissen zum Zeitpunkt

---

249 ArbG Berlin, AuR 06, 37; zu Musteranforderungsschreiben vgl. DKW-F-Wedde, § 40 Rn. 17 ff.

250 Übersicht bei Lück, AiB 11, 298 sowie Schomaker, AiB 11, 325.

251 LAG Hamm, RDV 06, 83 Ls.; LAG Rheinland-Pfalz, AuR 06, 253.

252 Vgl. BT-Drucks. 14/5741, 41; a. A. BAG, BB 04, 577 und 668.

253 Peter, CF 7–8/06, 52; a. A.: LAG SH 3.6.03 – 4 Ta BV 24/02 verneint Erforderlichkeit, wenn Kenntnisse durch »learning by doing« erlangt worden sind.

254 Klebe/Wedde, DB 93, 1418; Kort, NZA 90, 598.

255 LAG Hamm 18.6.10 – 10 TaBV 11/10, brwo, NZA-RR 2010, 521; LAG SH 27.1.10 – 3 TaBV 31/09, AuR 10, 132 Ls. sowie LAG Nürnberg, BB 09, 2141 Ls. wenn der AG bei der Wahrnehmung einzelner betriebsverfassungsrechtlicher Aufgaben einen PC zur Anwendung bringt; LAG SH 8.7.10 – 1 TaBV 40a/09, juris, auch dann, wenn der Bezirksleiter des AG selbst keinen PC zur Verfügung hat; LAG Bremen, NZA-RR 09, 485 bejaht grundsätzlich die Zurverfügungstellung einer EDV-Grundausstattung, da es sich regelmäßig um unverzichtbare Arbeitsmittel des BR handelt; HessLAG, dbr, 08, Nr. 7, 37, wonach die Benutzung eines PC durch den Betriebsrat für einen vernünftigen und angemessenen Einsatz menschlicher Arbeitskraft unabdingbar ist; LAG Düsseldorf, NZA-RR 06, 139, wonach jedenfalls in mittleren und größeren Betrieben die Erforderlichkeit eines PC für die BR-Tätigkeit regelmäßig indiziert wird; ArbG Berlin, dbr 5/09, 38.

256 BAG 18.7.12 – 7 ABR 23/11, brwo.

257 LAG Nürnberg, RDV 06, 84.

258 LAG Düsseldorf 15.9.11 – 4 TaBV 87/11 sowie 17.9.11 – 4 TaBV 11/12, BB 12, 832.

der Beschlussfassung auszugehen.[259] Auf die Größe des BR kommt es nicht an. Der BR muss sich wegen des Vertrauensschutzes grundsätzlich nicht auf die Mitbenutzung beim AG vorhandener Rechner verweisen lassen.[260] Der AG ist verpflichtet, dem BR die Information der Belegschaft über ein **EDV-gestütztes Kommunikationssystem** (z. B. **E-Mail** bzw. **Intranet**) zu gestatten, wenn das System im Betrieb bzw. im UN allgemein zu diesem Zweck genutzt wird.[261] Entsprechendes gilt für die Zurverfügungstellung einer eigenen **Homepage** des BR im **Intranet** des AG.[262] Das BAG[263] bejaht im Rahmen der Erforderlichkeitsprüfung die Nutzung des Intranets sowie die Einrichtung einer Homepage nur dann, wenn das Intranet das im Unternehmen vorhandene übliche Kommunikationsmittel ist. Bei der inhaltlichen Gestaltung der Homepage entscheidet der BR alleine ohne Zustimmung des AG. Auch wenn dabei der Aufgabenbereich des BR überschritten wird, kann der AG nicht eigenmächtig Seiten der Homepage sperren oder löschen. Er ist zur Vorzensur nicht berechtigt.[264] Es gelten die für das »**Schwarze Brett**« entwickelten Grundsätze (vgl. Rn. 30).[265] Deshalb kann ein AG einem BR nicht ein generelles »Twitterverbot« – jetzt »X« – erteilen.[266] Für einen Auftritt des BR in den **Sozialen Medien** ergeben sich noch zusätzliche Probleme.[267] Ein solcher Auftritt bringt auf der einen Seite einen schnellen Informationsfluss und eine bessere Netzwerkarbeit. Es stellt sich aber ebenso die Frage, wie ein solcher Auftritt sinnvoll und rechtssicher zu gestalten ist. Die Anforderungen sind dabei vielfältig und mit vielen Unsicherheiten verbunden.[268] Der Zugang zum **Internet** und die Einrichtung einer **E-Mail Adresse** für den BR sind – ausgehend vom betrieblichen Standard – regelmäßig für erforderlich anzusehen.[269] Für die ordnungsgemäße und zuverlässige Kom-

---

259 BAG, NZA 98, 953.

260 BAG, NZA 98, 953.

261 HessLAG 5.11.09 – 9 TaBV 241/08, brwo, ArbG Frankfurt/Main, AiB 03, 744 m. Anm. Wedde; Gehrke/Pfeifer, AiB 03, 522; Däubler, CF 9/04, 25; zu Musterschreiben vgl. DKW-F-Wedde, § 40 Rn. 20ff.

262 ArbG Paderborn, DB 98, 678; Däubler, a. a. O.

263 BAG 1.12.04 – 7 ABR 18/04, NZA 05, 1016.

264 HessLAG 5.11.09 – 9 TaBV 241/08, brwo.

265 LAG Hamm, RDV 04, 223 zu Informationen über Tarifverhandlungen; ArbG Dortmund 12.9.03 – 1 BV 15/03.

266 LAG Nds. 6.12.18 – 5 TaBV 107/17, AiB 7–8/19, 54 (Kurzwiedergabe), zur Nutzung eines Twitter-Accounts.

267 Hentschel/Asgarzoei, AiB 11/17, 18.

268 Im Einzelnen Greve, CuA 13, 32; Demuth, AiB 11, 302; Wedde, AiB 11, 287; Brandt, CR 4/11, 32.

269 BAG 14.7.10 – 7 ABR 80/08, brwo, AiB 11, 54, Internet und E-Mail Adresse auch für mehrere BR-Mitgl.; 17.2.10 – 7 ABR 103/09, AiB 11, 325 Ls., wonach allenfalls dann etwas anderes gelten kann, wenn der AG (beispielsweise aufgrund einer wirtschaftlich schwierigen Situation des Unternehmens) generell

munikation mit den AN kommt grundsätzlich auch die Einrichtung eines eigenen, sogenannten Funktionspostfaches in Frage, über das der BR direkt über die E-Mail-Verteiler Mitteilungen an die AN verschiedener Standorte versenden kann.[270] Dies wäre folglich erforderlich. Erst mit Beschluss vom 20. Januar 2010 hat das BAG[271] klargestellt, dass die **Nutzung des Internets** durch den BR »in der Regel« der gesetzlichen Aufgabenerfüllung dient und die Erforderlichkeit des Internetzugangs nicht mehr auf Grund konkreter betrieblicher Anforderungen im Einzelfall durch den BR nachgewiesen werden muss. Der BR kann die Einrichtung eines nicht personalisierten Internetzugangs über den ihm zur Verfügung gestellten PC verlangen und eigenständig bestimmen, ob beim Zugang einzelner BR-Mitgl. zum Internet über einen gemeinsamen PC des BR eine Personalisierung stattfinden soll oder nicht.[272] Denn für die Beachtung des Datenschutzes beim Zugang hat der BR in eigener Verantwortung zu sorgen.[273] Stellt der AG dem BR über das betriebliche Intranet einen Internetanschluss zur Verfügung, besteht in diesem Fall grundsätzlich kein Anspruch auf einen (weiteren) Internetanschluss über einen externen Provider, durch den zusätzliche Kosten anfallen.[274] Die Überlassung eines **mobilen Computers** (Laptop, Notebook) kann im Einzelfall erforderlich sein, auch wenn stationäre Computer zur Verfügung stehen.[275]

Der BR kann in der Regel verlangen, dass ihm der AG ein eigenes **Diktiergerät** und **Fotokopiergerät** zur Vervielfältigung von Sitzungsunterlagen, Protokollen u. Ä. zur Verfügung stellt;[276] Entsprechendes gilt – alleine schon aus Datenschutzgründen – für ein **Telefaxgerät.**[277] Bei besonderen Betriebsstrukturen (z. B. Einzelhandelsfilialist) und einer eingeschränkten Erreichbarkeit des AG gerade bei fristgebundenen Stellungnahmen des BR hat dieser Anspruch auf einen Anrufbeantworter, ein Fotokopiergerät sowie ein Faxgerät.[278] Dem BR 29

auf die Nutzung des Internets verzichtet; 20. 1. 10 – 7 ABR 79/08, brwo, NZA 10, 709, jedenfalls dann, wenn BR einen PC bereits hat, im Betrieb ein Internetanschluss vorhanden ist, die Freischaltung des Zugangs keine zusätzlichen Kosten verursacht und die Nutzung durch den BR keine sonstigen berechtigten Belange des AG entgegenstehen.

270 LAG SH 8. 10. 15 – 5 TaBV 23/15, AiB 16, Nr. 10, 59.

271 BAG 20. 1. 10 – 7 ABR 79/08, brwo, AiB 10, 687.

272 BAG 18. 7. 12 – 7 ABR 23/11, brwo.

273 Zu Einzelheiten s. Mittländer, CA 7–8/16, 8.

274 BAG 20. 4. 16 – 7 ABR 50/14, AiB 7–8/16, 57; LAG BaWü 23. 1. 13 – 13 TaBV 8/12, juris.

275 HessLAG 25. 7. 16 – 16 TaBV 219/15, juris; LAG Köln 13. 12 11 – 11 TaBV 59/11, brwo.

276 Besgen, AiB 87, 150; Kort, NZA 90, 598.

277 LAG Rheinland-Pfalz, AuR 06, 253; LAG Nds., NZA-RR 03, 250; vgl. DKW-Wedde, Rn. 130.

278 BAG, AuR 00, 142 zur alten Gesetzeslage.

muss im BR-Büro ein **Telefon** zur jederzeitigen, ungehinderten Benutzung zur Verfügung stehen.[279] Die Nutzung des Telefons dient der innerbetrieblichen Kommunikation und dem Informationsaustausch zwischen AN und BR.[280] Welche Informations- und Kommunikationswege der BR dabei für zweckmäßig hält, ist von dem BR nach pflichtgemäßem Ermessen zu entscheiden. Der AG hat dem BR nicht vorzuschreiben, auf welche Art die innerbetriebliche Kommunikation zu erfolgen hat.[281] Ist ein örtlicher BR nicht vorhanden, hat der **GBR** einen Anspruch auf Freischaltung der in den einzelnen Verkaufsstellen vorhandenen Telefonapparate zur Erfüllung seiner gesetzlichen Aufgaben.[282] Ein eigener **Telefonamtsanschluss** ist dagegen nicht erforderlich, wenn der BR die betriebliche Telefonanlage ohne Empfänger- und Inhaltskontrolle jederzeit benutzen kann.[283] In Kleinbetrieben kann die – ungestörte – Mitbenutzung des betrieblichen Fernsprechers ausreichend und zumutbar sein.[284] In Betrieben mit ausgelagerten Betriebsteilen oder Filialen muss die Telefonanlage technisch so geschaltet sein, dass der BR die außerhalb der zentralen Betriebsstätte (z. B. in den Verkaufsstellen) Beschäftigten direkt anwählen und die Beschäftigten eingehende Gespräche des BR auch tatsächlich entgegennehmen können.[285] Der BR hat Anspruch auf Zurverfügungstellung von **Mobilfunktelefonen** (Handys), wenn ein BR-Mitgl. auf Grund der Tätigkeit im GBR bzw. KBR mehr als 40 % seiner Arbeitszeit außerhalb des eigenen Betriebes verbringt,[286] wenn mit dem Mobiltelefon die BR-Mitgl. auch zu Zeiten erreichbar sind, an denen sie sich nicht an ihrem Arbeitsplatz oder im BR-Büro aufhalten und deshalb nicht über Festnetz angerufen werden können,[287] wenn auf andere Weise eine unmittelbare, zugleich direkte und zeitnahe Kommunikation zwischen den entsprechenden BR-Mitgl. und den betroffenen AN nicht sichergestellt ist.[288] Auch das Zur-Verfügung stellen eines **Smartphones, iPhones** o. Ä. kann erforderlich sein, wenn das einzelne BR-Mitgl. aufgrund

279 LAG München 8. 7. 05 – 3 TaBV 79/03, juris; ArbG Osnabrück 19. 11. 90 – 2 BV 18/90; vgl. DKW-Wedde, Rn. 131 ff.

280 BAG, AuR 00, 142.

281 BAG 27. 11. 02 – 7 ABR 45/01, brwo; LAG BaWü 12. 3. 09 – 16 TaBV 8/08 n. v.

282 BAG 9. 12. 09 – 7 ABR 46/08, AiB 11, 329 Ls.

283 BAG 20. 4. 16 – 7 ABR 50/14, AiB 7–8/16, 57; LAG Frankfurt, NZA 86, 650.

284 LAG Rheinland-Pfalz, NZA 93, 426.

285 LAG Nds. 21. 9. 09 – 9 TaBV 98/08, juris; BAG, NZA 03, 803 noch zur alten Gesetzeslage.

286 ArbG Karlsruhe 11. 6. 08 – 4 BV 15/07, juris.

287 HessLAG 28. 11. 11 – 16 TaBV 129/11, juris.

288 LAG BaWü 12. 3. 09 – 16 TaBV 8/08 n. v., nur bei Vorliegen besonderer Umstände; LAG Sachsen-Anhalt 23. 6. 10 – 4 TaBV 4/10, juris, wenn der BR ansonsten nicht ungestört telefonieren und angerufen werden kann oder seine Telefonate mitgehört werden können; LAG BaWü, EZA Schnelldienst 13/06, 15 Ls.; ArbG Berlin, CF 2/06, 29; ArbG Frankfurt, AiB 98, 223 m. Anm. v. Hess-Grunewald; verneinend: LAG München 20. 12. 05 – 8 TaBV 57/04.

seiner Tätigkeit häufiger außerhalb seines Betriebes unterwegs ist[289] und ein Zugriff auf die E-Mail-Kommunikation notwendig ist. Dies gilt insbesondere, wenn die Kommunikation über E-Mail betrieblicher Standard ist.

15. »Schwarze Bretter«

Für die Bekanntmachungen des BR hat der AG ein oder mehrere »**Schwarze Bretter**« zur Verfügung zu stellen, die an geeigneten, allen AN des Betriebs zugänglichen Stellen anzubringen sind.[290] Als »Schwarzes Brett« kann der BR einen abschließbaren Info-Kasten verlangen.[291] Auch eine eigenen **Homepage** des BR in dem Intranet des AG kommt als »Schwarzes Brett« in Frage (vgl. im Einzelnen Rn. 28). Der BR kann nicht vom AG verlangen, dass zur Information der Belegschaft über die Betriebsratsarbeit LED-Bildschirme statt des »Schwarzen Bretts« zur Verfügung gestellt werden.[292] Der **Inhalt der Aushänge** muss sich im Rahmen seiner Aufgaben und seiner Zuständigkeit bewegen.[293] Der BR ist jedoch nicht gehindert, **seine Ansicht**, auch wenn sie von der des AG abweicht, am »Schwarzen Brett« bekannt zu geben[294] oder der Belegschaft einen **Interessenkonflikt** mitzuteilen und **Missstände** zu kritisieren.[295] Bei **unzulässigen Anschlägen** kann der AG vom BR die **Entfernung** verlangen. Verwehrt der BR die Entfernung, begeht der AG grundsätzlich **verbotene Eigenmacht** (vgl. §§ 858 ff. BGB), wenn er Anschläge, die aus seiner Sicht unzulässig sind, eigenmächtig entfernt oder entfernen lässt oder gleich das »Schwarze Brett« entfernt oder umhängt, da der BR an dem ihm zur Verfügung gestellten »Schwarzen Brett« ein Besitzrecht ausübt.[296] Der AG ist auf das Mittel der **Gegendarstellung** beschränkt oder kann den **Rechtsweg** beschreiten (vgl. Rn. 28).[297] Einer eigenmächtigen Entfernung von Anschlägen darf sich der BR nach § 859 Abs. 1 BGB notfalls sogar mit Gewalt widersetzen.[298] Der BR kann aber auch nach § 861 Abs. 1 BGB die Wiederanbringung der Anschläge verlangen.[299] 30

289 HessLAG 13.3.17 – 16 TaBV 212/16, juris.
290 Vgl. BAG, DB 79, 751; Fitting, Rn. 115 ff.
291 ArbG Würzburg, AiB 99, 402.
292 HessLAG 6.3.17 – 16 TaBV 176/16.
293 LAG Hamburg, DB 78, 118.
294 LAG Berlin, DB 80, 1704.
295 LAG BaWü, DB 78, 799; vgl. auch BVerfG, DB 96, 2443 zum Schutz von Werkszeitungen durch die Pressefreiheit; ArbG Hamburg, AiB 95, 774 zur Meinungsfreiheit im Arbeitsverhältnis.
296 HessLAG 15.3.07 – 9 TaBVGa 32/07, brwo; LAG Hamm 12.3.04 – 10 TaBV 161/03, brwo.
297 LAG Hamm, RDV 04, 223 zur Homepage im Intranet; LAG Frankfurt, DB 72, 1027; ArbG Gelsenkirchen, AuR 85, 129.
298 DKW-Wedde, Rn. 148 m. w. N.
299 Däubler, Gewerkschaftsrechte im Betrieb, Rn. 697.

§ 41 Umlageverbot

Die Erhebung und Leistung von Beiträgen der Arbeitnehmer für Zwecke des Betriebsrats ist unzulässig.

1 Die Vorschrift erstreckt sich nur auf Beiträge für den BR selbst. Ein Verstoß gegen dieses Umlageverbot setzt voraus, dass von AN Beiträge für Zwecke des BR erhoben oder geleistet werden. Mittel aus dem Tronc einer Spielbank dürfen nicht zur Anschaffung von Gegenständen – Büromaterial – durch den AG genutzt werden; diese hat der AG aus seinen Mitteln zu finanzieren.[1]
Da das Verbot nur für Beiträge der AN für Zwecke, die mit der Tätigkeit des BR zusammenhängen, gilt, bleiben unberührt Geldsammlungen durch BR-Mitgl. für andere Zwecke (z. B. für Geburtstagsgeschenke oder für Opfer einer Katastrophe).[2] Unzulässig ist dagegen eine Vereinbarung zwischen dem AG und dem BR, durch die sich der AG verpflichtet, an den BR im Falle der Verletzung von Mitbestimmungsrechten eine Vertragsstrafe zu bezahlen, und der BR über diese Gelder zu eigenen Zwecken verfügen kann. Ein Sondervermögen, über das nur der BR verfügungsbefugt ist, kann nicht außerhalb der durch § 40 gesetzten Grenzen gebildet werden, so ausdrücklich das BAG.[3]

Vierter Abschnitt
Betriebsversammlung

§ 42 Zusammensetzung, Teilversammlung, Abteilungsversammlung

(1) Die Betriebsversammlung besteht aus den Arbeitnehmern des Betriebs; sie wird von dem Vorsitzenden des Betriebsrats geleitet. Sie ist nicht öffentlich. Kann wegen der Eigenart des Betriebs eine Versammlung aller Arbeitnehmer zum gleichen Zeitpunkt nicht stattfinden, so sind Teilversammlungen durchzuführen.
(2) Arbeitnehmer organisatorisch oder räumlich abgegrenzter Betriebsteile sind vom Betriebsrat zu Abteilungsversammlungen zusammenzufassen, wenn dies für die Erörterung der besonderen Belange der Arbeitnehmer erforderlich ist. Die Abteilungsversammlung wird von einem Mitglied des Betriebsrats geleitet, das möglichst einem beteiligten Betriebsteil als Arbeitnehmer angehört. Absatz 1 Satz 2 und 3 gilt entsprechend.

1 BAG 14.8.02 – 7 ABR 29/01, AuR 03, 271 m. Anm. Wedde.
2 DKW-Wedde, Rn. 5.
3 BAG 29.9.04 – 1 ABR 30/03.

Inhaltsübersicht Rn.

1. Allgemeines

Die Betriebsversamml. dient der **gegenseitigen Information von BR und AN, der Aussprache und Meinungsbildung**[1] sowie dazu, dass der BR in der Betriebsversamml. **Rechenschaft** über seine Tätigkeit gibt (§ 43 Abs. 1 Satz 1). Die Betriebsversamml. kann weder mit dem AG Vereinbarungen abschließen noch dem BR verbindliche Weisungen erteilen.[2] Sie ist dem **BR nicht übergeordnet** und kann deshalb auch **kein rechtswirksames Misstrauensvotum** gegen den BR oder einzelne BR-Mitgl. aussprechen. In Betrieben, in denen kein BR besteht, können keine Betriebsversamml. durchgeführt werden. Deswegen kann nach abzulehnender Auffassung des BAG[3] ein GBR in BR-losen Betrieben zum Zwecke der Bestellung eines WV für die Durchführung einer BR-Wahl keine Informationsveranstaltungen in Form einer Betriebsversamml. durchführen; er muss sich vielmehr anderer Wege der Informationsbeschaffung bedienen und insbesondere die im Unternehmen vorhandene Kommunikationstechnik nutzen (vgl. § 17 Rn. 1). Die Einberufung erfolgt durch den BR.[4] Es obliegt dem BR, wie die Einladung erfolgen soll (z. B. Anschlag am »Schwarzen Brett«, Rundschreiben, Handzettel). Der AG hat dem BR zwecks Einladung auf Anforderung die Namen und Adressen der AN mitzuteilen, die wegen Urlaub, Elternzeit, Mutterschutz, Krankheit usw. nicht am Arbeitsplatz erreichbar sind. Dieser Anspruch kann ggf. mittels einer einstweiligen Verfügung durchgesetzt werden.[5] Werden im Betrieb **EDV-gestützte Kommunikationssysteme** (z. B. Intranet) eingesetzt, ist deren Benutzung durch den BR zur Einladung der Teilnehmer der Betriebsversamml. vom AG zu gestatten, wie etwa gegenüber im Außendienst tätigen AN, die den Kontakt zum Betrieb über ein Mailbox-System aufrechterhalten.[6] 1

Der AG darf die AN nicht auffordern, an einer rechtmäßig einberufenen Betriebsversamml. nicht teilzunehmen.[7] Darin kann eine Störung der BR-

---

1 BAG 16.11.11 – 7 ABR 28/10, NZA 12, 404; DB 89, 2543.
2 Vgl. BAG, DB 89, 2543.
3 BAG 16.11.11 – 7 ABR 28/10, NZA 12, 404.
4 Vgl. DKW-F-Berg, §§ 42–46 Rn. 6: Mustereinladung zur Betriebsversamml.; zur professionellen Gestaltung s. Bossmann, AiB 11, 672.
5 ArbG Berlin, NZA-RR 04, 642.
6 Vgl. BAG, BB 04, 668; LAG Köln, NZA 92, 519; ArbG München, AiB 92, 95.
7 Vgl. Renker, AiB 01, 701 zu Behinderungsstrategien des AG.

Tätigkeit liegen.[8] Ebenso wenig darf der AG einzelnen AN oder AN-Gruppen die Teilnahme an der Betriebsversamml. untersagen, weil er meint, ihrer Durchführung ständen dringende betriebliche Bedürfnisse entgegen.[9] Auch der Versuch des AG, eine Betriebsversamml. durch Überhängen der Einladung und das Versprechen eines halben Tages Zusatzurlaub bei Nichtteilnahme zu verhindern, ist ein grober Verstoß i. S. von § 23 Abs. 3.[10] Die Befragung von AN durch den AG, ob sie an einer Betriebsversamml. teilnehmen wollen oder nicht, stellt eine Behinderung der BR-Arbeit dar, selbst wenn die Befragung der Planung der Produktion dient.[11] Zur Sicherung der BR-Rechte kann eine einstweilige Verfügung im Verfahren nach § 23 Abs. 3 beantragt werden.[12] In dem Rahmen kann dem AG aufgegeben werden, den gerichtlichen Beschluss allen AN durch Aushang am schwarzen Brett oder durch Rundschreiben bekannt zu geben.[13] Ein Unterlassungsanspruch des AG gegenüber dem BR, mit dem auf die Art und Weise der Durchführung von Betriebsversamml. Einfluss genommen werden soll, besteht nicht; vielmehr kann der AG nur den Weg über § 23 Abs. 1 BetrVG gehen.[14]
Wenn im Betrieb ein geeigneter Raum vorhanden ist, hat der AG diesen dem BR zur Verfügung zu stellen und der BR ihn auch zu nutzen. Stehen mehrere Räume zur Verfügung, soll nach der abzulehnenden Auffassung des HessLAG der AG grundsätzlich alleine darüber entscheiden, in welchem Raum die Betriebsversamml. stattfinden soll; allerdings muss der AG bei seiner Entscheidung das Gebot der vertrauensvollen Zusammenarbeit beachten bzw. darf keinen ungeeigneten Raum überlassen.[15] Ist im Betrieb ein geeigneter Raum nicht vorhanden, ist der AG verpflichtet, auf seine Kosten dem BR angemessen ausgestattete Räumlichkeiten außerhalb des Betriebs zur Verfügung zu stellen. Weigert sich der AG dazu, steht dem BR nach § 40 Abs. 1 ein Anspruch auf Zahlung eines angemessenen Vorschusses zu, um damit die voraussichtlichen Kosten für die Überlassung geeigneter Räume abdecken zu können.[16] Neben der klassischen Betriebsversamml.

---

8 Vgl. ArbG Köln, AiB 89, 212; vgl. auch OLG Stuttgart, AiB 89, 23 f., nach dem der Tatbestand des § 119 Abs. 1 Nr. 2 bereits mit der Behinderung der BR-Tätigkeit bei der Einberufung der Betriebsversamml. vollendet ist.

9 LAG Hamburg, AiB 89, 212; ArbG Darmstadt, AiB 04, 754 zur Androhung des AG bei Teilnahme keine Kostenerstattung oder Lohnfortzahlung.

10 LAG BaWü, BetrR 87, 420 ff.

11 ArbG Bremen, AiB 06, 756.

12 LAG Düsseldorf, NZA 91, 29; ArbG Darmstadt, AiB 04, 754.

13 ArbG Darmstadt, AiB 04, 754.

14 LAG BB 8. 4. 11 – 9 TaBV 2765/10, brwo, im Anschluss an BAG 17. 3. 10 – 7 ABR 95/08, brwo.

15 HessLAG 10. 10. 13 – 5 TaBV 323/12, juris; 12. 6. 12 – 16 TaBVGa 149/12, AuR 12, 437 mit Anm. Stück.

16 LAG Nds. 11. 8. 22 – 6 TaBVGa 41/22; LAG Hamm 5. 10. 20 – 13 TaBVGa 16/20.

werden auch neue Wege beschritten, um Interesse und Akzeptanz bei den AN zu erhöhen. Dabei ist zu beachten, dass die oben genannten Strukturen einer Betriebsversamml., insbesondere der Kommunikationsrahmen und die Beachtung des Grundsatzes der Nichtöffentlichkeit (s. Rn. 4 sowie zur virtuellen Betriebsversamml.), gewahrt bleiben. So hat in einer nicht überzeugenden Entscheidung das LAG Thüringen die Auffassung vertreten, dass anstelle einer »üblichen« Betriebsversamml. ein Betriebsrundgang diese nicht ersetzen kann.[17] Die **Leitung der Betriebsversamml.** obliegt dem BR-Vors. Er hat das Wort zu erteilen und zu entziehen, ebenso kann er die Redezeit beschränken und Ordnungsrufe erteilen. Werden Abstimmungen durchgeführt, hat er diese zu leiten und das Ergebnis bekannt zu geben. Im Versamml.-Raum hat der BR-Vors. **Hausrecht**. Dieses besteht auch in Bezug auf die Zugangswege zum Versamml.-Raum.[18]
Der AG darf nicht die AN des Betriebs oder Gruppen von ihnen zu Versamml. einberufen, in denen Themen behandelt werden, für die nach § 45 die **Betriebsversamml. zuständig** ist und somit auch die Zuständigkeit des BR beeinträchtigt wird. Solche Mitarbeiterversamml. dürfen nicht zu »Gegenveranstaltungen« gegenüber Betriebsversamml. missbraucht werden, was sich u. a. darin zeigen kann, dass eine zeitliche Nähe oder gar eine Überschneidung einer solchen Versamml. zu einer Betriebsversamml. besteht.[19] Die Durchführung einer Mitarbeiterversamml. außerhalb der betriebsüblichen Arbeitszeit ist mitbestimmungspflichtig (§ 87 Abs. 1 Nr. 3), wenn der AG die Teilnahme kraft Weisungsrechts anordnen kann oder der AN zur Teilnahme verpflichtet ist (s. § 87 Rn. 23).[20]

2. Teilnehmerkreis

Die Betriebsversamml. besteht aus den **AN des Betriebs i. S. v. § 5**.[21] Auch 2
überlassene AN i. S. des § 7 Satz 2 (z. B. **Leih-AN** – § 14 Abs. 2 AÜG) dürfen an den Betriebsversamml. teilnehmen, ebenso wie **Heim-AN** und **Tele-AN**.[22] Weiterhin zählen gem. § 5 Abs. 1 Satz 3 auch die Beamten, Soldaten sowie die AN des öffentlichen Dienstes, die in Betrieben privatrechtlich organisierter

17 LAG Thüringen 13. 8. 13 – 1 TaBV 1/13 – zit. nach Brückmann/Geilen, AiB 13, 723 mit Anm.
18 BAG 22. 5. 12 – 1 ABR 11/11, NZA 12, 1176; 20. 10. 99 – 7 ABR 37/98, brwo.
19 ArbG Darmstadt, AiB 96, 609; ArbG Duisburg, AuR 94, 276; zu sog. Mitarbeiterdienstbesprechungen siehe ArbG Osnabrück, AuR 98, 298; vgl. auch BAG, DB 89, 2543, das den AG, wenn eine solche »Gegenveranstaltung« nicht vorliegt, für berechtigt hält, die AN in Mitarbeiterversamml. über betriebliche Belange zu informieren.
20 BAG, DB 01, 2055.
21 BAG 5. 12. 12 – 7 ABR 48/11.
22 Schneider, AiB 02, 287.

Unternehmen tätig sind, als AN des Einsatzbetriebes.[23] Gleiches gilt für AN, die **Altersteilzeitarbeit** für sich in Anspruch nehmen, unabhängig davon, ob sie jeweils im Betrieb Arbeitsleistung erbringen oder nicht.[24] Es sind auch AN teilnahmeberechtigt, bei denen am Tag der Betriebsversamml. keine Arbeitspflicht besteht, wie etwa während des **Urlaubs**,[25] der **Elternzeit**,[26] der **Kurzarbeit**[27] oder während eines **Arbeitskampfes**.[28] Einem gekündigten AN, der Kündigungsschutzklage erhoben hat, ist hinsichtlich seines Zutrittsrechtes zu einer Betriebsversamml. wie ein Betriebsangehöriger zu behandeln.[29] Auszubildende, die zu dem Inhaber eines reinen Ausbildungsbetriebs in einem Vertragsverhältnis stehen und von diesem zur praktischen Ausbildung in den Betrieb eines anderen Betriebsinhabers entsandt werden, sind berechtigt, während ihrer Ausbildungszeit an den dort stattfindenden Betriebsversamml. teilzunehmen.[30] Das Recht zur Teilnahme an der Betriebsversamml. bedeutet auch vor allem ein Recht auf Kommunikation zwischen Betriebsrat und Belegschaft. Bei nicht wenigen AN ist das aber aufgrund mangelnder deutscher Sprachkenntnisse nicht möglich. Deshalb ist die Übersetzung des Tätigkeitsberichtes des BR und AG als erforderlich anzusehen mit der Folge, dass der AG die Kosten zu tragen hat.[31] Das Teilnahmerecht erfordert aber auch, dass alle diskursiv teilnehmen können. Der BR hat somit zu gewährleisten, dass auch die technischen Voraussetzungen für eine Übersetzung und Dolmetscher vom AG bereitgestellt werden (s. auch § 44 Rn. 4).[32] Mit der Übersetzung der Betriebsversamml. wird ein grundlegender Gedanke des BetrVG erfüllt. Der will die Mitbestimmung allen AN eröffnen, Staatsangehörigkeit und Sprachkenntnisse sollen dafür keine Rolle spielen.[33]

Die Teilnahme der AN an der Betriebsversamml. ist Arbeitszeit im Sinne von § 2 Abs. 1 Satz 1 ArbZG.[34]

---

23 BAG 5.12.12 – 7 ABR 48/11, aber im Bereich des PostPersRG nicht im Stammbetrieb.

24 DKW-Berg Rn. 15, a. A. Fitting Rn. 14a.

25 BAG, NZA 87, 712.

26 BAG, DB 90, 793.

27 BAG, NZA 87, 712.

28 BAG, NZA 87, 853.

29 LAG MV 30.1.17 – 3 TaBVGa 1/17, juris.

30 BAG 24.8.11 – 7 ABR 8/10, brwo, wonach das Teilnahmerecht aus der entsprechenden Anwendung des § 14 Abs. 2 Satz 2 AÜG folgt.

31 LAG Düsseldorf 30.1.81 – 16 TaBV 21/80; ArbG Stuttgart 27.2.86 – 17 Ca 317/85, AiB 1986, 168; DKW-Wedde § 40 Rn. 16.

32 Brandt/Stoll, jurisPR-ArbR 35/2023 Anm. 5; a. A. ArbG Leipzig 19.1.23 – 8 BV 56/22.

33 Brandt/Stoll, jurisPR-ArbR 35/2023 Anm. 5 mit ausführlicher Begründung.

34 OVG NRW 10.5.11 – 4 A 1403/08, AuR 11, 311 Ls.; a. A. Fitting § 44 Rn. 33.

Die Dauer der Betriebsversamml. ist gesetzlich nicht geregelt und richtet sich insbesondere nach dem Umfang der Tagesordnung. Der BR trifft die **zeitliche Festlegung** der Betriebsvers. unter Berücksichtigung betrieblicher Notwendigkeiten.[35] Dabei ist zu beachten, dass nach § 44 Abs. 1 Satz 1 die regelmäßigen Betriebsversamml. **während der Arbeitszeit** stattfinden, soweit nicht die Eigenart des Betriebes eine andere Regelung zwingend erfordert (vgl. im Einzelnen § 44 Rn. 1). Wird im Betrieb in der Form der gleitenden Arbeitszeit gearbeitet, ist der BR bei der **zeitlichen Festlegung** berechtigt, diese Versamml. in die **Kernarbeitszeit** zu legen.[36] Betriebsversamml., die nach der Tagesordnung keinen höheren Zeitbedarf als acht Zeitstunden haben, sind grundsätzlich an einem Kalendertag abzuhalten. Bei dieser Fallgestaltung sind zweitägige Betriebsversamml. nicht erforderlich,[37] vielmehr sind Teilversammlungen durchzuführen, wenn AN längere Anreisezeiten wegen einer eintägigen Betriebsversamml. unzumutbar sind.[38] Kann die Tagesordnung der Betriebsversamml. bis zum Ende der Arbeitszeit nicht abschließend behandelt werden, kann der BR unter Zugrundelegung seines Ermessensspielraumes die **Fortsetzung der Versamml.** für den nächsten Tag innerhalb der Arbeitszeit bestimmen.[39]

Auch für AN, die nur **vorübergehend im Ausland** tätig sind und somit noch 3
zum Betrieb gehören, kann im Ausland eine Teilversamml. durchgeführt werden[40] (a. A. das BAG[41]). Das wird jedenfalls dann zu gelten haben, wenn nicht zwingende Vorschriften des betreffenden Staates dem entgegenstehen.

Die Betriebsversamml. ist **nicht öffentlich**.[42] Es hat daher eine Beschränkung 4
des Teilnehmerkreises grundsätzlich auf diejenigen Personen zu erfolgen, die entweder ein ausdrückliches Teilnahmerecht haben oder vom BR wegen der sachlichen Verbindung zur Betriebsversamml. eingeladen worden sind.[43] Die virtuelle Übertragung der Redebeiträge in andere Räume des Betriebs, die nicht der Durchführung der Betriebsversamml. dienen, aber zusätzliche

---

35 BAG 8.12.10 – 7 ABR 69/09, brwo, bezogen auf Tag und Stunde der Betriebsversammlung.

36 ArbG München 27.7.72 – 17 Ca 56/72 n. v.

37 LAG MV 15.10.08 – 2 TaBV 2/08, brwo, offengelassen in der Rechtsbeschwerdeinstanz vom BAG 8.12.10 – 7 ABR 69/09, brwo.

38 A. A. ArbG Rostock 2.12.08 – 3 BVGa 18/08 n. v., wonach bei weiter auseinanderliegenden Betriebsstätten eine zweitägige Betriebsversamml. mit Anreise am Morgen und Abreise am Nachmittag zulässig ist.

39 Vgl. LAG BaWü, AiB 86, 67; 89, 209 f.; siehe auch Zabel, AiB 96, 346.

40 LAG Hamm, DB 80, 1030; offengelassen LAG München 7.7.10 – 5 TaBV 18/09, brwo.

41 BAG, DB 82, 2519.

42 LAG BB 24.8.18 – 9 TaBV 157/18, juris; LAG BaWü 13.3.14 – 6 TaBV 5/13, AuR 14, 164.

43 LAG BB 8.9.16 – 5 TaBV 780/15, juris.

Möglichkeiten der Teilnahme für die AN schaffen, verstößt nicht gegen den Grundsatz der Nichtöffentlichkeit. Es muss aber gewährleistet sein, dass sich dort nur AN des Betriebs aufhalten können.[44] **Tonbandaufzeichnungen** vom Verlauf der Betriebsversamml. sind ohne Zustimmung und ohne einen entsprechenden Hinweis des Versammlungsleiters unzulässig (vgl. zu Wortprotokollen § 43 Rn. 2).[45]

Umstritten ist, ob eine Betriebsversamml. mit **Einsatz digitaler Technik** für alle teilnahmeberechtigten Personen bzw. nur für die an der Teilnahme Verhinderten in Gestalt einer Videokonferenz[46] durchgeführt werden kann.[47] Diese Möglichkeit hat von März 2020 bis April 2023 in Form von § 129 a. F. bestanden, ist aber durch das BRMoG nicht übernommen worden. **Trotz fehlender gesetzlicher Grundlage** besteht gleichwohl bei nicht wenigen BR zumindest der Wunsch nach der Möglichkeit einer Präsenz-Betriebsversamml. mit der Zuschaltung per Videokonferenz. Der BR sollte dazu eine offene Diskussion im BR führen.

Der DGB-Entwurf für ein modernes BetrVG fordert in Abs. 3, dass die Teilnahme an Betriebsversamml. nach Beschluss des BR in hybrider Form, aber nur mittels Videokonferenz erfolgen kann. Zwei Betriebsversamml. im Kalenderjahr sollen ausschließlich in Präsenz durchgeführt werden.[48]

5 Die Teilnahme von **leit. Ang.** ist nur möglich, wenn der BR **nicht** widerspricht. **Betriebsfremde Personen** dürfen ohne ausdrückliche Genehmigung des BR an der Betriebsversamml. **nicht** teilnehmen. Zu diesem Personenkreis gehören auch Vertreter des AG, die Arbeitsverträge mit anderen Konzernobergesellschaften haben,[49] sowie betriebsfremde AG-Anwälte. Darunter fallen auch AN anderer Betriebe der AG.[50] Die Teilnahme von Personen, die zwar nicht zu den AN des Betriebs gehören, aber wegen ihrer **besonderen Funktion** eine enge sachliche Verbindung zum Betrieb haben, ist jedoch zulässig. Das gilt z. B. für Mitgl. des GBR, des WA und der AN-Vertr. im Aufsichtsrat[51] sowie für Mitgl. im EBR.[52] Auch die Teilnahme anderer

44 Fitting Rn. 46; a. A. DKW-Berg, Rn. 26.

45 Vgl. LAG München, DB 78, 895.

46 Behrens/Brehmer, Betriebs- und Personalratsarbeit in Zeiten der COVID-Pandemie, WSI-Report Nr. 75, Mai 23, S. 10; Kluge/Schrader, Betriebsversammlung virtuell – Für und Wider, AiB 11/21, 32.

47 Dafür Fitting Rn. 46 im Falle der Zuschaltung einzelner AN oder ortsfremder BR-Mitgl.; grundsätzlich dagegen DKW-Berg Rn. 27 m. w. N und Begründungen, aber auch Fitting Rn. 1a bei einer reinen virtuellen Betriebsversamml.

48 *https://aur-blog.eu/reformvorschlag/*.

49 ArbG Frankfurt 27. 11. 12 – 10 BVGa 856/12 – zit. nach Brückmann/Geilen, AiB 13, 723 mit Anm.

50 LAG BaWü 13. 3. 14 – 6 TaBV 5/13, AuR 14, 164.

51 BAG, DB 77, 2452; LAG BB 24. 8. 18 – 9 TaBV 157/18, juris.

52 LAG BaWü, BB 98, 954.

Personen kann notwendig werden, wie etwa von **Referenten oder Sachverständigen**, wobei wegen entstehender Kosten eine Vereinbarung mit dem AG bzw. bei einer Nichteinigung eine arbeitsgerichtl. Entscheidung herbeizuführen ist.[53] Personen, die kein ausdrückliches gesetzliches Teilnahmerecht haben, bedürfen auf jeden Fall einer Einladung bzw. der Zustimmung des BR zur Teilnahme an der Betriebsversamml.[54] Ein Verstoß gegen den Grundsatz der Nichtöffentlichkeit liegt ebenfalls nicht vor, wenn der BR auf einer Betriebsversamml. einen **betriebsfremden Referenten** ein Kurzreferat halten lässt. Was die Berechtigung der Teilnahme von **Vertr. der Presse, des Rundfunks oder des Fernsehens** zum Zwecke der Berichterstattung über den Verlauf der Betriebsversamml. angeht, wird häufig übersehen, dass der Betrieb nicht lediglich eine bloße Produktionsstätte, sondern auch ein Sozialgebilde und damit ein Teil dieser Gesellschaft ist.[55] Die Teilnahme solcher Medienvertreter ist zulässig, wenn dies der BR als sachdienlich ansieht. **Gew.-Vertr.** haben ein **selbstständiges Teilnahmerecht** an der Betriebsversamml. (§ 46 Abs. 1). Voraussetzung ist, dass es sich um eine Gew. i. S. des § 2 (vgl. § 2 Rn. 2) handelt und die Gew. im Betrieb vertreten ist.

3. Vollversammlung/Teilversammlung

6 Betriebsversamml. werden grundsätzlich als **Vollversamml.** aller AN durchgeführt. Vollversamml. haben wegen der besseren Kommunikationsmöglichkeiten grundsätzlich Vorrang vor Teilversamml.[56] **Diese** sind jedoch zulässig, wenn infolge der Eigenart des Betriebs eine gleichzeitige Versamml. aller AN nicht möglich ist, z. B. weil in mehreren Schichten bzw. in einem voll kontinuierlichen Schichtbetrieb gearbeitet wird,[57] die Betriebsstätten weiter auseinanderliegen oder die Teilnahme von AN wegen Reisezeiten nicht zumutbar ist.[58] Dabei steht dem BR ein Beurteilungsspielraum zu.[59] In erster Linie kommt es auf die organisatorisch-technischen Besonderheiten an, nicht auf mögliche wirtschaftliche Interessen. Allein die besondere Größe eines Betriebs macht es nicht erforderlich, anstelle einer Betriebs-

53 BAG, BB 89, 1696.
54 Zur Mustereinladung vgl. DKW-F-Berg, §§ 42–46 Rn. 9.
55 Vgl. DKW-Berg, Rn. 27 m. w. N.
56 BAG, DB 76, 1291; ArbG Essen 14. 4. 11 – 2 BVGa 3/11, NZA-RR 11, 579.
57 LAG BaWü, AiB 03, 627.
58 LAG MV 15. 10. 08 – 2 TaBV 2/08, brwo, offengelassen in der Rechtsbeschwerdeinstanz vom BAG 8. 12. 10 – 7 ABR 69/09, NZA 11, 362; a. A. ArbG Rostock 2. 12. 08 – 3 BVGa 18/08 n. v., wonach bei weiter auseinanderliegenden Betriebsstätten eine zweitägige Betriebsversamml. mit Anreise am Morgen und Abreise am Nachmittag zulässig ist.
59 LAG Nds., NZA-RR 05, 530.

versamml. als Vollversamml. aller AN Teilversammlungen durchzuführen.[60] Auch zwingen allgemeine wirtschaftliche Erwägungen oder eine Störung des Betriebsablaufs den BR nicht zur Durchführung von Teilversamml.[61] Das Gesetz verbietet Versamml. bestimmter Gruppen von AN, z. B. von Frauen oder ausländischen AN zwar nicht. Solche Versamml. unterliegen jedoch nicht den Vorschriften des BetrVG und sind somit keine Teilversamml. i. S. des § 42 Abs. 1.

4. Abteilungsversammlung

7 Die **Abteilungsversamml.** ist eine besondere Form der Betriebsversamml. Sie soll den einzelnen Betriebsabteilungen die Erörterung ihrer **gemeinsamen Belange**, die in der großen Betriebsversamml. häufig nicht behandelt werden können, ermöglichen. Sie darf nicht mit der Teilversamml. nach Abs. 1 verwechselt werden und kann nur für Beschäftigte von **organisatorisch** oder **räumlich** abgegrenzten Betriebsteilen durchgeführt werden. Für die Durchführung der Abteilungsversamml. gelten dieselben Grundsätze wie für die Betriebsversamml. Liegen die Voraussetzungen für die Durchführung von Abteilungsversamml. vor, hat der BR in jedem Kalenderjahr zwei Betriebsversamml. als Abteilungsversamml. durchzuführen (§ 43 Abs. 1 Satz 2). Der BR entscheidet nach pflichtgemäßem Ermessen, ob die Voraussetzungen gegeben sind. Die Entscheidung darüber trifft er durch einen **Mehrheitsbeschluss** nach § 33.

§ 43 Regelmäßige Betriebs- und Abteilungsversammlungen

(1) Der Betriebsrat hat einmal in jedem Kalendervierteljahr eine Betriebsversammlung einzuberufen und in ihr einen Tätigkeitsbericht zu erstatten. Liegen die Voraussetzungen des § 42 Abs. 2 Satz 1 vor, so hat der Betriebsrat in jedem Kalenderjahr zwei der in Satz 1 genannten Betriebsversammlungen als Abteilungsversammlungen durchzuführen. Die Abteilungsversammlungen sollen möglichst gleichzeitig stattfinden. Der Betriebsrat kann in jedem Kalenderhalbjahr eine weitere Betriebsversammlung oder, wenn die Voraussetzungen des § 42 Abs. 2 Satz 1 vorliegen, einmal weitere Abteilungsversammlungen durchführen, wenn dies aus besonderen Gründen zweckmäßig erscheint.

(2) Der Arbeitgeber ist zu den Betriebs- und Abteilungsversammlungen unter Mitteilung der Tagesordnung einzuladen. Er ist berechtigt, in den Versammlungen zu sprechen. Der Arbeitgeber oder sein Vertreter hat mindestens einmal in jedem Kalenderjahr in einer Betriebsversammlung

---

60 ArbG Wuppertal, AiB 97, 347.

61 ArbG Essen 14. 4. 11 – 2 BVGa 3/11, NZA-RR 11, 579.

über das Personal- und Sozialwesen einschließlich des Stands der Gleichstellung von Frauen und Männern im Betrieb sowie der Integration der im Betrieb beschäftigten ausländischen Arbeitnehmer, über die wirtschaftliche Lage und Entwicklung des Betriebs sowie über den betrieblichen Umweltschutz zu berichten, soweit dadurch nicht Betriebs- oder Geschäftsgeheimnisse gefährdet werden.

(3) Der Betriebsrat ist berechtigt und auf Wunsch des Arbeitgebers oder von mindestens einem Viertel der wahlberechtigten Arbeitnehmer verpflichtet, eine Betriebsversammlung einzuberufen und den beantragten Beratungsgegenstand auf die Tagesordnung zu setzen. Vom Zeitpunkt der Versammlungen, die auf Wunsch des Arbeitgebers stattfinden, ist dieser rechtzeitig zu verständigen.

(4) Auf Antrag einer im Betrieb vertretenen Gewerkschaft muss der Betriebsrat vor Ablauf von zwei Wochen nach Eingang des Antrags eine Betriebsversammlung nach Absatz 1 Satz 1 einberufen, wenn im vorhergegangenen Kalenderhalbjahr keine Betriebsversammlung und keine Abteilungsversammlungen durchgeführt worden sind.

Inhaltsübersicht Rn.

1. Regelmäßige Betriebs- bzw. Abteilungsversammlung

Die Bestimmung ist **zwingend**. Sie verpflichtet den BR, **vierteljährlich** 1 **mindestens** eine Betriebsversamml. durchzuführen, die halbjährlich auch in Form von Abteilungsversamml. stattfinden kann, wenn die Voraussetzungen hierfür vorliegen.[1] Die Nichtdurchführung vorgeschriebener Betriebsversamml. erschwert eine konsequente Interessenvertretung durch den BR und kann – insbesondere im Wiederholungsfall – eine grobe Verletzung der gesetzlichen Pflichten des BR nach § 23 Abs. 1 darstellen (vgl. § 23 Rn. 2).[2] Der AG hat alles **zu unterlassen**, was die Durchführung der gesetzlich vorgesehenen Betriebsversamml. **verhindern** oder **stören könnte** (vgl. auch § 42 Rn. 1). Die Betriebs- bzw. Abteilungsversamml. finden grundsätzlich während der **Arbeitszeit** statt (vgl. § 44 Abs. 1). Den **konkreten Zeitpunkt** legt der BR nach **pflichtgemäßem Ermessen** durch Mehrheitsbeschluss

1 Vgl. DKW-F-Berg, §§ 42–46 Rn. 3: Jahresplanung des BR für die Durchführung von Betriebsversamml.

2 LAG BaWü 13.3.14 – 6 TaBV 5/13, AuR 14, 164; ArbG Hamburg 27.6.12 – 27 BV 8/12.

nach § 33 fest. Der BR hat rechtzeitig einzuladen; eine gesetzl. festgelegte Frist braucht allerdings nicht eingehalten zu werden. Es kommt für die Einladungsfrist stets auf die Gegebenheiten des Einzelfalles an.[3] Die Form der Einladung bleibt dem BR überlassen (vgl. § 42 Rn. 1). Der in den Versamml. zu erstattende **Tätigkeitsbericht** des BR soll über alle in dem Berichtszeitraum eingetretenen Ereignisse, die für die AN des Betriebs bedeutsam sind, berichten. Der Bericht hat sich vor allem auf die Tätigkeit des BR und seiner Ausschüsse zu erstrecken. Der BR ist keineswegs auf die Darstellung von Fakten beschränkt. Er kann auch Bewertungen abgeben und ggf. an betrieblichen Zuständen, am Verhalten des AG oder anderer Personen deutliche Kritik üben (vgl. auch § 45 Rn. 2). Den Teilnehmern der Betriebsversamml. ist Gelegenheit zu geben, die einzelnen Punkte des Tätigkeitsberichts mit dem BR zu diskutieren.

2 Die Teilnehmer der Betriebsversamml. haben das Recht, den Tätigkeitsbericht und andere Themen, für die die Betriebsversamml. nach § 45 zuständig ist, **unbeeinflusst** zu diskutieren. Deshalb sind **Tonbandaufnahmen** oder **Aufzeichnungen auf Bildträger** vom Verlauf der Betriebsversamml. nur ausnahmsweise mit **Zustimmung des Versamml.-Leiters** zulässig. Dabei muss die Tatsache der Aufnahme bekannt gegeben werden.[4] Auch die Anfertigung eines **Wortprotokolls** ist nur zulässig, wenn der Versamml.-Leiter zustimmt. Auf keinen Fall hat der AG das Recht, ohne Zustimmung des BR Wortprotokolle von Betriebsversamml. anzufertigen, da ansonsten die freie Meinungsäußerung behindert würde.[5] Der BR kann die Unterlassung der Anfertigung eines Wortprotokolls bzw. von Notizen durch den AG auch dann verlangen, wenn er die Protokollierung in der Vergangenheit geduldet hat, da er auf betriebsverfassungsrechtliche Rechte nicht wirksam verzichten kann.[6] Verlegt der BR eine Teilbetriebsversamml. ohne nachvollziehbaren Grund auf einen Termin, zu dem ver.di bundesweit zu dreistündigen Betriebsversamml. aufruft, ist das nach Auffassung der ArbG Kiel[7] eine Arbeitskampfmaßnahme.

---

3 LAG Düsseldorf, DB 89, 2284; vgl. auch ArbG Bielefeld, DB 90, 1776.

4 LAG München, DB 78, 895.

5 LAG Hamm, AiB 87, 46 f.; vgl. auch LAG Düsseldorf, BB 91, 2375, das die Anfertigung stichwortartiger Aufzeichnungen vom Inhalt der Betriebsversamml. durch den AG nur zulässt, wenn in den Aufzeichnungen keine Namen von AN vermerkt werden; a. A. LAG BaWü, DB 79, 316.

6 LAG Hamm, AiB 87, 46 f.

7 ArbG Kiel 27. 5. 15 – 1 BV 1b/15, in der Beschwerde hat das LAG SH 16. 6. 16 – 4 TaBV 44/15 die Unterlassungsanträge mangels Bestimmtheit als unzulässig abgewiesen.

2. Weitere Betriebs- bzw. Abteilungsversammlungen

3 Neben den vierteljährlich durchzuführenden Betriebs- bzw. Abteilungsversamml. kann der BR in jedem Kalenderhalbjahr eine weitere Betriebs- bzw. Abteilungsversamml. durchführen. Bei der Frage, ob ihre Durchführung aus besonderen Gründen zweckmäßig erscheint, hat der BR einen weitgehenden **Ermessensspielraum**.[8] So können z.B. besondere Gründe gegeben sein, wenn der BR die AN über bevorstehende Betriebsänderungen informieren oder ihre Auffassung zu bestimmten Fragen, etwa zum bevorstehenden Abschluss einer BV, kennen lernen und diese mit ihnen besprechen will;[9] ebenso, wenn während einer Tarifauseinandersetzung durch betriebsöffentliche Stellungnahmen des AG zur Tarifpolitik oder wegen der Ankündigung arbeitskampfbedingter Kurzarbeit in der Belegschaft Informations- und Diskussionsbedarf entsteht.[10]

3. Rechte und Pflichten des Arbeitgebers

4 Der AG ist **berechtigt**, an den ordentlichen Betriebs- bzw. Abteilungsversamml. nach § 43 Abs. 1 u. 2 von Anfang bis Ende teilzunehmen.[11] Er ist vom BR unter Mitteilung der Tagesordnung einzuladen. Der AG ist **verpflichtet**, mindestens einmal in jedem Kalenderjahr in einer Betriebsversamml. einen umfassenden Bericht über das **Personal**- und **Sozialwesen** einschließlich des Standes der Gleichstellung von Frauen und Männern im Betrieb,[12] der Integration der im Betrieb beschäftigten ausländischen AN, über die **wirtschaftliche Lage** und **Entwicklung** des Betriebs sowie über den betrieblichen Umweltschutz (zur Definition vgl. § 89 Abs. 3) zu geben. Dazu gehören z.B. die Entwicklung des Personalbestands, die weitere Entwicklung der Belegschaftsstärke und ihre Zusammensetzung, die Frauenförderung, Maßnahmen zum Umweltschutz, Integrationsangebote für ausländische AN, Sozialeinrichtungen des Betriebs, die Produktions- und Absatzlage, Rationalisierungsmaßnahmen oder sonstige Betriebsänderungen i.S. des § 111.[13] Zur Frage der Geschlechtergleichstellung hat der Bericht über die Struktur sowie die Zusammensetzung der Belegschaft, über geplante und bereits durchgeführte Maßnahmen, zur Geschlechtergleichstellung und besondere betriebliche Vorkommnisse Stellung zu nehmen (vgl. § 2 Abs. 1

---

8 BAG, DB 92, 689.
9 Einschränkend aber BAG, BB 92, 436.
10 ArbG Oldenburg, NZA 89, 652; vgl. DKW-Berg, Rn. 17 m.w.N.
11 HessLAG 27.2.17 – 16 TaBV 76/16.
12 Zum Stand in den Betrieben s. Klenner, WSI-Mitteilungen 08, 342.
13 Vgl. DKW-F-Berg, §§ 42–46 Rn. 10: Schreiben des BR an AG zum erforderlichen Inhalt des Berichts des AG.

Nr. 2 AGG; § 1 EntgTranspG; §§ 80 Abs. 1 Nr. 2a, 2b, 92 Abs. 3).[14] Mit dem **Gesetz zur Förderung der Transparenz von Entgeltstrukturen** (EntgTranspG), das am 6. Juli 2017 in Kraft getreten ist, eröffnen sich AN und BR neue Möglichkeiten, sich für eine gleiche Bezahlung von Frauen und Männern einzusetzen (s. im Einzelnen § 75 Rn. 3).
Dem AG ist es untersagt, Anmerkungen über die Kosten der BR-Tätigkeit ohne jeden Anlass oder in missverständlicher Art und Weise zu machen.[15] Ob durch den Bericht **Betriebs- oder Geschäftsgeheimnisse** gefährdet werden, hängt **nicht** von der subjektiven Beurteilung durch den AG ab. Es kommt **ausschließlich** darauf an, dass ein Betriebs- oder Geschäftsgeheimnis **objektiv** besteht (vgl. auch § 79 Abs. 1).

5 Wird von den Beschäftigten eines Betriebs **mehrerer UN** ein **einheitlicher BR** gewählt (vgl. § 1 Abs. 2), muss der Bericht nach Abs. 2 von sämtlichen betroffenen AG für **alle UN** in einer Betriebsversamml. gegeben werden.[16] Auch in einem **Tendenz-UN** hat der AG den Bericht zu erstatten.[17]

4. Außerordentliche Betriebsversammlungen

6 Der BR kann jederzeit **außerordentliche Betriebsversamml.** einberufen, wenn er dies für erforderlich erachtet. Sie können einberufen werden, wenn der AG »Mitarbeiterversammlungen« zu einer einseitigen Informationspolitik gegenüber der Belegschaft missbraucht (vgl. auch § 42 Rn. 1).[18] Der BR ist zur Einberufung verpflichtet, wenn dies vom **AG** oder von mindestens einem **Viertel** der **wahlberechtigten AN** des Betriebs verlangt wird.[19] Außerordentliche Betriebsversamml. ermöglichen es, Angelegenheiten zu behandeln, die für die AN von **aktuellem** Interesse sind und nicht bis zu der nächsten ordentlichen Betriebsversamml. nach Abs. 1 verschoben werden können. Während der AG nach Abs. 1 ein Teilnahmerecht an den regelmäßigen und den zusätzlichen Betriebs- und Abteilungsversamml. hat, besteht es **nicht** bei den außerordentlichen Betriebsversamml. nach Abs. 3. Etwas anderes gilt nur dann, wenn die außerordentliche Betriebsversamml. auf Wunsch des AG einberufen wird oder der BR ihn zu der außerordentlichen Betriebsversamml. einlädt.[20] Wegen des Verdienstausfalls für die Teilnahme an diesen Betriebsversamml. vgl. § 44 Rn. 7. Die außerordentlichen Betriebsversamml. können auch als Abteilungsversamml. nach § 42 Abs. 2

14 Im Einzelnen DKW-Berg, Rn. 28a.
15 BAG, NZA 98, 559; BB 96, 328.
16 LAG Hamburg, NZA 89, 733.
17 Vgl. BAG, DB 77, 962.
18 BAG, DB 89, 2543 f.
19 Vgl. DKW-F-Berg, §§ 42–46 Rn. 11: Antrag von AN auf Durchführung einer Betriebsversamml.
20 HessLAG 27.2.17 – 16 TaBV 76/16.

durchgeführt werden. Dies ist zwar nicht ausdrücklich vorgesehen, ergibt sich jedoch aus § 44 Abs. 2.[21]

5. Betriebsversammlung auf Antrag der Gewerkschaft

Der hier vorgesehene Antrag der Gew. setzt voraus, dass der BR im vorangegangenen Kalenderhalbjahr keine Betriebsversamml. und keine Abteilungsversamml. durchgeführt hat.[22] Unter Kalenderhalbjahr i. S. dieser Bestimmung ist **nicht** ein beliebiger Zeitraum von sechs Monaten zu verstehen, sondern entweder die Zeit vom 1. 1. bis 30. 6. oder vom 1. 7. bis 31. 12. eines Jahres. 7

Der BR ist **verpflichtet**, vor Ablauf von zwei Wochen nach Eingang des Antrags der im Betrieb vertretenen Gew. eine Betriebsversamml. einzuberufen, und zwar grundsätzlich als Vollversamml. aller AN des Betriebs. Eine Aufteilung in Abteilungsversamml. ist in diesem Fall nicht vorgesehen. Die Betriebsversamml. muss innerhalb der zweiwöchigen Frist nicht durchgeführt, sondern nur **einberufen** werden. Die Durchführung hat allerdings innerhalb eines angemessenen Zeitraums zu erfolgen. Kommt der BR dem Antrag der Gew. nicht nach, so begeht er eine **grobe Amtspflichtverletzung**, die nach § 23 Abs. 1 zu seiner Auflösung führen kann.[23] 8

§ 44 Zeitpunkt und Verdienstausfall

(1) Die in den §§ 14a, 17 und 43 Abs. 1 bezeichneten und die auf Wunsch des Arbeitgebers einberufenen Versammlungen finden während der Arbeitszeit statt, soweit nicht die Eigenart des Betriebs eine andere Regelung zwingend erfordert. Die Zeit der Teilnahme an diesen Versammlungen einschließlich der zusätzlichen Wegezeiten ist den Arbeitnehmern wie Arbeitszeit zu vergüten. Dies gilt auch dann, wenn die Versammlungen wegen der Eigenart des Betriebs außerhalb der Arbeitszeit stattfinden; Fahrkosten, die den Arbeitnehmern durch die Teilnahme an diesen Versammlungen entstehen, sind vom Arbeitgeber zu erstatten.

(2) Sonstige Betriebs- oder Abteilungsversammlungen finden außerhalb der Arbeitszeit statt. Hiervon kann im Einvernehmen mit dem Arbeitgeber abgewichen werden; im Einvernehmen mit dem Arbeitgeber während der Arbeitszeit durchgeführte Versammlungen berechtigen den Arbeitgeber nicht, das Arbeitsentgelt der Arbeitnehmer zu mindern.

---

21 ArbG Stuttgart, BB 77, 1304.

22 Vgl. DKW-F-Berg, §§ 42–46 Rn. 12: Antrag Gew. auf Durchführung einer Betriebsversamml.

23 Vgl. LAG Rheinland-Pfalz, BB 60, 982; ArbG Wetzlar, BB 92, 2216.

Inhaltsübersicht Rn.

1. Versammlungen während der Arbeitszeit

1 Während der Arbeitszeit finden folgende Versamml. statt: die vierteljährlich durchzuführenden **regelmäßigen Betriebs- bzw. Abteilungsversamml.** (§ 43 Abs. 1 Satz 1 und 2); die **zusätzlichen Betriebsversamml.** bzw. **Abteilungsversamml.** (§ 43 Abs. 1 Satz 4); die Versamml. zur **Bestellung des WV** (§ 17 Abs. 1), die **Wahlversamml.** in Zusammenhang mit dem **vereinfachten Wahlverfahren** (§ 14a) und die auf Antrag des AG einzuberufenden **außerordentlichen Betriebsversamml.** oder Abteilungsversamml. (§ 43 Abs. 3). Wird im Betrieb in der Form der gleitenden Arbeitszeit gearbeitet, ist der BR berechtigt, diese Versamml. in die **Kernarbeitszeit** zu legen (vgl. im Einzelnen § 42 Rn. 2).[1] Die Zeit der Teilnahme an einer Betriebsversamml. ist für die AN als **Arbeitszeit im Sinne von § 2 Abs. 1 ArbZG** zu bewerten.[2] Kann die Tagesordnung der Betriebsversamml. bis zum Ende der Arbeitszeit nicht abschließend behandelt werden, kann der BR unter Zugrundelegung seines Ermessensspielraumes die Fortsetzung der Versamml. für den nächsten Tag innerhalb der Arbeitszeit bestimmen.[3] Der AG darf einzelnen AN oder bestimmten AN-Gruppen die Teilnahme an der Betriebsversamml. auch dann nicht untersagen, wenn er der Meinung ist, der vom BR beschlossene Zeitpunkt sei wegen dringender betrieblicher Bedürfnisse unzulässig.[4] Der AG darf auch nicht einen halben Tag Zusatzurlaub versprechen, um die Teilnahme zu verhindern. Darin liegt ein grober Verstoß i. S. des § 23 Abs. 3.[5]

2 Die Abhaltung der Betriebsversamml. **außerhalb** der Arbeitszeit hat absoluten Ausnahmecharakter und ist an strenge Voraussetzungen geknüpft.[6] Unter »Eigenart des Betriebs« ist in erster Linie die **organisatorisch-technische Besonderheit** des konkreten Einzelbetriebs zu verstehen, denn das Gesetz spricht von der Eigenart des Betriebs und nicht des Unternehmens. Die organisatorisch-technische Eigenart des Betriebs muss eine Durchführung der Versamml. außerhalb der Arbeitszeit zwingend erfordern, wie das bei einer technisch untragbaren Störung des eingespielten Betriebsablaufs

1 ArbG München 27.7.72 – 17 Ca 56/72.
2 OVG NRW 10.5.11 – 4 A 1403/08; a. A. Fitting, Rn. 33.
3 Vgl. LAG BaWü, AiB 86, 67; 89, 209 f.; siehe auch Zabel, AiB 96, 346.
4 LAG Hamburg, AiB 89, 212.
5 LAG BaWü, BetrR 87, 420 ff.
6 ArbG Essen 14.4.11 – 2 BVGa 3/11.

der Fall sein würde.[7] Rein wirtschaftliche Erwägungen können nur in Ausnahmefällen bei einer absoluten wirtschaftlichen Unzumutbarkeit die Versamml. außerhalb der Arbeitszeit notwendig machen.[8] Der AG kann sich nicht darauf berufen, dass Produktionsausfälle oder das Nichterbringen von Dienstleistungen zu wirtschaftlichen Einbußen führen. Auch die bei einer Just-in-time Produktion damit verbundenen Beeinträchtigungen von Lieferungen und Kundenbeziehungen, einschl. einer Konventionalstrafe, erfordern keine Abhaltung außerhalb der Arbeitszeit, genauso wenig wie ein Imageverlust bei einem möglichen Investor des Kunden.[9] Deshalb haben auch in Lebensmittelfilialbetrieben und Kaufhäusern Betriebsversamml. grundsätzlich während der Öffnungszeiten stattzufinden.[10] Organisatorische Versäumnisse des AG können nicht dazu führen, dass Betriebsversamml. stets nur noch als Teilversamml. oder gar als Vollversamml. außerhalb der betriebsüblichen Arbeitszeit durchgeführt werden.[11] Völlig unbeachtlich ist, dass es in wirtschaftlich schwierigen Zeiten Investoren geben mag, die der Meinung sind, die Regelungen des BetrVG müssten nicht befolgt werden.[12] Die Duldung der Durchführung der Betriebsversamml. während der Arbeitszeit kann ggf. durch eine einstweilige Verfügung im Beschlussverfahren erzwungen werden.[13]

2. Entgeltfortzahlung und Kosten

Der Anspruch auf Zahlung des Arbeitsentgelts für die Zeit der Teilnahme ist nicht auf die Zeit begrenzt, in der die Versamml. während der persönlichen Arbeitszeit des betreffenden AN stattfindet. Es gilt somit nicht das **Lohnausfallprinzip**. Geht die Betriebsversamml. über die Arbeitszeit hinaus, ist der AN so zu stellen, als wenn er während dieser Zeit der Teilnahme **gearbeitet hätte**. Gleiches gilt, wenn der AG die Maschinen für die Schicht abstellt, und die Betriebsversamml. vorzeitig vor Schichtende zum Schluss kommt. Die Teilnahme von AN an Betriebsversamml. ist im Rahmen der Schichtplanung als Arbeitszeit im Sinne des Arbeitszeitgesetzes zu berücksichtigen (s. § 42 Rn. 2).[14] 3

Das gilt auch, wenn AN nur geringfügig oder zu bestimmten Zeiten tätig sind, wie beispielsweise **Teilzeitbeschäftigte** oder AN mit **kapazitätsori-** 4

7 Vgl. BAG, DB 76, 1291.
8 LAG SH, AiB 97, 348; ArbG Darmstadt, dbr 8/09, 36 wenn das Ruhen der Produktion zu einem wirtschaftlich ruinösen Schaden führen würde.
9 ArbG Darmstadt, dbr 8/09, 36.
10 BAG, DB 83, 453.
11 ArbG Essen 14.4.11 – 2 BVGa 3/11.
12 ArbG Darmstadt 7.5.09 – 7 BVGa 13/09, juris.
13 ArbG Frankfurt 17.5.76 – 11 BV Ga 6/76.
14 OVG NRW 10.5.11 – 4 A 1403/08, AuR 11, 311 Ls; a.A. Fitting, Rn. 33.

entierter variabler Arbeitszeit. Der Grundsatz, dass die Zeit der Teilnahme an den Versamml. wie Arbeitszeit zu vergüten ist, kommt auch dann zur Anwendung, wenn AN während ihres **Urlaubs, Kurzarbeitszeiten** oder während eines **Arbeitskampfes** an der Betriebsversamml. teilnehmen (zum Teilnahmerecht von AN an Betriebsversamml. während solcher arbeitsfreien Zeiten vgl. § 42 Rn. 2). Die Teilnahme von **ausländischen** AN ist ein sachlicher Grund dafür, dass der BR zur Betriebsversamml. Dolmetscher hinzuzieht. Der Anspruch auf die Vergütung bleibt auch während der Dolmetscherzeit für alle AN bestehen.[15] Die Kosten der **Dolmetschertätigkeit** sind Kosten des BR und deshalb vom AG zu tragen (siehe im Einzelnen § 42 Rn. 2, auch § 40 Rn. 7). Das gilt auch, wenn der BR ein BR-Mitgl. einer ausländischen Tochtergesellschaft zur Betriebsversamml. einlädt, um ein Referat über gemeinsame Probleme zu halten und dazu einen Dolmetscher benötigt.[16] Entsprechendes gilt bei Gehörlosen und Taubstummen. Der AG ist aber nicht verpflichtet, die Kosten der Bewirtung von Teilnehmern einer Betriebsversamml. zu tragen, weder in Form der Zahlung eines Vorschusses noch der Erstattung konkret angefallener Bewirtungskosten.[17]

5 Die Zeit der Teilnahme an einer Betriebsversamml. ist wie »Arbeitszeit« zu **vergüten**, ohne dabei selbst Arbeitszeit zu sein. Der Grundsatz, dass der AN so zu stellen ist, als wenn er während der Zeit der Teilnahme gearbeitet hätte, gilt auch dann, wenn die Versamml. wegen der **Eigenart des Betriebs** von vornherein außerhalb der Arbeitszeit stattfindet. Nach der abzulehnenden Auffassung des BAG[18] ist allerdings die Zeit der Teilnahme, soweit sie über die normale Arbeitszeit hinausgeht, keine »Mehrarbeit«. Ein Anspruch auf Mehrarbeitszuschlag besteht nach dieser Rspr. deshalb nicht, es sei denn, ein AN hätte **während** der Betriebsversamml. Mehrarbeit leisten müssen. Auch **besondere Zuschüsse**, wie Schmutzzulagen oder Erschwerniszulagen, die bei einer Arbeitsleistung bezahlt worden wären, sind fortzuzahlen.[19] Ebenso sind entgegen der Auffassung des BAG[20] bei einer außerhalb des Betriebes stattfindenden Betriebsversamml. die zusätzlichen Wegezeiten und Fahrkosten zu erstatten. Nach nicht überzeugender Auffassung des BAG steht den AN für die Teilnahme an einer vom BR **zu Unrecht außerhalb der Arbeitszeit** einberufenen regelmäßigen Betriebsversamml. ein Vergütungs- und Kostenerstattungsanspruch dann nicht zu, wenn der AG vorher gegen-

---

15 ArbG Stuttgart, AiB 86, 168.
16 LAG BaWü, BB 98, 954.
17 LAG Nürnberg 25. 4. 12 – 4 TaBV 58/11.
18 BAG 18. 9. 73 – 1 AZR 116/73; a. A. DKW-Berg Rn. 20.
19 LAG Düsseldorf, AuR 79, 27.
20 BAG 14. 11. 06 – 1 ABR 5/06.

über der Belegschaft der Einberufung der Betriebsversamml. außerhalb der Arbeitszeit widersprochen hat.[21]

Die Behandlung nicht auf der Tagesordnung stehender, jedoch zulässiger Fragen lässt die Lohnzahlungspflicht des AG unberührt. Dies gilt auch, wenn unzulässige Themen behandelt werden und der AG nicht mit den ihm zur Verfügung stehenden Mitteln dagegen eingeschritten ist,[22] z. B. indem er die Belegschaft ausdrücklich darauf hingewiesen hat, dass die Betriebsversamml. rechtswidrig sei und die Zeit der Teilnahme nicht bezahlt werde.[23] Eine Kürzung der Vergütung ist ohnehin nicht gerechtfertigt, wenn die Erörterung unzulässiger Themen im Verhältnis zur Gesamtdauer der Betriebsversamml. nur **kurzfristig** ist, wie etwa 15 bis 30 Minuten.[24] Die Lohnzahlungspflicht des AG entfällt auch nicht dadurch, dass eine Betriebsversamml. an dem betreffenden Tag, für den sie einberufen worden ist, nicht zu Ende gebracht werden kann und deshalb der Schluss der Versamml. auf einen **späteren Tag vertagt** wird.[25] 6

Die Teilnahme an der Betriebsversamml. ist eine versicherte Beschäftigung i. S. des § 2 Abs. 1 Nr. 1 SGB VII; Unfälle einschl. Wegeunfälle im Rahmen der Betriebsversamml. sind Arbeitsunfälle.[26]

3. Sonstige Betriebs- und Abteilungsversammlungen

Die vom BR bzw. auf Wunsch von mindestens einem Viertel der wahlberechtigten AN nach § 43 Abs. 3 einberufenen Betriebsversamml. finden nur im **Einvernehmen** mit dem AG während der Arbeitszeit statt. Ist der AG mit der Abhaltung dieser Versamml. während der Arbeitszeit einverstanden, so darf den teilnehmenden AN das Arbeitsentgelt nicht gemindert werden. Ein Anspruch auf Vergütung der zusätzlichen Wegezeiten bzw. Erstattung zusätzlicher Fahrkosten besteht allerdings nicht. Der BR kann aber auch, wenn er eine außerordentliche Betriebsversamml. nach § 43 Abs. 3 durchführen muss, diese Versamml. als eine **ordentliche oder zusätzliche Betriebsversamml.** nach § 43 Abs. 1 durchführen, sofern eine solche Versamml. in dem betreffenden Vierteljahr noch nicht stattgefunden hat.[27] Es tritt dann die Kostenfolge nach § 44 Abs. 1 ein, sodass die Zeit der Teilnahme einschließlich der zusätzlichen Wegezeiten den AN wie Arbeitszeit 7

21 BAG, DB 88, 810.
22 LAG BaWü, DB 87, 1441; LAG Bremen, DB 82, 1573.
23 BAG, DB 92, 689.
24 Vgl. LAG Düsseldorf, DB 81, 1729.
25 LAG BaWü, AiB 86, 67.
26 BSG 15. 5. 12 – B 2 U 8/11 R.
27 ArbG Heilbronn, AiB 90, 197.

zu vergüten ist, und zwar auch, wenn die Versamml. wegen der Eigenart des Betriebs außerhalb der Arbeitszeit stattfindet.

§ 45 Themen der Betriebs- und Abteilungsversammlungen

Die Betriebs- und Abteilungsversammlungen können Angelegenheiten einschließlich solcher tarifpolitischer, sozialpolitischer, umweltpolitischer und wirtschaftlicher Art sowie Fragen der Förderung der Gleichstellung von Frauen und Männern und der Vereinbarkeit von Familie und Erwerbstätigkeit sowie der Integration der im Betrieb beschäftigten ausländischen Arbeitnehmer behandeln, die den Betrieb oder seine Arbeitnehmer unmittelbar betreffen; die Grundsätze des § 74 Abs. 2 finden Anwendung. Die Betriebs- und Abteilungsversammlungen können dem Betriebsrat Anträge unterbreiten und zu seinen Beschlüssen Stellung nehmen.

Inhaltsübersicht Rn.

1. Umfang und Inhalt der Themen

1 In den Betriebs- oder Abteilungsversamml. dürfen alle Fragen erörtert werden, die zum Aufgabenbereich des BR gehören oder das Verhältnis zwischen AG und AN betreffen, wobei das Gesetz einen unmittelbaren Bezug der zu behandelnden Themen zum Betrieb oder seinen AN verlangt (vgl. Rn. 2 ff.). Die inhaltliche Gestaltung der Betriebsversamml. obliegt im Rahmen der durch § 45 gezogenen Grenzen alleine dem BR.

2 Es können in den Betriebs- und Abteilungsversamml. auch **betriebliche Missstände** angesprochen und die dafür verantwortlichen Personen kritisiert werden, sofern die Kritik nicht grob unsachlich oder in ehrverletzender Weise vorgetragen wird (vgl. auch Rn. 6). Es können mittels Gruppenarbeit an Stehtischen die AN veranlasst werden, die betrieblichen Probleme selbst zu benennen und anzusprechen. Die Kosten für die gemieteten Stehtische sind vom AG nach § 40 Abs. 1 tragen.[1] Ebenfalls zulässig ist es, die AN in Betriebs- oder Abteilungsversamml. über die für den **Betrieb maßgebenden TV** und deren Änderungen oder Ergänzungen zu unterrichten. Werden Tarifverhandlungen geführt, können die AN über den jeweiligen Stand informiert werden (vgl. auch § 43 Rn. 3).[2] Auch sozialpolitische oder

---

1 LAG RP 23. 3. 10 – 3 TaBV 48/09, brwo, LAGE § 40 BetrVG 2001 Nr. 14.
2 LAG BaWü, AiB 92, 96; ArbG Wilhelmshaven, NZA 89, 571.

arbeitsrechtliche Fragen, die sich im **Stadium der Gesetzgebung** befinden, dürfen hinsichtlich des aktuellen Standes und der Auswirkungen nach Abschluss des Gesetzgebungsverfahrens behandelt werden, sofern der Bezug zum Betrieb bzw. den AN vorhanden ist (vgl. auch Rn. 3).[3] Der betriebliche **Arbeitsschutz**[4] und der **betriebliche Umweltschutz** (jetzt ausdrücklich in § 45) gehören ebenfalls zu den thematisch zulässigen Problemen, wie etwa Erörterungen über Abfallvermeidung, Abbau von Umweltbelastungen oder die Entwicklung umweltfreundlicher Produkte und umweltfreundlicher Produktionstechniken und -verfahren. Ebenso gehört dazu die Rehabilitation und Teilhabe von Menschen mit Behinderungen. Auch **Fragen der Krankenversicherung** der AN sind als zulässige sozialpolitische Themen anzusehen.[5] Dabei ist in der Betriebsversamml. das Thema der Förderung der **Gleichstellung von Frauen und Männern** umfassend zu behandeln und eine Diskussion über die Lage der Frauen in Betrieb, Branche und Gesellschaft zu fördern, einschließlich der betrieblichen Handlungsmöglichkeiten (z. B. EntgTranspG). Die **Integration der im Betrieb beschäftigten ausländischen AN** ist ausdrücklich als Thema benannt. Die Betriebsversamml. kann zu einem Forum gegen das Schweigen im Betrieb gegenüber Fremdenfeindlichkeit werden, alltägliche und strukturelle Formen der Diskriminierung benennen und Maßnahmen diskutieren.[6] Zu den sozialpolitisch zulässigen Themen gehören auch **gew. Aktivitäten und Angelegenheiten**, und zwar nicht nur tarifpolitischer Art. Die in der Betriebsverfassung gesetzlich vorgesehene Zusammenarbeit zwischen BR und der im Betrieb vertretenen Gew. lässt einen weiten Rahmen zu. Deshalb ist beispielsweise ein Referat über »Vertrauensleutearbeit im Betrieb« zulässig.[7]

Der Hinweis auf § 74 Abs. 2 macht deutlich, dass Angelegenheiten **tarif-** 3
politischer, sozialpolitischer, umweltpolitischer und **wirtschaftlicher Art** auch dann erörtert werden können, wenn sie gleichzeitig parteipolitischen Charakter haben (vgl. § 74 Rn. 4). Daher können Politiker, wenn sie sich an diesen Rahmen halten, als Referenten in Betriebsversamml. auftreten. Deshalb liegt **keine verbotene parteipolitische Betätigung** in der Betriebsversamml. vor, wenn ein Politiker z. B. ein Referat über ein sozialpolitisches Thema hält, das **auch** die AN des Betriebs betrifft. Nach der Rspr. des BAG liegt aber dann eine unzulässige parteipolitische Betätigung vor, wenn ein solches Referat gerade und nur zu Zeiten des **Wahlkampfes** von einem Spitzenpolitiker in seinem **Wahlkreis** im Rahmen seiner **Wahlkampfstrategie**

3 LAG Hamm 8.7.96 – 3 TaBV 71/96.
4 Vgl. ArbG Frankfurt, AiB 93, 432.
5 ArbG Paderborn, AiB 97, 414.
6 Riedlinger, AiB 6/19, 29.
7 Vgl. LAG Düsseldorf, DB 81, 1729; bejahend auch LAG Hamm, DB 87, 2659, mit der Einschränkung, dass das Referat keine Gew.-Werbung enthält.

gehalten wird.[8] Im Übrigen bedarf der BR, wenn er einen außenstehenden Referenten zur Betriebsversamml. hinzuziehen will, **keines Einverständnisses** des AG. Das ergibt sich daraus, dass der BR in der **Gestaltung der Tagesordnung** im Rahmen der Zuständigkeit der Betriebsversamml. und unter Berücksichtigung der gestellten Anträge frei ist.[9]

4 Der geforderte unmittelbare Bezug zum Betrieb und seinen AN bedeutet nicht, dass ein Thema lediglich die Interessen **nur** des betreffenden Betriebs oder seiner AN berühren muss. Es kann sich auch um Fragen handeln, die für die AN **insgesamt** von Bedeutung sind. Soweit hinsichtlich der Zulässigkeit der Behandlung bestimmter Themen das Gesetz Grenzen vorsieht, sind diese rechtlich ohne Belang, wenn derartige Fragen in **ausdrücklicher** oder **stillschweigender** Übereinstimmung aller Beteiligten in einer Betriebs- oder Abteilungsversamml. erörtert werden.

2. Alternative Informationswege

5 Der BR ist grundsätzlich **nicht** darauf beschränkt, die Belegschaft allein auf Betriebsversamml. oder durch Anschläge am »Schwarzen Brett« zu unterrichten (s. § 74 Rn. 3). Unter bestimmten Voraussetzungen kann der BR für die AN notwendige und innerhalb seiner Zuständigkeit liegende Informationen durch **schriftliche Mitteilung**, etwa durch ein **Informationsblatt**, bekannt geben.[10] Der BR kann sich bei der Herausgabe eines Informationsblatts auf Art. 5 Abs. 1 GG berufen.[11] Der BR kann auch eine **Fragebogenaktion/Mitarbeiterbefragung** unter den AN durchführen (s. auch § 94 Rn. 1), wenn sich die Fragen im Rahmen der Zuständigkeit der Betriebsverfassungsorgane halten und die Persönlichkeitssphäre anderer AN nicht unnötig verletzt wird.[12] Zu den Kosten s. § 40 Rn. 3. Ebenfalls kann er **sog. Mitarbeiterforen** als elektronische Diskussionsplattform auf seiner Homepage einrichten, ohne dazu die Zustimmung des AG zur Veröffentlichung zu benötigen (vgl. § 40 Rn. 28).[13] Er kann sich im Rahmen von Betriebsbegehungen z. B. gezielt über Fragen des Arbeitsschutzes informieren, die

---

8 BAG, DB 77, 2452.

9 BAG a. a. O.

10 So grundsätzlich BAG, DB 79, 751; LAG Köln 14. 1. 22 – 9 TaBV 34/21; LAG BB 24. 8. 18 – 9 TaBV 157/18.

11 LAG SH 1. 4. 09 – 3 TaBVGa 2/09, brwo, wonach der Hinweis auf Meinungsverschiedenheiten bzgl. der Kündigung eines BR-Mitgl. unter namentlicher Nennung der Personalleiterin und auf ein damit im Zusammenhang stehendes Zustimmungsersetzungsverfahren zulässig ist.

12 BAG, DB 77, 914; LAG Sachsen 15. 7. 22 – 4 TaBVGa 1/22; ArbG Berlin 24. 10. 07 – 77 BVGa 16633/07, AiB 08, 424 mit Anm. Peters.

13 LAG SH 31. 10. 02 – 1 TaBV 16/02, AuR 03, 311; vgl. im Einzelnen DKW-Wedde, § 40 Rn. 150.

er jederzeit durchführen und nach eigenem Ermessen und Befinden gestalten kann.[14] Die **Verteilung eines Flugblatts** des BR an die Belegschaft, in dem gegen Überstunden Stellung genommen wird, stellt grundsätzlich keine Störung des Betriebsfriedens dar (vgl. § 74 Rn. 3).[15] Zu den Informationswegen zählen im Betrieb und UN vorhandene Informations- und Kommunikationstechniken, auf die der BR einen Überlassungsanspruch hat (vgl. § 40 Rn. 22, 28), wie z. B. Intranet oder E-Mail, aber auch Angebote aus dem Bereich der »Sozialen Medien«.[16]

3. Recht auf freie Meinungsäußerung

Im Rahmen der Behandlung von Themen in einer Betriebs- oder Abteilungsversamml. haben die AN das Recht auf **freie Meinungsäußerung** über alle betrieblichen Angelegenheiten.[17] Im Rahmen kritischer Äußerungen zu betrieblichen Missständen kann sich die Kritik auch auf den AG und die mit der Leitung des Betriebs beauftragten Personen erstrecken, sofern sie nicht in einer grob unsachlichen, ehrverletzenden Weise ausgeübt wird.[18] Wichtig ist dabei, dass es sich insgesamt um eine Meinungsäußerung handelt. Da die Betriebsversamml. auch ein **Forum der innerbetrieblichen Auseinandersetzungen** darstellt, darf kein kleinlicher Maßstab angelegt werden.[19] 6

§ 46 Beauftragte der Verbände

(1) An den Betriebs- oder Abteilungsversammlungen können Beauftragte der im Betrieb vertretenen Gewerkschaften beratend teilnehmen. Nimmt der Arbeitgeber an Betriebs- oder Abteilungsversammlungen teil, so kann er einen Beauftragten der Vereinigung der Arbeitgeber, der er angehört, hinzuziehen.

(2) Der Zeitpunkt und die Tagesordnung der Betriebs- oder Abteilungsversammlungen sind den im Betriebsrat vertretenen Gewerkschaften rechtzeitig schriftlich mitzuteilen.

---

14 BAG 8.2.77 – 1 ABR 82/74 und Sächsisches LAG 15.7.22 – 4 TaBVGa 1/22 zu einer Befragung von Auszubildenden; LAG Ba-Wü 28.1.20 – 19 TaBV 2/19 zum Informationsanspruch des BR bei Fragen des Arbeitsschutzes; s. a. § 80 Rn. 3 f. sowie § 89 Rn. 1.

15 ArbG Stuttgart, AiB 4/80, 14.

16 DKW-Wedde, § 40 Rn. 150; Sendelbeck, AiB 13, 626.

17 HessLAG 19.3.18 – 16 TaBV 185/17, juris.

18 Vgl. auch BAG 22.10.64, AP Nr. 4 zu § 1 KSchG Verhaltensbedingte Kündigung.

19 HessLAG, RDV 05, 172 zur konstitutiven Bedeutung der Meinungsfreiheit für die Betriebsparteien.

Inhaltsübersicht Rn.

1. Teilnahme von Gewerkschaftsbeauftragten

1 Die im **Betrieb vertretenen Gew.** (zum Gew.-Begriff vgl. § 2 Rn. 2)[1] haben bei Betriebs- oder Abteilungsversamml. ein **eigenständiges Recht** auf Teilnahme (vgl. auch § 31 Rn. 2). Solche Gew. können daher einen oder mehrere von ihnen bestimmte Vertr. zu diesen Versamml. entsenden.[2] Die Gew. entscheidet **selbst**, wen sie als Beauftragten entsendet.[3] Die Gew. kann nicht nur hauptamtlich Beschäftigte, sondern auch ehrenamtliche Funktionäre, die AN anderer Betriebe sind, als Beauftragte bestimmen.[4] Ein Gew.-Beauftragter kann nicht deshalb von der Teilnahme an der Betriebsversamml. ausgeschlossen werden, weil er als AN-Vertreter dem **AR eines Konkurrenz-UN** angehört.[5] Einer nicht-tariffähigen AN-Vereinigung stehen die betriebsverfassungsrechtlichen Befugnisse einer im Betrieb vertretenen Gewerkschaft – insb. aus § 46 – nicht zu.[6]

2 Das Entsendungsrecht der Gew. gilt sowohl für die ordentliche als auch für die außerordentliche Betriebs- bzw. Abteilungsversamml. Wenn ein BR durch absichtliche Irreführung die Teilnahme einer im Betrieb vertretenen Gew. an einer Betriebs- oder Abteilungsversamml. verhindert, stellt dies eine grobe Verletzung gesetzlicher Pflichten dar, die auf Antrag der Gew. zur Auflösung des BR führen kann (vgl. § 23 Rn. 2).[7] Der Beauftragte der Gew. ist nicht verpflichtet, den AG über seine Teilnahme vorher zu unterrichten, da § 46 gegenüber § 2 Abs. 2 eine **Sonderregelung** ist. Der AG kann dem Beauftragten der Gew. die Teilnahme nicht verwehren. Der Zutritt ist ggf. im Wege einer einstweiligen Verfügung durchsetzbar.[8] Die Verweigerung des Zugangs zur Betriebsversamml. kann eine **strafbare Behinderung oder Störung der Tätigkeit des BR** gemäß § 119 Abs. 1 Nr. 2 darstellen.[9] Ausnahmsweise kann durch den AG einem bestimmten Gewerkschaftsbeauf-

1 BAG, NJW 07, 1018.
2 ArbG Gießen 5.10.18 – 7 BV 15/17, juris.
3 Vgl. auch LAG Hamburg, DB 87, 1595, das zutreffend darauf hinweist, der Erfolg der Unterstützung durch einen Beauftragten der Gew. hänge wesentlich von der Kompetenz des Beraters ab.
4 Fitting, Rn. 7.
5 LAG Hamburg, DB 87, 1595.
6 BAG 22.5.12 – 1 ABR 11/11, AuR 12, 511 mit Anm. Manske.
7 LAG BaWü 13.3.14 – 6 TaBV 5/13, AuR 14, 164.
8 LAG Hamm, AuR 05, 465 Ls.; vgl. DKW-F-Berg, §§ 42–46 Rn. 14: Antrag der Gew. beim ArbG auf Teilnahme eines Gew. Beauftragten an der Betriebsversamml.
9 LG Siegen, AiB 92, 41 – bestätigt durch OLG Hamm 26.2.87 – 1 Ss 164/87.

tragten der Zutritt verweigert werden, wenn dieser in der Vergangenheit den Betriebsfrieden nachhaltig gestört oder den AG grob beleidigt hat **und** eine Wiederholung des Verhaltens zu befürchten steht.[10] Beauftragte der Gew. nehmen an den Betriebs- oder Abteilungsversamml. beratend teil. Sie können das Wort ergreifen und zu den anstehenden Themen Stellung nehmen.

Im Gegensatz zum Beauftragten der Gew. hat der Vertr. einer AG-Ver- 3
einigung kein selbstständiges Recht auf Teilnahme an einer Betriebs- oder Abteilungsversamml. Er kann zu dieser vielmehr nur dann vom AG hinzugezogen werden, wenn der AG dem AG-Verband angehört **und** er oder sein Vertr. tatsächlich an der Betriebs- oder Abteilungsversamml. teilnimmt. Der Vertr. der AG-Vereinigung hat auch **kein** selbstständiges Rederecht. Nimmt aber der AG an einer Betriebsversamml. teil, so kann er vom Leiter der Versamml. (BR-Vors.) verlangen, dass dem von ihm hinzugezogenen Beauftragten seiner AG-Vereinigung zu bestimmten Einzelthemen an seiner Stelle und für ihn das Wort erteilt wird.[11]

2. Unterrichtung der Gewerkschaft

Den im **BR** vertretenen Gew. ist der **Zeitpunkt** und die **Tagesordnung** aller 4
Betriebs- und Abteilungsversamml. mitzuteilen. Eine Gew. ist dann im BR vertreten, wenn ihr wenigstens ein BR-Mitgl. angehört. Es reicht nicht aus, wenn eine Gew. lediglich im Betrieb durch ein Mitgl. vertreten ist. Die Mitteilung muss **schriftlich** und **rechtzeitig** erfolgen und ggf. auch den **Ort** der Versamml. (was im Gesetz nicht ausdrücklich bestimmt ist) beinhalten.[12]

10 LAG Hamm, AuR 05, 465 Ls.; vgl. im Einzelnen DKW-Berg, § 2 Rn. 90; DKW-Berg Rn. 5.

11 BAG, DB 78, 2032.

12 DKW-Berg, Rn. 8 f.

Fünfter Abschnitt
Gesamtbetriebsrat

§ 47 Voraussetzungen der Errichtung, Mitgliederzahl, Stimmengewicht

(1) Bestehen in einem Unternehmen mehrere Betriebsräte, so ist ein Gesamtbetriebsrat zu errichten.

(2) In den Gesamtbetriebsrat entsendet jeder Betriebsrat mit bis zu drei Mitgliedern eines seiner Mitglieder; jeder Betriebsrat mit mehr als drei Mitgliedern entsendet zwei seiner Mitglieder. Die Geschlechter sollen angemessen berücksichtigt werden.

(3) Der Betriebsrat hat für jedes Mitglied des Gesamtbetriebsrats mindestens ein Ersatzmitglied zu bestellen und die Reihenfolge des Nachrückens festzulegen.

(4) Durch Tarifvertrag oder Betriebsvereinbarung kann die Mitgliederzahl des Gesamtbetriebsrats abweichend von Absatz 2 Satz 1 geregelt werden.

(5) Gehören nach Absatz 2 Satz 1 dem Gesamtbetriebsrat mehr als vierzig Mitglieder an und besteht keine tarifliche Regelung nach Absatz 4, so ist zwischen Gesamtbetriebsrat und Arbeitgeber eine Betriebsvereinbarung über die Mitgliederzahl des Gesamtbetriebsrats abzuschließen, in der bestimmt wird, dass Betriebsräte mehrerer Betriebe eines Unternehmens, die regional oder durch gleichartige Interessen miteinander verbunden sind, gemeinsam Mitglieder in den Gesamtbetriebsrat entsenden.

(6) Kommt im Fall des Absatzes 5 eine Einigung nicht zustande, so entscheidet eine für das Gesamtunternehmen zu bildende Einigungsstelle. Der Spruch der Einigungsstelle ersetzt die Einigung zwischen Arbeitgeber und Gesamtbetriebsrat.

(7) Jedes Mitglied des Gesamtbetriebsrats hat so viele Stimmen, wie in dem Betrieb, in dem es gewählt wurde, wahlberechtigte Arbeitnehmer in der Wählerliste eingetragen sind. Entsendet der Betriebsrat mehrere Mitglieder, so stehen ihnen die Stimmen nach Satz 1 anteilig zu.

(8) Ist ein Mitglied des Gesamtbetriebsrats für mehrere Betriebe entsandt worden, so hat es so viele Stimmen, wie in den Betrieben, für die es entsandt ist, wahlberechtigte Arbeitnehmer in den Wählerlisten eingetragen sind; sind mehrere Mitglieder entsandt worden, gilt Absatz 7 Satz 2 entsprechend.

(9) Für Mitglieder des Gesamtbetriebsrats, die aus einem gemeinsamen Betrieb mehrerer Unternehmen entsandt worden sind, können durch Tarifvertrag oder Betriebsvereinbarung von den Absätzen 7 und 8 abweichende Regelungen getroffen werden.

Inhaltsübersicht

1. Errichtung des Gesamtbetriebsrats

Die Bildung des GBR ist zwingend vorgeschrieben, wenn in einem UN mindestens zwei BR bestehen,[1] sodass es hierzu keines Beschlusses der Einzel-BR bedarf. BR i. S. dieser Vorschrift ist auch der nur aus einer Person bestehende BR. Für den Begriff UN ist die rechtliche Selbstständigkeit entscheidend.[2] Auch für mehrere im Inland gelegene Betriebe eines **ausländischen UN** mit Sitz außerhalb der Bundesrepublik ist ein GBR zu bilden.[3] 1

Für mehrere rechtlich selbständige UN, d. h. für **Betriebe verschiedener Rechtsträger** kann **nach dieser Vorschrift kein gemeinsamer GBR** errichtet werden.[4] Das gilt auch dann, wenn die UN untereinander organisatorisch und wirtschaftlich verflochten sind[5] oder Personengleichheit der Geschäftsführer besteht.[6] Auch wenn die beteiligten UN ausschließlich oder teilweise Gemeinschaftsbetriebe i. S. von § 1 Abs. 2 (s. auch Rn. 11) unterhalten, kann kein UN-übergreifender GBR gebildet werden.[7] Die BR von Gemeinschaftsbetrieben haben vielmehr jeweils Mitgl. in sämtliche bei den Träger-UN zu errichtende GBR zu entsenden.[8] Im Übrigen wäre an die Bildung eines KBR (s. §§ 54 ff.) zu denken.[9] Ein unter Verstoß gegen die gesetzlichen Bestimmungen gebildeter GBR ist rechtlich nicht existent und sein Handeln unbeachtlich, insbesondere sind mangels betriebsverfassungsrechtlicher Befugnisse von ihm abgeschlossene BV unwirksam.[10] Ein GBR, der unter Verstoß gegen die gesetzlichen Bestimmungen errichtet

1 BAG 1.6.22 – 7 ABR 41/20, juris.
2 ArbG Trier 23.8.12 – 3 Ca 535/12; ArbG Trier 4.9.12 – 3 Ca 518/12.
3 BAG, DB 76, 295 zur gleichgelagerten Frage der Bildung eines WA.
4 BAG 25.2.20 – 1 ABR 40/18, juris; BAG 13.2.07 – 1 AZR 184/06.
5 BAG, DB 76, 588.
6 BAG, DB 88, 759.
7 BAG 13.2.07 – 1 AZR 184/06; BAG 17.3.10 – 7 ABR 706/08; BAG 17.4.12 – 3 AZR 400/10.
8 BAG 13.2.07 – 1 AZR 184/06.
9 ArbG Trier 4.9.12 – 3 Ca 518/12.
10 So ausdrücklich BAG 17.3.10 – 7 ABR 706/08.

wurde, kann mithin keinen wirksamen Interessenausgleich abschließen.[11] Kommt es für die Begründetheit eines auf einen Sozialplan gestützten Anspruchs eines AN auf die Wirksamkeit des Sozialplans an, ist der AG auch dann nicht gehindert, sich auf die Unwirksamkeit des Sozialplans zu berufen, wenn er selbst diesen abgeschlossen und ein rechtlich nicht existentes betriebsverfassungsrechtliches Organ als Betriebspartner akzeptiert hat.[12] Auch durch TV oder BV kann kein UN-übergreifender GBR i. S. dieser Vorschrift gebildet werden. Die Errichtung eines solchen Gremiums verstößt gegen die gesetzlichen Organisationsvorschriften des BetrVG. Die TV-Parteien können aber nach Maßgabe der gesetzlichen Regelungen des § 3 Abs. 1 betriebsverfassungsrechtliche Organisationseinheiten gestalten.[13] Möglich ist daher die **GBR-Bildung aufgrund eines TV oder einer BV nach § 3 Abs. 1 Nr. 3** einschließlich der Zuweisung der Befugnisse eines GBR (s. § 3 Rn. 5 am Ende, Rn. 16)[14] ebenso wie die Schaffung zusätzlicher betriebsverfassungsrechtlicher Gremien durch TV oder BV zur UN-übergreifenden Zusammenarbeit von AN-Vertr. nach § 3 Abs. 1 Nr. 4 (vgl. § 3 Rn. 6). Erforderlich ist jeweils, dass die dort genannten weiteren Voraussetzungen vorliegen.[15] Wenn für AN von Luftfahrt-UN, die im Flugbetrieb beschäftigt sind, Vertretungen auf Grundlage eines TV nach § 117 Abs. 2 errichtet werden, handelt es sich bei diesen Personalvertretungen nach Ansicht des ArbG Düsseldorf nicht um BR i. S. des BetrVG.[16] In dem – faktisch seltenen – Fall, dass es in einem UN keine tarifl. Regelung nach § 3 Abs. 1 Nr. 1 gibt und sich die Mehrheit der stimmberechtigten AN gem. § 3 Abs. 3 für die Wahl eines UN-einheitl. BR ausspricht, tritt der UN-einheitl. BR an die Stelle des GBR mit der Folge, dass die Bildung eines GBR unwirksam wäre.[17]

2. Zusammensetzung des Gesamtbetriebsrats

2 Bei dem GBR handelt es sich um **kein gewähltes**, sondern um ein aus entsandten Mitgl. der BR bestehendes **Organ**.[18] Die Wahl eines GBR durch ein aus Delegierten bestehendes Gremium ist unzulässig.[19] Der GBR als Institution hat – anders als der BR – **keine feste Amtszeit**, er ist vielmehr eine **Dauereinrichtung** und bleibt über die Wahlperiode der einzelnen BR

11 ArbG Trier 23. 8. 12 – 3 Ca 535/12.
12 BAG 17. 3. 10 – 7 ABR 706/08.
13 BAG 17. 3. 10 – 7 ABR 706/08, juris; ArbG Trier 4. 9. 2012 – 3 Ca 518/12.
14 Ebenso DKW-Deinert, Rn. 24; Fitting, Rn. 10.
15 BAG 25. 2. 20 – 1 ABR 40/18.
16 ArbG Düsseldorf 9. 3. 23 – 10 BV 43/23, n. rk., anhängig beim BAG unter 7 ABR 15/23.
17 HessLAG 4. 4. 22 – 16 TaBV17/21.
18 BAG, DB 78, 2224.
19 LAG Frankfurt, DB 77, 2056.

hinaus bestehen;[20] die von den BR in den GBR entsandten Mitgl. verlieren aber mit dem Amtsende des BR ihre Mitgliedschaft auch im GBR, ungeachtet ihrer möglichen Wiederentsendung.[21] Da es sich bei dem GBR um eine Dauereinrichtung handelt, muss er sich nur einmal konstituieren.[22] Das Amt des GBR endet, wenn die Voraussetzungen für seine Errichtung dauerhaft entfallen. Ein nur kurzfristiger Wegfall der Errichtungsvoraussetzungen hat dagegen auf den Bestand des GBR keinen Einfluss.[23] Das Mandat eines GBR endet, wenn im UN keine zwei BR mehr vorhanden sind. Überträgt ein UN seine sämtlichen Betriebe auf mind. zwei andere, rechtlich selbstständige UN, endet das Amt des in dem übertragenden UN gebildeten GBR; das gilt selbst dann, wenn sich die beiden neuen AG zu einer gemeinsamen Betriebsführung zusammengeschlossen haben.[24]

Jeder BR mit mehr als **drei** Mitgl. entsendet **zwei** Vertr., ein BR mit **bis zu** 3
drei Mitgl. entsendet lediglich **einen** Vertr. in den GBR. Besteht der BR nur aus einer Person, ist diese unmittelbar Mitgl. im GBR. Der BR eines gemeinsamen Betriebs mehrerer UN (§ 1 Abs. 2) entsendet Mitgl. in die GBR der verschiedenen UN. Das Gebot, die **Geschlechter** angemessen zu berücksichtigen, soll dem Gleichberechtigungsgrundsatz des Art. 3 Abs. 2 GG Rechnung tragen. Es richtet sich an die einzelnen BR, da nur sie im Rahmen der von ihnen zu beschließenden Entsendung Einfluss auf die personelle Zusammensetzung des GBR nehmen können. Das Gebot ist allerdings auch zu beachten, wenn die Mitgl.-Zahl des GBR durch TV oder BV gemäß Abs. 4 bis 6 abweichend von Satz 1 geregelt wird. Im Gegensatz zu der für die Einzel-BR geltenden Bestimmung (§ 15) handelt es sich lediglich um eine **Sollvorschrift**. Auch ist nicht vorgeschrieben, dass die Geschlechter entsprechend ihrem zahlenmäßigen Verhältnis im Betrieb oder BR zu berücksichtigen sind; verlangt wird nur ihre **angemessene** Berücksichtigung. Das Gesetz gibt den entsendenden BR von daher einen nicht unerheblichen Beurteilungsspielraum. Jedoch erfordert auch das Wort »angemessen« eine grundsätzliche Orientierung am tatsächlichen Anteil der Geschlechter. Sie kann dann zurücktreten, wenn sachliche Gesichtspunkte dies geboten erscheinen lassen. Untersagt ist dagegen die willkürliche Zurücksetzung eines Geschlechts. Da dem Gleichberechtigungsgrundsatz Verfassungsrang zukommt, dürfte sie trotz des Sollcharakters der Bestimmung auch die Anfechtbarkeit des Entsendungsbeschlusses in entsprechender Anwendung des § 19 begründen. Dies gilt verstärkt im Hinblick auf die Vorgaben des AGG. Ein Fall der willkürlichen Zurücksetzung eines Geschlechts wäre z. B. gege-

---

20 BAG 5.6.02 – 7 ABR 17/01.
21 ArbG Stuttgart, DB 76, 1160.
22 BAG, NZA 03, 336.
23 BAG 15.10.14 – 7 ABR 53/12.
24 BAG 5.6.02 – 7 ABR 17/01.

ben, wenn es bei der Abstimmung über zwei in den GBR zu entsendende Mitgl. ohne Vorliegen sachlicher Gründe übergangen würde, obwohl es im Verhältnis zu dem anderen Geschlecht im Betrieb und BR über denselben oder aber einen sogar noch höheren Anteil verfügt. Seit der Entscheidung des BVerfG zum dritten Geschlecht[25] und der Änderung des Personenstandsgesetzes ist unter »Geschlecht« nicht mehr nur ein zweigeschlechtliches System (männlich und weiblich) zu verstehen. Auch im BetrVG ist der Begriff »Geschlecht« verfassungskonform dahingehend auszulegen, dass er auch das dritte Geschlecht (divers) erfasst (s. § 15 Rn. 3). Gleichzeitig ist zu berücksichtigen, dass die betriebsverfassungsrechtlichen Regelungen zum Schutz des Minderheitengeschlechts wie § 15 Abs. 2 das Ziel verfolgen, in Umsetzung von Art. 3 Abs. 2 Satz 2 GG die Durchsetzung der Gleichberechtigung von Frauen zu fördern. Wünschenswert wäre daher eine gesetzliche Klarstellung, dass die einschlägigen Normen des BetrVG der gezielten Förderung von Frauen dienen.[26]

3a Werden in Betrieben der **privatisierten Post-UN** Beamte beschäftigt, muss den zu entsendenden BR-Mitgl. ein Vertreter der Beamten angehören, soweit die Gruppe der Beamten im BR vertreten ist; dieser muss darüber hinaus das Vertrauen der Mehrheit der Beamten-Gruppe erhalten. Wird nur ein Mitgl. entsandt, braucht dies kein Beamter zu sein. Für das Stimmengewicht des Vertreters der Beamten gilt die Vorschrift des Abs. 8 entsprechend. Sie erlangt jedoch nur Bedeutung, soweit im GBR beamtenspezifische Angelegenheiten behandelt werden (vgl. § 32 PostPersRG).

4 Die zu entsendenden Mitgl. werden von jedem BR durch **einfachen Mehrheitsbeschluss** bestimmt. In § 47 Abs. 2 ist kein Wahlverfahren vorgeschrieben, sodass die Regel aus § 33 Abs. 1 gilt. Die Entsendung erfolgt daher nicht durch Wahl, sondern durch BR-Beschluss mit der Mehrheit der Stimmen der anwesenden Mitglieder. Eine Verhältniswahl ist nicht durchzuführen; der mit ihr bezweckte Minderheitenschutz ist kein allgemeines Prinzip der Betriebsverfassung.[27] Sämtliche BR eines UN müssen sich an der Bildung des GBR beteiligen. Ein BR, der keine oder nicht die vom Gesetz vorgeschriebene Anzahl von Vertr. entsendet, **verletzt seine gesetzl. Pflichten** (§ 23 Abs. 1). Der BR kann die in den GBR entsandten Mitgl. jederzeit durch einfachen Mehrheitsbeschluss abberufen und durch andere ersetzen.[28] Eines besonderen Grundes hierzu bedarf es nicht. Das betroffene BR-Mitgl. ist sowohl bei der Beschlussfassung über die Bestellung als auch bei derjenigen über die Abberufung stimmberechtigt.[29] Der AG kann in entsprechender

25 BVerfG 10.10.17 – 1 BvR 2019/16.
26 So auch DKW-Wenckebach § 55 Rn. 9.
27 BAG, NZA 05, 170; NZA 06, 215.
28 BAG, NZA 05, 1080.
29 Fitting, § 33 Rn. 37b.

Anwendung des § 19 Abs. 1 und 2 die Entsendung von (Gemeinschafts-) BR-Mitgl. in den GBR anfechten. Dabei ist die Zweiwochenfrist des § 19 Abs. 2 Satz 2 einzuhalten; anstelle der Bekanntgabe des Wahlergebnisses tritt dabei der Zeitpunkt der Möglichkeit einer Kenntniserlangung über die Entsendung in den GBR.[30]

3. Ersatzmitglieder des Gesamtbetriebsrats

Für jedes einzelne GBR-Mitgl. ist jeweils individuell ein Ersatzmitgl. zu bestellen. Bei Bestellung mehrerer Ersatzmitgl. ist die Reihenfolge des Nachrückens festzulegen. Ist ein nur aus einer Person bestehender BR im GBR vertreten, kommt die Bestellung eines Ersatzmitgl. nicht in Betracht. Es rückt dann ein im vereinfachten Wahlverfahren (§ 14a) gewähltes Ersatzmitgl. **zwingend** nach oder übernimmt die Stellvertr. 5

4. Abweichende Größe des Gesamtbetriebsrats durch Tarifvertrag oder Betriebsvereinbarung

Durch TV oder BV **kann** die Mitgl.-Zahl des GBR sowohl erhöht **als auch** verringert werden. Es können für mehrere BR gemeinsame oder für einen BR mehr Vertr. entsandt werden als im Gesetz vorgesehen. Werden mittels TV mehrere Betriebe zu einem Entsendungsbereich zusammengefasst, so entsendet dieses Gremium die GBR-Mitgl. durch Beschlussfassung gem. § 33 mit einfacher Mehrheit.[31] Das Gebot der angemessenen Berücksichtigung der Geschlechter (Abs. 2 Satz 2) gilt auch für diesen Fall. Erfolgt die Regelung durch TV, kann dieser von einer tarifzuständigen und im Betrieb vertretenen Gewerkschaft ohne Beteiligung von anderen gleichfalls tarifzuständigen Gewerkschaften abgeschlossen werden.[32] Erfolgt die Regelung durch BV, ist für ihren Abschluss der »Ur-GBR« in der nach Abs. 2 Satz 1 vorgeschriebenen Größe und Zusammensetzung zuständig; dieser muss sich daher zunächst nach § 51 Abs. 3 konstituiert haben und beschlussfähig sein. Die BV ist nicht erzwingbar. 6

5. Verkleinerung des Gesamtbetriebsrats

Die Vorschrift ist **zwingend**. Sie kommt **nicht** zur Anwendung, **wenn** eine **tarifliche** Regelung über die Mitgl.-Zahl besteht. Dabei ist es unerheblich, ob der TV für den GBR mehr oder weniger als 40 Mitgl. festlegt. Die BV über die Verringerung der Mitgl.-Zahl ist zwischen dem GBR in seiner ur- 7

30 HessLAG 22.9.16 – 9 TaBV 60/16.

31 BAG, NZA 06, 215.

32 BAG 29.7.09 – 7 ABR 27/08.

sprünglichen Größe und dem UN abzuschließen. Die BV darf nur die herabgesetzte Mitgl.-Zahl des nunmehr zu bildenden GBR regeln und die gemeinsame Entsendung von Mitgl. in dieses Gremium durch BR von Betrieben, die unter Gesichtspunkten der räumlichen Nähe und/oder gleichartiger Interessen zusammengefasst sind. Es ist nicht erforderlich, dass alle Betriebe zusammengelegt werden, sondern es können Einzelbetriebe bestehen bleiben.[33] Der gesetzl. GBR nach Abs. 2 ist zur Entsendung von Mitgl. in den verkleinerten GBR nicht berufen. Die **Entsendung hat** vielmehr **durch** die **zusammengefassten BR zu erfolgen**.[34] Die neue Zahl der Mitgl. kann auch über 40 liegen; entscheidend ist allein, dass durch gemeinsame Entsendung von Mitgl. mehrerer BR eine Reduzierung der ursprünglichen Mitgl.-Zahl herbeigeführt wird. Das Gebot der angemessenen Berücksichtigung der Geschlechter (Abs. 2 Satz 2) gilt auch in diesem Fall. Die Gew. hat nach Auffassung des BAG[35] kein Antragsrecht, Mängel bei der Konstituierung des GBR oder den Abschluss oder Inhalt von BV gerichtl. überprüfen zu lassen.

6. Entscheidung der Einigungsstelle

8 Die Initiative zur Anrufung der Einigungsstelle kann ebenso wie die zum Abschluss einer BV nach Abs. 5 sowohl vom AG als auch vom GBR ausgehen.

7. Stimmengewichtung bei gesetzlicher Größe des Gesamtbetriebsrats

9 Maßgebend für die **Stimmenzahl** der einzelnen Mitgl. des GBR ist der Stand der Wählerliste am Wahltag der vorangegangenen **BR-Wahl**. Sofern mehrere Mitgl. eines BR in den GBR entsandt sind, können die auf die einzelnen Mitgl. entfallenden Stimmenzahlen auch »krumme« Zahlen sein. Jedes Mitglied kann seine Stimmenzahl nur einheitlich abgeben.[36] Die Mitgl. des GBR sind in ihrer Stimmabgabe zwar grundsätzlich **frei** und an keine Aufträge oder Weisungen des entsendenden BR gebunden. Hat dieser jedoch eine wichtige Frage vorberaten, ist das Mitgl. des GBR schon aus Gründen der Loyalität gehalten, sich über die Meinungsbildung des entsendenden BR nicht grundlos hinwegzusetzen; es liefe andernfalls auch Gefahr, aus dem GBR wieder abberufen zu werden.

33 HessLAG 5.6.08 – 9 TaBV 44/07.
34 BAG, DB 78, 2224.
35 BAG, NZA 88, 27.
36 Fitting, Rn. 74.

8. Stimmengewichtung bei Entsendung für mehrere Betriebe

Obwohl ein Mitglied des GBR keinen Weisungen des entsendenden BR unterliegt (vgl. Rn. 9), kann es, wenn es die Stimmen mehrerer entsendender Betriebe auf sich vereinigt, bei einer Abstimmung je nach der konkreten Fallkonstellation unter Umständen in einen gewissen Loyalitätskonflikt geraten. Ein solcher Fall ist denkbar, wenn die BR der mehreren Betriebe, für die das Mitgl. in den GBR entsandt worden ist, in einer wichtigen Angelegenheit nach Vorberatung zu unterschiedlichen Ergebnissen gekommen sind und konträre Standpunkte vertreten. Auch dann bleibt eine Stimmenaufteilung dergestalt, dass es mit dem auf die jeweiligen Betriebe entfallenden Stimmenanteil unterschiedlich votiert, grundsätzlich (Ausnahme s. Rn. 11) unzulässig. 10

9. Stimmengewichtung bei Entsendung aus gemeinsamem Betrieb

Der BR eines gemeinsamen Betriebs mehrerer UN entsendet Mitgl. in den GBR jedes der an dem gemeinsamen Betrieb beteiligten UN. Ein gemeinsamer GBR kann für Betriebe verschiedener Rechtsträger nicht errichtet werden.[37] Die in den GBR entsandten **BR-Mitgl. des gemeinsamen Betriebs müssen nicht in einem Arbeitsverhältnis zu dem betreffenden UN stehen.**[38] Das Stimmengewicht von Mitgl. des GBR, die aus einem gemeinsamen Betrieb mehrerer UN entsandt worden sind, richtet sich grundsätzlich nach der Zahl aller in dem gemeinsamen Betrieb in die Wählerliste eingetragenen AN. Dies kann aber durch TV oder BV abweichend von Abs. 7 und 8 geregelt werden. Dadurch kann sichergestellt werden, dass bei Abstimmungen im GBR über Angelegenheiten, die nur AN eines der am gemeinsamen Betrieb beteiligten UN betreffen, auch nur die Stimmenzahl der AN dieses UN berücksichtigt wird. 11

§ 48 Ausschluss von Gesamtbetriebsratsmitgliedern

Mindestens ein Viertel der wahlberechtigten Arbeitnehmer des Unternehmens, der Arbeitgeber, der Gesamtbetriebsrat oder eine im Unternehmen vertretene Gewerkschaft können beim Arbeitsgericht den Ausschluss eines Mitglieds aus dem Gesamtbetriebsrat wegen grober Verletzung seiner gesetzlichen Pflichten beantragen.

Die Vorschrift regelt nur den Ausschluss von Mitgl. aus dem GBR, nicht die 1
Auflösung des GBR als Gremium; eine Auflösung des Gremiums sieht das

37 BAG, NZA 07, 825.
38 BAG 1.6.22 – 7 ABR 41/20, m.w.N.

Gesetz nicht vor, weil der GBR eine Dauereinrichtung beim UN ist.[1] Während ein gerichtl. Ausschluss aus dem BR automatisch auch zur Beendigung der Mitgliedschaft im GBR führt, hat der Ausschluss aus dem GBR **nicht zwangsläufig** auch den Verlust des BR-Amtes zur Folge. Der Ausschluss aus dem GBR setzt eine grobe Pflichtverletzung (§ 23 Abs. 1) in Bezug auf die GBR-Tätigkeit voraus. Er wird mit **Rechtskraft** des arbeitsgerichtl. Beschlusses für die Zukunft wirksam. Es rückt das nach § 47 Abs. 3 bestellte Ersatzmitgl. entsprechend der festgelegten Reihenfolge nach. Ist kein Ersatzmitgl. mehr vorhanden, so hat der entsendende BR ein neues Mitgl. zu bestellen. Im Falle eines Ausschlussantrags kann bei Vorliegen besonders schwerwiegender Gründe die weitere Amtsausübung bis zur rechtskräftigen Entscheidung im Beschlussverfahren durch einstweilige Verfügung vorläufig untersagt werden, wenn den übrigen Mitgl. des GBR eine weitere Zusammenarbeit mit dem auszuschließenden Mitgl. auch bei Anlegen eines strengen Maßstabes nicht einmal vorübergehend zumutbar erscheint.[2]

§ 49 Erlöschen der Mitgliedschaft

Die Mitgliedschaft im Gesamtbetriebsrat endet mit dem Erlöschen der Mitgliedschaft im Betriebsrat, durch Amtsniederlegung, durch Ausschluss aus dem Gesamtbetriebsrat aufgrund einer gerichtlichen Entscheidung oder Abberufung durch den Betriebsrat.

1 Der GBR ist eine **ständige Einrichtung**. Er hat **keine feste Amtszeit**. Eine neue Zusammensetzung des GBR nach den regelmäßigen BR-Wahlen (§ 13 Abs. 1) bedeutet weder die Beendigung einer bisherigen noch den Beginn einer neuen Amtszeit des GBR als Organ, sondern betrifft allein die Amtszeit der Mitgl. dieses Organs. Die Amtszeit der einzelnen GBR-Mitgl. kann aus den in der Vorschrift vorgesehenen Gründen zu unterschiedlichen Zeitpunkten enden. Ein kollektiver Rücktritt des GBR mit der Folge seines völligen Wegfalls ist nicht möglich. Zulässig ist die gleichzeitige Amtsniederlegung mehrerer oder auch aller GBR-Mitgl. In diesem Fall rücken die bestellten Ersatzmitgl. (§ 47 Abs. 3) nach. Sind keine Ersatzmitgl. mehr vorhanden, müssen die betreffenden BR ihre GBR-Mitgl. neu bestellen. Die Amtsniederlegung kann jederzeit erklärt werden. Sie ist ohne Einfluss auf die Mitgliedschaft im entsendenden BR. Bei einer Abberufung aus dem GBR endet gleichzeitig eine etwaige Mitgliedschaft im KBR.

1 BAG 24.5.23 – 7 ABR 21/21.
2 LAG Hamm, BB 75, 1302.

§ 50 Zuständigkeit

(1) Der Gesamtbetriebsrat ist zuständig für die Behandlung von Angelegenheiten, die das Gesamtunternehmen oder mehrere Betriebe betreffen und nicht durch die einzelnen Betriebsräte innerhalb ihrer Betriebe geregelt werden können; seine Zuständigkeit erstreckt sich insoweit auch auf Betriebe ohne Betriebsrat. Er ist den einzelnen Betriebsräten nicht übergeordnet.
(2) Der Betriebsrat kann mit der Mehrheit der Stimmen seiner Mitglieder den Gesamtbetriebsrat beauftragen, eine Angelegenheit für ihn zu behandeln. Der Betriebsrat kann sich dabei die Entscheidungsbefugnis vorbehalten. § 27 Abs. 2 Satz 3 und 4 gilt entsprechend.

Inhaltsübersicht Rn.

1. Zuständigkeit kraft Gesetzes

Die Beteiligungsbefugnisse nach dem Gesetz werden, soweit dieses nicht 1
ausdrücklich etwas anderes bestimmt (etwa bei Regelungen über den WA), primär durch die BR wahrgenommen.[1] Im Zweifel ist der BR zuständig, nicht der GBR. Der GBR ist den einzelnen BR nicht übergeordnet und daher auch nicht weisungsbefugt. Der GBR ist nicht Träger des Überwachungsrechts aus § 80 Abs. 1 Nr. 1; für dessen Wahrnehmung ist allein der BR zuständig.[2] Die Aufgabe des BR nach § 80 Abs. 1 Nr. 1, über die **Einhaltung** der zugunsten der AN geltenden BV zu wachen, geht auch dann nicht auf den GBR über, wenn dieser im Rahmen seiner Zuständigkeit nach Abs. 1 Satz 1 über eine mitbestimmungspflichtige Angelegenheit eine GBV abschließt;[3] die **Durchführung** der GBV kann jedoch nur der GBR verlangen.[4] Eine **originäre Zuständigkeit des GBR** ist nur dann gegeben, wenn es sich zum einen um eine mehrere Betriebe betreffende Angelegenheit handelt und zum anderen von der zu regelnden Materie her objektiv ein **zwingendes Erfordernis** für eine UN-einheitliche oder betriebsübergreifende Regelung

1 Zum Zusammenspiel zwischen BR, GBR, KBR Däubler, AiB 12/18, 19.
2 BAG 16.8.11 – 1 ABR 22/10.
3 BAG 20.12.88 – 1 ABR 63/87.
4 LAG BB 17.3.17 – 2 TaBV 1564/16.

besteht. Das Vorliegen eines zwingenden Erfordernisses bestimmt sich nach Inhalt und Zweck desjenigen MB-Tatbestands, der einer zu regelnden Angelegenheit zugrunde liegt.[5] Ob eine UN-einheitliche Regelung zwingend sachlich notwendig ist, lässt sich nur von Fall zu Fall beurteilen. Allein der Wunsch des AG nach einer UN-einheitlichen oder betriebsübergreifenden Regelung, sein Kosten- oder Koordinierungsinteresse sowie reine Zweckmäßigkeitsgesichtspunkte genügen nicht, um in den Angelegenheiten der **zwingenden MB** die Zuständigkeit des GBR zu begründen.[6] Das Vorliegen einer Matrixstruktur erfordert nicht ohne Weiteres eine betriebsübergreifende Regelung; maßgeblich ist vielmehr, ob nach den Umständen des Einzelfalls hinsichtlich der konkreten Angelegenheit ein zwingendes Erfordernis an einer überbetrieblichen Regelung gegeben ist.[7] Auch der arbeitsrechtliche Gleichbehandlungsgrundsatz und der betriebsverfassungsrechtliche Gleichbehandlungsgrundsatz des § 75 Abs. 1 begründen keine Zuständigkeit des GBR.[8] Sprechen nur Zweckmäßigkeitsgründe für eine einheitliche Regelung innerhalb des UN, so kann der GBR sich lediglich um eine Koordinierung der Tätigkeit der einzelnen BR bemühen. Der GBR kann den BR jedoch keine Weisungen erteilen und auch keine bindenden Richtlinien für deren Arbeit beschließen. § 50 enthält den **Grundsatz der Zuständigkeitstrennung**; dagegen verstößt eine BV, die auf Seiten des BR sowohl vom örtlichen BR als auch vom GBR abgeschlossen wird.[9] Sind mehrere Materien zu regeln, die unterschiedliche MB-Tatbestände betreffen, so folgt aus der Zuständigkeit des GBR für die eine Regelung keine Zuständigkeit für die andere.[10] Die Zuständigkeit des GBR für eine UN-einheitliche Regelung kann auch auf der »subjektiven Unmöglichkeit« einer betrieblichen Regelung beruhen. Ein solcher Fall liegt vor, wenn der AG im Bereich der **freiwilligen MB** zu einer Maßnahme nur UN-einheitlich oder betriebsübergreifend bereit ist. Das gilt vor allem bei der Gewährung freiwilliger Zulagen.[11] Gleiches gilt, wenn der AG anbietet, sich zu jährlichen Gehaltsanpassungen nach einem bestimmten Schema zu verpflichten, dies aber an die Bedingung einer UN-weiten Regelung knüpft.[12] Aber auch in Angelegenheiten der freiwilligen MB fehlt dem GBR die Kompetenz, in bereits bestehende Vereinbarungen der betrieblichen Ebene einzugreifen und sie

5 BAG 18.7.17 – 1 ABR 59/15.
6 BAG 19.6.12 – 1 ABR 19/11, brwo; BAG 17.5.15 – 1 ABR 48/13; LAG München 11.12.12 – 9 TaBV 103/11.
7 DKW-Deinert Rn. 45 m.w.N.
8 HessLAG 26.11.12 – 16 TaBV 201/12.
9 BAG 19.11.19 – 3 AZR 127/18; 30.1.19 –5 AZR 450/19.
10 BAG 18.7.17 – 1 ABR 59/15.
11 BAG, NZA 05, 892; BAG 9.11.21 – 1 AZR 206/20.
12 LAG Düsseldorf 17.6.16 – 6 TaBV 20/16.

durch abweichende überbetriebliche Regelungen zu ersetzen.[13] Eine Primärzuständigkeit des GBR steht freiwilligen Regelungen der einzelnen BR nicht entgegen, **solange** der GBR selbst untätig bleibt. Die einzelnen BV werden dann jedoch durch die mit dem zuständigen GBR getroffene Regelung abgelöst.[14] Die gesetzliche Verteilung der Zuständigkeiten zwischen BR und GBR kann weder durch TV noch durch BV geändert werden. Das gilt auch bei der Nutzung der Gestaltungsmöglichkeiten des § 3 BetrVG. Enthält ein TV eine solche Zuständigkeitsregelung, ist diese unwirksam.[15] Soweit eine Zuständigkeit des GBR kraft Gesetzes gegeben ist, erstreckt sie sich auch auf **betriebsratslose Betriebe** des UN. Daher kann der GBR im Rahmen seiner originären Zuständigkeit auch GBV für BR-lose Betriebe abschließen. Der GBR ist jedoch nicht berechtigt, in BR-losen Betrieben die Rechte des örtlichen BR zu übernehmen.[16] Ein nur allgemeines Interesse eines GBR an den räumlichen Gegebenheiten eines BR-losen Standorts ohne Bezug zu einer konkreten BR-Aufgabe genügt nicht, um die entsprechende Reise des gesamten Gremiums an diesen Standort zwecks dortiger Durchführung einer GBR-Sitzung als erforderlich anzusehen.[17] Gem. § 17 Abs. 1 Satz 1 kann der GBR aber in einem BR-losen Betrieb einen WV für eine BR-Wahl bestellen. In diesem Zusammenhang ist der GBR jedoch nicht befugt, Informationsveranstaltungen durchzuführen, die den Charakter von Belegschaftsversammlungen haben.[18] Für den Abschluss einer BV über einen einheitlichen BR im UN (§ 3 Abs. 1 Nr. 1a) i.V.m. Abs. 2) ist der GBR zuständig, dabei besteht kein Vetorecht eines örtlichen BR.[19] Das gilt auch, wenn der GBR eine GBV zur Wahl eines UN-einheitlichen BR abschließt und damit eine zeitlich frühere GBV zur Bildung regionaler BR abgelöst wird.[20]

Der DGB-Entwurf für ein modernes BetrVG[21] schlägt zwei Ergänzungen **1a**
vor: In das BetrVG sollte aufgenommen werden, dass der GBR seine Zuständigkeit auch durch eine Rahmenvereinbarung ausüben kann[22] (Abs. 3 des Entwurfs). Klargestellt werden sollte, dass die BR solange zuständig sind,

---

13 LAG RP 27.2.08 – 8 TaBV 62/07. A. A. LAG BB 28.9.18 – 2 TaBV 41/17 für den Fall einer vom GBR abgeschlossenen beschäftigungssichernden Sanierungs-BV, zu der der AG jedoch nur auf der Grundlage der Reduzierung von Prämien-BV der Einzel-BR bereit war.

14 BAG 11.12.01 – 1 AZR 193/01.

15 BAG, DB 99, 1458.

16 S. Fitting, Rn. 32.

17 LAG SH 24.2.20 – 1 TaBV 21/19.

18 BAG 16.11.11 – 7 ABR 28/10.

19 BAG 24.4.13 – 7 ABR 71/11.

20 LAG Düsseldorf 2.5.18 – 12 TaBVGa 3/18.

21 *https://aur-blog.eu/reformvorschlag/.*

22 S. hierzu auch Rn. 6.

wie der GBR von seiner Zuständigkeit keinen Gebrauch macht[23] (Abs. 4 des Entwurfs).

a) Personelle Einzelmaßnahmen

2 Bei **personellen Einzelmaßnahmen** scheidet eine Zuständigkeit des GBR generell aus. Bei Einstellungen, Eingruppierungen, Umgruppierungen und Versetzungen sind ausschließlich die einzelnen BR zu beteiligen. Dies gilt auch bei der Versetzung eines AN von einem Betrieb in einen anderen desselben UN,[24] und zwar auch dann, wenn der AG eine Reihe von Versetzungen in einer sog. Personalrunde zusammenfasst und deshalb mehrere BR betroffen sind,[25] oder bei der Besetzung einer Stelle bei der Leitung des UN, auch wenn deren Inhaber Kompetenzen für sämtliche Betriebe haben soll.[26] Folgerichtig bestimmt auch bei einer betriebsübergreifenden Matrixstruktur innerhalb eines UN nicht der GBR, sondern der BR mit, wenn ein AN, der bereits einem Betrieb des UN (hier: der Zentrale) angehört und dort regelmäßig tätig ist, zum Vorgesetzten von UN-angehörigen AN eines anderen Betriebs bestellt und dadurch in diesen Betrieb eingestellt wird.[27] Ebenso ist für eine Kündigung nicht der GBR, sondern der BR des Betriebs zu hören, in dem der AN beschäftigt ist.[28] In den privatisierten Nachfolge-UN der früheren DBP hat bei der Erhebung der Disziplinarklage regelmäßig der BR des Betriebs mitzuwirken, bei dem der Beamte beschäftigt ist.[29] Auch die (dauerhafte) Zuweisung eines Beamten der DT AG zu einem anderen Konzern-UN fällt nicht in die Zuständigkeit des GBR.[30] Widerspricht ein AN im Falle eines Betriebsübergangs dem Übergang seines Arbeitsverhältnisses auf einen neuen Betriebsinhaber und wird ihm daraufhin wegen fehlender Weiterbeschäftigungsmöglichkeiten gekündigt, so ist der GBR zu der Kündigung selbst dann nicht zu hören, wenn es an jedweder Zuordnung des AN zu einem anderen Betrieb des UN fehlt.[31]

b) Allgemeine personelle Angelegenheiten

3 Bei **allgemeinen personellen** Angelegenheiten wie Personalplanung (§ 92), Personalfragebogen und Beurteilungsgrundsätzen (§ 94), Auswahlricht-

---

23 BAG 11.12.01 – 1 AZR193/01.
24 BAG, NZA 91, 195.
25 BAG, AiB 93, 458.
26 ArbG Berlin, BB 83, 1920.
27 BAG 12.6.19 – 1 ABR 5/18, brwo; vergleichbar BAG 22.10.19 – 1 ABR 13/18.
28 LAG Köln, DB 84, 937.
29 BVerwG 22.6.06 – 2 C 11/05.
30 OVG NRW 7.11.12 – 1 B 849/12.
31 BAG, DB 96, 2230; LAG SH 20.6.13 – 5 Sa 400/12.

linien (§ 95) oder Angelegenheiten, die die Förderung der Berufsbildung (§ 96) oder die Einrichtung und Maßnahmen der Berufsbildung (§ 97) betreffen, kann ein tatsächliches Bedürfnis nach einer unternehmenseinheitlichen Regelung bestehen und damit die Zuständigkeit des GBR gegeben sein.[32] Die Geltendmachung einer betriebsbezogenen Ausschreibungspflicht (§ 93) fällt jedoch auch dann nicht in die Zuständigkeit des GBR oder KBR, wenn tatsächlich eine Personaleinsatzplanung auf UN-Ebene erfolgt.[33] Für die Aufstellung von Auswahlrichtlinien nach § 95 ist grundsätzlich der BR zuständig (s. § 95 Rn. 12), jedoch kann ein tatsächliches Bedürfnis für eine unternehmenseinheitliche Regelung zu bejahen sein.[34] Für die Angaben in betriebsübergreifend verwendeten Formulararbeitsverträgen ist der GBR zuständig, wenn der Arbeitgeber die Arbeitsverträge von der Zentrale aus schließt und von dort aus auch die gesamte Personalpolitik steuert.[35]

c) Soziale Angelegenheiten

Auch in **sozialen** Angelegenheiten ist regelmäßig die Zuständigkeit des BR 4
und nicht des GBR gegeben. Im Bereich der erzwingbaren MB nach § 87 Abs. 1 kann der AG (anders als im Bereich der freiwilligen MB) die Zuständigkeit des GBR nicht dadurch begründen, dass er eine betriebsübergreifende Regelung verlangt.[36]

In die **Zuständigkeit des BR** fällt beispielsweise

- das Verlangen des AG nach Vorlage von Arbeitsunfähigkeitsbescheinigungen der AN bereits dann, wenn die Arbeitsunfähigkeit nicht länger als drei Tage dauert (§ 5 Abs. 1 Satz 3 EFZG)[37] bzw. bereits ab dem ersten Krankheitstag,[38]

---

32 BAG, DB 92, 741; LAG Düsseldorf 6.3.09 – 9 TaBV 347/08, zur Einführung einer standardisierten Mitarbeiterbeurteilung; vgl. aber auch LAG RP 6.6.08 – 6 TaBV 4/08, wonach Betriebsvereinbarungen über ein jährliches Mitarbeitergespräch keine UN-einheitliche bzw. betriebsübergreifende Regelung erfordern; LAG BaWü 27.8.87 – 13/7 TaBV 7/86, das die Zuständigkeit des GBR für die Aufstellung allgemeiner Beurteilungsgrundsätze für Auszubildende verneint.

33 BAG 29.9.20 –1 ABR 17/19: keine Zuständigkeit von GBR bzw. KBR für eine Regelung hinsichtlich des Unterbleibens von Ausschreibungen im Betrieb bei einer konzernweit zentralen Personalplanung in Bezug auf Nachwuchskräfte. Vgl. auch LAG München, DB 89, 180, das einen zwingenden Grund für eine unternehmensweite Stellenausschreibung zumindest im Regelfall verneint.

34 Vgl. auch BAG, DB 83, 2311.

35 LAG Nürnberg 21.12.10 – 6 TaBVGa 12/10, brwo für ein Einzelhandelsunternehmen mit vielen Filialen.

36 BAG 14.11.06 – 1 ABR 4/06, juris; LAG Köln 21.8.13 – 11 Ta 87/13.

37 LAG Köln 21.8.13 – 11 Ta 87/13.

38 BAG 23.8.16 – 1 ABR 43/14.

- die Einführung einer Kleiderordnung; deshalb ist für den Abschluss einer GBV betreffend die Einführung einer Kleiderordnung in den einzelnen Warenhäusern eines Einzelhandels-UN ebenso wie für den Abschluss einer Vereinbarung über das Tragen von Arbeitskleidung und Namensschildern in den Verbrauchermärkten eines UN nicht der GBR zuständig,[39]
- die Ausübung des MBR bei der Herausgabe einer Arbeitsanweisung an die AN, wonach diese im Falle einer Datenpanne sowohl einen bestimmten Meldeweg zwecks Feststellung und Behebung der Verletzung des Datenschutzes nach der DSGVO einzuhalten haben als auch verpflichtet werden, sich während der Feststellung der Datenpanne kurzfristig erreichbar zu halten,[40]
- die Einführung von Kurzarbeit,[41]
- die Aufstellung eines Urlaubsplans,[42]
- die Einführung und Anwendung technischer Kontrolleinrichtungen dann, wenn damit ein betrieblicher Zweck verfolgt wird,[43] wie z. B. der Betrieb einer Videoüberwachungsanlage,[44]
- der Arbeits- und Gesundheitsschutz im Rahmen des Arbeitsschutzgesetzes und der Unfallverhütungsvorschriften; hierzu s. z. B.:
  - Zuständigkeit der betrieblichen Einigungsstelle, die Regelungen zur Gefährdungsbeurteilung und zur Unterweisung der Beschäftigten nach §§ 5, 12 ArbSchG erstellen soll,[45]
  - Zuständigkeit für die Organisation des Arbeitsschutzes i. S. von § 3 Abs. 2 ArbSchG,[46]
  - Zuständigkeit einer Einigungsstelle für den Regelungsgegenstand »Rauchverbot im Rahmen der Umsetzung der Brandschutzordnung«,[47]
  - Zuständigkeit für Regelungen zum Gesundheitsschutz im Zusammenhang mit dem Raumklima.[48]
  - Aus der deutschlandweiten Verwendung der gleichen Hard- und Software an allen Arbeitsplätzen im Konzern und der standardisier-

---

39 LAG Düsseldorf 1. 4. 09 – 4 TaBV 83/08; LAG RP 21. 10. 19 – 3 TaBV 1/19.

40 LAG SH 6. 8. 19 – 2 TaBV 9/19.

41 BAG 23. 9. 75, AP Nr. 1 zu § 50 BetrVG 1972.

42 DKW-Deinert Rn. 85 m. w. N.

43 S. hierzu DKW-Deinert Rn. 86 f. m. w. N.; Fitting, Rn. 41 m. w. N.

44 LAG Nürnberg 30. 4. 14 – 4 TaBV 7/14; BAG 26. 1. 16 – 1 ABR 68/13, bzgl. KBR, s. § 58 Fn. 28.

45 BAG, NZA 05, 227; BAG 8. 11. 11 – 1 ABR 42/10 und 64/10.

46 LAG Nürnberg 10. 9. 21 – 4 TaBV 29/19; LAG Hamburg 28. 6. 17 – 5 TaBV 4/17, juris.

47 LAG RP 20. 9. 18 – 5 TaBV 13/18.

48 BAG 17. 7. 17 – 1 ABR 59/15.

ten Ausstattung der Bildschirmarbeitsplätze ergibt sich keine Notwendigkeit einer UN- bzw. betriebsübergreifenden Regelung, weil noch Regelungsraum für den Gesundheitsschutz auf örtlicher Ebene bleibt.[49]
- Festlegung konkreter Zeitintervalle für tarifvertraglich vorgesehene Regenerationskuren.[50]
- Allein aus der Unterbringung mehrerer Betriebe und UN eines Konzerns in einem Gebäude ergibt sich nicht die Notwendigkeit einer einheitlichen Regelung in Bezug auf Arbeitsschutztatbestände.[51]
- Die Nutzung von Gebäuden und Räumlichkeiten durch AN anderer Betriebe bzw. UN ebenso wie ein für das UN geltender Bildschirm-TV stehen der MB des BR bei der Gefährdungsbeurteilung nicht entgegen.[52]
- Festsetzung von Mindestgrößen für Arbeitsräume in Abhängigkeit von der Anzahl der dort eingerichteten Callcenter-Agenten-Arbeitsplätze.[53]
- Zuständigkeit der Einigungsstelle für den Regelungsgegenstand »Gefährdungsbeurteilung nach §§ 4 ff. ArbSchG« auch dann, wenn der AG bereits gem. § 13 Abs. 2 ArbSchG einen Dritten beauftragt hat.[54]

• eine Regelung über die bargeldlose Lohnzahlung[55] ebenso wie über die Erstattung von Kontoführungsgebühren[56] oder über die Festlegung der maßgeblichen Bemessungsgrundsätze bei Leistungszulagen,[57]
• die Festsetzung der Vorgabezeiten bei einem Akkordsystem,[58]
• die Änderung eines Entlohnungsgrundsatzes, auch bei vorheriger Geltung für das ganze UN,[59]
• die Regelung der Vergütungsgrundsätze der AT-Ang., da deren Vergütung keine MB-freie freiwillige Leistung ist, sodass hier das MBR aus § 87 Abs. 1 Nr. 10 den örtlichen BR zusteht.[60]

---

49 LAG Hamburg 7.6.99 – 7 TaBV 3/98.
50 LAG Berlin 10.3.05 – 18 TaBV 2091/04.
51 LAG Köln 28.1.08 – 14 TaBV 70/07.
52 LAG MV 25.2.09 – 3 TaBV 7/08, zur grundsätzlichen Wirksamkeit einer BV infolge Spruchs einer ESt. über »Mindestanforderungen an Arbeitsstätten«.
53 LAG MV 9.3.10 – 5 TaBVGa 6/09.
54 LAG Köln 28.6.12 – 4 TaBV 17/12.
55 BAG, DB 82, 1674.
56 BAG, DB 02, 1584.
57 HessLAG 26.11.12 – 16 TaBV 201/12.
58 LAG Düsseldorf, BB 91, 2528.
59 LAG Berlin, NZA 89, 73.
60 BAG 18.5.10 – 1 ABR 96/08 und 23.3.10 – 1 ABR 82/08; a. A. für den Fall einer UN-einheitlich an die bindenden TV anknüpfenden gleichartigen Vergütungsstruktur für AT-Ang. in einer GBV zur Regelung von deren Entlohnungsgrundsätzen LAG Nds. 31.8.20 – 1 TaBV 102/19.

Ein zwingendes Erfordernis für eine betriebsübergreifende Regelung und damit die **Zuständigkeit des GBR** wurde dagegen in konkreten Einzelfällen bejaht bei

- der UN-einheitlichen Einführung eines EDV-Systems mit UN-einheitlichem Standard,[61]
- der UN-weiten Einführung und Nutzung elektronischer Personalakten für alle Mitarbeiter,[62]
- der Einführung eines zentralen computergesteuerten Informations- oder Personaldatenverarbeitungssystems,[63]
- der Einführung eines UN-weiten Computersystems zur Fehlzeitenüberwachung[64],
- der Einführung und Nutzung einer Telefonvermittlungsanlage,[65]
- der Einführung eines elektronischen Zeiterfassungssystems, das nicht nur der Erfassung der Kommens- und Gehzeiten der Mitarbeiter dient, sondern auch Zugriffsrechte für das Marktbüro, die Marktleitung, die Personalplanung, die Revision, die Abt. Personalverwaltung und den BR selbst ermöglicht, wenn für die Einführung und Anwendung technisch notwendig eine betriebsübergreifende Regelung erforderlich ist,[66]
- der UN-weiten, filialübergreifenden Einführung und näheren Ausgestaltung einer Workforce Management Software, die Personaleinsatzplanung, Personalbedarfsermittlung und Zeitmanagement umfasst mit der Folge, dass die Teilnahme von Mitgl. eines örtlichen BR an einer Schulungsveranstaltung zu diesem Workforce Management System nicht erforderlich ist,[67]
- der UN-weiten Einführung eines webbasierten Ticketsystems, über das sowohl Aufträge auf Abhilfe technischer Probleme aufgegeben als auch entsprechende Aufträge entgegengenommen werden können, weil über das Ticketsystem nachverfolgt werden kann, welcher AN welches Ticket wann bearbeitet hat; entschließt sich der AG aber entgegen früherer Planungen, das System nur in einem Betrieb einzuführen, entfällt die Zuständigkeit des GBR,[68]
- der UN-weiten Einführung eines GPS-Systems, das der UN-weiten Koordinierung der Fahrzeugflotte und der optimalen Auslastung der

---

61 BAG 8.3.22 – 1 ABR 20/21 zur UN-einheitl. Nutzung von Microsoft Office 365 mit der Möglichkeit einer zentralen Kontrolle von Verhalten und Leistung der AN; LAG Düsseldorf, NZA 88, 211.

62 LAG Düsseldorf 23.6.20 – 3 TaBV 65/19.

63 Vgl. BAG, NZA 85, 450.

64 LAG Nürnberg, NZA-RR 03, 21.

65 BAG, NZA 99, 947.

66 LAG RP 25.5.07 – 6 TaBV 7/07.

67 LAG RP 17.11.16 – 7 TaBV 24/16, 22.2.18 – 2 TaBV 38/17.

68 LAG Köln, 11.9.20 –9 TaBV 32/20.

Fahrzeuge einschl. des Fahrzeugtauschs zwischen den Standorten dienen soll.[69]

- Eine betriebsübergreifende Regelung ist technisch notwendig bei der Einführung eines UN-einheitlichen elektronischen Bezahlsystems über regional eingesetzte Bezahlterminals und das mit diesen verknüpfte, nur in der Zentrale eingesetzte System SAP 3/R, das die AN einer bundesweiten Straßenwacht für die Abrechnung beim Verkauf von Batterien nutzen.[70]
- Für die Verlängerung der Ruhezeit von Busfahrern zwischen zwei Diensten ist (ausnahmsweise) der GBR zuständig, wenn Buslinien von mehreren Betriebshöfen aus bedient werden.[71]
- Wenn eine Schicht- und Einsatzplanung betriebsübergreifend erfolgt, weil ein zwingendes Erfordernis für eine UN-einheitliche oder jedenfalls betriebsübergreifende Regelung besteht (hier: die Züge des AG verkehren nicht nur innerhalb einzelner Betriebe, sondern bundesweit), dann fehlt es an einer zu verteilenden betriebl. Arbeitszeit, sodass für die Regelung der Arbeitszeitfragen der GBR zuständig ist.[72] Für einen Schichtrahmenplan kann der GBR zuständig sein, wenn der AG in mehreren Betrieben eine Dienstleistung erbringt, deren Arbeitsabläufe technisch-organisatorisch miteinander verknüpft sind; in diesem Fall verbleibt es aber für die Regelung der Arbeitszeitfragen derjenigen Beschäftigten, deren Arbeitsaufgabe nicht überregional ist, bei der Zuständigkeit des jeweiligen Einzel-BR.[73]
- Stellt ein AG den AN des gesamten UN für notwendige auswärtige dienstliche Übernachtungen Übernachtungsmöglichkeiten in Wohnheimen, die von einem konzernangehörigen UN betrieben werden, zur Verfügung, so verlangt die Festlegung der Hygienestandards für dieses Wohnheim eine UN-weit einheitliche Regelung.[74]
- Die Zuständigkeit des GBR wurde auch bejaht bei Fragen im Zusammenhang mit Sozialeinrichtungen, deren Wirkungsbereich sich auf das UN erstreckt, etwa eine UN-einheitliche Altersversorgung,[75] UN-einheitliche Richtlinien für die Gewährung von Darlehen an AN aller Betriebe[76] oder die Ausgestaltung eines Systems erfolgsabhängiger Vergütung für

69 LAG SH 25.4.18 – 6 TaBV 13/17.
70 LAG München 11.12.12 – 9 TaBV 103/11.
71 LAG SH 9.6.15 – 1 TaBV 4b/15, NZB beim BAG unter 1 ABN 42/15.
72 HessLAG 18.7.16 – 16 TaBV 1/16.
73 BAG 19.6.12 – 1 ABR 19/11.
74 LAG Köln 7.4.16 – 12 TaBV 86/15.
75 BAG, DB 82, 50; s. auch Perreng, AiB 05, 170.
76 BAG, DB 76, 1290.

sämtliche Vertriebsbeauftragte eines UN,[77] ebenso für eine auf mehrere oder alle Betriebe des UN anwendbare Spesenregelung.[78]

- Wird in einer BV nicht festgelegt, wie sich die Höhe einer an die einzelnen AN eines Betriebs zu zahlenden Jahresprämie errechnet, sondern werden lediglich Vorgaben für die Ermittlung eines UN-weiten Gesamtbudgets vereinbart, besitzen die örtl. BR keine Regelungskompetenz, vielmehr ist der GBR zuständig.[79]
- Wird eine sog. Ethik-Richtlinie unabhängig vom Sitz der internationalen Konzernspitze in den deutschen Betrieben eingeführt, ist aufgrund der UN-einheitlichen Regelung der GBR für die Ausübung des MBR zuständig.[80]

d) Wirtschaftliche Angelegenheiten

5 In **wirtschaftlichen** Angelegenheiten sind dem GBR nach dem Gesetz ausdrücklich Zuständigkeiten im Zusammenhang mit der Errichtung und der Wahrnehmung der Aufgaben des WA (§§ 107 ff.) zugewiesen. Bei **Betriebsänderungen** (§§ 111 ff.) kommt es für die Frage der Zuständigkeit von BR oder GBR darauf an, ob nur ein oder mehrere bzw. alle Betriebe des UN betroffen sind (vgl. im Einzelnen § 111 Rn. 20).[81] Plant z. B. ein mit der Vermittlung von Versicherungsverträgen befasstes UN mit mehr als 20 AN, alle bisher in eigenständigen Kleinbetrieben organisierten Außendienstmitarbeiter zu entlassen und deren bisherige Aufgaben auf freie Handelsvertreter zu übertragen, ist dies eine in die Zuständigkeit des GBR fallende mitbestimmungspflichtige Betriebsänderung.[82] Plant der AG die Verlegung eines Betriebs und dessen Zusammenlegung mit einem anderen seiner Betriebe, ist ebenfalls der GBR für Verhandlungen über einen **Interessenausgleich** zuständig.[83] Dasselbe gilt bei einer Stilllegung wesentlicher Betriebsteile in mehreren Betrieben aus Anlass der Neuorganisation des gesamten Ausbildungswesens der UN.[84] Liegt der vom AG geplanten Betriebsänderung ein UN-einheitliches Konzept zugrunde und betrifft die geplante Maßnahme das ganze UN oder mehrere Betriebe des UN, ist gem. Abs. 1 der betriebsübergreifende Interessenausgleich mit dem GBR zu vereinbaren.[85] Nach Ansicht des BAG folgt aus der Zuständigkeit des GBR für den Ab-

77 LAG Hamm, BB 76, 1028.
78 HessLAG 4.9.97 – 5 TaBV 68/97.
79 BAG 9.11.21 – 1 AZR 206/20.
80 LAG Düsseldorf, NZA-RR 06, 81.
81 LAG Berlin, NZA-RR 99, 34.
82 BAG, NZA 99, 1168.
83 BAG, BB 96, 2093.
84 LAG Berlin, NZA-RR 99, 34.
85 BAG, NZA 99, 1168.

schluss des Interessenausgleichs auch seine Zuständigkeit für die Vereinbarung der **Namensliste** (§ 1 Abs. 5 Satz 1 KSchG), da die Namensliste Teil des Interessenausgleichs sei.[86] Dies überzeugt nicht, da die Erstellung der Namensliste nach § 1 Abs. 5 KSchG eine betriebsbezogene Sozialauswahl voraussetzt; für diese ist der GBR jedoch nicht zuständig.[87] **Aus der Zuständigkeit des GBR für den Interessenausgleich folgt nicht notwendig die Zuständigkeit für den Abschluss des Sozialplans.** Voraussetzung für eine Zuständigkeit des GBR zum Abschluss des **Sozialplans** ist vielmehr, dass die Regelung des Ausgleichs oder der Abmilderung der durch die Betriebsänderung entstehenden Nachteile zwingend UN-einheitlich oder betriebsübergreifend erfolgen muss.[88] Das ist der Fall, wenn die Durchführung des Interessenausgleichs abhängig ist von betriebsübergreifenden einheitlichen Kompensationsregelungen im Hinblick auf betriebsübergreifende Versetzungen und die Unterbreitung von Angeboten bei anderen AG sowie die Neubesetzung von Stellen durch Qualifizierung von Mitarbeitern im Wege einer UN-einheitlichen Koordination durch eine Transfergesellschaft mit einer einheitlichen Leitung.[89] Wenn der GBR zwar für den Interessenausgleich, aber nicht zweifelsfrei auch für den Sozialplan zuständig ist, wird es in der betrieblichen Praxis wegen der Erzwingbarkeit des Sozialplans häufig empfehlenswert sein, dass die BR den GBR gem. **§ 50 Abs. 2** beauftragen (hierzu Rn. 7), den Sozialplan zu verhandeln. Bei Zweifeln über den zuständigen Verhandlungspartner muss der AG die in Betracht kommenden AN-Vertretungen zur Klärung der Zuständigkeitsfrage auffordern. Weist er ohne Weiteres einen der möglichen Verhandlungspartner zurück, trägt er das Risiko, dass sein Verhandlungsversuch als unzureichend gewertet wird, wenn dieser zuständig gewesen wäre.[90] Der GBR einer Gewerkschaft ist für den Abschluss einer Vereinbarung zuständig, in der unternehmenseinheitlich alle die Arbeitsbedingungen geregelt werden sollen, die für andere UN in Mantel-TV geregelt werden können.[91]

86 BAG 19.7.12 – 2 AZR 386/11; für einen gem. § 125 Abs. 3 InsO vom Insolvenzverwalter mit dem GBR abgeschlossenen Interessenausgleich mit Namensliste BAG 7.7.11 – 6 AZR 248/10 m.w.N.; ebenso HessLAG 18.3.11 – 10 Sa 1561/10; LAG Berlin-Brandenburg 16.7.10 – 13 Sa 758/10.

87 Wie hier DKW-Trittin, Rn. 150.

88 BAG 3.5.06 – 1 ABR 15/05.

89 HessLAG 14.5.12 – 16 TaBV 197/11.

90 BAG, NZA 96, 1107.

91 BAG, AuR 92, 313.

e) Gesamtbetriebsvereinbarung, Rahmenvereinbarung, Öffnungsklausel

6 Soweit eine Zuständigkeit des GBR zu bejahen ist, beschränkt sie sich auf die **notwendigerweise** einheitlich zu regelnden Fragen. Dabei hat der GBR die Angelegenheit insgesamt mit dem AG zu regeln, auch wenn Detailfragen für mehrere Betriebe unterschiedlich ausgestaltet werden können; eine Zuständigkeitsaufspaltung ist nur gerechtfertigt, wenn es sich um unterschiedliche MB-Tatbestände handelt.[92] Eine einheitliche mitbestimmungspflichtige Angelegenheit kann jedoch nicht aufgespalten werden in Teile, die in die Zuständigkeit des GBR fallen, und solche, für welche die örtlichen BR zuständig sind; eine Beschränkung der originären Zuständigkeit des GBR auf eine **Rahmenkompetenz** ist nach Ansicht des BAG nicht mit dem Grundsatz der Zuständigkeitstrennung vereinbar.[93] Der GBR kann aber in einer von ihm getroffenen Vereinbarung ausdrücklich eine **Öffnungsklausel** für ergänzende Regelungen durch die einzelnen BR aufnehmen.[94] Eine im Rahmen seiner Zuständigkeit getroffene Vereinbarung des GBR gilt unmittelbar für alle AN **sämtlicher** Betriebe des UN. Die Frage, ob der GBR oder ein einzelner örtlicher BR zuständig ist, hat das ArbG auch im Rahmen einer Entscheidung über die Bestellung des Vors. einer Einigungsstelle nach § 98 ArbGG zu prüfen.[95]

2. Zuständigkeit kraft Beauftragung

7 **Beauftragt** ein BR den GBR mit der Mehrheit seiner Stimmen, eine Angelegenheit für ihn zu behandeln, so kann sich der GBR der Übertragung solcher Aufgaben **nicht entziehen**; die Erledigung der ihm übertragenen Angelegenheit obliegt ihm vom Zeitpunkt des Zugangs der Beauftragung an. Umgekehrt gilt dasselbe für den **Widerruf**, der **jederzeit** erfolgen kann. Der GBR hat in der ihm übertragenen Angelegenheit grundsätzlich nur für den BR zu verhandeln. Er kann keine endgültige Entscheidung treffen, wenn er hierzu vom BR nicht **ausdrücklich** ermächtigt worden ist.[96] Der BR kann deshalb differenzieren, ob er den GBR nur beauftragen will, für ihn zu verhandeln, oder ob er ihm von vornherein eine Abschlussvollmacht erteilt. Der GBR kann von einem BR auch beauftragt werden, einen Anspruch des BR für diesen **gerichtl. geltend zu machen**.[97] Die Beauftragung des GBR durch einen BR kann grundsätzlich nur für eine bestimmte Angelegenheit

92 HessLAG 17.11.15 – 4 TaBV 185/15.
93 BAG 14.11.06 – 1 ABR 4/06.
94 Vgl. auch BAG, DB 84, 2413.
95 LAG Frankfurt, NZA 85, 33.
96 ErfK-Koch, Rn. 9.
97 BAG, DB 76, 1290.

beschlossen werden; die generelle Übertragung eines ganzen Sachbereichs ist nicht möglich.[98] Überschreitet ein GBR, der nicht originär zuständig ist, wegen fehlerhafter Beauftragung seine Kompetenz, sind seine Handlungen unwirksam; sie können vom BR allerdings nachträglich genehmigt werden.[99]

§ 51 Geschäftsführung

(1) Für den Gesamtbetriebsrat gelten § 25 Abs. 1, die §§ 26, 27 Abs. 2 und 3, § 28 Abs. 1 Satz 1 und 3, Abs. 2, die §§ 30, 31, 34, 35, 36, 37 Abs. 1 bis 3 sowie die §§ 40 und 41 entsprechend. § 27 Abs. 1 gilt entsprechend mit der Maßgabe, dass der Gesamtbetriebsausschuss aus dem Vorsitzenden des Gesamtbetriebsrats, dessen Stellvertreter und bei Gesamtbetriebsräten mit
9 bis 16 Mitgliedern aus 3 weiteren Ausschussmitgliedern,
17 bis 24 Mitgliedern aus 5 weiteren Ausschussmitgliedern,
25 bis 36 Mitgliedern aus 7 weiteren Ausschussmitgliedern,
mehr als 36 Mitgliedern aus 9 weiteren Ausschussmitgliedern
besteht.

(2) Ist ein Gesamtbetriebsrat zu errichten, so hat der Betriebsrat der Hauptverwaltung des Unternehmens oder, soweit ein solcher Betriebsrat nicht besteht, der Betriebsrat des nach der Zahl der wahlberechtigten Arbeitnehmer größten Betriebs zu der Wahl des Vorsitzenden und des stellvertretenden Vorsitzenden des Gesamtbetriebsrats einzuladen. Der Vorsitzende des einladenden Betriebsrats hat die Sitzung zu leiten, bis der Gesamtbetriebsrat aus seiner Mitte einen Wahlleiter bestellt hat. § 29 Abs. 2 bis 4 gilt entsprechend.

(3) Die Beschlüsse des Gesamtbetriebsrats werden, soweit nichts anderes bestimmt ist, mit Mehrheit der Stimmen der anwesenden Mitglieder gefasst. Mitglieder des Gesamtbetriebsrats, die mittels Video- und Telefonkonferenz an der Beschlussfassung teilnehmen, gelten als anwesend. Bei Stimmengleichheit ist ein Antrag abgelehnt. Der Gesamtbetriebsrat ist nur beschlussfähig, wenn mindestens die Hälfte seiner Mitglieder an der Beschlussfassung teilnimmt und die Teilnehmenden mindestens die Hälfte aller Stimmen vertreten; Stellvertretung durch Ersatzmitglieder ist zulässig. § 33 Abs. 3 gilt entsprechend.

---

98 BAG, NZA 93, 714.

99 ArbG Rheine 16.1.89 – 1 Ca 305/88; vgl. aber auch LAG Köln 23.1.98 – 12 TaBV 59/97, wonach der BR einem gutgläubigen AG einen diesem nicht mitgeteilten Vorbehalt bei der Beauftragung des GBR nach getroffener Regelung nicht entgegenhalten kann.

(4) Auf die Beschlussfassung des Gesamtbetriebsausschusses und weitere Ausschüsse des Gesamtbetriebsrats ist § 33 Abs. 1 und 2 anzuwenden.
(5) Die Vorschriften über die Rechte und Pflichten des Betriebsrats gelten entsprechend für den Gesamtbetriebsrat, soweit dieses Gesetz keine besonderen Vorschriften enthält.

Inhaltsübersicht Rn.

1. Organisation und Geschäftsführung

1 Für die **Geschäftsführung** des GBR und dessen innere Organisation gelten weitgehend die für den BR maßgebenden Vorschriften entsprechend.[1] Die Verweisungsvorschriften in Abs. 1 sind abschließend und können nicht durch eine allgemeine Bezugnahme auf Rechte und Pflichten des BR wie in Abs. 5 erweitert werden.[2] Die weiteren Mitgl. des GBA werden vom GBR nach den Grundsätzen der Verhältniswahl gewählt, sofern mind. zwei Wahlvorschlagslisten vorliegen (s. Rn. 3). Der GBR kann mit der Mehrheit der Stimmen seiner Mitglieder dem GBA Aufgaben zur selbstständigen Erledigung übertragen; das gilt jedoch nicht für den Abschluss von BV (vgl. § 27 Rn. 7). Daher kann der GBA weder die Anrufung einer Einigungsstelle, die zum Abschluss einer GBV führen soll,[3] noch die Einleitung eines arbeitsgerichtlichen Beschlussverfahrens sowie die Beauftragung eines Rechtsanwalts beschließen; sofern aber ein solcher fehlerhafter Beschluss erfolgt, kann der Mangel im Lauf des Verfahrens durch Nachholung der Beschlussfassung des GBR geheilt worden.[4] Wenngleich § 37 Abs. 4–7 nicht in Bezug genommen sind, kann die Erforderlichkeit der Teilnahme an **Schulungs- und Bildungsveranstaltungen** nach § 37 Abs. 6 nicht allein nach der im entsendenden BR ausgeübten Tätigkeit beurteilt werden. Es muss auch die hierüber hinausgehende Tätigkeit im GBR berücksichtigt werden, ebenso die Tätigkeit eines Mitgl. des GBR im WA.[5] Die Entsendung von Mitgl. des GBR zu Schulungsveranstaltungen erfolgt aber nicht durch den GBR, sondern durch die jewei-

---

1 Zum Mustertext einer Geschäftsordnung der GBR s. DKW-F-Trittin, § 51 Arbeitshilfen Geschäftsordnung des GBR.
2 BAG 26.9.18 – 7 ABR 77/16.
3 LAG München 29.10.09 – 4 TaBV 62/09.
4 LAG Düsseldorf 5.8.15 – 4 TaBVGa 6/15.
5 ArbG Würzburg, AiB 99, 524.

ligen BR.[6] **Reiseaufwendungen** des GBR (insbes. Fahrtkosten, Unterkunft, Verpflegung – s. auch § 40 Rn. 4) sind nach § 40 Abs. 1 vom AG zu erstatten.[7] Die Kostentragungspflicht des AG besteht (nur) insoweit, als die entstehenden Kosten für die Durchführung der BR-Arbeit erforderlich sind.[8] Die für die Anmietung und Nutzung eines **Mietwagens** für die An- und Abreise zur BR-Versammlung (§ 53 Abs. 1) entstehenden Kosten sind jedenfalls dann als erforderlich anzusehen, wenn bei Bildung einer Fahrgemeinschaft im Gesamtvergleich keine höheren Kosten als bei An- und Abreise mit der Bahn entstehen.[9] Ein Mitgl. des GBR kann für voraussichtliche Aufwendungen, etwa erforderliche Reisekosten, einen angemessenen **Vorschuss** verlangen. Der Anspruch auf Vorschuss oder auch auf Sachleistungen (Fahrzeug) kann auch im Wege der einstweiligen Verfügung durchgesetzt werden.[10] Der AG hat die über die gesetzl. Gebühren hinausgehenden Honorarkosten für einen RA[11], dessen Heranziehung in einem arbeitsgerichtl. Beschlussverfahren oder in einem Einigungsstellenverfahren oder in deren Vorfeld der BR für erforderlich halten durfte, dann zu tragen, wenn der AG mit der Honorarvereinbarung einverstanden ist oder die Honorarzusage erforderlich war.[12] Ein GBR hat Anspruch auf eine **Schreibkraft** z. B. zur Protokollführung, wenn auf einer Sitzung umfangreiche Tagesordnungspunkte behandelt werden.[13] Für die **Wahl des Vors.** und des stellvertr. Vors. des GBR gelten dieselben Grundsätze wie für die Wahl des Vors. und stellvertr. Vors. des BR (vgl. § 26 Abs. 1) und für die Beschlussfassung im GBR (Abs. 3); die Wahl erfolgt also mit einfacher Stimmenmehrheit nach Stimmengewicht gem. § 47 Abs. 7 u. 8. Allerdings sind der Vors. und der stellvertr. Vors. nach Durchführung der regelmäßigen BR-Wahlen (§ 13 Abs. 1) und der anschließend notwendig werdenden **Neuentsendung** der Mitgl. des GBR **stets neu zu wählen.**[14]

Die Staffel über die **(Teil-)Freistellung** von Mitgl. des BR nach § 38 Abs. 1 **2**
gilt nicht für den GBR. Der GBR hat jedoch nach § 51 Abs. 1 Satz 1 i. V. m. § 37 Abs. 2 einen Anspruch auf Freistellung eines oder mehrerer Mitgl., wenn und soweit die Freistellung zur ordnungsgemäßen Durchführung der Aufgaben **erforderlich** ist.[15] Auch kann die zeitweilige Verhinderung eines freigestellten BR-Mitgl. infolge seiner Zugehörigkeit zum GBR den BR unter den Voraussetzungen des § 37 Abs. 2 berechtigen, eine anteilige Frei-

6 BAG 10.6.75 – 1 ABR 140/73.
7 LAG Köln 18.3.15 – 11 TaBV 44/14.
8 LAG SH 24.2.20 – 1 TaBV 21/19.
9 LAG Hamm 23.11.12 – 10 TaBV 63/12.
10 ArbG Darmstadt, AiB 88, 285.
11 S. hierzu § 40 Rn. 5.
12 BAG 14.12.16 – 7 ABR 8/15.
13 ArbG Frankfurt am Main, AiB 98, 587.
14 ArbG Stuttgart, DB 76, 1160.
15 BAG 26.9.18 – 7 ABR 77/16.

stellung eines weiteren BR-Mitgl. zu verlangen.[16] Durch TV oder BV kann ein bestimmter Freistellungsumfang für den GBR vereinbart werden. Die Auswahlentscheidung über die Freistellung erfolgt gem. Abs. 3 Sätze 1 und 2 durch Mehrheitsbeschluss. Das gilt auch dann, wenn mehr als ein Wahlvorschlag vorliegt, weil § 38 Abs. 2 nicht, auch nicht entsprechend auf den GBR anwendbar ist.[17]

3 Für die Wahl und Abberufung der weiteren Mitgl. des **GBA** gilt durch den Verweis in Abs. 1 Satz 2 auf § 27 Abs. 1 (s. auch die Kommentierung dort) die **Verhältniswahl**; dies ist nach Ansicht des BAG kein Redaktionsversehen des Gesetzgebers des BetrVerf-ReformG sondern hat den Zweck, Fraktionen im (G)BR im Verhältnis ihrer Stärke an den Ausschüssen zu beteiligen und insbesondere Minderheitsfraktionen zu schützen.[18] Wenn eine Vergrößerung des GBR dazu führt, dass sich auch die Zahl der weiteren Mitgl. des GBA erhöht, dann sind nicht nur die zusätzlichen Sitze im GBA, sondern sämtliche weiteren GBA-Mitgl. nach Abs. 1 Satz 2 nach dem Prinzip der Verhältniswahl neu zu wählen.[19] Die Frage, wie ein ausscheidendes GBA-Mitgl. zu ersetzen ist, ist im BetrVG nicht geregelt.[20] Diese Regelungslücke ist über eine entsprechende Anwendung des § 25 Abs. 2 Satz 1 zu schließen, solange auf der fraglichen Liste noch ein weiterer Kandidat vorhanden ist: Scheidet ein weiteres Ausschussmitgl. des GBA aus und war zur Bestimmung der weiteren Mitgl. eine Listenwahl durchgeführt, so rückt damit ein Mitgl. derjenigen Liste in den GBA nach, der das ausgeschiedene Mitgl. angehörte.[21] Ein Ausscheiden in diesem Sinne liegt auch vor, wenn eine bisher als weiteres Ausschussmitgl. gewählte Person zum (stellvertr.) Vors. des GBR gewählt wird und damit kraft Amtes ein Mandat im GBA wahrnimmt.[22] Weitere Ausschüsse des GBR werden durch **Mehrheitswahl** gebildet.[23] Da Abs. 1 weder auf § 27 Abs. 1 Satz 3 noch auf § 28 Abs. 1 Satz 2 verweist, kann der GBR auch Mitglieder örtlicher BR, die nicht Mitgl. im GBR sind, in seine weiteren, nicht entscheidungsbefugten Ausschüsse berufen.[24] Den weiteren Ausschüssen können Aufgaben nur dann zur selbstständigen Erledigung übertragen werden, wenn zugleich ein GBA besteht (Abs. 1 Satz 1 i.V.m. § 28 Abs. 1 Satz 3).

16 BAG, AuR 97, 252.
17 BAG 26.9.18 – 7 ABR 77/16.
18 BAG, NZA 05, 173.
19 BAG, NZA 05, 1069.
20 BAG 16.3.05 – 7 ABR 43/04, für den Fall des Ausscheidens von Mitgl. der nach § 28 Abs. 1 gebildeten Ausschüsse.
21 LAG Düsseldorf 8.5.12 – 16 TaBV 96/11.
22 Ebenda.
23 BAG, NZA 05, 173.
24 A.A. LAG BB 29.11.16 – 16 TaBV 946/16, 1098/16.

2. Konstituierung des Gesamtbetriebsrats

Abs. 2 gilt für die Einladung zur **konstituierenden** Sitzung des GBR. Diese findet nur einmal statt, da der GBR eine Dauereinrichtung ohne feste Amtszeit ist. Die Vorschrift ist entsprechend anzuwenden, wenn nach den regelmäßigen BR-Wahlen oder nach Amtsniederlegung aller GBR-Mitgl. Neuwahlen innerhalb des GBR vorzunehmen sind. Besteht ein GBR, so hat der BR der Hauptverwaltung nicht die Möglichkeit, gem. Abs. 2 zur Wahl des Vors. und stellvertr. Vors. des GBR einzuladen; eine solche Einberufungskompetenz besteht nur bei Fehlen eines Einberufungsorgans.[25] Für die Einberufung der späteren Sitzungen gelten die Vorschriften für den BR entsprechend (§ 29 Abs. 2 bis 4). Wurde zu einer GBR-Sitzung mangels Übermittlung der Tagesordnung fehlerhaft geladen, so kann dies durch die im Übrigen ordnungsgemäß geladenen Mitgl. bzw. Ersatzmitgl. des GBR geheilt werden, wenn der GBR in seiner Sitzung beschlussfähig ist und die Anwesenden einstimmig beschließen, über einen Regelungsgegenstand zu beraten und abzustimmen; dabei ist nicht erforderlich, dass an der Sitzung alle GBR-Mitgl. teilnehmen.[26] Der GBR ist nicht verpflichtet, seine Sitzungen nur am Ort der Hauptverwaltung eines UN einzuberufen; er kann Sitzungen auch in einem **anderen Betrieb des UN** abhalten.[27] Es ist nicht zu beanstanden, wenn die Sitzungen des GBR in einem Hotel stattfinden. Entsprechende **Tagungskosten** hat insoweit der AG zu tragen. Dies gilt jedenfalls dann, wenn ein geeigneter Sitzungsraum beispielsweise im am Ort befindlichen Betrieb des UN nicht vorhanden ist.[28] **Häufigkeit und Dauer** der Sitzungen bestimmt allein der GBR. Der AG hat bei einer zweitägigen Sitzung auch die anfallenden Übernachtungskosten und weitere Tagespauschalen zu tragen. Stellt der AG üblicherweise für Dienstreisen – auch für BR-Tätigkeit – Firmenfahrzeuge aus einem Pool zur Verfügung, so ist eine Nutzung solcher Fahrzeuge auch für die Anreise zur Sitzung des GBR zu gestatten.[29] Die **Teilnahme an einer GBR-Sitzung** kann u. U. auch **mittels Video- oder Telefonkonferenz** erfolgen, jedoch **nur unter den Voraussetzungen des** mit dem BRMoG 2021 neu eingeführten **§ 30 Abs. 2** (s. hierzu im Einzelnen § 30 Rn. 3). Der GBR ist befugt, sich mit ausländischen Interessenvertretungen der AN des UN direkt in Verbindung zu setzen. Der AG hat die Telefon- und Reisekosten zu tragen.[30] 4

25 ArbG Solingen 11. 6. 14 – 4 BVGa 5/14.
26 BAG 4. 11. 15 – 7 ABR 61/13.
27 BAG, DB 80, 263.
28 ArbG Darmstadt, AiB 88, 285.
29 ArbG Darmstadt a. a. O.
30 ArbG München, AiB 91, 429, für die Reise eines GBR-Vors. zur österreichischen Schwestergesellschaft; LAG Nds., DB 93, 1043, für Reisekosten nach Brüssel aus Anlass von dort geführten Verhandlungen über Fusionspläne des UN.

3. Beschlussfassung im Gesamtbetriebsrat

5 Der GBR ist beschlussfähig, wenn mind. die Hälfte seiner Mitgl. an der Beschlussfassung teilnimmt und die Teilnehmenden mind. die Hälfte des Stimmengewichts aller GBR-Mitgl. repräsentieren. Die Beschlussfassung erfolgt grundsätzlich mit der Mehrheit der Stimmen der anwesenden Mitgl. GBR-Mitgl., die mittels Video- oder Telefonkonferenz an der Beschlussfassung teilnehmen, gelten nach dem mit dem BR-ModernisierungsG neu eingefügten Abs. 3 Satz 2 als anwesend. Eine Beschlussfassung kann daher auch wirksam erfolgen, wenn einzelne oder alle Mitgl. des GBR mittels Telefon- oder Videokonferenz an ihr teilnehmen. Wahlen können in einer solchen Sitzung jedoch nicht durchgeführt werden, dies ist ausschließlich in einer Präsenzsitzung möglich.[31] Bei der Beschlussfassung kommt es **nicht** auf die **Zahl** der anwesenden Mitgl., sondern auf deren **Stimmengewicht** gemäß § 47 Abs. 7 an. Ein GBR-Mitgl. kann die ihm zustehenden Stimmen **nur einheitlich** abgeben; ein Aufteilen der Stimmen ist nicht möglich (vgl. aber die Erl. zu § 47 Abs. 9, wenn ein GBR-Mitgl. für mehrere Betriebe entsandt worden ist). Wie bei der Beschlussfassung des BR (§ 33 Abs. 1) ist auch im GBR ein Antrag bei Stimmengleichheit abgelehnt.

6 In besonderen Fällen (z. B. bei der Übertragung von Aufgaben des GBR auf den GBA zur selbstständigen Erledigung nach § 51 Abs. 1, § 27 Abs. 3 oder der Abstimmung über die Geschäftsordnung nach § 51 Abs. 1, § 36) ist für die Beschlussfassung nicht die Mehrheit der anwesenden, sondern die Mehrheit **aller Stimmen** der GBR-Mitgl. erforderlich. Im Übrigen setzt die **Beschlussfähigkeit** des GBR **nicht nur** die Anwesenheit von mindestens der Hälfte seiner Mitgl. voraus. Diese müssen vielmehr auch die Hälfte aller Stimmen auf sich vereinigen. Nimmt die GJAV an der Beschlussfassung teil, so werden die Stimmen der GJAV bei der Feststellung der Stimmenmehrheit, nicht dagegen bei der Frage der Beschlussfähigkeit, mitgerechnet.

4. Beschlussfassung des Gesamtbetriebsausschusses

7 Anders als im GBR hat bei der Beschlussfassung des GBA und weiterer Ausschüsse des GBR jedes Mitgl. **nur eine Stimme** (§ 33 Abs. 1 und 2). Ein Ausschuss ist nur dann beschlussfähig, wenn mindestens die Hälfte seiner Mitgl. an der Beschlussfassung teilnimmt.

---

31 LAG BB 24. 8. 20 – 12 TaBVGa 1015/20, zu § 129 BetrVG in der bis zum 30. 6. 21 geltenden Fassung.

5. Rechte und Pflichten des Gesamtbetriebsrats

Die Vorschrift bezieht sich nicht auf **Organisation** und **Geschäftsführung** des GBR, da diese entweder durch besondere Bestimmungen oder durch Verweisung auf die für den BR geltenden (vgl. Abs. 1) geregelt sind. Sie besagt, dass für den GBR die allgemeinen Grundsätze des Gesetzes und bei der Wahrnehmung von Beteiligungsbefugnissen im Rahmen seiner Zuständigkeit dieselben Rechte und Pflichten gelten wie für den BR. So hat er nach Maßgabe des § 80 Abs. 3 auch das Recht, **Sachverständige** hinzuzuziehen. Beim Abschluss einer GBV sind die Grundsätze von Recht und Billigkeit, insbes. der betriebsverfassungsrechtliche Gleichbehandlungsgrundsatz (s. hierzu auch § 75 Rn. 2) zu beachten.[32] 8

§ 52 Teilnahme der Gesamtschwerbehindertenvertretung

Die Gesamtschwerbehindertenvertretung (§ 180 Absatz 1 des Neunten Buches Sozialgesetzbuch) kann an allen Sitzungen des Gesamtbetriebsrats teilnehmen.

Die Vorschrift entspricht § 32 (vgl. auch die Erl. dort) zum Teilnahmerecht der SBV an BR-Sitzungen. Das Teilnahmerecht erstreckt sich auf **alle** Sitzungen des GBR und seiner Ausschüsse. Inhalt des Rechts ist Beratung, nicht Beschlussfassung. Von der Vorschrift kann weder durch TV noch durch BV abgewichen werden. 1

§ 53 Betriebsräteversammlung

(1) Mindestens einmal in jedem Kalenderjahr hat der Gesamtbetriebsrat die Vorsitzenden und die stellvertretenden Vorsitzenden der Betriebsräte sowie die weiteren Mitglieder der Betriebsausschüsse zu einer Versammlung einzuberufen. Zu dieser Versammlung kann der Betriebsrat abweichend von Satz 1 aus seiner Mitte andere Mitglieder entsenden, soweit dadurch die Gesamtzahl der sich für ihn nach Satz 1 ergebenden Teilnehmer nicht überschritten wird.

(2) In der Betriebsräteversammlung hat

1. **der Gesamtbetriebsrat einen Tätigkeitsbericht,**
2. **der Unternehmer einen Bericht über das Personal- und Sozialwesen einschließlich des Stands der Gleichstellung von Frauen und Männern im Unternehmen, der Integration der im Unternehmen beschäftigten ausländischen Arbeitnehmer, über die wirtschaftliche Lage und Entwicklung des Unternehmens sowie über Fragen des Um-**

32 LAG Düsseldorf 2.2.06 – 11 (7) Sa 687/05.

weltschutzes im Unternehmen, soweit dadurch nicht Betriebs- und Geschäftsgeheimnisse gefährdet werden,

zu erstatten.

(3) Der Gesamtbetriebsrat kann die Betriebsräteversammlung in Form von Teilversammlungen durchführen. Im Übrigen gelten § 42 Abs. 1 Satz 1 zweiter Halbsatz und Satz 2, § 43 Abs. 2 Satz 1 und 2 sowie die §§ 45 und 46 entsprechend.

1 Das Wort »mindestens« in Abs. 1 besagt, dass mehrere Versamml. möglich sind, wenn die Gesamtumstände es angezeigt erscheinen lassen, ebenso Teilversamml. (Abs. 3). Das Wort »hat« bedeutet eine Verpflichtung des GBR; die Vorschrift ist zwingend.[1] Die Teilnahme an der BR-Vers. gehört zu den gesetzlichen Aufgaben des in Abs. 1 Satz 1 genannten Personenkreises. Nach Abs. 1 Satz 2 ist es dem BR freigestellt, statt der gesetzlich vorgesehenen Teilnehmer andere seiner Mitgl. zu entsenden. Das wird praktisch vor allem dann bedeutsam, wenn die gesetzlich vorgesehenen Personen bereits in ihrer Eigenschaft als Mitglied des Gesamtbetriebsrates an der Versammlung teilnehmen. Sind also der Vors., sein Stellvertr. oder andere Mitgl. des BA gleichzeitig Mitgl. des GBR, so kann der BR an deren Stelle zusätzliche Vertr. zu BR-Versamml. entsenden. Da die dem GBR angehörenden BR-Mitgl. nicht auf die Gesamtzahl der teilnahmeberechtigten BR-Mitgl. anzurechnen sind, wird hierdurch die Möglichkeit geschaffen, zum einen den Kreis der Teilnehmer im Interesse einer möglichst großen Informationsbreite zu erweitern, zum anderen zu speziellen Tagesordnungspunkten der BR-Vers. besonders sachkundige BR-Mitgl. zu entsenden.[2] Soweit es den Bericht des UN betrifft, hat er auch über den Stand der **Gleichstellung** von Frauen und Männern, die Integration der im UN beschäftigten **ausländischen** AN sowie Fragen des **Umweltschutzes** zu berichten; im Übrigen soll der UN für eine vertiefende, der Bedeutung der Versamml. angemessene Beantwortung von Fragen der Teilnehmer zur Verfügung stehen.[3] Für die BR-Versamml. sind weitgehend die für die Durchführung von Betriebsversammlungen geltenden Vorschriften entsprechend anwendbar. Außerhalb der BR-Versamml. kann erforderlichenfalls aus aktuellem Anlass eine Zusammenkunft der BR einberufen werden, wenn von einzelnen BR Bedarf an betriebsübergreifenden Absprachen über konkrete, in mehreren Betrieben des UN anstehende MB-pflichtige Angelegenheiten gesehen wird. Zu solchen Zusammenkünften kann ggf. ein Gew.-Beauftragter hinzugezogen werden.[4]

---

1 Fitting, Rn. 4.
2 LAG Hamm 23.11.12 – 10 TaBV 63/12.
3 LAG Frankfurt, DB 89, 1473.
4 BAG 21.6.06 – 7 AZR 418/05.

Für den KBR gilt diese Vorschrift nicht, sodass eine Versammlung der GBR auf Konzernebene nicht zwingend vorgesehen ist. Möglich und auch sinnvoll ist es aber, entsprechendes auf Basis einer freiwilligen Vereinbarung mit dem AG durchzuführen. 2

Sechster Abschnitt Konzernbetriebsrat

§ 54 Errichtung des Konzernbetriebsrats

(1) Für einen Konzern (§ 18 Abs. 1 des Aktiengesetzes) kann durch Beschlüsse der einzelnen Gesamtbetriebsräte ein Konzernbetriebsrat errichtet werden. Die Errichtung erfordert die Zustimmung der Gesamtbetriebsräte der Konzernunternehmen, in denen insgesamt mehr als 50 vom Hundert der Arbeitnehmer der Konzernunternehmen beschäftigt sind.
(2) Besteht in einem Konzernunternehmen nur ein Betriebsrat, so nimmt dieser die Aufgaben eines Gesamtbetriebsrates nach den Vorschriften dieses Abschnitts wahr.

Inhaltsübersicht Rn.

1. Errichtung des Konzernbetriebsrats

1 Ein KBR wird **nur** für Konzerne i. S. des § 18 Abs. 1 AktG vorgesehen. Danach kann ein KBR nur in einem sog. Unterordnungskonzern errichtet werden.[1] Darunter sind Konzerne zu verstehen, bei denen **ein herrschendes und** ein oder mehrere **abhängige** UN unter der **einheitlichen Leitung** des herrschenden UN zu einem sog. Unterordnungskonzern zusammengefasst sind. Das Herrschaftsverhältnis kann auf einem Beherrschungsvertrag oder dem Mehrheitsbesitz am Gesellschaftskapital oder auf anderer gesellschaftsrechtlicher Grundlage, z. B. Stimmbindungsverträgen,[2] beruhen. Die Bildung eines Konzerns ist auch möglich, wenn zwei Unternehmen jeweils zu 50 % an einem anderen Unternehmen beteiligt sind (sog. Gemeinschaftsunternehmen) und deshalb ein Unternehmen allein aufgrund der von ihm gehaltenen Anteile keinen beherrschenden Einfluss ausüben kann.[3] Die

1 BAG 9. 2. 11 – 7 ABR 11/10; BAG 11. 2. 15 – 7 ABR 98/12.
2 BAG 11. 2. 15 – 7 ABR 98/12.
3 LAG BB 5. 7. 18 – 10 TaBV 1537/17.

Rechtsform des herrschenden oder der abhängigen UN ist unerheblich.[4] Ein KBR kann deshalb auch gebildet werden, wenn die einzelnen UN des Konzerns nicht in Form einer Aktiengesellschaft, sondern etwa als GmbH oder als SE oder als Personengesellschaften geführt werden. Auch bei einer natürlichen Person als Konzernspitze kann bei Vorliegen der Voraussetzungen des § 18 Abs. 1 AktG ein KBR gebildet werden, wenn sie sich auch in anderen Gesellschaften unternehmerisch betätigt.[5] Unerheblich ist bei einer natürlichen Person als Konzernspitze, dass sie ihren Wohnsitz im Ausland hat, wenn sie von einem im Inland gelegenen Büro aus ihre Leitungsmacht ausübt.[6] Ein KBR kann auch für den privatrechtlich organisierten Teil eines Konzerns mit öffentlich-rechtlich organisierter Konzernspitze (hier: Universitätsklinikum[7] bzw. Kliniken, die allesamt unter Leitung eines Landkreises als Körperschaft des öffentlichen Rechts stehen[8]) gebildet werden; § 130 steht dem nicht entgegen (s. auch § 130 Rn. 1). Bei einem Gemeinschafts-UN ist von einer Konzernzugehörigkeit zu jedem herrschenden UN auszugehen. Es ist daher kein KBR bei der gesamten UN-Gruppe zu bilden; vielmehr ist für das jeweilige Konzernverhältnis bei jedem der herrschenden UN jeweils ein KBR zu bilden.[9] Für einen Konzern kann grundsätzlich nur ein – beim herrschenden UN angesiedelter – KBR errichtet werden. Die Bildung mehrerer nebeneinander bestehender KBR ist gesetzlich ebenso wenig vorgesehen wie die Errichtung eines KBR für einen Teil des Konzerns; die gesetzliche Betriebsverfassung kennt keinen **Sparten-KBR**.[10] Ein **faktischer** Unterordnungskonzern, in dem ein KBR gebildet werden kann, ist dann anzunehmen, wenn das herrschende UN über Mittel verfügt, die es ihm ermöglichen, das abhängige UN seinem Willen zu unterwerfen und diesen bei ihm durchzusetzen. Die einheitliche Leitung kommt dabei oft dergestalt zustande, dass leit. Ang. des führenden Konzern-UN zugleich Organmitgl. der einzelnen Konzerngesellschaften sind (s. auch Rn. 5 am Ende).[11] Für einen **Gleichordnungskonzern** (§ 18 Abs. 2 AktG) kommt kein KBR in Betracht.

2 Ein KBR kann auch bei einem Tochter-UN eines **mehrstufigen**, vertikal gegliederten Konzerns gebildet werden (Unterkonzern), wenn diesem ein betriebsverfassungsrechtlich relevanter Spielraum für die bei ihm und für

---

4 BAG, NZA 89, 18; ArbG Dortmund, AiB 91, 25.

5 BAG, DB 96, 1043; NZA 05, 647.

6 HessLAG 20.5.19 – 16 TaBV 227/18.

7 BAG 27.10.10 – 7 ABR 85/09.

8 LAG Hamm 4.5.18 – 13 TaBV 76/16.

9 BAG NZA 05, 647; LAG München 27.2.09 – 9 TaBV 86/08.

10 BAG 9.2.11 – 7 ABR 11/10.

11 LAG Düsseldorf, AuR 88, 92; zu den Formen faktischer Beherrschung im Automobilbereich vgl. Däubler, CR 88, 834ff.

die von ihm abhängigen UN zu treffenden Entscheidungen verbleibt.[12] Wird ein UN von mehreren UN beherrscht, etwa wenn zwei Obergesellschaften ein Stammkapital von jeweils 50 v.H. an einem **Gemeinschafts-UN** halten, bildet das Gemeinschafts-UN mit jedem der herrschenden UN einen Konzern.[13] Das beherrschte UN kann in diesem Fall Mitgl. in beide KBR entsenden.[14] Hat ein herrschendes UN seinen Sitz im **Ausland**, kommt die Errichtung eines KBR nach der umstrittenen Rspr. des BAG[15] nur dann in Betracht, wenn im Inland eine Teilkonzernspitze (Konzernspitze eines Unterkonzerns) besteht, die über wesentliche Entscheidungsbefugnisse in personellen, sozialen und wirtschaftlichen Angelegenheiten verfügt.[16] Deshalb sind nach abzulehnender Auffassung des BAG[17] inländische »Enkel-UN« nach Wirksamwerden von Beherrschungsverträgen zwischen der bisherigen inländischen Konzernspitze (»Tochter«) und der ausländischen Konzernspitze (»Mutter«) nicht mehr dem inländischen Konzern zuzuordnen, sondern als unter der einheitlichen Leitung der ausländischen Konzernspitze zusammengefasst anzusehen mit der Folge, dass die bei dem »Enkel-UN« gebildeten GBR bzw. BR kein Entsendungsrecht in den KBR der inländischen Obergesellschaft haben. In derselben Sachverhaltskonstellation hat allerdings das OLG Düsseldorf[18] für den Bereich der UN-MB zutreffend entschieden, dass bei dem inländischen Konzernzwischen-UN ein mitbestimmter AR zu bilden ist. Übt das herrschende UN seine Leitungsmacht vom Ausland durch ein inländisches UN aus, dann bildet die inländische UN-Gruppe einen **Konzern im Konzern**, in dem die Voraussetzungen für die Errichtung eines KBR vorliegen.[19] Nur für die im Inland gelegenen UN kann ein KBR gebildet werden; im Ausland errichtete AN-Vertr. nehmen nicht an der Bildung des KBR im Inland teil.

Der DGB-Entwurf für ein modernes BetrVG[20] enthält eine umfassende Regelung für den Fall, dass sich der Sitz der Konzernspitze im Ausland befindet, um die Vertretung der Interessen der AN durch einen KBR zu gewährleisten.

---

12 BAG, DB 81, 895.

13 BAG, DB 87, 1691; NZA 05, 647.

14 ArbG Dortmund, AiB 93, 457.

15 S. ausführlich Fitting, § 54 Rn. 34ff.; zur Kritik Schmidt, NZA 20, 492; s. auch Seitz/Hansen, NZA 20, 1284.

16 BAG 14.2.07 – 7 ABR 26/09; 16.5.07 – 7 ABR 63/06, brwo; 23.5.18 – 7 ABR 60/16.

17 BAG 14.2.07 – 7 ABR 26/06.

18 OLG Düsseldorf 30.10.06 – I-26 W 14/06 AktE.

19 BAG, DB 81, 895; NZA 08, 320; zur grenzüberschreitenden AN-Vertretung vgl. auch das EBRG 28.10.96, BGBl. I S. 1584.

20 *https://aur-blog.eu/reformvorschlag/*.

3 Während die Errichtung des GBR zwingend vorgeschrieben ist (§ 47 Abs. 1), ist die Bildung eines KBR nicht obligatorisch, sondern vom Willen der GBR abhängig. Sie bedarf der **Zustimmung** der GBR der Konzern-UN, die mehr als 50 v. H. der AN des Konzerns beschäftigen. Das bedeutet, dass ein GBR eines Konzern-UN, das mindestens die genannte Zahl von AN beschäftigt, **auch gegen den Willen der GBR** der anderen Konzern-UN die Errichtung des KBR beschließen kann. Soweit es für die Errichtung eines KBR auf die Zahl der AN ankommt, zählen alle AN mit, ohne Rücksicht darauf, ob sie wahlberechtigt sind oder nicht. Dabei ist auf die Zahl aller Konzern-UN abzustellen, gleichgültig, inwieweit dort (G)BR bestehen oder nicht.[21] Maßgebend ist die Zahl der AN im Zeitpunkt der **Beschlussfassung**. Die Beschlüsse werden in Einzelsitzungen der GBR gefasst. Es genügt die einfache Stimmenmehrheit.

4 Die **Initiative** zur Errichtung des KBR kann **von jedem** GBR ergriffen werden. Der GBR, der die Errichtung des KBR anstrebt, sollte alle übrigen GBR anschreiben und sie auffordern, einen Beschluss über die Errichtung des KBR zu fassen.

5 Die **Konzernvermutung** kann **widerlegt** werden. Die Widerlegung setzt voraus, dass Tatsachen behauptet und bewiesen werden, aus denen sich ergibt, dass ein beherrschender Einfluss aus Rechtsgründen nicht ausgeübt werden kann. Nach Ansicht des LAG Bremen[22] ist dies dann der Fall, wenn ein schriftlicher Gewinnabführungs- und Entherrschungsvertrag zwischen den beteiligten UN zunächst eine Laufzeit von fünf Jahren hatte, in dieser Zeit nicht kündbar war und sich danach um ein weiteres Kalenderjahr verlängert, wenn er nicht mit einer Frist von sechs Monaten zum Jahresende gekündigt wird. Nach diesem Vertrag konnte in den ersten fünf Jahren seit Vertragsbeginn der Mehrheitsaktionär die AR-Wahl bei einer hundertprozentigen Beteiligungsgesellschaft nicht dominieren. In Fallgestaltungen, in denen enge personelle Verflechtungen zwischen dem Vorstand des herrschenden UN und dem AR des beherrschten UN bestehen, ist es nicht möglich, die Konzernvermutung zu widerlegen (s. auch Rn. 1 am Ende).[23]

6 Die für die Bildung des KBR maßgebenden Grundsätze gelten auch für dessen Auflösung. Der KBR kann also **nicht selbst** seine Auflösung beschließen. Der KBR hat – anders als der BR – keine Amtszeit. Er ist vielmehr – ebenso wie der GBR – eine Dauereinrichtung. Das Amt des KBR endet jedoch, wenn die Voraussetzungen für seine Errichtung dauerhaft entfallen. Voraussetzung für die Errichtung eines KBR ist das Bestehen eines Unterordnungskonzerns (s. Rn. 1). Besteht der Unterordnungskonzern nicht mehr, entfallen auch die Voraussetzungen für die Errichtung eines KBR für diesen Konzern. Zwar führt nicht jede Änderung der Beteiligungsverhältnisse zum

21 BAG, NZA 94, 326.

22 LAG Bremen 9. 8. 12 – 3 TaBV 19/11, bestätigt von BAG 11. 2. 15 – 7 ABR 98/12.

23 LAG Köln 2. 6. 17 – 4 TaBV 71/16.

Wegfall des Konzerns. Das Konzernverhältnis endet auch nicht, wenn ein oder mehrere Unternehmen in den Konzern eintreten oder diesen verlassen. Wird jedoch eine Mehrheitsbeteiligung zur Minderheitsbeteiligung, greift die Vermutung der Abhängigkeit vom herrschenden Unternehmen (§ 17 Abs. 2 AktG) nicht mehr.[24] Wird ein KBR zu Unrecht und unter Verkennung der gesetzl. Voraussetzungen errichtet, stehen diesem Gremium von Anfang an keine betriebsverfassungsrechtlichen Befugnisse zu (s. aber § 59 Rn. 1 zur Erstattung von RA-Kosten).[25]

2. Konzernunternehmen mit nur einem Betriebsrat

Die Bestimmung gilt sowohl für den Fall, in dem ein Konzern-UN nur 7
aus einem betriebsratsfähigen Betrieb besteht, als auch dann, wenn zwar mehrere Betriebe zu einem UN gehören, aber nur in einem Betrieb ein BR gewählt wurde (str.).

Der BR hat nach dieser Bestimmung die **Stellung eines GBR**, jedoch nur 8
im Rahmen der Vorschriften über den KBR. So hat er zum Beispiel bei der Errichtung des KBR so viele Stimmen, wie AN in dem UN, dem sein Betrieb angehört, beschäftigt sind. Soweit Aufgaben nicht den KBR betreffen, übt der BR in diesem UN dagegen nicht die Funktion des GBR aus.

§ 55 Zusammensetzung des Konzernbetriebsrats, Stimmengewicht

(1) In den Konzernbetriebsrat entsendet jeder Gesamtbetriebsrat zwei seiner Mitglieder. Die Geschlechter sollen angemessen berücksichtigt werden.

(2) Der Gesamtbetriebsrat hat für jedes Mitglied des Konzernbetriebsrats mindestens ein Ersatzmitglied zu bestellen und die Reihenfolge des Nachrückens festzulegen.

(3) Jedem Mitglied des Konzernbetriebsrats stehen die Stimmen der Mitglieder des entsendenden Gesamtbetriebsrats je zur Hälfte zu.

(4) Durch Tarifvertrag oder Betriebsvereinbarung kann die Mitgliederzahl des Konzernbetriebsrats abweichend von Absatz 1 Satz 1 geregelt werden. § 47 Abs. 5 bis 9 gilt entsprechend.

Inhaltsübersicht Rn.

24 BAG 23.8.06 – 7 ABR 51/05.
25 LAG RP 26.2.15 – 5 TaBV 19/14.

1. Zusammensetzung des Konzernbetriebsrats

1 In den KBR entsendet jeder GBR ohne Rücksicht auf seine personelle Zusammensetzung und Größe **zwei** seiner Mitgl. Ein in einem Gemeinschaftsbetrieb gewählter BR entsendet nicht für jedes konzernangehörige UN, in dem kein weiterer BR gebildet ist, zwei seiner Mitgl. in den KBR, sondern insgesamt zwei seiner Mitgl.[1] Bei einem aus nur einer Person bestehenden BR scheidet eine Entsendung von zwei Mitgl. zwangsläufig aus; in Anlehnung an § 47 Abs. 2 Satz 1 dürfte die Entsendung nur eines Mitgl. allerdings auch dann in Betracht kommen, wenn der entsendende BR selbst aus nicht mehr als **drei** Mitgl. besteht, da Sachgesichtspunkte für eine insoweit unterschiedliche Behandlung nicht erkennbar sind. Ebenso ist die möglichst angemessene Berücksichtigung der **Geschlechter**, wie bei der Entsendung der Mitgl. in den GBR nach § 47 Abs. 2 Satz 1 (siehe dort, auch zum dritten Geschlecht), auch bei der Zusammensetzung des KBR zu beachten. Werden in Betrieben der **privatisierten Post-UN** Beamte beschäftigt, muss den in den KBR zu entsendenden Mitgl. des GBR ein Vertreter der Beamten angehören, der nicht gegen die Mehrheit der Vertreter der Beamten im GBR bestimmt werden kann. Der Vertreter der Beamten im KBR hat so viele Stimmen, wie die Vertreter der Beamten im GBR insgesamt Stimmen haben (vgl. § 33 PostPersRG).

2. Ersatzmitglieder des Konzernbetriebsrats

2 Mindestens ein **Ersatzmitgl**. ist jeweils **für ein bestimmtes Mitgl**. des KBR zu bestellen. Werden für ein bestimmtes KBR-Mitgl. mehrere Ersatzmitgl. bestellt, so ist gleichzeitig die **Reihenfolge des Nachrückens** festzulegen. Die Bestellung der Ersatzmitgl. erfolgt in derselben Weise wie die der ordentlichen Mitgl. des KBR.

3. Stimmengewichtung im Konzernbetriebsrat

3 Für die **Stimmenzahl** eines Mitgl. des KBR kommt es nicht auf die Mitgl.-Zahl im GBR an. Abzustellen ist vielmehr auf die **Summe aller Stimmen**, die die Mitgl. im GBR haben (vgl. § 47 Abs. 7). In ihrer Stimmabgabe sind die Mitgl. des KBR frei und an **keine Aufträge oder Weisungen** des entsendenden GBR oder BR gebunden. Allerdings kann der entsendende GBR oder BR das seine Beschlüsse ignorierende Mitgl. jederzeit aus dem KBR **abberufen** und durch ein anderes Mitgl. ersetzen. Die Mitgl. des KBR können die auf sie entfallenden Stimmen bei der Abstimmung nicht aufteilen (siehe aber die Erl. zu § 47 Abs. 9).

---

1 BAG 1.6.22 – 7 ABR 41/20; 29.7.20 – 7 ABR 27/19.

4. Abweichende Größe des Konzernbetriebsrats durch Tarifvertrag oder Betriebsvereinbarung

Gehören dem nach Abs. 1 zu bildenden KBR mehr als 40 Mitgl. an, sind Größe und Zusammensetzung des KBR durch TV oder BV mit dem herrschenden UN zu regeln. Hinsichtlich der Änderung der Mitgl.-Zahl des KBR durch TV oder BV gelten die Erl. zu § 47 Abs. 4 bis 6 entsprechend. 4

§ 56 Ausschluss von Konzernbetriebsratsmitgliedern

Mindestens ein Viertel der wahlberechtigten Arbeitnehmer der Konzernunternehmen, der Arbeitgeber, der Konzernbetriebsrat oder eine im Konzern vertretene Gewerkschaft können beim Arbeitsgericht den Ausschluss eines Mitglieds aus dem Konzernbetriebsrat wegen grober Verletzung seiner gesetzlichen Pflichten beantragen.

Die Bestimmung hinsichtlich des **gerichtl. Ausschlusses** von Mitgl. des KBR 1
wegen grober Pflichtverletzung entspricht der für den GBR geltenden (vgl. § 48 mit Erl.). Ebenso wie für den GBR gilt auch für den KBR, dass die Vorschrift nur den Ausschluss von Mitgl. aus dem Gremium regelt, nicht aber die Auflösung des Gremiums; eine Auflösung des Gremiums sieht das Gesetz nicht vor, weil der KBR eine Dauereinrichtung beim UN ist.[1]

§ 57 Erlöschen der Mitgliedschaft

Die Mitgliedschaft im Konzernbetriebsrat endet mit dem Erlöschen der Mitgliedschaft im Gesamtbetriebsrat, durch Amtsniederlegung, durch Ausschluss aus dem Konzernbetriebsrat aufgrund einer gerichtlichen Entscheidung oder Abberufung durch den Gesamtbetriebsrat.

Für den KBR sieht das Gesetz **keine bestimmte Amtszeit** der einzelnen 1
Mitgl. vor. Ist der KBR einmal errichtet, so bleibt er auch über die Amtszeit der einzelnen BR hinaus bestehen. Er wird also **ständig** durch die GBR **ergänzt**. Lediglich die Mitgl. des KBR werden für eine bestimmte Amtszeit, die regelmäßig mit der im GBR identisch ist, in diesen entsandt. Unabhängig davon endet ihre Mitgliedschaft im KBR aus den in dieser Vorschrift genannten Gründen. Die Vorschrift lehnt sich an die auch für den GBR maßgebenden Regelungen an (vgl. § 49 mit Erl.). Scheidet ein UN nach Bildung des KBR aus dem Konzern aus, so endet dadurch auch die Mitgliedschaft der Vertr. dieses UN im KBR.

---

1 BAG 24.5.23 – 7 ABR 21/21.

§ 58 Zuständigkeit

(1) Der Konzernbetriebsrat ist zuständig für die Behandlung von Angelegenheiten, die den Konzern oder mehrere Konzernunternehmen betreffen und nicht durch die einzelnen Gesamtbetriebsräte innerhalb ihrer Unternehmen geregelt werden können; seine Zuständigkeit erstreckt sich insoweit auch auf Unternehmen, die einen Gesamtbetriebsrat nicht gebildet haben, sowie auf Betriebe der Konzernunternehmen ohne Betriebsrat. Er ist den einzelnen Gesamtbetriebsräten nicht übergeordnet.
(2) Der Gesamtbetriebsrat kann mit der Mehrheit der Stimmen seiner Mitglieder den Konzernbetriebsrat beauftragen, eine Angelegenheit für ihn zu behandeln. Der Gesamtbetriebsrat kann sich dabei die Entscheidungsbefugnis vorbehalten. § 27 Abs. 2 Satz 3 und 4 gilt entsprechend.

Inhaltsübersicht Rn.

1. Zuständigkeit kraft Gesetzes

1 Die **Zuständigkeit** des KBR ist in Anlehnung an den für den GBR maßgebenden § 50 Abs. 1 geregelt (vgl. die Erl. dort). Maßgeblich für die Zuständigkeitsverteilung zwischen KBR und GBR ist das Kriterium des Nichtregelnkönnens durch die einzelnen GBR. Das setzt voraus, dass ein zwingendes Erfordernis für eine UN-übergreifende Regelung besteht. Dieses kann sich aus objektiv zwingenden Gründen oder aus der »subjektiven Unmöglichkeit« einer Regelung auf Betriebsebene ergeben.[1] Von einer subjektiven Unmöglichkeit ist auszugehen, wenn der AG im Bereich der **freiwilligen MB** nur UN-übergreifend zu einer Maßnahme, einer Regelung oder Leistung bereit ist.[2] Kann der AG MB-frei darüber entscheiden, ob er eine Leistung überhaupt erbringt, kann er sie von einer UN-übergreifenden Regelung abhängig machen und so die Zuständigkeit des KBR für den Abschluss einer entsprechenden BV herbeiführen.[3] In Angelegenheiten der **zwingenden MB** begründen allein der Wunsch des Konzerns nach einer konzerneinheitlichen Regelung oder sein Kosten- oder Koordinierungsinteresse oder etwa

1 BAG 19.6.07 – 1 AZR 454/06.
2 LAG Sachsen-Anhalt 19.11.14 – 5 Sa 10/13: Zuständigkeit des KBR für den Abschluss einer BV über eine Jubiläumszuwendung.
3 BAG 13.12.16 – 1 AZR 148/15, zur Zuständigkeit des KBR für eine BV über finanzielle Zuwendungen anlässlich von Mitarbeiterereignissen und -jubiläen; LAG Nürnberg 6.9.22 – 1 TaBV 4/22, zur Zuständigkeit des KBR bei der Einräumung der Privatnutzung von Dienstwagen.

reine Zweckmäßigkeitsgesichtspunkte keine Zuständigkeit des KBR.[4] Auch das Vorliegen einer Matrixstruktur erfordert nicht ohne weiteres eine UN-übergreifende Regelung; maßgeblich ist vielmehr, ob nach den Umständen des Einzelfalls hinsichtlich der konkreten Angelegenheit ein zwingendes Erfordernis an einer überbetrieblichen Regelung gegeben ist (s. auch § 50 Rn. 1). Im Übrigen kann eine Zuständigkeit des KBR nur gegeben sein für eine Maßnahme, die die Konzernobergesellschaft UN-übergreifend durchführt.[5]

Beispiele für eine – teilweise – Zuständigkeit des KBR:

- Der KBR ist z. B. zuständig hinsichtlich der Errichtung und Verwaltung von Sozialeinrichtungen, deren Wirkungsbereich sich auf den Konzern erstreckt.[6]
- Bei der konzernweiten Einführung sog. Ethik-Richtlinien (»codes of conduct«)[7] steht das MBR dem KBR zu.[8] Enthält das Regelungswerk auch mitbestimmungsfreie Regelungen, begründet das MBR des KBR an einzelnen Regelungen nicht notwendig ein MBR am Gesamtwerk.[9] Lässt der AG das MBR des KBR unbeachtet, steht dem örtlichen BR gegen den AG kein Anspruch aus § 87 Abs. 1 auf Unterlassung der verbindlichen Anwendung der in sog. Grundsätzen der UN-Ethik enthaltenen Regelungen zu.[10] Etwas anderes gilt, wenn wegen einer im Ausland ansässigen Konzernspitze kein KBR errichtet werden kann: In diesem Fall ist der örtliche BR zuständig, wenn der Verhaltenskodex in Deutschland nur AN betreffen kann, die durch den BR repräsentiert werden; das gilt auch dann, wenn durch den Verhaltenskodex eine konzerneinheitliche UN-Philosophie umgesetzt werden soll.[11]
- Für die Frage, ob der AG die Anpassung von Betriebsrenten an die Kaufkraftentwicklung wegen übermäßiger wirtschaftlicher Belastung des UN ganz oder teilweise ablehnen kann, kann es wegen der wirtschaftlichen Verflechtung von Konzern-UN für die wirtschaftliche Leistungsfähigkeit auf die wirtschaftliche Lage des Konzerns ankommen.[12]

---

4 BAG 19.6.07 – 1 AZR 454/06; BAG 23.3.10 – 1 ABR 82/08; LAG SH 6.8.19 – 2 TaBV 9/19.
5 BAG 19.12.17 – 1 ABR 32/16.
6 BAG, DB 79, 2039.
7 Zum Sinn von Ethikrichtlinien im Kampf gegen Korruption s. Haag, AiB 13, 419.
8 BAG 17.5.11 – 1 ABR 121/09; LAG BB 15.5.14 – 18 TaBV 828/12.
9 BAG, AiB 08, 669 m. Anm. v. Deinert/Brummer.
10 BAG 17.5.11 – 1 ABR 121/09.
11 LAG München 4.9.14 – 2 TaBV 50/13.
12 BAG, AuR 94, 242.

- Auf konzernweit geltende Regelungen (z. B. bei Gratifikationen) kommt grundsätzlich der Gleichbehandlungsgrundsatz zur Anwendung.[13] Aber: Der Gleichbehandlungsgrundsatz gebietet keine die UN-Grenzen überschreitende konzerneinheitliche Regelung der Reduzierung des tariflichen 13. Monatseinkommens (zum arbeitsrechtlichen Gleichbehandlungsgrundsatz s. § 75 Rn. 2).[14]
- Für Abfindungsansprüche aus einem Sozialplan kann die Durchgriffshaftung gegenüber dem herrschenden UN (»Konzernmutter«) in Betracht kommen.[15]
- Für eine Regelung über den konzerninternen Austausch von Mitarbeiterdaten ist der KBR zuständig.[16] Der KBR ist auch zuständig für die MB bei der Nutzung eines Personalverwaltungssystems (hier: SAP ERP), das von der Personalverwaltung eines konzernangehörigen Tochter-UN wahrgenommen wird, dem Sammeln von Informationen und dem Auswerten bereits vorliegender Daten der AN dient, individualisierte oder individualisierbare Verhaltens-oder Leistungsdaten von AN im Konzern aufzeichnet und außerdem die Verknüpfung und Auswertung der erhobenen Daten ermöglicht; der Einsatz des Personalverwaltungssystems kann wegen der bestehenden zentralen Nutzungs- und Überwachungsmöglichkeit weder durch die in den Konzern-UN errichteten BR noch durch den BR des personalverwaltenden Betriebs geregelt werden.[17] MBR im Zusammenhang mit dem Datenabgleich der Mitarbeiter (sog. Mitarbeiterscreening) zur Korruptionsbekämpfung durch den Konzern stehen nicht dem BR, sondern dem KBR zu.[18] Unterhält ein AG eine Facebook-Seite zur einheitlichen Präsentation des Konzerns und ermöglicht er für andere Facebook-Nutzer die Veröffentlichung von sogenannten Besucher-Beiträgen (Postings), die sich nach ihrem Inhalt auf das Verhalten oder die Leistung einzelner Beschäftigter beziehen, unterliegt die Ausgestaltung dieser Funktion der Mitbestimmung des KBR.[19]
- Bei der Einführung und Ausgestaltung eines Überwachungssystems ist der KBR zuständig, wenn die geplante Videoüberwachung im Außengelände AN mehrerer konzernangehöriger UN erfasst und vor allem mehrere konzernangehörige UN Zugriff auf die Daten des Video- und Recherchesystems haben sollen.[20]

---

13 LAG Köln, AiB 00, 636.
14 BAG 19.6.07 – 1 AZR 454/06.
15 LAG Frankfurt, NZA 89, 107.
16 BAG, NZA 96, 945; s. auch Hummel/Hilbrans, AuR 05, 207.
17 BAG 25.9.12 – 1 ABR 45/11.
18 ArbG Dessau-Roßlau 17.6.09 – 1 BV 1/09.
19 BAG 13.12.16 – 1 ABR 7/15.
20 LAG Köln 31.1.20 –9 TaBV 1/19.

- Bei Betriebsänderungen obliegt die Wahrnehmung der MBR – jedenfalls bezogen auf den Interessenausgleich – dem KBR, sofern es sich um Maßnahmen handelt, die den gesamten Konzern oder mehrere UN betreffen und notwendigerweise nur (konzern-)einheitlich oder jedenfalls UN-übergreifend geregelt werden können. Sind die vom UN in Aussicht genommenen Betriebsänderungen auf die Ebene des UN beschränkt, ist damit eine Zuständigkeit des KBR zunächst nicht gegeben. Eine Zuständigkeit des KBR kommt jedoch dann in Betracht, wenn bei einer MB-pflichtigen Betriebsänderung sich die geplante Maßnahme auf mehrere UN auswirkt und deshalb einer einheitlichen Regelung bedarf. Liegt der vom AG geplanten Maßnahme ein UN-übergreifendes einheitliches Konzept zugrunde, ist der Interessenausgleich mit dem KBR zu vereinbaren.[21] Gleiches gilt, wenn von einer geplanten Betriebsänderung die Betriebe zweier Konzern-UN betroffen sind.[22] Ist ein Interessenausgleich auf der Ebene des KBR zustande gekommen oder gescheitert, steht die geplante Betriebsänderung hinsichtlich des »Ob« und des »Wie« fest; die auf betrieblicher Ebene zu bildende Einigungsstelle kann dann prüfen, ob ein Sozialplan aufzustellen ist.[23] Denn aus der Zuständigkeit des KBR für den Abschluss eines Interessenausgleichs folgt nicht ohne Weiteres eine Zuständigkeit auch für den Abschluss eines Sozialplans. Hat aber eine Betriebsänderung UN-übergreifende Versetzungen und Umsetzungen zur Folge, ist der KBR dann für den Sozialplan zuständig, wenn die für die betroffenen AN entstehenden Nachteile nur konzerneinheitlich ausgeglichen werden können. Das setzt die (im konkreten Fall verneinte) objektive und subjektive Unmöglichkeit der Verhandlung und des Abschlusses von Sozialplänen mit den jeweiligen GBR voraus.[24]

Im Rahmen seiner Zuständigkeit kann der KBR mit dem herrschenden UN BV abschließen, die auch für die abhängigen Konzern-UN und deren AN gelten. Der KBR ist auch für Betriebe zuständig, die nicht BR-fähig sind, keinen BR gewählt haben oder deren BR pflichtwidrig keinen Vertreter in den GBR entsandt hat. In UN ohne BR-fähige Einheiten ist der KBR auch für nicht BR-fähige Kleinstbetriebe (Betriebe, die die Voraussetzungen des § 1 Abs. 1 nicht erfüllen) zuständig. Durch die Zuständigkeit soll erreicht werden, dass die in BR-losen Betrieben beschäftigten AN in überbetrieblichen Angelegenheiten mit AN aus Betrieben mit einem BR gleichbehandelt werden. Dagegen ist ein GBR oder KBR nicht berechtigt, in BR-losen Betrieben die Rolle des örtlichen BR zu übernehmen und rein betriebsbezogene

21 LAG Köln 28.11.14 – 9 Sa 379/14.
22 LAG BB 16.11.18 – 6 TaBV 1496/18.
23 LAG BB 16.11.18 – 6 TaBV 1496/18.
24 ArbG Düsseldorf 25.1.13 – 11 BV 267/12.

Angelegenheiten zu regeln.[25] BV zwischen KBR und Konzern gelten auch für die AN solcher Betriebe unmittelbar und zwingend. Eine originäre Zuständigkeit des KBR schließt Regelungen auf niedrigerer Ebene nicht aus, wenn ausfüllungsbedürftige Spielräume belassen sind oder der KBR seine Zuständigkeit nicht in Anspruch nimmt.[26]

Beispiele für eine BR-Zuständigkeit:

- Ermöglicht ein TV die Kürzung tariflicher Ansprüche durch eine freiwillige BV, ohne eine vom Gesetz abweichende Zuständigkeit zu regeln, ist für den Abschluss der BV grundsätzlich der BR zuständig.
- Aus der Unterbringung mehrerer Betriebe und UN eines Konzerns in einem Gebäude ergibt sich nicht die Notwendigkeit einer einheitlichen Regelung in Bezug auf Arbeitsschutztatbestände.[27]
- Setzt eine AG (hier: Krankenhauskonzern) Kameras zur Zugangskontrolle ein und werden von den Kameras AN der AG sowie weiterer Konzern-UN erfasst, ist bei Regelungen zur Anwendung der Überwachungseinrichtungen jedenfalls dann nicht der KBR zu beteiligen, wenn die AG die Überwachungseinrichtungen nicht UN-übergreifend einsetzen will.[28]
- Eine innerbetriebliche Ausschreibung von Arbeitsplätzen (§ 93) ist auch dann keine über den örtlichen Betrieb hinausgehende Angelegenheit, wenn die Personalplanung in Bezug auf Nachwuchskräfte im Konzern zentral vorgenommen wird und die auszuschreibenden Arbeitsplätze in mehreren Konzern-UN bzw. in mehreren Betrieben einzelner Konzern-UN vorhanden sind.[29]
- Bei personellen Einzelmaßnahmen im Konzernleitungsbereich besteht auch dann keine Zuständigkeit des KBR, sondern des dort gebildeten BR, wenn ein AN eingestellt werden soll, der nach dem Inhalt seines Arbeitsvertrages im gesamten Konzernbereich eingesetzt werden kann. Entsprechendes gilt für die Versetzung eines AN von einem Konzern-UN in ein anderes.[30]
- Kündigungen von Arbeitsverhältnissen fallen auch dann nicht in die Zuständigkeit des KBR, wenn der AN keinem Betrieb zugeordnet ist.[31]
- Die Verlegung der Standorte eines Konzerns fällt auch dann nicht offensichtlich in die Zuständigkeit des KBR, wenn von der Verlegungsentscheidung mehrere Konzern-UN betroffen sind; deshalb ist der örtl. BR

25 BT-Drucks. 14/5741, S. 42 f.
26 BAG, DB 84, 2413.
27 LAG Köln 28.1.08 – 14 TaBV 70/07.
28 BAG 26.1.16 – 1 ABR 68/13.
29 BAG 29.9.20 – 1 ABR 17/19.
30 BAG, DB 81, 1833.
31 LAG SH 20.6.13 – 5 Sa 400/12.

einer Konzernobergesellschaft für den Abschluss eines Sozialplans nicht offensichtlich unzuständig.[32]

Der DGB-Entwurf für ein modernes BetrVG[33] schlägt zwei Ergänzungen vor: Zum einen soll der KBR seine Zuständigkeit auch durch eine Rahmenvereinbarung ausüben können (Abs. 3 des Entwurfs). Zum anderen sollen die GBR solange zuständig sein, wie der KBR von seiner Zuständigkeit keinen Gebrauch macht (Abs. 4 des Entwurfs). 1a

2. Zuständigkeit kraft Beauftragung

Soweit der GBR nach dieser Bestimmung **Aufgaben** auf den KBR **übertragen** kann, gelten dieselben Grundsätze wie für die Übertragung von Aufgaben durch den BR auf den GBR (vgl. § 50 Abs. 2). Mit der Beauftragung erhält der KBR lediglich die Befugnis, anstelle des originär zuständigen Betriebsverfassungsorgans tätig zu werden. Verhandlungspartner auf Seiten des GBR bzw. (im Fall des § 54 Abs. 2) des BR ist der jeweils betroffene konzernangehörige AG. Die Delegation des Mitbestimmungs- oder Mitwirkungsrechts auf einen KBR bewirkt keine Verlagerung der Zuständigkeit auf Seiten des AG; die Konzernobergesellschaft ist also nicht Verhandlungspartner.[34] In Mitbestimmungsangelegenheiten nach § 87 Abs. 1 Nr. 4 hat daher der **beauftragte** KBR mit den jeweiligen Konzern-UN zu verhandeln; die Leitung der herrschenden Konzerngesellschaft kann in solchen Fällen nicht zum Abschluss einer Konzern-BV verpflichtet werden.[35] 2

§ 59 Geschäftsführung

(1) Für den Konzernbetriebsrat gelten § 25 Abs. 1, die §§ 26, 27 Abs. 2 und 3, § 28 Abs. 1 Satz 1 und 3, Abs. 2, die §§ 30, 31, 34, 35, 36, 37 Abs. 1 bis 3 sowie die §§ 40, 41 und 51 Abs. 1 Satz 2 und Abs. 3 bis 5 entsprechend.

(2) Ist ein Konzernbetriebsrat zu errichten, so hat der Gesamtbetriebsrat des herrschenden Unternehmens oder, soweit ein solcher Gesamtbetriebsrat nicht besteht, der Gesamtbetriebsrat des nach der Zahl der wahlberechtigten Arbeitnehmer größten Konzernunternehmens zu der Wahl des Vorsitzenden und des stellvertretenden Vorsitzenden des Konzernbetriebsrats einzuladen. Der Vorsitzende des einladenden Gesamtbetriebsrats hat die Sitzung zu leiten, bis der Konzernbetriebsrat aus seiner Mitte einen Wahlleiter bestellt hat. § 29 Abs. 2 bis 4 gilt entsprechend.

---

32 LAG Köln 20.3.23 – 9 TaBV 9/23.
33 *https://aur-blog.eu/reformvorschlag/.*
34 BAG 17.3.15 – 1 ABR 49/13.
35 BAG 12.11.97 – 7 ABR 78/96.

Inhaltsübersicht Rn.

1. Organisation und Geschäftsführung

1 Für die **Geschäftsführung** des KBR gilt die für den GBR maßgebende Vorschrift des § 51 entsprechend (vgl. die Erl. dort).[1] Der KBR hat zwar keinen Anspruch auf Freistellung nach Maßgabe des auf die Belegschaftsstärke abstellenden § 38 Abs. 1. Er kann jedoch einen eigenen Anspruch auf generelle (Teil-)Freistellung eines oder mehrerer seiner Mitglieder auf § 37 Abs. 2 stützen, sofern die Freistellung für die ordnungsgemäße Durchführung der Aufgaben des KBR erforderlich ist. Der Anspruch ist gegenüber dem Vertrags-AG des KBR-Mitgl. geltend zu machen; die Interessen des Vertrags-AG und ggf. des entsendenden Gremiums sind zu berücksichtigen.[2] Notwendige Kosten der Arbeit eines KBR (§ 40) sind auch Reisekosten und Spesen, die dadurch anfallen, dass ein Mitglied des KBR im Rahmen eines von diesem gefassten Beschlusses zur Bildung eines EBR in das Ausland entsandt wird, um mit der AN-Vertr. eines dort ansässigen Konzern-UN Fragen der Vorbereitung zu besprechen.[3] Wird ein KBR unter Verkennung der Voraussetzungen des § 54 errichtet, stehen diesem Gremium zwar keine betriebsverfassungsrechtlichen Befugnisse zu. Daraus folgt jedoch nicht, dass ein derartiger KBR keine Ansprüche auf Freistellung von Kosten erwerben kann, die im Zusammenhang mit seiner Konstituierung oder anlässlich der Wahrnehmung betriebsverfassungsrechtlicher Aufgaben entstanden sind. Das ist nur dann der Fall, wenn der KBR unter offensichtlicher Verkennung des Konzernbegriffs oder unter Missachtung der sonstigen für die Errichtung eines KBR bestehenden gesetzlichen Voraussetzungen errichtet wurde.[4]

2. Konstituierung des Konzernbetriebsrats

2 Die Vorschrift über die Einladung zur **konstituierenden** Sitzung des KBR entspricht dem für den GBR geltenden § 51 Abs. 2 (vgl. die Erl. dort in Rn. 4). Die Einladung muss an alle BR und GBR als Gremien insgesamt gerichtet werden; an bestimmte einzelne Mitgl. der Gremien darf sie nur erfolgen, wenn diese bereits als Delegierte bekannt sind.[5] Einzuladen sind auch

1 Zum Mustertext einer Geschäftsordnung des KBR s. DKW-F-Trittin, § 59 Arbeitshilfen Muster einer Geschäftsordnung für den KBR.

2 BAG 23.5.18 – 7 ABR 14/17.

3 ArbG Hamburg, AuR 98, 42.

4 LAG RP 26.2.15 – 5 TaBV 19/14.

5 LAG BaWü 11.9.23 – 4 TaBV 4/23.

die Gremien, die sich **gegen** einen KBR ausgesprochen[6] oder sich an der Beschlussfassung über dessen Bildung nicht beteiligt haben. Der Einladung zur konstituierenden Sitzung eines KBR darf grundsätzlich kein Tagesordnungspunkt hinzugefügt werden, über den erst in einer »weiteren Sitzung« (§ 29 Abs. 2 Satz 1) befunden werden könnte; auch in der konstituierenden Sitzung kann die Tagesordnung nur dann um einen weiteren Punkt ergänzt werden, wenn alle – möglichen – Delegierten eingeladen wurden und die in der Sitzung Anwesenden einstimmig beschließen, über einen Regelungsgegenstand abzustimmen.[7] Die Teilnahme an einer KBR-Sitzung kann u. U. auch mittels Video- oder Telefonkonferenz erfolgen, jedoch nur unter den Voraussetzungen des mit dem BRMoG 2021 neu eingeführten § 30 Abs. 2 (s. hierzu im Einzelnen § 30 Rn. 3). Eine Beschlussfassung kann daher auch wirksam erfolgen, wenn einzelne oder alle Mitgl. des KBR mittels Telefon- oder Videokonferenz an ihr teilnehmen. Wahlen können in einer solchen Sitzung jedoch nicht durchgeführt werden, dies ist ausschließlich in einer Präsenzsitzung möglich.[8] Über Streitigkeiten wegen der Geschäftsführung entscheiden die ArbG im Beschlussverfahren (§§ 2a, 80 ff. ArbGG). Örtlich zuständig ist das ArbG, in dessen Bezirk das herrschende Konzern-UN seinen Sitz hat.

§ 59a Teilnahme der Konzernschwerbehindertenvertretung

Die Konzernschwerbehindertenvertretung (§ 180 Absatz 2 des Neunten Buches Sozialgesetzbuch) kann an allen Sitzungen des Konzernbetriebsrats beratend teilnehmen.

Die durch das BetrVerf-ReformG in das BetrVG eingefügte Vorschrift entspricht § 32 zum Teilnahmerecht der SBV an BR-Sitzungen und § 52 zum Teilnahmerecht der Gesamt-SBV an GBR-Sitzungen. Sie ermöglicht eine Vertr. der Schwerbehinderten auf der Konzernebene, sofern die Gesamt-SBV eine Konzern-SBV gewählt haben. Hinsichtlich des Inhalts des Teilnahmerechts gelten die Erl. zu § 52 entsprechend. 1

6 Fitting, Rn. 15.
7 LAG BaWü 11.9.23 – 4 TaBV 4/23.
8 LAG BB 24.8.20 – 12 TaBVGa 1015/20 zu § 129 BetrVG in der bis zum 30.6.21 geltenden Fassung, Entscheidung betreffend Wahlen zum stellv. GBR-Vorsitzenden und Nachwahlen zum GBA und WA.

Dritter Teil
Jugend- und Auszubildendenvertretung

Erster Abschnitt
Betriebliche Jugend- und Auszubildendenvertretung

§ 60 Errichtung und Aufgabe

(1) In Betrieben mit in der Regel mindestens fünf Arbeitnehmern, die das 18. Lebensjahr noch nicht vollendet haben (jugendliche Arbeitnehmer) oder die zu ihrer Berufsausbildung beschäftigt sind, werden Jugend- und Auszubildendenvertretungen gewählt.
(2) Die Jugend- und Auszubildendenvertretung nimmt nach Maßgabe der folgenden Vorschriften die besonderen Belange der in Absatz 1 genannten Arbeitnehmer wahr.

Inhaltsübersicht Rn.

1. Errichtung

1 Interessenvertretung der jugendlichen AN und der Auszubildenden ist die **JAV**. Für die Errichtung der JAV wird vorausgesetzt, dass in dem Betrieb ein BR besteht.

2 **Jugendliche AN** sind AN, die das 18. Lebensjahr noch nicht vollendet haben. Zum Kreis der jugendlichen AN zählen nach der hier vertretenen Auffassung auch unter 18jährige Leih-AN mit der Folge, dass sie zur JAV wahlberechtigt sind (§ 61) sowie bei der Größe der JAV mitzählen (§ 62). Dies folgt zum einen aus der neuen Rspr. des BAG zur Berücksichtigung von Leih-AN bei der Größe des BR,[1] wonach die in der Regel beschäftigten Leih-AN nach der am Sinn und Zweck der gesetzl. Schwellenwerte orientierten Auslegung mitzuzählen sind (s. hierzu auch § 9 Rn. 3). Zum anderen schließt § 14 Abs. 2 Satz 1 AÜG zwar die Wählbarkeit, nicht aber die Wahlberechtigung von Leih-AN bei der Wahl der betriebsverfassungsrechtlichen AN-Vertretungen im Entleiherbetrieb aus. Bislang liegt zur Frage der Berücksichtigung unter 18jähriger Leih-AN keine Rspr. vor.
Zu ihrer Berufsausbildung beschäftigte AN sind außer den Auszubildenden nach dem BBiG Anlernlinge, Umschüler sowie Teilnehmer an berufs-

1 BAG 13.3.13 – 7 ABR 69/11.

vorbereitenden Ausbildungsmaßnahmen im Betrieb, auch wenn es sich nur um kurzzeitige handelt[2] (vgl. im Übrigen auch § 5 Rn. 1), ferner Volontäre und Praktikanten, jedenfalls soweit für sie – wie im Regelfall – eine Pflicht zur Arbeit besteht (str. bei Studenten, die ein betriebliches Praktikum als Bestandteil des Studiums absolvieren müssen, und bei Schülern, die in einigen Bundesländern im Rahmen der schulischen Ausbildung ein ein- oder mehrwöchiges Betriebspraktikum abzuleisten haben, um einen Einblick in die Arbeitswelt zu gewinnen).[3] Die zu ihrer Berufsausbildung Beschäftigten durften bislang das 25. Lebensjahr noch nicht vollendet haben. Die gesellschaftlichen Realitäten haben sich jedoch derart verändert, dass Auszubildende heute häufig älter sind als 25 Jahre. Dem wurde mit dem BRMoG 2021 Rechnung getragen: Die Altersgrenze wurde gestrichen, nunmehr wird nur noch auf den Auszubildendenstatus abgestellt. Damit sind Auszubildende, die älter als 25 Jahre sind, nicht mehr von der Interessenvertretung durch die JAV ausgeschlossen.

Die Errichtung einer JAV nach dieser Vorschrift setzt voraus, dass die zu ihrer Berufsausbildung Beschäftigten AN i. S. des § 5 Abs. 1 sind. Diesbezüglich ist nach der Rspr. des BAG[4] zu unterscheiden, ob die Ausbildung in einem produzierenden Betrieb oder in einem reinen Ausbildungsbetrieb erfolgt. Die zu ihrer Berufsausbildung Beschäftigten sind dann AN i. S. dieses Gesetzes, wenn sich ihre Berufsausbildung im Rahmen des arbeitstechnischen Zwecks eines Produktions- oder Dienstleistungsbetriebs vollzieht und sie deshalb in vergleichbarer Weise wie die sonstigen AN in den Betrieb eingegliedert sind (betriebliche Berufsbildung i. S. von § 2 Abs. 1 Nr. 1 BBiG). Einrichtungen der betrieblichen Berufsbildung sind auch **überbetriebliche Ausbildungsstätten** (z. B. Lehrwerkstätten, Ausbildungszentren), sodass die dort zu ihrer Berufsausbildung Beschäftigten ebenfalls AN i. S. dieses Gesetzes sind. Findet die praktische Ausbildung dagegen **außerbetrieblich** in einem reinen Ausbildungsbetrieb statt, also in einem Betrieb, dessen arbeitstechnischer Zweck in der Berufsausbildung besteht (sonstige Berufsbildungseinrichtung nach § 2 Abs. 1 Nr. 3 BBiG), so gehören die Auszubildenden nicht zur Belegschaft des Ausbildungsbetriebs und haben deshalb dort auch kein Wahlrecht zur Wahl einer betrieblichen Interessenvertretung.[5] Das gilt auch dann, wenn sie gelegentlich zusammen mit anderen Mitarbeitern praktische Arbeiten vornehmen (vgl. auch § 5 Rn. 5).[6] Auszubildendenvertretungen, die in örtlichen, unterhalb der Ebene des Betriebs angesiedelten Berufsbildungsstellen auf tarifvertraglicher Grundlage 3

2 BAG, AuR 82, 133; DB 82, 606.
3 Vgl. hierzu Engels/Natter, BB 88, 1453, 1455.
4 BAG, AuR 94, 331; NZA 97, 273.
5 BAG, NZA-RR 08, 19.
6 BAG, AiB 97, 595.

gebildet werden, sind keine JAV nach diesem Gesetz. Auszubildende, die in einem Betrieb, dessen Zweck die Durchführung der Berufsausbildung für andere Betriebe ist, zusammengefasst sind, sind keine AN i. S. v. § 5 BetrVG; bei den auf tariflicher Grundlage geschaffenen Auszubildendenvertretungen in solchen Betrieben handelt es sich weder um AN-Vertretungen i. S. v. § 3 Abs. 1 Nr. 3,[7] noch sind die Auszubildenden wahlberechtigt zum BR des reinen Ausbildungsbetriebs.[8] Vollzieht sich aber die praktische Ausbildung für einen nicht unbeträchtlichen Zeitraum in einem operativ tätigen Betrieb des AG oder eines anderen Konzern-UN, sind die Auszubildenden in diesen Betrieb eingegliedert und damit dort wahlberechtigt.[9] Für die Auszubildenden in außerbetrieblichen Ausbildungsstätten ermöglicht § 51 BBiG die Wahl einer besonderen Interessenvertretung. Auszubildende, die mit einem AG ein Ausbildungsverhältnis abgeschlossen haben, tatsächlich aber **im Betrieb eines anderen AG** ausgebildet werden, sind dort allerdings wahlberechtigt und wählbar.[10] Die Errichtung einer JAV setzt also nicht voraus, dass zwischen den wahlberechtigten AN und dem AG des Betriebs **unmittelbar** ein Ausbildungsvertrag besteht. Wird die betriebliche Berufsausbildung abschnittsweise jeweils in verschiedenen Betrieben des Ausbildungs-UN oder eines mit ihm verbundenen UN durchgeführt, jedoch von einem der Betriebe des Ausbildungs-UN derart zentral mit bindender Wirkung auch für die anderen Betriebe geleitet, dass die wesentlichen der Beteiligung des BR unterliegenden, die Ausbildungsverhältnisse berührenden Entscheidungen dort getroffen werden, so gehört der Auszubildende während der gesamten Ausbildungszeit dem die Ausbildung leitenden Stammbetrieb an und ist dort wahlberechtigt zum BR und zur JAV.[11] Dagegen begründet die vorübergehende Beschäftigung der Auszubildenden in den anderen Betrieben auch dann keine Wahlberechtigung zu deren AN-Vertretungen, wenn die Ausbildungsabschnitte bis zu 52 Wochen dauern.[12]

2. Aufgaben

4 Die JAV hat ihre Aufgaben (vgl. § 70) in enger **Zusammenarbeit** mit dem **BR** zu erfüllen. Sie vertritt diese Interessen somit nicht unabhängig vom BR und direkt gegenüber dem AG, sondern gemeinsam mit dem BR. Die JAV kann deshalb **allein** auch **keine** gegenüber dem AG wirksamen Beschlüsse fassen.[13]

---

7 BAG 13.8.08 – 7 AZR 450/07.
8 BAG 16.11.11 – 7 ABR 48/10.
9 Ebenda.
10 LAG Hamm, DB 88, 2058; ArbG Bielefeld, DB 89, 1580.
11 BAG 13.3.91 – 7 ABR 89/89; ArbG Köln 27.4.15 – 15 BV 315/14.
12 BAG 13.3.91 – 7 ABR 89/89.
13 BAG, DB 74, 683; 77, 914.

§ 61 Wahlberechtigung und Wählbarkeit

(1) Wahlberechtigt sind alle in § 60 Abs. 1 genannten Arbeitnehmer des Betriebs.
(2) Wählbar sind alle Arbeitnehmer des Betriebs, die das 25. Lebensjahr noch nicht vollendet haben oder die zu ihrer Berufsausbildung beschäftigt sind; § 8 Abs. 1 Satz 3 findet Anwendung. Mitglieder des Betriebsrats können nicht zu Jugend- und Auszubildendenvertretern gewählt werden.

Wahlberechtigt sind alle in § 60 Abs. 1 genannten jugendlichen AN und die zu ihrer Berufsausbildung Beschäftigten (s. die Erläuterungen dort in Rn. 2 und 3; zur Wahlberechtigung jugendlicher Leih-AN s. § 60 Rn. 2). Erstreckt sich die Wahl über mehrere Tage, ist bei jugendlichen AN das Alter am letzten Wahltag maßgebend. Durch die mit dem BRMoG 2021 erfolgte Streichung der Altersgrenze von 25 Jahren bei Auszubildenden sind nunmehr alle Auszubildenden unabhängig von ihrem Alter passiv wahlberechtigt. Ein **Mindestalter** für die Ausübung des aktiven Wahlrechts wird **nicht** vorausgesetzt. **Wählbar** sind alle AN, die das 25. Lebensjahr noch nicht vollendet haben oder die zu ihrer Berufsausbildung beschäftigt werden. Eine untere Lebensaltersgrenze gibt es auch hier nicht. Ferner ist für die Wählbarkeit **keine Mindestdauer der Betriebszugehörigkeit** vorgeschrieben. AN können auch dann wahlberechtigt für JAV-Wahlen sein, wenn sie nicht in einem Vertragsverhältnis zum Betriebsinhaber stehen, aber wie die anderen AN so auf Dauer in den Betrieb eingegliedert sind, dass sie von diesen nur noch das Fehlen vertraglicher Beziehungen zum Betriebsinhaber unterscheidet.[1] 1

Mitgl. einer JAV können in den BR gewählt werden, aber nicht umgekehrt. 2
Mit der Annahme der Wahl zum BR-Mitgl. erlischt das Amt als JAV-Mitgl. Damit soll eine **Doppelmitgliedschaft** in beiden Organen vermieden werden. Rückt ein Mitgl. der JAV, das zugleich Ersatzmitgl. des BR ist, auf Dauer in den BR nach, endet **automatisch** die Mitgliedschaft in der JAV.[2] Wird ein JAV-Mitgl. im Laufe der Amtszeit 25 Jahre alt oder endet das Berufsausbildungsverhältnis, bleibt es bis zum Ende der Amtszeit Mitgl. der JAV (§ 64 Abs. 3).

1 LAG Frankfurt, BB 85, 2173.
2 Nach BAG, DB 80, 454 soll dies auch bei nur vorübergehendem Nachrücken für ein zeitweilig verhindertes BR-Mitgl. gelten.

§ 62 Zahl der Jugend- und Auszubildendenvertreter, Zusammensetzung der Jugend- und Auszubildendenvertretung

(1) Die Jugend- und Auszubildendenvertretung besteht in Betrieben mit in der Regel

5 bis 20 der in § 60 Abs. 1 genannten Arbeitnehmer aus einer Person,
21 bis 50 der in § 60 Abs. 1 genannten Arbeitnehmer aus 3 Mitgliedern,
51 bis 150 der in § 60 Abs. 1 genannten Arbeitnehmer aus 5 Mitgliedern,
151 bis 300 der in § 60 Abs. 1 genannten Arbeitnehmer aus 7 Mitgliedern,
301 bis 500 der in § 60 Abs. 1 genannten Arbeitnehmer aus 9 Mitgliedern,
501 bis 700 der in § 60 Abs. 1 genannten Arbeitnehmer aus 11 Mitgliedern,
701 bis 1000 der in § 60 Abs. 1 genannten Arbeitnehmer aus 13 Mitgliedern,
mehr als 1000 der in § 60 Abs. 1 genannten Arbeitnehmer aus 15 Mitgliedern.

(2) Die Jugend- und Auszubildendenvertretung soll sich möglichst aus Vertretern der verschiedenen Beschäftigungsarten und Ausbildungsberufe der im Betrieb tätigen in § 60 Abs. 1 genannten Arbeitnehmer zusammensetzen.

(3) Das Geschlecht, das unter den in § 60 Abs. 1 genannten Arbeitnehmern in der Minderheit ist, muss mindestens entsprechend seinem zahlenmäßigen Verhältnis in der Jugend- und Auszubildendenvertretung vertreten sein, wenn diese aus mindestens drei Mitgliedern besteht.

Inhaltsübersicht Rn.

1. Größe der Jugend- und Auszubildendenvertretung

1 Maßgebend für die Größe der JAV ist die Zahl der **am Tage des Erlasses des Wahlausschreibens** »in der Regel« im Betrieb beschäftigten in § 60 Abs. 1 genannten AN (s. die Erläuterungen dort in Rn. 2 und 3; zur Berücksichtigung jugendlicher Leih-AN beim gesetzl. Schwellenwert s. § 60 Rn. 2). In Grenzfällen hat der WV nach pflichtgemäßem Ermessen zu entscheiden. Ein **späteres Ansteigen oder Sinken** der Zahl der in § 60 Abs. 1 genannten AN ist ohne Bedeutung. Sinkt die Zahl allerdings **nicht nur vorübergehend** unter fünf, so entfallen die Voraussetzungen für die Bildung einer JAV (§ 60 Abs. 1); eine bestehende JAV verliert ihr Amt. Auch bei einer außerordentlichen vorzeitigen Wahl ist die Mitgliederzahl einer JAV nach der Zahl der bei Erlass des Wahlausschreibens zu dieser Wahl im Betrieb beschäftigten jugendlichen AN zu bestimmen.[1]

1 BAG, NZA 85, 715.

2. Zusammensetzung der Jugend- und Auszubildendenvertretung

Wie auch der BR, so **soll** sich die JAV möglichst aus Vertr. der **verschiedenen Beschäftigungsarten** sowie der **Ausbildungsberufe** der im Betrieb tätigen in § 60 Abs. 1 genannten AN zusammensetzen. Die Geschlechter **müssen** entsprechend ihrem zahlenmäßigen Verhältnis vertreten sein. Die Vorschrift ist wortgleich mit der für den BR geltenden Regelung des § 15 Abs. 2 (vgl. deshalb die Erl. dort; siehe im Übrigen auch § 126). 2

§ 63 Wahlvorschriften

(1) Die Jugend- und Auszubildendenvertretung wird in geheimer und unmittelbarer Wahl gewählt.
(2) Spätestens acht Wochen vor Ablauf der Amtszeit der Jugend- und Auszubildendenvertretung bestellt der Betriebsrat den Wahlvorstand und seinen Vorsitzenden. Für die Wahl der Jugend- und Auszubildendenvertreter gelten § 14 Abs. 2 bis 5, § 16 Abs. 1 Satz 4 bis 6, § 18 Abs. 1 Satz 1 und Abs. 3 sowie die §§ 19 und 20 entsprechend.
(3) Bestellt der Betriebsrat den Wahlvorstand nicht oder nicht spätestens sechs Wochen vor Ablauf der Amtszeit der Jugend- und Auszubildendenvertretung oder kommt der Wahlvorstand seiner Verpflichtung nach § 18 Abs. 1 Satz 1 nicht nach, so gelten § 16 Abs. 2 Satz 1 und 2, Abs. 3 Satz 1 und § 18 Abs. 1 Satz 2 entsprechend; der Antrag beim Arbeitsgericht kann auch von jugendlichen Arbeitnehmern gestellt werden.
(4) In Betrieben mit in der Regel fünf bis 100 der in § 60 Abs. 1 genannten Arbeitnehmer gilt auch § 14a entsprechend. Die Frist zur Bestellung des Wahlvorstands wird im Fall des Absatzes 2 Satz 1 auf vier Wochen und im Fall des Absatzes 3 Satz 1 auf drei Wochen verkürzt.
(5) In Betrieben mit in der Regel 101 bis 200 der in § 60 Abs. 1 genannten Arbeitnehmer gilt § 14a Abs. 5 entsprechend.

Die **Wahlvorschriften** sind weitgehend an die für die Wahl des BR geltenden angepasst worden; das gilt auch für das vereinfachte Wahlverfahren nach § 14a, das durch das BRMoG 2021 nochmals ausgeweitet wurde (siehe die Erl. dort) sowie für die Möglichkeit des GBR bzw. KBR, im Falle des Untätigbleibens des BR den WV zu bestellen. Wurden die BR in einem UN nach Sparten gewählt, muss dies nach Ansicht des ArbG Köln[1] nicht gleichfalls bei den JAV-Wahlen geschehen. Begründet wird dies damit, dass es an einer zwingenden gesetzlichen Regelung, nach der die JAV-Struktur der BR-Struktur folgen müsse, fehlt. Es sei vielmehr eine Interessenabwägung durchzuführen, bei der die Effizienz der Interessenvertretung für die Aus- 1

1 ArbG Köln 27.4.15 – 15 BV 315/14.

zubildenden durch die JAV im Vordergrund steht. Diese Ansicht ist abzulehnen, weil § 60 Abs. 1 für die JAV-Wahl auf den Betrieb Bezug nimmt und die nach Sparten gewählten BR gemäß § 3 Abs. 5 als Betriebe i. S. dieses Gesetzes gelten.

2 Regelwahl für die Bildung der JAV ist die **Verhältniswahl**. Lediglich dann, wenn nur **ein** Wahlvorschlag eingereicht wird oder nur **ein** JAV zu wählen ist, findet die Wahl nach den Grundsätzen der **Mehrheitswahl** statt.

3 Wie bei der Wahl des BR ist auch für die Wahl der JAV den Gew. ein eigenständiges Recht zur Einreichung von Wahlvorschlägen eingeräumt worden (vgl. Erl. zu § 14 Rn. 5). Ferner können wie bei der BR-Wahl dem Betrieb angehörende Gew.-Vertr. in den WV entsandt werden. In Betrieben mit weiblichen und männlichen Wahlberechtigten **sollen** dem WV Frauen und Männer angehören (§ 16 Abs. 1 Satz 5). Die Regelung über die öffentliche Feststellung des Wahlergebnisses (§ 18 Abs. 3) ist auch bei der Wahl der JAV zu beachten.

4 Durch Verweis auf § 16 Abs. 1 Sätze 4 bis 6 wird die Wahl von Ersatzmitgl. für den WV zur Wahl der JAV zugelassen.

5 Werden irrtümlich **mehr Mitgl**. zur JAV gewählt, als nach dem Gesetz zu wählen sind, und wird die Wahl nicht angefochten, verbleibt es für die Wahlperiode bei der vom WV festgelegten Zahl.[2] Für den **Schutz** und die **Kosten der Wahl** gelten die für den BR maßgebenden Bestimmungen entsprechend. Eine einstweilen – und sei es auch auf gerichtl. Anordnung hin – abgesetzte Wahl zur JAV kann nicht später fortgeführt werden; die Wahl muss vielmehr neu ausgeschrieben werden.[3] Im Verfahren über die Anfechtung der Wahl einer JAV ist der BR Beteiligter.[4]

§ 64 Zeitpunkt der Wahlen und Amtszeit

(1) Die regelmäßigen Wahlen der Jugend- und Auszubildendenvertretung finden alle zwei Jahre in der Zeit vom 1. Oktober bis zum 30. November statt. Für die Wahl der Jugend- und Auszubildendenvertretung außerhalb dieser Zeit gilt § 13 Abs. 2 Nr. 2 bis 6 und Abs. 3 entsprechend.

(2) Die regelmäßige Amtszeit der Jugend- und Auszubildendenvertretung beträgt zwei Jahre. Die Amtszeit beginnt mit der Bekanntgabe des Wahlergebnisses oder, wenn zu diesem Zeitpunkt noch eine Jugend- und Auszubildendenvertretung besteht, mit Ablauf von deren Amtszeit. Die Amtszeit endet spätestens am 30. November des Jahres, in dem nach Absatz 1 Satz 1 die regelmäßigen Wahlen stattfinden. In dem Fall des § 13

2 BAG, DB 72, 686.
3 LAG Hamm, DB 74, 1241.
4 BAG, DB 86, 2552.

Abs. 3 Satz 2 endet die Amtszeit spätestens am 30. November des Jahres, in dem die Jugend- und Auszubildendenvertretung neu zu wählen ist. In dem Fall des § 13 Abs. 2 Nr. 2 endet die Amtszeit mit der Bekanntgabe des Wahlergebnisses der neu gewählten Jugend- und Auszubildendenvertretung.
(3) Ein Mitglied der Jugend- und Auszubildendenvertretung, das im Laufe der Amtszeit das 25. Lebensjahr vollendet oder sein Berufsausbildungsverhältnis beendet, bleibt bis zum Ende der Amtszeit Mitglied der Jugend- und Auszubildendenvertretung.

Inhaltsübersicht Rn.

1. Regelmäßige Wahlen

1 Die **Wahl** der JAV wird **alle zwei Jahre** durchgeführt. Als **einheitlicher Wahlzeitraum** ist die Zeit vom **1. Oktober bis 30. November** festgelegt worden. Außerhalb des einheitlichen Wahlzeitraumes findet die Wahl einer JAV dann statt, wenn für sie einer der Tatbestände des § 13 Abs. 2 Nr. 2 bis 6 gegeben ist. Die Regelung des § 13 Abs. 2 Nr. 1 (Steigen oder Sinken der Zahl der beschäftigten AN) findet auf die JAV keine Anwendung. Durch den Hinweis auf § 13 Abs. 3 wird sichergestellt, dass auch in den Fällen, in denen die Wahl der JAV außerhalb des einheitlichen Wahlzeitraumes durchgeführt wird, die nächste Wahl wieder in den gesetzlich vorgeschriebenen einheitlichen Wahlzeitraum fällt.

2. Amtszeit

2 Im Hinblick auf den **Beginn und** das **Ende der regelmäßigen zweijährigen Amtszeit** der JAV gelten die für die vierjährige Amtszeit des BR maßgebenden Grundsätze (vgl. die Erl. zu § 21) entsprechend mit dem Unterschied, dass in den Fällen, in denen das Ende der Amtszeit mit dem Ende des einheitlichen Wahlzeitraums zusammenfällt, nicht auf den 31. Mai, sondern auf den 30. November abzustellen ist.

3. Vollendung des 25. Lebensjahres

3 Es wird klargestellt, dass ein Mitgl. der JAV, das während der Amtszeit durch Überschreiten der Altersgrenze oder Beendigung des Berufsausbildungsverhältnisses die Voraussetzungen für die Wählbarkeit verliert, im Interesse einer kontinuierlichen Weiterführung des Amtes **nicht vorzeitig** aus der

JAV ausscheiden **muss**. Das Mitgl. der JAV darf allerdings das 25. Lebensjahr nicht bereits vor Beginn der Amtszeit vollendet haben. Zum Beginn der Amtszeit vgl. Abs. 2.

§ 65 Geschäftsführung

(1) Für die Jugend- und Auszubildendenvertretung gelten § 23 Abs. 1, die §§ 24, 25, 26, 28 Abs. 1 Satz 1 und 2, die §§ 30, 31, 33 Abs. 1 und 2 sowie die §§ 34, 36, 37, 40 und 41 entsprechend.

(2) Die Jugend- und Auszubildendenvertretung kann nach Verständigung des Betriebsrats Sitzungen abhalten; § 29 gilt entsprechend. An diesen Sitzungen kann der Betriebsratsvorsitzende oder ein beauftragtes Betriebsratsmitglied teilnehmen.

Inhaltsübersicht Rn.

1. Organisation und Geschäftsführung

1 Eine Reihe der für die **Organisation** und die **Geschäftsführung** des BR maßgebenden Bestimmungen gilt entsprechend für die JAV. Dies gilt beispielsweise für die Möglichkeit, die JAV aufzulösen oder einzelne Mitgl. aus ihr auszuschließen (§ 23 Abs. 1), für die Beendigung der Mitgliedschaft in der JAV (§ 24 Abs. 1) oder die **Wahl des Vors**. und seines Stellvertr. (§ 26) sowie für die Bildung von Ausschüssen (§ 28). Ist die Wahl zur JAV nach den Grundsätzen der **Verhältniswahl** durchgeführt worden, rückt bei Ausscheiden eines Mitgl. der JAV der nicht gewählte Bewerber aus der Liste nach, der das ausgeschiedene oder verhinderte Mitgl. angehörte. Bei **Mehrheitswahl** rückt das Ersatzmitgl. nach, das unter den nicht gewählten Bewerbern die höchste Stimmenzahl erreicht hat. Hat das Ersatzmitgl. nach der Wahl, aber vor Amtsbeginn das 25. Lebensjahr vollendet, so rückt es nicht nach; ggf. sind Neuwahlen anzusetzen.[1] Die JAV kann sich eine Geschäftsordnung geben.[2] Die Mitgl. der JAV haben auch Anspruch auf Arbeitsbefreiung, soweit dies für ihre Aufgabenerfüllung erforderlich ist (§ 37); für notwendige Tätigkeit außerhalb ihrer Arbeitszeit besteht Anspruch auf Freizeitausgleich oder Entgeltzahlung. Ebenso haben sie Anspruch auf Arbeitsbefreiung für die Teilnahme an **Schulungs- und Bildungsveranstaltungen** (§ 37 Abs. 6 und 7 – Kommentierung im Einzelnen bei § 37 Rn. 29–46). Über die zeitli-

---

1 LAG Düsseldorf, BB 93, 141.

2 Mustertext s. DKW-F-Trittin, § 65 Arbeitshilfen Muster einer Geschäftsordnung für die JAV.

che Lage einer Schulungsveranstaltung und die an ihr teilnehmenden Personen entscheidet jedoch der BR und nicht die JAV, weil diese keine unmittelbar gegenüber dem AG wirksamen Beschlüsse fassen kann.[3] Soll ein Mitgl. der GJAV an einer Schulung teilnehmen, entscheidet ebenfalls der BR unter Hinzuziehung der JAV des Betriebs, dem das zu schulende Mitgl. angehört.[4] Die **Kosten der JAV** trägt der AG (§ 40). Zu beachten ist, dass die JAV nicht berechtigt ist, eigenständig durch Beschlussfassung Kosten für den AG auszulösen; insoweit bedarf es der **Beschlussfassung und Geltendmachung durch den BR.**[5] Wenn der BR dabei auf einen Beschluss der JAV Bezug nimmt und diesen »bestätigt«, ist dies unschädlich, wenn der BR ersichtlich eine eigene Entscheidung treffen wollte.[6] Die JAV hat Anspruch auf die Nutzung eines eigenen, vom BR unabhängigen Büroraums im Betriebsgebäude, der den Anforderungen der ArbStättVO entspricht.[7] Vgl. im Übrigen die entsprechenden Erl. zu den in dieser Vorschrift angeführten Bestimmungen.

2. Sitzungen der Jugend- und Auszubildendenvertretung

Für die **Einberufung der Sitzungen** der JAV, die diese nach vorheriger Information des BR abhalten kann, gelten die für den BR maßgebenden Regelungen (§ 29) entsprechend. Die Teilnahme an einer JAV-Sitzung kann u. U. auch mittels **Video- oder Telefonkonferenz** erfolgen, jedoch nur unter den Voraussetzungen des mit dem BRMoG 2021 neu eingeführten § 30 Abs. 2 (s. hierzu im Einzelnen § 30 Rn. 3). Soweit der BR-Vors. oder ein Beauftragter des BR an den Sitzungen der JAV teilnimmt, steht ihm kein Stimmrecht zu. 2

§ 66 Aussetzung von Beschlüssen des Betriebsrats

(1) Erachtet die Mehrheit der Jugend- und Auszubildendenvertreter einen Beschluss des Betriebsrats als eine erhebliche Beeinträchtigung wichtiger Interessen der in § 60 Abs. 1 genannten Arbeitnehmer, so ist auf ihren Antrag der Beschluss auf die Dauer von einer Woche auszusetzen, damit in dieser Frist eine Verständigung, gegebenenfalls mit Hilfe der im Betrieb vertretenen Gewerkschaften, versucht werden kann.

---

3 BAG, AuR 74, 215; DB 75, 2092.
4 BAG, DB 75, 2092.
5 LAG Hamm 16.1.09 – 10 TaBV 37/08.
6 LAG Nds. 31.1.19 – 10 TaBVGa 6/19.
7 LAG SH 31.5.17 – 1 TaBV 48/16.

(2) Wird der erste Beschluss bestätigt, so kann der Antrag auf Aussetzung nicht wiederholt werden; dies gilt auch, wenn der erste Beschluss nur unerheblich geändert wird.

1 Die Bestimmung entspricht § 35 (vgl. die Erl. dort).

§ 67 Teilnahme an Betriebsratssitzungen

(1) Die Jugend- und Auszubildendenvertretung kann zu allen Betriebsratssitzungen einen Vertreter entsenden. Werden Angelegenheiten behandelt, die besonders die in § 60 Abs. 1 genannten Arbeitnehmer betreffen, so hat zu diesen Tagesordnungspunkten die gesamte Jugend- und Auszubildendenvertretung ein Teilnahmerecht.
(2) Die Jugend- und Auszubildendenvertreter haben Stimmrecht, soweit die zu fassenden Beschlüsse des Betriebsrats überwiegend die in § 60 Abs. 1 genannten Arbeitnehmer betreffen.
(3) Die Jugend- und Auszubildendenvertretung kann beim Betriebsrat beantragen, Angelegenheiten, die besonders die in § 60 Abs. 1 genannten Arbeitnehmer betreffen und über die sie beraten hat, auf die nächste Tagesordnung zu setzen. Der Betriebsrat soll Angelegenheiten, die besonders die in § 60 Abs. 1 genannten Arbeitnehmer betreffen, der Jugend- und Auszubildendenvertretung zur Beratung zuleiten.

Inhaltsübersicht Rn.

1. Teilnahmerecht an Betriebsratssitzungen

1 Es obliegt der JAV, welches ihrer Mitgl. sie zu der BR-Sitzung entsenden will. Werden Angelegenheiten behandelt, die **besonders** die in § 60 Abs. 1 genannten AN betreffen, so hat die gesamte JAV ein Teilnahmerecht. »Besonders« bedeutet nicht, dass eine Frage ausschließlich oder überwiegend die in § 60 Abs. 1 genannten AN berühren muss. Es kann sich vielmehr auch um Angelegenheiten handeln, die für die anderen AN ebenso von Belang sind. Entscheidend ist, dass eine Frage erörtert werden soll, deren Behandlung für die in § 60 Abs. 1 genannten AN **von nicht unerheblicher** Bedeutung ist. Das Teilnahmerecht der JAV besteht auch dann, wenn der BR aus besonderem Anlass ein Verhalten der JAV oder sein Verhältnis zu dieser erörtert. Schließlich hängt es nicht davon ab, dass die behandelten Maßnahmen kollektiven Charakter haben; es ist vielmehr auch bei jeder **per-**

sonellen Einzelmaßnahme gegenüber einem der in § 60 Abs. 1 genannten AN gegeben.

2. Stimmrecht im Betriebsrat

Über die Heranziehung der JAV zu den BR-Sitzungen hinaus haben ihre Mitgl. dann ein **Stimmrecht**, wenn Beschlüsse gefasst werden sollen, die **überwiegend** die von den JAV vertretenen AN betreffen. Das Merkmal »überwiegend« ist erfüllt, wenn eine Angelegenheit entweder zahlenmäßig oder aber vom Gewicht her mehr die in § 60 Abs. 1 genannten als die übrigen AN berührt. Eine pflichtwidrige Nichthinzuziehung der JAV zu den Sitzungen des BR kann zur Unwirksamkeit der jeweiligen Beschlüsse des BR führen, sofern nicht feststeht, dass eine Beteiligung der JAV auf das Ergebnis der Beschlussfassung keinen Einfluss gehabt hätte, etwa weil der Beschluss dem Antrag der JAV selbst entsprach.[1] Für die Ermittlung der Beschlussfähigkeit des BR werden die Stimmen der JAV nicht mitgezählt. 2

3. Antragsrecht im Betriebsrat

Die Vorschrift will sicherstellen, dass die JAV bei Angelegenheiten, die besonders die von ihr vertretenen AN betreffen (vgl. Abs. 1), nicht nur initiativ werden, sondern auch erreichen kann, dass die betreffende Frage in der nächsten BR-Sitzung behandelt wird. Der BR **ist verpflichtet**, diesem Antrag nachzukommen. Unabhängig vom Antragsrecht der JAV hat der BR alle Angelegenheiten, die besonders die in § 60 Abs. 1 genannten AN betreffen, der JAV zuzuleiten. 3

§ 68 Teilnahme an gemeinsamen Besprechungen

Der Betriebsrat hat die Jugend- und Auszubildendenvertretung zu Besprechungen zwischen Arbeitgeber und Betriebsrat beizuziehen, wenn Angelegenheiten behandelt werden, die besonders die in § 60 Abs. 1 genannten Arbeitnehmer betreffen.

Es sind hier nicht nur die mindestens monatlich einmal stattfindenden Besprechungen nach § 74 Abs. 1 gemeint, sondern **Besprechungen jeglicher Art** zwischen AG und BR, in denen Angelegenheiten behandelt werden, die besonders die von der JAV vertretenen AN (§ 60 Abs. 1) betreffen (zum Merkmal »besonders« vgl. § 67 Rn. 1). Soweit Besprechungen zwischen dem AG und dem BA oder anderen Ausschüssen des BR stattfinden und diesen 1

1 Vgl. auch BAG, DB 75, 1706.

die selbstständige Erledigung von Angelegenheiten übertragen ist, gilt die Vorschrift entsprechend.

§ 69 Sprechstunden

In Betrieben, die in der Regel mehr als fünfzig der in § 60 Abs. 1 genannten Arbeitnehmer beschäftigen, kann die Jugend- und Auszubildendenvertretung Sprechstunden während der Arbeitszeit einrichten. Zeit und Ort sind durch Betriebsrat und Arbeitgeber zu vereinbaren. § 39 Abs. 1 Satz 3 und 4 und Absatz 3 gilt entsprechend. An den Sprechstunden der Jugend- und Auszubildendenvertretung kann der Betriebsratsvorsitzende oder ein beauftragtes Betriebsratsmitglied beratend teilnehmen.

1 Es obliegt der JAV, ob sie für die von ihr vertretenen AN des Betriebs **Sprechstunden** während der Arbeitszeit einrichten will. Einen entsprechenden Beschluss fasst daher sie, nicht der BR. Voraussetzung ist allerdings, dass im Betrieb in der Regel mehr als 50 der in § 60 Abs. 1 genannten AN beschäftigt sind. Hat die JAV den Beschluss gefasst, sind zwischen BR und AG Zeit und Ort der Durchführung der Sprechstunden zu vereinbaren. Im Streitfall entscheidet die Einigungsstelle verbindlich. **Versäumnis von Arbeitszeit**, die zum Besuch der Sprechstunden oder durch sonstige Inanspruchnahme der JAV erforderlich ist, berechtigt den AG nicht zur Minderung des Arbeitsentgelts. Fasst die JAV keinen Beschluss über die Abhaltung eigener Sprechstunden oder hat der Betrieb regelmäßig 50 oder weniger der in § 60 Abs. 1 genannten AN, so kann ein Mitgl. der JAV nur an den Sprechstunden des BR zur Beratung der von ihr vertretenen AN teilnehmen (§ 39 Abs. 2).

§ 70 Allgemeine Aufgaben

(1) Die Jugend- und Auszubildendenvertretung hat folgende allgemeine Aufgaben:

1. Maßnahmen, die den in § 60 Abs. 1 genannten Arbeitnehmern dienen, insbesondere in Fragen der Berufsausbildung und der Übernahme der zu ihrer Berufsausbildung Beschäftigten in ein Arbeitsverhältnis, beim Betriebsrat zu beantragen;

1a. Maßnahmen zur Durchsetzung der tatsächlichen Gleichstellung der in § 60 Abs. 1 genannten Arbeitnehmer entsprechend § 80 Abs. 1 Nr. 2a und 2b beim Betriebsrat zu beantragen;

2. darüber zu wachen, dass die zugunsten der in § 60 Abs. 1 genannten Arbeitnehmer geltenden Gesetze, Verordnungen, Unfallverhütungsvorschriften, Tarifverträge und Betriebsvereinbarungen durchgeführt werden;

3. **Anregungen von in § 60 Abs. 1 genannten Arbeitnehmern, insbesondere in Fragen der Berufsbildung, entgegenzunehmen und, falls sie berechtigt erscheinen, beim Betriebsrat auf eine Erledigung hinzuwirken. Die Jugend- und Auszubildendenvertretung hat die betroffenen in § 60 Abs. 1 genannten Arbeitnehmer über den Stand und das Ergebnis der Verhandlungen zu informieren;**
4. **die Integration ausländischer, in § 60 Abs. 1 genannter Arbeitnehmer im Betrieb zu fördern und entsprechende Maßnahmen beim Betriebsrat zu beantragen.**

(2) Zur Durchführung ihrer Aufgaben ist die Jugend- und Auszubildendenvertretung durch den Betriebsrat rechtzeitig und umfassend zu unterrichten. Die Jugend- und Auszubildendenvertretung kann verlangen, dass ihr der Betriebsrat die zur Durchführung ihrer Aufgaben erforderlichen Unterlagen zur Verfügung stellt.

Inhaltsübersicht Rn.

1. Allgemeine Aufgaben

1 Die Vorschrift konkretisiert die **Aufgaben** der JAV. Die Aufzählung ist **nicht abschließend**. Durch das BetrVerf-ReformG ausdrücklich hervorgehoben wurde die gerade in Zeiten hoher Arbeitslosigkeit besonders wichtige Frage der Übernahme in ein Arbeitsverhältnis nach Abschluss der Ausbildung. Aufgenommen wurde ferner die große Bedeutung der Themen Gleichstellung der Geschlechter und Integration von Ausländern im Betrieb auch für die JAV. Durch die Hervorhebung der **Berufsbildung** wird deutlich, dass in diesem Bereich einer der Schwerpunkte der Tätigkeit der JAV liegt. Das **Überwachungsrecht** beinhaltet gleichzeitig eine Überwachungspflicht. Gemeint sind alle Rechtsnormen, die für die von der JAV vertretenen AN von Bedeutung sind, wie insbesondere das BBiG und das JArbSchG. Soweit Maßnahmen beim AG zu beantragen sind oder auf eine Erledigung von Anregungen oder bei ihm beantragter Maßnahmen (etwa nach Nrn. 1a oder 4) der von der JAV vertretenen AN hinzuwirken ist, kann dies **nur über** den **BR** geschehen. Der BR ist nach § 80 Abs. 1 Nr. 3 verpflichtet, solche Anregungen oder bei ihm beantragte Maßnahmen (etwa nach Nrn. 1a oder 4) gegenüber dem AG zu verfolgen. Die JAV ist zwar auch befugt, in allen die in § 60 Abs. 1 genannten AN betreffenden Angelegenheiten selbst Beschlüsse zu fassen. Die Durchführung dieser Beschlüsse erfordert jedoch in jedem einzelnen Fall die Einschaltung des BR.[1]

1 BAG, DB 75, 1706.

Will die JAV beispielsweise unter den von ihr vertretenen AN eine **Fragebogenaktion** durchführen, ist ein Beschluss des BR unter Beteiligung der JAV über die Durchführung der Meinungsumfrage erforderlich.[2] Der BR kann der JAV bei ihrer Aufgabenerfüllung allerdings keine Vorschriften machen. Ebenso wenig hat er die JAV zu überwachen; er soll diese lediglich beraten, unterstützen sowie berechtigte Anliegen der JAV dem AG gegenüber vertreten. Die der JAV nach Nr. 2 dieser Bestimmung zugewiesenen Überwachungsaufgaben kann diese selbstständig **ohne Hinzuziehung** des BR ausüben. Zu diesem Zweck kann die JAV auch die Arbeitsplätze der von ihr vertretenen AN aufsuchen, ohne dass sie einen konkreten Verdacht der Nichtbeachtung von zugunsten dieser AN bestehenden Rechtsvorschriften darlegen muss. Allerdings bedarf sie nach Auffassung des BAG auch für eine solche **Betriebsbegehung** der Zustimmung des BR.[3] Lädt der AG alle neu eingestellten Auszubildenden und deren Eltern zu einer Veranstaltung ein, hat die JAV ein eigenes Teilnahmerecht, das sich aus ihrer Überwachungspflicht und aus dem Grundsatz der vertrauensvollen Zusammenarbeit ergibt. Dies gilt auch dann, wenn der BR ebenfalls an der Veranstaltung teilnimmt.[4] In einem sie berührenden arbeitsgerichtl. Beschlussverfahren ist die JAV selbst Beteiligte.[5]

2. Unterrichtungspflicht und Mitwirkung des Betriebsrats

2 Der BR ist verpflichtet, die zur Durchführung der Aufgaben der JAV **notwendigen Auskünfte** zu erteilen und sie sich ggf. vom AG zu beschaffen. Reicht die bloße Einsichtnahme in Unterlagen zur Durchführung der Aufgaben der JAV nicht aus, kann diese verlangen, dass ihr die **Unterlagen auf Zeit überlassen** werden, damit sie ihr etwa in einer JAV-Sitzung zur Verfügung stehen. Zu solchen Unterlagen gehören z. B. betriebliche Ausbildungspläne oder Berichte über die nach den Bestimmungen des JArbSchG vorgeschriebenen ärztlichen Untersuchungen, soweit sie zur Überwachung der Einhaltung des Gesetzes durch den AG notwendig sind.

§ 71 Jugend- und Auszubildendenversammlung

Die Jugend- und Auszubildendenvertretung kann vor oder nach jeder Betriebsversammlung im Einvernehmen mit dem Betriebsrat eine betriebliche Jugend- und Auszubildendenversammlung einberufen. Im Einvernehmen mit Betriebsrat und Arbeitgeber kann die betriebliche

2 BAG, AuR 77, 121.
3 BAG, DB 82, 1277.
4 A. A. ArbG Darmstadt, DB 89, 232.
5 BAG, AuR 77, 121.

Jugend- und Auszubildendenversammlung auch zu einem anderen Zeitpunkt einberufen werden. § 43 Abs. 2 Satz 1 und 2, die §§ 44 bis 46 und § 65 Abs. 2 Satz 2 gelten entsprechend.

Inhaltsübersicht Rn.

1. Einberufung

1 Die hier vorgesehenen Jugend- und Auszubildendenversammlungen sollen den von der JAV vertretenen AN Gelegenheit geben, die sie betreffenden Angelegenheiten zu erörtern. Eine zwingende Verpflichtung der JAV zur Einberufung der Versammlung besteht allerdings nicht. Will sie sie einberufen, bedarf sie der **Übereinstimmung** mit dem BR. Der BR darf sein Einvernehmen jedoch nicht ohne sachlich gerechtfertigten Grund versagen. Die Versammlung wird vom Vors. der JAV geleitet. Ihm steht auch das Hausrecht zu. Die Jugend- und Auszubildendenversammlung ist **in Präsenz** durchzuführen; die für die JAV-Sitzung ermöglichte Durchführung mittels Video- oder Telefonkonferenz (s. § 65 Rn. 2) besteht für die Jugend- und Auszubildendenversammlung nicht.

2. Zeitpunkt, Abteilungsversammlung

2 Die Jugend- und Auszubildendenversammlung wird grundsätzlich in einem **zeitlichen Zusammenhang** mit einer Betriebsversammlung durchgeführt. Soweit es möglich und zumutbar ist, soll sie möglichst an demselben Tag stattfinden, an dem die Betriebsversammlung durchgeführt wird, und zwar unmittelbar vor oder nach dieser bzw. – je nach den Umständen des Einzelfalles – auch am Tag davor oder danach. Der Besuch von zwei Versammlungen an einem Tag ist für die betreffenden AN jedenfalls dann nicht als unzumutbar angesehen worden, wenn zwischen den beiden Versammlungen eine Mittagspause liegt.[1] Im **Einvernehmen** mit dem BR und AG kann die betriebliche Jugend- und Auszubildendenversammlung auch ohne direkten zeitlichen Zusammenhang mit einer Betriebsversammlung zu jedem beliebigen anderen Zeitpunkt durchgeführt werden.

3 Als Betriebsversammlungen gilt auch die **Abteilungsversammlung** nach § 42 Abs. 2. Die Jugend- und Auszubildendenversammlung ist **als betriebliche Versammlung** durchzuführen. Sie kann auch in Form von Teilversammlungen durchgeführt werden, wenn eine Versammlung aller Jugend-

1 LAG Düsseldorf, DB 76, 539; vgl. auch BAG, DB 78, 2275.

lichen und zu ihrer Berufsausbildung beschäftigten AN nicht durchgeführt werden kann; ein völliger Verzicht auf eine Versammlung des betroffenen Personenkreises wegen der betrieblichen Gegebenheiten würde dem Gesetzeszweck am wenigsten gerecht. Auch dann, wenn die von der JAV vertretenen AN eigene Versammlung durchführen, können sie darüber hinaus an den Betriebsversammlungen teilnehmen.

3. Entsprechend anwendbare Vorschriften

4 Hinsichtlich der **zeitlichen Lage** der Jugend- und Auszubildendenversammlungen und der **Erstattung des Entgeltausfalls** gelten die für die Teilnahme an Betriebsversammlungen maßgebenden Vorschriften entsprechend (§ 44). Entsprechende Anwendung finden auch die Vorschriften über die Teilnahme von Vertr. der Verbände und die in den Jugend- und Auszubildendenversammlungen zulässigen Themen (§§ 45, 46). Der AG ist zu den Jugend- und Auszubildendenversammlungen unter Mitteilung der Tagesordnung einzuladen. Er hat das Recht, in den Versammlungen zu sprechen. Ebenso kann der BR-Vors. oder ein beauftragtes BR-Mitgl. an der Jugend- und Auszubildendenversammlung teilnehmen und sich zu Wort melden.

Zweiter Abschnitt
Gesamt-Jugend- und Auszubildendenvertretung

§ 72 Voraussetzung der Errichtung, Mitgliederzahl, Stimmengewicht

(1) Bestehen in einem Unternehmen mehrere Jugend- und Auszubildendenvertretungen, so ist eine Gesamt-Jugend- und Auszubildendenvertretung zu errichten.
(2) In die Gesamt-Jugend- und Auszubildendenvertretung entsendet jede Jugend- und Auszubildendenvertretung ein Mitglied.
(3) Die Jugend- und Auszubildendenvertretung hat für das Mitglied der Gesamt-Jugend- und Auszubildendenvertretung mindestens ein Ersatzmitglied zu bestellen und die Reihenfolge des Nachrückens festzulegen.
(4) Durch Tarifvertrag oder Betriebsvereinbarung kann die Mitgliederzahl der Gesamt-Jugend- und Auszubildendenvertretung abweichend von Absatz 2 geregelt werden.
(5) Gehören nach Absatz 2 der Gesamt-Jugend- und Auszubildendenvertretung mehr als zwanzig Mitglieder an und besteht keine tarifliche Regelung nach Absatz 4, so ist zwischen Gesamtbetriebsrat und Arbeit-

geber eine Betriebsvereinbarung über die Mitgliederzahl der Gesamt-Jugend- und Auszubildendenvertretung abzuschließen, in der bestimmt wird, dass Jugend- und Auszubildendenvertretungen mehrerer Betriebe eines Unternehmens, die regional oder durch gleichartige Interessen miteinander verbunden sind, gemeinsam Mitglieder in die Gesamt-Jugend- und Auszubildendenvertretung entsenden.

(6) Kommt im Fall des Absatzes 5 eine Einigung nicht zustande, so entscheidet eine für das Gesamtunternehmen zu bildende Einigungsstelle. Der Spruch der Einigungsstelle ersetzt die Einigung zwischen Arbeitgeber und Gesamtbetriebsrat.

(7) Jedes Mitglied der Gesamt-Jugend- und Auszubildendenvertretung hat so viele Stimmen, wie in dem Betrieb, in dem es gewählt wurde, in § 60 Abs. 1 genannte Arbeitnehmer in der Wählerliste eingetragen sind. Ist ein Mitglied der Gesamt-Jugend- und Auszubildendenvertretung für mehrere Betriebe entsandt worden, so hat es so viele Stimmen, wie in den Betrieben, für die es entsandt ist, in § 60 Abs. 1 genannte Arbeitnehmer in den Wählerlisten eingetragen sind. Sind mehrere Mitglieder der Jugend- und Auszubildendenvertretung entsandt worden, so stehen diesen die Stimmen nach Satz 1 anteilig zu.

(8) Für Mitglieder der Gesamt-Jugend- und Auszubildendenvertretung, die aus einem gemeinsamen Betrieb mehrerer Unternehmen entsandt worden sind, können durch Tarifvertrag oder Betriebsvereinbarung von Absatz 7 abweichende Regelungen getroffen werden.

Inhaltsübersicht Rn.

1. Errichtung der Gesamt-Jugend- und Auszubildendenvertretung

Die GJAV ist den einzelnen JAV nicht übergeordnet. Ihre **Bildung** ist **zwingend** vorgeschrieben, wenn in einem UN mehrere JAV bestehen. Das Bestehen eines GBR ist zwar nicht gesetzliche Voraussetzung für die Bildung einer GJAV; da sie ihre Aufgaben aber nur über den GBR erfüllen kann, ist 1 sie im Fall des Nichtbestehens eines GBR in ihrer Tätigkeit weitgehend beschränkt.

2 Die GJAV ist eine **ständige Einrichtung**. Sie hat keine feste Amtszeit. Lediglich die einzelnen Mitgl. werden für eine bestimmte Amtszeit in die GJAV entsandt, die regelmäßig mit ihrer Amtszeit in der JAV identisch ist.

2. Zusammensetzung der Gesamt-Jugend- und Auszubildendenvertretung

3 **Jede JAV entsendet ein Mitgl**. in die GJAV. Die Entscheidung darüber wird durch Beschluss der JAV mit einfacher Stimmenmehrheit gefasst.

3. Ersatzmitglieder der Gesamt-Jugend- und Auszubildendenvertretung

4 Es besteht die Verpflichtung der JAV, für jedes entsandte Mitgl. **mindestens ein Ersatzmitgl**. zu bestellen, das in die GJAV nachrückt, wenn das betreffende ordentliche Mitgl. zeitweilig verhindert ist oder ganz aus der GJAV ausscheidet. Bestellt die JAV mehrere Ersatzmitgl., hat sie die Reihenfolge des Nachrückens festzulegen.

Besteht die JAV **nur aus einem Mitgl**., rückt das nach § 63 Abs. 4 i. V. m. § 14a im vereinfachten Wahlverfahren gewählte Ersatzmitgl. in die GJAV nach.

5 Das GJAV-Mitgl. kann von der entsendenden JAV **jederzeit** und ohne Angabe von Gründen durch einfachen Mehrheitsbeschluss wieder **abberufen** werden. In diesem Fall rückt das bestellte Ersatzmitgl. nach.

4. Abweichende Größe der Gesamt-Jugend- und Auszubildendenvertretung durch Tarifvertrag oder Betriebsvereinbarung

6 Die hier vorgesehenen TV oder BV können bestimmen, dass sowohl **eine JAV mehrere** Mitgl. als auch **mehrere JAV ein gemeinsames Mitgl**. in die GJAV entsenden. Sofern ein TV nicht besteht, ist für den Abschluss einer entsprechenden BV der GBR zuständig. Dabei wirken die Mitgl. der GJAV stimmberechtigt mit (§ 73 Abs. 2, § 67 Abs. 2).

7 Soweit die Mitgl.-Zahl der GJAV durch TV oder BV geregelt wird, legt das Gesetz **keine obere Begrenzung** fest. Die GJAV kann daher in solchen Fällen auch aus mehr als 20 Mitgl. bestehen.

5. Verkleinerung der Gesamt-Jugend- und Auszubildenden-vertretung

Der erzwingbare Abschluss einer BV über die Verkleinerung der Mitgl.-Zahl ist – anders als beim GBR (vgl. § 47 Abs. 5) – bereits vorgeschrieben, wenn die Zahl der GJAV 20 Mitgl. übersteigt. Zu beachten ist jedoch, dass die Regelung **nur in Betracht** kommt, wenn die Zahl der Mitgl. der GJAV **nach dem normalen Entsendungsverfahren** nach Abs. 2 **mehr als 20** beträgt. Beruht die erhöhte Mitgl.-Zahl auf einem TV oder einer BV nach Abs. 4, ist eine (weitere) BV nach Abs. 5 nicht abzuschließen. 8

6. Entscheidung der Einigungsstelle

Diese Vorschrift entspricht wörtlich der Regelung, wie sie für den GBR nach § 47 Abs. 6 maßgebend ist (vgl. die Erl. dort). Zu beachten ist jedoch, dass die Einigungsstelle nur durch den AG oder den GBR, nicht dagegen durch die GJAV angerufen werden kann. 9

7. Stimmengewichtung

Das **Stimmengewicht** der Mitgl. der GJAV ist in Anlehnung an das der Mitgl. des GBR geregelt worden (vgl. § 47 Abs. 7 und 8). Es kommt auf die Zahl der in die Wählerlisten eingetragenen in § 60 Abs. 1 genannten AN der Betriebe an, aus denen die Mitgl. der GJAV kommen. 10

Wird die Größe der GJAV durch TV oder BV abweichend vom Gesetz geregelt und entsenden die JAV mehrerer Betriebe nur einen Vertr. in die GJAV, so hat dieser so viele Stimmen, wie in § 60 Abs. 1 genannte AN insgesamt in diesen Betrieben in den Wählerlisten eingetragen waren. Entsendet dagegen die JAV eines Betriebs mehrere Mitgl. in die GJAV (Abs. 4), so wird die gesamte Stimmenzahl gleichmäßig auf die einzelnen Mitgl. aufgeteilt. 11

8. Stimmengewichtung bei Entsendung aus gemeinsamem Betrieb

Die Vorschrift, nach der das Stimmengewicht von Mitgl. der GJAV, die aus einem **gemeinsamen Betrieb** mehrerer UN entsandt worden sind, durch TV oder BV abweichend von der allgemeinen Bestimmung des Abs. 7 geregelt werden kann, entspricht der für den GBR geltenden Vorschrift des § 47 Abs. 9 (siehe deshalb die Erl. dort). 12

§ 73 Geschäftsführung und Geltung sonstiger Vorschriften

(1) Die Gesamt-Jugend- und Auszubildendenvertretung kann nach Verständigung des Gesamtbetriebsrats Sitzungen abhalten. An den Sitzungen kann der Vorsitzende des Gesamtbetriebsrats oder ein beauftragtes Mitglied des Gesamtbetriebsrats teilnehmen.
(2) Für die Gesamt-Jugend- und Auszubildendenvertretung gelten § 25 Abs. 1, die §§ 26, 28 Abs. 1 Satz 1, die §§ 30, 31, 34, 36, 37 Abs. 1 bis 3, die §§ 40, 41, 48, 49, 50, 51 Abs. 2 bis 5 sowie die §§ 66 bis 68 entsprechend.

Inhaltsübersicht Rn.

1. Sitzungen der Gesamt-Jugend- und Auszubildendenvertretung

1 Für die **Durchführung der Sitzungen** der GJAV gelten die für den GBR maßgebenden Regelungen entsprechend (§ 51 Abs. 3). Daher kann auch an einer JAV-Sitzung u. U. mittels Video- oder Telefonkonferenz teilgenommen werden, jedoch nur unter den Voraussetzungen des mit dem BRMoG 2021 neu eingeführten § 30 Abs. 2 (s. hierzu im Einzelnen § 30 Rn. 3). Die geforderte vorherige Verständigung des GBR setzt lediglich dessen **Unterrichtung** voraus. Der GBR hat also Kenntnis von der beabsichtigten Sitzung des GJAV zu erhalten; er kann sie jedoch nicht untersagen.

2. Organisation und Geschäftsführung

2 Die Bestimmung legt fest, dass eine Reihe von Vorschriften für die **Organisation, Geschäftsführung, Zuständigkeit und Rechtsstellung** der GJAV entsprechend gilt (vgl. die Erl. zu den entsprechenden Bestimmungen). Die GJAV kann Ausschüsse bilden und ihnen bestimmte Aufgaben übertragen, wenn im UN mehr als 100 AN i. S. von § 60 Abs. 1 beschäftigt werden. Auch wenn nicht ausdrücklich auf die Abs. 4 bis 7 des § 37 verwiesen wird, haben Mitgl. der GJAV in ihrer Eigenschaft als JAV-Mitgl. einen Anspruch auf Freistellung für Schulungs- und Bildungsveranstaltungen nach Maßgabe dieser Bestimmungen, sofern die vermittelten Kenntnisse für die Tätigkeit der Mitgl. der JAV erforderlich i. S. des § 37 Abs. 6 sind. Dies gilt nicht nur für das unmittelbar in die GJAV entsandte Mitgl., sondern auch für das Ersatzmitgl. (vgl. auch § 65 Rn. 1). In betriebsübergreifenden Angelegenheiten ist die GJAV gemäß Abs. 2 i. V. m. § 50 Abs. 1 Satz 1 Halbsatz 2 auch zuständig für Betriebe, in denen keine JAV besteht.

Dritter Abschnitt
Konzern-Jugend- und Auszubildendenvertretung

§ 73a Voraussetzung der Errichtung, Mitgliederzahl, Stimmengewicht

(1) Bestehen in einem Konzern (§ 18 Abs. 1 des Aktiengesetzes) mehrere Gesamt-Jugend- und Auszubildendenvertretungen, kann durch Beschlüsse der einzelnen Gesamt-Jugend- und Auszubildendenvertretungen eine Konzern-Jugend- und Auszubildendenvertretung errichtet werden. Die Errichtung erfordert die Zustimmung der Gesamt-Jugend- und Auszubildendenvertretungen der Konzernunternehmen, in denen insgesamt mindestens 75 vom Hundert der in § 60 Abs. 1 genannten Arbeitnehmer beschäftigt sind. Besteht in einem Konzernunternehmen nur eine Jugend- und Auszubildendenvertretung, so nimmt diese die Aufgaben einer Gesamt-Jugend- und Auszubildendenvertretung nach den Vorschriften dieses Abschnitts wahr.
(2) In die Konzern-Jugend- und Auszubildendenvertretung entsendet jede Gesamt-Jugend- und Auszubildendenvertretung eines ihrer Mitglieder. Sie hat für jedes Mitglied mindestens ein Ersatzmitglied zu bestellen und die Reihenfolge des Nachrückens festzulegen.
(3) Jedes Mitglied der Konzern-Jugend- und Auszubildendenvertretung hat so viele Stimmen, wie die Mitglieder der entsendenden Gesamt-Jugend- und Auszubildendenvertretung insgesamt Stimmen haben.
(4) § 72 Abs. 4 bis 8 gilt entsprechend.

1 Die Vorschrift über die Voraussetzungen für die Bildung einer KJAV ist der für die Errichtung eines KBR (§ 54 Abs. 1) nachgebildet (vgl. deshalb die Erl. dort). Wie beim KBR handelt es sich um eine **freiwillige** Institution; allerdings bedarf sie der Zustimmung der GJAV der Konzern-UN, in denen insgesamt mindestens 75 v.H. der in § 60 Abs. 1 genannten AN der Konzern-UN beschäftigt sind.

2 Die Vorschriften über die **Entsendung** der Mitgl. der KJAV und die Bestellung von Ersatzmitgl. (Abs. 2) sowie über die Möglichkeit der **Festlegung** einer anderweitigen **Mitgl.-Zahl** und über das **Stimmengewicht** ihrer Mitgl. (Abs. 3 und 4) entsprechen inhaltlich den Regelungen, die für den GBR und KBR sowie die GJAV gelten (vgl. deshalb die Erl. dort).

§ 73b Geschäftsführung und Geltung sonstiger Vorschriften

(1) Die Konzern-Jugend- und Auszubildendenvertretung kann nach Verständigung des Konzernbetriebsrats Sitzungen abhalten. An den Sitzungen kann der Vorsitzende oder ein beauftragtes Mitglied des Konzernbetriebsrats teilnehmen.

(2) Für die Konzern-Jugend- und Auszubildendenvertretung gelten § 25 Abs. 1, die §§ 26, 28 Abs. 1 Satz 1, die §§ 30, 31, 34, 36, 37 Abs. 1 bis 3, die §§ 40, 41, 51 Abs. 3 bis 5, die §§ 56, 57, 58, 59 Abs. 2 und die §§ 66 bis 68 entsprechend.

1 Die Vorschrift enthält Regelungen über die **Sitzungen** der KJAV, die inhaltlich denen über die Sitzungen der JAV bzw. der GJAV entsprechen. Auf Grundlage des mit dem BRMoG 2021 neu eingeführten § 30 Abs. 2 kann auch die Teilnahme an einer KJAV-Sitzung u. U. mittels Video- oder Telefonkonferenz erfolgen, jedoch nur unter den in § 30 Abs. 2 bestimmten Voraussetzungen (s. hierzu im Einzelnen § 30 Rn. 3).

2 Die Bestimmung regelt im Wege der **Verweisung** auf entsprechende Vorschriften des BR, des GBR und KBR sowie der JAV Fragen der **Geschäftsführung** und der **Zuständigkeit** der KJAV sowie der Beendigung der Mitgliedschaft in diesen Gremien.

Vierter Teil
Mitwirkung und Mitbestimmung der Arbeitnehmer

Erster Abschnitt
Allgemeines

§ 74 Grundsätze für die Zusammenarbeit

(1) Arbeitgeber und Betriebsrat sollen mindestens einmal im Monat zu einer Besprechung zusammentreten. Sie haben über strittige Fragen mit dem ernsten Willen zur Einigung zu verhandeln und Vorschläge für die Beilegung von Meinungsverschiedenheiten zu machen.
(2) Maßnahmen des Arbeitskampfes zwischen Arbeitgeber und Betriebsrat sind unzulässig; Arbeitskämpfe tariffähiger Parteien werden hierdurch nicht berührt. Arbeitgeber und Betriebsrat haben Betätigungen zu unterlassen, durch die der Arbeitsablauf oder der Frieden des Betriebs beeinträchtigt werden. Sie haben jede parteipolitische Betätigung im Betrieb zu unterlassen; die Behandlung von Angelegenheiten tarifpolitischer, sozialpolitischer, umweltpolitischer und wirtschaftlicher Art, die den Betrieb oder seine Arbeitnehmer unmittelbar betreffen, wird hierdurch nicht berührt.
(3) Arbeitnehmer, die im Rahmen dieses Gesetzes Aufgaben übernehmen, werden hierdurch in der Betätigung für ihre Gewerkschaft auch im Betrieb nicht beschränkt.

Inhaltsübersicht Rn.

1. Monatsgespräche, Einlassungs- und Erörterungspflicht

Der DGB-Entwurf für ein modernes BetrVG enthält vielfältige Verbesserungen für den BR in den §§ 74 und 74a.[1] **1**

1 *https://aur-blog.eu/reformvorschlag/.*

Die mindestens einmal im Monat durchzuführenden Zusammenkünfte (»Monatsgespräche«) sollen den BR wie den AG anhalten, über beide Seiten berührende Probleme zu sprechen.[2] Teilnahmerecht haben alle **BR-Mitgl.**, sofern der BR nicht den BA (§ 27) oder einen anderen Ausschuss (§ 28) mit der Durchführung der Besprechungen beauftragt.[3] Die Beauftragung des BA mit der Durchführung der Monatsgespräche nach § 74 Abs. 1 ist zulässig (vgl. § 27 Rn. 7).[4] Zu diesen Gesprächen können Gew.-Beauftragte hinzugezogen werden. Der **SBV** steht ein **Teilnahmerecht** nach § 178 Abs. 5 SGB IX zu.[5] Die **JAV** (§ 68) ist zu beteiligen, wenn auch Angelegenheiten behandelt werden, die besonders den in § 60 genannten Personenkreis betreffen.[6] Bei Sprachproblemen einzelner BR-Mitgl. können u. U. Dolmetscher oder Übersetzer beigezogen werden, da diese Zusammenkünfte der Vertrauensbildung zwischen AG und BR dienen.[7] Die Verpflichtung des AG, mit dem BR mit dem ernsten Willen zur Einigung zu verhandeln und Vorschläge für die Beilegung von Meinungsverschiedenheiten zu machen, ist Ausdruck der in § 2 Abs. 1 geforderten grundsätzlichen Verhaltensweise. Da der AG nur in seltenen Fällen auf die Mitwirkung des BR angewiesen ist, während der BR, da ihm das Direktionsrecht nicht zusteht, in der Regel eines **Entgegenkommens des AG** bedarf, betrifft diese Bestimmung überwiegend den AG. Der AG hat die Vorstellungen des BR nicht nur anzuhören, sondern auch zu bedenken und zu überprüfen, wieweit er ihnen nachkommen kann. Er ist dabei auch zur Überprüfung der eigenen Position verpflichtet. Eine aus § 74 Abs. 1 herzuleitende rechtliche Verpflichtung zum Kompromiss besteht zwar nicht,[8] doch kann die dauernde Verweigerung der Zusammenarbeit eine grobe Pflichtverletzung i. S. des § 23 Abs. 3 sein. Gegen den Willen des BR kann der AG zu den monatlichen Besprechungen **keine betriebsfremde Person zur Protokollführung** heranziehen.[9] Als Vertreter des AG braucht der BR nur solche Personen zu akzeptieren, die fachlich kompetent und berechtigt sind, für den AG verbindlich zu sprechen.[10]

Eine gegenseitige **Einlassungs- und Erörterungspflicht** besteht sowohl für den AG als auch den BR. Diese betrifft zum einen die Monatsgespräche (s. o.), aber auch alle anderen Angelegenheiten. Zur **Verhandlungsobliegenheit vor Anrufung der Einigungsstelle** vgl. § 76 Rn. 1. Dahinter steht

---

2 Zu einer Musterregelungsabrede vgl. DKW-F-Berg, § 74 Rn. 6.

3 Fitting, Rn. 7.

4 BAG 15.8.12 – 7 ABR 16/11, brwo; offengelassen durch ArbG Bielefeld 11.6.08 – 6 BV 37/08.

5 Vgl. dazu auch BAG, AuR 93, 337.

6 Ausführlich zu den monatlichen Besprechungen Rädel, AiB 99, 671.

7 Oberrath/Herbert, NZA 12, 1260.

8 BAG, DB 74, 731.

9 ArbG Hersfeld, BB 87, 2452.

10 BAG, AiB 92, 534.

die beiderseitige Verpflichtung, mit dem ernsten Willen zur Einigung zu verhandeln und Vorschläge zur Beilegung von Meinungsverschiedenheiten zu unterbreiten. Dieses beinhaltet aber **keine Pflicht zum Kompromiss.**[11]

2. Verbot des Arbeitskampfes

Das Verbot, **Maßnahmen des Arbeitskampfes**[12] durchzuführen, gilt nur für 2
den AG und den BR als Organe. Der BR kann also nicht Arbeitskämpfe zur Erzwingung betriebsverfassungsrechtlicher Regelungen durchführen.[13] Er hat sich als Organ jeder Tätigkeit im Arbeitskampf zu enthalten und darf insbesondere keinen Streik unterstützen oder die Belegschaft auffordern, sich an einem gewerkschaftlich organisierten Streik zu beteiligen. Während eines Arbeitskampfs bleibt der BR mit allen Rechten und Pflichten im Amt und hat dieses neutral wahrzunehmen.[14] Er ist aber nach Auffassung des BAG daran gehindert, einzelne MBR, die durch das Streikgeschehen bedingt sind, auszuüben, wenn hierdurch die Arbeitskampffreiheit des AG ernsthaft beeinträchtigt wird (im Einzelnen § 80 Rn. 3, § 87 Rn. 25 und § 99 Rn. 24).[15] Dem BR ist es nicht untersagt, die Belegschaft über tarifliche Auseinandersetzungen, die den von ihm repräsentierten Betrieb betreffen, zu unterrichten.[16] Demgegenüber liegt ein Verstoß gegen die Friedenspflicht und das Neutralitätsgebot vor, wenn der BR als Organ eine Gew. bei der konkreten Vorbereitung zur Urabstimmung unterstützt sowie eine Danksagung an die Belegschaft wegen der Unterstützung eines Streiks richtet.[17] Die einzelnen Mitgl. des BR können sich aber, wie jeder andere AN des Betriebs, an gewerkschaftlichen Kampfmaßnahmen beteiligen, insbesondere auch aktiv und an hervorragender und führender Stelle außerhalb und innerhalb des Betriebs den Streik vorbereiten, organisieren und leiten, z. B. die Urabstimmung mitorganisieren, zum Streik aufrufen und in der Streikleitung mitarbeiten.[18] Streikaufrufe dürfen sie jedoch nicht unter ausdrücklicher Bezugnahme auf ihre BR-Mitgliedschaft unterzeichnen.[19] Ebenso ist es untersagt, über einen personenbezogenen E-Mail-Account, dessen private Nutzung ausdrücklich untersagt ist, Streikaufrufe der Gewerkschaft zu ver-

11 Im Einzelnen s. DKW-Berg Rn. 12 ff.
12 Zum Begriff des Arbeitskampfes vgl. u. a. BVerfG, AuR 92, 29; 93, 150; BAG 22.9.09 – 1 AZR 972/08.
13 BAG DB 77, 728; Klocke, AuR 11/20, 444.
14 BAG 10.12.02 – 1 ABR 7/02.
15 BAG 13.12.11 – 1 ABR 2/10; 21.4.71 – GS 1/68; ablehnend DKW-Berg Rn. 36 ff.
16 Im Einzelnen Berg/Kocher/Schumann, Teil 3, Rn. 8, Teil 4 Rn. 465.
17 LAG Düsseldorf 14.12.10 – 17 TaBV 12/10, brwo.
18 LAG Düsseldorf 5.7.94 – 8 TaBV 57/94, AuR 95, 107.
19 LAG München 6.5.10 – 3 TaBVGa 10/10, brwo, zu einem Aufruf zum Streik und zur Verhinderung von Streikbruch-Arbeit per E-Mail durch einen GBR-Vors.

breiten.[20] Wegen der **Rechtsfolgen bei Verstoß** s. Rn. 7. Das BR-Amt mit seinen Rechten und Pflichten besteht grundsätzlich auch während eines Arbeitskampfes weiter (bei personellen Maßnahmen siehe § 99 Rn. 24).[21] Auch das BVerfG betont[22] die Bedeutung der weiteren Funktionsfähigkeit des BR. In Ausübung ihrer BR-Tätigkeit darf den streikenden oder ausgesperrten BR-Mitgl. auch der Zutritt zum Betrieb nicht verwehrt werden.[23] Im Übrigen verstößt der BR nicht gegen die Friedenspflicht, wenn er sich bei spontan streikenden AN gegenüber dem AG um eine Vermittlung bemüht, um den Betriebsfrieden wieder herzustellen.[24] Andererseits trifft weder den BR noch das einzelne BR-Mitgl. eine rechtliche Verpflichtung, auf rechtswidrig streikende AN einzuwirken, um diese zur Wiederaufnahme der Arbeit zu veranlassen.[25] Er hat keine Garantenstellung für ein rechtmäßiges Verhalten der AN. Zur Verneinung des Lohnanspruchs bei BR-Tätigkeit während des Arbeitskampfes durch das BAG vgl. § 37 Rn. 15. Nicht zu den Aufgaben des BR gehört es, während eines rechtmäßigen Arbeitskampfes mit dem AG **Notdienstvereinbarungen**[26] abzuschließen. Das ist allein Aufgabe der kämpfenden Gew.[27] Diese bestimmt auch über die Zahl der vom Notdienst betroffenen AN und deren Auswahl. Notdienstvereinbarungen zwischen AG und BR sind unwirksam.[28]

3. Verbot der Beeinträchtigung von Arbeitsablauf oder Betriebsfrieden

3 Der Arbeitsablauf oder der Frieden des Betriebs dürfen weder durch den AG noch durch den BR oder einzelne BR-Mitgl. beeinträchtigt werden. Das Verbot richtet sich aber nicht gegen die AN des Betriebs, die allerdings aufgrund ihres Arbeitsvertrags verpflichtet sind, derartige Störungen zu unterlassen. Der **BR** ist jedoch nicht verpflichtet, auf die AN einzuwirken, die sich betriebsstörend verhalten.[29] Betätigungen, durch die der **Arbeitsablauf oder der Frieden** des Betriebs beeinträchtigt werden, liegen nur dann vor, wenn es

---

20 BAG 15.10.13 – 1 ABR 31/12.

21 BAG 10.12.02 – 2 ABR 7/02 zu § 80 Abs. 2; DB 71, 1061; LAG RP 21.3.13 – 10 TaBV 41/12; ArbG Regensburg, AuR 87, 178; vgl. DKW-F-Berg, § 74 Rn. 2.

22 BVerfG, AuR 75, 350.

23 LAG Köln, LAGE Nr. 9 zu § 2 BetrVG 1972; LAG Frankfurt, BB 90, 1626; ArbG Stuttgart 22.5.84 – 2 BVGa 1/84.

24 BAG 5.12.78 – 6 AZR 485/76.

25 BAG 5.12.78 – 6 AZR 485/76.

26 Zum Inhalt BAG, DB 82, 2139.

27 BAG 31.1.95 – 1 AZR 142/94; LAG SH 13.11.20 – 3 SaGa 7/20 und 3 SaGa 8/2.

28 Vgl. dazu auch DKW-Berg, Rn. 43.

29 Vgl. u.a. Fitting, Rn. 28.

sich um konkrete Störungen handelt.[30] Eine Beeinträchtigung des Betriebsfrieden ist nur dann gegeben, wenn die Betriebspartner nicht die zur Lösung von Interessenkonflikten vorgesehenen Verfahren und Wege einhalten oder in einer Weise miteinander umgehen, die trotz Anerkennung bestehender Interessengegensätze schlechterdings nicht mit dem Gebot der vertrauensvollen Zusammenarbeit (§ 2 Abs. 1 BetrVG) vereinbar ist.[31] Die bloße Möglichkeit einer Beeinträchtigung reicht nicht aus. Eine Kritik des BR-Vors. oder des BR an der Geschäftsführung – auch in zugespitzter und provozierender Weise vorgetragen – stellt erst dann eine Beeinträchtigung dar, wenn es sich um grobe Beleidigungen oder Diffamierungen handelt,[32] allein die Diffamierung von Personen und die persönliche Kränkung im Vordergrund steht[33] oder konkrete Gefahren für Betriebsabläufe oder für die Außenwirkung des Unternehmens drohen.[34] Der BR-Vors. verletzt nicht seine Pflichten, wenn er einen Personaldienstleister seines Betriebs auf arbeitsrechtliche Verstöße der Gestalt hinweist, dass es rechtswidrig sei, den Leih-AN Zeiten nicht zu vergüten, in denen sie an einer Schulungsmaßnahme teilnehmen; der AG kann deshalb keine Kündigung durchsetzen.[35] Das **Grundrecht der Meinungsfreiheit** aus Art. 5 Abs. 1 GG gilt auch in der betrieblichen Arbeitswelt.[36] Denn die Meinungsfreiheit ist für die Tätigkeit des BR ebenso konstitutiv wie für die politische Willensbildung.[37] So ist betriebsinterne Kritik am AG erlaubt, auch wenn sie scharf und polemisch ausfällt. Der BR kann sich bei der Herausgabe eines **Informationsblattes bzw. Rundschreibens** auf Art. 5 Abs. 1 GG berufen[38] ebenso wie ein BR-Mitgl.[39] Dieses Grundrecht schützt aber weder Formalbeleidigungen und Schmähungen, noch bewusst unwahre Tatsachenbehauptungen. Die Wahrnehmung der dem BR zustehenden Rechte, insbesondere die Durchführung einer Betriebsversamml. unter Darlegung des Scheiterns von Verhandlungen mit dem AG, stellt in keinem Fall einen Verstoß gegen § 74

30 Vgl. dazu BAG, DB 83, 2578; DKW-Berg, Rn. 44.

31 LAG Düsseldorf 23.6.20 – 14 TaBV 75/19, AiB 10/20, 46 (Kurzwiedergabe); DKW-Berg Rn. 47 ff.; Fitting, Rn. 31.

32 LAG Hamm, dbr 6/09, 6.

33 LAG Düsseldorf 23.6.20 – 14 TaBV 75/19, AiB 10/20, 46 (Kurzwiedergabe).

34 LAG RP 8.7.11 – 6 Sa 713/10, brwo.

35 ArbG Magdeburg 11.2.15 – 7 BV 67/14, n.v.

36 BAG 18.12.14 – 2 AZR 265/14; NZA 05, 158.

37 LAG Köln 14.1.22 – 9 TaBV 34/21; Brandt, AiB 2/20, 40.

38 Offengelassen vom BAG 17.3.10 – 7 ABR 95/08, AiB 11, 540; LAG Nds. 6.12.18 – 5 TaBV 107/17, AiB 7/8/19, 54, geht von einer partiellen Grundrechtsfähigkeit aus; LAG SH 1.4.09 – 3 TaBVGa 2/09, brwo, wonach der Hinweis auf Meinungsverschiedenheiten bzgl. der Kündigung eines BR-Mitgl. unter namentlicher Nennung der Personalleiterin und auf ein damit im Zusammenhang stehendes Zustimmungsersetzungsverfahren zulässig ist; LAG SH 30.9.08 – 2 TaBV 25/08.

39 LAG Düsseldorf 4.3.16 – 10 TaBV 102/15, AiB 6/16, 56.

Abs. 2 Satz 2 dar (zu alternativen Informationswegen § 45 Rn. 5).[40] Der BR kann auch eine **Fragebogenaktion** unter den AN durchführen, wenn sich die Fragen im Rahmen der Zuständigkeit der Betriebsverfassungsorgane halten und die Persönlichkeitssphäre anderer AN nicht unnötig verletzt wird.[41] Die **Verteilung eines Flugblatts** des BR an die Belegschaft, in dem gegen Überstunden Stellung genommen wird, stellt grundsätzlich keine Störung des Betriebsfriedens dar.[42] Der BR kann die Belegschaft über den Stand von TV-Verhandlungen oder die Durchführung von Bildungsmaßnahmen durch eine Gew. sachlich informieren und unterrichten.[43] Unter den **Angelegenheiten tarifpolitischer Art** sind dabei alle Fragen zu verstehen, die mit den durch den TV geregelten oder zu regelnden Arbeitsbedingungen oder deren Verhältnissen zu betrieblichen Leistungen oder Regelungen zusammenhängen.[44] Gleiches gilt auch bei der Benutzung von **E-Mail, Intranet**[45] oder **Internet** durch den BR (§ 40 Rn. 22, 28).[46] Dabei hat die Veröffentlichung im Intranet wegen der betriebsinternen Öffentlichkeit den Charakter einer BR-Zeitung. Eine Veröffentlichung im Internet wendet sich an die Öffentlichkeit und gehört damit nach der abzulehnenden Rspr. des BAG[47] nicht zu den gesetzlichen Aufgaben des BR. Der BR ist auch berechtigt, z. B. bei Rechtsverstößen des AG, die Beschäftigten zu mobilisieren und entsprechend der Überzeugung des BR zu beeinflussen.[48] Auch die Darlegung der BR-Meinung in den **Medien** oder per **Presseerklärung** durch den BR ist grundsätzlich zulässig.[49]

Unzulässig ist es, wenn der **AG** ein von ihm verfasstes, polemische Angriffe gegen den BR enthaltendes Schreiben an AN des Betriebs verteilt[50] oder am »Schwarzen Brett« wahrheitswidrige Informationen über das Verhalten des BR veröffentlicht.[51] Zur Behinderung der BR-Arbeit vgl. im Einzelnen § 78, Rn. 2 f. Unzulässig ist es auch, wenn der AG eine Veröffentlichung des BR am »Schwarzen Brett« einseitig entfernt, weil er mit den darin gemachten Aussagen nicht einverstanden ist (vgl. § 40 Rn. 30).[52] Gleiches gilt für das Löschen von im Intranet eingestellten Seiten des BR.[53] Der AG ist auch nicht

---

40 DKW-Berg, Rn. 49.
41 BAG, DB 77, 914.
42 ArbG Stuttgart, AiB 4/80, 14.
43 LAG Hamm, dbr 6/09, 6; vgl. DKW-F-Berg, § 74 Rn. 5.
44 LAG Hamm, dbr 6/09, 6; Fitting, Rn. 58.
45 LAG Hamm, RDV 04, 223 zu Tarifverhandlungen.
46 Vgl. Strunk, CF 05, Heft 4 S. 26.
47 BAG, NZA 92, 315.
48 ArbG Hamburg 2. 2. 94 – 1 GaBV 1/94.
49 ErfK-Schmidt, Art. 5 GG, Rn. 40; einschränkend BAG, NZA 92, 315.
50 LAG Köln, BB 91, 1191.
51 Vgl. ArbG Trier, AiB 89, 53 m. Anm. v. Schoof.
52 VG Berlin, PersR 95, 96.
53 LAG Hamm, RDV 04, 223.

befugt, die **Fehlzeiten** von BR-Mitgl., die durch BR-Tätigkeit, Krankheit oder sonstige Gründe bedingt sind, im Betrieb bekannt zu geben.[54] Zu den **Kosten** der BR-Arbeit darf der AG sich in einer Betriebsversamml. nur dann äußern, wenn für ihn daran ein berechtigtes Interesse besteht. Durch die Art und Weise der Informationsgestaltung und -vermittlung darf er den BR jedoch nicht in seiner Amtsführung beeinträchtigen (s. § 78 Rn. 2f.), was z. B. der Fall sein kann, wenn der BR gegenüber der Belegschaft wegen der verursachten Kosten unter Rechtfertigungsdruck gesetzt wird, was sich nachteilig auf eine sachgerechte Interessenvertretung auswirkt (vgl. dazu § 23 Rn. 14).[55] Es stellt auch eine Behinderung der Amtstätigkeit des BR dar, wenn der AG sich dahingehend äußert, dass für AN vorgesehene Fortbildungsmaßnahmen ggf. nicht durchgeführt werden könnten, weil aus dem vorgesehenen Etat auch die BR-Kosten bestritten würden und der BR diesen Etat sehr stark ausschöpfe.[56] Wenn der AG im Zusammenhang mit Verhandlungen mit dem BR über freiwilliges Weihnachtsgeld die Kosten der BR-Arbeit durch Aushang bekannt macht und dokumentiert, dass er bei Reduzierung der BR-Kosten das Weihnachtsgeld erhöhen würde, handelt es sich ebenfalls um eine Behinderung der BR-Tätigkeit.[57]

4. Verbot der parteipolitischen Betätigung

Das Verbot der **parteipolitischen Betätigung** (Tätigkeit für oder gegen eine politische Partei) gilt für AG wie BR als Organ[58] und erfasst lediglich parteipolitische Betätigung auf dem Betriebsgelände.[59] Es gilt aber nicht für die JAV und auch nicht für die einzelnen AN. Für Letztere besteht ein Verbot, sich im Betrieb parteipolitisch zu betätigen erst dann, wenn durch deren Verhalten der Betriebsfrieden oder der Betriebsablauf konkret gestört. Durch das Verbot wird das Grundrecht der freien Meinungsäußerung erheblich eingeschränkt, was im Hinblick auf Art. 5 GG bedenklich ist.[60] Es ist mit der überragenden Bedeutung des Grundrechts auf Meinungsfreiheit (Art. 5 Abs. 1 GG) unvereinbar, wenn dieses Grundrecht nicht oder nur 4

54 LAG Nds., AuR 91, 153.
55 BAG, BB 96, 328; BB 98, 1006; nach ArbG Leipzig (NZA-RR 03, 142) kann der Unterlassungsanspruch nach § 23 Abs. 3 auch im einstweiligen Verfügungsverfahren geltend gemacht werden.
56 BAG, BB 98, 1006.
57 ArbG Wesel, AiB 97, 52 m. Anm. Grimberg.
58 Vgl. ErfK-Schmidt, Art 5 GG, Rn. 43.
59 Weitergehend BAG, DB 78, 1547, das auch eine Betätigung in unmittelbarer Betriebsnähe, z. B. das Verteilen eines parteipolitischen Flugblattes vor dem Fabriktor, dazurechnet.
60 Vgl. Däubler, Arbeitsrecht 1, Rn. 781 ff.

eingeschränkt in der betrieblichen Arbeitswelt anwendbar wäre.[61] Unter parteipolitischer Betätigung ist **nicht jede politische Tätigkeit** zu verstehen, vielmehr sind Äußerungen allgemeinpolitischer Art ohne Bezug zu einer Partei zulässig (vgl. Rn. 5).[62] Wegen der besonderen Bedeutung des Grundrechts der freien Meinungsäußerung ist insb. der Begriff der »Parteipolitik« eng auszulegen. Deswegen ist dem BR als auch dem AG eine parteipolitische Betätigung erst dann untersagt, wenn es zu einer konkreten Beeinträchtigung des Betriebsablaufs oder Betriebsfriedens kommt.[63] Wegen **Rechtsfolgen bei Verstoß** s. Rn. 7. Angelegenheiten tarifpolitischer, sozialpolitischer, umweltpolitischer und wirtschaftlicher Art (vgl. § 45), die den Betrieb oder seine AN unmittelbar betreffen, z. B. Fragen der Berufsausbildung oder der MB, können vom BR in Betriebsversamml. behandelt werden, auch wenn sie gleichzeitig im parteipolitischen Bereich diskutiert werden. Eine unzulässige parteipolitische Betätigung liegt allerdings dann vor, wenn in einer Betriebsversamml. ein Referat über ein sozialpolitisches Thema nur zu Zeiten des Wahlkampfes von einem Spitzenpolitiker in seinem Wahlkreis im Rahmen seiner Wahlkampfstrategie gehalten wird.[64] Ein Aufruf des BR, sich an einer bevorstehenden politischen Abstimmung oder Wahl zu beteiligen, verstößt nicht gegen das Verbot parteipolitischer Betätigung.[65] Eine parteipolitische Betätigung ist ebenfalls zu verneinen, wenn ein BR-Mitgl. an seinem Privatwagen den Aufkleber einer bestimmten **Partei** angebracht hat oder ein entsprechendes Zeichen an seinem Anzug trägt. Auch das Tragen von sog. **Anti-Strauß-Plaketten** war nicht grundsätzlich unzulässig. Es darf sich nur nicht um große, auffällige Plaketten handeln, mit denen der politische Gegner diffamiert und verächtlich gemacht werden soll.[66] Zulässig ist auch das Tragen einer Plakette mit einer stilisierten weißen Taube auf blauem Grund (**Friedenstaube**) oder einer Plakette, auf der die gewerkschaftliche Forderung nach der **35-Stunden-Woche** in den Farben Rot-Gelb abgebildet ist.[67] Auch das Tragen von sog. **Anti-Atom-Plaketten** ist keine parteipolitische Betätigung. Da die Kernenergie in fast allen politischen Gruppierungen umstritten ist, fehlt insoweit der parteipolitische Bezug.[68] Die Verteilung von

61 BAG, NZA 05, 158 zur unzulässigen Kündigung eines gewerkschaftlichen Vertrauensmannes wegen kritischer Äußerungen über den AG im gewerkschaftseigenen Intranet.

62 BVerfG, DB 76, 1485; jetzt auch BAG 17.3.10 – 7 ABR 95/08, brwo, AiB 11, 540.

63 BVerfG a. a. O.; vgl. DKW-Berg, Rn. 51.

64 BAG, DB 77, 2452.

65 BAG 17.3.10 – 7 ABR 95/08, brwo, AiB 11, 540.

66 BAG, DB 83, 2578.

67 ArbG Köln, AuR 85, 98; a. A. LAG RP 28.8.86 – 5 Sa 240/86.

68 Vgl. dazu aber BAG, DB 82, 2142, das Lehrern im öffentlichen Dienst das Tragen derartiger Plaketten während des Unterrichts untersagt hat, die Frage, ob sich andere AN ebenso verhalten müssen, aber offengelassen hat.

Flugblättern vor dem Betrieb, die zur Unterstützung des »Krefelder Appells« aufrufen, verletzt keine arbeitsvertragliche Pflicht.[69] Richtigerweise kann auch die **Auseinandersetzung mit ausländerfeindlichen oder rechtsradikalen Aktivitäten** nicht als parteipolitische Betätigung i. S. dieser Vorschrift angesehen werden, da in § 80 Abs. 1 (vgl. § 80 Rn. 11) ausdrücklich die Integration der im Betrieb beschäftigten ausländischen AN zu den allgemeinen Aufgaben des BR erklärt worden ist. Andererseits findet die Meinungsfreiheit ihre Grenze in den Benachteiligungs- bzw. Diskriminierungsverboten des § 75 Abs. 1.[70] Von einer parteipolitischen Betätigung kann auch keine Rede sein, wenn ein BR-Mitgl. außerhalb des Betriebs im Rahmen seiner zulässigerweise ausgeübten parteipolitischen Tätigkeit auf seine BR-Funktion hinweist.[71] Bei einer **unzulässigen parteipolitischen Betätigung** von AN im Betrieb besteht keine Verpflichtung des BR (oder des AG) zum Einschreiten. Eine solche Verpflichtung ist dem Gesetz nicht zu entnehmen.

In der Vergangenheit war str., ob **alle politischen Fragen** in den Bereich der parteipolitischen Betätigung fallen würden und deshalb vom BR nicht behandelt werden dürften. Das BAG[72] hat sich der Rspr. des BVerfG[73] angeschlossen und ausgeführt, dass Äußerungen allgemeinpolitischer Art, die eine politische Partei, Gruppierung oder Richtung weder unterstützen noch sich gegen sie wenden, nicht unter das Verbot des § 74 Abs. 2 Satz 3 fallen. Von dem Verbot wird nur die Betätigung für oder gegen eine politische Partei erfasst. 5

5. Gewerkschaftliche Betätigung von betriebsverfassungsrechtlichen Amtsträgern

Durch diese Bestimmung wird klargestellt, dass sich BR-Mitgl. in gleicher Weise wie alle anderen AN für ihre Gew. im Betrieb koalitionsgemäß betätigen können.[74] Das von Art. 9 Abs. 3 GG geschützte Recht betriebsangehöriger Gew-Mitgl. unterliegt nicht der Regelungsmacht des AG, aus diesem Grund besteht auch bei der Verteilung gewerkschaftlichen Informations- oder Werbematerials im Betrieb kein Raum für eine Mitbestimmung des BR.[75] Sie dürfen ihr Amt nur nicht dazu benutzen, **unzulässigen** Druck zum Eintritt in eine bestimmte Gew. auszuüben. Eine Doppelfunktion führt nicht zu einer Beschränkung in der Wahrnehmung von BR-Aufgaben, z. B. 6

69 LAG München, DB 85, 1539.
70 ArbG Bremen, BB 94, 1568.
71 Vgl. dazu auch BAG 20. 3. 79 – 1 AZR 450/76.
72 BAG 17. 3. 10 – 7 ABR 95/08, brwo, AiB 11, 540; ErfK-Schmidt, Art. 5 GG, Rn. 43.
73 Vgl. BVerfG, DB 76, 1485.
74 Ausführlich Däubler, CuA 2/22, 8 insbesondere zu digitalen Möglichkeiten.
75 Grundsätzlich BAG 28. 7. 20 – 1 ABR 41/18.

gemäß § 80 Abs. 1 oder § 106.[76] Bei neu in den Betrieb eintretenden AN kann der BR darauf hinweisen, dass eine enge Zusammenarbeit mit der Gew. und ein hoher Organisationsgrad besteht. Die BR-Mitgl. dürfen ansonsten für ihre Gew. werbend tätig werden (vgl. § 2 Rn. 7). Eine **Abmahnung**, die der AG deshalb ausspricht, weil ein BR-Mitgl. während der Arbeitszeit für seine Gew. Informationsmaterial und Aufnahmeformulare verteilt, ist **rechtswidrig** (vgl. im Übrigen zur individualrechtlichen Abmahnung von BR-Mitgl. § 23 Rn. 5).[77] Gewerkschaftliche Information und Werbung findet ihre Grenzen in den arbeitsvertraglichen Pflichten. Zulässig ist sie grundsätzlich vor Beginn der Arbeitszeit und danach, in den Pausen, während der Stillstands-Zeiten sowie während der tariflich vereinbarten Erholungs- und Bedürfniszeiten. Auch eine kurze Ansprache während der Arbeitszeit ist kein Grund für eine Abmahnung oder gar Kündigung. Lediglich die nachhaltige Störung des Arbeitsablaufs bzw. des Betriebsfriedens wäre ein Hinderungsgrund.[78] Wenn ein AN und BR-Mitgl. private E-Mails mit Werbung für seine Gewerkschaft außerhalb der Arbeitszeit an die dienstlichen E-Mail-Adressen von AN des Betriebes sendet, stellt dieses keine arbeitsrechtliche Pflichtverletzung dar.[79] Ein **AN** kann sich unabhängig von BR und Gewerkschaft mittels **Unterschriftenaktion** dafür einsetzen, dass im Betrieb die 35-Stunden-Woche bei vollem Lohnausgleich wieder eingeführt wird. Dabei kann er auch während der Arbeitszeit einzelne AN auf seine Unterschriftenaktion und zum Zweck der Unterschriftsleistung ansprechen, solange dies einen gewissen zeitlichen Rahmen nicht überschreitet, die Arbeitsleistung nicht darunter leidet und der Arbeitsablauf nicht ins Stocken gerät. Dies ist durch das – weit zu verstehende – Anhörungs- und Erörterungsrecht nach § 82 Abs. 1 und das Beschwerderecht nach § 84 Abs. 1 Satz 1 gedeckt.[80]

Aus § 74 Abs. 3 ergibt sich im Übrigen, dass der AG grundsätzlich verpflichtet ist, die zulässige **gewerkschaftliche Information und Werbung** (z. B. Verteilung von Informationsmaterial, Plakatwerbung, Mitgliederwerbung)[81] sowie die Mitgliederwerbung z. B. in einem Sozialraum bzw. Be-

---

76 BAG, NZA 01, 402; Peters-Ackermann, AiB 11, 197.

77 Vgl. dazu im Einzelnen BVerfG, BB 96, 590, dass damit eine gegenteilige Entscheidung des BAG (DB 92, 483) aufgehoben hat; ArbG Stuttgart 23. 10. 03 – 4 Ca 5258/03; siehe auch Heilmann, AuR 96, 121.

78 BAG 20. 1. 09 – 1 AZR 515/08; LAG SH 1. 12. 00 – 6 Sa 562/99.

79 LAG SH, AiB 01, 305; ArbG Hamburg 16. 1. 18 – 24 Ca 135/17, AiB 7–8/18, 50; Wulff, AiB 7–8/18, 50.

80 LAG Hamm 3. 9. 14 – 4 Sa 235/14.

81 BAG 22. 6. 10 – 1 AZR 179/09, AiB 11, 137; DB 06, 1381; BAG 20. 1. 09 – 1 AZR 515/08, AuR 09, 46 zur Versendung von Werbung per E-Mail durch die tarifzuständige Gewerkschaft an die AN über deren betriebliche E-Mail-Adressen; BAG, NZA 05, 158 zur kritischen Äußerung eines Vertrauensmannes über den AG im gewerkschaftseigenen Intranet; OLG SH, AiB 03, 632 m. Anm. Wedde

sprechungsraum, weil dort die AN anders als in einem Verkaufsraum oder Werkstattbereich nicht abgelenkt sind, in seinem Betrieb zu dulden[82] (vgl. auch § 2 Rn. 7). Dies gilt auch für ein betriebsfremdes, aber unternehmensangehöriges BR-Mitgl.[83] Soll in einem Betrieb digital (z. B. über eine App) kommuniziert werden, hat der AG zur Wahrnehmung der koalitionsrechtlichen Aufgaben für den Gew.-Beauftragten – ergänzend zum regulären Zugangsrecht gem. § 2 – einen eigenen digitalen Zugang einzurichten. Das den Gew. einzuräumende betriebliche Zutrittsrecht ist nicht unbeschränkt. Gegenüber dem gewerkschaftlichen Interesse an einer effektiven Mitgliederwerbung sind im Einzelfall die ebenfalls verfassungsrechtlich geschützten Belange des Arbeitgebers und Betriebsinhabers abzuwägen.[84]

Selbstverständlich dürfen BR-Mitgl. – wie jeder andere AN auch – gewerkschaftliche Funktionen (beispielsweise als Vertrauensleute) ausüben. Die Existenz von Vertrauensleuten und ihre gewerkschaftliche Betätigung im Betrieb ist durch Art. 9 Abs. 3 GG (Koalitionsfreiheit) geschützt. Eine **gewerkschaftliche Vertrauensperson** ist ohne Einwilligung des Arbeitgebers grundsätzlich befugt, im Auftrag der Gew. E-Mails von seinem Arbeitsplatz an die betrieblichen E-Mail-Adressen anderer Beschäftigter zu versenden, in denen für die Gewerkschaft geworben, über Streikmaßnahmen der Gewerkschaft informiert und zur Teilnahme am Streik aufgerufen wird. Ausgangspunkt ist die Aussage des BVerfG[85], wonach die Gew. frei entscheiden kann, welcher Mittel sie sich bei ihrer Betätigung im Betrieb bedienen will. Zuvor muss dazu nicht das Einverständnis des AG zur Nutzung der IT-Infrastruktur eingeholt werden. Eine aus diesem Anlass ausgesprochene Abmahnung ist unwirksam.[86] Nach abzulehnender Rspr. soll keine Verpflichtung des AG bestehen, E-Mails mit einem von einer Gew. gestalteten Inhalt an alle bei ihm Beschäftigten zu versenden. Das soll jedenfalls dann gelten, wenn der AG der Gew. über das hauseigene Intranet die Möglichkeit gewährt, Informationen an alle bei ihm beschäftigten AN zur Verfügung zu stellen.[87] Von

---

zum Speicherungs- und Verwertungsverbot des AG von Dateien aus einem gewerkschaftseigenen Intranet; LAG Köln, AuR 99, 411 f. zur Verteilung einer Gew.-Zeitung im Betrieb – auch in einem Betrieb, der verfassungsrechtlich dem kirchlichen Bereich zuzuzählen ist; ArbG Brandenburg, RDV 05, 275 (Ls.) zur Werbe-E-Mail eines gewerkschaftlichen AR-Kandidaten; Däubler, DB 04, 2102.

82 LAG Bremen 26.11.13 – 1 Sa 74/13; LAG BB 3.8.11 – 4 Sa 839/11, AuR 12, 83 Ls.

83 ArbG Stuttgart 23.10.03 – 4 Ca 5258/03.

84 BAG 22.6.10 – 1 AZR 179/09, AiB 11, 137; LAG Köln 16.9.16 – 10 Sa 328/16; LAG Hamm 16.12.14 – 12 Sa 1020/14.

85 BVerfG 14.11.95 – 1 BvR 601/92; BAG 20.1.09 – 1 AZR 515/08.

86 HessLAG 20.8.10 – 19 Sa 1835/09, brwo, AuR 11, 129.

87 ArbG Bonn 11.5.22 – 2 Ca 93/22.

der Rspr. ist letztlich noch nicht geklärt, welche digitalen Rechte die Gew. in betrieblichen und virtuellen Strukturen haben.[88]
Nach der abzulehnenden Auffassung des BAG[89] hat ein **ehrenamtlich tätiges Gew.-Mitgl**. keinen Anspruch gegenüber dem AG auf unbezahlte Freistellung von der Arbeit für die Teilnahme an einer Ortsvorstandssitzung. Das Gew.-Mitgl. könne jedoch verlangen, dass die Sitzungen von ihrer zeitlichen Lage her bei der Aufstellung von Schichtplänen berücksichtigt werden. Das ArbG Kaiserslautern[90] hat als Vorinstanz noch entschieden, dass der AG grundsätzlich verpflichtet ist, einem AN erforderlichenfalls die Teilnahme an der Ortsvorstandssitzung seiner Gew. durch unbezahlte Freistellung zu ermöglichen. Er hat ihm den Verdienstausfall zu bescheinigen, damit der AN bei seiner Gew. den Verdienstausfall geltend machen kann. Die Entscheidung des BAG umfasst aber nicht den Fall einer Delegiertenversammlung bzw. eines Gewerkschaftstages, da hier die Belastung für den Arbeitgeber wesentlich geringer ist. In diesen Fällen haben die betrieblichen Interessen des AG hinter der durch Art. 9 Abs. 3 GG geschützten Koalitionsbetätigungsfreiheit der AN zurückzutreten. So hat das LAG Köln[91] einen Anspruch eines AN auf unbezahlte Freistellung anerkannt, wenn der AN als Delegierter an einem alle vier Jahre stattfindenden Gewerkschaftstag der IG Chemie-Papier-Keramik teilnimmt.

6. Rechtsfolgen, Streitigkeiten

7 Verstöße des **BR** gegen seine nach Abs. 2 bestehenden Pflichten begründen keinen Unterlassungsanspruch des AG gegen den BR. Der AG kann nur bei einer groben Pflichtverletzung gemäß § 23 Abs. 1 die Auflösung des BR beantragen bzw. bei weniger gravierenden Pflichtverletzungen die Zulässigkeit einer Maßnahme des BR im Wege eines Feststellungsantrages im Beschlussverfahren klären lassen (vgl. § 23 Rn. 5).[92] Ein Unterlassungsbegehren des AG im Zusammenhang mit einem Verstoß gegen das Arbeitskampfverbot kann sich gegen einen einzelnen AN aus § 1004 Abs. 1 Satz 2 BGB ergeben; der Anspruch kann sich gegen jedermann richten.[93]

---

88 S. auch Däubler, Interessenvertretung durch Betriebsrat und Gewerkschaften im digitalen Betrieb, HSI-Schriftenreihe, Band 41, unter *https://www.hugo-sinzheimer-institut.de/faust-detail.htm?sync_id=HBS-008141*.

89 BAG 13.8.10 – 1 AZR 173/09, brwo, DB 11, 1115.

90 ArbG Kaiserslautern 24.1.07 – 1 Ca 1558/06, AuR 07, 285.

91 LAG Köln 11.1.90 – 8 Sa 1020/89, AiB 91, 131 Ls.

92 BAG 15.10.13 – 1 ABR 31/12; 17.3.10 – 7 ABR 95/08, brwo; LAG Düsseldorf 14.12.10 – 17 TaBV 12/10, brwo, AuR 11, 266 Ls. Zu Rechtsfolgen bei Verstößen und Streitigkeiten vgl. im Einzelnen DKW-Berg, Rn. 87 ff.

93 BAG 15.10.13 – 1 ABR 31/12, AuR 13, 462, auch zu den weiteren Voraussetzungen.

§ 75 Grundsätze für die Behandlung der Betriebsangehörigen

(1) Arbeitgeber und Betriebsrat haben darüber zu wachen, dass alle im Betrieb tätigen Personen nach den Grundsätzen von Recht und Billigkeit behandelt werden, insbesondere, dass jede Benachteiligung von Personen aus Gründen ihrer Rasse oder wegen ihrer ethnischen Herkunft, ihrer Abstammung oder sonstigen Herkunft, ihrer Nationalität, ihrer Religion oder Weltanschauung, ihrer Behinderung, ihres Alters, ihrer politischen oder gewerkschaftlichen Betätigung oder Einstellung oder wegen ihres Geschlechts oder ihrer sexuellen Identität unterbleibt.
(2) Arbeitgeber und Betriebsrat haben die freie Entfaltung der Persönlichkeit der im Betrieb beschäftigten Arbeitnehmer zu schützen und zu fördern. Sie haben die Selbständigkeit und Eigeninitiative der Arbeitnehmer und Arbeitsgruppen zu fördern.

Inhaltsübersicht Rn.

1. Grundsätze

Nach dem DGB-Entwurf[1] für ein modernes BetrVG sollen die Begriffe des AGG der aktuellen Diskussion angepasst werden. Weiterhin soll vom AG und BR die Sicherstellung eines gewalt- und belästigungsfreien Arbeitsumfeldes verlangt werden. 1
Mit dem am 18. 8. 2006 in Kraft getretenen Allgemeinen Gleichbehandlungsgesetz (AGG) ist § 75 Abs. 1 neu gefasst und an die Begriffe des AGG angepasst worden,[2] indem die in § 1 AGG geregelten Benachteiligungsverbote in § 75 Abs. 1 übernommen worden sind. Die unterschiedliche Be-

1 *https://aur-blog.eu/reformvorschlag/.*
2 Vgl. NDW-AGG, Einleitung, S. 43 f.

handlung der Betriebsangehörigen aus einem in § 1 AGG genannten Grund ist daher nur unter den im AGG normierten Voraussetzungen zulässig.[3] Ziel des AGG ist es, im Erwerbsleben Beschäftigte umfassend vor Benachteiligungen durch erweiterte Handlungsmöglichkeiten auch für den BR zu schützen (vgl. § 17 Abs. 2 AGG; § 23 Rn. 11a).[4]
Die Vorschrift erfasst **alle im Betrieb beschäftigten Personen**, also auch die AN, die im Betrieb des AG tätig sind, ohne zu diesem in einem Arbeitsverhältnis zu stehen (z. B. Leih-AN, Werkvertrags-AN, Monteure, entsandte Bauarbeiter u. Ä.). Darüber hinaus handelt es sich um eine **Rahmenvorschrift** hinsichtlich der Regelungsmacht des BR, die u. a. durch die MBR eine nähere Konkretisierung erfährt. Aus der Überwachungspflicht sowie aus §§ 12, 17 AGG ergibt sich insbesondere für den AG die Verpflichtung, präventive und weitere Schutzmaßnahmen gegen Benachteiligungen zu ergreifen. Dies beinhaltet auch, dass AG und BR nicht gegen die aufgeführten Grundsätze verstoßen dürfen. (Zur Verpflichtung des AG, den BR auch über die bei ihm beschäftigten **freien Mitarbeiter** zu informieren, damit die Grundsätze des § 75 gewährleistet werden, siehe § 80 Abs. 2 Satz 1 sowie dort Rn. 14). Entsprechendes gilt für die einzelnen BR-Mitgl., wonach die Einhaltung der in § 75 normierten Grundsätze unmittelbar verbindlich ist. Die Formulierung »insbesondere« macht deutlich, dass unter Recht und Billigkeit nicht nur **das Verbot einer Diskriminierung** aus den genannten Gründen, sondern jede sachlich **nicht gerechtfertigte willkürliche Benachteiligung** (vgl. § 3 AGG) zu verstehen ist. Eine Benachteiligung liegt dann vor, wenn eine Person wegen eines in dieser Vorschrift genannten Grunds eine weniger günstige Behandlung als eine andere Person in einer vergleichbaren Situation erfährt, erfahren hat oder erfahren würde (**unmittelbare Benachteiligung**, § 3 Abs. 1 AGG), bzw. wenn dem Anschein nach neutrale Vorschriften, Kriterien oder Verfahren Personen wegen eines in dieser Vorschrift genannten Grunds gegenüber anderen Personen in besonderer Weise ohne sachlichen Grund benachteiligen können (**mittelbare Benachteiligung**, § 3 Abs. 2 AGG).[5] Zum Maßregelungsverbot nach einem Arbeitskampf vgl. Rn. 4.

---

3 BAG 28.7.20 – 1 AZR 590/18, BB 21, 61.

4 Zu Umsetzungsmängeln des AGG vgl. Eberhardt, Gute Arbeit 11/09, 31; Busch, AiB 08, 184.

5 Zu Ansprüchen von AN aus den neuen Bundesländern, die aber in den alten Bundesländern ihre Arbeitsleistung erbringen, vgl. BAG, DB 93, 332 und AuR 94, 160. Zum AGG und den sich für den BR daraus ergebenden datenschutzrechtlichen Aufgaben s. Däubler, Rn. 212 ff.

2. Arbeitsrechtlicher Gleichbehandlungsgrundsatz

Neben dem AGG (vgl. § 2 Abs. 3 Satz 1 AGG)[6] räumt Abs. 1 auch dem einzelnen AN das individuelle Recht ein, nach den Grundsätzen von Recht und Billigkeit behandelt zu werden (zu Fragen des **Sozialplans** s. Rn. 6).[7] Diese Grundsätze prägen inhaltlich den **arbeitsrechtlichen Gleichbehandlungsgrundsatz**, dem wiederum der allgemeine Gleichheitssatz des Art. 3 Abs. 1 GG zugrunde liegt.[8] Er zielt darauf ab, eine Gleichstellung von Personen in vergleichbarer Lage sicherzustellen und eine gleichheitswidrige Gruppenbildung auszuschließen. Der AG ist nicht nur dann an den arbeitsrechtlichen Gleichbehandlungsgrundsatz gebunden, wenn er einseitig allgemeine Anspruchsvoraussetzungen für eine Leistung bestimmt hat, sondern auch, wenn er solche arbeitsvertraglich vereinbart. In beiden Fällen begrenzt der Grundsatz die Gestaltungsmacht des AG zum Schutz des AN.[9] Er zielt darauf ab, eine Gleichbehandlung von Personen in vergleichbaren Sachverhalten sicherzustellen und eine gleichheitswidrige Gruppenbildung auszuschließen. Bei einer personenbezogenen Ungleichbehandlung ist der Gleichheitssatz bereits dann verletzt, wenn eine Gruppe von Normadressaten im Vergleich zu anderen Normadressaten anders behandelt wird, obwohl zwischen beiden Gruppen keine Unterschiede von solcher Art und solchem Gewicht bestehen, dass diese die ungleiche Behandlung rechtfertigen könnten.[10] Maßgeblicher Sachgrund für eine Gruppenbildung ist vor allem der mit der jeweiligen Regelung verfolgte Zweck.[11] Die Betriebsparteien haben § 75 Abs. 1 bei dem Abschluss von BV und der Vereinbarung von Betriebsnormen zu beachten. Der Gleichbehandlungsgrundsatz findet **keine Anwendung auf TV und schuldrechtliche Vereinbarungen** zwischen tariffähigen Vertragsparteien, da die Tarifautonomie gerade darauf angelegt ist, die strukturelle Unterlegenheit der einzelnen AN beim Abschluss von Arbeitsverträgen durch kollektives Handeln auszugleichen und damit ein annähernd gleichgewichtiges Aushandeln der Vergütungen und Arbeitsbedingungen zu ermöglichen (s. Rn. 6).[12] Der Gleichbehandlungsgrundsatz gilt **unternehmensweit**, wenn die verteilende Entscheidung sich nicht nur auf einen Betrieb, sondern sich auf mehrere oder alle Betriebe des Unternehmens bezieht.[13] Dabei sind die Besonderheiten des Unternehmens und 2

6 Hinrichs/Zwanziger, DB 07, 574.
7 BAG 7.6.11 – 1 AZR 807/09; s. Rn. 6; im Einzelnen DKW-Berg, Rn. 106ff.
8 BAG 11.10.22 – 1 AZR 129/21; vgl. auch BVerfG NZA 07, 195.
9 BAG 20.3.18 – 1 ABR 15/17, BB 18, 2298; ausführlich BAG 21.5.14 – 4 AZR 50/13.
10 BAG 26.4.16 – 1 AZR 435/14.
11 BAG 26.4.16 – 1 AZR 435/14; 9.12.14 – 1 AZR 406/13.
12 BAG 6.7.16 – 4 AZR 966/13, »Nokia-Fall«; 21.5.14 – 4 AZR 50/13, »Opel-Fall«.
13 BAG, NZA 09, 367; LAG RP 24.8.12 – 9 Sa 176/12.

die seiner Betriebe zu berücksichtigen.[14] Ausnahmsweise besteht ein Anspruch auf Gleichbehandlung im Konzern dann, wenn vom herrschenden Unternehmen ausgehend bestimmte Leistungen üblicherweise konzernweit erbracht werden und auf den Fortbestand dieser Übung ein schützenswertes Vertrauen für die AN der Konzernunternehmen entstanden ist.[15] Er steht aber unter dem Vorbehalt der MBR der BR der einzelnen Betriebe des Unternehmens und ist nicht geeignet, mitbestimmungsrechtliche Kompetenzen der einzelnen Betriebsräte einzuschränken[16] und Zuständigkeitsverteilungen zwischen dem BR, GBR und KBR zu regeln.[17] Eine Unterscheidung zwischen den einzelnen Betrieben ist nur zulässig, wenn es hierfür sachliche Gründe gibt;[18] die Unterscheidung zwischen verschiedenen Unternehmen eines Konzerns im Rahmen einer KBV ist dann zulässig, wenn sich die von der KBV erfassten und die von ihrem Geltungsbereich ausgenommenen Unternehmen nicht in einer vergleichbaren Lage befinden.[19] Der arbeitsrechtliche Gleichbehandlungsgrundsatz greift nur bei einem gestaltenden Verhalten des AG,[20] sodass sowohl ein Anspruch auf »Gleichbehandlung im Irrtum«[21] als auch eine Verpflichtung zur Gleichbehandlung der AN verschiedener AG ausscheidet.[22] Der Grundsatz findet auch keine Anwendung, wenn der AG ausschließlich normative oder vertragliche Verpflichtungen erfüllt.[23] Bei einer Benachteiligung durch Dritte (z. B. durch die Zuteilung von Aktienoptionen durch die ausländische Konzernmutter) ist der AG nach § 12 Abs. 4 AGG verpflichtet, aufgrund der in § 7 Abs. 1 AGG genannten Merkmale geeignete Schutzmaßnahmen zu ergreifen. Voraussetzung hierfür ist jedoch, dass eine diskriminierende Handlung Dritter »bei der Ausübung ihrer Tätigkeit« für den AG erfolgt.[24]

Beispiele:

- Eine Verletzung des arbeitsrechtlichen Gleichbehandlungsgrundsatzes liegt vor, wenn mit einer Zahlung solche Zwecke verfolgt werden, die

---

14 BAG 26.9.17 – 1 ABR 27/16.
15 BAG 17.6.09 – 7 AZR 112/08 (A).
16 BAG, AuR 09, 43; HessLAG 9.1.07 – 4 Sa 1329/06, brwo.
17 BAG 18.5.10 – 1 ABR 96/08.
18 BAG, NZA 09, 367.
19 BAG 13.12.16 – 1 AZR 148/15; LAG BB 30.6.23 – 12 Sa 1394/22.
20 Ständige Rspr. BAG 6.7.11 – 4 AZR 596/09, Gewährung z. B. von Leistungen nach einem erkennbar generalisierenden Prinzip auf Grund einer abstrakten Regelung.
21 BAG, DB 05, 1633.
22 BAG, DB 05, 2189; HessLAG, EzAÜG § 1 AÜG Konzerninterne Arbeitnehmerüberlassung Nr. 18 zu Stammbelegschaft und LeihAN.
23 BAG 21.9.11 – 5 AZR 520/10, brwo.
24 BAG 20.3.18 – 1 ABR 15/17.

nicht im Ausgleich von Vergütungsunterschieden bestehen, sondern ein Verhalten Einzelner honoriert, das der AG von allen AN erwünscht.[25]

- In einer BV nach § 88 kann für einen AN ein Anspruch auf eine variable Erfolgsvergütung, die auch Gegenleistung für im gesamten Kalenderjahr laufend erbrachte Arbeit darstellt, nicht vom Bestehen eines ungekündigten Arbeitsverhältnisses am Auszahlungstag[26] oder vom Bestand des Arbeitsverhältnisses am 31. 12. des betreffenden Jahres abhängig gemacht werden.[27]
- Es stellt zugleich einen Verstoß gegen den Gleichbehandlungsgrundsatz und auch gegen § 4 Abs. 2 TzBfG dar, wenn befristet beschäftigten AN Ansprüche auf Zahlung einer Treueprämie (oder Bleibeprämie),[28] mit der bezweckt wird, den Geschäftsbetrieb bis zu einer Betriebsänderung aufrechtzuerhalten, gegenüber unbefristet beschäftigten AN vorenthalten bleiben.[29]
- Die Regelung in einer freiwilligen BV, nach der rentenberechtigte AN keinen Anspruch auf eine Prämie haben sollen, mit der AN bei einer beabsichtigten Schließung bis zu einem bestimmten Zeitpunkt gehalten werden sollen, verstößt gegen das Verbot der Altersdiskriminierung und ist daher unwirksam.[30]
- Nach einem Betriebsübergang haben AN keinen Anspruch auf Anpassung an die beim Erwerber bestehenden besseren Arbeitsbedingungen, da der AG nur die gesetzlichen Rechtsfolgen aus § 613a BGB vollzieht,[31] sehr wohl aber auf eine freiwillige Lohnerhöhung nach einer selbst gegebenen Regelung des AG, wenn dieser zwischen der Stammbelegschaft und den auf Grund eines Betriebsübergangs übernommenen Arbeitnehmern differenzieren will.[32]
- In einer GBV kann der Ausschluss von Altersteilzeit AN, die sich in der Freistellungsphase befinden, von dem Anspruch auf Zahlung eines Jahresbonus, der u. a. vom Erfolg des Unternehmens abhängig ist, vereinbart werden.[33]
- Unzulässig ist eine BV, die einen Sonderkündigungsschutz nur zugunsten der AN begründet, die das Angebot des AG zu einer Weiterbeschäfti-

---

25 BAG, AuR 11, 367 Ls.; DB 07, 2778, im Falle der Zahlung eines vertraglichen Weihnachtsgeldes nur an die AN, die zuvor einer Entgeltreduzierung und Arbeitszeitverlängerung zugestimmt hatten.

26 BAG 7. 6. 11 – 1 AZR 807/09.

27 BAG 13. 11. 13 – 10 AZR 848/12.

28 Fitting, §§ 112, 112a Rn. 169 m. w. N.

29 BAG 9. 12. 14 – 1 AZR 406/13.

30 LAG BB 25. 8. 20 – 7 Sa 503/20.

31 BAG 19. 1. 10 – 3 ABR 19/08, brwo zu einer Versorgungsordnung; NZA 06, 265.

32 BAG, DB 07, 1817.

33 LAG Nds., AuR 09, 170, Ls.

gung zu einer geringeren Vergütung angenommen haben; eine auf dieser Grundlage getroffene Sozialauswahl ist grob fehlerhaft i. S. von § 1 Abs. 5 KSchG.[34]

- Ebenso ist eine Regelung in einem Sozialplan unzulässig, die einen Ausschluss betriebsbedingter Kündigungen vorsieht, davon aber diejenigen AN ausnimmt, die der Überleitung ihres Arbeitsverhältnisses auf einen anderen AG widersprochen haben,[35] oder einen Kinderzuschlag davon abhängig macht, dass der betroffene AN den lohnsteuerrechtlichen Kinderfreibetrag in Anspruch nimmt (im Einzelnen Rn. 6).[36]

Vereinbart ein AG mit AN Altersteilzeitarbeitsverträge, obwohl er wegen Überschreitens der in § 3 Abs. 1 Nr. 3 AltTZG geregelten Überlastquote hierzu nicht verpflichtet ist, erbringt er eine freiwillige Leistung. Der AG hat deshalb bei der Entscheidung über den Antrag eines AN auf Abschluss eines Altersteilzeitarbeitsvertrags den arbeitsrechtlichen Gleichbehandlungsgrundsatz zu beachten.[37] Gemäß § 1b Abs. 1 Satz 4 BetrAVG können Versorgungsverpflichtungen nicht nur auf einer Versorgungszusage, sondern auch auf dem Grundsatz der Gleichbehandlung beruhen (s. auch Rn. 5). Im Bereich des **Betriebsrentenrechts** hat der arbeitsrechtliche Gleichbehandlungsgrundsatz damit kraft Gesetzes anspruchsbegründende Wirkung. Der Gleichbehandlungsgrundsatz verbietet sowohl die sachfremde Schlechterstellung einzelner AN in vergleichbarer Lage als auch eine sachfremde Gruppenbildung. Das gilt auch bei der Anpassung von Betriebsrenten gemäß § 16 BetrAVG.[38] Ein gegen den Gleichbehandlungsgrundsatz verstoßender Ausschluss eines AN aus dem Geltungsbereich einer begünstigenden Regelung führt dazu, dass dieser die ihm durch die gleichheitswidrige Gruppenbildung vorenthaltene Leistung beanspruchen kann.[39]

Eine **Ungleichbehandlung von Arbeitern und Angestellten** durch den AG (z. B. beim Weihnachtsgeld) ist grundsätzlich unzulässig. Der bloße Statusunterschied zwischen Arbeitern und Angestellten kann eine Ungleichbehandlung in einer BV zur betrieblichen Altersversorgung nicht rechtfertigen.[40] Nur wenn sachliche Kriterien die Besserstellung gegenüber der anderen Gruppe rechtfertigen, kann z. B. eine höhere freiwillige Leistung durch

34 LAG Nds., LAGE § 2 KSchG Nr. 63.
35 LAG BB 10. 2. 15 – 7 Sa 1619/14.
36 HessLAG 28. 10. 20 – 18 Sa 22/20, AiB 2/21, 47 mit Anm. Pietsch; LAG Düsseldorf 2. 9. 15 – 12 Sa 543/15.
37 BAG 15. 11. 11 – 9 AZR 387/10, brwo.
38 BAG 17. 6. 14 – 3 AZR 529/12.
39 BAG 14. 5. 13 – 1 AZR 43/12; LAG BB 10. 2. 15 – 7 Sa 1619/14.
40 BAG 16. 2. 10 – 3 AZR 216/09, brwo, AuR 10, 135.

den AG gezahlt werden.[41] Kein sachlicher Grund ist ein unterschiedliches Ausbildungs- und Qualifikationsniveau.[42]
Weiterhin ist das **Maßregelungsverbot** nach § 612a BGB zu beachten, wobei eine Benachteiligung sowohl dann vorliegt, wenn der AN eine Einbuße erleidet, sich also seine Situation gegenüber dem bisherigen Zustand verschlechtert, als auch in dem Fall, dass dem AN Vorteile vorenthalten werden, die der AG AN gewährt, falls diese entsprechende Rechte nicht ausgeübt haben.[43] Dies gilt auch im Bereich freiwilliger Leistungen.[44]
Der BR hat – ebenso wie der AG – die Einhaltung der allgemeinen Pflichten aus § 75 zu überwachen. Die Überwachung verlangt, dass sich der BR bei den von ihm zu vertretenden AN informiert und mit ihnen austauscht.[45] Diese Aufgabe begründet des Weiteren einen **Auskunftsanspruch gegen den AG** (s. § 80 Rn. 1 ff.).[46] Gegenstand der Überwachungspflichten sind nicht nur Maßnahmen des AG, sondern auch Maßnahmen Dritter, z. B. einer ausländischen Konzernmutter, die die AN des Betriebes betreffen (s. o.).[47] Die Überwachungspflichten des BR begründen neben den §§ 81 ff. weitergehende Rechtsansprüche des AN nach §§ 13 ff. AGG bzw. für den BR nach § 17 AGG (im Einzelnen Rn. 5c und 11).[48]

3. Benachteiligungsverbote

a) Geschlecht

Die Benachteiligung wegen des **Geschlechtes** bezieht sich auf die biologische Zuordnung als Frau, Mann oder Trans- und Intersexuellen und nicht auf die sexuelle Ausrichtung. Es ist jetzt anerkannt, dass neben dem weiblichen und männlichen Geschlecht ein drittes Geschlecht existiert, dessen geschlechtliche Identität ebenfalls vom verfassungsrechtlichen Schutz erfasst wird (s. im Einzelnen § 15 Rn. 3).[49] Über Abs. 1 gilt der Gleichberechtigungsgrundsatz des Art. 3 Abs. 2 GG sowie das Diskriminierungsverbot des Art. 3 Abs. 3 GG im Betrieb unmittelbar. Aus dem Benachteiligungsverbot folgt insbesondere, dass AG und BR darauf zu achten haben, dass der **Grundsatz** 3

41 BAG 10. 11. 15 – 3 AZR 575/14; BB 06, 440 zu einem höheren Weihnachtsgeld zwecks stärkerer Betriebsbindung.
42 BAG a. a. O.
43 BAG, DB 08, 823.
44 LAG RP 26. 6. 09 – 9 Sa 170/09.
45 BAG 29. 4. 15 – 7 ABR 102/12.
46 BAG 20. 3. 18 – 1 ABR 15/17; BAG, BB 04, 2467 zur Auskunft über individuell vereinbarte Umsatzziele bei TV-Leistungslohnsystem.
47 BAG 20. 3. 18 – 1 ABR 15/17.
48 Vgl. zur alten Rechtslage BAG, DB 05, 504.
49 BVerfG 10. 10. 17 – 1 BvR 2019/16, in Folge dessen das Personenstandsgesetzes zum 1. 1. 2019 geändert wurde.

der Lohngleichheit von Mann und Frau bei gleichartiger Arbeit im Betrieb eingehalten wird und Frauen gleichberechtigt an Fortbildungsmaßnahmen teilnehmen (vgl. § 2 Abs. 1 Nr. 2 AGG; § 1 EntgTranspG; §§ 80 Abs. 1 Nr. 2a, 2b, 92 Abs. 3).[50] Das **Gesetz zur Förderung der Transparenz von Entgeltstrukturen** (EntgTranspG), das am 6.7.2017 in Kraft getreten ist, eröffnet AN und BR neue Möglichkeiten, sich für eine gleiche Bezahlung von Frauen und Männern einzusetzen (s. im Einzelnen § 80 Rn. 6a; § 87 Rn. 56; § 43 Rn. 4; § 45 Rn. 2).[51] Die Eckpfeiler des Gesetzes sind:

- der individuelle Auskunftsanspruch in Betrieben mit mehr als 200 Beschäftigten (§ 10 EntgTranspG),
- das betriebliche Prüfverfahren in Betrieben mit mehr als 500 Beschäftigten (§ 17 EntgTranspG),
- sowie die Berichtspflicht des Arbeitgebers in Kapitalgesellschaften ab 500 Beschäftigten, wobei der Bericht dem Lagebericht nach § 289 HGB als Anlage beizufügen ist (§§ 21, 22 EntgTranspG).

Allerdings ist festzustellen, dass das Gesetz in der Praxis bisher nur wenigen Beschäftigten nützt. Es entfaltet kaum Wirkung, und nur eine Minderheit der Unternehmen ist bislang aktiv geworden.[52] Nach dem am 10.7.2019 veröffentlichten Evaluationsbericht[53] des Bundesministeriums für Familie, Senioren, Frauen und Jugend über das neue Gesetz haben bisher nur 4 Prozent der berechtigten Beschäftigten in Unternehmen mit mehr als 200 Beschäftigten von ihrem Auskunftsrecht zum Entgelt Gebrauch gemacht. Auch im Jahr 2022 klafft eine erhebliche Lücke zwischen den durchschnittlichen Arbeitsentgelten von Frauen und Männern, so eine explorative HBS-Studie zu betrieblichen Prüfungen der Entgeltgleichheit von Frauen und Männern.[54] Dringend erforderlich ist deswegen, dass das Entgelttransparenzgesetz verbindlicher ausgestaltet wird.

Das AGG, sonstige Benachteiligungsverbote und Gebote der Gleichbehandlung sowie öffentlich-rechtliche Vorschriften, die dem Schutz oder der Förderung bestimmter Personengruppen dienen, bleiben durch das EntgTranspG unberührt.

---

50 Dossier des Bundesministeriums für Familie, Senioren, Frauen und Jugend zur Entgeltungleichheit zwischen Frauen und Männern in Deutschland unter: *http://www.equalpayday.de/fileadmin/public/dokumente/Toolkit/entgeltungleichheit-dossier-property-pdf-bereich-bmfsfj-sprache-de-rwb-true.pdf*; zur Entgeltungleichheit der Frauen siehe: *https://www.boeckler.de/wsi-52816.htm* sowie Böckler Impuls 5/19, 1.

51 Im Einzelnen Kocher, AuR 18, 8 ff.

52 *https://www.boeckler.de/117819_117892.htm.*

53 *https://www.bmfsfj.de/blob/137224/79c7431772c314367059abc8a3242a55/bericht-der-br-foerderung-entgelttransparenz-data.pdf.*

54 *https://www.boeckler.de/de/faust-detail.htm?sync_id=HBS-008285.*

Untersagt ist nicht nur die **unmittelbare Benachteiligung** wegen des Geschlechts, z. B. eine ungünstigere Behandlung wegen Schwangerschaft oder Mutterschaft. Unzulässig ist auch jede **mittelbare Benachteiligung** (§ 3 Abs. 2 AGG; § 3 EntgTranspG). Dazu ist ein statistischer Nachweis nicht zwingend erforderlich, dass Personen, bei denen eines der Merkmale des § 1 AGG vorliegt, im Verhältnis zu Personen, bei denen dies nicht der Fall ist, zahlenmäßig wesentlich stärker von einer Vorschrift benachteiligt werden, wenn das Kriterium dazu typischerweise geeignet ist.[55] So benachteiligt ein TV, der für den Zugang zur Pilotenausbildung eine Mindestgröße von 165 cm verlangt, Frauen mittelbar wegen ihres Geschlechts.[56] Ebenso kann eine nur Piloten betreffende Pflicht zum Tragen der Cockpit-Mütze aufgrund einer BV rechtswidrig sein.[57] Bei der betrieblichen Altersversorgung können Teilzeitkräfte keine gleich hohe Versorgung fordern wie Vollzeitkräfte; vielmehr ist es nach dem Pro-rata-temporis-Grundsatz zulässig, Altersversorgungsleistungen anteilig nach dem Beschäftigungsumfang im Vergleich zu einem Vollzeitbeschäftigten mit gleicher Dauer der Betriebszugehörigkeit zu erbringen.[58] Eine Benachteiligung liegt des Weiteren vor, wenn **teilzeitbeschäftigte Frauen** von der betrieblichen Altersversorgung ausgeschlossen werden[59] oder eine tarifliche Regelung geringfügig Beschäftigte von der Zahlung einer Sonderzuwendung (Weihnachtsgeld) ausschließt, wenn davon mehr Frauen als Männer betroffen sind.[60] Dabei ist der Vergleich von Vollzeit- und Teilzeitbeschäftigten methodisch für jeden einzelnen Entgeltbestandteil vorzunehmen und nicht von der Gesamtbetrachtung der Vergütung abhängig.[61] Da Teilzeitbeschäftigte nicht wegen der Teilzeitarbeit gegenüber Vollzeitbeschäftigten unterschiedlich behandelt werden dürfen (§ 4 Abs. 1 TzBfG), haben sie Anspruch auf die **volle Jubiläumszuwendung.**[62] Das Verbot der Schlechterbehandlung gilt für alle Arbeitsbedingungen, d. h. sowohl für einseitige Maßnahmen des AG als auch für einzelvertragliche Vereinbarungen.[63] Zum Thema Teil-

55 BAG 18.9.14 – 8 AZR 753/13, AiB 7–8/15, 57 mit Anm. Staack.

56 LAG Köln 25.6.14 – 5 Sa 75/14, AuR 14, 294.

57 BAG 30.9.14 – 1 AZR 1083/12, AuR 14, 443.

58 EuGH 10.6.10 – C-395/08 und C-396/08; BAG 19.4.16 – 3 AZR 526/14.

59 Vgl. dazu EuGH, DB 90, 330; BVerfG, AuR 99, 276; zur Gleichbehandlung unterschiedlicher AN-Gruppen in der betrieblichen Altersversorgung vgl. BAG, NZA 98, 762 und für den Bereich des öffentlichen Dienstes BAG, NZA 00, 659.

60 EuGH, AuR 99, 401; zur mittelbaren Diskriminierung von schwangeren Arbeitnehmerinnen, Wöchnerinnen und stillenden Arbeitnehmerinnen vgl. EuGH, AuR 00, 66 m. Anm. v. Feldhoff.

61 EuGH 19.10.23 – C-660/20; BAG 19.12.18 – 10 AZR 231/18, AiB 3/19, 48; 23.3.17 – 6 AZR 161/16.

62 BAG, DB 96, 1783.

63 BAG, NZA-RR 09, 527.

zeitbeschäftigte und TV-Regelungen s. Berg/Kocher/Schumann, Teil 2 § 1 Rn. 357 ff. Einem **teilzeitbeschäftigten BR-Mitgl.** steht ein entsprechender Freizeitausgleich zu (vgl. § 37 Rn. 40, 46). Bei **ganztägigen Schulungsveranstaltungen** steht **teilzeitbeschäftigten BR-Mitgl.** gem. § 37 Abs. 6 Satz 2 sowie § 37 Abs. 7 Satz 3 grundsätzlich der gleiche Schulungsanspruch wie vollzeitbeschäftigten BR-Mitgl. zu. Bei einer tariflichen Vergütungsregelung sind die **Mutterschutzfristen** in die Bemessungsgrundlage eines ergebnisbezogenen Entgelts einzubeziehen.[64] Ein an die Geschlechtszugehörigkeit anknüpfendes Versorgungsentgelt einer Pensionskasse ist unrechtmäßig, und die für die begünstigte AN-Gruppe geltenden Regeln sind auch für die benachteiligte AN-Gruppe maßgeblich.[65] Die Bemessung einer Sozialplanabfindung, wonach Zeiten der Teilzeit- und der Vollzeitbeschäftigung anteilig berücksichtigt werden, verstößt nicht gegen den arbeitsrechtlichen Gleichbehandlungsgrundsatz.[66] Demgegenüber sind Erziehungsurlaubszeiten (jetzt Elternzeiten) bei Sozialplanabfindungen als Beschäftigungszeiten einzubeziehen.[67] Dabei ist dasjenige Bruttomonatsgehalt maßgebend, dass dem AN arbeitsvertraglich zugestanden hätte, wenn er sich im Referenzmonat nicht in Elternzeit befunden hätte.[68] Unzulässig ist, für Frauen und Männer **unterschiedliche Einstellungsvoraussetzungen** festzulegen oder überhaupt Frauen wegen ihres Geschlechts schon im **Bewerbungsverfahren** zu benachteiligen.[69] Deshalb ist in der Regel auch die **Frage nach dem Vorliegen einer Schwangerschaft** bei Bewerberinnen unzulässig (vgl. § 3 Abs. 1 AGG).[70] Die Frage ist jedoch ausnahmsweise sachlich gerechtfertigt, wenn sie objektiv dem gesundheitlichen Schutz der Bewerberin und des ungeborenen Kindes dient (siehe auch § 94 Rn. 5).[71] Ein »geschlechtsbezogenes Merkmal«, d. h. ein mit dem Grund »Geschlecht« im Zusammenhang stehendes Merkmal, kann nur dann eine »wesentliche und entscheidende berufliche Anforderung« nach Art. 14 Abs. 2 der Richtlinie 2006/54/EG und § 8 Abs. 1 AGG sein, wenn es die spezifische Art der Tätigkeit bzw. die besonderen Bedingungen ihrer Ausübung betrifft.[72] Es muss zudem hinreichend durchschaubar und damit kontrollierbar sein. Muss an einem Arbeitsplatz schwere körperliche Arbeit verrichtet werden, so ist in der körperlichen Leistungs-

---

64 BAG, DB 06, 2636.

65 BAG, DB 05, 507, zur geschlechtsspezifischen Diskriminierung eines Mannes.

66 BAG, DB 09, 2664; DB 02, 153.

67 BAG, DB 04, 991.

68 BAG 15.5.18 – 1 AZR 20/17.

69 BVerfG, AuR 94, 110; zur Gleichbehandlung bei der Begründung eines Ausbildungsverhältnisses vgl. BVerfG, NZA 07, 195.

70 BAG, DB 93, 435; LAG Köln 11.10.12 – 6 Sa 641/12.

71 Einstellung einer Arzthelferin; BAG, AuR 93, 252, 335; vgl. dazu aber auch EuGH, BetrR 94, 94 m. Anm. v. Rudolph.

72 EuGH 11.1.00 – C-285/98 (Kreil); BAG 19.12.19 – 8 AZR 2/19.

fähigkeit des Bewerbers ein Einstellungskriterium gegeben, nicht aber per se in der Zugehörigkeit zu einem bestimmten Geschlecht. Ein männlicher Bewerber wird nicht unzulässig wegen seines Geschlechts benachteiligt, wenn ein Schulträger eine Stelle nur mit einer Frau besetzen will, weil die Tätigkeit auch mit Nachtdiensten in einem Mädcheninternat verbunden ist.[73] Demgegenüber begründet die Ausschreibung einer (Volontariats-)Stelle allein für Frauen sowie ein Besetzungsverfahren, bei dem allein Frauen zum Bewerbungsgespräch geladen werden, die Vermutung einer Benachteiligung eines männlichen Bewerbers.[74] Wenn aus einer Bewerbung hervorgeht, dass es dem Bewerber nicht um eine Einstellung und Beschäftigung, sondern es ihm nur darum geht, den formalen Status als Bewerber i. S. v. § 6 Abs. 1 Satz 2 AGG zu erlangen mit dem ausschließlichen Ziel, Ansprüche auf Entschädigung und/oder Schadensersatz geltend zu machen, ist Rechtsmissbrauch anzunehmen.[75] Die Missachtung der besonderen Schutzvorschriften des Mutterschutzgesetzes zugunsten der werdenden Mutter bei Erklärung einer Kündigung indiziert eine Benachteiligung der Frau wegen ihrer Schwangerschaft und damit wegen ihres Geschlechts.[76] Eine schwangere AN, deren befristetes Arbeitsverhältnis wegen der Schwangerschaft nicht verlängert wird, hat einen Schadenersatzanspruch wegen entgangenem Arbeitseinkommen sowie auf angemessene Entschädigung wegen einer Benachteiligung nach dem AGG (vgl. im Einzelnen Rn. 11).[77] Eine Diskriminierung scheidet aus, wenn der AG in Unkenntnis der Schwangerschaft kündigt.[78]

Eine **sexuelle Belästigung** i. S. von § 3 Abs. 4 AGG liegt vor, wenn ein unerwünschtes, sexuell bestimmtes Verhalten, wozu auch sexuell bestimmte körperliche Berührungen und Bemerkungen sexuellen Inhalts gehören, bezweckt oder bewirkt, dass die Würde der betreffenden Person verletzt wird, insbesondere wenn ein etwa von Entwürdigungen oder Beleidigungen gekennzeichnetes Umfeld geschaffen wird. Dabei können auch einmalige sexuell bestimmte Verhaltensweisen den Tatbestand einer sexuellen Belästigung erfüllen.[79] Da sexuelle Belästigungen nach wie vor zum Arbeits-

---

73 BAG 28. 5. 09 – 8 AZR 536/08, brwo; zu einer diskriminierenden Stellenanzeige s. ArbG Stuttgart 5. 9. 07 – 29 Ca 2793/07; ArbG Berlin 12. 11. 07 – 86 Ca 4035/07; zur Beweislast siehe NDW-AGG, § 22 Rn. 1 ff. sowie BAG, NZA 08, 1351 zu § 611a BGB a. F.

74 ArbG Berlin 5. 6. 14 – 2 Ca 1530/14, n. v.

75 EuGH 28. 7. 16 – C-423/15, AuR 17, 33; BAG 26. 1. 17 – 8 AZR 848/13.

76 BAG 12. 12. 13 – 8 AZR 838/12; LAG MV 16. 8. 22 – 5 Sa 6/22.

77 ArbG Mainz, AiB-Newsletter 12/08, 6.

78 BAG 17. 10. 13 – 8 AZR 742/12 AuR 13, 507.

79 BAG 29. 6. 17 – 2 AZR 302/16; 20. 11. 14 – 2 AZR 651/13.

alltag gehören, ergibt sich ein erheblicher Informations- und Beratungsbedarf.[80]
Aus § 75 kann sich auch die Verpflichtung zum Abschluss und zur Durchführung von besonderen **Frauenförderplänen** – siehe hierzu jetzt § 92 Abs. 3 Rn. 16 – ergeben.[81] Eine sog. **Quotenregelung** ist nach Auffassung des EuGH mit dem Recht der EU unvereinbar, weil sie weiblichen Bewerbern um eine Beförderungsstelle automatisch den Vorrang einräumt, wenn sie gleich qualifiziert sind wie männliche Mitbewerber. Eine derartige Regelung darf bei Auswahlentscheidungen nicht angewandt werden.[82] Ziel des am 1.9.1994 in Kraft getretenen Zweiten Gleichberechtigungsgesetzes ist es,[83] die Durchsetzung der Gleichberechtigung von Frauen und Männern durch eine Vielzahl neuer Vorschriften zu fördern, was z. B. auch durch die zwingende Regelung in § 15 Abs. 2 erfolgt (vgl. § 15 Rn. 3).[84] Mit dem Gesetz für die gleichberechtigte Teilhabe von Frauen und Männern an Führungspositionen in der Privatwirtschaft und im öffentlichen Dienst vom 24.4.2015[85] soll der Anteil weiblicher Führungskräfte in Spitzenpositionen der deutschen Wirtschaft und der Bundesverwaltung erhöht werden. Die Neuregelungen für die Privatwirtschaft betreffen Unternehmen, die börsennotiert sind und/oder der Unternehmensmitbestimmung unterliegen.

b) Religion und Weltanschauung

3a Im Rahmen des Benachteiligungsverbotes wegen der **Religion** ist es dem AG i. d. R. untersagt, einer muslimischen AN das Tragen eines Kopftuches während der Arbeitszeit zu untersagen.[86] Ein pauschales Kopftuchverbot für Lehrkräfte an öffentlichen Schulen bzw. für Erzieher in Kindertagesstätten verletzt die Glaubens- und Bekenntnisfreiheit, so ausdrücklich das BVerfG; erst wenn die Schwelle zu einer hinreichend konkreten Gefährdung oder Störung des Schulfriedens oder der staatlichen Neutralität in einer beachtlichen Zahl von Fällen erreicht wird, kann ein verfassungsrechtlich anzuer-

---

80 Handlungsempfehlungen von ver.di für BR unter *https://frauen.verdi.de/++file++521df3ef890e9b27580001d6/download/Handlungshilfe-pr-br.pdf*.

81 Vgl. Schieck, AiB 97, 447; Pfarr, Frauenförderung und Grundgesetz (1988).

82 EuGH, BB 95, 2481; BAG, BB 96, 1332; differenzierend EuGH, AuR 98, 40 m. Anm. v. Pape; zur Frauenquote im öffentlichen Dienst vgl. u. a. auch OVG NRW, VG Trier und ArbG Berlin, alle AuR 96, 154.

83 BGBl. I S. 1406.

84 BAG, NZA 05, 1252; der wegen vermuteter Unwirksamkeit der Regelung erfolgte Vorlagebeschluss des LAG Köln (AuR 04, 111) wurde durch Beschluss des BVerfG 11.10.06 – 1 BvL 9/03 als unzulässig zurückgewiesen.

85 BGBl. I S. 642.

86 BVerfG, NZA 03, 959; BAG, NZA 03, 483; vgl. im Übrigen DKW-Berg, Rn. 45 ff.; Busch, AiB 9/15, 58.

kennendes Bedürfnis bestehen, religiöse Bekundungen durch das äußere Erscheinungsbild nicht erst im konkreten Einzelfall, sondern etwa für bestimmte Schulen oder Schulbezirke über eine gewisse Zeit auch allgemeiner zu unterbinden.[87] Einer Rechtsreferendarin kann es untersagt werden, ein Kopftuch bei Sitzungsvertretungen der Amtsanwaltschaft, bei Verhandlungen auf der Richterbank und während Anhörungsausschüssen zu tragen, da aufgrund der zeitlichen und örtlichen Beschränkung ein geringer Eingriff durch das Gebot der Neutralität gerechtfertigt ist.[88] Werden äußere religiöse Bekundungen in der **öffentlichen bekenntnisoffenen Gemeinschaftsschule** zum Zweck der Wahrung des Schulfriedens und der staatlichen Neutralität gesetzlich oder in einem **privaten Unternehmens** durch interne Regel untersagt, so muss dies für alle Glaubens- und Weltanschauungsrichtungen grundsätzlich unterschiedslos geschehen.[89] Wenn eine solche Regelung oder Richtlinie im Betrieb nicht existiert, darf das Tragen eines Kopftuchs als Ausdruck der Glaubenszugehörigkeit nicht verboten werden. Die allgemeine Anordnung eines privaten AG, der unternehmensweit am Arbeitsplatz ein Tragen jeglicher Bekundungszeichen religiöser, politischer und sonstiger weltanschaulicher Überzeugungen verbietet, bedeutet keine unmittelbare Diskriminierung.[90] Das Verbot religiöser Bekundungen (z. B. durch Kopfbedeckungen) in einer Einrichtung in konfessioneller Trägerschaft[91] ist zulässig, da dies zur Vermeidung religiös-weltanschaulicher Konflikte in öffentlichen Einrichtungen dient. Wegen einer tatsächlich vorliegenden **Weltanschauung**[92] kann es zu einer Benachteiligung kommen, wenn der AG bei der AN – irrigerweise – eine Weltanschauung vermutet und sie aufgrund dieser unzutreffenden Vermutung ungünstiger behandelt hat.[93] § 9 Abs. 1 Alt. 2 AGG ist unionsrechtskonform so auszulegen, dass eine unterschiedliche Behandlung wegen der Religion oder der Weltanschauung bei der Beschäftigung durch Religionsgemeinschaften nur zulässig ist, wenn eine bestimmte Religion oder Weltanschauung unter Beachtung des Selbstverständnisses der jeweiligen Religionsgemeinschaft oder Vereinigung nach der Art der Tätigkeit oder den Umständen ihrer Ausübung eine wesentliche, rechtmäßige und gerechtfertigte berufliche Anforderung darstellt. Damit

87 BVerfG 18. 10. 16 – 1 BvR 354/11 zu KGartG BW 2003 bzw. KiTaG BW; 27. 1. 15 – 1 BvR 471/10, AuR 15, 156, zu §§ 57 Abs. 4, 58 Schulgesetz NRW; BAG 27. 8. 20 – 8 AZR 62/19, zu § 2 Berliner NeutrG.

88 BVerfG 27. 6. 17 – 2 BvR 1333/17.

89 EuGH 14. 3. 17 – C-157/15 und C-188/15, AuR 17, 456 mit Anm. Hlava.

90 EuGH 15. 7. 21 – C-804/18 und C-341/19, AuR 2/22, 75 mit Anm. Seeland, das zugrunde liegende Verfahren BAG 10 AZR 299/18 wurde durch Vergleich beendet.

91 BAG 24. 9. 14 – 5 AZR 611/12.

92 Zum Begriff s. DKW-Berg Rn. 45 f.

93 BAG 20. 6. 13 – 8 AZR 482/12, AuR 13, 332.

hängt die Rechtmäßigkeit einer Ungleichbehandlung wegen der Religion oder Weltanschauung vom objektiv überprüfbaren Vorliegen eines direkten Zusammenhangs zwischen der vom AG aufgestellten beruflichen Anforderung und der fraglichen Tätigkeit ab.[94] Ein solcher Zusammenhang ergibt sich entweder aus der Art dieser Tätigkeit, z. B. wenn sie mit der Mitwirkung an der Bestimmung des Ethos der betreffenden Kirche oder Organisation oder einem Beitrag zu deren Verkündigungsauftrag verbunden ist, oder aus den Umständen ihrer Ausübung, z. B. der Notwendigkeit, für eine glaubwürdige Vertretung der Kirche oder Organisation nach außen zu sorgen.

c) Sexuelle Identität

3b Aus der Neuregelung des Abs. 1 ergibt sich, dass AG und BR ebenfalls darüber zu wachen haben, dass die im Betrieb tätigen Personen wegen ihrer **sexuellen Identität** nicht unterschiedlich behandelt werden (vgl. § 1 AGG). Daraus folgt, dass homosexuelle Männer und Frauen ebenso wie bisexuelle, transsexuelle oder zwischengeschlechtliche Menschen bei der Einstellung oder bei ihrer Tätigkeit im Betrieb nicht benachteiligt werden dürfen.[95] Darunter fallen jedoch nicht sexuelle Verhaltensweisen, die nach strafrechtlichen Vorschriften unter Strafe gestellt sind.[96]

d) Gewerkschaftliche Betätigung

4 Der BR hat weiterhin darauf zu achten, dass kein AN wegen seiner **gewerkschaftlichen Betätigung** benachteiligt oder bevorzugt wird. So gilt insbesondere ein Maßregelungsverbot nach einem Arbeitskampf.[97] Ein Interessenausgleich, bei dem der BR die Herausnahme von auf einer Liste aufgeführten, der Gew. ver.di angehörenden Mitgl. aus der Liste der zu kündigenden AN zur wesentlichen Voraussetzung macht, ist wegen einer ungerechtfertigten Bevorzugung unwirksam.[98] Ein AG darf die Einstellung eines AN nicht von dessen **Austritt aus der Gew.** abhängig machen.[99] Rechtswidrig handelt der

---

94 EuGH 11.9.18 – C-68/17, AiB 6/19, 42; 17.4.18 – C-414/16, AuR 18, 310; BAG 20.2.19 – 2 AZR 746/14, AiB 6/19, 42 zur Kündigung eines Chefarztes in einem katholischen Krankenhaus wegen einer zweiten standesamtlichen Eheschließung nach einer Scheidung; 25.10.18 – 8 AZR 501/14 zu der Frage, inwieweit eine Konfession als Einstellungsvoraussetzung zulässig ist.

95 BAG 17.12.15 – 8 AZR 421/14; LAG BB 9.12.21 – 26 Sa 339/21.

96 DKW-Berg, Rn. 102 ff.

97 BVerfG, NZA 88, 473; BAG, NZA 93, 39; 93, 1135; LAG Hamm 20.3.09 – 10 Sa 1407/08, brwo;

98 LAG Köln, AuR 04, 436.

99 BAG, NZA 00, 1294.

AG z. B. auch dann, wenn er nur Gew.-Mitgl. **aussperrt**,[100] an Arbeitswillige während oder nach einem Streik »**Streikbruchprämien**« zahlt,[101] wegen der **Streikteilnahme** AN eine Jahresprämie kürzt[102] oder AN wegen der Teilnahme an einer gewerkschaftlichen Protestveranstaltung von übertariflichen Zulagen ausschließt.[103] Die betroffene Gew. kann sich gegen rechtswidrige Angriffe auf ihr Koalitionsbetätigungsrecht mit einer **Unterlassungsklage** gegen den AG wehren.[104]

e) Alter

Aus Abs. 1 ergibt sich die konkrete Verpflichtung des BR, darauf zu achten, 5
dass jede Benachteiligung des Alters unterbleibt und nicht nur, dass ältere AN nicht benachteiligt werden (zu Fragen des **Sozialplans** s. Rn. 6). Der Begriff ist identisch mit dem Begriff in § 1 AGG. Ausnahmsweise ist eine unterschiedliche Behandlung wegen des Alters gem. § 10 Satz 1 und 2 AGG zulässig, wenn sie objektiv und angemessen und durch ein legitimes Ziel gerechtfertigt ist und die Mittel zur Erreichung dieses Ziels angemessen und erforderlich sind. In diesem Fall ist auch der betriebsverfassungsrechtliche Gleichbehandlungsgrundsatz gewahrt.[105] Neben diesen Ausnahmen stehen die Rechtfertigungsgründe aus § 3 Abs. 2, § 5 und § 8 AGG.
Das Benachteiligungsverbot bedeutet für den AG, dass er sich ggf. um Umschulungsmaßnahmen oder Versetzungen für ältere AN bemühen muss. Auch Benachteiligungen, die an das noch junge Lebensalter eines AN anknüpfen, unterliegen dem gesetzlichen Diskriminierungsverbot.[106] Eine Benachteiligung wegen des Alters kann im Text einer **Stellenausschreibung** beinhaltet sein, wenn sie neben den Bewerbungskriterien »Hochschulabsolventen« und »Berufsanfänger« auch das Kriterium »Young Professionals« enthält,[107] aber auch durch die Nicht-Einbeziehung eines Beschäftigten in die Auswahl durch ein Vorabausscheiden erfolgt. Eine Altersdiskriminierung kann auch eine Stellenbeschreibung mit dem Inhalt »junge Be-

---

100 BAG, DB 80, 1355.

101 BAG, NZA 93, 39; differenzierend aber BAG, NZA 93, 1135.

102 BAG, DB 88, 183.

103 LAG Rheinland-Pfalz, BB 87, 1459.

104 BAG, DB 87, 2312.

105 BAG 17. 9. 13 – 3 AZR 686/11 zu einer betrieblichen Altersversorgung; 12. 4. 11 – 1 AZR 743/09, brwo, AuR 11, 368 Ls.

106 EuGH 28. 1. 15 – C-417/13 Anrechnung der vor der Vollendung des 18. Lebensjahrs zurückgelegten Vordienstzeiten bei der Festsetzung des Gehalts; 14. 5. 13 – 1 AZR 44/12 wenn AG eine altersdiskriminierende Dienstplangestaltung nicht einstellt, steht den benachteiligten AN ein Leistungsverweigerungsrecht zu.

107 BAG 15. 12. 16 – 8 AZR 454/15; 24. 1. 13 – 8 AZR 429/11, AuR 13, 103.

werber« enthalten.[108] Nach § 10 Nr. 5 AGG ist eine **Vereinbarung** zulässig, die die **Beendigung des Arbeitsverhältnisses ohne Kündigung** zu einem Zeitpunkt vorsieht, zu dem der AN eine Rente wegen Alters beantragen kann. Die Erreichung einer bestimmten **Altersgrenze** rechtfertigt für sich die Kündigung des Arbeitsverhältnisses durch den AG nicht (§ 41 Satz 1 SGB VI).[109] § 41 Satz 2 SGB VI gilt nur für einzelvertraglich vereinbarte Altersgrenzen vor Vollendung des Regelrentenalters. Eine **Vertragsklausel**, die eine Beendigung des Arbeitsverhältnisses mit der **Vollendung des 65. Lebensjahres** vorsieht, ist nach der Anhebung des Regelrentenalters regelmäßig dahin zu verstehen, dass das Arbeitsverhältnis erst mit der Vollendung des für den Bezug einer Regelaltersrente maßgeblichen Lebensalters enden soll.[110] Bei der Sozialauswahl nach § 1 Abs. 3 Satz 1 KSchG hinsichtlich des Kriteriums »Lebensalter« ist ein regelaltersrentenberechtigter AN deutlich weniger schutzbedürftig als ein Arbeitnehmer, der noch keine Altersrente beanspruchen kann. Die Gleichrangigkeit der Auswahlkriterien verlangt es, dass die mit ihnen verbundenen konkreten Daten der betroffenen AN in ein Verhältnis zueinander gesetzt werden. Ein AG kann danach grundsätzlich die in § 1 Abs. 3 Satz 1 KSchG genannten Kriterien in einem Punkteschema unterschiedlich bewerten.[111] Die Berücksichtigung der **Regelaltersrentenberechtigung** im Rahmen der nach § 1 Abs. 3 Satz 1 KSchG vom AG zu treffenden Auswahlentscheidung stellt keinen Verstoß gegen die Vorgaben der Richtlinie EGRL 78/2000 des Rates vom 27. November 2000 dar.[112] Nach der ständigen Rechtsprechung des BAG bedürfen Regelungen über die Beendigung von Arbeitsverhältnissen aufgrund von Altersgrenzen eines Sachgrunds i. S. d. **§ 14 Abs. 1 TzBfG**. Eine auf das Regelrentenalter abstellende Altersgrenzenregelung kann dabei nicht nur in Kollektivnormen (TV bzw. BV), sondern auch in Individualverträgen getroffen werden und sachlich gerechtfertigt sein.[113] Eine **tarifvertragliche Beendigungsklausel**, die an das Erreichen des Rentenalters des Beschäftigten anknüpft, ist zulässig, da eine solche Bestimmung zum einen objektiv und angemessen ist und durch ein legitimes Ziel der Beschäftigungs- und Arbeitsmarktpolitik gerechtfertigt wird, und zum anderen die Mittel zur Erreichung dieses Ziel angemessen und erforderlich sind.[114] Durch § 41 Satz 2 SGB VI sowie § 10

108 BAG, AiB 11, 274, m. Anm. Busch; AuR 09, 310.

109 BAG 28.9.61, AP Nr. 1 zu § 1 KSchG personenbedingte Kündigung.

110 BAG 21.12.22 – 7 AZR 489/21.

111 BAG 18.9.18 – 9 AZR 20/18.

112 BAG 27.4.17 – 2 AZR 67/16.

113 BAG 25.10.17 – 7 AZR 632/15.

114 EuGH 12.10.10 – C-45/09; BAG 12.6.13 – 7 AZR 917/11, AuR 13, 456 zu § 32 Abs. 1 Buchst a BAT-KF a. F.; 21.9.11 – 7 AZR 134/10, brwo zu § 46 Nr. 1 Satz 1 des TV für die AN bei den Stationierungsstreitkräften im Gebiet der Bundesrepublik Deutschland; BAG, NZA 08, 1302.

Nr. 4 AGG gilt eine Vereinbarung, die die **Beendigung des Arbeitsverhältnisses** eines AN ohne Kündigung zu einem Zeitpunkt vorsieht, in dem der AN vor Vollendung des 65. Lebensjahres eine Rente wegen Alters beantragen kann, dem AN gegenüber als auf die Vollendung des 65. Lebensjahres abgeschlossen, es sei denn, dass die Vereinbarung innerhalb der letzten drei Jahre vor diesem Zeitpunkt abgeschlossen oder von dem AN bestätigt worden ist.[115] Tarifvertragliche Vereinbarungen zu Altersgrenzen sind dabei keine »Vereinbarung« im Sinne des § 41 Satz 2 SGB VI.[116] Eine **tariflichen Altersgrenze von 60 Jahren** für **Piloten** ist europarechtswidrig.[117] Das BAG verneint im Zusammenhang mit dem AGG die Wirksamkeit einer Altersgrenze von 60 Jahren für das Kabinenpersonal in einem TV wegen des Fehlens eines Sachgrundes gem. § 14 Abs. 1 TzBfG[118] und bezweifelt die Vereinbarkeit von § 14 Abs. 3 Satz 1 TzBfG in der bis zum 30. 4. 2007 geltenden Fassung mit dem Gemeinschaftsrecht.[119] Das BAG hat wegen § 14 Abs. 3 Satz 1 TzBfG den EuGH um eine Vorabentscheidung ersucht. Der EuGH[120] hat die Sache an das BAG mit der Begründung zurückverwiesen, es sei Sache des BAG, die einschlägigen Vorschriften des TzBfG im Rahmen des Möglichen im Einklang mit § 5 Nr. 1 der Rahmenvereinbarung auszulegen. Durch **§ 14 Abs. 3 TzBfG** besteht die Möglichkeit, die Arbeitsverhältnisse mit AN, die bei Beginn des Arbeitsverhältnisses das 52. Lebensjahr vollendet haben, ohne Vorliegen eines sachlichen Grundes bis zur Dauer von fünf Jahren zu befristen.[121] § 41 SGB VI steht dem nicht entgegen; denn bei der **Befristungsregelung des § 14 Abs. 3 TzBfG** handelt es sich um eine Vorschrift, die nicht auf das Rentenalter abstellt. Zu den einzelnen Voraussetzungen der Befristung siehe § 14 Abs. 3 TzBfG. Die in der Vorschrift vorgesehene Möglichkeit, ältere AN in beliebiger Häufigkeit und Dauer ohne Sachgrund befristet zu beschäftigen, ist letztendlich europarechtswidrig.[122] Die durch **§ 41 Satz 3 SGB VI** eröffnete Möglichkeit, den Beendigungszeitpunkt eines auf das Erreichen der Regelaltersgrenze befristeten Arbeitsverhältnisses ohne sachlichen Grund hinauszuschieben, ist unionsrechtskonform, soweit sie das Hinausschieben des Beendigungstermins ohne Änderung der

---

115 BAG, AuR 08, 263 zur tariflichen Altersgrenze von 65 Jahren; siehe auch EuGH, DB 07, 2427; kritisch Bertelsmann, AiB 07, 689.

116 LAG Hamm 22. 1. 15 – 11 Sa 1252/14 zu § 4 Nr. 5 des MTV Bäckerhandwerks NRW vom 1. 1. 12.

117 EuGH 13. 9. 11 – C-447/09, brwo; BAG 18. 1. 12 – 7 AZR 112/08, AuR 12, 226.

118 BAG 23. 6. 10 – 7 AZR 1021/08.

119 BAG, DB 09, 850; vgl. auch BAG 6. 4. 11 – 7 AZR 524/09.

120 EuGH 10. 3. 11 – C-109/09.

121 Vgl. BAG 19. 10. 11 – 7 AZR 253/07.

122 Zur alten europarechtswidrigen Regelung s. EuGH, DB 05, 2638, 5; Däubler, ZIP 01, 217.

sonstigen Arbeitsvertragsbedingungen ermöglicht.[123] Die Regelung in § 622 Abs. 2 Satz 2 BGB (keine Berücksichtigung von Beschäftigungszeiten vor dem 25. Lebensjahr für die Dauer der Kündigungsfrist) verstößt gegen das europarechtliche Verbot der Diskriminierung wegen des Alters und ist deswegen bei der Berechnung der maßgeblichen Kündigungsfrist nicht anzuwenden.[124] Die von der Beschäftigungsdauer abhängige Staffelung der Kündigungsfristen in § 622 Abs. 2 Satz 1 BGB verletzt dagegen nicht das Verbot der Altersdiskriminierung.[125]

Ebenso wie in Tarifverträgen können in **BV** Altersgrenzen vereinbart werden, nach denen das Arbeitsverhältnis mit Erreichen der Regelaltersgrenze endet.[126] Wird im Betrieb durch eine BV erstmals eine Altersgrenze eingeführt, muss sie aus Gründen des Vertrauensschutzes Übergangsregelungen für die bei Inkrafttreten der BV bereits rentennahen Arbeitnehmer vorsehen.[127]

Das im **BetrAVG** (s. auch Rn. 2) für den Erwerb unverfallbarer Versorgungsanwartschaften festgelegte Mindestalter von 30 Jahren bei Beendigung des Arbeitsverhältnisses ist mit Unionsrecht vereinbar[128] ebenso wie § 2 Abs. 1 BetrAVG.[129] Ein Anspruch auf Leistungen aus der betrieblichen Altersversorgung kann an die Voraussetzung einer mindestens 15-jährigen Betriebszugehörigkeit bis zum Erreichen der Regelaltersgrenze in der gesetzlichen Rentenversicherung geknüpft werden und bewirkt keine unzulässige Diskriminierung wegen des Alters.[130] Die Festlegung eines Höchstalters zur Begrenzung der anrechenbaren Beschäftigungszeiten ist angemessen, wenn mit dieser Begrenzung das verfolgte Ziel erreicht wird, ohne die legitimen Interessen der hiervon nachteilig betroffenen Arbeitnehmer übermäßig zu beeinträchtigen.[131] Eine ab 1. 1. 1980 geltende Versorgungsrichtlinie, die die feste Altersgrenze für Frauen auf das 65. Lebensjahr anhob, ist durch sachlich-proportionale Gründe gerechtfertigt, wenn mit der betreffenden Bestimmung die bislang vorgesehenen unterschiedlichen festen Altersgrenzen für Männer und Frauen vereinheitlicht wurden.[132] Ein Verstoß liegt

123 EuGH 28. 2. 18 – C-46/17, AuR 18, 206; BAG 19. 12. 18 – 7 AZR 70/17.
124 EuGH, DB 10, 228; BAG 29. 9. 11 – 2 AZR 177/10 zum MTV für AN der Systemgastronomie; 9. 9. 10 – 2 AZR 714/08.
125 BAG 18. 9. 14 – 6 AZR 636/13, AiB 1/15, 59.
126 BAG 13. 10. 15 – 1 AZR 853/13; 5. 3. 13 – 1 AZR 417/12.
127 BAG 21. 2. 17 – 1 AZR 292/15.
128 BAG 28. 5. 13 – 3 AZR 635/11.
129 BAG 30. 9. 14 – 3 AZR 998/12.
130 BAG 12. 2. 13 – 3 AZR 100/11, AuR 2013, 145.
131 BAG 21. 9. 21 – 3 AZR 147/21 auf den Zeitpunkt der Vollendung des 55. Lebensjahres; 26. 4. 18 – 3 AZR 19/17 auf den Zeitpunkt der Vollendung des 60. Lebensjahres.
132 BAG 30. 9. 14 – 3 AZR 998/12.

grundsätzlich nicht vor, wenn eine Höchstaltersgrenze von 50 Jahren für die Aufnahme in den begünstigten Personenkreis vorgegeben ist.[133] Eine Diskriminierung liegt ebenfalls nicht vor, wenn eine Versorgungsordnung für den Anspruch auf Witwenrente voraussetzt, dass die Ehe vor dem Ausscheiden des versorgungsberechtigten AN aus dem Arbeitsverhältnis geschlossen wurde[134] oder der Ehegatte nicht mehr als 15 Jahre jünger als der versorgungsberechtigte AN ist.[135] Demgegenüber soll eine »Spätehenklausel«, nach der zusätzliche Voraussetzung für die Zahlung der Witwen-/Witwerrente ist, dass der versorgungsberechtigte AN die Ehe vor der Vollendung seines 60. Lebensjahres geschlossen hat, den AN unmittelbar wegen des Alters benachteiligen.[136] Das gilt auch für den Fall einer Hinterbliebenenversorgung, wenn dem AN eine Altersversorgung zugesagt wird und sich die Höhe der Hinterbliebenenversorgung an der Höhe der betrieblichen Altersrente oder – sofern versprochen – der Invaliditätsrente orientiert.[137]

f) Behinderung

Durch die Neufassung des Abs. 1 durch das AGG ist nunmehr auch ausdrücklich eine Benachteiligung wegen einer **Behinderung** untersagt (zu Fragen des **Sozialplans** s. Rn. 6). Das Benachteiligungsverbot umfasst nicht nur Schwerbehinderte, sondern gilt darüber hinaus.[138] Für den Begriff der Behinderung ist die Definition in § 2 Abs. 1 Satz 1 SGB IX sowie in § 3 AGG maßgeblich.[139] Der Verstoß des AG gegen Vorschriften, die Verfahrens- und/oder Förderpflichten zugunsten schwerbehinderter Menschen enthalten, z. B. ein Verstoß des AG gegen die Vorgaben des § 164 Abs. 1 Satz 4 SGB IX oder § 168 SGB IX, begründet regelmäßig die Vermutung einer Benachteiligung wegen der (Schwer)Behinderung.[140] Erklärt der Dienstherr gegenüber einer Beamtin mit Behinderungen, in der neuen Laufbahn gebe es keine geeigneten Arbeitsplätze, ist der Einwand nach richtiger Auf- **5a**

133 BAG 12.11.13 – 3 AZR 356/2, das BVerfG (23.7.19 – 1 BvR 684/14) hat die dagegen gerichtete Verfassungsbeschwerde nicht zur Entscheidung angenommen.

134 BAG 15.10.13 – 3 AZR 653/11.

135 BAG 20.2.18 – 3 AZR 43/17.

136 BAG 4.8.15 – 3 AZR 137/13, AuR 15, 380; BAG 19.2.19 – 3 AZR 215/18 zu einer Spätehenklausel, die eine Hinterbliebenenversorgung ausschließt, wenn die Ehe nach Vollendung des 62. Lebensjahres des AN geschlossen wurde; a. A. OLG Hamm 14.7.21 – I-8 U 119/20 wonach eine Witwen-/Witwerversorgung ausgeschlossen ist, wenn die Ehe erst während des Ruhegeldbezugs geschlossen wurde.

137 BAG 14.11.17 – 3 AZR 781/16.

138 NDW-AGG, § 1 Rn. 26b; vgl. EuGH, RDV 07, 20, Ls. zur Behinderung und krankheitsbedingter Entlassung.

139 BAG 19.12.13 – 6 AZR 190/12 – zum Behindertenbegriff des AGG.

140 Ständige Rspr. BAG 14.6.23 – 8 AZR 136/22; 2.6.22 – 8 AZR 191/21.

fassung des BVerfG[141] nur beachtlich, wenn der Dienstherr alle zumutbaren Möglichkeiten genutzt hat, einen geeigneten Arbeitsplatz zur Verfügung zu stellen (§ 164 Abs. 4 SGB IX) und durch ein betriebliches Eingliederungsmanagement den Nachweis der Nichtverwendbarkeit (§ 167 Abs. 2 SGB IX) erbracht hat. Die Begründung des BVerfG lässt sich ohne Einschränkung auf den beruflichen Aufstieg eines jeden AN mit Behinderungen übertragen.[142] Seit der Einführung des AGG können sich Menschen mit Behinderungen, die nicht schwerbehindert sind, nur noch auf das AGG, aber nicht mehr auf die Schutzvorschriften für schwerbehinderte Menschen nach dem Sozialgesetzbuch (SGB IX) berufen.[143] Verletzt ein Arbeitgeber seine Prüfungspflicht gemäß § 164 Abs. 1 SGB IX, ob er eine freie Stelle mit einem Schwerbehinderten besetzen könnte, ist dies ein Hinweis dafür, dass ein abgelehnter schwerbehinderter Bewerber benachteiligt wurde.[144] Eine Benachteiligung im Rahmen eines Bewerbungsverfahrens setzt eine objektive Eignung des Bewerbers für die ausgeschriebene Stelle voraus, nur dann liegt eine vergleichbare Situation vor. Eine Einladung ist danach entbehrlich, wenn die fachliche Eignung offensichtlich fehlt.[145] In der Bewerbungssituation nachzufragen, welche Einschränkungen sich aus einer in den Bewerbungsunterlagen angegebenen Behinderung ergeben, ist unter der Voraussetzung unbedenklich, dass damit die Verpflichtung zu »angemessenen Vorkehrungen« zum Tragen kommt.[146] Die Vermutung, dass der AN wegen der Behinderung benachteiligt wurde, ist dann begründet, wenn der AG den AN entgegen der in § 165 Satz 2 SGB IX geregelten Verpflichtung nicht zu einem Vorstellungsgespräch eingeladen hat, und dem Arbeitgeber die Schwerbehinderung des Bewerbers/der Bewerberin bekannt war oder er diese kennen musste.[147] Weiterhin auch dann, wenn der AG die SBV entgegen §§ 164 Abs. 1 Satz 4, 178 Abs. 2 Satz 1 SGB IX nicht über die Bewerbung des schwerbehinderten Bewerbers unterrichtet hat.[148] Seit dem Inkrafttreten des AGG ist es umstritten, ob sich der AG bei der Anbahnung eines Arbeitsverhältnisses weiterhin nach einer Anerkennung als Schwerbehinderter auch dann erkundigen darf, wenn die Behinderung für die Ausübung der vorgesehenen Tätigkeit ohne

---

141 BVerfG 10.12.08 – 2 BvR 2571/07.

142 Vgl. EuGH 11.4.13 – C-355/11; BAG 19.12.13 – 6 AZR 190/12, AiB 14, 6.

143 BAG 27.1.11 – 8 AZR 580/09, brwo, wonach sich eine AN mit Behinderungen deswegen nicht auf die unterlassene Prüfung gemäß § 164 Abs. 1 SGB IX berufen kann.

144 BAG 25.11.21 – 8 AZR 313/20; 13.10.11 – 8 AZR 608/10, brwo; zur Benachteiligung wegen Schwerbehinderung vgl. BAG 7.4.11 – 8 AZR 679/09, brwo.

145 BAG 19.1.23 – 8 AZR 437/21.

146 BAG 18.9.14 – 8 AZR 759/13; 26.6.14 – 8 AZR 547/13.

147 BAG 17.12.20 – 8 AZR 171/20; 26.11.20 – 8 AZR 59/20.

148 BAG 20.1.16 – 8 AZR 194/14.

Bedeutung ist (s. im Einzelnen § 94 Rn. 5).[149] Es liegt in der Entscheidung des Bewerbers, ob er seine Behinderung oder Schwerbehinderung vom AG bei der Behandlung der konkreten Bewerbung berücksichtigt haben will oder nicht. Eine Pflicht zur Offenbarung der Schwerbehinderung schon bei einer Bewerbung besteht grundsätzlich nicht, ebenso wenig wie ein grundsätzliches Fragerecht des Arbeitgebers (s. aber zuvor).[150] Nach Auffassung des BAG[151] soll im bestehenden Arbeitsverhältnis jedenfalls nach sechs Monaten – nach dem Erwerb des Sonderkündigungsschutzes für Menschen mit Behinderungen – die **Frage des AG** nach der Schwerbehinderung zulässig sein insbesondere zur Vorbereitung von beabsichtigten Kündigungen. Die Pflichtenbindung des AG ergebe sich aus den Anforderungen des § 1 Abs. 3 KSchG, der die Berücksichtigung der Schwerbehinderung bei der Sozialauswahl verlangt, sowie durch den Sonderkündigungsschutz nach § 168 SGB IX, wonach eine Kündigung der vorherigen Zustimmung des Integrationsamtes bedarf. Die Kündigung eines schwerbehinderten AN, die der Arbeitgeber ohne eine Beteiligung der SBV ausspricht, ist seit dem 1.1.2018 gem. § 178 Abs. 2 SGB IX unwirksam.

g) Rasse oder ethnische Herkunft, Abstammung oder sonstige Herkunft und Nationalität

Die Aufzählung der Merkmale Rasse, ethnische Herkunft, Abstammung, **5b**
sonstige Herkunft und Nationalität in Abs. 1 knüpft am Inhalt der EG-Richtlinie 2000/43/EG an.[152] Der aus § 1 AGG übernommene Begriff der Rasse soll die Ablehnung rassistischer Einstellungen und Verhaltensweisen verdeutlichen und nicht eine Anerkennung der Existenz unterschiedlicher menschlicher Rassen wiedergeben. Eine Ungleichbehandlung wegen der Rasse ist deshalb als eine Diskriminierung aufgrund einer rassistischen Einstellung zu verstehen. Im Betrieb dürfen ausländische oder staatenlose AN nicht anders behandelt werden als deutsche AN, wobei es gleichgültig ist, ob es sich um AN aus Staaten der EU oder aus anderen Staaten handelt. Die Vorschriften des Ausländergesetzes, insbesondere die Bestimmungen über die Aufenthaltserlaubnis für längeren Aufenthalt zwecks Erwerbstätigkeit, sind dabei durch den AG zu beachten, soweit es sich um AN aus dem Raum außerhalb der EU handelt. Menschen ostdeutscher Herkunft sind nicht Mitglieder einer ethnischen Gruppe oder Träger einer einheitlichen Weltanschauung; deswegen stellt die Herabwürdigung eines AN wegen seiner

149 Verneinend NDW-AGG § 2 Rn. 17 f.; offengelassen BAG 7.7.11 – 2 AZR 396/10.
150 BAG 18.9.14 – 8 AZR 759/13, AuR 14, 396.
151 BAG 16.2.12 – 6 AZR 553/10. AuR 12, 141.
152 Zu den einzelnen Merkmalen s. DKW-Berg, Rn 34 ff.

ostdeutschen Herkunft keine Benachteiligung im Sinne des § 1 AGG dar.[153] Grundsätzlich bewirkt die Stellenausschreibung durch die Anforderung sehr guter Deutsch- und guter Englischkenntnisse in Wort und Schrift weder eine unmittelbare Diskriminierung i. S. v. § 3 Abs. 1 AGG wegen der ethnischen Herkunft, noch eine mittelbare Benachteiligung i. S. v. § 3 Abs. 2 AGG.[154] Eine mittelbare Benachteiligung gem. § 3 Abs. 2 AGG kann aber die Nichtberücksichtigung eines nichtdeutschen Stellenbewerbers wegen mangelnder Deutschkenntnisse darstellen, wenn die vom AG für erforderlich gehaltenen Sprachkenntnisse auf dem zu besetzenden Arbeitsplatz sachlich nicht erforderlich sind.[155] Sofern aber bei arbeitsnotwendigen Sprachkenntnissen, z. B. zum Lesen von Arbeitsanweisungen Deutschkenntnisse erforderlich sind, verstößt eine Kündigung, die ein AG aufgrund mangelnder Deutschkenntnisse ausspricht, nicht gegen das AGG und ist rechtmäßig.[156] Ein insistierendes Nachfragen nach der Herkunft, das aus dem Zusammenhang der Äußerungen rassistische Einstellungen erkennen lässt, kann eine Benachteiligung wegen der Rasse darstellen.[157] Ein Ausländerausschuss des BR ist nach dem AGG nicht zwingend; der BR entscheidet in eigener Kompetenz, ob und inwieweit er seine Aufgaben auf Ausschüsse überträgt und in welcher gebotenen Weise er sich der Probleme der ausländischen AN annimmt.[158]

h) Beschlussverfahren

5c Nach § 17 Abs. 2 AGG kann der BR oder eine im Betrieb vertretene Gew. gemäß § 23 Abs. 3 den AG gerichtlich in Anspruch nehmen; im Einzelnen s. § 23 Rn. 12. Zu den weiteren Rechtsfolgen von Verstößen s. Rn. 11.

4. Behandlung von Arbeitnehmern nach Recht und Billigkeit, Sozialplan

6 Die Vorschrift des Abs. 1 spricht zwar direkt nur den AG und den BR an. So sind sie beim Abschluss einer BV zur Wahrung der grundrechtlich geschützten Freiheitsrechte verpflichtet und haben daher die durch Art. 14

---

153 ArbG Berlin 15. 8. 19 – 44 Ca 8580/18; ArbG Stuttgart 15. 4. 10 – 17 Ca 8907/09, AuR 10, 229; ArbG Würzburg 23. 1. 09 – 3 Ca 664/08.

154 BAG 23. 11. 17 – 8 AZR 372/16.

155 LAG Hamm, NZA-RR 09, 13; a. A. ArbG Berlin, AuR 08, 112, mit ablehnender Anm. Maier.

156 BAG 22. 6. 11 – 8 AZR 48/10 zu Abmahnungen; 28. 1. 10 – 2 AZR 764/08, brwo; LAG Nürnberg 5. 10. 11 – 2 Sa 171/11, brwo zu einer Stellenausschreibung mit der Anforderung »sehr gutes Deutsch«.

157 LAG BB 14. 10. 22 – 12 Sa 51/22.

158 BAG 24. 4. 09 – 10 TaBV 55/08, brwo.

Abs. 1 GG geschützte Eigentumsgarantie ebenso zu beachten wie die in Art. 2 Abs. 1 GG normierte allgemeine Handlungsfreiheit der betriebsangehörigen AN.[159] Sie räumt aber auch dem einzelnen AN das **individuelle Recht** ein, nach diesen Grundsätzen behandelt zu werden (im Einzelnen Rn. 11; zu Auswahlrichtlinien vgl. § 95 Rn. 8).[160] So verstößt ein **Sozialplan**, der die AN von Leistungen ausschließt oder kürzt, die das Arbeitsverhältnis auf Veranlassung des AG selbst gekündigt oder einen Aufhebungsvertrag abgeschlossen haben, gegen diese Vorschrift (im Einzelnen § 112 Rn. 9 f.).[161] Nach der Regelung in § 10 Satz 3 Nr. 6 AGG, die nicht gegen das Verbot der Altersdiskriminierung im Recht der Europäischen Union verstößt,[162] können die Betriebsparteien eine **nach Alter oder Betriebszugehörigkeit gestaffelte Abfindungsregelung** vorsehen.[163] Dabei muss die von den Betriebsparteien gewählte Sozialplangestaltung geeignet sein, das mit § 10 Satz 3 Nr. 6 Alt. 2 AGG verfolgte Ziel tatsächlich zu fördern und darf die Interessen der benachteiligten (Alters-) Gruppe nicht unverhältnismäßig stark vernachlässigen.[164] Sozialplanleistungen dürfen nicht vom **Verzicht auf die Erhebung einer KSchKlage** abhängig gemacht werden – auch nach dem ab 1. 1. 2004 neu eingeführten § 1a KSchG nicht.[165] Es besteht aber die Möglichkeit, wenn die Betriebsparteien ihrer Pflicht zur Aufstellung eines Sozialplans nachgekommen sind, zusätzlich Leistungen (sog. **Turbo-Prämie**) in einer freiwilligen BV nach § 88 für den Fall zu vereinbaren, dass der AN von einer KSchKlage absieht.[166] Ansprüche auf Zahlung einer **Treueprämie (oder Bleibeprämie)**,[167] mit der bezweckt wird, den Geschäftsbetrieb bis zu einer Betriebsänderung aufrechtzuerhalten, stellen ebenfalls keine Sozialplanleistung, sondern eine von den Betriebsparteien zusätzlich vereinbarte freiwillige Leistung dar.[168] Solche Prämien unterliegen den gleichen Anforderungen wie eine sog. Turbo-Prämie.

Ein Anspruch eines nicht tarifgebundenen AN gegenüber dem AG aus einem **Tarifsozialplan** folgt nicht aus dem arbeitsrechtlichen Gleichbehandlungsgrundsatz, denn grundsätzlich besteht ein Nebeneinander von TV mit sozialplanähnlichem Inhalt und Sozialplänen nach § 112, für die unterschiedliche Akteure verantwortlich sind und unterschiedliche recht-

159 BAG 17. 7. 12 – 1 AZR 476/11.
160 BAG, DB 85, 602; DKW-Berg, § 75 Rn. 147.
161 BAG, NZA-RR 08, 636; BB 08, 1793.
162 BAG 12. 4. 11 – 1 AZR 743/09, brwo, AuR 11, 368 Ls.
163 BAG 7. 12. 21 – 1 AZR 562/20 zu einem Abfindungshöchstbetrag.
164 BAG 26. 3. 13 – 1 AZR 857/11.
165 BAG 7. 12. 21 – 1 AZR 562/20.
166 BAG 19. 7. 16 – 2 AZR 536/15; 9. 12. 14 – 1 AZR 146/13; 18. 5. 10 – 1 AZR 187/09.
167 Fitting §§ 112, 112a Rn. 169 m. w. N.
168 BAG 9. 12. 14 – 1 AZR 406/13.

liche Maßstäbe gelten.[169] Es besteht grundsätzlich keine Verpflichtung des AG, nicht organisierten AN tariflich geregelte Arbeitsbedingungen oder das gleiche Leistungsniveau wie den tarifgebundenen AN anzubieten (vgl. Rn. 2).[170] Zu Differenzierungsklauseln (Bonusregelungen) in TV s. Schoof, Stichwort »Tarifvertrag: Differenzierungsklausel – Stichtagsregelung«.

7 Die Verpflichtungen des BR aus Abs. 1 bestehen seit Inkrafttreten des SprAuG (vgl. § 27 SprAuG) gegenüber **leit. Ang.** nicht mehr.[171]

5. Freie Entfaltung der Persönlichkeit der Arbeitnehmer im Betrieb

8 Diese Bestimmung verpflichtet in erster Linie den AG, aber auch den BR, bei seinen Maßnahmen auf die **freie Entfaltung der Persönlichkeit** der im Betrieb beschäftigten AN sowie die Selbstständigkeit und Eigeninitiative der AN und Arbeitsgruppen zu achten und zu fördern. Zuerst bedeutet dieses den Schutz der freien Persönlichkeit des AN, das Verhindern rechtswidriger Verletzungen des allgemeinen Persönlichkeitsrechts des AN nach Art. 2 Abs. 1 i.V.m. Art. 1 Abs. 1 GG durch den AG. Das allgemeine Persönlichkeitsrecht umfasst insbesondere die aus dem Gedanken der Selbstbestimmung folgende Befugnis des Einzelnen, grundsätzlich selbst zu entscheiden, wann und innerhalb welcher Grenzen persönliche Lebenssachverhalte von ihm offenbart werden.[172] Außerhalb des absoluten Kernbereichs privater Lebensgestaltung wird das allgemeine Persönlichkeitsrecht in den Schranken der verfassungsmäßigen Ordnung garantiert. Es kann deshalb durch verfassungsgemäße Gesetze eingeschränkt werden. Derartige Regelungen können auch die von den Betriebsparteien im Rahmen ihrer Regelungskompetenz geschlossenen BV, z.B. bei Kontrolleinrichtungen, enthalten (s. im Einzelnen Rn. 9; § 87 Rn. 42). Regelungen einer BV dürfen aber nicht gegen Abs. 1, Abs. 2 Satz 1 verstoßen, indem mit ihr der einer zwingend-gesetzlichen Norm zugrunde liegende Zweck vereitelt wird. Denn die Normsetzungsbefugnis der Betriebsparteien kann sich nicht darauf beziehen, einen gesetzlich missbilligten Erfolg durch Umgehung des entsprechenden Gesetzes zu erreichen.[173] Die freie Entfaltung der Persönlichkeit der im Betrieb beschäftigten AN ist insbesondere bei der rechtlich zulässigen Einschränkung einzelner Persönlichkeitsrechte gegenüber betrieblichen Interessen zu berücksichtigen, wobei sich das zulässige Maß einer Beschränkung des

---

169 BVerfG 14.11.18 – 1 BvR 1278/16, AiB 3/19, 45 keine Verletzung der Koalitionsfreiheit des AN oder des Grundrechts auf freien Abschluss eines Arbeitsvertrags; BAG 15.4.15 – 4 AZR 796/13, AiB 6/15, 64.

170 BAG 6.7.16 – 4 AZR 966/13 »Nokia-Fall«; 21.5.14 – 4 AZR 50/13 »Opel-Fall«; 23.3.11 – 4 AZR 366/09, AuR 12, 218.

171 So bereits zum alten Recht BAG, DB 75, 1320.

172 BVerfG 19.9.18 – 2 BvF 1/15; BAG 11.12.18 – 1 ABR 12/17.

173 BAG 15.12.20 – 1 AZR 499/18.

allgemeinen Persönlichkeitsrechts zugunsten schützenswerter Belange eines anderen Grundrechtsträgers nach dem **Grundsatz der Verhältnismäßigkeit** richtet.[174] Der Grundsatz verlangt eine Regelung, die geeignet, erforderlich und unter Berücksichtigung der gewährleisteten Freiheitsrechte angemessen ist, um den erstrebten und legitimen Zweck zu erreichen. Hierzu dürfen die Betriebsparteien nur solche Regelungen treffen, mit deren Hilfe ein solcher Zweck gefördert werden kann. Zu dessen Erreichung dürfen keine anderen, gleich wirksamen und das Persönlichkeitsrecht des AN weniger einschränkenden Mittel zur Verfügung stehen.[175] Eine dauerhafte Rund-um-Überwachung von AN wird nicht durch überwiegend schutzwürdige Belange des Arbeitgebers legitimiert.
Sog. **Ethikrichtlinien** unterliegen grundsätzlich dem MBR des BR und können nicht einseitig durch den AG, auch bei einer Anweisung seitens der US Muttergesellschaft vollzogen werden (vgl. § 87 Rn. 12).[176] Solche problematischen Regelungen verstoßen auch gegen das allgemeine Persönlichkeitsrecht, wenn sie Einschränkungen bei Beziehungen/Liebesbeziehungen im betrieblichen Bereich enthalten. Dann sind sie auch MBR nicht zugänglich, da die Regelung rechtswidrig wäre. Jeder BR sollte darauf achten, dass Gesinnungsethik im Betrieb nichts verloren hat.[177] Die mit der Einführung sog. Ethikrichtlinien zusammenhängenden Fragen unterliegen dem MBR des BR nach § 87 Abs. 1 Nr. 1 oder Nr. 6. Ein zweifelhaftes **Mitarbeiterscreening für die Erlangung des AEO-Status** fällt unter das MBR des § 87 Abs. 1 Nr. 6 (s. § 87 Rn. 42). In dem Fall hat der BR eine große Verantwortung, wenn er zusammen mit dem AG eine Rechtsgrundlage für das anlasslose und flächendeckende Mitarbeiterscreening schafft.[178] Wenn der AG in Arbeitsbereichen allgemein zugänglich einen sog. **Personalplaner** aushängt, auf dem für jeden einzelnen AN für das laufende Jahr An- und Abwesenheitszeiten, diese nach Gründen wie Beurlaubung, Krankheit, Freischicht aufgeschlüsselt, aufgeführt sind, liegt darin z. T. ein Verstoß gegen Abs. 2. Entsprechendes gilt auch bei der Bekanntgabe von **Abmahnungen** am »Schwarzen Brett« durch den AG[179] sowie bei Versendung von Abmahnungen bzw. »**Krankenbriefen**« durch den AG an arbeitsunfähig erkrankte AN.[180] In der Regelung einer BV, die ein permanentes lesendes Zugriffsrechts durch den BR-Vors auf die elektronische Personalakte eines AN sei-

174 BAG 9.7.13 – 1 ABR 2/13 (A); DB 07, 866.
175 BAG 25.4.17 – 1 ABR 46/15.
176 LAG Düsseldorf, AuR 05, 452; BAG, DB 08, 2485 grundsätzlich bejahend, aber einschränkend bzgl. der Reichweite der MBR des BR; Schneider, AiB 06, 10.
177 ArbG Berlin 27.2.15 – 28 Ca 16939/14.
178 Däubler-Gmelin, CuA 2/15, 14; Schulze/Stichler, AiB 12, 574, zur grundsätzlichen Kritik und Vorgaben für eine BV.
179 ArbG Regensburg, AiB 89, 354.
180 LAG Bremen, AiB 87, 191 f.; LAG Köln, AiB 89, 163.

nes Betriebes ohne dessen Zustimmung gewährt, liegt ein Eingriff in den Schutzbereich des allgemeinen Persönlichkeitsrechts der betreffenden AN vor und ist unzulässig.[181] Zur **Personalakte** genommene **Gesundheitsakten** sind in besonderer Weise aufzubewahren und vor unbefugter zufälliger Kenntnisnahme durch Einschränkung des Kreises der Informationsberechtigten zu schützen.[182] Der AG ist nicht berechtigt, die personenbezogenen Daten (hier: Privatanschrift eines angestellten Arztes), die für Zwecke des Beschäftigungsverhältnisses erhoben worden sind, an Dritte (vgl. § 46 Nr. 9 BDSG) weiterzuleiten. Eine Weiterleitung privater Kommunikationsdaten an Dritte bedarf vielmehr der ausdrücklichen Einwilligung des AN.[183] Unwirksam ist eine Regelung in einer BV, nach der ein AG auch den BR zu einem Personalgespräch zu laden hat, das er mit einem AN führt, bevor er aufgrund eines diesem vorgeworfenen Fehlverhaltens eine arbeitsrechtliche Maßnahme ergreift.[184] Einen privatrechtlichen Anspruch auf einen **tabakrauchfreien Arbeitsplatz** haben AN im Einzelfall nach § 618 Abs. 1 BGB i. V. m. § 5 Abs. 1 ArbStättV gegenüber dem AG.[185] Durch den mit Art. 2 des PassivrauchschutzG zum 1. 9. 2007 in Kraft getretenen § 5 Abs. 1 Satz 2 ArbStättV, wonach der AG bei Erforderlichkeit ein allgemeines oder beschränktes Rauchverbot erlassen muss, ist der gesetzliche Nichtraucherschutz gestärkt worden. In Arbeitsstätten mit Publikumsverkehr hat der AG Schutzmaßnahmen nach § 5 Abs. 1 ArbStättV nur insoweit zu treffen, als die Natur des Betriebs und die Art der Beschäftigung es zulassen.[186] Daneben kann sich ein Anspruch des AN auf einen rauchfreien Arbeitsplatz bereits aus allgemeinen Arbeitsschutzbestimmungen ergeben. Sollen **nichtrauchende AN** während des Aufenthalts im Betrieb vor gesundheitlichen Gefährdungen und Belästigungen durch Passivrauchen geschützt werden, kann sich ein Rauchverbot auf sämtliche geschlossenen Räume des Betriebs erstrecken.[187] Ein absolutes **Rauchverbot** auf dem Freigelände des Betriebs ist dagegen nicht begründet, da beim Rauchen im Freien Nichtraucher nicht nennenswert beeinträchtigt werden.[188] In jedem Fall unterliegt aber sowohl ein

181 LAG Düsseldorf 23. 6. 20 – 3 TaBV 65/19.

182 BAG, DB 07, 523; Hau, CuA 4/19, 8; siehe auch BAG 9. 4. 19 – 1 ABR 51/17 zu den Anforderungen auf Seiten des BR.

183 BGH 20. 1. 15 – VI ZR 137/14 zur Auskunftspflicht eines Klinikträgers gegenüber einem geschädigten Patienten über die Privatanschrift eines angestellten Arztes; Ruhland, CA 10/15, 31.

184 BAG 11. 10. 18 – 1 ABR 12/17, AiB 6/19, 40.

185 BAG, NJW 09, 2698; Raif/Böttcher, AuR 09, 289.

186 BAG 10. 5. 16 – 9 AZR 347/15, AuR16, 260 für den Raucherbereich einer hessischen Spielbank.

187 BAG, AiB 99, 404 mit ablehnender Anm. v. Heilmann; die Entscheidung wird bejaht von Künzel, BB 99, 2187.

188 BAG, AiB 99, 404; vgl. auch DKW-Berg, Rn. 130.

generelles als auch ein beschränktes Rauchverbot dem **MBR** des BR (s. § 87 Rn. 12, 45; § 87 Rn. 12 und Rn. 45).[189] Ein Anspruch auf Unterbrechung der Arbeitszeit zum Rauchen außerhalb der gesetzlich, tariflich bzw. betrieblich geregelten Pausen lässt sich der allgemeinen Handlungsfreiheit der rauchenden Arbeitnehmer nicht entnehmen und verpflichtet die Betriebsparteien nicht, zusätzliche Raucherpausen zu vereinbaren.[190] Der Verstoß gegen ein aus Sicherheitsgründen erlassenes absolutes Rauchverbot kann einen wichtigen Grund für eine außerordentliche Kündigung darstellen.[191] Wenn ein AN eine Raucherpause einlegt, ohne das Zeiterfassungssystem zu bedienen, obwohl eine ausdrückliche Pflicht zum Abstempeln besteht, kann dieses Verhalten ein wichtiger Grund für eine außerordentliche Kündigung sein.[192] Die allgemeine Handlungsfreiheit von Besatzungsmitgliedern eines Schiffes wird durch das absolute Verbot, während der Dienstzeit **alkoholische Getränke** zu sich zu nehmen, sowie das Gebot, bei Dienstantritt nicht unter der Wirkung alkoholischer Getränke zu stehen, nicht verletzt.[193]

Der Begriff **Mobbing** wird letztlich mit der Definition des Begriffs »Belästigung« in § 3 Abs. 3 AGG umschrieben[194] und ist auf eine Benachteiligung eines AN anwendbar. Unter Mobbing im Betrieb ist das systematische Anfeinden, Schikanieren oder Diskriminieren von AN untereinander oder durch Vorgesetzte zu verstehen;[195] zu Schadensersatzansprüchen s. Rn. 11. (Zum **Stalking** vgl. Reim, AiB 06, 16). Die Persönlichkeitsrechte der AN können auch durch eine betriebliche **Kleiderordnung** beeinträchtigt werden, da grundsätzlich die AN selbst bestimmen, welche Arbeitskleidung sie tragen wollen. Ist aus betrieblichen Gründen das Tragen einer einheitlichen Arbeitskleidung geboten, besteht insoweit ein MBR des BR (vgl. § 87 Rn. 12).[196] Ein Verstoß gegen Abs. 2 soll jedoch nach Auffassung des BAG nicht vorliegen, wenn unter Beachtung des MBR des BR den AN untersagt wird, während der vorgeschriebenen Mittagspause den Betrieb zu verlassen, wenn sie berechtigt sind, außerhalb der Mittagspause für eine Stunde den Betrieb zu verlassen.[197] Ebenfalls unzulässig ist es, wenn der AN verpflichtet werden soll, am **Kantinenessen** teilzunehmen und dafür die entstehenden

---

189 DKW-Klebe, § 87 Rn. 62 und Rn. 253 m. w. Hinw.

190 LAG Düsseldorf 19. 4. 16 – 14 TaBV 6/16.

191 BAG 27. 9. 12 – 2 AZR 955/11; einschränkend LAG SH 27. 8. 13 – 1 Sa 80/13, brwo, wenn durch das Rauchen die konkrete Gefahr eines Brandes/Explosion bestanden hat.

192 LAG RP 6. 5. 10 – Sa 712/09 , AuA 11, 249.

193 LAG SH, AuR 08, 162.

194 BAG, DB 08, 529; LAG Thüringen, AuR 06, 31.

195 BAG 14. 1. 15 – 7 ABR 95/12; Schrader AiB 4/21, 17.

196 LAG Düsseldorf 18. 8. 10 – 3 TaBV 15/10, brwo, AiB 11, 474 zu Vorschriften über Fingernägel, Haarfarbe und Unterwäsche.

197 BAG, DB 91, 394.

Kosten zu tragen. Eine entsprechende BV ist unwirksam, weil sie in die der Regelungskompetenz der Betriebspartner grundsätzlich entzogene private Lebensgestaltung des AN eingreift.[198]
Durch das **Gesetz über genetische Untersuchungen bei Menschen** (GenDG) werden im 5. Abschnitt (§§ 19–22 GenDG) verbindliche Regelungen für das Arbeitsleben über die Durchführung von genetischen Untersuchungen und den Umgang mit den daraus gewonnenen Ergebnissen geschaffen (s. auch § 94 Rn. 13).[199] Durch das GenDG werden AN-Rechte gestärkt, indem in §§ 19 und 20 GenDG ausdrücklich festgelegt wird, dass der AG grundsätzlich weder vor noch nach Abschluss eines Arbeitsvertrages genetische Daten untersuchen oder erfragen darf. Sehr enge Ausnahmen werden in § 20 Abs. 2 bis 4 GenDG zugelassen, ohne dass dadurch aber der AN verpflichtet ist, sich unter den Voraussetzungen dieser Ausnahmen derartigen Untersuchungen oder Analysen unterziehen zu müssen.[200] Schon jetzt ist es nicht zulässig, vom AN zu verlangen, dass er an einer **Routineuntersuchung** teilnimmt, die klären soll, ob er alkohol- oder drogenabhängig ist.[201] Unabhängig davon kann aber ein AN zu einer Einstellungsuntersuchung verpflichtet sein, die im Zusammenhang mit einer gesetzlichen (z. B. § 32 JArbSchG, § 81 SeemannsG), tariflichen (z. B. § 3 Abs. 4 TVöD) oder durch Verordnung (z. B. § 60 StrlSchVO) geregelten arbeitsschutzrechtlichen Untersuchung vor Abschluss des Arbeitsvertrages steht.
Körperliche und sonstige Untersuchungen wie die Kontrolle mitgeführter Taschen oder von Kleidungsstücken sowie des persönlichen Schranks des AN, stellen grundsätzlich einen Eingriff in das Persönlichkeitsrecht des AN dar. Im Einzelfall ist zu prüfen, ob es sich bei der in Rede stehenden Kontrolle tatbestandlich nicht um eine Datenerhebung i. S. v. § 26 Abs. 1 BDSG handelt.[202] Eingriffe sind nur aufgrund überwiegender schutzwürdiger Interessen des AG gerechtfertigt, z. B. wenn konkrete Anhaltspunkte für eine Straftat gegen den AN vorliegen. Das ist im Rahmen einer Güterabwägung festzustellen, wobei mitentscheidend die Intensität des Eingriffs ist. Die besonderen Umstände müssen gerade die in Frage stehende Informationsbeschaffung und Beweiserhebung als gerechtfertigt ausweisen, sie müssen geeignet, erforderlich und angemessen sein. Eine **»heimliche« Durchsuchung des Spinds** ist dann aber grundsätzlich auch nicht gerechtfertigt, vielmehr

198 BAG, DB 01, 545; BAG, DB 09, 2275 zur Frage einer Verschwiegenheitserklärung.

199 Däubler, Rn. 232 ff.

200 Vgl. im Einzelnen Genenger, AuR 09, 285.

201 BAG, DB 99, 2369; LAG BaWü, NZA-RR 03, 417 zum Drogen- und Alkoholtest bei Einstellungen; vgl. BVerfG, RDV 05, 214 zur Wahrung des Verhältnismäßigkeitsprinzips beim Drogenscreening eines Bundeswehrsoldaten.

202 BAG 12. 2. 15 – 6 AZR 845/13; 20. 6. 13 – 2 AZR 546/12, AiB 7–8/14, 71 mit Anm. Kalck, neigt dazu, es im Falle einer Schrankkontrolle zu bejahen.

ist der AN zur Kontrolle seines Schranks hinzuziehen. Eine Beweiserhebung über das Ergebnis einer heimlichen Schrankdurchsuchung im Kündigungsschutzprozess ist deshalb ausgeschlossen.[203] Auch eine BV, die **Taschenkontrollen** am Tor, die **per Zufallsgenerator** ermittelte Personen betrifft, zulässt, hat sich an diesen Grundsätzen zu orientieren. In einer neuen, in dieser Frage abzulehnenden Entscheidung hat das BAG[204] ohne Not diese Grundsätze aufgeweicht, und dem AG umfangreicht Rechte eingeräumt.

Das **Abhören von Telefongesprächen** und auch das **Lesen elektronischer Post** ist ein unzulässiger Eingriff in die Persönlichkeitsrechte (Recht am gesprochenen Wort).[205] Bedeutungslos ist dabei, ob es sich um private oder dienstliche Gespräche handelt.[206] Der Grundsatz der Verhältnismäßigkeit gilt auch dann, wenn private E-Mails am Arbeitsplatz verboten sind.[207] Unzulässig ist im Allgemeinen auch das **heimliche Mithörenlassen** von Telefongesprächen zwischen AN und AG. Wer jeweils mithören lassen will, hat seinen Gesprächspartner vorher darüber zu informieren.[208] Gleiches gilt auch für die heimliche Aufnahme eines Personalgespräches durch einen AN mittels seines Smartphones.[209] Dieser ist allerdings nicht verpflichtet, sich seinerseits zu vergewissern, ob jemand mithört.[210] Das Recht am gesprochenen Wort als Teil des allgemeinen Persönlichkeitsrechtes ist aber nicht vorbehaltlos gewährleistet.[211] Wenn ein AG die missbräuchliche Nutzung der betrieblichen Telefonanlage kontrollieren will, verstößt er dann gegen § 75, wenn er ohne besondere Anhaltspunkte und außerhalb einer allgemeinen Stichprobenregelung ausschließlich die Gesprächsdaten des BR-Vors. auswertet.[212] Das allgemeine Persönlichkeitsrecht umfasst auch das **Recht am eigenen Bild**. Es ist nicht auf bestimmte Örtlichkeiten, wie insbesondere die eigene Wohnung, begrenzt.[213] Bilder von AN sind personenbezogene Daten im Sinne von Art. 4 Nr. 1 DSGVO, und bei einer Veröffentlichung werden die Daten auch im Sinne von Art. 4 Nr. 2 DSGVO verarbeitet.[214] Voraussetzung für die Veröffentlichung einer Videodatei, auf der ein AN zu sehen ist,

---

203 BAG 20.6.13 – 2 AZR 546/12, AiB 7–8/14, 71 mit Anm. Kalck.
204 BAG 15.4.14 – 1 ABR 2/13 (B); zur Kritik Ruhland, CuA 2/15, 19.
205 Däubler, CuA 11/14, 4.
206 BVerfG, NZA, 92, 307.
207 EGMR 5.9.17 – 61496/08, CuA 10/17, 20 mit Anm. Weichert; 12.1.16 – 61496/08, AuR 16, 373 mit Anm. Buschmann.
208 BAG, AuR 09, 322; LAG SH, RDV 05, 274.
209 HessLAG 23.8.17 – 6 Sa 137/17, AiB 4/18, 57 mit der Folge, dass ein heimliches Mitschneiden eine fristlose Kündigung rechtfertigt.
210 BAG, DB 98, 371.
211 BVerfG 9.10.02 – 1 BvR 1611/96 zum Schutz des Fernmeldegeheimnisses.
212 LAG Sachsen-Anhalt, RDV 01, 28.
213 BAG 26.8.08 – 1 ABR 16/07.
214 Übersicht über die Problematik bei Wurzberger, CuA 10/20, 25.

ist die Erteilung der schriftlichen Einwilligung durch den AN. Auch wenn das KUG, das die Zulässigkeit von Bildveröffentlichungen regelt, für die Einwilligung keine Formerfordernisse aufstellt, gebietet das Recht der Betroffenen auf informationelle Selbstbestimmung, dass die Einwilligung der AN der Schriftform bedarf.[215] Endet das Arbeitsverhältnis oder widerruft der AN seine Einwilligung, erlischt das Einverständnis nicht automatisch. Dazu bedarf es einer plausiblen Erklärung für den Widerruf durch den AN.[216] Eine **Videoüberwachung im Betrieb** kann im Rahmen einer Vereinbarung zwischen AG und BR grundsätzlich eingeführt werden, wobei wegen des damit verbundenen Eingriffs in die Persönlichkeitsrechte der AN der Grundsatz der Verhältnismäßigkeit zu beachten ist.[217] Eingriffe in das allgemeine Persönlichkeitsrecht der Arbeitnehmer müssen durch schutzwürdige Belange anderer Grundrechtsträger gerechtfertigt sein.[218] Auch wenn das Anbringen einer Attrappe einer Videokamera im Außenbereich eines Klinikgebäudes – zu Unrecht – keinen Mitbestimmungstatbestand i. S. d. § 87 erfüllen sollte (vgl. § 87 Rn. 12),[219] führt der von einer Attrappe ausgehende Anpassungs- und Überwachungsdruck zu einem Eingriff in das allgemeine Persönlichkeitsrecht der betroffenen Personen.[220] Unzulässig ist dabei eine **heimliche Videoüberwachung** wegen der Verletzung des Rechtes am eigenen Bild, wenn nicht bereits vor der Überwachung der konkrete Verdacht einer strafbaren Handlung oder einer anderen schweren Verfehlung zulasten des Arbeitgebers bestand.[221] Dabei setzt die Erhebung, Verarbeitung oder Nutzung von personenbezogenen Daten zur Aufdeckung von Straftaten gem. § 26 Abs. 1 Satz 2 BDSG einen Verdacht im Sinne eines Anfangsverdachts voraus, der über vage Anhaltspunkte und bloße Mutmaßungen hinausreichen muss.[222] Es muss ein durch konkrete Tatsachen begründeter Verdacht einer Straftat oder einer anderen schwerwiegenden Pflichtverletzung bestehen.[223] Eine heimliche Kontrolle »ins Blaue hinein«, z. B. mittels

215 BAG 11. 12. 14 – 8 AZR 1010/13 auch zur Frage eines Widerrufs aus Anlass der Beendigung des Arbeitsverhältnisses.

216 Zu den Anforderungen vgl. BAG 19. 2. 15 – 8 AZR 1011/13, AiB 5/15, 58.

217 BAG 26. 8. 08 – 1 ABR 16/07 zur Videoüberwachung in einem Briefverteilzentrum; kritisch zu Lidl und Videoüberwachung Schneider, AiB 08, 243, der zu Recht ein AN-Datenschutzrecht einfordert; zu den Grenzen der Videoüberwachung Schierbaum, CA 2/10, 5; Böker, CA 7/09, 16.

218 LAG Hamm 3. 9. 21 – 13 TaBV 16/21 zur Videoüberwachung in einem Logistikzentrum.

219 LAG MV 12. 11. 14 – 3 TaBV 5/14, AiB 4/15, 59.

220 So LG Bonn 16. 11. 04 – 8 S 139/04 in einem Streit zwischen zwei Grundstücksnachbarn.

221 BAG 21. 11. 13 – 2 AZR 797/11; 21. 6. 12 – 2 AZR 153/11; LAG Köln 29. 9. 06 – 4 Sa 772/06; HessLAG, AuR 03, 188; ArbG Hamburg, NZA-RR 05, 520.

222 BAG 20. 10. 16 – 2 AZR 395/15; 22. 9. 16 – 2 AZR 848/15.

223 BAG 29. 6. 17 – 2 AZR 597/16 zur Überwachung durch Detektiv.

Einsatzes eines Software-Keyloggers, ist verboten.[224] Auch eine dauerhafte, verdachtsunabhängige Videoüberwachung einer Belegschaft ist unverhältnismäßig und damit unzulässig.[225] Durch Privatdetektive im Rahmen einer **AN-Observation** erhobene Daten sind personenbezogene Daten i. S. von § 26 Abs. 1 Satz 2 BDSG. Ihre Erhebung, Aufbewahrung und Übermittlung durch einen Auftraggeber oder durch Privatdetektive, die auf eigene Rechnung handeln, ist eine »Verarbeitung personenbezogener Daten«. Im Hinblick auf das Vortäuschen einer Arbeitsunfähigkeit als überwachungsrechtfertigende Straftat müssen wegen des hohen Beweiswertes einer ärztlichen **Arbeitsunfähigkeitsbescheinigung** zumindest begründete Zweifel an der Richtigkeit dieser ärztlichen Bescheinigung aufgezeigt werden, um den Beweiswert der Bescheinigung zu erschüttern.[226] Ansonsten ist die Observation einschließlich der Bildaufnahmen und Videoaufzeichnungen rechtswidrig und stellt eine schwere Persönlichkeitsrechtsverletzung dar. Das allgemeine Persönlichkeitsrecht eines GBR-Vors. ist dann schwerwiegend verletzt, wenn der AG den GBR-Vors. ausschließlich während seiner Arbeitszeit von einer Detektei beobachten lässt, auch wenn im Rahmen der Observationen keine Fotografien oder Videoaufzeichnungen angefertigt werden.[227] Die rechtswidrige Erstellung von sog. **Bewegungsprofilen** bei Überwachung von AN **durch** Anbringung von **GPS-Empfängern** an den von diesen genutzten Kraftfahrzeugen durch eine Detektei kann zudem zu strafrechtliche Konsequenzen für die Privatdetektive führen.[228] Eine wiederholte und hartnäckige Verletzung des **Rechts am eigenen Bild**, die um des wirtschaftlichen Vorteils willen erfolgt, kann sich als schwere, einen Anspruch auf **Geldentschädigung** rechtfertigende Verletzung des allgemeinen Persönlichkeitsrechts des betroffenen AN darstellen (vgl. Rn. 11).[229] Die heimliche Videoaufzeichnung an einem öffentlich zugänglichen Arbeitsplatz verstößt gegen § 4 BDSG und ist rechtswidrig.[230] Diese Videobänder können in einem Kündigungsschutzverfahren einem **Beweisverwertungsverbot** unterliegen und wären dann zu Beweiszwecken unzulässig (im Einzelnen § 87 Rn. 2, § 94 Rn. 6 sowie § 103

---

224 BAG 27.7.17 – 2 AZR 681/16, AuR 2017, 421 zu Spähsoftware »Keylogger«.

225 BAG, DB 05, 1580, DB 04, 2377 zum Berliner Briefzentrum; LAG Nds., AiB 05, 687.

226 BAG 19.2.15 – 8 AZR 1007/13, AiB 5/15, 58.

227 LAG RP 27.4.17 – 5 Sa 449/16 verurteilte den AG zu einer Entschädigung in Höhe von 10000,00 Euro.

228 BGH 4.6.13 – 1 StR 32/13; Brandt, CuA 1/14, 33 zeigt die Auswirkungen des Urteils auf.

229 LAG MV 24.5.19 – 2 Sa 214/18, CuA 1/20, 38 mit Anm. Wurzberger; HessLAG 25.10.10 – 2 Sa 1230/10, brwo, AiB 11, 337.

230 ArbG Frankfurt am Main, RDV 06, 214.

Rn. 19).[231] Nach der abzulehnenden Rspr. des BAG soll die Speicherung von Bildsequenzen aus einer zulässigen offenen Videoüberwachung, die vorsätzliche Handlungen eines AN zulasten des Eigentums des Arbeitgebers zeigen, nicht durch bloßen Zeitablauf unverhältnismäßig werden, solange die Rechtsverfolgung durch den AG materiell-rechtlich möglich ist.[232] In einer neuen Entscheidung hat das BAG diese abzulehnende Haltung noch weiter ausgebaut und behauptet, dass in einem Kündigungsschutzprozess nach Maßgabe der DSGVO und der ZPO grundsätzlich kein Verwertungsverbot in Bezug auf solche Aufzeichnungen aus einer offenen Videoüberwachung besteht, die vorsätzlich vertragswidriges Verhalten des AN belegen sollen.[233] Das soll selbst dann gelten, wenn die Überwachungsmaßnahme des AG nicht vollständig im Einklang mit den Vorgaben des Datenschutzrechts steht. Selbst ein Verbot in einer BV sei kein Hindernisgrund, da den Betriebsparteien hierzu die Regelungsmacht fehle – sprich: die BV ist unwirksam. Diese Entscheidung ist nicht umsonst auf massive Kritik gestoßen; man kann nur hoffen, dass der EuGH das letzte Wort hat.[234] Grundsätzlich gilt: Greift die prozessuale Verwertung eines Beweismittels in das allgemeine Persönlichkeitsrecht einer Prozesspartei ein, überwiegt das Interesse an seiner Verwertung und der Funktionstüchtigkeit der Rechtspflege das Interesse am Schutz dieses Grundrechts nur dann, wenn sich gerade diese Art der Informationsbeschaffung und Beweiserhebung als gerechtfertigt erweist.[235] Die verdeckte Überwachung darf praktisch das einzig verbleibende Mittel neben weiteren Anforderungen darstellen.[236] Ein Beweisverwertungsverbot gilt z. B. für den Fall, wenn bei einem Telefongespräch die Gegenseite einen Dritten durch aktives Handeln zielgerichtet veranlasst, das Telefongespräch heimlich mitzuhören.[237]

9 In einem besonderen Maße ist die freie Entfaltung der Persönlichkeit der AN durch den **Einsatz neuer Technologien**, vor allem durch die Digitalisierung der Arbeitswelt und die Anwendung **der elektronischen Datenverarbeitung**, gefährdet, mit deren Hilfe fast unbegrenzt AN-Daten gespeichert

---

231 BAG 21.11.13 – 2 AZR 797/11; 20.6.13 – 2 AZR 546/12, AiB 7–8/14, 71 mit Anm. Kalck; LAG Hamm, NZA-RR 02, 464; ArbG Hamburg, BB 11, 1332; LAG Bremen, RDV 06, 24 zu Informationen eines Zeiterfassungsgerätes; HessLAG 21.9.18 – 10 Sa 601/18 zu einem Verwertungsverbot von privaten E-Mails.

232 BAG 23.8.18 – 2 AZR 133/18.

233 BAG 29.6.23 – 2 AZR 296/22, 2 AZR 297/22 und 2 AZR 299/22.

234 Däubler, CuA 10/23, 31; Seebacher/Fleischmann, AiB 10/23, 16.

235 BVerfG 9.10.02 – 1 BvR 1611/96 zum Recht am gesprochenen Wort als Teil des allgemeinen Persönlichkeitsrechts in Art. 2 Abs. 1 in Verbindung mit Art. 1 Abs. 1 GG.

236 BAG 27.7.17 – 2 AZR 681/16 keine Verwertung nach Überwachung durch Keylogger; 29.6.17 – 2 AZR 597/16.

237 BAG 23.4.09 – 6 AZR 189/08, AuR 09, 322, das aber eine Ausnahme dann zulassen will, wenn ein Dritter zufällig den Inhalt des Telefongespräches mithört.

und ausgewertet werden können (vgl. § 87 Rn. 41 f.).[238] Ein neuer Aspekt ist das Vordringen des Einsatzes von Algorithmen und Künstlicher Intelligenz (KI) im Personalmanagement, aber auch in den Arbeitsprozessen (s. im Einzelnen § 90 Rn. 4 m. w. N.).[239] Zu dem durch Art. 2 Abs. 1 i. V. m. Art. 1 Abs. 1 GG geschützten allgemeinen Persönlichkeitsrecht gehört das Recht auf informationelle Selbstbestimmung. Abs. 2 verpflichtet daher BR und AG, bei Regelungen über die Verarbeitung von personenbezogenen Daten der AN (zum Begriff s. § 46 Nr. 2 BDSG) den Grundsätzen über den **Persönlichkeitsschutz des AN** im Arbeitsverhältnis unter Beachtung des BDSG[240] – insbesondere unter Beachtung des § 26 BDSG, der die Datenerhebung, -verarbeitung und Nutzung im Beschäftigungsverhältnis regelt[241] – Rechnung zu tragen.[242] Ein biometrisches Zeiterfassungssystem (per Fingerabdruck) ist in aller Regel nicht erforderlich im Sinne von Art. 9 Abs. 2 lit. b DSGVO und § 26 Abs. 3 BDSG.[243] Erfolgt eine nach § 26 Abs. 1 BDSG zulässige Verarbeitung von personenbezogenen Daten von AN auf der Grundlage einer BV, so ist die Verarbeitung durch eine Rechtsvorschrift i. S. d. § 26 Abs. 4 BDSG[244] – durch eine BV – erlaubt. Es bedarf in diesem Fall keiner Entscheidung, ob auch alleine die Regelungen einer BV eine die Datenerhebung, -verarbeitung oder -nutzung gestattende Rechtsvorschrift i. S. d. § 26 Abs. 4 BDSG sein können.[245] Das gilt nicht nur für Regelungen im Rahmen einer BV, sondern auch bei einem Spruch der Einigungsstelle.[246] Bei einem mangelhaften und nicht datenschutzkonformen Verfahrensverzeichnis hat der BR einen Unterlassungsanspruch.[247]

---

238 Zu den Grenzen einer umfassenden Registrierung und dem daraus resultierenden »informationellen Selbstbestimmungsrecht« des Menschen vgl. das »Volkszählungsurteil« des BVerfG, NJW 84, 419; vgl. auch DKW-Berg, Rn. 123 ff. und ausführlich DKW-Klebe, § 87 Rn. 154 ff.

239 DKW-Berg, Rn. 123; Däubler Rn. 956.

240 Wedde, AiB 03, 727.

241 Im Einzelnen zur Neuregelung Brandt, AiB 09, 542.

242 Vgl. Thannheiser, CA 2/10, 26 zu ELENA – Elektr. Entgeltnachweis; Brandt, AiB 09, 80; Gola, CF 7–8/06, 43; Schierbaum, CF 7–8/06, 64 zum Datenschutz im BR-Büro; Probst, CA 07, 17 zu Biometrie-Systemen.

243 LAG BB 4. 6. 20 – 10 Sa 2130/19, AiB 11/20, 46 (Kurzwiedergabe).

244 § 26 Abs. 1 Satz 1 BDSG ist nach der Entscheidung des EuGH 30. 3. 23 – C-34/21, NZA 23, 487 zu identischen hessischen Vorschriften nicht mehr anwendbar, weil er die Voraussetzungen v. Art. 88 Abs. 1 und 2 DSGVO nicht erfüllt; vgl. auch BAG 9. 5. 23 – 1 ABR 14/22, NZA 23, 1404.

245 BAG 17. 11. 16 – 2 AZR 730/15 zu einer Teilnahme an einem elektronischen Warn- und Berichtssystems (RIBAS-Informationssystem).

246 BAG, DB 86, 1287.

247 Vgl. VG Wiesbaden, RDV 05, 177 zu einem Unterlassungsanspruch des PR bei einem Verfahrensverzeichnis für SAP R/3 HR; ArbG Kaiserslautern, dbr 8/09, 37 zu dem Einbau von GPS-Geräten.

10 Durch die Förderungspflicht wird gerade der AG angehalten, die **freie Entfaltung der Persönlichkeit**, insbesondere die Selbständigkeit und Eigeninitiative der AN zu fördern und damit einen Beitrag zu mehr Demokratie im Betrieb zu leisten.[248] Diese Verpflichtung soll sich widerspiegeln in einer entsprechenden Gestaltung der Arbeit und der Betriebsorganisation, damit Freiräume für Entscheidungen, Eigenverantwortung und Kreativität der AN geschaffen werden.[249] Die Förderungspflicht gegenüber den Arbeitsgruppen realisiert sich über deren AN sowie über arbeitsorganisatorische Vorgaben und Regelungen. Die Förderungspflicht schafft jedoch keine neuen MBR des BR.[250]

6. Rechtsfolgen von Verstößen

11 Verstößt der AG sowohl gegen die in dieser Vorschrift genannten Grundsätze als auch gegen das AGG, ist der BR berechtigt, dem AG die Pflichtverletzung **gerichtlich untersagen** zu lassen (§ 17 Abs. 2 AGG i. V. m. § 23 Abs. 3), und zwar entgegen der Auffassung des BAG[251] auch dann, wenn die Voraussetzungen des § 23 Abs. 3 BetrVG nicht vorliegen.[252] Auch eine einstweilige Verfügung ist möglich.
Gegenüber dem AG haben durch Benachteiligung betroffene AN zunächst einmal die Möglichkeit des Beschwerderechts, insb. nach § 13 AGG und §§ 84, 85. Daneben kommt ein Leistungsverweigerungsrecht nach § 14 AGG in Frage. Bei einer schuldhaften Herbeiführung einer Benachteiligung haftet der AG auf Schadensersatz und – verschuldensunabhängig – für einen Nichtvermögensschaden gem. § 15 AGG.[253] Die Entschädigung nach § 15 Abs. 2 AGG hat dabei eine Doppelfunktion. Zum einen dient sie der vollen Schadenskompensation, zum anderen der Prävention, wobei jeweils der Grundsatz der Verhältnismäßigkeit zu wahren ist.[254] Weitergehende Ansprüche gegen den AG bleiben davon unberührt.[255] So hat eine Geschlechtsdiskriminierung bei übertariflicher Entlohnung zur **Folge**, dass die benachteiligte Gruppe Anspruch auf die Leistungen hat, die der bevorzugten Gruppe gewährt werden.[256] Das gilt ebenso, wenn die altersdiskriminierende Wirkung einer Regelung ausschließlich auf einer Altersstaffelung

---

248 Vgl. BT-Drucks. 14/5741, S. 45.
249 Vgl. BT-Drucks. 14/5741, S. 45.
250 So BAG, BB 99, 2357.
251 BAG, NZA 03, 166 lehnt einen Unterlassungsanspruch aus § 75 Abs. 2 ab; LAG BB 20. 8. 15 – 21 TaBV 336/15.
252 So u. a. LAG Bremen, AiB 86, 191; LAG Köln, AiB 89, 163; DKW-Berg Rn. 142 ff.
253 BAG 19. 12. 19 – 8 AZR 2/19; 16. 2. 12 – 8 AZR 697/10, AuR 12, 141.
254 BAG 28. 5. 20 – 8 AZR 170/19.
255 Vgl. NDW-AGG, vor §§ 13–16, Rn. 1 ff.
256 BAG, NZA 93, 891; LAG RP 14. 8. 14 – 5 Sa 509/13, AiB 7–8/15, 149.

beruht.[257] Die Frage, ob für das Eingreifen des Schutzes das Vorliegen einer formalen Bewerbung (»**Scheinbewerbung**«) genügt, hat der EuGH dahingehend entschieden dass, wenn es dem Bewerber nur darum geht den formalen Status als Bewerber i.S.v. § 6 Abs. 1 Satz 2 AGG zu erlangen mit dem ausschließlichen Ziel, Ansprüche auf Entschädigung und/oder Schadensersatz geltend zu machen, Rechtsmissbrauch anzunehmen ist.[258] Zu beachten ist die zweimonatige **Ausschlussfrist** des § 15 Abs. 4 AGG, die mit Unionsrecht vereinbar ist,[259] zur Geltendmachung von Ansprüchen wegen eines Verstoßes gegen das Benachteiligungsverbot des § 7 AGG. Sie beginnt im Falle einer erfolglosen Bewerbung grundsätzlich mit dem Zugang der Ablehnung, nicht jedoch vor dem Zeitpunkt, ab dem der Bewerber Kenntnis von seiner Benachteiligung erlangt hat.[260] Eine Entschädigung nach dem AGG, die auf Grund eines arbeitsgerichtlichen Vergleichs geleistet wird, ist steuerfrei, wenn sie wegen einer Diskriminierung als Behinderter zu zahlen ist.[261]

Durch die Neuregelung in § 253 Abs. 2 BGB ist ein AG zudem zu Schadensersatz verpflichtet, wenn er nicht alles unternimmt, um eine Verletzung des Körpers, der Gesundheit, der Freiheit oder der sexuellen Selbstbestimmung zu unterbinden. Dieser Anspruch besteht auch bei einer Schädigung durch einen Anderen, z.B. einen Arbeitnehmer (Erfüllungsgehilfe nach § 278 BGB), und kann auch ein Schmerzensgeld umfassen. Der Schadensersatzanspruch gilt insbesondere bei Mobbing und sexueller Belästigung.[262] Es gelten auch bei Mobbing die allgemeinen Grundsätze der Verteilung der Darlegungs- und Beweislast.[263] Die Zweimonatsfrist des § 15 Abs. 4 AGG ist zur Geltendmachung von Entschädigungsansprüchen nach AGG einzuhalten.[264]

Bei der Entschädigung wegen einer Verletzung des allgemeinen Persönlichkeitsrechts handelt es sich nicht um ein Schmerzensgeld gemäß § 253 Abs. 2 BGB, sondern um eine Zahlung, die auf den Schutzauftrag aus Art. 1 und Art. 2 Abs. 1 GG zurückgeht.[265] Ein Anspruch auf Geldentschädigung kann bei einer schwerwiegende Verletzung des allgemeinen Persönlichkeitsrechtes gegeben sein, z.B. bei einer wiederholten und hartnäckigen Verletzung

---

257 BAG 27.4.17 – 6 AZR 119/16.

258 EuGH 28.7.16 – C-423/15, AuR 17, 33; BAG 25.10.18 – 8 AZR 562/16.

259 BAG 18.5.17 – 8 AZR 74/16.

260 BAG 15.3.12 – 8 AZR 37/11.

261 FG RP 21.3.17 – 5 K 1594/14.

262 BAG, DB 08, 529; LAG Hamm 19.1.12 – 11 Sa 722/10; zum Anspruch auf Schmerzensgeld; NZA-RR 03, 8.

263 BAG, DB 08, 532.

264 BAG 15.3.12 – 8 AZR 160/11, brwo.

265 BAG 19.2.15 – 8 AZR 1007/13, AiB 5/15, 58.

des Rechts am eigenen Bild, das um des wirtschaftlichen Vorteils willen erfolgt.[266]
Der BR kann nach § 104 die Kündigung oder Versetzung eines AN verlangen, der wiederholt die in Abs. 1 enthaltenen Grundsätze grob verletzt und dadurch den Betriebsfrieden ernstlich stört (vgl. § 104 Rn. 1). Dabei ist aber eine wiederholte ernstliche Störung des Betriebsfriedens Voraussetzung.[267]
Der BR hat einen Zustimmungsverweigerungsgrund nach § 99 Abs. 2 Nr. 6 BetrVG, wenn anzunehmen ist, dass ein Bewerber oder AN gegen die in § 75 Abs. 1 enthaltenen Grundsätze verstoßen wird (vgl. § 99 Rn. 34).[268]

§ 76 Einigungsstelle

(1) Zur Beilegung von Meinungsverschiedenheiten zwischen Arbeitgeber und Betriebsrat, Gesamtbetriebsrat oder Konzernbetriebsrat ist bei Bedarf eine Einigungsstelle zu bilden. Durch Betriebsvereinbarung kann eine ständige Einigungsstelle errichtet werden.
(2) Die Einigungsstelle besteht aus einer gleichen Anzahl von Beisitzern, die vom Arbeitgeber und Betriebsrat bestellt werden, und einem unparteiischen Vorsitzenden, auf dessen Person sich beide Seiten einigen müssen. Kommt eine Einigung über die Person des Vorsitzenden nicht zustande, so bestellt ihn das Arbeitsgericht. Dieses entscheidet auch, wenn kein Einverständnis über die Zahl der Beisitzer erzielt wird.
(3) Die Einigungsstelle hat unverzüglich tätig zu werden. Sie fasst ihre Beschlüsse nach mündlicher Beratung mit Stimmenmehrheit. Bei der Beschlussfassung hat sich der Vorsitzende zunächst der Stimme zu enthalten; kommt eine Stimmenmehrheit nicht zustande, so nimmt der Vorsitzende nach weiterer Beratung an der erneuten Beschlussfassung teil. Die Beschlüsse der Einigungsstelle sind schriftlich niederzulegen und vom Vorsitzenden zu unterschreiben oder in elektronischer Form niederzulegen und vom Vorsitzenden mit seiner qualifizierten elektronischen Signatur zu versehen sowie Arbeitgeber und Betriebsrat zuzuleiten.
(4) Durch Betriebsvereinbarung können weitere Einzelheiten des Verfahrens vor der Einigungsstelle geregelt werden.
(5) In den Fällen, in denen der Spruch der Einigungsstelle die Einigung zwischen Arbeitgeber und Betriebsrat ersetzt, wird die Einigungsstelle auf Antrag einer Seite tätig. Benennt eine Seite keine Mitglieder oder

---

266 HessLAG 25.10.10 – 7 Sa 1586/09, AiB 11, S. 337 im Falle eines AN, der durch eine sichtbar angebrachte Videokamera einem ständigen Anpassungsdruck ausgesetzt ist.
267 LAG Hamm 23.10.09 – 10 TaBV 39/09, brwo.
268 Vgl. BAG, DB 05, 1469 wonach bestimmte Tatsachen objektiv die Prognose rechtfertigen müssen.

bleiben die von einer Seite genannten Mitglieder trotz rechtzeitiger Einladung der Sitzung fern, so entscheiden der Vorsitzende und die erschienenen Mitglieder nach Maßgabe des Absatzes 3 allein. Die Einigungsstelle fasst ihre Beschlüsse unter angemessener Berücksichtigung der Belange des Betriebs und der betroffenen Arbeitnehmer nach billigem Ermessen. Die Überschreitung der Grenzen des Ermessens kann durch den Arbeitgeber oder den Betriebsrat nur binnen einer Frist von zwei Wochen, vom Tage der Zuleitung des Beschlusses an gerechnet, beim Arbeitsgericht geltend gemacht werden.

(6) Im Übrigen wird die Einigungsstelle nur tätig, wenn beide Seiten es beantragen oder mit ihrem Tätigwerden einverstanden sind. In diesen Fällen ersetzt ihr Spruch die Einigung zwischen Arbeitgeber und Betriebsrat nur, wenn beide Seiten sich dem Spruch im Voraus unterworfen oder ihn nachträglich angenommen haben.

(7) Soweit nach anderen Vorschriften der Rechtsweg gegeben ist, wird er durch den Spruch der Einigungsstelle nicht ausgeschlossen.

(8) Durch Tarifvertrag kann bestimmt werden, dass an die Stelle der in Absatz 1 bezeichneten Einigungsstelle eine tarifliche Schlichtungsstelle tritt.

Inhaltsübersicht Rn.

1. Bildung einer Einigungsstelle

a) Erzwingbare Einigungsstelle

1 Der DGB-Entwurf für ein modernes BetrVG fordert zusätzlich in einem neuen Abs. 4, dass Beschlüsse der ESt., die die Einigung zwischen AG und BR ersetzen, vorläufig vollstreckbar sind.[1]

Die ESt. ist eine betriebsverfassungsrechtliche Institution eigener Art mit dem Zweck, die Mitbestimmung der AN bei der Gestaltung der betrieblichen Ordnung zu gewährleisten, indem sie durch Zwangsschlichtung Pattsituationen im Bereich der paritätischen Mitbestimmung auflöst.[2] Dabei beschränkt sich die Reglungskompetenz einer **erzwingbaren ESt.-Stelle** nach § 76 Abs. 5 Satz 1 ausschließlich auf mitbestimmungspflichtige Angelegenheiten. Nur soweit das Gesetz die Regelung einer Angelegenheit zwingend dem Mitbestimmungsrecht des BR unterwirft, kann der Spruch der ESt.-Stelle die Einigung der Betriebsparteien ersetzen. Die ESt. ist bei **Bedarf** zu bilden, d. h., wenn alle anderen Einigungsmöglichkeiten zwischen BR und AG erschöpft sind und die Streitigkeit in die Kompetenz der ESt. fällt.[3] Zu den anderen Einigungsmöglichkeiten gehört auch die Inanspruchnahme einer paritätischen Kommission zur Beilegung der Meinungsverschiedenheiten, wenn dieses zwischen AG und BR vereinbart worden ist (z. B. in einer BV).[4] Vor Anrufung der ESt. muss eine **gütliche Einigung versucht** worden sein, es kann nicht sofort die ESt. angerufen werden.[5] Ein Rechtsschutzinteresse für die Bildung einer Einigungsstelle nach § 100 ArbGG besteht nur, wenn der Antragsteller geltend macht, dass entweder die Gegenseite Verhandlungen über das Regelungsverlangen ausdrücklich oder konkludent verweigert hat oder mit Verständigungswillen geführte Verhandlungen gescheitert sind.[6] Dies ergibt sich aus der nach § 74 Abs. 1 Satz 2 bestehenden **Verhandlungsverpflichtung** (vgl. § 74 Rn. 1). Allein der Umstand, dass eine Seite die Verhandlung für aussichtslos hält, reicht dazu nicht aus.[7] Auch eine Einladung zu Verhandlungen, welche mit Bedingungen verknüpft ist, die die Selbstorganisation des BR einschränken

---

1 *https://aur-blog.eu/reformvorschlag/.*

2 BAG 20. 8. 14 – 7 ABR 64/12.

3 Vgl. BAG, DB 04, 766; NZA 03, 171.

4 LAG Hamm 12. 1. 07 – 10 TaBV 55/06.

5 LAG Sachsen, NZA-RR, 02, 362.

6 BAG 18. 3. 15 – 7 ABR 4/13; LAG BaWü 8. 2. 22 – 4 TaBV 7/22; LAG Düsseldorf 16. 7. 19 – 3 TaBV 36/19.

7 LAG Düsseldorf 7. 4. 20 – 3 TaBV 1/20; LAG RP, AuR 06, 333 Ls.; a. A. LAG Hamm 14. 5. 14 – 7 TaBV 21/14 das nur auf die subjektive Entscheidungssphäre eines Betriebspartners abstellt.

würde, ist ebenfalls keine ordnungsgemäße Einladung.[8] Ein **Mangel an der Einigung** liegt vor,

- wenn BR und AG über eine mitbestimmungspflichtige Angelegenheit ernsthaft verhandelt haben, eine Seite es dann aber ablehnt, trotz zweimaliger Aufforderung zu den näher entwickelten Vorschlägen der Gegenseite überhaupt Stellung zu nehmen,[9]
- wenn eine Seite nach Ablehnung des Entwurfes einer neuen BV bzw. jeglicher Änderungsvorschläge erklärt, es solle nach der gekündigten BV weiter verfahren werden,[10]
- wenn schon längere Zeit ergebnislos verhandelt worden ist[11] bzw. die Umstände, z. B. totale Zerstrittenheit in der Frage, eine Seite zu der Überzeugung kommen lassen, dass eine Verständigung außerhalb der ESt. nicht möglich ist,[12]
- wenn ein von beiden Seiten erkannter Regelungsgegenstand nach der subjektiven Einschätzung einer Seite nicht ohne Hilfe der ESt. einer möglichst einvernehmlichen Lösung zugeführt werden kann, nachdem der AG mehrfach versucht hat, die Einsetzung zu verhindern,[13]
- wenn der Betriebspartner, der die Bildung der Einigungsstelle anstrebt, einen ernsthaften Verhandlungsversuch unternommen hat,[14]
- wenn eine der Betriebsparteien aufgrund des bisherigen Verhaltens der anderen Partei die weitere Führung von Verhandlungen für aussichtslos hält und die ESt. anruft.[15]

Das Verfahren vor der ESt. verstößt nicht gegen das Rechtsstaatsprinzip.[16] Die **Kosten** der ESt. trägt der AG (vgl. im Übrigen zu den Kosten der ESt. § 76a).

b) Freiwillige Einigungsstelle

Das Gesetz unterscheidet zwischen dem **erzwingbaren** (Abs. 5) und dem – in der Praxis seltenen – **freiwilligen ESt.-Verfahren** (Abs. 6 Satz 1). Beide Verfahren unterscheiden sich hinsichtlich der Regelungskompetenz der ESt.-Stelle, der Art und Weise ihrer Errichtung, der Durchführung des ESt.- **1a**

8 LAG HH 14. 10. 15 – 8 TaBV 12/15.
9 HessLAG, NZA 95, 1118.
10 LAG Hamm, AuR 04, 398; LAG Sachsen, NZA-RR, 02, 362.
11 LAG Hamm 9. 2. 09 – 10 TaBV 3/09, brwo.
12 LAG München, NZA-RR 08, 71 spricht von einer erkennbaren Rechtsmissbräuchlichkeit; LAG Nds., NZA-RR 06, 142.
13 LAG RP 2. 11. 12 – 9 TaBV 34/12, brwo.
14 HessLAG 30. 9. 14 – 4 TaBV 157/14.
15 LAG Hamm 17. 10. 11 – 10 TaBV 69/11, brwo; LAG SH 2. 3. 11 – 3 TaBV 1/11, brwo.
16 Vgl. BVerfG, NZA 88, 25.

Verfahrens – insbesondere der Voraussetzungen für eine etwaige einseitige Beschlussfassung – und der Wirkungsweise eines von der ESt. gefassten Spruchs. Die **Reglungszuständigkeit** einer freiwilligen ESt. bezieht sich auf alle sonstigen Gegenstände außerhalb mitbestimmungspflichtiger Angelegenheiten, die in die – grundsätzlich umfassende – Kompetenz der Betriebsparteien zur Regelung von materiellen und formellen Arbeitsbedingungen fallen. Die für das freiwillige ESt.-Verfahren maßgebenden Regelungen gelten auch, wenn die ESt. nach dem ausdrücklich erklärten Willen der Betriebsparteien **»teilmitbestimmte« Angelegenheiten** verbindlich regeln soll.[17] Gegenstand einer freiwilligen ESt. kann nicht nur eine Regelungs-, sondern auch eine Rechtsfrage sein.[18] Damit erhält die ESt. die Kompetenz, Regelungen ungeachtet mitbestimmungspflichtiger Grenzen zu treffen. Sie hat innerhalb ihres Regelungsauftrags bei der Ausgestaltung des ggf. von ihr zu treffenden Spruchs weitergehende Gestaltungsmöglichkeiten, die sich auf den gesamten Inhalt der beschlossenen Regelungen auswirken können. Die freiwillige ESt. wird tätig, wenn BR und AG es beantragen oder mit ihrem Tätigwerden einverstanden sind (z.B. in einer BV oder einer Regelungsabrede).[19] Das erforderliche Einverständnis kann auch nachträglich erklärt werden, genauso wie ein Widerruf. Ein **Spruch der ESt.** im freiwilligen ESt.-Verfahren kann nur Verbindlichkeit zwischen den Betriebsparteien erlangen, wenn diese sich ihm vorher unterworfen oder den Spruch nachträglich angenommen haben. Dabei reicht aber das bloße Einverständnis des BR mit dem Tätigwerden einer ESt. nicht aus, die Unterwerfung unter einen freiwilligen ESt.-Spruch erfordert für ihre Wirksamkeit vielmehr eines **BR-Beschlusses** (im Einzelnen § 33 Rn. 2ff.).[20] Zum ESt.-Besetzungsverfahren nach § 100 ArbGG vgl. Rn. 3. Die Vorschriften der Zivilprozessordnung über das schiedsrichterliche Verfahren (§§ 1025ff. ZPO) sind auf ein freiwilliges ESt.-Verfahren weder unmittelbar noch entsprechend anzuwenden.[21]

c) Ständige Einigungsstelle

2 Das Gesetz geht von einer **nicht ständigen** ESt. aus. Von der Einrichtung einer ständigen ESt. ist abzuraten, da sonst u. a. nicht auszuschließen ist, dass die Einigungsmöglichkeiten nicht voll ausgeschöpft werden, sondern im Streitfall sofort die ESt. angerufen wird. Eine ESt. kann nicht durch Spruch

17 BAG 11.12.18 – 1 ABR 17/17.
18 BAG 23.2.16 – 1 ABR 5/14.
19 LAG Köln 2.12.22 – 9 TaBV 44/22.
20 BAG 11.12.18 – 1 ABR 17/17.
21 BAG 11.2.14 – 1 ABR 76/12.

die Besetzung einer ständigen oder einer künftig für bestimmte Gegenstände zuständigen ESt. festlegen.[22]

2. Zusammensetzung

a) Grundsätze

Die Vorschrift des Abs. 2 ist zwingend. Im erzwingbaren ESt-Verfahren kann grundsätzlich keine Seite die Mitwirkung an der Bildung der ESt. verweigern.[23] Akzeptiert der AG den Vorschlag des BR hinsichtlich der **Person des Vors.**, so ist dieser damit bestellt.[24] Kommt eine Einigung über den Vors. nicht zustande, bestellt ihn das **zuständige ArbG**, das auch bei Nichteinigung über die **Anzahl der Beisitzer** entscheidet.[25] Diese Regelungen sind zwingend. In einem ESt.-Spruch kann die Besetzung einer ESt. hingegen nicht festgelegt werden.[26] Im ESt-Besetzungsverfahren gilt der **Offensichtlichkeitsmaßstab** für alle im Bestellungsverfahren zu entscheidenden Fragen, also auch für die Frage, ob das in Anspruch genommene MBR dem GBR oder dem BR zusteht.[27] Der Antrag auf Bestellung eines Vors. der ESt. kann vom ArbG nur zurückgewiesen werden, wenn die ESt. **offensichtlich unzuständig** ist (§ 100 Abs. 1 Satz 1 ArbGG).[28] Dabei gilt der Maßstab der offensichtlichen Unzuständigkeit für alle im Zusammenhang mit der Bildung der ESt. zu prüfenden Fragen, also nicht nur für die Frage, ob der ESt. in der umstrittenen Angelegenheit eine Entscheidungskompetenz zusteht.[29] Im **Gerichtsverfahren** (§ 100 ArbGG) verhandelt und entscheidet der Vors. Richter in beiden Instanzen ohne ehrenamtliche Richter. 3

Der Antrag auf Einsetzung einer ESt. kann nur dann durch das ArbG zurückgewiesen werden, wenn die Zuständigkeit der ESt. ganz offensichtlich unter keinem denkbaren rechtlichen Gesichtspunkt als möglich erscheint,[30] bzw. wenn sich die beizulegende Streitigkeit zwischen AG und BR bei fachkundiger Beurteilung durch das Gericht sofort erkennbar nicht unter einen mitbestimmungspflichtigen Tatbestand des BetrVG subsumieren lässt.[31] Voraussetzung hierfür ist eine klare und eindeutige Rechtslage, die eine ESt.-

22 BAG, NZA 08, 1187.
23 LAG RP 22.11.12 – 10 TaBV 37/12 zur Verweigerung eines AG.
24 Zum ESt.-Vors. ausführlich U. Fischer, DB 00, 217 ff.
25 Zum Ablaufverfahren vgl. DKW-F-Berg, § 76 Rn. 2.
26 BAG 9.7.13 – 1 ABR 19/12, AuR 13, 459.
27 LAG Hamm 19.7.10 – 10 TaBV 39/10, brwo.
28 Siehe dazu Goergens, AiB 98, 481.
29 LAG MV 5.4.22 – 2 TaBV 8/22; LAG München 23.11.21 – 9 TaBV 64/21; DKW-Berg, Rn. 65.
30 DKW-Berg, Rn. 61.
31 LAG Saarland 27.7.16 – 2 TaBV 2/16, AiB 11/16, 59; LAG Hamburg 12.1.15 – 8 TaBV 14/14.

Einsetzung von vornherein sinnlos erscheinen lässt.[32] § 100 Abs. 1 ArbGG spricht von »**offensichtlicher Unzuständigkeit**«.

In folgenden Fällen ist eine **Zuständigkeit** der ESt. zu **bejahen**:

- bei Unterbringung von auswärts beschäftigten Monteuren im Doppel- oder Einzelzimmer wegen § 87 Abs. 1 Nr. 1;[33]
- wenn der BR sich auf ein Initiativrecht nach § 87 Abs. 1 Nr. 6 zur Einführung einer elektronischen Arbeitszeiterfassung beruft;[34]
- bei Einführung von Tätigkeitsberichten und Tätigkeitsplänen in einer Vertriebsdirektion;[35]
- bei der Einführung des neuen RahmenentgeltTV Groß- und Außenhandel Bayern v. 12.2.15 (REGA) hinsichtlich der Regelungsbereiche »Methoden« und »Textbausteine«;[36]
- bei der Festlegung abstrakt-genereller Entlohnungsgrundsätze nach § 87 Abs. 1 Nr. 10, 11, wenn aufgrund eines Verbots des Lohnwuchers ein bestimmter Mindestlohn geboten ist;[37]
- wenn ein Gesellschafter der im Ausland befindlichen Konzernobergesellschaft über die Gewährung von Boni an in inländischen Betrieben beschäftigte Mitarbeiter entscheidet;[38]
- für den Regelungsgegenstand »Mobiles Arbeiten«, insbesondere zur Regelung der damit zusammenhängenden Fragen des Arbeitsschutzes, der Arbeitssicherheit, der Arbeitszeit und der Arbeitsstätte;[39]
- für die Regelung der Privatnutzung von Dienstwagen;[40]
- wenn ein AG als Sprache der betrieblichen Kommunikation Englisch statt Deutsch einführen will;[41]
- bei einem betrieblichem Eingliederungsmanagement, wobei sich der Regelungsauftrag auf die Aufstellung derjenigen Maßgaben bezieht, nach denen ein Eingliederungsmanagement i. S. d. § 167 Abs. 2 SGB IX im jeweiligen Betrieb konkret durchgeführt werden soll;[42]
- bei der Errichtung einer Beschwerdestelle i. S. des § 13 AGG hinsichtlich der Frage der Einführung und Ausgestaltung des Verfahrens, nicht

---

32 LAG MV 25.2.20 – 5 TaBV 1/20 m. w. N.
33 LAG Hamm 26.7.04 – 10 TaBV 73/04.
34 LAG München 22.5.23 – 4 TaBV 24/23; LAG München 10.8.21 – 3 TaBV 31/21; LAG Hamm 15.12.20 – 7 TaBV 85/20; 4.6.19 – 7 TaBV 93/18.
35 LAG RP, AuR 05, 238.
36 LAG Nürnberg 9.12.16 – 2 TaBV 50/16.
37 HessLAG 30.1.18 – 4 TaBV 227/17, AuR 2019, 86.
38 LAG Nürnberg 23.2.21 – 6 TaBV 1/21.
39 LAG MV 25.2.20 – 5 TaBV 1/20.
40 LAG Köln 13.1.20 – 9 TaBV 66/19.
41 LAG Köln, AuR 09, 370, Ls.
42 BAG 19.11.19 – 1 ABR 36/18.

jedoch hinsichtlich der Frage, wo die Beschwerdestelle errichtet und wie diese personell besetzt werden soll;[43]
- bei Mobbing;[44]
- wenn die ESt. wegen einer AN-Beschwerde, die den Vorwurf des Mobbings enthält, angerufen wird, auch wenn Gegenstand der Beschwerde nicht nur Belastungen tatsächlicher Art sind, sondern auch wenn zweifelhaft ist, ob der vom AN vorgetragene Beschwerdegrund rechtlicher oder tatsächlicher Art ist;[45]
- wenn der AG durch bereits installierte Einrichtungen grundsätzlich technisch in die Lage versetzt wird, Verhaltens- bzw.- Leistungsdaten der beschäftigten AN zu erfassen;[46]
- Einstellung eines Betriebsarztes bzw. einer Fachkraft für Arbeitssicherheit als Arbeitnehmer des Betriebes;[47]
- bei einer Gefährdungsbeurteilung nach §§ 4ff. ArbSchG auch dann, wenn der AG bereits gem. § 13 Abs. 2 ArbSchG einen Dritten beauftragt hat;[48]
- bei der Durchführung einer Gefährdungsbeurteilung inklusive einer psychischen Gefährdungsbeurteilung trotz Bestehens einer KBV zum Gesundheitsschutz;[49]
- Aufstellung eines Hygieneplans;[50]
- wenn es um eine konkrete betriebliche Regelung zur Wärmeentlastung im Betrieb nach § 3a ArbStättVO i.V.m. ASR A 3.5 geht;[51]
- wenn es um geeignete Maßnahmen i.S.d. § 4 Abs. 1 der alten BildscharbV (seit 2016 Teil der **ArbStättV**) in Verbindung mit den Regelungen des Anhangs 6 zur ArbStättV geht;[52]
- bei einer Regelung zu Transportverhältnissen nach § 2 Abs. 1 LasthandhabV, wobei sich aus § 2 Abs. 2 Satz 2 LasthandhabV ergibt, dass der AG zunächst verpflichtet ist, aufgrund einer Gefährdungsbeurteilung nach § 5 ArbSchG geeignete Maßnahmen zu treffen;[53]

---

43 BAG, NZA 09, 1049; LAG Hamburg DB 07, 1417.
44 LAG Düsseldorf, AiB 05, 122; LAG München, dbr 7/06, 39.
45 LAG Hamm 5.10.09 – 10 TaBV 63/09, brwo.
46 Thüringer LAG 14.6.12 – 3 TaBV 2/12, AuR 12, 414.
47 LAG BB 6.12.19 – 2 TaBV 1886/19.
48 LAG SH 8.2.12 – 6 TaBV 47/11, AiB 13, 529 Ls.; LAG Köln 28.6.12 – 4 TaBV 17/12, brwo.
49 LAG Köln 20.10.17 – 9 TaBV 69/17.
50 LAG Köln 22.1.21 – 9 TaBV 58/20 in einem Krankenhaus; LAG BB 23.1.20 – 5 TaBV 2182/19 bei einem Rettungsdienst.
51 BAG 18.7.17 – 1 ABR 59/15, AiB 2/18, 44 (Kurzwiedergabe); LAG BB 6.12.19 – 2 TaBV 1886/19; LAG SH 1.10.13 – 1 TaBV 33/13, brwo.
52 LAG Nds. 11.1.17 – 13 TaBV 109/15.
53 LAG BB 25.3.15 – 23 TaBV 1448/14, AuR 16, 32.

- bei Regelungen über den Gesundheitsschutz bei unstreitigen Gefährdungen auch ohne vorherige Gefährdungsbeurteilung;[54]
- bei der Frage eines Verbotes, im Betrieb bestimmte Plaketten zu tragen;[55]
- bei der Frage, ob eine Änderung auch grundlegend i. S. des § 111 Satz 3 Nr. 4 ist;[56]
- bei Interessenausgleich und Sozialplan, wenn ein BR erstmalig gewählt worden ist, nachdem die Betriebsänderung bereits begonnen hat;[57]
- bei Interessenausgleich und Sozialplan, auch wenn das in § 92a vorgesehene Verfahren noch nicht abgeschlossen ist;[58]
- bei einer systematischen Beschäftigung von Teilzeitarbeitskräften mit flexibler Arbeitszeit statt wie bisher mit fester individueller, vertraglicher Wochenarbeitszeit (veränderte Arbeitsmethode i. S. d. § 111 Satz 3 Nr. 5 i. V. m. Nr. 4);[59]
- bei der Frage, ob Altersteilzeit nur im Blockmodell und/oder im Teilzeitmodell eingeführt wird;[60]
- bei der Beschwerde einer Abteilungsleiterin, die sich über die personelle Unterbesetzung ihrer Abteilung und die damit verbundene Arbeitsüberlastung beschwert hat;[61]
- bei dem Thema der Ablehnung eines Antrages einer AN auf unbezahlten Urlaub und ihrer Beschwerde hiergegen;[62]
- für eine Vereinbarung »Kontinuierlicher Verbesserungsprozess« (§ 87 Abs. 1 Nr. 12);[63]
- wenn MBR des BR noch nicht durch BV verbraucht ist und es um die noch nicht geregelte Frage geht;[64]
- bei einem konkreten Auskunftsverlangen des **WA** nach § 109, wobei gegebenenfalls die zwischen den Beteiligten umstrittene Frage, ob überhaupt eine wirtschaftliche Angelegenheit im Sinne des § 106 betroffen

---

54 LAG Köln 20. 8. 18 – 9 TaBV 32/18, AiB 12/18, 44 im Falle von Übergriffen durch Heimbewohner.

55 LAG Hamm 26. 5. 08 – 10 TaBV 51/08, brwo.

56 LAG Hamm, dbr 2/05, 36.

57 LAG Köln, AuR 07, 395; einschränkend HessLAG 15. 10. 13 – 4 TaBV 138/13 wonach ein erst nach dem Beginn der Durchführung einer Betriebsänderung gewählter BR für den Abschluss eines Interessenausgleichs offensichtlich unzuständig ist, während das für den Sozialplan nicht zu trifft.

58 LAG Hamm 20. 3. 09, 10 TaBV 17/09, brwo.

59 LAG RP 9. 3. 12 – 6 TaBV 39/11, brwo.

60 LAG Köln, AuR 06, 214.

61 HessLAG, AuR 09, 181 zu §§ 84, 85; LAG Hamm, NZA-RR 02, 139.

62 LAG Hamburg, AuR 07, 219.

63 ArbG Elmshorn, AiB 95, 675.

64 LAG Hamm, BB 08, 340.

ist, inzident als Vorfrage im Rahmen der Prüfung ihrer Zuständigkeit zu klären ist.[65]

In folgenden Fällen ist eine **Zuständigkeit** zu **verneinen**:

- wenn eine ESt. schon »vorsorglich« eingesetzt werden soll, damit sie nach Ablauf der Kündigungsfrist der vormaligen BV sofort entscheiden kann;[66]
- wenn eine Rechtsfrage vom BAG in ständiger Rspr. in dem bestimmten Sinne beantwortet wird, dass dem BR zur begehrten Regelung kein MBR zusteht;[67]
- weil das beanspruchte Mitbestimmungsrecht offensichtlich nicht dem BR, sondern nur dem GBR zusteht;[68]
- wenn von einem MBR bereits durch Abschluss einer noch ungekündigten oder noch nicht für unwirksam erklärten BV abschließend Gebrauch gemacht worden ist, es sei denn, ein Wegfall der Geschäftsgrundlage kommt in Betracht;[69]
- für den angestrebten Regelungsgegenstand bereits eine andere ESt. zuständig ist,[70] bzw. es sich um sachlich miteinander zusammenhängende, parallel liegende Regelungsfragen handelt, die ohne Weiteres Gegenstand einer einheitlichen Einigungsstelle sein können und nicht von separaten Einigungsstellen;[71]
- wenn eine Beschwerde i. S. d. des § 84 noch mit dem Arbeitgeber zu verhandeln ist, es sei denn, der AG zeigt sich von vornherein verhandlungsunwillig;[72]
- wenn es sich um das bloße Vorliegen einer Meinungsverschiedenheit zwischen den Beteiligten über die Anwendung eines TV auf einen Einzelfall handelt;[73]
- wenn sich aus dem TV ergibt, dass die Arbeitszeitflexibilisierung nur durch eine freiwillige BV zwischen dem BR und dem AG geregelt werden kann;[74]

---

65 LAG RP 28. 2. 13 – 11 TaBV 42/12, brwo.

66 LAG Nds. 7. 3. 22 – 12 TaBV 4/22.

67 LAG BB 6. 10. 17 – 7 TaBV 1215/17; LAG Nds. 22. 10. 13 – 1 TaBV 53/13; LAG Saarbrücken, AiB 04, 244; s. aber auch LAG Hamm 15. 12. 20 – 7 TaBV 85/20.

68 LAG RP 22. 2. 18 – 2 TaBV 38/17.

69 LAG RP 14. 2. 23 – 6 TaBV 1/23; LAG BaWü 18. 11. 08 – 9 TaBV 6/08; LAG Hamm 26. 5. 08 – 10 TaBV 51/08; a. A. LAG Düsseldorf 29. 6. 21 – 3 TaBV 18/21 wonach über diese Frage die ESt. selbst entscheiden soll.

70 LAG Hamburg 12. 1. 15 – 8 TaBV 14/14 zu Regelungen zur Organisation des Gesundheitsschutzes.

71 HessLAG 1. 3. 16 – 4 TaBV 258/15.

72 LAG BB 9. 4. 14 – 4 TaBV 638/14.

73 BAG 11. 9. 01 – 1 ABR 1/01; LAG Köln 14. 3. 11 – 5 TaBV 101/11.

74 LAG SH 26. 5. 10 – 3 TaBV 42/09, brwo.

- wenn es sich um eine Regelung zur Übernahme von Fahrtkosten freigestellter BR-Mitgl. eines regionalen BR zum BR-Büro handelt.[75]

Bei einem Antrag auf gerichtliche Errichtung einer ESt. muss der Antragsteller sein Begehren an die ESt. ausreichend klarstellen. Er kann die Feststellung, dass die Unzuständigkeit der ESt. nicht offensichtlich i. S. des § 100 Abs. 1 Satz 1 ArbGG sei, nicht dadurch erreichen, dass er sein Begehren an die ESt. im Unklaren lässt.[76] Andererseits genügt aber für die Einleitung des gerichtl. Bestellungsverfahren, wenn BR und AG wissen, worum es bei den Verhandlungen der ESt. gehen soll.[77] In der Antragsschrift ist hinreichend konkret anzugeben, über welchen Gegenstand in der ESt. verhandelt werden soll.[78] Der Regelungsauftrag der ESt. muss hinreichend bestimmt sein, damit er geeignet ist, die erforderliche Spruchkompetenz zu vermitteln.[79] Der Mangel in der notwendigen Bestimmung des Regelungsauftrags der ESt. bewirkt die Unwirksamkeit des gesamten Spruchs. Unzulässig ist ein »Widerantrag«, mittels dem noch weitere Angelegenheiten vor die ESt. kommen sollen,[80] oder der AG gleichzeitig die Feststellung der Unzuständigkeit der ESt. beantragt.[81] Für die Beurteilung des Scheiterns der Verhandlungen ist der Zeitpunkt des letzten Anhörungstermins maßgeblich.[82] Bestehen am Schluss der gerichtlichen Anhörung der Betriebspartner im ESt.-Besetzungsverfahren unvereinbare Ansichten, kann vom Arbeitgeber selbst bei zunächst nicht ausreichenden innerbetrieblichen Verhandlungen nicht noch ein erneuter innerbetrieblicher Einigungsversuch verlangt werden.[83]

In Fällen der **freiwilligen Mitbestimmung** (im einzelnen Rn. 1a) findet das ESt.-Besetzungsverfahren nach § 100 ArbGG auch Anwendung. Ein Antrag ist allerdings zurückzuweisen, wenn offensichtlich ist, dass die zu bildende ESt. nicht tätig werden kann, weil es entweder am Einverständnis beider Betriebsparteien an ihrem Tätigwerden fehlt (§ 76 Abs. 6), oder es sich um einen Regelungsgegenstand handelt, der nicht der ESt. zugewiesen worden ist oder aus Rechtsgründen zugewiesen werden kann (z. B. Entscheidung über Erforderlichkeit bei § 37 Abs. 6).[84]

---

75 LAG Köln 2.12.22 – 9 TaBV 44/22.
76 LAG Köln, AuR 98, 378.
77 LAG Nds., AiB 99, 647.
78 HessLAG, AuR 06, 214.
79 BAG 19.11.19 – 1 ABR 22/18 zu einem mit »Arbeits- und Gesundheitsschutz« benannten Regelungsauftrag.
80 LAG RP 8.1.21 – 5 TaBV 16/20; HessLAG 27.10.15 – 4 TaBV 177/15; a. A. LAG 28.7.11 – 26 TaBV 1298/11 unter bestimmten Voraussetzungen.
81 LAG Hamm, NZA-RR 03, 637.
82 LAG BB 23.7.15 – 26 TaBV 857/15.
83 LAG BB 7.8.08 – 14 TaBV 1212/08; LAG Hamm 18.7.07 – 10 TaBV 71/07, brwo.
84 BAG 20.11.90 – 1 ABR 45/89; LAG Hamm 14.7.15 – 7 TaBV 25/15.

b) Vorsitzender der Einigungsstelle

Bei der **Bestellung des Vors. der ESt.** hat das Gericht die Wünsche und auch die rein subjektiven Vorstellungen der Beteiligten zu beachten;[85] wenn ein Kandidat das Vertrauen des AG und BR genießt, ist es regelmäßig sachgerecht, diesen Kandidaten als Vors. zu bestellen.[86] In der Regel ist der vom Antragsteller beantragte **Vors.** einzusetzen, wenn vom anderen Beteiligten keine[87] oder keine nachvollziehbaren Einwände erhoben werden oder keine begründeten Bedenken gegen seine Unparteilichkeit und Fachkunde bestehen.[88] Die bloße Ablehnung eines ESt. Vors. ohne Mitteilung nachvollziehbarer Gründe reicht nicht aus.[89] Die Auffassung, dass die bloße Ablehnung eines ESt.-Vors. durch eine Betriebspartei ausreiche und keiner Begründung bedürfe, ist abzulehnen.[90] Ein bloßes »Nein«, nur schlagwortartige Einwände oder reine Mutmaßungen der jeweils anderen Betriebspartei sind nicht ausreichend, da so jeder Vorschlag mit einem einfachen »Nein« torpediert werden könnte. Zudem kann die problematische Situation entstehen, dass das ArbG unabhängig vom Willen der Betriebsparteien selbst einen ESt.-Vors. festlegt. Ausreichend ist aber die Darlegung nachvollziehbarer, auf Tatsachen beruhender subjektiver Vorbehalte, die ernsthaft und nicht nur vorgeschoben erscheinen.[91] Vors. einer ESt. wird regelmäßig ein Nichtbetriebsangehöriger sein. Es muss sich um eine Person handeln, die die Voraussetzungen des § 100 Abs. 1 Satz 4 ArbGG (Inkompatibilität) und des § 76 Abs. 2 Satz 1 BetrVG (Unparteilichkeit) erfüllt und die notwendige Sach- und Rechtskunde hat.[92] Die Bestellung des Vors. der ESt. und auch die Bestimmung der Anzahl der Beisitzer durch einstweilige Verfügung da-

---

85 LAG BB 7.8.08 – 14 TaBV 1212/08; HessLAG, AuR 08, 406; LAG Frankfurt, BB 86, 600.

86 HessLAG, AuR 08, 277.

87 LAG Köln 24.2.17 – 9 TaBV 11/17.

88 LAG RP 8.3.12 – 11 TaBV 12/12, brwo; LAG BB 3.6.10 – 10 TaBV 1058/10, brwo; LAG Nürnberg 2.7.04 – 7 TaBV 19/04; a.A. LAG Hamm 10.8.15 – 7 TaBV 43/15; LAG BB 4.6.10 – 6 TaBV 901/10; sowie LAG RP 15.5.09 – 9 TaBV 10/09, brwo, dass keine Bindung des Gerichts an den Personalvorschlag eines der Beteiligten sieht.

89 LAG BB 27.7.23 – 10 TaBV 355/23; LAG BaWü 8.12.22 – 4 TaBV 7/22; LAG RP 12.11.22 – 2 TaBV 8/22; LAG Köln 4.6.18 – 9 TaBV 25/18; LAG BaWü 28.9.17 – 12 TaBV 7/17; LAG RP 12.7.17 – 4 TaBV 23/17; LAG BB 18.6.15 – 21 TaBV 745/15; LAG Nds. 22.10.13 – 1 TaBV 53/13; LAG Hamm 9.2.09 – 9 TaBV 10/09, brwo.

90 LAG München 13.12.21 – 3 TaBV 59/21 unter Aufgabe der bisherigen Rspr.; LAG Düsseldorf 9.6.20 – 3 TaBV 31/20; LAG BB 4.6.10 – 6 TaBV 901/10; LAG Nürnberg 21.6.21 – 1 TaBV 11/21; LAG Hamm 10.8.15 – 7 TaBV 43/15; LAG SH 4.9.02 – 4 TaBV 8/02.

91 LAG Köln 4.6.18 – 9 TaBV 25/18.

92 LAG BB 7.5.21 – 8 TaBV 597/21; LAG Hamm, BB 08, 340.

gegen ist unzulässig.[93] Eine **besondere Regelung** gilt für die Betriebe, die unter den **Geltungsbereich des PostPersRG** fallen (privatisierte Post-UN), wenn bei Meinungsverschiedenheiten über bestimmte Personalangelegenheiten der Beamten (§ 78 Abs. 1 BPersVG) eine ESt. zu bilden ist und keine Einigung über die Person des Vors. erzielt wird. Dann ist der Vors. vom Präsidenten des zuständigen VG zu bestellen (§ 30 PostPersRG).[94] Der gerichtl. bestellte ESt.-Vors. kann auch im laufenden ESt.-Verfahren wegen **Besorgnis der Befangenheit** abgelehnt werden, wenn sich Anhaltspunkte für seine Parteilichkeit ergeben. Dieses Verfahren richtet sich grundsätzlich nach den Vorschriften des Schiedsverfahrens (§§ 1036 ff. ZPO).[95] Nur die Betriebsparteien, nicht die Beisitzer können den Befangenheitsantrag stellen.[96] Die ablehnende Betriebspartei hat innerhalb von zwei Wochen ab Bekanntwerden der Ablehnungsgründe diese gegenüber der ESt. schriftlich darzulegen, ansonsten sind sie unbeachtlich. Über den Antrag entscheidet die ESt., wobei der ESt.-Vors. an der Beschlussfassung nicht teilzunehmen hat.[97] Über den abgelehnten Befangenheitsantrag ist nach überwiegender Auffassung durch das zuständige ArbG gemäß § 100 ArbG zu entscheiden.[98] Innerhalb einer Frist von einem Monat nach Zurückweisung des Antrages durch die ESt. muss eine Entscheidung des ArbG beantragt werden. Das Ablehnungsrecht verliert jedoch derjenige, der sich auf die Verhandlung der ESt. rügelos einlässt, obwohl ihm die Ablehnungsgründe bekannt sind.[99] Wird der Befangenheitsantrag in Verzögerungsabsicht missbräuchlich gestellt oder bedarf es einer kurzfristigen Sachentscheidung der ESt., dann kann die ESt. mit der Stimme des Vors. die Fortführung des Verfahrens beschließen. Legt der Vors. sein Amt freiwillig nieder, weil er zumindest das Bestehen einer Besorgnis der Befangenheit als begründet ansieht, muss der Vors. der ESt. im üblichen Verfahren (entweder durch BR und AG oder durch das ArbG) neu bestimmt werden.[100]

c) Beisitzer

4 **Beisitzer** der ESt. können sowohl der AG selbst als auch Mitgl. des BR sein.[101] Es können aber auch allein Nichtbetriebsangehörige bestellt wer-

93 ArbG Siegburg, DB 02, 278; ArbG Ludwigshafen, DB 97, 1188.
94 Im Einzelnen BPersVG-PK Anhang IV B § 30 PostPersRG, Rn. 5.
95 BAG 17.11.10 – 7 ABR 100/09, brwo, AuR 11, 268 Ls.; BB 02, 576.
96 BAG, DB 02, 1948.
97 BAG, BB 02, 576.
98 BAG a. a. O.; DKW-Berg, Rn. 102.
99 BAG a. a. O.
100 LAG Köln, FA 97, 20.
101 BAG, AuR 86, 282.

den.[102] Wird im **Insolvenzverfahren** des AG aus Anlass einer Betriebsstilllegung ein Sozialplan aufgestellt, brauchen Vertreter der Gläubiger nicht zu Mitgl. der ESt. bestellt zu werden.[103] Die Beisitzer werden für die AN-Seite vom BR **per Beschluss** festgelegt (s. im Einzelnen§ 76a Rn. 1), während der AG seine Beisitzer bestimmt. In der Auswahl ihrer Beisitzer sind beide Seiten frei. Auch das BR-Mitgl. eines anderen Betriebes der AG kann als Beisitzer der ESt. berufen und an den Sitzungen teilnehmen, ohne damit gegen seine Arbeitsvertragspflichten bzw. seine Pflicht zur Rücksichtnahme auf die Interessen des AG nach § 241 Abs. 2 BGB zu verstoßen.[104] Die vom AG und vom BR bestellten Beisitzer sind – nach Auffassung des BAG – weder deren Vertreter noch deren verlängerter Arm; sie wirken vielmehr bei der Schlichtung des Regelungsstreits frei von Weisungen und mit einer gewissen inneren Unabhängigkeit mit.[105] Für die **Anzahl der Beisitzer** einer ESt. sind die Schwierigkeiten und Umfang des Streitgegenstandes, die Komplexität, die Bedeutung für den Betrieb und die zur Beilegung der Streitigkeiten notwendigen Fachkenntnisse und betriebspraktischen Erfahrungen maßgebend.[106] Im Allgemeinen sind – im Gegensatz zur h. M.[107] – für **beide Seiten drei Beisitzer** zu bestellen. Die Gegenseite kann die Beisitzer der anderen Seite, gleich aus welchen Gründen, nicht ablehnen, auch nicht wegen Besorgnis der Befangenheit.[108] Das Erfordernis der Unparteilichkeit des Vors. einer ESt. nach § 76 Abs. 2 Satz 1 erstreckt sich nicht auf die Beisitzer. Es steht den Betriebsparteien dabei auch frei, externe Beisitzer zu benennen. Ihre Befugnis zur Bestellung von Beisitzern ist nicht auf einen bestimmten Personenkreis beschränkt, und entzieht sich grundsätzlich der gerichtlichen

---

102 BAG, NZA 89, 515; BAG, BB 96, 1991.

103 Zur alten KO: BAG, DB 86, 2027.

104 BAG 13.5.15 – 2 ABR 38/14.

105 BAG 20.8.14 – 7 ABR 64/12, NZA 14, 1349.

106 LAG Saarland 27.7.16 – 2 TaBV 2/16, AiB 11/16, 59; LAG Hamm 17.6.13 – 13 TaBV 48/13, brwo; LAG Nds., NZA-RR 06, 306.

107 LAG BaWü 1.10.20 – 3 TaBV 4/20, AiB 2/21, 44 (Kurzwiedergabe), LAG Düsseldorf 7.4.20 – 3 TaBV 1/20, juris, LAG Köln 20.10.17 – 9 TaBV 66/17, juris sowie LAG SH 1.10.13 – 1 TaBV 33/13, juris, bei einer ESt. zum Gesundheitsschutz; LAG Bremen, AuR 84, 91; von zwei Beisitzern als Regelbesetzung gehen aus: LAG Düsseldorf 8.5.18 – 3 TaBV 15/18, juris; LAG RP 12.7.17 – 4 TaBV 23/17, juris, LAG Saarland 27.7.16 – 2 TaBV 2/16, AiB 11/16, 59, HessLAG 15.10.13 – 4 TaBV 138/13, juris sowie LAG Hamm 17.6.13 – 13 TaBV 48/13, brwo; nach der Ansicht des LAG SH, AuR 97, 176 m. Anm. Hjort, dürfen auf keinen Fall weniger als zwei Beisitzer pro Seite bestellt werden; LAG RP 8.3.12 – 11 TaBV 12/12, brwo, sowie LAG Hamburg, AiB 99, 221, hat bei einer nicht als gewöhnlich einzuordnenden Sachlage die Anzahl der Beisitzer auf je vier für jede Seite festgesetzt.

108 BAG 28.5.14 – 7 ABR 36/12, AiB 3/15, 57; LAG BaWü, AuR 02, 151.

Nachprüfung.[109] Die Bestellung eines externen und damit vergütungspflichtigen Beisitzers einer ESt. ist nicht davon abhängig, dass seine Benennung im Einzelnen erforderlich gewesen ist bzw. der BR die Benennung eines oder mehrerer betriebsfremder Beisitzer für erforderlich halten durfte, § 40 Abs. 1 findet keine Anwendung.[110] Für den BR ist in erster Linie das Vertrauen in die Person des Beisitzers maßgebend. Er muss für den BR die Gewähr dafür bieten, die streitigen Regelungsfragen in Verhandlungen mit dem AG einer Konfliktlösung zuzuführen und dabei die Interessen der vom BR vertretenen Belegschaft angemessen zu wahren.[111] Besondere **Voraussetzungen** brauchen die Beisitzer grundsätzlich nicht zu erfüllen, sie müssen aber geeignet sein, über die der ESt. zugrunde liegende Regelungsmaterie zu entscheiden; ebenso muss unter ihrer Mitwirkung eine ordnungsgemäße Aufgabenerfüllung der Einigungsstelle zu erwarten sein.[112] Für die AN-Seite ist es regelmäßig zweckmäßig, neben betrieblichen Beisitzern **Gew.-Sekretär** in die ESt. zu berufen. Im Geltungsbereich des **PostPersRG** sind bei Meinungsverschiedenheiten in **Personalangelegenheiten der Beamten** (§ 78 Abs. 1 BPersVG) die Beisitzer des BR nur von den Beamten-Vertr. zu bestimmen, wenn die Beamten eine eigene Gruppe im BR bilden. Bilden sie keine eigene Gruppe, muss mindestens einer der vom BR zu bestellenden Beisitzer Beamter sein (§ 30 Post-PersRG).[113] Die Bestellung von **Ersatzbeisitzern** ist zulässig. Der AG hat gegen den BR keinen Unterlassungsanspruch, eine bestimmte Person als Beisitzer in ESt. im Betrieb der AG zu benennen; er kann das Bestehen von Unterlassungspflichten des BR nur im Wege eines Feststellungsantrags gerichtlich klären lassen.[114]

d) Verfahrensbevollmächtigter des BR

Der BR kann nach § 40 Abs. 1 (vgl. § 40 Rn. 5) bei Erforderlichkeit einen Rechtsanwalt als Verfahrensbevollmächtigter mit seiner Vertretung vor einer ESt. beauftragen, wenn die von den Betriebsparteien angestrebte Regelung von der Beantwortung schwieriger Rechtsfragen (z. B. von höchstrichterlich noch nicht geklärten Grenzen der dem BR zustehenden Beteiligungsrechte) abhängt. Die Beauftragung des Rechtsanwaltes kann der BR grundsätzlich nur auf der Grundlage der gesetzlichen Vergütung vornehmen. Eine vom BR dem Verfahrensbevollmächtigten zugesagte Vergütung in Höhe des

109 BAG 28.5.14 – 7 ABR 36/12, AiB 3/15, 57.
110 BAG 19.11.19 – 7 ABR 52/17; LAG MV 31.5.22 – 5 TaBV 17/21.
111 BAG 19.11.19 – 7 ABR 52/17.
112 BAG 28.5.14 – 7 ABR 36/12, AiB 3/15, 57 unter Hinweis auf das Gebot der vertrauensvollen Zusammenarbeit nach § 2 Abs. 1.
113 Im Einzelnen BPersVG-PK Anhang IV B § 30 PostPersRG, Rn. 3 f.
114 BAG 28.5.14 – 7 ABR 36/12, AiB 3/15, 57.

Honorars eines betriebsfremden Beisitzers ist dann berechtigt, wenn der als Verfahrensbevollmächtigter ausgewählte Rechtsanwalt nur bereit ist, zu diesen vergütungsrechtlichen Bedingungen vor einer ESt. aufzutreten und eine Feststellung des Gegenstandswertes der anwaltlichen Tätigkeit nur im Rahmen billigen Ermessens erfolgen konnte.[115] Zu beachten ist, dass für eine solche Honorarzusage die Formvorschrift des § 3a Abs. 1 Satz 1 RVG einzuhalten ist.[116]

3. Verfahren vor der Einigungsstelle

a) Allgemeines

Die für die ESt. maßgeblichen **Verfahrensvorschriften** sind in dieser Bestimmung zwar zwingend, aber nicht abschließend geregelt, sodass die ESt. einen weitgehenden Freiraum hat[117] und ihr weiteres Verfahren nach pflichtgemäßen Ermessen selbst bestimmt, wobei aber rechtsstaatliche Grundsätze zu beachten sind.[118] Das Gesetz schreibt lediglich die mündliche Beratung, die Abstimmung durch den Spruchkörper, den Abstimmungsmodus, die schriftliche Niederlegung und die Zuleitung der Beschlüsse vor. Weitere Einzelheiten können die Betriebsparteien in einer Betriebsvereinbarung regeln. Die ESt. hat ihre Tätigkeit **unverzüglich** aufzunehmen. Sie hat somit ohne zeitliche Verzögerung zusammenzutreten und die Verhandlungen zu beginnen. Weiterhin besteht die Verpflichtung, das weitere Verfahren so zügig und konzentriert abzuwickeln, wie es der jeweilige Streitfall zulässt.[119] Wenn der AG in der ESt. erklärt, nunmehr doch keine Betriebsstilllegung vorzunehmen, ist dieses für die ESt. nicht bindend; sie verliert deshalb nicht ihre Zuständigkeit.[120] An welchem **Ort** die ESt. zu tagen hat (ob inner- oder außerbetrieblich), kann zwischen AG und BR vereinbart werden. Kommt eine Einigung darüber nicht zustande, entscheidet der Vors. der ESt.[121] Der Vors. hat auch für die **Einladung der Beisitzer** zu sorgen, wenn Ort und Zeit einer Sitzung der ESt. nicht zwischen allen Mitgl. abgesprochen wurde. Bedient er sich dazu einzelner Beisitzer und leiten diese die Einladung nicht weiter, so fehlt es an einer ordnungsgemäßen Einladung. Haben nicht alle Beisitzer an der Sitzung der ESt. teilgenommen, weil sie nicht ordnungsgemäß eingeladen wurden, und ergeht dennoch ein ESt.-Spruch, ist dieser 5

115 BAG 21.6.89 – 7 ABR 78/87.
116 LAG SH 16.1.14 – 4 TaBV 30/13.
117 BAG 17.9.13 – 1 ABR 24/12.
118 BAG, DB 99, 1457; vgl. auch DKW-Berg, Rn. 89; zum Ablaufverfahren vgl. DKW-F-Berg, § 76 Rn. 3; Mallmann, AiB 6/13, 364.
119 LAG Düsseldorf 8.5.18 – 3 TaBV 15/18; Fitting Rn. 64.
120 LAG Köln, AuR 01, 77.
121 DKW-Berg, Rn. 98.

unwirksam.[122] Unschädlich ist es, dass Vertr. des AG und Mitgl. des BR bzw. von der Sache unmittelbar betroffene AN an der mündlichen Verhandlung der ESt. als **Zuhörer** teilnehmen.[123]

b) Beratung und Beschlussfassung

Die **abschließende mündliche Beratung und Beschlussfassung** darf dagegen nur in Abwesenheit der Betriebsparteien erfolgen; andernfalls ist der ergangene Spruch unwirksam.[124] Die Pflicht zur Zusammenarbeit bedingt, dass AG und BR der ESt. die angeforderten **Unterlagen** zur Verfügung stellen.[125] **Zwangsmittel** hat die ESt. aber nicht. Zu den Verfahrensgrundsätzen, die die ESt. immer zu beachten hat, gehört die Gewährung des **rechtlichen Gehörs** (Art. 103 Abs. 1 GG).[126] Den Beteiligten muss deshalb stets Gelegenheit eingeräumt werden, sich ausführlich zur Sache zu äußern. Die ESt. ist an die **Anträge oder inhaltlichen Vorgaben**[127] **der Betriebsparteien nicht gebunden**. Sie kann im vorgegebenen Entscheidungsrahmen durchaus abweichende Lösungsvorschläge zur Beilegung der Meinungsverschiedenheiten zur Abstimmung stellen.[128] Die ESt. hat die Möglichkeit, eilbedürftige Punkte vorläufig zu regeln.[129] Über einen Antrag auf Vertagung der Sitzung entscheidet die ESt. mit Stimmmehrheit, nicht der Vorsitzende alleine.[130] Eine Beschlussfassung der ESt. erfolgt außerhalb des freiwilligen Einigungsstellenverfahrens (vgl. Abs. 6) nur in Angelegenheiten, in denen der Gesetzgeber eine solche Entscheidung zur Auflösung eines betriebsverfassungsrechtlichen Konflikts ausdrücklich vorgesehen hat. Für das Scheitern der Interessenausgleichsverhandlungen vor der ESt. ist eine förmliche Entscheidung durch Beschluss der ESt. nicht vorgesehen.[131] Bei Maßnahmen der Berufsbildung nach § 96 kann die ESt. nur auf eine Einigung hinwirken (s. § 96 Rn. 7). Liegt ein erzwingbares ESt.-Verfahren vor und bleiben die Beisitzer einer Seite trotz rechtzeitiger Einladung ohne sachliche Rechtfertigung der Sitzung der ESt. fern, entscheiden die **anwesenden Beisitzer**

---

122 BAG, BB 95, 2581.
123 HessLAG 3.8.15 – 16 TaBV 200/14.
124 BAG 18.1.94 – 1 ABR 43/93, AiB 94, 502 mit Anm. Grimberg; HessLAG 3.8.15 – 16 TaBV 200/14.
125 ArbG Berlin, AiB 00, 436 in dem Fall, dass der AG die von der ESt. angeforderten Unterlagen nicht aushändigt bzw. die entsprechenden Informationen nicht erteilt hat.
126 BAG, DB 92, 1730.
127 BAG 17.9.13 – ABR 24/12.
128 BAG, DB 90, 1090.
129 HessLAG 21.1.20 – 4 TaBV 141/19.
130 LAG Köln, NZA-RR 06, 197.
131 BAG 16.8.11 – 1 AZR 44/10, brwo.

und der Vors. allein. Nur die tatsächlich abgegebenen Stimmen zählen.[132] Wird der ESt.-Spruch in einzelnen Abschnitten zur Abstimmung gestellt, muss gewährleistet sein, dass er im Ergebnis in seiner Gesamtheit von der Mehrheit der Mitgl. der ESt. getragen wird.[133] Die Entscheidung der ESt. wird mit **einfacher Stimmenmehrheit der anwesenden Mitgl.** getroffen. Der Vors. hat sich bei der Beschlussfassung zunächst der Stimme zu enthalten. Erst bei der zweiten Abstimmung, der eine weitere mündliche Beratung vorausgehen muss, nimmt er an der Abstimmung teil (Abs. 3 Satz 2). Unterbleibt die weitere Beratung, liegt ein grober Verfahrensverstoß vor, der einen ESt.-Spruch, der ohne diese weitere Beratung ergangen ist, unwirksam macht.[134] Gleiches gilt, wenn die ESt. mit Schlussberatung und Abstimmung über den zunächst verabredeten Endzeitpunkt hinaus fortgesetzt wird, obwohl für einen Beisitzer die weitere Teilnahme unzumutbar und ein Ersatzbeisitzer nicht geladen worden ist.[135] Die Beisitzer dürfen sich grundsätzlich nicht der Stimme enthalten. Geschieht dies doch, zählen Stimmenthaltungen nach Auffassung des BAG[136] jedenfalls in den Fällen, in denen der Spruch einer ESt. die Einigung der Betriebsparteien ersetzt, nicht als Nein-Stimmen. Nach dieser Auffassung ist daher der Spruch der ESt. auch im ersten Abstimmungsgang mit Stimmenmehrheit beschlossen, wenn die Zahl der Ja-Stimmen größer ist als die der Nein-Stimmen.[137]
Die ESt. kann auch eine vorläufige Regelung für die Dauer eines bereits laufenden ESt.-Verfahrens bis zu ihrem endgültigen Spruch treffen. Bei Vorliegen unabweisbarer Sicherungsbedürfnisse ist die ESt. zu einem vorläufigen materiellen Rechtsschutz durch Vorabentscheidung sogar verpflichtet, wenn ein entsprechender Antrag gestellt wird.[138]

c) Sachverständiger

Fehlender Sachverstand kann in der ESt. durch die Hinzuziehung eines 5a
Sachverständigen geklärt werden. Die ESt. kann die Beiziehung eines **Sachverständigen** nach pflichtgemäßem Ermessen anordnen, soweit dies zur ordnungsmäßigen Erfüllung ihrer Aufgaben erforderlich ist.[139], ohne auf eine Vereinbarung mit dem Arbeitgeber nach § 80 Abs. 3 BetrVG angewie-

---

132 BAG 16.8.11 – 1 ABR 30/10, brwo.
133 BAG, DB 89, 1926.
134 ArbG München, CR 92, 219.
135 LAG Köln, NZA-RR 06, 197.
136 BAG, BB 91, 2535.
137 BAG, BB 91, 2535; zum Stimmverhalten des Vors. und der Beisitzer vgl. auch BAG, DB 99, 1457.
138 HessLAG 25.6.09 – 5 TaBVGa 52/09, brwo; DKW-Berg, Rn. 118.
139 Vgl. BAG, BB 90, 918.

sen zu sein.[140] Es bedarf deshalb keiner Einschaltung des ArbG, um eine fehlende Einigung zwischen AG und BR zu ersetzen.[141]

d) Schriftliche Begründung der Beschlüsse und Zuleitung

6 Die in § 76 Abs. 3 normierte Verpflichtung die Beschlüsse der ESt. **schriftlich** niederzulegen, vom Vors. zu unterschreiben und mit der Unterschrift des Vors. versehen beiden Betriebsparteien zuzuleiten, hat konstitutive Bedeutung.[142] Die schriftliche **Begründung der Beschlüsse** ist nicht zwingend vorgeschrieben, dient jedoch den Interessen aller Beteiligten.[143] Von Verfassungswegen ist eine Begründung allerdings nicht geboten.[144] Der Vors. der ESt. muss unverzüglich den Betriebsparteien ein von ihm persönlich unterzeichnetes Schriftstück, das den Spruch beinhaltet, zustellen.[145] Bei einer Niederlegung in elektronischer Form kann aufgrund des neuen Abs. 3 Satz 4 die Unterzeichnung durch den Vors. auch mittels einer **elektronischen Signatur nach § 126a BGB** erfolgen.[146] Die Unterschrift des Vors. beurkundet und dokumentiert den Willen der ESt.-Mitgl. Eine Ausnahme gilt für den Fall, dass bei der Übermittlung die Übersendung des unterzeichneten Spruchs angekündigt wird.[147] Maßgeblich für die Beurteilung der Formwirksamkeit ist der Zeitpunkt, in dem der Vors. den Betriebsparteien den Spruch mit der Absicht der Zuleitung i. S. d. § 76 Abs. 3 Satz 4 übermittelt. Eine nachträgliche und rückwirkende Heilung ist nicht möglich, insbesondere nicht durch Ersetzung einer inhaltlich vom Vors. veränderten Spruchfassung.[148] Für eine Korrektur bedarf es erst einer erneuten Beschlussfassung durch die ESt.[149] Sind die von der ESt. durch Spruch getroffenen Regelungen in mehreren Schriftstücken niedergelegt, ist es erforderlich, dass beiden Betriebsparteien jeweils alle Bestandteile des Spruchs zugeleitet werden. Fehlt es hieran, ist der von der ESt. zuvor beschlossene Spruch wirkungslos.[150] Dem Schriftformerfordernis ist auch Genüge getan, wenn im ESt.-Spruch klar und zweifelsfrei auf – nicht vom ESt.-Vors. unterzeichnete – **Schrift-**

---

140 LAG Hamm 22. 2. 08 – 10 TaBVGa 3/08, brwo.
141 LAG Nds., AiB 88, 311.
142 BAG 13. 3. 12 – 1 ABR 78/10, DB 13, 1001.
143 Zu einem Musterspruch vgl. DKW-F-Berg, § 76 Rn. 12.
144 BVerfG, NZA 88, 25.
145 LAG BB 16. 11. 11 – 17 TaBV 1366/11.
146 Eingefügt durch das BRMoG, BGBl. 21 Teil 1, Nr. 32, S. 1762, in Kraft getreten am 18. 6. 21; a. A. zur alten Regelung BAG 5. 10. 10 – 1 ABR 31/09.
147 BAG 11. 12. 12 – 1 ABR 78/11.
148 BAG 13. 8. 19 – 1 ABR 6/18; 10. 12. 13 – 1 ABR 45/12.
149 LAG BB 8. 3. 12 – 5 TaBV 141/12, brwo, vom BAG 10. 12. 13 – 1 ABR 45/12 in der Rechtsbeschwerde offengelassen.
150 BAG 13. 8. 19 – 1 ABR 6/18.

stücke/Anlagen verwiesen wird, selbst wenn diese nicht körperlich mit der Urkunde verbunden sind. Allerdings ist ein solches Bezugsobjekt von einem darauf bezogenen Verweis in eindeutiger Form zu bezeichnen. Fehlt es sowohl an einer körperlichen Verbindung als auch an einer Unterzeichnung oder Paraphierung einer Anlage, verlangt die Wahrung der Schriftform zudem, dass zweifelsfrei nur eine Fassung der in Bezug genommenen, eindeutig bezeichneten Anlage existiert.[151]

e) Inhalt und Rechtswirkung des Spruchs

In den Fällen, in denen der Spruch der ESt. die Einigung zwischen AG und 7
BR ersetzt, kommt in aller Regel eine BV zustande, z. B. in den Fällen der sozialen MB nach § 87 Abs. 1. In diesen Fällen wird sie auf Antrag einer Seite tätig. In den Fällen der § 37 Abs. 6, 7, § 38 Abs. 2 und § 95 Abs. 1 kann sie nur vom AG, im Falle des § 85 nur vom BR angerufen werden. Im Geltungsbereich des **PostPersRG** kann bei Meinungsverschiedenheiten über die in § 78 Abs. 1 BPersVG genannten Personalangelegenheiten der Beamten lediglich die **Einsetzung** einer ESt. **erzwungen** werden. Diese kann aber keinen verbindlichen Spruch fällen, sondern lediglich eine **Empfehlung** aussprechen. Ggf. trifft der zuständige Bundesminister die endgültige Entscheidung (§ 29 Abs. 3 PostPersRG).[152] Die Zuständigkeit ist auch in **Eilfällen** gegeben.[153] Bestimmt ein TV, dass in einer **nichtmitbestimmungspflichtigen** Angelegenheit ein Einvernehmen zwischen AG und BR zu erzielen ist, kann darin festgelegt werden, dass bei einer Nichteinigung die ESt. **verbindlich** entscheidet.[154] Ein **(Zwischen-)Beschluss** der ESt., mit dem diese ihre Zuständigkeit bejaht oder verneint, begründet als Entscheidung über eine Rechtsfrage kein Rechtsverhältnis zwischen den Betriebsparteien. Dieser kann hinsichtlich seiner Wirksamkeit bzw. Unwirksamkeit nur isoliert mit einem Feststellungsantrag nach § 256 Abs. 1 ZPO gerichtlich überprüft werden,[155] außer der abschließend regelnde Spruch der ESt. liegt bereits vor der gerichtlichen Anhörung im Verfahren erster Instanz vor. Verfahrensbegleitende Zwischenbeschlüsse der ESt., die nicht die Zuständigkeit der ESt. zum Gegenstand haben, sind nicht gesondert gerichtlich anfechtbar.[156]

---

151 BAG 13.8.19 – 1 ABR 6/18; LAG Nds. 1.8.12 – 2 TaBV 52/11.
152 Im Einzelnen BPersVG-PK Anhang IV B § 29 Post-PersRG, Rn. 7 ff.
153 BAG, DB 75, 647.
154 BAG, DB 87, 2257; 88, 1397.
155 BAG 23.2.16 – 1 ABR 18/14.
156 BAG, NZA 04, 1175, DB 02, 1839.

f) Ermessensspielraum

Die ESt. hat ihre **Beschlüsse** unter angemessener Berücksichtigung der Belange des Betriebs und der betroffenen AN nach billigem Ermessen zu treffen, ihrem Regelungsauftrag vollständig nachzukommen und den Konflikt im Rahmen der gestellten Anträge vollständig zu lösen.[157] Die ESt. kann nur im Rahmen ihrer durch das Gesetz und den Einsetzungsbeschluss vorgegebenen Zuständigkeit wirksam tätig werden.[158] Die ESt. hat die durch Art. 2 Abs. 1 GG geschützte allgemeine Handlungsfreiheit der AN zu beachten. Das zulässige Ausmaß einer Beschränkung der allgemeinen Handlungsfreiheit bestimmt sich nach dem Grundsatz der Verhältnismäßigkeit. Die getroffene Regelung muss somit geeignet, erforderlich und unter Berücksichtigung der gewährleisteten Freiheitsrechte angemessen sein, um den erstrebten Zweck zu erreichen.[159] Die ESt. ist bei der Ermessensausübung an die Grundsätze des § 75 gebunden.[160] Die Frage, ob die der ESt. gezogenen Grenzen des Ermessens eingehalten sind, unterliegt der uneingeschränkten gerichtlichen Überprüfung. Maßgeblich ist allein die getroffene Regelung.[161] In ihr – als Ergebnis des Abwägungsvorgangs – muss eine Überschreitung der Grenzen des Ermessens liegen. Auf die von der ESt. angestellten Erwägungen kommt es nicht an.

Eine Entscheidung der ESt. **innerhalb** des ihr eingeräumten Gestaltungs- und Ermessensspielraums liegt etwa vor, wenn durch den Spruch eine Schichtbesetzung (Mindestbesetzungsregelung) mit einer bestimmten Zahl von Pflegekräften für bestimmte Belegungssituationen vorgeschrieben werden.[162] Ebenso wenn sie berücksichtigt, dass ein höheres Einkommen mehr Möglichkeiten zur Eigenvorsorge für den Fall einer Arbeitslosigkeit bietet bei der Beurteilung der Nachteile, die dem AN durch eine Betriebsänderung entstehen.[163]

Eine **außerhalb** des ihr eingeräumten Gestaltungs- und Ermessensspielraums liegt etwa vor,

- wenn sie dem AG in einer mitbestimmungspflichtigen Angelegenheit eine Gestaltungsfreiheit eingeräumt hat, die einem »mitbestimmungsfreien« Zustand gleichkommt,[164]

---

157 BAG 28.3.17 – 1 ABR 25/15.
158 LAG RP 7.2.23 – 8 TaBV 7/22.
159 BAG, NZA 07, 640.
160 LAG SH 27.7.16 – 3 TaBV 3/16.
161 BAG 7.5.19 – 1 ABR 54/17.
162 BAG 19.11.19 – 1 ABR 22/18, AiB 12/20, 23 mit Anm. Kirschner.
163 BAG 8.2.22 – 1 AZR 252/21.
164 BAG 25.2.15 – 1 AZR 642/13; LAG Hamburg 20.8.20 – 1 TaBVGa 1/20.

- wenn der ESt.-Spruch, der nicht selbst eine Regelung der mitbestimmungspflichtigen Angelegenheiten trifft, die der ESt. zustehenden Regelungsbefugnis auf den AG überträgt,[165]
- wenn bei der Ausgestaltung der Dienstkleidungspflicht dem AG die Bestimmung des persönlichen Geltungsbereichs überlassen bleibt, als auch eine Regelung der Umkleidemöglichkeiten unterbleibt,[166]
- dem AG durch den ESt.-Spruch dauerhaft ermöglicht wird, das betriebsübliche Ende der Arbeitszeit um die festgelegten Zeiten hinauszuschieben,[167]
- wenn ein ESt.-Spruch nicht regelt, unter welchen Voraussetzungen die streitgegenständlichen Schichten durchgeführt werden müssen oder vom AG nach Zustimmung des BR abgesagt werden können,[168]
- wenn die ESt. einfach den Antrag einer Seite zurückweist, ohne die im Streit befindlichen Angelegenheiten im Rahmen eines bestehenden MBR selbst zu regeln,[169]
- wenn die ESt. lediglich Bestimmungen über die Verteilung eines möglichen Sozialplanvolumens trifft, ohne den Umfang der vom Unternehmen zur Verfügung zustellenden Finanzmittel festzulegen,[170]
- wenn die finanziellen Leistungen aus einem Sozialplan an AN von der Entscheidung eines anderen Unternehmens abhängen,[171]
- wenn die Regelungsaufgabe durch abschließende Entscheidung mit bestimmten Maßnahmen an die Betriebsparteien zurück übertragen wird,[172]
- bei einem ESt.-Spruch, der einen AG zu Gefährdungsschulungen nach § 12 ArbSchG verpflichtet, bevor konkrete Gefährdungen für den jeweils zu schulenden AN festgestellt wurden (Gefährdungsbeurteilungen).[173]

Ein ESt.-Spruch kann nur im Rahmen eines MBR erfolgen;[174] die MBR des BR können nicht ohne dessen Zustimmung durch die ESt. erweitert werden.[175] Falls die Mitbestimmung des BR nach § 87 Abs. 1 BetrVG durch einen **Verwaltungsakt eingeschränkt** wird, durch den der AG verpflichtet wird, eine bestimmte Maßnahme ohne Gestaltungsspielraum vorzunehmen oder zu unterlassen, hat auch die ESt. diese Einschränkung des MBR zu beachten.[176]

---

165 BAG 17.1.12 – 1 ABR 45/10.
166 BAG 17.1.12 – 1 ABR 45/10.
167 BAG 9.7.13 – 1 ABR 19/12, AuR 13, 459.
168 LAG RP 9.2.11 – 8 TaBV 7/10, brwo.
169 Vgl. BAG, DB 90, 1090; vgl. auch LAG Hamm, NZA 90, 500.
170 BAG, NZA-RR 09, 588.
171 ArbG Berlin 7.7.15 – 13 BV 1848/15, AuR 15, 339.
172 BAG, DB 02, 1839; LAG Bremen, AiB 99, 161.
173 BAG 8.11.11 – 1 ABR 42/10; LAG Saarbrücken 8.12.10 – 1 TaBV 3/10, brwo.
174 BAG, NZA 07, 640.
175 BAG, NZA 01, 1154.
176 BAG 11.12.12 – 1 ABR 78/11, brwo.

g) Bestimmtheit des Spruchs

Ein ESt.-Spruch muss **hinreichend bestimmt** sein, ansonsten ist er unwirksam. So muss aus einem Spruch, mit dem die Berechtigung einer Beschwerde von AN nach § 85 Abs. 2 festgestellt wird, hervorgehen, welche tatsächlichen Umstände als zu vermeidende Beeinträchtigungen der AN angesehen werden.[177] Ein die AN belastender ESt.-Spruch kann ausnahmsweise **rückwirkende Kraft** entfalten, wenn die betroffenen AN mit einer rückwirkend belastenden Regelung rechnen mussten und sich darauf einstellen konnten. Soll ein belastender Spruch der ESt. rückwirkend in Kraft treten, so muss das im Spruch selbst deutlich zum Ausdruck gebracht werden. Im Zweifel ist eine Rückwirkung nicht gewollt.[178]

4. Streitigkeiten; gerichtliche Überprüfung des Einigungsstellenspruchs

8 Das ArbG[179] kann die Unwirksamkeit des ESt.-Spruches feststellen, wenn diese ihren Ermessensspielraum überschritten hat. Die Rechtskontrolle erstreckt sich auf die Prüfung der Zuständigkeit der ESt., auf die Einhaltung der von der ESt. zu beachtenden Verfahrensgrundsätze sowie die inhaltliche Rechtmäßigkeit des Spruchs.[180] Die Anrufung des ArbG suspendiert den Spruch nicht, die Anfechtung des ESt.-Spruches hat keine aufschiebende Wirkung. Dieser ist während des noch laufenden Gerichtsverfahrens bis zur rechtskräftigen Entscheidung verbindlich und vom AG auszuführen.[181] Die **Durchführung** kann durch einstweilige Verfügung erzwungen werden.[182] Einstweilige Verfügungen, die die Durchführung eines ESt.-Spruchs **verhindern** sollen, sind – wenn überhaupt – nur in ganz engen Grenzen zulässig, ggf. dann, wenn der Spruch krasse Rechtsverstöße enthält und diese zudem offensichtlich sind.[183] Nach Auffassung des BAG kann der AG auch während des laufenden ESt.-Verfahrens beim ArbG im Beschlussverfahren geltend machen, dem BR stehe in der streitigen Angelegenheit ein MBR nicht zu.[184] Aber auch dadurch wird der Spruch der ESt. nicht suspendiert.

177 BAG, NZA 06, 803.
178 BAG, BB 96, 326.
179 Zu einem Musterantrag, vgl. DKW-F-Berg, § 76 Rn. 14.
180 Sächsisches LAG 27.7.16 – 8 TaBV 1/16, AuR 16, 523 Ls.
181 BAG 18.11.14 – 1 ABR 21/13.
182 Vgl. u.a. LAG Berlin, BB 85, 1199.
183 LAG Hamburg 20.8.20 – 1 TaBVGa 1/20; LAG Hamm 4.8.15 – 7 TaBVGa 7/15; HessLAG 16.12.04 – 5 TaBVGa 153/04; LAG Köln, NZA 00, 334.
184 Vgl. u.a. BAG, DB 84, 775; a.A. ArbG Wetzlar, AuR 87, 181, wonach ein entsprechender Antrag des AG unzulässig ist, da die ESt. über diese Frage selbst zu entscheiden habe.

Ermessensfehler darf das ArbG nur überprüfen, wenn es innerhalb der vorgeschriebenen **2-Wochen-Frist** angerufen wird.[185] Wenn der BR den Spruch einer ESt. wegen Ermessensüberschreitung gem. § 76 Abs. 5 Satz 4 gerichtlich überprüfen lassen will, hat er den Beschluss nach § 33 dazu innerhalb der Ausschlussfrist von zwei Wochen zu fassen.[186] Bei der Frist von zwei Wochen handelt es sich um eine materiell-rechtliche Ausschlussfrist, die bezweckt, dass binnen kurzer Zeit Klarheit darüber zu schaffen ist, ob eine Anfechtung auf Ermessensfehler gestützt wird. Die Frist ist gewahrt, wenn eine entsprechend begründete und innerhalb der 2-Wochen-Frist eingehende Antragsschrift Ermessensfehler benennt.[187] Sie ist nicht gewahrt, wenn innerhalb dieser Frist die Feststellung der Unwirksamkeit eines Sozialplans ohne Begründung beim ArbG beantragt wird.[188] Wird der Betrieb stillgelegt, erledigt sich ein anhängiges Beschlussverfahren.[189] 9

Die Frage, ob ein Spruch der ESt. die **Grenzen des Ermessens** überschreitet, ist eine Rechtsfrage, die der unbeschränkten Überprüfung durch das ArbG unterliegt.[190] Die Anrufung des ArbG zur Überprüfung der Entscheidung der ESt. darf durch Vereinbarung nicht ausgeschlossen werden.[191] Ob der Spruch der ESt. die Grenzen des Ermessens wahrt, ist davon abhängig, ob die getroffene Regelung als angemessener Ausgleich die Belange des Betriebs und der betroffenen AN angemessen berücksichtigt und ob sie billigem Ermessen entspricht.[192] Es kommt nicht darauf an, welche Überlegungen die ESt. selbst angestellt hat und von welchen Umständen sie sich bei ihrer Entscheidung hat leiten lassen.[193] Auch ist ohne Bedeutung, ob die von der ESt. angenommenen tatsächlichen und rechtlichen Umstände zutreffen und ihre weiteren Überlegungen frei von Fehlern sind und eine erschöpfende Würdigung aller Umstände zum Inhalt haben.[194] Maßgeblich ist allein die getroffene Regelung. In ihr – als Ergebnis des Abwägungsvorgangs – muss eine Überschreitung der Ermessensgrenzen liegen.[195] Verstößt eine Regelung in

185 Vgl. dazu auch BAG, DB 85, 2153.

186 LAG Nürnberg 6.5.15 – 4 TaBV 8/13 offen gelassen in der Rechtsbeschwerde BAG 25.4.17 – 1 ABR 46/15.

187 So wohl BAG 25.4.17 – 1 ABR 46/15.

188 BAG, DB 88, 2154.

189 BAG, DB 01, 2659.

190 Zur Ermessenüberschreitung bei einer Videoüberwachung und -aufzeichnung BAG 11.12.12 – 1 ABR 78/11; LAG Hamm 3.9.21 – 13 TaBV 16/21; zur wirtschaftlichen Vertretbarkeit eines Sozialplanes BAG, AuR 11, 183; bei Vergütungspflicht einer Raucherpause LAG SH, dbr 1/08, 38.

191 BAG, DB 91, 1025.

192 Vgl. BAG 9.11.10 – 1 ABR 75/09 zur Arbeitszeit; DB 04, 2377.

193 BAG, BB 83, 1597.

194 BAG 14.1.14 – 1 ABR 49/12 zu einer Aufgabenbeschreibung i.S. des § 94 Abs. 2.

195 BAG 14.2.23 – 1 ABR 28/21 zu einem wirtschaftlich nicht vertretbaren Sozialplan.

einem Spruch gegen zwingende **gesetzliche Vorschriften**, ist der **Spruch unwirksam** und danach nichtig. Bei **Teilnichtigkeit** bleibt der übrige Teil grundsätzlich wirksam, sofern er noch eine sinnvolle und in sich geschlossene Regelung enthält.[196]

Hat das ArbG den Antrag auf Feststellung der Unwirksamkeit des ESt.-Spruchs rechtskräftig zurückgewiesen, steht damit endgültig fest, dass der Spruch wirksam ist. Die Verbindlichkeit der formell rechtskräftigen gerichtlichen Feststellung zur Wirksamkeit des ESt.-Spruchs ist unabhängig davon, ob in dem rechtskräftig abgeschlossenen Verfahren alle Unwirksamkeitsgründe thematisiert worden sind. Das gilt selbst dann, wenn in dem ESt.-Spruch wegen des Fehlens eines Mitbestimmungsrechts des BR und einer beidseitigen Unterwerfung oder nachträglichen Annahme des ESt.-Spruchs seitens BR und AG eine Regelung nicht hätte ergehen dürfen.[197]

Eine Beschwerde i. S. v. § 92b ArbGG gegen einen im Verfahren nach § 100 ArbGG ergangenen Beschluss des LAG ist nicht zulässig. Mit dem Beschluss des LAG ist das Verfahren auf Einsetzung einer ESt. nach § 100 ArbGG abgeschlossen.[198]

Der Spruch der ESt. wird **nach Ablauf der 2-Wochen-Frist** für die Geltendmachung von Ermessensüberschreitungen nicht vollständig der gerichtlichen Kontrolle entzogen. Es gilt lediglich ein anderer Kontrollmaßstab, indem der Spruch nur noch auf Rechtsverstöße überprüft werden kann. Die ESt., die z. B. ihrem Regelungsauftrag nicht vollständig nachgekommen ist, hat nicht etwa nur ihr Ermessen überschritten, sondern vielmehr einen Rechtsfehler begangen, für den die 2-Wochen-Frist nicht gilt.[199] Ist die ESt. ihrem Auftrag zur vollständigen Lösung des Konflikts zwischen den Betriebspartnern im Rahmen des bestehenden MBR des BR so nachgekommen, dass der Spruch der Einigungsstelle rechtsunwirksam ist, fehlt es an einer wirksamen Beendigung des ESt.-Verfahrens. In diesem Fall ist die nach wie vor bestehende ESt. unter Fortsetzung des Verfahrens zur Lösung des zwischen den Betriebspartnern bestehenden Konflikts verpflichtet.[200]

Eine **Überprüfung** des Spruchs der ESt. über personelle Angelegenheiten der Beamten im Geltungsbereich des **PostPersRG** obliegt – bei Vorliegen der entsprechenden Voraussetzungen – dem **VG** (§ 29 Abs. 9 Post-PersRG; vgl. im Einzelnen BPersVG-PK Anhang IV B § 29 PostPersRG).

---

196 BAG 9.11.10 – 1 ABR 75/09.
197 LAG BB 23.6.23 – 12 TaBV 638/22.
198 BAG 11.8.21 – 1 AZB 24/21.
199 BAG 11.2.14 – 1 ABR 72/12; LAG BB 7.7.16 – 21 TaBV 195/16.
200 BAG, AiB 90, 259; LAG RP 12.4.11 – 3 TaBV 6/11, brwo.

5. Tarifliche Schlichtungsstelle

Durch TV kann eine **tarifliche Schlichtungsstelle** errichtet werden, die die Befugnisse der betriebsverfassungsrechtlichen ESt. übernimmt. Ein solcher TV kann festlegen, dass sich die Zuständigkeit der tariflichen Schlichtungsstelle auf alle Aufgaben der ESt. oder nur auf einen Teil erstrecken soll (z. B. § 30 MTV Metall- und Elektroindustrie Niedersachsen; § 4 Nr. 2 Satz 3 MTV für die AN der bayerischen Metall- und Elektroindustrie).[201] Der TV findet bereits dann Anwendung, wenn nur der AG tarifgebunden ist (§ 3 Abs. 2 TVG). Für das Verfahren sind aber die wesentlichen Regelungen über die Bildung und das Verfahren vor der ESt. zwingend zu beachten,[202] z. B. gilt der zu § 76 Abs. 5 Satz 2 entwickelte Grundsatz, das nur die tatsächlich abgegebenen Stimmen zählen.[203] Sprüche einer tariflichen Schlichtungsstelle unterliegen der Formvorschrift des § 76 Abs. 3 Satz 4 (vgl. Rn. 4). Danach ist der Spruch einer tariflichen Schlichtungsstelle nur wirksam, wenn er schriftlich niedergelegt und mit der Unterschrift des Vorsitzenden versehen beiden Betriebsparteien zugeleitet wird. Fehlt die Unterschrift des ESt.-Vors. ist der Spruch unwirksam und kann auch nicht nachträglich geheilt werden.[204] 10

§ 76a Kosten der Einigungsstelle

(1) Die Kosten der Einigungsstelle trägt der Arbeitgeber.

(2) Die Beisitzer der Einigungsstelle, die dem Betrieb angehören, erhalten für ihre Tätigkeit keine Vergütung; § 37 Abs. 2 und 3 gilt entsprechend. Ist die Einigungsstelle zur Beilegung von Meinungsverschiedenheiten zwischen Arbeitgeber und Gesamtbetriebsrat oder Konzernbetriebsrat zu bilden, so gilt Satz 1 für die einem Betrieb des Unternehmens oder eines Konzernunternehmens angehörenden Beisitzer entsprechend.

(3) Der Vorsitzende und die Beisitzer der Einigungsstelle, die nicht zu den in Absatz 2 genannten Personen zählen, haben gegenüber dem Arbeitgeber Anspruch auf Vergütung ihrer Tätigkeit. Die Höhe der Vergütung richtet sich nach den Grundsätzen des Absatzes 4 Satz 3 bis 5.

(4) Das Bundesministerium für Arbeit und Soziales kann durch Rechtsverordnung die Vergütung nach Absatz 3 regeln. In der Vergütungsordnung sind Höchstsätze festzusetzen. Dabei sind insbesondere der

---

201 BAG 14.9.10 – 1 ABR 30/09, AuR 11, 38 Ls.; BAG 16.8.11 – 1 ABR 30/10 zur Paritätische Kommission nach dem ERA-TV für Beschäftigte in der Metall- und Elektroindustrie in Baden-Württemberg vom 16. 9. 03.

202 BAG 14.9.10 – 1 ABR 30/09, brwo, AuR 11, 38 Ls.; Fitting Rn. 176; a. A. DKW-Berg Rn. 156.

203 BAG 16.8.11 – 1 ABR 30/10; LAG BaWü 9.11.16 – 17 TaBV 4/16 in der Rechtsbeschwerde BAG, 4 ABR 4/17 verglichen.

204 BAG 14.9.10 – 1 ABR 30/09, brwo, AuR 11, 38 Ls.

erforderliche Zeitaufwand, die Schwierigkeit der Streitigkeit sowie ein Verdienstausfall zu berücksichtigen. Die Vergütung der Beisitzer ist niedriger zu bemessen als die des Vorsitzenden. Bei der Festsetzung der Höchstsätze ist den berechtigten Interessen der Mitglieder der Einigungsstelle und des Arbeitgebers Rechnung zu tragen.
(5) Von Absatz 3 und einer Vergütungsordnung nach Absatz 4 kann durch Tarifvertrag oder in einer Betriebsvereinbarung, wenn ein Tarifvertrag dies zulässt oder eine tarifliche Regelung nicht besteht, abgewichen werden.

Inhaltsübersicht Rn.

1. Kostentragung

1 Nach dem DGB-Entwurf für ein modernes BetrVG soll direkt in Abs. 3 geregelt werden, dass die Beisitzer beider Seiten die gleiche Vergütung erhalten, mindestens jedoch 70 v. H. der Vergütung des ESt.-Vors. Damit würde die Vergütungsregelung durch eine Rechtsverordnung im jetzigen Abs. 4 sowie die Regelung in Abs. 5 entfallen.[1]
Der AG hat die durch die Tätigkeit der ESt. entstandenen Kosten zu tragen, wie etwa den Sachaufwand (z. B. Miete für Räume, Zurverfügungstellung von Schreibmaterial und Schreibkräften) oder Aufwendungen der Mitgl. der ESt. (z. B. Reise-, Übernachtungs- und Verpflegungskosten; dazu gehören aber auch die Kosten für einen Sachverständigen, den die ESt. in ihrem Verfahren hinzuzieht).[2] So sind der Zeitaufwand für die Tätigkeit der ESt. und der Schwierigkeitsgrad der Streitigkeit entscheidende Maßstäbe bei der Festsetzung des Honorars für den ESt.-Vors. und die sich daran orientierende Vergütung für die außerbetrieblichen Beisitzer. Solange die Rechtsverordnung nach Abs. 4 noch nicht erlassen worden ist, gilt prinzipiell die Rspr. des BAG zum Vergütungsanspruch des **ESt.-Vors.** und der **außerbetrieblichen Beisitzer**, wobei der erforderliche **Zeitaufwand**, die **Schwierigkeit der Streitigkeit** sowie ein eventueller **Verdienstausfall** zu berücksichtigen sind.[3] Das RVG und der damit verbundene Gegenstandswert können grundsätzlich nicht als Bemessungskriterium für die Vergütung herangezogen werden. Es wird allgemein als naheliegend angesehen, die Vergütung auf der Grundlage der Neuregelung nach **Stunden- oder Tagessätzen** abzurechnen.[4] Nach

1 *https://aur-blog.eu/reformvorschlag/.*
2 Vgl. dazu BAG, NZA 92, 459.
3 BAG 18.9.19 – 7 ABR 15/18; LAG MV 31.5.22 – 5 TaBV 17/21.
4 Vgl. DKW-Berg, Rn. 21 ff.

Auffassung des LAG RP gilt als Richtschnur ein Stundensatz des ESt.-Vors. von ca. 200,00 Euro bis 400,00 Euro als üblich und angemessen, abhängig von der Bedeutung der Angelegenheit und der wirtschaftlichen Leistungsfähigkeit des Unternehmens.[5] Die ArbG sind nicht befugt, Höchstbeträge für die Honorare von ESt.-Mitgl. festzusetzen, da es an einer planmäßigen Gesetzeslücke fehlt, die von den ArbG geschlossen werden könnte.[6] Zu beachten ist ferner, dass nach der Regelung nicht nur der ESt.-Vors., sondern auch die außerbetrieblichen Beisitzer ohne eine ausdrückliche Vergütungsabrede bzw. Vergütungszusage einen **Anspruch gegen den AG auf Vergütung** der ESt.-Tätigkeit haben (Abs. 3 Satz 1). Der Anspruch auf Vergütung **entsteht** mit der Bestellung des ESt.-Vors. oder des betriebsfremden Beisitzers durch den BR-Beschluss, ohne dass es einer entsprechenden Mitteilung an den AG oder gar dessen Genehmigung bedürfte (s. im Einzelnen § 76 Rn. 4). Die Bestellung eines externen und damit vergütungspflichtigen Beisitzers einer ESt. ist nicht davon abhängig, ob die Bestellung erforderlich war.[7] Der Vergütungsanspruch hängt dem Grunde nach nur von einer wirksamen Bestellung zum Beisitzer, der Annahme dieser Bestellung durch den Beisitzer und dessen Tätigwerden ab, aber nicht mehr davon, ob der BR dem Beisitzer ein Honorar zugesagt hat.[8] Auch einem vom BR als Beisitzer bestellten hauptamtlichen Gewerkschaftsfunktionär steht der gesetzliche Vergütungsanspruch zu.[9] Er wird dabei nicht in seiner Eigenschaft als Gewerkschaftsfunktionär tätig, sondern nebenberuflich als besondere sachkundige Vertrauensperson des BR. Die Vergütung eines **Rechtsanwalts** als **außerbetrieblicher Beisitzer** richtet sich ausschließlich nach § 76a Abs. 3, denn als Beisitzer einer ESt. wird ein Rechtsanwalt in dieser Eigenschaft und nicht in seiner Eigenschaft als Anwalt tätig.[10] Zum Verfahrensbevollmächtigten des BR vor einer ESt. vgl. § 76 Rn. 4. Der Vergütungsanspruch der Mitgl. der ESt. besteht jedoch nur dann, wenn sie rechtswirksam bestellt worden sind. Bei den vom BR bestellten Beisitzern setzt dies einen **rechtswirksamen BR-Beschluss** voraus (vgl. § 33 Rn. 1 ff.).[11] Der BR kann eine von dem BR-Vors. zuvor ohne Rechtsgrundlage getroffene Vereinbarung mit einem Beisitzer durch eine nachträgliche Beschlussfassung genehmigen, wobei diese Beschlussfassung nicht fristgebunden ist (s. § 33 Rn. 4).[12] Bei der Auswahl der vom BR zu benennenden Beisitzer einer ESt. hat der AG

5 BAG 11.12.19 – 7 ABR 4/18; ErfK-Kania, Rn. 5.
6 BAG, AuR 97, 37.
7 BAG 19.11.19 – 7 ABR 52/17.
8 BAG 13.5.15 – 2 ABR 38/14, AiB 2/16, 64.
9 BAG 22.11.17 – 7 ABR 46/16; 24.4.96 – 7 ABR 40/95.
10 BAG 20.2.91 – 7 ABR 6/90; LAG Hamm 10.2.12 – 10 TaBV 67/11, brwo; ArbG Weiden 20.3.12 – 5 BV 30/11.
11 BAG 22.11.17 – 7 ABR 46/16.
12 BAG, DB 08, 478.

nicht zu prüfen, ob die Benennung eines oder mehrerer **außerbetrieblicher Beisitzer erforderlich** ist.[13] Die Vergütung der außerbetrieblichen Beisitzer ist niedriger zu bemessen als die des Vors. der ESt. (vgl. Rn. 2).

2. Vergütung des Vorsitzenden und der außerbetrieblichen Beisitzer

2 Nach § 76a Abs. 3 hat ein betriebsfremdes ESt.-Mitgl. gegenüber dem AG einen Anspruch auf Vergütung seiner Tätigkeit im ESt.-Verfahren, dessen Höhe sich nach den Grundsätzen des § 76a Abs. 4 Satz 3 bis 5 richtet. Die eine Honorarabstufung zwischen ESt.-Vors. und außerbetrieblichen Beisitzern vorsehende Regelung des Abs. 4 Satz 3 entspricht im Grundsatz der früheren Rechtslage,[14] wonach die außerbetrieblichen Beisitzer **Anspruch auf 7/10** der Vergütung des ESt.-Vors. haben. Die Vergütung in dieser Höhe entspricht im Allgemeinen billigem Ermessen, solange nicht besondere individuelle Umstände zu berücksichtigen sind. Wenn der ESt.-Vors. zu einer Tagespauschale tätig geworden ist, kann der betriebsfremde Beisitzer für begleitende Nebenarbeiten (Vor- und Nachbereitung der Sitzungen der ESt.) nicht auf der Basis eines Stundenhonorars abrechnen.[15] Nachdem die Höhe der Vergütung durch den ESt.-Vors. festgelegt worden ist, ist sie endgültig bindend und kann nicht mehr verändert werden.[16] Das Honorar des ESt.-Vors. scheidet als Bemessungsgrundlage nur aus, wenn es seinerseits unangemessen ist oder sich durch Besonderheiten erklärt, die in den Verhältnissen oder der Person des Beisitzers nicht erfüllt sind.[17] Eine Erhöhung des Pauschalbetrages kommt in Betracht, wenn nach erfolgreicher Anfechtung vor dem ArbG ein Wechsel des Vors. der ESt. erfolgt und wegen des erheblichen weiteren Zeitaufwands die Vergütung insgesamt unangemessen wäre.[18] Einen Anspruch auf **Umsatzsteuer** kann ein außergerichtlicher Beisitzer grundsätzlich nur geltend machen, wenn er nachweist, dass er nachhaltige Einkünfte aus nebenberuflicher Unternehmertätigkeit erzielt (§§ 1, 2 UStG) und deshalb vom Finanzamt zur Umsatzsteuerzahlung herangezogen wird.[19] Die Geltendmachung von Mehrwertsteuer bedarf nicht der vorherigen Vereinbarung mit dem AG.[20] **Unzulässig** ist die **Gewährung unterschiedlich hoher Vergütungen** für die Beisitzer des AG und der BR-Seite. Differenzierungen können sich allenfalls dann ergeben, wenn bei der

13 BAG 22.11.17 – 7 ABR 46/16.
14 Vgl. etwa BAG, NZA 89, 515.
15 BAG, AuR 96, 37; HessLAG 17.8.20 – 16 TaBV 31/20.
16 BAG 11.12.19 – 7 ABR 4/18.
17 BAG 14.2.96 – 7 ABR 24/95; HessLAG 11.6.12 – 16 TaBV 203/11, brwo.
18 LAG Nds., LAGE § 76a BetrVG 2001, Nr. 1.
19 BAG 18.9.19 – 7 ABR 15/18.
20 BAG, AuR 96, 37; LAG Hamm, NZA-RR 06, 323.

Anwendung des Vergütungsrahmens der einzelnen Mitgl. der ESt. ein Verdienstausfall zu berücksichtigen ist.[21] Nach Abs. 5 kann von den Grundsätzen des Abs. 3 und von einer Vergütungsordnung nach Abs. 4 sowohl durch TV, durch eine (freiwillige) BV als auch durch eine individuelle Vereinbarung zwischen AG und vergütungsberechtigten Beisitzern abgewichen werden.[22] In diesem Rahmen ist es möglich, niedrigere, aber auch höhere Vergütungen für die Mitgl. der ESt. zu vereinbaren.[23] Lässt sich der BR vor der ESt. durch einen **Rechtsanwalt als Bevollmächtigten** vertreten, was einen ordnungsgemäßen BR-Beschluss voraussetzt, hat der AG auch die dadurch entstehenden Kosten zu übernehmen. Eine solche Kostentragungspflicht des AG besteht allerdings nach Auffassung des BAG nur dann, wenn der Regelungsgegenstand der ESt. schwierige und zwischen den Betriebsparteien umstrittene Rechtsfragen aufwirft.[24] Die durch die Hinzuziehung eines Rechtsanwalts als Bevollmächtigten des BR entstehenden Kosten sind nicht unmittelbare Kosten der ESt., sodass nicht § 76a Abs. 1, sondern § 40 Abs. 1 als Anspruchsgrundlage in Betracht kommt. Muss ein Mitgl. der ESt. seinen Vergütungsanspruch gerichtl. durchsetzen und beauftragt es einen Rechtsanwalt mit der Prozessvertretung, handelt es sich bei den dadurch entstehenden Kosten jedoch um solche der ESt., die der AG ebenfalls zu tragen hat.[25] Wird das ESt.-Verfahren erst nach Eröffnung des Insolvenzverfahrens durch einen Spruch der ESt. abgeschlossen, ist der Honoraranspruch eine Masseverbindlichkeit im Sinne von § 55 Ab. 1 Nr. 1 InsO.[26]

3. Vergütung der betriebsangehörigen Beisitzer

Die Beisitzer der ESt., die dem Betrieb angehören, erhalten keine Vergütung. 3
Die dem Betrieb angehörenden Beisitzer haben jedoch einen gesetzlich ausdrücklich festgelegten **Anspruch auf Arbeitsbefreiung** für die Tätigkeit in der ESt. unter **Fortzahlung des Arbeitsentgelts** (§ 37 Abs. 2). Aufwendungen bzw. Auslagen, wie z. B. Fahrkosten oder Übernachtungskosten, sind ebenfalls zu erstatten.[27] Dieser Anspruch zählt nicht zur Vergütung, sondern zu den allgemeinen Kosten der ESt. Hat der dem Betrieb angehörende Beisitzer die Tätigkeit für die ESt. **außerhalb der Arbeitszeit** durchgeführt, hat er Anspruch auf entsprechende Arbeitsbefreiung unter Fortzahlung des Arbeitsentgelts (§ 37 Abs. 3). Die Arbeitsbefreiung ist vor

---

21 Zum Vergütungsanspruch im Einzelnen siehe DKW-Berg, Rn. 21 ff.

22 BAG 11.12.19 – 7 ABR 4/18.

23 LAG Hamm, NZA-RR 06, 323, bei Zahlung eines höheren Honorars an einen außerbetrieblichen Beisitzer als an den ESt.-Vors.; Fitting, Rn. 32.

24 BAG, DB 96, 2187.

25 BAG, BB 95, 104.

26 BAG 11.12.19 – 7 ABR 4/18.

27 LAG SH 26.7.22 – 2 TaBV 8/22.

Ablauf eines Monats zu gewähren. Ist dies aus betriebsbedingten Gründen nicht möglich, ist die außerhalb der Arbeitszeit in der ESt. aufgewendete Zeit **wie Mehrarbeit** zu vergüten. Die Regelungen des § 37 Abs. 2 und 3 gelten für die Beisitzer der ESt., die dem Betrieb angehören, **unabhängig** davon, ob sie BR-Mitgl. sind. Diese Vorschriften finden ferner auf die Tätigkeit in einer ESt. Anwendung, die zur Beilegung von Meinungsverschiedenheiten zwischen **AG** und **GBR** oder **KBR** gebildet worden ist, sofern der Beisitzer einem Betrieb des UN oder des Konzerns angehört. Von der Bildung einer ESt. auf der Ebene des UN oder des Konzerns ist der Fall zu unterscheiden, dass eine ESt. für einen Betrieb gebildet wird, der BR dieses Betriebs aber Beisitzer in die ESt. entsendet, die (ggf. als BR-Mitgl.) einem **anderen Betrieb desselben UN bzw. des Konzerns** angehören. Solche Beisitzer fallen als **betriebsfremde Beisitzer** nicht unter die Vorschrift des Abs. 2, sondern haben einen Vergütungsanspruch gemäß Abs. 3.[28]
Einen Verweis auf § 37 Abs. 6 enthält die Regelung nicht; somit kann die Erforderlichkeit einer Schulung i. S. d. § 37 Abs. 6 nicht mit der Tätigkeit eines BR-Mitgl. in der ESt. begründet werden. Die Tätigkeit als Beisitzer in der ESt. gehört nicht zu den Aufgaben des BR und seiner Mitgl.[29]

§ 77 Durchführung gemeinsamer Beschlüsse, Betriebsvereinbarungen

(1) Vereinbarungen zwischen Betriebsrat und Arbeitgeber, auch soweit sie auf einem Spruch der Einigungsstelle beruhen, führt der Arbeitgeber durch, es sei denn, dass im Einzelfall etwas anderes vereinbart ist. Der Betriebsrat darf nicht durch einseitige Handlungen in die Leitung des Betriebs eingreifen.
(2) Betriebsvereinbarungen sind von Betriebsrat und Arbeitgeber gemeinsam zu beschließen und schriftlich niederzulegen. Sie sind von beiden Seiten zu unterzeichnen; dies gilt nicht, soweit Betriebsvereinbarungen auf einem Spruch der Einigungsstelle beruhen. Werden Betriebsvereinbarungen in elektronischer Form geschlossen, haben Arbeitgeber und Betriebsrat abweichend von § 126a Absatz 2 des Bürgerlichen Gesetzbuchs dasselbe Dokument elektronisch zu signieren. Der Arbeitgeber hat die Betriebsvereinbarungen an geeigneter Stelle im Betrieb auszulegen.
(3) Arbeitsentgelte und sonstige Arbeitsbedingungen, die durch Tarifvertrag geregelt sind oder üblicherweise geregelt werden, können nicht Gegenstand einer Betriebsvereinbarung sein. Dies gilt nicht, wenn ein

28 HessLAG 28.8.03 – 9 TaBV 40/03, brwo.
29 BAG 20.8.14 – 7 ABR 64/12.

Tarifvertrag den Abschluss ergänzender Betriebsvereinbarungen ausdrücklich zulässt.

(4) Betriebsvereinbarungen gelten unmittelbar und zwingend. Werden Arbeitnehmern durch die Betriebsvereinbarung Rechte eingeräumt, so ist ein Verzicht auf sie nur mit Zustimmung des Betriebsrats zulässig. Die Verwirkung dieser Rechte ist ausgeschlossen. Ausschlussfristen für ihre Geltendmachung sind nur insoweit zulässig, als sie in einem Tarifvertrag oder einer Betriebsvereinbarung vereinbart werden; dasselbe gilt für die Abkürzung der Verjährungsfristen.

(5) Betriebsvereinbarungen können, soweit nichts anderes vereinbart ist, mit einer Frist von drei Monaten gekündigt werden.

(6) Nach Ablauf einer Betriebsvereinbarung gelten ihre Regelungen in Angelegenheiten, in denen ein Spruch der Einigungsstelle die Einigung zwischen Arbeitgeber und Betriebsrat ersetzen kann, weiter, bis sie durch eine andere Abmachung ersetzt werden.

Inhaltsübersicht Rn.

1. Durchführung von Vereinbarungen

Diese Vorschrift grenzt nicht nur die Kompetenzen der Betriebsparteien zueinander ab, indem sie dem AG die alleinige Führung des Betriebs überlässt und einseitige Eingriffe des BR in die Betriebsführung verbietet, sondern verpflichtet auch den AG gegenüber dem BR im Umkehrschluss, Vereinbarungen ihrem Inhalt entsprechend auf die Arbeitsverhältnisse der von ihr betroffenen AN anzuwenden. Die Wirkung einer BV ist aber nicht nur darauf beschränkt, das zwischen den Betriebsparteien bestehende Rechtsverhältnis zu gestalten, vielmehr wird mit ihr nach Abs. 4 Satz 1 auch be- 1 triebliches Recht gesetzt.[1] Die **Durchführung von Vereinbarungen** im Betrieb (BV bzw. Regelungsabrede) obliegt dem AG, auch soweit sie auf einem Spruch der Einigungsstelle beruht und Gegenteiliges nicht vereinbart ist. Der AG hat den Einigungsstellenspruch bis zu einer rechtskräftigen gerichtlichen Entscheidung über seine Unwirksamkeit im Betrieb durchzuführen (vgl. § 76 Rn. 8).[2] Zu beachten ist, dass es sich bei einem Interessenausgleich nach § 112 grundsätzlich nicht um eine BV handelt.[3] In einer neuen Entscheidung führt das BAG[4] allerdings aus, dass der Interessenausgleich »ein kollektivrechtliches Schuldverhältnis zwischen den… Parteien« begründe und die Schuldnerin verpflichte, die Vereinbarung entsprechend durchzuführen. Gleiches gilt auch bei einem sogenannten »qualifizierten« Interessenausgleich, d. h. eine gemischte Vereinbarung, die AN Rechte und Ansprüche einräumt (z. B. Kündigungsverbote, Anspruch auf Umschulungs- oder Fortbildungsmaßnahmen), und somit die Rechtsnatur einer freiwilligen BV aufweist.[5] Führt der AG eine BV nicht oder nicht vollständig durch, kann der BR aus eigenem Recht – auch bei individuellen Ansprüchen der AN – die Durchführung vom AG verlangen[6] und ggf. durch Einleitung eines arbeitsgerichtl. **Beschlussverfahrens** durchsetzen, dass dieser die BV ihrem Regelungsinhalt entsprechend im Betrieb anwendet und die durch die BV geschaffene Ordnung verwirklicht.[7] Daneben kommt ein Anspruch aus § 23 Abs. 3 sowie das Überwachungsrecht des BR nach § 80 Abs. 1 Nr. 1 als weitere, zusätzliche Rechtsposition in Frage.[8] Entscheidend für die **Antragsbefugnis** des BR beim **Durchführungsanspruch** ist letztlich, ob sich das Beschlussverfahren auf das betriebsverfassungsrechtliche Verhältnis der Betriebsparteien bezieht bzw. was der BR mit seinem Antrag letztlich begehrt. Das ist zu bejahen, wenn sich der BR eigener Rechte berühmt und deren Bestehen nicht von vornherein ausgeschlossen erscheint. Die Befugnis entfällt nicht schon dann, wenn durch die Auseinandersetzung der Betriebsparteien über Inhalt, Reichweite und Auslegung einer BV wegen deren normativer Wirkung auch individualrechtliche Ansprüche der AN betroffen sein können.[9] Macht der BR dagegen **ausschließlich nur die durch die BV begründeten individualrechtlichen Ansprüche der AN** geltend (im Sinne

1 BAG 8. 2. 22 – 1 AZR 233/21.
2 BAG 18. 11. 14 – 1 ABR 21/13.
3 BAG 28. 8. 91 – 7 ABR 72/90 spricht von einer Naturalobligation.
4 BAG 21. 1. 20 – 1 AZR 149/19, NZA 21, 731 (Tz. 55).
5 HessLAG 4. 9. 23 – 16 TaBV 45/23.
6 Zu einem Musterschreiben vgl. DKW-F-Berg, § 77 Rn. 4.
7 BAG 22. 1. 13 – 1 ABR 92/11; LAG BB 23. 6. 23 – 12 TaBV 638/22; LAG MV 9. 3. 10 – 5 TaBVGa 6/09, brwo im Falle einer gekündigten, aber nachwirkenden BV.
8 HessLAG 6. 11. 17 – 16 TaBV 58/17.
9 LAG SH 26. 1. 10 – 5 TaBV 38/09, brwo.

einer **Popularklage**), fehlt ihm in der Regel die Antragsbefugnis.[10] Bei einer GBV oder KBV, für die der GBR oder KBR originär zuständig ist, kann der BR vom AG deren Durchführung grundsätzlich nicht verlangen. Ein solcher Anspruch steht ihm nur dann zu, wenn der BR selbst Partei der BV ist oder ihm durch die GBV/KBV eigene betriebsverfassungsrechtliche Rechte eingeräumt werden.[11] Unabhängig davon kann der örtliche BR die Einhaltung der durch diese GBV oder KBV gestalteten betriebsverfassungsrechtlichen Ordnung nach § 23 Abs. 3 BetrVG erzwingen.[12] Der **Durchführungsanspruch erstreckt sich** auf die Wirksamkeit und die Fortgeltung, aber auch die Auslegung einer BV.[13] Er beinhaltet zugleich die Verpflichtung des AG, dass er betriebsverfassungswidrige Maßnahmen unterlässt und dafür sorgt, dass sich auch die AN in seinem Betrieb an die Regelungen einer BV halten. So gehört zu der Durchführungspflicht bei einer BV über die betriebliche Arbeitszeit die Pflicht des AG dafür zu sorgen, dass sich die AN an die festgelegten Arbeitszeitgrenzen halten.[14] Er hat seinen Betrieb so zu organisieren, dass die betriebsverfassungsrechtlich geregelten Arbeitszeitgrenzen eingehalten werden und die betrieblichen Abläufe mit den normativen Vorgaben der BV übereinstimmen.[15] Der BR kann den Anspruch notfalls auch im Rahmen einer **einstweiligen Verfügung** geltend machen.[16] Eine BR-Minderheit (Minderheitenliste) kann nicht gegen den Willen der Mehrheit des BR dessen Rechte in einem Beschlussverfahren geltend machen.[17]

Der Durchführungsanspruch kann auch als Unterlassungsanspruch bestehen, wenn der AG gegen die Vereinbarung verstößt.[18] Auch im **Nachwirkungszeitraum** ist der AG grundsätzlich zur **Unterlassung von Verstößen** gegen die BV verpflichtet, selbst dann, wenn der Gegenstand der BV nicht der zwingenden Mitbestimmung unterliegt, in der BV aber eine Nachwirkung vereinbart worden ist.[19] Die Regelungen der BV gelten nach Abs. 6 weiter; die rechtliche Position des BR bleibt unverändert. Eine Unterlassungsverpflichtung kann darauf gerichtet sein, dass der AG innerhalb 2

10 BAG 22.1.13 – 1 ABR 92/11; LAG Düsseldorf 23.3.15 – 9 TaBV 86/14 Anspruch aus BV auf Arbeitszeitgutschrift wegen eines Sturms.

11 BAG 25.2.20 – 1 ABR 38/18; LAG Düsseldorf 23.6.20 – 3 TaBV 65/19.

12 BAG 18.5.10 – 1 ABR 6/09, brwo, DB 10, 2175.

13 BAG, DB 05, 2417.

14 LAG Köln 8.2.10 – 5 TaBV 28/09, brwo, AuR 10, 273 Ls.

15 ArbG Berlin 22.3.12 – 54 BV 7072/11, juris.

16 LAG Düsseldorf 9.1.18 – 3 TaBVGa 6/17, AiB 9/18, 47 mit Anm. Pfanne; LAG SH 15.7.10 – 1 TaBVGa 10b/10, brwo, AuR 10 444 Ls.; LAG Nds., AuA 09, 484; ArbG München, AiB 02, 308 m. Anm. Abel.

17 LAG Köln, AuR 07, 406.

18 BAG 16.11.11 – 7 ABR 27/10; HessLAG 20.11.14 – 9 TaBV 108/14 zu einer BV Arbeitnehmerüberlassung; vgl. ergänzend DKW-Berg, Rn. 6ff.

19 BAG, 5.10.10 – 1 ABR 71/09; LAG BB 23.6.23 – 12 TaBV 638/22; HessLAG 6.11.17 – 16 TaBV 58/17; LAG SH 3.5.16 – 1 TaBV 51/15.

seines Organisationsbereiches aktiv auf Dritte einwirken muss, um den Eintritt eines bestimmten Erfolges zu verhindern,[20] bzw. sicher zu stellen, dass sich auch die AN an die Regelungen der BV halten.[21] Dem Anspruch des BR auf **Unterlassung** betriebsverfassungswidriger Maßnahmen stehen die Voraussetzungen und Rechtsfolgen des § 23 Abs. 3 nicht entgegen (vgl. im Übrigen Rn. 1 sowie § 23 Rn. 13 und 16),[22] ebenso wenig wie ein Anspruch des BR gegen den AG auf Unterlassung mitbestimmungswidrigen Verhaltens.[23] Dies gilt auch bei einer freiwilligen BV.[24] Entsprechendes gilt für die Durchführung von ESt.-Sprüchen selbst dann, wenn der AG den Spruch angefochten hat, es sei denn, sie sind offensichtlich rechtswidrig (vgl. im Einzelnen § 76 Rn. 8).[25] Der Unterlassungsanspruch setzt weiterhin das Bestehen einer Wiederholungsgefahr bzw. einer Begehungsgefahr voraus.[26] Eine zwischen den Betriebsparteien ergangene rechtskräftige gerichtl. Entscheidung über den Inhalt einer BV wirkt auch gegenüber den AN, die Ansprüche aus der BV geltend machen.[27] Dem AG kann bereits in dem Beschlussverfahren das Ordnungsgeld bei Verstoß gegen die Unterlassungspflicht nach § 85 Abs. 1 ArbGG i. V. m. § 890 Abs. 2 ZPO angedroht werden.

2. Grenzen einer Betriebsvereinbarung

3 Die Betriebsparteien haben nach ständiger Rechtsprechung des BAG grundsätzlich eine umfassende Kompetenz zur Regelung von materiellen und formellen Arbeitsbedingungen. Sie können durch (freiwillige) BV Regelungen über den Inhalt, den Abschluss und die Beendigung von Arbeitsverhältnissen treffen.[28] Die Betriebsparteien sind beim Abschluss ihrer Vereinbarungen gemäß § 75 an die Grundsätze von Recht und Billigkeit gebunden und damit auch zur Wahrung der grundrechtlich geschützten Freiheitsrechte verpflichtet (vgl. Rn. 7).[29] BV dürfen somit grundsätzlich nicht gegen **hö-**

20 BAG, DB 04, 2220 zur Einhaltung eines täglichen Gleitzeitrahmens.

21 LAG Hamm 8. 8. 17 – 7 TaBV 33/17; HessLAG 13. 3. 14 – 9 TaBV 172/13.

22 BAG, DB 04, 2220; LAG Hamm 23. 9. 05 – 13 TaBV 89/05.

23 LAG Köln, RDV 07, 78.

24 HessLAG 20. 11. 14 – 9 TaBV 108/14 zu einer BV Arbeitnehmerüberlassung; ArbG Köln, AiB 92, 650.

25 LAG MV 9. 3. 10 – 5 TaBVGa 6/09, brwo; HessLAG, ArbRB 05, 241; LAG Berlin, AuR 91, 251.

26 LAG Köln 29. 1. 13 – 12 TaBV 82/12; HessLAG 19. 4. 12 – 5 TaBV 192/11, brwo.

27 BAG, AiB 92, 651 m. Anm. v. Neuhaus.

28 BAG 14. 12. 22 – 10 AZR 531/20; 25. 2. 15 – 5 AZR 481/13.

29 BAG 5. 7. 11 – 1 AZR 94/09; 12. 4. 11 – 1 AZR 412/09.

herrangiges, zwingendes staatliches Recht wie Gesetze,[30] Verordnungen, UVV verstoßen. BV müssen dem neuen Recht der DSGVO sowie des BDSG entsprechen (im Einzelnen § 75 Rn. 9). Zwar schränkt die neue Rechtslage die Mitbestimmungsbefugnisse des BR nicht ein, verpflichtet aber AG und BR auf ein Mindestmaß an Datenschutz, das nicht unterschritten werden darf.[31] Die Unwirksamkeitsfolge des § 7 Abs. 2 AGG gilt auch für Betriebsvereinbarungen.[32] Diese BV sind nach § 134 BGB nichtig.[33] Eine unwirksame BV kann grundsätzlich nicht nach § 140 BGB in eine Regelungsabrede bzw. eine vertragliche Einheitsregelung umgedeutet werden.[34] Eine **Umdeutung** in eine vertragliche Einheitsregelung (Gesamtzusage bzw. gebündelte Vertragsangebote) kommt nur dann in Frage, wenn besondere Umstände dafür sprechen, dass der AG sich unabhängig von einer BV zu einer Leistung an die AN verpflichten will.[35] Das kann nur in Ausnahmefällen angenommen werden.[36] Denn eine Gesamtzusage ist die in allgemeiner Form erfolgte ausdrückliche Willenserklärung des AG an alle AN des Betriebes oder einen nach abstrakten Merkmalen bestimmten Teils von ihnen, bestimmte Leistungen erbringen zu wollen.[37] Durch eine arbeitsvertragliche Verweisung auf eine gegen Abs. 3 verstoßende BV kann kein eigenständiger individualrechtlicher Anspruch geschaffen werden, da es sich bei einer solchen Verweisung in der Regel nur um einen deklaratorischen Hinweis handelt, der keine eigenen Rechtswirkungen entfaltet.[38] Kommt eine BV nicht zustande und gewährt der AG mehrere Jahre vorbehaltlos einzelne Leistungen, kann er damit eine betriebliche Übung begründen.[39] Darunter ist die regelmäßige Wiederholung bestimmter Verhaltensweisen des AG zu verstehen, aus denen die AN schließen können, ihnen solle eine Leistung oder eine Vergünstigung auf Dauer eingeräumt werden. Aus diesem als Ver-

30 BAG 20.1.15 – 9 AZR 735/13 zu einer BV Teilzeit, die von den Vorschriften des TzBfG negativ abweicht; LAG BB 19.7.22 – 16 Sa 542/21 zu einer Stichtagsregelung in einer BV Bonuszahlung.

31 Körner: Die Auswirkungen der Datenschutz-Grundverordnung (DSGVO) in der betrieblichen Praxis. HSI-Schriftenreihe, Band 28. Download; Berger, CuA 1/19, 27.

32 BAG 13.10.09 – 9 AZR 722/08, brwo.

33 Vgl. HessLAG 22.9.94 – 5 TaBV 183/93 zu einer BV, die das Mithören von Telefonaten zulässt; vgl. ergänzend DKW-Berg, Rn. 16ff.

34 BAG, NZA 02, 872.

35 BAG 23.2.16 – 3 AZR 960/13, NZA 16, 642.

36 BAG 26.1.17 – 2 AZR 405/16, NZA 17, 522.

37 BAG 3.6.20 – 3 AZR 730/19; Düsseldorf 29.6.22 – 1 Sa 991/21.

38 BAG 18.11.03 – 1 AZR 604/02; LAG SH 9.2.22 – 6 Sa 150/21.

39 BAG 9.11.21 – 1 AZR 206/20 zu einer Jahresprämie; 19.9.18 – 5 AZR 439/17, NZA 19, 106 zu einer betrieblichen Übung zur Entgelterhöhung; HessLAG 1.8.11 – 7 Sa 1878/10, brwo.

tragsangebot zu wertenden Verhalten des AG, das von den AN in der Regel stillschweigend angenommen wird (§ 151 BGB), erwachsen vertragliche Ansprüche auf die üblich gewordenen Leistungen.[40] Eine **Teilunwirksamkeit** hat nicht die Unwirksamkeit der gesamten BV zur Folge, wenn der verbleibende Teil auch ohne den unwirksamen Teil eine sinnvolle und in sich geschlossene Regelung enthält.[41] Eine **nichtige BV** kann ausnahmsweise in ein entsprechendes **Vertragsangebot an die AN** umgedeutet werden, wenn besondere Umstände darauf schließen lassen, dass der AG sich unabhängig von einer BV binden wollte. Dieses Angebot können die AN annehmen, ohne dass es einer ausdrücklichen Annahmeerklärung (§ 151 BGB) bedarf.[42] Eine BV mit Rückwirkungsvereinbarung ist grundsätzlich nur zulässig, wenn sie für AN ausschließlich günstigere Regelungen enthält.[43] Die Rückwirkung einer belastenden BV ist begrenzt durch das **Vertrauensschutz- und Verhältnismäßigkeitsprinzip**.[44] Eine die AN belastende BV kann ausnahmsweise **rückwirkend in Kraft** treten, wenn die betroffenen AN mit einer rückwirkend belastenden Regelung rechnen mussten und dies deutlich in der BV zum Ausdruck gebracht wird.[45] Ebenso kann eine BV unter einer aufschiebenden Bedingung abgeschlossen werden, wenn der Eintritt der Bedingung für alle Beteiligten ohne weiteres feststellbar ist.[46] Die Betriebsparteien können die normative Geltung einer von ihnen geschlossenen BV aber **nicht** an ein **Zustimmungsquorum der AN** binden, dagegen spricht der Charakter der BV. Sie wirkt ebenso wie ein Gesetz unmittelbar und zwingend von außen und unabhängig von der Kenntnis und dem Willen der Arbeitsvertragsparteien auf das Arbeitsverhältnis ein und wird nicht Inhalt des Arbeitsvertrags.[47] Sofern eine BV über die Einführung von **Kurzarbeit** normative Wirkung für die betroffenen AN entfalten soll, müssen in ihr Beginn und Dauer der Kurzarbeit, die Lage und Verteilung der Arbeitszeit, die Auswahl der von der Kurzarbeit betroffenen AN oder die Abteilung sowie die Zeiträume, in denen die Arbeit ganz ausfallen soll, festgelegt werden,[48]

---

40 BAG 17.8.21 – 1 AZR 175/20.

41 BAG 17.8.21 – 1 AZR 175/20 zur Regelung von Überstundenvergütungen und betrieblichen Arbeitszeitkonten; 18.3.20 – 5 AZR 36/19 zur Tarifsperre des Abs. 3; vgl. 21.1.03 – 1 ABR 9/02 zu den Voraussetzungen, unter denen eine verbleibende sinnvolle Regelung insgesamt unwirksam ist.

42 BAG, AuR 97, 336; LAG Köln, BB 98, 538.

43 BAG, NZA 01, 900; vgl. DKW-Berg, Rn. 86.

44 BAG, NZA 08, 709; NZA-RR 08, 570 zur rückwirkenden Änderung eines Sozialplans.

45 BAG, DB 96, 1576.

46 BAG 28.7.20 – 1 ABR 4/19, NZA 20, 1548.

47 BAG 28.7.20 – 1 ABR 4/19, NZA 20, 1548.

48 LAG Hamm 1.8.12 – 5 Sa 27/12, NZA-RR 13, 244 m.w.N. und Überblick über Streitstand.

Der Verweis auf vom AG auszuhängenden Listen in der BV suspendiert dann nicht die Arbeitspflicht und den Vergütungsanspruch, sofern AN der Kurzarbeit widersprechen.[49] Durch eine BV (vorliegend durch einen Sozialplan mit Wirkung einer Betriebsvereinbarung) können die Betriebsparteien Rechte und Pflichten nur im Verhältnis zueinander, nicht jedoch normative Ansprüche gegenüber und zulasten Dritter begründen.[50] Fragen seiner **eigenen Geschäftsführung**, z. B. mit Blick auf den Inhalt einer Bekanntmachung am »Schwarzen Brett« oder auf der Homepage im Intranet des AG bestimmt allein der BR, einer BV bedarf es dazu nicht (vgl. § 40 Rn. 28, 30).[51]

3. Regelungsabrede

Von der **formbedürftigen BV** (vgl. Abs. 4) zu unterscheiden ist die **formlose** 4
Regelungsabrede (»mündliche« Vereinbarung zwischen AG und BR). Regelungsabreden begründen nur **schuldrechtliche Beziehungen** zwischen AG und BR und wahren das MBR des BR.[52] Wirksamkeitsvoraussetzung ist dabei eine auf die Zustimmung zu der Maßnahme gerichtete Beschlussfassung des BR und deren Verlautbarung gegenüber dem AG, die bloße Hinnahme eines Verhaltens des AG durch den BR ist für den Abschluss einer Regelungsabrede nicht ausreichend.[53] Sie erfüllen eine wichtige Funktion z. B. bei Freistellungen und Arbeitsbefreiung von BR-Mitgl. (§§ 38 Abs. 2, 37 Abs. 2, 6, 7).[54] Auch in sozialen Angelegenheiten kommen entsprechende formlose Einigungen in Betracht, z. B. in **Eilfällen** oder bei echten **Einzelmaßnahmen** (z. B. Überstunden).[55] Durch Regelungsabreden können die betriebsverfassungsrechtlichen Beteiligungsrechte erweitert werden, die über die in § 88 BetrVG genannten Regelungsbereiche hinaus gehen. Dabei fehlt den Betriebsparteien aber die Regelungskompetenz zu Eingriffen in das arbeitsgerichtliche Verfahren, wie z. B. in den gerichtlichen Verfahrensablauf bzw. den Prüfungsgegenstand eines Beschlussverfahrens im Zusammenhang mit § 99.[56] Bei der Regelungsabrede müssen jedoch die Aushöhlung der MBR des BR und die Verschleppung des Abschlusses einer BV vermieden werden.

---

49 LAG RP 12. 8. 10 – 10 Sa 160/10, brwo, AiB 11, 771; LAG MV 20. 7. 06 – 1 Sa 34/06, juris; HessLAG, ZTR 97, 525.

50 BAG 11. 1. 11 – 1 AZR 375/09, brwo, BB 11, 1533 zu einer Sozialplanabfindung.

51 LAG Hamm, RDV 04, 223.

52 BAG, DB 91, 1990.

53 BAG 18. 3. 14 – 1 ABR 75/12 AG hat ohne Beachtung des MBR eine Vergütung von Samstagsarbeit eingeführt.

54 Vgl. LAG Köln 7. 10. 11 – 4 TaBV 52/11, brwo.

55 Vgl. auch BAG, AiB 92, 583 m. Anm. v. Neuhaus.

56 BAG 18. 8. 09 – 1 ABR 49/08.

5 Die **Regelungsabrede** führt nicht zu einer entsprechenden Änderung der Arbeitsverträge der hiervon betroffenen AN. Hierzu bedarf es zusätzlich einer vertraglichen Vereinbarung oder einer Änderungskündigung.[57] Nehmen die Arbeitsvertragsparteien auf eine Regelungsabrede Bezug, so finden die §§ 305 ff. BGB Anwendung. Während BV nach Maßgabe von § 310 Abs. 4 Satz 1 BGB grundsätzlich keiner AGB-Kontrolle unterliegen, gilt diese Ausnahme für Regelungsabreden nicht.[58] Ob eine **Regelungsabrede oder eine BV** abgeschlossen wurde, ist durch Auslegung festzustellen, wobei die für die BV geltenden Grundsätze gelten. Maßgeblich ist, ob die Regelung nach ihrem Inhalt unmittelbar und zwingend wirken soll und automatisch auf jedes im Geltungsbereich der jeweiligen BV bestehende Arbeitsverhältnis einwirkt.[59] Eine Regelungsabrede kann jederzeit durch eine BV **abgelöst** werden, nicht jedoch eine BV als höherrangiges Recht durch eine Regelungsabrede.[60] Die Einhaltung einer Regelungsabrede kann der BR mittels Durchführungsanspruches (vgl. Rn. 1) durchsetzen.[61] Zum Abschluss, zur Kündigung und Nachwirkung einer Regelungsabrede: vgl. Rn. 6, 9, 16, 17.

4. Betriebsvereinbarungen

a) Formvorschriften

6 Die **BV** bedarf zwingend der **Schriftform**.[62] Die Schriftform ist für eine BV nur dann gewahrt, wenn das vollständige Original gemeinsam von BR-Vors. und AG unterzeichnet wird.[63] Weiterhin setzt der wirksame Abschluss einer BV einen darauf bezogenen BR-Beschluss voraus (vgl. § 26 Rn. 5).[64] Der BR ist für den Fall des Abschlusses einer BV verpflichtet, dem AG auf dessen Verlangen eine den Maßgaben des § 34 Abs. 2 Satz 1 entsprechende Abschrift des Teils der Sitzungsniederschrift auszuhändigen, aus dem sich die Beschlussfassung des BR ergibt, die für die Wirksamkeit der vom BR-Vors. abgegebenen Erklärung erforderlich ist (im Einzelnen § 34 Rn. 3).[65] Aufgrund des neuen Abs. 2 Satz 3 kann die schriftliche durch die elektronische Form nach § 126a Abs. 1 BGB ersetzt und gewahrt werden.[66] Da es sich bei der BV jedoch um eine zweiseitige Erklärung handelt, und die AN ein erheb-

57 BAG 18.8.09 – 1 ABR 49/08; LAG Sachsen-Anhalt 28.7.10 – 4 Sa 476/09.
58 LAG Düsseldorf 20.11.15 – 6 Sa 574/15.
59 BAG 28.7.20 – 1 ABR 4/19.
60 BAG, NZA 86, 401; BB 91, 835; vgl. auch DKW-Berg, Rn. 166.
61 Offengelassen von BAG 18.3.14 – 1 ABR 75/12.
62 Zu einer Muster-BV vgl. DKW-F-Berg, § 77 Rn. 3.
63 LAG Hamm 3.7.14 – 15 Sa 211/14, vor dem BAG – 10 AZR 723/14 – verglichen.
64 BAG 9.12.14 – 1 ABR 19/13, AiB 6/15, 61.
65 BAG 8.2.22 – 1 AZR 233/21.
66 Eingefügt durch das BRMoG, BGBl. 21 Teil 1, Nr. 32, S. 1762, in Kraft getreten am 18.6.21; a. A. zur alten Regelung BAG 10.12.13 – 1 ABR 45/12.

liches Interesse daran haben, dass AG und BR einen gleichlautenden Text unterzeichnen, müssen auf der nach Abs. 2 auszulegenden BV beide qualifiziert elektronischen Signaturen vorhanden sein. Deshalb ist § 126 Abs. 2 Satz 2 i. V. m. § 126a Abs. 2 BGB ausgeschlossen. Für die **Beschlussfassung des BR** sind § 29 Abs. 2 und § 33 Abs. 1, 2 zu beachten (vgl. hierzu § 29 Rn. 4 f.; § 33 Rn. 3, 5). Die Unterzeichnung einer Kopie der BV durch den AG und die des Originals durch den BR-Vors. reichen daher nicht aus.[67] Die BV kann nur zwischen AG und BR abgeschlossen werden. Ein gemeinsam von AG und BR-Vors. unterzeichnetes Protokoll,[68] eine gemeinsame Erklärung[69] oder ein gemeinsam unterzeichnetes Rundschreiben[70] kann eine BV darstellen, wenn die Unterzeichnung auf einem BR-Beschluss beruht. Eine BV, die auf Anlagen Bezug nimmt, muss insgesamt dem Schriftformerfordernis der §§ 126 BGB, 77 Abs. 2 genügen. Auf außerhalb der BV bestehende Regelungen bzw. Anlagen kann
verwiesen werden, wenn das Bezugsobjekt bei dem Abschluss der BV vorliegt und klar und zweifelsfrei feststeht, auf welche Bestimmungen Bezug genommen wird.[71] Nicht erforderlich ist es, dass diese körperlich mit der BV verbunden sind, oder die unterzeichnete Anlage ihrerseits auf die BV verweist. Zumindest ist erforderlich, dass zweifelsfrei nur eine Fassung der in Bezug genommenen, eindeutig bezeichneten Anlage existiert.[72] Eine BV unterliegt dem Gebot der **Rechtsquellenklarheit**. Es stellt sicher, dass für die betroffenen AN die Urheberschaft eindeutig ist. Das gilt insbesondere, wenn eine Konzernobergesellschaft mit dem KBR, mit dem oder – zugleich handelnd für die Konzernunternehmen – den jeweiligen GBR oder BR gemeinsam eine BV oder einen Sozialplan abschließt oder ein AG mit dem GBR und den BR entsprechendes vereinbart. Aus dem Inhalt der BV muss sich zweifelsfrei ergeben, welche Regelungen **von welchem Betriebsverfassungsorgan** im Rahmen seiner gesetzlichen Zuständigkeit vereinbart wird.[73] Bestimmungen in **gemischten**, von Arbeitgeber, Gewerkschaft und BR gemeinsam unterzeichneten **Vereinbarungen** (z. B. Standortsicherungsverträgen) sind ebenfalls nur dann wirksam, wenn sich aus den Bestimmungen selbst ohne Weiteres und zweifelsfrei ergibt, wer Urheber der einzelnen Regelungskomplexe ist und um welche Rechtsquellen (TV, BV oder schuld-

67 LAG Berlin, AiB 92, 294 m. Anm. Kuster.
68 Vgl. ergänzend DKW-Berg, Rn. 58.
69 BAG 17.4.12 – 3 AZR 400/10, BB 13,57.
70 LAG Hamm 3.7.14 – 15 Sa 211/14, vor dem BAG – 10 AZR 723/14 – verglichen.
71 BAG 23.8.16 – 1 ABR 22/14 zu einer Erweiterung der MB bei Versetzungen; LAG BaWü 9.1.18 – 19 TaBV 2/17.
72 LAG Nds 1.8.12 – 2 TaBV 52/11 m. w. N.
73 BAG 9.11.21 – 1 AZR 206/20; 22.10.19 – 3 AZR 429/18; 26.9.17 – 1 AZR 717/15.

rechtliche Vereinbarung) es sich folglich handelt.[74] Deswegen empfiehlt es sich, die Regelungen getrennt in einem TV bzw. in einer BV abzuschließen. Dies gilt entsprechend auch für den Abschluss einer **Regelungsabrede**. Der Verpflichtung zur **Auslegung** wird am besten genügt, wenn nach Abschluss der BV am »**Schwarzen Brett**« bzw. auf der **Homepage** im Intranet des AG mitgeteilt wird, wo sie eingesehen werden kann bzw. zugänglich ist.[75] Die Verletzung dieser Vorschrift bewirkt nicht die Unwirksamkeit der BV, da sie keine konstitutive Wirkung hat,[76] kann jedoch den AG schadensersatzpflichtig machen.[77] Ein AN soll nach der praxisfremden Entscheidung des LAG Köln gegen den AG weder einen Anspruch auf Aushändigung einer Kopie einer BV noch einen Anspruch darauf haben, die BV ihm leihweise auszuhändigen, damit er sich hiervon eine Kopie fertigen kann.[78] Ein AN kann unter bestimmten Umständen nach §§ 241 Abs. 2, 242 BGB einen Auskunftsanspruch gegen den AG haben, ihm einen schriftlichen Nachweis mit einer Auflistung der betriebsverfassungsrechtlichen Vereinbarungen nebst Anlagen zu einem bestimmten Themenkomplex auszuhändigen.[79]

b) Funktionale Zuständigkeit

7 Die funktionale **Zuständigkeit der Parteien der BV** ist zwar umfassend, aber nicht unbeschränkt (vgl. Rn. 3).[80] So kann durch eine BV z. B. nur in dem unbedingt erforderlichen Umfang in die allgemeine Handlungsfreiheit bzw. **Persönlichkeitsrechte der einzelnen AN** oder in bereits fällige Einzelansprüche der AN eingegriffen werden. Allgemein anerkannt ist ein notwendiger Individualschutz vor der Kollektivnorm. Er bestimmt sich nach dem Grundsatz der Verhältnismäßigkeit.[81] Dieser verlangt eine Regelung, die geeignet, erforderlich und unter Berücksichtigung der gewährleisteten Freiheitsrechte angemessen ist, um den erstrebten Zweck zu erreichen. Den Betriebsparteien dürfen zur Zielerreichung keine anderen, gleich wirksamen und das Persönlichkeitsrecht der AN weniger einschränkenden Mittel zur Verfügung stehen.[82] Der Persönlichkeitsschutz wird durch § 75 Abs. 1 und Abs. 2 unterstrichen und gefordert (vgl. § 75 Rn. 1 f. und 8).[83] Bei einer BV

---

74 BAG 26. 2. 20 – 4 AZR 48/19; 12. 4. 17 – 7 AZR 446/15.
75 LAG Nürnberg, NZA-RR 05, 377.
76 BAG 17. 4. 12 – 3 AZR 400/10, BB 13,57.
77 Vgl. dazu F. W. Fischer, BB 00, 354, 360; ders., Anm. zu BVerfG, BB 00, 1143 f.
78 LAG Köln 20. 1. 12 – 3 Sa 420/09, brwo.
79 LAG Hamm 10. 10. 13 – 11 Sa 665/13, juris, zur Thematik »Beendigung deutscher Steinkohlenbergbau«.
80 Grundlegend BAG, NZA 08, 1074; Thannheiser, AiB 99, 315 ff.
81 BAG, DB 07, 866.
82 BAG 9. 7. 13 – 1 ABR 2/13 (A), NZA 13, 1433.
83 Fitting, Rn. 55 ff.

ist der betriebsverfassungsrechtliche **Gleichbehandlungsgrundsatz** von den Betriebsparteien zu beachten (im Einzelnen § 75 Rn. 2).[84] In einer BV kann sich der AG dem BR gegenüber auch verpflichten, Arbeitsverträge nur mit festen Arbeitszeiten abzuschließen und **Teilzeitbeschäftigte** nur zu den zuvor im Arbeitsvertrag festgelegten festen Arbeitszeiten zu beschäftigen.[85] Zulässig ist es, wenn in einer BV über ein elektronisches Zeitmanagementsystem vereinbart wird, dass die gespeicherten Daten über Arbeitsbeginn und -ende nicht zur Verhaltenskontrolle, insbesondere nicht zur Begründung von Abmahnungen, Versetzungen oder Kündigungen durch den AG genutzt werden dürfen.[86] In einer BV kann abschließend festgelegt werden, mit welchen Mitteln ein zwischen AG und BR vereinbartes **Alkoholverbot** überwacht wird.[87] Unwirksam ist eine BV, die dem AN finanzielle Verpflichtungen für Arbeits- und Schutzkleidung, die er allein für den Betrieb benötigt, auferlegt[88] ebenso wie für ein Kantinenessen, dass der AN nicht in Anspruch nimmt.[89] Regelungen über Ausschlussfristen sind unter Beachtung von Abs. 3 zulässig, dasselbe gilt, wenn durch eine BV für bestimmte Ansprüche vertraglich vereinbarte Ausschlussfristen zugunsten der AN vorübergehend nicht zur Anwendung kommen sollen, und Fristen aus bestehenden Ausschlussklauseln insoweit von den AN nicht eingehalten werden müssen.[90] Eine Regelung in einer BV, nach der zu jedem Personalgespräch mit disziplinarischem Charakter automatisch immer auch der BR zu laden ist, ist unzulässig. Vielmehr soll der AN selbst entscheiden können, wen er wann dabeihaben will oder nicht.[91]

c) Rechtswirkung; Günstigkeitsprinzip

Eine BV wirkt nach Abs. 4 unmittelbar und zwingend auf die Arbeitsver- **8**
hältnisse ein. Sie gestaltet unabhängig vom Willen und der Kenntnis der Arbeitsvertragsparteien – allein kraft gesetzlicher Anordnung – die Arbeitsverhältnisse der betriebszugehörigen AN. Die nach Abs. 6 nachwirkenden Normen (im Einzelnen Rn. 17) einer in Angelegenheiten der erzwingbaren Mitbestimmung geschlossenen BV erfassen auch die im Weitergeltungszeitraum neu in den Betrieb eingestellten AN. Die in ihr enthaltenen Normen

---

84 BAG, NZA 09, 796.
85 BAG, NZA 88, 253.
86 LAG Köln, RDV 07, 78.
87 BAG, DB 88, 611; LAG SH, AuR 08, 162 zur Zulässigkeit eines absoluten Alkoholverbotes.
88 BAG, AuR 76, 348.
89 BAG, NZA 01, 462.
90 BAG 14.12.22 – 10 AZR 531/20; 25.2.15 – 5 AZR 481/13.
91 BAG 11.12.18 – 1 ABR 12/17, AiB 6/19, 40.

müssen dem **Gebot der Bestimmtheit und Normenklarheit** genügen.[92] Eine **BV verdrängt** die Normen einer **alten BV** für die Zukunft.[93] Im Verhältnis zweier gleichrangiger Normen gilt nicht das Günstigkeitsprinzip, sondern die Zeitkollisionsregel. Danach geht die jüngere Norm der älteren vor. Für die Zukunft sind nur die Regelungen der neuen BV maßgebend. Das gilt grundsätzlich auch dann, wenn die ältere für die AN günstiger war.[94] Soweit aber in bereits entstandene Ansprüche der AN eingegriffen wird, sind die Grundsätze der Verhältnismäßigkeit und des Vertrauensschutzes zu beachten.[95] Eine **BV verdrängt** grundsätzlich **nicht arbeitsvertragliche Ansprüche** der AN (vgl. Rn. 9)[96] oder solche aus sog. betrieblichen Einheitsregelungen (**Gesamtzusagen bzw. betriebliche Übungen**), wenn diese für die AN günstiger sind;[97] hier gilt das Günstigkeitsprinzip. Da aber die Rspr. das Günstigkeitsprinzip bei einer **betriebsvereinbarungsoffen** gestalteten Gesamtzusage nicht anwendet, findet das Günstigkeitsprinzip in diesem Fall fast keine Anwendung mehr.[98] Eine konkludente Vereinbarung in einem Arbeitsvertrag über eine betriebsvereinbarungsoffen gestaltete Gesamtzusage soll regelmäßig anzunehmen sein, wenn der Vertragsgegenstand in Allgemeinen Geschäftsbedingungen (Formulararbeitsvertrag) enthalten ist und einen kollektiven Bezug hat, was bei Gesamtzusagen immer der Fall ist.[99] Bei allgemeinen Sozialleistungen, insbesondere bei Leistungen der betrieblichen Altersversorgung, gilt im Verhältnis von **betrieblichen Einheitsregelungen – Gesamtzusagen** und der **betrieblichen Übung** – zu den Normen einer **BV** nicht das Ablösungsprinzip, sondern grundsätzlich ein modifiziertes Günstigkeitsprinzip, das die Wirkung der Normen der BV einschränkt. In diesem Fall ist statt des individuellen Günstigkeitsvergleichs ein **kollektiver Günstigkeitsvergleich** vorzunehmen.[100] Solche Ansprüche können durch eine nachfolgende BV in den Grenzen von Recht und Billigkeit nur beschränkt werden, wenn die Neuregelung insgesamt bei kollektiver

92 BAG 26.6.19 – 5 AZR 452/18, AiB 1/19, 45 zu der Anwendungsvoraussetzung »regelmäßige Mehrarbeit«.

93 BAG 15.12.20 – 1 AZR 499/18, juris.

94 BAG, NZA-RR 07, 411; DB 04, 327 zu den Voraussetzungen; DB 05, 2698 auch im Falle der Ablösung von nach § 613a Abs. 1 Satz 2 BGB transformierter Rechte aus einer BV durch eine spätere BV im Erwerberbetrieb.

95 BAG 13.8.19 – 1 AZR 213/18, NZA 20, 49.

96 LAG RP, AuR 05, 237 – keine Verschlechterung arbeitsvertraglich begründeter Arbeitsbedingungen durch eine nachfolgende BV zur Einführung von Schichtarbeit.

97 BAG, DB 02, 1383 zur vertraglichen Einheitsregelung.

98 Fitting, Rn. 208 m. w. N.

99 BAG 24.10.17 – 1 AZR 846/15.

100 St. Rspr. seit BAG GS 16.9.86 – GS 1/82, AiB 87, 114; BAG 16.11.11 – 10 AZR 60/11, DB 12, 237; vgl. im Einzelnen DKW-Berg, Rn. 43 ff.; Fitting, Rn. 208.

Betrachtung nicht ungünstiger ist.[101] Dabei ist auch zu prüfen, ob die Ablösung auch den Grundsätzen der Verhältnismäßigkeit und des Vertrauensschutzes genügt.[102] Dies gilt auch für konzerneinheitliche Regelungen (z. B. Jubiläumszuwendungen), die mit dem KBR abgestimmt sind.[103] Ein kollektiver Günstigkeitsvergleich ist nicht erforderlich, wenn der AG die Kürzung oder Streichung der Sozialleistung wegen eines Widerrufvorbehaltes, sofern die Voraussetzungen vorliegen, die ihn zur Ausübung des Widerrufs berechtigen, oder wegen Störung der Geschäftsgrundlage (§ 313 BGB) verlangen kann.[104] Für die Dauer der Kurzarbeitsperiode kann eine Änderung der Arbeitsverträge hinsichtlich der Arbeitszeit und der Lohnzahlungspflicht ohne Rücksicht auf den Willen der AN durch eine BV herbeigeführt werden, nicht jedoch durch eine formlose Regelungsabrede.[105] Der BR ist zur Vertretung bereits ausgeschiedener Mitarbeiter nicht legitimiert, sodass eine ablösende verschlechternde Betriebsvereinbarung nicht zulasten von Betriebsrentnern wirkt.[106] Zu den Besonderheiten im Bereich der **betrieblichen Altersversorgung** vgl. im Einzelnen Fitting, Rn. 195. Der vorübergehende oder endgültige Wegfall des BR lässt bestehende BV in ihrer zwingenden und normativen Wirkung unberührt.[107]

d) Verhältnis zu arbeitsvertraglichen Vereinbarungen

Arbeitsvertragliche Vereinbarungen haben grundsätzlich gegenüber der BV Vorrang, soweit sie eine für den AN günstigere Regelung enthalten. Das Günstigkeitsprinzip soll nach Auffassung des BAG dann aber nicht zur Anwendung kommen, wenn die arbeitsvertraglichen Regelungen **»betriebsvereinbarungsoffen«** ausgestaltet sind, weil sie einen ausdrücklichen oder stillschweigenden Vorbehalt der Ablösung durch eine spätere BV enthalten (z. B. im Fall eines Formulararbeitsvertrag und eines kollektiven Bezuges, wobei eine solche Klausel aber einer AGB-Kontrolle standhalten muss).[108] Danach soll durch Vertragsauslegung eine konkludente Vereinbarung im Formular-Arbeitsvertrag mit dem Inhalt möglich sein, dass Regelungen durch eine 9

101 BAG, NZA-RR 08, 597; DB 04, 327; zur »umstrukturierenden BV« bei Sozialleistungen vgl. ergänzend DKW-Berg, Rn. 46.

102 BAG, DB 08, 994.

103 BAG, DB 88, 1275.

104 BAG, DB 88, 333.

105 LAG RP 12. 8. 10 – 10 Sa 160/10, brwo, AiB 11, 771.

106 ArbG Duisburg 7. 2. 08 – 1 Ca 2482/07, juris, zu Leistungen einer betrieblichen Altersversorgung; BAG, NZA 09, 796 lässt offen, ob an dieser Rspr. zu Betriebsrentnern festzuhalten ist.

107 BAG 12. 6. 19 – 1 AZR 154/17, NZA 19, 1203.

108 BAG 17. 8. 21 – 1 AZR 50/20; 30. 1. 19 – 5 AZR 450/17; 5. 3. 13 – 1 AZR 417/12; 17. 7. 12 – 1 AZR 476/11.

BV zulasten des AN verschlechtert werden können. Zu Recht verneint der 4. Senat eine generelle konkludente Betriebsvereinbarungsoffenheit,[109] denn letztlich wird dadurch das Günstigkeitsprinzip eliminiert. Ein Widerrufsvorbehalt des AG, der das Recht begründen soll, versprochene Leistungen einseitig bzw. durch BV zu ändern, muss vielmehr dem Transparenzgebot des § 307 Abs. 1 Satz 2 BGB genügen und hinsichtlich der Voraussetzungen und des Umfangs der vorbehaltenen Änderungen so konkret formuliert sein, dass der AN erkennen kann, was gegebenenfalls »auf ihn zukommt«.[110] Der Vorrang gilt sowohl für eine vor als auch für eine nach dem Inkrafttreten der BV abgeschlossene arbeitsvertragliche Vereinbarung.[111] Soweit Normen einer **BV** für den AN **günstiger** sind als die arbeitsvertragliche Vereinbarung, verdrängen sie diese lediglich für die Dauer ihrer Wirkung, machen aber die einzelvertragliche Vereinbarung nicht nichtig (vgl. auch Rn. 8).[112] Bei einer die AN begünstigenden, aber nichtigen BV (sei es wegen einer Formnichtigkeit oder wegen eines Verstoßes gegen § 77 Abs. 3) bleiben den AN ihre Ansprüche jedoch dann erhalten, wenn diese gemäß § 140 BGB als Vertragsangebot an die AN umgedeutet werden können (vgl. auch Rn. 3).[113] Eine BV, in der für die AN Vertragsstrafen begründet werden, ist jedoch dann unwirksam, wenn darin bestimmt wird, dass einzelvertragliche **Vertragsstrafen** der BV auch dann vorgehen, wenn diese für den AN ungünstiger sind.[114] Die Vereinbarung von Vertragsstrafen in formularmäßigen Arbeitsverträgen sollen nach abzulehnender Auffassung des BAG[115] zulässig sein, eine Unwirksamkeit kann sich aber aufgrund einer unangemessenen Benachteiligung (§ 307 Abs. 1 BGB) ergeben.[116] Ist in einem Formulararbeitsvertrag die Verweisung auf Tarifnormen zweifelhaft, geht dieses gem. § 305c Abs. 2 BGB zulasten des Arbeitgebers.[117]

e) Geltungsbereich

10 Die BV gilt, wenn deren Geltungsbereich nicht eingeschränkt ist, grundsätzlich **für alle AN des Betriebs** bzw. des UN oder des Konzerns, wenn der

109 BAG 11.4.18 – 4 AZR 119/17 zu einer einzelvertraglich vereinbarten – dynamischen – Verweisung auf einen TV mit ausführlicher Begründung; Creutzfeld, NZA 18, 1111; Preis/Ulber NZA 14, 6; s. auch DKW-Berg Rn. 42; Fitting, Rn. 214.

110 So zu Recht: BAG 5.8.09 – 10 AZR 483/08.

111 LAG RP 11.11.13 – 5 Sa 312/13.

112 BAG 19.7.16 – 3 AZR 134/15, AiB 10/16, 64.

113 HessLAG 1.8.11 – 7 Sa 1878/10; BAG, DB 90, 184 nur zu § 77 Abs. 3.

114 BAG, DB 92, 146.

115 BAG, NZA 09, 370; AiB 05, 633 m. Anm. Mayer.

116 BAG 17.3.16 – 8 AZR 665/14.

117 BAG, BB 06, 386.

Abschluss durch den GBR bzw. den KBR erfolgte. Dem BetrVG liegt eine auf die Organisationseinheit des Betriebs bezogene Normwirkung von BV zugrunde, wobei maßgeblich ist, ob der AN tatsächlich in die Organisation des Betriebs oder Betriebsteils eingegliedert ist.[118] Eine BV mit eingeschränktem Geltungsbereich kann kraft arbeitsvertraglicher Bezugnahme auf das Arbeitsverhältnis der Parteien Anwendung finden.[119] Demgegenüber kann der Geltungsbereich einer BV nicht durch eine freiwillige Vereinbarung des BR und AG auf andere BR-lose oder selbstständige Betriebsteile ausgeweitet werden.[120]

Die BV endet nicht beim rechtsgeschäftlichen oder umwandlungsbedingten **Wechsel des Betriebsinhabers**, wenn die bisherige **Betriebsidentität des Betriebes sich nicht ändert**,[121] auch nicht, wenn nach dem Betriebsübergang der BR wegfällt. Die bloße Zusammenfassung von Betrieben mit bis dahin eigenen BR zu einer größeren betriebsverfassungsrechtlichen Organisationseinheit durch TV nach § 3 Abs. 1 Nr. 1b bei Beibehaltung der betriebsverfassungsrechtlichen Identität der zusammengefassten Einheiten lässt die Fortgeltung der BV unberührt.[122] Auch der **Zusammenschluss von Betrieben** im Rahmen einer Eingliederung berührt bei Wahrung der Identität des Betriebs den Bestand der für den aufnehmenden Betrieb geltenden BV nicht. In deren Geltungsbereich werden die AN des eingegliederten Betriebsteils einbezogen. Die BV des **übergegangenen Betriebsteils**, die nicht bereits unmittelbar durch eine im neuen Betrieb bestehende BV ersetzt wird (§ 613a Abs. 1 Satz 3 BGB),[123] wird Inhalt der Einzelarbeitsverträge mit einjähriger Veränderungssperre (§ 613a Abs. 1 Satz 2 BGB). Die bei einem Betriebsübergang nach § 613a Abs. 1 Satz 2 BGB in das Arbeitsverhältnis transformierten Inhaltsnormen einer teilmitbestimmten BV sind durch den Betriebserwerber gegenüber dem in seinem Betrieb gebildeten BR kündbar, wenn er deren finanzielle Leistungen vollständig und ersatzlos einstellen will.[124] Die einzelvertraglichen Inhalte sind vor einer **Ablösung durch eine** zum Zeitpunkt des Übergangs bereits existierende oder später in Kraft tretende **BV** im Erwerberbetrieb nicht in weiterem Umfang geschützt, als wenn sie kollektivrechtlich weitergegolten hätten. Im Verhältnis zu einer neuen BV gilt deshalb das Ablösungsprinzip, nicht das Günstigkeitsprinzip (vgl. Rn. 8).[125] Die Ablösung nach § 613a Abs. 1 Satz 3 BGB erfordert zum

118 BAG 13.10.21 – 10 AZR 729/19.

119 BAG 20.1.15 – 9 AZR 735/13.

120 BAG, NZA 02, 1300.

121 BAG 14.8.13 – 7 ABR 56/11, DB 14, 308; vgl. DKW-Berg, Rn. 100 ff. sowie Schoof, Rechtsprechungsübersicht, AiB 12, 750 sowie AiB 13, 59.

122 BAG 7.6.11 – 1 ABR 110/09, NZA 12, 110.

123 BAG 13.3.12 – 1 AZR 659/10, NZA 12, 990.

124 BAG 19.11.19 – 1 AZR 386/18, NZA 20, 297.

125 BAG, DB 05, 2698; AiB 02, 438.

einen, dass die beim Erwerber geltende BV inhaltlich denselben Gegenstand wie die beim Betriebsveräußerer geltende regelt, und zum anderen, dass die im Wege des Betriebsübergangs übernommenen AN in den Geltungsbereich der beim Erwerber bestehenden BV fallen.[126] Im Falle eines Betriebsübergangs gilt für das Konkurrenzverhältnis zwischen einer nachwirkenden BV und dem Arbeitsvertrag im Nachwirkungszeitraum das Günstigkeitsprinzip.[127] Wenn die Inhaltsnormen einer BV im Fall eines **nicht identitätswahrenden Betriebsübergangs** in die Arbeitsverhältnisse der AN transformiert werden, werden die transformierten Normen nicht Bestandteil der arbeitsvertraglichen Vereinbarungen zwischen dem vom Betriebsübergang erfassten AN und dem Betriebserwerber. Es bleibt somit der kollektive Charakter der Regelungen einschließlich einer vereinbarten Nachwirkung erhalten. Die Bestimmungen können deshalb kollektivrechtlich in gleicher Weise abgeändert werden wie die ursprünglich normativ geltenden Regelungen.[128] Zu den Fällen des Verlusts der Betriebsidentität vgl. im Einzelnen DKW-Berg, Rn. 101 ff. Eine **GBV** gilt nach einem Betriebsübergang normativ als GBV weiter, wenn entweder alle oder mehrere Betriebe übertragen werden, das aufnehmende Unternehmen bisher keinen eigenen Betrieb geführt hatte und die übertragenen Betriebe ihre Identität wahren, oder ein übernommener Betriebsteil als selbständiger Betrieb weitergeführt wird.[129] Nach dem **Betriebsübergang** nur eines von mehreren Betrieben bleibt die **GBV als Einzel-BV** in dem übergegangenen Betrieb mit normativer Geltung bestehen, wenn die in der GBV geregelten Rechte und Pflichten beim aufnehmenden Unternehmen nicht normativ ausgestaltet sind.[130] Das gilt auch dann, wenn ein übernommener Betriebsteil vom Erwerber als selbstständiger Betrieb weitergeführt wird,[131] bzw. der Betriebsübergang bereits Jahre vorher stattgefunden hat.[132] Andernfalls ist – vorbehaltlich des § 613a Abs. 1 Satz 3 BGB – von einer Transformation der Regelungen der GBV in das Arbeitsverhältnis des betroffenen AN nach § 613a Abs. 1 Satz 2 BGB auszugehen. Da die transformierten Bestimmungen einer BV ihren kollektiv-rechtlichen Charakter beibehalten, müssen sie auch bei einem **weiteren Betriebsübergang** – vorbehaltlich der Regelung in § 613a Abs. 1 Satz 3 BGB – in das Arbeitsverhältnis mit dem neuen Betriebserwerber transformiert werden.

126 BAG 12.6.19 – 1 AZR 154/17, NZA 19, 1203.
127 HessLAG 8.6.18 – 14 Sa 517/17, juris.
128 BAG 19.9.23 – 1 AZR 281/22.
129 BAG 27.1.16 – 4 AZR 916/13, NZA-RR 16, 366.
130 BAG 5.5.15 – 1 AZR 763/13, juris; 18.9.02 – 1 ABR 54/01, AiB 04, 41; LAG Hamm 3.7.14 – 15 Sa 211/14, juris, vor dem BAG – 10 AZR 723/14 – verglichen.
131 BAG 18.2.15 – 4 AZR 778/13, juris.
132 LAG Köln 13.7.10 – 9 Sa 182/10, brwo; zur Weitergeltung einer GBV vgl. DKW-Deinert, § 50 Rn. 165 ff.

Da der kollektivrechtliche Normenbestand nicht zu dem Inhalt der arbeitsvertraglichen Vereinbarung wird, scheidet eine Bindung des nachfolgenden Betriebserwerbers an die sich hieraus ergebenden Rechte und Pflichten auf der Grundlage von § 613a Abs. 1 Satz 1 BGB aus.[133] Bei einem Ausscheiden eines konzernangehörigen Unternehmens aus dem Konzern in Folge einer Übertragung von Geschäftsanteilen kann eine zuvor im Betrieb oder in den Betrieben dieses Unternehmens geltende **KBV als Einzel-BV** normativ weitergelten, sofern sie nicht unter den Geltungsbereich einer im neuen Konzernverbund geltenden KBV mit demselben Regelungsgegenstand fällt.[134]

f) Vorrang der Tarifautonomie

Regelungen können nach Abs. 3 nur Gegenstand einer BV sein, wenn sie **11**
nicht durch TV geregelt sind oder üblicherweise geregelt werden oder der TV den Abschluss ergänzender BV ausdrücklich zulasst. Diese Vorschrift trägt dem **Vorrang der Tarifautonomie** (Art. 9 Abs. 3 GG)[135] Rechnung. Es werden nur solche Betriebe von der Sperrwirkung erfasst, die unter den räumlichen, betrieblichen und fachlichen Geltungsbereich des TV fallen. Die Sperrwirkung des Abs. 3 hängt nicht davon ab, dass der AG tarifgebunden ist,[136] da die Funktionsfähigkeit der Tarifautonomie auch dann gestört wird, wenn **nicht tarifgebundene AG** kollektivrechtliche Konkurrenzregelungen in Form von BV treffen können. Eine tarifliche Regelung liegt auch dann vor, wenn der AG tarifgebunden ist und bei – unterstellter – Tarifbindung auch für den AN die tarifliche Regelung unmittelbar und zwingend gelten würde; ob und wie viele AN tatsächlich tarifgebunden sind, ist unerheblich.[137] Arbeitsbedingungen sind dann durch TV geregelt, wenn über sie ein TV abgeschlossen worden ist und der Betrieb in den räumlichen, betrieblichen, fachlichen und persönlichen Geltungsbereich des TV fällt. Der Tarifvorrang nach dieser Vorschrift bezieht sich nicht nur auf materielle Arbeitsbedingungen.[138] Dadurch wird verhindert, dass Gegenstände, derer sich die TV-Parteien angenommen haben, konkurrierend – und sei es inhaltsgleich – in BV geregelt werden.[139] Dementsprechend können die Betriebsparteien weder Bestimmungen über Tarifentgelte treffen noch über deren Höhe disponieren. Das gilt selbst dann, wenn die von ihnen getrof-

133 BAG 12.6.19 – 1 AZR 154/17, NZA 19, 1203.

134 BAG 25.2.20 – 1 ABR 39/18.

135 BAG 17.8.21 – 1 AZR 175/20.

136 BAG 15.1.19 – 1 AZR 64/18; 16.8.11 – 1 AZR 314/10, brwo, zu einer BV über die Auszahlung der Beträge aus dem ERA-Anpassungsfonds.

137 BAG, NZA 02, 872.

138 BAG, NZA 91, 734; BB 92, 1418; vgl. ergänzend DKW-Berg, Rn. 129 f.

139 BAG 17.8.21 – 1 AZR 175/20; 23.1.18 – 1 AZR 65/17; vgl. DKW-Berg, Rn. 136.

fene Regelung für die AN günstiger ist als diejenige der TV-Parteien.[140] Die **Sperrwirkung** des § 77 Abs. 3 Satz 1 tritt in den Betrieben allerdings nur insoweit ein, wie der betreffende Regelungsgegenstand nicht der erzwingbaren MB des BR nach § 87 Abs. 1 unterliegt (s. § 87 Rn. 6ff.).[141]
Eine Beeinträchtigung muss angenommen werden, wenn eine betriebliche Regelung einheitlich wirken und die entsprechende Tarifnorm als kollektive Ordnung verdrängen soll.[142] Die Sperrwirkung wirkt gegenüber BV, Regelungsabreden,[143] betrieblichen Einheitsregelungen sowie allgemeinen Arbeitsbedingungen, bei dem der BR mitgewirkt hat.[144] AG und BR sollen weder abweichende noch ergänzende BV mit normativer Wirkung schließen können.[145] Nach abzulehnender Auffassung des BAG[146] soll die Sperrwirkung eines TV aber bloße Regelungsabreden der Betriebsparteien sowie individualrechtliche Absprachen, die nicht normativ auf den Inhalt eines Arbeitsverhältnisses wirken, nicht erfassen. Das sog. Günstigkeitsprinzip gilt nicht im Verhältnis zwischen TV und BV, soweit nicht der TV selbst eine entsprechende **Öffnungsklausel** enthält (vgl. auch Rn. 12 und 14).[147] Die Sperrwirkung tritt sowohl bei einem allgemeinverbindlich erklärten TV[148] als auch bei einem FirmenTV ein[149] und zwar auch dann, wenn der FirmenTV erst später in Kraft tritt.[150] Die Regelungssperre wirkt ebenfalls dann, wenn entsprechende Tarifbestimmungen erst später in Kraft treten.[151] Eine vorvertragliche BV verliert mit dem Inkrafttreten des TV ihre Wirksamkeit ex nunc.[152] Die mitgliedsbezogene Festlegung des fachlichen Geltungsbereiches eines TV schließt die Sperrwirkung nicht aus.[153] § 87 hat Vorrang vor § 77 Abs. 3, d.h., bei Angelegenheiten des § 87 besteht ein MBR des BR nur dann nicht, wenn ein TV eine abschließende Regelung i.S. des **§ 87 Abs. 1 Eingangssatz** enthält (vgl. dazu im Einzelnen § 87 Rn. 7f.).[154] Werden in einer BV konkrete Arbeitsentgelte vereinbart, kann dies zur Unwirksamkeit

---

140 BAG 17.8.21 – 1 AZR 175/20; 23.1.18 – 1 AZR 65/17.
141 BAG 17.8.21 – 1 AZR 175/20; 23.1.18 – 1 AZR 65/17.
142 BAG 17.5.11 – 1 AZR 473/09, brwo; LAG Hamm 29.7.11 – 10 TaBV 91/10, brwo.
143 Offengelassen BAG 17.5.11 – 1 AZR 473/09, AuR 11, 498.
144 Vgl. im Einzelnen DKW-Berg, Rn. 158ff.
145 BAG 16.8.11 – 1 AZR 314/10, brwo.
146 BAG 21.1.03 – 1 ABR 9/02, NZA 03, 1097.
147 DKW-Berg, Rn. 128.
148 LAG Hamm 29.7.11 – 10 TaBV 91/10, brwo.
149 BAG, DB 06, 680.
150 BAG, NZA 03, 1097.
151 BAG 15.1.19 – 1 AZR 64/18, juris.
152 BAG 26.1.17 – 2 AZR 405/16, NZA 17, 522; 13.3.12 – 1 AZR 659/10, NZA 12, 990.
153 BAG, FA 05, 341, 353.
154 BAG 17.8.21 – 1 AZR 175/20; 18.2.15 – 4 AZR 778/13.

einer BV nach Abs. 3 führen, da die Bestimmung der konkreten Höhe des Arbeitsentgelts nicht vom MBR nach § 87 Abs. 1 Nr. 10 umfasst wird.[155] Die MBR des BR nach § 87 Abs. 1 sind nicht ausgeschlossen, wenn die entsprechende mitbestimmungspflichtige Angelegenheit nur **üblicherweise** (vgl. Rn. 13) durch TV geregelt ist.[156] Ein lediglich nachwirkender TV schließt ebenfalls das MBR des BR nach § 87 Abs. 1 nicht aus.[157]

Auf **Sozialpläne** findet nach § 112 Abs. 1 Satz 4 die Vorschrift des § 77 Abs. 3 keine Anwendung (vgl. § 112 Rn. 1 und 7); diese Ausnahme gilt aber nicht für freiwillige vorsorgliche Sozialpläne.[158] Es können also tariflich geregelte Arbeitsentgelte und sonstige tariflichen Arbeitsbedingungen im Sozialplan abweichend vom TV geregelt werden – allerdings nur zugunsten der AN, da im Verhältnis von TV und Sozialplan das Günstigkeitsprinzip gilt.[159] Andererseits kann eine Gewerkschaft zum Streik aufrufen mit dem Ziel, einen firmenbezogenen Verbandstarifvertrag über den Ausgleich der mit einer geplanten Betriebsänderung verbundenen wirtschaftlichen Nachteile abzuschließen (s. § 112 Rn. 7).[160]

Eine BV verstößt gegen den **Tarifvorrang** des Abs. 3, wenn sie Regelungen **12**
z. B. über die Erhöhung der bisherigen **Vergütung** und Weihnachtsgratifikation oder über die Dauer der wöchentlichen bzw. jährlichen **Arbeitszeit** enthält, die im Widerspruch zum geltenden TV stehen bzw. üblich sind,[161] oder Bestimmungen zur Dauer der wöchentlichen Arbeitszeit innerhalb und außerhalb eines 4-Schichtmodells treffen, die gegen § 3 MTV Metall- und Elektroindustrie NRW verstoßen.[162] Sind in einem betrieblichen Bereich tarifliche Regelungen über die **Entgelthöhe** und Anpassung von Entgelten weder bindend noch üblich (vgl. Rn. 13), kann eine BV über die Entgelthöhe gem. § 88 wirksam sein (vgl. ergänzend Rn. 3).[163] Da Zweck der Vorschrift die Gewährleistung des Vorrangs der Tarifautonomie und nicht etwa die Vermeidung kollektiver Auseinandersetzungen über materielle Vertragsbedingungen im Betrieb ist, ist eine BV für AT-Ang. möglich. Der Ausschluss einer AN-Gruppe aus dem Geltungsbereich eines TV stellt eben keine Regelung der Arbeitsbedingungen dieses Personenkreises dar. Der Verzicht auf eine tarifliche Regelung kann deshalb keine Sperrwirkung für

---

155 BAG 18.2.15 – 4 AZR 778/13.
156 BAG, DB 88, 813.
157 BAG, DB 87, 1435; LAG RP 5.5.14 – 3 Sa 576/13.
158 BAG, NZA 07, 339.
159 BAG 6.12.06 – 4 AZR 798/05.
160 BAG, DB 07, 1924.
161 BAG 17.5.11 – 1 AZR 473/09, AuR 11, 498.
162 LAG Hamm 26.11.04 – 13 TaBV 60/04.
163 BAG 18.2.15 – 4 AZR 778/13; AuR 97, 336; vgl. auch BAG, NZA 98, 661.

entsprechende BV auslösen.[164] Ein AG kann für **AT-Angestellte**, die nicht in den Geltungsbereich eines TV fallen, freiwillig eine normative Verpflichtung zur Gehaltserhöhung in einer BV nach § 88 eingehen, wobei eine solche Verpflichtung wegen ihres Ausnahmecharakters in der BV deutlich zum Ausdruck kommen muss.[165] Die Betriebsparteien können die **Ausbildungszeit** nicht durch BV verlängern, wenn die regelmäßige wöchentliche Ausbildungszeit durch TV geregelt wird.[166] Eine BV, die zunächst gegen den Tarifvorrang verstoßen hat, kann rückwirkend durch eine spätere Tariföffnungsklausel wirksam werden (im Einzelnen Rn. 14).[167] Durch die Sperrwirkung werden nicht Zahlungen für zusätzliche Leistungen (z. B. Prämien) erfasst, sofern sich der TV nur auf die Regelung des Zeitlohns beschränkt, oder auf Leistungen mit anderen tatbestandlichen Voraussetzungen (z. B. Schmutz-, Erschwernis-, Leistungs- oder Funktionszulage). Der Abschluss einer BV, durch den der Fälligkeitszeitpunkt einer Sonderzahlung vorgezogen wird, um die Sonderzahlung dem Schutz der Insolvenzgeldversicherung zu unterstellen, verstößt bei einer **Öffnungsklausel** im TV nicht gegen den Tarifvorrang; ist aber wegen eines Verstoßes gegen die guten Sitten (Vertrag zulasten der Allgemeinheit) gemäß § 138 BGB nichtig.[168] Die Regelung in einer BV, wonach AN unter bestimmten Umständen auf Grund eines bevorstehenden Betriebsteilüberganges einen Wiedereinstellungsanspruch haben, verstößt nicht gegen § 77 Abs. 3.[169] Die Regelung in einer BV, die die **Beendigung des Arbeitsverhältnisses** mit **Vollendung des 65. Lebensjahres** vorsieht, verstößt nicht gegen den Tarifvorrang, wenn eine tarifliche Regelung zur Altersgrenze nicht besteht und auch nicht üblich ist.[170] Nach der abzulehnenden Auffassung des BAG[171] soll eine BV nach § 87 Abs. 1 jedoch dann nicht gegen Abs. 3 verstoßen, wenn sie in einzelnen Bestimmungen zwingende tarifliche Vorgaben verletzt.[172] Die gegen diesen Beschluss eingelegte Verfassungsbeschwerde hat das BVerfG zwar nicht zur Entsch. angenommen, aber ausgeführt, dass es nicht unproblematisch erscheint, wenn das BAG generell Schutzansprüche der Gew. gegen Betriebsparteien bei nichttarifkonformen BV über mitbestimmungspflichtige Angelegenheiten i. S. von § 87 Abs. 1 BetrVG verneint.[173] Nach der Entscheidung des BAG

164 LAG RP 6.1.22 – 5 Sa 173/21 zum Entgeltrahmenabkommen für die Metall- und Elektroindustrie Rheinland-Pfalz (ERA).
165 BAG 18.10.11 – 1 AZR 376/10, brwo.
166 BAG, DB 03, 1743.
167 BAG, NZA 02, 927.
168 BSG, ZIP 04, 1376.
169 BAG 24.4.13 – 7 AZR 523/11, brwo.
170 BAG 5.3.13 – 1 AZR 417/12.
171 BAG, NZA 03, 1097.
172 BAG, DB 92, 275.
173 BVerfG, NZA 94, 34.

v. 17.5.2011[174] stellt sich die Frage, ob das BAG an dieser Auffassung noch festhält. Zum Unterlassungs- und Beseitigungsanspruch der Gew. im Einzelnen vgl. Rn. 14a.

Lässt eine tarifliche Regelung nur **notwendige Mehrarbeit** zu, sind BV über die Einführung von Mehrarbeit, die nicht notwendig ist, unwirksam.[175] Die Regelungssperre dieser Vorschrift bedeutet, dass auch **günstigere BV** im Sperrbereich unwirksam sind; dies ist gesetzlich gewollt zur Sicherung der Tarifautonomie.[176] Eine TV-Regelung entfaltet Sperrwirkung i. S. dieser Vorschrift nur innerhalb ihres räumlichen Geltungsbereichs.[177]

Von **TV-Üblichkeit** kann gesprochen werden, wenn für den räumlichen, 13
betrieblichen und fachlichen Tätigkeitsbereich des Betriebes üblicherweise TV über die jeweiligen Arbeitsbedingungen abgeschlossen werden.[178] Das ist der Fall, wenn in ununterbrochener zeitlicher Reihenfolge mehrere TV abgeschlossen wurden, oder wenn der Regelungsgegenstand in der Vergangenheit in einem einschlägigen TV enthalten war und die TV-Parteien über ihn Verhandlungen führen. Dabei führen bloße zeitliche Geltungslücken zwischen einem abgelaufenen und einem zu erwartenden TV nicht zum Wegfall der Sperrwirkung.[179] Nicht tarifgebundene AG sollen kollektivrechtliche Konkurrenzregelungen in Form von BV nicht treffen können. Für das Bedürfnis nach betriebsnaher Regelung stehen Firmen-TV als kollektivrechtliche Gestaltungsmittel zur Verfügung.[180] Keine TV-Üblichkeit liegt allerdings vor, wenn es in der Vergangenheit noch keinen einschlägigen TV gab und die TV-Parteien lediglich beabsichtigen, die Angelegenheit künftig tariflich zu regeln.[181] Auch wenn sie bereits Tarifverhandlungen aufgenommen haben, ist noch nicht von einer TV-Üblichkeit auszugehen. Sie ist auch nicht gegeben, wenn der AG die Geltung eines TV, von dessen Geltungsbereich er nicht erfasst wird, einzelvertraglich mit seinen AN vereinbart.[182] Auch der Abschluss von Firmen-TV mit einzelnen UN begründet keine TV-Üblichkeit für die Branche.[183]

Nachdem das BAG[184] im Jahre 2010 die bisherige Rechtsprechung zum Grundsatz der **Tarifeinheit** (»ein Betrieb, ein Tarifvertrag«) aufgegeben hatte, kam es dazu in den letzten Jahren zu einer sehr kontroversen Aus-

174 BAG 17.5.11 – 1 AZR 473/09, brwo, AuR 11, 498.
175 BAG, AuR 92, 250.
176 ArbG Stuttgart, AuR 97, 336.
177 BAG, NZA 98, 661.
178 Im Einzelnen Berg/Kocher/Schumann, Teil 2, § 4 Rn. 187.
179 BAG 18.2.15 – 4 AZR 778/13; 5.3.13 – 1 AZR 417/12.
180 BAG 22.3.05 – 1 ABR 64/03.
181 BAG 5.3.13 – 1 AZR 417/12.
182 BAG 11.12.18 – 1 ABR 17/17.
183 BAG 11.12.18 – 1 ABR 17/17.
184 BAG 7.7.10 – 4 AZR 549/08.

einandersetzung, in dessen Verlauf auch der Gesetzgeber aktiv wurde. Mit dem am 10.7.2015 in Kraft getretenen **Tarifeinheitsgesetz** wurde der Grundsatz der Tarifeinheit verbindlich gesetzlich geregelt. In das TVG wurde § 4a TVG neu eingefügt mit der Folge, dass beim Zusammentreffen von Rechtsnormen konkurrierender TV unterschiedlicher Gew. nur der TV der Gew. im Betrieb normativ zur Anwendung kommt, die in dem betreffenden Betrieb die meisten Mitglieder hat (Mehrheitsprinzip). Nach § 13 Abs. 3 TVG haben aber die TV, die bereits am 10.7.2015 galten. Sind im Betrieb miteinander konkurrierende Gew. vertreten, hat der BR zu klären, welcher TV zur Anwendung kommt. Das Gesetzgebungsverfahren wurde mit massiver Kritik begleitet, da § 4a TVG einen Eingriff in die Koalitionsfreiheit (Art. 9 Abs. 3 GG) und eine indirekte Einschränkung des Streikrechts der Gew., zumindest aber eine Erschwerung seiner effektiven Wahrnehmung, darstelle.[185] Das BVerfG hatte dazu entschieden, dass § 4a TVG insoweit mit Art. 9 Abs. 3 GG nicht vereinbar ist, als es an Vorkehrungen fehlt, die sicherstellen, dass die Interessen der Berufsgruppen, deren TV nach § 4a Abs. 2 Satz 2 TVG verdrängt wird, im verdrängenden TV hinreichend berücksichtigt werden. Im Übrigen ist das Gesetz zur Tarifeinheit nach Maßgabe der Gründe mit dem Grundgesetz vereinbar.[186] Mit dem Qualifizierungschancengesetz vom 18.12.2018[187] wurde in der Folge § 4a Abs. 2 Satz 2 TVG dahingehend ergänzt, dass, wenn beim Zustandekommen des MehrheitsTV die Interessen von AN-Gruppen, die auch von dem nach dem ersten Halbsatz nicht anzuwendenden Tarifvertrag erfasst werden, nicht ernsthaft und wirksam berücksichtigt werden, auch die Rechtsnormen des MinderheitsTV anwendbar sind. Die hiergegen eingelegten Verfassungsbeschwerden sind vom BVerfG als unzulässig abgewiesen worden mit dem Hinweis, dass vor Erhebung einer Verfassungsbeschwerde gegen ein Gesetz zunächst einmal die Arbeitsgerichte damit befasst werden müssen.[188] Der EGMR hat 2022 entschieden, dass das Tarifeinheitsgesetz nicht gegen Art. 11 MRK verstößt.[189] Man darf gespannt sein, zu welchen Situationen und Ergebnissen die neue Regelung führen wird. Festzuhalten bleibt, dass § 4a TVG die BR mit zahlreichen Schwierigkeiten konfrontiert, zumal im Gesetz viele rechtliche und praktische Fragen weiterhin ungeregelt sind (s. § 3 Rn. 17; § 87 Rn. 7).[190] Ein Ausschluss des § 4a TVG kann durch eine Vereinbarung aller von der Kollisionsnorm des § 4a Abs. 2 TVG (positiv oder negativ) betroffe-

185 S. im Einzelnen Berg/Kocher/Schumann-Berg, TVG, § 4a Rn. 1 ff.; ErfK-Linsenmaier Art. 9 GG, Rn. 68c.

186 BVerfG 11.7.17 – 1 BvR 1571/15, AuR 17, 366.

187 BGBl. I, S. 2651.

188 BVerfG 19.5.20 – 1 BvR 672/19, 1 BvR 797/19, 1 BvR 2832/19.

189 EGMR 5.7.22 – 815/18 u.a.

190 Beispielhaft: LAG BB 28.2.18 – 15 Sa 1415/17 bei mangelnder arbeitgeberseitiger Tarifbindung.

nen TV-Parteien, aber auch durch eine Vereinbarung des tarifschließenden AG-Verbandes mit den jeweiligen Gew. erfolgen.[191]

BV können immer abgeschlossen werden, wenn tarifliche **Öffnungsklauseln** bestehen[192] oder die TV-Parteien nachträglich eine entsprechende Öffnungsklausel vereinbaren,[193] wobei die Zulassung einer solchen BV zwar nicht wörtlich erfolgen, aber im TV deutlich zum Ausdruck kommen muss.[194] In einem tarifpluralen Betrieb entfällt die Sperrwirkung aber nur, wenn alle TV eine entsprechende Öffnungsklausel enthalten. Eine Öffnungsklausel in nur einem von mehreren TV reicht nicht aus.[195] Weiterhin können die TV-Parteien den Regelungen einer BV durch ihre rückwirkende Zustimmung zur formellen Wirksamkeit verhelfen.[196] Die Öffnungsklausel eines unternehmensbezogenen Verbands-TV kann die durch einen Flächen-TV bewirkte Sperrwirkung aufheben.[197] Voraussetzung ist dabei, dass der unternehmensbezogene Verbands-TV von denselben TV-Parteien stammt. Der Tarifvertrag muss in einer klaren und eindeutigen positiven Bestimmung ergänzende BV gestatten. Die Zulassung ergänzender oder abweichender BV muss im Interesse der Rechtssicherheit nach Gegenstand und Umfang genau bestimmt sein.[198] Dabei führt die Zustimmung der TV-Parteien im Rahmen einer Öffnungsklausel allein aber nicht dazu, dass aus einer BV eine Regelung der TV-Parteien wird.[199] Ebenso wenig führt ein späterer Eintritt der Nachwirkung des einschlägigen TV noch eine nachfolgende fehlende Tarifwilligkeit des tarifschließenden AG-Verbandes dazu, dass die erforderliche Kompetenz der Betriebsparteien beim Abschluss einer BV nachträglich erfolgt.[200] Unzulässig ist eine Öffnungsklausel, die den Betriebsparteien die Möglichkeit einräumt, durch BV den Geltungsbereich des TV zu erweitern und auch diejenigen AN dem TV zu unterstellen, die ihrerseits nicht tarifgebunden sind. Eine solche Kompetenz hat das Gesetz weder den TV-Parteien noch den Betriebsparteien eingeräumt.[201] Eine ausdrückliche Öffnungsklausel ist dann erforderlich, wenn die MBR des BR (z.B. Umkleidezeiten als vergütungspflichtige Arbeitszeit) und damit seine Kompetenzen erweitert werden sollen.[202] Die Betriebsparteien können dabei 14

191 BAG 25.1.23 – 4 ABR 4/22.
192 Vgl. dazu BAG, DB 03, 455; BB 99, 1976.
193 BAG, NZA 02, 927.
194 BAG 17.1.12 – 1 AZR 482/10, brwo.
195 BAG 25.1.23 – 4 ABR 4/22.
196 BAG 15.12.20 – 1 AZR 499/18.
197 BAG 13.8.19 – 1 AZR 213/18.
198 BAG 12.3.19 – 1 AZR 307/17.
199 BAG 11.7.17 – 3 AZR 513/16.
200 BAG 15.5.18 – 1 ABR 75/16.
201 LAG BB 23.1.18 – 7 Sa 1076/17, LAGE § 5 TVG Nr. 7.
202 Vgl. BAG 19.9.12 – 5 AZR 678/11 zum BayPersVG.

nicht den Anspruch von anderen als den im Tarifvertrag geregelten Voraussetzungen abhängig machen.[203] Die Zulassung kann auch von der Genehmigung der TV-Parteien abhängig gemacht werden.[204] Für **Sozialpläne** gilt das Vorrangprinzip generell nicht (vgl. § 112 Rn. 1).

14a Ein **Unterlassungs- und Beseitigungsanspruch der Gew.**, mit dem die Gew. die Einhaltung des TV-Vorrangs erzwingen kann, ist zu bejahen (vgl. ergänzend § 23 Rn. 11).[205] Treffen die Betriebsparteien tarifwidrige Vereinbarungen oder Maßnahmen, kann der Unterlassungsanspruch neben § 23 Abs. 3 BetrVG auf §§ 1004, 823 BGB i. V. m. Art. 9 Abs. 3 GG gestützt und auch im Wege einer einstweiligen Verfügung geltend gemacht werden.[206] Der Anspruch auf Unterlassung tarifwidriger Regelungsabreden und deren einzelvertragliche Umsetzung erfordert aber eine unmittelbare und zwingende Bindung des in Anspruch genommenen AG nach § 3 Abs. 1 oder Abs. 3 TVG an die maßgebenden Tarifbestimmungen. Soweit es daran fehlt, besteht kein Geltungsanspruch des TV und der AG ist frei, mit den AN untertarifliche Arbeitsbedingungen zu vereinbaren. Das ist bereits dann der Fall, wenn der TV lediglich nachwirkt.[207] Neben dem Unterlassungsanspruch steht der Gew. auch ein Beseitigungsanspruch zur Verfügung.[208] Der Anspruch auf Unterlassung kann sich dabei auch auf weitere Vereinbarungen mit dem BR beziehen.[209] Die Gewerkschaft ist dabei berechtigt, die gesamten durch die BV hervorgerufenen Verstöße und nicht nur diejenigen gegen unmittelbar normativ wirkende Bestimmungen im Wege des Unterlassungsanspruchs gegen AG geltend zu machen.[210] Sie hat bei der Geltendmachung ihres eigenen Anspruchs im Rahmen des Klageantrages, das die Anwendung untertariflicher Arbeitsbedingungen zu unterlassen ist, nicht die Namen der betroffenen Mitglieder bekannt zu geben.[211]

203 BAG 16. 8. 11 – 1 AZR 314/10, brwo, zu Zahlungen aus dem ERA-Anpassungsfonds vom 18. 12. 03 TV (ERA-APF).
204 BAG 20. 10. 10 – 4 AZR 105/09, brwo.
205 BAG 7. 6. 17 – 1 ABR 32/15; 17. 5. 11 – 1 AZR 473/09; AuR 01, 144; zum Unterlassungsanspruch vgl. auch DKW-Berg, Rn. 176ff.; siehe auch § 23 Rn. 11; zu einem Musterantrag vgl. DKW-F-Berg, § 77 Rn. 6.
206 BAG 7. 6. 17 – 1 ABR 32/15; 17. 5. 11 – 1 AZR 473/09 zu einer BV.
207 BAG 7. 6. 17 – 1 ABR 32/15.
208 BAG 7. 6. 17 – 1 ABR 32/15.
209 LAG Hamm 29. 7. 11 – 10 TaBV 91/10, brwo.
210 LAG BaWü, AuR 08, 185.
211 LAG Sachsen-Anhalt 1. 7. 15 – 4 TaBV 32/13 in der Rechtsbeschwerde hat das BAG 7. 6. 17 – 1 ABR 32/15, NZA 17, 1410 die Frage offengelassen; 1 ABR 32/15; a. A. BAG 19. 3. 03 – 4 AZR 271/02.

Die Gew. ist in einem **Beschlussverfahren** antragsberechtigt, soweit es um die Wirksamkeit einer BV im Verhältnis zu einem TV geht oder die Rechte der TV-Parteien in einer sonstigen Weise berührt werden.[212]

g) Verzicht

Eine BV gilt unmittelbar und zwingend. Weder durch eine **Vereinbarung** 15
noch durch eine **Ausgleichsquittung** kann auf Rechte aus einer BV verzichtet werden, es sei denn, der BR hat durch einen ordnungsgemäßen Beschluss eingewilligt, dieses nachträglich genehmigt oder den Verzicht – auch in einer späteren – BV geregelt.[213] Fehlt es hieran, ist der Verzicht wegen Verstoß gegen ein gesetzliches Verbot nach § 134 BGB nichtig. Eine Ausnahme besteht für den Fall, dass in einem Prozessvergleich ein sog. Tatsachenvergleich geregelt wird.[214] Eine wirksame Beschlussfassung setzt die ordnungsgemäße Unterrichtung des BR über die für seine Entscheidung bedeutsamen Umstände voraus. Die Zustimmung kann nur jeweils für den einzelnen konkreten Verzicht des Arbeitnehmers erteilt werden Der BR muss dabei unmissverständlich zum Ausdruck bringen, dass er mit dem Verzicht einverstanden ist.[215] BV können nicht durch einzelvertragliche Abreden zulasten der AN geändert werden.[216] Durch BV können auch keine günstigeren einzelvertraglichen Arbeitszeitregelungen der AN beseitigt werden.[217]

h) Störung der Geschäftsgrundlage

Die Störung der **Geschäftsgrundlage** (§ 313 BGB) gibt dem AG nicht das 15a
Recht, einseitig eine BV (z. B. Gesamtzusage eines errichteten Versorgungswerkes) zu ändern bzw. zu beendigen.[218] In diesem Fall steht es dem AG frei, bei einer BV mit Dauerwirkung von der Kündigungsmöglichkeit Gebrauch zu machen. Bei einer BV ohne Dauerwirkung kommt unter Umständen

---

212 BAG 17.5.11 – 1 AZR 473/09, brwo, AuR 11, 498; AuR 99, 408; LAG SH, AiB 00, 1059; DKW-Berg, Rn. 184 ff.

213 BAG 25.4.17 – 1 AZR 714/15; 11.12.07 – 1 AZR 824/06; LAG RP 10.2.11 – 11 Sa 263/10, brwo; vgl. DKW-Berg, Rn. 89.

214 BAG 25.4.17 – 1 AZR 714/15.

215 BAG 15.10.13 – 1 AZR 405/12.

216 Vgl. BAG, BB 04, 1282 bei individualrechtlichem Verzicht auf Sozialplanansprüche findet Günstigkeitsprinzip Anwendung.

217 LAG Düsseldorf, AiB 91, 433 m. Anm. v. Schoof; vgl. auch BAG, NZA 92, 177, das BV-Regelungen als unwirksam ansieht, wonach einzelvertragliche Vertragsstrafenversprechen der BV auch dann vorgehen sollen, wenn sie für den AN ungünstiger sind.

218 BAG 29.9.04 – 1 AZR 445/03.

eine Anpassung in Frage.[219] Kommt über die beabsichtigte Änderung keine Einigung mit dem BR zustande, ist die Einigungsstelle zuständig.[220]

i) Auslegung

15b Die BV – einschl. der Sozialpläne[221] – sind wegen ihres normativen Charakters wie Tarifverträge und Gesetze **auszulegen.**[222] Der tatsächliche Regelungswille der Betriebsparteien ist nur zu berücksichtigen, soweit er in der BV seinen Niederschlag gefunden hat. Verbleiben im Einzelfall noch Zweifel, so kann auch auf die Entstehungsgeschichte der BV zurückgegriffen werden.[223] Ausgehend vom Wortlaut und dem durch ihn vermittelten Wortsinn kommt es auf den Gesamtzusammenhang und die Systematik der Bestimmung an. Darüber hinaus sind Sinn und Zweck der Regelung von besonderer Bedeutung. Im Zweifel gebührt dabei derjenigen Auslegung der Vorzug, die zu einem sachgerechten, zweckorientierten, praktisch brauchbaren und gesetzeskonformen Verständnis der Bestimmung führt.[224] Bei der Auslegung kann nur begrenzt auf den allgemeinen Sprachgebrauch abgestellt werden. Da Betriebsvereinbarungen betriebliche Sachverhalte regeln, ist das Verständnis im Betrieb entscheidend.[225] Es kommt aber auch nicht nur auf den Wortlaut, sondern auch auf den von den Betriebsverfassungsorganen verfolgten Sinn und Zweck an, soweit er im Wortlaut wenigstens andeutungsweise zum Ausdruck gekommen ist.[226] Ist eine Regelung dem Wortlaut nach aber eindeutig, ist es unzulässig, auf hiervon abweichende Vorstellungen dieser, jener oder beider Betriebsparteien einzugehen.[227] Enthält eine BV einen Fachgriff, ohne ihn näher zu erläutern, ist davon auszugehen, dass dieser Begriff in seiner fachtechnischen Bedeutung gelten soll.[228] Knüpfen die Betriebsparteien an feststehende Rechtsbegriffe an, ist davon auszugehen, dass ihnen deren Bedeutungsgehalt bekannt und von ihnen in diesem Sinn auch gewollt ist.[229] Sind in einem TV **Ausschlussfristen** geregelt, kann durch BV keine andere

---

219 Fitting, Rn. 152.
220 BAG, NZA 98, 719.
221 BAG 25.1.23 – 10 AZR 29/22.
222 BAG 15.5.18 – 1 AZR 37/17; LAG SH, NZA-RR 05, 142 zu den Voraussetzungen eines Redaktionsversehens.
223 BAG 22.9.20 – 3 AZR 303/18.
224 BAG 25.1.22 – 3 AZR 345/21.
225 BAG 13.10.21 – 10 AZR 729/19.
226 Im Einzelnen DKW-Berg, Rn. 52.
227 BAG 13.10.15 – 1 AZR 765/14.
228 BAG 11.12.13 – 10 AZR 364/13 zum Begriff des EBITDA.
229 BAG 13.10.21 – 10 AZR 729/19.

Ausschlussfrist vereinbart werden, sofern der TV insoweit keine Öffnungsklausel (vgl. Rn. 14) enthält.[230]

j) Beendigung

Eine BV kann mit Erreichung des Zweckes, mit Eintritt einer auflösenden Bedingung oder durch Fristablauf enden. Sie kann auch jederzeit durch eine nachfolgende BV abgelöst werden, auch wenn diese für die Zukunft die bisherige Rechtsposition der AN verschlechtert (s. im Einzelnen Rn. 8).[231] Zu beachten ist, dass die aufgrund einer BV erdienten Besitzstände (z. B. Anwartschaften bei der betrieblichen Altersversorgung) der bisher Begünstigten gegenüber einer Kündigung ebenso geschützt werden wie gegenüber einer ablösenden BV.[232] Neben der gesetzlichen **Frist** von drei Monaten[233] – wenn keine andere Vereinbarung getroffen worden ist[234] – kann eine BV gegenüber dem BR auch **fristlos gekündigt** werden, wenn ein wichtiger Grund vorliegt oder die Geschäftsgrundlage entfallen ist (vgl. auch Rn. 15). Wenn die Möglichkeit einer ordentlichen Kündigung ausgeschlossen ist, kann die BV nur noch außerordentlich aus wichtigem Grund gekündigt werden. Die Zulässigkeit einer **Teilkündigung** kann in einer BV zugelassen oder ausgeschlossen werden. Befindet sich in der BV keine Regelung dazu, ist eine Teilkündigung nur dann zulässig, wenn der gekündigte Teil einen selbständigen Regelungskomplex betrifft, der ebenso in einer eigenständigen Betriebsvereinbarung geregelt werden könnte.[235] Dies gilt auch für eine BV, die auf dem Spruch einer Einigungsstelle beruht, es sei denn, die BV hat eine feste Laufzeit. Die außerordentliche Kündigung einer BV, z. B. eines Sozialplans, die nicht als Dauerregelung vorgesehen ist, ist unzulässig.[236] Die Kündigung einer BV bedarf zwar grundsätzlich keiner besonderen Form, sie muss aber unmissverständlich und eindeutig sein.[237] Auch formlose **Regelungsabreden** können mit einer Frist von drei Monaten gekündigt werden, wenn keine andere Kündigungsfrist vereinbart ist, und zwar unabhängig davon, ob sie einen Gegenstand der zwingenden Mitbestimmung oder nur freiwillig zu regelnde Angelegenheiten betreffen. Wie bei einer BV kann das Kündigungsrecht auch durch den AG und den BR einvernehmlich durch eine ausdrückliche oder konkludente Vereinbarung eingeschränkt oder aus- 16

230 BAG, BB 91, 2012.
231 BAG, DB 09, 461; vgl. DKW-Berg, Rn. 93.
232 BAG 23.2.16 – 3 AZR 960/13, NZA 2016, 642.
233 Vgl. BAG, DB 90, 1871; zu einer Musterkündigung vgl. DKW-F-Berg, § 77 Rn. 5.
234 LAG Hamm 3.7.14 – 15 Sa 211/14, juris, beim BAG unter 10 AZR 723/14 in der Revision verglichen.
235 BAG, AiB 08, 616.
236 Kreisgericht Suhl, AiB 92, 102 m. Anm. v. Oberhofer.
237 BAG, DB 08, 1384.

geschlossen werden.[238] Im Übrigen bedarf die Ausübung des Kündigungsrechts keiner Rechtfertigung und unterliegt keiner inhaltlichen Kontrolle. Die Grundsätze des Vertrauensschutzes und der Verhältnismäßigkeit begrenzen aber die Kündigungswirkungen.[239] Gibt es keinen BR mehr, kann der AG die Wirkung einer BV dadurch beenden, dass er einheitlich gegenüber allen betroffenen AN des Betriebs die Kündigung der BV erklärt.[240]

k) Nachwirkung

17 Die **Nachwirkung** setzt voraus, dass es sich um eine BV in Angelegenheiten der sog. **erzwingbaren MB** (z.B. nach § 87) handelt.[241] Sinn der Nachwirkung ist – zumindest auch – die kontinuierliche Wahrung betriebsverfassungsrechtlicher MBR, die Schaffung einer Überbrückungsfunktion bis zum Abschluss einer Neuregelung, die gemäß Abs. 3 unmittelbar und zwingender wirkt.[242] Führt die Kündigung der BV nicht zu einer Beseitigung der Ansprüche der AN, z.B. bei einer BV über betriebliches Altersruhegeld, bleibt für diese BV die Nachwirkung insoweit bestehen.[243] Ein Ausschluss der Nachwirkung ergibt sich daraus, dass in einem TV (hier: § 4 Nr. 2 Satz 3 MTV gewerbliche AN der bayerischen Metall- und Elektroindustrie) für den Fall der Nichteinigung zwischen AG und BR als Schlichtungsorgan nicht die Einigungsstelle, sondern die tarifliche Schlichtungsstelle vorgesehen ist.[244] Die Nachwirkung einer BV entfällt auch in dem Fall, wenn die BV sich auf die Regelung eines zeitlich begrenzten, abgeschlossenen Gegenstands beschränkt.[245] Die Nachwirkung entfällt, wenn jährlich eine neue BV abgeschlossen und vereinbart wird, sodass keine Ansprüche für künftige Jahre daraus hergeleitet werden können.[246] Die Nachwirkung beschränkt sich nicht nur auf die den mitbestimmungspflichtigen Tatbestand betreffenden Einzelregelungen, sondern auch auf die Vereinbarungen, die mit ihnen in einem

238 BAG 26.9.18 – 7 ABR 18/16, NZA 19, 181; LAG Köln 7.10.11 – 4 TaBV 52/11, brwo.

239 BAG, BB 00, 777 zur Kündigung einer BV über betriebliche Altersversorgung; ArbG Trier 23.9.10 – 3 Ca 69/10, LAGE § 1 KSchG Nr. 17, zur unwirksamen Entziehung einer bereits abgeschlossen erworbenen Unkündbarkeitsposition durch arbeitgeberseitige Kündigung der BV – Echte Rückwirkung einer normativen Regelung.

240 BAG 18.9.02 – 1 ABR 54/01, AiB 04, 41 mit Anm. Trittin.

241 BAG, NZA 05, 532.

242 LAG BaWü 8.12.22 – 4 TaBV 7/22.

243 Vgl. BAG, AiB 03, 637; offengelassen durch BAG 15.2.11 – 3 AZR 196/09, brwo, bei Leistungen der betrieblichen Altersversorgung, da in diesem Fall keine Mittel mehr zur Verfügung standen.

244 BAG, NZA 05, 532.

245 BAG 28.4.09 – 1 ABR 7/08, juris, zu Regelungen über Flugumlaufpläne.

246 BAG, BB 95, 1643.

sinnvollen Zusammenhang als Ergebnis eines Aushandlungsprozesses stehen.[247] Die Nachwirkungsregelung findet für **Regelungsabreden** keine entsprechende Anwendung. Das gilt auch für den Fall, dass der Gegenstand der Regelungsabrede eine mitbestimmungspflichtige Angelegenheit ist.[248] Eine **andere Abmachung** ist nicht nur ein TV, der Spruch einer Einigungsstelle, eine neue BV oder auch die bloße Aufhebung durch eine BV,[249] sondern auch ein Einzelvertrag. Das MBR darf jedoch nicht durch den Abschluss gleich lautender Einzelverträge umgangen werden. Der Abschluss einer Regelungsabrede ist für sich alleine keine andere Abmachung, wenn die gebotene Umsetzung in die einzelnen Arbeitsverhältnisse unterbleibt.[250] Das BAG lässt den Ausschluss der Nachwirkung durch BV von vornherein,[251] als auch erst für die Zeit nach Ablauf einer vereinbarten Frist[252] zu. Eine Nachwirkung gilt nicht für eine **freiwillige BV**, die mit Ablauf ihrer Geltungsdauer endgültig endet, es sei denn, die Betriebsparteien hätten die Nachwirkung vereinbart.[253] Für eine solche gesetzlich nicht vorgesehene Nachwirkung müssen sich entweder aus dem Wortlaut, dem systematischen Gesamtzusammenhang oder dem erkennbaren Zweck ausreichend Hinweise ergeben.[254] Nach der Rspr. des BAG,[255] kann die Nachwirkung auch gegen den Willen einer Seite durch die Anrufung der Einigungsstelle nach § 76 Abs. 5 beendet werden, wenn die Bemühungen um eine einvernehmliche neue Regelung scheitern.

Sind in einer BV Regelungstatbestände nach § 87 (**erzwingbare**) und § 88 **18**
(**freiwillige**) untrennbar **verbunden (sog. teilmitbestimmte BV)**, wirkt die BV jedenfalls dann insgesamt nach, wenn der erzwingbare und freiwillige Teil der BV eine untrennbare Einheit bilden (vgl. hierzu auch § 87 Rn. 61).[256] Ein nicht tarifgebundener AG leistet in mitbestimmungsrechtlicher Hinsicht die gesamte Vergütung als freiwillige Leistung. Wenn der AG mit der Kündigung eine Reduzierung des Volumens der insgesamt zur Verfügung gestellten Mittel und zugleich eine Änderung des Verteilungsschlüssels bzw. -plans beabsichtigt, wirkt die BV nach.[257] Eine gekündigte BV über eine zusätzliche

247 HessLAG, AuR 04, 166.

248 BAG 13.8.19 – 1 ABR 10/18, juris unter Aufgabe der bisherigen Rspr. s. BAG, AiB 92, 585.

249 HessLAG 26.4.12 – 5 Sa 924/11, brwo.

250 Fitting, Rn. 184; offen gelassen BAG 23.10.18 – 1 ABR 26/17, NZA 19, 483.

251 BAG, DB 95, 1918.

252 BAG, NZA 04, 336.

253 BAG 5.5.15 – 1 AZR 806/13, zu einer freiwilligen BV im Rahmen einer Öffnungsklausel des TV über die Gewährung eines 13. Monatsgehalts im Baugewerbe; NZA 08, 1078.

254 BAG 23.10.18 – 1 ABR 10/17, NZA 19, 186.

255 BAG, BB 98, 2315.

256 BAG 9.7.13 – 1 AZR 275/12, NZA 13, 1438; 5.10.10 – 1 ABR 20/09, DB 11, 1113.

257 BAG 10.11.09 – 1 AZR 511/08, brwo; LAG BB 14.11.17 – 11 Sa 1102/17, juris.

freiwillige Leistung des AG, über deren Einführung und Leistungszweck der AG ohne Beteiligung des BR entscheiden kann, wirkt nach, wenn der AG den Verteilungs- und Leistungsplan ändern will. Erklärt der AG aber gegenüber dem BR oder den AN, dass er für den bisherigen Leistungszweck keine Mittel mehr zur Verfügung stellt (z. B. Aufstockungsleistungen für ATZ), tritt keine Nachwirkung ein.[258]

19 Haben sich die Betriebsparteien über die Umsetzung einer tariflichen **Änderung der Wochenarbeitszeit** bis zum Inkrafttreten des TV nicht geeinigt, ist der AG nicht berechtigt, Anfang und Ende der tariflichen Arbeitszeit einschl. der Pausen sowie die Verteilung der wöchentlichen Arbeitszeit auf die einzelnen Wochentage ohne Zustimmung des BR einseitig festzulegen, solange die bisherige Arbeitszeit nach dem neuen TV beibehalten werden kann.[259] Eine BV, die als Ergänzung zu einem TV abgeschlossen wurde, ist grundsätzlich in ihrer Laufzeit auf die Dauer des TV sowie ggf. dessen Nachwirkung beschränkt.[260] Eine tarifersetzende Regelungen entfaltet ohne besondere Vereinbarung über den Zeitpunkt ihrer Beendigung hinaus keine Nachwirkung.[261] Ist eine **ergänzende BV** auch im Hinblick auf einen künftigen TV geschlossen, hängt ihre Weitergeltung vom Inhalt dieses TV ab.[262] Falls auf der Grundlage einer tarifvertraglichen Öffnungsklausel eine mitbestimmungspflichtige BV (z. B. nach § 87 Abs. 10 und 11) abgeschlossen worden ist, wirkt diese BV im Falle einer Kündigung nach.[263] Wird eine BV gekündigt, deren Regelung nicht Angelegenheiten betrifft, in denen ein Spruch der Einigungsstelle die Einigung zwischen AG und BR ersetzen kann, führt diese Kündigung nach Ablauf der Kündigungsfrist dazu, dass die tarifliche Regelung bei einem tarifgebundenen AG wieder auflebt mit der Folge, dass eine Nachwirkung der gekündigten BV ausscheidet.[264]

§ 78 Schutzbestimmungen

Die Mitglieder des Betriebsrats, des Gesamtbetriebsrats, des Konzernbetriebsrats, der Jugend- und Auszubildendenvertretung, der Gesamt-Jugend- und Auszubildendenvertretung, der Konzern-Jugend- und Auszubildendenvertretung, des Wirtschaftsausschusses, der Bordvertretung, des Seebetriebsrats, der in § 3 Abs. 1 genannten Vertretungen der Arbeitnehmer, der Einigungsstelle, einer tariflichen Schlichtungs-

258 BAG 19.9.23 – 1 AZR 281/22; 10.12.13 – 1 ABR 39/12 zu einer BV ATZ.
259 BAG, AiB 91, 431.
260 BAG, DB 84, 1302; vgl. auch BAG, BB 84, 1746.
261 BAG 29.4.15 – 9 AZR 999/13, NZA 15, 1204.
262 BAG, NZA 09, 1159; DB 84, 1302.
263 BAG, NZA 09, 1159 zu einer BV über Prämienlohn.
264 LAG Köln 20.4.09 – 5 TaBV 66/08, brwo.

stelle (§ 76 Abs. 8) und einer betrieblichen Beschwerdestelle (§ 86) sowie Auskunftspersonen (§ 80 Absatz 2 Satz 4) dürfen in der Ausübung ihrer Tätigkeit nicht gestört oder behindert werden. Sie dürfen wegen ihrer Tätigkeit nicht benachteiligt oder begünstigt werden; dies gilt auch für ihre berufliche Entwicklung. Eine Begünstigung oder Benachteiligung liegt im Hinblick auf das gezahlte Arbeitsentgelt nicht vor, wenn das Mitglied einer in Satz 1 genannten Vertretung in seiner Person die für die Gewährung des Arbeitsentgelts erforderlichen betrieblichen Anforderungen und Kriterien erfüllt und die Festlegung nicht ermessensfehlerhaft erfolgt.*

Inhaltsübersicht Rn.

1. Behinderung bzw. Störung eines Organs

Der DGB-Entwurf für ein modernes BetrVG fordert die Erweiterung u. a. des Kreises der Berechtigten insb. im Zusammenhang mit der Einleitung und Durchführung von Wahlen des BR und der JAV.[1] 1

Der **Begriff der Behinderung/Störung** ist umfassend zu verstehen und erfasst jede unzulässige Erschwerung, Störung oder gar Verhinderung der betriebsverfassungsrechtlichen Organe sowie der in § 80 Abs. 2 Satz 3 genannten Auskunftspersonen. Anders ausgedrückt: Jedes Verhalten des AG, das sich nicht im Rahmen des BetrVG bewegt, ist grundsätzlich als Behinderung bzw. Störung der Arbeit der betriebsverfassungsrechtlichen Organe sowie der in § 80 Abs. 2 Satz 3 genannten Auskunftspersonen zu werten.[2] Ein Verschulden oder eine Behinderungsabsicht des Störers sind nicht erforderlich.[3] Das Verbot der Störung oder Behinderung bezieht sich nicht nur auf den AG[4], sondern es richtet sich gegen jedermann.[5] Die Äußerung eines leitenden Angestellten ist dem AG dann zuzurechnen, wenn die schuldhafte Handlung des als Erfüllungsgehilfen handelnden Mitarbei-

* Einfügung auf Basis der 2. und 3. Lesung im Bundestag (28. 6. 24) zum Entwurf eines Zweiten Gesetzes zur Änderung der Betriebsverfassung vom 1. 11. 23.

1 *https://aur-blog.eu/reformvorschlag/.*

2 In dem Sinne auch LAG Hamm 26. 11. 13 – 7 TaBV 74/13, juris.

3 LAG BB 24. 8. 18 – 9 TaBV 157/18, juris; LAG Hamm 23. 6. 14 – 13 TaBVGa 20/14, juris; LAG BaWü 6. 7. 11 – 13 TaBV 4/11, NZA-RR 11, 528.

4 Wenckebach, AiB 13, 678 zu den Grenzen BR-kritischer Äußerungen des AG.

5 BGH 29. 1. 18 – AnwZ (Brfg) 12/17, NJW 18, 791; BAG 15. 10. 14 – 7 AZR 74/12.

ters in einem inneren sachlichen Zusammenhang mit den Aufgaben steht, die der AG ihm als Erfüllungsgehilfe zugewiesen hat.[6] Eine verbotene Behinderung oder Störung der Tätigkeit der Betriebsverfassungsorgane der AN-Seite kann jedes positive Tun und – soweit eine Mitwirkungspflicht besteht – auch ein Unterlassen sein. Bei **Meinungsäußerungen** ist zu beachten, dass zwar die Regelung des § 78 das durch Art. 5 Abs. 1 GG garantierte Grundrecht auf freie Meinungsäußerung begrenzt, der BR als demokratisch gewähltes Gremium sich andererseits aber auch der Kritik seiner Wähler stellen muss. Eine **Behinderung** liegt aber dann vor, wenn es sich bei der Kritik um Schmähkritik handelt. Die Äußerung muss jenseits polemischer und überspitzter Kritik in der persönlichen Herabsetzung des Mitgl. des Betriebsverfassungsorgans bestehen. Wesentliches Merkmal der Schmähung ist eine das sachliche Anliegen völlig in den Hintergrund drängende persönliche Kränkung und Diffamierung der Person.[7]

Seit geraumer Zeit ist ein Trend zu einer systematischen Bekämpfung von BR und Gew. (»Union Busting«) in der Praxis festzustellen.[8] Der Ton von Seiten der AG gegenüber Gew. und BR wird zunehmend rauer. Es gibt aber vielfältige Möglichkeiten, sich dagegen gemeinsam zu wehren. Für die bekämpften BR-Mitgl. ist dabei ein soziales Umfeld wichtig. Entscheidend ist die Unterstützung durch die AN im Betrieb, durch die Gew. und durch möglichst viele andere Menschen. Der Betroffene braucht eine Umgebung, die ihn stützt.[9] Aber auch das Behinderungsverbot bietet dagegen einen Ansatzpunkt, der jedoch noch zu wenig genutzt wird. So können das Erarbeiten eines Strategiekonzeptes zur Entfernung unliebsamer BR-Mitgl. und seine Umsetzung z. B. erhebliche Entschädigungsansprüche begründen.[10]

2 Eine **unzulässige Behinderung der BR-Tätigkeit** (vgl. auch § 74 Rn. 3) liegt z. B. vor

- wenn der AG bereits im Vorfeld die Teilnahme der BR-Mitgl. an einer angezeigten BR-Sitzung durch Androhung von Abmahnungen oder Verdienstkürzungen verhindern will, auch wenn die BR-Sitzung im Einzelfall offensichtlich unzulässig ist,[11]

---

6 HessLAG 2.9.13 – 16 TaBV 36/13, brwo.

7 BVerfG 24.7.13 – 1 BvR 444/13; HessLAG 2.9.13 – 16 TaBV 36/13, brwo.

8 Im Einzelnen: Rügemer/Wigand, Union-Busting in Deutschland, kostenfrei unter: *www.otto-brenner-shop.de/publikationen/obs-arbeitshefte/shop/union-busting-in-deutschland-ah77.html*; Schreckling-Kreuz/Kreuz, AuR 19, 206; beispielhaft ArbG Gießen 10.5.19 – 3 Ca 433/17, AiB 10/19, 52.

9 Weiterführend: Däubler, AiB 10/14, 48 sowie Nr. 12, 40.

10 ArbG Gießen 10.5.19 – 3 Ca 433/17, AiB 10/19, 52 hat BR-Mitgl. wegen der Verletzung des allgemeinen Persönlichkeitsrechts eine Geldentschädigung in Höhe von 20 000,00 Euro zugesprochen.

11 LAG Düsseldorf 30.8.23 – 12 TaBV 18/23.

- bei einer ständigen Unterlassung der Mitteilungs- und Auskunftspflicht nach §§ 80 Abs. 2, 99 Abs. 1, 102 Abs. 1 und § 105,
- Behinderung bzw. Verhinderung von BR-Sitzungen;[12]
- bei Maßnahmen, durch welche die Ausübung der Überwachungspflicht nach § 80 Abs. 1, § 89 Abs. 2 bis 5 und § 96 beeinträchtigt werden;[13]
- wenn der AG einseitig die Pflichten des BR oder seiner Mitgl. durch Leitlinien begründen will;[14]
- wenn durch den AG nicht gewährleistet ist, dass sämtliche Erklärungen der AG-Vertr. in verständlicher Form (auf Deutsch/per Übersetzung) gegenüber den BR-Mitgl. abgegeben und die Erklärungen von BR-Mitgl. gegenüber der AG-Vertr. auch entgegengenommen und wahrgenommen werden können;[15]
- wenn der AG es unterlässt, dem BR die notwendigen sachlichen Mittel für die BR-Arbeit zur Verfügung zu stellen;[16]
- bei Maßnahmen gegenüber einzelnen BR-Mitgl., wenn sie von AN unabhängig von etwaigen BR-Beschlüssen um Unterstützung bei der Wahrnehmung ihrer Rechte gebeten werden;[17]
- bei Verweigerung des **Zutritts von BR-Mitgl.**[18] auch zu den Arbeitsplätzen solcher Räume, deren Betreten nur bestimmten Beschäftigten erlaubt ist, ohne Nachweis eines besonderen Interesses (vgl. auch Rn. 2);[19]
- bei Verweigerung des **Zutritts von Gew.-Beauftragten** ohne Vorliegen der Ausnahmetatbestände des § 2 Abs. 2;
- bei der Abmahnung des BR wegen einer angeblichen betriebsverfassungsrechtlichen Amtspflichtverletzung;[20]
- bei dem Aussprechen von außerordentlichen anstelle von ordentlichen Kündigungen, um das Widerspruchsrecht des BR nach § 102 zu umgehen;
- bei Androhung und Durchführung von Sanktionen gegenüber WA-Mitgl.;[21]

---

12 LAG BB 13.10.20 – 26 TaBVGa 1281/20 sowie ArbG Köln 24.3.21 – 18 BVGa 11/21 im Zusammenhang mit der COVID-19-Pandemie.

13 HessLAG 26.9.11 – 16 TaBV 105/11.

14 ArbG Köln 27.1.15 – 16 BV 248/14, n.v. zum »Leitfaden für BR-Mitgl. bei der LHT Gruppe zum Rahmen der Mandatsausübung«.

15 LAG Nürnberg 18.6.20 – 1 TaBV 33/19.

16 Siehe dazu U. Fischer, BB 99, 1920.

17 LAG BB 20.10.11 – 10 TaBV 567/11.

18 HessLAG 28.8.23 – 16 TaBVGa 97/23; ArbG Berlin 10.5.21 – 54 BV 1722/21, AiB 12/21, 47 mit Anm. Pauli.

19 ArbG Hamburg, AiB 97, 611.

20 HessLAG 29.11.21 – 16 TaBV 52/21.

21 ArbG Köln, AiB 86, 68.

- bei der Androhung der Betriebsschließung und Produktionsverlagerung ins Ausland wegen der durch den BR verursachten Kostentragungspflicht;[22]
- bei der rechtswidrigen Offenlegung der BR-Kosten durch AG;[23]
- bei monatlicher Bekanntgabe der Kosten des BR;[24]
- bei einer Kostenzuordnung nicht freigestellter BR-Mitgl. durch den AG auf ihre Abteilung;[25]
- bei der Weitergabe (zwecks Stimmungsmache) eines an den BR gerichteten Schreibens durch den AG;[26]
- bei einer Behauptung des AG, dass im Falle der durch den BR verursachten Kosten der Betrieb geschlossen und ins Ausland verlagert werde;[27]
- durch die herabsetzende Äußerung des AG, der BR wolle das gesamte Unternehmen »lahmlegen«, und die Kosten der BR-Arbeit per Aushang mitteilt;[28]
- in dem Vorwurf eines unsolidarischen und verantwortungslosen Verhaltens in einem Schreiben des AG, weil BR-Mitgl. bisher dem Ausstieg aus dem BAT nicht zugestimmt haben;[29]
- wenn der AG Post, die der BR im Rahmen seiner Aufgaben versendet, aus dem Postlauf nimmt und sie in seinem Büro verwahrt, auch dann, wenn diese auf Aufforderung wieder herausgegeben wird;[30]
- bei Öffnung der Post des BR, auch wenn diese an das UN adressiert, aber in der Anschrift erkennbar ist, dass sie an den BR gerichtet ist;[31]
- durch das Löschen vom BR in das betriebsinterne Intranet eingestellten Seiten durch den AG;[32] einseitiges Umhängen des Schwarzen Brettes;[33]
- durch Entfernung von Mobiliar aus dem BR-Büro;[34]
- durch Streichung von freiwilligen Leistungen bzw. Anrechnung von übertariflichen Zulagen, weil der BR auf seinen Rechten nach dem

---

22 ArbG Leipzig, NZA-RR 03, 142.
23 BAG, BB 98, 1006.
24 ArbG Darmstadt, AiB 87, 140; vgl. auch BAG, BB 98, 1006, sofern die Angaben nicht den gesetzlichen Vorgaben entsprechen und nach Art und Inhalt erkennen lassen, dass der AG diese Kosten zu tragen hat, soweit diese für die BR-Arbeit erforderlich sind.
25 ArbG Berlin, AuR 05, 277.
26 LAG Köln, AuR 91, 121.
27 ArbG Leipzig, NZA-RR 03, 142.
28 LAG Nds., AiB 05, 444.
29 ArbG Stralsund, AiB 05, 498.
30 LAG BB 24.8.18 – 9 TaBV 157/18.
31 ArbG Stuttgart, AiB 88, 109; ArbG Elmshorn, AiB 91, 269.
32 LAG Hamm, RDV 04, 223; ArbG Dortmund 12.9.03 – 1 Bv 15/03.
33 HessLAG 15.3.07 – 9 TaBVGa 32/07, brwo.
34 ArbG Duisburg, AuR 94, 381.

BetrVG, z. B. Information bei der Einstellung von Aushilfskräften, bestehen bleibt;[35]

- durch Androhung der Streichung der kostenlosen Parkplätze, falls es nicht ohne Einigungsstelle zu einer Einigung über die Parkplatzregelung komme;[36]
- bei Verweigerung des Betretens der Betriebsräume durch ein BR-Mitgl., auch wenn diesem bereits gekündigt ist;[37]
- bei Beeinträchtigung der Amtsführung des BR in der Art und Weise der Berichterstattung über die verursachten Kosten des BR durch den AG in einer Betriebsversammlung;[38]
- wenn der AG die Teilnahme eines BR-Mitgl. an Personalgesprächen im Sinne von § 82 BetrVG von einer entsprechenden Vorankündigung abhängig macht.[39]

Keine unzulässige Behinderung der BR-Tätigkeit liegt z. B. vor, wenn ein AG den Mitgl. des in dem Betrieb des Verleihers gebildeten BR jederzeit und unabhängig von einem konkreten Anlass keinen Zutritt zu seinem Betrieb gewährt.[40] 3

Es genügt allein eine **objektiv feststellbare Beeinträchtigung**, ohne dass eine darauf zielende Absicht vorhanden sein muss. Auf Satz 1 kann im Behinderungsfall ein Unterlassungsanspruch sowohl durch das unmittelbar behinderte BR-Mitgl.,[41] aber auch durch den BR gestützt werden.[42] Ein Unterlassungsanspruch soll aber nicht darauf abzielen können, vom AG die Unterlassung der Unterlassung von Handlungen zu begehren.[43] Bei einer Behinderung kann ein BR-Mitgl. einen **Schadensersatzanspruch** im Wege des Beschlussverfahrens geltend machen, wobei eine betriebsverfassungsrechtliche Streitigkeit nicht deshalb entfällt, weil der Anspruch rein wirtschaftlich betrachtet deckungsgleich mit einem Anspruch auf Zahlung von Arbeitsentgelt ist.[44] Verstöße werden nach § 119 Abs. 1 Nr. 2 auf Antrag des BR oder der Gew. **strafrechtlich** verfolgt.[45] Dabei ist nur ein vorsätzliches

---

35 ArbG Darmstadt 24. 3. 94 – 2 BV Ga 2/94, n. v.
36 HessLAG 31. 7. 08 – 9/4 TaBV 24/08, brwo.
37 ArbG Elmshorn, AiB 97, 173.
38 BAG, BB 96, 328.
39 HessLAG 7. 12. 15 – 16 TaBV 140/15, AiB 10/16, 59
40 BAG 15. 10. 14 – 7 AZR 74/12, NZA 15, 560.
41 LAG Köln 20. 1. 23 – 9 TaBV 32/22.
42 BAG 15. 10. 14 – 7 AZR 74/12, NZA 15, 560; ArbG Iserlohn 22. 4. 20 – 1 BVGa 4/20, juris.
43 LAG Köln 20. 1. 23 – 9 TaBV 33/22, n. rk. BAG 7 ABR 11/23 zur Zahlung von Arbeitsentgelt an BR-Mitgl. wegen Teilnahme an BR-Sitzung im Homeoffice.
44 BAG 22. 10. 19 – 9 AZB 19/19, juris, zur Weigerung des AG, für die Zeit einer Seminarteilnahme Vergütung zu zahlen.
45 S. z. B. AG Hamburg-Harburg 18. 12. 89, AiB 6–7/90, 212.

Verhalten strafbar, zudem muss der Antrag innerhalb von drei Monaten gestellt werden (vgl. § 119 Rn. 3). Ein Antrag nach § 23 Abs. 3 kann zusätzlich gestellt werden.[46]

2. Benachteiligung eines Organmitglieds

4 Nach Satz 2 dürfen BR-Mitgl. wegen ihrer Tätigkeit weder benachteiligt noch begünstigt werden. Diese Regelung ergänzt § 37 Abs. 1, wonach BR-Mitgl. ihr Amt unentgeltlich als Ehrenamt führen. Das Ehrenamtsprinzip soll die innere und äußere Unabhängigkeit der BR-Mitgl. wahren.[47] Dadurch soll das Vertrauen der Belegschaft in die Unabhängigkeit der BR-Mitgl. sichergestellt werden, dass die Wahrnehmung der MBR durch den BR nicht durch die Gewährung oder den Entzug materieller Vorteile für die BR-Mitgl. beeinflussbar ist (zu Entgeltfragen s. im Einzelnen Rn. 6).
Eine **Benachteiligung** ist jede Schlechterstellung im Vergleich zu anderen Arbeitnehmern, die nicht auf sachlichen Gründen, sondern auf der Tätigkeit als **BR-Mitgl**. beruht.[48] Es genügt die objektive Schlechterstellung gegenüber Nicht-BR-Mitgl.[49] Eine Maßnahme rechtsgeschäftlicher oder tatsächlicher Art kann auch in einem Unterlassen liegen, etwa indem einem durch § 78 Satz 2 geschützten Mandatsträger Vorteile vorenthalten werden, die der AG anderen AN gewährt. Dabei ist eine Benachteiligungsabsicht nicht erforderlich, es genügt die objektive Schlechterstellung gegenüber Nicht-BR-Mitgl.[50] Der Schutz gilt ebenfalls für ein **BR-Ersatzmitgl.**[51] Das Benachteiligungsverbot für freigestellte BR-Mitgl. gilt auch für Beamte des Bundeseisenbahnvermögens, die der DB AG zugewiesen sind.[52]
Nach der zu engen Auffassung des BAG[53] kann eine unzulässige Benachteiligung eines BR-Mitgl. darin liegen, dass das BR-Mitgl. allein aufgrund seiner Amtsstellung endgültig **mit Vermögensaufwendungen belastet** wird, die im Falle eines sonstigen AN in einer im Übrigen vergleichbaren Situation im Ergebnis nicht den AN, sondern den AG treffen würden. Bei einer solchen Fallgestaltung ist dem Benachteiligungsverbot dadurch Rechnung

46 LAG Hamburg, AiB 06, 239.
47 BAG 18.2.14 – 3 AZR 568/12, juris.
48 St. Rspr., BAG 23.11.22 – 7 AZR 122/22.
49 BAG 25.10.17 – 7 AZR 731/15, NZA 18, 538.
50 BAG 28.9.16 – 7 AZR 248/14, NZA 17, 335; BAG 18.5.16 – 7 AZR 401/14, NZA 16, 1212.
51 LAG Hamburg, AiB 06, 238.
52 OVG BB 13.1.12 – OVG 6 N 55.09.
53 BAG 20.1.10 – 7 ABR 68/08 zu einer zwischen einem BR-Mitgl. und dem AG vereinbarten Regelung zur Kostentragungspflicht in einem arbeitsgerichtlichen Urteilsverfahren über individualrechtliche, im Zusammenhang mit der BR-Tätigkeit stehenden Ansprüche.

zu tragen, dass auch dem BR-Mitgl. unter denselben Voraussetzungen und in demselben Umfang ein Erstattungsanspruch gegen seinen AG gewährt wird. Nach richtiger Auffassung kann eine unzulässige Benachteiligung bereits dann vorliegen, wenn der AG die Vergütungszahlung mit der Folge einstellt, dass dem BR-Mitgl. dadurch für die weitere BR-Arbeit der Boden entzogen wird[54]

Eine **Benachteiligung eines BR-Mitgl.** liegt vor (zu Entgeltfragen s. im Einzelnen Rn. 6),

- wenn der AG aus Anlass der Wahl in den BR einem Mitgl. ein räumlich ungünstigeres Büro (Großraumbüro statt Arbeitszimmer mit zwei Arbeitsplätzen) zuweist;[55]
- wenn der AG ein BR-Mitgl. abmahnt, weil sich AN an ihn um Unterstützung wenden und er sich darum ohne BR-Beschluss kümmert;[56]
- wenn ein AG im Zusammenhang mit der COVID-19-Pandemie BR-Mitgl. wegen der Teilnahme an BR-Sitzungen von zu Hause aus Abmahnungen erteilt oder Gehaltskürzungen vornimmt;[57]
- wenn der AG dem freigestellten BR-Vors. vorschreibt, seine BR-Tätigkeiten ausschließlich in den Geschäftsräumen des Betriebes auszuüben;[58]
- wenn der AG BR-Mitgl. auffordert, sämtliche BR-bedingten Arbeitsabwesenheitszeiten in einem Zeiterfassungssystem einzutragen und sich für diese Abwesenheiten stets über das System vor Aufnahme der BR-Arbeit ab- und unmittelbar danach wieder zurückzumelden;[59]
- wenn der AG den Zutritt des BR-Mitgl. zu seiner betrieblichen Wirkungsstätte von einer vorherigen Anmeldung abhängig macht;[60]
- wenn die Bestellung zum Beauftragten für den Datenschutz mit der Begründung widerrufen wird, dass der Beauftragte BR-Mitgl. ist;[61]
- wenn der AG als Bedingung für eine Stelle verlangt, dass die AN ihr Amt als BR-Vors. aufgibt;[62]
- beim Ausschluss vom beruflichen Aufstieg;[63]
- bei der Zahlung einer geringeren Vergütung gerade wegen der BR-Tätigkeit;[64]

---

54 HessLAG, dbr 11/07, 37.
55 LAG Köln 26.7.10 – 5 SaGa 10/10, brwo, NZA-RR 10, 641.
56 LAG BB 20.10.11 – 10 TaBV 567/11, juris.
57 ArbG Köln 24.3.21 – 18 BVGa 11/21, juris.
58 ArbG Frankfurt 3.8.16 – 6 BV 846/15.
59 LAG Hamm 26.11.13 – 7 TaBV 74/13, juris.
60 ArbG Berlin 2.8.13 – 28 BVGa 10241/13, BB 13, 2547.
61 BAG 23.3.11 – 10 AZR 562/09, brwo, DB 11, 1926.
62 LAG BaWü 30.12.11 – 14 Sa 103/11, juris.
63 BAG, NZA 06, 448; LAG Düsseldorf, AuR 08, 120.
64 BAG, NZA 06, 448.

- wenn es für die Teilnahme an zur Nachtzeit abgehaltenen BR-Sitzungen zwar Nachtarbeitszuschläge erhält, die Zuschläge jedoch versteuert werden;[65]
- bei der Nichtzahlung einer Pauschalvergütung, wenn die Verrichtung der BR-Tätigkeit zum Wegfall der tariflichen Voraussetzungen für den Bezug der Pauschalvergütung führt;[66]
- bei Nichtweiterzahlung von Aktienoptionen, auch wenn sie durch eine andere Konzerngesellschaft gewährt wurden;[67]
- bei der Verweigerung von Zusatzurlaub und Altersfreizeit, die ein freigestelltes BR-Mitgl. erhalten würde, wenn es weiterhin seine frühere berufliche Tätigkeit ausgeübt hätte;[68]
- bei der Verweigerung des Aufstiegs in eine Position mit höherer Vergütung;[69]
- bei der nachteiligen Berücksichtigung einer Freistellung bei Beförderungen;[70]
- wenn der AG einem BR-Mitgl. wegen der Amtstätigkeit nicht eine berufliche Entwicklung – damit auch das entsprechende Entgelt – gewährleistet, die derjenigen entspricht, die er ohne Amtstätigkeit durchlaufen hätte;[71]
- bei der Ablehnung einer Fahrzeugüberlassung;[72]
- bei der Untersagung der weiteren privaten Nutzung eines Dienstwagens durch ein freigestelltes BR-Mitgl., wenn ihm vor der Freistellung diese Überlassung schon zustand;[73]
- bei der Angabe der BR-Tätigkeit im Zeugnis gegen den Willen des AN;[74]
- wenn der AG bei einer vorgenommenen Auswahlentscheidung zwischen zwei geeigneten Bewerbern, von denen einer freigestelltes BR-Mitgl. ist, bei dieser die Freistellung des BR-Mitgl. maßgeblich in ihre Auswahlerwägungen eingestellt hat;[75]

---

65 HessLAG 10.3.14 – 16 TaBV 197/13, juris, BAG 24.2.26 – 7 ABR 23/14, hat in der Rechtsbeschwerde den Antrag des BR als unzulässig abgewiesen, da er auf die Erstellung eines Rechtsgutachtens hinausläuft (s. Fn. 82).

66 LAG BB 22.2.12 – 17 Sa 2212/12, juris.

67 BAG, NZA 08, 836.

68 BAG 29.9.99 – 7 AZR 378/98, juris.

69 Vgl. BAG, NZA 93, 909, sofern dem BR-Mitgl. der Nachweis gelingt.

70 BAG, DB 00, 151 zum PersVG.

71 BAG 22.1.20 – 7 AZR 222/19, NZA 20, 594; LAG Düsseldorf 28.4.15 – 3 Sa 13/15, juris.

72 LAG Brandenburg, AiB 02, 573.

73 BAG, BB 05, 111.

74 LAG Nürnberg 11.10.18 – 5 Sa 100/18, NZA-RR 19, 304; LAG Hamm, DB 91, 1527; LAG Frankfurt, AuR 84, 287; a.A. LAG Köln 6.12.13 – 7 Sa 583/12, brwo bei einem freigestellten BR-Mitgl.

75 LAG Hamburg 19.9.12 – H 6 TaBV 2/12, brwo.

- wenn der Geschäftsführer und der Verwaltungsratsvorsitzende einer Komplementär-GmbH durch einen Aushang, eine Veröffentlichung im Intranet, App und Aushang auch in anderen Betrieben als auch auf einer Betriebsversamml. kund tut, dass ein BR-Mitgl. durch die Forderung nach einer hohen Abfindung das Vertrauen der Belegschaft und die Verantwortung gegenüber dieser missbraucht habe, wodurch ein Verstoß gegen das Verbot der Begünstigung vorliegen würde;[76]
- wenn der AG einem BR-Mitgl., dessen Kündigung er beabsichtigt und für den er das Verfahren nach § 23 Abs. 1 bzw. das Zustimmungsersetzungsverfahren nach § 103 Abs. 2 betreibt, den Zugang zum Betrieb[77] sowie zu den einzelnen Arbeitsplätzen verwehrt;[78]
- wenn einem bereits gekündigten BR-Mitgl. nach Ablauf der Kündigungsfrist der Zugang zum Betrieb durch den AG verwehrt wird, obwohl fristgerecht Kündigungsschutzklage erhoben worden und die Kündigung offensichtlich unwirksam ist[79] sowie in dem Fall, wo der AG nicht das Zustimmungsersetzungsverfahren nach § 103, sondern die Anhörung nach § 102 betreibt.[80]

Keine Benachteiligung eines BR-Mitgl. liegt vor,

- wenn eine Rechtsanwaltskammer einen angestellten, als BR-Mitgl. von seiner betrieblichen Tätigkeit freigestellten Rechtsanwalt nicht als Syndikusrechtsanwalt zulässt;[81]
- wenn ein freigestelltes BR-Mitgl., das in seiner Funktion tatsächlich keine Sonntags-, Feiertags- oder Nachtarbeit mehr leistet, den Abzug von Steuern und Sozialversicherungsanteilen hinnehmen muss, auch wenn es vor seiner Freistellung für Sonntags-, Feiertags- oder Nachtarbeit abgabenfreie Zuschläge zum Lohn erhalten hat;[82]
- wenn ein BR-Mitgl. mit dem AG dauerhaft eine andere, gegenüber der Tätigkeit bei seiner Amtsaufnahme geringerwertige Tätigkeit vereinbart, und sich die Arbeitsvertragsparteien zugleich entsprechend dem im Betrieb zur Anwendung kommenden Vergütungssystem auf eine dieser Tätigkeit entsprechende, niedrigere Vergütung verständigt haben;[83]
- wenn die mit der Nichtgewährung von Nachtarbeitszuschlägen verbundene Schlechterstellung dadurch gerechtfertigt ist, dass das BR-Mitgl.

---

76 LAG Nürnberg 14.11.22 – 1 TaBVGa 4/22.

77 LAG München, dbr 4/06, 41; LAG Köln, AuA 05, 744; vgl. auch LAG München, NZA-RR 03, 641; ArbG Gera 15.3.23 – 7 Ga 4/23.

78 ArbG Elmshorn, AiB 91, 56; 97, 173.

79 LAG München 27.1.11 – 3 TaBVGa 20/10, brwo, AuA 11, 370; 18.11.09 – 11 TaBVGa 16/09, NZA-RR 10, 189; ArbG Elmshorn, AiB 04, 40.

80 LAG Hamm 23.6.14 – 13 TaBVGa 20/14, juris; HessLAG, AuR 08, 406.

81 BGH 29.1.18 – AnwZ (Brfg) 12/17, NJW 18, 791.

82 BAG 22.8.85 – 6 AZR 504/83; LAG BB 12.3.09 – 20 Sa 34/09.

83 BAG 23.11.22 – 7 AZR 122/22.

infolge einer einvernehmlichen Verschiebung seiner Arbeitszeit und nicht wegen seiner Freistellung in dieser Zeit keine Nachtarbeit leistet;[84]
- wenn für die Zuordnung einer Tätigkeit zur knappschaftlichen Rentenversicherung eines freigestellten BR-Vors. nur diese Tätigkeit allein maßgebend ist, und nicht die vorausgehende knappschaftliche Tätigkeit mit ihrer Privilegierung der Zuordnung zur Knappschaft i. S. d. § 134 Abs. 4 SGB VI.[85]

Das **Zutrittsrecht zum Betrieb** zur Ausübung der BR-Tätigkeit kann durch eine einstweilige Verfügung geltend gemacht werden.[86] Im Kündigungsfall kann zum Schutz der BR-Tätigkeit eine einstweilige Verfügung erlassen werden, wenn die ausgesprochene Kündigung offensichtlich unwirksam ist. Dieses ist der Fall, wenn die **Kündigung** ohne Zustimmung des BR bzw. eine die Zustimmung ersetzende arbeitsgerichtliche Entscheidung ausgesprochen wurde bzw. aus einem anderen Grund unwirksam ist.[87] Während des Kündigungsschutzprozesses ist das suspendierte BR-Mitgl. nicht verpflichtet, ein sog. **Zwischenarbeitsverhältnis** bei einem anderen AG einzugehen, denn dieses käme einer fristlosen Kündigung gleich.[88] Der kündigende AG hat vielmehr die geschuldete arbeitsvertragliche Vergütung weiter zu bezahlen. Neben der Kündigung (vgl. Erl. zu § 103) kommen als Benachteiligung eines BR-Mitgl. u. a. in Betracht die Versetzung oder Zuweisung einer unangenehmen Arbeit.[89] Im Falle einer **Versetzung** steht dem BR ein Anspruch auf Aufhebung der Versetzung eines BR-Mitgl. im einstweiligen Verfügungsverfahren zu, wenn die nach § 103 Abs. 3 erforderliche Zustimmung vom BR nicht erteilt oder durch das ArbG ersetzt worden ist, da in diesem Fall § 101 in keiner Weise anwendbar ist (vgl. § 23 Rn. 13).[90] § 78 Satz 2 enthält nicht nur ein Gebot an den AG, dem BR-Mitgl. eine berufliche Entwicklung zukommen zu lassen, wie er sie bei hypothetischer Betrachtung ohne die BR-Tätigkeit vollzogen hätte, sondern dient ebenfalls als eine eigenständige Anspruchsgrundlage für das BR-Mitgl. auf Gewährung einer dementsprechenden Vergütung.[91] Nach abzulehnender Auffassung des

---

84 BAG 18.5.16 – 7 AZR 401/14; LAG BaWü 17.9.19 – 19 Sa 15/19.

85 Sächs. LSG 13.11.18 – L 4 KN 130/16.

86 LAG München 18.11.09 – 11 TaBVGa 16/09; ArbG Hagen (Westfalen) 3.4.20 – 5 BVGa 2/20.

87 LAG Hamm 23.6.14 – 13 TaBVGa 20/14; LAG Köln 24.4.15 – 4 TaBVGa 3/15; LAG BB NZA-RR 09, 646 während eines § 103 Zustimmungsersetzungsverfahren; ArbG Detmold 24.8.16 – 3 Ca 1093/15, AuR 17, 38 Ls. bei erstinstanzlichem Obsiegen im Kündigungsschutzprozess.

88 ArbG München, AiB 10, 689 m. Anm. Helm, Huber, Lehmann.

89 LAG Bremen 12.8.82, AP Nr. 15 zu § 99 BetrVG 1972; LAG Frankfurt, BB 86, 2199; vgl. auch ArbG Trier, AiB 93, 241.

90 LAG Nürnberg 11.10.10 – 7 TaBV Ga 7/10.

91 BAG 22.1.20 – 7 AZR 222/19.

BAG[92] gebieten Art. 7 und Art. 8 der EGRL 14/2002 i. V. m. Art. 27, 28 und 30 der EUGrdRCh keine Einschränkung des § 14 Abs. 2 TzBfG auf **befristete Arbeitsverhältnisse** von BR-Mitgl. Auch soll ein BR-Mitgl. seine Weiterbeschäftigung nach Abschluss eines dualen Studienganges nicht verlangen können, da nach abzulehnender Auffassung des BAG § 78a Abs. 2 keine Anwendung findet.[93] Ein Anspruch auf Abschluss eines unbefristeten Arbeitsvertrages kann sich aber aus dem Benachteiligungsverbot des § 78 ergeben.[94] Nichts Anderes gilt bei der Ablehnung eines von einem BR-Mitgl. im Hinblick auf dessen – die Beendigung des Arbeitsverhältnisses bewirkendes – Erreichen des Regelrentenalters geäußerten Antrages auf Abschluss eines (fortgesetzten) Arbeitsvertrags.[95] Der Schaden ist durch Naturalrestitution auszugleichen. In dem Fall hat ein befristet beschäftigtes BR-Mitgl. einen Anspruch auf unbefristete Beschäftigung, wenn andere befristet Beschäftigte vom AG ein Übernahmeangebot erhalten, und nur das BR-Mitgl. wegen der BR-Tätigkeit nicht in ein unbefristetes Arbeitsverhältnis übernommen werden soll. Das gilt für eine auflösende Bedingung in einem Arbeitsvertrag entsprechend.[96] Schlechterstellungen, die alle AN des Betriebs betreffen, gelten grundsätzlich auch für BR-Mitgl. Die »Sicherung der personellen Kontinuität der BR-Arbeit« ist als sachliche Rechtfertigung i. S. d. § 14 Abs. 1 Satz 1 TzBfG anzuerkennen, wenn der befristete Arbeitsvertrag für die noch verbleibende Dauer der Amtszeit des BR vereinbart wird.[97] Falls nicht, bedarf es der Darlegung besonderer Umstände, weshalb die Befristung gleichwohl zur Wahrung der personellen Kontinuität des BR geeignet und erforderlich sein soll.[98] Die Benachteiligung eines **Mitgl. einer Einigungsstelle** kann gegeben sein, wenn seine Vergütung weniger als 1/3 der dem Vors. gewährten Vergütung beträgt.[99]

Keine Benachteiligung soll nach der abzulehnenden Auffassung des BAG[100] jedoch bei der Ablehnung der Kostenerstattung eines Rechtsanwalts für die **Prozessvertretung eines BR-Mitgl.** bei der gerichtl. Verfolgung sei-

---

92 BAG 5. 12. 12 – 7 AZR 698/11, brwo; ebenso LAG BB 4. 11. 11 – 13 Sa 1549/11, AuR 11, 507; a. A. ArbG München 8. 10. 10 – 24 Ca 861/10; Huber/Schubert/Ögüt, AuR 12, 429.

93 BAG 17. 6. 20 – 7 ABR 46/18, AuR 21, 36 mit Anm. Holtz/Annerfelt.

94 BAG 25. 6. 14 – 7 AZR 847/12, AiB 1/15, 63 mit Anm. Helm; 5. 12. 12 – 7 AZR 698/11.

95 BAG 21. 12. 22 – 7 AZR 489/21.

96 BAG 20. 3. 19 – 7 AZR 98/17 für den Fall des Wiederauflebens des Beamtenverhältnisses bei der Deutschen Telekom AG; 20. 6. 18 – 7 AZR 690/16 zu § 4 Abs. 3 der Anlage 1 zum MTV für die T-Systems International (MTV TSI), wonach mit dem Wiederaufleben des Beamtenverhältnisses das Arbeitsverhältnis endet.

97 BAG 8. 6. 16 – 7 AZR 467/14.

98 BAG 20. 1. 16 – 7 AZR 340/14.

99 LAG München, AuR 91, 382 bei einem anwaltlichen Beisitzer.

100 BAG, NZA 94, 284.

nes auf § 37 Abs. 2 gestützten Lohnanspruchs bestehen. Das BAG hat in seinem Beschluss vom 20.1.2010[101] offengelassen, ob und ggf. unter welchen Voraussetzungen ein BR-Mitgl., das in einem Urteilsverfahren individualrechtliche – im Zusammenhang mit der Wahrnehmung seines BR-Amts entstandene – Ansprüche gegenüber dem AG geltend macht, nach § 40 Abs. 1 oder nach § 823 Abs. 2 BGB i.V.m. § 78 Satz 2 vom AG die Erstattung der durch die Hinzuziehung eines Prozessbevollmächtigten verursachten Kosten verlangen kann. Es ist zu hoffen, dass sich damit eine Rechtsprechungsänderung ankündigt. Nach abzulehnender Rspr. des BAG[102] sind die höheren **Fahrtkosten** zwischen dem Sitz des BR, der weiter entfernt ist als der Arbeitsort, und dem Wohnort eines freigestellten BR-Mitgl. vom AG nicht nach § 40 Abs. 1 zu erstatten; eine Erstattung würde gegen das Begünstigungsverbot verstoßen (vgl. § 38 Rn. 8 b). Eine Benachteiligung soll nicht vorliegen, wenn ein BR-Mitgl. als AN in der Personalabteilung der Zentrale im operativen Bereich wesentliche Arbeitgeberfunktionen wahrnimmt, und sie deshalb auf einen anderen Arbeitsplatz in dieser Abteilung versetzt wird.[103]

Bei Behinderungen oder Störungen der Tätigkeit des BR und des einzelnen BR-Mitgl. kann mit einem **Erfüllungs-, Beseitigungs- bzw. Unterlassungsanspruch** gegen den AG vorgegangen werden.[104] Der BR kann ggf. per **einstweiliger Verfügung** im Beschlussverfahren durchsetzen, dass der AG diesen Gesetzesverstoß unterlässt.[105] Ebenfalls kann dem AG durch einstweilige Verfügung untersagt werden, den Zugriff des BR auf dessen eigenen PC über das firmeninterne PC-Netzwerk zu erschweren.[106] Demgegenüber ist es aber unzulässig, die isolierte Feststellung einer Benachteiligung i.S.v. § 78 Satz 2 BetrVG im Beschlussverfahren zu begehren. In diesem Fall würde die rechtliche Begutachtung einer Vorfrage und damit die Erstellung eines Rechtsgutachtens begehrt.[107]

Den Anspruch auf Unterlassung einer Störung oder Behinderung kann nicht nur das betroffene BR-Mitglied, sondern auch der BR gerichtlich geltend machen, wobei auch eine einstweilige Verfügung in Betracht kommt. Gegen

---

101 BAG 20.1.10 – 7 ABR 68/08.

102 BAG, AiB 08, 53. mit krit. Anm. Schneider.

103 LAG Köln 9.9.11 – 10 TaBV 104/10, AuR 13, 322 mit Anm. Pröpper.

104 BAG 15.10.14 – 7 ABR 74/12; 4.12.13 – 7 ABR 7/12, AuR 14, 205, 235; LAG Nds. 27.5.14 – 11 TaBV 104/13, AuR 16, 121.

105 BAG 4.12.13 – 7 ABR 7/12, AuR 14, 205, 235; LAG Köln 26.7.10 – 5 SaGa 10/10, NZA-RR 10, 641; zu einem Musterantrag vgl. DKW-F-Buschmann, § 78 Rn. 3 f.

106 ArbG Düsseldorf, AiB 99, 648.

107 BAG 24.2.16 – 7 ABR 23/14 zu der Frage, ob der AG durch die Abführung von Steuern auf Nacht-, Sonn- und Feiertagszuschläge, die für Zeiten der Teilnahme an BR-Sitzungen während der Nacht sowie an Sonn- und Feiertagen gewährt werden, gegen das Benachteiligungsverbot verstößt.

den Ausspruch einer **Abmahnung** wegen angeblicher Verletzung von Amtspflichten soll nach Auffassung des BAG[108] nur dem BR-Mitglied, aber nicht dem BR-Gremium ein Unterlassungsanspruch zustehen, da es sich um ein höchstpersönliches Recht des betroffenen BR-Mitgl. handelt. Die Geltendmachung eines individualrechtlichen Anspruchs kann durch das BR-Mitgl. auch in einem Beschlussverfahren erfolgen.[109] Dabei verkennt das BAG, dass sowohl eine Kündigung als auch eine Abmahnung nur bei Vertragspflichtverletzungen, nicht aber ausschließlich bei Verletzung betriebsverfassungsrechtlicher Pflichten in Betracht kommt (s. § 23 Rn. 5).[110]
Zu außergerichtlichen Lösungsmöglichkeiten vgl. Rafoth, AiB 11, 169.

3. Begünstigung eines Organmitglieds

Die **Begünstigung** des durch die Vorschrift erfassten Personenkreises wegen 5
ihrer Tätigkeit im Rahmen der Betriebsverfassung ist ebenfalls unzulässig. Dabei genügt die objektive Besserstellung des BR-Mitgl. gegenüber Nicht-BR-Mitgl.[111]
Unzulässige Begünstigungen können z. B. sein (zu Entgeltfragen s. im Einzelnen Rn. 6):

- Gewährung besonderer Zuwendungen oder Zahlung überhöhter Entschädigungen für Auslagen oder Reisekosten;[112]
- ein gezahltes Entgelt, wenn der Amtsträger in seiner Person die für deren Gewährung erforderlichen betrieblichen Anforderungen und/oder Kriterien für eine betriebliche Stelle nicht erfüllt (s. u.);
- eine **Pauschale** für Mehrarbeit, die gänzlich unabhängig von der betrieblichen Notwendigkeit der Erbringung von BR-Arbeit außerhalb der Arbeitszeit und zudem unabhängig von betriebsbedingten bzw. BR-bedingten Gründen Vergütungs- statt Freizeitausgleichsansprüche festlegt,[113]
- die Überlassung eines Dienstwagens an ein freigestelltes BR-Mitgl. auch zur privaten Nutzung, wenn dem BR-Mitgl. ohne diese Funktion ein

108 BAG 9. 9. 15 – 7 ABR 69/13 zur Entfernung einer Abmahnung aus der Personalakte eines BR-Vors.; 4. 12. 13 – 7 ABR 7/12, AiB 10/14, 68; LAG BaWü 6. 7. 11 – 13 TaBV 4/11; DKW-Buschmann, Rn. 39; a. A. LAG Düsseldorf, AiB 93,569.

109 BAG 9. 9. 15 – 7 ABR 69/13; 4. 12. 13 – 7 ABR 7/12, AiB 10/14, 68; HessLAG 4. 5. 17 – 9 Ta 45/17; LAG Nds. 7. 9. 23 – 5 Ta 141/23 und 5 Ta 143/23 zu der Frage, nach welcher Entgeltstufe das BR-Mitgl. unter Berücksichtigung seines BR-Amtes zu vergüten wäre.

110 BAG 9. 9. 15 – 7 ABR 69/13; 12. 5. 10 – 2 AZR 587/08, brwo.

111 BAG 29. 8. 18 – 7 AZR 206/17.

112 BAG, BB 74, 1023; DB 75, 1707; vgl. auch BAG, BB 91, 2228.

113 ArbG Stuttgart 13. 12. 12 – 24 Ca 5430/12, AuR 13, 136 mit Anm. Mittag.

Dienstwagen nicht zugestanden hätte und auch sonst kein sachlicher Grund dafür ersichtlich ist,[114]

- die Vereinbarung einer Fahrtkostenerstattung für ein freigestelltes BR-Mitgl. für den Weg zwischen der Wohnung und dem Sitz des BR,[115]
- die Gewährung einer Zulage nach § 24 Abs. 1 BAT,[116]
- die Zahlung einer höheren Abfindung aufgrund eines Sozialplanes oder eines eigenen Aufhebungsvertrages als an andere AN,[117]
- eine Beförderungspraxis, freigestellte BR-Mitgl. anders als andere AN unabhängig vom Bestehen einer Stelle und ihrer Eignung zu befördern,[118]
- die Förderung der sog. **AUB** durch finanzielle Unterstützung, Freistellung für den BR-Wahlkampf, Unterstützung von Seminaren und Publikationen durch Siemens.

Die Vereinbarung einer unzulässigen Begünstigung ist nichtig (§ 134 BGB).

Einem **Rückforderungsanspruch des AG aus § 817 Satz 1 BGB** steht § 817 Satz 2 BGB (Rückforderungsverbot) nicht entgegen, wenn auch der AG mit der Zahlung gegen das Begünstigungsverbot verstoßen hat.[119]

Keine unzulässige Begünstigung ist

- wenn BR-Mitgl. frei nach eigener Einschätzung entscheiden dürfen, an einzelnen Tagen zu Hause zu bleiben (um an einer Videokonferenz des BR teilzunehmen) und nicht in die Filiale kommen müssen; sie machen dann lediglich von der in § 30 Abs. 2 gesetzlich eingeräumten Möglichkeit der Teilnahme an BR-Sitzungen mittels Videokonferenz Gebrauch;[120]
- die Anwendung des § 103 im Rahmen des § 15 KSchG im Falle einer generellen Massenänderungskündigung;[121]
- die einer betriebsbedingten Änderungskündigung zugrunde liegende Unternehmerentscheidung, die unter Sonderkündigungsschutz stehenden BR-Mitgl. von der Regelung auszunehmen,[122]
  - wenn ein BR-Mitgl. aufgrund des ihm zustehenden Sonderkündigungsschutzes nach § 15 Abs. 1 KSchG, § 103 BetrVG in einem Aufhebungsvertrag besonders günstige finanzielle oder sonstige Bedingungen vereinbart;[123]

---

114 LAG Nürnberg 5.4.22 – 7 Sa 238/21; LAG BB 11.2.20 – 7 Sa 997/19.
115 LAG Stuttgart, dbr 2/07, 37.
116 So LAG Köln, AuR 02, 358 bei einer Vertrauensfrau der Schwerbehinderten.
117 LAG Düsseldorf, BB 02, 306.
118 BAG 4.11.15 – 7 AZR 972/13.
119 BAG 8.11.17 – 5 AZR 11/17; LAG Düsseldorf 17.4.19 – 7 Sa 1065/18; Fitting, Rn. 23.
120 HessLAG 14.3.22 – 16 TaBV 143/21.
121 BAG, DB 05, 894.
122 LAG Düsseldorf 15.8.12 – 7 Sa 165/12, brwo.
123 BAG 21.3.18 – 7 AZR 590/16, AiB 7/8/18, 60.

  - wenn ein pauschalierter Monatsbetrag für die Fortzahlung von Zeit- oder Erschwerniszuschlägen im Wesentlichen dem Durchschnitt der tatsächlichen hypothetischen Zuschlagsansprüche entspricht und sich der pauschalierte Betrag an dem Umfang der üblicherweise erbrachten zuschlagspflichtigen Tätigkeiten orientiert und lediglich einer rechnerischen Erleichterung dient;[124]
- die Errichtung eines Personalausschusses für BR-Mitgl. durch den BR;[125]
- wenn auf Grund einer Vereinbarung BR-Mitgl. hinsichtlich ihrer Nettovergütung so gestellt werden, als wenn sie tatsächlich **Sonntags-, Feiertags- oder Nachtarbeit** geleistet hätten.[126]

Demgegenüber kann ein BR-Mitgl., das vor seiner Freistellung von der beruflichen Tätigkeit Sonntags-, Feiertags- oder Nachtarbeit geleistet und dafür steuerfreie Zuschläge zum Lohn erhalten hat, nach seiner Freistellung vom AG nicht aufgrund von § 37 Abs. 2 deren unversteuerte Auszahlung verlangen (vgl. § 37 Rn. 16).[127] Eine zwischen einem BR-Mitgl. und dem AG vereinbarte **Regelung zur Kostentragungspflicht** in einem arbeitsgerichtlichen Urteilsverfahren über individualrechtliche, im Zusammenhang mit der BR-Tätigkeit stehende Ansprüche stellt keine unzulässige Benachteiligung oder Bevorzugung des BR-Mitgl. dar. Dieses macht damit vielmehr von einer Möglichkeit Gebrauch, die anderen AN ohne BR-Amt in vergleichbarer Situation ebenfalls offensteht.[128]

Eine Begünstigung in **Entgeltfragen** liegt immer dann nicht vor, wenn die Vergütung des BR-Mitgl. den gesetzlichen Regelungen entspricht. Das bedeutet, dass das BR-Mitgl. seine bisherige Vergütung (Entgeltausfallprinzip) auch während der BR-Tätigkeit erhält (s. im Einzelnen § 37 Rn. 14). Ferner heißt es, dass der AG dem BR-Mitgl. eine berufliche Entwicklung gewährleistet, die derjenigen entspricht, die er ohne seine Amtstätigkeit durchlaufen hätte und ihm eine dieser Entwicklung entsprechende Vergütung zahlt (s. im Einzelnen Rn. 6 sowie § 37 Rn. 24ff.). Zum **pauschalen Ersatz** regelmäßig entstehender Auslagen und Aufwendungen s. im Einzelnen § 38 Rn. 9.

Einzelne BR-Mitgl. können vom AG mangels Antragsbefugnis nicht die Unterlassung der Begünstigung anderer BR-Mitgl. wegen deren BR-Amtes verlangen.[129]

124 BAG 29.8.18 – 7 AZR 206/17, NZA 19, 253.
125 LAG Nds., NZA-RR 09, 532.
126 LAG BB 12.3.09 – 20 Sa 34/09, juris.
127 BAG, NZA 86, 263; LAG BB 12.3.09 – 20 Sa 34/09, juris.
128 BAG 20.1.10 – 7 ABR 68/08, brwo, NZA 2010, 777.
129 LAG München 5.2.09 – 3 TaBV 107/08, brwo.

4. Benachteiligung bzw. Begünstigung bei der beruflichen Entwicklung und beim Arbeitsentgelt

6 § 37 Abs. 4 ist keine abschließende Regelung über die **Höhe des Arbeitsentgelts** eines BR-Mitgl. Mit dieser Vorschrift wird lediglich die Durchsetzung des Benachteiligungsverbots durch einfacher nachzuweisende Anspruchsvoraussetzungen erleichtert (s. im Einzelnen § 37 Rn. 24).[130] Das BR-Mitgl. ist aufgrund des Benachteiligungsverbots nach § 78 nicht alleine darauf angewiesen, sich mit einer Vergütungsentwicklung zu begnügen, die derjenigen vergleichbarer AN mit betriebsüblicher beruflicher Entwicklung gem. § 37 Abs. 4 entspricht. Daneben kommt auch ein schnellerer beruflicher – auch vergütungsmäßiger – Aufstieg als bei vergleichbaren AN in Frage, oder ein Aufstieg, den vergleichbare Arbeitnehmer gar nicht erreichen werden (»Sonderkarriere«). Voraussetzung ist aber immer, dass das BR-Mitgl., z. B. aufgrund besonderer Kenntnisse, Befähigungen oder persönlicher Eigenschaften diesen Aufstieg genommen hätte, wenn es nicht zum BR-Mitgl. gewählt worden wäre, sondern weiterhin in dem Betrieb gearbeitet hätte.[131] Deshalb kann sich auch aus Satz 2 i. V. m. § 611a Abs. 2 BGB ein unmittelbarer Vergütungsanspruch eines BR-Mitgl. (»**hypothetische Karriere**«/»**fiktiver Beförderungsanspruch**«) gegen seinen AG ergeben, wenn sich die berufliche Entwicklung und damit die Zahlung einer geringeren Vergütung als Benachteiligung des BR-Mitgl. darstellt. Vom Benachteiligungsverbot wird nicht nur die berufliche Tätigkeit, sondern auch das sich daraus ergebende Entgelt erfasst. Der AG muss dem BR-Mitgl. eine berufliche Entwicklung gewährleisten, die derjenigen entspricht, die das BR-Mitgl ohne Amtstätigkeit durchlaufen hätte. Das ist dann der Fall, wenn das BR-Mitgl. ohne das übernommene BR-Amt eine höhere Vergütung erhalten würde. Dabei kommt es nicht auf die Gehaltsentwicklung vergleichbarer AN an, sondern auf die hypothetische berufliche- und Entgeltentwicklung des BR-Mitgl. selbst.
Das setzt voraus, dass dem BR-Mitgl. der Nachweis gelingt, dass es ohne seine Tätigkeit als BR-Mitgl. inzwischen mit einer Aufgabe betraut worden wäre, die ihm den Anspruch auf das begehrte Arbeitsentgelt geben würde. Es bedarf daher der, wenn auch auf Hilfstatsachen beruhenden Feststellung, dass das BR-Mitgl. diese berufliche Entwicklung ohne seine Amtstätigkeit tatsächlich genommen hätte. Ein BR-Mitgl., das nur infolge seiner Amtsübernahme nicht in eine Position mit höherer Vergütung aufgestiegen ist, kann den AG deshalb unmittelbar auf Zahlung der höheren Vergütung in Anspruch nehmen.[132]

---

130 BAG 23. 11. 22 – 7 AZR 122/22.

131 Gräfl/Rennpferdt, RdA 23, 245.

132 BAG 20. 1. 21 – 7 AZR 52/20 mit Grundsätzen für einen »fiktiven Beförderungsanspruch« eines freigestellten BR-Mitgl.; 22. 1. 20 – 7 AZR 222/19; Sächsisches

Gerichtliche Fallbeispiele:[133]

- Hat sich das BR-Mitgl. auf eine bestimmte, höher dotierte Stelle beworben und war die Bewerbung erfolglos, so muss es nachweisen, dass seine Bewerbung auf eine bestimmte Stelle gerade wegen seiner Freistellung und/oder seiner BR-Tätigkeit erfolglos geblieben ist.
- Hat sich das BR-Mitgl. an Bewerbungsverfahren wegen seiner Freistellung nicht beteiligt, muss es zur Begründung eines »fiktiven Beförderungsanspruchs« darlegen, dass es die Bewerbung gerade wegen seiner Freistellung unterlassen hat, und eine Bewerbung ohne die Freistellung erfolgreich gewesen wäre.
- Sollten wegen der Freistellung des BR-Mitgl. fehlende Fachkenntnisse oder sonstige Qualifikationen Grund für das Unterlassen einer Bewerbung gewesen sein, kann ein »fiktiver Beförderungsanspruch« des BR-Mitgl. in Betracht kommen, wenn die Fachkenntnisse oder sonstigen Qualifikationen gerade wegen der Freistellung des BR-Mitgl. nicht vorhanden sind.[134]

Als Fachkenntnisse oder sonstige Qualifikationen kann nicht berücksichtigt werden, dass etwa ein BR-Mitgl. ggf. mit Vorständen und Managern »auf Augenhöhe verhandelt« oder »komplexe Aufgaben« wahrnimmt oder in »unternehmerische Entscheidungskomplexe eingebunden« ist. Diese Sachverhalte knüpfen in unzulässiger Weise an die BR-Tätigkeit an und finden keine Stütze im BetrVG, da sie ohne Bezug zu einer konkreten Stelle im Betrieb und deren Anforderungsprofil stehen.[135] Gleiches gilt für Stellenangebote des AG, die dem BR-Mitgl. allein aufgrund seines BR-Amts in Aussicht gestellt werden.[136]

Durch das **Zweite Gesetz zur Änderung des BetrVG** – beschlossen durch den Bundestag im Juni 2024 – ist in § 78 der **Satz 3 eingefügt worden**.[137] Die Entscheidung des **BGH**[138] zur Frage der Untreue bei Verstößen gegen das betriebsverfassungsrechtliche Begünstigungsverbot in Entgeltfragen hat zu erheblichen Rechtsunsicherheiten bei der Anwendung der vorgenannten Grundsätze geführt (zur Kritik an der bisherigen gesetzlichen Regelung und

---

LAG 2.8.21 – 1 Sa 321/20 zum »fiktiven Beförderungsanspruch« bei Umstrukturierung des Betriebs.

133 BAG 22.1.20 – 7 AZR 222/19 m.w.N.; Vorschläge der Kommission »Rechtssicherheit in der Betriebsratsvergütung« vom 12.7.23, S. 10.

134 BAG 20.1.21 – 7 AZR 52/20.

135 BGH 10.1.23 – 6 StR 133/22; s. aber auch Donath/Engelmann AiB 12/22, 26 zu dem Erwerb besonderer beruflicher und/oder akademischer Qualifikationen anlässlich der BR-Tätigkeit.

136 ArbG Mannheim 7.3.23 – 7 Ca 139/22, n. rk., anhängig beim LAG BaWü unter 19 Sa 34/23.

137 BT-Drucks. 20/9469 v. 27.11.23.

138 BGH 10.1.23 – 6 StR 133/22.

Rspr. – insbesondere des BGH[139] – vgl. § 37 Rn. 27). Mit der Einfügung des Satzes 3 will der Gesetzgeber negative Folgen für die betriebliche Mitbestimmung insgesamt auszuschließen; wobei er allerdings **nur klarstellende gesetzliche Maßnahmen der aktuellen Rechtslage** vornimmt, um mehr Rechtssicherheit zu schaffen. Die Möglichkeiten der Aufklärung und Ahndung von Verstößen gegen das Begünstigungsverbot sollen damit aber nicht eingeschränkt werden. Aus gewerkschaftlicher Sicht sind aber darüber hinaus für die bessere und leichtere Anerkennung der verantwortungsvollen Aufgabe der BR-Mitgl. weitere Verbesserungen notwendig, wie sie im DGB-Entwurf für ein modernes BetrVG formuliert sind (s. am Anfang).

Nach Auffassung des Gesetzgebers zu dem neuen Satz 3 sind die **Anspruchsvoraussetzungen eines »fiktiven Beförderungsanspruchs« durch die Rspr. bereits klar konturiert** (s. oben die gerichtlichen Fallbeispiele). Zur Vermeidung von beruflichen Nachteilen, aber auch von sachwidrigen Begünstigungen der Amtsträger muss jedoch die Verbotsnorm des § 78 in Bezug auf den beruflichen Aufstieg konkretisiert werden. Demzufolge liegt nach dem neuen Satz 3 eine Benachteiligung oder Begünstigung im Hinblick auf das gezahlte Entgelt nicht vor, wenn bezogen auf im Betrieb konkret vorhandene Arbeitsplätze der jeweilige Amtsträger in seiner Person die für die Gewährung des Entgelts erforderlichen betrieblichen Anforderungen und Kriterien erfüllt, und die Festlegung nicht ermessensfehlerhaft erfolgt. Satz 3 knüpft somit nicht an die Entwicklung einer Vergleichsgruppe an, wie bei § 37 Abs. 4. Ausgehend von der Rspr. für einen »fiktiven Beförderungsanspruch« werden in Satz 3 Kriterien vorgegeben, an denen sich die benachteiligungs- und begünstigungsfreie Entgeltgewährung zu orientieren hat. Der »fiktive Beförderungsanspruch« knüpft laut Gesetzesbegründung an die Besetzung einer konkreten freien Stelle an. Die Stelle kann gegenwärtig frei sein, aber auch in der Vergangenheit frei gewesen sein, je nach Fallgestaltung. Da in Satz 3 aber von einer Erfüllung der erforderlichen betrieblichen Anforderungen und Kriterien die Rede ist, Satz 3 somit allein auf personell zu erfüllende Qualifikationen abstellt, reicht die Erfüllung des betrieblichen Stellenprofils zur Begründung des Anspruches aus, ohne dass eine freie Stelle nachgewiesen werden muss.[140] Dabei kann es sachlich gerechtfertigt sein, bei einer solchen Stellenbesetzung auch die durch und während der Amtstätigkeit erworbenen Kenntnisse, Fähigkeiten und Qualifikationen zu berücksichtigen, soweit sie im Unternehmen auch außerhalb des BR-Amts für die jeweilige Stelle karriere- und vergütungsrelevant sind. Dem gegen-

139 BGH 10.1.23 – 6 StR 133/22; DKW-Buschmann, Rn. 13aff. auch zu den Auswirkungen durch die Novellierung der §§ 37 und 78 auf anhängige Strafverfahren in Rn. 13df.; ausführliche Kritik auch bei Gräfl/Rennpferdt, RdA 23, 245, Otto/Homburg, AiB 4/23, 22.

140 So auch DKW-Buschmann, Rn. 33d.

über kann nicht berücksichtigt werden, dass etwa ein BR-Mitgl. ggf. mit Vorständen und Managern »auf Augenhöhe verhandelt« oder »komplexe Aufgaben« wahrnimmt oder in »unternehmerische Entscheidungskomplexe eingebunden« ist (s. oben).

In der **Gesetzesbegründung**[141] werden – orientiert an der Rspr. – folgende **Beispiele genannt, die keine Begünstigung darstellen**:

- Wenn das BR-Mitgl. über die Qualifikationsanforderungen an die Besetzung einer konkreten Stelle verfügt und ein anderer Bewerber aus Sicht des AG aus sachlichen Gründen nicht vorzugswürdig ist; dabei kann es bei einer solchen Stellenbesetzung sachlich gerechtfertigt sein, auch die durch und während der Amtstätigkeit erworbenen Kenntnisse, Fähigkeiten und Qualifikationen zu berücksichtigen, soweit sie im Unternehmen auch außerhalb des BR-Amtes für die jeweilige Stelle karriere- und vergütungsrelevant sind.
- Wenn es im Betrieb eine freie Stelle gibt, deren Anforderungsprofil das BR-Mitgl. erfüllt, kann das freigestellte/nicht freigestellte BR-Mitgl. auf diese Stelle versetzt werden, wenn es diese Stelle in betriebsüblichem Vorgehen angeboten bekommt oder sich hierauf bewirbt und im Auswahlprozess gegen eventuelle Mitbewerber durchsetzt; wenn das BR-Mitgl. freigestellt ist, wird der AG bei fortbestehender Freistellung die Stelle allerdings regelmäßig zusätzlich mit einem anderen Bewerber besetzen müssen (Doppelbesetzung), um den Betriebsablauf zu gewährleisten.
- Wenn das BR-Mitgl. vom AG ein Stellenangebot etwa in einem anderen Betrieb desselben Unternehmens erhält, für welche es die Anforderungen des Stellenprofils erfüllt, das freigestellte/nicht freigestellte BR-Mitgl. das Stellenangebot aber ablehnt, um die Kontinuität der BR-Tätigkeit zu gewährleisten.

Dagegen werden in der **Gesetzesbegründung** folgende **Beispiele** genannt, **die eine Begünstigung darstellen sollen**:

- Wenn das BR-Mitgl. über die Qualifikationsanforderungen an die Besetzung einer konkreten Stelle verfügt, die daraus resultieren, dass das BR-Mitgl. mit Vorständen und Managern »auf Augenhöhe verhandelt« oder »komplexe Aufgaben« wahrnimmt oder in »unternehmerische Entscheidungskomplexe eingebunden« ist. Denn der bloße Zuwachs an Kompetenzen, Kenntnissen und Fähigkeiten während der Amtsausübung als BR-Mitgl. begründet für sich allein ohne Bezug zu einer konkreten Stelle im Betrieb und deren Anforderungsprofil keinen Anspruch.
- Wenn es im Betrieb Stellen gibt, für die die Kompetenzen etc. des BR-Mitgl. gemäß Anforderungsprofil erforderlich sind, diese Stellen jedoch nicht frei sind, das freigestellte/nicht freigestellte BR-Mitgl. aber trotzdem befördert wird. Dieses Beispiel widerspricht aber der Gesetzes-

141 BT-Drucks. 20/9469 v. 27.11.23.

formulierung (s. oben), da die Erfüllung des betrieblichen Stellenprofils zur Begründung des Anspruches ausreicht, ohne dass eine freie Stelle nachgewiesen werden muss.[142]

Weiterhin erfordert Satz 3, dass die Festlegung des Arbeitsentgelts nicht **ermessensfehlerhaft** erfolgt. Handeln der AG und das BR-Mitgl. ermessensfehlerhaft, indem sie ihr Ermessen überschreiten oder missbrauchen, so unterliegt auch das der gerichtl. Rechtskontrolle. So ist eine Vereinbarung zwischen AG und BR-Mitgl. dann ermessensfehlerhaft, wenn die Vertragsparteien nicht vernünftigerweise davon ausgehen konnten, eine zutreffende Bewertung hypothetischer Gehalts- oder Karriereentwicklung vorgenommen zu haben. Die Vereinbarung ist damit als Begünstigung unwirksam bzw. nichtig.

Generell gilt somit: Soweit der AG eine plausible, nachvollziehbare Eingruppierung mit dem BR-Mitgl. in Bezug auf eine konkrete freie Stelle im Betrieb vereinbart, ist eine darauf gerichtete Änderungsvereinbarung keine Benachteiligung oder Begünstigung.[143]

Die **Darlegungs- und Beweislast** für eine unzulässige Benachteiligung wegen des BR-Amtes trägt im Streitfall das BR-Mitgl. Es reicht dabei nicht aus, dass sich aus seinem Vortrag ergibt, die Beförderung auf eine höher bezahlte Stelle sei ohne das BR-Amt möglich und wahrscheinlich. Das Gericht muss aufgrund der vorgetragenen Tatsachen und Hilfstatsachen zu der Überzeugung gelangen können, dass dem BR-Mitgl. ohne das BR-Amt die höherwertige Tätigkeit tatsächlich übertragen worden wäre. Für **innere Tatsachen des AG** gilt jedoch eine **Beweislasterleichterung** durch die Anwendung einer abgestuften Darlegungs- und Beweislast.[144]

§ 78a Schutz Auszubildender in besonderen Fällen

(1) Beabsichtigt der Arbeitgeber, einen Auszubildenden, der Mitglied der Jugend- und Auszubildendenvertretung, des Betriebsrats, der Bordvertretung oder des Seebetriebsrats ist, nach Beendigung des Berufsausbildungsverhältnisses nicht in ein Arbeitsverhältnis auf unbestimmte Zeit zu übernehmen, so hat er dies drei Monate vor Beendigung des Berufsausbildungsverhältnisses dem Auszubildenden schriftlich mitzuteilen.

(2) Verlangt ein in Absatz 1 genannter Auszubildender innerhalb der letzten drei Monate vor Beendigung des Berufsausbildungsverhältnisses schriftlich vom Arbeitgeber die Weiterbeschäftigung, so gilt zwischen

---

142 So auch DKW-Buschmann, Rn. 33d.

143 Schlegel/Schmidt/Thüsing, Vorschläge der Kommission »Rechtssicherheit in der Betriebsratsvergütung«.

144 BAG 20.1.21 – 7 AZR 52/20.

Auszubildendem und Arbeitgeber im Anschluss an das Berufsausbildungsverhältnis ein Arbeitsverhältnis auf unbestimmte Zeit als begründet. Auf dieses Arbeitsverhältnis ist insbesondere § 37 Abs. 4 und 5 entsprechend anzuwenden.

(3) Die Absätze 1 und 2 gelten auch, wenn das Berufsausbildungsverhältnis vor Ablauf eines Jahres nach Beendigung der Amtszeit der Jugend- und Auszubildendenvertretung, des Betriebsrats, der Bordvertretung oder des Seebetriebsrats endet.

(4) Der Arbeitgeber kann spätestens bis zum Ablauf von zwei Wochen nach Beendigung des Berufsausbildungsverhältnisses beim Arbeitsgericht beantragen,

1. **festzustellen, dass ein Arbeitsverhältnis nach Absatz 2 oder 3 nicht begründet wird, oder**
2. **das bereits nach Absatz 2 oder 3 begründete Arbeitsverhältnis aufzulösen,**

wenn Tatsachen vorliegen, aufgrund derer dem Arbeitgeber unter Berücksichtigung aller Umstände die Weiterbeschäftigung nicht zugemutet werden kann. In dem Verfahren vor dem Arbeitsgericht sind der Betriebsrat, die Bordvertretung, der Seebetriebsrat, bei Mitgliedern der Jugend- und Auszubildendenvertretung auch diese, Beteiligte.

(5) Die Absätze 2 bis 4 finden unabhängig davon Anwendung, ob der Arbeitgeber seiner Mitteilungspflicht nach Absatz 1 nachgekommen ist.

Inhaltsübersicht Rn.

1. Geschützter Personenkreis

Da ein Berufsausbildungsverhältnis grundsätzlich mit **Ablauf** der Ausbildungszeit endet, **ohne** dass es einer **Kündigung** bedarf, kommt der nach diesem Gesetz geltende besondere Kündigungsschutz (§ 103) für Auszubildende, die zugleich Mitgl. eines betriebsverfassungsrechtlichen Vertretungsorgans sind, nicht zur Anwendung. § 78a soll die insoweit bestehende Gesetzeslücke füllen.[1] Ergänzend enthält der DGB-Entwurf für ein modernes 1

1 Zum Übernahmeanspruch nach § 78a s. auch Wionski, AiB 3/17, 52.

BetrVG[2] Vorschläge zwecks Klarstellung hinsichtlich des dualen Studiums, zum Weiterbeschäftigungsverlangen bei Verletzung der Mitteilungspflicht durch den AG und zur entsprechenden Anwendung auf befristet Beschäftigte sowie AN-ähnliche Personen.

2 Die Vorschrift ist nicht nur auf die nach dem BBiG staatlich anerkannten **Ausbildungsberufe** anzuwenden, sondern auch auf Ausbildungsverhältnisse, die **tariflichen Regelungen** entsprechen und eine geordnete Ausbildung von mindestens **zwei Jahren Dauer** vorsehen.[3] Dies ist bei einem Volontär, der 18 Monate lang zu Bedingungen mit teilweise arbeitsvertraglichem Charakter in unterschiedlichen Bereichen der Film- und Fernsehbranche beschäftigt und mit deren Arbeit vertraut gemacht wird, nicht der Fall.[4] Ein **Volontariatsverhältnis** als anderes Vertragsverhältnis nach § 26 BBiG liegt dann vor, wenn aufgrund Ausbildungsvertrags und einschlägiger tariflicher Vorschriften ein geordneter Ausbildungsgang vorgeschrieben und die Dauer der Ausbildung der gesetzlichen Mindestanforderung für staatlich anerkannte Ausbildungsberufe von mindestens zwei Jahren entspricht.[5] Wer sich in einem **Umschulungsverhältnis** für einen anerkannten Ausbildungsberuf befindet, ist Auszubildender. Bestehen zwischen dem JAV-Mitgl. und dem AG keine **vertraglichen Beziehungen**, besteht keine Verpflichtung zur Übernahme in ein Arbeitsverhältnis.[6] Nach Abschluss eines **dualen Studiums** kann ein Arbeitsverhältnis nach § 78a nur begründet werden, wenn es sich bei dem letzten Ausbildungsabschnitt um ein Berufsausbildungsverhältnis i. S. von § 78a Abs. 2 gehandelt hat. Dies ist bei einer im Rahmen eines dualen Studiums durchzuführenden betrieblichen Praxisphase nicht der Fall, da es sich dabei um Berufsbildung handelt.[7]

3 Der **Schutz** der Auszubildenden **beginnt** mit Feststellung des Wahlergebnisses.[8]

2. Mitteilungspflicht des Arbeitgebers

4 Der Arbeitgeber ist verpflichtet, dem Auszubildenden **spätestens drei Monate** vor der Beendigung des Ausbildungsverhältnisses (§ 21 BBiG) schriftlich mitzuteilen, wenn er ihn nach erfolgreicher Beendigung des Berufsausbildungsverhältnisses nicht in ein unbefristetes Arbeitsverhältnis übernehmen will. Die **Nichtmitteilung** nach Abs. 1 durch den AG bedingt

---

2 *https://aur-blog.eu/reformvorschlag/*.
3 BAG, DB 84, 1786.
4 LAG Köln, AiB 01, 53.
5 BAG, NZA 05, 779.
6 BAG 17.8.05 – 7 AZR 553/04.
7 BAG 17.6.20 – 7 ABR 46/18.
8 BAG, NZA 84, 45.

zwar nicht das Zustandekommen eines Arbeitsverhältnisses, jedoch können dem Auszubildenden dadurch Schadensersatzansprüche entstehen.[9] Ein Arbeitsverhältnis kommt nur dann zustande, wenn der Auszubildende **innerhalb** der letzten drei Monate vor Beendigung der Berufsausbildung vom AG **schriftlich** die Weiterbeschäftigung verlangt.[10] Ansonsten scheidet er mit Ablauf des Ausbildungsverhältnisses aus.

3. Weiterbeschäftigungsverlangen des Auszubildenden

Ein früher als drei Monate vor Beendigung des Ausbildungsverhältnisses 5
erklärtes Weiterbeschäftigungsverlangen ist unwirksam und muss innerhalb der Dreimonatsfrist des Abs. 2 Satz 1 wiederholt werden. Umgekehrt kann ein in einem Ausbildungsverhältnis stehendes Mitgl. der JAV nicht durch einen **vor Beginn** der **Dreimonatsfrist** abgeschlossenen **Aufhebungsvertrag** auf den Sonderschutz nach dieser Vorschrift verzichten.[11] Für die Berechnung der Dreimonatsfrist ist grundsätzlich auf die vertraglich vereinbarte Beendigung des Ausbildungsverhältnisses abzustellen. Bei vorgezogener Abschlussprüfung ist der Zeitpunkt der Bekanntgabe des Prüfungsergebnisses maßgebend.[12] Die Weiterbeschäftigung muss schriftlich beim Vertrags-AG[13] verlangt werden; zur Einhaltung der Schriftform genügt eine E-Mail grundsätzlich nicht, sofern sie nicht der elektronischen Form des § 126a BGB entspricht.[14]

Durch ein form- und fristgerechtes Übernahmeverlangen des Auszubilden- 6
den entsteht zwischen dem AG und dem Mitgl. der in Abs. 1 genannten AN-Vertretungen ein unbefristetes Vollzeitarbeitsverhältnis im Ausbildungsberuf des Auszubildenden.[15] Der Auszubildende hat keinen Anspruch auf einen bestimmten Arbeitsplatz, aber auf Weiterbeschäftigung in dem Betrieb (hinsichtlich der Weiterbeschäftigungsmöglichkeit im UN oder auch im Konzern s. Rn. 9), für den er als Mitgl. der JAV gewählt worden ist, weil er sonst sein

9 BAG, NZA 86, 401.

10 Musterschreiben für ein Weiterbeschäftigungsverlangen s. DKW-F-Bachner, § 78a Rn. 4.

11 LAG Frankfurt, BB 75, 1025; anders dagegen nach Auffassung des LAG Köln (AiB 01, 53), wenn der Auszubildende vor Ablauf der Ausbildungszeit vorbehaltlos einen befristeten Arbeitsvertrag unterzeichnet.

12 BAG, NZA 86, 401; 89, 439.

13 LAG Hamm 24.4.15 – 13 Sa 1794/14, brwo: Keine Verpflichtung eines Klinikums zur Übernahme eines JAV-Mitgl., das an der Kranken- und Kinderkrankenpflegeschule des Klinikums als Gesundheits- und Kinderkrankenpflegerin ausgebildet wurde, wenn der Ausbildungsvertrag mit einer Schwesternschaft geschlossen wurde.

14 BAG 15.12.11 – 7 ABR 40/10.

15 BAG 15.12.11 – 7 ABR 40/10.

Amt verlieren würde.[16] Verlangt der Auszubildende vom AG fristgemäß und schriftlich die Übernahme in ein **Vollzeitarbeitsverhältnis**, so gilt gemäß Abs. 2 im Anschluss an das Berufsausbildungsverhältnis ein Vollzeitarbeitsverhältnis auf unbestimmte Zeit als begründet.[17] Nimmt der Auszubildende vorbehaltlos ein Teilzeitarbeitsvertragsangebot an, verliert er endgültig seinen gesetzlichen Anspruch auf ein Vollzeitarbeitsverhältnis.[18] Ist ein Auszubildender (hilfsweise) bereit, zu anderen als den nach diesem Gesetz vorgesehenen Arbeitsbedingungen in ein Arbeitsverhältnis übernommen zu werden, so muss er dies dem AG unverzüglich nach dessen Erklärung nach Abs. 1, spätestens mit dem Übernahmeverlangen nach Abs. 2 mitteilen;[19] eine Einverständniserklärung im gerichtl. Verfahren genügt nicht.[20] Hat der Auszubildende rechtzeitig erklärt, ggf. auch zu anderen Bedingungen zu arbeiten, muss der AG prüfen, ob die anderweitige Beschäftigung möglich und zumutbar ist.[21] Nach abzulehnender Ansicht des BAG[22] darf sich der Auszubildende nicht darauf beschränken, sein Einverständnis mit allen in Betracht kommenden Beschäftigungen zu erklären; vielmehr muss er die angedachte Beschäftigungsmöglichkeit so konkret beschreiben, dass der AG erkennen kann, wie sich der Auszubildende seine Weiterarbeit vorstellt. Empfehlenswert ist daher ein kaskadiertes Weiterbeschäftigungsverlangen, mit dem die Weiterbeschäftigung in einem ausbildungsgerechten, unbefristeten Vollzeitarbeitsverhältnis verlangt und gleichzeitig die Bereitschaft mitgeteilt wird, zu diesen Bedingungen auch in einem anderen Betrieb des UN oder auch in einem anderen Betrieb eines anderen Konzern-UN oder notfalls auch in einem befristeten oder in einem Teilzeitarbeitsverhältnis oder auf einem – möglichst genau zu beschreibenden – nicht ausbildungsgerechten Arbeitsplatz, ggf. mit geringerer Bezahlung, ein Arbeitsverhältnis einzugehen. Ist dem AG unter Berücksichtigung aller Umstände die Weiterbeschäftigung im Rahmen eines unbefristeten Vollzeitarbeitsverhältnisses nicht zumutbar (vgl. Rn. 8 f.), muss er dies in einem Beschlussverfahren nach Abs. 4 geltend machen (vgl. auch Rn. 7).[23]

---

16 LAG Berlin, BB 75, 837.
17 BAG, NZA 89, 439; 92, 174.
18 LAG BaWü, AiB 05, 563 m. Anm. Klar.
19 LAG Hamm 11. 1. 13 – 10 TaBV 5/12.
20 BAG 8. 9. 10 – 7 ABR 33/09.
21 BAG, AiB 97, 604 m. Anm. Hummel/Spoo.
22 BAG 15. 11. 06 – 7 ABR 15/06.
23 BAG a. a. O.

4. Entbindung des Arbeitgebers von der Weiterbeschäftigungspflicht

a) Arbeitsgerichtliches Verfahren

Der AG kann sich **gegen eine Übernahme** des Auszubildenden nur wenden, indem er nach Abs. 4 das ArbG im **Beschlussverfahren** anruft (vgl. auch Rn. 8).[24] Die Anrufung des ArbG durch den AG muss spätestens **innerhalb von zwei Wochen** nach Beendigung des Ausbildungsverhältnisses erfolgen. Solange das Ausbildungsverhältnis **noch nicht beendet** ist, kann der AG den Feststellungsantrag nach Abs. 4 Satz 1 Nr. 1 stellen mit dem Ziel, dass ein Arbeitsverhältnis wegen Unzumutbarkeit der Weiterbeschäftigung **nicht begründet** wird. Ist aber das Ausbildungsverhältnis **bereits beendet** und durch das Weiterbeschäftigungsverlangen nach Abs. 2 ein **Arbeitsverhältnis begründet**, kann der AG den Auflösungsantrag nach Abs. 4 Satz 1 Nr. 2 stellen, um die **Auflösung** des bereits begründeten Arbeitsverhältnisses zu erreichen. Hat der AG jedoch vor Beendigung des Berufsausbildungsverhältnisses einen Feststellungsantrag nach Abs. 4 Satz 1 Nr. 1 gestellt, braucht er ihn nach Beendigung des Ausbildungsverhältnisses nicht ausdrücklich in einen Auflösungsantrag abzuändern.[25] Mit dem Weiterbeschäftigungsverlangen nach Abs. 2 gilt zwischen dem Auszubildenden und dem AG im Anschluss an das Ausbildungsverhältnis ein Arbeitsverhältnis auf unbestimmte Zeit zunächst als begründet. Der Auszubildende hat deshalb unabhängig vom Zeitpunkt der Verfahrenseinleitung durch den AG zunächst einen Beschäftigungsanspruch aus dem Arbeitsverhältnis,[26] der auch mit Hilfe einer **einstweiligen Verfügung** gesichert werden kann.[27] Sowohl der Auflösungsantrag nach Abs. 4 Satz 1 Nr. 2 als auch der Feststellungsantrag nach Abs. 4 Satz 1 Nr. 1 zielen auf eine rechtsgestaltende gerichtliche Entscheidung, die ihre Wirkung immer erst mit ihrer Rechtskraft für die Zukunft entfaltet.[28] Die Weiterbeschäftigung erfolgt also in jedem Fall bis zur Rechtskraft der Entscheidung. Ein Antrag des AG, gerichtlich festzustellen, dass zwischen ihm und dem Auszubildenden kein Arbeitsverhältnis zustande gekommen ist, weil die Voraussetzungen nach Abs. 2 oder 3 dieser Bestimmung überhaupt nicht vorliegen, wird nicht von Abs. 4 erfasst; ein solcher Feststellungsantrag bezieht sich auf das individualrechtliche Verhältnis und ist deshalb auch nicht im Beschlussverfahren, sondern im arbeitsgerichtlichen 7

24 BAG, DB 84, 1992.
25 BAG, BB 91, 65.
26 So auch BAG, DB 87, 2104; vgl. auch BAG, NZA 95, 647.
27 Sächsisches LAG 2.11.05 – 2 Sa 731/05, brwo; ArbG Offenbach – 5 Ga 2/06, AiB-Newsletter 5/06, 6.
28 BAG, BB 91, 65; NZA 95, 647.

Urt.-Verfahren geltend zu machen,[29] wonach dem AG die Feststellung der Nichtbegründung des Arbeitsverhältnisses sowie die Auflösung eines solchen Arbeitsverhältnisses in einem einheitlichen Beschlussverfahren ermöglicht werden soll. Der AG kann beide Verfahren unabhängig voneinander betreiben.[30] Im Wege der einstweiligen Verfügung kann die Auflösung des gesetzl. begründeten Arbeitsverhältnisses des Auszubildenden nicht herbeigeführt werden. Dies gilt auch, wenn der AG glaubhaft macht, dass offensichtlich keine Weiterbeschäftigungsmöglichkeit bestehe.[31] AG i. S. dieser Vorschrift ist – auch dann, wenn ein Betrieb als Gemeinschaftsbetrieb geführt werden sollte, – nur der Vertrags-AG.[32] Stellt ein Mitarb. des AG den Feststellungs- und Auflösungsantrag nach Abs. 4, wird die Ausschlussfrist von zwei Wochen nach Beendigung des Ausbildungsverhältnisses nur dann eingehalten, wenn bis zu ihrem Ablauf eine Vollmacht, die von der zur Vertretung des AG befugten Person ausgestellt ist, beim ArbG eingereicht wird. Gleiches gilt, wenn sich der AG zur Antragstellung eines RA bedient: In dem Fall liegt ein rechtswirksames Auflösungsbegehren nur dann vor, wenn der RA die schriftliche Vollmacht innerhalb der Zweiwochenfrist im Original beim ArbG einreicht.[33]

8 Der Antrag auf Entbindung von der Weiterbeschäftigungspflicht ist nur dann begründet, wenn dem AG die Weiterbeschäftigung unter Berücksichtigung aller Umstände nicht zumutbar ist. Die **Unzumutbarkeit der Weiterbeschäftigung** kann sich zum einen aus **schwerwiegenden persönlichen Gründen**,[34] z. B. wiederholtem Nichtbestehen der Abschlussprüfung[35] ergeben. Schlechtere Prüfungsnoten allein begründen die Unzumutbarkeit einer Weiterbeschäftigung aber nicht; der AG darf also nicht anstelle des Mitgl. einer JAV einen besser benoteten Ausgebildeten auf einer im Zeitpunkt der Abschlussprüfung freien Stelle weiter beschäftigen.[36] Ebenso begründet allein der Konsum von Cannabis noch keine Unzumutbarkeit; dies gilt auch für den bloßen Verdacht des chronischen Gebrauchs, solange noch keine Aufklärung über das Gefährdungspotenzial für die Arbeitswelt stattgefunden hat und eine Verhaltensänderung durch Abmahnung möglich ist.[37] Eine Ausschlussfrist, vergleichbar der des § 626 Abs. 2 BGB oder § 22 Abs. 4 BBiG, nach der das Gericht nur binnen zwei Wochen von den die Unzumutbarkeit begründenden Umständen angerufen werden kann, besteht

29 Vgl. aber inzwischen BAG, NZA 95, 647.
30 BAG, DB 90, 234.
31 ArbG Rostock 4. 2. 93 – 1 BV Ga 1/93.
32 BAG AiB 09, 590.
33 LAG RP 20. 3. 17 – 3 TaBV 10/16.
34 BAG, DB 79, 1138.
35 LAG Düsseldorf, DB 75, 1995.
36 LAG Hamm, BB 93, 294.
37 OVG Saarland, AiB 99, 463.

nicht.[38] Zum anderen können **betriebliche Gründe** zur Unzumutbarkeit der Weiterbeschäftigung führen. Nach abzulehnender Ansicht des BAG ist der Begriff der Unzumutbarkeit in Abs. 4 der Regelung nicht identisch mit demjenigen in § 626 Abs. 1 BGB über die außerordentliche Kündigung aus wichtigem Grund, sodass sich die zu § 626 Abs. 1 BGB entwickelten Grundsätze nicht auf den Auflösungstatbestand des Abs. 4 übertragen lassen.[39]

b) Freier Arbeitsplatz

Grundsätzlich kommt es für die Übernahmeverpflichtung darauf an, dass 9
zum Zeitpunkt der Beendigung des Berufsausbildungsverhältnisses ein **freier Arbeitsplatz** zur Verfügung steht,[40] auf dem der Auszubildende mit seiner durch die Ausbildung erworbenen Qualifikation dauerhaft beschäftigt werden kann.[41] Ist das der Fall, hat bei der Prüfung der Unzumutbarkeit einer Weiterbeschäftigung ein künftiger Wegfall von Arbeitsplätzen unberücksichtigt zu bleiben.[42] Die Unzumutbarkeit der Weiterbeschäftigung ist zu verneinen, wenn der AG im unmittelbaren zeitlichen Zusammenhang mit dem Ende der Berufsausbildung freie Arbeitsplätze im Zuge von Rationalisierungsmaßnahmen mit AN besetzt hat, die einen tarifvertraglichen Anspruch auf zumutbare Weiterbeschäftigung haben; konkurrieren AN mit einem tarifvertraglichen Weiterbeschäftigungsanspruch mit Mitgl. der JAV, die ihren Weiterbeschäftigungsanspruch auf Abs. 2 stützen, um freie Arbeitsplätze, ist dem Mitgl. der JAV der Vorzug zu geben.[43] Die Unzumutbarkeit der Weiterbeschäftigung ist auch zu verneinen, wenn der AG kurz vor Beendigung des Ausbildungsverhältnisses eines Mitgl. der JAV einen freien Arbeitsplatz besetzt hat und nicht darlegen kann, dass für dessen unverzügliche Besetzung eine betriebliche Notwendigkeit bestand[44] oder wenn der Auszubildende sich spätestens mit seinem Übernahmeverlangen nach Abs. 2 bereit erklärt, gegebenenfalls auch zu anderen Bedingungen zu arbeiten (s. hierzu Rn. 6) und eine solche anderweitige Beschäftigung möglich wäre.[45] Kann der AG nur einen Teil der Auszubildenden übernehmen, so muss er dies jedenfalls bezüglich des in § 78a geschützten Personenkreises tun. Das unternehmerische Ziel, die geringe Zahl freier Stellen nur solchen Auszubildenden anzubieten, die ihre Ausbildung in verkürzter

38 BAG, NZA 84, 44.
39 BAG, NZA 97, 783; ebenso LAG Hamm 11.1.13 – 10 TaBV 5/12; a.A. ArbG Bayreuth 21.2.02 – 2 BV 5/01 H.
40 BAG, NZA 92, 174.
41 LAG Hamm 11.1.13 – 10 TaBV 5/12.
42 BAG, NZA 96, 493.
43 ArbG Hamburg, AuR 06, 333.
44 BAG, NZA 98, 1056.
45 BAG, AiB 97, 604 m. Anm. Hummel/Spoo; NZA 07, 1381.

Zeit und mit besonders guter Bewertung absolviert haben, gestattet nicht generell den Schluss, die Weiterbeschäftigung eines Mitgl. der JAV, das diese Bedingungen nicht erfüllt, sei dem AG nicht zuzumuten.[46] Die Schaffung **zusätzlicher** Arbeitsplätze oder Entlassung anderer AN kann nicht verlangt werden,[47] auch nicht durch den Abbau von Überstunden,[48] jedoch können vom AG **organisatorische Maßnahmen** verlangt werden, die eine Übernahme des Auszubildenden ermöglichen, sofern sie nicht unzumutbar sind.[49] Begründet der AG die Unzumutbarkeit der Weiterbeschäftigung mit der Streichung bislang vorhandener Stellen, hat er die Durchführbarkeit und Nachhaltigkeit dieser unternehmerischen Entscheidung aufzuzeigen.[50] Die Übertragung von Arbeitsaufgaben auf Leih-AN führt nicht zur Unzumutbarkeit i. S. des § 78a Abs. 4; denn allein durch die Entscheidung des AG, künftig für die Erledigung der Arbeitsmenge Leih-AN einzusetzen, ändert sich die Zahl der im Betrieb eingerichteten Arbeitsplätze und damit auch der Beschäftigungsbedarf nicht.[51] Beschäftigt der AG aber auf dauerhaft eingerichteten, ausbildungsadäquaten Arbeitsplätzen Leih-AN, so kann es ihm zumutbar sein, einen solchen Arbeitsplatz für den zu übernehmenden JAV freizumachen.[52] Sind in **anderen Betrieben des UN** freie Arbeitsplätze vorhanden, ist die Weiterbeschäftigung zumutbar und der Auszubildende zu übernehmen.[53] Anderer Ansicht ist das BAG[54] mit der Begründung, AG i. S. des Abs. 4 sei nur der Vertrags-AG und damit nur diejenige natürliche oder juristische Person, mit der das JAV-Mitgl. das Berufsausbildungsverhältnis abgeschlossen hat. Für den Fall der konzerneinheitlichen Durchführung der Berufsausbildung in einem Ausbildungsbetrieb ist die Möglichkeit der Weiterbeschäftigung UN- bzw. konzernweit zu prüfen.[55] Nach abzulehnender[56] Ansicht des BAG[57] kommt wegen der Betriebsbezogenheit der Weiterbeschäftigungspflicht ihre Ausdehnung auf eine ausbildungsadäquate Weiterbeschäftigungspflicht im UN oder im Konzern nicht in Betracht, weshalb selbst im dortigen Fall der Durchführung der Berufsausbildung in einem

46 LAG Berlin 18.7.95 – 12 TaBV 1/95.
47 BAG, NZA 97, 783.
48 Vgl. aber auch ArbG Bochum, DB 94, 1192.
49 LAG Nds., AuR 84, 287.
50 LAG SH, NZA-RR 06, 469.
51 BAG 16.7.08 – 7 ABR 13/07.
52 BAG 17.2.10 – 7 ABR 89/08.
53 So ArbG Bayreuth 21.2.02 – 2 BV 5/01 H, juris, für einen Gemeinschaftsbetrieb mehrerer UN.
54 BAG, 25.2.09 – 7 ABR 61/07.
55 LAG München 12.10.05 – 9 TaBV 30/05; LAG Brandenburg 24.11.05 – 9 TaBV 7/05; LAG Köln 24.1.06 – 9 TaBV 14/05; LAG Bremen 1.2.06 – 2 TaBV 15/05 und 23.5.06 – 1 TaBV 20/05.
56 Fitting, Rn. 54.
57 BAG 15.11.06 – 7 ABR 15/06.

Ausbildungsbetrieb des Konzerns das Vorhandensein freier Arbeitsplätze in anderen Betrieben des UN bei der Beurteilung der Unzumutbarkeit nicht zu berücksichtigen sein soll. Für die Beurteilung der Unzumutbarkeit kommt es auf den Zeitpunkt der Beendigung des Ausbildungsverhältnisses an.[58]

c) Beweislast, Kostentragungspflicht

Der AG hat die **Beweislast**, dass eine Beschäftigung nicht möglich ist. Bis zu einer rechtskräftigen negativen Entscheidung bleibt der JAV im Betrieb.[59] Der AG ist verpflichtet, die durch die anwaltliche Vertret. eines JAV-Mitgl. im Beschlussverfahren entstehenden **Kosten** zu tragen.[60] Grundsätzlich hat auch das vorzeitig vor Ablauf der Amtsperiode der JAV ausgeschiedene Mitgl. der JAV die Rechte nach § 78a Abs. 3 i.V.m. Abs. 2, sofern das vorzeitige Ende der Mitgliedschaft nicht auf einer gerichtlichen Entscheidung beruht.[61] 10

d) Ersatzmitglieder der Jugend- und Auszubildendenvertretung

Auch ein **Ersatzmitgl.** der JAV, selbst wenn es nur vorübergehend nachgerückt war, hat den Schutz nach dieser Bestimmung, sofern das Berufsausbildungsverhältnis innerhalb eines Jahres nach dem Vertretungsfall erfolgreich abgeschlossen wird und der Auszubildende innerhalb von drei Monaten vor der Beendigung des Ausbildungsverhältnisses seine Weiterbeschäftigung verlangt.[62] 11

§ 79 Geheimhaltungspflicht

(1) Die Mitglieder und Ersatzmitglieder des Betriebsrats sind verpflichtet, Betriebs- oder Geschäftsgeheimnisse, die ihnen wegen ihrer Zugehörigkeit zum Betriebsrat bekannt geworden und vom Arbeitgeber ausdrücklich als geheimhaltungsbedürftig bezeichnet worden sind, nicht zu offenbaren und nicht zu verwerten. Dies gilt auch nach dem Ausscheiden aus dem Betriebsrat. Die Verpflichtung gilt nicht gegenüber Mitgliedern des Betriebsrats. Sie gilt ferner nicht gegenüber dem Gesamtbetriebsrat, dem Konzernbetriebsrat, der Bordvertretung, dem Seebetriebsrat und den Arbeitnehmervertretern im Aufsichtsrat sowie im Verfahren vor der

---

58 BAG, ZTR 01, 139.
59 BAG, DB 81, 889.
60 ArbG Fulda, AiB 97, 609.
61 BAG, DB 80, 451.
62 BAG, DB 86, 2235; ArbG Kaiserslautern, AiB-Newsletter 9/2007, 6.

Einigungsstelle, der tariflichen Schlichtungsstelle (§ 76 Abs. 8) oder einer betrieblichen Beschwerdestelle (§ 86).

(2) Absatz 1 gilt sinngemäß für die Mitglieder und Ersatzmitglieder des Gesamtbetriebsrats, des Konzernbetriebsrats, der Jugend- und Auszubildendenvertretung, der Gesamt-Jugend- und Auszubildendenvertretung, der Konzern-Jugend- und Auszubildendenvertretung, des Wirtschaftsausschusses, der Bordvertretung, des Seebetriebsrats, der gemäß § 3 Abs. 1 gebildeten Vertretungen der Arbeitnehmer, der Einigungsstelle, der tariflichen Schlichtungsstelle (§ 76 Abs. 8) und einer betrieblichen Beschwerdestelle (§ 86) sowie für die Vertreter von Gewerkschaften oder von Arbeitgebervereinigungen.

1 Der DGB-Entwurf für ein modernes BetrVG fordert, dass eine Schweigepflicht gegenüber den Beschäftigten des Betriebs nicht besteht, wenn deren berechtigte Interessen dem entgegenstehen. Verstöße gegen nationales oder supranationales Recht sollen nicht Gegenstand von Schweigepflichten sein, wobei § 5 GeschGehG unberührt bleibt.[1]

Die Geheimhaltungspflicht (besser Verschwiegenheitspflicht, da es sich um ein Offenbarungs- und Verwertungsverbot handelt),[2] wird von AG sehr häufig als Druckmittel gegenüber dem BR eingesetzt.[3] Sie erstreckt sich nur auf Betriebs- und Geschäftsgeheimnisse, also auf objektive Tatsachen, die im Zusammenhang mit dem technischen Betrieb oder der wirtschaftlichen Betätigung stehen, nur einem eng begrenzten Personenkreis bekannt, also nicht offenkundig sind und nach der ausdrücklichen Erklärung des AG geheim gehalten werden sollen[4] und deren Geheimhaltung für den Betrieb oder das UN wichtig ist.[5] **Vertrauliche Angaben**, die diesen Kriterien nicht standhalten, unterliegen auch dann nicht der Verschwiegenheitspflicht, wenn der AG sie ausdrücklich als geheimhaltungsbedürftig bezeichnet.[6] Ebenso wenig können im Rahmen einer Geschäftsordnung des BR die Rechte des BR-Vors. sowie die Pflichten der BR-Mitgl. entgegen § 79 erweitert werden.[7]

---

1 *https://aur-blog.eu/reformvorschlag/.*

2 Vgl. DKW-Buschmann, Rn. 4; zur arbeitsrechtlichen Geheimhaltungspflicht vgl. Schwab, AiB 11, 512.

3 Vgl. Müller, AiB 09, 577.

4 HessLAG 19.3.18 – 16 TaBV 185/17, AiB 4/19, 44; LAG SH 4.3.15 – 3 Sa 400/14, juris.

5 BAG, NZA 07, 1121 zu der Höhe von Künstlergagen; LAG MV 20.1.16 – 5 TaBV 11/15, juris; LAG Hamm 22.7.11 – 10 Sa 381/11, brwo; LAG Köln, dbr 9/08, 7.

6 ArbG Mannheim, AiB 07, 542 m. Anm. Stather verneint Geheimhaltungsinteresse für Zielgehaltssystem; vgl. DKW-F-Buschmann, § 79 Rn. 2 f.

7 ArbG München 25.5.20 – 6 BV 41/19, juris, n. rk., anhänging beim LAG München unter 7 TaBV 41/20, zu einer Regelung, wonach dem BR-Vors. das Recht

Das **GeschGehG** v. 18.4.2019,[8] dass die RL (EU)2016/943 über den Schutz vertraulichen Know-hows und vertraulicher Geschäftsinformationen (Geschäftsgeheimnisse) vor rechtswidrigem Erwerb sowie rechtswidriger Nutzung und Offenlegung (Geheimnisschutz-RL) v. 8.6.2016 umsetzt, lässt die Ausübung des Rechts der freien Meinungsäußerung, die Autonomie der Sozialpartner, die Rechte und Pflichten aus dem Arbeitsverhältnis und die Rechte der Arbeitnehmervertretungen unberührt (vgl. § 1 Abs. 2 GeschGehG).[9] Damit bleiben die bisherigen Regelungen wie z.B. § 79 weiterhin vorrangig. Ebenso ist eine Erweiterung der Verschwiegenheitspflicht über § 79 hinaus nicht zulässig.[10] Die Geheimhaltungspflicht kann nicht durch Maßnahmen nach § 71 BDSG in Bezug auf personenbezogene Daten ausgeweitet werden. Denn jedes Mitglied des BR verfügt nach § 34 Abs. 3 über ein unabdingbares Recht, auf Datenträgern gespeicherte Dateien und E-Mails des BR auf elektronischem Wege zu lesen (vgl. § 34 Rn. 4).[11] Für BR-Mitglieder gilt § 26 BDSG über das Datengeheimnis. In § 5 GeschGehG sind Ausnahmetatbestände aufgenommen worden. Danach gilt das GeschGehG nicht, wenn die Erlangung, die Nutzung oder die Offenlegung eines Geschäftsgeheimnisses zum Schutz eines berechtigten Interesses erfolgt. Das ist insbesondere gegeben

1. zur Ausübung des Rechts der freien Meinungsäußerung und der Informationsfreiheit, einschließlich der Achtung der Freiheit und der Pluralität der Medien;
2. zur Aufdeckung einer rechtswidrigen Handlung oder eines beruflichen oder sonstigen Fehlverhaltens, wenn die Erlangung, Nutzung oder Offenlegung geeignet ist, das allgemeine öffentliche Interesse zu schützen;
3. im Rahmen der Offenlegung durch AN gegenüber der Arbeitnehmervertretung, wenn dies erforderlich ist, damit die Arbeitnehmervertretung ihre Aufgaben erfüllen kann.

Unlautere oder gesetzeswidrige Vorgänge (z.B. Steuerhinterziehung) genießen keinen Geheimschutz. BR-Mitgl., die in ihren Unternehmen Missstände offen ansprechen, können sich jetzt auch auf das Hinweisgeberschutzgesetz (HinSchG) vom 31.5.2023[12] – in Kraft getreten am 2.7.2023 – berufen, das auf der **Whistleblower-Richtlinie der Europäischen Union** (EU) 2019/1937 vom 16.12.2019 beruht (s. auch § 84 Rn. 3 sowie § 87 Rn. 12).[13]

---

zustehen soll, Betriebs- und Geschäftsgeheimnisse verpflichtend als geheimhaltungsbedürftig zu bezeichnen.

8 BGBl. I, S. 466.

9 Hoeren/Münker-Böning, Kommentar zum GeschGehG, § 1 Rn. 38ff.

10 Vgl. auch BGH, DB 75, 1308.

11 BAG, NZA 09, 1218.

12 BGBl. 2023 I Nr. 140 v. 2.6.23.

13 *https://eur-lex.europa.eu/legal-content/DE/TXT/?uri=CELEX%3A32019L1937.*

Die besonderen Schutzmechanismen des HinSchG zugunsten des Hinweisgebers greifen aber nur, wenn:

- der Hinweis sich auf einen Verstoß bezieht, der einem der ausdrücklich einbezogenen Rechtsgebiete zugeordnet ist oder der Hinweisgeber hinreichenden Grund zu der Annahme hatte, dass das der Fall ist, und
- der Hinweisgeber sich mit seinem Hinweis an eine interne oder externe Meldestelle im Sinne des HinSchG gewendet hat, oder er die Information – ausnahmsweise – zu Recht offengelegt hat, und
- der Hinweisgeber hinreichenden Grund hatte anzunehmen, dass die von ihm weitergegebenen Informationen der Wahrheit entsprechen.

BR erhalten durch das HinSchG bessere Möglichkeiten, um gegen Missstände, die eine Straftat oder Ordnungswidrigkeit (mit einem Bußgeld bewehrt) darstellen, vorgehen zu können. Auch können Repressalien besser gegen Beschäftigte, aber auch gegen BR-Mitgl. (z. B. Abmahnung, Kündigung) abgewehrt werden, die von ihrem Recht auf Meldung von Rechtsverstößen im Unternehmen Gebrauch machen.[14] Insgesamt lässt sich festhalten, dass das HinSchG begrüßenswerte Mechanismen regelt, die den Schutz von hinweisgebenden Beschäftigten verbessern. Der Gesetzgeber hat aber leider nicht die Möglichkeit genutzt, den Schutz vor Maßregelung von Beschäftigten insgesamt deutlich zu verbessern. Hier besteht weiterhin Handlungsbedarf. Zum MBR bei den Gestaltungsspielräumen des AG s. § 87 Rn. 12.

Betriebsgeheimnisse beziehen sich auf den technischen Betriebsablauf, insbesondere Herstellung und Herstellungsverfahren, so z. B. Patente, Versuchsprotokolle,[15] Konstruktionsbezeichnungen, Unterlagen über neue technische Verfahren, Modelle, chemische Formeln, Rezepturen. Nach der **gesetzlichen Definition** in § 2 Abs. 1 GeschGehG ist ein **Geschäftsgeheimnis** eine Information,

a) die weder insgesamt noch in der genauen Anordnung und Zusammensetzung ihrer Bestandteile den Personen in den Kreisen, die üblicherweise mit dieser Art von Informationen umgehen, allgemein bekannt oder ohne Weiteres zugänglich ist und daher von wirtschaftlichem Wert ist, und
b) die Gegenstand von den Umständen nach angemessenen Geheimhaltungsmaßnahmen durch ihren rechtmäßigen Inhaber ist, und
c) bei der ein berechtigtes Interesse an der Geheimhaltung besteht.

Geschäftsgeheimnisse betreffen somit den allgemeinen Geschäftsverkehr des Unternehmens, z. B. wirtschaftliche und kaufmännische Tatsachen wie Absatzplanung, Vorzugspreise, Liquidität, Auftragslage, Umsatzhöhe,

14 Im Einzelnen Frowein, CuA 8–9/23, 21; Britschgi, AiB 9/23, 8.
15 Vgl. auch BAG, BB 82, 1792.

Kundenlisten, Kalkulationsunterlagen,[16] Liquidität des UN,[17] oder Fertigungsverfahren, an denen die Konkurrenz ebenfalls arbeitet und die für das Unternehmen entscheidend sind.[18] Die **Verletzung der Geheimhaltungspflicht** kann auf Antrag des Verletzten nach § 120 BetrVG als Straftat geahndet werden.

Anonymisierte Daten über gezahlte durchschnittliche Bruttogehälter (-Löhne), übertarifliche Zulagen und Spannen der übertariflichen Zulagen, die der BR nach erfolgter Einblicknahme in die Listen über Bruttolöhne und -gehälter selbst erstellt, unterliegen nicht der Verschwiegenheitspflicht.[19] Dies gilt jedenfalls dann, wenn der AG seinerseits davon Gebrauch macht, in eigenen Veröffentlichungen Personaldaten bekannt zu geben.[20] Etwas anderes soll nach Auffassung des BAG[21] dann gelten, wenn die Gehaltsdaten weitgehend mit den Produktionskosten identisch sind, wobei aber auch in diesem Fall die Information einzelner AN über festgestellte Ungleichbehandlungen in abstrakter Form erfolgen kann. Das gilt insbesondere im Zusammenhang mit dem EntgTranspG (s. § 75 Rn. 3). Der gesamte Gegenstand einer rechtzeitigen Unterrichtung über eine mitbestimmungspflichtige Betriebsänderung (z. B. Personalabbau als solcher und dessen Umfang) kann gegenüber dem BR nicht pauschal zu einem Betriebs- oder Geschäftsgeheimnis erklärt werden (vgl. § 23 Rn. 2).[22] Das gilt auch für BR-Mitgl., die sich in der Folge auf einer Betriebsversamml. zu dem Thema, insbesondere zum damit verbundenen Personalabbau äußern.[23] Ein grundsätzliches Verbot, »Gegenstand, Verlauf und Ergebnis von Verhandlungen zu offenbaren«, lässt sich nicht mit einem berechtigten Geheimhaltungsinteresse eines Unternehmens begründen.[24] Ebenso wenig bedarf der Inhalt einer BV keiner Geheimhaltung, und auch das Schreiben eines BR-Rechtsanwalts stellt als solches grundsätzlich kein Betriebs- oder Geschäftsgeheimnis dar.[25] Ein BR-Mitgl. verletzt seine Verschwiegenheitspflicht, wenn es Informationen aus einer Bonus-Beratungsrunde mit dem AG weitergibt, die ausdrücklich noch 2

---

16 Vgl. auch BAG, DB 87, 2526.

17 Vgl. umfassend DKW-Buschmann, Rn. 7 ff.; zum Unterrichtungsanspruch des BR und Geheimhaltungsinteressen des AG siehe BAG, AuR 99, 242.

18 LAG SH 20. 5. 15 – 3 TaBV 35/14, AuR 15, 368.

19 Blanke, AiB 82, 6; Bobke, AiB 88, 69; vgl. auch LAG Köln, AiB 93, 334 m. Anm. v. Schirge.

20 Vgl. hierzu LAG Hamburg, CR 89, 409; ArbG Hamburg, AiB 92, 44 m. Anm. Hjort.

21 BAG, DB 87, 2526.

22 HessLAG 20. 3. 17 – 16 TaBV 12/17, AuR 17, 413 mit Anm. Buschmann.

23 HessLAG 19. 3. 18 – 16 TaBV 185/17, AiB 4/19, 44.

24 LAG SH 20. 5. 15 – 3 TaBV 35/14, AuR 15, 368 unter Berufung auf BGH 5. 6. 75 – II ZR 156/73, DB 75, 1308; Buschmann, AuR 15, 355.

25 LAG Köln 14. 1. 22 – 9 TaBV 34/21.

nicht veröffentlicht oder weitergereicht werden dürfen oder wenn es eine vertrauliche E-Mail-Antwort (»confidential«) mit diesen Daten an AN weiterleitet.[26] Dass ein BR-Mitgl. auch auf gewerkschaftlicher Ebene aktiv und auch Mitgl. in der Tarifkommission ist, ist in der betrieblichen Wirklichkeit nichts Ungewöhnliches. Das führt aber nicht zu einer Einschränkung der Informationsansprüche des BR im Arbeitskampf nach dem Motto »Dann kann er seinen gesetzlichen Geheimhaltungspflichten nicht mehr nachkommen«.[27] Der Verschwiegenheitspflicht unterliegen nur Kenntnisse, die den BR-Mitgl. wegen ihrer Zugehörigkeit zum BR bekannt geworden sind. Gesetzwidrige Vorgänge sind keine Geschäftsgeheimnisse.

3 Die **Pflicht zur Verschwiegenheit** richtet sich in erster Linie an die BR-Mitgl., aber auch an die Ersatzmitgl., da diese durch zeitweilige Vertr. in Betriebs- oder Geschäftsgeheimnisse eingeweiht werden können. Darüber hinaus gilt die Verschwiegenheitspflicht auch für alle betrieblichen und außerbetrieblichen Mitgl. und Ersatzmitgl. der in Abs. 2 aufgeführten Betriebsverfassungsorgane sowie für die Vertr. der Gew. und der AG-Vereinigungen sowie für Sachverständige. Für die SBV gilt nach § 179 Abs. 7 SGB IX inhaltlich die gleiche Schweigepflicht. Für die **AN-Vertr. im AR** gilt jedoch die Verschwiegenheitspflicht nach § 79 nicht. Sie unterliegen der Schweigepflicht beispielsweise nach dem AktG (§§ 116, 93), dem MitbG (§ 25 Abs. 1) und dem DrittelbG (§ 1 Abs. 1 Nr. 3) mit der Konsequenz, dass nach der abzulehnenden Auffassung des BAG[28] eine Verschwiegenheitspflicht der AN-Vertr. im AR grundsätzlich auch gegenüber dem BR besteht, selbst wenn ein AN-Vertr. zugleich Mitgl. im BR ist.

4 **Keine Verschwiegenheitspflicht** besteht z. B. gegenüber BR- und AR-Mitgl.[29] sowie GBR und KBR-Mitgl. Zusätzlich zu dem Kreis der in Abs. 1 Genannten ist auch der BR eines Schwesterunternehmens innerhalb einer Unternehmensgruppe nicht als Dritter anzusehen.[30] Diese Gremien können zwar untereinander einen uneingeschränkten Informationsaustausch zu allen kollektivrechtlich relevanten Sachverhalten vornehmen, zu beachten ist aber, dass dadurch der durch die DSGVO und BDSG garantierte Schutz der Interessen, Grundrechte und Grundfreiheiten der Beschäftigten nicht außer Kraft gesetzt wird.[31] Abzulehnen ist die h. M., dass geheimhaltungsbedürftige Informationen durch BR, GBR und KBR und deren Mitgl. nicht an die Mitglieder der nur in **Abs. 2**, nicht aber auch in Abs. 1 Satz 4 auf-

---

26 HessLAG 16. 12. 10 – 9 TaBV 55/10, brwo.
27 BAG 13. 12. 11 – 1 ABR 2/10, AuR 12, 45; LAG RP 21. 3. 13 – 10 TaBV 41/12, NZA-RR 13, 291.
28 BAG 23. 10. 08 – 2 ABR 59/07, DB 09, 1131; a. A. Köstler/Müller/Sick, Rn. 549 ff.
29 BAG, NZA 09, 1218; DB 87, 2526.
30 LAG SH 4. 3. 15 – 3 Sa 400/14, juris.
31 Wedde, CuA 6/21, 8.

geführten Organe und Institutionen weitergegeben werden dürfen. Die in dieser Systematik angelegte informationelle »Einbahnstraße« ist nicht verständlich und nachvollziehbar.[32] Auch besteht keine Geheimhaltungspflicht des BR bei seiner Auskunftspflicht gemäß § 89 Abs. 1 Satz 2 gegenüber den Aufsichtsbehörden. Er muss aber aus Gründen des Datenschutzes im Einzelfall die Erforderlichkeit der Datenweitergabe prüfen und dabei die Interessen der betroffenen AN berücksichtigen (vgl. § 75 Rn. 9).[33] § 82 Abs. 2, § 83 Abs. 1, § 99 Abs. 1 und § 102 Abs. 2 enthalten **Sondervorschriften** über die Schweigepflicht. So liegt ein Verstoß gegen die Geheimhaltungspflicht vor, wenn ein BR-Mitgl. einem Dritten Einsicht in Bewerbungsunterlagen gibt, die ihm im Rahmen des Unterrichtungsverfahren nach § 99 Abs. 1 übermittelt worden sind.[34] Es besteht keine generelle Pflicht, Stillschweigen über den Inhalt von **BR-Sitzungen** zu bewahren. Eine entsprechende Verschwiegenheitspflicht kann sich aber aus der Natur der Sache ergeben, z. B. bei vertraulichen oder internen Überlegungen hinsichtlich eines Vorgehens des BR gegenüber dem AG.[35]

§ 79a Datenschutz

Bei der Verarbeitung personenbezogener Daten hat der Betriebsrat die Vorschriften über den Datenschutz einzuhalten. Soweit der Betriebsrat zur Erfüllung der in seiner Zuständigkeit liegenden Aufgaben personenbezogene Daten verarbeitet, ist der Arbeitgeber der für die Verarbeitung Verantwortliche im Sinne der datenschutzrechtlichen Vorschriften. Arbeitgeber und Betriebsrat unterstützen sich gegenseitig bei der Einhaltung der datenschutzrechtlichen Vorschriften. Die oder der Datenschutzbeauftragte ist gegenüber dem Arbeitgeber zur Verschwiegenheit verpflichtet über Informationen, die Rückschlüsse auf den Meinungsbildungsprozess des Betriebsrats zulassen. § 6 Absatz 5 Satz 2, § 38 Absatz 2 des Bundesdatenschutzgesetzes gelten auch im Hinblick auf das Verhältnis der oder des Datenschutzbeauftragten zum Arbeitgeber.

Nach dem DGB-Entwurf für ein modernes BetrVG soll dem BR das ausdrückliche Recht gegeben werden, einen Datenschutzbeauftragten oder für den Datenschutz Zuständigen zur Unterstützung hinzuzuziehen. Der BR 1

32 Zum Sachstand und zur Kritik vgl. DKW-Buschmann, Rn. 26 sowie Fitting Rn. 25.

33 BAG, DB 03, 2496 zu übermittelten Arbeitszeitlisten; dazu Schierbaum, CF 5/2004, 20.

34 ArbG Wesel, NZA-RR 09, 21.

35 BAG 5. 9. 67, AP Nr. 8 zu § 37 BetrVG; HessLAG 16. 12. 10 – 9 TaBV 55/10, brwo; LAG München, DB 78, 894.

soll bei der Bestellung und Abberufung des Datenschutzbeauftragten mitbestimmen und bei Nichteinigung soll die Einigungsstelle verbindlich entscheiden.[1]

Durch das BRMoG[2] ist § 79a neu eingefügt worden. Der **Satz 1** formuliert eigentlich eine Selbstverständlichkeit, dass der BR bei der Verarbeitung personenbezogener, teils sensibler Beschäftigtendaten auch die datenschutzrechtlichen Vorschriften der DSGVO[3] und des BDSG[4] einzuhalten hat. Es gilt insbesondere § 26 BDSG, der erstmals in einer ausdrücklichen gesetzlichen Regelung spezifische Bestimmungen zur Verarbeitung personenbezogener Daten von Beschäftigten durch den BR enthält.[5] Auch wenn § 26 Abs. 1 Satz 1 BDSG den Vorgaben der Öffnungsklausel in Art. 88 DSGVO nicht genügt, stellt die Vorschrift weiterhin eine zulässige Rechtsgrundlage für eine solche Datenverarbeitung dar, da sie den Vorgaben des Art. 6 Abs. 3 DSGVO entspricht.[6] Voraussetzung ist, dass sich der BR im Rahmen der für ihn maßgebenden Gesetze (z. B. BetrVG) bzw. Kollektivverträge hält. Die Datenschutzanforderungen – insbesondere was Transparenz, Zweckbindung sowie Informations- und Löschungsrechte der AN betrifft – sind durch die **DSGVO** und das **BDSG** – auch für den BR – höher geworden.[7] Um einen ersten Einstieg – gerade auch für neue BR-Mitgl. – in das Thema zu ermöglichen, bietet sich dafür – neben einer Schulung nach § 37 Abs. 6 – z. B. im ersten Schritt eine Checkliste an.[8] Der BR hat sich intensiver um den Datenschutz im BR-Büro zu kümmern und innerhalb seines Zuständigkeitsbereichs eigenverantwortlich die Umsetzung technischer und organisatorischer Maßnahmen zur Gewährleistung der Datensicherheit gem. Art. 24 und 32 DSGVO sicherzustellen.[9] So hat das BAG den Auskunftsanspruch des BR nach § 80 Abs. 2 Satz 1 mit dem Vorhalten von Schutzmaßnahmen verknüpft, wenn sensible Gesundheitsdaten der Arbeitnehmer betroffen sind. In diesem Fall muss der Betriebsrat gesondert darlegen, wie er diese Daten schützen wird. (s. § 80 Rn. 14). Den Betriebsrat trifft in diesem Fall eine spezifische Schutzpflicht; er hat hinreichende Schutzvorkehrungen

---

1 *https://aur-blog.eu/reformvorschlag/*.
2 BGBl. 21 Teil 1, Nr. 32, S. 1762, in Kraft getreten am 18.6.21.
3 Am 25.5.18 in Kraft getreten; Däubler-Gmelin, CuA 3/19, 8 zu den Grundprinzipien der DSGVO und den neuen Aufgaben für BR.
4 Am 25.5.18 in Kraft getreten.
5 Däubler, Rn. 640.
6 BAG 9.5.23 – 1 ABR 14/22 unter Aufgabe von BAG 7.5.19 – 1 ABR 53/17 hinsichtlich der Vorgaben der Öffnungsklausel in Art. 88 DSGVO.
7 Im Einzelnen DWWS-Däubler, § 26 Rn. 261 ff.
8 S. im Einzelnen Bargmann, CuA 6/22, 8.
9 Grundlegend dazu Ruchhöft, CuA 2/23, 28.

nach § 26 Abs. 3 Satz 3 i. V. m. § 22 Abs. 2 BDSG zu treffen.[10] Der BR hat ein **eigenes Datenschutzkonzept**[11] zu entwickeln, das alle Fragen des Datenschutzes einheitlich regelt (s. auch § 75 Rn. 9, § 87 Rn. 42 sowie § 94 Rn. 9 und 10).[12] Das sollte in einer GO als Regelungsgrundlage für die interne BR-Organisation geschehen. Bei einer Regelung in einer freiwilligen BV ist zu beachten, dass damit auch der AG ein Kontrollrecht über die BV hat. Seitens des AG sind dem BR die erforderlichen Sachmittel gem. § 40 Abs. 2 zur Verfügung zu stellen, wie etwa geeignete Sicherungseinrichtungen für Unterlagen mit personenbezogenen Daten.

Bei einer unternehmensübergreifenden Verarbeitung in einem Konzern müssen die einschlägigen datenschutzrechtlichen Regelungen ebenso beachtet und eingehalten werden wie bei der Vergabe von Auftragsverarbeitungen an externe Unternehmen, da in der DSGVO ein datenschutzrechtliches Konzernverarbeitungsprivileg fehlt.[13] Das ist für die Datenübermittlung zwischen KBR und GBR bzw. BR zu beachten.

Durch die Regelung in Satz 2 hat der Gesetzgeber die seit dem Inkrafttreten 2
der DSGVO und des BDSG umstrittene **datenschutzrechtliche Verantwortlichkeit** für die Verarbeitung personenbezogener Daten durch den BR festgelegt. Er weist sie dem Arbeitgeber zu. Damit ist – wie nach der bisherigen Rechtsprechung zum BDSG a. F. – der BR nur als **Teil des i. S. von Art. 4 Nr. 7 DSGVO verantwortlichen Unternehmens** anzusehen (s. § 94 Rn. 9).[14] Das führt u. a. dazu, dass den BR zwar keine Verpflichtung trifft, ein eigenes Verzeichnis von Verarbeitungstätigkeiten (Art. 30 DSGVO) zu führen, das Verarbeitungsverzeichnis des AG muss aber die Verarbeitungstätigkeiten des BR enthalten. Bei datenschutzrechtlichen Auskunftsrechten (Art. 15 DSGVO) ist der AG auf die Unterstützung durch den BR angewiesen, wenn der Auskunftsanspruch sich auf die durch den BR verarbeiteten Daten bezieht. Daraus ergibt sich eine **gegenseitige Unterstützungspflicht** bei der Einhaltung der datenschutzrechtlichen Vorschriften nach **Satz 3** im Innenverhältnis zwischen AG und BR, ohne dass damit die innerorganisato-

---

10 BAG 9.5.23 – 1 ABR 14/22 zum Anspruch auf Auskunft über die Namen der schwerbehinderten und ihnen gleichgestellten AN; 9.4.19 – 1 ABR 51/17 im Falle von Arbeitnehmerinnen, die ihre Schwangerschaft mitteilen; Wedde, CuA 9/22, 14.

11 S. dazu Haverkamp, Datenschutz, 3. Aufl., 2022.

12 BAG 9.5.23 – 1 ABR 14/22 mit den einzelnen Anforderungen; DKW-Klebe/Wankel, § 94 Rn. 53; Ruchhöft, CuA 2/23, 28; Däubler, Rn. 641b.

13 Döther, CuA 10/23, 8; Weichert, CuA 10/23, 12 zu Matrixstrukturen; Wedde, CuA 6/21, 8.

14 So auch Klebe/Schmidt/Klengel, FS 100 Jahre Betriebsverfassungsrecht, S. 303; Däubler, Rn. 640g; ebenso zum neuen Datenschutzrecht HessLAG 10.12.18 – 16 TaBV 130/18, AiB 6/19, 42 m. Anm. Bleck-Vogdt; LAG Sachsen-Anhalt 18.12.18 – 4 TaBV 19/17.

rische Selbstständigkeit und Weisungsfreiheit des BR durch den Gesetzgeber in Frage gestellt wird.[15] Durch die datenschutzrechtliche Verantwortlichkeit des AG wird nicht die institutionelle Unabhängigkeit des BR beschnitten.[16] Zusammenarbeit heißt nicht Kontrolle. Vielmehr geht es um seinen eigenen verantwortlichen Umgang mit dem Datenschutz, was für den BR eine Selbstverständlichkeit darstellen müsste. Den BR trifft die sich aus § 26 Abs. 3 Satz 3 i. V. m. § 22 Abs. 2 BDSG ergebende spezifische Schutzpflicht unabhängig davon, ob er Teil der verantwortlichen Stelle oder selbst Verantwortlicher ist.

3 Da der BR für einen datenschutzkonformen Umgang nach der DSGVO und dem BDSG selbst verantwortlich ist, sollte er einen **Datenschutzverantwortlichen aus den Reihen der BR-Mitgl.** bestellen, der sich um Fragen des Datenschutzes schwerpunktmäßig kümmert (s. § 94 Rn. 10).[17] Die Aufgabe kann z. B. auch einem IT-Ausschuss übertragen werden.

Aus der innerorganisatorischen Selbstständigkeit und Weisungsfreiheit des BR folgt auch, dass der **betriebliche Datenschutzbeauftragte** keine Kontrollrechte gegenüber dem BR hat (s. § 94 Rn. 10).[18] Bereits zum alten Datenschutzrecht hat das BAG festgestellt, dass keine Kontrollbefugnis des betrieblichen Datenschutzbeauftragten nach den §§ 36 und 37 BDSG a. F. besteht.[19] Ein Kontrollrecht des Datenschutzbeauftragten wäre mit der vom BetrVG vorgeschriebenen Unabhängigkeit des BR von dem AG unvereinbar. Ein so massiver und wertungswidersprüchlicher Eingriff in ein Strukturprinzip des BetrVG konnte das BAG – zu Recht – dem BDSG a. F. nicht entnehmen. Der Datenschutzbeauftragte wird zudem vom Arbeitgeber ausgewählt und bestellt und untersteht seiner Dienstaufsicht. An dieser Situation hat sich durch die DSGVO und das BDSG nichts geändert.[20]

Davon unabhängig steht es im Ermessen des BR, eine **Beratung durch den betrieblichen Datenschutzbeauftragten** in Anspruch nehmen. Durch die im Gesetzgebungsverfahren zum BRMoG eingefügten **Sätze 4 und 5** in § 79a wird deutlich, dass die Verschwiegenheitspflichten des Datenschutzbeauftragten auch solche Informationen umfassen, deren Bekanntgabe an den AG die interessenvertretungsrechtliche Unabhängigkeit des BR berühren. Dadurch soll sichergestellt werden, dass den betrieblichen Datenschutzbeauftragten eine **besondere Verschwiegenheitsverpflichtung gegenüber**

15 BAG 9. 5. 23 – 1 ABR 14/2; Kiesche, AiB extra 8/22, 24.
16 BT-Drucks. 19/29819, S. 17.
17 DKW-Klebe/Wankel, § 94 Rn. 53; Däubler, Rn. 641c.
18 So LAG BaWü 20. 5. 22 – 12 TaBV 4/21, in der Rechtsbeschwerde ist das BAG 9. 5. 23 – 1 ABR 14/22 nicht auf die Frage eingegangen.
19 BAG 11. 11. 97 – 1 ABR 21/97, AiB 99, 695 m. Anm. Wedde
20 LAG BaWü 20. 5. 22, 12 TaBV 4/21, in der Rechtsbeschwerde ist das BAG 9. 5. 23 –1 ABR 14/22 nicht auf die Frage eingegangen; Klebe/Schmidt/Klengel, FS 100 Jahre Betriebsverfassungsrecht, S. 303; Mittländer, CuA 1/21, 34.

dem AG trifft. Die Verschwiegenheitsverpflichtung betrifft zum einen – mit Blick auf den Grundsatz der Nicht-Öffentlichkeit nach § 30 – alle Informationen, die Rückschlüsse auf den Meinungsbildungsprozess des BR zulassen und deren Kenntnis den Meinungsbildungsprozess des BR gefährden würde. Es handelt sich dabei um Informationen jeglicher Art – auch verfahrensbezogener Art.[21] Zum anderen wird in **Satz 5** klargestellt, dass die Verschwiegenheitsverpflichtung des betrieblichen Datenschutzbeauftragten nach den §§ 6 Abs. 5 Satz 2, 38 Abs. 2 BDSG hinsichtlich der vom BR verarbeiteten personenbezogenen Daten auch gegenüber dem AG gilt. Danach ist der Datenschutzbeauftragte ohne Einwilligung der betroffenen Personen zur Verschwiegenheit über die Identität der betroffenen Person sowie über Umstände, die Rückschlüsse auf die betroffene Person zulassen, verpflichtet. Die Verschwiegenheitspflicht gilt nicht nur gegenüber Dritten, die außerhalb des datenschutzrechtlich verantwortlichen AG stehen, sondern auch gegenüber dem AG selbst. Das diese Verpflichtungen auch für den **Datenschutzverantwortlichen aus den Reihen der BR-Mitgl.** gelten, ist selbstredend.

§ 80 Allgemeine Aufgaben

(1) Der Betriebsrat hat folgende allgemeine Aufgaben:

1. darüber zu wachen, dass die zugunsten der Arbeitnehmer geltenden Gesetze, Verordnungen, Unfallverhütungsvorschriften, Tarifverträge und Betriebsvereinbarungen durchgeführt werden;

2. Maßnahmen, die dem Betrieb und der Belegschaft dienen, beim Arbeitgeber zu beantragen;

2a. die Durchsetzung der tatsächlichen Gleichstellung von Frauen und Männern, insbesondere bei der Einstellung, Beschäftigung, Aus-, Fort- und Weiterbildung und dem beruflichen Aufstieg, zu fördern;

2b. die Vereinbarkeit von Familie und Erwerbstätigkeit zu fördern;

3. Anregungen von Arbeitnehmern und der Jugend- und Auszubildendenvertretung entgegenzunehmen und, falls sie berechtigt erscheinen, durch Verhandlungen mit dem Arbeitgeber auf eine Erledigung hinzuwirken; er hat die betreffenden Arbeitnehmer über den Stand und das Ergebnis der Verhandlungen zu unterrichten;

4. die Eingliederung schwerbehinderter Menschen einschließlich der Förderung des Abschlusses von Inklusionsvereinbarungen nach § 166 des Neunten Buches Sozialgesetzbuch und sonstiger besonders schutzbedürftiger Personen zu fördern;

5. die Wahl einer Jugend- und Auszubildendenvertretung vorzubereiten und durchzuführen und mit dieser zur Förderung der Belange der

21 BT-Drucks. 19/29819, S. 17.

in § 60 Abs. 1 genannten Arbeitnehmer eng zusammenzuarbeiten; er kann von der Jugend- und Auszubildendenvertretung Vorschläge und Stellungnahmen anfordern;
6. die Beschäftigung älterer Arbeitnehmer im Betrieb zu fördern;
7. die Integration ausländischer Arbeitnehmer im Betrieb und das Verständnis zwischen ihnen und den deutschen Arbeitnehmern zu fördern sowie Maßnahmen zur Bekämpfung von Rassismus und Fremdenfeindlichkeit im Betrieb zu beantragen;
8. die Beschäftigung im Betrieb zu fördern und zu sichern;
9. Maßnahmen des Arbeitsschutzes und des betrieblichen Umweltschutzes zu fördern.

(2) Zur Durchführung seiner Aufgaben nach diesem Gesetz ist der Betriebsrat rechtzeitig und umfassend vom Arbeitgeber zu unterrichten; die Unterrichtung erstreckt sich auch auf die Beschäftigung von Personen, die nicht in einem Arbeitsverhältnis zum Arbeitgeber stehen, und umfasst insbesondere den zeitlichen Umfang des Einsatzes, den Einsatzort und die Arbeitsaufgaben dieser Personen. Dem Betriebsrat sind auf Verlangen jederzeit die zur Durchführung seiner Aufgaben erforderlichen Unterlagen zur Verfügung zu stellen; in diesem Rahmen ist der Betriebsausschuss oder ein nach § 28 gebildeter Ausschuss berechtigt, in die Listen über die Bruttolöhne und -gehälter Einblick zu nehmen. Zu den erforderlichen Unterlagen gehören auch die Verträge, die der Beschäftigung der in Satz 1 genannten Personen zugrunde liegen. Soweit es zur ordnungsgemäßen Erfüllung der Aufgaben des Betriebsrats erforderlich ist, hat der Arbeitgeber ihm sachkundige Arbeitnehmer als Auskunftspersonen zur Verfügung zu stellen; er hat hierbei die Vorschläge des Betriebsrats zu berücksichtigen, soweit betriebliche Notwendigkeiten nicht entgegenstehen.

(3) Der Betriebsrat kann bei der Durchführung seiner Aufgaben nach näherer Vereinbarung mit dem Arbeitgeber Sachverständige hinzuziehen, soweit dies zur ordnungsgemäßen Erfüllung seiner Aufgaben erforderlich ist. Muss der Betriebsrat zur Durchführung seiner Aufgaben die Einführung oder Anwendung von Künstlicher Intelligenz beurteilen, gilt insoweit die Hinzuziehung eines Sachverständigen als erforderlich. Gleiches gilt, wenn sich Arbeitgeber und Betriebsrat auf einen ständigen Sachverständigen in Angelegenheiten nach Satz 2 einigen.

(4) Für die Geheimhaltungspflicht der Auskunftspersonen und der Sachverständigen gilt § 79 entsprechend.

Inhaltsübersicht Rn.

1. Aufgaben des Betriebsrats

a) Überwachungsaufgaben

Der BR hat im Rahmen seiner **Überwachungsaufgabe** darauf zu achten, dass alle Rechtsvorschriften, die zugunsten der Arbeitnehmer im Betrieb gelten, eingehalten werden. Die Wahrnehmung der Überwachungsaufgaben nach Abs. 1 obliegt dem BR und nicht dem GBR bzw. KBR.[1] Soweit allerdings der GBR oder KBR im Rahmen ihrer Zuständigkeit bzw. nach Übertragung von Aufgaben GBVen bzw. KBVen abgeschlossen haben, die Kontrollrechte vorsehen, können auch GBR bzw. KBR solche Überwachungsaufgaben wahrnehmen. Die Überwachungsaufgabe ist vom Vorliegen besonderer Mitwirkungs- bzw. Beteiligungsrechte unabhängig.[2] Zu den Rechtsvorschriften zählen z. B. das ArbZG, ArbSchG, MiLoG, NachwG, das BUrlG, das BEEG, das AGG, das TzBfG, die ArbStättV, die GefStoffV sowie alle Vorschriften des **europäischen Gemeinschaftsrechts**, die Vorschriften zugunsten der 1

---

1 BAG 16.8.11 – 1 ABR 22/10, NZA 2012, 342.
2 BAG 6.5.03 – 1 ABR 13/02, NZA 03, 1348.

Arbeitnehmer in Betrieb enthalten. Hierunter fallen z. B. auch die im Betrieb verwandten **Formulararbeitsverträge**. Diese sind z. B. auf die Vereinbarkeit mit dem NachWG und dem Recht der allgemeinen Geschäftsbedingungen zu prüfen.[3] Dabei geht es um eine Rechtskontrolle des Inhalts der Arbeitsverträge. Stellt der BR Verstöße gegen geltendes Recht fest, muss er beim Arbeitgeber auf Abhilfe drängen (vgl. zum Recht zur Prüfung einen Sachverständigen hinzuzuziehen Rn. 28).[4] Auch das **BDSG** sowie die **DSGVO** ist ein zugunsten der AN geltendes Gesetz.[5] Die Rechte des Datenschutzbeauftragten schränken das Recht des BR nicht ein. Es erstreckt sich auch auf die Frage, ob der Datenschutzbeauftragte die erforderliche Fachkunde und Zuverlässigkeit hat.[6]

Zur Überwachungsaufgabe des BR gehört auch die Überprüfung, ob die Arbeitszeitregelungen, wie sie sich aus Gesetz und Tarifvertrag ergeben, eingehalten werden.[7] Ebenso, ob die Arbeitszeitquoten nach dem MTV Metall NRW eingehalten werden.[8] Auch die Einhaltung des allgemeinen gesetzlichen Mindestlohns bzw. **der Mindestlöhne** nach dem AEntG bzw. für die Leiharbeit nach dem AÜG gehört zu den Überwachungsaufgaben des BR. Er kann die Mindestlöhne kontrollieren, in dem er Einsicht in die Bruttolohn- und Gehaltslisten (s. Rn. 25) nimmt und die Arbeitszeitaufzeichnungen kontrolliert.

2 Die allgemeine Überwachungsaufgabe gibt dem BR nach Auffassung des BAG keinen Anspruch, die Durchführung entsprechender Vorschriften durch den AG in einem arbeitsgerichtl. Beschlussverfahren durchzusetzen.[9] Das schließt nicht aus, dass der BR im Rahmen seines Schutzauftrages nach Nr. 1 in Einzelfällen überprüft, ob individuelle Arbeitsverträge arbeitsrechtlichen Vorschriften, etwa Schutzgesetzen, TV oder BV, entsprechen oder dagegen verstoßen;[10] ggf. ist der BR über einzelne Vereinbarungen in den individuellen Arbeitsverträgen der AN zu unterrichten.[11] Überdies hat der BR das Recht, die AN über die zu ihren Gunsten bestehenden arbeitsrechtlichen Bestimmungen, z. B. über Tarifregelungen, zu informieren und dabei

---

3 BAG 16. 11. 05 – 7 ABR 12/05

4 BAG 16. 11. 05 – 7 ABR 12/05.

5 Zum BDSG a. F. BAG 17. 3. 87 – 1 ABR 59/85, AiB 87, 287 m. Anm. J. Heilmann.

6 BAG 22. 3. 94 – 1 ABR 51/93, AiB 94, 637 m. Anm. Wedde.

7 BAG 6. 5. 03 – 1 ABR 13/02.

8 ArbG Münster, AiB 98, 468; Musterschreiben BR wegen Überwachung ArbZG DKW-F-Buschmann, § 80 Rn. 2.

9 BAG 17. 5. 11 – 1 ABR 121/09; 18. 5. 10 – 1 ABR 6/09, NZA 10, 1433; 16. 11. 05, NZA 05, 553; zur Kritik vgl. DKW-Buschmann, Rn. 7.

10 SR, Rn. 26.

11 Vgl. BAG 18. 10. 88 – 1 ABR 33/87.

eine andere Rechtsauffassung als der AG zu vertreten.[12] Ein TV kann die Überwachungsaufgabe des BR nicht einschränken.[13]
Der DGB-Reformentwurf zum BetrVG sieht eine Ausweitung der Aufgaben und MBRe der BR insbesondere im Bereich Arbeits- sowie Umweltschutz vor. Weiterhin sind nach dem Entwurf dem BR, auch im Hinblick auf die Entgeltlisten alle Unterlagen zur Verfügung zu stellen; die Hinzuziehung von Sachverständigen durch dem BR soll erleichtert werden.[14]

b) Betriebsbegehungen

Der BR hat außerdem das Recht, **Betriebsbegehungen** durchzuführen. Ihm 3
steht ein Zugangsrecht zu den Arbeitsplätzen der Belegschaft zu.[15] Notwendig ist ein Bezug zu den Aufgaben des BR.[16] In diesem Rahmen ist der AG verpflichtet, dem BR jederzeit ohne Begleitung durch den AG nach erfolgter Abmeldung beim jeweiligen Vorgesetzten durch das/die begehenden BR-Mitgl. Zugang zu **allen Arbeitsplätzen** zu gewähren (vgl. ergänzend § 37 Rn. 11 ff.; § 78 Rn. 1).[17] Dies gilt auch während eines **Arbeitskampfes** zur Wahrnehmung betriebsverfassungsrechtlicher Aufgaben jedenfalls dann, wenn im Betrieb AN arbeiten.[18] Der BR hat zur Wahrnehmung seiner betriebsverfassungsrechtlichen Aufgaben das Recht, **alle Arbeitsplätze** – auch in »Hochsicherheitsabteilungen« – selbst dann aufzusuchen, wenn keine bestimmten Verdachtsmomente eines drohenden oder erfolgten Verstoßes gegen AN-Schutzvorschriften vorliegen.[19] Das Zugangsrecht besteht auch im Hinblick auf Arbeitsplätze in einem Gemeinschaftsbetrieb.[20] Im Rahmen von Leiharbeit sind Entleiher nicht verpflichtet – anlassunabhängig – dem BR des **Verleiherbetriebs Zutritt** zu den Arbeitsplätzen der in seinem Betrieb beschäftigten Leih-AN zu gewähren, sofern im Betrieb des Entleihers ein BR besteht.[21] Das BAG hat offengelassen, ob dies auch dann gilt, wenn es im Betrieb des Entleihers keinen BR gibt und ob es evtl. ein anlassbezogenes Zutrittsrecht gäbe, z. B. bei Fragen der personellen Mitbestimmung oder bei der Behandlung von Beschwerden nach § 84 Abs. 1 Satz 1. Ein Zutrittsrecht

---

12 Vgl. ArbG Detmold 18. 6. 86 – 1 BV 4/86. SR, Rn. 30.
13 BAG 21. 10. 03 – 1 ABR 39/02.
14 *https://aur-blog.eu/reformvorschlag/*.
15 BAG 15. 10. 14 – 7 ABR 74/12, NZA 15, 560.
16 BAG 15. 10. 14 – 7 ABR 74/12, NZA 15, 560.
17 BAG 15. 10. 14 – 7 ABR 74/12; 13. 6. 89 – 1 ABR 4/88.
18 LAG Düsseldorf 5. 7. 94 – 8 TaBV 57/94, AuR 94, 107; DKW-Buschmann Rn. 24 m. w. N.
19 ArbG Frankfurt 30. 10. 86 – 13 BV 16/86; vgl. auch DKW-Buschmann, Rn. 23.
20 DKW-Buschmann § 80 Rn. 26.
21 BAG 15. 10. 14 – 7 ABR 74/12; für Pflicht des Entleihers dem BR des Verleihers Zutritt zu gewähren: Hamann jurisPR-ArbR 16/2015 Anm. 1.

zu Homeoffice Arbeitsplätzen außerhalb des Betriebs, z. B. in der Wohnung der AN, hat der BR ohne ausdrückliche Zustimmung der AN nicht.

4 Stellt der BR bei der Betriebsbegehung Missstände fest, etwa Verstöße gegen Arbeitsschutzvorschriften, kann er die AN darauf aufmerksam machen und sie über ihre Rechte aufklären.[22] Eine ordnungsgemäße Geltendmachung von AN-Ansprüchen zur Wahrung von tariflichen Ausschlussfristen durch den BR setzt allerdings voraus, dass eine ausdrückliche Bevollmächtigung durch den AN vorliegt.[23]

c) Maßnahmen, die dem Betrieb und der Belegschaft dienen

5 Nr. 2 gibt dem BR das Recht, **Maßnahmen, die dem Betrieb und der Belegschaft** dienen, beim AG zu beantragen. Dies gilt z. B. auch für die Verbesserung der materiellen **Arbeitsbedingungen** und der **Arbeitsmethoden**, Beseitigung von Arbeitserschwernissen, Maßnahmen des **Arbeitsschutzes** und der **Betriebsökologie**[24] sowie des Gesundheitsschutzes. Das Antragsrecht umfasst auch Einzelmaßnahmen einschließlich individueller Belange von AN.[25] So kann der BR z. B. tätig werden, wenn ein Teilzeitbeschäftigter wegen der Versorgung des Kindes die Arbeitszeit geändert haben möchte.[26] Eine Durchsetzung seiner Anträge kann der BR jedoch nur in den im Gesetz ausdrücklich genannten Fällen erzwingen.

d) Gleichstellung von Frauen und Männern und Förderung der Vereinbarkeit von Beruf und Familie

6 **Die Nrn. 2a und b** verpflichten den BR im Rahmen seiner allgemeinen Aufgaben, die **Gleichstellung** von Frauen und Männern in allen Bereichen, so z. B. bei personellen Einzelmaßnahmen, bei betrieblichen Berufsbildungsmaßnahmen und bei dem beruflichen Aufstieg zu fördern. Darüber hinaus hat der BR die Aufgabe, sich beim AG für Maßnahmen einzusetzen, mit denen Erwerbstätigkeit und Familienpflichten vereinbart werden können. Dazu gehören etwa: betriebliche Kinderbetreuungseinrichtungen, Bereitstellung von Kinderbetreuungsplätzen in Einrichtungen anderer Träger, Einführung familienfreundlicher Arbeitszeiten, Möglichkeiten der individuellen Arbeitszeitgestaltung, Gewährung von Arbeitsbefreiung aus familiären Gründen sowie über den gesetzlichen Rahmen hinausgehenden

---

22 SR, Rn. 30.

23 LAG Berlin 5. 10. 87 – 9 Sa 72/87.

24 Vgl. DKW-Buschmann, Rn. 34 ff.; Herbst, AiB 93, 144; Trümner, AiB 91, 522; Teichert, AiB 94, 229.

25 Vgl. DKW-Buschmann, Rn. 34; Fitting, Rn. 20.

26 SR, Rn. 36.

Erziehungsurlaub oder »Familienpausen« mit Sicherung des Arbeitsplatzes, Angebot von beruflichen Anpassungsmaßnahmen nach Beendigung des Erziehungsurlaubs bzw. der Familienpause, neue Organisationsformen bei Bildungsangeboten. Bei der Durchsetzung der tatsächlichen Gleichberechtigung sind insbesondere die Vorschriften des AGG zu beachten. Ebenso die Rspr. des EuGH zu Art. 23 EU-Grundrechte-Charta sowie den Antidiskriminierungs-Richtlinien der EU zu beachten, die auch auf das Verbot der **mittelbaren Diskriminierung** abstellt. Eine mittelbare Diskriminierung liegt vor, wenn Frauen und Männer von bestimmten Regelungen oder Maßnahmen ungleich betroffen sind, obwohl das Geschlecht nicht der unmittelbare Anknüpfungspunkt für die Ungleichbehandlung ist.[27] Der BR hat bei der Ausübung seines MBR nach § 87 Abs. 1 Nr. 2 (Arbeitszeit) darauf zu achten, dass die Vereinbarkeit von Beruf und Familie gefördert wird.[28] Daraus ergibt sich aber kein automatischer Vorrang für Interessen von AN mit Familienpflichten. BR und AG haben bei der Abwägung der Interessen einen Beurteilungsspielraum.[29]

e) Aufgaben des BR nach dem Entgelttransparenzgesetz; Auskunftsanspruch der Beschäftigten

Nach dem Entgelttransparenzgesetz (EntgTranspG) hat der BR (§ 12 Abs. 1 **6a**
EntgTranspG) die Durchsetzung der Entgeltgleichheit von Männern und Frauen zu fördern. Ziel des Gesetzes ist es nicht, generelle Entgeltunterschiede, z. B. regionaler Art oder innerhalb eines Geschlechts, zu beseitigen. Es bezieht sich nur auf Entgeltunterscheide zwischen den Geschlechtern. Das Gesetz legt u. a. einen individuellen Auskunftsanspruch über das Entgelt von AN mit gleicher oder gleichwertiger Tätigkeit fest (§ 10 ff. EntgTranspG, s. § 75 Rn. 3).

Den individuellen **Auskunftsanspruch** kann ein AN nur in Betrieben mit mehr als i. d. R. 200 Beschäftigten geltend machen §§ 12 Abs. 1 EntgTranspG). Der Auskunftsanspruch der Beschäftigten besteht gegenüber dem BR und nur in best. Fällen ggü. dem AG (§§ 14 Abs. 2, 15 Abs. 2 EntgTranspG). Dabei kann ein AN Auskunft zum durchschnittlichen Bruttoentgelt und zu zwei weiteren Entgeltbestandteilen (z. B. Boni, Dienstwagen usw.) verlangen 8§ 10 Abs. 1 EntgTranspG).

Der Auskunftsanspruch bezieht sich zum einen auf die Kriterien und das Verfahren der Entgeltfindung und zum anderen auf das Vergleichsentgelt (§ 11 Abs. 2, 3 EntgTranspG).

---

27 Vgl. DKW-Berg § 75, Rn. 30.
28 BAG 16.12.08 – 9 AZR 893/07.
29 BAG 16.12.08 – 9 AZR 893/07.

Die Auskunftspflichten unterscheiden sich – je nachdem, ob es sich um tarifgebundene (=originäre TV-Bindung gem. § Abs. 1 TVG, § 5 Abs. 4 EntgTranspG) bzw. – tarifanwendende (= Bezugnahmeklausel im Arbeitsvertrag für alle AN im Arbeitsvertrag ohne Abweichungen, § 5 Abs. 5 EntgTranspG) AG handelt.
Wenn ein AG **tarifgebunden** bzw. tarifanwendend ist, kann der BR oder AG im Hinblick auf Kriterien und Verfahren der Entgeltfindung auf den jeweiligen TV verweisen (z. B. auf das ERA, den TVöD, EntgeltrahmenT-Ve und Entgelt-TVe; § 11 Abs. 2 EntgTranspG). Dies aber nur, soweit die Entgeltbestandteile dort geregelt sind. Für nicht tarifgebundene bzw. nicht tarifanwendende Betr. muss der BR oder der AG jeweils angeben, wie viele Angehörige des anderen Geschlechts die Vergleichstätigkeit ausüben. (Einzelheiten § 15 Abs. 4 EntgTranspG).
Das **Vergleichsentgelt** muss in jedem Fall konkret angegeben werden. Das Vergleichsentgelt ist als »aus Vollzeit hochgerechneter statistischer Median des durchschnittlichen monatlichen Bruttoentgelts sowie der benannten Entgeltbestandteile« definiert. Wenn z. B. 10 männliche AN in die Vergleichsgruppe gehören, ist deren Entgelt jeweils auf Vollzeit umzurechnen und dann der entsprechende Median aus den 10 Bruttojahresentgelten der 10 männlichen AN zu bilden (§ 11 EntgTranspG). Dabei ist zu beachten, das Vergleichsentgelte nicht angegeben werden dürfen, wenn die Vergleichstätigkeit von weniger als 6 Angehörigen des jeweils anderen Geschlechts ausgeübt wird (§ 12 Abs. 3 Satz 2 EntgTranspG).
Der BR hat, wenn Beschäftigte Auskunft verlangen, diesen Anspruch zu erfüllen. Der BR muss den AG in anonymisierter Form umfassend über bei ihm eingegangene Auskunftsverlangen informieren.
Der Betriebsausschuss oder ein Ausschuss nach § 28 Abs. 1 hat das Recht, Einsicht in die Bruttolohn- und Gehaltslisten zu nehmen und diese auszuwerten (s. § 34 Rn. 4 zur Verwendung der Unterlagen im BR). Der AG hat die Bruttolohn- und Gehaltslisten nach Geschlecht aufzuschlüsseln. Alle Entgeltbestandteile – einschließlich übertariflicher und individuell ausgehandelter Zulagen – müssen aufgelistet werden. Die Aufschlüsselung muss so erfolgen, dass dem BR die Erfüllung des Auskunftsverlangens ohne weiteres möglich ist. (§ 13 Abs. 3 EntgTranspG). Der AG kann sich nicht darauf berufen, dass er diese Art von aufgeschlüsselter Bruttolohn- und Gehaltslisten nicht hätte. Er muss sie dann im Rahmen des EntgTanspG (s. zur Erstellung von Unterlagen im Allgemeinen Rn. 18) erstellen.[30] Die Bruttolohn- und Gehaltslisten dürfen nicht anonymisiert werden.[31]

30 LAG Sachsen-Anhalt 18.12.18 – 4 TaBv 19/17; Kania, NZA 17, 819; DKW-Buschmann Rn. 128.

31 BAG 7.5.19 – 1 ABR 53/17 NZA 19, 1218.

Nach der Gesetzesbegründung[32] soll damit nicht das Recht verbunden sein, sich Kopien zu fertigen. Auch soll der Betriebsrat keinen Anspruch auf Aushändigung der Entgeltlisten in irgendeiner Form haben.[33] Notizen durfte der BR im Rahmen der bisherigen Rspr. ohnehin schon anfertigen (zur Kritik an dieser Rspr. s. § 80 Rn. 18). Der Gesetzgeber hat Aufgaben im Gesetz festgelegt, ohne dem BR die dafür notwendigen praktikablen Werkzeuge eindeutig an die Hand zu geben.
Der Auskunftsanspruch differenziert weiterhin nach tarifgebundenen und sog. »tarifanwendenden« AG. Der AG ist verpflichtet, dem BR schriftlich oder in Textform mitzuteilen, ob er Tarifverträge entsprechend anwendet (§ 13 Abs. 5 EntgTranspG).
Der AN macht seine individuellen Auskunftsanspruch ggü. dem BR geltend. Allerdings kann der AG in tarifgebunden bzw. taifanwendenden Betr. die Aufgabe ganz oder in bestimmten Fällen (z. B. AT-Ang.) selbst übernehmen. Er muss dies dem BR vorher erläutern. Maximal kann die Übernahme der Auskunftsverpflichtung für die Amtszeit des jeweiligen BR erfolgen. Wenn der AG die Auskünfte erteilt, dann muss er den BR über die einzelnen Auskunftsverlangen und seine Antworten informieren.
Haben die AN die Auskunft über die Vergleichsentgelte erhalten, können sie entscheiden, ob sie weitere Schritte unternehmen wollen. Die Auskünfte können helfen, nach § 22 AGG (Beweislast bei Diskriminierungen) zu belegen, dass eine Diskriminierung vorliegt.
Das Verlangen kann alle zwei Jahre geltend gemacht werden, es sei denn die Umstände (z. B. Versetzung des AN, neuer TV, neues betriebliches Entgeltsystem) hätten sich wesentlich verändert (§ 10 Abs. 1 Satz 2 EntgTranspG). Mit Einführung des Gesetzes gelten aber Übergangsregelungen. Erstmals sechs Monate nach Inkrafttreten des Gesetzes am 6. 7. 2017 konnte der Anspruch geltend gemacht werden. Wird der Anspruch binnen drei Jahren nach dem 6. 1. 2018 geltend gemacht, kann er erst binnen drei Jahren wieder geltend gemacht werden (§ 25 Abs. 1 EntgTranspG). Er danach gilt der Zwei-Jahres-Rhythmus.
Die Frist für die Beantwortung beträgt i. d. R. drei Monate (§ 15 Abs. 3 EntgTranspG).
Das Gesetz fordert weiterhin AG mit i. d. R. 500 Beschäftigten auf, betriebliche **Prüfverfahren** in Zusammenarbeit mit dem BR durchzuführen. Diese sollen dazu dienen, die Einhaltung des Entgeltgleichheitsgebotes zu überprüfen. Die Beschäftigten sind über das Ergebnis zu informieren (§§ 17 ff. EntgTranspG). Dieser Bericht ist freiwillig. Der BR sollte den AG auffordern, diese Überprüfungen durchzuführen und z. B. auf der Betriebsversamml. darüber zu berichten.

32 BT-Drucks. 18/11133, S. 63.
33 BAG 29. 9. 20 – 1 ABR 32/19.

f) Entgegennahme von Anregungen und ihre Behandlung

7 Die Regelung in Nr. 3 ergänzt die der Nrn. 2 und 2a, b. Der BR ist somit Anlaufstelle für **Anregungen** der AN des Betriebs und der JAV. Auch **Beschwerden** können unter diese Bestimmung fallen. Diese behandelt der BR jedoch zweckmäßigerweise nach § 85 (vgl. die dortigen Erl.). Die Behandlung von Anregungen gehört zu den **Pflichtaufgaben** des BR. Hält der BR die Anregung für berechtigt, hat er in **Verhandlungen mit dem AG** auf eine Erledigung hinzuwirken. Die Betroffenen hat er über den Stand und das Ergebnis zu unterrichten.[34] Der einzelne AN muss die Anregung nicht selbst beim BR vortragen. Es kann auch ein anderer AN für ihn tätig werden; ebenso kann eine AN-Gruppe (Arbeitsbereich, Abteilung) einen Beschäftigten beauftragen, die Anregung beim BR vorzubringen.

g) Eingliederung schwerbehinderter und schutzbedürftiger Personen

8 Bei der **Eingliederung schwerbehinderter** Menschen und **schutzbedürftiger Personen** (Nr. 4) hat der BR mit der Schwerbehindertenvertretung zusammenzuarbeiten, damit die Zielsetzungen des Schwerbehindertenrechts (SGB IX) möglichst umfassend verwirklicht werden. Hiervon erfasst sind alle schwerbehinderten und ihnen gleichgestellten AN einschließlich der leit. Ang.[35] Insbesondere soll der Abschluss von Inklusionsvereinbarungen (§§ 166, 176 SGB IX) zwischen SBV, BR und Arbeitgeber gefördert werden. Zur Eingliederung gehört zum einen, darauf zu achten, dass der Arbeitgeber überhaupt schwerbehinderte Menschen beschäftigt. Zum anderen, dass diese durch die entsprechende Gestaltung des Arbeitsumfeldes (vgl. zu den Inhalten einer Inklusionsvereinbarung § 166 SGB IX) Arbeitsbedingungen vorfinden, die eine Beschäftigung und die gleichberechtigte Teilhabe am Arbeitsleben möglich machen. Der AG hat dem BR Auskunft über die Namen der schwerbehinderten und ihnen gleichgestellten AN zu geben. Dem steht der Datenschutz nicht entgegen.[36] Der AG hat dem BR und der SBV die frei gewordenen Arbeitsplätze mitzuteilen. Der BR hat darauf hinzuwirken, dass den schwerbehinderten Menschen eine ihren Kräften und Fähigkeiten entsprechende Beschäftigung zugewiesen wird und ggf. auch eine Änderung der Arbeitsplätze erfolgt. Das Gesetz weist dem BR darüber hinaus allgemein die Aufgabe zu, die Eingliederung schutzbedürftiger Personen zu fördern. Schutzbedürftige Personen sind u. a. Menschen, die zwar nicht als schwerbehinderte Menschen anerkannt sind, aber trotzdem (z. B. wegen

---

34 Vgl. DKW-Buschmann, Rn. 49 ff.
35 BAG 9. 5. 23 – 1 ABR 14/22.
36 BAG 9. 5. 23 – 1 ABR 14/22.

chronischer Krankheiten) besonderer Beachtung bedürfen. Auch Langzeitarbeitslose, die im Betr. im Rahmen von Eingliederungen tätig sind, zählen dazu.[37] Der BR kann auch z. B. **Programme und Maßnahmen** anregen, die geeignet sind, spezifische **Eingliederungsbarrieren** gegenüber solchen Personen abzubauen und die ihrer **Integration** in die Belegschaft dienen.[38] Die Vorschriften des AGG, die auch eine Benachteiligung wegen Behinderung untersagen (§§ 1, 7 AGG), sind zu beachten (s. § 75 Rn. 1 ff.).

h) Zusammenarbeit mit der JAV

Bei seiner **Zusammenarbeit mit der JAV** nach Nrn. 3, 5 hat der BR mit dieser darauf hinzuwirken, dass eine JAV gewählt und ihre Arbeit konstruktiv unterstützt wird. Er hat weiterhin u. a. zu beachten, dass die Ausbildungsplätze gut ausgestattet sind, ein Werksunterricht in ausreichendem Maße angeboten wird, die Aus- und Fortbildung der Ausbilder gesichert ist, ein angemessenes Verhältnis der Ausbilder zur Anzahl der Auszubildenden besteht, moderne Ausbildungsmittel verwandt werden und eine planmäßige Ausbildung stattfindet.[39] 9

i) Beschäftigung älterer AN

Nr. 6 **(Beschäftigung älterer AN)** konkretisiert und ergänzt die Regelung des § 75 Abs. 1 (vgl. die dortigen Erl.; § 77 Rn. 7).[40] Im Rahmen der Personalplanung (§ 92) und bei den personellen Einzelmaßnahmen (§§ 99 ff.) wird der BR dafür Sorge zu tragen haben, dass auch ältere Menschen eingestellt sowie frei werdende und entsprechend geeignete Arbeitsplätze mit älteren AN besetzt werden. Die Anpassung bereits beschäftigter älterer AN an veränderte wirtschaftliche und technische Begebenheiten sind weitere wichtige Aspekte bei der Förderungspflicht nach Nr. 6.[41] Die Aufgabe die Beschäftigung älterer AN zu fördern, wird unterstützt durch das Verbot der Benachteiligung aus Gründen des Alters in § 1 AGG. Dabei sind jedoch nach dem AGG unter bestimmten Bedingungen weiterhin Differenzierungen nach Alter (vgl. §§ 8, 10 AGG) zulässig. 10

37 Vgl. Fitting, § 80 Rn. 30.
38 Vgl. DKW-Buschmann, Rn. 52 ff.
39 Vgl. DKW-Buschmann, Rn. 58.
40 Vgl. auch BAG, NZA 92, 992; DKW-Buschmann, Rn. 61 f.; Fritsch, BB 92, 701.
41 SR, Rn. 60.

j) Integration ausländischer AN

11 Bei der Ausfüllung der Nr. 7, der **Integration ausländischer AN** im Betrieb, geht es z. B. darum, gesonderte Informationsveranstaltungen für Ausländer oder besondere Sprechstunden für diese durchzuführen oder ggf. den AG dazu zu bringen, einen Deutschkurs während der Arbeitszeit durchzuführen.[42] AG und BR haben auch die Aufgabe, gegen betriebliche Erscheinungsformen von **Ausländerfeindlichkeit und Rassismus** vorzugehen. Bei Straftatbeständen kann auch eine Kündigung in Frage kommen.[43]

k) Sicherung und Förderung der Beschäftigung im Betrieb

12 Mit der neuen Regelung der **Nr. 8** wird ein Schwerpunkt innerhalb der allgemeinen Aufgaben des BR gesetzt. Vor dem Hintergrund der häufigen Umstrukturierungen und anderer Betriebsänderungen, die regelmäßig mit einem Personalabbau verbunden sind, soll sich der BR dafür einsetzen, dass die **Beschäftigung im Betrieb gesichert und gefördert** wird. Zur Erfüllung dieser wichtigen Aufgabe hat das neue Recht dem BR mehrere Beteiligungsrechte gegeben. Anzuführen sind insbesondere: die umfassenden Vorschlagsrechte, mit denen der BR ein Instrumentarium zur Ergreifung von Initiativen mit der Zielsetzung der Beschäftigungssicherung erhält (§ 92a); die Möglichkeit der Ermittlung des Qualifizierungsbedarfs und damit des Berufsbildungsbedarfs zur Durchführung betrieblicher Berufsbildungsmaßnahmen (§ 96 Abs. 1 Satz 2); die Durchsetzung von Maßnahmen der betrieblichen Berufsbildung unter bestimmten Voraussetzungen (§ 97 Abs. 2 Satz 1); die Hinzuziehung von Sachverständigen bei Betriebsänderungen in Betrieben mit mehr als 300 AN (§ 111 Satz 2); die MB bei der Verwendung von Sozialplanmitteln zur Schaffung neuer Beschäftigungsperspektiven, die der Vermeidung von Arbeitslosigkeit dienen (§ 112 Abs. 5 Nr. 2 a).

l) Förderung von Maßnahmen des Arbeitsschutzes und des betrieblichen Umweltschutzes

13 Die Förderung von Maßnahmen des **Arbeitsschutzes und des betrieblichen Umweltschutzes**[44] gehört nach Nr. 9 ausdrücklich zu den allgemeinen Aufgaben des BR. Das Gesetz gibt auch hier dem BR über die allgemeine Förderpflicht hinaus bestimmte Beteiligungsrechte, damit er sich nachhaltig für dieses Ziel einsetzen kann. Nach § 89 hat der BR im Bereich des betrieb-

---

42 Vgl. auch Helm, AiB 93, 70; Kleveman, AiB 93, 529; Parkinus, PersR 95, 193.
43 BAG, AuR 93, 124; LAG Köln, AuR 94, 315; ArbG Hannover, BB 93, 1218 m. Anm. v. Däubler; ArbG Siegburg, DB 94, 1146; vgl. DKW-Buschmann, Rn. 63 f.
44 Zu Einzelheiten s. Däubler, Klimaschutz und Arbeitsrecht, S. 50; § 89 Rn. 1.

lichen Umweltschutzes keine vergleichbare Rechtsstellung, wie er sie im Arbeitsschutz innehat (vgl. die Erl. zu § 89). Die Bedeutung des betrieblichen Umweltschutzes soll außerdem in den Betriebs- und Abteilungsversamml. sowie in den BR-Versamml. thematisiert werden (vgl. §§ 45, 53 Abs. 2).

2. Informationspflichten des Arbeitgebers

a) Grundsätze

Der AG hat den BR – unaufgefordert und ggf. mehrmals zur gleichen Sache –, **rechtzeitig und umfassend** zu **unterrichten,** damit dieser seine Aufgaben wahrnehmen kann. Zu den Aufgaben des BR gehören – neben den allg. Aufgaben nach Abs. 1 – alle Mitbestimmungs- und Mitwirkungsrechte des BetrVG bzw. anderer Gesetze, soweit dort dem BR Aufgaben zugewiesen sind. Der allg. Informationsanspruch des BR nach § 80 Abs. 2 wird nicht verdrängt durch spezielle Informationsansprüche, wie z. B. nach § 43 Abs. 2, § 102 Abs. 1, §§ 100, 111. Die Ansprüche bestehen nebeneinander.[45] Die allgemeinen Aufgaben des BR nach § 80 Abs. 1 sind unabhängig vom Vorliegen besonderen Mitwirkungs- oder Mitbestimmungsrechte des BR.[46] Der Unterrichtungsanspruch wird daher zweistufig geprüft: Ob überhaupt eine Aufgabe des BR gegeben ist und ob im Einzelfall die begehrte Information zur Aufgabenwahrnehmung des BR erforderlich ist.[47] Der BR muss dies konkret darlegen; eine pauschale Bezugnahme auf einzelne Aufgaben z. B. nach § 87 reicht nicht.[48] Zudem muss der BR bei der Geltendmachung eines Auskunftsbegehrens, das sensible, personenbezogene Daten umfasst, ggü. dem AG darlegen, welche konkreten Maßnahmen zum **Schutz dieser Daten** er im BR bzw. im BR-Büro anwendet (s. § 34 Rn. 4).[49] Legt der BR dies nicht dar, kann der AG die Auskunft verweigern. Der Unterrichtungsanspruch besteht nicht nur dann, wenn feststeht, dass der BR ein Beteiligungsrecht hat, sondern auch wenn mit einer gewissen Wahrscheinlichkeit von einem solchen Recht ausgegangen werden kann.[50] Ein Informationsanspruch ist nur dann nicht gegeben, wenn ein Beteiligungsrecht des BR bzw. eine Aufgabe des BR offensichtlich nicht in Betracht kommt.[51] Diese Generalklausel, 14

45 DKW-Buschmann, Rn. 79, Fitting, Rn. 48; Richardi/Thüsing, Rn. 50 jeweils m. w. N.
46 BAG 19. 2. 08 – 1 ABR 84/06; NZA 08, 1078.
47 BAG 9. 4. 19 – 1 ABR 51/17, NZA 19, 1055; 7. 2. 12 – 1 ABR 46/10, NZA 12, 744.
48 BAG 9. 5. 23 – 1 ABR 14/22.
49 BAG 9. 4. 19 – 1 ABR 51/17, NZA 19, 1055; 12. 3. 19 – 1 ABR 43/17, NZA 19, 1153.
50 BAG 24. 1. 06, NZA 06, 1050.
51 BAG 7. 2. 12 – 1 ABR 46/10, NZA 12, 744; BAG 19. 2. 08 – 1 ABR 84/06; NZA 08, 1078.

die ggf. ergänzend für sämtliche Aufgaben und Befugnisse des BR nach dem BetrVG gilt, bedeutet, dass der AG die Unterrichtung anhand von Unterlagen vorzunehmen und diese dem BR auch zur Verfügung zu stellen und zu erläutern hat, weil nur so eine sinnvolle Vorbereitung und Zusammenarbeit möglich ist. Die vom AG geschuldete Unterrichtung des BR soll diesen in die Lage versetzen, in **eigener Verantwortung** selbst zu prüfen, ob sich für ihn Aufgaben ergeben und ob er tätig werden muss.[52] Der Unterrichtsanspruch besteht auch während eines **Arbeitskampfs** uneingeschränkt. So muss der AG dem BR unter Nennung der Namen darüber unterrichten, welche Überstunden, Schichtverschiebungen, Versetzungen, Einstellungen und Beschäftigung von Mitarbeitern von Fremdfirmen beabsichtigt sind.[53]

Der Unterrichtungsanspruch des BR kann ggf. zu einem **»gestuften« Informationsanspruch** führen.[54] Das wird etwa durch Abs. 2 Satz 1 zweiter Halbsatz deutlich. Der AG wird danach zur Unterrichtung des BR über die Beschäftigung von Personen verpflichtet, die **nicht in einem Arbeitsverhältnis** zum AG stehen. Sofern der AG von sich aus dieser Unterrichtungspflicht nicht nachkommt, kann der BR nähere Informationen über die Beschäftigung von Personen wie z. B. Leih-AN, sog. freie Mitarbeiter oder solcher Beschäftigter verlangen, die nach Meinung des AG im Rahmen eines Werkvertrags tätig sind. Dabei kann sich das Auskunftsbegehren auf einzelne Personen erstrecken. Der BR kann aber auch »gestuft« in der Weise vorgehen, dass er wegen der großen Zahl der in Betracht kommenden Personen vom AG zunächst eine **Gesamtübersicht** zu einem bestimmten Stichtag verlangt, um sich eine Übersicht zu verschaffen. Der BR hat dabei nach der Rspr. des BAG,[55] die auch auf die jetzige Regelung des § 80 Abs. 2 Satz 1 zweiter Halbsatz anzuwenden ist, Anspruch auf insbesondere folgende Informationen: das Aufgabengebiet; die Arbeitszeiten (soweit festgelegt); die Art der Entlohnung (z. B. Pauschalentlohnung, Stundensatz, Tariflohn/Gehalt). Dadurch kann der BR Hinweise dafür gewinnen, ob die betriebsverfassungsrechtliche AN-Eigenschaft vorliegt. Soweit der BR weitere Auskünfte braucht oder zur Prüfung Unterlagen benötigt, sind diese vom AG zu geben bzw. zur Verfügung zu stellen. Wichtig ist in diesem Zusammenhang auch die Feststellung des BAG,[56] der BR habe in **eigener Verantwortung** zu prüfen, ob sich für ihn aufgrund der getroffenen Feststellungen zum Beschäftigtenstatus Aufgaben i. S. des BetrVG ergeben.

---

52 Ständige Rspr. des BAG; vgl. etwa BAG 6. 5. 03, NZA 03, 1348.
53 BAG 10. 12. 02, NZA 04, 223; LAG RP 21. 3. 13 – 10 TABV 41/12, NZA-RR 291.
54 Vgl. BAG 10. 10. 06, BB 07, 106.
55 BAG 15. 12. 98 – 1 ABR 9/98.
56 BAG 15. 12. 98 – 1 ABR 9/98.

b) Zeitpunkt der Information

Rechtzeitig bedeutet, dass noch Alternativvorschläge des BR berücksichtigt werden können. Im Rahmen seiner Informationspflicht nach dieser Vorschrift ist der AG auch verpflichtet, dem BR **Betriebs- und Geschäftsgeheimnisse** mitzuteilen,[57] die er ggf. unter die Geheimhaltungspflicht des § 79 stellen kann (vgl. hierzu die Erl. zu § 79). 15

c) Umfang und Form der Information

Die Informationspflicht des AG über die **Verarbeitung personenbezogener Daten** der AN ist auch gegeben, wenn die Verarbeitung nicht im Betrieb selbst, sondern in einem Dritt-UN erfolgt.[58] So ist der AG u.a. verpflichtet, den BR darüber zu unterrichten, nach welchen Gesichtspunkten allgemein geregelte **Zulagen**, z.B. Funktionszulagen, Leistungszulagen, Einmalzahlungen, gewährt werden, damit er ggf. überprüfen kann, ob der Gleichbehandlungsgrundsatz (§ 75 Abs. 1) beachtet worden ist oder seine MBR nach § 87 Abs. 1 Nr. 10 berührt werden (vgl. im Übrigen § 87 Rn. 56ff.).[59] Weiterhin ist der AG verpflichtet, den BR darüber zu informieren, welche AN angemeldete **Nebentätigkeiten** verrichten, welchen Umfang diese haben und welcher Art sie sind.[60] Der AG ist auch verpflichtet, den BR vor **Ausspruch von Abmahnungen** zu informieren, damit dieser überprüfen kann, ob seine MBR aus § 87 Abs. 1 Nr. 1 tangiert werden.[61] Führt der AG **Belegschaftsbefragungen** durch, in denen er etwa nach den Einstellungen der AN zu ihrer Arbeit fragt (Arbeitszufriedenheit, Gehalt und Sozialleistungen, Verhalten von Vorgesetzten, Betriebsklima usw.) hat der BR Anspruch auf Mitteilung der Befragungsergebnisse, damit er prüfen kann, ob und inwieweit sich für ihn daraus Aufgaben ergeben.[62] Dies gilt auch dann, wenn im Ausland ansässige Konzernmutter die Befragung per E-Mail oder Intranet durchführen.[63] 16

Den Informationsansprüchen des BR stehen datenschutzrechtliche Bestimmungen i.d.R. nicht entgegen. Die Übermittlung von personenbezogenen 17

57 Vgl. hierzu auch BAG, DB 91, 1382.

58 So auch BAG 17.3.87, AP Nr. 29 zu § 80 BetrVG 1972 bei der Verarbeitung der Daten in einem anderen UN einer UN-Gruppe.

59 BAG 30.6.81, 10.2.87, 26.1.88, AP Nrn. 15, 27, 31 zu § 80 BetrVG 1972.

60 LAG BaWü, 22.11.91 – 12 TaBV8/91; a.A. LAG Köln, NZA 95, 443.

61 LAG Nds. 24.2.84 – 3 TaBV 9/83, das den AG jedenfalls für verpflichtet hält, den BR gleichzeitig mit der Äußerung an den AN zu informieren; ArbG Bremen, AiB 84, 95, das den AG für verpflichtet hält, den BR anhand von Unterlagen über kollektive Abmahnungen zu informieren; a.A. LAG Hamburg 16.6.83 – 7 TaBV 1/83; LAG SH, DB 83, 2145.

62 BAG 8.6.99 – 1 ABR 28/97.

63 Vgl. zum MBR des BR nach § 94 LAG Frankfurt, NZA-RR 02, 200.

Daten an den BR ist von § 26 Abs. 1 Satz 1 BDSG erfasst.[64] Er steht nicht außerhalb der verantwortlichen Stelle; er ist vielmehr Teil dieser (s. zum Datenschutz den neuen § 79a Rn. 1 ff.) Das gilt auch nach Inkrafttreten der DGVSO, die in Art. 4 Ziffer 7 den Verantwortlichen definiert. Die Übermittlung, z. B. der Namen der AN, die die Voraussetzungen für ein betriebliches Eingliederungsmanagement erfüllen, ist nicht abhängig von einer Zustimmung der betroffenen AN.[65] Gleiches gilt für die Einsichtnahme in die Bruttolohn- und Gehaltslisten.[66] Voraussetzung für die Information über Daten, die unter die besonderen Kategorien personenbezogener Daten (Art. 9 DSGVO) fallen ist, dass der BR angemessene und spezifische Schutzmaßnahmen trifft (Datenschutzkonzept) und dies darlegt[67]. Im Zusammenhang mit Verhandlungen über einen Interessenausgleich und Sozialplan wird das **Informationsrecht** des BR über Nebentätigkeiten einzelner AN ebenso wenig **durch** die Vorschriften des **BDSG** eingeschränkt wie über die sich aus den Personalakten der AN ergebenden Daten (Name, Anschrift, Geburtsdatum, Personenstand, Anzahl der Kinder, Datum des Betriebseintritts u. Ä.).[68] In einem UN, in dem kein WA nach § 106 f. gebildet werden kann, kann sich der Anspruch des BR/GBR auf Informationen zu **wirtschaftlichen Angelegenheiten** unmittelbar aus Abs. 2 ergeben, da sich aus § 106 Abs. 2 insoweit keinerlei Beschränkung ergibt.[69] Die Unterrichtung des BR durch den AG hat grundsätzlich in **deutscher Sprache** zu erfolgen. Eine Unterrichtung in einer fremden Sprache setzt grundsätzlich das Einverständnis aller BR-Mitgl. voraus. Sie hat auch in verständlicher Form (nicht in »Fachchinesisch«) zu erfolgen.[70] Umgekehrt ist der AG verpflichtet, deutsche Unterlagen in eine andere Sprache übersetzen zu lassen, wenn BR-Mitglieder nur diese sprechen und verstehen. Ggf. muss der Arbeitgeber auch Übersetzer für Sitzungen zur Verfügung stellen (vgl. § 90 Rn. 7).[71] Die Informationsrechte des BR sind auch einzuhalten, wenn der nationale AG kaum eigenen Entscheidungsspielraum hat, weil die maßgeblichen Entscheidungen

---

64 BAG 7.5.19 – 1 ABR 53/17; Däubler, Rn. 635.

65 BAG 9.5.23 – 1 ABR 14/22.

66 BAG 9.4.19 – 1 ABR 51/17.

67 BAG 9.5.23 – 1 ABR 14/22; 9.4.19 – 1 ABR 51/17.

68 LAG BaWü a. a. O.; ArbG Düsseldorf, AiB 92, 654; vgl. auch LAG Berlin, DB 84, 1936.

69 Bösche-Moderegger/Grimberg, AuR 90, 298; Mayer, AuR 91, 14; vgl. auch BAG, DB 91, 1382, 5.2.91, AP Nr. 89 zu § 613a BGB, sofern der BR die Auskünfte und Unterlagen für konkrete Aufgaben benötigt; vgl. ferner Oetker, DB 90, 2320; a. A. LAG Köln, NZA 88, 210; LAG Hamm, AuR 90, 296.

70 HessLAG, AuR 94, 107; vgl. im Übrigen DKW-Buschmann, Rn. 106 ff.

71 ArbG Frankfurt, AiB 98, 524 für den Fall eines 26-köpfigen GBR mit 12 ausschließlich Englisch sprechenden Mitgliedern; a. A. noch LAG SH 20.4.84 – 3 TaBV 46/83: Verpflichtung eines Ersatzmitglieds Deutsch zu lernen.

in einer Konzernzentrale im Ausland fallen (§ 87 Rn. 5).[72] Der BR kann auch Auskunft über die Struktur einer EU-weit tätigen UN-Gruppe verlangen, um zu prüfen, ob die Voraussetzungen für die Bildung eines EBR gegeben sind.[73] Der Betriebsrat hat Anspruch auf Kenntnis von Beginn und Ende der täglichen Arbeitszeit sowie vom Umfang der tatsächlich geleisteten Wochenarbeitszeit. Die gilt auch für AT-Arbeitnehmer.[74] Auch bei **»Vertrauensarbeitszeit«** kann der Arbeitgeber die Information über die Arbeitszeiten nicht verweigern mit der Begründung, er verfüge über die Daten nicht (vgl. § 87 Rn. 19).[75] Der Arbeitgeber darf auch bei »Vertrauensarbeitszeit« nicht auf die exakte Erfassung der Arbeitszeiten verzichten.[76] Ob der Arbeitgeber die Daten erheben will oder für notwendig erachtet ist unerheblich. Im Hinblick auf die Überwachungsaufgabe des BR ist er zur Erhebung der Daten verpflichtet.[77] Verfügt er nicht über ein elektronisches Erfassungssystem, muss beim manuellen Aufschreiben durch Kontrollen gewährleistet sein, dass die Aufzeichnungen korrekt sind.[78] Ein reine Erfassung der Arbeitszeiten, die über die zulässige tägliche Höchstarbeitszeit gem. § 16 Abs. 2 ArbZG hinausgehen ist nicht ausreichend.[79]

d) Vorlage von Unterlagen

Auf Verlangen des BR sind ihm die zur Erfüllung seiner Aufgaben erfor- 18
derlichen (vorhandenen oder erstellbaren)[80] **Unterlagen zur Verfügung** zu stellen, d.h. im Original, in Durchschrift oder Fotokopie zu überlassen.[81] Insbesondere bei umfangreicheren und komplexen Sachverhalten hat dies schriftlich zu erfolgen.[82] Geht es um fortlaufende Aufgaben, kann der BR auch regelmäßige, z.B. quartalsweise Überlassung von Aufstellungen verlangen.[83] Nach abzulehnender Rspr. des BAG soll der AG nur zur Vorlage von vorhandenen Unterlagen verpflichtet sein (zu Unterlagen im Rahmen der Ermittlung des Berufsbildungsbedarfes s. § 96 Rn. 4).[84] Dies gilt aller-

72 Vgl. LAG Nürnberg, NZA-RR 02, 247.
73 BAG 30.3.04 – 1 ABR 61/01, NZA 04, 1997.
74 BAG 6.5.03 – 1 ABR 13/02, NZA 03, 1348.
75 BAG 6.5.03 – 1 ABR 13/02, NZA 03, 1348.
76 Vgl. EuGH 14.5.19 – C-55, NZA 19, 683 nachdem die Mitgl.-Staaten verpflichtet sind, ein effektives System zur Erfassung der täglichen Arbeit vorzusehen.
77 BAG 6.5.03 – 1 ABR 13/02, NZA 03, 1348.
78 LAG Nds., NZA-RR 2005, 424.
79 LAG Nds., a.a.O.
80 DKW-Buschmann, Rn. 113 m.w.N.
81 BAG 20.1.15 – 1 ABR 25/13, NZA 15, 696; vgl. DKW-Buschmann, Rn. 112ff.
82 BAG 7.2.12 – 1 ABR 46/10, NZA 12, 744; 10.10.06 – 1 ABR 68/05, BB 07, 106.
83 BAG 7.2.12 a.a.O.
84 BAG 30.9.08 – 1 ABR 54/07, a.A. DKW-Buschmann, Rn. 113 m.w.N.

dings nicht, wenn der AG, z. B. um gesetzliche oder tarifliche Verpflichtungen erfüllen zu können, verpflichtet ist, Unterlagen vorzuhalten, z. B. Aufzeichnungen über die Arbeitszeit bei Vertrauensarbeitszeit.[85] Der AG ist im Allgemeinen nicht verpflichtet, von sich aus dem BR die Unterlagen zu überlassen.[86] Will der BR z. B. von seinem Initiativrecht nach § 87 oder seinem Überwachungsrecht nach § 80 Abs. 1 oder von den sonstigen Beteiligungsrechten nach dem BetrVG Gebrauch machen, hat ihm der AG auf Verlangen die dazu notwendigen Unterlagen zur Verfügung zu stellen. Die Vorlagepflicht ist grundsätzlich nicht von einem konkreten Streitfall abhängig.[87] Nach der Rspr. des BAG[88] kann der BR keinen Online-Zugriff auf bestimmte Rechner der Personalabteilung zur Wahrnehmung seiner Überwachungsaufgabe bzw. Kontrolle einer EDV-Vereinbarung geltend machen. § 80 Abs. 2 Satz 2 Halbsatz 1 gebe dem AG bei der Zurverfügungstellung von Unterlagen ein Vorprüfungsrecht. Der AG müsse entscheiden können, ob er dem BR die Unterlagen durch Ausdruck der Datei oder durch einen begrenzten Online-Zugriff gewähre.

e) Gegenstand der Information

19 Dem BR sind auf Verlangen vom AG u. a. zur Verfügung zu stellen: Exakte **Arbeitszeitnachweise** bezogen auf die einzelnen AN mit Angaben über die tatsächliche Handhabung von Soll-, Gleit-, Kern- und Höchstarbeitszeiten sowie über die Handhabung von Guthaben und Ausgleichszeiten auf Arbeitszeitkonten.[89] Diesem Unterrichtungsanspruch steht das BDSG nicht entgegen.[90] Dies umfasst auch Arbeitszeitnachweise, aus denen Beginn und Ende der täglichen Arbeitszeit, die Einhaltung der Ruhezeiten sowie die tatsächlich geleisteten Wochenarbeitsstunden hervorgehen.[91] **Zeiterfassungskarten** (Stechkarten), wenn der BR den Umfang der Ableistung von Überstunden prüfen will;[92] Ausdrucke von **elektronischen Zeiterfassungsgeräten**, z. B. über monatliche Aufstellungen von erfassten Anwesenheitszeiten und bezahlter Arbeitszeiten;[93] Unterlagen, woraus der BR entnehmen kann, an welchen Arbeitsplätzen welche AN wann und wie viele Überstunden geleistet haben.[94] Auch die Protokolle von Türöffnungs- und Schließanlagen

85 BAG 10. 10. 06 – 1 ABR 68/05.
86 BAG 9. 7. 91 – 1 ABR/45/90.
87 Vgl. BAG, PersR 91, 182; vgl. DKW-Buschmann, Rn. 120.
88 BAG 16. 8. 11 – 1 ABR 22/10.
89 LAG Köln 28. 6. 11 – 12 TaBV 1/11.
90 LAG Köln a. a. O. zum BDSG a. F.
91 LAG Hamm 8. 10. 10 – 10 TaBV 5/10.
92 LAG Frankfurt 18. 3. 80 – 4 TaBVGa 85/79.
93 LAG BaWü 21. 2. 94, LAGE § 80 BetrVG 1972 Nr. 13 = AuR 94, 311.
94 ArbG Münster 24. 11. 87 – 2 BV 148/87.

kann der BR anfordern, wenn sie zur Überwachung der täglich geleisteten Arbeit notwendig sind.[95]

Außerdem sind dem BR offen zu legen: Der monatliche **Stellenplan**, der die personellen Zielvorstellungen des AG enthält, sowie der **Stellenbesetzungsplan** mit dem aktuellen tatsächlichen Personalstand;[96] eine Auflistung der frei gewordenen »Schwerbehinderten«-**Arbeitsplätze**;[97] eine namentliche Auflistung mit **Anschriften der Außendienstmitarbeiter**, z. B. Zeitungszusteller;[98] Unterlagen über die **Kriterien über- bzw. außertariflicher Lohnzahlungen**, Leistungszulagen bzw. Einmalzulagen, einschließlich der **AT-Ang.**;[99] Unterlagen über Höhe und Empfänger von außertariflichen Sonderzahlungen;[100] Informationen über Inhalt und Zielerreichungsgrad für jeden einzelnen Mitarbeiter im Rahmen von **Zielvereinbarungen**, auch wenn diese auf einem TV beruhen.[101] Auch über Zuteilungen von Aktienoptionen durch eine ausländische Muttergesellschaft an AN eines deutschen Tochter-UN ist der BR in Bezug auf Umfang und Empfänger der Aktienoptionen zu informieren (zum MBR siehe § 87 Rn. 65).[102] Eine anonymisierte Unterrichtung des BR reicht nicht aus.[103] **Nachweis über die Durchführung gesetzlicher Vorschriften**, Listen der im Betr. (nicht UN) beschäftigten schwerbehinderten Menschen nach § 162 Abs. 2 SGB IX.[104]

Das Gesetz (§ 80 Abs. 2) legt ausdrücklich fest, dass der BR auch über Personen, die in keinem Arbeitsverhältnis zu AG stehen, von diesem aber beschäftigt werden, informiert werden muss.[105] Bei Beschäftigung von **AN aus Fremdfirmen (Werkverträge, Dienstverträge)** umfasst das Informa-

---

95 HessLAG 5. 2. 18 – 16 TaBV 91/17.

96 LAG Bremen, BB 93, 290.

97 BAG, NZA 93, 376.

98 ArbG Mannheim 18. 3. 91 – 10 BV 36/90 H.

99 BAG 26. 1. 88, AP Nr. 31 zu § 80 BetrVG 1972; 22. 12. 81, AP Nr. 7 zu § 87 BetrVG 1972 Lohngestaltung.

100 BAG 10. 10. 06 – 1 ABR 68/05, BB 07, 106.

101 BAG, NZA 04, 936 f.

102 LAG BaWü 17. 1. 17 – 19 TaBV 3/16, n. rk., anhängig beim BAG unter 1 ABR 15/17.

103 LAG BB 4. 5. 16 – 14 TaBV 2163/15, n. rk., anhängig beim BAG unter 1 ABR 41/16; juris; LAG Köln 18. 2. 16 – 8 TaBV 48/15, juris; LAG RP 19. 10. 15 – 3 TaBV 16/15 juris; LAG München 15. 12. 15 – 9 TaBV 60/15; HessLAG 24. 11. 15 – 16 TaBV 106/15, n. rk., anhängig beim BAG unter 1 ABR 6/16, juris; a. A. LAG Hamburg 3. 12. 15 – 7 TaBV 6/15, n. rk., anhängig beim BAG unter 1 ABR 17/16, juris.

104 LAG München 28. 7. 16 – 3 TaBV 91/15, n. rk., anhängig beim BAG unter 1 ABR 56/16.

105 ArbG Karlsruhe 17. 4. 13 – 7 BV 2/12, juris: Information des BR i. d. R. drei Wochen vor Einsatz von Werkvertragsarbeitnehmern.

tionsrecht die Verträge mit den Fremdfirmen;[106] **Kontrolllisten** über die **Einsatztage und Einsatzzeiten** der einzelnen AN von Fremdfirmen;[107] die Personalien aller im Betrieb eingesetzten AN von Fremdfirmen;[108] die Modalitäten des Einsatzes der als Redakteure tätigen freien Mitarbeiter im Betrieb des AG;[109] die **Veräußerungs- und Übertragungsverträge durch den Konkursverwalter**, mit denen er das Vermögen und die Inbetriebnahme- und Gewährleistungspflichten gegenüber Kunden aus dem Vermögen der Gesamtschuldnerin auf einen Erwerber übertrug;[110] eine Auflistung der **Privatanschriften der AN** während eines arbeitskampfbedingten Produktionsstillstandes zur Versendung von situationsbezogenen Informationen;[111] Unterlagen über die von einem UN-Beratungsbüro **durchgeführten Untersuchungen zur Gemeinkostensenkung**, z. B. erarbeitete Arbeitsblätter über Rationalisierungspotenzial und den Maßnahmeplan;[112] bei Geltung einer BV über die **gleitende Arbeitszeit** auf jeden AN bezogen eine zeitbezogene Aufstellung über monatlich erfasste Anwesenheitszeiten und monatlich bezahlte Arbeitszeiten;[113] Unterlagen über Formen und Inhalte der **Verarbeitung personenbezogener Daten der AN**, auch wenn die Datenverarbeitung bei einem anderen UN erfolgt;[114] Unterlagen über die bei Erteilung einer individuellen **Versorgungszusage an AT-Ang**. angewandten Grundsätze;[115] jeweils ein Exemplar der einem ausgeschiedenen AN gemäß § 2 Abs. 6 BetrAVG erteilten **Versorgungsauskunft**[116] die Etatansätze für die **berufliche Weiterbildung**.[117] Nach Auffassung des BAG soll der Unterrichtungsanspruch den BR jedoch nicht berechtigen, vom AG die Installierung von **Messgeräten** zu verlangen, um auf diese Weise Unterlagen über die tatsächliche Lärmbelästigung der AN zu erhalten.[118] Der BR hat Anspruch auf Namen und Adressen derjenigen AN, die wegen Krankheit, Urlaub, Elternzeit, Mutterschutz usw. fehlen, wenn er diese benötigt, um die AN zu einer kurzfristig anberaumten Betriebsversammlung einzuladen.[119] Für den **Auskunftsanspruch** genügt es, dass der BR die Auskunft benötigt,

---

106 BAG 31. 1. 89 – 1 ABR 72/87, NZA 1989, 932; LAG Hessen 30. 8. 05 – 4/18 TaBV 67/05, juris, für Bewachungsvertrag.

107 BAG 31. 1. 89 a. a. O.

108 ArbG Mainz, AiB 91, 58.

109 ArbG Hamburg, AuR 97, 497.

110 LAG Berlin, AiB 98, 167 m. Anm. Bichlmeier.

111 LAG Berlin, DB 84, 1936.

112 LAG SH, AuR 94, 202; a. A. offenbar ArbG Minden 10. 8. 94 – 2 BV 26/93.

113 LAG BaWü, AiB 94, 563.

114 BAG 17. 3. 87, AP Nr. 29 zu § 80 BetrVG 1972.

115 BAG, BB 81, 1952.

116 LAG BaWü, AiB 91, 271.

117 LAG Hamm, AuR 98, 125.

118 BAG, AuR 86, 346; zur Kritik vgl. DKW-Buschmann, Rn. 120.

119 ArbG Berlin 19. 1. 04, NZA 04, 642–633.

um feststellen zu können, ob ihm – z. B. bei der Gewährung einer **Streikprämie** – ein MBR zusteht und ob er davon Gebrauch machen soll.[120] Der AG ist verpflichtet, dem GBR bzw. dem KBR eine **Liste betriebsratsloser**, aber betriebsratsfähiger **Betriebe** zu erstellen, damit diese ihrer Aufgabe zur Bestellung von WV nachkommen können.[121] Der BR muss auch darüber informiert werden, warum bei bestimmten AN die Vorlage von **Arbeitsunfähigkeitsbescheinigungen** bereits nach einem Tag anstelle von drei Tagen gefordert wird und welche AN dies betrifft.[122] Der BR hat Anspruch auf eine vierteljährliche Liste aller AN, die die Voraussetzungen für das betriebliche Eingliederungsmanagement nach § 116 SGB IX (früher § 84 Abs. 2 SGB IX) erfüllen.[123] Der BR kann nicht die Vorlage aller ab einem bestimmten Zeitpunkt ausgesprochenen Abmahnungen in anonymisierter Form verlangen.[124] Keinen Anspruch hat der BR auf die Vorlage von Kopien der Unfallberichte an die Berufsgenossenschaften bei Unfällen von Mitarbeitern von Fremdfirmen auf dem Betriebsgelände haben.[125] Auch Unterlagen über sog. Bereichs-Soll-Entgeltgruppendurchschnitte, die ein AG als Steuerungsgröße von »Musterbetrieben« verwendet, soll der BR nicht nach § 80 (und auch nicht nach § 92) verlangen können.[126]

3. Auskunftspersonen für den Betriebsrat

Der AG ist verpflichtet, dem BR erforderlichenfalls sachkundige AN als **20**
Auskunftspersonen zur Verfügung zu stellen.[127] Dieser Anspruch besteht unabhängig von dem Anspruch des BR auf Hinzuziehung eines Sachverständigen nach Abs. 3; es sei denn, der BR hält die von der Auskunftsperson gegebenen Auskünfte für so umfassend und erschöpfend, dass er die Hinzuziehung eines außerbetrieblichen Sachverständigen als nicht erforderlich ansieht. Die Erforderlichkeit zur Hinzuziehung der betrieblichen Auskunftsperson ist gegeben, wenn die benötigte Unterrichtung im Rahmen der Aufgaben des BR liegt und der BR ohne die Auskunft seine Tätigkeit nicht ordnungsgemäß erfüllen kann. Die Hinzuziehung setzt einen Beschluss nach § 33 und eine entsprechende Mitteilung an den AG voraus.

---

120 BAG, NZA 88, 620.
121 LAG Nürnberg 25. 1. 07 – 1 TaBV 14/06, brwo; LAG BaWü 30. 4. 08 – 2 TaBV 7/07, brwo; AiB 08, 416.
122 BAG 19. 2. 08 – 1 ABR 84/06, brwo, NZA 08, 1078.
123 BAG 7. 2. 12 – 1 ABR 46/10, NZA 12, 744.
124 BAG 17. 9. 13 – 1 ABR 26/12, juris.
125 BAG 12. 3. 19 – 1 ABR 48/17, NZA 19, 850.
126 BAG a. a. O.
127 Musterschreiben für BR s. DKW-F-Buschmann, § 80 Rn. 15.

21 Als **sachkundige Arbeitnehmer** kommen alle AN in Betracht; auch gew. Vertrauensleute.[128] Es kommen auch **leit. Ang. nach § 5 Abs. 3** in Betracht.[129] Sie sind AN, wenn auch nicht nach § 5 Abs. 1. Der Einschluss der leit. Ang. in den potenziellen Personenkreis der Auskunftspersonen i.S. des § 80 Abs. 2 Satz 3 ergibt sich bereits daraus, dass leit. Ang. der AG-Sphäre zuzurechnen sind und es ohnehin der AG ist, der die Auskunftspflicht nach § 80 Abs. 2 zu erfüllen hat. Leit. Ang. haben aufgrund ihrer AG-(UN-)Nähe häufig das erforderliche Wissen, das der BR zur Erfüllung seiner Aufgaben benötigt. Der Gesetzgeber hat im Übrigen auch an anderer Stelle leit. Ang. in das betriebliche AN-Informationssystem eingebunden, nämlich beim WA. So kann der BR (GBR) leit. Ang. zu **Mitgl. des WA** bestimmen (§ 107 Abs. 1 Satz 2).

22 Der BR kann von dem AG verlangen, dass ihm **bestimmte Beschäftigte** als Auskunftspersonen zur Verfügung gestellt werden. Wenn dies etwa wegen der Komplexität der Auskünfte erforderlich ist, kann der BR auch die Zurverfügungstellung mehrerer Auskunftspersonen verlangen. Er ist nicht auf den betrieblichen Bereich beschränkt. Die Auskunftspersonen können auch **anderen Betrieben des UN** angehören. Der BR kann aber auch vom AG verlangen, dass dieser ihm eine **Liste** mit entsprechend sachkundigen Personen des Betriebs bzw. des UN zugänglich macht. Einzelne AN kann der AG anweisen, als Auskunftsperson dem BR zur Verfügung zu stehen. Dies ist von seinem Direktionsrecht (§ 106 Satz 1 GewO) umfasst.[130]

23 Der AG ist grundsätzlich verpflichtet, dem BR den von diesem bezeichneten Beschäftigten als Auskunftsperson zur Verfügung zu stellen. Dazu ist er nur dann nicht verpflichtet, wenn **betriebliche Notwendigkeiten** entgegenstehen. Es muss sich um solche zwingenden betrieblichen Notwendigkeiten handeln, bei denen das Interesse an der Nichtzurverfügungstellung wesentlich höher zu bewerten ist als das Interesse des BR, dass ihm diese Auskunftsperson zur Verfügung gestellt wird. Das Vorliegen der betrieblichen Notwendigkeit hat der **AG zu beweisen**. Im Streitfalle entscheidet das ArbG. Besteht ein dringendes Interesse des BR an der Zurverfügungstellung, kommt ggf. eine **einstweilige Verfügung** in Betracht.

24 Das Gesetz verlangt, dass dem BR die Auskunftsperson **»zur Verfügung«** gestellt wird. Das bedeutet, dass der BR in die Lage versetzt wird, ohne Einschränkung auf das Wissen der Auskunftsperson zurückgreifen zu können. Der BR kann verlangen, dass bei der Befragung der Auskunftsperson kein »Dritter« anwesend ist.[131] So muss er der Auskunftsperson beispielsweise jederzeit Fragen vorlegen können, die **schriftlich** zu beantworten sind.

---

128 Vgl. Becker/Kunz/Schneider, AiB 02, 537.

129 DKW-Buschmann, Rn. 145; vgl. für Druckereileiter LAG Hamm 2.10.01 – 15 TaBV 106/01, AiB 02, 114 m. Anm. Teuber; a.A. Fitting, Rn. 85.

130 BAG 20.1.15 – 1 ABR 25/13, NZA 15, 696.

131 BAG 20.1.15 – 1 ABR 25/13, NZA 15, 696.

Eine andere Möglichkeit ist, von der Auskunftsperson in einer **BR-Sitzung** mündlich Auskunft zu erhalten. Die Auskunftsperson hat sich in dem für die Auskünfte erforderlichen zeitlichen Umfang zur Verfügung zu halten. Sie darf sich insoweit nicht auf arbeitsvertragliche Pflichten berufen. Bei umfangreichen Projekten und entsprechenden Fragekomplexen kann auch eine **zeitweise Freistellung** in Betracht kommen. Im Übrigen ist der AG aufgrund des gesetzlichen Auftrags der Zurverfügungstellung, aber auch auf der Grundlage der Zusammenarbeit mit dem BR verpflichtet, auf die betriebliche Auskunftsperson **einzuwirken**, auch mit arbeitsvertraglichen Mitteln, wenn sich diese der Zusammenarbeitspflicht mit dem BR entziehen will. Die Zusammenarbeit mit dem BR gehört für die Auskunftsperson zu ihren arbeitsvertraglichen Pflichten. Die aufgewendete Zeit ist Arbeitszeit und entsprechend zu vergüten.[132]

4. Einsicht in Listen über die Bruttolöhne und -gehälter

In die **Listen über die Bruttolöhne und -gehälter**[133] hat der Betriebsausschuss **25**
und – wo ein solcher nicht besteht – der BR-Vorsitzende oder ein beauftragtes BR-Mitgl., ein Einsichtsrecht.[134] Dies auch dann, wenn die BR-Wahl gemäß § 19 angefochten wurde.[135] Das Einsichtsrecht des BR ist auf den Betrieb begrenzt. Zum Anspruch nach dem EntgTranspG siehe Rn. 6a. Ihm steht kein unternehmensweites Einsichtsrecht in die Bruttolohn- und Gehaltslisten anderer Betriebe des UN zu.[136] »Einblick« bedeutet nicht Aushändigung der Listen, schließt aber die Möglichkeit ein, Notizen zu machen,[137] ggf. auch in hierfür eigens vom BR vorbereiteten Listen, die in Bezug auf Tarif- und Effektivgehalt handschriftlich vollständig ergänzt werden können.[138] Ein Anwesenheitsrecht des AG bei der Einsichtnahme besteht nicht.[139] Der allgemeine Informationsanspruch des BR nach § 80 Abs. 2 Satz 1 wird durch

132 Fitting, Rn. 85.

133 Muster für BR s. DKW-F-Buschmann, § 80 Rn. 13.

134 BAG 14.1.14 – 1 ABR 54/12, NZA 14, 738; 10.10.06 – 1 ABR 68/05, BB 07, 106.

135 LAG Düsseldorf 26.2.91 – 6 TaBV 133/90.

136 BAG 26.9.17 – 1 ABR 27/16, juris.

137 BAG 7.5.19 – 1 ABR 53/17, NZA 19, 1218.

138 LAG Hamm 11.12.01 – 13 TaBV 85/01, AiB 03, 40 m. Anm. Teuber; LAG Hamburg, AuR 97, 39; vgl. auch ArbG Fulda, DB 92, 2404, das zutreffend die Anfertigung von Abschriften als zulässig ansieht; LAG Frankfurt, DB 90, 2376; vgl. ferner SR, Rn. 90ff. zu Einzelfragen des Einblickrechts.

139 LAG Frankfurt, BetrR 85, 386; vgl. BAG, NZA 96, 330 = AiB 96, 380 m. Anm. v. Grimberg, wonach keine vom AG zur Überwachung des BR beauftragten Personen anwesend sein dürfen; vgl. ferner auch LAG Köln, AiB 92, 582, das zutreffend darauf hinweist, dass es in diesem Fall dem AG möglich wäre, Gespräche der BR-Mitgl. mitzuhören; Leege, BB 96, 479; a.A. LAG Bremen, DB 95, 1771; Leßmann, NZA 92, 832.

das Einsichtsrecht in die Brutto-Lohn- und Gehaltslisten nicht verdrängt.[140] Der BR kann auf den allg. Informationsanspruch auch Auskunftsverlangen über Höhe und Empfänger von außertariflichen Sonderzahlungen stützen. Dies führt dazu, dass der Arbeitgeber Unterlagen aushändigen muss.[141] Aus dem Informationsfreiheitsgesetz kann der BR keine Ansprüche ableiten. Das Gesetz gilt nur ggü. öffentlichen Stellen.[142]

26 Das Einblicksrecht umfasst alle tariflichen oder außertariflichen Entgeltbestandteile, seien sie einmalig oder wiederkehrend. Es kommt nicht darauf an, ob diese kollektivrechtlich (Tarifvertrag oder BV) oder einzelvertraglich vereinbart wurden.[143] Vom Einblicksrecht sind keine Entgeltbestandteile ausgenommen. Es erstreckt sich nur auf die Bruttobezüge, nicht die Nettobezüge der einzelnen AN. Erfasst sind auch die **effektiven Bruttobezüge** einschließlich der übertariflichen Zulagen,[144] freiwilligen Prämien,[145] Beteiligung an privatärztlichen Liquidationserlösen in Krankenhäusern[146] und auf **alle Zahlungen**, einschl. Sonderzahlungen, Gratifikationen und sog. Einmalzahlungen (z. B. »Streikprämien«), die individuell ausgehandelt und gewährt werden.[147] Es ist nicht davon abhängig, dass die über- bzw. außertariflichen Lohnbestandteile **kollektiven oder kollektivähnlichen Bezug** haben.[148] Der Arbeitgeber hat das Bruttoentgelt nach seinen einzelnen Bestandteilen (z. B. Grundgehalt, Prämien, Zulagen, Überstunden Vergütung usw.) aufzuschlüsseln.[149] Dieser Anspruch ergibt sich, wenn der AG keine derart aufgeschlüsselten Listen führt, aus § 80 Abs. 2 Satz 1.[150] Der Begriff »Liste« bezieht sich auch auf in EDV-Anlagen gespeicherte Gehaltsdaten.[151] Die Bruttolohn- und Gehaltslisten dürfen nicht anonymisiert werden.[152] Sie müssen Namen und Vornamen der Beschäftigten enthalten. Daran hat auch das neue EntgTranspG (s. Rn. 6a) nichts geändert.

27 Für die Ausübung des Einblicksrechts benötigt der BR keinen besonderen Anlass.[153] Dies gilt auch bei individuell vereinbarten Vergütungen[154] bzw. bei

140 BAG 30.9.08 – 1 ABR 54/07, NZA 09, 502; BAG 10.10.06, BB 07, 106; LAG Hamburg 7.2.12 – 2 TaBV 12/11, juris.
141 BAG a. a. O.
142 BAG 29.9.20 – 1 ABR 32/19, juris.
143 BAG 14.1.14 – 1 ABR 54/12, NZA 14, 738.
144 BAG 18.9.73, 12.2.80, AP Nrn. 3, 12 zu § 80 BetrVG 1972.
145 BAG 17.3.83, AP Nr. 18 zu § 80 BetrVG 1972.
146 BAG 14.1.14 – 1 ABR 54/12, NZA 14, 738.
147 BAG 28.5.74, 30.6.81, 10.2.87, AP Nrn. 27, 7, 15 zu § 80 BetrVG 1972.
148 BAG 30.6.81, AP Nr. 15 zu § 80 BetrVG 1972.
149 BAG 29.9.20 – 1 ABR 32/19, juris; 30.9.08 – 1 ABR 54/07, NZA 09 502 f.
150 BAG a. a. O.
151 BAG 17.3.83 a. a. O.
152 BAG 7.5.19 – 1 ABR 53/17, NZA 19, 1218.
153 BAG 14.1.14 – 1 ABR 54/12, NZA 14, 738.
154 BAG 14.1.14 – 1 ABR 54/12, NZA 14, 738.

AT-Ang., wenn die Höhe der Gehälter individuell ohne kollektiven Bezug vereinbart wurde.[155] AT-Ang. sind Ang., die kraft ihrer Tätigkeitsmerkmale nicht mehr unter den persönlichen Geltungsbereich des TV fallen.[156] Allerdings verneint das BAG einen Anspruch auf regelmäßigen monatlichen Einblick in die Bruttoentgeltlisten ohne konkrete Darlegung der Erforderlichkeit.[157] Auch ergibt sich aus der DSGVO und dem BDSG keine Pflicht, die Daten ggü. dem BR zu anonymisieren. Vielmehr ist die Einsichtsgewährung zur Wahrung der Rechte des BR erforderlich i. S. v. § 26 Abs. 1 Satz 1 BDSG. Eine **Einwilligung** oder Zustimmung einzelner AN in die Weitergabe der Daten an den BR ist **nicht erforderlich**.[158] Das Einblicksrecht kann ggf. auch **gegen den** ausdrücklichen **Willen** der AN wahrgenommen werden.[159] Der AG kann sich gegenüber dem Einblicksrecht des BR nicht auf Grundrechte einzelner Arbeitnehmer, wie z. B. das Recht auf informationelle Selbstbestimmung, berufen.[160]

Der BR hat bei der Verarbeitung von Daten im BR nach DSGVO und BDSG den **Datenschutz** sicherzustellen.[161] (Zu den einzelnen hierzu erforderlichen Maßnahmen im BR bzw. im BR-Büro s. § 34 Rn. 4).

5. Hinzuziehung von Sachverständigen

Ein Recht des BR auf Beauftragung eines **Sachverständigen**[162] besteht nach 28
näherer Vereinbarung mit dem AG, wenn die Hinzuziehung zur ordnungsgemäßen Erfüllung der Aufgaben des BR erforderlich ist.[163] Die Vorschrift gilt entsprechend für WV im Rahmen einer Betriebsratswahl.[164] Soweit es um die Vertretung des BR bei der Durchsetzung, Ausübung seiner MBR in arbeitsgerichtlichen Beschlussverfahren oder Einigungsstellenverfahren geht, findet § 80 Abs. 3 bzw. § 112 Satz 2 keine Anwendung. Maßgebend ist allein § 40 Abs. 1.[165] Notwendig ist immer ein entsprechender ordnungsgemäßer Beschluss des BR (s. § 33 Rn. 1 ff.).[166] Nur dann hat der AG die Kos-

155 BAG 30.6.81, AP Nr. 15 zu § 80 BetrVG 1972.
156 BAG 18.9.73, 28.5.74, AP Nrn. 3, 6 zu § 80 BetrVG 1972.
157 BAG 29.2.20 – 1 ABR 23/90, juris.
158 BAG 7.5.19 – 1 ANR 53/17, NZA 19, 1218
159 LAG Nds. a. a. O.; BAG, BB 83, 1214, 20.12.88, AP Nr. 5 zu § 92 ArbGG 1979.
160 BAG 14.1.14 – 1 ABR 54/12, NZA 14, 738.
161 BAG 9.4.19 – 1 ABR 51/17, NZA 19, 1055; 7.5.19 – 1 ABR 53/17, NZA 19, 1218.
162 Vgl. hierzu DKW-Buschmann, Rn. 152 ff.
163 Mustervereinbarung s. DKW-F-Buschmann, § 80 Rn. 17.
164 BAG 11.11.09 – 7 ABR 26/08, NZA 10, 353.
165 BAG 14.12.16 – 7 ABR 8/15, NZA 17, 514.
166 BAG 17.8.05 – 7 ABR 56/04, NZA 06, 109; LAG BB 20.1.15 – 7 TaBV 2158/14, juris.

ten zu tragen.[167] Die **vorherige Zustimmung** des AG ist nach Auffassung der Rspr. erforderlich.[168] Weigert sich der AG, eine entsprechende Vereinbarung zu schließen, muss der BR seinen Anspruch im Beschlussverfahren durchsetzen.[169] Allerdings muss nach Auffassung des BAG der BR zunächst **alle betrieblichen Informationsmöglichkeiten** ausschöpfen und versuchen, sich auf andere Weise sachkundig zu machen, bevor er einen außerbetrieblichen Sachverständigen beauftragt.[170]

Durch das BRMoG 2021 ist im Hinblick auf den Einsatz von **Künstlicher Intelligenz** (s. § 90 Rn. 4 § 95 Rn. 10) ein Vermutungstatbestand eingeführt worden. Sofern der BR bei seinen Aufgaben die Einführung oder Durchführung von KI beurteilen muss, ist die Hinzuziehung immer erforderlich; die entsprechende Prüfung entfällt. Damit kann ein AG die Erforderlichkeit nicht mehr bestreiten. Eine Vereinbarung über den Umfang und die Bezahlung des Sachverständigen müssen BR und AG aber auch in diesem Fall treffen. BR und AG können sich in Fragen der KI auch auf einen ständigen Sachverständigen einigen. Die Erforderlichkeit ist auch dann immer gegeben. Eine allgemeine gesetzliche Definition, was unter KI zu verstehen ist, gibt es bisher nicht.

Dem Anspruch des BR auf einen außerbetrieblichen Sachverständigen kann aber nicht entgegengehalten werden, der BR müsse sich zunächst das notwendige Wissen durch Schulungen beschaffen, bevor er einen Sachverständigen hinzuzieht.[171] Die Beiziehung eines Sachverständigen und allg. Schulung dienen unterschiedlichen Zwecken.[172] Zu den betrieblichen Informationsmöglichkeiten gehört auch die Frage, ob und inwieweit der BR auf Beschäftigte des Betriebs bzw. des UN zurückgreifen sollte, um sie als Auskunftsperson i. S. des Abs. 2 Satz 3 in Anspruch zu nehmen (vgl. Rn. 20 ff.).[173] Bei der Vermittlung besonderer fachlicher Kenntnisse kommt die Hinzuziehung eines Sachverständigen bereits im **Informationsstadium** in Betracht, damit der BR ggf. in der Lage ist, zu erkennen, welche Aufgaben sich für ihn stellen.[174]

---

167 BAG 25. 4. 78, AP Nr. 11 zu § 80 BetrVG 1972.

168 BAG 11. 11. 09 – 7 ABR 26/08, NZA 10, 43 vgl. zur Kritik DKW-Buschmann, § 80 Rn. 155.

169 BAG 25. 6. 14 – 7 ABR 70/12, NZA 15, 629.

170 BAG 16. 11. 05 – 7 ABR 12/05, NZA 06, 1004; zur Kritik an dieser Rspr. s. DKW-Buschmann, Rn. 160.

171 BAG 25. 6. 14 – 7 ABR 70/12, NZA 15, 629.

172 BAG 25. 6. 14 – 7 ABR 70/12, NZA 15, 629.

173 LAG Hamburg 24. 2. 05 – 3 TaBV 11/03, juris.

174 So offenbar auch BAG, AuR 88, 92; SR a. a. O.; vgl. auch ArbG Berlin 7. 5. 87 – 4 BV 8/87, das den BR bei der Einführung von EDV immer für berechtigt hält, einen Sachverständigen hinzuzuziehen, wenn dem BR keine EDV-Spezialisten angehören.

Sachverständige sind Personen, die dem BR die fehlenden fachlichen und rechtlichen Kenntnisse vermitteln und/oder aus einem feststehenden Sachverhalt Schlussfolgerungen ziehen, damit der BR ihm konkret obliegende betriebsverfassungsrechtliche Aufgaben sachgerecht erfüllen kann.[175] In Betracht kommt jede Person, die über die erforderlichen Kenntnisse verfügt, z.B. Informatiker, Arbeitswissenschaftler, Rechtswissenschaftler, Bilanzsachverständige und auch Gewerkschaftssekretäre.[176] Auch ein Rechtsanwalt kann ein Sachverständiger nach § 80 sein.[177] Dies allerdings nur, wenn es um die Vermittlung erforderlicher Kenntnisse für den BR geht, etwa bei der Erarbeitung umfangreicher BVen.[178] Besteht allerdings ein konkreter Streit über die Frage, ob dem BR ein Mitbestimmungsrecht zusteht oder welchen Umfang es hat, soll der BR nach der Rspr. des BAG keinen Anspruch auf einen Rechtsanwalt als Sachverständigen haben. Er kann dann aber nach § 40 Abs. 1 (s. dort Rn. 5), einen Rechtsanwalt mit der Durchsetzung der Ansprüche beauftragen. Die sei – so das BAG – ein schnelleres, effektiveres und kostengünstigeres Verfahren.[179] 29

Der BR kann als Sachverständigen eine Person seines Vertrauens hinzuziehen; er ist nicht auf die kostengünstigste Möglichkeit beschränkt.[180] Eine spezielle Sachverständigenregelung enthält § 111 Satz 2 (s. § 111 Rn. 1a–c). Danach kann der BR in UN mit mehr als 300 AN bei geplanten Betriebsänderungen zu seiner Unterstützung einen Berater hinzuziehen. Einer näheren Vereinbarung mit dem AG, wie sie in § 80 Abs. 3 vorgesehen ist, bedarf es hier nicht. Die speziellen Regelungen zur Hinzuziehung eines Beraters nach § 111 Satz 2 und zur Hinzuziehung eines Sachverständigen nach § 80 Abs. 3 schließen nicht gegenseitig aus. In UN unter 300 AN kann der BR bei Betriebsänderungen nach § 111 einen Sachverständigen unter den Voraussetzungen des § 80 hinzuziehen.

Wird der BR von einem Sequester zur Aufnahme von Verhandlungen über einen Interessenausgleich und Sozialplan aufgefordert, kann die Hinzuziehung eines Sachverständigen erforderlich sein.[181]

Bei entsprechender Eilbedürftigkeit kann der AG im Wege der einstweiligen Verfügung verpflichtet werden, die Zustimmung zur Hinzuziehung eines 30

---

175 BAG 26.6.14 – 7 ABR 70/12, NZA 15, 629.

176 DKW-Buschmann, a.a.O.

177 BAG, NZA 93, 86; vgl. auch BAG, NZA 98, 900; vgl. ferner LAG SH, AiB 00, 162, wonach zur Unterscheidung zwischen einer anwaltlichen Vertretung und einer Sachverständigentätigkeit maßgebend ist, ob der Rechtsanwalt zur Durchsetzung der Rechte des BR beauftragt wurde.

178 BAG 25.6.14 – 7 ABR 70/12, NZA 15, 629; vgl. für Sachverständigen für Wahlvorstand BAG 11.11.09 – 7 ABR 26/08, NZA 10, 353.

179 BAG 25.6.14 – 7 ABR 70/12, NZA 15, 629.

180 LAG BaWü, AiB 86, 261; offengelassen BAG, NZA 93, 86, 89.

181 ArbG Wesel, AiB 97, 538 m. Anm. v. Bell.

Sachverständigen zu erteilen.[182] Sofern dies zur ordnungsgemäßen Erfüllung ihrer Aufgaben erforderlich ist, kann auch die ESt. einen Sachverständigen ohne vorherige Zustimmung des AG hinzuziehen.[183]

31 Für die hinzugezogenen Sachverständigen gilt ebenso wie für die Auskunftspersonen nach Abs. 2 Satz 3 die Schweigepflicht nach § 79 Abs. 1 Satz 3, 4 (vgl. die Erl. dort). Die **Schweigepflicht** gilt nicht gegenüber dem BR und seinen Mitgl. sowie gegenüber den in § 79 Abs. 1 Satz 3, 4 genannten Betriebsverfassungsorganen. Der **AG hat kein Teilnahmerecht** an den Besprechungen zwischen Sachverständigem und BR.[184]

Zweiter Abschnitt
Mitwirkungs- und Beschwerderecht des Arbeitnehmers

§ 81 Unterrichtungs- und Erörterungspflicht des Arbeitgebers

(1) Der Arbeitgeber hat den Arbeitnehmer über dessen Aufgabe und Verantwortung sowie über die Art seiner Tätigkeit und ihre Einordnung in den Arbeitsablauf des Betriebs zu unterrichten. Er hat den Arbeitnehmer vor Beginn der Beschäftigung über die Unfall- und Gesundheitsgefahren, denen dieser bei der Beschäftigung ausgesetzt ist, sowie über die Maßnahmen und Einrichtungen zur Abwendung dieser Gefahren und die nach § 10 Abs. 2 des Arbeitsschutzgesetzes getroffenen Maßnahmen zu belehren.

(2) Über Veränderungen in seinem Arbeitsbereich ist der Arbeitnehmer rechtzeitig zu unterrichten. Absatz 1 gilt entsprechend.

(3) In Betrieben, in denen kein Betriebsrat besteht, hat der Arbeitgeber die Arbeitnehmer zu allen Maßnahmen zu hören, die Auswirkungen auf Sicherheit und Gesundheit der Arbeitnehmer haben können.

(4) Der Arbeitgeber hat den Arbeitnehmer über die aufgrund einer Planung von technischen Anlagen, von Arbeitsverfahren und Arbeitsabläufen oder der Arbeitsplätze vorgesehenen Maßnahmen und ihre Auswirkungen auf seinen Arbeitsplatz, die Arbeitsumgebung sowie auf Inhalt und Art seiner Tätigkeit zu unterrichten. Sobald feststeht, dass sich die Tätigkeit des Arbeitnehmers ändern wird und seine beruflichen Kenntnisse und Fähigkeiten zur Erfüllung seiner Aufgaben nicht ausreichen, hat der Arbeitgeber mit dem Arbeitnehmer zu erörtern, wie dessen

---

182 LAG Hamm 22.2.08 – 10 TaBVGa 3/08, juris; LAG BaWü, AiB 86, 261; LAG Düsseldorf, AuR 84, 191; LAG Hamm, AiB 94, 423; vgl. auch Knauber-Bergs, AiB 87, 160; DKW-Buschmann § 80 Rn. 172.

183 BAG, DB 92, 789; LAG Hamm a.a.O.; LAG Nds., AiB 88, 311.

184 BAG 20.1.15 – 1 ABR 25/13, NZA 15, 696.

berufliche Kenntnisse und Fähigkeiten im Rahmen der betrieblichen Möglichkeiten den künftigen Anforderungen angepasst werden können. Der Arbeitnehmer kann bei der Erörterung ein Mitglied des Betriebsrats hinzuziehen.

Inhaltsübersicht Rn.

1. Unterrichtungs- und Erörterungspflicht des Arbeitgebers

1 Die Mitwirkungs- und Beschwerderechte nach §§ 81–86a sollen dem einzelnen AN ein unmittelbares Mitspracherecht »rund um seinen Arbeitsplatz« geben.[1] § 81 enthält allgemeine, sich bereits aus vertraglichen Nebenpflichten ergebende, arbeitsrechtliche Grundsätze, beinhaltet zugleich aber auch Elemente einer Mitbestimmung am Arbeitsplatz.[2] Ergänzend fordert der DGB-Entwurf für ein modernes BetrVG[3] eine gesetzliche Regelung, nach der die Beschäftigten zur Erörterung ihrer Beteiligungsrechte bei den Verfahren, Maßnahmen und Änderungen nach Abs. 1–4 der Vorschrift im erforderlichen Maß von der Arbeit freizustellen sind und dazu Mitgl. des BR oder eine Vertr. der Gew. beiziehen können. Die §§ 81 ff. beeinträchtigen oder verdrängen in keiner Weise nach anderen Bestimmungen bestehende Beteiligungsrechte des BR, falls es zu Überschneidungen kommen sollte. So kann der AG Ansprüche des BR, die dieser im Rahmen der Berufsausbildung nach §§ 96 ff. hat, nicht damit abwehren, es handele sich insoweit um Unterrichtungen nach § 81 Abs. 1.[4] Der AN ist sowohl über seinen unmittelbaren Aufgabenbereich als auch darüber zu unterrichten, wie sich seine **Tätigkeit im Arbeitsablauf** darstellt. Die Unterrichtungspflicht besteht nicht nur bei Antritt der Erstbeschäftigung, sondern nach Abs. 2 auch während der Beschäftigung bei Veränderungen im Arbeitsbereich (s. hierzu auch § 99 Rn. 12) Da aber jede einem AN zugewiesene Tätigkeit laufenden Veränderungen unterworfen ist, die in der technischen Gestaltung des Arbeitsablaufs, neuen Hilfsmitteln und Maschinen oder einer Umorganisation des Arbeitsablaufs ihre Ursache haben können, ist es erforderlich, dass die eingetretene Änderung über Veränderungen im üblichen Schwankungsbereich hinausgeht.[5] Die einzelnen Rechte gelten auch für Auszubildende, nicht aber für leit. Ang.;[6] für Leih-AN gelten die §§ 81 bis 86 im Verleiherbetrieb

1 Fitting, Rn. 1 m. w. N.
2 Däubler/Klebe, Mitbest. 90, 363, 395.
3 *https://aur-blog.eu/reformvorschlag/.*
4 Zur Abgrenzung der §§ 81 ff. von §§ 96 ff. vgl. auch BAG, NZA 86, 535; 91, 837.
5 LAG München 9. 1. 20 – 3 TaBV 30/19.
6 BAG, AuR 75, 1320.

uneingeschränkt, im Entleiherbetrieb mit Ausnahme der §§ 82 Abs. 2 und 83 (§ 14 Abs. 2 Satz 3 AÜG). Die Unterrichtungspflicht nach dieser Vorschrift betrifft auch die **vorübergehende Zuweisung** einer anderen Arbeit und Veränderungen, die sich auf den Bestand des Arbeitsverhältnisses selbst beziehen.[7] Von besonderer Bedeutung ist die Belehrung vor einem Einsatz in gesundheitsgefährdenden Arbeitszeitsystemen wie beispielsweise Nachtarbeit.[8] Der AN kann selbst entscheiden, ob er ein BR-Mitgl. als Person seines Vertrauens zum Gespräch hinzuziehen will und wenn ja, welches.[9]

2. Leistungsverweigerungsrecht des Arbeitnehmers

2 Solange der AG seine Verpflichtungen nach dieser Vorschrift nicht erfüllt, hat der AN ein **Leistungsverweigerungsrecht** nach § 273 BGB, ohne dass er seinen Lohnanspruch verliert. Für die Unterweisung in die Unfall- und Gesundheitsgefahren genügt nicht die Aushändigung eines Merkblatts. Sind im Betrieb Betriebsärzte und Fachkräfte für Arbeitssicherheit, gehört es zu ihren Aufgaben, den AG bei seiner Unterweisungspflicht zu unterstützen. Ausländische AN sind ggf. in ihrer Muttersprache zu belehren.[10]

§ 82 Anhörungs- und Erörterungsrecht des Arbeitnehmers

(1) Der Arbeitnehmer hat das Recht, in betrieblichen Angelegenheiten, die seine Person betreffen, von den nach Maßgabe des organisatorischen Aufbaus des Betriebs hierfür zuständigen Personen gehört zu werden. Er ist berechtigt, zu Maßnahmen des Arbeitgebers, die ihn betreffen, Stellung zu nehmen sowie Vorschläge für die Gestaltung des Arbeitsplatzes und des Arbeitsablaufs zu machen.

(2) Der Arbeitnehmer kann verlangen, dass ihm die Berechnung und Zusammensetzung seines Arbeitsentgelts erläutert und dass mit ihm die Beurteilung seiner Leistungen sowie die Möglichkeiten seiner beruflichen Entwicklung im Betrieb erörtert werden. Er kann ein Mitglied des Betriebsrats hinzuziehen. Das Mitglied des Betriebsrats hat über den Inhalt dieser Verhandlungen Stillschweigen zu bewahren, soweit es vom Arbeitnehmer im Einzelfall nicht von dieser Verpflichtung entbunden wird.

1 Das Recht des AN, in bestimmten Angelegenheiten, die seine Person betreffen, gehört zu werden, beschränkt sich nicht auf ein bloßes Anhören. Der

7 ArbG Gelsenkirchen 21.10.82 – 3 Ca 1768/82.
8 Vgl. BVerfG, AuR 92, 187 ff.
9 BAG 11.12.18 – 1 ABR 12/17.
10 LAG Rheinland-Pfalz, AuA 06, 562.

DGB-Entwurf für ein modernes BetrVG[1] konkretisiert das Vorschlagsrecht des AN hinsichtlich der Gestaltung des Arbeitsplatzes und des Arbeitsablaufs und benennt insbesondere die Arbeitsbedingungen, den Arbeits- und Gesundheitsschutz, die Arbeitsorganisation, das Arbeitspensum, die Gestaltung des Arbeitsbereichs und des Arbeitsablaufs sowie die in § 80 genannten Angelegenheiten. Das Anhörungs- und Erörterungsrecht nach Abs. 1 ist weit zu verstehen und deckt auch eine Unterschriftenaktion zur Wiedereinführung der 35-Stunden-Woche bei vollem Lohnausgleich.[2] Der AN kann in der betreffenden Angelegenheit verlangen, eine **Auskunft** vom AG oder der dafür zuständigen Person zu erhalten. Hat der AG den Auskunftsanspruch erfüllt, kann der AN darüber hinaus keinen Nachweis durch Vorlage von Unterlagen (hier: Einsichtsgewährung in die Leistungsbeschreibung eines Auftraggebers) verlangen.[3]

Der Anspruch nach Abs. 2 Satz 1 auf Berechnung und Zusammensetzung **2**
des Arbeitsentgelts erstreckt sich auch darauf, dass dem AN vom AG die Berechnung und Zusammensetzung eines Akkordlohns erläutert wird. Die Erläuterung muss so gestaltet sein, dass der AN die Möglichkeit hat, die Angaben der Lohnabrechnung sowohl hinsichtlich der rechtlichen als auch der tatsächlichen Grundlagen zu verstehen.[4] Das Erörterungsrecht nach Abs. 2 Satz 1 dient dazu, dem AN eine realistische Einschätzung darüber zu ermöglichen, wie seine Leistungen eingeschätzt werden und welche Entwicklungschancen er im Betrieb hat. Zugleich erhält er die Gelegenheit, etwaigen Fehlbeurteilungen entgegenzutreten und seine eigenen beruflichen Entscheidungen bis hin zu einer möglichen Beendigung des Arbeitsverhältnisses an der Bewertung seiner Leistungen und den betrieblichen Aufstiegschancen zu orientieren.[5] Ein Anspruch eines AN auf **Hinzuziehung eines BR-Mitgl. zu einem Personalgespräch** ist auf die in Abs. 2 Satz 1 genannten Gegenstände beschränkt; bei einem Gespräch über den Abschluss eines Aufhebungsvertrags besteht ein solcher Anspruch nicht, wenn das Gespräch nicht auch Themen i. S. von Abs. 2 Satz 1 zum Gegenstand hat.[6] Dasselbe gilt für Gespräche, in denen Arbeitsanweisungen erteilt oder Abmahnungen ausgesprochen werden.[7] Die Formulierung »Möglichkeiten der beruflichen Entwicklung im Betrieb« umfasst allerdings einen durchaus weit zu verstehenden Anwendungsbereich. Im Zweifelsfall können AN vorab nach dem Inhalt eines vom AG gewünschten Personalgesprächs fragen und dies mit

1 *https://aur-blog.eu/reformvorschlag/*.
2 LAG Hamm 3.9.14 – 4 Sa 235/14.
3 LAG Berlin-Brandenburg 26.10.09 – 26 Ta 1864/09.
4 LAG Köln 10.11.20 – 1 Ta 158/20.
5 HessLAG 11.4.16 – 16 TaBV 162/15.
6 BAG, NZA 05, 416.
7 LAG Hamm 19.10.07 – 10 TaBV 67/07.

dem Wunsch nach einem Gespräch über die berufliche Entwicklung im Betrieb verknüpfen, damit dann ein BR-Mitgl. teilnehmen kann.[8] Führt der AG mit dem AN aus Anlass der bevorstehenden Einführung eines neuen einheitlichen Entgeltrahmen-TV Gespräche über dessen konkrete Tätigkeitsbeschreibung, die Grundlage für die neu vorzunehmende Eingruppierung sein soll, so darf der AG die vom AN gewünschte Hinzuziehung eines BR-Mitgl. nicht verweigern.[9] Hat der AG im Rahmen eines Interessenausgleichs die Zuordnung von Stellen im Außendienst einer paritätisch besetzten Stellenbesetzungskommission übertragen, kann der AN auch zu einem Gespräch vor dieser Kommission ein Mitgl. des BR hinzuziehen.[10] Der AN kann auch dann ein Mitgl. des BR hinzuziehen, wenn ein **Beratungs- und Förderungsgespräch** auf Veranlassung des AG stattfindet.[11] Zieht der AN in den in Abs. 2 Satz 1 genannten Angelegenheiten ein BR-Mitgl. seiner Wahl[12] zu seiner Unterstützung hinzu, gehört es zu den gesetzl. Aufgaben des jeweiligen BR-Mitgl., den AN zu begleiten und ggf. zu beraten.[13] Der AG hat keinen Anspruch darauf, vorher zu wissen, ob bzw. welches BR-Mitgl. an einem Personalgespräch teilnimmt.[14]

3 **Die Vorschrift gilt** – mit Ausnahme der Möglichkeit der Hinzuziehung eines BR-Mitglieds – **auch in BR-losen Betrieben.**[15] Unabhängig von der Bestimmung des § 82 kann sich auch aus dem allgemeinen Persönlichkeitsrecht aus Art. 2 Abs. 1 GG i. V. m. Art. 1 Abs. 1 GG das Recht des AN auf Zulassung eines Rechtsbeistandes seiner Wahl bei dienstlichen Gesprächen über seinen Gesundheitszustand ergeben, da nur so der Eintritt von Nachteilen zulasten des AN vermieden werden kann.[16]

4 Zusätzlich zu dem in § 82 festgeschriebenen Anhörungs- und Erörterungsrecht des AN fordert der DGB-Entwurf für eine moderne Betriebsverfassung,[17] die Meinungsäußerungsfreiheit der Beschäftigten im Betrieb sowie außerbetrieblich zu betrieblichen Fragen in einem neuen § 82a im BetrVG zu normieren.

---

8 Britschgi, AiB 1/17, 54.
9 BAG 20.4.10 – 1 ABR 85/08.
10 HessLAG 11.4.16 – 16 TaBV 162/15.
11 BAG, AuR 79, 152.
12 BAG 11.12.18 – 1 ABR 12/17.
13 BAG 27.11.02 – 7 ABR 33/01.
14 HessLAG 7.12.15 – 16 TaBV 140/15; OVG NRW 25.9.18 – 3d A 177/17.BDG.
15 LAG Köln, AuR 07, 405 zum Anspruch des AN auf Erläuterung der Berechnung und Zusammensetzung des Arbeitsentgelts.
16 ArbG Münster, BB 88, 1964.
17 S. Fn. 1.

§ 83 Einsicht in die Personalakten

(1) Der Arbeitnehmer hat das Recht, in die über ihn geführten Personalakten Einsicht zu nehmen. Er kann hierzu ein Mitglied des Betriebsrats hinzuziehen. Das Mitglied des Betriebsrats hat über den Inhalt der Personalakte Stillschweigen zu bewahren, soweit es vom Arbeitnehmer im Einzelfall nicht von dieser Verpflichtung entbunden wird.
(2) Erklärungen des Arbeitnehmers zum Inhalt der Personalakte sind dieser auf sein Verlangen beizufügen.

Inhaltsübersicht Rn.

1. Einsichtnahme in Personalakte

a) Personalakte

1 Die Vorschrift schreibt nicht vor, dass eine Personalakte zu führen ist und welchen Inhalt sie haben muss, wenn sie geführt wird. Personalakte ist **jede Sammlung von schriftlichen Unterlagen** über einen bestimmten AN, ohne Rücksicht darauf, ob sie in Papier- oder elektronischer Form geführt wird. Dem AN ist dabei in allgemeiner Form lesbar und entschlüsselt Auskunft darüber zu erteilen, welche Daten über ihn gespeichert werden und an wen sie übermittelt worden sind.[1] Das Einsichtsrecht aus dieser Vorschrift geht dem Auskunftsanspruch des **§ 34 BDSG a. F./n. F.** vor (zum bis 24.5.2018 geltenden BDSG a. F. und den ab 25.5.2018 geltenden BDSG n. F. und DSGVO vgl. im Übrigen die Erl. zu § 94). Aufgrund des verfassungsrechtlich gewährleisteten Persönlichkeitsschutzes ist der AG verpflichtet, die Personalakten des AN **sorgfältig** zu verwahren, bestimmte Informationen **vertraulich** zu behandeln und für die vertrauliche Behandlung durch die Sachbearbeiter Sorge zu tragen. Auch muss der AG den Kreis der mit Personalakten befassten AN **möglichst eng** halten.[2]

2 Die Personalakten dürfen nur Angaben enthalten, für die ein **sachliches Interesse** des AG besteht.[3] Auch **Sonder- und Nebenakten, persönliche Aufzeichnungen** des Vorgesetzten sowie **Unterlagen des Werkschutzes** gehören zur Personalakte. Entscheidend ist nicht, was der AG als Personalakte bezeichnet. Maßgebend ist vielmehr der sog. **materielle Begriff** der Per-

1 ArbG Berlin, BB 88, 70.
2 BAG, NZA 88, 53.
3 LAG Nds. 10.7.80, AP Nr. 85 zu § 611 BGB Fürsorgepflicht.

sonalakte.[4] Der AN hat somit das Recht der Einsichtnahme in alle Unterlagen, die auf das Arbeitsverhältnis bezogene Aufzeichnungen enthalten und damit in einem Zusammenhang stehen. Die Führung von **Geheimakten** ist unzulässig. Der AN hat Anspruch darauf, dass in der Personalakte Hinweise auf geführte Sonderakten angebracht werden.[5]

b) Einsichtnahme, Hinzuziehung eines Betriebsratsmitglieds

3 Das Einsichtsrecht besteht **jederzeit** und erfolgt grundsätzlich während der **Arbeitszeit**. Eine Minderung des Arbeitsentgelts darf nicht stattfinden. Auch **außerbetrieblich** geführte Unterlagen dürfen eingesehen werden. **Verschlüsselte Angaben** sind dem AN zu erläutern. Das ist von besonderer Bedeutung, wenn Personaldaten in Datenbanken gespeichert werden. Sie müssen dem AN in einer für ihn verständlichen Form zugänglich gemacht werden. Der AN kann sich anhand der Personalakten auch **Notizen** machen oder auf eigene Kosten **Kopien** anfertigen. Eine BV, beispielsweise nach § 87 Abs. 1 Nr. 1, darf nicht zu einer grundsätzlichen Beschränkung des Einsichtsrechts führen. Umstritten ist, ob der AN grundsätzlich das Recht hat, einen Dritten mit der Einsichtnahme in seine Personalakte zu beauftragen oder einen Dritten, der kein BR-Mitgl. ist, bei der Einsichtnahme hinzuzuziehen. Nach Ansicht des LAG SH[6] sowie des LAG Nürnberg[7] steht das Einsichtsrecht nur dem AN höchstpersönlich zu; gegen den Willen des AG kann es von einem beauftragten Dritten wie z. B. einem RA oder einem Gewerkschaftssekretär grundsätzlich nicht ausgeübt werden. Nach Ansicht des BAG[8] hat der AN jedenfalls in den Fällen keinen Anspruch darauf, zur Einsichtnahme in die Personalakte einen RA hinzuzuziehen, in denen der AG dem AN erlaubt, Kopien der in der Personalakte befindlichen Schriftstücke zu fertigen. Nach Abs. 1 Satz 2 kann der AN bei der Einsichtnahme aber ein Mitgl. des BR hinzuziehen. Von der Möglichkeit der Hinzuziehung eines BR-Mitgl. sollte regelmäßig Gebrauch gemacht werden. Der BR darf allerdings nur mit Zustimmung des AN Einsicht in die Personalakte nehmen;[9] eine BV, die dem BR-Vors. einen permanenten Zugriff auf elektronisch geführte Personalakten gewährt, verstößt gegen das allgemeine Persönlichkeitsrecht der AN und ist rechtswidrig.[10] **Ohne Einverständnis** des AN ist es ebenso unzulässig, die Personalakten an Betriebsfremde weiterzugeben,

---

4 BAG, AuR 81, 124.
5 LAG Bremen, BB 77, 648.
6 LAG SH 17.4.14 – 5 Sa 385/13.
7 LAG Nürnberg 10.10.14 – 8 Sa 138/14.
8 BAG 12.7.16 – 9 AZR 791/14.
9 LAG BB 12.11.12 – 17 TaBV 1318/12.
10 ArbG Düsseldorf 10.10.19 – 16 BV114/18.

z. B. an einen AG, bei dem sich der AN bewerben will.[11] Nach Beendigung des Arbeitsverhältnisses kann zwar nicht mehr aus § 83, aber aus nachwirkender Schutz- und Rücksichtnahmepflicht des AG (§ 241 Abs. 2 BGB i. V. m. Art. 2 Abs. 1 und Art. 1 Abs. 1 GG) noch ein Einsichtsrecht bestehen, wenn die Akten noch vorhanden sind; ein konkretes berechtigtes Interesse muss der AN nicht darlegen.[12] Die Vorschrift begründet einen Anspruch auf Akteneinsicht, nicht auf Aktenherausgabe.[13]

Der DGB-Entwurf für ein modernes BetrVG[14] schlägt vor, die Rechte der AN hinsichtlich der über sie geführten Personalakten umfassender zu beschreiben, die MB des BR bei der Gestaltung der Führung von Personalakten zu normieren sowie festzuschreiben, dass die Vorschriften der DSGVO und des BDSG unabhängig davon anzuwenden sind, ob die Personalakten in Papier- oder elektronischer Form geführt bzw. gespeichert werden. 3a

2. Erklärungen des Arbeitnehmers

Die Erklärung des AN nach Abs. 2 ist der Personalakte auch dann beizufügen, wenn der AG sie für unzutreffend oder nicht in die Personalakten gehörend ansieht. 4

3. Entfernungsanspruch

Daneben hat der AN das **Recht auf Entfernung** von unrichtigen Angaben und missbilligenden Äußerungen aus den Personalakten, wenn diese unzutreffende Tatsachenbehauptungen enthalten, die den AN in seiner Rechtsstellung und in seinem beruflichen Fortkommen beeinträchtigen können,[15] und zwar auch dann, wenn konkrete Tatsachen nicht vorliegen, die eine Beeinträchtigung des beruflichen Fortkommens durch den Verbleib der Abmahnung in der Personalakte erwarten lassen.[16] Entsprechendes gilt, wenn sich in den Personalakten eine auf die Verletzung arbeitsvertraglicher Pflichten erstreckende schriftliche Abmahnung befindet, die unbegründet ist (vgl. auch § 87 Rn. 12).[17] Werden in einem Abmahnungsschreiben gleichzeitig verschiedene Pflichtverletzungen gerügt, von denen nur einzelne zutreffen, ist die Abmahnung nicht teilweise aufrecht zu erhalten, sondern sie muss vollständig aus der Personalakte entfernt werden.[18] Auch 5

11 Vgl. BAG, NZA 85, 811.
12 BAG 16.11.10 – 9 AZR 573/09; LAG SH 17.4.14 – 5 Sa 385/13.
13 BAG a. a. O.
14 *https://aur-blog.eu/reformvorschlag/*.
15 BAG, DB 72, 1783; NZA 86, 227.
16 ArbG Köln, BB 94, 580.
17 BAG 19.7.12 – 2 AZR 782/11; ArbG Hamburg 15.6.16 – 14 Ca 371/15.
18 BAG 13.3.91 – 5 AZR 133/90; ArbG Koblenz 24.4.14 – 2 Ca 3399/13.

nach Entfernung einer Abmahnung aus der Personalakte besteht nach der Auffassung des BAG[19] bei fortdauernden Rechtsbeeinträchtigungen ein Widerrufsanspruch.

§ 84 Beschwerderecht

(1) Jeder Arbeitnehmer hat das Recht, sich bei den zuständigen Stellen des Betriebs zu beschweren, wenn er sich vom Arbeitgeber oder von Arbeitnehmern des Betriebs benachteiligt oder ungerecht behandelt oder in sonstiger Weise beeinträchtigt fühlt. Er kann ein Mitglied des Betriebsrats zur Unterstützung oder Vermittlung hinzuziehen.
(2) Der Arbeitgeber hat den Arbeitnehmer über die Behandlung der Beschwerde zu bescheiden und, soweit er die Beschwerde für berechtigt erachtet, ihr abzuhelfen.
(3) Wegen der Erhebung einer Beschwerde dürfen dem Arbeitnehmer keine Nachteile entstehen.

Inhaltsübersicht Rn.

1. Beschwerdegegenstand, Beschwerdeverfahren

1 Unter einer Beschwerde i. S. der §§ 84 ff. BetrVG ist jedes Vorbringen des AN zu verstehen, dass er sich selbst entweder vom AG oder von AN des Betriebs benachteiligt, ungerecht behandelt oder in sonstiger Weise beeinträchtigt fühlt und Abhilfe des belastenden Zustands begehrt.[1] Das Beschwerderecht hat individualrechtlichen Charakter und setzt daher das Bestehen eines BR nicht voraus, sondern es gilt auch für nicht BR-fähige und BR-lose Betriebe.[2] Gegenstand der Beschwerde können sowohl tatsächliche als auch rechtliche Beeinträchtigungen des AN sein,[3] z. B. sexuelle Belästigung,[4] Mobbing[5] oder ausländerfeindliches Verhalten von Mitarbeitern. Auch eine Unterschriftenaktion zur Wiedereinführung der 35-Stunden-Woche bei vollem Lohnausgleich ist vom Beschwerderecht gedeckt.[6] Es kommt auf den subjektiven

19 BAG, AuR 99, 352.

1 LAG RP 12.9.22 – 2 TaBV 8/22.
2 LAG HH 24.8.23 – 1 Sa 8/23 n. rk., anhängig beim BAG unter Az. 2 AZR 260/23.
3 BAG 22.11.05 – 1 ABR 50/04.
4 Vgl. LAG Hamm, NZA 97, 769.
5 BAG, NZA 97, 781.
6 LAG Hamm 3.9.14 – 4 Sa 235/14.

Standpunkt des AN und darauf an, dass ein Zusammenhang zum Arbeitsverhältnis besteht.[7] Das Beschwerderecht kann auch von mehreren AN gemeinsam ausgeübt werden.[8] Unabhängig von den im BetrVG geregelten Beschwerderechten haben Beschäftigte gemäß § 13 Abs. 1 AGG das Recht, sich bei den zuständigen Stellen des Betriebs, des UN oder der Dienststelle zu beschweren, wenn sie sich im Zusammenhang mit ihrem Beschäftigungsverhältnis vom AG, von Vorgesetzten, anderen Beschäftigten oder Dritten aus einem in § 1 AGG genannten Grund benachteiligt fühlen. § 1 AGG richtet sich gegen Benachteiligungen aus Gründen der Rasse oder wegen der ethnischen Herkunft, des Geschlechts, der Religion oder Weltanschauung, einer Behinderung, des Alters oder der sexuellen Identität. Der sich beschwerende AN muss eine Beeinträchtigung seiner persönlichen Position empfinden.[9] Die Beschwerde eines AN über Vorgänge, die nicht ihn persönlich, sondern andere AN betreffen oder auch nur über allgemeine Missstände, löst nicht das in dieser und den nachfolgenden Vorschriften geregelte besondere Beschwerdeverfahren aus,[10] es sei denn, der die allgemeinen Missstände rügende AN fühlt sich durch diese ebenfalls beeinträchtigt; in jedem Fall kann er sich auch mit allgemeinen Beschwerden an den BR wenden. Die Beschwerde hat **keine aufschiebende Wirkung** gegenüber Anordnungen des AG. Gesetzl. Fristen werden durch eine Beschwerde nicht gehemmt. Es besteht kein Anspruch auf anonyme Behandlung der Beschwerde.

2. Überprüfung der Beschwerde, Benachteiligungsverbot

Der Arbeitgeber hat die Beschwerde zu prüfen und das Ergebnis dem Beschwerdeführer mitzuteilen. Erachtet der AG die Beschwerde für berechtigt, hat er ihr abzuhelfen, wobei die Form der Abhilfe allein im Ermessen des AG liegt.[11] Lehnt er die Beschwerde ab, soll die Ablehnung eine **Begründung** enthalten. Der AN kann im Falle der Ablehnung seiner Beschwerde den BR nach § 85 anrufen. Daneben hat er, soweit Gegenstand der Beschwerde ein Rechtsanspruch ist, die Möglichkeit der Einleitung eines Klageverfahrens oder, allerdings nur, wenn die Voraussetzungen des § 273 BGB erfüllt sind, der Zurückbehaltung seiner Arbeitsleistung. Das Benachteiligungsverbot nach Abs. 3 bezieht sich sowohl auf tatsächliche als auch auf rechtliche Benachteiligungen des AN;[12] es gilt auch, wenn die Beschwerde sich als 2

7 LAG RP a. a. O.
8 BAG, NZA 06, 803.
9 ArbG Hannover, AiB 89, 313; HessLAG 9. 5. 12 – 18 Sa 1596/11.
10 LAG SH, NZA 90, 703 f.
11 HessLAG 17. 12. 19 – 4 TaBV 136/19.
12 LAG Frankfurt, BetrR 87, 223.

unbegründet erweist.[13] Ausnahmen sind allenfalls im Hinblick auf Begleitumstände und Inhalt der Beschwerde denkbar, z. B. völlig haltlose schwere Anschuldigungen in beleidigendem Ton.[14]

3. Whistleblowing, Hinweisgeberschutz

3 Unabhängig vom innerbetrieblichen Beschwerdeverfahren des § 84 gilt seit dem 16. 12. 2019 die sog. Whistleblower-Richtlinie des Europäischen Parlaments und des Rats der EU[15] zum Schutz von Personen, die Verstöße gegen das Unionsrecht melden. Die Richtlinie verpflichtet UN zur Einführung eines Whistleblowing-Systems. Dieser interne Meldekanal dient der Entgegennahme von Informationen über mögliche Missstände oder Gesetzesverstöße, die das UN betreffen, insbes. in den Bereichen Korruption, Geldwäsche, Arbeits-, Umwelt-, Daten- und Verbraucherschutz. Die Richtlinie legt Mindeststandards für den Schutz von Whistleblowern fest und schreibt ein Verfahren für die Bearbeitung der Meldung sowie die Steuerung von Folgemaßnahmen vor. Mit dem HinSchG v. 31. 5. 2023[16] wurde die Whistleblower-Richtlinie in deutsches Recht umgesetzt; es regelt den Schutz von Personen, die im Rahmen ihrer beruflichen Tätigkeit Informationen über Verstöße erlangt haben und diese an interne oder externe Meldestellen weitergeben. Das HinSchG verbietet jegliche Repressalien gegenüber hinweisgebenden Personen (sog. Whistleblowern) und verpflichtet UN, sichere Kanäle für die Meldung von Missständen einzurichten. Gemeldet werden können Verstöße gegen Strafvorschriften; Verstöße, die mit einem Bußgeld bedroht sind wie z. B. Verstöße gegen Vorschriften aus den Bereichen des Arbeits- und Gesundheitsschutzes oder gegen das MiLoG. Darüber hinaus sind alle Verstöße gegen Rechtsvorschriften des Bundes und der Länder umfasst, die zur Umsetzung bestimmter europäischer Regelungen getroffen wurden, sowie Verstöße gegen unmittelbar geltende EU-Rechtsakte, wie Verstöße gegen Regelungen zur Bekämpfung von Geldwäsche und Terrorismusfinanzierung, Vorgaben zur Produktsicherheit, zur Verkehrssicherheit, zur Beförderung gefährlicher Güter, zum Umwelt- und Strahlenschutz, zur Lebensmittel- und Futtermittelsicherheit, zu Qualitäts- und Sicherheitsstandards bei Arzneimitteln und Medizinprodukten, Regelungen des Verbraucherschutzes, des Datenschutzes und der Sicherheit in der Informationstechnik, des Vergaberechts, zur Rechnungslegung bei Kapitalgesellschaften, im Bereich des Wettbewerbsrechts etc. Weitere Hinweise zum HinSchG siehe bei § 79 Rn. 1 und bei § 87 Rn. 12 und 38.

---

13 LAG Köln, LAGE § 626 BGB Nr. 128.

14 LAG Köln a. a. O.

15 Richtlinie (EU) 2019/1937 v. 23. 10. 19, AmtsBlEU 26. 11. 19, Nr. L 305/17.

16 BGBl. I Nr. 140.

§ 85 Behandlung von Beschwerden durch den Betriebsrat

(1) Der Betriebsrat hat Beschwerden von Arbeitnehmern entgegenzunehmen und, falls er sie für berechtigt erachtet, beim Arbeitgeber auf Abhilfe hinzuwirken.
(2) Bestehen zwischen Betriebsrat und Arbeitgeber Meinungsverschiedenheiten über die Berechtigung der Beschwerde, so kann der Betriebsrat die Einigungsstelle anrufen. Der Spruch der Einigungsstelle ersetzt die Einigung zwischen Arbeitgeber und Betriebsrat. Dies gilt nicht, soweit Gegenstand der Beschwerde ein Rechtsanspruch ist.
(3) Der Arbeitgeber hat den Betriebsrat über die Behandlung der Beschwerde zu unterrichten. § 84 Abs. 2 bleibt unberührt.

Inhaltsübersicht Rn.

1. Behandlung von Beschwerden durch den Betriebsrat

Unabhängig von der Möglichkeit, sich selbst beim AG zu beschweren, kann 1
der AN die Beschwerde auch beim BR anbringen. Nur in diesem Fall kann **Abhilfe** einer berechtigten Beschwerde unabhängig von der Haltung des AG **durchgesetzt** werden. Der BR ist verpflichtet, die Beschwerde gegenüber dem AG weiter zu verfolgen, wenn er sie für berechtigt erachtet. Auch Beschwerden, die vom AG nach § 84 abschlägig beschieden worden sind, können auf diese Weise weiterverfolgt werden. Der Begriff der Beschwerde in § 84 und in § 85 ist identisch.[1] Beschwerdegegenstand ist die individuelle Benachteiligung, die ungerechte Behandlung oder eine sonstige Beeinträchtigung des AN durch den AG, einen Vorgesetzten oder andere AN des Betriebs.[2] Gegenstand einer Beschwerde können auch **Rechtsansprüche** sein,[3] etwa eine vom AN beanstandete Ablehnung von Sonderurlaub durch den AG, die Geltendmachung eines Anspruchs auf Rücknahme einer Abmahnung oder Ansprüche von BR-Mitgl. auf Arbeitsbefreiung zur Durchführung ihrer Aufgaben und auf betriebsübliche Vergütung i. S. von § 37 Abs. 2–4 dieses Gesetzes.[4] Ist ein BR-Mitgl. von einer Beschwerde betroffen oder hat es selbst diese beim BR angebracht, ist es bei der Beschlussfassung des BR über die Berechtigung der Beschwerde ausgeschlossen.[5]

---

1 BAG 22. 11. 05 – 1 ABR 50/04.
2 LAG RP 12. 9. 22 – 2 TaBV 8/22, sowie 11. 12. 14 – 3 TaBV 8/14.
3 BAG a. a. O.
4 HessLAG, AuR 08, 77.
5 LAG Nürnberg 16. 10. 12 – 7 TaBV 28/12.

2. Einigungsstellenverfahren

2 Bei Nichteinigung zwischen BR und AG kann die ESt. angerufen werden. Das ESt.-Verfahren dient dazu, zu entscheiden, ob der AG anlässlich einer berechtigten Beschwerde Abhilfemaßnahmen zu ergreifen hat. Hat er dies bereits (vorsorglich) getan, besteht kein Raum für die Bestellung einer ESt.[6] Die ESt. trifft **keine verbindliche Entscheidung über den Rechtsanspruch**.[7] Für die Beschwerde eines AN über seine totale Arbeitsüberlastung ist die ESt. nicht offensichtlich unzuständig (vgl. auch § 76 Rn. 9),[8] ebenso wenig für die Beschwerde eines AN wegen Mobbings,[9] wegen mangelnder Anerkennung für 20jährige Betriebszugehörigkeit[10] oder wegen respektloser Äußerungen in einer von Mitarbeitern und ehemaligen Mitarbeitern gegründeten geschlossenen Facebook-Gruppe.[11] **Offensichtliche Unzuständigkeit** der ESt. nach § 98 ArbGG liegt bei einem Rechtsanspruch dann vor, wenn der AG den Rechtsanspruch zwar anerkennt, ihn zu erfüllen aber nicht bereit ist; dann ist das Klageverfahren vorrangig. Einer AN-Beschwerde, mit der eine (erhöhte) Leistung verlangt wird, liegt dann ein Rechtsanspruch zugrunde, wenn eine BV dem AG bei der Gewährung freiwilliger Leistungen ein einseitiges Bestimmungsrecht i. S. des § 315 BGB einräumt.[12] Offensichtliche Unzuständigkeit liegt auch dann vor, wenn mit der Beschwerde die Einführung einer freiwilligen Leistung, für die kein erzwingbares MBR des BR besteht (hier: Aufnahme in die in einigen anderen Betrieben des UN bestehende betriebliche Altersversorgung) begehrt wird.[13] Für die Behandlung eines Streits allein um die sachliche Rechtfertigung einer ausgesprochenen Abmahnung ist die ESt. ebenfalls offensichtlich unzuständig.[14] Gleiches gilt für die Beschwerde eines AN über die Auslegung eines TV (hier: Zuweisung von Tätigkeiten einer höheren Vergütungsgruppe als der, nach der der AN entlohnt wird).[15] Nur der BR, nicht jedoch der einzelne AN, kann die ESt. anrufen. Hat der BR einen Beschluss über die Berechtigung der Beschwerde des AN gefasst, hat

---

6 HessLAG 17. 12. 19 – 4 TaBV 136/19.

7 A. A. BAG, NZA 85, 189, das entgegen des ausdrücklich zwischen der Anrufungsmöglichkeit der ESt. und der Nichtverbindlichkeit ihres Spruchs über einen Rechtsanspruch unterscheidenden Gesetzeswortlauts die ESt. in solchen Fällen schlechthin als unzuständig bezeichnet; s. insoweit auch BAG 22. 11. 05 – 1 ABR 50/04; ebenso selbst für einen Fall, in dem der Rechtsanspruch schwer konkretisierbar ist LAG Köln 6. 8. 21 – 9 TaBV 26/21.

8 LAG Düsseldorf, NZA 94, 767; LAG Hamm, NZA-RR 02, 139.

9 LAG Hamm 5. 10. 09 – 10 TaBV 63/09; LAG RP 16. 1. 08 – 7 TaBV 60/07.

10 LAG Hamm 3. 5. 16 – 7 TaBV 29/16.

11 LAG RP a. a. O.

12 LAG Hamm 6. 1. 15 – 7 TaBV 61/14.

13 LAG Köln 7. 5. 08 – 7 TaBV 20/08.

14 LAG BB 15. 8. 17 – 7 TaBV 860/17.

15 HessLAG 16. 5. 17 – 4 TaBV 75/17.

er zunächst beim AG auf Abhilfe hinzuwirken. AG und BR haben über die Erledigung der Beschwerde zu verhandeln, bevor die ESt. angerufen wird.[16] Nach Ansicht des HessLAG[17] genügt bei einer ESt. über die Berechtigung der Beschwerde eines AN häufig die Bestellung eines Beisitzers pro Seite, da die Einbindung betriebsexternen juristischen Beistands auf AG- und BR-Seite in der Regel nicht notwendig ist. Die ESt. nach dem BetrVG ist auch für Beschwerden von Beamten bei den Nachfolge-UN der früheren DBP zuständig.[18] Hält die ESt. die Beschwerden von AN für berechtigt, so muss aus dem Spruch hervorgehen, welche konkreten tatsächlichen Umstände als zu vermeidende Beeinträchtigungen der AN angesehen werden, damit der AG erkennen kann, welchen Zustand er zu beseitigen oder zukünftig zu vermeiden hat; andernfalls ist der Spruch mangels hinreichender Bestimmtheit unwirksam.[19] Der Anwendungsbereich von § 85 ist nicht auf solche Tatbestände beschränkt, in denen der BR bereits nach anderen Vorschriften ein MBR hat.[20] Im gerichtl. Verfahren auf Bestellung des ESt.-Vors. nach § 98 ArbGG hat das Gericht nicht zu entscheiden, ob die dem prozessualen Verfahrensantrag zur Einsetzung des ESt.-Vors. zugrunde liegenden AN-Beschwerden das MBR des BR auslösen oder ob Sinn und Zweck des § 85 BetrVG einer solchen Annahme entgegenstehen. Über ihre Zuständigkeit hat die ESt. als **Vorfrage** selbst zu befinden. Das ArbG übt im Rahmen des Bestellungsverfahrens lediglich eine Missbrauchskontrolle aus und kann den Antrag nur dann zurückweisen, wenn die ESt. offensichtlich unzuständig ist.[21]

§ 86 Ergänzende Vereinbarungen

Durch Tarifvertrag oder Betriebsvereinbarung können die Einzelheiten des Beschwerdeverfahrens geregelt werden. Hierbei kann bestimmt werden, dass in den Fällen des § 85 Abs. 2 an die Stelle der Einigungsstelle eine betriebliche Beschwerdestelle tritt.

Einzelheiten können sowohl für das individuelle Beschwerderecht (§ 84) als 1
auch für das in § 85 vorgesehene kollektive Beschwerdeverfahren geregelt werden. Ein bestehender TV hat dabei **Vorrang** vor einer BV. Letztere unterliegt im Übrigen nicht dem erzwingbaren MBR; sie kann deshalb nur im Rahmen einer freiwilligen Einigung zwischen AG und BR abgeschlossen werden.

---

16 ArbG Braunschweig, NZA-RR 04, 28.
17 HessLAG 3.11.09 – 4 TaBV 185/09.
18 BAG 22.11.05 – 1 ABR 50/04.
19 BAG 22.11.05 – 1 ABR 50/04 zu AN-Beschwerden über die Auswirkungen personeller Unterbesetzung von Schalterarbeitsplätzen, s. hierzu Anm. Hjort, dbr 10/06, 37.
20 LAG Hamburg 17.7.06 – 3 TaBV 7/06, juris.
21 LAG Hamburg 13.7.90 – 8 TaBV 5/90.

§ 86a Vorschlagsrecht der Arbeitnehmer

Jeder Arbeitnehmer hat das Recht, dem Betriebsrat Themen zur Beratung vorzuschlagen. Wird ein Vorschlag von mindestens 5 vom Hundert der Arbeitnehmer des Betriebs unterstützt, hat der Betriebsrat diesen innerhalb von zwei Monaten auf die Tagesordnung einer Betriebsratssitzung zu setzen.

1 Die mit dem BetrVerf-ReformG in das Gesetz aufgenommene Vorschrift erweitert die Individualrechte des AN, in diesem Fall nicht im Verhältnis zum AG, sondern gegenüber dem BR. Vorschlagen kann der AN nicht nur **Beratungsgegenstände**, durch die er sich in besonderer Weise persönlich betroffen fühlt. Für sie dürfte vorrangig das Beschwerdeverfahren nach § 85 Abs. 1 in Betracht kommen. Gemeint sind vielmehr alle Fragen, die zum Aufgabenbereich des BR gehören und die Interessen des Betriebs und seiner Beschäftigten berühren. Der Kreis der in Betracht kommenden Themen deckt sich im Wesentlichen mit denen, die gemäß § 45 Gegenstand auch von Anträgen der Betriebs- und Abteilungsversamml. sein können. Der BR handelt **pflichtwidrig**, wenn er den Vorschlag des AN nicht behandelt, obwohl die in dieser Bestimmung vorgesehene Mindestzahl anderer AN ihn unterstützt. Auch wenn das Gesetz es nicht ausdrücklich vorschreibt, hat der BR das Ergebnis der Beratung dem AN mitzuteilen, da dies dem Sinn der Regelung entspricht. Der AN kann allerdings nicht verlangen, dass seinem Vorschlag in dem von ihm gewollten Sinne auch entsprochen wird.

Dritter Abschnitt
Soziale Angelegenheiten

§ 87 Mitbestimmungsrechte

(1) Der Betriebsrat hat, soweit eine gesetzliche oder tarifliche Regelung nicht besteht, in folgenden Angelegenheiten mitzubestimmen:

1. **Fragen der Ordnung des Betriebs und des Verhaltens der Arbeitnehmer im Betrieb;**
2. **Beginn und Ende der täglichen Arbeitszeit einschließlich der Pausen sowie Verteilung der Arbeitszeit auf die einzelnen Wochentage;**
3. **vorübergehende Verkürzung oder Verlängerung der betriebsüblichen Arbeitszeit;**
4. **Zeit, Ort und Art der Auszahlung der Arbeitsentgelte;**
5. **Aufstellung allgemeiner Urlaubsgrundsätze und des Urlaubsplans sowie die Festsetzung der zeitlichen Lage des Urlaubs für einzelne**

Arbeitnehmer, wenn zwischen dem Arbeitgeber und den beteiligten Arbeitnehmern kein Einverständnis erzielt wird;

6. Einführung und Anwendung von technischen Einrichtungen, die dazu bestimmt sind, das Verhalten oder die Leistung der Arbeitnehmer zu überwachen;

7. Regelungen über die Verhütung von Arbeitsunfällen und Berufskrankheiten sowie über den Gesundheitsschutz im Rahmen der gesetzlichen Vorschriften oder der Unfallverhütungsvorschriften;

8. Form, Ausgestaltung und Verwaltung von Sozialeinrichtungen, deren Wirkungsbereich auf den Betrieb, das Unternehmen oder den Konzern beschränkt ist;

9. Zuweisung und Kündigung von Wohnräumen, die den Arbeitnehmern mit Rücksicht auf das Bestehen eines Arbeitsverhältnisses vermietet werden, sowie die allgemeine Festlegung der Nutzungsbedingungen;

10. Fragen der betrieblichen Lohngestaltung, insbesondere die Aufstellung von Entlohnungsgrundsätzen und die Einführung und Anwendung von neuen Entlohnungsmethoden sowie deren Änderung;

11. Festsetzung der Akkord- und Prämiensätze und vergleichbarer leistungsbezogener Entgelte, einschließlich der Geldfaktoren;

12. Grundsätze über das betriebliche Vorschlagswesen;

13. Grundsätze über die Durchführung von Gruppenarbeit; Gruppenarbeit im Sinne dieser Vorschrift liegt vor, wenn im Rahmen des betrieblichen Arbeitsablaufs eine Gruppe von Arbeitnehmern eine ihr übertragene Gesamtaufgabe im Wesentlichen eigenverantwortlich erledigt;

14. Ausgestaltung von mobiler Arbeit, die mittels Informations- und Kommunikationstechnik erbracht wird.

(2) Kommt eine Einigung über eine Angelegenheit nach Absatz 1 nicht zustande, so entscheidet die Einigungsstelle. Der Spruch der Einigungsstelle ersetzt die Einigung zwischen Arbeitgeber und Betriebsrat.

Inhaltsübersicht Rn.

1. Umfang der Mitbestimmungsrechte

a) Mitbestimmung als Wirksamkeitsvoraussetzung, Fremdfirmenbeschäftigte

1 Die Aufzählung der MBR ist abschließend.[1] Der BR kann allerdings die Angelegenheiten mitregeln, die mit dem MBR unmittelbar zusammenhängen und ohne die es nicht sinnvoll ausgeübt werden kann (**str.; Annex-Kompetenz**).[2] Dem AG ist es in allen MB-Angelegenheiten verwehrt, einseitige Maßnahmen durchzuführen, sofern ein BR besteht.[3] Im unmittelbaren Vorfeld einer BR-Wahl bzw. vor der Konstituierung des BR kann allerdings eine einseitige Maßnahme des AG dann unzulässig sein, wenn sie ohne weiteres aufschiebbar ist und die Durchführung deshalb dem Grundsatz der ver-

1 Der DGB-Entwurf für ein modernes BetrVG (*https://aur-blog.eu/reformvorschlag/*) regelt in §§ 74 und 74a die Grundsätze für die Zusammenarbeit v. AG und BR sowie das Verfahren bei MBR. So stellt der Entwurf u. a. klar, dass bei mitbestimmungswidrigem Verhalten des AG auch ein Folgenbeseitigungsanspruch des BR besteht und MBR auch Rahmenvereinbarungen ermöglichen. Die MBR in sozialen Angelegenheiten werden teilweise klargestellt, teilweise erweitert, wie z. B. beim betrieblichen Datenschutz und beim Klima- und Umweltschutz (§ 87 Nrn. 6b und 15).

2 Vgl. auch Rn. 24, 27, 41 und BAG, DB 77, 1464; NZA 07, 640.

3 Vgl. BAG, DB 82, 1727; DKW-Klebe, Rn. 15.

trauensvollen Zusammenarbeit widerspricht.[4] Kann zwischen AG und BR keine Übereinstimmung erzielt werden, sind beide Seiten berechtigt, die Einigungsstelle anzurufen, die verbindlich entscheidet. Deshalb sind **einseitige,** auch vorläufige,[5] **Maßnahmen** des AG **rechtswidrig** und damit unwirksam (Theorie der Wirksamkeitsvoraussetzung).[6] Dies gilt auch, wenn der AG den Betrieb so organisiert, dass er immer damit rechnen muss, dass z. B. Überstunden anfallen, er sie also duldet.[7] Er muss daher z. B. auch die Übereinstimmung betrieblicher Abläufe mit den Vorgaben der von ihm geschlossenen BV überprüfen und ggf. korrigierend so eingreifen, dass die betriebsverfassungsrechtlich geregelten Arbeitszeitgrenzen eingehalten werden. Daher kommt es auch nicht auf eine Kenntnis des AG im Einzelfall an.[8] Dies gilt selbstverständlich auch für die Duldung von Freizeitarbeit (Schreiben von E-Mails, Telefonate usw.) mit Hilfe mobiler Arbeitsmittel, wie z. B. Smartphones.[9] Der Arbeitgeber kann sich keinesfalls der **Verantwortung für die Führung seines Betriebs** entziehen.[10] Deshalb muss er ggf. auch zur Einhaltung z. B. einer BV zur Arbeitszeit den Betrieb umorganisieren oder zusätzliche AN einstellen.[11] Eine nachträgliche Genehmigung des BR[12] oder die bloße Duldung[13] kann die einseitige Maßnahme nicht wirksam machen (vgl. auch Rn. 4). Deshalb ist auch die abweichende Rspr. des BAG[14] abzulehnen, die eine rückwirkende Genehmigung von Erklärungen des BR-Vorsitzenden auch bei der Ausübung von MBR, wie z. B. bei der Unterzeichnung einer BV ohne BR-Beschluss, auf den Zeitpunkt der Unterzeichnung zulässt. Die Genehmigung kann nur als Beschluss für die Zukunft wirken.

---

4 LAG BB 5.7.18 – 26 TaBV 1146/17, juris; LAG RP 19.2.09 – 11 TaBV 29/08, juris.

5 Vgl. z. B. auch BAG 9.7.13 – 1 ABR 19/12, NZA 14, 99.

6 Vgl. z. B. BAG, DB 88, 2411; DB 96, 1576; NZA 04, 331; 04, 852; 25.2.15 – 1 AZR 642/13, NZA 15, 442; 5.5.15 – 1 AZR 435/13, NZA 15, 1207.

7 BAG, BB 91, 548 f.; DB 07, 1475; 7.2.12 – 1 ABR 77/10, NZA-RR 12, 359; LAG Nds. 3.7.17 – 8 TaBV 42/16, NZA-RR 17, 536; 28.7.20 – 1 ABR 18/19, NZA 21, 1509.

8 LAG Thüringen 23.2.22 – 4 TaBV 17/19, juris; HessLAG 6.3.23 – 16 TaBV 85/22, NZA-RR 23 417; vgl. allerdings auch BAG 28.7.20 – 1 ABR 18/19, NZA 21, 1509, wonach Überschreitungen der betriebsüblichen Arbeitszeit wegen besonderer einmaliger Umstände nicht dafür sprechen, dass der AG sie duldet.

9 ArbG Berlin 22.3.12 – 54 BV 7072/11; Baunack, AiB 12, 500; Buschmann, AiB 13, 514.

10 BAG, NZA 04, 670; 27.11.90 – 1 ABR 77/89, NZA 91, 382.

11 HessLAG 30.11.15 – 16 TaBV 96/15, LAGE § 77 BetrVG 2001 Nr. 17; vgl. auch LAG BB 28.6.17 – 15 Sa 66/17, juris.

12 BAG, DB 74, 1389; NZA 98, 1237; 09, 565.

13 BAG 23.10.18 – 1 ABR26/17, NZA 19, 483; LAG Köln 11.9.20 – 9 TaBV 24/20, juris.

14 BAG 9.12.14 – 1 ABR 19/13, NZA 15, 368; 8.2.22 – 1 AZR 233/21, NZA 22, 984 = AuR 23, 209 mit Anm. v. Wedde; wie das BAG auch Rinck, SR 23, 222 (225).

Hat der AG z.B. eine Vergütungsordnung einseitig geändert, behalten die AN den Anspruch nach der letzten wirksam abgeschlossenen BV.[15] Hat der AG die Vergütungsgrundsätze mehrfach mitbestimmungswidrig geändert, kann der AN nicht verlangen, nach einer für ihn günstigen zwischenzeitlichen, aber mitbestimmungswidrigen Regelung vergütet zu werden.[16] Der BR kann genauso wenig verlangen, dass der AG es unterlässt, v. dieser Regelung erneut mitbestimmungswidrig abzuweichen. Der Grundsatz, dass eine nachträgliche Genehmigung nicht zur Wirksamkeit des AG-Verhaltens oder zu einer »nachträglichen BV« führen kann, ist sicher richtig, führt hier aber dann zu fragwürdigen Ergebnissen, wenn der BR die einseitige zwischenzeitliche Regelung des AG schlicht akzeptiert und keine Veränderung anstrebt. Er wird dann gegen seinen Willen und unnötigerweise gezwungen, eine Einigungsstelle anzustreben, weil er nur so zu einer wirksamen BV kommen könnte. Nur so könnte er auch für die AN die vorteilhaftere Regelung zugänglich machen. Ausschließlich für diesen Fall einer für AN inzwischen günstigeren Regelung ist eine Modifizierung zu überlegen in dem Sinne, dass direkt nach dem mitbestimmungswidrigen AG-Beschluss eine BR-Zustimmung für die Zukunft möglich wäre. Ordnet der AG z.B. einseitig Kurzarbeit oder Überstunden an, ist kein AN verpflichtet, den Anordnungen Folge zu leisten.[17] **Crowdworker**, also eine mehr oder weniger unbestimmte Zahl von Menschen (die »Crowd«), die von Auftraggebern auf eine Internetplattform gestellte Aufgaben bearbeiten, können je nach Gestaltung der Beschäftigung als AN oder als in Heimarbeit Beschäftigte (§ 5 Abs. 1) oder als Selbstständige entsprechend den Grundsätzen für Fremdfirmen-AN (siehe in dieser Rn. am Ende) von der MB erfasst werden.[18] Sog. **»Ein-Euro-Jobs«** begründen kein Arbeitsverhältnis (§ 16d Abs. 7 SGB II),[19] sondern beruhen auf einem öffentlich-rechtlichen Vertrag zwischen dem Leistungsempfänger/Beschäftigten und dem Dritten, bei dem der Einsatz stattfindet. Die Vorschriften über den Arbeitsschutz und das BUrlG mit Ausnahme der Regelungen über das Urlaubsentgelt sind entsprechend anzuwenden. Daher kommen bei diesen Tätigkeiten MBR nach Nr. 5 und 7, sowie bei Anwendung der Grundsätze zu Fremdfirmenbeschäftigten insbesondere auch Nr. 1 und 6 in Betracht (s.u.).[20] Diese Grundsätze lassen

---

15 BAG 22.6.10 – 1 AZR 853/10, NZA 10, 1243.

16 BAG 5.5.15 – 1 AZR 435/13, NZA 15, 1207; 25.4.17 – 1 AZR 427/15, NZA 17, 1346.

17 LAG Berlin, BetrR 82, 418ff.

18 BAG 1.12.20 – 9 AZR 102/20, NZA 21, 552; Däubler/Klebe, NZA 15, 1032; Klebe, AuR 16, 277; vgl. auch Lelley/Bruck, RdA 23, 257 zu dem Entwurf einer EU-Richtlinie zu Arbeitsbedingungen in der Plattformarbeit.

19 BAG, NZA 07, 1422; 08, 760.

20 DKW-Klebe, Rn. 13; zur Zuständigkeit der Sozialgerichte für Streitigkeiten aus dem Rechtsverhältnis BAG, NZA 08, 760.

sich auch auf im **Bundesfreiwilligendienst** Tätige, auf deren Einsatz nach § 13 BFDG die Arbeits- und Jugendarbeitsschutzbestimmungen, sowie das BUrlG Anwendung findet,[21] übertragen. Das MBR erstreckt sich demgegenüber auf nach § 16e und i SGB II geförderte AN[22] und auch auf den Einsatz von **Leih-AN**.[23] Für solche, die länger als drei Monate eingesetzt werden, wird dies durch § 7 Satz 2 klargestellt, der ihnen das aktive Wahlrecht zubilligt und damit ihre Zugehörigkeit zum Einsatzbetrieb anerkennt. Bei kürzerer Einsatzdauer besteht das MBR des Entleiher-BR immer dann, wenn dies der Normzweck und das dem Entleiher zustehende Direktionsrecht wegen des Schutzzwecks des BetrVG erforderlich machen (vgl. auch die gesetzliche Gleichstellung der Leih-AN mit der Stammbelegschaft bei den wesentlichen Arbeitsbedingungen gemäß §§ 3 Abs. 1 Nr. 3, 9 Nr. 2 AÜG und in § 14 Abs. 2 Satz 4 AÜG hinsichtlich gesetzlicher Schwellenwerte).[24] Es besteht so z. B. gemäß Abs. 1 Nrn. 1, 2, 6, 7 (vgl. auch § 11 Abs. 6 AÜG),[25] 8 (vgl. auch § 13b AÜG), 9, 12 und 13,[26] regelmäßig jedoch nicht unmittelbar in Entlohnungsfragen (mittelbare Wirkungen sind wegen der **Gleichstellungsverpflichtung** z. B. bei übertariflichen Zulagen oder Gewinnbeteiligungen möglich,[27] sofern nicht ein TV bei »Achtung des Gesamtschutzes« abweichende Regelungen trifft[28]) und auch dann nicht, wenn die Leih-AN an Betriebe mit einer längeren Arbeitszeit ausgeliehen werden und dort über ihre vertragliche **Wochenarbeitszeit** hinaus tätig sind.[29] Hier stehen die MBR dem BR des Verleiherbetriebs zu. Werden allerdings Überstunden erst nach Aufnahme der Tätigkeit aufgrund einer späteren Entscheidung des Entleihers geleistet, so übt dessen BR das MBR aus.[30] Diese Abgrenzung gilt für alle Formen der Leiharbeit. Wegen der sonst entstehenden Schutzlücke

21 Klenter, AiB 11, 656.

22 LAG Hamm 3.12.19 – 7 TaBV 57/19, juris = jurisPR-ArbR 39/20 Nr. 3 mit Anm. v. Kohte.

23 Vgl. DKW-F-Klebe/Heilmann, § 87 Rn. 3: Mustervereinbarung zu Leih- und Fremdfirmenarbeit.

24 BAG, DB 93, 888; BB 01, 2582; LAG München, AiB 02, 432; HessLAG 1.9.11 – 5 TaBV 44/11, AuR 12, 225 Ls; vgl. auch BAG 4.11.15 – 7 ABR 42/13, NZA 16, 559 zu § 9 MitbestG; 2.8.17 – 7 ABR 51/15, NZA 17, 1343 zu § 38 und BGH 25.6.19 – II ZB 21/18, NZA 19, 1232.

25 BAG 7.6.16 – 1 ABR 25/14, NZA 16, 1420; 22.10.19 – 1 ABR 17/18, NZA 20, 123; 28.7.20 – 1 ABR 45/18, NZA 20, 1491.

26 BAG 13.3.13 – 7 ABR 69/11, NZA 13, 789, das beispielhaft auf Nr. 1, 2, 6, 7 und 13 verweist; 24.8.11 – 7 ABR 8/10, DB 12, 1158; 18.7.17 – 1 ABR 15/16, NZA 17, 1542.

27 Vgl. Däubler, DB 08, 1914.

28 Vgl. hierzu EuGH 15.12.22 – C-311/21, NZA 23, 31; BAG 31.5.23 – 5 AZR 143/19, NZA 23, 1340.

29 BAG, BB 01, 2582; EzA § 78 ArbGG 1979 Nr. 7.

30 BAG, BB 01, 2582; LAG Baden-Württemberg, AiB 06, 381 m. Anm. v. Klar.

bestehen die MBR des Verleiher-BR auch im Entleiher-BR, wenn dieser AN- oder BR-los ist.[31]
Auch bei sonstigem **Fremdfirmeneinsatz**,[32] wie z.B. im Rahmen von **Werkverträgen**, können diese Grundsätze gelten, wenn das Direktionsrecht tatsächlich vom AG des Beschäftigungsbetriebs ausgeübt wird oder sich für dessen Belegschaft durch die Eingliederung der Fremdfirmenbeschäftigten Auswirkungen bzw. Koordinierungsbedarf ergeben oder für diese ansonsten eine Schutzlücke entsteht.[33] Bestehen BR sowohl im Einsatz- als auch im Entsendebetrieb kann sich eine **Doppelzuständigkeit** ergeben. Die vom BR des Einsatzbetriebs getroffene Vereinbarung könnte dann vom BR des Entsendebetriebs modifiziert werden (**a. A.** BAG[34]). Zur Beteiligung des BR im Einsatzbetrieb kommt man, wenn man einen Umgehungstatbestand annimmt.[35] Die **Umgehung des MBR** durch Änderung der Arbeitsverträge ist ebenso unzulässig, wobei die gewählte Form gleichgültig ist.[36] **Änderungskündigungen** sind dabei vor Durchführung eines für die entsprechende Modifizierung der Arbeitsbedingungen ebenfalls erforderlichen Mitbestimmungsverfahrens auch dann unwirksam, wenn sie unter dem Vorbehalt einer späteren mitbestimmten Regelung ausgesprochen werden.[37] Die abweichende Auffassung des BAG[38] ist abzulehnen.

2 Andererseits bleibt der AG zur Lohnzahlung verpflichtet, wenn AN Überstunden leisten, obwohl diese ohne Berücksichtigung des MBR vom AG angeordnet wurden.[39] Der AN behält auch seinen bisherigen **Lohnzahlungsanspruch** (insbesondere auf Zuschläge), wenn ihn der AG unter Verletzung des MBR von der **Wechsel- in die Normalschicht** abordnet.[40] **Allein** aus der Verletzung des MBR kann sich aber nach Auffassung des BAG kein individualrechtlicher Anspruch ergeben, der zuvor noch nicht bestanden hat.[41]

---

31 Offengelassen von BAG 15. 10. 14 – 7 ABR 74/12, NZA 15, 560.

32 Vgl. DKW-F-Klebe/Heilmann, § 87 Rn. 3: Mustervereinbarung zu Leih- und Fremdfirmenarbeit.

33 DKW-Klebe, Rn. 10ff.; zu Dohna-Jaeger, AiB 13, 238.

34 BAG, NZA 04, 556; 26. 1. 16 – 1 ABR 68/13, NZA 16, 498.

35 Vgl. LAG Düsseldorf, NZA-RR 02, 361; LAG Frankfurt, DB 90, 2126 f.; BAG, DB 92, 686 und LAG Köln 30. 3. 11 – 3 TaBV 84/10, AiB 12, 472 für die Umgehung des MBR durch Einschaltung eines Strohmanns und BAG, NZA 97, 955.

36 Vgl. BAG, DB 93, 439; 07, 471; NZA-RR 08, 469; LAG Nürnberg 21. 2. 17 – 7 Sa 441/16, NZA-RR 17, 302.

37 DKW-Klebe, Rn. 7 f.; Fitting, Rn. 618.

38 BAG, DB 98, 2170.

39 BAG, DB 76, 1868; 10, 2807; vgl. auch LAG BaWü, AiB 95, 291 ff. und BAG, BB 92, 276; zur Umdeutung einer nichtigen BV in ein Vertragsangebot an die AN vgl. BAG, BB 96, 1717.

40 BAG, BB 03, 740; LAG Nds., NZA-RR 05, 589.

41 BAG, DB 92, 687; NZA 98, 1237; 03, 1219; 25. 2. 15 – 1 AZR 642/13, NZA 15, 442; 5. 5. 15 – 1 AZR 435/12, NZA 15, 1207.

Mitbestimmungswidrig vom AG erlangte Informationen unterliegen entgegen der Rspr. des **BAG** einem **Beweisverwertungsverbot (str.)**.[42] Etwas anderes gilt nur, wenn AN sie zu ihrer Entlastung nützen. Deshalb ist die Auffassung des BAG[43] abzulehnen, eine unter Verletzung des MBR erlangte **Videoaufnahme** könne in einem **Kündigungsschutzprozess** verwertet werden, wenn der BR der Kündigung in Kenntnis des durch die Überwachung gewonnenen Beweismittels zugestimmt habe. Zum einen können mitbestimmungswidrige Maßnahmen nicht nachträglich genehmigt werden,[44] zum anderen sind sie unwirksam und sollen selbst dann keine Wirkungen entfalten, wenn sie individualrechtlich zulässig sind[45] (dies verkennt auch das BAG,[46] das ein Verwertungsverbot allenfalls dann annehmen will, wenn durch die Maßnahme selbst z.B. Persönlichkeitsrechte erheblich verletzt würden). Darüber hinaus ist die **Datenverwendung** ebenfalls mitbestimmungspflichtig.[47] Auch dies schließt die einseitige Verwertung aus. Sogar wenn die Datenerfassung »nicht vollständig im Einklang mit den Vorgaben des Datenschutzrechts steht« soll eine Verwertung der rechtswidrig erlangten Informationen nach Meinung des BAG[48] zulässig sein. Ganz abgesehen von der völlig unklaren Formulierung »nicht vollständig« zeigt insbesondere diese Entscheidung, wie sich das BAG ohne Weiteres über die Verletzung von MBR und Datenschutz hinwegsetzt. Dem kann nicht zugestimmt werden. Es bleibt zu hoffen, dass das BAG sich in absehbarer Zeit korrigiert (vgl. auch § 75 Rn. 8 a.E.). Schließlich sind Maßnahmen des AG, bei denen AN-Daten entgegen einer BV verwendet werden, jedenfalls dann unwirksam, wenn diese Rechtsfolge in der BV hierfür angeordnet wird.[49] Allerdings lehnt auch dies das **BAG** ohne überzeugende Begründung ab.[50]

---

42 LAG Bremen, RDV 06, 24; LAG BaWü, RDV 00, 27; LAG Hamm, RDV 08, 211; a.A. z.B. LAG Niedersachsen, LAGE § 626 BGB 2002 Verdacht strafbarer Handlung Nr. 6; zu Verwertungsverboten auch § 75 Rn. 8; § 94 Rn. 6; § 103 Rn. 19.

43 BAG, DB 03, 2230.

44 So auch BAG, DB 03, 2230.

45 BAG 30.6.15 – 1 ABR 71/13, juris.

46 BAG, NJW 08, 2732; vgl. auch BAG 22.9.16 – 2 AZR 848/15, NZA 17, 112; 28.3.19 – 8 AZR 421/17, NZA 19, 1212 und 27.7.17 – 2 AZR 681/16, NZA 17, 1327: Keine Verwertung nach Überwachung mit Keylogger; HessLAG 21.9.18 – 10 Sa 601/18, RDV 19, 255 (Ls.): Verwertungsverbot bei Verstoß gegen § 32 BDSG a.F. und vgl. auch § 75 Rn. 8 am Ende.

47 BAG, DB 88, 1552 und Rn. 41.

48 BAG 29.6.23 – 2 AZR 296/22, NZA 23, 1105; zu Recht ablehnend Däubler, AuR 23, 411; ders., CuA 10/23, 31; Seebacher/Fleischmann, AiB 10/23, 16, 23.

49 LAG Berlin-Brandenburg 9.12.09 – 15 Sa 1463/09, brwo, NZA-RR 10, 347; LAG Nds. 6.7.22 – 8 Sa 1148/20, juris (aufgehoben v. BAG 29.6.23 – 2 AZR 296/22, NZA 23, 1105); Däubler, AuR 23, 411.

50 BAG 29.6.23 – 2 AZR 296/22, NZA 23, 1105; LAG Köln 19.7.19 – 9 TaBV 125/18 = jurisPR-ArbR 45/20 Nr. 6 mit kritischer Anm. v. Klocke; offengelassen

Insofern bleibt abzuwarten, wie sich die Rechtsprechung entwickelt. Eine entsprechende Regelung in einer Betriebsvereinbarung bleibt unabhängig hiervon sinnvoll, weil sie den AG zumindest moralisch binden wird. Der BR kann die **Unterlassung** mitbestimmungswidriger Maßnahmen des AG bzw. die Beseitigung fortdauernder Wirkungen – bei entsprechender Eilbedürftigkeit auch im Wege der einstweiligen Verfügung – gerichtl. durchsetzen (vgl. Rn. 81).

b) Initiativrecht

3 Die MB räumt beiden Seiten (BR und AG) gleiche Rechte ein.[51] Somit steht dem BR grundsätzlich ein sog. **Initiativrecht** zu. Der BR kann also an den AG herantreten und von ihm verlangen, dass dieser eine MB-Maßnahme durchführt. Dabei kann es sich z. B. um die Einführung der gleitenden Arbeitszeit oder von Kurzarbeit, die Reduzierung von Schichtarbeit, die Einführung eines neuen Entlohnungssystems oder eine Regelung für die Vergabe von Werkwohnungen handeln. Kann eine Übereinstimmung mit dem AG nicht erzielt werden, entscheidet die Einigungsstelle verbindlich.[52] Das Initiativrecht ist dem BR in allen MB-Angelegenheiten eingeräumt, da sonst von einer gleichberechtigten MB keine Rede sein könnte, obwohl dadurch, die **unternehmerische Entscheidungsfreiheit eingeschränkt** wird.[53]

c) Ausübung des Mitbestimmungsrechts

4 Das MBR wird regelmäßig durch Abschluss von **BV** ausgeübt. Es sind jedoch auch formlose Absprachen möglich (vgl. § 77 Rn. 4).[54] Diese können allerdings, anders als eine BV (vgl. hierzu § 77 Rn. 5, 8), die Arbeitsverträge nicht abändern.[55] Daher bleibt z. B. der volle Lohnanspruch trotz einer **Regelungsabrede** über Kurzarbeit erhalten. Auch bei formlosen Absprachen muss ein **ordnungsgemäßer Beschluss** des BR vorliegen. Ein »stillschweigendes« Einverständnis ist ebenso wenig ausreichend wie eine »widerspruchslose Hinnahme« des AG-Vorschlags.[56] Eine Anscheinsvoll-

---

v. BAG 31. 1. 19 – 2 AZR 426/18, NZA 19, 893; zu Beweisverwertungsverboten in einer BV Rohs, AiB 6/16, 46.

51 BAG, DB 75, 647.

52 Vgl. z. B. BAG, DB 90, 282.

53 Vgl. BAG, DB 86, 1395; NZA 05, 538; BVerfG, 18. 12. 85, AP Nr. 15 zu § 87 BetrVG 1972 Arbeitszeit.

54 Vgl. BAG, DB 92, 1734; NZA 09, 565.

55 BAG, NZA 91, 607.

56 BAG, DB 93, 439; NZA-RR 08, 469; 23. 10. 18 – 1 ABR 26/17, NZA 19, 483; 24. 3. 21 – 7 ABR 6/20, NZA 21, 1044; vgl. auch Rn. 1.

macht des Vorsitzenden kommt daher auch nicht in Betracht.[57] Er vertritt den BR im Rahmen der gefassten Beschlüsse (§ 26 Abs. 2 Satz 1). Eine **Zustimmungsverweigerung** des BR ist nicht an bestimmte Gründe, wie z. B. in § 99 Abs. oder § 102 Abs. 3, oder überhaupt an eine Begründung gebunden.[58] Sie ist auch dann nicht rechtsmissbräuchlich, wenn der BR seine Zustimmung zu Überstunden von der Zahlung einer Lärmzulage[59] oder anderen zusätzlichen Leistungen abhängig macht, die nicht vom MBR erfasst werden.[60] Es gibt also kein Verbot sog. **»Koppelungsgeschäfte«**.[61] Der BR hat zudem die Ausübung seiner MBR nicht unter den Vorbehalt der Erforderlichkeit zu stellen.[62] Der BR ist, wie das BAG[63] festgestellt hat, bei der Ausübung seiner Rechte in der Wahl seiner Mittel – in den Grenzen der allgemeinen Bestimmungen – frei. Die gesetzliche Zuständigkeitsverteilung zwischen BR, GBR und KBR (§§ 50 Abs. 1, 58 Abs. 1) ist zwingend, wenn es um Angelegenheiten geht, die in vollem Umfang der MB unterliegen.[64]

d) Kollektive Regelung und Einzelfall, Eil- und Notfall

Die MB besteht unabhängig davon, wie viele AN von einer MB-Maßnahme 5
erfasst werden;[65] sie besteht auch **im Einzelfall**, wenn ein kollektiver Bezug vorliegt.[66] Maßnahmen, die nur durch die individuellen Umstände eines einzelnen AN veranlasst worden sind, unterliegen demgegenüber nicht der MB.[67] Darüber hinaus vermögen **Eilfälle**[68] die MB ebenso wenig auszuschließen[69] wie **Notfälle**[70], plötzlich auftretende nicht vorhersehbare

57 BAG 8.2.22 – 1 AZR 233/21, NZA 22, 984.
58 BAG 9.7.13 – 1 ABR 19/12, NZA 14, 99.
59 LAG Nürnberg, DB 91, 707.
60 HessLAG, AuA 06, 304; LAG Hamm 9.2.07 – 10 TaBV 54/06; ArbG Hamburg, AiB 94, 120; LAG Düsseldorf, AuR 08, 270; ArbG Berlin, dbr 5/09, 40.
61 Fitting, Rn. 27: vgl. auch BAG, NZA 08, 56 (höhere betriebliche Altersversorgungszusage des AG gegen höhere Flexibilität des Arbeitseinsatzes der AN).
62 BAG, BB 96, 1991.
63 BAG 28.7.20 – 1 ABR 4/19, NZA 20, 1548.
64 BAG, AuR 04, 197.
65 BAG, DB 81, 946.
66 BAG, DB 89, 2386; 92, 1579, 1585 f.; NZA 04, 1047; vgl. auch BAG 30.6.15 – 1 ABR 71/13, juris; im Ergebnis nicht überzeugend BAG 15.11.22 – 1 ABR 5/22, NZA 23, 369, vgl. hierzu DKW-Klebe, Rn. 23.
67 Z. B. BAG, NZA 04, 1047; DB 07, 1475; 15.11.22 – 1 ABR 5/22, NZA 23, 369; LAG Hamm 22.6.12 – 13 TaBV 16/12.
68 Z. B. BAG 9.7.13 – 1 ABR 19/12, NZA 14, 99.
69 BAG, DB 82, 1115; BB 01, 2582; 8.12.15 – 1 ABR 2/14, juris; 22.10.19 – 1 ABR 17/18, NZA 20, 123; LAG Düsseldorf, AuR 08, 270.
70 Vgl. z. B. DKW-Klebe, Rn. 30 m. w. N.; offengelassen vom BAG z. B. in DB 11, 120; zum Notfall auch BAG 3.5.94 – 1 ABR 24/93, DB 94, 2450: LAG Nds. 3.7.17 – 8 TaBV 42/16, NZA-RR 17, 536.

Situationen, die zu erheblichen Schäden führen können, wie z. B. bei einem Feuer (str.). **Einseitige Anordnungsrechte** können sich allerdings je nach Einzelfall für den AG aus § 2 Abs. 1 und § 242 BGB ergeben, wenn die Verzögerung durch die Mitbestimmung des BR zu einer Schädigung »überragender Gemeinschaftsgüter oder –interessen«[71] führt. Bei Maßnahmen zur Bekämpfung einer Pandemie, wie z. B. der Überwachung des Abstands zwischen den AN während der Corona-Pandemie, handelt sich um keinen Notfall.[72] Auch die **probeweise** Durchführung von Maßnahmen[73] oder deren **Erledigung durch Dritte** (z. B. Verarbeitung von Personaldaten in einem externen Rechenzentrum, Auftragsdatenverarbeitung) unterliegen der MB. Der AG muss in diesem Fall in Verträgen mit dem Dritten sicherstellen, dass die Rechte des BR, insbesondere die MBR, ausgeübt werden können.[74] Dies gilt auch, wenn der AG eine IT-Anwendung fremdbezieht wie z. B. als »Software as a Service«, wo Software und IT-Infrastruktur von einem externen Dienstleister gestellt werden.[75] Dann kann er sich nicht darauf berufen, dass Informationen, wie z. B. zum Aufbau und den Trainingsdaten eines Algorithmus, Betriebsgeheimnisse des Dritten seien.[76] Die MBR sind auch einzuhalten, falls der nationale AG keinen eigenen Entscheidungsspielraum hat, weil die maßgeblichen Entscheidungen bei einer **Konzernzentrale im Ausland** fallen. Die Voraussetzungen des Eingangssatzes liegen nicht vor, die unternehmerischen Entscheidungsstrukturen hat ggf. die Einigungsstelle bei ihrer Ermessensentscheidung zu berücksichtigen.[77] Dies gilt auch, wenn die vertragliche Zusage, z. B. von Aktienoptionen, von dem ausländischen Mutter-UN und nicht dem nationalen Vertrags-AG stammt. Die Leistung wird ausschließlich wegen des Arbeitsverhältnisses erbracht und

---

71 So Fitting, Rn. 24.

72 ArbG Wesel 24. 4. 20 – 2 BVGa 4/20, juris; ArbG Neumünster 28. 4. 20 – 4 BVGa 3 A/20, juris; ArbG Berlin 27. 4. 20 – 46 AR 50030/20, juris.

73 LAG Berlin, CR 87, 26 ff.; LAG RP 19. 8. 11 – 9 TaBVGa 1/11; brwo, ArbG Frankfurt, AiB 06, 113 m. Anm. Wedde; vgl. auch DKW-F-Klebe/Heilmann, § 87 Rn. 2: Mustervereinbarung für Testbetrieb.

74 BAG, DB 86, 1343; NZA 98, 1185; 04, 556; 30. 9. 14 – 1 ABR 106/12, NZA 15, 314; LAG Sachsen 10. 1. 23 – 2 TaBV 1/21, juris; Fitting, Rn. 256.

75 So auch Fleischmann, AiB 12/21, 20; Fitting, Rn. 247.

76 Zudem hätte der AG im Streitfall wegen dieser Intransparenz darzulegen und zu beweisen, dass keine Diskriminierung vorliegt (so zu Recht Däubler, Rn. 250c unter Verweis auf EuGH 17. 10. 89 – C-109/88, NZA 90, 772 für ein völlig intransparentes Lohnsystem).

77 LAG Hessen, DB 01, 2254; LAG Nürnberg, NZA-RR 02, 247; LAG Düsseldorf, NZA-RR 06, 81; so auch BAG, NZA 93, 906; NZA-RR 08, 333 für MBR der Personalvertretung bei von einer Dienststelle in den USA für Dienststellen in Deutschland getroffenen Entscheidungen; zu ausländischen Vorschriften für in Deutschland tätige UN vgl. Rn. 6.

der AG macht sich die Zusage zu Eigen (vgl. Rn. 65). Er hat entsprechend für die Erfüllung zu sorgen.

e) Gesetzes- und Tarifvorrang

Die MB entfällt dagegen, wenn eine zwingende **gesetzl. Regelung,** damit 6
sind auch **VO** als Gesetze im materiellen Sinne gemeint,[78] vorliegt, die sich bei unmittelbarer Anwendbarkeit zwischen AN und AG auch aus internationalem Recht ergeben kann.[79] Dies ist bei der Einführung eines Systems, mit dem Beginn und Ende der täglichen Arbeitszeit und die Überstunden erfasst werden, der Fall, weil sich die Verpflichtung des AG bereits aus § 3 Abs. 2 Nr. 1 ArbSchG bei unionskonformer Auslegung ergibt.[80] So kann der BR z. B. keine Arbeitszeitregelung mit dem AG vereinbaren, die gegen zwingende Vorschriften des Arbeitszeitgesetzes verstößt.[81] Dann gilt allein die gesetzl. Regelung. Muss diese jedoch noch betrieblich konkretisiert werden, wie z. B. die Sondervorschriften über **Sonntagsarbeit**[82] oder **§ 5 Abs. 1 Satz 3 EFZG,**[83] besteht insoweit ein MBR des BR.[84] **§ 8 TzBfG,**[85] **§ 3 Abs. 4 PflegeZG** und **§ 15 BEEG** enthalten ebenso wenig abschließende gesetzliche Regelungen, wie die Vorschriften des **FPfZG**[86] und von **BDSG/DSGVO.**[87] Demgegenüber sind die §§ 1, 3, 7 und 12 **AGG** für ihren Anwendungsbereich zwingend und können von den Betriebsparteien weder abgemildert noch relativiert werden. Ein MBR scheidet insoweit aus.[88] Eine zwingende Regelung liegt nach Auffassung des BAG[89] auch vor, wenn von einer gesetzlichen Regelung nur nicht zuungunsten der AN abgewichen werden kann, wie dies **§ 8 AWbG NW** vorsieht. Dies ist wenig überzeugend, da hiermit eine abschließende Regelung nur in eine Richtung vorliegt, der AG also Handlungsspielraum behält. **Verwaltungsakte** oder sonstige Anordnungen aufgrund gesetzl. Vorschriften (z. B. Sicherheitskontrolle in Kernforschungsanlagen) stehen **entgegen BAG**[90] einer gesetzl.

78 Vgl. z. B. BAG 22.7.14 – 1 ABR 96/12, NZA 14, 1151.
79 BAG, NZA 08, 1248.
80 BAG 13.9.22 – 1 ABR 22/21, NZA 23, 42; LAG München 22.5.23 – 4 TaBV 24/23, NZA-RR 23, 477.
81 BAG, DB 82, 117 (zur AZO); vgl. auch LAG Frankfurt, NZA 93, 279.
82 ArbG Offenbach 1.8.13 – 2 BVGa 12/13, AiB 14, 72 mit Anm. v. Zabel.
83 BAG, DB 00, 1128; LAG BB 19.6.12 – 3 TaBV 2149/11, RDV 12, 254; LAG Bremen 29.11.12 – 3 TaBV 11/12, AiB 14, 70 mit Anm. v. Hayen.
84 Vgl. z. B. BAG, DB 85, 1898.
85 BAG, NZA 04, 1047; 09, 1207.
86 Hierzu Klenter, AiB 12, 31.
87 BAG, NZA 08, 1248.
88 BAG, NZA 08, 1248.
89 BAG, NZA 03, 171; 22.7.14 – 1 ABR 96/12, NZA 14, 1151.
90 BAG 11.12.12 – 1 ABR 78/11, NZA 13, 913.

Regelung **nicht** gleich.[91] Nach einer ebenso abzulehnenden Auffassung des BAG[92] sollen MBR zudem ausscheiden, wenn die Anordnung für den AG eine bindende Anweisung ohne Gestaltungsspielraum darstellt. Das MBR wird durch **ausländische Rechtsvorschriften**, die für in Deutschland tätige UN Pflichten beinhalten, wie z. B. gesetzl. Regelungen für in den USA an der Börse gelistete UN, nicht ausgeschlossen. MBR in Betrieben, die in Deutschland liegen, richten sich nach deutschem Recht, auch wenn der AG seinen Sitz im Ausland hat (vgl. auch Rn. 5).[93]

7 Weiterhin entfällt die MB, wenn ein Tatbestand, der ansonsten der MB unterliegt, für den Betrieb[94] bereits abschließend **tariflich geregelt** ist.[95] Im **tarifpluralen Betrieb** wird das MBR durch jede geltende zwingende Regelung für alle AN ausgeschlossen, es müssen also nicht alle TV eine solche Regelung haben.[96] Der TV muss räumlich und sachlich anwendbar und zudem allgemeinverbindlich (§ 5 TVG) oder der AG tarifgebunden sein. Ist der AG tarifgebunden, greift die Sperrwirkung für betriebliche und betriebsverfassungsrechtliche Fragen bereits gem. § 3 Abs. 2 TVG ein. Aber auch TV über Inhalts-, Abschluss- und Beendigungsnormen schließen die MBR aus, da sich, so die frühere Begründung des BAG,[97] jeder AN durch Beitritt zur tarifvertragsschließenden Gewerkschaft den Schutz der tariflichen Regelung verschaffen könne. Inzwischen ist das BAG hiervon abgerückt und wendet die tariflichen Regelungen auch auf Nichtorganisierte an, soweit deren Gegenstände der erzwingbaren betrieblichen MB unterliegen.[98] Das bedeutet, dass der BR die MBR z. B. bei Entgeltregelungen für Nichtorganisierte gemäß Nr. 10 ausüben kann, obwohl eine abschließende tarifliche Regelung vorliegt. Diese Änderung der Rspr. ist abzulehnen.[99] Die Anwendung des Eingangssatzes erfordert allerdings, dass die Gewerkschaft eine Mindestrepräsentativität im Betrieb hat. Der AG kann nicht willkürlich eine Gewerkschaft als Partner für einen HausTV wählen, um so die MBR zu verdrängen.[100] Sofern TV, von denen auch nur einer betriebsverfassungsrechtliche Normen beinhaltet, sich zeitlich, räumlich, fachlich und personell

---

91 LAG BaWü, NZA 87, 251 f.; durch BAG, DB 88, 2055 offengelassen.

92 Vgl. BAG, DB 88, 2055; DB 92, 143 (bestätigt durch BVerfG, NZA 95, 129); 30. 9. 14 – 1 ABR 106/12, NZA 15, 314.

93 BAG, NZA 08, 1248.

94 DKW-Klebe, Rn. 36 f.

95 BAG, DB 86, 914; 90, 127 f.; NZA 04, 746.

96 BAG 25. 1. 23 – 4 ABR 4/22, NZA 23, 979; hierzu Nielebock, AuR 23, 479.

97 BAG 24. 2. 87, AP Nr. 21 zu § 77 BetrVG 1972.

98 BAG 18. 10. 11 – 1 ABR 25/10, NZA 12, 392; 23. 8. 16 – 1 ABR 15/14, NZA 17,74; 28. 3. 17 – 1 ABR 1/16, NZA 17, 1137; 25. 1. 23 – 1 ABR 9/22, NZA 23, 651.

99 Vgl. Deinert/Wenckebach/Zwanziger, Arbeitsrecht (11. Aufl. 2024), § 12 Rn. 145; DKW-Klebe, Rn. 37.

100 DKW-Klebe, Rn. 37.

überschneiden, regelt jetzt § 4a Abs. 2 Satz 2 TVG, welcher Vorrang hat und ggf. die MBR des BR ausschließt (vgl. auch § 77 Rn. 13 und § 3 Rn. 17),[101] sofern die Geltung nicht durch eine Vereinbarung aller von der Tarifkollision betroffenen Tarifvertragsparteien abbedungen wird.[102] Dies ist der TV, der mit der Gewerkschaft abgeschlossen wurde, die die meisten Mitglieder im Betrieb hat. Dies gilt nicht für TV, die bereits am 10. 7. 2015 galten. Sie haben nach § 13 Abs. 3 TVG Bestandsschutz. Nach § 4a Abs. 2 TVG wird der Minderheits-TV entsprechend der Entscheidung des BVerfG[103] allerdings nur verdrängt, wenn der Mehrheits-TV beim Zustandekommen die Interessen von AN-Gruppen, die von diesem nicht erfasst werden, »ernsthaft und wirksam berücksichtigt«. Zudem kann die Minderheitsgewerkschaft eine Nachzeichnung des Mehrheits-TV verlangen.
Bei betriebsverfassungsrechtlichen TV gem. §§ 3, 117 findet nur dann eine Verdrängung statt, wenn diese Frage bereits durch TV einer anderen Gewerkschaft geregelt ist (§ 4a Abs. 4 TVG). Endet der Mehrheits-TV, kommt in dessen Nachwirkung allerdings der Minderheits-TV zur Anwendung, da er nicht unwirksam ist, sondern lediglich verdrängt wird.[104] Unter Umständen ist durch Auslegung des TV festzustellen, ob eine Ergänzung durch die MB des BR noch in Frage kommt. Im Übrigen kann die MB durch einen TV nur dann ausgeschlossen werden, wenn der TV selbst eine ausreichende Regelung beinhaltet, die dem Zweck der gesetzl. MB Genüge tut.[105] Ein völliger Ausschluss der MB ohne »Ersatzlösung« durch TV ist unzulässig. Ein einseitiges Anordnungsrecht des AG kann daher nur in **Ausnahmefällen** als Teil des MB-Verfahrens für außergewöhnliche eng umgrenzte Fallgestaltungen angeordnet werden, wenn es erkennbar eine mitbestimmte Entscheidung nicht ersetzen, sondern nur mit Rücksicht auf besondere Umstände eine **vorläufige** und kurzfristige **Übergangslösung** schaffen soll, die die abschließende Klärung aber soweit als möglich offen hält.[106] Der BR kann auch **nicht** auf die ihm gesetzlich eingeräumten MBR **verzichten**, z. B. durch Untätigbleiben,[107] oder sie verwirken.[108] Ebenso wenig kann das **MBR** durch eine BV **aufgehoben** oder eingeschränkt werden. Eine Über-

---

101 Vgl. auch Fitting, Rn. 46.

102 BAG 25. 1. 23 – 4 ABR 4/22, NZA 23, 979.

103 BVerfG 11. 7. 17 – 1 BvR 1571/15, NZA 17, 915.

104 BVerfG 11. 7. 17 – 1 BvR 1571/15, NZA 17, 915.

105 Vgl. BAG, DB 89, 1676; NZA 03, 1155; NZA-RR 11, 354; 18. 10. 11 – 1 ABR 25/10, NZA 12, 392.

106 So BAG NZA 99, 662; vgl. auch BAG, DB 07, 60.

107 BAG, DB 84, 724; NZA 04, 936; 08,188: 5. 5. 15 – 1 AZR 435/13, NZA 15, 1207; 12. 3. 19 – 1 ABR 42/17, NZA 19, 843.

108 LAG SH, NZA-RR 08, 414; vgl. auch HessLAG 18. 6. 20 – 5 TaBVGa 74/20, NZA 21, 291: MBR sind keine subjektiven Rechte des BR, die ihm um seiner selbst zugewiesen worden sind, sondern pflichtgebunden.

tragung von Befugnissen auf den AG oder eine paritätische Kommission darf das MBR nicht in seiner **Substanz** beeinträchtigen (zur Übertragung von BR-Aufgaben auf AN-Arbeitsgruppen vgl. § 28a).[109] Auch der Verweis in einer BV auf den jeweils geltenden TV ist ein unzulässiger Verzicht auf MBR.[110] Die TV-Parteien können z. B. durch eine Öffnungsklausel i. S. v. § 77 Abs. 3 Satz 2 eine BV nachträglich genehmigen[111] und bei einer tariflichen Regelungssperre die erforderliche Genehmigung auch rückwirkend erteilen.[112]

8 Durch den Tarifvorbehalt des § 77 Abs. 3 wird das MBR weder eingeschränkt noch ausgeschlossen, wenn die mitbestimmungspflichtige Angelegenheit **üblicherweise** durch TV geregelt ist (keine sog. Zweischrankentheorie; vgl. auch § 77 Rn. 11 und 13).[113] Ein lediglich nachwirkender TV schließt die MBR des BR ebenfalls nicht aus.[114]

f) Erweiterung der Mitbestimmungsrechte

9 Eine **Erweiterung** des gesetzl. MBR ist sowohl durch TV und BV,[115] wie auch durch Regelungsabrede[116] zulässig. Dabei kann allerdings nicht von der **zwingenden Zuständigkeitsverteilung** zwischen BR, GBR und KBR abgewichen werden.[117] Eine Erweiterung durch Arbeitsvertrag ist demgegenüber nicht zulässig.[118]

g) AT-Angestellte

10 Dem MBR unterliegen alle AN des Betriebs, somit auch die **AT-Ang.**[119] Nur die leit. Ang. (§ 5 Abs. 3) sind ausgeschlossen.[120]

---

109 BAG, DB 89, 384; NZA 05, 227; 05, 184; 9.7.13 – 1 ABR 19/12, NZA 14, 99; 25.2.15 – 1 AZR 642/13, NZA 15, 442; 15.5.15 – 1 AZR 435/13, NZA 15, 1207.
110 BAG, DB 93, 441.
111 BAG 13.8.19 – 1 AZR 213/18, juris.
112 BAG 15.12.20 – 1 AZR 499/18, NZA 21, 512.
113 Vgl. z. B. BAG, NZA 87, 639; DB 93, 441; NZA 05, 884; 13.8.19 – 1 ABR 213/18, NZA 20, 49.
114 BAG, DB 89, 1929.
115 BAG, DB 87, 2160; NZA 04, 936; BB 10, 124; vgl. auch 10.12.13 – 1 ABR 39/12, NZA 14, 1040.
116 BAG, NZA 02, 342.
117 BAG, NZA 05, 234.
118 BAG, NZA 09, 915.
119 BAG, DB 92, 1730; NZA 95, 277; 06, 1050; vgl. den Überblick von Bergmeier, AiB 00, 18.
120 BAG, DB 86, 2391; 95, 1671.

2. Mitbestimmungspflichtige Angelegenheiten

a) Betriebliche Ordnung und Verhalten (Nr. 1)

Nach der Rspr. des BAG bestehen MBR mit dem entsprechenden Initiativrecht[121] bei der Gestaltung der **betrieblichen Ordnung** durch Schaffung allgemein gültiger verbindlicher Verhaltensregeln und bei jeder Maßnahme des AG, durch die das Verhalten des AN in Bezug auf diese betriebliche Ordnung berührt wird. Das BAG unterscheidet dabei mitbestimmungspflichtige Maßnahmen, die das Ordnungsverhalten zum Gegenstand haben, von mitbestimmungsfreien, die auf das **Arbeitsverhalten** bezogen sind, die bei der unmittelbaren Erbringung der Arbeitsleistung selbst zu beachten sind.[122] Um das Ordnungsverhalten soll es gehen, wenn die Maßnahme des Arbeitgebers auf die Gestaltung des kollektiven Miteinanders oder die Gewährleistung und Aufrechterhaltung der vorgegebenen Ordnung des Betriebs gerichtet ist, wie das BAG[123] formuliert. Um Arbeitsverhalten soll es sich handeln, wenn der AG in Ausübung seiner Organisations- und Leitungsmacht bestimmt, welche Arbeiten in welcher Weise auszuführen sind. Nur solche Anordnungen sollten danach nicht dem MBR unterliegen, mit denen die **Arbeitspflicht unmittelbar konkretisiert** wird.[124] Weitergehend rechnet jetzt das BAG[125] auch Anweisungen zum Arbeitsverhalten, die zwar nicht unmittelbar die zu verrichtenden Tätigkeiten konkretisieren, aber ihre Erbringung sicherstellen sollen. Diese Rspr. schränkt die Möglichkeit des BR, Persönlichkeitsrechte der AN ohne Einsatz technischer Einrichtungen zu schützen, erheblich ein und ist in sich nicht stimmig. Sie verstößt auch gegen den Wortlaut des Gesetzes[126] und ist daher abzulehnen.[127] Richtigerweise wird jede Anordnung, die **verbindlich** oder **mittelbar**[128] auf ein **einheitliches Verhalten der AN** im Betrieb zielt, erfasst, sofern es sich nicht um eine konkrete arbeitsbezogene Einzelanweisung handelt.[129] Das **außerbetriebliche Verhalten** der AN, ihre **private Lebensführung**, wird vom 11

---

121 BAG 21.7.09 – 1 ABR 42/08, DB 09, 1993; LAG Nürnberg 10.9.02 – 6 (5) TaBV 41/01, NZA-RR 03, 197.

122 U.a. BAG, DB 81, 1674; 90, 483ff.; 00, 1128; 02, 2280; 17.3.15 – 1 ABR 48/13, NZA 15, 885; 23.2.16 – 1 ABR 18/14, NZA 16, 838; 17.10.23 – 1 ABR 24/22, juris.

123 BAG 17.10.23 – 1 ABR 24/22, juris.

124 BAG, NZA 03, 166; 04, 556; 08, 1248; 10, 180; 22.8.17 – 1 ABR 52/14, NZA 18, 50; 17.10.23 – 1 ABR 24/22, juris.

125 BAG 17.10.23 – 1 ABR 24/22, juris.

126 Vgl. insoweit auch BAG, DB 02, 2280.

127 Zur Kritik Waas, MB, S. 42ff.; ders., AuR 21, 52.

128 BAG, DB 81, 1674; NZA 08, 1248; DB 09, 1993; 7.2.12 – 1 ABR 63/10, NZA 12, 685; 23.2.16 – 1 ABR 18/14, NZA 16, 838; 22.8.17 – 1 ABR 52/14, NZA 18, 50.

129 Zur Kritik vgl. z.B. DKW-Klebe, Rn. 55ff. m.w.N.

MBR nicht erfasst.[130] Dabei ist der Begriff des Betriebs funktional, nicht räumlich i. S. der Betriebsstätte, zu verstehen. Das betriebliche Verhalten ist also auch dann betroffen, wenn AN, wie z. B. Außendienstmitarbeiter oder Kraftfahrer, ihre arbeitsvertragliche Tätigkeit außerhalb »ihres« Betriebs verrichten.[131] Wirkt sich eine Maßnahme sowohl auf das Ordnungs- als auch auf das Arbeitsverhalten aus, soll es nach Auffassung des BAG[132] darauf ankommen, welcher Regelungszweck überwiegt. Richtigerweise ist jedoch das MBR unabhängig hiervon zu bejahen, da auch in diesem Fall eben **nicht nur** die Arbeitspflicht konkretisiert wird.[133] Will der AG Anordnungen treffen, die z. B. wegen **Verletzung des Persönlichkeitsrechts** der AN unzulässig sind, so sind diese zu Recht nach Auffassung des BAG[134] nicht mitbestimmungsfrei. Die Unzulässigkeit einer konkret vom AG geplanten Regelung schließt die MBR des BR am Regelungsgegenstand nicht aus, auch, um gegebenenfalls den tatsächlichen Eingriff zu verhindern.

12 Auch wenn man die zu enge Rspr. des BAG zugrunde legt, besteht bei folgenden Sachverhalten ein MBR: **Anwesenheitskontrollen, An-** und **Abmeldeverfahren,**[135] Einführung und Anwendung von **Passierscheinen** und **Betriebsausweisen,**[136] Tragen einer vorgeschriebenen **Arbeitskleidung** (optische Gestaltung, Farben, Umkleidemöglichkeiten usw.,[137] das MBR beinhaltet aber keine Kompetenz zur **Kostenbeteiligung der AN**[138]), Anordnung, **Namensschilder** an der Dienstkleidung zu tragen, jedenfalls wenn dies für die geschuldete Arbeitsleistung nur geringe Bedeutung hat,[139] Anordnung, Kunden immer mit den gleichen Sprachwendungen, z. B. an der Kasse im

---

130 BAG 22.8.17 – 1 ABR 52/14, NZA 18, 50.

131 BAG, NZA 04, 556; 08, 1248; 26.1.16 – 1 ABR 68/13, NZA 16, 498; 22.8.17 – 1 ABR 52/14, NZA 18, 50.

132 BAG NZA 02, 1299; 07, 640; 17.1.12 – 1 ABR 45/10, NZA 12, 687; 17.3.15 – 1 ABR 48/13, NZA 15, 885; 23.2.16 – 1 ABR 18/14, NZA 16, 838; 17.10.23 – 1 ABR 24/22, juris; vgl. aber auch BAG, NZA 10, 180: »Mitbestimmungsfrei sind deshalb Anordnungen, mit denen lediglich die Arbeitspflicht konkretisiert wird.«

133 Vgl. auch Waas, MB, S. 62 f.

134 BAG 22.7.08 – 1 ABR 40/07, brwo, NZA 08, 1248.

135 BAG, AuR 78, 278 f.; vgl. auch LAG Nürnberg 26.1.90 – 6 TaBV 17/89.

136 BAG, DB 87, 791.

137 BAG, DB 90, 893 f.; 93, 990; NZA, 07, 640; 17.1.12 – 1 ABR 45/10, NZA 12, 687; 30.9.14 – 1 AZR 1083/12, NZA 15, 121 (auch zum Gleichbehandlungsgrundsatz); LAG BaWü 21.10.15 – 4 TaBV 2/15, NZA-RR 16, 141; vgl. auch LAG Köln, NZA-RR 11, 85, das allerdings die Persönlichkeitsrechte der AN zu sehr einengt.

138 Zu einer arbeitsvertraglichen Vereinbarung, die gegen § 394 BGB verstößt BAG, DB 09, 1542.

139 BAG, DB 02, 2280; Mustervereinbarung bei DKW-F-Klebe/Heilmann, § 87 Rn. 5.

Einzelhandel, anzusprechen,[140] **Alkohol-**[141] und **Rauchverbote**,[142] auch Regelungen zu elektrischen Zigaretten, Verbot, am Arbeitsplatz zu essen,[143] Benutzung von **betrieblichen Park- und Abstellmöglichkeiten**[144] und dabei Festlegung des berechtigten Personenkreises und der konkreten Personen,[145] Gründung und Tätigkeit eines betrieblichen **Werkschutzes, Taschenkontrollen**,[146] **Torkontrollen** aller Art,[147] wie z. B. auch **biometrische Zugangskontrollsysteme**,[148] Anbringen einer **Kameraattrappe**, jedenfalls wenn für die Beschäftigten die Einrichtung nicht als Attrappe erkennbar ist,[149] **IT-Sicherheitsrichtlinien** (z. B. Verpflichtung, das Passwort geheim zu halten), Regelung zur generellen **Herausgabe von Werbegeschenken**,[150] Umstellung des dienstlichen Umgangs der AN untereinander durch den AG auf die Anrede mit Vornamen und »Du«,[151] Regelung der **Kantinenbenutzung**[152] (dabei können allerdings AN, die das Essen nicht in Anspruch nehmen, nicht zur Kostentragung verpflichtet werden; vgl. auch Rn. 50),

---

140 Däubler, AiB 09, 350.

141 BAG, DB 87, 337; HessLAG, AiB 98, 709.

142 BAG, DB 99, 962; § 5 ArbStättV enthält keine abschließende Regelung; zum Nichtraucherschutz am Arbeitsplatz vgl. BAG, BB 98, 2113; NZA 09, 775; 10.5.16 – 9 AZR 347/15, NZA 16, 1134; DKW-F-Klebe/Heilmann, § 87 Rn. 11a Mustervereinbarung und zum »Alkohol- und Drogenverbot« bei DKW-F-Klebe/Heilmann, § 87 Rn. 6; abzulehnen ist die Entscheidung des LAG MV 29.3.22 – 5 TaBV 12/21, juris: Das LAG verneint die Vorschrift bei einer Anordnung des AG, dass nur in den Pausen geraucht werden darf. Auch hier geht es um ein Rauchverbot nämlich für die übrige Zeit.

143 LAG BB 12.7.16 – 7 TaBV 520/16, juris = AiB 7–8/17, 62 mit Anm. v. Rudolph; Waas, MB, S. 87.

144 BAG 5.3.59, AP Nr. 26 zu § 611 BGB Fürsorgepflicht; 7.2.12 – 1 ABR 63/10, NZA 12, 685; LAG Hamm, NZA 87, 35; Waas, MB, S. 91.

145 LAG Köln, NZA-RR 11, 26.

146 BAG, DB 00, 48; NZA 08, 1008; 9.7.13 – 1 ABR 2/13, NZA 13, 1433 (auch zur Pflicht der Betriebsparteien, dabei das allgemeine Persönlichkeitsrecht der Beschäftigten zu beachten und zu schützen).

147 BAG, DB 88, 2055; 00, 48; HessLAG 10.8.11 – 8 Sa 1945/10; DKW-F-Klebe/Heilmann, § 87 Rn. 8: Mustervereinbarung und Rn. 9 zu Zeiterfassung und Zugangskontrollen; a. A. zu Unrecht BAG, DB 84, 2097 für den Sonderfall eines Zugangssicherungssystems mit kodierten Ausweiskarten nach dem »Schlüsselprinzip« ohne weitere Festlegungen für den Zugang; vgl. auch LAG BaWü, NZA 92, 186 und zur Zulässigkeit Seefried, AiB 99, 428.

148 BAG, NZA 04, 556; vgl. auch Rn. 38 und § 94 Rn. 13.

149 Zu Unrecht a. A. LAG MV 12.11.14 – 3 TaBV 5/14, NZA-RR 15, 196; vgl. auch LAG Thüringen 14.6.12 – 3 TaBV 1/12, AuR 12, 414 (Ls.) im Verfahren nach § 100 ArbGG.

150 LAG Köln, DB 84, 2202; LAG Düsseldorf, NZA-RR 06, 81; ArbG Wuppertal, NZA-RR 05, 476.

151 LAG Hamm, NZA-RR 98, 481.

152 BAG, BB 01, 471.

Einführung eines Formblatts, mit dem Redakteure einer Wirtschaftszeitung ihren Aktienbesitz offenlegen müssen.[153] **Arbeitsordnungen**[154] beinhalten in der Regel sowohl mitbestimmungspflichtige als auch mitbestimmungsfreie Tatbestände.[155] Ebenso verhält es sich bei sog. **Compliance-Regeln** oder **Ethik-Richtlinien**, die Anforderungen an das Geschäftsverhalten und die Integrität der Beschäftigten formulieren, wie z. B. das Verbot, **teure Geschenke** anzunehmen/zu machen (siehe auch oben »Werbegeschenke«) und **Insidergeschäfte** zu tätigen oder festlegen, dass die AN von allen Verstößen gegen die Richtlinie Meldung an den Vorgesetzten machen müssen.[156] Auch die sog. **Hotlines für Whistleblower** (Telefonleitungen, auf denen Beschäftigte Verstöße von Kollegen gegen Gesetze oder interne Richtlinien anonym melden können/sollen)[157] sind mitbestimmungspflichtig. Auch soweit das **HinSchG** Anwendung findet (vgl. auch § 79 Rn. 1, § 84 Rn. 3), hat der AG Gestaltungsspielräume, die mitbestimmt auszufüllen sind.[158] Dies gilt z. B. für die nähere Ausgestaltung des Meldeverfahrens und der Meldestelle (Zugriffsrechte, Anreize für interne Meldung, technische Gestaltung, Ausnahmen von den Löschfristen der Dokumentation, anonymer Kanal? Beauftragung Dritter?). Zudem werden häufig digitale Kanäle mit spezieller Whistleblower-Software zum Einsatz kommen. Dann wird auch das MBR nach § 87 Abs. 1 Nr. 6 bestehen (Rn. 38). Beziehen sich die Meldepflichten auf den gesamten Verhaltenskodex, wird dieser nicht bereits deshalb insgesamt mitbestimmungspflichtig.[159] Nicht mitbestimmungspflichtig sind z. B. Regelungen, die gesetzliche Vorschriften lediglich wiederholen, die allgemeine UN-Ziele beschreiben oder allgemeine ethisch-moralische Programmsätze. Bei Compliance-Regeln ist der **Schutz der Privatsphäre und der Persönlichkeitsrechte** der AN besonders wichtig. Zudem darf bei entsprechenden Richtlinien der Grundsatz nicht missachtet werden, dass die Strafvermeidung, -aufklärung und -verfolgung Aufgabe des Staates ist. Der AG ist kein Hilfsorgan der Polizei oder Staatsanwaltschaft. Dies gilt auch bei der Einschaltung eines **externen, privaten Ermittlers/Investigators** und der Anweisung des AG an die AN, sich dessen Befragung zur Aufklärung von

153 BAG, NZA 03, 166.

154 DKW-F-Klebe/Heilmann, § 87 Rn. 4: Mustervereinbarung.

155 Vgl. auch BAG, NZA 08, 1248.

156 Vgl. insgesamt BAG, NZA 08, 1248.

157 Hierzu EGMR, AuR 11, 355 = NZA 11, 1269; LAG Baden-Württemberg 3. 6. 19 – 11 TaBV 9/18, juris; Waas, MB, S. 90; vgl. auch LAG MV 8. 7. 16 – 2 Sa 90/15, NZA-RR 16, 638: In der Regel keine Verpflichtung, Fehlverhalten v. Kollegen dem AG anzuzeigen.

158 Wedde, HinSchG, § 7 Rn. 11, § 12 Rn. 12, § 16 Rn. 14, § 11 Rn. 12; Lugowski, CuA 8–9/23, 24; Ruchhöft, CuA 3/23, 18; Hentschel, AiB 12/23, 25; Bayreuther, NZA 23, 666; Götz, NZA 23, 1433; Gravenhorst, NZA 23, 1425.

159 BAG, NZA 08, 1284; a. A. die Vorinstanz HessLAG, AuR 07, 394.

Pflichtverletzungen/strafbaren Handlungen zu unterziehen. Einschaltung und Vorgehensweise unterliegen dem MBR[160] ebenso wie bei interner Ermittlung durch Mitarbeiterbefragungen. Im Übrigen gilt auch hier, dass die allgemeinen Schutzrechte, wie z. B. das Zeugnisverweigerungsrecht, nicht durch arbeitsvertragliche Regelungen außer Kraft gesetzt werden können und dürfen. Bei den Pflichten sollte in einer Richtlinie auch die Einhaltung von BV und TV ausdrücklich genannt werden. Bei elektronischer Auswertung kommt auch das MBR nach Nr. 6 in Betracht. Sollen Richtlinien für den **Umgang mit den sozialen Medien** (Facebook, Instagram, X [ehemals Twitter] u. a.), auch firmeninternen Netzwerken,[161] **Blogs** und **Internet-Foren** im Betrieb aufgestellt werden, ist mit dem auch hier bestehenden MBR[162] sicherzustellen, dass sie nicht in die Privatsphäre der AN eingreifen oder deren Grundrechte unzulässig beeinträchtigen.

Der MB unterliegen auch eine Regelung gegen **Mobbing/Stalking/Gewalt** 13
im Betrieb,[163] die Einführung eines **Sicherheitswettbewerbs**, der zu einem sicherheitsbewussten Verhalten anregen soll und der für die Verringerung von Unfallzahlen Prämien aussetzt,[164] **Kundenbefragungen**, die Aufschluss über das AN-Verhalten geben sollen,[165] die generelle Versendung von **Abmahnungsschreiben wegen Krankheit**,[166] die Festlegung von **Krankenkontrollen**,[167] Regeln für **Krankheitsgespräche** und -nachforschungen,[168] die Anordnung genereller ärztlicher Eignungsuntersuchungen[169] und Nachweispflichten für kurzfristige Erkrankungen,[170] die formularmäßige Anforderung ärztlicher Bescheinigungen darüber, ob eine Fortsetzungserkrankung vorliegt,[171] die Verwendung von **Formularen zum Arztbesuch**,[172]

---

160 Vgl. hierzu auch BAG, AuR 06, 173 (Ls.).

161 Wedde, CA 4/15, 4.

162 Vgl. auch Ruhland, CA 1/12, 12 und Rn. 38.

163 LAG Düsseldorf, AiB 05, 122; ArbG Köln, AiB 02, 374 m. Anm. Wolmerath; DKW-F-Klebe/Heilmann § 87 Rn. 7: Mustervereinbarung; Wagner/Bergmann, AiB 04, 103; zu Unrecht a. A. LAG Hamburg, NZA-RR 98, 1245; zum Anspruch auf Schmerzensgeld BAG, NZA 07, 1154; 08, 223 sowie § 253 Abs. 2 BGB; zu Stalking vgl. Reim, AiB 06, 16; zur Gewalt im Betrieb Britschgi/Windirsch, AiB 4/20, 10 ff. und 14 ff. mit Eckpunkten für eine BV.

164 BAG, DB 81, 1674.

165 Vgl. aber auch BAG, DB 92, 1634, das nur Nr. 6 prüft.

166 ArbG Köln 1. 9. 77 – 13 BV 55/77.

167 Kohte, AiB 83, 22.

168 BAG, BB 95, 1188; LAG Frankfurt, BB 94, 1711; LAG München 13. 2. 14 – 3 TaBV 84/13, LAGE § 87 BetrVG 2001 Betriebliche Ordnung Nr. 12.

169 ArbG Offenbach, DB 91, 554.

170 Vgl. BAG 27. 6. 90, EzA § 3 LohnFG Nr. 12;5. 5. 92, EzA § 87 BetrVG 1972 Betriebliche Ordnung Nr. 19.

171 HessLAG, LAGE § 87 BetrVG 1972 Betriebliche Ordnung Nr. 13.

172 BAG, DB 97, 282; LAG Düsseldorf, DB 81, 1677.

die Verkürzung des Vorlagezeitraums für ärztliche Bescheinigungen gemäß § 5 Abs. 1 Satz 3 EFZG,[173] Regelungen zur **Pandemievorsorge und -bekämpfung**, wie z. B. Hygienevorschriften[174] und Torkontrollen[175] oder eine für die AN nicht verbindliche Anwendung einer Corona-Warn-App,[176] die Veröffentlichung von individuellen krankheitsbedingten Fehlzeiten im Betrieb, sofern sie überhaupt zulässig ist,[177] das Verlangen des AG nach Abgabe inhaltlich **standardisierter Verschwiegenheitserklärungen**,[178] die erforderliche organisatorische Gestaltung des **betrieblichen Eingliederungsmanagements gem. § 167 Abs. 2 SGB IX** (vgl. auch Rn. 38, 48, § 94 Rn. 2 zu Gesprächsleitfäden),[179] Regelungen zum Mitbringen v. Haustieren an den Arbeitsplatz,[180] die Anweisung, die Zahl der persönlichen Gegenstände im Büro zu reduzieren und mitgebrachte Pflanzen regelmäßig zu pflegen,[181] eine Anordnung zum **Radiohören** im Betrieb,[182] nach BAG allerdings nicht ein generelles Verbot, mit privaten Mobiltelefonen während der Arbeitszeit Privatgespräche zu führen.[183] Mitbestimmungspflichtig sind Regelungen zur Nutzung von **TV-**, **Video-** und **DVD-Geräten** im Betrieb einschließlich der Sozialräume,[184] Vorschriften für die grundsätzlich vom AG erlaubte pri-

173 BAG, DB 00, 1128; LAG Bremen 29. 11. 12 – 3 TaBV 11/12, AiB 14, 70 mit Anm. v. Hayen.

174 LAG BB 23. 1. 20 – 5 TaBV 2182/19, juris = AuR 20, 486 (Ls.) im Verfahren zur Bestellung einer ESt. für einen Hygieneplan nach § 36 Infektionsschutzgesetz

175 Vgl. Kiesche/Rudolph, AiB 10, 26 und 34; nach ArbG Berlin 30. 7. 20 – 4 BVGa 9401/20, LAGE § 87 BetrVG 2001 Betriebliche Ordnung Nr. 17 besteht beim Einsatz v. Beschäftigen als sog. »Greeter«, die für die Einhaltung der Corona-Schutzmaßnahmen, wie z. B. Maximalzahl v. Kunden im Geschäft, Tragen v. Masken, zuständig sind, kein MBR nach dieser Vorschrift. Das Gericht hält aber ein MBR nach Nr. 7 für möglich

176 BAG, DB 81, 1674: Auch nicht verbindliche Anweisungen des AG (Verhaltenserwartungen) fallen unter die Vorschriften; vgl. zu der App auch Bienert, AiB 10/20, 25 und zur Pandemie Rn. 24, 48 und § 94 Rn. 4.

177 ArbG Würzburg, AiB 96, 560.

178 DKW-Klebe, Rn. 64; demgegenüber differenzierend BAG, DB 09, 2275: MBR nur, wenn sich die Erklärung auf das Ordnungsverhalten bezieht und sich die Schweigepflicht nicht aus Gesetz oder TV ergibt.

179 Vgl. BAG 13. 3. 12 – 1 ABR 78/10, NZA 12, 748; 22. 3. 16 – 1 ABR 14/14, NZA 16, 1283; 19. 11. 19 – 1 ABR 36/18, NZA 20, 389; zu den Überwachungsrechten des BR vgl. BAG 7. 2. 12 – 1 ABR 46/10, NZA 12, 744.

180 Hierzu Berger, AiB 7–8/23, 31; LAG RP 8. 9. 22 – 2 Sa 490/21, NZA-RR 23, 389 zur individualrechtlichen Seite: Direktionsrecht des AG umfasst auch das Verbot.

181 LAG Nürnberg 14. 12. 16 – 4 TaBV 38/16, juris.

182 BAG, DB 86, 1025; Waas, MB, S. 87.

183 BAG 17. 10. 23 – 1 ABR 24/22, juris; LAG Nds. 13. 10. 22 – 3 TaBV 24/22, NZA-RR 23, 166; HessLAG 16. 7. 20 – 5 TaBV 178/19, juris; a. A. ArbG München 18. 11. 15 – 9 BVGa 52/15, AuR 16, 39 (Ls.).

184 LAG Köln, NZA-RR 07, 80 und NZA-RR 11, 85 zu MP 3-Playern.

vate Nutzung **firmeneigener Kfz** (vgl. auch Rn. 65)[185] und auch für die rein dienstliche, wenn der AG Verhaltensregeln für die Nutzung aufstellt (z. B. zur Mitnahme von Personen), Regelungen zur Nutzung betrieblicher Telefonanlagen/**Mobiltelefone**,[186] zur Nutzung von **PC mit Internetzugang**[187] und von **Cloud Computing**-Anwendungen (z. B. zur Passwort-Verwendung), Richtlinien für die dienstliche Nutzung privater Geräte, wie Smartphones, Tablet-PCs oder Notebooks (**»Bring your own device«**, BYOD; vgl. auch Rn. 38 und § 90 Rn. 3),[188] Anweisungen an die Beschäftigten, einen bestimmten Meldeweg bei einer Verletzung des Datenschutzes nach der DSGVO einzuhalten und sich während des Prozesses der Feststellung und Behebung der Verletzung kurzfristig erreichbar zu halten,[189] Anordnungen des AG zur Verwendung der Arbeitsmittel und der allgemeinen Organisation bei **Desk-Sharing**, allgemeine Regelungen für die Zusammenarbeit bei **agilem Arbeiten**, wie z. B. für Gruppengespräche oder den erforderlichen Informationsfluss (vgl. auch Rn. 77, § 90 Rn. 4 und § 111 Rn. 14, 16),[190] die Festlegung der **Umgangssprache** auf Englisch oder Deutsch im Betrieb,[191] die Einführung und der Ablauf von **Mitarbeitergesprächen mit Zielvereinbarung**,[192] die Anordnung, **Privatgeld**, private Taschen und Privatportemonnaies nicht mit an den Arbeitsplatz zu nehmen und **Trinkgelder** separat

---

185 ArbG Hamburg, AiB 94, 760; LAG Köln 13. 1. 20 – 9 TaBV 66/19 (im Verfahren zur Bestellung einer ESt.).

186 Vgl. auch LAG Nürnberg, NZA 87, 572; ArbG Kaiserslautern 11. 10. 07 – 8 BV 52/07; a. A. ArbG Celle, LAGE § 87 BetrVG 2001 Nr. 1.

187 Waas, MB, S. 82 f.; LAG Hamm, NZA 07, 20: Nicht aber bei der Untersagung privater Nutzung; ebenso HessLAG 16. 7. 20 – 5 TaBV 178/19, BB 21, 121 = CuA 5/21, 38 f. mit kritischer Anm. v. Wedde.

188 Waas, MB, S. 92.

189 LAG SH 6. 8. 19 – 2 TaBV 9/19, NZA-RR 19, 647.

190 Vgl. auch Krause, Agile Arbeit und Betriebsverfassung, HSI-Schriftenreihe Bd. 37, S. 77 ff.

191 Vgl. LAG Köln 9. 3. 09 – 5 TaBV 114/08 (im Verfahren gem. § 100 ArbGG); LAG Frankfurt 22. 10. 91 – 4 TaBV 92/91; vgl. auch die Vorinstanz ArbG Marburg, AiB 92, 48; nach LAG Nürnberg 18. 6. 20 – 1 TaBV 33/19, NZA-RR 20, 528 mit Anm. v. Herbert soll der BR keinen Anspruch darauf haben, dass AG-Vertreter mit ihm auf Deutsch reden, wenn eine Übersetzung gewährleistet ist. Je nach Sachverhalt stellt sich aber dann die Frage, ob dies wirklich eine gleichwertige Kommunikation darstellt, ob nicht § 78 verletzt ist. Da es in dem Verfahren keine allgemeine Anweisung zur Benutzung einer Sprache war, scheidet das MBR aus. Allerdings könnte der BR mit seinem Initiativrecht eine für ihn sinnvolle Regelung erreichen.

192 Vgl. VG Karlsruhe, RDV 98, 31; VGH Mannheim, RDV 00, 225; siehe auch BAG, BB 95, 1188 zu formalisierten (Kranken-)Gesprächen und ArbG München, AuR 11, 79 (Ls.) und HessLAG 24. 11. 15 – 16 TaBV 106/15, juris zum Einsichtsrecht des BR in alle Zielvereinbarungen; DKW-F-Klebe/Heilmann, § 87 Rn. 10 (Mustervereinbarung) und Rn. 38, 71; § 94 Rn. 2, 13.

aufzubewahren[193] und eine Regelung über die Mitnahme und Bearbeitung von **Arbeitsunterlagen** zu Hause.[194] **Nicht** der Vorschrift unterliegt die Einführung von pauschalen **Spesensätzen** im Rahmen des **Aufwendungsersatzes** (vgl. aber auch Rn. 58, 65)[195] und die Anweisung des AG an die Sachbearbeiter, in Geschäftsbriefen auch ihren Vornamen anzugeben.[196] Auch eine Regelung, die vorsieht, dass AN die dem AG durch **Entgeltpfändung entstehenden** Kosten zu tragen haben, ist nicht mitbestimmungspflichtig, da sie das außerbetriebliche Verhalten, nämlich die private Lebensführung betrifft (vgl. auch Rn. 15 und § 88 Rn. 1).[197] Dies gilt ebenfalls für anonym durchgeführte Tests zur Überprüfung der Beratungsqualität z. B. in einer Bank, wenn es hierbei nur um eine Bestandsaufnahme geht, die nicht Einzelnen oder Gruppen von AN zugeordnet werden kann.[198] Der Einsatz sog. **Testkäufer**, die im Betrieb anonym Einkäufe tätigen, um anschließend dem AG Bericht über das Verhalten der einzelnen Verkaufspersonen zu erstatten, ist demgegenüber ebenso **mitbestimmungspflichtig**[199] wie die Durchführung eines **Wissensmanagements**[200] mit dem Aufbau einer Datenbank, die auf Anordnung des AG von den AN durch formularmäßig erfasste Erfahrungen gespeist wird (vgl. auch Rn. 38 und § 94 Rn. 2). Dies gilt auch für die generelle Regelung von **Nebentätigkeiten** (z. B. Erlaubnis- oder Dokumentationspflichten), also auch, wenn die Interessen des AG nicht beeinträchtigt sind,[201] für Vorschriften zur Behandlung des **Werkzeugs** und der **Ordnung am Arbeitsplatz**[202] und entgegen der Meinung des BAG[203] bei der Verwendung von Laufzetteln, auf denen der AG den Erhalt von Arbeitsmitteln und Zutrittsberechtigungen einschließlich erforderlicher Belehrungen vermerkt/quittieren lässt.[204]

14 **Kein MBR** soll nach der Rspr. des BAG bei **arbeitsbegleitenden Papieren** bestehen (ggf. kommen allerdings Rechte nach § 87 Abs. 1 Nr. 6 oder § 94 in Betracht). Nach Meinung des BAG ist die Anordnung des AG, über die einzelnen Arbeitsvorgänge, Pausen u. Ä. Buch zu führen, auf die Erbringung

193 HessLAG, NZA-RR 04, 411.
194 ArbG Hamburg, MitbGespr. 77, 66.
195 BAG, NZA 99, 381.
196 BAG, DB 99, 2218.
197 BAG, NZA 07, 462.
198 BAG, DB 00, 2227.
199 A. A. LAG Nürnberg, NZA-RR 07, 136; ebenso BAG, DB 01, 2558 zu § 99.
200 Hierzu Gerber/Trojan, AuA 02, 340.
201 LAG Hamm, NZA-RR 98, 481.
202 LAG SH 18. 5. 11 – 6 TaBV 11/11, brwo.
203 BAG 25. 9. 12 – 1 ABR 50/11, NZA 13, 467.
204 LAG SH 18. 5. 11 – 6 TaBV 11/11, brwo, aufgehoben v. BAG 25. 9. 12 – 1 ABR 50/11, NZA 13, 467.

der Arbeitsleistung bezogen, also »arbeitsbezogen«.[205] Mit der gleichen Begründung verneint das BAG zu Unrecht das MBR beim Ausfüllen sog. Tageszettel zum **Überstundennachweis**.[206] Die Auffassung des BAG ist **abzulehnen.** Es handelt sich nicht um arbeitsbezogene Vorgaben, mit denen die Arbeitspflicht (»welche Arbeit ist auf welche Art und Weise auszuführen«) unmittelbar konkretisiert wird, sondern um mitbestimmungspflichtiges Ordnungsverhalten.[207] Das BAG lehnt ein MBR ebenfalls zu Unrecht beim Erlass einer **Dienstreiseordnung**[208] oder von **Führungsrichtlinien**[209] ab (vgl. auch § 94 Rn. 13). Auch der **Detektiveinsatz**, z. B. zur Überprüfung betrieblicher Verbote, soll nicht dem MBR unterliegen. Es kann allerdings ein Verstoß gegen § 75 Abs. 2 in Betracht kommen.[210] Bei der Benennung und Bekanntgabe (§ 12 Abs. 5 AGG) des Ortes und der personellen Besetzung der **Beschwerdestelle nach § 13 AGG** soll der BR kein MBR haben, da es sich um mitbestimmungsfreie organisatorische Entscheidungen[211] bzw. um bloßen Gesetzesvollzug handele.[212] Dies erscheint nicht richtig, weil der AG eine **Auswahlentscheidung** trifft, die die Effektivität des Verfahrens maßgeblich beeinflussen kann.[213] Auch ansonsten besteht das MBR nach Nr. 1 häufig bei organisatorischen Entscheidungen. Deshalb kann dem BAG nicht gefolgt werden. Ein MBR besteht jedenfalls dann, wenn **Verfahrensregeln**, wie in der Regel erforderlich, für die Behandlung von Beschwerden aufgestellt werden (**h. M.**).[214] Hier hat der BR auch ein Initiativrecht.[215] Das MBR besteht entsprechend auch beim Beschwerdeverfahren nach §§ 8 f. **LkSG**, soweit der AG Gestaltungsspielräume hat.[216] In Frage kommt dabei auch ein MBR nach Nr. 6 (vgl. Rn. 38). Die personelle Besetzung der Beschwerdestelle ist ebenfalls mitbestimmungspflichtig (**str.**). Kein MBR besteht, wenn der AG Regelungen treffen will, die das von Art. 9 Abs. 3 GG

---

205 BAG, DB 82, 1116.

206 BAG 9. 12. 80, AP Nr. 2 zu § 87 BetrVG 1972 Ordnung des Betriebs; DB 82, 383.

207 Vgl. auch LAG SH 18. 5. 11 – 6 TaBV 11/11, brwo, das ein MBR bei Einführung eines standardisierten Laufzettels zur Erfassung empfangener Arbeitsmittel und Berechtigungen bejaht.

208 BAG, DB 82, 960.

209 BAG, DB 85, 495.

210 BAG, DB 91, 1834 f.; 00, 726.

211 BAG, DB 09, 1993.

212 LAG RP, DB 08, 1636 (Ls.); LAG Nürnberg, DB 09, 71.

213 Vgl. insoweit auch BAG, DB 09, 1993 und im Verfahren nach § 100 ArbGG LAG Hamburg, DB 07, 1417; HessLAG, NZA-RR 07, 637; LAG Saarbrücken, AiB 07, 660; NDW-AGG, § 13 Rn. 3.

214 BAG, DB, 09, 1993.

215 BAG, DB 09, 1993; a. A. LAG Nürnberg, DB 09, 71; LAG RP, DB 08, 1636 (Ls.).

216 Vgl. auch Zimmer, AuR 24, 7; dies, Das Lieferkettensorgfaltspflichtengesetz, Schriftenreihe des HSI Bd. 48, 2023, S. 74; zum LkSG auch § 94 Rn. 2; § 106 Rn. 11a.

geschützte Recht von betrieblichen Gewerkschaftsmitgliedern betreffen, sich an der koalitionsmäßigen Betätigung ihrer Gewerkschaft, z. B. durch Verteilung von Werbematerial, zu beteiligen, weil dies nicht der Regelungsmacht der Betriebsparteien unterliegt.[217]

15 Sollen bei Verstößen gegen die betriebliche Ordnung sog. **Betriebsbußen** verhängt werden, ist das nur möglich, wenn zuvor eine betriebliche Bußordnung eingeführt worden ist, die der MB ebenso unterliegt wie die Verhängung der Buße im Einzelfall.[218] Darin müssen die Tatbestände aufgeführt sein, die zur Verhängung einer Buße berechtigen.[219] Das Verfahren muss in allen Einzelheiten geregelt sein und rechtsstaatlichen Grundsätzen entsprechen, sofern man Betriebsbußen überhaupt für zulässig hält.[220] Auch der **Entzug von Vergünstigungen** (z. B. ermäßigte Flugscheine) kann eine Betriebsbuße sein, wenn es sich um die Reaktion auf Verstöße gegen die betriebliche Ordnung oder gegen nach Nr. 1 begründete Verhaltenspflichten handelt.[221] Demgegenüber stellt eine Bearbeitungsgebühr für **Entgeltpfändungen** keine Betriebsbuße, sondern eine Kostenerstattung dar (vgl. auch Rn. 13 und § 88 Rn. 1).[222]

16 Rügt der AG ein Verhalten des AN, so kann es sich ebenfalls um eine Betriebsbuße **(Verwarnung, Verweis)** handeln. Dies ist der Fall, wenn ein Verstoß gegen die kollektive betriebliche Ordnung und nicht nur gegen einzelvertragliche Pflichten **(Abmahnung)** kritisiert wird. Ist in dem kritisierten Verhalten des AN sowohl eine Verletzung seiner arbeitsvertraglichen Pflichten als auch ein Verstoß gegen die betriebliche Ordnung zu sehen, ist die beabsichtigte Maßnahme des AG stets mitbestimmungspflichtig.[223] Eine Betriebsbuße liegt jedenfalls dann vor, wenn eine Rüge faktisch zu einer **Beförderungssperre** führt.[224] Verletzt ein **BR-Mitgl.** lediglich seine **betriebsverfassungsrechtlichen Pflichten**, kann es keine Betriebsbuße erhalten und auch nicht abgemahnt werden.[225] Der AG kann nur nach § 23 Abs. 1 vorgehen.[226] Nach richtiger Auffassung kommt die Abmahnung eines **BR-**

217 BAG 28.7.20 – 1 ABR 41/18, NZA 20, 1413.

218 BAG, DB 76, 583; 90, 483 f.

219 BAG, DB 90, 483 f.

220 Für eine Unzulässigkeit z. B. LAG Nds., DB 81, 1985 f.

221 BAG, DB 86, 384.

222 BAG, NZA 07, 462.

223 Einschränkend BAG, DB 79, 1511; 83, 2695 und BAG, DB 93, 438, das zu Unrecht ausschließlich auf die Formulierung des AG abstellt; vgl. auch LAG Hamm 17.2.12 – 10 TaBV 63/11, BB 12, 2124.

224 BAG, DB 90, 483 f.

225 BAG, DB 93, 438; NZA 95, 225; 9.9.15 – 7 ABR 69/13, NZA 16, 57; LAG Hamm, BB 96, 1115 wegen Teilnahme an BR-Sitzung.

226 Vgl. auch BAG, DB 93, 438, das allerdings die Amtspflicht zu eng definiert; 9.9.15 – 7 ABR 69/13, NZA 16, 57.

Mitgl. nur in Betracht, wenn eine arbeitsvertragliche Pflichtverletzung vorliegt und nicht die Verletzung der Amtspflicht im Vordergrund steht, wie z. B. bei der Teilnahme an einer nicht erforderlichen Schulungsveranstaltung (vgl. auch § 23 Rn. 5).[227]

b) Lage der Arbeitszeit (Nr. 2)

Der Zweck des MBR besteht darin, die Interessen der AN vor allem an der Lage ihrer Arbeitszeit und damit zugleich der Freizeit für die Gestaltung ihres Privatlebens zur Geltung zu bringen.[228] Hinzu kommt nach der hier vertretenen Auffassung der Schutz vor psychischen und physischen Belastungen bei besonders belastender Lage der Arbeitszeit (z. B. Schicht- und Nachtarbeit). Das MBR[229] erstreckt sich im Rahmen des zwingenden Arbeitszeitrechts[230] nicht nur auf **Beginn und Ende**, sondern auch auf die **Dauer der täglichen Arbeitszeit**[231] und der **Pausen.**[232] Hierzu zählen auch **vergütungspflichtige tarifliche Kurzpausen**, bei denen die Festlegung ihrer **zeitlichen Lage** mitbestimmungspflichtig ist.[233] Gemäß § 2 Abs. 1 ArbZG ist **Arbeitszeit** die Zeit vom Beginn bis zum Ende der Arbeit ohne die Pausen.[234] Sie beinhaltet auch arbeitszeitrechtlich Zeiten der **Arbeitsbereitschaft** und **Bereitschaftsdienste** (§ 7 Abs. 1 Nr. 1a ArbZG).[235] Das MBR besteht selbst dann, wenn die Arbeitszeit nur an einem Tag abgeändert werden soll.[236] Der BR hat auch – entgegen der Auffassung des BAG[237] – ein MBR und damit ein Initiativrecht[238] bei der Frage, ob die Arbeitszeit bereits am Werkstor oder erst am Arbeitsplatz beginnt, ob **Waschen und** 17

227 Auch DKW-Klebe, Rn. 80; a. A. BAG, NZA 94, 500, das die besondere Situation eines BR-Mitgl. verkennt.

228 Vgl. z. B. BAG, NZA 07, 458; 18. 7. 17 – 1 ABR 15/16, NZA 17, 1542; 12. 3. 19 – 1 ABR 42/17, NZA 19, 843.

229 Hinweise zu Arbeitszeitregelungen bei DKW-F-Klebe/Heilmann, § 87 Rn. 12 ff.

230 LAG Frankfurt, NZA 93, 279.

231 Vgl. BAG, DB 88, 334; 89, 385.

232 Zum Begriff BAG, DB 03, 2014; NZA 04, 620; 25. 2. 15 – 642/13, NZA 15, 442: Im Voraus festgelegte Unterbrechungen der Arbeitszeit, bei denen der AN frei darüber entscheiden kann, wo und wie er sie verbringen will.

233 BAG, NZA 04, 620.

234 BAG, DB 82, 2469.

235 EuGH, DB 03, 2066; BB 04, 1796: Jedenfalls bei Anwesenheitspflicht im Betrieb; NZA 06, 89; vgl. auch BAG, NZA 03, 742; DB 04, 1732 und zur Arbeitsbereitschaft EuGH, BB 04, 2353.

236 BAG, DB 77, 2235; NZA 05, 538.

237 BAG 22. 10. 19 – 1 ABR 11/18, NZA 20, 325.

238 Vgl. z. B. BAG, NZA 05, 538.

Umkleiden zur Arbeitszeit zählen.[239] Nach neueren Entscheidungen des **BAG** gehört die Umkleidezeit jedenfalls dann zur Arbeitszeit, wenn das Tragen der vorgeschriebenen Dienstkleidung lediglich im Interesse des AG liegt.[240] Gleichzustellen sind Zeiten für das Abholen des Werkzeugs und der Kleidung bzw. für den Weg v. der Umkleide- zur Arbeitsstelle und zurück,[241] sowie z. B. bei einer auffälligen Uniform auch für das häusliche Umkleiden, wenn im Betrieb oder beim Einsatz vor Ort keine zumutbare Möglichkeit besteht.[242] Ebenso besteht ein MBR auch ohne ausdrückliche Anweisung des AG (Rn. 1), wenn erwartet wird, dass die AN bereits vor Arbeitsbeginn am Arbeitsplatz sind, z. B. um den Kassencomputer hochzufahren.

18 Ein MBR scheidet bei der **Dauer der wöchentlichen Arbeitszeit** bereits dann aus, wenn ein TV diese, was in aller Regel üblich ist, abschließend festlegt. Nach der Rspr. des BAG[243] und auch h. M. kommt ein MBR allerdings auch ohne tarifliche Regelung nicht in Betracht.[244] Die MB erfasst Einführung, Änderung oder Abbau von **Schichtarbeit** und alle anderen damit zusammenhängenden Fragen,[245] wie z. B. die Zahl und die zeitliche Lage der einzelnen Schichten, den Schichtplan, dessen Ausgestaltung auch die Zuordnung der einzelnen AN, auch die erstmalige v. neueingestellten,[246] zu den Schichten umfasst,[247] die Abgrenzung des Personenkreises, der Schichtarbeit zu leisten hat, den Wegfall der Nachtschicht und die Ausgestaltung eines gem. § 6 Abs. 5 ArbZG zu gewährenden **Freizeitausgleichs für Nacht-**

239 Vgl. BAG 17. 3. 88 – 2 AZR 576/87; LAG BaWü, AiB 87, 246; ArbG Frankfurt, AuR 04, 478; vgl. auch LAG Hamm, AuR 08, 121 Ls. (im § 100 ArbGG-Verfahren); zur individualrechtlichen Seite BAG, BB 01, 473; 19.9.12 – 5 AZR 678/11, NZA-RR 13, 63; vgl. auch die Checkliste bei DKW-F-Klebe/Heilmann, § 87 Rn. 15a.

240 BAG 10. 11. 09 – 1 ABR 54/08, DB 10, 454; 17. 11. 15 – 1 ABR 76/13, NZA 16, 247; 15. 7. 21 – 6 AZR 207/20, NZA 21, 2020.

241 BAG 19. 3. 14 – 5 AZR 954/12, NZA 14, 787; 17. 11. 15 – 1 ABR 76/13, NZA 16, 247.

242 BAG 13. 10. 21 – 5 AZR 292/20, NZA 22, 720.

243 DB 89, 1630; 99, 1555; NZA 04, 507; 07, 1240; 22. 10. 19 – 1 ABR 11/18, NZA 20, 325.

244 Z. B. BAG 17. 8. 21 – 1 AZR 175/20, NZA 21, 1794 und hierzu DKW-Klebe, Rn. 89 ff. m. w. N.

245 BAG, DB 90, 1191 f.; NZA 94, 718; 05, 184, Ls.; vgl. auch LAG Köln, AuR 08, 230, Ls.

246 BAG 22. 8. 17 – 1 ABR 4/16, NZA 18, 191; 28. 7. 20 – 1 ABR 45/18, NZA 20, 1491: Mit dem bei Verletzung des MBR gegebenen Unterlassungsanspruch kann dann der Arbeitseinsatz wirksamer als nach §§ 99 ff. unterbunden werden; vgl. auch § 101 Rn. 6.

247 BAG 19. 6. 12 – 1 ABR 19/11, NZA 12, 1237; 9. 7. 13 – 1 AZR 275/12, NZA 13, 1438; 9. 7. 13 – 1 ABR 19/12, NZA 14, 99; LAG Thüringen 23. 2. 22 – 4 TaBV 17/19, juris.

arbeit (vgl. auch Rn. 48).[248] Nicht erfasst wird dagegen die Zuweisung der innerhalb der maßgeblichen Schicht von den AN zu **erbringenden Arbeit.**[249] Die MB greift auch bei der Anordnung des **Schichtwechsels** für einen einzelnen AN ein, wenn der AG in einer Vielzahl von Situationen, die sich mit betriebsbedingter Notwendigkeit immer wieder ergeben, veranlasst ist, für einen oder mehrere AN einen Schichtwechsel durchzuführen[250] und kann nach Auffassung des BAG[251] auch durch eine Rahmenvereinbarung ausgeübt werden, die sich auf die Grundsätze der Schichtplanerstellung beschränkt und es dem AG gestattet, auf dieser Basis die Einzelschichtpläne festzulegen.[252]

Das MBR besteht bei der Einführung **gleitender Arbeitszeit/Arbeitszeitkonten,**[253] auch hinsichtlich des Umfangs der Kernarbeitszeit und der sog. Gleitspanne. Werden dabei Regelungen vereinbart, die maximal übertragbare Gleitzeitguthaben definieren oder festlegen, dass am Ende eines Ausgleichszeitraums bestimmte Höchstwerte nicht überschritten werden dürfen, so begründet dies entsprechende Durchführungspflichten des AG, die der BR mit dem Unterlassungsanspruch durchsetzen kann.[254] Es darf nicht der **Verfall von Gleitzeitguthaben** vereinbart werden. Da die Arbeitsleistung vergütungspflichtig erbracht worden ist, dürfte ein Verfall auch schon im Hinblick auf Art. 14 GG unzulässig sein.[255] Besondere Probleme wirft die Ausübung der MBR[256] bei Modellen sog. **Vertrauensarbeitszeit** auf, bei denen der AG einen Zeitrahmen vorgibt, in dem bestimmte Arbeitsziele vom 19

248 BAG, NZA 05, 884.
249 BAG, NZA 05, 313.
250 BAG, BB 03, 740; DB 07, 60.
251 BAG, DB 02, 2385.
252 Mustervereinbarungen zur Schicht- und Nachtarbeit bei DKW-F-Klebe/Heilmann, § 87 Rn. 18 und 21; Eckpunkte für eine BV auch bei Engelhardt, AiB 08, 316.
253 BAG, DB 89, 1978; NZA 04, 507; LAG Hamm, BB 08, 340 und 22.5.13 – 4 Sa 1232/12; BAG, DB 04, 191 zur Insolvenzsicherung von Arbeitszeitkonten; vgl. auch das Gesetz zur Verbesserung der Rahmenbedingungen für die Absicherung flexibler Arbeitszeitregelungen und zur Änderung anderer Gesetze und hierzu Wellisch/Lenz, DB 08, 2762; zum Mindestlohn bei Arbeitszeitkonten vgl. § 2 Abs. 2 MiLoG.
254 BAG, NZA 04, 670; LAG Köln, AuR 08, 456 Ls.; zur Überwachung der Gleitzeitkonten durch den BR LAG Köln 28.6.11 – 12 TaBV 1/11, RDV 12, 37; vgl. auch BAG, BB 98, 1419, das ein MBR hinsichtlich der Vor- oder Nacharbeit eines AN ausschließt, mit der er nach individueller Entscheidung den Arbeitsausfall wegen eines Betriebsausflugs ausgleicht, sowie Rn. 23; Mustervereinbarungen zu Arbeitszeitkonten und zu Gleitzeit bei DKW-F-Klebe/Heilmann, § 87 Rn. 13 und 14.
255 Hierzu Karthaus, AuR 15, 346; BAG, NZA 04, 670 lässt die Frage offen; a. A. LAG München 27.3.12 – 6 TaBV 101/11, AiB 13, 460 mit Anm. v. Heinlein.
256 LAG Nds. 22.10.13 – 1 TaBV 53/13; vgl. auch Rn. 32.

AN »eigenverantwortlich«, gleichwie und mit welchem Zeitaufwand, zu erreichen sind. Die tatsächlich vom AN gebrauchte Zeit ist für den AG unwichtig, es zählt nur das Ergebnis. Kernarbeitszeiten, Anwesenheitspflichten im Betrieb oder elektronische Zeiterfassung existieren dabei nicht.[257] Hier muss der BR unter aktiver Einbeziehung der Beschäftigten z. B. sicherstellen, dass gesetzliche und tarifliche Vorschriften eingehalten, realistische Arbeitsziele definiert, Überlastung vermieden und die tatsächlichen Arbeitszeiten betrieblich erfasst werden.[258] Diese Zeiterfassung gibt auch die Rspr. des EuGH zwingend vor. Über die bisher schon bestehende Dokumentationspflicht des AG in § 16 Abs. 2 ArbZG bei einer werktäglichen Arbeitszeit, die acht Std. überschreitet, hinaus entnimmt das BAG diese Verpflichtung zur Erfassung der gesamten Arbeitszeit zu Recht einer europarechtskonformen Auslegung des § 3 Abs. 2 Nr. 1 ArbSchG.[259] Erfolgt die Erfassung, die auch die Pausen betrifft, durch die AN, muss der AG deren Aufzeichnungen auf Richtigkeit überprüfen.[260] Er bleibt der Verantwortliche. Zeiten eines **Bereitschaftsdienstes**,[261] die auch arbeitszeitrechtlich als Arbeitszeit anzusehen sind (vgl. § 7 Abs. 1 Nr. 1a ArbZG),[262] und einer sog. **Rufbereitschaft**[263] sind Arbeitszeiten i. S. dieser Vorschrift, so dass bei der Aufstellung eines Rufbereitschaftsplans ein MBR besteht.[264] Das MBR besteht auch für **freiwillige Dienstbesprechungen** innerhalb oder außerhalb des Betriebs (z. B. in einer Gaststätte), die Fachkenntnisse vermitteln oder sich mit arbeitsorganisatorischen Fragen beschäftigen.[265] Dies gilt erst Recht, wenn die AN zur Teilnahme vom AG kraft des Direktionsrechts verpflichtet

---

257 Zum Auskunftsanspruch des BR gemäß § 80 Abs. 2 Satz 1 BAG, DB 03, 2445; vgl. auch LAG Nds., NZA-RR 05, 424 und LAG Köln, AuR 11, 266, Ls.

258 Vgl. z. B. Hamm, AiB 00, 152; Ahrens, CF 5/01, S. 12 ff.; DKW-F-Klebe/Heilmann, § 87 Rn. 20: Mustervereinbarung.

259 EuGH 14. 5. 19 – C-55/18, NZA 19, 683; BAG 13. 9. 22 – 1 ABR 22/21, NZA 22, 1616; LAG München 22. 5. 23 – 4 TaBV 24/23, NZA-RR 23, 477 und zur Debatte über diese Entscheidung DKW-Klebe, Rn. 100; vgl. auch § 6 des Gesetzes zur Sicherung v. AN-Rechten in der Fleischwirtschaft v. 22. 12. 20, mit dem eine manipulationssichere elektronische Zeiterfassung angeordnet wird (hierzu Däubler, NZA 21, 86, 88).

260 Buschmann, AuR 19, 143.

261 Mustervereinbarung bei DKW-F-Klebe/Heilmann, § 87 Rn. 17.

262 Vgl. auch EuGH, BB 04, 1796 (auch zur Vergütungspflicht); 21. 2. 18 – C-518/15, juris; 9. 3. 21 – C-580/19, NZA 21, 489; 9. 3. 21 – C-344/19, NZA 21, 485; BAG, DB 03, 2445; 04, 1732.

263 Auch bei Erreichbarkeit für den AG per Funktelefon: BAG, NZA 01, 165; Mustervereinbarung bei DKW-F-Klebe/Heilmann, § 87 Rn. 16.

264 BAG, DB 83, 611; 97, 380; 01, 1371; NZA 04, 507; Hinweise für eine BV bei Bösche/Grimberg, AiB 94, 199 ff.

265 BAG 30. 6. 15 – 1 ABR 71/13, juris; ArbG Gießen, AiB 93, 50; ArbG Nürnberg, AiB 97, 176 und auch ArbG Münster, AiB 98, 168 (freiwillige Teilnahme an UN-interner Fernsehsendung, Business-TV).

werden könnten oder eine anderweitige Verpflichtung, wie z. B. eine Selbstverpflichtung gegenüber dem AG, besteht[266] und ebenso für ein vom AG für bestimmte AN veranlasstes Mediationsverfahren.[267] Besteht im Hinblick auf vom AG angeordnete Schulungsmaßnahmen, die als Arbeitszeit dem MBR unterliegen,[268] auch ein MBR nach § 98, sind beide Vorschriften nebeneinander anwendbar.[269] Arbeitszeiten sind auch **Wegezeiten** vom Betrieb zum Kunden und zurück, von Kunde zu Kunde, vom Wohnort zum Kunden nach der früheren Rspr. für die Zeit, die über die Fahrtzeit von der Wohnung zur Arbeitsstätte hinausgeht,[270] und jedenfalls betriebsverfassungsrechtlich **generell Dienstreisezeiten**.[271] Die gerade genannte Anrechnung und damit Kürzung der Arbeitszeit bei direkter Fahrt v. Aufenthaltsort zum Kunden ist allerdings abzulehnen. Eine entsprechende Anrechnungsvereinbarung ist möglich, betrifft dann aber nur die Vergütungspflicht.[272] Die Zurücklegung des Wegs von der Wohnung/dem Aufenthaltsort zur Arbeitsstätte gilt demgegenüber nicht als Arbeitszeit.[273] Der BR hat ein MBR, wenn die wöchentliche Arbeitszeit von 38,5 Std. auf sechs Arbeitstage in der Woche verteilt werden muss, und zwar sowohl hinsichtlich der Frage, ob in einem sog. **Rolliersystem** oder in einem Schichtdienst anderer Art gearbeitet werden soll, als auch hinsichtlich der Frage, auf welche einzelnen Tage der Woche die Arbeitszeit verteilt wird. Damit besteht das MBR auch im Hinblick darauf, ob einzelne Tage, wie z. B. (Wochen-)Feiertage, als freie Tage

---

266 BAG, NZA 01, 976.

267 BAG 30.6.15 – 1 ABR 71/13, juris; a. A. LAG Nürnberg 27.8.13 – 5 TaBV 22/12, BB 13, 2739 (Ls.).

268 BAG, NZA-RR 09, 98 und EuGH 28.10.21 – C-909/19, NZA 21, 1623 (Fortbildung als Arbeitszeit).

269 LAG Hamburg, AuR 08, 155.

270 Ursprünglich ist das BAG von einem deutlich zu engen Arbeitszeitbegriff (DB 97, 380; NZA 07, 458) ausgegangen (Erfüllung vertraglicher Hauptleistungspflichten), den es mit späteren Entscheidungen (z. B. 15.4.08 – 1 ABR 44/07, NZA-RR 09, 98; 30.6.15 – 1 ABR 71/13) allerdings zu Recht korrigiert hat (vgl. auch BAG 10.11.09 – 1 ABR 54/08, DB 10, 454: Umkleidezeit als Arbeitszeit); vgl auch Preis/Schwarz, Dienstreisen als Rechtsproblem, S. 86 f. und zur Definition in ILO-Abkommen DKW-Klebe, Rn. 83: »…die Zeit, während der ein AN dem AG zur Verfügung steht.«

271 Vgl. auch Preis/Schwarz, Dienstreisen als Rechtsproblem, HSI-Schriftenreihe Bd. 31, S. 86 f.

272 BAG 18.3.20 – 5 AZR 36/19, NZA 20, 868; zur individualrechtlichen Bewertung von Wegezeiten vgl. auch EuGH 10.9.15 – C 266/14, NZA 15, 1177: Fahrzeit zu allen Kunden als Arbeitszeit i. S. der Richtlinie 2003/88/EG, wenn kein fester oder gewöhnlicher Arbeitsort existiert; zur **Vergütungspflicht** von Reisezeiten auch BAG 17.10.18 – 5 AZR 553/17, NZA 19, 159.

273 Z. B. BAG 22.10.19 – 1 ABR 11/18, NZA 20, 325.

»ausgespart« bleiben.[274] Das MBR besteht auch bei Wahl und Änderung des Ausgleichszeitraums nach § 3 ArbZG und der Festlegung des Ersatzruhetages für **Sonntagsarbeit**.[275]

20 Wenn sich durch öffentlich-rechtlich angeordnete Zeitumstellung die Bezeichnung der Stunden ändert (Sommerzeit), hat der BR ein MBR z. B. wegen vorübergehender Verkürzung der Arbeitszeit in der entsprechenden Schicht.[276] Im Einzelhandel besteht bei der Änderung der **Ladenöffnungszeiten** ein MBR. Dabei kann eine Regelung getroffen werden, die die Ausschöpfung der **gesetzl. Ladenschlusszeiten** unmöglich macht.[277] **Veränderungen des gesetzlichen Ladenschlusses** haben keinen unmittelbaren Einfluss auf Arbeitszeitregelungen z. B. in einer BV, sie stellen auch keinen Grund für deren außerordentliche Kündigung dar.[278]

21 Bei der Einführung von **Teilzeitarbeit** unterliegen mit **Initiativrecht** des BR alle Regelungen der MB, die eine tägliche Mindestarbeitszeit, eine Höchstzahl von Arbeitstagen in der Woche und einen zeitlichen Rahmen vorsehen, innerhalb dessen Teilzeit-AN an den einzelnen Tagen zu beschäftigen sind. Gleiches gilt für Regelungen, die die Lage der **Pausen** und deren Dauer betreffen und somit die tägliche Schichtzeit der Teilzeit-AN berühren.[279] Der AG kann sich in einer BV verpflichten, Teilzeit-AN nur in den zuvor im Arbeitsvertrag festgelegten festen Arbeitszeiten zu beschäftigen und Arbeitsverträge nur mit festen Arbeitszeiten unter Verzicht auf Abrufmöglichkeiten entsprechend dem Arbeitsanfall zu vereinbaren.[280] Das MBR umfasst auch eine Regelung, nach der im Arbeitsvertrag Art und Umfang der Tätigkeit, Einsatzort, Dauer der Arbeitszeit und die Arbeitszeitregelung pro Tag und Woche niederzulegen sind.[281] **TzBfG, BEEG** und **PflegezeitG** beschränken die MB nicht. Sie enthalten in § 8,[282] § 15 bzw. § 3 Abs. 4 ebenso wie das **FPfZG** keine abschließenden gesetzlichen Regelungen i. S. d. Eingangssatzes. Der Inhalt von BV kann so ein betrieblicher Grund i. S. v. § 8 Abs. 4 TzBfG

---

274 Vgl. BAG, DB 89, 1630; NZA 89, 979 ff.; vgl. zum MBR bei Neuverteilung der Arbeitszeit wegen einer tariflichen Verkürzung BAG, NZA 91, 609 ff.

275 LAG Köln, AiB 99, 467; zur MB, die auch bei genehmigter Sonntagsarbeit besteht, vgl. auch ArbG Offenbach 1. 8. 13 – 2 BVGa 12/13, AiB 14, 72 mit Anm. v. Zabel; zur Sonntagsarbeit allgemein BVerfG 1. 12. 09, AuR 10, 167 und BVerwG 26. 11. 14 – 6 CN 1.13, AiB 10/15, 63 mit Anm. v. Reim; 17. 5. 17 – 8 CN 1.16, AuR 17, 273.

276 BAG, DB 86, 1780.

277 BAG, DB 83, 453; BVerfG 18. 12. 85, AP Nr. 15 zu § 87 BetrVG 1972 Arbeitszeit; BAG, NZA 05, 538.

278 Buschmann, AiB 07, 203.

279 BAG, DB 88, 334; LAG Köln 18. 4. 12 – 3 TaBV 92/11.

280 BAG, DB 88, 334.

281 HessLAG, AuR 04, 232; vgl. die Mustervereinbarungen bei DKW-F-Klebe/Heilmann, § 87 Rn. 19, 21.

282 BAG, NZA 04, 1047; 08, 1309; 09, 1207.

sein.[283] Bei der Frage, ob **Altersteilzeit** im Blockmodell, im Teilzeitmodell oder wahlweise in beiden Modellen durchgeführt werden soll, besteht ebenfalls ein MBR, sofern keine abschließende tarifliche Regelung vorliegt. § 2 Abs. 2 ATG ist nicht abschließend.[284] Die MB besteht auch hinsichtlich der kapazitätsorientierten variablen Arbeitszeit **(KAPOVAZ)**[285] und des **Job-sharing-Systems**. Diese können nicht einseitig eingeführt werden.[286] Bei der Festlegung von **Überstunden** und **Kurzarbeit** geht es auch um die Lage der Arbeitszeit, so dass neben Nr. 3 auch die Mitbestimmung nach Nr. 2 eingreift.[287]

c) Vorübergehende Veränderung der Arbeitszeit (Nr. 3)

aa) Allgemein

Schutzzweck des MBR ist, die AN bei einer Verkürzung der Arbeitszeit vor 22
einer entsprechenden Entgeltminderung, bei einer Verlängerung vor den physischen und psychischen Belastungen zu schützen und ihnen eine sinnvolle Arbeits- und Freizeiteinteilung zu ermöglichen.[288] Dabei soll nach Klärung der Frage, ob die Arbeitszeit überhaupt zu verändern ist, auch eine gerechte Verteilung der damit verbundenen Belastungen und Vorteile erreicht werden.[289] Hiernach besteht das MBR, wenn die **regelmäßige betriebliche Arbeitszeit**[290] vorübergehend verlängert oder verkürzt wird. Die betriebsübliche Arbeitszeit kann für bestimmte Arbeitsplätze oder für einzelne Abteilungen unterschiedlich sein.[291] Eine **vorübergehende** Veränderung der Arbeitszeit liegt vor, wenn sie lediglich einen überschaubaren Zeitraum betrifft und **nicht auf Dauer** erfolgen soll.[292] Dies war nach früherer Auffassung des BAG[293] auch der Fall, wenn eine BV dem AG die begrenzte **Möglichkeit** gibt, über einen längeren Zeitraum **zusätzliche Schichten** zur tariflichen regelmäßigen Arbeitszeit abzurufen. Da die BV nicht zeitlich

---

283 BAG, DB 03, 2442; NZA 04, 1047; 09, 565.

284 LAG Köln, AuR 06, 214, Ls. und 12.12.05 – 12 TaBV 49/05 im Bestellungsverfahren für eine ESt. m. w. N.; vgl. zur Insolvenzsicherung den BV-Entwurf bei DKW-F-Klebe/Heilmann, § 87 Rn. 22 und die Checkliste in Rn. 22a.

285 Mustervereinbarung bei DKW-F-Klebe/Heilmann, § 87 Rn. 15.

286 BAG, NZA 89, 184; vgl. auch Kleveman, AiB 86, 156 ff.

287 BAG, DB 07, 60.

288 Vgl. z. B. BAG, NZA 01, 976.

289 BAG, BB 01, 2582; DB 07, 60; 25.9.12 – 1 ABR 49/11, NZA 13, 159.

290 BAG, DB 91, 2492; NZA 03, 1155; 05, 538; 9.7.13 – 1 ABR 19/12, NZA 14, 99; 30.6.15 – 1 ABR 71/13, juris; vgl. auch BAG, BB 02, 1970 zur Regelung einer Jahresarbeitszeit.

291 BAG, DB 07, 1475; 30.6.15 – 1 ABR 71/13, juris.

292 BAG, NZA 03, 1155; 07, 1240.

293 BAG, NZA 03, 1155.

oder zweckbezogen befristet und zudem für einen langen Zeitraum unkündbar war, ist diese Entscheidung abzulehnen. Es handelt sich um eine dauerhafte Verlängerung der Arbeitszeit, die an § 77 Abs. 3 zu messen ist. Das BAG[294] hat sich später daher zu Recht korrigiert. Vorübergehend ist danach nur eine Veränderung, wenn für einen überschaubaren Zeitraum vom üblichen Arbeitszeitvolumen abgewichen wird,[295] um anschließend zum bisherigen zurückzukehren. Maßgeblich ist die zum Zeitpunkt der Änderung bestehende AG-Planung. Dabei wird der vorübergehende Charakter insbesondere dadurch deutlich, dass die Maßnahme zeitlich oder durch eine Zweckerreichung befristet wird. Die Vorschrift erfasst **jede Form vorübergehender Veränderung**, z. B. auch unabhängig davon, ob sie **Auswirkungen auf die Vergütung** hat.[296] Das MBR besteht bereits, wenn der AG z. B. die **Überstunden** nur für einen AN anordnen will, sofern noch ein kollektiver Bezug vorliegt.[297] Es wird nicht dadurch ausgeschlossen, dass AN auf Wunsch des AG bereit sind, freiwillig Überstunden zu leisten.[298] Gleiches gilt, wenn der AG die Überstunden nicht anordnet, sondern lediglich duldet,[299] wie z. B., wenn mit seiner Kenntnis AN außerhalb ihrer Arbeitszeit mit mobilen Arbeitsmitteln (Smartphones, Tablet-PCs usw.) tätig werden (vgl. auch Rn. 38, 48 und 79aff., sowie § 111 Rn. 14 zu mobiler Arbeit).[300] Auch bei **pauschaler Vergütung** bleibt das MBR selbstverständlich erhalten, da es sich bei der Arbeitszeit unverändert um Überstunden handelt. Die Frage der Vergütung ist für das MBR unbeachtlich.[301]

bb) Überstunden

23 Zur Einführung von **Überstunden**[302] zählt auch die Einlegung von ganzen **Schichten** (Sonderschichten)[303] und die Anordnung zusätzlicher Arbeit für

294 BAG 17. 5. 11 – 1 AZR 473/09, NZA 11, 1169; 9. 7. 13 – 1 ABR 19/12, NZA 14, 99.
295 Vgl. auch LAG BB 9. 8. 19 – 9 Sa 1874/18, NZA-RR 19, 653: Keine vorübergehende Verkürzung, wenn für 30 Monate die Arbeitszeit um 2,5 Stunden wöchentlich reduziert wird.
296 BAG, NZA 03, 1209; DB 07, 60.
297 Vgl. BAG, DB 86, 914; 86, 2391; 91, 2492.
298 BAG, DB 86, 2391; 87, 336.
299 BAG, BB 91, 548; 28. 7. 20 – 1 ABR 18/19, NZA 21, 1509; LAG Thüringen 23. 2. 22 – 4 TaBV 17/19, juris.
300 ArbG Berlin 22. 3. 12 – 54 BV 7072/11; vgl. auch die Checkliste zur Begrenzung des Einsatzes z. B. von Smartphones am Abend und Wochenende bei DKW-F-Klebe/Heilmann, § 87 Rn. 20a; vgl. auch LAG MV 25. 2. 20 – 5 TaBV 1/20, NZA-RR 20, 257, das im Verfahren zur Bildung einer ESt. auch das MBR nach Nr. 2 für möglich hält.
301 BAG, NZA 97, 274; NZA-RR 09, 98.
302 Mustervereinbarung bei DKW-F-Klebe/Heilmann, § 87 Rn. 24.
303 Vgl. BAG, NZA 91, 607.

Teilzeitbeschäftigte, die die betriebsübliche Arbeitszeit für Vollzeitbeschäftigte nicht überschreitet.[304] Ordnet der AG in Verlängerung der Arbeitszeit nach § 98 mitbestimmungspflichtige Schulungs- und Fortbildungsveranstaltungen an, sind beide Vorschriften nebeneinander anwendbar.[305] Der MB unterliegen **freiwillige Dienstbesprechungen** außerhalb des Betriebs (z. B. in einer Gaststätte) und außerhalb der betriebsüblichen Arbeitszeit, die Fachkenntnisse vermitteln (vgl. auch Rn. 19),[306] jedenfalls, wenn die AN vom AG zur Teilnahme verpflichtet werden könnten oder eine anderweitige Verpflichtung, wie z. B. eine Selbstverpflichtung gegenüber dem AG, besteht,[307] ebenso ein vom AG für bestimmte AN veranlasstes Mediationsverfahren,[308] **Wege-**[309] und **Dienstreisezeiten** außerhalb der betriebsüblichen Arbeitszeit,[310] sowie der Tatbestand, dass der AG entgegen bisheriger betrieblicher Übung nunmehr für bestimmte Tage Arbeitsleistung anordnen will.[311] Sollen zwischen Weihnachten und Neujahr sog. **Feierschichten** eingelegt werden, bedarf es auch dazu einer Übereinstimmung zwischen BR und AG.[312] Der BR kann aufgrund seines MBR **Höchstgrenzen**[313] und **vorausgreifende Rahmenvereinbarungen** für Überstunden erzwingen.[314] Die Entscheidung über die Einführung und nähere Ausgestaltung von **Arbeitsbereitschaft, Bereitschaftsdienst** und **Rufbereitschaft** außerhalb der regelmäßigen Arbeitszeit wird ebenfalls von der Vorschrift erfasst. Arbeitsbereitschaft und Bereitschaftsdienst sind schon arbeitszeitrechtlich als Arbeitszeit anzusehen (Rn. 17, 19). Für Rufbereitschaft gilt dies jedenfalls bei Erbringung der Arbeitsleistung. Ansonsten ist die Vereinbarung von Rufbereitschaft als vorsorgliche Regelung der Leistung von Überstunden

---

304 BAG, DB 91, 2492; 97, 378; 07, 1475.

305 LAG Hamburg, AuR 08, 155; BAG, NZA-RR 09, 98 bejaht das MBR nach Nr. 3 ohne auf § 98 einzugehen.

306 BAG 30. 6. 15 – 1 ABR 71/13, juris; ArbG Gießen, AiB 93, 50; ArbG Nürnberg, AiB 97, 176; ArbG Oldenburg, AiB 05, 315.

307 BAG, NZA 01, 976.

308 A. A. LAG Nürnberg 27. 8. 13 – 5 TaBV 22/12, BB 13, 2739 (Ls.).

309 Vgl. ArbG Berlin, AuR 97, 212.

310 Vgl. auch Rn. 19 Preis/Schwarz, Dienstreisen als Rechtsproblem, S. 86 f. und DKW-Klebe, Rn. 123 f.; zu eng BAG, DB 97, 380; NZA 07, 458: Dienstreisen erfolgen im Interesse des AG und bedeuten für die betroffenen AN eine Belastung und eine Beschränkung des Privatlebens; vgl. auch BAG 10. 11. 09 – 1 ABR 54/08, DB 10, 454 zur Umkleidezeit als Arbeitszeit.

311 Vgl. HessLAG, BB 94, 430 für Rosenmontag/Faschingsdienstag; vgl. aber auch BAG, DB 94, 2034.

312 BAG, DB 84, 2099; LAG Hamm, BB 94, 139.

313 Vgl. BAG, NZA 90, 235.

314 Vgl. BAG, DB 92, 1734; NZA 99, 662; DB 00, 1971; 01, 1371; für Rufbereitschaft BAG, DB 82, 1115, für Schichtarbeit BAG, DB 02, 2385.

anzusehen.[315] Bei **Gleitzeitregelungen** besteht das MBR, wenn die vereinbarten Höchstgrenzen für eine Unter-/Überschreitung der Sollzeit nicht eingehalten werden.[316] Auch nur kurzes Tätigwerden, wie z. B. beim schnellen Beantworten einer Mail oder einem entsprechenden Telefonat unterliegen der Vorschrift, gleich ob der AG es anordnet oder lediglich duldet.[317] Hat der AN in diesen Fällen direkt zu reagieren, handelt es sich um Bereitschaftsdienst, weil der bei Rufbereitschaft typische Zeitkorridor, um die Arbeit aufzunehmen, nicht besteht.[318]

cc) Kurzarbeit

24 Darüber hinaus unterliegt jede vorübergehende **Verkürzung der Arbeitszeit**, wie die **Absage einer Schicht**[319] oder die **Einführung von Kurzarbeit**[320] der MB. Diese umfasst das Recht des BR, selbst die Einführung von Kurzarbeit zu verlangen (**Initiativrecht**)[321] und auch die **finanzielle Milderung der Folgen** (**str.**; teilweise ist ein finanzieller Ausgleich in TV vorgesehen).[322] Bei BV sind die in **§§ 95 ff. SGB III** normierten und während der Corona-Pandemie vorübergehend modifizierten (siehe die 22. Auflage) Voraussetzungen für die Zahlung von Kurzarbeitergeld nach §§ 95 ff. SGB III zu beachten. Dies ist z. B. ein vorübergehender, erheblicher, nicht vermeidbarer Arbeitsausfall mit Entgeltverlust, der auf wirtschaftlichen Gründen oder einem unabwendbaren Ereignis beruht. Im jeweiligen Kalendermonat muss mindestens ein Drittel der im Betrieb Beschäftigten einen Ausfall von jeweils mehr als 10 % des monatlichen Bruttoentgelts haben (§ 96 Abs. 1 Nr. 4). In der Regel müssen ohne die angesprochenen Sonderregelungen, also im **Normalfall**, vorher alle im Betrieb zulässigen Arbeitszeitschwankungen wie Gleitzeitsalden oder Urlaub, nicht aber die Möglichkeiten der **BeschäftigungssicherungsTV** in der Metall- und Elektroindustrie, genutzt werden. Nach der Geschäftsanweisung der BA[323] ist es ebenfalls nicht er-

---

315 BAG, DB 00, 1971; 01, 1371.

316 LAG Hessen, NZA-RR 99, 98.

317 ArbG Berlin 22. 3. 12 – 54 BV 7072/11 und Baunack, AiB 12, 500.

318 Vgl. EuGH 9. 3. 21 – C-580/19, NZA 21, 489; 9. 9. 21 – C-107/19, NZA 21, 1395; 11. 11. 21 – C-214/20, NZA 21, 1699; DKW-Klebe, Rn. 122.

319 Vgl. BAG, DB 77, 2235; NZA 03, 1209; ArbG Berlin 9. 5. 96 – 6 BVGa 14940/96: das MBR besteht auch bei Insolvenz; offengelassen von LAG Hamm, LAGE § 55 InsO Nr. 3.

320 Vgl. hierzu Schoof, AiB 09, 610; Labrow/Stoffregen, AiB 09, 84; zur Sozialversicherung bei Kurzarbeit vgl. Winkel, AiB 09, 411.

321 Vgl. BAG, DB 86, 1395.

322 Vgl. DKW-Klebe, Rn. 129 m. w. N.; a. A. ohne weitere Begründung BAG, NZA 03, 1097.

323 Geschäftsanweisung Kurzarbeitergeld, Stand April 2012, § 96 III, 2.7 Abs. 2.

forderlich, dass in dem betroffenen Betrieb zunächst die Leiharbeit beendet wird bzw. befristete Arbeitsverhältnisse auslaufen. Die Bezugsfrist für Kurzarbeitergeld beträgt nach § 104 Abs. 1 SGB III zwölf Monate.[324] Nach drei Monaten voller Arbeit oder Urlaub, jedenfalls aber drei Monate nach dem letzten Monat, für den Kurzarbeitergeld gezahlt worden ist, beginnt gemäß § 104 Abs. 3 SGB III eine neue Bezugsdauer. Ist in einer BV eine Erhöhung des gesetzlichen Anspruchs durch den AG vorgesehen, ist im Einzelfall durch Auslegung zu ermitteln, ob die AG-Zahlung auf einen erhöhten gesetzlichen Anspruch, wie z. B. während der Corona-Pandemie, oben draufkommt. Ggf. muss die BV wegen einer veränderten Lage in Verhandlungen angepasst werden. Die MB besteht auch dann, wenn die Bundesagentur für Arbeit der Kurzarbeit zugestimmt hat (§ 19 Abs. 1 KSchG), um Massenentlassungen zu verhindern oder hinauszuschieben. Bestimmt ein TV z. B., dass Kurzarbeit nach einer **Ankündigungsfrist** von zwei Wochen eingeführt werden kann, berechtigt das den AG nicht, die Kurzarbeit einseitig einzuführen. Durch eine solche TV-Regelung bleibt das MBR des BR unberührt.[325] Darüber hinaus kann von einer zwingenden Regelung im TV wegen § 87 Eingangssatz nicht durch BV abgewichen werden.[326] Wird die Kurzarbeit durch den AG einseitig eingeführt, bleibt dieser zur **vollen Lohnzahlung** verpflichtet. Eine BV ist unwirksam, wenn die tarifliche Ankündigungsfrist nicht eingehalten wird.[327] Der Entgeltanspruch der Beschäftigten bleibt ebenfalls erhalten, falls die Kurzarbeit mit einer Regelungsabrede statt einer BV eingeführt wird. Zwar wird das MBR gewahrt, die **Regelungsabrede** hat aber **keine normative Wirkung**.[328] Auch die Einführung von **Transfer-Kurzarbeit** (§§ 111, 104ff. SGB III)[329] unterliegt der MB (**str.**).[330] Dies gilt auch bei **Arbeitszeitkonten** für den Verfall von unverschuldeten Minusstunden und die Bewertung von Plusstunden, die am Ausgleichsstichtag bestehen, als Überstunden.[331] Das Initiativrecht bei Kurzarbeit hat für den BR insbesondere bei anstehenden Kündigungen oder gar einer Standortschließung große Bedeutung, um Zeit zu gewinnen und so seiner Einschätzung nach vorübergehend bestehende Engpässe zu überwinden. Beantragt der BR so die Einsetzung einer Einigungsstelle zur Einführung von Kurzarbeit, hat er

---

324 Gesetz v. 21. 12. 15, BGBl. I Nr. 55 v. 30. 12. 15, S. 2557 (2560).

325 BAG, DB 82, 909.

326 BAG, DB 95, 734.

327 BAG, DB 95, 734.

328 BAG, DB 91, 2492; vgl. BAG 30.11.21 – 9 AZR 234/21, juris; LAG Hamm 19. 11. 14 – 4 Sa 1108/14, NZA-RR 15, 194 zu den inhaltlichen Anforderungen an eine BV, die Arbeitspflicht und Vergütungsanspruch suspendiert; vgl. auch die Mustervereinbarung bei DKW-F-Klebe/Heilmann, § 87 Rn. 23.

329 Hierzu Homburg, AiB 11, 11.

330 DKW-Klebe, Rn. 112; Ulber, AiB 07, 10f.; a. A. Fitting, Rn. 154.

331 BAG, NZA 04, 507.

nach richtiger Auffassung einen ggf. auch durch e.V. durchsetzbaren **Unterlassungsanspruch** gegen den AG: Dieser darf danach keine Kündigungen aussprechen bis die Einsetzung der Einigungsstelle entweder rechtskräftig abgelehnt worden ist oder die Einigungsstelle abschließend über den Antrag des BR entschieden hat.[332]

dd) Arbeitskampf

25 Will der AG während eines **Streiks** die Arbeitszeit der arbeitswilligen AN aus streikbedingten Gründen vorübergehend verlängern, soll angeblich **kein MBR** bestehen.[333] Jedenfalls kann dies nicht für lediglich Streikfolgen nachträglich kompensierende Maßnahmen gelten.[334] Bei den die Streikfolgen vorbeugenden Anordnungen bzw. solchen, die noch während einer Arbeitsniederlegung bereits eingetretene Folgen abwehren sollen, muss auch nach der Rspr. des BAG[335] jedenfalls für die AN erkennbar sein, dass es sich um eine AG-Maßnahme des Arbeitskampfs handelt. Nur so kann sichergestellt werden, dass nicht AN betroffen sind, die dem Kampfaufruf der Gewerkschaft Folge leisten. Stellt der AG dies nicht entsprechend klar, besteht das MBR. Nach der Rspr. des BAG[336] entfällt ebenfalls das MBR, wenn der AG wegen eines **Arbeitskampfes** in einem anderen Tarifgebiet »arbeitskampfbedingte« Kurzarbeit einführt. Dem BR wird lediglich ein MBR hinsichtlich der mit der Einführung derartiger Kurzarbeit verbundenen **Modalitäten** eingeräumt (vgl. hierzu auch **§ 100 Abs. 2 SGB III**: Danach hat der AG darzulegen und glaubhaft zu machen, dass der Arbeitsausfall Folge eines Arbeitskampfes ist, er also aus diesen Gründen unvermeidlich ist.). Die Auffassung des BAG findet im BetrVG keine Stütze und ist deshalb abzulehnen. Sie beruht schon vor Änderung des § 116 AFG (später § 146, jetzt **§ 160 SGB III**) auf verfehlten Paritätsüberlegungen[337] und wird

---

332 ArbG Bremen-Bremerhaven 25.11.09 – 12 BVGa 1204/09; Schoof, AiB 09, 610; ebenso LAG Hamburg 24.6.97 – 3 TaBV 4/97 zur vergleichbaren Situation der Absenkung der Arbeitszeit nach dem BeschäftigungssicherungsTV in der Metall- und Elektroindustrie zur Vermeidung von Kündigungen.

333 Vgl. BAG 24.4.74, AP Nr. 63 zu Art. 9 GG Arbeitskampf; NZA 95, 183; BB 03, 1900; vgl. zur Kritik DKW-Klebe, Rn. 116 und Klocke, Das BetrVG und der Arbeitskampf im Betrieb, HSI-Schriftenreihe, Band 29, S. 50 ff., ders., AuR 20, 444.

334 HessLAG 21.4.16 – 5 TaBV 196/15, juris; 8.9.16 – 5 TaBV 242/15, NZA-RR 17, 25.

335 BAG 20.3.18 – 1 ABR 70/16, NZA 18, 1081.

336 BAG, DB 81, 321; vgl. BSG, NZA 91, 985 m.w.N. auch zur Zahlung von Kurzarbeitergeld.

337 Vgl. auch BVerfG, DB 95, 1464.

den technologischen Rahmenbedingungen nicht gerecht.[338] Auch nach der BAG-Rspr. besteht ein uneingeschränktes MBR bei Kurzarbeit infolge **ausländischer Streiks** oder Arbeitskämpfen in **anderen Branchen**. Falls die Kurzarbeit nicht Folge des Arbeitskampfes ist oder der BR bei der Regelung der Modalitäten nicht beteiligt wird, kann er dem AG die Kurzarbeit durch **einstweilige Verfügung** untersagen lassen.[339] Dies gilt auch, falls der AG eine **tarifvertragliche Ankündigungsfrist** nicht einhält. Eine solche Frist findet auch bei arbeitskampfbedingten Drittwirkungen Anwendung.[340]

ee) Rückkehr zur Normalarbeitszeit

Das BAG[341] verneint zu Unrecht[342] das MBR, wenn Kurzarbeit früher als **26** zunächst vorgesehen wieder aufgehoben werden soll und auch für den **Abbau von Überstunden**, die über eine längere Zeit geleistet worden sind.[343] Die Auffassung des BAG ist abzulehnen: Ist die Einführung von Überstunden und Kurzarbeit mitbestimmungspflichtig, so ist dies auch deren Beendigung. Unabhängig von dieser Überlegung ergibt sich das Mitbestimmungsrecht des AR, wenn über den MB-Tatbestand eine BV mit entsprechender Laufzeit abgeschlossen worden ist, die Arbeitszeitveränderung aber vorzeitig beendet werden soll, oder/und eine nur teilweise Rückführung der Arbeitszeit vom AG geplant wird.[344] Darüber hinaus kommt auch das MBR gemäß Nr. 2 in Betracht.

d) Auszahlung des Arbeitsentgelts (Nr. 4)

Die MB bei der **Auszahlung des Arbeitsentgelts**[345] umfasst die Festlegung **27** der Lohnzahlungszeiträume[346] (monatlich, wöchentlich u. Ä.; bei der **Umwandlung von Entgelt in Versorgungszusagen** gem. § 1a BetrAVG[347] wird

338 Vgl. LAG Bremen, AiB 89, 316 f.; Schwitzer/Unterhinninghofen, AiB 90, 5 ff.; ausführlich Kocher/Kädtler/Voskamp/Krüger, Noch verfassungsgemäß? Fernwirkungen bei Arbeitskämpfen in der Automobilindustrie und die Verfassungsmäßigkeit des § 160 SGB III, HSI-Schriftenreihe Band 19; vgl. auch Fitting, Rn. 178 f.

339 Vgl. BAG, DB 81, 321; LAG Bremen, DB 84, 1935 f.

340 LAG BaWü 8.2.80 – 7 TaBV 4/79.

341 BAG, DB 79, 655.

342 Vgl. DKW-Klebe, Rn. 115; Fitting, Rn. 150, 153.

343 BAG, DB 78, 403; vgl. auch BAG, BB 03, 740.

344 Vgl. LAG Nürnberg 7.4.92 – 6 TaBV 10/91; ArbG Hamm 4.5.20 – 2 BVGa 2/20, juris; ArbG Neumünster 28.4.20 – 4 BVGa 3 A/20, juris; ArbG Berlin 27.4.20 – 46 AR 50030/20, juris und auch BAG 25.2.97 – 1 AZR 642/96.

345 Mustervereinbarung bei DKW-F-Klebe/Heilmann, § 87 Rn. 25.

346 BAG 22.7.14 – 1 ABR 96/12, NZA 14, 1151.

347 Hierzu auch der BV-Entwurf in DKW-F-Klebe/Heilmann, § 87 Rn. 60.

ebenfalls der Zeitpunkt [neu] festgelegt; vgl. auch Rn. 49, 66),[348] den Ort (Betrieb oder sonstige Zahlstelle) und die Art (Barzahlung oder bargeldlose Überweisung) der Entgeltzahlung. Die Festlegung, dass ein über die regelmäßige tarifliche Wochenarbeitszeit hinausgehendes Zeitguthaben erst am Ende eines einjährigen Verteilungszeitraums vergütet wird, betrifft ebenfalls die Zeit der Auszahlung und unterliegt daher der MB.[349] Eine Einigungsstelle kann die Fälligkeit einer Sonderzahlung auch dann auf zwei jährliche Zeitpunkte festlegen, wenn dies dazu führt, dass der Mindestlohnanspruch, anders als bei einer ratierlichen Zwölftelauszahlung, nicht durchgehend erfüllt wird und daher Differenzansprüche entstehen.[350] Zum Entgelt gehören u. a. auch das zusätzliche Urlaubsgeld,[351] Gratifikationen, Weihnachtsgeld,[352] vermögenswirksame Leistungen, Provisionen, Auslösungen und Sachleistungen. Bei der Einführung der bargeldlosen Lohnzahlung, die als solche der MB unterliegt, erstreckt sich das MBR auf die Übernahme der **Kontoführungsgebühren**.[353] Derartige Gebühren können in Form einer Pauschale erstattet werden, z. B. in Höhe von zwei bis drei Euro.[354]

28 Der MB unterliegt auch die Erstattung von **Wegekosten** und die Einführung einer »**Kontostunde**«, die es dem AN gestattet, die Bank zur Abhebung des Lohns während der Arbeitszeit aufzusuchen.[355] Voraussetzung ist allerdings, dass zwischen den Gebühren/Kosten bzw. dem Besuch der Bank und der Einführung der bargeldlosen Entgeltzahlung ein **notwendiger Zusammenhang** besteht.[356]

29 Wird durch TV die **Einführung der bargeldlosen Lohnzahlung** für zulässig erklärt, nicht aber ausdrücklich bestimmt, wer im Falle der Einführung die Kontoführungsgebühren zu tragen hätte, sollen nach der abzulehnenden Rspr. des BAG[357] die AN selbst verpflichtet sein, diese Gebühren zu zahlen. Die Voraussetzungen, unter denen ein Entgeltanspruch untergeht, werden vom MBR nicht erfasst.[358]

---

348 Auch Fitting, Rn. 482.
349 BAG, EzA § 614 BGB Nr. 1.
350 LAG BB 29. 3. 22 – 7 TaBV 970/21, juris; LAG MV 20. 6. 17 – 5 TaBV 17/16, juris; a. A. Fitting, Rn. 185.
351 BAG, DB 89, 1928.
352 LAG Sachsen 27. 7. 16 – 8 TaBV 1/16, AuR 16, 523 (Ls.).
353 BAG, DB 77, 1464 DB 02, 1564.
354 BAG, NZA 91, 611 f.
355 BAG, NZA 98, 497; DB 02, 1564.
356 BAG, BB 94, 140.
357 BAG, DB 82, 2519.
358 BAG, NZA 11, 1234.

e) Urlaub (Nr. 5)

Die Vorschrift erfasst **jede Form des Urlaubs**, z. B. auch den Bildungs-[359] oder Sonderurlaub. Letzterer steht gerade bei ausländischen AN häufig im Vordergrund.[360] Eine Form des Urlaubs sind auch allgemeine **Betriebsferien**[361] unter Schließung des Betriebs. Sie können nur unter Berücksichtigung der MB des BR eingeführt werden,[362] der auch hier ein **Initiativrecht** hat.[363] Der **Zusatzurlaub von Schwerbehinderten** unterliegt ebenso der MB,[364] wie jede andere Form bezahlter oder unbezahlter Freistellung, bei der gegensätzliche individuelle oder betriebliche Interessen auszugleichen sind,[365] wie z. B. auch bei **Sabbaticals**[366] und **Familienpausen**, nicht aber bei sog. **Insichbeurlaubungen** (als Voraussetzung des Statuswechsels von Beamten ins Angestelltenverhältnis).[367] 30

Das MBR erstreckt sich auf die **»allgemeinen Urlaubsgrundsätze«**.[368] Das sind Richtlinien, nach denen dem AN im Einzelfall Urlaub zu gewähren ist.[369] Dazu gehören z. B. **Regelungen über das Bewilligungsverfahren**, über **geteilten/ungeteilten Urlaub**, die Verteilung des Urlaubs innerhalb des Kalenderjahres, Regelungen über den **Ausgleich paralleler Urlaubswünsche**, die Aufstellung von **Prioritätskriterien** oder auch zu etwaigen **Urlaubssperren** und -vertretungen.[370] Hinzu kommt durch die Rspr. des **EuGH**,[371] dass und wie konkret der AG die AN klar, in völliger Transparenz, und rechtzeitig, ggfs. förmlich, aufzufordern hat, den Urlaub zu nehmen, weil dieser ansonsten am Ende des Bezugs- oder Übertragungszeitraums verfällt. Falls dies nicht geschieht, verfällt der Urlaubsanspruch nicht und es besteht ein Abgeltungsanspruch, der vererbt werden kann. Aufgestellt sind Urlaubsgrundsätze bereits, wenn Richtlinien entwickelt sind und deren Einhaltung vorgegeben wird. Die Richtlinien müssen noch nicht allen AN 31

---

359 BAG, NZA 03, 171; ArbG Frankfurt, AiB 88, 288.
360 BAG, DB 78, 499; vgl. auch die Mustervereinbarung bei DKW-F-Klebe/Heilmann, § 87 Rn. 28.
361 Mustervereinbarung bei DKW-F-Klebe/Heilmann, § 87 Rn. 27.
362 BAG, DB 81, 2621; 88, 2261.
363 LAG Nds., AuR 99, 319, vorrangig zur Dauer der Betriebsferien.
364 LAG Frankfurt, BB 87, 1461.
365 BAG, NZA 03, 171.
366 Mustervereinbarung bei DKW-F-Klebe/Heilmann, § 87 Rn. 28.
367 BAG, AP Nr. 42 zu § 95 BetrVG 1972.
368 DKW-F-Klebe/Heilmann, § 87 Rn. 26: Mustervereinbarung.
369 BAG, DB 81, 2621.
370 BAG, NZA 03, 171.
371 EuGH 6.11.18 – C-619/16 und C-684/16, NZA 18, 1474; C-569/16 und C-570/16, NZA 18, 1467; 22.9.22 – C-120/21, NZA 22, 1326 und ihm folgend BAG 22.10.19 – 9 AZR 98/19, NZA 20, 307; 20.12.22 – 9 AZR 266/20, NZA 23, 683.

mitgeteilt worden sein. Es ist ausreichend, wenn z. B. personalverantwortliche Bereichsleiter informiert sind.[372] Beim Bildungsurlaub NW erfasst das MBR so z. B. die Aufstellung solcher allgemeiner Grundsätze zur Inanspruchnahme von Freistellungen, nicht jedoch – unabhängig von gesetzlichen Vorschriften – Regelungen zu den Voraussetzungen, dem Umfang und den Berechtigten des Anspruchs. Auch eine Regelung zur Erörterung und Dokumentation des Bildungsurlaubs soll nach Auffassung des BAG[373] vom MBR nicht erfasst werden (vgl. aber auch Rn. 41). Der »**Urlaubsplan**«, der ebenfalls der MB unterliegt, regelt die genaue Festlegung des Urlaubs der einzelnen AN und deren Vertretung.
Ist in ihm auch der Hinweis auf den möglichen Verfall des Urlaubs klar für die einzelnen AN angesprochen, sollte dies den Anforderungen des EuGH entsprechen. Ist der einzelne AN mit der zeitlichen Festlegung seines Urlaubs nicht einverstanden, so besteht hier wiederum ein MBR des BR,[374] und zwar auch, wenn nur **zwischen den AN ein Konflikt** besteht.[375] Im Übrigen ist jede Änderung der Urlaubsgrundsätze oder des Urlaubsplans[376] dem MBR unterworfen. Dies gilt auch dann, wenn bereits erteilter Urlaub widerrufen werden soll.[377] Die Dauer des Urlaubs ist dagegen der MB entzogen, da sie sich aus dem TV oder den gesetzl. Bestimmungen (BUrlG) ergibt.[378]

f) Technische Überwachungseinrichtungen (Nr. 6)

32 Die Vorschrift dient dem Schutz der Persönlichkeitssphäre gegen **anonyme technische Kontrolleinrichtungen**.[379] Hieraus folgert das BAG[380] in dieser Allgemeinheit **zu Unrecht**, dass der BR kein **Initiativrecht** zur Einführung von Überwachungstechnik haben könne.[381] Aus dem Sinn und Zweck der

---

372 LAG RP 19. 2. 09 – 11 TaBV 29/08.

373 BAG, NZA 03, 171.

374 LAG BB 24. 6. 21 – 26 TaBV 785/21, juris (im Verfahren nach § 100 ArbGG).

375 ArbG Frankfurt, AiB 88, 288 f.

376 LAG München 14. 1. 09 – 11 TaBV 58/08.

377 LAG München, BB 88, 2175.

378 Vgl. z. B. LAG Hamm 12. 12. 11 – 10 TaBV 87/11.

379 Vgl. z. B. BAG, CR 94, 111; DB 03, 2230; NZA 04, 556; vgl. auch DB 04, 2377; zu den Auswirkungen der Digitalisierung vgl. z. B. Klebe, NZA-Beilage 3/2017, 77.

380 DB 90, 743 f.; ebenso LAG Nds. 22. 10. 13 – 1 TaBV 53/13, das allerdings bei einer Regelung zur sog. Vertrauensarbeitszeit (vgl. Rn. 19) davon ausgeht, dass der BR in Annexkompetenz auch darüber mitbestimmt, wie die Arbeitszeit erfasst wird; Fitting, Rn. 257 f.

381 A. A. DKW-Klebe, Rn. 166; LAG BB 22. 1. 15 – 10 TaBV 1812/14, LAGE § 87 BetrVG 2001 Nr. 5 = AiB 10/15, 59 mit Anm. Schumann (im Verfahren nach § 100 ArbGG); LAG Hamm 4. 6. 19 – 7 TaBV 93/18, juris (im Verfahren nach § 100 ArbGG); LAG Hamm 15. 12. 20 – 7 TaBV 85/20, AiB 4/21, 47 f. (im Verfahren nach § 100 ArbGG) mit Anm. v. Wall; ArbG Offenbach 14. 9. 15 – 2 BV

Vorschrift ergibt sich nur, dass der BR nicht für bloße Eingriffe in das Persönlichkeitsrecht der Beschäftigten, die nicht in ihrem Interesse liegen, initiativ werden kann. Ansonsten kann der BR aber für Regelungen, die die AN schützen oder einen bereits bestehenden Eingriff weniger belastend machen, die Initiative ergreifen.[382] Das Initiativrecht umfasst jedenfalls die Änderung und Abschaffung der technischen Einrichtung. Nach Auffassung des BAG ist eine technische Einrichtung dazu bestimmt, Verhalten und Leistung der AN zu überwachen, wenn sie zur Überwachung objektiv geeignet ist. Dies ist der Fall, wenn durch sie **Verhaltens- oder Leistungsdaten** der AN ermittelt und aufgezeichnet[383] oder sonstige manuell, also nicht durch die technische Einrichtung selbst erhobene Daten zu Aussagen über Leistung und Verhalten verarbeitet werden.[384] Für das MBR ist es gleichgültig, ob die Verarbeitung der Daten bis zu einer Beurteilung von Leistung oder Verhalten i. S. eines Soll-Ist-Vergleichs erfolgt, ob der AG eine solche Beurteilung auch ohne technische Einrichtung anschließend überhaupt wahrnehmen will, ob er eine subjektive Überwachungsabsicht hat.[385] Ebenfalls kommt es nicht darauf an, ob der AG Zugriff auf die erfassten Daten hat[386] oder ob eine Geringfügigkeits-/Erheblichkeitsschwelle überschritten ist.[387]

Es ist nicht erforderlich, dass die Daten eine vernünftige und sachgerechte Beurteilung ermöglichen. Die Voraussetzungen der Vorschrift sind erfüllt, wenn überhaupt **Informationen über Leistung und Verhalten**, hierzu zählen z. B. auch Informationen über krankheitsbedingte Fehlzeiten,[388] **erfasst oder gewonnen** werden.[389] **33**

Damit unterliegen, sozusagen als erste Generation von Kontrolleinrichtungen, die folgenden technischen Geräte der MB: **Multimomentkameras, Produktographen, Fahrtenschreiber, Filmkameras,**[390] **Fernsehanla-** **34**

13/15, AuR 16, 256 (Ls., im Verfahren nach § 100 ArbGG, aufgehoben v. Hess-LAG 17.11.15 – 4 TaBV 185/15, juris = AuR 17, 267 wegen Unzuständigkeit des beantragenden BR; ArbG Berlin 20.3.13 – 28 BV 2178/13.

382 Ausführlich Klebe, AuR 23, 225; Waas, Künstliche Intelligenz und Arbeitsrecht, HSI-Schriftenreihe Bd. 46, 2023, S. 219 f.

383 Vgl. z. B. BAG, DB 74, 1868; 79, 2428; NZA 04, 556.

384 BAG, DB 86, 1469; NZA 07, 399; 08, 1248; 25.9.12 – 1 ABR 45/11, NZA 13, 275; 11.12.18 – 1 ABR 13/17, NZA 19, 1009.

385 BAG, DB 84, 2513; CR 94, 111; NZA 04, 556.

386 BAG, NZA 04, 566.

387 BAG 23.10.18 – 1 ABN 36/18, AP Nr. 50 zu § 87 BetrVG 1972 Überwachung.

388 BAG 11.3.86, AP Nr. 14 zu § 87 BetrVG 1972 Überwachung; 13.3.12 – 1 ABR 78/10, NZA 12, 748.

389 BAG, DB 84, 775; 84, 2513; 86, 1469; vgl. auch DB 00, 2228.

390 BAG, DB 74, 1868; 79, 2427.

gen,[391] **Videokameras,**[392] **Stechuhren** oder **automatische Zeiterfassungsgeräte,**[393] **Einwegscheiben** (Einwegscheiben sind allerdings wegen Art. 1 Abs. 1, 2 Abs. 2 GG, § 75 Abs. 2 unzulässig; siehe auch Rn. 42),[394] sowie **Zugangskontroll-** bzw. **Sicherungssysteme.**[395] Die Verwendung einer Stoppuhr ist nicht mitbestimmungspflichtig, weil sie nicht selbst die Überwachung bewirkt.[396]

35 Heute stehen **DV-gestützte** Anwendungen im Mittelpunkt. Dabei geht es um **Personaldatenverarbeitung jeder Art** (Personalinformationssysteme, Betriebsdatenerfassung, Technikerberichtssysteme usw.) und den Schutz von Persönlichkeitsrechten. Darüber hinaus entsteht jedoch für den BR mit dem DV-Einsatz eine Vielzahl weiterer Handlungsnotwendigkeiten. **Arbeitsplatzsicherung**, Erhaltung und Ausbau der **Qualifikation**, Schaffung einer **humanen Arbeitsorganisation** und Gesundheitsschutz sind hierbei einige Stichworte. Im Zusammenspiel mit den sonstigen Mitbestimmungspositionen (vgl. z. B. § 87 Abs. 1 Nrn. 7, 13, §§ 91, 97, 111 ff.) hat § 87 Abs. 1 Nr. 6 eine zentrale Funktion. Daneben ist die **aktive Wahrnehmung von Informations- und Beratungsrechten** (vgl. z. B. §§ 80, 90) sehr wichtig. Will der BR negative Folgen vermeiden, muss er mit aktiven Gestaltungsvorschlägen die Ursachen bereits in der Planungs- und Einführungsphase beeinflussen.

36 Das BAG bejaht das MBR bei der Einrichtung von **Bildschirmarbeitsplätzen**, wenn aufgrund vorhandener Programme Verhaltens- und Leistungsdaten aufgezeichnet werden,[397] ebenso wie bei Computern zur automatischen Erfassung von **Telefondaten/Gebühren.**[398] Das Gericht hat weiter klargestellt, dass das MBR auch bei bloß datenverarbeitenden, nicht selbst

---

391 BVerwG, PersR 88, 271.

392 BAG, DB 03, 2230; NZA 08, 1187; 11.12.12 – 1 ABR 78/11, NZA 13, 913; 26.1.16 – 1 ABR 68/13, NZA 16, 498; 20.10.16 – 2 AZR 395/15, NZA 17, 443; DKW-F-Klebe/Heilmann, § 87 Rn. 32 (Mustervereinbarung); zu datenschutzrechtlichen Grenzen der Videoüberwachung in öffentlich zugänglichen Räumen siehe § 4 BDSG, zuvor § 6b (BAG 21.6.12 – 2 AZR 153/11, NZA 12, 1025; 23.8.18 – 2 AZR 133/18, NZA 18, 1329; EuGH 11.12.14 – C-212/13, juris; EGMR 17.10.19 – 1874/13 und 8567/13, NZA 19, 1697) und zu Schmerzensgeldansprüchen bei unzulässigem Einsatz von Kameras HessLAG, RDV 11, 99 = AiB 11, 337.

393 LAG Berlin, DB 84, 2098.

394 A. A. zu Unrecht BVerwG a. a. O.

395 Vgl. z. B. BAG, NZA 04, 556; Mustervereinbarung bei DKW-F-Klebe/Heilmann, § 87 Rn. 39.

396 BAG, DB 95, 783.

397 BAG, DB 84, 775; vgl. auch Anhang 6.5 der ArbStättV: Keine Kontrolle der Arbeit an Bildschirmen ohne Wissen der Benutzer.

398 BAG, DB 86, 2080; NZA 96, 218; LAG Hamm, RDV 08, 211; vgl. auch DKW-F-Klebe/Heilmann, § 87 Rn. 35 (Mustervereinbarung) und Rn. 36 (zu Mobiltele-

datenerhebenden Systemen, wie z. B. **Personalinformationssystemen**, besteht.[399]

Das MBR besteht bereits dann, wenn überhaupt personenbezogene oder -beziehbare Daten (eine Zuordnung auf einzelne AN kann auch anhand von Zusatzwissen erfolgen, wie Arbeitsgebieten oder Anwesenheitslisten)[400] verarbeitet werden, also auch Statusdaten von AN (str.).[401] Diese Auffassung deckt sich mit dem **Volkszählungsurteil** des BVerfG:[402] Entscheidend für die Bedeutung von Daten für das Persönlichkeitsrecht ist ihre Verwendungs**möglichkeit**. Durch die den Informationstechnologien eigenen Verarbeitungs- und Verknüpfungsmöglichkeiten können Daten einen neuen Stellenwert erhalten. Es gibt kein belangloses, **kein harmloses Datum** mehr. Jedes Datum kann in seinem konkreten Verwendungszusammenhang das Persönlichkeitsrecht beeinträchtigen.[403] 37

Das MBR[404] besteht auch beim Einsatz von **Scannerkassen**,[405] Laptops, **PCs**,[406] beim Einsatz von mobilen Kommunikationsgeräten/Smartphones, **Blackberry**, PDA oder anderen **Wearables** (z. B. Smartwatches, Smartglasses),[407] wenn private Geräte dienstlich genutzt werden (**»Bring your own device«, BYOD**,[408] vgl. auch Rn. 13 und § 90 Rn. 3), wie auch bei der Verwendung von **MDM-Software** (»Mobile-Device-Management«) zur technischen Verwaltung der Geräte,[409] bei **E-Mail-**,[410] Vertriebssteuerungs-, 38

---

fonen); zu VoIP, Telefonieren über das Internet, vgl. Konrad-Klein CF 10/06, 20 und Bergmann, AuA 07, 152, jeweils mit Checkliste.

399 BAG, DB 84, 2513; 86, 1469; NZA 95, 185; 07, 399; 08, 1248; vgl. auch ArbG Hamburg, RDV 96, 143 zu dem Softwaresystem SAP R/3; DKW-F-Klebe/Heilmann, § 87 Rn. 37 (Mustervereinbarung).

400 Vgl. hierzu BAG, CR 94, 111.

401 Vgl. DKW-Klebe, Rn. 182 und auch EuGH 1. 8. 22 – C-184/20, juris.

402 BVerfG 15. 12. 83, DB 84, 37.

403 BVerfG 15. 12. 83, DB 84, 37; BAG 25. 9. 13 – 10 AZR 270/12, NZA 14, 41; zu Krankheitsdaten als Verhaltensdaten vgl. BAG, DB 86, 1469; zum Begriff der »Leistung« vgl. BAG, DB 85, 1898.

404 Vgl. die Beispiele bei DKW-Klebe, Rn. 198 ff.

405 LAG BaWü 25. 2. 11, LAGE § 77 BetrVG 2001 Nr. 11.

406 ArbG Berlin, CR 90, 482; BVerwG, CR 90, 132; DKW-F-Klebe/Heilmann, § 87 Rn. 34 (Mustervereinbarung).

407 ArbG Darmstadt 11. 4. 07 – 5 BV Ga 4/07, vgl. auch Strunk, CA 11/08, 25 und zu Wearables Weichert, NZA 17, 565; Achmatow, CuA 7–8/21, 26; Wurzberger, AiB 11/17, 40 mit Eckpunkten für eine BV; Kirchhoff/Terhoeven, CA 10/16, 15 zu Smartglasses.

408 Fitting, Rn. 243.

409 Höller/Thannheiser, CA 11/15, 4.

410 ArbG Mainz 19. 10. 95 – 8 BVGa 2776/95; ArbG Köln 26. 6. 18 – 16 BV 327/17; DKW-F-Klebe/Heilmann, § 87 Rn. 30 und 31 (Checkliste und Mustervereinbarung).

Fahrtenoptimierungs- und **Betriebsdatenerfassungssystemen**,[411] bei der Einrichtung eines **Gruppenkalenders in Outlook**,[412] beim Einsatz von **Robotic Process Automation** (RPA),[413] Software, die, zum Teil in Verbindung mit **KI**,[414] gesprochene/geschriebene Geschäftskorrespondenz selbstständig öffnet, analysiert, Berechnungen durchführt und selbst Antworten entwirft (zur v. Gesetz bei der Einführung/Anwendung v. KI unterstellten Erforderlichkeit, einen Sachverständigen bzw. eine Sachverständige hinzuzuziehen vgl. § 80 Abs. 3 Satz 2 und 3 und die dortigen Anm.),[415] bei **Ortungssystemen**, die z. B. über **GPS-gestützte Navigationssysteme, Mobiltelefone** oder **RFID-Technik** personenbeziehbare Bewegungsdaten (nur in Ausnahmefällen zulässig) erfassen,[416] außerdem bei **ECM-Systemen**, die Dokumente, Website-Inhalte und Archive aufbereiten und verwalten und Software zur Zusammenarbeit von Beschäftigten und **Workflow-(Arbeitsfluss-)Systeme** enthalten.[417] Ein MBR besteht zudem bei Systemen zur Fehlzeitenüberwachung,[418] **betriebsärztlichen Informationssystemen** bei der Verarbeitung und Nutzung von Gesundheitsdaten beim betrieblichen **Eingliederungsmanagement**[419] (vgl. auch Rn. 13 und 48) und auch bei Systemen zur Organisation von **Desk-Sharing-Arbeitsplätzen**,[420] bei **mobiler Arbeit**,[421] (vgl. auch Rn. 22, 48, 79aff. und § 111 Rn. 14) bei technischen Plattformen, die die Zusammenarbeit der Beschäftigten unterstützen, wie z. B. Sharepoint[422] oder Connections, bzw. weitere Funktionen wie Videokonferenz oder VoIP zur Verfügung stellen, bei **CAD/CAM**,[423] bei **Produktionsplanungs- und -steuerungssystemen** (PPS),[424] bei Systemen zur **Personaleinsatzplanung**,

411 Vgl. z. B. BAG, DB 84, 2513; ArbG Hamburg, CR 96, 742.

412 LAG Nürnberg 21. 2. 17 – 7 Sa 441/16, NZA-RR 17, 302.

413 Hierzu Wiznerowicz, CuA 1/24, 14.

414 Zur Definition vgl. Klebe, SR 19, 128 (129), § 90 Rn. 4 und die Anm. zu »Predictive policing« in dieser Rn. weiter unten.

415 Thomsen, CuA 11/20, 20; Stroheker, CuA 1/20, 20.

416 Fitting, Rn. 253; Fickert, AiB 06, 38.

417 Bieler, CF 3/06, 11.

418 LAG Nürnberg, NZA-RR 02, 21.

419 BAG 13. 3. 12 – 1 ABR 78/10, NZA 12, 748; 22. 3. 16 – 1 ABR 14/14, NZA 16, 1283; 19. 11. 19 – 1 ABR 36/18, NZA 20, 389.

420 ArbG Frankfurt/Main, AiB 03, 697: Erfassung der AN-Präsenz am Arbeitsplatz.

421 Vgl. z. B. LAG MV 25. 2. 20 – 5 TaBV 1/20, NZA-RR 20, 257, das im Verfahren zur Bestellung der ESt. beispielhaft Nr. 2, 6 und 7 nennt; hierzu Dahl, jurisPR-ArbR 6/2021, Anm. 6; zu Unrecht ablehnend HessLAG 18. 6. 20 – 5 TaBVGa 74/20, NZA 20, 291, das höchst oberflächlich die MBR prüft, Nr. 7 ignoriert und bei Nr. 6 offenbar nicht erkennt, dass auch die Software zur technischen Einrichtung gehört; zu Recht ablehnend auch Fischer, jurisPR-ArbR 14/21 Nr. 8.

422 Hierzu Brandt, CA 12/15, 4, 8.

423 LAG Hamburg 3. 3. 86 – 2 TaBV 3/85; DKW-F-Klebe/Heilmann, § 87 Rn. 33 (Mustervereinbarung).

424 Vgl. ArbG Bielefeld, AiB 95, 600.

bei Verwendung v. Software zur Auflistung v. Anwesenheitszeiten der Beschäftigten,[425] beim Einsatz von **elektronischen Personalakten**,[426] bei der Durchführung eines **Wissensmanagements** mit Expertendatenbank (vgl. auch Rn. 13 und § 94 Rn. 2), bei **E-Learning**-Systemen,[427] Bürokommunikationssystemen,[428] bei EDV-gestützter **Kantinenabrechnung**,[429] bei der Einführung und Verwendung von **digitalen Betriebsausweisen** und von **Firmenkreditkarten**, bei **Telearbeitsplätzen**,[430] automatischen Anrufverteilsystemen in **Call-Centern**, bei **biometrischen Identifikationsverfahren** (vgl. auch Rn. 12, § 94 Rn. 13),[431] sofern diese überhaupt zulässig sind, sowie bei der Regelung der Nutzung eines **Intranets** oder des **Internets**,[432] der Anwendung von **Spam-/Contentfiltern** einschließlich der Festlegung der Absender und Seiten, die nicht zugelassen sind, jedenfalls dann, wenn hierzu personenbeziehbare Aufzeichnungen erstellt werden, von **DLP-Systemen**,[433] mit denen die unerwünschte Weitergabe von sensiblen Daten und Dokumenten aus dem UN verhindert werden soll, bei **Phishing**-Aktionen des AG, der mit diesen Scheinangriffen, falls man sie überhaupt für zulässig halten will, AN sensibilisieren will,[434] bei Richtlinien und deren Kontrolle für den Umgang mit den **sozialen Medien** (Facebook, Instagram, X [ehemals Twitter] u. a.), **Blogs** und **Internet-Foren** (auch Rn. 12), bei der Betreibung eines X-Accounts (ehemals Twitter) durch den AG[435] oder der Eröffnung einer Seite auf Facebook, wo Nutzer/Kunden an einer virtuellen Pinnwand Kommentare zu Leistung und Verhalten der Beschäftigten abgeben können und die von mehreren Administratoren gepflegt wird,[436] bei **Social Graph-Syste-**

---

425 LAG Hamm 10.4.18 – 7 TaBV 113/16, juris; BAG 23.10.18 – 1 ABN 36/18.

426 Hierzu Burgsmüller, AiB 12/17, 32.

427 Vgl. Kölbach/Heidemann, CA 2/09, 10 mit Eckpunkten für eine BV.

428 Vgl. ArbG Berlin, CR 90, 482.

429 ArbG Berlin, DB 84, 410 f.; DKW-F-Klebe/Heilmann, § 87 Rn. 44 (Mustervereinbarung).

430 BV-Beispiele bei DKW-F-Klebe/Heilmann, § 87 Rn. 38 und Gola, CF 12/99, 20.

431 BAG, NZA 04, 556; vgl. auch LAG BB 4.6.20 – 10 Sa 2130/19, NZA-RR 20, 457 zu datenschutzrechtlichen Grenzen bei Nutzung eines Fingerprint-Scanners zur Zeiterfassung.

432 DKW-F-Klebe/Heilmann, § 87 Rn. 30, 31 (Checkliste und Mustervereinbarung).

433 Wedde, CA 7–8/13, 4.

434 Hierzu Stepan, CuA 2/21, 20.

435 LAG HH 13.9.18 – 2 TaBV 5/18, NZA-RR 18, 655; vgl. auch VG Berlin 29.5.20 – 72 K 7.19 PVB, juris zur entsprechenden Vorschrift in § 75 Abs. 3 Nr. 19 BPersVG.

436 BAG 13.12.16 – 1 ABR 7/15, NZA 17, 657, nicht in allen Teilen überzeugend; hierzu die Anm. v. Klebe, AuR 17, 307; vgl. auch BVerwG 4.5.23 – 5 P 2.22, NZA-RR 23, 612; 4.5.23 – 5 P 16.21, NZA 24, 74; abzulehnen ist die Entscheidung des ArbG Heilbronn, 8.6.17 – 8 BV 6/16, juris, die das MBR zu Unrecht bei einer Smartphone-App ablehnt, obwohl diese den Kunden ein Feedback zu Mitarbeiterverhalten und -leistung ermöglicht.

men, mit denen die gesamten Interaktionsstrukturen im UN, die Reputation und das Engagement der Beschäftigten abgebildet werden können, die nur sehr begrenzt zulässig sind,[437] bei der Einführung von **Cloud Computing-Anwendungen** (vgl. auch Rn. 41 und § 94 Rn. 1),[438] allgemein bei Systemen, die auf der Basis von **Künstlicher Intelligenz** (KI)[439] personenbeziehbare Daten verarbeiten, wie z. B. beim »**Predictive policing**«, wo prognostiziert werden soll, wo und durch wen Straftaten oder Pflichtverletzungen im Betrieb begangen werden und **ChatGPT**[440] und **Metaverse**[441] (zur vom Gesetz bei der Einführung/Anwendung von KI unterstellten Erforderlichkeit, sich durch Sachverständige unterstützen zu lassen, vgl. § 80 Abs. 3 Satz 2 und 3 und die dortigen Anm.),[442] beim **Crowdsourcing** sowohl hinsichtlich der internen Teilnehmer, als auch der externen bei Berücksichtigung der Grundsätze zur Fremdfirmenarbeit (vgl. Rn. 1 und §§ 90 Rn. 4, 95 Rn. 3 und 111 Rn. 14, 16),[443] bei personenbeziehbaren **Mitarbeiterbefragungen**, wenn die Daten elektronisch erhoben oder ausgewertet werden (vgl. auch Rn. 13 und § 94 Rn. 2), und der Anwendung von **Firewall**-Systemen und Sicherheitssoftware.[444] Auch **Zielvereinbarungen** sind mitbestimmungspflichtig, wenn die entsprechenden Leistungsdaten elektronisch gespeichert bzw. verarbeitet werden (vgl. auch Rn. 13, 71; § 94 Rn. 2, 13). Dies gilt auch für **Offshoring-Konzepte**, die auf IT-Systemen aufsetzen. Beim Offshoring, der Verlagerung von Produktion, aber auch von Verwaltungsprozessen mit Personaldatenverarbeitung, wie z. B. Gehaltsabrechnung oder Buchhaltung ins weiter entfernte Ausland (z. B. Indien und China; **Nearshoring** meint denselben Vorgang, nur in nähere Standorte in Osteuropa, was für die BR-Rechte aber keinen Unterschied macht), werden die Arbeitsabläufe häufig

---

437 Hierzu Höller, CA 5/16, 8; Wedde, CA 5/16, 14; zu Microsoft Office 365 vgl. BAG 8. 3. 22 – 1 ABR 20/21, NZA 22, 1134; Ruchhöft, AiB 4/21, 20 ff.; Pohlmann/Pröpper, CuA 5/21, 8 ff. mit dem Entwurf einer BV; Thomsen, CuA 5/21, 15 ff.; Haverkamp, CuA 6/22, 33.

438 Strohecker, CuA 10/19, 25; Wedde, CuA 10/19, 8.

439 Zur Definition sog. schwacher und starker KI vgl. Klebe, SR 19, S. 128 (129), § 90 Rn. 4 und Art. 3 Abs. 1 i. V. m. Annex 1 des Entwurfs einer VO zur Regulierung v. KI durch die EU-Kommission v. 21. 4. 21 COM (2021) 206 final – 2021/0106 (COD); vgl. auch Wiznerowicz, CuA 11/23, 25.

440 Höller, CuA 4/23, 8; ders., CuA 11/23, 12; Ruchhöft, AiB 6/23, 28; Wedde, CuA 11/23, 8.

441 Vgl. DKW-Klebe, Rn. 200 m. w. N.

442 Vgl. Sommer, CA 9/19, 16; Brandt, CA 9/19, 24; vgl. auch den Entwurf einer VO zur Regulierung v. KI durch die EU-Kommission v. 21. 4. 21 COM (2021) 206 final – 2021/0106 (COD); vgl. auch §§ 90 Rn. 4; 95 Rn. 10; 106 Rn. 12; 111 Rn. 15.

443 Klebe/Neugebauer, AuR 14, 4; Däubler/Klebe, NZA 15, 1032; Benner-Klebe, 277.

444 Bargmann, CuA 4/22, 8; Ruchhöft, CuA 4/22, 13.

über die Grenzen hinweg zwischen den Standorten verknüpft, wird wechselseitig auf Personaldaten zugegriffen. Der BR kann daher mit seinem MBR die für eine Datenvereinbarung außerhalb der EU erforderlichen **Schutzstandards** durchsetzen (vgl. auch Rn. 42). Darüber hinaus gelten die abgeschlossenen **BV zur Personaldatenverarbeitung** auch **im Ausland**. Der AG hat sicherzustellen, dass die Einhaltung für den BR kontrollierbar und sein MBR gewährleistet bleibt (vgl. Rn. 39; § 90 Rn. 4; § 106 Rn. 12; § 111 Rn. 10, 14). Daneben kommt das MBR nach Nr. 7 z. B. im Hinblick auf die Software-Ergonomie der vernetzten Arbeitsplätze im Inland in Betracht. Auch Whistleblowersysteme nach dem HinSchG (vgl. auch Rn. 12 und § 79 Rn. 1, § 84 Rn. 3) bzw. auch unabhängig davon, sind beim Einsatz digitaler Mittel, z. B. für Meldekanäle mitbestimmungspflichtig.[445] Dies gilt auch für entsprechend ausgestaltete Beschwerdeverfahren nach §§ 8 f. LkSG bei nicht anonymen, auf Personen rückführbare Meldungen.[446]

Werden Personaldaten im Auftrag des AG bei einem **Dritt-UN/Auftragsdatenverarbeitung** verarbeitet, so muss dieser durch Vereinbarungen sicherstellen, dass der BR seine Rechte **ungehindert ausüben** kann (Rn. 5).[447] Dies gilt bereits für **Probeläufe**[448] und auch dann, wenn der Betrieb des Dritt-UN im **Ausland** liegt. **39**

Das MBR ist auch gegeben, wenn Daten lediglich für eine **Gruppe** erhoben oder ausgewertet werden. Zumindest gilt dies z. B. dann, wenn eine kleine und überschaubare Gruppe im **Gruppenakkord** arbeitet, weil der von der technischen Einrichtung ausgehende Überwachungsdruck auf die Gruppe auf den einzelnen AN durchschlägt.[449] Dies ist aber auch bei leistungsunabhängigem Entgelt der Fall, wenn die Gruppe in ihrer Gesamtheit für ihr Arbeitsergebnis verantwortlich gemacht wird und schlechte Leistungen Einzelner für die übrigen Gruppenmitglieder bestimmbar bleiben.[450] Auf solchen Arbeitsgruppen laste, so das BAG,[451] ein **Überwachungsdruck**, der sich in Gruppenzwängen auch für den einzelnen AN auswirken könne und **40**

---

445 Wedde, HinSchG, § 11 Rn. 12, § 12 Rn. 12, § 14 Rn. 14, § 16 Rn. 14; Lugowski, CuA 7–8/23, 24; Hentschel, AiB 12/23, 25; Bayrreuther, NZA 23, 666; Götz, NZA 23, 1433.

446 Vgl. auch Zimmer, AuR 24, 7; dies., Das Lieferkettensorgfaltspflichtengesetz, Schriftenreihe des HSI Bd. 48, 2023, S. 75; zum LkSG auch Rn. 14; § 94 Rn. 2; § 106 Rn. 11a.

447 BAG, NZA 04, 556; LAG Frankfurt, NZA 85, 35; LAG Hamburg, DB 85, 2308; vgl. auch BAG, DB 00, 2227.

448 ArbG Hamburg 13. 8. 82 – 18 BVGa 1/82; LAG Berlin, CR 87, 26 ff.; LAG RP 19. 8. 11 – 9 TaBVGa 1/11, brwo.

449 Vgl. BAG, DB 86, 1178; 94, 1573; 13. 12. 16 – 1 ABR 7/15, NZA 17, 657.

450 BAG, DB 94, 1573.

451 BAG, DB 94, 1573.

daher das MBR begründe. Diese Gesichtspunkte treffen jedoch auf jede Arbeitsgruppe zu, die ein abgrenz- und vergleichbares Ergebnis produziert.

41 Besteht das MBR, so erstreckt es sich auf die gesamte technische Einrichtung und nicht nur auf bestimmte Programmfunktionen.[452] Es erstreckt sich auf die **Einheit von Rechner und Software**[453] und daher z. B. auf die **Festlegung der verwendeten Geräte** (z. B. den Einsatz von PC und deren Auswahl). Bereits hieraus ergibt sich ein MBR bei der Einführung von **Cloud-Computing-Anwendungen** (Nutzung von IT-Leistungen über Datennetze anstatt auf lokalen Rechnern; vgl. auch Rn. 38 und § 94 Rn. 1).[454] Das MBR erfasst weiter die einzugebenden Daten, die **Verwendungszwecke**,[455] die Protokollierung der Datenläufe, Zugriffsrechte, BR-Rechte und auch den Zugriffsschutz.[456] Besonders wichtig sind **technische Lösungen**, die schon mit der Programmierung und den Voreinstellungen, also im IT-System selbst, von vorne herein Datenschutz gewährleisten.[457] Dies gilt umso mehr, als das BAG[458] ohne überzeugende Begründung[459] Verwertungsverbote in Betriebsvereinbarungen ablehnt (hierzu auch Rn. 2). Soll der BR seiner »präventiven Schutzfunktion« für die AN effektiv nachkommen, so ist das MBR bereits bei der manuellen Erfassung von AN-Daten anzunehmen, falls diese in ein elektronisches Datenverarbeitungssystem eingespeichert werden sollen und eine Verarbeitung zulassen, die die Kontrolle von Leistung und Verhalten ermöglicht.[460]

42 BV über technische Einrichtungen müssen zwingende gesetzliche Vorschriften selbstverständlich beachten und dürfen nur in das **Persönlich-**

---

452 BAG, DB 84, 2513.

453 Vgl. auch BAG, NZA 95, 185 und DKW-Klebe, Rn. 169, 191 m. w. N.

454 Vgl. Stroheker, CA 10/19, 25 zu Updates, insbesondere auch v. externen Dienstleistern.

455 Vgl. BAG, DB 88, 1552 f.; siehe auch die besondere Betonung des Verwendungszwecks in §§ 4 Abs. 3 Nr. 2, 4a Abs. 1 und 28 Abs. 1 Satz 2 BDSG a. F., der durch § 32 BDSG a. F. nicht ausgeschlossen wurde (DKW-Klebe, Rn. 190) und in Art. 5 Abs. 1b, c, 6 Abs. 1a DSGVO.

456 So offenbar BAG, DB 86, 1469; NZA 96, 218; demgegenüber a. A. BAG, DB 84, 775; 89, 1032 f.; 96, 1725 für eine Vollzugs- und Kontrollordnung.

457 Z. B. mit Löschroutinen/Verfalldaten, die automatisch die Datenlöschung nach bestimmten Fristen durchführen, oder Zugriffsregelungen bei sensiblen Daten nach dem Zweischlüsselprinzip (Zugriff nur gemeinsam durch AG und BR). Die DSGVO beinhaltet z. B. Regelungen zu »Privacy by Design« (Datenschutz schon bei der Entwicklung des IT-Systems, Art. 25 Abs. 1) und »Privacy by Default« (datenschutzfreundliche Voreinstellungen, Art. 25 Abs. 2); vgl. auch zu Rahmen-BV Fitting, Rn. 259 und DKW-Klebe, Rn. 194.

458 BAG 29. 6. 23 – 2 AZR 296/22, NZA 23, 1105.

459 Vgl. Däubler, AuR 23, 411;

460 So auch ArbG Offenbach 29. 1. 85 – 3 BVGa 1/85 und ArbG Hamburg, RDV 96, 143.

keitsrecht des AN[461] eingreifen, wenn dies durch schutzwürdige Belange anderer Grundrechtsträger, z.B. des AG, gerechtfertigt ist.[462] Dabei muss der Eingriff verhältnismäßig sein, d.h., die in der BV getroffene Regelung muss geeignet, erforderlich und unter Berücksichtigung der betroffenen Grundrechte angemessen sein, um den erstrebten legitimen Zweck zu erreichen.[463] Dies führt im dritten Schritt zu einer Interessenabwägung: Die Schwere des Eingriffs in das Persönlichkeitsrecht darf bei einer Gesamtabwägung nicht außer Verhältnis zu dem Gewicht der ihn rechtfertigenden Gründe stehen (Verhältnismäßigkeit in engeren Sinne).[464] Auch **§ 75 Abs. 2** (vgl. Rn. 8f.), die Vorschriften des **BDSG** und die **DSGVO,** die unstreitig nicht durch BV zulasten der AN verschlechtert werden können,[465] und insbesondere auch weiter das **Volkszählungsurteil** des BVerfG[466] sowie seine Entscheidung zum Grundrecht auf Gewährleistung der Vertraulichkeit und der Integrität informationstechnischer Systeme[467] sind zu beachten. Im Hinblick auf die DSGVO und BDSG sind bestehende BV zu überprüfen und ggf. anzupassen.[468] Auf der Basis von Art. 88 DSGVO (hierzu auch § 75 Rn. 9) und § 26 Abs. 4 BDSG[469] sind Kollektivvereinbarungen, also auch BV, zulässig. Sie können aber nur die in Art. 88 Abs. 2 DSGVO genannten Werte (»angemessene und besondere Maßnahmen zur Wahrung der menschlichen Würde, der berechtigten Interessen und Grundrechte der betroffenen Person, insbesondere im Hinblick auf die Transparenz der Verarbeitung, die Übermittlung personenbezogener Daten innerhalb einer UN-Gruppe und

461 Vgl. z.B. BAG 14.11.12 – 10 AZR 793/11, DB 13, 700.

462 Zur Zuständigkeit der BR-Gremien vgl. BAG, BB 99, 1327; NZA 07, 399; 08, 1248; 25.9.12 – 1 ABR 45/11, NZA 13, 275.

463 Vgl. BAG, NZA 08, 1187; DB 04, 2377; RDV 05, 216 (beide letztgenannten zur Unwirksamkeit eines ESt.-Spruchs, der eine dauerhafte verdachtsunabhängige Überwachung von Beschäftigten vorsieht); abwegig die Entscheidung des VG Hannover 9.3.23 – 10 A 6199/20, juris, die eine Totalüberwachung in einem Logistikzentrum für zulässig hält; ablehnend zu Recht auch Wedde, CuA 6/23, 32. Vgl. auch BAG, DB 88, 1552f. zur Weitergabe von Schaublättern aus Fahrtenschreibern; LAG Hamm 3.9.21 – 13 TaBV 16/21, juris; vgl. zur Unzulässigkeit des Mithörens von Telefonaten BVerfG, DB 92, 786; 98, 371; BAG, DB 09, 1936.

464 Vgl. insgesamt BAG 25.4.17 – 1 ABR 46/15, NZA 17, 1205; 11.12.18 – 1 ABR 12/17, NZA 19, 480.

465 Vgl. insbesondere DKW-Klebe, Rn. 194ff.

466 Vgl. auch BAG, DB 86, 1469.

467 BVerfG, NZA 08, 822.

468 Umfassend hierzu Körner, Die Auswirkungen der Datenschutz-Grundverordnung (DSGVO) in der betrieblichen Praxis, HSI-Schriftenreihe Band 28; vgl. auch Steen/Fleischmann/Lorenz, AiB 10/17, 31; Wedde, CA 11/17, 30.

469 § 26 Abs. 1 Satz 1 BDSG ist nach der Entscheidung des EuGH 30.3.23 – C-34/21, NZA 23, 487 zu identischen hessischen Vorschriften nicht mehr anwendbar, weil er die Voraussetzungen v. Art. 88 Abs. 1 und 2 DSGVO nicht erfüllt; vgl. auch BAG 9.5.23 – 1 ABR 14/22, NZA 23, 1404.

die Überwachungssysteme am Arbeitsplatz«) mit »spezifischeren Vorschriften« verstärken. Deshalb sind insbesondere die folgenden §§ (BDSG) und Art. (DSGVO) v. Bedeutung: Zur Videoüberwachung § 4, zur Einwilligung § 26 Abs. 2, Art. 4 Nr. 11 und Art. 7, zur Anonymisierung Art. 5 Abs. 1e, 11 Abs. 1 und 25, zur Verarbeitung besonders sensibler Daten Art. 9 und §§ 22, 26 Abs. 3,[470] zur eindeutigen Zweckfestlegung und Datenminimierung Art. 5 Abs. 1b und c, zum Recht auf Löschung (»Recht auf Vergessenwerden«) Art. 17, § 35, zur Begrenzung automatisierter Entscheidungen bzw. v. Profiling Art. 22,[471] § 37, zum Datenschutz durch Technikgestaltung und datenschutzfreundliche Voreinstellungen Art. 25, zur Datenübermittlung an Drittländer Art. 44 ff. (z. B. »angemessenes Datenschutzniveau«)[472] und auch zur Datenschutz-Folgenabschätzung in Art. 35. Auch die weiteren aus **europäischem Recht** folgenden Schutzstandards sind zu berücksichtigen.[473] Nach alledem ist die Verarbeitung von **Gesundheitsdaten der AN** (Krankheiten, ihre Ursachen, körperliche und geistige Verfassung o. ä.), wie sie z. B. auch durch Fitness-Tracker oder Fitness- oder Stress-Apps auf Smartphones erfasst werden, unzulässig. Sie ist zur Durchführung des Arbeitsverhältnisses nicht erforderlich. Die erforderlichen Informationen, z. B. zur Eignung für einen Arbeitsplatz, kann der AG unter Beachtung der ärztlichen Schweigepflicht vom Betriebsarzt erhalten. Auch der Einsatz eines Keyloggers, mit

470 Hierzu BAG 9. 4. 19 – 1 ABR 51/17, NZA 19, 1055.

471 Vgl. auch EuGH 7. 12. 23 – c-634/21, NZA 24, 45: Eine automatisierte Entscheidung liegt auch vor, wenn automatisiert ein Wahrscheinlichkeitswert erstellt wird, der für die spätere menschliche Entscheidung maßgeblich ist; vgl. hierzu auch Heine, NZA 24, 33; Zurheide, DB 24, 101.

472 Vgl. die »Safe Harbor«-Entscheidung des EuGH 6. 10. 15 – Rs. C-362/14, NZA 15, 1373, die den Beschluss der Europäischen Kommission, diese Regelung als mit den europäischen Vorschriften vergleichbaren Schutz anzuerkennen, für unwirksam erklärt, weil sie nicht gegen beliebige staatliche Zugriffe auf die in die USA übermittelten Daten schützt. Damit waren BV, die die vom EuGH aufgestellten Grundsätze nicht berücksichtigten, insoweit unwirksam und mussten angepasst werden. Die folgende Rechtsgrundlage für Datenübermittlungen in die USA durch das Abkommen **EU-USA Privacy Shield** ist v. EuGH 16. 7. 20 – C-311/18, NJW 20, 2613 zu Recht ebenfalls für nichtig erklärt worden; die EU-Kommission hat dann neue Standardvertragsklauseln beschlossen, die nach ihrer Auffassung das »angemessene Datenschutzniveau« sicherstellen sollen (Durchführungsbeschluss [EU] 2021/914 der Kommission v. 4. 6. 21, AmtsBlEU vom 7. 6. 21 L 199/31). Zudem wird jetzt der Versuch unternommen, mit einem neuen Abkommen (Trans-Atlantic Data Privacy Framework) und einer Executive Order des amerikanischen Präsidenten Biden v. 7. 10. 22 eine rechtmäßige Basis für den Datenfluss in die USA zu schaffen. Der entsprechende Angemessenheitsbeschluss der EU-Kommission datiert v. 10. 7. 23; hierzu Weichert, CuA 11/23, 19; Lugowski, CuA 10/23, 14; Hessel, NJW 23, 2969.

473 Vgl. z. B. EuGH 24. 11. 11 – C-468/10; C-469/10, NZA 11, 1409 und BAG 7. 2. 12 – 1 ABR 46/10, NZA 12, 744.

dem verdeckt Tastatureingaben von AN am dienstlichen Computer erfasst werden, ist jedenfalls unzulässig.[474] Weder das BDSG noch die **EG-Antiterror-VO** bieten nach richtiger Auffassung eine Rechtsgrundlage, AN-Daten flächendeckend und systematisch mit Listen verdächtiger Personen nach den VO, z. B. zur Bewilligung des **AEO-Zertifikats** (diese Anerkennung als zugelassener Wirtschaftsbeteiligter bietet UN zollrechtliche Vereinfachungen), abzugleichen.[475] Jedenfalls besteht entgegen der Entscheidung des BAG[476] ein MBR bei den Anwendungsmodalitäten, wie z. B. hinsichtlich der abzugleichenden Daten, der Festlegung der sicherheitsrelevanten Bereiche im Betrieb, der Zugriffsrechte, der Löschfristen und der Überprüfungsfrequenz.[477] Dies gilt auch für die datenschutzrechtlich durchaus problematische Regelung in § 25c Abs. 2 des Kreditwesengesetzes (Verpflichtung für Kreditinstitute, mit DV-Systemen personenbezogene Daten zu verarbeiten, um die Strafbarkeit von Transaktionen prüfen zu können) Bei privater Nutzung von Internet und Telefon im Betrieb findet **Telekommunikationsrecht** Anwendung, wie z. B. § 3 TTDSG.[478]

g) Arbeits- und Gesundheitsschutz (Nr. 7)

Normzweck ist die Effektivierung des gesetzlichen Arbeitsschutzes, die Behebung seines Vollzugsdefizits durch betriebliche Konkretisierung[479] und damit auch die Realisierung des Grundrechts aus Art. 2 Abs. 2 GG. Wenn man berücksichtigt, dass im Jahr 2022 in der Bundesrepublik trotz der bekannt hohen Dunkelziffer 1 394 185 Arbeitsunfälle, Berufskrankheiten und Wegeunfälle angezeigt worden sind,[480] ist es nur folgerichtig, dass durch diese Vorschrift das MBR **alle** Maßnahmen des Arbeitsschutzes erfasst, die im Rahmen der **gesetzlichen Vorschriften** oder der **Unfallverhütungsvorschriften**, nicht der TV,[481] im Betrieb zu treffen sind, gleich, ob 43

474 BAG 27. 7. 17 – 2 AZR 681/16, NZA 17, 1327.

475 DKW-Klebe, Rn. 197; Homburg, AuR 13, 137; Däubler-Gmelin, CA 2/15, 14; a. A. Bundesfinanzhof 19. 6. 12 – VII R 43/11, RDV 12, 303; Fitting, Rn. 223.

476 BAG 19. 12. 17 – 1 ABR 32/16, NZA 18, 673.

477 Vgl. Däubler-Gmelin, CA 10/18, 8; DKW-Klebe, Rn. 197; Homburg, AuR 13, 137; Thannheiser/Westermann, CA 9/15, 28; Schulze/Sticher, AiB 12, 574.

478 Vgl. hierzu im Einzelnen DKW-Klebe, Rn. 197; Däubler, CA 11/14, 4; a. A. LAG BB 16. 2. 11 – 4 Sa 2132/10, NZA-RR 11, 342; VG Karlsruhe 27. 5. 13 – 2 K 3249/12, NVwZ-RR 13, 797 m. w. N. bestätigt v. VGH BW 30. 7. 14 – 1 S 1352/13, juris.

479 BAG, NZA 04, 1175; DB 08, 2030; NZA 09, 1434.

480 Sicherheit und Gesundheit bei der Arbeit – Berichtsjahr 2022 – Unfallverhütungsbericht Arbeit (2024), S. 4, 26, 29, 32.

481 BAG 11. 12. 12 – 1 ABR 81/11, NZA 13, 752, Ls.

sie dem Gesundheitsschutz unmittelbar oder nur mittelbar dienen.[482] Technische, personelle und organisatorische Maßnahmen unterliegen also auch dem MBR. Daher wird z. B. die betriebliche Sicherheitsorganisation ebenso erfasst wie eine Beschäftigtenbefragung zum Gesundheitsschutz gem. § 3 Abs. 1 ArbSchG.[483] Voraussetzung ist, dass eine **Gesundheitsgefahr**, auch **psychischer Art** (vgl. z. B. § 5 Abs. 3 Nr. 6 und § 4 Nr. 1 ArbSchG; § 3 Abs. 1 Satz 3 ArbStättV), bei umfassenden Generalklauseln eine konkrete Gefährdung, also die Möglichkeit eines Gesundheitsschadens,[484], einer gesundheitlichen Beeinträchtigung[485] oder die Gefahr besteht, dass **Arbeitsunfälle** (vgl. § 8 Abs. 1 SGB VII; zum **Wegeunfall** § 8 Abs. 2 SGB VII)[486] oder **Berufskrankheiten** (vgl. § 9 Abs. 1 SGB VII und die BerufskrankheitenVO i. d. F. v. 10. 7. 2017[487], die in 80 Ziffern Krankheiten aufführt, teilweise in einzelnen Ziffern mehrere) eintreten. Der Gesundheitsschutz umfasst dabei auch eine Vielzahl von vorbeugenden Maßnahmen.[488] Weiter muss dem AG ein gewisser Beurteilungs- oder Ermessensspielraum zur Verfügung stehen, die Vorschriften müssen also einen **Regelungsspielraum** lassen (sog. Rahmenvorschriften). Hat der AG lediglich zwingende Anordnungen umzusetzen, scheidet das MBR aus.[489] Der Regelungsspielraum kann dabei sowohl die Rechtsfolgen als auch die Voraussetzungen der Vorschriften betreffen.[490] Das MBR umfasst ein **Initiativrecht**.[491] Dieses kann z. B. auch zur Dokumentation der Arbeitszeit ausgeübt werden.[492] Das BAG entnimmt eine Verpflichtung des AG zur Dokumentation der gesamten Arbeitszeit der

---

482 BAG, NZA 98, 441; 04, 1175; 09, 1434; 17. 1. 12 – 1 ABR 62/10, NZA 12, 513; 11. 12. 12 – 1 ABR 81/11, NZA 13, 752, Ls.; 18. 7. 17 – 1 ABR 59/15, NZA 17, 1615; vgl. auch die BV in AiB 00, 536 ff.

483 LAG Hamburg 14. 6. 16 – 2 TaBV 2/16, juris.

484 Das BAG hat seine frühere Rspr. (vgl. NZA 04, 1175; 05, 227 m. w. N.; 11. 12. 12 – 1 ABR 81/11, NZA 13, 752) in diesem Sinne korrigiert. Bei Generalklauseln, wie § 3 Abs. 1 Satz 1 ArbSchG, bejaht das Gericht (28. 3. 17 – 1 ABR 25/15, NZA 17, 1132; 25. 4. 17 – 1 ABR 46/15, NZA 17, 1132; 18. 7. 17 – 1 ABR 59/15, NZA 17, 1615; 24. 4. 18 – 1 ABR 6/16, NZA 18, 1565) das MBR bei feststehenden konkreten Gefährdungen bzw. solchen, die im Rahmen einer Gefährdungsbeurteilung festzustellen sind. Eine konkrete Gesundheitsgefahr wird nicht mehr verlangt; vgl. auch Oberberg/Hien, NZA 18, 18.

485 LAG Köln 20. 8. 18 – 9 TaBV 32/18, juris,

486 Z. B. auch BAG, NZA 01, 549; Udke, AiB 99, 456; ders., AuA 01, 412.

487 BGBl. I Nr. 62 v. 29. 12. 14, S. 2397.

488 BAG 18. 3. 14 – 1 ABR 73/12, NZA 14, 855.

489 BAG, NZA 02, 995; 09, 1434; 17. 1. 12 – 1 ABR 62/10, NZA 12, 513.

490 Fitting, Rn. 281 f., 284; vgl. auch BAG, DB 99, 438.

491 Vgl. z. B. LAG Nds., AiB 88, 110; LAG Nürnberg 16. 1. 13 – 2 TaBV 6/12, RDV 13, 203 (Ls.); LAG SH 1. 10. 13 – 1 TaBV 33/13; LAG BB 16. 1. 20 – 26 TaBV 865/19, LAGE § 87 BetrVG 2001 Gesundheitsschutz Nr. 11; Fitting, Rn. 297.

492 Vgl. BAG 13. 9. 22 – 1 ABR 22/21, NZA 22, 1617; EuGH 14. 5. 19 – C-55/18, NZA 19, 683.

AN in europarechtskonformer Auslegung des § 3 Abs. 2 Nr. 1 ArbSchG. Das Initiativrecht betrifft folglich das »Wie« der Erfassung,[493] vergleichbar den Rechten des BR bei der Gefährdungsbeurteilung.

Seit Inkrafttreten der **Einheitlichen Europäischen Akte** bekommt das europäische Arbeitsschutzrecht eine immer größere Bedeutung für das nationale Recht. Dabei wird das Schutzniveau stärker vereinheitlicht, die präventive organisationsbezogene betriebliche Umsetzung und Gefahrenvermeidung betont und der Gesundheitsschutz als dynamischer Prozess verstanden. Schon vor ihrer Umsetzung in deutsches Recht können die europäischen Richtlinien Bedeutung erlangen. Klare und unbedingte Richtlinien gelten nach Ablauf der Umsetzungspflicht im öffentlichen Dienst.[494] Zudem ist das nationale Recht schon mit Erlass einer Richtlinie eingeschränkt,[495] mit Ablauf der Umsetzungsfrist uneingeschränkt **richtlinienkonform** auszulegen.[496] Ist für eine nationale Vorschrift eine Auslegung möglich, die sie in möglichst große Übereinstimmung mit der Richtlinie bringt, ist sie von den Gerichten vorzunehmen.[497] Auch nach ihrer Umsetzung sind die Richtlinien weiter für die **Auslegung deutscher Gesetze** und **VO** von großer Bedeutung. Diese ist soweit wie möglich an Wortlaut und Zweck der Richtlinien auszurichten,[498] allerdings nicht contra legem.[499] Diese Grenze zieht der EuGH da, wo der klare und unmissverständliche Wortlaut einer nationalen Vorschrift mit dem Wortlaut einer Richtlinie unvereinbar ist. Die Grenze ist allerdings noch nicht erreicht, wenn es lediglich darum geht, eine ständige Rspr. nationaler Gerichte aufzugeben, um ein richtlinienkonformes Ergebnis zu erreichen.[500] **44**

Zu den durch die MB ausfüllungsfähigen gesetzl. Vorschriften[501] gehören z. B. die **ArbStättV** (vgl. z. B. §§ 3–6)[502] mit dem dazu erlassenen Anhang **45**

---

493 Vgl. auch LAG München 22.5.23 – 4 TaBV 24/23, NZA-RR 23, 477.

494 EuGH, NJW 86, 2178; NZA 01, 1243; BAG, DB 96, 1725; 04, 138.

495 EuGH, NZA 06, 909.

496 Vgl. EuGH, NJW 86, 3020; NZA 04, 1145; BAG, DB 93, 737; NZA 04, 375; zu den Grenzen richtlinienkonformer Auslegung BVerfG 26.9.11 – 2 BvR 469/07, NJW 12, 669.

497 EuGH, BB 04, 2353; vgl. im Übrigen zum Schadenersatz bei nicht rechtzeitiger Umsetzung EuGH, ZIP 91, 1610; NJW 99, 3181.

498 EuGH, NZA 97, 307; 14.10.20 – C-681/18, NZA 20, 1463; BAG, NZA 08, 476; zu den Grenzen richtlinienkonformer Auslegung BVerfG 26.9.11 – 2 BvR 469/07, NJW 12, 669.

499 Vgl. z. B. EuGH 17.4.18 – C-414/16, juris; 14.10.20 – C-681/18, NZA 20, 1463; BAG 25.6.20 – 8 AZR 145/19, NZA 20, 1613; 18.1.22 – C-261/20, NJW 22, 927.

500 EuGH 19.4.16 – C-441/14, juris.

501 Vgl. insgesamt DKW-Klebe, Rn. 229 ff., insbesondere auch 204; DKW-F-Klebe/Heilmann, § 87 Rn. 40 (Mustervereinbarung Gesundheitsschutz).

502 BAG 18.7.17 – 1 ABR 59/15, NZA 17, 1615; Reusch, AiB 11, 571; zum in § 5 geregelten Nichtraucherschutz Düwell, AiB 02, 400.

(vgl. z. B. Nrn. 1.2, 1.4, 1.5, 1.8, 2.1, 3.4 bis 3.7), das **ASiG**,[503] die **GefStoffV** (vgl. z. B. §§ 6–8, 9 ff., 14),[504] die **VBG**, wie §§ 2 Abs. 1; 4 Abs. 1 VBG 1/BGV Nr. A 1 und § 12 Abs. 3 VBG 37[505] und vor allem das **ArbSchG.** Beim ArbSchG sind dies z. B. **§§ 3 Abs. 1 und 2**.[506] Wichtig ist dabei die Systematik und zeitliche Abfolge. § 3 Abs. 1 Satz 1 kann erst eingreifen, wenn eine konkrete Gefährdung, ggfs. nach der Gefährdungsbeurteilung feststeht. Erst dann lässt sich feststellen, welche Maßnahmen erforderlich sind. Daher kann eine ESt. zur Gefährdungsbeurteilung nicht gleichzeitig diese ausgestalten und die in § 3 aufgeführten Angelegenheiten regeln. Sie kann also nicht schon konkrete Schutzmaßnahmen definieren oder sogar deren Wirksamkeit überprüfen und anpassen.[507] Erst wenn die Gefährdung feststeht und verschiedene Schutzmaßnahmen möglich sind, greift die Rahmenvorschrift und damit das MBR ein. Dabei muss die ESt. einen klaren Regelungsauftrag haben und kann für dessen Realisierung auch Sachverständige einschalten.[508] Die zeitliche Abfolge von Maßnahmen, die Auswahl der Mittel für die Wirksamkeitskontrolle und die in Abs. 2 genannten organisatorischen Vorkehrungen können dann festgelegt werden. Das MBR besteht weiter bei **§§ 4**,[509] **5** (eine Daueraufgabe,[510] wobei Gefährdungen nicht von der ESt. selbst festgestellt werden, sondern erst in der Anwendung der Analyse[511]),[512] auch wenn die Durchführung nach § 13 Abs. 2 einem Dritt-UN übertragen worden ist,[513] **§§ 6**,[514] **8 bis 12** (bei der Unterweisung nach § 12 geht es um konkrete Anweisungen und Erläuterungen, die auf der Basis der Gefährdungsanalyse auf den Arbeitsplatz zugeschnitten sind. Allgemeine Bestimmungen reichen nicht aus),[515] **§ 13 Abs. 2** (wenn für einen kol-

503 Vgl. DKW-Klebe, Rn. 232 ff.

504 Grüneberg, AiB 11, 588 und zu den vergleichbaren vorhergehenden Vorschriften Heilmann/Hien, AiB 05, 520 ff.; Pieper, AiB 05, 299 ff.

505 BAG, DB 99, 438.

506 BAG 18.3.14 – 1 ABR 73/12, NZA 14, 855 (zu Abs. 2); 13.8.19 – 1 ABR 6/18, NZA 19, 1717.

507 BAG 19.11.19 – 1 ABR 22/18, NZA 20, 266; 13.8.19 – 1 ABR 6/18, NZA 19, 1717; 7.12.21 – 1 ABR 25/20, NZA 22, 504.

508 BAG 7.12.21 – 1 ABR 25/20, NZA 22, 504.

509 Engels, AuR 65.

510 BAG 13.8.19 – 1 ABR 6/18, NZA 19, 1717.

511 BAG 19.11.19 – 1 ABR 22/18, NZA 20, 266; 13.8.19 – 1 ABR 6/18, NZA 19, 1717.

512 BAG, NZA 04, 1175; DB 08, 2030; 13.8.19 – 1 ABR 6/18, NZA 19, 1717.

513 BAG 30.9.14 – 1 ABR 106/12, NZA 15, 314.

514 BAG 13.8.19 – 1 ABR 6/18, NZA 19, 1717.

515 BAG, NZA 11, 651; 8.11.11 – 1 ABR 42/10, DB 12, 1213; das MBR besteht auch bei einer Unterweisung durch ein Dritt-UN: BAG 30.9.14 – 1 ABR 106/12, NZA 15, 314.

lektiven Tatbestand eine generelle betriebliche Regelung getroffen wird),[516] **§ 16 Abs. 2**[517] und bei den aufgrund seines § 19 ergangenen **Verordnungen** z. B. zur Bildschirmarbeit und Lastenhandhabung (vgl. unten und Rn. 48). Weiterhin haben die Berufsgenossenschaften eine Vielzahl von (ausfüllungsbedürftigen) Unfallverhütungsvorschriften erlassen. Das **BAG** hat die Frage, ob die sog. **Generalklauseln**, die verbindliche Anordnungen beinhalten,[518] wie § 618 BGB, § 62 HGB, § 2 Abs. 1 VBG 1 (Unfallverhütungsvorschriften – allgemeine Vorschriften) und bis zur Aufhebung im August 1996 auch § 120a GewO als ausfüllungsfähige Rahmenvorschriften in Betracht kommen, jedenfalls im Hinblick auf § 120a GewO[519] und § 2 Abs. 1 VBG 1/BGV Nr. A 1 (jetzt DGUV Empfehlungen für arbeitsmedizinische Beratungen und Untersuchungen)[520] bejaht.[521] Es hat zudem die Auffassung vertreten, dass Rahmenvorschriften konkret und nicht durch Regelungen, die selbst allgemeinen Charakter haben, auszufüllen sind.[522] Hieraus folgt für den BR, dass er z. B. möglichst detaillierte Forderungen z. B. zur ergonomischen Gestaltung von Arbeitsplätzen aufstellen[523] und die ESt. eine hinreichend konkrete Regelung treffen muss.[524] Bei einem kollektiven Tatbestand (vgl. Rn. 5) besteht das MBR auch, wenn nur ein einzelner Arbeitsplatz betroffen ist.[525] Für **Bildschirmarbeit**[526] enthalten die **ArbStättV** und ihr **Anhang** eine Reihe ausfüllungsfähiger Rahmenvorschriften, wie z. B. mit § 3 zur Gefährdungsanalyse,[527] Anhang 6 bei einer Vielzahl ergonomischer Maßnahmen[528] und Anhang 6.1 Abs. 2 zur Arbeitsorganisation (**Mischarbeit/Pausen** zur Belastungsunterbrechung). Für **Augenuntersuchungen** ergibt sich ein MBR aus dem Anhang Teil 4 Abs. 2 Nr. 1 ArbMedVV (vgl. auch § 3 Abs. 1 Satz 3 ArbStättV). Entgegen der Ansicht des BAG[529] war zudem der

---

516 So auch BAG, NZA 09, 1434, das bei Einzelmaßnahmen ein MBR ablehnt; eine solche Aufgabenübertragung lässt MBR gegenüber dem AG unberührt (LAG SH 8.2.12 – 6 TaBV 47/11, im Verfahren zur Bildung der ESt.).

517 Vgl. BAG, NZA 04, 227; 04, 1175 zu § 12; LAG Hamburg a. a. O. für §§ 6, 11, 12, 13 Abs. 2, dagegen ablehnend zu §§ 15–17; vgl. insgesamt DKW-Klebe, Rn. 229 ff.

518 Vgl. BAG, NZA 04, 927 zu § 618 BGB.

519 BAG, DB 96, 1725.

520 BAG, DB 99, 438; zu den DGUV Empfehlungen Müller-Knöss, GA 8/22, 15.

521 Vgl. auch LAG Nürnberg, NZA-RR 03, 588.

522 BAG, DB 84, 775.

523 Hierzu Richenhagen, AiB 95, 758.

524 BAG, NZA 04, 227.

525 LAG Nds., AiB 88, 110.

526 Zum Begriff des Bildschirmarbeitsplatzes EuGH, AuR 00, 683.

527 Vgl. BAG 8.6.04 – 1 ABR 13/03, NZA 04, 1175; 11.2.14 – 1 ABR 72/12, NZA 14, 989.

528 LAG Nds. 11.1.17 – 13 TaBV 109/15, juris = AuR 19, 426 mit Anm. v. Pieper.

529 DB 84, 775.

frühere § 4 MuSchG eine Rahmenvorschrift für den Schutz werdender Mütter bei der Bildschirmarbeit.[530] Im aktuellen MuSchG sind die §§ 9, 10,[531] 11–13 und 14 Rahmenvorschriften, die ein MBR auslösen.

46 Ist der AG zur Bestellung von **Betriebsärzten** oder **Fachkräften für Arbeitssicherheit** verpflichtet, können diese als AN eingestellt oder als freiberufliche Kräfte verpflichtet werden. Es besteht aber auch die Möglichkeit, einen überbetrieblichen Dienst zu verpflichten (§§ 2 Abs. 3, 5 Abs. 3, 19 ASiG[532]). Von welcher Möglichkeit Gebrauch gemacht wird, unterliegt dem MBR.[533] Soll ein Betriebsarzt oder eine Fachkraft für Arbeitssicherheit in den Betrieb eingestellt werden, ist dazu die Zustimmung des BR ebenso wie bei einer Abberufung erforderlich (§ 9 Abs. 3 ASiG). Die Beteiligungsrechte nach **§ 99** bzw. **§ 102** bleiben hiervon unberührt.[534] Umgekehrt ist allerdings die ohne Zustimmung des BR zur Abberufung ausgesprochene Kündigung jedenfalls dann unwirksam, wenn sie auf Gründe gestützt wird, die sachlich mit der Tätigkeit als Betriebsarzt im untrennbaren Zusammenhang stehen.[535]

47 Da die Aufgaben der Betriebsärzte, Sicherheitsingenieure und anderer Fachkräfte für Arbeitssicherheit im Gesetz nicht abschließend geregelt sind, hat der BR nach Nr. 7 auch ein **MBR bei der konkreten Festlegung der Tätigkeit, der Rangordnung der einzelnen Aufgaben** und der Durchführung zusätzlicher Maßnahmen.[536] Das MBR beinhaltet das **Initiativrecht**. Dieses besteht allgemein, also auch für die Erweiterung/Einschränkung des Aufgabenbereichs, für die Abberufung[537] und die Bestellung (**str.**) eines internen Betriebsarztes oder einer internen Fachkraft für Arbeitssicherheit. Bei der Bestellung der **Sicherheitsbeauftragten** bestimmt der BR jedenfalls hinsichtlich der **generellen Auswahlentscheidungen**, wie z. B. der Festlegung der Tätigkeitsbereiche (z. B. den Abteilungen zugeordnet), des Auswahlverfahrens (z. B. Berücksichtigung der verschiedenen Beschäftigtengruppen) und der Zahl der Sicherheitsbeauftragten, mit. Die Bestellung hat gemäß § 22 Abs. 1 SGB VII unter Berücksichtigung der im UN für die Beschäftigten bestehenden Unfall- und Gesundheitsgefahren und der Zahl der Beschäftigten zu erfolgen. Das UN hat also den oben genannten Handlungsspielraum. Werden **Externe** tätig, hat der AG den BR gemäß § 9 Abs. 3 Satz 3 ASiG vor

---

530 Vgl. DKW-Klebe, Rn. 225; DKW-F-Klebe/Heilmann, § 87 Rn. 41 und 42 (Mustervereinbarungen).

531 Fitting, Rn. 307.

532 Vgl. auch Hummel/Callsen, AiB 11, 83; Heegner, AiB 11, 582.

533 BAG, DB 79, 1995; ArbG Hamburg 2.7.14 – 28 BV 1/14, NZA-RR 14, 592.

534 Vgl. auch LAG Bremen, NZA-RR 98, 250.

535 BAG, DB 89, 227.

536 Vgl. LAG BB 7.7.16 – 21 TaBV 195/16, NZA-RR 16, 644; ArbG Hamburg, AiB 91, 92 f.

537 LAG BaWü, NZA 92, 184; a. A. LAG BB 5.11.19 – 7 TaBV 1728/19, NZA-RR 20, 77.

der Verpflichtung/Entpflichtung zu hören. Ein MBR besteht auch bei der Konkretisierung von § 8 Abs. 2 ASiG, wie bei der praktischen Organisierung der Unterstellung, der konkreten hierarchischen Einordnung[538] oder der Festlegung des zuständigen Betriebsleiters, wenn es mehrere gibt, und von Abs. 3 bei der praktischen Ausgestaltung des Eskalationsverfahrens oder der Festlegung des zuständigen Vorstandsmitglieds, wenn diese Entscheidung nicht in die Zuständigkeit des AR fällt.

Aus der **LärmVibrationsArbSchV** ergeben sich eine Reihe von Rahmen- **48**
vorschriften, wie z. B. §§ 3, 4, 7, 8, 10, 11 und Normen im Anhang Vibrationen.[539] Die ESt. ist zudem auch zuständig, wenn der BR betriebliche **Lärmschutzmaßnahmen** zur Einhaltung der Nr. 3.7 des Anhangs der ArbStättV durchsetzen will.[540] Maßnahmen gegen hohe Temperaturen am Arbeitsplatz, bei denen eine Gesundheitsgefährdung nicht auszuschließen ist (Hitzeschutz), lassen sich auch über Nr. 7 in Ausfüllung von § 3a ArbStättV i. V. m. ASR A Nr. 3,5 begründen,[541] ebenso wie Regelungen zur **Arbeitsplatz- und Raumgestaltung** in Ausfüllung von §§ 3a Abs. 1, 6 Abs. 1 ArbStättV i. V. m. Nr. 1.2 Abs. 1, 3, Nr. 3.1 Abs. 1, 2 und der technischen Regel ASR A 1.2.[542] Dies gilt auch für Maßnahmen der **Pandemievorsorge und -bekämpfung** (vgl. zudem Rn. 13, 24 und § 94 Rn. 4),[543] ggf. auf der Basis und zur Konkretisierung einer VO oder eines Gesetzes,[544] oder auch z. B. für das Besuchskonzept eines Krankenhauses,[545] die Anordnung **mobiler Arbeit/Homeoffice**, da AG üblicherweise ein Regelungsspielraum auch bei einer gesetzlichen Regelung, wie z. B. im Infektionsschutzgesetz, verbleibt[546]

---

538 LAG Köln, NZA-RR 04, 319.

539 Vgl. DKW-Klebe, Rn. 243.

540 LAG Nds., AiB 88, 110 für § 15 ArbStättV a. F.

541 BAG 18.7.17 – 1 ABR 59/15, NZA 17, 1615; LAG SH 1.10.13 – 1 TaBV 33/13 (im Verfahren zur Bildung einer ESt.); vgl. auch VG Freiburg (Breisgau) 17.12.19 – 4 K 4800/19, juris = jurisPR-ArbR 4/21 Nr. 5 mit Anm. v. Kohte zu einem Verwaltungsakt wegen zu niedriger Raumtemperatur; Rahmfeld, AiB 6/21, 34 ff. mit Eckpunkten für eine BV.

542 Hierzu Kiper, CA 1/14, 14.

543 BV-Entwurf bei DKW-F-Klebe/Heilmann, § 87 Rn. 40b

544 Vgl. dazu z. B. die SARS-CoV-2-ArbeitsschutzVO, Bundesanzeiger AT 22.1.21 V1, 15.4.21 V1 und 22.4.21 VI, sowie das Infektionsschutzgesetz und hierzu DKW-Klebe, 18. Aufl., 2022, Rn. 256.

545 LAG Köln 22.1.21 – 9 TaBV 58/20, juris = AuR 21, 140 (im Verfahren zur Bildung einer ESt.) mit § 5 Abs. 1 CoronaschutzVO NRW als Rahmenvorschrift.

546 LAG MV 25.2.20 – 5 TaBV 1/20, NZA-RR 20, 257 (im Verfahren zur Bildung einer ESt.); vgl. § 28b Abs. 7 Infektionsschutzgesetz: AG haben, wenn der BT nach § 5 Abs. 1 des Gesetzes eine epidemische Lage v. nationaler Tragweite festgestellt hat, Beschäftigten mit Büro- oder vergleichbarer Arbeit anzubieten, diese in deren Wohnung auszuführen, wenn keine zwingenden betrieblichen Gründe entgegenstehen, die Beschäftigten haben das Angebot anzunehmen, wenn ihrer-

(vgl. auch Rn. 22, 38, 79aff. und § 111 Rn. 14), die Festlegung v. Einzelheiten der Durchführung der freiwilligen Tests[547] (§ 5 Infektionsschutzgesetz) oder die für AN freiwillige Nutzung einer Corona-Warn-App,[548] für den Regelungsgegenstand »Ausgleich von Belastungen durch stehende Tätigkeiten« in einem Bekleidungsgeschäft[549], sowie die Festlegung einer **Mindestbesetzung mit Pflegepersonal** bei Vorliegen einer konkreten Gesundheitsgefährdung.[550] Für die Verteilung der Arbeitsplätze in einem **Großraumbüro** wird das MBR zu Unrecht teilweise abgelehnt.[551] Jedenfalls kommt aber § 91 in Betracht.[552] **Weitere Rahmenvorschriften** finden sich z. B. in **§ 6 Abs. 5 ArbZG** (vgl. auch Rn. 18),[553] in **JArbSchG** (§§ 22, 28, 29), **HAG** (§§ 12 Abs. 1, 16 Abs. 1), **ArbMedVV** (z. B. §§ 3–5 und Anhang Teil 4 Abs. 2 Nr. 1), **PSA-BV,**[554] **BetrSichV** (z. B. §§ 3–6, 9–13, 17), **BioStoffV** v. 15.7.13 (§§ 4, 7–11, 14),[555] BaustellV (z. B. § 5), **LasthandV** (§§ 2–4), in der EMFV (§§ 3, 4, 6 ff., 19) und im **MuSchG** (vgl. Rn. 45 am Ende).[556] Die erforderliche organisatorische Gestaltung, die Ausgestaltung des Gesundheitsschutzes und die entsprechende Durchführung beim **betrieblichen Eingliederungsmanagement** (**BEM**) **gem. § 167 Abs. 2 SGB IX**[557] unterliegt ebenfalls der Mitbestimmung.[558] Nicht erfasst ist die sich der Klärung

---

seits keine Gründe entgegenstehen. Die jeweiligen Begriffe sind v. AG zu konkretisieren/auszufüllen. Dabei hat der BR ein MBR.

547 Dazu Wedde, CuA 5/21, 34 f.

548 Vgl. Bienert, AiB 10/20, 25.

549 LAG Nds., NZA-RR 11, 247 unter Bezugnahme auf §§ 3 ff ArbSchG.

550 LAG Hamburg 16.7.20 – 8 TaBV 8/19, juris; ArbG Kiel 26.7.17 – 7 BV 67c/16, NZA-RR 17, 539 unter Bezugnahme auf § 3 Abs. 1 Satz 1 ArbSchG; aufgehoben durch LAG SH 25.4.18 – 6 TaBV 21/17, NZA-RR 18, 543; das BAG 19.11.19 – 1 ABR 22/18 hat die LAG-Entscheidung bestätigt, allerdings ohne über die Zulässigkeit solcher Regelungen zu befinden.

551 LAG München, DB 88, 186 f.

552 LAG München, a. a. O.

553 Zu der Frage, ob ein Ausgleich für Nachtarbeit durch bezahlte freie Tage oder durch Entgeltzuschlag zu gewähren ist vgl. BAG, NZA 98, 441; 05, 884; 17.1.12 – 1 ABR 62/10, NZA 12, 513: Tarifliche Ausgleichsregelung auch bei einzelvertraglicher Inbezugnahme des TV; vgl. auch die Mustervereinbarungen bei DKW-F-Klebe/Heilmann, § 87 Rn. 57.

554 Vgl. z. B. zu § 2 Abs. 1 Nr. 3 BAG, DB 99, 438 und BAG 7.6.16 – 1 ABR 25/14, NZA 16, 1420 zu § 2 Abs. 1 und 2 i. V. m. § 3 Abs. 1 ArbSchG.

555 Hierzu Pieper, AiB 01, 437.

556 Vgl. insgesamt DKW-Klebe, Rn. 248 ff. m. w. N.

557 Hierzu auch LAG Sachsen 6.11.19 – 9 Sa 142/19, juris; Nickel, AiB 09, 423 und den BV-Entwurf bei DKW-F-Klebe/H, Heilmann, § 87 Rn. 40a.

558 Vgl. BAG 13.3.12 – 1 ABR 78/10, NZA 12, 748; 22.3.16 – 1 ABR 14/14, NZA 16, 1283; 19.11.19 – 1 ABR 36/18, NZA 20, 389; DKW-Klebe, Rn. 65, 259 und Rn. 13; zu den Überwachungsrechten des BR vgl. BAG 7.2.12 – 1 ABR 46/10, NZA 12, 744.

anschließende Umsetzung von konkreten Maßnahmen.[559] Eine ESt. kann für die Klärung der Maßnahmen auch nicht einen gemeinsamen Ausschuss nach § 28 Abs. 1 vorsehen.[560] Bei Gesprächen im Klärungsprozess zwischen AG und dem Betroffenen soll nach Auffassung des BAG[561] der BR nur hinzuzuziehen sein, wenn der AN zustimmt. Der AG hat allerdings betroffene AN auf die Möglichkeit hinzuweisen, dass mit ihrem Einverständnis der BR und ggf. die Schwerbehindertenvertretung beteiligt wird (»Initiativlast des AG«). Auch die **Inklusionsvereinbarung** gem. § 166 SGB IX dient dem Arbeits- und Gesundheitsschutz und ist daher nach dieser Vorschrift mitbestimmungspflichtig.[562] Darüber hinaus kommen entsprechend den in Abs. 2 aufgeführten Regelungsbereichen weitere MBR in Betracht, wie nach Nr. 2, 3, 13 und § 95. Bei nicht nur geringfügigen und kurzfristigen arbeitsschutzrechtlichen Pflichtverletzungen des AG kann dem einzelnen AN ein **Leistungsverweigerungsrecht** gem. § 273 BGB zustehen,[563] das keine unmittelbare Gesundheitsgefahr erfordert. Bei unmittelbarer erheblicher Gefahr kann sich ein **Entfernungsrecht** gem. § 9 Abs. 3 ArbSchG ergeben, das keine Pflichtverletzung des AG voraussetzt (vgl. auch § 91 Rn. 11). Die AN haben gemäß §§ 618 Abs. 1 BGB, 5 Abs. 1 ArbSchG einen privatrechtlichen Anspruch gegen den AG auf eine Beurteilung der mit ihrer Beschäftigung verbundenen Gefährdung. Dieser beinhaltet wegen des dem AG eingeräumten Handlungs-/Beurteilungsspielraums allerdings nicht, dass die Gefährdungsbeurteilung nach bestimmten vom AN vorgegebenen Kriterien durchgeführt wird, sondern nur, dass der AG den Beurteilungsspielraum ordnungsgemäß ausfüllt bzw. sein Initiativrecht geltend macht, um mit dem BR die erforderliche Einigung zu erzielen.[564] Die Kosten, die durch arbeitsschutzrechtliche Vorschriften entstehen, hat der AG zu tragen (vgl. § 3 Abs. 3 ArbSchG).[565] Hiervon wird auch, entgegen BAG,[566] die Bezahlung von Umkleidezeiten, die auf arbeitsschutzrechtlicher Anordnung beruhen, erfasst.[567] Bildschirmarbeitsbrillen hat der AG gemäß Teil 4 Abs. 2 Nr. 1 Satz 4 Anhang ArbMedVV zur Verfügung zu stellen bzw. gemäß § 3 Abs. 3 ArbSchG zu bezahlen.[568] Es ist umstritten, ob sich aus § 241 Abs. 2 BGB

---

559 BAG 22.3.16 – 1 ABR 14/14, NZA 16, 1283.
560 BAG 22.3.16 – 1 ABR 14/14, NZA 16, 1283.
561 BAG 22.3.16 – 1 ABR 14/14, NZA 16, 1283; 19.11.19 – 1 ABR 36/18, NZA 20, 389.
562 Feldes/Kohte/Stevens-Bartol-Feldes, SGB IX, 5. Aufl. (2023), § 166 Rn. 61.
563 BAG, DB 96, 2446; BB 97, 1364.
564 BAG, DB 08, 2030; Gäbert, AiB 08, 640.
565 Vgl. auch BAG, BB 98, 2527; vgl. auch EuGH 22.12.22 – C-329/21, NZA 23, 95 zu Art. 9 Abs. 3, 4 der Bildschirmarbeitsplatzrichtlinie.
566 BAG 13.12.16 – 9 AZR 574/15, NZA 17, 459.
567 LAG Hamburg 6.7.15 – 8 Sa 53/14, NZA-RR 16, 66; Kohte, AuR 16, 404.
568 Vgl. auch BVerwG 4.7.19 – 2 C 38/17, NZA-RR 19, 614.

i. V. m. § 167 Abs. 2 SGB IX als Konkretisierung der allgemeinen Fürsorgepflicht des AG ein Anspruch ergibt, bei Vorliegen der Voraussetzungen ein betriebliches Eingliederungsmanagement durchzuführen. Dies wird vom BAG abgelehnt.[569]

h) Sozialeinrichtungen (Nr. 8)

49 Als **Sozialeinrichtungen** gelten alle Einrichtungen des Betriebs (UN oder Konzern), durch die den AN oder ihren Angehörigen über das Entgelt hinaus, das unmittelbar im Austauschverhältnis zur Arbeitsleistung steht,[570] **zusätzliche Vorteile** gewährt werden. Unentgeltlichkeit ist nicht Voraussetzung, eine Sozialeinrichtung kann sogar dann vorliegen, wenn der AG auf Dauer kostendeckende Einnahmen erzielen will.[571] Dem sozialen Zweck bzw. der Begrenzung des Wirkungsbereichs auf Betrieb/UN/Konzern widerspricht nicht, dass gelegentlich auch Gäste, die nicht dem Betrieb angehören, die Einrichtung nutzen.[572] Es muss allerdings auf Dauer eine gewisse Organisation vorhanden sein, die sich mit der anfallenden Verwaltung befasst (»zweckgebundenes Sondervermögen«).[573] Zu den Sozialeinrichtungen zählen u. a. **Kantinen**[574] und Werksküchen,[575] Verkaufsautomaten, der Betrieb eines Selbstbedienungsladens durch einen rechtlich selbständigen Dritten, wenn der AG Räume zur Verfügung stellt und Kosten übernimmt,[576] **Beschäftigungs- und Qualifizierungsgesellschaften** eines AG, die mit den früheren Beschäftigten Arbeitsverhältnisse eingehen, um ihnen den Bezug von Kurzarbeitergeld zu ermöglichen,[577] **Sportanlagen**, Bibliotheken, **Erholungsheime, Fortbildungseinrichtungen** und **Kindergärten**,[578] nicht jedoch ein **Betriebsausflug**[579] oder ein **ärztlicher Liquidationspool** (vgl. aber auch Rn. 58).[580] Ein Werkverkehr mit Bussen kann eine Sozialeinrich-

---

569 BAG 7.9.21 – 9 AZR 571/20, NZA 22, 257; a. A. LAG Hamm 13.11.14 – 15 Sa 979/14, juris.

570 Vgl. BAG, NZA 98, 1185.

571 BAG, ZIP 01, 262; NZA 09, 562.

572 BAG, ZIP 01, 262; NZA 09, 562.

573 Vgl. z. B. BAG, NZA 98, 1185; 02, 230; 8.11.11 – 1 ABR 37/10, NZA 12, 462.

574 Hierzu Eylert/Meyer, AuR 21, 57.

575 BAG, DB 88, 404; ZIP 01, 262; LAG Düsseldorf 12.12.18 – 12 TaBV 37/18, NZA-RR 19, 148; Martini, AiB 13, 29; vgl. auch DKW-F-Klebe/Heilmann, § 87 Rn. 43 und 44 (Mustervereinbarungen Betriebsrestaurant und elektronische Kantinenabrechnung).

576 LAG Hamm 2.3.83 – 12 TaBV 68/82.

577 BAG, NZA 02, 230.

578 BAG, DB 82, 811; NZA 09, 562; DKW-F-Klebe/Heilmann, § 87 Rn. 45 (Mustervereinbarung).

579 BAG, BB 98, 1419; kritisch Grimberg, AiB 98, 711.

580 BAG, NZA 98, 1185.

tung darstellen, wenn eine eigenständige Organisation mit abgesonderten Betriebsmitteln vorliegt.[581] **Betriebliche Pensions-** und **Unterstützungseinrichtungen**[582] sind nur dann als Sozialeinrichtungen anzusehen, wenn die Leistungen aus einem zweckgebundenen Sondervermögen erbracht werden.[583] Sog. **Direktzusagen** sind keine Sozialeinrichtungen,[584] unterliegen aber der MB nach Nr. 10 (vgl. Rn. 66). Die Vorschrift greift auch bei der Durchführung des AN-Anspruchs auf **Umwandlung von Entgelt in Versorgungszusagen** ein (vgl. auch Rn. 27, 66).[585] Die Sozialeinrichtung kann auch von mehreren UN gemeinsam errichtet werden, wie z. B. bei einer Unterstützungskasse (Rn. 51) oder einer Kantine, die in einem Industriepark von einem Caterer für mehrere angesiedelte Firmen, die die Preise für ihre Beschäftigten subventionieren, betrieben wird.

Der MB des BR unterliegen die Form, Ausgestaltung und Verwaltung der Sozialeinrichtung.[586] Unter »Form« ist die juristische Gestaltung (eingetragener Verein, GmbH u. Ä.) zu verstehen. Zur »Ausgestaltung« der Sozialeinrichtung gehört insbesondere deren gesamte Organisation, wie z. B. die Satzung, eine Nutzungsordnung und ein Leistungsplan sowie deren Änderung.[587] Zur »Verwaltung« zählt nicht nur die Aufstellung allgemeiner Verwaltungsrichtlinien; die MB erstreckt sich vielmehr auch auf die **einzelnen Verwaltungsmaßnahmen**.[588] Dazu zählen auch bei freiwilligen, jederzeit widerruflichen Leistungen die Verteilung der zur Verfügung stehenden finanziellen Mittel (Leistungsplan) und die konkrete Auswahl der begünstigten AN.[589] Darüber hinaus ist die **Änderung des Leistungsplans** mitbestimmungspflichtig.[590] Bei einer **Werkskantine** unterliegt z. B. die Festsetzung der einzelnen Kantinenpreise, der Öffnungszeiten, die Regelung, dass kein Einweg-Plastikgeschirr verwendet wird[591] und auch die Frage dem MBR, wer sie nutzen darf und wie (dabei können allerdings AN, die das Essen nicht in Anspruch nehmen, nicht zur Kostentragung verpflichtet werden; vgl. auch Rn. 12).[592] Der AG kann zudem nicht ohne Zustimmung 50

---

581 BAG, DB 86, 230.

582 Vgl. auch Furier, AiB 99, 197.

583 BAG, DB 88, 2411; 09, 1079; NZA 09, 562; 8. 11. 11 – 1 ABR 37/10, NZA 12, 462.

584 BAG, BB 75, 1062; 75, 1064; 76, 1175.

585 DKW-Klebe, Rn. 326 f.; vgl. auch den BV-Entwurf bei DKW-F-Klebe/Heilmann, § 87 Rn. 60.

586 BAG, DB 88, 2411.

587 BAG, DB 09, 1079.

588 BAG 14. 2. 67, AP Nr. 9 zu § 56 BetrVG Wohlfahrtseinrichtungen.

589 Vgl. BAG, DB 78, 2189; 88, 2411.

590 BAG 5. 6. 84, AP Nr. 3 zu § 1 BetrAVG Unterstützungskassen.

591 Vgl. auch Däubler, Klimaschutz und Arbeitsrecht, HSI-Schriftenreihe Bd. 49, 2023.

592 BAG, ZIP 01, 262; LAG Düsseldorf 12. 12. 18 – 12 TaBV 37/18, NZA-RR 19, 148.

des BR die bisher übliche Nutzung (z. B. für Jubiläumsfeiern der AN) einschränken.[593]

51 Wird die Sozialeinrichtung als selbständige juristische Einrichtung betrieben, kann der MB dadurch Rechnung getragen werden, dass der BR in den zur Entscheidung befugten Organen **paritätisch** vertreten ist oder die zu treffenden Entscheidungen **unmittelbar zwischen BR und AG** vereinbart werden.[594] Wird das MBR z. B. bei der Aufstellung einer neuen Leistungsordnung verletzt, ist der Widerruf der Versorgungszusagen (individualrechtlich) unwirksam.[595] Sind an einer Unterstützungskasse allerdings mehrere UN beteiligt, setzen Ansprüche einzelner AN wegen Verletzung der MBR voraus, dass die Verletzung bei der Willensbildung in der **Gruppenunterstützungskasse** für die nachteilige Änderung der Leistungsrichtlinien kausal werden konnte.[596] Konkurrenzprobleme können auftauchen, wenn die Sozialeinrichtung ein eigener Betrieb mit BR ist. Im Hinblick z. B. auf die Öffnungszeiten bestimmt der BR dann nach Nr. 2 mit. Für den BR des Stammbetriebs besteht demgegenüber ein MBR nach Nr. 8 wegen der Ausgestaltung. In diesem Fall muss zunächst im Stammbetrieb eine Lösung gefunden, ein einheitlicher Wille gebildet werden. Die Betriebsparteien der Sozialeinrichtung haben diese Einigung dann als betriebliche Belange zu berücksichtigen.[597]

52 Der BR als solcher kann nicht Träger einer Sozialeinrichtung sein, weil er insoweit weder rechts- noch vermögensfähig ist. Allerdings kann dem BR die **Alleinverwaltung einer Sozialeinrichtung** übertragen werden.[598]

53 Nicht der MB unterliegen die Errichtung und Schließung einer Sozialeinrichtung, die Festlegung des allgemeinen Benutzerkreises[599] sowie die sog. Dotierung. Der **AG bestimmt** also **allein, welche finanziellen Mittel** er der Einrichtung zur Verfügung stellt.[600] Führt der AG eine **Kürzung** durch, bestimmt der BR aber bei der Neuverteilung der Mittel mit.[601]

---

593 BAG, DB 88, 404.
594 BAG, DB 78, 2189; 88, 2411; 03, 293.
595 BAG, DB 88, 2411; 92, 1885.
596 BAG, DB 89, 2491.
597 BAG, NZA 09, 562.
598 BAG, DB 86, 2680.
599 Vgl. hierzu aber auch BAG, DB 88, 2411.
600 Vgl. z. B. BAG 9.12.08 – 3 AZR 384/07.
601 BAG, DB 88, 2411; 03, 293; 09, 1079; zur Kündigung und Nachwirkung einer BV zur Altersversorgung vgl. BAG, AuR 00, 386 mit kritischer Anm. Herbst/Matthes; NZA 02, 575.

i) Wohnraum (Nr. 9)

Das MBR[602] erstreckt sich auf die Zuweisung von Wohnräumen (insbesondere Werkmietwohnungen)[603] aller Art, soweit diese im Eigentum des AG stehen oder dem AG daran ein Verfügungsrecht zusteht. Auch die **Zuweisung an leit. Ang.** kann nur mit Zustimmung des BR erfolgen, wenn ein einheitlicher Bestand von Wohnungen vorliegt.[604] Das MBR besteht auch ansonsten, wenn Wohnungen auch an dritte Personen, die nicht vom BR repräsentiert werden, vergeben werden. Es ist gleich, ob zwischen dem AG und dem Dritten ein Vertragsverhältnis besteht.[605] Nicht dem MBR unterliegt, ob der Arbeitgeber **überhaupt Wohnraum zur Verfügung** stellt oder diesen später entwidmet.[606] Auch hinsichtlich der finanziellen Mittel, die er zur Verfügung stellt, ist der AG frei. 54

Zu den **Nutzungsbedingungen** zählt u. a. der Inhalt der Mietverträge und der Hausordnung. Aber auch die Festsetzung der Miethöhe (im Rahmen der vorgegebenen Dotierung)[607] gehört dazu. Die Erhöhung der **Grundmiete** kann nur unter Berücksichtigung des MBR erfolgen.[608] Die MB besteht zudem bei der Festlegung der **Übernachtungsgebühren** für AN in einem möblierten betrieblichen Wohnheim.[609] Dagegen gehört die Lieferung von Heizgas nicht zu den Nutzungsbedingungen, wenn der AG nur die Wohnräume einschließlich einer Heizgelegenheit zur Verfügung stellt.[610] Auch die **Kündigung der Wohnräume** unterliegt dem MBR. Handelt es sich um einen einheitlichen Bestand ohne feste Zuordnung, erfasst das MBR alle Wohnungen und nicht nur die der AN.[611] Es ist davon auszugehen, dass die fristgerechte Kündigung des Mietverhältnisses regelmäßig nur in Verbindung mit der gleichzeitigen Beendigung des Arbeitsverhältnisses möglich ist. Das MBR bleibt auch bestehen, wenn das Arbeitsverhältnis bereits beendet worden ist.[612] Eine ohne Beachtung des MBR ausgesprochene **Kündigung ist unwirksam**. Unabhängig von der MB kann der AN auch mietrechtlichen Schutz in Anspruch nehmen. 55

---

602 Mustervereinbarung bei DKW-F-Klebe/Heilmann, § 87 Rn. 48.

603 Checkliste bei DKW-F-Klebe/Heilmann, § 87 Rn. 47; vgl. hierzu und zu Rechtswegfragen bei Streitigkeiten BAG, DB 00, 628: Für Werkmietwohnungen ist das AG, für Werkdienstwohnungen das ArbG zu ständig.

604 BAG, DB 74, 1627; NZA, 93, 766.

605 BAG, NZA 93, 272 und 766.

606 Vgl. z. B. BAG, NZA 93, 766.

607 BAG, NZA 93, 272.

608 BAG, DB 73, 1458.

609 BAG 3. 6. 76, AP Nr. 3 zu § 87 BetrVG 1972 Werkmietwohnungen.

610 BAG, DB 86, 704.

611 BAG, NZA 93, 272.

612 BAG, NZA 93, 272.

j) Betriebliche Lohngestaltung (Nr. 10)

56 **Betriebliche Lohngestaltung** i. S. dieser Bestimmung ist die Festlegung allgemeiner Regelungen, die sich auf die Grundlagen der Entgeltfindung (Lohn ist i. S. von Entgelt allgemein zu verstehen) beziehen.[613] Das MBR in diesem Bereich soll den AN, sofern kein **TV** eingreift (Rn. 7), vor einer einseitig an den Interessen des AG orientierten oder gar willkürlichen Lohngestaltung schützen. Dem dient auch das EntgTranspG, das bisher allerdings offenbar nur geringe Wirkung hat[614] Die betriebliche Lohngestaltung muss danach den §§ 3, 4 und 7 entsprechen bzw. ggf. angepasst werden. Aus dem Prüfverfahren ergibt sich also ein MBR, wenn die dortigen Kriterien Grundsätze für eine zukünftige diskriminierungsfreie Entgeltgestaltung sind.[615] Bei dem MBR geht es um die **Angemessenheit und Durchsichtigkeit des innerbetrieblichen Lohngefüges,**[616] nach h. M. und Rspr. des BAG **nicht jedoch um die Entgelthöhe.**[617] Dennoch können auch auf diesem Wege die finanziellen Aufwendungen des AG erhöht werden, wenn der BR eine Lohnfindung unter dem Gesichtspunkt der Lohngerechtigkeit (zusätzliche Vergütung für zusätzliche Leistung; § 75) betreibt[618] oder der AG ohne Beachtung des MBR Leistungen gewährt hat **und** die Ansprüche der begünstigten AN wirksam sind, der AG die Gelder also nicht zurückfordern kann.[619] Wird das MBR, z. B. bei Anrechnung/Widerruf von **über-/außertariflichen Zulagen**, nicht beachtet, sind die Maßnahmen des AG gegenüber dem einzelnen AN unwirksam (vgl. auch Rn. 1 m. w. N.),[620] sie behalten also ihren bisherigen Zahlungsanspruch. Allein aus der Verletzung der MBR kann sich allerdings ein Anspruch, der bisher nicht bestanden hat, nicht ergeben.[621] Darüber hinaus ist die **individualrechtliche Zulässigkeit einer Verrechnung** jeweils zu prüfen,[622] nach der Einbeziehung von **Formulararbeitsverträgen** bzw. all-

---

613 BAG, DB 80, 1895; 94, 1573; 5. 5. 15 – 1 AZR 435/13, NZA 15, 1207.

614 Wenckebach, AuR 19, 345; zum EntgTranspG vgl. auch § 75 Rn. 3 und § 80 Rn. 6a; zum Auskunftsanspruch BAG 25. 6. 20 – 8 AZR 145/19, NZA 20, 1613; vgl. auch 21. 1. 21 – 8 AZR 488/19, NZA 21, 1011; 16. 2. 23 – 8 AZR 450/21, NZA 23, 958 und Zimmer, AuR 21, 202 ff.

615 Vgl. Kania, NZA 17, 819.

616 Vgl. z. B. BAG, DB 86, 914; NZA 04, 746; NZA 11, 1239; 30. 10. 12 – 1 ABR 61/11, NZA 13, 522 und Herbst, AiB 86, 186 ff.

617 Vgl. z. B. DB 95, 2610; NZA 06,1367; NZA-RR 11, 644; 18. 10. 11 – 1 ABR 25/10, NZA 12, 392; 21. 2. 17 – 1 ABR 12/15, NZA 17, 801.

618 BAG 14. 6. 94 – 1 ABR 63/93, NZA 95, 543; LAG Nds. 30. 4. 13 – 1 TaBV 142/12; DKW-Klebe, Rn. 316, 319 m. w. N. zur BAG-Rspr.

619 BAG, DB 95, 680.

620 BAG, DB 91, 2593.

621 BAG, DB 92, 687; NZA 08, 888.

622 Vgl. z. B. BAG, NZA 93, 806; 09, 49; DB 09, 2787.

gemeinen Arbeitsbedingungen in die **AGB-Kontrolle** (§§ 310 Abs. 4, 305 ff. BGB) auch unter den dort aufgeführten Kriterien.[623] Durch das **FMStFG** und die hierzu ergangene Durchführungs-VO wird die Wirksamkeit von BV zu betrieblichen Vergütungssystemen nicht betroffen. Die Umsetzung etwaiger Auflagen (vgl. § 5 Abs. 2 Nr. 3 der DurchführungsVO) bedarf einer vorherigen Kündigung der BV.[624] Aktuellere Vergütungsregelungen zum Finanzsektor befinden sich im Wertpapierinstitutsgesetz.[625]

Das MBR besteht nur bei **kollektiven Tatbeständen.**[626] Um solche handelt es sich z. B. bei übertariflichen Zulagen immer, wenn die Verteilungsgrundsätze geändert werden.[627] Ein **kollektiver Tatbestand**, für den die Zahl der betroffenen AN ein Indiz sein kann,[628] liegt vor, wenn die Zulagen für einzelne AN **wegen besonderer Leistungen** gewährt[629] oder wegen unzureichender Arbeitsleistung,[630] der Kürze der Betriebszugehörigkeit, der absehbaren Beendigung des Arbeitsverhältnisses, **Mutterschutzes, Erziehungsurlaubs,**[631] wegen der Erhöhung des Tarifgehalts aufgrund von Alterssprüngen, Höhergruppierungen oder der Steigerung tariflicher Leistungszulagen[632] oder wegen krankheitsbedingter Fehlzeiten[633] gekürzt werden sollen.[634] **Keine kollektiven Tatbestände** liegen z. B. vor, falls die Tariflohnerhöhung gegenüber einem einzelnen AN mit Rücksicht darauf angerechnet wird, dass dieser trotz Umsetzung auf einen niedriger bewerteten Arbeitsplatz seine bisherige Vergütung behalten hat[635] oder er dies zur Vermeidung steuerlicher Nachteile wünscht.[636] 57

Zu den Fragen der betrieblichen Lohngestaltung, der Festlegung kollektiver abstrakter Regelungen für die Entlohnung/der Entgeltfindung,[637] gehören alle **Formen der Vergütung**, alle Geld- oder geldwerten Leistungen/Vor- 58

623 Hierzu BAG, NZA 05, 1111 m. w. N.; 07, 853; 11, 796.
624 Vgl. DKW-Klebe, Rn. 297 m. w. N.
625 Hierzu Heimann/Csizmadia, DB 21, 2351.
626 BAG, DB 95, 680; 97, 332; NZA 98, 1237; 00, 1066.
627 Vgl. z. B. BAG, DB 93, 380, DB 93, 1143.
628 BAG DB 97, 2081; NZA 07, 99.
629 BAG, NZA 00, 1066.
630 BAG, DB 93, 385, DB 93, 1143.
631 Vgl. zu diesen Beispielen BAG, DB 93, 1143.
632 BAG, DB 97, 2081.
633 BAG, DB 93, 382 und 1143.
634 Vgl. LAG Hamm, NZA 95, 93 und die Vorinstanz ArbG Paderborn, AiB 94, 249 im Falle der Anrechnung bei allen Arb., nicht aber bei den Ang.
635 BAG, DB 93, 384.
636 BAG, DB 93, 1143.
637 BAG 16. 7. 91 – 1 ABR 66/90, DB 91, 2677; 5. 5. 15 – 1 AZR 435/13, NZA 15, 1207.

teile, die aus Anlass eines Arbeitsverhältnisses gewährt werden, auch wenn es **Einmalzahlungen** sind, wie z. B. bei einer Corona-Sonderzahlung oder der **Inflationsausgleichsprämie**, sofern sie nicht in einem TV geregelt sind.[638] Nicht erfasst werden daher Zahlungen, die **keinen Vergütungscharakter** haben, also z. B. reiner **Aufwendungsersatz**, wie die Erstattung von Umzugskosten und Kontoführungsgebühren oder die Zahlung einer Reinigungspauschale.[639] Auch die **Zuweisung eines eigenen Büros** und eines gesonderten Mitarbeiters haben keinen Entgeltcharakter.[640] **Spesen** sind nach Auffassung des BAG[641] auch dann Aufwendungsersatz, wenn sie die Pauschalbeträge übersteigen, die lohnsteuerfrei bleiben, es sein denn, sie übersteigen von vornherein die Aufwendungen, die der AG für erforderlich halten kann. Andererseits soll der steuerpflichtige Teil der **Nahauslösung** Entgelt sein (vgl. auch Rn. 13).[642] Zur Lohngestaltung gehören alle AG-Leistungen, bei denen die Bemessung nach bestimmten Grundsätzen oder nach einem System erfolgt.[643] Demnach unterliegen beispielsweise der MB auch alle allgemeinen **freiwilligen Leistungen**, wie z. B. Zulagen des AG, die dieser zusätzlich zum tariflich geregelten Entgelt zahlt.[644] Hierbei erfasst die MB zumindest, ob die Zahlung, zu der sich der AG zuvor entschlossen hat, überhaupt gewährt und wie sie im Einzelnen ausgestaltet werden soll,[645] auch hinsichtlich des begünstigten Personenkreises.[646] **Mitbestimmungsfrei** soll der AG entscheiden können, ob er eine Leistung erbringt/einstellt, welche finanziellen Mittel er zur Verfügung stellt, welchen Zweck er mit der Leistung verfolgt und wie er den begünstigten Personenkreis abstrakt eingrenzt.[647] Dieser Auffassung kann nicht allgemein gefolgt werden.[648] Das MBR kann auch dann bestehen, wenn eine zusätzliche Sozialleistung nicht nur gekürzt, sondern vollständig in Wegfall gebracht werden soll.[649] Zudem kann die

---

638 BAG, NZA 00, 1066; NZA-RR 08, 469; 30. 10. 12 – 1 ABR 61/11, NZA 13, 522; LAG Nürnberg 21. 6. 21 – 1 TaBV 11/21, NZA-RR 21, 551.

639 Vgl. BAG, DB 09, 2662.

640 BAG, DB 05, 2585.

641 BAG, NZA 99, 381.

642 BAG, DB 98, 2170; DKW-Klebe, Rn. 302.

643 BAG, DB 86, 2340; 88, 1551.

644 BAG, DB 90, 1238; NZA 04, 803; NZA-RR 08, 469; zur MB bei Verteilung des »Liquidationspools« von Chefärzten an nachgeordnete Ärzte vgl. BAG, NZA 98, 1185.

645 BAG, DB 88, 1551; NZA 11, 475; 11, 598.

646 BAG 18. 3. 14 – 1 ABR 75/12, NZA 14, 984.

647 BAG, DB 90, 1238 m. w. N.; 02, 380; 04, 883; 13. 12. 11 – 1 AZR 508/10, NZA 12, 876; 9. 11. 21 – 1 AZR 206/20, NZA 22, 286.

648 Vgl. DKW-Klebe, Rn. 314 ff.

649 ArbG Mannheim, AiB 88, 88; Trittin, AiB 88, 81 ff.

Ausübung des MBR durchaus zu einer Ausweitung des Dotierungsrahmens führen (vgl. auch Rn. 56),[650] ebenso wie seine Verletzung.[651]

Will der AG die finanzielle Belastung durch freiwillige **übertarifliche Zulagen**[652] insgesamt kürzen, hat der BR darüber mitzubestimmen, wie das **gekürzte Zulagenvolumen** auf die betroffenen AN **verteilt** werden soll,[653] auch wenn die Zulage »automatisch« auf eine Tariflohnerhöhung angerechnet wird, die zum Ausgleich einer Arbeitszeitverkürzung gewährt wurde.[654] 59

Das BAG[655] hat folgende Grundsätze aufgestellt: 60

- Anrechnung/Widerruf lösen das MBR aus, wenn sich die **Verteilungsgrundsätze** für die Zulagen ändern und dem AG Spielraum für eine andere Verteilung bleibt;[656]
- auch bei einer prozentual gleichmäßigen Verrechnung der Tariflohnerhöhung mit allen Zulagen entfällt das MBR nur, wenn das **Verhältnis der Zulagen zueinander** unverändert bleibt;[657]
- das MBR scheidet demgegenüber aus, wenn der AG die bisherigen Verteilungsgrundsätze beachtet, wenn Anrechnung bzw. Widerruf zum **vollständigen Wegfall** der Zulagen führen[658] oder der Änderung der Verteilungsgrundsätze **rechtliche Hindernisse** entgegenstehen, wie z. B. bei einer vollständigen und gleichmäßigen Verrechnung der Tariflohnerhöhung auf alle Zulagen.[659] Dies gilt nach Auffassung des BAG auch,

---

650 Vgl. BAG, DB 88, 1551; 20. 3. 90 – 1 ABN 61/89; 14. 6. 94 – 1 ABR 63/93, NZA 95, 543; LAG Nds. 30. 4. 13 – 1 TaBV 142/12.

651 BAG 14. 6. 94 – 1 ABR 63/93, NZA 95, 543; LAG Nürnberg 21. 6. 21 – 1 TaBV 11/21, NZA-RR 21, 551; LAG München 23. 11. 21 – 9 TaBV 64/21, juris.

652 Vgl. DKW-F-Klebe/Heilmann, § 87 mit Checkliste (Rn. 51) und Mustervereinbarung (Rn. 52).

653 BAG, DB 88, 1223 f.; DB 92, 1579; BB 93, 135; NZA 03, 224.

654 BAG, DB 92, 1579; zur individualrechtlichen Zulässigkeit vgl. BAG, DB 96, 1630; NZA 02, 342; BB 04, 2082; DB 08, 2766; 09, 2787 und Rn. 56; zur Absicherung der AN gegen Kürzungen/Anrechnungen vgl. BAG, NZA 02, 342; 06, 1170.

655 BAG, DB 92, 1579.

656 Vgl. auch BAG, NZA 09, 684; 22. 5. 12 – 1 AZR 94/11, NZA 12, 1234.

657 Vgl. BAG, DB 96, 736 zur Zulässigkeit der unterschiedlichen Verrechnung in zwei verschiedenartigen betrieblichen Entgeltsystemen.

658 Z. B. BAG 22. 5. 12 – 1 AZR 94/11, NZA 12, 1234; vgl. aber auch BAG, DB 95, 1410; 95, 1411; 10. 3. 09 – 1 AZR 55/08, NZA 09, 684; 24. 1. 17 – 1 ABR 6/15, NZA 17, 661: MBR bei vollständiger Streichung der Zulage, wenn aufgrund einheitlicher Konzeption des AG anschließend, möglicherweise auch erst Monate später, von ihm eine neue Zulage gewährt wird.

659 Ebenso BAG, BB 93, 135; 98, 1419; NZA 07, 1303; 22. 5. 12 – 1 AZR 94/11, NZA 12, 1234; vgl. hierzu auch BAG, NZA 09, 684, das eine nur teilweise Verrechnung annimmt, wenn der AG bei zeitlich versetzten mehrstufigen Tariferhöhungen aufgrund seiner Gesamtkonzeption nur eine Stufe vollständig verrechnet; vgl. zur betrieblichen Altersversorgung BAG, DB 00, 525 und 774.

wenn der AG die Anrechnung bei wenigen AN **irrtümlich** unterlässt, die betroffenen AN aber **unmittelbar nach Feststellung** seines Irrtums über die nunmehrige Anrechnung informiert.[660] Für den Irrtum ist der AG darlegungs- und beweispflichtig. Der für die Ausübung des MBR erforderliche Regelungsspielraum bleibt allerdings für den AG erhalten, wenn er bei einer Tariflohnerhöhung auch die in unterschiedlicher Höhe gezahlten übertariflichen Zulagen ohne Rechtspflicht entsprechend anhebt und diese gleichzeitig voll auf eine neu geschaffene tarifliche Zulage anrechnet.[661] Das MBR bei den Verteilungsgrundsätzen ist ebenso wie **§ 2 Abs. 1** auch dann verletzt, wenn der AG keine Verhandlungen über seine Grundsätze zulässt und für den Fall abweichender Vorstellungen des BR zur Verteilung von vornherein eine mitbestimmungsfreie Vollanrechnung vorsieht.[662]

61 Dem BAG ist zuzustimmen, dass das MBR ausscheidet, falls die bisherigen Verteilungsgrundsätze beibehalten werden. Seine Auffassung, bei **vollständiger und gleichmäßiger Anrechnung** sei das MBR auch ausgeschlossen, wenn sich die Verteilungsgrundsätze ändern, ist allerdings **abzulehnen**. Hier sind ebenfalls Fragen der innerbetrieblichen Lohngerechtigkeit betroffen. Der AG kann durchaus individuelle Verpflichtungen und MBR nebeneinander beachten und harmonisieren.[663] Bei mitbestimmungspflichtigen Anrechnungen kann der AG das Zulagenvolumen/die einzelnen Zulagen bis zur Einigung mit dem BR nur kürzen, wenn er die bisherigen Verteilungsgrundsätze beibehält. Ansonsten sind Anrechnung bzw. Widerruf insgesamt unwirksam.[664] Eine auf den Zeitpunkt der Tariferhöhung **zurückwirkende BV** über die Anrechnung übertariflicher Zulagen kommt ausnahmsweise in Betracht, wenn die betroffenen AN mit einer rückwirkend belastenden Regelung rechnen mussten und sich hierauf einstellen konnten.[665] Wird die **teilmitbestimmte BV** über freiwillige Leistungen vom AG gekündigt, wirkt sie gemäß § 77 Abs. 6 insgesamt nach, wenn der AG das Volumen reduzieren und den Verteilerschlüssel ändern will.[666] Die Nachwirkung soll allerdings entfallen, wenn der AG die freiwillige Leistung vollständig streichen will (vgl. hierzu aber auch Rn. 58) bzw. sich auf den Verteilungsplan begrenzen, wenn der AG das Volumen reduzieren, aber den Verteilungsplan beibehalten will.[667] Da die Nachwirkung ausschließlich vom Willen des AG abhängt, verlangt das BAG zu Recht, dass dieser sich gegenüber dem BR oder den

---

660 BAG, BB 96, 646.
661 BAG, DB 95, 1917.
662 BAG, DB 98, 2120; vgl. auch LAG Düsseldorf, AiB 07, 428 m. Anm. v. Trittin.
663 Vgl. im Einzelnen DKW-Klebe, Rn. 315; Roloff, RdA 14, 228.
664 BAG, DB 92, 1579; 97, 332.
665 BAG, BB 96, 326.
666 BAG, DB 08, 2709; NZA 11, 475; 11, 598.
667 BAG, DB 08, 2709.

AN festlegt, wenn er die Leistungen einstellen will. Bis zum Zugang einer solchen Erklärung wirkt die BV nach.[668]

62 Die Anordnung des AG, **Zeiten der Dienstbereitschaft** künftig nicht mehr pauschal abzurechnen, sondern nach den **tatsächlich geleisteten Stunden**, unterliegt ebenso der MB[669] wie eine **Pauschalierung der Überstundenvergütung**[670] und die Frage, welche Zeit als Nachtarbeitszeit zuschlagspflichtig sein soll.[671] Auch die Einführung von **Vertrauensarbeitszeit**, also des Entlohnungsgrundsatzes »Entlohnung nach Aufgabenerfüllung«, löst das MBR aus (vgl. auch Rn. 19). Bei der Zahlung von **Prämienlohn** erstreckt sich das MBR sowohl auf den Verlauf der Prämienkurve als auch auf die Zuordnung von Geldbeträgen zu bestimmten Leistungsgraden,[672] bei Außendienstangestellten allerdings nicht auf die Einteilung der Verkaufsgebiete.[673] Der BR hat auch darüber mitzubestimmen, ob innerhalb eines Akkordlohnsystems die in der Vorgabezeit enthaltene Erholungszeit zu feststehenden Kurzpausen zusammengefasst werden soll[674] und bei **Umstellung von Akkord- auf Zeitlohn**.[675] Dann besteht u. a. ein MBR bei der Frage der Ausgestaltung von Besitzstandsregelungen jedenfalls innerhalb eines vom AG zur Verfügung gestellten **Dotierungsrahmens**.[676]

63 Bei der Einführung und näheren Ausgestaltung (z. B. Definition der Entgeltgruppen, Gestaltung der Gehaltsbänder innerhalb der Gruppen,[677] Regelung eines Stufenaufstiegs[678]) einer **Vergütungsordnung**, wie z. B. dem Entgeltsystem nach Hay, besteht ein MBR, ebenso, wenn diese abgeändert oder durch eine andere ersetzt werden soll.[679] Beruht die Veränderung darauf, dass der AG eine Entgeltgruppe wegen des gesetzlichen Mindestlohns anpassen muss, besteht insoweit kein MBR, weil es sich um Gesetzes-

668 BAG, NZA 11, 598.
669 LAG Frankfurt, DB 85, 1799.
670 HessLAG 15.1.09 – 5 TaBV 140/08, juris für den Fall, dass der AG in den Arbeitsverträgen vereinbart, dass Mehrarbeitsstunden mit dem Jahresgehalt pauschal abgegolten sind; aufgehoben v. BAG 14.9.10 – 1 ABR 32/09, NZA 11, 364 wegen angeblicher Unbestimmtheit des Antrags; zur Überprüfung der Angemessenheit von Pauschalabreden gem. § 307 BGB vgl. BAG, NZA 06, 149; 06, 423 und BVerfG, NZA 07, 85.
671 BAG, DB 94, 1193.
672 BAG, DB 87, 1198.
673 BAG, DB 91, 2677.
674 BAG, DB 88, 811.
675 BAG, NZA 05, 51; 08, 469; 08, 888.
676 BAG, NZA 03, 224, das offenlässt, ob auch hinsichtlich der Höhe der Besitzstandsregelung ein MBR gem. Nr. 11 besteht.
677 LAG Düsseldorf 10.8.16 – 4 TaBV 135/15, juris.
678 LAG BB 20.7.17 – 26 Sa 1932/16, NZA-RR 17, 647.
679 BAG, NZA 87, 489; NZA 04, 852; 17.5.11 – 1 AZR 797/09, NZA-RR 11, 644; 18.10.11 – 1 ABR 25/10, NZA 12, 392.

vollzug handelt. Der BR kann allerdings die BV kündigen und mit seinem Initiativrecht eine Anpassung anstreben.[680] Der BR kann nämlich sowohl die Einführung[681] als auch Änderung in Ausübung seines **Initiativrechts**[682] betreiben. Auch nach **Wegfall der Tarifbindung** des AG stellt die bisherige tarifliche Vergütungsordnung weiterhin die im Betrieb geltende i. S. der Vorschrift dar. Eine Änderung kann daher wirksam nur bei Beachtung der MBR vorgenommen werden.[683] Hält sich der AG nicht hieran, haben die AN weiter einen Vergütungsanspruch auf der Basis der zuletzt angewendeten (tariflichen) Entlohnungsgrundsätze.[684] Dies gilt auch in einem tarifpluralen Betrieb, in dem der AG dann an mehrere Vergütungsordnungen gebunden ist.[685] Es werden auch die Fälle erfasst, in denen der AG durch individuelle Vereinbarungen, auch durch Vereinbarung eines schlechteren TV, mit den AN von einem lediglich nachwirkenden TV abweichen will oder untertarifliche Entgeltgruppen einführt, von denen er behauptet, sie würden vom TV nicht erfasst. Ist die tarifliche Regelung abschließend, ist die Maßnahme zudem als Verstoß gegen den TV unwirksam und die Gewerkschaft hat einen Unterlassungsanspruch. Eine Neuregelung soll nach Auffassung des BAG nicht vorliegen, wenn bei **unveränderter Monatsvergütung** die **Wochenarbeitszeit erhöht** wird.[686] Hierdurch verringert sich allerdings das **Entgelt pro Zeiteinheit** und in der Regel auch die **Relation zwischen und in den Vergütungsgruppen**. Dies rechtfertigt entgegen der Meinung des BAG die Anwendung der Vorschrift (vgl. auch Rn. 65).[687] Ein MBR besteht auch dann, wenn der AG für die AN, auf die kein tarifliches System Anwendung findet, eine zusätzliche **eigene Vergütungsordnung** einführen will. Findet ein tarifliches Entgeltsystem und damit der Eingangssatz Anwendung, will das BAG **zu Unrecht** die Regelungen des TV, soweit sie der erzwingbaren MB unterliegen, auch auf nicht tarifgebundene AN anwenden, damit keine Schutzlücke entsteht.[688] Besteht keine Tarifbindung ist die Vergütung insgesamt mit allen ihren Bestandteilen der Ausgangspunkt, die Referenz.[689] Wird diese Gesamtvergütung, z. B. durch Streichung eines für alle AN glei-

680 LAG BB 18. 2. 20 – 8 TaBV 1919/19, juris; Fitting, Rn. 427.

681 BAG, NZA 04, 852.

682 Vgl. z. B. BAG, NZA 08, 888; LAG Düsseldorf 10. 8. 16 – 4 TaBV 135/15, juris.

683 BAG, NZA 04, 852; 08, 888; 11, 1239; 17. 5. 11 – 1 AZR 797/09, NZA-RR 11, 644.

684 BAG 17. 5. 11 – 1 AZR 797/09, NZA-RR 11, 644; 5. 5. 15 – 1 AZR 435/13, NZA 15, 1207; 25. 4. 17 – 1 AZR 427/15, NZA 17, 1346.

685 BAG 23. 8. 16 – 1 ABR 15/14, NZA 17, 74.

686 BAG, DB 02, 798.

687 Vgl. auch BAG, NZA 98, 441; BB 98, 1419.

688 BAG 23. 8. 16 – 1 ABR 15/14, NZA 17, 74; 14. 2. 23 – 1 ABR 9/22, NZA 23, 651; zur Kritik vgl. Rn. 7 und DKW-Klebe, Rn. 37.

689 BAG 15. 4. 08 – 1 AZR 65/07, NZA 08, 888; 26. 8. 08 – 1 AZR 354/07, NZA 08, 1426; 25. 4. 17 – 1 AZR 427/15, NZA 17, 1346; Fitting, Rn. 452 ff.

chen Bestandteils oder dadurch, dass AN eines Geschäftsbereichs von einer Gehaltsanpassung ausgenommen werden, verändert, ändert der AG die Entlohnungsgrundsätze, und es greift, da er in aller Regel Gestaltungsspielraum hat, das MBR ein.[690] Dabei ist es gleich, ob dieser Vergütungsteil auf einer BV oder einer individualrechtlichen Absprache beruht. Solche Absprachen sind dann bei der Ausübung des MBR zu berücksichtigen, ggf. in der ESt. als betriebliche Belange.[691] Es ist allerdings auch denkbar, dass eine zusätzliche freiwillige Leistung ohne Entsprechung im bisherigen Entlohnungssystem vom AG auf Grund einer isolierten, die Zahlung umfassend und abschließend regelnden BV erbracht wird. Eine solche BV, die nach dem Willen der Betriebsparteien die geltenden Entlohnungsgrundsätze unberührt lassen soll, kann v. AG, der die Leistung einstellen will, einseitig beendet werden.[692] Diese Möglichkeit entsteht allerdings nicht bereits bei bloßer Aufspaltung der Gesamtvergütung in mehrere BV.[693] Die Vorschrift erfasst auch die Festlegung von Kriterien zur Bildung von Gehaltsgruppen der **AT-Ang.**[694] und von Wertunterschieden zwischen den Gruppen,[695] die Frage, ob die AT-Gehälter linear oder unterschiedlich nach abstrakten Kriterien erhöht werden sollen[696] und die Ausgestaltung einer für sie geschaffenen Jahressonderzahlung.[697] Das MBR soll allerdings zu Unrecht nicht bei der Festlegung der Abstände der Gehaltsgruppen zur höchsten Tarifgruppe bestehen.[698] Freiwillig kann sich der AG gemäß § 88 BetrVG zu bestimmten Erhöhungen der AT-Gehälter verpflichten.[699] Nach Auffassung des BAG[700] kann der AG im Betrieb auch mehrere **voneinander unabhängige Vergütungssysteme** anwenden. Dabei kann er allerdings nicht das MBR dadurch einschränken, dass er die Belegschaft in beliebige Gruppen aufspaltet, für die er jeweils eigene unterschiedliche Entgeltsysteme vorsieht.[701] Bestehen aus **sachlich**

690 BAG 26.8.08 – 1 AZR 354/07, NZA 08, 1426; 10.12.13 – 1 ABR 39/12, NZA 14, 1040; 24.1.17 – 1 AZR 772/14, NZA 17, 931.

691 Vgl. z.B. BAG 26.8.08 – 1 AZR 354/07, NZA 08, 1426; 18.3.14 – 1 ABR 75/12, NZA 14, 984.

692 BAG 10.12.13 – 1 ABR 39/12, NZA 14, 1040.

693 BAG 5.10.10 – 1 ABR 20/09, NZA 11, 598.

694 BAG, NZA 91, 434; DB 05, 561; Ballerstaedt/Voigt, AiB 6/21, 14 ff.; Bromberg/Soltmann, AiB 6/21, 18 ff.; vgl. auch DKW-F-Klebe/Heilmann, § 87 Rn. 49 (Checkliste) und Rn. 50 (Mustervereinbarung).

695 BAG 18.10.11 – 1 ABR 25/10, NZA 12, 392; LAG Nds. 31.8.20 – 1 TaBV 102/19, NZA-RR 21, 18.

696 BAG, NZA 91, 434; DB 93, 1143.

697 BAG, DB 92, 1730.

698 BAG, NZA 91, 436 m.w.N.; DB 93, 1143; vgl. auch BAG, NZA 03, 810; a.A. zu Recht Fitting, Rn. 503; Klocke,NZA-RR 23, 281.

699 BAG 18.10.11 – 1 AZR 376/10, DB 12, 356, Ls.

700 BAG, DB 04, 1508.

701 BAG, DB 96, 736; 04, 1508.

gerechtfertigten Gründen unterschiedliche Systeme, ist deren weitere Entwicklung jeweils für sich und nicht als einheitlicher Regelungsgegenstand im Hinblick auf MBR zu bewerten.[702]

64 Bei **Provisionszahlungen** besteht zumindest ein MBR nach Nr. 10 (vgl. auch Rn. 71), das sich zwar nicht auf den Geldfaktor, aber auf alle anderen Elemente, die das Provisionssystem im Einzelnen ausgestalten, bezieht. Das MBR erfasst daher z. B. bei einer Abschlussprovision auch die Frage, welche Verkaufsartikel den unterschiedlich provisionierten Gruppen zuzuordnen sind.[703] Die Festlegung von Regeln für **Zielvereinbarungen** bei der Entgeltfindung unterliegt ebenfalls der MB (vgl. zudem Rn. 13, 38, 71 und § 94 Rn. 2, 13).[704]

65 Weiter besteht ein MBR bei Gestattung einer günstigen privaten Nutzung von **Firmenwagen**, d. h., ohne vollständige Weitergabe der dabei für den AG entstehenden Kosten (vgl. auch Rn. 13)[705] und Dienstfahrrädern,[706] Firmenkreditkarten, **Telefonanlagen/Mobiltelefonen/PC mit Internetzugang**[707] und bei Nachlässen auf vom AG bezogene Waren,[708] wie z. B. Jahreswagen, bei Regelungen des **Mankogeldes**,[709] bei der Gewährung von **Flügen**, mit denen die Übernahme von Führungsverantwortung honoriert werden soll,[710] bei einem Personaleinkauf von Kantinenwaren zum Selbstkostenpreis,[711] bei der Gestattung, dienstlich erlangte **Bonusmeilen**, die dem AG zustehen,[712] privat zu nutzen, bei der Zahlung von **Spesensätzen**, die über die steuerfrei zu zahlenden Aufwendungserstattungen hinausgehen, es sei denn, der AG belegt, dass die tatsächlichen Aufwendungen des AN höher als der Steuerfreibetrag sind,[713] von **Mietzuschüssen** oder bei steuerpflichtigen

702 BAG a. a. O.; NZA 04, 803.
703 BAG, DB 89, 384.
704 LAG Saarland 18. 1. 17 – 1 TaBV 1/16, juris; zum Auskunftsanspruch vgl. LAG Düsseldorf 25. 8. 16 – 11 TaBV 36/15, juris.
705 LAG Nürnberg 6. 9. 22 – 1 TaBV 4/22, NZA-RR 23, 223; LAG Köln 13. 1. 20 – 9 TaBV 66/19, LAGE § 100 ArbGG 1979 Nr. 14 (im Verfahren zur Bestellung einer ESt).; vgl. auch BAG NZA 02, 394; NZA 04, 1287 und ausführlich DKW-Klebe, Rn. 331; Checkliste und Mustervereinbarung bei DKW-F-Klebe/Heilmann, § 87 Rn. 58 und 59.
706 Müller, AiB 10/20, 37
707 LAG Hamm, NZA-RR 07, 20: Nicht bei der Untersagung der privaten Nutzung.
708 BAG, ZIP 93, 1251.
709 Hjort, AiB 94, 279; vgl. auch LAG BaWü 14. 9. 93 – 13 TaBV 2/93; Checkliste und Mustervereinbarung bei DKW-F-Klebe/Heilmann, § 87 Rn. 55 und 56.
710 LAG Köln, NZA-RR 06, 415.
711 BAG 8. 11. 11 – 1 ABR 37/10, NZA 12, 462.
712 BAG, DB 06, 2068.
713 DKW-Klebe, Rn. 302; vgl. auch HessLAG, AuR 98, 170 (Vorinstanz zu BAG, NZA 99, 381); a. A. BAG, NZA 99, 381.

Auslösungen[714] und der Übernahme der Kosten für **Familienheimfahrten** durch den AG.[715] Gleiches gilt für die Festsetzung der **Beiträge für betriebliche Kindergärten,**[716] die Gewährung von günstigen **Firmendarlehen,**[717] **Jahressonderzahlungen,**[718] **Jubiläumszahlungen,**[719] **Erfolgs-/Ergebnisbeteiligungen,**[720] **Bleibeprämien** (für ein ungekündigtes Arbeitsverhältnis zu einem bestimmten Zeitpunkt), die Ausgabe von **Belegschaftsaktien** und **Aktienoptionen,**[721] auch wenn die entsprechenden Entscheidungen (wie z. B. begünstigter Personenkreis, Verteilungskriterien) letztlich bei einer Muttergesellschaft im Ausland fallen.[722] Haben die Arbeitsvertragsparteien die Leistung vereinbart, ist es Aufgabe des AG, die Erfüllung sicher zu stellen. Wird die Zusage von der ausländischen Muttergesellschaft gegeben bzw. entscheidet diese allein, bleibt es entgegen BAG[723] trotzdem dabei, dass die Leistung ausschließlich wegen des Arbeitsverhältnisses erbracht wird und Entgelt ist, mit dem die Arbeit der Beschäftigten honoriert bzw. eine besondere Motivierung angestrebt wird.[724] Der AG macht sich diese Zusage zu Eigen und hat damit auch hier die Einhaltung des MBR sicher zu stellen.[725] Der Umstand, dass Entscheidungen im Ausland fallen, ist ggf. in der ESt. zu berücksichtigen.[726] Dies entspricht auch früheren Entscheidungen des BAG[727] und den steuerrechtlichen Festlegungen in § 38 Abs. 1 Satz 3 Ein-

---

714 BAG, DB 98, 2170.

715 BAG, DB 86, 2340.

716 BAG, DB 82, 811.

717 BAG, DB 81, 996; Mustervereinbarung bei DKW-F-Klebe/Heilmann § 87 Rn. 53.

718 BAG, DB 92, 1730; erfasst werden auch etwaige Rückzahlungsklauseln; vgl. DKW-Klebe, Rn. 328 (Fn. 1435), 338 und auch BAG AP Nr. 18 zu § 87 BetrVG 1972 Lohngestaltung für allgemeine Regeln beim Entzug von Leistungen und auch eine Beteiligung des BR im Einzelfall vor Ausspruch des Entzugs (str.); vgl. insgesamt Hinrichs, AiB 01, 590.

719 DKW-F-Klebe/Heilmann, § 87 Rn. 54 (Mustervereinbarung).

720 Vgl. z. B. Bredies, AiB 6/21, 21 ff.

721 BAG, NZA 90, 559.

722 LAG Nürnberg, NZA-RR 02, 247; vgl. auch BAG 9. 2. 93 – 1 ABR 33/92, NZA 93, 906.

723 BAG 19. 6. 19 – 1 ABR 57/17, juris.

724 Mit ausführlicher Begründung DKW-Klebe, Rn. 328; vgl. insbesondere auch Deinert, Betriebsverfassung in Zeiten der Globalisierung, HSI-Schriftenreihe Bd. 38 (2021), S. 55 ff. und ders., AuR 21, 100.

725 LAG Nürnberg 23. 2. 21 – 6 TaBV 1/21, NZA-RR 21, 254; 21. 6. 21 – 1 TaBV 11/21, NZA-RR 21, 651 (beide im Verfahren nach § 100 ArbGG).

726 A. A. LAG BaWü 17. 1. 17 – 19 TaBV 3/16, RDV 17, 144; LAG Bremen 27. 7. 16 – 3 TaBV 3/16, juris.

727 Vgl. z. B. BAG 22. 7. 08 – 1 ABR 40/07, NZA 08,1248; 9. 2. 93 – 1 ABR 33/92, NZA 93, 906.

kommenssteuergesetz, wonach der nationale AG die Lohnsteuer abzuführen hat. Das MBR besteht zudem bei Umsatzprämien,[728] verbilligten/kostenlosen **Outplacement-Beratungen**, einer Beteiligung der AN am Ertrag des UN, Zeitgutschriften für einen Betriebsausflug als Erfolgsprämie,[729] Sonderboni oder anderen **Sonderzahlungen**, auch wenn sie nur einmalig und erst nachträglich im Hinblick auf erbrachte Leistungen gezahlt werden,[730] bei der abstrakten Festlegung von Tatbeständen (Arbeitsplätzen), nach denen sich die Zahlung eines tariflichen Erschwerniszuschlags richten soll,[731] für die Zahlung eines **zusätzlichen Urlaubsgeldes**[732] und **Urlaubsentgelt**,[733] für Zuschüsse zu Essensmarken[734] und Fahrgeld,[735] für die Veranstaltung von Wettbewerben mit Sonderprämien für die Gewinner,[736] für die Frage, ob ein **Ausgleich für Nachtarbeit** gem. § 6 Abs. 5 ArbZG durch bezahlte freie Tage oder durch Entgeltzuschlag zu gewähren ist,[737] für die Einführung eines **Prämienplans für Unfallfreiheit**[738] und Streikbruchprämien, soweit überhaupt zulässig (§ 612a BGB), jedenfalls dann, wenn die Zahlung erst nach Streikende zugesagt wird.[739]

66 Zur betrieblichen Lohngestaltung gehört auch die Gewährung einer **betrieblichen Altersversorgung** in Form von sog. Direktzusagen oder Gruppenversicherungen.[740] Dabei unterliegen die Einführung, zu der sich der AG zuvor entschlossen hat, und die Gestaltung des **Leistungsplans** i. S. der **Verteilung der zur Verfügung gestellten Mittel**, auch bei einer **Rentenanpassung**,[741] dem MBR,[742] während der AG allein die Entscheidung darüber treffen

728 BAG, DB 96, 278.

729 BAG, BB 98, 1419; richtigerweise unterliegt jede Gewährung bezahlter Freizeit der Vorschrift, da sie ein geldwerter Vorteil ist und Entgeltcharakter hat; damit nicht nur die, die besonderen Entgeltcharakter hat, z. B., weil sie wegen des UN-Erfolges gegeben wird, so auch Fitting, Rn. 423; offengelassen von BAG 18. 3. 14 – 1 ABR 75/12, NZA 14, 984; vgl. auch BAG 22. 8. 18 – 5 AZR 551/17, NZA 19, 51.

730 BAG, DB 95, 680; NZA 00, 1066.

731 BAG, DB 90, 127.

732 BAG, DB 88, 1223.

733 BAG, NZA 03, 1219.

734 BAG, DB 08, 1215.

735 Vgl. z. B. BAG 15. 1. 87, AP Nr. 21 zu § 75 BPersVG.

736 Vgl. BAG, DB 82, 1519; sog. Incentives.

737 BAG, NZA 98, 441; 05, 884; vgl. auch die Mustervereinbarung bei DKW-F-Klebe/Heilmann, § 87 Rn. 57.

738 LAG SH, BetrR 81, 428.

739 Vgl. BAG 14. 8. 18 – 1 AZR 287/17, NZA 19, 100; 13. 7. 93 – 1 AZR 676/92, DB 94, 148.

740 BAG, DB 75, 1559; DB 04, 883; 07, 471.

741 ArbG Köln 7. 9. 16 – 7 Ca 2664/16, juris.

742 BAG, DB 07, 471; LAG Hamburg 27. 7. 17 – 7 Sa 21/17, NZA-RR 17, 664.

kann, welchen Personenkreis er versorgen will, welche Versorgungsform (z. B. Direktzusage) zur Anwendung kommt und welche finanziellen Mittel zur Verfügung gestellt werden.[743] Auch die **Beendigung der Leistungen** und die **Auswahl** und der **Wechsel von Versicherungs-UN** sind mitbestimmungsfrei, es sei denn, hiermit ist eine Änderung des Leistungsplans verbunden.[744] Es bestehen auch MBR, wenn die betriebliche Altersversorgung durch Entgelt des AN finanziert wird, das z. B. entsprechend § 1a BetrAVG **in Versorgungszusagen umgewandelt** worden ist (ergänzt um den AG-Zuschuss in Abs. 1a in Höhe v. 15 % des umgewandelten Entgelts, soweit der AG durch die Umwandlung Sozialversicherungsbeiträge erspart; siehe auch Rn. 27, 49),[745] allerdings auch hier nicht bei der Auswahl des Versicherungsträgers.[746] Die Vorschrift greift auch ein, wenn der AG bei der **Altersteilzeit** Aufstockungsleistungen, auf die kein individueller Anspruch besteht, erbringen will und dafür finanzielle Mittel zur Verfügung stellt.[747]

Entlohnungsgrundsätze und **Entlohnungsmethoden** sind lediglich Unter- **67**
fälle der umfassenden betrieblichen Lohngestaltung und nur **beispielhaft** angeführt.[748]

Bei den **Entlohnungsgrundsätzen** handelt es sich um Systeme, nach denen **68**
das Arbeitsentgelt bemessen werden soll, und um ihre Ausformung.[749] Dazu zählt u. a. die Entscheidung, ob und in welchem Umfang im **Zeitlohn oder im Leistungslohn** zu arbeiten ist[750] und die entsprechende Änderung.[751] Aber auch Prämien- und andere Systeme einer erfolgsabhängigen Vergütung (z. B. Provisionen) sowie ihre Ausgestaltung,[752] z. B. bei **Gruppenarbeit**, gehören zu den Entlohnungsgrundsätzen. Dies gilt ebenso für ein System der Stellenbewertung und Vergütung, wie z. B. das **Entgeltsystem nach Hay**, das in den Vergütungsgruppen erhebliche Spannbreiten vorsieht und die jährlichen Erhöhungen von Beurteilungen und/oder Zielvereinbarungen abhängig macht. Das MBR greift nicht ein, wenn betrieblich festgelegt werden soll, welche AN nach § 37 Abs. 4 eine **Vergleichsgruppe für BR-Mitglieder** bilden. Dies ist kein v. den Betriebsparteien festlegbarer

---

743 Vgl. z. B. BAG, DB 93, 1240; NZA 04, 1344.

744 BAG, DB 93, 1240; 04, 883; vgl. BAG, DB 00, 525; NZA 04, 1344; 02, 575 zur Kündigung einer BV und ihren Auswirkungen.

745 Vgl. im Einzelnen DKW-Klebe, Rn. 326 f.; a. A. Fitting, Rn. 481 f.

746 BAG, DB 05, 2252; vgl. die Mustervereinbarung bei DKW-F-Klebe/Heilmann, § 87 Rn. 60.

747 BAG 10. 12. 13 – 1 ABR 39/12, NZA 14, 1040.

748 BAG, DB 80, 1895.

749 BAG, DB 80, 1895; 89, 984; 10, 2807.

750 BAG, BB 91, 835 f.; NZA 05, 51; 09, 1159.

751 BAG, BB 06, 2419.

752 BAG, DB 81, 2031.

Entlohnungsgrundsatz, nach dem anschließend eingruppiert wird, sondern Gesetzesvollzug.[753]

69 Unter **Entlohnungsmethoden** ist die Art und Weise der Durchführung des gewählten Entlohnungssystems zu verstehen.[754] Ist z. B. festgelegt worden, dass im Akkordlohn gearbeitet wird, muss im Rahmen der Entlohnungsmethode noch bestimmt werden, ob nach einem **arbeitswissenschaftlichen System** (Refa, Bedaux) oder nach einer frei ausgehandelten Methode verfahren werden soll.[755] Gleiches gilt auch bei der Einführung von **Prämien- oder Provisionsgrundsätzen** oder eines sog. **Cafeteria-Systems** für betriebliche Sozialleistungen, bei dem die AN bei vom AG vorgegebenem Gesamtvolumen Auswahl und Zusammenstellung selbst vornehmen können.[756] Der MB unterliegt die Einführung von Entlohnungsgrundsätzen/-methoden und deren **Änderung**.

k) Leistungsbezogene Entgelte (Nr. 11)

70 Um den mit einer Leistungsentlohnung verbundenen Gefahren zu begegnen, gewährt die Vorschrift dem BR ein MBR bei der Festsetzung der einzelnen Sätze des jeweiligen Leistungslohnsystems (wie z. B. der Bezugsleistung), gleich wie sie im Einzelnen ermittelt werden.[757] Die MBR beziehen sich auf den gesamten Bereich der **Leistungsentlohnung**.[758] Sie erstrecken sich zunächst auf die **Festsetzung der Akkordsätze**[759] einschließlich der **Geldfaktoren**. Darunter ist die Festlegung aller Bezugsgrößen zu verstehen, die für die Ermittlung und Berechnung des Akkordlohns von Bedeutung sind. In diesem Rahmen unterliegen auch die Festsetzung und Änderung der sog. **Vorgabezeiten** der MB[760] und dabei auch der Umfang der in die Vorgabezeit eingehenden **Rüst-, Verteil- und Erholungszeiten**.[761] Werden Vorgabezeiten unter Beachtung der MB entsprechend den tarifvertraglichen und arbeitswissenschaftlichen Regeln ermittelt, so spricht der erste Anschein

---

753 Zur Zulässigkeit einer solchen Vereinbarung im Rahmen v. §§ 37 Abs. 4, 78 Satz 2: BAG 18.1.17 – 7 AZR 205/15, NZA 17, 935; vgl. auch LAG BaWü 26.5.23 – 12 TaBV 1/23, juris, das bei der Ermittlung des Vergleichsentgelts eine Beteiligung des BR nach § 99 ablehnt; a. A. LAG Sachsen 21.2.23 – 3 TaBV 26/21, juris.

754 BAG, DB 80, 1895; 91, 2677.

755 BAG, DB 03, 212.

756 Felix/Mache, AiB 01, 338 ff.

757 BAG, NZA 04, 936; NZA 09, 1159.

758 Zum Inhalt von BV vgl. Tondorf/Mache, AiB 94, 88 ff.

759 Vgl. die Mustervereinbarung »Akkord« bei DKW-F-Klebe/Heilmann, § 87 Rn. 61.

760 BAG, DB 88, 811; 89, 1929; 03, 212.

761 BAG, DB 03, 212.

für ihre Richtigkeit.[762] Gemäß Nr. 10 hat der BR beim Übergang vom Leistungs- zum Zeitlohn jedenfalls innerhalb des vom AG zur Verfügung gestellten Dotierungsrahmens das Recht, über **Besitzstandsregelungen** mitzubestimmen (vgl. Rn. 62). Das BAG[763] hat offengelassen, ob nach Nr. 11 auch die Höhe der Besitzstandszahlung mitbestimmt ist. Bei der Festsetzung der **Prämiensätze**[764] erstreckt sich die MB ebenfalls auf die Festlegung aller Bezugsgrößen.[765] Das MBR umfasst **Studien**, die der AG zur Meinungsbildung vor Festlegung des Zeitfaktors durchführen lässt.[766]

Nach der Auffassung des BAG sind Akkord- und Prämiensätzen »**vergleichbare leistungsbezogene Entgelte**« Vergütungsformen, bei denen eine »Leistung« des AN gemessen und mit einer Bezugsleistung (»**Normalleistung**«) verglichen wird. Dabei muss sich die Höhe der Vergütung in irgendeiner Weise nach dem Verhältnis der Leistung des AN zur Bezugsgröße bemessen.[767] Das BAG fordert zu Unrecht eine aktuelle Leistungsbeurteilung, eine Beurteilung aus dem vergangenen Jahr soll für ein leistungsbezogenes Entgelt nicht ausreichen,[768] und lässt auch eine, die sich jährlich lediglich aus der Arbeit der ersten drei Monate ergibt, nicht genügen.[769] Zu den vergleichbaren leistungsbezogenen Entgelten können auch **Zielvereinbarungen** (vgl. auch Rn. 13, 38 und § 94 Rn. 2, 13)[770] und **Provisionen** zählen, soweit sie leistungsbezogen sind.[771] Das BAG nimmt daher zu Unrecht an, dass ein MBR bei den **Abschlussprovisionen** nicht besteht[772] und verweist den BR ebenso wie bei Anteils- und Leitungsprovisionen[773] auf Nr. 10 (vgl. Rn. 64). **Programmlohn** fällt ebenso unter die Vorschrift wie **Leistungszulagen**, die der AG in entsprechenden Prozentsätzen zusätzlich zum Zeitlohn für besondere Leistungen zahlt. 71

Unter »**Geldfaktor**« i. S. dieser Vorschrift ist der Geldbetrag zu verstehen, der in einem Leistungssystem die **Lohnhöhe für die Bezugs- und Aus-** 72

762 LAG Hamm, DB 91, 2247.
763 BAG, NZA 03, 224.
764 Vgl. die Mustervereinbarung »Prämienlohn« bei DKW-F-Klebe/Heilmann, § 87 Rn. 62.
765 Vgl. dazu Pornschlegel, AiB 82, 9 ff. und zu den unterschiedlichen Prämienlohnsystemen DKW-Klebe, Rn. 349.
766 LAG Berlin, LAGE § 87 BetrVG 1972 Leistungslohn Nr. 5; Fitting, Rn. 522; a. A. BAG, DB 79, 2427; AuR 93, 374.
767 BAG, DB 84, 2145; NZA 04, 936; 09, 1159.
768 BAG, NZA 86, 296.
769 BAG, BB 01, 2320.
770 BAG, NZA 04, 936.
771 DKW-Klebe, Rn. 352; a. A. Fitting, Rn. 542.
772 BAG, DB 84, 2145 unter Aufgabe seiner bisherigen Rspr.; vgl. auch BAG, DB 89, 384.
773 BAG, DB 81, 2031.

gangsleistung und damit den Preis für die im Leistungslohn zu erbringende Arbeit bestimmt.[774]

73 Durch die MB bei der **Festsetzung der Geldfaktoren** ist dem BR ein unmittelbarer **Einfluss auf die Lohnhöhe** der AN eingeräumt worden.[775]

l) Vorschlagswesen (Nr. 12)

74 Die Vorschrift[776] erfasst alle sog. **Verbesserungsvorschläge**. Das sind von AN entwickelte Vorschläge, die die Vereinfachung oder Verbesserung betrieblicher Einrichtungen oder Verfahren bezwecken. Dabei handelt es sich um zusätzliche Leistungen, zu denen keine Verpflichtung des AN aufgrund des Arbeitsverhältnisses besteht.[777] Die MB erstreckt sich sowohl auf die **Einführung/Aufhebung** als auch auf die **Ausgestaltung** von Grundsätzen über das betriebliche Vorschlagswesen. Insoweit steht dem BR selbstverständlich auch ein Initiativrecht zu. Er kann also die Aufstellung allgemeiner Grundsätze für das betriebliche Vorschlagswesen verlangen, sobald er hierfür ein Bedürfnis sieht.[778] Ob der AG bereits finanzielle Mittel zur Verfügung gestellt hat, ist für die MB bedeutungslos.[779]

75 Bei der Aufstellung von Grundsätzen über das betriebliche Vorschlagswesen[780] ist vor allem auch festzulegen, wie die Prüfung der eingereichten Vorschläge vorzunehmen ist, welche Bewertungsmethoden Anwendung finden sollen und wie bei Streitigkeiten zu verfahren ist.[781] Wird ein **Prüfungsausschuss** eingesetzt, muss dieser paritätisch (AG und BR) besetzt werden.[782] Ein solcher Ausschuss kann zu **verbindlichen Tatsachenfeststellungen** bei eingereichten Verbesserungsvorschlägen und deren Bewertung gemäß den Grundsätzen der §§ 317 ff. BGB gebildet werden.[783] Mit Mehrheit getroffene tatsächliche Feststellungen und Bewertungen sind dann nur **beschränkt** entsprechend §§ 317, 319 BGB **gerichtlich überprüfbar**.[784] Über das Bestehen

774 BAG, DB 87, 1198.
775 Vgl. z. B. BAG, DB 95, 2610; NZA 09, 1159.
776 Vgl. hierzu auch Schwab, AiB 99, 445; Fischer, AiB 01, 263; Däubler, AiB 9/21, 14.
777 BAG, DB 04, 1049; ArbG Heilbronn, DB 87, 541.
778 BAG, DB 81, 1882.
779 BAG a. a. O.
780 Checkliste bei DKW-F-Klebe/Heilmann, § 87 Rn. 64; vgl. auch Schwab, AiB 07, 520.
781 Vgl. z. B. LAG Saarland, BB 96, 487 zur Beschränkung der Prozessführungsbefugnis auf ein bevollmächtigtes Gruppenmitglied bei Gruppenvorschlägen.
782 So wohl auch BAG, DB 04, 1049; a. A. BAG, DB 81, 1882.
783 Vgl. BAG 19. 5. 15 – 9 AZR 863/13, NZA 15, 1468.
784 BAG, NZA 04, 994; 16. 12. 14 – 9 AZR 431/13, AuR 16, 204 (Ls.) mit Anm. Jessolat.

des Anspruchs kann er wegen § 101 ArbGG allerdings nicht entscheiden.[785] Haben sich AG und BR darauf geeinigt, dass ein **Beauftragter für das betriebliche Vorschlagswesen** einzusetzen ist, soll nach der abzulehnenden Rspr. des BAG[786] der AG über die Person allein entscheiden können. Der BR bestimmt **entgegen BAG** auch darüber mit, in welchem Verhältnis die Prämie zum Jahresnutzen eines verwerteten Vorschlags stehen soll,[787] über die Annahme/Verwertung entscheidet der AG allerdings allein.[788] Das MBR besteht bei der Einführung von **KVP**[789] und von **Qualitätszirkeln**, da in diesen auch Verbesserungsvorschläge erarbeitet werden sollen.[790] Dies gilt selbstverständlich ebenso, wenn mit einer Intranet-Plattform ein neues Ideenmanagement eingeführt wird.[791]

Zu den Verbesserungsvorschlägen zählen nicht die AN-Erfindungen. Diese **76** werden durch das **ArbNErfG** geregelt.

m) Gruppenarbeit (Nr. 13)

Das MBR soll nach dem Willen des Gesetzgebers **teilautonome Gruppen** **77** erfassen.[792] Danach ist es also nicht ausreichend, dass Beschäftigte lediglich organisatorisch in einer Gruppe zusammengefasst werden und dort in Koordination ihre Einzelaufgaben erledigen. Die Gruppe muss vielmehr eine **Gesamtaufgabe** übertragen bekommen. Durch eine Ergänzung der Einzeltätigkeiten um **vor- und nachgelagerte Aufgaben**, wie qualitätssichernde Arbeiten sowie dispositive, nicht disziplinarische, Vorgesetztenfunktionen, kann so eine Gesamtaufgabe definiert werden, die die einzelnen Arbeitsaufgaben zusammenfasst und nach deren Ausführung ein abgegrenztes, abgeschlossenes Gesamtergebnis der Gruppe steht, wie ein komplettes Produkt/Dienstleistung oder ein Produktteil. Darüber hinaus muss die Gruppe ihre Arbeit **im Wesentlichen eigenverantwortlich** erledigen. Sie muss also eigenständig die einzelnen Arbeitsschritte organisieren, d. h. planen, steuern und verteilen und das Ergebnis kontrollieren. Ohne diese Entscheidungskompetenz für die konkrete Arbeitsorganisation liegt, wie z. B. bei einer Akkordkolonne, keine Gruppenarbeit i. S. von Nr. 13 vor. Auch eine lediglich überwiegend eigenverantwortliche Erledigung der Gesamtaufgabe würde nicht ausreichen. Diese muss der Arbeitsgruppe schließlich **im Rahmen des betrieblichen Arbeitsablaufes** übertragen worden sein. Das bedeutet

---

785 BAG 20. 1. 04 – 9 AZR 393/03, NZA 04, 994.
786 BAG, DB 82, 1468.
787 DKW-Klebe, Rn. 370; a. A. allerdings BAG a. a. O.
788 BAG a. a. O.
789 ArbG Elmshorn, AiB 95, 675 zur Einsetzung einer ESt.
790 Schwab, AiB 07, 520.
791 Vgl. hierzu Heberling/Sziedat, CA 11/17, 18: Benner-Spies/Öhrler, S. 43.
792 BT-Drucks. 14/5741, S. 47.

jedoch nicht, dass damit **Projekt- und Steuerungsgruppen**[793] ausscheiden müssten.[794] Auch diese Arbeitsformen können im Betrieb oder in einzelnen Abteilungen eine übliche Arbeitsorganisation sein. Formen **agilen Arbeitens** werden die Voraussetzungen häufig erfüllen (vgl. auch Rn. 13, § 111 Rn. 14, 16).[795] Der **Gruppenbegriff in § 28a** ist demgegenüber erheblich weiter gefasst. Zudem ist dort der Regelungsgegenstand ein anderer (vgl. § 28a Rn. 6).[796]

78 Das MBR betrifft **Grundsätze** über die **Durchführung** der Gruppenarbeit. Die Entscheidung über ihre **Einführung** und **Beendigung** soll dem AG also allein überlassen bleiben. Sobald er allerdings die Entscheidung getroffen hat, ist der BR einzuschalten. Mit der Gruppenarbeit kann erst nach einer entsprechenden Einigung mit ihm begonnen werden, anderenfalls ist die Einführung unwirksam (vgl. Rn. 1). Unter Grundsätzen sind **allgemeine Regeln** zu verstehen. Diese können vor allem die interne Arbeitsorganisation betreffen, da nach der Definition Gruppenarbeit mit einem erheblichen Maß von Eigenverantwortung verbunden ist. Die Grundsätze können so z. B. Festlegungen über einen **Aufgabenwechsel in der Gruppe**, die **interne Kommunikation**, die **internen Entscheidungsstrukturen** (z. B. Wahl von **Gruppensprechern**, deren Stellung und Aufgaben) und die innerbetriebliche Koordination mit anderen Gruppen betreffen. Auch Regeln für die **Gruppenzusammensetzung** und ihre **Größe** sowie für Konfliktlösungen in der Gruppe sind möglich.[797]

79 Die schon **bisher bestehenden Rechte** des BR bei Gruppenarbeit, wie z. B. Informations- und Beratungsrechte nach §§ 90, 92, 106, 111 und MBR gemäß § 87 Abs. 1 Nr. 1, 6, 10, 12, § 95 oder § 111[798] werden durch die Vorschrift nicht berührt. Ebenso ist § 99 zu beachten, da die Zuweisung von Gruppenarbeit regelmäßig eine **Versetzung** darstellt. **Individualrechtlich** setzt diese voraus, dass der Arbeitsvertrag auch Gruppenarbeit abdeckt. Ansonsten ist eine **Vertragsänderung** – einverständlich oder mit einer Änderungskündigung – erforderlich.

Bestand **bei Inkrafttreten des Gesetzes 2001** bereits eine BV, die durch schon zuvor bestehende MBR abgedeckt war, kann diese nach den allgemeinen Regeln gekündigt werden und hat Nachwirkung. Bestand eine BV,

---

793 Vgl. auch DKW-F-Klebe/Heilmann, § 87 Rn. 11: Mustervereinbarung Projektarbeit.

794 So aber BT-Drucks. 14/5741, S. 48.

795 Hierzu z. B. ArbG Bonn 6.10.22 – 3 BV 116/21, juris; Krause, Agiles Arbeiten und Betriebsverfassung, HSI-Schriftenreihe Bd. 37, S. 86 ff.; Schwarzbach, CA 5/19, 8, 13; Spengler/Ettlinger, AiB 4/19, 10; Lemke/Thomsen, CuA 8–9/23, 27.

796 Vgl. auch Malottke, AiB 01, 625; Wedde, AiB 01, 630 mit dem Entwurf einer Rahmen-BV.

797 Checkliste bei DKW-F-Klebe/Heilmann, § 87 Rn. 65.

798 Hierzu LAG Nürnberg, AiB 04, 438.

die bisher **freiwillig** war und jetzt erzwingbar geworden ist, so kann diese Regelung jederzeit durch eine neue, nunmehr **mitbestimmte BV** abgelöst werden, weil das MBR unverbraucht ist.

n) Mobile Arbeit (Nr. 14)

Die Vorschrift ist durch das sog, BRMoG eingeführt worden. Sie soll nach dem Willen des Gesetzgebers für die AN einen einheitlichen Rechtsrahmen geben, um so die Vor- und Nachteile mobiler Arbeit, ein ortsungebundenes Arbeiten unter Verwendung von Informations- und Kommunikationstechnik, unter Berücksichtigung der betrieblichen Belange in ein ausgewogenes Verhältnis zu bringen.[799] Damit wird der insbes. durch die Corona-Pandemie sprunghaft gestiegenen Bedeutung dieser Arbeitsform Rechnung getragen. Aber auch danach ist die Zahl der regelmäßig so Arbeitenden sehr hoch geblieben. **79a**

Das MBR betrifft nur die **Ausgestaltung** mobiler Arbeit, nicht ihre Einführung. Diese Entscheidung trifft weiter der AG. Dies ist insbes. v. Gewerkschaften kritisiert worden. Mobile Arbeit i. S. d. Gesetzes liegt vor, wenn die geschuldete Arbeitsleistung unter Verwendung v. Informations- und Kommunikationstechnik außerhalb der Betriebsstätte v. einem Ort oder v. Orten, die die AN selbst gewählt oder mit dem AG vereinbart haben, erbracht wird, wie die Gesetzesbegründung formuliert.[800] Als Arbeitsorte kommen z. B. die Wohnung der AN, Lokale, Cafes, öffentliche Verkehrsmittel oder auch Parks und Strände in Betracht, also die ganze weite Welt. Es wird nicht vorausgesetzt, dass die Arbeit an verschiedenen Orten erbracht wird, es kann sich ebenso um Arbeit nur aus dem Homeoffice handeln. In diesem Fall kann auch ein (alternierender) Telearbeitsplatz mit den entsprechenden Verpflichtungen für den AG vorliegen, wie ihn § 2 Abs. 7 Satz 1 ArbStättV definiert, wenn es sich um einen fest eingerichteten Bildschirmarbeitsplatz im Privatbereich der AN handelt. Erfasst wird **regelmäßige und anlassbezogene** mobile Arbeit. Mit **Informations- und Kommunikationstechnik** sind alle technischen Medien gemeint, die für die Beschaffung/Weitergabe v. Informationen und zur Unterstützung der Kommunikation eingesetzt werden, wie z. B. Tablets, Smartphones, PCs oder auch Navigationsgeräte. Das MBR ist ein **Auffangtatbestand**, bereits bestehende MBR bleiben unberührt. Dies betrifft z. B. §§ 87 Abs. 1 Nr. 2, 3, 6, 7, 91, 99, 111 Satz 3 Nr. 4 und 5 (vgl. Rn 22, 38, 48 und § 111 Rn. 14). Auch die **Betriebszugehörigkeit** mobil arbeitender AN wird nicht tangiert. **79b**

Nach der Begründung des Gesetzentwurfs soll das MBR bei **Fahrern und Boten** nicht eingreifen, da die mobile Arbeit auf der Basis v. Informations- **79c**

799 BT-Drucks. 19/28899, S. 11.
800 BT-Drucks. 19/28899, S. 22.

und Kommunikationstechnik erfolgen muss. Ebenso soll es ausscheiden, wenn sich die Mobilität bereits zwingend aus der Eigenart der zu erbringenden Arbeitsleistung ergibt. Dabei erwähnt der Gesetzentwurf in seiner Begründung **Monteure und Handelsvertreter**. Beide Aussagen[801] sind keineswegs zwingend und haben im Gesetzestext keinen Ausdruck gefunden, sie sind also nicht maßgebend, wenn die Voraussetzungen des Gesetzestextes gegeben sind. Auch Fahrer:innen und Bot:innen verwenden oft die genannten technischen Geräte. Sie stehen nicht selten damit in einer permanenten Verbindung zum Betrieb, werden von diesem gesteuert und geben sowohl an diesen wie an Kunden Informationen digital weiter. Ist ihre Arbeit so organisiert, findet das Gesetz, ebenso wie auf **Lieferdienste**, Anwendung. Dies kann ebenso für Monteur:innen und Handelsvertreter:innen gelten. Diese Beschäftigtengruppen können durchaus aus dem Homeoffice, zumindest teilweise, ihre Arbeitsleistung erbringen. So können Monteur:innen auch per Ferndiagnose ihre Kund:innen beraten und ihnen z. B. mitteilen, welches Teil wie von ihnen ausgewechselt werden muss. Auch Handelsvertreter:innen können im Homeoffice arbeiten und so im digitalen Kontakt mit dem Betrieb (Berichte, Aufträge, sonstige Arbeitsschritte) und Kunden stehen.

79d Das MBR[802] sollte mit einer BV ausgeübt werden. Dabei ist z. B. an folgende **Regelungspunkte** zu denken:[803]

- Ort der Arbeit,
- Freiwilligkeit für die AN, Festlegung des betroffenen Personenkreises, wenn sich der AG zur Einführung mobiler Arbeit entschlossen hat,[804]
- Geräte, die der AG stellt,
- auch private Nutzung der Geräte durch AN,
- Durchführung der Gefährdungsbeurteilung und Festlegung von Arbeitsschutzmaßnahmen nach §§ 3 ff. ArbSchG,[805]
- Übernahme der Internet-Kosten durch den AG und Entgelt des AG für die Nutzung des privaten Wohnraums (§ 670 BGB),[806]
- vorbereitende Qualifizierung der AN und ihrer Vorgesetzten,
- Lage der Arbeitszeit, Ruhepausen und Erreichbarkeit,
- Erfassung der Arbeitszeit ohne Überwachung der AN, mit entsprechendem Verwertungsverbot,
- zeitlicher Umfang der mobilen Arbeit und der persönlichen Anwesenheit im Betrieb,

801 BT-Drucks. 19/28899, S. 22.
802 Vgl. auch LAG München 10. 8. 23 – 8 TaBVGa 6/23, NZA-RR 23, 591.
803 Vgl. auch DKW-F-Klebe/Heilmann, § 87 Rn. 65a.
804 Eylert, AuR 22, 292.
805 Kohte, AuR 23, 366; Eylert, AuR 22, 292: Wulff, AiB 7–8/22, 10.
806 Vgl. auch Behr, AuR 23, 416.

- Umgang mit Arbeitsmitteln, Haftungsausschluss bzw. Regelung für Schäden, Versicherung bei Unfällen (jetzt § 8 Abs. 1 SGB VII), ggf. auch Abschluss einer privaten Versicherung,
- Datenschutz für AN: Keine Verhaltens- und Leistungskontrollen, kurzfristiges Löschen personenbeziehbarer Daten, Datenschutz für das UN,
- generelles Rückkehrrecht in den Betrieb für AN, insbes., wenn sich die persönlichen Verhältnisse ändern, kein betriebsbedingter Kündigungsgrund,
- Ankündigungsfrist zur Ausübung des Rückkehrrechts bzw. bei Beendigung der mobilen Arbeit durch den AG,
- Recht auf Teilnahme an allen betrieblichen Versammlungen und Zugang zur BR-Sprechstunde,
- digitales Zugangsrecht zu den mobil Beschäftigten für BR,[807]
- schuldrechtliche Regelung, wann der AG die häusliche Arbeitsstätte betreten darf.

3. Einigungsstelle

Für den Fall, dass in einer dem MBR unterliegenden Angelegenheit eine Übereinstimmung zwischen AG und BR nicht erzielt werden kann, besteht die Möglichkeit der **Anrufung der betriebsverfassungsrechtlichen ESt**. Streitigkeiten über ihre Bildung sind in § 100 ArbGG und § 76 Abs. 2 Satz 2 und 3 geregelt. Die Anträge können vom Gericht nur zurückgewiesen werden, wenn die ESt. **offensichtlich unzuständig** ist (vgl. § 76 Rn. 3). Der Spruch der ESt. ersetzt die nicht zustande gekommene Einigung der Betriebsparteien (zur Möglichkeit der Überprüfung des Spruchs durch das ArbG und zum ESt.-Verfahren selbst vgl. die Erl. zu § 76). Die Betriebsparteien können die ESt. auch nicht durch eine betriebliche Schiedsstelle/paritätisch besetzte Kommission ersetzen.[808] Sie können allerdings vereinbaren, dass bei Streit über die Auslegung einer BV ein **innerbetriebliches Schlichtungsverfahren** durchzuführen ist und erst danach, bei dessen Scheitern, ein Beschlussverfahren eingeleitet werden kann. Ohne Einhaltung des Schlichtungsverfahrens ist ein Beschlussverfahren dann unzulässig.[809] **80**

4. Gerichtliche Streitigkeiten

Geht es nicht um die Schaffung einer Regelung, sondern um die Frage, ob und in welchem Umfang ein MBR besteht, entscheidet das ArbG im **Be-** **81**

807 Das gewerkschaftliche Zugangsrecht unterliegt nicht der Regelungskompetenz der Betriebsparteien. Es könnte in einem Haus-TV geregelt werden.
808 HessLAG 15.11.12 – 5 TaBVGa 257/12.
809 BAG 11.2.14 – 1 ABR 76/12, NZA 15, 26.

schlussverfahren. Verstößt der AG gegen MBR nach Abs. 1, kann der BR auch außerhalb von § 23 Abs. 3 (vgl. dort Rn. 9 ff., 13) einen **allgemeinen Anspruch auf Unterlassung** der mitbestimmungswidrigen Maßnahme geltend machen[810] bzw. auf deren **Beseitigung**, falls sie schon vollzogen ist und fortwirkt.[811] Ist das MBR bereits verletzt worden, besteht der Unterlassungsanspruch bei **Wiederholungsgefahr**. Für diese spricht eine tatsächliche Vermutung, es sei denn, besondere Umstände machen eine erneute Verletzung unwahrscheinlich.[812] Bei entsprechender Eilbedürftigkeit kann der BR den Unterlassungs- und auch den Beseitigungsanspruch mit einer **einstweiligen Verfügung** durchsetzen.[813] Nach Auffassung des BAG[814] soll es allerdings beim Beseitigungsanspruch nicht darum gehen, die sich aus der Verletzung des MBR ergebenden Folgen zu beseitigen. Diese Einschränkung ist aus dogmatischen und praktischen Gründen abzulehnen.[815] Sie führt dazu, dass die MBR nicht – wie von der Theorie der Wirksamkeitsvoraussetzung gefordert – wirksam geschützt werden und der AG die Erträge seines Gesetzesverstoßes behält. Denn die vom BAG als Korrektiv gesehene individuelle Klage nach § 823 Abs. 1 BGB wird es nach aller Erfahrung nicht geben. Nach der Rspr. des BAG[816] kann dem allgemeinen Unterlassungsanspruch ebenso wie dem gem. § 23 Abs. 3 »unter besonderen Umständen« »ausnahmsweise« der Einwand der unzulässigen Rechtsausübung nach § 2 Abs. 1 entgegenstehen. Voraussetzung ist, dass sich eine Betriebspartei auf eine formale Rechtsposition beruft, die sie durch ein in erheblichem Maße eigenes betriebsverfassungswidriges Verhalten, wie z. B. einen groben Verstoß gegen

810 BAG, DB 94, 2450; BB 06, 2419; NZA 07, 1240; 09, 1430; 18.7.17 – 1 ABR 15/16, NZA 17, 1542; 22.8.17 – 1 ABR 3/16 vgl. auch BAG, NZA 05, 313; 11, 364 (Bestimmtheit einer Unterlassungsverpflichtung) und BAG, NZA 07, 818 und 22.8.16 – 1 ABR 3/16, juris; (Höchstgrenze des § 23 Abs. 3 Satz 5 für die Festsetzung von Ordnungsgeld für jede Zuwiderhandlung auch beim allgemeinen Unterlassungsanspruch); eine Androhung und Verhängung von Ordnungshaft kommt zur Durchsetzung einer Unterlassungsverpflichtung des AG nicht in Betracht (BAG, NZA 11, 174).

811 BAG, DB 99, 438; NZA 04, 746; LAG Berlin-Brandenburg 19.6.12, RDV 12, 254.

812 BAG, NZA 00, 1066; DB 05, 2530.

813 Vgl. z. B. LAG Düsseldorf, AuR 08, 270; HessLAG 15.11.12 – 5 TaBVGa 257/12; LAG BB 12.7.16 – 7 TaBVGa 520/16, juris = AiB 7–8/17, 62 mit Anm. v. Rudolph; LAG München 10.8.23 – TaBVGa 6/23, NZA-RR 23, 591; Fitting, Rn. 615; Antragsschrift für eine einstweilige Unterlassungsverfügung bei DKW-F-Klebe/Heilmann, § 87 Rn. 66 und Antragsschrift für eine einstweilige Beseitigungsverfügung dort in Rn. 67.

814 BAG 23.3.21 – 1 ABR 31/19, NZA 21, 959; Fitting, Rn. 616.

815 Kittner/Klebe, AuR 22, 364; DKW-Klebe, Rn. 392 m. w. N.; vgl. auch Klocke, SR 23, 127.

816 BAG 12.3.19 – 1 ABR 42/17, NZA 19, 843; 8.3.23 – 7 ABR 10/22, NZA 23, 1051; LAG Thüringen 23.2.22 – 4 TaBV 17/19; Fitting, Rn. 629; ablehnend Heuschmidt/Kummert, NZA 19, 1258.

die aus §§ 74 Abs. 1, 2 Abs. 1 sich ergebenden Pflichten, erlangt hat. Der Beschluss hat, wie das Gericht zu Recht betont, Ausnahmecharakter und kann selbstverständlich den Interessenantagonismus nicht ignorieren oder einer konsequenten Wahrnehmung der jeweiligen Interessen entgegenstehen. So muss der BR im Rahmen von § 87 für eine Zustimmungsverweigerung weiter keine Begründung angeben und haben BR und AG auch keine aktive Mitwirkungspflicht bei der Bildung einer ESt. (vgl. auch § 23 Rn. 9).

§ 88 Freiwillige Betriebsvereinbarungen

Durch Betriebsvereinbarung können insbesondere geregelt werden

1. zusätzliche Maßnahmen zur Verhütung von Arbeitsunfällen und Gesundheitsschädigungen;

1a. Maßnahmen des betrieblichen Umweltschutzes;

2. die Errichtung von Sozialeinrichtungen, deren Wirkungsbereich auf den Betrieb, das Unternehmen oder den Konzern beschränkt ist;

3. Maßnahmen zur Förderung der Vermögensbildung;

4. Maßnahmen zur Integration ausländischer Arbeitnehmer sowie zur Bekämpfung von Rassismus und Fremdenfeindlichkeit im Betrieb;

5. Maßnahmen zur Eingliederung schwerbehinderter Menschen.

Die Vorschrift[1] nennt beispielhaft sechs Regelungsbereiche für freiwillige BV, deren Begriffe und Inhalte teilweise in anderen Vorschriften (vgl. z.B. § 89 Abs. 3 für den betrieblichen Umweltschutz) erläutert werden. Die Aufzählung ist, wie die Formulierung »insbesondere« zeigt, nicht abschließend.[2] Die Vorschrift begründet vielmehr eine umfassende Zuständigkeit, die nicht auf **soziale Angelegenheiten** beschränkt ist,[3] sofern die TV-Parteien von ihrer Vorrangkompetenz keinen Gebrauch gemacht haben. Hierzu zählt u.a. auch die Regelung allgemeiner Voraussetzungen für **personelle Maßnahmen**, wie z.B. von **Kündigungsfristen,**[4] Altersgrenzen für die Beendigung des Arbeitsverhältnisses,[5] der Anspruch von LeihAN auf Übernahme in ein unbefristetes Arbeitsverhältnis beim Entleiher nach einer bestimmten Beschäftigungsdauer,[6] ein besonderer Kündigungsschutz für langjährig beschäftigte AN[7] oder eine Erweiterung der Zustimmungs- 1

1 Vgl. die Checkliste bei DKW-F-Berg, § 88 Rn. 1.

2 Vgl. z.B. BAG, NZA 02, 342; 09, 915; 11, 1234; 5.3.13 – 1 AZR 417/12, NZA 13, 916; 17, 194.

3 Fitting, Rn. 1; BAG 11.12.18 – 1 ABR 17/17, NZA 19, 714.

4 BAG, NZA 90, 818; vgl. auch BAG, DB 98, 265.

5 BAG 5.3.13 – 1 AZR 417/12, NZA 13, 916.

6 ArbG Paderborn 5.2.15 – 5 Ca 1390/14, juris.

7 BAG 18.3.10 – 2 AZR 337/08, brwo, NZA-RR 11, 18.

verweigerungsgründe in § 99 Abs. 2, wobei allerdings konkrete Gründe für die Ablehnung genannt werden müssen.[8] Durch freiwillige BV können weitere Maßnahmen dem obligatorischen MBR des BR unterworfen werden, soweit nicht das tarifliche oder gesetzl. Vorrangprinzip berührt wird (§ 77 Abs. 3).[9] **Regelbar** sind z. B. **Treueprämien**,[10] Lohnabtretungsverbote,[11] die **Anrechnung von Tariferhöhungen** auf übertarifliche Zulagen (ob und inwieweit),[12] **Ausschlussfristen**,[13] eine durch die Tarifvertragsparteien mit der wirtschaftlichen Lage des Betriebs konditionierte Verschiebung einer Entgelterhöhung,[14] eine Verpflichtung des AG, jährlich ein Budget für eine **Gehaltserhöhung** der **AT-Angestellten** zur Verfügung zu stellen,[15] die Veranstaltung von Betriebsfeiern und Betriebsausflügen (vgl. hierzu auch § 87 Rn. 65), **freiwillige Sozialpläne**,[16] ein **Rückkehr-/Wiedereinstellungsanspruch** gegen den Betriebsveräußerer bei einem Teilbetriebsübergang für den Fall, dass beim Erwerber eine Weiterbeschäftigung aus betriebsbedingten Gründen nicht mehr möglich ist,[17] die Mindestausstattung von Arbeitsräumen und Arbeitsplätzen sowie eine Konkretisierung des Direktionsrechts.[18] Rahmenvereinbarungen nach § 28a sind ebenfalls freiwillige BV (vgl. § 28a Rn. 2).

2 Wegen seiner **sozialen Schutzfunktion** darf der BR jedoch die materiellen Arbeitsbedingungen nicht verschlechtern.[19] Daher kann auch nicht in einer freiwilligen BV geregelt werden, dass AN die dem AG durch Entgeltpfändung entstehenden Kosten zu tragen haben (vgl. auch § 87 Rn. 13, 15)[20] oder dass AN bereits während eines laufenden Kündigungsschutzprozesses Ansprüche aus Annahmeverzug, die vom Ausgang dieses Prozesses abhängen, geltend machen müssen.[21] Beim Abschluss von BV sind die Betriebsparteien an das höherrangige zwingende Recht, wie z. B. das AGG oder die Grundsätze des § 75 (z. B. Schutz der Persönlichkeit, Gleichbehandlung) gebunden.[22] Hierzu gehören die im GG geschützten Freiheitsrechte,

8 BAG 23. 8. 16 – 1 ABR 22/14, NZA 17, 194.
9 BAG, NZA 07, 462; 13. 10. 15 – 1 AZR 853/13, NZA 16, 54.
10 BAG 30. 8. 63, AP Nr. 4 zu § 57 BetrVG.
11 BAG 26. 1. 83, AP Nr. 1 zu § 75 LPVG RP.
12 BAG, NZA 98, 661; 02, 342; 06, 1170; LAG Düsseldorf, BB 05, 1576, Ls.
13 BAG 5. 5. 15 – 1 AZR 435/13, DB 15, 2095, juris.
14 BAG 22. 5. 12 – 1 AZR 103/11, NZA 12, 1110.
15 BAG, NZA 03, 810 und 18. 10. 11 – 1 AZR 376/10, DB 12, 356 (Ls.).
16 Vgl. z. B. BAG, DB 98, 265.
17 BAG 14. 3. 12 – 7 AZR 147/11, NZA 12, 1183.
18 Weitere Beispiele bei DKW-Berg, Rn. 11 ff.
19 BAG, DB 82, 2183; NZA 07, 462.
20 BAG, NZA 07, 462.
21 BAG, NZA 07, 453.
22 BAG 7. 6. 11 – 1 AZR 807/09, NZA 11, 1243; 12.4. 1, BB 11, 2811; 5. 3. 13 – 1 AZR 417/12, NZA 13, 916.

wie z. B. die Berufsfreiheit der AN (Art. 12 Abs. 1). Zu den Grundsätzen des Rechts gehört auch § 611 Abs. 1 BGB. Danach kann die Auszahlung des Arbeitsentgelts nicht von der Erfüllung weiterer Zwecke abhängig gemacht werden.[23]

Auch für freiwillige BV gelten die Vorschriften des § 77 zu **Abschluss, Wirkung** und **Kündigung**. Der AG hat auch hier die Durchführungspflicht nach Abs. 1.[24] Er kann sich also nicht einseitig von den Verpflichtungen lösen, er kann nur kündigen. Eine **Nachwirkung** besteht nur, wenn sie vereinbart wird (vgl. § 77 Rn. 17).[25] Der **Tarifvorrang** des Abs. 3 ist zu beachten.[26] Im Rahmen dieser Vorschrift können die beiden Betriebsparteien keine Einigung erzwingen. Sie können aber ein freiwilliges ESt.-Verfahren gem. § 76 Abs. 6 vereinbaren und sich in einer BV dem Spruch unterwerfen (§ 76 Abs. 6 Satz 2; vgl. auch § 76 Rn. 1a).[27] Der DGB-Entwurf für ein modernes BetrVG[28] sieht lediglich eine Anpassung vor, da der betriebliche Umweltschutz und die Eingliederung schwerbehinderter Menschen nach dem Vorschlag von einem MBR erfasst werden sollen. 3

§ 89 Arbeits- und betrieblicher Umweltschutz

(1) Der Betriebsrat hat sich dafür einzusetzen, dass die Vorschriften über den Arbeitsschutz und die Unfallverhütung im Betrieb sowie über den betrieblichen Umweltschutz durchgeführt werden. Er hat bei der Bekämpfung von Unfall- und Gesundheitsgefahren die für den Arbeitsschutz zuständigen Behörden, die Träger der gesetzlichen Unfallversicherung und die sonstigen in Betracht kommenden Stellen durch Anregung, Beratung und Auskunft zu unterstützen.

(2) Der Arbeitgeber und die in Absatz 1 Satz 2 genannten Stellen sind verpflichtet, den Betriebsrat oder die von ihm bestimmten Mitglieder des Betriebsrats bei allen im Zusammenhang mit dem Arbeitsschutz oder der Unfallverhütung stehenden Besichtigungen und Fragen und bei Unfalluntersuchungen hinzuzuziehen. Der Arbeitgeber hat den Betriebsrat auch bei allen im Zusammenhang mit dem betrieblichen Umweltschutz stehenden Besichtigungen und Fragen hinzuzuziehen und ihm unverzüglich die den Arbeitsschutz, die Unfallverhütung und den

---

23 BAG, NZA 11, 1234.

24 BAG 25.2.20 – 1 ABR 38/18, NZA 20, 1128.

25 BAG 23.10.18 – 1 ABR 10/17, NZA 19, 186; 28.4.98 – 1 ABR 43/97, NZA 98, 1348; vgl. auch den Formulierungsvorschlag DKW-F-Berg, § 88 Rn. 2.

26 BAG 18.3.10 – 2 AZR 337/08, brwo, NZA-RR 11, 18.

27 Vgl. BAG 11.12.18 – 1 ABR 17/17, NZA 19, 714.

28 *https://aur-blog.eu/reformvorschlag/*.

betrieblichen Umweltschutz betreffenden Auflagen und Anordnungen der zuständigen Stellen mitzuteilen.

(3) Als betrieblicher Umweltschutz im Sinne dieses Gesetzes sind alle personellen und organisatorischen Maßnahmen sowie alle die betrieblichen Bauten, Räume, technischen Anlagen, Arbeitsverfahren, Arbeitsabläufe und Arbeitsplätze betreffenden Maßnahmen zu verstehen, die dem Umweltschutz dienen.

(4) An Besprechungen des Arbeitgebers mit den Sicherheitsbeauftragten im Rahmen des § 22 Abs. 2 des Siebten Buches Sozialgesetzbuch nehmen vom Betriebsrat beauftragte Betriebsratsmitglieder teil.

(5) Der Betriebsrat erhält vom Arbeitgeber die Niederschriften über Untersuchungen, Besichtigungen und Besprechungen, zu denen er nach den Absätzen 2 und 4 hinzuzuziehen ist.

(6) Der Arbeitgeber hat dem Betriebsrat eine Durchschrift der nach § 193 Abs. 5 des Siebten Buches Sozialgesetzbuch vom Betriebsrat zu unterschreibenden Unfallanzeige auszuhändigen.

Inhaltsübersicht Rn.

1. Grundsätze

1 § 89 ergänzt die Bestimmungen des § 80 Abs. 1, § 87 Abs. 1 Nr. 7, §§ 88, 90, 91, § 115 Abs. 7 Nr. 7.[1] Aus Abs. 1 ergibt sich, dass der BR ein selbstständiges **Überwachungsrecht** und eine **Überwachungspflicht** bei der Bekämpfung von Gefahren für Leben und Gesundheit der AN und beim betrieblichen Umweltschutz hat. Er soll mit seinem betrieblichen Wissen auf den Abbau von Umweltbelastungen und den Ausbau umweltschonender Produktionstechniken und -verfahren, wie z. B. mit der Vermeidung von Abfall, hinwirken.[2] Zwischen Arbeits- und **Umweltschutz** besteht häufig dabei ein enger Zusammenhang.[3] Für eine effektive Arbeit empfiehlt sich die Bildung von **paritätischen Ausschüssen**, die gemeinsam den Arbeits- und betrieblichen Umweltschutz im Betrieb weiterentwickeln und fördern. Der BR kann **Betriebsbegehungen** und unangekündigte Stichproben vornehmen. Er ist dabei nicht vom Vorliegen konkreter Verdachtsmomente abhängig (vgl. § 80

---

1 Vgl. diverse Musterschreiben bei DKW-F-Buschmann, § 89 Rn. 2 ff.

2 BT-Drucks. 14/5741, S. 26, 30; vgl. auch Däubler, AiB 5/20, 30; ders. Klimaschutz und Arbeitsrecht, HSI-Schriftenreihe Bd. 49, 2023.

3 Vgl. BAG, NZA 96, 934; DKW-Buschmann, Rn. 52 ff., auch zur Teilnahme an dem europäischen Gemeinschaftssystem für Umweltmanagement und Umweltbetriebsprüfung (EMAS) und zum Umweltauditgesetz in Rn. 66.

Rn. 1, 3). Er kann auch **Betriebskontrollen** durch die Gewerbeaufsichtsämter, Umweltschutzbehörden und sonstige in Betracht kommende Stellen anregen, insbesondere wenn bei Verstößen des AG gegen Arbeitsschutzvorschriften eine Einigung im Betrieb nicht gelingt.[4] Dann entfällt seine Schweigepflicht nach § 79. Bei der **Bestellung der Sicherheitsbeauftragten** hat der BR jedenfalls bei den generellen Auswahlentscheidungen, wie z. B. der Festlegung der jeweiligen Tätigkeitsbereiche und der Zahl der Sicherheitsbeauftragten, ein MBR gemäß § 87 Abs. 1 Nr. 7 (vgl. § 87 Rn. 47).[5] Der AG hat die beabsichtigte Bestellung dabei rechtzeitig und eingehend mit dem BR zu erörtern.

2. Betrieblicher Umweltschutz

Die Definition des **betrieblichen Umweltschutzes** ist umfassend. Sie erfasst 2
nicht nur alle dem Umweltschutz dienenden Maßnahmen, die Bauten, technische Anlagen, Arbeitsverfahren, Arbeitsabläufe und Arbeitsplätze betreffen (vgl. § 90 Abs. 1 und dort Rn. 2 ff.), sondern auch entsprechende personelle und organisatorische Maßnahmen. Der Begriff umfasst den Schutz betrieblicher Umweltgüter vor außer- und innerbetrieblichen Einflüssen ebenso wie umgekehrt den Schutz außerbetrieblicher Güter gegenüber betrieblichen Einflüssen.[6] Neben den staatlichen Schutzvorschriften und UVV/BGV (vgl. § 15 SGB VII) fallen auch einschlägige Regelungen in BV und TV in den Zuständigkeitsbereich des BR.[7] Seine Tätigkeit kommt dabei auch Beschäftigten fremder AG, Leih-AN und Selbstständigen zugute (vgl. auch §§ 2 Abs. 2, 8, 12 Abs. 2 ArbSchG).

3. Aushändigung von Niederschriften

Anspruch auf Aushändigung der Niederschriften nach Abs. 5 hat der BR 3
selbst dann, wenn er nicht an den einzelnen Maßnahmen teilgenommen hat.

Das Einsichtsrecht in die Unterlagen und abschließenden Berichte umfasst auch Arbeitsunfälle von Fremdfirmenbeschäftigten bei Nutzung der betrieblichen Infrastruktur des AG. Dabei begrenzt das BAG den Anspruch aus §§ 80 Abs. 2 Satz 1 i. V. m. Abs. 1 Nr. 9[8] und 89 Abs. 1 Satz 1, Abs. 2 Satz 1 auf die sachbezogenen Daten (Datum, Uhrzeit des Unfalls, Unfall-

---

4 BAG, DB 84, 775; 87, 101; zur Zusammenarbeit mit den **Unfallversicherungsträgern** und der **Gewerbeaufsicht** vgl. DKW-Buschmann, Rn. 37.

5 Vgl. auch das Musterschreiben bei DKW-F-Buschmann, § 89 Rn. 7.

6 Konzen, RdA 01, 76 (89).

7 DKW-Buschmann, Rn. 3.

8 Allgemein zu den Informationspflichten § 80 Rn. 14.

stelle und -hergang, erlittene Verletzungen). Personenbezogene Daten wie z. B. Name und Anschrift des betroffenen AN und seines AG oder Namen von Unfallzeugen sind nicht erfasst.[9] Der Anspruch besteht, weil bei solchen Arbeitsunfällen allgemeine unfallverhütungsrelevante Erkenntnisse für die betriebszugehörigen AN gewonnen werden können. Durch seine Unterschrift unter die Unfallanzeige (Abs. 6) übernimmt der BR keine Mitverantwortung für den Inhalt. Der BR kann ggf. auch eine abweichende Darstellung geben. Der DGB-Entwurf für ein modernes BetrVG[10] stellt in Abs. 1 klar, dass sich der BR nach pflichtgemäßem Ermessen jederzeit zur Beratung an die genannten Stellen wenden kann.

Vierter Abschnitt
Gestaltung von Arbeitsplatz, Arbeitsablauf und Arbeitsumgebung

§ 90 Unterrichtungs- und Beratungsrechte

(1) Der Arbeitgeber hat den Betriebsrat über die Planung

1. von Neu-, Um- und Erweiterungsbauten von Fabrikations-, Verwaltungs- und sonstigen betrieblichen Räumen,

2. von technischen Anlagen,

3. von Arbeitsverfahren und Arbeitsabläufen einschließlich des Einsatzes von Künstlicher Intelligenz oder

4. der Arbeitsplätze

rechtzeitig unter Vorlage der erforderlichen Unterlagen zu unterrichten.

(2) Der Arbeitgeber hat mit dem Betriebsrat die vorgesehenen Maßnahmen und ihre Auswirkungen auf die Arbeitnehmer, insbesondere auf die Art ihrer Arbeit sowie die sich daraus ergebenden Anforderungen an die Arbeitnehmer so rechtzeitig zu beraten, dass Vorschläge und Bedenken des Betriebsrats bei der Planung berücksichtigt werden können. Arbeitgeber und Betriebsrat sollen dabei auch die gesicherten arbeitswissenschaftlichen Erkenntnisse über die menschengerechte Gestaltung der Arbeit berücksichtigen.

Inhaltsübersicht Rn.

---

9 BAG 12. 3. 19 – 1 ABR 48/17, NZA 19, 850 = AuR 20, 21 mit kritischer Anm. v. Schubert.

10 *https://aur-blog.eu/reformvorschlag/.*

1. Allgemeines

Die Vorschrift gibt dem BR das Recht auf **Unterrichtung und Beratung** bei 1
den genannten Planungsmaßnahmen. Informations- und Beratungsrechte haben gerade beim Einsatz neuer Technologien eine ganz entscheidende Bedeutung. Nur ihre aktive Nutzung[1] versetzt den Betriebsrat in die Lage, sozial gestaltend Einfluss zu nehmen (zu weiteren Beteiligungs- und MBR vgl. die Erl. zu § 87 Abs. 1 Nrn. 1, 6, 7, §§ 91, 111 und §§ 80 Abs. 2, 92, 106 ff.).

2. Unterrichtungsgegenstände

a) Neu-, Um- und Erweiterungsbauten

Im Rahmen der Nr. 1 spielt es keine Rolle, ob es sich um einen Neubau oder 2
um einen Um- bzw. Erweiterungsbau handelt. Es ist ferner **unerheblich**, in welchem Umfang die bauliche Substanz verändert wird. **Reparatur- oder Renovierungsmaßnahmen** fallen im Allgemeinen nicht darunter. Dagegen erfasst die Bestimmung auch sog. **Sozialräume**, wie z. B. Kantinen, Aufenthaltsräume und Toiletten.

b) Technische Anlagen

Der Begriff »technische Anlagen« in Nr. 2 bezieht sich auf Maschinen und 3
sonstige technische Geräte und Einrichtungen, die dem Betriebszweck und damit dem Arbeitsablauf dienen, für die Arbeitsumgebung von Bedeutung sind oder sonst Auswirkungen auf die Gestaltung des Arbeitsplatzes haben, auch wenn dies nur **mittelbar** (z. B. Klimaanlage, Raumbeleuchtung, Fahrstühle) der Fall ist.[2] Gemeint ist nicht nur der **technische (gewerbliche) Bereich** des Betriebs, sondern auch der **kaufmännische** (Verwaltung), sofern dort technische Anlagen zum Einsatz kommen. Hierzu zählen z. B.

1 Vgl. auch die Checkliste und Mustervereinbarung bei DKW-F-Klebe/Heilmann, § 90 Rn. 2 f.

2 OLG Düsseldorf, BB 82, 1113.

die **Umstellung der Lohn- und Gehaltsabrechnung** von Off-line- auf Online-Betrieb[3] und die Einführung einer neuen DV-Anlage.[4] Erfasst wird die Einführung von Robotern, NC-, CNC-Maschinen, **Datenbrillen** wie Google-Glass, **Bildschirmgeräten**[5] oder **CAD-Terminals**[6] ebenso wie der Anschluss an Internet/Intranet, die Umstellung auf **Cloud Computing** oder die Gestattung einer freiwilligen dienstlichen Nutzung privater technischer Geräte (z. B. Smartphones oder Tablet-PCs: **»Bring your own device«**, BYOD; vgl. auch § 87 Rn. 13, 38).[7]

c) Arbeitsverfahren, Arbeitsabläufe, Künstliche Intelligenz

4 In Nr. 3 werden die Arbeitsverfahren und die Arbeitsabläufe angesprochen. Es geht hier um die Konzipierung der **Art und Weise** der Arbeit im Zusammenwirken mit den technischen Betriebsmitteln. Darunter ist sowohl die **organisatorische** als auch die räumliche und **zeitliche** Gestaltung der Arbeit zu verstehen, wie z. B. Gruppen- oder Einzelarbeit, Desksharing,[8] Einsatz von Fremdfirmenbeschäftigten, auch mit **Crowdsourcing** (vgl. auch §§ 87 Rn. 38; 95 Rn. 3; 111 Rn. 14, 16),[9] die Nutzung v. **Metaverse**-Anwendungen oder **ChatGPT**,[10] Schichtarbeit, **Telearbeit**, aktenlose Sachbearbeitung, **Outsourcing**,[11] **Offshoring**/Nearshoring (vgl. auch § 87 Rn. 38; § 106 Rn. 12; § 111 Rn. 10, 14), der Anschluss ans **Internet/Intranet**, die Umstellung auf **Cloud Computing**, die Anwendung agiler Arbeitsformen, wie z. B. des **Scrum-Verfahrens** (vor allem in der Softwareentwicklung),[12] die Einführung von **TQM, Kaizen**, Lean Six Sigma, des **Öko-Audit-Systems** bzw. die Teilnahme an dem Gemeinschaftssystem für das Umweltmanagement und die Umweltbetriebsprüfung (**EMAS**) v. 19. 3. 2001[13] oder von Managementkonzepten wie **Balanced Scorecard**. Vor allem sind aber hier auch **Rationalisierungsmaßnahmen** einzuordnen (Ersetzung der Handarbeit durch

---

3 LAG Hamburg, AiB 86, 23 f.; die Rechtsbeschwerdeentscheidung des BAG, DB 87, 1491 stützt den Anspruch auf § 80 Abs. 2 Satz 1.

4 OLG Stuttgart, AuR 85, 293.

5 BAG, DB 94, 775.

6 Vgl. Klebe/Roth, AiB 84, 70.

7 DKW-Klebe, Rn. 9.

8 LAG Sachsen 10. 1. 23 – 2 TaBV 1/21, NZA-RR 23, 355.

9 Klebe/Neugebauer, AuR 14, 4; Däubler/Klebe, NZA 15, 1032; Benner-Klebe, 279; Klebe, AuR 16, 277; zur AN-Eigenschaft v. Crowdworkern vgl. BAG 1. 12 20 – 9 AZR 102/20, NZA 21, 552.

10 Vgl. z. B. Höller, CuA 4/23, 8; Wedde, CuA 4/23, 14; Ruchhöft, AiB 6/23, 28.

11 Vgl. auch Fitting, Rn. 13 für die Auslagerung der Datenverarbeitung.

12 Hierzu Heise/Friedl, NZA 15, 129 und Krause, Agile Arbeit und Betriebsverfassung, HSI-Schriftenreihe Bd. 37, S. 18 ff., 44 ff; vgl. auch § 87 Rn. 13, 77 und § 111 Rn. 14, 16.

13 Vgl. Fitting, Rn. 29.

Maschinenarbeit, Anwendung [weiterer] DV-Systeme). Ergänzend wird im Gesetz klargestellt, dass auch der Einsatz **Künstlicher Intelligenz** (KI) erfasst wird, eine Selbstverständlichkeit (vgl. auch §§ 87 Rn. 38; 95 Rn. 10; 106 Rn. 12; 111 Rn. 15). Allerdings fehlt weiter eine, zugegeben schwierige, Legaldefinition. Insofern wird man auf Definitionen zurückgreifen müssen, die in der Informatik benutzt werden bzw. diese in eine betriebliche Sprache übersetzen.[14] Danach kann man KI als Oberbegriff für Informatikanwendungen verstehen, bei denen Maschinen bzw. deren Software menschenähnliches intelligentes Verhalten abbilden. Teilweise handelt es sich um wissensbasierte Systeme, wie z. B. Experten- oder Navigationssysteme, Zeichen- und einfache Spracherkennungssysteme, die das Problemlösungswissen der Menschen in computergerechte Modelle und Regeln übersetzen (schwache KI). Weitergehend sind selbstlernende Systeme (starke KI), die in gewisser Anlehnung an das Gehirn des Menschen konzipiert sind (neuronale Netze) und in einem Trainingsprozess auf das Erkennen von Mustern und Korrelationen ausgerichtet werden, um z. B. aus vorhandenen Datenbeständen neue Ergebnisse zu entwickeln. In gewisser Weise handelt es sich dann um »logisches Denken«, wenn selbstständig Probleme erfasst, bearbeitet und Entscheidungen getroffen werden. Die Schritte zu solchen Ergebnissen und auch die Ergebnisse selbst sind nicht exakt nachvollzieh- und vorhersehbar. Beispiele hierfür sind maschinelles Lernen und »**Deep Learning**«.[15]

d) Arbeitsplätze

5 Die Nr. 4, die die Planung von Arbeitsplätzen nennt, stellt eine Art begrenzte **Generalklausel** dar. Sie begründet nicht nur ein Unterrichtungs- und Beratungsrecht des BR bei der Ausgestaltung der einzelnen Arbeitsplätze, damit die Leistungsanforderungen **die physische und psychische Leistungsfähigkeit** der AN nicht übersteigen. Darüber hinaus will sie erreichen, dass schädigende Einflüsse auch aus der Arbeitsumgebung auf den Arbeitsplatz ausgeschaltet oder zumindest zurückgedrängt werden. Als **Anwendungsbeispiele** sind etwa zu nennen: **Räumliche Anordnung** und Gestaltung der Maschinen und sonstiger Betriebsmittel, **Raumbedarf der AN** entsprechend der Arbeitssituation,[16] **Ablösesysteme** bei Tätigkeiten mit hohen körperlichen und nervlichen Beanspruchungen, **Arbeitseinsatzbeschränkungen**

14 Vgl. Klebe, SR 19, 128 mit einer Definition auf S. 129; zur Definition auch Art. 3 Abs. 1 i. V. m. Annex 1 des Entwurfs einer VO zur Regulierung v. KI durch die EU-Kommission v. 21. 4. 21 COM (2021) 206 final – 2021 /0106 (COD).

15 Vgl. auch Waas, Künstliche Intelligenz und Arbeitsrecht, HSI-Schriftenreihe Bd. 46, 2023.

16 Zu Problemen bei der Schaffung v. Großraumbüros vgl. LAG München, NZA 88, 69, auch wenn AN auf bestehende Arbeitsplätze umgesetzt oder erstmals zugeteilt werden, hierzu LAG Sachsen 10. 1. 23 – 2 TaBV 1/21, NZA-RR 23, 355.

für Jugendliche, behinderte Menschen und sonstige schutzbedürftige Personengruppen, **Ausschaltung schädigender Einflüsse** wie Staub, Gase, Lärm und Verminderung zu schneller Arbeitstakte.

3. Unterrichtung des Betriebsrats

a) Zeitpunkt

6 Die Unterrichtung hat **rechtzeitig** zu erfolgen: Die Information muss **so frühzeitig wie möglich** gegeben werden,[17] spätestens jedoch zu einem Zeitpunkt, in dem der AG noch Alternativen überlegt, also **noch Einfluss auf die Entscheidung** genommen werden kann.[18] Diese bereits von der Rspr. entwickelte Konkretisierung hat der Gesetzgeber 1989 sinngemäß in Abs. 2 für den Beratungszeitpunkt aufgenommen; für die Information muss sie selbstverständlich erst recht gelten. Hierfür spricht im Übrigen auch die **Richtlinie 2002/14/EG vom 11. 3. 2002** zur Festlegung eines allgemeinen Rahmens für die Unterrichtung und Anhörung der Arbeitnehmer in der Europäischen Gemeinschaft.[19] Die Rechte des BR setzen bei der **Planung** an, nicht erst bei deren Ergebnis, dem Plan.[20] Sie werden allerdings nicht dadurch beseitigt, dass der AG eine unvorhergesehene Maßnahme trifft bzw. keine systematische Vorbereitung erfolgt.[21]

b) Art der Unterrichtung

7 Die Unterrichtung hat unter **Vorlage der erforderlichen Unterlagen** zu erfolgen. Der AG muss also **unaufgefordert** alle Unterlagen vorlegen, die notwendig sind, damit sich der BR ein möglichst genaues Bild von Umfang und Auswirkungen der geplanten Maßnahmen machen kann.[22] Der BR muss **alle wesentlichen Tatsachen, Einschätzungen und Bewertungen** auf Deutsch,[23] in verständlicher Sprache und überschaubarer Form aufbereitet erhalten.[24] Wird z. B. die Einführung eines **DV-Systems** geplant, so hat der AG dem BR

17 BAG v. 18.7.72, AP Nr. 10 zu § 72 BetrVG; vgl. auch zu § 92 BAG 8.11.16 – 1 ABR 64/14, NZA 17, 942 und LAG BaWü 12.7.17 – 2 TaBV 5/16, juris.

18 HansOLG Hamburg, DB 85, 1846 f.; LAG Hamburg, DB 85, 2308; LAG Frankfurt, AuR 93, 306.

19 Vgl. DKW-Klebe, Rn. 19.

20 Vgl. auch BAG, DB 92, 1732.

21 OLG Hamm, BB 78, 748.

22 So BT-Drucks. 11/2503, S. 35.

23 HessLAG, NZA 95, 285; vgl. auch LG München, BB 01, 1648 zum Recht von Aktionären, Informationen in deutscher Sprache zu erhalten; so auch LAG Nürnberg 18.6.20 – 1 TaBV 33/19, NZA-RR 20, 528, aber zu Unrecht einschränkend für Gespräche mit dem BR, wenn entsprechende Übersetzungen erfolgen.

24 Vgl. auch BAG, DB 87, 1491; 92, 2246.

mindestens seine Problemanalyse, die Systembeschreibung mit den zu verarbeitenden Daten, die Zwecksetzung, die Beschreibung der vorhandenen Dateien und Programme, den Datenflussplan, die Zugriffsberechtigungen, Maßnahmen der Datensicherung sowie alle Auswirkungen auf die AN mitzuteilen. Vor dem Hintergrund der DSGVO kommen z. B. Informationen über die Umsetzung der Dokumentationspflicht, zur Notwendigkeit und Planung einer Folgenabschätzung, zur Entwicklung von Verhaltensregeln und eventuell geplanten Zertifizierungen in Betracht[25] Falls eine sinnvolle Beschäftigung mit den Problemen und eine Vorbereitung auf spätere Beratungen nur mit schriftlichen Unterlagen möglich ist, sind diese vom AG **zur Verfügung zu stellen**.[26] Falls erforderlich, hat der AG weitere Erläuterungen zu geben. Der BR kann zudem, dies wird insbesondere bei neuen Technologien erforderlich sein, auf **gewerkschaftliche Unterstützung** zurückgreifen und **Sachverständige** (§§ 80 Abs. 3, 111 Satz 2) und auch betriebsinterne Fachleute (**Auskunftspersonen**) heranziehen (vgl. § 80 Abs. 2 Satz 3 und dort Rn. 20 ff.) oder die Beschäftigten befragen.[27] Da die Planung ein **dynamischer Prozess** ist, hat der AG die Informationen ständig zu aktualisieren und jeweils die erforderlichen Beratungen vorzunehmen.[28]

Der BR verliert seine Rechte nicht dadurch, dass der AG ohne die erforder- 8
liche Information bereits die Veränderungen vorgenommen hat oder der BR in Kenntnis der Vorgänge seine Rechte unzureichend wahrnimmt. Der **Informations- und Beratungsanspruch** des BR **entsteht ständig neu**; ein **Verzicht** auf zukünftige Mitwirkungs- und Mitbestimmungsrechte ist zudem **unwirksam**.[29] Auch eine Begrenzung der Unterrichtungspflicht analog § 106 Abs. 2 kommt nicht in Betracht.[30]

4. Beratung

Die Information ist von der anschließenden **Beratung**, deren Gegenstand 9
und Zeitpunkt in Abs. 2 festgelegt sind, zu trennen. Sie muss ebenfalls so rechtzeitig erfolgen, dass die Vorstellungen des BR bei der Planung noch berücksichtigt werden können. Erst wenn ausreichende Informationen gegeben worden sind, kann der BR sinnvoll mit dem AG beraten. Hierbei geht es um die **Beeinflussung der betrieblichen Vorhaben** i. S. einer sozialen

---

25 Däubler, Gläserne Belegschaften, Rn. 586 ff., 634a; DKW-Klebe, Rn. 23.

26 So schon ArbG Bochum 19. 2. 86 – 2 BV 15/85; vgl. auch Fitting, Rn. 12; DKW-Klebe, Rn. 26 mit Hinweis auf die Richtlinie 2002/14/EG und zu § 92 LAG BaWü 12. 7. 17 – 2 TaBV 5/16, juris (»zeitweilig zu überlassen«).

27 BAG, AuR 77, 121; 8. 6. 99 – 1 ABR 28/97, AuR 00, 267; LAG Sachsen 15. 7. 22 – 4 TaBVGa 1/22, NZA-RR 23, 250.

28 BAG, DB 92, 1732; LAG Sachsen 10. 1. 23 – 2 TaBV 1/21, NZA-RR 23, 355.

29 Vgl. hierzu BAG, DB 84, 724; NZA 08, 188; NZA-RR 08, 469.

30 Ebenso BAG, DB 91, 1937 für § 80.

Gestaltung. Der BR kann Änderungen vorschlagen, z. B. beim DV-Einsatz **alternative Lösungen** fordern, und Einfluss auf die Auswahlkriterien nehmen. Der AG ist verpflichtet, diese Vorschläge und Forderungen mit dem BR mit dem ernsten Willen zur Verständigung zu beraten. Er hat ihm auch ausreichend Zeit zu lassen, eigene Vorstellungen zu erarbeiten.

10 Die Beratung hat sich auf die Maßnahme selbst und **alle ihre Auswirkungen** auf die AN zu erstrecken. **Insbesondere** ist über die Auswirkungen auf die Art der Arbeit (z. B. **Grad der Arbeitsteilung**, Umfang der Automatisierung, **Arbeitstempo**, **Einzel- oder Gruppenarbeit**, Arbeitsinhalte) und die Anforderungen an die AN (z. B. Kenntnisse, Geschicklichkeit, Verantwortung, Belastungen, Umgebungseinflüsse) zu beraten. Dabei **sollen** »auch« die gesicherten arbeitswissenschaftlichen Erkenntnisse über die **menschengerechte Gestaltung der Arbeit** berücksichtigt werden (vgl. Erl. zu § 91). Von dieser ausdrücklichen Verpflichtung kann nur bei Vorliegen besonderer Gründe abgewichen werden.[31] Im DGB-Entwurf für ein modernes BetrVG[32] wird § 90 gestrichen, weil seine Regelungen in anderen Vorschriften bzw. MBR aufgegangen sind.

5. Streitigkeiten

11 Erfüllt der AG seine Pflichten nicht rechtzeitig, unvollständig oder wahrheitswidrig, so handelt er **ordnungswidrig** i. S. des § 121. Darüber hinaus kann der BR seine Rechte im Beschlussverfahren, ggf. auch gestützt auf § 23 Abs. 3,[33] oder mit einer **einstweiligen Verfügung** verfolgen, wenn die erforderliche Eilbedürftigkeit gegeben ist.[34] Weiter kann er das **Beratungsrecht** dadurch **sichern**, dass die vom AG beabsichtigten Maßnahmen durch einstweilige Verfügung gestoppt werden (**str.**).[35] Hierfür spricht auch, dass diese Auffassung am ehesten der **Richtlinie 2002/14/EG vom 11. 3. 2002** entspricht.[36]

---

31 Vgl. BAG, NZA 92, 944; 93, 270 zur Interpretation von Soll-Vorschriften.

32 *https://aur-blog.eu/reformvorschlag/*.

33 LAG Frankfurt, AuR 93, 306; ArbG Frankfurt, AuR 94, 201; LAG Sachsen 10. 1. 23 – 2 TaBV 1/21, NZA-RR 23, 355.

34 Vgl. z. B. LAG Hamburg 2. 12. 76 – 1 TaBV 5/75 und auch LAG Hamm, AiB 02, 114; § 23 Rn. 14.

35 Wie hier LAG Frankfurt, DB 83, 613 und DB 85, 178 ff.; LAG Hamburg, DB 83, 2369 ff.; ArbG Berlin 4. 11. 82 – 25 BVGa 3/82; a. A. z. B. LAG Nürnberg, NZA-RR 03, 588; LAG Düsseldorf 12. 1. 15 – 9 TaBV 51/14, juris; HessLAG 18. 6. 20 – 5 TaBVGa 74/20, NZA 21, 291 allerdings ohne jeden Versuch einer Begründung; LAG Sachsen 10. 1. 23 – 2 TaBV 1/21, NZA-RR 23, 355: vgl. insgesamt DKW-Klebe, Rn. 38 m. w. N.

§ 91 Mitbestimmungsrecht

Werden die Arbeitnehmer durch Änderungen der Arbeitsplätze, des Arbeitsablaufs oder der Arbeitsumgebung, die den gesicherten arbeitswissenschaftlichen Erkenntnissen über die menschengerechte Gestaltung der Arbeit offensichtlich widersprechen, in besonderer Weise belastet, so kann der Betriebsrat angemessene Maßnahmen zur Abwendung, Milderung oder zum Ausgleich der Belastung verlangen. Kommt eine Einigung nicht zustande, so entscheidet die Einigungsstelle. Der Spruch der Einigungsstelle ersetzt die Einigung zwischen Arbeitgeber und Betriebsrat.

Inhaltsübersicht Rn.

1. Allgemeines

Die Bestimmung, die zum »gesetzlichen Arbeitsschutz« nach § 87 Abs. 1 Nr. 7 mit eigenständiger Bedeutung hinzutritt, gibt dem BR ein **erzwingbares** MBR, wenn der AG bei Änderungen der Arbeitsplätze, des Arbeitsablaufs oder der Arbeitsumgebung die Grundsätze einer menschengerechten Gestaltung der Arbeit nicht ausreichend berücksichtigt. Sie bringt zum Ausdruck, dass die Rentabilität **nicht** der allein ausschlaggebende Gesichtspunkt sein darf. Ein zumindest **gleichrangiges Ziel** ist die **menschengerechte Arbeitsgestaltung**, mit der die Arbeit den Bedürfnissen und Interessen des arbeitenden Menschen anzupassen ist.[1] 1

Die Arbeit muss für ihn zumindest **ausführbar, erträglich, zumutbar** und möglichst **subjektiv zufriedenstellend** sein. Die **Arbeitswissenschaft** soll hierzu die entsprechenden Grundlagen und Erkenntnisse liefern. Der DGB-Entwurf für ein modernes BetrVG[2] will die Voraussetzungen der Vorschrift deutlich herabsetzen. Danach ist die Vermutung, dass die AN durch die entsprechenden Änderungen belastet werden, für eine Initiative des BR ausreichend. 2

---

36 Vgl. DKW-Klebe, Rn. 38 m. w. N.

1 Vgl. auch DKW-F-Klebe/Heilmann, § 91 Rn. 2: Checkliste.
2 *https://aur-blog.eu/reformvorschlag/.*

2. Gesicherte arbeitswissenschaftliche Erkenntnisse

3 Arbeitswissenschaft ist die **Wissenschaft von der menschlichen Arbeit**, den Voraussetzungen und Bedingungen, unter denen sich die Arbeit vollzieht, den Wechselwirkungen und Folgen, die sie auf Menschen, ihr Verhalten und damit auch auf ihre Leistungsfähigkeit hat, sowie den Faktoren, durch die die Arbeit, ihre Bedingungen und Wirkungen menschengerecht beeinflusst werden können. Sie umfasst eine Reihe von Bereichen der Wissenschaft, wie etwa die **Arbeitsmedizin**, die **Arbeitsphysiologie** und die **Arbeitspsychologie**.

4 Diese Wissenschaftsbereiche können wichtige Erkenntnisse über die **Anpassung der Arbeit an den Menschen** liefern, wie z. B. die Anpassung von Maschinen und Büromöbeln an die Körpermaße des Menschen, die optimale Gestaltung der Arbeitsumgebung und der äußeren Umwelteinflüsse, wie Licht-, Lärm-, Temperaturverhältnisse u. ä. mehr.[3] In den Gesamtkomplex der menschengerechten Arbeitsgestaltung gehören neben den ergonomischen Fragen auch **Arbeitsablaufprobleme** (z. B. Rationalisierungsmaßnahmen, Mehrstellenbedienung) und Probleme der **sozialen Angemessenheit** der Arbeit (z. B. Abbau autoritärer Führungsstrukturen, Verbesserung der innerbetrieblichen Kommunikationsmöglichkeiten).

5 Als **mögliche Quellen** für die vom Gesetz geforderten wissenschaftlichen Erkenntnisse sind z. B. zu nennen: **Meinungen** innerhalb der Fachkreise, wie sie in der Fachliteratur ihren Ausdruck finden können, **Gesetze und Verordnungen**, wie vor allem die ArbStättV, in die die Regelungen für Bildschirmarbeit integriert sind, die **Arbeitsschutzgesetze** und **UVV**, **europäische Richtlinien**, TV, wie z. B. für ihre Zeit der Lohnrahmen-TV II für die Metallindustrie von Nord-Württemberg/Nord-Baden v. 1. 11. 1973[4] oder der TV über die Einführung und Anwendung rechnergesteuerter Textsysteme v. 20. 3. 1978,[5] **DIN-Normen,**[6] **ISO-Normen, VDI-Richtlinien** u. ä. technische Regelwerke (die von der Verwaltungs-Berufsgenossenschaft herausgegebenen Sicherheitsregeln[7] können zur Auslegung und Konkretisierung bei Bildschirmarbeit herangezogen werden). Auch die im Zuge der Covid-19-Pandemie festgelegten Maßnahmen in der SARS-CoV-2-ArbeitsschutzVO,[8] der entsprechende Arbeitsschutzstandard v. 16. 4. 2020 und die

---

3 Vgl. LAG München, DB 88, 186 f. zur Verteilung von Arbeitsplätzen in Großraumbüros.

4 RdA 74, 177 ff.

5 Druck- und Verlagsbereich; RdA 78, 116.

6 Z. B. die allgemeine Ergonomie-Norm DIN EN ISO 6385 zur Gestaltung von Arbeitssystemen.

7 ZH 1/618; vgl. hierzu BAG, DB 84, 775.

8 Bundesanzeiger AT 22. 1. 21 V 1.

Arbeitsschutzregel[9] kamen bzw. kommen als Quellen in Frage. Darüber hinaus ist darauf hinzuweisen, dass sich der BR im Rahmen des § 80 Abs. 3 eines **Sachverständigen** bedienen kann, um festzustellen, ob und inwieweit arbeitswissenschaftliche Erkenntnisse vorliegen bzw. eine nicht menschengerechte Gestaltung der Arbeit gegeben ist. Dies gilt selbstverständlich auch für die Software-Gestaltung.[10]

Das Gesetz spricht von »**gesicherten**« arbeitswissenschaftlichen Erkenntnissen. Rein theoretische Überlegungen, die keinen Anklang in der Fachwelt gefunden haben, scheiden damit ebenso aus wie noch erheblich umstrittene praktische Versuche. Eine Erkenntnis ist nach richtiger Auffassung gesichert, wenn sie nach anerkannten Methoden zu plausiblen/wahrscheinlichen Ergebnissen geführt hat, nicht widerlegt ist und unter Arbeitswissenschaftlern der internationalen Fachwelt breite Anerkennung gefunden hat, also **h. M.** geworden ist. Hierzu zählen auch die im Hinblick auf die Covid-19-Pandemie festgelegten, gerade in Rn. 5 angesprochenen Maßnahmen. **Offensichtlich** ist ein Widerspruch hierzu, wenn er für einen Fachmann, der mit dem Lebenssachverhalt und der arbeitswissenschaftlichen Fragestellung vertraut ist, **ohne weiteres erkennbar** ist.[11] Das BAG fordert vom BR, dass er sein **MBR konkret auf den einzelnen Arbeitsplatz bezogen** geltend macht und nicht lediglich generelle Regelungen anstrebt. Demnach muss der BR für jeden einzelnen Arbeitsplatz den offensichtlichen Widerspruch zu gesicherten arbeitswissenschaftlichen Erkenntnissen benennen. Ist der betreffende Gegenstand in einem **Gesetz** oder **TV** vollständig und abschließend geregelt, scheidet das MBR in **analoger Anwendung von § 87 Abs. 1 Eingangssatz** aus, zumindest besteht für AG und BR in diesen Fällen kein Spielraum. 6

3. Offensichtlicher Widerspruch

Für das Einsetzen des MBR ist allein entscheidend, dass die (ggf. erst geplante) Arbeitsgestaltung[12] den wissenschaftlichen Erkenntnissen über die menschengerechte Gestaltung der Arbeit **offensichtlich widerspricht**. Ist diese Voraussetzung gegeben, bedarf es **keiner zusätzlichen** Feststellung mehr, ob eine **besondere Belastung** vorhanden ist. Eine Arbeitsgestaltung, die in einem offensichtlichen Widerspruch zu gesicherten arbeitswissenschaftlichen Erkenntnissen steht, bringt **immer** eine besondere Belastung 7

9 Gemeinsames Ministerialblatt Nr. 24/20 v. 20. 8. 20, S. 484; NZA-Beilage 2/20, S. 18.

10 Vgl. Becker-Töpfer, AiB 88, 147 ff.; Kiesche/Schierbaum, AiB 97, 624.

11 DKW-Klebe, Rn. 14 m. w. N.

12 Vgl. BAG, DB 84, 775.

für die AN mit sich (**str.**).[13] Die besondere Belastung ist daher keine zusätzliche Voraussetzung, sondern lediglich eine Verdeutlichung dessen, was der Gesetzgeber **sozialpolitisch** anstrebt: den Wegfall bzw. die Milderung dieser Belastung.[14] Eine besondere Belastung soll, prüft man diese als selbständiges Merkmal, vorliegen, wenn das **normale Maß der Belastung nicht unwesentlich überschritten** wird.

4. Abhilfemaßnahmen

8 Aus der im Gesetz genannten **Reihenfolge** ergibt sich, dass der BR zunächst fordern kann, dass Maßnahmen zur **Abwendung** der Belastung ergriffen werden. Es muss also in erster Linie versucht werden, die Quelle der **Belastungen selbst zu beseitigen** (vgl. auch § 4 Nrn. 1, 2 ArbSchG). Das bedeutet beispielsweise den Ersatz gesundheitsschädlicher Werkstoffe durch solche unschädlicher Art, die Vermeidung von Staub, Lärm oder Gasen an der Entstehungsquelle, die Abwendung v. Infektionsrisiken oder die Beseitigung von Überforderungen durch Weiterbildungsmaßnahmen. Es ist nicht erforderlich, dass die vom BR zur **Abhilfe** vorgeschlagenen Maßnahmen ihrerseits wieder gesicherten arbeitswissenschaftlichen Erkenntnissen entsprechen.

9 Sofern die Abwendung **technisch nicht möglich** oder **wirtschaftlich nicht vertretbar** ist (dies kann nur in Ausnahmefällen, wenn die Kosten außer Verhältnis zu dem belastungsbeseitigenden Erfolg stehen, der Fall sein),[15] haben Maßnahmen zur **Milderung** zur Anwendung zu kommen. Das kann etwa durch Schutzeinrichtungen aller Art (Schutzbekleidung bei staubigen Arbeiten, schallisolierende Maßnahmen bei großem Lärm) geschehen. Auch die Herabsetzung der Arbeitsgeschwindigkeit oder die Einführung zusätzlicher Pausen kann eine Milderung in bestimmten Fällen herbeiführen. Als ein weiteres Beispiel sind Vorsorge- und Überwachungsuntersuchungen zu nennen.[16] Lassen sich auch Maßnahmen der Milderung nicht durchführen, kann der BR für die betroffenen AN einen **Ausgleich** verlangen. Zu denken ist hier insbesondere an eine Herabsetzung der Arbeitszeit, zusätzlich bezahlte Arbeitsunterbrechungen oder Sonderurlaub. **Geldzuwendungen** sind im Hinblick auf den sozialpolitischen Zweck der Vorschrift prinzipiell verfehlt.[17]

---

13 Vgl. DKW-Klebe, Rn. 16 m. w. N.

14 A. A. offenbar BAG a. a. O.; eine unmittelbare Gefahr für die Gesundheit ist jedoch keinesfalls erforderlich (BAG, DB 96, 1725).

15 Vgl. auch BAG, DB 79, 1995.

16 Vgl. z. B. BAG, DB 84, 775: Augenuntersuchungen bei Bildschirmarbeit; vgl. auch Ziffer 6 Anhang ArbStättV i. V. m. Anhang Teil 4 Abs. 2 Nr. 1 ArbMedVV.

17 Vgl. zum CAD/CAM-Einsatz Klebe/Roth, AiB 84, 70 ff.

5. Betriebliche Veränderungen

Schließlich ist darauf hinzuweisen, dass die Vorschrift nur von **Änderungen** 10 der Arbeitsplätze, des Arbeitsablaufs oder der Arbeitsumgebung spricht, bestehende Anlagen bzw. gleichbleibende Verhältnisse also nicht erfasst.[18] Der BR kann allerdings so lange auf die Veränderung reagieren, bis er die Auswirkungen umfassend einschätzen kann. Ist bereits im **Planungsstadium** für den BR erkennbar, dass die Voraussetzungen der Vorschrift gegeben sind, muss er den Verstoß gegen arbeitswissenschaftliche Erkenntnisse nicht abwarten, sondern kann sofort Abhilfemaßnahmen verlangen.[19]

6. Streitigkeiten

Kommt zwischen BR und AG eine Einigung über die zu ergreifenden Maß- 11 nahmen nicht zustande, so entscheidet die Einigungsstelle (§ 76) **verbindlich**. Ihr Spruch erstreckt sich darauf, welche Maßnahmen zur Abwendung, Milderung oder zum Ausgleich der sich für die AN ergebenden Belastungen angemessen sind und durchgeführt werden müssen. Nach § 77 Abs. 1 trifft den AG eine **Durchführungspflicht**, die der BR ggf. auch mit einer **einstweiligen Verfügung** durchsetzen kann (vgl. § 77 Rn. 1).[20] Ein **Unterlassungsanspruch** kommt daneben nicht in Betracht.[21] Bei nicht nur geringfügigen und kurzfristigen arbeitsschutzrechtlichen Pflichtverletzungen des AG kommt ein **Leistungsverweigerungsrecht** des AN gemäß § 273 BGB in Betracht.[22] Eine unmittelbare Gesundheitsgefahr ist hierfür nicht erforderlich. Bei unmittelbarer erheblicher Gefahr kann sich ein **Entfernungsrecht** gemäß § 9 Abs. 3 ArbSchG ergeben, das keine Pflichtverletzung des AG voraussetzt (vgl. auch zu Selbsthilfemaßnahmen und Beschwerderechten der AN [bei AG und zuständiger Behörde] §§ 9 Abs. 2, 17 Abs. 2 ArbSchG).

---

18 BAG, DB 82, 386; NZA 04, 620.

19 BAG, DB 84, 775.

20 LAG Berlin, BB 85, 1199; LAG BaWü 16.12.83 – 12 TaBV 5/83.

21 LAG Nürnberg, NZA-RR 03, 588; DKW-Klebe, Rn. 25.

22 BAG, DB 96, 2446; BB 97, 1364.

Fünfter Abschnitt
Personelle Angelegenheiten

Erster Unterabschnitt
Allgemeine personelle Angelegenheiten

§ 92 Personalplanung

(1) Der Arbeitgeber hat den Betriebsrat über die Personalplanung, insbesondere über den gegenwärtigen und künftigen Personalbedarf sowie über die sich daraus ergebenden personellen Maßnahmen einschließlich der geplanten Beschäftigung von Personen, die nicht in einem Arbeitsverhältnis zum Arbeitgeber stehen, und Maßnahmen der Berufsbildung anhand von Unterlagen rechtzeitig und umfassend zu unterrichten. Er hat mit dem Betriebsrat über Art und Umfang der erforderlichen Maßnahmen und über die Vermeidung von Härten zu beraten.
(2) Der Betriebsrat kann dem Arbeitgeber Vorschläge für die Einführung einer Personalplanung und ihre Durchführung machen.
(3) Die Absätze 1 und 2 gelten entsprechend für Maßnahmen im Sinne des § 80 Abs. 1 Nr. 2a und 2b, insbesondere für die Aufstellung und Durchführung von Maßnahmen zur Förderung der Gleichstellung von Frauen und Männern. Gleiches gilt für die Eingliederung schwerbehinderter Menschen nach § 80 Absatz 1 Nummer 4.

Inhaltsübersicht Rn.

1. Unterrichtungs- und Beratungspflicht

1 Der BR soll durch die Beteiligung an der Personalplanung in die Lage versetzt werden, auf personelle Maßnahmen des AG, wie Einstellungen, Versetzungen und Kündigungen nicht nur reagieren zu müssen; er soll vielmehr die Daten und Voraussetzungen **mit beeinflussen** können, die zu den Einzelentscheidungen führen. Es soll auch eine stärkere **Objektivierung** und bessere **Durchschaubarkeit** personeller Entscheidungen erreicht werden.[1]

2 Personalplanung besteht aus den **Einzelbereichen:**[2] Personalbedarf, Personalbeschaffung, Personaldeckungsplanung, Personaleinsatz, Personal-

1 Muster BV s. DKW-F-Homburg, § 92 Rn. 5.
2 BAG 12.3.19 – 1 ABR 43/17, NZA 19, 1153; 8.11.16 – 1 ABR 64/14, NZA 17, 942.

abbau, Personalentwicklung und Personalkosten.[3] Unter Personalplanung wird regelmäßig die **Gesamtheit** der Maßnahmen zur Ermittlung des zukünftigen Personalbedarfs sowie zur Bereitstellung der benötigten Arbeitskräfte in der erforderlichen Anzahl, zum richtigen Zeitpunkt, am richtigen Ort und mit der für die Arbeit besten Qualifikation verstanden. So gesehen ist Personalplanung als Bestandteil der gesamten UN-Planung der Versuch, **vorausschauend** zu ergründen, welche Personalbewegungen sich in einem bestimmten Zeitraum (z. B. ein bis zwei Jahre) vollziehen werden. Damit umfasst der Begriff vor allem den gegenwärtigen und zukünftigen Personalbedarf in quantitativer und qualitativer Hinsicht.[4] Auch **Stellenbeschreibungen** und **Anforderungsprofile** sind Teile der Personalplanung, über die der BR umfassend zu unterrichten ist.[5] Darüber hinaus bezieht die Personalplanung ein, welche Steuerungsinstrumente erforderlich sind und eingesetzt werden können. Wird im Betrieb eine Personalstatistik geführt, die einen Abgleich des Soll- mit dem Ist-Personalstand vornimmt, ist diese dem BR im Rahmen der Personalplanung vorzulegen.[6] Nicht zu den Unterlagen der Personalplanung gehört eine Personalumsatzstatistik, die nur für ein internes Controlling genutzt wird.[7]

Die Unterrichtung des BR hat sich auch auf die **Methoden der Personalplanung** und die eingesetzten organisatorischen und technischen Hilfsmittel zu erstrecken.[8] Zu den **technischen Hilfsmitteln**, derer sich der AG im Rahmen der Personalplanung häufig bedient und über die der BR zu unterrichten ist, gehören auch DV-gestützte **Personalinformationssysteme** (vgl. dazu § 87 Rn. 35 ff. und § 94 Rn. 13). Diese sind in besonderem Maße geeignet, eine **technisierte Verhaltens- und Leistungskontrolle** der AN herbeizuführen. Schon von daher besteht ein ausgeprägtes Schutzbedürfnis der betroffenen AN. Dienen Personalinformationssysteme lediglich **personalwirtschaftlichen Verwaltungsabläufen** (sog. administrative Systeme), ist die Unterrichtungspflicht des AG ebenfalls gegeben. Das gilt umso mehr, als die erfassten Informationen, z. B. über Altersaufbau, Betriebszugehörigkeit, Einkommensstruktur und Fehlzeiten, wesentliche Daten für eine Personalplanung liefern können. 3

---

3 BAG 12.3.19 – 1 ABR 43/17 a.a.O. hat offengelassen, ob es auch die Personalkostenplanung zu den Unterlagen i. S. v. § 92 zählt. Dafür: DKW-Homburg Rn. 33, Fitting Rn. 20.

4 LAG Düsseldorf, DB 88, 1860.

5 BAG 14.1.14 – 1 ABR 49/12, NZA-RR 14, 356; BB 84, 275, 915; vgl. auch LAG Bremen, AiB 93, 185, das dem BR einen Anspruch auf monatliche Vorlage des Stellenplanes gibt, der die personellen Zielvorstellungen des AG enthält, sowie des Stellenbesetzungsplanes mit dem aktuellen tatsächlichen Personalbestand.

6 LAG Nds. 4.6.07 – 12 TaBV 56/06.

7 LAG SH 26.2.19 – 2 TaBV 14/18, NZA-RR 19, 484.

8 DKWHomburg, Rn. 38.

4 Dem BR sollte bewusst sein, dass Personalplanung i. S. dieser Vorschrift **nicht allein unter betriebswirtschaftlichen Gesichtspunkten** und lediglich als Folgeplanung der allgemeinen UN-Planung betrieben werden darf. Vielmehr hat es darum zu gehen, die Personalplanung **gleichberechtigt** in die UN-Planung einzubauen und die **AN-Interessen** bei der Personalplanung zu berücksichtigen. Diese lassen sich im **Wesentlichen** so zusammenfassen: Sicherung der Arbeitsplätze; Verbesserung der Arbeitsbedingungen durch menschengerechte Arbeitsplatzgestaltung; Einkommenssicherung; Schaffung von beruflichen Aufstiegschancen und entsprechende Qualifizierung der AN durch Maßnahmen der Berufsbildung; Wahrnehmung besonderer Schutzinteressen von AN-Gruppen, wie etwa älterer AN; Abbau von Risiken, die durch Rationalisierungsmaßnahmen und technischen Wandel entstehen; Einsatz und Förderung der AN entsprechend ihren Neigungen und Fähigkeiten; Gewährung von Chancen zur Entfaltung der Persönlichkeit durch die Arbeitsgestaltung.

5 Personalplanung geht von der vorhandenen Belegschaft aus. Es sind sodann die **Einflussgrößen** zu berücksichtigen, die sowohl aus der UN- als auch der AN-Sphäre her diesen Ist-Zustand im Laufe der Zeit verändern können. Solche Einflüsse aus der **UN-Sphäre** können z. B. sein: **Outsourcing** oder sonstige Fremdvergabe von bisher intern verrichteten Arbeiten,[9] **Lean Management**, die Teilnahme am **Öko-Audit**, Investitionsvorhaben, Rationalisierungsmaßnahmen, Umstellung der Produktion sowie überhaupt alle der in § 106 Abs. 3 und § 111 genannten Angelegenheiten. Einflüsse aus der **AN-Sphäre** können sich z. B. ergeben aus: Fluktuation, Erreichen der Altersgrenze, Einberufung zum Wehrdienst und Herabsetzung der Arbeitszeit. Diese Einflüsse können dazu führen, dass sich ein **zukünftiger Personalbedarf**, das Erfordernis einer weiteren **beruflichen Qualifizierung** der AN oder aber auch die Notwendigkeit eines **Personalabbaus** ergeben. Die Personalplanung umfasst auch die geplante Beschäftigung von Personen, die nicht in einem Arbeitsverhältnis zum Arbeitgeber stehen (Leih-AN, Beschäftigte von Dienstleistern und Werkvertragsfirmen). Werden auf Grund anderer gesetzlicher Regelungen Personalstellenberechnungen, z. B. für einen Mindestpersonalschlüssel im Gesundheitswesen, erstellt, müssen diese dem BR vorgelegt werden.[10]

6 Bei sich änderndem Personalbedarf ist zwischen BR und AG zu überlegen, auf **welche Weise** reagiert werden soll. Wird die weitere berufliche

---

9 LAG München 16. 12. 19 – 3 TaBV 90/19, juris zu Werkverträgen; BAG 15. 12. 98 – 1 ABR 9/98, NZA 99, 722 zu freien Mitarbeitern.

10 LAG Nds. 15. 11. 18 – 7 TaBV 20/18; (im konkreten Fall: Psychiatrie-Personal-VO, die ab 1. 1. 20: von der »Richtlinie über die personelle Ausstattung der stationären Einrichtungen der Psychiatrie und Psychosomatik (PPP-RL)« abgelöst worden ist.

Qualifizierung von AN erforderlich, sind entsprechende **Fortbildungs- und Umschulungsmaßnahmen** mit den sich daraus ergebenden Fragen zu bedenken, wie etwa der Kreis der in Betracht kommenden AN, die Deckung der Kosten durch den Betrieb und die Freistellung von der Arbeit für die Bildungsmaßnahmen (zum MBR bei der Anpassungsqualifizierung s. § 97 Rn. 2 f.). Bei einem notwendigen Personalabbau sollen alle geeigneten Maßnahmen überlegt werden, die vor einem **Verlust von Arbeitsplätzen schützen**. Dazu gehören etwa: Rücknahme von Lohnaufträgen, Wegfall von Überstunden, mögliche Versetzungen, vorzeitige Pensionierungen, Einstellungsstopps und evtl. die Einführung von Kurzarbeit.

Die Beteiligung des BR bei der Personalplanung ist somit **umfassend** und berührt eine Reihe weiterer Rechte nach dem Gesetz: MBR bei Arbeitszeit und Kurzarbeit (§ 87 Abs. 1 Nr. 2 u. 3), Gestaltung von Arbeitsplätzen, Arbeitsablauf und Arbeitsumgebung (§§ 90 und 91), innerbetriebliche Stellenausschreibung (§ 93), Personalfragebogen und Beurteilungsgrundsätze (§ 94), Auswahlrichtlinien (§ 95), Berufsbildung (§§ 96 bis 98), Interessenausgleich und Sozialplan (§§ 111 bis 113). Besondere Bedeutung haben in diesem Zusammenhang das Recht des BR Vorschläge zur Beschäftigungssicherung zu machen (§ 92a) und das MBR bei der Anpassungsqualifizierung (§ 97 Abs. 2). 7

Der Anspruch auf Unterrichtung und Beratung besteht **auch** dann, wenn **keine** oder nur eine **lückenhafte** Personalplanung praktiziert wird. Unter den Begriff der Personalplanung i. S. dieser Vorschrift fällt auch eine »intuitive Planung«, bei der unter Umständen nur eine kurzfristige Maßnahmenplanung aufgrund schwer nachvollziehbarer Vorstellungen des AG betrieben wird.[11] In diesem Zusammenhang ist von Bedeutung, dass der Gesetzgeber wegen der **sozialpolitischen Bedeutung** der Personalplanung ausdrücklich bestimmt hat, dass der BR ihre Einführung anregen und Vorschläge für die konkrete Durchführung machen kann, wenn derartige Planungen bisher nicht oder nur lückenhaft betrieben worden sind. Das Unterrichtungs- und Beratungsrecht des BR ist auch in Betrieben und UN gegeben, die nach § 118 Abs. 1 den **Tendenzbestimmungen** unterliegen.[12] 8

Der AG hat den BR über die Personalplanung **rechtzeitig** zu unterrichten, also in einem Stadium, in dem sie noch **beeinflussbar** ist. Das Unterrichtungsrecht des BR besteht somit schon, wenn der AG **Grundlagen für die Personalbedarfsplanung** erarbeitet. Dem BR muss eine **ausreichende Zeitspanne** bleiben, um aufgrund der Unterrichtung die Mitberatung vorzubereiten und durchzuführen. Darüber hinaus muss es ihm möglich sein, Alternativen aufzuzeigen und Personalplanungsvorschläge auszuarbeiten, die nach Auffassung des BR bei dem weiteren Planungsvorgang berücksichtigt 9

11 LAG Berlin 13.6.88 – 9 TaBV 1/88.
12 Vgl. BAG, BB 91, 689; DKW-Wedde, § 118 Rn. 85 m. w. N.

werden und in den Plan selbst Eingang finden sollen. Die Unterrichtungspflicht erstreckt sich von der Entscheidungsvorbereitung über die einzelnen Schritte der Planung bis hin zu dem abgeschlossenen Planungsvorgang.[13]

10 Nach Auffassung des BAG[14] ist der BR zu unterrichten, wenn die Überlegungen des AG das **Stadium der Planung** erreicht haben, dagegen noch nicht, solange der AG nur Möglichkeiten einer Personalreduzierung erkundet, diese Möglichkeiten ersichtlich aber nicht nutzen will. Das BAG[15] verweist allerdings darauf, dass die Feststellung des Personalbedarfs für ein geplantes Projekt schon vor der Zustimmung des einzigen Zuwendungsgebers einer karitativen Organisation Personalplanung i. S. des § 92 ist und damit der Unterrichtung des BR und seiner Beratung unterliegt.

11 Die Beteiligung des BR an der Meinungsbildung und Entscheidungsfindung muss bei der Personalplanung **allgemein** und bei jeder ihrer **Einzelmaßnahmen** gewährleistet sein. Bei der Unterrichtung sind **unaufgefordert** die **notwendigen Unterlagen (Schriftstücke, Datenträger)** vorzulegen und auszuhändigen. Diese sind vom AG ggf. auch **zur Verfügung zu stellen.**[16] Ein bloßes Vorlesen oder Zitieren aus Unterlagen genügt keinesfalls. Der AG hat den BR an Hand der Unterlagen zu unterrichten, die er selbst für die Personalplanung zu Grunde legt. Dass die Unterlagen noch für weitere Zwecke außerhalb der Personalplanung (z. B. für Verhandlungen mit Kostenträgern bei Krankenhäusern) verwendet werden, steht dem Auskunftsrecht des BR nicht entgegen.[17] Zu den Unterlagen, die dem BR zugänglich zu machen sind, gehören ggf. auch solche über Produktions-, Investitions- oder Rationalisierungsentscheidungen[18] und auch Arbeitsblätter, die eine UN-Beratungsfirma für den AG als Ergebnis innerbetrieblicher Planungsüberlegungen erstellt hat.[19] Unterlagen zur Bildung von Soll-Entgeltgruppendurchschnitte, die Vorgesetzen als Planungsunterlage zur Verfügung gestellt werden, sind keine Unterlagen der Personalplanung.[20] Auch bei Detailfragen kann sich die Notwendigkeit der Vorlage von Unterlagen ergeben, wie etwa bei der Frage, ob ein **Werkvertrag oder Scheinwerkvertrag** vorliegt (s. § 80 Rn. 14; vgl. auch § 99 Rn. 5). Hat der BR Zweifel, kann er Einblick in die vom AG abgeschlossenen Verträge mit den Fremdfirmen über den Einsatz von Fremdfirmen-

13 ArbG Frankfurt 2. 6. 86 – 1 BVGa 5/86.
14 BAG 19. 6. 84 – 1 ABR 6/83.
15 BAG 6. 11. 90 – 1 ABR 60/89.
16 BAG 12. 3. 19 – 1 ABR 43/17, NZA 19, 1153; vgl. Fitting, Rn. 31 unter Hinweis auf die übergreifende Norm des § 80 Abs. 2 Satz 2; für eine Aushändigung LAG München, 6. 8. 86 – 8 TaBV 34/86.
17 BAG 8. 11. 16 – 1 ABR 64/14, NZA 17, 942.
18 BAG 19. 6. 84 – 1 ABR 6/83.
19 LAG SH 14. 12. 93 – 1 TaBV 3/93.
20 BAG 12. 3. 19 – 1 ABR 43/17.

AN verlangen (s. § 80 Abs. 1 Rn. 14).[21] Da Planung ein **dynamischer Prozess** ist, hat der AG die Informationen ständig zu aktualisieren und jeweils die erforderlichen Beratungen vorzunehmen.

Die Unterrichtung des BR hat **umfassend** zu erfolgen und daher alle wesentlichen Tatsachen, Einschätzungen und Bewertungen in verständlicher Sprache und überschaubarer Form aufbereitet zu beinhalten.[22] Sie hat **insbesondere** einzuschließen: Angaben über den jeweiligen Personalbestand, die durch den Abgang von AN zu erwartenden Veränderungen, über geplantes **Outsourcing** oder sonstige Fremdvergabe (z. B. Leiharbeit/Werkverträge) bisher intern verrichteter Arbeiten,[23] den gegenwärtigen und künftigen Personalbedarf, die daraus notwendig werdenden personellen Maßnahmen wie Einstellungen, Versetzungen oder Kündigungen sowie die erforderlichen Maßnahmen der Berufsbildung. Angaben über den jeweiligen Personalbestand haben sich dabei auch auf die Struktur der Belegschaft, z. B. die altersmäßige Zusammensetzung, Gliederung nach Beschäftigungsarten, Zahl der weiblichen (einschließlich ihres Anteils an Führungsfunktionen), männlichen und jugendlichen AN, der Schwerbehinderten oder den Anteil der ausländischen AN zu erstrecken. Hinsichtlich der Fluktuation innerhalb der Belegschaft sind auch die Gründe für die zu erwartenden Veränderungen anzuzeigen, etwa der durchschnittliche Abgang aufgrund eigener Kündigungen der AN, Ausscheiden aus Altersgründen u. Ä. 12

Der BR ist im Rahmen der Personalplanung – unabhängig von anderen Beteiligungsrechten – auch zu unterrichten, wenn es um Änderungen von **Arbeitszeitsystemen** geht, z. B. Einführung von Teilzeitarbeit oder kapazitätsorientierter variabler Arbeitszeit. 13

Soweit wegen vorgesehener wirtschaftlicher oder betriebsorganisatorischer Maßnahmen mit **besonderen Veränderungen** im Personalbestand zu rechnen ist, sind auch hierfür **umfassende Angaben** zu machen. Bei den Beratungen ist dabei insbesondere zu erörtern, wie Härten für die beschäftigten **AN vermieden** werden können. Ist eine Erhöhung des Personalbestands notwendig, hat die Unterrichtung Angaben über die neu zu besetzenden Arbeitsplätze und die dort zu verrichtenden Tätigkeiten zu enthalten. 14

Der BR hat nach Abs. 2 das Recht, dem AG Vorschläge für die **Einführung einer Personalplanung und ihre Durchführung** zu machen. Das wird vor allem von Bedeutung sein, wenn arbeitgeberseitig keine oder nur eine unvollständige Personalplanung durchgeführt wird. Das Initiativrecht kann aber auch unabhängig davon sinnvoll sein und bestimmte Planungsbereiche und aktuelle Fragen umfassen. Beispielhaft sind anzuführen: personalpolitische Überlegungen im Vorfeld der Durchführung von Rationalisierungs- 15

21 Vgl. BAG 31.3.89, AP Nr. 33 zu § 80 BetrVG 1972; vgl. auch BAG, NZA 92, 275.
22 Vgl. auch HessLAG, NZA 95, 285.
23 BAG 15.12.98 – 1 A BR 9/98.

maßnahmen, Fragen des Personalersatzbedarfs, Qualifizierungsmaßnahmen für bestimmte AN-Gruppen und Nachwuchsplanung (vgl. auch § 92a und die dortigen Erl.). Seinen Auskunftsanspruch kann der BR auch darauf stützen, dass er Unterlagen für die Erstellung von Vorschlägen für die Einführung oder Durchführung der Personalplanung erarbeiten will. Er muss dann darlegen, warum er bestimmte Unterlagen für die Arbeit braucht.[24] Der Reformentwurf zum BetrVG des DGB präzisiert den Umfang der Unterrichtungspflicht über die Personalplanung. Er sieht ein volles MBR im Hinblick auf Personalplanung und -bemessung in UN mit mehr als 20 AN vor.[25]

2. Besondere Fördermaßnahmen

16 Der BR hat den gesetzlichen Auftrag, dass bei den allgemeinen personalpolitischen Maßnahmen, den personellen Einzelmaßnahmen und bei der betrieblichen Berufsbildung die **tatsächliche Gleichberechtigung** von Frauen und Männern gefördert wird. Ein wesentliches Instrument, das diesem Ziel bei der Personalplanung dienen kann, sind **Gleichstellungspläne**. Die Verknüpfung des Abs. 3 mit den Abs. 1 und 2 macht überdies deutlich, dass der AG auch von sich aus verpflichtet ist, bei der Personalplanung die Frauenförderung zu berücksichtigen und entsprechende Vorstellungen in die Beratungen mit dem BR einzuführen. Bei diesen Beratungen ist zu erörtern, welche Maßnahmen geeignet sind, bei den personellen Einzelmaßnahmen, der Aus-, Fort- und Weiterbildung sowie bei dem beruflichen Aufstieg die Vereinbarkeit von Familie und Erwerbstätigkeit zu fördern (vgl. § 80 Abs. 1 Nrn. 2a und 2 b).

§ 92a Beschäftigungssicherung

(1) Der Betriebsrat kann dem Arbeitgeber Vorschläge zur Sicherung und Förderung der Beschäftigung machen. Diese können insbesondere eine flexible Gestaltung der Arbeitszeit, die Förderung von Teilzeitarbeit und Altersteilzeit, neue Formen der Arbeitsorganisation, Änderungen der Arbeitsverfahren und Arbeitsabläufe, die Qualifizierung der Arbeitnehmer, Alternativen zur Ausgliederung von Arbeit oder ihrer Vergabe an andere Unternehmen sowie zum Produktions- und Investitionsprogramm zum Gegenstand haben.

(2) Der Arbeitgeber hat die Vorschläge mit dem Betriebsrat zu beraten. Hält der Arbeitgeber die Vorschläge des Betriebsrats für ungeeignet, hat er dies zu begründen; in Betrieben mit mehr als 100 Arbeitnehmern

---

24 BAG 8.11.16 – 1 ABR 64/14, NZA 17, 942.

25 *https://aur-blog.eu/reformvorschlag/.*

erfolgt die Begründung schriftlich. Zu den Beratungen kann der Arbeitgeber oder der Betriebsrat einen Vertreter der Bundesagentur für Arbeit hinzuziehen.

Inhaltsübersicht Rn.

1. Vorschlags- und Beratungsrecht

a) Grundsätze

1 Die in dieser Vorschrift enthaltenen Vorschlags- und Beratungsrechte kennzeichnen ein eigenständiges Handlungsfeld für den BR und stellen zugleich auch eine **Ausgestaltung und Konkretisierung** des Vorschlagsrechts dar, wie es § 92 Abs. 2 enthält. Darüber hinaus sind diese Rechte zur Beschäftigungssicherung den Beteiligungsrechten des BR bei den Betriebsänderungen nach § 111 **vorgelagert**. Sie sollen dazu beitragen, den mit diesen Maßnahmen häufig verbundenen Personalabbau zu vermeiden oder zumindest abzuschwächen. Die Bestimmung bringt kein MBR,[1] sondern ein **Vorschlags- und Beratungsrecht**, wenngleich mit einem bestimmten **Rechtfertigungszwang** für den AG, wenn er die Vorschläge des BR als ungeeignet ansieht. Weitergehende Rechte des BR bleiben von den Regelungen des § 92a unberührt.[2] So kann der BR beispielsweise auf der Grundlage seines MBR nach § 87 Abs. 1 Nr. 3 den Abbau von Überstunden als beschäftigungssichernde Maßnahme anstreben und ggf. durchsetzen.[3] Ein weiteres Beispiel sind seine Mitwirkungs- und MBR nach den §§ 96 bis 98, wie etwa das MBR nach § 97 Abs. 2 (vgl. dazu auch Rn. 3, Qualifizierung).

2 Die Tatbestände des § 92a haben große Bedeutung auch für die Tätigkeit des GBR nach § 50 Abs. 1, da sie vielfach die UN-Ebene berühren und nicht durch die einzelnen BR in ihren Betrieben einer abschließenden Beratung mit dem AG zugeführt werden können.
Der DGB-Reformentwurf zum BetrVG sieht u. a. eine Konfliktlösung über die Einigungsstelle vor, wenn der Arbeitgeber Vorschläge zur Beschäftigungssicherung des BR ablehnt; er sieht auch eine erleichterte Beauftragung von Sachverständigen für den BR vor.[4]

---

1 LAG Hamm 20. 3. 09 – 10 TaBV 17/09.
2 LAG Hamm a. a. O.
3 Vgl. DKW-Däubler, Rn. 3.
4 *https://aur-blog.eu/reformvorschlag/*.

b) Gegenstände

3 Die in der Bestimmung angeführten Angelegenheiten sind **nicht abschließend**.[5] Sie verdeutlichen allerdings den weit gespannten Rahmen, innerhalb dessen der BR Vorschläge zur Sicherung und Förderung der Beschäftigung entwickeln und dem AG mit dem Anspruch auf eine umfassende Beratung vorlegen kann. Die vom Gesetz ausdrücklich angesprochenen Beratungspunkte erstrecken sich auf folgende Handlungsfelder:

Flexible Gestaltung der Arbeitszeit
Die Flexibilisierung der Arbeitszeit soll dazu dienen, betriebliche Kapazitäten im Interesse der Beschäftigungssicherung besser zu nutzen. Dabei ist allerdings auch darauf zu achten, dass bei der Gestaltung der Arbeitszeitsysteme die AN-Interessen ausreichende Berücksichtigung finden.

Förderung von Teilzeitarbeit
Durch Teilzeitarbeit kann die Vereinbarkeit von Familienbetreuung und Erwerbstätigkeit gefördert werden (vgl. auch § 80 Abs. 1 Nr. 2 b). Familienpflichten und die Pflichten aus dem Arbeitsverhältnis können etwa dadurch besser in Einklang gebracht werden, dass die Betreuung kleiner Kinder oder pflegebedürftiger Familienangehöriger erleichtert wird.
Förderung von Altersteilzeit
Die Anwendung von Altersteilzeit kann, wenn die Voraussetzungen dafür vorliegen, die Nachwuchsplanung fördern. Das betrifft nicht nur die Möglichkeiten von Einstellungen und Versetzungen, sondern dient auch der Förderung des beruflichen Aufstiegs von Nachwuchskräften.

Neue Formen der Arbeitsorganisation
Änderungen der Arbeitsorganisation, der Arbeitsverfahren und der Arbeitsabläufe, wie beispielsweise die Einführung von Gruppenarbeit[6] oder Maßnahmen zur Produktionserhöhung und/oder Qualitätssicherung, können die Wettbewerbsfähigkeit steigern und damit dazu beitragen, dass Personalabbau vermieden wird. Auch Managementmethoden, wie beispielsweise Zielvereinbarungen, können dazu gehören, und zwar unabhängig davon, dass weitergehende Beteiligungsrechte bestehen. Ebenso kann der Einsatz von Systemen, die künstliche Intelligenz nutzen, zu den neuen Formen der Arbeitsorganisation gehören.[7]

---

5 DKW-Däubler, Rn. 6.
6 Engels u. a., DB 01, 539.
7 DKW-Däubler Rn. 8.

Qualifizierung der AN

Dieses Handlungsfeld hängt eng zusammen mit den Aufgaben und Rechten des BR bei der betrieblichen Berufsbildung nach den §§ 96 bis 98; nicht zuletzt mit den neuen Grundlagen, die der Ermittlung des Bildungsbedarfs auf Verlangen des BR (§ 96 Abs. 1 Satz 2) dienen, sowie mit seiner MB bei der Einführung von Maßnahmen der betrieblichen Berufsbildung, wenn sich durch arbeitstechnische Änderungen die Arbeitstätigkeiten ändern und die Kenntnisse der AN nicht ausreichen, um die neuen Arbeitsaufgaben zu erfüllen (§ 97 Abs. 2). Mit diesem MBR sollen rechtzeitig und präventiv betriebliche Berufsbildungsmaßnahmen zugunsten betroffener AN durchgesetzt werden, um deren Beschäftigung zu sichern.[8] Aber auch unabhängig davon kann die Personalentwicklung ein geeignetes Instrument sein, um einem Personalabbau entgegenzuwirken. Qualifizierung im Rahmen von Kurzarbeit wird teilweise gefördert.[9]

Ausgliederung von Arbeit oder ihre Vergabe an andere UN

Der Ausgliederung von Arbeit oder der Vergabe betrieblicher (Teil-)Tätigkeiten liegen häufig vorgeschobene oder tatsächlich begründete Kostenargumente zugrunde. Der BR sollte deshalb – ggf. unter Einbeziehung entsprechender Beratungen im WA – fordern, dass ein umfassender Kostenvergleich erfolgt und nicht einfach unterstellt wird, dass Fremdfirmen billiger arbeiten. Das gilt vor allem, wenn die Eigenfertigung von Vor- oder Teilprodukten aufgegeben bzw. andere UN diese Tätigkeiten auf dem Betriebsgelände erledigen sollen. Zu einer solchen Prüfung gehört auch ein Qualitätsvergleich bei eigener Herstellung einerseits und bei der Herstellung durch Fremdfirmen andererseits. Außerdem kann die Ausgliederung von Arbeit eine Betriebseinschränkung i. S. des § 111 sein.[10] Es kann dann zur Beschäftigungssicherung sinnvoll sein, fällig werdende Sozialplanmittel für Rationalisierungsmaßnahmen oder andere kostensparende Möglichkeiten einzusetzen, um Ausgliederungen zu vermeiden.

Produktions- und Investitionsprogramm

Das Produktionsprogramm betrifft die Art und den Umfang der künftigen Gütererzeugung. Das Investitionsprogramm steht damit in einem engen Zusammenhang. Es erfasst die zur Durchführung des Produktionsprogramms notwendigen Investitionen und die dafür erforderlichen finanziellen Mittel. Beschäftigungssichernde Maßnahmen können in diesem Zusammenhang etwa sein: Kapazitätserweiterungen, Erschließung neuer Geschäftsfelder, allgemeine Maßnahmen zur Erhöhung der Nachfrage, aber auch Verände-

8 RegE BetrVerf-Reformgesetz, BT-Drucks. 14/5741, B. zu Nr. 63.
9 Z. B. im Rahmen des TransferKUG.
10 Vgl. DKW-Däubler, § 111 Rn. 42a, 88.

rungen der UN- und Betriebsstrukturen. Bei der Erörterung solcher Maßnahmen ist der WA im Rahmen seiner Unterrichtung und Beratung einzubinden (vgl. § 106 Abs. 3 Nr. 3). So werden im WA Beratungen darüber zu führen sein, wie ein geplantes Investitionsprogramm durchgeführt werden soll und wie dessen Finanzierung möglich ist.[11]

4 Zu den Maßnahmen gehört auch die Einführung von Kurzarbeit (zum MBR des BR s. § 87 Rn. 24). Weitere Maßnahmen, die der Beschäftigungssicherung dienen, können etwa ein **Beschäftigungsausgleich** zwischen den Betrieben eines UN oder die Einrichtung eines **Personaleinsatzbetriebs** sein. Aber auch Produktionsumstellungen, um durch die Herstellung **umweltfreundlicherer Produkte** die Beschäftigung zu sichern, gehören dazu.[12] Die Gesamtsituation des UN und der Beschäftigten soll einer Analyse unterzogen und zur Grundlage von Vereinbarungen gemacht werden, die der Beschäftigungssicherung dienen. Das wiederum kann dazu führen, dass Vereinbarungen über beschäftigungssichernde Maßnahmen, wie der Abbau von Überstunden oder die Einführung von Kurzarbeit, kündigungsschutzrechtliche Auswirkungen haben. Diese Maßnahmen können bei Kündigungsschutzverfahren gegen das Vorliegen dringender betrieblicher Erfordernisse sprechen.[13]

2. Beratungen mit dem Arbeitgeber

a) Allgemeines

5 Der AG ist gehalten, sich mit den vom BR gemachten Vorschlägen auseinanderzusetzen und in entsprechende Beratungen einzutreten. Ein Verstoß dagegen kann **Sanktionen** nach § 23 Abs. 3 nach sich ziehen.[14] Ist der AG der Auffassung, dass die Vorschläge nicht der Sicherung oder der Förderung der Beschäftigung dienen, hat er dies gegenüber dem BR zu begründen. In Betrieben mit mehr als 100 AN ist dabei die **Schriftform** erforderlich.

b) Hinzuziehung eines Vertreters der Bundesagentur für Arbeit

6 Zu den Beratungen können der BR und AG einen **Vertr. der Bundesagentur für Arbeit (BA)**, in dessen Bezirk der Betrieb liegt, hinzuziehen. Bei entsprechenden Beratungen zwischen GBR und AG ist der Sitz des UN maßgebend. Die Hinzuziehung ist bereits erforderlich, wenn eine der beiden Be-

11 DKW-Däubler, § 106 Rn. 67.
12 Mustervereinbarungen s. DKW-F-Däubler, § 92a Rn. 7ff.
13 Vgl. dazu DKW-Däubler, Rn. 21f.
14 Vgl. auch DKW-Däubler, Rn. 24, mit dem Hinweis, dass der AG im Wege des Beschlussverfahrens gerichtl. dazu angehalten werden kann, die Beratungen fortzusetzen, wenn er sie zwar aufgenommen, aber einseitig beendet hat.

triebsparteien dies verlangt. Es wird allerdings zweckmäßig sein, dass sich BR und AG auf die Hinzuziehung eines oder mehrerer Vertreter **einigen**. Durch die Hinzuziehung von Vertr. der Bundesagentur sollen nicht nur allgemeine sozial- und arbeitsmarktpolitische Aspekte berücksichtigt werden. Der Vertr. der Bundesagentur soll, bezogen auf die zwischen BR und AG zu erörternden Interessenlagen, sein **überbetriebliches Wissen** über mögliche Fortbildungs-, Umschulungs- und sonstige Bildungsmaßnahmen einbringen, die der Sicherung und Förderung der Beschäftigung im Betrieb dienen. Außerdem soll er bei Meinungsverschiedenheiten zwischen AG und BR **vermittelnd** tätig werden und insoweit eine Funktion als »neutrale Instanz« erfüllen. Die Möglichkeit, Sachverständige der Bundesagentur hinzuzuziehen, steht der Hinzuziehung von Sachverständigen nach § 80 Abs. 3 nicht entgegen. Der BR kann zur Vorbereitung von Vorschlägen zu Sicherung und Förderung der Beschäftigten einen Sachverständigen hinzuziehen.[15]

Erfolgt mit oder ohne Hinzuziehung eines Vertr. der Bundesagentur für Arbeit eine Einigung, kann sie in der Form einer Regelungsabrede[16] vorgenommen werden. Auch der Abschluss einer BV ist möglich; dabei muss aber der Tarifvorrang gem. § 77 Abs. 3 gewahrt bleiben. Im Rahmen des § 92a kann eine BV allerdings nicht erzwungen werden. Das schließt wiederum ein freiwilliges Einigungsstellenverfahren nach § 76 Abs. 5 nicht aus. 7

§ 93 Ausschreibung von Arbeitsplätzen

Der Betriebsrat kann verlangen, dass Arbeitsplätze, die besetzt werden sollen, allgemein oder für bestimmte Arten von Tätigkeiten vor ihrer Besetzung innerhalb des Betriebs ausgeschrieben werden.

Inhaltsübersicht Rn.

1. Innerbetriebliche Stellenausschreibung

Eine Ausschreibung ist die allgemeine Aufforderung an alle oder eine bestimmte Gruppe von AN, sich für bestimmte Arbeitsplätze im Betrieb zu be- 1

15 ArbG Essen 16.12.03 – 6 BV 97/03, AiB 04, 436 m. Anm. Welkoborsky.

16 Vgl. DKW-Berg, § 77 Rn. 79ff.

werben.[1] Die innerbetriebliche Stellenausschreibung soll dazu beitragen, die im Betrieb vorhandenen **Möglichkeiten der Personalbedarfsdeckung** zu nutzen. Es wird in vielen Fällen sinnvoller sein, auf AN des Betriebs zurückzugreifen als Außenstehende anzuwerben oder gar AN-Überlassungsverträge abzuschließen.[2] Der BR hat daher das Recht zu verlangen, dass freie bzw. frei werdende Arbeitsplätze vor ihrer Wiederbesetzung innerhalb des Betriebs ausgeschrieben werden. Dasselbe gilt für die **erstmalige** Besetzung neugeschaffener Arbeitsplätze. Auch Arbeitsplätze, die der AG mit **LeihAN** besetzen will, müssen, wenn der BR dies verlangt, ausgeschrieben werden.[3] Dies gilt unabhängig von der geplanten Dauer des Einsatzes der LeihAN.[4] Darüber hinaus legt § 13a AÜG fest, dass der Entleiher den Leih-AN über Arbeitsplätze, die im Entleihbetrieb besetzt werden sollen, zu informieren hat. Dies kann auch durch Aushänge erfolgen. Die Ausschreibung von Arbeitsplätzen, die mit Leih-AN besetzt werden sollen, hat nicht zur Folge, das sich AN auch beim Entleiher hierfür bewerben können müssen.[5] Nach § 7 Abs. 1 TzBfG hat der AG einen Arbeitsplatz auch als Teilzeitarbeitsplatz auszuschreiben, wenn er sich dafür eignet. Der AG schafft einen neuen, ausschreibungspflichtigen Arbeitsplatz, wenn ein vorhandener Arbeitsplatz so umstrukturiert wird, dass der Stelleninhaber ohne längere, strukturierte Fortbildung den Arbeitsplatz nicht mehr ausfüllen kann. Z. B. wenn für den geänderten Arbeitsplatz eine Ausbildung von 800 Unterrichtsstunden erforderlich ist (zusätzlich zur bisherigen Qualifikation Diätköchin nun geprüfte Fachkraft zur Arbeits- und Berufsförderung [gFAB] notwendig).[6]
Der AG hat den Arbeitsplatz auszuschreiben, bevor er eine Entscheidung über die Besetzung trifft. Die Ausschreibung kann nicht während des Zustimmungsersetzungsverfahrens nachgeholt werden.[7]
Der BR kann die Ausschreibung von Arbeitsplätzen verlangen, die der AG mit **freien Mitarbeitern** besetzen will, sofern es sich um solche Arbeitsplätze handelt, für die der BR nach § 99 funktional zuständig ist, also solche, die bisher oder üblicherweise mit AN des Betriebs besetzt werden.[8] Der BR kann die Ausschreibung **allgemein** für alle Arbeitsplätze des Betriebs, für **bestimmte Arten** von Tätigkeiten oder auch für einen **konkreten Einzel-**

1 BAG 23. 2. 88 – 1 ABR 82/86, AiB 88, 291 m. Anm. Degen; Fitting, Rn. 7.
2 Vgl. BAG 23. 2. 88 – 1 ABR 82/86.
3 BAG 7. 6. 16 – 1 ABR 33/13, NZA 16, 1226.
4 Einschränkend: BAG 7. 6. 16 – 1 ABR 33/14, NZA 16, 1226; 15. 10. 13 – 1 ABR 25/12, juris, Anspruch bei Einsatz von mindestens vier Wochen.
5 BAG 7. 6. 16 – 1 ABR 33/14, NZA 16, 1226
6 LAG Nds. 15. 3. 23 – 2 TaBV 23/22, NZA 23, 718.
7 BAG 11. 10. 22 – 1 ABR 16/21.
8 BAG 27. 7. 93 – 1 ABR 7/93.

fall verlangen.[9] Der AG kann eine Ausschreibung nicht verweigern mit der Begründung, er wolle auf bestimmten Arbeitsplätzen nur Nachwuchskräfte einsetzen.[10] Weigert sich der AG, die Stellenausschreibung im Einzelfall vorzunehmen, so ist dem BR jedenfalls anzuraten, sofort die Ausschreibung sämtlicher frei werdender Stellen zu fordern. Das Gesetz gibt keinen konkreten Inhalt der Stellenausschreibungen vor. Als Mindestangaben muss eine Stellenausschreibung jedoch eine schlagwortartige Angabe der mit der Stelle verbundenen Aufgaben und der von den Bewerbern erwarteten Qualifikationen enthalten. Die Angabe des Gehalts oder einer Tarifgruppe zählt nach der Rspr. nicht dazu.[11] Die Pflicht zur Ausschreibung ist unabhängig von der Frage, ob mit internen Bewerbern auf die Stelle zu rechnen ist.[12] Zieht sich die Stellenbesetzung nach erfolgter Ausschreibung über Monate hin, ist bei späterer Besetzung der Stelle keine erneute Ausschreibung notwendig, wenn seit der Ausschreibung nicht mehr als sechs Monate vergangen sind.[13]

2. Beachtung des § 11 AGG

Im Übrigen ist der AG nach § 11 AGG gehalten, einen Arbeitsplatz weder inner- noch außerbetrieblich nur für Männer oder nur für Frauen auszuschreiben, es sei denn, dass ein bestimmtes Geschlecht unverzichtbare Voraussetzung für die betreffende Tätigkeit ist.[14] Weiterhin untersagt § 11 AGG in Stellenausschreibungen, direkt oder indirekt die »**Rasse**« oder **ethnische Herkunft**, das **Geschlecht**, die **Religion** oder die **Weltanschauung**, eine **Behinderung**, das **Alter**[15] oder die **sexuelle Identität** in den persönlichen oder fachlichen Anforderungen bei einer Ausschreibung als Auswahlkriterium zugrunde zu legen (s. § 75 m. w. N.). Die Anforderung »sehr gute Deutschkenntnisse« in einer Stellenanzeige bzw. Ausschreibung für einen IT-Spezialisten kann eine Diskriminierung gem. § 11 AGG sein. Entscheidend sind die Umstände des Einzelfalles.[16] Der § 93 findet auch Anwendung, wenn ein Arbeitsplatz nur vorübergehend mit einer Aushilfskraft oder auf andere Weise zeitlich befristet besetzt werden soll.

---

9 Vgl. DKW-Buschmann, Rn. 3 m. w. N.; a. A. LAG Köln, LAGE § 93 BetrVG 1972 Nr. 2; Muster s. DKW-F-Buschmann, § 93 Rn. 2, Muster BU Rn. 4.

10 BAG 29. 9. 20 – 1 ABR 17/19.

11 BAG 10. 3. 09 – 1 ABR 93/07, NZA 09, 622; LAG SH 6. 7. 17 – 4 TaBV 6/17.

12 LAG Köln 14. 9. 13 – 5 TaBV 18/12.

13 BAG 30. 4. 14 – 7 ABR 51/12, NZA 15, 698.

14 Vgl. auch EuGH, BB 97, 1481; BVerfG, NZA 94, 745; LAG Hamm, BB 97, 525.

15 Vgl. LAG Saarland 11. 2. 09 – 1 TaBV 73/08 juris, das die Ausschreibung einer Stelle für Verkäuferinnen ausschließlich im ersten Berufsjahr als Verstoß gegen § 11 AGG angesehen hat und dem BR einen Unterlassungsanspruch zugestanden hat.

16 Verneint für IT-Spezialist: LAG Nürnberg 5. 10. 11 – 2 Sa 171/11.

3. AT-Angestellte

Die Ausschreibung der Arbeitsplätze von **AT-Angestellten**, nicht aber die der leit. Ang., kann ebenfalls vom BR verlangt werden (h. M.). § 7 Abs. 1 TzBfG bestimmt, dass der AG einen Arbeitsplatz, den er öffentlich oder innerhalb des Betriebs ausschreibt, auch als Teilzeitarbeitsplatz auszuschreiben hat, wenn sich der Arbeitsplatz hierfür eignet. Nach § 18 TzBfG ist der AG verpflichtet, befristet beschäftigte AN über freie unbefristete Stellen zu informieren. Auch bei einer Umwandlung eines befristeten Arbeitsverhältnisses in ein unbefristetes kann der BR eine Stellenausschreibung verlangen.[17]

4. Streitigkeiten

2 Kommt der AG dem Verlangen des BR nicht nach, so kann dieser gemäß § 99 Abs. 2 Nr. 5 seine Zustimmung zur Einstellung eines von außen kommenden Bewerbers oder zur Versetzung eines betriebsangehörigen AN auf diese Stelle **verweigern**. Dies allerdings nur, wenn er vor dem Zustimmungsersuchen des AG zur Einstellung die Ausschreibung verlangt hatte.[18] Dasselbe gilt, wenn der AG die innerbetriebliche Stellenausschreibung nicht in einer dem Sinne dieser Vorschrift entsprechenden Weise vornimmt. Dies wäre beispielsweise der Fall, wenn er es im Gegensatz zur Ausschreibung nach außen unterlassen würde, die für eine Bewerbung **notwendigen Einzelheiten**, etwa hinsichtlich der Anforderungen, die der Arbeitsplatz stellt, mitzuteilen. Die Zustimmung nach § 99 Abs. 2 Nr. 5 kann in gleicher Weise wie bei völlig unterbliebener Ausschreibung verweigert werden, wenn der AG bei der Stellenausschreibung gegen **Grundsätze der Gleichbehandlung** nach § 75 dieses Gesetzes oder § 11 AGG verstößt.[19] Der AG genügt auch nicht der vom BR geforderten innerbetrieblichen Stellenausschreibung, wenn er eine bestimmte Stelle im Betrieb zwar ausschreibt, in einer Stellenanzeige in der Tagespresse dann aber **geringere Anforderungen** für eine Bewerbung um diese Stelle nennt. Der BR kann daher die Zustimmung zur Einstellung eines Bewerbers verweigern, der sich auf diese Stellenanzeige mit den geringeren Anforderungen hin beworben hat.[20]

---

17 LAG Frankfurt, LAGE § 93 BetrVG 72 Nr. 3.
18 BAG 14.12.04, NZA 05, 424.
19 DKW-Buschmann, Rn. 22.
20 BAG 23.2.88 – 1 ABR 82/86.

5. Außerbetriebliche Stellenausschreibung

3 Dem AG ist es zwar nicht verwehrt, **gleichzeitig** mit der internen auch eine außerbetriebliche Stellenausschreibung (etwa durch Zeitungsanzeige) vorzunehmen. Er darf die freie Stelle aber nicht bereits einem außen stehenden Bewerber verbindlich zusagen, **bevor** die innerbetriebliche Ausschreibung endgültig durchgeführt worden ist und ihm die hierauf eingegangenen Bewerbungen aus dem Betrieb vorgelegen haben. Andererseits können grundsätzlich weder der BR noch der im Betrieb tätige Bewerber erzwingen, dass letzterem bei der Besetzung des Arbeitsplatzes der Vorzug vor dem außen Stehenden gegeben wird.[21] In **Auswahlrichtlinien** nach § 95 kann dies jedoch vorgesehen werden.

6. Einzelheiten der Stellenausschreibung

4 Zum Recht des BR, die Stellenausschreibung verlangen zu können, gehört auch die **Einbeziehung von Einzelheiten** wie Form (z. B. Aushang am »Schwarzen Brett« oder Rundschreiben), Ausschreibungsdauer und die Beschreibung der vorgesehenen Arbeitsplätze sowie die notwendigen fachlichen und persönlichen Voraussetzungen.[22] Werden in der Stellenausschreibung fachliche und persönliche Voraussetzungen festgelegt, handelt es sich zugleich um **Auswahlrichtlinien**, bei deren Aufstellung der BR ein MBR hat.[23]

7. Betriebsvereinbarungen

5 BV sind nach Ansicht des BAG nur freiwillig möglich.[24] Die Verpflichtung zur Ausschreibung besteht allerdings auch ohne entsprechende Vereinbarung. Im Abschluss einer (freiwilligen) BV liegt gleichzeitig das Verlangen des BR nach Stellenausschreibungen i. S. v. § 93. Wird die freiwillige BV über die Stellenausschreibung vom AG gekündigt, dann entfällt damit nicht die Pflicht zur Stellenausschreibung.[25] Nach Auffassung des BAG[26] liegt in einer BV über den Aushang innerbetrieblicher Stellenausschreibungen, in der vorgesehen wird, dass der letzte Tag der Aushangfrist in der Stellen-

---

21 BAG, DB 78, 447; 81, 998.

22 Vgl. aber BAG, DB 93, 885, das eine MB über Form und Inhalt der Stellenausschreibung verneint.

23 Vgl. aber BAG, DB 88, 1452, wonach der AG bei einer innerbetrieblichen Stellenausschreibung allein bestimmen kann, welche Anforderungen ein Bewerber für die ausgeschriebene Stelle erfüllen muss.

24 BAG 11.10.22 – 1 ABR 16/21.

25 BAG 11.10.22 – 1 ABR 16/21.

26 BAG 18.11.80 – 1 ABR 63/78.

ausschreibung anzugeben ist, noch keine Beschränkung der Auswahl des AG auf den Kreis derjenigen Betriebsangehörigen, die sich innerhalb der Aushangfrist beworben haben. Die Regelung des § 93 spricht zwar nur von einer innerbetrieblichen Stellenausschreibung. Der **GBR** kann jedoch verlangen, dass die Ausschreibung innerhalb des UN erfolgt (vgl. § 51 Abs. 6; **str.**). Entsprechendes gilt für den **KBR** in Bezug auf Stellenausschreibungen im **Konzern** (vgl. § 59 Abs. 1 i.V.m. § 51 Abs. 6; **str.**). Auch in **Tendenzbetrieben** kann der BR bzw. in **Tendenz-UN** der GBR die innerbetriebliche Stellenausschreibung verlangen. Das gilt auch für solche Arbeitsplätze, die mit Tendenzträgern besetzt werden sollen (vgl. auch § 118 Rn. 15).[27]

§ 94 Personalfragebogen, Beurteilungsgrundsätze

(1) Personalfragebogen bedürfen der Zustimmung des Betriebsrats. Kommt eine Einigung über ihren Inhalt nicht zustande, so entscheidet die Einigungsstelle. Der Spruch der Einigungsstelle ersetzt die Einigung zwischen Arbeitgeber und Betriebsrat.

(2) Absatz 1 gilt entsprechend für persönliche Angaben in schriftlichen Arbeitsverträgen, die allgemein für den Betrieb verwendet werden sollen, sowie für die Aufstellung allgemeiner Beurteilungsgrundsätze.

Inhaltsübersicht Rn.

1. Personalfragebogen

a) Begriff und Beispiele

1 Als **Fragebogen**[1] werden formularmäßig gefasste Zusammenstellungen von auszufüllenden oder zu beantwortenden Fragen verstanden, die Auf-

27 BAG 1.2.11 – 1 ABR 79/09, brwo, NZA 2011, 703.

1 Vgl. insgesamt auch Schmidt/Stracke, AiB 99, 191, sowie einen Musterpersonalfragebogen bei DKW-F-Klebe/Heilmann, § 94 Rn. 1.

schluss über die Person sowie Kenntnisse und Fähigkeiten des Befragten geben sollen.[2] Ausschließlich anonyme Befragungen werden daher nicht erfasst.[3] Dabei kann die Vorschrift nicht auf schriftlich in einem Formular zusammengefasste Fragen beschränkt[4] werden, sie ist vielmehr auf **alle formalisierten Informationserhebungen** des AG von AN-Daten (wie z. B. **Tests**, **Interviews**, ansonsten **standardisierte Einstellungsgespräche**, Abfragen im Rahmen von **Cloud Computing** – Anwendungen [vgl. auch § 87 Rn. 38 und 41] oder die Datenerhebung durch einen **Testkäufer** nach einem bestimmten Beobachtungsraster)[5] zu erstrecken. Es ist gleichgültig, ob die Daten von einem externen Bewerber um den Arbeitsplatz oder einem bereits eingestellten AN erfragt werden,[6] ob der AG sie direkt vom Bewerber/Beschäftigten erfragt oder ob die Auskünfte ein Dritter, wie der **frühere AG** oder eine **Detektei**, erteilt (zum Grundsatz der Direkterhebung beim Betroffenen § 4 Abs. 2 BDSG). Auch Fragebogen, die z. B. Gäste in Hotels über die Beschäftigten ausfüllen, unterliegen der MB (**str.**).[7] Diese greift auch ein, wenn eine Drittfirma durch einen Personalfragebogen die Daten individuell erhebt und nur die Weiterleitung an den AG in anonymisierter Form erfolgt.[8] Es ist ohne Bedeutung, wie die Antworten erfasst werden. Das MBR besteht auch dann, wenn sie über **Bildschirmgerät/PC** eingegeben oder auf andere Weise technisch festgehalten werden, wie z. B. bei einer Mitarbeiterbefragung per **E-Mail** und **Intranet**.[9] Wird ein digitalisiertes Managementsystem z. B. für Bewerbungen eingesetzt, bei dem Algorithmen in Gestalt v. Künstlicher Intelligenz die Auswertung auf der Basis der beantworteten Fragen übernehmen und gegebenenfalls kein Mensch in den Prozess eingreift, ist die Vorschrift ebenfalls anwendbar. Es kommt dann darauf an, dass das System so gestaltet wird, dass es nicht diskriminiert und am Ende ein Mensch eigenständig entscheidet und nicht durch den Algorithmus präjudiziert wird (vgl. auch Art. 22 DSGVO).[10] Es ist also für den BR wichtig, nicht nur den »klassischen« Fragebogen im Auge zu haben. Das MBR besteht grundsätzlich auch dann, wenn dem AG zur Auflage gemacht worden ist, nur Personen einzustellen und weiter zu beschäftigen, die an-

---

2 BAG, DB 94, 480; BB 00, 1093.
3 LAG Hamburg 14.6.16 – 2 TaBV 2/16, juris.
4 Vgl. BAG a. a. O.
5 Däubler, AiB 09, 350.
6 Siehe auch BAG, DB 96, 634.
7 Vgl. DKW-Klebe, Rn. 5.
8 ArbG Bonn, RDV 04, 133, Ls.
9 HessLAG, DB 01, 2254.
10 Vgl. auch EuGH 7.12.23 – C-634/21, NZA 24, 45: Eine automatisierte Entscheidung liegt auch dann vor, wenn ein Wahrscheinlichkeitswert, der automatisiert ermittelt wird, für die spätere menschliche Entscheidung maßgeblich ist; hierzu Heine, NZA 24, 33; Zurheide, DB 24, 101.

hand eines Personalfragebogens von der **Aufsichtsbehörde** sicherheitsüberprüft worden sind.[11] § 94 kommt nicht zur Anwendung, wenn der BR AN befragt. Die Vorschrift betrifft nur Befragungen des AG. Der BR wird nicht eingeschränkt und kann neben Betriebsversammlung und Sprechstunde auch auf diese Art mit den Beschäftigten kommunizieren.[12]

b) Inhalt des Mitbestimmungsrechts

2 Das MBR (als Zustimmungserfordernis ohne Initiativrecht)[13] kann auch bei **Organisationsanalysen,**[14] **Mitarbeitergesprächen mit Zielvereinbarung** (vgl. auch § 87 Rn. 13, 38, 64, 71 und Rn. 13),[15] **arbeitsbegleitenden Papieren** (vgl. § 87 Rn. 14) oder Arbeitsplatzbeschreibungen bestehen, wenn von den Beschäftigten nicht nur eine Tätigkeitsbeschreibung, sondern auch **persönliche Angaben** verlangt werden, wie z. B. darüber, welche Berufs- und Verwaltungserfahrungen nach Auffassung des befragten Stelleninhabers zur anforderungsgerechten Erfüllung der auf dem Arbeitsplatz zu erledigenden Aufgaben erforderlich sind,[16] welche persönlichen Verlust- und Erholungszeiten bestehen,[17] ob sich der AN eher als unter- oder überfordert ansieht und eine Hilfestellung benötigt[18] oder, bei einer Organisationsuntersuchung, welche Vorstellungen die Beschäftigten zur Bürokommunikation an ihrem Arbeitsplatz aktuell und in Zukunft (z. B. DV-Unterstützung) haben.[19] Ein Fragebogen liegt auch vor, wenn aus der Beantwortung ein **Leistungsprofil des AN** abgelesen werden kann, das einer **Eignungsbeurteilung** zugrunde gelegt werden könnte.[20] Verlangt der AG bei Einstellungen von AN Bescheinigungen der AOK über die krankheitsbedingten Fehlzeiten der letzten beiden Jahre, so ist dies unabhängig davon, ob überhaupt ein derartiges Fragerecht besteht, ein Personalfragebogen.[21] Das MBR besteht für **Checklisten** zum Führen von Einstellungs- oder Krankengesprächen (vgl. auch § 87 Rn. 13) und, wenn der AG vor Einstellungen die Bewerber fragt, ob sie

---

11 A. A. BAG, DB 92, 144; vgl. aber auch § 87 Rn. 6 und § 95 Rn. 3.

12 LAG Sachsen 15. 7. 22 – 4 TaBVGa 1/22, NZA-RR 23, 250; Gün, AuR 23, 478.

13 Vgl. BAG 17. 3. 15 – 1 ABR 48/13, NZA 15, 885; LAG Düsseldorf, DB 85, 134 f.; LAG Frankfurt, DB 92, 534.

14 ArbG Nürnberg, NZA-RR 13, 363.

15 BAG, NZA 15, 885; a. A. VG Karlsruhe, RDV 98, 31; zum Informationsanspruch des BR gem. § 80 vgl. auch HessLAG 24. 11. 15 – 16 TaBV 106/15, juris.

16 BVerwG 15. 2. 80 – 6 P 80/78.

17 HessVGH, RDV 86, 270 ff.

18 LAG Köln, AiB 97, 664 für sog. Jahresgespräche der Vorgesetzten mit ihren Mitarbeitern.

19 VGH BaWü, PersR 93, 360.

20 ArbG Stuttgart 19. 10. 81 – 7 Ga 2/81.

21 ArbG Berlin 20. 10. 82 – 28 BV 6/82.

ggf. bereit sind, die Ermächtigung zum Umgang mit Verschlusssachen (sog. **VS-Ermächtigung** nach Sicherheitsüberprüfung) zu beantragen,[22] bei ergänzenden Personalfragebogen zur **betriebsinternen Sicherheitsüberprüfung**[23] und solchen Mitarbeiterbefragungen z. B. zur Diebstahlsaufklärung,[24] bei sog. **Assessment-Centern**, bei **ärztlichen Untersuchungen** (str.),[25] bei **Gesprächsleitfäden** im **betrieblichen Eingliederungsmanagement** gem. § 167 Abs. 2 SGB IX (vgl. auch § 87 Rn. 13, 38, 48), bei Befragungen nach dem LkSG,[26] z. B. zu Arbeitsschutzmaßnahmen (§ 2 Abs. 2 Nr. 5 LkSG),[27] und auch bei Durchführung eines **Wissensmanagements**, wie z. B. mit der Erhebung von Mitarbeiterprofilen zur Einführung einer **Expertendatenbank** (vgl. auch § 87 Rn. 13, 38).

Das MBR beschränkt sich nicht auf die **Abfassung des Fragebogens** und dessen Änderung.[28] Nach richtiger Auffassung kann der BR auch mit festlegen, in welchem Zusammenhang die erfragten Informationen verwendet werden dürfen (vgl. die Bedeutung des **Verwendungszwecks** in Art. 5 Abs. 1b i. V. m. 6 Abs. 1a DSGVO). Nach Art. 5 Abs. 1b DSGVO sind bei der Datenerhebung die vom AG verfolgten Zwecke »konkret/eindeutig festzulegen«. Daher besteht das MBR fort, wenn bereits die **Datenerhebung** in einem Fragebogen vereinbart wurde, nämlich hinsichtlich der weitergehenden Verwendungszwecke. Neben einer etwaigen Beschränkung von Verwendungszwecken kann z. B. auch festgelegt werden, dass bestimmte Informationen nach einer gewissen Zeit nicht mehr berücksichtigt werden dürfen, dass sie zu anonymisieren (vgl. Art. 5 Abs. 1e, 11 Abs. 1, 25 DSGVO) oder zu **löschen** sind und wer welche **Zugriffsmöglichkeiten** haben soll. Das MBR wird nicht dadurch ausgeschlossen, dass die AN an der Befragung **freiwillig** teilnehmen.[29] Die entgegenstehenden Entscheidungen des BAG[30] überzeugen nicht, weil auch ein freiwillig ausgefüllter Fragebogen ein Fragebogen bleibt und auch in diesem Fall der vom Mitbestimmungsrecht bezweckte Schutz des Persönlichkeitsrechts der AN erforderlich ist. 3

22 ArbG Köln 3. 3. 89 – 12 BV 37/88.
23 BAG, DB 92, 144.
24 ArbG Offenbach, AiB 95, 671 m. Anm. v. Thon.
25 Vgl. DKW-Klebe, Rn. 11 m. w. N.
26 Vgl. hierzu auch § 87 Rn. 14, 38; § 94 Rn. 2; § 106 Rn. 11a.
27 Zimmer, AuR 24, 7; dies., Das Lieferkettensorgfaltspflichtengesetz, Schriftenreihe des HSI Bd. 48, S. 73.
28 LAG Frankfurt 17. 2. 83 – 4 TaBV 107/82.
29 LAG Köln, AiB 97, 664.
30 BAG 21. 11. 17 – 1 ABR 47/16, NZA 18, 380; 11. 12. 18 – 1 ABR 13/17, NZA 19, 1009; vgl. auch das Mitbestimmungsrecht nach § 87 Abs. 1 Nr. 1 bei freiwilliger Teilnahme an einem Sicherheitswettbewerb in BAG 24. 3. 81 – 1 ABR 32/78, DB 81, 1882 und das nach § 94 Abs. 2 bei freiwilliger Teilnahme an einem Beurteilungsgespräch in BAG 17. 3. 15 – 1 ABR 48/13 – NZA 15, 885; Rn. 14.

Es besteht auch, wenn die Durchführung einer weltweiten, den ganzen Konzern erfassenden Fragebogenaktion von der **Konzernzentrale im Ausland** festgelegt wird und dem nationalen AG **kein eigener Entscheidungsspielraum** verbleibt. Diesen Umstand hat allerdings die ESt. gegebenenfalls bei ihrer **Ermessensentscheidung** zu berücksichtigen (vgl. auch § 87 Rn. 5, 65 m. w. N.).[31] Im Übrigen sieht auch die DSGVO kein Konzernprivileg vor.[32]

c) Zulässiger Inhalt des Personalfragebogens

4 Es ist Aufgabe des BR, vor allem darauf zu achten, dass die Fragebogen keine Fragen enthalten, die in **unzulässiger Weise** in den **Persönlichkeitsbereich** des einzelnen AN eingreifen (§§ 75 BetrVG, 1 AGG).[33] Fragen, die **vor** der **Einstellung** unzulässig waren, können danach zulässig werden (z. B. nach einer Schwangerschaft). Welche Fragen zulässig sind, ergibt sich aus der DSGVO, § 26 BDSG[34], soweit er nach der Entscheidung des EuGH noch wirksam ist,[35] und den **allgemeinen arbeitsrechtlichen Grundsätzen**,[36] die aus dem allgemeinen Persönlichkeitsrecht folgen. Dies gilt auch bei Beschaffung von Informationen in **sozialen Netzwerken** oder über Dritte.
Zulässigkeitsgrenzen ergeben sich aus dem BDSG (§§) und der DSGVO (Art.)[37], wie zur Videoüberwachung (§ 4), zur Einwilligung (Art. 4 Nr. 11, Art. 7, § 26 Abs. 2),[38] der Anonymisierung (Art. 5 Abs. 1e, 11 Abs. 1, 25), der Verarbeitung besonders sensibler Daten (Art. 9, §§ 22, 26 Abs. 3), zur eindeutigen Zweckfestlegung und Datenminimierung (Art. 5 Abs. 1b und c), zum Recht auf Löschung (»Recht auf Vergessenwerden«, Art. 17, § 35), zur Begrenzung automatisierter Entscheidungen bzw. von Profiling (Art. 22,[39] § 37), zum Datenschutz durch Technikgestaltung und datenschutzfreundliche Voreinstellungen (Art. 25), zur Datenübermittlung an Drittländer (»angemessenes Schutzniveau«,[40] Art. 44 ff.) und zur Datenschutz-Folgen-

---

31 HessLAG, NZA-RR 02, 200; vgl. auch BAG, NZA 08, 1248; NZA-RR 07, 333.

32 DKW-Klebe, Rn. 30; DWWS-Wedde, Art. 28 Rn. 20 ff.

33 Vgl. auch BAG, DB 92, 144.

34 Hierzu auch BAG 29. 6. 17 – 2 AZR 597/16, NZA 17, 1179; DWWS-Däubler, § 26 Rn. 22.

35 Vgl. EuGH 30. 3. 23 – C-34/21, NZA 23, 487, wonach die mit § 26 Abs. 1 Satz 1 BDSG identischen hessischen Vorschriften nicht anwendbar sind, weil sie die Voraussetzungen v. Art. 88 Abs. 1 und 2 DSGVO nicht erfüllen.

36 Vgl. BAG, DB 94, 939 und DB 96, 634 zur Auskunftspflicht im bestehenden Arbeitsverhältnis.

37 Hierzu auch § 75 Rn. 9.

38 Hierzu DWWS-Däubler, § 26 Rn. 235 ff.

39 Vgl. hierzu auch die Entscheidung des EuGH in Fn. 10.

40 DWWS-Däubler, Art. 45 Rn. 9 ff.

abschätzung (Art. 35).[41] Abgeschlossene BV müssen an den Grundsätzen der DSGVO, insbesondere auch Art. 88 Abs. 2, und dem BDSG überprüft und angepasst werden.[42] Grundsatz ist neben diesen Begrenzungen immer, dass der AG nach den **persönlichen Verhältnissen des AN** vor dem Hintergrund des Rechts auf informationelle Selbstbestimmung des AN als Teil des durch Art. 2 Abs. 1 i. V. m. Art. 1 Abs. 1 GG geschützten allgemeinen Persönlichkeitsrechts[43] nur insoweit fragen darf, als er im Hinblick auf die Tätigkeit und den Arbeitsplatz ein **berechtigtes, billigenswertes und schutzwürdiges Interesse** an der Beantwortung hat.[44] Bei Fragen, deren Beantwortung zu einer durch §§ 75 BetrVG, 1 AGG verbotenen **Benachteiligung/Diskriminierung** führen könnte, kann dieses Interesse z. B. nicht vorliegen, sie sind unzulässig. So sind beispielsweise Fragen nach **Krankheiten** (hierzu auch Art. 9 Abs. 1 DSGVO) **oder Vorstrafen** nur zulässig, wenn und soweit der AG unter Berücksichtigung der Art der vorgesehenen Tätigkeit und der Stellung des AN ein solches Interesse hat.[45] Allgemeine Fragen, wie z. B. danach, wegen welcher Krankheiten der AN in der Vergangenheit behandelt worden ist, sind also unzulässig. Diese Grundsätze gelten auch im Zusammenhang mit der Corona-Pandemie (vgl. dazu auch § 87 Rn. 13, 24, 48). Nicht zulässig sind danach **generelle** Fragen, wie z. B. nach dem Impfstatus oder einer Infektion, es sei denn der AG braucht die Informationen für konkrete Schutzmaßnahmen für Betroffene oder andere Beschäftigte, z. B., um Verpflichtungen aus dem Infektionsschutzgesetz zu erfüllen. Auch die konkrete Frage nach einem aktuellen positiven Test oder nach Bestehen einer behördlich angeordneten Quarantäne sind dann zulässig, denn den AG treffen behördliche Verpflichtungen für Schutzmaßnahmen und Beschäftigungsverbote. Eine aktuelle Erkrankung ist also in jedem Fall mitzuteilen. Hier bestehen auch Mitteilungspflichten des AN. Die Frage nach **laufenden Straf- bzw. Ermittlungsverfahren** wird teilweise wegen der Unschuldsvermutung für unzulässig gehalten.[46] Nach Auffassung des **BAG**[47] soll sie demgegenüber wie die nach **Vorstrafen** zu behandeln

41 Vgl. Kiesche, CuR 2/17, 31.

42 Hierzu Wedde, CuA 11/17, 30.

43 BAG 15. 11. 12 – 6 AZR 339/11, NZA 13, 429; 20. 3. 14 – 2 AZR 1071/12, NZA 14, 1331.

44 Vgl. z. B. BAG, NZA 01, 317; DB 03, 396; 20. 3. 14 – 2 AZR 1071/12, NZA 14, 1331.

45 BAG, DB 84, 2706; 99, 1859; NZA 01, 319; DB 03, 396; Weichert, RDV, 07, 189; DWWS-Wedde, Art. 9 Rn. 35 ff., 64; zur Frage nach einer Mitarbeit beim MfS vgl. Fitting, Rn. 18 m. w. N.; BAG, NZA 98, 474, 1052; DB 03, 396; BVerfG, NZA 98, 588, 1329.

46 ArbG Münster, RDV 94, 32.

47 BAG, DB 99, 1859; NZA 05, 1243; 15. 11. 12 – 6 AZR 339/11, NZA 13, 429; 6. 9. 12 – 2 AZR 270/11, NZA 13, 1087.

sein, wenn auch ein Ermittlungsverfahren Zweifel an der persönlichen Eignung des AN begründen kann.[48] Nach **§ 53 Abs. 1 BZRG** kann sich ein Verurteilter als unbestraft bezeichnen, wenn die Verurteilung nicht in das Führungszeugnis aufzunehmen oder zu tilgen ist.[49] Das Fragerecht des AG und die Auskunftspflicht des Bewerbers umfassen daher nicht schlechthin alle »einschlägigen« Vorstrafen. Auch soweit es sich um solche handelt, dürfen sie wegen § 53 Abs. 1 BZRG verschwiegen werden.[50] Dies gilt erst Recht für gem. §§ 153 ff. StPO **eingestellte Ermittlungsverfahren**.[51] **Medizinische AN-Daten** genießen, auch wenn sie zulässig erhoben worden sind, besonderen Schutz.[52] Nach dem **schulischen** und **beruflichen Werdegang** kann sich der AG bei unmittelbarem Bezug zur vorgesehenen Tätigkeit erkundigen.[53]

5 Die Frage nach einer **Schwangerschaft** verstößt gegen §§ 1, 3 Abs. 1 Satz 2 AGG und ist daher generell unzulässig. Dies galt schon bisher, auch wenn das BAG zu Unrecht Ausnahmen zuließ. Diese hat es angenommen, wenn es um die Besetzung eines Arbeitsplatzes geht, auf dem nach den Mutterschutzvorschriften oder der GefStoffV Schwangere nicht beschäftigt werden dürfen, wenn die Tätigkeit aus sonstigen Gründen überhaupt nicht aufgenommen werden kann oder darf oder falls die Frage objektiv dem gesundheitlichen Schutz der Bewerberin oder des ungeborenen Kindes dient.[54] Sind diese Beschäftigungshindernisse allerdings, wie bei einer unbefristeten Einstellung, vorübergehender Natur, bleibt die Frage eine unzulässige Diskriminierung.[55] Selbst diese Auffassung lässt sich im Hinblick auf die neuere Rspr. des **EuGH** und die Vorschriften des AGG nicht mehr halten.[56] Der EuGH hält die Frage auch bei **befristeten Einstellungen** und dann für unzulässig, wenn feststeht, dass die AN aufgrund ihrer Schwangerschaft während eines wesentlichen Teils ihrer Vertragszeit nicht arbeiten würde. Dabei stehe die Dauer auch eines befristeten Arbeitsverhältnisses nicht von vornherein fest, da es erneuert oder verlängert werden könne. Somit ist die

---

48 Vgl. auch LAG Hamm 10.3.11 – 11 Sa 2266/10, brwo: Frage nach Ermittlungsverfahren in der Regel unzulässig, soweit sie sich auf ohne Verurteilung abgeschlossene Verfahren bezieht.

49 BAG 20.3.14 – 2 AZR 1071/12, NZA 14, 1331.

50 BAG 20.3.14 – 2 AZR 1071/12, NZA 14, 1331.

51 BAG 15.11.12 – 6 AZR 339/11, NZA 13, 429; 20.3.14 – 2 AZR 1071/12, NZA 14, 1331.

52 BAG, DB 87, 2571 f.; Wohlgemuth, AiB 87, 243 ff.

53 LAG Berlin, RDV 89, 181; vgl. auch LAG Köln, DB 96, 892.

54 BAG, DB 93, 435, 1978 = AiB 94, 122 mit kritischer Anm. v. Degen.

55 BAG, NZA 03, 848.

56 Vgl. DB 00, 380; BB 01, 2478; NZA 01, 1243; BB 01, 2478; vgl. auch NZA 03, 373.

Frage **ohne Ausnahme unzulässig.**[57] Die Frage nach einer **Behinderung** soll nach Auffassung des BAG zulässig sein, wenn sie für die auszuübende Tätigkeit von Bedeutung ist.[58] Die Frage nach der **Schwerbehinderteneigenschaft** bzw. **Gleichstellung** sollte nach der bisherigen, wohl inzwischen überholten (siehe unten) Rspr. des BAG[59] weitergehend sogar dann uneingeschränkt gestellt werden können, wenn die Behinderung, auf der die Anerkennung beruht, tätigkeitsneutral ist.[60] Dies ist jedenfalls jetzt im Hinblick auf **§§ 1 AGG, 164 Abs. 2 SGB IX** nicht mehr haltbar.[61] Die Frage nach der Schwerbehinderteneigenschaft/Gleichstellung ist also stets unzulässig;[62] zulässig wird sie nach der Einstellung.[63] Die Frage nach der Behinderung ist nur im Rahmen des § 8 Abs. 1 AGG zulässig: Das Fehlen der Behinderung muss unerlässliche Voraussetzung, die »wesentliche und entscheidende berufliche Anforderung« für die Ausübung der Tätigkeit sein. In diesem Fall liegt keine Diskriminierung vor, wenn es sich nicht um eine Schlechterstellung **wegen** der Behinderung handelt (fehlende Eignung) bzw. diese nach § 8 Abs. 1 gerechtfertigt ist.[64] Das BAG sieht diesen Fragekomplex inzwischen offenbar auch so.[65] Soweit die Zulässigkeit der Frage für den Fall bejaht wird, dass der AG eine »**positive Maßnahme**« anstrebt i. S. von § 5 AGG, kann die Falschbeantwortung jedenfalls nicht zu einem Anfechtungsrecht führen. Im bestehenden Arbeitsverhältnis ist die Frage nach der Schwerbehinderung, der Gleichstellung bzw. einem i. d. S. gestellten Antrag nach 6 Monaten, also nach Erwerb des Kündigungsschutzes für behinderte Menschen (§§ 168, 173 Abs. 1 Nr. 1 SGB IX), zulässig.[66] Die Frage nach der Zugehörigkeit zu **Parteien, Gew.**[67] oder **Religionsgemeinschaften** ist grundsätzlich unzulässig (§§ 75 Abs. 1 BetrVG, 1 AGG). Etwas Anderes kann in Tendenzbetrieben gelten (hierzu vgl. auch Art. 9 Abs. 2d DSGVO). An dieser Rechtslage hätte sich bei der Gew.-Frage auch durch die Rspr. des BAG zur Tarifpluralität bei Inhaltsnormen eines TV nichts geändert. Derjenige, der einen Anspruch aus dem TV geltend machen will, muss diesen darlegen und ggfs. auch

57 Vgl. auch LAG Köln 11.10.12 – 6 Sa 641/12, NZA-RR 13, 232; Thüsing/Lambrich, BB 02, 1147.
58 BAG DB 96, 580; 99, 852; BB 01, 628.
59 Vgl. z. B. BAG 18.10.00 – 2 AZR 389/99, BB 01, 627.
60 Offengelassen von BAG 7.7.11 – 2 AZR 396/10, NZA 12, 34.
61 DKW-Klebe, Rn. 13 m. w. N.
62 Vgl. HessLAG, RDV 10, 287 (Ls.); offengelassen von BAG, NZA 12, 34.
63 BAG 16.2.12 – 6 AZR 553/10, NZA 12, 555.
64 Vgl. NDW-AGG, § 8 Rn. 7 ff.
65 BAG 18.9.14 – 8 AZR 759/13, juris; 26.6.14 – 8 AZR 547/13, juris.
66 BAG 16.2.12 – 6 AZR 553/10, NZA 12, 555.
67 BAG, BB 03, 2355; NZA 11, 1239.

seine Gewerkschaftsmitgliedschaft.[68] Fragen nach den **Vermögensverhältnissen** sind nur zulässig, wenn es sich um **besondere Vertrauensstellungen** handelt, insbesondere, wenn der AN über Geld verfügen kann (Filialleiter, Bankkassierer u. Ä.). Werden zulässige Fragen unrichtig beantwortet, kann der AG das Recht haben, den **Arbeitsvertrag** wegen arglistiger Täuschung **anzufechten**, sofern die sonstigen Voraussetzungen, wie z. B. die Kausalität der Antwort für die Einstellung, vorliegen,[69] unzulässige Fragen kann der AN ohne Sanktionen wahrheitswidrig beantworten.[70]

6 Auch wenn eine Frage an sich nach allgemeinen arbeitsrechtlichen Grundsätzen zulässig ist, kann der BR ihrer Aufnahme in einen Personalfragebogen **widersprechen**. Stimmt der BR dagegen einem Personalfragebogen zu, der unzulässige Fragen enthält, so erhält der AG dadurch im Falle einer wahrheitswidrigen Beantwortung durch den AN nicht das Recht zur Anfechtung des Arbeitsvertrages. Unzulässig erhobene Daten dürfen **nicht gespeichert werden**.[71] Mitbestimmungswidrig erhobene Daten können auch nicht prozessual verwertet werden (»**Beweisverwertungsverbot**«).[72] Das BAG ist zu Unrecht a. A.[73]

d) Ausübung des Mitbestimmungsrechts

7 Einigen AG und BR sich über die Verwendung von Personalfragebogen und deren inhaltliche Gestaltung nicht, so trifft die Einigungsstelle eine **verbindliche** Entscheidung. Die Einigungsstelle entscheidet dabei nicht über die rechtliche Zulässigkeit einer Frage, sondern nur darüber, ob sie gestellt werden soll. Die Einigungsstelle kann also auch bestimmen, dass eine nach allgemeinen arbeitsrechtlichen Grundsätzen an sich zulässige Frage nicht in den Personalfragebogen aufgenommen wird. Entscheidet sie dagegen, dass eine Frage, die bereits nach **allgemeinen Rechtsgrundsätzen** unzulässig ist,

---

68 So überzeugend Wendeling-Schröder in Anm. zur gegenteiligen Entscheidung HessLAG 7. 11. 12 – 12 Sa 654/11, AuR 13, 407; offengelassen von BAG 18. 11. 14 – 1 AZR 257/13, NZA 15, 306.

69 BAG, BB 01, 627; NZA 12, 34; 6. 9. 12 – 2 AZR 270/11, NZA 13, 1087; 20. 3. 14 – 2 AZR 1071/12, NZA 14, 1331.

70 Vgl. z. B. BAG 11. 11. 93 – 2 AZR 467/93, DB 94, 939; 20. 5. 99 – 2 AZR 320/98, DB 99, 1859.

71 BAG, DB 87, 1048.

72 LAG Bremen, RDV 06, 24; LAG Hamm, RDV 08, 211; vgl. auch BAG, DB 88, 1552; LAG Sachsen-Anhalt, NZA-RR 00, 478 und § 87 Rn. 2; zu Beweisverwertungsverboten auch §§ 75 Rn. 8; § 87 Rn. 2; § 103 Rn. 19.

73 Vgl. z. B. BAG, NJW 08, 2732; 22. 9. 16 – 2 AZR 848/15 , NZA 17, 112; 29. 6. 23 – 2 AZR 296/22, NZA 23, 1105; diese Rspr. ablehnend z. B. Däubler, AuR 23, 411 und DKW-Klebe, § 87 Rn. 6 m. w. N.

in den Fragebogen aufgenommen werden soll, so ist der Spruch insoweit **unwirksam**.

8 Der BR kann seine Zustimmung zur **Verwendung** von Personalfragebogen oder deren **inhaltlicher Ausgestaltung** durch eine BV oder eine Regelungsabrede[74] geben, die von beiden Seiten gekündigt werden können. Verwendet der AG einen **Fragebogen ohne Zustimmung** des BR, hat er nach richtiger Auffassung bei wahrheitswidriger Antwort des AN **kein Anfechtungsrecht**.[75] Dieser Gesetzesverstoß soll so wie auch ein Verstoß gegen § 95 kein Zustimmungsverweigerungsgrund nach § 99 Abs. 2 Nr. 1 für den BR sein.[76] Der AN kann auch die Ausfüllung des Bogens verweigern.[77] Erfolglos gebliebene Bewerber haben Anspruch auf Vernichtung des Fragebogens, wenn er Angaben über die Privatsphäre enthält und der AG kein berechtigtes Interesse an der Aufbewahrung hat.[78]

e) Weitere Beteiligungsrechte des Betriebsrats, BDSG

9 Werden AN-Daten computermäßig erfasst, gespeichert und verwendet, bestehen neben dem **Auskunftsanspruch** des einzelnen AN nach § 83 Abs. 1[79] verschiedene Beteiligungsrechte des BR. Zusätzlich zu den Regelungen nach § 94 Abs. 1 und 2 sowie dem Überwachungsrecht nach § 80 Abs. 1 Nr. 1 ist auf die Bestimmungen des § 87 Abs. 1 Nrn. 1 und 6 hinzuweisen und den dort genannten Regelungsbedarf (§ 87 Rn. 41 f.).[80] DSGVO und BDSG, die beide Schutzgesetze i. S. v. § 80 sind, schränken die Rechte des BR nicht ein, der allerdings bei sensitiven Daten angemessene und spezifische Schutzmaßnahmen zu treffen hat.[81] Dieser war und ist **unselbstständiger Teil** der verantwortlichen Stelle (§ 3 Abs. 7 BDSG a. F.),[82] wie jetzt auch § 79a Satz 2 klarstellt (vgl. hierzu dort Rn. 2). Die Datenweitergabe vom AG an ihn bleibt ein **innerbetrieblicher Vorgang** und ist jedenfalls durch die Spezial-

---

74 Vgl. LAG Frankfurt, DB 92, 534.

75 A. A. BAG, BB 00, 1092, das zu Unrecht die Unwirksamkeit einseitiger AG-Maßnahmen in MB-Angelegenheiten (vgl. § 87 Rn. 1) ignoriert.

76 Vgl. LAG Düsseldorf 2. 8. 23 – 12 TaBV 46/22, juris und zu § 95 BAG 10. 7. 13 – 7 ABR 91/11, NZA 13, 1296.

77 LAG Frankfurt, DB 89, 2030 f.

78 BAG, DB 84, 2626.

79 Vgl. ArbG Berlin, CR 88, 408 ff.

80 Zur Unzulässigkeit konzernweiter Datenverarbeitung vgl. Wohlgemuth, AuR 87, 264 ff. und ArbG Berlin, DB 84, 410.

81 Vgl. z. B. BAG, NZA 87, 385; 9. 4. 19 – 1 ABR 51/17-, NZA 19, 1055; 7. 5. 19 – 1 ABR 53/17, NZA 19, 1218.

82 BAG, DB 98, 627; 03, 2496; 7. 2. 12 – 1 ABR 46/10, NZA 12, 744; so auch nach Inkrafttreten der DSGVO HessLAG 10. 12. 18 – 16 TaBV 130/18, NZA-RR 19, 196; DWWS-Däubler, § 26 Rn. 269 ff.; Wedde, SR 19, 175.

vorschriften des BetrVG, wie z. B. § 80, erlaubt.[83] Daran ändert auch die Definition des »Verantwortlichen« in Art. 4 Nr. 7 DSGVO nichts.[84] Nach § 79a Satz 3 unterstützen sich AG und BR bei der Einhaltung des Datenschutzes gegenseitig.

10 Schließlich ist darauf hinzuweisen, dass es **nicht** Aufgabe des/der Datenschutzbeauftragten ist, den **BR zu überwachen**. Das würde letztlich auf eine Überwachung des BR durch den AG hinauslaufen[85] und damit auf eine unzulässige Beeinträchtigung seiner von der Betriebsverfassung vorausgesetzten Autonomie (vgl. § 79a Rn. 3).[86] Der/die Datenschutzbeauftragte ist trotz der Schutzvorschriften in § 38 i. V. m. § 6 Abs. 4 BDSG[87] im Hinblick auf ein fehlendes echtes MBR des BR bei der Ernennung nicht neutral, sondern dem AG zuzuordnen. Hiervon unabhängig sollte der BR die Grundsätze des BDSG und der DSGVO in vorbildlicher Weise einhalten (§ 79a Satz 1),[88] d. h., ein eigenes Datenschutzkonzept z. B. mit klar definierten Zugriffsrechten, Löschroutinen und einem Verzeichnis der im BR anfallenden Verarbeitungen (Art. 30 DSGVO) erstellen und auch im Sinne einer freiwilligen Selbstkontrolle eigenständig einen BR-internen Datenschutzverantwort-

---

83 DWWS-Däubler, § 26 Rn. 269 ff.; Schuster, AuR 20, 104; BAG 9. 4. 19 – 1 ABR 51/17 –, NZA 19, 1055 lässt dies offen; dieser Beschluss und der v. 7. 5. 19 – 1 ABR 53/17, NZA 19, 1218; zum Recht der Betriebsvertretung, Beschäftigtendaten zu speichern, vgl. auch BVerwG, CR 91, 290 f.; LAG Berlin-Brandenburg 4. 3. 11, LAGE § 40 BetrVG 2001 Nr. 15, S. 11; DKW-Klebe, Rn. 53.

84 A. A. LAG MV 15. 5. 19 – 3 TaBV 10/18, juris; Gola, BB 17, 1462; Maschmann, NZA 20, 1207.

85 BAG, DB 98, 627; DKW-Klebe, Rn. 51; Wedde, AiB 99, 695; Schierbaum, AiB 01, 512.

86 Vgl. auch den Entwurf des BRMoG, BT-Drucks. 19/28899 vom 21. 4. 21, S. 21, wenn dort von der »innerorganisatorischen Selbständigkeit und Weisungsfreiheit des BR« gesprochen wird und den Bericht des Ausschusses für Arbeit und Soziales, BT-Drucks. 19/29819 vom 19. 5. 21, S. 17 (»institutionelle Unabhängigkeit des BR«).

87 Vgl. LAG MV 25. 2. 20 – 5 Sa 108/19. NZA-RR 20, 291; LAG Nürnberg 19. 2. 20 – 2 Sa 274/19, NZA-RR 20, 299; das BAG 30. 7. 20 – 2 AZR 225/20 (A), NZA 20, 1468 hat die Frage, ob der nationale Schutz mit Art. 38 Abs. 3 Satz 2 DSGVO vereinbar ist, dem EuGH vorgelegt; ebenso BAG 27. 4. 21 – 9 AZR 383/19 (A), juris mit der zusätzlichen Frage, ob die Ämter BR-Vorsitzender und Datenschutzbeauftragter in einem Betrieb in Personalunion ausgeübt werden dürfen oder ob dies zu einem Interessenkonflikt i. S. v. Art. 38 Abs. 6 Satz 2 DSGVO führt.

88 Vgl. hierzu im Einzelnen DKW-Klebe, Rn. 53 und auch BAG 18. 7. 12 – 7 ABR 23/11, DB 12, 2524; LAG BB 4. 3. 11 – 10 TaBV 1984/10, LAGE § 40 BetrVG 2001 Nr. 15, S. 11; LAG Hamburg 26. 11. 09 – 7 TaBV 2/09; Kiesche/Wilke, AiB 1/17, 40; Dotting, AiB 10/18, 42; Thannheiser, AiB 4/19, 31 und AiB 7–8/19, 44; Däubler-Gmelin, CuA 3/19, 17.

lichen ernennen (vgl. auch § 34 Rn. 4, § 79a Rn. 1, 3).[89] Fehlen angemessene und spezifische Schutzmaßnahmen des Datenschutzes, soll der Auskunftsanspruch des BR nach § 80 Abs. 2 Satz 1 jedenfalls hinsichtlich besonders sensibler Daten eingeschränkt sein.[90] Zudem besteht gesetzlich eine Kontrolle der staatlichen Aufsichtsbehörden. Datenschutzbeauftragte trifft bei der Zusammenarbeit mit dem BR gegenüber dem AG nach § 79a Satz 4 und 5 eine besondere Verschwiegenheitspflicht.

Auch Fragebogen, die bereits vor **Inkrafttreten des Gesetzes** bestanden 11
und unverändert weiterverwendet werden, unterliegen dem MBR.[91] Der AG muss also unverzüglich die entsprechenden Initiativen einleiten, um die Zustimmung des BR zu erhalten.[92]

2. Persönliche Angaben in Arbeitsverträgen

Damit die Beteiligungsbefugnisse des BR bei der Verwendung und inhalt- 12
lichen Ausgestaltung von Personalfragebogen nicht umgangen werden können, stehen ihm dieselben Rechte auch hinsichtlich der **persönlichen Angaben** von AN **in schriftlichen Arbeitsverträgen** zu, die allgemein in einem Betrieb verwendet werden. Zu beachten ist, dass das MBR des BR sich auf die »persönlichen Angaben« in Formulararbeitsverträgen beschränkt. Die Aufnahme allgemeiner Arbeitsbedingungen unterliegt dagegen nicht seiner Beteiligung.[93]

3. Beurteilungsgrundsätze

a) Begriff und Beispiel

Beurteilungsgrundsätze[94] sind Richtlinien, die einheitliche Kriterien für 13
die Beurteilung von Leistung und Verhalten der AN liefern.[95] Werden also beispielsweise in einem **Personalinformationssystem** Fähigkeits- und Eignungsprofile erstellt (vgl. auch Art. 22 DSGVO[96] zur Einschränkung automatisierter Einzelentscheidungen, die für den Betroffenen eine rechtliche

89 Däubler, Gläserne Belegschaften, Rn. 641c bejaht eine Verpflichtung des BR, wenn i.d.R. mindestens zwanzig Personen (§ 38 Abs. 1 BDSG) ständig mit der automatisierten Verarbeitung personenbezogener Daten befasst sind.

90 BAG 9.4.19 – 1 ABR 51/17, NZA 19, 1055; vgl. hierzu aber auch DKW-Klebe, Rn. 53.

91 BAG, DB 87, 1048.

92 LAG Frankfurt, DB 91, 1027 zu Abs. 2; a. A. BAG a. a. O.

93 LAG Nürnberg, NZA-RR 11, 130.

94 Mustervereinbarung für ein Beurteilungssystem bei DKW-F-Klebe/Heilmann, § 94 Rn. 2.

95 BAG, DB 85, 495; 00, 2228; LAG Frankfurt, 91, 1027.

96 Hierzu auch die Entscheidung des EuGH in Fn.10.

Folge/Wirkung nach sich ziehen oder ihn [in ähnlicher Weise] erheblich beeinträchtigen), so setzt dies die Feststellung der Merkmale, also die Aufstellung von Beurteilungsgrundsätzen voraus. Demzufolge hat der BR ein MBR,[97] das sich auf den Erlass wie auch auf die Verwendung der Grundsätze erstreckt.[98] **Führungsrichtlinien**, in denen Beurteilungskriterien festgelegt werden, sind ebenso mitbestimmungspflichtig[99] wie **Assessment-Center**, Mitarbeitergespräche mit Zielvereinbarung[100] (»**Zielgespräche**«; vgl. auch Rn. 2 und § 87 Rn. 13, 38, 64, 71), **arbeitsbegleitende Papiere**, in denen Beurteilungsgrundsätze so vorausgesetzt sind, dass sich durch das Ausfüllen eine bestimmte Leistungsbewertung ergibt (vgl. auch § 87 Rn. 14),[101] **biometrische Identifikationsverfahren** (vgl. auch § 87 Rn. 12, 38) mit Aussagen z. B. zum Gesundheits- und Gemütszustand, **Alkohol-** und **Drogentests** (vgl. auch § 95 Rn. 3), **psychologische Tests** und **graphologische Gutachten**, sofern diese Verfahren überhaupt zulässig sind.[102] Nicht dem MBR unterliegen demgegenüber lediglich auf den Arbeitsplatz bezogene Stellenbeschreibungen.[103] Als allgemeine Beurteilungsgrundsätze kommen nicht nur stark ausdifferenzierte, die Gesamtheit von Führung und Leistung umfassende Systeme in Betracht; auch Systeme, die nur Teilaspekte der Tätigkeit im Auge haben und deren Beurteilungsdichte eingeschränkt ist, unterliegen § 94 Abs. 2, solange die Beurteilung angesichts der (wenn auch wenigen) Kriterien noch generellen Charakter hat.[104] Die vom AG angewandten Kriterien/allgemeinen Grundsätze müssen **nicht schriftlich** niedergelegt sein.[105] Es reicht z. B. aus, wenn der AG auf der Grundlage von formularmäßig ermittelten Leistungsdaten regelmäßig gegenüber AN Rügen oder Belobigungen ausspricht.[106]

---

97 Vgl. aber auch BAG, DB 83, 2311; 84, 1199 sowie BAG, DB 88, 1452 zu Anforderungsprofilen.

98 BAG, DB 79, 1703.

99 A. A. BAG, DB 85, 485.

100 BAG 17. 3. 15 – 1 ABR 48/13, NZA 15, 885.

101 LAG Nds., AuR 08, 77 Ls.; a. A. BAG, DB 82, 1116.

102 Vgl. DKW-Klebe, Rn. 47 f. (auch zu Genomanalysen, die wegen des Persönlichkeitsschutzes und auch aufgrund des GenDG in aller Regel unzulässig sind; siehe auch § 75 Rn. 8) und BAG, DB 99, 2369; 00, 93, OGH, AuR 07, 398, sowie Albrecht, AiB 10, 576.

103 BAG, DB 86, 1286; 88, 1452; vgl. auch BAG, DB 94, 481; 00, 2228.

104 LAG Berlin, AuR 88, 122.

105 Vgl. auch BAG 17. 3. 15 – 1 ABR 48/13, NZA 15, 885.

106 LAG Nds., AuR 08, 77 Ls.

b) Inhalt des Mitbestimmungsrechts

Das MBR bei der Aufstellung **allgemeiner Beurteilungsgrundsätze,** das wie auch das MBR nach Abs. 1 (vgl. Rn. 2) kein Initiativrecht beinhaltet,[107] soll sicherstellen, dass die Beurteilung der in den Betrieb einzustellenden oder im Betrieb tätigen AN nach möglichst **objektiven** und **für das Arbeitsverhältnis erheblichen Gesichtspunkten** vorgenommen wird. Beschäftigte sollen nur nach ihrer Arbeitsleistung, nach der persönlichen Eignung für eine berufliche Weiterentwicklung im Betrieb, beurteilt werden. Das MBR besteht demzufolge auch dann, wenn die Teilnahme an einem Beurteilungsgespräch freiwillig ist und der entsprechende Leitfaden nur eine Orientierungshilfe geben soll.[108] Ein Beurteilungssystem, das auch Grundsätze einbezieht, die mit dem Arbeitsverhältnis in keiner unmittelbaren Beziehung stehen, ist rechtlich unzulässig. Entsprechende Beurteilungen sind ebenso aus der Personalakte zu entfernen wie solche, die unter Verletzung des MBR erfolgt sind.[109] Beurteilungsgrundsätze sollten im Übrigen erst verwendet werden, wenn eine **Stellenbeschreibung** besteht. Das MBR bezieht sich auch auf **Ein-Euro-Jobber**. 14

Eine **sachgerechte Gestaltung** der Beurteilungsgrundsätze ist, ebenso wie die des Personalfragebogens, ein wesentliches Hilfsmittel für AG und BR zur Gewinnung eines möglichst objektiven Bildes über den einzelnen AN. Sie vermitteln auch die für die Anwendung von **Auswahlrichtlinien** nach § 95 notwendigen Daten und erleichtern den Entscheidungsprozess bei **personellen Einzelmaßnahmen**. Darüber hinaus können sachgerechte Beurteilungsgrundsätze eine Hilfe für **individuelle** und **betriebliche Entscheidungen** über **Personaleinsatz, Personalförderung, Personalentwicklung** und **Bildungsmaßnahmen** sein. 15

4. Streitigkeiten

Verstößt der AG gegen die Vorschrift, z. B. weil er einseitig einen Personalfragebogen anwendet, kann der BR gemäß § 23 Abs. 3 oder mit dem allgemeinen **Unterlassungs- bzw. Beseitigungsanspruch**[110] dagegen vorgehen. 16

107 Vgl. BAG 17. 3. 15 – 1 ABR 48/13, NZA 15, 885; LAG Düsseldorf, LAGE § 94 BetrVG 2001 Nr. 1.

108 BAG 17. 3. 15 – 1 ABR 48/13, NZA 15, 885.

109 LAG Frankfurt, DB 91, 1027.

110 Vgl. hierzu BAG 17. 3. 15 – 1 ABR 48/13, NZA 15, 885 und auch DB 94, 2450; NZA 04, 746; LAG Nds., AuR 08, 77 Ls.

§ 95 Auswahlrichtlinien

(1) Richtlinien über die personelle Auswahl bei Einstellungen, Versetzungen, Umgruppierungen und Kündigungen bedürfen der Zustimmung des Betriebsrats. Kommt eine Einigung über die Richtlinien oder ihren Inhalt nicht zustande, so entscheidet auf Antrag des Arbeitgebers die Einigungsstelle. Der Spruch der Einigungsstelle ersetzt die Einigung zwischen Arbeitgeber und Betriebsrat.

(2) In Betrieben mit mehr als 500 Arbeitnehmern kann der Betriebsrat die Aufstellung von Richtlinien über die bei Maßnahmen des Absatzes 1 Satz 1 zu beachtenden fachlichen und persönlichen Voraussetzungen und sozialen Gesichtspunkte verlangen. Kommt eine Einigung über die Richtlinien oder ihren Inhalt nicht zustande, so entscheidet die Einigungsstelle. Der Spruch der Einigungsstelle ersetzt die Einigung zwischen Arbeitgeber und Betriebsrat.

(2a) Die Absätze 1 und 2 finden auch dann Anwendung, wenn bei der Aufstellung der Richtlinien nach diesen Absätzen Künstliche Intelligenz zum Einsatz kommt.

(3) Versetzung im Sinne dieses Gesetzes ist die Zuweisung eines anderen Arbeitsbereichs, die voraussichtlich die Dauer von einem Monat überschreitet, oder die mit einer erheblichen Änderung der Umstände verbunden ist, unter denen die Arbeit zu leisten ist. Werden Arbeitnehmer nach der Eigenart ihres Arbeitsverhältnisses üblicherweise nicht ständig an einem bestimmten Arbeitsplatz beschäftigt, so gilt die Bestimmung des jeweiligen Arbeitsplatzes nicht als Versetzung.

Inhaltsübersicht Rn.

1. Auswahlrichtlinien

a) Zweck

Auswahlrichtlinien können dazu beitragen, die **Personalpolitik transparenter**[1] zu machen und auf sie aktiven Einfluss zu nehmen, willkürliche personelle Maßnahmen zu erschweren, die **Persönlichkeit** der von personellen Entscheidungen betroffenen AN besser zu schützen, die Berücksichtigung sozialer Gesichtspunkte verstärkt zur Geltung zu bringen und **den Schutz des Arbeitsverhältnisses** durch Ausweitung der Zustimmungsverweigerungs- (§ 99 Abs. 2 Nr. 2) und Widerspruchsgründe für den BR (§ 102 Abs. 3 Nr. 2) zu verbessern.[2] Im DGB-Entwurf für ein modernes BetrVG wird das Initiativrecht nach Abs. 2 bereits bei mehr als 200 AN im UN vorgesehen.[3] 1

b) Begriff, Beispiele

Das Zustimmungsrecht des BR nach Abs. 1 erstreckt sich nicht nur auf die Ausgestaltung von Auswahlrichtlinien, sondern auch auf die Frage, ob diese überhaupt verwendet werden sollen.[4] Was unter Auswahlrichtlinien zu verstehen ist, ergibt sich nicht ausdrücklich aus der Vorschrift. Dem Abs. 2 ist jedoch zu entnehmen, dass in ihnen vor allem die bei der Durchführung personeller Maßnahmen zu beachtenden **fachlichen, persönlichen und sozialen** Gesichtspunkte festgelegt werden sollen.[5] Das BAG[6] spitzt den Begriff **zu Unrecht** weiter auf **Auswahlentscheidungen** zu. Danach sind Auswahlrichtlinien Grundsätze, die zu berücksichtigen sind, wenn bei beabsichtigten personellen Einzelmaßnahmen, für die **mehrere AN/Bewerber** in Frage kommen, zu entscheiden ist, welchem gegenüber sie vorzunehmen sind. Richtigerweise werden durch die Richtlinien auch **Einzelentscheidungen ohne »echte Auswahl«**[7] erfasst (vgl. Rn. 8).[8] Auswahlrichtlinien können sich nur auf **einen konkreten betrieblichen Anlass** beziehen, wie 2

---

1 BAG, AP Nr. 42 zu § 95 BetrVG 1972; DB 05, 2530; 14.4.15 – 1 ABR 58/13, NZA 15, 1081.

2 Vgl. hierzu und zu Regelungsvorschlägen für eine BV Dirx/Klebe, AiB 84, 8ff. und insbes. DKW-F-Klebe/Heilmann, § 95 Rn. 2.

3 *https://aur-blog.eu/reformvorschlag/*.

4 LAG Frankfurt, DB 85, 1534.

5 Vgl. BAG, DB 84, 1199; 93, 885; LAG Frankfurt, DB 85, 1534; LAG Köln 15.5.20 – 9 TaBV 32/19, NZA-RR 21, 76.

6 AP Nr. 42 zu § 95 BetrVG 1972; DB 05, 2530; NZA 06, 1367.

7 BAG, DB 83, 2311.

8 BAG, DB 83, 2311 und DKW-Klebe, Rn. 29f.

z. B. eine bestimmte Betriebsänderung.[9] Sog. **Fähigkeits- oder Eignungsprofile** sind, sofern sie geeignet sind, zu einer Auswahl unter den AN bei personellen Einzelmaßnahmen zu führen, Auswahlrichtlinien i. S. dieser Vorschrift.[10] Nach Auffassung des BAG fallen unter § 95 keine **Stellen- und Funktionsbeschreibungen**, mit denen für Gruppen von Stelleninhabern mit vergleichbaren Tätigkeiten lediglich deren Funktionen festgelegt und Tätigkeitsschwerpunkte beschrieben werden und die keine Anforderungen hinsichtlich der fachlichen und persönlichen Voraussetzungen der jeweiligen Funktionsträger enthalten.[11]

3 **Regelanfragen** bei Einstellungen beim Landesamt für Verfassungsschutz durch ein privates UN sind Auswahlrichtlinien und unterliegen der MB des BR[12] ebenso wie **Assessment-Center**, Grundsätze für die Zusammensetzung der Teams bei **Gruppenarbeit** (daneben kommen vor allem Rechte gemäß § 87 Abs. 1 Nr. **13** und auch Nrn. 1, 6, 12 und §§ 97 f., 111 f. in Betracht), **ärztliche Tauglichkeitsuntersuchungen** und **Alkohol**- und **Drogentests** bei Einstellungen (vgl. auch § 94 Rn. 13).[13] Werden Bewerber, die es ablehnen, die Ermächtigung zum Umgang mit Verschlusssachen (»VS-Ermächtigung« nach Sicherheitsüberprüfung) zu beantragen, deshalb nicht eingestellt, bringt der AG hiermit ebenfalls eine Auswahlrichtlinie zur Anwendung.[14] Werden AN-Daten durch ein **Personalinformationssystem** (evtl. in Verknüpfung mit anderen Datensystemen) erfasst und in einer Weise ausgewertet, dass personelle Entscheidungen vorbereitet oder getroffen werden, sind ebenso die Voraussetzungen des MBR erfüllt (vgl. auch §§ 87 Abs. 1 Nr. 6, 94 und § 6a BDSG) wie bei der Festlegung von Bedingungen für sog. **Insichbeurlaubungen** als Voraussetzung für den Statuswechsel von Beamten ins Angestelltenverhältnis.[15] Auch Richtlinien zum Einsatz von Ein-Euro-Jobbern, zur Integration von Flüchtlingen[16] und zur **Fremdfirmenarbeit** (Leiharbeit/Werkverträge),[17] z. B. zu deren Anteil an der Beschäftigung, wie

---

9 BAG, DB 05, 2530; NZA 07, 197; DB 07, 1087; 24.10.13 – 6 AZR 854/11, NZA 14, 46.

10 Vgl. jedoch BAG, DB 83, 2311, wonach Anforderungsprofile, mit denen die für einen bestimmten Arbeitsplatz erforderlichen fachlichen, persönlichen und sonstigen Anforderungen abstrakt festgelegt werden, keine Auswahlrichtlinien sein sollen.

11 BAG, DB 84, 1199; 86, 1286; DKW-Klebe, Rn. 7 f.

12 ArbG München, AiB 88, 267; offengelassen von BAG, DB 92, 144.

13 LAG BaWü, NZA-RR 03, 417; ArbG Wuppertal, NZA-RR 05, 476.

14 ArbG Köln 3.3.89 – 12 BV 37/88; vgl. aber auch BAG, DB 92, 144, das ein MBR ablehnt, falls der AG aufgrund verbindlichen Verwaltungsakts nur überprüfte Bewerber einstellen darf, und hierzu § 87 Rn. 6.

15 BAG, AP Nr. 42 zu § 95 BetrVG.

16 Zu Flüchtlingen und Arbeitsrecht Schubert, AuR 15, 430.

17 Vgl. Ulber/zu Dohna-Jaeger, AiB 07, 705; vgl. auch BAG 18.10.12, NZA-RR 13, 68 und zu § 9 BAG 13.3.13 – 7 ABR 69/11, NZA 13, 789.

auch an Projekten beim **Crowdsourcing** (vgl. auch §§ 87 Rn. 38, 90 Rn. 4, 111 Rn. 14, 16),[18] oder den Einsatzbereichen, unterliegen als Einstellungsregeln der Vorschrift. Aus dem Schutzzweck des § 95, eine Versachlichung und Durchschaubarkeit personeller Einzelmaßnahmen herbeizuführen, folgt, dass auch dann nach dieser Vorschrift ein MBR besteht, wenn der AG ein freiwilliges Ausscheidensprogramm gegen Abfindung auflegt und sich mehr AN als geplant melden. **§ 87 Abs. 1 Eingangssatz** findet für die Norm entsprechende Anwendung. Falls man hier keine Regelungslücke bejaht, scheidet ein MBR wegen dann fehlenden Regelungsspielraums für AG und BR aus.

c) Form, Kündigung/Nachwirkung

Schriftform ist nicht erforderlich,[19] ausreichend ist auch eine mündliche Vereinbarung, die auf einem förmlichen Beschluss des BR beruhen muss.[20] Nachwirkung sollen nach h. M.[21] nur Auswahlrichtlinien nach Abs. 2 haben, weil nur bei ihnen der BR ein Initiativrecht hat. Dies erscheint nicht überzeugend, wenn der AG die Richtlinie kündigt, um sie abzuändern, sie also fortbestehen soll. Hier lässt sich die Nachwirkung wegen des insoweit nach Abs. 1 bestehenden MBR begründen.[22] Der BR muss, gerade wenn er kein Initiativrecht hat (Rn. 11), sehr sorgfältig prüfen, ob der AG auch **ohne schriftliche Fixierung** Auswahlrichtlinien anwendet. Dies kann ausdrücklich, aber auch konkludent durch »bloße Praxis« geschehen. 4

d) Regelungsinhalte

Bei allen Regelungen sind insbesondere **§ 75 Abs. 1** und die Vorschriften des **AGG** zu beachten. Zu den **fachlichen Voraussetzungen** gehören die für den Arbeitsplatz oder eine bestimmte Tätigkeit notwendigen Kenntnisse und Fähigkeiten, wie etwa Schulbildung, bisherige Berufsbildung oder abgelegte Prüfungen. Zu beachtende **persönliche Voraussetzungen** können z. B. die physische und psychische Belastbarkeit, das Alter, die Betriebszugehörigkeit oder das Geschlecht sein (vgl. auch § 166 Abs. 2 Satz 3 SGB IX [Inklusionsvereinbarung]). **Leistungsabhängige, flexible Quotenregelungen** zur Zu- 5

18 Klebe/Neugebauer, AuR 14, 4; Däubler/Klebe, NZA 15, 1032; Benner-Klebe, 279; vgl. auch BAG 1. 12. 20 – 9 AZR 102/20, NZA 21, 552 zum AN-Status eines Crowdworkers.

19 LAG Hamm 31. 7. 09 – 10 TaBV 9/09; ArbG München, AiB 88, 267; offengelassen BAG, NZA-RR 11, 415.

20 LAG Frankfurt, DB 85, 1534.

21 Vgl. z. B. Fitting, Rn. 6 m. w. N.

22 DKW-Klebe, Rn. 14; vgl. auch BAG, DB 08, 2709; NZA 11, 475 zur Nachwirkung bei teilmitbestimmten BV.

sammensetzung der Belegschaft können z. B. im Hinblick auf weibliche und männliche Beschäftigte **(Gleichstellungspläne),**[23] ältere/jüngere Menschen und **behinderte Beschäftigte**[24] getroffen werden. Insofern können auch Teile einer **Inklusionsvereinbarung**[25] nach § 166 SGB IX nicht nur unter § 87 Abs. 1 Nr. 7 (vgl. dort Rn. 48), sondern auch unter diese Vorschrift fallen. Solche Regelungen sind an **§ 5 AGG** zu messen, der die Verhinderung oder den Ausgleich von Nachteilen verlangt (»**positive Maßnahmen**«).[26] Als **soziale Gesichtspunkte** können in Betracht kommen: das Alter, der Gesundheitszustand, der Familienstand oder die Dauer der Betriebszugehörigkeit. Es ist also denkbar, dass dasselbe Kriterium sowohl den fachlichen als auch den persönlichen Voraussetzungen sowie den sozialen Gesichtspunkten zuzuordnen ist.

6 Der BR hat unter Beachtung insbesondere von § 75 Abs. 1 und des AGG darauf hinzuwirken, dass nach **sachlichen Gesichtspunkten** festgelegt wird, in welchem Verhältnis und in welcher Rangfolge die einzelnen Gesichtspunkte bei der Durchführung personeller Maßnahmen bewertet werden sollen. Dabei sind insbesondere auch die Belange des Betroffenen und der übrigen AN gegeneinander abzuwägen. Während bei Einstellungen häufig die fachlichen und persönlichen Voraussetzungen eine besondere Rolle spielen, stehen bei **Versetzungen** und **Kündigungen** vor allem die sozialen Überlegungen im Vordergrund. Bei **Umgruppierungen** geht es regelmäßig um die Einstufung in eine tarifliche oder betriebliche Entgeltgruppe. Da der BR deshalb auf eine Richtigkeitskontrolle beschränkt sein wird, haben hier in erster Linie **Verfahrensvorschriften** Bedeutung und Regeln, die beinhalten, unter welchen Voraussetzungen Umgruppierungen stattfinden.[27]

7 Durch die Erarbeitung gemeinsamer Grundsätze, die AG und BR binden, sollen später notwendig werdende Auswahlprozesse **objektiviert** werden. **Je differenzierter** diese Auswahlmerkmale gestaltet werden, umso geringer werden der Ermessensspielraum des AG bei späteren Einzelentscheidungen einerseits, aber auch die Widerspruchsmöglichkeiten des BR gemäß §§ 99 und 102 andererseits sein. Personelle Maßnahmen generell, nicht nur betriebsbedingte Kündigungen (vgl. hierzu § 1 Abs. 4 KSchG und Rn. 8), können also bei entsprechender Detaillierung und Differenzierung der Merkmale **entgegen der Meinung des BAG**[28] an so strenge Voraussetzun-

---

23 Vgl. auch die Quotenregelungen für die Besetzung von BR (§ 15 Abs. 2) und AR (z. B. § 7 Abs. 3 MitbestG und § 5a MontanMitbG).

24 Vgl. auch LAG Köln, NZA-RR 06, 580 (Verfahren zur Bestellung der ESt.).

25 Hierzu Feldes/Scholz, AiB 01, 327.

26 Zu gesetzlichen Quotenregelungen EuGH, DB 95, 2172; 97, 2383; NZA 00, 473; 00, 935, DB 02, 1450; BAG, DB 96, 2627 und auch § 15 Abs. 2 und das entsprechende Gesetz für die AR-Besetzung (BT-Drucks. 18/3784).

27 BAG, AP Nr. 42 zu § 95 BetrVG 1972.

28 AP Nr. 42 zu § 95 BetrVG 1972; DB 05, 2530.

gen gebunden werden, dass für den UN **kein Ermessensspielraum** bei der Durchführung der Maßnahme mehr verbleibt.[29]

e) Grenzen der Regelungsbefugnis

Auswahlrichtlinien können sich nach richtiger Auffassung auf **sämtliche personellen Einzelmaßnahmen**, somit z. B. nicht nur auf betriebsbedingte, sondern auch auf personen- oder verhaltensbedingte Kündigungen erstrecken. Dem Gesetz ist **keine Beschränkung** auf eine bestimmte Kündigungsart zu entnehmen.[30] Auswahlrichtlinien dürfen nicht gegen zwingendes Gesetzesrecht wie **§ 75**, das **AGG** oder die Vorschriften des **KSchG** verstoßen. Das KSchG, das zugunsten des AN zwingende Wirkung hat,[31] kann weder ausgeschlossen noch eingeschränkt werden.[32] Das **AGG** ist nach richtiger Auffassung trotz seines **§ 2 Abs. 4** auch auf **Kündigungen** anzuwenden.[33] Daher müssen die für die Sozialauswahl definierten Merkmale, wie z. B. Alter und Betriebszugehörigkeit, die eine Benachteiligung jüngerer Beschäftigter sein können, konkret **sachlich gerechtfertigt** (vgl. § 3 Abs. 2 AGG) bzw. eine unterschiedliche Behandlung wegen des Alters objektiv und angemessen und durch ein legitimes Ziel gerechtfertigt sein (§ 10 Abs. 1 Satz 1 AGG). Legitime Ziele können insbesondere solche aus den Bereichen **Beschäftigungspolitik**, **Arbeitsmarkt** und **berufliche Bildung** sein. Ältere AN dürfen also **nicht schematisch** als schutzbedürftiger angesehen werden.[34] **Entgegen** der Auffassung des **BAG**[35] kommt nach hier vertretener Meinung daher auch eine lineare Berücksichtigung ohne weitere sachliche Rechtfertigung **nicht** in Betracht. Eine sachliche Rechtfertigung der Besserstellung älterer AN kann sich allerdings z. B. wegen schlechterer Chancen auf dem 8

---

29 DKW-Klebe, Rn. 27 f.; offengelassen von BAG, DB 93, 885; vgl. auch BAG, DB 07, 1087 und Rn. 8.

30 DKW-Klebe, Rn. 29 f.; Fitting, Rn. 24; vgl. aber auch BAG, DB 00, 2435, das zu Unrecht zu einer Beschränkung auf betriebsbedingte Kündigungen neigt, die Frage aber letztlich offen lässt und BAG, DB 05, 2530, wonach Auswahlrichtlinien in erster Linie (das hieße »nicht nur«) bei betriebsbedingten Kündigungen in Betracht kommen.

31 Vgl. auch BAG, NZA 09, 915.

32 BAG, DB 76, 1387; 90, 1335 f.; NZA 08, 1120; zu sog. Punktekatalogen BAG, DB 84, 563; NZA 93, 607; LAG Nds., NZA-RR 03, 578; LAG Düsseldorf, ZIP 09, 190 und § 1 Abs. 4 KSchG.

33 BAG, NZA 09, 361; 11, 457.

34 A. A. zu Unrecht LAG Düsseldorf, ZIP 09, 190; BAG 8. 12. 22 – 6 AZR 31/22, NZA 23, 692 geht ausführlich auf die Arbeitsmarktchancen ein und spricht in diesem Sinne v. einer Ambivalenz des Kriteriums »Lebensalter«.

35 BAG 18. 3. 10 – 2 AZR 468/08, brwo, NZA 10, 1059; 10, 457.

Arbeitsmarkt ergeben.[36] Diese können sich ändern oder nach Branchen unterschiedlich ausfallen. Die Bewertung, bei der die Betriebsparteien einen Einschätzungsspielraum für eine sachgerechte Typisierung haben,[37] muss also reale Grundlagen haben. Auch eine Bildung von Altersgruppen bei der Sozialauswahl ist nach Auffassung des BAG mit dem AGG vereinbar, da sie der Überalterung des Betriebs entgegenwirke und die Bevorzugung älterer AN relativiere.[38] Die erforderlichen Voraussetzungen/Sachgründe, die gerichtlich uneingeschränkt überprüfbar sind, muss danach der AG schlüssig darlegen, sofern es sich nicht um eine Massenentlassung handelt. Er muss dabei nicht nur vortragen, dass sich die Altersstruktur nachteilig verändern würde, sondern vor allem auch, welche konkreten Nachteile sich dadurch z. B. für die Verwirklichung des Betriebszwecks ergeben.[39] **Richtlinien** müssen **keine abschließende Einzelfallprüfung** vorsehen,[40] weil bei deren vier Grunddaten auch die jeweils typischen Begleitumstände, die mit ihnen in unmittelbarem Zusammenhang stehenden besonderen sozialen Betroffenheiten, zu berücksichtigen sind. So umfasst z. B. das Lebensalter auch den Gesundheitszustand, Berufskrankheit und Arbeitsunfall erhöhen die Bedeutung der Betriebszugehörigkeit (**str.**).[41] Bei diesem Verständnis wird die nach § 1 Abs. 3 erforderliche Gesamtabwägung des AG nun durch die Auswahlrichtlinie definiert.

9 Die zwingende Wirkung des KSchG gilt nur zugunsten des AN, zulasten des AG kann es verbessert werden.[42] Deshalb kann in den Auswahlrichtlinien eine Bestimmung enthalten sein, nach der eine **ordentliche Kündigung** des AG von bestimmten über das KSchG hinausgehenden Voraussetzungen abhängig gemacht wird oder gegenüber AN mit einer langjährigen Betriebszugehörigkeit oder wegen arbeitsplatzbedingter Erkrankung überhaupt **ausgeschlossen** ist (**str.**).[43] Auch ist es möglich, **Verdachtskündigungen**, sofern man sie überhaupt für zulässig hält, auszuschließen. Ebenso kann durch Auswahlrichtlinien vereinbart werden, dass bei der Besetzung von Arbeitsplätzen bei gleicher fachlicher Qualifikation ein **betrieblicher Bewerber** grundsätzlich den Vorrang vor einem außen Stehenden genießt.

---

36 Vgl. BAG, NZA 09, 361; 10, 1059 und 11, 985 mit Arbeitsmarktzahlen; 15. 12. 11 – 2 AZR 42/10, NZA 12, 1044; DKW-Klebe, § 95 Rn. 23 ff. mit Beispielen; Lassmann, AiB 08, 594.

37 BAG 18. 3. 10 – 2 AZR 468/08, NZA 10, 1059.

38 BAG 15. 12. 11 – 2 AZR 42/10, brwo, DB 12, 1445; NZA 09, 361.

39 BAG 18. 3. 10 – 2 AZR 468/08, NZA 10, 1059; 19. 7. 12 – 2 AZR 352/11, NZA 13, 86; 26. 3. 15 – 2 AZR 478/13, NZA 15, 1122.

40 BAG, DB 07, 1087; 24. 10. 13 – 6 AZR 854/11, NZA 14, 46; LAG Düsseldorf, ZIP 09, 190.

41 Vgl. DKW-Klebe, Rn. 22.

42 Vgl. BAG, NZA 08, 1120 (Ausschluss ordentlicher Kündigungen).

43 DKW-Klebe, Rn. 26 ff., 35; vgl. auch LAG Sachsen, NZA 02, 905.

Auswahlrichtlinien können auch über die in § 1 Abs. 3 KSchG aufgeführten Kriterien Dauer der Betriebszugehörigkeit, Lebensalter, Unterhaltspflichten und Schwerbehinderung hinaus **zusätzliche** Voraussetzungen festlegen, die betrieblichen Interessen näher definieren oder auch in ihrer Wirkung beschränken.[44] Eine Kündigung kommt dann nur in Betracht, wenn sie sowohl die Voraussetzungen der Richtlinie als auch von § 1 Abs. 3 KSchG erfüllt (»Zweites Netz«).[45] Wird in einer **BV**-Auswahlrichtlinie (nicht Regelungsabrede)[46] festgelegt, wie die vier aufgeführten sozialen Gesichtspunkte im Verhältnis zueinander zu bewerten sind, kann die soziale Auswahl im Kündigungsschutzprozess nur auf **grobe Fehlerhaftigkeit** überprüft werden (§ 1 Abs. 4 KSchG). Diese liegt vor, wenn von der (wirksamen) Richtlinie abgewichen wird oder die Auswahl zwar der Richtlinie entspricht, diese aber selbst grob fehlerhaft ist. Die Richtlinie ist grob fehlerhaft, wenn die Gewichtung der Kriterien **jede Ausgewogenheit** vermissen lässt (z.B. gänzliche Überbewertung oder Nichtberücksichtigung einzelner Gesichtspunkte).[47] Die **vier Grunddaten**, von denen keines eine Priorität hat,[48] müssen ausreichend und selbstverständlich den gesetzlichen Regelungen, wie z.B. dem AGG, entsprechend berücksichtigt sein. Dabei kommt es entgegen der Meinung des BAG[49] nicht darauf an, ob die nicht berücksichtigten Kriterien im Einzelfall überhaupt relevant sind. Die Richtlinie als solche ist zu beurteilen und muss dem Gesetz entsprechen. Lässt sie z.B. das Merkmal Schwerbehinderung völlig außer Betracht ist sie auch dann grob fehlerhaft/unwirksam und die Sozialauswahl nach § 1 Abs. 3 KSchG zu überprüfen, wenn die betroffenen AN nicht schwerbehindert sind (vgl. auch § 7 Abs. 2 AGG). Eine **abschließende Einzelfallprüfung** ist entbehrlich,[50] weil bei den Grunddaten auch die jeweils typischen Begleitumstände, die mit ihnen in

44 Vgl. DKW-Klebe, Rn. 26; Richardi, DB 04, 487.

45 Vgl. auch Däubler, Das Arbeitsrecht 1, Rn. 1041a; wohl a.A. BAG, NZA 08, 1120, das eine Verdrängung der gesetzlichen Anforderungen für die Vergleichbarkeit der AN oder an die entgegenstehenden betrieblichen Bedürfnisse i.S.v. § 1 Abs. 3 Satz 2 ablehnt, aber nicht prüft, ob eine Besserstellung, wie hier vertreten, möglich ist.

46 Vgl. LAG Düsseldorf, NZA-RR 00, 423; LAG Berlin, NZA-RR 05, 370; Beispiel bei DKW-F-Däubler, §§ 111–113, Rn. 9.

47 BAG, BB 99, 1556; NZA 06, 162; 08, 1120; 24.10.13 – 6 AZR 854/11, NZA 14, 46; LAG Berlin, NZA-RR 05, 370.

48 BAG, DB 07, 1087 m.w.N.

49 BAG 10.6.10 – 2 AZR 420/09, NZA 10, 1352; 26.3.15 – 2 AZR 478/13, NZA 15, 1122; vgl. auch BAG 15.12.11 – 2 AZR 42/10, NZA 12, 1044; 19.7.12 – 2 AZR 352/11, NZA 13, 86.

50 BAG, DB 07, 1087; 24.10.13 – 6 AZR 854/11, NZA 14, 46; LAG Düsseldorf, ZIP 09, 190.

unmittelbarem spezifischen Zusammenhang stehenden Härten/besonderen sozialen Betroffenheiten, erfasst werden (**str.**; Rn. 8).[51]

f) Verfahrensvorschriften

10 Zum Inhalt der Auswahlrichtlinien gehört nicht nur die Feststellung der zu beachtenden fachlichen, persönlichen und sozialen Gesichtspunkte, sondern auch die Regelung des **Verfahrens**, durch das das Vorliegen dieser Voraussetzungen ermittelt werden soll.[52] Absatz 2a stellt klar, dass die Vorschrift auch beim Einsatz von **Künstlicher Intelligenz** Anwendung findet – eine Selbstverständlichkeit.[53] Der BR hat vor allem darauf zu achten, dass keine **unzulässigen Methoden** (etwa unzulässige **Persönlichkeits- oder Eignungstests**) angewandt werden. In diesem Sinne sollte in einer BV auch klargestellt werden, dass beim Einsatz v. Künstlicher Intelligenz am Ende immer ein Mensch entscheiden muss und dass die Künstliche Intelligenz, die besonders sorgfältig auf diskriminierende Bewertungsmuster zu prüfen ist, nur Vorauswahl und Entscheidungshilfen gibt (vgl. auch Art. 22 DSGVO).[54] Dabei können auch formelle Festlegungen getroffen werden, wie z. B., welche Unterlagen bei Entscheidungen zu berücksichtigen sind und dass Bewerber aus **besonderen Problemgruppen** (z. B. Langzeitarbeitslose, Hauptschulabsolventen) bei beabsichtigter Einstellung zu Vorstellungsgesprächen einzuladen sind.[55] Einigen AG und BR sich nicht über die Frage, ob und mit welchem Inhalt Auswahlrichtlinien im Betrieb Verwendung finden sollen, trifft die Einigungsstelle auf Antrag des AG eine **verbindliche** Entscheidung.

2. Initiativrecht des Betriebsrats

11 Nach dieser Bestimmung kann der BR in Betrieben mit **mehr als 500 AN** die Aufstellung von Auswahlrichtlinien verlangen und im Falle der Nichteinigung mit dem AG über die Einigungsstelle erzwingen. Dabei sind alle LeihAN bei der Ermittlung der Grenzzahl mitzurechnen, auf eine Wahlberechtigung kommt es nicht an. Dies ist durch § 14 Abs. 2 Satz 4 AÜG jetzt klargestellt. Die frühere Kontroverse hat sich damit erledigt. Die Einbeziehung entspricht auch dem Sinn und Zweck der Norm, der allerdings nur in

---

51 DKW-Klebe, Rn. 22, 40.

52 Vgl. auch BAG, AP Nr. 42 zu § 95 BetrVG 1972.

53 Vgl. Klebe, SR 19, 128; hierzu auch Fitting, Rn. 11af.

54 Klebe, SR 19, 128 (129); vgl. auch Art. 3 Abs. 1 i. V. m. Annex 1 im Entwurf einer VO der EU-Kommission zur Regulierung Künstlicher Intelligenz v. 21.4.21 COM (2021) 206 final – 2021/0106 (COD), § 90 Rn. 4 alle auch zur Definition.

55 Lassmann, AiB 08, 594.

der Gesetzesbegründung, nicht im Gesetz selbst, angesprochen wird. Zudem sind richtigerweise alle nach § 7 Satz 2 Wahlberechtigten, also nicht nur LeihAN, einzubeziehen. Anders als nach Abs. 1 ist somit der BR in Betrieben der genannten Größenordnung **nicht** darauf angewiesen, dass der AG Auswahlrichtlinien einführen will; er kann diese selbst, falls erforderlich auch gegen den Widerstand des AG, herbeiführen. Im Übrigen gelten hinsichtlich des Inhalts der Auswahlrichtlinien und der ansonsten zu beachtenden Gesichtspunkte die Grundsätze des Abs. 1 (vgl. dort).

3. Zuständigkeit

Für die Erstellung von Auswahlrichtlinien ist **grundsätzlich** der BR zuständig. In besonderen Fällen kann die **Zuständigkeit des GBR** nach § 50 Abs. 1 gegeben sein.[56] Dabei ist das jeweilige Gremium für **alle Fragen** alleine zuständig.[57] Dies bedeutet bei einer Zuständigkeit des GBR, der seine Rechte auch nicht an die einzelnen BR entsprechend § 50 Abs. 2 delegieren kann, dass er eine **vollständige Regelung** treffen muss und sich **nicht auf Rahmenregelungen beschränken** kann, die von den örtlichen BR ergänzt werden.[58] Ist der GBR zuständig, haben die örtlichen BR keine (ergänzenden/konkretisierenden) MBR.[59] **Freiwillige ergänzende Regelungen** durch die BR sollten allerdings möglich sein. Zudem sollte es auch zulässig sein, dass AG und GBR gemeinsam festlegen, dass bestimmte Detaillierungen einer GBV vor Ort durch den AG und den BR erfolgen.[60] Der GBR kann im Übrigen die örtlichen BR jederzeit dadurch einbeziehen, dass er ihre Regelungsvorschläge in die GBV übernimmt. Liegt die Zuständigkeit des GBR vor, erstreckt sich sein **Initiativrecht** nach Abs. 2 in verfassungskonformer Auslegung auf das **gesamte UN**, wenn in ihm **insgesamt mehr als 500 AN** beschäftigt werden (**str.**).[61] Diese UN-bezogene Betrachtung ist um eine **konzernbezogene** zu ergänzen.[62] 12

56 Vgl. BAG, DB 83, 2311; 84, 1199; 84, 2413.

57 Vgl. BAG, NZA 09, 562; 17.3.15 – 1 ABR 48/13, NZA 15, 885.

58 BAG, NZA 07, 399.

59 Anders noch BAG, DB 84, 2413.

60 Vgl. DKW-Klebe, Rn. 20.

61 DKW-Klebe, Rn. 21; vgl. auch BAG, BB 99, 2244; NZA 05, 420; für eine UN-weite Zuständigkeit, sofern wenigstens ein Betrieb die Voraussetzungen des Abs. 2 erfüllt: LAG BaWü, DB 80, 1076 f.; LAG Bremen, DB 87, 195. Zumindest für diese Lösung sprechen die §§ 50 Abs. 1, 58 Abs. 1, die die Zuständigkeit des GBR/KBR auch auf BR/GBR-lose Betriebe/UN erstrecken.

62 Vgl. auch DKW-Däubler, § 111 Rn. 34.

4. Streitigkeiten

13 Führt der AG unter Verstoß gegen das MBR Auswahlrichtlinien ein, kann der BR die Anwendung gemäß § 23 Abs. 3 oder aufgrund des allgemeinen **Unterlassungs-** bzw. **Beseitigungsanspruchs** (vgl. auch § 87 Rn. 81),[63] ggf. auch durch einstweilige Verfügung, untersagen lassen. Nach allerdings umstrittener Meinung löst auch die unwirksame, aber korrekt angewendete Auswahlrichtlinie ein Zustimmungsverweigerungsrecht nach § 99 Abs. 2 Nr. 2 aus.[64]

5. Versetzung

14 Zum **Versetzungsbegriff** vgl. § 99 und die dortigen Erl.

Zweiter Unterabschnitt
Berufsbildung

§ 96 Förderung der Berufsbildung

(1) Arbeitgeber und Betriebsrat haben im Rahmen der betrieblichen Personalplanung und in Zusammenarbeit mit den für die Berufsbildung und den für die Förderung der Berufsbildung zuständigen Stellen die Berufsbildung der Arbeitnehmer zu fördern. Der Arbeitgeber hat auf Verlangen des Betriebsrats den Berufsbildungsbedarf zu ermitteln und mit ihm Fragen der Berufsbildung der Arbeitnehmer des Betriebs zu beraten. Hierzu kann der Betriebsrat Vorschläge machen.
(1a) Kommt im Rahmen der Beratung nach Absatz 1 eine Einigung über Maßnahmen der Berufsbildung nicht zustande, können der Arbeitgeber oder der Betriebsrat die Einigungsstelle um Vermittlung anrufen. Die Einigungsstelle hat eine Einigung der Parteien zu versuchen.
(2) Arbeitgeber und Betriebsrat haben darauf zu achten, dass unter Berücksichtigung der betrieblichen Notwendigkeiten den Arbeitnehmern die Teilnahme an betrieblichen oder außerbetrieblichen Maßnahmen der Berufsbildung ermöglicht wird. Sie haben dabei auch die Belange älterer Arbeitnehmer, Teilzeitbeschäftigter und von Arbeitnehmern mit Familienpflichten zu berücksichtigen.

---
63 BAG, DB 05, 2530; 07, 1087.
64 LAG Hamm 21.11.08 – 13 TaBV 84/08, juris; a. A. LAG Köln 19.11.21 – 9 TaBV 15/21, juris.

Inhaltsübersicht Rn.

1. Förderung der Berufsbildung

Der BR hat die Aufgabe, in Zusammenarbeit mit dem AG und den in Betracht kommenden Stellen die **Berufsbildung**[1] der AN zu fördern. Zuständige Stellen sind insbesondere die nach dem BBiG zu errichtenden **Berufsbildungsausschüsse**, aber auch die Agenturen für Arbeit, denen die Förderung der Berufsbildung nach dem SGB III obliegt. Die beispielhafte Anführung dieser Institutionen zeigt, dass mit den Bildungsmaßnahmen i.S. dieser Vorschrift vielfach Träger gemeint sind, die entsprechende Maßnahmen **außerhalb** des Betriebs durchführen. Die Rechte des BR sind somit nicht davon abhängig, ob es sich um betriebliche Bildungsmaßnahmen handelt. Sie bestehen auch dann, wenn die Maßnahme in Zusammenarbeit mit einem Dritten erfolgt und der AG auf Inhalt und Organisation rechtlich oder tatsächlich beherrschenden Einfluss hat.[2] 1

2. Begriff der Berufsbildung

Der Begriff »Berufsbildung« i.S. dieser Bestimmung ist **umfassend**. Er schließt die **berufliche Ausbildung**, die **Fortbildung** und die **Umschulung** ein. Dabei ist zu beachten, dass der betriebsverfassungsrechtliche Begriff der Berufsbildung keineswegs mit dem des BBiG identisch ist, er ist weiter gefasst. Es geht vielmehr um einen **sehr weiten Bereich** von Maßnahmen, deren Durchführung dazu führt, dass bei den AN ein Zuwachs an **Fertigkeiten, Kenntnissen** und **Wissen** entsteht, die ihn zu seiner beruflichen Tätigkeit befähigt.[3] Der Beteiligung des BR sind **alle Maßnahmen** zu unterwerfen, die den AN diejenigen Kenntnisse und Erfahrungen verschaffen sollen, die der Ausfüllung ihres Arbeitsplatzes und ihrer beruflichen Tätigkeit dienen.[4] Bei den betrieblichen Bildungsmaßnahmen i.S. der §§ 96ff. sind deshalb alle denkbaren Typen vertreten, angefangen von Vorträgen über Themen allgemeinerer Art bis hin zu umfassenden Seminaren[5] und Kursen über Fachfragen auf Spezialgebieten, **Trainee-Programmen** und **Einglie-** 2

---

1 Vgl. Hamm, AiB 93, 86ff.; Satzer, AiB 99, 129; Gilberg, AiB 00, 13.
2 BAG 12.11.91 – 1 ABR 21/91.
3 BAG 26.4.16 – 1 ABR 21/14, NZA 16, 1036; 30.5.06 – 1 ABR 17/05, NZA 06, 1291.
4 BAG 5.11.85 – 1 ABR 49/83.
5 BAG 23.4.91 – 1 ABR 49/90.

derungsverträgen. Kurzfristige Bildungsmaßnahmen, etwa für Anlernlinge oder Praktikanten,[6] gehören ebenso dazu wie Bildungsprogramme, **Assessment-Center**, die auch Kenntnisse und Fähigkeiten vermitteln, Besuche von Ausstellungen, Messen und Kongressen sowie Vorbereitungsseminare für eine Auslandstätigkeit und Anleitungen zur Bedienung neuer Maschinen. Angesichts dieses weitgespannten Rahmens darf nicht die Unterrichtungspflicht des AG nach § 81 zuungunsten der MBR bei der Berufsbildung verschoben werden. Die vom AG nach § 81 vorzunehmenden **arbeitsplatzbezogenen Informationen** verdrängen nicht die Rechte des BR nach den §§ 96 bis 98, sondern bestehen **unabhängig** von diesen. Somit besteht kein Gegensatz zwischen **tätigkeits-** und **funktionsbezogenen Informationen** einerseits und den **berufsbezogenen Informationen** andererseits.[7] Die neben der bloßen Anwendung des § 81 gegenüber den AN erfolgenden Informationen über die Tätigkeit und ihre Funktion im Betrieb können daher ebenfalls zur Berufsbildung i. S. dieser Vorschrift zählen.[8] Deshalb dienen auch **»Qualitätszirkel«** oder ähnliche Einrichtungen der Berufsbildung nach § 96, wenn sie geeignet sind, durch Problemanalyse und Problemerörterung die berufliche Qualifikation der AN zu verbessern.[9] Der Begriff »Berufsausbildung« erstreckt sich auch auf **kurzfristige Bildungsmaßnahmen** in Betrieben für **Umschüler und für Teilnehmer an berufsvorbereitenden Ausbildungsmaßnahmen**.[10] Auch ein Lehrgang über Sicherheits- und Notfallmaßregeln, dessen erfolgreicher Abschluss Voraussetzung dafür ist, dass der AN für eine bestimmte Tätigkeit eingesetzt werden darf, ist eine Maßnahme der Berufsbildung.[11] Auch Qualifikationsmaßnahmen während Kurzarbeit (§ 421t SGB III) zählen zur Berufsbildung. Kurzfristige Online-Schulungen im Datenschutz für AN, die mit personenbezogenen Daten umgehen, können eine arbeitsplatzbezogene Einweisung und keine Maßnahme der Berufsbildung sein.[12]

Nach § 111 GewO dürfen seit dem 1.8.2022 dem AN für erforderliche Pflichtfortbildungen, die in einem Gesetz, einem TV oder einer BV vorgesehen sind, keine Kosten auferlegt werden. Finden diese Pflichtfortbildungen außerhalb der regelmäßigen Arbeitszeit statt, gelten sie als Arbeitszeit.

3 Die Förderung der Berufsbildung der AN hat einen engen Bezug zur Personalentwicklung als einem wesentlichen Teil der Personalplanung (§ 92), deren Aufgabe es auch ist, den AN im Rahmen der betrieblichen Möglich-

---

6 BAG 30.10.91 – 7 ABR 11/91.

7 BAG 5.11.85 – 1 ABR 49/83;DKW-Buschmann, Rn. 10 m. w. N.

8 DKW-Buschmann, Rn. 10.

9 DKW-Buschmann, Rn. 9; vgl. auch BAG, DB 92, 1634.

10 BAG 10.2.81 – 6 ABR 86/78.

11 Vgl. BAG 10.2.88 – 1 ABR 39/86.

12 LAG Nürnberg 20.12.18 – 5 TaBV 61/17.

keiten **Aufstiegschancen** unter Beachtung objektiver Gesichtspunkte zu sichern. Es geht wesentlich darum, bei den AN fachliche Kenntnisse, Fähigkeiten und Fertigkeiten zu schaffen und vorhandene zu verbessern. Bei den Maßnahmen der Berufsbildung haben AG und BR auch die Belange **älterer AN**, von **Teilzeitbeschäftigten** und von **AN mit Familienpflichten** zu berücksichtigen.

3. Ermittlung des Berufsbildungsbedarfs

Das Gesetz bestimmt mit der neu aufgenommenen Regelung des Abs. 1 Satz 2, dass der AG auf Verlangen des BR den **Berufsbildungsbedarf** zu ermitteln und mit ihm Fragen der Berufsbildung der AN des Betriebs zu beraten hat. Zugleich erfolgt eine **Konkretisierung** der Pflicht von AG und BR, im Rahmen der Personalplanung (§ 92) die betriebliche Berufsbildung der AN zu fördern. Bei den AN nicht vorhandene fachliche Kenntnisse, Fähigkeiten und Fertigkeiten sollen **geschaffen** und vorhandene Qualifikationen **erhalten und ausgebaut** werden. Eine ausreichende Qualifikation der AN ist für das UN ein wesentliches Kriterium für die **Wettbewerbsfähigkeit**, für die AN eine wichtige Voraussetzung für den **Erhalt des Arbeitsplatzes** und den **beruflichen Aufstieg**. 4

Die **Ermittlung des Berufsbildungsbedarfs** setzt zunächst die Erfassung der derzeit im Betrieb benötigten Qualifikationen (technische, aber auch soziale) sowie der derzeit bei den AN vorhandenen beruflichen Fähigkeiten und Qualifikationen voraus (Ist-Analyse).[13] Der AG muss nicht nur vorhandene Informationen an den BR weiterleiten, sondern den Bedarf ermitteln und entsprechende Unterlagen erstellen.[14] Die Einschränkungen der Rspr. zu § 80 zur Erstellung von Unterlagen (vgl. § 80 Rn. 18) finden im Rahmen der Ermittlung des Berufsbildungsbedarfes keine Anwendung.[15] Dem muss der künftige Bedarf (Soll-Analyse) gegenübergestellt werden. Dabei ist auf einen zwei bis drei Jahres-Zeitraum abzustellen. Ohne eine Einschätzung der Entwicklung des Betriebes und der Branche lässt sich der Berufsbildungsbedarf nur schwer ermitteln.[16] Informationen hierzu kann der BR über den WA (§ 106 Abs. 3: Lage des Unternehmens, Produktions- und Investitionsprogramm) sowie die Informationsrechte zur Planung von technischen Anlagen und Arbeitsverfahren (§ 90) und zur Personalplanung (§ 92) erhalten. Anhaltspunkte für den unmittelbaren Bedarf bieten auch die in vielen Beur- 5

---

13 Frankfurt a. M. 13.8.08 – 7 BV 207/08.

14 LAG Hamburg 31.10.12 – 5 TaBV 6/12.

15 Vgl. LAG Hamburg 31.10.12 – 5 TaBV 6/12.

16 S. zur Ermittlung des Berufsbildungsbedarfes DKW-F-Buschmann, §§ 96–98 Rn. 3.

teilungssystemen enthaltenen Fragen nach dem Qualifikationsbedarf aus Sicht der Vorgesetzten und AN.

6 Die Feststellung des Bildungsbedarfs muss sich keineswegs auf den gesamten Betrieb erstrecken. Sie kann auch **einzelne betriebliche Bereiche** umfassen, etwa aufgrund aktueller Vorgänge in diesen Bereichen. Der AG ist verpflichtet, auf Verlangen des BR den Berufsbildungsbedarf zu ermitteln und die daraus sich ergebenden Konsequenzen mit ihm zu beraten. Eine **Weigerung des AG**, den Berufsbildungsbedarf zu ermitteln oder nach Vorliegen des Ergebnisses in entsprechende Beratungen mit dem BR einzutreten, begründet einen **Gesetzesverstoß** i. S. des § 23 Abs. 3.

4. Beratung und Einigungsstelle

7 AG und BR haben über Fragen der Berufsbildung zu beraten. Verlaufen die Beratungen ohne konkretes Ergebnis, kann der BR keine Maßnahmen der Berufsbildung durchsetzen. Auch dann nicht, wenn der auf sein Verlangen hin ermittelte Berufsbildungsbedarf die Notwendigkeit belegt. Mit dem BRMoG hat der Gesetzgeber jetzt die Möglichkeit geschaffen, die Einigungsstelle um Vermittlung anzurufen. Eine Entscheidung der Einigungsstelle, wie bei der normalen erzwingbaren Mitbestimmung, sieht das neue Gesetz nicht vor. Letztlich bleibt es dabei, dass die Frage, welche Weiterbildungsmaßnahmen der AG anbietet, allein in sein Ermessen gestellt ist. Für die Bildung der Einigungsstelle gelten die allgemeinen Regelungen §§ 76, 76a. Die neue gesetzliche Regelung fördert die Durchsetzung von Weiterbildung in Betrieben, die auf diesem Gebiet zu wenig unternehmen, nicht. Einer neuen Form der Einigungsstelle als Moderationsveranstaltung hätte es nicht bedurft.
Der DGB-Reformentwurf zum BetrVG sieht die Streichung der vermittelnden Einigungsstelle vor.[17]

§ 97 Einrichtungen und Maßnahmen der Berufsbildung

(1) Der Arbeitgeber hat mit dem Betriebsrat über die Errichtung und Ausstattung betrieblicher Einrichtungen zur Berufsbildung, die Einführung betrieblicher Berufsbildungsmaßnahmen und die Teilnahme an außerbetrieblichen Berufsbildungsmaßnahmen zu beraten.
(2) Hat der Arbeitgeber Maßnahmen geplant oder durchgeführt, die dazu führen, dass sich die Tätigkeit der betroffenen Arbeitnehmer ändert und ihre beruflichen Kenntnisse und Fähigkeiten zur Erfüllung ihrer Aufgaben nicht mehr ausreichen, so hat der Betriebsrat bei der Einführung von Maßnahmen der betrieblichen Berufsbildung mit-

17 *https://aur-blog.eu/reformvorschlag/*.

zubestimmen. Kommt eine Einigung nicht zustande, so entscheidet die Einigungsstelle. Der Spruch der Einigungsstelle ersetzt dic Einigung zwischen Arbeitgeber und Betriebsrat.

Inhaltsübersicht Rn.

1. Beratungsrechte des Betriebsrats

1 Die Vorschrift gibt dem BR bei der **Errichtung** und **Ausstattung** von betrieblichen **Bildungseinrichtungen**, etwa einer Lehrwerkstatt, einem betrieblichen Bildungszentrum, einer Umschulungswerkstatt oder einer Beschäftigungs- und Qualifizierungsgesellschaft[1] ein Recht auf Beratung mit dem AG. Ausstattung bedeutet **Sachausstattung**, also etwa die Anschaffung von technischen Anlagen, Maschinen, Werkzeugen und Lehrmaterial. Auch die **finanzielle** und **personelle Ausstattung** betrieblicher Einrichtungen zur Berufsbildung unterliegt dem Beratungsrecht, letztere ggf. dem MBR nach § 98 Abs. 2. Entsprechendes gilt für die **Änderung** solcher Einrichtungen, wenn sie bereits bestehen. Das Beratungsrecht des BR besteht darüber hinaus bei der **Einführung** betrieblicher Berufsbildungsmaßnahmen, z. B. Fortbildungskurse oder Technikerausbildung, und zwar **unabhängig** davon, ob diese innerhalb oder außerhalb der Arbeitszeit stattfinden. Das Beteiligungsrecht gilt ferner für die Teilnahme von AN an **außerbetrieblichen** Maßnahmen der Berufsbildung, etwa bei Sonderkursen an Berufs- oder Fachschulen oder beim Besuch von Fachlehrgängen der Gew. Die Beratung erstreckt sich auf den **Umfang und die Art von Kursen** sowie auf den **Zeitpunkt**. Auch **zusätzliche Prüfungen und Kurse** fallen darunter.

2. Mitbestimmung des Betriebsrats bei Qualifizierung

2 Abs. 2 gibt dem BR ein **MBR** bei notwendigen Anpassungsqualifikationen, wenn der AG Maßnahmen **plant** oder **durchgeführt hat** und die **beruflichen Qualifikationen** der AN zur Erfüllung der Arbeitsaufgaben **nicht ausreichen**. Der Begriff »Maßnahmen« ist **umfassend**.[2] Er erstreckt sich auf **alle Maßnahmen** des AG – auch wenn sie nicht unmittelbar arbeitstechnischer Art sind –, die dazu **führen** oder dazu **führen können**, dass die beruflichen Qualifikationen der AN zur Erfüllung der durch die Maßnahme des AG geänderten, erweiterten oder neuen Arbeitsaufgaben nicht

---

1 Vgl. DKW-Buschmann, Rn. 1.

2 LAG Hamm 9.2.09 – 10 TaBV 191/08; DKW-Buschmann, Rn. 10; vgl. Fitting, Rn. 10.

mehr ausreichen. Soweit AN lediglich an einer neuen Maschine eingewiesen werden (§ 81 Abs. 1) ist dies keine betriebliche Berufsausbildung i. S. v. § 97 Abs. 2.[3] Es liegt sowohl im Interesse des AG als auch im AN-Interesse, dass rechtzeitig Maßnahmen gegen schleichende Entqualifizierungsprozesse ergriffen werden.

3 Das MBR besteht bereits bei **»geplanten« Maßnahmen**.[4] Der AG hat den BR über die geplante Maßnahme zu unterrichten. Die Anspruchsgrundlage dafür kann sich entweder unmittelbar aus dem MBR nach § 97 Abs. 2 ergeben, aber auch aus anderen Unterrichtungsansprüchen, wie etwa bei einer Änderung der technischen Anlagen oder bei Änderungen der Arbeitsverfahren aus den §§ 90, 91 oder über die Personalplanung § 92. Eine Anspruchsgrundlage kann aber auch der allgemeine Unterrichtungsanspruch des BR nach § 80 Abs. 2 sein. Sind Maßnahmen unter Beachtung der einschlägigen Beteiligungsrechte des BR eingeführt und stellt sich erst danach heraus, dass die beruflichen Qualifikationen der AN für die neuen Arbeitsaufgaben nicht ausreichen, setzt das MBR zu diesem **Zeitpunkt** ein.

4 Das MBR kann in der Weise ausgeübt werden, dass AG und BR zunächst **beraten**, welche Berufsbildungsmaßnahmen ergriffen werden sollen, um die Qualifikationsdefizite auszugleichen. In Betracht kommen alle betrieblichen Berufsbildungsmaßnahmen im Rahmen der §§ 96, 97. Kommt eine Einigung nicht zustande, entscheidet die Einigungsstelle **verbindlich**, welche berufsbildenden Maßnahmen notwendig sind. Die **Kosten** zur Durchführung dieser Maßnahmen hat der AG zu tragen. Das MBR kann aber auch in der Weise ausgeübt werden, dass der BR auf der Grundlage des ihm zustehenden **erzwingbaren Initiativrechts** und vor dem Hintergrund der Qualifikationsdefizite selbst Vorstellungen zu deren Beseitigung entwickelt. Er kann dabei auf die Hilfe der Gew. oder auf außenstehende Stellen (Arbeitsamt, Bildungswerke) zurückgreifen. In Betracht kommen auch betriebliche Auskunftspersonen (§ 80 Abs. 2 Satz 3) oder Sachverständige (§ 80 Abs. 3). Der AG ist verpflichtet, über die vom BR entwickelten Vorstellungen in **Beratungen** einzutreten. Bei Nichteinigung entscheidet die Einigungsstelle verbindlich. Im Streitfalle hat die Einigungsstelle vor dieser Entscheidung darüber zu befinden, **ob und in welchem Umfang** Qualifikationsdefizite bei den AN vorliegen.[5]

Der DGB-Reformvorschlag zum BetrVG sieht vor, dass der BR ein erzwingbares MBR bei allen Fragen der inner- und außerbetrieblichen Bildungsmaßnahmen erhält.[6]

---

3 LAG Hamm 9.2.09 – 10 TaBV 191/08.

4 LAG Hamm 9.2.09 – 10 TaBV 191/08.

5 Muster-BV zu betrieblichen Qualifikationsmaßnahmen s. DKW-F-Buschmann, §§ 96–98 Rn. 11.

6 *https://aur-blog.eu/reformvorschlag/*.

§ 98 Durchführung betrieblicher Bildungsmaßnahmen

(1) Der Betriebsrat hat bei der Durchführung von Maßnahmen der betrieblichen Berufsbildung mitzubestimmen.

(2) Der Betriebsrat kann der Bestellung einer mit der Durchführung der betrieblichen Berufsbildung beauftragten Person widersprechen oder ihre Abberufung verlangen, wenn diese die persönliche oder fachliche, insbesondere die berufs- und arbeitspädagogische Eignung im Sinne des Berufsbildungsgesetzes nicht besitzt oder ihre Aufgaben vernachlässigt.

(3) Führt der Arbeitgeber betriebliche Maßnahmen der Berufsbildung durch oder stellt er für außerbetriebliche Maßnahmen der Berufsbildung Arbeitnehmer frei oder trägt er die durch die Teilnahme von Arbeitnehmern an solchen Maßnahmen entstehenden Kosten ganz oder teilweise, so kann der Betriebsrat Vorschläge für die Teilnahme von Arbeitnehmern oder Gruppen von Arbeitnehmern des Betriebs an diesen Maßnahmen der beruflichen Bildung machen.

(4) Kommt im Fall des Absatzes 1 oder über die nach Absatz 3 vom Betriebsrat vorgeschlagenen Teilnehmer eine Einigung nicht zustande, so entscheidet die Einigungsstelle. Der Spruch der Einigungsstelle ersetzt die Einigung zwischen Arbeitgeber und Betriebsrat.

(5) Kommt im Fall des Absatzes 2 eine Einigung nicht zustande, so kann der Betriebsrat beim Arbeitsgericht beantragen, dem Arbeitgeber aufzugeben, die Bestellung zu unterlassen oder die Abberufung durchzuführen. Führt der Arbeitgeber die Bestellung einer rechtskräftigen gerichtlichen Entscheidung zuwider durch, so ist er auf Antrag des Betriebsrats vom Arbeitsgericht wegen der Bestellung nach vorheriger Androhung zu einem Ordnungsgeld zu verurteilen; das Höchstmaß des Ordnungsgeldes beträgt 10 000 Euro. Führt der Arbeitgeber die Abberufung einer rechtskräftigen gerichtlichen Entscheidung zuwider nicht durch, so ist auf Antrag des Betriebsrats vom Arbeitsgericht zu erkennen, dass der Arbeitgeber zur Abberufung durch Zwangsgeld anzuhalten sei; das Höchstmaß des Zwangsgeldes beträgt für jeden Tag der Zuwiderhandlung 250 Euro. Die Vorschriften des Berufsbildungsgesetzes über die Ordnung der Berufsbildung bleiben unberührt.

(6) Die Absätze 1 bis 5 gelten entsprechend, wenn der Arbeitgeber sonstige Bildungsmaßnahmen im Betrieb durchführt.

Inhaltsübersicht Rn.

1. Durchführung betrieblicher Bildungsmaßnahmen (Abs. 1)

1 Bei der Durchführung von Maßnahmen der betrieblichen Berufsbildung hat der BR ein MBR. Dabei sind nur solche Berufsbildungsmaßnahmen erfasst, bei denen der AG Träger bzw. Veranstalter für bei ihm angestellte AN ist. Das MBR ist funktional zu verstehen. Damit greift das MBR nicht, wenn AN eines ausl. Konzernunternehmens in Deutschland fortgebildet werden.[1] Diese Maßnahmen erfolgen nicht für den Betrieb. Die Entscheidung, ob betriebliche Berufsbildungsmaßnahmen durchgeführt werden und welche finanziellen Mittel hierfür bereit gestellt werden, ist vom MBR nicht umfasst. Aus § 97 Abs. 2 sowie § 102 Abs. 3 Nr. 4 (Weiterbildung zur Vermeidung von Kündigungen) kann sich ergeben, dass der Arbeitgeber gezwungen, ist betriebliche Berufsbildungsmaßnahme durchzuführen.[2] Erfolgen sie auf **UN-Ebene**, ist bei Vorliegen der Voraussetzungen nach § 50 Abs. 1 der **GBR zuständig**. Unter den **Begriff der betrieblichen Berufsbildung** fallen alle Maßnahmen, bei denen bei den AN ein Zuwachs an Fertigkeiten, Kenntnissen und Wissen entsteht (vgl. auch § 96 Rn. 2). Es geht dabei nicht nur um die **Berufsausbildung**, **Fortbildung** und **Umschulung**, sondern um alle Maßnahmen, mit denen die berufliche Verwendungsbreite der AN erhöht und ihnen neue Kenntnisse, Fähigkeiten und Fertigkeiten vermittelt werden, die für das berufliche Fortkommen von Bedeutung sind, wie etwa bei einer Schulung von AN zur Vorbereitung auf ihren Einsatz an Personal Computern oder zur Vermittlung der für den Betrieb eines Atomkraftwerks erforderlichen Fachkunde an das verantwortliche Schichtpersonal.[3] Moderierte Gesprächskreise, die nach einem vorgegebenen Konzept Hintergrundwissen und Selbsterfahrung vermitteln, sind eine Maßnahme der betrieblichen Berufsbildung.[4] Nicht als betriebliche Bildungsmaßnahme sind angesehen worden: Eintägiges »Teamevent« »Exit the room«, da keine planvolle und didaktische Vermittlung eines Lernzieles erfolgt;[5] »Side by side Coaching« bei dem AN andere AN am Arbeitsplatz bei neuen Auf-

---

1 BAG 26.4.16 – 1 ABR 21/14, NZA 16, 1036. LAG Saarland 26.3.14 – 1 TaBV 9/12, juris.
2 Fitting, Rn. 2.
3 BAG 5.11.85 – 1 ABR 49/83.
4 LAG Düsseldorf 9.10.08 – 15 TaBV 96/07.
5 LAG Nürnberg 25.4.17 – 6 TaBV.

gaben unterstützen[6]; Einweisungen für Verkäufer in bestimmte Zusatzaufgaben wie das Schreiben von Tagesplänen, Geldzählen, das Durchführen von Schließgängen usw.[7] Das MBR erstreckt sich auf den gesamten Inhalt solcher Maßnahmen. Soweit bei den Maßnahmen der Berufsbildung **betriebliche Prüfungen** abgehalten werden, ist deren Ausgestaltung Teil der Maßnahme und unterliegt daher dem MBR.[8] Es ist allerdings zu beachten, dass im Bereich der Berufsbildung – das gilt vor allem für die Berufsausbildung – **gesetzliche Vorschriften** das MBR des BR verdrängen können. Der BR hat jedoch ein Überwachungsrecht nach § 80 Abs. 1 Nr. 1, ob die gesetzlichen Vorschriften eingehalten werden. Lassen die gesetzlichen Regelungen dem AG einen **Gestaltungsspielraum**, ist insoweit das MBR des BR gegeben.

Soweit das MBR des BR gegeben ist, kann er durchsetzen, wie eine bestimmte Berufsbildungsmaßnahme durchgeführt werden soll (zu dem darüber hinausgehenden MBR des BR nach § 97 Abs. 2 vgl. § 97 Rn. 2 ff.). Auch die Frage, ob eine betriebliche Berufsausbildung von 3 auf 2 1/2 Jahre verkürzt wird, unterliegt der Mitbestimmung des BR.[9] Im Übrigen kann der BR im Rahmen seiner MB bei der Durchführung betrieblicher Berufsbildungsmaßnahmen selbst **initiativ** werden und seine Vorstellungen ggf. über die **Einigungsstelle** durchsetzen. So kann der BR die Einführung von Richtlinien fordern, nach denen die Auszubildenden in regelmäßigen Abständen zu beurteilen sind und ihr Ausbildungsstand kontrolliert wird[10] oder einen Plan für das Durchlaufen verschiedener Abteilungen, die Führung/Überwachung von Berichtsheften und die Abhaltung betrieblicher Zwischenprüfungen verlangen.[11] Liegt eine Maßnahme der betrieblichen Berufsbildung i. S. des Abs. 1 vor, hat der BR nach § 87 Abs. 1 Nrn. 2 und 3 über die **zeitliche Lage** einer solchen Schulungs- und Bildungsveranstaltung mitzubestimmen.[12] 2

2. Teilnahme von Arbeitnehmern an Berufsbildungsmaßnahmen (Abs. 3)

Voraussetzung ist, dass es sich um **betriebliche Maßnahmen** der Berufsbildung handelt, für die der AG entweder die AN mit oder ohne Fortzahlung des Entgelts von der Arbeit freistellt oder bei denen er zumindest die Teil- 3

6 LAG Köln 16. 1. 17 – 9 TaBV 77/16.
7 LAG Rheinland-Pfalz 23. 3. 17 – 6 TaBV 21/16.
8 BAG 5. 11. 85 – 1 ABR 49/83.
9 BAG 24. 8. 04 – 1 ABR 28/03.
10 LAG Köln 12. 4. 83, EzA § 98 BetrVG 1972 Nr. 1.
11 Fitting, Rn. 5.
12 DKW-Buschmann, § 97 Rn. 5.

nahmekosten wie Teilnahmegebühren, Reisekosten u. Ä. ganz oder teilweise trägt. Für das Einsetzen des MBR genügt bereits die Freistellung eines **einzelnen** AN oder die **ganze oder teilweise** Übernahme der durch seine Teilnahme entstehenden Kosten durch den AG. Mitbestimmungspflichtig ist eine (außer)betriebliche Berufsbildungsmaßnahme auch dann, wenn der AG zwar nicht selbst Träger oder Veranstalter ist, er sie aber in Zusammenarbeit mit einem Dritten durchführt und hierbei auf Inhalt und Organisation **rechtlich oder tatsächlich** einen **beherrschenden Einfluss** hat.[13]

4 Vereinbaren **mehrere AG die gemeinsame Durchführung** von Maßnahmen der Berufsbildung, ohne dass für einzelne AG insoweit ein beherrschender Einfluss besteht, so haben die BR der betroffenen Betriebe bei der Durchführung der Bildungsmaßnahmen zwar kein MBR. Sie haben jedoch in entsprechender Anwendung des § 98 Abs. 1 beim **Abschluss der Vereinbarung** über die Zusammenarbeit der AG insoweit mitzubestimmen, als Regelungen über die spätere Durchführung der Bildungsmaßnahmen getroffen werden.[14] Eine Berufsbildungsmaßnahme ist für die AN eines Betriebs auch dann bestimmt, wenn bei einer **begrenzten Teilnehmerzahl** die AN des AG den Vorrang haben und andere Personen nur zur Lückenfüllung berücksichtigt werden.[15] Ebenso wenig ist der **Ort der Teilnahme** an der Berufsbildungsmaßnahme maßgebend, sofern die Betriebsbezogenheit gegeben ist.[16] Das MBR besteht auch, wenn zu einem auf der Ebene des UN errichteten Schulungszentrum aus den einzelnen Betrieben Teilnehmer entsandt werden sollen.[17] Das MBR entfällt nicht deshalb, weil die AN zu einem Lehrgang entsandt werden, um bei einem Streik anderer AN aushilfsweise deren Tätigkeit übernehmen zu können (vgl. auch § 96 Rn. 2).[18]

3. Initiativrecht des Betriebsrats (Abs. 3)

5 Sofern die MBR gegeben sind, hat der BR auch ein **Initiativrecht**. Er kann im Rahmen der vom AG nach Beratung vorgegebenen Zahl[19] eigene Vorschläge für die Teilnahme von AN oder Gruppen von AN des Betriebs an solchen Maßnahmen machen. Die gilt auch für berufliche Qualifizierungsmaßnahmen im Rahmen von Kurzarbeit (§ 419 SGB III). Das MBR des BR setzt voraus, dass der BR eigene Teilnehmer benennt; die schlichte Ablehnung

---

13 BAG 4.12.90 – 1 ABR 10/90, NZA 91, 388; LAG Hamm 16.12.14 – 7 TaBV 73/14.

14 BAG 18.4.00 – 1 ABR 28/99.

15 BAG 4.12.90 – 1 ABR 10/90.

16 DKW-Buschmann, Rn. 28 m. w. N.

17 DKW-Buschmann, Rn. 28 m. w. N.

18 BAG 10.2.88 – 1 ABR 39/86.

19 DKW-Buschmann, Rn. 26.

von Teilnehmern, die der AG vorschlägt, reicht nicht aus.[20] Das MBR des BR soll sicherstellen, dass alle AN die **gleiche Chance** haben, wenn es um die Qualifizierung beim beruflichen Fortkommen oder um die Bemühungen zur Erhaltung des Arbeitsplatzes geht. Der BR kann einen Unterlassungsanspruch ggü. dem AG haben, wenn dieser seine Pflichten zur Einigung über die Teilnehmer an einer betrieblichen Berufsbildungsmaßnahme oder – bei Nichteinigung – die Anrufung der ESt. verletzt. Der Anspruch kann auch bei einem einmaligen Verstoß gegeben sein.[21] Kommt es zwischen BR und AG bei der Auswahl der AN zu keiner Einigung, so trifft die Einigungsstelle eine **verbindliche** Entscheidung. Im Falle einer zahlenmäßigen Beschränkung der Bildungsgelegenheiten muss sie unter Umständen eine Auswahl aus den vom AG und den vom BR Vorgeschlagenen treffen. Die Einigungsstelle wird dabei **Kriterien** aufstellen und danach alle vorgeschlagenen Teilnehmer beurteilen, unabhängig davon, ob der AG oder der BR sie vorgeschlagen hat.[22] Zu einer Entscheidung der Einigungsstelle kommt es somit nicht, wenn der BR sein Vorschlagsrecht nach Abs. 3 nicht ausübt.[23]

4. Entscheidung der Einigungsstelle (Abs. 4)

Die Einigungsstelle ist zur verbindlichen Entscheidung über alle Meinungsverschiedenheiten zwischen AG und BR zuständig, die Fragen der **Durchführung** von **betrieblichen Berufsbildungsmaßnahmen** (Abs. 1) sowie solche der **Teilnahme** von AN an **betrieblichen** und **außerbetrieblichen Maßnahmen** der Berufsbildung betreffen (Abs. 3). Bei Berufsbildungsmaßnahmen nach Abs. 3 für Redakteure hat der BR wg. des Tendenzschutzes kein MBR nach Abs. 4.[24] Eine Ausnahme gilt jedoch für die Bestellung oder Abberufung von Personen, die mit der Durchführung der betrieblichen Berufsbildung beauftragt sind; dafür sind die ArbG zuständig (Abs. 5). 6

5. Durchführung von sonstigen betrieblichen Berufsbildungsmaßnahmen (Abs. 6)

Die Bestimmung stellt klar, dass das dem BR bei der Durchführung von betrieblichen Berufsbildungsmaßnahmen zustehende MBR, insbesondere hinsichtlich der Bestellung und Abberufung von Ausbildern und der Auswahl von Teilnehmern, auch für **alle sonstigen** Bildungsmaßnahmen gilt, die im Betrieb durchgeführt werden. Es geht somit um Bildungsmaßnah- 7

20 BAG 20.4.10 – 1 ABR 78/08, NZA 10, 122.
21 BAG 18.3.14 – 1 ABR 77/12, NZA 14, 987; AiB 15, 56 mit. Anm. Grimberg.
22 BAG 8.12.87 – 1 ABR 32/86.
23 BAG 8.12.87 – 1 ABR 32/86.
24 BAG 30.5.06 – 1 ABR 17/05.

men, die sich **nicht** auf die aktuelle oder zukünftige berufliche Tätigkeit von AN beziehen.[25] Ggf. können gleichwohl Kenntnisse vermittelt werden, die eine irgendwie geartete berufliche Fortbildung mit sich bringen. So kann beispielsweise ein Lehrgang über Arbeits- und Sozialrecht durchaus eine betriebliche Berufsbildungsmaßnahme sein, die von vornherein unter das MBR nach Abs. 1 bis 5 fällt, wenn Teilnehmer Mitarbeiter der Personalabteilung sind.[26] Zu den sonstigen Bildungsmaßnahmen können z. B. allgemein bildende Kurse, Lehrgänge über Arbeits- und Sozialrecht sowie Kurse über Erste Hilfe gehören. Auch Workshops, die nach vorgegebenem Konzept Hintergrundwissen und Selbsterfahrung im Rahmen eines Programms zur Steigerung der Kundenzufriedenheit vermitteln, sind eine sonstige betriebliche Bildungsmaßnahme.[27] Nicht unter die Bestimmung des Abs. 6 fallen dagegen Bereiche, die lediglich der **Unterhaltung** oder **Freizeitbeschäftigung** dienen, wie etwa die Einrichtung eines betrieblichen Sportvereins oder eines Werkorchesters.

6. Bestellung und Berufung von Ausbildern (Abs. 2)

8 Der BR hat ein **Widerspruchs**- bzw. **Abberufungsrecht** hinsichtlich der mit der Durchführung der betrieblichen Berufsbildung beauftragten Personen.[28] Voraussetzung ist, dass diese die **persönliche** oder **fachliche**, insbesondere die berufs- oder arbeitspädagogische Eignung (§§ 28, 29, 30 BBiG; §§ 21, 22a, § 22b HandwO)[29] nicht besitzen oder ihre Aufgaben vernachlässigen. Die fachliche Eignung für die Ausbildung zum Mechatroniker fehlt z. B., wenn der Ausbilder allein die Gesellenprüfung zum Elektroinstallateur hat.[30] Das Recht des BR besteht unabhängig von den Einschätzungen der Industrie- und Handels- oder Handwerkskammern zur fachlichen Eignung.[31] Das Fehlen der persönlichen und fachlichen Eignung ist auch gegeben, wenn die betreffende Person Jugendliche nicht beschäftigen darf oder wiederholt oder schwer gegen das BBiG verstoßen hat. Eine Vernachlässigung der Aufgaben kann darin liegen, dass der Ausbilder die Ausbildung nicht mit der erforderlichen Gründlichkeit und Gewissenhaftigkeit ausführt, so dass befürchtet werden muss, dass die Auszubildenden das Ziel der Ausbildung nicht erreichen.[32] Gleiches gilt, wenn der Ausbilder aus sachlich nicht vertretbarem Grund von einem Ausbildungsplan abweicht oder der

25 DKW-Buschmann, Rn. 27.
26 Vgl. DKW-Buschmann a. a. O.
27 LAG Düsseldorf 9. 10. 08 – 15 TaBV 96/07.
28 Muster s. DKW-F-Buschmann, §§ 96–98 Rn. 10.
29 Vgl. auch DKW-Buschmann, Rn. 10; LAG Berlin, NZA-RR 00, 370.
30 LAG BaWü 20. 10. 17 – 15 TaBV 2/17.
31 LAG BaWü 20. 10. 17 – 15 TaBV 2/17.
32 LAG BaWü 20. 10. 17 – 15 TaBV 2/17.

Ausbildung gar keinen Plan zugrunde legt.[33] Das Recht zum Widerspruch bzw. die Möglichkeit, die Abberufung verlangen zu können, erstreckt sich auch auf solche Personen, die als **leit. Ang.** tätig oder **nicht** AN des Betriebs sind. Bei Nichteinigung zwischen AG und BR über die Bestellung bzw. Abberufung des Ausbilders entscheidet nicht die **Einigungsstelle**, sondern das **ArbG**. Das Verfahren nach § 98 Abs. 2 i. V. m. Abs. 5 ist gegenüber § 99 ein **Sondertatbestand**.

7. Gerichtliche Entscheidung über Bestellung oder Abberufung von Ausbildern (Abs. 2, 5)

Die Bestimmung regelt die gerichtliche Durchsetzung des Widerspruchs- und Abberufungsrechts des BR nach Abs. 2 in teilweiser Anlehnung an die Vorschrift des § 23 Abs. 3. Soweit der AG einer rechtskräftigen gerichtl. Entscheidung **zuwiderhandelt**, die es ihm verbietet, einen bestimmten Ausbilder zu bestellen, muss der Verurteilung des AG zu einem Ordnungsgeld in jedem Falle eine **Androhung** seitens des Gerichts vorhergehen. 9

Wird der AG dagegen rechtskräftig verurteilt, einen Ausbilder abzuberufen, so ist die Verhängung des in dieser Bestimmung genannten Zwangsgeldes von bis zu 250 Euro täglich zur Durchsetzung der gerichtl. Entscheidung ohne vorherige Androhung möglich. Es kommt im Übrigen bei der Frage, ob dem AG aufzugeben ist, eine Bestellung zu unterlassen oder eine Abberufung durchzuführen, nicht auf ein subjektives Verschulden des Ausbilders an. Maßgebend sind vielmehr die **objektiven Kriterien**.[34] Der AG wird durch die Vorschrift nicht gehindert, die Wirksamkeit des BR-Widerspruchs im Beschlussverfahren überprüfen zu lassen.[35]

Der DGB-Reformentwurf zum BetrVG sieht eine Erhöhung des Ordnungsgeldes auf 1000 Euro vor.[36]

Soweit das **BBiG** für die Abberufung eines Ausbilders besondere Vorschriften enthält, bleiben diese **unberührt**. Beide Verfahren können nebeneinander betrieben werden, insbesondere, weil die rechtlichen Folgen einer Untersagung des Ausbildens im Rahmen des BBiG weitergehen als die der Abberufung des Ausbilders nach dieser Bestimmung.

33 LAG BaWü 20. 10. 17 – 15 TaBV 2/17.
34 Vgl. DKW-Buschmann, Rn. 17; Fitting, Rn. 17.
35 LAG Berlin 6. 1. 00 – 10 TaBV 2213/99.
36 *https://aur-blog.eu/reformvorschlag/*.

Dritter Unterabschnitt
Personelle Einzelmaßnahmen

§ 99 Mitbestimmung bei personellen Einzelmaßnahmen

(1) In Unternehmen mit in der Regel mehr als zwanzig wahlberechtigten Arbeitnehmern hat der Arbeitgeber den Betriebsrat vor jeder Einstellung, Eingruppierung, Umgruppierung und Versetzung zu unterrichten, ihm die erforderlichen Bewerbungsunterlagen vorzulegen und Auskunft über die Person der Beteiligten zu geben; er hat dem Betriebsrat unter Vorlage der erforderlichen Unterlagen Auskunft über die Auswirkungen der geplanten Maßnahme zu geben und die Zustimmung des Betriebsrats zu der geplanten Maßnahme einzuholen. Bei Einstellungen und Versetzungen hat der Arbeitgeber insbesondere den in Aussicht genommenen Arbeitsplatz und die vorgesehene Eingruppierung mitzuteilen. Die Mitglieder des Betriebsrats sind verpflichtet, über die ihnen im Rahmen der personellen Maßnahmen nach den Sätzen 1 und 2 bekannt gewordenen persönlichen Verhältnisse und Angelegenheiten der Arbeitnehmer, die ihrer Bedeutung oder ihrem Inhalt nach einer vertraulichen Behandlung bedürfen, Stillschweigen zu bewahren; § 79 Abs. 1 Satz 2 bis 4 gilt entsprechend.

(2) Der Betriebsrat kann die Zustimmung verweigern, wenn

1. die personelle Maßnahme gegen ein Gesetz, eine Verordnung, eine Unfallverhütungsvorschrift oder gegen eine Bestimmung in einem Tarifvertrag oder in einer Betriebsvereinbarung oder gegen eine gerichtliche Entscheidung oder eine behördliche Anordnung verstoßen würde,
2. die personelle Maßnahme gegen eine Richtlinie nach § 95 verstoßen würde,
3. die durch Tatsachen begründete Besorgnis besteht, dass infolge der personellen Maßnahme im Betrieb beschäftigte Arbeitnehmer gekündigt werden oder sonstige Nachteile erleiden, ohne dass dies aus betrieblichen oder persönlichen Gründen gerechtfertigt ist; als Nachteil gilt bei unbefristeter Einstellung auch die Nichtberücksichtigung eines gleich geeigneten befristet Beschäftigten,
4. der betroffene Arbeitnehmer durch die personelle Maßnahme benachteiligt wird, ohne dass dies aus betrieblichen oder in der Person des Arbeitnehmers liegenden Gründen gerechtfertigt ist,
5. eine nach § 93 erforderliche Ausschreibung im Betrieb unterblieben ist oder
6. die durch Tatsachen begründete Besorgnis besteht, dass der für die personelle Maßnahme in Aussicht genommene Bewerber oder Arbeitnehmer den Betriebsfrieden durch gesetzwidriges Verhalten oder

durch grobe Verletzung der in § 75 Abs. 1 enthaltenen Grundsätze, insbesondere durch rassistische oder fremdenfeindliche Betätigung, stören werde.

(3) Verweigert der Betriebsrat seine Zustimmung, so hat er dies unter Angabe von Gründen innerhalb einer Woche nach Unterrichtung durch den Arbeitgeber diesem schriftlich mitzuteilen. Teilt der Betriebsrat dem Arbeitgeber die Verweigerung seiner Zustimmung nicht innerhalb der Frist schriftlich mit, so gilt die Zustimmung als erteilt.

(4) Verweigert der Betriebsrat seine Zustimmung, so kann der Arbeitgeber beim Arbeitsgericht beantragen, die Zustimmung zu ersetzen.

Inhaltsübersicht Rn.

1. Voraussetzungen der Mitbestimmung

a) Unternehmensgröße, Arbeitnehmeranzahl

Voraussetzung der Mitbestimmung des BR ist die regelmäßige Beschäftigung von **mehr als 20 wahlberechtigten AN** (zum Begriff vgl. § 7) **im UN.** Für das Bestehen der Beteiligungsbefugnisse des BR bei personellen Einzelmaßnahmen nach dieser Bestimmung kommt es nicht auf die **Größe** des Betriebs, sondern **des UN** an (zum Begriff vgl. § 47 Rn. 1). Daher hat auch ein aus einer Person bestehender BR ein Beteiligungsrecht, wenn der 1

Betrieb, in dem er gewählt ist, zusammen mit anderen Betrieben desselben UN i. d. R. mehr als 20 wahlberechtigte AN beschäftigt. Ob in den anderen Betrieben des UN ebenfalls BR bestehen, ist unerheblich. Ein aus einer Person bestehender BR hat aber (anders bei Kündigungen nach § 102) dann kein Beteiligungsrecht bei personellen Einzelmaßnahmen, wenn es sich bei dem Betrieb, in dem er gewählt ist, um den einzigen Betrieb des UN handelt. Steigt während der Amtszeit des aus einer Person bestehenden BR die Zahl der im UN i. d. R. wahlberechtigten AN auf mehr als 20, so erhält er das Beteiligungsrecht in personellen Angelegenheiten; umgekehrt verliert er es, wenn sich die Zahl der i. d. R. beschäftigten wahlberechtigten AN auf weniger als 21 verringert. Maßgeblicher **Zeitpunkt** für das Vorhandensein der erforderlichen AN-Zahl ist die tatsächliche Durchführung der personellen Einzelmaßnahme. Erfolgt die personelle Einzelmaßnahme in einem **gemeinsamen Betrieb mehrerer UN** mit jeweils weniger als 20 wahlberechtigten AN, in welchem jedoch insgesamt mehr als 20 AN beschäftigt sind, ist § 99 analog anzuwenden. **AG des Gemeinschaftsbetriebs** i. S. der §§ 99, 101 Satz 1 ist nicht allein der jeweilige Vertrags-AG, sondern alle UN, die sich zur einheitlichen Leitung des UN verbunden haben.[1] Bei Maßnahmen, die Leih-AN betreffen, richtet sich die Abgrenzung der Zuständigkeiten des BR des Entsende- und des Entleiherbetriebs danach, ob der Verleiher als Vertrags-AG oder der Entleiher die MB-pflichtige Entscheidung trifft.[2]

1a Der DGB-Entwurf für ein modernes BetrVG[3] fordert sowohl eine Vereinfachung der Vorschrift als auch ihre Erstreckung auf Einstellungen und Versetzungen von AN, die auf der Grundlage von Werk- oder Dienstverträgen eingesetzt werden. Dadurch soll auch bei den quantitativ bedeutsamen Fällen des Einsatzes von Fremdpersonal die MB des BR gewährleistet werden. Des Weiteren schlägt der DGB-Entwurf vor, anstelle des arbeitsgerichtlichen Verfahrens das Verfahren vor der Einigungsstelle vorzusehen.

b) Bestehen eines Betriebsrats

2 **Das Bestehen eines BR** ist Voraussetzung für die Wahrnehmung der Beteiligungsrechte nach §§ 99 ff. Die Wahrnehmung dieser Rechte kann der BR einem **Personalausschuss** übertragen, wenn er einen BA hat.[4] Im Falle der **erstmaligen Bildung** eines BR soll § 99 erst gelten, wenn sich der BR konstituiert hat.[5]

---

1 BAG, NZA 07, 1240.

2 BAG, DB 08, 2658 zu Eingruppierung: Zu beteiligen ist der beim Verleiher gebildete BR.

3 *https://aur-blog.eu/reformvorschlag/*.

4 BAG 1.6.76, AP Nr. 1 zu § 28 BetrVG 1972.

5 BAG, DB 85, 1085.

c) Unternehmen der ehemaligen Bundesbahn und Bundespost

3 In den privatisierten UN der ehemaligen **Bundesbahn** und **Bundespost** ist der BR auch in **beamtenspezifischen** Personalangelegenheiten (§§ 78 Abs. 1, 84 Abs. 1 Nr. 4–6 und § 85 BPersVG) zu beteiligen. Insoweit bestehen abweichend von §§ 99 ff. aber Sonderregelungen; insbesondere liegt die Beschlussfassungskompetenz bei der im BR vertretenen Gruppe der Beamten; deren Beschlüsse hat der BR zu vertreten (vgl. § 19 Abs. 2 DBGrG, § 28 PostPersRG). Die Reaktivierung eines Beamten eines Nachfolge-UN der Deutschen Bundespost, dessen Beamtenverhältnis aufgrund einer Versetzung in den vorzeitigen Ruhestand wegen Dienstunfähigkeit geendet hatte, stellt eine Einstellung i. S. des § 78 Abs. 1 Nr. 1 BPersVG dar; das betriebsverfassungsrechtliche MBR ist nach § 28 Abs. 1 PostPersRG i. V. m. § 78 Abs. 1 Nr. 1 BPersVG verdrängt.[6] Auch bei der Versetzung von Beamten, die bei den Postnachfolge-UN beschäftigt sind, richtet sich das MBR des BR ausschließlich nach den §§ 28 und 29 PostPersRG, wenn die Maßnahme von § 78 Abs. 1 BPersVG erfasst wird. Gehört eine Versetzung aber nicht zu den nach § 78 Abs. 1 BPersVG mitbestimmungspflichtigen Angelegenheiten, erfüllt sie jedoch die Merkmale des § 95 Abs. 3, so unterfällt sie § 99.[7] Werden bisher als Beamten-Posten ausgewiesene Arbeitsposten als Ang.-Posten umkategorisiert, ist dieser Vorgang allein noch nicht mitbestimmungspflichtig; er macht aber eine Überprüfung der bisherigen Eingruppierungen erforderlich. Deshalb kann der BR die Durchführung eines Verfahrens nach § 99 über die Neueingruppierung jedenfalls dann verlangen, wenn der AG aus der Umkategorisierung der Arbeitsposten vergütungsrechtliche Konsequenzen zieht.[8] Bei der DB AG dient die tarifliche Bewertung von Arbeitsplätzen, die mit Beamten besetzt sind, nur der Personalkostenabrechnung mit dem BEV und ist daher keine MB-pflichtige Eingruppierung.[9] Der AG, dem nach § 12 Abs. 2 DBGrG Beamte zur Dienstleistung zugewiesen sind, ist nicht verpflichtet, den BR bei der Arbeitsplatzbewertung gem. § 99 zu beteiligen.[10]

d) Betriebs- oder unternehmensübergreifende Maßnahmen

4 **Betriebs- bzw. UN-übergreifende Maßnahmen** begründen keine Zuständigkeit des GBR bzw. KBR; die Wahrnehmung der Beteiligungsrechte bei

6 BAG 15.8.12 – 7 ABR 6/11 zu § 76 Abs. 1 Nr. 1 BPersVG a. F.

7 BAG, AiB 98, 234 zu § 76 Abs. 1 Nr. 1 BPersVG a. F.; zur Frage der ordnungsgemäßen Beteiligung des abgebenden und des aufnehmenden BR bei einer Zuweisung nach § 4 Abs. 4 PostPersRG s. VGH BaWü 20.6.17 – 4 S 869/17.

8 BAG, AiB 98, 230.

9 BAG, PersR 96, 376.

10 BAG 17.11.10 – 7 ABR 123/09.

personellen Einzelmaßnahmen ist auf den Betrieb und den dortigen BR bezogen. Bei Versetzungen von einem Betrieb zu einem anderen desselben UN bzw. innerhalb des Konzerns hat der BR des abgebenden Betriebs über die Versetzung und der BR des aufnehmenden Betriebs über die Einstellung mitzubestimmen.[11] Dabei kann es zu einander widersprechenden Entscheidungen der beiden BR kommen; daraus sich möglicherweise ergebende Schwierigkeiten für den AG hat das Gesetz in Kauf genommen.

2. Gegenstände der Mitbestimmung: Die personellen Einzelmaßnahmen

a) Einstellung

5 Unter **Einstellung**[12] ist sowohl der Abschluss des Arbeitsvertrags, d. h. die **Begründung des Arbeitsverhältnisses**, als auch die damit zusammenfallende oder bereits erfolgte oder erst zukünftige **tatsächliche Arbeitsaufnahme** im Betrieb zu verstehen.[13] Erfolgen der Abschluss des Arbeitsvertrags und die Arbeitsaufnahme zu unterschiedlichen Zeitpunkten, löst die jeweils erste Maßnahme das MBR aus.[14] Wird zunächst nur ein **Rahmenvertrag** vereinbart, der Zeitpunkt und Dauer einer späteren tatsächlichen Beschäftigung im Betrieb noch offen lässt, so ist der BR vor dessen Abschluss zu unterrichten und seine Zustimmung vor einer auf der Grundlage dieses Rahmenvertrags erfolgenden Beschäftigung einzuholen.[15]

6 Das MBR besteht immer dann, wenn eine Person (also nicht nur AN) **in den Betrieb eingegliedert** wird, um zusammen mit den dort bereits beschäftigten AN den arbeitstechnischen Zweck des Betriebs durch weisungsgebundene Tätigkeit zu verwirklichen.[16] Die Eingliederung in die Betriebsorganisation erfordert nicht, dass der AN seine Arbeiten auf dem Betriebsgelände oder innerhalb der Betriebsräume verrichtet; unerheblich ist auch, wie häufig die Tätigkeiten erfolgen oder wieviel Zeit sie in Anspruch nehmen.[17] Auf das zugrunde liegende Rechtsverhältnis kommt es dabei nicht an;[18] es ist unerheblich, ob die Einstellung auf der Grundlage eines Arbeitsvertrags, eines

11 BAG, NZA 91, 1915; 93, 714.

12 Checkliste Einstellung s. DKW-F-Bachner, § 99 Rn. 2; s. auch Staack/Sparchholz, AiB 13, 150 sowie Lück, AiB 2013, 161.

13 BAG 14. 5. 74 – 1 ABR 40/73.

14 Fitting, Rn. 32.

15 BAG 28. 4. 92 – 1 ABR 73/91.

16 BAG 9. 12. 08 – 1 ABR 74/07.

17 BAG 22. 10. 19 – 1 ABR 13/18; s. hierzu Meergans/Günter, AiB 7–8/2020, 63; BAG 14. 6. 22 – 1 ABR 13/21, juris, zur Beurteilung der Eingliederung in den Betrieb bei einem AN, der zum Vorgesetzten bestellt wird.

18 BAG 11. 9. 01, EzA Nr. 10 zu § 99 BetrVG 1972 Einstellung; LAG SH 18. 1. 22 – 2 TaBV 25/21 für AN ausländischer Fremdfirmen.

Dienst- oder Werkvertrags, einer Vereinsmitgliedschaft[19] oder aufgrund der Zuweisung eines Beamten durch dessen Dienstherrn[20] erfolgt. Auch wird für die Eingliederung keine Mindestzeitdauer vorausgesetzt.[21] Entscheidend ist vielmehr, ob die zu verrichtende Tätigkeit ihrer Art nach eine **weisungsgebundene Tätigkeit** ist, die der Verwirklichung des arbeitstechnischen Zwecks des Betriebs zu dienen bestimmt ist und daher vom AG organisiert werden muss;[22] darauf, ob und ggf. von wem tatsächlich Weisungen gegeben werden, kommt es nicht an.[23] § 99 erfasst neben dem sog. Normalarbeitsverhältnis auch **befristete, Probe-, Teilzeit**-, Aushilfs- und Telearbeitsverhältnisse, die Beschäftigung von **Leih-AN** (§ 14 Abs. 3 AÜG) sowie von sog. **1-Euro-Jobbern**. Zur Frage der **Franchise-AN** vgl. § 5 Rn. 2.

Die Rspr. stellt die BR vor das Problem, dass die MBR aus §§ 99ff. vor der Einstellung auszuüben sind, nach Ansicht des BAG aber die tatsächliche Durchführung der Arbeiten entscheidend ist für die Frage, ob im konkreten Fall ein Dienst-/Werkvertrag oder eine verdeckte AN-Überlassung vorliegt. Die tatsächliche Durchführung der Arbeiten erfolgt jedoch logischerweise erst nach der Einstellung, mithin nach dem für § 99 maßgeblichen Zeitpunkt. Das Problem könnte gelöst werden, wenn das BAG seine Rspr. ändern und eine Einstellung i. S. des BetrVG dann annehmen würde, wenn der Betriebsinhaber über Ort und Zeit der Arbeitsleistung sowie die Art der Tätigkeit und ihre Einordnung in den Arbeitsablauf des Betriebs entscheidet.[24] Wird der BR nicht beteiligt, weil der AG von einem Dienst-/Werkvertrag ausgeht, vermutet der BR aber eine Einstellung, so hat der BR letztlich nur die Möglichkeit, nach § 101 die Aufhebung der personellen Einzelmaßnahme zu verlangen. In diesem Fall muss aber der BR die Tatsachen vortragen, aus denen sich die für eine Einstellung relevanten Merkmale – Personalhoheit, Befugnis zur Entscheidung auch über Zeit und Ort der Tätigkeit – ergeben.[25]

Die Rspr. hat eine **mitbestimmungspflichtige Einstellung bejaht** bei 7

- einer **Erhöhung der vertraglichen Arbeitszeit** schon beschäftigter AN des Betriebs, wenn die Erhöhung länger als einen Monat dauert und sich die wöchentliche Arbeitszeit eines AN um mind. zehn Stunden (Rückgriff auf § 12 Abs. 1 Satz 3 TzBfG) erhöht;[26] ebenso für die Verdoppelung der Arbeitszeit einer bisher acht Stunden pro Woche eingesetzten

19 BAG, AiB 05, 188.
20 BAG, NZA 09, 1162.
21 BAG, DB 87, 747.
22 BAG 23.6.10 – 7 ABR 1/09; s. auch Ulber, AiB 13, 285.
23 BAG, BB 90, 419.
24 Ausführlich zu den BR-Rechten bei Werkverträgen Karthaus/Klebe, NZA 12, 417.
25 Ebenda.
26 BAG 9.12.08 – 1 ABR 74/07.

Servicemitarbeiterin einer Bank;[27] auch die Verlängerung der bisherigen Wochenarbeitszeit schon beschäftigter AN des Betriebs von 38,5 auf 42 Stunden ist eine MB-pflichtige Einstellung[28] (s. auch Rn. 8),

- dem Wechsel eines AN vom Boden- in den Flugbetrieb eines Luftverkehrs-UN, das in seinem TV Personalvertretung hinsichtlich der MB bei personellen Einzelmaßnahmen auf die Regelungen des BetrVG verweist,[29]
- der erneuten **Eingehung eines befristeten Arbeitsverhältnisses**, wenn es sich wegen des kurzen Zeitraums zwischen diesem und einem vorhergehenden befristeten oder unbefristeten Arbeitsverhältnis um keine Neueinstellung im arbeitsvertraglichen Sinn handelt[30] (zum MBR bei der Befristung eines Arbeitsverhältnisses allgemein vgl. Rn. 28),
- Vereinbarung von Teilzeitbeschäftigung während der Elternzeit mit AN, die zuvor vollzeitbeschäftigt waren,[31]
- der **späteren Verlängerung** eines zunächst nur **befristeten Arbeitsverhältnisses**;[32] das gilt jedoch nicht, wenn bei Abschluss eines befristeten Probearbeitsverhältnisses die Übernahme im Falle der Bewährung schon zugesagt wurde,[33]
- der Übernahme von AN des Bundes, die bereits aufgrund eines Personalgestellungsvertrags im Rahmen einer Zuweisung oder Gestellung im Betrieb der AG arbeiten, in ein Arbeitsverhältnis,[34]
- einer Zuweisung nach § 4 Abs. 4 Satz 2 PostPersRG; bei dieser ist sowohl der beim PNU gebildete BR als auch der BR bei der Beschäftigungsgesellschaft, bei der der Beamte die ihm zugewiesene Tätigkeit ausüben soll, zu beteiligen,[35]
- der Weiterbeschäftigung eines beurlaubten Beamten nach Ablauf des befristeten Arbeitsverhältnisses mit dem privaten Träger eines vor Privatisierung kommunalen Krankenhauses, dem der Beamte bei gleichzeitiger Beurlaubung im Beamtenverhältnis gem. § 123a BRRG zugewiesen

27 HessLAG, AuR 06, 214.

28 LAG München 11.4.07 – 9 TaBV 127/06.

29 LAG Düsseldorf 7.2.17 – 3 TaBV 126/15, offen gelassen BAG 12.6.19 – 1 ABR 39/17.

30 A.A. offenbar LAG Hamm 27.7.92 – 17 Sa 527/92.

31 BAG 28.4.98 – 1 ABR 63/97, zum früheren Erziehungsurlaub; LAG Köln 18.4.12 – 3 TaBV 92/11.

32 BAG 25.1.05 – 1 ABR 59/03; HessLAG 29.1.13 – 4 TaBV 202/12; LAG Hamburg, AiB 97, 677.

33 BAG, AiB 91, 120.

34 LAG Nds. 23.4.12 – 10 TaBV 34/11.

35 VG Berlin 24.7.14 – 5 L 27.14.

wurde, auch wenn die beamtenrechtliche Zuweisung zu dem privaten AG rechtskräftig auf Dauer erfolgt,[36]

- der **Beschäftigung von Umschülern** im Rahmen des früheren AFG (SGB III),[37]
- ebenso bei zu ihrer **Ausbildung** Beschäftigten, und zwar auch ohne Ausbildungsvertrag gem. § 10 BBiG,[38]
- beim vorübergehenden Einsatz von Auszubildenden eines reinen Ausbildungsbetriebs zum Zwecke ihrer praktischen Ausbildung in einem anderen Betrieb,[39]
- der **Weiterbeschäftigung nach dem Ende eines Berufsausbildungsverhältnisses**[40] oder der Weiterbeschäftigung gem. **§ 24 BBiG**,[41]
- beim **Einsatz studentischer Hilfskräfte**, die aushilfsweise überwiegend in Zeiten des Spitzenbedarfs beschäftigt, bei ihren jeweiligen Einsätzen in den Betrieb voll eingegliedert werden und die gleichen Arbeiten verrichten wie ständig beschäftigte AN.[42] Die **Eintragung in eine Interessentenliste** für studentische Aushilfskräfte löst jedoch kein MBR aus.[43]

Eine Mitbestimmungspflicht ist auch in folgenden Fällen zu beachten:

- Ein MBR besteht auch dann, wenn anlässlich eines **Sonntagsverkaufs** AN für lediglich einen Tag im Betrieb beschäftigt werden.[44]
- Die Übertragung der Personalverantwortung auf einen nicht im Betrieb beschäftigten Mitarbeiter, der auch in einem anderen Konzern-UN tätig sein kann (»**Matrixstruktur**«), ist eine Eingliederung des Mitarbeiters in den Betrieb, dessen Belegschaft er führen soll.[45] Wenn ein von Matrixstrukturen betroffener AN in der steuernden Einheit (hier: Betrieb UN-Zentrale) eingesetzt wird und ihr im Rahmen deren fachlichen Weisungsrechts zuarbeitet, ist die für eine MB-pflichtige Einstellung erforderliche Eingliederung auch dann gegeben, wenn der AN den räumlichen Arbeitsplatz in einem anderen Betrieb des UN nicht verlässt, er aber über die Informations- und Kommunikationstechnologie in den

---

36 BAG, NZA 09, 1162.
37 BAG, AuR 81, 321.
38 BAG, DB 90, 1140.
39 BAG 30.9.08 – 1 ABR 81/07.
40 BAG 29.9.20 – 1 ABR 17/19.
41 LAG Hamm, DB 82, 2303.
42 BAG, AuR 93, 186.
43 LAG Köln, Mitbest. 93, 67.
44 ArbG Flensburg, AiB 98, 591.
45 BAG 12.6.19 – 1 ABR 5/18; ausführlich zur Matrixorganisation in der Betriebsverfassung Bachner, NZA 19, 134; LAG Köln 17.7.20 – 9 TaBV 73/19, n. rk., anhängig beim BAG unter 7 ABR 30/20; LAG BB 17.6.15 – 17 TaBV 277/15; LAG BaWü 28.5.14 – 4 TaBV 7/13, s. hierzu auch Seebacher, AiB 5/16, 39.

Arbeitsablauf der steuernden Einheit eingebunden ist.[46] Wird ein AN in mehreren Betrieben eines AG eingestellt, handelt es sich jeweils um unterschiedliche MB-pflichtige Maßnahmen mit der Folge, dass die BR der jeweiligen Betriebe zu beteiligen sind; der GBR ist nicht zuständig.[47]

- Überlässt ein konzernangehöriges UN einem anderen UN desselben Konzerns AN **aushilfsweise**, so ist dieser Vorgang im entleihenden Betrieb als Einstellung mitbestimmungspflichtig,[48] und zwar unbeschadet der Tatsache, dass es sich gem. § 1 Abs. 3 Nr. 2 AÜG insoweit nicht um AN-Verleih i. S. des AÜG handelt.
- Bei Personen, die aufgrund von **Dienst- oder Werkverträgen** im Betrieb tätig werden, besteht das MBR nach der restriktiven Rspr. des BAG nur dann, wenn nicht die Fremdfirma, sondern der AG, in dessen Betrieb die Fremdfirmen-AN eingesetzt werden, die für ein Arbeitsverhältnis typischen Entscheidungen über den Arbeitseinsatz auch nach Zeit und Ort selbst trifft und damit die **Personalhoheit** über die Fremdfirmen-AN hat.[49] Können Mitarbeiter des AG dem jeweils eingesetzten AN eines externen Überwachungs-UN während der sog. 2-zu-1-Krankenhausbewachung von psychisch kranken Straftätern und Maßregelvollzugspatienten Anweisungen erteilen, handelt es sich bei diesen tätigkeits- und ablaufbezogenen Weisungen um arbeitsvertragliche Weisungen.[50]
- Erbringt ein AG Transportleistungen mit Lastkraftwagen und hat er mit einem Teil dieser Tätigkeiten ein **Fremd-UN** beauftragt, so kann eine betriebsverfassungsrechtlich relevante Eingliederung des Fahrpersonals des Fremd-UN in den Betrieb des AG vorliegen, wenn er in seinen Dienstplänen nicht nur über den Einsatz der eigenen Fahrzeuge und seines Fahrpersonals entscheidet, sondern auch über den vom Fremd-UN eingesetzten Fuhrpark unter namentlicher Benennung dessen Fahrpersonals und damit teilweise das Direktionsrecht ausübt.[51]
- Wird in einer Poststelle die eingehende und die ausgehende Post sowohl von eigenen AN als auch von Mitarbeitern eines anderen UN aufgrund eines Dienstleistungsvertrages gemeinsam bearbeitet, so besteht beim Einsatz der Mitarbeiter des anderen UN ein MBR des BR nach Abs. 1, wenn auch der Einsatz der Mitarbeiter des anderen UN von der bei der AG angestellten Leiterin der Poststelle gesteuert wird und bei der Verhin-

46 LAG Köln 29. 10. 21 – 9 TaBV 17/21.
47 BAG 22. 10. 19 – 1 ABR 13/18.
48 BAG, AuR 76, 152; LAG Frankfurt, DB 87, 1200.
49 BAG 13. 12. 05 – 1 ABR 51/04; LAG SH 5. 6. 13 – 3 TaBV 6/12.
50 BAG 13. 12. 16 – 1 ABR 59/14.
51 BAG 13. 5. 14 – 1 ABR 50/12.

derung von eigenen AN eine Vertretung durch (zusätzliche) Mitarbeiter des **Dienstleistungsunternehmens** erfolgt.[52]

- Sofern es sich beim Fremdfirmeneinsatz um **verdeckte AN-Überlassung** handelt, kommen nach §§ 10 Abs. 1, 9 Nr. 1 AÜG Arbeitsverhältnisse zustande mit der Folge, dass der BR nach § 99 zu beteiligen ist.
- Bei der vorübergehenden Einstellung von **Leih-AN** besteht das MBR unabhängig davon, ob es sich um erlaubte oder unzulässige AN-Überlassung handelt (vgl. auch § 14 Abs. 3 AÜG).[53] Erforderlich ist auch insoweit, dass der Leih-AN innerhalb der **Betriebsorganisation des Entleihers** für diesen und nicht weiterhin ausschließlich für seinen AG tätig wird.[54] Allein die Aufnahme von Leih-AN in einen Stellenpool, aus dem der Verleiher auf Anforderung des Entleihers Kräfte für die Einsätze im Entleiherbetrieb auswählt, ist keine MB-pflichtige Übernahme i. S. von § 14 Abs. 3 Satz 1 AÜG; MB-pflichtig ist erst der jeweilige konkrete Einsatz von Leih-AN im Entleiherbetrieb.[55] Dagegen ist die Rückkehr in den Verleiherbetrieb keine Einstellung.
- Vor der beabsichtigten Eingliederung sog. **1-Euro-Jobber** ist der BR zu unterrichten, obwohl die Arbeiten dieser erwerbsfähigen Hilfebedürftigen i. S. von § 16d Abs. 7 Satz 2 SGB II kein Arbeitsverhältnis i. S. des Arbeitsrechts begründen.[56] Ausreichend ist, dass eine Eingliederung in den Betrieb erfolgt bzw. die »1-Euro-Jobber« dem Weisungsrecht des AG unterliegen.[57] Die im Rahmen einer solchen Beschäftigung mit Mehraufwandsentschädigung Tätigen sind als AN-ähnliche Personen i. S. von § 5 Abs. 1 Satz 2 ArbGG anzusehen und damit **AN i. S. des ArbGG**.[58]
- Der Träger eines Krankenhauses, der an einzelnen Tagen in der Woche von seinen Ärzten auswärtige Operationen durchführen lässt (hier: in den Räumen eines Gesundheitszentrums einer 100prozentigen Tochtergesellschaft), muss für die Heranziehung von nichtärztlichem Fremdpersonal, das ihm dort gestellt wird, die Zustimmung des BR einholen.[59]
- Beim Einsatz von **DRK-Pflegekräften** in einem Krankenhaus auf der Grundlage eines Gestellungsvertrags mit der Schwesternschaft wurde das MBR bejaht; es handelte sich bereits nach bisheriger Rspr. um eine Einstellung, obwohl diese Pflegekräfte in der Vergangenheit nicht als AN galten, weil sie ihre Tätigkeit auf vereinsrechtlicher Grundlage er-

---

52 LAG Köln 21.7.10 – 9 TaBV 6/10.

53 BAG 14.5.74 – 1 ABR 40/73, juris; zur Abgrenzung von Dienst- oder Werkverträgen von AN-Überlassung vgl. ArbG Wiesbaden, AiB 98, 285.

54 BAG, NZA 95, 462.

55 BAG, NZA 08, 603.

56 Vgl. Stähle, AiB 05, 70; BAG, AiB 08, 225.

57 Schulze, NZA 05, 1332.

58 ArbG Berlin, NZA 05, 1309.

59 LAG Berlin-Brandenburg 30.8.13 – 6 TaBV 953/13.

bringen.[60] Im Sinne der Europäischen Leiharbeitsrichtlinie zählen aber auch Rotkreuzschwestern als AN.[61] Deshalb fällt der entgeltliche Einsatz einer Rotkreuzschwester in einem von einem Dritten betriebenen Krankenhaus nach dessen Weisung unter das AÜG.[62]

- Der **ehrenamtliche Einsatz von Vereinsmitgliedern** des DRK anstelle von hauptamtlichen Sanitätern auf Krankenkraftwagen ist eine mitbestimmungspflichtige Einstellung.[63]
- Bestimmt ein TV oder eine BV, dass das Arbeitsverhältnis mit Ablauf des Monats endet, in dem der AN das 65. Lebensjahr vollendet, und soll dieses dann noch **über die Altersgrenze hinaus** fortgesetzt werden, so liegt eine Einstellung vor und der BR ist nach Abs. 1 zu beteiligen (zur Zulässigkeit von Altersgrenzen vgl. § 75 Rn. 5).[64]
- Wenn Personen eine **Ausbildung für eine in Aussicht genommene Beschäftigung** erhalten, ohne die eine solche Beschäftigung nicht möglich ist, kommt es für die Zustimmungsbedürftigkeit der Einstellung nicht darauf an, ob diese Personen nach der Ausbildung in einem Arbeitsverhältnis oder als freie Mitarbeiter beschäftigt werden sollen.[65]
- Eine Einstellung ist auch die Beschäftigung von Arbeitslosen im Rahmen des sog. **berufspraktischen Jahres.**[66]
- Die Einstellung eines Bundesfreiwilligendienstleistenden im Rahmen des Freiwilligen Sozialen Jahres ist eine personelle Maßnahme i. S. von § 99 Abs. 1.[67] Mit dem Antrag an das Bundesamt für Familie und zivilgesellschaftliche Aufgaben auf Zuweisung eines bestimmten Bundesfreiwilligendienstleistenden im Rahmen des BFDG nimmt der AG den für eine Einstellung maßgeblichen Entscheidungsspielraum in Anspruch, dessen Ausübung der BR überwachen soll.[68]

8 Die Rspr. hat eine **mitbestimmungspflichtige Einstellung verneint** bei

- einer **Erhöhung der vertraglichen Arbeitszeit** schon beschäftigter AN des Betriebs von 30 auf 35 Stunden[69] sowie bei Stundenhochstufungen unter zehn Stunden pro Woche[70] (s. auch Rn. 7) sowie dann, wenn der anzuwendende TV eine Erhöhung der Arbeitszeit um fünf auf 40 Stun-

60 BAG 23.6.10 – 7 ABR 1/09; AiB 97, 720.
61 EuGH 17.11.16 – C-216/15.
62 BAG 21.2.17 – 1 ABR 62/12.
63 BAG, AiB 05, 188.
64 BAG 22.9.21 – 7 ABR 22/20; LAG München 29.5.20 – 3 TaBV 127/19.
65 BAG, BB 93, 1946.
66 ArbG Passau 19.11.84 – 1 BV 5/84.
67 ArbG Ulm 7.3.16 – 4 BV 19/15; a. A. ArbG Magdeburg 17.12.15 – 6 BV 77/15.
68 ArbG Ulm 18.7.12 – 7 BV 10/11.
69 HessLAG, AuR 06, 214.
70 LAG RP 6.8.15 – 5 TaBV 11/15.

den bei entsprechendem Lohnausgleich und Zustimmung des AN ermöglicht,[71]

- einer Teilfreistellung eines AN ebenso wie beim Widerruf der Teilfreistellung bei gleichzeitigem Abruf der vollen arbeitsvertraglich vereinbarten Arbeitszeit des AN,[72]
- einer Reduzierung der Arbeitszeit in unmittelbarem zeitlichen Zusammenhang mit dem Bezug einer abschlagsfreien Altersrente vor Erreichen der Regelaltersgrenze bei Weiterbeschäftigung im Rahmen einer nur noch geringfügigen Tätigkeit,[73]
- der **Rücknahme einer Kündigung.**[74]

In folgenden Fällen besteht ebenfalls keine Mitbestimmungspflicht:

- Bei einer **Vorverlegung** des ursprünglich festgelegten Einstellungstermins ist die erneute Beteiligung des BR nicht erforderlich, wenn sich die sonstigen Umstände nicht geändert haben.[75]
- Bei der **Weiterbeschäftigung gem. § 78a** besteht kein MBR des BR.
- Die Aufnahme von AN in einen **Aushilfenpool** ist keine MB-pflichtige Einstellung, wenn zu diesem Zeitpunkt der zu besetzende Arbeitsplatz sowie der Umfang und die zeitliche Lage der Tätigkeit nicht feststehen.[76]
- Die Fortbeschäftigung des AN, dessen Arbeitsverhältnis nach **§ 613a Abs. 1 Satz 1 BGB** auf den Erwerber übergegangen ist, bedeutet selbst dann keine mitbestimmungspflichtige Einstellung, wenn der Betriebsübergang in der Übernahme einer Gesamtheit von AN besteht.[77]
- Der Einsatz von Fremd-AN, die aufgrund eines **Dienst- oder Werkvertrags** ihres Vertrags-AG auf dem Betriebsgelände eines anderen AG tätig sind, führt allein noch nicht zu ihrer Eingliederung und damit zu einer Einstellung, selbst wenn die von ihnen zu erbringende Dienst- oder Werkleistung hinsichtlich Art, Umfang, Güte, Zeit und Ort in den betrieblichen Arbeitsprozess eingeplant ist. Vielmehr müssen sie so in den fremden Betrieb eingegliedert sein, dass deren Inhaber die für ein Arbeitsverhältnis typischen Entscheidungen über den Arbeitseinsatz des Fremdpersonals trifft.[78] Kündigt ein AG allen im Empfangsbereich und der Poststelle seines Betriebs eingesetzten Mitarbeiterinnen betriebsbedingt und überträgt er die Aufgaben einem Dienstleister, stellt der Einsatz der AN der Fremdfirma keine MB-pflichtige Einstellung dar, wenn die Dritt-AN nicht in den Betrieb des AG eingegliedert sind, weil dieser

71 LAG Nds. 13.1.06 – 16 TaBV 21/05.
72 HessLAG 19.8.14 – 15 TaBV 15513.
73 LAG Nürnberg 22.7.15 – 4 TaBV 6/15.
74 LAG Frankfurt, BB 87, 2093.
75 LAG Düsseldorf, DB 76, 799.
76 HessLAG 27.5.08 – 4 TaBV 25/08.
77 LAG Düsseldorf, AiB 03, 435.
78 BAG 13.5.14 – 1 ABR 50/12.

kein Weisungsrecht innehat und die Entscheidung über den Einsatz nach Inhalt, Ort und Zeit nicht trifft.[79] Auch die im Bereich der Pforte eines Krankenhauses anfallenden Aufgaben sind hinreichend abgrenzbar und können im Rahmen eines Dienstvertrags auf ein Dritt-UN übertragen werden.[80] Der Einsatz von Lokführern eines Personaldienstleisters auf Güterzügen des AG unterliegt nicht dem MBR des dortigen BR, wenn die Lokführer nicht in den Betrieb eingegliedert sind.[81]

- Kein Beteiligungsrecht soll bestehen bei **Schülerpraktikanten**, die in erster Linie zur persönlichen Information und zur Erleichterung der Ausbildungs- und Berufswahl eingesetzt werden;[82] anders jedoch, soweit Schülerpraktikanten über die Praktikumszweckbestimmung hinaus zur Arbeit herangezogen werden.
- Die Beschäftigung von **Strafgefangenen** wird als mitbestimmungsfrei angesehen.[83]
- **Testkäufer** sind dann nicht in den Betrieb des AG eingegliedert, wenn ihr Einsatz von einem anderen UN gesteuert wird.[84]
- Bei der Beschäftigung eines **freien Handelsvertreters** kann ein MBR nur bei atypischer Fallgestaltung in Betracht kommen.[85]
- Sollen AN nach Beendigung einer vorläufigen personellen Maßnahme wieder auf ihren bisherigen Positionen eingesetzt werden, stellt dies weder eine Einstellung noch eine Versetzung dar und unterliegt nicht der Zustimmung des BR; der BR ist über die Aufhebung einer vorläufigen personellen Maßnahme lediglich zu unterrichten.[86]

b) Eingruppierung

9 **Eingruppierung**[87] ist die in der Regel mit der Einstellung oder Versetzung verbundene Festlegung der vorgesehenen Entgeltgruppe, die sich üblicherweise aus dem für den Betrieb geltenden TV oder aus der Einordnung des AN in ein für den Betrieb geltendes **kollektives Entgeltschema** ergibt. Für die betriebliche MB kommt es nicht auf einen Anspruch des einzelnen AN

79 LAG RP 8.9.15 – 6 TaBV 32/14.
80 BAG 8.11.16 – 1 ABR 57/14.
81 LAG Nds. 25.1.16 – 12 TaBV 81/15.
82 BAG, NZA 90, 896.
83 BAG, DB 79, 1186.
84 BAG, DB 01, 2558; s. auch LAG Hamm 24.2.06 – 13 TaBV 178/05.
85 BAG, NZA 95, 649.
86 BAG 15.4.14 – 1 ABR 101/12.
87 Checkliste Eingruppierung s. DKW-F-Bachner, § 99 Rn. 4; s. auch Busch, AiB 12/17, 35 sowie Wulff, AiB 13, 156 und Lück, AiB 13, 161.

auf die Anwendung des TV[88] und auch nicht auf eine Tarifbindung des AN[89], sondern darauf an, dass im Betrieb (mindestens) eine Vergütungsordnung gilt. Ist das der Fall, ist der AG betriebsverfassungsrechtlich verpflichtet, eine Eingruppierung vorzunehmen und hieran den BR zu beteiligen.[90] Unerheblich ist, woraus sich die Geltung der Vergütungsordnung ergibt. Sie kann insbesondere in einem normativ für den AG wirkenden TV enthalten sein, auf einer BV beruhen, auf Grund einzelvertraglicher Vereinbarungen im Betrieb allgemein zur Geltung kommen oder vom AG (z.B. aufgrund einer einzelvertraglichen Bezugnahme oder aufgrund betrieblicher Übung) einseitig geschaffen sein.[91] Die betriebliche Vergütungsordnung kann infolge des Übergangs eines Betriebs oder eines Betriebsteils beim Betriebserwerber zur Anwendung kommen.[92] Auch dann, wenn die normative Geltung des TV nach Wegfall der Tarifbindung des AG endet, bleibt die ursprüngliche tarifliche Vergütungsordnung die für den Betrieb maßgebliche Entgeltstruktur.[93] Eine betriebliche Vergütungsordnung, die auf einem nachwirkenden TV beruht, wird weder durch den Abschluss von TV mit einer anderen Gew. abgelöst noch durch das Günstigkeitsprinzip des § 4 Abs. 3 TVG verdrängt.[94] Existieren zwei tarifliche Vergütungsordnungen, weil der AG mit unterschiedlichen Gewerkschaften zwei sich in ihrem Geltungsbereich überschneidende TV über eine betriebliche Vergütungsordnung abgeschlossen hat, liegt eine Tarifpluralität vor, bei der die jeweiligen Tarifnormen unabhängig voneinander auf die jeweils tarifgebundenen AN Anwendung finden; der AG ist gehalten, die AN unter Beteiligung des BR den Entgeltgruppen beider Vergütungsordnungen zuzuordnen.[95] Die Eingruppierung in die jeweils zutreffende Entgeltgruppe ergibt sich regelmäßig aus der ausgeübten bzw. vertraglich auszuübenden Tätigkeit, wobei nicht nur arbeitsplatzbezogene Tätigkeitsmerkmale, sondern auch personenbezogene Voraussetzungen in die Entscheidung einzubeziehen sein können.[96] Maßgeblich für die tarifliche Einordnung sind die Tätigkeiten, die dem AN vom AG übertragen wurden und nicht diejenigen, die er sich anmaßt.[97] Die abstrakte Bewertung eines Arbeitsplatzes oder einer Tätigkeit ist keine Eingruppierung; Gegenstand einer solchen Beurteilung ist nicht – wie bei der Eingruppierung – der

---

88 BAG 4.5.11 – 7 ABR 10/10.
89 BAG 18.10.11 – 1 ABR 25/10.
90 BAG 4.5.11 – 7 ABR 10/10.
91 BAG, NZA 02, 56.
92 BAG 8.12.09 – 1 ABR 66/08; LAG Nürnberg 17.10.14 – 3 TaBV 6/14.
93 BAG 14.4.10 – 7 ABR 91/08.
94 BAG 23.8.16 – 1 ABR 15/14.
95 BAG 23.8.16 – 1 ABR 15/14; 14.4.15 – 1 ABR 66/13.
96 LAG Düsseldorf, AiB Telegramm 11/99, S. II.
97 LAG BaWü 17.12.14 – 13 TaBV 4/14.

AN, sondern der Arbeitsplatz.[98] Die Eingruppierung ist kein Gestaltungs-, sondern ein rechtsanwendender Beurteilungsakt; daher ist das MBR kein Mitgestaltungs-, sondern ein **Mitbeurteilungsrecht**, das der Richtigkeitskontrolle dient.[99] Die Beteiligung des BR dient der einheitlichen und gleichmäßigen Anwendung der Vergütungsordnung und damit der innerbetrieblichen Lohngerechtigkeit sowie der Transparenz der Vergütungspraxis.[100] Bei der Frage, ob ein AN Vergütung nach den tariflichen Eingruppierungsvorschriften des TVöD oder nach dem Grundsatz der freien Gagenvereinbarung nach dem NV Bühne erhält, handelt es sich um eine Eingruppierungsentscheidung, die der Richtigkeitskontrolle des BR unterliegt.[101] Der BR ist bei der Zuordnung zum NV Bühne auch dann zu beteiligen, wenn mit einem Angehörigen der in § 1 Abs. 3 UAbs. 2 NV Bühne genannten Berufsgruppen im Arbeitsvertrag mitbestimmungsfrei vereinbart wird, dass er überwiegend künstlerisch tätig ist.[102] Bei **nichttariflich** entlohnten AN ist unter Eingruppierung die Festlegung der betriebsüblichen Entlohnung zu verstehen, z. B. die Eingruppierung von **AT-Ang.** in **betriebliche Gehaltsgruppen**. Das MBR entfällt nicht deshalb, weil der AG bei seiner Prüfung zu dem Ergebnis gelangt, dass die zu bewertende Tätigkeit Anforderungen stellt, die die Qualifikationsmerkmale der obersten Vergütungsgruppe der für den Betrieb maßgebenden Vergütungsordnung übersteigen.[103] Die Änderung von Entgeltgruppen oberhalb des Tarifniveaus unterliegt im Übrigen ebenfalls dem MBR des BR nach § 87 BetrVG, soweit nicht ausschließlich **leit. Ang.** betroffen sind. Dies gilt unabhängig davon, ob diese Änderungen der AT-Gehälter rechtlich als eine Korrektur der übertariflichen Gehaltsgruppen oder aber als teilweise Anrechnung übertariflicher Zulagen zu bewerten sind. Das MBR ist dabei auch dann gegeben, wenn der AG innerhalb der AT-Gruppen Spielräume für individuelle Gehaltsvereinbarungen hat.[104] Die Vereinbarung **übertariflicher Arbeitsentgelte im Einzelfall** unterliegt aber nicht dem MBR des BR. Nach Ansicht des LAG BB[105] ist die Einordnung eines AN auf einem regional anwendbaren **Gehaltsband** keine Rechtsanwendung, sondern Rechtsgestaltung und daher nicht mitbestimmungspflichtig. Der BR kann mit Rücksicht auf die Regelungssperre des § 87 nach Auffassung des BAG für die nicht tarifgebundenen AN kein MBR zur Aufstellung einer betrieblichen Lohn- und Gehaltsordnung geltend machen;[106] anders allerdings

98 BAG 26.4.17 – 4 ABR 37/14; 17.11.10 – 7 ABR 123/09.
99 BAG 26.9.18 – 7 ABR 18/16.
100 BAG, NZA 07, 47.
101 BAG 9.3.11 – 1 ABR 118/09.
102 BAG 27.10.10 – 7 ABR 96/09.
103 BAG, NZA 96, 890; LAG RP 3.11.21 – 7 TaBV 17/20.
104 BAG, NZA 95, 277.
105 LAG BB 25.4.17 – 7 TaBV 1879/16.
106 BAG, DB 90, 2023.

bei einem vom AG einseitig gestalteten nichttariflichen Entlohnungsschema. Eine mitbestimmungspflichtige Eingruppierung ist dagegen gegeben, wenn nach einer **Zulagenregelung** AN einer bestimmten Vergütungsgruppe eine Zulage gewährt wird, die an Tätigkeitsmerkmale anknüpft, die für die Eingruppierung in die Vergütungsgruppe nicht maßgebend waren; ebenso für Zulagen, die Zwischenstufen zwischen Vergütungsgruppen darstellen.[107] Das gilt nicht für Zulagen, die nur in »angemessener« Höhe für eine unspezifische Kombination von Tätigkeiten geschuldet werden, deren Wertigkeit in beliebiger Weise die Merkmale einer tariflichen Vergütungsgruppe übersteigt[108] oder die für die Dauer einer Tätigkeit unter erschwerten Umständen gezahlt werden (z. B. Erschwerniszulagen), aber nichts über die Stellung des AN innerhalb der Vergütungsgruppe aussagen.[109] Nach welcher Vergütungsordnung **Leih-AN** zu vergüten sind, ist in § 8 AÜG abschließend geregelt: Ist auf das Arbeitsverhältnis des Leih-AN und des Verleihers ein TV anwendbar, der die Arbeitsbedingungen der Leih-AN in gesetzlich zulässiger Weise regelt, ist der Leih-AN nach diesem TV eingruppiert. Nur wenn ein solcher TV nicht anwendbar ist, ist der Leih-AN nach der im Entleiherbetrieb geltenden Vergütungsordnung eingruppiert (»equal pay«); in diesem Fall ist der BR des Entleihers zu beteiligen.[110] Zur Überwachung der Einhaltung des allgemeinen gesetzlichen Mindestlohns und der Mindestlöhne nach dem AEntG bzw. dem AÜG s. § 80 Rn. 1.

Jede wegen eines **geänderten Gehaltsgruppenschemas** gebotene Überprü- 10
fung der Einordnung in die Tarifgruppen stellt sich als mitbestimmungspflichtige Ein- oder Umgruppierung dar. Ob sich wesentliche, unwesentliche oder gar keine Änderungen vollziehen, ist für das MBR ebenso ohne Belang wie die bloße Änderung von Tätigkeitsbeispielen zu einer Vergütungsgruppe.[111] Teilen die TV-Parteien eine bisherige Gehaltsgruppe in zwei Gehaltsgruppen auf, deren eine dem bisherigen Gehaltsniveau entspricht und deren andere eine höhere Vergütung vorsieht, ist die neue Zuordnung aller AN der bisherigen Gehaltsgruppe ebenfalls eine Ein- oder Umgruppierung, die dem MBR des BR unterliegt.[112] Weist der AG einem bereits eingruppierten AN im Wege der Versetzung eine veränderte Tätigkeit zu, hat der AG die Übereinstimmung mit der bisherigen Eingruppierung zu überprüfen. In solchen Fällen ist nicht nur eine eventuelle Umgruppierung, sondern auch das Beibehalten der bisherigen Eingruppierung eine neue personelle Ein-

---

107 BAG, NZA 96, 1105, 21.3.18 – 7 ABR 38/16.

108 BAG, NZA 96, 1105.

109 BAG, NZA 87, 31.

110 LAG BB 9.10.14 – 14 TaBV 940/14: Keine Eingruppierung von Leih-AN nach den zwischen dem UN des Gesundheitswesens und ver.di geschlossenen Haus-TV, sondern nach den zwischen dem IGZ und dem DGB abgeschlossenen TV.

111 Vgl. BAG, AiB 98, 230.

112 LAG Hamburg, NZA 93, 424.

zelmaßnahme, die das MBR des BR auslöst.[113] Ebenso unterliegt die durch einen Antrag eines AN auf Höhergruppierung ausgelöste Rechtsanwendung auf Seiten des AG als (Neu-)Eingruppierung der MB des BR.[114] Das MBR erstreckt sich bei einer nach Lohn- und Fallgruppen aufgebauten tariflichen Vergütungsordnung nicht nur auf die Bestimmung der Lohngruppe, sondern auch auf die richtige Fallgruppe dieser Lohngruppe, wenn damit unterschiedliche Rechtsfolgewirkungen verbunden sein können, etwa ein sog. **Bewährungsaufstieg.**[115] Der AG hat dem BR nicht nur die vorgesehene Entgeltgruppe mitzuteilen, sondern auch die jeweilige Stufe und in welchem Umfang förderliche Zeiten berücksichtigt werden sollen.[116] Wird die von neu eingestellten AN zu verrichtende Tätigkeit von einer tariflichen Gehaltsgruppenordnung erfasst, die kraft **betrieblicher Übung** (einseitige Einführung durch den AG) im Betrieb zur Anwendung kommt, ist der AG zur Eingruppierung der neu eingestellten AN in diese Gehaltsgruppenordnung und zur Beteiligung des BR an dieser Eingruppierung ebenfalls verpflichtet.[117] Wenn die im Betrieb Anwendung findende Gehaltsgruppenordnung durch eine tarifliche Neuregelung nicht nur redaktionell, sondern in der Struktur geändert wird, hat der AG die AN unter Beteiligung des BR stets neu einzugruppieren.[118] Die Zuordnung von AN zu Arbeitsaufgaben, die nach dem ERA-TV für die Beschäftigten in der Metallindustrie Nordwürttemberg/Nordbaden bewertet sind, ist eine beteiligungspflichtige Ein- bzw. Umgruppierung.[119]

Befindet sich ein gekündigter Entgelt-TV in der Nachwirkung, sind die Regelungen dieser Vergütungsordnung bis zu einer wirksamen Änderung grundsätzlich betriebsverfassungsrechtlich weiter gültig, sodass der AG verpflichtet ist, eine Eingruppierung vorzunehmen und den BR daran zu beteiligen.[120] Bei einer Neueinstellung durch Verlängerung eines befristeten Arbeitsvertrags ist eine Eingruppierung nur dann erforderlich, wenn eine neue Tätigkeit aufgenommen wird.[121]

---

113 BAG 16.3.16 – 4 ABR 8/14.
114 BAG 20.10.21 – 7 ABR 14/20.
115 BAG, NZA 94, 952.
116 BAG 6.4.11 – 1 ABR 136/09; LAG SH 10.1.08 – 4 TaBV 27/07.
117 BAG, NZA 90, 359; BAG, DB 94, 1575.
118 BAG, NZA 93, 1045.
119 BAG 12.1.11 – 7 ABR 34/09; LAG BaWü 14.11.12 – 20 TaBV 2/12.
120 LAG RP 8.8.18 – 4 TaBV 27/17.
121 LAG BaWü 10.7.13 – 13 TaBV 2/13.

c) Umgruppierung

Umgruppierung[122] ist jede Änderung der Eingruppierung, also jede Höher- oder Herabstufung, aber auch eine Anpassung an Änderungen des für den Betrieb maßgeblichen Gehalts- oder Lohngruppensystems, und zwar auch bei unverändertem Tätigkeitsbereich des AN,[123] ggf. auch bei gleichbleibendem Verdienst.[124] Bei einem **Wechsel des für den Betrieb maßgeblichen TV** sind die notwendig werdenden Umstufungen von den Vergütungsgruppen des bisher geltenden in die entsprechenden des nunmehr zur Anwendung kommenden TV mitbestimmungspflichtige Umgruppierungen. Eine Umgruppierung liegt daher vor bei der Überleitung von AN aus dem BAT in das Entgeltsystem des TVöD,[125] ebenso wie bei der Überleitung von AN aus dem TV der GDL in die TV der EVG im DGB[126] und bei der Überleitung gemäß TV-VKA.[127] Eine Stufenänderung stellt eine MB-pflichtige Umgruppierung dar, weil sich daraus ein unterschiedliches Entgelt im Vergleich zur niedrigeren Stufe ergibt; das gilt selbst dann, wenn eine Höherstufung allein durch Zeitablauf erfolgt und über diese zwischen den Betriebsparteien kein Streit besteht.[128] Eine Umgruppierung ist häufig die Folge einer Versetzung, wenn der AN infolge veränderter Tätigkeit in eine andere Entgeltgruppe hineinwächst; in diesem Fall hat der BR auch ein **Initiativrecht** und kann eine erneute Eingruppierungsentscheidung unter seiner Beteiligung verlangen.[129] Auch die Korrektur einer nach Auffassung des AG unrichtigen Eingruppierung bedarf der Zustimmung des BR.[130] 11

Die Frage, welche betriebsübliche berufliche Entwicklung i.S. des § 37 Abs. 4 ein freigestelltes BR-Mitgl. genommen hätte, ist individualrechtlich zu klären; dabei geht es nicht um die Einordnung einer bestimmten Tätig-

---

122 Checkliste Umgruppierung s. DKW-F-Bachner, § 99 Rn. 5; s. auch Wulff, AiB 13, 156.

123 BAG 13.11.19 – 4 ABR 3/19, juris; BB 94, 1287.

124 Vgl. BAG, NZA 90, 899.

125 BAG 19.10.16 – 4 ABR 27/15.

126 LAG Nürnberg 10.9.23 – 2 TaBV 2/23; LAG Nds. 17.1.23 – 10 TaBV 43/22.

127 LAG Düsseldorf 20.11.19 – 12 TaBV44/19.

128 BAG 29.1.20 – 4 ABR 26/19.

129 BAG, NZA 91, 852.

130 BAG, NZA 90, 699; EzA-SD 22/08, 11 für den Fall, dass der AG aufgrund einer Prüfung zu dem Ergebnis gelangt, dass der AN nicht mehr in eine der Gehaltsgruppen der maßgeblichen Vergütungsordnung eingruppiert ist, weil seine Tätigkeit höherwertige Qualifikationsmerkmale als die höchste Vergütungsgruppe aufweist. Besteht in diesem Fall ein gestuftes außertarifliches Vergütungssystem, so ist die Umgruppierung erst mit der Eingruppierung in die außertarifliche Vergütungsordnung vollständig vorgenommen.

keit in ein abstraktes Vergütungsschema und deshalb nicht um eine Umgruppierung.[131]

Nach einem Betriebs- oder Betriebsteilübergang gilt die betriebliche Vergütungsordnung weiter; weist die neue AG einem AN eine neue Tätigkeit zu, ist sie zur Vornahme einer Umgruppierung verpflichtet.[132]

d) Versetzung

12 Der Begriff »**Versetzung**«[133] ist in § 95 Abs. 3 legaldefiniert. Danach ist Versetzung die Zuweisung eines anderen Arbeitsbereichs, die **entweder** die Dauer von **einem Monat** voraussichtlich überschreitet **oder** aber – unabhängig von ihrer Dauer – mit einer **erheblichen** Änderung der Arbeitsbedingungen verbunden ist. Arbeitsbereich ist der Arbeitsplatz und seine Beziehung zur betrieblichen Umgebung in räumlicher, technischer und organisatorischer Hinsicht.[134] Eine erhebliche Änderung der äußeren Umstände, unter denen die Arbeit zu leisten ist, liegt nur vor, wenn diese Änderung aus **objektiver Sicht** bedeutsam und für den betroffenen AN gravierend ist.[135] Unter Arbeitsbedingungen sind alle Umstände zu verstehen, unter denen die Arbeit zu verrichten ist (technische Bedingungen, Umwelteinflüsse usw.),[136] auch **längere Wegezeiten** zur Arbeitsstelle.[137] Die Versetzung kann sich somit auf die Art der Tätigkeit, den Ort der Arbeitsleistung oder die Einordnung in die betriebliche Organisation beziehen. Maßgeblich ist, dass an die tatsächliche Zuweisung anderer Aufgaben als Realakt angeknüpft wird und nicht an die zugrundeliegenden schuldrechtlichen Vereinbarungen namentlich im Arbeitsvertrag.[138] Die Zuweisung eines **anderen Arbeitsbereichs** liegt vor, wenn dem AN ein neuer Tätigkeitsbereich zugewiesen wird, sodass der Gegenstand der geschuldeten Arbeitsleistung, der Inhalt der Arbeitsaufgabe ein anderer wird und sich **das Gesamtbild der Tätigkeit** des AN so verändert hat, dass die neue Tätigkeit vom Standpunkt eines mit den betrieblichen Verhältnissen vertrauten Beobachters als eine »andere« anzusehen

---

131 LAG BaWü 26.5.23 – 12 TaBV 1/23; LAG Düsseldorf 19.3.19 – 8 TaBV 70/18; a. A. Sächsisches LAG 21.2.23 – 3 TaBV 26/21, n. rk., anhängig beim BAG unter 1 ABR 12/23.

132 BAG 14.8.13 – 7 ABR 56/11.

133 Checkliste Versetzung s. DKW-F-Bachner, § 99 Rn. 3; s. auch Kötting, AiB 4/16, 48 sowie Burgsmüller, AiB 13, 166.

134 BAG 27.6.06 –1 ABR 35/05; s. auch § 81 Rn. 1.

135 BAG 29.9.20 – 1 ABR 21/19.

136 Vgl. auch BAG, DB 88, 2158.

137 BAG, DB 87, 747; ArbG Stuttgart, NZA-RR 97, 481.

138 LAG Hamm 22.8.14 – 13 TaBV 92/13, bestätigt durch BAG 8.11.16 – 1 ABR 56/14.

ist,[139] ebenso, wenn dem AN ein wesentlicher Teil seiner Aufgaben entzogen wird.[140] Wird der bisherige Arbeitsbereich durch Zuweisung oder Wegnahme von Teilfunktionen jedoch erweitert oder verkleinert, ohne dass dadurch ein von dem bisherigen Arbeitsbereich grundlegend abweichender, neuer Arbeitsbereich entsteht, liegt keine Versetzung vor,[141] auch nicht bei bloßer Freistellung eines AN während des Ablaufs einer Kündigungsfrist, da es an der Zuweisung eines anderen Arbeitsbereichs fehlt.[142] Beteiligungspflichtig ist stets der BR; eine **Zuständigkeit des GBR** kommt bei der Versetzung eines AN in einen anderen Betrieb nicht in Betracht. Bei innerbetrieblichen Versetzungen von Beamten und AN, die privatrechtlich organisierten Kooperations-UN der Bundeswehr zugewiesen oder gestellt sind, hat der dort gebildete BR unbeschadet eines möglichen **MBR des Personalrats** der personalbearbeitenden Stelle der Bundeswehr mitzubestimmen.[143] Zur Versetzung von Mandatsträgern s. § 103 Rn. 31.

Bejaht wurde eine zustimmungspflichtige Versetzung in folgenden Fällen der **Änderung des Arbeitsbereichs bzw. der Arbeitsbedingungen**: **13**

- **Wechsel vom Außen- in den Innendienst**,[144]
- **Zuweisung eines neuen Verkaufsgebiets** im Außendienst,[145]
- Zuordnung einer Postobersekretärin und einer AN zu einem Zustellstützpunkt nach Auflösung einer Postfiliale,[146]
- **Entzug** des etwa **25 %** seiner **Gesamttätigkeit** betragenden Ladengeschäfts eines als Gebietsverkäufer beschäftigten Autoverkäufers,[147]
- kurzzeitige Zuweisung eines anderen Arbeitsbereichs in einem Einrichtungshaus; denn die Frage, ob überwiegend mit oder ohne Kundenkontakt zu arbeiten ist, beeinflusst die Umstände, unter denen die Arbeit zu leisten ist,[148]
- Wechsel von Arbeit im **Leistungslohn** zu solcher im **Zeitlohn** und umgekehrt,[149] je nach Ausgestaltung der Arbeitsleistung auch vom **Einzel-** in den **Gruppenakkord**,[150]

---

139 BAG 17.6.08 – 1 ABR 38/07, juris; LAG Nds. 15.3.23 – 2 TaBV 23/22, juris. S. auch Volk, AiB 5/2020, 33.
140 BAG, NZA 97, 112.
141 BAG, DB 80, 1603.
142 BAG, NZA 00, 1355.
143 BAG 4.5.11 – 7 ABR 3/10.
144 ArbG Krefeld 30.1.19 – 1 BV 26/18.
145 LAG Köln, NZA 90, 534.
146 BAG 10.10.12 – 7 ABR 42/11.
147 BAG, DB 96, 1880.
148 LAG Nds. 29.4.19 – 12 TaBV 51/18, n.rk., anhängig beim BAG unter 1 ABR 21/19.
149 LAG Düsseldorf, DB 81, 1938.
150 BAG, AuR 97, 449.

- zusätzliche **Übertragung der Funktion des Datenschutzbeauftragten** ungeachtet des zeitlichen Arbeitsanteils von 5 %[151] mit einem Anteil von maximal **20 % der Gesamtarbeitszeit** des vollzeitbeschäftigten Ang.,[152]
- **Veränderung** des Aufgabenbereichs im Umfang von **15 %** der **Gesamttätigkeit** durch Übertragung der Funktion eines stellv. Gruppenleiters, auch wenn die Vertretungsfälle weder nach ihrer Zahl noch in Bezug auf ihre Dauer oder den Zeitpunkt ihres Eintritts exakt vorhersehbar sind, wobei mit der Übertragung der Funktion des stellv. Gruppenleiters die Zahlung einer »Verantwortungszulage« verbunden ist,[153]
- Entzug der Funktion des Anlagenführer-Vertreters und damit verbundene Einteilung zur Pool-Tätigkeit,[154]
- Einsatz eines bei einem Kurier- und Logistik-UN bisher als HUB Operations Agent tätigen AN als HUB Handler,[155]
- **Bestellung eines Piloten zum Trainingskapitän,**[156]
- bei im Betrieb eingeführter **Gruppenarbeit**, je nach deren Ausgestaltung, auch der arbeitgeberseitig veranlasste **Gruppenwechsel,**[157]
- Umsetzung von Callcenter-Agenten vom Privatkunden- in den Geschäftskundenbereich, wenn in dem Callcenter eines Postdienstleisters unter strikter organisatorischer Trennung einerseits Geschäftskunden und andererseits Privatkunden betreut werden,[158]
- Umsetzung einer Altenpflegekraft für mehr als einen Monat in einem in mehrere Stationen gegliederten Altenpflegeheim von einer Station auf eine andere,[159]
- Widerruf einer Vereinbarung über alternierende Telearbeit mit der Folge, dass der AN wieder ausschließlich in der Betriebsstätte des AG eingesetzt wird,[160]
- sowohl die Zuweisung einer Tätigkeit im **Homeoffice** als auch die Beendigung der Homeoffice-Tätigkeit;[161] die die Dauer von einem Monat überschreitende Zuordnung eines im **Homeoffice** tätigen AN zu einem neuen Dienstort auch dann, wenn der Inhalt der Tätigkeit, der Arbeits-

151 Bezirksregierung Düsseldorf, AiB 06, 181.
152 ArbG Offenbach, CR 93, 776.
153 LAG München 6.10.05 – 3 TaBV 24/05.
154 LAG RP 17.1.13 – 11 Sa 369/12.
155 HessLAG 23.8.12 – 5 TaBV 27/12.
156 LAG Frankfurt, NZA 92, 232.
157 LAG Köln, NZA 97, 280.
158 LAG Düsseldorf 31.1.18 – 4 TaBV 113/16.
159 ArbG Frankfurt am Main 12.10.05 – 22 BV 672/05.
160 BAG 20.10.21 – 7 ABR 34/20.
161 LAG RP 8.9.22 – 2 Sa 187/21.

platz im Homeoffice und die Person des Fachvorgesetzten unverändert bleiben,[162]

- Ernennung einer Gruppenleiterin zur stellvertretenden Leiterin einer einen eigenen Betrieb bildenden Schadensaußenstelle einer Versicherung,[163]
- bei **Übertragung einer anderen Abteilung** als Abteilungsleiter.[164]
- Im Unterschied zum reinen Vorgesetztenwechsel, der mit keiner organisatorischen Änderung verbunden und daher mitbestimmungsfrei ist, bewirkt die **Zuordnung zu einer neuen Führungskraft** auch ohne eine Änderung von Arbeitsort und -inhalt eine spürbare Änderung des Arbeitsregimes, wenn die Führungskräfte Disziplinaraufgaben gegenüber den ihnen nachgeordneten AN besitzen und deren Leistungen zu beurteilen haben.[165] Ein spürbar anderes Arbeitsregime kann auch gelten durch die **Zuordnung zu einem anderen Team** innerhalb der betriebl. Organisation.[166]
- Zuordnung eines AN, dessen bisherige Tätigkeit weggefallen ist, zu einer Personalserviceeinheit (»Job Service und Placement«) zwecks Weiterqualifizierung, Vermittlung, Bewerbungsverpflichtung und Verpflichtung zur Übernahme temporärer Projekteinsätze.[167]
- Für **Auszubildende** kann der kurzfristige **Wechsel des Ausbilders oder der Ausbildungsgruppe** eine Versetzung bedeuten.[168]
- Eine arbeitsvertraglich vereinbarte »**Jobrotation**«, wonach die AN eine Abteilung auf Weisung des AG in jeweiligem mehrwöchigem Turnus zwischen den Arbeitsgruppen der Abteilung und Tätigkeitsbereichen von völlig unterschiedlichen fachlichen Anforderungen wechseln, schließt ein MBR nicht aus.[169]

Verneint wurde eine Versetzung bei folgenden Änderungen des Arbeitsbereichs bzw. der Arbeitsbedingungen:

- bloße **Änderungen der Arbeitszeit**,[170]
- Teilfreistellung eines AN ebenso wie der Widerruf der Teilfreistellung bei gleichzeitigem Abruf der vollen arbeitsvertraglich vereinbarten Arbeitszeit des AN,[171]

---

162 HessLAG 14.1.20 – 4 TaBV 5/19, n. rk., anhängig beim BAG unter 7 ABR 13/20.
163 LAG Köln 16.12.15 – 7 TaBV 53/15.
164 BAG, AiB 89, 215.
165 HessLAG 10.4.12 – 4 TaBV 172/11.
166 Thüringer LAG 9.5.23 – 1 TaBV 5/22.
167 BAG 9.4.19 – 7 ABR 25/17.
168 BAG, NZA 89, 188; 89, 402.
169 LAG Düsseldorf 27.5.92 – 2 TaBV 25/92.
170 LAG Hamm, NZA-RR 04, 136.
171 HessLAG 19.8.14 – 15 TaBV 155/13.

- Übergang von **Normal**- zur **Wechselschicht**,[172]
- Umsetzung von der **Tag**- in die **Nachtschicht**,[173]
- nicht vertragsgerechte Beschäftigung infolge eines Auftragsverlusts bzw. des Wegfalls des Arbeitsplatzes, solange nicht ein anderer Arbeitsbereich zugewiesen wird; die Zuweisung von allgemeinen Fortbildungs- und Schulungsmaßnahmen ist keine solche Zuweisung eines anderen Arbeitsbereichs,[174]
- zeitweiliger Einsatz einer Kassiererin in dem sog. Selbstscanning-Kassenbereich.[175]
- Bei der Abordnung eines Beamten des Konzerns Deutsche Bahn zur DB Jobservice GmbH wird kein anderer Arbeitsbereich zugewiesen, denn die Abordnung stellt sich lediglich als eine Freistellung von den bisherigen Arbeitspflichten beim Beschäftigungs-AG dar.[176]

14 Eine Versetzung liegt auch vor, wenn dem AN ein **anderer Arbeitsort** zugewiesen wird, ohne dass sich seine Arbeitsaufgabe ändert oder er in eine andere organisatorische Einheit eingegliedert wird.[177] Mitbestimmungspflichtig ist deshalb z. B. die Versetzung in einen anderen Betrieb[178] oder in eine **andere Filiale**,[179] auch eine mehrmonatige Abordnung in eine andere UN-Filiale derselben Großstadt,[180] die Versetzung einer Verkäuferin innerhalb eines Kaufhauses,[181] die Umsetzung einer Altenpflegekraft von einer Station in eine andere eines Seniorenheimes mit anderen Heimbewohnern, Vorgesetzten und Kollegen,[182] eines Auszubildenden in eine andere Filiale oder Ausbildungsstätte des UN,[183] die Versetzung eines AN nach Rückkehr aus unbezahltem und mit längerem Ruhen des Arbeitsverhältnisses verbundenen Sonderurlaub[184] oder der vorübergehende **Einsatz** eines AN **im Ausland**, wenn während dieser Zeit die wesentlichen rechtlichen Beziehungen zum Heimatbetrieb erhalten bleiben, der AN also weiterhin als diesem Betrieb zu-

172 BAG, DB 91, 1469.
173 BAG, DB 84, 2198.
174 LAG SH 7.7.16 – 5 TaBV 53/15.
175 LAG Rheinland-Pfalz 4.4.06 – 2 TaBV 63/05.
176 LAG Rheinland-Pfalz 12.7.07 – 4 TaBV 5/07.
177 BAG, NZA 86, 616.
178 BAG, DB 91, 1627.
179 BAG, NZA 87, 424. Wird aber eine Filiale organisatorisch auf der Grundlage eines TV nach § 3 Abs. 1 Nr. 3 aus einem Betrieb herausgenommen und zugleich einem anderen Betrieb zugeordnet, so beinhaltet eine solche Maßnahme in Bezug auf die Filialmitarbeiter keine Versetzung bzw. Einstellung: LAG Düsseldorf 27.1.17 – 6 TaBV 60/16.
180 LAG Berlin, AiB 98, 228.
181 LAG Düsseldorf, DB 87, 1439.
182 BAG, NZA 00, 1357.
183 BAG 3.12.85, AP Nr. 30 zu § 99 BetrVG 1972.
184 LAG Hamm, NZA-RR 05, 590.

gehörig angesehen werden muss bzw. von vornherein feststeht, dass er nach Beendigung des Einsatzes an seinen bisherigen Arbeitsort zurückkehren wird.[185] Ein beabsichtigter 14-tägiger Einsatz in einem 1600 km entfernten ausländischen Kundenbetrieb ist eine MB-pflichtige Versetzung.[186] Ein MBR des BR ist jedenfalls dann gegeben, wenn die Mitarbeiter die Aufgabe haben, im Ausland Maschinen aufzubauen, zu warten, zu reparieren oder die Fertigung zu betreuen.[187] Die Zuweisung eines Arbeitsbereichs in einer anderen geographischen Gemeinde ist regelmäßig eine mitbestimmungspflichtige Versetzung; demgegenüber liegt keine Versetzung vor, wenn ein Betrieb oder ein räumlich gesonderter Betriebsteil innerhalb einer politischen Gemeinde ohne Hinzutreten weiterer Veränderungen lediglich verlagert wird.[188] Für die Großstadt Berlin bedeutet dies, dass eine MB-pflichtige Veränderung des Arbeitsorts selbst dann nicht vorliegt, wenn alter und neuer Arbeitsplatz eine Kfz-Entfernung von 12 km haben bzw. die Fahrzeit zwischen den Standorten mit öffentlichen Verkehrsmitteln 45 Minuten beträgt.[189] Unabhängig davon handelt es sich bei der Verlegung des Betriebs oder von wesentlichen Betriebsteilen vom Zentrum an den Stadtrand oder an einen 4,3 km entfernten Ort auch in Großstädten mit günstigen Verkehrsverbindungen um eine Betriebsänderung i. S. des § 111[190] (s. auch § 111 Rn. 10). Die Ausgliederung einzelner Filialen aus einem Betrieb (Betriebsänderung in Form der Abspaltung) und die gleichzeitige Zuordnung zu einem anderen Betrieb des AG stellen keine Versetzung dar.[191] Zur Mitbestimmungspflichtigkeit bei der Anordnung von **Dienstreisen** siehe BAG.[192] Die Beendigung alternierender Telearbeit stellt regelmäßig eine Versetzung dar, auch wenn der Ortswechsel für das Arbeitsverhältnis typisch ist.[193]

Die Zuweisung eines anderen Arbeitsplatzes ist dann keine mitbestimmungspflichtige Versetzung, wenn ein AN nach der **Eigenart seines Arbeitsverhältnisses** üblicherweise nicht ständig an einem bestimmten Arbeitsplatz beschäftigt wird.[194] Daher ist auch der jeweilige Einsatz von Leih-AN keine 15

185 BAG, NZA 86, 616.

186 ArbG Stuttgart 11.12.15 – 24 BV 185/15, brwo, Anm. Mausner, AiB 3/17, 57.

187 LAG Nds. 14.5.98 – 8 TaBV 67/96; vgl. auch BAG, AiB 01, 55.

188 BAG 27.6.06 – 1 ABR 35/05.

189 BAG 17.11.21 – 7 ABR 18/20; a. A. LAG MV 31.3.09 – 5 TaBV 13/08.

190 BAG, DB 83, 344.

191 LAG BB 2.9.20 – 15 TaBVGa 883/20.

192 BAG, NZA 97, 216, NZA 00, 781.

193 LAG Köln 14.8.20 – 9 TaBV 11/20, n. rk., anhängig beim BAG unter 1 ABR 34/20.

194 Z. B. Montagearbeiter, AN im Baugewerbe, sog. Springer – wobei aber die [erstmalige] Zuweisung einer Tätigkeit als Springer eine mitbestimmungspflichtige Versetzung darstellen kann: LAG Köln 26.8.10 – 7 TaBV 64/09, brwo. Umgekehrt ist der BR zu beteiligen, bevor einem bislang als Springer tätigen AN ein

Versetzung (beim Entleiher liegt jedoch eine mitbestimmungspflichtige Einstellung vor, s. hierzu Rn. 7).[195] Die im Rahmen einer Betriebsabspaltung erfolgende organisatorische Zuordnung zu einem neu gegründeten Betrieb unter Beibehaltung des konkreten Arbeitsplatzes ist keine Versetzung.[196] Die Rückgängigmachung einer Personalgestellung bzw. die Abberufung eines gestellten AN durch den Vertrags-AG ist für den BR im Beschäftigungsbetrieb keine Versetzung (s. auch § 103 Rn. 32).[197] Selbiges gilt für die Beendigung einer vorläufigen personellen Maßnahme.[198]

16 Soll eine **Versetzung innerhalb eines UN** von einem Betrieb in einen anderen erfolgen, so hat der BR des **abgebenden** Betriebs unter dem Gesichtspunkt der Versetzung, der des neuen Betriebs unter dem der Einstellung mitzubestimmen. Das MBR des BR des abgebenden Betriebs entfällt nur dann, wenn der betroffene AN mit der auf Dauer angelegten Versetzung einverstanden ist; ein solches, das MBR des BR ausschließendes Einverständnis liegt nur dann vor, wenn der AN die Versetzung selbst gewünscht hat oder dies seinen Wünschen und seiner freien Entscheidung entspricht.[199]

17 Das MBR besteht auch dann, wenn die Versetzung **nach dem Arbeitsvertrag ohne Weiteres zulässig ist**[200] oder der AN ihr zustimmt.[201] Umgekehrt ersetzt die Beteiligung des BR nicht die individualrechtlichen Voraussetzungen für eine Versetzung.[202] Das MBR besteht auch dann, wenn ein AN gemäß § 12 Abs. 3 AGG wegen Verstoßes gegen das Benachteiligungsverbot des § 7 Abs. 1 AGG versetzt werden soll.[203] Das MBR entfällt nicht deshalb, weil der AG mit dem BR zuvor schon die Personalplanungsmaßnahmen gemäß § 92 beraten hatte.[204] Eine Versetzung, die ohne Zustimmung des BR oder ohne Ersetzung der Zustimmung durch das ArbG erfolgt, ist dem AN ge-

---

fester Arbeitsplatz zugewiesen und dadurch »der Springertätigkeit das Gepräge genommen« wird: LAG Hamm 7.11.19 – 13 TaBV 44/19.

195 BAG, NZA 01, 1263.

196 LAG München 9.1.20 – 3 TaBV 30/19.

197 LAG SH 14.6.12 – 5 TaBV 3/12.

198 BAG 15.4.14 – 1 ABR 101/12.

199 BAG, NZA 01, 195; LAG Hamm 28.7.06 – 10 TaBV 12/06; HessLAG 19.6.12 – 4 TaBV 156/11: kein MBR der Gruppenvertretung, weil Piloten sich selbst auf Förderstellen beworben haben; vgl. demgegenüber BAG, NZA 86, 616 für den Fall, dass mit der voraussichtlich die Dauer eines Monats übersteigenden Versetzung gleichzeitig bereits die anschließende Rückversetzung vorgesehen wird; zur Versetzung von Bea. innerhalb der DB AG vgl. BAG, DB 96, 1044.

200 BAG, DB 90, 1093.

201 BAG 21.2.13 – 8 AZR 877/11, unter B.I. 5. d) der Entscheidungsgründe; LAG Brandenburg, AiB 96, 123.

202 LAG Düsseldorf, DB 78, 2494.

203 S. auch NDW-AGG, § 12 Rn. 17.

204 LAG Düsseldorf, BB-Beilage 15/73, S. 14.

genüber **unwirksam**.[205] Bedarf die Versetzung einer **Änderungskündigung**, sind neben den Beteiligungsrechten nach dieser Vorschrift auch die nach § 102 gegeben. Die Zustimmung des BR nach § 99 ist Wirksamkeitsvoraussetzung nur für die tatsächliche Zuweisung des neuen Arbeitsbereichs nach Ablauf der Kündigungsfrist;[206] sie ist keine Wirksamkeitsvoraussetzung für eine mit dem Ziel der Versetzung erklärte Änderungskündigung.[207] Wird die Zustimmung nach § 99 nicht erteilt oder nicht gerichtlich ersetzt, so führt dies nicht zur schwebenden Unwirksamkeit der Änderungskündigung. Der AG kann die geänderten Vertragsbedingungen allerdings nicht durchsetzen, solange das Verfahren nach § 99 nicht ordnungsgemäß abgeschlossen ist; der AN muss vielmehr in dem alten Arbeitsbereich weiterbeschäftigt werden, der ihm nicht wirksam entzogen worden ist.[208] Die vom AG ohne die erforderliche Zustimmung des BR ausgesprochene Versetzung ist auch individualrechtlich unwirksam; der AN hat beim Fehlen der Zustimmung des BR das Recht, die Arbeit zu den geänderten Bedingungen zu verweigern.[209]

Wenn ein Ang. durch eine **Versetzung zum »leit.« Ang**. befördert werden 18
soll, löst dieser Vorgang nach dem BAG nur die Mitteilungspflicht des AG nach § 105 (s. auch die Anm. dort) aus.[210] Allerdings kann eine mitbestimmungswidrige Handlung durch bloße »Beförderung« zum leit. Ang. nicht geheilt werden.[211] Ist der AG kraft Direktionsrechts befugt, einen AN von einem Betrieb in einen anderen zu versetzen, so bedarf diese Versetzung, wenn der AN **Mitgl. des BR** ist, wegen der mit ihr verbundenen Beendigung des Arbeitsverhältnisses zum alten Betrieb und damit der Mitgliedschaft im BR gemäß § 103 Abs. 3 der **Zustimmung** des BR des abgebenden Betriebs und gemäß § 99 der Zustimmung des BR des aufnehmenden Betriebs.

3. Unterrichtungspflicht des Arbeitgebers

a) Rechtzeitige und umfassende Unterrichtung

Der AG erfüllt seine **Unterrichtungspflicht** nur dann ordnungsgemäß, 19
wenn er den BR **rechtzeitig und umfassend** informiert. Zeitpunkt und Inhalt der Information sind für das weitere Verfahren personeller Einzelmaßnahmen von ausschlaggebender Bedeutung:[212] Die Unterrichtung durch den AG löst die Wochenfrist aus, innerhalb derer der BR seine Zustimmung

---

205 BAG, BB 88, 1327.
206 BAG, DB 94, 637.
207 BAG 18.5.17 – 2 AZR 606/16.
208 BAG, DB 94, 637; BAG 8.6.95 – 2 AZR 739/94.
209 BAG 22.4.10 – 2 AZR 491/09.
210 BAG, DB 80, 1946.
211 Anders LAG BaWü, DB 92, 744.
212 Zu den formalen Klippen und ihrer Vermeidung s. auch Bartl, AiB 13, 262.

verweigern kann (§ 99 Abs. 3 Satz 1) bzw. nach deren widerspruchslosem Ablauf die Zustimmung als erteilt gilt (§ 99 Abs. 3 Satz 2). Nach fristgerecht verweigerter Zustimmung muss der AG sie beim ArbG ersetzen lassen (§ 99 Abs. 4) und ggf. ein Verfahren zur vorläufigen Durchführung der personellen Maßnahme einleiten (§ 100). Demgegenüber kann eine verspätete oder unvollständige Information dazu führen, dass die Wochenfrist für den BR nicht zu laufen beginnt mit der Folge, dass seine Zustimmung weder nach § 99 Abs. 3 Satz 2 als erteilt gilt noch nach § 99 Abs. 4 vom ArbG ersetzt werden kann. Eine gleichwohl durchgeführte Maßnahme kann der BR nach § 101 vom ArbG aufheben lassen. In gravierenden Fällen kann der BR ein Verfahren nach § 23 Abs. 3 einleiten (vgl. § 101 Rn. 5). Wird der BR entgegen §§ 99, 100 nicht beteiligt, hat er nach h. M. keinen Anspruch auf Unterlassung; daher kann er nicht erfolgversprechend den Erlass einer einstweiligen Verfügung auf Unterlassung der mitbestimmungswidrigen personellen Einzelmaßnahme beantragen.[213] Der Verstoß gegen die Unterrichtungspflicht kann jedoch u. U. eine Ordnungswidrigkeit gem. § 121 darstellen.

20 **Die Unterrichtung** ist vom AG **rechtzeitig** vorzunehmen. Da der BR nach Abs. 3 eine Äußerungsfrist von einer Woche hat, muss sie spätestens **eine Woche** vor Durchführung der geplanten Maßnahme erfolgen. Die Fristberechnung richtet sich nach § 188 BGB: Soll die Maßnahme an einem Mittwoch durchgeführt werden, ist der späteste Termin für eine rechtzeitige Information der Dienstag der vorhergehenden Woche. Hat der AG allerdings innerhalb der Wochenfrist Informationen gegeben, die üblicherweise zu einer ordnungsgemäßen Unterrichtung gehören, darf der BR, der diese Information für unvollständig hält, sich nicht einfach damit begnügen, die Zustimmung zu verweigern. Das BAG verlangt vielmehr, dass der BR den AG in einem solchen Fall innerhalb der Wochenfrist auf eine etwaige Unzulänglichkeit seiner Information hinweist und entsprechende Nachfragen stellt.[214] Gibt der AG ergänzende Informationen, beginnt die Frist des Abs. 3 grundsätzlich erneut zu laufen, wenn der AG gegenüber dem BR deutlich macht, dass er mit der nachgereichten oder zusätzlichen Information seiner Verpflichtung zur vollständigen Unterrichtung des BR genügen will und er diese Verpflichtung nunmehr als erfüllt ansieht;[215] selbiges gilt auch für die Nachholung fehlender Informationen noch im Lauf des Zustimmungsersetzungsverfahrens.[216] Hat aber der AG den BR offensichtlich unvollständig unterrichtet, wird die Frist des Abs. 3 auch dann nicht in Gang gesetzt, wenn der BR zum Zustimmungsersuchen in der Sache Stellung nimmt.[217] Die

213 BAG 23.6.09 –1 ABR 23/08, juris; Fitting Rn. 296 ff. m. w. N.
214 BAG, DB 89, 1523.
215 BAG 5.5.10 – 7 ABR 70/08.
216 LAG München 28.11.14 – 4 TaBV 67/13.
217 BAG, NZA 05, 827.

Wochenfrist verkürzt sich auch in Eilfällen nicht. Die Möglichkeit, den BR nach § 100 erst nach vollzogener vorläufiger Maßnahme über die Gründe ihrer Dringlichkeit zu informieren, ersetzt nicht die Notwendigkeit der Information nach dieser Vorschrift.[218]

Die dem AG obliegende **Unterrichtungspflicht** ist **umfassend.**[219] Sie erstreckt sich auf alle Umstände, deren Kenntnis für die Beurteilung der beabsichtigten personellen Maßnahme durch den BR bedeutsam sein können. Der Informationsstand des BR hat grundsätzlich dem des AG zu entsprechen. Zur ordnungsgemäßen Unterrichtung gehört es, dass dem BR **alle Unterlagen** vorgelegt werden, die für eine Beurteilung der vorgesehenen Maßnahme erheblich sein könnten. **21**

Bei einer beabsichtigten **Einstellung** ist daher die Unterrichtung über alle Bewerber anhand der von diesen eingereichten Unterlagen notwendig.[220] Der BR ist deshalb auch darüber zu informieren, wenn es für ausgeschriebene Stellen interne Bewerber gibt.[221] Der AG hat die **Bewerbungsunterlagen aller Bewerber** vorzulegen und nicht nur derjenigen, für die er sich im Wege der Vorauswahl bereits entschieden hat.[222] Die Übergabe einer Bewerberliste ohne Beifügung der Bewerbungsunterlagen der weiteren Bewerber macht die Anhörung unvollständig.[223] Lässt der AG Stellenausschreibungen durch eine zentrale Personalabteilung bzw. ein internes Recruitment-Center durchführen, gilt nichts anderes.[224] Nutzt der AG ein **elektronisches Bewerbungsmanagementsystem**, gehören nicht nur die darin hinterlegten Dokumente zu den dem BR vorzulegenden Unterlagen. Denn ein solches Bewerbungsmanagementsystem eröffnet Funktionalitäten zur Bewerberauswahl wie z. B. Bewertungen und Kommentare, die über die bloße Einsicht in die gespeicherten Dokumente hinausgehen und für die Auswahlentscheidung des AG von Bedeutung sind. Daher bietet sich zur Unterrichtung des BR am ehesten die Einräumung eines umfassenden Lesezugriffs an.[225] Hat der AG ein **Personalberatungs-UN** eingeschaltet, dann sind alle Interessenten, die sich auf eine Anzeige gemeldet haben, Bewerber für den ausgeschriebenen Arbeitsplatz. In diesem Fall hat der AG den BR über alle Bewerber unter Vorlage von deren Unterlagen zu unterrichten – also auch über diejenigen, die das

218 BAG, DB 78, 447.
219 Checkliste zur umfassenden arbeitgeberseitigen Information s. DKW-F-Bachner, § 99 Rn. 7.
220 Ausführlich BAG 14.12.04 – 1 ABR 55/03, unter B.II.2.b) der Entscheidungsgründe.
221 HessLAG 15.10.19 – 4 TaBV 207/18.
222 BAG 28.6.05 – 1 ABR 26/04.
223 LAG Nürnberg 24.4.12 – 6 TaBV 60/11.
224 BAG 21.10.14 – 1 ABR 10/13.
225 LAG Köln 15.5.20 – 9 TaBV 32/19.

Personalberatungs-UN nicht für geeignet hält.[226] Gibt das Personalberatungs-UN keine Stellenanzeige auf, sondern greift für seinen Einstellungsvorschlag auf eine Kartei zurück, so ist nur derjenige, den der Personalberater für das betreffende UN zur Bewerbung vorschlägt, Bewerber; dessen Bewerbungsunterlagen müssen dem BR genannt werden.[227] Stellt der AG unter Missachtung der MBR des BR AN ohne Beteiligung des BR ein, ist der BR im Rahmen eines anschließend angestrengten Beschlussverfahrens in dem Umfang zu unterrichten, in dem er bei ordnungsgemäßer rechtzeitiger Einleitung des Zustimmungsverfahrens vor Einstellung der AN zu unterrichten gewesen wäre, sodass ihm Unterlagen nicht nur der mitbestimmungswidrig eingestellten, sondern auch der abgelehnten Bewerber vorzulegen sind.[228] Zu den Bewerbungsunterlagen zählen auch solche Unterlagen, die der AG aus Anlass der Bewerbung über die Person des Bewerbers erstellt hat, z. B. Personalfragebögen, schriftl. Auskünfte von dritter Seite und Ergebnisse von Tests oder Einstellungsprüfungen.[229] Aufzeichnungen jedoch, die für die Auswahlentscheidung ohne jegliche Bedeutung sind, muss der AG nicht vorlegen.[230] Unterlagen, über die der AG nicht verfügt, braucht er dem BR nicht vorzulegen; insbesondere ist es nicht erforderlich, Unterlagen eigens für die Anhörung herzustellen.[231] Der AG hat auch mitzuteilen, dass keine weiteren Bewerber vorhanden sind.[232] Liegen dem AG keine Bewerbungsunterlagen vor, hat er den BR darüber zu unterrichten, wie es zu der Bewerbung gekommen ist; insbesondere sind Informationen aus einem Vorstellungsgespräch an den BR weiterzuleiten.[233] Der AG muss die Punkte, die ihn nach Vorstellungsgesprächen zur Auswahl eines von mehreren Bewerbern veranlasst haben, in nachvollziehbarer Weise darstellen. Dies gilt in besonderem Maße, wenn sich der AG verpflichtet hat, bei Stellenbesetzungen den Anteil von Frauen bei gleicher Leistung, Eignung und Befähigung zu erhöhen in Bereichen, in denen Frauen bislang unterrepräsentiert sind.[234] Die Beurteilung, ein Bewerber habe »den mit Abstand nachhaltigsten Eindruck« gemacht, ist nur eine pauschalierende Gesamtbewertung und genügt der Unterrichtungspflicht nicht; vielmehr muss der AG den BR über die seiner Bewertung zu-

226 BAG 18.12.90 – 1 ABR 15/90.
227 BAG a. a. O.
228 LAG SH 27.5.09 – 3 TaBV 3/09.
229 BAG 14.12.04 – 1 ABR 55/03.
230 BAG 14.4.15 – 1 ABR 58/13 zu Notizen, die von der Personalsachbearbeiterin als Erinnerungsstütze für die Besprechung mit ihrem Vorgesetzten und für die Abfassung des an den BR gerichteten Unterrichtungsschreibens erstellt wurden.
231 ArbG München 16.3.17 – 12 BV 394/16.
232 BAG, DB 89, 1240.
233 LAG Hamm, NZA-RR 04, 84, 305.
234 BAG, NZA 06, 111.

grundeliegenden Tatsachen unterrichten.[235] Zur umfassenden Information gehören auch Hinweise auf die **Auswirkungen der geplanten personellen Maßnahme**. So hat der AG z. B. bei einer Einstellung Mitteilung darüber zu machen, ob die Einstellung befristet oder unbefristet durchgeführt und ggf. bis zu welchem Zeitpunkt sie befristet werden soll,[236] an welchem Arbeitsplatz der Bewerber beschäftigt werden, welche Funktion er ausüben und nach welcher Entgeltgruppe er vergütet werden soll[237] sowie den Platz in der betrieblichen Organisation;[238] bei der Einstellung von teilzeitbeschäftigten AN ist auch die Dauer ihrer Arbeitszeit mitzuteilen.[239] Bestimmt ein TV, dass dem Wunsch von Teilzeitbeschäftigten nach Aufstockung ihrer Arbeitszeit im Rahmen der wirtschaftsplanmäßigen Möglichkeiten zu entsprechen sei, muss der AG im Verfahren nach § 99 dem BR gegenüber nur dann angeben, welche teilzeitbeschäftigten Mitarbeiter aufgrund ihres angezeigten Wunsches nach Arbeitszeitaufstockung für die zu besetzende Stelle grundsätzlich in Betracht gekommen wären, wenn die tarifliche Norm ihrem Zweck nach die konkret beabsichtigte Einstellung (hier: befristete Einstellung einer Leih-AN) untersagt.[240] Der Unterrichtungsanspruch erstreckt sich jedoch nicht auf den Inhalt des Arbeitsvertrags oder bestimmte Einzelabreden; daher muss der AG bei einer Einstellung weder die im Arbeitsvertrag vereinbarte wöchentliche Regelarbeitszeit noch das darüber hinaus fest vereinbarte wöchentliche Überstundenvolumen mitteilen.[241] Die umfassende Unterrichtungspflicht des AG besteht auch dann, wenn er annehmen konnte, dass der BR keine Bedenken gegen die geplanten Maßnahmen geltend machen würde.[242] Dasselbe gilt, wenn ein AN, dessen Einstellung beabsichtigt ist, kurzfristig in einem fremden Betrieb gearbeitet hat, aber aufgrund seiner früheren langjährigen Tätigkeit für den AG dem BR bestens bekannt ist.[243] Bei der Einstellung von Leih-AN hat der AG dem BR darzulegen, wie sich der geplante Einsatz der Leih-AN auf das Personalgefüge, die Verteilung der anfallenden Arbeitsaufgaben oder auf die Arbeitsbelastung auswirkt; der allgemeine Verweis auf eine ungenügend bestimmte Tätigkeit in einem teilweise sehr weiten Bereich und die Benennung einer Kostenstelle, der der Leih-AN zugeordnet sein wird, genügt nicht.[244] Der AG hat dem BR auch die Erklärung des Verleihers, ob er die **Erlaubnis zur AN-Überlassung nach § 1**

---

235 HessLAG 8.5.14 – 5 TaBV 215/13.
236 HessLAG 31.7.07 – 4 TaBV 35/07.
237 BAG, DB 89, 1523.
238 BAG 12.6.19 – 1 ABR 39/17.
239 LAG Frankfurt, NZA 87, 714.
240 BAG 1.6.11 – 7 ABR 117/09.
241 BAG 27.10.10 – 7 ABR 36/09.
242 BAG, DB 73, 1456.
243 ArbG Hannover, BB 74, 135.
244 ArbG Offenbach 28.6.16 – 3 BV 12/16.

AÜG besitzt, vorzulegen (§ 14 Abs. 3 Satz 2 i. V. m. § 12 Abs. 1 Satz 2 AÜG)[245] und ihm Mitteilung zu geben, wenn die Erlaubnis endet. Der BR kann die Mitteilung der Namen verlangen,[246] aber nicht die Vorlage der Arbeitsverträge der Leih-AN mit dem Verleiher.[247] Bestehen begründete Zweifel daran, dass die Überlassung eines Leih-AN vorübergehend ist, hat ein entleihender AG dem BR sowohl die beabsichtigte Dauer des Einsatzes als auch die Dauer des Arbeitsverhältnisses des Leih-AN mit dem Verleiher mitzuteilen.[248] Zur Prüfung, ob ein MBR besteht, kann der BR auch die Überlassung von Werkverträgen verlangen, die der AG mit Fremdfirmen abschließt.[249] »**Vorlegen**« bedeutet, dass die Unterlagen dem BR bis zur Beschlussfassung über den Antrag auf Zustimmung, längstens für eine Woche, **zu überlassen** sind.[250] Werden die Unterlagen **EDV-mäßig** erfasst, kann die Vorlage der erforderlichen Unterlagen auch in der Weise erfolgen, dass die BR-Mitgl., denen Dienst-Laptops zur Verfügung stehen, umfassende Einsichtsmöglichkeiten in ein Bewerbermanagement-Tool erhalten.[251]

Bei einer **Umgruppierung** gehört zu einer vollständigen Unterrichtung des BR die Angabe der bisherigen und der vorgesehenen Vergütungsgruppe sowie die Erläuterung der Gründe, weshalb der AN anders als bisher einzureihen ist. Erstellt der AG hierzu routinemäßig vor jeder Ein- oder Umgruppierungsentscheidung entsprechende Formulare, hat er diese auch dem BR vorzulegen.[252] Fehlen diese Angaben im Unterrichtungsschreiben, ist die Unterrichtung des BR offenkundig unvollständig mit der Folge, dass die Wochenfrist des Abs. 3 Satz 1 nicht in Lauf gesetzt wird.[253] Die Frist wird auch dann nicht in Lauf gesetzt, wenn der BR es unterlässt, den AG auf die offensichtliche Unvollständigkeit der Unterrichtung hinzuweisen.[254]

Eine **Versetzung** bedarf auch dann der Zustimmung des BR, wenn sie infolge einer arbeitsvertraglich vereinbarten Versetzungsklausel aufgrund des Weisungsrechts des AG individualrechtlich zulässig ist.[255]

Ordnungsgemäß ist die Unterrichtung nur dann, wenn sie gegenüber dem BR-Vors. oder im Falle seiner Verhinderung gegenüber dem Stellvertr. er-

---

245 HessLAG 29. 1. 13 – 4 TaBV 202/12.
246 BAG 9. 3. 11 – 7 ABR 137/09.
247 BAG, DB 78, 1841.
248 ArbG Offenbach 17. 9. 14 – 10 BV 10/14, juris, zu AN-Überlassung über konzerneigene Verleih-UN in einem Klinikkonzern.
249 BAG, DB 89, 982; 92, 327.
250 BAG, NZA 86, 335.
251 LAG Sachsen-Anhalt 13. 10. 22 – 2 TaBV 1/22.
252 LAG Köln 16. 4. 15 – 7 TaBV 17/14.
253 LAG Hamm 27. 4. 12 – 10 TaBV 3/12.
254 BAG 13. 3. 13 – 7 ABR 39/11.
255 ArbG Stuttgart 18. 4. 19 – 21 Ca 7336/18.

folgt (§ 26 Abs. 2).[256] Die Frist wird dagegen nicht dadurch in Lauf gesetzt, dass der BR anderweitig ausreichende Kenntnis von der geplanten Maßnahme erhält. Eine bloße Versetzungsanzeige genügt selbst dann nicht, wenn der betroffene AN BR-Vors. ist.[257] Eine zeitliche Verschiebung der mitgeteilten Maßnahme kann nur in engen Grenzen akzeptiert werden, ohne dass es erneut einer Beteiligung nach § 99 bedarf. So wurde eine Verschiebung um 14 Tage ohne erneute Informationspflicht[258] als möglich angesehen, für eine zurückgestellte Maßnahme nach etwa einem halben Jahr jedoch ein erneutes Verfahren nach § 99 für notwendig gehalten.[259]

b) Erweiterung der Beteiligungsrechte

Die gesetzlichen Beteiligungsrechte des BR können **durch TV** erweitert und verstärkt werden. Zulässig ist auch eine tarifliche Regelung, die dem BR ein echtes MBR einräumt und im Streitfall eine Entscheidung der Einigungsstelle vorsieht.[260] Im Übrigen stehen die MBR nach § 99 aber nicht zur Disposition der TV-Parteien; sie können von diesen also nicht eingeschränkt oder ausgeschlossen werden.[261] Keine grundsätzlichen Bedenken bestehen gegen eine Erweiterung und Verstärkung der Beteiligungsrechte **durch BV**.[262] In einer derartigen BV kann vereinbart werden, dass das MBR des BR bei einer Versetzung i. S. des § 99 Abs. 1 nicht auf die gesetzl. Zustimmungsverweigerungsgründe des Abs. 2 beschränkt ist.[263] Die Betriebsparteien sind aber nicht befugt, den BR von seiner gesetzl. Verpflichtung zur Nennung konkreter Zustimmungsverweigerungsgründe freizustellen; der BR muss vielmehr in den personellen Angelegenheiten des Abs. 1 im Falle seiner Zustimmungsverweigerung Gründe dafür benennen.[264] Eine solche freiwillige BV wirkt nicht nach, es sei denn, auch die **Nachwirkung** gemäß § 77 Abs. 6 ist ausdrücklich vereinbart worden, und zwar in einer Weise, die den AG im Falle einer beabsichtigten Änderung oder Ablösung der BV nicht vom Einvernehmen des BR abhängig macht.[265] Eine Regelung, nach der **Abmahnungen** in entsprechender Anwendung des § 99 mitbestimmungspflichtig sein sollen, kann nicht durch Beschluss einer Einigungsstelle gegen den Willen 22

256 HessLAG 13. 5. 14 – 4 TaBV 220/13.
257 LAG Hamm, DB 73, 1047.
258 LAG Düsseldorf, DB 76, 779.
259 BAG, NZA 91, 392.
260 BAG, BB 88, 1386.
261 BAG, AiB 93, 732.
262 BAG 18. 8. 09 – 1 ABR 49/08.
263 BAG 23. 8. 16 – 1 ABR 22/14.
264 Ebenda.
265 HessLAG 22. 3. 94 – 4 TaBV 134/93.

des AG oder des BR erzwungen werden.[266] Eine **Verlängerung** der für das Zustimmungsverfahren nach Abs. 3 Satz 1 vorgeschriebenen **Wochenfrist** kann sowohl von den Tarif- als auch von den Betriebsparteien wirksam vereinbart werden (vgl. Rn. 35). Zu einer Umgestaltung des Verfahrens nach Abs. 3 Satz 2 von einer Zustimmungs- zu einer **Verweigerungsfiktion** sind die Betriebsparteien nicht befugt, für den damit verbundenen Eingriff in das Zustimmungsersetzungsverfahren des Abs. 4 fehlt ihnen die Regelungskompetenz;[267] das gilt auch bei einer Massenumgruppierung wegen der Anwendung eines neuen TV.[268]

23 Die Zustimmung des BR ist eine **zusätzliche Wirksamkeitsvoraussetzung** für die vom AG beabsichtigte Maßnahme. Auch wenn der BR ihr zustimmt, bleibt es dem von der personellen Maßnahme **betroffenen AN** unbenommen, das ArbG anzurufen, wenn er sich beeinträchtigt fühlt. Die in dieser Bestimmung genannten personellen Einzelmaßnahmen sind selbständig und voneinander unabhängig und deshalb jeweils getrennt zustimmungsbedürftig.[269] Einer gesonderten Einholung der Zustimmung bedarf es nicht, wenn der AG die Maßnahme auf Verlangen des BR durchführt; die Zustimmung ist dann in dem Verlangen schon enthalten.

c) Arbeitskampf

24 Die Beteiligungsrechte des BR bestehen auch während eines **Arbeitskampfes** für personelle Maßnahmen, die mit dem Arbeitskampf selbst in keinem direkten Zusammenhang stehen.[270] Etwas anderes gilt nach Auffassung der Gerichte, soweit personelle Maßnahmen oder die Beteiligung des BR zu einer möglichen Beeinträchtigung der Kampfparität führen oder sogar auf die Abwendung von Folgen des Arbeitskampfes ausgerichtet sind.[271] Voraussetzung ist allerdings, dass der AG sich selbst im Arbeitskampf befindet.[272] Versetzt ein AG, der sich nicht selbst im Arbeitskampf befindet, arbeitswillige AN in einen bestreikten Betrieb eines anderen UN im Konzern (Mutter-UN), unterliegt dies der uneingeschränkten MB des BR.[273] Versetzt aber ein AG arbeitswillige AN aus einem nicht bestreikten Betrieb in einen von einem Arbeitskampf betroffenen Betrieb desselben UN, um die Streikfolgen zu begrenzen, bedarf diese Versetzung nicht der Zustimmung des BR des abgebenden Betriebs; dessen MBR nach Abs. 1 soll bei einem solchen Einsatz von

---

266 BAG, NZA 96, 218.
267 BAG 18.8.09 – 1 ABR 49/08; BAG 13.3.13 – 7 ABR 39/11.
268 BAG 5.5.10 – 1 ABR 70/08.
269 BAG, DB 76, 778.
270 BAG, NZA 04, 223.
271 BAG, DB 78, 1231; 79, 1464.
272 LAG HH 25.4.18 – 2 TaBV 1/18.
273 LAG SH 28.5.13 – 1 TaBV 31/12; 29.5.13 – 6 TaBV 30/12.

Streikbrechern vielmehr entfallen, weil ansonsten die Arbeitskampfparität des AG beeinträchtigt würde.[274] Diese Rspr. ist abzulehnen, weil es keine gesetzl. Grundlage für eine solche Einschränkung der betriebsrätlichen MBR gibt und der BR nicht Streikgegner ist. Das MBR entfällt nicht, wenn der AG während eines Streiks in einem Tochter-UN mit einem anderen fachlichen Geltungsbereich AN in das Tochter-UN abordnet.[275] Im Übrigen bleibt die Unterrichtungspflicht des AG immer bestehen, auch bei Einstellung oder Versetzung in einem bestreikten Betrieb, da die bloße Unterrichtung keine Beeinträchtigung der Waffengleichheit zur Folge haben kann.[276]

4. Zustimmungsverweigerungsgründe

a) Verstoß gegen Rechtsvorschriften

Zu Nr. 1: Personelle Maßnahmen des AG, die **gegen Rechtsvorschriften** verstoßen, sind an sich schon dadurch unwirksam. Wären sie nach dieser Bestimmung aber nicht zusätzlich an die Zustimmung[277] des BR gebunden, so hätte dieser im Falle seines Widerspruchs keine Möglichkeit, nach § 101 vorzugehen und die Rücknahme der personellen Maßnahme zu erreichen. Ein Verstoß gegen ein Gesetz i. S. des Abs. 2 liegt nach Auffassung des BAG nicht vor, wenn der AG den BR **nicht rechtzeitig** oder **nicht ordnungsgemäß** nach Abs. 1 unterrichtet hat.[278] Ohne die gesetzlich vorgeschriebene Unterrichtung läuft aber auch die Wochenfrist nach Abs. 3 nicht (vgl. auch Rn. 19, 21). **25**

Eine das Zustimmungsverweigerungsrecht des BR begründende Gesetzesverletzung liegt vor, wenn die geplante personelle Maßnahme als solche nach dem Zweck der Norm untersagt ist,[279] auch wenn sie **gegen allgemeine Rechtsgrundsätze** verstößt, deren Beachtung dem AG und dem BR nach diesem Gesetz ausdrücklich aufgegeben ist, etwa gemäß §§ 74, 75 und 80. So kann der BR die Zustimmung zur Einstellung verweigern, wenn der AG sie davon abhängig gemacht hat, dass der Bewerber nicht **Gewerkschaftsmitglied** ist,[280] da ein solches Auswahlkriterium gegen Art. 9 Abs. 3 GG verstößt; ebenso kann er bei erheblichem Verdacht der **Diskriminierung von älteren** Einstellungsbewerbern der Einstellung jüngerer Bewerber widersprechen, wenn für diesen Verdacht tatsächliche Anhaltspunkte vor- **26**

274 BAG 13.12.11 – 1 ABR 2/10.
275 BAG, DB 91, 1627.
276 BAG, NZA 04, 223.
277 Muster für Verweigerungsschreiben s. DKW-F-Bachner, §§ 99 Rn. 16–19.
278 BAG, NZA 94, 187.
279 BAG, NZA 00, 1294.
280 BAG, NZA 00, 1294.

handen sind;[281] dasselbe gilt, wenn eine **weibliche** Bewerberin wegen ihres Geschlechts nicht eingestellt wird: Ein Verstoß gegen das Benachteiligungsverbot aus § 7 Abs. 1 AGG berechtigt den BR zur Zustimmungsverweigerung hinsichtlich der beabsichtigten Einstellung des Mitbewerbers (vgl. auch § 95 Rn. 5).[282] Die negative Berücksichtigung der Freistellung eines BR-Mitglieds im Rahmen einer Auswahlentscheidung verstößt gegen das Benachteiligungsverbot des § 78 Satz 2 und berechtigt den BR daher, die Zustimmung zur Versetzung des ausgewählten konkurrierenden Bewerbers zu verweigern.[283] Ein Verstoß gegen Rechtsvorschriften wird auch bejaht bei der Bestellung einer Aufsichtsperson, der die notwendigen Voraussetzungen fehlen, die nach den UVV bestehenden Pflichten auf dem Gebiete der Unfallverhütung zu erfüllen.[284] Erfolgt eine Einstellung einer sonstigen Hilfskraft zu Lasten der für Pflegefachkräfte gemäß PsychPV ermittelten und vereinbarten Pflegesätze, ergibt sich aus dem Verstoß des AG gegen die Vorgaben der PsychPV kein Zustimmungsverweigerungsgrund für den BR.[285] Der BR kann die Zustimmung zur Einstellung eines Nichtschwerbehinderten verweigern bei unterlassener Prüfung gemäß § 164 Abs. 1 SGB IX, ob der freie Arbeitsplatz nicht mit einem **schwerbehinderten** AN besetzt werden kann.[286] Das gilt auch dann, wenn sich der AG bei der Besetzung eines frei werdenden oder neu geschaffenen Arbeitsplatzes von vornherein auf eine interne Stellenbesetzung festgelegt hat.[287] Ebenso berechtigt ein Verstoß des AG gegen seine Pflichten aus § 164 Abs. 1 SGB IX den BR, die Zustimmung zur Einstellung eines Leiharbeitnehmers zu verweigern.[288] Ähnliches gilt für die Zustimmungsverweigerung bei Beschäftigung von Ausländern ohne Arbeitserlaubnis.[289] Zur Zustimmungsverweigerung berechtigt die unzulässige **AN-Überlassung** nach dem AÜG. Deshalb hat der BR des Entleiherbetriebs einen Zustimmungsverweigerungsgrund, wenn der gewerbsmäßig handelnde Verleiher keine Erlaubnis hat.[290] Einer solchen Erlaubnis nach § 1 Abs. 1

---

281 LAG Frankfurt, DB 75, 2328.

282 S. auch NDW-AGG, § 7 Rn. 19; zur Zulässigkeit einer gesetzlichen Quotenregelung, die bei gleicher Qualifikation von Bewerbern unterschiedlichen Geschlechts zwingend die Bevorzugung eines Geschlechts bei der Besetzung einer freien Stelle vorsieht, vgl. EuGH, AuR 95, 473.

283 LAG Hamburg 19.9.12 – H 6 TaBV 2/12.

284 ArbG Berlin, AiB 88, 292.

285 HessLAG 8.4.14 – 15 TaBV 151/13.

286 BAG, DB 90, 636; ArbG Frankfurt am Main 1.3.06 – 22 BV 856/05; LAG Bremen 22.11.12 – 4 TaBV 32/11; Mustertext s. DKW-F-Bachner, § 99 Rn. 17.

287 LAG Hamm 23.1.15 – 13 TaBV 44/14; a.A. LAG Bremen 19.8.14 – 1 TaBV 41/13: Im Fall einer betriebs- oder konzernintern beabsichtigten Besetzung besteht die Pflicht aus § 164 Abs. 1 (bis 31.12.2017 § 81 Abs. 1) SGB IX nicht.

288 BAG 23.6.10 – 7 ABR 3/09.

289 BAG, AuR 91, 219.

290 HessLAG 29.1.13 – 4 TaBV 202/12; LAG SH 3.7.08 – 4 TaBV 9/08.

Satz 1 AÜG bedürfen auch konzerninterne Personalservicegesellschaften[291], die Leih-AN zum Selbstkostenpreis anderen Konzern-UN überlassen.[292] Zulässig ist die vorübergehende AN-Überlassung bis zu einer Überlassungshöchstdauer von 18 Monaten (§ 1 Abs. 1 Satz 4 i. V. mit Abs. 1b AÜG). Beabsichtigt der Entleiher, einen Leih-AN mehr als vorübergehend zu beschäftigen, kann der BR des Entleiherbetriebs die Zustimmung zur Einstellung wg. Verstoßes gegen § 1 Abs. 1 Satz 4 AÜG verweigern.[293] Das Merkmal »vorübergehend« ist nach § 1 Abs. 1b AÜG personen- (»denselben« Leih-AN) und nicht arbeitsplatzbezogen. Der BR im Entleiherbetrieb kann seine Zustimmung zur Übernahme eines Leih-AN nicht mit der Begründung verweigern, die Arbeitsbedingungen des Leih-AN verstießen gegen das Gleichstellungsgebot von § 3 Abs. 1 Nr. 3, § 8 AÜG (»**equal-pay-Gebot**«);[294] vielmehr ergibt sich erst durch die Übernahme in den Entleiherbetrieb für den Leih-AN die Möglichkeit, die bei Verletzung des Gleichstellungsgebots bestehenden Ansprüche geltend zu machen.[295] Wird im Arbeitsvertrag eine Vergütung unterhalb des allgemeinen gesetzlichen Mindestlohns vereinbart oder liegt ein vom AG behaupteter Ausnahmefall vom **MiLoG** nicht vor, kann der BR nicht aus diesem Grund die Zustimmung zur Einstellung oder zur Eingruppierung des AN verweigern, weil § 99 keine Inhaltskontrolle von Verträgen vornimmt; Ansprüche nach dem MiLoG müssen individualrechtlich geltend gemacht werden.[296] Sind die gesetzlichen Voraussetzungen des § 16d Abs. 1 SGB II an die Einrichtung eines sog. **1-Euro-Jobs** – zusätzliche, im öffentlichen Interesse liegende und wettbewerbsneutrale Arbeit – nicht gegeben, kann der BR seine Zustimmung zur Einstellung des erwerbsfähigen Hilfebedürftigen verweigern.[297] Gleichfalls darf der BR die Zustimmung zur Einstellung eines Bundesfreiwilligendienstleistenden verweigern, wenn die in Ziff. 4.2 VwV FSJ i. d. F. v. 5. 8. 2011 vorausgesetzte Arbeitsmarktneutralität nicht gewahrt wird (hier: Einsatz im Rettungsdienst).[298] Eine Zustimmungsverweigerung kommt in Betracht bei der Bestellung oder Versetzung eines Datenschutzbeauftragten ohne die nach dem Gesetz erforderliche

291 HessLAG 21. 5. 13 – 4 TaBV 298/12.
292 LAG SH 24. 10. 13 – 4 TaBV 8/13.
293 BAG 21. 2. 17 – 1 ABR 62/12, 10. 7. 13 – 7 ABR 91/11, jeweils zu der bis zum 31. 3. 17 geltenden Fassung des § 1 Abs. 1 Satz 2 AÜG. Zu einer vorgesehenen Einstellung eines Leih-AN ohne zeitliche Begrenzung anstelle einer Stammkraft im Wege der konzerninternen Überlassung: LAG SH 24. 10. 13 – 4 TaBV 8/13. Grundlegend zur früher geltenden zeitlichen Höchstbegrenzung der AN-Überlassung bereits BAG 28. 9. 88 – 1 ABR 85/87.
294 BAG 1. 6. 11 – 7 ABR 117/09; LAG RP 24. 1. 18 – 4 TaBV 9/17.
295 BAG, NZA 09, 2157.
296 Lakies § 1 Rn. 102; Düwell-Schubert-Schubert Einleitung Rn. 80.
297 Vgl. Stähle, AiB 05, 70; Schaff, AiB 05, 3; Schulze, NZA 05, 1332.
298 ArbG Ulm 7. 3. 16 – 4 BV 19/15.

Qualifikation und Zuverlässigkeit.[299] Bedenken gegen die Zuverlässigkeit können sich auch daraus ergeben, dass der AN neben seiner Aufgabe als Datenschutzbeauftragter Tätigkeiten ausübt, die mit seiner Kontrollfunktion unvereinbar sind, weil sie den AN in einen Interessenkonflikt geraten lassen.[300]

27 Der BR kann der Einstellung widersprechen, wenn der TV die Beschäftigung untersagt,[301] z. B. wenn der AG über einen von den TV-Parteien vereinbarten Prozentsatz hinaus Beschäftigte mit einer längeren regelmäßigen Wochenarbeitszeit einstellt.[302] Dasselbe gilt bei der beabsichtigten Einstellung eines AN für eine Tätigkeit außerhalb der mit dem BR vereinbarten Arbeitszeit; sie verstößt gegen § 87 Abs. 1 Nr. 2 BetrVG und damit gegen ein Gesetz.[303] Sieht ein Sozialplan vor, dass entlassene AN unter bestimmten Voraussetzungen wieder eingestellt werden müssen, kann der BR die Zustimmung zur Einstellung anderer Personen verweigern.[304] Eine BV, nach der das Arbeitsverhältnis der im Betrieb beschäftigten AN mit Erreichen des 65. Lebensjahres endet, enthält kein Verbot der Weiterbeschäftigung über die Altersgrenze hinaus, es sei denn, ein solches Verbot fände in der BV deutlichen Ausdruck. Deshalb ist der BR in einem solchen Fall regelmäßig nicht berechtigt, die Zustimmung zur Weiterbeschäftigung des AN zu verweigern (vgl. im Übrigen auch Rn. 7 und § 75 Rn. 5).[305] Der BR kann die Zustimmung zur Versetzung einer Postzustellerin, die Vertrauensfrau der Gewerkschaft ver.di ist, wegen Verstoßes gegen das VL-Schutzabkommen verweigern, wenn die Maßnahme nicht mit ver.di erörtert wurde.[306]

28 Die Bestimmung hat Bedeutung für Eingruppierungen und Umgruppierungen in tarifliche Lohngruppen. Insoweit liegt ein Verstoß gegen den TV allerdings nur bei einer zu niedrigen, nicht bei einer zu hohen (außertariflichen) Vergütung vor,[307] ebenso nicht, wenn nach Kündigung des TV ein AN im Nachwirkungszeitraum (§ 4 Abs. 5 TVG) zu untertariflichen

---

299 BAG, NZA 94, 1049.

300 BAG a. a. O.

301 BAG, AuR 92, 251.

302 LAG BaWü, AiB 96, 484; LAG München 26. 2. 08 – 6 TaBV 105/07 für den Fall, dass nach dem TV die Zahl der AN mit verlängerter Arbeitszeit auf 15 % der im Betrieb beschäftigten AN begrenzt ist und eine verlängerte Arbeitszeit mit neu Eingestellten frühestens nach sechs Monaten vereinbart werden kann; a. A. BAG 17. 6. 97 – 1 ABR 3/97 für den Fall, dass der TV die Erreichung der festgesetzten Quote nur zu halbjährlichen Stichtagen verlangt und es dem AG überlässt, wie er dieses Ziel erreicht.

303 LAG BaWü, AiB 00, 36.

304 BAG, DB 91, 969.

305 BAG, DB 92, 1530.

306 LAG RP 12. 2. 15 – 5 TaBV 6/14.

307 LAG Hamm, LAGE § 99 BetrVG 1972 Eingruppierung Nr. 3.

Bedingungen eingestellt wird.[308] Der BR kann die Zustimmung zu einer Eingruppierung mit der Begründung verweigern, dass der AG den falschen TV oder eine unzutreffende Vergütungsordnung anwendet.[309] Legt der AG der Eingruppierung eines neu eingestellten AN ein Vergütungssystem zugrunde, bei dem der BR nicht nach § 87 Abs. 1 Nr. 10 beteiligt worden ist, liegt darin ein den BR zur Zustimmungsverweigerung berechtigender Gesetzesverstoß.[310] Hat der AG die bisherige **Vergütungsgruppenordnung** des Betriebs unter Nichtachtung des dem BR nach § 87 Abs. 1 Nr. 10 zustehenden MBR einseitig geändert, so kann der BR den vom AG geplanten neuen Eingruppierungen die Zustimmung mit der Begründung verweigern, die vom AG angewandte Vergütungsordnung sei nicht diejenige, die für den Betrieb zu gelten habe;[311] ein solcher Fall liegt auch vor, wenn der AG bei einem an die geleistete Arbeitszeit anknüpfenden Vergütungssystem einseitig Änderungen der Arbeitszeit vornimmt.[312] Ebenso kann der BR die Zustimmung zu einer Eingruppierung verweigern, wenn der AG unter Verstoß gegen § 87 Abs. 1 Nr. 10 eine als Regelungsabrede vereinbarte Vergütungsstruktur nicht mehr anwendet.[313] Vereinbart aber der AG nach Ablauf des TV mit einem neu eingestellten AN eine längere als die tarifliche Wochenarbeitszeit bei gleichzeitiger Beibehaltung der tariflichen Monatsvergütung, sodass sich der Stundenlohn des AN verringert, berechtigt dies den BR gleichwohl nicht zur Zustimmungsverweigerung.[314] Besteht bei der **Einstellung** des AN lediglich Streit über die richtige **Eingruppierung**, so kann der BR lediglich dieser, nicht dagegen der Einstellung schlechthin widersprechen, da der AN die auf einer unrichtigen Eingruppierung beruhenden Vergütungsansprüche auch nach der Einstellung gegenüber dem AG durchsetzen kann, sodass es nicht erforderlich ist, dass diese insgesamt unterbleibt.[315] Nach Auffassung des BAG kann der BR einer befristeten Einstellung nicht mit der Begründung widersprechen, die **Befristung** sei unzulässig,[316] weil es beispielsweise keinen die Befristung des Arbeitsverhältnisses sachlich rechtfertigenden Grund gibt oder die Befristung gegen arbeitsrechtliche Gesetzesvorschriften verstößt. Nach Meinung des BAG soll in diesem Fall nicht die Einstellung, sondern erst die vorgesehene Art der späteren Bedingungen des Arbeitsverhältnisses gegen ein Gesetz verstoßen. Daher bedarf es vor Einstellung eines befristet

308 BAG, BB 96, 2570.
309 BAG, NZA 01, 1206; HessLAG 4.4.06 – 4 TaBV 16/05.
310 LAG Hamm 24.5.06 – 10 TaBV 215/05.
311 BAG, NZA 87, 489.
312 LAG Hamburg, AiB 00, 575; a. A. BAG, NZA 02, 919.
313 LAG Nds. 22.3.17 und 30.5.17 – 1 TaBV 76/16, n. rk., anhängig beim BAG unter 1 ABR 26/17.
314 BAG, BB 06, 2016.
315 Vgl. BAG, DB 96, 2551; BAG, NZA 00, 1294.
316 BAG, DB 92, 1049; DB 95, 326.

beschäftigten AN auch keiner Mitteilung darüber, ob die Befristung mit oder ohne Sachgrund sowie ggf. mit welchem sie erfolgen soll.[317] Schließt sich unmittelbar an ein befristetes Arbeitsverhältnis ein weiteres an, ist eine erneute Eingruppierung nicht erforderlich, wenn sich weder die Tätigkeit noch das maßgebende Entgeltschema geändert haben.[318] Generell sind nach Auffassung des BAG unzulässige Vertragsklauseln kein Grund zur Verweigerung der Zustimmung zur Einstellung als solcher.[319]

29 Verstöße gegen den **Gleichbehandlungsgrundsatz** (Art. 3 GG) ordnet das BAG regelmäßig nicht der Nr. 1, sondern der Nr. 4 zu.[320] Im Übrigen hat der AG bei der **Auswahl unter den Stellenbewerbern** nach Ansicht des BAG eine mitbestimmungsfreie Entscheidungsbefugnis,[321] es sei denn, es bestehen Auswahlrichtlinien nach § 95 (vgl. Rn. 30). Darüber hinaus ist nunmehr gemäß § 7 Abs. 1 AGG stets auch das Verbot der Benachteiligung von Beschäftigten aus einem in § 1 AGG genannten Grund zu beachten.

b) Verstoß gegen Auswahlrichtlinie

30 Zu Nr. 2: Die Regelung soll sicherstellen, dass der AG bei personellen Maßnahmen die für den Betrieb geltenden, mit dem BR vereinbarten **Auswahlrichtlinien** beachtet.[322] Auswahlrichtlinien i. S. von § 95 sind nur dann gegeben, wenn sie nicht nur für einen betrieblichen Anlass, sondern für alle zukünftigen Fälle gelten sollen. Einseitig vom AG aufgestellte Richtlinien fallen nicht unter diese Bestimmung;[323] allerdings dürfte in einem solchen Fall Nr. 3 oder 4 zur Anwendung kommen (vgl. im Übrigen die Erl. zu § 95). Soweit die Einigungsstelle bei der Aufstellung von Auswahlrichtlinien z. B. für Versetzungen eine Bewertung in Form eines Punktsystems beschließt, muss dem AG nach Auffassung des BAG gleichwohl ein Entscheidungsspielraum verbleiben, der umso größer gestaltet sein muss, je weniger differenziert das Punktsystem ausgestaltet ist.[324]

c) Benachteiligung anderer Arbeitnehmer

31 Zu Nr. 3: »Sonstige Nachteile« i. S. der Vorschrift sind nicht unerhebliche Verschlechterungen in der tatsächlichen oder rechtlichen Stellung eines AN; Schutzzweck für den Zustimmungsverweigerungsgrund ist dabei die

317 BAG 27.10.10 – 1 ABR 86/09.
318 BAG, NZA 98, 319.
319 Vgl. BAG, DB 86, 124; DB 95, 326.
320 Vgl. BAG, NZA 89, 814.
321 BAG, DB 78, 2320.
322 Muster für Verweigerungsschreiben s. DKW-F-Bachner, § 99 Rn. 20.
323 LAG Köln 19.11.21 – 9 TaBV 15/21; LAG Frankfurt, DB 85, 1534.
324 BAG, DB 93, 885.

Erhaltung des status quo der im Betrieb beschäftigten AN.[325] Eine begründete Besorgnis, dass andere im Betrieb tätige AN Nachteile erleiden, kann bei einer beabsichtigten Einstellung gegeben sein, wenn es bislang wegen schlechter Auftragslage zu Personaleinschränkungen oder Kurzarbeit gekommen war und sich die Situation noch nicht geändert hat. Dasselbe kann gelten, wenn jemand für eine Position eingestellt werden soll, die noch von einem anderen AN besetzt ist oder diesem zwar gekündigt wurde, er aber **Kündigungsschutzklage** erhoben hat,[326] bei einer **unbefristeten** Einstellung auch die Nichtberücksichtigung eines gleich geeigneten bereits befristet im Betrieb tätigen AN. Will ein AG weitere Teilzeitarbeitsplätze einrichten, anstatt die **Arbeitszeiten aufstockungswilliger Teilzeitbeschäftigter** zu verlängern, ohne dass für diese Entscheidung arbeitsplatzbezogene Sachgründe vorliegen, steht dem BR ein Zustimmungsverweigerungsrecht zu.[327] Bei der Einstellung von lediglich befristet Beschäftigten läuft eine Zustimmungsverweigerung (z. B. mit der Begründung, dass bereits beschäftigte AN an einer ggf. zeitlich befristeten WAZ-Erhöhung interessiert sind) häufig ins Leere, wenn der AG das Zustimmungsersetzungsverfahren nach § 100 Abs. 1 Satz 1 durchführt und die befristeten AN vorläufig i. S. von § 100 Abs. 2 beschäftigt, und eine gerichtl. Entscheidung nicht vor Ablauf der Befristung ergeht. Wenn aber im Betrieb für alle AN Dienstpläne aufzustellen sind, dann ist der **BR im Anschluss an die Einstellung auch bei der Zuordnung von befristet ebenso wie von als Leih-AN Beschäftigten zu einem (Rahmen-)Dienstplan zu beteiligen**; die MBR nach § 87 Abs. 1 werden durch die Mitwirkungsrechte nach § 99 nicht verdrängt.[328] Verletzt der AG das MBR aus § 87 Abs. 1 Nr. 2, kann der BR die Unterlassung des nicht mitbestimmten Einsatzes der befristeten AN verlangen und so ein **faktisches Beschäftigungsverbot** erzwingen.[329] Der BR kann die Zustimmung zur Einstellung eines untertariflich bezahlten AN verweigern, wenn der AG zeitgleich anlässlich der Schließung einer Filiale tariflich bezahltes Stammpersonal, das die Weiterbeschäftigung im UN zu untertariflicher Bezahlung abgelehnt hat, entlässt.[330] Ist durch die Beschäftigung sog. **1-Euro-Jobber** die Verdrängung regulärer Arbeitsplätze zu befürchten, berechtigt dies den BR zur Zustimmungsverweigerung.[331] Die Versetzung eines AN, dessen

---

325 LAG RP 27.11.18 – 8 TaBV 7/18.

326 Ähnlich ArbG Hameln, BB 84, 1616 bei der Gefährdung des Weiterbeschäftigungsanspruchs eines gekündigten AN durch Neueinstellung.

327 LAG BaWü 21.3.13 – 6 TaBV 9/12.

328 BAG 22.10.19 – 1 ABR 17/18, juris; LAG RP 24.1.19 – 2 TaBVGa 6/18 (hier: Erstellung konkreter Einsatzpläne für Leih-AN).

329 BAG 22.8.17 – 1 ABR 3/16, 4/16, 5/16, juris; s. auch § 101 Rn. 6 sowie Mausner, AiB 6/16, 57.

330 ArbG Berlin, dbr 09, Nr. 6, 36.

331 Vgl. Stähle, AiB 05, 70; Schaff, AiB 05, 3.

Arbeitsplatz wegfällt, auf einen **noch besetzten** Arbeitsplatz begründet die Besorgnis, dass der Arbeitsplatzinhaber gekündigt wird. Eine vom BR mit dieser Begründung verweigerte Zustimmung[332] kann gerichtlich ersetzt werden, wenn nach den Grundsätzen der sozialen Auswahl die betriebsbedingte Kündigung gerade demjenigen AN gegenüber auszusprechen ist, auf dessen Arbeitsplatz die Versetzung erfolgen soll.[333] Fallen die Arbeitsplätze mehrerer vergleichbarer AN weg und stehen nur für einen Teil dieser AN andere Beschäftigungsmöglichkeiten zur Verfügung, sodass eine **Sozialauswahl** vorzunehmen ist, begründet die Versetzung eines AN auf einen der freien Arbeitsplätze die Besorgnis, dass einem anderen AN infolge der Maßnahme gekündigt wird. Der BR kann dann die Zustimmung zu dieser Versetzung mit der Begründung verweigern, der AG habe soziale Auswahlkriterien nicht berücksichtigt.[334] Eine solche Fallgestaltung kommt auch in Betracht, wenn durch Umorganisation ein Teil der Arbeitsplätze wegfällt, gleichzeitig aber neue Beförderungsstellen geschaffen werden, auf denen überwiegend gleiche Tätigkeiten verrichtet werden müssen; Voraussetzung ist, dass die bisherigen Arbeitsplatzinhaber persönlich und fachlich geeignet sind.[335] Die Nichtrealisierung einer **Beförderungschance** allein ist kein Nachteil; anders aber, wenn eine rechtserhebliche Anwartschaft auf die von einem anderen besetzte Arbeitsstelle bestand.[336] Nachteile für die in einer Abteilung verbleibenden AN können auch die auf der Versetzung eines AN beruhenden Erschwerungen der Arbeit von nicht unerheblichem Gewicht sein.[337] Der BR muss **konkrete** Tatsachen für die von ihm geäußerte Besorgnis der Benachteiligung anderer AN vortragen; reine Vermutungen reichen nicht aus.[338]

d) Benachteiligung des betroffenen Arbeitnehmers

32 Zu Nr. 4: Die Vorschrift soll verhindern, dass der durch die personelle Maßnahme betroffene AN **ungerechtfertigt benachteiligt** wird.[339] Die Rüge der mangelnden oder fehlenden Eingruppierung sowie der unzulässigen Befristung des Arbeitsverhältnisses werden als Verweigerungsgrund für die Einstellung nicht anerkannt (vgl. Rn. 28). Ohnehin kommt der Verweigerungsgrund der Nr. 4 bei einer Ein- oder Umgruppierung regelmäßig nicht in Frage; die von der im Betrieb geltenden Vergütungsordnung gebotene Ein- oder

---

332 Musterschreiben s. DKW-F-Bachner, § 99 Rn. 21.
333 BAG, DB 88, 235.
334 BAG, NZA 97, 219.
335 BAG, NZA 96, 496.
336 Vgl. zum Beförderungsanspruch eines BR-Mitgl. im Hinblick auf § 37 Abs. 4 BAG, BB 88, 765; vgl. im Übrigen BAG, DB 79, 311.
337 BAG, DB 88, 128.
338 LAG Rheinland-Pfalz, DB 82, 652.
339 Muster für Verweigerungsschreiben s. DKW-F-Bachner, § 99 Rn. 22.

Umgruppierung stellt keinen Nachteil des betroffenen AN dar.[340] Entspricht eine Maßnahme, etwa eine Versetzung, dem Wunsch des betreffenden AN, kann der BR die Zustimmung nicht wegen ungerechtfertigter Benachteiligung des AN verweigern.[341] Der AG ist nicht gehalten, anstelle einer wegen Spannungen zwischen den AN beabsichtigten Umsetzung eines AN eine vom BR verlangte Abmahnung auszusprechen.[342] Die Versetzung eines AN an einen räumlich weit entfernten Ort ist ein Nachteil, der aus betrieblichen Gründen gerechtfertigt sein kann, insbesondere wenn aufgrund einer unternehmerischen Entscheidung keine Beschäftigungsmöglichkeit für den AN am bisherigen Beschäftigungsort besteht.[343] Nach Auffassung des BAG[344] ist der Verlust des BR-Amts kein Nachteil im Sinne dieser Vorschrift; vor einer zum Mandatsverlust führenden Versetzung ist seit dem BetrVerf-ReformG jedoch die Zustimmung des BR einzuholen (vgl. § 103 Rn. 31).

e) Unterbliebene Stellenausschreibung

Zu Nr. 5: Die Bestimmung beinhaltet die rechtliche **Sanktion** für den Fall, **33**
dass der AG dem Verlangen des BR nach einer innerbetrieblichen **Stellenausschreibung** (§ 93) nicht oder nicht ordnungsgemäß nachgekommen ist. Der AG hat die innerbetriebliche Ausschreibung von Arbeitsplätzen vorzunehmen, bevor er eine Entscheidung über deren Besetzung trifft und den BR um Zustimmung zu der beabsichtigten personellen Maßnahme ersucht; während des gerichtl. Zustimmungsersetzungsverfahrens kann die Ausschreibung grunds. nicht nachgeholt werden.[345] Für das Widerspruchsrecht des BR[346] kommt es nicht darauf an, ob es im Betrieb tatsächlich Bewerber für die vakante Stelle gibt.[347] Wird der Widerspruch auf die unterbliebene Stellenausschreibung gestützt, ist er selbst dann nicht rechtsmissbräuchlich, wenn nicht mit internen Bewerbern zu rechnen ist.[348] Ein Verweigerungsgrund liegt auch vor, wenn der AG in außerbetrieblichen Stellenanzeigen geringere Anforderungen als bei der innerbetrieblichen Ausschreibung stellt,[349] wenn die Ausschreibung zu spät erfolgt, etwa erst an dem Tag, an dem der BR über die Maßnahmen nach Abs. 1 informiert wird,[350] ebenso wenn die

---

340 LAG Hamm 24.5.06 – 10 TaBV 182/05.
341 BAG, NZA 97, 219.
342 BAG, DB 96, 1931.
343 LAG BaWü 7.5.14 – 13 TaBV 1/14.
344 BAG, NZA 00, 1355.
345 BAG 11.10.22 –1 ABR 16/21.
346 Musterschreiben s. DKW-F-Bachner, § 99 Rn. 23.
347 BAG, DB 73, 1456.
348 LAG Köln 14.9.12 – 5 TaBV 18/12; LAG Düsseldorf 12.4.19 – 10 TaBV 46/18.
349 BAG, DB 88, 1452.
350 LAG Frankfurt, AuR 90, 132.

Ausschreibung gegen geltendes Recht verstößt, etwa gegen das Gebot geschlechtsneutraler Ausschreibung gemäß § 11 AGG.[351] Als Begründung für die Zustimmungsverweigerung reicht es aus, dass der BR deutlich macht, die erforderliche innerbetriebliche Ausschreibung sei unterblieben.[352] Nach Ansicht des LAG Köln kann der BR die Ausschreibung konkludent in seiner Stellungnahme zur Anhörung verlangen.[353] Nach Ansicht des BAG[354] jedoch ist grundsätzliche Voraussetzung, dass der BR die Ausschreibung vor dem Zustimmungsersuchen des AG verlangt. Eine Ausschreibverpflichtung kann sich auch aus einer (freiwilligen) Vereinbarung über die Ausschreibung ergeben.[355] Ist in einer vom BR verlangten Ausschreibung ein Datum für eine Stellenbesetzung angegeben, ist regelmäßig keine erneute Ausschreibung erforderlich, wenn zwischen diesem Datum und dem tatsächlichen Besetzungszeitpunkt nicht mehr als sechs Monate vergangen sind.[356] Der BR kann auch die Ausschreibung von Arbeitsplätzen verlangen, die der AG mit freien Mitarbeitern besetzen will, wenn es sich bei der vorgesehenen Beschäftigung um eine gemäß § 99 mitbestimmungspflichtige Einstellung handelt.[357]

f) Störung des Betriebsfriedens

34 Zu Nr. 6: Die Voraussetzungen dieser Bestimmung decken sich mit § 104 (s. Erläuterungen dort). Die Besorgnis, der für die Maßnahme in Aussicht genommene Bewerber oder AN werde den **Betriebsfrieden** durch unsoziales oder gesetzwidriges Verhalten **stören**, kann nur auf konkrete Tatsachen gestützt werden, die bei objektiver Beurteilung der Persönlichkeit diesen Rückschluss zulassen.[358] An die Besorgnis der Störung des Betriebsfriedens sind strenge Maßstäbe anzulegen.[359] Gesetzwidriges Verhalten, das mit dem betrieblichen Geschehen in keinerlei Zusammenhang steht, kommt hierfür nicht in Betracht.[360] Als besonders krasse Fälle eines den Betriebsfrieden und die Zusammenarbeit im Betrieb störenden Verhaltens werden nunmehr ausdrücklich rassistische und fremdenfeindliche Betätigungen hervorgehoben.

---

351 Zum früheren § 611b BGB s. HessLAG, NZA-RR 99, 641; ArbG Essen, BetrR 91, 280; vgl. LAG Berlin, DB 83, 2633.

352 LAG Hamm, DB 92, 2639.

353 LAG Köln 28. 4. 17 – 9 TaBV 78/16.

354 BAG 14. 12. 04 – 1 ABR 54/03.

355 LAG BB 16. 12. 10 – 25 TaBV 2017/10.

356 BAG 30. 4. 14 – 7 ABR 51/12.

357 BAG, BB 93, 2233.

358 Musterschreiben s. DKW-F-Bachner, § 99 Rn. 24.

359 LAG BB 4. 5. 23 – 26 TaBV 920/22.

360 BAG 5. 12. 57, AP Nr. 2 zu § 123 BGB; s. auch LAG BB 4. 5. 23 – 26 TaBV 920/22.

5. Verweigerung der Zustimmung und Mitteilung an Arbeitgeber

Ist der BR mit einer vom AG beabsichtigten Maßnahme nicht einverstanden, so muss er diesem die Verweigerung seiner Zustimmung innerhalb **einer Woche** nach Unterrichtung **unter Angabe der Gründe schriftlich** mitteilen. Geschieht dies vor Ablauf der genannten Frist nicht, gilt die Zustimmung als erteilt. Entscheidend ist der **Zugang** der Zustimmungsverweigerung beim AG innerhalb der Wochenfrist. Für die Zustimmungsverweigerung nach Abs. 3 genügt Schriftlichkeit. Der gesetzlichen Schriftform des § 126 Abs. 1 BGB bedarf sie nicht.[361] Das Schriftlichkeitsgebot des Abs. 3 wird daher auch durch die Einhaltung der Textform des § 126b BGB erfüllt.[362] Wird das unterzeichnete Verweigerungsschreiben dem AG vor Fristablauf per Telefax übermittelt, so genügt dies.[363] Auch die Zustimmungsverweigerung durch ein maschinell hergestelltes Schreiben, das mit einer Grußformel und der Angabe von Namen und Funktion des BR-Vorsitzenden endete, aber nicht eigenhändig unterzeichnet war, ist »schriftlich« i. S. des Abs. 3.[364] Ebenso genügt eine **Zustimmungsverweigerung per E-Mail** dem Schriftlichkeitsgebot auch dann, wenn sie ohne qualifizierte elektronische Signatur i. S. von § 126a Abs. 1 BGB übermittelt wird[365] (s. auch § 26 Rn. 5). Die einwöchige Erklärungsfrist endet mit Ablauf des Tages, der seiner Benennung nach dem Tage entspricht, an dem der AG die ihm nach Abs. 1 obliegende Unterrichtungspflicht erfüllt hat. AG und BR können eine **Verlängerung der Wochenfrist** vereinbaren;[366] im Einzelfall können sie die Frist auch um mehrere Monate verlängern,[367] gänzlich aufheben können sie die Frist aber nicht.[368] Die Fristverlängerung kann auch in der Weise geschehen, dass die Betriebsparteien den Beginn der Frist hinausschieben.[369] Die Wochenfrist kann auch durch TV verlängert werden.[370] Voraussetzung für eine wirksame Fristverlängerung ist, dass das Fristende eindeutig bestimmbar ist, um ein mögliches Eintreten der gesetzlichen Zustimmungsfiktion feststellen zu 35

361 BAG, NZA 03, 226.
362 BAG 9.12.08 – 1 ABR 79/07.
363 BAG, NZA 03, 226.
364 BAG, AiB 09, 593.
365 BAG, NZA 09, 622; OVG NRW 1.2.19 – 20 A 3100/17. PVB.
366 BAG, DB 83, 2638; LAG RP 12.2.15 – 5 TaBV 15/14: In der GBV »zur Erweiterten MB für BR in ver.di« sind die gesetzlich geregelte Wochenfrist zur Zustimmungsverweigerung des BR und der Eintritt der Zustimmungsfiktion nach Fristablauf nicht abbedungen worden.
367 BAG 18.8.09 – 1 ABR 49/08: mehr als sechs Monate in einem Massenumgruppierungsverfahren.
368 BAG 23.8.16 – 1 ABR 22/14.
369 BAG, NZA 05, 776.
370 Vgl. BAG, NZA 86, 566.

können.[371] Zur einvernehmlichen Umgestaltung des Verfahrens nach § 99 vgl. im Übrigen auch Rn. 22.

36 Über die Frage, ob der vom AG beabsichtigten personellen Maßnahme zugestimmt werden soll, beschließt der BR gemäß § 33 Abs. 1. Dabei muss der BR nicht in jedem Fall förmlich über jede Erwägung abstimmen, mit der die Zustimmung verweigert werden soll, eine förmliche Abstimmung über das »Ob« der Zustimmung genügt.[372] Die Übermittlung des gefassten Beschlusses und die Mitteilung der Zustimmungsverweigerungsgründe obliegen dem BR-Vors., der diese dann auf der Grundlage der vorangegangenen Willensbildung des BR eigenständig formuliert.[373] Ist ein Mitgl. des BR von der personellen Maßnahme individuell und unmittelbar betroffen, darf es weder an der Beratung noch an der Abstimmung teilnehmen;[374] vielmehr ist das zuständige Ersatzmitglied zu laden; andernfalls ist der Beschluss des BR, die Zustimmung zu verweigern, unwirksam. Von einer individuellen und unmittelbaren Betroffenheit des BR-Mitgl. kann bei personellen Einzelmaßnahmen regelmäßig nur dann gesprochen werden, wenn das BR-Mitgl. gerade die Person ist, auf die sich das Zustimmungsersuchen des AG unmittelbar richtet.[375] Handelt es sich bei dem wegen einer solchen Betroffenheit von der Beratung und Beschlussfassung ausgeschlossenen BR-Mitgl. um den BR-Vors., ist er an der Unterzeichnung des BR-Beschlusses nicht gehindert.[376]
Die Zustimmung **gilt** mit Ablauf der Wochenfrist des Abs. 3 Satz 1 als erteilt.[377] Diese gesetzliche Zustimmungsfiktion kann nur eintreten, wenn der AG den BR »vor« der personellen Einzelmaßnahme unterrichtet und die Zustimmung zur »geplanten« Maßnahme einholt. Deshalb ist es grundsätzlich erforderlich, dass die Beteiligung des BR zu einer Zeit erfolgt, zu der noch keine abschließende und endgültige Entscheidung getroffen worden ist; eine nachträgliche Unterrichtung des BR kann die Zustimmungsfiktion zu einer bereits erfolgten Maßnahme nicht bewirken.[378] Der Widerspruch des BR gegen eine personelle Einzelmaßnahme muss auf mindestens einen bestimmten Widerspruchsgrund von Abs. 2 bezogen sein.[379] Zur Begründung, warum der BR die Zustimmung verweigert, reicht es nicht aus, dass dieser lediglich den Gesetzeswortlaut eines der in Abs. 2 angeführten Tatbestände wiederholt. Ebenfalls nicht ausreichend ist es, eine Versetzung als

---

371 BAG 20.10.21 –7 ABR 34/20: 5.5.10 – 7 ABR 70/08.
372 LAG BaWü 13.11.12 – 15 TaBV 2/12.
373 BAG 30.9.14 – 1 ABR 32/13.
374 BAG 10.11.09 – 1 ABR 64/08.
375 BAG 24.4.13 – 7 ABR 82/11.
376 LAG Hamburg 19.9.10 – H 6 TaBV 2/12.
377 BAG, AuR 00, 158.
378 BAG 21.11.18 – 7 ABR 16/17 zur Einstellung; s. auch Dach, AiB 3/2020, 40.
379 HessLAG 15.5.12 – 4 TaBV 219/11.

»nicht adäquat« abzulehnen.[380] Es müssen **konkrete Tatsachen und Gründe** angeführt werden. Geschieht dies, so kann der AG sich über die vom BR verweigerte Zustimmung nicht einfach mit der Behauptung, sie sei fehlerhaft oder unbegründet, hinwegsetzen; er hat vielmehr die gerichtl. Ersetzung der Zustimmung zu beantragen. Die vom BR angegebenen Gründe brauchen nicht schlüssig zu sein[381] und einer gerichtl. Nachprüfung letztlich auch nicht standzuhalten. Es genügt, dass die vorgetragenen Tatsachen als solche die geäußerten Besorgnisse auftreten lassen **können**[382] oder die vom BR für die Verweigerung seiner Zustimmung gegebene Begründung es **als möglich** erscheinen lässt, dass einer der in Abs. 2 abschließend genannten Zustimmungsverweigerungsgründe geltend gemacht wird.[383] Nur eine Begründung, die **offensichtlich** nicht auf einen der Verweigerungsgründe Bezug nimmt, ist unbeachtlich mit der Folge, dass die Zustimmung des BR als erteilt gilt.[384] Trotzdem sollte der BR schon im Hinblick auf ein mögliches Verfahren nach §§ 99 Abs. 4 oder 100 die Zustimmungsverweigerung **so ausführlich wie möglich** begründen. Ein **Nachschieben** von Zustimmungsverweigerungsgründen **nach Ablauf** der Wochenfrist des Abs. 3 Satz 1 ist grundsätzlich unzulässig;[385] die Zustimmungsverweigerung kann deshalb auf einen solchen Grund nicht gestützt werden.[386] Bezieht sich die Zustimmungsverweigerung des BR auf mehrere personelle Einzelmaßnahmen, muss er seine Verweigerung in Bezug auf jede einzelne Maßnahme begründen.[387]

6. Antrag auf Ersetzung der Zustimmung

Ist der BR mit einer personellen Maßnahme nicht einverstanden und **verweigert** er deshalb seine **Zustimmung**, so hat der AG, falls er die Maßnahme 37
gleichwohl durchführen will, die Ersetzung der Zustimmung des BR beim ArbG zu beantragen. Der AG ist nicht berechtigt, anstelle des Gerichts selbst darüber zu entscheiden, ob der BR seine Zustimmung grundlos und ungerechtfertigt nicht erteilt hat. Hält der AG die Zustimmungsverweigerung für nicht form- oder fristgerecht erfolgt, kann er die Feststellung beantragen, dass die Zustimmung des BR als erteilt gilt, und hilfsweise den Zustimmungsersetzungsantrag stellen.[388] Das Ersetzungsverfahren nach Abs. 4 muss

380 HessLAG 15.5.12 – 4 TaBV 219/11.
381 BAG 21.7.09 – 1 ABR 35/08.
382 BAG, BB 79, 678.
383 BAG 16.3.10 – 3 AZR 31/09; LAG Rheinland-Pfalz 2.5.23 – 8 TaBV 17/22.
384 BAG, BB 88, 1327.
385 BAG 23.1.19 – 4 ABR 56/17
386 LAG Köln, AiB 95, 797.
387 BAG 13.5.14 – 1 ABR 9/12.
388 BAG, DB 86, 1077; 89, 530.

sich auf die personelle Maßnahme beziehen, für die der AG gem. Abs. 1 um Zustimmung gebeten hat, da andernfalls keine ordnungsgemäße Unterrichtung über die tatsächlich in Aussicht genommene personelle Einzelmaßnahme erfolgt ist.[389] Der AG ist verpflichtet, das Zustimmungsersetzungsverfahren nach Abs. 4 durchzuführen, wenn der BR die Zustimmung zu einer leidensgerechten Weiterbeschäftigung (Versetzung) eines AN auf einem anderen Arbeitsplatz verweigert hat und der AG erkennt, dass die geltend gemachten Zustimmungsverweigerungsgründe tatsächlich nicht vorliegen. Kommt er dieser Pflicht nur unzureichend nach, kann dies einen Schadensersatzanspruch des AN begründen. Ist allerdings die Zustimmung des Integrationsamtes zur Kündigung des AN erteilt, so ist dem AG im Normalfall die Durchführung des Zustimmungsersetzungsverfahrens unzumutbar, weil die damit verbundene erhebliche Verzögerung des Kündigungsverfahrens mit unverhältnismäßigen Aufwendungen im Sinne des § 164 Abs. 4 Satz 3 (bis 31.12.2017 § 81 Abs. 4 Satz 3) SGB IX verbunden wäre.[390]

38 Soweit bei Eingruppierungen im Zustimmungsersetzungsverfahren eine bestimmte Entgeltgruppe vom ArbG als zutreffend ermittelt oder als unzutreffend ausgeschlossen wird, kann der AN seinen Entgeltanspruch unmittelbar auf die gerichtl. Entscheidung stützen. Insoweit ist sein Anspruch nicht von einer weiteren Prüfung der tariflichen Eingruppierungsvoraussetzungen abhängig. Allerdings ist der AN auch nicht gehindert, gegenüber dem AG eine günstigere als die im Beschlussverfahren angenommene Eingruppierung geltend zu machen.[391]

39 Das ArbG entscheidet im Beschlussverfahren. Der BR hat im gerichtlichen Zustimmungsersetzungsverfahren die **Darlegungs- und Beweislast** für die Einhaltung der Wochenfrist.[392] Der AG ist darlegungs- und beweispflichtig dafür, dass die vom BR vorgetragenen Gründe zur Verweigerung der Zustimmung nicht gegeben sind. Der BR kann nach Auffassung des BAG im arbeitsgerichtlichen Beschlussverfahren weitere Gründe **nicht nachschieben**;[393] auf jeden Fall wird der BR aber ihm vorher nicht bekannt gewesene Gründe noch geltend machen können. Streitgegenstand eines Verfahrens nach Abs. 4 ist die Frage, ob die beabsichtigte personelle Maßnahme angesichts der vorgebrachten Verweigerungsgründe gegenwärtig und zukünftig zulässig ist, nicht jedoch, ob die Maßnahme im Zeitpunkt der Antragstellung zulässig war. Über den Antrag auf Ersetzung der Zustimmung des BR ist daher nach der im Zeitpunkt der gerichtlichen Entscheidung geltenden

---

389 BAG 12.6.19 – 1 ABR 39/17; LAG SH 3.7.08 – 4 TaBV 43/07.
390 LAG Hamm 30.9.10 – 15 Sa 416/10.
391 BAG, NZA 95, 484.
392 LAG Köln, NZA-RR 09, 424.
393 BAG, NZA 85, 67; 86, 755.

Rechtslage zu beschließen.[394] Weist das ArbG den Antrag des AG auf Ersetzung der Zustimmung mit der Begründung ab, die Zustimmung gelte bereits als erteilt, so kann der BR gegen diese Entscheidung Beschwerde einlegen, wenn er anderer Auffassung ist.[395] Hat der AG bereits das Zustimmungsverfahren nach Abs. 1 nicht ordnungsgemäß eingeleitet mit der Folge, dass die Wochenfrist des Abs. 3 Satz 1 nicht abläuft, so ist der Zustimmungsersetzungsantrag des AG vom ArbG als unbegründet abzuweisen.[396] Die von der personellen Maßnahme betroffenen AN sind im Beschlussverfahren weder Beteiligte noch antragsberechtigt.[397] Sie haben keinen Anspruch auf ein wie auch immer geartetes Tätigwerden des BR.[398] Sie können bei verweigerter Zustimmung die Einleitung eines Zustimmungsersetzungsverfahren nur unter bestimmten Voraussetzungen vom AG verlangen; aus der Rücksichtnahmepflicht nach § 241 Abs. 1 BGB folgt kein solcher Anspruch.[399] Der Rechtsweg zu den ArbG ist auch gegeben, wenn die Beteiligungsrechte nach dieser Vorschrift Beamte betreffen.[400] Das Zustimmungsersetzungsverfahren nach Abs. 4 erledigt sich, sobald die personelle Maßnahme endet.[401]

§ 100 Vorläufige personelle Maßnahmen

(1) Der Arbeitgeber kann, wenn dies aus sachlichen Gründen dringend erforderlich ist, die personelle Maßnahme im Sinne des § 99 Abs. 1 Satz 1 vorläufig durchführen, bevor der Betriebsrat sich geäußert oder wenn er die Zustimmung verweigert hat. Der Arbeitgeber hat den Arbeitnehmer über die Sach- und Rechtslage aufzuklären.

(2) Der Arbeitgeber hat den Betriebsrat unverzüglich von der vorläufigen personellen Maßnahme zu unterrichten. Bestreitet der Betriebsrat, dass die Maßnahme aus sachlichen Gründen dringend erforderlich ist, so hat er dies dem Arbeitgeber unverzüglich mitzuteilen. In diesem Fall darf der Arbeitgeber die vorläufige personelle Maßnahme nur aufrechterhalten, wenn er innerhalb von drei Tagen beim Arbeitsgericht die Ersetzung der Zustimmung des Betriebsrats und die Feststellung beantragt, dass die Maßnahme aus sachlichen Gründen dringend erforderlich war.

394 BAG, NZA 05, 1199.

395 BAG, NZA 86, 366.

396 LAG Hamm 24.5.06 – 10 TaBV 215/05.

397 BAG 23.9.03 – 1 ABR 35/02.

398 BAG, NZA 97, 713, 715.

399 BAG 21.2.17 – 1 AZR 367/15 m.w.N.

400 BAG, NZA 96, 1061.

401 LAG Saarland 26.3.14 – 1 TaBV 9/12; s. auch BAG 15.11.22 – 1 ABR 15/21 zur Beendigung der personellen Maßnahme der Versetzung auf einen anderen Arbeitsplatz infolge der Ausgliederung desjenigen Bereichs, in den der AN versetzt wurde.

(3) Lehnt das Gericht durch rechtskräftige Entscheidung die Ersetzung der Zustimmung des Betriebsrats ab oder stellt es rechtskräftig fest, dass offensichtlich die Maßnahme aus sachlichen Gründen nicht dringend erforderlich war, so endet die vorläufige personelle Maßnahme mit Ablauf von zwei Wochen nach Rechtskraft der Entscheidung. Von diesem Zeitpunkt an darf die personelle Maßnahme nicht aufrecht erhalten werden.

Inhaltsübersicht Rn.

1. Vorläufige Durchführung einer personellen Maßnahme

1 Die Vorschrift regelt die Voraussetzungen, die den AG zur **vorläufigen Durchführung** einer personellen Maßnahme berechtigen, bevor der BR sich dazu geäußert hat oder falls er seine Zustimmung verweigert.[1] Die vorläufige personelle Maßnahme[2] ist nur dann zulässig, wenn sachliche Gründe sie **dringend erforderlich** machen. Ob diese Voraussetzungen vorliegen, lässt sich nur unter Berücksichtigung aller Umstände des Einzelfalles beurteilen. Die vorläufige Durchführung einer Maßnahme ist nur gerechtfertigt, wenn sie **unaufschiebbar** ist, weil feststeht, dass anderenfalls ein spürbarer und nicht wieder gutzumachender **Schaden** entstehen oder ein vergleichbarer Vorteil entgehen würde.[3] Gründe für die vorläufige Durchführung einer personellen Maßnahme können nur auf einer betrieblichen Notwendigkeit beruhen. Dagegen reicht z. B. das **besondere Interesse eines Bewerbers** an einer sofortigen Einstellung nicht aus. **Bejaht** wurde die dringende Erforderlichkeit bei der vorläufigen Einstellung einer Fachkraft in einem Fall, in dem in einem für die Produktion wichtigen Labor ein AN ausgeschieden und ein weiterer in Urlaub war;[4] bei der vorläufigen Einstellung eines Bewerbers für eine Betriebsabteilung, in der von insgesamt vier beschäftigten AN zwei ausgeschieden waren;[5] beim Einsatz eines Leih-AN mit der Begründung, dass die Besetzung aller Schichten für einen geordneten Produktionsablauf nicht verzichtbar sei;[6] im Fall einer sofortigen Versetzung von AN zur Si-

1 Tipps für die Reaktion des BR s. Koll, AiB 13, 169.
2 Zur Unterscheidung von einer kommissarischen Stellenbesetzung vgl. HessLAG, NZA 94, 1052.
3 LAG Köln 15. 1. 97 – 8 Ta BV 61/96.
4 ArbG Darmstadt 14. 8. 73 – 3 BV 7/73.
5 ArbG Essen, DB 72, 977.
6 HessLAG 25. 10. 16 – 15 TaBV 243/15.

cherstellung der monatlichen Lohnabrechnung im Betrieb[7] sowie bei der Einstellung einer dringend benötigten Fachkraft, die sich sonst ernsthaft anderweitig entschieden hätte.[8] Bei Ein- oder Umgruppierungen wird eine Unaufschiebbarkeit bereits deshalb nicht zu bejahen sein, weil es sich dabei nicht um gestaltende, sondern um beurteilende Vorgänge handelt[9] (vgl. § 99 Rn. 9). Nicht ausreichend ist es, wenn der AG beim Vorhandensein einer größeren Zahl von Stellen im Pflegedienst eines Krankenhauses nur auf die Vakanz einzelner Stellen hinweist, ohne seine Personalbedarfsberechnung zu erläutern.[10] **Verneint** wurde die dringende Erforderlichkeit einer vorläufigen Versetzung eines AN auf eine durch Kündigung freigewordene Stelle, deren Neuausschreibung der AG unterlassen hat,[11] oder bei der (hier befristeten) Einstellung von Leih-AN auf einen Dauerarbeitsplatz, weil der AG seinen Beschäftigungsbedarf auch durch eine – ggf. befristete – Einstellung der Leih-AN als eigene Mitarbeiter hätte decken können.[12] Die Kosten, die sich dabei aus der Differenz zwischen den Personalkosten als Leih-AN und den Kosten bei Einstellung als Stammmitarbeiter ergeben, können die dringende Erforderlichkeit aus sachlichen Gründen nicht rechtfertigen, denn unter sachlichen Gründen sind betriebliche Gründe, insbesondere solche des geregelten Arbeitsablaufs zu verstehen, nicht aber betriebswirtschaftliche Überlegungen.[13] Daher ist auch die vorläufige Versetzung einer AN zur Betreuung durch die Einheit »Job Service und Placement« nicht aus sachlichen Gründen dringend erforderlich.[14] Eine vorläufige Versetzung bleibt beim Fehlen betrieblicher Gründe auch dann unzulässig, wenn der betroffene AN mit der Versetzung einverstanden ist.[15]

Bevor der AG die Maßnahme vorläufig durchführt, hat er den davon be- 2
troffenen AN jedoch auf die Vorläufigkeit der Maßnahme und die mögliche Notwendigkeit, sie später wieder rückgängig machen zu müssen, hinzuweisen. Unterlässt er dies, so können sich daraus **Schadensersatzverpflichtungen** des AG gegenüber dem Betroffenen ergeben.

---

7 BAG, DB 78, 447.
8 LAG Hamm 31.7.09 – 10 TaBV 9/09; LAG Berlin, DB 83, 776.
9 S. auch BAG 27.1.87 – 1 ABR 66/85.
10 HessLAG 21.5.13 – 4 TaBV 298/12.
11 LAG Köln 28.1.22 – 9 TaBV 38/21.
12 LAG Berlin-Brandenburg 1.3.13 – 9 TaBV 2112/12.
13 LAG Hamburg 23.9.14 – 2 TaBV 6/14.
14 LAG Hamm 14.2.17 – 7 TaBV 91/16.
15 BAG 21.2.13 – 8 AZR 877/11.

2. Unterrichtung des Betriebsrats, Ersetzungs- und Feststellungsantrag des Arbeitgebers

3 Damit der BR von der vorläufigen personellen Maßnahme Kenntnis erhält, ist der AG verpflichtet, ihn **unverzüglich zu unterrichten**.[16] »Unverzüglich« bedeutet ohne schuldhaftes Zögern i. S. von § 121 Abs. 1 Satz 1 BGB.[17] Die Unterrichtung soll den BR in die Lage versetzen, prüfen zu können, ob die Voraussetzungen der vorläufigen Durchführung der Maßnahme erfüllt sind. Deshalb muss der AG die sachlichen Gründe, die aus seiner Sicht die dringende Erforderlichkeit der Maßnahme auslösen, dem BR konkret nennen.[18] Verletzt der AG seine Pflicht zur Unterrichtung des BR, ist die Durchführung der personellen Maßnahme wegen Fehlens einer Verfahrensvoraussetzung unzulässig; da das Verfahren nicht wirksam eingeleitet wurde, kann die dringende Erforderlichkeit der vorläufigen Durchführung der Maßnahme nicht festgestellt werden.[19] Behauptet der BR die Nichtberechtigung der vorläufigen Maßnahme und teilt er dies dem AG unverzüglich mit, so muss dieser die Maßnahme rückgängig machen, es sei denn, dass er **innerhalb von drei Tagen** (Kalendertage) beim ArbG die Ersetzung der Zustimmung des BR zur Durchführung der personellen Maßnahme sowie die Feststellung, dass deren vorläufige Durchführung aus sachlichen Gründen dringend erforderlich war, beantragt. **Beide Anträge** müssen in diesem Fall innerhalb der **Ausschlussfrist** von drei Tagen beim ArbG gestellt[20] und begründet werden, da sonst ein nicht behebbarer, zur Unzulässigkeit des Antrags führender Mangel vorliegt.[21] Die Frist beginnt mit dem Tag des Eingangs der BR-Erklärung, mit der dieser die Berechtigung der vorläufigen Maßnahme bestreitet; das gilt auch dann, wenn die vorläufige Einstellung erst zu einem späteren Zeitpunkt geplant ist.[22] Das Gebot der doppelten Antragstellung soll verhindern, dass der AG den Streit auf die Wirksamkeit der vorläufigen Maßnahme beschränkt und das Verfahren gemäß § 99 Abs. 4 in der Schwebe hält.[23] Stellt der AG innerhalb der Drei-Tage-Frist nur den Feststellungsantrag zur Dringlichkeit der vorläufigen Durchführung der personellen Maßnahme, ist dieser unzulässig.[24] Strittig ist, ob das Gericht über beide Anträge gleichzeitig zu entscheiden hat oder darin frei ist, welchen der bei-

---

16 BAG, DB 78, 447.
17 LAG Hamm 17.4.08 – 13 TaBV 130/07.
18 ArbG Offenbach 28.6.16 – 3 BV 12/16.
19 HessLAG 15.10.19 – 4 TaBV 207/18; 31.7.07 – 4 TaBV 35/07.
20 BAG, BB 78, 1166.
21 LAG Frankfurt, DB 90, 1092.
22 DKW-Bachner/Wenckebach, Rn. 29; a. A. HessLAG 8.5.09 – 4 Ta 139/08.
23 BAG, NZA 88, 101.
24 BAG a. a. O.

den Anträge es zuerst behandelt,[25] und ob eine Vorabentscheidung über die Berechtigung der vorläufigen Maßnahme erforderlich ist.[26] Es spricht viel für die Freiheit des Gerichts in der Behandlung der Anträge, sodass es ggf. auch zunächst über den Zustimmungsersetzungsantrag entscheiden kann, wenn dies aufgrund der Sach- und Rechtslage ohne größere Verzögerung möglich ist.[27] Andererseits sollte das Gericht insbesondere bei eher kurzzeitigen personellen Einzelmaßnahmen bzw. beim Streit um den Einsatz eines Leih- oder Werkvertrags-AN vorab über den Feststellungsantrag hinsichtlich der Dringlichkeit entscheiden, damit der Rechtsschutz des BR bei einer vorläufigen Durchführung der Personalmaßnahme nicht völlig leerläuft.[28] Der BR sollte seinen Antrag auf Abweisung der Anträge des AG zum einen mit dem Antrag verbinden, dem AG aufzugeben, die vorläufige personelle Maßnahme gemäß § 101 aufzuheben;[29] zum anderen sollte der BR zusätzlich einen Antrag stellen, mit dem die Feststellung begehrt wird, dass die vorläufige Maßnahme nicht aus sachlichen Gründen dringend erforderlich war. Dies schafft die Grundlage für künftige Unterlassungsanträge im Verfahren nach § 23 Abs. 3.[30] Stellt der AG den Antrag nach Abs. 2 Satz 3 nicht oder nicht rechtzeitig, kann der BR nach § 101 vorgehen.

Der DGB-Entwurf für ein modernes BetrVG[31] schlägt für den Fall der Zustimmungsverweigerung des BR vor, dem AG anstelle der Anrufung des ArbG die Anrufung der Einigungsstelle zu ermöglichen.

Unterrichtet der AG den BR über die vorläufige Durchführung einer personellen Maßnahme, bestreitet aber der BR die dringende Erforderlichkeit der vorläufigen Durchführung nicht, soll die Dreitagefrist des Abs. 2 Satz 3 zur Beantragung der Zustimmungsersetzung beim ArbG gem. § 99 Abs. 4 nicht gelten.[32]

Bei der Beurteilung der Frage, ob aus sachlichen Gründen die vorläufige Durchführung der Personalmaßnahme dringend erforderlich ist, scheiden **Gesichtspunkte der sozialen Auswahl** nach Auffassung des BAG aus.[33] Der vom AG zu stellende Antrag auf Feststellung der Dringlichkeit für eine vorläufige Maßnahme ist dann unbegründet, wenn die Maßnahme offensichtlich aus sachlichen Gründen nicht dringend erforderlich war. Das Merkmal »offensichtlich« erfordert eine **grobe Verkennung** der sachlich-betrieblichen Notwendigkeit der vorläufigen Durchführung der Personalmaßnahme 4

25 Vgl. auch LAG SH, BB 78, 611.
26 Vgl. BAG, NZA 89, 183.
27 LAG Köln 8.11.83 – 6 TaBV 33/83.
28 So ausdrücklich Karthaus/Klebe, NZA 12, 417.
29 ArbG Stuttgart 26.3.92 – 6 BV 161/91.
30 S. hierzu auch LAG SH 10.5.16 – 1 TaBV 59/15.
31 *https://aur-blog.eu/reformvorschlag/*.
32 HessLAG 25.6.13 – 4 TaBV 285/12.
33 BAG, DB 78, 447.

seitens des AG.[34] Eine dringende Erforderlichkeit i. S. dieser Vorschrift liegt nur vor, wenn ein verantwortungsbewusster AG im Interesse des Betriebs alsbald handeln muss, die geplante Maßnahme also keinen Aufschub verträgt.[35] Das Merkmal »aus sachlichen Gründen« deutet darauf hin, dass die Dringlichkeit auf vom AG nicht rechtzeitig voraussehbaren Umständen beruhen muss, der AG darf sich also nicht bewusst in Zugzwang setzen, um nach § 100 handeln zu können.[36] Die Maßnahme muss wirklich notwendig sein, es darf kein zumutbarer anderer Weg zur Verfügung stehen.[37] War die personelle Maßnahme **zur Zeit der Durchführung** dringend erforderlich, so braucht der AG sie nach Auffassung des BAG anschließend vor Abschluss des von ihm eingeleiteten Verfahrens nicht aufzuheben, wenn nachträglich der dringende betriebliche Grund wieder entfällt.[38] Das gerichtl. Verfahren ist jedoch nicht auf die Klärung der Frage beschränkt, ob der AG die personelle Maßnahme vorläufig durchführen durfte; es kann sich vielmehr gleichzeitig auch auf die Ersetzung der Zustimmung des BR nach § 99 Abs. 4 erstrecken. Deshalb ist es zweckmäßig, dass der BR in einem solchen Verfahren **sowohl die für eine Verweigerung seiner Zustimmung maßgebenden Gründe** vorträgt als auch darlegt, warum er die vorläufige Durchführung der Maßnahme für sachlich **nicht dringend erforderlich** erachtet.

3. Entscheidung des Arbeitsgerichts

5 Hat der AG **sowohl** den Antrag gestellt, die fehlende Zustimmung des BR zu ersetzen, **als auch** festzustellen, dass die von ihm vorläufig durchgeführte personelle Maßnahme aus sachlichen Gründen dringend erforderlich war, so ist zu beachten, dass es sich im Grunde um **zwei Verfahren** handelt, die zwar vom Gericht zusammen entschieden werden können, aber nicht gleichzeitig entschieden werden müssen (vgl. Rn. 3). Es ist sogar möglich, dass beide Anträge bei verschiedenen Kammern desselben Gerichts anhängig sind, wenn nämlich der Antrag nach § 99 Abs. 4 auf Ersetzung der Zustimmung des BR schon vorher gestellt wurde.

6 Stellt das Gericht fest, dass die vorläufige Durchführung der personellen Maßnahme offensichtlich aus sachlichen Gründen nicht dringend notwendig war, so endet diese mit Ablauf von zwei Wochen **nach Rechtskraft der Entscheidung** ohne Rücksicht auf die Dauer von Kündigungsfristen.[39]

---

34 LAG RP 24.1.18 – 4 TaBV 9/17; ArbG Gera 8.8.23 – 3 BV 40/22; ArbG Mannheim 28.6.23 – 2 BV 2/23.
35 ArbG Köln 13.1.23 – 23 BV 67/22.
36 LAG Köln 28.1.22 – 9 TaBV 38/21.
37 LAG Hamm 16.5.08 – 10 TaBV 123/07.
38 BAG, DB 75, 311.
39 Vgl. auch ArbG Göttingen, DB 73, 338.

Sie darf von diesem Zeitpunkt an nicht aufrechterhalten werden (wegen der rechtlichen Sanktionen vgl. § 101). Dasselbe gilt, wenn das Gericht die Ersetzung der Zustimmung des BR nach § 99 Abs. 4 ablehnt, da damit zugleich auch die Grundlage zur Durchführung einer vorläufigen personellen Maßnahme entfällt. An diesem Ergebnis ändert sich auch dann nichts, wenn **zwei verschiedene Kammern desselben Gerichts** über die Anträge befinden und die eine Kammer den Antrag auf Ersetzung der Zustimmung des BR ablehnt, während die andere die Notwendigkeit der vorläufigen Durchführung der Maßnahme bejaht hat. Ersetzt das Gericht die Zustimmung, so besteht ein Anspruch des BR auf Aufhebung der Maßnahme nur bis zur rechtskräftigen Zustimmungsersetzung.[40] Ist rechtskräftig über den Zustimmungsersetzungsantrag entschieden worden, kommt eine Entscheidung über den Feststellungsantrag des AG nicht mehr in Frage, weil das Verfahren nach Abs. 2 so ausgestaltet ist, dass der Feststellungsantrag des AG von vornherein nur für die Zeit bis zur rechtskräftigen Entscheidung über den Zustimmungsersetzungsantrag zu stellen ist.[41] Weist das Gericht den Zustimmungsersetzungsantrag und den auf Feststellung der dringenden Erforderlichkeit der personellen Maßnahme gerichteten Antrag ab, endet die vorläufige personelle Maßnahme; über ihre Aufhebung ist der BR lediglich zu unterrichten.[42] Hält das ArbG die Verweigerung der Zustimmung durch den BR nicht für gerechtfertigt, ist der Feststellungsantrag nach Abs. 2 Satz 3 nur dann unbegründet, wenn die Maßnahme offensichtlich aus sachlichen Gründen nicht dringend erforderlich war. Das Merkmal »offensichtlich« erfordert eine grobe, ohne weiteres ersichtliche Verkennung der sachlich-betrieblichen Notwendigkeit der vorläufigen Durchführung der Personalmaßnahme seitens des AG.[43] Dem AN gegenüber ist eine ordnungsgemäß als vorläufige Maßnahme nach dieser Vorschrift durchgeführte Versetzung wirksam, bis sie ggf. gem. Abs. 3 Satz 2 nicht mehr aufrechterhalten werden darf.[44]

Hält der AG die Maßnahme über den Zeitraum von zwei Wochen nach Rechtskraft der Entscheidung aufrecht, kann der BR das Verfahren nach § 101 betreiben[45] (dazu s. § 101 Rn. 5; zur Frage des vorläufigen Rechtsschutzes s. § 101 Rn. 6). 7

40 ArbG Braunschweig 24. 2. 87 – 6 BV 6/87.
41 BAG, NZA 09, 622.
42 BAG 15. 4. 14 – 1 ABR 101/12.
43 LAG BB 22. 5. 14 – 14 TaBV 184/15; LAG Hamm 12. 8. 14 – 7 TaBV 29/14.
44 BAG 18. 10. 12 – 6 AZR 86/11.
45 LAG Hamm 23. 1. 15 – 13 TaBV 44/14.

§ 101 Zwangsgeld

Führt der Arbeitgeber eine personelle Maßnahme im Sinne des § 99 Abs. 1 Satz 1 ohne Zustimmung des Betriebsrats durch oder hält er eine vorläufige personelle Maßnahme entgegen § 100 Abs. 2 Satz 3 oder Absatz 3 aufrecht, so kann der Betriebsrat beim Arbeitsgericht beantragen, dem Arbeitgeber aufzugeben, die personelle Maßnahme aufzuheben. Hebt der Arbeitgeber entgegen einer rechtskräftigen gerichtlichen Entscheidung die personelle Maßnahme nicht auf, so ist auf Antrag des Betriebsrats vom Arbeitsgericht zu erkennen, dass der Arbeitgeber zur Aufhebung der Maßnahme durch Zwangsgeld anzuhalten sei. Das Höchstmaß des Zwangsgeldes beträgt für jeden Tag der Zuwiderhandlung 250 Euro.

Inhaltsübersicht Rn.

1. Verfahren zur Aufhebung der personellen Maßnahme

1 Der BR kann durch das ArbG die Aufhebung einer personellen Maßnahme erzwingen, wenn der AG sie ohne Zustimmung des BR durchgeführt hat. Dabei ist es gleichgültig, ob der AG die Zustimmung überhaupt nicht eingeholt hat, ob sie vom BR verweigert wurde, ohne dass ihre Ersetzung durch das ArbG erfolgt ist oder ob das ArbG die Ersetzung der Zustimmung abgelehnt hat. Ebenso kann der AG durch das Gericht angehalten werden, eine vorläufig durchgeführte Maßnahme rückgängig zu machen, wenn der BR deren Berechtigung unverzüglich bestritten und der AG es unterlassen hat, das ArbG **innerhalb von drei Tagen** anzurufen. Gegenstand des Aufhebungsverfahrens nach Satz 1 ist die Frage, ob eine konkrete personelle Maßnahme gegenwärtig und zukünftig als endgültige Maßnahme zulässig ist.[1] Satz 1 der Vorschrift eröffnet dem BR nur die Möglichkeit, die Aufhebung MB-widriger Personalmaßnahmen i. S. von § 99 Abs. 1 Satz 1 BetrVG zu erzwingen, nicht jedoch, sie von vornherein zu verhindern.[2] Voraussetzung des Aufhebungsanspruchs ist, dass die strittige Maßnahme der Zustimmung des BR bedurfte.[3] Darüber hinaus sichert die Vorschrift die Einhaltung der personellen MBR des BR durch die Möglichkeit einer gerichtl. **Verhängung von Zwangsgeld** gegen den AG. Sie gilt auch, wenn eine personelle Maßnahme aufgrund der Erweiterung der MB der vollen MB des BR unterliegt

---

1 BAG 14.6.22 – 1 ABR 13/21.
2 BAG 23.6.09 – 1 ABR 23/08; LAG Düsseldorf 19.3.09 – 11 TaBV 303/08.
3 LAG SH 7.7.16 – 5 TaBV 53/15.

und dieses MBR nicht beachtet worden ist.[4] Da den Gruppenvertretungen des fliegenden Personals im Lufthansa-Konzern im Fall der Verletzung ihrer Beteiligungsrechte in personellen Angelegenheiten dieselben Abwehrrechte zustehen, über die gesetzl. BR verfügen, ist § 101 analog anzuwenden.[5] Die Vorschrift findet keine Anwendung auf Versetzungen von Beamten nach § 29 PostPersRG in Verbindung mit § 78 Abs. 1 BPersVG.[6] Eine Vereinbarung zwischen AG und BR, wonach der AG bei der Verletzung von Mitbestimmungsrechten eine Vertragsstrafe an einen Dritten zu zahlen hat, ist unwirksam.[7]

Der AG kann eine ohne Beteiligung des BR und damit **betriebsverfassungswidrig durchgeführte Einstellung** nicht heilen und deren Aufhebung dadurch verhindern, dass er hinsichtlich dieser bereits erfolgten Einstellung nur das Beteiligungsverfahren nachholt, ohne zuvor die Einstellung aufzuheben und ggf. ein neues Beteiligungsverfahren zu betreiben.[8] Nimmt der AG aber von der ursprünglich beabsichtigten Einstellung Abstand und leitet er ein neues MB-Verfahren zu einer neuen Einstellung ein, erledigt sich das die ursprüngliche Maßnahme betreffende Verfahren nach § 101.[9] 2

Hat der AG eine Ein- oder Umgruppierung ohne die Zustimmung des BR vorgenommen, kann nach Auffassung des BAG **keine Aufhebung oder Unterlassung der Ein- bzw. Umgruppierung**, sondern nur die nachträgliche Einholung der Zustimmung und bei Verweigerung der Zustimmung die Durchführung des arbeitsgerichtl. Zustimmungsersetzungsverfahrens vom BR verlangt werden,[10] da es sich bei der Eingruppierung nur um einen Akt der **Rechtsanwendung** handelt; in diesem Verfahren mit dem Antrag des BR auf Durchführung des Zustimmungsersetzungsverfahrens nach § 99 Abs. 4 ist ein hilfsweise gestellter Antrag des AG auf Ersetzung der Zustimmung unzulässig.[11] Das Beteiligungsverfahren ist erst dann abgeschlossen, wenn es zu einer Eingruppierung geführt hat, für die eine vom BR erteilte oder vom Gericht ersetzte Zustimmung vorliegt. Gleiches gilt, wenn der AG eine notwendige Eingruppierung unterlassen hat.[12] In diesem Fall kann der BR in entsprechender Anwendung von § 101 zur Sicherung seines Mitbeurteilungsrechts nach § 99 Abs. 1 beim ArbG beantragen, dem AG aufzugeben, eine Eingruppierung vorzunehmen, ihn um Zustimmung zu

---

4 BAG, DB 90, 483.
5 HessLAG 12.2.08 – 4 TaBV 241/07 zu § 76 Abs. 1 BPersVG a. F.
6 VG Oldenburg, PersV 06, 102.
7 BAG 19.1.10 – 1 ABR 62/08.
8 BAG 11.10.22 – 1 ABR 18/21.
9 BAG 21.11.18 – 7 ABR 16/17.
10 BAG 14.2.23 – 1 ABR 9/22; 14.4.10 – 7 ABR 91/08; ebenso LAG Hamm 6.9.22 – 7 TaBV 13/22.
11 LAG Hamburg, AiB 00, 575.
12 BAG 12.12.00 – 1 ABR 23/00.

ersuchen und im Falle der beachtlichen Zustimmungsverweigerung das arbeitsgerichtliche Zustimmungsersetzungsverfahren einzuleiten.[13] Hält der BR jedoch eine mit seiner Zustimmung erfolgte Eingruppierung nicht oder nicht mehr für zutreffend, so kann er vom AG nicht verlangen, dass dieser eine erneute Eingruppierungsentscheidung unter seiner Beteiligung trifft.[14] Der AG ist seiner Verpflichtung zur Beteiligung des BR im Übrigen erst dann nachgekommen, wenn das Beteiligungsverfahren zu einer positiven Bestimmung der Vergütungsgruppe geführt hat. Dies bedeutet, dass der AG, wenn er mit dem Ersetzungsantrag gescheitert ist, die Zustimmung des BR zur Eingruppierung in eine andere Vergütungsgruppe beantragen muss. Die im Beteiligungsverfahren gefundene Eingruppierung ist dann **für den AG** verbindlich; der betreffende AN kann seinen Entgeltanspruch unmittelbar auf diese Eingruppierung stützen.[15] Der AN ist allerdings nicht gehindert, gegenüber dem AG eine **günstigere** als die im Beschlussverfahren angenommene Eingruppierung geltend zu machen (zum Klagerecht des betroffenen AN vgl. auch § 99 Rn. 38).[16]

3 Entscheidungen im Aufhebungsverfahren haben nur Wirkung für die Zukunft; es geht nicht darum, ob die Maßnahme bei ihrer Durchführung betriebsverfassungsrechtlich zulässig war. Der Antrag nach Satz 1 wird daher unbegründet, wenn die antragsgegenständliche personelle Einzelmahnahme – z. B infolge der Ausgliederung desjenigen Bereichs, in den der AN versetzt wurde, oder etwa durch Zeitablauf – geendet hat.[17]

Für den Antrag auf Aufhebung der personellen Maßnahme schreibt das Gesetz **keine Frist** vor. Der Anspruch des BR kann aber durch längeren Zeitablauf verwirken;[18] das ist allerdings nicht schon der Fall, weil der BR mit der Einleitung des Verfahrens drei Monate gewartet hat.[19] Stellt der BR den Antrag, die personelle Maßnahme aufzuheben, so kann der AG dem **nicht mit** einem **Hilfsantrag begegnen**, die fehlende Zustimmung des BR gemäß § 99 Abs. 4 gerichtl. zu ersetzen; er kann auch nicht geltend machen, es fehlte an einem Zustimmungsverweigerungsgrund.[20] War dem AG wegen Versäumung der Antragsfrist (§ 100 Abs. 2) nach dieser Bestimmung aufgegeben worden, einen vorläufig eingestellten AN zu entlassen und stellt der AG den AN **nach** der Entlassung erneut vorläufig ein und stellt er die Anträge nach § 100 Abs. 2 nunmehr rechtzeitig, so kann ihm nicht erneut

13 LAG RP 8.8.18 – 4 TaBV 27/17.
14 BAG, NZA 91, 852.
15 BAG, NZA 95, 484.
16 BAG a.a.O.
17 BAG 15.11.22 – 1 ABR 15/21; 25.4.18 – 7 ABR 30/16.
18 LAG Frankfurt, BB 84, 1684.
19 LAG Köln 7.4.92 – 1 TaBV 75/91.
20 BAG, DB 79, 749; NZA 86, 163.

die Entlassung des AN aufgegeben werden.[21] Dies gilt dann nicht, wenn das Gericht das offensichtliche Fehlen der sachlichen Dringlichkeit festgestellt hatte und zwischenzeitlich **keine wesentliche Änderung** der Umstände eingetreten ist.[22]

2. Zwangsgeldverfahren

Handelt der AG einer **rechtskräftigen** gerichtl. **Entscheidung zuwider**, kann deren Einhaltung durch Zwangsgeld erzwungen werden. Die Androhung des Zwangsgeldes kann bereits mit dem Antrag auf Aufhebung nach Satz 1 beantragt und im Beschluss des ArbG ausgesprochen werden.[23] Ist die gerichtl. Entscheidung in einem Verfahren ergangen, in dem die Nichtberechtigung einer vorläufig durchgeführten Maßnahme festgestellt wurde (§ 100 Abs. 3), ist der AG zu deren Aufhebung allerdings **erst nach Ablauf von zwei Wochen** seit Rechtskraft der Entscheidung verpflichtet.[24] Ein Verfahren nach dieser Bestimmung wird wegen **fehlenden Rechtsschutzbedürfnisses** unzulässig, wenn das Arbeitsverhältnis aus anderen Gründen bereits geendet hat.[25] 4

3. Unterlassungsanspruch

§ 101 billigt dem BR das Recht zu, die Aufhebung einer mitbestimmungswidrig durchgeführten personellen Einzelmaßnahme zu verlangen. Sinn dieses Aufhebungsverfahrens ist die **Beseitigung des bereits eingetretenen mitbestimmungswidrigen Zustands**.[26] Daher führt die Aufhebung lediglich zur **Beendigung des betriebsverfassungswidrigen Zustands für die Zukunft**. § 101 enthält damit eine Sonderregelung hinsichtlich der Folgen einer Verletzung von MBR des BR bei der Vornahme einer konkreten personellen Einzelmaßnahme.[27] Ein auf Grundlage dieser Vorschrift ergangener rechtskräftiger Beschluss, die personelle Maßnahme der Einstellung aufzuheben, hat ein absolutes betriebsverfassungsrechtliches Beschäftigungs- 5

---

21 ArbG Kassel, DB 77, 1418.

22 Vgl. auch HessLAG, BB 94, 430, wonach der AG trotz eines Aufhebungsbeschlusses nach dieser Vorschrift nicht gehindert ist, dieselbe personelle Maßnahme [Einstellung oder Versetzung] erneut vorzunehmen, wenn er dem Aufhebungsbeschluss vorher genügt hat, was durch kurzfristige tatsächliche Rückgängigmachung geschehen kann.

23 LAG Frankfurt, DB 89, 536.

24 LAG Hamm 23. 1. 15 – 13 TaBV 44/14.

25 BAG, DB 79, 408.

26 HessLAG, NZA-RR 99, 584.

27 BAG, NZA 86, 163.

verbot zur Folge.[28] Dies geht dem arbeitsvertraglichen Anspruch des AN auf Beschäftigung vor, wobei der AG dem AN den Annahmeverzugslohn nach § 315 BGB schuldet; ggf. kommt auch ein Anspruch des AN auf Vertragsanpassung in Betracht, um eine anderweitige, MB-gemäße Beschäftigungsmöglichkeit zu eröffnen.[29] Neben dem Anspruch aus § 101 hat der BR einen **Unterlassungsanspruch aus § 23 Abs. 3 auf künftige Beachtung der MBR** (s. auch § 23 Rn. 13, 15).[30] Das Verfahren nach § 101 hat die vergangene MB-widrige Maßnahme und damit primär einen Beseitigungsanspruch[31] zum Gegenstand, während § 23 Abs. 3 dem BR einen Anspruch auf künftige Beachtung seiner MBR gibt.[32] Voraussetzung ist, dass der AG zuvor grob gegen seine Pflichten aus dem BetrVG verstoßen hat. So kann der BR bei dauerndem Missbrauch der Möglichkeit des AG aus § 100 Abs. 1 zur vorläufigen Durchführung personeller Maßnahmen ein Verfahren nach § 23 Abs. 3 einleiten, um die Unterlassung für die Zukunft zu beantragen[33] (vgl. § 100 Rn. 3). Ziel des Unterlassungsantrags nach § 23 Abs. 3 ist es, dem AG zu untersagen, eine bestimmte Maßnahme (Einstellung oder Versetzung) vorzunehmen, ohne zuvor den BR unterrichtet oder dessen Zustimmung erhalten zu haben. Auch bei kurzfristigen Einstellungen oder Versetzungen für ein oder mehrere Tage ist der BR rechtzeitig innerhalb der Wochenfrist des § 99 Abs. 3 Satz 1 zu beteiligen. Unterlässt der AG die fristgerechte Unterrichtung, hat der BR einen Anspruch auf Unterlassung der personellen Maßnahme gemäß § 23 Abs. 3, wenn ein Verfahren nach § 101 regelmäßig zu spät kommt und es sich um eine regelmäßige oder ständige Praxis des AG handelt, sodass in mitbestimmungsrechtlicher Hinsicht gravierende Rechtsschutzlücken entstehen.[34] In einem derartigen Fall liegt ein grober Verstoß des AG gegen seine betriebsverfassungsrechtlichen Verpflichtungen im Sinne von § 23 Abs. 3 Satz 1 vor.[35] Neben dem Unterlassungsanspruch aus § 23 Abs. 3 besteht für den BR nach der Rspr. des BAG aber **kein allgemeiner Unterlassungsanspruch aus § 85 ArbGG.**[36]

---

28 LAG BaWü 31.7.09 – 7 Sa 48/09.

29 BAG 21.2.17 – 1 AZR 367/15.

30 BAG 23.6.09 – 1 ABR 23/08; NZA 87, 786; LAG Hamburg 3.7.13 – 6 TaBVGa 3/13; ArbG Frankfurt 3.12.21 – 7 BV 283/21.

31 § 101 stützt kein Leistungsbegehren, mit dem dem AG die Vornahme einer Ein- oder Umgruppierung sowie die Durchführung des in § 99 Abs. 1 und 4 vorgesehenen Verfahrens erst bei künftig erfolgenden Einstellungen oder Versetzungen aufgegeben werden soll; BAG 14.2.23 – 1 ABR 9/22.

32 LAG Düsseldorf 20.12.16 – 14 TaBV 57/16.

33 LAG SH 10.5.16 – 1 TaBV 59/15.

34 ArbG Frankfurt 3.12.21 – 7 BV 283/21, juris, bei wiederholtem befristeten Einsatz von Leih-AN.

35 LAG Rheinland-Pfalz 4.11.10 – 5 TaBV 21/10.

36 BAG 9.3.11 – 7 ABR 137/09; 23.6.09 – 1 ABR 23/08; HessLAG 26.9.23 – 15 TaBVGa 138/23.

4. Einstweilige Verfügung

Der Unterlassungsanspruch aus § 23 Abs. 3 ist im Wege der **einstweiligen Verfügung** durchsetzbar.[37] Ein grober Verstoß des AG im Sinne des § 23 Abs. 3 ermöglicht den Erlass einer einstweiligen Verfügung, durch die Versetzungen ohne Beteiligung des BR nach §§ 99, 100 untersagt und dem AG für jeden Fall der Zuwiderhandlung ein Ordnungsgeld angedroht werden.[38] Unabhängig vom Vorliegen der Voraussetzungen des § 23 Abs. 3 kommt im Bereich der personellen MB nach herrschender, jedoch abzulehnender Ansicht[39] kein auf den Erlass einer einstweiligen Verfügung gerichteter allgemeiner Unterlassungsanspruch in Betracht.[40] Zu begrüßen ist daher, dass der DGB-Entwurf für ein modernes BetrVG[41] die Normierung eines Unterlassungsanspruchs im Wege der einstweiligen Verfügung vorsieht. Zu beachten ist in den Fällen vorübergehender Personaleinsätze stets, dass die Mitwirkungsrechte des BR in personellen Angelegenheiten nicht seine MBR nach § 87 Abs. 1 verdrängen. Beschäftigt der AG befristete AN vorläufig i. S. von § 100 Abs. 2, hat er den BR im Anschluss an die Einstellung auch bei der Zuordnung der befristet Beschäftigten zu einem (Rahmen-)Dienstplan zu beteiligen. Verletzt der AG das MBR aus § 87 Abs. 1 Nr. 2, kann der BR die Unterlassung des nicht mitbestimmten Einsatzes der befristeten AN verlangen und so ein **faktisches Beschäftigungsverbot** erzwingen.[42] 6

§ 102 Mitbestimmung bei Kündigungen

(1) Der Betriebsrat ist vor jeder Kündigung zu hören. Der Arbeitgeber hat ihm die Gründe für die Kündigung mitzuteilen. Eine ohne Anhörung des Betriebsrats ausgesprochene Kündigung ist unwirksam.

(2) Hat der Betriebsrat gegen eine ordentliche Kündigung Bedenken, so hat er diese unter Angabe der Gründe dem Arbeitgeber spätestens innerhalb einer Woche schriftlich mitzuteilen. Äußert er sich innerhalb dieser Frist nicht, gilt seine Zustimmung zur Kündigung als erteilt. Hat der Betriebsrat gegen eine außerordentliche Kündigung Bedenken, so hat er diese unter Angabe der Gründe dem Arbeitgeber unverzüglich, spätestens jedoch innerhalb von drei Tagen, schriftlich mitzuteilen. Der

---

37 BAG 23.6.09 – 1 ABR 23/08; LAG RP 24.1.19 – 2 TaBVGa 6/18; Muster eines Antrags auf Erlass einer einstweiligen Verfügung s. DKW-F-Bachner, § 101 Rn. 2.

38 LAG Köln 19.3.04 – 8 TaBV 13/04.

39 Ausführlich Soost/Hummel, AiB 00, 621 m. w. N.

40 BAG 23.6.09 – 1 ABR 23/08; Fitting Rn. 12 m. w. N.

41 *https://aur-blog.eu/reformvorschlag/.*

42 BAG 22.8.17 – 1 ABR 3/16, 4/16, 5/16; LAG RP 24.1.19 – 2 TaBVGa 6/18; s. auch § 87 Rn. 18 und 81 sowie § 99 Rn. 31.

Betriebsrat soll, soweit dies erforderlich erscheint, vor seiner Stellungnahme den betroffenen Arbeitnehmer hören. § 99 Abs. 1 Satz 3 gilt entsprechend.

(3) Der Betriebsrat kann innerhalb der Frist des Absatzes 2 Satz 1 der ordentlichen Kündigung widersprechen, wenn

1. **der Arbeitgeber bei der Auswahl des zu kündigenden Arbeitnehmers soziale Gesichtspunkte nicht oder nicht ausreichend berücksichtigt hat,**
2. **die Kündigung gegen eine Richtlinie nach § 95 verstößt,**
3. **der zu kündigende Arbeitnehmer an einem anderen Arbeitsplatz im selben Betrieb oder in einem anderen Betrieb des Unternehmens weiterbeschäftigt werden kann,**
4. **die Weiterbeschäftigung des Arbeitnehmers nach zumutbaren Umschulungs- oder Fortbildungsmaßnahmen möglich ist oder**
5. **eine Weiterbeschäftigung des Arbeitnehmers unter geänderten Vertragsbedingungen möglich ist und der Arbeitnehmer sein Einverständnis hiermit erklärt hat.**

(4) Kündigt der Arbeitgeber, obwohl der Betriebsrat nach Absatz 3 der Kündigung widersprochen hat, so hat er dem Arbeitnehmer mit der Kündigung eine Abschrift der Stellungnahme des Betriebsrats zuzuleiten.

(5) Hat der Betriebsrat einer ordentlichen Kündigung frist- und ordnungsgemäß widersprochen, und hat der Arbeitnehmer nach dem Kündigungsschutzgesetz Klage auf Feststellung erhoben, dass das Arbeitsverhältnis durch die Kündigung nicht aufgelöst ist, so muss der Arbeitgeber auf Verlangen des Arbeitnehmers diesen nach Ablauf der Kündigungsfrist bis zum rechtskräftigen Abschluss des Rechtsstreits bei unveränderten Arbeitsbedingungen weiterbeschäftigen. Auf Antrag des Arbeitgebers kann das Gericht ihn durch einstweilige Verfügung von der Verpflichtung zur Weiterbeschäftigung nach Satz 1 entbinden, wenn

1. **die Klage des Arbeitnehmers keine hinreichende Aussicht auf Erfolg bietet oder mutwillig erscheint oder**
2. **die Weiterbeschäftigung des Arbeitnehmers zu einer unzumutbaren wirtschaftlichen Belastung des Arbeitgebers führen würde oder**
3. **der Widerspruch des Betriebsrats offensichtlich unbegründet war.**

(6) Arbeitgeber und Betriebsrat können vereinbaren, dass Kündigungen der Zustimmung des Betriebsrats bedürfen und dass bei Meinungsverschiedenheiten über die Berechtigung der Nichterteilung der Zustimmung die Einigungsstelle entscheidet.

(7) Die Vorschriften über die Beteiligung des Betriebsrats nach dem Kündigungsschutzgesetz bleiben unberührt.

Inhaltsübersicht

1. Anhörung des Betriebsrats

a) Gegenstand der Anhörung des Betriebsrats

Jede ohne Anhörung des BR ausgesprochene Kündigung ist **unwirksam.**[1] 1
Eine Kündigung ist auch dann unwirksam, wenn der AG den BR nicht richtig, insbesondere nicht ausführlich genug oder bewusst irreführend beteiligt hat, er also seiner Unterrichtungspflicht nach Abs. 1 nicht ausreichend nachgekommen ist.[2] Die Anhörung soll den BR in die Lage versetzen, sachgerecht, d. h. ggf. zugunsten des AN auf den AG einzuwirken.[3] Der BR soll die Stichhaltigkeit und Gewichtigkeit der Kündigungsgründe überprüfen und sich über sie eine eigene Meinung bilden können.[4] Der AG muss deshalb dem BR diejenigen Umstände mitteilen, die seinen Kündigungsentschluss tatsächlich bestimmt haben.[5] Das Anhörungsverfahren kann grundsätzlich nur für die Kündigung Wirksamkeit entfalten, für die es eingeleitet worden ist; daher ist das durch die ordnungsgemäße Anhörung des BR erworbene Recht zum Ausspruch der Kündigung durch den Zugang der Kündigung beim AN verbraucht, sodass eine vorsorglich erneute Kündigung eine er-

1 Zur MB bei Kündigungen s. Rudolph, AiB 13, 180.
2 BAG 22.4.10 – 2 AZR 991/08; LAG RP 11.2.20 – 8 Sa 46/19; LAG Sachsen-Anhalt 21.6.13 – 6 Sa 444/11.
3 BAG 22.9.16 – 2 AZR 700/15; LAG SH 10.1.24 – 3 Sa 74/23.
4 BAG 16.7.15 – 2 AZR 15/15.
5 LAG Köln 20.10.22 – 8 Sa 465/22; LAG MV 29.1.19 – 5 Sa 105/18.

neute Anhörung voraussetzt.[6] Die Unwirksamkeit wird nicht durch **nachträgliche Anhörung** oder Zustimmung des BR geheilt.[7] Sie muss innerhalb der **dreiwöchigen Klagefrist** des § 4 KSchG gerichtl. geltend gemacht werden. Die Anhörung kann **mündlich** erfolgen; die Schriftform oder eine Übergabe schriftlicher Unterlagen schreibt das Gesetz nicht vor, auch nicht bei komplexem Kündigungssachverhalt.[8]

2 Die Anhörungspflicht gilt **sowohl** für die **ordentliche** (fristgemäße) als auch für die **außerordentliche** (fristlose), auch für die mit einer tarifvertraglichen Eintagesfrist[9] und die schon vor **Dienstantritt** des AN ausgesprochene Kündigung des Arbeitsvertrages,[10] ebenso für **Änderungskündigungen**, bei denen neben § 102 auch § 99 gelten kann, wenn dessen Voraussetzungen ebenfalls erfüllt sind, z. B. bei einer Rückgruppierung[11] oder Versetzung.[12] Die Anhörungspflicht besteht auch bei einer vom **Insolvenzverwalter** nach Insolvenzeröffnung ausgesprochenen Kündigung,[13] ebenso für Kündigungen bei **Betriebsstilllegung** oder sonstigen Betriebsänderungen nach § 111,[14] auch dann, wenn Bestandteil des Interessenausgleichs eine Namensliste der zu kündigenden AN ist (s. auch Kommentierung in Rn. 7 am Ende),[15] oder wenn einem Heimarbeiter gekündigt werden soll, der hauptsächlich für den Betrieb arbeitet.[16] Die für die BR-Anhörung nach dieser Vorschrift geltenden Grundsätze sind auch anzuwenden, wenn eine durch TV nach § 117 Abs. 2 gebildete AN-Vertretung vor Ausspruch der Kündigung anzuhören ist.[17] Widerspricht ein AN dem Übergang seines Arbeitsverhältnisses auf einen neuen Betriebsinhaber nach § 613a BGB und kündigt daraufhin der bisherige Betriebsinhaber wegen fehlender Weiterbeschäftigungsmöglichkeiten, ohne den AN zuvor einem anderen Betrieb seines UN zuzuordnen, so ist der im übergegangenen Betrieb fortbestehende BR nicht zur Kündigung anzuhören, weil er insoweit kein Rest- und auch kein Übergangsman-

6 HessLAG 19. 3. 09 – 3 Sa 1336/08; LAG RP 11. 12. 14 – 5 Sa 497/14.
7 BAG, NZA 94, 311.
8 BAG, AiB 97, 66; LAG RP 26. 6. 14 – 5 Sa 549/13: Die Anhörung kann durch Übergabe eines nicht unterschriebenen Anhörungsbogens erfolgen.
9 LAG Hamm, BB 96, 959.
10 LAG Frankfurt, DB 85, 2689.
11 BAG, DB 78, 1135.
12 LAG Frankfurt, BB 87, 2453.
13 LAG BaWü, AuR 74, 93; ArbG Magdeburg 15. 11. 12 – 8 Ca 1917/12 zur Zuständigkeit des Insolvenzverwalters für die Einleitung des Anhörungsverfahrens nach Eröffnung des Insolvenzverfahrens.
14 LAG Hamm, BB 76, 170.
15 Zuletzt BAG, NZA 06, 162 zu § 125 InsO.
16 BAG, DB 96, 1525.
17 LAG Düsseldorf 2. 12. 21 – 13 Sa 285/21, n. rk., anhängig beim BAG unter 6 AZR 86/22; 24. 1. 19 – 13 Sa 411/18.

dat besitzt.[18] Auch der **GBR** im UN des bisherigen Betriebsinhabers ist nicht anzuhören.[19] Ist in einem solchen Fall der fehlenden Zuordnung des AN zu einem Betrieb kein örtlicher BR zuständig, fällt die Kündigung wegen der eindeutigen Regelungen in §§ 50 Abs. 1, 58 Abs. 1 gleichwohl nicht in die Zuständigkeit des GBR oder gar des KBR (s. auch § 50 Rn. 2, § 58 Rn. 1).[20] Auch die **während eines Streiks** ausgesprochene Kündigung des AG bedarf der vorherigen Anhörung des BR;[21] etwas anderes soll gelten, wenn die Kündigung aus arbeitskampfbedingten Gründen, etwa wegen Teilnahme an rechtswidrigen Arbeitsniederlegungen, erfolgt.[22]

Die Anhörungspflicht entfällt auch in **Eilfällen** nicht. Sie besteht auch 3
dann, wenn auf das Arbeitsverhältnis eines AN die Bestimmungen des **KSchG nicht** zur Anwendung kommen, weil dieser z. B. noch keine sechs Monate im Betrieb tätig ist.[23] Bei einer solchen Kündigung vor Ablauf der Wartezeit des § 1 Abs. 1 KSchG ist der AG jedoch nicht verpflichtet, dem BR Sozialdaten des AN mitzuteilen.[24] Bei einer auf personenbezogenen Werturteilen beruhenden Wartezeitkündigung reicht die Mitteilung des Werturteils für eine ordnungsgemäße BR-Anhörung aus.[25] Der BR muss auch gehört werden, wenn in einem Tendenz-UN einem sog. **Tendenzträger** aus tendenzbedingten Gründen gekündigt werden soll.[26] Kommen AG und AN mündlich überein, dass eine Kündigung seitens des AG ausgesprochen und ein Abwicklungsvertrag geschlossen werden sollen, ist der BR vor Ausspruch einer solchen Kündigung anzuhören.[27] Ein Anhörungsrecht des BR besteht nicht, wenn das Arbeitsverhältnis durch Eigenkündigung des AN oder durch einen **Aufhebungsvertrag** beendet oder durch einen Änderungsvertrag verändert wird.[28] Eine Anhörung scheidet ferner aus, wenn ein Zeitvertrag mit Fristablauf **ohne Kündigung** endet. Ist eine Einstellung infolge eines nach § 101 Satz 1 ergangenen rechtskräftigen Beschlusses aufzuheben, hat das ein absolutes betriebsverfassungsrechtliches Beschäftigungsverbot zur Folge; eine auf dieses Beschäftigungsverbot gestützte Kündigung bedarf keiner Anhörung des BR.[29] Bei Probe- und Aushilfsarbeitsverhältnissen ist die

---

18 BAG 8.5.14 – 2 AZR 1005/12.
19 BAG, NZA 96, 974.
20 LAG MV 11.4.12 – 3 Sa 71/11; LAG SH 20.6.13 – 5 Sa 400/12.
21 BAG, DB 79, 1464.
22 BAG, DB 78, 1403.
23 BAG, NZA 05, 1233; BB 94, 1783.
24 LAG RP 13.12.18 – 5 Sa 220/18.
25 LAG Hamm 8.9.23 – 13 Sa 20/23; LAG RP 16.2.22 – 7 Sa 251/21; LAG MV 11.8.20 – 5 Sa 66/20.
26 BAG, DB 76, 585; BVerfG, BB 80, 259.
27 BAG, NZA 06, 48.
28 BAG, BB 78, 403.
29 LAG BaWü 31.7.09 – 7 Sa 48/09.

Anhörung durchzuführen, sofern es zu deren Beendigung einer Kündigung bedarf; dies gilt auch für eine Kündigung, die während der Probezeit eines Ausbildungsverhältnisses ausgesprochen wird.[30] Im Fall der AN-Überlassung nach dem AÜG oder in gleichartigen Fällen der Personalgestellung ist grundsätzlich nur der BR oder PersR des Vertrags-AG zu beteiligen.[31] Bei einem **Auslandsarbeitsverhältnis** entfällt die Anhörungspflicht dann, wenn sich dieses nach Vertrag und Abwicklung auf den **ausschließlichen Einsatz** des AN im Ausland beschränkt.[32] Hingegen liegt eine Zuordnung zu einer (inländischen) Arbeitsorganisation vor, wenn der AN in diese eingegliedert ist. Hierfür ist kennzeichnend, dass er hinsichtlich Zeit, Dauer, Ort und Inhalt der übernommenen Dienste einem umfassenden Weisungsrecht von Personen unterliegt, die in der im Inland gelegenen Betriebsstätte tätig sind. Im Fall einer Auslandstätigkeit muss der inländische AG gegenüber dem im Ausland tätigen AN eine betriebsverfassungsrechtlich relevante (und sei es partielle) AG-Stellung tatsächlich eingenommen haben.[33] Bei einer Auslandstätigkeit, bei der ein zu einem inländischen AG in arbeitsvertraglicher Beziehung stehender AN in den Betrieb eines anderen UN eingegliedert und die AG-Stellung auf diese Weise »gespalten« ist, kommt eine entsprechende Anwendung von § 14 Abs. 1 AÜG in Betracht mit der Folge, dass ein beim inländischen »Vertrags-AG« gebildeter BR zu beteiligen ist.[34]

Die beabsichtigte Kündigung leit. Ang. bedarf keiner Anhörung, sondern lediglich einer Mitteilung nach § 105 (s. dort). Macht der AG im Kündigungsschutzprozess geltend, der BR habe nicht angehört werden müssen, so ist der AG darlegungs- und beweispflichtig dafür, dass der AN leit. Ang. i.S. des § 5 Abs. 3 ist.[35] Hat der AN zum Zeitpunkt des Ausspruchs der Kündigung den Status des leit. Ang. nicht (mehr) inne, ist eine Kündigung ohne vorherige BR-Anhörung unwirksam.[36] Das gleiche gilt, wenn der AG den BR vorsorglich zur Kündigung eines vermeintlich leit. Ang. anhört und dabei statusrelevante Umstände (hier: keine selbstständigen Personalbefugnisse, Entzug der Prokura) objektiv und entgegen eigener Kenntnis fehlerhaft bzw. unvollständig darstellt und der BR gerade aufgrund der Information über den Status von einer Stellungnahme zur beabsichtigten Kündigung absieht.[37]

30 LAG BaWü 4.10.84 – 7 Sa 24/84.
31 BAG 9.6.11 – 6 AZR 132/10 für einen Fall, in dem ein öffentlicher AG einen AN zur Dienstleistung einer in der Rechtsform einer GmbH gebildeten Arbeitsgemeinschaft zuweist.
32 BAG, DB 87, 1897.
33 BAG 24.5.18 – 2 AZR 54/18.
34 BAG 24.5.18 – 2 AZR 54/18.
35 LAG Hamm 14.2.18 – 2 Sa 1499/16.
36 HessLAG 7.12.21 – 15 Sa 451/21.
37 LAG Hamm 3.8.23 – 8 Sa 99/23, n. rk., anhängig beim BAG unter 2 AZR 246/23.

b) Vorzeitige Versetzung in den Ruhestand von Beamten

Für die Beteiligung des BR bei der vorzeitigen Versetzung in den Ruhestand von Beamten, die in den privatisierten Postunternehmen beschäftigt sind, gelten die Sonderregelungen nach § 28 PostPersRG i. V. m. § 84 Abs. 1 Nr. 6 BPersVG. Zur Beschlussfassung s. § 99 Rn. 3. 4

c) Bestehen eines Betriebsrats

Vor der **Konstituierung** des BR besteht keine Anhörungspflicht; der AG ist auch nicht verpflichtet, mit der Kündigung zu warten, bis der BR sich konstituiert hat.[38] Das Anhörungsrecht hat auch der aus einer Person bestehende BR. Es entfällt grundsätzlich, wenn diese Person verhindert ist und ein Ersatzmitgl. fehlt. Ist das einzige Mitglied des BR arbeitsunfähig erkrankt und ein Stellvertr. nicht vorhanden, ist der AG jedenfalls dann zur Anhörung des erkrankten einzigen Mitgl. des BR vor Ausspruch der Kündigung verpflichtet, wenn er davon ausgehen kann, dass dieses bereit und in der Lage ist, derartige BR-Tätigkeiten auszuüben.[39] Der BR kann seine Mitwirkungsrechte bei Kündigungen auf einen von ihm gebildeten **Personalausschuss** übertragen.[40] Der AG hat grundsätzlich den für den Beschäftigungsbetrieb zuständigen BR anzuhören. Bei den zu ihrer Berufsausbildung Beschäftigten ist dies jedenfalls dann der BR des »Stammbetriebs«, wenn dort bei einer nur vorübergehenden Eingliederung in den Ausbildungsbetrieb der Schwerpunkt des Ausbildungsverhältnisses bleibt.[41] Bei einer Betriebsaufspaltung besteht nach Maßgabe des § 21a ein **Übergangsmandat** des BR für den abgetrennten Betriebsteil bis zu einer dort stattgefundenen Neuwahl; kündigt der für den abgespaltenen Betriebsteil zuständige AG während dieser Zeit, hat er deshalb diesen BR anzuhören (zur Anhörung nach Betriebsübergang i. S. des § 613a BGB durch den bisherigen AG gegenüber dem widersprechendem AN vgl. auch Rn. 2). Endet die Amtszeit des BR wegen einer Betriebsstilllegung, bleibt der BR gem. § 21b solange im Amt, wie das zur Wahrnehmung der damit im Zusammenhang stehenden Mitwirkungs- und Mitbestimmungsrechte erforderlich ist; nach erfolgter Betriebsstilllegung ist daher vor jedem Kündigungsausspruch der durch das **Restmandat** legitimierte BR anzuhören.[42] 5

38 BAG, NZA 85, 566; LAG Düsseldorf 24. 6. 09 – 12 Sa 336/09.
39 BAG, NZA 85, 96.
40 BAG, DB 85, 340.
41 BAG, NZA 05, 1358.
42 BAG, NZA-RR 08, 367.

d) Umfang und Inhalt der Mitteilung

6 Dem BR sind die Gründe für die Kündigung so **umfassend** und **detailliert** mitzuteilen, dass der BR ohne eigene Nachforschungen in der Lage ist, sich ein Bild über die Stichhaltigkeit der Kündigungsgründe zu machen.[43] Der AG hat dem BR darüber hinaus sowohl die **Person des AN**, dem gekündigt werden soll, die **Art der Kündigung** (z. B. ordentliche oder außerordentliche) und den **Kündigungstermin**[44] sowie die **sozialen Grunddaten** (Dauer der Betriebszugehörigkeit, Lebensalter, Familienstand und Zahl der Kinder, denen Unterhalt geleistet wird)[45] des zu Kündigenden mitzuteilen.[46] Eine Anhörung, aus der sich weder die Art der auszusprechenden Kündigung noch die sozialen Grunddaten ergeben, ist unwirksam.[47] Zulässig ist eine Anhörung, die offen lässt, ob der AG eine Änderungs- oder eine Beendigungskündigung erklären wird, wenn der Kündigungssachverhalt für beide Alternativen im Zeitpunkt der Anhörung feststeht und jedenfalls eine der beiden Kündigungen definitiv ausgesprochen werden soll.[48] Um eine unzulässige Anhörung »auf Vorrat« handelt es sich aber dann, wenn der BR vorsorglich angehört wird zu einer beabsichtigten Änderungskündigung für den Fall, dass der AN einer Versetzung nicht zustimmt.[49] Teilt der AG dem BR mit, der zu kündigende AN habe keine Kinder, obwohl dem AG bekannt ist, dass der AN zwei Kindern gegenüber unterhaltsverpflichtet ist, führt dies zur Unwirksamkeit der Anhörung.[50] Etwas anderes gilt, wenn der AG dem BR unter Bezugnahme auf die Angaben, die sich aus der Steuerkarte des AN ergeben, objektiv unzutreffende Unterhaltspflichten des AN mitteilt; denn der AG ist nicht verpflichtet, die Richtigkeit der dokumentier-

---

43 LAG RP 8. 7. 16 – 1 Sa 57/16; LAG Hamm 2. 12. 15 – 3 Sa 1243/15.

44 BAG 28. 2. 74 – 2 AZR 455/73; LAG RP 16. 6. 14 – 2 Sa 23/14: Wird in einem Anhörungsbogen der Name des zu kündigenden AN einmal falsch und im Übrigen korrekt angegeben, führt dieser Fehler nicht zur Unwirksamkeit der BR-Anhörung.

45 BAG 19. 11. 15 – 2 AZR 217/15: Unterlässt der AG bei einer verhaltensbedingten Kündigung die Angabe der »Sozialdaten« des AN, steht dies der Wirksamkeit der Kündigung nur dann nicht entgegen, wenn es dem AG auf diese Daten ersichtlich nicht ankommt und der BR jedenfalls die ungefähren Daten ohnehin kennt (z. B. aufgrund mehrfacher Vorbefassung mit dem betreffenden AN).

46 LAG MV 9. 6. 15 – 2 Sa 5/15.

47 LAG MV 9. 6. 15 – 2 Sa 5/15.

48 BAG 17. 3. 16 – 2 AZR 182/15.

49 LAG RP 16. 12. 15 – 4 Sa 26/15.

50 HessLAG 17. 3. 17 – 14 Sa 879/16; a. A. für den Fall einer verhaltensbedingten Kündigung, in dem der AG keine Angabe über eine bestehende Unterhaltspflicht gemacht hat, LAG Köln 25. 8. 22 – 8 Sa 429/21, mit der Begründung, dass die Frage bestehender oder nicht bestehender Unterhaltspflichten des AN für den Kündigungsvorwurf und -entschluss des AG nicht relevant war.

ten Angaben zu überprüfen.[51] Eine lediglich versehentliche Falschangabe von Unterhaltspflichten führt nicht zu einer Unwirksamkeit der Kündigung, weil darin keine bewusst unrichtige oder irreführende Unterrichtung über die Person des zu kündigenden AN liegt; das gilt besonders, wenn der BR den Familienstand des AN und dessen Unterhaltspflichten kannte.[52] Die lediglich fehlerhafte **Angabe** einer **falschen Kündigungsfrist** oder eines unrichtigen Endtermins führt nicht zur Unwirksamkeit der Kündigung.[53] Der AG muss zu erkennen geben, wann er die Kündigung aussprechen will.[54] Im Fall einer außerordentlichen Kündigung muss er die Fakten im Hinblick auf die Einhaltung der Zwei-Wochen-Frist des § 626 Abs. 2 Satz 1 BGB darlegen, damit der BR selbstständig prüfen kann, ob arbeitgeberseitig diese Frist eingehalten wurde.[55] Ob eine ordentliche oder eine außerordentliche Kündigung ausgesprochen werden soll, hat der AG dem BR auch im Fall der beabsichtigten Kündigung eines »unkündbaren AN« mitzuteilen, wenn er etwa eine nach der objektiven Rechtslage nur außerordentlich mögliche Kündigung unter Einhaltung einer Frist aussprechen will.[56] Die Pflicht zur umfassenden Information besteht auch, wenn der betroffene AN noch keinen Kündigungsschutz nach dem KSchG genießt;[57] bei einer solchen **Kündigung in der Wartezeit** sind allerdings geringere Anforderungen an die Substantiiertheit der Mitteilungen des AG zu stellen,[58] außerdem besteht keine Verpflichtung zur Mitteilung von Sozialdaten, die für die Beurteilung der Wirksamkeit der Kündigung eine Rolle spielen können,[59] auch können subjektive Wertungen genügen.[60] Bei beabsichtigter **Änderungskündigung** sind sowohl die Gründe für die Änderung der Arbeitsbedingungen als auch das Änderungsangebot[61] einschl. der Höhe der zukünftigen Vergütung mitzuteilen.[62] Ob der AG schon vor der Anhörung des BR seinen **Kündigungswillen abschließend gebildet** hat, ist auf die im Übrigen ordnungsgemäße Anhörung ohne Einfluss.[63] Wird eine Kündigung vor Ablauf der Wochenfrist

51 LAG Hamm 20.1.22 – 18 Sa 645/21.
52 BAG 28.2.23 – 2 AZR 194/22.
53 LAG SH, BB 95, 1593.
54 BAG, AuR 94, 107.
55 LAG Hamm 29.5.09 – 13 Sa 1452/08.
56 BAG, DB 92, 379.
57 BAG 12.3.86, EzA Art. 33 GG Nr. 13.
58 BAG, DB 89, 1575; ausführlich zur Wartezeitkündigung BAG 12.9.13 – 6 AZR 121/12.
59 BAG, NZA 09, 959.
60 BAG, NZA 99, 477.
61 LAG BB 26.11.19 – 11 Sa 11011/19.
62 HessLAG 21.10.16 – 14 Sa 1430/15 m.w.N.
63 BAG, DB 74, 1294; LAG Köln 3.8.01 – 11 Sa 1339/00.

des Abs. 2 Satz 1, Abs. 3 erklärt, liegt keine ordnungsgemäße Anhörung vor.[64] Dasselbe gilt auch dann, wenn vor Ablauf der Wochenfrist nur eine Stellungnahme des BR zur außerordentlichen Kündigung vorliegt, die nicht zugleich auch abschließend bereits zur ordentlichen Kündigung erfolgt ist.[65]

Der AG ist verpflichtet, die **Kündigungsgründe** mitzuteilen. Dazu gehören auch die dem AG bekannten, dem Kündigungsgrund widerstreitenden Umstände.[66] Der AG braucht dem BR die für die Kündigung maßgebenden Tatsachen **nicht nachzuweisen**; dies muss der AG erst, wenn der AN ein Kündigungsschutzverfahren einleitet.[67] Der AG hat dem BR die Kündigungsgründe auch dann im Einzelnen mitzuteilen, wenn das Arbeitsverhältnis nicht dem KSchG unterliegt.[68] Bei wahrheitswidriger, unvollständiger und dadurch **irreführender Darstellung** des Kündigungssachverhalts fehlt es an der ordnungsgemäßen Anhörung des BR; die Kündigung ist daher unwirksam.[69] Trägt der AG mehrere Gründe vor, auf die er seine Kündigung stützt, und enthält der Vortrag zu einem der angegebenen Kündigungsgründe fehlerhafte oder unwahre Tatsachen, ist die Anhörung insgesamt nicht ordnungsgemäß erfolgt.[70] Informiert der AG nicht auch über Begleitumstände, die dem Kündigungssachverhalt ein besonderes Gewicht verleihen und für die Interessenabwägung erhebliche Bedeutung haben können, sind diese bei der Prüfung der Kündigungsberechtigung nicht verwertbar.[71] Hat der AG eine außerordentliche Kündigung ausgesprochen, weil der AN in einem Schreiben, in dem er ausführlich das Verhalten seines Vorgesetzten kritisiert, diesen als notorischen Lügner bezeichnet hat, so liegt eine ordnungsgemäße Anhörung nicht vor, wenn der AG dem BR zwar die beleidigende Äußerung mitteilt, ihn aber nicht auch über den sonstigen Inhalt des Schreibens informiert.[72] Führt der AG kein ordnungsgemäßes

---

64 ArbG Paderborn 26.8.21 – 1 Ca 11/21, n. rk., anhängig beim LAG Hamm unter 2 Sa 1299/21; HessLAG 17.3.17 – 14 Sa 879/16.

65 LAG Düsseldorf 4.10.22 – 3 Sa 374/22.

66 BAG 23.10.14 – 2 AZR 736/13; LAG Köln 12.11.14 – 11 Sa 493/14.

67 BAG, DB 77, 1853.

68 HessLAG 14.3.11 – 16 Sa 1477/10.

69 BAG, DB 95, 477; LAG Hamm 5.6.14 – 15 Sa 88/14, brwo; LAG Köln 28.11.14 – 10 Sa 490/14: Einem Anhörungsschreiben, in dem lediglich auf allgemeine Diebstähle sowie auf Unterschlagungen bzw. Untreue und auf Anstiftung sowie Beihilfe zum Betrug hingewiesen und der Schluss mitgeteilt wird, dass durch diese Vorfälle das notwendige Vertrauensverhältnis mit dem AN zerstört sei, liegt keine hinreichende Angabe der für den Kündigungsschluss maßgeblichen Gründe vor. Einem derartigen Anhörungsschreiben ist nicht zu entnehmen, welcher kündigungsrechtlich relevante Tatsachenkomplex zur Begründung der Kündigung herangezogen werden soll.

70 LAG Hamm 5.8.14 – 7 Sa 206/14.

71 HessLAG, NZA 99, 269.

72 LAG Köln, NZA 95, 128.

Anhörungsverfahren durch, dann wird dieser Mangel grundsätzlich nicht dadurch geheilt, dass der BR zur beabsichtigten Kündigung abschließend Stellung nimmt. Etwas anderes kann allenfalls dann gelten, wenn der BR **ausdrücklich und vorbehaltlos** der Kündigung zugestimmt hat.[73]

e) Betriebsbedingte Kündigung

Bei einer **betriebsbedingten Kündigung** muss dem BR im Einzelnen mitgeteilt werden, inwiefern der Arbeitsplatz des zu kündigenden AN weggefallen ist. Es **reicht nicht aus**, wenn der AG lediglich eine unbestimmte und pauschale Begründung wie »Auftragsmangel«, »Arbeitsmangel« oder »Rationalisierungsmaßnahme« angibt. Auch ist der bloße Hinweis auf eine beschlossene Stellenstreichung durch Kündigung zwecks Personalreduzierung nicht ausreichend.[74] Bei einer beabsichtigten Stellenstreichung und Umverteilung der Aufgaben des bisherigen Stelleninhabers auf andere Mitarbeiter ist der BR auch darüber zu informieren, dass und in welchem Umfang bei den Mitarbeitern, denen nun zusätzliche Ausgaben zugewiesen werden, die zu deren Erledigung nötigen zeitlichen Freiräume bestehen, sofern sich der AG nicht für eine bewusste Arbeitsverdichtung unter Inkaufnahme von Arbeitsrückständen entscheidet.[75] Im Fall einer Kündigung wegen Personalreduzierung erfordert eine ordnungsgemäße BR-Anhörung die Auflistung sämtlicher Arbeitsbereiche des zu Kündigenden mit den prozentualen Anteilen an der Gesamtarbeitszeit und die Darstellung, inwiefern welche Mitarbeiter ohne überobligatorische Leistung in der Lage sind, im Einzelnen jeweils benannte Arbeitsbereiche des AN mit zu erledigen.[76] Setzt ein Personalabbaukonzept als wesentlichen Bestandteil voraus, dass diverse AN auf andere Arbeitsplätze versetzt werden sollen, weil es – bedingt durch die sozialen Auswahlkriterien – ohne diese Versetzungen in einigen Abteilungen zu Überkapazitäten, in anderen hingegen zu Unterkapazitäten kommen würde, so hat der AG den BR über diesen wesentlichen Teil des Personalabbaukonzepts im Einzelnen zu unterrichten.[77] Im Fall der Streichung einer Hierarchieebene muss der AG dem BR konkret mitteilen, welche Arbeiten des zu kündigenden AN künftig nicht mehr anfallen, welche Arbeiten auf welche Mitarbeiter umverteilt werden sollen und inwiefern diese Mitarbeiter noch über freie Arbeitskapazitäten verfügen. Dabei muss der AG zumindest so konkret werden, dass der BR beurteilen kann, ob das Beschäftigungsbedürfnis für 7

73 BAG, DB 79, 1135; LAG BB 14.6.18 – 15 Sa 214/18, zur Umdeutung einer unwirksamen außerordentlichen in eine wirksame ordentliche Kündigung.
74 LAG MV 26.4.06 – 2 Sa 23/06.
75 LAG BaWü 22.4.08 – 22 Sa 66/07.
76 LAG Köln 16.11.11 – 9 Sa 573/11; HessLAG 30.8.12 – 14 Sa 683/11.
77 ArbG Münster 22.11.12 – 1 Ca 1413/12.

den betroffenen AN entfallen ist und er sein Widerspruchsrecht nach Abs. 2 ausüben will.[78] Auch genügen nicht Angaben über die mangelnde Auslastung des Betriebs oder einer Betriebsabteilung, wenn zugleich außer Frage steht, dass die Beschäftigung einzelner Arbeitsgruppen im Betrieb oder in der betreffenden Abteilung sich nicht unerheblich voneinander unterscheidet oder die Auftragsabwicklung in verschiedenen Bereichen sogar entgegengesetzt verläuft. Werden dem BR hierzu Hinweise unrichtig gegeben oder verschwiegen, kann es an einer ordnungsgemäßen Anhörung fehlen.[79] Hat der AG bereits vor der Kündigung mit dem AN über alternative Beschäftigungsmöglichkeiten verhandelt, sind entsprechende Angaben gegenüber dem BR erforderlich.[80] Ein pauschaler Hinweis auf fehlende Weiterbeschäftigungsmöglichkeiten reicht jedenfalls dann nicht, wenn der BR selbst schon vor Einleitung des Anhörungsverfahrens auf einen für den AN in Betracht kommenden Arbeitsplatz hingewiesen hat.[81] Im Falle einer Betriebsstilllegung sind zwar nicht deren Motive, wohl aber der **Zeitpunkt** mitzuteilen, zu dem die vollständige Schließung des Betriebs beabsichtigt ist; erfolgt die Stilllegung in Etappen, bedarf es der Mitteilung, in welcher zeitlichen Abfolge welche Bereiche eingeschränkt, welche AN zunächst weiterbeschäftigt und zu welchem Zeitpunkt welche AN entlassen werden.[82] Soll einem AN gekündigt werden, weil die bisher von ihm ausgeführten Tätigkeiten zukünftig von einem Dienstleister erledigt werden sollen, muss dem BR nicht mitgeteilt werden, welches konkrete UN im Rahmen der Fremdvergabe beauftragt wird; die Mitteilung der Tatsache der Fremdvergabe als solche ist ausreichend.[83] Dem BR müssen auch die Gesichtspunkte für die **soziale Auswahl** mitgeteilt werden, und zwar nicht nur die sozialen Daten des zu kündigenden AN, sondern auch die der AN mit einer vergleichbaren Tätigkeit. Der AG muss dem BR dabei, und zwar **auch ohne ausdrückliches Verlangen** des BR, von vornherein die Gründe mitteilen, die ihn zur Auswahl gerade des zu kündigenden AN veranlasst haben.[84] Wird bei einer Sozialauswahl im Zusammenhang mit einer Änderungskündigung zunächst allen Arbeitnehmern eine einvernehmliche Vertragsänderung angeboten, dann ist der BR im Anhörungsverfahren auch dann über die Auswahlkriterien zu unterrichten, wenn die überwiegende Anzahl des infrage kommenden Personenkreises die einvernehmliche Vertragsänderung akzeptiert hat.[85] Die Unterrichtungspflicht umfasst sowohl die für die Bildung der Vergleichs-

78 LAG SH 13.6.13 – 5 Sa 21/13.
79 Vgl. auch BAG, NZA 95, 521.
80 LAG BB 28.5.20 – 21 Sa 2090/19.
81 BAG, AiB 01, 235.
82 LAG Hamm 17.2.95 – 5 Sa 1066/94.
83 LAG Hamm 29.1.09 – 15 Sa 1224/08.
84 BAG, NZA 84, 169.
85 LAG MV 3.9.08 – 2 Sa 15/08.

gruppe maßgeblichen Gesichtspunkte als auch sämtliche Sozialdaten aller Personen, die der Vergleichsgruppe angehören.[86] Der AG ist auch verpflichtet, von sich aus dem BR die Gründe mitzuteilen, aus denen er bestimmte AN nach § 1 Abs. 3 Satz 2 KSchG von der Sozialauswahl nach § 1 Abs. 3 Satz 1 KSchG ausnehmen will.[87] War der zu kündigende AN bereits in einem gemäß § 613a BGB übernommenen Vorgängerbetrieb beschäftigt, setzt eine ordnungsgemäße Anhörung die Angabe der **Gesamtbeschäftigungsdauer** voraus.[88] Auch bei Vorliegen eines **Interessenausgleichs mit Namensliste** i. S. des § 1 Abs. 5 KSchG bedarf es einer ordnungsgemäßen BR-Anhörung;[89] das Anhörungsverfahren kann mit den Verhandlungen über den Interessenausgleich verbunden werden, damit der BR gleichzeitig mit dem Abschluss des Interessenausgleichs auch zu den beabsichtigten Kündigungen Stellung nehmen kann.[90] Die Möglichkeit, beide Verfahren miteinander zu verbinden, bedeutet jedoch nicht, dass in den Verhandlungen mit dem BR über einen Interessenausgleich zugleich die Anhörung des BR nach § 102 zu den auszusprechenden Kündigungen zu sehen wäre. Sollen Interessenausgleich und BR-Anhörung miteinander verbunden werden, ist dies vielmehr schon bei der Einleitung des Beteiligungsverfahrens klarzustellen.[91] Die BR-Anhörung unterliegt in solchen Fällen keinen erleichterten Anforderungen.[92] Steht im Zeitpunkt der Unterzeichnung eines Interessenausgleichs mit Namensliste noch nicht endgültig fest, ob einem in der Namensliste aufgeführten AN eine Kündigung erklärt wird, weil er noch in eine Transfergesellschaft wechseln kann, und ist im Interessenausgleich weiter festgehalten, dass die Rechte des BR nach § 102 unberührt bleiben, ist der BR vor Ausspruch der dann erklärten Kündigung anzuhören; andernfalls ist diese unwirksam.[93] Aus Sinn und Zweck der Anhörung folgt, dass der AG dem BR gegenüber auch eindeutig darstellen muss, ob er sich nur aus betrieblichen Gründen zur Kündigung veranlasst sieht oder ob er diese unabhängig davon auch unmittelbar auf personen- oder verhaltensbedingte Gründe stützen will.[94]

---

86 ArbG Berlin, dbr 08, 36.

87 LAG Berlin, BB 97, 442; LAG Hamm 23.2.06 – 15 Sa 1775/05.

88 ArbG Reutlingen, BB 95, 677.

89 LAG Hamm 20.2.20 – 5 Sa 1313/19, 3.4.06 – 13 Sa 1027/05.

90 BAG 28.8.03 – 2 AZR 377/02; LAG Brandenburg, NZA-RR 06, 69; ebenso für den Interessenausgleich mit Namensliste gemäß §§ 112 Abs. 1 Satz 1 BetrVG, 125 Abs. 1 InsO LAG Hamm 15.3.06 – 2 Sa 73/06, brwo; LAG BaWü 9.1.06 – 4 Sa 55/05.

91 ArbG Hagen 25.6.19 – 4 Ca 219/19.

92 BAG 18.1.12 – 6 AR 407/10.

93 LAG Rheinland-Pfalz, NZA-RR 08, 356.

94 BAG, DB 82, 1171.

f) Krankheitsbedingte Kündigung

8 Bei einer Kündigung wegen **häufiger Kurzerkrankungen** sind nicht nur die bisherigen Fehlzeiten und die Art der Erkrankungen mitzuteilen, sondern auch die wirtschaftlichen Belastungen und Betriebsbeeinträchtigungen, die infolge der Fehlzeiten entstanden sind oder mit denen noch gerechnet werden muss.[95] Bei den Fehlzeiten sind sowohl die Arbeitstage mit als auch diejenigen ohne Lohnfortzahlung anzugeben.[96] Pauschale Hinweise auf »wiederholte Arbeitsunfähigkeit« reichen nicht aus.[97] Ebenfalls nicht ausreichend ist es, wenn der AG nur die für ihn günstigen Fehlzeiten der vergangenen Jahre, nicht aber vergleichsweise geringere Fehlzeiten des Jahres der Kündigungsanhörung mitteilt.[98] Wird dem BR eine bestimmte Zahl an ausgefallenen Arbeitstagen mitgeteilt, obwohl es sich bei den angegebenen Tagen tatsächlich um Kalendertage handelt, macht dies die BR-Anhörung fehlerhaft.[99] Fehlerhaft ist die Anhörung auch, wenn der AG angibt, ein betriebliches Eingliederungsmanagement sei abgeschlossen, obwohl es vom AG einseitig abgebrochen wurde.[100] Will der AG die Stelle des erkrankten AN dauerhaft vollständig mit einem anderen AN besetzen, teilt er dem BR aber nur mit, dass der Arbeitsplatz zumindest teilweise ersetzt werden solle, liegt darin keine ordnungsgemäße Anhörung des BR.[101] An die Mitteilungspflicht des AG hinsichtlich der **wirtschaftlichen Belastungen** sollen nicht die strengen Anforderungen wie im Kündigungsschutzprozess zu stellen sein. Angaben sollen ausnahmsweise sogar entbehrlich sein, wenn der BR den Arbeitsplatz und die Folgen wiederholter Ausfälle genau kennt, wofür jedoch **keine Erfahrungsregel** spricht.[102]

g) Verhaltensbedingte Kündigung

9 Bei der **verhaltensbedingten Kündigung** sind die konkreten Vorfälle zu bezeichnen und alle Umstände darzulegen, die dem AG bekannt sowie im Rahmen der Interessenabwägung von Bedeutung sind.[103] So muss dem Anhörungsschreiben zu entnehmen sein, wann genau und in welchem Umfang

95 BAG, NZA 84, 93; ArbG Suhl 21.6.22 – 2 Ca 157/22.
96 LAG BB 8.5.19 – 15 Sa 33/19.
97 BAG 18.9.86 – 2 AZR 638/83.
98 ArbG Suhl 1.3.23 – 1 Ca 962/22.
99 ArbG Bremen-Bremerhaven 24.2.22 – 8 Ca 8152/21.
100 Ebenda.
101 LAG SH 10.1.24 – 3 Sa 74/23.
102 BAG a.a.O.; abzulehnen LAG Hamm, DB 88, 506, das eine EDV-mäßige Darstellung der Fehlzeiten und Mitteilung der entstandenen Lohnfortzahlungskosten als ausreichend ansehen will.
103 BAG, NZA 89, 775.

der AN gegen eine BV über die Festlegung der Arbeitszeit trotz Abmahnung weiterhin verstoßen haben soll; ebenso ist mitzuteilen, in welchem zeitlichen Maß der AN während der Arbeitszeit zu privaten Zwecken Internetseiten aufgerufen haben soll.[104] Bei einer Kündigung wegen Beleidigung des Vorgesetzten gehört zur vollständigen Unterrichtung des BR, dass dieser auch über eine nachfolgend ausgesprochene Entschuldigung des AN und deren Annahme durch den Vorgesetzten unterrichtet wird.[105] Bei einer Kündigung wegen unangemessener Verhaltensweisen und inhaltlicher Mängel der Arbeit des AN ist der BR jedenfalls darüber zu informieren, dass und in welcher Weise der AN auf die Vorhaltungen reagiert hat.[106] Die Anhörung zu einer Kündigung wegen privaten Verkaufs von im UN angefallenem Altmetall ist fehlerhaft, wenn der AG den BR nicht über den für den Kündigungsgrund erheblichen Umstand des Widerrufs einer zuvor bestehenden Genehmigung zur privaten Veräußerung von Altmetall unterrichtet; der Widerruf der Veräußerungserlaubnis kann nicht mehr in den Kündigungsschutzprozess eingeführt werden.[107] Bei der – von der insoweit abzulehnenden Rspr. für zulässig gehaltenen – **Verdachtskündigung** (s. auch § 95 Rn. 9) sind auch die Namen evtl. **Tatzeugen** zu nennen (vgl. auch Rn. 10).[108] Stützt der AG seinen Kündigungswunsch wegen des Verdachts der Urheberschaft des zu Kündigenden ausschließlich auf ein zur Textvergleichung eingeholtes Privatgutachten, so hat er dieses dem BR komplett, nicht nur mit drei von Hunderten von Seiten zum Gutachtensergebnis, zur Prüfung der Stichhaltigkeit vorzulegen.[109] Wurde der BR lediglich zu einer Verdachtskündigung angehört, schließt dies die Anerkennung einer nachgewiesenen Pflichtwidrigkeit als Kündigungsgrund jedenfalls dann nicht aus, wenn dem BR alle Tatsachen mitgeteilt worden sind, die – ggf. auch im Rahmen eines zulässigen Nachschiebens – nicht nur den Verdacht, sondern den Tatvorwurf selbst begründen.[110] Umgekehrt ist es aber nicht möglich, die Kündigung als Verdachtskündigung zu begründen, wenn der BR nur zu einer Tatkündigung angehört wurde.[111] Wird ein staatsanwaltschaftliches Ermittlungsverfahren nach § 170 Abs. 2 StPO eingestellt, begründet dies keine Vermutung für die Unschuld des AN und steht daher einer Verdachtskündigung nicht entgegen; denn bei der Verdachtskündigung geht es gerade nicht um eine bewiesene Tat, sondern lediglich um den dringenden, nicht ausgeräumten Verdacht, der

---

104 LAG RP 17.8.12 – 9 Sa 85/12.
105 LAG Hamm 24.7.08 – 8 Sa 632/08.
106 LAG München 20.5.09 – 11 Sa 97/09, brwo zur nicht ordnungsgemäßen Beteiligung eines PersR.
107 HessLAG 29.7.09 – 6 Sa 748/08.
108 ArbG Darmstadt, AiB 86, 118.
109 ArbG Berlin 30.9.16 – 28 Ca 6347/16 und 10000/16.
110 BAG, NZA 09, 1136.
111 HessLAG 17.3.17 – 14 Sa 879/16.

das Arbeitsverhältnis belastet.[112] Dem BR sind auch eine vorangegangene **Abmahnung** sowie eine ggf. vorliegende Gegendarstellung des AN[113] sowie die dem AG bekannten, den AN erkennbar entlastenden Umstände mitzuteilen.[114] Der Vorlage von **Beweismaterial** bedarf es im Allgemeinen jedoch nicht.[115] Eine wirksame Anhörung des BR zu einem vom AN angekündigten, aber noch nicht eingetretenen Verhalten ist dann nicht möglich, wenn nicht die Ankündigung selbst, sondern nur das zu **erwartende Verhalten** des AN vom AG als Kündigungsgrund genannt wird.[116]

h) Eigene Kenntnis des Betriebsrats bei Einleitung des Anhörungsverfahrens

10 Wenn der BR bei Einleitung des Anhörungsverfahrens bereits über den **erforderlichen Kenntnisstand** verfügt, um zu der konkret beabsichtigten Kündigung eine Stellungnahme abgeben zu können, bedarf es keiner weiteren Darlegung der Kündigungsgründe durch den AG mehr.[117] Dies kann beispielsweise der Fall sein, wenn die Tatumstände, mit denen der AG die Kündigung rechtfertigen will, sich über einen längeren Zeitraum zugetragen haben und alle diese Umstände dem BR-Vors. jeweils zu der Zeit, als sie sich ereigneten, mitgeteilt wurden.[118] Ein pauschaler Hinweis auf »schlechte Arbeitsleistungen« lässt nicht erkennen, welche konkreten Tatsachen vom AG in Bezug genommen werden und welche dieser Tatsachen dem BR bereits bekannt waren.[119] Unterlässt der AG die Unterrichtung des BR in der **irrigen Annahme**, dass dieser bereits über den erforderlichen und aktuellen Kenntnisstand verfügt, liegt **keine** ordnungsgemäße Anhörung vor.[120] Dasselbe gilt, wenn erst ein Mitgl. des BR dem BR-Vors. auf Nachfrage Kenntnis von wesentlichen Kündigungstatsachen verschafft, diese Mitteilung aber nicht auf Veranlassung des AG erfolgt.[121] Das Anhörungsverfahren ist nur dann ordnungsgemäß, wenn der BR weiß, dass es wegen einer noch auszusprechenden Kündigung eingeleitet wird.[122]

---

112 LAG Köln 6.7.18 – 9 TaBV 47/17.
113 BAG 31.8.89, EzA § 102 BetrVG 1972 Nr. 75.
114 LAG Nürnberg 22.6.10 – 5 Sa 820/08.
115 BAG, DB 95, 1134.
116 BAG, DB 83, 1153.
117 BAG, NZA 86, 426.
118 BAG, DB 74, 1438.
119 LAG BaWü 14.1.16 – 18 Sa 21/15.
120 BAG a.a.O.
121 LAG Nürnberg 24.2.94, LAGE § 102 BetrVG 1972 Nr. 38.
122 BAG, DB 76, 344.

Eine gesonderte Anhörung erübrigt sich, wenn die Kündigung auf Verlangen des BR (vgl. etwa § 104) ausgesprochen wird; in dem Verlangen ist die Zustimmung schon enthalten.[123] 11

i) Zugang der Informationen beim Betriebsrat

Zur **Entgegennahme** von Erklärungen ist nur der **Vors. des BR** und im Falle seiner Verhinderung dessen Stellvertr. befugt. Die Anhörung nach Abs. 1 wird daher nur durch Mitteilung und Begründung der Kündigungsabsicht gegenüber dem BR-Vors. oder ggf. seinem Stellvertr. eingeleitet.[124] Der BR muss sich grundsätzlich nur das Wissen eines zur Entgegennahme von Erklärungen berechtigten oder hierzu ausdrücklich ermächtigten BR-Mitgl. zurechnen lassen.[125] Zieht der AG bei der Ermittlung des Kündigungssachverhalts ein (einfaches) BR-Mitgl. hinzu, sind dessen Kenntnisse dem Wissen des BR nur dann zuzurechnen, wenn es sie vor oder bei Einleitung des Anhörungsverfahrens dem Vors. des BR, seinem Stellv. oder dem BR-Gremium mitgeteilt hat.[126] Ist das MBR des BR auf einen **Ausschuss** übertragen worden, so ist dessen Vors. zur Entgegennahme der Erklärungen des AG befugt.[127] Mitteilungen des AG an den BR haben **während der Arbeitszeit** zu erfolgen; außerhalb der Arbeitszeit sind die für den BR empfangsberechtigten Personen grundsätzlich nicht verpflichtet, Erklärungen des AG nach dieser Vorschrift entgegenzunehmen. Nur wenn sie dies dennoch widerspruchslos tun, sind sie dem BR damit zugegangen.[128] Ein Anhörungsschreiben geht dem BR erst am folgenden Tag zu, wenn es vom AG zu einer Zeit in das Postfach gelegt wird, zu welcher (etwa nach Dienstschluss) nicht mehr mit einer Leerung am selben Tag gerechnet werden muss.[129] Einer **ausdrücklichen Aufforderung** an den BR, zur beabsichtigten Kündigung Stellung zu nehmen, bedarf es **nicht**. Sie liegt bereits in der Mitteilung der Kündigungsgründe.[130] 12

Sofern nach ordnungsgemäßer Einleitung des Anhörungsverfahrens dem BR bei der Behandlung der Sache Fehler unterlaufen, insbesondere der Vors. des BR die Mitteilung nicht an seine BR-Kollegen weitergibt oder keine rechtlich einwandfreie Beschlussfassung des BR über die Kündigungsmaßnahme stattfindet, hat dies auf die Gültigkeit der Anhörung grundsätzlich keinen Einfluss. Mängel, die im Verantwortungsbereich des BR entstehen, 13

---

123 BAG, AuR 97, 374.
124 LAG MV 9.6.15 – 2 Sa 5/15.
125 BAG, NZA 86, 426.
126 LAG München, BB 88, 2175.
127 BAG, DB 75, 2184.
128 BAG, DB 83, 181.
129 BAG, AiB 98, 113.
130 BAG, DB 74, 1294.

führen grundsätzlich nicht zur Unwirksamkeit der Kündigung wegen fehlerhafter Anhörung. Dies gilt selbst dann, wenn der AG im Kündigungszeitpunkt weiß oder erkennen kann, dass der BR die Angelegenheit nicht fehlerfrei behandelt hat.[131] Mögliche Mängel bei der Beschlussfassung des BR (z. B. eine fehlerhafte Besetzung des Gremiums) berühren deshalb die Ordnungsgemäßheit des Anhörungsverfahrens nicht (zur Kritik an dieser Rspr. s. die Kommentierung zu § 26 Rn. 6). Der AG kann aufgrund einer – wenn auch fehlerhaft zustande gekommenen – Stellungnahme des BR regelmäßig vor Ablauf der Frist des Abs. 2 die Kündigung aussprechen.[132] Wird statt des BR der nicht zuständige BA mit der Sache befasst, führt dies nicht zur Unwirksamkeit der Kündigung.[133]

j) Anhörung des betroffenen Arbeitnehmers

14 Eine gesetzl. Verpflichtung des BR, den betroffenen AN in jedem Fall **anzuhören**, besteht nicht. Er hat hierüber nach pflichtgemäßem Ermessen zu entscheiden. Erfolgt keine Anhörung des AN, so hat dies auf die **Ordnungsmäßigkeit des Anhörungsverfahrens** keinen Einfluss.[134] Stützt der AG eine Kündigung auf den **Verdacht einer strafbaren Handlung** des AN, so hat er auch den AN vor Ausspruch der Kündigung grundsätzlich anzuhören. Verletzt der AG schuldhaft diese Pflicht, so ist die gleichwohl ausgesprochene Kündigung unwirksam, es sei denn, der AN war von vornherein nicht bereit, sich zu den Verdachtsgründen substantiiert zu äußern.[135]

k) Nachschieben von Kündigungsgründen, neue Tatsachen

15 Für die Frage, ob eine Kündigung vor Ablauf der Erklärungsfristen des Abs. 2 ausgesprochen worden ist, kommt es im Übrigen nicht auf den Zugang der Kündigungserklärung beim AN, sondern darauf an, zu welchem Zeitpunkt die **Kündigungserklärung aus dem Machtbereich des AG** gelangt ist.[136] Die **Darlegungs-** und **Beweislast** dafür, dass der BR **vor** einer Kündigung ordnungsgemäß gehört worden ist oder nicht gehört zu werden brauchte, weil es sich um die Kündigung eines leit. Ang. handelte, hat im Kündigungsschutzverfahren im Streitfall der AG.[137] Im Kündigungsschutzprozess kann der AG sich nur auf solche **Kündigungsgründe** berufen, die vor Ausspruch

---

131 BAG, NZA 04, 1330.
132 BAG a. a. O.
133 LAG Köln, AiB 04, 710.
134 BAG, DB 76, 1063.
135 BAG, NZA 96, 81.
136 BAG, DB 76, 969.
137 BAG, a. a. O.; zu der hinsichtlich einer ordnungsgemäßen BR-Anhörung abgestuften Darlegungslast s. BAG, NZA 05, 1233.

der Kündigung **Gegenstand der Anhörung** waren;[138] dies gilt auch, wenn der BR der Kündigung aufgrund der mitgeteilten Gründe zugestimmt hat.[139] Vor Ausspruch der Kündigung kann der AG seine Informationen gegenüber dem BR jederzeit ergänzen.[140] Ihm ist es aber verwehrt, Kündigungsgründe **nachzuschieben**, die ihm im Zeitpunkt der Unterrichtung des BR bereits bekannt waren, die er dem BR aber nicht mitgeteilt hatte.[141] Hat sich der mitgeteilte Sachverhalt vor Zugang der Kündigung geändert, muss der AG den BR darüber unterrichten und ihm erneut die Stellungnahme ermöglichen, wenn andernfalls die Unterrichtung irreführend wäre; das gilt im Falle einer wesentlichen Änderung des vom AG als für seinen Kündigungsentschluss maßgeblich dargestellten Sachverhalts selbst dann, wenn das Anhörungsverfahren bereits abgeschlossen war.[142] Kündigungsgründe, die bei Ausspruch der Kündigung bereits entstanden, dem AG aber noch nicht bekannt waren, können im Kündigungsschutzprozess nachgeschoben werden,[143] wenn der AG zuvor den BR hierzu erneut angehört hat.[144] Die Anhörung des BR zu den im Zeitpunkt des Ausspruchs der Kündigung dem AG unbekannten Kündigungsgründen muss auch dann durchgeführt werden, wenn bei Ausspruch der Kündigung noch kein funktionsfähiger BR bestand, wohl aber im Zeitpunkt des Nachschiebens der Kündigungsgründe.[145] Erhält der AG erst **nach Ausspruch** der Kündigung Kenntnis von weiteren Kündigungsgründen, so kann er sie nach Anhörung des BR zum Anlass einer erneuten Kündigung machen. Nicht gehindert ist der AG auch, im Kündigungsschutzprozess Tatsachen nachzutragen, die ohne wesentliche Veränderung des Kündigungssachverhalts lediglich der Erläuterung und Konkretisierung der dem BR mitgeteilten Kündigungsgründe dienen.[146] Teilt der AG dem BR mit, er beabsichtige, dem AN wegen einer nach dem geschilderten Sachverhalt für **nachgewiesen** erachteten **Straftat** fristlos und vorsorglich ordentlich zu kündigen, und stützt er später die Kündigung bei unverändert gebliebenem Sachverhalt auch auf den **Verdacht dieser Straftat**, ist der nachgeschobene Kündigungsgrund der Verdachtskündigung (zu dieser s.

---

138 BAG, AiB 97, 668; LAG Rheinland-Pfalz 10.1.08 – 11 Sa 579/07.

139 BAG, DB 92, 2195.

140 BAG, DB 97, 1284.

141 LAG Rheinland-Pfalz 4.7.06 – 2 Sa 144/06.

142 BAG 22.9.16 – 2 AZR 700/15: Hat der AG noch vor Zugang der Kündigung Kenntnis davon erlangt, dass der AN aufgrund einer Schwerbehinderung tatsächlich schwer erkrankt ist, und außerdem eine ausführliche schriftliche Stellungnahme des AN zu den gegen ihn erhobenen Vorwürfen erhalten, muss er den BR auf diese veränderte Sachlage hinweisen und seine Mitteilung ergänzen.

143 BAG, NZA 08, 636.

144 LAG BW 25.5.07 – 7 Sa 103/06; LAG Hamm 24.7.08 – 8 Sa 632/08.

145 LAG Hamm 10.8.06 – 15 Sa 270/06.

146 BAG a.a.O.

Rn. 9) wegen insoweit fehlender Anhörung des BR im Kündigungsschutzprozess nicht zu verwerten.[147]

16 Die Kündigung muss in einem **zeitlichen Zusammenhang** mit dem Anhörungsverfahren stehen. Eine erneute Anhörung des BR kann auch unter ausdrücklicher Bezugnahme auf die bereits gegebenen Mitteilungen und den damit beim BR bereits vorhandenen Kenntnisstand erfolgen. Hat der AG nach durchgeführter Anhörung die Kündigung ausgesprochen, wird sein Kündigungsrecht zunächst ausgeübt und »verbraucht«. Teilt der AN dem AG binnen eines Monats nach Kündigungserhalt mit, er habe vor Kündigungszugang die Anerkennung als **schwerbehinderter Mensch** beantragt, muss der AG den BR erneut anhören.[148] Stellt sich heraus, dass die ausgesprochene Kündigung beispielsweise wegen fehlender Zustimmung des Integrationsamts nach dem SGB IX unwirksam war, muss der AG nach Erteilung der Zustimmung durch das Integrationsamt den BR erneut anhören.[149] Ist in einem Kündigungsprozess **rechtskräftig** entschieden, dass das Arbeitsverhältnis durch eine bestimmte Kündigung nicht aufgelöst worden ist, kann der AG eine erneute Kündigung nicht auf Gründe stützen, die er schon zur Begründung der ersten Kündigung vorgebracht hatte und die gerichtlich geprüft worden sind mit dem Ergebnis, dass sie die Kündigung nicht rechtfertigen können.[150] Hat ein **Bevollmächtigter** des AG die Kündigung ausgesprochen und ergeben sich nachträglich Zweifel, ob die Kündigungserklärung des Bevollmächtigten dem AG zugerechnet werden kann, dann hat der AG den BR wiederum anzuhören, bevor er erneut eine weitere Kündigung aussprechen will.[151] Wird die Anhörung durch einen betriebsfremden Dritten (z.B. RA des AG) eingeleitet, so ist das Anhörungsverfahren dann nicht wirksam eingeleitet, wenn dem BR keine Vollmachtsurkunde vorgelegt wird und der BR das Anhörungsschreiben mangels Vorlage der Vollmacht im Original gemäß § 174 BGB zurückweist.[152]

2. Reaktionsmöglichkeiten des Betriebsrats

17 Die Vorschrift setzt **Fristen** fest, innerhalb derer der BR evtl. Bedenken gegen eine beabsichtigte Kündigung gegenüber dem AG schriftlich geltend

---

147 BAG 3.4.86, AP Nr. 41 zu § 102 BetrVG 1972; LAG Hamm 17.8.06 – 15 Sa 720/06, brwo; HessLAG 18.4.12, – 18 Sa 1474/11.

148 LAG Hamm, DB 88, 916.

149 BAG, NZA 94, 311; vgl. aber auch BAG, BB 94, 1857 zur Entbehrlichkeit einer erneuten Anhörung zu einer fristlosen Kündigung eines schwerbehinderten AN bei erst nach jahrelangem verwaltungsgerichtlichem Verfahren erteilter Zustimmung der Hauptfürsorgestelle (jetzt Integrationsamt).

150 BAG, BB 94, 862.

151 BAG, NZA 96, 649.

152 LAG BaWü 11.3.11 – 7 Sa 109/10.

zu machen hat. Versäumt er die Fristen, so gilt seine Zustimmung als erteilt (hinsichtlich des Fristablaufs gelten die Grundsätze des § 99 Abs. 3). AG und BR können eine **Verlängerung der Frist** vereinbaren; einen Anspruch hierauf hat der BR auch bei Massenentlassungen grundsätzlich nicht. Jedoch kann das Berufen des AG auf die Anhörungsfrist **rechtsmissbräuchlich** sein, wenn ihre Einhaltung wegen der Zahl der im BR zu behandelnden Kündigungen Schwierigkeiten bereitet und der BR deswegen innerhalb der Wochenfrist vom AG Fristverlängerung verlangt hat.[153] Im Übrigen läuft die Äußerungsfrist des BR nicht bereits mit Dienstschluss der Personalabteilung, sondern erst mit Ende des Tages (24.00 Uhr) ab, der durch seine Benennung dem Tag entspricht, an dem der BR die Anhörungsmitteilung erhalten hat; der BR kann diese Frist voll ausschöpfen.[154] Der BR ist grundsätzlich nicht verpflichtet, die das Anhörungsverfahren einleitenden Erklärungen des AG außerhalb der Arbeitszeit oder der Betriebsräume entgegenzunehmen.[155] Eine einseitig vom AG veranlasste **Verkürzung** der gesetzlichen Anhörungsfrist ist auch in Eilfällen nicht möglich.[156] Das Verfahren zur Anhörung des BR vor einer Kündigung ist **vor** Ablauf der Frist nur dann beendet, wenn der BR zu der Kündigungsabsicht des AG eine Erklärung abgegeben hat, aus der sich ergibt, dass der BR eine weitere Erörterung des Falles nicht mehr wünscht oder er sich zu der Kündigung nicht äußern wird und darin eine **abschließende** Stellungnahme liegt.[157] Von einer solchen abschließenden Stellungnahme des BR kann nur ausgegangen werden, wenn seine Erklärung beinhaltet, dass er damit das Verfahren endgültig abschließen will.[158] Fehlt es an sicheren Anhaltspunkten dafür, dass sich der BR in keinem Fall mehr zur Kündigungsabsicht äußern wird, muss der AG, sofern er die Kündigung vor Ablauf der Wochenfrist erklären will, beim BR-Vors. nachfragen und um entsprechende Klarstellung bitten; auf die Erklärung des BR-Vors. darf sich der AG verlassen.[159]

Auch wenn die Zustimmung des BR wegen Fristablaufs als erteilt gilt, bedeu- **18**
tet das – ebenso wie in dem Fall, in dem der BR der Kündigung ausdrücklich zustimmt – nicht, dass die Kündigung damit bereits **rechtswirksam** ist. Die Zustimmung des BR führt nur dazu, dass der AG aus der Sicht des MBR eine rechtlich relevante Kündigungserklärung abgegeben hat. Ob sie **aus anderen rechtlichen Gesichtspunkten** (z. B. den Vorschriften des KSchG oder des MuSchG) unwirksam ist, bleibt damit noch offen.

153 BAG, NZA 87, 601.
154 BAG, AiB 98, 113; LAG BB 3.9.15 – 10 Sa 415/15.
155 BAG, DB 83, 181.
156 BAG 13.11.75, AP Nr. 6 zu § 102 BetrVG 1972.
157 BAG, DB 76, 1241; LAG Köln 23.5.14 – 4 Sa 69/14.
158 LAG Berlin-Brandenburg 22.10.09 – 2 Sa 1186/09.
159 BAG 25.5.16 – 2 AZR 345/15; LAG RP 23.6.20 – 8 Sa 192/19.

3. Widerspruch des Betriebsrats, Widerspruchsgründe

19 Die Bestimmung enthält eine Aufzählung von Tatbeständen, bei deren Vorliegen der BR der Kündigung **widersprechen** kann. Sie gilt jedoch **nur für ordentliche** Kündigungen. Der Widerspruch führt zwar nicht zur Unwirksamkeit der Kündigung, löst aber den Weiterbeschäftigungsanspruch des AN nach Abs. 5 aus. Der Widerspruch muss schriftlich erfolgen und eine Begründung enthalten. Diese darf nicht nur den Gesetzestext wiederholen; es müssen vielmehr Tatsachen dargelegt werden, die es möglich erscheinen lassen, dass einer der in Abs. 3 aufgezählten Gründe vorliegt;[160] nur dann ist der Widerspruch ordnungsgemäß begründet.[161] Die Aufzählung der Widerspruchsgründe in Abs. 3 ist abschließend.[162]

20 Der BR kann einer Kündigung selbstverständlich auch aus anderen als den in dieser Vorschrift aufgezählten Gründen widersprechen. In diesem Fall reicht der Widerspruch des BR allein jedoch **nicht aus**, um die **Weiterbeschäftigungspflicht** nach Abs. 5 auszulösen, auch wenn die vom BR vorgebrachten Bedenken durchgreifen. Ob die Kündigung wirksam ist, bestimmt sich nach anderen arbeitsrechtlichen Grundsätzen. Es kann auch sein, dass eine Kündigung nach den Bestimmungen des KSchG sozial ungerechtfertigt und damit unwirksam ist, obwohl der BR dieser **nicht widersprochen** hat. So wird beispielsweise eine Kündigung, die der AG ausspricht, obwohl eine Weiterbeschäftigung des AN unter geänderten Vertragsbedingungen möglich wäre und der AN hiermit sein Einverständnis erklärt hat, grundsätzlich nach den Vorschriften des KSchG sozial ungerechtfertigt und damit unwirksam sein, unabhängig davon, ob der BR ihr widersprochen hat oder nicht (vgl. im Übrigen Rn. 28).[163]

21 Der BR kann bei Vorliegen eines der in dieser Bestimmung genannten Tatbestände nicht **nur einer betriebsbedingten**, sondern **auch** einer **personenbedingten** oder **verhaltensbedingten** Kündigung widersprechen.[164] Dasselbe gilt im Falle einer sog. außerordentlichen Kündigung mit sozialer Auslauffrist, die nach der Rspr. unter bestimmten Voraussetzungen auch gegenüber einem AN ausgesprochen werden kann, für den die ordentliche Kündigung durch TV ausgeschlossen ist.[165]

22 Zu Nr. 1: Widerspricht der BR mit der Begründung, der AG habe bei der Auswahl der zu kündigenden AN **soziale Gesichtspunkte** nicht oder nicht ausreichend berücksichtigt, so ist der Widerspruch dann ordnungsgemäß,

---

160 HessLAG 15.2.13 – 14 SaGa 1700/12.
161 LAG BB 5.4.19 – 3 SaGa 417/19.
162 BAG, NZA 86, 424.
163 BAG, DB 73, 1856.
164 BAG, DB 78, 1454; DB 83, 180.
165 BAG 4.2.93, EzA § 626 BGB Nr. 144 im Falle dauernder Unfähigkeit des AN zur Erbringung der Arbeitsleistung.

wenn der BR aufzeigt, welcher vom AG bei der sozialen Auswahl nicht berücksichtigte AN sozial weniger schutzwürdig ist.[166] Auch wenn der AG dem BR keine Sozialdaten anderer AN mitteilt, weil er der Meinung ist, es gebe keine vergleichbaren AN, hat der BR im Widerspruch[167] darzulegen, warum die vom AG getroffene Sozialauswahl fehlerhaft sei. Hat der AG bei einer durchgeführten Sozialauswahl bestimmte AN übersehen oder für nicht vergleichbar gehalten und deshalb dem BR die für die soziale Auswahl objektiv erheblichen Umstände nicht mitgeteilt, ist er grundsätzlich berechtigt, seinen Vortrag im Prozess auf entsprechende Rüge zu ergänzen; ein unzulässiges Nachschieben von Kündigungsgründen (hierzu Rn. 15) liegt darin nicht.[168] Entsprechendes gilt, wenn der AG aus nachvollziehbaren Gründen bei Erklärung der Kündigung davon ausgegangen ist, eine Sozialauswahl sei insgesamt entbehrlich.[169] Gemeint sind im Übrigen **alle** sozialen Gesichtspunkte, **nicht nur** Dauer der Betriebszugehörigkeit, Lebensalter, Unterhaltspflichten und Schwerbehinderung des AN.[170]

Zu Nr. 2: Die Bestimmung soll sicherstellen, dass der AG bei einer Kündigung die mit dem BR vereinbarten **Auswahlrichtlinien** (vgl. die Erl. zu § 95) beachtet.[171] Erfolgt die soziale Auswahl bei einer betriebsbedingten Kündigung aufgrund von Auswahlrichtlinien nach § 95 (s. dort Rn. 9), kann sie im Kündigungsschutzprozess gemäß § 1 Abs. 4 Satz 1 KSchG nur noch auf **grobe Fehlerhaftigkeit** überprüft werden. Soweit ein Punkteschema vorgesehen wird, müssen die Richtlinien Spielraum für eine Berücksichtigung individueller Besonderheiten bei der abschließenden Würdigung des Falles lassen.[172] Dabei darf der AG das Angebot eines sozial schutzwürdigeren AN berücksichtigen, für den Fall einer Weiterbeschäftigung seines zur Kündigung vorgesehenen Sohnes auf seinen Arbeitsplatz zu verzichten, weil im Verhältnis zueinander letzterer vorrangig zum Unterhalt verpflichtet ist; nimmt der AG ein solches Angebot an, führt dies nicht zur Sozialwidrigkeit anderer Kündigungen unter dem Gesichtspunkt der fehlerhaften Sozialauswahl.[173] 23

Zu Nr. 3: Das Widerspruchsrecht ist auch dann gegeben, wenn der AN nicht an einem anderen Arbeitsplatz im selben Betrieb, sondern an seinem **alten Arbeitsplatz weiterbeschäftigt** werden kann;[174] ebenso bei Möglichkeit der Weiterbeschäftigung in einem anderen Betrieb des Konzerns, wenn dies 24

166 BAG, DB 03, 2233.
167 Muster s. DKW-F-Bachner, § 102 Rn. 16f., 23.
168 BAG 8.12.22 – 6 AZR 32/22.
169 Ebenda.
170 Ebenso Fitting, Rn. 78.
171 Muster für Widerspruch s. DKW-F-Bachner, § 102 Rn. 18.
172 BAG, BB 96, 1993.
173 BAG, BB 96, 1993.
174 A. A. BAG, DB 86, 752; wie hier LAG Düsseldorf, DB 80, 2043.

arbeitsvertraglich möglich ist oder der AG sich umgekehrt einen konzernweiten Einsatz seiner Beschäftigten vorbehalten hatte.[175] Zur Begründung des Widerspruchs[176] reicht es nicht aus, wenn der BR nur allgemein auf eine anderweitige Beschäftigungsmöglichkeit im selben Betrieb oder in einem anderen Betrieb des Unternehmens verweist, er muss vielmehr in bestimmbarer Weise angeben, auf welchem Arbeitsplatz der zu kündigende AN nach seiner Meinung eingesetzt werden kann.[177] Mit dem Widerspruch nach Nr. 3 muss die Weiterbeschäftigungsmöglichkeit auf einem Arbeitsplatz geltend gemacht werden, auf dem der AN ohne zumutbare Umschulungs- oder Fortbildungsmaßnahmen und zu unveränderten Vertragsbedingungen beschäftigt werden kann, da diese von Nr. 4 und 5 erfassten Fallgestaltungen erhöhte Anforderungen an den zu erhebenden Widerspruch stellen (s. hierzu Rn. 26).[178] Der AG ist nach Auffassung des BAG nicht verpflichtet, zum Zwecke der Weiterbeschäftigung einen neuen Arbeitsplatz zu schaffen.[179] Allerdings ist auch ein in **absehbarer Zeit** nach Ablauf der Kündigungsfrist **freiwerdender Arbeitsplatz** zu berücksichtigen.[180] Macht der BR geltend, dass in konkret bezeichneten Betriebsabteilungen Leih-AN tätig sind, auf deren Arbeitsplätzen AN weiterbeschäftigt werden können, so handelt es sich um Arbeitsplätze, die in absehbarer Zeit frei gemacht werden.[181] Ob der AN auf dem bezeichneten Arbeitsplatz tatsächlich eingesetzt werden kann, ist nicht erforderlich; die **Möglichkeit** reicht für den Widerspruch aus.[182]

25 Zu Nr. 4: Bei den **Umschulungs-** oder **Fortbildungsmaßnahmen** muss es sich nicht um innerbetriebliche Maßnahmen handeln; sie können auch außerbetrieblicher Art sein. Ob Umschulungs- oder Fortbildungsmaßnahmen für den AG ausnahmsweise unzumutbar sind, lässt sich nur im Einzelfall beurteilen.[183] Der AG hat die Unzumutbarkeit ggf. darzulegen und zu beweisen.

26 Zu Nr. 5: Der AN kann sich mit einer Weiterbeschäftigung unter **geänderten Vertragsbedingungen** vorbehaltlich der gerichtl. Nachprüfung der sozialen Rechtfertigung der Änderung im Kündigungsschutzprozess einverstanden erklären. Dann hat der AG eine Änderungskündigung auszusprechen.

---

175 BAG, NZA 87, 125; BAG, DB 06, 2351, dort jedoch wegen fehlender Einflussnahmemöglichkeit des Beschäftigungsbetriebs auf eine »Versetzung« zu anderen Konzern-UN verneint.

176 Muster s. DKW-F-Bachner, § 102 Rn. 19.

177 BAG, AiB 00, 164; HessLAG 15.2.13 – 14 SaGa 1700/12, brwo; LAG Köln 28.8.15 – 4 SaGa 14/15.

178 HessLAG 15.2.13 – 14 SaGa 1700/12.

179 BAG, NZA 91, 181.

180 BAG, NZA 95, 521.

181 S. Ulbrich/Schubert, AiB 13, 124.

182 ArbG Stuttgart, AiB 97, 723.

183 Widerspruchsmuster s. DKW-F-Bachner, § 102 Rn. 20.

Kündigt er gleichwohl das Arbeitsverhältnis, ohne dessen Fortsetzung zu den geänderten Bedingungen anzubieten, so führt der Widerspruch des BR[184] dazu, dass diese Kündigung sozial ungerechtfertigt ist. Voraussetzung eines ordnungsgemäßen Widerspruchs nach Nr. 5 ist aber, dass der AN sein Einverständnis mit den geänderten Vertragsbedingungen erklärt und der BR dieses Einverständnis dem AG im Widerspruch mitteilt.[185]

4. Information des betroffenen Arbeitnehmers

Der entlassene AN soll durch die Kenntnis der Widerspruchsgründe des BR in die Lage versetzt werden, die **Aussichten eines Kündigungsschutzprozesses** besser abschätzen und sich im Verfahren auf den Widerspruch des BR berufen zu können. 27

5. Weiterbeschäftigungsanspruch

Die Bestimmung regelt die **Rechtsfolgen** eines ordnungsgemäßen Widerspruchs des BR bei ordentlichen Kündigungen. Ordnungsgemäß ist der Widerspruch, wenn er das Vorliegen eines der in Abs. 3 genannten Gründe als **möglich** erscheinen lässt.[186] Hat der BR lediglich »Bedenken« geäußert, liegt darin kein Widerspruch.[187] Hat der BR einer **Kündigung widersprochen** und der AN **Kündigungsschutzklage erhoben** sowie seine **Weiterbeschäftigung verlangt**, soll in diesem typischerweise aussichtsreichen Fall gerade die tatsächliche Beschäftigung während des Kündigungsschutzprozesses als »flankierende Maßnahme« zum faktischen Weiterbestehen des Arbeitsverhältnisses bei unveränderten Arbeitsbedingungen über die ordentliche Kündigungsfrist hinaus beitragen.[188] Das Weiterbeschäftigungsverlangen muss **spätestens am ersten Arbeitstag nach Ablauf der Kündigungsfrist** erfolgt sein.[189] Der AG kann unabhängig vom Vorliegen der Voraussetzungen nach dieser Bestimmung oder über diese hinausgehend die Weiterbeschäftigung vertraglich zusagen; er ist an die Einhaltung dieser Zusage gebunden.[190] 28

Eine arbeitsvertragliche Freistellungsklausel für die Zeit vom Ausspruch der Kündigung bis zum Ablauf der Kündigungsfrist steht einem Weiterbeschäftigungsverlangen für die Zeit nach Ablauf der Kündigungsfrist nicht 29

---

184 Muster s. DKW-F-Bachner, § 102 Rn. 21.

185 HessLAG 15.2.13 – 14 SaGa 1700/12.

186 LAG München, BB 94, 1287.

187 LAG RP 26.2.15 – 5 SaGa 7/14.

188 LAG Düsseldorf 24.4.13 – 4 SaGa 6/13; zu Voraussetzungen und Durchsetzungsmöglichkeiten des Weiterbeschäftigungsanspruchs s. Thannheiser, AiB 13, 185.

189 BAG, BB 00, 2049; LAG München, NZA-RR 05, 312.

190 ArbG Lörrach, AiB 01, 58.

entgegen.[191] Bis zum rechtskräftigen Abschluss des Kündigungsschutzprozesses hat der AG die **Pflicht zur Beschäftigung** des AN, die er gegen dessen Willen nicht durch Weiterzahlung des Lohnes und Freistellung von der Arbeit abwenden kann.[192] Der AN kann den Weiterbeschäftigungsanspruch im **einstweiligen Verfügungsverfahren** durchsetzen,[193] ohne dass es hierbei der Darlegung eines besonderen Verfügungsgrundes (der Gefährdung der Interessen des gekündigten AN) bedarf.[194] Er hat jedoch ein Wahlrecht. Verlangt er die vorläufige Weiterbeschäftigung nicht, kann er nach Obsiegen im Kündigungsschutzprozess gleichwohl in den Betrieb zurück. Liegen die Voraussetzungen des Abs. 5 nicht vor (z. B. besteht kein BR oder dieser hat nicht widersprochen), kann gleichwohl ein Anspruch des AN auf vorläufige Weiterbeschäftigung nach dem Beschluss des Großen Senats des BAG[195] gegeben sein, wenn der AN Kündigungsschutzklage erhoben und in 1. Instanz ein **obsiegendes Urteil** erstritten und die Weiterbeschäftigung beantragt hat. Der Beschäftigungsanspruch besteht regelmäßig bis zum Ergehen einer gegenteiligen Entscheidung der höheren Instanz.[196] Er wird weder durch eine weitere offensichtlich unwirksame Kündigung des AG noch durch eine weitere Kündigung beendet, die auf dieselben Gründe gestützt ist, die nach Auffassung des ArbG schon für die erste Kündigung nicht ausgereicht hatten. Stützt der AG die weitere Kündigung auf einen **neuen** Sachverhalt, sind bei der Prüfung der Frage, ob die neue Kündigung zu einer anderen Beurteilung führen kann, auch die Umstände zu berücksichtigen, die dafür sprechen (z. B. bei Kettenkündigungen), dass der neue Sachverhalt nur vorgeschoben ist.[197] Die **Arbeitspflicht des AN** beschränkt sich auf die bisher zugewiesenen Arbeitsaufgaben; dies begrenzt auch seinen vorläufigen Beschäftigungsanspruch. Der zur vorläufigen Weiterbeschäftigung verurteilte AG kann seine Beschäftigungspflicht aber auch dadurch erfüllen, dass er dem AN in Ausübung seines Direktionsrechts zulässigerweise eine andere vertragsgemäße Tätigkeit zuweist.[198]

30 Die Bestimmung gilt nur im Falle der **ordentlichen Kündigung**.[199] Glaubt der AG, dass ein Grund zur fristlosen Kündigung vorliegt, spricht er gleichzeitig jedoch vorsorglich auch eine ordentliche Kündigung aus, so dürfte er

---

191 LAG Hamburg 22.10.08 – 5 SaGa 5/08.

192 BAG, DB 77, 2099.

193 LAG Düsseldorf, DB 80, 2043.

194 ArbG Aachen 3.2.22 – 7 Ga 33/21; LAG Hamburg 21.5.08 – 4 SaGa 2/08; HessLAG 3.7.12 – 15 SaGa 243/12; a. A. LAG BaWü 17.9.21 – 12 SaGa 3/21; LAG Nürnberg, NZA-RR 05, 255; LAG München, NZA-RR 05, 312.

195 BAG, 27.2.85, NZA 85, 702.

196 BAG a. a. O.

197 BAG, NZA 86, 566.

198 HessLAG 13.7.16 – 18 Sa 1498/15.

199 BAG, DB 77, 2099.

nach richtiger Auffassung gleichwohl zur Weiterbeschäftigung des AN nach dieser Bestimmung verpflichtet sein. Will er die Weiterbeschäftigung unbedingt vermeiden, so darf er **nur außerordentlich** kündigen (str.). In jedem Fall aber besteht ein Anspruch des AN auf Weiterbeschäftigung, wenn über die fristlose Kündigung zu seinen Gunsten entschieden, der Kündigungsschutzprozess jedoch noch nicht beendet ist.[200]

Im Übrigen liegt, wenn der AG durch den **gleichzeitigen Ausspruch** einer fristlosen und fristgemäßen Kündigung bewusst den BR ausschalten und ihm die Möglichkeit des Widerspruchs nehmen will, eine Behinderung der Tätigkeit des BR nach § 78 vor, die nach § 119 geahndet werden kann. **31**

Der einmal vom BR erklärte, die Beschäftigungspflicht des AN begründende Widerspruch kann **nicht zurückgenommen** werden. Der Beschäftigungsanspruch selbst ist zwar durch das kollektivrechtliche Widerspruchsrecht des BR ausgelöst worden, sein weiteres Bestehen hängt jedoch nur noch vom individualrechtlichen Kündigungsschutzverfahren ab. Der gesetzl. Anspruch auf Beschäftigung kann durch eine BV nicht abbedungen werden.[201] Hat der AN die Weiterbeschäftigung erlangt, so kann er sich nur bei Vorlage eines wichtigen Grundes oder unter Einhaltung der Kündigungsfrist davon lösen. **32**

Nur unter den in Nrn. 1 bis 3 abschließend genannten Voraussetzungen kann die Verpflichtung zur Weiterbeschäftigung des AN durch eine vom AG beantragte einstweilige Verfügung des ArbG aufgehoben werden.[202] Der AG hat einen der **Ausnahmefälle** dieser Bestimmung darzulegen und glaubhaft zu machen. Dazu bedarf es der eidesstattlichen Versicherung (§§ 936, 920, 294 ZPO). Der AG muss auch die Eilbedürftigkeit glaubhaft machen. Verlangt er erst Monate nach dem schriftlichen Weiterbeschäftigungsbegehren des AN die Befreiung von der Beschäftigungspflicht, ohne dass in der Zwischenzeit neue Gesichtspunkte eingetreten sind, so ist ein Grund für eine einstweilige Verfügung nicht gegeben.[203] Ebenso kann der AG, wenn sein Antrag auf Erlass einer einstweiligen Verfügung rechtskräftig abgewiesen worden ist, diesen nur wiederholen, wenn **neue Tatsachen** vorliegen, die er **im ersten Verfahren nicht** vorbringen konnte. Der AG kann den erneuten Antrag aber nicht darauf stützen, die Kündigungsschutzklage des weiterbeschäftigten AN sei in erster Instanz abgewiesen worden.[204] **33**

Zur **fehlenden Aussicht auf Erfolg** der Kündigungsschutzklage gehört, dass eine summarische Prüfung ergibt, dass die Klage offensichtlich oder doch **34**

---

200 Vgl. DKW-Bachner/Deinert, § 102 Rn. 278; Musterschreiben für ein Weiterbeschäftigungsverlangen des AN s. DKW-F-Bachner, § 102 Rn. 31.

201 LAG Düsseldorf, DB 77, 2383.

202 LAG München 24.4.07 – 6 Sa 115/07.

203 LAG Düsseldorf, DB 77, 1952; LAG Köln, DB 83, 2368.

204 BAG, DB 83, 2368.

mit hinreichender Wahrscheinlichkeit keinen Erfolg haben wird.[205] Eine Entbindung des AG von der Weiterbeschäftigungspflicht kann nicht bereits dann erfolgen, wenn der AN im Kündigungsrechtsstreit in erster Instanz unterlegen ist. Der AN muss auch nicht darlegen, weshalb die Kündigungsschutzklage gleichwohl Aussicht auf Erfolg bietet. Denn nach dem eindeutigen Wortlaut des Abs. 5 Satz 1 erstreckt sich der Weiterbeschäftigungsanspruch des AN bei frist- und ordnungsgemäßem Widerspruch des BR bis zum rechtskräftigen Abschluss des Kündigungsschutzverfahrens.[206] Haben sowohl der AG als auch der AN hinreichende Erfolgsaussichten glaubhaft gemacht, scheidet eine Befreiung von der Weiterbeschäftigungspflicht aus.[207] Der pauschale Vortrag, der gekündigte AN sei von einer Personalreduzierung betroffen, reicht selbst dann nicht, wenn der AN die kürzeste Betriebszugehörigkeit aller vergleichbaren Mitarbeiter aufweist; auf Vergleichbarkeit und soziale Auswahl kommt es nicht an.[208]

35 Eine **unzumutbare wirtschaftliche Belastung** des AG muss im jeweiligen Einzelfall gegeben sein;[209] sie lässt sich nicht bereits mit gesunkenen Umsätzen begründen. Der AG muss eine Existenzgefährdung des Betriebs wegen der Weiterbeschäftigung gerade des betroffenen AN dartun;[210] es reicht also nicht aus, wenn der AG lediglich allgemein vorträgt, dass er mit der Weiterbeschäftigung mehrerer AN zu rechnen hat und hierfür pauschale Kostenberechnungen aufgrund von Durchschnittswerten vorlegt.[211] Die Verlagerung von Arbeitsaufgaben macht die Weiterbeschäftigung des betroffenen AN nur dann unmöglich, wenn die – nunmehr an anderer Stelle weiterhin vorhandenen – Aufgaben deshalb nicht zurückverlagert werden können, weil dies wirtschaftlich unmöglich wäre.[212] Im Fall einer Betriebsstilllegung kann die tatsächliche Weiterbeschäftigung eines AN zu unveränderten Bedingungen gerade deshalb zu einer unzumutbaren Belastung des AG führen, wenn neben den reinen Entgeltkosten eigens mit hohem Aufwand eine betriebliche Infrastruktur aufrechterhalten werden müsste. In diesem Fall kann der AN nicht geltend machen, der AG bräuchte – ohne ihn tatsächlich zu beschäftigen – lediglich das Entgelt zu zahlen.[213] Von einem **offensichtlich**

---

205 LAG Hamburg, AiB 93, 53; ArbG Hannover, AuR 72, 381.

206 HessLAG 5.3.18 – 16 SaGa 127/18, brwo; a. A. ArbG Kiel 17.4.18 – 1 Ga 5c/18, juris, wonach die Klage bereits mit Erlass eines die Kündigungsschutzklage abweisenden erstinstanzlichen Urteils tatsächlich keinen Erfolg mehr hat.

207 LAG Düsseldorf 23.5.75, EzA § 102 BetrVG 1972 Beschäftigungspflicht Nr. 4; ArbG Stuttgart, AuR 93, 222.

208 LAG BaWü 30.8.93 – 15 Sa 36/93.

209 LAG München, AuR 05, 197.

210 ArbG Stuttgart, AuR 93, 222; LAG Hamburg, AiB-Newsletter 10/08, 1.

211 ArbG Stuttgart 31.8.93 – 23 Ga 75/93.

212 HessLAG 3.7.12 – 15 SaGa 243/12, brwo.

213 LAG Düsseldorf 24.4.13 – 4 SaGa 6/13.

unbegründeten Widerspruch des BR kann nur dann gesprochen werden, wenn dieser mutwillig erfolgte,[214] die Grundlosigkeit sich bei unbefangener Beurteilung geradezu aufdrängt[215] und für die Überlegungen des BR keinerlei Anhaltspunkte vorlagen[216] oder auch ohne besondere gerichtl. Aufklärung feststeht, dass der Widerspruchsgrund nicht vorliegen kann.[217] Ein **nicht ordnungsgemäßer Widerspruch des BR** ist analog zum Fall des offensichtlich unbegründeten Widerspruchs zu behandeln.[218]

Bei einer **Änderungskündigung** hängt der vorläufige Weiterbeschäftigungs- **36**
anspruch des AN zu den (bisherigen) Arbeitsbedingungen davon ab, ob er die neuen Arbeitsbedingungen ablehnt oder unter Vorbehalt annimmt. Lehnt er ab, kann er die Weiterbeschäftigung unter den vorgenannten Voraussetzungen verlangen. Nimmt der AN das Änderungsangebot unter dem Vorbehalt der sozialen Rechtfertigung der geänderten Arbeitsbedingungen an, erklärt er sich bereit, zunächst zu den geänderten Bedingungen weiterzuarbeiten. Dadurch entfällt der aus dem Widerspruch des BR gegen die Beendigungskündigung resultierende betriebsverfassungsrechtliche Weiterbeschäftigungsanspruch.[219]

Der AN hat einen **Weitervergütungsanspruch**, wenn der BR der ordentl. Kündigung nach Abs. 3 widersprochen und der AN innerhalb der Dreiwochenfrist des § 4 KSchG Kündigungsschutzklage erhoben sowie seine Weiterbeschäftigung gemäß Abs. 5 verlangt hat. Unter diesen Voraussetzungen muss der AG die Vergütung **bis zum rechtskräftigen Abschluss des Kündigungsschutzprozesses** weiterzahlen – und zwar sowohl dann, wenn der AG den AN nicht weiterbeschäftigt als auch unabhängig davon, ob der AN das Kündigungsschutzverfahren letztendlich gewinnt oder verliert. Der AN hat nur dann keinen Weitervergütungsanspruch, wenn sich der AG vom ArbG durch einstweilige Verfügung nach Abs. 5 Satz 2 von der Weiterbeschäftigungspflicht entbinden lässt. Die Entbindung des AG von der Weiterbeschäftigungspflicht lässt aber die bis zur gerichtl. Entbindungsentscheidung angefallenen Vergütungsansprüche des AN unberührt.[220] **Keine Weiterbeschäftigungspflicht** des AG nach dieser Bestimmung besteht, wenn der AN **nicht den Kündigungsschutz** nach dem KSchG genießt.[221]

---

214 ArbG Hannover, AuR 72, 381.
215 ArbG Berlin, DB 73, 192.
216 LAG Frankfurt, AuR 77, 156.
217 LAG BB 12.1.23 – 26 SaGa 1111/22.
218 DKW-Bachner/Deinert, Rn. 329.
219 HessLAG 19.6.12 – 15 SaGa 242/12.
220 BAG, NZA 96, 930.
221 ArbG Wuppertal, DB 75, 2329.

6. Erweiterung der Mitbestimmungsrechte

37 Die Vorschrift erklärt eine BV, die dem BR ein volles MBR bei Kündigungen einräumt, ausdrücklich für zulässig. Die MBR des BR können aber auch in anderen Fällen über das Gesetz hinaus erweitert werden. So kann **auch durch TV** wirksam festgelegt werden, dass eine Kündigung der **Zustimmung** des BR bedarf und im Streitfall die ESt. verbindlich entscheidet.[222] Für eine einzelvertragliche Erweiterung des dem BR vor Ausspruch von Kündigungen zustehenden Beteiligungsrechts fehlt es jedoch an der erforderlichen gesetzlichen Ermächtigungsgrundlage.[223]

38 Eine Vereinbarung, nach der eine Kündigung nur mit Zustimmung des BR zulässig ist, kann sich **sowohl** auf **ordentliche als auch** auf **außerordentliche** Kündigungen erstrecken. Sie bedarf der Unterzeichnung durch AG und BR auf **einer Urkunde**.[224] Liegt eine solche Vereinbarung vor und verweigert der BR seine Zustimmung, gleichgültig aus welchen Gründen, so entscheidet die ESt. und nicht das ArbG, ob die Verweigerung der Zustimmung durch den BR berechtigt ist.

39 Erklärt die ESt. die Verweigerung der Zustimmung durch den BR für begründet, so ist eine Kündigung **unzulässig**. Ersetzt die ESt. die Zustimmung des BR, so bedeutet dies nicht, dass die Kündigung damit begründet ist. Ob die Kündigung wirksam ist, stellt das ArbG im **Kündigungsschutzverfahren** fest. Dabei kann der AN sich darauf berufen, dass der BR aus einem der in Abs. 3 genannten Gründe widersprochen hat, ohne dass der AG dem entgegenhalten kann, dass der Widerspruch des BR durch die ESt. ersetzt worden sei. Ebenso kann der AN nach Abs. 5 die Weiterbeschäftigung zu unveränderten Arbeitsbedingungen über die Kündigungsfrist hinaus bis zur rechtskräftigen Entscheidung des Rechtsstreits verlangen (str.).

39a Der DGB-Entwurf für ein modernes BetrVG[225] enthält eine Vielzahl an grundlegenden Änderungen der Vorschrift:

- Möglichkeit der einvernehmlichen Verlängerung der Wochen- sowie der Dreitagefrist,
- Verlängerung der Wochenfrist um eine weitere Woche bei Betroffenheit von mehr als 5 % der AN, mindestens 20 AN,
- Übersendung einer Abschrift der Stellungnahme des BR an den AN, wenn der AG trotz Widerspruchs gekündigt hat,
- Wirksamkeit der Kündigung nur dann, wenn sie bei Widerspruch des BR vom ArbG zugelassen wird,

222 BAG, DB 88, 1397.
223 BAG, NZA 09, 915.
224 BAG, DB 78, 1501.
225 *https://aur-blog.eu/reformvorschlag/.*

- Verpflichtung des AG zur Weiterbeschäftigung des AN, wenn der AG ohne Zulassung der Kündigung durch das ArbG kündigt,
- Unwirksamkeit eines Aufhebungsvertrags, wenn er ohne vorherige Unterrichtung des BR abgeschlossen wurde.

7. Beteiligung des Betriebsrats nach anderen Vorschriften

Die Vorschrift stellt klar, dass die Beteiligung des BR bei **anzeigepflichtigen** 40 Entlassungen nach dem KSchG unberührt bleibt. Danach ist der AG verpflichtet, Massenentlassungen gemäß § 17 KSchG der Agentur für Arbeit innerhalb von vier Wochen vorher schriftlich anzuzeigen. Wird die Kündigung vor einer nach § 17 Abs. 1 KSchG erforderlichen, den gesetzlichen Anforderungen entsprechenden Anzeige ausgesprochen, so ist sie unwirksam.[226] Der BR ist vom AG zu hören; das Konsultationsverfahren nach § 17 Abs. 2 KSchG muss vor Ausspruch der Kündigung abgeschlossen sein, andernfalls ist die Kündigung unwirksam.[227] Soweit erkennbare Veränderungen des Betriebs innerhalb der nächsten zwölf Monate voraussichtlich zu **Massenentlassungen** nach § 17 KSchG führen oder in dem dort genannten Umfang AN voraussichtlich auf andere Tätigkeiten umgesetzt werden, ist der BR ebenfalls zu hören. Die Unterrichtung nach § 17 Abs. 2 KSchG kann mit der Anhörung des BR nach § 102 Abs. 1 verbunden werden.[228] Der AG ist verpflichtet, die Stellungnahme des BR seiner Anzeige an die Landesagentur für Arbeit beizufügen. Ist die Stellungnahme in einem der Massenentlassungsanzeige beigefügten Interessenausgleich ohne Namensliste integriert, ist der gesetzlichen Anforderung genügt und es bedarf keiner separaten Stellungnahme in einem eigenständigen Dokument.[229] Die Stellungnahme des örtl. BR ist der Massenentlassungsanzeige dann nicht beizufügen, wenn in einem betriebsübergreifenden Interessenausgleich, für dessen Abschluss der GBR zuständig war, die zu kündigenden AN namentlich bezeichnet sind; in diesem Fall folgt aus § 125 Abs. 3 InsO, dass der vom Insolvenzverwalter mit dem GBR abgeschlossene Interessenausgleich mit Namensliste die Stellungnahme der örtl. BR nach § 17 Abs. 3 Satz 2 KSchG zu den vom Insolvenzverwalter beabsichtigten Massenentlassungen ersetzt (s. auch § 50 Rn. 5).[230]

---

226 BAG 28.5.09 – 8 AZR 273/08.
227 LAG BB 10.11.16 – 14 Sa 828/16.
228 BAG, NZA 87, 601.
229 BAG 21.3.12 – 6 AZR 596/10.
230 BAG 7.7.11 – 6 AZR 248/10.

§ 103 Außerordentliche Kündigung und Versetzung in besonderen Fällen

(1) Die außerordentliche Kündigung von Mitgliedern des Betriebsrats, der Jugend- und Auszubildendenvertretung, der Bordvertretung und des Seebetriebsrats, des Wahlvorstands sowie von Wahlbewerbern bedarf der Zustimmung des Betriebsrats.

(2) Verweigert der Betriebsrat seine Zustimmung, so kann das Arbeitsgericht sie auf Antrag des Arbeitgebers ersetzen, wenn die außerordentliche Kündigung unter Berücksichtigung aller Umstände gerechtfertigt ist. In dem Verfahren vor dem Arbeitsgericht ist der betroffene Arbeitnehmer Beteiligter.

(2a) Absatz 2 gilt entsprechend, wenn im Betrieb kein Betriebsrat besteht.

(3) Die Versetzung der in Absatz 1 genannten Personen, die zu einem Verlust des Amtes oder der Wählbarkeit führen würde, bedarf der Zustimmung des Betriebsrats; dies gilt nicht, wenn der betroffene Arbeitnehmer mit der Versetzung einverstanden ist. Absatz 2 gilt entsprechend mit der Maßgabe, dass das Arbeitsgericht die Zustimmung zu der Versetzung ersetzen kann, wenn diese auch unter Berücksichtigung der betriebsverfassungsrechtlichen Stellung des betroffenen Arbeitnehmers aus dringenden betrieblichen Gründen notwendig ist.

Inhaltsübersicht Rn.

1. Geschützter Personenkreis, Dauer des Kündigungsschutzes

1 Die **ordentliche Kündigung** von Mitgl. des BR, der JAV, der Bordvertretung und des See-BR, des WV sowie von Wahlbewerbern ist während der Amtszeit der genannten Personen sowie innerhalb eines Jahres, für Mitglieder einer Bordvertretung innerhalb von sechs Monaten, vom Zeitpunkt der Beendigung der Amtszeit an gerechnet grundsätzlich unzulässig (§ 15 KSchG). Eine Ausnahme gilt für den in § 15 Abs. 4 KSchG geregelten Fall der Betriebsstilllegung (s. Rn. 7). Darüber hinaus regelt § 103 den Schutz des genannten Personenkreises vor **außerordentlichen** Kündigungen, indem diese an die vorherige Zustimmung des BR gebunden sind. Besteht im Betrieb (noch) kein BR, hat der AG vor einer außerordentlichen Kündigung der in Abs. 1 genannten Personen die Zustimmung des ArbG einzuholen; dies stellt der mit dem BRMoG 2021 neu eingefügte Abs. 2a ausdrücklich klar. Der DGB-

Entwurf für ein modernes BetrVG[1] enthält darüber hinaus das Erfordernis der Zustimmung des ArbG zur außerordentlichen Kündigung von Wahl und Vorfeldinitiatoren. Für die Frage, ob Sonderkündigungsschutz nach Abs. 1 Satz 1 besteht, ist bei ordentlichen oder nachgerückten BR-Mitgl. auf den Zeitpunkt des Zugangs der Kündigung i. S. von § 130 Abs. 1 Satz 1 BGB abzustellen.[2] Bewerber für das Amt des WV zur Durchführung einer BR-Wahl sind keine »Wahlbewerber« i. S. von § 15 Abs. 3 KSchG und § 103, sie genießen keinen besonderen Kündigungsschutz.[3] **Der Kündigungsschutz beginnt** bei Mitgl. des WV mit ihrer wirksamen Wahl in einer Betriebsversammlung (§ 17 Abs. 2) oder mit einer Bestellung (§§ 16 ff.);[4] im Fall der Bestellung durch das ArbG beginnt der besondere Kündigungsschutz mit der Verkündung und nicht erst mit der formellen Rechtskraft des Einsetzungsbeschlusses.[5] Bei Wahlbewerbern beginnt der Kündigungsschutz mit der Aufstellung des gültigen Wahlvorschlags. **Der Kündigungsschutz endet** bei Mitgl. des WV und bei nicht gewählten Wahlbewerbern mit Ablauf von sechs Monaten nach Bekanntgabe des Wahlergebnisses (§ 15 Abs. 3 KSchG; vgl. auch Rn. 10.).[6] Unterbleibt die Bekanntgabe des Wahlergebnisses, ist der BR jedoch zu seiner konstituierenden Sitzung zusammengetreten, so endet der Schutz nach § 15 Abs. 3 Satz 1 mit diesem Zeitpunkt.[7] § 103 erstreckt sich auf JAV i. S. der §§ 60 ff., nicht aber auf Auszubildendenvertretungen in reinen Ausbildungsbetrieben; etwas anderes gilt infolge tarifvertraglicher Bezugnahme für die Auszubildenden im Ausbildungsbetrieb der DT AG mit der Folge, dass Wahlbewerber zur dortigen Auszubildendenvertretung auch während der Probezeit dem besonderen Kündigungsschutz unterfallen.[8] Gem. § 179 Abs. 3 SGB IX i. V. mit § 103 bedarf auch die Kündigung des Arbeitsverhältnisses einer Vertrauensperson der schwerbehinderten Menschen der Zustimmung des BR (nicht aber der Zustimmung der SBV).[9]

Der Kündigungsschutz gilt auch für **Änderungskündigungen**, und zwar 2
auch dann, wenn die Änderung der Arbeitsbedingungen eines durch § 15 KSchG geschützten AN im Rahmen von Massenänderungskündigungen herbeigeführt werden soll.[10] Dem Kündigungsschutz nach dieser Vorschrift unterliegen nicht die Organmitglieder, die aus einer **nichtigen Wahl** hervor-

1 *https://aur-blog.eu/reformvorschlag/.*
2 BAG 27.9.12 – 2 AZR 955/11.
3 BAG 31.7.14 – 2 AZR 503/13.
4 LAG Hamm 15.3.13 – 13 Sa 6/13 m.w.N.
5 BAG 26.11.09 – 2 AZR 185/08.
6 ArbG Frankfurt am Main, AiB 00, 117.
7 BAG 5.11.09 – 2 AZR 487/08.
8 LAG Berlin-Brandenburg 5.9.13 – 26 Sa 667/13.
9 BAG 19.7.12 – 2 AZR 989/11.
10 BAG, AuR 87, 343.

gegangen sind.[11] Solange aber die Nichtigkeit der BR-Wahl nicht festgestellt ist, muss davon ausgegangen werden, dass eine ohne Zustimmung des BR oder ohne gerichtliche Ersetzung der Zustimmung erfolgte Kündigung des BR-Mitgl. nichtig ist.[12] Ist eine BR-Wahl dagegen lediglich anfechtbar, besteht der Sonderkündigungsschutz der gewählten BR-Mitglieder bis zur rechtskräftigen Entscheidung über die Wirksamkeit der Wahl fort.[13]

3 Mitgl. des BR, die ihr **Amt niedergelegt** haben, genießen ebenfalls den nachwirkenden Kündigungsschutz. Erklärt der AG im Nachwirkungszeitraum gegenüber einem früheren Mitgl. des BR eine ordentliche Kündigung, so ist diese auch dann nichtig, wenn ein wichtiger Grund zur fristlosen Kündigung vorgelegen hat.[14] Endet die Amtszeit des BR **vorzeitig**, führt der BR die Geschäfte jedoch weiter, bis der neue gewählt und das Wahlergebnis bekannt gegeben ist (vgl. § 13 Abs. 2 Nr. 1 bis 3 und § 22), so beginnt der nachwirkende einjährige Kündigungsschutz erst vom **Zeitpunkt der tatsächlichen Beendigung** der Geschäftsführung an.

4 **Ersatzmitgl.** genießen den Kündigungsschutz für die **gesamte Dauer der Vertretung** eines ordentlichen BR-Mitgl.[15] und nicht nur an den Tagen, an denen sie Geschäfte eines BR-Mitgl. – etwa Teilnahme an einer Sitzung – wahrnehmen.[16] Die Vertretung beginnt mit der Arbeitsaufnahme des Ersatzmitgl. an dem Tag, an dem das ordentliche Mitgl. erstmals verhindert ist. Eine **zeitweilige Verhinderung** i. S. von § 25 Abs. 1 Satz 2 (s. § 25 Rn. 3 f.) eines BR-Mitgl. liegt in der Regel auch vor, wenn es sich krank gemeldet hat und der Arbeit fernbleibt, sich später aber herausstellt, dass das BR-Mitgl. tatsächlich nicht arbeitsunfähig krank und deshalb unberechtigt der Arbeit ferngeblieben war.[17] Das **erste Ersatzmitgl. der jeweiligen Vorschlagsliste** ist so lange Vertreter im BR, wie ein Vertretungsfall gegeben ist. Weitere Ersatzmitgl. rücken nach, solange und soweit weitere Vertretungsfälle eintreten. Fällt in eine kurze Vertretung oder zu Beginn einer längeren Vertretung eine Sitzung des BR, genießt das Ersatzmitgl. auch in der **Vorbereitungszeit** den besonderen Kündigungsschutz. Dies ist die Zeit ab Ladung; in der Regel sind jedoch drei Arbeitstage als Vorbereitungszeit ausreichend.[18] Der Sonderkündigungsschutz hängt nicht davon ab, dass das Ersatzmitgl. während der Vertretungszeit tatsächlich BR-Aufgaben erledigt; er setzt im Urlaubsfall regelmäßig mit dem üblichen Arbeitsbeginn am ersten Urlaubstag des ver-

11 BAG, DB 86, 1883.
12 LAG Köln 24. 4. 15 – 4 TaBVGa 3/15.
13 HessLAG 24. 7. 20 – 14 Sa 264/19; LAG Hamm 17. 11. 06 – 10 Sa 1555/06.
14 BAG, DB 79, 2327.
15 Vgl. dazu im Einzelnen Besgen, AiB 81, 98 f.
16 BAG, DB 78, 495.
17 BAG 5. 9. 86, AP Nr. 25 § 103 BetrVG 1972.
18 BAG, DB 79, 1136.

hinderten BR-Mitgl. ein.[19] Der Antritt des Erholungsurlaubs führt bei dem BR-Mitgl. nicht nur zum Ruhen seiner Verpflichtung zur Arbeitsleistung, sondern zugleich zur Suspendierung seiner Amtspflichten; an eine Ausnahme sind i. S. von Praktikabilität und Rechtssicherheit strenge Anforderungen zu stellen.[20] Tritt bei einem zur Amtsausübung berufenen Ersatzmitgl. nachträglich ebenfalls ein **Verhinderungsfall** ein, so behält es den besonderen Kündigungsschutz auch während der eigenen Verhinderung, sofern deren Dauer im Vergleich zur voraussichtlichen Dauer des Vertretungsfalles als unerheblich anzusehen ist. Eine ersichtlich unbedeutende Unterbrechung der Amtsausübung gilt nicht als Unterbrechung der Berufung des Ersatzmitgl. zur stellvertretenden Wahrnehmung des BR-Amtes.[21]

Ersatzmitgl. des BR, die stellvertretend für ein zeitweilig verhindertes or- 5
dentliches BR-Mitgl. dem BR angehören und Aufgaben eines BR-Mitgl. wahrgenommen haben, genießen nach Beendigung des Vertretungsfalles grundsätzlich den **nachwirkenden Kündigungsschutz**; dies gilt unabhängig von der Dauer ihrer Amtszeit und ihres Einsatzes im BR. Die Tätigkeit eines Ersatzmitgl. setzt auch nicht die tatsächliche Teilnahme an einer BR-Sitzung voraus; ausreichend sind vielmehr bereits eine Ladung und Vorbereitung des Betroffenen zu dieser Sitzung. Schon während dieser Phase kann das Ersatzmitgl. amtsbedingt in eine Konfliktstellung zum AG geraten, insbesondere wenn dieser die Teilnahme an der BR-Sitzung dadurch verhindert, dass er eine betriebsbedingte Unabkömmlichkeit des Ersatzmitgl. einwendet.[22] Der nachwirkende Kündigungsschutz besteht auch dann, wenn dem AG bei Ausspruch einer ordentlichen Kündigung nicht bekannt ist, dass das Ersatzmitgl. vor Ablauf eines Jahres stellvertretend als Mitgl. des BR amtiert hat.[23]

Der nachwirkende sechsmonatige Kündigungsschutz gegen ordentliche 6
Kündigungen gilt gem. § 15 Abs. 3 Satz 2 nicht für Mitgl. eines WV, der aufgrund einer **gerichtl. Entscheidung** durch einen **anderen** WV **ersetzt** worden ist, weil er seiner Verpflichtung zur unverzüglichen Einleitung und Durchführung der Wahl nicht nachgekommen war. Dagegen erwerben die Mitgl. eines WV, die vor Durchführung der BR-Wahl ihr Amt niederlegen, vom Zeitpunkt der Amtsniederlegung an den nachwirkenden Kündigungsschutz.[24] Gemäß § 15 Abs. 3a KSchG ist auch die ordentliche Kündigung von AN unzulässig, die zur Wahl eines WV **einladen** oder dessen Bestellung beim ArbG **beantragen**. Der Kündigungsschutz gilt seit der entsprechenden

19 LAG Köln 10.12.12 – 5 Sa 604/10.
20 HessLAG 20.6.18 – 6 Sa 1551/17.
21 BAG, DB 78, 495.
22 LAG Brandenburg, BB 95, 1912.
23 Vgl. aber auch BAG a. a. O.
24 BAG, NZA 87, 279.

Änderung durch das BRMoG 2021 nicht mehr nur für die ersten drei, sondern für die **ersten sechs** in der Einladung oder Antragstellung angeführten AN. Er beginnt mit der Einladung oder Antragstellung und endet mit der Bekanntgabe des Wahlergebnisses, falls eine AN-Vertretung nicht gewählt wird, drei Monate nach Einladung oder Antragstellung. Durch den mit dem BRMoG 2021 neu in § 15 KSchG eingefügten Abs. 3b ist auch die personen- oder verhaltensbedingte ordentliche Kündigung von AN, die sich vor der Veröffentlichung des Einladungsschreibens zu einer Wahlversammlung für die Gründung eines BR einsetzen (sog. Vorfeld-Initiatoren), unzulässig.[25] Der Kündigungsschutz setzt voraus, dass eine von einem Notar beglaubigte Erklärung nach § 129 BGB abgegeben wird; darin ist zu erklären, dass der AN die Absicht hat, einen BR zu errichten. Der Kündigungsschutz gilt von der Abgabe der Erklärung bis zum Zeitpunkt der Einladung zur Wahlversammlung, längstens aber für drei Monate. Der kollektive Schutz nach § 103 für den Fall einer außerordentlichen Kündigung gilt für die Personenkreise nach § 15 Abs. 3a und b KSchG allerdings nicht.

7 Entfällt der Arbeitsplatz eines nach **§ 15 KSchG** geschützten AN, hat der AG den AN auf einen anderen Arbeitsplatz zu übernehmen. Nach **§ 15 Abs. 4 KSchG** ist die **ordentliche Kündigung** des geschützten Personenkreises (Rn. 1 f.) ausnahmsweise zulässig im Falle einer **Betriebsstilllegung**. Dem BR ist im Anhörungsverfahren neben der Entscheidung des UN über die geplante Stilllegung auch der voraussichtliche Stilllegungstermin mitzuteilen.[26] Die Kündigung kann dann unter Einhaltung der Kündigungsfrist, jedoch frühestens zum Zeitpunkt der Stilllegung erfolgen,[27] es sei denn, dass zwingende betriebliche Erfordernisse die Kündigung schon zu einem früheren Zeitpunkt bedingen. Eine ordentliche Kündigung im Fall des § 15 Abs. 4 KSchG bedarf nicht der Zustimmung des BR nach § 103, aber dessen **Anhörung** nach § 102 Abs. 1.[28] Der BR kann gemäß § 102 Abs. 3 **Widerspruch** erheben.[29] Ein solcher Widerspruch kommt insbesondere nach Nr. 3 der Vorschrift, also wegen einer **Weiterbeschäftigungsmöglichkeit in einem anderen Betrieb des Unternehmens** in Betracht.[30] Deshalb kann auch die Stilllegung einer Betriebs**abteilung** in der Regel nicht zur Kündigung eines BR-Mitgl. führen (**§ 15 Abs. 5 KSchG**). In einem solchen Fall ist das BR-Mitgl. vielmehr in eine andere Betriebsabteilung zu übernehmen, wobei der AG einen Arbeitsplatz unter Umständen durch Kündigung frei machen

---

25 § 15 Abs. 3b KSchG hat jedoch den Mangel, dass die Vorschrift nicht für außerordentliche fristlose Kündigungen gilt.
26 LAG, Köln ZIP 93, 1107.
27 BAG, NZA 09, 1267.
28 Ebenda.
29 BAG DB 77, 1320.
30 BAG, DB 93, 1224.

muss.[31] Kann ein in der stillgelegten Betriebsabteilung beschäftigtes BR-Mitgl. (ggf. nach Ausspruch einer ordentlichen Änderungskündigung) zu im Übrigen unveränderten Arbeitsbedingungen auf einem freien Arbeitsplatz in einer anderen Betriebsabteilung weiterbeschäftigt werden, ist der AG grundsätzlich jedoch nicht verpflichtet, wegen der geringeren Belastung für das BR-Mitgl. einen näher gelegenen Arbeitsplatz frei zu kündigen.[32] § 15 Abs. 4 KSchG findet entsprechende Anwendung auf den Fall des Betriebsübergangs, wenn der geschützte AN dem Übergang seines Arbeitsverhältnisses widerspricht. § 15 Abs. 5 KSchG gilt entsprechend beim Übergang einer Betriebsabteilung, wenn der dort beschäftigte AN widerspricht. Auch in diesem Fall entfällt auf Dauer jede Beschäftigungsmöglichkeit für den AN in der betreffenden Betriebsabteilung, sodass er vorrangig in eine andere Betriebsabteilung zu übernehmen ist. Ist dies aus betrieblichen Gründen nicht möglich, ist eine ordentliche Kündigung entsprechend § 15 Abs. 4 KSchG zulässig; zu dieser bedarf es nicht der vorherigen Zustimmung des BR.[33] Macht der BR eine alternative Beschäftigungsmöglichkeit geltend und widerspricht er der Kündigung, so hat das gekündigte BR-Mitgl. zumindest bei Erheben der Kündigungsschutzklage einen Weiterbeschäftigungsanspruch nach § 102 Abs. 5 BetrVG und kann auch sein Amt vorläufig weiterführen.

Ist dem Mitgl. eines BR zum voraussichtlichen Termin der Betriebsstilllegung gekündigt, so endet das Arbeitsverhältnis, falls sich die Betriebsstilllegung verzögert, mit dem nächstzulässigen Termin nach der Betriebsstilllegung. Kommt es nicht zur Stilllegung, weil der Betrieb veräußert wird, etwa im Konkurs, ist die Kündigung gegenstandslos. Das Arbeitsverhältnis geht dann auf den Erwerber über.[34] Die vorstehenden Grundsätze kommen auch zur Anwendung bei der Schließung einer Betriebsabteilung eines von mehreren UN geführten **Gemeinschaftsbetriebs**. Eine geschützte Person ist deshalb dann in einem anderen Betriebsteil eines **anderen UN** zu übernehmen, wenn die am Gemeinschaftsbetrieb beteiligten UN AG geworden sind.[35] Die Bildung eines UN-übergreifenden BR durch einen Struktur-TV nach § 3 Abs. 1 Nr. 2 oder Nr. 3 bedeutet jedoch nicht ohne weiteres, dass sich die beteiligten UN zur Führung eines Gemeinschaftsbetriebs zusammengeschlossen hätten. Ohne entsprechende Organisationsstruktur stellt eine aufgrund einer Vereinbarung nach § 3 Abs. 1 Nr. 1 bis Nr. 3 errichtete betriebsverfassungsrechtliche Organisationseinheit keinen Betrieb i. S. des 8

31 ArbG Frankfurt am Main a. a. O.

32 BAG, AiB 00, 581.

33 LAG RP 18.10.18 – 5 TaBV 9/18; 7.5.19 – 8 TaBV 20/18.

34 BAG, DB 80, 1601.

35 BAG 5.3.87 – 2 AZR 623/85 (im konkreten Fall wurde aber die einheitliche Leitung des gemeinsamen Betriebs verneint).

§ 1 Abs. 1 Satz 1 dar. Bei der durch TV oder BV gewillkürten Einheit handelt es sich lediglich um die nach § 3 Abs. 5 Satz 1 ausdrücklich auf das BetrVG begrenzte Fiktion eines Betriebs, die für das KSchG ohne Bedeutung ist. Für die Frage, ob eine Stilllegung des Betriebs oder einer Betriebsabteilung (§ 15 Abs. 4 bzw. Abs. 5 KSchG) vorliegt, gilt deshalb der allgemeine Betriebsbegriff des § 1 BetrVG.[36] Überträgt der AG Betriebsabteilungen auf einen Erwerber und legt er gleichzeitig die verbleibenden Abteilungen mit nach § 15 Abs. 5 KSchG geschützten Funktionsträgern still, hat er diese im Rahmen der betrieblichen Möglichkeit in die zu übertragenden Abteilungen zu übernehmen. Geschieht dies bis zum Zeitpunkt des Betriebsübergangs nicht, geht das Arbeitsverhältnis des geschützten Funktionsträgers gemäß § 613a BGB auf den Erwerber über, sofern der Funktionsträger nicht widerspricht. Dieser kann den Übergang des Arbeitsverhältnisses grundsätzlich auch unmittelbar dem Erwerber gegenüber geltend machen.[37]

9 Auch in **Eilfällen** hat der AG vor der Kündigung von BR-Mitgl. die Anhörungsfristen des § 102 Abs. 2 einzuhalten. Er kann nicht alsbald nach Mitteilung der Kündigungsabsicht an den BR wirksam kündigen, weil der von einer plötzlichen Betriebsstilllegung überraschte BR schweigt. Der BR besteht trotz tatsächlicher Betriebsstilllegung jedenfalls so lange fort, wie die Arbeitsverhältnisse der AN rechtlich noch nicht beendet sind oder doch deren Beendigung noch nicht feststeht.[38]

10 Der **besondere Schutz** gegen ordentliche sowie außerordentliche Kündigungen beginnt bei **Mitgl. des WV** vom **Zeitpunkt der Bestellung** an.[39] Für **Wahlbewerber** beginnt der Kündigungsschutz, sobald ein **WV** für die Wahl **bestellt** ist und für den Wahlbewerber ein gültiger **Wahlvorschlag** vorliegt, der die nach § 14 Abs. 4 erforderliche Mindestzahl von Unterschriften aufweist.[40] Nicht erforderlich ist es, dass der Wahlvorschlag bereits beim WV eingereicht ist; auf den Zeitpunkt der Einreichung des Wahlvorschlags beim WV kommt es nicht an.[41] Bei Wahlbewerbern setzt der Schutz allerdings Wählbarkeit voraus.[42] Der besondere Kündigungsschutz für den Wahlbewerber entfällt nicht, weil die Vorschlagsliste durch spätere Streichung von Stützunterschriften ungültig wird.[43] Wird die Betriebsabteilung eines Wahlbewerbers stillgelegt, ist die Kündigung frühestens zum Zeitpunkt der Stilllegung zulässig.[44] Nach Beendigung des nachwirkenden Kündigungs-

36 BAG 27.6.19 – 2 AZR 38/19.
37 LAG Sachsen-Anhalt, AiB 99, 470.
38 BAG, DB 77, 1320.
39 LAG Hamm, DB 74, 389.
40 LAG BB 2.8.22 – 26 Ta 1743/21.
41 BAG 7.7.11 – 2 AZR 377/10, LAG BB 2.8.22 – 26 Ta 1743/21.
42 BAG, AiB 97, 596.
43 BAG, DB 81, 1142.
44 ArbG Frankfurt am Main, AiB 00, 117.

schutzes kann der AG dem erfolglosen Wahlbewerber wieder wie jedem anderen AN kündigen. Er kann die Kündigung auch auf Pflichtverletzungen des AN stützen, die dieser **während der Schutzfrist** begangen hat und die erkennbar nicht im Zusammenhang mit der Wahlbewerbung stehen.[45]

Die **Benennung** eines AN **als Kandidat** für die BR-Wahl **in** einer **Versammlung gew. Vertrauensleute** und die Aufzeichnung seines Namens auf einen Zettel ohne Unterschriften löst den besonderen Kündigungsschutz noch nicht aus.[46] Eine ordentliche Kündigung ist **auch während der Probezeit im Rahmen des Berufsausbildungsverhältnisses** ausgeschlossen. 11

2. Kein oder nur aus einer Person bestehender Betriebsrat

Die für eine **außerordentliche** Kündigung aus wichtigem Grund (§ 626 BGB) notwendige Zustimmung kann der AG dann nicht beim BR einholen, wenn im Betrieb **kein BR besteht**. Er muss die Zustimmung dann durch das ArbG nach Abs. 2 ersetzen lassen. Dies war bereits in der Vergangenheit ständige Rspr. des BAG[47] und ist durch den mit dem BRMoG 2021 neu eingefügten Abs. 2a nunmehr gesetzlich klargestellt (s. Rn. 1). Dasselbe gilt, wenn der **BR** nur **aus einer Person besteht** und das Ersatzmitgl. bereits aus dem Betrieb ausgeschieden ist, da das von der außerordentlichen Kündigung betroffene einzige BR-Mitgl. wg. rechtlicher Verhinderung i. S. von § 25 Abs. 1 Satz 2 nicht selbst über die erforderliche Zustimmung entscheiden kann.[48] Aber selbst dann, wenn das gewählte Ersatzmitgl. noch im Betrieb tätig ist, muss der AG die Zustimmung zur fristlosen Kündigung des einzigen BR-Mitgl. durch das ArbG ersetzen lassen, da von dem Ersatzmitgl. – wegen des erheblichen Eigeninteresses – regelmäßig keine objektive Entscheidung erwartet werden kann.[49] Auch wenn der AG **allen Mitgl. des BR** aus demselben Anlass außerordentlich kündigen will und keine Ersatzmitgl. vorhanden sind, die nachrücken könnten, muss er, solange ein beschlussfähiger BR besteht, vor Ausspruch der Kündigung zunächst beim BR die Zustimmung beantragen. Ein Mitgl. des BR darf zwar an der Beratung und Abstimmung des BR über seine eigene Kündigung nicht teilnehmen. Es kann aber auch dann an der Beschlussfassung über die Kündigung eines anderen teilnehmen, wenn ihm aus dem gleichen Grund gekündigt werden soll.[50] Ein zunächst dreiköpfiger BR ist nach dem Rücktritt zweier Mitglieder 12

45 BAG, NZA 96, 1032.
46 BAG, DB 74, 1067.
47 BAG, BB 76, 1415 für den Fall der außerordentlichen Kündigung eines WV-Mitgl. im BR-losen Betr.
48 BAG 16.12.82, AP Nr. 13 zu § 15 KSchG 1969; 25.4.18 – 2 AZR 401/17.
49 ArbG Siegen, NZA 86, 267.
50 BAG, DB 76, 1337.

zwar handlungsunfähig, aber noch existent; daher ist der BR vor einer (Änderungs-)Kündigung gegenüber dem verbliebenen BR-Mitgl. anzuhören bzw. seine Zustimmung durch das ArbG zu ersetzen.[51] Die Übertragung des Zustimmungsrechts des BR nach dieser Vorschrift auf den BA (§ 27 Abs. 2 Satz 2) oder einen besonderen Ausschuss (§ 28) ist nach abzulehnender Auffassung des BAG grundsätzlich zulässig (s. auch die Hinweise in § 27 Rn. 7).[52]

3. Zustimmungsverfahren beim Betriebsrat

13 Da das BR-Mitgl., dem gekündigt werden soll, wegen der eigenen Betroffenheit weder an der Beratung noch an der Beschlussfassung des BR teilnehmen darf, ist für das betroffene BR-Mitgl. in der gesetzlich bestimmten Reihenfolge (§ 25 Abs. 2) ein **Ersatzmitgl. zu laden**.[53] Ist das nicht geschehen und nimmt das betroffene BR-Mitgl. an der Beratung über seine eigene Kündigung teil, so ist der BR-Beschluss über die Kündigung nichtig.[54] Die Selbstbetroffenheit gilt nur für die Frage, ob der beabsichtigten Kündigung zugestimmt werden soll oder nicht. Will der BR einen Rechtsanwalt zu seiner Vertretung im gerichtlichen Zustimmungsersetzungsverfahren hinzuziehen, ist das zu kündigende Mitgl. des BR von der Mitwirkung an einem Beschluss hierüber nicht ausgeschlossen.[55] Betreibt ein BR-Mitglied, das Vorgesetzter eines anderen BR-Mitglieds ist, dessen Kündigung, so ist nicht nur das zu kündigende BR-Mitgl. an der Beratung und Beschlussfassung gehindert, sondern auch das die Kündigung betreibende BR-Mitgl. muss als »zeitlich verhindert« durch ein Ersatzmitgl. vertreten werden.[56] **Mängel bei der Beschlussfassung** des BR gehen regelmäßig zulasten des AG, da die sog. Sphärentheorie im Zustimmungsverfahren keine Anwendung findet.[57]

14 Die Zustimmung des BR zur außerordentlichen Kündigung gegenüber den in dieser Bestimmung genannten Personen ist – ebenso wie die durch Entscheidung des ArbG nach Abs. 2 ersetzte Zustimmung – **Wirksamkeitsvoraussetzung** für die Kündigung. Spricht der AG die Kündigung aus, bevor der BR die Zustimmung erteilt hat oder seine Zustimmung durch gerichtliche Entscheidung rechtskräftig ersetzt ist, ist die Kündigung unheilbar

51 LAG SH, NZA-RR 05, 309.
52 BAG, NZA 05, 1064.
53 LAG RP 8.2.13 – 9 Sa 340/12.
54 BAG, DB 85, 554.
55 LAG Hamm, BB 99, 743.
56 ArbG Berlin 1.2.13 – 28 Ca 18456/12.
57 BAG, DB 85, 554; LAG RP 8.2.13 – 9 Sa 340/12; LAG Niedersachsen 16.3.22 – 8 Sa 809/20, für einen Fall, in dem der BR seine Beschlüsse ohne die erforderliche Hinzuziehung des (vorhandenen) Ersatzmitgl. gefasst hat.

nichtig.[58] Daher ist der AG verpflichtet, wie bei der Anhörung des BR zu jeder anderen außerordentlichen Kündigung dem BR die Kündigungsabsicht und die maßgebenden Tatsachen mitzuteilen, die den wichtigen Grund für die beabsichtigte außerordentliche Kündigung darstellen sollen; die für das Anhörungsverfahren nach § 102 Abs. 1 geltenden Grundsätze sind auch für § 103 entsprechend anzuwenden.[59] Eine mit Zustimmung des BR erklärte fristlose Kündigung eines Mitgl. des BR ist gleichwohl unwirksam, wenn der AG nicht gleichzeitig mit der Kündigung dem AN die schriftlich erteilte Zustimmung des BR vorlegt und der AN deshalb die Kündigung unverzüglich zurückweist, vorausgesetzt, dass der BR den AN von der Zustimmung nicht in Kenntnis gesetzt hat.[60] Eine **nachträgliche**, nach Ausspruch der Kündigung erteilte Zustimmung ist rechtlich bedeutungslos. Zu einer bereits erklärten Kündigung kann der AG auch die Ersetzung der Zustimmung nach Abs. 2 nicht beantragen.[61] Hat der AG einen Zustimmungsantrag beim BR gestellt und nach spontaner Zustimmungserklärung des BR-Vors. vor Ablauf von drei Tagen gekündigt, muss er deshalb erneut die Zustimmung beantragen, wenn er wegen Bedenken gegen die Wirksamkeit der ersten Kündigung eine weitere aussprechen will. Die Kündigung darf erst ausgesprochen werden, wenn die fehlende Zustimmung durch das Gericht aufgrund einer rechtskräftigen Entscheidung ersetzt worden ist.[62]

Für die Zustimmungsbedürftigkeit der Kündigung kommt es auf den **Zeitpunkt** ihres Ausspruchs an.[63] Äußert der BR sich auf die Bitte des AG um Zustimmung zu einer beabsichtigten außerordentlichen Kündigung nicht innerhalb von drei Tagen, so gilt die Zustimmung als **verweigert**.[64] 15

Nach § 626 Abs. 2 BGB kann eine fristlose Kündigung nur innerhalb von **zwei Wochen** erfolgen, beginnend mit dem Zeitpunkt, in dem der AG von den für die Kündigung maßgebenden Tatsachen **Kenntnis** erlangt. Die Ausschlussfrist des § 626 Abs. 2 BGB gilt auch im Rahmen des § 103 BetrVG. Dies bedeutet, dass der AG **innerhalb** der Frist auf jeden Fall die Zustimmung des BR beantragen muss.[65] Bei dem Zustimmungsersuchen handelt es sich um eine einseitige empfangsbedürftige Willenserklärung, das von 16

58 ArbG Hamburg 12.6.07 – 9 Ca 530/06.

59 LAG BB 15.9.16 – 10 TaBV 598/16; LAG Hamm 30.5.08 – 10 TaBV 3/08; LAG Rheinland-Pfalz 12.7.07 – 11 TaBV 21/07.

60 LAG Hamm, AuR 98, 490.

61 BAG, AiB 97, 541.

62 BAG, AiB 97, 541; vgl. auch BAG, DB 75, 1321.

63 LAG Düsseldorf, DB 76, 202.

64 BAG, DB 78, 109.

65 BAG, DB 74, 2310.

einem Vertr. des AG gestellt (§§ 164 ff. BGB), vom BR aber nach § 174 BGB wegen fehlender Vollmacht zurückgewiesen werden kann.[66]

17 Erteilt der BR die Zustimmung, so kann der AG nunmehr außerordentlich kündigen. Die Kündigung muss ebenfalls **innerhalb** der Zweiwochenfrist des § 626 Abs. 2 BGB ausgesprochen werden (für den Fall der Verweigerung der Zustimmung vgl. Rn. 20 ff.).

4. Zustimmungsersetzungsverfahren beim Arbeitsgericht

18 Das Gesetz regelt nicht, unter welchen Voraussetzungen der BR seine Zustimmung zu einer außerordentlichen Kündigung verweigern kann. Die Entscheidung dieser Frage ist deshalb in sein **pflichtgemäßes Ermessen** gestellt. Eine verweigerte Zustimmung kann vom ArbG nur ersetzt werden, wenn die beabsichtigte außerordentliche Kündigung der gesetzlichen Regelung des § 626 Abs. 1 BGB entspricht.[67] Bei der Prüfung der Frage, ob ein **wichtiger Grund i. S. des § 626 BGB** vorliegt, ist auch zu berücksichtigen, ob es um eine **Verletzung arbeitsvertraglicher Pflichten** geht **oder** ob **zugleich** eine **Amtspflichtverletzung** vorliegt. Letztere rechtfertigt grundsätzlich nur betriebsverfassungsrechtliche Sanktionen, also etwa einen Ausschluss aus dem BR nach § 23 Abs. 1[68] (s. hierzu Rn. 19 am Ende). Nur wenn durch die Amtspflichtverletzung zugleich das konkrete Arbeitsverhältnis unmittelbar und erheblich beeinträchtigt wird, ist eine außerordentliche Kündigung denkbar.[69] Handelt es sich dagegen ausschließlich um eine arbeitsvertragliche Pflichtverletzung, gelten für BR-Mitgl. die zu § 626 Abs. 1 BGB entwickelten Grundsätze zur außerordentlichen Kündigung uneingeschränkt.[70]

19 Hängt das arbeitsvertragswidrige Verhalten des AN mit der Amtstätigkeit zusammen, ist die Kündigung nur unter Anlegung eines besonders strengen Maßstabs gerechtfertigt.[71] So ist die Äußerung öffentlicher Kritik an der UN-Führung durch ein BR-Mitglied im Rahmen eines Zeitungsinterviews durch das Recht auf freie Meinungsäußerung gedeckt.[72] Kritik an der Einstellung oder dem Verhalten des AG gegenüber den Belangen der Beschäftigten, auch wenn sie in zugespitzter und provozierender Weise geübt wird, ist grundsätzlich kein eine außerordentliche Kündigung rechtfertigender

---

66 HessLAG, NZA 99, 878.

67 BAG 16. 11. 17 – 2 AZR 14/17; LAG Rheinland-Pfalz 16. 8. 06 – 9 TaBV 67/05.

68 LAG MV 11. 7. 17 – 5 TaBV 13/16; LAG RP 15. 4. 15 – 4 TaBV 24/14.

69 LAG Hamm 4. 2. 11 – 10 Sa 1743/10.

70 LAG Berlin, BB 99, 421.

71 BAG, DB 87, 1304; BAG 12. 5. 10 – 2 AZR 587/08; LAG MV 24. 5. 16 – 2 TaBV 22/15; LAG Hamm 15. 3. 13 – 13 TaBV 10/13.

72 LAG Rheinland-Pfalz 8. 7. 11 – 6 Sa 713/10.

Grund,[73] auch nicht die bloße Anwesenheit oder auch Teilnahme eines BR-Mitgl. bei einem kurzen Warnstreik;[74] wird in dem zuletzt genannten Fall eine fristlose Kündigung nur dem BR-Mitgl. gegenüber ausgesprochen, verstößt sie sogar gegen das Benachteiligungsverbot des § 78.[75] Informiert ein BR-Mitgl. mit Billigung des Gremiums die Aufsichtsbehörde über einen tatsächlichen oder vermeintlichen Arbeitszeitverstoß des AG (unzulässige Sonntagsarbeit), so stellt dieses Verhalten jedenfalls dann keinen Grund für eine fristlose Kündigung oder eine Amtsenthebung des BR-Mitgl. dar, wenn der AG zuvor in rechtswidriger Weise ohne Zustimmung des BR den Schichtbeginn am Sonntagabend vorverlegt hat.[76] Besteht der Verdacht, dass ein BR-Mitgl. eine Fahrt mit einem Firmenfahrzeug als BR-Tätigkeit deklariert hat, obwohl es dabei zumindest vorrangig nicht um die Erledigung von BR-Aufgaben, sondern darum ging, einen in einer Kolonne tätigen AN für eine Kandidatur auf der Wahlvorschlagsliste des BR-Mitgl. anzuwerben, ist dieser Verdacht kein dringender, wenn das BR-Mitgl. nicht von vornherein ausschließlich beabsichtigte, bei dem Besuch der Kolonne den betreffenden AN für eine Kandidatur anzuwerben, sondern im BR bereits seit längerer Zeit die Ansicht vertreten wurde, dass auch Beschäftigte der Kolonnen, die naturgemäß kaum vor Ort sind, besucht werden müssen, um ihnen die Möglichkeit einzuräumen, Kontakt mit dem BR zu pflegen und diesen mit bestimmten Anliegen zu beauftragen.[77] Eine außerordentliche Kündigung ist regelmäßig nicht gerechtfertigt, wenn ein AN in Wahrnehmung seiner staatsbürgerlichen Rechte im Strafverfahren eine Strafanzeige erstattet bzw. an ihr mitwirkt, soweit darin nicht wissentlich unwahre oder leichtfertig falsche Angaben gemacht werden.[78] Nichts anderes gilt für einen AN, der in seiner amtlichen Position als BR-Mitgl. an der Beschlussfassung des BR über die Erstattung einer Strafanzeige und die Stellung eines Strafantrags nach § 119 Abs. 1 Nr. 2, Abs. 2 gegen den AG mitwirkt.[79] Wegen häufiger krankheitsbedingter Fehlzeiten kann das Arbeitsverhältnis eines BR-Mitgl. grundsätzlich nicht außerordentlich gekündigt werden;[80] etwas anderes kann allenfalls dann gelten, wenn eine **dauernde** krankheitsbedingte Leistungsunfähigkeit des BR-Mitgl. offensichtlich ist.[81] Der dringende Verdacht der Verletzung der Vertraulichkeit des Wortes (heimliche Übertragung einer

---

73 LAG Hamburg, AuR 97, 301.
74 LAG Hamm, AiB 96, 736.
75 LAG Hamm a. a. O.
76 ArbG Marburg 12. 11. 10 – 2 BV 4/10.
77 LAG RP 15. 4. 15 – 4 TaBV 24/14.
78 BVerfG 2. 7. 01 – 1 BvR 2049/00.
79 LAG Hamm 15. 3. 13 – 13 TaBV 10/13.
80 BAG, DB 94, 1426.
81 ArbG Hagen 5. 8. 93 – 5 BV 4/93.

BR-Sitzung per Mobiltelefon durch ein BR-Mitgl. an Dritte) genügt zur Begründung einer außerordentlichen Kündigung nicht, als Reaktion des AG reicht eine Abmahnung aus.[82] Auch der objektive Verstoß gegen einen Straftatbestand (ungenehmigte Tonbandaufnahme in der BR-Sitzung) rechtfertigt nicht zwingend eine fristlose Kündigung, wenn keine Wiederholungsgefahr besteht und die Rechtsverletzung sich in Zukunft nicht belastend im Arbeitsverhältnis auswirkt; in einem solchen Fall kann bei nur fahrlässiger Rechtsgutverletzung vor Ausspruch einer Kündigung eine Abmahnung erforderlich sein.[83] Handelt es sich bei dem erheblichen Pflichtenverstoß, der die Kündigung tragen soll, um einen einmaligen Vorfall – einen Exzess –, muss dies beim AG nicht die Befürchtung aufkommen lassen, dass künftig mit derart gravierenden Pflichtverletzungen erneut zu rechnen ist.[84] Die Beleidigung von Vorgesetzten als »Arschlöcher« stellt eine schwere verbale Entgleisung dar, durch die ein BR-Vors. sowohl das Arbeitsverhältnis als auch seine Amtspflicht verletzt; eine solche Verbalinjurie ist aber jedenfalls bei einem seit Jahren beanstandungsfrei bestehenden Arbeitsverhältnis nicht kündigungsrelevant.[85] Fordern ein BR-Vors. und andere BR-Mitgl. von einem Chefarzt in einem offenen Brief, zu zeigen, dass er »kein sozialinkompetentes ›Arschloch‹« ist, stellt dies eine grobe Beleidigung dar, die ausschließlich mit der BR-Tätigkeit zusammenhängt, sodass die vom BR verweigerte Zustimmung zur außerordentlichen Kündigung des BR-Vors. nicht zu ersetzen ist; nach Ansicht des LAG MV kann der AG jedoch den Ausschluss des Vors. aus dem BR beantragen.[86] Die Bezeichnung des AG als »ausbeuterisches Unternehmen« überschreitet die Grenze zur Schmähkritik nicht.[87] Die Bedrohung eines Arbeitskollegen mit den Worten »ich schwöre, ich töte dich« für den Fall, dass dieser Arbeitskollege erneut von seinem ihm zustehenden Beschwerderecht gemäß § 84 Abs. 1 Gebrauch machen sollte, stellt hingegen eine so schwerwiegende Verletzung der arbeitsvertraglichen Nebenpflichten dar, dass sie auch ohne vorherige Abmahnung zur außerordentlichen Kündigung eines BR-Mitgl. berechtigt.[88] Vermögensdelikte des AN in erheblicher Höhe zulasten des AG (hier: Unterschlagungen von insgesamt ca. 300 000 Euro durch einen im Kassenbereich einer Bank tätigen AN) können trotz 28-jähriger Betriebszugehörigkeit eine außerordent-

82 LAG BaWü 9.9.11 – 17 Sa 16/11.
83 LAG Düsseldorf, AiB 00, 170; vgl. aber auch ArbG Detmold, AiB 99, 41, wonach eine vom AG gegenüber einem BR-Mitgl. ausgesprochene Abmahnung wegen angeblicher Amtspflichtverstöße unzulässig ist.
84 LAG Hamm 12.1.16 – 7 Sa 1039/15 für den Fall eines alkoholkranken BR-Mitgl.
85 LAG Nds., NZA-RR 05, 530.
86 LAG MV 11.7.17 – 5 TaBV 13/16.
87 ArbG Gießen 10.6.20 – 6 BV 7/19.
88 LAG Hamburg 26.11.10 – 3 TaBV 5/10.

liche Kündigung ohne vorherige Abmahnung rechtfertigen.[89] Das absichtliche Löschen betrieblicher Daten auf einem Server des AG durch einen AN stellt einen wichtigen Grund für eine außerordentliche Kündigung dar.[90] Auch die Verschaffung eines ihm nicht zustehenden Vermögensvorteils (hier die Versteigerung von in fremdem Eigentum stehenden Freikarten bei ebay und die Aneignung des durch die Veräußerung nicht erlaubten Verkaufserlöses) stellt bei einem im Kassendienst tätigen Mitarbeiter eine besonders gravierende Vertragspflichtverletzung dar, die zur außerordentlichen Kündigung berechtigt.[91] Bereits der dringende Verdacht eines zum Nachteil des AG begangenen Eigentums- oder Vermögensdelikts (hier Erwerb von Kleidung zu einem Warenwert von mehreren Hundert Euro für den privaten Bedarf nach vorheriger Auflösung einer zugunsten des AG vereinbarten Gutschrift) kann unabhängig von der Höhe des dem AG entstandenen Schadens ein wichtiger Grund zur außerordentlichen Kündigung sein.[92] Bei einer Verdachtskündigung ist der AG aber angehalten, alle zumutbaren Anstrengungen zur Aufklärung des Sachverhalts zu unternehmen. Es müssen insbesondere Personen angehört werden, die bei dem verdachtsauslösenden Vorgang (hier Verdacht der Entwendung eines Jetons durch einen Croupier) anwesend waren. Bei mehreren anwesenden Personen darf sich der AG insbesondere dann nicht auf die Aussage einer Person verlassen, wenn die Anhörung der anderen Personen nur einen geringen Aufwand erfordert.[93] Bei bestehendem Verdacht einer Unterschlagung (hier Ausgabe zahlreicher Biere durch den Zapfer an Kellner ohne Bon, um möglicherweise die eingenommenen Gelder zu teilen) unterliegen die durch eine heimliche Videoüberwachung unter Verletzung der datenschutzrechtlichen Bestimmungen gewonnenen Daten einem Beweisverwertungsverbot[94] (vgl. auch § 75 Rn. 8, § 87 Rn. 2, § 94 Rn. 6). Nach den von der Rspr. des BAG zur Videoüberwachung aufgestellten Grundsätzen[95] bzw. unter den Voraussetzungen des § 32 Abs. 1 Satz 2 BDSG a. F./§ 26 BDSG n. F. sind demgegenüber diejenigen Daten, die durch die heimliche Installation und Anwendung eines Computerkontrollprogramms gewonnen wurden zwecks Nachweises, dass nachträglich durchgeführte Änderungen im elektronischen Arbeitszeitkonto eines AN von dessen Computer aus durchgeführt wurden, prozessual verwertbar.[96] Zeichnet aber das Computerkontrollprogramm nicht nur Zu-

89 LAG Hamm 7.8.09 – 10 TaBV 31/09.
90 LAG Hamburg 24.2.15 – 2 TaBV 10/14.
91 LAG Nürnberg 11.5.11 – 4 TaBV 56/10.
92 ArbG Hamburg 22.5.13 – 26 BV 31/12.
93 HessLAG 24.10.12 – 12 TaBV 46/11.
94 ArbG Düsseldorf 29.4.11 – 9 BV 183/10; a. A. ArbG Frankfurt/Main 30.5.12 – 7 BV 168/12.
95 BAG 21.6.12 – 2 AZR 153/11.
96 ArbG Augsburg 4.10.12 – 1 BV 36/12.

griffe auf das betroffene Arbeitszeitkonto des BR-Mitgl. auf, sondern auch die weiteren auf dem Bildschirm des AN bis zum Ende des Aufzeichnungsintervalls stattfindenden Aktivitäten, obwohl diese mit dem Arbeitszeitkonto nichts zu tun haben und in solchen Fällen ein automatisches Abschalten des Kontrollprogramms technisch möglich wäre, stellt dies ein Übermaß an Kontrolle und einen unverhältnismäßigen Eingriff in das Persönlichkeitsrecht des kontrollierten AN dar mit der Folge, dass das gewonnene Beweismaterial nicht verwertet werden darf.[97] Besucht ein freigestelltes BR-Mitgl. trotz fehlender Genehmigung seines Vorgesetzten eine zweitägige gewerkschaftliche Schulungsveranstaltung, verletzt es damit seine arbeitsvertraglichen Pflichten, weil es sich seine Arbeitszeit nicht frei einteilen kann, sondern an die im Betrieb üblichen Arbeitszeiten gebunden ist; eine in diesem Fall beabsichtigte außerordentliche Kündigung erweist sich aber jedenfalls bei einem seit 15 Jahren beschäftigten AN ohne vorherige Abmahnung als unverhältnismäßig, wenn der AG bei einem vergleichbaren Verstoß desselben BR-Mitgl. in der Vergangenheit noch nicht einmal eine Abmahnung ausgesprochen hat.[98] Wenn ein BR-Mitgl., das im Rahmen eines Seminars »Aktuelle Rechtsprechung zum Arbeits- und Betriebsverfassungsrecht« an einem halbtägigen Besuch von Verhandlungen vor dem ArbG unter dem Vorsitz eines bestimmten Kammervors. teilnimmt, während einer Verhandlungspause in dieser Kammer ein Café gegenüber dem Gerichtsgebäude aufsucht oder eine Güteverhandlung im Kündigungsschutzprozess eines anderen Mitarbeiters seines AG besucht, ist dies kein Arbeitszeitbetrug und damit weder ein an sich für eine außerordentliche fristlose Kündigung geeigneter wichtiger Grund noch ein Sachverhalt, der geeigneter Anlass für einen **Ausschluss aus dem BR** wäre.[99] Gleiches gilt, wenn ein freigestelltes BR-Mitgl. auf einem Gewerkschaftsseminar referiert, obwohl ihm der AG dafür keinen unbezahlten Sonderurlaub gewährt hat, wenn es keine Vereinbarung über Büro- und Präsenzzeiten des BR gibt, sondern das Gremium selbst über die Einsatzzeiten seiner freigestellten Mitgl. bestimmt.[100] Wenn aber ein BR-Mitgl. auf eine Fortbildungsveranstaltung entsandt wurde, er diese Veranstaltung lediglich am ersten Tag besucht und an den übrigen zwei Tagen privaten Angelegenheiten nachgeht, stellt dies eine schwerwiegende Pflichtverletzung dar, die einen wichtigen Grund zum Ausspruch einer außerordentlichen Kündigung abgibt.[101] Zu einem **Ausschluss aus dem BR** (im konkreten Fall aber nicht zu einer außerordentlichen Kündigung) kann es führen, wenn ein BR-Mitgl. in einer Vielzahl von Fällen unberechtigt Einblick

---

97 Ebenda.
98 ArbG Düsseldorf 10. 3. 16 – 10 BV 253/15.
99 LAG München 24. 2. 11 – 3 TaBV 23/10.
100 LAG Düsseldorf 30. 1. 14 – 15 TaBV 100/13.
101 ArbG Lüneburg 5. 4. 23 – 2 BV 6/22.

in die elektronisch geführten Personalakten nimmt.[102] Ein wichtiger Grund für eine auf **betriebliche Gründe** gestützte außerordentliche Kündigung kann beim Fehlen jeglicher Beschäftigungsmöglichkeit gegeben sein.[103] Will der AG eine **außerordentliche Änderungskündigung** aussprechen, ist die fehlende Zustimmung des BR vom ArbG nur dann zu ersetzen, wenn die vorgesehene Änderung der Arbeitsbedingungen für den AG unabweisbar und für den AN zumutbar ist.[104]

Verweigert der BR die Zustimmung,[105] so kann der AG eine wirksame Kündigung nur aussprechen, wenn das ArbG auf seinen Antrag die fehlende Zustimmung ersetzt hat. Dasselbe gilt, wenn der BR sich innerhalb einer angemessenen Zeit nicht äußert. Das Schweigen des BR ist als **Zustimmungsverweigerung** zu werten.[106] In einem Gemeinschaftsbetrieb ist das Zustimmungsersetzungsverfahren allein vom Vertrags-AG einzuleiten; eine Mitantragstellung durch die anderen am Gemeinschaftsbetrieb beteiligten UN sieht das Zustimmungsersetzungsverfahren nicht vor.[107] 20

Der AG muss, wenn er sein Kündigungsrecht nicht verlieren will, innerhalb der zweiwöchigen Ausschlussfrist des § 626 Abs. 2 BGB nicht nur den **Zustimmungsantrag beim BR** stellen, sondern bei ausdrücklicher oder wegen Fristablaufs zu unterstellender Verweigerung der Zustimmung **auch** das **Verfahren auf Ersetzung der Zustimmung beim ArbG** einleiten.[108] Andere als die dem BR im Zustimmungsverfahren genannten Gründe können im gerichtlichen Zustimmungsersetzungsverfahren nur berücksichtigt werden, wenn sie nachträglich bekannt geworden oder entstanden sind und zuvor der BR vergeblich um Zustimmung ersucht wurde.[109] Während des Zustimmungsersetzungsverfahrens ist der betroffene AN zu unveränderten Bedingungen weiterzubeschäftigen, der Beschäftigungsanspruch kann im einstweiligen Verfügungsverfahren durchgesetzt werden.[110] 21

Verweigert der BR bei einem **Schwerbehinderten**, der gleichzeitig BR-Mitgl. ist, die Zustimmung zu einer außerordentlichen Kündigung, so hat der AG das Verfahren auf Ersetzung der Zustimmung in entsprechender Anwendung des § 174 Abs. 5 SGB IX (bis 31.12.2017 § 91 Abs. 5 SGB IX, zuvor § 21 Abs. 5 SchwbG) unverzüglich nach Erteilung der Zustimmung oder 22

---

102 LAG Berlin-Brandenburg 12.11.12 – 17 TaBV 1318/12.

103 Verneint für den durch Fremdvergabe der Reinigungstätigkeiten entstandenen Wegfall der Beschäftigungsmöglichkeit der einzigen Reinigungskraft, die gleichzeitig auch BR-Mitgl. ist: LAG RP 7.7.16 – 6 TaBV 2/16.

104 BAG, NZA 95, 1157.

105 Musterschreiben s. DKW-F-Bachner, § 103 Rn. 5.

106 BAG, DB 78, 109.

107 LAG Köln 23.4.18 – 9 TaBV 79/17.

108 BAG a.a.O.

109 LAG Nürnberg 2.8.07 – 5 TaBV 67/06.

110 LAG Hamm, NZA-RR 03, 312.

nach Ablauf der Zweiwochenfrist des § 174 Abs. 3 SGB IX (bis 31. 12. 2017 § 91 Abs. 3 SGB IX, zuvor § 21 Abs. 3 SchwbG) beim ArbG einzuleiten.[111]

23 Ein **vor der Entscheidung des BR gestellter (vorsorglicher) Zustimmungsersetzungsantrag** des AG ist unzulässig; er wird auch nicht mit der Zustimmungsverweigerung des BR zulässig.[112]

24 Hat der BR die Zustimmung zu einer beabsichtigten außerordentlichen Kündigung zunächst verweigert und hat der AG deshalb das gerichtliche Zustimmungsersetzungsverfahren eingeleitet, kann der BR seine **Zustimmung** auch noch **nachträglich erteilen**, wenn sich herausgestellt hat, dass die Voraussetzungen für eine außerordentliche Kündigung (§ 626 Abs. 1 BGB) erfüllt sind. Dadurch erledigt sich das vom AG angestrengte Zustimmungsersetzungsverfahren;[113] er muss dann aber die Kündigung unverzüglich aussprechen.[114] Mit **Beendigung des besonderen Kündigungsschutzes** nach § 15 KSchG für Amtsträger und Wahlbewerber wird ein vorher eingeleitetes Zustimmungsersetzungsverfahren wegen Wegfalls des Rechtsschutzinteresses gegenstandslos.[115] Beabsichtigt der AG die Kündigung eines Wahlbewerbers und WV-Mitgl. bei **erstmaliger BR-Wahl in einem bislang BR-losen Betrieb**, so hat er beim ArbG die Erteilung der Zustimmung zur Kündigung einzuholen. Dieser Erteilungsantrag wird nach durchgeführter BR-Wahl unzulässig. Wenn dann der BR gebildet und der betreffende AN zum BR-Mitgl. gewählt worden ist, hat der AN erneut den Kündigungsschutz nach Abs. 1 erhalten; in diesem Fall ist erstmalig eine Beteiligung des BR möglich, sodass der AG nun zunächst innerhalb der Frist des § 626 Abs. 2 BGB die Zustimmung beim BR zu beantragen hat, bevor ggf. ein Ersetzungsantrag beim ArbG gestellt werden kann.[116] In ein gerichtliches Zustimmungsersetzungsverfahren kann der AG unbeschränkt neue Kündigungsgründe einführen, sofern er sie vorher dem BR mitgeteilt und ihm Gelegenheit zur Stellungnahme gegeben hat.[117] Das gilt auch noch für das gerichtliche Beschwerdeverfahren.[118]

25 Spricht der AG eine außerordentliche Kündigung vor der abschließenden rechtskräftigen und damit unanfechtbar gewordenen gerichtl. Entscheidung aus, so ist diese unheilbar nichtig.[119]

---

111 BAG, DB 87, 1743.
112 BAG, NZA 86, 719.
113 BAG, DB 93, 2390.
114 BAG, DB 82, 2041.
115 LAG Frankfurt, BB 88, 1331; HessLAG 10. 11. 17 – 14 TaBV 258/16.
116 LAG Köln 18. 3. 19 – 2 TaBV 116/18.
117 LAG RP 3. 2. 16 – 7 TaBV 20/15.
118 LAG Nürnberg, NZA-RR 99, 413, wobei allerdings offengelassen wurde, ob für das Nachschieben der Kündigungsgründe die zweiwöchige Ausschlussfrist des § 626 Abs. 2 BGB gilt.
119 BAG, BB 98, 2317.

In besonders gravierenden Fällen kann es zwar möglich sein kann, dass ein BR-Mitgl. während des Laufs des Zustimmungsersetzungsverfahrens von der Arbeitsleistung freigestellt wird; grundsätzlich ist es jedoch nicht möglich, dem AN ein Hausverbot zu erteilen und so die Wahrnehmung von BR-Aufgaben zu unterbinden; dem BR-Mitgl. ist auch nicht zumutbar, in diesem Zeitraum ein anderes vom AG vermitteltes Arbeitsverhältnis einzugehen.[120] Im Zustimmungsersetzungsverfahren ist für das Vorliegen eines wichtigen Grundes i. S. des § 626 Abs. 1 BGB und die Unzumutbarkeit der Weiterbeschäftigung auf den Zeitpunkt der letzten mündlichen Verhandlung in der Tatsacheninstanz abzustellen.[121] Da die Entscheidung des ArbG Auswirkungen auf den Bestand des Arbeitsverhältnisses hat, hat der **betroffene AN** im arbeitsgerichtl. Beschlussverfahren kraft Gesetzes die Rechtsstellung eines **Beteiligten**. Auch wenn das ArbG die fehlende Zustimmung des BR ersetzt, bleibt es dem betroffenen AN unbenommen, nach Ausspruch der außerordentlichen Kündigung Klage zu erheben. Der AN kann allerdings der vom Gericht bereits getroffenen Entscheidung, die auch die bindende Feststellung beinhaltet, dass die außerordentliche Kündigung unter Berücksichtigung aller Umstände gerechtfertigt ist, nur neue Tatsachen entgegenhalten, die im Beschlussverfahren noch nicht berücksichtigt werden konnten, insbesondere, weil sie erst nach Abschluss des Beschlussverfahrens oder erst nach Ausspruch der Kündigung entstanden oder bekannt geworden sind.[122] 26

Das betroffene BR-Mitgl. kann gegen den Beschluss eines ArbG, mit dem die vom BR verweigerte Zustimmung zur fristlosen Entlassung ersetzt wurde, auch dann **Beschwerde** einlegen, wenn sich im BR selbst für die Beschwerdeeinlegung keine Mehrheit findet.[123] Ist gegen den die Zustimmung ersetzenden Beschluss eines LAG Nichtzulassungsbeschwerde eingelegt worden, ist die Kündigung erst dann zulässig, wenn das BAG die Nichtzulassungsbeschwerde zurückgewiesen hat.[124] 27

Einstweilige Verfügungen auf Ersetzung der Zustimmung des BR sind grundsätzlich unzulässig.[125] Umgekehrt bewirkt eine unwirksame außerordentliche Kündigung eines BR-Mitgl. eine Störung der Tätigkeit des BR nach § 78 Abs. 1, weshalb dem BR gegen eine solche Maßnahme des AG ein Unterlassungsanspruch zustehen kann, den er bei Vorliegen der allgemeinen Voraussetzungen mit einer einstweiligen Verfügung geltend machen 28

120 ArbG München 6.7.10 – 26 Ca 2220/10.
121 LAG Hamm 12.8.14 – 7 TaBV 17/14.
122 BAG, BB 75, 1014, 1706.
123 LAG Hamm, DB 75, 939; BAG, DB 93, 889.
124 ArbG Köln, AiB 85, 63; ArbG Berlin, DB 89, 486.
125 ArbG Hamm, BB 75, 1065.

kann.[126] Ein Mitgl. des BR, das ohne Zustimmung des BR und ohne Ersetzung der Zustimmung durch das ArbG entlassen worden ist, kann seinen Anspruch auf Weiterbeschäftigung im Wege der einstweiligen Verfügung durchsetzen.[127] Ebenso kann ein BR-Mitgl., das während des Zustimmungsersetzungsverfahrens zu Unrecht freigestellt wird, mit Hilfe einer einstweiligen Verfügung seine Weiterbeschäftigung durchsetzen.[128]

29 Will der AG gegenüber Mitgl. des BR, des WV oder Wahlbewerbern wegen Teilnahme an **rechtswidrigen Arbeitsniederlegungen** außerordentliche Kündigungen (Kampfkündigungen) aussprechen, so bedürfen diese nach Auffassung des BAG nicht der Zustimmung des BR. Der AG hat aber ebenso wie in einem betriebsratslosen Betrieb in entsprechender Anwendung des § 103 Abs. 2 alsbald die Erteilung der Zustimmung beim ArbG zu beantragen (vgl. auch Rn. 20).[129] Im Falle einer **völligen Betriebsstilllegung** findet § 103 keine Anwendung. Es kommt nur eine ordentliche Kündigung unter Einhaltung der Kündigungsfristen und frühestens zum Zeitpunkt der Stilllegung in Betracht; das Verfahren nach § 102 ist einzuhalten.[130] Der AG darf einem Mitgl. des BR während eines die Frage der Beendigung seines Arbeitsverhältnisses betreffenden Gerichtsverfahrens nicht den Zugang zu den Betriebsräumen und die Teilnahme an BR-Sitzungen verwehren; der **Zutritt zum Betrieb** und zu den Arbeitsplätzen kann notfalls im Wege der einstweiligen Verfügung durchgesetzt werden.[131]

30 Verletzt ein BR-Mitgl. nur seine **Amtspflichten**, aber nicht seine Arbeitspflichten, findet § 103 ebenfalls keine Anwendung. Der AG hat dann lediglich die Möglichkeit, ein Verfahren nach § 23 Abs. 1 anzustrengen.[132] Bei einer außerordentlichen Kündigung, die wegen einer Verletzung der Pflichten aus dem Arbeitsvertrag, die **im Rahmen einer Amtstätigkeit** begangen wird, ausgesprochen werden soll, ist im Interesse des Schutzes der Amtstätigkeit ein **besonders strenger** Maßstab anzulegen.[133] Das LAG Berlin[134] hat einen wichtigen Grund zur fristlosen Entlassung eines BR-Mitgl. bejaht, wenn es als Zeuge vor Gericht zum Nachteil des AG vorsätzlich eine Falschaussage macht. Ist der vom AG wegen des Verdachts einer Straftat gestellte Antrag auf gerichtliche Zustimmungsersetzung mit der Begründung rechtskräftig

---

126 HessLAG 19.2.08 – 4 TaBVGa 21/08.

127 ArbG Hagen 10.1.74 – 3 GA 2/74; ArbG Berlin 4.2.76 – 4 Ga 2/76; s. aber auch LAG Hamm, BB 74, 1638.

128 LAG Köln, NZA-RR 06, 28.

129 BAG, DB 78, 1231.

130 BAG, DB 78, 355; zur Frage der Änderungskündigung bei der Stilllegung einer Betriebsabteilung vgl. BAG, DB 84, 1248.

131 ArbG Hamburg, AiB 97, 659; ArbG Elmshorn, AiB 97, 173.

132 BAG, DB 87, 1304.

133 BAG, BB 87, 1952; 88, 1120.

134 LAG Berlin, BB 88, 2109.

zurückgewiesen worden, dass die Tatvorwürfe nicht erwiesen seien, dann ist eine spätere strafrechtliche Verurteilung des BR-Mitgl. erst dann eine neue Tatsache, die ein erneutes Zustimmungsersetzungsverfahren rechtfertigt, wenn die strafrechtliche Verurteilung rechtskräftig geworden ist.[135]

5. Versetzung

Die Bestimmung stellt klar, dass der AG auch vor der Versetzung (zum Begriff vgl. § 99 Rn. 12 ff.) einer der in Abs. 1 genannten Personen, zu der er aufgrund seines Direktionsrechts zwar befugt ist, die aber zum Verlust des Amtes oder der Wählbarkeit des AN führen würde (z. B. Versetzung in einen anderen Betrieb[136]), die Zustimmung des BR einholen und im Falle der Verweigerung gerichtlich ersetzen lassen muss.[137] Der Versetzungsbegriff im Rahmen dieser Norm ist derselbe wie i. S. der §§ 95 Abs. 3, 99.[138] Der BR kann die Zustimmung nach Abs. 3 auch unter Berufung auf die in § 99 Abs. 2 genannten Gründe verweigern.[139] Das ArbG kann die Zustimmung ersetzen, wenn die Versetzung auch unter Berücksichtigung der betriebsverfassungsrechtlichen Stellung des AN aus dringenden betrieblichen Gründen notwendig ist. Die Formulierung entspricht der für die soziale Rechtfertigung einer betriebsbedingten Kündigung (§ 1 KSchG: »dringende betriebliche Erfordernisse«) und kann damit gleichgesetzt werden.[140] An das Vorliegen der Voraussetzungen sind deshalb hohe Anforderungen zu stellen. Nicht jedes betriebliche Erfordernis ist auch ein dringendes. Im Übrigen setzt der Begriff der Notwendigkeit voraus, dass alternative Lösungen ausscheiden. Auf die Zustimmung des BR oder ihre Ersetzung durch das Gericht kommt es nicht an, wenn der betroffene AN mit der Versetzung einverstanden ist. Dieses Einverständnis muss aber bezogen auf die konkrete Versetzungsmaßnahme erklärt worden sein. Insoweit genügt nicht die in Arbeitsverträgen häufig enthaltene allgemeine Klausel, nach der ein Arbeitnehmer jederzeit »unternehmens- oder konzernweit eingesetzt oder auch mit anderen ihm zumutbaren Arbeiten beschäftigt« werden kann. Lässt eine Versetzung, die der AG aufgrund seines Direktionsrechts vornehmen kann, das Amt und die betriebsverfassungsrechtliche Stellung einer der in Abs. 1 genannten Personen unberührt, ist zwar der besondere kollektive Schutz nach dieser Vorschrift nicht gegeben; in jedem Fall ist dann jedoch das Verfahren nach § 99 31

135 BAG, NZA 00, 158; zur Bindungswirkung eines früheren Verfahrens in solchen Fällen vgl. auch LAG Düsseldorf, AiB 99, 470.
136 S. hierzu BAG 27.7.16 – 7 ABR 55/14.
137 So früher schon LAG Hamm, BB 77, 696; anders noch BAG, NZA 00, 1355.
138 LAG BB 2.9.20 – 15 TaBVGa 883/20.
139 BAG 27.7.16 – 7 ABR 55/14.
140 ArbG Bonn 4.5.23 – 1 Ca 1444/22.

durchzuführen, und zwar selbst dann, wenn der betroffene AN seiner Versetzung zugestimmt hat. Schließlich kann die Versetzung einer der in Abs. 1 genannten Personen, und zwar unabhängig davon, ob sie zum Verlust des Amtes oder der Wählbarkeit führen würde oder nicht, sogar grundsätzlich unzulässig sein, nämlich dann, wenn sie z. B. eine weitreichende Änderung bisheriger Arbeitsbedingungen zur Folge hätte, die nicht kraft einseitigen Direktionsrechts, sondern nur über eine nach § 15 KSchG ausgeschlossene Änderungskündigung herbeigeführt werden könnte. Versetzt ein AG ein BR-Mitgl., ohne dass die gemäß Abs. 3 erforderliche Zustimmung erteilt oder vom ArbG ersetzt worden ist, kann diese Versetzung im einstweiligen Verfügungsverfahren rückgängig gemacht werden.[141]

32 Wird ein (freigestelltes) BR-Mitgl. im Rahmen einer Betriebsabspaltung unter Beibehaltung seines konkreten Arbeitsplatzes organisatorisch einem neu gegründeten Betrieb zugeordnet, liegt darin keine Versetzung.[142] Die Rückgängigmachung einer Personalgestellung bzw. die Abberufung eines gestellten AN durch den Vertrags-AG soll für den BR im Beschäftigungsbetrieb auch dann keine Versetzung (s. § 99 Rn. 15) und daher nicht MB-pflichtig nach Abs. 2 i. V. mit Abs. 3 Satz 2 sein, wenn der gestellte AN Mitgl. im BR des Beschäftigungsbetriebs ist.[143]

§ 104 Entfernung betriebsstörender Arbeitnehmer

Hat ein Arbeitnehmer durch gesetzwidriges Verhalten oder durch grobe Verletzung der in § 75 Abs. 1 enthaltenen Grundsätze, insbesondere durch rassistische oder fremdenfeindliche Betätigungen, den Betriebsfrieden wiederholt ernstlich gestört, so kann der Betriebsrat vom Arbeitgeber die Entlassung oder Versetzung verlangen. Gibt das Arbeitsgericht einem Antrag des Betriebsrats statt, dem Arbeitgeber aufzugeben, die Entlassung oder Versetzung durchzuführen, und führt der Arbeitgeber die Entlassung oder Versetzung einer rechtskräftigen gerichtlichen Entscheidung zuwider nicht durch, so ist auf Antrag des Betriebsrats vom Arbeitsgericht zu erkennen, dass er zur Vornahme der Entlassung oder Versetzung durch Zwangsgeld anzuhalten sei. Das Höchstmaß des Zwangsgeldes beträgt für jeden Tag der Zuwiderhandlung 250 Euro.

141 ArbG Nürnberg 11. 10. 10 – 7 TaBVGa 7/10.
142 LAG München 9. 1. 20 – 3 TaBV 30/19.
143 LAG SH 14. 6. 12 – 5 TaBV 3/12.

1 Die Vorschrift gilt nach richtiger Auffassung für alle AN, also auch für leit. Ang. Der DGB-Entwurf für ein modernes BetrVG[1] schlägt vor, die Anwendbarkeit der Vorschrift auch auf leit. Ang. ausdrücklich schriftlich zu fixieren; des Weiteren wird eine Erhöhung des sehr niedrigen Zwangsgeldes um das Vierfache gefordert. Der Geschäftsführer der Komplementär-GmbH des AG (GmbH & Co. KG) ist kein AN i. S. dieser Vorschrift.[2] Die Vorschrift stellt hinsichtlich ihrer tatbestandsmäßigen Voraussetzungen höhere Anforderungen als § 99 Abs. 2 Nr. 6: Nur wenn der **Betriebsfrieden**[3] **wiederholt** und **ernstlich** gestört wird, kann der BR die Entlassung oder Versetzung eines AN verlangen. Ein **einmaliges Fehlverhalten** des AN **genügt** also **nicht**. Das Verlangen nach »Entlassung« gemäß Satz 1 bzw. eine Verpflichtung des AG im Verf. nach Satz 2, die »Entlassung« durchzuführen, ist auf eine Beendigung des Arbeitsverhältnisses des betroffenen AN gerichtet, nicht nur auf eine Beendigung seiner Beschäftigung im bisherigen Betrieb.[4] Der BR hat gemäß Satz 1 nicht das Recht, eine fristlose Beendigung des Arbeitsverhältnisses des betroffenen AN zu verlangen; der AG genügt einer Verpflichtung zur »Entlassung« des AN gemäß Satz 2, wenn er zeitnah nach Rechtskraft der gerichtl. Entscheidung eine Beendigung des Arbeitsverhältnisses unter Beachtung der maßgeblichen Kündigungsfristen bewirkt, wobei im Fall der ordentlichen Unkündbarkeit des AN eine außerordentliche Kündigung mit Auslauffrist in Betracht kommt.[5]

2 Eine ernstliche Störung des Betriebsfriedens kann beispielsweise bei Diebstählen, Tätlichkeiten oder Beleidigungen, etwa Ehrverletzungen durch ausländerfeindliche Äußerungen,[6] gegeben sein. Ausdrücklich im Gesetz hervorgehoben ist nunmehr, dass es sich bei **rassistischen**[7] und **fremdenfeindlichen Betätigungen** um besonders grobe Fälle einer Verletzung der in § 75 Abs. 1 enthaltenen Grundsätze handelt, die ein Eingreifen des BR gebieten. Der Betriebsfrieden muss so erheblich beeinträchtigt sein, dass die Zusammenarbeit im Betrieb tatsächlich erschüttert ist; zumindest muss eine erhebliche Beunruhigung unter der Belegschaft entstanden sein.[8]

3 Kommt der AG dem Verlangen des BR nicht nach, so kann der BR das ArbG anrufen mit dem Antrag, dem AG aufzugeben, die Maßnahme durchzuführen und für den Fall, dass der AG der gerichtl. Entscheidung nicht nach-

---

1 *https://aur-blog.eu/reformvorschlag/.*
2 LAG Hamm 2.8.16 – 7 TaBV 11/16.
3 Zu diesem Begriff s. LAG BB 28.7.16 – 10 TaBV 367/16 m. w. N.
4 BAG 28.3.17 – 2 AZR 551/16.
5 Ebenda.
6 Vgl. LAG Hamm, NZA 95, 994.
7 BVerfG 2.11.20 – 1 BvR 2727/19: Bei der rassistisch diskriminierenden Beleidigung eines Arbeitskollegen, die die als unantastbar geschützte Menschenwürde verletzt, tritt das Grundrecht des Beleidigenden auf Meinungsfreiheit zurück.
8 LAG Köln, NZA 94, 431.

kommt, die nach dieser Bestimmung vorgesehenen Zwangsgelder gegen ihn zu verhängen. Entspricht der AG dem Verlangen des BR nach Kündigung oder Versetzung eines AN, ist dessen gesonderte Beteiligung (§§ 99, 102) nicht erforderlich, weil das Verlangen die Zustimmung zur Maßnahme beinhaltet.[9]

§ 105 Leitende Angestellte

Eine beabsichtigte Einstellung oder personelle Veränderung eines in § 5 Abs. 3 genannten leitenden Angestellten ist dem Betriebsrat rechtzeitig mitzuteilen.

1 Die Mitteilungspflicht des AG bezieht sich nicht nur auf Einstellungen, Umgruppierungen, Versetzungen und Kündigungen, sondern auf jede **Änderung** der **Führungsfunktion** des leit. Ang., seine Stellung in der Organisation des Betriebs oder UN, auch auf ein Ausscheiden im gegenseitigen Einverständnis. Die Mitteilung hat so **rechtzeitig** zu geschehen, dass dem BR noch die Möglichkeit bleibt, sich **vor** Durchführung der Maßnahme zu äußern und ggf. die AN zu unterrichten.[1] § 105 ist bei personellen Einzelmaßnahmen des AG nur dann anstelle der §§ 99 ff., 102 anzuwenden, wenn die Voraussetzungen des § 5 Abs. 3 (s. die Erläuterungen dort) objektiv vorliegen.[2] Teilt der BR mit, dass aus seiner Sicht aufgrund der Eigenschaft des AN als leit. Ang. eine Anhörung nach § 102 nicht erforderlich sei, sondern eine Mitteilung nach § 105 ausreiche, stellt dies zugleich eine abschließende Stellungnahme des BR dar, mit der das Anhörungsverfahren in Bezug auf die beabsichtigte außerordentliche Kündigung abgeschlossen ist.[3]

2 Die Beachtung der Vorschrift kann gemäß § 23 Abs. 3 erzwungen werden. Die wiederholte Verletzung der Mitteilungspflicht kann zu einer Unterlassungsverpflichtung nach § 23 Abs. 3 führen.[4] Wird einem Ang. ein **neuer Aufgabenbereich** übertragen, der ihn zum leit. Ang. macht, so hat der BR nach Auffassung des BAG kein MBR nach § 99, sondern nur das Informationsrecht nach dieser Vorschrift;[5] das MBR nach § 99 besteht aber, wenn ein Ang. »entleitet« wird. Die Anhörung des BR nach § 102 ist auch dann zwingende Voraussetzung für die Wirksamkeit einer Kündigung, wenn AG und BR **übereinstimmend, aber irrtümlich** den zu kündigenden AN für

9 LAG Düsseldorf 13.6.16 – 9 Sa 233/16; BAG, AuR 97, 374.

1 HessLAG 23.5.13 – 9 TaBV 288/12.
2 LAG Hamm, DB 74, 2063.
3 LAG Rheinland-Pfalz 11.1.08 – 9 Sa 489/07.
4 HessLAG 23.5.13 – 9 TaBV 288/12.
5 BAG, DB 80, 1946.

einen leit. Ang. halten. Aus der Mitteilung des AG muss sich eindeutig ergeben, ob er den BR nur informieren oder nach § 102 (vorsorglich) auch anhören will.[6] Es gibt keinen Rechtssatz dahingehend, dass eine Information nach § 105 über die beabsichtigte Kündigung eines leit. Ang. stets oder in der Regel dann in eine Anhörung des BR nach § 102 umzudeuten ist, wenn dem BR die Kündigungsgründe bekannt gegeben werden oder aber bekannt sind.[7]

Sechster Abschnitt
Wirtschaftliche Angelegenheiten

Erster Unterabschnitt
Unterrichtung in wirtschaftlichen Angelegenheiten

§ 106 Wirtschaftsausschuss

(1) In allen Unternehmen mit in der Regel mehr als einhundert ständig beschäftigten Arbeitnehmern ist ein Wirtschaftsausschuss zu bilden. Der Wirtschaftsausschuss hat die Aufgabe, wirtschaftliche Angelegenheiten mit dem Unternehmer zu beraten und den Betriebsrat zu unterrichten.

(2) Der Unternehmer hat den Wirtschaftsausschuss rechtzeitig und umfassend über die wirtschaftlichen Angelegenheiten des Unternehmens unter Vorlage der erforderlichen Unterlagen zu unterrichten, soweit dadurch nicht die Betriebs- und Geschäftsgeheimnisse des Unternehmens gefährdet werden, sowie die sich daraus ergebenden Auswirkungen auf die Personalplanung darzustellen. Zu den erforderlichen Unterlagen gehört in den Fällen des Absatzes 3 Nr. 9a insbesondere die Angabe über den potentiellen Erwerber und dessen Absichten im Hinblick auf die künftige Geschäftstätigkeit des Unternehmens sowie die sich daraus ergebenden Auswirkungen auf die Arbeitnehmer; Gleiches gilt, wenn im Vorfeld der Übernahme des Unternehmens ein Bieterverfahren durchgeführt wird.

(3) Zu den wirtschaftlichen Angelegenheiten im Sinne dieser Vorschrift gehören insbesondere

1. **die wirtschaftliche und finanzielle Lage des Unternehmens;**
2. **die Produktions- und Absatzlage;**
3. **das Produktions- und Investitionsprogramm;**

6 BAG, DB 80, 742.
7 BAG, DB 75, 2231.

4. **Rationalisierungsvorhaben;**
5. **Fabrikations- und Arbeitsmethoden, insbesondere die Einführung neuer Arbeitsmethoden;**
5a. **Fragen des betrieblichen Umweltschutzes;**
5b. **Fragen der unternehmerischen Sorgfaltspflichten in Lieferketten gemäß dem Lieferkettensorgfaltspflichtengesetz,**
6. **die Einschränkung oder Stilllegung von Betrieben oder von Betriebsteilen;**
7. **die Verlegung von Betrieben oder Betriebsteilen;**
8. **der Zusammenschluss oder die Spaltung von Unternehmen oder Betrieben;**
9. **die Änderung der Betriebsorganisation oder des Betriebszwecks;**
9a. **die Übernahme des Unternehmens, wenn hiermit der Erwerb der Kontrolle verbunden ist, sowie**
10. **sonstige Vorgänge und Vorhaben, welche die Interessen der Arbeitnehmer des Unternehmens wesentlich berühren können.**

Inhaltsübersicht Rn.

1. Errichtung eines Wirtschaftsausschusses

1 Die Einrichtung des WA ist **zwingend** vorgeschrieben.[1] Die Nichterrichtung kann eine grobe Pflichtverletzung des BR/GBR sein (§ 23 Abs. 1). Der WA wird immer für das **gesamte** UN gebildet, also unternehmens-, nicht betriebsbezogen,[2] unabhängig davon, wie viele Betriebe diesem angehören. Er ist auch für Vorgänge in **betriebsratslosen Betrieben** zuständig.[3]

2 Der WA kann nur gebildet werden, wenn mindestens in einem der Betriebe ein BR besteht.[4] Andererseits ist seine Errichtung auch dann möglich, wenn das UN lediglich aus einem Betrieb besteht und in diesem ein BR vorhanden ist. Bei der Ermittlung der AN-Zahl – die Beschäftigten müssen anders als bei § 111 nicht wahlberechtigt sein[5] – kommt es nicht auf den Durchschnitt

1 Vgl. zur Errichtung des WA Lerch/Weinbrenner, AiB 10, 97; zu seiner Arbeit Taous, AiB 12/14, 54; Thannheiser, AiB5/15, 20; Hjort, AuR 23, 104, 243 Rothkegel/Eisbach, AiB 9/17, S. 48 zum Bilanzrichtlinie – Umsetzungsgesetz.
2 BAG 19.11.19 – 7 ABR 3/18, NZA 20, 598; 26.2.20 – 7 ABR 20/18, NZA 20, 960.
3 So auch BAG, NZA 96, 55 für Abs. 3 Nr. 6.
4 Vgl. LAG Frankfurt 7.11.89, LAGE § 106 BetrVG 1972 Nr. 5.
5 DKW-Däubler, Rn. 5; Fitting, Rn. 15.

eines bestimmten Zeitraums,[6] sondern auf die normale Beschäftigtenzahl des UN an.[7] Diese ist anhand eines Rückblicks und einer Einschätzung der nahen zukünftigen Entwicklung festzustellen.[8] Dabei sind auch **Teilzeitbeschäftigte**,[9] befristet Eingestellte,[10] zur Arbeitsleistung überlassene AN, wie **Leih-AN**,[11] im Arbeitsverhältnis beschäftigte **Sozialhilfeempfänger**[12] und Auszubildende mitzurechnen,[13] nicht allerdings leit. Ang. Bei regelmäßiger Auswechslung der AN können die normalerweise besetzten Arbeitsplätze maßgebend sein, es kommt darauf an, ob die Arbeitsplätze auf Dauer bestehen.[14] Betreiben **mehrere UN** gemeinsam einen **einheitlichen Betrieb** mit mehr als 100 AN, ist der WA auch dann zu bilden, wenn keines der beteiligten UN für sich allein diese Beschäftigtenzahl erreicht.[15] Bei einem solchen gemeinsamen Betrieb eines tendenzgeschützten und eines tendenzfreien UN ist ein WA dann zu bilden, wenn die tendenzfreie Bestimmung überwiegt, also bei personalintensiver Betätigung das tendenzfreie die größere Anzahl v. AN beschäftigt.[16] Haben die Träger-UN in diesem Fall allerdings jeweils mehr als 100 AN, kann die Bildung eines WA unternehmensbezogen für das tendenzfreie UN erfolgen. Dem WA stehen dann keine Rechte gegenüber dem Tendenz-UN zu.[17] Bilden ein herrschendes UN und eine in seinem alleinigen Eigentum stehende Tochtergesellschaft einen Gemeinschaftsbetrieb, ist ein WA nur bei der Muttergesellschaft zu bilden, wenn nur bei ihr die Voraussetzungen für die Bildung vorliegen.[18] Sinkt die Belegschaftsstärke **dauerhaft** unter die Grenze von 101 Beschäftigten **endet das Amt** des WA,[19] er bleibt nicht so lange im Amt wie der ihn bildende BR/GBR.[20] Mit dem Wegfall der Voraussetzungen des Gemeinschaftsbetriebs endet ebenfalls das Amt des dort gebildeten WA.[21] Ein **KBR** soll nach Auf-

6 BAG, DB 87, 1591.
7 Vgl. auch BAG 18.10.11 – 1 AZR 335/10, brwo, NZA 12, 221 zu § 111 und 08, 1142 zur Frage der BR-Größe.
8 BAG, DB 87, 2365; 92, 48; LAG Berlin, BB 88, 1388.
9 LAG BaWü 16.6.87, LAGE § 111 BetrVG 1972 Nr. 6.
10 Vgl. auch LAG Hamburg 19.7.18 – 1 TaBV 2/18, juris, das bei Befristungen jedenfalls nach 18 Monaten von einer ständigen Beschäftigung ausgeht.
11 Vgl. § 14 Abs. 2 Satz 4 AÜG; BAG 2.8.17 – 7 ABR 51/15, NZA 17, 1343 (zu § 38: Freistellungen).
12 BAG, DB 00, 2126.
13 LAG Nds., NZA 85, 332.
14 LAG Berlin, DB 90, 538; vgl. auch BAG, NZA 08, 1142.
15 BAG 22.3.16 – 1 ABR 10/14, NZA 16, 969; 19.11.19 – 7 ABR 3/18, NZA 20, 598.
16 BAG 19.11.19 – 7 ABR 3/18, NZA 20, 598; 26.2.20 – 7 ABR 20/18, NZA 20, 960.
17 BAG 26.2.20 – 7 ABR 20/18, NZA 20, 960.
18 BAG 22.3.16 – 1 ABR 10/14, NZA 16, 969.
19 BAG, DB 04, 1839.
20 So aber HessLAG, DB 94, 1248; DKW-Däubler, Rn. 14.
21 BAG 22.3.16 – 1 ABR 10/14, NZA 16, 969.

fassung des BAG[22] nur aufgrund einer freiwilligen Vereinbarung mit der Konzernspitze einen WA errichten können. Ist diese hierzu nicht bereit, kann der KBR nur einen Ausschuss bilden, der die von der Konzernspitze zu liefernden Informationen (§ 80 Abs. 2) entgegennimmt und diskutiert. Gem. § 117 Abs. 1 findet das Gesetz auf Landbetriebe von UN der Luftfahrt Anwendung, auf im Flugbetrieb beschäftigte AN nur, wenn keine Interessenvertretung durch TV errichtet ist.

3 Für die Bildung des WA kommt es nicht darauf an, ob die UN-Leitung vom Inland oder vom Ausland aus erfolgt. Deshalb ist bei Vorliegen der sonstigen gesetzl. Voraussetzungen auch für inländische UN-Teile (Betriebe) eines **ausländischen** UN ein WA zu bilden.[23] Hat ein inländisches UN auch **ausländische Betriebe**, sind die ausländischen AN nach richtiger Auffassung bei der Feststellung der UN-Größe mitzurechnen und können auch in den WA berufen werden (**str.**).[24] Der WA besteht auch dann weiter, wenn der BR nur noch ein **Restmandat** nach § 21b hat.[25]

Der DGB-Entwurf für ein modernes BetrVG[26] sieht vor, dass bereits in UN mit in der Regel mehr als 50 AN ein WA zu bilden ist. Dies soll auch beim herrschenden Konzern-UN der Fall sein, wenn im Konzern mehr als 50 AN beschäftigt werden. Darüber hinaus sollen nach Abs. 3 UN, die zu einem Konzern mit Sitz im Ausland gehören, verpflichtet sein, sich die erforderlichen konzernbezogenen Informationen zu verschaffen. Schließlich wird Abs. 3 Nr. 9 ergänzt um die Auslagerung von Arbeiten.

2. Aufgaben

4 Der WA ist kein MB-Organ der Betriebsverfassung. Seine Aufgabe besteht in der **Beratung** (zum Inhalt der Beratungsrechte vgl. § 90 Rn. 9) wirtschaftlicher Angelegenheiten mit dem UN und der entsprechenden Unterrichtung des BR. Kann in einem UN kein WA gebildet werden, weil zu wenig AN beschäftigt werden, stehen die entsprechenden wirtschaftlichen Informationen dem BR regelmäßig gemäß **§ 80 Abs. 2** zu.[27] Für den begrenzten Bereich des § 106 Abs. 3 Nr. 9a wird dem BR jetzt gemäß § 109a die Stellung eines WA eingeräumt, wenn dieser nicht besteht. Auch wenn ein WA besteht, bleiben die weiteren Beteiligungsrechte des BR/GBR, wie z. B. nach § 80 Abs. 2, erhalten.[28]

---

22 BAG, DB 90, 1519.

23 BAG, DB 75, 453; 76, 295.

24 DKW-Däubler, Rn. 28.

25 LAG BB 23.7.15 – 19 TaBV 857/15, juris.

26 *https://aur-blog.eu/reformvorschlag/*.

27 Vgl. BAG, DB 91, 1382; LAG Düsseldorf, DB 90, 2479; LAG Köln, NZA 88, 210; für eine analoge Anwendung des § 106 ArbG Bochum, AiB 86, 226.

28 BAG, DB 91, 1937.

3. Unterrichtungspflicht des Unternehmers

Abs. 2 Satz 1 stellt klar, dass die Unterrichtung des WA durch den UN (**unaufgefordert**) rechtzeitig und umfassend unter Vorlage der notwendigen Unterlagen zu erfolgen hat.[29] **Rechtzeitig** bedeutet, dass die Unterrichtung des WA über wirtschaftliche Angelegenheiten jedenfalls vorgenommen werden muss, bevor über diese entschieden ist. Es muss noch die Möglichkeit bestehen, **vor der Entscheidung** Kritik oder sonstige Stellungnahmen und **eigene Vorschläge des WA oder BR** anzubringen.[30] Damit setzt die Pflicht zur Unterrichtung ein, wenn der UN plant, mit der systematischen Suche nach Lösungen zu beginnen.[31] Dies gilt selbstverständlich auch, wenn der AG Überlegungen anstellt, einen Betrieb oder Betriebsteil zu verkaufen.[32] 5

Umfassend ist die Unterrichtung nur, wenn der UN alle Informationen weitergibt, die seine Entscheidung beeinflussen.[33] Die Informationen müssen in überschaubarer Form aufbereitet werden.[34] Welche **Unterlagen** im Einzelnen vorzulegen sind, bestimmt sich nach den Angelegenheiten, die der UN jeweils mit dem WA berät. Der WA kann z. B. bei der Diskussion von Zukunftsperspektiven verlangen, dass ihm auch für die Vergangenheit vom UN gefertigte, nach Kostenstellen **aufgeschlüsselte monatliche Gegenüberstellungen** der Plan- und der Ist-Zahlen vorgelegt werden, da für die wirtschaftliche und finanzielle Lage des UN eine längerfristige Betrachtung von besonderer Bedeutung ist.[35] Bei der Erläuterung des Jahresabschlusses (§ 108 Abs. 5) wird regelmäßig die Vorlage des Wirtschaftsprüferberichts erforderlich sein (vgl. § 108 Rn. 10). Zur Unterrichtung gehören die mit den wirtschaftlichen Angelegenheiten verbundenen Auswirkungen auf die **Personalplanung** (vgl. § 92 Rn. 2), der Bericht einer UN-Beratungsfirma,[36] **Marktanalysen**[37] und auch **mittelfristige UN-Planungen** und Reports, die 6

29 Vgl. zur ordnungsgemäßen Unterrichtung Hjort, AiB 05, 221 ff.; Musterschreiben für Auskunftsersuchen des BR und WA bei DKW-F-Däubler, §§ 106–109a, Rn. 14, 15, 17 und Antwortschreiben des AG in Rn. 16, 18.

30 KG Berlin, DB 79, 112; HansOLG, DB 85, 1846 f.; LAG BB 30. 3. 12 – 10 TaBV 2362/11, juris; Bußgeldbescheid des Regierungspräsidiums Tübingen, AiB 92, 461.

31 DKW-Däubler, Rn. 43 ff.

32 LAG BB 30. 3. 12 – 10 TaBV 2362/11, juris.

33 BAG 17. 12. 19 – 1 ABR 25/18, NZA 20, 393 spricht v. einer »gleichgewichtigen und damit grundsätzlich vom selben Informationsstand ausgehenden Beratung«; LAG BB 30. 3. 12 – 10 TaBV 2362/11, juris; DKW-Däubler, Rn. 47 (»Informationsparität«).

34 BAG, DB 87, 1491.

35 ArbG Offenbach, ZIP 88, 803 f.

36 LAG Frankfurt, NZA 89, 193.

37 OLG Karlsruhe, NZA 85, 571.

Überlegungen zur Steuerung der Geschäftsfelder enthalten.[38] Vorzulegen sind regelmäßig auch Gutachten, bei Krankenhäusern auch die mit den Krankenkassen abgeschlossenen Budgetvereinbarungen,[39] **Bedarfsanalysen**, **Produktionsprogramme**, Rationalisierungspläne, und **wichtige Liefer- und Bezugsverträge**. Auch monatliche Erfolgsrechnungen für einzelne Filialen oder Betriebe haben einen Bezug zu wirtschaftlichen Angelegenheiten. Ob und ggf. wann eine Vorlage erforderlich ist, muss im Streitfall gemäß § 109 die Einigungsstelle entscheiden.[40] Das **UmwG** enthält ebenso weitere spezielle Unterrichtungspflichten (z. B. §§ 5 Abs. 3,[41] 126 Abs. 3, 176, 177, 194 Abs. 2), wie das WpÜG in §§ 10 Abs. 5 Satz 2, 14 Abs. 4 Satz 2 und 27 Abs. 3 Satz 2 beim Erwerb von Gesellschaftsanteilen börsennotierter UN. Für alle, auch nicht börsennotierte UN, ist jetzt in Abs. 3 Nr. 9a der **Kontrollerwerb** ausdrücklich als wirtschaftliche Angelegenheit definiert und werden in Abs. 2 vergleichbare Informationspflichten für den UN, nicht allerdings für den Erwerber/Bieter, festgelegt:[42] Der UN hat den WA unter Vorlage von Unterlagen über den potenziellen Erwerber, falls ein Bieterverfahren stattgefunden hat über die Bieter (vgl. Rn. 11), und seine/ihre Pläne zur künftigen Geschäftstätigkeit des UN mit den daraus sich ergebenden Auswirkungen auf die AN zu unterrichten.

7 Die Mitgl. des WA müssen die Möglichkeit der **Einsichtnahme** in die vorzulegenden Unterlagen haben. Sie können sich von diesen **Notizen** fertigen, nach Auffassung des BAG allerdings keine Abschriften/Ablichtungen (vgl. auch § 108 Abs. 3).[43] **Umfangreiche Unterlagen** hat der UN dem WA schon **vor der Sitzung** entweder in Kopie zu übergeben oder sie im Original für kurze Zeit auszuhändigen, sofern deren Auswertung und sofortige Beratung im Rahmen einer Sitzung zeitlich mit Schwierigkeiten verbunden oder nicht möglich wäre.[44]

8 Die Mitgl. des WA haben das Recht, die Beantwortung ergänzender Fragen und vor allem eine gemeinsame Erörterung der wirtschaftlichen Angelegenheit zu verlangen. Es ist von entscheidender Bedeutung, dass der WA nicht nur Berichte entgegennimmt, sondern eine **aktive Informationspolitik** betreibt. Er muss eine **strategische Vorgehensweise** entwickeln, in der genau festgelegt wird, welche Daten in welchem zeitlichen Abstand für die Beschäftigten und für eine gezielte Interessenvertretung des BR/GBR erforderlich sind, diese kontinuierlich abfragen und mit anderen Informationen (z. B.

---

38 Vgl. LAG Köln, NZA-RR 05, 32.

39 BAG 17.12.19 – 1 ABR 25/18, NZA 20, 393.

40 BAG, BB 91, 2527.

41 Vgl. auch OLG Naumburg, AuR 04, 166 und ausführlich DKW-Däubler, Anhang zu §§ 106 – 110.

42 Vgl. hierzu Ratayczak, AiB 08, 630; Skudelny-Stumpf, AiB 09, 569.

43 BAG, DB 85, 924.

44 BAG a. a. O.

aus Belegschaft, Aufsichtsrat, Gewerkschaft) zusammenfügen. Ein solches arbeitnehmerorientiertes Berichtswesen oder »**Kennziffernsystem**« bringt für den WA Klarheit und Ordnung in die Vielzahl der im UN gesammelten Daten.[45]

Bei **Meinungsverschiedenheiten** zwischen AG und BR über die Ordnungs- 9
mäßigkeit der Unterrichtung entscheidet die **ESt.**,[46] die nur der BR, nicht der WA, anrufen kann Das gilt auch, wenn Streit über die Modalitäten der Vorlage von Unterlagen besteht[47] und soweit der UN sich auf eine Beschränkung seiner Unterrichtungspflicht wegen einer **Gefährdung** von Betriebs- und Geschäftsgeheimnissen beruft (§ 109 Rn. 1 f.; zum Begriff der Betriebs- und Geschäftsgeheimnisse vgl. **§ 79**).[48] Eine solche Gefährdung kommt nur in **Ausnahmefällen** in Betracht, wenn **objektiv ein sachliches Interesse** an der **völligen Geheimhaltung** bestimmter Tatsachen wegen der sonst zu befürchtenden Gefährdung des Bestands oder der Entwicklung des UN besteht **und** die **konkrete Befürchtung** begründet ist, dass Informationen von WA-Mitgl. trotz der ihnen auferlegten Verschwiegenheitspflicht (§ 79) weitergegeben werden.[49] Der Einwand, die gewerkschaftlichen Mitgl. des WA könnten die erlangten Kenntnisse im Rahmen von Tarifverhandlungen verwerten, ist dabei nicht geeignet, die Unterrichtungspflicht einzuschränken.[50] Spätestens im Verfahren vor der Einigungsstelle muss der UN seine Einwände vortragen. Ansonsten kann er sich nur noch auf Umstände berufen, die nach dem Einigungsstellenverfahren eingetreten sind.[51]

Verletzt der UN die ihm nach dieser Bestimmung obliegenden Unterrich- 10
tungspflichten, so begeht er eine **Ordnungswidrigkeit** (§ 121). Der BR hat auch die Möglichkeit, gemäß § 23 Abs. 3 vorzugehen.[52]

4. Wirtschaftliche Angelegenheiten

Der in **Nr. 5a** als Beispiel für wirtschaftliche Angelegenheiten genannte 11
betriebliche Umweltschutz wird in § 89 Abs. 3 definiert (vgl. dort Rn. 2). Dabei sind nicht nur die Kosten für bereits verwirklichte oder geplante Maßnahmen zu behandeln, sondern vor allem die Auswirkungen auf die wirt-

45 Vgl. auch DKW-Däubler, Rn. 53 f.
46 Vgl. hierzu BAG, DB 01, 599.
47 BAG 12.2.19 – 1 ABR 37/17, NZA 19, 787.
48 Vgl. BAG, BB 90, 458; DB 01, 599; LAG Köln, NZA-RR 05, 32; OLG Karlsruhe, NZA 85, 571.
49 BAG 11.7.00 – 1 ABR 43/99, DB 01, 600; LAG Köln 5.10.11 – 9 TaBV 94/10, juris; DKW-Däubler, Rn. 62.
50 BAG 11.7.00 – 1 ABR 43/99, DB 01, 600.
51 BAG 17.12.19 – 1 ABR 25/18, NZA 20, 393.
52 Vgl. ArbG Ludwigshafen 22.4.88 – 7 BV 13/88.

schaftliche Situation des UN und damit auch auf dessen Arbeitsplätze.[53] Die Einführung eines **Umweltmanagementsystems** nach der **Öko-Audit-VO** bzw. die Teilnahme an dem Gemeinschaftssystem für das Umweltmanagement und die Umweltbetriebsprüfung (**EMAS**) fallen ebenfalls unter Nr. 5a.

11a Nach **Nr. 5b** zählen auch Fragen der unternehmerischen Sorgfaltspflichten in Lieferketten nach dem **LkSG**[54] zu den wirtschaftlichen Angelegenheiten. Hierbei geht es darum, dass größere inländische UN/Konzerne mit mindestens 1000 AN (inklusive der ins Ausland entsandten Beschäftigten) verpflichtet werden, in ihren Lieferketten »menschenrechtliche und umweltbezogene Sorgfaltspflichten in angemessener Weise zu beachten mit dem Ziel, menschenrechtlichen Risiken vorzubeugen oder sie zu minimieren oder die Verletzung menschenrechtsbezogener oder umweltbezogener Pflichten zu beenden«, wie § 3 des Gesetzes formuliert.[55] § 2 LkSG nennt menschenrechtliche Vorschriften wie z. B. das Verbot v. Kinder- und Zwangsarbeit. Auch die Verletzung des Arbeitsschutzes und der Koalitionsfreiheit werden erwähnt. Zur Einhaltung der Sorgfaltspflichten sehen § 3 ff. LkSG z. B. vor, dass die UN ein Risikomanagement schaffen, regelmäßig Risikoanalysen durchführen und Präventionsmaßnahmen und ein Beschwerdeverfahren installieren. Die UN haben zudem einen jährlichen Bericht über die Erfüllung ihrer Pflichten abzugeben (§ 10 Abs. 2). Bei der Wahrnehmung ihrer Kontrollmöglichkeiten können BR/GBR/KBR teilweise auf die Erfahrungen mit bereits vorher bestehenden sog. Framework Agreements bzw. Code of Conducts zurückgreifen.[56]

11b **Nr. 9a** verlangt einen Erwerb der Kontrolle über das ZielUN. Nach § 29 Abs. 2 WpÜG setzt eine Kontrolle das Halten von mindestens 30 % der Stimmrechte voraus. Dies erklärt sich aus der erfahrungsgemäß geringen Präsenz der Aktionäre in Publikumsgesellschaften und ist deshalb nicht ohne weiteres übertragbar. Bei anderen Gesellschaften wird einzelfallbezogen jeweils zu prüfen sein, ob eine Kontrolle möglich ist. Bei einer GmbH werden z. B. in der Regel alle Gesellschafter anwesend sein, so dass erst eine Mehrheit der Stimmrechte eine Kontrolle ermöglicht. Die Vorschrift ist analog anzuwenden, wenn die Kontrolle über die Muttergesellschaft übernommen werden soll. Die Situation ist dann für die AN vergleichbar der beim Erwerb des AG-UN und es besteht kein sachlicher Grund zu differenzieren (**str.**).

---

53 BT-Drucks. 14/5741, S. 51.

54 Zum Gesetz auch § 87 Rn. 14, 38; § 94 Rn. 2.

55 BT-Drucks. 19/28649 und 19/30505; hierzu ausführlich DKW-Däubler, Rn. 81aff. und Zimmer, Das Lieferkettensorgfaltspflichtengesetz, HSI-Schriftenreihe Bd. 48, 2023.

56 Die EU plant eine weitergehende Richtlinie, auf die am 14. 12. 23 eine Einigung erfolgt ist.

Für den Zeitpunkt der Informationspflicht kommt es nicht darauf an, ob der potentielle Erwerber oder die Bieter bereits ein verbindliches Angebot abgegeben haben; die Zulassung zur Due-Diligence-Prüfung ist ausreichend (**str.**). Problematisch kann häufig sein, dass der UN über den Erwerbsvorgang nicht oder nicht ausreichend informiert ist, weil dieser sich zwischen den bisherigen Aktionären/Gesellschaftern und dem Erwerber vollzieht. In diesem Fall ist ein **Informationsdurchgriff** auf die bisherigen Anteilseigner anzunehmen (**str.**).[57] Dies gilt auch für eine **Holdinggesellschaft**, deren Tochter-UN einen Gemeinschaftsbetrieb bilden, wenn sie selbst bei diesem mehrfach, z. B. in Personalfragen, an unternehmerischen Entscheidungen beteiligt war.[58] Bei Tochter-UN kann es der Fall sein, dass die Geschäftsleitung nicht über ausreichende Informationen verfügt bzw. dies zumindest behauptet. Dann besteht ein Durchgriffsanspruch des WA gegenüber dem herrschenden UN bzw. das abhängige UN kann sich nicht auf fehlende Informationen berufen.[59] Anderenfalls gingen die §§ 106 ff. ins Leere.

Der Katalog der wirtschaftlichen Angelegenheiten, in denen der UN den WA **unaufgefordert** zu unterrichten hat, ist **nicht erschöpfend**. Das ergibt sich aus der im Einleitungssatz enthaltenen Formulierung »**insbesondere**« und aus der beschränkten **Generalklausel** der Nr. 10.[60] Hiernach ist auch über alle sonstigen Vorgänge und Vorhaben, welche die Interessen der AN des UN wesentlich berühren können, zu unterrichten. Zu beachten ist, dass es nicht darauf ankommt, ob die Interessen der AN durch solche Vorgänge und Vorhaben tatsächlich wesentlich berührt werden. Es reicht aus, wenn lediglich die **Möglichkeit** besteht, dass sie berührt werden könnten. 11c

Zu den wirtschaftlichen Angelegenheiten des Abs. 3, die teilweise (vgl. **Nr. 6–9**) grundsätzlich den in § 111 verwendeten Begriffen entsprechen,[61] gehören z. B. auch Managementkonzepte wie **Balanced Scorecard**,[62] **Kostenangaben** für Pilotprojekte zur **Fremdvergabe von Dienstleistungen**,[63] Informationen zu **Kartellverfahren** und dort drohenden Bußen, **Offs-** 12

---

57 Vgl. DKW-Däubler, Rn. 91; LAG BB 19. 7. 18 – 21 TaBV 33/18, NZA-RR 18, 604; **a. A. BAG** 17. 12. 19 – 1 ABR 35/18, NZA 20, 531.

58 LAG Nds. 3. 11. 09 – 1 TaBV 63/09, brwo, NZA-RR 10, 142 = AiB 10, 263 m. Anm. Trittin/Gilles.

59 DKW-Däubler, Rn. 91; Hjort, AuR 18, 224; Fitting, § 106 Rn. 31a; ausführlich Hjort, AuR 23, 243 ff.; vgl. auch LAG BB 1. 7. 18 – 21 TaBV 33/18, NZA-RR 18, 604, das diesen Durchgriff für denkbar hält, wenn es sich um Informationen über Planungen und Vorgaben des herrschenden UN handelt, die sich auf das abhängige UN unmittelbar oder mittelbar auswirken können; **a. A. BAG** 17. 12. 19 – 1 ABR 35/18, NZA 20, 531.

60 BAG, DB 01, 599.

61 Vgl. insgesamt auch DKW-Däubler, Rn. 66 ff.

62 Däubler, AiB 01, 208 ff.

63 BAG, BB 01, 599.

horing/Nearshoring-Planungen (vgl. **Nr. 6, 7, 9** und § 87 Rn. 38; § 90 Rn. 4; § 111 Rn. 10, 14), die Einführung einer **Matrixstruktur**, der geplante Einsatz von Robotern und **KI**[64] (**Nr. 4 und 5**), wie überhaupt Konzepte zur Realisierung von **»Industrie oder Dienstleistung 4.0«**, geplante **Inhaberwechsel**, die Unterrichtung über einen beabsichtigten Antrag auf Eröffnung eines **Insolvenzverfahrens**,[65] eine Übertragung von **Kapitalanteilen**[66] **/Gesellschafterwechsel**, und damit verbundene Änderungen der UN-Politik,[67] sofern nicht bereits Nr. 9a eingreift. Wird ein Teil des **Betriebsvermögens veräußert**, kann auch der BR die Vorlage der Verträge gem. § 80 Abs. 2 verlangen, um festzustellen, ob ein MBR besteht.[68] Der notarielle Vertrag über die Veräußerung der Geschäftsanteile ist allerdings nach Auffassung des BAG[69] dem WA bei der Unterrichtung nicht vorzulegen. Diese Ansicht ist durch die Neufassung von Abs. 3 Nrn. 8 und 9a, die auch **Veränderungen des UN-Trägers** einbeziehen, überholt.[70] Auch Auskünfte über die allgemeine Situation in der Branche, über die **Zusammenarbeit** mit anderen UN und gerichtl. Auseinandersetzungen fallen unter Abs. 3.

§ 107 Bestellung und Zusammensetzung des Wirtschaftsausschusses

(1) Der Wirtschaftsausschuss besteht aus mindestens drei und höchstens sieben Mitgliedern, die dem Unternehmen angehören müssen, darunter mindestens einem Betriebsratsmitglied. Zu Mitgliedern des Wirtschaftsausschusses können auch die in § 5 Abs. 3 genannten Angestellten bestimmt werden. Die Mitglieder sollen die zur Erfüllung ihrer Aufgaben erforderliche fachliche und persönliche Eignung besitzen.
(2) Die Mitglieder des Wirtschaftsausschusses werden vom Betriebsrat für die Dauer seiner Amtszeit bestimmt. Besteht ein Gesamtbetriebsrat, so bestimmt dieser die Mitglieder des Wirtschaftsausschusses; die Amtszeit der Mitglieder endet in diesem Fall in dem Zeitpunkt, in dem die Amtszeit der Mehrheit der Mitglieder des Gesamtbetriebsrats, die an der Bestimmung mitzuwirken berechtigt waren, abgelaufen ist. Die Mitglieder des Wirtschaftsausschusses können jederzeit abberufen werden; auf die Abberufung sind die Sätze 1 und 2 entsprechend anzuwenden.

64 Hierzu Klebe, SR 19, 128; Ehrbrecht/Rothkegel, AiB 12/23, 15; vgl. auch §§ 87 Rn. 38; 90 Rn. 4; 95 Rn. 10; 111 Rn. 15.
65 DKW-Däubler, Rn. 69.
66 LAG Düsseldorf 16.6.88 – 5 TaBV 45/88.
67 BAG, DB 91, 1176; AG Berlin, AiB 11, 260.
68 LAG Berlin, AuR 99, 71.
69 BAG, DB 91, 1176.
70 DKW-Däubler, Rn. 90; offengelassen v. BAG 22.3.16 – 1 ABR 10/14, NZA 16, 969.

(3) Der Betriebsrat kann mit der Mehrheit der Stimmen seiner Mitglieder beschließen, die Aufgaben des Wirtschaftsausschusses einem Ausschuss des Betriebsrats zu übertragen. Die Zahl der Mitglieder des Ausschusses darf die Zahl der Mitglieder des Betriebsausschusses nicht überschreiten. Der Betriebsrat kann jedoch weitere Arbeitnehmer einschließlich der in § 5 Abs. 3 genannten leitenden Angestellten bis zur selben Zahl, wie der Ausschuss Mitglieder hat, in den Ausschuss berufen; für die Beschlussfassung gilt Satz 1. Für die Verschwiegenheitspflicht der in Satz 3 bezeichneten weiteren Arbeitnehmer gilt § 79 entsprechend. Für die Abänderung und den Widerruf der Beschlüsse nach den Sätzen 1 bis 3 sind die gleichen Stimmenmehrheiten erforderlich wie für die Beschlüsse nach den Sätzen 1 bis 3. Ist in einem Unternehmen ein Gesamtbetriebsrat errichtet, so beschließt dieser über die anderweitige Wahrnehmung der Aufgaben des Wirtschaftsausschusses; Sätze 1 bis 5 gelten entsprechend.

Inhaltsübersicht Rn.

1. Zusammensetzung

1 **Mindestens** ein Mitgl. des WA muss dem **BR** angehören. Selbstverständlich können auch die übrigen Mitgl. BR-Mitgl. sein. Erforderlich ist dies aber nicht. Es können auch andere AN in den WA berufen werden. Hierfür kommen auch **AN ausländischer Betriebe** des UN in Betracht.[1] Da die Zugehörigkeit zum UN als Eingliederung in dessen Organisation zu verstehen ist,[2] können auch Personen, auf die dies zutrifft und die keine AN sind, wie Heimarbeiter und AN-ähnliche,[3] dem WA angehören. In Anlehnung an das frühere Recht ist die Berufung leit. Ang., die nicht unter den Geltungsbereich des BetrVG fallen, möglich. Personen gemäß § 5 Abs. 2 Nr. 1 und 2 können dagegen nicht Mitgl. des WA werden. Der DGB-Entwurf für ein modernes BetrVG[4] stellt klar, dass auch Beschäftigte aus ausländischen Niederlassungen Mitglied im WA sein können und sieht für das Geschlecht, das im Betrieb in der Minderheit ist, den Schutz entsprechend § 15 Abs. 2 vor, sowie Folgeregelungen im Hinblick auf den Konzern-WA.

1 Fitting, Rn. 7; DKW-Däubler, Rn. 10.
2 Fitting, Rn. 6 m. w. N.
3 DKW-Däubler, Rn. 7.
4 *https://aur-blog.eu/reformvorschlag/*.

2 Die Mitgl. des WA sollen, aber müssen **nicht unbedingt** die zur Erfüllung ihrer Aufgaben erforderliche, fachliche und persönliche Eignung besitzen.[5] Der BR hat damit ein großes Maß an **Ermessensfreiheit** bei der Auswahl der zu entsendenden Personen. Mit **fachlicher Eignung**, die vorhanden sein soll, ist die Fähigkeit gemeint, die im WA erhaltenen Informationen auch verarbeiten zu können bzw. über ein entsprechendes Grundlagenwissen zu verfügen.[6] Dazu zählen **betriebswirtschaftliche Basiskenntnisse** und **praktische Erfahrungen im Betrieb**, die zum Verständnis der wirtschaftlichen und technischen Gegebenheiten des UN ausreichen. **Persönliche Eignung** verlangt vor allem Loyalität und Diskretion.[7] Vielfach werden auch Zuverlässigkeit und gesunder Menschenverstand erwähnt.

3 **§ 37 Abs. 6** gilt für Mitgl. des WA nach Auffassung des BAG[8] allerdings im Regelfall nur, wenn es sich bei ihnen gleichzeitig um **Mitgl. des BR** handelt. Ausnahmen sollen im Einzelfall möglich sein, wenn Mitglieder des WA die vom AG kraft Gesetzes zu gebenden Informationen nicht verstehen, z. B., weil der BR völlig neu gewählt wurde oder er keinen AN findet, der die erforderliche Eignung besitzt (vgl. auch § 37 Rn. 34).[9]

2. Bestellung, Abberufung und Rücktritt der Mitglieder

4 Die Mitgl. des WA werden durch den BR oder, wenn ein GBR besteht, durch diesen bestimmt. Nach der Rspr. des BAG[10] kann der **KBR** keinen WA einrichten. Die Bildung ist jedoch aufgrund einer **Vereinbarung mit der Konzernleitung** möglich.[11] Ggf. kann auch die Bildung eines Ausschusses nach § 59 Abs. 1 für wirtschaftliche Angelegenheiten eine gewisse Hilfe für die KBR-Arbeit bedeuten. Die Bestellung der Mitgl. des WA erfolgt mit **einfacher Stimmenmehrheit** in **Mehrheitswahl**; der sog. Minderheitenschutz (vgl. § 27 Abs. 1) spielt hier keine Rolle. Dasselbe gilt für die **Abberufung**, die »jederzeit« auch **ohne besonderen sachlichen Grund** erfolgen kann.[12] Bei Bestellung und Abberufung durch den GBR ist jedoch zu beachten, dass es für den Beschluss nicht auf die Mehrheit der Zahl seiner Mitgl., sondern auf die **Mehrheit der Stimmenzahl** ankommt, die die Mitgl. des GBR haben (§ 47 Abs. 7). Der WA ist eine **ständige Einrichtung**. Er hat keine bestimmte

5 Vgl. auch LAG Berlin 13. 11. 90 – 3 TaBV 3/90.
6 BAG, DB 76, 729; 78, 2223.
7 DKW-Däubler, Rn. 13.
8 BAG, DB 75, 780; HessLAG 17. 1. 22 – 16 TaBV 121/21, juris.
9 BAG, NZA 89, 221; 99, 1119; zur Kritik und für eine entsprechende Anwendung von § 37 Abs. 6 vgl. DKW-Däubler, Rn. 32; LAG Bremen, AuR 85, 132; vgl. zum Anspruch des Schwerbehindertenvertr. LAG Hamburg, NZA-RR 97, 348.
10 BAG, DB 90, 1519.
11 Vgl. den TV bei Jung/Klebe/Polzmacher, AiB 93, 527.
12 Vgl. ArbG Hamburg 29. 9. 95 – 22 BV 10/95; Hjort, AiB 98, 605.

Amtszeit. Lediglich seine Mitgl. werden für eine bestimmte Amtszeit in den WA entsandt. Bei Mitgl. des WA, die vom BR bestellt wurden, ist die Amtszeit im WA **identisch** mit der im BR.[13] Dagegen endet die Amtszeit des durch einen GBR bestellten Mitgl. des WA zu dem Zeitpunkt, in dem die **Amtszeit der Mehrheit der Mitgl. des GBR**, die berechtigt waren, an der Bestellung mitzuwirken, abgelaufen ist. Zu beachten ist, dass es im letzten Fall anders als bei der Bestellung und Abberufung der Mitgl. des WA durch den GBR **nur** auf die Mehrheit der Mitgl.-Zahl des GBR, nicht dagegen auf **die** Zahl ihrer Stimmen ankommt. Das ist zwar inkonsequent, entspricht aber dem Wortlaut des Gesetzes.

Neben der Möglichkeit der Abberufung durch die entsendende Stelle (BR oder GBR) kann das Amt eines WA-Mitgl. auch durch **Rücktritt** enden. Wird dieser erklärt, hat die entsendende Stelle unverzüglich die Berufung eines neuen WA-Mitgl. vorzunehmen. Eine Bestellung von **Ersatzmitgl.** ist zulässig und zweckmäßig. **5**

3. Aufgabenübertragung auf anderen Betriebsratsausschuss

Soweit der BR beschließen kann, die Aufgaben des WA auf einen von ihm gebildeten **Ausschuss** zu übertragen, ist dazu nicht die einfache, sondern die **absolute Mehrheit** der Stimmen seiner Mitgl. notwendig. Für die Bestellung und Zusammensetzung des Ausschusses gilt § 28 Abs. 1 Satz 2 i. V. m. § 27 Abs. 1 Satz 3 bis 5 entsprechend, nicht aber für die Entsendung der weiteren Mitgl., die in Mehrheitswahl vorgenommenen wird. Die Grundsätze des Minderheitenschutzes finden ebenfalls **keine Anwendung**, wenn der **GBR** die Aufgaben des WA einem seiner Ausschüsse überträgt (vgl. § 51 Abs. 4).[14] Die Bestimmung der Mitgl. und weiteren Mitgl. erfolgt auch hier in **Mehrheitswahl**. **6**

In allen Fällen, in denen der BR die Aufgaben des WA auf einen von ihm gebildeten Ausschuss überträgt, darf die Zahl der Mitgl. dieses Ausschusses die **Zahl der Mitgl. des BA** nicht übersteigen. Der BR kann allerdings weitere AN, die nicht dem BR angehören müssen, einschließlich der **leit. Ang.** in den Ausschuss berufen und diesen bis zur doppelten Zahl seiner Mitgl. auffüllen. Dadurch kann der mit den Aufgaben des WA betraute Ausschuss z. B. in einem Betrieb, in dem der BR aus neun und der BA aus fünf Mitgl. besteht, bis zu zehn Mitgl. haben, also in diesem extremen Fall sogar größer als der BR selbst sein. **7**

In kleineren Betrieben bis zu 200 AN, in denen kein BA zu bilden ist, kann der **BR** von Abs. 3 keinen Gebrauch machen. Er kann also formal die Auf- **8**

13 Vgl. HessLAG, DB 94, 1248.

14 Fitting, Rn. 36.

gaben des WA nicht selbst übernehmen, aber alle BR-Mitgl. in den WA entsenden und so ein ähnliches Ergebnis erzielen.

9 Die vorstehenden Grundsätze gelten entsprechend, wenn in einem UN ein **GBR** besteht.

10 Soweit in einen Ausschuss, dem die Aufgaben des WA übertragen worden sind, zusätzliche AN berufen werden, gilt für sie die **Verschwiegenheitspflicht** des § 79 entsprechend (vgl. die Erl. zu § 79).

4. Rechtsstellung der Mitglieder

11 Die Mitgl. des WA führen ihr Amt **ehrenamtlich**, auch soweit es sich nicht zugleich um Mitgl. des BR oder GBR handelt. Arbeitszeitversäumnisse, die durch die Tätigkeit im WA entstehen, berechtigen den AG allerdings nicht zur Minderung des Arbeitsentgelts (§ 37 Abs. 2 gilt entsprechend). Die durch die Tätigkeit des WA entstehenden **Kosten** trägt der UN. Ein besonderer **Kündigungsschutz** (siehe die Erl. zu § 103) gilt für ein Mitgl. des WA nur, wenn es **gleichzeitig BR-Mitgl.** ist. Nimmt der AG allerdings die Tätigkeit im WA zum Anlass einer Kündigung, ist diese wegen Verstoßes gegen zwingende Gesetzesvorschriften (§ 78 BetrVG i. V. m. § 134 BGB) nichtig. Der AG kann nur, auch wenn eine § 23 Abs. 1 entsprechende Vorschrift für Mitglieder des WA fehlt, gegen den BR/GBR ggf. einen Anspruch auf Abberufung des Mitglieds gem. Abs. 2 Satz 3 geltend machen, wenn eine grobe Verletzung gesetzlicher Pflichten vorliegt.[15] Alle Streitigkeiten über die Einrichtung, Zusammensetzung und Amtszeit des WA entscheidet das ArbG ebenso im **Beschlussverfahren** wie Fragen der dem Ausschuss entstehenden Kosten.

§ 108 Sitzungen

(1) Der Wirtschaftsausschuss soll monatlich einmal zusammentreten.

(2) An den Sitzungen des Wirtschaftsausschusses hat der Unternehmer oder sein Vertreter teilzunehmen. Er kann sachkundige Arbeitnehmer des Unternehmens einschließlich der in § 5 Abs. 3 genannten Angestellten hinzuziehen. Für die Hinzuziehung und die Verschwiegenheitspflicht von Sachverständigen gilt § 80 Abs. 3 und 4 entsprechend.

(3) Die Mitglieder des Wirtschaftsausschusses sind berechtigt, in die nach § 106 Abs. 2 vorzulegenden Unterlagen Einsicht zu nehmen.

(4) Der Wirtschaftsausschuss hat über jede Sitzung dem Betriebsrat unverzüglich und vollständig zu berichten.

---

15 Vgl. hierzu LAG BB 16. 3. 17 – 10 Sa 1648/16, AuR 17, 266, Ls., das einen solchen Anspruch bei fehlender Eignung des WA-Mitglieds einräumt.

(5) Der Jahresabschluss ist dem Wirtschaftsausschuss unter Beteiligung des Betriebsrats zu erläutern.

(6) Hat der Betriebsrat oder der Gesamtbetriebsrat eine anderweitige Wahrnehmung der Aufgaben des Wirtschaftsausschusses beschlossen, so gelten die Absätze 1 bis 5 entsprechend.

Inhaltsübersicht Rn.

1. Häufigkeit und Durchführung der Sitzungen

Der Ausschuss kann auch **öfter als monatlich** tagen, da die Regelung nicht zwingend ist. Die Sitzungen finden grundsätzlich während der Arbeitszeit statt (§ 37 Abs. 2, 3). § 40 Abs. 2 gilt für den WA entsprechend.[1] Der Gesetzgeber hat darauf verzichtet, besondere Geschäftsführungsbestimmungen zu erlassen. Der WA kann sich selbst eine **Geschäftsordnung**[2] geben. Es wird notwendig sein, zu regeln, wer den **Vorsitz** führt, die **Einladungen** vornimmt, die **Tagesordnungen** festsetzt oder in welchem Umfang eine Niederschrift geführt werden soll. Das BAG[3] ist der Auffassung, dass der WA kein Recht hat, zusätzlich ein BR/GBR-Mitgl. als **Protokollführer** hinzuzuziehen. Das Protokoll muss entweder ein WA-Mitgl. oder eine Bürokraft gemäß § 40 Abs. 2 führen. Die Sitzungen des WA sind **nicht öffentlich**.[4] Das folgt schon aus den im Allgemeinen vertraulich zu behandelnden bzw. zum Teil geheimzuhaltenden Beratungsgegenständen. 1

Im Anschluss an die Corona-Pandemie werden in § 30 Abs. 2 und 3 für den BR Abweichungsmöglichkeiten v. dem Regelfall der Präsenzsitzung dauerhaft festgelegt, Die Vorschriften gelten entsprechend für den WA wie bisher[5] und wie auch in der Gesetzesbegründung klargestellt.[6] Dies gilt auch als Folgevorschrift für § 33 Abs. 1 Satz 2 bei Beschlüssen des WA bzw. § 34 Abs. 1 Satz 4 für seine Sitzungsniederschriften (vgl. im Einzelnen die Anm. bei diesen Vorschriften). Der DGB-Entwurf für ein modernes BetrVG[7]

---

1 BAG, DB 91, 1523.
2 Muster bei DKW-F-Däubler, §§ 106–109, Rn. 1–13.
3 BAG, DB 91, 1523.
4 So auch DKW-Däubler, Rn. 7; ErfK-Kania, Rn. 5.
5 Vgl. BAG 18.11.80, AP Nr. 2 zu § 108 BetrVG1972; DKW-Wedde, § 30 Rn. 1; DKW-Däubler, Rn. 7; Fitting, Rn. 11a; Hjort, AuR 23, 105 f.
6 BT-Drucks. 19/28899 v. 22.4.21, S. 20.
7 *https://aur-blog.eu/reformvorschlag/.*

sieht in Abs. 2 klarstellend vor, dass nicht nur der AG, sondern auch der WA sachkundige AN des UN hinzuziehen kann (vgl. auch Rn. 3).

2. Teilnahme des Unternehmers und anderer Nichtmitglieder

2 Der UN oder sein Vertr. sind **verpflichtet**, an Sitzungen des WA teilzunehmen. Hieraus kann jedoch nicht gefolgert werden, dass ohne eine solche Teilnahme eine Sitzung des WA nicht stattfinden könne. Der WA hat vielmehr auch das Recht, **allein zusammenzukommen**,[8] z. B. zu vorbereitenden Treffen.[9] Wer den UN vertreten kann, bestimmt sich nach der inneren Organisation, ggf. auch nach den in Aussicht genommenen Beratungsgegenständen. Im Allgemeinen ist Vertr. diejenige Person, die nach Satzung, Geschäftsordnung oder Organisation des UN als **rangnächste in der UN-Hierarchie** anstelle des UN die Verantwortung trägt.[10]

3 Der UN kann sachkundige AN des UN ebenso wie Vertreter des AG-Verbandes gemäß § 29 Abs. 4 analog hinzuziehen. Der WA kann neben sachkundigen AN/**Auskunftspersonen** (§§ 80 Abs. 2, 120 Abs. 1 Nr. 4)[11] auch **außenstehende Sachverständige** gemäß § 80 Abs. 3 einschalten. Aufgabe des Sachverständigen ist es, dem WA die ihm zur Beurteilung einer konkreten aktuellen Frage fehlenden sachlichen Kenntnisse zu vermitteln.[12] Für geplante Betriebsänderungen ermöglicht § 111 Satz 2 dem BR die erleichterte und beschleunigte Einschaltung von **Beratern** (vgl. § 111 Rn. 1a).

4 Auch ein **Gew.-Beauftragter** kann analog § 31 an den WA-Sitzungen teilnehmen.[13] Der BR/GBR kann das Teilnahmerecht wegen der Unterstützungsfunktion der Gewerkschaften auch durch **generellen Beschluss** in seiner **Geschäftsordnung** einräumen.[14] Die frühere Entscheidung des BAG,[15] die einen Mehrheitsbeschluss des BR/GBR für jede einzelne Sitzung verlangte, ist als überholt anzusehen. Der WA kann die Hinzuziehung eines Gew.-Beauftragten jedenfalls selbst beschließen, wenn ihm der BR oder der GBR eine entsprechende Ermächtigung erteilt hat. Eine Gew. ist im **Beschlussverfahren** antragsberechtigt, wenn das Recht ihres Beauftragten auf Teilnahme an den Sitzungen des WA bestritten wird.[16] Die **Gesamt-SBV** ist ebenfalls berechtigt, an den Sitzungen des WA teilzunehmen.[17]

---

8 BAG, DB 82, 1326.
9 LAG SH 24.11.16 – 4 TaBV 40/16, juris.
10 Vgl. auch BAG, DB 91, 117.
11 DKW-Däubler, Rn. 22.
12 BAG, DB 78, 2223.
13 BAG, DB 81, 1240.
14 BAG, DB 90, 1288.
15 BAG, DB 87, 2468.
16 BAG, DB 81, 1240.
17 BAG, DB 87, 2467.

3. Einsicht in Unterlagen

5 Soweit der UN nach § 106 verpflichtet ist, den WA anhand der notwendigen Unterlagen umfassend über alle wirtschaftlichen Angelegenheiten zu unterrichten, haben die Mitgl. des WA das Recht, **Einblick** in diese **Unterlagen** zu nehmen. Das Einsichtsrecht steht jedem einzelnen Mitgl. zu. Soweit es zur Aufgabenerfüllung des WA notwendig ist, sind dessen Mitgl. nach Auffassung des BAG zwar berechtigt, sich **Notizen** zu machen, allerdings **keine Abschriften**/Ablichtungen.[18]

6 Je nach dem Umfang der Unterlagen muss den Mitgl. des WA vor der Beratung der entsprechenden Angelegenheiten **ausreichend** Zeit zur Einsicht gewährt werden. Daher kann der UN verpflichtet sein, **Unterlagen schon vor der Sitzung** vorzulegen oder diese den Mitgl. des WA zeitweise zu überlassen.[19]

4. Bericht des Wirtschaftsausschusses an den Betriebsrat

7 Da der WA eng mit dem BR zusammenzuarbeiten hat, ist er nach dieser Bestimmung zu **unverzüglicher** und **vollständiger** Berichterstattung über jede stattgefundene Sitzung verpflichtet. Besteht in einem UN ein GBR, so hat die Berichterstattung diesem gegenüber zu erfolgen. Eine besondere **Schweigepflicht** besteht nicht. Auch mitgeteilte **Betriebs- und Geschäftsgeheimnisse** sind weiterzugeben.

8 Die **Form**, in der die Unterrichtung zu erfolgen hat, ist im Gesetz nicht geregelt. Eine bloße Aushändigung von Sitzungsprotokollen reicht jedoch grundsätzlich nicht aus.

5. Erläuterung des Jahresabschlusses

9 Der für das jeweilige Geschäftsjahr aufzustellende **Jahresabschluss**, den der UN dem WA unter Beteiligung des BR zu erläutern hat, umfasst die **Jahresbilanz** und die **Gewinn- und Verlustrechnung**[20] sowie bei Kapitalgesellschaften und eingetragenen Genossenschaften den als ergänzende Erläuterung aufzustellenden Anhang und bei konzerngebundenen UN den **Konzernabschluss**.[21] Ein Anspruch des WA auf Offenlegung der privaten Vermögenslage des UN als Person besteht nicht.

10 Zum Verständnis des zu erläuternden Jahresabschlusses wird regelmäßig der **Lagebericht** mit den sog. nichtfinanziellen Informationen und auch der **Be-**

---

18 BAG, DB 85, 924.
19 BAG, DB 85, 924.
20 Hierzu Cremer/Cremer, AiB 4/19, 23.
21 DKW-Däubler, Rn. 34.

richt des Wirtschaftsprüfers vorzulegen sein.[22] Zudem können neben **Auskunftspersonen** (§ 80 Abs. 2) auch **Sachverständige** herangezogen werden (vgl. Rn. 3).[23] Die Mitgl. des WA sind berechtigt, sich bei der Erläuterung des Jahresabschlusses **schriftliche Notizen** zu machen.[24]

6. Ordnungswidrigkeit, Aufgabenwahrnehmung durch Ausschuss

11 Ein Verstoß gegen diese Vorschrift ist eine **Ordnungswidrigkeit** i. S. des § 121.

12 Die Bestimmung regelt, dass die vorstehenden Grundsätze entsprechend gelten, wenn die Aufgaben des WA auf einen **Ausschuss des BR oder GBR** nach § 107 Abs. 3 übertragen worden sind.

§ 109 Beilegung von Meinungsverschiedenheiten

Wird eine Auskunft über wirtschaftliche Angelegenheiten des Unternehmens im Sinn des § 106 entgegen dem Verlangen des Wirtschaftsausschusses nicht, nicht rechtzeitig oder nur ungenügend erteilt und kommt hierüber zwischen Unternehmer und Betriebsrat eine Einigung nicht zustande, so entscheidet die Einigungsstelle. Der Spruch der Einigungsstelle ersetzt die Einigung zwischen Arbeitgeber und Betriebsrat. Die Einigungsstelle kann, wenn dies für ihre Entscheidung erforderlich ist, Sachverständige anhören; § 80 Abs. 4 gilt entsprechend. Hat der Betriebsrat oder der Gesamtbetriebsrat eine anderweitige Wahrnehmung der Aufgaben des Wirtschaftsausschusses beschlossen, so gilt Satz 1 entsprechend.

Inhaltsübersicht Rn.

---

22 LAG Frankfurt, DB 88, 1807 f.; DKW-Däubler, Rn. 35 f.; vgl. auch BAG, BB 90, 458 und LAG Berlin, AiB 88, 314 f.

23 Zu eng BAG, DB 78, 2223, das eine solche Möglichkeit nur im Fall besonderer und begründeter Notwendigkeit bejahen will.

24 BAG, DB 85, 924; ausdrücklich für den Jahresabschluss LAG Hamm, DB 83, 131 f.

1. Anrufung der Einigungsstelle

Die **Anrufung des ESt.**[1] kann nicht durch den WA selbst erfolgen. Dieser muss vielmehr – ein wirksamer Beschluss ist nicht Voraussetzung –[2] mit seinem hinreichend bestimmten Auskunftsverlangen (welche Auskünfte genau sind nicht, nicht rechtzeitig oder nur ungenügend erteilt worden), zunächst den **BR/GBR einschalten**. Dabei kann es sich auch um künftig regelmäßig wiederkehrende Vorgänge handeln.[3] Kommt es zu keiner Einigung – eine Einigung ist auch für den WA verbindlich –[4] kann der BR/GBR die ESt. anrufen, deren Entscheidung **verbindlich** ist.[5] Da eine Verschwiegenheitspflicht der WA-Mitgl. besteht, kann sich der UN auch nicht durch die Berufung auf eine Vertraulichkeit der zu behandelnden Angelegenheiten der Unterrichtungspflicht entziehen. Lediglich dann, wenn durch die Unterrichtung **Betriebs- oder Geschäftsgeheimnisse** des UN **gefährdet** werden, kann er die Unterrichtung verweigern (§ 106 Abs. 2). Es muss sich um Geschäfts- und Betriebsgeheimnisse handeln, an deren absoluter Geheimhaltung ein **dringendes Interesse des UN** besteht. Das festzustellen liegt nicht im subjektiven Ermessen des UN. Es muss sich vielmehr um objektiv feststellbare Tatbestände handeln. 1

2. Zuständigkeit

Die **Zuständigkeit der ESt. ist weitreichend**. Sie entscheidet nicht nur über Erteilung, Zeitpunkt und Umfang einer verlangten Auskunft, sondern auch über die Modalitäten der Vorlage von Unterlagen[6] und darüber, ob der UN die Auskunftserteilung unter Berufung darauf verweigern kann, dass andernfalls ein Betriebs- oder Geschäftsgeheimnis des UN gefährdet werden könnte.[7] Sie befindet damit über Rechtsfragen. Die Frage, ob ein WA zu bestellen ist und ob der AG seine **Pflicht zur Teilnahme** an dessen Sitzungen verletzt hat, ist demgegenüber ebenso im **arbeitsgerichtlichen Beschluss-** 2

---

1 Allgemein zum Verfahren Rupp/Laßmann, AiB 12, 598.

2 BAG 17.12.19 – 1 ABR 25/18, NZA 20, 393; a.A. LAG Düsseldorf 26.2.16 – 4 TaBV 8/16, LAGE § 109 BetrVG 2001 Nr. 3; LAG SH 24.11.16 – 4 TaBV 40/16, juris.

3 BAG 17.12.19 – 1 ABR 35/18, NZA 20, 531.

4 BAG 17.12.19 – 1 ABR 25/18, NZA 20, 393.

5 Vgl. DKW-F-Däubler, §§ 106–109a mit Schreiben des WA an BR/GBR (Rn. 23) und Anrufung der ESt. durch BR bei DKW-F-Berg, § 76 Rn. 8.

6 BAG 12.2.19 – 1 ABR 37/17, NZA 19, 787.

7 Vgl. BAG, DB 01, 600; OLG Karlsruhe, DB 86, 387 f.; LAG Düsseldorf, DB 78, 1695 ff.

verfahren zu klären[8] wie die, ob eine **wirtschaftliche Angelegenheit** vorliegt.[9]

3 Zur Beilegung von **Streitigkeiten über das Einsichtsrecht** in vorzulegende Unterlagen nach § 108 Abs. 3 und über die Erl. des Jahresabschlusses nach § 108 Abs. 5 ist ebenfalls die ESt. zuständig.[10] Sie kann zudem darüber befinden, ob der UN verpflichtet ist, dem WA im Zusammenhang mit der Erl. den **Wirtschaftsprüferbericht** vorzulegen[11] und ob der AG verpflichtet ist, Berichte in Papier- oder in elektronischer Form vorzulegen.[12]

4 Die ESt. ist für die Frage nicht nach § 100 ArbGG offensichtlich unzuständig, ob der WA verlangen kann, dass ihm bereits der **Entwurf des Jahresabschlusses** vor konzerninterner Abgleichung vorzulegen ist.[13] Deshalb ist sie auch in diesem Fall zu bilden. Das gilt auch für die **Vorlage von Studien**, die der AG selbst nicht in Auftrag gegeben hat, die ihm jedoch zur Verfügung stehen und von denen er Kenntnis genommen hat[14] oder bei Meinungsverschiedenheiten darüber, ob bei einer Veräußerung der Geschäftsanteile der entsprechende Vertrag dem WA vorzulegen ist.[15] Die ESt. ist auch zu bilden, wenn der WA eines Gemeinschaftsbetriebs von Tochter-UN von der übergeordneten Konzernholding, die bei diesem mehrfach in unternehmerische Entscheidungen eingegriffen hat, bei einer Umorganisation wissen will, welche Vermögenswerte an welche Tochter-UN gegangen sind.[16] Der Streit als Vorfrage darüber, ob der WA überhaupt wirksam gebildet wurde, führt ebenfalls nicht zu einer offensichtlichen Unzuständigkeit der ESt. Diese Frage hat die ESt. vielmehr im Rahmen ihrer Zuständigkeitsprüfung zu klären.[17]

3. Sachverständige, Überprüfung des Spruchs

5 Hält die ESt. es für erforderlich, kann sie auch ohne entsprechende Vereinbarung zwischen BR und AG **Sachverständige** hinzuziehen. Entscheidet

8 LAG Hessen, NZA-RR 07, 199.
9 BAG, DB 91, 1176; NZA 96, 55.
10 BAG, BB 90, 458; LAG Düsseldorf, DB 78, 1695 ff.
11 BAG a. a. O.; vgl. auch LAG Berlin, AiB 88, 314 ff.
12 LAG Köln 10. 3. 17 – 9 TaBV 17/16, juris.
13 LAG Berlin, AiB 88, 314 f.
14 HessLAG, AiB 96, 668.
15 AG Berlin, AiB 11, 260.
16 LAG Nds. 3. 11. 09 – 1 TaBV 63/09, NZA-RR 10, 142 = AiB 10, 263 m. Anm. Trittin/Gilles.
17 LAG Köln 27. 5. 16 – 10 TaBV 28/16; LAG Hessen 1. 8. 06 – 4 TaBV 11/06, NZA-RR 07, 199; zu Unrecht a. A. LAG Niedersachsen 19. 2. 13 – 1 TaBV 155/12; vgl. auch LAG BB 17. 11. 22 – 26 Ta (Kost) 6090/22, NZA 23, 383 m. w. N. zum Streitstand.

sie zugunsten des WA, kann sich der BR/GBR einen **Vollstreckungstitel** im arbeitsgerichtl. Beschlussverfahren verschaffen, um z.B. die Auskunft zu erzwingen. Der Spruch der ESt., der funktional einer Regelungsabrede entspricht und deshalb keiner Schriftform bedarf,[18] muss v. UN ggfs. umgesetzt werden.[19] Er unterliegt der **vollen Rechtskontrolle durch die ArbG.**[20] Sowohl AG als auch BR – nicht der WA, der nur ein Hilfsorgan des BR ist –[21] können den Rechtsschutz in Anspruch nehmen und ggfs. auch nur einen selbständigen Teil des Spruchs anfechten.[22] Wehrt sich der AG im Beschlussverfahren gegen die ihm von der Est. auferlegte Verpflichtung, sollte der BR nicht nur die Abweisung dieses Antrags, sondern auch die von der Est. festgelegte Form der Unterrichtung geltend machen, um so die Durchsetzung mit Zwangsmitteln sicherzustellen.[23] Wegen der **Primärzuständigkeit** der ESt. kann der BR seine Informationsrechte gemäß §§ 106ff. nicht unter Verzicht auf das ESt.-Verfahren oder parallel hierzu direkt im Beschlussverfahren verfolgen.[24]

§ 109a Unternehmensübernahme

In Unternehmen, in denen kein Wirtschaftsausschuss besteht, ist im Fall des § 106 Abs. 3 Nr. 9a der Betriebsrat entsprechend § 106 Abs. 1 und 2 zu beteiligen; § 109 gilt entsprechend.

Für den begrenzten Bereich des § 106 Abs. 3 Nr. 9a werden dem BR die Rechte eines WA eingeräumt, falls dieser nicht gebildet worden ist. Dies kann an einer zu geringen AN-Zahl liegen oder auch daran, dass die Errichtung pflichtwidrig (vgl. § 106 Rn. 1) unterblieben ist.[1] Besteht im UN ein GBR, aber kein WA, tritt dieser an die Stelle des BR. Soweit bei börsennotierten Gesellschaften das WpÜG eingreift, gehen dessen Vorschriften über die Einschaltung des BR in §§ 10 Abs. 5 und 14 Abs. 4 vor.[2] 1

18 BAG 17.12.19 – 1 ABR 25/18, NZA 20, 393.
19 BAG 17.12.19 – 1 ABR 25/18, NZA 20, 393.
20 BAG 11.7.00 – 1 ABR 43/99, DB 01, 598f.; 17.12.19 – 1 ABR 25/18, NZA 20, 393; Anfechtung eines ESt.-Spruchs bei DKW-F-Berg, § 76 Rn. 14.
21 BAG 17.12.19 – 1 ABR 25/18, NZA 20, 393; 26.2.20 – 7 ABR 20/17, NZA 20, 960.
22 BAG 17.12.19 – 1 ABR 25/18, NZA 20, 393.
23 LAG Köln 5.10.11 – 9 TaBV 94/10, juris; DKW-Däubler, Rn. 14a.
24 BAG, BB 90, 459; LAG Frankfurt, DB 88, 2519.

1 Vgl. DKW-Däubler, Rn. 1.
2 DKW-Däubler, Rn. 3.

§ 110 Unterrichtung der Arbeitnehmer

(1) In Unternehmen mit in der Regel mehr als 1000 ständig beschäftigten Arbeitnehmern hat der Unternehmer mindestens einmal in jedem Kalendervierteljahr nach vorheriger Abstimmung mit dem Wirtschaftsausschuss oder den in § 107 Abs. 3 genannten Stellen und dem Betriebsrat die Arbeitnehmer schriftlich über die wirtschaftliche Lage und Entwicklung des Unternehmens zu unterrichten.

(2) In Unternehmen, die die Voraussetzungen des Absatzes 1 nicht erfüllen, aber in der Regel mehr als zwanzig wahlberechtigte ständige Arbeitnehmer beschäftigen, gilt Absatz 1 mit der Maßgabe, dass die Unterrichtung der Arbeitnehmer mündlich erfolgen kann. Ist in diesen Unternehmen ein Wirtschaftsausschuss nicht zu errichten, so erfolgt die Unterrichtung nach vorheriger Abstimmung mit dem Betriebsrat.

Inhaltsübersicht Rn.

1. Vierteljahresbericht: Inhalt und Abstimmung

1 Die Berichterstattung des UN hat nach **vorheriger Abstimmung** mit dem **BR** und dem **WA** oder, falls die Aufgaben des WA einem **anderen Ausschuss** übertragen worden sind, mit diesem zu erfolgen. Besteht in einem UN kein WA und kein anderer für ihn gebildeter Ausschuss, ist die Berichterstattung allein mit dem BR abzustimmen. Die Vorschrift soll dem BR/GBR nach Auffassung des BAG[1] keinen eigenen Anspruch geben, die Beschäftigten über die wirtschaftliche Lage und Entwicklung des UN zu unterrichten. Dem kann nicht gefolgt werden. Wird über den Inhalt des Berichts keine Einigung erzielt, können WA und BR/GBR verlangen, dass ihre Beurteilung entweder in den Bericht des UN aufgenommen wird oder ein eigener Bericht verteilt wird.[2] Dieses Thema greift der DGB-Entwurf für ein modernes BetrVG[3] auf und stellt klar, dass bei fortbestehenden Meinungsverschiedenheiten zwischen AG und BR der BR einen eigenen Bericht erstellen kann.

2 Zum Zwecke der Abstimmung hat der UN den **Inhalt des vorgesehenen Berichts** mit dem BR und dem WA bzw. dem für diesen eingesetzten Ausschuss **eingehend** zu erörtern. Dabei können BR und WA Änderungen und die Behandlung zusätzlicher Punkte vorschlagen.[4] Geht der UN, der aus-

1 BAG 14.5.13, NZA 13, 1223.
2 DKW-Däubler, Rn. 12; Fitting, Rn. 4.
3 *https://aur-blog.eu/reformvorschlag/*.
4 Vgl. BAG 14.5.13 – 1 ABR 4/12, NZA 13, 1223; DKW-F-Däubler, § 110, Rn. 2–4 zu einem entsprechenden Schriftverkehr zwischen BR/WA und AG.

schließlich für die Berichterstattung verantwortlich ist,[5] hierauf nicht ein, sind BR und WA berechtigt, den AN gegenüber ihre **abweichende Auffassung** darzulegen. Der Bericht des UN soll den AN einen Überblick über die **wirtschaftliche Lage** des UN und seiner Betriebe, **die Marktlage** sowie die zurückliegende und die zu erwartende **Entwicklung** geben und sich zweckmäßigerweise an § 106 Abs. 3 orientieren.

2. Streitigkeiten

Ein UN, der die ihm obliegende **Unterrichtungspflicht** nicht, nicht recht- 3
zeitig, wahrheitswidrig oder unvollständig erfüllt, handelt **ordnungswidrig** i. S. des § 121. Meinungsverschiedenheiten zwischen WA, BR/GBR und dem UN, die sich auf die **Pflicht zur Berichterstattung**, den **Inhalt des Berichts** oder die Einbeziehung der AN-Vertretungen beziehen, sind vom ArbG im **Beschlussverfahren** zu klären. Darüber hinaus kann der **einzelne AN** seine Informationsrechte im **Urteilsverfahren** geltend machen.

Zweiter Unterabschnitt
Betriebsänderungen

§ 111 Betriebsänderungen

In Unternehmen mit in der Regel mehr als zwanzig wahlberechtigten Arbeitnehmern hat der Unternehmer den Betriebsrat über geplante Betriebsänderungen, die wesentliche Nachteile für die Belegschaft oder erhebliche Teile der Belegschaft zur Folge haben können, rechtzeitig und umfassend zu unterrichten und die geplanten Betriebsänderungen mit dem Betriebsrat zu beraten. Der Betriebsrat kann in Unternehmen mit mehr als 300 Arbeitnehmern zu seiner Unterstützung einen Berater hinzuziehen; § 80 Abs. 4 gilt entsprechend; im Übrigen bleibt § 80 Abs. 3 unberührt. Als Betriebsänderungen im Sinne des Satzes 1 gelten

1. **Einschränkung und Stilllegung des ganzen Betriebs oder von wesentlichen Betriebsteilen,**
2. **Verlegung des ganzen Betriebs oder von wesentlichen Betriebsteilen,**
3. **Zusammenschluss mit anderen Betrieben oder die Spaltung von Betrieben,**
4. **grundlegende Änderungen der Betriebsorganisation, des Betriebszwecks oder der Betriebsanlagen,**

5 BAG 1.3.66, AP Nr. 1 zu § 69 BetrVG.

5. Einführung grundlegend neuer Arbeitsmethoden und Fertigungsverfahren.

Inhaltsübersicht Rn.

1. Unternehmensgröße, bestehender Betriebsrat

1 Das Beteiligungsrecht des BR in wirtschaftlichen Angelegenheiten[1] besteht nur in **UN mit regelmäßig mehr als 20 wahlberechtigten AN.**[2] Bei der Ermittlung der Zahl ist von dem Zeitpunkt auszugehen, in dem die **Beteiligungsrechte des BR entstehen**, also z. B. vom Stilllegungsentschluss oder dem Beschluss, die Betriebsorganisation grundlegend zu ändern. Entscheidend ist allerdings nicht, wie viele AN dem UN dann zufällig angehören, sondern vielmehr die **Personalstärke**, die **für das UN im Allgemeinen kennzeichnend** ist. Dies erfordert in der Regel einen Rückblick und eine Prognose. Werden AN nicht ständig beschäftigt, kommt es darauf an, ob dies normalerweise während des größten Teils des Jahres der Fall ist.[3] In einem **Kampagnebetrieb**, der nur während eines Teils des Jahres arbeitet, ist die Beschäftigtenzahl während der Kampagne entscheidend.[4] Bei der Zahl der Beschäftigten sind auch, falls die Voraussetzungen des § 7 Satz 2 vorliegen, zur **Arbeitsleistung Überlassene**, wie z. B. Leih-AN, mitzurechnen.[5] **Leit. Ang.** sind demgegenüber nicht zu berücksichtigen. Die unternehmensbezogene Betrachtung ist nach richtiger Auffassung bei verfassungskonformer Interpretation um eine **konzernbezogene** entsprechend zu ergänzen, da es

1 Vgl. auch den Überblick von Kraushaar, AiB 94, 289 ff. und Hamm/Rupp, Beschäftigungssicherung, Sozialplan und Interessenausgleich (2021), Handlungshilfe für Betriebsräte und Vertrauensleute Nr. 11, IG Metall-Vorstand/Betriebspolitik.

2 Vgl. zur früheren Rechtslage bereits BAG, NZA 90, 443; BB 99, 2244.

3 Vgl. BAG 18. 10. 11 – 1 AZR 335/10, brwo, NZA 12, 221.

4 Vgl. BAG, NZA 93, 955; 96, 166; 05, 766 m. w. N.

5 BAG 18. 10. 11 – 1 AZR 335/10, brwo; NZA 12, 221; vgl. auch Fitting, Rn. 24.

vom Sinn der Regelung her keinen Unterschied machen kann, ob zu einem Betrieb mit 15 AN ein weiterer mit 10 oder eine gleich große Tochtergesellschaft hinzukommt.[6] Bei einem **Gemeinschaftsbetrieb** mehrerer UN mit mehr als 20 AN findet die Vorschrift auch dann Anwendung, wenn keines für sich genommen die Grenze von 20 Personen überschreitet, weil hier auf die Gesamtzahl aller im Gemeinschaftsbetrieb beschäftigten AN abzustellen ist.[7] Diese bleibt auch dann maßgeblich, wenn über das Vermögen eines der beteiligten UN das Insolvenzverfahren eröffnet wird und der **InsV** den diesem UN zuzuordnenden Betriebsteil mit weniger als 21 AN direkt stilllegt.[8] Da der Gemeinschaftsbetrieb, sofern er nicht von einem eigenständigen **Gemeinschafts-UN** getragen wird, insgesamt den jeweiligen Träger-UN zuzurechnen ist, greift die Vorschrift darüber hinaus auch ein, falls Gemeinschaftsbetrieb und weitere Betriebe eines beteiligten UN nur zusammen den Schwellenwert überschreiten.[9] Geht der Stilllegung eines Betriebs ein **Personalabbau** voraus, der sich über einen längeren Zeitraum erstreckt, bleibt die ursprüngliche Beschäftigtenzahl maßgeblich, falls sich der Personalabbau im Zeitpunkt des Stilllegungsbeschlusses rückwirkend als **Vorstufe der Stilllegung** erweist. Sollte die Personalverminderung dagegen die Betriebsfortführung ermöglichen und hat sie für eine nicht unerhebliche Zeit zu einer Stabilisierung der Beschäftigtenzahl auf niedrigem Niveau geführt, so ist diese Zwischenstufe maßgeblich.[10] Ist unklar, ob in dem betroffenen UN regelmäßig mehr als 20 AN beschäftigt sind, muss das ArbG die ESt. für Interessenausgleich und Sozialplan einsetzen.[11] Nach Ansicht des BAG[12] kommen Interessenausgleich und Sozialplan **nicht** in Frage, wenn im Stilllegungszeitraum, also erst nach **Beginn der Durchführung** der Betriebsänderung, der Umsetzung der Planung, **erstmalig ein BR gewählt** worden ist. Es bestehe keine Verpflichtung des AG, mit der Betriebsänderung so lange zu warten, bis ein funktionsfähiger BR vorhanden sei. Diese Auffassung des BAG überzeugt nicht. Der BR ist auch hier zu beteiligen.[13] Da eine Insolvenz

---

6 DKW-Däubler, Rn. 34.

7 LAG Düsseldorf 19.8.14 – 17 Sa 67/14, LAGE § 111 BetrVG 2001 Nr. 13; so schon zu § 106 BAG, DB 91, 1782; vgl. auch BAG, NZA 98, 723; LAG Berlin, NZA-RR 03, 477 und BAG, NZA 05, 420 zu § 99.

8 BAG, NZA 98, 723.

9 Vgl. auch hinsichtlich des »vollständigen« Stimmengewichts von Gemeinschaftsbetrieben im GBR und KBR DKW-Deinert, § 47 Rn. 136 ff.; DKW-Wenckebach, § 55 Rn. 25.

10 BAG, DB 95, 2075.

11 LAG Berlin, AiB 93, 733.

12 BAG, DB 82, 1727; BB 93, 140; NZA 04, 220; 8.2.22 – 1 ABR 2/21, NZA 22, 870.

13 LAG Köln, AuR 07, 395; ArbG Reutlingen, AuR 98, 492; DKW-Däubler, Rn. 154 f.; ders., AuR 23, 74; vgl. auch LAG Saarland, NZA-RR 03, 639 und LAG BB 5.7.18 – 26 TaBV 1146/17, juris, das eine Abweichung von der BAG-Rspr. und Beteiligung des BR dann für möglich hält, wenn der AG im unmittelbaren

keine Betriebsänderung darstellt, muss der InsV auch einen BR beteiligen, der erst **nach Verfahrenseröffnung gewählt** worden ist (§ 112 Rn. 13).[14] Ist in einem Betriebsteil ein BR gewählt und die Wahl nicht angefochten worden, hat der BR alle betriebsverfassungsrechtlichen Befugnisse, auch die gemäß § 111. Es kommt nicht darauf an, ob der Betriebsteil betriebsratsfähig war und er zu Recht gewählt wurde.[15] Besteht ein **GBR/KBR** und ist dieser für die Betriebsänderung zuständig (vgl. Rn. 20), so handelt er auch für Betriebe/UN, die keinen BR/GBR gebildet haben (§§ 50 Abs. 1, 58 Abs. 1). Der DGB-Entwurf für ein modernes BetrVG[16] ermöglicht die Einschaltung von Beratern in allen Betrieben unabhängig von der UN-Größe. Er stellt zudem klar, dass die genannten Betriebsänderungen Beispielsfälle sind und keine abschließende Aufzählung. Zudem werden die Beispielsfälle teilweise ergänzt, wie z. B. die Nr. 5 um die Anwendung von Algorithmen, KI und den Einsatz von Robotern.

2. Heranziehung eines Beraters

1a In UN mit mehr als 300 AN (vgl. Rn. 1), gemäß § 14 Abs. 2 Satz 4 AÜG einschließlich aller LeihAN, da das Gesetz hier keine Wahlberechtigung erfordert,[17] kann der BR einen **externen Berater** ohne vorherige Vereinbarung mit dem AG, anders als in § 80 Abs. 3 vorgesehen, hinzuziehen.[18] Dadurch wird diese Unterstützung erheblich beschleunigt, wie es auch dem Willen des Gesetzgebers entspricht.[19] Dass es sich um einen externen Berater handelt, folgt aus der Gesetzesbegründung[20] und seiner Systematik (vgl. § 80 Abs. 2 Satz 3). Der **Schwellenwert** wird auf die **»in der Regel« beschäftigten AN** zu beziehen sein. Eine Stichtagsbetrachtung (Tag, an dem mit der Planung der Betriebsänderung begonnen wird) wäre im Hinblick auf die vom Gesetzgeber gewollte Entlastung kleinerer UN wohl zu zufällig, daher nicht sachgerecht und auch praktisch nur schwierig durchführbar. Bei einem **Gemeinschaftsbetrieb** kommt es auch hier auf die **Gesamtzahl aller in ihm**

Vorfeld einer BR-Wahl und vor Konstituierung grundsätzlich aufschiebbare Maßnahmen noch einseitig durchführt.

14 BAG, NZA 04, 220.

15 BAG, DB 96, 147; BB 00, 47.

16 *https://aur-blog.eu/reformvorschlag/*.

17 Der Grenzwert dient dem Schutz kleinerer UN vor den durch die Beratung entstehenden Kosten (RegE, BT-Drucks. 14/5741, S. 52). Deshalb kommt es auch im Hinblick auf diese Zielsetzung nicht auf eine Wahlberechtigung an.

18 Vgl. Musterschreiben zur Bestellung eines Beraters (Rn. 4) und zur entsprechenden Mitteilung an den AG (Rn. 5) bei DKW-F-Däubler, §§ 111–113.

19 BAG 14.12.16 – 7 ABR 8/15, NZA 17, 514.

20 BT-Drucks. 14/5741, S. 52.

beschäftigten AN[21] bzw., falls er nicht von einem eigenständigen **Gemeinschafts-UN** getragen wird, auf die Addition der AN von Gemeinschaftsbetrieb und jeweils den weiteren Betrieben eines der beteiligten UN an (vgl. Rn. 1). Im Hinblick auf den Gesetzeszweck ist die Vorschrift **entsprechend anzuwenden**, wenn nur in allen **Konzern-UN** zusammengenommen mehr als 300 AN beschäftigt sind (vgl. Rn. 1).

Der BR **entscheidet nach pflichtgemäßem Ermessen** selbst darüber, welcher Person er das nötige Vertrauen entgegenbringt; er ist, wie auch ansonsten bei Sachverständigen (vgl. § 80 Rn. 29), Rechtsanwälten oder Fachliteratur (§ 40 Rn. 24), nicht auf die kostengünstigste Möglichkeit beschränkt.[22] Anders als z. B. in §§ 80 Abs. 2 Satz 3, 80 Abs. 3 oder auch §§ 37 Abs. 2, 40 Abs. 2 ist die Einschaltung des Beraters nicht ausdrücklich an weitere Voraussetzungen geknüpft, wie z. B. »… zur ordnungsgemäßen Erfüllung seiner Aufgaben erforderlich …«. Da wegen der gleichzeitigen Normierung des § 80 Abs. 2 Satz 3 ein Redaktionsversehen ausscheidet, kann auch bei Heranziehung der Gesetzesbegründung[23] gefolgert werden, dass der Gesetzgeber im Rahmen von § 111 wegen der »oft hoch komplizierten Fragestellungen« die **Erforderlichkeit unterstellt**.[24] Hält man mit der Rspr. den Grundsatz der **Verhältnismäßigkeit** im Rahmen von § 40 Abs. 1 für anwendbar (§ 40 Rn. 14),[25] so wird hierdurch der AG ebenso wie jedenfalls gemäß § 2 Abs. 1 vor unverhältnismäßigen Belastungen geschützt.[26] Eine »nähere Vereinbarung«, wie in § 80 Abs. 3, ist ebenfalls nicht erforderlich.[27] Die Höhe der Vergütung richtet sich nach gesetzlichen Regelungen wie dem RVG bei einem RA, sofern einschlägige Bestimmungen vorhanden sind. In der Regel können abweichende Vereinbarungen getroffen werden. Ohne gesetzliche Regelung und Vereinbarung ist die Höhe des Honorars gemäß **§ 612 Abs. 2 BGB** marktüblich festzusetzen, wobei die Tätigkeit mit der eines UN-Beraters vergleichbar ist.[28] Wäre dies nicht möglich, würden §§ 316, 315 Abs. 1 BGB heranzuziehen sein: Der Berater setzt die Vergütung nach **billigem Ermessen** fest. Der BR, der sich **nicht** zunächst auf interne Fachleute verweisen lassen muss (s. o.), kann **einen** Berater hinzuziehen. Damit wird allerdings nicht ausgeschlossen, dass er einen Berater, der sein 1b

---

21 Vgl. auch DKW-Däubler, Rn. 167; Fitting, Rn. 141.

22 LAG Hamm, ZIP 05, 2269; vgl. auch BAG, DB 89, 1774; LAG BaWü, AiB 86, 261.

23 BT-Drucks. 14/5741, S. 52.

24 Vgl. auch DKW-Däubler, Rn. 172; HessLAG, LAGE § 111 BetrVG 2001 Nr. 9 lässt die Frage offen, hat aber bei der Hinzuziehung zu Interessenausgleichsverhandlungen »keinen Zweifel« an der Erforderlichkeit; offengelassen auch von LAG Hamm, ZIP 05, 2269 und ArbG Hannover, NZA-RR 09, 309.

25 Vgl. auch m. w. N. und kritisch DKW-Wedde, § 40 Rn. 5.

26 Vgl. auch ArbG Hannover, NZA-RR 09, 309.

27 BAG 14.12.16 – 7 ABR 8/15, NZA 17, 514.

28 Vgl. DKW-Däubler, Rn. 181.

Vertrauen verloren hat, durch einen anderen ersetzt, oder, bei komplizierten Fällen, **nacheinander mehrere Berater** oder ein **Beratungsbüro** mit den benötigten unterschiedlichen fachlichen Schwerpunkten[29] einschaltet. Die **Geheimhaltungspflicht** gemäß § 79 gilt auch für Berater.

1c Ist es zweifelhaft, ob eine geplante Betriebsänderung vorliegt, reicht es aus, dass der BR die Voraussetzungen unter Abwägung aller Umstände für gegeben und damit die Einschaltung des Beraters für erforderlich halten darf (vgl. auch § 40 Rn. 1, 5; § 37 Rn. 6). Handelt der BR nicht innerhalb seiner Kompetenzen, soll die für den BR handelnde Person, also üblicherweise der Vorsitzende, nach Auffassung des BGH[30] gegenüber dem Berater haften. Der Ersatzanspruch entfällt allerdings in jedem Fall, wenn der Berater die Überschreitung hätte erkennen können, was regelmäßig der Fall sein wird, oder wenn im Vertrag mit dem Berater die persönliche Haftung dv. BR-Mitgliedern ausgeschlossen worden ist.[31] Schließlich wird klargestellt, dass bei Betriebsänderungen in **UN mit weniger als 301 AN** der BR auch weiterhin Sachverständige nach § 80 Abs. 3 einschalten kann.

3. Betriebsänderungen

a) Grundsätze

2 Das Beteiligungsrecht des BR besteht bei allen Betriebsänderungen,[32] die **wesentliche Nachteile** für die Belegschaft oder erhebliche Teile der Belegschaft zur Folge haben **können**. Die Vorschriften gelten auch bei **Insolvenz des UN**,[33] wobei die Insolvenz für sich genommen allerdings **keine Betriebsänderung** darstellt (vgl. Rn. 1 am Ende).[34] Die Löschung des UN im Handelsregister lässt die Partei- und Beteiligtenfähigkeit unberührt.[35] Unter Betriebsänderung ist jede Änderung der Betriebsorganisation, der Betriebsstruktur, des Tätigkeitsbereichs, der Arbeitsweise u. Ä. zu verstehen. Ob eine Betriebsänderung vorliegt, kann von der nach § 112 angerufenen Einigungsstelle als **Vorfrage** mit entschieden werden.[36] Als wesentlicher Nachteil kommen nicht nur der Verlust des Arbeitsplatzes oder die Versetzung im Betrieb in Betracht, sondern beispielsweise auch eine Erschwerung der

29 Vgl. DKW-Däubler, Rn. 176; weitergehend und gegen eine zahlenmäßige Beschränkung LAG Hamm, ZIP 05, 2269; Fitting, Rn. 145.

30 BGH 25. 10. 12 – III ZR 266/11, NZA 12, 1382.

31 Vgl. DKW-Däubler, Rn. 183a.

32 Checkliste bei DKW-F-Däubler, §§ 111–113, Rn. 2; vgl. auch Pristin, AiB 7–8/19, 10 zur Frage v. ersten Indizien für eine Betriebsänderung.

33 BAG, DB 79, 261.

34 Vgl. BAG, NZA 98, 723.

35 BAG, NZA 90, 443.

36 BAG, DB 75, 1322.

Arbeit (z. B. Temposteigerung, Leistungsverdichtung), ein Qualifikationsverlust, eine Minderung des Arbeitsverdienstes, längere Anfahrtswege zur Arbeit, erhöhte Kosten für die Fahrt zur Arbeitsstelle oder dass Beschäftigte nur noch Teilzeit arbeiten können und daher weniger verdienen.[37]

Die Bestimmung enthält einen Katalog von Tatbeständen (Satz 3 Nrn. 1 bis 5), der **nicht abschließend** ist (wohl inzwischen h. M., aber noch **str.**)[38] und bei deren Vorliegen der Gesetzgeber von vornherein die **Möglichkeit** damit verbundener **wesentlicher Nachteile** für die AN **unterstellt**,[39] wobei durchaus ein und dieselbe Maßnahme des UN mehrere Tatbestände erfüllen kann.[40] Die **Voraussetzungen für Betriebsänderungen** sind durch die Novellierung 2001 nicht verändert worden; die Beurteilung bleibt **betriebsbezogen**.[41] Dabei wird ein betriebsratsloser Betriebsteil (§ 4 Abs. 1 Satz 1) nach Ansicht des BAG[42] Teil des Hauptbetriebs, wenn er sich nach entsprechender Abstimmung (§ 4 Abs. 1 Satz 2) an der BR-Wahl im Hauptbetrieb beteiligt, und zwar auch im Hinblick auf die Aufstellung eines Sozialplans. Liegt einer der im Gesetz aufgeführten Tatbestände vor, ist der BR stets zu beteiligen, **ohne** dass zusätzlich geprüft werden muss, ob die Maßnahme wesentliche Nachteile zur Folge haben kann.[43] Nur soweit der UN die Durchführung einer wirtschaftlichen Maßnahme beabsichtigt, die **nicht einen der ausdrücklich genannten Tatbestände** erfüllt, kommt es für die Beteiligung des BR darauf an, ob sich aus ihr **nachteilige Auswirkungen auf die Belegschaft**, zu der auch hier (vgl. Rn. 1) **Leih-AN** zählen,[44] oder erhebliche Teile der Belegschaft ergeben können.[45] § 17 Abs. 1 KSchG ist eine Richtschnur. Bei Betrieben mit weniger als 21 Beschäftigten geht das **BAG**[46] in jedem Falle von einer Mindestzahl von **sechs AN**, Däubler[47] demgegen- 3

37 LAG BaWü 16. 6. 87, LAGE § 111 BetrVG 1972 Nr. 6.

38 In diesem Sinne spricht das BAG (NZA 11, 466) von einer »beispielhaften Aufstellung von Tatbeständen«; vgl. auch BAG 22. 3. 16 – 1 ABR 12/14, NZA 16, 894, das eine Betriebsänderung nach Satz 1 prüft, als die Voraussetzungen der Ziffern in Satz 3 nicht vorliegen; DKW-Däubler, Rn. 45 f. m. w. N. zur Rspr.; Fitting, Rn. 36; wohl auch LAG Nds. 12. 1. 10 – 1 TaBV 73/09, brwo, LAGE § 98 ArbGG 1979 Nr. 58; noch offengelassen von BAG, DB 89, 883; ZIP 01, 1825.

39 Vgl. z. B. BAG, NZA 00, 1069; 11, 466; LAG SH 22. 1. 14 – 3 TaBV 38/13, juris.

40 BAG, ZIP 01, 1825.

41 BAG 19. 7. 12 – 2 AZR 386/11, NZA 13, 333; BT-Drucks. 14/5741, S. 51.

42 BAG 17. 9. 13 – 1 ABR 21/12, NZA 14, 96; a. A. DKW-Däubler, Rn. 48.

43 BAG, DB 83, 344, 1766; 86, 2085.

44 Vgl. DKW-Däubler, Rn. 80a; a. A. AG Darmstadt 14. 2. 18 – 5 BVGa, NZA 18, 885, bestätigt durch HessLAG 13. 3. 18 – 4 TaBVGa, juris, allerdings wegen fehlenden Verfügungsgrundes.

45 Vgl. BAG, NZA 89, 557; LAG Nds., NZA-RR 07, 134.

46 BAG 9. 11. 10 – 1 AZR 345/09, brwo, NZA 11, 466 = AiB 12, 132 m. Anm. Bartelmess.

47 DKW, Rn. 65, 72, 118.

über zu Recht davon aus, dass **mindestens ein Drittel der AN** betroffen sein muss (vgl. auch Rn. 5, 6).[48] Zu beachten ist, dass die negativen Folgen nicht tatsächlich eintreten müssen; sie brauchen lediglich **möglich** zu sein.[49]

b) Einschränkung und Stilllegung (Nr. 1)

4 **Betriebsstilllegung** ist die Aufgabe des Betriebszwecks unter gleichzeitiger Auflösung der **Betriebsorganisation** für eine unbestimmte, wirtschaftlich nicht unerhebliche Zeit.[50] Erforderlich ist, dass der Unternehmer unumkehrbare Maßnahmen zur Auflösung der Betriebsorganisation trifft, wie z. B. mit der Kündigung der Arbeitsverhältnisse zum Zwecke der Stilllegung.[51] Eine witterungsbedingte Betriebseinstellung auf dem Bau erfüllt daher die Voraussetzungen der Vorschrift nicht.[52] Auch die Veräußerung des Betriebs/Betriebsteils (ohne AN) allein[53] ist nach Auffassung des BAG ebenso wenig eine Stilllegung oder sonstige Betriebsänderung (vgl. auch Rn. 9, 13)[54] wie ein Antrag auf Eröffnung des Insolvenzverfahrens bzw. die entsprechende Eröffnung (vgl. auch Rn. 1 am Ende).[55] Maßgeblich für die Betriebsänderung ist eine **Änderung der betrieblichen Organisation**. Ist die Stilllegung durchgeführt, stellt die Veräußerung der verbliebenen Betriebsmittel an einen Dritten keinen Betriebsübergang nach § 613a BGB dar, es sei denn, der Erwerber nimmt alsbald die Produktion wieder auf. Dann spräche eine **tatsächliche Vermutung gegen die ernsthafte Stilllegungsabsicht** des Veräußerers.[56] Werden die Geschäftsbeziehungen aufgelöst, ist dies ein Indiz für eine Stilllegungsabsicht.[57] Wird nur ein Betriebsteil veräußert, liegt für den verbleibenden Rest eine Stilllegung vor.[58] Macht der AG nach einem Brand im Betrieb von einer im TV eingeräumten Möglichkeit Gebrauch, allen AN fristlos unter Einräumung eines Wiedereinstellungsanspruchs nach Beendigung der Schäden zu kündigen, so ist dies nur eine **Betriebsunterbrechung** und keine Stilllegung.[59] Entschließt er sich allerdings später, den Betrieb

48 LAG Nürnberg, AuR 09, 436, Ls., geht von 30 % aus.

49 BAG, NZA 85, 628.

50 BAG, DB 85, 1399; NZA 06, 1122; 14. 4. 15 – 1 AZR 794/13, NZA 15, 1147; LAG BB 2. 3. 12 – 13 Sa 2187/11, ZIP 12, 1429.

51 BAG 18. 7. 17 – 1 AZR 546/15, NZA 17, 1618.

52 LAG Nds., DB 98, 1139.

53 Eine entsprechende Absicht kann daran deutlich werden, dass der UN die AN kündigt, gleichzeitig sich aber weiter um Aufträge bemüht (BAG, NZA 08, 821) oder ernsthaft mit einem Kaufinteressenten verhandelt (BAG, NZA 06, 720).

54 BAG, DB 94, 1731.

55 BAG, NZA 98, 723; vgl. auch BAG, NZA 04, 220.

56 BAG, BB 87, 2370; DKW-Däubler, Rn. 56.

57 LAG Hamm 13. 1. 23 – 16 Sa 485/21, juris.

58 LAG RP 17. 1. 22 – 3 Sa 271/21, juris; DKW-Däubler, Rn. 50.

59 BAG, DB 87, 2365.

nicht wieder aufzubauen, liegt darin ebenso eine Betriebsstilllegung wie in der **Übertragung** des Betriebs zu diesem Zweck.[60] Eine Stilllegung liegt auch vor, wenn ein AG die betriebliche Organisation dadurch auflöst, dass er **alle AN unwiderruflich freistellt**[61] oder **entlässt.**[62] Wegen § 242 BGB kann er sich dann nicht darauf berufen, die Kündigungen seien unwirksam gewesen, weil in Wirklichkeit ein Betriebsübergang (§ 613a BGB) vorgelegen habe.[63] Muss die Geschäftstätigkeit wegen einer ordnungsbehördlichen Verfügung oder wegen des Wegfalls gesetzlich vorgeschriebener Zulassungsvoraussetzungen eingestellt werden, liegt allein darin noch keine Betriebsänderung. Sie kann allerdings anschließend daraus folgen, dass die Betriebsorganisation aufgelöst wird.[64] Der BR amtiert über eine Stilllegung oder einen sonstigen Betriebsuntergang hinaus weiter wegen der damit in Zusammenhang stehenden Rechte: Er hat ein **Restmandat** bis alle von ihm wahrzunehmenden Aufgaben erledigt sind (§ 21b).[65] Das Restmandat besteht auch bei einer Ausgliederung von Betriebsteilen oder Aufspaltung des Betriebs für den bisherigen Betrieb[66] (zum Übergangsmandat vgl. § 21a).

Ein **wesentlicher Betriebsteil** ist anzunehmen, wenn der betroffene Bereich einen erheblichen Teil der AN (vgl. Rn. 1) des Gesamtbetriebs beschäftigt, die Zahlen in § 17 KSchG geben hier einen Anhaltspunkt,[67] oder eine **wesentliche wirtschaftliche Bedeutung** für diesen hat.[68] Das BAG[69] hat bisher allerdings offengelassen, ob auch ohne Erreichen der quantitativen Schwellenwerte eine qualitative Betrachtung den Tatbestand erfüllen kann.[70] Da **§ 17 KSchG** wegen seiner primär arbeitsmarktpolitischen Zielsetzung Zahlenwerte nur für Betriebe mit mehr als 20 Beschäftigten enthält, wird man die prozentuale Schwelle für Kleinbetriebe entsprechend der Logik der Vorschrift weiter ansteigen lassen müssen. Das **BAG** (siehe oben Rn. 3) 5

60 BAG, NZA 87, 523; 99, 310.
61 LAG BB 2.3.12 – 13 Sa 2187/11, ZIP 12, 1429.
62 Vgl. auch BAG, NZA 06, 1122: Eine Einstellung der Produktion oder/und die Freistellung des überwiegenden Teils der AN sind noch nicht der Beginn einer Stilllegung, weil sie keine unumkehrbare Maßnahme sind.
63 BAG, DB 96, 147.
64 BAG 7.11.17 – 1 AZR 186/16, NZA 18, 464.
65 BAG, NZA 07, 106.
66 BAG, DB 87, 2365.
67 Vgl. BAG, NZA 91, 114; 98, 723; 08, 957.
68 Hierzu BAG, DB 89, 883; NZA 06, 932 und 08, 957: »Schlüsselfunktion«; ArbG Hamburg, AiB 08, 106 (Bereich, der eine Primärfunktion im UN ausfüllt und nicht nur ein Anhängsel des operativen Geschäfts ist); vgl. auch LAG Frankfurt 11.10.77 – 5 TaBV 63/76, wonach jede nicht völlig bedeutungslose Abteilung die Voraussetzungen erfüllt.
69 BAG, NZA 06, 932; 11, 466.
70 Vgl. auch LAG RP, NZA-RR 06, 189.

geht von einer Mindestzahl von sechs AN aus.[71] Bei der **Betriebseinschränkung** wird der Zweck des Betriebs weiterverfolgt, aber dessen Gesamtleistung erheblich (»betriebsuntypisch«) herabgesetzt.[72] Das kann z. B. durch die Außerbetriebsetzung von Maschinen geschehen, muss sich aber nicht darauf beschränken. Die Fremdvergabe **(Outsourcing)** von Vor- und Teilprodukten wird häufig unter Nr. 1 fallen (str.),[73] wie auch die Auflösung des eigenen Vertriebs durch Beendigung der Arbeitsverhältnisse sämtlicher Außendienstmitarbeiter und Fortführung durch freie Handelsvertreter (vgl. hierzu auch Rn. 14).[74]

6 Auch eine nicht unerhebliche Verringerung der Zahl der AN (vgl. Rn. 1), also eine sog. **Massenentlassung**, kann den Tatbestand einer Betriebseinschränkung erfüllen (ständige Rspr.),[75] es sei denn, es handelt sich nur um eine vorübergehende Anpassung an die Marktlage aufgrund saisonbedingter oder kurzfristiger konjunktureller Schwankungen.[76] Das BAG hat die Frage, wann eine Massenentlassung vorliegt, anhand der **in § 17 KSchG festgelegten Staffel** beantwortet.[77] Bei Großbetrieben wird von ihm zusätzlich verlangt, dass mindestens 5 v. H. der Belegschaft betroffen sind.[78] Dabei können die Zahlen des § 17 KSchG[79] bzw. die 5 v. H. – es handelt sich hierbei um eine »**Richtschnur**« – durchaus geringfügig unterschritten werden.[80] Da auch Betriebe mit weniger als 21 AN betroffen sein können und § 17 KSchG hierfür

71 Vgl. aber auch DKW-Däubler, Rn. 65, der zu Recht ein Drittel der Beschäftigten verlangt; LAG Düsseldorf, LAGE § 111 BetrVG 2001 Nr. 9 nimmt eine Wesentlichkeit nur an, wenn die wirtschaftliche und sonstige Bedeutung des Betriebsteils erheblich ist.

72 BAG, DB 79, 1896; NZA 91, 114; 93, 1142.

73 DKW-Däubler, Rn. 61 und auch LAG BaWü, AiB 96, 492.

74 BAG, DB 04, 658.

75 Z. B. BAG, DB 80, 549; NZA 91, 114; 07, 1307; 17. 3. 16 – 2 AZR 182/15, NZA 16, 1072.

76 BAG, DB 79, 1896.

77 DB 80, 549; NZA 91, 114; 24. 10. 13 – 6 AZR 854/11, NZA 14, 46.

78 NZA 91, 114; 06, 932; 07, 1307.

79 Vgl. auch EuGH 13. 5. 15 – C-182/13, NZA 15, 731 zum Betriebsbegriff und EuGH, NZA 05, 213 zur Definition der Massenentlassung: Die Kündigungserklärung gilt als Entlassung; ebenso BAG, NZA 06, 971; 07, 25; zur Massenentlassungsanzeige, der nach § 17 Abs. 3 Satz 2 die BR-Stellungnahme beigefügt sein muss, die auch in einer beigefügten Namensliste bestehen kann (BAG 21. 3. 12 – 6 AZR 596/10, NZA 12, 1058). Ihr Fehlen hat allerdings keinen Einfluss auf spätere Kündigungen (EuGH 13. 7. 23 – C-134/22, juris); zur Unwirksamkeit v. Kündigungen, wenn diese vorzeitig ausgesprochen werden (BAG 12. 2. 19 – 1 AZR 279/17, ZIP 19, 833) oder das Konsultationsverfahren mit dem BR fehlerhaft ist vgl. z. B. BAG 26. 2. 15 – 2 AZR 955/13, NZA 15, 881; 22. 9. 16 – 2 AZR 276/16, NZA 17, 175; ausführlich DKW-Däubler, Rn. 6a, 184aff.

80 Vgl. auch BAG, NZA 91, 114; LAG Berlin, AuR 96, 159; LAG Brandenburg, DB 06, 52.

keine Schwellenwerte enthält, geht das BAG[81] von einer Mindestzahl von 6 AN aus (vgl. auch Rn. 3, 5).[82] Bei **LeihAN** ist von einer Entlassung bei Beendigung der Überlassung auszugehen.[83] Falls nach § 3 Abs. 1 durch TV oder BV eine vom Gesetz abweichende Einheit vereinbart worden ist, ist diese der Betrieb gem. § 3 Abs. 5 und daher maßgeblich. Beim Kündigungsschutz ist allerdings der Betriebsbegriff des KSchG maßgeblich.[84]

In § 112a wird nur eine (abweichende) Staffel für die **Erzwingbarkeit des Sozialplans** festgelegt;[85] für die Definition der Betriebseinschränkung und die hieran ansonsten anknüpfenden Rechte des BR (Information, Beratung, Interessenausgleich) ist die geschilderte Rspr. maßgeblich. Der **4-Wochen-Zeitraum des § 17 KSchG** spielt keine Rolle.[86] Es kommt nur darauf an, dass es sich um eine **einheitliche unternehmerische Maßnahme** handelt.[87] Auch ein stufenweiser, sich über einen längeren Zeitraum erstreckender Personalabbau erfüllt die Voraussetzungen. Entscheidend ist dann, wie viele AN voraussichtlich von den geplanten unternehmerischen Maßnahmen, dem »**Planungssachverhalt**«, insgesamt betroffen sein können.[88] Bei einem **zeitlichen Zusammenhang** der Personalmaßnahmen (z. B. Durchführung mit einem Abstand von wenigen Wochen oder Monaten) besteht eine (widerlegbare) Vermutung für eine einheitliche unternehmerische Maßnahme.[89] Ändert z. B. der AG **vor Durchführung der Maßnahme** seine Planung und beabsichtigt nun weitere Entlassungen, mit denen dann die Grenzwerte überschritten werden, so handelt es sich um einen **einheitlichen Vorgang**, der zum Zeitpunkt der Planungsänderung die Mitbestimmungsrechte auslöst. Wird demgegenüber der Entschluss zu weiteren Entlassungen erst **nach Durchführung** der zunächst beabsichtigten auf Grund neuer Umstände gefasst, sind beide Maßnahmen **nicht zusammenzurechnen**.[90] 7

Bei der **Berechnung der Personalmaßnahmen** kommt es auf den wahren Auflösungsgrund an, nicht auf die Form der Beendigung. Deshalb sind nicht nur betriebsbedingte Kündigungen des AG, z. B. auch von AN, die einem 8

81 BAG 9. 11. 10 – 1 AZR 345/09, brwo, NZA 11, 466 = AiB 12, 132 m. Anm. Bartelmess.

82 A. A. DKW-Däubler, Rn. 72, der ein Drittel der Beschäftigten verlangt.

83 Vgl. aber auch oben Rn. 3.

84 BAG 27. 6. 19 – 2 AZR 38/19, NZA 19, 1427.

85 BAG, DB 89, 331; NZA 06, 932.

86 BAG, DB 79, 1897; 22. 1. 04, AP Nr. 1 zu § 112 BetrVG 1972 Namensliste.

87 Vgl. auch BAG, DB 95, 2075; NZA 07, 1307.

88 Grundlegend BAG, DB 79, 1751; BB 00, 47 (sachlicher Zusammenhang, einheitliche Konzeption); NZA 06, 932; 17. 3. 16 – 2 AZR 182/15, NZA 16, 1072; LAG Thüringen, NZA-RR 99, 309; ArbG Hamburg, AiB 05, 568 bei Stilllegung eines wesentlichen Betriebsteils.

89 BAG, NZA 06, 932; 19. 7. 12 – 2 AZR 352/11, NZA 13, 86; 17. 3. 16 – 2 AZR 182/15, NZA 16, 1072.

90 BAG, NZA 06, 932.

Übergang gem. § 613a BGB auf einen Teilbetriebserwerber widersprochen haben,[91] sondern auch von ihm **veranlasste Aufhebungsverträge** (vgl. § 112a Abs. 1 Satz 2) und **Eigenkündigungen** der AN zu berücksichtigen (vgl. auch § 112a Rn. 1).[92] Von einer Veranlassung durch den AG ist auszugehen, wenn durch die UN-Führung Bedingungen entstehen, die es einem vernünftigen AN nahe legen, von sich aus das Arbeitsverhältnis zu beenden,[93] jedenfalls aber, wenn der AG im Hinblick auf eine konkret geplante Betriebsänderung beim AN die **objektiv berechtigte Annahme** hervorgerufen hat, mit der eigenen Initiative zur Beendigung des Arbeitsverhältnisses komme er einer **anderenfalls notwendigen betriebsbedingten Kündigung des AG** nur zuvor.[94] So reicht es z. B. aus, wenn der AG empfiehlt, nach neuen Arbeitsplätzen Ausschau zu halten, und ein Interessenausgleich vorsieht, dass auch Beschäftigte mit der Funktion des kündigenden AN ausscheiden sollen.[95] Ebenso hat der AG den Aufhebungsvertrag veranlasst, wenn er dem AN zuvor mitgeteilt hat, er habe nach Durchführung der Betriebsänderung für ihn **keine Beschäftigungsmöglichkeit** mehr.[96] Nicht ausreichen soll demgegenüber ein bloßer Hinweis des AG auf die unsichere Lage des UN, auf notwendig werdende Betriebsänderungen oder der Rat, sich eine neue Stelle zu suchen.[97] Der AG muss den AN vielmehr im Hinblick auf eine **konkret geplante Betriebsänderung bestimmen, selbst zu kündigen** oder einen Aufhebungsvertrag zu schließen.[98] Mitgerechnet werden auch AN, die in andere Betriebe des UN/Konzerns versetzt werden, nicht aber betriebsintern Versetzte,[99] und die **Beendigung von befristeten Arbeitsverhältnissen** jedenfalls dann, wenn diese auf einer vorzeitigen Kündigung beruht[100] oder der Vertrag entgegen einer bisherigen betrieblichen Praxis, regelmäßig zu verlängern bzw. in ein unbefristetes Arbeitsverhältnis zu übernehmen, ausläuft.[101] Wird ein Betrieb von vornherein nur zur **Erledigung einer begrenzten Aufgabe** innerhalb absehbarer Zeit gegründet, so stellt seine Schließung nach Erreichen des Betriebszwecks keine mitbestimmungspflichtige Betriebsänderung dar.[102]

---

91 BAG, NZA 97, 787; BB 00, 47.
92 BAG, DB 88, 2413; 93, 590.
93 DKW-Däubler, Rn. 78.
94 BAG, DB 04, 658; NZA 04, 108; 07, 825.
95 BAG, DB 93, 590.
96 BAG, DB 04, 658; NZA-RR, 08, 636.
97 BAG, BB 95, 2534.
98 BAG, DB 96, 2083.
99 LAG Nürnberg, NZA-RR 05, 375.
100 LAG Nürnberg, NZA-RR 02, 138.
101 Valgolio, AuR 20, 165.
102 LAG Hamm, BB 77, 695.

Wechselt der Betrieb den Inhaber und führt ihn der Erwerber bei unverändertem Betriebszweck und mit im Wesentlichen gleicher Belegschaft fort, liegt nach Auffassung des BAG[103] im bloßen **Betriebsübergang keine Betriebsänderung**. Da die zum Erwerber überwechselnden AN durch die Bestimmung des § 613a BGB vor Nachteilen aus der Betriebsveräußerung geschützt werden, sollen sie keine zusätzlichen Ausgleichs- oder Abfindungsansprüche nach den §§ 111 ff. gegenüber dem früheren AG haben.[104] Dies galt nach Meinung des BAG auch, wenn nicht der gesamte Betrieb, sondern nur ein **Betriebsteil** veräußert wird, für die mit dem veräußerten Betriebsteil übergehenden Beschäftigten, nicht allerdings für die AN des verbleibenden **Restbetriebs**, sofern damit nicht gleichzeitig Maßnahmen verbunden sind, die als solche einen der Tatbestände des § 111 erfüllen. Durch **Nr. 3** sind **Betriebsspaltungen** inzwischen allerdings ausdrücklich erfasst.[105] 9

c) Verlegung (Nr. 2)

Das MBR bei **Ortsverlegungen**[106] bezieht sich nur auf solche Betriebe und Betriebsteile, die ihrer Natur nach ortsgebunden sind, also beispielsweise nicht auf Baustellen. Eine Verlegung liegt auch vor, wenn das neue Gebäude nur 4,3 km vom alten in der gleichen Stadt entfernt liegt und günstige Verkehrsbedingungen bestehen,[107] nicht aber beim Umzug von der einen auf die andere Straßenseite. Auch die **Verlegung** einer Betriebsabteilung **innerhalb des Betriebs** ist grundsätzlich keine Betriebsänderung.[108] Etwas anderes gilt jedoch auch bei geringfügiger Entfernung, wenn mit der Verlegung wesentliche Nachteile für die Belegschaft verbunden sind.[109] **Offshoring/Nearshoring** erfüllt diesen Tatbestand regelmäßig jedenfalls bei Überschreiten der Schwellenwerte (»wesentlicher Betriebsteil«; vgl. Rn. 5) ebenso wie die Nr. 4[110] (vgl. auch § 87 Rn. 38; § 90 Rn. 4; § 106 Rn. 12; 10

103 Vgl. z. B. BAG, DB 80, 164; NZA 00, 1069; 08, 642; 14. 4. 15 – 1 AZR 223/14, NZA 15, 1212; LAG Nürnberg, NZA-RR 06, 137; a. A. DKW-Däubler, Rn. 125.

104 BAG, DB 80, 164; 81, 698; 87, 1540; 97, 1416.

105 BAG, DB 97, 1416.

106 Vgl. Peiseler, AiB 99, 261.

107 BAG, DB 83, 344.

108 BAG a. a. O.

109 So auch ArbG Frankfurt 23. 9. 15 – 23 BVGa 656/15, AiB 11/17, S. 43 mit Anm. v. Zeidler (Verlegung in nur 400 m entferntes Bürogebäude, aber verbunden mit einer Umstellung auf Großraumbüros [»Open Space-Konzept]); vgl. auch für einen Umzug in eine 350 m entfernte Betriebsstätte LAG Köln 27. 10. 16 – 7 TaBV 54/16, juris im Verfahren nach § 100 ArbGG, das es schon als problematisch ansieht, eine konkrete Grenze festzulegen und jedenfalls keine offensichtliche Unzuständigkeit der ESt. annimmt, wenn bei einem solchen Umzug Nachteile für die Belegschaft zu befürchten sein können.

110 Vgl. Schwarzbach CF 6/06, S. 26.

Rn. 14). Eine Verlegung gem. Satz 3 Nr. 2 ist nicht notwendigerweise mit Versetzungen verbunden.[111]

d) Zusammenschluss und Spaltung (Nr. 3)

11 Der **Zusammenschluss** eines Betriebs mit anderen kann dadurch geschehen, dass aus zwei oder mehreren Betrieben ein neuer Betrieb gebildet wird oder ein bestehender Betrieb einen weiteren oder mehrere weitere Betriebe unter Aufgabe von deren arbeitstechnischer Selbständigkeit in sich aufnimmt. Es kommt dabei nicht darauf an, ob die Betriebe verschiedenen UN angehören. Zu beachten ist, dass der **Zusammenschluss von UN** nicht notwendigerweise den einzelnen Betrieb in seinem Bestand ändert. Bleiben die einzelnen Betriebe trotz des UN-Zusammenschlusses in ihrer Betriebsorganisation, ihrem Betriebszweck u. Ä. unverändert, ist keine die MB des BR auslösende Betriebsänderung gegeben. Auch die Zusammenlegung von **selbstständigen** Betriebsabteilungen mit dem **eigenen** Hauptbetrieb unterliegt dem MBR (str.). Wird durch BV oder TV nach § 3 Abs. 1 eine mehrere Betriebe umfassende neue Einheit geschaffen, sollen die bisherigen Betriebe bestehen bleiben und kein Zusammenschluss vorliegen,[112] bei späterer Beendigung der Regelung dann auch keine Spaltung.[113]

12 Die **Spaltung** kann sowohl durch Aufspaltung des Betriebs als auch durch Abspaltung von Betriebsteilen erfolgen.[114] Es müssen mindestens zwei neue Einheiten entstehen. Dies ist nicht der Fall, wenn die Maßnahme nur dazu führt, dass ein Betriebsteil stillgelegt wird. Die Stilllegung eines Betriebsteils ist keine Spaltung.[115] Die Spaltung kann innerhalb des UN, aber auch mit einem Inhaberwechsel erfolgen. Sie kann auf Gesamtrechtsnachfolge im Rahmen einer Umwandlung oder auf Veräußerung des Betriebsteils beruhen.[116] Es kommt nicht auf die Zahl der betroffenen AN oder darauf an, ob es sich um einen **wesentlichen Betriebsteil** handelt.[117] Die Auflösung

---

111 Vgl. BAG 17.11.21 – 7 ABR 18/20, NZA 22, 501.

112 BAG 18.3.08 – 1 ABR 3/07, NZA 08, 1259.

113 DKW-Däubler, Rn. 93.

114 BAG 24.5.12 – 2 AZR 62/11, NZA 13, 277.

115 BAG, NZA 08, 957; 24.5.12 – 2 AZR 62/11, NZA 13, 277.

116 BAG, BB 00, 47.

117 So BAG, DB 97, 1416, wenn es sich bei der Abspaltung um eine »veräußerungsfähige Einheit« handelt; BAG, NZA 08, 957 spricht allerdings zu Unrecht von der zu beachtenden Überschreitung der »Bagatellgrenze«; vgl. auch LAG Hamm, NZA-RR 04, 80; ArbG Karlsruhe, NZA 04, 482; LAG Bremen, NZA-RR 05, 140: Abspaltung einer Cafeteria mit 8 AN von einem Einkaufsmarkt mit verbleibenden 180 AN als Betriebsänderung.

eines **Gemeinschaftsbetriebs** ist ebenfalls als Spaltung zu behandeln.[118] Die Beteiligungsrechte erstrecken sich auf den gesamten früheren Betrieb.[119] Bei Betriebsspaltungen wird häufig auch Nr. 4 vorliegen.

Die **Aufspaltung eines Unternehmens** allein ist keine Betriebsänderung, 13
wenn sich die betriebliche Organisation nicht ändert.[120] Erfolgt allerdings die Aufspaltung in je eine rechtlich selbstständige **Besitz- und Produktionsgesellschaft** derart, dass die Produktionsgesellschaft die Betriebsmittel von der Besitzgesellschaft pachtet und die AN übernimmt, ist diese Maßnahme als Betriebsänderung anzusehen, sofern nicht die **Einheit des Betriebs** erhalten bleibt[121] (vgl. auch § 1 Abs. 2 Nr. 2; § 322 Abs. 1 UmwG). Im letzten Fall müssen die weiteren Tatbestandsvoraussetzungen insbesondere nach Nrn. 1 bis 5 hinzutreten. Bleibt die Einheit des Betriebs nicht erhalten, liegt eine Betriebsänderung vor und kann der insbesondere mit der »**Betriebsaufspaltung**« verbundenen möglichen Gefährdung künftiger AN-Ansprüche (Verminderung der Haftungsmasse) nach Maßgabe der §§ 111 ff. begegnet werden.[122] Häufig wird anlässlich des Betriebsübergangs eine sonstige Betriebsänderung erfolgen, die jedenfalls dann die Rechte des BR auslöst.[123]

e) Betriebsorganisation, Betriebszweck und Betriebsanlagen (Nr. 4)

Unter einer grundlegenden Änderung der **Betriebsorganisation** sind alle 14
wesentlichen Umgestaltungen des **organisatorischen Aufbaus** und **der Gliederung eines Betriebs** zu verstehen, insbesondere im Hinblick auf Zuständigkeiten und Verantwortung, die sich auf den Betriebsablauf in erheblicher Weise auswirken.[124] Es kommt entscheidend darauf an, ob die Änderung einschneidende Auswirkungen auf den Betriebsablauf, die Arbeitsweise oder die Arbeitsbedingungen der AN hat. Die Änderung muss nach Auffassung des BAG[125] in ihrer Gesamtschau von erheblicher Bedeutung für den gesamten Betriebsablauf sein. Dies ist z. B. der Fall bei einer Änderung der **Betriebshierarchie** durch Wegfall oder Schaffung einer Führungsebene,[126]

---

118 BAG 8.3.22 – 1 ABR 19/21, NZA 22, 1068; LAG Köln 21.5.21 – 9 TaBV 56/20, juris; LAG Nürnberg, DB 95, 1972.

119 So schon BAG, DB 87, 1842.

120 BAG, NZA 98, 723.

121 Vgl. hierzu BAG 15.3.11 – 1 ABR 97/09, NZA 11, 1112; DB 87, 176; NZA 91, 977.

122 DKW-Däubler, Rn. 125 und 98 mit Hinweis auf § 134 UmwG; a. A. BAG, DB 81, 1190; 97, 1416; NZA 00, 1069, das einen bloßen Betriebsübergang nicht als Betriebsänderung ansieht (s. auch Rn. 9.); vgl. auch LAG Frankfurt, DB 85, 1999 ff.

123 Vgl. BAG, NZA 00, 1069.

124 BAG, NZA 08, 642; 08, 957; LAG SH 22.1.14 – 3 TaBV 38/13, juris.

125 BAG, NZA 08, 957; LAG SH 22.1.14 – 3 TaBV 38/13, juris.

126 Vgl. BAG, DB 05, 115; LAG Köln, AiB 96, 669.

der Einführung einer **Matrixorganisation**, die Berichtswege und fachliche Zuordnungen wesentlich verändert, der Einführung von **Gruppenarbeit**[127], von **Telearbeit**, auch von **Homeoffice/mobiler Arbeit** (vgl. § 87 Rn. 22, 38, 48, 79a ff.),[128] und von Methoden **agiler Arbeit**,[129] wie Scrum (vgl. auch § 87 Rn. 13, 77) oder der Umstellung des Vertriebs von **eigenen Außendienstmitarbeitern auf freie Handelsvertreter** (vgl. hierzu auch Rn. 5).[130] Bei einem umfassenden Neueinsatz oder einer vollständigen Modernisierung von DV-Systemen sind die Voraussetzungen regelmäßig ebenfalls gegeben, da hiermit nicht nur technische Neuerungen, sondern auch wesentliche organisatorische Änderungen verbunden sind. Auch die **Fremdvergabe** von Reinigungsarbeiten ist, jedenfalls in Hotel oder Schnellrestaurant, eine entsprechende Betriebsänderung.[131] Dies gilt regelmäßig auch für die Realisierung von **Offshoring/Nearshoring**-Konzepten (vgl. auch Rn. 10; § 87 Rn. 38; § 90 Rn. 4; § 106 Rn. 12) und die Einführung von internem oder/ und externem **Crowdsourcing** (vgl. auch Rn. 16 und §§ 87 Rn. 38, 90 Rn. 4 und 95 Rn. 3).[132] Auch die betriebsweite Einführung eines standardisierten, in Phasen aufeinander aufbauenden Verbesserungsverfahrens, das die systematische Steigerung der Effektivität und Produktivität beabsichtigt, wird unter Nr. 4 und 5 fallen (**str.**).[133] Die grundlegende Änderung des **Betriebszwecks**, hiermit ist der arbeitstechnische Zweck, nicht der wirtschaftliche gemeint,[134] betrifft vor allem die **völlige Umstellung der Produktion**. Eine Änderung ist auch dann anzunehmen, wenn wesentliche Teile der Tätigkeit eingestellt[135] oder aber in einer weiteren Abteilung neue arbeitstechnische Zwecke zusätzlich erfüllt werden.[136] Demgegenüber liegt z. B. keine grundlegende Änderung des Betriebszwecks vor, wenn in einem Schlachthof, in dem bisher Rinder, Kälber und Schweine geschlachtet wurden, die Tätigkeit sich jetzt auf Schweine beschränkt.[137]

15 Hinsichtlich der **Betriebsanlagen** ist die grundlegende Änderung in der technischen Gestaltung des Betriebs gemeint, z. B. die Einführung eines

127 LAG Nürnberg, AiB 04, 438.
128 Vgl. DKW-Däubler, Rn. 105, 113; Fischer, jurisPR-ArbR 14/21 Nr. 8.
129 Hierzu umfassend Krause, Agile Arbeit und Betriebsverfassung, HSI-Schriftenreihe Bd. 37, S. 55 ff.
130 BAG, DB 04, 658; 04, 1372.
131 ArbG München, AiB 00, 766; ArbG Würzburg, AiB 01, 302.
132 Vgl. auch DKW-Däubler, Rn. 111a; Klebe/Neugebauer, AuR 14, 4; Däubler/ Klebe, NZA 15, 1032; Klebe, AuR 16, 277.
133 LAG SH 22. 1. 14 – 3 TaBV 38/13, juris; Klebe, NZA 17, 226; zu eng und nicht realistisch die das LAG aufhebende Entscheidung BAG 22. 3. 16 – 1 ABR 12/14, NZA 16, 894; vgl. hierzu Klebe, NZA 17, 226.
134 BAG, DB 86, 2085.
135 Vgl. BAG, DB 87, 1842.
136 Vgl. BAG a. a. O.
137 BAG, NZA 93, 1142.

neuen technischen Produktionsverfahrens, aber auch von Einrichtungen des Rechnungswesens, **Internetanschlüssen** und Datensichtgeräten.[138] Bei der Frage, ob die Änderung der Betriebsanlagen »**grundlegend**« ist, entscheidet der **Grad der technischen Änderung**. Im Zweifel ist dieser nach dem Grad der nachteiligen Auswirkungen der Änderung auf die betroffenen AN, danach, ob sich für diese wesentliche Nachteile ergeben, zu beantworten. Das BAG[139] hat dabei klargestellt, dass **nicht die Änderung sämtlicher Betriebsanlagen** erforderlich ist. Auch die Änderung einzelner kann eine Betriebsänderung darstellen, wenn es sich um solche handelt, die **in der Gesamtschau von erheblicher Bedeutung** für den gesamten Betriebsablauf sind. Diese Voraussetzungen können nur im Einzelfall festgestellt werden. So werden sie z. B. beim **CAD/CAM-Einsatz** oder der Einführung von CNC-Maschinen gegeben sein,[140] weil dieser abteilungs- und betriebsübergreifend wirkt und eine Integration aller Bereiche bis hin zur Fertigung herbeiführt. Auch bei der Vernetzung unterschiedlicher Betriebsbereiche, wie z. B. Lagerhaltung und Produktion, durch den Einsatz von Systemen **Künstlicher Intelligenz** wird dies der Fall sein (vgl. auch §§ 87 Rn. 38; 90 Rn. 4; 95 Rn. 10; 106 Rn. 12).[141] Nur wenn die **Bedeutung zweifelhaft** ist, ist auf die **Zahl der AN**, die von der Änderung der Betriebsanlagen betroffen werden, abzustellen. Hierbei soll nach dem BAG an dessen mit Hilfe von **§ 17 KSchG** entwickelte Rspr. zur Betriebseinschränkung angeknüpft werden. Dabei muss ein Schwellenwert für Betriebe mit weniger als 21 AN ergänzt werden (vgl. auch Rn. 5, 6). Neben den Voraussetzungen der Nr. 4 werden auch häufig die der Nr. 5 gegeben sein.

f) Arbeitsmethoden und Fertigungsverfahren (Nr. 5)

Die **Arbeitsmethoden** betreffen die Art des Einsatzes und die Verwendung der menschlichen Arbeitskraft wie z. B. den Übergang von Einzelarbeitsplätzen zu **Gruppenarbeit** (s. auch § 87 Abs. 1 Nr. 13),[142] die Einführung **agiler Arbeitsmethoden**,[143] wie z. B. von Scrum (vgl. auch § 87 Rn. 13, 77), von Matrixstrukturen, die Nutzung sog. **Coworking-Spaces** (Anmietung von Räumen, die eine komplette Büro-Infrastruktur für die AN bieten) und die 16

138 BAG, DB 83, 1766; 84, 775; vgl. für die Einführung einer Bücherrotationsmaschine BAG 27. 6. 89 – 1 ABR 24/88.

139 Vgl. auch BAG, NZA 91, 115.

140 Vgl. auch LAG BaWü 23. 10. 84 – 4 TaBV 1/84.

141 Klebe, SR 19, 128 und auch zur Definition § 90 Rn. 4, Art. 3 Abs. 1 i. V. m. Annex 1 des Entwurfs einer VO der EU-Kommission zur Regulierung v. KI v. 21. 4. 21 COM (2021) 206 final – 2021/0106 (COD).

142 Vgl. BAG 22. 3. 16 – 1 ABR 12/14, NZA 16, 894; LAG Nürnberg, AiB 04, 438.

143 Hierzu umfassend Krause, Agile Arbeit und Betriebsverfassung, HSI-Schriftenreihe Bd. 37, S. 55 ff.

Einführung von »**Desk-Sharing**«-**Arbeit**,[144] d.h., die flexible Nutzung der Büroarbeitsplätze durch Beschäftigte, die keinen persönlich zugeordneten Arbeitsplatz mehr haben, die Einführung von internem oder externem **Crowdsourcing** (vgl. auch Rn. 14 und §§ 87 Rn. 38, 90 Rn. 4, 95 Rn. 3)[145] oder den Fall, dass ein **Vorprodukt** nicht mehr selbst gefertigt wird.[146] Auch die Entscheidung eines UN, die bislang von den Beschäftigten gemeinsam durchgeführten Tätigkeiten in die Bereiche Verkauf/Kasse und Warenservice aufzuteilen, fällt hierunter.[147] Die betriebsweite Einführung eines standardisierten, in Phasen aufeinander aufbauenden Verbesserungsverfahrens zur Steigerung von Effektivität und Produktivität kann ebenfalls eine Betriebsänderung nach Nr. 5 sein.[148] Hingegen bezieht sich das **Fertigungsverfahren** auf die technische Seite des Produktionsablaufs.[149] Beide Begriffe lassen sich nicht scharf trennen, sondern gehen häufig ineinander über. Mit der Einführung z.B. von **CAD/CAM** werden die bisherigen Arbeitsinhalte und -methoden total verändert,[150] sodass eine Betriebsänderung auch aus diesem Grund vorliegt. Dies kann auch bei der Einführung von KI-Anwendungen, wie z.B. ChatGPT oder Metaverse der Fall sein.[151]

4. Unterrichtung und Beratung

17 Soll eine Betriebsänderung durchgeführt werden, hat der UN den BR **rechtzeitig** und **umfassend** über die Gründe, den Umfang und die möglichen Auswirkungen der vorgesehenen Maßnahme in allen Einzelheiten zu **informieren** und diese mit ihm zu erörtern (vgl. auch § 90 Rn. 6ff.).[152] Dies muss anhand der dazu notwendigen Unterlagen geschehen.

18 Wenn die Bestimmung davon spricht, dass der BR bei »**geplanten Betriebsänderungen**«[153] zu beteiligen ist, so bedeutet dies **nicht**, dass es sich um Maßnahmen handeln muss, die vom UN längerfristig geplant sind. Auch **kurzfristig** notwendig werdende Betriebsänderungen fallen darunter. Dabei kommt es nicht darauf an, welche Gründe die vom UN vorgesehene Maßnahme veranlassen. Das Beteiligungsrecht des BR besteht auch dann, wenn

144 ArbG Frankfurt/Main, AiB 03, 697.
145 Klebe/Neugebauer, AuR 14, 4; Däubler/Klebe, NZA 15, 1032; Klebe, AuR 16, 277.
146 BAG, NZA 91, 115.
147 LAG Hamm, BB 08, 171.
148 LAG SH 22.1.14 – 3 TaBV 38/13, juris; zu Unrecht aufgehoben v. BAG 22.3.16 – 1 ABR 12/14, NZA 16, 894; vgl. hierzu Klebe, NZA 17, 226.
149 BAG 22.3.16 – 1 ABR 12/14, NZA 16, 894.
150 Klebe/Roth, AiB 84, 70ff.
151 Hierzu z.B. Höller, CuA 11/23, 12; Wedde, CuA 11/23, 8.
152 Zu eng LAG Hamm, NZA 86, 651.
153 Vgl. HessLAG, NZA-RR 07, 473.

der UN z.B. wegen einer von ihm **nicht vorhergesehenen** Änderung der Marktlage oder einer Verschlechterung der Auftragslage gezwungen wird, die Betriebsänderung durchzuführen.[154] »Geplante Betriebsänderungen« bedeutet lediglich, dass der UN den BR schon im **Planungsstadium** zu beteiligen hat, also zu einer Zeit, zu der weder mit der **Durchführung der Maßnahme** begonnen noch die **Entscheidung** darüber getroffen worden ist.[155] Der BR ist dabei so rechtzeitig einzuschalten, dass er **noch ausreichende Möglichkeiten** hat, sich nicht nur mit allen Einzelheiten der vorgesehenen Maßnahme zu befassen, sondern auch die zur **Abgabe einer Stellungnahme**, zur Formulierung von **Alternativen** und zur Durchführung der Verhandlungen mit dem AG notwendigen Überprüfungen und Überlegungen anzustellen (vgl. § 90 Rn. 6, 9).[156] Auch eine **wirtschaftliche Zwangslage** des UN, die eine sofortige Betriebsänderung erfordert, lässt die Notwendigkeit einer Einschaltung des BR vor der abschließenden Entscheidung über die Betriebsänderung unberührt.[157] Eine geplante Betriebsänderung, wie z.B. ein Beschäftigungsabbau, ist für sich genommen kein **Betriebs- oder Geschäftsgeheimnis**. Der BR kann dieses Thema also mit den Beschäftigten, ggf. auch öffentlich, diskutieren. Geheimhaltungsbedürftig können dabei lediglich einzelne Umstände sein.[158] Hieran hat das **Geschäftsgeheimnisgesetz** nichts geändert (vgl. auch § 79 Rn. 1).

Bei juristischen Personen hat eine **Einschaltung des BR** regelmäßig bereits dann zu erfolgen, wenn zwar entsprechende Planungsabsichten des Vorstands oder der Geschäftsleitung bestehen, aber noch nicht die **Genehmigung des AR** oder eines vergleichbaren Gremiums vorliegt.[159] 19

5. Zuständigkeit des Betriebsrats

Für die Beteiligungsrechte nach dieser Bestimmung ist grundsätzlich der **Einzel-BR** zuständig. Eine Kompetenz des GBR kommt nur dann in Betracht, wenn die vom UN geplante Maßnahme **betriebsübergreifend** ist und ein **zwingendes Erfordernis** für eine betriebsübergreifende Regelung 20

154 Vgl. auch LAG BaWü, NZA 95, 1222.

155 BAG 18.7.72, AP Nr. 10 zu § 72 BetrVG; DB 77, 309; LAG BaWü, NZA-RR 05, 195; LAG Brandenburg, DB 06, 568.

156 Vgl. auch ArbG Stuttgart, NZA-RR 04, 537 für den Fall, dass entschieden worden ist, ein Nachfolgeprodukt im Ausland zu fertigen (im Verfahren zur Bildung einer ESt.), aufgehoben von LAG BaWü, NZA-RR 05, 195.

157 BAG, DB 77, 309.

158 LAG SH 20.5.15 – 3 TaBV 35/14, NZA-RR 16, 77; HessLAG 20.3.17 – 16 TaBV 12/17, AuR 17, 413 mit Anm. v. Buschmann.

159 BAG, DB 77, 309; OLG Düsseldorf, NZA 86, 371.

besteht,[160] wie etwa bei konkursbedingter Stilllegung sämtlicher Betriebe des UN,[161] der notwendig **unternehmenseinheitlichen Einführung** eines **DV-Systems,**[162] der grundlegenden Änderung der Organisationsstruktur des UN, die den überwiegenden Teil der Einzelbetriebe betrifft,[163] der Entlassung aller bisher in Kleinbetrieben organisierten Außendienstmitarbeiter und Übertragung ihrer Aufgaben auf freie Handelsvertreter,[164] dem auf Grund eines UN-einheitlichen Konzepts geplanten Personalabbaus, der mehrere Betriebe betrifft, für den Interessenausgleich,[165] dem **Zusammenschluss mehrerer** Betriebe oder der Verlegung eines Betriebs und Einfügung in einen anderen.[166] Aus der Zuständigkeit des GBR für einen **Interessenausgleich** folgt dabei nicht notwendig seine Zuständigkeit für einen Sozialplan. Diese bestimmt sich auch nach dem Inhalt des Interessenausgleichs (§ 50 Rn. 5).[167] Ebenso wenig folgt aus einem etwaigen wirtschaftlichen Zwang zur **UN-Sanierung** allein ein überbetrieblicher Regelungsbedarf und eine Zuständigkeit des GBR.[168] Auch bei UN-einheitlichen Maßnahmen sollte der GBR nur über einen Rahmeninteressenausgleich verhandeln können. Die Konkretisierung bliebe dann dem örtlichen BR überlassen.[169] Dies ist allerdings mit der Auffassung des BAG,[170] das eine Aufteilung der Zuständigkeiten in eine Rahmen- (des GBR) und eine Ausfüllungskompetenz (der BR) aus Gründen der Rechtssicherheit ablehnt, nicht vereinbar.[171] Ist der **GBR/KBR** zuständig, kann er auch für **Betriebe/UN ohne BR/GBR** handeln (§§ 50 Abs. 1, 58 Abs. 1).[172] Auch bei einer Zuständigkeit des GBR kommt es für die Feststellung der Betriebsänderung auf die **Verhältnisse im einzelnen Betrieb** und nicht auf die im UN an. Die Rechte der **SBV** gemäß § 178 Abs. 2 SGB IX können ebenfalls bei einer Betriebsänderung betroffen sein und sind dann einzuhalten.

160 BAG, NZA 95, 89; BB 02, 1487; 17.4.12 – 1 AZR 119/11, NZA 12, 1240; LAG Berlin, NZA-RR 99, 34.
161 BAG, DB 81, 1414.
162 Vgl. LAG Köln, CR 88, 315; LAG Düsseldorf, CR 88, 1016.
163 BAG, ZIP 03, 1514.
164 BAG, BB 99, 2244.
165 BAG 19.7.12 – 2 AZR 386/11, NZA 13, 333.
166 BAG, BB 96, 2093.
167 BAG, BB 02, 1487; 06, 2250; ArbG Nürnberg 19.11.10 – 10 BV 46/10, AiB 12, 263.
168 BAG, DB 02, 1564.
169 ArbG Reutlingen, AiB 96, 489 m. Anm. v. Däubler.
170 BAG, NZA 07, 399.
171 Vgl. auch DKW-Däubler, Rn. 146 und § 95 Rn. 12 mit Lösungsvorschlägen.
172 Vgl. auch ArbG Nürnberg 19.11.10 – 10 BV 46/10, AiB 12, 263.

6. Rechtsstreitigkeiten

21 Sowohl die rechtzeitige und umfassende Unterrichtung des BR als auch die Beratung mit ihm gehören zu den betriebsverfassungsrechtlichen Pflichten des UN, deren Erfüllung im normalen **Beschlussverfahren** oder aber bei Eilbedürftigkeit auch durch **einstweilige Verfügung** erzwungen werden kann.[173] Darüber hinaus kann der BR nach richtiger Auffassung seine Rechte im Wege einstweiliger Verfügung dadurch sichern, dass dem UN z. B. der **Ausspruch von Kündigungen** oder die Durchführung einer sonstigen Betriebsänderung bis zum Abschluss der Verhandlungen über den Interessenausgleich untersagt wird (**str.**; zu Tendenzbetrieben vgl. § 118 Rn. 19)[174] bzw. dem UN aufgegeben wird, bereits vorzeitig umgesetzte Maßnahmen befristet rückgängig zu machen (Folgenbeseitigungsanspruch).[175] Diese Auffassung wird durch § 92a zusätzlich gestärkt. Die Sicherung des Verhandlungsanspruchs des BR ist von der individualrechtlichen Sanktion des § 113 **unabhängig.**[176] § 113 ist keine abschließende Sonderregelung. Zudem entspricht die hier vertretene Auffassung am ehesten der **Richtlinie 2002/14/EG** vom 11. 3. 2002.[177] Der UN begeht eine **Ordnungswidrigkeit**, wenn er seinen Verpflichtungen nicht rechtzeitig, unvollständig oder wahrheitswidrig nachkommt (§ 121).

---

173 Z. B. ArbG Köln, BB 93, 2311; vgl. auch BAG, NZA 07, 1296 (1301).

174 Z. B. LAG Düsseldorf 6. 1. 21 – 4 TaBVGa 6/20, juris; LAG BB 10. 12. 20 – 26 TaBVGa 1498/20, NZA-RR 21, 183; LAG Hamburg, NZA-RR 97, 296; HessLAG, AuR 08, 267, NZA-RR 10, 187; LAG Hamm, NZA-RR 07, 469, AuR 11, 79; 17. 2. 15 – 7 TaBVGa 1/15, NZA-RR 15, 247; LAG Thüringen, AiB 04, 130; LAG Nds., AiB 08, 348; LAG SH, NZA-RR 08, 244, DB 11, 714; LAG BB 25. 6. 08 – 15 TaBVGa 1145/08, brwo; LAG München, AuR 09, 142; LAG RP 2. 10. 14 – 3 TaBVGa 5/14, AiB 9/15, 62 mit Anm. v. Zabel; ArbG Kaiserslautern, AiB 97, 179 (im Konkurs); weiter gehend ArbG Berlin, AiB 01, 544 m. Anm. Hummel, das den Unterlassungsanspruch bis zum Abschluss von Sozialplanverhandlungen zubilligt; Muster einer Antragsschrift bei DKW-F-Däubler, §§ 111–113, Rn. 51; a. A. z. B. LAG SH, DB 92, 1788; LAG Düsseldorf, DB 97, 1286; LAG RP 27. 8. 14 – 4 TaBVGa 4/14, NZA-RR 15, 197; offengelassen von BAG 8. 3. 22 – 1 ABR 19/21, NZA 1068; vgl. auch LAG RP 22. 3. 18 – 4 TaBV 20/17, juris und LAG Köln 21. 5. 21 – 9 TaBV 56/20, juris, die einen Unterlassungsanspruch jedenfalls dann ablehnen, wenn die Betriebsänderung bereits durchgeführt worden ist und insgesamt DKW-Däubler, §§ 112, 112a Rn. 52 ff.

175 LAG RP 2. 10. 14 – 3 TaBVGa 5/14, AiB 9/15, 62 mit Anm. Zabel; DKW-Däubler, §§ 112, 112a Rn. 58.

176 Fitting, Rn. 161 ff., 167, 168 ff.; DKW-Däubler, §§ 112, 112a, Rn. 52 ff.

177 Vgl. auch LAG Düsseldorf 6. 1. 21 – 4 TaBVGa 6/20, juris; LAG München 22. 12. 08 – 6 TaBVGa 6/08; DKW-Däubler, §§ 112, 112a Rn. 56.

§ 112 Interessenausgleich über die Betriebsänderung, Sozialplan

(1) Kommt zwischen Unternehmer und Betriebsrat ein Interessenausgleich über die geplante Betriebsänderung zustande, so ist dieser schriftlich niederzulegen und vom Unternehmer und Betriebsrat zu unterschreiben; § 77 Absatz 2 Satz 3 gilt entsprechend. Das Gleiche gilt für eine Einigung über den Ausgleich oder die Milderung der wirtschaftlichen Nachteile, die den Arbeitnehmern infolge der geplanten Betriebsänderung entstehen (Sozialplan). Der Sozialplan hat die Wirkung einer Betriebsvereinbarung. § 77 Abs. 3 ist auf den Sozialplan nicht anzuwenden.

(2) Kommt ein Interessenausgleich über die geplante Betriebsänderung oder eine Einigung über den Sozialplan nicht zustande, so können der Unternehmer oder der Betriebsrat den Vorstand der Bundesagentur für Arbeit um Vermittlung ersuchen, der Vorstand kann die Aufgabe auf andere Bedienstete der Bundesagentur für Arbeit übertragen. Erfolgt kein Vermittlungsersuchen oder bleibt der Vermittlungsversuch ergebnislos, so können der Unternehmer oder der Betriebsrat die Einigungsstelle anrufen. Auf Ersuchen des Vorsitzenden der Einigungsstelle nimmt ein Mitglied des Vorstands der Bundesagentur für Arbeit oder ein vom Vorstand der Bundesagentur für Arbeit benannter Bediensteter der Bundesagentur für Arbeit an der Verhandlung teil.

(3) Unternehmer und Betriebsrat sollen der Einigungsstelle Vorschläge zur Beilegung der Meinungsverschiedenheiten über den Interessenausgleich und den Sozialplan machen. Die Einigungsstelle hat eine Einigung der Parteien zu versuchen. Kommt eine Einigung zustande, so ist sie schriftlich niederzulegen und von den Parteien und vom Vorsitzenden zu unterschreiben.

(4) Kommt eine Einigung über den Sozialplan nicht zustande, so entscheidet die Einigungsstelle über die Aufstellung eines Sozialplans. Der Spruch der Einigungsstelle ersetzt die Einigung zwischen Arbeitgeber und Betriebsrat.

(5) Die Einigungsstelle hat bei ihrer Entscheidung nach Absatz 4 sowohl die sozialen Belange der betroffenen Arbeitnehmer zu berücksichtigen als auch auf die wirtschaftliche Vertretbarkeit ihrer Entscheidung für das Unternehmen zu achten. Dabei hat die Einigungsstelle sich im Rahmen billigen Ermessens insbesondere von folgenden Grundsätzen leiten zu lassen:

1. Sie soll beim Ausgleich oder bei der Milderung wirtschaftlicher Nachteile, insbesondere durch Einkommensminderung, Wegfall von Sonderleistungen oder Verlust von Anwartschaften auf betriebliche Altersversorgung, Umzugskosten oder erhöhte Fahrtkosten, Leis-

tungen vorsehen, die in der Regel den Gegebenheiten des Einzelfalles Rechnung tragen.

2. Sie hat die Aussichten der betroffenen Arbeitnehmer auf dem Arbeitsmarkt zu berücksichtigen. Sie soll Arbeitnehmer von Leistungen ausschließen, die in einem zumutbaren Arbeitsverhältnis im selben Betrieb oder in einem anderen Betrieb des Unternehmens oder eines zum Konzern gehörenden Unternehmens weiterbeschäftigt werden können und die Weiterbeschäftigung ablehnen; die mögliche Weiterbeschäftigung an einem anderen Ort begründet für sich allein nicht die Unzumutbarkeit.

2a. Sie soll insbesondere die im Dritten Buch des Sozialgesetzbuches vorgesehenen Förderungsmöglichkeiten zur Vermeidung von Arbeitslosigkeit berücksichtigen.

3. Sie hat bei der Bemessung des Gesamtbetrages der Sozialplanleistungen darauf zu achten, dass der Fortbestand des Unternehmens oder die nach Durchführung der Betriebsänderung verbleibenden Arbeitsplätze nicht gefährdet werden.

Inhaltsübersicht Rn.

1. Rechtswirkungen von Interessenausgleich und Sozialplan

Die Bestimmung unterscheidet zwischen »**Interessenausgleich**« und »**Sozialplan**«. Beide stehen zwar in einem inneren Zusammenhang. Gleichwohl darf die Unterscheidung bei der praktischen Anwendung der Vorschrift nicht unbeachtet bleiben. Dies gilt vor allem wegen der **fehlenden Erzwingbarkeit des Interessenausgleichs** und im Hinblick auf die nach bisheriger Auffassung des BAG unterschiedliche Rechtswirkung. Der Interessenausgleich entfaltet sie danach für die AN nach § 113 (**Nachteilsausgleich**),[1] 1

1 Vgl. BAG 28.8.91 – 7 ABR 71/90, DB 92, 380; LAG Düsseldorf, LAGE § 112 BetrVG 1972 Nr. 41.

demgegenüber entstehen aufgrund eines Sozialplans **unmittelbare Rechtsansprüche** der einzelnen AN.[2] In einer jüngeren Entscheidung führt das **BAG**[3] allerdings aus, dass der Interessenausgleich »ein kollektivrechtliches Schuldverhältnis zwischen den… Parteien« begründe und die Schuldnerin verpflichte, die Vereinbarung entsprechend durchzuführen. Dieser Einordnung ist zuzustimmen und die bisherige Auffassung des BAG **abzulehnen**. Der Interessenausgleich, für den anders als für den Sozialplan die **Regelungssperre des § 77 Abs. 3** gilt,[4] bindet UN und BR. Beide erlangen einen Anspruch auf Einhaltung der getroffenen Vereinbarung, der ggf. auch mit einstweiliger Verfügung durchgesetzt werden kann.[5] Der DGB-Entwurf für ein modernes BetrVG sieht vor allem in seinem Abs. 5 vor, dass die Einigungsstelle auch über den Interessenausgleich verbindlich entscheidet. Darüber hinaus werden die Grundsätze für die Ermessensausübung der Einigungsstelle konkretisiert und teilweise geändert. Bei ihrer Entscheidung soll sie zudem für die Beurteilung der wirtschaftlichen Lage bei einem Konzern-UN auf die des Konzerns abstellen.[6]

2. Interessenausgleich

a) Inhalt, Namensliste

2 Liegt einer der Tatbestände vor, bei denen der BR (vgl. auch § 111 Rn. 20 zur **Zuständigkeit** des BR, GBR oder KBR) nach § 111 zu beteiligen ist, hat der UN, auch wenn der Sozialplan nicht nach § 112a erzwungen werden kann, zunächst zu versuchen, mit dem BR einen **Interessenausgleich**[7] herbeizuführen.[8] Voraussetzung soll sein, dass im Zeitpunkt der Planung und Durchführung der Betriebsänderung ein **BR vorhanden** ist (vgl. auch § 111 Rn. 1; § 112 Rn. 13);[9] andernfalls soll der UN berechtigt sein, die Betriebsänderung einseitig anzuordnen und durchzuführen. Dem kann nicht gefolgt

2 BAG, DB 90, 486.
3 BAG 21.1.20 – 1 AZR 149/19, NZA 21, 731 (Tz. 55).
4 LAG BaWü, AuR 99, 156.
5 LAG München, AuR 98, 89; DKW-Däubler, Rn. 23ff.; zum Abschluss einer jedenfalls durchsetzbaren freiwilligen BV anstelle des Interessenausgleichs Däubler a.a.O., Rn. 48ff.; vgl. auch Fitting, §§ 112, 112a Rn. 45.
6 *https://aur-blog.eu/reformvorschlag/*.
7 Beispiele für einen Interessenausgleich bei DKW-F-Däubler, §§ 111–113 Rn. 6ff.
8 Vgl. BAG, DB 89, 331; 05, 115.
9 BAG, DB 84, 724; BB 93, 140; NZA 04, 220; 8.2.22 – 1 ABR 2/21, NZA 22,870; vgl. auch LAG Düsseldorf 6.1.21 – 4 TaBVGa 6/20, juris: Ein BR, der sich erst konstituiert, nachdem die Planungen des AG bereits abgeschlossen sind und dieser mit der Umsetzung begonnen hat, hat keine Rechte nach §§ 111f.

werden.[10] Es ist ausreichend, dass der BR während des Planungsstadiums oder auch später während der Durchführung gewählt wird. Der Interessenausgleich soll klären, **ob, wann und in welcher Weise** die vorgesehene Maßnahme durchgeführt werden kann.[11] Der BR kann den beabsichtigten Betriebsänderungen zustimmen, ihnen widersprechen oder andere Lösungsvorschläge unterbreiten[12] (zu § 125 f. InsO vgl. Rn. 13; zur Zuordnung von AN in einem Interessenausgleich zu einem bestimmten Betrieb/ Betriebsteil nach **Umwandlung** vgl. § 323 Abs. 2 UmwG. § 613a BGB geht dieser Vorschrift vor. Sie ist nur auf AN anwendbar, die nicht ohne weiteres zugeordnet werden können[13]). Werden die AN, denen auf Grund einer Betriebsänderung gekündigt werden soll, **im Interessenausgleich namentlich** bezeichnet, wird vermutet, dass dringende betriebliche Erfordernisse für die Kündigung vorliegen[14] und die Überprüfung der Sozialauswahl, die sich auf den gesamten Betrieb beziehen muss,[15] auf **grobe Fehlerhaftigkeit** beschränkt (vgl. § 1 Abs. 5 KSchG und auch § 125 InsO [Rn. 13]; § 95 Rn. 9).[16] Die Sozialauswahl ist grob fehlerhaft, wenn ein schwerer Fehler auf den **ersten Blick** erkennbar (evident) ist und dem Interessenausgleich jede Ausgewogenheit fehlt. Dabei haben die Betriebsparteien einen weiten Spielraum im Hinblick auf die **sozialen Indikatoren**, deren **Gewichtung** und auch für die Bildung der **auswahlrelevanten Gruppen**.[17] Sie müssen aber selbstverständlich die gesetzlichen Grenzen, wie das **AGG**, beachten. Danach ist, so das BAG (vgl. auch Rn. 9),[18] eine durchgehende **lineare Berücksichtigung des Lebensalters** zulässig. Die Namensliste kann dem Interessenausgleich noch nach seinem Abschluss zeitnah beigefügt werden[19] und eine seiner Anlagen sein, wenn beide **eine Urkunde** bilden oder, bei getrennter Erstellung, beide von den Betriebsparteien unterzeichnet sind und sich wechselseitig in Bezug nehmen.[20] Die begrenzte Überprüfbarkeit gilt allerdings dann nicht, wenn

---

10 LAG Köln, AuR 07, 395; DKW-Däubler, § 111 Rn. 154 f.; ders., AuR 23, 74 und LAG Saarland, NZA-RR 03, 639 jeweils m. w. N.

11 Vgl. z. B. BAG, DB 92, 229; 98, 2372; NZA 04, 220.

12 Vgl. das Beispiel in AiB 93, 593 ff.; Thannheiser, AiB 95, 229 ff.

13 BAG 19.10.17 – 8 AZR 63/16, NZA 18, 370; Fitting, §§ 112, 112a Rn. 95; vgl. auch LAG SH 5.11.15 – 5 Sa 437/14, ZIP 16, 1500; LAG Hamburg 26.4.17 – 6 Sa 76/16, juris und DKW-Däubler, Rn. 46.

14 Vgl. hierzu BAG 17.8.23 – 6 AZR 56/23, juris.

15 BAG 19.12.13 – 6 AZR 790/12, DB 14, 781.

16 Zur groben Fehlerhaftigkeit z. B. BAG, DB 00, 1338; NZA 07, 387; 09, 1023; 19.7.12 – 2 AZR 352/11, NZA 13, 86; 20.9.12 – 6 AZR 483/11, NZA 13, 94; 8.12.22 – 6 AZR 31/22, NZA 23, 692.

17 BAG 5.11.09, brwo, NZA 10, 457; 10, 1352.

18 A. a. O., 457.

19 BAG, NZA 09, 1151.

20 BAG, NZA 07, 266; 09, 1151; 11, 114, das offenlässt, ob auch eine Paraphierung der Namensliste ausreichend sein kann.

sich die Sachlage nach Zustandekommen des Interessenausgleichs wesentlich geändert hat (§ 1 Abs. 5 Satz 3 KSchG)[21] oder dieser nur über Teile des geplanten Personalabbaus abgeschlossen worden ist.[22] Da mit dieser sog. **Namensliste**[23] die Chancen des einzelnen AN im Kündigungsschutzprozess drastisch gemindert werden, wird sich der BR auf solche Regelungen häufig nicht einlassen können.[24] Erstreckt sich die geplante Betriebsänderung über einen längeren Zeitraum und eine Vielzahl von Maßnahmen, kann der Interessenausgleich zunächst auch nur einen **Teil dieser Maßnahmen** zum Inhalt haben.[25] Der Ausspruch von Kündigungen vor Abschluss der Verhandlungen über den Interessenausgleich kann durch **einstweilige Verfügung** untersagt werden (**str.**; vgl. § 111 Rn. 21). Auch wenn ein **zeitlich unbefristeter Sozialplan** vereinbart worden ist, der Leistungen für alle zukünftigen Betriebsänderungen vorsieht, muss der UN bei jeder später von ihm geplanten Betriebsänderung einen **neuen Interessenausgleich** mit dem BR versuchen. Ein Rahmeninteressenausgleich für alle möglicherweise zukünftig anstehenden Maßnahmen ist unzulässig. Die Beteiligungsrechte, auf die der BR auch nicht wirksam verzichten kann, knüpfen an die jeweilige **konkrete Betriebsänderung** an.[26] Wird der BR nicht tätig, muss der UN selbst die Initiative ergreifen, um die Folge des § 113 zu vermeiden.[27] Ist die geplante Betriebsänderung bereits ohne Beteiligung des BR durchgeführt worden, kann diese nicht mehr nachgeholt werden.[28]

b) Schriftform

3 Soweit die Bestimmung vorschreibt, dass der Interessenausgleich **schriftlich** niederzulegen und vom UN und BR zu unterzeichnen ist, handelt es sich um eine **zwingende Formvorschrift**. Eine mündliche Vereinbarung reicht nicht aus.[29] Durch den Verweis auf § 77 Abs. 2 Satz 3 kann die Schriftform auch durch Verwendung qualifizierter **elektronischer Signaturen** (§ 126a Abs. 1 BGB) auf **demselben** Dokument gewahrt werden (vgl. § 77). Die Möglichkeit, auf der für den anderen Vertragsteil vorgesehenen Ausfertigung zu unterzeichnen (§ 126 Abs. 2 Satz 2 i. V. m. § 126a Abs. 2 BGB), wird ausdrücklich ausgeschlossen. Der Interessenausgleich muss allerdings nicht in

---

21 Vgl. hierzu BAG, NZA 09, 1023.
22 BAG 17. 3. 16 – 2 AZR 182/15, NZA 16, 1072.
23 Beispiel bei DKW-F-Däubler, §§ 111–113, Rn. 10.
24 Zu den komplizierten rechtlichen Einzelheiten vgl. Däubler, NZA 04, 177 ff.
25 BAG, BB 94, 1936.
26 BAG, DB 84, 724; BB 00, 47; 02, 1862; LAG Köln 12. 6. 20 – 7 TaBV 69/19, NZA-RR 20, 540.
27 BAG, DB 85, 1293; 05, 115.
28 LAG BB 19. 8. 09, brwo, AuR 10, 132.
29 BAG, DB 86, 279; 05, 115; NZA 07, 266.

einer gesonderten Urkunde niedergelegt und auch nicht ausdrücklich als solcher bezeichnet werden.[30] Für die Unterzeichnung genügt in der Regel die Unterschrift des BR-Vors. Allerdings muss die Annahme vom BR **mehrheitlich beschlossen** worden sein.[31] Ist in einem **Gemeinschaftsbetrieb** die gesamte Belegschaft betroffen, ist der Interessenausgleich mit **allen den Betrieb führenden UN** zu verhandeln (Rn. 4; § 113 Rn. 13).[32]

3. Sozialplan

a) Grundsätze

Unabhängig davon, ob zwischen BR und UN ein Interessenausgleich zustande kommt, kann der BR die Aufstellung eines **Sozialplans** verlangen. 4
Dies gilt auch, wenn der UN einen Interessenausgleich überhaupt nicht versucht hat, also zugleich auch die weiteren Rechtsfolgen nach § 113 eintreten können.[33] Der UN hat also **kein Wahlrecht** zwischen Sozialplan und Nachteilsausgleich.[34] Für noch nicht geplante aber in groben Umrissen schon abschätzbare Betriebsänderungen können AG und BR freiwillig einen **vorsorglichen Sozialplan** aufstellen, sofern hierin kein unzulässiger Verzicht auf MBR liegt.[35] Dies gilt auch, wenn unklar ist, ob ein Betriebsübergang oder eine -stilllegung vorliegt. BR und AG können dann für den Fall, dass eine Stilllegung anzunehmen ist, ebenfalls vorsorglich einen Sozialplan vereinbaren.[36] Darüber hinaus können sie, unabhängig davon, ob eine Betriebsänderung vorliegt, freiwillig bei jeder Form von Arbeitsplatzverlust einen wirtschaftlichen Ausgleich nach Art eines Sozialplans vorsehen.[37] Dies folgt aus ihrer umfassenden Regelungskompetenz in sozialen, wirtschaftlichen und personellen Angelegenheiten.[38] Im **Gemeinschaftsbetrieb** verpflichtet ein Sozialplan nur den jeweiligen **Vertrags-AG**, es sei denn, weitere Träger-UN wären in der Vereinbarung eine **gesamtschuldnerische Haftung eingegangen** (Rn. 3; § 113 Rn. 13).[39] Der Sozialplan kann, wie sich schon aus allgemeinen Grundsätzen ergibt, keine Ansprüche zu Lasten

30 BAG, BB 94, 1936.
31 BAG, DB 00, 1287.
32 Vgl. auch BAG, NZA 03, 676.
33 LAG Nürnberg, AiB 04, 438.
34 Fitting, §§ 112, 112a Rn. 98.
35 BAG, DB 98, 265; BB 00, 47; NZA 08,719; 17.4.12 – 1 AZR 119/11, NZA 12, 1240; 22.3.16 – 1 ABR 12/14, NZA 16, 894.
36 BAG, DB 98, 1471; 22.3.16 – 1 ABR 12/14, NZA 16, 894.
37 BAG 24.5.12 – 2 AZR 62/11, NZA 13, 277; DKW-Däubler, Rn. 79.
38 BAG 24.5.12 – 2 AZR 62/11, NZA 13, 277.
39 DKW-Däubler, Rn. 193, vgl. auch BAG, NZA 03, 676; 14.2.23 – 1 ABR 28/21, NZA 23, 702.

Dritter begründen.[40] Er muss von beiden Seiten **unterschrieben** werden. Dies ist Wirksamkeitsvoraussetzung. Auch hier gilt der Verweis auf § 77 Abs. 2 Satz 3 (vgl. schon zum Interessenausgleich in Rn. 3). Die Schriftform kann also durch Verwendung qualifizierter elektronischer Signaturen nach § 126a Abs. 1 BGB auf demselben Dokument gewahrt werden. Ist der Sozialplan zustande gekommen, hat der BR einen Durchführungsanspruch nach § 77 Abs. 1 Satz 1 gegen den AG: dieser besteht auch dann, wenn sich die verlangte Durchführung auf den Inhalt normativ begründeter Ansprüche von AN bezieht.[41]

b) Inhalt; Sozialplan und Tarifvertrag

5 Der Sozialplan soll einem Ausgleich oder der **Milderung der wirtschaftlichen Nachteile** dienen, die sich für die AN aus der vorgesehenen Betriebsänderung ergeben.[42] Der Anspruch bemisst sich also nach den ihnen entstehenden Nachteilen und nicht nach der Wirtschaftskraft des UN. Der **wirtschaftlichen Vertretbarkeit** kommt allerdings ggf. eine Korrekturfunktion zu (Rn. 21).[43] Die Bestimmung enthält keine genauen Angaben darüber, was zweckmäßigerweise **Gegenstand eines Sozialplans** sein sollte.[44] Die Beteiligten können alles regeln, was geeignet ist, für die AN **nachteilige Auswirkungen** der unternehmerischen Maßnahmen **auszugleichen oder zu mildern**.[45] Die Betriebsparteien haben beim Abschluss eines Sozialplans einen **weiten Gestaltungsspielraum** und können weitgehend frei entscheiden, welche Nachteile in welchem Umfang ausgeglichen oder gemildert werden sollen.[46]

6 Inhalt des Sozialplans,[47] der als BV besonderer Art wie ein TV und Gesetze auszulegen ist,[48] können z. B. sein: Vereinbarungen über die Zahlung von **Abfindungen** für die zu entlassenden AN, **Ausgleichszahlungen** für mit Verdienstminderung verbundene Umsetzungen, Aufrechterhaltung von **An-**

---

40 BAG 11.1.11, brwo, DB 11, 1171.

41 BAG 25.2.20 – 1 ABR 38/18, NZA 20, 1128; vgl. hierzu auch Geiger, AuR 22. 109.

42 Vgl. z. B. BAG, NZA 06, 1238; 09, 495; 10, 774; 9.12.14 – 1 AZR 102/13, NZA 15, 365: In erster Linie Ausgleichs- und Überbrückungsfunktion.

43 BAG, NZA 05, 302.

44 Checkliste bei DKW-F-Däubler, §§ 111–113 Rn. 11–12.

45 Vgl. auch Thannheiser, AiB 02, 484.

46 BAG, NZA 07, 1357; 10, 774; 11.10.22 – 1 AZR 129/21, NZA 23, 233.

47 Musterformulierungen bei DKW-F-Däubler, §§ 111–113 Rn. 13 ff. zu Versetzungen, Abfindungen und sonstigen Bestimmungen.

48 BAG, DB 99, 1402; 9.12.14 – 1 AZR 406/13, NZA 15, 557; 13.10.15 – 1 AZR 765/14, NZA-RR 16, 585; 21.11.17 – 1 AZR 131/17, NZA 18, 384; 25.1.23 – 10 AZR 29/22, NZA 23, 584.

wartschaften oder Zahlung zusätzlicher Leistungen der Altersversorgung, zusätzliche steuersparende **Einzahlungen in die Rentenversicherung**,[49] eine über die Beendigung des Arbeitsverhältnisses hinausgehende weitere Überlassung von **Werkswohnungen**, die Gewährung des vollen **Jahresurlaubs**, die Anrechnung früherer Betriebszugehörigkeit, **Wiedereinstellungsklauseln** (sieht der Sozialplan z. B. vor, dass entlassene AN unter bestimmten Voraussetzungen wieder eingestellt werden müssen, kann der BR der Einstellung anderer Personen seine Zustimmung nach § 99 Abs. 2 Nr. 1 verweigern),[50] Rückzahlungsregeln für **Werksdarlehen**, die Vereinbarung und Finanzierung von Umschulungs-/**Weiterbildungsmaßnahmen**, **Umzugskosten**, Trennungsentschädigungen, Fahrt-, Miet-, Essenszuschüsse oder Sonderregelungen für Auszubildende.[51] Heute sind beschäftigungssichernde Maßnahmen besonders wichtig. Ihre Notwendigkeit erkennt auch der Gesetzgeber z. B. in §§ 80 Abs. 1 Nr. 8, 92a, 97 Abs. 2 und in dieser Vorschrift in Abs. 5 Nr. 2a verstärkt an. **Beschäftigungspläne**,[52] die unter Heranziehung öffentlicher Stellen (Bund, Land, Kommune, Arbeitsverwaltung) Regelungen zur Aufnahme zusätzlicher Produktionsbereiche, zur vorübergehenden Kürzung/Absenkung der betrieblichen Arbeitszeit,[53] zur Qualifikation von AN und Humanisierung der Arbeit vereinbaren, sind in diesem Zusammenhang zu nennen und insbesondere **Transfersozialpläne** (vgl. auch Rn. 24 zu Abs. 5 Nr. 2 a). Nach vorheriger Einschaltung der Agentur für Arbeit können hierin geförderte Transfermaßnahmen (§ 110 SGB III) und **Transfer-Kurzarbeitergeld** (§ 111 SGB III)[54] geregelt werden. Teilweise wurden und werden hierfür **Beschäftigungs- und Qualifizierungsgesellschaften** eingesetzt (§ 87 Rn. 24, 49).[55]

Auszugleichen sind im Sozialplan **wirtschaftliche Nachteile**. Dies können 7
auch Verschlechterungen der Arbeitsbedingungen oder Arbeitserschwerungen sein, da hiermit das Verhältnis von Leistung und Gegenleistung

49 Hierzu ausführlich Growe/Tallafuss, AiB 6/16, 28 und 7–8/16, 42.

50 BAG, DB 91, 969; zu einem Wiedereinstellungsanspruch auch BAG, NZA 06, 393.

51 Vgl. z. B. Hamm, Rechte des BR bei Betriebsänderungen (Schriftenreihe AiB, 1995), S. 61 ff.; Thannheiser, AiB 98, 130 ff., 254 ff.; LAG Hamm, AiB 93, 600 ff.; zu eng und wenig überzeugend noch BAG, DB 92, 229 (vgl. hierzu aber auch Abs. 5 Nr. 2a und Rn. 24: Danach können z. B. Qualifizierungsmaßnahmen durch die ESt. beschlossen werden, DKW-Däubler, Rn. 249).

52 Vgl. Klebe/Roth, DB 89, 1518.

53 Hierzu Ohl, AiB 02, 488.

54 DKW-F-Däubler, §§ 111–113 Rn. 54 ff. mit Checkliste und Mustervereinbarungen; Bell, AiB 13, 117.

55 DKW-Däubler, Rn. 227 ff.; Rn. 275 ff. zum Qualifizierungsbedarf im Hinblick auf Digitalisierung und Transformation und auch DKW-F-Däubler, §§ 111–113 Rn. 68 ff.; Fitting, §§ 112, 112a Rn. 241 ff.; Thannheiser, AiB 06, 23; Homburg/Filzek, AiB 09, 357; Welkoborsky, AiB 09, 428.

zum Nachteil des AN geändert wird. Der Ausgleich, die Milderung dieses wirtschaftlichen Nachteils kann dann bei Bildschirmarbeit z. B. in einer zeitlichen Begrenzung, der Festlegung von **Arbeitsunterbrechungen**, von **Mischarbeit** oder/und ergonomischen Gestaltungsgrundsätzen bestehen. Ebenso kann ein Ausgleich durch neue Formen der Arbeitsorganisation (z. B. **Gruppenarbeit**, teilautonome Arbeitsgruppen; vgl. auch § 87 Abs. 1 Nr. 13) herbeigeführt werden (**str.**).[56] Der Sozialplan kann Regelungen über Arbeitsentgelt und sonstige Arbeitsbedingungen zum Inhalt haben, die üblicherweise in TV geregelt werden und sogar Gegenstand eines für den Betrieb geltenden TV sind. **§ 77 Abs. 3** findet, anders als beim Interessenausgleich (Rn. 1) und beim freiwilligen Sozialplan,[57] keine Anwendung. Soweit der Sozialplan allerdings hinter einer für den Betrieb bestehenden tariflichen Regelung zurückbleibt, kommt für die gewerkschaftlich organisierten AN der TV zur Anwendung. Die Betriebsparteien können auch vereinbaren, dass Abfindungen, die der AG auf Grund eines TV wegen einer Betriebsänderung zahlt, zur Erfüllung der Sozialplanansprüche führen.[58] Eine tarifliche Sozialplanregelung, z. B. in der Form eines **Firmentarifsozialplans**,[59] kann erstreikt werden.[60] Hat sich der AG zu einer bestimmten Arbeitsplatzzahl im Betrieb für einen gewissen Zeitraum verpflichtet, darf er diese nicht, z. B. auch nicht durch Verkauf eines Betriebsteils, unterschreiten. Dies kann ihm dann, ggfs. auch durch e. V., untersagt werden.[61] Nach richtiger Auffassung ist auch eine **Standortentscheidung** als solche im TV regel- und erstreikbar.[62]

8 Der Hinweis, dass der Sozialplan die Wirkung einer BV hat, bedeutet, dass die einzelnen AN hieraus einen **unmittelbaren Anspruch** (die **Verjährungsfrist** beträgt gemäß § 195 BGB **drei Jahre**)[63] gegenüber dem AG ableiten können (§ 77 Abs. 4), auf den ein Verzicht nur mit Zustimmung

---

56 Vgl. auch Däubler, DB 85, 2301.

57 BAG, NZA 07, 339.

58 BAG, NZA 07, 339.

59 Vgl. auch BAG 26. 2. 20 – 4 AZR 48/19, NZA 20, 1121 zur v. Gericht geforderten Rechtsquellen- und Normenklarheit.

60 BAG, NZA 07, 987; LAG Hamm 2. 7. 17 – 12 Ta 373/17, AuR 17, 410; Seebacher, AiB 06, 70.

61 LAG Nds. 18. 5. 11 – 17 SaGa 1939/10, AiB 11, 481 mit Anm. Ratayczak; LAG Köln 11. 5. 17 – 8 TaBV 32/17, AuR 17, 317 mit Anm. Müller-Wenner (Standortzusage für mehrere Jahre); DKW-Däubler, § 111 Rn. 16.

62 DKW-Däubler, § 111 Rn. 17, auch unter Hinweis auf die europarechtliche Zulässigkeit in EuGH 11. 12. 07 – C-438/05, AuR 08,55 (Viking).

63 Zu Entstehungszeitpunkt und Vererbung des Anspruchs vgl. LAG Frankfurt, NZA 85, 634 und BAG, DB 97, 281; NZA 06, 1238; zur Fälligkeit, bei fehlender Festlegung des Zeitpunkts, mit Beendigung des Arbeitsverhältnisses BAG, NJW 05, 171.

des BR möglich ist[64] oder falls zweifelsfrei feststellbar ist, dass die durch den Verzicht herbeigeführte Abweichung vom Sozialplan die objektiv für den AN günstigere Regelung ist.[65] Dies gilt auch für bereits ausgeschiedene AN.[66] Es bestehen keine Bedenken gegen die Regelung eines Sozialplans, die einem von der Betriebsstilllegung betroffenen AN eine Abfindung nur dann gewährt, wenn ihm weder im eigenen noch in einem zum Konzern gehörenden UN ein **zumutbarer Arbeitsplatz** angeboten werden kann. Dasselbe gilt für den Ausschluss von Abfindungen für den Fall, dass das Arbeitsverhältnis nach § 613 BGB auf einen Betriebs- oder Betriebsteilerwerber übergeht[67] oder der AN ein **zumutbares Umsetzungs- oder Versetzungsangebot** ausschlägt und deshalb entlassen werden muss.[68] Hierzu kann bei ausdrücklicher Regelung[69] der Fall zählen, dass der AN einem **Betriebsübergang ohne triftigen Grund widerspricht** (vgl. auch § 112 Abs. 5 Satz 2 Nr. 2).[70] Ein Ausschluss kann auch vorgenommen werden, wenn der AN **vorgezogenes Altersruhegeld** in Anspruch nehmen[71] oder nach einem relativ kurzen, vollständig oder überwiegend durch Arbeitslosengeld überbrückbaren Zeitraum Rente beziehen kann.[72] Keine Rentennähe i. S. dieser Rspr. ist allerdings anzunehmen, wenn eine AN innerhalb von zwei Jahren nach Ende des Arbeitsverhältnisses eine vorgezogene Altersrente mit Abschlägen in Anspruch nehmen könnte.[73] Ebenso sollen für die rentennahen AN geringere Abfindungen vorgesehen werden können.[74] Nach BAG[75] sollen sich die durch Sozialplan ausgleichsfähigen Nachteile dann regelmäßig auf die Differenz zwischen entgangenem Arbeitsentgelt und gewährtem Arbeits-

---

64 Vgl. z. B. BAG 25. 4. 17 – 1 AZR 714/15, NZA 17, 1467, auch zur Abgrenzung v. sog. Tatsachenvergleich.

65 BAG, BB 04, 1282.

66 LAG Hamm 1. 3. 72, AP Nr. 1 zu § 112 BetrVG 1972.

67 BAG, NZA 08, 425.

68 BAG, DB 81, 1414; 84, 725; NZA 08, 232 zur Befugnis der Betriebsparteien zu definieren, wann ein Arbeitsplatzangebot zumutbar ist und auch zu deren gesetzlichen Grenzen; NZA 12, 992 zu einer tariflichen Regelung des »anderen zumutbaren Arbeitsplatzes«.

69 Vgl. BAG, DB 99, 1402.

70 BAG, DB 97, 1623; 98, 2224; NZA 08, 425 (Betriebsübergang im Konzern und Kompensationsleistungen); vgl. aber auch DKW-Däubler, Rn. 138; Hamm, AiB 98, 54.

71 BAG, DB 09, 347 m. w. N.; NZA 09, 210; 09, 386.

72 BAG, DB 97, 281; NZA 09, 495; 23. 4. 13 – 1 AZR 916/11, NZA 13, 980; 9. 12. 14 – 1 AZR 102/13, NZA 15, 365; vgl. auch EuGH 6. 12. 12 – C-152/11, NZA 12, 1435 zur europarechtlichen Zulässigkeit entsprechender Regelungen.

73 BAG 8. 12. 22 – 6 AZR 31/22, NZA 23, 693.

74 BAG, DB 84, 1529; 88, 2464; 09, 347; 26. 3. 13, DB 13, 1792; 26. 3. 13 – 1 AZR 813/11, NZA 13, 921.

75 BAG 9. 12. 14 – 1 AZR 102/13, NZA 15, 365.

losengeld beschränken. Diese Praxis wird in § 10 Satz 3 Nr. 6 AGG bestätigt, der nach Auffassung des BAG[76] auch anwendbar ist, wenn betroffene AN zwar nicht unmittelbar nach Bezug von Arbeitslosengeld I rentenberechtigt sind, aber die Abfindung die wirtschaftlichen Nachteile für die Zeit zwischen Arbeitslosengeld und frühestmöglichem Bezug der Altersrente ausgleichen kann. Auch hier ist also ein Ausschluss vom Sozialplan zulässig. Dabei stellt sich allerdings die Frage, ob die gesetzliche Altersversorgung in jedem Fall eine **wirtschaftliche Absicherung** bedeutet. Ebenso wie bei der Annahme, ältere AN hätten schlechtere **Chancen auf dem Arbeitsmarkt** (Rn. 9), wird man hier entgegen dem EuGH[77] keine schematische Betrachtung anstellen dürfen: Es kommt auf die Höhe der Rente an,[78] wobei eine Typisierung zulässig ist. Zumindest muss im Sozialplan eine Härteklausel vereinbart werden. Von Sozialplanleistungen können auch AN ausgenommen werden, die wegen des Bezugs einer befristeten vollen Erwerbsminderungsrente nicht beschäftigt werden und bei denen damit zu rechnen ist, dass ihre Arbeitsunfähigkeit auf nicht absehbare Zeit fortbesteht.[79] Eine Sozialplanregelung, die zur Berechnung der Höhe der Abfindung auf den »frühestmöglichen« Bezug einer gesetzlichen Rente abstellt, bedeutet eine mittelbare Diskriminierung für **schwerbehinderte Menschen**. Diese ist nicht gerechtfertigt, da der frühere Rentenbeginn die Nachteile von Schwerbehinderten ausgleichen, nicht aber zu einer zusätzlichen Benachteiligung führen soll.[80]

c) Regelungsgrenzen

9 Im Sozialplan darf nach verschiedenen möglichen Nachteilen – Versetzung oder Entlassung – und nach der Vermeidbarkeit dieser Nachteile differenziert werden.[81] Die Betriebsparteien sind beim Abschluss in den **Grenzen von Recht** (vgl. z. B. **§ 75**,[82] dort Rn. 6, **AGG** und den arbeitsrechtlichen **Gleichbehandlungsgrundsatz**)[83] und **Billigkeit** also frei, darüber zu entscheiden, welche Nachteile, die der Verlust eines Arbeitsplatzes mit sich

76 BAG 23.3.10 – 1 AZR 832/08, brwo, NZA 10, 774; 23.4.13 – 1 AZR 916/11, NZA 13, 980; 7.5.19 – 1 AZR 54/17, NZA 19, 1295; vgl. auch EuGH 26.2.15 – C-515/13, NZA 15, 473.

77 EuGH 5.7.12 – C-141/11, NZA 12, 785.

78 A. A. EuGH 5.7.12 – C-141/11, NZA 12, 785.

79 BAG 7.6.11 – 1 AZR 34/10, NZA 11, 1370; bestätigt durch BVerfG 25.3.15 – 1 BvR 2803/11, ZIP 15, 2140; BAG 17.11.15 – 1 AZR 938/13, NZA 16, 501.

80 BAG 16.7.19 – 1 AZR 842/16, NZA 19, 1432; 28.7.20 – 1 AZR 590/18, juris = AuR 20, 533 (Ls.); LAG Köln 13.9.18 – 6 Sa 150/18, NZA-RR 19, 176.

81 BAG, DB 77, 729.

82 LAG BB 10.2.15 – 7 Sa 1619/14, LAGE § 112 BetrVG 2001 Nr. 13.

83 BAG, DB 88, 2464; NZA 08, 425; 09, 210; 09, 495; 11, 1302; 25.1.23 – 10 AZR 29/22, NZA 23, 584.

bringt, durch eine Abfindung ausgeglichen werden sollen.[84] Dabei sind die üblicherweise für die Höhe von Abfindungen verwendeten **Kriterien – Dauer der Betriebszugehörigkeit** und **Alter** – am **AGG** zu messen, da sie eine Benachteiligung jüngerer AN unmittelbar (Alter) darstellen oder mittelbar (Betriebszugehörigkeit) darstellen können. Zum Alter lässt § 10 Satz 3 Nr. 6 AGG eine Differenzierung entsprechend den Arbeitsmarktchancen zu.[85] Dies bedeutet m. E. aber, dass **keine schematische Besserstellung** älterer AN mehr erfolgen darf: Ein 30-jähriger hat nicht notwendig schlechtere Chancen als ein 27-jähriger AN. Auch eine **typisierende Betrachtung** muss m. E. an den **realen Gegebenheiten** (z. B. ab 50 bzw. branchenbezogen) anknüpfen. Demgegenüber hält das BAG auch eine **pauschale Koppelung** der Abfindungshöhe an Betriebszugehörigkeit und Alter[86] und eine entsprechende **Altersgruppenbildung**[87] für zulässig, weil sich die Arbeitsmarktchancen von AN ab dem 45. Lebensjahr fortlaufend verschlechterten.[88] Ein solcher Erfahrungswert für jede Branche und jedes Alter existiert aber nicht und kann daher m. E. nicht zur Regel gemacht werden. Eine Sozialauswahl nach Altersgruppen kann dabei, so das BAG,[89] zur Sicherung einer ausgewogenen Personalstruktur im Betrieb zulässig sein. Bei der Betriebszugehörigkeit kann sich eine sachliche Rechtfertigung für die entsprechende Berücksichtigung (§ 3 Abs. 2 AGG) auch im Hinblick auf schlechtere Chancen wegen einer **verengten Qualifikation** ergeben.[90] Das Handicap einer **Behinderung** ist ebenfalls zu berücksichtigen. Es ist zulässig, dass Sozialpläne in diesem Rahmen Leistungen, nach der Rspr. des BAG[91] z. B. durch Bildung von Altersgruppen, **pauschalieren**, sie **individuell** festlegen[92] oder aber beide Regelungselemente miteinander verbinden.[93] Maßgebend ist der **Zeitpunkt vor der Betriebsänderung** auch dann, wenn der Sozialplan erst später abgeschlossen wird. Demzufolge können auch Nachteile ausgeglichen werden, mit denen typischerweise zu rechnen war, selbst wenn der einzelne

---

84 BAG, DB 79, 795; BB 95, 620; 07, 218.

85 Vgl. hierzu auch BAG, NZA 09, 849.

86 BAG, NZA 09, 849; 09, 1023; 10, 457; vgl. auch LAG Düsseldorf (ZIP 09, 190), das ebenfalls eine lineare Punktevergabe für das Lebensalter als Typisierung für zulässig hält, soweit nicht besondere und eindeutige Umstände dafür sprechen, dass der unterstellte Erfahrungswert (mit steigendem Lebensalter sinken generell die Vermittlungschancen auf dem Arbeitsmarkt) nicht zum Tragen kommt.

87 Hierzu auch Oberberg, AiB 11, 664.

88 BAG 12.4.11 – 1 AZR 743/09, brwo, NZA 11, 985 und auch NZA 11, 988.

89 Vgl. insoweit z. B. 15.12.11 – 2 AZR 42/10, NZA 12, 1044 (auch zur europarechtlichen Zulässigkeit); 19.7.12 – 2 AZR 352/11, NZA 13, 87 m. w. N.

90 BAG, NZA 09, 849; DKW-Klebe, § 95 Rn. 23 f.

91 BAG, NZA 09, 849; 09, 1023.

92 BAG, DB 85, 1487.

93 BAG, DB 84, 1529.

AN diese Nachteile tatsächlich später nicht erlitten hat.[94] Die nur für die **Entscheidung der Einigungsstelle**[95] zu beachtenden Besonderheiten sind in Rn. 22ff. ausgeführt.

10 Eine Regelung, die bei der Beschäftigungsdauer als Bemessungskriterium Zeiten des Erziehungsurlaubs (**Elternzeit**) nicht berücksichtigt, verstößt gegen § 75 Abs. 1.[96] Auch Zeiten des **Wehrdienstes**, des **Zivildienstes** oder von **Eignungsübungen** waren und sind im Spannungs- oder Verteidigungsfall auf die Betriebszugehörigkeit anzurechnen (vgl. § 6 Abs. 2 Satz 1 ArbPlSchG, § 78 Abs. 1 Nr. 1 ZDG, § 6 Abs. 1 EigÜbG). »Unter der Dauer der Betriebszugehörigkeit« ist in einem Sozialplan regelmäßig nur die im letzten rechtlich ununterbrochenen Arbeitsverhältnis zurückgelegte Zeit zu verstehen. Eine Berücksichtigung früherer Zeiten soll nach Auffassung des BAG[97] bei dieser Regelung allerdings möglich sein, wenn die Arbeitsvertragsparteien eine entsprechende Vereinbarung getroffen haben oder zwischen den Arbeitsverhältnissen bei demselben AG ein enger sachlicher Zusammenhang bestand. Die Festlegung, dass nur die tatsächliche **Betriebszugehörigkeit** beim AG und seinem Rechtsvorgänger, nicht aber vertraglich anerkannte Zeiten bei einem früheren AG, zu berücksichtigen sind, soll allerdings mit § 75 Abs. 1 ebenso vereinbar[98] sein wie die aus Praktikabilitätsgründen getroffene Regelung, die Zahlung einer erhöhten Abfindung für unterhaltsberechtigte Kinder von deren Eintragung in die Steuerkarte abhängig zu machen.[99] Eine unmittelbar an das Merkmal der Behinderung anknüpfende Bemessung der Abfindung ist im Hinblick auf § 7 Abs. 2 AGG diskriminierend und unwirksam, wenn sie schwerbehinderte AN gegenüber anderen, die in gleicher Weise wie diese von einem Arbeitsplatzverlust betroffen sind, schlechter stellt.[100] Die Abfindungen aus dem Sozialplan **müssen** sich **nicht** im Rahmen von **§ 10 KSchG** bewegen;[101] trotzdem **können** AG und BR **Höchstbegrenzungsklauseln vereinbaren**.[102] Diese benachteiligen typischerweise ältere AN. Dies ist jedoch dann keine mittelbare Diskriminierung gem. § 3 Abs. 2 AGG, wenn damit ein rechtmäßiges Ziel, z.B. Verteilungsgerechtigkeit bei begrenzten finanziellen Mitteln für den Sozialplan, verfolgt wird und die Begrenzung zur Erreichung dieses Ziels geeignet, erforderlich und angemessen ist. Der Höchstbetrag muss

94 BAG, NZA 85, 628.
95 Vgl. BAG, DB 88, 2464.
96 BAG, NZA 03, 1287; DB 04, 991.
97 BAG, NZA 08, 190.
98 BAG, DB 94, 2365.
99 BAG, DB 97, 1522.
100 BAG 17.11.15 – 1 AZR 938/13, NZA 16, 501.
101 BAG, DB 88, 558; 88, 2465; NZA 04, 108 m.w.N.
102 BAG, DB 88, 2465; 08, 69; NZA 09, 1107; LAG München 19.6.20 – 3 Sa 844/19, juris; LAG Nürnberg 14.10.20 – 2 Sa 227/20, juris.

zudem noch eine substanzielle Milderung der Nachteile der vom Arbeitsplatzverlust betroffenen AN darstellen.[103] Es verstößt allerdings gegen den Gleichbehandlungsgrundsatz, wenn der Höchstbetrag für die Summe aus Sozialplanabfindung und Prämie für einen Klageverzicht (»Turboprämie«) festgelegt wird.[104] Ebenso ist es unzulässig, einen für schwerbehinderte AN vorgesehenen zusätzlichen Abfindungsbetrag beim Höchstbetrag zu berücksichtigen.[105] Wird in einem Sozialplan für die Berechnung der Abfindung allein auf das Bruttomonatsgrundgehalt eines Referenzmonats abgestellt, ist nicht das tatsächlich geleistete Entgelt, sondern die arbeitsvertragliche Vereinbarung maßgeblich. Wer wegen einer Elternzeit also Teilzeit arbeitet, muss so behandelt werden, als ob er in diesem Monat wie zuvor Vollzeit gearbeitet hätte.[106] Eine Klausel, die die Zahlung einer Abfindung davon abhängig macht, dass der entlassene AN keine **Kündigungsschutzklage** erhebt, ist nichtig.[107] Zulässig ist es demgegenüber, zusätzlich zu einem Sozialplan, der für die AN die wirtschaftlichen Nachteile einer Betriebsänderung angemessen ausgleicht, in einer **freiwilligen BV** Leistungen davon abhängig zu machen, dass der AN von der Erhebung einer Kündigungsschutzklage absieht bzw. einen Aufhebungsvertrag abschließt (»**Turboprämie**«).[108] Wenn der AG so rasche Planungssicherheit herstellen und seine Risiken reduzieren will, verstößt die Regelung weder gegen den **Gleichbehandlungsgrundsatz** des § 75 Abs. 1 noch gegen das **Maßregelungsverbot** des § 612a BGB (vgl. auch § 1a KSchG). Dabei dürfen AN nicht ausgeschlossen werden, die im Anschluss an ihre Entlassung anderweitig beschäftigt werden und von der Durchführung eines Kündigungsschutzverfahrens absehen.[109] Das **Verbot**, Sozialplanabfindungen von einem entsprechenden Verzicht abhängig zu machen, darf allerdings **nicht umgangen** werden. Eine Umgehung konnte nach der bisherigen Rspr. des BAG z. B. vorliegen, wenn der Sozialplan **keine angemessene Abmilderung** der wirtschaftlichen Nachteile vorsah (Rn. 21) oder Anhaltspunkte dafür bestanden, dass eigentlich für den Sozialplan zur Verfügung stehende Mittel **funktionswidrig** und zum Nachteil der von der Betriebsänderung betroffenen AN für die Beschleunigung in der freiwilligen

---

103 BAG 8.2.22 – 1 AZR 252/21, NZA 22, 1212; 7.12.21 – 1 AZR 562/20, NZA 22, 281.

104 BAG 7.12.21 – 1 AZR 562/20, NZA 22, 281.

105 BAG 11.10.22 – 1 AZR 129/21, NZA 23, 233.

106 BAG 15.5.18 – 1 AZR 20/17, NZA 18, 1198.

107 BAG, DB 84, 723; NZA 05, 997; 9.12.14 – 1 AZR 146/13, NZA 15, 438; 19.7.16 – 2 AZR 536/15, NZA 17, 121; vgl. auch BAG, NZA 07, 821 für die Zulässigkeit der Klausel in einem TV.

108 BAG, BB 06, 2758; NZA 10, 1304; 9.12.14 – 1 AZR 146/13, NZA 15, 438; 19.7.16 – 2 AZR 536/15, NZA 17, 121.

109 BAG 8.12.15 – 1 AZR 595/14, NZA 16, 767.

BV eingesetzt wurden.[110] Diese Grundsätze hat das **BAG**[111] erheblich ausgehöhlt. Eine Umgehung soll vorliegen, wenn der Sozialplan seinen Zweck nicht »ansatzweise« erfüllt. Damit wird de facto das Verbot, Sozialplanleistungen von einem Verzicht auf die Kündigungsschutzklage abhängig zu machen, aufgegeben, ganz abgesehen davon, dass die Formulierung »ansatzweise« einen sehr eigenartigen und wenig fassbaren »Rechtsbegriff« einführt. Die Rspr. ist abzulehnen. Die geschilderten Grundsätze gelten natürlich auch, wenn die Klageverzichtsprämie in einer gesonderten BV geregelt, die Prämie aber aus dem Sozialplanvolumen finanziert ist.[112] Auch eine **Treueprämie** für AN, die die Aufrechterhaltung des Geschäftsbetriebs bis zur Stilllegung sicherstellen soll, kann Gegenstand einer (ergänzenden) freiwilligen BV sein. AN dürfen hiervon allerdings nicht nur deshalb ausgenommen werden, weil sie lediglich in einem befristeten Arbeitsverhältnis stehen, das nicht vorzeitig v. AG beendet wird (§§ 75 Abs. 1 BetrVG, 4 Abs. 2 TzBfG).[113] Zulässig ist eine Vereinbarung, nach der die **Fälligkeit der Abfindung** bis zum rechtskräftigen Abschluss des Kündigungsschutzprozesses hinausgeschoben[114] und bestimmt wird, dass eine Zahlung nach § 1a[115] oder §§ 9, 10 KSchG **auf die Sozialplanabfindung anzurechnen** ist.[116] Ohne entsprechende Vereinbarung findet eine Anrechnung jedenfalls des Anspruchs nach § 1a KSchG auf eine Sozialplanabfindung nicht statt.[117] Dies lässt sich, **entgegen BAG**,[118] durchaus auch für Abfindungen nach §§ 9, 10 KSchG vertreten, da die Betriebsparteien eine entsprechende Regelung im Sozialplan treffen können.[119] Unwirksam ist i. d. R. eine Sozialplanregelung, die Abfindungsansprüche wegen Verlustes des Arbeitsplatzes davon abhängig macht, dass der AN wegen eines möglicherweise erfolgten **Betriebsteilübergangs** den vermuteten Erwerber erfolglos auf Feststellung des Übergangs seines Arbeitsverhältnisses verklagt hat.[120] In einem Sozialplan kann nach Auffassung des BAG[121] nicht festgelegt werden, dass die **Einigungsstelle entscheidet**, ob ein einzelner AN Anspruch auf Zahlung einer Abfindung hat.

110 BAG, DB 05, 2245; NZA 05, 997; LAG München 9. 12. 15 – 5 Sa 591/15, ZIP 16, 836.

111 BAG 7. 12. 21 – 1 AZR 562/20, NZA 22, 281; ablehnend auch DKW-Däubler, Rn. 86.

112 LAG Nürnberg 17. 12. 20 – 5 Sa 224/20, juris.

113 BAG 9. 12. 14 – 1 AZR 406/13, NZA 15, 557.

114 BAG, NZA 05, 997.

115 BAG, NZA 07, 1357.

116 BAG, DB 85, 2357.

117 BAG 19. 7. 16 – 2 AZR 536/15, NZA 17, 121

118 BAG 12. 2. 19 – 1 AZR 279/17, NZA 19, 719.

119 DKW-Däubler, Rn. 127 m. w. N.

120 BAG, DB 03, 2658; NZA 06, 220.

121 BAG, DB 88, 503; 89, 587.

Eine solche Entscheidung obliege **allein den ArbG**. Ebenso wenig kann ein Sozialplan auf »die jeweils gültige Fassung« eines TV oder eines anderen Normengefüges, wie z. B. einer BV, verweisen, da es sich bei einer solchen sog. dynamischen Blankettverweisung um einen unzulässigen Verzicht auf eine eigene Gestaltung, auf die gesetzliche Normsetzungsbefugnis, handelt. Der BR hat sein Mandat vielmehr höchstpersönlich auszuüben. Daher ist eine solche Verweisung so zu verstehen, als wäre der Inhalt statisch vereinbart worden.[122] Die Einigungsstelle muss Regelungen treffen, aus denen sich eindeutig ergibt, welchen **genauen Umfang der beschlossene Ausgleich** oder die Milderung der Nachteile hat. Bestimmungen zur bloßen Verteilung eines möglichen Sozialplanvolumens erfüllen ihren Regelungsauftrag nicht und führen zur Unwirksamkeit eines entsprechenden Spruchs.[123]

d) Anspruchsberechtigte

Leitende Angestellte werden vom Sozialplan nicht erfasst; es besteht für den UN auch keine Verpflichtung, aufgrund des Gleichbehandlungsgrundsatzes Einzelvereinbarungen zu treffen.[124] AN, die wegen der Betriebsänderung auf **Veranlassung des AG** (vgl. auch § 111 Rn. 8)[125] selbst **gekündigt** oder einen **Aufhebungsvertrag** geschlossen haben, dürfen wegen § 75 i. V. m. § 112a Abs. 1 nicht vom Sozialplan ausgeschlossen werden.[126] Die Betriebsparteien können allerdings nach Auffassung des BAG im Sozialplan eine Kürzung der Abfindung oder ihren Wegfall bei **Eigenkündigungen vor bestimmten Zeitpunkten** vereinbaren, wenn diese nicht vom AG veranlasst sind und der **Stichtag** sachlich gerechtfertigt ist.[127] Dies gilt auch für Aufhebungsverträge.[128] Im Sozialplan/Interessenausgleich kann festgelegt werden, dass AN schon dann keine Abfindung erhalten, wenn sie durch Vermittlung des AG einen **neuen Arbeitsplatz** erhalten,[129] jedenfalls aber, wenn eventuelle Nachteile aufgrund der Betriebsänderung ausreichend (der **bisherige soziale Besitzstand** muss nicht in vollem Umfang erhalten bleiben) berücksichtigt 11

122 BAG, NZA 07, 1066.

123 BAG, NZA-RR 09, 588.

124 BAG, DB 85, 2207; ZIP 09, 1244 auch zu einer unmittelbar und zwingend wirkenden Sozialplanvereinbarung zwischen AG und Sprecherausschuss nach § 28 Abs. 2 SprAuG.

125 Vgl. hierzu BAG, DB 94, 1882; BB 95, 2534; NZA 07, 825; NZA-RR 08, 636.

126 BAG, DB 91, 1526; 96, 2083; NZA 07, 825; NZA-RR 08, 636; dazu auch LAG RP 27. 5. 14 – 6 Sa 46/14, DB 14, 2480 (Ls.) und LAG BW 19. 2. 14 – 13 Sa 61/13, AuR 14, 239 mit Anm. v. Müller-Wenner.

127 Vgl. BAG, DB 94, 102; NZA 08, 719; 11, 18211, 1302 und zu vertraglichen Abfindungen BAG, DB 95, 1239.

128 LAG Nürnberg 16. 1. 18 – 6 Sa 359/17, AuR 18, 488 (Ls.).

129 BAG, NZA 10, 351.

sind (z. B. Lohnbeihilfen für Lohneinbußen im neuen Arbeitsverhältnis)[130] oder dass der BR vor Abschluss von Aufhebungsverträgen in jedem Einzelfall hinzugezogen und beteiligt wird.[131] AN, die den Wechsel in eine Transfergesellschaft ablehnen, dürfen jedenfalls nicht vollständig von Leistungen ausgeschlossen werden.[132] Auch **Teilzeitkräfte** dürfen nicht vom Sozialplan ausgeschlossen werden. Ihr Anspruch darf lediglich entsprechend der Arbeitszeit **gekürzt** werden.[133] Darüber hinaus können Zeiten der Teilzeit- und der Vollzeitbeschäftigung **anteilig bei der Bemessung der Abfindung** berücksichtigt werden.[134] AN, die dem AG während des Arbeitsverhältnisses vorsätzlich Vermögensschäden in beträchtlicher Höhe zugefügt haben, können von Sozialplanleistungen ausgeschlossen werden.[135] Befristet Beschäftigte, deren Vertrag wie geplant ausläuft, erleiden keinen Nachteil wegen der Betriebsänderung und werden daher üblicherweise v. Sozialplänen ausgenommen. Anders ist die Situation aber zu beurteilen, wenn die Verlängerung oder Übernahme in ein unbefristetes Arbeitsverhältnis bisher durchweg erfolgte.[136] Sind einzelne **Teile des Sozialplans unwirksam**, bleibt der Rest gültig, sofern er noch eine sinnvolle Regelung ergibt.[137] Ist der Sozialplan insgesamt unwirksam, kann ein entsprechender Anspruch des AN aus **Gesamtzusage** folgen.[138]

12 Weil Sozialpläne wirtschaftliche Nachteile ausgleichen oder mildern sollen, die den AN durch Betriebsänderung entstehen, dürfen sie **keine Regelung** enthalten, die **ausschließlich zulasten** der AN wirkt. Kündigungsabfindungen in Sozialplänen sind regelmäßig nicht dazu bestimmt, **unverfallbare Versorgungsanwartschaften** abzugelten.[139]

e) Sozialplan in der Insolvenz

13 Ein Sozialplan ist aufzustellen, wenn ein UN **mit Verlust liquidiert wird.**[140] Die Vorschriften über den Sozialplan gelten auch bei **Insolvenz**. Hier ist nach h. M. ebenfalls Voraussetzung, dass bis zur Durchführung der Betriebsänderung (vgl. Rn. 2) ein BR gewählt worden ist.[141] Dies kann auch erst

---

130 Vgl. BAG, DB 96, 2083; NZA 05, 831.
131 ArbG Darmstadt, AuR 94, 202.
132 LAG Hamm 14. 5. 14 – 2 Sa 1652/13, ZIP 15, 193.
133 BAG, DB 93, 591; NZA 07, 860 m. w. N.; DB 09, 2664.
134 BAG, NZA 02, 451; DB 09, 2664.
135 LAG Thüringen, NZA 96, 671.
136 Valgolio, AuR 20, 165.
137 BAG, DB 88, 558.
138 ArbG Berlin, BB 93, 141.
139 BAG, DB 75, 1991; 81, 699, 2178.
140 LAG Hamm, DB 75, 1160.
141 BAG, DB 00, 1230.

nach Eröffnung des Insolvenzverfahrens geschehen, da die Insolvenz an sich keine **Betriebsänderung darstellt**.[142] Der **InsV** hat dann mit dem BR einen Interessenausgleich zu versuchen und einen Sozialplan aufzustellen.[143] Dabei gelten **Besonderheiten** gemäß §§ 120 ff. **InsO**, wie z. B. das Recht des InsV, beim ArbG drei Wochen nach ordnungsgemäßem Beginn der Verhandlungen über den Interessenausgleich die Zustimmung zur Durchführung der Betriebsänderung zu beantragen (§ 122 InsO).[144] Werden im Interessenausgleich die AN, die gekündigt werden sollen, **namentlich bezeichnet**, wird vermutet, dass ihnen gegenüber ausgesprochene betriebsbedingte Kündigungen sozial gerechtfertigt sind[145] und die Überprüfung der Sozialauswahl, die sich auch hier auf den gesamten Betrieb beziehen muss,[146] erheblich eingeschränkt. Sie erfolgt nur im Hinblick auf Lebensalter, Betriebszugehörigkeit und Unterhaltspflichten und auch insoweit nur auf **grobe Fehlerhaftigkeit** (§ 125 Abs. 1 InsO und Rn. 2).[147] Dieser Interessenausgleich ersetzt nach § 125 Abs. 2 InsO eine Stellungnahme örtlicher BR zur Massenentlassung (§ 17 Abs. 3 Satz 2 KSchG) auch dann, wenn er aufgrund einer betriebsübergreifenden Betriebsänderung mit dem GBR abgeschlossen worden ist.[148]

Die Beteiligungsfähigkeit des BR bleibt auch erhalten, wenn der Betrieb inzwischen stillgelegt worden ist.[149] Der BR hat hinsichtlich der Vereinbarung und Abwicklung eines Sozialplans ein **Restmandat** (vgl. § 21b und die dortigen Erl.). Dasselbe gilt für den GBR, der bei der Stilllegung sämtlicher Betriebe eines UN infolge Insolvenz für die Aufstellung von Sozialplan und Interessenausgleich zuständig ist.[150] **14**

4. Vermittlung der Bundesagentur für Arbeit

Es bleibt dem BR und dem UN überlassen, ob sie von der im Gesetz gegebenen Möglichkeit Gebrauch machen wollen, den **Vorstand der Bundesagentur für Arbeit** um Vermittlung zu ersuchen, falls eine Einigung über einen **15**

142 BAG, NZA 04, 220.

143 BAG, DB 86, 2027; NZA 04, 220; zum Höchstumfang vgl. § 123 Abs. 1 InsO und zum Rang von Sozialplanforderungen als Masseverbindlichkeit (§ 123 Abs. 2 InsO) oder Insolvenzforderung (§ 38 InsO) bei Aufstellung des Sozialplans nach bzw. vor Insolvenzeröffnung z. B. auch BAG, BB 02, 2451 m. w. N.; NZA 06, 220.

144 Hierzu ArbG Berlin, AiB 99, 239; ArbG Lingen, ZIP 99, 1892.

145 Vgl. hierzu BAG 17.8.23 – 6 AZR 56/23, juris; 8.12.22 – 6 AZR 31/22, NZA 23, 692.

146 BAG 19.12.13 – 6 AZR 790/12, DB 14, 781.

147 Vgl. BAG, BB 99, 1556; NZA 06, 162; 07, 387; 08, 1060; Bichlmeier/Engberding/Oberhofer, AiB 99, 569.

148 BAG, NZA 11, 1108.

149 BAG, DB 77, 1320.

150 BAG, DB 81, 1414.

Interessenausgleich oder einen Sozialplan nicht zustande kommt. Obwohl das Gesetz lediglich den Vorstand der Bundesagentur für Arbeit bzw. dessen Bedienstete nennt, können BR oder UN auch andere Stellen oder Personen um Vermittlung ersuchen, z.B. eine im Betrieb vertretene Gewerkschaft. Lässt der AG oder der BR sich nicht auf die Vermittlungsbemühungen ein, so müssen diese als ergebnislos angesehen werden.

5. Anrufung und Entscheidung der Einigungsstelle

16 Die **ESt. kann angerufen werden,**[151] wenn ein Vermittlungsversuch ergebnislos bleibt.

BR und AG können sich bei Nichteinigung[152] über einen Interessenausgleich oder einen Sozialplan aber auch sofort an die ESt. wenden, **ohne** vorher einen **Vermittlungsversuch** unternommen zu haben. Besteht eine Standortzusage des AG, ist die ESt. offensichtlich unzuständig für Interessenausgleich und Sozialplan im Hinblick auf eine vorzeitige Betriebsstilllegung.[153]

17 Für das **Verfahren vor der ESt**. (vgl. § 76), die auch allein wegen des Interessenausgleichs angerufen werden kann,[154] schreibt die Regelung vor, dass im Falle einer Einigung diese schriftlich niederzulegen und von den Parteien und vom Vors. zu unterschreiben ist. Ohne **Schriftform** ist kein Interessenausgleich zustande gekommen (auch Rn. 3).[155] Zu beachten ist, dass die ESt. bezüglich des Interessenausgleichs nur einen **unverbindlichen Einigungsvorschlag** unterbreiten kann.

18 Gelingt es der ESt., eine Einigung der Parteien über einen Interessenausgleich herbeizuführen, so bestimmen sich nach Ansicht des **BAG** die Rechtsfolgen bei einem etwaigen Abweichen des UN von der Regelung nach § 113.[156] Nach hier vertretener Auffassung haben darüber hinaus die Vertragsparteien einen **Anspruch** auf **Einhaltung** und **Durchführung** des Interessenausgleichs (Rn. 1). Kommt eine Einigung über einen Interessenausgleich auch vor der ESt. nicht zustande, ist das Verfahren beendet. Die Austragung der Meinungsverschiedenheiten zwischen AG und BR beschränkt sich dann auf die **Erstellung des Sozialplans** (vgl. Abs. 4). Unabhängig vom Interessenausgleich sind zudem die sonstigen Rechte des BR einzuhalten (vgl. z.B. § 87 Abs. 1 Nr. 6, §§ 91, 92a, 98, 99, 102).

---

151 Zum ESt.-Einsetzungsverfahren vgl. Lerch/Weinbrenner, NZA 15, 1228.

152 Vgl. hierzu LAG Frankfurt, NZA 92, 853.

153 LAG Köln 11.5.17 – 8 TaBV 32/17, AuR 17, 317 mit Anm. v. Müller-Wenner; vgl. auch LAG Nds. 29.7.08 – 1 TaBV 47/08.

154 LAG Berlin, DB 94, 2635.

155 BAG, DB 86, 279; BB 94, 1936.

156 BAG, DB 92, 380.

Die ESt. hat hinsichtlich der **sozialen Auswirkungen** der unternehmerischen Maßnahme, also des Sozialplans, im Falle der Nichteinigung einen **verbindlichen Spruch** zu treffen. Gelingt es der ESt., eine Einigung der Parteien über die Aufstellung eines Sozialplans herbeizuführen, so hat dieser die **Wirkung einer BV** (vgl. Abs. 1). Dasselbe gilt, wenn die Parteien sich im Verfahren vor der ESt. nicht einigen und diese selbst eine Entscheidung trifft. Auch die ESt. ist von der Beschränkung des § 77 Abs. 3 befreit. Der Spruch erstreckt sich auf den Inhalt des Sozialplans in allen seinen Einzelheiten. 19

Bei ihrer Entscheidung hat die ESt. im oben geschilderten rechtlichen Rahmen (Rn. 9) nach Abs. 1 Satz 2 Nachteile, die den AN infolge der geplanten Betriebsänderung entstehen, auszugleichen.[157] Sie hat die **Interessen beider Seiten** zu berücksichtigen und gegeneinander abzuwägen. Es handelt sich um eine **Ermessensentscheidung**, auf die die Grundsätze des § 76 Abs. 5 Anwendung finden. Hierbei verfügt die EST. über einen Gestaltungsspielraum. Zudem hat sie einen Beurteilungsspielraum bei der Festlegung der ausgleichsbedürftigen Nachteile.[158] Nach der Rspr. des **BAG**[159] soll sich die gerichtliche Überprüfung eines ESt.-Spruchs auf seinen Inhalt beschränken. Es soll keine Rolle spielen, ob die ESt. v. unzutreffenden Fakten ausgegangen ist oder Umstände schlicht nicht berücksichtigt hat. Eine solche Begrenzung der Überprüfung ist abzulehnen. 20

Die ESt. ist zur Beachtung sowohl der **sozialen Belange** der betroffenen AN als auch der **wirtschaftlichen Vertretbarkeit** für das UN (vgl. auch Rn. 24 am Ende)[160] verpflichtet. Der Sozialplan muss die sozialen Belange der betroffenen AN ausreichend berücksichtigen. Dabei ist er nur ermessensfehlerfrei, wenn er wenigstens eine **substanzielle Milderung der wirtschaftlichen Nachteile** vorsieht, es sei denn, ein solches Sozialplanvolumen wäre für das UN wirtschaftlich nicht vertretbar.[161] Die Grenze der wirtschaftlichen Vertretbarkeit soll nach BAG[162] regelmäßig überschritten sein, wenn die Erfüllung des Sozialplans zu einer Illiquidität des UN, seiner bilanziellen Überschuldung oder einer nicht mehr hinnehmbaren Schmälerung des Eigenkapitals führt – auch wenn das UN seinen einzigen Betrieb stilllegt. 21

---

157 Vgl. z. B. BAG, DB 97, 1416 zur Betriebsspaltung.

158 BAG 7. 5. 19 – 1 ABR 54/17, NZA 19, 1295.

159 BAG 7. 5. 19 – 1 ABR 54/17, NZA 19, 1295.

160 Vgl. hierzu Gschwendtner, AiB 05, 486; ggf. kann die Lage des Konzerns maßgeblich sein; so BAG v. 19. 5. 81, AP Nr. 13 zu § 16 BetrAVG zur Betriebsrentenanpassung; DB 94, 1780; 95, 528; NZA 05, 302.

161 BAG, NZA 05, 302; LAG BB 18. 10. 18 – 21 TaBV 1372/17, AuR 19, 190; Rothkegel/Stelzer, AiB 07, 168.

162 BAG 14. 2. 23 – 1 ABR 28/21, NZA 23, 702; kritisch hierzu DKW-Däubler, Rn. 128, 150.

22 In Abs. 5 werden der ESt. Vorgaben – das BAG[163] spricht von Richtlinien oder Leitlinien – **für die Ermessensausübung** gemacht, die die oben bei Abs. 1 geschilderten Grundsätze teilweise modifizieren. Dabei sind die **tatsächlich entstehenden Nachteile** auszugleichen oder jedenfalls substantiell, spürbar, zu mildern,[164] soll den Gegebenheiten des Einzelfalls möglichst konkret Rechnung getragen werden (**Nr. 1**). Hiermit ist z. B. eine undifferenzierte generelle Festlegung von Abfindungen ausschließlich nach der Dauer der Betriebszugehörigkeit nicht vereinbar;[165] dies verstößt jetzt auch gegen das AGG. Vielfach lassen sich die Nachteile jedoch im Zeitpunkt der ESt.-Entscheidung gar nicht feststellen. Daher werden teilweise nur Regelungen in Betracht kommen, die typischerweise zu erwartende **Nachteile pauschalieren**.[166]

23 In **Nr. 2** wird die ESt. verpflichtet, für die ausscheidenden AN eine **Prognose über deren Arbeitsmarktchancen** abzugeben (vgl. auch § 10 Satz 3 Nr. 6 AGG und Rn. 9), nicht aber umfassende Ermittlungen im Einzelfall anzustellen.[167] Hierbei wird nach AN-Gruppen zu unterscheiden sein, die z. B. im Hinblick auf Qualifikation, Alter, Geschlecht und Nationalität gebildet werden können. Zumutbar – maßgeblich ist dafür der Zeitpunkt der Kündigung[168] – ist ein **anderer Arbeitsplatz** nur dann, wenn er der bisherigen Vorbildung und Berufserfahrung des AN entspricht[169] und keine geringere Eingruppierung als bisher erfolgt.[170] Dies ist z. B. der Fall, wenn beurlaubte Beamte, die einem Postnachfolge-UN zugewiesen waren, wieder in ihrem Beamtenverhältnis entsprechend dem übertragenden Amt beschäftigt werden.[171] Es muss ein verbindliches Angebot bestehen, das bei einem anderen Konzern-UN auch den sozialen Besitzstand (z. B. die Anrechnung der bisherigen Betriebszugehörigkeit, wie auch der Begriff »Weiterbeschäftigung« zeigt) zu garantieren hat. Angebote von konzernfremden AG sind nicht zu berücksichtigen; sie können allerdings bei der Beurteilung der Arbeitsmarktchancen anzuführen sein. Dabei ist zu berücksichtigen, dass mit diesem AG-Wechsel in der Regel der gesamte soziale Besitzstand (z. B. die Betriebszugehörigkeitsdauer) verloren geht. Die **Zumutbarkeitsregeln** in **§ 121 SGB III** spielen **keine** Rolle.

24 Der mit dem angebotenen Arbeitsplatz verbundene **Ortswechsel** allein soll die Unzumutbarkeit noch nicht begründen. Es werden allerdings oft **weitere**

---

163 BAG, DB 88, 2154; 95, 430.
164 BAG, NZA 04, 108; 05, 302.
165 BAG, DB 95, 430.
166 BAG, DB 88, 558.
167 Vgl. BR-Drucks. 39/84, S. 28.
168 LAG Hamm 25. 1. 90, LAGE § 112 BetrVG 1972 Nr. 15.
169 BAG 15. 10. 83, AP Nr. 18 zu § 111 BetrVG 1972.
170 LAG Düsseldorf, DB 87, 1254; vgl. auch BAG, DB 88, 558; 89, 48.
171 BAG 8. 12. 15 – 1 AZR 595/14, NZA 16, 767.

persönliche Gesichtspunkte hinzutreten (z. B. Lebensalter, **Arbeitsplatz des Ehegatten**, pflegebedürftige Familienangehörige, **Umschulung der Kinder**, Hauseigentum ggf. auch in Verbindung mit evtl. Fahrzeit), die den Wechsel unzumutbar machen. Die ESt. soll bestimmte persönliche Gründe bei der Zumutbarkeitsprüfung ausklammern und auch etwas geringer bezahlte Arbeitsplätze einbeziehen können.[172] Die ESt. **soll** bei Vorliegen aller Voraussetzungen den AN von Leistungen ausschließen,[173] Ausnahmen sind also z. B. in **Härtefällen** möglich. Zudem soll sie die im **SGB III** vorgesehenen Instrumente zur Vermeidung von Arbeitslosigkeit einsetzen (**Nr. 2a**). Hiermit, so die Gesetzesbegründung, wird zum Ausdruck gebracht, dass der Sozialplan vorrangig den betroffenen AN **neue Beschäftigungsperspektiven** schaffen soll. Mit den Förderungsmöglichkeiten des SGB III sind z. B. Qualifizierungsmaßnahmen (§§ 81 ff.), Leistungen, die der Vorbereitung einer Existenzgründung des AN dienen (§§ 93 f.), die Teilnahme an Transfermaßnahmen (§ 110 SGB III) und auch das Transferkurzarbeitergeld nach § 111 SGB III gemeint, das für längstens 12 Monate geleistet werden kann.[174] Weiterbildungsmaßnahmen können im Übrigen auch nach dem Qualifizierungschancengesetz und dem »Arbeit-von-morgen-Gesetz« staatlich gefördert werden. Für die Förderung von Transfermaßnahmen und die Zahlung von Transferkurzarbeitergeld ist die vorherige Einschaltung/Beratung der Agentur für Arbeit erforderlich.[175]
Der Sozialplan darf schließlich den Fortbestand des UN oder der verbliebenen Arbeitsplätze nicht gefährden (**Nr. 3**).[176] Insofern können die Sozialplanansprüche zu korrigieren sein.[177] Dies gilt natürlich nur, wenn die Fortführung überhaupt beabsichtigt[178] und auch nicht auf die Lage des evtl. bestehenden Konzerns abzustellen ist.[179] Da der jeweilige Vertrags-AG

---

172 BAG, DB 89, 48; kritisch zu Recht DKW-Däubler, Rn. 144.

173 Vgl. BAG 8.12.15 – 1 AZR 595/14, NZA 16, 767.

174 Vgl. DKW-F-Däubler, §§ 111–113 Rn. 54 ff.; vgl. zu einem ESt.-Spruch zu einem Sozialplan mit Transferregelungen LAG BB 1.3.16 – 9 TaBV 1519/15, AiB 7–8/16, 59 mit Anm. Kuster.

175 Vgl. Dittrich/Gabriel, AiB 10, 438; Thannheiser, AiB 11, 86, der auch die Dienstanweisungen der Agentur darstellt, die eine inhaltliche Einflussnahme auf die Transfersozialpläne vorsehen.

176 BAG 22.1.13 – 1 ABR 85/11, NZA-RR 13, 409; LAG BB 18.10.18 – 21 TaBV 1372/17, AuR 19, 190; vgl. im Einzelnen DKW-Däubler, Rn. 150 ff.

177 BAG 7.5.19 – 1 ABR 54/17, NZA 19, 1295.

178 Vgl. LAG BaWü, ZIP 85, 703 ff. zur früheren Rechtslage.

179 Zum sog. **Berechnungsdurchgriff** vgl. DKW-Däubler, Rn. 186 ff., 192 ff.; Zwanziger, AuR 23, 431; LAG Frankfurt, NZA 89, 107; BAG, DB 92, 2402; 07, 580; 15.1.13 – 3 AZR 638/10, NZA 14, 87; 10.3.15 – 3 AZR 739/13, NZA 15, 1187; 21.4.15 – 3 AZR 729/13, juris = AuR 15, 243 und BGH 27.9.16 – II ZR 57/15, NZA 16, 1470 (letztere beide zu § 16 BetrAVG); LAG BB 18.10.18 – 21 TaBV 1372/17, AuR 19, 190 (bei einer Sphärenvermischung, einer funktionswidrigen

die Sozialplanleistungen erbringen muss, ist beim Gemeinschaftsbetrieb auf dessen wirtschaftliche Situation abzustellen.[180] Nach **§ 134 UmwG** haftet nach einer »Betriebsaufspaltung« in Anlage- und Betriebsgesellschaft die **Anlagegesellschaft** fünf Jahre lang für Forderungen der AN der Betriebsgesellschaft aus §§ 111 ff. als Gesamtschuldner. Daher kann bei der Bemessung des Sozialplanvolumens auch die wirtschaftliche Leistungsfähigkeit der Anlagegesellschaft bis zur Höhe der Vermögensteile, die der Betriebsgesellschaft bei der Spaltung entzogen worden sind, berücksichtigt werden, also ein Berechnungs-/Bemessungsdurchgriff stattfinden.[181] Das UN kann durch den Sozialplan so belastet werden, dass die Aufwendungen einschneidend für die Ertragskraft sind.[182] Der in der Vorschrift enthaltenen Grenzziehung ist darüber hinaus zu entnehmen, dass das Gesetz bei einem wirtschaftlich wenig leistungsstarken UN im Falle der Entlassung eines großen Teils der AN einschneidende Belastungen **bis an den Rand der Bestandsgefährdung** für vertretbar ansieht.[183] Bei der **gerichtlichen Überprüfung** der wirtschaftlichen Vertretbarkeit kommt es auf die **objektiven Umstände** an, die tatsächlich vorlagen, als die ESt. den Sozialplan aufstellte.[184]

6. Kündigung und Abänderung des Sozialplans

25 Eine **ordentliche Kündigung des Sozialplans** kommt nur in seltenen Ausnahmefällen für zeitlich unbefristete Dauerleistungen in Betracht,[185] eine **außerordentliche Kündigung** ist ausgeschlossen.[186] Soweit eine Kündigung zulässig ist, tritt die **Nachwirkung** gemäß § 77 Abs. 6 ein. Dies würde auch für eine außerordentliche Kündigung gelten, hielte man sie für zulässig. Bei **Störung** der **Geschäftsgrundlage** kommt auf der Basis des § 313 Abs. 1 BGB eine nachträgliche Änderung in Betracht, die auch schon entstandene Ansprüche der AN zu ihren Ungunsten abändern kann. Im Streitfall erfolgt die Anpassung des Sozialplans durch die ESt.[187] Dies gilt auch für Initiativen

---

Vermögens- oder Geschäftsfeldverschiebung [§ 2 Abs. 1] und bei einem Beherrschungsvertrag, der interessenwidrige Weisungen ermöglicht hat, die eine angemessene Sozialplandotierung ausschließen; zur **Durchgriffshaftung** insbesondere BAG, DB 88, 1166; 94, 1780; 05, 1578 (kein Durchgriff bei Insolvenz).

180 BAG 14.2.23 – 1 ABR 28/21, NZA 23, 702; offengelassen v. BAG 12.11.02, NZA 03, 676; vgl. auch DKW-Däubler, Rn. 152.

181 BAG 15.3.11 – 1 ABR 97/09, brwo, NZA 11, 1112.

182 BAG, NZA 90, 443.

183 BAG, NZA 04, 108.

184 BAG, NZA 04, 108; vgl. auch DKW-F-Däubler, §§ 111–113 Rn. 53: Antragsschrift zur Feststellung der Unwirksamkeit eines Sozialplans.

185 BAG, DB 81, 2178; vgl. auch DB 95, 480.

186 DKW-Däubler, Rn. 203; ähnlich, wenngleich im Ergebnis offen, BAG, DB 95, 480.

187 BAG, DB 95, 480; 98, 1087.

des BR, wenn z. B. die verfügbaren finanziellen Mittel viel zu gering veranschlagt worden waren[188] oder aber eine Sanierung des UN fehlschlug, derentwegen relativ niedrige Leistungen festgesetzt worden waren.[189] AG und BR können einen geltenden Sozialplan **einvernehmlich** auch zum Nachteil der betroffenen AN für die Zukunft **durch einen neuen ersetzen**. Sie dürfen allerdings nicht in bereits **entstandene Rechte** eingreifen und müssen mit der Neuregelung der **Billigkeit** entsprechen.[190] Die Grundsätze des **Vertrauensschutzes** und der Verhältnismäßigkeit sind zu beachten.[191] **Individualklagen** können zur Korrektur einer einzelnen Sozialplanregelung führen, die AN unter Verstoß gegen Recht und Billigkeit benachteiligt. Die mit der Korrektur verbundene **Ausdehnung des Finanzvolumens** ist jedenfalls hinzunehmen, solange die Mehrbelastung des AG im Verhältnis zum Gesamtvolumen nicht »ins Gewicht fällt«.[192] Bei gravierenden Änderungen kann eine Anpassung des Sozialplans über die Grundsätze zum Wegfall der Geschäftsgrundlage in Betracht kommen. Die Ansprüche aus einem Sozialplan unterliegen **tariflichen Ausschlussfristen**.[193]

§ 112a Erzwingbarer Sozialplan bei Personalabbau, Neugründungen

(1) Besteht eine geplante Betriebsänderung im Sinne von § 111 Satz 3 Nr. 1 allein in der Entlassung von Arbeitnehmern, so findet § 112 Abs. 4 und 5 nur Anwendung, wenn

1. **in Betrieben mit in der Regel weniger als 60 Arbeitnehmern 20 vom Hundert der regelmäßig beschäftigten Arbeitnehmer, aber mindestens 6 Arbeitnehmer,**
2. **in Betrieben mit in der Regel mindestens 60 und weniger als 250 Arbeitnehmern 20 vom Hundert der regelmäßig beschäftigten Arbeitnehmer oder mindestens 37 Arbeitnehmer,**
3. **in Betrieben mit in der Regel mindestens 250 und weniger als 500 Arbeitnehmern 15 vom Hundert der regelmäßig beschäftigten Arbeitnehmer oder mindestens 60 Arbeitnehmer,**
4. **in Betrieben mit in der Regel mindestens 500 Arbeitnehmern 10 vom Hundert der regelmäßig beschäftigten Arbeitnehmer, aber mindestens 60 Arbeitnehmer**

aus betriebsbedingten Gründen entlassen werden sollen. Als Entlassung gilt auch das vom Arbeitgeber aus Gründen der Betriebsänderung ver-

188 BAG, DB 79, 261; 81, 1414.
189 BAG, DB 82, 908.
190 BAG, DB 95, 480; NZA 03, 1287; 07, 1357; 08, 719.
191 BAG, DB 01, 1563; NZA 07, 1357; 11, 1370.
192 BAG, DB 04, 991 m. w. N.
193 BAG, DB 95, 781; NZA 96, 986.

anlasste Ausscheiden von Arbeitnehmern aufgrund von Aufhebungsverträgen.

(2) § 112 Abs. 4 und 5 findet keine Anwendung auf Betriebe eines Unternehmens in den ersten vier Jahren nach seiner Gründung. Dies gilt nicht für Neugründungen im Zusammenhang mit der rechtlichen Umstrukturierung von Unternehmen und Konzernen. Maßgebend für den Zeitpunkt der Gründung ist die Aufnahme einer Erwerbstätigkeit, die nach § 138 der Abgabenordnung dem Finanzamt mitzuteilen ist.

Inhaltsübersicht Rn.

1. Erzwingbarkeit des Sozialplans bei Personalabbau

1 Die vom BAG in Anlehnung an § 17 KSchG entwickelte Staffel (vgl. § 111 Rn. 6) für Betriebsänderungen, die **allein in Entlassungen** bestehen, wird »nur« im Hinblick auf das MBR **(Erzwingbarkeit des Sozialplans)** für den BR verschlechtert. Ob eine Betriebsänderung vorliegt und die sonstigen BR-Rechte gegeben sind, beantwortet sich nach den vom BAG aufgestellten Grundsätzen und der erforderlichen Ergänzung für Kleinbetriebe (§ 111 Rn. 5 f.). Demzufolge sind z. B. die Verhandlungen über den Interessenausgleich auch dann wie geschildert (§ 112 Rn. 2) durchzuführen, wenn ein Sozialplan nicht erzwungen werden kann.[1] Klargestellt wird zudem, dass ein vom AG aus Gründen der Betriebsänderung veranlasstes **einverständliches Ausscheiden** mitzuzählen ist. Es kommt nur auf das Ausscheiden aus Gründen der geplanten Betriebsänderung an, nicht aber auf die äußere Form, die zur Beendigung des Arbeitsverhältnisses führt. Daher sind auch vom AG veranlasste **Eigenkündigungen** der AN mitzurechnen (vgl. § 111 Rn. 8).[2] **Teilzeitkräfte** sind voll mitzurechnen,[3] ebenso **Versetzungen** in andere Betriebe oder UN des Konzerns,[4] nicht aber betriebsinterne.[5] **LeihAN** sind bei dieser Vorschrift wegen § 14 Abs. 2 Satz 4 AÜG nicht einzubeziehen. Befristete Arbeitsverhältnisse sind bei vorzeitiger Beendigung zu berücksichtigen.[6] Die Vorschrift ist nach Auffassung des BAG[7] auch anwendbar, wenn **zum Personalabbau weitere AG-Maßnahmen** hinzukommen. Wenn sie allerdings allein oder zusammen mit dem Personalabbau eine Betriebs-

1 BAG, DB 89, 331; NZA 06, 932.
2 BAG, DB 88, 2413; 96, 2083.
3 LAG BaWü 16. 6. 87, LAGE § 111 BetrVG 1972 Nr. 6; vgl. auch BAG, DB 93, 591.
4 DKW-Däubler, §§ 112, 112a Rn. 71.
5 LAG Nürnberg, NZA-RR 05, 375.
6 LAG Nürnberg, NZA-RR 02, 138.
7 BAG 28. 3. 06, NZA 06, 932.

änderung darstellen, ist ein Sozialplan erzwingbar.[8] Der DGB-Entwurf hat die Vorschrift gestrichen.[9]

2. Betriebe neu gegründeter Unternehmen

Ein Sozialplan ist bei Betrieben **neu gegründeter UN** für vier Jahre nicht erzwingbar; auf die Art der Betriebsänderung kommt es dabei nicht an. Die Regelung findet aber keine Anwendung, wenn lediglich der Betrieb und nicht das UN neu gegründet worden ist. Sie scheidet ebenfalls aus, wenn ein **Konzern**, auch ein Gleichordnungskonzern, ein neues UN gründet[10] und bei den genannten Umstrukturierungen (z. B. **Umwandlung** eines VEB in eine GmbH,[11] **Abspaltung** von UN-Teilen,[12] **Verschmelzung** von UN[13]). Wird ein Betrieb eines neu gegründeten UN an ein UN veräußert, das bereits länger als vier Jahre besteht, werden spätere Betriebsänderungen sozialplanpflichtig. 2

Nach Auffassung des BAG[14] soll § 112a Abs. 2 auch anwendbar sein, wenn ein neu gegründetes UN einen Betrieb übernimmt, der bereits **länger als vier Jahre** besteht. Der bisherige AG hat allerdings ausdrücklich auf die fehlende Sozialplanpflicht des Erwerbers gem. § 613a Abs. 5 BGB hinzuweisen.[15] Eine Ausnahme soll nur gelten, falls die Neugründung nur den Zweck hat, Betriebe **aufzukaufen**, um sie anschließend **stillzulegen**. Diese Meinung ist abzulehnen, da sie gegen § 613a BGB verstößt[16] und im Übrigen bei länger bestehenden Betrieben durchaus wirtschaftliche Zukunftsprognosen möglich sind, also der Schutzzweck des Abs. 2 nicht gegeben ist.[17] Ein Sozialplan kommt auch in Betracht, wenn die Voraussetzungen von Abs. 2 Satz 1 vorliegen, er ist jedoch vom BR nicht erzwingbar. Da die Vorschrift § 112 Abs. 2 und 3 nicht ausschließt, sollen beide Seiten Vorschläge für einen Sozialplan machen.[18] Darüber hinaus kann auch eine **Einigungsstelle** zu bilden sein, jedenfalls, wenn der BR z. B. Anhaltspunkte für einen Rechtsmiss- 3

8 BAG 28.3.06, NZA 06, 932.
9 *https://aur-blog.eu/reformvorschlag/*.
10 DKW-Däubler, §§ 112, 112a Rn. 78.
11 BAG, DB 95, 2075.
12 BAG, DB 95, 1182 und 1287.
13 BAG, NZA 07, 106.
14 BAG, DB, 89, 2335; 97, 1416; NZA 07, 106; 14.11.13 – 8 AZR 824/12, DB 14, 901; vgl. auch LAG Frankfurt, NZA 92, 853; LAG Sachsen, BB 05, 2532.
15 BAG 14.11.13 – 8 AZR 824/12, DB 14, 901; LAG Sachsen-Anhalt 1.9.15 – 6 Sa 222/14, juris.
16 A. A. aber BAG, NZA 07, 106.
17 DKW-Däubler, §§ 112, 112a Rn. 75 f.
18 Vgl. auch DKW-Däubler, §§ 112, 112a Rn. 79.

brauch vorträgt.[19] Da BR und AG eine umfassende Regelungszuständigkeit in sozialen, personellen und wirtschaftlichen Fragen haben, können sie bei jeder Art von Arbeitsplatzverlust einen wirtschaftlichen Ausgleich (freiwillig) vereinbaren.[20]

§ 113 Nachteilsausgleich

(1) Weicht der Unternehmer von einem Interessenausgleich über die geplante Betriebsänderung ohne zwingenden Grund ab, so können Arbeitnehmer, die infolge dieser Abweichung entlassen werden, beim Arbeitsgericht Klage erheben mit dem Antrag, den Arbeitgeber zur Zahlung von Abfindungen zu verurteilen; § 10 des Kündigungsschutzgesetzes gilt entsprechend.

(2) Erleiden Arbeitnehmer infolge einer Abweichung nach Absatz 1 andere wirtschaftliche Nachteile, so hat der Unternehmer diese Nachteile bis zu einem Zeitraum von zwölf Monaten auszugleichen.

(3) Die Absätze 1 und 2 gelten entsprechend, wenn der Unternehmer eine geplante Betriebsänderung nach § 111 durchführt, ohne über sie einen Interessenausgleich mit dem Betriebsrat versucht zu haben, und infolge der Maßnahme Arbeitnehmer entlassen werden oder andere wirtschaftliche Nachteile erleiden.

Inhaltsübersicht Rn.

1. Abweichung vom Interessenausgleich

a) Abfindung als Nachteilsausgleich bei Entlassung

1 Weicht der UN von einem Interessenausgleich **ohne zwingenden Grund** ab, können AN, die deshalb entlassen werden, einen Anspruch auf Abfindung beim ArbG geltend machen.[1] Dabei spielt es keine Rolle, ob der AG von der Regelung der Betriebsänderung im Interessenausgleich oder von dort

19 LAG Nds. 31.7.12 – 1 TaBV 42/12.
20 BAG 24.5.12 – 2 AZR 62/11, NZA 13, 277.

1 Antragsschrift bei DKW-F-Däubler, §§ 111–113 Rn. 52.

ebenfalls geregelten Folgefragen abweicht.[2] Die Vorschrift sanktioniert vielmehr ohne entsprechende Unterscheidung das betriebsverfassungswidrige Verhalten des AG.[3] Der BR kann nach der abzulehnenden Ansicht des **BAG** allerdings **nicht die Einhaltung des Interessenausgleichs** aus eigenem Recht erzwingen.[4] Zu beachten ist, dass die Norm nur bei der Abweichung von einem Interessenausgleich über die Durchführung der unternehmerischen Maßnahme gilt. Hält der UN sich nicht an einen vereinbarten Sozialplan, so kommt sie nicht zur Anwendung, da die einzelnen AN Ansprüche **unmittelbar** aus dem Sozialplan haben (vgl. § 112 Abs. 1). Der DGB-Entwurf für ein modernes BetrVG[5] streicht die Vorschrift, weil er den Interessenausgleich in § 112 Abs. 5 als erzwingbar und die Entscheidung der Einigungsstelle als vorläufig vollstreckbar regelt. Zudem sieht er eine entsprechende Absicherung der BR-Rechte in § 74 Abs. 2 vor.

Die Verpflichtung des UN zur Zahlung von Abfindungen nach dieser Be- **2**
stimmung besteht nur, soweit die Kündigungen von AN **wirksam** erfolgt sind.[6] Ist eine Kündigung unwirksam, kann der betroffene AN auf Feststellung klagen, dass sein **Arbeitsverhältnis fortbesteht**. Stellt das ArbG in diesem Fall die Unwirksamkeit der Kündigung fest, löst es das Arbeitsverhältnis jedoch durch seine Entscheidung auf, bestimmt sich der Anspruch des AN auf Zahlung einer Abfindung unmittelbar nach den Vorschriften des KSchG.

Der Abfindungsanspruch setzt voraus, dass der AG vom Interessenausgleich **3**
ohne zwingenden Grund abgewichen und das Abweichen **ursächlich** für die Kündigung ist. Diese Kausalität ist auch dann noch gegeben, wenn der Gekündigte zwei Jahre mit Abwicklungsarbeiten beschäftigt wurde.[7] Daher scheidet der Anspruch aus, wenn die Beendigung des Arbeitsverhältnisses ausschließlich auf der **Eigenkündigung** des AN beruht.[8] Ist diese jedoch durch den AG aus betrieblichen Gründen veranlasst, handelt es sich ebenso um eine »**Entlassung**« i. S. von § 113 wie bei vom AG aus diesen Gründen veranlassten Aufhebungsverträgen (vgl. auch § 111 Rn. 8 m. w. N.).[9] Ein **zwingender Grund für ein Abweichen** vom Interessenausgleich kann nur dann in Betracht kommen, wenn dieser nach dem Zustandekommen des Interessenausgleichs eingetreten ist.[10] An die Notwendigkeit der Abweichung ist ein **strenger Maßstab** anzulegen. Es kommt nicht darauf an, ob sich die

---

2 Vgl. DKW-Däubler, Rn. 6; a. A. BAG 22. 1. 13, EzA § 113 BetrVG 2001 Nr. 9.
3 BAG, DB 04, 658 m. w. N.
4 BAG, DB 92, 380; a. A. § 112 Rn. 1.
5 *https://aur-blog.eu/reformvorschlag.*
6 BAG, DB 96, 1683; 05, 1578.
7 LAG Düsseldorf 9. 3. 17 – 5 Sa 780/16, juris.
8 LAG Berlin, AuR 87, 116.
9 BAG, DB 88, 2413; 96, 2083.
10 BAG, DB 74, 2207.

wirtschaftliche Entscheidung des UN nachträglich als sachlich richtig oder falsch erweist; vielmehr durfte dem AG zur Abwendung einer drohenden Gefahr für das UN praktisch **keine andere Wahl** bleiben. Fehlendes **Verschulden** kann die Abweichung nicht rechtfertigen.[11]

b) Höhe der Abfindung

4 Hat ein AN Anspruch auf Zahlung einer Abfindung gegenüber dem AG nach dieser Bestimmung, so richtet sich ihre Höhe nach **§ 10 KSchG**, ein Wegfall entsprechend § 112 Abs. 5 Satz 2 Nr. 2 kommt nicht in Betracht.[12] Danach kann die Abfindung grundsätzlich bis zur Höhe von zwölf Monatsverdiensten festgesetzt werden. Bei älteren und langjährig beschäftigten AN sind Abfindungen bis zu einem Betrag von 18 Monatsverdiensten möglich. Alter und Betriebszugehörigkeit spielen eine wichtige Rolle.[13] Bei der Entscheidung sind auch die Arbeitsmarktchancen (wegen der zukünftigen Ausgleichs – und Überbrückungsfunktion)[14] und das Gewicht des betriebsverfassungswidrigen Verhaltens zu beachten.[15] Nach BAG[16] kann (nicht muss) auch § 1a Abs. 2 KSchG eine Orientierung für die Berechnung geben. Die **finanzielle Leistungsfähigkeit** und Leistungsbereitschaft des AG spielen demgegenüber keine Rolle.[17] Der AN hat ggf. eine **Leistungsklage** zu erheben, in der er jedoch die Höhe der geforderten Abfindung nicht selbst angeben muss, sondern in das **Ermessen des Gerichts** stellen kann, das die Summe von Amts wegen festzusetzen hat.[18] Die Erhebung der Leistungsklage ist an keine Frist gebunden, es sei denn, dass der AN sie mit einer Feststellungsklage nach dem KSchG verbindet. In diesem Fall ist die dreiwöchige Frist nach § 4 KSchG zu beachten. Der Nachteilsausgleich ist in der **Insolvenz nicht auf 2,5 Monatsverdienste begrenzt**. Für eine analoge Anwendung des § 123 Abs. 1 InsO fehlt es bereits an einer Regelungslücke (vgl. auch Rn. 7).[19]

---

11 BAG, DB 84, 724; ZIP 96, 1391; HessLAG, AiB 03, 41 m. Anm. Backmeister.

12 BAG, BB 00, 47: Mangels Verweises und weil durch den Nachteilsausgleich ein betriebsverfassungswidriges Verhalten des AG durch Kostenbelastung sanktioniert werden soll.

13 BAG 7.11.17 – 1 AZR 186/16, NZA 18, 464.

14 BAG 12.2.19 – 1 AZR 279/17, NZA 19, 719.

15 BAG 18.10.11 – 1 AZR 335/10, NZA 12, 221; 7.11.17 – 1 AZR 186/16, NZA 18, 464.

16 BAG 7.11.17 – 1 AZR 186/16, NZA 18, 464.

17 BAG, NZA 04, 93; 18.10.11 – 1 AZR 335/10, NZA 12, 221; LAG Brandenburg, DB 06, 568 und DKW-Däubler, Rn. 20 m.w.N.

18 BAG, NZA 11, 466.

19 BAG, NZA 04, 93.

c) Ausgleich sonstiger wirtschaftlicher Nachteile

Neben dem nach Abs. 1 vorgesehenen Anspruch auf Zahlung einer Abfindung sieht die Bestimmung einen Ausgleich auch für die **sonstigen wirtschaftlichen Nachteile** (z. B. bei einer Versetzung geringerer Verdienst, höhere Fahrkosten usw.)[20] vor, die AN wegen einer Abweichung nach Abs. 1 erleiden. Muss z. B. ein AN deshalb auf einen geringer bezahlten Arbeitsplatz versetzt werden, so ist ihm der bisherige Lohn in voller Höhe weiterzuzahlen. Der Nachteilsausgleich erstreckt sich jedoch nur auf einen **Zeitraum von zwölf Monaten**. Es ist denkbar, dass ein AN **sowohl** Ansprüche aus einem **Sozialplan** als auch wegen des Abweichens des UN von einem vereinbarten **Interessenausgleich** hat.[21] Ein solcher Fall wäre z. B. gegeben, wenn der Sozialplan für die zu entlassenden AN Abfindungen vorsieht, der UN die Entlassungen aber schon früher durchführt, als im Interessenausgleich vereinbart war. Der UN hat dann neben der sich aus dem Sozialplan ergebenden Abfindung auch die durch die vorzeitige Entlassung entstandenen Nachteile, in diesem Fall beispielsweise den eingetretenen Lohnausfall, auszugleichen. 5

2. Unterbliebener Versuch eines Interessenausgleichs

Die Bestimmung stellt ausdrücklich klar, dass der UN, der den **BR** bei geplanten Betriebsänderungen **nicht ordnungsgemäß beteiligt**, sich so behandeln lassen muss, als wäre er **ohne zwingenden Grund** von einem mit dem BR vereinbarten Interessenausgleich abgewichen.[22] Er ist dann ebenfalls verpflichtet, die nach Abs. 1 vorgesehenen **Abfindungen** zu zahlen und den **Nachteilsausgleich** nach Abs. 2 vorzunehmen. Der UN muss den Interessenausgleich mit dem **zuständigen** BR bzw. GBR versuchen, **bevor** er mit der **Umsetzung** der geplanten Betriebsänderung beginnt. Hiermit beginnt er, wenn er unumkehrbare Maßnahmen ergreift und damit vollendete Tatsachen schafft,[23] also z. B. eine unwiderrufliche Freistellung aller AN[24] oder Kündigungen ausspricht oder Anträge auf Zustimmung bei den entsprechenden Behörden wie dem Integrationsamt stellt.[25] Ein späterer Inte- 6

20 Vgl. auch BAG, DB 88, 2413; 96, 1683.

21 LAG Hamm, AuR 72, 158.

22 BAG 18.7.17 – 1 AZR 546/15, NZA 17, 1618; vgl. hierzu auch LAG Hamm, AiB 93, 735.

23 BAG 14.4.15 – 1 AZR 417/14, NZA 15, 1212; 14.4.15 – 1 AZR 794/13, NZA 15, 1147.

24 BAG 18.7.17 – 1 AZR 546/15, NZA 17, 1618; LAG Berlin-Brandenburg 2.3.12 – 13 Sa 2187/11, ZIP 12, 1429.

25 BAG, NZA 02, 212; 14.4.15 – 1 AZR 417/14, NZA 15, 1212; DKW-Däubler, Rn. 9.

ressenausgleich beseitigt den Anspruch auf Nachteilsausgleich nicht. Anders kann die Situation allerdings zu bewerten sein, falls die Betriebsänderung aufgegeben und ausgesprochene Kündigungen zurückgenommen werden (vgl. auch Rn. 2).[26] Bei Zweifeln über den Verhandlungspartner trägt der AG die **Initiativlast**, d.h., er muss die in Betracht kommenden AN-Vertretungen zur Klärung der Zuständigkeitsfragen auffordern. Weist er allerdings ohne weiteres einen der möglichen Verhandlungspartner zurück, so trägt er das Risiko, dass sein Verhandlungsversuch als unzureichend gewertet wird, wenn dieser zuständig gewesen wäre.[27] Die **Verhandlungspflicht des UN** besteht auch dann, wenn die Voraussetzungen für eine Betriebseinschränkung durch Personalabbau erst dadurch entstehen, dass einzelne AN dem Übergang ihres Arbeitsverhältnisses gemäß **§ 613a BGB** widersprechen.[28] Der UN ist verpflichtet, das in § 112 Abs. 2 vorgesehene Verfahren **insgesamt** zu durchlaufen, bevor er die wirtschaftliche Maßnahme durchführt.[29] Hat also der UN den BR eingeschaltet, eine schriftliche Einigung über den Interessenausgleich ist aber nicht zustande gekommen, so muss er die **Einigungsstelle anrufen** – selbst wenn der BR mit den Inhalten des Interessenausgleichs einverstanden ist oder abweisend auf seine Verhandlungsangebote reagiert hat.[30] Ansonsten greift die Sanktion des Abs. 3 (vgl. auch die Sonderregelung des **§ 122 InsO**). Die nachträgliche Erklärung des BR, er wolle keine rechtlichen Schritte wegen des unterbliebenen Versuchs eines Interessenausgleichs unternehmen, ändert ebenfalls **nichts** an dem Bestehen des Anspruchs auf Nachteilsausgleich oder Abfindung, der einem AN nach dieser Bestimmung erwachsen ist.[31] Kommt zwischen den Betriebsparteien ein **aufschiebend bedingter Interessenausgleich** zustande, ist der Interessenausgleich vom UN jedenfalls versucht worden.[32] Verletzt der AG lediglich seine Anzeigepflichten nach **§ 17 Abs. 1, 3 KSchG,** kann die Vorschrift keine Anwendung finden.[33] Ausgesprochene Kündigungen sind allerdings unwirksam.[34]

---

26 LAG Düsseldorf 9.3.17 – 5 Sa 780/16, juris; DKW-Däubler, Rn. 12.

27 BAG, BB 96, 2093.

28 BAG, NZA 97, 787; LAG Bremen, NZA-RR 05, 140.

29 BAG, DB 85, 1293; BB 02, 1862.

30 BAG, NZA 07, 1296; LAG Berlin 8.7.87, LAGE § 112a BetrVG 1972 Nr. 2.

31 BAG, DB 77, 309.

32 BAG, NZA 06, 162.

33 BAG 14.4.15 – 1 AZR 794/13, NZA 15, 1147; DKW-Däubler, Rn. 15.

34 § 111 Fn. 76; vgl. z.B. BAG 9.6.16 – 6 AZR 405/15, NZA 16, 1198; 12.2.19 – 1 AZR 279/17, ZIP 19, 833.

3. Geltendmachung im Insolvenzverfahren/im Tendenzbetrieb

Die Vorschrift gilt auch im **Insolvenzverfahren**, wie bereits der Umkehrschluss aus § 122 Abs. 1 Satz 1 und 2 InsO zeigt.[35] Der Anspruch auf Nachteilsausgleich ist, wenn er durch Handeln des InsV entsteht, **sonstige Masseverbindlichkeit** nach § 55 Abs. 1 Nr. 1 InsO.[36] Ist der Anspruch vor Eröffnung des Insolvenzverfahrens entstanden, handelt es sich um eine **Insolvenzforderung**.[37] 7

Da der AG in **Tendenzbetrieben** nach Auffassung des BAG (vgl. auch § 118 Rn. 19)[38] offenbar nicht verpflichtet ist, einen Interessenausgleich zu versuchen, setzt der Nachteilsausgleich hier voraus, dass der AG eine Betriebsänderung durchführt, ohne rechtzeitig seiner **Unterrichtungs- und Beratungspflicht gegenüber dem BR** im Hinblick auf einen Sozialplan genügt zu haben.[39] Auf eine andere Grundlage lassen sich Nachteilsausgleichsansprüche wegen der Verletzung der Informationspflichten auch nicht im Hinblick auf europäisches Recht stützen.[40] Darüber hinaus besteht der Anspruch, wenn der AG ohne zwingenden Grund von einem **freiwillig abgeschlossenen Interessenausgleich** abweicht (§ 113 Abs. 1, 2).[41] 8

Hat der UN den Betrieb stillgelegt, ohne vorher einen Interessenausgleich mit dem BR versucht zu haben, so können die in Folge[42] der Betriebsstilllegung entlassenen AN Abfindungsansprüche nach Auffassung des BAG allerdings dann nicht erheben, wenn Ereignisse eingetreten sind, die eine **sofortige Schließung des Betriebs unausweichlich** gemacht haben, und ein Hinausschieben der Betriebsstilllegung zum Zwecke des Versuches eines Interessenausgleichs den betroffenen AN nur **weitere Nachteile** hätte bringen können.[43] 9

4. Nachteilsausgleich und Sozialplan

Auch wenn der UN den BR nicht eingeschaltet hat und die betroffenen AN Ansprüche nach dieser Bestimmung geltend machen, ist der BR nicht ge- 10

35 BAG, NZA 04, 93; 04, 220; LAG Berlin-Brandenburg 2.3.12 – 13 Sa 2187/11, ZIP 12, 1429.
36 BAG, NZA 06, 1122.
37 BAG, DB 03, 618; vgl. auch BAG, NZA 04, 93.
38 NZA 99, 328 = AiB 00, 38 mit Anm. v. Wedde; NZA 04, 931; zust. Fitting, Rn. 4; a. A. zu Recht DKW-Wedde, § 118 Rn. 70 ff. m. w. N.
39 BAG, NZA 99, 328; DB 04, 1372.
40 BAG, DB 04, 1372 und 1511.
41 Offengelassen von BAG, NZA 99, 328.
42 Vgl. LAG Bremen, NZA-RR 05, 140 zum Zusammenhang zwischen Betriebsänderung und Nachteil.
43 BAG, DB 79, 1139; 96, 1683; offengelassen von BAG, NZA 04, 93; vgl. auch LAG Berlin, NZA-RR 05, 516.

hindert, auf die **Erstellung eines Sozialplans** hinzuwirken und diesen ggf. über die Einigungsstelle zu erzwingen. Der Anspruch auf Nachteilsausgleich oder Abfindung wird nicht durch einen Sozialplan beseitigt, der nach Einleitung der Betriebsänderung (Stilllegung) und den aus diesem Grunde ausgesprochenen Kündigungen gegenüber den AN zustande kommt.[44] Die AN brauchen sich die **nachträgliche Einigung** des BR mit dem AG nicht zurechnen zu lassen; denn der BR ist nicht Vertreter der AN, sondern lediglich deren **Interessenwahrer.**[45] Der Nachteilsausgleich ist unserer Meinung nach auf Sozialplanleistungen ebenso wenig ohne entsprechende Klausel **automatisch anzurechnen**[46] wie ein Sozialplananspruch auf einen Nachteilsausgleich. Das **BAG** sieht dies allerdings in ständiger Rechtsprechung anders und verrechnet wegen des identischen Zwecks (»zukunftsbezogene Ausgleichs- und Überbrückungsfunktion«) die Ansprüche. Die Zahlung von Nachteilsausgleich oder Sozialplanabfindung hat dann, wenn nicht ein anderer Tilgungszweck festgelegt ist, Erfüllungswirkung auch für den jeweiligen anderen Anspruch.[47] Der entlassene AN kann ggf. seine **Kündigungsschutzklage** mit der Klage nach § 113 (als Hilfsantrag) verbinden.

11 Ein Anspruch auf Nachteilsausgleich oder Abfindung besteht im Übrigen auch dann, wenn ein Interessenausgleich **nicht schriftlich** abgefasst wurde.[48]

5. Tarifliche Ausschlussfristen/Gemeinschaftsbetrieb

12 **Tarifliche Ausschlussfristen** gelten, sofern sie sich auf beiderseitige Ansprüche aus dem Arbeitsverhältnis und solche, die mit dem Arbeitsverhältnis in Verbindung stehen, beziehen, auch für Abfindungsansprüche nach dieser Bestimmung. Die Ausschlussfrist zur Geltendmachung des Abfindungsanspruchs beginnt mit dem **Ausscheiden des AN aus dem Arbeitsverhältnis.**[49] Dies gilt auch dann, wenn der Kündigungsrechts-

---

44 BAG, NZA 07, 1296 m.w.N.

45 BAG, DB 77, 309; LAG Berlin, AuR 07, 61; vgl. auch LAG Brandenburg, DB 06, 568.

46 DKW-Däubler, §§ 112, 112a Rn. 122ff.

47 BAG, DB 79, 261; 80, 549; NZA 07, 1296, das allerdings noch offenlässt, ob eine Anrechnung auch erfolgen muss, wenn der AG die in Art. 2 Abs. 1 der EG-Massenentlassungsrichtlinie angeordnete Konsultationspflicht verletzt hat; dies bejahend BAG 12.2.19 – 1 AZR 279/17, NZA 19, 719, weil Kündigungen dann nach § 17 KSchG unwirksam sind [vgl. z.B. auch BAG 22.9.16 – 2 AZR 276/16, NZA 17, 175] und somit eine Art. 6 der Richtlinie entsprechende Sanktion vorliegt.

48 BAG, NZA 07, 1296.

49 BAG 20.6.78, AP Nr. 3 zu § 113 BetrVG 1972.

streit noch nicht entschieden ist.[50] Eine Bezifferung ist für die ordnungsgemäße Geltendmachung nicht erforderlich.[51] AN können auf einen bereits bestehenden Anspruch auf Nachteilsausgleich auch ohne Zustimmung des BR **verzichten**. Eine Behandlung wie ein Sozialplananspruch analog §§ 112 Abs. 1 Satz 3, 77 Abs. 4 Satz 2 scheidet aus, da es sich um einen **dispositiven gesetzlichen Anspruch** und nicht einen solchen aus BV handelt und auch der Zweck der Vorschrift, das betriebsverfassungswidrige Verhalten des AG zu sanktionieren, keine Unverzichtbarkeit verlangt.[52]

In einem **Gemeinschaftsbetrieb** haften die Träger-UN gesamtschuldnerisch für den Nachteilsausgleich, da sie das betriebsverfassungswidrige Verhalten gleichermaßen zu vertreten haben (s. § 112 Rn. 3, 4).[53] 13

50 BAG 3.8.82, AP Nr. 5 zu § 113 BetrVG 1972.
51 BAG, DB 84, 724.
52 BAG, DB 04, 658.
53 LAG Düsseldorf 19.8.14 – 17 Sa 67/14, LAGE § 111 BetrVG 2001 Nr. 13; DKW-Däubler, Rn. 26; vgl. auch BAG, NZA 03, 676.

Fünfter Teil
Besondere Vorschriften für einzelne Betriebsarten

Erster Abschnitt
Seeschifffahrt

§ 114 Grundsätze

(1) Auf Seeschifffahrtsunternehmen und ihre Betriebe ist dieses Gesetz anzuwenden, soweit sich aus den Vorschriften dieses Abschnitts nichts anderes ergibt.

(2) Seeschifffahrtsunternehmen im Sinne dieses Gesetzes ist ein Unternehmen, das Handelsschifffahrt betreibt und seinen Sitz im Geltungsbereich dieses Gesetzes hat. Ein Seeschifffahrtsunternehmen im Sinne dieses Abschnitts betreibt auch, wer als Korrespondenzreeder, Vertragsreeder, Ausrüster oder aufgrund eines ähnlichen Rechtsverhältnisses Schiffe zum Erwerb durch die Seeschifffahrt verwendet, wenn er Arbeitgeber des Kapitäns und der Besatzungsmitglieder ist oder überwiegend die Befugnisse des Arbeitgebers ausübt.

(3) Als Seebetrieb im Sinne dieses Gesetzes gilt die Gesamtheit der Schiffe eines Seeschifffahrtsunternehmens einschließlich der in Absatz 2 Satz 2 genannten Schiffe.

(4) Schiffe im Sinne dieses Gesetzes sind Kauffahrteischiffe, die nach dem Flaggenrechtsgesetz die Bundesflagge führen. Schiffe, die in der Regel binnen 24 Stunden nach dem Auslaufen an den Sitz eines Landbetriebs zurückkehren, gelten als Teil dieses Landbetriebs des Seeschifffahrtsunternehmens.

(5) Jugend- und Auszubildendenvertretungen werden nur für die Landbetriebe von Seeschifffahrtsunternehmen gebildet.

(6) Besatzungsmitglieder im Sinne dieses Gesetzes sind die in einem Heuer- oder Berufsausbildungsverhältnis zu einem Seeschifffahrtsunternehmen stehenden im Seebetrieb beschäftigten Personen mit Ausnahme des Kapitäns. Leitende Angestellte im Sinne von § 5 Abs. 3 dieses Gesetzes sind nur die Kapitäne.

§ 115 Bordvertretung

(1) Auf Schiffen, die mit in der Regel mindestens fünf wahlberechtigten Besatzungsmitgliedern besetzt sind, von denen drei wählbar sind, wird eine Bordvertretung gewählt. Auf die Bordvertretung finden, soweit sich aus diesem Gesetz oder aus anderen gesetzlichen Vorschriften nicht etwas anderes ergibt, die Vorschriften über die Rechte und Pflichten des Betriebsrats und die Rechtsstellung seiner Mitglieder Anwendung.

(2) Die Vorschriften über die Wahl und Zusammensetzung des Betriebsrats finden mit folgender Maßgabe Anwendung:

1. Wahlberechtigt sind alle Besatzungsmitglieder des Schiffes.
2. Wählbar sind die Besatzungsmitglieder des Schiffes, die am Wahltag das 18. Lebensjahr vollendet haben und ein Jahr Besatzungsmitglied eines Schiffes waren, das nach dem Flaggenrechtsgesetz die Bundesflagge führt. § 8 Abs. 1 Satz 3 bleibt unberührt.
3. Die Bordvertretung besteht auf Schiffen mit in der Regel
   5 bis 20 wahlberechtigten Besatzungsmitgliedern aus einer Person,
   21 bis 75 wahlberechtigten Besatzungsmitgliedern aus drei Mitgliedern,
   über 75 wahlberechtigten Besatzungsmitgliedern aus fünf Mitgliedern.
4. (weggefallen)
5. § 13 Abs. 1 und 3 findet keine Anwendung. Die Bordvertretung ist vor Ablauf ihrer Amtszeit unter den in § 13 Abs. 2 Nr. 2 bis 5 genannten Voraussetzungen neu zu wählen.
6. Die wahlberechtigten Besatzungsmitglieder können mit der Mehrheit aller Stimmen beschließen, die Wahl der Bordvertretung binnen 24 Stunden durchzuführen.
7. Die in § 16 Abs. 1 Satz 1 genannte Frist wird auf zwei Wochen, die in § 16 Abs. 2 Satz 1 genannte Frist wird auf eine Woche verkürzt.
8. Bestellt die im Amt befindliche Bordvertretung nicht rechtzeitig einen Wahlvorstand oder besteht keine Bordvertretung, wird der Wahlvorstand in einer Bordversammlung von der Mehrheit der anwesenden Besatzungsmitglieder gewählt; § 17 Abs. 3 gilt entsprechend. Kann aus Gründen der Aufrechterhaltung des ordnungsgemäßen Schiffsbetriebs eine Bordversammlung nicht stattfinden, so kann der Kapitän auf Antrag von drei Wahlberechtigten den Wahlvorstand bestellen. Bestellt der Kapitän den Wahlvorstand nicht, so ist der Seebetriebsrat berechtigt, den Wahlvorstand zu bestellen. Die Vorschriften über die Bestellung des Wahlvorstands durch das Arbeitsgericht bleiben unberührt.
9. Die Frist für die Wahlanfechtung beginnt für Besatzungsmitglieder an Bord, wenn das Schiff nach Bekanntgabe des Wahlergebnisses

erstmalig einen Hafen im Geltungsbereich dieses Gesetzes oder einen Hafen, in dem ein Seemannsamt seinen Sitz hat, anläuft. Die Wahlanfechtung kann auch zu Protokoll des Seemannsamtes erklärt werden. Wird die Wahl zur Bordvertretung angefochten, zieht das Seemannsamt die an Bord befindlichen Wahlunterlagen ein. Die Anfechtungserklärung und die eingezogenen Wahlunterlagen sind vom Seemannsamt unverzüglich an das für die Anfechtung zuständige Arbeitsgericht weiterzuleiten.

(3) Auf die Amtszeit der Bordvertretung finden die §§ 21, 22 bis 25 mit der Maßgabe Anwendung, dass

1. die Amtszeit ein Jahr beträgt,
2. die Mitgliedschaft in der Bordvertretung auch endet, wenn das Besatzungsmitglied den Dienst an Bord beendet, es sei denn, dass es den Dienst an Bord vor Ablauf der Amtszeit nach Nummer 1 wieder antritt.

(4) Für die Geschäftsführung der Bordvertretung gelten die §§ 26 bis 36, § 37 Abs. 1 bis 3 sowie die §§ 39 bis 41 entsprechend. § 40 Abs. 2 ist mit der Maßgabe anzuwenden, dass die Bordvertretung in dem für ihre Tätigkeit erforderlichen Umfang auch die für die Verbindung des Schiffes zur Reederei eingerichteten Mittel zur beschleunigten Übermittlung von Nachrichten in Anspruch nehmen kann.

(5) Die §§ 42 bis 46 über die Betriebsversammlung finden für die Versammlung der Besatzungsmitglieder eines Schiffes (Bordversammlung) entsprechende Anwendung. Auf Verlangen der Bordvertretung hat der Kapitän der Bordversammlung einen Bericht über die Schiffsreise und die damit zusammenhängenden Angelegenheiten zu erstatten. Er hat Fragen, die den Schiffsbetrieb, die Schiffsreise und die Schiffssicherheit betreffen, zu beantworten.

(6) Die §§ 47 bis 59 über den Gesamtbetriebsrat und den Konzernbetriebsrat finden für die Bordvertretung keine Anwendung.

(7) Die §§ 74 bis 105 über die Mitwirkung und Mitbestimmung der Arbeitnehmer finden auf die Bordvertretung mit folgender Maßgabe Anwendung:

1. Die Bordvertretung ist zuständig für die Behandlung derjenigen nach diesem Gesetz der Mitwirkung und Mitbestimmung des Betriebsrats unterliegenden Angelegenheiten, die den Bordbetrieb oder die Besatzungsmitglieder des Schiffes betreffen und deren Regelung dem Kapitän aufgrund gesetzlicher Vorschriften oder der ihm von der Reederei übertragenen Befugnisse obliegt.
2. Kommt es zwischen Kapitän und Bordvertretung in einer der Mitwirkung oder Mitbestimmung der Bordvertretung unterliegenden Angelegenheit nicht zu einer Einigung, so kann die Angelegenheit von der Bordvertretung an den Seebetriebsrat abgegeben werden.

Der Seebetriebsrat hat die Bordvertretung über die weitere Behandlung der Angelegenheit zu unterrichten. Bordvertretung und Kapitän dürfen die Einigungsstelle oder das Arbeitsgericht nur anrufen, wenn ein Seebetriebsrat nicht gewählt ist.

3. Bordvertretung und Kapitän können im Rahmen ihrer Zuständigkeiten Bordvereinbarungen abschließen. Die Vorschriften über Betriebsvereinbarungen gelten für Bordvereinbarungen entsprechend. Bordvereinbarungen sind unzulässig, soweit eine Angelegenheit durch eine Betriebsvereinbarung zwischen Seebetriebsrat und Arbeitgeber geregelt ist.
4. In Angelegenheiten, die der Mitbestimmung der Bordvertretung unterliegen, kann der Kapitän, auch wenn eine Einigung mit der Bordvertretung noch nicht erzielt ist, vorläufige Regelungen treffen, wenn dies zur Aufrechterhaltung des ordnungsgemäßen Schiffsbetriebs dringend erforderlich ist. Den von der Anordnung betroffenen Besatzungsmitgliedern ist die Vorläufigkeit der Regelung bekannt zu geben. Soweit die vorläufige Regelung der endgültigen Regelung nicht entspricht, hat das Schifffahrtsunternehmen Nachteile auszugleichen, die den Besatzungsmitgliedern durch die vorläufige Regelung entstanden sind.
5. Die Bordvertretung hat das Recht auf regelmäßige und umfassende Unterrichtung über den Schiffsbetrieb. Die erforderlichen Unterlagen sind der Bordvertretung vorzulegen. Zum Schiffsbetrieb gehören insbesondere die Schiffssicherheit, die Reiserouten, die voraussichtlichen Ankunfts- und Abfahrtszeiten sowie die zu befördernde Ladung.
6. Auf Verlangen der Bordvertretung hat der Kapitän ihr Einsicht in die an Bord befindlichen Schiffstagebücher zu gewähren. In den Fällen, in denen der Kapitän eine Eintragung über Angelegenheiten macht, die der Mitwirkung oder Mitbestimmung der Bordvertretung unterliegen, kann diese eine Abschrift der Eintragung verlangen und Erklärungen zum Schiffstagebuch abgeben. In den Fällen, in denen über eine der Mitwirkung oder Mitbestimmung der Bordvertretung unterliegenden Angelegenheit eine Einigung zwischen Kapitän und Bordvertretung nicht erzielt wird, kann die Bordvertretung dies zum Schiffstagebuch erklären und eine Abschrift dieser Eintragung verlangen.
7. Die Zuständigkeit der Bordvertretung im Rahmen des Arbeitsschutzes bezieht sich auch auf die Schiffssicherheit und die Zusammenarbeit mit den insoweit zuständigen Behörden und sonstigen in Betracht kommenden Stellen.

§ 116 Seebetriebsrat

(1) In Seebetrieben werden Seebetriebsräte gewählt. Auf die Seebetriebsräte finden, soweit sich aus diesem Gesetz oder aus anderen gesetzlichen Vorschriften nicht etwas anderes ergibt, die Vorschriften über die Rechte und Pflichten des Betriebsrats und die Rechtsstellung seiner Mitglieder Anwendung.

(2) Die Vorschriften über die Wahl, Zusammensetzung und Amtszeit des Betriebsrats finden mit folgender Maßgabe Anwendung:

1. Wahlberechtigt zum Seebetriebsrat sind alle zum Seeschifffahrtsunternehmen gehörenden Besatzungsmitglieder.
2. Für die Wählbarkeit zum Seebetriebsrat gilt § 8 mit der Maßgabe, dass
   a) in Seeschifffahrtsunternehmen, zu denen mehr als acht Schiffe gehören oder in denen in der Regel mehr als 250 Besatzungsmitglieder beschäftigt sind, nur nach § 115 Abs. 2 Nr. 2 wählbare Besatzungsmitglieder wählbar sind;
   b) in den Fällen, in denen die Voraussetzungen des Buchstabens a nicht vorliegen, nur Arbeitnehmer wählbar sind, die nach § 8 die Wählbarkeit im Landbetrieb des Seeschifffahrtsunternehmens besitzen, es sei denn, dass der Arbeitgeber mit der Wahl von Besatzungsmitgliedern einverstanden ist.
3. Der Seebetriebsrat besteht in Seebetrieben mit in der Regel
   5 bis 400 wahlberechtigten Besatzungsmitgliedern aus einer Person,
   401 bis 800 wahlberechtigten Besatzungsmitgliedern aus drei Mitgliedern,
   über 800 wahlberechtigten Besatzungsmitgliedern aus fünf Mitgliedern.
4. Ein Wahlvorschlag ist gültig, wenn er im Fall des § 14 Abs. 4 Satz 1 erster Halbsatz und Satz 2 mindestens von drei wahlberechtigten Besatzungsmitgliedern unterschrieben ist.
5. § 14a findet keine Anwendung.
6. Die in § 16 Abs. 1 Satz 1 genannte Frist wird auf drei Monate, die in § 16 Abs. 2 Satz 1 genannte Frist auf zwei Monate verlängert.
7. Zu Mitgliedern des Wahlvorstands können auch im Landbetrieb des Seeschifffahrtsunternehmens beschäftigte Arbeitnehmer bestellt werden. § 17 Abs. 2 bis 4 findet keine Anwendung. Besteht kein Seebetriebsrat, so bestellt der Gesamtbetriebsrat oder, falls ein solcher nicht besteht, der Konzernbetriebsrat den Wahlvorstand. Besteht weder ein Gesamtbetriebsrat noch ein Konzernbetriebsrat, wird der Wahlvorstand gemeinsam vom Arbeitgeber und den im Seebetrieb vertretenen Gewerkschaften bestellt; Gleiches gilt, wenn der Gesamtbetriebsrat oder der Konzernbetriebsrat die Bestellung des

Wahlvorstands nach Satz 3 unterlässt. Einigen sich Arbeitgeber und Gewerkschaften nicht, so bestellt ihn das Arbeitsgericht auf Antrag des Arbeitgebers, einer im Seebetrieb vertretenen Gewerkschaft oder von mindestens drei wahlberechtigten Besatzungsmitgliedern. § 16 Abs. 2 Satz 2 und 3 gilt entsprechend.

8. Die Frist für die Wahlanfechtung nach § 19 Abs. 2 beginnt für Besatzungsmitglieder an Bord, wenn das Schiff nach Bekanntgabe des Wahlergebnisses erstmalig einen Hafen im Geltungsbereich dieses Gesetzes oder einen Hafen, in dem ein Seemannsamt seinen Sitz hat, anläuft. Nach Ablauf von drei Monaten seit Bekanntgabe des Wahlergebnisses ist eine Wahlanfechtung unzulässig. Die Wahlanfechtung kann auch zu Protokoll des Seemannsamtes erklärt werden. Die Anfechtungserklärung ist vom Seemannsamt unverzüglich an das für die Anfechtung zuständige Arbeitsgericht weiterzuleiten.
9. Die Mitgliedschaft im Seebetriebsrat endet, wenn der Seebetriebsrat aus Besatzungsmitgliedern besteht, auch, wenn das Mitglied des Seebetriebsrats nicht mehr Besatzungsmitglied ist. Die Eigenschaft als Besatzungsmitglied wird durch die Tätigkeit im Seebetriebsrat oder durch eine Beschäftigung gemäß Absatz 3 Nr. 2 nicht berührt.

(3) Die §§ 26 bis 41 über die Geschäftsführung des Betriebsrats finden auf den Seebetriebsrat mit folgender Maßgabe Anwendung:

1. In Angelegenheiten, in denen der Seebetriebsrat nach diesem Gesetz innerhalb einer bestimmten Frist Stellung zu nehmen hat, kann er, abweichend von § 33 Abs. 2, ohne Rücksicht auf die Zahl der zur Sitzung erschienenen Mitglieder einen Beschluss fassen, wenn die Mitglieder ordnungsgemäß geladen worden sind.
2. Soweit die Mitglieder des Seebetriebsrats nicht freizustellen sind, sind sie so zu beschäftigen, dass sie durch ihre Tätigkeit nicht gehindert sind, die Aufgaben des Seebetriebsrats wahrzunehmen. Der Arbeitsplatz soll den Fähigkeiten und Kenntnissen des Mitglieds des Seebetriebsrats und seiner bisherigen beruflichen Stellung entsprechen. Der Arbeitsplatz ist im Einvernehmen mit dem Seebetriebsrat zu bestimmen. Kommt eine Einigung über die Bestimmung des Arbeitsplatzes nicht zustande, so entscheidet die Einigungsstelle. Der Spruch der Einigungsstelle ersetzt die Einigung zwischen Arbeitgeber und Seebetriebsrat.
3. Den Mitgliedern des Seebetriebsrats, die Besatzungsmitglieder sind, ist die Heuer auch dann fortzuzahlen, wenn sie im Landbetrieb beschäftigt werden. Sachbezüge sind angemessen abzugelten. Ist der neue Arbeitsplatz höherwertig, so ist das diesem Arbeitsplatz entsprechende Arbeitsentgelt zu zahlen.
4. Unter Berücksichtigung der örtlichen Verhältnisse ist über die Unterkunft der in den Seebetriebsrat gewählten Besatzungsmitglieder

eine Regelung zwischen dem Seebetriebsrat und dem Arbeitgeber zu treffen, wenn der Arbeitsplatz sich nicht am Wohnort befindet. Kommt eine Einigung nicht zustande, so entscheidet die Einigungsstelle. Der Spruch der Einigungsstelle ersetzt die Einigung zwischen Arbeitgeber und Seebetriebsrat.

5. Der Seebetriebsrat hat das Recht, jedes zum Seebetrieb gehörende Schiff zu betreten, dort im Rahmen seiner Aufgaben tätig zu werden sowie an den Sitzungen der Bordvertretung teilzunehmen. § 115 Abs. 7 Nr. 5 Satz 1 gilt entsprechend.
6. Liegt ein Schiff in einem Hafen innerhalb des Geltungsbereichs dieses Gesetzes, so kann der Seebetriebsrat nach Unterrichtung des Kapitäns Sprechstunden an Bord abhalten und Bordversammlungen der Besatzungsmitglieder durchführen.
7. Läuft ein Schiff innerhalb eines Kalenderjahres keinen Hafen im Geltungsbereich dieses Gesetzes an, so gelten die Nummern 5 und 6 für europäische Häfen. Die Schleusen des Nordostseekanals gelten nicht als Häfen.
8. Im Einvernehmen mit dem Arbeitgeber können Sprechstunden und Bordversammlungen, abweichend von den Nummern 6 und 7, auch in anderen Liegehäfen des Schiffes durchgeführt werden, wenn ein dringendes Bedürfnis hierfür besteht. Kommt eine Einigung nicht zustande, so entscheidet die Einigungsstelle. Der Spruch der Einigungsstelle ersetzt die Einigung zwischen Arbeitgeber und Seebetriebsrat.

(4) Die §§ 42 bis 46 über die Betriebsversammlung finden auf den Seebetrieb keine Anwendung.

(5) Für den Seebetrieb nimmt der Seebetriebsrat die in den §§ 47 bis 59 dem Betriebsrat übertragenen Aufgaben, Befugnisse und Pflichten wahr.

(6) Die §§ 74 bis 113 über die Mitwirkung und Mitbestimmung der Arbeitnehmer finden auf den Seebetriebsrat mit folgender Maßgabe Anwendung:

1. Der Seebetriebsrat ist zuständig für die Behandlung derjenigen nach diesem Gesetz der Mitwirkung oder Mitbestimmung des Betriebsrats unterliegenden Angelegenheiten,
   a) die alle oder mehrere Schiffe des Seebetriebs oder die Besatzungsmitglieder aller oder mehrerer Schiffe des Seebetriebs betreffen,
   b) die nach § 115 Abs. 7 Nr. 2 von der Bordvertretung abgegeben worden sind oder
   c) für die nicht die Zuständigkeit der Bordvertretung nach § 115 Abs. 7 Nr. 1 gegeben ist.

2. Der Seebetriebsrat ist regelmäßig und umfassend über den Schiffsbetrieb des Seeschifffahrtsunternehmens zu unterrichten. Die erforderlichen Unterlagen sind ihm vorzulegen.

Zweiter Abschnitt
Luftfahrt

§ 117 Geltung für die Luftfahrt

(1) Auf Landbetriebe von Luftfahrtunternehmen ist dieses Gesetz anzuwenden. Auf im Flugbetrieb beschäftigte Arbeitnehmer von Luftfahrtunternehmen ist dieses Gesetz anzuwenden, wenn keine Vertretung durch Tarifvertrag nach Absatz 2 Satz 1 errichtet ist.
(2) Für im Flugbetrieb beschäftigte Arbeitnehmer von Luftfahrtunternehmen kann durch Tarifvertrag eine Vertretung errichtet werden. Über die Zusammenarbeit dieser Vertretung mit den nach diesem Gesetz zu errichtenden Vertretungen der Arbeitnehmer der Landbetriebe des Luftfahrtunternehmens kann der Tarifvertrag von diesem Gesetz abweichende Regelungen vorsehen. Auf einen Tarifvertrag nach den Sätzen 1 und 2 ist § 4 Absatz 5 des Tarifvertragsgesetzes anzuwenden.

Dritter Abschnitt
Tendenzbetriebe und Religionsgemeinschaften

§ 118 Geltung für Tendenzbetriebe und Religionsgemeinschaften

(1) Auf Unternehmen und Betriebe, die unmittelbar und überwiegend
1. politischen, koalitionspolitischen, konfessionellen, karitativen, erzieherischen, wissenschaftlichen oder künstlerischen Bestimmungen oder
2. Zwecken der Berichterstattung oder Meinungsäußerung, auf die Artikel 5 Abs. 1 Satz 2 des Grundgesetzes Anwendung findet,

dienen, finden die Vorschriften dieses Gesetzes keine Anwendung, soweit die Eigenart des Unternehmens oder des Betriebs dem entgegensteht. Die §§ 106 bis 110 sind nicht, die §§ 111 bis 113 nur insoweit anzuwenden, als sie den Ausgleich oder die Milderung wirtschaftlicher Nachteile für die Arbeitnehmer infolge von Betriebsänderungen regeln.

(2) Dieses Gesetz findet keine Anwendung auf Religionsgemeinschaften und ihre karitativen und erzieherischen Einrichtungen unbeschadet deren Rechtsform.

Inhaltsübersicht Rn.

1. Tendenzunternehmen und -betriebe

a) »unmittelbar und überwiegend«

1 Das BetrVG gilt grundsätzlich auch für sog. Tendenzbetriebe/UN. Die Voraussetzung ist sowohl für den jeweiligen Betrieb des UN als auch für das Gesamt-UN zu prüfen. Die **Tendenzbestimmung** tritt nur für die UN/Betriebe ein, die **unmittelbar und überwiegend** einer oder mehreren der in Nrn. 1 und 2 genannten Zielsetzungen dienen.[1] **Beide Kriterien** müssen erfüllt werden. Nach der Rspr. des BAG ist es weder tendenzschädlich, wenn ein UN mehreren in Abs. 1 genannten Bestimmungen dient, noch kommt es auf die Motivation des UN und darauf an, ob der UN das UN lediglich betreibt, um Gewinne zu erzielen;[2] ausschlaggebend ist die Art des UN. Entgegen der Ansicht des BAG ist jedoch davon auszugehen, dass jedenfalls bei vorherrschendem Gewinnstreben von einer geistig-ideellen Zielrichtung nicht mehr gesprochen werden kann.[3] Der AG kann auf den Tendenzschutz verzichten, da es bei der Einschränkung der Beteiligungsbefugnisse des BR

---

1 Zum Tendenzschutz nach § 118 s. auch Jansen, AiB 2/17, 27; Scheriau, AiB 12, 579 und 652 sowie AiB 13, 35.

2 BAG 20.4.10 – 1 ABR 78/08; LAG BaWü 7.10.20 – 10 TaBV 2/20.

3 DKW-Wedde, Rn. 22 f.

nicht um unverzichtbare Grundrechtspositionen geht; das gilt jedenfalls bei karitativer und erzieherischer Zwecksetzung.[4]

Unmittelbar bedeutet, dass der UN-Zweck selbst auf die Tendenz ausgerichtet sein muss.[5] Demnach reicht es nicht aus, wenn der UN-Zweck nach seiner wirtschaftlichen Tätigkeit lediglich geeignet ist, den eigentlichen Tendenzbetrieb/-UN zu unterstützen. Reine **Lohndruckereien**, die als rechtlich selbstständige Betriebe für Tendenz-UN Lohnaufträge durchführen, oder rechtlich selbstständige **Verlagsdruckereien** fallen daher selbst dann nicht unter die Tendenzbestimmung, wenn ihre Kapazitäten zu über 90 v. H. oder gar ausschließlich vom Verlag in Anspruch genommen werden und Personenidentität hinsichtlich der Organmitglieder und Gesellschafter gegeben ist.[6] Auch UN, die Tätigkeiten im **Staatsauftrag** ausführen, wie auswärtige Kulturpolitik und Öffentlichkeitsarbeit, sind grundsätzlich keine Tendenz-UN.[7] 2

»**Mischbetriebe**« (z. B. wenn Verlag und Druckerei ein einheitliches UN/Betrieb bilden) fallen nur dann unter die Tendenzbestimmung, wenn die tendenzbezogenen Tätigkeiten **quantitativ überwiegen**.[8] Deshalb müssen auch die technischen Abteilungen des Betriebs **überwiegend** den Tendenzzwecken dienen und dürfen nicht etwa überwiegend mit anderen Druckaufträgen ausgelastet sein, es sei denn, der Verlag hätte hinsichtlich der AN-Zahl ein Übergewicht.[9] 3

b) Politische Bestimmungen

Unter dem Begriff »**politisch**« sind grundsätzlich parteipolitische, nicht dagegen auch allgemeinpolitische Zielsetzungen zu verstehen (z. B. der Verwaltungsapparat einer politischen Partei), da dies zu einer Ausuferung des Begriffs führen würde. Unter die Bestimmung fallen daher insbesondere politische Parteien und die von ihnen getragenen politischen Stiftungen[10] ebenso wie die Fraktionen des Bundestages,[11] nicht aber wirtschaftspolitische oder sozialpolitische Vereinigungen.[12] **Koalitionspolitischen** Bestimmungen dienen sowohl die Gew. als auch die AG-Verbände. Rechtlich selbständige Wirtschafts-UN der Gew. und AG-Verbände und Einrichtungen der TV-Parteien fallen nicht unter § 118, wohl aber (eigene) Bildungs- 4

4 BAG, AiB 02, 189.
5 LAG BB 20. 12. 21 – 21 TaBV 504/21.
6 BAG, DB 76, 151; 81, 2624.
7 Vgl. BAG, NZA 99, 277.
8 BAG, DB 90, 794; vgl. auch BAG, DB 76, 151, 584; vgl. auch NZA 94, 329.
9 BAG a. a. O.
10 BAG, NZA 04, 501.
11 ArbG Bonn, NZA 88, 133.
12 A. A. BAG, NZA 99, 217.

einrichtungen, sofern sie der Weiterbildung und Schulung von Gew.-Mitgl. zur Förderung und Stärkung ihrer gewerkschaftlichen Tätigkeit dienen,[13] sowie Forschungsinstitute der Verbände. Unter **konfessionelle** Einrichtungen fallen z. B. Betriebe der Inneren Mission oder der Caritas, nicht jedoch private Krankenanstalten und Sanatorien, die im Wesentlichen der Gewinnerzielung dienen.[14]

c) Karitative Bestimmungen

5 **Karitativen** Bestimmungen dient ein UN, wenn es den sozialen Dienst an körperlich oder seelisch leidenden Menschen zum Ziel hat, auf Heilung oder Milderung innerer oder äußerer Nöte des Einzelnen oder auf deren vorbeugende Abwehr gerichtet ist, die Tätigkeit ohne Gewinnerzielungsabsicht erfolgt und der UN nicht ohnehin von Gesetzes wegen zu derartigen Hilfeleistungen verpflichtet ist.[15] Das UN muss den karitativen Bestimmungen unmittelbar dienen. Das ist nur dann der Fall, wenn die Hilfe von dem UN gegenüber körperlich, geistig oder seelisch leidenden Menschen direkt erbracht, also der Tendenzzweck in dem UN oder Betrieb selbst verwirklicht wird.[16] Daher bedarf eine karitative Zielsetzung eines UN einer in konkreten Handlungen erkennbaren Umsetzung des Prinzips der Nächstenliebe gegenüber den Hilfsbedürftigen selbst.[17] Karitativen Bestimmungen dienen demnach unter bestimmten Voraussetzungen Werkstätten für Behinderte[18] bzw. Berufsförderungswerke zur beruflichen Rehabilitation Behinderter, sofern der Zweck nicht auf Gewinnerzielung ausgerichtet ist,[19] die Arbeiterwohlfahrt,[20] die Rettungsstellen der Johanniter.[21] Auch ein gemeinnütziger Verein, der den Zweck verfolgt, Maßnahmen und Einrichtungen bereitzustellen und zu fördern, die der Hilfe behinderter und von Behinderung bedrohter Menschen und deren Angehörigen, der Jugend- und Altenhilfe sowie dem Wohlfahrtswesen dienen, verfolgt karitative Zwecke.[22] Ebenso können Krankenhäuser, die in privater Rechtsform betrieben werden, karitativen Bestimmungen dienen, sofern der Zweck des UN nicht darauf aus-

13 BAG, NZA 90, 903.
14 Vgl. zur Gewinnerzielung auch BayrObLG, AiB 96, 494.
15 BAG 12. 11. 02 – 1 ABR 60/01; BAG 14. 9. 10 – 1 ABR 29/09.
16 BVerfG 30. 4. 15 – 1 BvR 2274/12.
17 Verpflichtung zur Bildung eines WA bejaht BAG 22. 5. 12 – 1 ABR 7/11.
18 BAG, DB 81, 2623; zur Unwirksamkeit der Bildung eines WA in einem UN, das nach seinem Gesellschaftsvertrag anstrebt, behinderte Menschen in das Arbeitsleben einzugliedern oder wiedereinzugliedern BAG 22. 7. 14 – 1 ABR 93/12.
19 BAG 31. 1. 95 – 1 ABR 35/94.
20 LAG Hamm 10. 8. 07 – 13 TaBV 26/07.
21 LAG Berlin-Brandenburg 8. 7. 10 – 26 TaBV 843/10.
22 BAG 14. 5. 13 – 1 ABR 10/12.

gerichtet ist, Gewinn zu erzielen.[23] Kostendeckende Einnahmen, z. B. durch Zuschüsse von Sozialversicherungsträgern, werden als zulässig und als unschädlich angesehen.[24] Ein in privatrechtlicher Rechtsform betriebenes Krankenhaus kann auch dann eine karitative Einrichtung sein, wenn die Anteile nur von Gebietskörperschaften gehalten werden, die zur Sicherung der Versorgung der Bevölkerung mit leistungsfähigen Krankenhäusern gesetzlich verpflichtet sind.[25] Der DRK-Blutspendedienst ist kein Tendenz-UN i. S. dieser Vorschrift, das unmittelbar und überwiegend karitativen Bestimmungen dient.[26]

d) Erzieherische Bestimmungen

Ein UN verfolgt eine **erzieherische** Tendenz, wenn durch planmäßige und methodische Unterweisung in einer Mehrzahl allgemein- oder berufsbildender Fächer die Persönlichkeit von Menschen geformt werden soll. Dagegen genügt es nicht, wenn die Tätigkeit des UN lediglich auf die Vermittlung gewisser Kenntnisse und Fertigkeiten gerichtet ist. Unerheblich ist dagegen, ob die erzieherische Tätigkeit gegenüber Kindern und Jugendlichen oder gegenüber Erwachsenen ausgeübt wird.[27] Danach dienen erzieherischen Bestimmungen, soweit das Erwerbsstreben nicht im Vordergrund steht, z. B. Kindertagesstätten,[28] Privatschulen,[29] Internate, Fernlehrinstitute, Berufsbildungswerke,[30] aber nicht Autofahrschulen, Volkshochschulen, Musikschulen oder Sprachschulen.[31] Tendenzträger sind jedoch nur solche AN, die bei tendenzbezogenen Tätigkeitsinhalten im Wesentlichen frei über die Aufgabenerledigung entscheiden können; die Möglichkeit zur unmittelbaren Einflussnahme auf die karitative oder erzieherische Tendenz fehlt daher, wenn die AN bei ihren Aufgaben über keinen oder nur einen geringfügigen Gestaltungsspielraum verfügen.[32] So sind Mitarbeiter in der Kita- oder Schulassistenz dann keine Tendenzträger, wenn sie Entscheidungen 6

23 BAG 24. 5. 95 – 7 ABR 48/94; Thüringer LAG 13. 6. 23 – 1 TaBV 29/22.

24 BAG, DB 81, 2623; 22. 7. 14 – 1 ABR 93/12, brwo; a. A. Kohte in Anm. zu AP Nr. 37 zu § 118 BetrVG 1972, der zutreffend nur solche Organisationen als karitativ i. S. dieser Bestimmung ansieht, die aus ihrem Vermögen freiwillige Zuwendungen an Hilfsbedürftige erbringen.

25 BAG, NZA 96, 444 = PersR 96, 79 m. Anm. v. Trümner.

26 BAG 22. 5. 12 – 1 ABR 7/11, brwo, bestätigt durch BVerfG 30. 4. 15 – 1 BvR 2274/12 – Bildung eines WA.

27 BAG 31. 1. 95 – 1 ABR 35/94.

28 Sächsisches LAG 13. 7. 07 – 3 TaBV 35/06.

29 BAG 13. 1. 87, AP Nr. 33 zu § 118 BetrVG 1972; BAG, NZA 88, 507.

30 BAG 14. 4. 88, AP Nr. 36 zu § 118 BetrVG 1972.

31 BAG, AiB 81, 96.

32 LAG MV 12. 2. 20 – 3 TaBV 7/19.

über Hilfemaßnahmen für die betreuten Kinder zwar selbstständig, aber nur in Abstimmung mit den jeweiligen Gesamt-, Hilfe- und Teilhabeplänen sowie den jeweiligen Lehrern umsetzen können.[33]

e) Wissenschaftliche Bestimmungen

7 **Wissenschaftlichen** Zwecken dienen z. B. Bibliotheken, wissenschaftliche Buch- und Zeitschriftenverlage (soweit sie nicht unter Nr. 2 einzuordnen sind) sowie Forschungsinstitute,[34] aber nicht Rechenzentren für wissenschaftliche Datenverarbeitung[35] und zoologische Gärten.[36]

f) Künstlerische Bestimmungen

Künstlerischen Bestimmungen dienen z. B. Theater,[37] Filmherstellungsbetriebe, Kleinkunstbühnen, Konzertagenturen und Kabaretts,[38] Musikverlage,[39] Orchestervereinigungen, aber nicht Buchhandlungen, Lichtspieltheater, Revuen, Zirkusunternehmen und der Betrieb von Tanz- und Unterhaltungsstätten,[40] Schallplattenbetriebe oder Verwertungsgesellschaften wie die GEMA.[41]

g) Berichterstattung oder Meinungsäußerung

8 Zwecken der **Berichterstattung oder Meinungsäußerung** können grundsätzlich z. B. Zeitungsverlage, Zeitschriftenverlage, Buchverlage, Rundfunk und Fernsehen, soweit sie privatrechtlich organisiert sind,[42] aber nicht Lohndruckereien und rechtlich selbstständige Verlagsdruckereien (vgl.

---

33 ArbG Bonn 5.1.23 – 3 BV 96/22, n. rk., anhängig beim LAG Köln unter 9 TaBV 11/23.

34 BAG 10.4.84, AP Nr. 3 zu § 81 ArbGG 1979; NZA 89, 857; 90, 575.

35 BAG, NZA 91, 513.

36 BAG, NZA 90, 402.

37 BAG, DB 87, 847; offengelassen für ein Musicaltheater BAG 14.12.10 – 1 ABR 93/09.

38 S. Fitting, Rn. 22.

39 LAG München 31.8.22 – 10 TaBV 65/21 für ein UN, dessen Geschäftsgegenstand die Produktion, Vervielfältigung und Verbreitung von Tonträgern, Bildaufnahmen und Druckschriften sowie der Erwerb und die Vergabe von Auswertungsrechten hinsichtlich Ton- und Bildaufnahmen und Druckschriften sowie das Betreiben eines Musikverlages und Merchandise-Geschäfts sowie weiterer Geschäfte im Medienbereich ist.

40 DKW-Wedde, Rn. 46.

41 BAG, DB 83, 1875.

42 LAG Hamm, AfP 97, 739; a. A. für die nordrhein-westfälischen Lokalfunkstationen Pahde-Syrbe, AuR 94, 333.

Rn. 2) dienen. Nach abzulehnender Ansicht des LAG Rheinland-Pfalz[43] handelt es sich auch dann um einen Tendenzbetrieb, wenn dieser Berichte und Kommentare für den Lokalteil einer Zeitung erstellt, diese an die Zentralredaktion eines eigenständigen (anderen) Betriebs – der über keine eigenen Lokalredakteure vor Ort verfügt – weiterleitet und erst dieser die Berichte und Kommentare in einer Tageszeitung veröffentlicht. Im verbundenen UN erstreckt sich der Tendenzschutz nicht auf eine abhängiges UN.[44]

2. Beweislast

9 Im Streitfall trägt der AG die **Beweislast** dafür, ob das UN unter die Tendenzbestimmung fällt und ob wegen des Tendenzcharakters einzelne MBR des BR entfallen oder eingeschränkt sind. Nach der mittlerweile gefestigten Rspr. des BAG kommt eine Einschränkung der Beteiligungsrechte des BR durch § 118 allenfalls dann in Betracht, wenn die nachfolgenden drei **Grundvoraussetzungen** kumulativ vorliegen: Tendenz-UN, Tendenzträger, tendenzbedingte Maßnahme. Selbst wenn diese drei Grundvoraussetzungen vorliegen, bleiben jedoch die **Informations-, Beratungs- und Anhörungsrechte** des BR erhalten.[45] Durch **TV** oder **BV** kann jedoch dem BR ein MBR **in personellen, sozialen und wirtschaftlichen** Angelegenheiten eingeräumt werden.[46]

10 Mit der **Notwendigkeit der Alleinentscheidung** des AG im Tendenz-UN können grundsätzlich nur MBR unvereinbar[47] sein. Für eine etwaige Einschränkung der MBR des BR ist daher bei jeder Fallgestaltung weiter zu unterscheiden, ob sich die MB des BR tendenzschädlich auswirkt und, wenn ja, in welchem Umfang die MB der Eigenart des Tendenz-UN entgegensteht (vgl. ergänzend Rn. 14 ff.).[48] Das Bestehen oder Nichtbestehen der Trendenzeigenschaft eines UN kann vom BR nicht gerichtlich geltend gemacht werden; ein hierauf gerichteter Feststellungsantrag ist unzulässig.[49]

3. Tendenzträger

11 **Tendenzträger** sind diejenigen AN, für deren Tätigkeit die Bestimmungen und Zwecke der in Abs. 1 genannten UN und Betriebe prägend sind. Sie

43 LAG Rheinland-Pfalz 27.3.07 – 3 TaBV 2/07.
44 BVerfG, NZA 03, 864 hinsichtlich eines Zustell-UN für Tageszeitungen.
45 BAG, DB 76, 151; 76, 584; 79, 1609.
46 Vgl. auch BAG, NZA 95, 1059.
47 BAG, DB 76, 151.
48 Ihlefeld, AuR 80, 60.
49 BAG 14.12.10 – 1 ABR 93/09.

müssen einen maßgeblichen (inhaltlich prägenden) Einfluss auf die Tendenzverwirklichung nehmen können.[50] In **Verlags-UN** sind Tendenzträger Personen, die unmittelbar für die Berichterstattung und/oder Meinungsäußerung tätig sind, d.h. inhaltlich hierauf Einfluss nehmen können, und zwar entweder durch eigene Veröffentlichung oder durch Auswahl und Redigieren der Beiträge anderer. Tendenzträger sind nach der Rspr. des BAG grundsätzlich alle **Redakteure**[51] und **Programmmitarbeiter** (Redakteure) von privaten Rundfunksendern.[52] Die Tendenzbestimmung steht jedoch grundsätzlich der Begründung eines Arbeitsverhältnisses nach § 78a mit einem Redaktionsvolontär nach Beendigung seiner Ausbildung nicht entgegen.[53]

12 Tendenzträger sind auch **Parteisekretäre** bzw. **Rechts- oder Gew.-Sekretäre**[54] sowie **Solisten, erste Hornisten**, **erste Oboisten** eines Orchesters,[55] **Lektoren** eines Buchverlages, **Schauspieler** einer Bühne.[56] Bei karitativen UN oder Betrieben sind Tendenzträger regelmäßig nur solche AN, die bei tendenzbezogenen Tätigkeitsinhalten im Wesentlichen frei über die Aufgabenerledigung entscheiden können und bei denen diese Tätigkeiten einen bedeutenden Anteil an ihrer Gesamtarbeitszeit ausmachen,[57] so die **Leiterin eines konfessionellen Kindergartens**,[58] **Gruppenleiter und Betreuer** einer Behindertenwerkstatt,[59] **angestellte Ärzte dann**, wenn ihnen zusätzliche Forschungsaufgaben übertragen sind,[60] **Lehrer** und **Honorarlehrkräfte** an

---

50 BAG, AiB 05, 188.

51 BAG 7.11.75 – 1 AZR 282/74; Anzeigenredakteure sind dann Tendenzträger, wenn sie entweder durch eigene Veröffentlichungen oder die Auswahl und das Redigieren von Beiträgen und Texten Dritter auf die Tendenzverwirklichung eines Verlagsunternehmens unmittelbar inhaltlich Einfluss nehmen: BAG 20.4.10 – 1 ABR 78/08. Zu Recht weitergehend ArbG Hamburg 10.4.96 – 24 BV 5/95, das den Kreis der Tendenzträger auf Redakteure mit eigenem Verantwortungsbereich bzw. auf Ressortleiter beschränkt; s. auch LAG Hamburg 22.10.08 – 5 SaGa 5/08, wonach zwar Textredakteure Tendenzträger sind, nicht aber Schlussredakteure, die in Presse-UN Texte auf einheitl. Schreibweise, Stil und formale Richtigkeit überprüfen.

52 BAG, NZA 92, 705; NZA 94, 329.

53 BAG 26.3.83, AP Nr. 10 zu § 78a BetrVG 1972.

54 BAG, DB 80, 547; HessLAG, AuR 97, 259; LAG BaWü, AuR 06, 133 für die Rechtssekretäre des vom DGB in die DGB-Rechtsschutz GmbH ausgegliederten Rechtsschutzes.

55 BAG, DB 76, 248; 83, 830.

56 BAG, DB 87, 847; 82, 705, sofern ihr künstlerischer Gestaltungsspielraum nicht stark eingeschränkt ist.

57 BAG 14.9.10 – 1 ABR 29/09.

58 Vgl. BAG, DB 78, 2175; BB 80, 1102.

59 BAG, DB 84, 1353.

60 BAG, NZA 89, 804.

Privatschulen, sofern diese erzieherischen Bestimmungen dienen,[61] bzw. an konfessionellen oder karitativen Einrichtungen,[62] **Ausbilder**, die bei einem Bildungsträger tätig sind, der in 16 Berufsfeldern die praktische Berufsausbildung für entwicklungsverzögerte Jugendliche und Erwachsene durchführt,[63] **Erzieher** an einer Ersatzschule bzw. Behinderteneinrichtung[64] und **Psychologen** in einer Tagesförderstätte für behinderte Menschen[65] sowie **Psychologen** an einem Berufsförderungswerk für Behinderte.[66]

Nicht Tendenzträger sind dagegen z. B. **Redaktionsvolontäre**,[67] **Redaktionssekretärinnen**,[68] **Verwaltungsangestellte, Korrektoren**,[69] **Drucker**,[70] **Pflegepersonal**,[71] **Krankenschwestern**,[72] **Erzieherinnen** im Behindertenwohnheim,[73] in Wohnheimen eines karitativen UN beschäftigte **pädagogische Mitarbeiter**,[74] bei einem karitativ tätigen Verein als sozialpädagogische Fachkraft beschäftigter und im Rahmen der Schulassistenz tätiger AN,[75] ein im Angestelltenverhältnis beschäftigter **Leitender Vormund**,[76] haupt- oder ehrenamtlich beschäftigte **Rettungssanitäter**,[77] **Gärtnermeister**, die Behinderte zu handwerklichen Arbeiten anleiten,[78] der **Leiter der Kostümabteilung eines Theaters**,[79] **Chefmaskenbildner** und Maskenbildner;[80] **Beleuchtungsmeister**.[81] 13

61 BAG, NZA 90, 903.
62 BAG 13.1.87, AP Nr. 33 zu § 118 BetrVG 1972.
63 LAG Hamburg 19.8.10 – 7 TaBV 5/09.
64 BAG 3.12.85, AP Nr. 31 zu § 99 BetrVG 1972.
65 BAG 14.9.10 – 1 ABR 16/09.
66 BAG, DB 89, 1295.
67 Blanke, AiB 81, 59 und 83, 30; a. A. BAG, DB 82, 129; h. M.
68 BAG, DB 76, 152.
69 LAG Hamburg, DB 74, 2406.
70 BAG, DB 74, 1776.
71 BAG, NZA 97, 1297.
72 BAG, DB 91, 2141; NZA 91, 388.
73 LAG Nürnberg, AiB 07, 550.
74 BAG 14.9.10 – 1 ABR 29/09.
75 BAG 14.5.13 – 1 ABR 10/12.
76 LAG BB 26.11.10 – 6 TaBV 1159/10.
77 BAG 12.11.02 – 1 ABR 60/01.
78 BAG 12.11.91 – 1 ABR 4/91.
79 BAG, NZA 07, 1121.
80 BAG, NZA 87, 530.
81 LAG Nds. 7.4.09 – 11 TaBV 91/08.

4. Einschränkungen der Beteiligungsrechte des Betriebsrats

a) Soziale Angelegenheiten

14 Eine **Einschränkung der MBR des BR** in **sozialen Angelegenheiten** (§§ 87 bis 89) kommt im Allgemeinen nicht in Betracht;[82] dies gilt grundsätzlich auch bei **Arbeitszeitregelungen** für Redakteure[83], für Orchestermusiker[84] sowie für Solotänzer[85] und für die Festlegung der Unterrichtsstunden von Lehrern.[86] Bei **Arbeitszeitregelungen** oder bei der **Gestaltung von Dienstplänen** für Redakteure kommt allenfalls eine Einschränkung der MBR des BR in Betracht, wenn hierdurch eine **ernsthafte Beeinträchtigung der Aktualität oder Unabhängigkeit der Berichterstattung** eintreten und dadurch die Tendenzverwirklichung des AG gefährdet würde.[87] Auch das MBR des BR bei **Fragen der betrieblichen Lohngestaltung** entfällt nicht in Tendenzbetrieben, wenn es um die Lohngestaltung von Tendenzträgern geht.[88]

15 Ebenso gelten die Beteiligungsrechte des BR nach §§ 80 bis 86, 88 bis 98 auch in Tendenzbetrieben uneingeschränkt, z. B. bei der **Personalplanung,**[89] der **innerbetrieblichen Stellenausschreibung,**[90] dem **Einblicksrecht in die Listen der Bruttolöhne und -gehälter,**[91] der **Gestaltung des Arbeitsplatzes, des Arbeitsablaufs und der Arbeitsumgebung**[92] und den

---

82 BAG 31.1.84, AP Nr. 29 zu § 118 BetrVG 1972 bezüglich der betrieblichen Lohngestaltung.

83 BAG 11.2.92 – 1 ABR 49/91: MB bei Festlegung des Endes der täglichen Arbeitszeit von Rundfunkredakteuren, bestätigt von BVerfG 15.12.99 – 1 BvR 729/92; BAG 14.1.92 – 1 ABR 35/91: MB bei Beginn und Ende der täglichen Arbeitszeit von Zeitungsredakteuren sowie Verteilung der Arbeitszeit auf die einzelnen Wochentage, wenn die für die Aktualität der Berichterstattung relevanten Entscheidungen des AG wie Redaktionsschluss, Lage und Dauer von Redaktionskonferenzen, Besetzung der Redaktionen u. a. unberührt bleiben; BAG 30.1.90 – 1 ABR 101/88: MB bei Dauer der Arbeitszeit von Zeitungsredakteuren an einzelnen Arbeitstagen, nicht bei Beginn und Ende der Arbeitszeit und Festlegung der einzelnen Arbeitstage, bestätigt von BVerfG 15.12.99 – 1 BvR 694/90; LAG Hamm 23.4.12 – 10 TaBV 19/12.

84 BAG 30.6.15 – 1 ABR 71/13 zur Anordnung der Teilnahme von Orchestermusikern an Gesprächen über die Sitzordnung im Orchester.

85 BAG, DB 82, 705.

86 BAG, BB 92, 1724.

87 Vgl. ArbG München 25.11.15 – 37 BV 135/15; verneint für die Einrichtung eines sog. Pieper-Dienstes für Redakteure LAG Hamm 23.4.12 – 10 TaBV 19/12.

88 Vgl. BAG, DB 84, 1353; NZA 90, 575, das aber eine Einschränkung dann für möglich hält, wenn eine Entgeltform gerade die Tendenz fördern soll.

89 Fitting, Rn. 33; vgl. auch BAG, NZA 91, 358.

90 BAG, DB 79, 1609.

91 BAG, DB 79, 2183; 81, 2386.

92 LAG Hamburg 2.12.76 – 1 TaBV 5/75.

Maßnahmen der **beruflichen Bildung.**[93] Nach abzulehnender Ansicht des BAG[94] ist bei der Auswahl von Redakteuren zur Teilnahme an einer Maßnahme der Berufsbildung nach § 98 Abs. 3 von einer Tendenzbezogenheit der Auswahlentscheidung auszugehen, weshalb der BR nicht gemäß § 98 Abs. 4 mitzubestimmen hat. Sonstige Bildungsmaßnahmen nach § 98 Abs. 6 haben auch nach Ansicht des BAG regelmäßig keinen Bezug zur beruflichen Tätigkeit der AN.[95] Grundsätzlich erstrecken sich die Beteiligungsrechte des BR auch auf die inhaltliche Gestaltung des **Personalfragebogens**, die Aufstellung **allgemeiner Beurteilungsgrundsätze**, die Festlegung der **persönlichen Angaben in schriftlichen Arbeitsverträgen** und die **Aufstellung von Auswahlrichtlinien**. Eine Einschränkung der **MBR** des BR nach diesen Vorschriften kann allenfalls in Ausnahmefällen in Betracht kommen, soweit es sich um tendenzbezogene Fragen bzw. Maßnahmen handelt.[96] Ein solcher Tendenzbezug liegt nach Ansicht des BAG vor bei der Einführung von Ethikregeln, mit denen eine Wirtschaftszeitung von ihren Redakteuren verlangt, keine Aktien solcher UN zu halten, deren Branche Gegenstand der kontinuierlichen Zeitungsberichterstattung ist.[97]

b) Personelle Einzelmaßnahmen

16 Umstritten ist, ob und ggf. inwieweit die Beteiligungsrechte des BR bei **personellen Einzelmaßnahmen** (§§ 99, 102) gegenüber Tendenzträgern eingeschränkt sind, sofern dem BR nicht durch **TV oder BV ein MBR** eingeräumt wurde.[98] Einmütigkeit besteht darüber, dass die Anhörungs-, Unterrichtungs- und Beratungsrechte gemäß §§ 99 Abs. 1 und 102 Abs. 1 in vollem Umfang bestehen[99] und dass keine Einschränkung der Beteiligungsrechte des BR bei **Kündigungen** von Tendenzträgern aus **tendenzfreien Gründen** in Betracht kommt, so dass auch insoweit die Widerspruchsrechte des BR nach § 102 Abs. 3 erhalten bleiben.[100] Der Weiterbeschäftigungsanspruch soll dann unabhängig vom konkreten Kündigungsgrund ausgeschlossen sein, wenn es sich bei dem AG um einen Tendenzbetrieb und bei dem AN um einen Tendenzträger handelt.[101] **Schlechtleistung** ist keine

---

93 Fitting, Rn. 33; einschränkend Weiss/Weyand, BB 90, 2109; Spruch der ESt. beim Verlag D-GmbH & Co. KG, NZA 90, 681.
94 BAG, NZA 06, 1291.
95 BAG a. a. O.
96 Vgl. BAG, NZA 94, 375.
97 BAG, DB 83, 287.
98 Vgl. auch BAG, NZA 95, 1059; zur Beeinträchtigung der MBR in personellen Angelegenheiten im Tendenzbetr. s. auch Scheriau, AiB 13, 35.
99 BAG, DB 75, 1516; 76, 152, 584, 585; 87, 2656; 88, 67.
100 Vgl. auch LAG Hamm, BB 92, 2507.
101 ArbG Gera 9. 1. 06 – 3 Ga 24/05.

tendenzbezogene Leistungsstörung, die eine Kündigung nach § 15 KSchG rechtfertigt.[102] Die **Kündigung einer** nach § 103 **geschützten Person** bedarf auch dann der Zustimmung des BR, wenn die Kündigung ausschließlich aus tendenzbedingten Gründen erfolgt.[103] Im Gegensatz zu Kündigungen hält das BAG **Einstellungen** und **Versetzungen** immer für **tendenzbedingte Maßnahmen**, wobei der AG den BR vor Durchführung der Maßnahme gem. § 99 Abs. 1 zu unterrichten hat, sodass dieser binnen einer Woche Stellung nehmen kann.[104] Da es sich jedoch bei dem Zustimmungsverweigerungsrecht nach § 99 Abs. 2 und dem Widerspruchsrecht nach § 102 Abs. 3 nicht um MBR, sondern allenfalls um verstärkte Mitwirkungsrechte handelt, bleiben dem BR entgegen der Auffassung des BAG diese Rechte erhalten, da der BR auch durch noch so konsequente Ausschöpfung dieser Rechte die Maßnahme des UN nicht verhindern kann.[105]

17 Dem BR sind **alle Gründe** für die personellen Maßnahmen mitzuteilen, nicht nur die sog. tendenzfreien,[106] und **sämtliche Bewerbungsunterlagen aller Bewerber** vorzulegen.[107] Lehnt der BR die Einstellung eines AN, dessen Status als Tendenzträger str. ist, aus Gründen des § 99 Abs. 2 ab, ist der AG nach Auffassung des BAG nicht gezwungen, das Zustimmungsersetzungsverfahren nach § 99 Abs. 4 einzuleiten. Der BR kann jedoch ein gerichtl. Verfahren zur Aufhebung der Maßnahme nach § 101 einleiten.[108] Bei der **Versetzung** eines Tendenzträgers ist der BR vom AG vor der Durchführung der Maßnahme zu unterrichten. Dabei hat der AG deutlich zu machen, dass es sich um eine tendenzbedingte Maßnahme handelt.[109] Unterlässt der AG die vorherige, ausreichende Information des BR nach § 99 Abs. 1, hat das ArbG auf Antrag des BR dem AG aufzugeben, die Versetzung aufzuheben.[110]

---

102 BAG, DB 83, 830.

103 LAG Hamm a. a. O.; vgl. auch ArbG Köln 27.5.92 – 3 BV 63/92; a. A. BAG, NZA 04, 501: nur Anhörung des BR nach § 102.

104 BAG 11.4.06 – 9 AZR 557/05; 27.7.93 – 1 ABR 8/93; 7.11.75 – 1 ABR 78/74; ebenso ArbG Rostock 19.7.23 – 4 BV 20/22, für die Versetzung von Redakteuren einer Zeitung vom Homeoffice ins Büro nach dem Ende der Corona-Pandemie.

105 Blanke, AiB 81, 61; ArbG Frankfurt 30.7.80 – 11 BV 10/80; LAG Düsseldorf, AuR 91, 251; vgl. auch LAG Hamm a. a. O. (II, 2, c, cc der Gründe), wonach die Anwendung des § 103 die Durchsetzung der Tendenz höchstens verzögert, denn auch BR und Gericht müssen die Tendenz berücksichtigen.

106 BAG 7.11.75 – 1 AZR 74/74.

107 BAG 19.5.81 – 1 ABR 109/78.

108 BAG, DB 88, 67.

109 Vgl. auch LAG Düsseldorf 14.11.90, LAGE § 118 BetrVG 1972 Nr. 15; a. A. BAG, NZA 94, 329, das Versetzungen generell als tendenzbedingte Maßnahmen ansieht.

110 BAG, NZA 88, 99.

Bei tariflichen **Ein- bzw. Umgruppierungen** von Tendenzträgern werden die Beteiligungsrechte des BR durch § 118 nicht eingeschränkt.[111]

c) Wirtschaftliche Angelegenheiten

Neben dem relativen Ausschluss von Beteiligungsrechten des BR entfallen zum Teil die Beteiligungsrechte **in wirtschaftlichen Angelegenheiten** nach Abs. 1 Satz 2 absolut, so für die Errichtung und Tätigkeit des WA (§§ 106 bis 110 BetrVG). Diese Vorschrift ist rechtspolitisch verfehlt,[112] weil der WA als Beratungs- und Informationsgremium ohnehin keine Möglichkeit hat, auf die Tendenz Einfluss zu nehmen;[113] sie widerspricht den in anderen Entscheidungen des BAG zum Ausdruck gebrachten Grundsätzen, wonach Informations- und Beratungsrechte des BR auch in Tendenzbetrieben nicht entfallen.[114] Der Gesetzgeber hat die mit dem BetrVerf-ReformG verbundene Chance, hier Änderungen vorzunehmen, jedoch nicht genutzt. **18**

Der Tendenzschutz eines gemeinsamen Betriebs mehrerer UN, von denen nur eines ein Tendenz-UN ist, bestimmt sich danach, ob in dem Gemeinschaftsbetrieb überwiegend Tendenzzwecke verfolgt werden. Das ist dann der Fall, wenn der Personaleinsatz des tendenzgeschützten UN denjenigen des Nicht-Tendenz-UN quantitativ überwiegt mit der Folge, dass im Gemeinschaftsbetrieb die Bildung eines WA ausgeschlossen ist.[115]

Bei **Betriebsänderungen** ist der BR eines Tendenzbetriebs sowohl bei der Aufstellung eines **Sozialplans** als auch bei der Herbeiführung eines **Interessenausgleichs** zu beteiligen.[116] Auch in Tendenzbetrieben hat der BR einen **Unterlassungsanspruch** darauf, dass der AG Maßnahmen zur Durchführung einer Betriebsänderung unterlässt, solange das Verfahren der Unterrichtung und Beratung mit dem BR über die geplante Betriebsänderung nicht durchgeführt worden ist.[117] Bei **Betriebsübernahmen** (§ 613a BGB) **19**

111 BAG, DB 84, 995; 10.3.92, AiB 93, 449.

112 Vgl. DKW-Wedde, Rn. 65; Weiss/Weyand, AuR 90, 33.

113 Fitting, Rn. 43.

114 Vgl. u.a. BAG, DB 75, 1516; 79, 1609.

115 BAG 19.11.19 – 7 ABR 3/18; s. auch BAG 26.2.20 – 7 ABR20/18.

116 Vgl. auch LAG Nds., DB 93, 2510 = AiB 94, 504 m. Anm. v. Kraushaar, das die Bildung einer ESt. für den Versuch einer Einigung über den Interessenausgleich für zulässig ansieht; vgl. ferner ArbG Hamburg, AiB 94, 246 m. Anm. v. Müller-Knapp; HessLAG 20.7.93 – 4 TaBV 214/92, das das Informationsrecht allerdings aus § 80 Abs. 2 Satz 1 ableitet; vgl. aber auch BAG, AiB 00, 38, das einen Nachteilsausgleich nach § 113 Abs. 3 nur bejaht, wenn der AG den BR nicht rechtzeitig unterrichtet und keine Verhandlungen über den Sozialplan ermöglicht hat und die Anwendung der Abs. 1 und 2 des § 113 für den Fall der Abweichung vom Interessenausgleich offen lässt.

117 ArbG Hamburg a.a.O.; a.A. ArbG Frankfurt a.M. a.a.O.

gehen auch die Arbeitsverhältnisse der Tendenzträger auf den neuen Betriebsinhaber über.[118]

5. Redaktionsstatute

19a **Redaktionsstatute** für Zeitungs- bzw. Zeitschriftenverlage sollen die »innere Pressefreiheit« zwischen Verlegern und Redakteuren sichern und der Redaktion über § 118 Abs. 1 Satz 1 hinausgehende Beteiligungsrechte (z. B. in journalistischen Fragen, bei personellen Veränderungen) einräumen. Redaktionsstatute können durch TV nach § 1 Abs. 1 TVG abgeschlossen oder zum Inhalt der Einzelarbeitsverträge gemacht werden; die Zulässigkeit des Abschlusses von BV orientiert sich an § 3 (s. dort Rn. 8). Ein Redaktionsstatut, das MBR eines von den Redakteuren gewählten **Redaktionsrats** in tendenzbezogenen Angelegenheiten vorsieht, verstößt nicht gegen das BetrVG; eine Konkurrenz des nach dem Redaktionsstatut gebildeten Redaktionsrats zu dem nach dem BetrVG gebildeten BR besteht nicht, soweit die Kompetenz des Redaktionsrats nur Maßnahmen betrifft, für die der BR gemäß § 118 kein MBR hat. Ein solches Redaktionsstatut ist nicht aus verfassungsrechtlichen Gründen unwirksam.[119]

6. Religionsgemeinschaften

20 Unter Religionsgemeinschaften fällt **jede Glaubensgemeinschaft** weltanschaulicher Art. Unter Abs. 2 fallen auch die karitativen und erzieherischen Einrichtungen der Religionsgemeinschaften. Voraussetzung ist aber, dass die Religionsgemeinschaft laut Satzung **maßgeblichen Einfluss** auf die Einrichtung ausüben kann.[120] Abzulehnen ist die Ansicht, dass kraft Verfassungsrechts nur das Selbstverständnis maßgebend ist.[121] Es geht um den Schutz realer Religionsausübung, so dass nicht Ursprung, Anspruch oder Motiv, sondern die Wirklichkeit entscheidend ist.[122] Es muss eine institutionelle, tatsächliche Verbindung mit durchsetzbarer Verantwortung zwischen Einrichtung und Kirche bestehen. Eine Behinderten-Tagesstätte fällt nicht

118 BAG 7.11.75 – 1 ABR 78/74.
119 BAG, BB 01, 1414.
120 BAG, BB 76, 249.
121 So aber BVerfG 11.10.77, AP Nr. 1 zu Art. 140 GG; LAG BB 29.4.14 – 7 TaBV 1990/13.
122 ArbG Hamburg 10.4.06 – 21 BV 10/05 für eine von einer Kirche getragene gemeinnützige GmbH, die in gleicher Weise wie andere Träger auch und unter ausschließlicher Verwendung öffentlicher Mittel Arbeitslosenprojekte betreibt, sodass sie keine Einrichtung im Sinne des Abs. 2 ist.

unter § 118 Abs. 2,[123] ebenso wenig wissenschaftliche Einrichtungen.[124] Auf einen rechtlich selbständigen evangelischen **Presseverband** als Teil der evangelischen Kirche soll dagegen nach dieser Vorschrift das BetrVG keine Anwendung finden, weil auch die Öffentlichkeitsarbeit mit publizistischen Mitteln als Teil kirchlicher Mission zählt.[125] Nach der Rspr. des BAG wird ein von einem nichtkirchlichen Träger betriebenes **Krankenhaus** bei rechtsgeschäftlicher Übernahme durch einen **kirchlichen Träger** eine karitative Einrichtung der Kirche i. S. des Abs. 2: eine in dieser Einrichtung durchgeführte BR-Wahl ist nichtig.[126] Im umgekehrten Fall der »Verweltlichung« fällt eine Einrichtung nicht mehr unter die Bereichsausnahme des Abs. 2, wenn ihr bisheriger kirchlicher Gesellschafter 100 % der Geschäftsanteile an ein weltliches UN veräußert.[127] Ein gemeinnütziger Verein, der eine Einrichtung der Siebenten-Tags-Adventisten ist und ein Seniorenheim betreibt, ist eine karitative Einrichtung einer Religionsgemeinschaft, in der kein BR zu wählen ist, weshalb die Wahl eines WV unwirksam ist; das gilt auch dann, wenn die Kirchengemeinschaft keine eigene MAV installiert hat.[128] Ein von einem Mitglied des Diakonischen Werks betriebenes Krankenhaus ist nicht allein aufgrund der Mitgliedschaft der Einrichtung oder ihres Rechtsträgers im Diakonischen Werk der evangelischen Kirche eine karitative Einrichtung einer Religionsgemeinschaft. Hinzukommen muss eine institutionelle Verbindung zwischen der Kirche und der Einrichtung, aufgrund derer die Kirche über ein Mindestmaß an Einflussmöglichkeiten verfügt, um auf Dauer eine Übereinstimmung der religiösen Betätigung der Einrichtung mit kirchlichen Vorstellungen gewährleisten zu können. Das ist nur der Fall, wenn das Diakonische Werk seinerseits über entsprechende Einflussmöglichkeiten gegenüber der Einrichtung oder ihrem Rechtsträger verfügt.[129] Voraussetzung ist dabei, dass die sich aus der Mitgliedschaft ergebenden Pflichten auch übernommen worden sind und die Mitgliedschaft deshalb auch zu einem Mindestmaß an Einflussnahmemöglichkeiten der Kirche führt, sodass diese einen etwaigen Dissens mit der Einrichtung bei der Ausübung der religiösen Tätigkeit unterbinden können muss.[130] Eine als Gesellschaftszweck vereinbarte Förderung der Krankenpflege in kommunaler und diakonischer Tradition steht dem nicht entgegen.[131] Auch für nicht verselb-

123 BAG, DB 81, 2623.
124 LAG Hamm, AuR 80, 181.
125 BAG, NZA 91, 977.
126 BAG, DB 82, 1414.
127 Kirchliches ArbG für die Bayerischen (Erz-)Diözesen 29.6.22 – 2 MV 17/22.
128 LAG BB 29.4.14 – 7 TaBV 1990/13.
129 BAG, NZA 08, 653.
130 LAG Düsseldorf 17.3.09 – 8 TaBV 76/08, brwo: abgelehnt für das Alfried Krupp von Bohlen und Halbach-Krankenhaus in Essen.
131 LAG MV 23.4.13 – 5 TaBV 8/12.

ständigte Einrichtungen wirtschaftlicher Art von **Ordensgemeinschaften** der katholischen Kirche, die den Status einer Körperschaft des öffentlichen Rechts verliehen bekommen und behalten haben, soll das BetrVG keine Anwendung finden.[132] Entsprechendes soll für ein **Berufsbildungswerk** einer Religionsgemeinschaft gelten, wenn Kirche und Einrichtung die Erziehung nach Inhalt und Ziel identisch vornehmen und statusmäßig sichergestellt ist, dass die Kirche ihre Vorstellungen zur Gestaltung der Erziehung in der Einrichtung durchsetzen kann.[133]

21 Ein mit einem kirchlichen Träger geschlossener Arbeitsvertrag, der formularmäßig kirchliches Arbeitsrecht in Bezug nimmt, ist grundsätzlich nicht betriebsvereinbarungsoffen, weil das BetrVG gem. § 118 Abs. 2 keine Anwendung auf Religionsgemeinschaften und ihre karitativen und erzieherischen Einrichtungen findet. Ein kirchlicher Arbeitsvertrag ist daher vorbehaltlich anderer Vereinbarungen nur offen für rechtmäßige Änderungen durch kirchliche Dienstvereinbarungen, nicht aber durch Betriebsvereinbarungen.[134]

22 Das **Recht der Gew.**, im Betrieb zu werben, besteht auch in kirchlichen Einrichtungen.[135]

23 Der DGB-Entwurf für ein modernes BetrVG[136] lässt Einschränkungen von der Geltung des BetrVG für Tendenzbetriebe/UN nicht mehr zu. Ausdrücklich normiert er die Anwendung des Gesetzes auch auf Religionsgemeinschaften einschließlich ihrer Einrichtungen. Lediglich bei sog. verkündungsnahen Tätigkeiten sollen keine MBR, sondern nur Mitwirkungs- und Beratungsrechte angewandt werden.

---

132 So BAG, NZA 88, 402.

133 BAG 14.4.88, AP Nr. 36 zu § 118 BetrVG 1972.

134 BAG 11.7.19 – 6 AZR 40/17.

135 Vgl. BAG, DB 78, 892; vgl. dazu aber BVerfG, BB 81, 1150, das die Werbung auf die in der kirchlichen Einrichtung beschäftigten Gew.-Mitgl. beschränkt.

136 *https://aur-blog.eu/reformvorschlag/*.

Sechster Teil
Straf- und Bußgeldvorschriften

§ 119 Straftaten gegen Betriebsverfassungsorgane und ihre Mitglieder

(1) Mit Freiheitsstrafe bis zu einem Jahr oder mit Geldstrafe wird bestraft, wer

1. **eine Wahl des Betriebsrats, der Jugend- und Auszubildendenvertretung, der Bordvertretung, des Seebetriebsrats oder der in § 3 Abs. 1 Nr. 1 bis 3 oder 5 bezeichneten Vertretungen der Arbeitnehmer behindert oder durch Zufügung oder Androhung von Nachteilen oder durch Gewährung oder Versprechen von Vorteilen beeinflusst,**
2. **die Tätigkeit des Betriebsrats, des Gesamtbetriebsrats, des Konzernbetriebsrats, der Jugend- und Auszubildendenvertretung, der Gesamt-Jugend- und Auszubildendenvertretung, der Konzern-Jugend- und Auszubildendenvertretung, der Bordvertretung, des Seebetriebsrats, der in § 3 Abs. 1 bezeichneten Vertretungen der Arbeitnehmer, der Einigungsstelle, der in § 76 Abs. 8 bezeichneten tariflichen Schlichtungsstelle, der in § 86 bezeichneten betrieblichen Beschwerdestelle oder des Wirtschaftsausschusses behindert oder stört oder**
3. **ein Mitglied oder ein Ersatzmitglied des Betriebsrats, des Gesamtbetriebsrats, des Konzernbetriebsrats, der Jugend- und Auszubildendenvertretung, der Gesamt-Jugend- und Auszubildendenvertretung, der Konzern-Jugend- und Auszubildendenvertretung, der Bordvertretung, des Seebetriebsrats, der in § 3 Abs. 1 bezeichneten Vertretungen der Arbeitnehmer, der Einigungsstelle, der in § 76 Abs. 8 bezeichneten Schlichtungsstelle, der in § 86 bezeichneten betrieblichen Beschwerdestelle oder des Wirtschaftsausschusses um seiner Tätigkeit willen oder eine Auskunftsperson nach § 80 Absatz 2 Satz 4 um ihrer Tätigkeit willen benachteiligt oder begünstigt.**

(2) Die Tat wird nur auf Antrag des Betriebsrats, des Gesamtbetriebsrats, des Konzernbetriebsrats, der Bordvertretung, des Seebetriebsrats, einer der in § 3 Abs. 1 bezeichneten Vertretungen der Arbeitnehmer, des Wahlvorstands, des Unternehmers oder einer im Betrieb vertretenen Gewerkschaft verfolgt.

Inhaltsübersicht Rn.

1. Schutz der Wahl

1 Unter Strafe gestellt sind nach dieser Vorschrift die Wahlbehinderung, die Behinderung oder Störung der Tätigkeit sowie die Benachteiligung oder Begünstigung von Mitgl. betriebsverfassungsrechtlicher Organe. Unter **Wahlbehinderung** fällt **jede** Beeinflussung der Wahlen durch Zufügung oder Androhung von Nachteilen oder durch Gewährung oder Versprechen von Vorteilen. Hierunter fallen auch **vorbereitende** Maßnahmen, wie beispielsweise die Einberufung und Durchführung einer Betriebsversammlung zur Wahl des WV oder sonstige der Wahl vorausgehende Beschlussfassungen oder Vorabstimmungen.[1] Eine Wahlbehinderung liegt sowohl vor, wenn die mit der Organisation einer BR-Wahl betrauten AN aufgefordert werden, sich von der Errichtung eines BR zu distanzieren und entsprechende Initiativen zurückzuziehen als auch dann, wenn der AG im Fall der Weigerung eine Kündigung ausspricht.[2] Um eine Wahlbehinderung handelt es sich, wenn ein WV-Mitglied durch eine Straftat (Nötigung) gezwungen wird, einen Änderungsvertrag abzuschließen, mit dem die Versetzung in eine Drogeriefiliale außerhalb des Wahlbezirks der eingeleiteten BR-Wahl bewirkt wird mit der Folge, dass aktives und passives Wahlrecht des Versetzten entfallen.[3] Eine Wahlbehinderung liegt in der Aufforderung des AG an den WV, die Wahl nicht durchzuführen,[4] in der Weigerung, die zur Wahl erforderlichen Unterlagen zu übergeben[5] oder in der eigenhändigen Streichung von Namen und Unterschriften aus einer im Betrieb ausgelegten Wählerliste.[6] Auch die Verweigerung des Zutrittsrechts eines Gew.-Beauftragten erfüllt den Tatbestand der strafbaren Wahlbehinderung.[7] Der AG hat sich hinsichtlich der Wahl strikt neutral zu verhalten.[8] Eine strafbare Beeinflussung der BR-Wahl liegt vor, wenn der AG einer Wahlvorschlagsliste durch die Zuwendung von Geldmitteln ermöglicht, sich im Zusammenhang mit der Wahl nachhaltiger als sonst möglich zu präsentieren, und wenn dabei die finanzielle Unterstützung der Kandidaten durch den AG verschleiert wird.[9] Eine unzulässige Wahlbeeinflussung liegt auch darin, dass der AG beispielsweise in Schreiben an Ang. diese mit dem Hinweis, dass er sie

1 BayrObLG 29.7.80, AP Nr. 1 zu § 119 BetrVG 1972.
2 AG Emmendingen 24.7.08 – 5 Cs 440 Js 26354 – AK 329/07.
3 LG Marburg, AiB 08, 108.
4 LAG Siegen, AiB 92, 41.
5 AG Detmold, BB 79, 783; AG Bremen, AiB 92, 42.
6 AG Konstanz, AiB 92, 34.
7 AG Aichach 29.10.87 – Ds 506 – Js 20042/87.
8 BAG, AuR 87, 116.
9 BGH 13.9.10 – 1 StR 220/09.

als »leit. Ang.« ansehe, auffordert, gegen ihre Eintragung in die Wählerliste beim WV Einspruch zu erheben.[10]

2. Schutz der Amtsführung, Tätigkeitsschutz

Eine strafbare **Behinderung** oder **Störung** der Tätigkeit betriebsverfassungsrechtlicher Organe und deren Mitgl. kann sowohl in einem positiven Handeln liegen als auch in einer Unterlassung, sofern eine Rechtspflicht zum Handeln besteht. So liegt z.B. eine unzulässige Behinderung oder Störung der BR-Tätigkeit vor, wenn der AG sich weigert, die zur ordnungsgemäßen Durchführung dieser Tätigkeit notwendigen Kosten zu tragen oder die sächlichen Mittel zur Verfügung zu stellen,[11] ebenso wenn der AG die Kosten des BR öffentlich bekannt gibt,[12] oder wenn er einem gekündigten BR-Mitgl. vor rechtskräftigem Abschluss des Gerichtsverfahrens Hausverbot erteilt und dadurch die Wahrnehmung von BR-Aufgaben sowie die Teilnahme an BR-Sitzungen verwehrt.[13] Der AG ist auch nach § 43 Abs. 2 nicht verpflichtet, sich auf einer Betriebsversammlung zu den Kosten des BR zu äußern. Hat er hieran ein berechtigtes Interesse, darf er durch die Art und Weise der Informationsgestaltung und -vermittlung den BR nicht in seiner Amtsführung beeinträchtigen.[14] Eine strafbare Störung der BR-Tätigkeit liegt auch vor, wenn der AG erkennbar an den BR gerichtete Post öffnet,[15] Telefongespräche des BR verhindert oder unterbricht[16] oder durch einen öffentlichen Aushang die Empfehlung gibt, eine Betriebsversammlung nicht zu besuchen.[17] Strafbar ist auch die beharrliche Weigerung, überhaupt mit dem BR zusammenzuarbeiten, ebenso ein Hausverbot gegen ein gekündigtes Mitgl. des BR, um ihm die Teilnahme an Sitzungen des BR zu verwehren.[18] 2

Benachteiligung ist jede **tatsächliche, persönliche** oder **wirtschaftliche** Schlechterstellung eines Wahlberechtigten oder einer anderen in dieser Bestimmung genannten Person. Dabei genügt es bereits, wenn Nachteile **angedroht** werden, etwa wenn AN durch Androhung der Zuweisung schlechterer Arbeit oder den Ausspruch einer Kündigung unter Druck gesetzt werden, 3

---

10 ArbG Bochum, BB 72, 494; vgl. auch LAG Hamm, DB 72, 1298.
11 LAG SH 31.5.17 – 1 TaBV 48/16: Die Auslagerung der BR-Räume 750 m außerhalb des Betriebsgebäudes behindert die BR-Arbeit.
12 BAG, BB 98, 1006; ArbG Wesel, AiB 97, 52; ArbG Darmstadt, AiB 87, 140.
13 ArbG Hamburg, AiB 97, 659; ArbG Elmshorn, AiB 97, 173.
14 BAG, NZA 96, 332.
15 ArbG Stuttgart 22.12.87, BetrR 88 (Heft 3), 17.
16 AG Passau, AiB 92, 42.
17 OLG Stuttgart, BB 88, 2245.
18 ArbG Hamburg, AiB 97, 659.

von einer vorgesehenen oder eingeleiteten BR-Wahl Abstand zu nehmen.[19] Der AG verletzt das Wahlbeeinflussungsverbot auch, wenn er in einer Betriebsversammlung offen oder unterschwellig beim Zuhörer Angst vor dem Verlust eines finanziellen Vorteils erzeugt, falls dieser bestimmte Kandidaten wählt.[20] Strafbar kann es auch sein, wenn der AG den AN in einem Aushang empfiehlt, eine Betriebsversammlung nicht zu besuchen.[21] Auch für die **Begünstigung** reicht es aus, dass ein Vorteil oder eine Besserung zugesagt wird. Die Gewährung unrechtmäßiger Vorteile wie die Bezahlung der Kosten von Privatreisen oder von Prostituierten, deren Dienste von BR-Mitgl. in Anspruch genommen werden, ist eine BR-Begünstigung (zur Begünstigung s. im Einzelnen § 78 Rn. 5).[22] Die Strafvorschrift richtet sich nicht nur gegen den AG und dessen Vertr., sondern gegen **jedermann**.

3. Strafantrag

4 Eine Strafverfolgung tritt nur auf **Antrag** ein. Von besonderer Bedeutung ist, dass auch jede im Betrieb vertretene Gew. die Einleitung eines Strafverfahrens beantragen kann. Soweit ein betriebsverfassungsrechtliches Organ antragsberechtigt ist, können nicht die einzelnen Mitgl., sondern nur das Organ selbst den Antrag stellen, wozu es eines mit einfacher Stimmenmehrheit gefassten Beschlusses bedarf. Der Antrag ist innerhalb einer Frist von drei Monaten zu stellen. Seine Rücknahme ist jederzeit möglich. Der Strafantrag durch ein betriebsverfassungsrechtliches Organ ist kein Grund zur fristlosen Entlassung der Mitgl. des Organs durch den AG, es sei denn, es läge ein Rechtsmissbrauch vor.[23] Die Strafantragstellung des Unternehmers ist eine Leitungsentscheidung des Unternehmers selbst, d. h. des Betriebsinhabers. Ist eine AG strafantragsberechtigter Unternehmer im Sinne dieser Vorschrift, ist eine Vertretung in eigenem Willen durch Prokuristen ausgeschlossen.[24]

---

19 OLG Hamm 26. 7. 87 – 1 Ss 164/87.

20 Vgl. ArbG Berlin 8. 8. 84 – 18 BV 5/84.

21 OLG Stuttgart, BB 88, 2245.

22 LG Braunschweig 22. 2. 08 – 6 KLs 20/07.

23 LAG BaWü 25. 10. 57, AP Nr. 2 zu § 78 BetrVG.

24 BGH, AuR 09, 357.

§ 120 Verletzung von Geheimnissen

(1) Wer unbefugt ein fremdes Betriebs- oder Geschäftsgeheimnis offenbart, das ihm in seiner Eigenschaft als

1. Mitglied oder Ersatzmitglied des Betriebsrats oder einer der in § 79 Abs. 2 bezeichneten Stellen,

2. Vertreter einer Gewerkschaft oder Arbeitgebervereinigung,

3. Sachverständiger, der vom Betriebsrat nach § 80 Abs. 3 hinzugezogen oder von der Einigungsstelle nach § 109 Satz 3 angehört worden ist,

3a. Berater, der vom Betriebsrat nach § 111 Satz 2 hinzugezogen worden ist,

3b. Auskunftsperson, die dem Betriebsrat nach § 80 Absatz 2 Satz 4 zur Verfügung gestellt worden ist, oder

4. Arbeitnehmer, der vom Betriebsrat nach § 107 Abs. 3 Satz 3 oder vom Wirtschaftsausschuss nach § 108 Abs. 2 Satz 2 hinzugezogen worden ist,

bekannt geworden und das vom Arbeitgeber ausdrücklich als geheimhaltungsbedürftig bezeichnet worden ist, wird mit Freiheitsstrafe bis zu einem Jahr oder mit Geldstrafe bestraft.

(2) Ebenso wird bestraft, wer unbefugt ein fremdes Geheimnis eines Arbeitnehmers, namentlich ein zu dessen persönlichen Lebensbereich gehörendes Geheimnis, offenbart, das ihm in seiner Eigenschaft als Mitglied oder Ersatzmitglied des Betriebsrats oder einer der in § 79 Abs. 2 bezeichneten Stellen bekannt geworden ist und über das nach den Vorschriften dieses Gesetzes Stillschweigen zu bewahren ist.

(3) Handelt der Täter gegen Entgelt oder in der Absicht, sich oder einen anderen zu bereichern oder einen anderen zu schädigen, so ist die Strafe Freiheitsstrafe bis zu zwei Jahren oder Geldstrafe. Ebenso wird bestraft, wer unbefugt ein fremdes Geheimnis, namentlich ein Betriebs- oder Geschäftsgeheimnis, zu dessen Geheimhaltung er nach den Absätzen 1 oder 2 verpflichtet ist, verwertet.

(4) Die Absätze 1 bis 3 sind auch anzuwenden, wenn der Täter das fremde Geheimnis nach dem Tode des Betroffenen unbefugt offenbart oder verwertet.

(5) Die Tat wird nur auf Antrag des Verletzten verfolgt. Stirbt der Verletzte, so geht das Antragsrecht nach § 77 Abs. 2 des Strafgesetzbuches auf die Angehörigen über, wenn das Geheimnis zum persönlichen Lebensbereich des Verletzten gehört; in anderen Fällen geht es auf die Erben über. Offenbart der Täter das Geheimnis nach dem Tode des Betroffenen, so gilt Satz 2 sinngemäß.

Inhaltsübersicht Rn.

1. Offenbarung von Betriebs- oder Geschäftsgeheimnissen

1 Die Bestrafung wegen einer unbefugten Offenbarung fremder Betriebs- oder Geschäftsgeheimnisse setzt voraus, dass es sich **objektiv** um solche handelt und diese ausdrücklich vom AG als **geheimhaltungsbedürftig** bezeichnet worden sind (zum Begriff des Betriebs- oder Geschäftsgeheimnisses sowie zu dem am 26. 4. 2019 in Kraft getretenen GeschGehG[1] vgl. § 79 Abs. 1).

2 Eine unbefugte Offenbarung eines Betriebs- oder Geschäftsgeheimnisses liegt nicht schon dann vor, wenn sie ohne Einwilligung des AG geschieht. »Unbefugt« bedeutet vielmehr »ohne Rechtfertigung«.

3 Das vom Träger offenbarte Geheimnis muss ihm aus Anlass einer der in dieser Bestimmung bezeichneten Tätigkeiten bekannt geworden sein. Hat er es auf andere Weise, etwa in Erfüllung seiner arbeitsvertraglichen Pflichten, erlangt, greift diese Strafvorschrift nicht ein.

2. Offenbarung persönlicher Arbeitnehmer-Geheimnisse

4 Zum stärkeren Schutz der **Intimsphäre** der im Betrieb beschäftigten AN erstreckt sich die Strafandrohung nach Abs. 2 dieser Bestimmung auch auf die Weitergabe von Geheimnissen aus dem persönlichen Lebensbereich eines AN, soweit nach diesem Gesetz insoweit ausdrücklich eine Verschwiegenheitspflicht besteht (vgl. z. B. § 99 Abs. 1).

§ 121 Bußgeldvorschriften

(1) Ordnungswidrig handelt, wer eine der in § 90 Abs. 1, 2 Satz 1, § 92 Abs. 1 Satz 1 auch in Verbindung mit Absatz 3, § 99 Abs. 1, § 106 Abs. 2, § 108 Abs. 5, § 110 oder § 111 bezeichneten Aufklärungs- oder Auskunftspflichten nicht, wahrheitswidrig, unvollständig oder verspätet erfüllt.
(2) Die Ordnungswidrigkeit kann mit einer Geldbuße bis zu zehntausend Euro geahndet werden.

1 Es wird nur **vorsätzliches Handeln** geahndet. Fehlendes Unrechtsbewusstsein schließt die Ordnungswidrigkeit nur aus, wenn der Irrtum nicht vorzuwerfen ist. Dem AG aber wird regelmäßig die Unkenntnis der ihm obliegenden Aufklärungs- und Auskunftspflichten zum Vorwurf gemacht werden können.[1]

2 Die Verfolgung der Ordnungswidrigkeit erfolgt **von Amts** wegen. Voraussetzung ist selbstverständlich, dass die zuständige Behörde Kenntnis von der

1 BGBl. I 2019, 466.

1 So auch Landkreis Hannover, Bußgeldbescheid v. 15. 8. 89, BetrR 90, 24.

Ordnungswidrigkeit erhält, ihr diese also angezeigt wird. Zuständig ist die oberste Arbeitsbehörde des Landes, in deren Bezirk die Ordnungswidrigkeit begangen wurde oder der ordnungswidrig Handelnde seinen Wohnsitz hat (§ 35 ff. OWiG). Die Verfolgung verjährt in zwei Jahren, beginnend mit dem Tage, an dem die Handlung begangen wurde.

Die Gew. haben in einer Untersuchung festgestellt, dass Verstöße gegen das BetrVG sehr häufig zu verzeichnen sind, die teils als Straftaten gemäß § 119, teils als Ordnungswidrigkeiten nach dieser Bestimmung zu ahnden wären. Staatsanwälte und Ordnungsbehörden stellen die Verfahren jedoch häufig ein.[2] Im Übrigen gibt es nur wenige Entscheidungen, in denen die Verstöße des AG geahndet wurden.[3] Grundsätzlich kann eine Anzeige wegen Verstoßes gegen diese Vorschrift durch **jedermann** erfolgen, also auch durch einzelne AN. Von Letzterem ist aber grundsätzlich abzuraten, weil Anzeigenerstattungen gegen den AG nach abzulehnender Rspr.[4] zur fristlosen Kündigung berechtigen können.[5] 3

2 Der Regierungspräsident Stuttgart hat wegen fortgesetzten Verstoßes gegen die Unterrichtungspflichten bei personellen Maßnahmen nach § 99 Abs. 1 eine Geldbuße von nur 300 DM gegen den Geschäftsführer eines UN festgesetzt – Bußgeldbescheid v. 27.10.88 – 15 – 0523.0 – 2/87; vgl. auch Landkreis Hannover, Bußgeldbescheid v. 15.8.89, BetrR 90, 24 sowie Bezirksregierung Düsseldorf, AiB 97, 177.

3 Vgl. etwa OLG Hamm, DB 78, 748, das einem AG wegen drei Verstößen Geldbußen von mehreren tausend DM auferlegte; vgl. auch OLG Düsseldorf, BB 82, 1113; OLG Stuttgart, DB 78, 592; OLG Hamburg, DB 85, 1846 sowie Bußgeldbescheid des Regierungspräsidiums Tübingen, AiB 92, 461 f. zur Verhängung eines Bußgeldes gegen Vorstandsmitgl. wegen nicht rechtzeitiger und vollständiger Unterrichtung des BR und WA über eine Betriebsänderung; Bezirksregierung Düsseldorf, AiB 06, 181 zur Verhängung einer Geldbuße von 1000 – gegenüber einem AG wegen wiederholten, aber erstmalig angezeigten Verstoßes gegen die Unterrichtungspflicht aus § 99 Abs. 1; nach OLG Karlsruhe, DB 86, 38 zu Unrecht dagegen keine Bestrafung des AG, der eine Auskunft wegen Gefährdung eines Geschäftsgeheimnisses verweigert, solange über den Umfang der Auskunftspflicht eine Entscheidung der ESt. nach § 109 nicht herbeigeführt ist.

4 Vgl. BAG 5.2.59, AP Nr. 2 zu § 70 HGB; LAG BaWü, KJ 79, 323.

5 Vgl. aber auch LAG Frankfurt, LAGE § 626 BGB Nr. 28, das nur völlig haltlose Vorwürfe für kündigungsrechtlich erheblich hält.

Siebenter Teil
Änderung von Gesetzen

§§ 122 bis 124

(gegenstandslos)

Achter Teil
Übergangs- und Schlussvorschriften

§ 125 Erstmalige Wahlen nach diesem Gesetz

(1) Die erstmaligen Betriebsratswahlen nach § 13 Abs. 1 finden im Jahre 1972 statt.

(2) Die erstmaligen Wahlen der Jugend- und Auszubildendenvertretung nach § 64 Abs. 1 Satz 1 finden im Jahre 1988 statt. Die Amtszeit der Jugendvertretung endet mit der Bekanntgabe des Wahlergebnisses der neu gewählten Jugend- und Auszubildendenvertretung, spätestens am 30. November 1988.

(3) Auf Wahlen des Betriebsrats, der Bordvertretung, des Seebetriebsrats und der Jugend- und Auszubildendenvertretung, die nach dem 28. Juli 2001 eingeleitet werden, finden die Erste Verordnung zur Durchführung des Betriebsverfassungsgesetzes vom 16. Januar 1972 (BGBl. I S. 49), zuletzt geändert durch die Verordnung vom 16. Januar 1995 (BGBl. I S. 43), die Zweite Verordnung zur Durchführung des Betriebsverfassungsgesetzes vom 24. Oktober 1972 (BGBl. I S. 2029), zuletzt geändert durch die Verordnung vom 28. September 1989 (BGBl. I S. 1795) und die Verordnung zur Durchführung der Betriebsratswahlen bei den Postunternehmen vom 26. Juni 1995 (BGBl. I S. 871) bis zu deren Änderung entsprechende Anwendung.

(4) Ergänzend findet für das vereinfachte Wahlverfahren nach § 14a die Erste Verordnung zur Durchführung des Betriebsverfassungsgesetzes bis zu deren Änderung mit folgenden Maßgaben entsprechende Anwendung:

1. Die Frist für die Einladung zur Wahlversammlung zur Wahl des Wahlvorstands nach § 14a Abs. 1 des Gesetzes beträgt mindestens sieben Tage. Die Einladung muss Ort, Tag und Zeit der Wahlversammlung sowie den Hinweis enthalten, dass bis zum Ende dieser Wahlversammlung Wahlvorschläge zur Wahl des Betriebsrats gemacht werden können (§ 14a Abs. 2 des Gesetzes).
2. § 3 findet wie folgt Anwendung:
   a) Im Fall des § 14a Abs. 1 des Gesetzes erlässt der Wahlvorstand auf der Wahlversammlung das Wahlausschreiben. Die Einspruchsfrist nach § 3 Abs. 2 Nr. 3 verkürzt sich auf drei Tage. Die Angabe nach § 3 Abs. 2 Nr. 4 muss die Zahl der Mindestsitze des Geschlechts in der Minderheit (§ 15 Abs. 2 des Gesetzes) enthalten. Die Wahlvorschläge sind abweichend von § 3 Abs. 2 Nr. 7 bis zum Abschluss der Wahlversammlung zur Wahl des Wahlvorstands

bei diesem einzureichen. Ergänzend zu § 3 Abs. 2 Nr. 10 gibt der Wahlvorstand den Ort, Tag und Zeit der nachträglichen Stimmabgabe an (§ 14a Abs. 4 des Gesetzes).

b) Im Fall des § 14a Abs. 3 des Gesetzes erlässt der Wahlvorstand unverzüglich das Wahlausschreiben mit den unter Buchstabe a genannten Maßgaben zu § 3 Abs. 2 Nr. 3, 4 und 10. Abweichend von § 3 Abs. 2 Nr. 7 sind die Wahlvorschläge spätestens eine Woche vor der Wahlversammlung zur Wahl des Betriebsrats (§ 14a Abs. 3 Satz 2 des Gesetzes) beim Wahlvorstand einzureichen.

3. Die Einspruchsfrist des § 4 Abs. 1 verkürzt sich auf drei Tage.
4. Die §§ 6 bis 8 und § 10 Abs. 2 finden entsprechende Anwendung mit der Maßgabe, dass die Wahl aufgrund von Wahlvorschlägen erfolgt. Im Fall des § 14a Abs. 1 des Gesetzes sind die Wahlvorschläge bis zum Abschluss der Wahlversammlung zur Wahl des Wahlvorstands bei diesem einzureichen; im Fall des § 14a Abs. 3 des Gesetzes sind die Wahlvorschläge spätestens eine Woche vor der Wahlversammlung zur Wahl des Betriebsrats (§ 14a Abs. 3 Satz 2 des Gesetzes) beim Wahlvorstand einzureichen.
5. § 9 findet keine Anwendung.
6. Auf das Wahlverfahren finden die §§ 21 ff. entsprechende Anwendung. Auf den Stimmzetteln sind die Bewerber in alphabetischer Reihenfolge unter Angabe von Familienname, Vorname und Art der Beschäftigung im Betrieb aufzuführen.
7. § 25 Abs. 5 bis 8 findet keine Anwendung.
8. § 26 Abs. 1 findet mit der Maßgabe Anwendung, dass der Wahlberechtigte sein Verlangen auf schriftliche Stimmabgabe spätestens drei Tage vor dem Tag der Wahlversammlung zur Wahl des Betriebsrats dem Wahlvorstand mitgeteilt haben muss.
9. § 31 findet entsprechende Anwendung mit der Maßgabe, dass die Wahl der Jugend- und Auszubildendenvertretung aufgrund von Wahlvorschlägen erfolgt.

§ 126 Ermächtigung zum Erlass von Wahlordnungen

Das Bundesministerium für Arbeit und Soziales wird ermächtigt, mit Zustimmung des Bundesrates Rechtsverordnungen zu erlassen zur Regelung der in den §§ 7 bis 20, 60 bis 63, 115 und 116 bezeichneten Wahlen über

1. die Vorbereitung der Wahl, insbesondere die Aufstellung der Wählerlisten und die Errechnung der Vertreterzahl;
2. die Frist für die Einsichtnahme in die Wählerlisten und die Erhebung von Einsprüchen gegen sie;
3. die Vorschlagslisten und die Frist für ihre Einreichung;

4. das Wahlausschreiben und die Fristen für seine Bekanntmachung;
5. die Stimmabgabe;
5a. die Verteilung der Sitze im Betriebsrat, in der Bordvertretung, im Seebetriebsrat sowie in der Jugend- und Auszubildendenvertretung auf die Geschlechter, auch soweit die Sitze nicht gemäß § 15 Abs. 2 und § 62 Abs. 3 besetzt werden können;
6. die Feststellung des Wahlergebnisses und die Fristen für seine Bekanntmachung;
7. die Aufbewahrung der Wahlakten.

§§ 127 bis 128

(nicht abgedruckt)

§ 129 Sonderregelungen aus Anlass der COVID-19-Pandemie

(1) Versammlungen nach den §§ 42, 53 und 71 können bis zum Ablauf des 7. April 2023 auch mittels audiovisueller Einrichtungen durchgeführt werden, wenn sichergestellt ist, dass nur teilnahmeberechtigte Personen Kenntnis von dem Inhalt der Versammlung nehmen können. Eine Aufzeichnung ist unzulässig.
(2) Die Teilnahme an Sitzungen der Einigungsstelle sowie die Beschlussfassung können bis zum Ablauf des 7. April 2023 auch mittels einer Video- und Telefonkonferenz erfolgen, wenn sichergestellt ist, dass Dritte vom Inhalt der Sitzung keine Kenntnis nehmen können. Eine Aufzeichnung ist unzulässig. Die Teilnehmer, die mittels Video- und Telefonkonferenz teilnehmen, bestätigen ihre Anwesenheit gegenüber dem Vorsitzenden der Einigungsstelle in Textform.
(3) (weggefallen)

§ 130 Öffentlicher Dienst

Dieses Gesetz findet keine Anwendung auf Verwaltungen und Betriebe des Bundes, der Länder, der Gemeinden und sonstiger Körperschaften, Anstalten und Stiftungen des öffentlichen Rechts.

Die Vorschrift stellt klar, dass die Bestimmungen dieses Gesetzes nur für die 1
Betriebe der privaten Wirtschaft anzuwenden sind. Für den Bereich des öffentlichen Dienstes gelten das Bundespersonalvertretungsgesetz und die Personalvertretungsgesetze der Länder. Daher besteht ein MBR des PersR der aufnehmenden Dienststelle nach den entsprechenden Vorschriften des einschlägigen LPVG, wenn AN eines privatrechtlich organisierten Vereins (beispielsweise einer Volkshochschule), der dem Geltungsbereich des BetrVG

unterfällt, im Rahmen einer Kooperationsvereinbarung zeitbefristet zu einer Dienststelle i. S. des LPVG zur weisungsabhängigen Dienstleistung »abgeordnet« werden.[1] Betriebe mit **privater Rechtsform** fallen auch dann unter das BetrVG, wenn sie der öffentlichen Hand gehören (Regiebetrieb) oder wenn etwa zwei Körperschaften des öffentlichen Rechts eine Gesellschaft bürgerlichen Rechts zur Führung eines Theaterbetriebs bilden.[2] Daher steht die Vorschrift der Bildung eines KBR für den privatrechtlich organisierten Teil eines Konzerns mit öffentlich-rechtlich organisierter Konzernspitze (hier: Universitätsklinikum), bei der Personalräte gebildet sind, nicht entgegen.[3] Gleiches gilt für privatrechtlich organisierte Kliniken, die allesamt unter Leitung eines Landkreises als Körperschaft des öffentlichen Rechts stehen (s. auch § 54 Rn. 1).[4] Anderes gilt dagegen, wenn die öffentliche Hand einen Betrieb unmittelbar als Eigenbetrieb führt, ohne dass dieser eine besondere private Rechtsform besitzt.[5] Für die Fraktionen des Deutschen Bundestages gilt das BetrVG.[6] Auf im Inland bestehende Betriebe internationaler oder zwischenstaatlicher Organisationen findet nicht das PersVG, sondern das BetrVG Anwendung. Soweit in den privatisierten Betrieben der ehemaligen Deutschen Bundesbahn und der Bundespost Bea. beschäftigt sind, gelten für diese teilweise Sonderregelungen, die im Zusammenhang mit den jeweiligen Bestimmungen des BetrVG erläutert werden.[7]

§ 131 (Berlin-Klausel)

(gegenstandslos)

§ 132

(Inkrafttreten)

---

1 VG Göttingen 11. 6. 13 – 7 B 1/13, juris.
2 BAG, DB 77, 962; vgl. aber auch BAG, DB 89, 1419; LAG BaWü 11. 2. 16 – 3 TaBV 2/14, juris.
3 BAG 27. 10. 10 – 7 ABR 85/09, brwo.
4 LAG Hamm 04. 5. 18 – 13 TaBV 76/16, brwo.
5 BAG, DB 76, 248.
6 ArbG Berlin, NZA-RR 03, 656.
7 Siehe zum Wechsel von einer öffentlich-rechtlichen zur privatrechtlichen Organisationsform und der Anerkennung von Übergangsmandaten aus Anlass der Privatisierung auch DKKW-Buschmann, § 21a Rn. 15; Fitting, Rn. 10 ff. zu § 130.

Anhang
Erste Verordnung zur Durchführung des Betriebsverfassungsgesetzes

In der Fassung vom 11.12.2001 (BGBl. I S. 3494), zuletzt geändert durch Verordnung zur Änderung der Wahlordnung, der Wahlordnung Seeschifffahrt und der Verordnung zur Durchführung der Betriebsratswahlen bei den Postunternehmen vom 8.10.2021 (BGBl. I S. 4640)

Eingangsformel
Auf Grund des § 126 des Betriebsverfassungsgesetzes in der Fassung der Bekanntmachung vom 25. September 2001 (BGBl. I S. 2518) verordnet das Bundesministerium für Arbeit und Sozialordnung:

Erster Teil
Wahl des Betriebsrats
(§ 14 des Gesetzes)

Erster Abschnitt
Allgemeine Vorschriften

§ 1 Wahlvorstand

(1) Die Leitung der Wahl obliegt dem Wahlvorstand.
(2) Der Wahlvorstand kann sich eine schriftliche Geschäftsordnung geben. Er kann Wahlberechtigte als Wahlhelferinnen und Wahlhelfer zu seiner Unterstützung bei der Durchführung der Stimmabgabe und bei der Stimmenzählung heranziehen.
(3) Die Beschlüsse des Wahlvorstands werden mit einfacher Stimmenmehrheit seiner stimmberechtigten Mitglieder gefasst. Die Sitzungen des Wahlvorstands finden als Präsenzsitzung statt. Über jede Sitzung des Wahlvorstands ist eine Niederschrift aufzunehmen, die mindestens den Wortlaut der gefassten Beschlüsse enthält. Die Niederschrift ist von der oder dem Vorsitzenden und einem weiteren stimmberechtigten Mitglied des Wahlvorstands zu unterzeichnen.
(4) Abweichend von Absatz 3 Satz 2 kann der Wahlvorstand beschließen, dass die Teilnahme an einer nicht öffentlichen Sitzung des Wahlvorstands

mittels Video- und Telefonkonferenz erfolgen kann. Dies gilt nicht für Sitzungen des Wahlvorstands

1. im Rahmen einer Wahlversammlung nach § 14a Absatz 1 Satz 2 des Gesetzes,
2. zur Prüfung eingereichter Vorschlagslisten nach § 7 Absatz 2 Satz 2,
3. zur Durchführung eines Losverfahrens nach § 10 Absatz 1.

Es muss sichergestellt sein, dass Dritte vom Inhalt der Sitzung keine Kenntnis nehmen können. Eine Aufzeichnung der Sitzung ist unzulässig. Die mittels Video- und Telefonkonferenz Teilnehmenden bestätigen ihre Teilnahme gegenüber der oder dem Vorsitzenden in Textform. Die Bestätigung ist der Niederschrift nach Absatz 3 beizufügen.

(5) Erfolgt die Sitzung des Wahlvorstands mit der zusätzlichen Möglichkeit der Teilnahme mittels Video- und Telefonkonferenz, gilt auch eine Teilnahme vor Ort als erforderlich.

§ 2 Wählerliste

(1) Der Wahlvorstand hat für jede Betriebsratswahl eine Liste der Wahlberechtigten (Wählerliste), getrennt nach den Geschlechtern, aufzustellen. Die Wahlberechtigten sollen mit Familienname, Vorname und Geburtsdatum in alphabetischer Reihenfolge aufgeführt werden. Die nach Absatz 3 Satz 2 nicht passiv Wahlberechtigten sind in der Wählerliste auszuweisen.

(2) Der Arbeitgeber hat dem Wahlvorstand alle für die Anfertigung der Wählerliste erforderlichen Auskünfte zu erteilen und die erforderlichen Unterlagen zur Verfügung zu stellen. Er hat den Wahlvorstand insbesondere bei Feststellung der in § 5 Abs. 3 des Gesetzes genannten Personen zu unterstützen.

(3) Das aktive und passive Wahlrecht steht nur Arbeitnehmerinnen und Arbeitnehmern zu, die in die Wählerliste eingetragen sind. Wahlberechtigten Arbeitnehmerinnen und Arbeitnehmern, die am Wahltag nicht nach § 8 des Gesetzes wählbar sind, und wahlberechtigten Leiharbeitnehmerinnen und Leiharbeitnehmern (§ 14 Absatz 2 Satz 1 des Arbeitnehmerüberlassungsgesetzes) steht nur das aktive Wahlrecht zu.

(4) Ein Abdruck der Wählerliste und ein Abdruck dieser Verordnung sind vom Tage der Einleitung der Wahl (§ 3 Abs. 1) bis zum Abschluss der Stimmabgabe an geeigneter Stelle im Betrieb zur Einsichtnahme auszulegen. Der Abdruck der Wählerliste soll die Geburtsdaten der Wahlberechtigten nicht enthalten. Ergänzend können der Abdruck der Wählerliste und die Verordnung mittels der im Betrieb vorhandenen Informations- und Kommunikationstechnik bekannt gemacht werden. Die Bekanntmachung ausschließlich in elektronischer Form ist nur zulässig, wenn alle Arbeitnehmerinnen und Arbeitnehmer von der Bekanntmachung Kenntnis erlangen können und

Vorkehrungen getroffen werden, dass Änderungen der Bekanntmachung nur vom Wahlvorstand vorgenommen werden können.

(5) Der Wahlvorstand soll dafür sorgen, dass ausländische Arbeitnehmerinnen und Arbeitnehmer, die der deutschen Sprache nicht mächtig sind, vor Einleitung der Betriebsratswahl über Wahlverfahren, Aufstellung der Wähler- und Vorschlagslisten, Wahlvorgang und Stimmabgabe in geeigneter Weise unterrichtet werden.

§ 3 Wahlausschreiben

(1) Spätestens sechs Wochen vor dem ersten Tag der Stimmabgabe erlässt der Wahlvorstand ein Wahlausschreiben, das von der oder dem Vorsitzenden und von mindestens einem weiteren stimmberechtigten Mitglied des Wahlvorstands zu unterschreiben ist. Mit Erlass des Wahlausschreibens ist die Betriebsratswahl eingeleitet. Der erste Tag der Stimmabgabe soll spätestens eine Woche vor dem Tag liegen, an dem die Amtszeit des Betriebsrats abläuft.

(2) Das Wahlausschreiben muss folgende Angaben enthalten:

1. das Datum seines Erlasses;
2. die Bestimmung des Orts, an dem die Wählerliste und diese Verordnung ausliegen, sowie im Fall der Bekanntmachung in elektronischer Form (§ 2 Abs. 4 Satz 3 und 4) wo und wie von der Wählerliste und der Verordnung Kenntnis genommen werden kann;
3. dass nur Arbeitnehmerinnen und Arbeitnehmer wählen oder gewählt werden können, die in die Wählerliste eingetragen sind, und dass Einsprüche gegen die Wählerliste (§ 4) nur vor Ablauf von zwei Wochen seit dem Erlass des Wahlausschreibens schriftlich beim Wahlvorstand eingelegt werden können, verbunden mit einem Hinweis auf die Anfechtungsausschlussgründe nach § 19 Absatz 3 Satz 1 und 2 des Gesetzes; der letzte Tag der Frist und im Fall des § 41 Absatz 2 zusätzlich die Uhrzeit sind anzugeben;
4. den Anteil der Geschlechter und den Hinweis, dass das Geschlecht in der Minderheit im Betriebsrat mindestens entsprechend seinem zahlenmäßigen Verhältnis vertreten sein muss, wenn der Betriebsrat aus mindestens drei Mitgliedern besteht (§ 15 Abs. 2 des Gesetzes);
5. die Zahl der zu wählenden Betriebsratsmitglieder (§ 9 des Gesetzes) sowie die auf das Geschlecht in der Minderheit entfallenden Mindestsitze im Betriebsrat (§ 15 Abs. 2 des Gesetzes);
6. die Mindestzahl von Wahlberechtigten, von denen ein Wahlvorschlag unterzeichnet sein muss (§ 14 Abs. 4 des Gesetzes);
7. dass der Wahlvorschlag einer im Betrieb vertretenen Gewerkschaft von zwei Beauftragten unterzeichnet sein muss (§ 14 Abs. 5 des Gesetzes);

8. dass Wahlvorschläge vor Ablauf von zwei Wochen seit dem Erlass des Wahlausschreibens beim Wahlvorstand in Form von Vorschlagslisten einzureichen sind, wenn mehr als fünf Betriebsratsmitglieder zu wählen sind; der letzte Tag der Frist und im Fall des § 41 Absatz 2 zusätzlich die Uhrzeit sind anzugeben;
9. dass die Stimmabgabe an die Wahlvorschläge gebunden ist und dass nur solche Wahlvorschläge berücksichtigt werden dürfen, die fristgerecht (Nr. 8) eingereicht sind;
10. die Bestimmung des Orts, an dem die Wahlvorschläge bis zum Abschluss der Stimmabgabe aushängen;
11. Ort, Tag und Zeit der Stimmabgabe sowie die Betriebsteile und Kleinstbetriebe, für die schriftliche Stimmabgabe (§ 24 Abs. 3) beschlossen ist;
12. den Ort, an dem Einsprüche, Wahlvorschläge und sonstige Erklärungen gegenüber dem Wahlvorstand abzugeben sind (Betriebsadresse des Wahlvorstands);
13. Ort, Tag und Zeit der öffentlichen Stimmauszählung.

(3) Sofern es nach Größe, Eigenart oder Zusammensetzung der Arbeitnehmerschaft des Betriebs zweckmäßig ist, soll der Wahlvorstand im Wahlausschreiben darauf hinweisen, dass bei der Aufstellung von Wahlvorschlägen die einzelnen Organisationsbereiche und die verschiedenen Beschäftigungsarten berücksichtigt werden sollen.

(4) Ein Abdruck des Wahlausschreibens ist vom Tage seines Erlasses bis zum letzten Tage der Stimmabgabe an einer oder mehreren geeigneten, den Wahlberechtigten zugänglichen Stellen vom Wahlvorstand auszuhängen und in gut lesbarem Zustand zu erhalten. Ergänzend kann das Wahlausschreiben mittels der im Betrieb vorhandenen Informations- und Kommunikationstechnik bekannt gemacht werden. § 2 Abs. 4 Satz 4 gilt entsprechend. Ergänzend hat der Wahlvorstand das Wahlausschreiben den Personen nach § 24 Absatz 2 postalisch oder elektronisch zu übermitteln; der Arbeitgeber hat dem Wahlvorstand die dazu erforderlichen Informationen zur Verfügung zu stellen.

§ 4 Einspruch gegen die Wählerliste

(1) Einsprüche gegen die Richtigkeit der Wählerliste können mit Wirksamkeit für die Betriebsratswahl nur vor Ablauf von zwei Wochen seit Erlass des Wahlausschreibens beim Wahlvorstand schriftlich eingelegt werden.

(2) Über Einsprüche nach Absatz 1 hat der Wahlvorstand unverzüglich zu entscheiden. Der Einspruch ist ausgeschlossen, soweit er darauf gestützt wird, dass die Zuordnung nach § 18a des Gesetzes fehlerhaft erfolgt sei. Satz 2 gilt nicht, soweit die nach § 18a Abs. 1 oder 4 Satz 1 und 2 des Gesetzes am Zuordnungsverfahren Beteiligten die Zuordnung übereinstimmend für offensichtlich fehlerhaft halten. Wird der Einspruch für begründet erachtet,

so ist die Wählerliste zu berichtigen. Die Entscheidung des Wahlvorstands ist der Arbeitnehmerin oder dem Arbeitnehmer, die oder der den Einspruch eingelegt hat, unverzüglich schriftlich mitzuteilen; die Entscheidung muss der Arbeitnehmerin oder dem Arbeitnehmer spätestens am Tage vor dem Beginn der Stimmabgabe zugehen.
(3) Nach Ablauf der Einspruchsfrist soll der Wahlvorstand die Wählerliste nochmals auf ihre Vollständigkeit hin überprüfen. Im Übrigen kann nach Ablauf der Einspruchsfrist die Wählerliste nur bei Schreibfehlern, offenbaren Unrichtigkeiten, in Erledigung rechtzeitig eingelegter Einsprüche oder bei Eintritt von Wahlberechtigten in den Betrieb oder bei Ausscheiden aus dem Betrieb bis zum Abschluss der Stimmabgabe berichtigt oder ergänzt werden.

§ 5 Bestimmung der Mindestsitze für das Geschlecht in der Minderheit

(1) Der Wahlvorstand stellt fest, welches Geschlecht von seinem zahlenmäßigen Verhältnis im Betrieb in der Minderheit ist. Sodann errechnet der Wahlvorstand den Mindestanteil der Betriebsratssitze für das Geschlecht in der Minderheit (§ 15 Abs. 2 des Gesetzes) nach den Grundsätzen der Verhältniswahl. Zu diesem Zweck werden die Zahlen der am Tage des Erlasses des Wahlausschreibens im Betrieb beschäftigten Frauen und Männer in einer Reihe nebeneinander gestellt und beide durch 1, 2, 3, 4 usw. geteilt. Die ermittelten Teilzahlen sind nacheinander reihenweise unter den Zahlen der ersten Reihe aufzuführen, bis höhere Teilzahlen für die Zuweisung der zu verteilenden Sitze nicht mehr in Betracht kommen.
(2) Unter den so gefundenen Teilzahlen werden so viele Höchstzahlen ausgesondert und der Größe nach geordnet, wie Betriebsratsmitglieder zu wählen sind. Das Geschlecht in der Minderheit erhält so viele Mitgliedersitze zugeteilt, wie Höchstzahlen auf es entfallen. Wenn die niedrigste in Betracht kommende Höchstzahl auf beide Geschlechter zugleich entfällt, so entscheidet das Los darüber, welchem Geschlecht dieser Sitz zufällt.

Zweiter Abschnitt
Wahl von mehr als fünf Betriebsratsmitgliedern (aufgrund von Vorschlagslisten)

Erster Unterabschnitt
Einreichung und Bekanntmachung von Vorschlagslisten

§ 6 Vorschlagslisten

(1) Sind mehr als fünf Betriebsratsmitglieder zu wählen, so erfolgt die Wahl aufgrund von Vorschlagslisten, sofern nicht die Anwendung des vereinfachten Wahlverfahrens vereinbart worden ist (§ 14a Absatz 5 des Gesetzes). Die Vorschlagslisten sind von den Wahlberechtigten vor Ablauf von zwei Wochen seit Erlass des Wahlausschreibens beim Wahlvorstand einzureichen.

(2) Jede Vorschlagsliste soll mindestens doppelt so viele Bewerberinnen oder Bewerber aufweisen, wie Betriebsratsmitglieder zu wählen sind.

(3) In jeder Vorschlagsliste sind die einzelnen Bewerberinnen oder Bewerber in erkennbarer Reihenfolge unter fortlaufender Nummer und unter Angabe von Familienname, Vorname, Geburtsdatum und Art der Beschäftigung im Betrieb aufzuführen. Die schriftliche Zustimmung der Bewerberinnen oder der Bewerber zur Aufnahme in die Liste ist beizufügen.

(4) Wenn kein anderer Unterzeichner der Vorschlagsliste ausdrücklich als Listenvertreter bezeichnet ist, wird die oder der an erster Stelle Unterzeichnete als Listenvertreterin oder Listenvertreter angesehen. Diese Person ist berechtigt und verpflichtet, dem Wahlvorstand die zur Beseitigung von Beanstandungen erforderlichen Erklärungen abzugeben sowie Erklärungen und Entscheidungen des Wahlvorstands entgegenzunehmen.

(5) Die Unterschrift eines Wahlberechtigten zählt nur auf einer Vorschlagsliste. Hat ein Wahlberechtigter mehrere Vorschlagslisten unterzeichnet, so hat er auf Aufforderung des Wahlvorstands binnen einer ihm gesetzten angemessenen Frist, spätestens jedoch vor Ablauf von drei Arbeitstagen, zu erklären, welche Unterschrift er aufrechterhält. Unterbleibt die fristgerechte Erklärung, so wird sein Name auf der zuerst eingereichten Vorschlagsliste gezählt und auf den übrigen Listen gestrichen; sind mehrere Vorschlagslisten, die von demselben Wahlberechtigten unterschrieben sind, gleichzeitig eingereicht worden, so entscheidet das Los darüber, auf welcher Vorschlagsliste die Unterschrift gilt.

(6) Eine Verbindung von Vorschlagslisten ist unzulässig.

(7) Eine Bewerberin oder ein Bewerber kann nur auf einer Vorschlagsliste vorgeschlagen werden. Ist der Name dieser Person mit ihrer schriftlichen Zustimmung auf mehreren Vorschlagslisten aufgeführt, so hat sie auf Aufforderung des Wahlvorstands vor Ablauf von drei Arbeitstagen zu er-

klären, welche Bewerbung sie aufrechterhält. Unterbleibt die fristgerechte Erklärung, so ist die Bewerberin oder der Bewerber auf sämtlichen Listen zu streichen.

§ 7 Prüfung der Vorschlagslisten

(1) Der Wahlvorstand hat bei Überbringen der Vorschlagsliste oder, falls die Vorschlagsliste auf eine andere Weise eingereicht wird, der Listenvertreterin oder dem Listenvertreter den Zeitpunkt der Einreichung schriftlich zu bestätigen.
(2) Der Wahlvorstand hat die eingereichten Vorschlagslisten, wenn die Liste nicht mit einem Kennwort versehen ist, mit Familienname und Vorname der beiden in der Liste an erster Stelle Benannten zu bezeichnen. Er hat die Vorschlagsliste unverzüglich, möglichst binnen einer Frist von zwei Arbeitstagen nach ihrem Eingang, zu prüfen und bei Ungültigkeit oder Beanstandung einer Liste die Listenvertreterin oder den Listenvertreter unverzüglich schriftlich unter Angabe der Gründe zu unterrichten.

§ 8 Ungültige Vorschlagslisten

(1) Ungültig sind Vorschlagslisten,
1. die nicht fristgerecht eingereicht worden sind,
2. auf denen die Bewerberinnen oder Bewerber nicht in erkennbarer Reihenfolge aufgeführt sind,
3. die bei der Einreichung nicht die erforderliche Zahl von Unterschriften (§ 14 Absatz 4 Satz 2 und 3 des Gesetzes) aufweisen. Die Rücknahme von Unterschriften auf einer eingereichten Vorschlagsliste beeinträchtigt deren Gültigkeit nicht; § 6 Abs. 5 bleibt unberührt.

(2) Ungültig sind auch Vorschlagslisten,
1. auf denen die Bewerberinnen oder Bewerber nicht in der in § 6 Abs. 3 bestimmten Weise bezeichnet sind,
2. wenn die schriftliche Zustimmung der Bewerberinnen oder der Bewerber zur Aufnahme in die Vorschlagsliste nicht vorliegt,
3. wenn die Vorschlagsliste infolge von Streichung gemäß § 6 Abs. 5 nicht mehr die erforderliche Zahl von Unterschriften aufweist,

falls diese Mängel trotz Beanstandung nicht binnen einer Frist von drei Arbeitstagen beseitigt werden.

§ 9 Nachfrist für Vorschlagslisten

(1) Ist nach Ablauf der in § 6 Abs. 1 genannten Frist keine gültige Vorschlagsliste eingereicht, so hat dies der Wahlvorstand sofort in der gleichen Weise bekannt zu machen wie das Wahlausschreiben und eine Nachfrist

von einer Woche für die Einreichung von Vorschlagslisten zu setzen. In der Bekanntmachung ist darauf hinzuweisen, dass die Wahl nur stattfinden kann, wenn innerhalb der Nachfrist mindestens eine gültige Vorschlagsliste eingereicht wird.
(2) Wird trotz Bekanntmachung nach Absatz 1 eine gültige Vorschlagsliste nicht eingereicht, so hat der Wahlvorstand sofort bekannt zu machen, dass die Wahl nicht stattfindet.

§ 10 Bekanntmachung der Vorschlagslisten

(1) Nach Ablauf der in § 6 Abs. 1, § 8 Abs. 2 und § 9 Abs. 1 genannten Fristen ermittelt der Wahlvorstand durch das Los die Reihenfolge der Ordnungsnummern, die den eingereichten Vorschlagslisten zugeteilt werden (Liste 1 usw.). Die Listenvertreterin oder der Listenvertreter sind zu der Losentscheidung rechtzeitig einzuladen.
(2) Spätestens eine Woche vor Beginn der Stimmabgabe hat der Wahlvorstand die als gültig anerkannten Vorschlagslisten bis zum Abschluss der Stimmabgabe in gleicher Weise bekannt zu machen wie das Wahlausschreiben nach § 3 Absatz 4 Satz 1 bis 3.

Zweiter Unterabschnitt
Wahlverfahren bei mehreren Vorschlagslisten
(§ 14 Abs. 2 Satz 1 des Gesetzes)

§ 11 Stimmabgabe

(1) Die Wählerin oder der Wähler kann ihre oder seine Stimme nur für eine der als gültig anerkannten Vorschlagslisten abgeben. Die Stimmabgabe erfolgt durch Abgabe von Stimmzetteln.
(2) Auf den Stimmzetteln sind die Vorschlagslisten nach der Reihenfolge der Ordnungsnummern sowie unter Angabe der beiden an erster Stelle benannten Bewerberinnen oder Bewerber mit Familienname, Vorname und Art der Beschäftigung im Betrieb untereinander aufzuführen; bei Listen, die mit Kennworten versehen sind, ist auch das Kennwort anzugeben. Die Stimmzettel für die Betriebsratswahl müssen sämtlich die gleiche Größe, Farbe, Beschaffenheit und Beschriftung haben.
(3) Die Wählerin oder der Wähler kennzeichnet die von ihr oder ihm gewählte Vorschlagsliste durch Ankreuzen an der im Stimmzettel hierfür vorgesehenen Stelle und faltet ihn in der Weise, dass ihre oder seine Stimme nicht erkennbar ist.

(4) Stimmzettel, die mit einem besonderen Merkmal versehen sind oder aus denen sich der Wille der Wählerin oder des Wählers nicht unzweifelhaft ergibt oder die andere Angaben als die in Absatz 1 genannten Vorschlagslisten, einen Zusatz oder sonstige Änderungen enthalten, sind ungültig.

§ 12 Wahlvorgang

(1) Der Wahlvorstand hat geeignete Vorkehrungen für die unbeobachtete Bezeichnung der Stimmzettel im Wahlraum zu treffen und für die Bereitstellung einer Wahlurne oder mehrerer Wahlurnen zu sorgen. Die Wahlurne muss vom Wahlvorstand verschlossen und so eingerichtet sein, dass die eingeworfenen Stimmzettel nicht herausgenommen werden können, ohne dass die Urne geöffnet wird.
(2) Während der Wahl müssen immer mindestens zwei stimmberechtigte Mitglieder des Wahlvorstands im Wahlraum anwesend sein; sind Wahlhelferinnen oder Wahlhelfer bestellt (§ 1 Abs. 2), so genügt die Anwesenheit eines stimmberechtigten Mitglieds des Wahlvorstands und einer Wahlhelferin oder eines Wahlhelfers.
(3) Die Wählerin oder der Wähler gibt ihren oder seinen Namen an und wirft den gefalteten Stimmzettel in die Wahlurne ein, nachdem die Stimmabgabe in der Wählerliste vermerkt worden ist.
(4) Wer infolge seiner Behinderung bei der Stimmabgabe beeinträchtigt ist, kann eine Person seines Vertrauens bestimmen, die ihm bei der Stimmabgabe behilflich sein soll, und teilt dies dem Wahlvorstand mit. Wahlbewerberinnen oder Wahlbewerber, Mitglieder des Wahlvorstands sowie Wahlhelferinnen und Wahlhelfer dürfen nicht zur Hilfeleistung herangezogen werden. Die Hilfeleistung beschränkt sich auf die Erfüllung der Wünsche der Wählerin oder des Wählers zur Stimmabgabe; die Person des Vertrauens darf gemeinsam mit der Wählerin oder dem Wähler die Wahlzelle aufsuchen. Sie ist zur Geheimhaltung der Kenntnisse verpflichtet, die sie bei der Hilfeleistung zur Stimmabgabe erlangt hat. Die Sätze 1 bis 4 gelten entsprechend für des Lesens unkundige Wählerinnen und Wähler.
(5) Nach Abschluss der Stimmabgabe ist die Wahlurne zu versiegeln, wenn die Stimmenzählung nicht unmittelbar nach Beendigung der Wahl durchgeführt wird. Gleiches gilt, wenn die Stimmabgabe unterbrochen wird, insbesondere wenn sie an mehreren Tagen erfolgt.

§ 13 Öffentliche Stimmauszählung

Unverzüglich nach Abschluss der Wahl nimmt der Wahlvorstand öffentlich die Auszählung der Stimmen vor und gibt das aufgrund der Auszählung sich ergebende Wahlergebnis bekannt. Sofern eine schriftliche Stimmabgabe erfolgt ist, führt der Wahlvorstand vor Beginn der Stimmauszählung das Verfahren nach § 26 durch.

§ 14 Verfahren bei der Stimmauszählung

(1) Nach Öffnung der Wahlurne entnimmt der Wahlvorstand die Stimmzettel und zählt die auf jede Vorschlagsliste entfallenden Stimmen zusammen. Dabei ist die Gültigkeit der Stimmzettel zu prüfen.
(2) Befindet sich in der Wahlurne ein Wahlumschlag mit mehreren gekennzeichneten Stimmzetteln (§ 26 Absatz 1 Satz 3, § 35 Absatz 4 Satz 3), so werden die Stimmzettel, wenn sie vollständig übereinstimmen, nur einfach gezählt, andernfalls als ungültig angesehen.

§ 15 Verteilung der Betriebsratssitze auf die Vorschlagslisten

(1) Die Betriebsratssitze werden auf die Vorschlagslisten verteilt. Dazu werden die den einzelnen Vorschlagslisten zugefallenen Stimmenzahlen in einer Reihe nebeneinander gestellt und sämtlich durch 1, 2, 3, 4 usw. geteilt. Die ermittelten Teilzahlen sind nacheinander reihenweise unter den Zahlen der ersten Reihe aufzuführen, bis höhere Teilzahlen für die Zuweisung der zu verteilenden Sitze nicht mehr in Betracht kommen.
(2) Unter den so gefundenen Teilzahlen werden so viele Höchstzahlen ausgesondert und der Größe nach geordnet, wie Betriebsratsmitglieder zu wählen sind. Jede Vorschlagsliste erhält so viele Mitgliedersitze zugeteilt, wie Höchstzahlen auf sie entfallen. Entfällt die niedrigste in Betracht kommende Höchstzahl auf mehrere Vorschlagslisten zugleich, so entscheidet das Los darüber, welcher Vorschlagsliste dieser Sitz zufällt.
(3) Wenn eine Vorschlagsliste weniger Bewerberinnen oder Bewerber enthält, als Höchstzahlen auf sie entfallen, so gehen die überschüssigen Mitgliedersitze auf die folgenden Höchstzahlen der anderen Vorschlagslisten über.
(4) Die Reihenfolge der Bewerberinnen oder Bewerber innerhalb der einzelnen Vorschlagslisten bestimmt sich nach der Reihenfolge ihrer Benennung.
(5) Befindet sich unter den auf die Vorschlagslisten entfallenden Höchstzahlen nicht die erforderliche Mindestzahl von Angehörigen des Geschlechts in der Minderheit nach § 15 Abs. 2 des Gesetzes, so gilt Folgendes:

1. An die Stelle der auf der Vorschlagsliste mit der niedrigsten Höchstzahl benannten Person, die nicht dem Geschlecht in der Minderheit angehört, tritt die in derselben Vorschlagsliste in der Reihenfolge nach ihr benannte, nicht berücksichtigte Person des Geschlechts in der Minderheit.

2. Enthält diese Vorschlagsliste keine Person des Geschlechts in der Minderheit, so geht dieser Sitz auf die Vorschlagsliste mit der folgenden, noch nicht berücksichtigten Höchstzahl und mit Angehörigen des Geschlechts in der Minderheit über. Entfällt die folgende Höchstzahl auf mehrere Vorschlagslisten zugleich, so entscheidet das Los darüber, welcher Vorschlagsliste dieser Sitz zufällt.
3. Das Verfahren nach den Nummern 1 und 2 ist so lange fortzusetzen, bis der Mindestanteil der Sitze des Geschlechts in der Minderheit nach § 15 Abs. 2 des Gesetzes erreicht ist.
4. Bei der Verteilung der Sitze des Geschlechts in der Minderheit sind auf den einzelnen Vorschlagslisten nur die Angehörigen dieses Geschlechts in der Reihenfolge ihrer Benennung zu berücksichtigen.
5. Verfügt keine andere Vorschlagsliste über Angehörige des Geschlechts in der Minderheit, verbleibt der Sitz bei der Vorschlagsliste, die zuletzt ihren Sitz zu Gunsten des Geschlechts in der Minderheit nach Nummer 1 hätte abgeben müssen.

§ 16 Wahlniederschrift

(1) Nachdem ermittelt ist, welche Arbeitnehmerinnen und Arbeitnehmer als Betriebsratsmitglieder gewählt sind, hat der Wahlvorstand in einer Niederschrift festzustellen:
1. die Gesamtzahl der abgegebenen Stimmen und die Zahl der abgegebenen gültigen Stimmen;
2. die jeder Liste zugefallenen Stimmenzahlen;
3. die berechneten Höchstzahlen;
4. die Verteilung der berechneten Höchstzahlen auf die Listen;
5. die Zahl der ungültigen Stimmen;
6. die Namen der in den Betriebsrat gewählten Bewerberinnen und Bewerber;
7. gegebenenfalls besondere während der Betriebsratswahl eingetretene Zwischenfälle oder sonstige Ereignisse.

(2) Die Niederschrift ist von der oder dem Vorsitzenden und von mindestens einem weiteren stimmberechtigten Mitglied des Wahlvorstands zu unterschreiben.

§ 17 Benachrichtigung der Gewählten

(1) Der Wahlvorstand hat die als Betriebsratsmitglieder gewählten Arbeitnehmerinnen und Arbeitnehmer unverzüglich schriftlich von ihrer Wahl zu benachrichtigen. Erklärt die gewählte Person nicht binnen drei Arbeitstagen nach Zugang der Benachrichtigung dem Wahlvorstand, dass sie die Wahl ablehne, so gilt die Wahl als angenommen.

(2) Lehnt eine gewählte Person die Wahl ab, so tritt an ihre Stelle die in derselben Vorschlagsliste in der Reihenfolge nach ihr benannte, nicht gewählte Person. Gehört die gewählte Person dem Geschlecht in der Minderheit an, so tritt an ihre Stelle die in derselben Vorschlagsliste in der Reihenfolge nach ihr benannte, nicht gewählte Person desselben Geschlechts, wenn ansonsten das Geschlecht in der Minderheit nicht die ihm nach § 15 Abs. 2 des Gesetzes zustehenden Mindestsitze erhält. § 15 Abs. 5 Nr. 2 bis 5 gilt entsprechend.

§ 18 Bekanntmachung der Gewählten

Sobald die Namen der Betriebsratsmitglieder endgültig feststehen, hat der Wahlvorstand sie durch zweiwöchigen Aushang in gleicher Weise bekannt zu machen wie das Wahlausschreiben nach § 3 Absatz 4 Satz 1 bis 3. Je eine Abschrift der Wahlniederschrift (§ 16) ist dem Arbeitgeber und den im Betrieb vertretenen Gewerkschaften unverzüglich zu übersenden.

§ 19 Aufbewahrung der Wahlakten

Der Betriebsrat hat die Wahlakten mindestens bis zur Beendigung seiner Amtszeit aufzubewahren.

Dritter Unterabschnitt
Wahlverfahren bei nur einer Vorschlagsliste
(§ 14 Abs. 2 Satz 2 erster Halbsatz des Gesetzes)

§ 20 Stimmabgabe

(1) Ist nur eine gültige Vorschlagsliste eingereicht, so kann die Wählerin oder der Wähler ihre oder seine Stimme nur für solche Bewerberinnen oder Bewerber abgeben, die in der Vorschlagsliste aufgeführt sind.
(2) Auf den Stimmzetteln sind die Bewerberinnen oder Bewerber unter Angabe von Familienname, Vorname und Art der Beschäftigung im Betrieb in der Reihenfolge aufzuführen, in der sie auf der Vorschlagsliste benannt sind.
(3) Die Wählerin oder der Wähler kennzeichnet die von ihr oder ihm gewählten Bewerberinnen oder Bewerber durch Ankreuzen an der hierfür im Stimmzettel vorgesehenen Stelle und faltet ihn in der Weise, dass ihre oder seine Stimme nicht erkennbar ist; es dürfen nicht mehr Bewerberinnen oder Bewerber angekreuzt werden, als Betriebsratsmitglieder zu wählen sind. § 11 Abs. 1 Satz 2, Abs. 2 Satz 2, Abs. 4, §§ 12 und 13 gelten entsprechend.

§ 21 Stimmauszählung

Nach Öffnung der Wahlurne entnimmt der Wahlvorstand die Stimmzettel und zählt die auf jede Bewerberin und jeden Bewerber entfallenden Stimmen zusammen; § 14 Abs. 1 Satz 2 und Abs. 2 gilt entsprechend.

§ 22 Ermittlung der Gewählten

(1) Zunächst werden die dem Geschlecht in der Minderheit zustehenden Mindestsitze (§ 15 Abs. 2 des Gesetzes) verteilt. Dazu werden die dem Geschlecht in der Minderheit zustehenden Mindestsitze mit Angehörigen dieses Geschlechts in der Reihenfolge der jeweils höchsten auf sie entfallenden Stimmenzahlen besetzt.
(2) Nach der Verteilung der Mindestsitze des Geschlechts in der Minderheit nach Absatz 1 erfolgt die Verteilung der weiteren Sitze. Die weiteren Sitze werden mit Bewerberinnen und Bewerbern, unabhängig von ihrem Geschlecht, in der Reihenfolge der jeweils höchsten auf sie entfallenden Stimmenzahlen besetzt.
(3) Haben in den Fällen des Absatzes 1 oder 2 für den zuletzt zu vergebenden Betriebsratssitz mehrere Bewerberinnen oder Bewerber die gleiche Stimmenzahl erhalten, so entscheidet das Los darüber, wer gewählt ist.
(4) Haben sich weniger Angehörige des Geschlechts in der Minderheit zur Wahl gestellt oder sind weniger Angehörige dieses Geschlechts gewählt worden als ihm nach § 15 Abs. 2 des Gesetzes Mindestsitze zustehen, so sind die insoweit überschüssigen Mitgliedersitze des Geschlechts in der Minderheit bei der Sitzverteilung nach Absatz 2 Satz 2 zu berücksichtigen.

§ 23 Wahlniederschrift, Bekanntmachung

(1) Nachdem ermittelt ist, welche Arbeitnehmerinnen und Arbeitnehmer als Betriebsratsmitglieder gewählt sind, hat der Wahlvorstand eine Niederschrift anzufertigen, in der außer den Angaben nach § 16 Abs. 1 Nr. 1, 5 bis 7 die jeder Bewerberin und jedem Bewerber zugefallenen Stimmenzahlen festzustellen sind. § 16 Abs. 2, § 17 Abs. 1, §§ 18 und 19 gelten entsprechend.
(2) Lehnt eine gewählte Person die Wahl ab, so tritt an ihre Stelle die nicht gewählte Person mit der nächsthöchsten Stimmenzahl. Gehört die gewählte Person dem Geschlecht in der Minderheit an, so tritt an ihre Stelle die nicht gewählte Person dieses Geschlechts mit der nächsthöchsten Stimmenzahl, wenn ansonsten das Geschlecht in der Minderheit nicht die ihm nach § 15 Abs. 2 des Gesetzes zustehenden Mindestsitze erhalten würde. Gibt es keine weiteren Angehörigen dieses Geschlechts, auf die Stimmen entfallen sind, geht dieser Sitz auf die nicht gewählte Person des anderen Geschlechts mit der nächsthöchsten Stimmenzahl über.

Dritter Abschnitt
Schriftliche Stimmabgabe

§ 24 Voraussetzungen

(1) Wahlberechtigten, die im Zeitpunkt der Wahl wegen Abwesenheit vom Betrieb verhindert sind, ihre Stimme persönlich abzugeben, hat der Wahlvorstand auf ihr Verlangen

1. das Wahlausschreiben,
2. die Vorschlagslisten,
3. den Stimmzettel und den Wahlumschlag,
4. eine vorgedruckte von der Wählerin oder dem Wähler abzugebende Erklärung, in der gegenüber dem Wahlvorstand zu versichern ist, dass der Stimmzettel persönlich gekennzeichnet worden ist, sowie
5. einen größeren Freiumschlag, der die Anschrift des Wahlvorstands und als Absender den Namen und die Anschrift der oder des Wahlberechtigten sowie den Vermerk »Schriftliche Stimmabgabe« trägt,

auszuhändigen oder zu übersenden. Die Wahlumschläge müssen sämtlich die gleiche Größe, Farbe, Beschaffenheit und Beschriftung haben. Der Wahlvorstand soll der Wählerin oder dem Wähler ferner ein Merkblatt über die Art und Weise der schriftlichen Stimmabgabe (§ 25) aushändigen oder übersenden. Der Wahlvorstand hat die Aushändigung oder die Übersendung der Unterlagen in der Wählerliste zu vermerken.

(2) Wahlberechtigte, von denen dem Wahlvorstand bekannt ist, dass sie

1. im Zeitpunkt der Wahl nach der Eigenart ihres Beschäftigungsverhältnisses, insbesondere im Außendienst oder mit Telearbeit Beschäftigte und in Heimarbeit Beschäftigte, oder
2. vom Erlass des Wahlausschreibens bis zum Zeitpunkt der Wahl aus anderen Gründen, insbesondere bei Ruhen des Arbeitsverhältnisses oder Arbeitsunfähigkeit,

voraussichtlich nicht im Betrieb anwesend sein werden, erhalten die in Absatz 1 bezeichneten Unterlagen, ohne dass es eines Verlangens der Wahlberechtigten bedarf. Der Arbeitgeber hat dem Wahlvorstand die dazu erforderlichen Informationen zur Verfügung zu stellen.

(3) Für Betriebsteile und Kleinstbetriebe, die räumlich weit vom Hauptbetrieb entfernt sind, kann der Wahlvorstand dic schriftliche Stimmabgabe beschließen. Absatz 2 gilt entsprechend.

§ 25 Stimmabgabe

Die Stimmabgabe erfolgt in der Weise, dass die Wählerin oder der Wähler
1. den Stimmzettel unbeobachtet persönlich kennzeichnet und so faltet und in dem Wahlumschlag verschließt, dass die Stimmabgabe erst nach Auseinanderfalten des Stimmzettels erkennbar ist,
2. die vorgedruckte Erklärung unter Angabe des Orts und des Datums unterschreibt und
3. den Wahlumschlag und die unterschriebene vorgedruckte Erklärung in dem Freiumschlag verschließt und diesen so rechtzeitig an den Wahlvorstand absendet oder übergibt, dass er vor Abschluss der Stimmabgabe vorliegt.

Die Wählerin oder der Wähler kann unter den Voraussetzungen des § 12 Abs. 4 die in den Nummern 1 bis 3 bezeichneten Tätigkeiten durch eine Person des Vertrauens verrichten lassen.

§ 26 Verfahren bei der Stimmabgabe

(1) Zu Beginn der öffentlichen Sitzung zur Stimmauszählung nach § 13 öffnet der Wahlvorstand die bis zum Ende der Stimmabgabe (§ 3 Absatz 2 Nummer 11) eingegangenen Freiumschläge und entnimmt ihnen die Wahlumschläge sowie die vorgedruckten Erklärungen. Ist die schriftliche Stimmabgabe ordnungsgemäß erfolgt (§ 25), so vermerkt der Wahlvorstand die Stimmabgabe in der Wählerliste, öffnet die Wahlumschläge und legt die Stimmzettel in die Wahlurne. Befinden sich in einem Wahlumschlag mehrere gekennzeichnete Stimmzettel, werden sie in dem Wahlumschlag in die Wahlurne gelegt.
(2) Verspätet eingehende Briefumschläge hat der Wahlvorstand mit einem Vermerk über den Zeitpunkt des Eingangs ungeöffnet zu den Wahlunterlagen zu nehmen. Die Briefumschläge sind einen Monat nach Bekanntgabe des Wahlergebnisses ungeöffnet zu vernichten, wenn die Wahl nicht angefochten worden ist.

Vierter Abschnitt
Wahlvorschläge der Gewerkschaften

§ 27 Voraussetzungen, Verfahren

(1) Für den Wahlvorschlag einer im Betrieb vertretenen Gewerkschaft (§ 14 Abs. 3 des Gesetzes) gelten die §§ 6 bis 26 entsprechend.

(2) Der Wahlvorschlag einer Gewerkschaft ist ungültig, wenn er nicht von zwei Beauftragten der Gewerkschaft unterzeichnet ist (§ 14 Abs. 5 des Gesetzes).

(3) Die oder der an erster Stelle unterzeichnete Beauftragte gilt als Listenvertreterin oder Listenvertreter. Die Gewerkschaft kann hierfür eine Arbeitnehmerin oder einen Arbeitnehmer des Betriebs, die oder der Mitglied der Gewerkschaft ist, benennen.

Zweiter Teil Wahl des Betriebsrats im vereinfachten Wahlverfahren (§ 14a des Gesetzes)

Erster Abschnitt Wahl des Betriebsrats im zweistufigen Verfahren (§ 14a Abs. 1 des Gesetzes)

Erster Unterabschnitt Wahl des Wahlvorstands

§ 28 Einladung zur Wahlversammlung

(1) Zu der Wahlversammlung, in der der Wahlvorstand nach § 17a Nr. 3 des Gesetzes (§ 14a Abs. 1 des Gesetzes) gewählt wird, können drei Wahlberechtigte des Betriebs oder eine im Betrieb vertretene Gewerkschaft einladen (einladende Stelle) und Vorschläge für die Zusammensetzung des Wahlvorstands machen. Die Einladung muss mindestens sieben Tage vor dem Tag der Wahlversammlung erfolgen. Sie ist durch Aushang an geeigneten Stellen im Betrieb bekannt zu machen. Ergänzend kann die Einladung mittels der im Betrieb vorhandenen Informations- und Kommunikationstechnik bekannt gemacht werden; § 2 Abs. 4 Satz 4 gilt entsprechend. Die Einladung muss folgende Hinweise enthalten:

a) Ort, Tag und Zeit der Wahlversammlung zur Wahl des Wahlvorstands;
b) dass Wahlvorschläge zur Wahl des Betriebsrats bis zum Ende der Wahlversammlung zur Wahl des Wahlvorstands gemacht werden können (§ 14a Abs. 2 des Gesetzes);
c) dass Wahlvorschläge der Arbeitnehmerinnen und Arbeitnehmer zur Wahl des Betriebsrats von mindestens zwei Wahlberechtigten unterzeichnet sein müssen; in Betrieben mit in der Regel bis zu zwanzig Wahlberechtigten bedarf es keiner Unterzeichnung von Wahlvorschlägen;
d) dass Wahlvorschläge zur Wahl des Betriebsrats, die erst in der Wahlversammlung zur Wahl des Wahlvorstands gemacht werden, nicht der Schriftform bedürfen.

(2) Der Arbeitgeber hat unverzüglich nach Aushang der Einladung zur Wahlversammlung nach Absatz 1 der einladenden Stelle alle für die Anfer-

tigung der Wählerliste erforderlichen Unterlagen (§ 2) in einem versiegelten Umschlag auszuhändigen.

§ 29 Wahl des Wahlvorstands

Der Wahlvorstand wird in der Wahlversammlung zur Wahl des Wahlvorstands von der Mehrheit der anwesenden Arbeitnehmerinnen und Arbeitnehmer gewählt (§ 17a Nr. 3 Satz 1 des Gesetzes). Er besteht aus drei Mitgliedern (§ 17a Nr. 2 des Gesetzes). Für die Wahl der oder des Vorsitzenden des Wahlvorstands gilt Satz 1 entsprechend.

Zweiter Unterabschnitt
Wahl des Betriebsrats

§ 30 Wahlvorstand, Wählerliste

(1) Unmittelbar nach seiner Wahl hat der Wahlvorstand in der Wahlversammlung zur Wahl des Wahlvorstands die Wahl des Betriebsrats einzuleiten. § 1 gilt entsprechend. Er hat unverzüglich in der Wahlversammlung eine Liste der Wahlberechtigten (Wählerliste), getrennt nach den Geschlechtern, aufzustellen. Die einladende Stelle hat dem Wahlvorstand den ihr nach § 28 Abs. 2 ausgehändigten versiegelten Umschlag zu übergeben. Die Wahlberechtigten sollen in der Wählerliste mit Familienname, Vorname und Geburtsdatum in alphabetischer Reihenfolge aufgeführt werden. § 2 Abs. 1 Satz 3, Abs. 2 bis 4 gilt entsprechend.
(2) Einsprüche gegen die Richtigkeit der Wählerliste können mit Wirksamkeit für die Betriebsratswahl nur vor Ablauf von drei Tagen seit Erlass des Wahlausschreibens beim Wahlvorstand schriftlich eingelegt werden. § 4 Abs. 2 und 3 gilt entsprechend.

§ 31 Wahlausschreiben

(1) Im Anschluss an die Aufstellung der Wählerliste erlässt der Wahlvorstand in der Wahlversammlung das Wahlausschreiben, das von der oder dem Vorsitzenden und von mindestens einem weiteren stimmberechtigten Mitglied des Wahlvorstands zu unterschreiben ist. Mit Erlass des Wahlausschreibens ist die Betriebsratswahl eingeleitet. Das Wahlausschreiben muss folgende Angaben enthalten:
1. das Datum seines Erlasses;
2. die Bestimmung des Orts, an dem die Wählerliste und diese Verordnung ausliegen sowie im Fall der Bekanntmachung in elektronischer

Form (§ 2 Abs. 4 Satz 3 und 4) wo und wie von der Wählerliste und der Verordnung Kenntnis genommen werden kann;

3. dass nur Arbeitnehmerinnen und Arbeitnehmer wählen oder gewählt werden können, die in die Wählerliste eingetragen sind, und dass Einsprüche gegen die Wählerliste (§ 30 Absatz 2 Satz 1) nur vor Ablauf von drei Tagen seit dem Erlass des Wahlausschreibens schriftlich beim Wahlvorstand eingelegt werden können, verbunden mit einem Hinweis auf die Anfechtungsausschlussgründe nach § 19 Absatz 3 Satz 1 und 2 des Gesetzes; der letzte Tag der Frist und im Fall des § 41 Absatz 2 zusätzlich die Uhrzeit sind anzugeben;
4. den Anteil der Geschlechter und den Hinweis, dass das Geschlecht in der Minderheit im Betriebsrat mindestens entsprechend seinem zahlenmäßigen Verhältnis vertreten sein muss, wenn der Betriebsrat aus mindestens drei Mitgliedern besteht (§ 15 Abs. 2 des Gesetzes);
5. die Zahl der zu wählenden Betriebsratsmitglieder (§ 9 des Gesetzes) sowie die auf das Geschlecht in der Minderheit entfallenden Mindestsitze im Betriebsrat (§ 15 Abs. 2 des Gesetzes);
6. die Mindestzahl von Wahlberechtigten, von denen ein Wahlvorschlag unterzeichnet sein muss (§ 14 Abs. 4 des Gesetzes) und den Hinweis, dass Wahlvorschläge, die erst in der Wahlversammlung zur Wahl des Wahlvorstands gemacht werden, nicht der Schriftform bedürfen (§ 14a Abs. 2 zweiter Halbsatz des Gesetzes);
7. dass der Wahlvorschlag einer im Betrieb vertretenen Gewerkschaft von zwei Beauftragten unterzeichnet sein muss (§ 14 Abs. 5 des Gesetzes);
8. dass Wahlvorschläge bis zum Abschluss der Wahlversammlung zur Wahl des Wahlvorstands bei diesem einzureichen sind (§ 14a Abs. 2 erster Halbsatz des Gesetzes);
9. dass die Stimmabgabe an die Wahlvorschläge gebunden ist und dass nur solche Wahlvorschläge berücksichtigt werden dürfen, die fristgerecht (Nr. 8) eingereicht sind;
10. die Bestimmung des Orts, an dem die Wahlvorschläge bis zum Abschluss der Stimmabgabe aushängen;
11. Ort, Tag und Zeit der Wahlversammlung zur Wahl des Betriebsrats (Tag der Stimmabgabe – § 14a Abs. 1 Satz 3 und 4 des Gesetzes);
12. dass Wahlberechtigten, die an der Wahlversammlung zur Wahl des Betriebsrats nicht teilnehmen können, Gelegenheit zur nachträglichen schriftlichen Stimmabgabe gegeben wird (§ 14a Abs. 4 des Gesetzes); das Verlangen auf nachträgliche schriftliche Stimmabgabe muss spätestens drei Tage vor dem Tag der Wahlversammlung zur Wahl des Betriebsrats dem Wahlvorstand mitgeteilt werden;
13. Ort, Tag und Zeit der nachträglichen schriftlichen Stimmabgabe (§ 14a Abs. 4 des Gesetzes) sowie die Betriebsteile und Kleinstbetriebe, für

die nachträgliche schriftliche Stimmabgabe entsprechend § 24 Abs. 3 beschlossen ist;

14. den Ort, an dem Einsprüche, Wahlvorschläge und sonstige Erklärungen gegenüber dem Wahlvorstand abzugeben sind (Betriebsadresse des Wahlvorstands);
15. Ort, Tag und Zeit der öffentlichen Stimmauszählung.

(2) Ein Abdruck des Wahlausschreibens ist vom Tage seines Erlasses bis zum letzten Tage der Stimmabgabe an einer oder mehreren geeigneten, den Wahlberechtigten zugänglichen Stellen vom Wahlvorstand auszuhängen und in gut lesbarem Zustand zu erhalten. Ergänzend kann das Wahlausschreiben mittels der im Betrieb vorhandenen Informations- und Kommunikationstechnik bekannt gemacht werden. § 2 Abs. 4 Satz 4 gilt entsprechend.

§ 32 Bestimmung der Mindestsitze für das Geschlecht in der Minderheit

Besteht der zu wählende Betriebsrat aus mindestens drei Mitgliedern, so hat der Wahlvorstand den Mindestanteil der Betriebsratssitze für das Geschlecht in der Minderheit (§ 15 Abs. 2 des Gesetzes) gemäß § 5 zu errechnen.

§ 33 Wahlvorschläge

(1) Die Wahl des Betriebsrats erfolgt aufgrund von Wahlvorschlägen. Die Wahlvorschläge sind von den Wahlberechtigten und den im Betrieb vertretenen Gewerkschaften bis zum Ende der Wahlversammlung zur Wahl des Wahlvorstands bei diesem einzureichen. Wahlvorschläge, die erst in dieser Wahlversammlung gemacht werden, bedürfen nicht der Schriftform (§ 14a Abs. 2 des Gesetzes).

(2) Für Wahlvorschläge gilt § 6 Abs. 2 bis 4 entsprechend. Im Fall des § 14 Absatz 4 Satz 1 des Gesetzes gilt § 6 Absatz 4 entsprechend mit der Maßgabe, dass Person im Sinne des § 6 Absatz 4 Satz 2 diejenige ist, die den Wahlvorschlag eingereicht hat. § 6 Abs. 5 gilt entsprechend mit der Maßgabe, dass ein Wahlberechtigter, der mehrere Wahlvorschläge unterstützt, auf Aufforderung des Wahlvorstands in der Wahlversammlung erklären muss, welche Unterstützung er aufrechterhält. Für den Wahlvorschlag einer im Betrieb vertretenen Gewerkschaft gilt § 27 entsprechend.

(3) § 7 gilt entsprechend. § 8 gilt entsprechend mit der Maßgabe, dass Mängel der Wahlvorschläge nach § 8 Abs. 2 nur in der Wahlversammlung zur Wahl des Wahlvorstands beseitigt werden können.

(4) Unmittelbar nach Abschluss der Wahlversammlung hat der Wahlvorstand die als gültig anerkannten Wahlvorschläge bis zum Abschluss der Stimmabgabe in gleicher Weise bekannt zu machen, wie das Wahlausschreiben (§ 31 Abs. 2).

(5) Ist in der Wahlversammlung kein Wahlvorschlag zur Wahl des Betriebsrats gemacht worden, hat der Wahlvorstand bekannt zu machen, dass die Wahl nicht stattfindet. Die Bekanntmachung hat in gleicher Weise wie das Wahlausschreiben (§ 31 Abs. 2) zu erfolgen.

§ 34 Wahlverfahren

(1) Die Wählerin oder der Wähler kann ihre oder seine Stimme nur für solche Bewerberinnen oder Bewerber abgeben, die in einem Wahlvorschlag benannt sind. Auf den Stimmzetteln sind die Bewerberinnen oder Bewerber in alphabetischer Reihenfolge unter Angabe von Familienname, Vorname und Art der Beschäftigung im Betrieb aufzuführen. Die Wählerin oder der Wähler kennzeichnet die von ihm Gewählten durch Ankreuzen an der hierfür im Stimmzettel vorgesehenen Stelle und faltet ihn in der Weise, dass ihre oder seine Stimme nicht erkennbar ist; es dürfen nicht mehr Bewerberinnen oder Bewerber angekreuzt werden, als Betriebsratsmitglieder zu wählen sind. § 11 Abs. 1 Satz 2, Abs. 2 Satz 2, Abs. 4 und § 12 gelten entsprechend.
(2) Im Fall der nachträglichen schriftlichen Stimmabgabe (§ 35) hat der Wahlvorstand am Ende der Wahlversammlung zur Wahl des Betriebsrats die Wahlurne zu versiegeln und aufzubewahren.
(3) Erfolgt keine nachträgliche schriftliche Stimmabgabe, hat der Wahlvorstand unverzüglich nach Abschluss der Wahl die öffentliche Auszählung der Stimmen vorzunehmen und das sich daraus ergebende Wahlergebnis bekannt zu geben. Die §§ 21, 23 Abs. 1 gelten entsprechend.
(4) Ist nur ein Betriebsratsmitglied zu wählen, so ist die Person gewählt, die die meisten Stimmen erhalten hat. Bei Stimmengleichheit entscheidet das Los. Lehnt eine gewählte Person die Wahl ab, so tritt an ihre Stelle die nicht gewählte Person mit der nächsthöchsten Stimmenzahl.
(5) Sind mehrere Betriebsratsmitglieder zu wählen, gelten für die Ermittlung der Gewählten die §§ 22 und 23 Abs. 2 entsprechend.

§ 35 Nachträgliche schriftliche Stimmabgabe

(1) Können Wahlberechtigte an der Wahlversammlung zur Wahl des Betriebsrats nicht teilnehmen, um ihre Stimme persönlich abzugeben, können sie beim Wahlvorstand die nachträgliche schriftliche Stimmabgabe beantragen (§ 14a Abs. 4 des Gesetzes). Das Verlangen auf nachträgliche schriftliche Stimmabgabe muss die oder der Wahlberechtigte dem Wahlvorstand spätestens drei Tage vor dem Tag der Wahlversammlung zur Wahl des Betriebsrats mitgeteilt haben. Die §§ 24, 25 gelten entsprechend.
(2) Wird die nachträgliche schriftliche Stimmabgabe aufgrund eines Antrags nach Absatz 1 Satz 1 erforderlich, hat dies der Wahlvorstand unter

Angabe des Orts, des Tags und der Zeit der öffentlichen Stimmauszählung in gleicher Weise bekannt zu machen wie das Wahlausschreiben (§ 31 Abs. 2).

(3) Unmittelbar nach Ablauf der Frist für die nachträgliche schriftliche Stimmabgabe nimmt der Wahlvorstand in öffentlicher Sitzung die Auszählung der Stimmen vor.

(4) Zu Beginn der öffentlichen Sitzung nach Absatz 3 öffnet der Wahlvorstand die bis zu diesem Zeitpunkt eingegangenen Freiumschläge und entnimmt ihnen die Wahlumschläge sowie die vorgedruckten Erklärungen. Ist die nachträgliche schriftliche Stimmabgabe ordnungsgemäß erfolgt (§ 25), so vermerkt der Wahlvorstand die Stimmabgabe in der Wählerliste, öffnet die Wahlumschläge und legt die Stimmzettel in die bis dahin versiegelte Wahlurne. Befinden sich in einem Wahlumschlag mehrere gekennzeichnete Stimmzettel, werden sie in dem Wahlumschlag in die Wahlurne gelegt.

(5) Nachdem alle ordnungsgemäß nachträglich abgegebenen Stimmzettel in die Wahlurne gelegt worden sind, nimmt der Wahlvorstand im Anschluss die Auszählung der Stimmen vor. § 34 Abs. 3 bis 5 gilt entsprechend.

Zweiter Abschnitt
Wahl des Betriebsrats im einstufigen Verfahren (§ 14a Abs. 3 des Gesetzes)

§ 36 Wahlvorstand, Wahlverfahren

(1) Nach der Bestellung des Wahlvorstands durch den Betriebsrat, Gesamtbetriebsrat, Konzernbetriebsrat oder das Arbeitsgericht (§ 14a Abs. 3, § 17a des Gesetzes) hat der Wahlvorstand die Wahl des Betriebsrats unverzüglich einzuleiten. Die Wahl des Betriebsrats findet auf einer Wahlversammlung statt (§ 14a Abs. 3 des Gesetzes). Die §§ 1, 2 und 30 Abs. 2 gelten entsprechend.

(2) Im Anschluss an die Aufstellung der Wählerliste erlässt der Wahlvorstand das Wahlausschreiben, das von der oder dem Vorsitzenden und von mindestens einem weiteren stimmberechtigten Mitglied des Wahlvorstands zu unterschreiben ist. Mit Erlass des Wahlausschreibens ist die Betriebsratswahl eingeleitet. Besteht im Betrieb ein Betriebsrat, soll der letzte Tag der Stimmabgabe (nachträgliche schriftliche Stimmabgabe) eine Woche vor dem Tag liegen, an dem die Amtszeit des Betriebsrats abläuft.

(3) Das Wahlausschreiben hat die in § 31 Abs. 1 Satz 3 vorgeschriebenen Angaben zu enthalten, soweit nachfolgend nichts anderes bestimmt ist:

1. Abweichend von Nummer 6 ist ausschließlich die Mindestzahl von Wahlberechtigten anzugeben, von denen ein Wahlvorschlag unterzeichnet sein muss (§ 14 Abs. 4 des Gesetzes).
2. Abweichend von Nummer 8 hat der Wahlvorstand anzugeben, dass die Wahlvorschläge spätestens eine Woche vor dem Tag der Wahlversammlung zur Wahl des Betriebsrats beim Wahlvorstand einzureichen sind (§ 14a Abs. 3 Satz 2 des Gesetzes); der letzte Tag der Frist und im Fall des § 41 Absatz 2 zusätzlich die Uhrzeit sind anzugeben.

Für die Bekanntmachung des Wahlausschreibens gilt § 31 Abs. 2 entsprechend.

(4) Die Vorschriften über die Bestimmung der Mindestsitze nach § 32, das Wahlverfahren nach § 34 und die nachträgliche Stimmabgabe nach § 35 gelten entsprechend.

(5) Für Wahlvorschläge gilt § 33 Abs. 1 entsprechend mit der Maßgabe, dass die Wahlvorschläge von den Wahlberechtigten und den im Betrieb vertretenen Gewerkschaften spätestens eine Woche vor der Wahlversammlung zur Wahl des Betriebsrats beim Wahlvorstand schriftlich einzureichen sind (§ 14a Abs. 3 Satz 2 zweiter Halbsatz des Gesetzes). § 6 Abs. 2 bis 5 und die §§ 7 und 8 gelten entsprechend mit der Maßgabe, dass die in § 6 Abs. 5 und § 8 Abs. 2 genannten Fristen nicht die gesetzliche Mindestfrist zur Einreichung der Wahlvorschläge nach § 14a Abs. 3 Satz 2 erster Halbsatz des Gesetzes überschreiten dürfen. Nach Ablauf der gesetzlichen Mindestfrist zur Einreichung der Wahlvorschläge hat der Wahlvorstand die als gültig anerkannten Wahlvorschläge bis zum Abschluss der Stimmabgabe in gleicher Weise bekannt zu machen wie das Wahlausschreiben (Absatz 3).

(6) Ist kein Wahlvorschlag zur Wahl des Betriebsrats gemacht worden, hat der Wahlvorstand bekannt zu machen, dass die Wahl nicht stattfindet. Die Bekanntmachung hat in gleicher Weise wie das Wahlausschreiben (Absatz 3) zu erfolgen.

Dritter Abschnitt
Wahl des Betriebsrats in Betrieben mit in der Regel 101 bis 200 Wahlberechtigten
(§ 14a Abs. 5 des Gesetzes)

§ 37 Wahlverfahren

Haben Arbeitgeber und Wahlvorstand in einem Betrieb mit in der Regel 101 bis 200 Wahlberechtigten die Wahl des Betriebsrats im vereinfachten Wahlverfahren vereinbart (§ 14a Abs. 5 des Gesetzes), richtet sich das Wahlverfahren nach § 36.

Dritter Teil
Wahl der Jugend- und Auszubildenden-vertretung

§ 38 Wahlvorstand, Wahlvorbereitung

Für die Wahl der Jugend- und Auszubildendenvertretung gelten die Vorschriften der §§ 1 bis 5 über den Wahlvorstand, die Wählerliste, das Wahlausschreiben und die Bestimmung der Mindestsitze für das Geschlecht in der Minderheit entsprechend. Dem Wahlvorstand muss mindestens eine nach § 8 des Gesetzes wählbare Person angehören.

§ 39 Durchführung der Wahl

(1) Sind mehr als drei Mitglieder zur Jugend- und Auszubildendenvertretung zu wählen, so erfolgt die Wahl aufgrund von Vorschlagslisten, sofern die Wahl nicht im vereinfachten Wahlverfahren erfolgt (§ 63 Absatz 4 und 5 des Gesetzes). § 6 Abs. 1 Satz 2, Abs. 2 und 4 bis 7, die §§ 7 bis 10 und § 27 gelten entsprechend. § 6 Abs. 3 gilt entsprechend mit der Maßgabe, dass in jeder Vorschlagsliste auch der Ausbildungsberuf der einzelnen Bewerberinnen oder Bewerber aufzuführen ist.
(2) Sind mehrere gültige Vorschlagslisten eingereicht, so kann die Stimme nur für eine Vorschlagsliste abgegeben werden. § 11 Abs. 1 Satz 2, Abs. 3 und 4, die §§ 12 bis 19 gelten entsprechend. § 11 Abs. 2 gilt entsprechend mit der Maßgabe, dass auf den Stimmzetteln auch der Ausbildungsberuf der einzelnen Bewerberinnen oder Bewerber aufzuführen ist.
(3) Ist nur eine gültige Vorschlagsliste eingereicht, so kann die Stimme nur für solche Bewerberinnen oder Bewerber abgegeben werden, die in der Vorschlagsliste aufgeführt sind. § 20 Abs. 3, die §§ 21 bis 23 gelten entsprechend. § 20 Abs. 2 gilt entsprechend mit der Maßgabe, dass auf den Stimmzetteln auch der Ausbildungsberuf der einzelnen Bewerber aufzuführen ist.
(4) Für die schriftliche Stimmabgabe gelten die §§ 24 bis 26 entsprechend.

§ 40 Wahl der Jugend- und Auszubildendenvertretung im vereinfachten Wahlverfahren

(1) In Betrieben mit in der Regel fünf bis 100 der in § 60 Abs. 1 des Gesetzes genannten Arbeitnehmerinnen und Arbeitnehmern wird die Jugend- und Auszubildendenvertretung im vereinfachten Wahlverfahren gewählt (§ 63

Abs. 4 Satz 1 des Gesetzes). Für das Wahlverfahren gilt § 36 entsprechend mit der Maßgabe, dass in den Wahlvorschlägen und auf den Stimmzetteln auch der Ausbildungsberuf der einzelnen Bewerberinnen oder Bewerber aufzuführen ist. § 38 Satz 2 gilt entsprechend.

(2) Absatz 1 Satz 2 und 3 gilt entsprechend, wenn in einem Betrieb mit in der Regel 101 bis 200 der in § 60 Abs. 1 des Gesetzes genannten Arbeitnehmerinnen und Arbeitnehmern Arbeitgeber und Wahlvorstand die Anwendung des vereinfachten Wahlverfahrens vereinbart haben (§ 63 Abs. 5 des Gesetzes).

Vierter Teil
Übergangs- und Schlussvorschriften

§ 41 Berechnung der Fristen

(1) Für die Berechnung der in dieser Verordnung festgelegten Fristen finden die §§ 186 bis 193 des Bürgerlichen Gesetzbuchs entsprechende Anwendung.

(2) Mit der Bestimmung des letzten Tages einer Frist nach Absatz 1 kann der Wahlvorstand eine Uhrzeit festlegen, bis zu der ihm Erklärungen nach § 4 Absatz 1, § 6 Absatz 1 und 7 Satz 2, § 8 Absatz 2, § 9 Absatz 1 Satz 1, § 30 Absatz 2 Satz 1 sowie § 36 Absatz 5 Satz 1 und 2 zugehen müssen. Diese Uhrzeit darf nicht vor dem Ende der Arbeitszeit der Mehrheit der Wählerinnen und Wähler an diesem Tag liegen.

§ 42 Bereich der Seeschifffahrt

Die Regelung der Wahlen für die Bordvertretung und den Seebetriebsrat (§§ 115 und 116 des Gesetzes) bleibt einer besonderen Rechtsverordnung vorbehalten.

§ 43 Inkrafttreten

(1) Diese Verordnung tritt am Tage nach der Verkündung in Kraft.

(2) (weggefallen)

Stichwortverzeichnis

Die halbfett gedruckten Zahlen beziehen sich auf die jeweiligen Paragrafen des Betriebsverfassungsgesetzes, die mager gedruckten Zahlen auf die jeweiligen Randnummern.